LAROUSSE

DICCIONARIO COMPACT

ESPAÑOL INGLÉS
INGLÉS ESPAÑOL

LAROUSSE

ÍNDICE
CONTENTS

ISBN 2-03-542018-0 (hardback edition)

ISBN 2-03-542017-2 (paperback edition)

Larousse/VUEF, Paris
www.larousse-bilingues.com

Distribución/Sales: Houghton Mifflin Company, Boston

ISBN 84-8016-129-9
SPES EDITORIAL, S.L.
Aribau, 197-199, 3ª, 08021 Barcelona
www.larousse.es

LAROUSSE

CONCISE
DICTIONARY

SPANISH
ENGLISH

ENGLISH
SPANISH

LAROUSSE

Dirección de la obra
Project Management
José A. Gálvez
Sharon J. Hunter

Redacción
Editors
Joaquín A. Blasco
Dileri Borunda Johnston
Isabel Ferrer Marrades
Ana Cristina Llompart Lucas
Julie Muleba
Victoria Ordóñez Diví
José María Ruiz Vaca
Carol Styles Carvajal
Eduardo Vallejo

Dirección General
Publishing Manager
Janice McNeillie

Informática
Prepress
Clair Cameron
Sharon McTeir

Redacción de la primera edición
Contributors to the first editon

Montserrat Alberte Montserrat	Tom Bartlett
José María Díaz de Mendívil	Claire Evans Calder
Elena Estremera Paños	Margaret Jull Costa
Isabel Ferrer Marrades	Gilla Evans
Carmen González Bodeguero	Wendy Lee
Anna Jené Palat	Hilary Macartney
Salut Llonch Soler	Hugh O'Donnell
Judith Medall Cirera	Kathryn Phillips–Miles
Victoria Ordóñez Diví	Clare Plater
Malihe Forghani–Nowbari	Leane Shanks
Núria Vilanova Pous	Patrick White

A NUESTROS LECTORES

El Diccionario COMPACT LAROUSSE es la herramienta de trabajo ideal en una amplia gama de circunstancias, desde el aprendizaje de idiomas en la escuela y en casa hasta el uso diario en la oficina.

El COMPACT español-inglés está pensado para responder rápida y eficazmente a los diferentes problemas que plantea la lectura del inglés actual y la redacción de trabajos escolares, cartas e informes.

Con sus más de 90.000 palabras y expresiones y un número de traducciones superior a 120.000, este diccionario permitirá al lector comprender con claridad un amplio espectro de textos literarios y periodísticos, entender documentos comerciales, folletos o manuales, y realizar resúmenes y traducciones con rapidez y corrección.

De entre las características de esta obra, cabe destacar el tratamiento total-mente actualizado de siglas y abreviaturas, nombres propios y términos comerciales e informáticos de uso frecuente.

Con la ayuda de un tratamiento claro y detallado del vocabulario básico, de ejemplos de construcciones gramaticales y modismos, así como de los indicadores de sentido que guían hacia la traducción más adecuada, el usuario podrá escribir en inglés con precisión y seguridad.

Se ha puesto especial cuidado en la presentación de las entradas, tanto desde el punto de vista de su estructura como de la tipografía empleada. Para aquellos lectores que hayan superado el primer nivel de aprendizaje de inglés, pero no aspiren a alcanzar un grado de especialización en esta lengua, el COMPACT es el diccionario ideal.

PREFACE

This new edition continues to be a reliable and user-friendly tool for use in all language situations. It provides accurate and up-to-date information on written and spoken Spanish and English as they are used today and covers all of the most important American and European variants for both English and Spanish.

Its 90,000 words and phrases and 120,000 translations give you access to Spanish texts of all types. The dictionary aims to be as comprehensive as possible in a book of this size, and includes many proper names and abbreviations, as well as a selection of the most common terms from computing, business and current affairs.

Carefully constructed entries and a clear page design help you to find the translation that you are looking for fast. Examples (from basic constructions and common phrases to idioms) have been included to help put a word in context and give a clear picture of how it is used.

The dictionary provides extra help for students of Spanish with the inclusion of boxes on life and culture in Spain and Latin America that appear within the dictionary text itself, and a central section which gives fuller background details on political and cultural life in Spain and Latin America.

ABBREVIATIONS

ABREVIATURAS

abbreviation	*abbr/abrev*	abreviatura
adjective	*adj*	adjetivo
adverb	*adv*	adverbio
Latin American Spanish	*Amér*	español latinoamericano
Andean Spanish	*Andes*	español de los Andes
Argentinian Spanish	*Arg*	español de Argentina
before noun	*antes de s*	antes de sustantivo
article	*art*	artículo
auxiliary	*aux*	auxiliar
Bolivian Spanish	*Bol*	español de Bolivia
Central American Spanish	*CAm*	español de Centroamérica
Caribbean Spanish	*Carib*	español de Caribe
Chilean Spanish	*Chile*	español de Chile
Colombian Spanish	*Col*	español de Colombia
comparative	*compar*	comparativo
conjunction	*conj*	conjunción
continuous	*cont*	continuo
Costa Rican Spanish	*CRica*	español de Costa Rica
Cono Sur Spanish	*CSur*	español del Cono Sur
Cuban Spanish	*Cuba*	español de Cuba
definite	*def*	determinado
demonstrative	*demos*	demostrativo
pejorative	*despec*	despectivo
dated	*desus*	desusado
especially	*esp*	especialmente
exclamation	*excl*	interjeccíon
feminine noun	*f*	sustantivo femenino
informal	*fam*	familiar
figurative	*fig*	figurado
formal	*fml*	formal, culto
inseparable	*fus*	inseparable
generally	*gen*	generalmente
Guatemalan Spanish	*Guat*	español de Guatemala
humorous	*hum*	humorístico
indefinite	*indef*	indeterminado
informal	*inf*	familiar
exclamation	*interj*	interjección
invariable	*inv*	invariable
ironic	*iro/irón*	irónico
literal	*lit*	literal
phrase(s)	*loc*	locución, locuciones
masculine noun	*m*	sustantivo masculino
Mexican Spanish	*Méx*	español de México
noun	*n*	sustantivo
Nicaraguan Spanish	*Nic*	español de Nicaragua
numeral	*num/núm*	número
oneself	*o.s*	
Panamanian Spanish	*Pan*	español de Panamá
pejorative	*pej*	despectivo
personal	*pers*	personal
Peruvian Spanish	*Perú*	español de Perú
phrase(s)	*phr*	locución, locuciones
plural	*pl*	plural

ABBREVIATIONS

ABREVIATURAS

possessive	*poss/poses*	posesivo
past participle	*pp*	participio pasado
preposition	*prep*	preposición
Porto Rican Spanish	*PRico*	español de Puerto Rico
pronoun	*pron*	pronombre
past tense	*pt*	pasado, pretérito
registered trademark	®	marca registrada
relative	*relat*	relativo
River Plate Spanish	*RP*	español del Río de la Plata
noun	*s*	sustantivo
someone, somebody	*sb*	
Scottish English	*Scot*	inglés de Escocia
separable	*sep*	separable
singular	*sg*	singular
slang	*sl*	argot
something	*sthg*	
subject	*subj/suj*	sujeto
superlative	*superl*	superlativo
uncountable noun	*U*	sustantivo 'incontable'
British English	*UK*	inglés británico
Uruguayan Spanish	*Urug*	español de Uruguay
American English	*US*	inglés americano
verb	*vb/v*	verbo
Venezuelan Spanish	*Ven*	español de Venezuela
intransitive verb	*vi*	verbo intransitivo
impersonal verb	*v impers*	verbo impersonal
pronominal verb	*vpr*	verbo pronominal
transitive verb	*vt*	verbo transitivo
vulgar	*vulg*	vulgar
cultural equivalent	≃	equivalente cultural

FIELD LABELS

CAMPOS SEMÁNTICOS

administration	**ADMIN**	administración
aeronautics, aviation	**AERON**	aeronáutica
agriculture	**AGR**	agricultura
anatomy	**ANAT**	anatomía
archeology	**ARCHEOL**	arqueología
architecture	**ARCHIT/ARQUIT**	arquitectura
astrology	**ASTROL**	astrología
astronomy	**ASTRON**	astronomía
automobile, cars	**AUT(OM)**	automóviles
biology	**BIOL**	biología
botany	**BOT**	botánica
chemistry	**CHEM**	química
cinema, film–making	**CIN(EMA)**	cine
commerce, business	**COM(M)**	comercio
information technology	**COMPUT**	informática
construction, building	**CONSTR**	construcción
culinary, cooking	**CULIN**	cocina
sport	**DEP**	deporte
juridical, legal	**DER**	derecho
ecology	**ECOLOG**	ecología
economics	**ECON**	economía
school, education	**EDUC**	educación, escuela
electricity, electronics	**ELEC(TR)**	electricidad, electrónica
pharmacology, pharmaceuticals	**FARM**	farmacología, farmacia
finance, financial	**FIN**	finanzas
physics	**FÍS**	física
photography	**FOTO**	fotografía
soccer	**FTBL**	fútbol
geography	**GEOGR**	geografía
geology, geological	**GEOL**	geología
geometry	**GEOM**	geometría
grammar	**GRAM(M)**	gramática
history	**HIST**	historia
industry	**IND**	industria
information technology	**INFORM**	informática
juridical, legal	**JUR**	juridico, derecho
linguistics	**LING**	lingüística
literature	**LITER**	literatura
mathematics	**MAT(H)**	matemáticas
mechanical engineering	**MEC**	mecánica
medicine	**MED**	medicina
metallurgy	**METAL**	metalurgia
weather, meteorology	**METEOR**	meteorología
military	**MIL**	militar
mining	**MIN**	mineralogía
mythology	**MYTH/MITOL**	mitología
music	**MUS/MÚS**	música
nautical, maritime	**NAUT/NÁUT**	náutica
pharmacology, pharmaceuticals	**PHARM**	farmacología, farmacia
photography	**PHOT**	fotografía
physics	**PHYS**	física
politics	**POL(ÍT)**	política
press, journalism	**PRENS**	periodismo
psychology	**PSYCH/PSICOL**	psicología

FIELD LABELS

chemistry	**QUÍM**	química
railways	**RAIL**	ferrocarril
religion	**RELIG**	religión
school, education	**SCH**	educación, escuela
sociology	**SOCIOL**	sociología
Stock Exchange	**ST EX**	bolsa
bullfighting	**TAUROM**	tauromaquia
theatre	**TEATR**	teatro
technical, technology	**TECH/TECN**	técnico, tecnología
telecommunications	**TELEC(OM)**	telecomunicaciones
printing, typography	**TYPO**	imprenta
television	**TV**	televisión
university	**UNI**	universidad
veterinary science	**VETER**	veterinaria
zoology	**ZOOL**	zoología

CAMPOS SEMÁNTICOS

LA ORDENACIÓN ALFABÉTICA EN ESPAÑOL

En este diccionario se ha seguido la ordenación alfabética internacional. Esto significa que las entradas con **ch** aparecerán después de **cg** y no al final de **c**; del mismo modo las entradas con **ll** vendrán después de **lk** y no al final de **l**. Adviértase, sin embargo, que la letra **ñ** *sí* se considera letra aparte y sigue a la **n**.

SPANISH ALPHABETICAL ORDER

The dictionary follows international alphabetical order. Thus entries with **ch** appear after **cg** and not at the end of **c**. Similarly, entries with **ll** appear after **lk** and not at the end of **l**. Note, however, that **ñ** *is* treated as a separate letter and follows **n**.

LOS COMPUESTOS EN INGLÉS

En inglés se llama compuesto a una locución sustantiva de significado único pero formada por más de una palabra; p.ej. **point of view, kiss of life** o **virtual reality**. Uno de los rasgos distintivos de este diccionario es la inclusión de estos compuestos con entrada propia y en riguroso orden alfabético. De esta forma **blood test** vendrá después de **bloodshot**, el cual sigue a **blood pressure**.

ENGLISH COMPOUNDS

A compound is a word or expression which has a single meaning but is made up of more than one word, e.g. **point of view, kiss of life** and **virtual reality**. It is a feature of this dictionary that English compounds appear in the A–Z list in strict alphabetical order. The compound **blood test** will therefore come after **bloodshot** which itself follows **blood pressure**.

PHONETICS	FONÉTICA

English vowels / Vocales españolas

English vowels		Vocales españolas	
[ɪ]	pit, big, rid	[i]	piso, imagen
[e]	pet, tend	[e]	tela, eso
[æ]	pat, bag, mad	[a]	pata, amigo
[ʌ]	run, cut	[o]	bola, otro
[ɒ]	pot, log	[u]	luz, luna
[ʊ]	put, full		
[ə]	mother, suppose		
[iː]	bean, weed		
[ɑː]	barn, car, laugh		
[ɔː]	born, lawn		
[uː]	loop, loose		
[ɜː]	burn, learn, bird		

English dipthongs / Diptongos españoles

English dipthongs		Diptongos españoles	
[eɪ]	bay, late, great	[ei]	ley, peine
[aɪ]	buy, light, aisle	[ai]	aire, caiga
[ɔɪ]	boy, foil	[oi]	soy, boina
[əʊ]	no, road, blow	[au]	causa, aula
[aʊ]	now, shout, town	[eu]	Europa, deuda
[ɪə]	peer, fierce, idea		
[eə]	pair, bear, share		
[ʊə]	poor, sure, tour		

English semi-vowels / Semivocales españoles

English semi-vowels		Semivocales españoles	
[j]	you, spaniel	[j]	hierba, miedo
[w]	wet, why, twin	[w]	agua, hueso

English Consonants / Consonantes españoles

English Consonants		Consonantes españoles	
[p]	pop, people	[p]	papá, campo
[b]	bottle, bib	[b]	vaca, bomba
[t]	train, tip	[β]	curvo, caballo
[d]	dog, did	[t]	toro, pato
[k]	come, kitchen	[d]	donde, caldo
[g]	gag, great	[k]	que, cosa
[tʃ]	chain, wretched	[g]	grande, guerra
[dʒ]	jet, fridge	[ɣ]	aguijón, iglesia
[f]	fib, physical	[tʃ]	ocho, chusma
[v]	vine, live	[f]	fui, afán

[θ]	think, fifth		[θ]	cera, paz
[ð]	this, with		[ð]	cada, pardo
[s]	seal, peace		[s]	solo, paso
[z]	zip, his		[z]	andinismo
[ʃ]	sheep, machine		[x]	gemir, jamón
[ʒ]	usual, measure		[m]	madre, cama
[h]	how, perhaps		[n]	no, pena
[m]	metal, comb		[ŋ]	banca, encanto
[n]	night, dinner		[ɳ]	caña
[ŋ]	sung, parking		[l]	ala, luz
[l]	little, help		[r]	atar, paro
[r]	right, carry		[r]	perro, rosa
			[ʎ]	llave, collar

Los símbolos ['] y [ˌ] indican que la sílaba siguiente lleva un acento primario o secundario respectivamente.

The symbol ['] indicates that the following syllable carries primary stress and the symbol [ˌ] that the following syllable carries secondary stress.

El símbolo [ʳ] en fonética inglesa indica que la **r** al final de palabra se pronuncia sólo cuando precede a una palabra que comienza por vocal. Adviértase que casi siempre se pronuncia en inglés americano.

The symbol [ʳ] in English phonetics indicates that the final **r** is pronounced only when followed by a word beginning with a vowel. Note that it is nearly always pronounced in American English.

CÓMO UTILIZAR ESTE DICCIONARIO LAROUSSE

¿Cómo podemos encontrar la palabra o la expresión que buscamos?

De entrada, hay que preguntarse:

¿Es una palabra o una abreviatura?
¿Es un nombre compuesto?
¿Es una expresión o una locución?
¿Es un verbo con preposición?
¿Es un verbo pronominal?
¿Es una forma verbal irregular?

Palabras y abreviaturas

Por regla general, encontraremos la palabra que buscamos en el lugar que le corresponde en el orden alfabético. Si queremos traducir una palabra española al inglés, miraremos en la parte español – inglés del diccionario y, si ignoramos el sentido de una palabra inglesa, miraremos en la parte inglés – español. La palabra en **negrita** que aparece al principio de cada artículo se llama "entrada".

Las entradas que empiezan con **mayúscula** aparecen después de las que se escriben igual pero empiezan con minúscula.

> **ad** [æd] (*abbr of* **advertisement**) *n* anuncio *m*.
> **AD** (*abbr of* **Anno Domini**) d. C.

Las palabras con **guión, apóstrofo** o **puntos** aparecen después de las que se escriben igual pero sin ninguno de estos signos.

> **its** [ɪts] *poss adj* su, sus (*pl*); **the dog broke ~ leg** el perro se rompió la pata.
> **it's** [ɪts] = **it is, it has**.

Las entradas con **acento ortográfico** se encuentran después de las que se escriben igual pero sin acento.

> **papa** *f* potato; **no saber ni ~** *fam* not to have a clue.
> ➛ **Papa** *m* Pope.
> **papá** *m fam* dad, daddy, pop *US*; **~ grande**

En algunos casos, la entrada va seguida de un número **superíndice.** Esto quiere decir que, inmediatamente antes o inmediatamente después, hay otra entrada, también con un número, que se escribe igual pero que tiene un significado o una pronunciación completamente distintos. Son lo que llamamos homógrafos. Atención: ¡tenemos que asegurarnos de que no nos equivocamos de entrada! Hay que prestar mucha atención a la categoría gramatical.

> **sino¹** *m* fate, destiny.
> **sino²** *conj* **- 1.** [para contraponer] but; **no lo hizo él, ~ ella** he didn't do it, she did; **no sólo es listo, ~ también trabajador** he's not only clever but also hardworking **- 2.** [para exceptuar] except, but; **¿quién ~ tú lo haría?** who else but you would do it?; **no quiero ~ que...**

A veces, encontraremos palabras precedidas por un **rombo negro** (➛), llamadas "subentradas". Los verbos frasales ingleses, así como los verbos pronominales españoles entran dentro de esta categoría.

> ➛ **go after** *vt fus* ir a por *or* detrás de.
> ➛ **go against** *vt fus* **- 1.** [conflict with, be unfavourable to] ir en contra de **- 2.** [act contrary...

Si lo que buscamos es una palabra que posee una forma con **mayúscula** inicial con un sentido distinto al de la forma con minúscula inicial, la encontraremos bajo la forma sin mayúscula pero precedida por un rombo negro.

> **salvador, ra** ◇ *adj* saving. ◇ *m,f* [persona] saviour.
> ➥ **Salvador** *m* **-1.** *RELIG*: **el Salvador** the Saviour **-2.** *GEOGR*: **El Salvador** El Salvador.

Igualmente, si buscamos un nombre que, en plural, tiene un significado distinto del singular (como **padre/padres** en español), la encontraremos bajo la forma en singular: la palabra en plural aparece como subentrada precedida por el símbolo (➥).

> **padre** ◇ *m* [gen & *RELIG*] father; ~ **de familia** head of the family; ~ **espiritual** con...
> ➥ **padres** *mpl* **-1.** [padre y madre] parents **-2.** [antepasados] ancestors, forefathers.

Algunos nombres aparecen directamente en **plural** en la lista alfabética, ya sea porque no existen en singular o porque este último es poco frecuente (**scissors** en inglés, **gafas** en español).

Nombres compuestos

Un nombre compuesto es una expresión que tiene un significado global pero que está formada por varias palabras (p. ej. **billete sencillo** o **joint venture**). En la parte español-inglés, encontraremos estos compuestos en la entrada correspondiente a su primer elemento. Así, **billete sencillo** aparecerá en **billete**. Los distintos nombres compuestos **billete de andén, billete de ida, billete kilométrico**, etc. aparecen ordenados alfabéticamente, sin tener en cuenta la preposición que los une (por ejemplo **de** en **billete de ida**). En la sección de inglés-español, los compuestos ingleses aparecen en estricto orden alfabético. Así que el compuesto **blood donor** aparece después de **bloodcurdling**, el cual viene después de **blood count**.

> **billete** *m* **-1.** [dinero] note *UK*, bill *US* **-2.** [de rifa, transporte, cine etc] ticket; **'no hay ~s'** *TEATR* 'sold out'; ~ **de andén** platform ticket; ~ **de ida** single (ticket); ~ **de ida y vuelta** return (ticket) *UK*, round-trip (ticket) *US*; ~ **kilométrico** *ticket to travel a set distance*;...

Cuando el compuesto en español está muy lexicalizado, es decir, cuando se considera más una unidad que la suma de dos o más palabras, se trata aparte, precedido por un rombo negro, con el fin de ponerlo en relieve.

> **bóveda** *f ARQUIT* vault.
> ➥ **bóveda celeste** *f* firmament.
> ➥ **bóveda craneal** *f* cranial vault.

Expresiones y locuciones

Deberemos buscar todas las expresiones y locuciones bajo el primer nombre que las forman. Si en la expresión no hay ningún nombre, la buscaremos bajo el verbo. En el interior de cada artículo, las expresiones aparecen en negrita y el símbolo ~ representa la entrada.

> **time** [taɪm] ◇ *n* **-1.** [gen] tiempo *m*; **a good ~ to go** un buen momento de irnos; **ahead of ~** temprano; **in good ~** con tiempo; **on ~** puntualmente; **to take ~** llevar tiempo; **it's (about) ~ to ...** ya es hora de ...; **to get the ~ to do sthg** coger el tiempo para hacer algo; **it's high ~ ...** ya va siendo hora de ...; **to get ~ and a half** recibir el pago establecido más la mitad de éste; **to have no ~ for** no poder con...

Algunas expresiones ya hechas que tienen un valor gramatical global (locuciones), tales como **a pesar de** en español o **in spite of** en inglés, aparecen bajo el primer elemento importante precedidas por el símbolo (➥).

> **spite** [spaɪt] ◇ *n* rencor *m*; **to do sthg out of** *OR* **from ~** hacer algo por despecho. ◇ *vt* fastidiar, molestar.
> ➥ **in spite of** *prep* a pesar de; **I did it in ~ of...**

Este sistema permite poner de relieve la diferencia de sentido y función gramatical entre la locución y la entrada bajo la que aparece.

> **pesar** ◇ *m* **-1.** [tristeza] grief **-2.** [arrepentimiento] remorse **-3.** *loc:* **a ~ mío** against my...
> ➡ **a pesar de** *loc prep* despite; **a ~ de ...**

Verbos pronominales

La mayoría de los verbos pronominales aparecen bajo la forma principal que les corresponde, precedidos por el símbolo (➡).

> **conformar** *vt* [configurar] to shape.
> ➡ **conformarse con** *vpr* [suerte, destino] to resign o.s. to; [apañárselas con] to make do with; [contentarse con] to settle for.

Formas irregulares

Si ignoramos a qué infinitivo corresponde una determinada forma verbal, es posible

> **obligue** *etc* ▷ **obligar**.

que se trate de una forma irregular. La tabla de conjugación (al final de la obra) nos permitirá encontrar el infinitivo, pero si, además, buscamos la forma en cuestión en el cuerpo del diccionario, también la encontraremos.

Cómo encontrar la traducción correcta

Una vez localizada la palabra o la expresión buscada, es posible que tenga varias traducciones. No importa, encontraremos en el diccionario todos los elementos necesarios para identificar la traducción que estamos buscando.

> **accept** [ək'sept] ◇ *vt* **-1.** [gen] aceptar **-2.** [difficult situation, problem] asimilar **-3.** [defeat, blame, responsibility] asumir, admitir **-4.** [agree]: **to ~ that** admitir que **-5.** [subj: machine - coins, tokens] funcionar con, admitir. ◇ *vi* aceptar.

1ᵉʳ Paso Imaginemos que queremos traducir he accepted the blame.
Examinemos primero el artículo **accept** de la parte inglés-español.
Tras el número 3, encontraremos la palabra que se utiliza en este sentido.

> **blame** [bleɪm] ◇ *n* culpa *f*; **to take the ~ for** hacerse responsable de; **to be to ~ for** ser el culpable de. ◇ *vt* echar la culpa a, culpar; **to ~ sthg on sthg/sb, to ~ sthg/sb for sthg** culpar algo/a alguien de algo.

2ᵉ Paso Pasemos ahora a la segunda palabra que debemos buscar: blame. Examinemos el artículo blame.

Atención: Es importante buscar en primer lugar la categoría gramatical correcta. Cada cambio de categoría aparece introducido por un rombo blanco (◇). En este caso debemos buscar en la categoría gramatical n.

3ᵉ Paso Al leer las traducciones propuestas para el sentido número 3 de accept, encontraremos la palabra que debemos utilizar para describir **culpabilidad**: la traducción será asumir.

4ᵉ Paso Ahora deberemos aplicar las traducciones elegidas a la frase que queremos traducir: asumió la culpa.

Información de tipo cultural

Con el fin de comprender y hablar mejor una lengua extranjera, es necesario obtener información sobre las especificidades culturales del país en cuestión. Sin embargo, el lugar apropiado para este tipo de información no es el interior de una entrada de diccionario. Así pues, el lector español encontrará en la parte inglés-español unos recuadros que le informarán sobre las particularidades culturales de Gran Bretaña o Estados Unidos.

A LEVEL

Los *A levels* son exámenes que realizan los alumnos en Gran Bretaña (excepto en Escocia) sobre una materia concreta escogida previamente por ellos. Se suelen hacer a los 18 años de edad tras un curso de dos años. Para el acceso a las universidades se requieren habitualmente tres *A levels*; no obstante, mucha gente estudia *A levels* simplemente para mejorar su currículum.

El recuadro de **A levels** nos explica un sistema educativo propio de Gran Bretaña que en España no cuenta con un equivalente.

HOW TO USE THE DICTIONARY

How to find the word or expression you are looking for:

First ask yourself some basic questions:

Is it a single word, a hyphenated word or an abbreviation?
Is it a compound noun?
Is it a phrase?
Is it a reflexive verb?
Is it a Spanish irregular verb form?

Single words, hyphenated words and abbreviations

As a rule, you can find the word you are looking for in its alphabetical order. If you want to translate an English word into Spanish, you should look on the English–Spanish side of the dictionary, and if you want to know what a Spanish term means, you should look on the Spanish–English side. The word in **bold** at the start of each entry is called the 'headword'.

Entries beginning with a **capital** appear after those spelled the same way but with a small letter.

> **ad** [æd] (*abbr of* **advertisement**) *n* anuncio *m*.
> **AD** (*abbr of* **Anno Domini**) d. C.

Words with a **hyphen**, a **full stop** or an **apostrophe** come after those spelled the same way but without any of these punctuation marks.

> **its** [ɪts] *poss adj* su, sus (*pl*); **the dog broke ~ leg** el perro se rompió la pata.
> **it's** [ɪts] = **it is**, **it has**.

In some cases, the entry is followed by a number in **superscript**. This means that just before or just after there is another entry, also followed by a number, which is written the same way but which has a completely different meaning or pronunciation. You must take care not to choose the wrong entry.

> **sino¹** *m* fate, destiny.
> **sino²** *conj* **-1.** [para contraponer] but; **no lo hizo él, ~ ella** he didn't do it, she did; **no sólo es listo, ~ también trabajador** he's not only clever but also hardworking **-2.** [para exceptuar] except, but; **¿quién ~ tú lo haría?** who else but you would do it?; **no quiero ~ que...**

> ⬧ **go after** *vt fus* ir a por OR detrás de.
> ⬧ **go against** *vt fus* **-1.** [conflict with, be unfavourable to] ir en contra de **-2.** [act contrary...

You will sometimes see words followed by a grey lozenge, called sub-entries. English phrasal verbs fall into this category.

> **afternoon** [ˌɑːftə'nuːn] *n* tarde *f*; **in the ~** por la tarde; **at three in the ~** a las tres de la tarde; **good ~** buenas tardes.
> ⬧ **afternoons** *adv US* por las tardes.

If you are looking up a noun which has a form with an initial capital which has a different meaning from the form without a capital, you should look at the form without a capital.

> **salvador, ra** ◇ adj saving. ◇ m,f [persona] saviour.
> ➤ **Salvador** m **-1.** RELIG: **el Salvador** the Saviour **- 2.** GEOGR: **El Salvador** El Salvador.

If you are looking up a noun which, in the plural, has a different meaning from the noun in its singular form (like **glass/glasses** in English), you will find it under the singular form; the plural form will be there as a sub-entry, indicated by the symbol ➤.

> **glass** [glɑ:s] ◇ n **-1.** [material] vidrio m, cristal m **- 2.** [drinking vessel, glassful] vaso m; [with stem] copa f **- 3.** (U) [glassware] cristalería f. ◇ comp de vidrio, de cristal.
> ➤ **glasses** npl [spectacles] gafas fpl.

Some plural nouns appear as headwords in their own right when they are never or rarely used in the singular (e.g. **gafas** in Spanish, **scissors** in English).

Compound nouns

A compound is a word or expression which has a single meaning but is made up of more than one word, e.g. **point of order, kiss of life, virtual reality, International Monetary Fund**. It is a feature of this dictionary that English compounds appear in the A–Z list in strict alphabetical order. The compound **blood donor** will therefore come after **blood-curdling** which itself follows **blood count**.

> **blood count** n recuento m de glóbulos.
> **bloodcurdling** ['blʌd,kɜːdlɪŋ] adj espeluznante.
> **blood donor** n donante m OR f de sangre.

On the Spanish-English side however you should look under the first element of the compound. So, for example, you will find **billete sencillo** at the entry **billete**. If there is more than one compound within an entry they will appear in their alphabetical order within the entry, regardless of any preposition between the two parts of the compound. So at **billete** you will find **billete de ida** after **billete de andén** and before **billete sencillo**.

Some compounds that have distinct meanings from the main entry are treated separately as sub-entries, preceded by a black lozenge.

> **bóveda** f ARQUIT vault.
> ➤ **bóveda celeste** f firmament.
> ➤ **bóveda craneal** f cranial vault.

Phrases

If looking for a phrase, you should look first under the noun that is used in the phrase. If there is no noun, then you should look under the adjective, and if there is no adjective, under the verb. Phrases appear in entries in bold, the symbol ~ standing for the headword.

time [taɪm] ⟨⟩ *n* **-1.** [gen] tiempo *m*; **a good ~ to go** un buen momento de irnos; **ahead of ~** temprano; **in good ~** con tiempo; **on ~** puntualmente; **to take ~** llevar tiempo; **it's (about) ~ to ...** ya es hora de ...; **to get the ~ to do sthg** coger el tiempo para hacer algo; **it's high ~ ...** ya va siendo hora de ...; **to get ~ and a half** recibir el pago establecido más la mitad de éste; **to have no ~ for** no poder con...

Some very fixed phrases like **in spite of** in English or **a pesar de** in Spanish are entered under the first important element and preceded by ➧.

spite [spaɪt] ⟨⟩ *n* rencor *m*; **to do sthg out of** OR **from ~** hacer algo por despecho. ⟨⟩ *vt* fastidiar, molestar.
➧ **in spite of** *prep* a pesar de; **I did it in ~ of...**

pesar ⟨⟩ *m* **-1.** [tristeza] grief **-2.** [arrepentimiento] remorse **-3.** *loc*: **a ~ mío** against my...
➧ **a pesar de** *loc prep* despite; **a ~ de ...**

Reflexive verbs

Spanish reflexive verbs are entered under the main form, after the symbol ➧.

patear ⟨⟩ *vt* [dar un puntapié] to kick; [pisotear] to stamp on. ⟨⟩ *vi* **-1.** [patalear] to stamp one's feet **-2.** *fam fig* [andar] to tramp.
➧ **patearse** *vpr* [recorrer] to tramp.

Irregular forms

Irregular forms of nouns, adjectives and verbs appear in the dictionary as entries with cross-references to the main form.

ate [*UK* et, *US* eɪt] *pt* ⊳ **eat**.

How to find the right translation

Once you have found the word or phrase that you are looking for, there may be several different translations given from which to choose. However, all the necessary information to help you find the right translation is given.

Step 1 Imagine that you want to translate **he accepted the blame** into Spanish.

Go first to the entry **accept** on the English-Spanish side of the dictionary. At sense 3 you will find the verb used in this context: **asumir**.

accept [ək'sept] ⟨⟩ *vt* **-1.** [gen] aceptar **-2.** [difficult, situation, problem] asimilar **-3.** [defeat, blame, responsibility] asumir, admitir **-4.** [agree]: **to ~ that** admitir que **-5.** [subj: machine - coins, tokens] funcionar con, admitir. ⟨⟩ *vi* aceptar.

Step 2 Go now to the entry for the second word that needs to be translated, blame.

NB It is important first to find the correct grammatical category (each new category is introduced by ◇). Blame is a noun in this example and so you should look under the noun category (labelled n).

> **blame** [bleɪml] ◇ n culpa f; **to take the** ~ **for** hacerse responsable de; **to be to** ~ **for** ser el culpable de. ◇ vt echar la culpa a, culpar; **to** ~ **sthg on sthg/sb, to** ~ **sthg/sb for sthg** culpar algo/a alguien de algo.

Step 3 On examining the noun category, you will find that the translation used is **culpa**.

Step 4 The words selected can now be put together in the phrase to be translated, to give: **asumió la culpa**.

Cultural information

An appreciation of the culture of a foreign country is key to being able to understand and speak its language well. Cultural information on Spain and Latin America is provided in this dictionary in boxes on the Spanish–English side of the dictionary.

As A levels are part of an education system unique to the UK, there is no real equivalent in Spanish and a box is required to explain it.

> **A LEVEL**
> Los A levels son exámenes que realizan los alumnos en Gran Bretaña (excepto en Escocia) sobre una materia concreta escogida previamente por ellos. Se suelen hacer a los 18 años de edad tras un curso de dos años. Para el acceso a las universidades se requieren habitualmente tres A levels; no obstante, mucha gente estudia A levels simplemente para mejorar su currículum.

TRADEMARKS

Words considered to be trademarks are marked with the symbol ®. However, neither the presence nor the absence of such designation should be regarded as affecting the legal status of any trademark.

NOMBRES DE MARCAS

Los nombres de marca aparecen señalados en este diccionario con el símbolo ®. Sin embargo, ni este símbolo ni su ausencia son representativos de la situación legal de la marca.

SPANISH VERBS

Spanish verbs have a number (from [1] to [81]), which refers to the conjugation table given at the back of the dictionary. This number is not repeated for reflexive verbs when they are subentries.

VERBOS ESPAÑOLES

Los verbos españoles llevan un número (del [1] al [81]) que hace referencia a la tabla de conjugación que aparece al final de la obra. El número no se repite en los verbos pronominales cuando son subentradas.

LISTA DE RECUADROS CULTURALES ESPAÑOLES
LIST OF SPANISH CULTURAL BOXES

REAL ACADEMIA
 ESPAÑOLA
APERTURA
BONOLOTO
BUP
CASA ROSADA
COMUNIDAD
 AUTÓNOMA
COU
DÍA DE LOS INOCENTES
DIPUTACIÓN
DNI
DOCTOR
EDUCACIÓN PRIMARIA
ESO
23 F

LA FALANGE ESPAÑOLA
FIESTA MAYOR
FP
FRANQUISMO
GALLEGO
EL GORDO
GUARDIA CIVIL
LICENCIADO
LOTERÍA PRIMITIVA
MATE
MAYAS
LA MONCLOA
MOROS Y CRISTIANOS
20 N
ONCE
PAGA EXTRA

PALACIO DE LA MONEDA
PARADOR NACIONAL
PASO DEL ECUADOR
PICARESCA
LOS PINOS
REYES MAGOS
RODRÍGUEZ
SINCRETISMO
SOBREMESA
TAUROMAQUIA
TRANSICIÓN
TUNA
UVAS DE LA SUERTE
ZARZUELA

LISTA DE RECUADROS CULTURALES INGLESES
LIST OF ENGLISH CULTURAL BOXES

A LEVEL
BEST MAN
BILL OF RIGHTS
BROADSHEET/BROADSIDE
BUILDING SOCIETY
CHURCH OF ENGLAND
THE CITY
CONGRESS
CONSTITUTION
DOWNING STREET
ELECTION
ENGLISH BREAKFAST
FLEET STREET
FOURTH OF JULY
FRATERNITY

GREEN CARD
GUY FAWKES' NIGHT
HALLOWEEN
HOUSE OF COMMONS
HOUSE OF LORDS
L
LABOR DAY
LICENSING HOURS
MEDICARE/MEDICAID
NATIVE AMERICAN
PANTOMIME
PENTAGON
PLEDGE OF ALLEGIANCE
POLITICALLY CORRECT
POPPY DAY

PRIMARIES
PUB
PUBLIC SCHOOL
SAT
SENATE
SUPREME COURT
TABLOID
THANKSGIVING
WALL STREET
WESTMINSTER
WHITEHALL
WHITE HOUSE
WORLD SERIES
YANKEE

a¹ (*pl* aes), **A** (*pl* Aes) *f* [letra] a, A.

a² *prep* (*a* + *el* = *al*) **- 1.** [periodo de tiempo]: **a las pocas semanas** a few weeks later; **al mes de casados** a month after they were married; **al día siguiente** the following day **- 2.** [momento preciso] at; **a las siete** at seven o'clock; **a los 11 años** at the age of 11; **al caer la noche** at nightfall; **al oír la noticia, se desmayó** on hearing the news, she fainted **- 3.** [frecuencia]: **40 horas a la semana** 40 hours per *o* a week; **tres veces al día** three times a day **- 4.** [dirección] to; **voy a Sevilla** I'm going to Seville; **me voy al extranjero** I'm going abroad; **llegó a Barcelona/la fiesta** he arrived in Barcelona/at the party **- 5.** [posición]: **a la puerta** at the door; **está a la derecha/izquierda** it's on the right/left; **a orillas del mar** by the sea **- 6.** [distancia]: **está a más de cien km de aquí** it's more than a hundred km from here **- 7.** [con complemento indirecto]: **dáselo a Juan** give it to Juan; **dile a Juan que venga** tell Juan to come **- 8.** [con complemento directo]: **quiere a sus hijos/su gato** she loves her children/her cat **- 9.** [cantidad, medida, precio]: **a cientos/miles/docenas** by the hundred/thousand/dozen; **a 90 km por hora** (at) 90 km per hour; **¿a cuánto están las peras?** how much are the pears?; **tiene las peras a cien pesetas** she's selling pears for *o* at a hundred pesetas; **ganaron tres a cero** they won three nil **- 10.** [modo]: **lo hace a la antigua** he does it the old way; **a lo bestia** rudely; **a lo grande** *fam* in style; **a lo Mozart** in Mozart's style; **a cuadros** checked; **a escondidas** secretly; **poco a poco** little by little; **me quieren como a una madre** they love me like a mother **- 11.** [instrumento]: **escribir a máquina** to use a typewriter; **a lápiz** in pencil; **a mano** by hand; **olla a presión** pressure cooker **- 12.** (*después de verbo y antes de infin*) [finalidad] to; **entró a pagar** he came in to pay; **aprender a nadar** to learn to swim **- 13.** (*después de sust y antes de infin*) [complemento de nombre]: **sueldo a convenir** salary to be agreed; **temas a tratar** matters to be discussed **- 14.** (*antes de infin*) [condición]: **a no ser por mí, hubieses fracasado** you wouldn't have done it if it hadn't been for me **- 15.** [en oraciones imperativas]: **¡a la cama!** go to bed!; **¡a callar todo el mundo!** quiet, everyone!; **¡a bailar!** let's dance! **- 16.** (*antes de 'por'*) [en busca de]: **ir a por pan** to go for some bread **- 17.** [indica desafío]: **¿a que no lo haces?** I bet you won't do it!

AA *mpl* (*abrev de* **Alcohólicos Anónimos**) AA.

AA EE *m abrev de* **Ministerio de Asuntos Exteriores.**

ábaco *m* abacus.

abad, desa *m, f* abbot (*f* abbess).

abadía *f* abbey.

abajo ◇ *adv* **- 1.** [posición - gen] below; [- en edificio] downstairs; **vive (en el piso de)** ~ she lives downstairs; **está aquí/allí** ~ it's down here/there; ~ **del todo** right at the bottom; **más** ~ further down **- 2.** [dirección] down; **ve** ~ [en edificio] go downstairs; **ha-**

cia/para ~ down, downwards; **calle/escaleras** ~ down the street/stairs; **río** ~ downstream **-3.** [en un texto] below. <> *interj*: **¡** ~ ...! down with ...!; **¡** ~ **la dictadura!** down with the dictatorship!

➡ **abajo de** *loc prep* less than.

➡ **de abajo** *loc adj* bottom; **el estante de** ~ the bottom shelf.

abalanzarse [13] *vpr*: ~ **sobre** to fall upon; ~ **hacia** to rush towards.

abalear *vt Andes, CAm, Ven* to shoot at.

abalorio *m (gen pl)* **-1.** [cuenta] glass bead **-2.** [bisutería] trinket.

abanderado *m lit & fig* standard-bearer.

abandonado, da *adj* **-1.** [desierto] deserted **-2.** [desamparado] abandoned **-3.** [descuidado - persona] unkempt; [- jardín, casa] neglected; **dejar** ~ to abandon.

abandonar *vt* **-1.** [gen] to abandon; [lugar, profesión, cónyuge] to leave **-2.** [desatender - obligaciones, estudios] to neglect.

➡ **abandonarse** *vpr* **-1.** [de aspecto] to neglect o.s., to let o.s. go **-2.** [a una emoción]: ~**se a** [desesperación, dolor] to succumb to; [bebida, drogas] to give o.s. over to.

abandono *m* **-1.** [acción - gen] abandonment; [- de lugar, profesión, cónyuge] leaving; [- de obligaciones, estudios] neglect **-2.** [estado] state of abandon **-3.** *DEP*: **ganar por** ~ to win by default.

abanicar [10] *vt* to fan.

➡ **abanicarse** *vpr* to fan o.s.

abanico *m* **-1.** [para dar aire] fan **-2.** *fig* [gama] range.

abaratar *vt* to reduce the price of.

➡ **abaratarse** *vpr* to go down in price.

abarcar [10] *vt* **-1.** [incluir] to embrace, to cover; **abarca varios siglos** it covers several centuries; **quien mucho abarca poco aprieta** *proverb* don't bite off more than you can chew **-2.** [ver] to be able to see, to have a view of; **desde aquí se abarca todo el valle** you can see the whole valley from here.

abarque *etc* ➭ **abarcar**.

abarrotado, da *adj*: ~ **(de)** [teatro, autobús] packed (with); [desván, baúl] crammed (with); **el cine estaba** ~ the cinema was packed.

abarrotar *vt*: ~ **algo (de o con)** [teatro, autobús] to pack sthg (with); [desván, baúl] to cram sthg full (of).

abarrotería *f CAm, Méx* grocer's (shop) *UK*, grocery store *US*.

abarrotero, ra *m,f CAm, Méx* grocer.

abarrotes *mpl Amér* groceries.

abastecer [30] *vt*: ~ **algo/a alguien (de)** to supply sthg/sb (with).

➡ **abastecerse** *vpr*: ~**se (de algo)** to stock up (on sthg).

abastecimiento *m* [cantidad] supply; [acción] supplying; ~ **de agua** water supply.

abasto *m*: **no dar** ~ **para hacer algo** to be unable to cope with doing sthg; **no doy** ~ **con tanto trabajo** I can't cope with all this work.

abatible *adj* reclining; **de alas** ~**s** gatelegged.

abatido, da *adj* dejected.

abatir *vt* **-1.** [derribar - muro] to knock down; [- avión] to shoot down **-2.** [desanimar] to depress.

➡ **abatirse** *vpr*: ~**se (sobre)** to swoop (down on).

abdicación *f* abdication.

abdicar [10] <> *vt*: ~ **el trono (en alguien)** to abdicate the throne (in favour of sb). <> *vi* to abdicate; ~ **de algo** *fig* to renounce sthg.

abdomen *m* abdomen.

abdominal *adj* abdominal.

➡ **abdominales** *mpl*: **hacer** ~**es** to do sit-ups.

abecé *m lit & fig* ABC.

abecedario *m* **-1.** [alfabeto] alphabet **-2.** [libro] spelling book.

abedul *m* birch (tree).

abeja *f* bee; ~ **obrera** worker bee; ~ **reina** queen bee.

abejorro *m* bumblebee.

aberración *f* aberration; **eso es una** ~ that's absurd.

aberrante *adj* aberrant.

abertura *f* opening.

abertzale [aβer'tʃale] *adj & m,f* Basque nationalist.

abeto *m* fir (tree).

abierto, ta <> *pp* ➭ **abrir**. <> *adj* **-1.** [gen] open; **dejar el grifo** ~ to leave the tap on; **llevas la bragueta abierta** your flies are undone; **estar** ~ **a** to be open to; **bien o muy** ~ wide open **-2.** *fig* [liberal] open-minded.

abigarrado, da *adj* multi-coloured; *fig* motley.

abisal *adj* [fosa] deep-sea.

abismal *adj* vast, colossal.

abismar *vt* **-1.** [hundir] to engulf **-2.** [abatir]: ~ **a alguien en algo** to plunge sb into sthg.

➡ **abismarse** *vpr*: ~**se en** [lectura] to be

engrossed o absorbed in; [dolor] to abandon o.s. to.

abismo m **-1.** [profundidad] abyss; **estar al
borde del** ~ to be on the brink of ruin **-2.**
fig [diferencia] gulf; **salvar el** ~ to bridge the
gulf.

Abiyán Abidjan.

abjurar *culto* ◇ *vt* to abjure. ◇ *vi:* ~ **de**
algo to abjure sthg.

ablandamiento m softening.

ablandar *vt* **-1.** [material] to soften **-2.** *fig*
[persona] to move; [ira] to calm.

➤ **ablandarse** *vpr* **-1.** [material] to soften, to
become softer **-2.** *fig* [persona] to be moved;
[ira] to cool off.

ablativo m ablative; ~ **absoluto** ablative
absolute.

ablución *f (gen pl)* ablution.

ablusado, da *adj* loose, baggy.

abnegación *f* abnegation, self-denial.

abnegarse [35] *vpr* to deny o.s.

abobado, da *adj* **-1.** [estupefacto] bewildered **-2.** [estúpido] stupid.

abocado, da *adj:* ~ **a** destined o doomed
to.

abochornar *vt* to embarrass.

➤ **abochornarse** *vpr* to get embarrassed.

abofetear *vt* to slap; ~ **la cara a algn** to
slap sb in the face.

abogacía *f* legal profession.

abogado, da *m,f* **-1.** lawyer, attorney *US*;
~ **defensor** counsel for the defence; ~ **del
estado** public prosecutor; ~ **laboralista**
labour lawyer; ~ **de oficio** legal aid lawyer
-2. *fig* [intercesor] intermediary; [defensor]
advocate; ~ **del diablo** devil's advocate.

abogar [16] *vi* **-1.** *DER* to plead **-2.** *fig* [defen-
der]: ~ **por algo** to advocate sthg; ~ **por alguien** to stand up for sb.

abolengo m lineage; **de (rancio)** ~ of
ancient lineage.

abolición *f* abolition.

abolicionismo m abolitionism.

abolicionista *adj & m,f* abolitionist.

abolir [78] *vt* to abolish.

abolladura *f* dent.

abollar *vt* to dent.

➤ **abollarse** *vpr* to get dented.

abombado, da *adj* buckled o bulging
outwards.

abominable *adj* abominable.

abominación *f* abomination.

abominar ◇ *vt* **-1.** [condenar] to condemn **-2.** [detestar] to abhor, to abominate.

◇ *vi:* ~ **de alguien/algo** [condenar] to
condemn sb/sthg.

abonado, da *m,f* [de teléfono, revista] subscriber; [al fútbol, teatro, transporte] season-
ticket holder.

abonar *vt* **-1.** [pagar] to pay; ~ **algo en la
cuenta de alguien** to credit sb's account
with sthg **-2.** [tierra] to fertilize.

➤ **abonarse** *vpr:* ~**se (a)** [revista] to subscribe (to); [fútbol, teatro, transporte] to buy a
season ticket (for).

abonero, ra *m,f Méx* hawker, street trader.

abono m **-1.** [pase] season ticket **-2.** [fertili-
zante] fertilizer **-3.** [pago] payment **-4.** *Méx*
[plazo] instalment; **pagar en** ~**s** to pay by
instalments.

abordable *adj* [persona] approachable; [te-
ma] that can be tackled; [tarea] manageable.

abordaje m *NÁUT* boarding.

abordar *vt* **-1.** [embarcación] to board **-2.** *fig*
[persona] to approach **-3.** *fig* [tema, tarea] to
tackle.

aborigen *adj* [indígena] indigenous; [de Aus-
tralia] aboriginal.

➤ **aborígenes** *mpl y fpl* [población indígena]
indigenous population *(sg)*; [de Australia]
aborigines.

aborrecer [30] *vt* [actividad] to abhor; [perso-
na] to loathe.

aborrecible *adj* abhorrent, loathsome.

abortar ◇ *vi* [*MED* - espontáneamente] to
have a miscarriage, to miscarry; [- intencio-
nadamente] to have an abortion. ◇ *vt fig*
[hacer fracasar] to foil.

abortista *adj & m,f* abortionist.

abortivo m abortifacient.

aborto m **-1.** [*MED* - espontáneo] miscarriage;
[- intencionado] abortion **-2.** *fam despec* [perso-
na fea] freak.

abotargarse [16] *vpr* to swell (up).

abotonar *vt* to button up.

➤ **abotonarse** *vpr* to do one's buttons up;
[abrigo, camisa] to button up.

abovedado, da *adj* arched, vaulted.

abr. (*abrev de* **abril**) Apr.

abracadabra m abracadabra.

abrace *etc v* ▷ **abrazar**.

abrasador, ra *adj* burning.

abrasar ◇ *vt* **-1.** [quemar - casa, bosque] to
burn down; [- persona, mano, garganta] to
burn; **murieron abrasados** they were
burned to death **-2.** [desecar - suj: sol, calor,
lejía] to scorch; [- suj: sed] to parch. ◇ *vi* [ca-
fé etc] to be burning o boiling hot.

➤ **abrasarse** *vpr* [casa, bosque] to burn

down; [persona] to burn o.s.; [tierra, planta] to get scorched.

abrasivo, va *adj* abrasive.
  ➤ **abrasivo** *m* abrasive.

abrazadera *f* TECN brace, bracket; [en carpintería] clamp.

abrazar [13] *vt* **-1.** [con los brazos] to hug, to embrace; ~ **fuerte a algn** to hold sb tight **-2.** *fig* [doctrina] to embrace.
  ➤ **abrazarse** *vpr* to hug *o* embrace (each other).

abrazo *m* embrace, hug; **un (fuerte)** ~ [en cartas] best wishes.

abrebotellas *m inv* bottle opener.

abrecartas *m inv* paper knife, letter opener.

abrelatas *m inv* tin opener *UK*, can opener *US*.

abrevadero *m* [pila] drinking trough; [natural] watering place.

abrevar *vt* to water, to give water to.

abreviación *f* [de texto] abridgement; [de viaje, estancia] cutting short.

abreviado, da *adj* [texto] abridged; [viaje, estancia] interrupted.

abreviar [8] <> *vt* [gen] to shorten; [texto] to abridge; [palabra] to abbreviate; [viaje, estancia] to cut short. <> *vi*: **para** ~ [al hacer algo] to keep it quick; [al contar algo] to cut a long story short.

abreviatura *f* abbreviation.

abridor *m* **-1.** [abrebotellas] (bottle) opener **-2.** [abrelatas] (tin) opener *UK*, (can) opener *US*.

abrigar [16] *vt* **-1.** [arropar - suj: persona] to wrap up; [- suj: ropa] to keep warm **-2.** *fig* [albergar - esperanza] to cherish; [- sospechas, malas intenciones] to harbour.
  ➤ **abrigarse** *vpr* **-1.** [arroparse] to wrap up **-2.** [resguardarse]: ~**se de** to shelter from.

abrigo *m* **-1.** [prenda] coat, overcoat **-2.** [refugio] shelter; **al** ~ **de** [árbol] under the shelter of; [peligro, ataque] safe from; [lluvia, viento] sheltered from; [ley] under the protection of.

abrigue *etc* ➭ **abrigar**.

abril *m* April; **tiene 17** ~**es** she is 17 (years of age); *ver también* **septiembre**.

abrillantador *m* polish.

abrillantar *vt* to polish.

abrir <> *vt* **-1.** [gen] to open; [alas] to spread; [melón] to cut open **-2.** [agua, gas] to turn on; [luz] to switch on **-3.** [puerta] to unlock, to open; [pestillo] to pull back; [grifo] to turn on; [cremallera] to undo **-4.** [túnel] to dig; [canal,

camino] to build; [agujero, surco] to make **-5.**: **abrir el apetito** to whet one's appetite **-6.** [encabezar - lista] to head; [- manifestación] to lead. <> *vi* [establecimiento] to open.
  ➤ **abrirse** *vpr* **-1.** [sincerarse]: ~**se a alguien** to open up to sb, to confide in sb **-2.** [comunicarse]: ~**se (con)** to be more open (with) **-3.** [posibilidades] to open up **-4.** [cielo] to clear **-5.** *fam* [irse] to clear off.

abrochar *vt* [camisa, botón] to do up; [cinturón] to fasten.
  ➤ **abrocharse** *vpr* to do up; [cinturón] to fasten; **¡abróchate!** [el abrigo] do your coat up!

abrogar [16] *vt* to abrogate, to repeal.

abroncar [10] *vt fam* **-1.** [reprender] to tick off, to tell off **-2.** [abuchear] to boo.

abrótano *m* southernwood.

abrumador, ra *adj* overwhelming.

abrumar *vt* [agobiar] to overwhelm.

abrupto, ta *adj* [escarpado] sheer; [accidentado] rugged.

absceso *m* abscess.

abscisa *f* x-axis.

absentismo *m* **-1.** [de terrateniente] absentee landownership **-2.** [de trabajador]: ~ **laboral** [justificado] absence from work; [injustificado] absenteeism.

ábside *m* apse.

absolución *f* **-1.** DER acquittal **-2.** RELIG absolution.

absolutismo *m* absolutism.

absolutista *adj & m,f* absolutist.

absoluto, ta *adj* [gen] absolute; [silencio, obediencia] total.
  ➤ **en absoluto** *loc adv* [en negativas] at all; [tras pregunta] not at all; **¿te gusta? — en** ~ do you like it? — not at all; **nada en** ~ nothing at all.

absolver [24] *vt*: ~ **a alguien (de algo)** DER to acquit sb (of sthg); RELIG to absolve sb (of sthg).

absorbente *adj* **-1.** [que empapa] absorbent **-2.** [persona, carácter] demanding **-3.** [actividad] absorbing.

absorber *vt* **-1.** [gen] to absorb **-2.** [ocupar el tiempo de] to take up the time of **-3.** [consumir, gastar] to soak up.

absorción *f* absorption.

absorto, ta *adj*: ~ **(en)** absorbed *o* engrossed (in).

abstemio, mia <> *adj* teetotal. <> *m,f* teetotaller.

abstención *f* abstention.

abstencionismo *m* abstentionism.

abstenerse [72] *vpr*: ~ **(de algo/de hacer algo)** to abstain (from sthg/from doing sthg); **le han recomendado que se abstenga del alcohol** she has been advised to stay off the alcohol.

abstinencia *f* abstinence.

abstracción *f* - **1.** [gen] abstraction - **2.** [concentración] concentration.

abstracto, ta *adj* abstract.

➡ **en abstracto** *loc adv* in the abstract.

abstraer [73] *vt* to consider separately, to detach.

➡ **abstraerse** *vpr*: ~**se (de)** to detach o.s. (from).

abstraído, da *adj* lost in thought, engrossed.

abstuviera *etc* ➡ **abstenerse.**

absuelto, ta *pp* ➡ **absolver.**

absuelva *etc* ➡ **absolver.**

absurdo, da *adj* absurd; **lo** ~ **sería que no lo hicieras** it would be absurd for you not to do it.

➡ **absurdo** *m*: **decir/hacer un** ~ to say/do something ridiculous.

abubilla *f* hoopoe.

abuchear *vt* to boo.

abucheo *m* booing.

abuelo, la *m,f* - **1.** [familiar] grandfather (*f* grandmother); **¡cuéntaselo a tu abuela!** *fam* pull the other one!; **éramos pocos y parió la abuela** *fam* that was all we needed; **no necesitar abuela** *fam* to be full of o.s. - **2.** [anciano] old person, old man (*f* old woman).

➡ **abuelos** *mpl* grandparents.

abuhardillado, da *adj* attic *(antes de sust).*

abulia *f* apathy, lethargy.

abúlico, ca <> *adj* apathetic, lethargic. <> *m,f* apathetic *o* lethargic person.

abultado, da *adj* [paquete] bulky; [labios] thick; [cantidad, cifra] inflated.

abultar <> *vt* - **1.** [hinchar] to swell - **2.** [suj: lente] to magnify - **3.** [exagerar] to blow up. <> *vi* - **1.** [ser muy grande] to be bulky - **2.** [tener forma de bulto] to bulge.

abundancia *f* - **1.** [gran cantidad] abundance; **en** ~ in abundance - **2.** [riqueza] plenty, prosperity; **nadar** *o* **vivir en la** ~ to be filthy rich.

abundante *adj* abundant.

abundar *vi* - **1.** [ser abundante] to abound; **abundaban los niños** there were lots of children there - **2.** [estar de acuerdo]: ~ **en** to agree completely with; [insistir] to go into detail about.

abundoso, sa *adj Amér* abundant.

aburguesado, da *adj* bourgeois.

aburguesarse *vpr* to adopt middle-class ways.

aburrido, da <> *adj* - **1.** [harto, fastidiado] bored; **estar** ~ **de hacer algo** to be fed up with doing sthg - **2.** [que aburre] boring. <> *m,f* bore.

aburrimiento *m* boredom; **¡qué** ~**!** what a bore!

aburrir *vt* to bore; **me aburre** I'm bored of it.

➡ **aburrirse** *vpr* to get bored; [estar aburrido] to be bored.

abusado, da *adj Méx* astute, shrewd.

abusar *vi* - **1.** [excederse] to go too far; ~ **de algo** to abuse sthg; ~ **del alcohol** to drink too much; ~ **de alguien** to take advantage of sb - **2.** [forzar sexualmente]: ~ **de alguien** to sexually abuse sb.

abusivo, va *adj* [trato] very bad, appalling; [precio] extortionate.

abuso *m* - **1.** [uso excesivo]: ~ **(de)** abuse (of); ~ **de confianza** breach of confidence; ~**s deshonestos** sexual abuse *(U)* - **2.** [escándalo] scandal.

abusón, ona <> *adj* self-seeking. <> *m,f* self-seeking person.

abyección *f culto* abjection.

abyecto, ta *adj culto* vile, wretched.

a/c *abrev de* **a cuenta.**

a. C. (*abrev de* antes de Cristo) BC.

acá <> *adv* - **1.** [lugar] here; **de** ~ **para allá** back and forth; **más** ~ closer; **¡ven** ~**!** come here! - **2.** [tiempo]: **de una semana** ~ during the last week; **de un tiempo** ~ recently. <> *pron* - **1.** [persona] he (*f* she) - **2.** [cosa] this one.

acabado, da *adj* - **1.** [completo] perfect, consummate - **2.** [fracasado] finished, ruined.

➡ **acabado** *m* [de producto] finish; [de piso] décor.

acabar <> *vt* - **1.** [concluir] to finish - **2.** [consumir - provisiones, dinero] to use up; [- comida] to finish. <> *vi* - **1.** [gen] to finish, to end; **la espada acaba en punta** the sword ends in a point; **el asunto acabó mal** the affair finished *o* ended badly; **cuando acabes, avísame** tell me when you've finished; ~ **de hacer algo** to finish doing sthg - **2.** [haber hecho recientemente]: ~ **de hacer algo** to have just done sthg; **acabo de llegar** I've just arrived - **3.** [terminar por - persona]: ~ **por hacer algo,** ~ **haciendo algo** to end up doing sthg - **4.** [destruir]: ~ **con** [gen] to destroy; [salud] to ruin; [paciencia] to exhaust; [violencia, crimen] to put an end to **- 5.** [matar]: ~ **con alguien** to kill sb; **fig** to be the death of sb **- 6.** *(con adjetivos)* to end up; ~ **loco** to go mad **- 7.** *(en frase negativa)*: **no acabo de entenderlo** I can't quite understand it; **no acaba de parecerme bien** I don't really think it's a very good idea **- 8.** *loc*: **de nunca** ~ never-ending.

   → **acabarse** *vpr* **- 1.** [agotarse] to be used up, to be gone; **se nos ha acabado el petróleo** we're out of petrol; **se ha acabado la comida** there's no more food left, all the food has gone **- 2.** [concluir] to finish, to be over **- 3.** *loc*: **¡se acabó!** [¡basta ya!] that's enough!; [se terminó] that's it, then!

acabóse *m fam*: **¡es el** ~**!** it really is the limit!

acacia *f* acacia.

academia *f* **- 1.** [para aprender] school **- 2.** [institución] academy.

   → **Real Academia Española** *f* institution that sets lexical and syntactical standards for Spanish.

REAL ACADEMIA ESPAÑOLA

This official institution, based in Spain but with counterparts in other Spanish-speaking countries, attempts to set lexical and syntactical standards for Spanish-speakers both in Spain and in Latin America. It publishes periodicals, grammars and regularly updated dictionaries.

---

académico, ca ◇ *adj* academic. ◇ *m,f* academician.

acaecer *v impers culto* to take place, to occur.

acallar *vt* to silence.

acalorado, da *adj* **- 1.** [por cansancio] flushed (with effort) **- 2.** [por calor] hot **- 3.** [apasionado - debate] heated; [- persona] hot under the collar; [- defensor] fervent.

acalorar *vt* **- 1.** [dar calor] to (make) warm **- 2.** [enfadar]: ~ **a alguien** to make sb hot under the collar.

   → **acalorarse** *vpr* **- 1.** [calentarse] to get hot **- 2.** [enfadarse] to get aroused *o* excited.

acampada *f* **- 1.** [acción] camping **- 2.** [lugar] camp site.

acampanado, da *adj* flared.

acampar *vi* to camp.

acanalado, da *adj* [columna] fluted; [tejido] ribbed; [hierro, uralita] corrugated.

acanalar *vt* **- 1.** [terreno] to dig channels in **- 2.** [tejado] to corrugate.

acantilado *m* cliff.

acanto *m* acanthus.

acaparador, ra *adj* greedy.

acaparamiento *m* monopolization.

acaparar *vt* **- 1.** [monopolizar] to monopolize; [mercado] to corner; **acaparaba las miradas de todos** all eyes were on her **- 2.** [guardarse] to hoard.

acápite *m Amér* paragraph.

acaramelado, da *adj* **- 1.** [con caramelo] covered in caramel **- 2.** *fig* [pegajoso] sickly sweet **- 3.** *fig* [cariñoso] starry-eyed; **estaban** ~ they were all lovey-dovey.

acaramelar *vt* to cover in caramel.

   → **acaramelarse** *vpr* to be starry-eyed.

acariciar [8] *vt* **- 1.** [persona] to caress; [animal] to stroke **- 2.** *fig* [idea, proyecto] to cherish.

   → **acariciarse** *vpr* to caress (each other).

acarrear *vt* **- 1.** [transportar] to carry; [carbón] to haul **- 2.** *fig* [ocasionar] to bring, to give rise to.

acartonarse *vpr fam* to become wizened.

acaso *adv* perhaps; ¿ ~ **no lo sabías?** are you trying to tell me you didn't know?; **por si** ~ (just) in case; ¿ ~ **es culpa mía?** is it my fault?

   → **si acaso** ◇ *loc adv* [en todo caso] if anything. ◇ *loc conj* [en caso de que] if.

acatamiento *m* respect, compliance.

acatar *vt* to respect, to comply with.

acatarrarse *vpr* to catch a cold.

acaudalado, da *adj* well-to-do, wealthy.

acaudillar *vt* to lead.

acceder *vi* **- 1.** [consentir]: ~ **(a algo/hacer algo)** to agree (to sthg/to do sthg) **- 2.** [tener acceso]: ~ **a** to enter **- 3.** [alcanzar]: ~ **a** [trono] to accede to; [poder] to come to; [cargo] to obtain.

accesible *adj* **- 1.** [lugar] accessible **- 2.** [persona] approachable.

accésit *m inv* runners-up prize, consolation prize.

acceso *m* **- 1.** [entrada]: ~ **(a)** entrance (to) **- 2.** [paso]: ~ **(a)** access (to); ~ **a Internet** Internet access **- 3.** [carretera] access road, ramp *US* **- 4.** *fig* & *MED* [de tos] fit; [de fiebre, gripe] bout.

accesorio, ria *adj* incidental.

   → **accesorio** *(gen pl) m* accessory.

accidentado, da ◇ *adj* **- 1.** [vida, viaje] eventful **- 2.** [terreno, camino] rough, rugged. ◇ *m,f* injured person, victim.

accidental *adj* **- 1.** [no esencial] incidental **- 2.** [imprevisto] accidental; [encuentro] chance.

accidentarse *vpr* to be involved in *o* have an accident.

accidente *m* **-1.** [desgracia] accident; ~ **de avión/coche** plane/car crash; ~ **laboral/ mortal** industrial/fatal accident; ~ **de tráfico** road accident **-2.** *(gen pl)* [del terreno] unevenness *(U)* **-3.** *GRAM* accidence.

acción *f* **-1.** [gen] action; **entrar en** ~ to go into action; **película de** ~ action film *UK o* movie *US* **-2.** [hecho] deed, act; ~ **de gracias** *RELIG* thanksgiving **-3.** *FIN* share; ~ **ordinaria/ preferente** ordinary/preference share; **acciones en cartera** shares in portfolio.

accionamiento *m* activation.

accionar *vt* to activate.

accionariado *m* shareholders *(pl)*.

accionista *mf* shareholder.

acebo *m* **-1.** [hoja] holly **-2.** [árbol] holly (bush).

acechanza *f* observation, surveillance.

acechar *vt* **-1.** [vigilar] to observe, to keep under surveillance; [suj: cazador] to stalk **-2.** [amenazar] to be lying in wait for.

acecho *m* observation, surveillance; **estar al** ~ **de** to lie in wait for; *fig* to be on the lookout for.

acedera *f* sorrel.

acéfalo, la *adj* [estado, organización] leaderless.

aceitar *vt* [motor] to lubricate; [comida] to pour oil onto.

aceite *m* oil; ~ **de colza/girasol/oliva** rapeseed/sunflower/olive oil; ~ **de ricino/ de hígado de bacalao** castor/cod-liver oil.

aceitera *f* oil can.
  ➠ **aceiteras** *fpl* cruet *(sg)*.

aceitoso, sa *adj* oily.

aceituna *f* olive; ~ **rellena** stuffed olive.

aceitunado, da *adj* olive.

aceitunero, ra *m,f* **-1.** [campesino] olive picker **-2.** [vendedor] olive merchant.

aceituno *m* olive tree.

aceleración *f* acceleration.

acelerado, da *adj* rapid, quick; *FÍS* accelerated.

acelerador, ra *adj* accelerating.
  ➠ **acelerador** *m* accelerator.

acelerar ◇ *vt* **-1.** [avivar] to speed up; *TECN* to accelerate **-2.** [adelantar] to bring forward. ◇ *vi* to accelerate.
  ➠ **acelerarse** *vpr* to hurry up.

acelerón *m:* **dar un** ~ *AUTOM* to put one's foot down.

acelga *f* chard.

acendrado, da *adj* untarnished, pure.

acendrar *vt* **-1.** [metal] to purify **-2.** *fig* [cualidad, sentimiento] to refine.

acento *m* **-1.** [gen] accent; ~ **agudo/circunflejo/grave** acute/circumflex/grave accent; ~ **ortográfico** (written) accent **-2.** [intensidad] stress, accent.

acentuación *f* accentuation.

acentuado, da *adj* **-1.** [con acento gráfico] stressed **-2.** [marcado] marked, distinct.

acentuar [6] *vt* **-1.** [palabra, letra - al escribir] to accent, to put an accent on; [- al hablar] to stress **-2.** *fig* [realzar] to accentuate **-3.** *fig* [intensificar] to increase.
  ➠ **acentuarse** *vpr* [intensificarse] to deepen, to increase.

acepción *f* meaning, sense.

aceptable *adj* acceptable.

aceptación *f* **-1.** [aprobación] acceptance **-2.** [éxito] success, popularity.

aceptar *vt* to accept.

acequia *f* irrigation channel.

acera *f* **-1.** [para peatones] pavement *UK*, sidewalk *US*; **ser de la otra** ~, **ser de la** ~ **de enfrente** *fam despec* to be one of them, to be queer **-2.** [lado de la calle] side of the street.

acerado, da *adj* **-1.** [cortante] sharp **-2.** [con acero] containing steel **-3.** *fig* [fuerte, resistente] steely, tough **-4.** [mordaz] cutting, biting.

acerar *vt* **-1.** [pavimentar] to pave **-2.** [convertir en acero] to turn into steel **-3.** [recubrir de acero] to steel.

acerbo, ba *adj culto* **-1.** [áspero] bitter **-2.** [mordaz] caustic, cutting.

acerca
  ➠ **acerca de** *loc adv* about.

acercamiento *m* [de personas, estados] rapprochement; [de suceso, fecha] approach.

acercar [10] *vt* to bring nearer *o* closer; **¡acércame el pan!** could you pass me the bread?
  ➠ **acercarse** *vpr* **-1.** [arrimarse - viniendo] to come closer; [- yendo] to go over **-2.** [ir] to go; [venir] to come; [a casa de alguien] to come/ go round **-3.** [tiempo] to draw nearer, to approach.

acería *f* steelworks *(sg)*.

acero *m* steel; ~ **inoxidable** stainless steel.

acerque *etc* ⊳ **acercar**.

acérrimo, ma *adj* [defensor] diehard *(antes de sust)*; [enemigo] bitter.

acertado, da *adj* **-1.** [con acierto - respuesta] correct; [- disparo] on target; [- comentario] appropriate **-2.** [oportuno] good, clever.

acertante ◇ *adj* winning. ◇ *mf* winner.

acertar [19] ◇ *vt* **-1.** [adivinar] to guess

(correctly) - **2.** [el blanco] to hit - **3.** [elegir bien] to choose well. <> *vi* - **1.** [atinar]: ~ **(al hacer algo)** to be right (to do sthg) - **2.** [conseguir]: ~ **a hacer algo** to manage to do sthg; **acertaba a pasar por allí** *fig* she happened to pass that way; **no acierto a comprenderlo** I just can't understand it - **3.** [hallar]: ~ **con** to find.

acertijo *m* riddle.

acervo *m* [patrimonio] heritage.

acetato *m* acetate.

acético, ca *adj* acetic.

acetileno *m* acetylene.

acetona *f* acetone.

achacar [10] *vt*: ~ **algo a alguien/algo** to attribute sthg to sb/sthg.

achacoso, sa *adj* - **1.** [persona] frail - **2.** [cosa] faulty, defective.

achampañado, da *adj* sparkling.

achantar *vt fam* to put the wind up.
- **achantarse** *vpr fam* to get the wind up.

achaparrado, da *adj* squat.

achaque <> ⊳ **achacar**. <> *m* ailment.

achatado, da *adj* flattened.

achatar *vt* to flatten.
- **achatarse** *vpr* to level out.

achicar [10] *vt* - **1.** [tamaño] to make smaller - **2.** [agua - de barco] to bale out; [- de mina] to drain - **3.** *fig* [acobardar] to intimidate.
- **achicarse** *vpr* [acobardarse] to become intimidated.

achicharrar <> *vt* [chamuscar] to burn. <> *vi* [sol, calor] to be scorching.
- **achicharrarse** *vpr* - **1.** *fig* [de calor] to fry, to roast - **2.** [chamuscarse] to burn.

achicoria *f* chicory.

achinado, da *adj* - **1.** [ojos] slanting - **2.** [persona] Chinese-looking - **3.** *RP* [como indio] Indian-looking.

achique *etc* ⊳ **achicar**.

achispar *vt* to make tipsy.
- **achisparse** *vpr* to get tipsy.

achuchado, da *adj fam* hard, tough.

achuchar *vt fam* - **1.** [abrazar] to hug - **2.** *fig* [presionar] to be on at, to badger.

achuchón *m fam* - **1.** [abrazo] big hug - **2.** [indisposición] mild illness; **le dio un** ~ he took sick.

achunchar *vt Andes* [avergonzar] to shame.
- **achuncharse** *vpr* [avergonzarse] to be shamed.

achura *m Amér* [intestino] guts *(pl)*.

achurar *vt RP* - **1.** [acuchillar] to stab to death - **2.** [animal] to disembowel.

aciago, ga *adj culto* black, fateful.

acicalado, da *adj* neat and tidy.

acicalar *vt* [arreglar] to do up.
- **acicalarse** *vpr* to do o.s. up.

acicate *m* - **1.** [espuela] spur - **2.** *fig* [estímulo] incentive.

acidez *f* - **1.** [cualidad] acidity - **2.** *MED*: ~ **(de estómago)** heartburn.

ácido, da *adj* - **1.** *QUÍM* acidic - **2.** [bebida, sabor, carácter] acid, sour.
- **ácido** *m* - **1.** *QUÍM* acid; ~ **clorhídrico/desoxirribonucleico/ribonucleico/sulfúrico** hydrochloric/ribonucleic/sulphuric acid - **2.** *fam* [droga] acid.

acierta *etc* ⊳ **acertar**.

acierto *m* - **1.** [a pregunta] correct answer - **2.** [en quinielas] correct entry - **3.** [habilidad, tino] good o sound judgment - **4.** [éxito] success.

ácimo = **ázimo**.

acimut (*pl* **acimutes**), **azimut** (*pl* **azimutes**) *m* azimuth.

aclamación *f* [ovación] acclamation, acclaim; **por** ~ unanimously; **entre aclamaciones** to great acclaim.

aclamar *vt* to acclaim.

aclaración *f* explanation.

aclarado *m* rinsing, rinse.

aclarar <> *vt* - **1.** [ropa] to rinse - **2.** [explicar] to clarify, to explain - **3.**: ~ **la voz** [carraspeando] to clear one's throat - **4.** [lo oscuro] to make lighter - **5.** [lo espeso - chocolate, sopa] to thin (down); [- bosque] to thin out. <> *v impers* - **1.** [amanecer] to get light - **2.** [clarear, despejarse] to clear up.
- **aclararse** *vpr* - **1.** [entender] to understand - **2.** [explicarse] to explain o.s. - **3.** [ver claro] to see clearly.

aclaratorio, ria *adj* explanatory.

aclimatación *f* acclimatization.

aclimatar *vt* - **1.** [al clima]: ~ **algo/a alguien (a)** to acclimatize sthg/sb (to) - **2.** [al ambiente]: ~ **algo/a alguien a algo** to get sthg/sb used to sthg.
- **aclimatarse** *vpr* - **1.** [al clima]: ~**se (a algo)** to acclimatize (to sthg) - **2.** [al ambiente] to settle in; ~**se a algo** to get used to sthg.

acné *m* acne.

acobardar *vt* to frighten, to scare.
- **acobardarse** *vpr* to get frightened o scared; ~**se ante** to shrink back from.

acodado, da *adj* [cañería] elbowed.

acodarse *vpr*: ~**se (en)** to lean (on).

acogedor, ra *adj* [país, persona] friendly, welcoming; [casa, ambiente] cosy.

acoger [14] *vt* - **1.** [recibir] to welcome - **2.** [dar refugio] to take in **-3.** *fig* [idea, noticia etc] to receive; [campeonato] to host.

➤ **acogerse a** *vpr* [inmunidad parlamentaria etc] to take refuge in; [ley] to have recourse to.

acogida *f* reception; ~ **familiar** fostering.

acoja *etc* ➤ **acoger**.

acojonante *adj vulg* **-1.** [impresionante] bloody incredible **-2.** [que da miedo] shit scary.

acojonar *vulg* ◇ *vt* **-1.** [asustar] to scare shitless **-2.** [impresionar] to gobsmack. ◇ *vi* [asustar] to be shit scary.

➤ **acojonarse** *vpr vulg* to be shit scared.

acolchado, da *adj* padded.

acolchar *vt* to pad.

acólito *m* **-1.** [seguidor] acolyte **-2.** [monaguillo] altar boy.

acometer ◇ *vt* **-1.** [atacar] to attack; **le acometieron las dudas** he was assailed by doubts **-2.** [emprender] to undertake. ◇ *vi* [embestir]: ~ **contra** to hurtle into.

acometida *f* **-1.** [ataque] attack, charge **-2.** [de luz, gas etc] (mains) connection.

acomodadizo, za *adj* accommodating.

acomodado, da *adj* **-1.** [rico] well-off, well-to-do **-2.** [instalado] ensconced.

acomodador, ra *m,f* usher (*f* usherette).

acomodar *vt* **-1.** [instalar - persona] to seat, to instal; [- cosa] to place **-2.** [adaptar] to fit.

➤ **acomodarse** *vpr* **-1.** [instalarse] to make o.s. comfortable; ~**se en** to settle down in **-2.** [conformarse]: ~**se a** to adapt to.

acomodaticio, cia *adj* [complaciente] accommodating.

acomodo *m* [alojamiento] accommodation.

acompañamiento *m* **-1.** [comitiva - en entierro] cortege; [- de rey] retinue **-2.** *CULIN* & *MÚS* accompaniment.

acompañante *mf* [compañero] companion; *MÚS* accompanist.

acompañar ◇ *vt* **-1.** [ir con]: ~ **a alguien** [gen] to go with o accompany sb; [a la puerta] to show sb out; [a casa] to walk sb home; **te acompaño** I'll come with you **-2.** [estar con]: ~ **a alguien** to keep sb company **-3.** [compartir emociones con]: ~ **en algo a alguien** to be with sb in sthg; **lo acompaño en el sentimiento** please accept my condolences **-4.** [adjuntar] to enclose **-5.** *MÚS* to accompany **-6.** [coexistir con] to accompany **-7.** *CULIN*: ~ **algo con algo** to serve sthg with sthg. ◇ *vi* [hacer compañía] to provide company.

➤ **acompañarse** *vpr MÚS*: ~**se con** to accompany o.s. on.

acompasado, da *adj* [movimiento] steady, rhythmic; [pasos] measured.

acompasar *vt*: ~ **algo (a)** to synchronize sthg (with).

acomplejado, da ◇ *adj* inhibited, having a complex. ◇ *m,f* inhibited person, person with a complex.

acomplejar *vt* to give a complex.

➤ **acomplejarse** *vpr* to develop a complex.

acondicionado, da *adj* equipped; **estar bien/mal** ~ to be in a fit/no fit state; **aire** ~ air conditioned.

acondicionador *m* **-1.** [de aire] (air) conditioner **-2.** [de pelo] conditioner.

acondicionamiento *m* conditioning, conversion, upgrading.

acondicionar *vt* **-1.** [reformar] to condition, to convert, to upgrade **-2.** [preparar] to prepare, to get ready.

aconfesional *adj* with no official religion.

acongojar *vt* to distress, to cause anguish to.

➤ **acongojarse** *vpr* to be distressed.

aconsejable *adj* advisable.

aconsejar *vt* **-1.** [dar consejos]: ~ **a alguien (que haga algo)** to advise sb (to do sthg); **te aconsejo que vayas al médico** I'd advise you to see a doctor **-2.** [hacer aconsejable] to make advisable.

acontecer *v impers* to take place, to happen.

acontecimiento *m* event; **adelantarse** *o* **anticiparse a los** ~**s** to jump the gun; [prevenir] to take preemptive measures.

acopiar [8] *vt* [juntar] to gather; [acaparar] to buy up.

acopio *m* stock, store; **hacer** ~ **de** [existencias, comestibles] to stock up on; [valor, paciencia] to summon up.

acoplable *adj*: ~ **(a)** attachable (to).

acoplamiento *m* [de piezas] attachment, connection; [de módulo espacial] docking.

acoplar *vt* **-1.** [encajar] to attach, to fit together **-2.** *FERROC* to couple **-3.** *fig* [adaptar] to adapt, to fit.

➤ **acoplarse** *vpr* **-1.** [adaptarse] to adjust to each other; ~**se a** to adjust to **-2.** [encajar] to fit together.

acoquinar *vt fam* to put the wind up.

➤ **acoquinarse** *vpr fam* to get the wind up.

acorazado, da *adj* armour-plated.

➤ **acorazado** *m* battleship.

acorazar [13] *vt* to armour-plate, to armour.

acordar [23] *vt:* ~ **algo/hacer algo** to agree on sthg/to do sthg.
➥ **acordarse** *vpr:* ~**se (de algo/de hacer algo)** to remember (sthg/to do sthg); ~**se de haber hecho algo** to remember doing sthg.

acorde ⬦ *adj* -1. [conforme] in agreement -2. [en consonancia]: ~ **con** in keeping with. ⬦ *m MÚS* chord.

acordeón *m* accordion.

acordonado, da *adj* cordoned off.

acordonar *vt* -1. [zapatos] to do *o* lace up -2. [lugar] to cordon off.

acornear *vt* to gore.

acorralamiento *m* [de malhechor, animal de caza] cornering.

acorralar *vt lit & fig* to corner.

acortar *vt* -1. [falda, pantalón etc] to take up; [cable] to shorten -2. [plazo, vacaciones] to cut short -3. [extensión] to shorten.
➥ **acortarse** *vpr* [días] to get shorter; [reunión] to end early.

acosador, ra *adj* relentless, persistent.

acosamiento *m* harassment.

acosar *vt* -1. [hostigar] to harass -2. [perseguir] to pursue relentlessly.

acoso *m* -1. [hostigamiento] harassment; ~ **sexual** sexual harassment -2. [persecución] relentless pursuit.

acostar [23] *vt* -1. [en la cama] to put to bed -2. *NÁUT* to bring alongside.
➥ **acostarse** *vpr* -1. [irse a la cama] to go to bed -2. [tumbarse] to lie down -3. *fam* [tener relaciones sexuales]: ~**se con alguien** to sleep with sb.

acostumbrado, da *adj* -1. [habitual] usual -2. [habituado]: **estamos** ~**s** we're used to it; **estar** ~ **a** to be used to.

acostumbrar ⬦ *vt* [habituar]: ~ **a alguien a algo/a hacer algo** to get sb used to sthg/to doing sthg. ⬦ *vi* [soler]: ~ **a hacer algo** to be in the habit of doing sthg; **acostumbro a levantarme temprano** I usually get up early.
➥ **acostumbrarse** *vpr* [habituarse]: **terminé acostumbrándome** I got used to it eventually; ~**se a algo/a hacer algo** to get used to sthg/to doing sthg.

acotación *f* -1. [nota] note in the margin -2. *TEATR* stage direction.

acotado, da *adj* enclosed.

acotamiento *m* -1. [de terreno, campo] enclosing, demarcation -2. *Méx* [arcén] hard shoulder.

acotar *vt* -1. [terreno, campo] to enclose, to demarcate; *fig* [tema etc] to delimit -2. [texto] to write notes in the margin of.

acotejar *vt Amér* to arrange.

ácrata *adj & m,f* anarchist.

acre ⬦ *adj* -1. [olor] acrid, pungent -2. [sabor] bitter -3. *fig* [brusco, desagradable] caustic. ⬦ *m* acre.

acrecentar [19] *vt* to increase.
➥ **acrecentarse** *vpr* to increase.

acreditación *f* [credencial] credential.

acreditado, da *adj* -1. [médico, abogado etc] distinguished; [marca] reputable -2. [embajador, representante] accredited.

acreditar *vt* -1. [certificar] to certify; [autorizar] to authorize -2. [confirmar] to confirm -3. [dar fama] to be a credit to -4. [embajador] to accredit -5. *FIN* to credit.

acreedor, ra ⬦ *adj:* **hacerse** ~ **de algo** to earn sthg, to show o.s. to be worthy of sthg. ⬦ *m,f* creditor.

acribillar *vt* -1. [agujerear] to perforate -2. [herir]: ~ **(a)** to pepper *o* riddle (with); ~ **a balazos** to riddle with bullets; **me han acribillado los mosquitos** the mosquitoes have bitten me all over -3. *fam fig* [molestar]: ~ **a alguien a preguntas** to pester sb with questions.

acrílico, ca *adj* acrylic.

acrimonia = acritud.

acristalamiento *m:* **doble** ~ double glazing.

acristalar *vt* to glaze.

acritud, acrimonia *f* -1. [de olor] acridity, pungency; [de sabor] bitterness -2. *fig* [mordacidad] venom -3. [desavenencia] acrimony.

acrobacia *f* -1. [en circo] acrobatics *(pl)* -2. [de avión] aerobatic manoeuvre.

acróbata *mf* acrobat.

acrobático, ca *adj* acrobatic.

acrónimo *m* acronym.

acrópolis *f inv* acropolis.

acta *f (el)* -1. [de junta, reunión] minutes *(pl)*; **constar en** ~ to be recorded in the minutes; **levantar** ~ to take the minutes -2. [de defunción etc] certificate; ~ **notarial** affidavit -3.: ~ **(de nombramiento)** certificate of appointment.
➥ **actas** *fpl* minutes.

actitud *f* -1. [disposición de ánimo] attitude -2. [postura] posture, position.

activación *f* activation.

activar *vt* -1. [gen] to activate -2. [explosivo] to detonate -3. [estimular] to stimulate; [acelerar] to speed up.

actividad *f* [acción] activity; [trabajo] work; **desplegar una gran** ~ to be in a flurry of activity; **en** ~ active; ~**es extraescolares** extracurricular activities.

activismo *m* activism.

activista *mf* activist.

activo, va *adj* **-1.** [gen & *GRAM*] active **-2.** [trabajador] hard-working **-3.** [que trabaja] working; **en** ~ [en funciones] on active service **-4.** [rápido] fast-acting.

→ **activo** *m* *FIN* assets *(pl)*; ~ **fijo/líquido/financiero** fixed/liquid/financial assets; ~ **y pasivo** assets and liabilities.

acto *m* **-1.** [acción] act; **hacer** ~ **de presencia** to show one's face; ~ **reflejo** reflex action; ~ **sexual** sexual act, sexual intercourse *(U)*; ~ **de solidaridad** show of solidarity **-2.** [ceremonia] ceremony **-3.** *TEATR* act.

→ **acto seguido** *loc adv* immediately after.

→ **en el acto** *loc adv* on the spot, there and then; **'fotos de carnet en el** ~ **'** 'passport photos while you wait'; **murió en el** ~ she died instantly.

actor, triz *m,f* actor *(f* actress*)*.

actuación *f* **-1.** [conducta, proceder] conduct, behaviour **-2.** [interpretación] performance **-3.** *DER* proceedings *(pl)*.

actual *adj* **-1.** [existente] present, current **-2.** [de moda] modern, present-day **-3.** [de actualidad] topical.

actualidad *f* **-1.** [momento presente] current situation; **de** ~ [moderno] in fashion; [de interés actual] topical; **en la** ~ at the present time, these days **-2.** [vigencia] relevance to modern society **-3.** [noticia] news *(U)*; **ser** ~ to be making the news.

actualización *f* [de información] updating; [de tecnología, industria] modernization; *INFORM* upgrade.

actualizar [13] *vt* [información] to update; [tecnología, industria] to modernize; *INFORM* to upgrade.

actualmente *adv* [hoy día] these days, nowadays; [en este momento] at the (present) moment.

actuar [6] *vi* **-1.** [gen] to act; ~ **de** to act as **-2.** *DER* to undertake proceedings.

actuario, ria *m,f* **-1.** *DER* clerk of the court **-2.** *FIN*: ~ **de seguros** actuary.

acuarela *f* watercolour.

acuarelista *mf* watercolourist.

acuario *m* aquarium.

→ **Acuario** ◇ *m* [zodiaco] Aquarius; **ser Acuario** to be (an) Aquarius. ◇ *mf* [persona] Aquarius.

acuartelamiento *m* **-1.** [acción] confinement to barracks **-2.** [lugar] barracks *(pl)*.

acuartelar *vt* to confine to barracks.

acuático, ca *adj* aquatic.

acuchillar *vt* **-1.** [apuñalar] to stab **-2.** [mueble, parquet] to grind down.

acuciante *adj culto* urgent, pressing.

acuciar [8] *vt culto* [suj: persona] to goad; [suj: necesidad, deseo] to press.

acuclillarse *vpr* to squat (down).

acudir *vi* **-1.** [ir] to go; [venir] to come **-2.** [recurrir]: ~ **a** to go *o* turn to **-3.** [presentarse]: ~ **(a)** [escuela, iglesia] to attend; [cita, examen] to turn up (for); *fig* [memoria, mente] to come (to).

acueducto *m* aqueduct.

acuerda *etc* ▷ **acordar**.

acuerdo *m* agreement; **de** ~ all right, O.K.; **de** ~ **con** [conforme a] in accordance with; **estar de** ~ **(con alguien/en hacer algo)** to agree (with sb/to do sthg); **llegar a un** ~, **ponerse de** ~ to reach agreement; **por común** ~ by common consent; ~ **marco** framework agreement; ~ **de paz** peace agreement.

acuesta *etc* ▷ **acostar**.

acumulación *f* accumulation.

acumulador *m* accumulator.

acumular *vt* to accumulate.

→ **acumularse** *vpr* to accumulate, to build up.

acunar *vt* to rock.

acuñar *vt* **-1.** [moneda] to mint **-2.** [palabra] to coin.

acuoso, sa *adj* watery.

acupuntor, ra *m,f* acupuncturist.

acupuntura *f* acupuncture.

acurrucarse [10] *vpr* [por frío] to huddle up; [en sitio agradable] to curl up.

acusación *f* **-1.** [inculpación] charge **-2.** [abogado]: **la** ~ the prosecution.

acusado, da ◇ *adj* [marcado] marked, distinct. ◇ *m,f* [procesado] accused, defendant.

acusador, ra *adj* accusing.

acusar *vt* **-1.** [culpar] to accuse; *DER* to charge; ~ **a alguien de algo** [gen] to accuse sb of sthg; *DER* to charge sb with sthg **-2.** [mostrar] to show **-3.** [padecer] to be susceptible to **-4.** [recibo] to acknowledge.

→ **acusarse** *vpr* **-1.** [mutuamente] to blame one another **-2.** [uno mismo]: ~**se de haber hecho algo** to confess to having done sthg.

acusativo *m* accusative.

acusatorio, ria *adj DER* accusatory.

acuse
- **acuse de recibo** *m* acknowledgement of receipt.

acusica *mf fam* telltale.

acústico, ca *adj* acoustic.
- **acústica** *f* - **1.** [ciencia] acoustics *(U)* - **2.** [de local] acoustics *(pl)*.

adagio *m* - **1.** [sentencia breve] adage - **2.** *MÚS* adagio.

adalid *m* champion.

adaptación *f* - **1.** [aclimatación]: ~ **(a)** adjustment (to) - **2.** [modificación] adaptation.

adaptado, da *adj*: ~ **(a)** suited (to).

adaptador *mf ELECTR* adapter.

adaptar *vt* - **1.** [acomodar, ajustar] to adjust - **2.** [modificar] to adapt.
- **adaptarse** *vpr*: ~**se (a)** to adjust (to).

adecentar *vt* to tidy up.
- **adecentarse** *vpr* to make o.s. decent.

adecuado, da *adj* appropriate, suitable.

adecuar [7] *vt* to adapt.
- **adecuarse a** *vpr* - **1.** [ser adecuado] to be appropriate for - **2.** [adaptarse] to adjust to.

adefesio *m fam* - **1.** [persona fea] fright, sight - **2.** [cosa fea] eyesore, monstrosity.

a. de JC., a.JC. (*abrev de* **antes de Jesucristo**) BC.

adelantado, da *adj* advanced; **llevo el reloj** ~ my watch is fast; **por** ~ in advance.

adelantamiento *m AUTOM* overtaking.

adelantar ⟨⟩ *vt* - **1.** [dejar atrás] to overtake - **2.** [mover hacia adelante] to move forward; [pie, reloj] to put forward - **3.** [en el tiempo - trabajo, viaje] to bring forward; [- 'dinero] to pay in advance - **4.** [conseguir]: **¿qué adelantas con eso?** what do you hope to gain *o* achieve by that? ⟨⟩ *vi* - **1.** [progresar] to make progress - **2.** [reloj] to be fast.
- **adelantarse** *vpr* - **1.** [en el tiempo] to be early; [frío, verano] to arrive early; [reloj] to gain; ~**se a alguien** to beat sb to it - **2.** [en el espacio] to go on ahead.

adelante ⟨⟩ *adv* forward, ahead; **(de ahora) en** ~ from now on, in future; **más** ~ [en el tiempo] later (on); [en el espacio] further on. ⟨⟩ *interj*: **¡**~**!** [¡siga!] go ahead!; [¡pase!] come in!

adelanto *m* advance.

adelfa *f* oleander.

adelgazamiento *m* slimming.

adelgazante *adj* slimming.

adelgazar [13] ⟨⟩ *vi* to lose weight, to slim. ⟨⟩ *vt* to lose.

ademán *m* [gesto - con manos etc] gesture; [- con cara] face, expression; **en** ~ **de** as if to.

- **ademanes** *mpl* [modales] manners.

además *adv* [con énfasis] moreover, besides; [también] also; ~ **de** as well as, in addition to.

adentrarse *vpr*: ~ **en** [jungla etc] to enter the heart of; [tema etc] to study in depth.

adentro *adv* inside; **tierra** ~ inland; **mar** ~ out to sea.
- **adentros** *mpl*: **para mis/tus** etc ~**s** to myself/yourself etc.

adepto, ta ⟨⟩ *adj* [partidario] supporting; **ser** ~ **a** to be a follower of. ⟨⟩ *m,f*: ~ **(a)** follower (of).

aderezar [13] *vt* - **1.** [sazonar - ensalada] to dress; [- comida] to season - **2.** [adornar] to deck out.

aderezo *m* - **1.** [aliño - de ensalada] dressing; [- de comida] seasoning - **2.** [adorno] adornment.

adeudar *vt* - **1.** [deber] to owe - **2.** *COM* to debit.
- **adeudarse** *vpr* to get into debt.

adherencia *f* [de sellos, pegatina] stickiness, adhesion; [de ruedas] roadholding.

adherente *adj* adhesive, sticky.

adherir [27] *vt* to stick.
- **adherirse** *vpr* - **1.** [pegarse] to stick - **2.** [mostrarse de acuerdo]: ~**se a** to adhere to, - **3.** [afiliarse]: ~**se a** to join.

adhesión *f* [apoyo] support.

adhesivo, va *adj* adhesive.
- **adhesivo** *m* - **1.** [pegatina] sticker - **2.** [sustancia] adhesive.

adhiera etc ⟩ **adherir**.

adhiriera etc ⟩ **adherir**.

adicción *f*: ~ **(a)** addiction (to).

adición *f* addition.

adicional *adj* additional.

adicionar *vt* to add.

adicto, ta ⟨⟩ *adj*: ~ **(a)** addicted (to). ⟨⟩ *m,f*: ~ **(a)** addict (of).

adiestramiento *m* training.

adiestrar *vt* to train; ~ **a alguien en algo/ para hacer algo** to train sb in sthg/to do sthg.

adinerado, da *adj* wealthy.

adiós ⟨⟩ *m* goodbye. ⟨⟩ *interj*: **¡**~**!** goodbye!; [al cruzarse con alguien] hello!

adiposidad *f* adiposity.

adiposo, sa *adj* adipose.

aditamento *m* - **1.** [complemento] accessory - **2.** [cosa añadida] addition.

aditivo *m* additive.

adivinador, ra *m,f* fortune-teller.

adivinanza *f* riddle.

adivinar *vt* - **1.** [predecir] to foretell; [el futuro] to tell - **2.** [acertar] to guess (correctly)

- **3.** [intuir] to suspect.

➤ **adivinarse** *vpr* [vislumbrarse] to be visible.

adivino, na *m, f* fortune-teller.

adjetivo, va *adj* adjectival.

adjetivo *m* adjective; ~ **calificativo/demostrativo/numeral** qualifying/demonstrative/quantitative adjective.

adjudicación *f* awarding.

adjudicar [10] *vt* [asignar] to award.

➤ **adjudicarse** *vpr* [apropiarse] to take for o.s.; ~**se un premio** to win a prize.

adjuntar *vt* to enclose.

adjunto, ta ◇ *adj* **-1.** [incluido] enclosed; ~ **le remito** ... please find enclosed ... **-2.** [auxiliar] assistant *(antes de sust).* ◇ *m, f* [auxiliar] assistant.

adminículo *m* gadget.

administración *f* **-1.** [suministro] supply; [de medicamento, justicia] administering **-2.** [gestión] administration **-3.** [gerentes] management; [oficina] manager's office.

➤ **Administración** *f* [gobierno] administration; **Administración local** local government; **Administración pública** civil service.

administrador, ra *m, f* **-1.** [de empresa] manager **-2.** [de bienes ajenos] administrator.

administrar *vt* **-1.** [gestionar - empresa, finca etc] to manage, to run; [- casa] to run **-2.** [país] to run the affairs of **-3.** [suministrar] to administer **-4.** [racionar] to use sparingly.

➤ **administrarse** *vpr* [emplear dinero] to organize one's finances.

administrativo, va ◇ *adj* administrative. ◇ *m, f* office clerk.

admirable *adj* admirable.

admiración *f* **-1.** [sentimiento] admiration; **causar** ~ to be admired; **sentir** ~ **por algn** to admire sb **-2.** [signo ortográfico] exclamation mark.

admirador, ra *m, f* admirer.

admirar *vt* **-1.** [gen] to admire; **ser de** ~ to be admirable **-2.** [sorprender] to amaze.

➤ **admirarse** *vpr*: ~**se (de)** to be amazed (by).

admisible *adj* acceptable.

admisión *f* **-1.** [de persona] admission **-2.** [de solicitudes etc] acceptance; **prueba de** ~ entrance exam.

admitir *vt* **-1.** [acoger, reconocer] to admit; ~ **a alguien en** to admit sb to **-2.** [aceptar] to accept **-3.** [permitir, tolerar] to allow, to permit.

admón. *(abrev de* **administración)** admin.

admonición *f* warning.

ADN *(abrev de* **ácido desoxirribonucleico)** *m* DNA.

adobar *vt* to marinate.

adobe *m* adobe.

adobo *m* **-1.** [acción] marinating **-2.** [salsa] marinade.

adocenado, da *adj* mediocre, run-of-the-mill.

adocenarse *vpr* to lapse into mediocrity.

adoctrinar *vt* to instruct.

adolecer [30]

➤ **adolecer de** *vi* to suffer from.

adolescencia *f* adolescence.

adolescente *adj* & *m, f* adolescent.

adonde *adv* where; **la ciudad** ~ **vamos** the city we are going to, the city where we are going.

adónde *adv* where.

adondequiera *adv* wherever.

adonis *m inv fig* Adonis, handsome young man.

adopción *f* [de hijo, propuesta] adoption; [de ley] passing.

adoptar *vt* [hijo, propuesta] to adopt; [ley] to pass.

adoptivo, va *adj* [hijo, país] adopted; [padre] adoptive.

adoquín *(pl* **adoquines)** *m* cobblestone.

adoquinado, da *adj* cobbled.

➤ **adoquinado** *m* **-1.** [suelo] cobbles *(pl)* **-2.** [acción] cobbling.

adoquinar *vt* to cobble.

adorable *adj* [persona] adorable; [ambiente, película] wonderful.

adoración *f* adoration; **sentir** ~ **por alguien** to worship sb.

adorar *vt* **-1.** [reverenciar] to worship **-2.** [pirrarse por] to adore.

adormecer [30] *vt* **-1.** [producir sueño] to lull to sleep **-2.** *fig* [aplacar] to calm **-3.** [entumecer] to numb.

➤ **adormecerse** *vpr* to nod off, to drop off.

adormidera *f* poppy.

adormilarse *vpr* to doze.

adornar ◇ *vt* to decorate. ◇ *vi* to serve as decoration.

adorno *m* decoration; **de** ~ [árbol, figura] decorative, ornamental; [person] serving no useful purpose.

adosado, da *adj* [casa] semi-detached.

adosar *vt*: ~ **algo a algo** to push sthg up against sthg.

adquirir [22] *vt* **-1.** [comprar] to acquire, to

purchase **-2.** [conseguir- conocimientos, hábito, cultura] to acquire; [- éxito, popularidad] to achieve; [- compromiso] to undertake.

adquisición *f* **-1.** [compra, cosa comprada] purchase; **ser una buena/mala** ~ to be a good/bad buy **-2.** [obtención] acquisition **-3.** [de costumbres] adoption.

adquisitivo, va *adj* purchasing *(antes de sust).*

adrede *adv* on purpose, deliberately.

adrenalina *f* adrenalin.

Adriático *m*: **el (mar)** ~ the Adriatic (Sea).

adscribir *vt* **-1.** [asignar] to assign **-2.** [destinar] to appoint *o* assign to.

  ➧ **adscribirse** *vpr*: ~**se (a)** [grupo, partido] to become a member (of); [ideología] to subscribe (to).

adscrito, ta ◇ *pp* ▷ **adscribir.** ◇ *adj* assigned.

aduana *f* **-1.** [administración] customs *(pl)*; **pasar por la** ~ to go through customs **-2.** [oficina] customs (office) **-3.** [derechos] customs duty.

aducir [33] *vt* to adduce.

adueñarse

  ➧ **adueñarse de** *vpr* **-1.** [apoderarse] to take over, to take control of **-2.** [dominar] to take hold of.

adujera *etc* ▷ **aducir.**

adulación *f* flattery.

adulador, ra ◇ *adj* flattering. ◇ *m,f* flatterer.

adular *vt* to flatter.

adulón, ona *m,f* toady.

adulteración *f* adulteration.

adulterar *vt* **-1.** [alimento] to adulterate **-2.** [falsear] to doctor, to distort.

adulterio *m* adultery.

adúltero, ra ◇ *adj* adulterous. ◇ *m,f* adulterer (*f* adulteress).

adulto, ta *adj* & *m,f* adult.

adusto, ta *adj* dour.

aduzca *etc* ▷ **aducir.**

advenedizo, za *adj* & *m,f* parvenu (*f* parvenue).

advenimiento *m* [llegada] advent; [al trono] accession.

adverbial *adj* adverbial.

adverbio *m* adverb; ~ **de cantidad/lugar/ modo/tiempo** adverb of degree/place/ manner/time.

adversario, ria *m,f* adversary.

adversativo, va *adj* adversative.

adversidad *f* adversity.

adverso, sa *adj* [gen] adverse; [destino] un-

kind; [suerte] bad; [viento] unfavourable.

advertencia *f* warning; **servir de** ~ to serve as a warning; **hacer una** ~ **a alguien** to warn sb.

advertir [27] *vt* **-1.** [notar] to notice **-2.** [prevenir, avisar] to warn; **te advierto que no deberías hacerlo** I'd advise against you doing it; **te advierto que no me sorprende** mind you, it doesn't surprise me.

adviento *m* Advent.

advierta *etc* ▷ **advertir.**

advirtiera *etc* ▷ **advertir.**

adyacente *adj* adjacent.

AEE *(abrev de* **Agencia Espacial Europea)** *f* ESA.

aéreo, a *adj* **-1.** [del aire] aerial **-2.** AERON air *(antes de sust).*

aerobic [aeˈroβik] *m* aerobics *(U).*

aerobio, bia *adj* aerobic.

aeroclub *(pl* aeroclubs) *m* flying club.

aerodeslizador *m* hovercraft.

aerodinámico, ca *adj* **-1.** Fís aerodynamic **- 2.** [forma, línea] streamlined.

  ➧ **aerodinámica** *f* aerodynamics *(U).*

aeródromo *m* airfield, aerodrome.

aeroespacial *adj* aerospace *(antes de sust).*

aerofaro *m* beacon *(at airport).*

aerogenerador *m* wind turbine.

aerógrafo *m* airbrush.

aerolínea *f* airline.

aerolito *m* aerolite.

aeromodelismo *m* airplane modelling.

aeromozo, za *m,f Amér* air steward (*f* air hostess).

aeronauta *mf* aeronaut.

aeronáutico, ca *adj* aeronautic.

  ➧ **aeronáutica** *f* aeronautics *(U).*

aeronaval *adj* air and sea *(antes de sust).*

aeronave *f* [gen] aircraft; [dirigible] airship.

aeroplano *m* aeroplane.

aeropuerto *m* airport.

aerosol *m* aerosol.

aerostático, ca *adj* aerostatic.

aeróstato *m* hot-air balloon.

aerotaxi *m* light aircraft *(for hire).*

aerotransportado, da *adj* airborne.

afabilidad *f* affability.

afable *adj* affable.

afamado, da *adj* famous.

afán *m* **-1.** [esfuerzo] hard work *(U)* **-2.** [anhelo] urge; **tener** ~ **de algo** to be eager for sth; ~ **de conocimiento** thirst for knowledge.

afanador, ra *m,f Méx* cleaner.

afanar *vt fam* [robar] to pinch, to swipe.
◆ **afanarse** *vpr* [esforzarse]: ~**se (por hacer algo)** to do everything one can (to do sthg).
afanoso, sa *adj* **-1.** [trabajoso] hard, demanding **-2.** [que se afana] keen, eager.
afasia *f* aphasia.
afear *vt* to make ugly.
afección *f* **-1.** MED complaint, disease **-2.** [afecto] affection.
afectación *f* affectation.
afectado, da <> *adj* **-1.** [gen] affected **-2.** [afligido] upset, badly affected. <> *m,f* [víctima] victim.
afectar *vt* **-1.** [gen] to affect **-2.** [afligir] to upset, to affect badly.
afectísimo, ma *adj* [en cartas]: **suyo** ~ yours faithfully.
afectivo, va *adj* **-1.** [emocional] emotional **-2.** [cariñoso] affectionate, loving.
afecto *m* affection, fondness; **sentir** ~ **por alguien, tenerle** ~ **a alguien** to be fond of sb.
afectuoso, sa *adj* affectionate, loving.
afeitado *m* **-1.** [de pelo, barba] shave **-2.** TAUROM blunting of bull's horns for safety reasons.
afeitar *vt* **-1.** [pelo, barba] to shave **-2.** TAUROM to blunt bull's horns for safety reasons.
◆ **afeitarse** *vpr* to shave.
afeite *m* **-1.** [acicalamiento] toilet, washing and dressing **-2.** [cosmético] make-up (U).
afelpado, da *adj* plush.
afeminado, da *adj* effeminate.
◆ **afeminado** *m* effeminate man.
afeminarse *vpr* to become effeminate.
aferrarse *vpr*: ~ **a** *lit* & **fig** to cling to.
Afganistán Afghanistan.
afgano, na *adj* & *m,f* Afghan.
afianzamiento *m* [en cargo, liderazgo] consolidation.
afianzar [13] *vt* **-1.** [teoría, diagnóstico] to reinforce **-2.** [objeto] to secure.
◆ **afianzarse** *vpr* to steady o.s.; ~**se en algo** [opinión etc] to become sure *o* convinced of sthg; [cargo, liderazgo] to consolidate sthg.
afiche *m* Amér poster.
afición *f* **-1.** [inclinación] fondness, liking; **tener** ~ **a algo** to be keen on sthg **-2.** [en tiempo libre] hobby; **por** ~ as a hobby **-3.** [aficionados] fans (pl).
aficionado, da <> *adj* **-1.** [interesado] keen; **ser** ~ **a algo** to be keen on sthg **-2.** [no profesional] amateur. <> *m,f* **-1.** [interesado] fan; ~ **al cine** film buff **-2.** [amateur] amateur.

aficionar *vt*: ~ **a alguien a algo** to make sb keen on sthg.
◆ **aficionarse** *vpr*: ~**se a algo** to become keen on sthg.
afijo, ja *adj* affixed.
◆ **afijo** *m* affix.
afilado, da *adj* **-1.** [borde, filo] sharp; [dedos] pointed **-2.** *fig* [hiriente, mordaz] cutting.
◆ **afilado** *m* sharpening.
afilador, ra <> *adj* sharpening. <> *m,f* [persona] knifegrinder.
◆ **afiladora** *f* [objeto] grindstone, sharpener.
afilalápices *m inv* pencil sharpener.
afilar *vt* to sharpen.
◆ **afilarse** *vpr fig* to become pointed, to taper.
afiliación *f* **-1.** [acción] joining **-2.** [pertenencia] membership.
afiliado, da *m,f*: ~ **(a)** member (of).
afiliarse [8] *vpr*: ~ **a** to join, to become a member of.
afín *adj* **-1.** [semejante] similar, like **-2.** [contiguo] neighbouring.
afinar *vt* **-1.** MÚS [instrumento] to tune; ~ **la voz** to sing in tune **-2.** [perfeccionar, mejorar] to fine-tune **-3.** [pulir] to refine.
afincar [10] *vi* to buy land.
◆ **afincarse** *vpr*: ~**se en** to settle in.
afinidad *f* **-1.** [gen & QUÍM] affinity **-2.** [parentesco]: **por** ~ by marriage.
afinque *etc* ⊳ **afincar**.
afirmación *f* statement, assertion.
afirmar *vt* **-1.** [confirmar] to confirm **-2.** [decir] to say, to declare **-3.** [consolidar] to reaffirm **-4.** CONSTR to reinforce.
◆ **afirmarse** *vpr* **-1.** [asegurarse] to be confirmed **-2.** [ratificarse]: ~**se en algo** to reaffirm sthg.
afirmativo, va *adj* affirmative.
◆ **afirmativa** *f* affirmative.
aflicción *f* suffering, sorrow.
afligir [15] *vt* [afectar] to afflict; [causar pena] to distress.
◆ **afligirse** *vpr* to be distressed.
aflojar <> *vt* **-1.** [destensar] to loosen; [cuerda] to slacken **-2.** *fam* [dinero] to fork out. <> *vi* **-1.** [disminuir] to abate, to die down **-2.** *fig* [ceder] to ease off.
◆ **aflojarse** *vpr* [gen] to come loose; [cuerda] to slacken.
aflorar *vi* **-1.** *fig* [surgir] to (come to the) surface, to show **-2.** MIN to outcrop.
afluencia *f* stream, volume.
afluente *m* tributary.

afluir [51]
➥ **afluir a** *vi* -**1.** [gente] to flock to -**2.** [río] to flow into -**3.** [sangre, fluido] to flow to.

afluya *etc* ▷ afluir.

afluyera *etc* ▷ afluir.

afma. *abrev de* afectísima.

afmo. *abrev de* afectísimo.

afonía *f* loss of voice.

afónico, ca *adj*: quedarse ~ to lose one's voice.

aforar *vt* TECN to gauge.

aforismo *m* aphorism.

aforo *m* [cabida] seating capacity.

afortunadamente *adv* fortunately.

afortunado, da ◇ *adj* -**1.** [agraciado] lucky, fortunate -**2.** [oportuno] happy, felicitous. ◇ *m,f* [gen] lucky person; [en lotería] lucky winner.

afrancesado, da ◇ *adj* Frenchified. ◇ *m,f* HIST *supporter of the French during the Peninsular War.*

afrenta *f* -**1.** [vergüenza] disgrace -**2.** [ofensa, agravio] affront.

África Africa.

africado, da *adj* LING affricate.

africanismo *m* Africanism.

africano, na *adj & m,f* African.

afro *adj inv* afro.

afroamericano, na *adj* Afro-American.

afrodisiaco, ca *adj* aphrodisiac.
➥ **afrodisíaco** *m* aphrodisiac.

afrontar *vt* -**1.** [hacer frente a] to face -**2.** [carear] to bring face to face.

afrutado, da *adj* fruity.

afuera *adv* outside; **por (la parte de)** ~ on the outside.
➥ **afueras** *fpl*: **las** ~**s** the outskirts.

afuerita *adv* Amér fam right outside.

afusilar *vt* Amér fam to shoot.

agachar *vt* to lower; [la cabeza] to bow.
➥ **agacharse** *vpr* [acuclillarse] to crouch down; [inclinar la cabeza] to stoop.

agalla *f* ZOOL gill.
➥ **agallas** *fpl fig* guts; **tener** ~**s** to have guts.

ágape *m culto* banquet, feast.

agarrada ▷ agarrado.

agarradero *m* -**1.** [asa] hold -**2.** fam fig [pretexto] pretext, excuse.

agarrado, da *adj* -**1.** [asido]: ~ **(de)** gripped (by); ~**s del brazo** arm in arm; ~**s de la mano** hand in hand -**2.** fam [tacaño] tight, stingy.
➥ **agarrado** *m fam* smooch.
➥ **agarrada** *f fam* row, bust-up.

agarrar ◇ *vt* -**1.** [asir] to grab -**2.** [pillar - ladrón, resfriado] to catch; **Amér** [tomar] to take; ~ **la** *fam fig* to get pissed. ◇ *vi* [tinte] to take; [planta] to take root.
➥ **agarrarse** *vpr* -**1.** [sujetarse] to hold on; ~**se de** *o* **a algo** to hold on to *o* clutch sthg -**2.** [pegarse] to stick -**3.** fam fig [pelearse] to scrap, to have a fight -**4.** fig [pretextar]: ~**se a algo** to use sthg as an excuse.

agarrón *m* -**1.** [tirón] pull, tug -**2.** fam [pelea] row, bust-up.

agarrotar *vt* [parte del cuerpo] to cut off the circulation in; [mente] to numb.
➥ **agarrotarse** *vpr* -**1.** [parte del cuerpo] to go numb -**2.** [mecanismo] to seize up.

agasajar *vt* to lavish attention on, to treat like a king; ~ **a alguien con algo** to lavish sthg upon sb.

agasajo *m* lavish attention.

ágata *f (el)* agate.

agazaparse *vpr* -**1.** [para esconderse] to crouch -**2.** [agacharse] to bend down.

agencia *f* -**1.** [empresa] agency; ~ **de noticias** *o* **prensa** news agency; ~ **de aduanas** customs agent's; ~ **inmobiliaria** estate agent's *UK*, real estate office *US*; ~ **matrimonial** marriage bureau; ~ **de publicidad** advertising agency; ~ **de viajes** travel agency -**2.** [sucursal] branch.

agenciar [8] *vt*: ~ **algo a alguien** to fix sb up with sthg.
➥ **agenciarse** *vpr* to get hold of, to fix o.s. up with.

agenda *f* -**1.** [de notas, fechas] diary; [de teléfonos, direcciones] book; ~ **electrónica** electronic organizer -**2.** [de trabajo] agenda.

agente ◇ *mf* [persona] agent; ~ **de policía** *o* **de la autoridad** policeman (*f* policewoman); ~ **de aduanas** customs officer; ~ **de cambio (y bolsa)** stockbroker; ~ **comercial** broker; ~ **secreto** secret agent; ~**s económicos** ECON social partners. ◇ *m* -**1.** [causa activa] agent -**2.** GRAM ▷ complemento.

agigantar *vt* to blow up, to magnify.

ágil *adj* -**1.** [movimiento, persona] agile -**2.** [estilo, lenguaje] fluent; [respuesta, mente] nimble, sharp.

agilidad *f* agility.

agilipollado, da *adj vulg* dense.

agilizar [13] *vt* to speed up.

agio *m* ECON agio.

agiotaje *m* ECON agiotage, speculation.

agitación *f* -**1.** [movimiento - de botella] shaking; [- de líquido] stirring; [- de brazos] waving

- 2. [intranquilidad] restlessness **- 3.** [jaleo] racket, commotion **- 4.** [conflicto] unrest.

agitador, ra ◇ *adj* [viento] gusty. ◇ *m,f* agitator.

agitanado, da *adj* gypsy-like.

agitar *vt* **-1.** [mover - botella] to shake; [- líquido] to stir; [- brazos] to wave **- 2.** [inquietar] to perturb, to worry **- 3.** [alterar, perturbar] to stir up.

◆ **agitarse** *vpr* [inquietarse] to get worried.

aglomeración *f* build-up; [de gente] crowd.

aglomerar *vt* to bring together.

◆ **aglomerarse** *vpr* to amass.

aglutinante *adj* **-1.** [adherente] agglutinant **- 2.** LING agglutinative.

aglutinar *vt* **-1.** [pegar] to agglutinate **- 2.** MED to bind **- 3.** *fig* [aunar, reunir - personas] to unite; [- ideas, esfuerzos] to pool.

agnóstico, ca *adj & m,f* agnostic.

ago. (*abrev de* **agosto**) Aug.

agobiado, da *adj*: ~ **(de)** [trabajo] snowed under (with); [problemas] weighed down (with).

agobiante *adj* [presión, trabajo, persona] overwhelming; [calor] oppressive.

agobiar [8] *vt* to overwhelm.

◆ **agobiarse** *vpr* to feel overwhelmed, to let things get one down.

agobio *m* **-1.** [físico] choking, suffocation **- 2.** [psíquico] pressure.

agolparse *vpr* **-1.** [gente] to crowd round; [sangre] to rush **- 2.** *fig* [problemas] to come to a head.

agonía *f* **-1.** [pena] agony **- 2.** [ansia] desperation **- 3.** [del moribundo] death throes (*pl*) **- 4.** *fig* [decadencia] decline, dying days (*pl*).

agonizante *adj* dying.

agonizar [13] *vi* **-1.** [expirar] to be dying **- 2.** *fig* [extinguirse] to fizzle out **- 3.** *fig* [sufrir] to be in agony.

agorafobia *f* agoraphobia.

agorero, ra *m,f* prophet of doom.

agosto *m* **-1.** [mes] August; *ver también* **septiembre - 2.** *fig* [cosecha] harvest (time) **- 3.** *loc*: **hacer su** ~ to line one's pockets.

agotado, da *adj* **-1.** [cansado]: ~ **(de)** exhausted (from) **- 2.** [producto] out of stock, sold out **- 3.** [pila, batería] flat.

agotador, ra *adj* exhausting.

agotamiento *m* **-1.** [cansancio] exhaustion **- 2.** [de producto] selling-out.

agotar *vt* [gen] to exhaust; [producto] to sell out of; [agua] to drain.

◆ **agotarse** *vpr* **-1.** [cansarse] to tire o.s. out **- 2.** [acabarse] to run out; [libro, disco, entradas] to be sold out; [pila, batería] to go flat.

agraciado, da ◇ *adj* **-1.** [atractivo] attractive, fetching **- 2.** [afortunado]: ~ **con algo** lucky enough to win sthg. ◇ *m,f* [afortunado] lucky winner.

agraciar [8] *vt* **-1.** [embellecer] to make more attractive *o* fetching **- 2.** [conceder una gracia] to pardon **- 3.** *culto* [premiar] to reward.

agradable *adj* pleasant.

agradar ◇ *vi* to be pleasant; **no me agrada** I don't like it. ◇ *vt* to please.

agradecer [30] *vt* **-1.** [suj: persona]: ~ **algo a alguien** [dar las gracias] to thank sb for sthg; [estar agradecido] to be grateful to sb for sthg **- 2.** [suj: cosas] to be thankful for.

◆ **agradecerse** *v impers* to be nice.

agradecido, da *adj* [ser] grateful; [estar] appreciative.

agradecimiento *m* gratitude.

agrado *m* **-1.** [gusto] pleasure; **esto no es de mi** ~ this is not to my liking **- 2.** [afabilidad] kindness.

agrandar *vt* to make bigger.

agrario, ria *adj* [reforma] agrarian; [producto, política] agricultural.

agravación *f*, **agravamiento** *m* worsening, exacerbation.

agravante ◇ *adj* aggravating. ◇ *m o f* **-1.** [problema] additional problem **- 2.** DER aggravating circumstance.

agravar *vt* [situación] to aggravate; [impuestos etc] to increase (the burden of).

◆ **agravarse** *vpr* to get worse, to worsen.

agraviar [8] *vt* to offend.

agravio *m* **-1.** [ofensa] offence, insult **- 2.** [perjuicio] wrong.

agredido, da *m,f* victim (*of an attack*).

agredir [78] *vt* to attack.

agregado, da ◇ *adj* [añadido] added on. ◇ *m,f* **-1.** EDUC assistant teacher **- 2.** [de embajada] attaché; ~ **cultural** cultural attaché.

◆ **agregado** *m* **-1.** [añadido] addition **- 2.** ECON aggregate.

agregar [16] *vt*: ~ **(algo a algo)** to add (sthg to sthg).

◆ **agregarse** *vpr*: ~**se a algo** to join (sthg).

agresión *f* [ataque] act of aggression, attack.

agresividad *f* aggression.

agresivo, va *adj lit & fig* aggressive.

agresor, ra *m,f* attacker, assailant.

agreste *adj* **-1.** [abrupto, rocoso] rough, rugged **- 2.** [rural] country (*antes de sust*), rural **- 3.** *fig* [basto, rudo] coarse, uncouth.

---

to be sold out; [pila, batería] to go flat.

agriar [9] *vt* **-1.** [vino, leche] to (turn) sour **-2.** *fig* [carácter] to sour, to embitter.

➤ **agriarse** *vpr lit* & *fig* to turn sour.

agrícola *adj* agricultural; [pueblo] farming *(antes de sust)*.

agricultor, ra *m,f* farmer.

agricultura *f* agriculture; ~ **extensiva/intensiva** extensive/intensive farming.

agridulce *adj* bittersweet; *CULIN* sweet and sour.

agrietar *vt* **-1.** [muro, tierra] to crack **-2.** [labios, manos] to chap.

➤ **agrietarse** *vpr* [la piel] to chap.

agrio, agria *adj* **-1.** [ácido] sour **-2.** *fig* [áspero] acerbic, bitter.

➤ **agrios** *mpl* citrus fruits.

agriparse *vpr Andes, Méx* to catch the flu.

agro *m* farmland.

agronomía *f* agronomy.

agrónomo, ma *m,f* agronomist.

agropecuario, ria *adj* farming and livestock *(antes de sust)*.

agrupación *f* **-1.** [asociación] group, association **-2.** [agrupamiento] grouping.

agrupamiento *m* [concentración] grouping.

agrupar *vt* to group (together).

➤ **agruparse** *vpr* **-1.** [congregarse] to gather (round) **-2.** [unirse] to form a group.

agua *f (el)* water; ~ **bendita/dulce/destilada/potable/salada** holy/fresh/distilled/drinking/salt water; ~ **mineral sin gas/con gas** still/sparkling mineral water; **claro como el** ~ as clear as day; **estar con el** ~ **al cuello** to be up to one's neck (in it); **hacerse** ~ **en la boca** to melt in one's mouth; **quedar en** ~ **de borrajas** to come to nothing; **venir como** ~ **de mayo** to be a godsend.

➤ **aguas** *fpl* **-1.** [manantial] waters, spring *(sg)*; ~ **s termales** thermal *o* hot springs **-2.** [de río, mar] waters; ~ **s territoriales** *o* jurisdiccionales territorial waters; ~ **s internacionales** international waters **-3.** [de tejado] slope **-4.** [de diamantes, telas] water *(U)* **-5.** *loc:* **hacer** ~ **s** *NÁUT* to leak; *fig* to go under; **nadar entre dos** ~ **s** to sit on the fence; **ha roto** ~ **s** her waters have broken.

➤ **agua de colonia** *f* eau de cologne.

➤ **agua oxigenada** *f* hydrogen peroxide.

➤ **aguas menores** *fpl* water *(U)*, urine *(U)*.

➤ **aguas residuales** *fpl* sewage *(U)*.

aguacate *m* **-1.** [fruto] avocado (pear) **-2.** [árbol] avocado.

aguacero *m* shower.

aguachirle *f* dishwater *(U)*, revolting drink.

aguado, da *adj* **-1.** [con demasiada agua] watery; [diluido a propósito] watered-down **-2.** *fig* [estropeado] ruined.

➤ **aguada** *f ARTE* gouache.

aguafiestas *m y f inv* spoilsport.

aguafuerte *m* etching.

aguaitada *f Amér fam* glance; **echar una** ~ **a algo** to have a look at sthg.

aguaitar *vt Amér fam* **-1.** [mirar] to look at **-2.** [acechar] to spy on.

aguamarina *f* aquamarine.

aguamiel *f Amér* [bebida] *water mixed with honey or cane syrup*; *Carib, Méx* [jugo] maguey juice.

aguanieve *f* sleet.

aguantar *vt* **-1.** [sostener] to hold **-2.** [resistir-peso] to bear **-3.** [tolerar, soportar] to bear, to stand; **no sé cómo la aguantas** I don't know how you put up with her **-4.** [contener-risa] to contain; [-respiración] to hold **-5.** [esperar-tiempo] to hold out for, to wait for.

➤ **aguantarse** *vpr* **-1.** [contenerse] to restrain o.s., to hold o.s. back **-2.** [resignarse]: **no quiere** ~ **se** he refuses to put up with it.

aguante *m* **-1.** [paciencia] self-restraint, tolerance **-2.** [resistencia] strength; [de persona] stamina.

aguar [45] *vt* **-1.** [mezclar con agua] to water down **-2.** *fig* [estropear] to spoil, to ruin.

➤ **aguarse** *vpr* to be spoiled.

aguardar *vt* to wait for, to await.

aguardiente *m* spirit, liquor.

aguarrás *m* turpentine.

aguatero *m Amér* water carrier.

aguce *etc* ⊳ **aguzar**.

agudeza *f* **-1.** [gen] sharpness **-2.** [dicho ingenioso] witticism.

agudizar [13] *vt* **-1.** [afilar] to sharpen **-2.** *fig* [acentuar] to exacerbate, to make worse.

➤ **agudizarse** *vpr* **-1.** [crisis] to get worse **-2.** [ingenio] to get sharper.

agudo, da *adj* **-1.** [gen] sharp; [crisis, problema, enfermedad] serious, acute **-2.** *fig* [perspicaz] keen, sharp **-3.** *fig* [ingenioso] witty **-4.** *GRAM* oxytone **-5.** *MÚS* [nota, voz] high, high-pitched.

agüe *etc* ⊳ **aguar**.

agüero *m*: **de buen/mal** ~ that bodes well/ill.

aguerrido, da *adj culto* **-1.** [valiente] battle-hardened **-2.** *fig* [experimentado] veteran *(antes de sust)*.

aguijar *vt* [caballo] to spur; [buey] to goad.

aguijón *m* -1. [de insecto] sting -2. [de planta] thorn -3. *fig* [estímulo] spur, stimulus.

aguijonear *vt* -1. [espolear]: ~ **a alguien para que haga algo** to goad sb into doing sthg -2. *fig* [estimular] to drive on.

águila *f (el)* -1. [ave] eagle -2. *fig* [vivo, listo] sharp *o* perceptive person; ¿ ~ **o sol?** *Méx* heads or tails?

aguileño, ña *adj* aquiline.

aguilucho *m* eaglet.

aguinaldo *m* Christmas box.

agüita *f Chile* herbal tea.

aguja *f* -1. [de coser, jeringuilla] needle; [de hacer punto] knitting needle; ~ **hipodérmica** hypodermic needle; **es como buscar una** ~ **en un pajar** it's like looking for a needle in a haystack -2. [de reloj] hand; [de brújula] pointer; [de iglesia] spire -3. *FERROC* point -4. [de tocadiscos] stylus, needle.

➥ **agujas** *fpl* [de res] ribs.

agujerear *vt* to make a hole *o* holes in.

agujero *m* hole; ~ **negro** *ASTRON* black hole.

agujetas *fpl*: **tener** ~ to feel stiff.

agustino, na *m,f* Augustinian.

aguzar [13] *vt* -1. [afilar] to sharpen -2. *fig* [apetito] to whet; [ingenio] to sharpen.

ah *interj*: ¡ ~ ! [admiración] ooh!; [sorpresa] oh!; [pena] ah!

ahí *adv* there; **vino por** ~ he came that way; **la solución está** ~ that's where the solution lies; ¡ ~ **tienes!** here you are!, there you go!; **de** ~ **que** [por eso] and consequently, so; **está por** ~ [en lugar indefinido] he/she is around (somewhere); [en la calle] he/she is out; **por** ~, **por** ~ *fig* something like that; **por** ~ **va la cosa** you're not too far wrong.

ahijado, da *m,f* -1. [de padrinos] godson (*f* goddaughter) -2. *fig* [protegido] protégé.

ahijar *vt* to adopt.

ahijuna, aijuna *Amér fam*: ¡ ~ ! wow!

ahínco *m* enthusiasm, devotion.

ahíto, ta *adj* -1. *culto* [saciado]: **estar** ~ to be full -2. *fig* [fastidiado]: ~ **(de)** fed up (with).

ahogado, da ◇ *adj* -1. [en el agua] drowned -2. [falto de aliento - respiración] laboured; [- persona] out of breath; [- grito] muffled -3. [estrecho] cramped -4. *fig* [agobiado] overwhelmed, swamped. ◇ *m,f* drowned person.

ahogar [16] *vt* -1. [en el agua] to drown; [asfixiar] to smother, to suffocate -2. [estrangular] to strangle -3. [extinguir] to extinguish, to put out -4. *fig* [controlar - levantamiento] to put down, to quell; [- pena] to hold back, to

contain -5. [motor] to flood.

➥ **ahogarse** *vpr* -1. [en el agua] to drown -2. [asfixiarse] to suffocate -3. *fig* [de calor] to be stifled.

ahogo *m* -1. [asfixia] breathlessness, difficulty in breathing -2. *fig* [angustia] anguish, distress -3. *fig* [económico] financial difficulty.

ahogue *etc* ▷ **ahogar**.

ahondar *vi* [profundizar] to go into detail; ~ **en** [penetrar] to penetrate deep into; [profundizar] to study in depth.

ahora ◇ *adv* -1. [en el presente] now; ~ **mismo** right now; **por** ~ for the time being; **de** ~ **en adelante** from now on -2. [pronto] in a second *o* moment; ¡**hasta** ~ ! see you in a minute! ◇ *conj* -1. [ya ... ya]: ~ **habla,** ~ **canta** one minute she's talking, the next she's singing -2. [pero] but, however; ~ **que** but, though; ~ **bien** but, however.

ahorcado, da *m,f* hanged man (*f* hanged woman).

ahorcar [10] *vt* to hang.

➥ **ahorcarse** *vpr* to hang o.s.

ahorita, ahoritita *adv CAm, Méx fam* right now.

ahorque *etc* ▷ **ahorcar**.

ahorrador, ra ◇ *adj* thrifty, careful with money. ◇ *m,f* thrifty person.

ahorrar *vt* to save.

➥ **ahorrarse** *vpr*: ~ **se algo** to save *o* spare o.s. sthg.

ahorro *m* -1. [gen] saving -2. *(gen pl)* [cantidad ahorrada] savings *(pl)*.

ahuecar [10] ◇ *vt* -1. [poner hueco - manos] to cup; [- tronco] to hollow out -2. [mullir - colchón] to plump up; [- tierra] to hoe. ◇ *vi fam* [irse] to clear off.

➥ **ahuecarse** *vpr fam fig* to puff up *o* swell with pride.

ahuevado, da *adj Andes, CAm fam* [tonto] daft.

ahumado, da *adj* smoked.

➥ **ahumado** *m* smoking.

ahumar *vt* -1. [jamón, pescado] to smoke -2. [habitación etc] to fill with smoke.

➥ **ahumarse** *vpr* -1. [saber a humo] to acquire a smoky taste -2. [ennegrecerse de humo] to become blackened with smoke.

ahuyentar *vt* -1. [espantar, asustar] to scare away -2. *fig* [apartar] to drive away.

AIEA (*abrev de* **Agencia Internacional de Energía Atómica**) *f* IAEA.

aijuna = ahijuna.

airado, da *adj* angry.

airar *vt* to anger, to make angry.

➤ **airarse** *vpr* to get angry.

airbag *m* airbag.

aire *m* -**1.** [fluido] air; **al ~ exposed; al ~ libre** in the open air; **cambiar de ~s** to have a change of scene; **dejar algo en el ~** to leave sthg up in the air; **estar en el ~** to be in the air; **saltar** *o* **volar por los ~s** to be blown sky high, to explode; **tomar el ~** to go for a breath of fresh air. -**2.** [viento] wind; [corriente] draught; **hoy hace (mucho) ~** it's (very) windy today -**3.** *fig* [aspecto] air, appearance -**4.** *fig* [parecido]: **tiene un ~ a su madre** she has something of her mother about her -**5.** *fig* [gracia] grace, elegance -**6.** *loc*: **a mi/tu** *etc* **~ my/your** *etc* (own) way.

➤ **aires** *mpl* [vanidad] airs (and graces); **darse ~s** to put on airs.

➤ **aire (acondicionado)** *m* air-conditioning.

aireación *f* ventilation.

airear *vt* -**1.** [ventilar] to air -**2.** *fig* [contar] to air (publicly).

➤ **airearse** *vpr* to get a breath of fresh air.

airoso, sa *adj* -**1.** [garboso] graceful, elegant -**2.** [triunfante]: **salir ~ de algo** to come out of sthg with flying colours.

aislacionismo *m* isolationism.

aislado, da *adj* -**1.** [gen] isolated -**2.** *TECN* insulated.

aislamiento *m* -**1.** [gen] isolation -**2.** *TECN* insulation.

aislante *adj* insulating.

aislar *vt* -**1.** [gen] to isolate -**2.** *TECN* to insulate.

AIT (*abrev de* **Asociación Internacional de Trabajadores**) *f* First International Working Men's Association.

aizkolari *m* competitor in the rural Basque sport of chopping felled tree-trunks.

ajá *interj*: ¡~! [sorpresa] aha!; *fam* [aprobación] great!

ajar *vt* [flores] to wither, to cause to fade; [piel] to wrinkle; [colores] to make faded; [ropa] to wear out.

➤ **ajarse** *vpr* [flores] to fade, to wither; [piel] to wrinkle, to become wrinkled.

ajardinado, da *adj* landscaped.

ajedrecista *mf* chess player.

ajedrez *m inv* chess.

ajenjo *m* -**1.** *BOT* wormwood, absinth -**2.** [licor] absinth.

ajeno, na *adj* -**1.** [de otro] of others; **jugar en campo ~** to play away from home -**2.** [extraño]: **~ a** having nothing to do with; **~ a nuestra voluntad** beyond our control -**3.** *fig*

[libre]: **~ de** free from.

ajetreo *m* -**1.** [tarea] running around, hard work -**2.** [animación] (hustle and) bustle.

ají *m Andes, RP* chilli (pepper).

ajiaceite *m sauce made from garlic and olive oil.*

ajiaco *m Andes, Carib* chilli-based stew.

ajillo

➤ **al ajillo** *loc adj* *CULIN* in a sauce made with oil, garlic and chilli.

ajo *m* garlic; **~ blanco** *CULIN* cold garlic soup; **~ tierno** young garlic; **andar** *o* **estar en el ~** *fig* to be in on it.

ajuntarse *vpr fam* to live together.

ajustado, da *adj* -**1.** [ceñido - ropa] tight-fitting; [- tuerca, pieza] tight; [- resultado, final] close -**2.** [justo] correct, right; [precio] reasonable.

➤ **ajustado** *m* fitting.

ajustador, ra ◇ *adj* adjusting. ◇ *m,f* typesetter.

ajustadores *mpl Col, Cuba* bra *(sg)*.

ajustar *vt* -**1.** [arreglar] to adjust -**2.** [apretar] to tighten -**3.** [encajar - piezas de motor] to fit; [- puerta, ventana] to push to -**4.** [pactar - matrimonio] to arrange; [- pleito] to settle; [- paz] to negotiate; [- precio] to fix, to agree.

➤ **ajustarse a** *vpr* -**1.** [adaptarse] to adapt to -**2.** [conformarse] to fit in with.

ajuste *m* [de pieza] fitting; [de mecanismo] adjustment; [de salario] agreement; **~ de cuentas** *fig* settling of scores.

al ⊳ **a**.

ala *f* (el) -**1.** *ZOOL & POLÍT* wing; **ahuecar el ~** *fam* to clear off, to hop it; **cortar las ~s a alguien** to clip sb's wings -**2.** [parte lateral - de tejado] eaves *(pl)*; [- de sombrero] brim; [- de nariz] side; [- de mesa] leaf -**3.** *DEP* winger, wing.

➤ **ala delta** *f* [aparato] hang glider.

alabanza *f* praise.

alabar *vt* to praise.

alabastro *m* alabaster.

alabear *vt* to warp.

➤ **alabearse** *vpr* to warp.

alacena *f* kitchen cupboard.

alacrán *m* [animal] scorpion.

alado, da *adj* -**1.** [con alas] winged -**2.** *fig* [ligero] swift, fleet.

ALALC (*abrev de* **Asociación Latinoamericana de Libre Comercio**) *f* LAFTA.

alambicado, da *adj* elaborate, involved.

alambicar [10] *vt* -**1.** [destilar] to distil -**2.** *fig* [complicar] to over-complicate.

alambique *m* still.

alambrada *f* wire-fence.

alambre *m* wire; ~ **de espino** o **púas** barbed wire.

alameda *f* - **1.** [sitio con álamos] poplar grove - **2.** [paseo] tree-lined avenue.

álamo *m* poplar.

alano *m* [perro] mastiff.

alar *m* eaves *(pl)*.

alarde *m*: ~ **(de)** show o display (of); **hacer** ~ **de algo** to show sthg off, to flaunt sthg.

alardear *vi*: ~ **de** to show off about.

alargador, ra *adj* extension *(antes de sust)*.

alargador *m* extension lead.

alargamiento *m* extension, lengthening.

alargar [16] *vt* - **1.** [ropa] to lengthen - **2.** [viaje, visita, plazo] to extend; [conversación] to spin out - **3.** [pasar]: ~ **algo a alguien** to pass sthg (over) to sb.

➡ **alargarse** *vpr* - **1.** [hacerse más largo - días] to get longer; [- reunión] to be prolonged - **2.** *fig* [hacerse muy largo] to go on for ages.

alarido *m* shriek, howl.

alarma *f* - **1.** [gen] alarm; **dar la** ~ to raise the alarm; ~ **de coche** car alarm - **2.** MIL call to arms.

alarmante *adj* alarming.

alarmar *vt* - **1.** [avisar] to alert - **2.** *fig* [asustar] to alarm.

➡ **alarmarse** *vpr* [inquietarse] to be alarmed.

alarmista *mf* alarmist.

Alaska Alaska.

alazán, ana *adj* chestnut.

alba *f (el)* - **1.** [amanecer] dawn, daybreak; **al** ~ at dawn - **2.** [vestidura] alb.

albacea *mf* executor (*f* executrix).

albahaca *f* basil.

albanés, esa *adj* & *m,f* Albanian.

➡ **albanés** *m* [lengua] Albanian.

Albania Albania.

albanokosovar *adj* & *m,f* Kosovar Albanian.

albañil *m* bricklayer.

albañilería *f* - **1.** [arte] bricklaying - **2.** [obra] brickwork.

albarán *m* delivery note.

albaricoque *m* apricot.

albatros *m inv* albatross.

albedrío *m* [antojo, elección] fancy, whim; **a su** ~ as takes his/her fancy; **libre** ~ free will; **a su libre** ~ of his/her own free will.

alberca *f* - **1.** [depósito] water tank - **2.** *Méx* [piscina] swimming pool.

albergar [16] *vt* - **1.** [personas] to accommodate, to put up - **2.** [odio] to harbour; [esperanzas] to cherish.

➡ **albergarse** *vpr* to stay.

albergue *m* accommodation *(U)*, lodgings *(pl)*; [de montaña] shelter, refuge; ~ **de juventud** o **juvenil** youth hostel.

albino, na *adj* & *m,f* albino.

albis

➡ **in albis** *loc adv*: **estar in** ~ to be in the dark; **quedarse in** ~ not to have a clue o the faintest idea.

albóndiga *f* meatball.

albor *m* - **1.** [blancura] whiteness - **2.** [luz del alba] first light of day - **3.** *(gen pl)* *fig* [principio] dawn, earliest days *(pl)*.

alborada *f* - **1.** [amanecer] dawn, daybreak - **2.** MÚS popular song sung at dawn - **3.** MIL reveille.

alborear *v impers*: **empezaba a** ~ dawn was breaking.

albornoz *m* bathrobe.

alborotador, ra ◇ *adj* rowdy. ◇ *m,f* troublemaker.

alborotar ◇ *vi* to be noisy o rowdy. ◇ *vt* - **1.** [perturbar] to disturb, to unsettle - **2.** [amotinar] to stir up, to rouse - **3.** [desordenar] to mess up.

➡ **alborotarse** *vpr* [perturbarse] to get worked up.

alboroto *m* - **1.** [ruido] din - **2.** [jaleo] fuss, to-do; **armar un** ~ to cause a commotion - **3.** [desorden] mess.

alborozar [13] *vt* to delight.

alborozo *m* delight, joy.

albricias *interj*: ¡ ~ ! great (news)!

albufera *f* lagoon.

álbum (*pl* **álbumes**) *m* album.

albúmina *f* albumin.

albuminoide *adj* albuminoid.

alcabala *f Amér* police checkpoint.

alcachofa *f* - **1.** BOT artichoke - **2.** [pieza - de regadera] rose, sprinkler; [- de ducha] shower head.

alcahuete, ta *m,f* - **1.** [mediador] go-between - **2.** [chismoso] gossipmonger.

alcaide *m* prison governor.

alcalde, desa *m,f* mayor (*f* mayoress).

alcaldía *f* - **1.** [cargo] mayoralty - **2.** [lugar] mayor's office - **3.** [jurisdicción] municipality.

álcali *m* alkali.

alcalino, na *adj* alkaline.

alcaloide *m* alkaloid.

alcance *m* - **1.** [de arma, misil, emisora] range; **de corto/largo** ~ short-/long-range - **2.** [de persona]: **a mi/a tu** *etc* ~ within my/your *etc* reach; **al** ~ **de la vista** within sight; **dar** ~ **a alguien** to catch up with sb; **fuera del** ~ **de**

beyond the reach of -**3.** [de reformas etc] scope, extent; **de ~** important, far-reaching -**4.** [talento]: **de pocos ~s** slow, dim-witted.

alcancía f money box.

alcanfor m camphor.

alcantarilla f sewer; [boca] drain.

alcantarillado m sewers (pl).

alcanzar [13] ⟨⟩ vt -**1.** [llegar a] to reach -**2.** [igualarse con] to catch up with -**3.** [agarrar] to take -**4.** [entregar] to pass -**5.** [suj: bala etc] to hit -**6.** [lograr] to obtain -**7.** [afectar] to affect -**8.** [autobús, tren] to manage to catch. ⟨⟩ vi -**1.** [ser suficiente]: **~ para algo/hacer algo** to be enough for sthg/to do sthg -**2.** [poder]: **~ a hacer algo** to be able to do sthg.

alcaparra f caper.

alcatraz m gannet.

alcaucil m Amér [alcachofa] artichoke.

alcayata f hook.

alcazaba f citadel.

alcázar m fortress.

alce ⟼ alzar. ⟨⟩ m elk, moose.

alcista adj FIN bullish; [mercado] bull (antes de sust).

alcoba f bedroom.

alcohol m alcohol; **~ etílico** QUÍM ethyl alcohol; **~ de quemar** methylated spirits (pl).

alcoholemia f blood alcohol level.

alcohólico, ca adj & m,f alcoholic.

alcoholímetro m -**1.** [para bebida] alcoholometer -**2.** [para la sangre] Breathalyzer® UK, drunkometer US.

alcoholismo m alcoholism.

alcoholizar [13] vt to turn into an alcoholic.
➧ **alcoholizarse** vpr to become an alcoholic.

alcohotest (pl **alcohotests**) m Breathalyzer® UK, drunkometer US.

alcornoque m -**1.** [árbol] cork oak -**2.** [madera] cork, corkwood -**3.** fig [persona] idiot, fool.

alcotán m hobby (bird).

alcurnia f lineage, descent.

aldaba f -**1.** [llamador] doorknocker -**2.** [pestillo] latch.

aldea f small village.

aldeano, na m,f villager.

ale interj: ¡ ~ ! come on!

aleación f -**1.** [acción] alloying -**2.** [producto] alloy; **~ ligera** light alloy.

alear vt to alloy.

aleatorio, ria adj [número] random; [suceso] chance (antes de sust).

alebrestarse vpr Col [ponerse nervioso] to get nervous.

aleccionador, ra adj -**1.** [instructivo] instructive -**2.** [ejemplar] exemplary.

aleccionar vt to instruct, to teach.

aledaño, ña adj adjacent.
➧ **aledaños** mpl surrounding area (sg).

alegación f allegation.

alegar [16] vt [motivos, pruebas] to put forward; **~ que** to claim (that).

alegato m -**1.** DER & fig plea -**2.** [ataque] diatribe.

alegoría f allegory.

alegórico, ca adj allegorical.

alegrar vt -**1.** [persona] to cheer up, to make happy; **me alegra que me lo preguntes** I'm glad you asked me that; [fiesta] to liven up -**2.** fig [habitación etc] to brighten up -**3.** fig [emborrachar] to make tipsy.
➧ **alegrarse** vpr -**1.** [sentir alegría]: **~se (de algo/por alguien)** to be pleased (about sthg/for sb) -**2.** fig [emborracharse] to get tipsy.

alegre adj -**1.** [contento] happy -**2.** [que da alegría] cheerful, bright -**3.** fig [arriesgado] happy-go-lucky -**4.** fam [borracho] tipsy -**5.** fig [deshonesto] loose.

alegría f -**1.** [gozo] happiness, joy -**2.** [motivo de gozo] joy -**3.** fig [irresponsabilidad] rashness, recklessness.

alegrón m fam pleasant surprise.

alegue etc ⟼ alegar.

alejamiento m -**1.** [distancia] distance -**2.** [separación - de objetos etc] separation; [- entre personas] estrangement.

Alejandría Alexandria.

alejar vt -**1.** [poner más lejos] to move away -**2.** fig [ahuyentar] to drive out.
➧ **alejarse** vpr: **~se (de)** [ponerse más lejos] to go o move away (from); [retirarse] to leave.

alelado, da adj stupid.

alelar vt to daze, to stupefy.

aleluya ⟨⟩ m o f hallelujah. ⟨⟩ interj: ¡ ~ ! Hallelujah!

alemán, ana adj & m,f German.
➧ **alemán** m [lengua] German.

Alemania Germany.

alentador, ra adj encouraging.

alentar [19] vt to encourage.

alergia f lit & fig allergy; **tener ~ a algo** to be allergic to sthg; **~ primaveral** hay fever.

alérgico, ca adj lit & fig: **~ (a)** allergic (to).

alero m -**1.** [del tejado] eaves (pl) -**2.** DEP winger, wing -**3.** AUTOM wing -**4.** loc: **estar en el ~** to

be (hanging) in the balance.
alerón m aileron.
alerta ⬦ adj inv & adv alert. ⬦ f alert; ~
roja red alert. ⬦ interj: ¡ ~ ! watch o look
out!
alertar vt to alert.
aleta f - **1.** [de pez] fin; ~ **dorsal** dorsal fin - **2.**
[de buzo, foca] flipper - **3.** [de coche] wing - **4.**
[de nariz] flared part.
aletargar [16] vt to make drowsy, to send to
sleep.
 ➡ **aletargarse** vpr to become drowsy o
sleepy.
aletear vi to flap o flutter its wings.
alevín m - **1.** [cría de pez] fry, young fish - **2.** fig
[persona] novice, beginner.
alevosía f - **1.** [traición] treachery - **2.** [preme-
ditación] premeditation.
alevoso, sa adj - **1.** [traidor] treacherous - **2.**
[premeditado] premeditated.
alfa (el) f FÍS & MAT alpha; ~ **y omega** beginning
and end, alpha and omega.
alfabético, ca adj alphabetical.
alfabetización f - **1.** [de personas - acción]
teaching to read and write; [- estado]
literacy - **2.** [ordenación] alphabetization.
alfabetizar [13] vt - **1.** [personas] to teach to
read and write - **2.** [ordenar] to put into
alphabetical order.
alfabeto m alphabet; ~ **Morse** Morse code.
alfalfa f alfalfa, lucerne.
alfanumérico, ca adj INFORM alphanumeric.
alfaque m sandbank, bar.
alfarería f - **1.** [técnica] pottery - **2.** [lugar]
potter's, pottery shop.
alfarero, ra m, f potter.
alféizar m window-sill.
alfeñique m fam fig [persona] weakling.
alférez m ≃ second lieutenant.
alfil m bishop.
alfiler m - **1.** [aguja] pin; ~ **de gancho** Andes,
RP, Ven safety pin; **no cabe ni un** ~ it's jam-
packed; **prendido con** ~**es** fig sketchy - **2.**
[joya] brooch, pin; ~ **de corbata** tie-pin.
alfiletero m pin box.
alfombra f [grande] carpet; [pequeña] rug.
alfombrar vt to carpet.
alfombrilla f - **1.** [alfombra pequeña] rug - **2.**
[felpudo] doormat - **3.** [del baño] bathmat - **4.**
INFORM: ~ **(del ratón)** mouse mat.
alforja f (gen pl) - **1.** [mochila] knapsack - **2.** [de
caballo] saddlebag.
alga f (el) [de mar] seaweed (U); [de río] algae
(pl).
algarabía f - **1.** [habla confusa] gibberish - **2.**

[alboroto] racket.
algarada f racket, din.
algarroba f - **1.** [planta] vetch - **2.** [fruto] carob
o locust bean.
algarrobo m carob o locust tree.
algazara f racket, uproar.
álgebra f (el) algebra.
algebraico, ca adj algebraic.
álgido, da adj [culminante] critical.
algo ⬦ pron - **1.** [alguna cosa] something; [en
interrogativas] anything; ¿**te pasa** ~ **?** is anything the matter?; ~ **es** ~ something is
better than nothing; **por** ~ **lo habrá dicho**
he must have said it for a reason; **o** ~ **así**
or something like that - **2.** [cantidad pequeña]
a bit, a little; ~ **de** some, a little - **3.** fig [cosa
importante] something; **se cree que es** ~ he
thinks he's something (special). ⬦ adv [un
poco] rather, somewhat. ⬦ m: **tiene un** ~
there's something attractive about him.
algodón m cotton; ~ **(hidrófilo)** FARM cotton
wool UK, absorbent cotton US; **criado entre
algodones** fig pampered, mollycoddled.
algodonero, ra adj cotton (antes de
sust).
algoritmo m INFORM algorithm.
alguacil m - **1.** [del ayuntamiento] mayor's
assistant - **2.** [del juzgado] bailiff.
alguacilillo m mounted official at bullfight; ver también **tauromaquia**.
alguien pron - **1.** [alguna persona] someone,
somebody; [en interrogativas] anyone, anybody; ¿**hay** ~ **ahí?** is anyone there? - **2.** fig
[persona de importancia] somebody; **se cree** ~
she thinks she's somebody (special).
alguno, na ⬦ adj antes de sust masculino algún - **1.** [indeterminado] some; [en interrogativas]
any; ¿**tienes algún libro?** do you have any
books?; **algún día** some o one day; **ha sur-
gido algún (que otro) problema** the odd
problem has come up - **2.** (después de sust)
[ninguno] any; **no tengo interés** ~ I have no
interest, I haven't any interest. ⬦ pron - **1.**
[persona] someone, somebody; (pl) some
people; [en interrogativas] anyone, anybody;
¿**conocisteis a** ~ **s?** did you get to know
any?; ~**s de**, ~**s (de) entre** some o a few of
- **2.** [cosa] the odd one, some (pl), a few (pl);
[en interrogativas] any; **me salió mal** ~ I got
the odd one wrong.
alhaja f - **1.** [joya] jewel - **2.** [objeto de valor]
treasure - **3.** fig [persona] gem.
alhelí (pl alhelíes) m wallflower.
aliado, da adj allied.
 ➡ **Aliados** mpl: **los Aliados** the Allies.

alianza *f* **-1.** [pacto, parentesco] alliance **-2.** [anillo] wedding ring.

aliar [9] *vt* **-1.** [naciones] to ally **-2.** [cualidades etc] to combine.

◆ **aliarse** *vpr* to form an alliance.

alias ◇ *adv* alias. ◇ *m inv* alias; [entre amigos] nickname.

alicaído, da *adj* **-1.** [triste] depressed **-2.** *fig* [débil] weak.

alicatado *m* tiling.

alicatar *vt* to tile.

alicates *mpl* pliers.

aliciente *m* **-1.** [incentivo] incentive **-2.** [atractivo] attraction.

alícuota *adj* MAT aliquot.

alienación *f* **-1.** [gen] alienation **-2.** [trastorno psíquico] derangement, madness.

alienante *adj* alienating.

alienar *vt* **-1.** [enajenar] to derange, to drive mad **-2.** FILOSOFÍA to alienate.

alienígena *mf* alien.

alienta *etc* ▷ **alentar.**

aliento *m* **-1.** [respiración] breath; **tener mal ∼** to have bad breath; **cobrar ∼** to catch one's breath; **sin ∼** breathless **-2.** *fig* [ánimo] strength.

aligerar *vt* **-1.** [peso] to lighten **-2.** [ritmo] to speed up; [el paso] to quicken **-3.** *fig* [aliviar] to relieve, to ease.

alijo *m* contraband *(U)*; **∼ de drogas** consignment of drugs.

alimaña *f* pest *(fox, weasel etc).*

alimentación *f* **-1.** [acción] feeding **-2.** [comida] food **-3.** [régimen alimenticio] diet **-4.** TECN feed, input.

alimentador, ra *adj* TECN feeding.

◆ **alimentador** *m* TECN feed, feeder; **∼ de papel** INFORM paper feed.

alimentar ◇ *vt* [gen] to feed; [motor, coche] to fuel. ◇ *vi* [nutrir] to be nourishing.

◆ **alimentarse** *vpr* [comer]: **∼se de** to live on.

alimentario, ria *adj* food *(antes de sust).*

alimenticio, cia *adj* nourishing; **productos ∼s** foodstuffs; **valor ∼** food value.

alimento *m* [gen] food; [valor nutritivo] nourishment **∼s transgénicos** GM foods.

alimón

◆ **al alimón** *loc adv* jointly, together.

alineación *f* **-1.** [en el espacio] alignment **-2.** DEP line-up.

alineado, da *adj* **-1.** [en el espacio] lined up **-2.** DEP selected.

◆ **no alineado, da** *adj* POLÍT non-aligned.

alineamiento *m* alignment.

◆ **no alineamiento** *m* POLÍT non-alignment.

alinear *vt* **-1.** [en el espacio] to line up **-2.** DEP to select.

◆ **alinearse** *vpr* POLÍT to align.

aliñar *vt* [ensalada] to dress; [carne] to season.

aliño *m* [para ensalada] dressing; [para carne] seasoning.

alioli *m* garlic mayonnaise.

alirón *interj*: **¡∼!** hooray!

alisar *vt* to smooth (down).

aliscafo *m RP* hydrofoil.

alisio ▷ **viento.**

aliso *m* alder.

alistamiento *m* enlistment.

alistarse *vpr* to enlist; *Amér* [aprontarse] to get ready.

aliteración *f* alliteration.

aliviar [8] *vt* **-1.** [atenuar] to soothe **-2.** [aligerar - persona] to relieve; [- carga] to lighten.

alivio *m* relief; **¡qué ∼!** what a relief!

◆ **de alivio** *loc adj* [terrible] dreadful.

aljibe *m* **-1.** [de agua] cistern **-2.** NÁUT tanker.

allá *adv* **-1.** [espacio] over there; **∼ abajo/arriba** down/up there; **más ∼** further on; **más ∼ de** beyond; **¡∼ voy!** I'm coming! **-2.** [tiempo]: **∼ por los años cincuenta** back in the 50s; **∼ para el mes de agosto** around August some time **-3.** *loc*: **∼ él/ella** *etc* that's his/her *etc* problem.

◆ **el más allá** *m* the great beyond.

allanamiento *m* forceful entry; **∼ de morada** breaking and entering.

allanar *vt* **-1.** [terreno] to flatten, to level **-2.** *fig* [dificultad] to overcome **-3.** [irrumpir en] to break into.

allegado, da ◇ *adj* close. ◇ *m,f* **-1.** [familiar] relative **-2.** [amigo] close friend.

allende *adv* beyond.

allí *adv* there; **∼ abajo/arriba** down/up there; **∼ mismo** right there; **está por ∼** it's around there somewhere; **hasta ∼** up until then.

alma *f (el)* **-1.** [gen] soul **-2.** *fig* [catalizador - de negocio, equipo] backbone; **el ∼ de la fiesta** the life and soul of the party **-3.** [de bastón, ovillo] core **-4.** *loc*: **se le cayó el ∼ a los pies** his heart sank; **en el ∼** truly, from the bottom of one's heart; **ir con el ∼ en pena, ser como un ∼ en pena** to go about like a lost soul; **llegar al ∼ a alguien** to touch sb's heart; **partir el ∼ a alguien** to break sb's heart; **sentirlo en el ∼** to be truly sorry; **ser un ∼ de cántaro** to be thoughtless *o* uncaring; **¡∼ mía!** my love!

almacén m warehouse.
➡ **(grandes) almacenes** mpl department store (sg).
almacenamiento m [gen & INFORM] storage.
almacenar vt -1. [gen & INFORM] to store -2. [reunir] to collect.
almendra f almond.
almendrado, da adj almond-shaped.
➡ **almendrado** m CULIN almond paste.
almendro m almond (tree).
almíbar m syrup.
almibarado, da adj -1. [con almíbar] covered in syrup -2. fig [afectado] syrupy, sugary.
almibarar vt to cover in syrup.
almidón m starch.
almidonado, da adj starched.
➡ **almidonado** m starching.
almidonar vt to starch.
alminar m minaret.
almirantazgo m -1. [dignidad] admiralty -2. [de la Armada] Admiralty.
almirante m admiral.
almirez m mortar.
almizcle m musk.
almizclero m musk deer.
almohada f pillow; **consultarlo con la** ~ fig to sleep on it.
almohadilla f [gen, TECN & ZOOL] pad; [cojín] small cushion.
almohadillado, da adj padded.
almohadón m cushion.
almoneda f -1. [venta] sale -2. [subasta] auction.
almorávide adj & m,f Almoravid.
almorrana f (gen pl) piles (pl).
almorzar [37] ⬦ vt -1. [al mediodía] to have for lunch -2. [a media mañana] to have as a mid-morning snack. ⬦ vi -1. [al mediodía] to have lunch -2. [a mañana] to have a mid-morning snack.
almuerzo m -1. [al mediodía] lunch -2. [a media mañana] mid-morning snack -3. [desayuno] breakfast.
aló interj Andes, Carib [al teléfono] hello?
alocado, da m,f crazy person.
alocución f address, speech.
alojamiento m accommodation; **buscar** ~ to look for accommodation; **dar** ~ **a** to put up.
alojar vt to put up.
➡ **alojarse** vpr -1. [hospedarse] to stay -2. [introducirse] to lodge.
alondra f lark.
alopecia f alopecia.

alpaca f alpaca.
alpargata f (gen pl) espadrille.
Alpes mpl: **los** ~ the Alps.
alpinismo m mountaineering.
alpinista mf mountaineer.
alpino, na adj Alpine.
alpiste m -1. [planta] canary grass -2. [semilla] birdseed.
alquería f farmstead.
alquilar vt [casa, TV, oficina] to rent; [coche] to hire.
➡ **alquilarse** vpr [casa, TV, oficina] to be for rent; [coche] to be for hire; **'se alquila'** 'to let'.
alquiler m -1. [acción - de casa, TV, oficina] renting; [- de coche] hiring UK, rental US; **de** ~ [casa] rented; [coche] hire (antes de sust) UK, rental (antes de sust) US; **tenemos pisos de** ~ we have flats to let UK, we have apartments to rent US -2. [precio - de casa, oficina] rent; [- de televisión] rental; [- de coche] hire UK, rental US.
alquimia f alchemy.
alquimista mf alchemist.
alquitrán m tar.
alquitranar vt to tar.
alrededor adv -1. [en torno] around; **mira a tu** ~ look around you; **de** ~ surrounding -2. [aproximadamente]: ~ **de** around, about.
➡ **alrededores** mpl surrounding area (sg); **en los** ~**es de Londres** in the area around London.
➡ **alrededor de** loc prep around.
alta ⬦ alto.
altanería f haughtiness.
altanero, ra adj haughty.
altar m altar; ~ **mayor** high altar; **conducir** o **llevar al** ~ **a alguien** fig to lead sb down the aisle.
altavoz m [gen] speaker; [para anuncios] loudspeaker.
alteración f -1. [cambio] alteration -2. [excitación] agitation -3. [alboroto] disturbance; ~ **del orden público** breach of the peace.
alterar vt -1. [cambiar] to alter -2. [perturbar - persona] to agitate, to fluster; [- orden público] to disrupt -3. [estropear] to spoil; [leche] to turn.
➡ **alterarse** vpr -1. [perturbarse] to get agitated o flustered -2. [estropearse] to spoil, to go off; [leche] to turn.
altercado m argument, row.
alternador m ELECTR alternator.
alternancia f alternation.
alternar ⬦ vt to alternate. ⬦ vi -1. [rela-

cionarse]: ~ **(con)** to mix (with), to socialize (with) **- 2.** [sucederse]: ~ **con** to alternate with.

 alternarse *vpr* **- 1.** [en el tiempo] to take turns **- 2.** [en el espacio] to alternate.

alternativa ▷ alternativo.

alternativamente *adv* [moverse] alternately.

alternativo, va *adj* **- 1.** [movimiento] alternating **- 2.** [posibilidad] alternative.

 alternativa *f* **- 1.** [opción] alternative; **alternativa de poder** *POLÍT* succession of power **- 2.** *TAUROM* *ceremony in which bullfighter shares the kill with his novice, accepting him as a professional*; **tomar la alternativa** to become a professional bullfighter.

alterne *m practice whereby women encourage people to drink in return for a commission*; **bar de** ~ singles bar.

alterno, na *adj* alternate; *ELECTR* alternating.

alteza *f fig* [de sentimientos] loftiness.

 Alteza *f* [tratamiento] Highness; **Su Alteza Real** His Royal Highness (*f* Her Royal Highness).

altibajos *mpl* **- 1.** [del terreno] unevenness *(sg)* **- 2.** *fig* [de vida etc] ups and downs.

altillo *m* **- 1.** [armario] *small cupboard usually found above another cupboard* **- 2.** [cerro] hillock.

altímetro *m* altimeter.

altiplano *m* high plateau.

altísimo
 Altísimo *m*: **el Altísimo** the Most High.

altisonante *adj* high-sounding.

altitud *f* altitude.

altivez *f* haughtiness.

altivo, va *adj* haughty.

alto, ta *adj* **- 1.** [gen] high; [persona, árbol, edificio] tall; [piso] top, upper; **alta fidelidad** high fidelity; ~**s hornos** blast furnace **- 2.** [ruidoso] loud **- 3.** [avanzado] late; **a altas horas de la noche** late at night, in the small hours **- 4.** *GEOGR* upper, northern.

 alto ◇ *m* **- 1.** [altura] height; **mide dos metros de** ~ [cosa] it's two metres high; [persona] he's two metres tall **- 2.** [interrupción] stop; **hacer un** ~ to make a stop **- 3.** [lugar elevado] height; **en lo** ~ **de** at the top of **- 4.** *MÚS* alto **- 5.** *loc*: **pasar por** ~ **algo** to pass over sthg; **por todo lo** ~ [lujoso] grand, luxurious; [a lo grande] in (great) style. ◇ *adv* **- 1.** [arriba] high (up) **- 2.** [hablar etc] loud. ◇ *interj*: ¡ ~ ! halt!, stop!

 alta *f* (el) **- 1.** [del hospital] discharge; **dar de alta** *o* **el alta a alguien** to discharge sb

(from hospital) **- 2.** [documento médico] certificate of discharge **- 3.** [en una asociación] membership; **darse de alta** to become a member.

altoparlante *m Amér* loudspeaker.

altozano *m* hillock.

altramuz *m* lupin.

altruismo *m* altruism.

altruista ◇ *adj* altruistic. ◇ *mf* altruist.

altura *f* **- 1.** [gen] height; [en el mar] depth; **volar a gran** ~ to fly at altitude; **ganar** ~ to climb; **tiene dos metros de** ~ [gen] it's two metres high; [persona] he's two metres tall; **Viella está a 1.000m de** ~ Viella is 1,000 metres above sea level **- 2.** [nivel] level; **está a la** ~ **del ayuntamiento** it's next to the town hall **- 3.** [latitud] latitude **- 4.** [valor] value; **a la** ~ **de** on a par with **- 5.** *fig* [de persona] stature **- 6.** *fig* [de sentimientos, espíritu] loftiness.

 alturas *fpl* [el cielo] Heaven *(sg)*; **a estas** ~**s** *fig* this far on, this late.

alubia *f* bean.

alucinación *f* hallucination.

alucinado, da *adj* **- 1.** *MED* hallucinating **- 2.** *fam* [sorprendido] gobsmacked.

alucinante *adj* **- 1.** *MED* hallucinatory **- 2.** *fam* [extraordinario] amazing.

alucinar ◇ *vi* **- 1.** *MED* to hallucinate **- 2.** *fam* [equivocarse]: **¡no alucines!** come off it! ◇ *vt fam fig* [seducir] to hypnotize, to captivate.

alucinógeno, na *adj* hallucinogenic.

 alucinógeno *m* hallucinogen.

alud *m lit & fig* avalanche.

aludido, da *m, f*: **el** ~ the aforesaid; **darse por** ~ [ofenderse] to take it personally; [reaccionar] to take the hint.

aludir *vi*: ~ **a** [sin mencionar] to allude to; [mencionando] to refer to.

alumbrado *m* lighting; ~ **público** street lighting.

alumbramiento *m* **- 1.** [iluminación] lighting **- 2.** [parto] delivery.

alumbrar ◇ *vt* **- 1.** [iluminar] to light up **- 2.** [instruir] to enlighten **- 3.** [dar a luz] to give birth to. ◇ *vi* [iluminar] to give light.

aluminio *m* aluminium.

aluminosis *f inv CONSTR collapse of buildings as a result of inadequate building materials containing aluminium*.

alumnado *m* [de escuela] pupils *(pl)*; [de universidad] students *(pl)*.

alumno, na *m, f* [de escuela, profesor particular] pupil; [de universidad] student.

alunizaje *m* landing on the moon.
alunizar [13] *vi* to land on the moon.
alusión *f* [sin mencionar] allusion; [mencionando] reference; **hacer ~ a** [sin mencionar] to allude to; [mencionando] to refer to.
alusivo, va *adj* allusive.
aluvión *m* **-1.** [gen] flood **-2.** GEOL alluvium.
alvéolo, alveolo *m* **-1.** [de panal] cell **-2.** ANAT alveolus.
alza *f (el)* rise; **en ~** FIN rising; *fig* gaining in popularity; **jugar al ~** FIN to bull the market.
alzacuello *m* RELIG dog collar.
alzado, da *adj* **-1.** [gen] raised **-2.** [comerciante] fraudulent **-3.** [precio] fixed.
  ◆ **alzado** *m* ARQUIT elevation.
  ◆ **alzada** *f* **-1.** [de caballo] height **-2.** DER appeal.
alzamiento *m* uprising, revolt.
alzar [13] *vt* **-1.** [levantar] to lift, to raise; [voz] to raise; [vela] to hoist; [cuello de abrigo] to turn up; [mangas] to pull up **-2.** [aumentar] to raise **-3.** [construir] to erect **-4.** [sublevar] to stir up, to raise.
  ◆ **alzarse** *vpr* **-1.** [levantarse] to rise **-2.** [sublevarse] to rise up, to revolt **-3.** [conseguir]: **~se con** [victoria] to win; [botín] to make off with; [premio] to carry off.
a.m. (*abrev de* **ante meridiem**) a.m.
ama ➤ amo.
amabilidad *f* kindness; **¿tendría la ~ de ...?** would you be so kind as to ...?
amabilísimo, ma *superl* ➤ amable.
amable *adj* kind; **¿sería tan ~ de ...?** would you be so kind as to ...?
amado, da *m,f* loved one.
amaestrado, da *adj* [gen] trained; [en circo] performing.
amaestrar *vt* to train.
amagar [16] ◇ *vt* **-1.** [dar indicios de] to show signs of **-2.** [mostrar intención] to threaten; **le amagó un golpe** he threatened to hit him. ◇ *vi* [tormenta] to be imminent, to threaten.
amago *m* **-1.** [indicio] sign, hint **-2.** [amenaza] threat.
amague *etc* ➤ amagar.
amainar ◇ *vt* NÁUT to take in. ◇ *vi* *lit & fig* to abate, to die down.
amalgama *f* QUÍM & *fig* amalgam.
amalgamar *vt* QUÍM & *fig* to amalgamate.
amamantar *vt* [animal] to suckle; [bebé] to breastfeed.
amancebamiento *m* living together, cohabitation.
amancebarse *vpr* to live together, to cohabit.

amanecer [30] ◇ *m* dawn; **al ~** at dawn. ◇ *v impers*: **amaneció a las siete** dawn broke at seven. ◇ *vi* [en un lugar] to see in the dawn.
amanerado, da *adj* **-1.** [afeminado] effeminate **-2.** [afectado] mannered, affected.
amaneramiento *m* **-1.** [afeminamiento] effeminacy **-2.** [afectación] affectation.
amanerarse *vpr* **-1.** [afeminarse] to become effeminate **-2.** [volverse afectado] to become affected.
amanita *f* amanita.
amansar *vt* **-1.** [animal] to tame **-2.** *fig* [persona] to calm down **-3.** *fig* [pasiones] to calm.
  ◆ **amansarse** *vpr* to calm down.
amante *mf* **-1.** [querido] lover **-2.** *fig* [aficionado]: **ser ~ de algo/hacer algo** to be keen on sthg/doing sthg; **los ~s del arte** art lovers.
amanuense *mf* scribe.
amañar *vt* [falsear] to fix; [elecciones, resultado] to rig; [documento] to doctor.
  ◆ **amañarse** *vpr*: **amañárselas** to manage.
amaño *m (gen pl)* [treta] ruse, trick.
amapola *f* poppy.
amar [1] *vt* to love.
amaraje *m* [de hidroavión] landing at sea; [de vehículo espacial] splashdown.
amaranto *m* amaranth.
amarar *vi* [hidroavión] to land at sea; [vehículo espacial] to splash down.
amargado, da ◇ *adj* [resentido] bitter. ◇ *m,f* bitter person.
amargar [16] *vt* to make bitter; *fig* to spoil, to ruin.
  ◆ **amargarse** *vpr* [suj: alimento, persona] to become bitter.
amargo, ga *adj* *lit & fig* bitter.
amargor *m* [sabor] bitterness.
amargoso, sa *adj Amér* bitter.
amargue *etc* ➤ amargar.
amargura *f* [sentimiento] sorrow.
amariconado, da *adj fam despec* poofy.
  ◆ **amariconado** *m fam despec* pansy.
amarillento, ta *adj* yellowish.
amarillismo *m* PRENS sensationalism.
amarillo, lla *adj* **-1.** [color] yellow **-2.** PRENS sensationalist **-3.** [sindicato] conservative.
  ◆ **amarillo** *m* [color] yellow.
amarilloso, sa *adj Amér* yellowish.
amariposado, da *adj* [afeminado] effeminate.
amarra *f* mooring rope *o* line; **largar** *o* **soltar ~s** to cast off.
  ◆ **amarras** *fpl fig* [contactos] connections,

friends in high places.

amarrar *vt* -**1.** *NÁUT* to moor -**2.** [atar] to tie (up); ~ **algo/a alguien a algo** to tie sthg/sb to sthg.

amarre *m* mooring.

amarrete *adj Andes, RP fam pey* mean, tight.

amartillar *vt* [arma] to cock.

amasar *vt* -**1.** [masa] to knead; [yeso] to mix -**2.** *fam fig* [riquezas] to amass.

amasia *f CRica, Méx, Perú* mistress.

amasiato *m Andes, CRica, Méx* living in sin.

amasijo *m fam fig* [mezcla] hotchpotch.

amateur [ama'ter] (*pl* **amateurs**) *adj & m,f* amateur.

amateurismo [amate'rismo] *m* amateur nature.

amatista *f* amethyst.

amazacotado, da *adj* -**1.** [comida] stodgy -**2.** *fig* [pasajeros] packed, crammed.

amazona *f* -**1.** *fig* [jinete] horsewoman -**2.** *MITOL* Amazon.

Amazonas *m*: **el** ~ the Amazon.

amazónico, ca *adj* [gen] Amazon (antes de sust); [tribu, cultura] Amazonian.

ambages *mpl*: **sin** ~ without beating about the bush, in plain English.

ámbar *m* amber.

ambición *f* ambition.

ambicionar *vt* to have as one's ambition.

ambicioso, sa ◇ *adj* ambitious. ◇ *m,f* ambitious person.

ambidextro, tra ◇ *adj* ambidextrous. ◇ *m,f* ambidextrous person.

ambientación *f* -**1.** *CIN, LITER & TEATR* setting -**2.** *RADIO* sound effects (pl).

ambientador *m* air freshener.

ambiental *adj* -**1.** [físico, atmosférico] ambient -**2.** *ECOLOG* environmental.

ambientar *vt* -**1.** *CIN, LITER & TEATR* to set -**2.** [animar] to liven up.

➤ **ambientarse** *vpr* to settle down.

ambiente ◇ *adj* ambient. ◇ *m* -**1.** [aire] air, atmosphere -**2.** [circunstancias] environment -**3.** [ámbito] world, circles (pl) -**4.** [animación] life, atmosphere -**5.** *Andes, RP* [habitación] room.

ambigüedad *f* ambiguity.

ambiguo, gua *adj* -**1.** [gen] ambiguous -**2.** *GRAM* that may be either masculine or feminine.

ámbito *m* -**1.** [espacio, límites] confines (pl); **una ley de** ~ **provincial** an act which is provincial in its scope -**2.** [ambiente] world, circles (pl).

ambivalencia *f* ambivalence.

ambivalente *adj* ambivalent.

ambos, bas ◇ *adj pl* both. ◇ *pron pl* both (of them).

ambulancia *f* ambulance.

ambulante *adj* travelling; [biblioteca] mobile.

ambulatorio *m* state-run surgery *o* clinic.

ameba *f* amoeba.

amedrentar *vt* to scare, to frighten.

➤ **amedrentarse** *vpr* to get scared *o* frightened.

amén *adv* [en plegaria] amen; **en un decir** ~ *fig* in the twinkling of an eye; **decir** ~ **a** *fig* to accept unquestioningly.

➤ **amén de** *loc prep* -**1.** [además de] in addition to -**2.** [excepto] except for, apart from.

amenaza *f* threat; ~ **de bomba** bomb scare; ~ **de muerte** death threat.

amenazar [13] *vt* to threaten; ~ **a alguien con hacerle algo** to threaten to do sthg to sb; ~ **a alguien con hacer algo** to threaten sb with doing sthg; ~ **a alguien con el despido/de muerte** to threaten to sack/kill sb; **amenaza lluvia** it's threatening to rain.

amenidad *f* -**1.** [entretenimiento] entertaining qualities (pl) -**2.** [agrado] pleasantness.

amenizar [13] *vt fig* to liven up.

ameno, na *adj* -**1.** [entretenido] entertaining -**2.** [placentero] pleasant.

amenorrea *f* amenorrhea.

América America; ~ **del Sur** South America; ~ **Central** Central America.

americana ▷ **americano**.

americanismo *m* -**1.** [carácter] American character -**2.** *LING* Americanism.

americanizar [13] *vt* to americanize.

➤ **americanizarse** *vpr* to become americanized.

americano, na *adj & m,f* American.

➤ **americana** *f* [chaqueta] jacket.

amerindio, dia *adj & m,f* American Indian, Amerindian.

ameritar *vt Amér* to deserve.

amerizaje *m* [de hidroavión] landing at sea; [de vehículo espacial] splashdown.

amerizar [13] *vi* [hidroavión] to land at sea; [vehículo espacial] to splash down.

ametralladora *f* machine gun.

ametrallar *vt* -**1.** [con ametralladora] to machinegun -**2.** [con metralla] to shower with shrapnel.

amianto *m* asbestos.

amigable *adj* amicable.

amígdala *f* tonsil.

amigdalitis *f inv* tonsillitis.

amigo, ga ◇ *adj* **-1.** [gen] friendly **-2.** [aficionado]: ~ **de algo/hacer algo** keen on sthg/doing sthg; ~ **de la buena mesa** partial to good food. ◇ *m,f* **-1.** [persona] friend; **hacerse** ~ **de** to make friends with; **hacerse** ~**s** to become friends; ~ **íntimo** close friend **-2.** *fam* [compañero, novio] partner; [amante] lover **-3.** [tratamiento] (my) friend; **Querido** ~ [en carta] Dear friend.

amigote, amiguete *m fam* pal, mate *UK*.

amiguismo *m*: **hay mucho** ~ there are always jobs for the boys.

amilanar *vt* [asustar] to terrify.
➡ **amilanarse** *vpr* [desanimarse] to be discouraged, to lose heart.

aminoácido *m* amino acid.

aminorar ◇ *vt* to reduce. ◇ *vi* to decrease, to diminish.

amistad *f* friendship; **hacer** *o* **trabar** ~ **(con)** to make friends (with).
➡ **amistades** *fpl* friends.

amistoso, sa *adj* friendly.

amnesia *f* amnesia.

amnésico, ca ◇ *adj* amnesic. ◇ *m,f* amnesiac.

amniótico, ca *adj* amniotic.

amnistía *f* amnesty; **Amnistía Internacional** Amnesty International.

amnistiar [9] *vt* to grant amnesty to.

amo, ama *mf* **-1.** [gen] owner **-2.** [de criado, situación etc] master (*f* mistress).
➡ **ama de casa** *f* housewife.
➡ **ama de cría** *f* wet nurse.
➡ **ama de llaves** *f* housekeeper.

amodorrado, da *adj* drowsy.

amodorrarse *vpr* to get drowsy.

amoldable *adj* adaptable; **ser** ~ **a** to be able to adapt to.

amoldar *vt* [adaptar]: ~ **(a)** to adapt (to).
➡ **amoldarse** *vpr* [adaptarse]: ~**se (a)** to adapt (to).

amonal *m* ammonal.

amonestación *f* **-1.** [reprimenda] reprimand **-2.** *DEP* warning.
➡ **amonestaciones** *fpl* [para matrimonio] banns.

amonestar *vt* **-1.** [reprender] to reprimand **-2.** *DEP* to warn **-3.** [para matrimonio] to publish the banns of.

amoníaco, amoniaco *m* **-1.** [gas] ammonia **-2.** [disolución] liquid ammonia.

amontonar *vt* **-1.** [apilar] to pile up **-2.** [reunir] to accumulate.
➡ **amontonarse** *vpr* **-1.** [personas] to form

a crowd **-2.** [problemas, trabajo] to pile up; [ideas, solicitudes] to come thick and fast.

amor *m* love; ~ **libre/platónico** free/platonic love; **de mil** ~**es** with pleasure, gladly; **hacer el** ~ to make love; **por** ~ **al arte** for the love of it; **¡por el** ~ **de Dios!** for God's sake!
➡ **amor propio** *m* pride.

amoral *adj* amoral.

amoralidad *f* amorality.

amoratado, da *adj* [de frío] blue; [por golpes] black and blue.

amoratar *vt* [suj: el frío] to turn blue; [suj: persona] to bruise.
➡ **amoratarse** *vpr* [por el frío] to turn blue; [por golpes] to turn black and blue.

amordazar [13] *vt* [persona] to gag; [perro] to muzzle.

amorfo, fa *adj* **-1.** [sin forma] amorphous **-2.** *fig* [persona] lacking in character.

amorío *m fam* [romance] fling.

amoroso, sa *adj* [gen] loving; [carta, relación] love *(antes de sust)*.

amortajar *vt* [difunto] to shroud.

amortiguación *f* **-1.** [de ruido] muffling; [de golpe] softening, cushioning **-2.** *AUTOM* suspension, shock absorbers *(pl)*.

amortiguador, ra *adj* [de ruido] muffling; [de golpe] softening, cushioning.
➡ **amortiguador** *m AUTOM* shock absorber.

amortiguar [45] *vt* [ruido] to muffle; [golpe] to soften, to cushion.
➡ **amortiguarse** *vpr* [ruido] to die away; [golpe] to be cushioned.

amortizable *adj ECON* [bonos, acciones] redeemable.

amortización *f ECON* [de deuda, préstamo] amortization, paying-off; [de inversión, capital] recouping; [de bonos, acciones] redemption; [de bienes de equipo] depreciation.

amortizar [13] *vt* **-1.** [sacar provecho] to get one's money's worth out of **-2.** [ECON - deuda, préstamo] to amortize, to pay off; [- inversión, capital] to recoup; [- bonos, acciones] to redeem; [- bienes de equipo] to depreciate.

amoscarse [10] *vpr fam* to get in a huff.

amotinado, da *adj & m,f* rebel, insurgent.

amotinamiento *m* rebellion, uprising; [de marineros] mutiny.

amotinar *vt* to incite to riot; [a marineros] to incite to mutiny.
➡ **amotinarse** *vpr* to riot; [marineros] to mutiny.

amovible *adj* **-1.** [pieza] detachable **-2.**

[cargo] revocable.

amparar *vt* -**1.** [proteger] to protect -**2.** [dar cobijo a] to give shelter to, to take in.

➤ **ampararse** *vpr* -**1.** *fig* [apoyarse]: ~**se en** [ley] to have recourse to; [excusas] to draw on -**2.** [cobijarse]: ~**se de** *o* **contra** to (take) shelter from.

amparo *m* [protección] protection; **al** ~ **de** [persona, caridad] with the help of; [ley] under the protection of.

amperaje *m* amperage.

amperímetro *m* ammeter.

amperio *m* amp, ampere.

ampliable *adj* -**1.** [gen] expandable -**2.** *FOT* enlargeable -**3.** [plazo] extendible.

ampliación *f* -**1.** [aumento] expansion; [de edificio, plazo] extension; ~ **de capital** *ECON* increase in capital -**2.** *FOT* enlargement.

ampliadora *f* *FOT* enlarger.

ampliar [9] *vt* -**1.** [gen] to expand; [local] to add an extension to; [plazo] to extend -**2.** *FOT* to enlarge, to blow up -**3.** [estudios] to further, to continue.

amplificación *f* amplification.

amplificador *m* *ELECTRÓN* amplifier.

amplificar [10] *vt* to amplify.

amplio, plia *adj* -**1.** [sala etc] roomy, spacious; [avenida, gama] wide -**2.** [ropa] loose -**3.** [explicación etc] comprehensive; **en el sentido más** ~ **de la palabra** in the broadest sense of the word -**4.** [mentalidad etc] broad.

amplitud *f* -**1.** [espaciosidad] roominess, spaciousness; [de avenida] wideness -**2.** [de ropa] looseness -**3.** *fig* [extensión] extent, comprehensiveness; ~ **de miras** broadmindedness.

ampolla *f* -**1.** [en piel] blister -**2.** [para inyecciones] ampoule -**3.** [frasco] phial.

ampuloso, sa *adj* pompous.

amputación *f* amputation.

amputar *vt* to amputate.

Amsterdam Amsterdam.

amueblado, da *adj* [apartamento] furnished.

➤ **amueblado** *m* *RP* room hired for sex.

amueblar *vt* to furnish.

amuleto *m* amulet.

amurallado, da *adj* walled.

amurallar *vt* to build a wall around.

anabolizante ⬦ *adj* anabolic. ⬦ *m* anabolic steroid.

anacarado, da *adj* pearly.

anacardo *m* cashew.

anacoreta *mf* anchorite, hermit.

anacrónico, ca *adj* anachronistic.

anacronismo *m* anachronism.

ánade *m* *culto* duck.

anaerobio, bia *adj* anaerobic.

anagrama *m* anagram.

anal *adj* *ANAT* anal.

anales *mpl* *lit* & *fig* annals.

analfabetismo *m* illiteracy.

analfabeto, ta *adj* & *m,f* illiterate.

analgésico, ca *adj* analgesic.

➤ **analgésico** *m* analgesic.

análisis *m* *inv* analysis; ~ **clínico** (clinical) test; ~ **gramatical** sentence analysis, parsing; ~ **de orina** urine analysis; ~ **de sangre** blood test.

analista *mf* -**1.** [gen] analyst -**2.** *INFORM* (computer) analyst; ~ **programador/de sistemas** programmer/systems analyst.

analítico, ca *adj* analytical.

➤ **analítica** *f* *MED* clinical testing.

analizar [13] *vt* to analyse.

analogía *f* similarity; **por** ~ by analogy.

analógico, ca *adj* -**1.** [análogo] analogous, similar -**2.** *INFORM* & *TECN* analogue, analog -**3.** ⊳ **reloj**.

análogo, ga *adj*: ~ **(a)** analogous *o* similar (to).

ananá, ananás *m* *RP* pineapple.

anaquel *m* shelf.

anaranjado, da *adj* orange.

anarco *fam* ⬦ *adj* anarchistic. ⬦ *mf* anarchist.

anarcosindicalismo *m* anarchosyndicalism.

anarcosindicalista *adj* & *m,f* anarchosyndicalist.

anarquía *f* -**1.** [falta de gobierno] anarchy -**2.** [doctrina política] anarchism -**3.** *fig* [desorden] chaos, anarchy.

anárquico, ca *adj* anarchic.

anarquismo *m* anarchism.

anarquista *adj* & *m,f* anarchist.

anatema *m* [maldición] curse, anathema.

anatomía *f* anatomy.

anatómico, ca *adj* -**1.** *ANAT* anatomical -**2.** [asiento, calzado] orthopaedic.

anca *f* (*el*) haunch; ~**s de rana** frogs' legs.

ancestral *adj* ancestral; [costumbre] age-old.

ancestro *m* ancestor.

ancho, cha *adj* [gen] wide; [prenda] loose-fitting; **te va** *o* **está** ~ it's too big for you; **a mis/tus** *etc* **anchas** *fig* at ease; **quedarse tan** ~ not to care less; **lo dijo delante de todos y se quedó tan** ~ he said it in front of everyone, just like that.

➤ **ancho** *m* width; **a lo** ~ crosswise; **cinco**

metros de ~ five metres wide; **a lo ~ de** across (the width of); **~ de vía** gauge.

anchoa f anchovy *(salted)*.

anchura f **- 1.** [medida] width **- 2.** [de ropa] bagginess.

anciano, na <> *adj* old. <> *m,f* old person, old man (f old woman).
  ◆ **anciano** *m* [de tribu] elder.

ancla f *(el)* anchor; **echar/levar ~s** to drop/ weigh anchor.

anclar *vi* to anchor.

áncora *(el)* f anchor.

andadas *fpl*: **volver a las ~** *fam fig* to return to one's evil ways.

andaderas *fpl* baby-walker *(sg)*.

andador, ra, andarín, ina *adj* fond of walking.
  ◆ **andadores** *mpl* [para niño] harness *(sg)*.

andadura f walking.

ándale *interj CAm, Méx fam* come on!

Andalucía Andalusia.

andalucismo *m* **- 1.** [doctrina] *doctrine favouring Andalusian autonomy* **- 2.** [palabra] *Andalusian word or expression*.

andaluz, za *adj & m,f* Andalusian.

andamiaje *m* scaffolding.

andamio *m* scaffold.

andanada f **- 1.** MIL & *fig* broadside **- 2.** TAUROM *covered stand in a bullring*.

andando *interj*: **¡ ~ !** come on!, let's get a move on!

andante *adj* **- 1.** [que anda] walking **- 2.** MÚS andante.

andanza f *(gen pl)* [aventura] adventure.

andar [52] <> *vi* **- 1.** [caminar] to walk; [moverse] to move **- 2.** [funcionar] to work, to go; **el reloj no anda** the clock has stopped; **las cosas andan mal** things are going badly **- 3.** [estar] to be; **~ preocupado** to be worried; **~ mal de dinero** to be short of money; **creo que anda por el almacén** I think he is somewhere in the warehouse; **~ tras algo/alguien** *fig* to be after sthg/sb **- 4.** *(antes de gerundio)*: **~ haciendo algo** to be doing sthg; **anda echando broncas a todos** he's going round telling everybody off; **anda explicando sus aventuras** he's talking about his adventures; **anda buscando algo** he's looking for sthg **- 5.** [ocuparse]: **~ en** [asuntos, líos] to be involved in; [papeleos, negocios] to be busy with **- 6.** [hurgar]: **~ en** to rummage around in; **¿has andado en mis papeles?** have you been fiddling with my papers? **- 7.** *(antes de 'a' y sust pl)* [expresa acción]: **en ese país andan a tiros** in that country they go

round shooting one another; **~ gritando** to be always shouting **- 8.** [alcanzar, rondar]: **~ por** to be about; **anda por los 60** he's about sixty **- 9.** *fam* [enredar]: **~ con algo** to play with sthg **-10.** *loc*: **quien mal anda mal acaba** everyone gets his just deserts. <> *vt* **- 1.** [recorrer] to go, to travel **- 2.** CAm [llevar puesto] to wear. <> *m* gait, walk.
  ◆ **andarse** *vpr* [obrar]: **~se con cuidado/ misterios** to be careful/secretive.
  ◆ **andares** *mpl* [de persona] gait *(sg)*; **tener ~es de** to walk like.
  ◆ **anda** *interj*: **¡anda!** [sorpresa, desilusión] oh!; [¡vamos!] come on!; [¡por favor!] go on!; **¡anda ya!** [incredulidad] come off it!

andarín, ina = andador.

andas *fpl*: **llevar a alguien en ~** *fig* to be all over sb.

andén *m* **- 1.** FERROC platform **- 2.** Andes, CAm [acera] pavement UK, sidewalk US **- 3.** Andes, CAm [bancal de tierra] terrace.

Andes *mpl*: **los ~** the Andes.

andinismo *m Amér* mountaineering.

andinista *mf Amér* mountaineer.

andino, na *adj & m,f* Andean.

Andorra Andorra.

andorrano, na *adj & m,f* Andorran.

andrajo *m* **- 1.** [harapo] rag **- 2.** *fig & despec* [persona] good-for-nothing.

andrajoso, sa <> *adj* ragged. <> *m,f* person dressed in rags.

andrógino, na *adj* androgynous.
  ◆ **andrógino** *m* hermaphrodite.

androide <> *adj* [masculino] masculine. <> *m* [autómata] android.

andurriales *mpl* remote place *(sg)*; **¿qué haces por estos ~?** what are you doing as far off the beaten track as this?

anduviera etc ▷ andar.

anécdota f anecdote.

anecdotario *m* collection of anecdotes.

anecdótico, ca *adj* **- 1.** [con historietas] anecdotal **- 2.** [no esencial] incidental.

anegar [16] *vt* **- 1.** [inundar] to flood **- 2.** [ahogar-planta] to drown.
  ◆ **anegarse** *vpr* **- 1.** [inundarse] to flood; **sus ojos se anegaron de lágrimas** tears welled up in his eyes **- 2.** [ahogarse] to drown.

anejo, ja *adj*: **~ (a)** [edificio] connected (to); [documento] attached (to).
  ◆ **anejo** *m* annexe.

anemia f anaemia.

anémico, ca <> *adj* anaemic. <> *m,f* anaemia sufferer.

anemómetro *m* anemometer.

anémona f anemone.
anestesia f anaesthesia; ~ **general/local** general/local anaesthesia.
anestesiar [8] vt to anaesthetize, to place under anaesthetic.
anestésico, ca adj anaesthetic.
➤ **anestésico** m anaesthetic.
anestesista mf anaesthetist.
Aneto m: el ~ Aneto.
aneurisma m aneurysm.
anexar vt [documento] to attach.
anexión f annexation.
anexionar vt to annex.
anexionista mf annexationist.
anexo, xa adj [edificio] connected; [documento] attached.
➤ **anexo** m annexe.
anfeta f fam pep pill.
anfetamina f amphetamine.
anfibio, bia adj lit & fig amphibious.
➤ **anfibio** m amphibian.
anfiteatro m -**1.** CIN & TEATR circle -**2.** [edificio] amphitheatre.
anfitrión, ona ◇ adj host (antes de sust). ◇ m,f host (f hostess).
ánfora f (el) [cántaro] amphora.
ángel m lit & fig angel; ~ **custodio** o **de la guarda** guardian angel; **tener** ~ to have something special.
angelical adj angelic.
ángelus m inv RELIG angelus.
angina f (gen pl) [amigdalitis] sore throat; **tener** ~**s** to have a sore throat.
➤ **angina de pecho** f angina (pectoris).
anglicanismo m Anglicanism.
anglicano, na adj & m,f Anglican.
anglicismo m anglicism.
angloamericano, na adj & m,f Anglo-American.
anglófilo, la adj & m,f anglophile.
anglófobo, ba adj & m,f anglophobe.
anglófono, na, angloparlante ◇ adj English-speaking, anglophone. ◇ m,f English speaker, anglophone.
anglosajón, ona adj & m,f Anglo-Saxon.
Angola Angola.
angolano, na adj & m,f Angolan.
angora f [de conejo] angora; [de cabra] mohair.
angosto, ta adj culto narrow.
angostura f -**1.** [estrechez] narrowness -**2.** [bebida] angostura.
anguila f eel; ~ **de mar** conger eel.
angula f elver.

angular adj angular.
➤ **gran angular** m FOT wide-angle lens.
ángulo m -**1.** [gen] angle; ~ **agudo/obtuso/recto** acute/obtuse/right angle; ~ **de mira** [para disparar] line of sight; ~ **de tiro** [para disparar] elevation -**2.** [rincón] corner.
anguloso, sa adj angular.
angustia f -**1.** [aflicción] anxiety -**2.** PSICOL distress.
angustiar [8] vt to distress.
➤ **angustiarse** vpr [agobiarse]: ~**se (por)** to get worried (about).
angustioso, sa adj [espera, momentos] anxious; [situación, noticia] distressing.
anhelante adj: ~ **(por algo/hacer algo)** longing (for sthg/to do sthg), desperate (for sthg/to do sthg).
anhelar vt to long o wish for; ~ **hacer algo** to long to do sthg.
anhelo m longing.
anhídrido m anhydride; ~ **carbónico** carbon dioxide.
anidar vi -**1.** [pájaro] to nest -**2.** fig [sentimiento]: ~ **en** to find a place in.
anilina f aniline.
anilla f ring.
➤ **anillas** fpl DEP rings.
anillo m -**1.** [gen & ASTRON] ring; ~ **de boda** wedding ring; **ir** o **venir como** ~ **al dedo** fam [persona] to be just the right person; [cosa] to be just what one needed; **no se me van a caer los** ~**s** fam it won't hurt me (to do it) -**2.** ZOOL annulus.
ánima f (el) [alma] soul; ~ **bendita** soul in Purgatory.
animación f -**1.** [alegría] liveliness -**2.** [bullicio] hustle and bustle, activity -**3.** CIN animation.
animado, da adj -**1.** [con buen ánimo] cheerful -**2.** [divertido] lively -**3.** CIN animated.
animador, ra m,f -**1.** [en espectáculo] compere -**2.** [en fiesta de niños] children's entertainer -**3.** [en béisbol etc] cheerleader.
animadversión f animosity.
animal ◇ adj -**1.** [reino, funciones] animal (antes de sust) -**2.** fam [persona - basto] rough; [- ignorante] ignorant. ◇ mf fam fig [persona] animal, brute. ◇ m animal; ~ **doméstico** [de granja etc] domestic animal; [de compañía] pet; ~ **de tiro** draught animal.
animalada f fam fig: **decir/hacer una** ~ to say/do something mindless.
animalucho m fig & despec disgusting creature.
animar vt -**1.** [estimular] to encourage; ~ **a**

alguien a *o* **para hacer algo** to encourage sb to do sthg **- 2.** [alegrar - persona] to cheer up **- 3.** [avivar - fuego, diálogo, fiesta] to liven up; [comercio] to stimulate.
 ➦ **animarse** *vpr* **- 1.** [alegrarse - persona] to cheer up; [- fiesta etc] to liven up **- 2.** [decidir]: ~**se (a hacer algo)** to finally decide (to do sthg).
anímico, ca *adj* mental.
ánimo <> *m* **- 1.** [valor] courage **- 2.** [aliento] encouragement; **dar** ~**s a alguien** to encourage sb **- 3.** [intención]: **con/sin** ~ **de** with/without the intention of; **lo hice sin** ~ **de ofenderte** I didn't mean to offend you **- 4.** [humor] disposition **- 5.** [alma] mind. <> *interj* [para alentar]: **¡** ~ **!** come on!
animosidad *f* animosity.
animoso, sa *adj* [valiente] courageous; [decidido] undaunted.
aniñado, da *adj* [comportamiento] childish; [voz, rostro] childlike.
aniquilación *f* annihilation.
aniquilar *vt* to annihilate, to wipe out.
anís (*pl* **anises**) *m* **- 1.** [planta] anise **- 2.** [grano] aniseed **- 3.** [licor] anisette.
anisete *m* anisette.
aniversario *m* [gen] anniversary; [cumpleaños] birthday.
ano *m* anus.
anoche *adv* last night, yesterday evening; **antes de** ~ the night before last.
anochecer [30] <> *m* dusk, nightfall; **al** ~ at dusk. <> *v impers* to get dark. <> *vi:* ~ **en algún sitio** to be somewhere at nightfall.
anodino, na *adj* **- 1.** [sin gracia] dull, insipid **- 2.** [insustancial] lacking in substance.
ánodo *m* anode.
anomalía *f* anomaly.
anómalo, la *adj* anomalous.
anonadado, da *adj* **- 1.** [sorprendido] astonished, bewildered **- 2.** [abatido] stunned.
anonadar *vt* **- 1.** [sorprender] to astonish, to bewilder **- 2.** [abatir] to stun.
 ➦ **anonadarse** *vpr* **- 1.** [sorprenderse] to be astonished *o* bewildered **- 2.** [abatirse] to be stunned.
anonimato *m* anonymity; **permanecer en el** ~ to remain nameless; **vivir en el** ~ to live out of the public eye.
anónimo, ma *adj* anonymous.
 ➦ **anónimo** *m* anonymous letter.
anorak (*pl* **anoraks**) *m* anorak.
anorexia *f* anorexia.
anormal <> *adj* **- 1.** [anómalo] abnormal **- 2.**

ofensivo [deficiente] subnormal. <> *mf* **ofensivo** subnormal person.
anormalidad *f* **- 1.** [anomalía] abnormality **- 2.** [defecto físico o psíquico] handicap, disability.
anotación *f* [gen] note; [en registro] entry; ~ **al margen** marginal note; ~ **contable** *COM* book entry.
anotar *vt* **- 1.** [apuntar] to note down, to make a note of **- 2.** [tantear] to notch up.
 ➦ **anotarse** *vpr* [matricularse] to enrol.
anovulatorio, ria *adj* anovulatory.
 ➦ **anovulatorio** *m* anovulant.
anquilosamiento *m* **- 1.** [estancamiento] stagnation **- 2.** *MED* paralysis.
anquilosarse *vpr* **- 1.** [estancarse] to stagnate **- 2.** *MED* to become paralysed.
ánsar *m* [ave] goose.
ansia *f (el)* **- 1.** [afán]: ~ **de** longing *o* yearning for **- 2.** [ansiedad] anxiousness; [angustia] anguish; **comer con** ~ to eat ravenously.
 ➦ **ansias** *fpl* [náuseas] sickness *(U)*, nausea *(U)*.
ansiar [9] *vt:* ~ **hacer algo** to long *o* be desperate to do sthg.
ansiedad *f* **- 1.** [inquietud] anxiety; **con** ~ anxiously **- 2.** *PSICOL* nervous tension.
ansiolítico, ca *adj* sedative.
 ➦ **ansiolítico** *m* sedative.
ansioso, sa *adj* **- 1.** [impaciente] impatient; **estar** ~ **por** *o* **de hacer algo** to be impatient to do sthg **- 2.** [angustiado] in anguish.
antagónico, ca *adj* antagonistic.
antagonismo *m* antagonism.
antagonista *mf* opponent.
antaño *adv* in days gone by.
antártico, ca *adj* Antarctic.
 ➦ **Antártico** *m*: **el Antártico** the Antarctic; **el océano Glacial Antártico** the Antarctic Ocean.
Antártida *f*: **la** ~ the Antarctic.
ante¹ *m* **- 1.** [piel] suede **- 2.** [animal] elk, moose.
ante² *prep* **- 1.** [delante de, en presencia de] before **- 2.** [frente a - hecho, circunstancia] in the face of **- 3.** [respecto de] compared to; **su opinión prevaleció** ~ **la mía** his opinion prevailed over mine.
 ➦ **ante todo** *loc adv* **- 1.** [sobre todo] above all **- 2.** [en primer lugar] first of all.
anteanoche *adv* the night before last.
anteayer *adv* the day before yesterday.
antebrazo *m* forearm.
antecámara *f* antechamber.
antecedente <> *adj* preceding, previous.

◇ *m* **-1.** [precedente] precedent **-2.** *GRAM* & *MAT* antecedent.

➤ **antecedentes** *mpl* [de persona] record *(sg)*; [de asunto] background *(sg)*; **poner a alguien en** ∼**s de** [informar] to fill sb in on; **una persona sin** ∼**s** a person with a clean record; ∼**s penales** criminal record *(sg)*.

anteceder *vt* to come before, to precede.

antecesor, ra *m,f* [predecesor] predecessor.

➤ **antecesores** *mpl* [antepasados] ancestors.

antedicho, cha *adj* aforementioned.

antediluviano, na *adj lit* & *fig* antediluvian.

antefirma *f* title of the signatory.

antelación *f*: **con** ∼ in advance, beforehand; **con dos horas de** ∼ two hours in advance.

antemano
➤ **de antemano** *loc adv* beforehand, in advance.

antemeridiano, na *adj* morning *(antes de sust)*.

antena *f* **-1.** *RADIO* & *TV* aerial *UK*, antenna *US*; **estar/salir en** ∼ to be/go on the air; ∼ **colectiva** aerial shared by all the inhabitants of a block of flats; ∼ **parabólica** satellite dish **-2.** *ZOOL* antenna.

anteojeras *fpl* blinkers *UK*, blinders *US*.

anteojos *mpl Amér* glasses.

antepasado, da *m,f* ancestor.

antepecho *m* [de puente] parapet; [de ventana] sill.

antepenúltimo, ma *adj* & *m,f* last but two.

anteponer [65] *vt*: ∼ **algo a algo** to put sthg before sthg.

➤ **anteponerse** *vpr*: ∼**se a** to come before.

anteproyecto *m* draft; ∼ **de ley** draft bill.

antepuesto, ta *pp* ▷ **anteponer**.

anterior *adj* **-1.** [previo]: ∼ **(a)** previous (to); **el día** ∼ the day before **-2.** [delantero] front *(antes de sust)*.

anterioridad *f*: **con** ∼ beforehand; **con** ∼ **a** before, prior to.

anteriormente *adv* previously.

antes *adv* **-1.** [gen] before; **no importa si venís** ∼ it doesn't matter if you come earlier; **ya no nado como** ∼ I can't swim as I used to; **mucho/poco** ∼ long/shortly before; **lo** ∼ **posible** as soon as possible; **mi coche de** ∼ my old car **-2.** [primero] first; **esta señora está** ∼ this lady is first **-3.** [expresa preferencia]: ∼ ... **que** rather ... than; **prefiero la sie-**rra ∼ **que el mar** I like the mountains better than the sea; **iría a la cárcel** ∼ **que mentir** I'd rather go to prison than lie.

➤ **antes de** *loc prep* before; ∼ **de hacer algo** before doing sthg.

➤ **antes (de) que** *loc conj* before; ∼ **(de) que llegarais** before you arrived.

antesala *f* anteroom; **estar en la** ∼ **de** *fig* to be on the verge of; **hacer** ∼ [esperar] to wait.

antevíspera *f* day before yesterday.

antiabortista ◇ *adj* anti-abortion, pro-life. ◇ *mf* anti-abortion *o* pro-life campaigner.

antiácido, da *adj* antacid.

➤ **antiácido** *m* antacid.

antiadherente *adj* non-stick.

antiaéreo, a *adj* anti-aircraft.

antiarrugas *adj inv* anti-wrinkle.

antibala, antibalas *adj inv* bullet-proof.

antibiótico, ca *adj* antibiotic.

➤ **antibiótico** *m* antibiotic.

antichoc, antichoque *adj* shockproof.

anticiclón *m* anticyclone.

anticipación *f* earliness; **con** ∼ in advance; **con un mes de** ∼ a month in advance; **con** ∼ **a** prior to.

anticipado, da *adj* [elecciones] early; [pago] advance; **por** ∼ in advance.

anticipar *vt* **-1.** [prever] to anticipate **-2.** [adelantar] to bring forward **-3.** [dinero] to pay in advance **-4.** [información]: **no te puedo** ∼ **nada** I can't tell you anything just now.

➤ **anticiparse** *vpr* **-1.** [suceder antes] to arrive early; **se anticipó a su tiempo** he was ahead of his time **-2.** [adelantarse]: ∼**se a alguien** to beat sb to it.

anticipo *m* **-1.** [de dinero] advance **-2.** [presagio] foretaste.

anticlerical *adj* anticlerical.

anticlericalismo *m* anticlericalism.

anticoagulante *adj* & *m* anticoagulant.

anticomunismo *m* anti-communism.

anticomunista *adj* & *m,f* anti-communist.

anticoncepción *f* contraception.

anticonceptivo, va *adj* contraceptive.

➤ **anticonceptivo** *m* contraceptive.

anticonformismo *m* non-conformism.

anticongelante *adj* & *m* antifreeze.

anticonstitucional *adj* unconstitutional.

anticonstitucionalidad *f* unconstitutional nature.

anticorrosivo, va *adj* anticorrosive.

➤ **anticorrosivo** *m* anticorrosive substance.

anticristo *m* Antichrist.

anticuado, da *adj* old-fashioned.
anticuario, ria *m,f* [comerciante] antique dealer; [experto] antiquarian.
➡ **anticuario** *m* [tienda] antique shop.
anticucho *m Andes* kebab.
anticuerpo *m* antibody.
antidemocrático, ca *adj* undemocratic.
antideportivo, va *adj* unsporting, unsportsmanlike.
antidepresivo, va *adj* antidepressant.
➡ **antidepresivo** *m* antidepressant (drug).
antideslizante *adj* anti-skid; [ruedas] non-skid.
antideslumbrante *adj* anti-dazzle.
antidisturbios *mpl* [policía] riot police.
antidopaje *m* doping tests *(pl)*.
antidoping [anti'ðopin] *adj* doping *(antes de sust)*.
antídoto *m* antidote.
antier *adv Amér fam* the day before yesterday.
antiestético, ca *adj* unsightly.
antifascista *adj* & *m,f* anti-fascist.
antifaz *m* mask.
antigás *adj inv* gas *(antes de sust)*.
antígeno *m* antigen.
antigripal ◇ *adj* designed to combat flu, flu *(antes de sust)*. ◇ *m* flu remedy.
antigualla *f despec* [cosa] museum piece; [persona] old fogey, old fossil.
antiguamente *adv* [hace mucho] long ago; [previamente] formerly.
Antigua y Barbuda Antigua and Barbuda.
antigubernamental *adj* anti-government.
antigüedad *f* - **1.** [gen] antiquity - **2.** [veteranía] seniority.
➡ **antigüedades** *fpl* [objetos] antiques; **tienda de** ~**es** antique shop.
antiguo, gua *adj* - **1.** [viejo] old; [inmemorial] ancient - **2.** [anterior, previo] former - **3.** [veterano] senior - **4.** [pasado de moda] old-fashioned; **a la antigua** in an old-fashioned way.
➡ **antiguos** *mpl HIST* ancients.
antihéroe *m* antihero.
antihigiénico, ca *adj* unhygienic.
antihistamínico *m* antihistamine.
antiinflacionista *adj* anti-inflationary.
antiinflamatorio *m* anti-inflammatory drug.
antílope *m* antelope.
antimateria *f* antimatter.

antimilitarismo *m* antimilitarism.
antimilitarista *adj* & *m,f* antimilitarist.
antimisil *m* antimissile.
antimonopolio *adj inv ECON* antitrust *(antes de sust)*.
antinatural *adj* unnatural.
antiniebla ➪ **faro**.
antioxidante ◇ *adj* anti-rust. ◇ *m* rustproofing agent.
antipapa *m* antipope.
antiparasitario *m* - **1.** *VETER* flea collar - **2.** *TELECOM* suppressor.
antiparras *fpl fam* specs.
antipatía *f* dislike; **tener** ~ **a alguien** to dislike sb.
antipático, ca ◇ *adj* unpleasant. ◇ *m,f* unpleasant person.
antipirético, ca *adj* antipyretic.
➡ **antipirético** *m* antipyretic.
antípodas *fpl*: **las** ~ the Antipodes.
antiquísimo, ma ◇ *superl* ➪ **antiguo**. ◇ *adj* ancient.
antirreflectante *adj* non-reflective.
antirreglamentario, ria *adj DEP* illegal, against the rules.
antirrobo ◇ *adj inv* antitheft *(antes de sust)*. ◇ *m* [en coche] antitheft device; [en edificio] burglar alarm.
antisemita ◇ *adj* anti-Semitic. ◇ *mf* anti-Semite.
antiséptico, ca *adj* antiseptic.
➡ **antiséptico** *m* antiseptic.
antisocial *adj* antisocial.
antiterrorismo *m* fight against terrorism.
antiterrorista *adj* anti-terrorist.
antítesis *f inv* antithesis.
antitetánico, ca *adj* anti-tetanus *(antes de sust)*.
antitético, ca *adj culto* antithetical.
antivirus *m inv* - **1.** *MED* vaccine - **2.** *INFORM* antivirus system.
antojadizo, za *adj* capricious.
antojarse *vpr* - **1.** [capricho]: **se le antojaron esos zapatos** he fancied those shoes; **se le ha antojado ir al cine** he felt like going to the cinema; **cuando se me antoje** when I feel like it - **2.** [posibilidad]: **se me antoja que ...** I have a feeling that ...
antojitos *mpl Méx* snacks, appetizers.
antojo *m* - **1.** [capricho] whim; [de embarazada] craving; **a mi/tu** *etc* ~ my/your *etc* (own) way; **tener un** ~ [embarazada] to have a craving - **2.** [en la piel] birthmark.
antología *f* anthology; **de** ~ memorable, unforgettable.

antológico, ca adj **-1.** [recopilador] anthological **-2.** [inolvidable] memorable, unforgettable.

antónimo m antonym.

antonomasia f: **por** ~ par excellence.

antorcha f torch.

antracita f anthracite.

ántrax m inv anthrax.

antro m despec dive, dump.

antropocentrismo m anthropocentrism.

antropofagia f anthropophagy, cannibalism.

antropófago, ga ⬦ adj anthropophagous. ⬦ m,f cannibal.

antropología f anthropology.

antropólogo, ga m,f anthropologist.

anual adj annual.

anualidad f annuity, yearly payment.

anuario m yearbook.

anudar vt to knot, to tie in a knot.

➡ **anudarse** vpr **-1.** [atarse] to get into a knot **-2.** [entorpecerse]: **se le anudó la voz** he got a lump in his throat.

anuencia f culto consent, approval.

anulación f **-1.** [cancelación] cancellation; [de ley] repeal; [de matrimonio, contrato] annulment **-2.** [DEP - de un partido] calling-off; [- de un gol] disallowing; [- de un resultado] declaration as void.

anular[1] ⬦ adj [en forma de anillo] annular. ⬦ m ▷ **dedo**.

anular[2] vt **-1.** [cancelar - gen] to cancel; [- ley] to repeal; [- matrimonio, contrato] to annul **-2.** [DEP - partido] to call off; [- gol] to disallow; [- resultado] to declare void **-3.** [reprimir] to repress.

anunciación f announcement.

➡ **Anunciación** f RELIG Annunciation.

anunciante ⬦ adj advertising (antes de sust). ⬦ mf advertiser.

anunciar [8] vt **-1.** [notificar] to announce **-2.** [hacer publicidad de] to advertise **-3.** [presagiar] to herald.

➡ **anunciarse** vpr: ~**se en** to advertise in, to put an advert in.

anuncio m **-1.** [notificación] announcement; [cartel, aviso] notice; [póster] poster **-2.**: ~ **(publicitario)** advertisement, advert; ~**s por palabras** classified adverts **-3.** [presagio] sign, herald.

anverso m [de moneda] head, obverse; [de hoja] front.

anzuelo m **-1.** [para pescar] (fish) hook **-2.** fam [señuelo] bait; **picar** o **morder el** ~ to take the bait.

añadido, da adj: ~ **(a)** added (to).

➡ **añadido** m addition.

añadidura f addition; **por** ~ in addition, what is more.

añadir vt to add.

añejo, ja adj **-1.** [vino, licor] mature; [tocino] cured **-2.** [costumbre] age-old.

añicos mpl: **hacer** o **hacerse** ~ to shatter.

añil adj & m [color] indigo.

año m year; **en el** ~ **1939** in 1939; **los** ~**s 30** the thirties; ~ **académico/escolar/fiscal** academic/school/tax year; ~ **bisiesto/solar** leap/solar year; ~ **nuevo** New Year; **¡Feliz Año Nuevo!** Happy New Year!; ~ **sabático** sabbatical; **el** ~ **de la nana** fam the year dot.

➡ **años** mpl [edad] age (sg); **¿cuántos** ~**s tienes? — tengo 17** ~**s** how old are you? — I'm 17 (years old); **los de 25** ~**s** the 25-year-olds; **cumplir** ~**s** to have one's birthday; **cumplo** ~**s el 25** it's my birthday on the 25th; **estar entrado** o **metido en** ~**s** to be getting on; **te has quitado** ~**s de encima** [rejuvenecer] you look much younger.

➡ **año luz** (pl **años luz**) m light year; **estar a** ~**s luz de** fig to be light years away from.

añoranza f: ~ **(de)** [gen] nostalgia (for); [hogar, patria] homesickness (for).

añorar vt to miss.

aorta f aorta.

aovado, da adj egg-shaped.

aovar vi to lay eggs; [peces] to spawn.

ap. abrev de **aparte**.

APA (abrev de **asociación de padres de alumnos**) f Spanish association for parents of schoolchildren, ≃ PTA.

apabullar vt to overwhelm.

➡ **apabullarse** vpr to be overwhelmed.

apacentar [19] vt to graze.

apache adj & m,f Apache.

apacible adj [gen] mild, gentle; [lugar, ambiente] pleasant.

apacienta etc ▷ **apacentar**.

apaciguador, ra adj calming.

apaciguar [45] vt **-1.** [tranquilizar] to calm down **-2.** [aplacar - dolor etc] to soothe.

➡ **apaciguarse** vpr **-1.** [tranquilizarse] to calm down **-2.** [aplacarse - dolor etc] to abate.

apadrinar vt **-1.** [niño] to act as a godparent to **-2.** [artista] to sponsor.

apagado, da adj **-1.** [luz, fuego] out; [aparato] off **-2.** [color, persona] subdued **-3.** [sonido] dull, muffled; [voz] low, quiet.

apagar [16] vt **-1.** [extinguir - fuego] to put out; [- luz] to put off; [- vela] to extinguish **-2.**

[desconectar] to turn o switch off; **apaga y vá-monos** *fig* we have nothing more to talk about **-3.** [aplacar - sed] to quench; [- dolor] to get rid of **-4.** [rebajar - color] to soften; [- sonido] to muffle.

➡ **apagarse** *vpr* **-1.** [extinguirse - fuego, vela, luz] to go out; [- dolor, ilusión, rencor] to die down; [- sonido] to die away **-2.** [morir] to pass away.

apagón *m* power cut.

apague *etc* ➪ apagar.

apaisado, da *adj* oblong.

apalabrar *vt* [concertar] to make a verbal agreement regarding; [contratar] to engage on the basis of a verbal agreement.

Apalaches *mpl*: **los** ~ the Appalachians.

apalancar [10] *vt* [para abrir] to lever open; [para mover] to lever.

➡ **apalancarse** *vpr mfam* [apoltronarse] to install o.s.

apalear *vt* to beat up.

apañado, da *adj fam* [hábil, mañoso] clever, resourceful; **estar** ~ *fig* to have had it.

apañar *vt fam* **-1.** [reparar] to mend **-2.** [amañar] to fix, to arrange.

➡ **apañarse** *vpr fam* to cope, to manage; **apañárselas (para hacer algo)** to manage (to do sthg).

apaño *m fam* **-1.** [reparación] patch **-2.** [chanchullo] fix, shady deal **-3.** [acuerdo] compromise.

apapachado, da *adj Méx* pampered, spoilt.

apapachador, ra *adj Méx* comforting.

apapachar *vt Méx* [mimar] to cuddle; [consentir] to spoil.

apapacho *m Méx* cuddle.

aparador *m* **-1.** [mueble] sideboard **-2.** [escaparate] shop window.

aparato *m* **-1.** [máquina] machine; [de laboratorio] apparatus *(U)*; [electrodoméstico] appliance; ~ **de radio** radio; ~ **de televisión** television set **-2.** [dispositivo] device **-3.** [teléfono]: **¿quién está al** ~? who's speaking? **-4.** [avión] plane **-5.** [MED - prótesis] aid; [- para dientes] brace **-6.** ANAT system **-7.** POLÍT machinery **-8.** [ostentación] pomp, ostentation.

aparatoso, sa *adj* **-1.** [ostentoso] ostentatious, showy **-2.** [espectacular] spectacular.

aparcamiento *m* **-1.** [acción] parking **-2.** [parking] car park *UK*, parking lot *US*; [hueco] parking place.

aparcar [10] <> *vt* **-1.** [estacionar] to park **-2.** [posponer] to shelve. <> *vi* [estacionar] to park.

aparcero, ra *m, f* sharecropper.

aparear *vt* [animales] to mate.

➡ **aparearse** *vpr* [animales] to mate.

aparecer [30] *vi* **-1.** [gen] to appear **-2.** [acudir]: ~ **por (un lugar)** to turn up at (a place) **-3.** [ser encontrado] to turn up.

➡ **aparecerse** *vpr* to appear.

aparecido, da *m, f* ghost.

aparejado, da *adj*: **llevar** ~ [acarrear] to entail.

aparejador, ra *m, f* quantity surveyor.

aparejar *vt* **-1.** [preparar] to get ready, to prepare **-2.** [caballerías] to harness **-3.** NÁUT to rig (out).

aparejo *m* **-1.** [de caballerías] harness **-2.** MEC block and tackle **-3.** NÁUT rigging.

➡ **aparejos** *mpl* equipment *(U)*; [de pesca] tackle *(U)*.

aparentar <> *vt* **-1.** [fingir] to feign **-2.** [edad] to look. <> *vi* [presumir] to show off.

aparente *adj* **-1.** [falso, supuesto] apparent **-2.** [visible] visible **-3.** [llamativo] striking.

aparición *f* **-1.** [gen] appearance **-2.** [de ser sobrenatural] apparition.

apariencia *f* **-1.** [aspecto] appearance; **en** ~ apparently, outwardly; **guardar las** ~s to keep up appearances; **las** ~s **engañan** appearances can be deceptive **-2.** [falsedad] illusion.

aparque *etc* ➪ aparcar.

apartado, da *adj* **-1.** [separado]: ~ **de** away from **-2.** [alejado] remote.

➡ **apartado** *m* [párrafo] paragraph; [sección] section.

➡ **apartado de correos** *m* PO Box.

apartamento *m* apartment, flat *UK*.

apartar *vt* **-1.** [alejar] to move away; [quitar] to remove **-2.** [separar] to separate **-3.** [escoger] to take, to select.

➡ **apartarse** *vpr* **-1.** [hacerse a un lado] to move to one side, to move out of the way **-2.** [separarse] to separate; ~**se de** [gen] to move away from; [tema] to get away from; [mundo, sociedad] to cut o.s. off from.

aparte <> *adv* **-1.** [en otro lugar, a un lado] aside, to one side; **bromas** ~ joking apart; **dejar algo** ~ to leave sthg aside; **poner algo** ~ to put sthg aside; **impuestos** ~ before tax **-2.** [además] besides; ~ **de fea ...** besides being ugly ... **-3.** [por separado] separately. <> *adj inv* separate; **ser caso** ~ to be a different matter. <> *m* **-1.** [párrafo] new paragraph **-2.** TEATR aside.

➡ **aparte de** *loc prep* [excepto] apart from, except from.

apartheid [apar'xeid] *m* apartheid.

apartotel, aparthotel *m* hotel apartments *(pl)*.

apasionado, da ◇ *adj* passionate. ◇ *m,f* lover, enthusiast.

apasionante *adj* fascinating.

apasionar *vt* to fascinate; **le apasiona la música** he's mad about music.
➡ **apasionarse** *vpr* to get excited; ~**se por** *o* **con** to be mad about.

apatía *f* apathy.

apático, ca ◇ *adj* apathetic. ◇ *m,f* apathetic person.

apátrida ◇ *adj* stateless. ◇ *mf* stateless person.

apdo. *abrev de* **apartado**.

apeadero *m* [de tren] halt.

apear *vt* -**1.** [bajar] to take down -**2.** *fam* [disuadir]: ~ **a alguien de** to talk sb out of.
➡ **apearse** *vpr* -**1.** [bajarse]: ~**se (de)** [tren] to alight (from), to get off; [coche] to get out (of); [caballo] to dismount (from) -**2.** *fam* [disuadirse]: ~**se de** to back down on.

apechugar [16] *vi*: ~ **con** to put up with, to live with.

apedrear ◇ *vt* [persona] to stone; [cosa] to throw stones at. ◇ *v impers* to hail.

apegarse [16] *vpr*: ~ **a** to become fond of *o* attached to.

apego *m* fondness, attachment; **tener/tomar** ~ **a** to be/become fond of.

apelación *f* appeal.

apelar *vi* -**1.** *DER* to (lodge an) appeal; ~ **ante/contra** to appeal to/against -**2.** [recurrir]: ~ **a** [persona] to go to; [sentido común, bondad] to appeal to; [violencia] to resort to.

apelativo *m* name.

apellidarse *vpr*: **se apellida Suárez** her surname is Suárez.

apellido *m* surname.

apelmazado, da *adj* -**1.** [jersey] shrunk -**2.** [arroz, bizcocho] stodgy.

apelmazar [13] *vt* -**1.** [jersey] to shrink -**2.** [arroz, bizcocho] to make stodgy.
➡ **apelmazarse** *vpr* -**1.** [jersey] to shrink -**2.** [arroz, bizcocho] to go stodgy.

apelotonar *vt* to bundle up.
➡ **apelotonarse** *vpr* [gente] to crowd together.

apenado, da *adj Andes, CAm, Carib, Méx* [avergonzado] ashamed, embarrassed.

apenar *vt* to sadden.
➡ **apenarse** *vpr* -**1.** to be saddened -**2.** *Andes, CAm, Carib, Méx* [avergonzarse] to be ashamed, to be embarrassed.

apenas *adv* -**1.** [casi no] scarcely, hardly; ~ **me puedo mover** I can hardly move -**2.** [tan sólo] only; ~ **hace dos minutos** only two minutes ago -**3.** [tan pronto como] as soon as; ~ **llegó, sonó el teléfono** no sooner had he arrived than the phone rang.

apencar [10] *vi fam*: ~ **con** [trabajo] to take on; [responsabilidad] to shoulder; [consecuencias, dificultad] to live with.

apéndice *m* appendix.

apendicitis *f inv* appendicitis.

Apeninos *mpl*: **los** ~ the Appenines.

apenque *etc* ▷ **apencar**.

apercibir *vt* -**1.** [darse cuenta de] to notice -**2.** [amonestar] to reprimand, to give a warning to -**3.** *DER* to issue with a warning.
➡ **apercibirse de** *vpr* to notice.

apergaminarse *vpr fam* to become wrinkled *o* wizened.

aperitivo *m* [bebida] aperitif; [comida] appetizer.

apero *m* (gen pl) tool; ~**s de labranza** farming implements.

aperrearse *vpr fam* to refuse to change one's mind.

apertura *f* -**1.** [gen] opening; [de año académico, temporada] start -**2.** [DEP - en rugby] kick-off; [- en ajedrez] opening (move) -**3.** *POLÍT* [liberalización] liberalization *(especially that introduced in Spain by the Franco regime after 1970)*.

APERTURA

Apertura is the name given in Spain to the period after 1970 when political changes were introduced by the Franco regime.

---

aperturismo *m* progressive policies *(pl)*.

aperturista *adj & m,f* progressive.

apesadumbrar *vt* to weigh down.
➡ **apesadumbrarse** *vpr* to be weighed down.

apestar ◇ *vi*: ~ **(a)** to stink (of). ◇ *vt* -**1.** [hacer que huela mal] to infest, to stink out -**2.** [contagiar peste] to infect with the plague.

apestoso, sa *adj* foul.

apetecer [30] ◇ *vi*: **¿te apetece un café?** do you fancy a coffee?; **me apetece salir** I feel like going out. ◇ *vt*: **tenían todo cuanto apetecían** they had everything they wanted.

apetecible *adj* [comida] appetizing, tempting; [vacaciones etc] desirable.

apetito *m* appetite; **abrir el** ~ to whet one's appetite; **perder el** ~ to lose one's appetite;

tener ~ to be hungry.
apetitoso, sa *adj* -**1.** [comida] appetizing -**2.** [oferta, empleo] tempting.
apiadar *vt* to earn the pity of.
  ➧ **apiadarse** *vpr* to show compassion; ~**se de** to take pity on.
ápice *m* -**1.** [pizca] iota; **ni un** ~ not a single bit; **no ceder un** ~ not to budge an inch -**2.** [vértice - de montaña] peak; [- de hoja, lengua] tip; [- de edificio] top -**3.** [punto culminante] peak, height.
apicultor, ra *m,f* beekeeper.
apicultura *f* beekeeping.
apilar *vt* to pile up.
  ➧ **apilarse** *vpr* to pile up.
apiñado, da *adj* [apretado] packed, crammed.
apiñar *vt* to pack o cram together.
  ➧ **apiñarse** *vpr* to crowd together; [para protegerse, por miedo] to huddle together.
apio *m* celery.
apisonadora *f* steamroller.
aplacar [10] *vt* to placate; [hambre] to satisfy; [sed] to quench.
  ➧ **aplacarse** *vpr* to calm down; [dolor] to abate.
aplace *etc* ▷ **aplazar**.
aplanar *vt* to level.
aplaque *etc* ▷ **aplacar**.
aplastante *adj fig* [apabullante] overwhelming, devastating.
aplastar *vt* -**1.** [por el peso] to flatten -**2.** [derrotar] to crush.
aplatanado, da *adj fam* listless.
aplatanar *vt fam* to make listless.
  ➧ **aplatanarse** *vpr fam* to become listless.
aplaudir *vt & vi* to applaud.
aplauso *m* -**1.** [ovación] round of applause; ~**s** applause (U) -**2.** *fig* [alabanza] applause.
aplazamiento *m* postponement.
aplazar [13] *vt* to postpone.
aplicación *f* -**1.** [gen & INFORM] application -**2.** [decoración] appliqué.
aplicado, da *adj* -**1.** [estudioso] diligent -**2.** [ciencia] applied.
aplicar [10] *vt* [gen] to apply; [nombre, calificativo] to give.
  ➧ **aplicarse** *vpr* -**1.** [esmerarse]: ~**se (en algo)** to apply o.s. (to sthg) -**2.** [concernir]: ~**se a** to apply to.
aplique *m* wall lamp.
aplomo *m* composure; **perder el** ~ to lose one's composure.
apocado, da *adj* timid.

apocalipsis *m o f inv* calamity.
  ➧ **Apocalipsis** *m o f* Apocalypse.
apocalíptico, ca *adj* apocalyptic.
apocamiento *m* timidity.
apocarse [10] *vpr* [intimidarse] to be frightened o scared; [humillarse] to humble o.s.
apocopar *vt* to apocopate.
apócope *f* apocopation.
apócrifo, fa *adj* apocryphal.
apodar *vt* to nickname.
  ➧ **apodarse** *vpr* to be nicknamed.
apoderado, da *m,f* -**1.** [representante] (official) representative -**2.** *TAUROM* agent, manager.
apoderar *vt* [gen] to authorize, to empower; *DER* to grant power of attorney to.
  ➧ **apoderarse de** *vpr* -**1.** [adueñarse de] to seize -**2.** *fig* [dominar] to take hold of, to grip.
apodo *m* nickname.
apogeo *m fig* height, apogee; **estar en (pleno)** ~ to be at its height.
apolillado, da *adj* moth-eaten.
apolillar *vt* to eat holes in.
  ➧ **apolillarse** *vpr* to get moth-eaten.
apolítico, ca *adj* apolitical.
apología *f* apology, eulogy; ~ **del terrorismo** defence of terrorism.
apoltronarse *vpr* -**1.** [apalancarse]: ~ **(en)** to become lazy o idle (in) -**2.** [acomodarse]: ~ **en** to lounge in.
apoplejía *f* apoplexy.
apoquinar *vt & vi fam* to fork out.
aporrear *vt* to bang.
aportación *f* -**1.** [proporcionamiento] provision -**2.** [contribución] contribution; **hacer una** ~ to contribute.
aportar *vt* -**1.** [proporcionar] to provide -**2.** [contribuir con] to contribute.
aposentar *vt* to put up, to lodge.
  ➧ **aposentarse** *vpr* to take up lodgings.
aposento *m* -**1.** [habitación] room; **retirarse a sus** ~**s** *desus o hum* to withdraw (to one's chamber) -**2.** [alojamiento] lodgings *(pl)*.
aposición *f* apposition.
apósito *m* dressing.
aposta, apostas *adv* on purpose, intentionally.
apostante *mf* person who places a bet.
apostar [23] ◇ *vt* -**1.** [jugarse] to bet -**2.** [emplazar] to post. ◇ *vi*: ~ **(por)** to bet (on); **apuesto a que no viene** I bet he doesn't come.
  ➧ **apostarse** *vpr* -**1.** [jugarse] to bet; ~**se algo con alguien** to bet sb sthg -**2.** [colocarse] to post o.s.

apostas = aposta.
apóstata *mf* apostate.
apostilla *f* note.
apostillar *vt* to annotate.
apóstol *m lit & fig* apostle.
apostolado *m* **-1.** [de apóstol] apostolate **-2.** [de ideales] mission.
apostólico, ca *adj* apostolic.
apostolizar [13] *vt* to convert to Christianity.
apóstrofe *m o f LITER* apostrophe.
apóstrofo *m GRAM* apostrophe.
apostura *f* [garbo] dashing nature.
apoteósico, ca *adj* tremendous.
apoteosis *f inv* [final] grand finale.
apoyacabezas *m inv* headrest.
apoyar *vt* **-1.** [inclinar] to lean, to rest **-2.** *fig* [basar, respaldar] to support.
apoyarse *vpr* **-1.** [sostenerse]: ~se en to lean on **-2.** *fig* [basarse]: ~se en [suj: tesis, conclusiones] to be based on, to rest on; [suj: persona] to base one's arguments on **-3.** [respaldarse] to support one another.
apoyo *m lit & fig* support.
apreciable *adj* **-1.** [perceptible] appreciable, significant **-2.** *fig* [estimable] worthy.
apreciación *f* [consideración] appreciation; [estimación] evaluation.
apreciar [8] *vt* **-1.** [valorar] to appreciate; [sopesar] to appraise, to evaluate **-2.** [sentir afecto por] to think highly of **-3.** [percibir] to tell, to make out **-4.** [opinar]: ~ que to consider (that).
aprecio *m* esteem; **sentir ~ por alguien** to think highly of sb.
aprehender *vt* **-1.** [coger - persona] to apprehend; [- alijo, mercancía] to seize **-2.** [comprender] to take in.
aprehensión *f* [de persona] arrest, capture; [de alijo, mercancía] seizure.
apremiante *adj* pressing, urgent.
apremiar [8] <> *vt* **-1.** [meter prisa]: ~ a alguien para que haga algo to urge sb to do sthg **-2.** [obligar]: ~ a alguien a hacer algo to compel sb to do sthg. <> *vi* [ser urgente] to be pressing.
apremio *m* **-1.** [urgencia] urgency **-2.** *DER* writ.
aprender <> *vt* **-1.** [estudiar] to learn **-2.** [memorizar] to memorize. <> *vi*: ~ (a hacer algo) to learn (to do sthg); **¡para que aprendas!** that'll teach you!
aprenderse *vpr* **-1.** [estudiar] to learn **-2.** [memorizar] to memorize.
aprendiz, za *m,f* **-1.** [ayudante] apprentice,

trainee **-2.** [novato] beginner.
aprendizaje *m* **-1.** [acción] learning **-2.** [tiempo, situación] apprenticeship.
aprensión *f*: ~ **(por)** [miedo] apprehension (about); [escrúpulo] squeamishness (about).
aprensivo, va *adj* **-1.** [miedoso] apprehensive **-2.** [escrupuloso] squeamish **-3.** [hipocondríaco] hypochondriac.
apresar *vt* [suj: animal] to catch; [suj: persona] to capture.
aprestar *vt* **-1.** [preparar] to prepare, to get ready **-2.** [tela] to size.
aprestarse a *vpr*: ~se a hacer algo to get ready to do sthg.
apresto *m* size.
apresurado, da *adj* hasty, hurried.
apresuramiento *m* haste.
apresurar *vt* to hurry along, to speed up; ~ a alguien para que haga algo to try to make sb do sthg more quickly.
apresurarse *vpr* to hurry; ~se a hacer algo to do sthg quickly.
apretado, da *adj* **-1.** [gen] tight; [triunfo] narrow; [esprint] close; [caligrafía] cramped **-2.** [apiñado] packed.
apretar [19] <> *vt* **-1.** [oprimir - botón, tecla] to press; [- gatillo] to pull, to squeeze; [- nudo, tuerca, cinturón] to tighten; **el zapato me aprieta** my shoe is pinching **-2.** [estrechar] to squeeze; [abrazar] to hug **-3.** [comprimir - ropa, objetos] to pack tight **-4.** [juntar - dientes] to grit; [- labios] to press together **-5.** *fig* [el paso, la marcha] to quicken **-6.** *fig* [presionar] to press. <> *vi* [calor, lluvia] to get worse, to intensify; ~ a correr *fam* to run off.
apretarse *vpr* [agolparse] to crowd together; [acercarse] to squeeze up.
apretón *m* [estrechamiento] squeeze; ~ **de manos** handshake.
apretones *mpl* [aglomeración] crush *(sg)*.
apretujar *vt* **-1.** [gen] to squash **-2.** [hacer una bola con] to screw up.
apretujarse *vpr* [en banco, autobús] to squeeze together; [por frío] to huddle up.
apretujón *m fam* [abrazo] bearhug.
aprieta *etc* ▷ **apretar**.
aprieto *m fig* fix, difficult situation; **poner en un** ~ **a alguien** to put sb in a difficult position; **verse** *o* **estar en un** ~ to be in a fix.
aprisa *adv* quickly.
aprisionar *vt* **-1.** [encarcelar] to imprison **-2.** [inmovilizar - atando, con camisa de fuerza] to strap down; [- suj: viga etc] to trap.
aprobación *f* approval.
aprobado, da *adj* [aceptado] approved.

aprobado *m EDUC* pass.

aprobar [23] *vt* **-1.** [proyecto, moción, medida] to approve; [ley] to pass **-2.** [comportamiento etc] to approve of **-3.** [examen, asignatura] to pass.

aprontarse *vpr RP* [prepararse] to get ready; **¡aprontate para cuando llegue tu papá!** just wait till your daddy gets here!

apropiación *f* [robo] theft.

apropiado, da *adj* suitable, appropriate.

apropiar [8] *vt* : ~ **(a)** to adapt (to).
➤ **apropiarse de** *vpr lit & fig* to appropriate.

aprovechable *adj* usable.

aprovechado, da ◇ *adj* **-1.** [caradura]: **es muy** ~ he's always sponging off other people **-2.** [bien empleado - tiempo] well-spent; [- espacio] well-planned **-3.** [aplicado] diligent. ◇ *m,f* [caradura] sponger.

aprovechamiento *m* **-1.** [utilización] use **-2.** [en el estudio] progress, improvement.

aprovechar ◇ *vt* **-1.** [gen] to make the most of; [oferta, ocasión] to take advantage of; [conocimientos, experiencia] to use, to make use of; ~ **que** ... to make the most of the fact that ... **-2.** [lo inservible] to put to good use. ◇ *vi* **-1.** [ser provechoso] to be beneficial; **¡que aproveche!** enjoy your meal! **-2.** [mejorar] to make progress.
➤ **aprovecharse** *vpr* : ~ **se (de)** to take advantage (of).

aprovisionamiento *m* supplying.

aprovisionar *vt* to supply.

aproximación *f* **-1.** [acercamiento] approach **-2.** [en cálculo] approximation **-3.** [en lotería] *in lotteries, consolation prize given to numbers immediately before and after the winning number* **-4.** *fig* [de países] rapprochement; [de puntos de vista] converging.

aproximadamente *adv* approximately.

aproximado, da *adj* approximate.

aproximar *vt* to move closer.
➤ **aproximarse** *vpr* to come closer.

aprueba *etc* ➪ **aprobar**.

aptitud *f* ability, aptitude; **tener** ~ **para algo** to have an aptitude for sthg.

apto, ta *adj* **-1.** [adecuado, conveniente]: ~ **(para)** suitable (for) **-2.** [capacitado - intelectualmente] capable, able; [- físicamente] fit **-3.** *CIN* : ~ **/no** ~ **para menores** suitable/unsuitable for children.

apuesta ➪ **apostar**. ◇ *f* bet.

apuesto, ta *adj* dashing.

apunado, da *adj Andes* : **estar** ~ to have altitude sickness.

apunar *vt Andes* to cause to have altitude sickness.
➤ **apunarse** *vpr Andes* to get altitude sickness.

apuntador, ra *m,f* prompter.

apuntalamiento *m lit & fig* underpinning.

apuntalar *vt lit & fig* to underpin.

apuntar ◇ *vt* **-1.** [anotar] to make a note of, to note down; ~ **a alguien** [en lista] to put sb down; **apúntamelo (en la cuenta)** put it on my account **-2.** [dirigir - dedo] to point; [- arma] to aim; ~ **a alguien** [con el dedo] to point at sb; [con un arma] to aim at sb **-3.** *TEATR* to prompt **-4.** *fig* [sugerir] to hint at **-5.** *fig* [indicar] to point out. ◇ *vi* **-1.** [vislumbrarse] to appear; [día] to break **-2.** *fig* [indicar]: ~ **a** to point to, to suggest.
➤ **apuntarse** *vpr* **-1.** [en lista] to put one's name down; [en curso] to enrol **-2.** [participar]: ~ **se (a hacer algo)** to join in (doing sthg); **yo me apunto** I'm in.

apunte *m* **-1.** [nota] note **-2.** [boceto] sketch **-3.** *COM* entry **-4.** *TEATR* prompt.
➤ **apuntes** *mpl EDUC* notes; **tomar** ~ **s** to take notes.

apuñalar *vt* to stab.

apurado, da *adj* **-1.** [necesitado] in need; ~ **de** short of **-2.** [avergonzado] embarrassed **-3.** [difícil] awkward.

apurar *vt* **-1.** [agotar] to finish off; [existencias, la paciencia] to exhaust **-2.** [meter prisa] to hurry **-3.** [preocupar] to trouble **-4.** [avergonzar] to embarrass **-5.** [barba] to shave closely.
➤ **apurarse** *vpr* **-1.** [preocuparse]: ~ **se (por)** to worry (about) **-2.** [darse prisa] to hurry.

apuro *m* **-1.** [dificultad] fix, difficult situation; **estar en** ~ **s** to be in a tight spot **-2.** [penuria] hardship *(U)*; **pasar** ~ **s** to be hard up **-3.** [vergüenza] embarrassment; **me da** ~ **(decírselo)** I'm embarrassed (to tell her).

aquaplaning [akwa'planin] *m* aquaplaning.

aquejado, da *adj* : ~ **de** suffering from.

aquejar *vt* to afflict; **le aquejan varias enfermedades** he suffers from a number of illnesses.

aquel, aquella (*mpl* **aquellos**, *fpl* **aquellas**) *adj demos* that, (*pl*) those.

aquél, aquélla (*mpl* **aquéllos**, *fpl* **aquéllas**) *pron demos* **-1.** [ése] that (one), (*pl*) those (ones); **este cuadro me gusta pero** ~ **del fondo no** I like this picture, but I don't like that one at the back; ~ **fue mi último día en Londres** that was my last day in London **-2.** [nombrado antes] the former; **teníamos un co-**

che y una moto, **ésta estropeada y ~ sin gasolina** we had a car and a motorbike, the former was out of petrol, the latter had broken down -**3.** [con oraciones relativas] whoever, anyone who; ~ **que quiera hablar que levante la mano** whoever wishes o anyone wishing to speak should raise their hand; **aquéllos que ...** those who ...

aquelarre m coven.

aquella ▷ aquel.

aquélla ▷ aquél.

aquello pron demos (neutro) that; **no consiguió saber si ~ lo dijo en serio** he never found out whether she meant those words o that seriously; ~ **de su mujer es una mentira** all that about his wife is a lie.

aquellos, aquellas ▷ aquel.

aquéllos, aquéllas ▷ aquél.

aquí adv -**1.** [gen] here; ~ **abajo/arriba** down/up here; ~ **dentro/fuera** in/out here; ~ **mismo** right here; ~ **y allá** here and there; **de ~ para allá** [de un lado a otro] to and fro; **por ~** over here -**2.** [ahora] now; **de ~ a mañana** between now and tomorrow; **de ~ a poco** shortly, soon; **de ~ a un mes** a month from now, in a month -**3.** [en tiempo pasado]: ~ **empezaron los problemas** that was when the problems started.

◆ **de aquí que** loc conj [por eso] hence, therefore.

aquiescencia f approval.

aquietar vt to calm down.

◆ **aquietarse** vpr to calm down.

aquilatar vt -**1.** [metales, joyas] to assay -**2.** fig [examinar] to assess.

ara f (el) -**1.** culto [piedra] altar stone -**2.** [altar] altar.

◆ **en aras de** loc prep culto for the sake of.

árabe ◇ adj Arab, Arabian. ◇ mf [persona] Arab. ◇ m [lengua] Arabic.

arabesco m arabesque.

Arabia Saudí, Arabia Saudita Saudi Arabia.

arábigo, ga adj -**1.** [de Arabia] Arab, Arabian -**2.** [numeración] Arabic.

arácnido m arachnid.

arado m plough.

Aragón Aragon.

aragonés, esa adj & m,f Aragonese.

Aral m: **el mar de ~** the Aral Sea.

arameo m [lengua] Aramaic.

arancel m tariff.

arancelario, ria adj tariff (antes de sust).

arándano m bilberry, blueberry US.

arandela f TECN washer.

araña f -**1.** [animal] spider; ~ **de mar** spider crab -**2.** [lámpara] chandelier.

arañar vt -**1.** [gen] to scratch -**2.** fig [reunir] to scrape together.

arañazo m scratch.

arar vt to plough.

araucano, na adj Araucanian.

arbitraje m -**1.** [DEP - en fútbol etc] refereeing; [- en tenis, críquet] umpiring -**2.** DER arbitration.

arbitral adj DEP of the referee.

arbitrar ◇ vt -**1.** [DEP - en fútbol etc] to referee; [- en tenis, críquet] to umpire -**2.** [medidas, recursos] to bring together -**3.** DER to arbitrate. ◇ vi -**1.** [DEP - en fútbol etc] to referee; [- en tenis, críquet] to umpire -**2.** DER to arbitrate.

arbitrariedad f -**1.** [cualidad] arbitrariness -**2.** [acción] arbitrary action.

arbitrario, ria adj arbitrary.

arbitrio m [decisión] judgment; **dejar algo al ~ de alguien** to leave sthg to sb's discretion; **libre ~** free will.

◆ **arbitrios** mpl [impuestos] taxes.

árbitro m -**1.** [DEP - en fútbol etc] referee; ~ **asistente** asisstant referee; [- en tenis, críquet] umpire -**2.** DER arbitrator.

árbol m -**1.** BOT tree; ~ **de Navidad** Christmas tree -**2.** TECN shaft; ~ **de levas** camshaft -**3.** NÁUT mast.

◆ **árbol genealógico** m family tree.

arbolado, da adj -**1.** [terreno] wooded; [calle] tree-lined -**2.** [mar] tempestuous.

◆ **arbolado** m woodland (U).

arboladura f NÁUT masts and spars (pl).

arbolar vt -**1.** [barco] to mast -**2.** [bandera] to raise, to hoist -**3.** [mar] to whip up.

◆ **arbolarse** vpr to rear up.

arboleda f grove.

arbotante m flying buttress.

arbusto m bush, shrub.

arca f (el) -**1.** [arcón] chest -**2.** [barco]: ~ **de Noé** Noah's Ark.

◆ **arcas** fpl coffers; ~**s públicas** Treasury (sg).

arcabuz m arquebus.

arcada f -**1.** (gen pl) [de estómago] retching (U); **me dieron ~s** I retched -**2.** [ARQUIT - arcos] arcade; [- de puente] arch.

arcaico, ca adj archaic.

arcaísmo m archaism.

arcángel m archangel.

arcano, na adj arcane.

◆ **arcano** m -**1.** [carta] arcana -**2.** [misterio] mystery.

arce m maple.

arcén m [de autopista] hard shoulder UK, shoulder US; [de carretera] verge.

archiconocido, da adj fam very well-known.

archiduque, quesa m,f archduke (f archduchess).

archimillonario, ria m,f multimillionaire.

archipiélago m archipelago.

archisabido, da adj very well-known.

archivador, ra m,f archivist.
➤ **archivador** m filing cabinet.

archivar vt -1. [guardar - documento, fichero etc] to file -2. fig [olvidar - suceso etc] to push to the back of one's mind.

archivo m -1. [lugar] archive; [documentos] archives (pl); **imágenes de** ～ TV library pictures -2. [informe, ficha] file -3. INFORM file; ～ **batch** batch file.

arcilla f clay.

arcipreste m archpriest.

arco m -1. GEOM arc -2. ARQUIT arch; ～ **de herradura** horseshoe arch; ～ **triunfal** o **de triunfo** triumphal arch -3. DEP, MIL & MÚS bow -4. Amér [portería] goal, goalmouth.
➤ **arco iris** m rainbow.

arcón m large chest.

arder vi to burn; [sin llama] to smoulder; ～ **de** fig to burn with; **está que arde** [persona] he's fuming; [reunión] it's getting pretty heated.

ardid m ruse, trick.

ardiente adj [gen] burning; [líquido] scalding; [admirador, defensor] ardent.

ardilla f squirrel.

ardite m: **no vale un** ～ fam it isn't worth a brass farthing.

ardor m -1. [calor] heat -2. [quemazón] burning (sensation); ～ **de estómago** heartburn -3. fig [entusiasmo] fervour.

arduo, dua adj arduous.

área f (el) -1. [gen] area; ～ **metropolitana/de servicio** metropolitan/service area; ～ **de libre cambio** ECON free exchange area -2. [medida] area, = 100 square metres -3. DEP: ～ **(de castigo** o **penalti) (penalty)** area.

arena f -1. [de playa etc] sand; ～**s movedizas** quicksand (U) -2. [para luchar] arena -3. TAUROM bullring.

arenal m sandy ground (U).

arenga f harangue.

arengar [16] vt to harangue.

arenilla f [polvo] dust.
➤ **arenillas** fpl MED kidney stones.

arenisca f sandstone.

arenoso, sa adj sandy.

arenque m herring.

arepa f Carib, Col pancake made of maize flour.

aretes mpl Andes, Méx earrings.

argamasa f mortar.

Argel Algiers.

Argelia Algeria.

Argentina Argentina.

argentinismo m word peculiar to Argentinian Spanish.

argentino, na adj & m,f Argentinian.

argolla f -1. [aro] (large) ring -2. Andes, Méx [alianza] wedding ring.

argonauta m Argonaut.

argot m -1. [popular] slang -2. [técnico] jargon.

argucia f sophism.

argüir [44] ◇ vt culto -1. [argumentar] to argue -2. [demostrar] to prove, to demonstrate -3. [deducir] to deduce. ◇ vi [argumentar] to argue.

argumentación f line of argument.

argumentar vt -1. [teoría, opinión] to argue -2. [razones, excusas] to allege.

argumento m -1. [razonamiento] argument -2. [trama] plot.

arguya etc ▷ argüir.

arguyera etc ▷ argüir.

aria f MÚS aria.

aridez f [gen] dryness; [de zona, clima] aridity.

árido, da adj [gen] dry; [zona, clima] arid.
➤ **áridos** mpl dry goods.

Aries ◇ m [zodiaco] Aries; **ser** ～ to be (an) Aries. ◇ mf [persona] Aries.

ariete m -1. HIST & MIL battering ram -2. DEP centre forward.

ario, ria adj & m,f Aryan.

arisco, ca adj surly.

arista f edge.

aristocracia f aristocracy.

aristócrata mf aristocrat.

aristocrático, ca adj aristocratic.

aristotélico, ca adj & m,f Aristotelian.

aritmético, ca adj arithmetic.
➤ **aritmética** f arithmetic.

arlequín m harlequin.

arma f (el) -1. [instrumento] arm, weapon; **presentar/rendir** ～**s** to present/surrender arms; ～ **biológica/nuclear/química** biological/nuclear/chemical weapon; ～ **blanca** blade, weapon with a sharp blade; ～ **de fuego** firearm; ～ **homicida** murder weapon -2. fig [medio] weapon -3. loc: **alzarse en**

~s to rise up; ~ **de dos filos** o **doble filo**
double-edged sword; **ser de** ~s **tomar** to be
sb to be reckoned with, to be formidable.

➤ **armas** fpl [profesión] military career
(sg).

armada ⊳ armado.

armadillo m armadillo.

armado, da adj - **1.** [con armas] armed - **2.**
[con armazón] reinforced.

➤ **armada** f [marina] navy; [escuadra] fleet.

➤ **Armada** f: **la Armada Invencible** the
Spanish Armada.

armador, ra m,f shipowner.

armadura f - **1.** [de barco, tejado] framework;
[de gafas] frame - **2.** [de guerrero] armour.

armamentista, armamentístico, ca
adj arms (antes de sust).

armamento m - **1.** [armas] arms (pl) - **2.** [ac-
ción] armament, arming.

armañac m armagnac.

armar vt - **1.** [montar- mueble etc] to assemble;
[- tienda] to pitch - **2.** [ejército, personas] to arm
- **3.** [fusil, pistola] to load - **4.** fam fig [provocar] to
cause;   **la** fam to cause trouble.

➤ **armarse** vpr - **1.** [con armas] to arm o.s. - **2.**
[prepararse]: ~se **de** [valor, paciencia] to summon up - **3.** loc: **se armó la gorda** o **la de San
Quintín** o **la de Dios es Cristo** fam all hell
broke loose.

armario m [para objetos] cupboard, closet US;
[para ropa] wardrobe **UK**, closet **US**;
~ **empotrado** fitted cupboard/wardrobe.

armatoste m [mueble, objeto] unwieldy object; [máquina] contraption.

armazón f [gen] framework, frame; [de
avión, coche] chassis; [de edificio] skeleton.

Armenia Armenia.

armenio, nia adj & m,f Armenian.

armería f - **1.** [museo] military o war museum - **2.** [depósito] armoury - **3.** [tienda]
gunsmith's (shop) - **4.** [arte] gunsmith's
craft.

armero m - **1.** [fabricante] gunsmith - **2.** MIL
armourer.

armiño m [piel] ermine; [animal] stoat.

armisticio m armistice.

armonía f harmony.

armónico, ca adj harmonic.

➤ **armónico** m harmonic.

➤ **armónica** f harmonica.

armonio m harmonium.

armonioso, sa adj harmonious.

armonizar [13] ⟨⟩ vt - **1.** [concordar] to
match - **2.** MÚS to harmonize. ⟨⟩ vi [concor-
dar]: ~ **con** to match.

ARN (abrev de **ácido ribonucleico**) m RNA.

arnés m armour.

➤ **arneses** mpl [de animales] trappings,
harness (U).

árnica f arnica.

aro m - **1.** [círculo] hoop; TECN ring; **los** ~s **olímpicos** the Olympic rings; **entrar** o **pasar por
el** ~ to knuckle under - **2.** [servilletero]
napkin o serviette ring - **3.** [alianza] ring
- **4.** Amér [pendiente] earring.

aroma m [gen] aroma; [de vino] bouquet; CULIN
flavouring.

aromático, ca adj aromatic.

aromatizador m air freshener.

aromatizar [13] vt to perfume; CULIN to
flavour.

arpa f (el) harp.

arpía f - **1.** MITOL harpy - **2.** fig [mujer] old hag.

arpillera f sackcloth, hessian.

arpón m harpoon.

arponear vt to harpoon.

arquear vt [gen] to bend; [cejas, espalda, lomo]
to arch.

➤ **arquearse** vpr to bend.

arqueo m - **1.** [curvamiento] bending; [de cejas,
espalda, lomo] arching - **2.** COM cashing up - **3.**
NÁUT registered tonnage.

arqueología f archeology.

arqueológico, ca adj archeological.

arqueólogo, ga m,f archeologist.

arquero m - **1.** DEP & MIL archer - **2.** [tesorero]
treasurer - **3.** Amér [portero de fútbol] goalkeeper.

arquetipo m archetype.

arquitecto, ta m,f architect.

arquitectónico, ca adj architectural.

arquitectura f lit & fig architecture.

arquitrabe m architrave.

arquivolta f archivolt.

arrabal m [barrio pobre] slum (on city outskirts); [barrio periférico] outlying district.

arrabalero, ra ⟨⟩ adj - **1.** [periférico] outlying - **2.** [barriobajero] rough, coarse. ⟨⟩ m,f
[barriobajero] rough o coarse person.

arracimarse vpr to cluster together.

arraigado, da adj [costumbre, idea] deeply
rooted; [persona] established.

arraigar [16] ⟨⟩ vt to establish. ⟨⟩ vi lit &
fig to take root.

➤ **arraigarse** vpr [establecerse] to settle
down.

arraigo m roots (pl); **tener mucho** ~ to be
deeply rooted.

arrancada f sudden start.

arrancar [10] ⟨⟩ vt - **1.** [desarraigar - árbol] to

uproot; [- malas hierbas, flor] to pull up **-2.** [quitar, separar] to tear o rip off; [cable, página, pelo] to tear out; [cartel, cortinas] to tear down; [muela] to pull out, to extract; [ojos] to gouge out **-3.** [arrebatar]: ~ **algo a alguien** to grab o snatch sthg from sb **-4.** *AUTOM & TECN* to start; *INFORM* to start up **-5.** *fig* [obtener]: ~ **algo a alguien** [confesión, promesa, secreto] to extract sthg from sb; [sonrisa, dinero, ovación] to get sthg out of sb; [suspiro, carcajada] to bring sthg from sb **-6.** *fig* [mover]: ~ **a alguien de un sitio** to shift sb from somewhere. ◇ *vi* **-1.** [partir] to set off **-2.** [suj: máquina, coche] to start **-3.** [provenir]: ~ **de** to stem from.

➡ **arrancarse** *vpr*: ~**se a hacer algo** to begin o start to do sthg.

arranque *m* **-1.** [comienzo] start **-2.** *AUTOM* starter motor **-3.** *fig* [arrebato] fit.

arras *fpl* **-1.** [fianza] deposit *(sg)* **-2.** [en boda] *coins given by the bridegroom to the bride.*

arrasar *vt* to destroy, to devastate.

arrastrado, da *adj* *fam* miserable, wretched.

arrastrar ◇ *vt* **-1.** [gen] to drag o pull along; [pies] to drag; [carro, vagón] to pull; [suj: corriente, aire] to carry away **-2.** *fig* [convencer] to win over, to sway; ~ **a alguien a algo/a hacer algo** to lead sb into sthg/to do sthg; **dejarse** ~ **por algo/alguien** to allow o.s. to be swayed by sthg/sb **-3.** *fig* [producir] to bring **-4.** *fig* [soportar- vida] to lead; [- deudas, penas] to have hanging over one. ◇ *vi* [rozar el suelo] to drag (along) the ground.

➡ **arrastrarse** *vpr* to crawl; *fig* to grovel.

arrastre *m* **-1.** [acarreo] dragging **-2.** [pesca] trawling **-3.** *Esp fam*: **estar para el** ~ to have had it **-4.** *RP fam*: **tener** ~ to be popular with members of the opposite sex.

arrayán *m* myrtle.

arre *interj*: ¡ ~ ! gee up!

arrear *vt* **-1.** [azuzar] to gee up **-2.** *fam* [propinar] to give **-3.** [poner arreos] to harness.

arrebatado, da *adj* **-1.** [impetuoso] impulsive, impetuous **-2.** [ruborizado] flushed **-3.** [iracundo] enraged.

arrebatador, ra *adj* captivating.

arrebatar *vt* **-1.** [arrancar]: ~ **algo a alguien** to snatch sthg from sb **-2.** *fig* [cautivar] to captivate.

➡ **arrebatarse** *vpr* [enfurecerse] to get furious.

arrebato *m* **-1.** [arranque] fit, outburst; **un** ~ **de amor** a crush **-2.** [furia] rage, fury.

arrebujar *vt* **-1.** [amontonar] to bundle (up) **-2.** [arropar] to wrap up (warmly).

➡ **arrebujarse** *vpr* [arroparse] to wrap o.s. up.

arrechar *vt* *CAm, Col, Méx fam* to make horny, to turn on.

➡ **arrecharse** *vpr* *CAm, Col, Mex fam* to get horny.

arrecho, cha *adj* *CAm, Col, Méx fam* horny, randy.

arrechucho *m* *fam* funny turn.

arreciar [8] *vi* **-1.** [temporal etc] to get worse **-2.** *fig* [críticas etc] to intensify.

arrecife *m* reef.

arredrarse *vpr*: ~ **ante** to be frightened of, to be intimidated by.

arreglado, da *adj* **-1.** [reparado] fixed, repaired; [ropa] mended **-2.** [ordenado] tidy **-3.** [bien vestido] smart **-4.** [solucionado] sorted out **-5.** *fig* [precio] reasonable **-6.** *loc*: **estamos** ~**s** we're really done for **-7.** : ~ **a algo** in accordance with sthg.

arreglar *vt* **-1.** [reparar] to fix, to repair; [ropa] to mend **-2.** [ordenar] to tidy (up) **-3.** [solucionar] to sort out **-4.** *MÚS* to arrange **-5.** [acicalar] to smarten up; [cabello] to do **-6.** [adornar - cuarto etc] to decorate, to fit out **-7.** *fam* [escarmentar]: **¡ya te arreglaré!** I'm going to sort you out!

➡ **arreglarse** *vpr* **-1.** [apañarse]: ~**se (con algo)** to make do (with sthg); **arreglárselas (para hacer algo)** to manage (to do sthg) **-2.** [acicalarse] to smarten up.

arreglista *mf* *MÚS* (musical) arranger.

arreglo *m* **-1.** [reparación] mending, repair; [de ropa] mending **-2.** [solución] settlement **-3.** *MÚS* (musical) arrangement **-4.** [acuerdo] agreement; **llegar a un** ~ to reach agreement; **con** ~ **a** in accordance with **-5.** [decoración] decoration, doing up.

arrejuntar *vt* *fam* [cosas] to put together.

➡ **arrejuntarse** *vpr* *fam* [amantes] to shack up together.

arrellanarse *vpr* to settle back.

arremangado, da *adj* rolled-up.

arremangar, remangar [16] *vt* to roll up.

➡ **arremangarse** *vpr* to roll up one's sleeves.

arremeter

➡ **arremeter contra** *vi* to attack.

arremetida *f* attack.

arremolinarse *vpr* **-1.** *fig* [personas]: ~ **alrededor de** to crowd around **-2.** [agua, hojas] to swirl (about).

arrendador, ra *m,f* lessor.

arrendamiento, arriendo *m* **-1.** [acción] renting, leasing **-2.** [precio] rent, lease.

arrendar [19] *vt* **- 1.** [dar en arriendo] to let, to lease **- 2.** [tomar en arriendo] to rent, to lease.

arrendatario, ria <> *adj* leasing *(antes de sust).* <> *m,f* leaseholder, tenant.

arreos *mpl* harness *(U).*

arrepanchingarse [16] *vpr fam* to stretch out, to sprawl.

arrepentido, da <> *adj* repentant. <> *m,f* **- 1.** [gen] penitent **- 2.** POLÍT *person who renounces terrorist activities.*

arrepentimiento *m* regret, repentance.

arrepentirse [27] *vpr* to repent; ~ de algo/ de haber hecho algo to regret sthg/having done sthg.

arrestado, da <> *adj* under arrest. <> *m,f* detainee, person under arrest.

arrestar *vt* to arrest.

arresto *m* [detención] arrest; ~ domiciliario house arrest.

➠ **arrestos** *mpl* courage *(U).*

arriar [9] *vt* to lower.

arriate *m* (flower) bed.

arriba <> *adv* **- 1.** [posición - gen] above; *Amér* [encima de] above; [- en edificio] upstairs; **vive (en el piso de)** ~ she lives upstairs; **está aquí/allí** ~ it's up here/there; ~ **del todo** right at the top; **más** ~ further up **- 2.** [dirección] up; **ve** ~ [en edificio] go upstairs; **hacia/para** ~ up, upwards; **calle/escaleras** ~ up the street/stairs; **río** ~ upstream **- 3.** [en un texto] above; **el** ~ **mencionado** ... the above-mentioned ... **- 4.** *loc:* **de** ~ **abajo** [cosa] from top to bottom; [persona] from head to toe *o* foot; **mirar a alguien de** ~ **abajo** [con desdén] to look sb up and down. <> *prep:* ~ **(de)** *Amér* [encima de] on top of. <> *interj:* **¡**~ **...!** up (with) ...! ; **¡**~ **los mineros!** up (with) the miners!; **¡**~ **las manos!** hands up!

➠ **arriba de** *loc prep* more than.

➠ **de arriba** *loc adj* top; **el estante de** ~ the top shelf.

arribar *vi* to arrive; NÁUT to reach port.

arribeño, ña *m,f Amér fam* highlander.

arribista *adj* & *m,f* arriviste.

arrienda *etc* ▷ **arrendar**.

arriendo *m* ▷ **arrendamiento**.

arriero, ra *m,f* muleteer.

arriesgado, da *adj* **- 1.** [peligroso] risky **- 2.** [osado] daring.

arriesgar [16] *vt* to risk; [hipótesis] to venture, to suggest.

➠ **arriesgarse** *vpr* to take risks/a risk.

arrimar *vt* **- 1.** [acercar] to move *o* bring closer; ~ **algo a** [pared, mesa] to move sthg up against **- 2.** *fig* [arrinconar] to put away.

➠ **arrimarse** *vpr* **- 1.** [acercarse] to come closer *o* nearer; **arrimaos que no cabemos** move up or we won't all fit in; ~**se a algo** [acercándose] to move closer to sthg; [apoyándose] to lean on sthg **- 2.** *fig* [ampararse]: ~**se a alguien** to seek sb's protection.

arrinconado, da *adj* **- 1.** [en una esquina] in a corner **- 2.** [abandonado] discarded, forgotten.

arrinconar *vt* **- 1.** [apartar] to put in a corner **- 2.** [abandonar] to discard, to put away **- 3.** *fig* [persona - dar de lado] to cold-shoulder; [- acorralar] to corner.

arritmia *f* arrythmia.

arrítmico, ca *adj* arrythmic.

arroba *f* [peso] = *11.5 kg*; **por** ~**s** *fig* by the sackful.

arrobamiento *m* ecstasy, rapture.

arrobar *vt* to captivate.

➠ **arrobarse** *vpr* to go into raptures.

arrocero, ra <> *adj* rice *(antes de sust).* <> *m,f* rice grower.

arrodillarse *vpr* to kneel down; *fig* to go down on one's knees, to grovel.

arrogancia *f* arrogance.

arrogante *adj* arrogant.

arrogarse [16] *vpr* to assume, to claim for o.s.

arrojado, da *adj* bold, fearless.

arrojar *vt* **- 1.** [lanzar] to throw; [con violencia] to hurl, to fling **- 2.** [despedir - humo] to send out; [- olor] to give off; [- lava] to spew out **- 3.** [echar]: ~ **a alguien de** to throw sb out of **- 4.** [resultado] to produce, to yield **- 5.** [vomitar] to throw up.

➠ **arrojarse** *vpr* to hurl o.s.

arrojo *m* courage, fearlessness.

arrollador, ra *adj* overwhelming; [belleza, personalidad] dazzling.

arrollar *vt* **- 1.** [enrollar] to roll (up) **- 2.** [atropellar] to knock down, to run over **- 3.** [tirar - suj: agua, viento] to sweep away **- 4.** [vencer] to crush.

arropar *vt* **- 1.** [con ropa] to wrap up; [en cama] to tuck up **- 2.** *fig* [proteger] to protect.

➠ **arroparse** *vpr* to wrap o.s. up.

arrostrar *vt* to face up to.

arroyo *m* **- 1.** [riachuelo] stream **- 2.** *loc:* **poner a alguien en el** ~ to throw sb out into the street; **sacar a alguien del** ~ to drag sb out of the gutter.

arroz *m* rice; ~ **blanco** white rice; ~ **integral** brown rice; ~ **con leche** rice pudding.

arrozal *m* paddy field, rice field.

arruga *f* **-1.** [en ropa, papel] crease **-2.** [en piel] wrinkle, line.

arrugar [16] *vt* **-1.** [ropa, papel] to crease, to crumple **-2.** [piel] to wrinkle.

➥ **arrugarse** *vpr* **-1.** [ropa] to get creased **-2.** [piel] to get wrinkled **-3.** *fam* [acobardarse]: ∼**se ante** to shrink from.

arruinado, da *adj* ruined.

arruinar *vt lit* & *fig* to ruin.

➥ **arruinarse** *vpr* to go bankrupt, to be ruined.

arrullar *vt* to lull to sleep.

➥ **arrullarse** *vpr* **-1.** [animales] to coo **-2.** *fam fig* [personas] to whisper sweet nothings.

arrullo *m* **-1.** [de palomas] cooing **-2.** [nana] lullaby **-3.** *fig* [de agua, olas] murmur.

arrumaco *m (U) fam:* ∼s affection, lovey-dovey behaviour.

arrumar *vt Andes, Ven* to pile up.

arrumbar *vt* to put aside.

arrume *m Col, Ven* pile.

arsenal *m* **-1.** [de barcos] shipyard **-2.** [de armas] arsenal **-3.** [de cosas] array **-4.** *fig* [de conocimientos] fount, store.

arsénico *m* arsenic.

art. (*abrev de* **artículo**) art.

arte *m o f (en sg gen m; en pl f)* **-1.** [gen] art; ∼ **abstracto/figurativo** abstract/figurative art; ∼ **dramático** drama **-2.** [don] artistry **-3.** [astucia] artfulness, cunning; **malas** ∼s trickery *(U)* **-4.** *loc*: **no tener** ∼ **ni parte en** to have nothing whatsoever to do with; **como por** ∼ **de birlibirloque** *o* **de encantamiento** *o* **de magia** as if by magic.

➥ **artes** *fpl* arts; ∼s **gráficas/plásticas** graphic/plastic arts; ∼s **liberales** liberal arts; ∼s **marciales** martial arts; ∼s **y oficios** ≃ technical college *UK*; **bellas** ∼s fine arts.

artefacto *m* [aparato] device; [máquina] machine.

arteria *f lit* & *fig* artery.

arterial *adj* arterial.

arterioesclerosis, arteriosclerosis *f inv* arteriosclerosis.

artesa *f* trough.

artesanal *adj* [hecho a mano] handmade.

artesanía *f* craftsmanship; **de** ∼ [producto] handmade.

artesano, na *m,f* craftsman (*f* craftswoman).

artesonado *m* coffered ceiling.

ártico, ca *adj* arctic.

➥ **Ártico** *m*: **el Ártico** the Arctic; **el océano Glacial Ártico** the Arctic Ocean.

articulación *f* **-1.** *ANAT* & *TECN* joint **-2.** *LING*

articulation **-3.** [estructuración] coordination.

articulado, da *adj* articulated.

articular *vt* **-1.** [palabras, piezas] to articulate **-2.** [ley, contrato] to break down into separate articles **-3.** [plan, proyecto] to coordinate.

articulista *mf* feature writer.

artículo *m* **-1.** [gen] article; ∼ **definido** *o* **determinado** definite article; ∼ **indefinido** *o* **indeterminado** indefinite article; ∼ **básico** *ECON* basic product; ∼ **de fondo** editorial, leader; ∼ **de importación** import; ∼ **líder** *ECON* product leader; ∼ **de primera necesidad** basic commodity **-2.** [de diccionario] entry.

➥ **artículo de fe** *m RELIG* article of faith; *fig* gospel (truth) *(U)*.

artífice *mf fig* architect.

artificial *adj* artificial.

artificiero *m* **-1.** [pirotécnico] explosives expert **-2.** [desactivador] bomb disposal expert.

artificio *m* **-1.** [aparato] device **-2.** *fig* [falsedad] artifice; [artimaña] trick.

artificioso, sa *adj fig* [engañoso] deceptive.

artillería *f* artillery.

artillero *m* artilleryman.

artilugio *m* gadget, contrivance.

artimaña *f (gen pl)* trick, ruse.

artista *mf* **-1.** [gen] artist **-2.** [de espectáculos] artiste; ∼ **de cine** movie actor (*f* actress).

artístico, ca *adj* artistic.

artritis *f inv* arthritis.

artrosis *f inv* arthrosis.

arveja *f Andes, Col, CSur, Ven* pea.

arzobispo *m* archbishop.

as *m* **-1.** [carta, dado] ace **-2.** [campeón]: **un** ∼ **del volante** añ ace driver; **ser un** ∼ to be brilliant.

asa *f (el)* handle.

asado, da ◇ *adj* roasted. ◇ *m* **-1.** roast **-2.** *Col, CSur* [barbacoa] barbecue.

asador *m* **-1.** [aparato] roaster **-2.** [varilla] spit.

asaduras *fpl* offal *(U)*; [de pollo, pavo] giblets.

asaetear *vt* [disparar a] to shoot arrows at; [matar] to kill with arrows.

asalariado, da ◇ *adj* wage-earning. ◇ *m,f* wage earner.

asalariar [8] *vt* to take on.

asalmonado, da *adj* salmon (pink).

asaltante *mf* [agresor] attacker; [atracador] robber.

asaltar *vt* **-1.** [atacar] to attack; [castillo, ciudad etc] to storm **-2.** [robar] to rob **-3.** *fig* [suj: dudas etc] to assail **-4.** [importunar] to plague.

asalto *m* **-1.** [ataque] attack; [de castillo, ciudad] storming **-2.** [robo] robbery **-3.** *DEP* round.

asamblea *f* assembly; *POLÍT* mass meeting.

asar *vt* **-1.** [alimentos - al horno] to bake; [- a la parrilla] to grill; [- en asador] to roast **-2.** *fig* [importunar]: ~ **a alguien a preguntas** to plague sb with questions.

➡ **asarse** *vpr fig* to be boiling hot.

ascendencia *f* **-1.** [linaje] descent **-2.** [extracción social] extraction **-3.** *fig* [influencia] ascendancy.

ascendente ◇ *adj* rising. ◇ *m ASTROL* ascendant.

ascender [20] ◇ *vi* **-1.** [subir] to go up, to climb **-2.** [aumentar, elevarse] to rise, to go up **-3.** [en empleo, deportes]: ~ **(a)** to be promoted (to) **-4.** [totalizar - precio etc]: ~ **a** to come *o* amount to. ◇ *vt*: ~ **a alguien (a)** to promote sb (to).

ascendiente ◇ *mf* [antepasado] ancestor. ◇ *m* [influencia] influence.

ascensión *f* ascent.

➡ **Ascensión** *f RELIG* Ascension.

ascenso *m* **-1.** [en empleo, deportes] promotion **-2.** [escalada] ascent **-3.** [de precios, temperaturas] rise.

ascensor *m* lift *UK*, elevator *US*.

ascensorista *mf* lift attendant *UK*, elevator attendant *US*.

ascético, ca *adj* ascetic.

ascetismo *m* asceticism.

ASCII (*abrev de* **American Standard Code for Information Interchange**) *m* ASCII.

asco *m* [sensación] revulsion; **siento** ~ I feel sick; **¡qué** ~ **de tiempo!** what foul weather!; **me da** ~ I find it disgusting; **¡qué** ~**!** how disgusting *o* revolting!; **tener** ~ **a algo** to find sthg disgusting *o* revolting; **hacer** ~**s a** to turn one's nose up at; **estar hecho un** ~ *fam* [cosa] to be filthy; [persona] to be a real sight; **ser un** ~ *fam* to be the pits.

ascua *f (el)* ember; **arrimar uno el** ~ **a su sardina** to put o.s. first, to look after number one; **en** *o* **sobre** ~**s** on tenterhooks.

aseado, da *adj* [limpio] clean; [arreglado] smart.

asear *vt* to clean.

➡ **asearse** *vpr* to get washed and dressed.

asechanza *f* snare.

asediar [8] *vt* to lay siege to; *fig* to pester, to badger.

asedio *m* siege; *fig* pestering, badgering.

asegurado, da *m,f* policy-holder.

asegurador, ra ◇ *adj* insurance (*antes de sust*). ◇ *m,f* insurer.

asegurar *vt* **-1.** [fijar] to secure **-2.** [garantizar] to assure; **te lo aseguro** I assure you; ~ **a alguien que ...** to assure sb that ... **-3.** *COM*: ~ **(contra)** to insure (against); ~ **algo en** [cantidad] to insure sthg for.

➡ **asegurarse** *vpr* **-1.** [cerciorarse]: ~**se de que ...** to make sure that ...; **asegúrate de cerrar la puerta** make sure you close the door **-2.** *COM* to insure o.s., to take out an insurance policy.

asemejar

➡ **asemejar a** *vi* to be similar to, to be like.

➡ **asemejarse** *vpr* to be similar *o* alike; ~**se a** to be similar to, to be like.

asentado, da *adj fig* [establecido] settled, established.

asentamiento *m* **-1.** *MEC* securing **-2.** [campamento] settlement.

asentar [19] *vt* **-1.** [instalar - empresa, campamento] to set up; [- comunidad, pueblo] to settle **-2.** [asegurar] to secure; [cimientos] to lay.

➡ **asentarse** *vpr* **-1.** [instalarse] to settle down **-2.** [sedimentarse] to settle.

asentimiento *m* approval, assent.

asentir [27] *vi* **-1.** [estar conforme]: ~ **(a)** to agree (to) **-2.** [afirmar con la cabeza] to nod.

aseo *m* **-1.** [limpieza - acción] cleaning; [- cualidad] cleanliness **-2.** [habitación] bathroom.

➡ **aseos** *mpl* toilets *UK*, restroom (*sg*) *US*.

asepsia *f* **-1.** *MED* asepsis **-2.** *fig* [indiferencia] detachment.

aséptico, ca *adj* **-1.** *MED* aseptic **-2.** *fig* [indiferente] detached.

asequible *adj* **-1.** [accesible, comprensible] accessible **-2.** [precio, producto] affordable.

aserción *f* assertion.

aserradero *m* sawmill.

aserrar [19] *vt* to saw.

aserto *m* assertion.

asesinar *vt* to murder; [rey, jefe de estado] to assassinate.

asesinato *m* murder; [de rey, jefe de estado] assassination.

asesino, na ◇ *adj lit & fig* murderous. ◇ *m,f* murderer (*f* murderess); [de rey, jefe de estado] assassin; ~ **a sueldo** hired assassin; ~ **profesional** professional killer; ~ **en serie** serial killer.

asesor, ra *m,f* adviser; *FIN* consultant; ~ **fiscal** tax consultant.

asesoramiento *m* advice; *FIN* consultancy.

asesorar *vt* to advise; FIN to provide with consultancy services.
➡ **asesorarse** *vpr* to seek advice; ~**se de** to consult.

asesoría *f* **-1.** [oficio] consultancy **-2.** [oficina] consultant's office.

asestar *vt* [golpe] to deal; [tiro] to fire.

aseveración *f* assertion.

aseverar *vt* to assert.

asexuado, da *adj* sexless.

asexual *adj* asexual.

asfaltado *m* [acción] asphalting, surfacing; [asfalto] asphalt, (road) surface.

asfaltadora *f* (road) surfacer.

asfaltar *vt* to asphalt, to surface.

asfalto *m* asphalt.

asfixia *f* asphyxiation, suffocation.

asfixiante *adj* asphyxiating; *fig* [calor] stifling.

asfixiar [8] *vt* **-1.** [ahogar] to asphyxiate, to suffocate **-2.** *fig* [agobiar] to overwhelm.
➡ **asfixiarse** *vpr* **-1.** [ahogarse] to asphyxiate, to suffocate **-2.** *fig* [agobiarse] to be overwhelmed; [por calor] to be stifling.

asga *etc* ▷ **asir**.

así ◇ *adv* [de este modo] in this way, like this; [de ese modo] in that way, like that; **era ~ de largo** it was this/that long; **~ es/era/fue como ...** that is how ...; **~ ~** [no muy bien] so so; **algo ~** [algo parecido] something like that; **algo ~ como** [algo igual a] something like; **~ es** [para asentir] that is correct, yes; **y ~ todos los días** and the same thing happens day after day; **~ como** [también] as well as, and also; [tal como] just as, exactly as; **~ no más** *Amér fam* [de repente] just like that. ◇ *conj* **-1.** [de modo que]: **~ (es) que** so **-2.** [aunque] although **-3.** [tan pronto como]: **~ que** as soon as **-4.** *Amér* [aun si] even if. ◇ *adj inv* [como éste] like this; [como ése] like that.
➡ **así pues** *loc adv* so, therefore.
➡ **así y todo, aun así** *loc adv* even so.

Asia Asia.

asiático, ca *adj & m,f* Asian, Asiatic.

asidero *m* **-1.** [agarradero] handle **-2.** *fig* [apoyo] support.

asiduidad *f* frequency.

asiduo, dua *adj & m,f* regular.

asienta *etc* ▷ **asentar -2.** ▷ **asentir**.

asiento *m* **-1.** [en casa, teatro] seat; **tomar ~** to sit down; **~ abatible** tip-up seat **-2.** [base] bottom **-3.** [excavación arqueológica] site **-4.** COM entry; **~ contable** book entry.

asierra *etc* ▷ **aserrar**.

asignable *adj*: ~ **a** that can be given to.

asignación *f* **-1.** [atribución] allocation **-2.** [sueldo] salary.

asignar *vt* **-1.** [atribuir]: **~ algo a alguien** to assign *o* allocate sthg to sb **-2.** [destinar]: **~ a alguien a** to send sb to.

asignatura *f* EDUC subject; **~ pendiente** failed subject; *fig* unresolved matter.

asilado, da *m,f* person living in an old people's home, convalescent home etc; **~ político** political refugee.

asilar *vt* [huérfano, anciano] to put into a home; [refugiado político] to grant political asylum to.

asilo *m* **-1.** [hospicio] home; **~ de ancianos** old people's home **-2.** *fig* [amparo] asylum; **~ político** political asylum **-3.** [hospedaje] accommodation.

asimetría *f* asymmetry.

asimilación *f* **-1.** [gen & LING] assimilation **-2.** [comparación] comparison **-3.** [equiparación] granting of equal rights.

asimilar *vt* **-1.** [gen] to assimilate **-2.** [comparar] to compare **-3.** [equiparar] to grant equal rights to.
➡ **asimilarse** *vpr* LING to become assimilated.

asimismo *adv* [también] also, as well; *(a principio de frase)* likewise.

asintiera *etc* ▷ **asentir**.

asir [53] *vt* to grasp, to take hold of.
➡ **asirse a** *vpr lit & fig* to cling to.

asisito *adv Amér fam* so so.

asistencia *f* **-1.** [presencia - acción] attendance; [- hecho] presence **-2.** [ayuda] assistance; **~ letrada** *o* **jurídica** legal advice; **~ médica** medical attention; **~ pública** social security; **~ sanitaria** health care; **~ social** social work; **~ técnica** technical assistance **-3.** [afluencia] audience **-4.** DEP assist.

asistencial *adj* MED healthcare *(antes de sust)*.

asistenta *f* cleaning lady.

asistente *mf* **-1.** [ayudante] assistant, helper; **~ personal** INFORM personal digital assistant; **~ social** social worker **-2.** [presente] person present; **los ~s** the audience *(sg)*.

asistido, da *adj* AUTOM power *(antes de sust)*; INFORM computer-assisted.

asistir ◇ *vt* **-1.** [ayudar] to attend to **-2.** [acompañar] to accompany. ◇ *vi*: **~ a** to attend, to go to.

asma *f (el)* asthma.

asmático, ca *adj & m,f* asthmatic.

asno *m lit & fig* ass.

asociación *f* association; **~ de consumido-**

res consumer association; ~ **de ideas** association of ideas; ~ **de padres de alumnos** parent-teacher association; ~ **de vecinos** residents' association.

asociado, da <> *adj* **-1.** [relacionado] associated **-2.** [miembro] associate. <> *m,f* **-1.** [miembro] associate, partner **-2.** *EDUC* associate lecturer.

asocial *adj* asocial.

asociar [8] *vt* **-1.** [relacionar] to associate **-2.** *COM* to take into partnership.
→ **asociarse** *vpr* to form a partnership.

asociativo, va *adj* associative.

asolar [23] *vt* to devastate.

asomar <> *vi* [gen] to peep up; [del interior de algo] to peep out. <> *vt* to stick; ~ **la cabeza por la ventana** to stick one's head out of the window.
→ **asomarse a** *vpr* [ventana] to stick one's head out of; [balcón] to come/go out onto.

asombrar *vt* [causar admiración] to amaze; [causar sorpresa] to surprise.
→ **asombrarse** *vpr*: ~**se (de)** [sentir admiración] to be amazed (at); [sentir sorpresa] to be surprised (at).

asombro *m* [admiración] amazement; [sorpresa] surprise.

asombroso, sa *adj* [sensacional] amazing; [sorprendente] surprising.

asomo *m* [indicio] trace, hint; [de esperanza] glimmer; **ni por** ~ not under any circumstances.

asonancia *f* assonance.

asonante *adj* assonant.

asorochar *Andes vt* to cause to have altitude sickness.
→ **asorocharse** *vpr* to get altitude sickness.

aspa *f* (el) X-shaped cross; [de molino] arms (pl).

aspaviento *m* (gen pl) furious gesticulations (pl).

aspecto *m* **-1.** [apariencia] appearance; **tener buen/mal** ~ [persona] to look well/awful; [cosa] to look nice/horrible **-2.** [faceta] aspect; **bajo este** ~ from this angle; **en todos los** ~**s** in every respect.

aspereza *f* roughness; *fig* sharpness, sourness; **limar** ~**s** to smooth things over.

áspero, ra *adj* **-1.** [rugoso] rough **-2.** [acre] sour **-3.** *fig* [desagradable] sharp, sour.

aspersión *f* [de jardín] sprinkling; [de cultivos] spraying.

aspersor *m* [para jardín] sprinkler; [para cultivos] sprayer.

aspiración *f* **-1.** [ambición & *LING*] aspiration **-2.** [de aire - por una persona] breathing in; [- por una máquina] suction.

aspirador *m*, **aspiradora** *f* vacuum cleaner, hoover®; **pasar la** ~ to vacuum, to hoover.

aspirante <> *adj* [persona] aspiring. <> *mf*: ~ **(a)** candidate (for); [en deportes, concursos] contender (for).

aspirar <> *vt* **-1.** [aire - suj: persona] to breathe in, to inhale; [- suj: máquina] to suck in **-2.** *LING* to aspirate. <> *vi*: ~ **a algo** [ansiar] to aspire to sthg.

aspirina® *f* aspirin.

asquear *vt* to disgust, to make sick.

asquerosidad *f* disgusting *o* revolting thing.

asqueroso, sa *adj* disgusting, revolting.

asta *f* (el) **-1.** [de bandera] flagpole, mast; **a media** ~ at half-mast **-2.** [de lanza] shaft; [de brocha] handle **-3.** [de toro] horn.

astado *m* *TAUROM* bull.

asterisco *m* asterisk.

asteroide *m* asteroid.

astigmatismo *m* astigmatism.

astil *m* [de hacha, pico] haft; [de azada] handle.

astilla *f* splinter; **hacer** ~**s** *fig* to smash to smithereens.

astillar *vt* to splinter; [tronco] to chop up.
→ **astillarse** *vpr* to splinter.

astillero *m* shipyard.

astracán *m* astrakhan.

astracanada *f* despec farce.

astrágalo *m* **-1.** *ANAT* astragalus **-2.** *ARQUIT* astragal.

astral *adj* astral.

astringente *adj* astringent.

astro *m* *ASTRON* heavenly body; *fig* star.

astrofísica *f* astrophysics (U).

astrología *f* astrology.

astrólogo, ga *m,f* astrologer.

astronauta *mf* astronaut.

astronáutica *f* astronautics (U).

astronave *f* spacecraft, spaceship.

astronomía *f* astronomy.

astronómico, ca *adj lit* & *fig* astronomical.

astrónomo, ma *m,f* astronomer.

astroso, sa *adj* [andrajoso] shabby, ragged.

astucia *f* **-1.** [picardía] cunning, astuteness **-2.** (gen pl) [treta] cunning trick.

asturiano, na *adj* & *m,f* Asturian.

Asturias Asturias.

astuto, ta *adj* [ladino, tramposo] cunning; [sagaz, listo] astute.

asuela *etc* ➤ **asolar**.

asueto *m* break, rest; **unos días de** ~ a few days off.

asumir *vt* **-1.** [gen] to assume **-2.** [aceptar] to accept.

asunceño, ña *adj* of or relating to Asunción.

asunción *f* assumption.

➤ **Asunción** *f*: **la Asunción** RELIG the Assumption.

Asunción GEOGR Asunción.

asunto *m* **-1.** [tema - general] subject; [- específico] matter; [- de obra, libro] theme; ~**s a tratar** agenda *(sg)* **-2.** [cuestión, problema] issue **-3.** [negocio] affair, business *(U)*; **no es** ~ **tuyo** it's none of your business **-4.** *fam* [romance] affair.

➤ **asuntos** *mpl* POLÍT affairs; ~**s exteriores** foreign affairs.

asustadizo, za *adj* easily frightened.

asustado, da *adj* frightened, scared.

asustar *vt* to frighten, to scare.

➤ **asustarse** *vpr*: ~**se (de)** to be frightened *o* scared (of).

atacante <> *adj* attacking. <> *mf* [agresor] attacker. <> *m* DEP forward.

atacar [10] *vt* **-1.** [gen] to attack; **me ataca los nervios** *fig* it gets on my nerves **-2.** [sobrevenir]: **le atacó la risa/fiebre** he had a fit of laughter/bout of fever **-3.** *fig* [acometer] to set about.

atado *m* bundle.

atadura *f* lit & fig tie.

atajar <> *vi* [acortar]: ~ **(por)** to take a short cut (through). <> *vt* **-1.** [contener] to put a stop to; [hemorragia, inundación] to stem **-2.** *fig* [interrumpir] to cut short.

atajo *m* **-1.** [camino corto, medio rápido] short cut; **coger** *o* **tomar un** ~ to take a short cut **-2.** *despec* [panda] bunch.

atalaya *f* **-1.** [torre] watchtower **-2.** [altura] vantage point.

atañer *vi* **-1.** [concernir]: ~ **a** to concern; **en lo que atañe a este asunto** as far as this subject is concerned **-2.** [corresponder]: ~ **a** to be the responsibility of.

ataque ➤ **atacar**. <> *m* **-1.** [gen & DEP] attack **-2.** *fig* [acceso] fit, bout; ~ **cardíaco** *o* **al corazón** heart attack; ~ **de nervios** nervous breakdown.

atar *vt* **-1.** [unir] to tie (up) **-2.** *fig* [relacionar] to link together **-3.** *fig* [constreñir] to tie down; ~ **corto a alguien** *fam* to keep a tight rein on sb.

➤ **atarse** *vpr* **-1.** [comprometerse] to tie o.s.

up in knots **-2.** [ceñirse]: ~**se a** to become tied to.

atarazana *f* shipyard.

atardecer [30] <> *m* dusk. <> *v impers* to get dark.

atareado, da *adj* busy.

atascar [10] *vt* to block (up).

➤ **atascarse** *vpr* **-1.** [obstruirse] to get blocked up **-2.** *fig* [detenerse] to get stuck; [al hablar] to dry up.

atasco *m* **-1.** [obstrucción] blockage **-2.** AUTOM traffic jam **-3.** [impedimento] hindrance, obstacle.

atasque *etc* ➤ **atascar**.

ataúd *m* coffin.

ataviar [9] *vt* [cosa] to deck out; [persona] to dress up.

➤ **ataviarse** *vpr* to dress up.

atávico, ca *adj* atavistic.

atavío *m* **-1.** [adorno] adornment **-2.** [indumentaria] attire *(U)*.

ate *m Méx* quince jelly.

ateísmo *m* atheism.

atemorizar [13] *vt* to frighten.

➤ **atemorizarse** *vpr* to get frightened.

Atenas Athens.

atenazar [13] *vt* **-1.** [sujetar] to clench **-2.** *fig* [suj: dudas] to torment, to rack; [suj: miedo, nervios] to grip.

atención <> *f* **-1.** [interés] attention; **a la** ~ **de** for the attention of; **llamar la** ~ [atraer] to attract attention; **llamar la** ~ **a alguien** [amonestar] to tell sb off; **poner** *o* **prestar** ~ to pay attention; ~ **al cliente** customer service department; ~ **personalizada** personalized service; ~ **psiquiátrica** psychiatric treatment **-2.** [cortesía] attentiveness *(U)*; **en** ~ **a** [teniendo en cuenta] out of consideration for; [en honor a] in honour of. <> *interj*: ¡~! [en aeropuerto, conferencia] your attention please!

➤ **atenciones** *fpl* attentions, attentiveness *(U)*.

atender [20] <> *vt* **-1.** [satisfacer - petición, ruego] to attend to; [- consejo, instrucciones] to heed; [- propuesta] to agree to **-2.** [cuidar de - necesitados, invitados] to look after; [- enfermo] to care for; [- cliente] to serve; **¿le atienden?** are you being served? <> *vi* **-1.** [estar atento]: ~ **(a)** to pay attention (to) **-2.** [tener en cuenta]: **atendiendo a** taking into account, bearing in mind **3.** [responder]: ~ **por** to answer to the name of.

ateneo *m* athenaeum.

atenerse [72]

atenerse a *vpr* **-1.** [promesa, orden] to stick to; [ley, normas] to observe, to abide by **-2.** [consecuencias] to bear in mind.

ateniense *adj & m,f* Athenian.

atentado *m*: ~ **contra alguien** attempt on sb's life; ~ **contra algo** crime against sthg; ~ **terrorista** terrorist attack.

atentamente *adv* **-1.** [con atención, cortesía] attentively; **mire** ~ watch carefully **-2.** [en cartas] Yours sincerely *o* faithfully.

atentar *vi*: ~ **contra (la vida de) alguien** to make an attempt on sb's life; ~ **contra algo** [principio etc] to be a crime against sthg.

atento, ta *adj* **-1.** [pendiente] attentive; **estar** ~ **a** [explicación, programa, lección] to pay attention to; [ruido, sonido] to listen out for; [acontecimientos, cambios, avances] to keep up with **-2.** [cortés] considerate, thoughtful.

atenuante *m DER* extenuating circumstance.

atenuar [6] *vt* [gen] to diminish; [dolor] to ease; [luz] to filter.

ateo, a <> *adj* atheistic. <> *m,f* atheist.

aterciopelado, da *adj* velvety.

aterido, da *adj* freezing.

aterirse *vpr* to be freezing.

aterrador, ra *adj* terrifying.

aterrar *vt* to terrify.

aterrizaje *m* landing; ~ **de emergencia** *o* **forzoso** emergency landing.

aterrizar [13] *vi* **-1.** [avión] to land **-2.** *fig* [persona] to turn up.

aterrorizar [13] *vt* to terrify; [suj: agresor] to terrorize.

aterrorizarse *vpr* to be terrified.

atesorar *vt* **-1.** [riquezas] to amass **-2.** *fig* [virtudes] to be blessed with.

atestado *m* official report.

atestar *vt* **-1.** [llenar] to pack, to cram **-2.** *DER* to testify to.

atestiguar [45] *vt* to testify to.

atezado, da *adj* tanned.

atiborrar *vt* to stuff full.

atiborrarse *vpr fam fig*: ~**se (de)** to stuff one's face (with).

atice *etc* <> **atizar**.

ático *m* [para vivir] penthouse; [desván] attic.

atienda *etc* <> **atender**.

atildar *vt* [acicalar] to smarten up.

atinar *vi* [adivinar] to guess correctly; [dar en el blanco] to hit the target; ~ **a hacer algo** to succeed in doing sthg; ~ **con** to hit upon.

atingencia *f Amér* [relación] connection.

atípico, ca *adj* atypical.

atiplado, da *adj* shrill.

atisbar *vt* **-1.** [divisar, prever] to make out **-2.** [acechar] to observe, to spy on.

atisbo *m (gen pl)* trace, hint; [de esperanza] glimmer.

atizador *m* poker.

atizar [13] *vt* **-1.** [fuego] to poke, to stir **-2.** *fig* [sospechas, discordias etc] to fan **-3.** *fam* [puñetazo, patada] to land, to deal.

atizarse *vpr fam* [comida, bebida] to guzzle.

atlante *m ARQUIT* atlas, telamon.

atlántico, ca *adj* Atlantic.

Atlántico *m*: **el (océano) Atlántico** the Atlantic (Ocean).

atlantismo *m POLÍT* doctrine followed by NATO.

atlas *m inv* atlas.

atleta *mf* athlete.

atlético, ca *adj* athletic.

atletismo *m* athletics (U).

atmósfera *f lit & fig* atmosphere.

atmosférico, ca *adj* atmospheric.

atole *m CAm, Méx* drink made of corn meal.

atolladero *m* [apuro] fix, jam; **meter en/sacar de un** ~ **a alguien** to put sb in/get sb out of a tight spot.

atolón *m* atoll.

atolondrado, da <> *adj* **-1.** [precipitado] hasty, disorganized **-2.** [aturdido] bewildered. <> *m,f* [precipitado] hasty *o* disorganized person.

atolondramiento *m* **-1.** [precipitación] haste, disorganization **-2.** [aturdimiento] bewilderment.

atómico, ca *adj* atomic; [central, armas] nuclear.

atomizador *m* atomizer, spray.

atomizar [13] *vt fig* [fragmentar] to break down (into constituent parts).

átomo *m lit & fig* atom; ~ **gramo** gram atom; **ni un** ~ **de** without a trace of.

atónito, ta *adj* astonished, astounded.

átono, na *adj* atonic.

atontado, da *adj* **-1.** [aturdido] dazed **-2.** [tonto] stupid.

atontar *vt* **-1.** [aturdir] to daze **-2.** [alelar] to dull the mind of.

atormentar *vt* to torture; *fig* to torment.

atornillar *vt* to screw.

atorón *m Méx* traffic jam.

atorrante, ta *adj RP* [holgazán] lazy.

atosigar [16] *vt fig* to harass.

atracadero *m* landing stage.

atracador, ra *m,f* [de banco] armed robber;

[en la calle] mugger.

atracar [10] ◇ *vi* NÁUT: ~ **(en)** to dock (at). ◇ *vt* [banco] to rob; [persona] to mug.
➤ **atracarse** *vpr*: ~**se de** to eat one's fill of.

atracción *f* - **1.** [gen] attraction - **2.** [atractivo] attractiveness, charm - **3.** [espectáculo] act - **4.** *fig* [centro de atención] centre of attention - **5.** (*gen pl*) [atracción de feria] fairground attraction.

atraco *m* robbery; ~ **a mano armada** armed robbery.

atracón *m* *fam* feast; **darse un** ~ to stuff one's face.

atractivo, va *adj* attractive.
➤ **atractivo** *m* [de persona] attractiveness, charm; [de cosa] attraction.

atraer [73] *vt* - **1.** [gen] to attract - **2.** *fig* [ocasionar] to bring.

atragantarse *vpr*: ~ **(con)** to choke (on); **se me ha atragantado este libro/tipo** *fig* I can't stand that book/guy.

atraiga, atrajera *etc* ▷ **atraer**.

atrancar [10] *vt* - **1.** [cerrar] to bar - **2.** [obturar] to block.
➤ **atrancarse** *vpr* - **1.** [encerrarse] to lock o.s. in - **2.** [atascarse] to get blocked - **3.** *fig* [al hablar, escribir] to dry up.

atrapar *vt* - **1.** [agarrar, alcanzar] to catch - **2.** *fam* [conseguir] to get o.s.

atraque *etc* ▷ **atracar**.

atrás ◇ *adv* - **1.** [detrás - posición] behind, at the back; [- movimiento] backwards; **echarse para** ~ to move backwards; **quedarse** ~ *fig* to fall behind - **2.** [antes] earlier, before. ◇ *interj* ¡ ~ ! get back!

atrasado, da *adj* - **1.** [en el tiempo] delayed; [reloj] slow; [pago] overdue, late; [número, copia] back (*antes de sust*) - **2.** [en evolución, capacidad] backward.

atrasar ◇ *vt* to put back. ◇ *vi* to be slow.
➤ **atrasarse** *vpr* - **1.** [demorarse] to be late - **2.** [quedarse atrás] to fall behind.

atraso *m* - **1.** [del reloj] slowness - **2.** [de evolución] backwardness.
, ➤ **atrasos** *mpl* *fam* arrears.

atravesar [19] *vt* - **1.** [interponer] to put across - **2.** [cruzar] to cross - **3.** [perforar] to go through - **4.** *fig* [vivir] to go through.
➤ **atravesarse** *vpr* [interponerse] to be in the way; **se me ha atravesado la vecina** *fig* I can't stand my neighbour.

atrayente *adj* attractive.

atrechar *vi* PRico *fam* to take a short cut.

atreverse *vpr*: ~ **(a hacer algo)** to dare (to

do sthg); ~ **a algo** to be bold enough for sthg; ~ **con alguien** to take sb on; **se atreve con todo** he can tackle anything.

atrevido, da ◇ *adj* [osado] daring; [caradura] cheeky. ◇ *m,f* [osado] daring person; [caradura] cheeky person.

atrevimiento *m* - **1.** [osadía] daring - **2.** [insolencia] cheek.

atrezo *m* props (*pl*).

atribución *f* - **1.** [imputación] attribution - **2.** [competencia] responsibility, duty.

atribuir [51] *vt* [imputar]: ~ **algo a** to attribute sthg to.
➤ **atribuirse** *vpr* [méritos] to claim for o.s.; [poderes] to assume; ~**se la responsabilidad** to claim responsibility.

atribular *culto vt* to distress.
➤ **atribularse** *vpr* to be distressed.

atributo *m* attribute.

atril *m* [para libros] bookrest; MÚS music stand.

atrincherarse *vpr* - **1.** MIL to entrench o.s. - **2.** *fig* [escudarse]: ~ **en** to hide behind.

atrio *m* - **1.** [pórtico] portico - **2.** [claustro] cloister.

atrocidad *f* - **1.** [crueldad] atrocity - **2.** *fig* [necedad] stupid thing.

atrofia *f* MED atrophy; *fig* deterioration.

atrofiar [8] *vt* MED to atrophy; *fig* to weaken.
➤ **atrofiarse** *vpr* MED to atrophy; *fig* to deteriorate.

atronador, ra *adj* deafening.

atropellado, da *adj* hasty.

atropellar *vt* - **1.** [suj: vehículo] to run over - **2.** *fig* [suj: persona] to trample on.
➤ **atropellarse** *vpr* [al hablar] to trip over one's words.

atropello *m* - **1.** [por vehículo] running over - **2.** *fig* [moral] abuse.

atroz *adj* atrocious; [dolor] awful.

ATS (*abrev de* **ayudante técnico sanitario**) *mf* qualified nurse.

atte. *abrev de* **atentamente**.

atuendo *m* attire.

atufar ◇ *vi* to stink. ◇ *vt* [suj: olor, humo - persona] to overpower; [- lugar] to stink out.

atún *m* tuna.

aturdido, da *adj* dazed.

aturdimiento *m* - **1.** [desconcierto] bewilderment, confusion - **2.** [irreflexión] thoughtlessness.

aturdir *vt* [gen] to stun; [suj: alcohol] to fuddle; [suj: ruido, luz] to confuse, to bewilder.
➤ **aturdirse** *vpr* [gen] to be stunned; [por alcohol] to get fuddled; [con ruido, luz] to get confused.

aturullar, aturrullar *fam vt* to fluster.
➤ **aturullarse, aturrullarse** *vpr* to get flustered.
audacia *f* [intrepidez] daring.
audaz *adj* [intrépido] daring.
audible *adj* audible.
audición *f* **-1.** [gen] hearing **-2.** MÚS & TEATR audition.
audiencia *f* **-1.** [público, recepción] audience; **dar** ~ to grant an audience; **índice de** ~ audience ratings **-2.** [DER - juicio] hearing; [- tribunal, edificio] court; ~ **provincial** provincial court; ~ **pública** public hearing.
audífono *m* hearing aid.
audiómetro *m* audiometer.
audiovisual *adj* audiovisual.
auditar *vt* FIN to audit.
auditivo, va *adj* ear *(antes de sust)*.
auditor, ra *m,f* FIN auditor.
auditoría *f* FIN **-1.** [profesión] auditing **-2.** [despacho] auditing company **-3.** [balance] audit; ~ **externa/interna** external/internal audit.
auditorio *m* **-1.** [público] audience **-2.** [lugar] auditorium.
auge *m* [gen & ECON] boom; **estar en (pleno)** ~ to be booming.
augurar *vt* [suj: persona] to predict; [suj: suceso] to augur.
augurio *m* omen, sign.
augusto, ta *adj* august.
aula *f* (el) [de escuela] classroom; [de universidad] lecture room; ~ **magna** great hall.
aullar *vi* to howl.
aullido *m* howl.
aumentar ◇ *vt* **-1.** [gen] to increase; [peso] to put on **-2.** [en óptica] to magnify **-3.** [sonido] to amplify. ◇ *vi* to increase; [precios] to rise.
aumentativo, va *adj* augmentative.
➤ **aumentativo** *m* augmentative.
aumento *m* **-1.** [incremento] increase; [de sueldo, precios] rise; **ir en** ~ to be on the increase; ~ **de sueldo** pay rise *o* raise *US* **-2.** [en óptica] magnification.
aun ◇ *adv* even. ◇ *conj*: ~ **estando cansado, lo hizo** even though he was tired, he did it; **ni** ~ **puesta de puntillas llega** she can't reach it, even on tiptoe; ~ **cuando** even though; ~ **así** even so.
aún *adv* [todavía] still; *(en negativas)* yet, still; **no ha llegado** ~ he hasn't arrived yet, he still hasn't arrived.
aunar *vt* to join, to pool.
➤ **aunarse** *vpr* [aliarse] to unite.

aunque *conj* **-1.** [a pesar de que] even though, although; [incluso si] even if **-2.** [pero] although.
aúpa *interj*: ¡~! [¡levántate!] get up!; ¡~ **el Atleti!** up the Athletic!
➤ **de aúpa** *loc adj fam*: **un susto de** ~ a real fright; **una caravana de** ~ a hell of a queue.
au pair [o'perl] *f* au pair.
aupar *vt* to help up; *fig* [animar] to cheer on.
➤ **auparse** *vpr* to climb up.
aura *f* (el) **-1.** [halo] aura **-2.** [viento] gentle breeze.
áureo, a *adj* golden.
aureola *f* **-1.** ASTRON & RELIG halo **-2.** *fig* [fama] aura.
aurícula *f* auricle.
auricular ◇ *adj* auricular. ◇ *m* [de teléfono] receiver.
➤ **auriculares** *mpl* [cascos] headphones.
aurora *f* first light of dawn; **al despuntar** *o* **romper la** ~ at dawn; ~ **boreal** aurora borealis, northern lights *(pl)*.
auscultar *vt* to sound *(with a stethoscope)*.
ausencia *f* absence; **brillar por su** ~ to be conspicuous by one's/its absence.
ausentarse *vpr* to go away.
ausente ◇ *adj* **-1.** [no presente] absent; **estará** ~ **todo el día** he'll be away all day **-2.** [distraído] absent-minded. ◇ *mf* **-1.** [no presente]: **hay varios** ~**s** there are a number of absentees; **criticó a los** ~**s** he criticized the people who weren't there **-2.** DER missing person.
auspiciar [8] *vt* **-1.** [apoyar] to back **-2.** [patrocinar] to sponsor.
auspicio *m* [protección] protection; **bajo los** ~**s de** under the auspices of.
➤ **auspicios** *mpl* [señales] omens.
austeridad *f* austerity.
austero, ra *adj* **-1.** [gen] austere **-2.** [moderado] sober.
austral ◇ *adj* southern. ◇ *m* [moneda] austral.
Australia Australia.
australiano, na *adj* & *m,f* Australian.
Austria Austria.
austríaco, ca *adj* & *m,f* Austrian.
autarquía *f* **-1.** POLÍT autarchy **-2.** ECON autarky.
autárquico, ca *adj* **-1.** POLÍT autarchical **-2.** ECON autarkic.
autenticidad *f* authenticity.
auténtico, ca *adj* [gen] genuine; [piel, joyas]

genuine, real; **un ~ imbécil** a real idiot; **es un tío ~** he's a genuine bloke.
autentificar [10] *vt* to authenticate.
autismo *m* autism.
autista ◇ *adj* autistic. ◇ *mf* autistic person.
auto *m* **-1.** *fam* [coche] car; *CSur* [vehículo] car **-2.** *DER* judicial decree; **~ de procesamiento** indictment **-3.** *LITER* (mystery) play.
➡ **autos** *mpl DER* case documents; **constar en ~s** to be recorded in the case documents.
➡ **auto de fe** *m* auto-da-fé.
➡ **de autos** *loc adj DER*: **la noche de ~s** the night of the crime.
autoabastecimiento *m* self-sufficiency.
autoadhesivo, va *adj* self-adhesive.
autoalimentación *f INFORM* automatic paper feed.
autobiografía *f* autobiography.
autobiográfico, ca *adj* autobiographical.
autobombo *m fam*: **darse ~** to blow one's own trumpet.
autobús *m* bus.
autocar *m* coach.
autocartera *f shares in a company held by that same company.*
autocensura *f* self-censorship.
autocine *m* drive-in (cinema).
autoclave *m* autoclave, sterilizing unit.
autocomplacencia *f* self-satisfaction.
autoconsumo *m*: **para ~** for personal use.
autocontrol *m* self-control.
autocracia *f* autocracy.
autocrítica *f* self-criticism.
autóctono, na ◇ *adj* indigenous, native. ◇ *m,f* native.
autodefensa *f* self-defence.
autodestrucción *f* self-destruction.
autodeterminación *f* self-determination.
autodidacta ◇ *adj* self-taught. ◇ *mf* self-taught person.
autodirigido, da *adj* guided.
autodisciplina *f* self-discipline.
autódromo *m* motor racing circuit.
autoedición *f INFORM* desktop publishing.
autoencendido *m AUTOM* automatic ignition.
autoescuela *f* driving school.
autoestima *f* self-esteem.
autoestop, autostop *m* hitch-hiking; **hacer ~** to hitch-hike.

autoestopista, autostopista *mf* hitch-hiker.
autofinanciación *f* self-financing.
autogestión *f* self-management.
autogobierno *m* self-government, self-rule.
autógrafo *m* autograph.
autómata *m lit & fig* automaton.
automático, ca *adj* automatic.
➡ **automático** *m* [botón] press-stud.
automatismo *m* automatism.
automatización *f* automation.
automatizar [13] *vt* to automate.
automedicarse [10] *vpr* to self-administer medicine.
automotor, triz *adj* self-propelled.
automóvil *m* car *UK*, automobile *US*.
automovilismo *m* motoring; *DEP* motor racing.
automovilista *mf* motorist, driver.
automovilístico, ca *adj* motor *(antes de sust)*; *DEP* motor-racing *(antes de sust)*.
autonomía *f* **-1.** [POLÍT - facultad] autonomy; [- territorio] autonomous region **-2.** [de persona] independence **-3.** [de vehículo] range; [de videocámara] recording time; [de pila] battery life; **~ de vuelo** range.
autonómico, ca *adj* autonomous.
autónomo, ma ◇ *adj* **-1.** *POLÍT* autonomous **-2.** [trabajador] self-employed; [traductor, periodista] freelance. ◇ *m,f* self-employed person; [traductor, periodista] freelance.
autopista *f* motorway *UK*, freeway *US*; **~ de peaje** toll motorway *UK*, tollway *US*.
autopropulsado, da *adj* self-propelled.
autopropulsión *f* self-propulsion.
autopsia *f* autopsy, post-mortem.
autor, ra *m,f* **-1.** *LITER* author **-2.** [de crimen] perpetrator; **~ material del hecho** *DER* actual perpetrator of the crime.
autoría *f LITER* authorship; [de crimen] perpetration; [de atentado] responsibility.
autoridad *f* **-1.** [gen] authority; **imponer su ~** to impose one's authority **-2.** [ley]: **la ~** the authorities *(pl)*.
autoritario, ria *adj & m,f* authoritarian.
autoritarismo *m* authoritarianism.
autorización *f* authorization; **dar ~ a alguien (para hacer algo)** to authorize sb (to do sthg).
autorizado, da *adj* **-1.** [permitido] authorized **-2.** [digno de crédito] authoritative.
autorizar [13] *vt* **-1.** [dar permiso] to allow; [en situaciones oficiales] to authorize **-2.** [capacitar]

to allow, to entitle.

autorradio *m* car radio.

autorretrato *m* self-portrait.

autoservicio *m* **-1.** [tienda] self-service shop **-2.** [restaurante] self-service restaurant.

autostop = autoestop.

autostopista = autoestopista.

autosuficiencia *f* self-sufficiency.

autosuficiente *adj* self-sufficient.

autosugestión *f* autosuggestion.

autovacuna *f* autoinoculation.

autovía *f* dual carriageway *UK*, state highway *US*.

auxiliar [8] <> *adj* [gen & GRAM] auxiliary. <> *mf* assistant; ~ **administrativo** office clerk; ~ **de vuelo** air steward (fair hostess) (fair stewardess). <> *vt* to assist, to help.

auxilio *m* assistance, help; **pedir/prestar** ~ to call for/give help; **primeros** ~s first aid *(U)*; ¡**socorro,** ~! help! help!

auyama *f* *Carib, Col* pumpkin.

av., avda. (*abrev de* **avenida**) Ave.

aval *m* **-1.** [persona] guarantor **-2.** [documento] guarantee, reference; ~ **bancario** banker's reference.

avalancha *f* lit & fig avalanche.

avalar *vt* to endorse, to guarantee.

avalista *mf* guarantor.

avance <> *v* ⊳ avanzar. <> *m* **-1.** [gen] advance **-2.** FIN [anticipo] advance payment **-3.** [RADIO & TV- meteorológico etc] summary; [- de futura programación] preview; ~ **informativo** news *(U)* in brief.

avanzada ⊳ avanzado.

avanzadilla *f* MIL advance patrol.

avanzado, da <> *adj* **-1.** [gen] advanced **-2.** [progresista] progressive. <> *m,f* person ahead of his/her time.

➥ **avanzada** *f* MIL advance patrol.

avanzar [13] <> *vi* to advance. <> *vt* **-1.** [adelantar] to move forward **-2.** [anticipar] to tell in advance.

avaricia *f* greed, avarice; **la** ~ **rompe el saco** greed doesn't pay; **ser feo/pesado con** ~ to be ugly/boring in the extreme.

avaricioso, sa <> *adj* avaricious, miserly. <> *m,f* miser.

avariento, ta <> *adj* avaricious, miserly. <> *m,f* miser.

avaro, ra <> *adj* miserly, mean. <> *m,f* miser.

avasallador, ra *adj* overwhelming.

avasallar *vt* **-1.** [arrollar] to overwhelm **-2.** [someter] to subjugate.

avatar *m* (*gen pl*) vagary, sudden change; **los** ~**es de la vida** the ups and downs of life.

avda. = av.

ave *f* (*el*) **-1.** [gen] bird; ~ **del paraíso** bird of paradise; ~ **rapaz** *o* **de rapiña** bird of prey; **ser un** ~ **pasajera** *o* **de paso** *fig* to be a rolling stone **-2.** *Amér* [pollo] chicken.

AVE (*abrev de* **alta velocidad española**) *m* Spanish high-speed train.

avecinarse *vpr* to be on the way.

avefría *f* lapwing.

avejentar *culto* *vt* to age, to put years on.

➥ **avejentarse** *vpr* to age.

avellana *f* hazelnut.

avellano *m* hazel (tree).

avemaría *f* (*el*) [oración] Hail Mary.

avena *f* **-1.** [planta] oat **-2.** [grano] oats *(pl)*.

avenencia *f* [acuerdo] compromise.

avenida *f* avenue.

avenido, da *adj*: **bien/mal** ~s on good/bad terms.

avenirse [75] *vpr* **-1.** [llevarse bien] to get on (well) **-2.** [ponerse de acuerdo] to come to an agreement; ~ **a algo/a hacer algo** to agree on sthg/to do sthg.

aventajado, da *adj* [adelantado] outstanding.

aventajar *vt* [rebasar] to overtake; [estar por delante de] to be ahead of; ~ **a alguien en algo** to surpass sb in sthg.

aventar [19] *vt* **-1.** [abanicar] to fan **-2.** [trigo] to winnow **-3.** *Andes, CAm, Méx* [empujar] to push, to shove; [tirar] to throw.

aventón *m* *CAm, Méx, Perú*: **dar** ~ **a alguien** to give sb a lift.

aventura *f* **-1.** [gen] adventure; **correr** ~s to have adventures **-2.** [relación amorosa] affair.

aventurado, da *adj* risky.

aventurarse *vpr* to take a risk *o* risks; ~ **a hacer algo** to dare to do sthg.

aventurero, ra <> *adj* adventurous. <> *m,f* adventurer (f adventuress).

avergonzar [38] *vt* **-1.** [deshonrar] to shame **-2.** [abochornar] to embarrass.

➥ **avergonzarse** *vpr*: ~**se (de)** [por culpa] to be ashamed (of); [por timidez] to be embarrassed (about).

avería *f* [de máquina] fault; AUTOM breakdown.

averiado, da *adj* [máquina] out of order; [coche] broken down.

averiar [9] *vt* to damage.

➥ **averiarse** *vpr* [máquina] to be out of order; AUTOM to break down.

averiguación *f* investigation; **hacer averi-**

guaciones to make inquiries.
averiguar [45] *vt* to find out.
aversión *f* aversion; **tener** ~ **a** to feel aversion towards.
avestruz *m* ostrich.
aviación *f* -**1.** [navegación] aviation -**2.** [ejército] airforce.
aviador, ra *m,f* aviator.
AVIANCA (*abrev de* **Aerovías Nacionales de Colombia**) *f Colombian state airline.*
aviar [9] *vt* -**1.** [maleta] to pack; [habitación] to tidy up -**2.** [comida] to prepare.
Aviateca (*abrev de* **Aviación Guatemalteca**) *f Guatemalan state airline.*
avícola *adj* poultry *(antes de sust).*
avicultura *f* poultry farming.
avidez *f* eagerness.
ávido, da *adj*: ~ **de** eager for.
avienta *etc* ▷ **aventar**.
avieso, sa *adj* -**1.** [torcido] twisted -**2.** *fig* [malo] evil.
avinagrado, da *adj lit* & *fig* sour.
avinagrarse *vpr* to go sour; *fig* to become sour.
avío *m* [preparativo] preparation.
➥ **avíos** *mpl* -**1.** *fam* [equipo] things, kit *(U)* -**2.** [víveres] provisions *(pl).*
avión *m* plane, airplane *US*; **en** ~ by plane; **por** ~ [en un sobre] airmail; ~ **nodriza** supply plane; ~ **a reacción** jet; ~ **de papel** paper aeroplane.
avioneta *f* light aircraft.
avisar *vt* -**1.** [informar]: ~ **a alguien** to let sb know, to tell sb -**2.** [advertir]: ~ **(de)** to warn (of) -**3.** [llamar] to call, to send for.
aviso *m* -**1.** [advertencia, amenaza] warning; **andar** *o* **estar sobre** ~ to be on the alert; **poner sobre** ~ **a alguien** to warn sb -**2.** *Amér* [anuncio] advertisement, advert; ~ **clasificado** classified advertisement -**3.** [notificación] notice; [en teatros, aeropuertos] call; **hasta nuevo** ~ until further notice; **sin previo** ~ without notice; ~ **de vencimiento** *COM* due-date reminder -**4.** *TAUROM* warning to matador not to delay the kill any longer.
avispa *f* wasp.
avispado, da *adj fam* sharp, quick-witted.
avispero *m* -**1.** [nido] wasp's nest -**2.** *fam fig* [lío] mess; **meterse en un** ~ to get into a mess.
avistar *vt* to sight, to make out.
avitaminosis *f inv* vitamin deficiency.
avituallamiento *m* provisioning.
avituallar *vt* to provide with food.
avivar *vt* -**1.** [sentimiento] to rekindle -**2.** [co-

lor] to brighten -**3.** [fuego] to stoke up.
avizor ▷ **ojo**.
avutarda *f* great bustard.
axial *adj* axial.
axila *f* armpit.
axioma *m* axiom.
ay (*pl* **ayes**) ◇ *m* groan. ◇ *interj*: ¡ ~ ! [dolor físico] ouch!; [sorpresa, pena] oh!; ¡ ~ **de ti si te cojo!** Heaven help you if I catch you!
aya ▷ **ayo**.
ayatolá [ajato'la] *m* ayatollah.
ayer ◇ *adv* yesterday; *fig* in the past; ~ **(por la) noche** last night; ~ **por la mañana** yesterday morning; **antes de** ~ the day before yesterday. ◇ *m fig* yesteryear.
ayo, aya *m,f* [tutor] tutor (*f* governess).
ayuda *f* help, assistance; *ECON* & *POLÍT* aid; **acudir en** ~ **de alguien** to go to sb's assistance; ~ **en carretera** breakdown service; ~ **humanitaria** humanitarian aid.
ayudante *adj* & *m,f* assistant.
ayudar *vt* to help; ~ **a alguien a hacer algo** to help sb (to) do sthg; **¿en qué puedo** ~ **le?** how can I help you?
➥ **ayudarse** *vpr*: ~ **se de** to make use of.
ayunar *vi* to fast.
ayunas *fpl*: **en** ~ [sin comer] without having eaten; *fig* [sin enterarse] in the dark.
ayuno *m* fast; **hacer** ~ to fast.
ayuntamiento *m* -**1.** [corporación] ≃ town council -**2.** [edificio] town hall *UK*, city hall *US*.
azabache *m* jet; **negro como el** ~ jet-black.
azada *f* hoe.
azafata *f*: ~ **(de vuelo)** air hostess *UK*, air stewardess; ~ **de exposiciones y congresos** hostess; ~ **de tierra** stewardess.
azafate *m CAm, Carib, Méx, Perú* [bandeja] tray.
azafrán *m* saffron, crocus.
azahar *m* [del naranjo] orange blossom; [del limonero] lemon blossom.
azalea *f* azalea.
azar *m* chance, fate; **al** ~ at random; **por (puro)** ~ by (pure) chance.
azaroso, sa *adj* [vida, viaje] eventful.
ázimo, ácimo *adj* [pan] unleavened.
azimut = **acimut**.
azogue *m* mercury.
azor *m* goshawk.
azoramiento *m* embarrassment.
azorar *vt* to embarrass.
➥ **azorarse** *vpr* to be embarrassed.
Azores *fpl*: **las** ~ the Azores.
azotaina *f fam* slapping, smacking.

azotar *vt* **-1.** [suj: persona] to beat; [en el trasero] to smack, to slap; [con látigo] to whip **-2.** *fig* [suj: calamidad] to devastate.

azote *m* **-1.** [golpe] blow; [en el trasero] smack, slap; [latigazo] lash **-2.** *fig* [calamidad] scourge.

azotea *f* [de edificio] terraced roof; **estar mal de la ~** *fam fig* to be funny in the head.

azteca ◇ *adj & m,f* Aztec. ◇ *m* [lengua] Aztec.

azúcar *m o f* sugar; **~ blanquilla/moreno** refined/brown sugar; **~ cande** *o* **candi** sugar candy; **~ glas** *o* **de lustre** icing sugar *UK*, confectioner's sugar *US*.

azucarado, da *adj* sweet, sugary.

➡ **azucarero** *m* sugar bowl.

➡ **azucarera** *f* sugar factory.

azucarillo *m* **-1.** *CULIN* lemon candy **-2.** [terrón] sugar lump.

azuce *etc* ▷ azuzar.

azucena *f* white lily.

azufre *m* sulphur.

azul *adj & m* blue; **~ celeste/marino/eléctrico** sky/navy/electric blue; **~ turquesa** turquoise.

azulado, da *adj* bluish.

azulejo *m* (glazed) tile.

azulete *m* [para lavar] blue.

azulgrana *adj inv* *DEP* Barcelona football club *(antes de sust)*.

azuzar [13] *vt* **-1.** [animal] to set on **-2.** *fig* [persona] to egg on.

B

b, B *f* [letra] b, B.

baba *f* **-1.** [saliva - de niño] dribble; [- de adulto] spittle, saliva; [- de perro] slobber; **echar ~s** to drool **-2.** [de caracol etc] slime **-3.** *loc*: **se le cae la ~ con su hija** *fam* she drools over her daughter; **tener mala ~** *fam* to be bad-tempered.

babear *vi* [niño] to dribble; [adulto, animal] to slobber; *fig* to drool.

babel *m o f* *fam fig* bedlam.

babero *m* bib.

babi *m* child's overall.

babia *f*: **estar** *o* **quedarse en ~** to have one's head in the clouds.

babilónico, ca *adj* **-1.** *HIST* Babylonian **-2.** [fastuoso] lavish.

bable *m* Asturian dialect.

babor *m*: **a ~** to port.

babosada *f* *CAm, Méx fam* daft thing.

baboso, sa ◇ *adj* [niño] dribbly; [adulto, animal] slobbering. ◇ *m,f* *Amér fam* [tonto] twit, idiot.

➡ **babosa** *f* *ZOOL* slug.

babucha *f* slipper.

baca *f* roof *o* luggage rack.

bacaladero, ra *adj* cod-fishing *(antes de sust)*.

➡ **bacaladero** *m* cod-fishing boat.

bacalao *m* [fresco] cod; [salado] dried salted cod; **~ a la vizcaína** *CULIN* Basque dish of salt cod cooked in a thick sauce of olive oil, onions, tomato and red peppers; **~ al pil-pil** *CULIN* Basque dish of salt cod cooked slowly in an earthenware dish with olive oil and garlic; **partir** *o* **cortar el ~** *fam fig* to be the boss.

bacán *RP* ◇ *adj* fine. ◇ *m* toff; **como un ~** like a real gentleman.

bacanal *f* orgy.

bacarrá, bacará *m* baccarat.

bache *m* **-1.** [en carretera] pothole **-2.** *fig* [dificultades] bad patch **-3.** [en un vuelo] air pocket.

bachillerato *m* Spanish two-year course of secondary studies for academically orientated 16-18-year-olds; **~ unificado polivalente** ▷ BUP.

bacilo *m* bacillus; **~ de Koch** tubercle bacillus.

bacín *m* chamber pot.

bacinica *f* *Amér* chamber pot.

backgammon *m inv* backgammon.

backup [ba'kap] *(pl backups)* *m INFORM* backup.

bacon ['beikon] *m inv* bacon.

bacteria *f* germ; **~s** bacteria.

bacteriano, na *adj* bacterial.

bactericida *adj* bactericidal.

bacteriología *f* bacteriology.

bacteriológico, ca *adj* [guerra] germ *(antes de sust)*.

bacteriólogo, ga *m,f* bacteriologist.

báculo *m* -**1**. [de obispo] crosier - **2**. *fig* [sostén] support.

badajo *m* clapper *(of bell)*.

badén *m* - **1**. [de carretera] ditch - **2**. [cauce] channel.

bádminton ['baðminton] *m inv* badminton.

bafle *(pl* bafles), **baffle** *(pl* baffles) *m* loudspeaker.

bagaje *m fig* background; ~ **cultural** cultural baggage.

bagatela *f* trifle.

Bahamas *fpl*: **las** ~ the Bahamas.

bahía *f* bay.

bailaor, ra *m,f* flamenco dancer.

bailar ⬦ *vt* to dance; **que me quiten lo bailado** *fam* no one can take away the good times. ⬦ *vi* -**1**. [danzar] to dance; **es otro que tal baila** *fam* he's just the same, he's no different -**2**. [no encajar] to be loose; **los pies me bailan (en los zapatos)** my shoes are too big.

bailarín, ina *m,f* dancer; [de ballet] ballet dancer; **prima bailarina** prima ballerina.

baile *m* -**1**. [gen] dance; ~ **clásico** ballet; ~ **de salón** ballroom dancing -**2**. [fiesta] ball -**3**. *COM*: ~ **de cifras** number transposition.
➡ **baile de San Vito** *m* St Vitus' dance.

bailongo *m fam* dance.

bailotear *vi fam* to boogie, to bop.

bailoteo *m fam* bopping.

baja *f* ▷ **bajo**.

bajada *f* -**1**. [descenso] descent; ~ **de bandera** [de taxi] minimum fare -**2**. [pendiente] (downward) slope -**3**. [disminución] decrease, drop.

bajamar *f* low tide.

bajar ⬦ *vt* -**1**. [poner abajo - libro, cuadro etc] to take/bring down; [- telón, ventanilla, mano] to lower -**2**. [descender - montaña, escaleras] to go/come down -**3**. [precios, inflación, hinchazón] to reduce; [música, volumen, radio] to turn down; [fiebre] to bring down -**4**. [ojos, cabeza, voz] to lower. ⬦ *vi* -**1**. [descender] to go/come down; ~ **por algo** to go/come down to get sthg; ~ **corriendo** to run down -**2**. [disminuir] to fall, to drop; [fiebre, hinchazón] to go/come down; [Bolsa] to suffer a fall.
➡ **bajarse** *vpr*: ~**se (de)** [coche] to get out (of); [moto, tren, avión] to get off; [árbol, escalera, silla] to get/come down (from).

bajativo *m Andes, RP* [licor] digestive liqueur; [tisana] herbal tea.

bajel *m culto* vessel, ship.

bajero, ra *adj* lower.

bajeza *f* -**1**. [cualidad] baseness -**2**. [acción] nasty deed.

bajial *m Méx, Perú* lowland.

bajío *m* sandbank.

bajista ⬦ *adj FIN* bearish; [mercado] bear *(antes de sust)*. ⬦ *mf MÚS* bassist.

bajo, ja *adj* -**1**. [gen] low; [persona] short; [planta] ground *(antes de sust)*; [sonido] soft, faint; **en voz baja** in a low voice -**2**. [territorio, época] lower; **el** ~ **Amazonas** the lower Amazon -**3**. [pobre] lower-class -**4**. [vil] base.
➡ **bajo** ⬦ *m* -**1**. *(gen pl)* [dobladillo] hem -**2**. [piso] ground floor flat -**3**. [MÚS - instrumento, cantante] bass; [- instrumentista] bassist. ⬦ *adv* -**1**. [gen] low -**2**. [hablar] quietly, softly. ⬦ *prep* -**1**. [gen] under -**2**. [con temperaturas] below.
➡ **baja** *f* -**1**. [descenso] drop, fall; **jugar a la baja** *FIN* to bear the market -**2**. [cese]: **dar de baja a alguien** [en una empresa] to lay sb off; [en un club, sindicato] to expel sb; **darse de baja (de)** [dimitir] to resign (from); [salirse] to drop out (of) -**3**. [por enfermedad - permiso] sick leave *(U)*; [- documento] sick note, doctor's certificate; **estar/darse de baja** to be on/to take sick leave; **baja por maternidad/paternidad** maternity/paternity leave -**4**. *MIL* loss, casualty.
➡ **bajos** *mpl* [planta] ground floor *(sg)*.

bajón *m* slump; **dar un** ~ to slump; [suj - mercado, producción] to slump; [- persona] to go downhill.

bajorrelieve *m* bas-relief.

bajura ▷ **pesca**.

bala *f* -**1**. [proyectil] bullet; **como una** ~ *fig* like a shot -**2**. [fardo] bale.
➡ **bala perdida** *m fam* ne'er-do-well.

balacear *vt Amér* [tirotear] to shoot.

balacera *f Amér* shootout.

balada *f* ballad.

baladí *(pl* baladíes) *adj* trivial.

baladronada *f* boast.

balance *m* -**1**. [COM - operación] balance; [- documento] balance sheet; ~ **consolidado** consolidated balance sheet -**2**. [resultado] outcome; **hacer** ~ **(de)** to take stock (of).

balancear *vt* [cuna] to rock; [columpio] to swing.
➡ **balancearse** *vpr* [en cuna, mecedora] to rock; [en columpio] to swing; [barco] to roll.

balanceo *m* -**1**. [gen] swinging; [de cuna, mecedora] rocking; [de barco] roll -**2**. *Amér AUTOM* wheel balance.

balancín *m* -**1**. [mecedora] rocking chair; [en jardín] swing hammock -**2**. [columpio] seesaw

-3. _AUTOM_ rocker arm.

balandrista _mf_ yachtsman (f yachtswoman).

balandro _m_ yacht.

balanza _f_ **-1.** [báscula] scales (pl); ~ **de cocina** kitchen scales; ~ **de precisión** precision balance; **la** ~ **se inclinó a nuestro favor** the balance o scales tipped in our favour **-2.** _COM:_ ~ **comercial/de pagos** balance of trade/payments.

balar _vi_ to bleat.

balarrasa _m_ ne'er-do-well.

balaustrada _f_ balustrade.

balazo _m_ [disparo] shot; [herida] bullet wound.

balbucear, balbucir [79] _vi & vt_ to babble.

balbuceo _m_ babbling.

balbucir = **balbucear.**

Balcanes _mpl:_ **los** ~ the Balkans.

balcánico, ca _adj_ Balkan.

balcón _m_ **-1.** [terraza] balcony **-2.** [mirador] vantage point.

balda _f_ shelf.

baldado, da _adj_ **-1.** [tullido] crippled **-2.** [exhausto] shattered.

balde _m_ pail, bucket.
➡ **de balde** _loc adv_ free (of charge); **estar de** ~ [sobrar] to be getting in the way.
➡ **en balde** _loc adv_ in vain; **no ha sido en** ~ it wasn't in vain.

baldío, día _adj_ **-1.** [sin cultivar] uncultivated; [no cultivable] waste (antes de sust) **-2.** [inútil] fruitless.

baldón _m_ insult.

baldosa _f_ [en casa, edificio] floor tile; [en la acera] paving stone.

baldosín _m_ tile.

balear ◇ _vt_ _Amér_ to shoot. ◇ _adj_ Balearic. ◇ _mf_ native/inhabitant of the Balearic Islands.

Baleares _fpl:_ **las (islas)** ~ the Balearic Islands.

baleárico, ca _adj_ Balearic.

baleo _m_ _Amér_ shootout.

balido _m_ bleat, bleating (U).

balín _m_ pellet.

balístico, ca _adj_ ballistic.
➡ **balística** _f_ ballistics (U).

baliza _f_ _NÁUT_ marker buoy; _AERON_ beacon.

ballena _f_ **-1.** [animal] whale **-2.** [varilla - de corsé] stay; [- de paraguas] spoke.

ballenato _m_ whale calf.

ballenero, ra _adj_ whaling (antes de sust).
➡ **ballenero** _m_ [barco] whaler, whaling ship.

ballesta _f_ **-1.** _HIST_ crossbow **-2.** _AUTOM_ (suspension) spring.

ballet [ba'le] (pl ballets) _m_ ballet.

balneario _m_ **-1.** [con baños termales] spa **-2.** _Amér_ [con piscinas, etc] ≃ lido.

balompié _m_ football.

balón _m_ **-1.** [pelota] ball; **echar balones fuera** to evade the issue; ~ **de reglamento** regulation ball **-2.** [recipiente] bag; ~ **de oxígeno** oxygen bag; _fig_ shot in the arm **-3.** [en tebeos] (speech) balloon.

baloncestista _mf_ basketball player.

baloncesto _m_ basketball.

balonmano _m_ handball.

balonvolea _m_ volleyball.

balotaje _m_ second round of voting.

balsa _f_ **-1.** [embarcación] raft **-2.** [estanque] pond, pool **-3.** _loc:_ **ser una** ~ **de aceite** [mar] to be as calm as a millpond; [reunión] to go smoothly.

balsámico, ca _adj_ balsamic.

bálsamo _m_ **-1.** _FARM_ balsam **-2.** [alivio] balm.

balsero, ra _m,f_ _Cuba_ refugee fleeing Cuba on a raft.

Báltico _m:_ **el (mar)** ~ the Baltic (Sea).

baluarte _m_ **-1.** [fortificación] bulwark **-2.** _fig_ [bastión] bastion, stronghold.

bamba _m_ bamba.

bambalina _f_ backdrop; **entre** ~**s** _fig_ backstage.

bambolear _vi_ to shake.
➡ **bambolearse** _vpr_ [gen] to sway; [mesa, silla] to wobble.

bambú (pl bambúes o bambús) _m_ bamboo.

banal _adj_ banal.

banalidad _f_ banality.

banalizar [13] _vt_ to trivialize.

banana _f_ _Amér_ banana.

bananero, ra _adj_ banana (antes de sust).
➡ **bananero** _m_ [árbol] banana tree.

banano _m_ banana tree.

banca _f_ **-1.** [actividad] banking; ~ **electrónica** electronic banking; ~ **en línea** online banking; ~ **telefónica** telephone banking **-2.** [institución]: **la** ~ the banks (pl) **-3.** [en juegos] bank; **hacer saltar la** ~ to break the bank **-4.** [asiento] bench **-5.** _Andes, RP_ [escaño] seat.

bancario, ria _adj_ banking (antes de sust).

bancarrota _f_ bankruptcy; **en** ~ bankrupt; **declararse en** ~ to go bankrupt.

banco _m_ **-1.** [asiento] bench; [de iglesia] pew **-2.** _FIN_ bank; ~ **central/comercial/emisor/industrial/de inversiones** central/commercial/issuing/industrial/investment bank; **Banco Central Europeo** European Central

Bank **- 3.** [de peces] shoal **- 4.** [de ojos, semen etc] bank **- 5.** [de carpintero, artesano etc] workbench.

➤ **banco azul** *m POLÍT* ≃ front bench *UK.*

➤ **banco de arena** *m* sandbank.

➤ **banco de datos** *m INFORM* data bank.

➤ **banco de pruebas** *m MEC* test bench; *fig* testing ground.

➤ **Banco Mundial** *m*: el Banco Mundial the World Bank.

banda *f* **- 1.** [cuadrilla] gang; ~ **terrorista** terrorist organization **- 2.** *MÚS* band **- 3.** [faja] sash **- 4.** [cinta] ribbon **- 5.** [franja] stripe **- 6.** *RADIO* waveband; ~ **de frecuencias** frequency (band) **- 7.** [margen] side; [en billar] cushion; [en fútbol] touchline; **fuera de** ~ out of play; **sacar de** ~ to throw the ball in **- 8.** *loc:* **cerrarse en** ~ to dig one's heels in.

➤ **banda ancha** *f COMPUT* broadband.

➤ **banda magnética** *f* magnetic strip.

➤ **banda sonora** *f* soundtrack.

bandada *f* [de aves] flock; [de peces] shoal.

bandazo *m* [del barco] lurch; **dar** ~**s** [barco, borracho] to lurch; *fig* [ir sin rumbo] to chop and change; **dar un** ~ [con el volante] to swerve violently.

bandear *vt* to buffet.

➤ **bandearse** *vpr* to look after o.s., to cope.

bandeja *f* tray; **servir** *o* **dar algo a alguien en** ~ *fig* to hand sthg to sb on a plate; ~ **de entrada** *INFORM* inbox; ~ **de salida** *INFORM* outbox.

bandera *f* flag; **jurar** ~ to swear allegiance (to the flag); ~ **blanca** white flag; **estar hasta la** ~ to be packed.

➤ **de bandera** *loc adj fam* [magnífico] fantastic, terrific.

banderilla *f* **- 1.** *TAUROM* banderilla, *barbed dart thrust into bull's back*; *ver también* **tauromaquia - 2.** [aperitivo] *savoury hors d'œuvre on a stick.*

banderillero, ra *m,f TAUROM* banderillero, *bullfighter's assistant who sticks 'banderillas' into the bull*; *ver también* **tauromaquia.**

banderín *m* **- 1.** [bandera] pennant **- 2.** *MIL* pennant-bearer.

banderola *f* pennant.

bandido, da *m,f* **- 1.** [delincuente] bandit **- 2.** [granuja] rascal.

bando *m* **- 1.** [facción] side; **pasarse al otro** ~ to change sides **- 2.** [de alcalde] edict.

bandolero, ra *m,f* bandit.

➤ **bandolera** *f* [correa] bandoleer; **en bandolera** slung across one's chest.

bandurria *f small 12-stringed guitar.*

banjo ['banjo] *m* banjo.

Banjul Banjul.

banquero, ra *m,f* banker.

banqueta *f* **- 1.** [asiento] stool **- 2.** *CAm, Méx* [acera] pavement *UK,* sidewalk *US.*

banquete *m* [comida] banquet; ~ **de boda** wedding breakfast; ~ **eucarístico** holy communion.

banquillo *m* **- 1.** [asiento] low stool; ~ **de los acusados** *DER* dock **- 2.** *DEP* bench.

banquina *f RP* verge.

bañada *f Amér* [acción de bañarse] bath.

bañadera *f Arg* [bañera] bath.

bañado *m RP* marshy area.

bañador *m* [for women] swimsuit; [for men] swimming trunks *(pl).*

bañar *vt* **- 1.** [asear] to bath; *MED* to bathe **- 2.** [sumergir] to soak, to submerge **- 3.** [revestir] to coat **- 4.** [suj: río] to flow through; [suj: mar] to wash the coast of **- 5.** [suj: sol, luz] to bathe.

➤ **bañarse** *vpr* **- 1.** [en el baño] to have *o* take a bath, to bathe *US* **- 2.** [en playa, piscina] to go swimming.

bañera *f* bathtub, bath.

bañista *mf* bather.

baño *m* **- 1.** [acción - en bañera] bath; [en playa, piscina] swim; **darse un** ~ [en bañera] to have *o* take a bath; [en playa, piscina] to go for a swim; ~ **de asiento** hip bath; ~ **de sol** sunbathing *(U);* **dar un** ~ **a alguien** *fig* to knock the spots off sb **- 2.** [bañera] bathtub, bath **- 3.** [cuarto de aseo] bathroom **- 4.** [vahos] inhalation *(U)* **- 5.** [capa] coat.

➤ **baño María** *m* bain Marie.

➤ **baños** *mpl* [balneario] spa *(sg).*

baptismo *m* baptism.

baptista *adj & m,f* Baptist.

baptisterio *m* baptistry.

baquelita *f* Bakelite®.

baqueta *f* **- 1.** [de fusil] ramrod; **tratar** *o* **llevar a la** ~ *fig* to treat harshly **- 2.** *MÚS* drumstick.

baquetear *vi* [equipaje etc] to bump up and down.

bar *m* bar.

barahúnda *f* racket, din.

baraja *f* pack (of cards); **jugar con dos** ~**s** *fig* to play a double game.

barajar *vt* **- 1.** [cartas] to shuffle **- 2.** [considerar - nombres, posibilidades] to consider; [- datos, cifras] to marshal, to draw on.

baranda, barandilla *f* [de escalera] handrail; [de balcón] rail.

baratija *f* trinket, knick-knack.

baratillo *m* **- 1.** [género] junk **- 2.** [tienda]

junkshop; [mercadillo] flea market.
barato, ta *adj* cheap.
➡ **barato** *adv* cheap, cheaply; **de** ~ for free.
barba *f* beard; ~ **incipiente** stubble; **apurarse la** ~ to shave close; **dejarse** ~ to let one's beard grow; **por** ~ [cada uno] per head; **hacer algo en las** ~**s de alguien** *o* **en sus propias** ~**s** to do sthg under sb's nose; **reírse de alguien en sus propias** ~**s** to laugh in sb's face.
➡ **barbas** *fpl* [de pez] barbel *(sg).*
barbacoa *f* barbecue.
Barbados Barbados.
barbaridad *f* **- 1.** [cualidad] cruelty; **¡qué** ~ **!** how terrible! **- 2.** [disparate] nonsense *(U)* **- 3.** [montón]: **una** ~ **(de)** tons (of); **se gastó una** ~ she spent a fortune.
barbarie *f* **- 1.** [crueldad - cualidad] cruelty, savagery; [- acción] atrocity **- 2.** [incultura] barbarism.
barbarismo *m* **- 1.** [extranjerismo] foreign word **- 2.** [incorrección] substandard usage.
bárbaro, ra ◇ *adj* **- 1.** HIST barbarian **- 2.** [cruel] barbaric, cruel **- 3.** [bruto] uncouth, coarse **- 4.** *fam* [extraordinario] brilliant, great. ◇ *m,f* HIST barbarian.
➡ **bárbaro** *adv fam* [magníficamente]: **pasarlo** ~ to have a wild time.
barbecho *m* fallow (land); **estar en** ~ to be left fallow.
barbería *f* barber's (shop).
barbero, ra *m,f* barber.
barbilampiño, ña *adj* smooth-faced, beardless.
➡ **barbilampiño** *m* beardless man.
barbilla *f* chin.
barbitúrico *m* barbiturate.
barbo *m* barbel; ~ **de mar** red mullet.
barbotar *vi & vt* to mutter.
barbudo, da ◇ *adj* bearded.
➡ **barbudo** *m* bearded man.
barbullar *vi* to jabber.
barca *f* dinghy, small boat.
barcaza *f* barge.
Barcelona Barcelona.
barcelonés, esa ◇ *adj* of/relating to Barcelona. ◇ *m,f* native/inhabitant of Barcelona.
barco *m* [gen] boat; [de gran tamaño] ship; **en** ~ by boat; ~ **cisterna** tanker; ~ **de guerra** warship; ~ **mercante** cargo ship; ~ **de vapor** steamer, steamboat; ~ **de vela** sailing boat, sail boat *US.*
bardo *m* bard.

baremo *m* [escala] scale.
bario *m* barium.
barítono *m* baritone.
barlovento *m* windward.
barman *(pl* **barmans)** *m* barman, bartender *US.*
barniz *m* [para madera] varnish; [para loza, cerámica] glaze; ~ **de uñas** nail varnish.
barnizar [13] *vt* [madera] to varnish; [loza, cerámica] to glaze.
barómetro *m* barometer.
barón, onesa *m,f* baron *(f* baroness).
barquero, ra *m,f* boatman *(f* boatwoman).
barquilla *f* [de globo] basket.
barquillo *m* CULIN cornet, cone.
barra *f* **- 1.** [gen] bar; [de hielo] block; [para cortinas] rod; [en bicicleta] crossbar; **la** ~ [de tribunal] the bar; ~ **de labios** lipstick; ~ **de pan** baguette, French stick **- 2.** [de bar, café] bar *(counter);* ~ **americana** singles bar; ~ **libre** *unlimited drink for a fixed price* **- 3.** [para bailarines] barre **- 4.** [signo gráfico] slash, oblique stroke **- 5.** *Andes, RP* [de amigos] gang; ~ **brava** *RP* group of violent soccer fans **- 6.** INFORM: ~ **de estado** status bar; ~ **de herramientas** tool bar; ~ **de menús** menu bar **- 7.** *loc:* **sin pararse en** ~**s** stopping at nothing.
barrabasada *f fam* mischief *(U).*
barraca *f* **- 1.** [chabola] shack **- 2.** [caseta de feria] stall **- 3.** [en Valencia y Murcia] thatched farmhouse.
barracón *m* large hut.
barranco *m* **- 1.** [precipicio] precipice **- 2.** [cauce] ravine.
barraquismo *m* shanty towns *(pl).*
barrena *f* drill; **entrar en** ~ AERON to go into a spin; *fig* [persona, gobierno] to totter.
barrenar *vt* **- 1.** [taladrar] to drill **- 2.** [frustrar] to scupper.
barrendero, ra *m,f* street sweeper.
barreno *m* **- 1.** [instrumento] large drill **- 2.** [agujero - para explosiones] blast hole.
barreño *m* washing-up bowl.
barrer ◇ *vt* **- 1.** [con escoba, reflectores] to sweep **- 2.** [suj: viento, olas] to sweep away **- 3.** *fam* [derrotar] to thrash, to annihilate. ◇ *vi:* ~ **con** [llevarse] to finish off, to make short work of; ~ **hacia** *o* **para adentro** *fig* to look after number one.
barrera *f* **- 1.** [gen] barrier; FERROC crossing gate; [de campo, casa] fence; **poner** ~**s a algo** *fig* to erect barriers against sthg, to hinder sthg; ~**s arancelarias** tariff barriers **- 2.** TAUROM *barrier around the edge of a bull ring* **- 3.** DEP wall.

➡️ **barrera de seguridad** f [en carretera] safety barrier.

➡️ **barrera del sonido** f sound barrier.

barriada f **-1.** neighbourhood, area **-2.** *Amér* [pobre] shanty town.

barrica f keg.

barricada f barricade.

barrido m **-1.** [con escoba] sweep, sweeping *(U)*; **dar un** ~ **(a algo)** to sweep (sthg); **servir** *o* **valer tanto para un** ~ **como para un fregado** [persona] to be a jack-of-all-trades **-2.** *TECN* scan, scanning *(U)* **-3.** *CIN* pan, panning *(U)*.

barriga f belly; **echar** ~ to get a paunch; **rascarse** *o* **tocarse la** ~ *fig* to twiddle one's thumbs, to laze around.

barrigazo m *fam*: **darse un** ~ to fall flat on one's face.

barrigón, ona ◇ *adj* paunchy. ◇ *m,f* [persona] portly person.

➡️ **barrigón** m [barriga] big belly.

barril m barrel; **de** ~ [bebida] draught.

barrilete m **-1.** [de revólver] chamber **-2.** *Amér* [cometa] kite.

barrio m **-1.** [vecindario] area, neighborhood *US*; ~ **comercial/periférico** shopping/outlying district; ~ **chino** red light district; ~ **latino** Latin Quarter; **mandar a alguien al otro** ~ *fam fig* to do sb in, to finish sb off **-2.** *Amér* [arrabal] shanty town.

barriobajero, ra *despec* ◇ *adj* low-life *(antes de sust)*. ◇ *m,f* common person.

barrizal m mire.

barro m **-1.** [fango] mud **-2.** [arcilla] clay **-3.** [grano] blackhead **-4.** *loc*: **arrastrarse por el** ~ to abase o.s.

barroco, ca *adj* **-1.** *ARTE* baroque **-2.** [recargado] ornate.

➡️ **barroco** m *ARTE* baroque.

barroquismo m *ARTE* baroque style.

barrote m bar.

barruntar vt **-1.** [presentir] to suspect **-2.** [ser indicio de] to suggest, to hint at.

barrunto m **-1.** [presentimiento] suspicion **-2.** [indicio] sign, indication.

bartola

➡️ **a la bartola** *loc adv fam*: **tumbarse a la** ~ to lounge around.

bártulos mpl things, bits and pieces; **liar los** ~ *fam fig* to pack one's bags.

barullo m *fam* **-1.** [ruido] din, racket; **armar** ~ to raise hell **-2.** [desorden] mess.

basa f *ARQUIT* base.

basalto m basalt.

basamento m *ARQUIT* base, plinth.

basar vt [fundamentar] to base.

➡️ **basarse en** *vpr* [suj: teoría, obra etc] to be based on; [suj: persona] to base one's argument on.

basca f **-1.** *fam* [de amigos] pals *(pl)*, mates *(pl)* **-2.** [náusea] nausea.

báscula f scales *(pl)*; ~ **de baño/de precisión** bathroom/precision scales.

basculador m dumper truck.

bascular vi to tilt.

base f **-1.** [gen, *MAT* & *MIL*] base; [de edificio] foundations *(pl)*; ~ **aérea** air base; ~ **espacial** space station; ~ **de lanzamiento** launch site; ~ **de operaciones** operational base; ~ **naval** naval base **-2.** [fundamento, origen] basis; **sentar las** ~s **para** to lay the foundations of **-3.** [de partido, sindicato]: **las** ~s the grass roots *(pl)*, the rank and file; **de** ~ grassroots *(antes de sust)* **-4.** *loc*: **a** ~ **de** by (means of); **me alimento a** ~ **de verduras** I live on vegetables; **a** ~ **de bien** extremely well; **a** ~ **de trabajar mucho** by working hard.

➡️ **base de datos** f *INFORM* database; ~ **de datos documental/relacional** *INFORM* documentary/relational database.

➡️ **base imponible** f taxable income.

BASIC ['beisik] m *INFORM* BASIC.

básico, ca *adj* basic; **lo** ~ **de** the basics of.

basílica f basilica.

basilisco m: **ponerse hecho un** ~ *fam fig* to go mad, to fly into a rage.

basta *interj*: ¡~! that's enough!; ¡~ **de chistes/tonterías!** that's enough jokes/of this nonsense!

bastante ◇ *adv* **-1.** [suficientemente] enough; **es lo** ~ **lista para ...** she's smart enough to ... **-2.** [considerablemente - antes de adj o adv] quite, pretty; [- después de verbo] quite a lot; **me gustó** ~ I quite enjoyed it, I enjoyed it quite a lot. ◇ *adj* **-1.** [suficiente] enough; **no tengo dinero** ~ I haven't enough money **-2.** [mucho]: **éramos** ~s there were quite a few of us; **tengo** ~ **frío** I'm quite *o* pretty cold.

bastar vi to be enough; **basta con que se lo digas** it's enough for you to tell her; **con ocho basta** eight is enough; **baste decir que ...** suffice it to say that ...; **con la intención basta** it's the thought that counts.

➡️ **bastarse** *vpr* to be self-sufficient.

bastardía f bastardy.

bastardilla ▶ **letra**.

bastardo, da ◇ *adj* **-1.** [hijo etc] bastard *(antes de sust)* **-2.** [animal] crossbred **-3.** *despec* [innoble] mean, base. ◇ *m,f* bastard.

bastidor m **-1.** [armazón] frame **-2.** AUTOM chassis **-3.** NÁUT screw propeller's frame.
➡ **bastidores** mpl TEATR wings; **entre ~es** fig behind the scenes.
bastión m lit & fig bastion.
basto, ta adj coarse.
➡ **bastos** mpl [naipes] ≃ clubs.
bastón m **-1.** [para andar] walking stick **-2.** [de mando] baton; **empuñar el ~** fig to take the helm **-3.** [para esquiar] ski stick.
bastonazo m blow (with a stick).
basura f lit & fig rubbish UK, garbage US, trash US; **tirar algo a la ~** to throw sthg away; **~ radioactiva** radioactive waste.
basurero m **-1.** [persona] dustman UK, garbage man US **-2.** [vertedero] rubbish dump.
bata f **-1.** [de casa] housecoat; [para baño, al levantarse] dressing gown, robe US **-2.** [de médico] white coat; [de laboratorio] lab coat.
batacazo m bump, bang.
batalla f battle; **~ campal** pitched battle; **de ~** [de uso diario] everyday.
batallador, ra adj battling (antes de sust).
batallar vi **-1.** [con armas] to fight **-2.** fig [por una cosa] to battle.
batallón m **-1.** MIL batallion **-2.** fig [grupo numeroso] crowd.
batata f sweet potato.
bate m DEP bat.
batea f Amér washing trough.
bateador, ra m,f batsman (f batswoman).
batear vt to hit. <> vi to bat.
batería <> f **-1.** ELECTR & MIL battery; **~ solar** solar cell **-2.** MÚS drums (pl) **-3.** TEATR floodlights (pl) **-4.** [conjunto] set; [de preguntas] barrage; **~ de cocina** pots (pl) and pans **-5.** loc: **aparcado en ~** parked at an angle to the pavement. <> mf drummer.
batiborrillo, batiburrillo m jumble.
batido, da adj **-1.** [nata] whipped; [clara] whisked **-2.** [senda, camino] well-trodden.
➡ **batido** m **-1.** [acción de batir] beating **-2.** [bebida] milkshake.
➡ **batida** f **-1.** [de caza] beat **-2.** [de policía] combing, search.
batidor m **-1.** [aparato manual] whisk **-2.** [en caza] beater **-3.** MIL scout.
batidora f [eléctrica] mixer.
batiente m **-1.** [de puerta] jamb; [de ventana] frame **-2.** [costa] shoreline.
batín m short dressing gown.
batir <> vt **-1.** [gen] to beat; [nata] to whip; [récord] to break **-2.** [suj: olas, lluvia, viento] to beat against **-3.** [derribar] to knock down **-4.** [explorar - suj: policía etc] to comb, to search.

<> vi [suj: sol, lluvia] to beat down.
➡ **batirse** vpr [luchar] to fight.
batiscafo m bathyscaphe.
batista f batiste, cambric.
baturro, rra <> adj Aragonese. <> m,f Aragonese peasant.
batuta f baton; **llevar la ~** fig to call the tune.
baúl m **-1.** [cofre] trunk **-2.** Arg, Col [maletero] boot UK, trunk US.
bautismal adj baptismal.
bautismo m baptism.
bautista mf RELIG Baptist.
➡ **Bautista** m RELIG: **Juan el Bautista** John the Baptist.
bautizar [13] vt **-1.** RELIG to baptize, to christen **-2.** fig [denominar, poner mote] to christen **-3.** fam fig [aguar] to dilute.
bautizo m **-1.** RELIG baptism, christening **-2.** [fiesta] christening party.
bauxita f bauxite.
bávaro, ra adj & m,f Bavarian.
Baviera Bavaria.
baya f berry.
bayeta f **-1.** [tejido] flannel **-2.** [para fregar] cloth; [de gamuza] chamois.
bayo, ya adj bay.
bayoneta f bayonet.
baza f **-1.** [en naipes] trick **-2.** [ventaja] advantage **-3.** loc: **meter ~ en algo** to butt in on sthg; **no pude meter ~ (en la conversación)** I couldn't get a word in edgeways; **no jugó bien su ~** he didn't play his cards right.
bazar m bazaar.
bazo m ANAT spleen.
bazofia f **-1.** [comida] pigswill (U) **-2.** fig [libro, película etc] rubbish (U).
bazuca, bazooka m bazooka.
BCE (abrev de **Banco Central Europeo**) m ECB.
be f Amér: **~ larga** o **grande** b.
beatería f devoutness.
beatificación f beatification.
beatificar [10] vt to beatify.
beatitud f beatitude.
beato, ta <> adj **-1.** [beatificado] blessed **-2.** [piadoso] devout **-3.** fig [santurrón] sanctimonious. <> m,f **-1.** RELIG beatified person **-2.** [piadoso] devout person **-3.** fig [santurrón] sanctimonious person.
bebe, ba m CSur fam baby.
bebé m baby; **~ probeta** test-tube baby.
bebedero m **-1.** [de jaula] water dish **-2.** [abrevadero] drinking trough.

bebedizo *m* [medicinal] potion; [de amor] love potion.

bebedor, ra *m,f* heavy drinker.

beber ◇ *vt* **-1.** [líquido] to drink **-2.** *fig* [absorber - palabras, consejos] to lap up; [- sabiduría, información] to draw, to acquire. ◇ *vi* **-1.** [tomar líquido] to drink **-2.** *fig* [emborracharse] to drink (heavily) **-3.** [brindar]: ~ **a** *o* **por** to drink to.

bebida *f* drink; **darse** *o* **entregarse a la** ~ to take to the bottle; ~ **alcohólica** alcoholic drink.

bebido, da *adj* drunk.

bebito, ta *m,f* **Amér** little baby.

beca *f* [del gobierno] grant; [de organización privada] scholarship; ~ **de investigación** research grant.

becar [10] *vt* [suj: gobierno] to award a grant to; [suj: organización privada] to award a scholarship to.

becario, ria *m,f* [del gobierno] grant holder; [de organización privada] scholarship holder.

becerrada *f* bullfight with young bulls.

becerro, rra *m,f* calf.

bechamel [betʃa'mel], **besamel** *f* béchamel sauce.

bedel *m* janitor.

beduino, na *adj & m,f* Bedouin.

befa *f* jeer; **hacer** ~ **de** to jeer at.

begonia *f* begonia.

beige [beis] *adj inv & m inv* beige.

béisbol *m* baseball.

beldad *f* **culto** fairness, beauty.

belén *m* **-1.** [de Navidad] crib, Nativity scene **-2.** *fam* [desorden] bedlam (U) **-3.** (gen pl) *fig* [embrollo] mess (U).

Belén Bethlehem.

belfo, fa *adj* thick-lipped.

➡ **belfo** *m* horse's lip.

belga *adj & m,f* Belgian.

Bélgica Belgium.

Belice Belize.

beliceño, ña *adj & m,f* Belizean.

belicismo *m* warmongering.

belicista ◇ *adj* belligerent. ◇ *mf* warmonger.

bélico, ca *adj* [gen] war (antes de sust); [actitud] bellicose, warlike.

belicoso, sa *adj* bellicose; *fig* aggressive.

beligerancia *f* belligerence.

beligerante *adj & m,f* belligerent.

bellaco, ca *m,f* villain, scoundrel.

belladona *f* belladonna, deadly nightshade.

bellaquería *f* wickedness, roguery.

belleza *f* beauty.

bello, lla *adj* beautiful.

bellota *f* acorn.

bemol ◇ *adj* flat. ◇ *m* **MÚS** flat; **doble** ~ double flat; **tener (muchos)** ~**es** [ser difícil] to be tricky; [tener valor] to have guts; [ser un abuso] to be a bit rich *o* much.

benceno *m* benzene.

bencina *f* **Chile** petrol **UK**, gas **US**.

bencinera *f* **Chile** petrol station **UK**, gas station **US**.

bendecir [66] *vt* to bless.

bendición *f* blessing.

➡ **bendiciones nupciales** *fpl* wedding (sg).

bendiga, bendijera *etc* ▷ **bendecir**.

bendito, ta ◇ *adj* **-1.** [santo] holy; [alma] blessed; ¡~ **sea Dios!** *fam fig* thank goodness! **-2.** [dichoso] lucky **-3.** [para enfatizar] damned. ◇ *m,f* simple soul; **dormir como un** ~ to sleep like a baby.

benedictino, na *adj & m,f* Benedictine.

benefactor, ra ◇ *adj* beneficent. ◇ *m,f* benefactor (*f* benefactress).

beneficencia *f* charity.

beneficiar [8] *vt* to benefit.

➡ **beneficiarse** *vpr* to benefit; ~**se de algo** to do well out of sthg.

beneficiario, ria *m,f* [de herencia, póliza] beneficiary; [de cheque] payee.

beneficio *m* **-1.** [bien] benefit; **a** ~ **de** [gala, concierto] in aid of; **en** ~ **de** for the good of; **en** ~ **de todos** in everyone's interest; **en** ~ **propio** for one's own good **-2.** [ganancia] profit; ~ **bruto/neto** gross/net profit.

beneficioso, sa *adj*: ~ **(para)** beneficial (to).

benéfico, ca *adj* **-1.** [favorable] beneficial **-2.** [rifa, función] charity (antes de sust); [organización] charitable.

benemérito, ta *adj* worthy.

➡ **Benemérita** *f*: **la Benemérita** *another name for the 'Guardia Civil'*.

beneplácito *m* consent.

benevolencia *f* benevolence.

benevolente, benévolo, la *adj* benevolent.

bengala *f* **-1.** [para pedir ayuda, iluminar etc] flare **-2.** [fuego artificial] sparkler.

benigno, na *adj* **-1.** [gen] benign **-2.** [clima, temperatura] mild.

benjamín, ina *m,f* youngest child.

benzol *m* benzol.

beodo, da *adj & m,f* drunk.

beque *etc* ⊳ **becar**.
berberecho *m* cockle.
berenjena *f* aubergine *UK*, eggplant *US*.
berenjenal *m* fam [enredo] mess; **meterse en un ~** to get o.s. into a right mess.
bergantín *m* brigantine.
beriberi *m* beriberi.
berilio *m* beryllium.
Berlín Berlin.
berlina *f* four-door saloon.
berlinés, esa ◇ *adj* of/relating to Berlin. ◇ *m,f* Berliner.
berma *f Andes* hard shoulder *UK*, shoulder *US*.
bermejo, ja *adj* reddish.
bermellón *adj inv* & *m* vermilion.
bermudas *fpl* Bermuda shorts.
Berna Berne.
berrear *vi* **-1.** [animal] to bellow **-2.** [persona] to howl.
berrido *m* **-1.** [del becerro] bellow, bellowing (U) **-2.** [de persona] howl, howling (U).
berrinche *m* fam tantrum; **coger** *o* **agarrarse un ~** to throw a tantrum.
berro *m* watercress.
bertsolari *m in Basque culture, poet who extemporizes poems at gatherings and literary competitions.*
berza *f* cabbage.
berzotas *m y f inv* fam thickhead.
besamel = **bechamel**.
besar *vt* to kiss.
➨ **besarse** *vpr* to kiss.
beso *m* kiss; **dar un ~ a alguien** to kiss sb, to give sb a kiss; **comerse a ~s a alguien** to smother sb with kisses.
bestia ◇ *adj* **-1.** [ignorante] thick, stupid **-2.** [torpe] clumsy **-3.** [maleducado] rude. ◇ *mf* **-1.** [ignorante, torpe] brute **-2.** [maleducado] rude person. ◇ *f* [animal] beast; **~ de carga** beast of burden.
bestial *adj* **-1.** [brutal] animal, brutal; [apetito] tremendous **-2.** fam [formidable] terrific.
bestialidad *f* **-1.** [brutalidad] brutality **-2.** fam [tontería] rubbish (U), nonsense (U) **-3.** fam [montón]: **una ~ de** tons (pl) *o* stacks (pl) of.
bestiario *m* LITER bestiary.
best-seller [bes'seler] (pl **best-sellers**) *m* best-seller.
besucón, ona fam ◇ *adj* kissy. ◇ *m,f* kissy person.
besugo *m* **-1.** [pez] sea bream **-2.** fam [persona] idiot.
besuquear fam *vt* to smother with kisses.

➨ **besuquearse** *vpr* fam to smooch.
beta *adj* beta (antes de sust).
betabel *m Méx* beetroot *UK*, beet *US*.
betarraga *f Chile* beetroot *UK*, beet *US*.
bético, ca *adj* **-1.** [andaluz] Andalusian **-2.** DEP of or relating to Real Betis Football Club.
betún *m* **-1.** [para calzado] shoe polish **-2.** QUÍM bitumen; **~ de Judea** asphalt.
bianual *adj* **-1.** [dos veces al año] biannual, twice-yearly **-2.** [cada dos años] biennial.
biberón *m* (baby's) bottle; **dar el ~ a** to bottle-feed.
Biblia *f* Bible; **ser la ~ en verso** fig to be endless.
bíblico, ca *adj* biblical.
bibliófilo, la *m,f* **-1.** [coleccionista] book collector **-2.** [lector] book lover.
bibliografía *f* bibliography.
bibliográfico, ca *adj* bibliographic.
bibliógrafo, fa *m,f* bibliographer.
bibliorato *m RP* lever arch file.
biblioteca *f* **-1.** [gen] library; **~ ambulante/pública** mobile/public library **-2.** [mueble] bookcase.
bibliotecario, ria *m,f* librarian.
bicameral *adj* bicameral, two-chamber (antes de sust).
bicarbonato *m* **-1.** FARM bicarbonate of soda **-2.** QUÍM bicarbonate.
bicentenario *m* bicentenary.
bíceps *m inv* biceps.
bicha *f* fam snake.
bicharraco *m* fam **-1.** [animal] disgusting creature **-2.** [persona mala] nasty piece of work.
bicho *m* **-1.** [animal] beast, animal; [insecto] bug **-2.** fam [persona mala]: **(mal) ~** nasty piece of work; **~ raro** weirdo; **todo ~ viviente** every Tom, Dick and Harry; **~ malo nunca muere** ill weeds grow apace **-3.** [pillo] little terror.
bici *f* fam bike.
bicicleta *f* bicycle.
bicicletear *vi RP* fam to speculate using money owed to someone else.
bicoca *f* fam [compra, alquiler] bargain; [trabajo] cushy number.
bicolor *adj* two-coloured.
bidé *m* bidet.
bidimensional *adj* two-dimensional.
bidón *m* drum (for oil etc); [lata] can, canister; [de plástico] (large) bottle.
biela *f* connecting rod.
bien ◇ *adv* **-1.** [como es debido, adecuado]

well; **has hecho** ~ you did the right thing; **habla inglés** ~ she speaks English well; **cierra** ~ **la puerta** shut the door properly; **hiciste** ~ **en decírmelo** you were right to tell me - **2.** [expresa opinión favorable]: **estar** ~ [de aspecto] to be nice; [de salud] to be o feel well; [de calidad] to be good; [de comodidad] to be comfortable; **está** ~ **que te vayas, pero antes despídete** it's all right for you to go, but say goodbye first; **oler** ~ to smell nice; **pasarlo** ~ to have a good time; **sentar** ~ **a alguien** [ropa] to suit sb; [comida] to agree with sb; [comentario] to please sb - **3.** [muy, bastante] very; **hoy me he levantado** ~ **temprano** I got up nice and early today; **quiero un vaso de agua** ~ **fría** I'd like a nice cold glass of water - **4.** [vale, de acuerdo] all right, OK; **¿nos vamos? —** ~ shall we go? —all right o OK - **5.** [de buena gana, fácilmente] quite happily; **ella** ~ **que lo haría, pero no la dejan** she'd be happy to do it, but they won't let her - **6.** *loc:* **¡** ~ **por ...!** three cheers for ...!; **¡está** ~ **!** [bueno, vale] all right then!; [es suficiente] that's enough; **¡ya está** ~ **!** that's enough!; **estar a** ~ **con alguien** to be on good terms with sb; **¡muy** ~ **!** very good!, excellent!; **¡pues (sí que) estamos** ~ **!** that's all we needed!; **tener a** ~ **hacer algo** to be good enough to do sthg. <> *adj inv* [adinerado] well-to-do. <> *conj:* ~ **...** ~ either ... or; **dáselo** ~ **a mi hermano,** ~ **a mi padre** either give it to my brother or my father. <> *m* good; **el** ~ **y el mal** good and evil; **hacer el** ~ to do good (deeds); **por el** ~ **de** for the sake of; **lo hice por tu** ~ I did it for your own good.

➡ **bienes** *mpl* - **1.** [patrimonio] property (U); ~**es inmuebles** o **raíces** real estate (U); ~**es gananciales** shared possessions; ~**es muebles** personal property (U) - **2.** [productos] goods; ~**es de consumo** consumer goods; ~**es de equipo** capital goods; ~**es de producción** industrial goods.

➡ **más bien** *loc adv* rather; **no estoy contento, más** ~ **estupefacto** I'm not so much happy as stunned.

➡ **no bien** *loc adv* no sooner, as soon as; **no** ~ **me había marchado cuando empezaron a ...** no sooner had I gone than they started ...

➡ **si bien** *loc conj* although, even though.

bienal <> *adj* biennial. <> *f* biennial exhibition.

bienaventurado, da *m,f RELIG* blessed person.

bienaventuranza *f* - **1.** *RELIG* divine vision

- **2.** [felicidad] happiness.

➡ **bienaventuranzas** *fpl RELIG* Beatitudes.

bienestar *m* wellbeing.

bienhechor, ra <> *adj* beneficial. <> *m,f* benefactor (*f* benefactress).

bienintencionado, da *adj* well-intentioned.

bienio *m* - **1.** [periodo] two years (*pl*) - **2.** [en sueldo] two-yearly increment.

bienvenido, da <> *adj* welcome. <> *interj:* **¡** ~ **!** welcome!

➡ **bienvenida** *f* welcome; **dar la bienvenida a alguien** to welcome sb.

bies *m inv* bias binding; **al** ~ [costura] on the bias; [sombrero] at an angle.

bifásico, ca *adj* two-phase (*antes de sust*).

bife *m Andes, RP* steak.

bífido, da *adj* forked.

bifocal *adj* bifocal.

biftec = bistec.

bifurcación *f* [entre calles] fork; *TECN* bifurcation.

bifurcarse [10] *vpr* to fork.

bigamia *f* bigamy.

bígamo, ma <> *adj* bigamous. <> *m,f* bigamist.

bígaro *m* winkle.

big bang [biɡbaŋ] (*pl* **big bangs**) *m* big bang.

bigote *m* moustache; **de** ~**s** *fig* fantastic.

bigotudo, da *adj* with a big moustache.

bigudí (*pl* **bigudís** o **bigudíes**) *m* curler.

bikini = biquini.

bilateral *adj* bilateral.

biliar *adj* bile (*antes de sust*).

bilingüe *adj* bilingual.

bilingüismo *m* bilingualism.

bilioso, sa *adj lit & fig* bilious.

bilirrubina *f* bilirubin.

bilis *f inv lit & fig* bile; **tragar** ~ *fig* to bite one's tongue.

billar *m* - **1.** [juego] billiards (U); ~ **americano** ≃ pool; ~ **romano** bar billiards - **2.** [mesa] billiard table - **3.** [sala] billiard hall.

billete *m* - **1.** [dinero] note *UK*, bill *US* - **2.** [de rifa, transporte, cine etc] ticket; **'no hay** ~**s'** *TEATR* 'sold out'; ~ **de andén** platform ticket; ~ **de ida** single (ticket); ~ **de ida y vuelta** return (ticket) *UK*, round-trip (ticket) *US*; ~ **kilométrico** *ticket to travel a set distance*; ~ **sencillo** single (ticket) *UK*, one-way (ticket) *US* - **3.** [de lotería] lottery ticket.

billetera *f*, **billetero** *m* wallet.

billón *núm* billion *UK*, trillion *US*; *ver también* **seis**.

bimensual *adj* twice-monthly.
bimestral *adj* two-monthly.
bimestre *m* two months *(pl)*.
bimotor <> *adj* twin-engine *(antes de sust)*. <> *m* twin-engined plane.
binario, ria *adj* [gen & *INFORM*] binary.
bingo *m* - **1.** [juego] bingo - **2.** [sala] bingo hall - **3.** [premio] (full) house.
binoculares *mpl* binoculars; *TEATR* opera glasses.
binóculo *m* pince-nez.
binomio *m* - **1.** *MAT* binomial - **2.** *fig* [de personas] duo.
biocombustible *m* biofuel.
biodegradable *adj* biodegradable.
bioética *f* bioethics.
biofeedback [bio'fidbak] *m inv PSICOL* biofeedback.
biofísico, ca *adj* biophysical.
→ **biofísica** *f* biophysics *(U)*.
biogenético, ca *adj* genetic.
→ **biogenética** *f* genetics *(U)*.
biografía *f* biography.
biografiar [9] *vt* to write the biography of.
biográfico, ca *adj* biographical.
biógrafo, fa *m,f* [persona] biographer.
→ **biógrafo** *m Amér* [cine] cinema.
bioingeniería *f* bioengineering.
biología *f* biology.
biológico, ca *adj* biological.
biólogo, ga *m,f* biologist.
biomasa *f* biomass.
biombo *m* (folding) screen.
biometría *f* biometry.
biónico, ca *adj* bionic.
biopsia *f* biopsy.
bioquímico, ca <> *adj* biochemical. <> *m,f* [persona] biochemist.
→ **bioquímica** *f* [ciencia] biochemistry.
biorritmo *m* biorhythm.
biosfera *f* biosphere.
biotecnología *f* biotechnology.
bioterapia *f* biotherapy.
binóculo *m* pince-nez.
bioterrorismo *m* bioterrorism.
biotopo *m* biotope.
bióxido *m* dioxide.
bipartidismo *m* two-party system.
bipartidista *adj* two-party *(antes de sust)*.
bipartito, ta *adj* bipartite.
bípedo, da *adj* biped.
biplano *m* biplane.
biplaza <> *adj* two-seater *(antes de sust)*. <> *m* two-seater.

bipolar *adj* bipolar.
biquini, bikini *m* [bañador] bikini.
birlar *vt fam* to pinch, to nick.
birlibirloque ⊳ arte.
Birmania Burma.
birmano, na *adj* & *m,f* Burmese.
→ **birmano** *m* [lengua] Burmese.
birome *f RP* Biro®.
birra *f fam* beer.
birreactor, ra *adj* twin-jet *(antes de sust)*.
→ **birreactor** *m* twin-jet aircraft.
birrete *m* - **1.** [de clérigo] biretta - **2.** [de catedrático] mortarboard - **3.** [de abogados, jueces] *cap worn by judges and lawyers*.
birria *f fam* - **1.** [fealdad - persona] sight, fright; [- cosa] monstrosity - **2.** [cosa sin valor] rubbish *(U)*.
bis *(pl* bises*)* <> *adj inv:* viven en el 150 ~ they live at 150a. <> *m* encore. <> *adv MÚS* [para repetir] bis.
bisabuelo, la *m,f* great-grandfather (*f* great-grandmother); ~s great-grandparents.
bisagra *f* hinge.
bisbisar, bisbisear *vt fam* to mutter.
bisbiseo *m* muttering.
bisección *f* bisection.
bisectriz *f* bisector.
bisel *m* bevel.
biselado *m* bevelling.
biselar *vt* to bevel.
bisemanal *adj* twice-weekly.
bisexual *adj* & *m,f* bisexual.
bisiesto ⊳ año.
bisílabo, ba *adj* two-syllabled.
bisnieto, ta *m,f* great-grandchild, great-grandson (*f* great-granddaughter).
bisonte *m* bison.
bisoñé *m* toupée.
bisoño, ña *m,f* novice.
bistec, biftec *m* steak.
bisturí *(pl* bisturíes*)* *m* scalpel.
bisutería *f* imitation jewellery.
bit [bit] *(pl* bits*)* *m INFORM* bit.
bitácora *f* binnacle.
bíter, bitter *m* bitters *(U)*.
bituminoso, sa *adj* bituminous.
bizantino, na <> *adj* - **1.** *HIST* Byzantine - **2.** [discusión, razonamiento] hair-splitting. <> *m,f* Byzantine.
bizarría *f* - **1.** [valor] bravery - **2.** [generosidad] generosity.
bizarro, rra *adj* - **1.** [valiente] brave, valiant - **2.** [generoso] generous.

bizco, ca ◇ *adj* cross-eyed. ◇ *m,f* cross-eyed person.

bizcocho *m* [de repostería] sponge.

bizquear *vi* to squint.

bizquera *f* squint.

blablablá *m fam* blah, blah, blah.

blanco, ca ◇ *adj* white. ◇ *m,f* [persona] white (person).
➭ **blanco** *m* -**1.** [color] white -**2.** [diana] target; **dar en el** ~ *DEP* & *MIL* to hit the target; *fig* to hit the nail on the head -**3.** *fig* [objetivo] target; [de miradas] object -**4.** [espacio vacío] blank (space).
➭ **blanca** *f MÚS* minim; **estar** *o* **quedarse sin blanca** *fig* to be flat broke.
➭ **blanco del ojo** *m* white of the eye.
➭ **en blanco** *loc adv* -**1.** [gen] blank; **se quedó con la mente en** ~ his mind went blank -**2.** [sin dormir]: **una noche en** ~ a sleepless night.

blancura *f* whiteness.

blancuzco, ca *adj* off-white.

blandengue *adj lit* & *fig* weak.

blandir [78] *vt* to brandish.

blando, da *adj* -**1.** [gen] soft; [carne] tender -**2.** *fig* [persona - débil] weak; [- indulgente] lenient, soft.

blandura *f* -**1.** [gen] softness; [de carne] tenderness -**2.** *fig* [debilidad] weakness; [indulgencia] leniency.

blanqueador, ra ◇ *adj* whitening *(antes de sust)*. ◇ *m,f* whitewasher.

blanquear *vt* -**1.** [ropa] to whiten; [con lejía] to bleach -**2.** [con cal] to whitewash -**3.** *fig* [dinero] to launder.

blanquecino, na *adj* off-white.

blanqueo *m* -**1.** [de ropa] whitening; [con lejía] bleaching -**2.** [encalado] whitewashing -**3.** *fig* [de dinero] laundering.

blanquillo *m CAm, Méx* [huevo] egg.

blasfemar *vi* -**1.** *RELIG*: ~ **(contra)** to blaspheme (against) -**2.** [maldecir] to swear, to curse.

blasfemia *f* -**1.** *RELIG* blasphemy -**2.** [palabrota] curse -**3.** *fig* [injuria]: **es una** ~ **hablar así de ...** it's sacrilege to talk like that about ...

blasfemo, ma ◇ *adj* blasphemous. ◇ *m,f* blasphemer.

blasón *m* -**1.** [escudo] coat of arms -**2.** *fig* [orgullo] honour, glory.

bledo *m*: **me importa un** ~ **(lo que diga)** *fam* I don't give a damn about what he says).

blenorragia *f* gonorrhœa.

blindado, da *adj* armour-plated; [coche] armoured.

blindaje *m* armour-plating; [de coche] armour.

blindar *vt* to armour-plate.

bloc [blok] *(pl* **blocs)** *m* pad; ~ **de dibujo** sketchpad; ~ **de notas** notepad.

blocar [10] *vt DEP* to block.

blonda *f* [para tartas etc] doily.

bloomers ['blumers], **blúmers** *mpl Col* knickers.

bloque ◇ *v* ➪ **blocar.** ◇ *m* -**1.** [gen & *INFORM*] block -**2.** *POLÍT* bloc; **en** ~ **en masse**; [votación] block *(antes de sust)* -**3.** *MEC* cylinder block.

bloquear *vt* -**1.** [gen & *DEP*] to block -**2.** [aislar- suj: ejército, barcos] to blockade; [- suj: nieve, inundación] to cut off -**3.** *FIN* to freeze -**4.** *AUTOM* to lock.
➭ **bloquearse** *vpr* [persona] to have a mental block.

bloqueo *m* -**1.** [gen & *DEP*] blocking; ~ **mental** mental block -**2.** *ECON* & *MIL* blockade -**3.** *FIN* freeze, freezing *(U)* -**4.** *AUTOM* locking.

blues [blus] *m inv MÚS* blues.

blúmers ◇ *mpl* = **bloomers.** ◇ *m CAm, Carib* knickers.

blusa *f* blouse.

blusón *m* [camisa] long shirt; [de pintor] smock.

bluyín *m*, **bluyínes** *mpl Amér, Andes, Ven* jeans *(pl)*.

boa ◇ *f ZOOL* boa; ~ **constrictor** boa constrictor. ◇ *m* [prenda] (feather) boa.

boato *m* show, ostentation.

bobada *f fam*: **decir** ~**s** to talk nonsense; **hacer** ~**s** to mess about.

bobalicón, ona *fam* ◇ *adj* simple. ◇ *m,f* simpleton.

bóbilis
➭ **de bóbilis** *loc adv fam* [de balde] for free, for nothing.

bobina *f* -**1.** [gen] reel; [en máquina de coser] bobbin -**2.** *ELECTR* coil.

bobinar *vt* to wind.

bobo, ba ◇ *adj* -**1.** [tonto] stupid, daft -**2.** [ingenuo] naïve, simple. ◇ *m,f* -**1.** [tonto] fool, idiot -**2.** [ingenuo] simpleton.

bobsleigh [boβs'leix] *(pl* **bobsleighs)** *m* bobsleigh.

boca *f* -**1.** [gen] mouth; ~ **arriba/abajo** face up/down; **abrir** *o* **hacer** ~ to whet one's appetite; **andar** *o* **ir de** ~ **en** ~ to be on everyone's lips; **a pedir de** ~ perfectly; **cerrar la** ~ **a alguien** to make sb shut up; **se fue de la** ~ he let the cat out of the bag; **me lo has quitado de la** ~ you took the words right out of my mouth; **meterse en la ~ del lobo** to put one's head into the lion's mouth; **no decir esta ~ es mía** not to open one's mouth; **por la ~ muere el pez** silence is golden; **quedarse con la ~ abierta** to be left speechless; **se me hace la ~ agua** it makes my mouth water; **tapar la ~ a alguien** to silence sb **-2.** [entrada] opening; [de cañón] muzzle; **~ del estómago** pit of the stomach; **~ de metro** tube *o* underground entrance *UK*; subway entrance *US*; **~ de riego** hydrant.

◆ **boca a boca** *m* mouth-to-mouth (resuscitation).

◆ **a boca de jarro** *loc adv* point-blank.

bocacalle *f* [entrada] entrance *(to a street)*; [calle] side street; **gire en la tercera ~** take the third turning.

bocadillo *m* **-1.** *CULIN* sandwich **-2.** [en cómic] speech bubble, balloon.

bocado *m* **-1.** [comida] mouthful; **no probar ~** [por estar desganado] not to touch one's food; [no haber podido comer] not to have a bite (to eat) **-2.** [mordisco] bite.

◆ **bocado de Adán** *m* Adam's apple.

bocajarro

◆ **a bocajarro** *loc adv* [disparar] point-blank; **se lo dije a ~** I told him to his face.

bocamanga *f* cuff.

bocanada *f* [de líquido] mouthful; [de humo] puff; [de viento] gust.

bocata *m fam* sarnie.

bocazas *m y f inv fam despec* big mouth, blabbermouth.

boceto *m* sketch, rough outline.

bocha *f* [bolo] bowl.

◆ **bochas** *fpl* [juego] bowls *(U)*.

bochinche *m fam* commotion, uproar.

bochorno *m* **-1.** [calor] stifling *o* muggy heat **-2.** [vergüenza] embarrassment.

bochornoso, sa *adj* **-1.** [tiempo] stifling, muggy **-2.** [vergonzoso] embarrassing.

bocina *f* **-1.** *AUTOM & MÚS* horn **-2.** [megáfono] megaphone, loudhailer.

bocinazo *m AUTOM* hoot.

bocio *m* goitre.

bock (*pl* **bocks**) *m* stein.

bocón, cona *m,f Amér fam* bigmouth, blabbermouth.

boda *f* [ceremonia] wedding; [convite] reception; **~s de diamante/oro/plata** diamond/golden/silver wedding *(sg)*.

bodega *f* **-1.** [cava] wine cellar **-2.** [tienda] wine shop; [bar] bar **-3.** [en buque, avión] hold

-4. *Amér* [colmado] small grocery store **-5.** *Méx* [almacén] store.

bodegón *m* **-1.** *ARTE* still life **-2.** [taberna] tavern, inn.

bodeguero, ra *m,f* [dueño] owner of a wine cellar; [encargado] cellarman.

bodrio *m fam despec* [gen] rubbish *(U)*; [comida] pigswill *(U)*; **¡qué ~!** what a load of rubbish!

body ['boðil] (*pl* **bodies**) *m* body.

BOE (*abrev de* **Boletín Oficial del Estado**) *m* official Spanish gazette.

bofetada *f* slap (in the face); **dar una ~ a alguien** to slap sb (in the face); **darse de ~s** to come to blows.

bofetón *m* hard slap (in the face).

bofia *f fam*: **la ~** the cops *(pl)*.

boga *f*: **estar en ~** to be in vogue.

bogar [16] *vi* **-1.** [remar] to row **-2.** [navegar] to sail.

bogavante *m* lobster.

Bogotá Bogotá.

bogotano, na *adj* of/relating to Bogotá.

bogue *etc* ⊳ **bogar**.

Bohemia Bohemia.

bohemio, mia ◇ *adj* **-1.** [vida etc] bohemian **-2.** [de Bohemia] Bohemian. ◇ *m,f* **-1.** [artista] bohemian **-2.** [de Bohemia] Bohemian.

◆ **bohemia** *f*: **la bohemia** the bohemian lifestyle.

bohío *m Carib* hut.

boicot (*pl* **boicots**) *m* boycott.

boicotear *vt* to boycott.

boicoteo *m* boycotting.

bóiler *m Méx* boiler.

boina *f* beret.

boîte [bwat] (*pl* **boîtes**) *f* nightclub.

boj (*pl* **bojes**) *m* **-1.** [árbol] box **-2.** [madera] boxwood.

bol (*pl* **boles**) *m* bowl.

bola *f* **-1.** [gen] ball; [canica] marble; **~ de cristal** crystal ball; **~ del mundo** globe; **~ de nieve** snowball; **~s de naftalina** mothballs; **convertirse en una ~ de nieve** *fig* to snowball **-2.** *fam* [mentira] fib **-3.** *Amér* [rumor] rumour **-4.** *loc*: **en ~s** *fam* starkers; **no rascar ~** *fam* to get everything wrong.

bolada *f RP fam* opportunity.

bolchevique *adj & m,f* Bolshevik.

bolchevismo *m* Bolshevism.

bolea *f DEP* volley.

bolear *vt Méx* [embetunar] to shine, to polish.

bolera *f* bowling alley.

bolería f Méx shoeshine store.

bolero¹ m [baile y música] bolero.

bolero², ra m,f Méx shoeshine, bootblack UK.

boleta f Amér [recibo] receipt; CAm, CSur [multa] parking ticket; Cuba, Méx, RP [para voto] ballot, voting slip.

boletería f Amér [de cine, teatro] box office; [de estación] ticket office.

boletero, ra m,f Amér box office attendant.

boletín m journal, periodical; ~ **de noticias** o **informativo** news bulletin; ~ **meteorológico** weather forecast; ~ **de prensa** press release; ~ **de subscripción** subscription form; **Boletín Oficial del Estado** official Spanish gazette.

boleto m - **1.** [de lotería, rifa] ticket; [de quinielas] coupon; ~ **de apuestas** betting slip - **2.** Amér [para medio de transporte] ticket.

boli m fam Biro®.

boliche m - **1.** [en la petanca] jack - **2.** [bolos] ten-pin bowling - **3.** [bolera] bowling alley - **4.** Amér [tienda] small grocery store - **5.** CSur fam [bar] cheap bar or café.

bólido m racing car; **ir como un** ~ fig to go like the clappers.

bolígrafo m ballpoint pen, Biro®.

bolillo m - **1.** [en costura] bobbin - **2.** Méx [panecillo] bread roll.

bolita f CSur [pieza] marble; **jugar a las** ~s to play marbles.

bolívar m bolivar.

Bolivia Bolivia.

boliviano, na adj & m,f Bolivian.

bollería f - **1.** [tienda] cake shop - **2.** [productos] cakes (pl).

bollo m - **1.** [para comer - de pan] (bread) roll; [- dulce] bun - **2.** [abolladura] dent; [abultamiento] bump.

bolo m - **1.** DEP [pieza] skittle - **2.** [actuación] show - **3.** CAm fam [borracho] boozer.
  ◆ **bolos** mpl [deporte] skittles.

bolsa f - **1.** [gen] bag; ~ **de agua caliente** hotwater bottle; ~ **de aire** air pocket; ~ **de basura** bin liner; ~ **de deportes** holdall, sports bag; ~ **de plástico** [en tiendas] carrier o plastic bag; ~ **de viaje** travel bag; ~ **de patatas fritas** packet of crisps - **2.** FIN: ~ **(de valores)** stock exchange, stock market; **la** ~ **ha subido/bajado** share prices have gone up/down; **jugar a la** ~ to speculate on the stock market - **3.** MIN pocket - **4.** ANAT sac - **5.** RP [saco de dormir] sleeping bag.
  ◆ **bolsa de trabajo** f employment bureau, labour exchange.

bolsillo m pocket; **de** ~ pocket (antes de sust); **lo pagué de mi** ~ I paid for it out of my own pocket; **meterse** o **tener a alguien en el** ~ to have sb eating out of one's hand; **rascarse el** ~ fam to fork out.

bolso m bag; [de mujer] handbag, purse US.

boludear vi RP fam [decir tonterías] to talk nonsense; [hacer tonterías, perder el tiempo] to mess about o around.

boludo, da m,f RP fam [estúpido] prat UK, jerk US; [perezoso] lazy slob.

bomba ◇ f - **1.** [explosivo] bomb; ~ **atómica** atom o nuclear bomb; ~ **H** o **de hidrógeno** H o hydrogen bomb; ~ **lacrimógena** tear gas grenade; ~ **de mano** (hand) grenade; ~ **de neutrones** neutron bomb; ~ **de relojería** time bomb; ~ **de humo** lit smoke bomb; fig smokescreen - **2.** [máquina] pump; ~ **de cobalto** MED cobalt bomb; ~ **hidráulica** hydraulic pump - **3.** fig [acontecimiento] bombshell; **caer como una** ~ to be a bombshell - **4.** Chile, Col, Ecuad, Ven [surtidor de gasolina] petrol station UK, gas station US - **5.** loc: **pasarlo** ~ fam to have a great time. ◇ adj inv fam astounding.

bombacha f RP [braga] knickers UK, panties US; [pantalón] loose trousers worn by gaucho.

bombachos mpl baggy trousers.

bombardear vt lit & fig to bombard.

bombardeo m bombardment; ~ **aéreo** air raid; ~ **atómico** FÍS bombardment in a particle accelerator.

bombardero m [avión] bomber.

bombazo m - **1.** [explosión] explosion, blast - **2.** fig [noticia] bombshell.

bombear vt [gen & DEP] to pump.

bombeo m - **1.** [de líquido] pumping - **2.** [abombamiento] bulge.

bombero, ra m,f - **1.** [de incendios] fireman (f firewoman) - **2.** Ven [de gasolinera] petrol-pump UK o gas-pump US attendant.

bombilla f light bulb.

bombillo m CAm, Col, Méx light bulb.

bombín m bowler (hat).

bombita f RP light bulb.

bombo m - **1.** MÚS bass drum; **estar con** ~ fam fig to be in the family way - **2.** fam fig [elogio] hype; **a** ~ **y platillo** with a lot of hype - **3.** MEC drum.

bombón m - **1.** [golosina] chocolate - **2.** fam fig [mujer] peach.

bombona f cylinder; ~ **de butano** (butane) gas cylinder.

bonachón, ona *fam* <> *adj* kindly. <> *m,f* kindly person.

bonaerense *adj* of/relating to Buenos Aires.

bonancible *adj* [tiempo] fair; [mar] calm.

bonanza *f* -**1.** [de tiempo] fair weather; [de mar] calm at sea -**2.** *fig* [prosperidad] prosperity.

bondad *f* [cualidad] goodness; [inclinación] kindness; **tener la ~ de hacer algo** to be kind enough to do sthg.

bondadoso, sa *adj* kind, good-natured.

bonete *m* [eclesiástico] biretta; [universitario] mortarboard.

bongo, bongó *m* bongo (drum).

boniato *m* sweet potato.

bonificación *f* -**1.** [descuento] discount -**2.** [mejora] improvement.

bonificar [10] *vt* -**1.** [descontar] to give a discount of -**2.** [mejorar] to improve.

bonito, ta *adj* pretty; [bueno] nice.
<> **bonito** *m* bonito (tuna).

bono *m* -**1.** [vale] voucher -**2.** *COM* bond; **~ basura/de caja** junk/short-term bond; **~ del Estado/del tesoro** government/treasury bond.

bonobús *m* ten-journey bus ticket.

bonoloto *m Spanish state-run lottery.*

BONOLOTO

In this Spanish state-run lottery participants try to guess a combination of six numbers between one and forty-nine. It is drawn four times a week.

bonsai *m* bonsai.

boñiga *f* cowpat.

boom *m* boom.

boquerón *m* (fresh) anchovy.

boquete *m* hole.

boquiabierto, ta *adj* open-mouthed; *fig* astounded, speechless.

boquilla *f* -**1.** [para fumar] cigarette holder -**2.** [de pipa, instrumento musical] mouthpiece -**3.** [de tubo, aparato] nozzle.
<> **de boquilla** *loc adv fam*: **ser todo de ~** to be all hot air.

borbónico, ca *adj* Bourbon.

borbotear, borbotar *vi* to bubble.

borbotón *m*: **salir a borbotones** to gush out.

borda *f NÁUT* gunwale; **tirar** *o* **echar algo por la ~** *fig* to throw sthg overboard.
<> **fuera borda** *m* [barco] outboard motorboat; [motor] outboard motor.

bordado, da *adj* embroidered.

<> **bordado** *m* embroidery.

bordadura *f* embroidery.

bordar *vt* -**1.** [al coser] to embroider -**2.** *fig* [hacer bien] to do excellently.

borde <> *adj fam* [antipático] stroppy, miserable. <> *mf fam* [antipático] stroppy person. <> *m* [gen] edge; [de carretera] side; [del mar] shore, seaside; [de río] bank; [de vaso, botella] rim; **al ~ de** *fig* on the verge *o* brink of.

bordear *vt* -**1.** [estar alrededor de] to border; [moverse alrededor de] to skirt (round) -**2.** *fig* [rozar] to be close to.

bordillo *m* kerb.

bordo
<> **a bordo** *loc adv* on board.

bordó *RP* <> *adj inv* burgundy. <> *m inv* burgundy.

boreal *adj* northern.

borgoña *m* burgundy.

bórico *adj* boric.

borla *f* tassel; [pompón] pompom.

borne *m* terminal.

Borneo Borneo.

boro *m* boron.

borrachera *f* -**1.** [embriaguez] drunkenness (U); **agarrar** *o Esp* **coger una ~** to get drunk -**2.** *fig* [emoción] intoxication.

borrachín, ina *m,f fam* boozer.

borracho, cha <> *adj* -**1.** [ebrio] drunk -**2.** *fig* [emocionado]: **~ de** drunk *o* intoxicated with. <> *m,f* [persona] drunk.
<> **borracho** *m* [bizcocho] *sponge soaked in alcohol,* ≃ rum baba.

borrador *m* -**1.** [de escrito] rough draft; [de dibujo] sketch -**2.** [goma de borrar] rubber *UK*, eraser *US*.

borraja *f* borage.

borrar *vt* -**1.** [hacer desaparecer - con goma] to rub out *UK*, to erase *US*; [- en ordenador] to delete; [- en casete] to erase -**2.** [tachar] to cross out; *fig* [de lista etc] to take off -**3.** *fig* [olvidar] to erase.
<> **borrarse** *vpr* -**1.** [desaparecer] to disappear -**2.** *fig* [olvidarse] to be wiped away.

borrasca *f* area of low pressure.

borrascoso, sa *adj* stormy.

borrego, ga *m,f* -**1.** [animal] lamb -**2.** *fam despec* [persona] cretin, moron.

borrico, ca *m,f* donkey; *fig* ass.

borriquero ▷ **cardo.**

borrón *m* blot; *fig* blemish; **hacer ~ y cuenta nueva** to wipe the slate clean.

borroso, sa *adj* [foto, visión] blurred; [escritura, texto] smudgy.

Bosnia Bosnia.

bosnio, nia *adj* & *m,f* Bosnian.

bosque *m* [pequeño] wood; [grande] forest.

bosquejar *vt* **-1.** [esbozar] to sketch (out) **-2.** *fig* [dar una idea de] to give a rough outline of.

bosquejo *m* **-1.** [esbozo] sketch **-2.** *fig* [de idea, tema, situación] rough outline.

bossa-nova *f* bossa nova.

bostezar [13] *vi* to yawn.

bostezo *m* yawn.

bota *f* **-1.** [calzado] boot; ~s camperas/de montar cowboy/riding boots; ~s de agua *o* de lluvia wellingtons; ~s de goma gumboots; **morir con las** ~s **puestas** *fam* to die with one's boots on; **ponerse las** ~s *fam* [comiendo] to stuff one's face; [ganando dinero] to make a fortune **-2.** [de vino] *small leather container in which wine is kept.*

botadura *f* launching.

botafumeiro *m* censer.

botana *f Méx* snack, appetizer.

botánico, ca ⟡ *adj* botanical. ⟡ *m,f* [persona] botanist.
➡ **botánica** *f* [ciencia] botany.

botanista *mf* botanist.

botar ⟡ *vt* **-1.** *NÁUT* to launch **-2.** *fam* [despedir] to throw *o* kick out **-3.** [pelota] to bounce **-4.** *DEP* [córner etc] to take **-5.** *Andes, CAm, Carib, Méx* [tirar] to throw away. ⟡ *vi* **-1.** [saltar] to jump; **está que bota** *fam fig* he/she is hopping mad **-2.** [pelota] to bounce.

botarate *m fam despec* madcap.

botavara *f* boom.

bote *m* **-1.** [tarro] jar; ~ **de humo** smoke canister **-2.** [lata] can **-3.** [botella de plástico] bottle **-4.** [barca] boat; ~ **salvavidas** lifeboat **-5.** [para propinas] tips box; [fondo común] kitty; **poner un** ~ to have a kitty; **hay un** ~ **de 100.000 euros** the jackpot is 100,000 euros **-6.** [salto] jump; **dar** ~s [gen] to jump up and down; [en tren, coche] to bump up and down **-7.** [de pelota] bounce; **dar** ~s to bounce **-8.** *loc*: **chupar del** ~ *fam* to feather one's nest; **tener en el** ~ **a alguien** *fam* to have sb eating out of one's hand.
➡ **a bote pronto** *loc adv* **-1.** *DEP* on the rebound **-2.** *fig* [sin pensar] off the top of one's head.
➡ **de bote en bote** *loc adv* chock-a-block.

botella *f* bottle; **de** ~ bottled; ~ **de oxígeno** oxygen cylinder; *Cuba*: **pedir** ~ to hitchhike; **dar** ~ **a alguien** to give sb a ride, to give sb a lift.

botellazo *m* blow with a bottle.

botellero *m* wine rack.

botellín *m* small bottle.

botica *f desus* pharmacy, chemist's (shop) *UK*.

boticario, ria *m,f desus* pharmacist, chemist *UK*.

botijo *m* earthenware jug.

botillería *f Chile* liquor store.

botín *m* **-1.** [de guerra, atraco] plunder, loot **-2.** [calzado] ankle boot.

botiquín *m* [caja] first-aid kit; [mueble] first-aid cupboard; [enfermería] first-aid post.

botón *m* button; ~ **de marcado abreviado** *TELEC* speed-dial button.
➡ **botones** *m inv* [de hotel] bellboy, bellhop *US*; [de oficinas etc] errand boy.
➡ **botón de muestra** *m* sample.

botonadura *f* buttons (pl).

botulismo *m* botulism.

boulder *m DEP* bouldering.

bourbon ['burbon] *m* bourbon.

boutique [bu'tik] *f* boutique.

bóveda *f ARQUIT* vault.
➡ **bóveda celeste** *f* firmament.
➡ **bóveda craneal** *f* cranial vault.

bovino, na *adj* bovine.
➡ **bovinos** *mpl* cattle (U).

box (pl **boxes**) *m* **-1.** [de caballo] stall **-2.** [de coches] pit; **entrar en** ~**es** to make a pit stop **-3.** *Amér* boxing.

boxeador, ra *m,f* boxer.

boxear *vi* to box.

boxeo *m* boxing.

bóxer (pl **bóxers**) *m* boxer.

boya *f* **-1.** [en el mar] buoy **-2.** [de una red] float.

boyante *adj* **-1.** [feliz] happy **-2.** [próspero - empresa, negocio] prosperous; [- economía, comercio] buoyant.

boy scout [bois'kaʊt] *m* boy scout.

bozal *m* **-1.** [gen] muzzle **-2.** *Amér* [cabestro] halter.

bracear *vi* **-1.** [mover los brazos] to wave one's arms about **-2.** [nadar] to swim.

bracero *m* day labourer.

braga (gen pl) *f* knickers (pl).

bragazas *m inv fam despec* henpecked man.

braguero *m* truss.

bragueta *f* flies (pl) *UK*, zipper *US*; **tienes la** ~ **abierta** your flies are undone.

braguetazo *m fam* marriage for money.

braille ['braile] *m* Braille.

brainstorming [breins'tormin] (pl **brainstormings**) *m* brainstorming session.

bramán *m* Brahman.

bramanismo *m* Brahmanism.

bramante m string.

bramar vi -1. [animal] to bellow -2. [persona - de dolor] to groan; [- de ira] to roar.

bramido m -1. [de animal] bellow -2. [de persona - de dolor] groan; [- de ira] roar.

brandy m brandy.

branquia (gen pl) f gill.

brasa f ember; **a la** ~ CULIN barbecued.

brasear vt to barbecue.

brasero m brazier.

brasier, brassier m Carib, Col, Méx bra.

Brasil : **(el)** ~ Brazil.

brasileño, ña, **brasilero, ra** Andes, CSur, Ven <> adj Brazilian. <> m,f Brazilian.

Brasilia Brasilia.

brassier = brasier.

bravata (gen pl) f -1. [amenaza] threat -2. [fanfarronería] bravado (U).

braveza f bravery.

bravío, a adj [salvaje] wild; [feroz] fierce.

bravo, va adj -1. [valiente] brave -2. [animal] wild -3. [mar] rough.
➤ **bravo** <> m [aplauso] cheer. <> interj: ¡~! bravo!
➤ **por las bravas** loc adv by force.

bravucón, ona despec <> adj swaggering. <> m,f braggart.

bravuconada f despec show of bravado.

bravuconear vi despec to brag.

bravuconería f despec bravado.

bravura f -1. [de persona] bravery -2. [de animal] ferocity.

braza f -1. DEP breaststroke; **nadar a** ~ to swim breaststroke -2. [medida] fathom.

brazada f stroke.

brazalete m -1. [en la muñeca] bracelet -2. [en el brazo] armband.

brazo m -1. [gen & ANAT] arm; [de animal] foreleg; **cogidos del** ~ arm in arm; **en** ~s in one's arms; **luchar a** ~ **partido** [con empeño] to fight tooth and nail; **con los** ~s **abiertos** with open arms; **quedarse** o **estarse con los** ~s **cruzados** fig to sit around doing nothing; **no dar su** ~ **a torcer** not to give an inch; **ser el** ~ **derecho de alguien** to be sb's right-hand man (f woman) -2. [de árbol, río, candelabro] branch; [de grúa] boom, jib -3. fig [trabajador] hand.
➤ **brazo de gitano** m ≃ swiss roll.
➤ **brazo de mar** m GEOGR arm (of the sea).

brea f -1. [sustancia] tar -2. [para barco] pitch.

brear vt fam fig [a palos] to bash in; [a preguntas] to bombard.

brebaje m concoction, foul drink.

brecha f -1. [abertura] hole, opening -2. MIL breach -3. fig [impresión] impression -4. loc: **estar siempre en la** ~ [amigo etc] always to be there (when one is needed); [socio, empleado] to work tirelessly; [deportista, artista] always to be up there with the best.

brécol m broccoli.

brega f [lucha] struggle, fight.

bregar [16] vi -1. [luchar] to struggle -2. [trabajar] to work hard -3. [reñir] to quarrel.

breña f scrub.

brete m fix, difficulty; **estar en un** ~ to be in a fix; **poner a alguien en un** ~ to put sb in a difficult position.

bretel m CSur strap; **un vestido sin** ~**es** a strapless dress.

breva f -1. [fruta] early fig -2. [cigarro] flat cigar -3. loc: ¡**no caerá esa** ~**!** fam some chance (of that happening)!

breve <> adj brief; **en** ~ [pronto] shortly; [en pocas palabras] in short. <> f MÚS breve.

brevedad f shortness; **a** o **con la mayor** ~ as soon as possible.

brevet m Chile [avión] pilot's licence UK o license US; Ecuad, Perú [automóvil] driving licence UK, driver's license US; RP [velero] sailing licence UK o license US.

breviario m -1. RELIG breviary -2. [compendio] compendium.

brezal m moorland (U), moors (pl).

brezo m heather.

bribón, ona m,f scoundrel, rogue.

bricolaje m D.I.Y., do-it-yourself.

brida f -1. [de caballo] bridle -2. [de tubo] bracket, collar -3. MED adhesion.

bridge m bridge.

brigada <> m MIL ≃ warrant officer. <> f -1. MIL brigade -2. [equipo] squad, team; ~ **antidisturbios/antidroga** riot/drug squad.

brigadier m brigadier.

brillante <> adj -1. [reluciente - luz, astro] shining; [- metal, zapatos, pelo] shiny; [- ojos, sonrisa, diamante] sparkling -2. [magnífico] brilliant. <> m diamond.

brillantez f fig brilliance.

brillantina f brilliantine, Brylcreem®.

brillar vi lit & fig to shine.

brillo m -1. [resplandor - de luz] brilliance; [- de estrellas] shining; [- de zapatos] shine; **sacar** ~ **a** to polish, to shine -2. [lucimiento] splendour, brilliance.

brilloso, sa adj Amér shining.

brincar [10] vi -1. [saltar] to skip (about); ~ **de alegría** to jump for joy -2. fig [enfadarse]: **está que brinca** he's hopping mad.

brinco *m* jump; **en un ~** *fig* in a second, quickly.

brindar *⟨⟩ vi* to drink a toast; **~ por algo/alguien** to drink to sthg/sb. *⟨⟩ vt* to offer.
  ➥ brindarse *vpr*: **~se a hacer algo** to offer to do sthg.

brindis *m inv* toast.

brinque *etc* ⊳ **brincar**.

brío *m* [energía, decisión] spirit, verve.

brioso, sa *adj* spirited, lively.

brisa *f* breeze.

británico, ca *⟨⟩ adj* British. *⟨⟩ m,f* British person, Briton; **los ~s** the British.

brizna *f* -**1.** [filamento - de hierba] blade; [- de tabaco] strand -**2.** *fig* [un poco] trace, bit.

broca *f* (drill) bit.

brocado *m* brocade.

brocal *m* curb, parapet.

brocha *f* brush; **~ de afeitar** shaving brush.

brochazo *m* brushstroke.

broche *m* -**1.** [cierre] clasp, fastener -**2.** [joya] brooch; **~ de oro** *fig* final flourish.

brocheta *f* CULIN shish kebab; [aguja] skewer.

broma *f* [ocurrencia, chiste] joke; [jugarreta] prank, practical joke; **en ~** as a joke; **gastar una ~ a alguien** to play a joke *o* prank on sb; **tomar algo a ~** not to take sthg seriously; **~ de mal gusto** bad joke; **~ pesada** nasty practical joke; **ni en ~** *fig* no way, not on your life.

bromear *vi* to joke.

bromista *⟨⟩ adj* fond of playing jokes. *⟨⟩ mf* joker.

bromo *m* bromine.

bromuro *m* bromide.

bronca ⊳ **bronco**.

bronce *m* -**1.** [aleación] bronze -**2.** [estatua] bronze (statue).

bronceado, da *adj* tanned.
  ➥ bronceado *m* tan.

bronceador, ra *adj* tanning *(antes de sust)*, suntan *(antes de sust)*.
  ➥ bronceador *m* [loción] suntan lotion; [leche] suntan cream.

broncear *vt* to tan.
  ➥ broncearse *vpr* to get a tan.

bronco, ca *adj* -**1.** [tosco] rough; [paisaje, peñascos] rugged -**2.** [grave - voz] harsh; [- tos] throaty -**3.** *fig* [brusco] gruff, surly.
  ➥ bronca *f* -**1.** [jaleo] row; **armar (una) bronca** to kick up a row; **buscar bronca** to look for trouble -**2.** [regañina] scolding, telling-off; **echar una bronca a alguien** to give sb a row, to tell sb off -**3.** *RP fam* [rabia]: **me da bronca** it hacks me off; **el jefe le tiene**

bronca the boss has got it in for her.

bronquial *adj* bronchial.

bronquio *m* bronchial tube.

bronquitis *f inv* bronchitis.

broquel *m* -**1.** [escudo] small shield -**2.** *fig* [amparo] shield.

brotar *vi* -**1.** [planta] to sprout, to bud -**2.** [agua, sangre etc]: **~ de** to well up out of -**3.** *fig* [esperanza, sospechas, pasiones] to stir -**4.** [en la piel]: **le brotó un sarpullido** he broke out in a rash.

brote *m* -**1.** [de planta] bud, shoot -**2.** *fig* [inicios] sign, hint.

broza *f* -**1.** [maleza] brush, scrub -**2.** *fig* [relleno] waffle.

bruces
  ➥ de bruces *loc adv* face down; **se cayó de ~** he fell headlong, he fell flat on his face.

bruja ⊳ **brujo**.

brujería *f* witchcraft, sorcery.

brujo, ja *adj* [hechicero] enchanting, captivating.
  ➥ brujo *m* wizard, sorcerer.
  ➥ bruja *⟨⟩ f* -**1.** [hechicera] witch, sorceress -**2.** [mujer fea] hag -**3.** [mujer mala] (old) witch. *⟨⟩ adj inv* *Méx fam*: **estar bruja** to be broke.

brújula *f* compass.

bruma *f* [niebla] mist; [en el mar] sea mist.

brumoso, sa *adj* misty.

bruñido *m* polishing.

bruñir *vt* to polish.

brusco, ca *adj* -**1.** [repentino, imprevisto] sudden, abrupt -**2.** [tosco, grosero] brusque.

Bruselas Brussels.

brusquedad *f* -**1.** [imprevisión] suddenness, abruptness -**2.** [grosería] brusqueness.

brut *m inv* brut.

brutal *adj* -**1.** [violento] brutal -**2.** *fam* [extraordinario] tremendous.

brutalidad *f* -**1.** [cualidad] brutality -**2.** [acción] brutal act.

bruto, ta *⟨⟩ adj* -**1.** [torpe] clumsy; [ignorante] thick, stupid; [maleducado] rude -**2.** [sin tratar]: **en ~** [diamante] uncut; [petróleo] crude -**3.** [sueldo, peso etc] gross. *⟨⟩ m,f* brute.

bubónica ⊳ **peste**.

bucal *adj* oral.

bucanero *m* buccaneer.

Bucarest Bucharest.

buceador, ra *m,f* (underwater) diver.

bucear *vi* -**1.** [en agua] to dive, to swim underwater -**2.** *fig* [investigar]: **~ en** to delve into.

buceo *m* (underwater) diving.

buche *m* **-1.** [de ave] crop **-2.** [de animal] maw **-3.** *fam* [de persona] belly.

bucle *m* **-1.** [rizo] curl, ringlet **-2.** AERON & INFORM loop.

bucólico, ca *adj* **-1.** [campestre] country *(antes de sust)* **-2.** LITER bucolic.

Budapest Budapest.

budín *m* pudding.

budismo *m* Buddhism.

budista *adj & m,f* Buddhist.

buen ⊳ bueno.

buenamente *adv* : hice lo que ~ pude I did what I could, I did as much as I could.

buenas ⊳ bueno.

buenaventura *f* **-1.** [adivinación] fortune; leer la ~ a alguien to tell sb's fortune **-2.** [suerte] good luck.

bueno, na *(compar* mejor, *superl* m el mejor, *superl* f la mejor*) adj (antes de sust masculino:* buen*)* **-1.** [gen] good **-2.** [bondadoso] kind, good; ser ~ con alguien to be good to sb **-3.** [curado, sano] well, all right **-4.** [apacible - tiempo, clima] nice, fine **-5.** [aprovechable] all right; [comida] fresh **-6.** [uso enfático]: ese buen hombre that good man; un buen día one fine day **-7.** *loc*: de buen ver good-looking, attractive; de buenas a primeras [de repente] all of a sudden; [a simple vista] at first sight, on the face of it; estar ~ *fam* [persona] to be a bit of all right, to be tasty; estar de buenas to be in a good mood; estaría ~ *irón* that would really cap it all; librarse de una buena to have a narrow escape; lo ~ es que ... the best thing about it is that ...; poner ~ a alguien *irón* to criticize sb harshly; por las buenas willingly.
   → **bueno** ◇ *m* CIN: el ~ the goody. ◇ *adv* **-1.** [vale, de acuerdo] all right, O.K. **-2.** [pues] well. ◇ *interj Méx* [al teléfono]: ¡bueno! hello.
   → **buenas** *interj*: ¡buenas! hello!; *Col, Méx*: ¿buenas? [al teléfono] hello.

Buenos Aires Buenos Aires.

buey *(pl* bueyes*) m* ox.

bueyada *f Amér* drove of oxen.

búfalo *m* buffalo.

bufanda *f* scarf.

bufar *vi* **-1.** [toro, caballo] to snort **-2.** *fig* [persona] to be furious.

bufé *(pl* bufés*)*, **buffet** *(pl* buffets*) m* **-1.** [en restaurante] buffet **-2.** [mueble] sideboard.

bufete *m* lawyer's practice.

buffer ['bafer] *(pl* buffers*) m* INFORM buffer.

buffet = bufé.

bufido *m* **-1.** [de toro, caballo] snort **-2.** *fam* [de persona] fit of rage.

bufo, fa *adj* [gen & MÚS] comic.

bufón *m* buffoon, jester.

bufonada *f fig* clowning.

bug [buk] *m* INFORM bug.

buganvilla *f* bougainvillea.

buhardilla *f* **-1.** [habitación] attic **-2.** [ventana] dormer (window).

búho *m* owl.

buhonero, ra *m,f* hawker, pedlar.

buitre *m lit & fig* vulture.

bujía *f* AUTOM spark plug.

bula *f* [documento] (papal) bull.

bulbo *m* ANAT & BOT bulb; ~ raquídeo rachidian bulb.

buldog *(pl* buldogs*)*, **bulldog** *(pl* bulldogs*)* [bul'dog] *m* bulldog.

buldozer *(pl* buldozers*)*, **bulldozer** *(pl* bulldozers*)* [bul'doθer] *m* bulldozer.

bulerías *fpl popular Andalusian song and dance.*

bulevar *(pl* bulevares*) m* boulevard.

Bulgaria Bulgaria.

búlgaro, ra *adj & m,f* Bulgarian.
   → **búlgaro** *m* [lengua] Bulgarian.

bulimia *f* bulimia.

bulín *m RP* bachelor pad.

bulla *f* racket, uproar; armar ~ to kick up a racket.

bullabesa *f* CULIN bouillabaisse.

bullanguero, ra ◇ *adj* noisy, rowdy. ◇ *m,f* noisy *o* boisterous person.

bulldog = buldog.

bulldozer = buldozer.

bullicio *m* [de ciudad, mercado] hustle and bustle; [de multitud] hubbub.

bullicioso, sa ◇ *adj* **-1.** [agitado - reunión, multitud] noisy; [- calle, mercado] busy, bustling **-2.** [inquieto] rowdy, boisterous. ◇ *m,f* boisterous person.

bullir ◇ *vi* **-1.** [hervir] to boil; [burbujear] to bubble **-2.** *fig* [multitud] to bustle; [ratas, hormigas etc] to swarm; [mar] to boil; ~ de to seethe with. ◇ *vpr* to budge, to move.

bulo *m* false rumour.

bulto *m* **-1.** [volumen] bulk, size; a ~ approximately, roughly; hacer mucho ~ to take up a lot of space; de ~ glaringly obvious; escurrir el ~ [trabajo] to shirk; [cuestión] to evade the issue **-2.** [abombamiento - en rodilla, superficie etc] bump; [- en maleta, bolsillo etc] bulge **-3.** [forma imprecisa] blurred shape **-4.** [paquete] package; [maleta] item of luggage; [fardo] bundle; ~ de mano piece *o* item of hand luggage.

bumerán (*pl* bumeráns), **bumerang** (*pl* bumerangs) *m* boomerang.

bungalow [buŋga'lo] (*pl* bungalows) *m* bungalow.

búnquer (*pl* búnquers), **bunker** (*pl* bunkers) *m* -1. [refugio] bunker -2. POLÍT reactionary forces (*pl*).

buñolería *f* stand or shop selling doughnuts.

buñuelo *m* [CULIN - dulce] ≃ doughnut; [- de bacalao etc] ≃ dumpling; ~ **de viento** doughnut.

BUP *m* academically oriented secondary-school course formerly taught in Spain for pupils aged 14-17, now known as the bachillerato.

BUP

BUP (*Bachillerato Unificado Policalente*) used to be the first stage of Spanish secondary education and it was divided into three academic years, with arts or science options. It was for pupils aged 14-17, and sought to offer an academically orientated course of studies, as opposed to the vocational FP (*Formación Profesional*). It was replaced by ESO (*Educación Secundaria Obligatoria*) between 1998 and 2000.

---

buque *m* ship; ~ **de carga** cargo ship; ~ **de guerra** warship; ~ **nodriza** supply ship; ~ **de pasajeros** passenger ship, liner; ~ **de vapor** steamer, steamship.

buqué, bouquet [bu'ke] *m* bouquet.

burbuja *f* bubble; **con** ~**s** fizzy; **hacer** ~**s** to bubble.

burbujear *vi* to bubble.

burbujeo *m* bubbling.

burdel *m* brothel.

burdeos ◇ *adj inv* maroon. ◇ *m inv* Bordeaux.

Burdeos Bordeaux.

burdo, da *adj* [gen] crude; [tela] coarse.

burgués, esa ◇ *adj* middle-class, bourgeois. ◇ *m,f* member of the middle class; HIST & POLÍT member of the bourgeoisie.

burguesía *f* middle class; HIST & POLÍT bourgeoisie; **alta** ~ upper middle class; HIST & POLÍT haute bourgeoisie.

burla *f* -1. [mofa] taunt; **hacer** ~ **de** to mock -2. [broma] joke; ~**s aparte** joking aside -3. [engaño] trick.

➤ **burlas** *fpl* ridicule (U), mockery (U).

burladero *m* TAUROM wooden board behind which bullfighter can hide from bull.

burlador *m* Casanova, Don Juan.

burlar *vt* [esquivar] to evade; [ley] to flout;

burla burlando *fig* without anyone noticing.

➤ **burlarse de** *vpr* to mock, to make fun of.

burlesco, ca *adj* [tono] jocular; LITER burlesque.

burlete *m* draught excluder.

burlón, ona *adj* -1. [bromista] waggish, fond of telling jokes -2. [sarcástico] mocking.

buró *m* -1. [escritorio] bureau, writing desk -2. POLÍT executive committee -3. *Méx* bedside table.

burocracia *f* bureaucracy.

burócrata *mf* bureaucrat.

burocrático, ca *adj* bureaucratic.

burocratizar [13] *vt* to bureaucratize.

burrada *f* -1. [acción, dicho]: **hacer** ~**s** to act stupidly; **decir** ~**s** to talk nonsense -2. *fam* [cantidad]: **una** ~ **(de)** tons (*pl*) (of), masses (*pl*) (of).

burrito *m* CAm, *Méx* burrito.

burro, rra ◇ *adj* [necio] stupid, dim. ◇ *m,f* -1. [animal] donkey; **apearse** o **bajarse del** ~ *fam* to back down; **no ver tres en un** ~ *fam* to be as blind as a bat -2. *fam* [necio] ass, dimwit -3. *fam* [trabajador]: ~ **(de carga)** workhorse.

bursátil *adj* stock-market (antes de sust).

bus (*pl* buses) *m* AUTOM & INFORM bus.

busca ◇ *f* search; **en** ~ **de** in search of; **la** ~ **de** the search for; **andar a la** ~ *fig* to find a way of getting by. ◇ *m* ▷ **buscapersonas**.

buscador, ra *m,f* hunter; ~ **de oro** gold prospector.

buscapersonas, busca *m inv* bleeper, pager.

buscapiés *m inv* firecracker, jumping jack.

buscapleitos *m y f inv* troubleseeker.

buscar [10] ◇ *vt* -1. [gen] to look for; [provecho, beneficio propio] to seek; **voy a** ~ **el periódico** I'm going for the paper o to get the paper; **ir a** ~ **a alguien** to pick sb up; **'se busca camarero'** 'waiter wanted' -2. [en diccionario, índice, horario] to look up -3. INFORM to search for -4. *fam* [provocar] to push, to try the patience of. ◇ *vi* to look.

➤ **buscarse** *vpr*: **buscársela** to be asking for it.

buscavidas *m y f inv fam* -1. [ambicioso] go-getter -2. [entrometido] nosy parker *UK*.

buscón, ona *m,f* [estafador] swindler.

➤ **buscona** *f fam despec* [prostituta] whore.

buseca *f RP* tripe stew.

buseta *m Col, CRica, Ecuad, Ven* minibus.

busque etc ▷ buscar.

búsqueda f search.

busto m -**1.** [pecho] chest; [de mujer] bust -**2.** [escultura] bust.

butaca f -**1.** [mueble] armchair -**2.** [en cine] seat.

butacón m large easy chair.

butano m butane (gas).

buten ▸ **de buten** loc adj fam wicked, terrific.

butifarra f type of Catalan pork sausage.

buzo m -**1.** [persona] diver -**2.** [chándal] tracksuit; **Arg, Chile, Perú** [lana] sweater, jumper UK.

buzón m letter box; **echar algo al** ~ to post sthg; ~ **de sugerencias** suggestion box; ~ **de voz** voice mail.

byte [bait] (pl **bytes**) m INFORM byte.

c, C f [letra] c, C.

c., c/ (abrev de **calle**) St.

c/ -**1.** (abrev de **cuenta**) a/c -**2.** = **c**.

cabal adj -**1.** [honrado] upright, honest -**2.** [exacto] exact; [completo] complete; **a los nueve meses** ~ **es** at exactly nine months.

▸ **cabales** mpl: **no estar en sus** ~ **es** not to be in one's right mind.

cábala f -**1.** [doctrina] cabbala -**2.** (gen pl) [conjeturas] guess; **hacer** ~ **s** to speculate, to guess.

cabalgadura f mount.

cabalgar [16] vi to ride.

cabalgata f cavalcade, procession.

cabalístico, ca adj -**1.** [de cábala] cabbalistic -**2.** fig [oculto] mysterious.

▸ **cabalística** f cabbalism.

caballa f mackerel.

caballar adj equine, horse (antes de sust).

caballeresco, ca adj -**1.** [persona, modales] chivalrous -**2.** [literatura] chivalric.

caballería f -**1.** [animal] mount, horse -**2.** [cuerpo militar] cavalry.

caballeriza f stable.

caballerizo m groom, stable lad.

caballero <> adj [cortés] gentlemanly. <> m -**1.** [gen] gentleman; [al dirigir la palabra] sir; **ser todo un** ~ to be a real gentleman; **'caballeros'** [en aseos] 'gents'; [en grandes almacenes] 'menswear' -**2.** [miembro de una orden] knight; ~ **andante** knight errant -**3.** [noble] nobleman.

caballerosidad f gentlemanliness.

caballeroso, sa adj gentlemanly.

caballete m -**1.** [de lienzo] easel -**2.** [de mesa] trestle -**3.** [de nariz] bridge -**4.** [de tejado] ridge.

caballito m small horse, pony.

▸ **caballitos** mpl [de feria] merry-go-round (sg).

▸ **caballito de mar** m sea horse.

caballo m -**1.** [animal] horse; **montar a** ~ to ride -**2.** [pieza de ajedrez] knight -**3.** [naipe] ≃ queen -**4.** MEC: ~ **(de fuerza o de vapor)** horsepower -**5.** mfam [heroína] smack -**6.** loc: **estar a** ~ **entre dos cosas** to be halfway between two things; **a** ~ **regalado no le mires el diente** o **el dentado** proverb don't look a gift horse in the mouth proverb.

▸ **caballo de batalla** m -**1.** [dificultad, escollo] bone of contention -**2.** [objetivo, obsesión] hobbyhorse.

▸ **caballo de Troya** m Trojan horse.

▸ **caballo marino** m sea horse.

cabaña f -**1.** [choza] hut, cabin -**2.** [ganado] livestock (U).

cabaret (pl **cabarets**) m cabaret.

cabaretera f cabaret girl.

cabe prep culto near.

cabecear vi -**1.** [persona - negando] to shake one's head; [- afirmando] to nod one's head -**2.** [caballo] to toss its head -**3.** [dormir] to nod (off) -**4.** [en fútbol] to head the ball -**5.** [balancearse - coche] to lurch; [- barco] to pitch.

cabecera f -**1.** [gen] head; [de cama] headboard -**2.** [de texto] heading; [de periódico] headline -**3.** [de río] headwaters (pl).

cabecilla mf ringleader.

cabellera f long hair (U).

cabello m hair (U).

▸ **cabello de ángel** m CULIN pumpkin and syrup preserve.

cabelludo, da adj hairy.

caber [54] vi -**1.** [gen] to fit; **no cabe nadie más** there's no room for anyone else; **no me cabe en el dedo** it won't fit my finger; ~ **por** to go through -**2.** MAT: **nueve entre tres caben a tres** three into nine goes three (times) -**3.**

[ser posible] to be possible; **cabe destacar que** ... it's worth pointing out that ...; **cabe preguntarse si** ... one might ask whether ... **- 4.** *loc*: **dentro de lo que cabe** as far as possible; **no ~ en sí de gozo/celos** to be beside o.s. with joy/jealousy.

cabestrante, cabrestante *m* capstan.

cabestrillo
➤ **en cabestrillo** *loc adj* in a sling.

cabestro *m* **- 1.** [cuerda] halter **- 2.** [animal] leading ox.

cabeza *f* **- 1.** [gen] head; **~ abajo** upside down; **~ arriba** the right way up; **por ~** per head; **obrar con ~** to use one's head; **tirarse de ~ (a)** to dive (into); **venir a la ~** to come to mind; **~ (lectora)** [gen] head; [de tocadiscos] pickup **- 2.** [pelo] hair **- 3.** [posición] front, head; **a la o en ~** [en competición etc] in front, in the lead; [en lista] at the top *o* head **- 4.** [ciudad] main town; **~ de partido** *≈* county town **- 5.** *loc*: **alzar** *o* **levantar ~** to get back on one's feet, to recover; **andar** *o* **estar mal de la ~** to be funny in the head; **ir de ~ a** to head straight for; **meterle algo en la ~ a alguien** to get sthg into sb's head; **se le ha metido en la ~ que** ... he has got it into his head that ...; **se me pasó por la ~** it crossed my mind; **perder la ~** to lose one's head; **romperse la ~** to rack one's brains; **sentar la ~** to settle down; **se le subió a la ~** it went to his head; **traer de ~ a alguien** to drive sb mad.
➤ **cabeza de ajo** *f* head of garlic.
➤ **cabeza de chorlito** *m* scatterbrain.
➤ **cabeza de familia** *m* head of the family.
➤ **cabeza de lista** *m* POLÍT *person who heads a party's list of candidates.*
➤ **cabeza rapada** *m, f* skinhead.
➤ **cabeza de turco** *f* scapegoat.

cabezada *f* **- 1.** [de sueño] nod, nodding *(U)*; **dar ~s** to nod off; **echar** *o* **dar una ~** to have a nap **- 2.** [golpe] butt.

cabezal *m* **- 1.** [de aparato] head **- 2.** [almohada] bolster.

cabezazo *m* **- 1.** [golpe - que se da] head butt; [- que se recibe] blow *o* bump on the head **- 2.** DEP header.

cabezón, ona ◇ *adj* **- 1.** [de cabeza grande] with a big head **- 2.** [terco] pigheaded, stubborn. ◇ *m,f* [terco] pigheaded *o* stubborn person.

cabezonería *f fam* pigheadedness, stubbornness.

cabezota *fam* ◇ *adj* pigheaded. ◇ *mf* pigheaded *o* stubborn person.

cabezudo, da *fam* ◇ *adj* pigheaded, stubborn. ◇ *m,f* pigheaded *o* stubborn person.
➤ **cabezudo** *m* [en fiesta] *giant-headed carnival figure.*

cabida *f* capacity; **dar ~ a**, **tener ~ para** to hold, to have room for.

cabildo *m* **- 1.** [municipio] *≈* district council **- 2.** [de eclesiásticos] chapter **- 3.** [sala] chapterhouse.

cabina *f* **- 1.** [locutorio] booth, cabin; **~ de prensa** press box **- 2.**: **~ de proyección** projection room; **~ telefónica** phone box *UK*, phone booth **- 3.** [de avión] cockpit; [de camión] cab **~ de mandos** flight deck; **- 4.** [vestuario - en playa] bathing hut; [- en piscina] changing cubicle.

cabinero, ra *m,f Col* air steward (*f* air hostess).

cabizbajo, ja *adj* crestfallen, downcast.

cable *m* cable; **echar un ~** *fam fig* to help out, to lend a hand; **televisión por ~** cable television.

cableado, da *adj* INFORM hardwired.
➤ **cableado** *m* INFORM hardwiring.

cablegrafiar [9] *vt* to cable.

cablegrama *m* cablegram, cable.

cablevisión *f* cable television.

cabo *m* **- 1.** GEOGR cape **- 2.** NÁUT cable, rope **- 3.** MIL corporal; **~ primero** *military rank between corporal and sergeant* **- 4.** [trozo] bit, piece; [trozo final] stub, stump; [de cuerda] end **- 5.** *loc*: **atar ~s** to put two and two together; **no dejar ningún ~ suelto** to tie up all the loose ends; **estar al ~ de la calle** to be well-informed; **llevar algo a ~** to carry sthg out.
➤ **cabo suelto** *m* loose end.
➤ **al cabo de** *loc prep* after.
➤ **de cabo a rabo** *loc adv* from beginning to end.

cabotaje *m* coastal shipping.

Cabo Verde Cape Verde.

cabra *f* **- 1.** [animal] goat; **~ montés** wild goat; **estar como una ~** *fam* to be off one's head; **la ~ siempre tira al monte** *proverb* you can't make a leopard change his spots **- 2.** [piel] goatskin.

cabrales *m inv* Asturian cheese similar to *Roquefort*.

cabré ▷ caber.

cabrear *vt mfam*: **~ a alguien** to get sb's goat, to annoy sb.
➤ **cabrearse** *vpr mfam*: **~se (con)** to get really narked *UK o* pissed *US* (with).

cabreo m mfam rage, fit; **cogerse** o **coger un** ~ to get really narked UK o pissed US.

cabrero, ra m,f goatherd.

cabrestante m = cabestrante.

cabría ⊳ caber.

cabrío ⊳ macho.

cabriola f prance; **hacer** ~**s** to prance about.

cabrita f Amér popcorn.

cabritilla f kid, kidskin.

cabrito m **-1.** [animal] kid (goat) **-2.** mfam [cabrón] bastard, bugger UK.

cabro, bra m,f Chile fam kid.

cabrón, ona vulg ◇ adj: ¡qué ~ eres! you bastard! ◇ m,f bastard (f bitch).
◆ **cabrón** m **-1.** vulg [cornudo] cuckold **-2.** [animal] billy goat.

cabronada f vulg: hacerle una ~ a alguien to be a bastard to sb.

cabronazo m vulg bastard.

cabuya f CAm, Col, Ven rope.

caca f fam **-1.** [excremento] pooh; **hacer** ~ to do a pooh **-2.** [cosa sucia] nasty o dirty thing **-3.** fig [desastre] crap (U).

cacahuate m CAm, Méx peanut.

cacahuete m **-1.** [fruto] peanut **-2.** [planta] groundnut.

cacao m **-1.** [bebida] cocoa **-2.** [semilla] cocoa bean **-3.** [árbol] cacao **-4.** fam [confusión] chaos, mess; [jaleo] fuss, rumpus; ~ **mental** mental confusion.

cacarear ◇ vt fam **-1.** [jactarse de] to boast about **-2.** [pregonar] to blab about. ◇ vi [gallo] to cluck, to cackle.

cacatúa f **-1.** [ave] cockatoo **-2.** fam [mujer vieja] old bat.

cace etc ⊳ cazar.

cacería f hunt.

cacerola f pot, pan.

cacha f **-1.** fam [muslo] thigh **-2.** [mango - de cuchillo] handle; [- de pistola] butt.
◆ **cachas** adj inv fam [hombre fuerte] he-man; **un tío** ~**s** a strong man; **estar** ~**s** to be well-built.

cachalote m sperm whale.

cacharro m **-1.** [recipiente] pot; **fregar los** ~**s** to do the dishes **-2.** fam [trasto] junk (U), rubbish (U) **-3.** [máquina] crock; [coche] banger.

cachaza f fam: **tener** ~ to be cool.

cachear vt to frisk.

cachemir m, **cachemira** f cashmere.

cacheo m frisk, frisking (U).

cachet [ka'tʃe] m **-1.** [distinción] cachet **-2.** [cotización de artista] fee.

cachetada f fam smack.

cachete m **-1.** [moflete] chubby cheek **-2.** [bofetada] slap.

cachetear vt to slap.

cachiporra f club, cudgel; [de policía] truncheon.

cachirulo m **-1.** [chisme] thingamajig **-2.** [pañuelo] headscarf worn by men as part of traditional Aragonese costume.

cachivache m fam knick-knack.

cacho m **-1.** fam [pedazo] piece, bit **-2.** Andes, Ven [asta] horn.

cachondearse vpr fam: ~ **(de)** to take the mickey (out of).

cachondeo m fam **-1.** [diversión] lark; **irse de** ~ to go out on the town **-2.** despec [cosa poco seria] joke; **tomarse algo a** ~ to treat sthg as a joke.

cachondo, da fam ◇ adj **-1.** [divertido] funny **-2.** [salido] randy. ◇ m,f: ~ **(mental)** joker.

cachorro, rra m,f [de perro] pup, puppy; [de león, lobo, oso] cub.

cacique m **-1.** [persona influyente] cacique, local political boss **-2.** despec & fig [despota] despot **-3.** [jefe indio] chief, cacique.

caciquil adj fig despotic.

caciquismo m caciquism.

caco m fam thief.

cacofonía f cacophony.

cacofónico, ca adj cacophonous.

cacto, cactus (pl cactus) m cactus.

cacumen m **-1.** [ingenio] brains (pl), wits (pl) **-2.** fam [cabeza] nut, head.

CAD (abrev de **computer aided design**) m CAD.

cada adj inv **-1.** [gen] each; [con números, tiempo] every; ~ **dos meses** every two months; ~ **cosa a su tiempo** one thing at a time; ~ **cual** each one, every one; ~ **uno de** each of **-2.** [valor progresivo]: ~ **vez más** more and more; ~ **vez más largo** longer and longer; ~ **día más** more and more each day **-3.** [valor enfático] such; ¡**se pone** ~ **sombrero!** she wears such hats!

cadalso m scaffold.

cadáver m corpse, (dead) body; **antes pasarán por encima de mi** ~ over my dead body.

cadavérico, ca adj cadaverous; [pálido] deathly pale.

caddy = cadi.

cadena f **-1.** [gen] chain; **en** ~ [accidente] multiple; **tirar de la** ~ to pull the chain, to flush the toilet; ~ **alimenticia** food chain; ~ **de tiendas** chain of stores; **romper sus** ~**s**

to break out of one's chains **- 2.** *TV* channel **- 3.** [*RADIO* - emisora] station; [- red de emisoras] network **- 4.** [de proceso industrial] line; **~ de montaje** assembly line **- 5.** [aparato de música] sound system **- 6.** *GEOGR* range **- 7.** *fig* [sujeción] chains *(pl)*, bonds *(pl)*.

➤ **cadenas** *fpl* *AUTOM* (tyre) chains.

➤ **cadena perpetua** *f* life imprisonment.

cadencia *f* **- 1.** [ritmo] rhythm, cadence **- 2.** *LITER & MÚS* cadence.

cadencioso, sa *adj* rhythmical.

cadeneta *f* chain stitch.

cadera *f* hip.

cadete *m* **- 1.** cadet **- 2.** *RP* [recadero] errand boy, office junior.

cadi, caddy (*pl* **caddies**) *m* caddie.

cadmio *m* cadmium.

caducar [10] *vi* **- 1.** [carnet, ley, pasaporte etc] to expire **- 2.** [medicamento] to pass its use-by date; [alimento] to pass its sell-by date.

caducidad *f* expiry.

caduco, ca *adj* **- 1.** [viejo] decrepit; [idea] outmoded **- 2.** [perecedero] transitory **- 3.** [desfasado] no longer valid **- 4.** *BOT* deciduous.

caduque *etc* ➢ **caducar**.

caer [55] *vi* **- 1.** [gen] to fall; [diente, pelo] to fall out; **dejar ~ algo** to drop sthg; **~ bajo** to sink (very) low; **estar al ~** to be about to arrive **- 2.** [al perder equilibrio] to fall over *o* down; **~ de un tejado/caballo** to fall from a roof/horse **- 3.** *fig* [abalanzarse]: **~ sobre** to fall *o* descend upon **- 4.** *fig* [aparecer]: **dejarse ~ por casa de alguien** to drop by sb's house **- 5.** *fig* [sentar]: **~ bien/mal (a alguien)** [comentario, noticia etc] to go down well/badly (with sb) **- 6.** *fig* [mostrarse]: **me cae bien/mal** I like/don't like him **- 7.** *fig* [estar situado]: **cae cerca de aquí** it's not far from here **- 8.** *fig* [recordar]: **~ (en algo)** to be able to remember (sthg); **no caigo** I can't remember.

➤ **caer en** *vi* **- 1.** [entender] to get, to understand; [solución] to hit upon **- 2.** [coincidir - fecha] to fall on; **cae en domingo** it falls on a Sunday **- 3.** [incurrir] to fall into.

➤ **caerse** *vpr* **- 1.** [persona] to fall over *o* down; **~se de** to fall from; **~se de ingenuo/listo** *fig* to be incredibly naive/clever **- 2.** [objetos] to drop, to fall **- 3.** [desprenderse - diente, pelo etc] to fall out; [- botón] to fall off; [- cuadro] to fall down **- 4.** [falda, pantalones etc] to fall down; **se te caen los pantalones** your trousers are falling down.

café (*pl* **cafés**) ◇ *m* **- 1.** [gen] coffee; **~ solo/con leche** black/white coffee; **~ instantáneo** *o* **soluble** instant coffee; **~ americano**

large weak black coffee; **~ expreso** expresso; **~ irlandés** Irish coffee; **~ molido** ground coffee **- 2.** [establecimiento] cafe. ◇ *adj inv* [color] coffee-coloured.

cafeína *f* caffeine.

cafetal *m* coffee plantation.

cafetera ➢ **cafetero**.

cafetería *f* cafe.

cafetero, ra ◇ *adj* **- 1.** [de café] coffee *(antes de sust)*; [país] coffee-producing **- 2.** [bebedor de café] fond of coffee. ◇ *m,f* **- 1.** [cultivador] coffee grower **- 2.** [comerciante] coffee merchant.

➤ **cafetera** *f* **- 1.** [gen] coffee pot **- 2.** [en bares] expresso machine; [eléctrica] percolator, coffee machine **- 3.** *fam* [aparato viejo] old crock.

cafeto *m* coffee bush.

cafiche *m* *Andes fam* pimp.

cafre ◇ *adj* brutish. ◇ *mf* brute.

cagado, da *m,f* *vulg* [cobarde] yellow-belly, chicken.

➤ **cagada** *f* *vulg* **- 1.** [equivocación] cock-up **- 2.** [excremento] shit **- 3.** [desastre] crap.

cagar [16] *vulg* ◇ *vi* [defecar] to shit, to crap. ◇ *vt* [estropear] to bugger up; **~la** *fig* to cock it up.

➤ **cagarse** *vpr* *vulg lit & fig* to shit o.s.

cagón, ona *adj* *vulg* **- 1.** [que caga] shitty **- 2.** [miedica] chicken, cowardly.

cague *etc* ➢ **cagar**.

cagueta *vulg* ◇ *adj* chicken, cowardly. ◇ *mf* coward, chicken.

caído, da *adj* **- 1.** [árbol, hoja] fallen **- 2.** [decaído] low.

➤ **caída** *f* **- 1.** [gen] fall, falling *(U)*; [de diente, pelo] loss **- 2.** [de paro, precios, terreno]: **caída (de)** drop (in) **- 3.** [de falda, vestido etc] drape **- 4.** *loc*: **a la caída del sol** at sunset; **a la caída de la tarde** at nightfall.

➤ **caídos** *mpl*: **los ~s** the fallen.

➤ **caída de ojos** *f* droop of one's eyelids.

caiga *etc* ➢ **caer**.

caimán *m* **- 1.** [animal] alligator, cayman **- 2.** *fig* [persona] sly fox.

Cairo ➢ **El Cairo**.

caja *f* **- 1.** [gen] box; [para transporte, embalaje] crate; **~ de zapatos** shoebox; **una ~ de cervezas** a crate of beer; **~ torácica** thorax **- 2.** [de reloj] case; [de engranajes etc] housing; **~ de cambios** gearbox **- 3.** [ataúd] coffin **- 4.** [de dinero] cash box; **~ fuerte** *o* **de caudales** safe, strongbox **- 5.** [en tienda, supermercado] till; [en banco] cashier's desk **- 6.** [banco]: **~ (de ahorros)** savings bank, ≃ savings and loan association *US* **- 7.** [hueco - de escalera] well; [- de chimenea, ascensor] shaft **- 8.** *IMPRENTA* case **- 9.** [de instrumento musical] body; ~ **de resonancia** sound box; ~ **de ritmos** drum machine **-10.** *COM* [cuenta contable] cash account.

➤ **caja de música** *f* music box.

➤ **caja de reclutamiento, caja de reclutas** *f* recruiting office.

➤ **caja negra** *f* black box.

➤ **caja registradora** *f* cash register.

cajero, ra *m,f* [en tienda] cashier; [en banco] teller.

➤ **cajero** *m*: ~ **(automático)** cash machine, cash dispenser, ATM *US*.

cajetilla *f* **- 1.** [de cigarrillos] packet **- 2.** [de cerillas] box **- 3.** *Amér* [petimetre] fop, dandy.

cajón *m* **- 1.** [de mueble] drawer **- 2.** [recipiente] crate, case **- 3.** *loc*: **eso es de** ~ *fam* that goes without saying.

➤ **cajón de sastre** *m* muddle, jumble.

cajuela *f Méx* boot *UK*, trunk *US*.

cal *f* lime; ~ **viva** quicklime; **cerrar a** ~ **y canto** to shut tight *o* firmly; **dar una de** ~ **y otra de arena** to be inconsistent.

cala *f* **- 1.** [bahía pequeña] cove **- 2.** [del barco] hold **- 3.** [de fruta] sample slice **- 4.** *BOT* arum lily **- 5.** *fam* [dinero] peseta.

calabacín *m* courgette *UK*, zucchini *US*.

calabaza *f* pumpkin, squash *US*, gourd; **dar** ~ **s a alguien** *fam* [a pretendiente] to turn sb down; [en exámenes] to fail sb.

calabobos *m inv* drizzle.

calabozo *m* cell.

calada ➢ **calado**.

caladero *m* fishing grounds *(pl)*.

calado, da *adj* soaked.

➤ **calado** *m* **- 1.** *NÁUT* draught **- 2.** *AUTOM* stalling **- 3.** [bordado] openwork.

➤ **calada** *f* **- 1.** [en agua] soaking **- 2.** [de cigarrillo] drag; **dar una calada** to take a drag.

calafatear *vt* to caulk.

calamar *m* squid.

calambre *m* **- 1.** [descarga eléctrica] (electric) shock **- 2.** [contracción muscular] cramp *(U)*.

calamidad *f* calamity; **pasar** ~ **es** to suffer great hardship; **ser una** ~ *fig* to be a dead loss.

calamitoso, sa *adj* calamitous.

calandria *f* **- 1.** [pájaro] calandra lark **- 2.** [para papel y telas] calender.

calaña *f despec*: **de esa** ~ of that ilk.

calar ➢ *vt* **- 1.** [empapar] to soak **- 2.** *fig* [persona] to see through **- 3.** [gorro, sombrero] to jam on **- 4.** [tela] to do openwork embroi-

dery on **- 5.** [sandía, melón] to cut a sample of **- 6.** [perforar] to perforate, to pierce. ➢ *vi* **-1.** *NÁUT* to draw **- 2.** *fig* [penetrar]: ~ **en** to have an impact on.

➤ **calarse** *vpr* **- 1.** [empaparse] to get soaked **- 2.** [motor] to stall.

calato, ta *adj Andes & RP* [desnudo] naked.

calavera ➢ *f* [cráneo] skull. ➢ *m fig* madcap, crazy person.

➤ **calaveras** *fpl Méx* [luces] tail lights.

calcado, da *adj* traced; **ser** ~ **a alguien** to be the spitting image of sb.

calcañal *m* heel.

calcar [10] *vt* **- 1.** [dibujo] to trace **- 2.** [imitar] to copy.

calcáreo, a *adj* calcareous.

calce ➢ *v* ➢ **calzar**. ➢ *m* **-1.** [cuña] wedge **- 2.** *Guat, Méx & PRico* *DER* footnote.

calceta *f* stocking; **hacer** ~ to knit.

calcetín *m* sock.

calcificarse [10] *vpr* to calcify.

calcinación *f* burning.

calcinar *vt* **- 1.** [quemar] to burn, to char **- 2.** *TECN* to calcine.

calcio *m* calcium.

calco *m* **- 1.** [reproducción] tracing **- 2.** *fig* [imitación] carbon copy **- 3.** *LING* calque, loan translation.

calcografía *f* chalcography.

calcomanía *f* transfer.

calculador, ra *adj lit & fig* calculating.

➤ **calculadora** *f* calculator; **calculadora de bolsillo** pocket calculator.

calcular *vt* **- 1.** [cantidades] to calculate **- 2.** [suponer] to reckon; **le calculo sesenta años** I reckon he's about sixty.

cálculo *m* **- 1.** [operación] calculation; ~ **mental** mental arithmetic *(U)* **- 2.** [ciencia] calculus; ~ **diferencial/infinitesimal/integral** differential/infinitesimal/integral calculus **- 3.** [evaluación] estimate; ~ **de probabilidades** probability theory **- 4.** *MED* stone, calculus.

caldas *fpl* hot springs.

caldear *vt* **- 1.** [calentar] to heat (up) **- 2.** *fig* [excitar] to warm up, to liven up.

caldera *f* **- 1.** [recipiente] cauldron **- 2.** [máquina] boiler; ~ **de vapor** steam boiler.

calderero, ra *m,f* boilermaker.

caldereta *f* [de pescado] fish stew; [de carne] meat stew.

calderilla *f* small change, coppers *(pl) UK*.

caldero *m* cauldron.

calderón *m MÚS* pause.

caldillo *m* stock.

caldo *m* -**1.** [sopa] broth -**2.** [caldillo] stock -**3.** [vino] wine -**4.** [aceite] oil.
◆ **caldo de cultivo** *m* -**1.** *BIOL* culture medium -**2.** *fig* [condición idónea] breeding ground.
caldoso, sa *adj* [sopa] watery; [arroz] soggy.
calé *adj* & *m,f* gypsy.
calefacción *f* heating; ~ **central** central heating.
calefactor *m* heater.
calefón *m CSur* water heater.
caleidoscopio = calidoscopio.
calendario *m* calendar; ~ **escolar/laboral** school/working year.
calentador *m* -**1.** [aparato] heater -**2.** [prenda] legwarmer.
calentamiento *m* -**1.** [subida de temperatura] heating; ~ **global** global warming -**2.** [ejercicios] warm-up.
calentar [19] <> *vt* -**1.** [subir la temperatura de] to heat (up), to warm (up) -**2.** *fig* [animar] to liven up -**3.** *fig* [pegar] to hit, to strike -**4.** *mfam fig* [sexualmente] to turn on. <> *vi* [entrenarse] to warm up.
◆ **calentarse** *vpr* -**1.** [por calor - suj: persona] to warm o.s., to get warm; [- suj: cosa] to heat up -**2.** *mfam fig* [sexualmente] to get randy *UK* o horny.
calentón, ona *m,f mfam* randy *UK* o horny person.
calentura *f* -**1.** [fiebre] fever, temperature -**2.** [herida] cold sore.
calenturiento, ta *adj* -**1.** [con fiebre] feverish -**2.** *fig* [incontrolado] wild; [sexualmente] filthy.
calesa *f* calash.
calesita *f RP* merry-go-round *UK*, carousel *US*.
calibrado *m*, **calibración** *f* -**1.** [gen] calibration -**2.** [de arma] boring.
calibrador *m* callipers *(pl)*.
calibrar *vt* -**1.** [medir] to calibrate, to gauge -**2.** [dar calibre a - arma] to bore -**3.** *fig* [juzgar] to gauge.
calibre *m* -**1.** [diámetro - de pistola] calibre; [- de alambre] gauge; [- de tubo] bore -**2.** [instrumento] gauge -**3.** *fig* [tamaño] size -**4.** *fig* [importancia] importance, significance.
calidad *f* -**1.** [gen] quality; **de** ~ quality *(antes de sust)*; ~ **de vida** quality of life -**2.** [clase] class -**3.** [condición]: **en** ~ **de** in one's capacity as.
cálido, da *adj* warm.
calidoscopio, caleidoscopio *m* kaleidoscope.

calienta ⊳ calentar.
calientapiés *m inv* foot warmer.
calientaplatos *m inv* hotplate.
caliente ⊳ calentar. <> *adj* -**1.** [gen] hot; [templado] warm; **en** ~ *fig* in the heat of the moment -**2.** *fig* [acalorado] heated -**3.** *mfam* [excitado] randy *UK*, horny.
califa *m* caliph.
califato *m* caliphate.
calificación *f* -**1.** [de película] rating -**2.** *EDUC* mark.
calificado, da *adj* -**1.** [importante] eminent -**2.** [apto] qualified.
calificar [10] *vt* -**1.** [denominar]: ~ **a alguien de algo** to call sb sthg, to describe sb as sthg -**2.** *EDUC* to mark -**3.** *GRAM* to qualify.
calificativo, va *adj* qualifying.
◆ **calificativo** *m* epithet.
caligrafía *f* -**1.** [arte] calligraphy -**2.** [tipo de letra] handwriting.
calígrafo, fa *m,f* calligrapher.
calina *f* haze, mist.
calipso *m* calypso.
cáliz *m* -**1.** *RELIG* chalice -**2.** *ANAT* & *BOT* calyx.
calizo, za *adj* chalky.
◆ **caliza** *f* limestone.
callado, da *adj* quiet, silent.
callampa *f Chile* [seta] mushroom.
callandito *adv fam* on the quiet.
callar <> *vi* -**1.** [no hablar] to keep quiet, to be silent; **quien calla otorga** silence signifies consent -**2.** [dejar de hablar] to be quiet, to stop talking. <> *vt* -**1.** [ocultar] to keep quiet about; [secreto] to keep -**2.** [acallar] to silence.
◆ **callarse** *vpr* -**1.** [no hablar] to keep quiet, to be silent -**2.** [dejar de hablar] to be quiet, to stop talking; **¡cállate!** shut up! -**3.** [ocultar] to keep quiet about; [secreto] to keep.
calle *f* -**1.** [vía de circulación] street, road; ~ **arriba/abajo** up/down the street; ~ **de dirección única** one-way street; ~ **peatonal** pedestrian precinct; ~ **sin salida** dead end, blind alley -**2.** *DEP* lane -**3.** *Amér* [callejón] cul-de-sac -**4.** *loc*: **dejar a alguien en la** ~ to put sb out of a job; **echar a alguien a la** ~ [de un trabajo] to sack sb; [de un lugar público] to kick o throw sb out; **echarse a la** ~ [manifestarse] to take to the streets; **hacer la** ~ to walk the streets; **llevarse a alguien de** ~ to win sb over; **traer** o **llevar a uno por la** ~ **de la amargura** to make sb's life a misery.
callejear *vi* to wander the streets.
callejero, ra *adj* -**1.** [gen] street *(antes de sust)*; [perro] stray -**2.** [persona] fond of being

callejero *m* [guía] street map.

callejón *m* alley; ~ **sin salida** cul-de-sac; *fig* blind alley, impasse.

callejuela *f* backstreet, side street.

callista *mf* chiropodist.

callo *m* **-1.** [dureza] callus; [en el pie] corn; **dar el** ~ *fam fig* to slog **-2.** *fam fig* [persona fea] sight, fright.

 callos *mpl* CULIN tripe (U).

callosidad *f* callus, hard skin (U).

calloso, sa *adj* calloused.

calma *f* **-1.** [sin ruido o movimiento] calm; **en** ~ calm; ~ **chicha** dead calm **-2.** [sosiego] tranquility; **perder la** ~ to lose one's composure; **tómatelo con** ~ take it easy **-3.** [apatía] sluggishness, indifference.

calmante <> *adj* sedative, soothing. <> *m* sedative.

calmar *vt* **-1.** [mitigar] to relieve **-2.** [tranquilizar] to calm, to soothe.

 calmarse *vpr* to calm down; [dolor, tempestad] to abate.

calmoso, sa *adj* calm.

caló *m* gypsy dialect.

calor *m* **-1.** [gen] heat; [sin quemar] warmth; **entrar en** ~ [gen] to get warm; [público, deportista] to warm up; **hacer** ~ to be warm *o* hot; **tener** ~ to be warm *o* hot; ~ **corporal** body heat; ~ **específico** FÍS specific heat **-2.** *fig* [afecto, entusiasmo] warmth; **al** ~ **de** under the wing of.

caloría *f* calorie.

calorífero, ra *adj* [que da calor] heat-producing.

calorífico, ca *adj* calorific.

calostro *m* colostrum.

calote *m Amér* swindle.

calque *etc* ⊳ calcar.

calumnia *f* [oral] slander; [escrita] libel.

calumniar *vt* [oralmente] to slander; [por escrito] to libel.

calumnioso, sa *adj* [de palabra] slanderous; [por escrito] libellous.

caluroso, sa *adj* **-1.** [gen] hot; [templado] warm **-2.** *fig* [afectuoso] warm.

calva ⊳ calvo.

calvados *m inv* Calvados.

calvario *m* **-1.** [vía crucis] Calvary, stations (*pl*) of the Cross **-2.** *fig* [sufrimiento] ordeal.

calvicie *f* baldness.

calvinista *adj* Calvinist.

calvo, va <> *adj* bald; **ni tanto ni tan** ~ neither one extreme nor the other. <>

m, f bald person.

 calva *f* **-1.** [en la cabeza] bald patch **-2.** [en tejido, terreno] bare patch.

calza *f* **-1.** [cuña] wedge, block **-2.** *desus* [media] stocking **-3.** *Col* [empaste] filling (*in tooth*).

calzado, da *adj* **-1.** [con zapatos] shod **-2.** [ave] feather-legged.

 calzado *m* footwear.

 calzada *f* road.

calzar [13] *vt* **-1.** [poner calzado] to put on **-2.** [proveer de calzado] to provide shoes for **-3.** [llevar un calzado] to wear; **¿qué número calza?** what size do you take? **-4.** [poner cuña a] to wedge, to block **-5.** *Col* [empastar] to fill (*a tooth*).

 calzarse *vpr* to put on.

calzo *m* [cuña] wedge.

calzón *m* **-1.** *Esp* [deportivo] shorts **-2.** *Andes, Méx, RP* [braga] knickers *UK*, panties *US*.

calzonazos *m inv fam* henpecked husband.

calzoncillo *m* (*gen pl*) underpants (*pl*), shorts (*pl*) *US*.

cama *f* bed; **estar en** *o* **guardar** ~ to be in bed; **hacer la** ~ to make the bed; ~ **individual/de matrimonio** single/double bed; ~ **de agua** water bed; ~ **nido** truckle bed; ~ **turca** divan bed; **hacerle** *o* **ponerle la** ~ **a alguien** *fig* to plot against sb.

camada *f* litter.

camafeo *m* cameo.

camaleón *m lit* & *fig* chameleon.

camaleónico, ca *adj fig* fickle.

cámara <> *f* **-1.** [gen & TECN] chamber; ~ **alta/baja** upper/lower house; ~ **de aire/gas** air/gas chamber; ~ **de Comercio** Chamber of Commerce; ~ **de compensación** clearing house; ~ **frigorífica** cold-storage room; ~ **mortuoria** funeral chamber **-2.** CIN, FOT & TV camera; **a** ~ **lenta** *lit* & *fig* in slow motion; ~ **digital** digital camera; ~ **oscura** camera obscura; ~ **de seguridad** security camera; ~ **de vídeo** video camera; ~ **web** web camera **-3.** [de balón, neumático] inner tube **-4.** [habitáculo] cabin. <> *mf* [persona] cameraman (*f* camerawoman).

 de cámara *loc adj* MÚS chamber (*antes de sust*).

camarada *mf* **-1.** POLÍT comrade **-2.** [compañero] colleague.

camaradería *f* camaraderie.

camarero, ra *m, f* **-1.** [de restaurante] waiter (*f* waitress); [de hotel] steward (*f* chambermaid) **-2.** [de rey etc] chamberlain (*f* lady-in-waiting).

camarera *f Amér* [azafata] air hostess.

camarilla *f* clique; *POLÍT* lobby, pressure group.

camarón *m* shrimp.

camarote *m* cabin.

camastro *m* ramshackle bed.

cambalache *m fam* **-1.** [trueque] swap **-2.** *RP* [tienda] junk shop.

cambiante *adj* changeable.

cambiar [8] ◇ *vt* **-1.** [gen] to change; ~ **libras por euros** to change pounds into euros **-2.** [canjear]: ~ **algo (por)** to exchange sthg (for). ◇ *vi* **-1.** [gen] to change; ~ **de** [gen] to change; ~ **de casa** to move house; ~ **de trabajo** to move jobs **-2.** *AUTOM*: ~ **de marcha** to change gear.

➤ **cambiarse** *vpr*: ~**se (de)** [ropa] to change; [casa] to move; ~**se de vestido** to change one's dress.

cambiazo *m fam* **-1.** [cambio grande] radical change **-2.** [sustitución] switch *(in order to steal bag etc)*; **dar el** ~ *fig* to do a switch.

cambio *m* **-1.** [gen] change; **a las primeras de** ~ at the first opportunity; ~ **climático** climate change; ~ **de domicilio** change of address; ~ **de guardia** changing of the guard **-2.** [trueque] exchange; **a** ~ **(de)** in exchange *o* return (for) **-3.** [FIN ⊥ de acciones] price; [- de divisas] exchange rate; **'cambio'** 'bureau de change'; ~ **base** base rate **-4.** *AUTOM*: ~ **automático** automatic transmission; ~ **de marchas** *o* **velocidades** gear change; ~ **de sentido** U-turn.

➤ **cambio de rasante** *m* brow of a hill.

➤ **libre cambio** *m* **-1.** *ECON* [librecambismo] free trade **-2.** *FIN* [de divisas] floating exchange rates *(pl)*.

➤ **en cambio** *loc adv* **-1.** [por otra parte] on the other hand, however **-2.** [en su lugar] instead.

cambista *mf* money changer.

Camboya Cambodia.

camboyano, na *adj & m,f* Cambodian.

cambujo, ja *adj Amér* [oscuro] dark.

cambur *m Amér* **-1.** [empleo] job **-2.** [empleado] clerk **-3.** *Ven* banana.

camelar *vt fam* **-1.** [seducir, engañar] to butter up, to win over **-2.** [enamorar] to flirt with.

camelia *f* camellia.

camello, lla *m,f* [animal] camel.

➤ **camello** *m fam* [traficante] drug pusher *o* dealer.

camellón *m Col, Méx* central reservation *UK*, median (strip) *US*.

camelo *m fam* **-1.** [engaño] humbug *(U)* **-2.** [noticia falsa] hoax.

camerino *m* dressing room.

Camerún Cameroon.

camerunés, esa ◇ *adj* of/relating to Cameroon. ◇ *m,f* native/inhabitant of Cameroon.

camilla ◇ *f* [gen] stretcher; [de psiquiatra, dentista] couch. ◇ *adj* ▷ **mesa**.

camillero, ra *m,f* stretcher-bearer.

caminante *mf* walker.

caminar ◇ *vi* **-1.** [a pie] to walk **-2.** *fig* [ir]: ~ **(hacia)** to head (for). ◇ *vt* [una distancia] to travel, to cover.

caminata *f* long walk.

camino *m* **-1.** [sendero] path, track; [carretera] road; ~ **de herradura** bridle path; ~ **de montaña** mountain path; **abrir** ~ **a** to clear the way for; **abrirse** ~ to get on *o* ahead **-2.** [ruta] way; **a medio** ~ halfway; **estar a medio** ~ to be halfway there; **quedarse a medio** ~ to stop halfway through; ~ **de** on the way to; **en el** *o* **de** ~ on the way; **ir** ~ **de** to be heading for **-3.** [viaje] journey; **ponerse en** ~ to set off **-4.** *fig* [medio] way.

➤ **camino de Santiago** *m* **-1.** *ASTRON* the Milky Way **-2.** *RELIG* Way of St. James, *pilgrimage route to Santiago de Compostela*.

➤ **camino trillado** *m fig* well-trodden path.

camión *m* **-1.** [de mercancías] lorry *UK*, truck *US*; ~ **articulado** articulated lorry *UK o* truck *US*; ~ **cisterna** tanker; ~ **de la mudanza** removal van **-2.** *Cam & Méx* [bus] bus.

camionero, ra ◇ *adj CAm, Méx* bus. ◇ *m,f* lorry driver *UK*, trucker *US*.

camioneta *f* van.

camisa *f* **-1.** [prenda] shirt **-2.** *TECN* lining **-3.** *ZOOL* slough, skin **-4.** *BOT* skin **-5.** *loc*: **jugarse hasta la** ~ to stake one's shirt; **meterse en** ~ **de once varas** to complicate matters unnecessarily; **mudar** *o* **cambiar de** ~ to change sides; **no le llega la** ~ **al cuerpo** she's scared stiff.

➤ **camisa de fuerza** *f* straitjacket.

camisería *f* [tienda] shirt shop, outfitter's.

camisero, ra ◇ *adj* shirt *(antes de sust)*. ◇ *m,f* **-1.** [que confecciona] shirtmaker **-2.** [que vende] outfitter.

camiseta *f* **-1.** [prenda interior] vest *UK*, undershirt *US* **-2.** [de verano] T-shirt **-3.** [DEP ⊥ de tirantes] vest; [- de mangas] shirt.

camisola *f* **-1.** [prenda interior] camisole **-2.**

Amér DEP sports shirt.

camisón *m* nightdress.

camomila *f* camomile.

camorra *f* trouble; **buscar** ~ to look for trouble.

camorrista ◇ *adj* belligerent, quarrelsome. ◇ *mf* troublemaker.

camote *m Andes, CAm, Méx* [batata] sweet potato.

campal ▷ **batalla**.

campamento *m* camp.

campana *f* bell; ~ **de buzo** *o* **de salvamento** diving bell; ~ **extractora de humos** extractor hood; **echar las** ~**s al vuelo** *fam* to jump for joy; **oír** ~**s y no saber dónde** not to know what one is talking about.

campanada *f* **-1.** [de campana] peal **-2.** [de reloj] stroke **-3.** *fig* [suceso] sensation.

campanario *m* belfry, bell tower.

campanilla *f* **-1.** [de la puerta] (small) bell; [con mango] handbell **-2.** *ANAT* uvula **-3.** [flor] campanula, bellflower.

campanilleo *m* tinkling (U).

campante *adj fam*: **estar** *o* **quedarse tan** ~ to remain quite unruffled.

campaña *f* **-1.** [gen] campaign; **hacer** ~ **(de/contra)** to campaign (for/against); **de** ~ *MIL* field *(antes de sust)* **-2.** [campo llano] open countryside **-3.** *RP* [campo] countryside.

campechano, na *adj fam* genial, goodnatured.

campeón, ona *m,f* champion.

campeonato *m* championship; **de** ~ *fig* terrific, great.

campero, ra *adj* country *(antes de sust)*; [al aire libre] open-air.
➨ **campero** *m Amér* jeep.
➨ **campera** *f* **-1.** [bota] ≃ cowboy boot **-2.** *RP* [chaqueta] jacket.

campesinado *m* peasants *(pl)*, peasantry.

campesino, na ◇ *adj* country *(antes de sust)*, rural. ◇ *m,f* [gen] farmer; [muy pobre] peasant.

campestre *adj* country *(antes de sust)*.

campiña *f* countryside.

camping ['kampin] *(pl* campings*) m* **-1.** [actividad] camping; **ir de** ~ to go camping **-2.** [lugar de acampada] campsite.

campista *mf* camper.

campito *m Amér* property, estate.

campo *m* **-1.** [gen & *INFORM*] field; ~ **de aviación** airfield; ~ **de batalla** battlefield; ~ **magnético** magnetic field; ~ **de tiro** firing range; **dejar el** ~ **libre** *fig* to leave the field open **-2.** [campiña] country, countryside; ~

abierto open countryside; **a** ~ **traviesa** cross country **-3.** [*DEP* - de fútbol] pitch; [- de tenis] court; [- de golf] course; **jugar en** ~ **propio** to play at home **-4.** *CSur* [hacienda] cattle ranch **-5. Andes** [lugar] room, space.
➨ **campo de concentración** *m* concentration camp.
➨ **campo de trabajo** *m* [de vacaciones] work camp; [para prisioneros] labour camp.
➨ **campo visual** *m* field of vision.

camposanto *m* cemetery.

Campsa *(abrev de* **Compañía Arrendataria del Monopolio de Petróleos, SA)** *f Spanish state petroleum company.*

campus *m inv* campus.

camuflaje *m* camouflage.

camuflar *vt* to camouflage.

can *m* hound, dog.

cana ▷ **cano**.

Canadá: **(el)** ~ Canada.

canadiense *adj & m,f* Canadian.

canal ◇ *m* **-1.** [cauce artificial] canal; ~ **de riego** irrigation channel **-2.** *GEOGR* channel, strait **-3.** *RADIO &* *TV* channel; ~ **por cable** cable channel **-4.** *ANAT* canal, duct **-5.** [de agua, gas] conduit, pipe **-6.** *fig* [medio, vía] channel; ~ **de comercialización** *ECON* distribution channel **-7.** [res] carcass; **abrir en** ~ to slit open; *fig* to tear apart. ◇ *m o f* [de un tejado] (valley) gutter.

canalé *m* ribbed knitwear.

canalización *f* **-1.** [encauzamiento] piping **-2.** *(gen pl)* [cañería] pipes *(pl)* **-3.** *fig* [orientación] channelling.

canalizar [13] *vt* **-1.** [territorio] to canalize; [agua] to channel **-2.** [cauce] to deepen the course of **-3.** *fig* [orientar] to channel.

canalla *mf* swine, dog.

canallada *f* [acto] dirty trick.

canalón *m* [de tejado] gutter; [en la pared] drainpipe.

canapé *m* **-1.** *CULIN* canapé **-2.** [sofá] sofa, couch.

Canarias *fpl*: **las (islas)** ~ the Canary Islands, the Canaries.

canario, ria ◇ *adj* of the Canary Islands. ◇ *m,f* [persona] Canary Islander.
➨ **canario** *m* [pájaro] canary.

canasta *f* **-1.** [gen & *DEP*] basket **-2.** [juego de naipes] canasta.

canastilla *f* **-1.** [cesto pequeño] basket **-2.** [de bebé] layette.

canasto *m* large basket.

cancán, cancanes *mf RP* tights *UK*, pantyhose *US*.

cancela f wrought-iron gate.

cancelación f cancellation.

cancelar vt - **1.** [anular] to cancel - **2.** [deuda] to pay, to settle - **3.** Chile, Ven [cuenta] to pay.

cáncer m MED & fig cancer.

➡ **Cáncer** <> m [zodiaco] Cancer; **ser** ~ to be (a) Cancer. <> mf [persona] Cancer, Cancerian.

cancerbero m DEP goalkeeper.

cancerígeno, na adj carcinogenic.

cancerología f oncology.

cancerológico, ca adj oncological.

cancerólogo, ga m,f cancer specialist, oncologist.

canceroso, sa <> adj [úlcera, tejido] cancerous; [enfermo] suffering from cancer. <> m,f [enfermo] cancer patient.

canchero, ra adj RP fam streetwise, savvy.

canciller m - **1.** [de gobierno, embajada] chancellor - **2.** [de asuntos exteriores] foreign minister.

cancillería f - **1.** [de gobierno] chancellorship - **2.** [de embajada] chancellery - **3.** [de asuntos exteriores] foreign ministry.

canción f song; ~ **de cuna** lullaby; **la misma** ~ fig the same old story.

cancionero m songbook.

candado m padlock.

candela f - **1.** [vela] candle - **2.** fam fig [lumbre] light - **3.** Amér [fuego] fire.

candelabro m candelabra.

candelero m candlestick; **estar en el** ~ fig to be in the limelight.

candente adj - **1.** [incandescente] red-hot - **2.** fig [actual] burning (antes de sust).

candidato, ta m,f candidate.

candidatura f - **1.** [para un cargo] candidacy; **presentar uno su** ~ **(a)** to put o.s. forward as a candidate (for) - **2.** [lista] list of candidates.

candidez f ingenuousness.

cándido, da adj ingenuous, simple.

candil m - **1.** [lámpara] oil lamp - **2.** Méx [araña] chandelier.

candilejas fpl footlights.

candor m ingenuousness, simplicity.

candoroso, sa adj ingenuous, simple.

caneca f Col rubbish bin UK, trashcan US.

canelo, la adj - **1.** [caballo, perro] cinnamon-coloured - **2.** fam fig [inocentón] gullible.

➡ **canela** f cinnamon; **ser canela fina** fig to be sheer class.

canelón m CULIN cannelloni (pl).

canesú (pl **canesúes** o **canesús**) m - **1.** [de vestido] bodice - **2.** [de blusa] yoke.

cangrejo m crab; ~ **de río** crayfish.

canguelo m fam: **le entró** ~ she got the wind up.

canguro <> m [animal] kangaroo. <> mf fam [persona] babysitter; **hacer de** ~ to babysit.

caníbal <> adj cannibalistic. <> mf cannibal.

canibalismo m cannibalism.

canica f [pieza] marble.

➡ **canicas** fpl [juego] marbles.

caniche m poodle.

canícula f dog o hottest days (pl).

canijo, ja <> adj sickly. <> m,f sickly person.

canilla f - **1.** [espinilla] shinbone - **2.** [bobina] bobbin - **3.** RP [grifo] tap UK, faucet US - **4.** Amér [pierna] leg.

canillita m RP fam newspaper vendor.

canino, na adj canine.

➡ **canino** m [diente] canine (tooth).

canje m exchange.

canjeable adj exchangeable.

canjear vt to exchange.

cannabis m inv cannabis.

cano, na adj grey.

➡ **cana** f grey hair; **echar una cana al aire** fig to let one's hair down.

canoa f canoe.

canódromo m greyhound track.

canon m - **1.** [norma] canon; **como mandan los cánones** according to the rules - **2.** [modelo] ideal - **3.** [impuesto] tax - **4.** MÚS canon.

➡ **cánones** mpl DER canon law (U).

canónico, ca adj canonical; [derecho] canon (antes de sust).

canónigo m canon.

canonizar [13] vt to canonize.

canoso, sa adj [pelo] grey; [persona] grey-haired.

cansado, da adj - **1.** [agotado] tired; ~ **de algo/de hacer algo** tired of sthg/of doing sthg - **2.** [pesado, cargante] tiring.

cansador, ra adj & f Andes, RP [que cansa] tiring; [que aburre] tiresome, boring.

cansancio m tiredness.

cansar <> vt to tire (out). <> vi to be tiring.

➡ **cansarse** vpr: ~**se (de)** lit & fig to get tired (of).

cansino, na *adj* lethargic.

Cantabria Cantabria.

Cantábrico *m*: el (mar) ~ the Cantabrian Sea.

cántabro, bra *adj* & *m,f* Cantabrian.

cantaleta *f Amér* nagging.

cantamañanas *m y f inv* unreliable person.

cantante ◇ *adj* singing. ◇ *mf* singer.

cantaor, ra *m,f* flamenco singer.

cantar ◇ *vt* - **1.** [canción] to sing - **2.** [bingo, línea, el gordo] to call (out); ~ **victoria** to claim victory; ~ **a alguien las cuarenta** to give sb a piece of one's mind. ◇ *vi* - **1.** [persona, ave] to sing; [gallo] to crow; [grillo] to chirp - **2.** *fam fig* [confesar] to talk - **3.** *fam fig* [apestar] to whiff, to pong - **4.** *fam fig* [desentonar] to stick out like a sore thumb - **5. fig** [alabar]: ~ **a** to sing the praises of. ◇ *m* LITER poem; **eso es otro** ~ that's another story; ~ **de gesta** chanson de geste.

cántara *f* large pitcher.

cántaro *m* large pitcher; **a** ~s in torrents; **llover a** ~s to rain cats and dogs.

cantata *f* cantata.

cantautor, ra *m,f* singer-songwriter.

cante *m*: ~ **(jondo** *o* **hondo)** flamenco singing; **dar el** ~ *fam* to call attention to o.s.

cantegril *m Amér* shanty town.

cantera *f* - **1.** [de piedra] quarry - **2.** *fig* [de profesionales, jugadores] young blood *(U).*

cantero *m CSur, Cuba* [de flores] flowerbed.

cántico *m* canticle.

cantidad ◇ *f* - **1.** [medida] quantity - **2.** [abundancia] abundance, large number; **en** ~ in abundance; ~ **de** lots of; ~ **s industriales** in industrial quantities - **3.** [número] number - **4.** [suma de dinero] sum (of money). ◇ *adv fam* really; **me gusta** ~ I don't half like it.

cantiga, cántiga *f* ballad.

cantilena, cantinela *f*: **la misma** ~ *fig* the same old story.

cantimplora *f* water bottle.

cantina *f* [de soldados] mess; [en fábrica] canteen; [en estación de tren] buffet; [bar] snack bar.

cantinela = cantilena.

cantinero, ra *m,f* [de bar] publican.

canto *m* - **1.** [acción, arte] singing - **2.** [canción] song; ~ **del cisne** swansong; ~ **de sirena** wheedling - **3.** *fig* [alabanza] hymn - **4.** [lado, borde] edge; **de** ~ edgeways; **darse con un** ~ **en los dientes** to consider o.s. lucky; **por el** ~ **de un duro** by a hair's breadth - **5.**

[de cuchillo] blunt edge - **6.** [guijarro] pebble; ~ **rodado** [pequeño] pebble; [grande] boulder.

cantón *m* [territorio] canton.

cantor, ra ◇ *adj* singing *(antes de sust).* ◇ *m,f* singer.

cantoral *m* choir book.

canturrear *vt* & *vi fam* to sing softly.

canutas *fpl fam*: **pasarlas** ~ to have a rough time.

canutillo *m* glass tube.

canuto *m* - **1.** [tubo] tube - **2.** *fam* [porro] joint.

caña *f* - **1.** BOT cane; ~ **de azúcar** sugarcane - **2.** [de río, de estanque] reed - **3.** [tuétano] bone marrow - **4.** [de la bota, del calcetín] leg - **5.** *Esp* [de cerveza] half; **una** ~ one beer - **6.** *Andes, Cuba, RP* [aguardiente] *type of rum made using sugar cane spirit* - **7.** *loc*: **darle** *o* **meterle** ~ **algo** *fam* to get a move on with sthg.

➤ **caña de pesca** *f* fishing rod.

cañabrava *f Cuba* & *RP kind of cane.*

cañada *f* gorge, ravine.

cáñamo *m* hemp.

cañamón *m* hempseed.

cañaveral *m* reedbed.

cañería *f* pipe.

cañero, ra *m,f Amér* [trabajador] sugar plantation worker.

cañizo *m* wattle.

caño *m* [de fuente] jet.

cañón *m* - **1.** [arma] gun; ~ **antiaéreo** antiaircraft gun; ~ **de nieve** snow cannon; HIST cannon - **2.** [de fusil] barrel; [de chimenea] flue; [de órgano] pipe - **3.** GEOGR canyon - **4.** *loc*: **estar** ~ *fam* to be gorgeous.

cañonazo *m* - **1.** [disparo de cañón] gunshot - **2.** [en fútbol] powerful shot.

cañonear *vt* to shell.

cañonera *f* gunboat.

caoba *f* mahogany.

caos *m inv* chaos.

caótico, ca *adj* chaotic.

cap. (*abrev de capítulo*) ch.

CAP (*abrev de* **Certificado de Aptitud Pedagógica**) *m Spanish teaching certificate needed to teach in secondary education.*

capa *f* - **1.** [manto] cloak, cape; **andar de** ~ **caída** to be in a bad way; **de** ~ **y espada** cloak and dagger; **defender a** ~ **y espada** to defend tooth and nail; **hacer de su** ~ **un sayo** to do as one pleases - **2.** [baño - de barniz, pintura] coat; [- de chocolate etc] coating - **3.** [estrato] layer; GEOL stratum, layer; ~ **atmosférica** atmosphere; ~ **de ozono** ozone layer; ~ **terrestre** earth's surface; ~ **de hielo** sheet of ice - **4.** [grupo social] stratum, class **- 5.** TAUROM cape ; ver también **tauroma-quia.**

capacho m wicker basket.

capacidad f **- 1.** [gen] capacity; **con ~ para 500 personas** with a capacity of 500 **- 2.** [aptitud] ability; **no tener ~ para algo/para hacer algo** to be no good at sthg/at doing sthg.

◆ **capacidad adquisitiva** f purchasing power.

◆ **capacidad de decisión** f decision-making ability.

◆ **capacidad de trabajo** f capacity for hard work.

capacitación f training.

capacitar vt: **~ a alguien para algo** [habilitar] to qualify sb for sthg; [formar] to train sb for sthg.

capar vt to castrate.

caparazón m lit & fig shell.

capataz mf foreman (f forewoman).

capaz adj **- 1.** [gen] capable; **~ de algo/de hacer algo** capable of sthg/of doing sthg **- 2.** DER competent **- 3.** [atrevido]: **ser ~** to dare; **ser ~ de hacer algo** to bring oneself to do sthg **- 4.** [espacioso]: **muy/poco ~** with a large/small capacity; **~ para** with room for.

capazo m large wicker basket.

capcioso, sa adj [pregunta] trick (antes de sust).

capea f TAUROM bullfight with young bulls.

capear vt fig [eludir] to get out of.

capellán m chaplain.

caperuza f **- 1.** [gorro] hood **- 2.** [capuchón] top, cap.

capicúa <> adj inv reversible. <> m inv reversible number.

capilar <> adj **- 1.** [del cabello] hair (antes de sust) **- 2.** ANAT & FÍS capillary. <> m ANAT capillary.

capilaridad f FÍS capillary, capillary action.

capilla f chapel; **~ ardiente** funeral chapel; **estar en ~** fig [condenado a muerte] to be awaiting execution; **fam** [en ascuas] to be on tenterhooks.

capirotazo m flick.

capirote m **- 1.** [gorro] hood **- 2.** ⊏ **tonto.**

cápita ◆ **per cápita** loc adj per capita.

capital <> adj **- 1.** [importante] supreme **- 2.** [principal] main. <> m ECON capital; **~ circulante/fijo/social** working/fixed/share capital; **~ escriturado** declared capital, capital

stock; **~ líquido** liquid assets (pl); **~ bajo riesgo** sum at risk; **~ de riesgo** venture capital. <> f [ciudad] capital; **soy de Barcelona ~** I'm from the city of Barcelona.

capitalidad f capital status.

capitalismo m capitalism.

capitalista adj & m,f capitalist.

capitalización f capitalization.

capitalizar [13] vt **- 1.** ECON to capitalize **- 2.** fig [sacar provecho] to capitalize on.

capitán, ana m,f captain; **~ general** MIL ≃ field marshal UK, general of the army US.

◆ **capitana** f NÁUT flagship.

capitanear vt **- 1.** DEP & MIL to captain **- 2.** [dirigir] to head, to lead.

capitanía f MIL **- 1.** [empleo] captaincy **- 2.** [oficina] military headquarters; **~ general** Captaincy General.

capitel m capital.

capitolio m **- 1.** [edificio] capitol **- 2.** [acrópolis] acropolis.

capitoste mf despec big wheel, big boss.

capitulación f capitulation, surrender.

◆ **capitulaciones matrimoniales** fpl marriage settlement (sg).

capitular vi to capitulate, to surrender.

capítulo m **- 1.** [sección, división] chapter **- 2.** fig [tema] subject; **ser ~ aparte** to be another matter (altogether).

capó, capot [ka'po] m bonnet UK, hood US.

capón m **- 1.** [animal] capon **- 2.** [golpe] rap on the head.

caporal m MIL ≃ corporal.

capot = capó.

capota f hood UK, top US.

capotazo m TAUROM pass with the cape.

capote m **- 1.** [capa] cape with sleeves; [militar] greatcoat **- 2.** TAUROM cape **- 3.** loc: **echar un ~ a alguien** to give sb a (helping) hand.

capricho m **- 1.** [antojo] whim, caprice; **darse un ~** to treat o.s. **- 2.** MÚS & ARTE caprice.

caprichoso, sa adj capricious.

Capricornio <> m [zodiaco] Capricorn; **ser ~** to be (a) Capricorn. <> mf [persona] Capricorn.

cápsula f **- 1.** [gen & ANAT] capsule **- 2.** [tapón] cap.

◆ **cápsula espacial** f space capsule.

captar vt **- 1.** [atraer - simpatía] to win; [- interés] to gain, to capture **- 2.** [entender] to grasp **- 3.** [sintonizar] to pick up, to receive **- 4.** [aguas] to collect.

 ➠ **captarse** *vpr* [atraer] to win, to attract.

captura *f* capture.

capturar *vt* to capture.

capucha *f* hood.

capuchino, na *adj* Capuchin.

 ➠ **capuchino** *m* **- 1.** [fraile] Capuchin **- 2.** [café] cappuccino.

capuchón *m* cap, top.

capullo, lla *vulg* ◇ *adj* bloody stupid. ◇ *m,f* [persona] prat.

 ➠ **capullo** *m* **- 1.** [de flor] bud **- 2.** [de gusano] cocoon **- 3.** *fam* [de pena] head.

caqui, kaki ◇ *adj inv* [color] khaki. ◇ *m* **- 1.** *BOT* kaki **- 2.** [color] khaki.

cara *f* **- 1.** [rostro, aspecto] face; **a ∼ descubierta** openly; **∼ a** [frente a] facing; **∼ a ∼** face to face; **de ∼** [sol, viento] in one's face; **poner ∼ de tonto** to pull a stupid face; **tener buena/ mala ∼** [persona] to look well/awful; **tener ∼ de enfadado** to look angry; **tiene ∼ de ponerse a llover** it looks as if it's going to rain **- 2.** [lado] side; *GEOM* face **- 3.** [de moneda] heads (U); **∼ o cruz** heads or tails; **echar algo a ∼ o cruz** to toss (a coin) for sthg **- 4.** *fam* [osadía] cheek; **tener (mucha) ∼**, **tener la ∼ muy dura** to have a cheek **- 5.** [parte frontal] front **- 6.** *loc*: **se le cayó la ∼ de vergöenza** she blushed with shame; **cruzar la ∼ a alguien** to slap sb in the face; **dar la ∼ por alguien** to make excuses for sb; **de ∼ a** with a view to; **decir algo a alguien en o a la ∼** to say sthg to sb's face; **echar en ∼ algo a alguien** to reproach sb for sthg; **hacer ∼ a** to stand up to; **por su linda ∼**, **por su ∼ bonita** because his/her face fits; **romper** o **partir la ∼ a alguien** to smash sb's face in; **tener dos ∼s** to be two-faced; **verse las ∼s** [pelearse] to have it out; [enfrentarse] to fight it out.

carabela *f* caravel.

carabina *f* **- 1.** [arma] carbine, rifle **- 2.** *fam fig* [mujer] chaperone.

carabinero *m* **- 1.** [en España] customs policeman **- 2.** [en Italia] carabiniere **- 3.** *Chile* [policía] military policeman.

Caracas Caracas.

caracol *m* **- 1.** [animal] snail **- 2.** [concha] shell **- 3.** [rizo] curl.

 ➠ **escalera de caracol** *f* spiral staircase.

 ➠ **caracoles** *interj desus fam*: **¡∼es!** good grief!

caracola *f* conch.

carácter (*pl* **caracteres**) *m* **- 1.** [de persona] character; **tener buen/mal ∼** to be good-natured/bad-tempered **- 2.** [índole] nature; **con ∼ de urgencia** as a matter of urgency; **una reunión de ∼ privado/oficial** a private/ official meeting **- 3.** *INFORM* character; **∼ alfanumérico** alphanumeric character; **caracteres de imprenta** typeface (sg) **- 4.** *BIOL* trait.

característico, ca *adj* characteristic.

 ➠ **característica** *f* characteristic.

caracterización *f* **- 1.** [gen] characterization **- 2.** [maquillaje] make-up.

caracterizar [13] *vt* **- 1.** [definir] to characterize **- 2.** [representar] to portray **- 3.** [maquillar] to make up.

 ➠ **caracterizarse por** *vpr* to be characterized by.

caradura *fam* ◇ *adj* cheeky. ◇ *mf* cheeky person.

carajillo *m* coffee with a dash of liqueur.

carajo *mfam* ◇ *m*: **me importa un ∼** I couldn't give a monkey's; **irse al ∼** to go down the tubes; **¡vete al ∼!** go to hell! ◇ *interj*: **¡carajo!** damn it!

caramba *interj*: **¡∼!** [sorpresa] good heavens!; [enfado] for heaven's sake!

carámbano *m* icicle.

carambola *f* cannon (*in billiards*); **por ∼** by a fluke.

 ➠ **carambolas** *interj Amér*: **¡∼s!** good heavens!

caramelo *m* **- 1.** [golosina] sweet **- 2.** [azúcar fundido] caramel; **de ∼** *fig* great.

carantoñas *fpl*: **hacer ∼ a alguien** to butter sb up.

caraota *f Ven* bean.

caraqueño, ña ◇ *adj* of/relating to Caracas. ◇ *m,f* native/inhabitant of Caracas.

carátula *f* **- 1.** [de libro] front cover; [de disco] sleeve **- 2.** [máscara] mask.

caravana *f* **- 1.** [gen] caravan *UK*, trailer *US* **- 2.** [de coches] tailback.

 ➠ **caravanas** *fpl Amér* [pendientes] earrings.

caravaning [kara'βanin] *m* caravanning.

caray *interj*: **¡∼!** [sorpresa] good heavens!; [enfado] damn it!

carbón *m* **- 1.** [para quemar] coal; **negro como el ∼** [negro] black as coal; [bronceado] brown as a berry; **∼ de leña** o **vegetal** charcoal; **∼ mineral** o **de piedra** coal **- 2.** [para dibujar] charcoal.

carbonatado, da *adj* carbonated.

carbonato *m* carbonate.

carboncillo *m* charcoal; **al ∼** in charcoal.

carbonero, ra ◇ *adj* coal *(antes de sust).* ◇ *m, f* [persona] coal merchant.
➤ **carbonera** *f* **-1.** [lugar] coal bunker **-2.** [de leña] charcoal stack.

carbónico, ca *adj* carbonic.

carbonilla *f* **-1.** [ceniza] cinder **-2.** [carbón pequeño] small coal.

carbonizar [13] *vt* to char, to carbonize; **morir carbonizado** to burn to death.
➤ **carbonizarse** *vpr* to carbonize.

carbono *m* carbon; ~ **14** carbon 14.

carbunclo *m* anthrax.

carburador *m* carburettor.

carburante *m* fuel.

carburar ◇ *vt* to carburate. ◇ *vi fam* to work.

carburo *m* carbide.

carca *fam despec* ◇ *adj* old-fashioned. ◇ *mf* old fogey.

carcaj (*pl* **carcajes**) *m* quiver.

carcajada *f* guffaw; **reír a** ~**s** to roar with laughter.

carcajearse *vpr* to roar with laughter.

carcamal *mf fam despec* old crock.

carcasa *m* [para teléfono móvil] fascia.

cárcel *f* prison; **estar en la** ~ to be in prison; **meter a alguien en la** ~ to put sb in prison; ~ **de alta seguridad** top security prison.

carcelario, ria *adj* prison *(antes de sust).*

carcelero, ra *m, f* warder, jailer.

carcinoma *m* carcinoma, cancerous tumour.

carcoma *f* **-1.** [insecto] woodworm **-2.** [polvo] wood dust.

carcomer *vt lit & fig* to eat away at.
➤ **carcomerse** *vpr fig* [consumirse] to be eaten up o consumed.

carcomido, da *adj* [madera] wormeaten.

cardado *m* **-1.** [de lana] carding **-2.** [del pelo] backcombing.

cardán *m* cardan joint.

cardar *vt* **-1.** [lana] to card **-2.** [pelo] to backcomb.

cardenal *m* **-1.** RELIG cardinal **-2.** [hematoma] bruise.

cardenalicio, cia *adj* cardinal's *(antes de sust).*

cárdeno, na *adj* purple.
➤ **cárdeno** *m* [color] purple.

cardiaco, ca, cardíaco, ca *adj* cardiac, heart *(antes de sust).*

cárdigan, cardigán *m* cardigan.

cardinal *adj* cardinal.

cardiograma *m* cardiogram.

cardiología *f* cardiology.

cardiólogo, ga *m, f* cardiologist.

cardiopatía *f* heart condition.

cardiovascular *adj* cardiovascular.

cardo *m* **-1.** [planta] thistle; ~ **borriquero** cotton thistle **-2.** *fam fig* [persona] prickly customer.

carear *vt* DER to bring face to face.

carecer [30] *vi*: ~ **de algo** to lack sthg.

carencia *f* [ausencia] lack; [defecto] deficiency.

carente *adj*: ~ **de** lacking (in).

careo *m* DER confrontation.

carero, ra *adj fam* pricey.

carestía *f* **-1.** [escasez] scarcity, shortage **-2.** [encarecimiento]: **la** ~ **de la vida** the high cost of living.

careta *f* **-1.** [máscara] mask; ~ **antigás** gas mask **-2.** *fig* [engaño] front.

carey *m* **-1.** [tortuga] sea turtle **-2.** [material] tortoiseshell.

carga *f* **-1.** [acción] loading; **de** ~ **frontal** front-loading **-2.** [cargamento - de avión, barco] cargo; [- de tren] freight; [- de camión] load **-3.** [peso] load **-4.** *fig* [sufrimiento] burden **-5.** [ataque, explosivo] charge; ~ **de profundidad** depth charge; **volver a la** ~ *fig* to persist **-6.** [de batería, condensador] charge **-7.** [para mechero, bolígrafo] refill **-8.** *fig* [componente] charge; **tiene una fuerte** ~ **emocional** it's heavily charged with emotion **-9.** [impuesto] tax; ~**s sociales** social security contributions; ~ **fiscal** tax burden.

cargado, da *adj* **-1.** [abarrotado]: ~ **(de)** loaded (with); **estar** ~ **de** *fam* to have loads of; **un árbol cargado de fruta** a tree laden with fruit **-2.** [arma] loaded **-3.** [bebida] strong **-4.** [bochornoso - habitación] stuffy; [- tiempo] sultry, close; [- cielo] overcast **-5.**: ~ **de hombros** round-shouldered *(antes de sust).*

cargador *m* **-1.** [de arma] chamber **-2.** [persona] loader; ~ **de muelle** docker, stevedore **-3.** ELECTR charger.

cargamento *m* cargo.

cargante *adj fam fig* annoying.

cargar [16] ◇ *vt* **-1.** [gen] to load; [pluma, mechero] to refill **-2.** [peso encima] to throw over one's shoulder **-3.** ELECTR to charge; INFORM to load **-4.** *fig* [responsabilidad, tarea] to give, to lay upon; ~ **a alguien de deudas** to encumber sb with debts **-5.** *fam fig* [molestar] to annoy **-6.** [producir pesadez - suj: humo] to make stuffy; [- suj: comida] to bloat **-7.** [gravar]: ~ **un impuesto a algo/alguien** to tax sthg/sb **-8.** [importe, factura, deuda]: ~ **algo**

(a) to charge sthg (to); **cárguelo a mi cuenta** charge it to my account. <> *vi* -**1.** [recaer]: ~ **sobre alguien** to fall on sb -**2.** [atacar]: ~ **(contra)** to charge.

◆ **cargar con** *vi* -**1.** [paquete etc] to carry away -**2.** *fig* [coste, responsabilidad] to bear; [consecuencias] to accept; [culpa] to get.

◆ **cargarse** *vpr* -**1.** *fam* [romper] to break -**2.** *fam* [suspender] to fail -**3.** *fam* [matar - persona] to bump off; [- animal] to kill -**4.** [de humo] to get stuffy -**5.** [colmarse]: ~**se de** to be loaded down with -**6.** *ELECTR* to become charged; *INFORM* to load -**7.** *loc*: ¡**te la vas a** ~! *fam* you're in for it!

cargo *m* -**1.** [gen, *ECON & DER*] charge; **con** ~ **a** charged to; **sin** ~ free of charge; **correr a** ~ **de** to be borne by; **estar a** ~ **de algo, tener algo a** ~ **de uno** to be in charge of sthg; **las personas a mi** ~ the people in my care; **hacerse** ~ **de** [asumir el control de] to take charge of; [ocuparse de] to take care of; [comprender] to understánd; **tener** ~ **de conciencia** to feel pangs of conscience, to feel remorse -**2.** [empleo] post, position; **alto** ~ high-ranking official; **es un** ~ **público** he holds public office.

cargosear *vt CSur* to annoy, to pester.

cargoso, sa *adj CSur* annoying.

carguero *m* cargo boat.

cariacontecido, da *adj* crestfallen.

cariado, da *adj* decayed.

cariar [8] *vt* to decay.

◆ **cariarse** *vpr* to decay.

cariátide *f* caryatid.

Caribe *m*: **el (mar)** ~ the Caribbean (Sea).

caribeño, ña <> *adj* Caribbean. <> *m,f* native/inhabitant of the Caribbean Islands.

caricatura *f* caricature.

caricaturesco, ca *adj* caricature (antes de sust).

caricaturista *mf* caricaturist.

caricaturizar [13] *vt* to caricature.

caricia *f* [a persona] caress; [a perro, gàto etc] stroke.

caridad *f* charity.

caries *f inv* tooth decay; **tengo dos** ~ I have two cavities.

carillón *m* carillon.

cariñena *m* wine from Cariñena, in the province of Zaragoza.

cariño *m* -**1.** [afecto] affection; **tomar** ~ **a** to grow fond of; **con mucho** ~ with great affection -**2.** [cuidado] loving care -**3.** [apelativo] love.

cariñoso, sa *adj* affectionate.

carioca <> *adj* of/relating to Rio de Janeiro. <> *mf* native/inhabitant of Rio de Janeiro.

carisma *m* charisma.

carismático, ca *adj* charismatic.

Cáritas *f charitable organization run by the Catholic Church.*

caritativo, va *adj* charitable.

cariz *m* look, appearance; **tomar mal/ buen** ~ to take a turn for the worse/ better.

carlinga *f* [*AERON* - para piloto] cockpit; [- para pasajeros] cabin.

carlista *adj & m,f* Carlist.

carmelita *adj & m,f* Carmelite.

carmesí (*pl* carmesíes) *adj & m* crimson.

carmín <> *adj* [color] carmine. <> *m* -**1.** [color] carmine -**2.** [lápiz de labios] lipstick.

carnada *f lit & fig* bait.

carnal *adj* -**1.** [de la carne] carnal -**2.** [primo] first (antes de sust).

carnaval *m* carnival.

carnavalada *f fam* farce.

carnavalesco, ca *adj* carnival (antes de sust).

carnaza *f lit & fig* bait.

carne *f* -**1.** [de persona, fruta] flesh; **en** ~ **viva** raw; **entrado** *o* **metido en** ~**s** plump; **ser de** ~ **y hueso** *fig* to be human -**2.** [alimento] meat; ~ **de cerdo** pork; ~ **de cordero** lamb; ~ **picada** mince; ~ **de ternera** veal; ~ **de vaca** beef; **poner toda la** ~ **en el asador** *fig* to go for broke; **ser** ~ **de cañón** to be cannon fodder; **poner la** ~ **de gallina a alguien** [de frío] to give sb goose pimples; [de miedo] to give sb the creeps.

◆ **carne de membrillo** *f* quince jelly.

carné (*pl* carnés), **carnet** (*pl* carnets) *m* -**1.** [documento] card; ~ **de conducir** driving licence; ~ **de identidad** identity card; ~ **de estudiante** student card; ~ **de prensa** press pass -**2.** [agenda] notebook.

carnear *vt Andes & RP* to slaughter, to butcher.

carnet *m* = carné.

carnicería *f* -**1.** [tienda] butcher's -**2.** *fig* [destrozo] butchery (U) -**3.** *fig* [masacre] carnage (U).

carnicero, ra <> *adj* [animal] carnivorous. <> *m,f lit & fig* [persona] butcher.

◆ **carnicero** *m ZOOL* carnivore.

cárnico, ca *adj* meat (antes de sust).

carnitas *fpl Méx small pieces of braised pork.*

carnívoro, ra *adj* carnivorous.
→ **carnívoro** *m* carnivore.
carnosidad *f* -**1.** [de una herida] proud flesh *(U)* -**2.** [gordura] fleshy part.
carnoso, sa *adj* fleshy; [labios] full.
caro, ra *adj* -**1.** [precio] expensive -**2.** *culto* [querido] cherished, fond.
→ **caro** *adv*: **costar** ~ to be expensive; *fig* to cost dear; **vender** ~ **algo** to sell sthg at a high price; *fig* not to give sthg up easily; **pagar** ~ **algo** *fig* to pay dearly for sthg; **salir** ~ to be expensive; *fig* to cost dear.
carolingio, gia *adj & m,f* Carolingian.
carota *mf fam* cheeky so-and-so.
carótida *adj & f* carotid.
carozo *m RP* stone, pit *US*.
carpa *f* -**1.** [pez] carp -**2.** [de circo] big top; [para fiestas etc] marquee -**3.** *Amér* [tienda de campaña] tent.
carpanta *f fam* ravenous hunger.
Cárpatos *mpl*: **los** ~ the Carpathians.
carpeta *f* file, folder.
carpetazo *m*: **dar** ~ **a algo** to shelve sthg.
carpetovetónico, ca *adj* deeply Spanish.
carpintería *f* -**1.** [arte] carpentry; [de puertas y ventanas] joinery -**2.** [taller] carpenter's/joiner's shop.
carpintero, ra *m,f* carpenter; [de puertas y ventanas] joiner.
carraca *f* -**1.** [instrumento] rattle -**2.** *fig* [cosa vieja] old crock.
carrara *m* Carrara marble.
carraspear *vi* -**1.** [hablar ronco] to speak with a hoarse voice -**2.** [toser] to clear one's throat.
carraspera *f* hoarseness.
carrera *f* -**1.** [acción de correr] run, running *(U)* -**2.** *DEP & fig* race; ~ **armamentística** *o* **de armamentos** arms race; ~ **contra reloj** race against the clock; ~ **ciclista** cycle race; ~ **de cuestas** motor race; ~ **de obstáculos** steeplechase -**3.** [trayecto] route -**4.** [de taxi] ride -**5.** [estudios] university course; **hacer la** ~ **de derecho** to study law (at university) -**6.** [profesión] career; **hacer** ~ [triunfar] to succeed (in life) -**7.** [en medias] ladder *UK*, run *US* -**8.** [calle] street; **hacer la** ~ [prostituirse] to walk the streets.
carrerilla *f*: **coger** *o* **tomar** ~ to take a run-up.
→ **de carrerilla** *loc adv* by heart.
carreta *f* cart.
carrete *m* -**1.** [de hilo] bobbin, reel; [de alambre] coil -**2.** *FOT* roll (of film) -**3.** [para pescar] reel -**4.** [de máquina de escribir] spool -**5.** *loc*:

dar ~ **a alguien** to draw sb out.
carretera *f* road; **viaje por** ~ road journey; ~ **de circunvalación** ring road; ~ **comarcal** ≃ B road *UK*; ~ **de cuota** *Méx* toll road; ~ **nacional** ≃ A road *UK*, state highway *US*; *Méx*: ~ **de cuota** toll road.
carretero, ra ◇ *m,f* [conductor] carter; **fumar como un** ~ *fig* to smoke like a chimney. ◇ *adj Amér* road; **un accidente** ~ a road accident; **tráfico** ~ road traffic.
→ **carretero** *m Amér* [carretera] road.
carretilla *f* wheelbarrow.
carricoche *m* old car.
carril *m* -**1.** [de carretera] lane; ~ **de aceleración** fast lane; ~ **bici** cycle lane; ~ **bus** bus lane -**2.** [de vía de tren] rail -**3.** [de ruedas] rut.
carrillo *m* cheek; **comer a dos** ~**s** *fig* to cram one's face with food.
carrito *m* trolley *UK*, cart *US*.
carro *m* -**1.** [vehículo] cart; ~ **de combate** *MIL* tank; **¡para el** ~**!** [espera un momento] hang on a minute! -**2.** [de máquina de escribir] carriage -**3.** *Andes, CAm, Carib, Méx* [automóvil] car -**4.** *Méx*: ~ **comedor** [en tren] dining car, restaurant car.
carrocería *f* bodywork *UK*, body.
carromato *m* -**1.** [carro] wagon -**2.** [coche viejo] old car.
carroña *f* carrion.
carroza ◇ *f* [vehículo] carriage. ◇ *mf fam* [viejo] old fogey.
carruaje *m* carriage.
carrusel *m* -**1.** [tiovivo] carousel, merry-go-round -**2.** [de caballos] mounted patrol.
carta *f* -**1.** letter; **echar una** ~ to post a letter; ~ **certificada/urgente** registered/express letter; ~ **de presentación** letter of introduction; ~ **de recomendación** reference (letter) -**2.** [naipe] (playing) card; **echar las** ~**s a alguien** to tell sb's fortune *(with cards)* -**3.** [en restaurante] menu; ~ **de vinos** wine list -**4.** [mapa] map; *NÁUT* chart; ~ **astral** star chart -**5.** [documento] charter; ~ **de crédito** *COM* letter of credit; ~ **de naturaleza** naturalization papers *(pl)*; ~ **de pago** *COM* receipt; ~ **de trabajo** work permit; ~ **verde** green card; ~**s credenciales** letters of credence -**6.** *loc*: **a** ~ **cabal** through and through; **jugarse la última** ~ to play one's last card; **jugarse todo a una** ~ to put all one's eggs in one basket; **no saber a qué** ~ **quedarse** to be unsure; **poner las** ~**s boca arriba** *o* **sobre la mesa** to put one's cards on the table; **tomar** ~**s en un asunto** to intervene in a matter; **dar** ~ **blanca a algn**

to give sb carte blanche.
- **carta de ajuste** *f* test card.
- **Carta de Derechos** *f* Bill of Rights.
- **Carta Magna** *f* Constitution.

cartabón *m* set square.

cartapacio *m* - **1.** [carpeta] folder - **2.** [cuaderno] note book.

cartearse *vpr* to correspond.

cartel *m* - **1.** [póster] poster; 'prohibido fijar ~es' 'billposters will be prosecuted' - **2.** [letrero] sign - **3.** *fig* [fama]: **de ~** famous, star *(antes de sust)*; **tener ~** to be all the rage.

cártel *m* cartel.

cartelero, ra *adj* popular, big-name.

cartelera *f* - **1.** [tablón] hoarding, billboard - **2.** PRENS entertainments page; **estar en ~** to be showing; **lleva un año en ~** it's been running for a year.

cartelista *mf* poster artist.

carteo *m* correspondence.

cárter *m* AUTOM housing.

cartera *f* - **1.** [para dinero] wallet - **2.** [para documentos] briefcase; [sin asa] portfolio; [de colegial] satchel; **tener algo en ~** *fig* to have sthg in the pipeline - **3.** COM, FIN & POLÍT portfolio; **~ de pedidos** [pedidos pendientes] orders *(pl)* in hand; [pedidos atrasados] backlog; **~ de valores** portfolio - **4.** [bolsillo] pocket flap - **5.** *Andes, CSur* [bolso] handbag *UK*, purse *US*.

carterista *mf* pickpocket.

cartero, ra *m,f* postman *(f* postwoman*)*.

cartesiano, na *adj & m,f* FILOSOFÍA Cartesian.

cartilaginoso, sa *adj* cartilaginous.

cartílago *m* cartilage.

cartilla *f* - **1.** [documento] book; **~ (de ahorros)** savings book; **~ militar** *booklet to say one has completed one's military service*; **~ del paro** ≃ UB40 *UK*, *registration card issued to the unemployed*; **~ de la seguridad social** social security card - **2.** [para aprender a leer] primer - **3.** *loc:* **leerle la ~ a alguien** to read sb the riot act; **no saberse la ~** not to have a clue.

cartografía *f* cartography.

cartógrafo, fa *m,f* cartographer.

cartomancia *f* cartomancy.

cartón *m* - **1.** [material] cardboard; **~ piedra** papier mâché - **2.** [de cigarrillos, leche] carton; [de huevos] box.

cartoné ➤ **en cartoné** *loc adv* bound in boards.

cartuchera *f* cartridge belt.

cartucho *m* - **1.** [de arma] cartridge; **quemar el último ~** *fig* to play one's last card - **2.** [envoltorio - de monedas] roll; [- de avellanas

etc] paper cone.

cartujo, ja *adj* Carthusian.
- **cartujo** *m* - **1.** [religioso] Carthusian - **2.** *fig* [persona retraída] hermit.
- **cartuja** *f* charterhouse.

cartulina *f* card; **~ amarilla/roja** FTBL yellow/red card.

casa *f* - **1.** [edificio] house; **~ adosada** semidetached house; **~ de campo** country house; **~ unifamiliar** *house (usually detached) on an estate*; **se le cae la ~ encima** [se deprime] it's the end of the world for him; **echar** *o* **tirar la ~ por la ventana** to spare no expense; **empezar la ~ por el tejado** to put the cart before the horse; **ser de andar por ~** [sencillo] to be simple *o* basic; **en ~ del herrero cuchillo de palo** *proverb* the shoemaker's wife is always worst shod - **2.** [hogar] home; **en ~** at home; **ir a ~** to go home; **pásate por mi ~** come round to my place; **jugar en ~/fuera de ~** to play at home/away - **3.** [familia] family - **4.** [linaje] house - **5.** [empresa] company; **vino de la ~** house wine; **~ de empeño** *o* **préstamo** pawnshop; **~ de citas** brothel; **~ discográfica** record company - **6.** [organismo]: **~ Consistorial** town hall; **~ de huéspedes** guesthouse; **~ de juego** gambling house; **~ de putas** brothel; **~ de socorro** first-aid post.

CASA ROSADA

Casa Rosada (the 'Pink House') in Buenos Aires, is the name of the Argentine Presidential Palace and the seat of the government.

casaca *f* frock coat.

casación *f* annulment.

casadero, ra *adj* marriageable.

casado, da ◇ *adj:* **~ (con)** married (to). ◇ *m,f* married man *(f* married woman*)*; **los recién ~s** the newly-weds.

casamentero, ra ◇ *adj* matchmaking. ◇ *m,f* matchmaker.

casamiento *m* wedding, marriage.

casanova *m* Casanova.

casar ◇ *vt* - **1.** [en matrimonio] to marry - **2.** [unir] to fit together. ◇ *vi* to match.
- **casarse** *vpr:* **~se (con)** to get married (to); **~se por la iglesia/lo civil** to have a church/civil wedding; **no ~se con nadie** *fig* to be totally impartial.

cascabel *m* (small) bell; **poner el ~ al gato** *fig* to dare to go ahead.

cascada *f* [de agua] waterfall; **en ~** one after another.

cascado, da *adj* - **1.** *fam* [estropeado] bust;

[persona, ropa] worn-out **-2.** [ronco] rasping.

cascanueces *m inv* nutcracker.

cascar [10] ◇ *vt* **-1.** [romper] to crack **-2.** *fam* [dañar] to damage, to harm; **~ la** *fig* to kick the bucket **-3.** *fam* [la voz] to make hoarse **-4.** *fam* [pegar] to thump. ◇ *vi fam* [hablar] to witter on.

➤ **cascarse** *vpr* [romperse] to crack; **cascársela** *vulg* to jerk off.

cáscara *f* **-1.** [de almendra, huevo etc] shell **-2.** [de limón, naranja] skin, peel **-3.** [de plátano] skin.

cascarilla *f* husk.

cascarón *m* eggshell; **salir del ~** *fig* to leave the nest.

cascarrabias *m y f inv* grouch, misery guts *(sg)*.

casco *m* **-1.** [para la cabeza] helmet; [de motorista] crash helmet **-2.** [de barco] hull **-3.** [de ciudad]: **~ antiguo** old (part of) town; **~ urbano** city centre **-4.** [de caballo] hoof **-5.** [envase] empty bottle **-6.** [pedazo - de objeto] fragment, piece; [- de cebolla] segment.

➤ **cascos** *mpl fam* [cabeza] nut *(sg)*; **calentarse** *o* **romperse los ~s** to rack one's brains; **ser alegre** *o* **ligero de ~s** to be scatterbrained; [auriculares] headphones.

cascote *m* piece of rubble.

casero, ra ◇ *adj* **-1.** [de casa - comida] home-made; [- trabajos] domestic; [- reunión, velada] at home; [de la familia] family *(antes de sust)* **-2.** [hogareño] home-loving. ◇ *m,f* **-1.** [propietario] landlord (*f* landlady) **-2.** [encargado] house agent.

caserón *m* large, rambling house.

caseta *f* **-1.** [casa pequeña] hut **-2.** [en la playa] bathing hut **-3.** [de feria] stall, booth **-4.** [para perro] kennel **-5.** *Méx:* **~ de cobro** tollbooth; **~ telefónica** phone box, phone booth *US*.

casete, cassette [ka'sete] ◇ *f* [cinta] cassette. ◇ *m* [aparato] cassette recorder.

casi *adv* almost; **~ me muero** I almost *o* nearly died; **~ no dormí** I hardly slept at all; **~, ~** almost, just about; **~ nunca** hardly ever; **~ nada** hardly anything.

casilla *f* **-1.** [taquilla] box office **-2.** [de caja, armario] compartment; [para cartas] pigeonhole; **~ de correos** *Andes* & *RP* PO Box **-3.** [en un impreso] box **-4.** [de ajedrez etc] square **-5.** *loc:* **sacar a alguien de sus ~s** to drive sb mad; **salir** *o* **salirse de sus ~s** to fly off the handle.

casillero *m* **-1.** [mueble] set of pigeonholes

-2. [casilla] pigeonhole.

casino *m* **-1.** [para jugar] casino **-2.** [asociación] (social) club.

casis [ka'sis] *m inv* **-1.** [arbusto] blackcurrant bush **-2.** [fruto] blackcurrant **-3.** [licor] cassis.

caso *m* **-1.** [gen, *DER* & *GRAM*] case; **el ~ es que** the fact is (that); **en el mejor/peor de los ~s** at best/worst; **en todo ~** in any case; **~ de conciencia** matter of conscience; **~ de fuerza mayor** force *(U)* of circumstance; **~ clínico** clinical case **-2.** [ocasión] occasion; **en ~ de** in the event of; **en ~ de que** if; **(en) ~ de que venga** should she come; **en cualquier** *o* **todo ~** in any event *o* case **-3.** *loc:* **hacer ~ a** to pay attention to; **hacer ~ omiso de** to ignore; **ir al ~** to get to the point; **no hacer** *o* **venir al ~** to be irrelevant; **ser un ~** *fam* to be a case, to be a right one; **ser un ~ perdido** to be a lost cause; **tú ni ~** take no notice.

caspa *f* dandruff.

Caspio *m:* **el (mar) ~** the Caspian Sea.

cáspita *interj:* **¡~!** *desus* [sorpresa] my word!; [enfado] dash it!

casque *etc v* ▷ **cascar.**

casquete *m* [gorro] skullcap.

➤ **casquete esférico** *m* segment of a sphere.

➤ **casquete polar** *m* polar cap.

casquillo *m* [de munición] case; **~ de bala** bullet shell.

casquivano, na *adj fam* harebrained.

cassette = casete.

casta *f* **-1.** [linaje] stock, lineage **-2.** [especie, calidad] breed **-3.** [en la India] caste.

castaña *f* ▷ **castaño.**

castañazo *m fam* bash.

castañetear ◇ *vt* [dedos] to snap. ◇ *vi* [dientes] to chatter.

castañeteo *m* **-1.** [de castañuelas] clacking **-2.** [de dientes] chattering **-3.** [de dedos] snapping.

castaño, ña *adj* [color] chestnut.

➤ **castaño** *m* **-1.** [color] chestnut; **pasar de ~ oscuro** *fig* to be beyond a joke **-2.** [árbol] chestnut (tree); **~ de Indias** horsechestnut (tree) **-3.** [madera] chestnut.

➤ **castaña** *f* **-1.** [fruto] chestnut; **sacarle a alguien las castañas del fuego** *fam* to get sb out of trouble **-2.** *fam* [golpe] thump **-3.** *fam* [borrachera]: **agarrarse una castaña** to get legless.

castañuela *f* castanet; **estar como unas ~s** to be very happy.

castellanizar [13] *vt* to hispanicize.
castellano, na *adj & m,f* Castilian.
◆ **castellano** *m* [lengua] (Castilian) Spanish.
castellano-leonés, esa *adj & m,f* Castilian-Leonese.
casticismo *m* purism.
castidad *f* chastity.
castigador, ra *fam* ⟷ *adj* seductive. ⟷ *m,f* ladykiller (*f* man-eater).
castigar [16] *vt* - **1.** [imponer castigo] to punish - **2.** DEP to penalize - **3.** [maltratar] to damage - **4.** *fig* [enamorar] to seduce.
castigo *m* - **1.** [sanción] punishment; ~ ejemplar exemplary punishment - **2.** [sufrimiento] suffering *(U)*; [daño] damage *(U)* - **3.** DEP penalty.
castillo *m* - **1.** [edificio] castle; ~s en el aire *o* de naipes *fig* castles in the air; ~ de naipes house of cards - **2.** NÁUT: ~ de popa quarterdeck; ~ de proa forecastle.
castizo, za *adj* pure; [autor] purist.
casto, ta *adj* chaste.
castor *m* beaver.
castración *f* castration.
castrar *vt* - **1.** [animal, persona] to castrate; [gato] to doctor - **2.** *fig* [debilitar] to sap, to impair.
castrense *adj* military.
castrista *adj & m,f* Castroist.
casual *adj* chance, accidental.
casualidad *f* coincidence; **fue pura** ~ it was sheer coincidence; **dio la** ~ **de que ...** it so happened that ...; **por** ~ by chance; **¡qué** ~! what a coincidence!
casualmente *adv* by chance.
casuístico, ca *adj* casuistic.
◆ **casuística** *f* casuistry.
casulla *f* chasuble.
cata *f* tasting; ~ **de vino** wine tasting.
catabolismo *m* catabolism.
cataclismo *m* cataclysm.
catacumbas *fpl* catacombs.
catador, ra *m,f* taster.
catadura *f fig* look, appearance.
catafalco *m* catafalque.
catalán, ana *adj & m,f* Catalan, Catalonian.
◆ **catalán** *m* [lengua] Catalan.
catalanismo *m* - **1.** [palabra] Catalanism - **2.** POLÍT Catalan nationalism.
catalejo *m* telescope.
catalepsia *f* catalepsy.
catalítico, ca *adj* QUÍM catalytic.

catalizador, ra *adj* - **1.** QUÍM catalytic - **2.** *fig* [impulsor] catalysing *(antes de sust).*
◆ **catalizador** *m* - **1.** QUÍM & *fig* catalyst - **2.** AUTOM catalytic converter.
catalizar [13] *vt* - **1.** QUÍM to catalyse - **2.** *fig* [impulsar] to provoke.
catalogación *f* cataloguing.
catalogar [16] *vt* - **1.** [en catálogo] to catalogue - **2.** [clasificar]: ~ **a alguien (de)** to class sb (as).
catálogo *m* catalogue.
Cataluña Catalonia.
catamarán *m* catamaran.
cataplasma *f* - **1.** MED poultice - **2.** *fam fig* [pesado] bore.
catapulta *f* catapult.
catapultar *vt* to catapult.
catar *vt* to taste.
catarata *f* - **1.** [de agua] waterfall; (~s del) Iguazú the Iguaçu Falls; (~s del) Niágara the Niagara Falls - **2.** *(gen pl)* MED cataract.
catarro *m* cold.
catarsis *f inv* catharsis.
catártico, ca *adj* cathartic.
catastro *m* land registry.
catástrofe *f* catastrophe; [accidente] disaster; ~ **aérea** air disaster; ~ **natural** natural disaster.
catastrófico, ca *adj* catastrophic.
catastrofismo *m* [pesimismo] scaremongering, alarmism.
catastrofista *adj & m,f* alarmist.
catavinos *mf inv* wine taster.
catch [katʃ] *m* DEP all-in wrestling.
cátcher ['katʃer] (*pl* catchers) *m* DEP catcher.
catchup ['ketʃup], **ketchup** *m inv* ketchup.
cate *m fam* fail.
catear *vt fam* - **1.** *Esp* : **he cateado las matemáticas** I failed *o* flunked *US* maths - **2.** *Amér* [registrar] to search.
catecismo *m* catechism.
cátedra *f* - **1.** [cargo - en universidad] chair; [- en instituto] post of head of department - **2.** [departamento] department - **3.** *loc*: **poner** *o* **sentar** ~ to lay down the law.
catedral *f* cathedral.
catedralicio, cia *adj* cathedral *(antes de sust).*
catedrático, ca *m,f* [de universidad] professor; [de instituto] head of department.
categoría *f* - **1.** [gen] category; ~ **gramatical** part of speech - **2.** [posición social] standing; **de** ~ important - **3.** [calidad] quality; **de (primera)** ~ first-class.
categórico, ca *adj* categorical.

catequesis f inv catechesis.

catequizar [13] vt **-1.** [enseñar religión] to instruct in the Christian doctrine **-2. fig** [adoctrinar] to convert.

caterva f host, multitude.

cateto, ta despec ⬦ adj uncultured, uncouth. ⬦ m,f country bumpkin.

➡ **cateto** m GEOM cathetus.

catire, ra adj Carib blond (f blonde).

cátodo m cathode.

catolicismo m Catholicism.

católico, ca ⬦ adj Catholic; **no estar muy ~ fam fig** to be under the weather. ⬦ m,f Catholic.

catón m **-1.** [libro] primer **-2. fig** [persona severa] severe person.

catorce núm fourteen; ver también **seis**.

catorceavo, va núm fourteenth; **una catorceava parte** a fourteenth.

catre m [cama] camp bed; **irse al ~ fam** to hit the sack.

catrín, trina m,f Cam & Méx fam toff.

caucásico, ca adj & m,f Caucasian.

Caucaso m: **el ~** the Caucasus.

cauce m **-1.** AGR & fig channel **-2.** [de río] riverbed; **volver a su ~** to return to normal.

caucho m **-1.** [sustancia] rubber; **~ vulcanizado** vulcanized rubber **-2.** [planta] rubber tree.

caudal m **-1.** [cantidad de agua] flow, volume **-2.** [capital, abundancia] wealth.

caudaloso, sa adj **-1.** [río] with a large flow **-2.** [persona] wealthy, rich.

caudillaje m leadership.

caudillo m [en la guerra] leader, head.

➡ **Caudillo** m: **el Caudillo** HIST title used to refer to Franco.

causa f **-1.** [origen, ideal] cause; **por una buena ~** for a good cause **-2.** [razón] reason; **a ~ de** because of **-3.** DER case.

causal adj causal.

causalidad f causality.

causante ⬦ adj: **la razón ~** the cause. ⬦ mf cause.

causar vt [gen] to cause; [impresión] to make; [placer] to give; **~ asombro a alguien** to amaze sb.

causticidad f lit & fig causticity.

cáustico, ca adj lit & fig caustic.

cautela f caution, cautiousness; **con ~** cautiously.

cauteloso, sa ⬦ adj cautious, careful. ⬦ m,f cautious person.

cauterizar [13] vt to cauterize.

cautivador, ra ⬦ adj captivating, en-

chanting. ⬦ m,f charmer.

cautivar vt **-1.** [apresar] to capture **-2.** [seducir] to captivate, to enchant.

cautiverio m, **cautividad** f captivity; **vivir en ~** to live in captivity.

cautivo, va adj & m,f captive.

cauto, ta adj cautious, careful.

cava ⬦ m [bebida] cava, Spanish champagne-type wine. ⬦ f **-1.** [bodega] wine cellar **-2.** [excavación] digging.

cavar vt & vi [gen] to dig; [con azada] to hoe.

caverna f cave; [más grande] cavern.

cavernícola mf caveman (f cavewoman).

cavernoso, sa adj cavernous; [voz, tos] hollow.

caviar (pl caviares) m caviar.

cavidad f cavity; [formada con las manos] cup.

cavilación f deep thought, pondering.

cavilar vi to think deeply, to ponder.

caviloso, sa adj thoughtful, pensive.

cayado m **-1.** [de pastor] crook **-2.** [de obispo] crozier.

cayera etc ⬅ **caer**.

caza ⬦ f **-1.** [acción de cazar] hunting; **dar ~ a** to hunt down; **salir o ir de ~** to go hunting; **~ de brujas fig** witch-hunt; **~ furtiva** poaching **-2.** [animales, carne] game; **~ mayor/menor** big/small game. ⬦ m fighter (plane).

cazabe m Amér cassava bread.

cazabombardero m fighter-bomber.

cazador, ra ⬦ adj hunting. ⬦ m,f [persona] hunter; **~ furtivo** poacher.

➡ **cazadora** f [prenda] bomber jacket.

cazadotes m inv fortune hunter.

cazalla f [bebida] aniseed-flavoured spirit.

cazar [13] vt **-1.** [animales etc] to hunt **-2. fig** [pillar, atrapar] to catch; [en matrimonio] to trap.

cazo m saucepan.

cazoleta f **-1.** [recipiente] pot **-2.** [de pipa] bowl.

cazuela f **-1.** [recipiente] pot; [de barro] earthenware pot; [para el horno] casserole (dish) **-2.** [guiso] casserole, stew; **a la ~** casseroled.

cazurro, rra ⬦ adj [bruto] stupid. ⬦ m,f [bruto] idiot, fool.

c/c (abrev de **cuenta corriente**) a/c.

CC OO (abrev de **Comisiones Obreras**) fpl Spanish communist-inspired trade union.

CD m **-1.** (abrev de **club deportivo**) sports club; [en fútbol] FC **-2.** (abrev de **cuerpo diplomático**) CD **-3.** (abrev de **compact disc**) CD.

CD-R (abrev de **compact disc recordable**) m CD-R.

CD-RW (*abrev de* **compact disc rewritable**) *m* CD-RW.

ce *f*: ~ **por be** *fig* in great detail.

CE <> *m* (*abrev de* **Consejo de Europa**) CE. <> *f* -**1.** (*abrev de* **Comunidad Europea**) EC -**2.** (*abrev de* **constitución española**) *Spanish Constitution*.

cebada *f* barley.

cebador *m* -**1.** [de fluorescente] ballast -**2.** [de pólvora] primer.

cebar *vt* -**1.** [sobrealimentar] to fatten (up) -**2.** [máquina, arma] to prime -**3.** [anzuelo] to bait -**4.** *RP* [mate] to prepare, to brew.

◆ **cebarse en** *vpr* to take it out on.

cebo *m* -**1.** [para cazar] bait -**2.** [para alimentar] feed, food -**3.** *fig* [para atraer] incentive.

cebolla *f* onion.

cebolleta *f* -**1.** *BOT* spring onion -**2.** [en vinagre] pickled onion; [muy pequeña] silverskin onion.

cebollino *m* -**1.** *BOT* chive; [cebolleta] spring onion -**2.** *fam* [necio] idiot.

cebón, ona <> *adj* fattened. <> *m* pig.

cebra *f* zebra.

cebú (*pl* **cebúes**) *m* zebu.

ceca *f* mint.

◆ **Ceca** *f*: **ir de la Ceca a la Meca** *fig* to go here, there and everywhere.

cecear *vi* to lisp.

ceceo *m* lisp.

cecina *f* dried, salted meat.

cedazo *m* sieve.

ceder <> *vt* -**1.** [traspasar, transferir] to hand over -**2.** [conceder] to give up; **'ceda el paso'** 'give way'; ~ **la palabra a alguien** to give the floor to sb. <> *vi* -**1.** [venirse abajo] to give way -**2.** [destensarse] to give, to become loose -**3.** [disminuir] to abate -**4.** [rendirse] to give up; ~ **a** to give in to; ~ **en** to give up on -**5.** [ensancharse] to stretch.

cedilla *f* cedilla.

cedro *m* cedar.

cédula *f* document; ~ **de citación** summons (*sg*); ~ **de habitabilidad** *certificate stating that a place is habitable*; ~ **hipotecaria** mortgage bond; ~ **(de identidad)** *Amér* identity card; ~ **de vecindad** identity card.

CEE (*abrev de* **Comunidad Económica Europea**) *f* EEC.

cefalea *f* headache, cephalalgia MED.

cefalópodo *m* cephalopod.

cegador, ra *adj* blinding.

cegar [35] <> *vt* -**1.** [gen] to blind -**2.** [tapar - ventana] to block off; [- tubo] to block up. <> *vi* to be blinding.

◆ **cegarse** *vpr* *lit & fig* to be blinded.

cegato, ta *fam* <> *adj* short-sighted. <> *m,f* short-sighted person.

cegué *etc v* ▷ **cegar**.

ceguera *m* *lit & fig* blindness.

Ceilán Ceylon.

ceja *f* -**1.** *ANAT* eyebrow; **quemarse las ~s** *fam* to burn the midnight oil; **se le metió entre** ~ **y** ~ *fam* he got it into his head; **tener a alguien entre** ~ **y** ~ *fam* not to be able to stand the sight of sb -**2.** [borde] border, edging -**3.** [MÚS - puente] bridge; [- cejilla] capo.

cejar *vi*: ~ **en** to give up on.

cejijunto, ta *adj* -**1.** [persona] bushy-eyebrowed -**2.** [gesto] frowning.

cejilla *f* MÚS capo.

celada *f* [trampa] trick, trap.

celador, ra *m,f* [de colegio, hospital] porter; [de prisión] warder; [de museo] attendant.

celda *f* cell; ~ **de castigo** solitary confinement cell.

celdilla *f* cell.

celebérrimo, ma *adj* extremely famous.

celebración *f* -**1.** [festejo] celebration -**2.** [realización] holding.

celebrar *vt* -**1.** [festejar] to celebrate -**2.** [llevar a cabo] to hold; [oficio religioso] to celebrate -**3.** [alegrarse de] to be delighted with -**4.** [alabar] to praise, to applaud.

◆ **celebrarse** *vpr* -**1.** [festejarse] to be celebrated; **esa fiesta se celebra el 24 de Julio** that festivity falls on 24th July -**2.** [llevarse a cabo] to take place, to be held.

célebre *adj* famous, celebrated.

celebridad *f* -**1.** [fama] fame -**2.** [persona famosa] celebrity.

celeridad *f* speed.

celeste *adj* -**1.** [del cielo] celestial, heavenly -**2.** ▷ **azul**.

celestial *adj* celestial, heavenly.

celestina *f* lovers' go-between.

celibato *m* celibacy.

célibe *adj & m,f* celibate.

celo *m* -**1.** [esmero] zeal, keenness -**2.** [devoción] devotion -**3.** [de animal] heat; **en** ~ on heat, in season -**4.** [cinta adhesiva] Sellotape® *UK*, Scotch tape® *US*.

◆ **celos** *mpl* jealousy (*U*); **dar ~s a alguien** to make sb jealous; **tener ~s de alguien** to be jealous of sb.

celofán *m* cellophane.

celosía *f* lattice window, jalousie.

celoso, sa <> *adj* -**1.** [con celos] jealous -**2.** [cumplidor] keen, eager. <> *m,f* [con celos] jealous person.

celta <> *adj* Celtic. <> *mf* [persona] Celt. <> *m* [lengua] Celtic.

celtíbero, ra, celtibero, ra *adj* & *m,f* Celtiberian.

céltico, ca *adj* Celtic.

célula *f* cell.
- **célula fotoeléctrica** *f* photoelectric cell, electric eye.
- **célula fotovoltaica** *f* photovoltaic cell.
- **célula madre** *f* stem cell.

celular *adj* cellular, cell *(antes de sust).*

celulitis *f inv* cellulitis.

celuloide *m* - **1.** QUÍM celluloid - **2.** [película] movie, film *UK*.

celulosa *f* cellulose.

cementerio *m* - **1.** [para personas] cemetery, graveyard - **2.** [de cosas inutilizables] dump; ~ de automóviles *o* coches scrapyard; ~ nuclear *o* radioactivo nuclear dumping ground.

cemento *m* [gen] cement; [hormigón] concrete; ~ armado reinforced concrete.

cena *f* dinner, evening meal; dar una ~ to give a dinner party; ~ de despedida farewell dinner; ~ de negocios business dinner.
- **Última Cena** *f*: la Última Cena the Last Supper.

cenáculo *m culto* & *fig* [círculo] circle.

cenador *m* arbour, bower.

cenagal *m* bog, marsh.

cenagoso, sa *adj* muddy, boggy.

cenar <> *vt* to have for dinner. <> *vi* to have dinner.

cencerro *m* cowbell; estar como un ~ *fam fig* to be as mad as a hatter.

cenefa *f* border.

cenicero *m* ashtray.

ceniciento, ta *adj* ashen, ash-grey.
- **cenicienta** *f fig* Cinderella.

cenit = zenit.

cenital *adj* midday *(antes de sust).*

cenizo, za *adj* ashen, ash-grey.
- **cenizo** *m* - **1.** [mala suerte] bad luck - **2.** [gafe] jinx.
- **ceniza** *f* ash.
- **cenizas** *fpl* [de cadáver] ashes.

censar *vt* to take a census of.

censo *m* - **1.** [padrón] census; ~ de población population census; ~ electoral electoral roll - **2.** [tributo] tax - **3.** DER lease.

censor, ra *m,f* - **1.** [funcionario] censor - **2.** [crítico] critic.

- **censor de cuentas** *m* ECON auditor.

censura *f* - **1.** [prohibición] censorship - **2.** [organismo] censors *(pl)* - **3.** [reprobación] censure, severe criticism.

censurable *adj* censurable.

censurar *vt* - **1.** [prohibir] to censor - **2.** [reprobar] to criticize severely, to censure.

centauro *m* centaur.

centavo, va *núm* hundredth.
- **centavo** *m* [moneda - en países anglosajones] cent; [- en países latinoamericanos] centavo; sin un ~ penniless.

centella *f* - **1.** [rayo] flash - **2.** [chispa] spark - **3.** *fig* [cosa, persona]: es una ~ he's like lightning; rápido como una ~ quick as a flash.

centellear *vi* [luz] to sparkle; [estrella] to twinkle.

centelleo *m* [de luz] sparkle, sparkling *(U)*; [de estrella] twinkle, twinkling *(U)*.

centena *f* hundred; una ~ de a hundred.

centenar *m* hundred; un ~ de a hundred; a ~es by the hundred.

centenario, ria *adj* [persona] in one's hundreds; [cifra] three-figure *(antes de sust).*
- **centenario** *m* centenary; quinto ~ five hundredth anniversary.

centeno *m* rye.

centésimo, ma *núm* hundredth.

centígrado, da *adj* centigrade.
- **centígrado** *m* centigrade.

centigramo *m* centigram.

centilitro *m* centilitre.

centímetro *m* centimetre.

céntimo *m* [moneda] cent; estar sin un ~ *fig* to be flat broke.

centinela *m* sentry.

centollo *m* spider crab.

centrado, da *adj* - **1.** [basado]: ~ en based on - **2.** [equilibrado] stable, steady - **3.** [rueda, cuadro etc] centred.

central <> *adj* central. <> *m* DEP central defender. <> *f* - **1.** [oficina] headquarters, head office; [de correos, comunicaciones] main office; ~ telefónica telephone exchange - **2.** [de energía] power station; ~ eólica wind farm; ~ hidroeléctrica *o* hidráulica hydroelectric power station; ~ nuclear nuclear power station; ~ térmica thermal power station.

centralismo *m* centralism.

centralista *adj* & *m,f* centralist.

centralita *f* switchboard.

centralización *f* centralization.

centralizar [13] *vt* to centralize.

centrar *vt* - **1.** [gen & DEP] to centre - **2.** [arma]

to aim **-3.** [persona] to steady, to make stable **-4.** [atención, interés] to be the centre of.

→ **centrarse** *vpr* **-1.** [concentrarse]: ∼**se en** to concentrate *o* focus on **-2.** [equilibrarse] to find one's feet.

céntrico, ca *adj* central.

centrifugadora *f* **-1.** [máquina centrífuga] centrifuge **-2.** [para secar ropa] spin-dryer.

centrifugar [16] *vt* **-1.** *TECN* to centrifuge **-2.** [ropa] to spin-dry.

centrífugo, ga *adj* centrifugal.

centrípeto, ta *adj* centripetal.

centrista ◇ *adj* centre *(antes de sust)*. ◇ *mf* centrist.

centro *m* **-1.** [gen] centre; **ser de** ∼ *POLÍT* to be at the centre of the political spectrum; ∼ **docente** *o* **de enseñanza** educational institution; ∼ **nervioso/óptico** nerve/optic centre; ∼ **de cálculo** computer centre; ∼ **de desintoxicación** detoxification centre; ∼ **de planificación familiar** family planning clinic; ∼ **social** community centre **-2.** [de ciudad] town centre; **me voy al** ∼ I'm going to town; ∼ **urbano** town centre.

→ **centro comercial** *m* shopping centre.

→ **centro de atracción** *m* centre of attraction.

→ **centro de gravedad** *m* centre of gravity.

→ **centro de mesa** *m* centrepiece.

→ **centro de salud** *m* health centre.

Centroamérica *f* Central America.

centroamericano, na *adj* Central American.

centrocampista *mf DEP* midfielder.

centuplicar [10] *vt* to increase a hundredfold.

centuria *f* century.

ceñido, da *adj* tight.

ceñidor *m* belt.

ceñir [26] *vt* **-1.** [apretar] to be tight on **-2.** [abrazar] to embrace **-3.** *fig* [amoldar]: ∼ **a** to keep *o* restrict to.

→ **ceñirse** *vpr* **-1.** [apretarse] to tighten **-2.** [limitarse]: ∼**se a** to keep *o* stick to.

ceño *m* frown, scowl; **fruncir el** ∼ to frown, to knit one's brow.

cepa *f lit & fig* stock; **de pura** ∼ [auténtico] real, genuine; [pura sangre] thoroughbred.

CEPAL (*abrev de* **Comisión Económica para América Latina**) *f* ECLAC.

cepillado *m* **-1.** [de ropa, pelo, dientes] brush, brushing *(U)* **-2.** [de madera] planing.

cepillar *vt* **-1.** [ropa, pelo, dientes] to brush **-2.**

[madera] to plane **-3.** *fam* [birlar] to pinch **-4.** *fam* [adular] to butter up, to flatter.

→ **cepillarse** *vpr* **-1.** [pelo, dientes] to brush **-2.** *fam* [comida, trabajo etc] to polish off **-3.** *fam* [suspender] to fail **-4.** *mfam* [matar] to bump off **-5.** *vulg* [fornicar] to screw.

cepillo *m* **-1.** [para limpiar] brush; [para pelo] hairbrush; ∼ **de dientes** toothbrush **-2.** [de carpintero] plane **-3.** [de donativos] collection box, poor box.

cepo *m* **-1.** [para cazar] trap **-2.** [para vehículos] wheel clamp **-3.** [para sujetar] clamp **-4.** [para presos] stocks *(pl)*.

ceporro *m fam* idiot, blockhead.

CEPSA (*abrev de* **Compañía Española de Petróleos, SA**) *f Spanish petroleum company.*

CEPYME (*abrev de* **Confederación Española de la Pequeña y Mediana Empresa**) *f Spanish confederation of SME's.*

cera *f* [gen] wax; [de abeja] beeswax; **hacerse la** ∼ **en las piernas** to wax one's legs; ∼ **depilatoria** hair-removing wax.

cerámica *f* **-1.** [arte] ceramics *(U)*, pottery **-2.** [objeto] piece of pottery.

ceramista *mf* potter.

cerbatana *f* blowpipe.

cerca ◇ *f* **-1.** [valla] fence **-2.** [muro] wall. ◇ *adv* near, close; **por aquí** ∼ nearby; **de** ∼ [examinar, ver] closely; [afectar, vivir] deeply.

→ **cerca de** *loc prep* **-1.** [en el espacio] near, close to **-2.** [aproximadamente] nearly, about.

cercado *m* **-1.** [valla] fence **-2.** [lugar] enclosure.

cercanía *f* [proximidad] nearness, closeness.

→ **cercanías** *fpl* [de ciudad] outskirts, suburbs.

cercano, na *adj* **-1.** [pueblo, lugar] nearby **-2.** [tiempo] near **-3.** [pariente, fuente de información]: ∼ **(a)** close (to).

cercar [10] *vt* **-1.** [vallar] to fence (off) **-2.** [rodear, acorralar] to surround.

cercenar *vt culto* **-1.** [extremidad] to amputate **-2.** [restringir] to cut back, to curtail.

cerciorar *vt* to assure; ∼**se (de)** to make sure (of).

cerco *m* **-1.** [gen] circle, ring **-2.** [de puerta, ventana] frame **-3.** [de astro] halo **-4.** [asedio] siege; **poner** ∼ **a** to lay siege to.

cerda *f* ▷ **cerdo**.

cerdada *f fam* dirty trick.

Cerdeña Sardinia.

cerdo, da *m,f* **-1.** [animal] pig (*f* sow) **-2.** *fam fig* [persona] pig, swine.

→ **cerdo** *m* [carne] pork.

→ **cerda** *f* [pelo - de cerdo, jabalí] bristle;

[- de caballo] horsehair.

cereal *m* cereal; ~**es** (breakfast) cereal *(U)*.

cerebral *adj* -**1.** [del cerebro] brain *(antes de sust)*, cerebral -**2.** [racional] cerebral.

cerebro *m* -**1.** [gen] brain -**2.** *fig* [cabecilla] brains *(sg)* -**3.** *fig* [inteligencia] brains *(pl)*.
  ➤ **cerebro electrónico** *m* electronic brain.

ceremonia *f* ceremony.

ceremonial *adj* & *m* ceremonial.

ceremonioso, sa *adj* ceremonious.

céreo, a *adj* wax *(antes de sust)*.

cereza *f* cherry.

cerezo *m* -**1.** [árbol] cherry tree -**2.** [madera] cherry (wood).

cerilla *f* match.

cerillo *m CAm, Ecuad, Méx* match.

cerner [20], **cernir** *vt* [cribar] to sieve, to sift.
  ➤ **cernerse** *vpr* -**1.** [ave, avión] to hover -**2.** *fig* [amenaza, peligro] to loom.

cernícalo *m* -**1.** [ave] kestrel -**2.** *fam* [bruto] brute.

cernir = **cerner**.

cero ◇ *adj inv* zero. ◇ *m* -**1.** [signo] nought, zero; [en fútbol] nil; [en tenis] love; **dos goles a** ~ two goals to nil, two nil -**2.** [cantidad] nothing -**3.** *FÍS & METEOR* zero; **sobre/bajo** ~ above/below zero; ~ **absoluto** absolute zero -**4.** *loc:* **ser un** ~ **a la izquierda** *fam* [un inútil] to be useless; [un don nadie] to be a nobody; **partir de** ~ to start from scratch; *ver también* **seis**.

cerque *etc v* ▷ **cercar**.

cerquillo *m Amér* fringe *UK*, bangs *US (pl)*.

cerrado, da *adj* -**1.** [al exterior] closed, shut; [con llave, pestillo etc] locked; ~ **a** closed to -**2.** [tiempo, cielo] overcast; **era noche cerrada** it was completely dark -**3.** [mentalidad, sociedad]: ~ **(a)** closed (to) -**4.** [rodeado] surrounded; [por montañas] walled in -**5.** [circuito] closed -**6.** [curva] sharp, tight -**7.** [vocal] close -**8.** [acento, deje] broad, thick.

cerradura *f* lock.

cerrajería *f* -**1.** [oficio] locksmithery -**2.** [local] locksmith's (shop).

cerrajero, ra *m, f* locksmith.

cerrar ◇ *vt* -**1.** [gen] to close; [puerta, cajón, boca] to shut, to close; [puños] to clench; [con llave, pestillo etc] to lock -**2.** [tienda, negocio - definitivamente] to close down -**3.** [apagar] to turn off -**4.** [bloquear - suj: accidente, inundación etc] to block; [- suj: policía etc] to close off -**5.** [tapar - agujero, hueco] to fill, to block (up); [- bote] to put the lid *o* top on -**6.** [cercar] to fence (off), to enclose -**7.** [cicatrizar] to heal,

to close up -**8.** [ir último en] to bring up the rear of -**9.:** ~ **un trato** to seal a deal. ◇ *vi* to close, to shut; [con llave, pestillo etc] to lock up.
  ➤ **cerrarse** *vpr* -**1.** [al exterior] to close, to shut -**2.** [incomunicarse] to clam up; ~**se a** to close one's mind to; **cerrarse en banda** to close ranks -**3.** [herida] to heal, to close up -**4.** [acto, debate, discusión etc] to (come to a) close.

cerrazón *f fig* stubbornness, obstinacy.

cerril *adj* -**1.** [animal] wild -**2.** *fam fig* [obstinado] stubborn, obstinate; [tosco, grosero] ignorant, rude.

cerro *m* hill; **irse por los** ~**s de Úbeda** to stray from the point.

cerrojazo *m* -**1.** [cierre brusco] slamming -**2.** *fig* [interrupción] sudden interruption.

cerrojo *m* bolt; **echar el** ~ to bolt the door.

certamen *m* competition, contest.

certero, ra *adj* -**1.** [tiro] accurate -**2.** [opinión, respuesta etc] correct.

certeza *f* certainty; **tener la** ~ **de que** to be certain (that).

certidumbre *f* certainty.

certificación *f* -**1.** [hecho] certification -**2.** [documento] certificate.

certificado, da *adj* [gen] certified; [carta, paquete] registered.
  ➤ **certificado** *m* certificate; ~ **de calidad** quality guarantee; ~ **de depósito** *BANCA* certificate of deposit; ~ **de estudios** school-leaving certificate; ~ **médico** medical certificate; ~ **de origen** *COM* certificate of origin.

certificar [10] *vt* -**1.** [constatar] to certify -**2.** *fig* [sospechas, inocencia] to confirm -**3.** [en correos] to register.

cerumen *m* earwax.

cerval *adj:* **miedo** ~ terror.

cervantino, na *adj* Cervantine.

cervatillo *m* (small) fawn.

cervato *m* fawn.

cervecería *f* -**1.** [fábrica] brewery -**2.** [bar] bar.

cervecero, ra ◇ *adj* beer *(antes de sust)*. ◇ *m, f* [que hace cerveza] brewer.

cerveza *f* beer; ~ **de barril** draught beer; ~ **negra** stout; ~ **rubia** lager.

cervical ◇ *adj* cervical, neck *(antes de sust)*. ◇ *f (gen pl)* back of the neck.

cerviz *f ANAT* nape, back of the neck.

cesante ◇ *adj* -**1.** [destituido] sacked; [ministro] removed from office -**2.** *CSur, Méx* [en paro] unemployed. ◇ *mf* sacked person;

[ministro] person removed from office.

cesantear *vt Chile & RP* to make redundant.

cesantía *f* - **1.** [destitución] sacking; [de ministro] removal from office - **2.** *Chile & RP* [desempleo] unemployment.

cesar ◇ *vt* [destituir] to sack; [ministro] to remove from office. ◇ *vi* - **1.** [parar]: ~ **(de hacer algo)** to stop *o* cease (doing sthg); **no cesaba de llorar** he didn't stop crying; **no cesa de intentarlo** she keeps trying; **sin** ~ non-stop, incessantly - **2.** [dimitir]: ~ **(de** *o* **en)** to resign (from).

cesárea *f* caesarean (section).

cese *m* - **1.** [detención, paro] stopping, ceasing - **2.** [destitución] sacking; [de ministro] removal from office.

Cesid (*abrev de* **Centro Superior de Investigación de la Defensa**) *m Spanish military intelligence and espionage service.*

cesio *m* caesium.

cesión *f* cession, transfer; ~ **de bienes** surrender of property.

césped *m* - **1.** [hierba] lawn, grass *(U)* - **2.** *DEP* field, pitch.
➤ **césped artificial** *m* artificial turf.

cesta *f* basket.
➤ **cesta de la compra** *f* - **1.** *fig* cost of living - **2.** [para compras en Internet] shopping basket.
➤ **cesta de Navidad** *f* Christmas hamper.

cestería *f* - **1.** [oficio] basketmaking - **2.** [tienda] basket shop.

cesto *m* - **1.** [cesta] (large) basket - **2.** *DEP* basket.

cetáceos *mpl* cetaceans.

cetrería *f* falconry.

cetrino, na *adj culto* sallow.

cetro *m* - **1.** [vara] sceptre - **2.** *fig* [reinado] reign - **3.** *fig* [superioridad]: **ostentar el** ~ **de** to hold the crown of.

cf., cfr. (*abrev de* **confróntese**) cf.

cg (*abrev de* **centigramo**) cg.

CH (*abrev de* **Confederación Helvética**) *f* CH.

chabacanada *f* vulgar thing.

chabacanería *f* - **1.** [acción, comentario]: **lo que hizo/dijo fue una** ~ what he did/said was vulgar - **2.** [cualidad] vulgarity.

chabacano, na *adj* vulgar.
➤ **chabacano** *m Méx* [fruto] apricot.

chabola *f* shack; **barrios de** ~**s** shanty town *(sg)*.

chabolismo *m* shanty towns *(pl)*.

chabolista *mf* shanty town dweller.

chacal *m* jackal.

chacarero, ra *m,f Andes, RP* [agricultor] farmer.

chacha *f* maid.

chachachá *m* cha-cha.

cháchara *f fam* chatter, nattering; **estar de** ~ to have a natter.

chachi *adj inv fam* cool, neat *US*.

chacina *f* cured *o* prepared pork.

chacolí (*pl* chacolís) *m light wine from the Basque Country.*

chacota *f*: **tomar algo a** ~ to take sthg as a joke.

chacra *f Andes, RP* farm.

Chad *m*: **el** ~ Chad.

chafar *vt* - **1.** [aplastar] to flatten - **2.** [arrugar] to crease - **3.** *fig* [estropear] to spoil, to ruin - **4.** *fig* [abatir] to depress; **dejar a alguien chafado** to crush sb.
➤ **chafarse** *vpr* [estropearse] to be ruined.

chaflán *m* - **1.** [de edificio] corner - **2.** *GEOM* bevel.

chagra *Amér* ◇ *mf* peasant, person from the country. ◇ *f* farm.

chal *m* shawl.

chalado, da *fam* ◇ *adj* crazy, mad; **estar** ~ **por algo/alguien** *fig* to be crazy about sthg/sb. ◇ *m,f* nutter.

chaladura *f fam* - **1.** [locura] craziness, madness - **2.** [enamoramiento] crazy infatuation.

chalán, ana *m,f fig & despec* shark, wheeler-dealer.

chalana *f NÁUT* barge.

chalar *vt* to drive round the bend.

chalé (*pl* chalés), **chalet** (*pl* chalets) *m* [gen] detached house (with garden); ~ **adosado** luxury terraced house; ~ **pareado** semi-detached house; [en el campo] cottage; [de alta montaña] chalet.

chaleco *m* waistcoat, vest *US*; [de punto] tank-top; ~ **antibalas** bullet-proof vest; ~ **salvavidas** life jacket.

chalet = **chalé**.

chalupa *f* - **1.** *NÁUT* small boat - **2.** *Méx* [plato] *small tortilla with a raised rim to contain a filling.*

chamaco, ca *m,f Méx fam* kid.

chamán *m* shaman.

chamarileo *m* dealing in second-hand goods.

chamarra *f* sheepskin jacket.

chamba *f CAm, Méx, Perú, Ven fam* odd job.

chambelán *m* chamberlain.

chambergo *m* wide-brimmed hat with a

bell-shaped top.

chambón, bona *m,f Amér fam* sloppy *o* shoddy worker.

chamiza *f* **-1.** [hierba] thatch **-2.** [leña] brushwood.

chamizo *m* **-1.** [leña] half-burnt wood *(U)*-**2.** [casa] thatched hut **-3.** *fam despec* [lugar] hovel, dive.

champa *f Cam* **-1.** [tienda de campaña] tent **-2.** [cobertizo] shed.

champán, champaña *m* champagne.

champiñón *m* mushroom.

champú (*pl* champús *o* champúes) *m* shampoo.

chamuscar [10] *vt* to scorch; [cabello, barba, tela] to singe.

➡ **chamuscarse** *vpr* [cabello, barba, tela] to get singed.

chamusquina *f* scorch, scorching *(U)*; **me huele a** ~ *fam fig* it smells a bit fishy to me.

chance ◇ *f Amér* opportunity, chance. ◇ *adv Méx* maybe.

chanchada *f Amér* [trastada] dirty trick.

chancho *m Amér* pig (*f* sow).

chanchullero, ra *fam* ◇ *adj* crooked, dodgy. ◇ *m,f* trickster, crook.

chanchullo *m fam* fiddle, racket.

chancla *f* **-1.** *despec* [calzado viejo] old shoe **-2.** [chancleta] low sandal; [para la playa] flip-flop.

chancleta *f* low sandal; [para la playa] flip-flop.

chanclo *m* **-1.** [de madera] clog **-2.** [de plástico] galosh.

chándal (*pl* chandals), **chandal** (*pl* chandals) *m* tracksuit.

changa *f Bol, RP* odd job.

changador, ra *m,f RP* porter.

changarro *m Méx* small store.

changurro *m* *typical Basque dish of dressed crab.*

chanquetes *mpl* whitebait *(pl).*

chantaje *m* blackmail; **hacer** ~ **a** to blackmail; ~ **emocional** emotional blackmail.

chantajear *vt* to blackmail.

chantajista *mf* blackmailer.

chantillí, chantilly *m* whipped cream.

chanza *f* joke; **estar de** ~ to be joking.

chao *interj fam*: ¡chao! bye!, see you!

chapa *f* **-1.** [lámina - de metal] sheet, plate; [- de madera] board; **de tres** ~**s** three-ply **-2.** [tapón] top, cap **-3.** [insignia] badge **- 4.** [ficha de guardarropa] metal token *o* disc **- 5.** *Col, Cuba, Méx* [cerradura] lock **- 6.** *RP* [de

matrícula] number plate *UK*, license plate *US.*

➡ **chapas** *fpl* [juego] *children's game played with bottle tops.*

chapado, da *adj* [con metal] plated; [con madera] veneered; ~ **a la antigua** *fig* stuck in the past, old-fashioned.

➡ **chapado** *m* [metal] plate; [madera] veneer.

chapar *vt* [con metal] to plate; [con madera] to veneer.

chaparro, rra ◇ *adj* short and squat. ◇ *m,f* [persona] short, squat person.

➡ **chaparro** *m BOT* dwarf oak.

chaparrón *m* downpour; *fam fig* [gran cantidad] torrent.

chapear *vt* **-1.** [con metal] to plate; [con madera] to veneer **-2.** *Amér* [escardar] to clear with a machete.

chapela *f* beret.

chapista *mf AUTOM* panel beater.

chapopote *m Carib & Méx* bitumen, pitch.

chapotear *vi* to splash about.

chapucear *vt* to botch (up).

chapucería *f* botch (job).

chapucero, ra ◇ *adj* [trabajo] shoddy, sloppy; [personal] bungling. ◇ *m,f* bungler.

chapulín *m Cam & Méx* grasshopper.

chapurrear, chapurrar *vt* to speak badly.

chapurreo *m* jabbering.

chapuza *f* **-1.** [trabajo mal hecho] botch (job) **- 2.** [trabajo ocasional] odd job.

chapuzón *m* dip; **darse un** ~ to go for a dip.

chaqué (*pl* chaqués) *m* morning coat.

chaqueta *f* jacket; [de punto] cardigan; **cambiarse de** ~ *fig* to change sides.

chaqueteo *m* changing sides.

chaquetero, ra *adj & m,f* turncoat.

chaquetilla *f* short jacket.

chaquetón *m* short coat.

charada *f* *newspaper puzzle in which a word must be guessed, with its meaning and certain syllables given as clues.*

charanga *f* **-1.** [banda] brass band **-2.** *fam* [fiesta] party.

charca *f* pool, pond.

charco *m* puddle; **cruzar el** ~ *fig* to cross the pond *o* Atlantic.

charcutería *f* **-1.** [tienda] *shop selling cold cooked meats and cheeses*, ≃ delicatessen **-2.** [productos] cold cuts *(pl)* and cheese.

charcutero, ra *m,f owner of 'charcutería'.*

charla *f* **-1.** [conversación] chat **-2.** [conferencia] talk.

charlar *vi* to chat.

charlatán, ana <> *adj* talkative. <> *m,f* **-1.** [hablador] chatterbox **-2.** [mentiroso] trickster, charlatan **-3.** [vendedor] travelling salesman (*f* travelling saleswoman).

charlatanería *f* **-1.** [locuacidad] talkativeness **-2.** [palabrería] spiel.

charlestón *m* charleston.

charlotada *f* **-1.** [payasada] clowning around (*U*) **-2.** *TAUROM* slapstick bull-fight.

charlotear *vi* to chat,

charloteo *m* chat, chatting (*U*).

charnego, ga *m,f pejorative term referring to immigrant to Catalonia from another part of Spain.*

charol *m* **-1.** [piel] patent leather **-2.** [barniz] shiny varnish **-3.** *Andes* [bandeja] tray.

charola *f Bol, CAm, Méx* tray.

charque, charqui *m Andes, RP* jerked *o* salted beef.

charretera *f* epaulette.

charro, rra <> *adj* **-1.** [salmantino] Salamancan **-2.** *fig* [recargado] gaudy, showy. <> *m,f* Salamancan.

charrúa *Amér adj inv* & *m y f inv* Uruguayan.

chárter <> *adj inv* charter (*antes de sust*). <> *m* charter plane.

chasca *f Andes* [greña] mop of hair.

chascar [10] <> *vt* **-1.** [lengua] to click **-2.** [dedos] to snap. <> *vi* **-1.** [madera] to crack **-2.** [lengua] to click.

chascarrillo *m fam* funny story.

chasco *m* **-1.** [decepción] disappointment; **llevarse un** ~ to be disappointed **-2.** [burla] trick; **dar un** ~ **a alguien** to play a trick on sb.

chasis *m inv* **-1.** *AUTOM* chassis **-2.** *FOT* plateholder **-3.** *fam* [esqueleto] body.

chasque *etc v* ⊳ chascar.

chasquear <> *vt* **-1.** [látigo] to crack **-2.** [la lengua] to click **-3.** *fig* [engañar] to play a trick on. <> *vi* [madera] to crack.

chasquido *m* [de látigo, madera, hueso] crack; [de lengua, arma] click; [de dedos] snap.

chasquillas *fpl Chile* fringe (*sg*) *UK*, bangs *US*.

chatarra *f* **-1.** [metal] scrap (metal) **-2.** [objetos, piezas] junk **-3.** *fam despec* [joyas] cheap and nasty jewellery; [condecoraciones] brass, medals (*pl*) **-4.** *fam* [monedas] small change.

chatarrería *f* scrapyard.

chatarrero, ra *m,f* scrap (metal) dealer.

chatear *vi* [en bar] to go out drinking;

INFORM to chat.

chateo *m* [en bar] pub crawl, pub crawling (*U*); **ir de** ~ to go out drinking; *INFORM* chatting.

chato, ta <> *adj* **-1.** [nariz] snub; [persona] snub-nosed **-2.** [aplanado] flat **-3.** *RP* [mediocre] commonplace. <> *m,f* **-1.** [persona] snub-nosed person **-2.** *fam* [apelativo] love, dear.

➡ **chato** *m* [de vino] small glass of wine.

chau, chaucito *interj Bol, CSur, Perú fam* bye!, see you!

chaucha *f* **-1.** *Andes* & *RP* [moneda] coin of little value **-2.** *Andes* [patata] early potato **-3.** *Bol, RP* [judía verde] green bean.

chauvinismo *m* = chovinismo.

chauvinista = chovinista.

chaval, la *m,f fam* kid, lad (*f* lass).

chavalería *f fam* kids (*pl*).

chavalo, la *m,f Amér fam* lad (*f* lass).

chaveta *f* **-1.** [clavija] cotter pin **-2.** *fam* [cabeza] nut, head; **perder la** ~ to go off one's rocker **-3.** *Andes* [navaja] penknife.

chavo, va *fam* <> *m* [dinero]: **no tener un** ~ to be penniless. <> *m,f Méx* [chico] guy; [chica] girl.

che *interj RP fam:* ¿como andés, ~ ? hey, how's it going?; ¡ ~ , vení para acá! hey, over here, you!

checo, ca *adj* & *m,f* Czech.

➡ **checo** *m* [lengua] Czech.

che, ché *interj:* ¡che! hey!

chef [ʃef] (*pl* chefs) *m* chef.

chele, la *CAm* <> *adj* [rubio] blond (*f* blonde); [de piel blanca] fair-skinned. <> *m,f* [rubio] blond(e); [de piel blanca] fair-skinned person.

cheli *m fam modern Spanish slang used by young people.*

chelín *m* shilling.

chelo, la <> *adj Amér* blond (*f* blonde). <> *m MÚS* [instrumento] cello. <> *mf MÚS* [instrumentista] cellist.

chepa *f fam* hump.

cheposo, sa <> *adj* hunchbacked. <> *m,f* hunchback.

cheque *m* cheque *UK*, check *US*; **extender un** ~ to make out a cheque; ~ **en blanco/sin fondos** blank/bad cheque; ~ **cruzado** *o* **barrado** crossed cheque; ~ **(de) gasolina** petrol voucher; ~ **nominativo** cheque in favour of a specific person; ~ **al portador** cheque payable to the bearer; ~ **de viaje** *o* **de viajero** traveller's cheque; ~ **regalo** gift voucher.

chequear *vt* **-1.** *MED:* ~ **a alguien** to

examine sb, to give sb a checkup **-2.** [comprobar] to check.

chequeo *m* **-1.** *MED* checkup **-2.** [comprobación] check, checking *(U).*

chequera *f* chequebook *UK*, checkbook *US*.

chévere *adj* *Andes, CAm, Carib, Méx fam* great, fantastic.

cheviot (*pl* **cheviots**) *m* cheviot.

chic *adj inv* chic.

chica *f* **-1.** [joven] girl **-2.** [tratamiento] darling **-3.** [criada] maid.
➨ **chica de alterne** *f* *girl who works in bars encouraging customers to drink in return for a commission.*

chicano, na *adj & m,f* Chicano, Mexican-American.
➨ **chicano** *m* [lengua] Chicano.

chicarrón, ona *m,f* strapping lad (*f* strapping lass).

chicha *f* **-1.** *Esp fam* [para comer] meat **-2.** *Esp fam* [de persona] flesh **-3.** *loc:* **no ser ni ~ ni limonada** *o* **limoná** not to be one thing or the other.

chícharo *m* *Cam & Méx* pea.

chicharra *f* **-1.** *ZOOL* cicada **-2.** *Méx, RP* [timbre] electric buzzer.

chicharro *m* **-1.** [alimento] pork crackling **-2.** [pez] horse mackerel.

chicharrón *m* [frito] pork crackling.
➨ **chicharrones** *mpl* [embutido] *cold processed meat made from pork.*

chiche *m* **-1.** *Andes & RP* [adorno] adornment **-2.** *CSur* [juguete] toy **-3.** *Cam & Méx mfam* [pecho] tit.

chichón *m* bump.

chichonera *f* helmet.

chicle *m* chewing gum.

chiclé, chicler *m* *AUTOM* jet.

chico, ca *adj* [pequeño] small; [joven] young; **cuando era ~** when I was little.
➨ **chico** *m* **-1.** [joven] boy **-2.** [tratamiento] sonny, mate **-3.** [recadero] messenger, office-boy.

chicote *m* *Amér* [látigo] whip.

chifla *f* **-1.** [silbido] whistle **-2.** [burla] mockery.

chiflado, da *fam* ⬦ *adj* crazy, mad. ⬦ *m,f* nutter.

chifladura *f* **-1.** [locura] madness **-2.** [pasión] craze, craziness *(U).*

chiflar ⬦ *vt fam* [encantar]: **me chiflan las patatas fritas** I'm mad about chips. ⬦ *vi* [silbar] to whistle.
➨ **chiflarse** *vpr*: **chiflarse por algo** *o* **alguien** to go crazy about sthg *o* sb.

chiflido *m* *Amér* whistling.

chigüín, güina *m,f* *CAm fam* kid.

chihuahua *m* chihuahua.

chiíta *adj & m,f* Shi'ite.

chilaba *f* jellaba.

chilacayote *m* *Méx* pumpkin, gourd.

chilango, ga *adj* *Méx* of/from Mexico City.

chile *m* chilli; **~ con carne** *CULIN* chilli con carne.

Chile Chile.

chileno, na *adj & m,f* Chilean.

chilindrón *m* *CULIN seasoning made of tomatoes and peppers.*

chillar ⬦ *vi* **-1.** [gritar - personas] to scream, to yell; [- ave, mono] to screech; [- cerdo] to squeal; [- ratón] to squeak **-2.** [chirriar] to screech; [puerta, madera] to creak; [bisagras] to squeak. ⬦ *vt fam* [reñir] to yell at.

chillido *m* [de persona] scream, yell; [de ave, mono] screech; [de cerdo] squeal; [de ratón] squeak.

chillón, ona ⬦ *adj* **-1.** [voz] piercing **-2.** [persona] noisy, screeching **-3.** [color] loud, gaudy. ⬦ *m,f* noisy person.

chilpayate, ta *m,f* *Méx* kid.

chilpotle *m* *Méx* smoked or pickled jalapeño chilli.

chimbo, ba *adj* *Col, Ven fam* [falso] counterfeit; [de mala calidad] lousy.

chimenea *f* **-1.** [hogar] fireplace **-2.** [en tejado] chimney.

chimpancé *m* chimpanzee.

china ⬥ chino.

China: (**la**) **~** China.

chinampa *f* *Méx* *man-made island for growing flowers, fruit and vegetables, found in Xochimilco, near Mexico City.*

chinchar *vt fam* to pester, to bug.
➨ **chincharse** *vpr fam* to get cross; **ahora te chinchas** now you can lump it.

chinche ⬦ *adj fam fig* annoying. ⬦ *f* [insecto] bedbug. ⬦ *mf fam fig* [persona] pest, pain.

chincheta *f* drawing pin *UK*, thumbtack *US*.

chinchilla *f* chinchilla.

chinchín *m* **-1.** [ruido] noise of a brass band **-2.** [brindis] toast; ¡**chinchín!** cheers!; **hacer ~ por alguien** to toast sb.

chinchón *m* *strong aniseed liquor.*

chinchorro *m* **-1.** *Méx* [red] net **-2.** *Chile & Ven* [hamaca] hammock.

chinchoso, sa ⬦ *adj* annoying. ⬦ *m,f* pest, pain.

chinchulín m *Andes, RP* *piece of sheep or cow intestine, plaited and then roasted.*

chinero m china o glass cabinet.

chinga f *Méx mfam* [paliza]: **me dieron una ~** they kicked the shit out of me; [trabajo duro]: **es una ~** it's a bitch of a job.

chingado, da *adj* -**1.** *fam* [enfadado] cheesed off -**2.** *Esp, Méx* [estropeado] bust, knackered *UK* -**3.** *Méx vulg* [jodido] fucking.

➡ **chingada** f *Méx vulg*: **¡vete a la chingada!** fuck off!; **¡hijo de la chingada!** bastard!

chingar [16] ⬦ *vt* -**1.** *Esp, Méx mfam* [molestar]: **~ a alguien** to get up sb's nose, to piss sb off -**2.** *mfam* [estropear] to bust, to knacker *UK* -**3.** *Esp, Méx vulg* [acostarse con] to screw, to fuck. ⬦ *vi vulg* [fornicar] to screw, to fuck.

➡ **chingarse** *vpr mfam* [beberse] to knock back.

chinita f -**1.** *Amér* [criada] maid -**2.** *Chile* [animal] ladybird.

chino, na *adj & m,f* -**1.** Chinese; **engañar a alguien como a un ~** *fig* to take sb for a ride; **trabajar como un ~** *fig* to slave away -**2.** *Andes, RP* [mestizo] person of mixed ancestry.

➡ **chino** m -**1.** [lengua] Chinese -**2.** [instrumento] sieve -**3.** [piedra] pebble.

➡ **china** f -**1.** [piedra] small stone, pebble; **tocarle a uno la china** to have bad luck -**2.** [porcelana] china -**3.** *fam* [droga] deal, *small amount of hash* -**4.** *Amér* [india] Indian woman -**5.** *Amér* [criada] maid.

➡ **chinos** *mpl* [juego] *game in which each player must guess the number of coins or pebbles in the other's hand.*

chip (*pl* chips) m *INFORM* chip.

chipé, chipén *adj inv fam* brilliant, terrific; **ser de ~** to be brilliant o terrific.

chipirón m baby squid.

Chipre Cyprus.

chipriota *adj & m,f* Cypriot.

chiqueo m *Méx* show of affection.

chiquero m *TAUROM* bull-pen.

chiquilín, lina m,f *RP* small boy (f small girl).

chiquillada f childish thing.

chiquillería f kids (*pl*).

chiquillo, lla m,f kid.

chiquitín, ina ⬦ *adj* tiny. ⬦ *m,f* tiny tot.

chiquito, ta *adj* tiny; **no andarse con chiquitas** *fig* not to mess about.

➡ **chiquito** m [de vino] small glass of wine.

chiribita f [chispa] spark.

➡ **chiribitas** *fpl fam* [en los ojos] spots in front of one's eyes.

chirigota f *fam* [broma] joke; [en carnavales] *group of disguised people singing satirical songs.*

chirimbolo m *fam* thingamajig, whatsit.

chirimía f shawm.

chirimoya f custard apple.

chiringuito m *fam* -**1.** [bar] refreshment stall -**2.** [negocio]: **montarse un ~** to set up a little business.

chiripa f *fam fig* fluke; **de** o **por ~** by luck.

chirivía f *BOT* parsnip.

chirla f small clam.

chirona f *fam* clink, slammer; **en ~** in the clink.

chirriar [9] *vi* [gen] to screech; [puerta, madera] to creak; [bisagra, muelles] to squeak.

chirrido m [gen] screech; [de puerta, madera] creak; [de bisagra, muelles] squeak.

chis = chist.

chisme m -**1.** [cotilleo] rumour, piece of gossip -**2.** *fam* [cosa] thingamajig, thingy.

chismorrear *vi* to spread rumours, to gossip.

chismorreo m gossip.

chismoso, sa ⬦ *adj* gossipy. ⬦ *m,f* gossip, scandalmonger.

chispa f -**1.** [de fuego, electricidad] spark; **echar ~s** *fam* to be hopping mad -**2.** [de lluvia] spot (of rain) -**3.** *fig* [pizca] bit; **una ~ de sal** a pinch of salt -**4.** *fig* [agudeza] sparkle.

chispazo m *lit & fig* spark.

chispeante *adj* -**1.** [que chispea] that gives off sparks -**2.** *fig* [conversación, discurso, mirada] sparkling.

chispear ⬦ *vi* -**1.** [chisporrotear] to spark -**2.** [relucir] to sparkle. ⬦ *v impers* [llover] to spit (with rain).

chisporrotear *vi* [fuego, leña] to crackle; [aceite] to splutter; [comida] to sizzle.

chisporroteo m [de fuego, leña] crackling; [de aceite] spluttering; [de comida] sizzling.

chisquero m (cigarette) lighter.

chist, chis *interj* ¡chist! ssh!

chistar *vi*: **me fui sin ~** I left without a word.

chiste m joke; **contar ~s** to tell jokes; **~ verde** dirty joke.

chistera f [sombrero] top hat.

chistorra f *type of cured pork sausage typical of Aragon and Navarre.*

chistoso, sa ⬦ *adj* funny. ⬦ *m,f* amusing o funny person.

chistu m Basque flute.

chistulari mf 'chistu' player.

chita ➡ **a la chita callando** *loc adv fam*

quietly, on the quiet.

chitón *interj*: ¡chitón! quiet!

chivar *vt fam* to whisper, to tell secretly.

‣ **chivarse** *vpr fam*: ~**se (de/a)** [niños] to split (on/to); [delincuentes] to grass (on/to).

chivatazo *m fam* tip-off; **dar el** ~ to grass.

chivato, ta *m,f fam* [delator] grass, informer; [acusica] telltale.

‣ **chivato** *m* -**1.** [luz] warning light; [alarma] alarm bell -**2.** *Ven fam* [pez gordo] big cheese.

chivo, va *m,f* kid, young goat; **ser el** ~ expiatorio *fig* to be the scapegoat.

choc (*pl* chocs), **choque**, **shock** [tʃok] *m* shock.

chocante *adj* startling.

chocar [10] ⬦ *vi* -**1.** [colisionar]: ~ **(contra)** to crash (into), to collide (with) -**2.** *fig* [enfrentarse] to clash. ⬦ *vt* -**1.** : ~ **la mano de alguien** to shake hands with sb; **¡chócala!** put it there! -**2.** [copas, vasos] to clink -**3.** *fig* [sorprender] to startle.

chochear *vi* -**1.** [viejo] to be senile -**2.** *fam fig* [de cariño]: ~ **por alguien** to dote on sb.

chochez *f* -**1.** [vejez] senility -**2.** [dicho, hecho]: **decir/hacer chocheces** to say/do senile things.

chocho, cha *adj* -**1.** [viejo] senile -**2.** *fam fig* [encariñado] soft, doting.

‣ **chocho** *m* -**1.** *vulg* [órgano] cunt -**2.** *fam* [altramuz] lupin.

choclo *m Andes, RP* corncob, ear of maize *o* corn *US*.

choclón *m Chile fam* crowd.

chocolate *m* -**1.** [para comer, beber] chocolate; ~ **(a la taza)** thick drinking chocolate; ~ **blanco** white chocolate; ~ **con leche** milk chocolate -**2.** *fam* [para fumar] hash.

chocolatera *f* ⬦ **chocolatero**.

chocolatería *f* -**1.** [fábrica] chocolate factory -**2.** [establecimiento] *café where drinking chocolate is served*.

chocolatero, ra *m,f* -**1.** [aficionado al chocolate] chocoholic, person fond of chocolate -**2.** [oficio] chocolate maker *o* seller.

chocolatina *f* chocolate bar.

chófer (*pl* chóferes) *m,f* chauffeur.

chollo *m fam* [producto, compra] bargain; [trabajo, situación] cushy number.

cholo, la *m,f Andes* *sometimes pejorative term for a mestizo who moves to the city from a rural area.*

chomba, chompa *f Andes* sweater.

chompipe *m CAm, Méx* turkey.

chonchón *m Chile* lamp.

chongo *m Méx* [moño] bun.

chopera *f* poplar grove.

chopito *m CULIN* baby squid in batter.

chopo *m* poplar.

chopp *m CSur* [cerveza] (mug of) beer.

choque ⬦ *v* ⬦ **chocar**. ⬦ *m* -**1.** [impacto] impact; [de coche, avión etc] crash; ~ **frontal** head-on collision -**2.** *fig* [enfrentamiento] clash; ~ **cultural** culture shock -**3.** = **choc**.

choriceo *m fam* [robo] robbery; [timo] rip-off.

chorizar [13] *vt fam* to nick, to pinch.

chorizo *m* -**1.** [embutido] *highly seasoned pork sausage* -**2.** *fam* [ladrón] thief.

chorlito *m* -**1.** *ZOOL* plover -**2.** ⬦ **cabeza**.

choro *m Andes* mussel.

chorra¹ *mfam* ⬦ *mf* [tonto] wally, idiot; **hacer el** ~ to muck about. ⬦ *f* [suerte] luck.

chorrada *f mfam* rubbish *(U)*; **eso es una** ~ that's rubbish; **decir** ~**s** to talk rubbish.

chorrear ⬦ *vi* -**1.** [gotear - gota a gota] to drip; [- en un hilo] to trickle -**2.** [brotar] to spurt (out), to gush (out). ⬦ *vt* [suj: jersey etc] to drip; [suj: persona] to drip with.

chorreo *m* -**1.** [goteo - gota a gota] dripping; [- en un hilo] trickling -**2.** [brote] spurting, gushing -**3.** [de dinero] trickle.

chorreras *fpl* frill *(sg)*.

chorro *m* -**1.** [de líquido - borbotón] jet, spurt; [- hilo] trickle; **salir a** ~**s** to spurt *o* gush out; ~ **de vapor** steam jet -**2.** *fig* [de luz, gente etc] stream; **tiene un** ~ **de dinero** she has loads of money; **a** ~**s** in abundance -**3.** *loc*: **como los** ~**s del oro** as clean as a new pin.

‣ **chorro, rra²** *m,f RP fam* [ladrón] thief.

chotearse *vpr fam*: ~ **(de)** to make fun (of).

choteo *m fam* joking, kidding; **tomar algo a** ~ to take sthg as a joke.

chotis *m inv* *dance typical of Madrid*.

choto, ta *m,f* -**1.** [cabrito] kid, young goat -**2.** [ternero] calf.

chovinismo, chauvinismo [tʃoβi'nismo] *m* chauvinism.

chovinista, chauvinista [tʃoβi'nista] ⬦ *adj* chauvinistic. ⬦ *mf* chauvinist.

choza *f* hut.

christmas = **crismas**.

chubasco *m* shower.

chubasquero *m* raincoat, mac.

chúcaro, ra *adj Andes, CAm, RP fam* [animal] wild; [persona] unsociable.

chuchería *f* -**1.** [golosina] sweet -**2.** [objeto] trinket.

chucho *m fam* mutt, dog.

chueco, ca *adj Amér* [torcido] twisted; *Méx fam* [proyecto, razonamiento] shady; *Amér* [patizambo] bowlegged.

chufa f -1. [planta] chufa -2. [tubérculo] tiger nut.

chulada f -1. [bravuconada] swaggering *(U)* -2. *fam* [cosa bonita] delight, gorgeous thing.

chulapo, pa, chulapón, ona m,f HIST lower-class native of Madrid.

chulear *fam* <> *vt* : ~ **a una mujer** to live off a woman. <> *vi* [fanfarronear]: ~ **(de)** to be cocky (about).

chulería f -1. [descaro] cockiness -2. [salero] charm, winning ways *(pl)*; **¡qué ~!** that's really nice!

chuleta <> f -1. [de carne] chop; ~ **de cordero** lamb chop -2. [en exámenes] crib note. <> *mf fam* [chulo] cocky person. <> *adj fam* [chulo] cocky.

chullo m *Bol, Perú* woollen cap.

chulo, la <> *adj* -1. [descarado] cocky; **ponerse** ~ to get cocky -2. *fam* [bonito] lovely. <> *m,f* -1. [descarado] cocky person -2. [madrileño] working-class native of Madrid.
◆ **chulo** m [proxeneta] pimp.

chumba ▷ higuera.

chumbera f prickly pear.

chumbo ▷ higo.

chuminada f *fam* silly thing.

chungo, ga *adj fam* [persona] horrible, nasty; [cosa] lousy.
◆ **chunga** f *fam*: **tomarse algo a chunga** to take sthg as a joke.

chuño m *Andes, RP* potato starch.

chupa f *fam*: ~ **de cuero** leather jacket.

chupachup® *(pl* chupachups*)* m lollipop.

chupado, da *adj* -1. [delgado] skinny -2. *fam* [fácil]: **estar** ~ to be dead easy *o* a piece of cake.
◆ **chupada** f [gen] suck; [fumando] puff, drag.

chupamedias *mf Andes, RP,Ven fam* toady.

chupar *vt* -1. [succionar] to suck; [fumando] to puff at -2. [absorber] to soak up -3. [quitar]: ~ **le algo a alguien** to milk sb for sthg; **chuparle la sangre a alguien** *fig* to bleed sb dry.
◆ **chuparse** *vpr* -1. [adelgazar] to get thinner -2. *fam* [aguantar] to put up with -3. *loc*: **¡chúpate esa!** take that!; **estar para chuparse los dedos** to be absolutely delicious.

chupatintas *m y f inv despec* pen-pusher.

chupe m *Andes* & *Arg* stew.

chupete m dummy *UK*, pacifier *US*.

chupetear *vt* to suck on *o* away at.

chupi *adj fam* great, brill.

chupinazo m -1. [cañonazo] cannon shot -2. [en fútbol] hard kick.

chupón, ona m,f fam [gorrón] sponger, cadger.
◆ **chupón** m *Méx* [chupete] dummy *UK*, pacifier *US*.

chupóptero, ra m,f fam parasite.

churrería f *shop selling 'churros'*.

churrero, ra m,f *'churros' seller*.

churrete m spurt; [de grasa] stain.

churrigueresco, ca *adj* churrigueresque.

churro m -1. [para comer] *dough formed into sticks or rings and fried in oil* -2. *fam* [fracaso] botch -3. *fam* [suerte] fluke, stroke of luck.

churrusco m piece of burnt toast.

churumbel m *fam* kid.

chusco, ca *adj* funny.
◆ **chusco** m *fam* bread bun.

chusma f rabble, mob.

chut *(pl* chuts*)* m kick.

chutar *vi* -1. [lanzar] to shoot -2. *fam* [funcionar] to work; **esto va que chuta** it's going very well; **con diez euros ya va que chuta** ten euros is more than enough.
◆ **chutarse** *vpr mfam* to shoot up.

chute m *mfam* FTBL shot; [de droga] fix.

chuzo m: **llover a** ~**s**, **caer** ~**s de punta** *fig* to rain cats and dogs.

CI *(abrev de* **coeficiente de inteligencia**) m IQ.

CIA *(abrev de* **Central Intelligence Agency**) f CIA.

cía., Cía. *(abrev de* **compañía**) Co.

cianuro m cyanide.

ciático, ca *adj* sciatic.
◆ **ciática** f sciatica.

cibercafé m cybercafe, Internet cafe.

ciberespacio m cyberspace.

cibernético, ca *adj* cybernetic.
◆ **cibernética** f cybernetics *(U)*.

cicatería f stinginess, meanness.

cicatero, ra <> *adj* stingy, mean. <> *m,f* skinflint, miser.

cicatriz f *lit* & *fig* scar.

cicatrización f scarring.

cicatrizante <> *adj* healing. <> *m* healing substance.

cicatrizar [13] <> *vi* to form a scar, to heal (up). <> *vt* *fig* to heal.

cicerón m eloquent speaker.

cicerone *mf* guide.

cíclico, ca *adj* cyclical.

ciclismo m cycling.

ciclista <> *adj* cycling *(antes de sust)*. <> *mf* cyclist.

ciclo *m* -**1.** [gen] cycle; ~ **vital** life cycle -**2.** [de conferencias, actos] series -**3.** [de enseñanza] stage.

ciclocrós *m* cyclo-cross.

ciclomotor *m* moped.

ciclón *m* cyclone.

cíclope *m* Cyclops.

ciclópeo, a *adj culto* & *fig* [enorme] colossal, massive.

ciclostil, ciclostilo *m* cyclostyle.

cicuta *f* hemlock.

ciega ▷ **cegar**.

ciego, ga ◇ *adj* -**1.** [invidente] blind; **quedarse** ~ to go blind; **a ciegas** *lit* & *fig* blindly -**2.** *fig* [enloquecido]: ~ **(de)** blinded (by) -**3.** [pozo, tubería] blocked (up) -**4.** *mfam* [drogado] stoned; **ponerse** ~ **de algo** to get stoned on sthg. ◇ *m,f* [invidente] blind person; **los** ~**s** the blind; **hacerse el** ~ to turn a blind eye.
➤ **ciego** *m* -**1.** *ANAT* caecum -**2.** *mfam* [de droga] trip.

ciegue *v* ▷ **cegar**.

cielo *m* -**1.** [gen] sky; **a** ~ **abierto** [gen] in the open; *MIN* opencast -**2.** *RELIG* heaven -**3.** *fig* [Dios]: **el** ~ the Good Lord -**4.** [nombre cariñoso] my love, my dear -**5.** [parte superior] roof; ~ **del paladar** roof of the mouth; ~ **raso** ceiling -**6.** *loc*: **me viene caído del** ~ it's a godsend (to me); **clama al** ~ it's outrageous; **como llovido del** ~ [inesperadamente] out of the blue; [oportunamente] at just the right moment; **estar en el séptimo** ~ to be in seventh heaven; **se le juntó el** ~ **con la tierra** he lost his nerve; **mover** ~ **y tierra** to move heaven and earth; **ser un** ~ to be an angel; **ver el** ~ **abierto** to see one's way out.
➤ **cielos** *interj*: ¡~**s**! good heavens!

ciempiés *m inv* centipede.

cien -**1.** = **ciento** -**2.**: **poner a alguien a** ~ *fam* [excitar] to make sb feel horny.

ciénaga *f* marsh, bog.

ciencia *f* -**1.** [gen] science; ~**s económicas** economics (*U*); ~**s exactas** exact *o* pure sciences; ~**s naturales/sociales** natural/social sciences; ~**s ocultas** occult sciences -**2.** *fig* [habilidad] learning, knowledge; ~ **infusa** *fig* intuitive knowledge.
➤ **ciencias** *fpl EDUC* science (*U*).
➤ **ciencia ficción** *f* science fiction.
➤ **a ciencia cierta** *loc adv* for certain.

cieno *m* mud, sludge.

cientificismo *m* over-emphasis on scientific ideas.

científico, ca ◇ *adj* scientific. ◇ *m,f* scientist.

cientista *mf CSur*: ~ **social** social scientist.

ciento, cien *núm* a *o* one hundred; ~ **cincuenta** a *o* one hundred and fifty; **cien mil** *o* one hundred thousand; ~**s de** hundreds of; **por** ~ per cent; ~ **por** ~, **cien por cien** a hundred per cent; ~**s de veces** hundreds of times; **a** ~**s** by the hundred; **darle** ~ **y raya a uno** to run rings around sb; **eran** ~ **y la madre** everybody and his dog was there; *ver también* **seis**.

cierna *etc* ▷ **cerner**.

cierne ➤ **en ciernes** *loc adv*: **estar en** ~**s** to be in its infancy; **una campeona en** ~**s** a budding champion.

cierre *m* -**1.** [gen] closing, shutting; [con llave] locking; [de fábrica] shutdown; *RADIO* & *TV* closedown; ~ **centralizado** *AUTOM* central locking; ~ **patronal** lockout -**2.** [mecanismo] fastener; ~ **metálico** [de tienda etc] metal shutter; ~ **relámpago** *Andes, Arg, Méx* [cremallera] zip *UK*, zipper *US*.

cierto, ta *adj* -**1.** [verdadero] true; **estar en lo** ~ to be right; **lo** ~ **es que...** the fact is that... -**2.** [seguro] certain, definite -**3.** [algún] certain; ~ **hombre** a certain man; **en cierta ocasión** once, on one occasion; **durante** ~ **tiempo** for a while.
➤ **cierto** *adv* right, certainly.
➤ **por cierto** *loc adv* by the way.

ciervo, va *m,f* deer, stag (*f* hind).

cierzo *m* north wind.

CIF (*abrev de* **código de identificación fiscal**) *m* tax code.

cifra *f* -**1.** [gen] figure; ~ **de negocios** *ECON* turnover -**2.** [clave]: **en** ~ in code.

cifrado, da *adj* coded, in code.

cifrar *vt* -**1.** [codificar] to code -**2.** *fig* [centrar] to concentrate, to centre.
➤ **cifrarse en** *vpr* to come to, to amount to.

cigala *f* Dublin Bay prawn.

cigarra *f* cicada.

cigarrero, ra *m,f* [persona] cigar maker.
➤ **cigarrera** *f* [caja] cigar case.

cigarrillo *m* cigarette.

cigarro *m* -**1.** [habano] cigar -**2.** [cigarrillo] cigarette.

cigüeña *f* stork.

cigüeñal *m* crankshaft.

cilantro *m* coriander *UK*, cilantro *US*.

cilicio *m* hair shirt.

cilindrada *f* cylinder capacity.

cilíndrico, ca *adj* cylindrical.

cilindro *m* [gen] cylinder; [de imprenta] roller.

cima *f* **-1.** [punta - de montaña] peak, summit; [- de árbol] top **-2.** *fig* [apogeo] peak, high point.

cimarrón, ona *m,f Amér* runaway slave.

címbalo *(gen pl) m* cymbal.

cimbreante *adj* swaying.

cimbrear *vt* **-1.** [vara] to waggle **-2.** [caderas] to sway.

cimentación *f* **-1.** [acción] laying of the foundations **-2.** [cimientos] foundations *(pl)*.

cimentar [19] *vt* **-1.** [edificio] to lay the foundations of; [ciudad] to found, to build **-2.** *fig* [idea, paz, fama] to cement, to consolidate.

cimero, ra *adj* **-1.** [alto] topmost **-2.** *fig* [sobresaliente] foremost, most outstanding.

cimienta *etc* ▷ **cimentar**.

cimiento *m (gen pl)* **-1.** *CONSTR* foundation; **echar los** ~**s** *lit* & *fig* to lay the foundations **-2.** *fig* [base] basis.

cimitarra *f* scimitar.

cinabrio *m* cinnabar.

cinc, zinc *m* zinc.

cincel *m* chisel.

cincelar *vt* to chisel.

cincha *f* girth.

cincho *m* **-1.** [cinturón] belt **-2.** [aro de hierro] hoop.

cinco *núm* five; **¡choca esos** ~**!** *fig* put it there!; **estar sin** ~ *fig* to be broke; *ver también* **seis.**

cincuenta *núm* fifty; **los (años)** ~ the fifties; *ver también* **seis.**

cincuentenario *m* fiftieth anniversary.

cincuentón, ona *m,f* fifty-year-old.

cine *m* cinema; **hacer** ~ to make films; ~ **de estreno/de verano** first-run/open-air cinema; ~ **de terror** horror films; ~ **mudo** silent films *(pl)*; ~ **sonoro** talking pictures *(pl)*, talkies *(pl)*.

➤ **cine fórum** *m* film with discussion group.

cineasta *mf* film maker *o* director.

cineclub *m* **-1.** [asociación] film society **-2.** [sala] club cinema.

cinéfilo, la *m,f* film buff.

cinegético, ca *adj* hunting *(antes de sust)*.

➤ **cinegética** *f* hunting.

cinemascope *m* cinemascope.

cinemateca *f* film library.

cinemática *f* kinematics *(U)*.

cinematografía *f* cinematography, filmmaking.

cinematográfico, ca *adj* film *(antes de sust)*.

cinematógrafo *m* **-1.** [aparato] film projector **-2.** [local] cinema.

cinerama *m* cinerama.

cinético, ca *adj* kinetic.

➤ **cinética** *f* kinetics *(U)*.

cíngaro, ra, zíngaro, ra *adj* & *m,f* Tzigane.

cínico, ca ◇ *adj* cynical. ◇ *m,f* cynic.

cinismo *m* cynicism.

cinta *f* **-1.** [tira - de plástico, papel] strip, band; [- de tela] ribbon; ~ **adhesiva** *o* **autoadhesiva** adhesive *o* sticky tape; ~ **aislante** *o* **aisladora** insulating tape; ~ **de impresora** printer ribbon; ~ **métrica** tape measure; ~ **perforada** punched tape **-2.** [de imagen, sonido, ordenadores] tape; ~ **digital/magnética** digital/magnetic tape; ~ **limpiadora** head-cleaning tape; ~ **magnetofónica** recording tape; ~ **de vídeo** videotape **-3.** [mecanismo] belt; ~ **transportadora** conveyor belt; ~ **de equipajes** baggage carousel **-4.** [película] film.

cinto *m* belt.

cintura *f* waist; **meter en** ~ to bring under control.

cinturilla *f* waistband.

cinturón *m* **-1.** [cinto] belt; ~ **negro** *DEP* black belt; **apretarse el** ~ to tighten one's belt **-2.** *AUTOM* ring road **-3.** [cordón] cordon.

➤ **cinturón de castidad** *m* chastity belt.

➤ **cinturón de seguridad** *m* seat *o* safety belt.

➤ **cinturón de miseria** *m Amér* slum or shanty town area round a large city.

ciña, ciñera *etc* ▷ **ceñir**.

cipote¹ ◇ *adj fam* thick. ◇ *m vulg* prick, cock.

cipote², ta *m,f Amér* lad *(f* lass).

ciprés *m* cypress.

circense *adj* circus *(antes de sust)*.

circo *m* **-1.** [gen] circus **-2.** *GEOGR* cirque, corrie.

circuito *m* **-1.** *DEP* & *ELECTRÓN* circuit; ~ **impreso/integrado** printed/integrated circuit; ~ **cerrado** closed circuit; **corto** ~ short-circuit **-2.** [contorno] belt **-3.** [recorrido] tour.

circulación *f* **-1.** [gen] circulation; ~ **de la sangre** circulation of the blood; ~ **fiduciaria** *o* **monetaria** paper currency **-2.** [tráfico] traffic **-3.** [conducción] driving.

circular ◇ *adj* & *f* circular. ◇ *vi* **-1.** [pasar] ~ **(por)** [líquido] to flow *o* circulate (through);

[persona] to move o walk (around); [vehículos] to drive (along); **este autobús no circula hoy** this bus doesn't run today **-2.** [de mano en mano] to circulate; [moneda] to be in circulation **-3.** [difundirse] to go round.

circulatorio, ria adj circulatory.

círculo m lit & fig circle.
➣ **círculos** mpl [medios] circles.
➣ **círculo polar** m polar circle; **el ~ polar ártico/antártico** the Arctic/Antarctic Circle.
➣ **círculo vicioso** m vicious circle.

circuncidar vt to circumcise.

circuncisión f circumcision.

circundante adj surrounding.

circundar vt to surround.

circunferencia f circumference.

circunflejo ➢ acento.

circunlocución f circumlocution.

circunloquio m circumlocution.

circunnavegar [16] vt to circumnavigate, to sail round.

circunscribir vt **-1.** [limitar] to restrict, to confine **-2.** GEOM to circumscribe.
➣ **circunscribirse** vpr to confine o.s. to.

circunscripción f **-1.** [limitación] limitation **-2.** [distrito] district; MIL division; POLÍT constituency.

circunscrito, ta ◇ pp ➢ **circunscribir**. ◇ adj restricted, limited.

circunspección f culto **-1.** [comedimiento] circumspection **-2.** [seriedad] graveness, seriousness.

circunspecto, ta adj culto **-1.** [comedido] circumspect **-2.** [serio] grave, serious.

circunstancia f circumstance; **en estas ~s** under the circumstances; **~ atenuante/agravante/eximente** DER extenuating/aggravating/exonerating circumstance.

circunstancial adj **-1.** [accidental] chance (antes de sust) **-2.** GRAM ➢ **complemento**.

circunvalación f [carretera] ring road.

circunvalar vt to go round.

cirílico, ca adj Cyrillic.

cirio m (wax) candle; **~ pascual** paschal candle; **montar un ~** to make a row.

cirrosis f inv cirrhosis.

ciruela f plum; **~ claudia** greengage; **~ pasa** prune.

ciruelo m plum tree.

cirugía f surgery; **~ estética** o **plástica** cosmetic o plastic surgery.

cirujano, na m,f surgeon.

cisco m **-1.** [carbón] slack; **hecho ~** fig shattered **-2.** fam [alboroto] row, rumpus.

cisma m **-1.** [separación] schism **-2.** [discordia] split.

cismático, ca adj & m,f schismatic.

cisne m swan.

cisterciense adj & m,f Cistercian.

cisterna f **-1.** [de retrete] cistern **-2.** [aljibe, tanque] tank.

cistitis f inv cystitis.

cita f **-1.** [entrevista] appointment; [de novios] date; **concertar una ~** to make an appointment; **darse ~** to meet; **tener una ~** to have an appointment **-2.** [referencia] quotation.

citación f DER summons (sg).

citar vt **-1.** [convocar] to make an appointment with **-2.** [aludir] to mention; [textualmente] to quote **-3.** DER to summons.
➣ **citarse** vpr: **~se (con alguien)** to arrange to meet (sb).

cítara f zither.

citología f **-1.** [análisis] smear test **-2.** BIOL cytology.

citoplasma m cytoplasm.

cítrico, ca adj citric.
➣ **cítricos** mpl citrus fruits.

CiU (abrev de **Convergència i Unió**) f Catalan coalition party to the centre-right of the political spectrum.

ciudad f **-1.** [localidad] city; [pequeña] town; **~ dormitorio/satélite** commuter/satellite town; **~ jardín** garden city **-2.** [instalaciones] complex; **~ deportiva** sports complex; **~ sanitaria** hospital complex; **~ universitaria** university campus.
➣ **Ciudad del Cabo** f Cape Town.
➣ **Ciudad del Vaticano** f Vatican City.
➣ **Ciudad de México** f Mexico City.
➣ **Ciudad eterna** f: **la Ciudad eterna** the Eternal City.
➣ **Ciudad santa** f: **la Ciudad santa** the Holy City.

ciudadanía f **-1.** [nacionalidad] citizenship **-2.** [población] public, citizens (pl).

ciudadano, na ◇ adj city (antes de sust); [orgullo, deberes etc] civic. ◇ m,f citizen; **el ~ de a pie** the man in the street.

ciudadela f citadel, fortress.

cívico, ca adj civic; [conducta] public-spirited.

civil ◇ adj lit & fig civil. ◇ m **-1.** [no militar] civilian **-2.** fam [Guardia Civil] member of 'Guardia Civil'.

civilización f civilization.

civilizado, da adj civilized.

civilizar [13] vt to civilize.
➣ **civilizarse** vpr to become civilized.

civismo *m* **-1.** [urbanidad] community spirit **-2.** [cortesía] civility, politeness.

cizalla *f* **-1.** [herramienta] shears *(pl)*, metal cutters *(pl)* **-2.** [recortes] metal cuttings *(pl)*.

cizaña *f* BOT darnel; **meter** *o* **sembrar** ~ to sow discord; **separar la** ~ **del buen grano** to separate the wheat from the chaff.

cl (*abrev de* **centilitro**) cl.

clamar <> *vt* **-1.** [expresar] to exclaim **-2.** [exigir] to cry out for. <> *vi* **-1.** [implorar] to appeal **-2.** [protestar] to cry out.

clamor *m* clamour.

clamoroso, sa *adj* **-1.** [rotundo] resounding **-2.** [vociferante] loud, clamorous.

clan *m* **-1.** [tribu, familia] clan **-2.** [banda] faction.

clandestinidad *f* secrecy; **en la** ~ underground.

clandestino, na *adj* clandestine; POLÍT underground.

claque *f* claque.

claqué *m* tap dancing.

claqueta *f* clapperboard.

clara ➭ **claro**.

claraboya *f* skylight.

clarear <> *vt* to light up. <> *v impers* **-1.** [amanecer]: **empezaba a** ~ **dawn** was breaking **-2.** [despejarse] to clear up, to brighten up.

◆ **clarearse** *vpr* [transparentarse] to be see-through.

clarete ➭ **vino**.

claridad *f* **-1.** [transparencia] clearness, clarity **-2.** [luz] light **-3.** [franqueza] candidness; **ser de una** ~ **meridiana** to be crystal clear **-4.** [lucidez] clarity; **explicar algo con** ~ to explain sthg clearly.

clarificación *f* clarification.

clarificador, ra *adj* clarifying.

clarificar [10] *vt* **-1.** [gen] to clarify; [misterio] to clear up **-2.** [purificar] to refine.

clarín <> *m* [instrumento] bugle. <> *mf* [persona] bugler.

clarinete <> *m* [instrumento] clarinet. <> *mf* [persona] clarinettist.

clarinetista *mf* clarinettist.

clarividencia *f* farsightedness, perception.

clarividente <> *adj* farsighted, perceptive. <> *mf* perceptive person.

claro, ra *adj* **-1.** [gen] clear; ~ **está que ...** of course ...; **dejar algo** ~ to make sthg clear; **a las claras** clearly; **pasar una noche en** ~ to spend a sleepless night; **poner algo en** ~ to

get sthg clear, to clear sthg up; **sacar algo en** ~ **(de)** to make sthg out (from); **tener algo** ~ to be sure of sthg **-2.** [luminoso] bright **-3.** [color] light **-4.** [diluido - té, café] weak; [- salsa] thin **-5.** [poco tupido] thin, sparse.

◆ **claro** <> *m* **-1.** [en bosque] clearing; [en multitud, texto] space, gap **-2.** METEOR bright spell **-3.** [en pintura] highlight. <> *adv* clearly. <> *interj*: **¡claro!** of course!; **¡**~ **que no!** of course not!; **¡**~ **que sí!** yes, of course.

◆ **clara** *f* **-1.** [de huevo] white **-2.** [bebida] shandy **-3.** [calvicie] bald patch.

◆ **claro de luna** *m* moonlight.

claroscuro *m* chiaroscuro.

clase *f* **-1.** [gen] class; ~ **alta/media** upper/middle class; ~ **obrera** *o* **trabajadora** working class; ~ **social** social class; ~ **preferente/turista** club/tourist *o* coach US class; ~ **salón** *Amér* FERROC first class; **primera** ~ first class; ~**s pasivas** pensioners **-2.** [tipo] sort, kind; **toda** ~ **de** all sorts *o* kinds of **-3.** [EDUC - asignatura, alumnos] class; [- aula] classroom; **dar** ~**s** [en un colegio] to teach; [en una universidad] to lecture; ~**s particulares** private classes *o* lessons; ~**s de recuperación** *extra lessons for pupils who have failed their exams*.

clasicismo *m* **-1.** ARTE & LITER classicism **-2.** [tradicionalismo] classical nature.

clásico, ca <> *adj* **-1.** [de la Antigöedad] classical **-2.** [ejemplar, prototípico] classic **-3.** [peinado, estilo, música etc] classical **-4.** [habitual] customary **-5.** [peculiar]: ~ **de** typical of. <> *m, f* [persona] classic.

◆ **clásicas** *fpl* [estudios] classics.

clasificación *f* classification; DEP (league) table.

clasificador, ra *adj* classifying.

◆ **clasificador** *m* [mueble] filing cabinet.

◆ **clasificadora** *f* [máquina] sorter.

clasificar [10] *vt* to classify.

◆ **clasificarse** *vpr* **-1.** [ganar acceso]: ~**se (para)** to qualify (for); DEP to get through (to) **-2.** [llegar]: **se clasificó en segundo lugar** she came second.

clasismo *m* class discrimination.

clasista <> *adj* class-conscious; *despec* snobbish. <> *mf* class-conscious person; *despec* snob.

claudia ➭ **ciruela**.

claudicación *f* withdrawal.

claudicar [10] *vi* **-1.** [ceder] to give in **-2.** [renunciar]: ~ **de** to renounce.

claustro *m* **-1.** ARQUIT & RELIG cloister **-2.** [de universidad] senate.

➥ **claustro materno** *m* womb.

claustrofobia *f* claustrophobia.

cláusula *f* clause.

clausura *f* **-1.** [acto solemne] closing ceremony **-2.** [cierre] closing down **-3.** [aislamiento] enclosed life, enclosure **-4.** RELIG religious seclusion.

clausurar *vt* **-1.** [acto] to close, to conclude **-2.** [local] to close down.

clavadista *mf Cam & Méx* diver.

clavado, da *adj* **-1.** [con clavos] nailed **-2.** [en punto - hora] on the dot **-3.** [a la medida] just right **-4.** [parecido] almost identical; **ser ~ a alguien** to be the spitting image of sb **-5.** [fijo] fixed.

➥ **clavada** *f mfam* [estafa] rip-off.

clavar *vt* **-1.** [clavo, estaca etc] to drive; [cuchillo] to thrust; [chincheta, alfiler] to stick **-2.** [cartel, placa etc] to nail, to fix **-3.** *fig* [mirada, atención] to fix, to rivet; **~ los ojos en** to stare at **-4.** *mfam* [estafar] to sting, to rip off; **me han clavado diez euros** they stung me for ten euros.

➥ **clavarse** *vpr* [hincarse]: **me clavé un cristal en el pie** I got a splinter of glass in my foot.

clave ◇ *adj inv* key; **palabra ~** keyword. ◇ *m* MÚS harpsichord. ◇ *f* **-1.** [código] code; **en ~** in code **-2.** *fig* [solución] key; **la ~ del problema** the key to the problem **-3.** MÚS clef; **~ de sol** treble clef **-4.** INFORM key; **~ de acceso** access key.

clavecín *m* spinet.

clavel *m* carnation.

claveteado *m* studding.

clavetear *vt* **-1.** [adornar con clavos] to stud (with nails) **-2.** [poner clavos] to nail roughly.

clavicémbalo *m* harpsichord.

clavicordio *m* clavichord.

clavícula *f* collar bone.

clavija *f* **-1.** ELECTR & TECN pin; [de auriculares, teléfono] jack **-2.** MÚS peg; **apretar las ~s a alguien** to put the screws on sb.

clavo *m* **-1.** [pieza metálica] nail; **agarrarse a un ~ ardiendo** to clutch at straws; **estaré allí como un ~** I'll be there on the dot; **dar en el ~** to hit the nail on the head; **remachar el ~** to make matters worse; **¡por los ~s de Cristo!** for heaven's sake **-2.** BOT & CULIN clove **-3.** MED [para huesos] pin.

claxon (*pl* **cláxones**) *m* horn; **tocar el ~** to sound the horn.

clemencia *f* mercy, clemency.

clemente *adj* **-1.** [persona] merciful, clem-

ent **-2.** *fig* [invierno etc] mild.

clementina *f* clementine.

cleptomanía *f* kleptomania.

cleptómano, na *m,f* kleptomaniac.

clerecía *f* **-1.** [clero] clergy **-2.** [oficio] priesthood.

clerical ◇ *adj* clerical. ◇ *mf* clericalist.

clericó *m RP* drink made of white wine and fruit.

clérigo *m* [católico] priest; [anglicano] clergyman.

clero *m* clergy.

clic *m* INFORM click; **hacer ~ en algo** to click on sthg.

cliché, clisé *m* **-1.** FOT negative **-2.** IMPRENTA plate **-3.** *fig* [tópico] cliché.

cliente, ta *m,f* [de tienda, garaje, bar] customer; [de banco, abogado etc] client; [de hotel] guest; **~ habitual** regular customer.

clientela *f* [de tienda, garaje] customers (*pl*); [de banco, abogado etc] clients (*pl*); [de hotel] guests (*pl*); [de bar, restaurante] clientele.

clima *m lit & fig* climate; **~ mediterráneo/tropical** Mediterranean/tropical climate.

climaterio *m* climacteric.

climático, ca *adj* climatic.

climatización *f* air conditioning.

climatizado, da *adj* air-conditioned.

climatizar [13] *vt* to air-condition.

climatología *f* **-1.** [tiempo] weather **-2.** [ciencia] climatology.

climatológico, ca *adj* climatological.

clímax *m inv* climax.

clínico, ca *adj* clinical.

➥ **clínica** *f* clinic.

clip *m* **-1.** [para papel] paper clip **-2.** [para el pelo] hairclip **-3.** [videoclip] (video) clip.

clíper *m* clipper.

clisé = cliché.

clítoris *m inv* clitoris.

cloaca *f* sewer.

clon *m* clone.

clonar *vt* to clone.

clónico, ca *adj* clonic.

cloquear *vi* to cluck.

cloración *f* chlorination.

clorato *m* chlorate.

clorhídrico ▷ ácido.

cloro *m* chlorine.

clorofila *f* chlorophyll.

cloro *m* chlorine.

clorofluorocarbono *m* chlorofluorocarbon.

cloruro *m* chloride; **~ de cal** bleaching

powder; ~ **de sodio** o **sódico** sodium chloride.

clóset, clósets m Amér fitted cupboard.

clown m clown.

club (pl **clubs** o **clubes**) m club; ~ **de fans** fan club; ~ **de fútbol** football club; ~ **náutico** yacht club; ~ **nocturno** nightclub.

clueca adj broody.

cm (abrev de **centímetro**) cm.

CNT (abrev de **Confederación Nacional del Trabajo**) f Spanish anarchist trade union federation created in 1911.

Co. (abrev de **compañía**) Co.

coacción f coercion.

coaccionar vt to coerce.

coactivo, va adj coercive.

coagulación f clotting, coagulation.

coagulante <> adj clotting. <> m clotting agent.

coagular vt [gen] to coagulate; [sangre] to clot; [leche] to curdle.

➡ **coagularse** vpr [gen] to coagulate; [sangre] to clot; [leche] to curdle.

coágulo m clot.

coalición f coalition; **formar una** ~ to form a coalition.

coaligar vt = coligar.

coartada f alibi.

coartar vt to limit, to restrict.

coautor, ra m,f coauthor.

coaxial adj coaxial.

coba f fam [halago] flattery; **dar** ~ **a alguien** [hacer la pelota] to suck up o crawl to sb; [aplacar] to soft-soap sb.

cobalto m cobalt.

cobarde <> adj cowardly. <> mf coward.

cobardía f cowardice.

cobaya m o f guinea pig.

cobertizo m - **1.** [tejado adosado] lean-to - **2.** [barracón] shed.

cobertura f - **1.** [gen] cover - **2.** [de un edificio] covering - **3.** PRENS: ~ **informativa** news coverage - **4.** TELEC: **no tengo** ~ my network doesn't cover this area.

cobija f Amér [manta] blanket.

cobijar vt - **1.** [albergar] to house - **2.** [proteger] to shelter.

➡ **cobijarse** vpr to take shelter.

cobijo m shelter; **dar** ~ **a alguien** to give shelter to sb, to take sb in.

cobista mf fam creep.

COBOL (pl **COBOLS**) m INFORM COBOL.

cobra f cobra.

cobrador, ra m,f [del autobús] conductor

(f conductress); [de deudas, recibos] collector.

cobrar <> vt - **1.** [COM - dinero] to charge; [- cheque] to cash; [- deuda] to collect; **cantidades por** ~ amounts due; **¿me cobra, por favor?** how much do I owe you? - **2.** [en el trabajo] to earn, to be paid - **3.** [adquirir - importancia] to get, to acquire; ~ **fama** to become famous - **4.** [sentir - cariño, afecto] to start to feel; ~ **le afecto a alguien** to take a liking to sb. <> vi - **1.** [en el trabajo] to get paid - **2.** fam [recibir una paliza] to catch it; **¡vas a** ~! you'll be in for it! ➡ **cobrarse** vpr: **el accidente se cobró nueve vidas** nine people were killed in the crash.

cobre m copper; **no tener un** ~ Amér to be flat broke.

cobrizo, za adj - **1.** [color, piel] copper (antes de sust) - **2.** [de cobre - metal] containing copper.

cobro m [de talón] cashing; [de pago] collection; **llamada a** ~ **revertido** reverse charge call UK, collect call US; **llamar a** ~ **revertido** to reverse the charges UK, to call collect US.

coca f - **1.** [planta] coca - **2.** fam [cocaína] coke.

Coca-Cola® f Coca-Cola®, Coke®.

cocaína f cocaine.

cocainómano, na m,f cocaine addict.

cocción f [gen] cooking; [en agua] boiling; [en horno] baking.

cóccix, coxis m inv coccyx.

cocear vi to kick.

cocer [41] vt - **1.** [gen] to cook; [hervir] to boil; [en horno] to bake - **2.** [cerámica, ladrillos] to fire.

➡ **cocerse** vpr - **1.** [gen] to cook; [hervir] to boil; [en horno] to bake - **2.** fig [plan] to be afoot.

cochambre f fam [suciedad] filth; [basura] rubbish.

cochambroso, sa adj fam filthy.

cochayuyo m Andes seaweed.

coche m - **1.** [automóvil] car, automobile US; **ir en** ~ [montado] to go by car; [conduciendo] to drive; ~ **de alquiler** hire car; ~ **blindado** armoured car; ~ **de bomberos** fire engine; ~ **de carreras** racing car; ~ **celular** police van; ~ **deportivo** sports car; ~ **familiar** estate car UK, station wagon US; ~ **fúnebre** hearse; ~ **grúa** breakdown van o lorry UK o truck US; ~ **patrulla** patrol car, squad car US - **2.** [de tren] coach, carriage; ~ **cama** sleeping car, sleeper; ~ **restaurante** restaurant o dining car - **3.** [de caballos] carriage

- 4. *loc:* **ir en el ~ de San Fernando** *fam* to go on foot.
➤ coche bomba *m* car bomb.
cochera *f* [para coches] garage; [de autobuses, tranvías] depot.
cochero *m* coachman.
cochinada *f fam fig* [guarrería] dirty *o* filthy thing; [grosería] obscenity, dirty word; **decir ~s** to use foul language; [mala jugada] dirty trick.
cochinilla *f* **- 1.** [crustáceo] woodlouse **- 2.** [insecto] cochineal.
cochinillo *m* sucking pig.
cochino, na <> *adj* **- 1.** [persona] filthy **- 2.** [tiempo, dinero] lousy. <> *m,f* [animal - macho] pig; [- hembra] sow.
cocido *m* stew; **~ madrileño** *CULIN stew made with chickpeas, bacon, meat and root vegetables, typical of Madrid.*
cociente *m* quotient; **~ intelectual** intelligence quotient, I.Q.
cocina *f* **- 1.** [habitación] kitchen **- 2.** [electrodoméstico] cooker, stove; **~ eléctrica/de gas** electric/gas cooker **- 3.** [arte] cooking; **alta ~** haute cuisine; **~ casera** home cooking; **~ española** Spanish cuisine *o* cooking; **libro/clase de ~** cookery book/class.
cocinar *vt & vi* to cook.
cocinero, ra *m,f* cook; **haber sido ~ antes que fraile** to know what one is talking about.
cocker *m* cocker spaniel.
coco *m* **- 1.** [árbol] coconut palm; [fruto] coconut **- 2.** *fam* [cabeza] nut, head; **comerse el ~** to worry (one's head); **comer el ~ a alguien** [convencer] to brainwash sb **- 3.** *fam* [fantasma] bogeyman **- 4.** *BOT* [bacteria] coccus.
cococha *f* barbel.
cocodrilo *m* crocodile.
cocotero *m* coconut palm.
cóctel, coctel *m* **- 1.** [bebida, comida] cocktail; **~ de gambas** prawn cocktail **- 2.** [reunión] cocktail party.
➤ cóctel molotov *m* Molotov cocktail.
coctelera *f* cocktail shaker.
cód. *abrev de* **código.**
coda *f* coda.
codazo *m* nudge, jab *(with one's elbow)*; **abrirse paso a ~s** to elbow one's way through; **dar un ~ a alguien** [con disimulo] to give sb a nudge, to nudge sb; [con fuerza] to elbow sb.
codearse *vpr:* **~se (con)** to rub shoulders (with).
codeína *f* codeine.

codera *f* elbow patch.
códice *m* codex.
codicia *f* **- 1.** [avaricia] greed **- 2.** [de lo ajeno] covetousness.
codiciar [8] *vt* to covet.
codicioso, sa *adj* greedy.
codificación *f* **- 1.** [de norma, ley] codification **- 2.** [de mensaje en clave] encoding **- 3.** *INFORM* coding.
codificador, ra <> *adj* codifying. <> *m,f* *INFORM* [profesional] encoder.
➤ codificador *m* [aparato] encoder.
codificar [10] *vt* **- 1.** [ley] to codify **- 2.** [un mensaje] to encode **- 3.** *INFORM* to code.
código *m* [gen & *INFORM*] code; **~ postal** post *UK o* zip *US* code; **~ territorial** area code; **~ mercantil** *o* **de comercio** commercial law; **~ de barras/de señales** bar/signal code; **~ de circulación** highway code; **~ civil/penal** civil/penal code; **~ ASCII** ASCII code; **~ máquina** machine code; **~ Morse** Morse code; **~ territorial** dialling code *UK*, area code *US*.
codillo *m* **- 1.** [en un cuadrúpedo] upper foreleg **- 2.** [de jamón] shoulder **- 3.** [de un tubo] elbow, bend.
codirector, ra *m,f* co-director.
codo *m* **- 1.** [en brazo, tubería] elbow; **estaba de ~s sobre la mesa** she was leaning (with her elbows) on the table; **dar con el ~** to nudge **- 2.** [medida] cubit **- 3.** *loc:* **se sacó la carrera a base de ~s** she got her degree by sheer hard work; **~ con ~**, **~ a ~** side by side; **empinar el ~** *fam* to booze; **hablar por los ~s** *fam* to talk nineteen to the dozen, to be a chatterbox; **hincar los ~s** *fam* to swot.
codorniz *f* quail.
coeficiente *m* **- 1.** [gen] coefficient; **~ de caja** *BANCA* cash ratio; **~ intelectual** *o* **de inteligencia** intelligence quotient, I.Q **- 2.** [índice] rate.
coercer [11] *vt* to restrict, to constrain.
coerción *f* coercion.
coerza *etc* ▷ **coercer.**
coetáneo, a *adj & m,f* contemporary.
coexistencia *f* coexistence; **~ pacífica** peaceful coexistence.
coexistente *adj* coexisting.
coexistir *vi* to coexist.
cofia *f* [de enfermera, camarera] cap; [de monja] coif.
cofrade *mf* **- 1.** [de cofradía religiosa] brother (*f* sister) **- 2.** [de cofradía no religiosa] member.
cofradía *f* **- 1.** [religiosa] brotherhood (*f* sisterhood) **- 2.** [no religiosa] guild.

cofre *m* **-1.** [arca] chest, trunk **-2.** [para joyas] jewel box.

coger [14] ◇ *vt* **-1.** [asir, agarrar] to take; ~ **a alguien de** *o* **por la mano** to take sb by the hand **-2.** [atrapar - ladrón, pez, pájaro] to catch **-3.** [alcanzar - persona, vehículo] to catch up with **-4.** [recoger - frutos, flores] to pick **-5.** [quedarse con - propina, empleo, piso] to take **-6.** [contratar - personal] to take on **-7.** [quitar]: ~ **algo (a alguien)** to take sthg (from sb) **-8.** [tren, autobús] to take, to catch; **no me gusta** ~ **el avión** I don't like flying **-9.** [contraer - gripe, resfriado] to catch, to get; ~ **una borrachera** to get drunk **-10.** [sentir - manía, odio, afecto] to start to feel; ~ **cariño/miedo a** to become fond/scared of **-11.** [suj: coche] to knock over, to run over; [suj: toro] to gore **-12.** [oír] to catch; [entender] to get; **no cogió el chiste** he didn't get the joke **-13.** [sorprender, encontrar]: ~ **a alguien haciendo algo** to catch sb doing sthg; **lo cogieron robando** they caught him stealing **-14.** [sintonizar - canal, emisora] to get, to receive **-15.** [abarcar - espacio] to cover, to take up **-16.** *Méx, RP, Ven vulg* [tener relaciones sexuales con] to screw, to fuck. ◇ *vi* **-1.** [situarse] to be; **coge muy cerca de aquí** it's not very far from here **-2.** [dirigirse]: ~ **a la derecha/la izquierda** to turn right/left **-3.** *loc*: **cogió y se fue** he upped and went; **de pronto cogió y me insultó** he turned round and insulted me.

◆ **cogerse** *vpr* **-1.** [agarrarse]: ~**se de** *o* **a algo** to cling to *o* clutch sthg **-2.** [pillarse]: ~**se los dedos/la falda en la puerta** to catch one's fingers/skirt in the door.

cogestión *f* copartnership.

cogida *f* [de torero]: **sufrir una** ~ to be gored.

cognac = **coñá**.

cogollo *m* **-1.** [de lechuga] heart **-2.** [brote - de árbol, planta] shoot.

cogorza *f fam*: **agarrarse una** ~ to get smashed, to get blind drunk; **llevar una** ~ to be smashed, to be blind drunk.

cogotazo *m* rabbit punch.

cogote *m* nape, back of the neck.

cohabitación *f* cohabitation.

cohabitar *vi* to cohabit, to live together.

cohecho *m* bribery.

coherencia *f* **-1.** [de razonamiento] coherence **-2.** *Fís* cohesion.

coherente *adj* coherent.

cohesión *f* cohesion.

cohete *m* rocket.

cohibición *f* inhibition.

cohibido, da *adj* inhibited.

cohibir *vt* to inhibit.

◆ **cohibirse** *vpr* to become inhibited.

cohorte *f* cohort.

COI (*abrev de* **Comité Olímpico Internacional**) *m* IOC.

coima *f Andes & RP fam* bribe, backhander *UK*.

coincidencia *f* coincidence; **¡qué** ~**!** what a coincidence!

coincidir *vi* **-1.** [superficies, versiones, gustos] to coincide **-2.** [personas - encontrarse] to meet; [- estar de acuerdo] to agree; **coincidimos en una fiesta** we saw each other at a party.

coito *m* (sexual) intercourse.

coja ⊳ **coger**.

cojear *vi* **-1.** [persona] to limp **-2.** [mueble] to wobble **-3.** *fig* [adolecer] to falter, to flounder.

cojera *f* [acción] limp; [estado] lameness.

cojín *m* cushion.

cojinete *m* [en eje] bearing; [en un riel de ferrocarril] chair.

cojo, ja ◇ *v* ⊳ **coger**. ◇ *adj* **-1.** [persona] lame **-2.** [mueble] wobbly **-3.** *fig* [razonamiento, frase] faulty. ◇ *m,f* cripple; **no ser** ~ **ni manco** *fig* to know a thing or two.

cojón *m* (*gen pl*) *vulg* ball; **¡ahora lo vas a hacer por cojones!** you bloody well are going to do it!; **tener cojones** to have balls *o* guts.

◆ **cojones** *interj vulg*: **¡cojones!** [enfado] for fuck's sake!

cojonudo, da *adj vulg* bloody brilliant.

cojudear *vt Andes & RP fam* **-1.** [hacer tonterías] to piss about, to muck about **-2.** [engañar] to trick.

cojudez *f Andes mfam*: **¡que** ~**!** [acto] what a bloody *UK o* goddamn *US* stupid thing to do!; [dicho] what a bloody *UK o* goddamn *US* stupid thing to say!

cojudo, da *adj Andes mfam* bloody *UK o* goddamn *US* stupid.

col *f* cabbage; ~ **de Bruselas** Brussels sprout; ~ **lombarda** red cabbage; **entre** ~ **y** ~, **lechuga** variety is the spice of life.

cola *f* **-1.** [de animal, avión] tail **-2.** [de vestido de novia] train **-3.** [fila] queue *UK*, line *US*; **¡a la** ~**!** get in the queue! *UK*, get in line! *US*; **hacer** ~ to queue (up) *UK*, to stand in line *US*; **ponerse a la** ~ to join the end of the queue *UK o* line *US*; ~ **de impresión** *INFORM* printout queue **-4.** [pegamento] glue **-5.** [de clase, lista] bottom; [de desfile] end **-6.** [bebida] cola **-7.** [peinado]: ~ **(de caballo)** pony tail **-8.** *Amér fam* [nalgas] bum *UK*, fanny *US* **-9.**

Esp *fam* [pene] willy *UK*, peter *US* **-10. loc: no pegan ni con** ~ *fam* they don't match at all; **tener** *o* **traer** ~ to have serious consequences *o* repercussions.

colaboración *f* **-1.** [gen] collaboration **-2.** [de prensa] contribution, article.

colaboracionismo *m* collaborationism.

colaboracionista ◇ *adj* collaborationist. ◇ *mf* collaborator.

colaborador, ra ◇ *adj* cooperative. ◇ *m,f* **-1.** [gen] collaborator **-2.** [de prensa] contributor, writer.

colaborar *vi* **-1.** [ayudar] to collaborate **-2.** [en prensa]: ~ **en** *o* **con** to write for, to work for **-3.** [contribuir] to contribute.

colación *f*: sacar *o* traer algo a ~ [tema] to bring sthg up.

coladero *m fam* easy way through.

colado, da *adj* **-1.** [líquido] strained **-2.** [enamorado]: **estar** ~ **por alguien** *fam* to have a crush on sb.

➡ **colada** *f* [ropa] laundry; **hacer la** ~ to do the washing.

colador *m* [para líquidos] strainer, sieve; [para verdura] colander.

colágeno *m* collagen.

colapsar ◇ *vt* to bring to a halt, to stop. ◇ *vi* to come *o* grind to a halt.

colapso *m* **-1.** *MED* collapse, breakdown; **sufrir un** ~ to collapse; ~ **nervioso** nervous breakdown **-2.** [de actividad] stoppage; [de tráfico] traffic jam, hold-up.

colar [23] ◇ *vt* **-1.** [verdura, té] to strain; [café] to filter **-2.** [dinero falso] to pass off as genuine; [mentira] to slip through **-3.** [por un sitio estrecho] to slip, to squeeze. ◇ *vi* [pasar por bueno]: **esto no colará** this won't wash.

➡ **colarse** *vpr* **-1.** [líquido]: ~**se por** to seep through **-2.** [persona] to slip, to sneak; [en una cola] to jump the queue *UK o* line *US*; ~**se en una fiesta** to gatecrash a party **-3.** *fam* [por error] to slip up **-4.** *loc fam*: ~**se por alguien** to fall for sb.

colateral *adj* **-1.** [lateral] on either side **-2.** [pariente] collateral.

colcha *f* bedspread.

colchón *m* **-1.** [de cama] mattress; ~ **inflable** air bed **-2.** *INFORM* buffer.

colchoneta *f* [para playa] beach mat; [en gimnasio] mat.

cole *m fam* school.

colear *vi* **-1.** [animal] to wag its tail **-2.** *fig* [asunto, problema] to drag on.

colección *f lit* & *fig* collection.

coleccionable ◇ *adj* collectable. ◇ *m*

special supplement in serialized form.

coleccionar *vt* to collect.

coleccionista *mf* collector.

colecta *f* collection.

colectividad *f* community.

colectivismo *m* collectivism.

colectivización *f* collectivization.

colectivizar [13] *vt* to collectivize.

colectivo, va ◇ *adj* collective. ◇ *m Andes* [taxi] collective taxi; *Andes, Bol* [autobús] bus.

➡ **colectivo** *m* group.

colector, ra *adj* collecting.

➡ **colector** *m* **-1.** [sumidero] sewer; ~ **de basuras** chute **-2.** *MEC* [de motor] manifold **-3.** [de transistor] collector.

colega *mf* **-1.** [compañero profesional] colleague **-2.** [homólogo] counterpart, opposite number **-3.** *fam* [amigo] mate.

colegiado, da *adj* who belongs to a professional association.

➡ **colegiado** *m DEP* referee.

colegial, la *m,f* schoolboy (*f* schoolgirl).

➡ **colegial** *adj* school (antes de sust).

colegiarse [8] *vpr* to become a member of a professional association.

colegiata *f* collegiate church.

colegio *m* **-1.** [escuela] school; ~ **concertado** *private school with state subsidy*; ~ **de curas** school run by priests; ~ **de monjas** convent school; ~ **de pago** fee-paying *o* private school **-2.** [de profesionales]: ~ **(profesional)** professional association.

➡ **colegio electoral** *m* [lugar] polling station; [votantes] ward.

➡ **colegio mayor** *m* hall of residence.

colegir [42] ➡ **colegir de** *vi* to infer from, to gather from.

➡ **colegirse de** *vpr* to be inferred from.

coleópteros *mpl* coleoptera.

cólera ◇ *m MED* cholera. ◇ *f* [ira] anger, rage; **montar en** ~ to get angry, to lose one's temper.

colérico, ca *adj* **-1.** [carácter] bad-tempered **-2.** *MED* cholera (antes de sust).

colesterol *m* cholesterol.

coleta *f* pigtail; **cortarse la** ~ to call it a day, to retire.

coletazo *m* flick *o* swish of the tail; **está dando (los últimos)** ~**s** it's in its death throes.

coletilla *f* postscript.

colgado, da *adj* **-1.** [cuadro, jamón etc]: ~ **(de)** hanging (from) **-2.** [teléfono] on the hook **-3.** *fam fig* [abandonado]: **dejar** ~ **a alguien** to leave sb in the lurch - **4.** *fam* [enganchado]: **quedarse ~ (con)** to get hooked (on).

colgador *m* hanger, coathanger.

colgajo *m* - **1.** [de ropa] hanging piece of material - **2.** [de piel] flap.

colgante <> *adj* hanging. <> *m* pendant.

colgar [39] <> *vt* - **1.** [suspender, ahorcar] to hang; **~ el teléfono** to hang up - **2.** [imputar]: **~ algo a alguien** to blame sthg on sb - **3.** [suspender en los estudios] to fail - **4.** [abandonar] to give up. <> *vi* - **1.** [pender]: **~ (de)** to hang (from) - **2.** [hablando por teléfono] to hang up, to put the phone down.
◆ **colgarse** *vpr*: **~se (de)** [gen] to hang (from); [ahorcarse] to hang o.s. (from).

colibrí *m* hummingbird.

cólico *m* stomachache; **~ hepático** biliary colic; **~ nefrítico** *o* **renal** renal colic.

coliflor *f* cauliflower.

coligar, coaligar [16] *vt* to ally, to unite.
◆ **coligarse** *vpr* to unite, to join together.

colige, coligió *etc v* ⊳ **colegir**.

coligue *etc v* ⊳ **coligar**.

colija *etc v* ⊳ **colegir**.

colilla *f* (cigarette) butt *o* stub.

colimba *f Arg fam* military service.

colina *f* hill.

colindante *adj* neighbouring, adjacent.

colindar *vi* to be adjacent, to adjoin.

colirio *m* eyewash, eyedrops *(pl)*.

coliseo *m* coliseum.

colisión *f* [de automóviles] collision, crash; [de ideas, intereses] clash.

colisionar *vi* - **1.** [coche]: **~ (contra)** to collide (with), to crash (into) - **2.** *fig* [ideas] to clash.

colista *mf* [en liga de fútbol etc] bottom team; [en carreras] tailender.

colitis *f inv* stomach infection.

collado *m* [colina] hill.

collage *m* collage.

collar *m* - **1.** [de personas] necklace - **2.** [para animales] collar - **3.** [abrazadera] collar, ring.

collarín *m* surgical collar.

collera *f Andes* cuff link.

colmado, da *adj*: **~ (de)** full to the brim (with).
◆ **colmado** *m* grocer's (shop).

colmar *vt* - **1.** [recipiente] to fill (to the brim) - **2.** *fig* [aspiración, deseo] to fulfil; **~ a alguien de regalos/elogios** to shower gifts/praise on sb.

colmena *f* beehive.

colmenar *m* apiary.

colmillo *m* - **1.** [de persona] canine, eye-tooth

- **2.** [de perro] fang; [de elefante] tusk - **3.** *loc*: **enseñar los ~s** to show one's teeth.

colmo *m* height; **para ~ de desgracias** to crown it all; **es el ~ de la locura** it's sheer madness; **¡eso es el ~!** *fam* that's the last straw!

colocación *f* - **1.** [acción] placing, positioning; [situación] place, position - **2.** [empleo] position, job.

colocado, da *adj* - **1.** [gen] placed; **estar muy bien ~** to have a very good job - **2.** *fam* [borracho] legless; [drogado] high, stoned.

colocar [10] *vt* - **1.** [en su sitio] to place, to put - **2.** [en una posición]: **~ los brazos en alto** to raise one's arms - **3.** [en un empleo] to find a job for - **4.** [casar] to marry off - **5.** [invertir] to place, to invest.
◆ **colocarse** *vpr* - **1.** [en un trabajo] to get a job - **2.** *fam* [emborracharse] to get legless; [drogarse] to get high *o* stoned.

colocón *m mfam*: **llevar un ~** [de droga] to be high; [de bebida] to be pissed.

colofón *m* - **1.** [remate, fin] climax, culmination - **2.** [de libro] colophon.

Colombia Colombia.

colombianismo *m* Colombian expression.

colombiano, na *adj & m,f* Colombian.

colombofilia *f* pigeon-fancying.

colon *m* colon.

colón *m* colon *(unit of currency in Costa Rica and El Salvador)*.

colonia *f* - **1.** [gen] colony - **2.** [de niños]: **~ (de verano)** (summer) camp; **ir de ~s** to go to summer camp - **3.** [perfume] eau de cologne - **4.** *Méx* [barrio] district; **~ proletaria** shanty town, slum area.

colonial *adj* colonial.

colonialismo *m* colonialism.

colonialista *adj & m,f* colonialist.

colonización *f* colonization.

colonizador, ra <> *adj* colonizing. <> *m,f* colonizer, colonist.

colonizar [13] *vt* to colonize.

colono *m* settler, colonist.

coloque *etc v* ⊳ **colocar**.

coloquial *adj* colloquial.

coloquio *m* - **1.** [conversación] conversation - **2.** [debate] discussion, debate.

color *m* - **1.** [gen] colour; **~ rojo** red; **~ azul** blue; **¿de qué ~?** what colour?; **una falda de ~ rosa** a pink skirt; **~ local** local colour; **a todo ~** in full colour; **de ~** [persona] coloured; **en ~** [foto, televisor] colour; **~ primario** primary colour; **~es complementa-**

rios complementary colours - **2.** *fig* [aspecto]
tone - **3.** [en los naipes] suit - **4.** *loc:* **dar** ~ **a**
algo to colour sthg in; *fig* to brighten *o*
liven sthg up; **no hay** ~ it's no contest; **po-**
nerse de mil ~**es** to flush; **sacarle** *o* **salirle a**
alguien los ~**es (a la cara)** to make sb blush;
ver las cosas de ~ **de rosa** to see things
through rose-coloured *o* rose-tinted spectacles.

colorado, da *adj* [color] red; **ponerse** ~ to
blush, to go red.
  ➡ **colorado** *m* [color] red.

colorante *m* colouring.

colorear *vt* to colour (in).

colorete *m* rouge, blusher.

colorido *m* colours *(pl)*.

colorín *(gen pl)* *m* bright colour; ~ **colorado,**
este cuento se ha acabado and they all lived
happily ever after.

colorista *adj* colouristic.

colosal *adj* - **1.** [estatura, tamaño] colossal - **2.**
[extraordinario] great, enormous.

coloso *m* - **1.** [estatua] colossus - **2.** *fig* [cosa,
persona] giant.

colt® *m* Colt®.

columna *f* - **1.** [gen] column; **quinta** ~ fifth
column - **2.** *fig* [pilar] pillar.
  ➡ **columna vertebral** *f* spinal column.

columnata *f* colonnade.

columnista *mf* columnist.

columpiar [8] *vt* to swing.
  ➡ **columpiarse** *vpr* to swing.

columpio *m* swing.

colza *f* BOT rape.

coma ◇ *m* MED coma; **en** ~ in a coma. ◇ *f*
- **1.** GRAM comma - **2.** MAT ≃ decimal point.

comadre *f* - **1.** [mujer chismosa] gossip,
gossipmonger; [vecina] neighbour - **2.** *CAm,*
Méx [amiga] friend.

comadrear *vi* to gossip.

comadreja *f* weasel.

comadreo *m* gossip.

comadrona *f* midwife.

comal *m* CAm, Méx *clay or metal dish used*
for baking tortillas.

comandancia *f* - **1.** [rango] command - **2.**
[edificio] command headquarters.

comandante *m* [MIL - rango] major; [- de un
puesto] commander, commandant; ~ **en je-**
fe commander-in-chief.

comandar *vt* MIL to command.

comando *m* MIL commando; ~ **terrorista**
terrorist unit.

comarca *f* region, area.

comarcal *adj* district *(antes de sust)*, local.

comatoso, sa *adj* comatose.

comba *f* - **1.** [juego] skipping; **jugar** *o* **saltar a**
la ~ to skip - **2.** [cuerda] skipping rope.

combado, da *adj* curved.

combar *vt* to bend.
  ➡ **combarse** *vpr* [gen] to bend; [madera] to
warp; [pared] to bulge.

combate *m* [gen] fight; [batalla] battle; **dejar a**
alguien fuera de ~ [en boxeo] to knock sb
out; *fig* to put sb out of the running.

combatiente *mf* combatant, fighter.

combatir ◇ *vi:* ~ **(contra)** to fight
(against). ◇ *vt* to combat, to fight.

combatividad *f* fighting spirit.

combativo, va *adj* aggressive, combative.

combi *m* [frigorífico] fridge-freezer.

combinación *f* - **1.** [gen] combination - **2.**
[de bebidas] cocktail - **3.** QUÍM compound - **4.**
[prenda] slip - **5.** [plan] scheme - **6.** [de medios
de transporte] connections *(pl)*.

combinado *m* - **1.** [bebida] cocktail - **2.** DEP
combined team - **3.** *Amér* [radiograma] radiogram.

combinar *vt* - **1.** [gen] to combine - **2.** [bebi-
das] to mix - **3.** [colores] to match - **4.** [planifi-
car] to arrange, to organize.

combinatoria *f* MAT combinatorial analysis.

combustible ◇ *adj* combustible. ◇ *m*
fuel.

combustión *f* combustion.

comecocos *m inv fam* - **1.** [para convencer]: **es-**
te panfleto es un ~ this pamphlet is
designed to brainwash you - **2.** [cosa difícil
de comprender] mind-bending problem *o*
puzzle *etc.*

COMECON *(abrev de* **Council for Mutual Eco-**
nomic Assistance) *m* COMECON.

comedero *m* trough.

comedia *f* - **1.** [obra, película, género] comedy;
~ **musical** musical (comedy) - **2.** *fig* [engaño]
farce; **hacer la** ~ to pretend, to make
believe.

comediante, ta *m,f* actor (*f* actress); *fig*
[farsante] fraud.

comedido, da *adj* moderate, restrained.

comedimiento *m* moderation, restraint.

comediógrafo, fa *m,f* playwright, dramatist.

comedirse [26] *vpr* to be restrained.

comedor *m* - **1.** [habitación - de casa] dining
room; [- de fábrica] canteen - **2.** [muebles]
dining-room suite.

comensal *mf* fellow diner.

comentar *vt* [opinar sobre] to comment on;

[hablar de] to discuss.

comentario *m* **-1.** [observación] comment, remark **-2.** [crítica] commentary.

➤ **comentarios** *mpl* [murmuraciones] gossip (U).

comentarista *mf* commentator.

comenzar [34] ◇ *vt* to start, to begin; ~ **a hacer algo** to start doing *o* to do sthg; ~ **diciendo que ...** to start *o* begin by saying that ... ◇ *vi* to start, to begin.

comer ◇ *vi* [ingerir alimentos - gen] to eat; [- al mediodía] to have lunch. ◇ *vt* **-1.** [alimentos] to eat **-2.** [colores] to fade **-3.** [en juegos de tablero] to take, to capture **-4.** *fig* [consumir] to eat up **-5.** *loc:* **sin ~ lo ni beberlo** through no fault of one's own.

➤ **comerse** *vpr* **-1.** [alimentos] to eat **-2.** [desgastar - recursos] to eat up; [- metal] to corrode **-3.** [en los juegos de tablero] to take, to capture **-4.** *fam* [palabras] to swallow **-5.** *Amér vulg* [fornicar]: ~**se a** to fuck.

comercial *adj* commercial.

comercialización *f* marketing.

comercializar [13] *vt* to market.

comerciante *mf* tradesman (*f* tradeswoman); [tendero] shopkeeper.

comerciar [8] *vi* to trade, to do business.

comercio *m* **-1.** [de productos] trade; ~ **electrónico** e-business; ~ **exterior/interior** foreign/domestic trade; ~ **justo** fair trade; **libre** ~ free trade **-2.** [actividad] business, commerce **-3.** [tienda] shop.

comestible *adj* edible, eatable.

➤ **comestibles** *mpl* [gen] food (U); [en una tienda] groceries.

cometa ◇ *m* ASTRON comet. ◇ *f* kite.

cometer *vt* [crimen] to commit; [error] to make.

cometido *m* **-1.** [objetivo] mission, task **-2.** [deber] duty.

comezón *f* **-1.** [picor] itch, itching (U) **-2.** *fig* [remordimiento] twinge; [deseo] urge, itch.

cómic (*pl* **cómics**), **comic** (*pl* **comics**) *m* (adult) comic.

comicidad *f* humorousness.

comicios *mpl* elections.

cómico, ca ◇ *adj* **-1.** [de la comedia] comedy (*antes de sust*), comic **-2.** [gracioso] comic, comical. ◇ *m,f* [actor de teatro] actor (*f* actress); [humorista] comedian (*f* comedienne), comic.

comida ◇ *v* ▷ **comedirse**. ◇ *f* **-1.** [alimento] food (U); ~ **basura** junk food; ~ **chatarra** *Amér* junk food; ~ **rápida** fast food **-2.** [almuerzo, cena etc] meal **-3.** [al mediodía] lunch;

~ **de negocios** business lunch.

comidiera *etc v* ▷ **comedirse**.

comidilla *f fam:* **ser/convertirse en la ~ del pueblo** to be/to become the talk of the town.

comidió *v* ▷ **comedirse**.

comience *etc* ▷ **comenzar**.

comienzo *m* start, beginning; **a ~s de los años 50** in the early 1950s; **dar ~** to start, to begin.

comillas *fpl* inverted commas, quotation marks; **entre ~** in inverted commas.

comilón, ona *fam* ◇ *adj* greedy. ◇ *m,f* [persona] greedy pig, glutton.

comilona *f fam* [festín] blow-out.

comino *m* [planta] cumin, cummin; **me importa un ~** I don't give a damn; **no valer un ~** not to be worth tuppence.

comisaría *f* police station, precinct *US*.

comisario, ria *m,f* **-1.**: ~ **(de policía)** police superintendent **-2.** [delegado] commissioner; ~ **político** political commissar.

comisión *f* **-1.** [de un delito] perpetration **-2.** COM commission; **(trabajar) a** ~ (to work) on a commission basis; ~ **fija** ECON flat fee **-3.** [delegación] commission, committee; **Comisión Europea** European Comission; ~ **investigadora** committee of inquiry; ~ **parlamentaria** parliamentary committee; ~ **permanente** standing commission; ~ **de servicio** special assignment; **Comisiones Obreras** Spanish Communist-inspired trade union, special assignment.

comisionado, da *m,f* committee member.

comisionar *vt* to commission.

comisionista *mf* commission agent.

comisura *f* corner (*of mouth, eyes*).

comité *m* committee; ~ **ejecutivo** executive committee; ~ **de empresa** works council.

comitiva *f* retinue.

como ◇ *adv* **-1.** (*comparativo*): **tan ... ~ ...** as ... as ...; **es (tan) negro ~ el carbón** it's as black as coal; **ser ~ algo** to be like sthg; **vive ~ un rey** he lives like a king; **lo que dijo fue ~ para ruborizarse** his words were enough to make you blush **-2.** [de la manera que] as; **lo he hecho ~ es debido** I did it as *o* the way it should be done; **me encanta ~ bailas** I love the way you dance **-3.** [según] as; ~ **te decía ayer ...** as I was telling you yesterday ... **-4.** [en calidad de] as; **trabaja ~ bombero** he works as a fireman; **dieron el dinero ~ anticipo** they gave the money as an advance **- 5.** [aproximadamente] about; **me quedan ~ cien euros** I've got about a hundred euros left; **estamos ~ a mitad de camino** we're about half-way there; **tiene un sabor ~ a naranja** it tastes a bit like an orange. <> *conj* **-1.** [ya que] as, since; **~ no llegabas, nos fuimos** as o since you didn't arrive, we left **- 2.** [si] if; **~ no me hagas caso, lo pasarás mal** if you don't listen to me, there will be trouble **- 3.** [que] that; **después de tantas veces ~ te lo he explicado** after all the times (that) I've explained it to you.

➥ **como que** *loc conj* **-1.** [que] that; **le pareció ~ que lloraban** it seemed to him (that) they were crying **- 2.** [expresa causa]: **pareces cansado — ~ que he trabajado toda la noche** you seem tired — well, I've been up all night working **- 3.** [expresa incredulidad]: **~ que te voy a creer a ti que eres un mentiroso** as if I'd believe a liar like you! ➥ **como quiera** *loc adv* [de cualquier modo] anyway, anyhow.

➥ **como quiera que** *loc conj* **-1.** [de cualquier modo que] whichever way, however; **~ quiera que sea** whatever the case may be **- 2.** [dado que] since, given that.

➥ **como si** *loc conj* as if.

cómo <> *adv* **-1.** [de qué modo, por qué motivo] how; **¿~ lo has hecho?** how did you do it?; **¿~ son?** what are they like?; **no sé ~ has podido decir eso** I don't know how you could say that; **¿~ que no la has visto nunca?** what do you mean you've never seen her?; **¿a ~ están los tomates?** how much are the tomatoes?; **¿~?** *fam* [¿qué dices?] sorry?, what?; **¿~ es eso?** *fam* [¿por qué?] how come? **- 2.** [exclamativo] how; **¡~ pasan los años!** how time flies!; **¡~ no!** of course!; **está lloviendo, ¡y ~!** it isn't half raining! <> *m*: **el ~ y el porqué** the whys and wherefores.

cómoda *f* chest of drawers.

comodidad *f* comfort, convenience *(U)*; **para su ~** for your convenience.

➥ **comodidades** *fpl* comforts.

comodín *m* **-1.** [naipe] joker **- 2.** *fig* [cosa] multi-purpose gadget; [persona] jack-of-all-trades.

cómodo, da *adj* **-1.** [confortable] comfortable; **ponte ~** make yourself comfortable, make yourself at home; **sentirse ~ con alguien** to feel comfortable with sb **- 2.** [útil] convenient **- 3.** [oportuno, fácil] easy.

comodón, ona <> *adj* [amante de la comodidad] comfort-loving; [vago] laid-back; **no seas ~** don't be lazy. <> *m,f* [amante de la

comodidad] comfort-lover; [vago] laid-back person.

comodoro *m* commodore.

comoquiera *adv*: **~ que** [de cualquier manera que] whichever way, however; [dado que] since, seeing as.

compa *mf fam* pal, mate *UK*, buddy *US*.

compact *m* compact disc.

compactación *f INFORM* compression; **~ de ficheros** file compression.

compactar *vt* to compress.

compact disk, compact disc *m* compact disc.

compacto, ta *adj* compact.

compactoteca *f* compact disc library.

compadecer [30] *vt* to pity, to feel sorry for.

➥ **compadecerse de** *vpr* to pity, to feel sorry for.

compadre *m fam* [amigo] friend, mate *UK*, buddy *US*.

compadrear *vi RP fam* to brag, to boast.

compadreo *m fam* [amistad] friendship.

compaginación *f* **-1.** [combinación] reconciling **- 2.** [en imprenta] page make-up.

compaginar *vt* **-1.** [combinar] to reconcile **- 2.** [en imprenta] to make up.

➥ **compaginarse** *vpr*: **~se con** to square with, to go together with.

compañerismo *m* comradeship.

compañero, ra *m,f* **-1.** [acompañante] companion **- 2.** [pareja] partner; **~ sentimental** partner **- 3.** [colega] colleague; **~ de clase** classmate; **~ de piso** flatmate **- 4.** [par]: **el ~ de este guante** the other glove of this pair.

compañía *f* company; **le perdieron las malas ~s** he was led astray by the bad company he kept; **en ~ de** accompanied by, in the company of; **hacer ~ a alguien** to keep sb company; **~ de seguros** insurance company; **~ teatral** o **de teatro** theatre company.

comparación *f* comparison; **en ~ con** in comparison with, compared to.

comparado, da *adj* comparative.

comparar *vt*: **~ algo (con)** to compare sthg (to).

comparativo, va *adj* comparative.

➥ **comparativo** *m GRAM* comparative.

comparecencia *f* appearance.

comparecer [30] *vi* to appear.

comparsa <> *f* **-1.** *TEATR* extras *(pl)* **- 2.** [en carnaval] *group of people at carnival in same costume and with masks.* <> *mf* **-1.** *TEATR* extra **-2.** *fig* [en carreras, competiciones] also-ran; [en organizaciones, empresas] nobody.

compartimentar *vt* to compartmentalize.

compartimento, compartimiento *m* compartment; ~ **estanco** watertight compartment; ~ **de fumadores** smoking compartment.

compartir *vt* **-1.** [ganancias] to share (out) **-2.** [piso, ideas] to share.

compás *m* **-1.** [instrumento] pair of compasses **-2.** *NÁUT* [brújula] compass **-3.** [*MÚS* - periodo] bar; [- ritmo] rhythm, beat; **al ~ (de la música)** in time (with the music); **llevar el ~** to keep time; **perder el ~** to lose the beat.

➨ **compás de espera** *m* pause, interlude.

compasión *f* compassion, pity; **¡por ~!** for pity's sake!; **tener ~ de** to feel sorry for.

compasivo, va *adj* compassionate, sympathetic.

compatibilidad *f* [gen & *INFORM*] compatibility.

compatibilizar [13] *vt* to make compatible.

compatible *adj* [gen & *INFORM*] compatible.

compatriota *mf* compatriot, fellow countryman (*f* fellow countrywoman).

compeler *vt* to compel, to force.

compendiar [8] *vt* [cualidades, características] to summarize; [libro, historia] to abridge.

compendio *m* **-1.** [libro] compendium **-2.** *fig* [síntesis] epitome, essence.

compenetración *f* mutual understanding.

compenetrarse *vpr* to understand each other.

compensación *f* **-1.** [gen] compensation; **en ~ (por)** in return (for); ~ **económica** financial compensation **-2.** *BANCA* compensation; ~ **bancaria** bank clearing.

compensar *vt* **-1.** [valer la pena] to make up for; **no me compensa (perder tanto tiempo)** it's not worth my while (wasting all that time) **-2.** [indemnizar]: ~ **a alguien (de** *o* **por)** to compensate sb (for).

competencia *f* **-1.** [entre personas, empresas] competition; **hacer la ~ a** to compete with; ~ **desleal** *ECON* unfair competition, dumping **-2.** [incumbencia] field, province **-3.** [aptitud, atribuciones] competence.

competente *adj* competent; ~ **en materia de** responsible for.

competer ➨ **competer a** *vi* [gen] to be up to, to be the responsibility of; [una autoridad] to come under the jurisdiction of.

competición *f* competition.

competidor, ra ◇ *adj* rival, competing. ◇ *m, f* competitor.

competir [26] *vi*: ~ **(con/por)** to compete (with/for).

competitividad *f* competitiveness.

competitivo, va *adj* competitive.

compilación *f* [acción] compiling; [colección] compilation.

compilador, ra ◇ *adj* compiling *(antes de sust).* ◇ *m,f* [persona] compiler.

➨ **compilador** *m* *INFORM* compiler.

compilar *vt* [gen & *INFORM*] to compile.

compinche *mf fam* crony.

compita, compitiera *etc* ➩ **competir.**

complacencia *f* pleasure, satisfaction.

complacer [29] *vt* to please.

complaciente *adj* **-1.** [amable] obliging, helpful **-2.** [indulgente] indulgent.

complejidad *f* complexity.

complejo, ja *adj* complex.

➨ **complejo** *m* complex; ~ **de Edipo/de inferioridad/de superioridad** Oedipus/inferiority/superiority complex; ~ **deportivo** sports complex; ~ **hotelero** hotel complex; ~ **industrial** industrial park; ~ **turístico** tourist development; ~ **vitamínico** vitamin complex.

complementar *vt* to complement.

➨ **complementarse** *vpr* to complement each other.

complementario, ria *adj* complementary.

complemento *m* **-1.** [añadido] complement **-2.** *GRAM* object, complement; ~ **agente** agent; ~ **circunstancial** adjunct; ~ **directo/indirecto** direct/indirect object.

completamente *adv* completely, totally.

completar *vt* to complete.

➨ **completarse** *vpr* to be completed.

completo, ta *adj* **-1.** [entero, perfecto] complete; **por ~** completely; **un deportista muy ~** an all-round sportsman **-2.** [lleno] full.

complexión *f* build; **de ~ atlética** with an athletic build; **de ~ fuerte** well-built, with a strong constitution.

complicación *f* **-1.** [gen] complication **-2.** [complejidad] complexity.

complicado, da *adj* **-1.** [difícil] complicated **-2.** [implicado]: ~ **(en)** involved (in).

complicar [10] *vt* **-1.** [dificultar] to complicate **-2.** [comprometer]: ~ **a alguien (en)** to involve sb (in).

➤ **complicarse** *vpr* [problema] to become complicated; [enfermedad] to get worse.

cómplice *mf* accomplice.

complicidad *f* complicity.

complot, compló *m* plot, conspiracy.

componenda *f* shady deal.

componente ◇ *adj* component, constituent. ◇ *m* -**1.** [gen & ELECTR] component -**2.** [persona] member.

componer [65] *vt* -**1.** [constituir, ser parte de] to make up -**2.** [música, versos] to compose -**3.** [arreglar- algo roto] to repair -**4.** [texto - en imprenta] to set, to compose.

➤ **componerse** *vpr*-**1.** [estar formado]: ~**se de** to be made up of, to consist of -**2.** [engalanarse] to dress up -**3.** *loc*: **allá se las compongan** that's their problem; **componérselas (para hacer algo)** to manage (to do sthg).

comportamiento *m* behaviour.

comportar *vt* to involve, to entail.

➤ **comportarse** *vpr* to behave.

composición *f* composition; **hacer** *o* **hacerse una** ~ **de lugar** to size up the situation.

compositor, ra *m,f* composer.

compostelano, na *adj* of/relating to Santiago de Compostela.

compostura *f*-**1.** [reparación] repair -**2.** [de persona, rostro] composure -**3.** [en comportamiento] restraint; **guardar la** ~ to show restraint.

compota *f* CULIN compote, stewed fruit *(U)*.

compra *f* purchase; **ir de** ~**s** to go shopping; **ir a** *o* **hacer la** ~ to do the shopping; ~ **al contado** cash purchase; ~ **a plazos** hire purchase.

comprador, ra ◇ *adj* buying, purchasing. ◇ *m,f* [gen] buyer, purchaser; [en una tienda] shopper, customer.

comprar *vt*-**1.** [adquirir] to buy, to purchase; ~ **algo a alquien** to buy sth from sb -**2.** [sobornar] to buy (off), to bribe.

compraventa *f* buying and selling, trading.

comprender *vt* -**1.** [incluir] to include, to comprise -**2.** [entender] to understand; **hacerse** ~ to make o.s. understood.

➤ **comprenderse** *vpr* [personas] to understand each other.

comprensible *adj* understandable, comprehensible.

comprensión *f* understanding.

comprensivo, va *adj* understanding.

compresa *f* -**1.** [para menstruación] sanitary towel *UK*, sanitary napkin *US* -**2.** [para herida] compress.

compresión *f* compression.

compresor, ra *adj* compressing.

➤ **compresor** *m* compressor.

comprimido, da *adj* compressed.

➤ **comprimido** *m* pill, tablet.

comprimir *vt* to compress.

comprobación *f* checking.

comprobante *m* [documento] supporting document, proof; [recibo] receipt.

comprobar [23] *vt* [averiguar] to check; [demostrar] to prove.

comprometedor, ra *adj* compromising.

comprometer *vt*-**1.** [poner en peligro - éxito etc] to jeopardize; [- persona] to compromise -**2.** [avergonzar] to embarrass -**3.** [hacer responsable]: ~**se a alguien (a hacer algo)** to oblige *o* compel sb (to do sthg).

➤ **comprometerse** *vpr*-**1.** [hacerse responsable]: ~**se (a hacer algo)** to commit o.s. (to doing sthg) -**2.** [ideológicamente, moralmente]: ~**se (en algo)** to become involved (in sthg).

comprometido, da *adj* -**1.** [con una idea] committed -**2.** [difícil] compromising, awkward.

compromisario *m* delegate, representative *(in an election)*.

compromiso *m* -**1.** [obligación] commitment; [acuerdo] agreement -**2.** [cita] engagement; **sin** ~ without obligation -**3.** [de matrimonio] engagement; ~ **matrimonial** engagement -**4.** [dificultad, aprieto] compromising *o* difficult situation; **me pones en un** ~ you're putting me in an awkward position.

compuerta *f* sluice, floodgate.

compuesto, ta ◇ *pp* ▷ **componer.** ◇ *adj* -**1.** [formado]: ~ **de** composed of, made up of -**2.** [palabra] compound *(antes de sust)* -**3.** [arreglado - persona] dressed up.

➤ **compuesto** *m* GRAM & QUÍM compound.

compulsar *vt* to check against the original.

compulsivo, va *adj* compulsive, urgent.

compungido, da *adj* contrite, remorseful.

compusiera *etc* ▷ **componer.**

computable *adj* computable.

computador *m*, **computadora** *f* computer.

computar *vt* -**1.** [calcular] to compute, to calculate -**2.** [considerar] to count, to regard as valid.

computarizar [13] *vt* to computerize.

cómputo *m* calculation.

comulgar [16] *vi* **- 1.** RELIGto take communion **- 2.** *fig* [estar de acuerdo]: ~ **con algo** to share sthg.

común *adj* **- 1.** [gen] common; **por lo ~** generally; **poco ~** unusual **- 2.** [compartido - amigo, interés] mutual; [- bienes, pastos] communal; **tener algo en ~** to have sthg in common; **hacer algo en ~** to do sthg together **- 3.** [ordinario - vino etc] ordinary, average; **~ y corriente** perfectly ordinary.

comuna *f* **- 1.** commune **- 2.** *Amér* [municipalidad] municipality.

comunal *adj* communal.

comunicación *f* **- 1.** [gen] communication; **ponerse en ~ con alguien** to get in touch with sb; **medios de ~ de masas** mass media **- 2.** [escrito oficial] communiqué; [informe] report.

➤ **comunicaciones** *fpl* communications.

comunicado, da *adj*: **bien ~** [lugar] well-served, with good connections.

➤ **comunicado** *m* announcement, statement; **~ oficial** communiqué; **~ a la prensa** press release.

comunicante ◇ *adj* communicating. ◇ *mf* informant.

comunicar [10] ◇ *vt* **- 1.** [transmitir - sentimientos, ideas] to convey; [- movimiento, virus] to transmit **- 2.** [información]: **~ algo a alguien** to inform sb of sthg, to tell sb sthg. ◇ *vi* **- 1.** [hablar - gen] to communicate; [- al teléfono] to get through; [escribir] to get in touch **- 2.** [dos lugares]: **~ con algo** to connect with sthg, to join sthg **- 3.** [el teléfono] to be engaged *UK*, to be busy *US*.

➤ **comunicarse** *vpr* **- 1.** [hablarse] to communicate (with each other) **- 2.** [dos lugares] to be connected **- 3.** [propagarse] to spread.

comunicativo, va *adj* communicative, open.

comunidad *f* community; **~ autónoma** autonomous region; **~ de propietarios** residents' association; **Comunidad Económica Europea** European Economic Community.

COMUNIDAD AUTÓNOMA

For administrative purposes, Spain is divided into 19 autonomous regions. These regions are to a large extent politically self-governing, having their own parliaments and control over several areas, including health, education and environmental issues. The process of conceding greater political autonomy to the autonomous regions is constantly changing, and they are taking on more and more political power.

comunión *f lit & fig* communion; **hacer la primera ~** to take one's First Communion.

comunismo *m* communism.

comunista *adj & m,f* communist.

comunitario, ria *adj* **- 1.** [de la comunidad] community *(antes de sust)* **- 2.** [de la CEE] Community *(antes de sust)*, of the European Community; **política comunitaria** EU *o* Community policy.

con *prep* **- 1.** [gen] with; **¿~ quién vas?** who are you going with?; **lo ha conseguido ~ su esfuerzo** he has achieved it through his own efforts; **una cartera ~ varios documentos** a briefcase containing several documents; **~ el tiempo lo olvidé** in time I forgot it **- 2.** [a pesar de] in spite of; **~ todo** despite everything; **~ lo estudioso que es, le suspendieron** for all his hard work, they still failed him **- 3.** [hacia]: **para ~** towards; **es amable para ~ todos** she is friendly towards *o* with everyone **- 4.** *(+ infin)* [para introducir una condición] by *(+ gerund)*; **~ hacerlo así** by doing it this way; **~ salir a las diez es suficiente** if we leave at ten, we'll have plenty of time **- 5.** [a condición de que]: **~ (tal) que** *(+ subjuntivo)* as long as; **~ que llegue a tiempo me conformo** I don't mind as long as he arrives on time **- 6.** [para expresar queja o decepción]: **mira que perder ¡~ lo bien que jugaste!** it's bad luck you lost, you played really well!

conato *m* attempt; **~ de robo** attempted robbery; **un ~ de incendio** the beginnings of a fire.

concadenar *vt* = concatenar.

concatenación *f* succession.

concatenar, concadenar *vt* to link together.

concavidad *f* **- 1.** [cualidad] concavity **- 2.** [lugar] hollow.

cóncavo, va *adj* concave.

concebir [26] ◇ *vt* [plan, hijo]to conceive; [imaginar] to imagine. ◇ *vi* to conceive.

conceder *vt* **- 1.** [dar] to grant; [premio] to award **- 2.** [asentir] to admit, to concede.

concejal, la *m,f* (town) councillor.

concejalía *f* seat on the town council.

concejo *m* (town) council.

concelebrar *vt* to concelebrate.

concentración *f* **- 1.** [gen] concentration

-2. [de gente] gathering; **~ parcelaria** ECON land consolidation **-3.** DEP training camp.

concentrado m concentrate.

concentrar vt **-1.** [gen] to concentrate **-2.** [reunir - gente] to bring together; [- tropas] to assemble.

◆ **concentrarse** vpr to concentrate.

concéntrico, ca adj concentric.

concepción f conception.

concepto m **-1.** [idea] concept **-2.** [opinión] opinion; **te tiene en muy buen ~** she thinks highly of you **-3.** [motivo]: **bajo ningún ~** under no circumstances; **en ~ de** by way of, as **-4.** [de una cuenta] heading, item.

conceptual adj conceptual.

conceptualismo m conceptualism.

conceptualista ◇ adj conceptualistic. ◇ mf conceptualist.

conceptuar [6] vt to consider, to judge.

concerniente adj: **~ a** concerning, regarding.

concernir [21] v impers to concern; **en lo que concierne a** as regards; **por lo que a mí me concierne** as far as I'm concerned.

concertación f settlement.

concertado, da adj [centro de enseñanza] state-assisted, ≃ grant-maintained UK; **hospital ~** private hospital that has been contracted to provide free treatment for social security patients.

concertar [19] ◇ vt [precio] to agree on; [cita] to arrange; [pacto] to reach. ◇ vi [concordar]: **~ (con)** to tally (with), to fit in (with).

concertina f concertina.

concertino m first violin.

concertista mf soloist.

concesión f **-1.** [de préstamo etc] granting; [de premio] awarding **-2.** COM & fig concession.

concesionario, ria ◇ adj concessionary. ◇ m,f [persona con derecho exclusivo de venta] licensed dealer; [titular de una concesión] concessionaire, licensee.

concha f **-1.** [de los animales] shell **-2.** [material] tortoiseshell **-3.** Ven [de frutas] peel, rind **-4.** Andes, RP vulg [vulva] cunt.

◆ **concha de su madre** m f Andes, RP vulg motherfucker.

conchabarse vpr fam: **~ (contra)** to gang up (on).

concheto, ta ◇ adj RP fam posh. ◇ m,f rich kid.

conchudo, da adj Perú & RP vulg bloody stupid.

conciba, concibiera etc ▷ concebir.

conciencia, consciencia f **-1.** [conocimiento] consciousness, awareness; **tener/tomar ~ de** to be/become aware of; **~ de clase** class consciousness; **~ social** social conscience **-2.** [moral, integridad] conscience; **a ~** conscientiously; **me remuerde la ~** I have a guilty conscience; **tener la ~ tranquila** to have a clear conscience.

concienciar [8] vt to make aware.

◆ **concienciarse** vpr to become aware.

concientizar Amér vt: **~ a alguien de algo** to make sb aware of sthg.

◆ **concientizarse** vpr: **~se (de)** to become aware (of).

concienzudo, da adj conscientious.

concierna etc ▷ concernir.

concierta etc ▷ concertar.

concierto m **-1.** [actuación] concert **-2.** [composición] concerto **-3.** [acuerdo] agreement **-4.** [orden] order.

conciliación f [en un litigio] reconciliation; [en un conflicto laboral] conciliation.

conciliar [8] ◇ adj conciliar. ◇ vt to reconcile; **~ el sueño** to get to sleep.

concilio m council; **~ ecuménico** ecumenical council.

concisión f conciseness.

conciso, sa adj concise.

concitar vt to stir up, to arouse.

conciudadano, na m,f fellow citizen.

cónclave, conclave m conclave.

concluir [51] ◇ vt to conclude; **~ haciendo** o **por hacer algo** to end up doing sthg. ◇ vi to (come to an) end.

conclusión f conclusion; **llegar a una ~** to come to o to reach a conclusion; **en ~** in conclusion.

concluyente adj conclusive.

concomerse vpr: **~ de** [envidia] to be green with; [arrepentimiento] to be consumed with; [impaciencia] to be itching with.

concordancia f [gen & GRAM] agreement.

concordar [23] ◇ vt to reconcile. ◇ vi **-1.** [estar de acuerdo]: **~ (con)** to agree o tally (with) **-2.** GRAM: **~ (con)** to agree (with).

concordato m concordat.

concordia f harmony.

concreción f **-1.** [acción y efecto] precision **-2.** [de partículas] concretion.

concretar vt **-1.** [precisar] to specify, to state exactly **-2.** [reducir a lo esencial] to summarize.

◆ **concretarse** vpr **-1.** [limitarse]: **~se a hacer algo** to confine o limit o.s. to doing sthg **-2.** [materializarse] to take shape.

concreto, ta *adj* specific, particular; **en ~** [en resumen] in short; [específicamente] specifically; **nada en ~** nothing definite.
➥ **concreto armado** *m Amér* reinforced concrete.

concubina *f* concubine.

concuerda ▷ concordar.

concuñado, da *m,f* [hermano del cuñado] *brother or sister of one's brother-in-law or sister-in-law*; [cónyuge del cuñado] *spouse of one's brother-in-law or sister-in-law*.

concurrencia *f* **- 1.** [asistencia] attendance; [espectadores] crowd, audience **- 2.** [de sucesos] concurrence **- 3.** *COM* competition; **no ~** *DER* non-competition clause.

concurrente ◇ *adj* concurrent. ◇ *mf* person present.

concurrido, da *adj* [bar, calle] crowded, busy; [espectáculo] well-attended.

concurrir *vi* **- 1.** [reunirse]: **~ a algo** to go to sthg, to attend sthg **- 2.** [influir]: **~ (a)** to contribute (to) **- 3.** [participar]: **~ a** [concurso] to take part in, to compete in; [examen] to sit *UK*, to take.

concursante *mf* [en concurso] competitor, contestant; [en oposiciones] candidate.

concursar *vi* [competir] to compete, to participate; [en oposiciones] to be a candidate.

concurso *m* **- 1.** [prueba - literaria, deportiva] competition; [- de televisión] game show; **fuera de ~** out of the running; **~ de belleza** beauty contest **- 2.** [para una obra] tender; **salir a ~** to be put out to tender **- 3.** [ayuda] cooperation.

condado *m* [territorio] county.

condal *adj*: **la Ciudad ~** Barcelona.

conde, desa *m,f* count (*f* countess).

condecoración *f* **- 1.** [insignia] medal **- 2.** [acto] decoration.

condecorar *vt* to decorate.

condena *f* sentence; **cumplir ~** to serve a sentence; **imponer una ~** to impose a sentence.

condenable *adj* condemnable.

condenado, da ◇ *adj* **- 1.** [a una pena] convicted, sentenced; [a un sufrimiento] condemned **- 2.** *fam* [maldito] damned, wretched. ◇ *m,f* convicted person; [a muerte] condemned person; **trabajar como un ~** to work like a slave.

condenar *vt* **- 1.** [declarar culpable] to convict **- 2.** [castigar]: **~ a alguien a algo** to sentence sb to sthg **- 3.** [predestinar]: **estar condenado a** to be doomed to **- 4.** [recriminar] to condemn.
➥ **condenarse** *vpr* to be damned.

condensación *f* condensation.

condensado, da *adj* condensed.

condensador, ra *adj* condensing.
➥ **condensador** *m* condenser.

condensar *vt lit* & *fig* to condense.

condescendencia *f* [benevolencia] graciousness, kindness; [altivez] condescension.

condescender [20] *vi*: **~ a** [con amabilidad] to consent to, to accede to; [con desprecio] to deign to, to condescend to.

condescendiente *adj* obliging.

condición *f* **- 1.** [gen] condition; **condiciones de un contrato** terms of a contract; **a o con la ~ de que alguien haga algo** on condition that sb does sthg; **con una sola ~** on one condition; **sin condiciones** unconditional **- 2.** [naturaleza] nature **- 3.** [clase social] social class; **de ~ humilde** of humble circumstances.
➥ **condiciones** *fpl* **- 1.** [aptitud] talent (*U*), ability (*U*) **- 2.** [circunstancias] conditions; **condiciones atmosféricas/de vida** weather/living conditions **- 3.** [estado] condition (*U*); **estar en condiciones de** o **para hacer algo** [físicamente] to be in a fit state to do sthg; [por la situación] to be in a position to do sthg; **estar en buenas condiciones** [casa, coche] to be in good condition; [carne, pescado] to be fresh; **estar en malas condiciones** [casa, coche] to be in bad condition; [carne, pescado] to be off.

condicionado, da *adj* conditioned.

condicional *adj* & *m* conditional.

condicionamiento *m* conditioning.

condicionante *m* determinant.

condicionar *vt*: **~ algo a algo** to make sthg dependent on sthg.

condimentación *f* seasoning.

condimentar *vt* to season.

condimento *m* seasoning (*U*).

condiscípulo, la *m,f* schoolmate.

condolencia *f* condolence.

condolerse [24] *vpr*: **~ (de)** to feel pity (for).

condominio *m* **- 1.** [de un territorio] condominium; [de una cosa] joint ownership **- 2.** *Amér* [edificio] block of flats *UK*, condominium *US*.

condón *m* condom.

condonar *vt* **- 1.** [deuda, pena] to remit **- 2.** [violencia, terrorismo] to condone.

cóndor *m* condor.

conducción *f* **- 1.** [de vehículo] driving **- 2.** [por tubería] piping; [por cable] wiring **- 3.** [conducto - de agua, gas] pipe; [- de electricidad] cable **- 4.**

fig [dirección] management, running.

conducir [33] <> *vt* - **1.** [vehículo] to drive - **2.** [dirigir- empresa] to manage, to run; [- ejército] to lead; [- asunto] to handle - **3.** [a una persona a un lugar] to lead - **4.** [por tubería, cable - calor] to conduct; [- líquido] to convey; [- electricidad] to carry. <> *vi* - **1.** [en vehículo] to drive - **2.** [a sitio, situación]: ~ **a** to lead to.
◆ **conducirse** *vpr* to behave.

conducta *f* behaviour, conduct.

conductismo *m* PSICOL behaviourism.

conductividad *f* FÍS conductivity.

conducto *m* - **1.** [de fluido] pipe - **2.** *fig* [vía] channel; **por** ~ **de** through - **3.** ANAT duct.

conductor, ra <> *adj* FÍS conductive. <> *m,f* - **1.** [de vehículo] driver - **2.** FÍS conductor.

conduela *etc* ▷ **condolerse**.

conectado, da *adj* - **1.** ELECTR: ~ **(a)** connected (to) - **2.** INFORM on-line.

conectar <> *vt*: ~ **algo (a o con)** to connect sthg (to o up to). <> *vi*: ~ **con** RADIO & TV to go over to; [persona] to contact.
◆ **conectarse** *vpr*: ~**se a Internet** to get connected to the Internet.

conejera *f* [madriguera] (rabbit) warren; [jaula] rabbit hutch.

conejillo ◆ **conejillo de Indias** *m* guinea pig.

conejo, ja *m,f* rabbit (*f* doe); ~ **a la cazadora** CULIN rabbit cooked in olive oil with chopped onion, garlic and parsley.

conexión *f* - **1.** [gen] connection - **2.** RADIO & TV link-up; ~ **a Internet** Internet connection; ~ **vía satélite** satellite link.
◆ **conexiones** *fpl* [influencia] connections.

conexo, xa *adj* related, connected.

confabulación *f* conspiracy.

confabular ◆ **confabularse** *vpr*: ~**se (para)** to plot o conspire (to).

confección *f* - **1.** [de ropa] tailoring, dressmaking; **de** ~ off-the-peg - **2.** [de comida] preparation, making; [de lista] drawing up.

confeccionar *vt* - **1.** [ropa] to make (up); [lista] to draw up - **2.** [plato] to prepare; [bebida] to mix.

confederación *f* confederation.

confederado, da *adj* confederate.
◆ **confederado** *m* HIST Confederate.

confederarse *vpr* to confederate, to form a confederation.

conferencia *f* - **1.** [charla] lecture; **dar una** ~ to give a talk o lecture; ~ **de prensa** press conference - **2.** [reunión] conference - **3.** [por teléfono] (long-distance) call; **poner una** ~ to make a long-distance call; ~ **a cobro re-**vertido reverse-charge call *UK*, collect call *US*.

conferenciante *mf* lecturer.

conferenciar [8] *vi* to have a discussion.

conferir [27] *vt* - **1.**: ~ **algo a alguien** [honor, dignidad] to confer o bestow sthg upon sb; [responsabilidades] to give sthg to sb - **2.** [cualidad] to give.

confesar [19] *vt* [gen] to confess; [debilidad] to admit.
◆ **confesarse** *vpr* RELIG: ~**se (de algo)** to confess (sthg).

confesión *f* - **1.** [gen] confession - **2.** [credo] religion, (religious) persuasion.

confesional *adj* denominational; **estado** ~ *country with an official state religion*.

confesionario *m* confessional.

confeso, sa *adj* self-confessed.

confesor *m* confessor.

confeti *mpl* confetti (*U*).

confiado, da *adj* [seguro] confident; [crédulo] trusting.

confianza *f* - **1.** [seguridad]: ~ **(en)** confidence (in); ~ **en uno mismo** self-confidence - **2.** [fe] trust; **de** ~ trustworthy; **ser digno de** ~ to be trustworthy - **3.** [familiaridad] familiarity; **tengo mucha** ~ **con él** I am very close to him; **amigo de** ~ close o intimate friend; **con toda** ~ in all confidence; **puedes hablar con toda** ~ you can talk quite freely; **en** ~ in confidence; **en** ~**, no creo que apruebe** don't tell anyone I said this, but I doubt she'll pass.

confiar [9] *vt* - **1.** [secreto] to confide - **2.** [responsabilidad, persona, asunto]: ~ **algo a alguien** to entrust sthg to sb.
◆ **confiar en** *vi* - **1.** [tener fe] to trust in - **2.** [suponer]: ~ **en que** to be confident that.
◆ **confiarse** *vpr* - **1.** [despreocuparse] to be too sure (of o.s.), to be overconfident - **2.** [sincerarse]: ~**se a** to confide in.

confidencia *f* confidence, secret; **hacer** ~**s a alguien** to confide in sb.

confidencial *adj* confidential.

confidente *mf* - **1.** [amigo] confidant (*f* confidante) - **2.** [soplón] informer.

confiera *etc* ▷ **conferir**.

confiesa *etc* ▷ **confesar**.

configuración *f* - **1.** [gen & INFORM] configuration - **2.** [del terreno] lie; [de la costa] outline, shape; [de ciudad] layout.

configurar *vt* - **1.** [formar] to shape, to form - **2.** INFORM to configure.

confín (*gen pl*) *m* - **1.** [límite] border, boundary - **2.** [extremo - del reino, universo] outer reaches

(pl); **en los confines de** on the very edge of.
confinamiento *m* **-1.** [de un detenido]: ~ **(en)** confinement (to) **-2.** [de un desterrado]: ~ **(en)** banishment (to).
confinar *vt* **-1.** [detener]: ~ **(en)** to confine (to) **-2.** [desterrar]: ~ **(en)** to banish (to).
confiriera *etc* ⊳ **conferir.**
confirmación *f* [gen & *RELIG*] confirmation.
confirmar *vt* to confirm.
confiscar [10] *vt* to confiscate.
confitado, da *adj* candied; **frutas confitadas** crystallized fruit.
confitar *vt* to candy.
confite *m* sweet *UK*, candy *US*.
confitería *f* **-1.** [tienda] sweetshop, confectioner's **-2.** *RP* [café] cafe.
confitero, ra *m,f* confectioner.
confitura *f* preserve, jam.
conflictividad *f* conflict; ~ **laboral** industrial unrest.
conflictivo, va *adj* [asunto] controversial; [situación] troubled; [trabajador] difficult.
conflicto *m* [gen] conflict; [de intereses, opiniones] clash; **estar en** ~ to be in conflict; ~ **armado** armed conflict; ~ **generacional** generation gap; ~ **laboral** industrial dispute.
confluencia *f* confluence; **la** ~ **de las dos calles** the place where the two roads meet.
confluir [51] *vi* **-1.** [corriente, cauce]: ~ **(en)** to converge *o* meet (at) **-2.** [personas]: ~ **(en)** to come together *o* to gather (in).
conformar *vt* [configurar] to shape.
➥ **conformarse con** *vpr* [suerte, destino] to resign o.s. to; [apañárselas con] to make do with; [contentarse con] to settle for.
conforme ◇ *adj* **-1.** [acorde]: ~ **a** in accordance with **-2.** [de acuerdo]: ~ **(con)** in agreement (with) **-3.** [contento]: ~ **(con)** happy (with). ◇ *adv* **-1.** [gen] as; ~ **envejecía** as he got older; **te lo cuento** ~ **lo vi** I'm telling you exactly what I saw **-2.** [en cuanto] as soon as; ~ **amanezca, iré** I'll leave as soon as it gets light; ~ **a** in accordance *o* keeping with.
conformidad *f* [aprobación]: ~ **(con)** approval (of); **dar uno su** ~ to give one's consent.
conformismo *m* conformity.
conformista *adj* & *m,f* conformist.
confort (*pl* **conforts**) *m* comfort; **'todo** ~**'** 'all mod cons'.
confortable *adj* comfortable.
confortar *vt* to console, to comfort.
confraternidad *f* brotherhood.

confraternizar [13] *vi* to get along (like brothers).
confrontación *f* **-1.** [enfrentamiento] confrontation **-2.** [comparación] comparison.
confrontar *vt* **-1.** [enfrentar] to confront **-2.** [comparar] to compare.
confundir *vt* **-1.** [trastocar]: ~ **una cosa con otra** to mistake one thing for another; ~ **dos cosas** to get two things mixed up **-2.** [liar] to confuse **-3.** [mezclar] to mix up **-4.** [abrumar] to embarrass, to overwhelm.
➥ **confundirse** *vpr* **-1.** [equivocarse] to make a mistake; ~**se de piso** to get the wrong flat; **se ha confundido** [al teléfono] you've got the wrong number **-2.** [liarse] to get confused; **me confundo con tanta información** I get confused by all that information **-3.** [mezclarse - colores, siluetas]: ~**se (en)** to merge (into); [- personas]: ~**se entre la gente** to lose o.s. in the crowd.
confusión *f* **-1.** [gen] confusion **-2.** [error] mix-up; **ha habido una** ~ there has been a bit of a mix-up.
confusionismo *m* confusion.
confuso, sa *adj* **-1.** [incomprensible - estilo, explicación] obscure **-2.** [poco claro - rumor] muffled; [- clamor, griterío] confused; [- contorno, forma] blurred **-3.** [turbado] confused, bewildered.
conga *f* conga.
congelación *f* **-1.** [de alimentos] freezing **-2.** *ECON* [de precios, salarios] freeze.
congelador *m* freezer.
congelados *mpl* frozen foods.
congelar *vt* [gen & *ECON*] to freeze.
➥ **congelarse** *vpr* to freeze.
congénere *mf* kind *o* sort (of person).
congeniar [8] *vi*: ~ **(con)** to get on (with).
congénito, ta *adj* [enfermedad] congenital; [talento] innate.
congestión *f* congestion.
congestionar *vt* to block.
➥ **congestionarse** *vpr* **-1.** *AUTOM* & *MED* to become congested **-2.** [cara - de rabia etc] to flush, to turn purple.
conglomerado *m* **-1.** *GEOL* & *TECN* conglomerate **-2.** *fig* [mezcla] combination.
conglomerar *vt* **-1.** *TECN* to conglomerate **-2.** *fig* [intereses etc] to unite.
Congo *m*: **el** ~ (the) Congo.
congoja *f* anguish.
congraciarse [8] *vpr*: ~ **con alguien** to win sb over.
congratular *vt*: ~ **a alguien (por)** to con-

gratulate sb (on).

➤ **congratularse** *vpr*: ~**se (por)** to be pleased (about).

congregación *f* congregation.

congregar [16] *vt* to assemble, to bring together.

congresista *mf* **-1.** [en un congreso] delegate **-2.** [político] congressman (*f* congresswoman).

congreso *m* **-1.** [de una especialidad] congress **-2.** [asamblea nacional]: ~ **de diputados** [en España] *lower house of Spanish Parliament*; ≃ House of Commons *UK*; ≃ House of Representatives *US*; **el Congreso** [en Estados Unidos] Congress **-3.** [edificio] parliament building.

congrio *m* conger eel.

congruente *adj* consistent, congruous.

cónico, ca *adj* conical.

conífera *f* conifer.

conjetura *f* conjecture; **hacer** ~**s, hacerse una** ~ to conjecture.

conjeturar *vt* to conjecture about, to make predictions about.

conjugación *f* **-1.** *GRAM* conjugation **-2.** [de opiniones] combination; [de esfuerzos, ideas] pooling.

conjugar [16] *vt* **-1.** *GRAM* to conjugate **-2.** [opiniones] to bring together, to combine; [esfuerzos, ideas] to pool.

conjunción *f* **-1.** *ASTRON* & *GRAM* conjunction **-2.** [de hechos, esfuerzos] combination.

conjuntado, da *adj* coordinated.

conjuntar *vt* to coordinate.

conjuntiva ➤ conjuntivo.

conjuntivitis *f inv* conjunctivitis.

conjuntivo, va *adj* conjunctive.

➤ **conjuntiva** *f ANAT* conjuntiva.

conjunto, ta *adj* [gen] joint; [hechos, acontecimientos] combined.

➤ **conjunto** *m* **-1.** [gen] set, collection; **un** ~ **de circunstancias** a number of reasons; ~ **urbanístico** housing estate **-2.** [de ropa] outfit **-3.** [MÚS - de rock] group, band; [- de música clásica] ensemble **-4.** [totalidad] whole; **en** ~ overall, as a whole **-5.** *MAT* set.

conjura *f* conspiracy, plot.

conjurar ◇ *vi* [conspirar] to conspire, to plot. ◇ *vt* **-1.** [exorcizar] to exorcize **-2.** [evitar - un peligro] to ward off, to avert.

conjuro *m* spell, incantation.

conllevar *vt* **-1.** [implicar] to involve, to entail **-2.** [soportar] to bear.

conmemoración *f* commemoration; **en** ~ **de** in commemoration of.

conmemorar *vt* to commemorate.

conmemorativo, va *adj* commemorative.

conmensurable *adj* measurable.

conmigo *pron pers* with me; ~ **mismo/misma** with myself.

conminar *vt*: ~ **a alguien a hacer algo** to order sb to do sth.

conmiseración *f* compassion, pity.

conmoción *f* **-1.** [física o psíquica] shock; ~ **cerebral** concussion **-2.** *fig* [trastorno, disturbio] upheaval.

conmocionar *vt* **-1.** [psíquicamente] to shock, to stun **-2.** [físicamente] to concuss.

conmovedor, ra *adj* moving, touching.

conmover [24] *vt* **-1.** [emocionar] to move, to touch **-2.** [sacudir] to shake.

➤ **conmoverse** *vpr* **-1.** [emocionarse] to be moved, to be touched **-2.** [sacudirse] to be shaken.

conmutación *f DER* commutation.

conmutador *m* **-1.** *ELECTR* switch **-2.** *Amér* [centralita] switchboard.

conmutar *vt* to commute.

connotación *f* connotation; **una** ~ **irónica** a hint of irony.

connotar *vt* to suggest, to have connotations of.

cono *m* cone.

conocedor, ra *m,f*: ~ **(de)** [gen] expert (on); [de vinos] connoisseur (of).

conocer [31] *vt* **-1.** [gen] to know; **darse a** ~ to make o.s. known; ~ **bien un tema** to know a lot about a subject; ~ **alguien de vista** to know sb by sight; ~ **a alguien de oídas** to have heard of sb **-2.** [descubrir - lugar, país] to get to know **-3.** [a una persona - por primera vez] to meet **-4.** [reconocer]: ~ **a alguien (por algo)** to recognize sb (by sthg).

➤ **conocerse** ◇ *vpr* **-1.** [a uno mismo] to know o.s. **-2.** [dos o más personas - por primera vez] to meet, to get to know each other; [- desde hace tiempo] to know each other. ◇ *v impers* [parecer]: **se conoce que ...** apparently ...

conocido, da ◇ *adj* well-known. ◇ *m,f* acquaintance.

conocimiento *m* **-1.** [gen] knowledge; **hablar/actuar con** ~ **de causa** to know what one is talking about/doing **-2.** *MED* [sentido] consciousness; **perder/recobrar el** ~ to lose/regain consciousness.

➤ **conocimientos** *mpl* knowledge (*U*); **tener muchos** ~**s** to be very knowledgeable.

conozca *etc* ➤ conocer.

conque *conj* so; ¿~ **te has cansado?** so you're tired, are you?

conquista *f* **-1.** [de tierras, persona] conquest **-2.** *fig* [de libertad, derecho] winning.

conquistador, ra <> *adj* [seductor] seductive. <> *m,f* **-1.** [de tierras] conqueror **-2.** *HIST* conquistador **-3.** *fig* [persona seductora] Casanova, womanizer (*f* man-eater).

conquistar *vt* **-1.** [tierras] to conquer **-2.** *fig* [libertad, derechos, simpatía] to win **-3.** *fig* [seducir] to win the heart of.

consabido, da *adj* [conocido] well-known; [habitual] usual.

consagración *f* **-1.** *RELIG* consecration **-2.** [dedicación] dedication **-3.** [reconocimiento] recognition.

consagrado, da *adj* **-1.** *RELIG* consecrated **-2.** [dedicado] dedicated **-3.** [reconocido] recognized, established.

consagrar *vt* **-1.** *RELIG* to consecrate **-2.** [dedicar]: ~ **algo a algo/alguien** [tiempo, espacio] to devote sthg to sthg/sb; [monumento, lápida] to dedicate sthg to sthg/sb **-3.** [acreditar, confirmar] to confirm, to establish.
➡ **consagrarse** *vpr* **-1.** [dedicarse]: ~**se (a)** to devote *o* dedicate o.s. (to) **-2.** [alcanzar reconocimiento] to establish o.s.

consanguíneo, nea *adj* related by blood; **hermano** ~ half-brother (*of same father*).

consciencia = **conciencia**.

consciente *adj* conscious; **ser** ~ **de** to be aware of; **estar** ~ [físicamente] to be conscious.

conscripto *m Andes, Arg* conscript.

consecución *f* [de un deseo] realization; [de un objetivo] attainment; [de un premio] winning.

consecuencia *f* **-1.** [resultado] consequence; **a** *o* **como** ~ **de** as a consequence *o* result of; **atenerse a las** ~**s** to accept the consequences; **en** ~ consequently; **tener** ~**s** to have consequences; **traer como** ~ to result in **-2.** [coherencia] consistency.

consecuente *adj* [coherente] consistent.

consecutivo, va *adj* consecutive.

conseguir [43] *vt* [gen] to obtain, to get; [un objetivo] to achieve; ~ **hacer algo** to manage to do sthg; ~ **que alguien haga algo** to get sb to do sthg.

consejería *f POLÍT* [en España] ministry (in an autonomous government).

consejero, ra *m,f* **-1.** [en asuntos personales] counsellor; [en asuntos técnicos] adviser, consultant **-2.** [de un consejo de administración] member; *POLÍT* [en España] minister (in an

autonomous government).

consejo *m* **-1.** [advertencia] advice (*U*); **dar un** ~ to give some advice; **te voy a dar un** ~ I've got a piece of advice for you **-2.** [organismo] council; ~ **de administración** board of directors **-3.** [reunión] meeting.
➡ **Consejo de Europa** *m* Council of Europe.
➡ **consejo de guerra** *m* court martial.
➡ **consejo de ministros** *m* cabinet.

consenso *m* [acuerdo] consensus; [consentimiento] consent.

consensuado, da *adj* approved by consensus.

consensuar [6] *vt* to approve by consensus.

consentido, da <> *adj* spoilt, spoiled. <> *m,f* spoiled brat.

consentimiento *m* consent.

consentir [27] <> *vt* **-1.** [tolerar] to allow, to permit **-2.** [mimar] to spoil. <> *vi*: ~ **en algo/en hacer algo** to agree to sthg/to do sthg; **consintió en que se quedaran** he agreed to let them stay.

conserje *mf* [portero] porter; [encargado] caretaker.

conserjería *f* **-1.** [de un hotel] reception desk **-2.** [de un edificio público o privado] porter's lodge.

conserva *f* tinned *o* canned food; ~ **de carne** tinned meat; **en** ~ tinned, canned.

conservación *f* **-1.** [gen] conservation; [de alimentos] preservation **-2.** [mantenimiento] maintenance.

conservacionismo *m* conservationism.

consentido, da <> *adj* spoilt, spoiled. <> *m,f* spoiled brat.

conservacionista <> *adj* conservation (*antes de sust*). <> *mf* conservationist.

conservadurismo *m* conservatism.

conservante *mf* preservative.

conservar *vt* **-1.** [gen & *CULIN*] to preserve; [amistad] to sustain, to keep up; [salud] to look after; [calor] to retain **-2.** [guardar - libros, cartas, secreto] to keep.
➡ **conservarse** *vpr* to keep; **se conserva bien** he's keeping well.

conservatorio *m* conservatoire.

conservero, ra *adj* canning (*antes de sust*); **industria conservera** canning industry.

considerable *adj* [gen] considerable; [importante, eminente] notable.

consideración *f* **-1.** [valoración] consideration; **tomar en** ~ to take into consideration **-2.** [respeto] respect; **tratar a alguien con** ~ to be nice to sb; **tratar a alguien sin** ~ to show no consideration to sb; **en ∼ a algo** in recognition of sthg **-3.** [importancia]: **de ∼** serious; **hubo varios heridos de ∼** several people were seriously injured.

considerado, da adj [atento] considerate, thoughtful; [respetado] respected, highly-regarded.

considerar vt **-1.** [valorar] to consider **-2.** [juzgar, estimar] to think **-3.** [respetar] to esteem, to treat with respect.

➡ **considerarse** vpr to consider o.s.; **me considero feliz** I consider myself happy.

consienta etc ▷ consentir.

consiga ▷ conseguir.

consigna f **-1.** [órdenes] instructions (pl) **-2.** [para el equipaje] left-luggage office UK, checkroom US.

consignar vt **-1.** [poner por escrito] to record, to write down **-2.** [asignar] to allocate **-3.** [enviar - mercancía] to consign, to dispatch **-4.** [equipaje] to deposit in the left-luggage office.

consignatario, ria m,f **-1.** [de una mercancía] consignee **-2.** [representante]: **∼ de buques** shipping agent.

consigo ◇ v ▷ conseguir. ◇ pron pers with him/her, (pl) with them; [con usted] with you; [con uno mismo] with o.s.; **lleva siempre la pistola ∼** she always carries the gun with her; **∼ mismo/misma** with himself/herself; **hablar ∼ mismo** to talk to o.s.

consiguiente adj consequent; **por ∼** consequently, therefore.

consiguiera etc ▷ conseguir.

consintiera etc ▷ consentir.

consistencia f lit & fig consistency.

consistente adj **-1.** [sólido - material] solid **-2.** [coherente - argumento] sound, convincing **-3.** [compuesto]: **∼ en** consisting of.

consistir ➡ **consistir en** vi **-1.** [gen] to consist of **-2.** [deberse a] to lie in, to be based on.

consistorial adj of a town hall; **casa ∼** town hall.

consistorio m town council.

consola f **-1.** [mesa] console table **-2.** INFORM & TECN console; **∼ de videojuegos** video console.

consolación f consolation.

consolador, ra adj consoling, comforting.

consolar [23] vt to console.

➡ **consolarse** vpr to console o.s., to take comfort.

consolidación f consolidation.

consolidar vt to consolidate.

consomé m consommé.

consonancia f harmony; **en ∼ con** in keeping with.

consonante f consonant.

consonántico, ca adj consonantal.

consorcio m consortium; **∼ bancario** bankers' consortium.

consorte mf spouse; **príncipe ∼** prince consort.

conspicuo, cua adj [evidente] conspicuous; [ilustre] eminent.

conspiración f plot, conspiracy.

conspirador, ra m,f conspirator, plotter.

conspirar vi to conspire, to plot.

constancia f **-1.** [perseverancia - en una empresa] perseverance; [- en las ideas, opiniones] steadfastness; **hacer algo con ∼** to persevere with sthg **-2.** [testimonio] record; **dejar ∼ de algo** [registrar] to put sthg on record; [probar] to demonstrate sthg.

constante ◇ adj **-1.** [persona - en una empresa] persistent; [- en ideas, opiniones] steadfast **-2.** [acción] constant. ◇ f constant; **mantener las ∼s vitales de alguien** MED to keep sb alive.

constar vi **-1.** [una información]: **∼ (en)** to appear (in), to figure (in); **∼ le a alguien** to be clear to sb; **me consta que** I am quite sure that; **que conste que ...** let it be clearly understood that ..., let there be no doubt that ...; **hacer ∼** to put on record; **hacer ∼ por escrito** to confirm in writing **-2.** [estar constituido por]: **∼ de** to consist of.

constatar vt [observar] to confirm; [comprobar] to check.

constelación f constellation.

consternación f consternation, dismay.

consternar vt to dismay.

➡ **consternarse** vpr to be dismayed.

constipado, da adj: **estar ∼** to have a cold.

➡ **constipado** m cold; **coger un ∼** to catch a cold.

constiparse vpr to catch a cold.

constitución f constitution.

➡ **Constitución** f [de un Estado] Constitution.

constitucional adj constitutional.

constitucionalidad f constitutionality.

constituir [51] vt **-1.** [componer] to make up **-2.** [ser] to be **-3.** [crear] to set up, to constitute.

constitutivo, va adj constituent; **ser ∼ de algo** to constitute sthg.

constituyente adj & m constituent.

constreñir *vt* **-1.** [obligar]: ~ **a alguien a hacer algo** to compel *o* force sb to do sthg **-2.** [oprimir, limitar] to restrict.

construcción *f* **-1.** [gen] construction; **en** ~ under construction **-2.** [edificio] building.

constructivo, va *adj* constructive.

constructor, ra *adj* building *(antes de sust)*, construction *(antes de sust)*.
  ➤ **constructor** *m* [de edificios] builder.

construir [51] *vt* [edificio, barco] to build; [aviones, coches] to manufacture; [frase, teoría] to construct.

consuegro, gra *m,f* father-in-law *or* mother-in-law of one's son *or* daughter.

consuela *etc v* ➤ **consolar**.

consuelo *m* consolation, solace.

cónsul, consulesa *m,f* consul.

consulado *m* [oficina] consulate; [cargo] consulship.

consular *adj* consular.

consulta *f* **-1.** [pregunta] consultation; **hacer una** ~ **a alguien** to seek sb's advice; ~ **popular** referendum, plebiscite **-2.** [despacho de médico] consulting room; **horas de** ~ surgery hours; **pasar** ~ to hold a surgery.

consultar ◇ *vt* [dato, fecha] to look up; [libro, persona] to consult. ◇ *vi*: ~ **con** to consult, to seek advice from.

consultivo, va *adj* consultative, advisory; **órgano** ~ consultative body.

consultor, ra *m,f* consultant.

consultoría *f* consultancy firm.

consultorio *m* **-1.** [de un médico] consulting room **-2.** [en periódico] problem page; [en radio] *programme answering listeners' questions* **-3.** [asesoría] advice bureau.

consumación *f* [gen] consummation; [de un crimen] perpetration.

consumado, da *adj* consummate, perfect; **es un granuja** ~ he's a complete scoundrel.

consumar *vt* [gen] to complete; [un crimen] to perpetrate; [el matrimonio] to consummate.

consumición *f* **-1.** [acción] consumption; **está prohibida la** ~ **de bebidas alcohólicas** the consumption of alcohol is prohibited **-2.** [bebida] drink; [comida] food; ~ **mínima** cover charge.

consumido, da *adj* [flaco] emaciated.

consumidor, ra *m,f* [gen] consumer; [en un bar, restaurante] patron.

consumir ◇ *vt* **-1.** [gen] to consume; **consumieron los refrescos en el bar** they had their drinks at the bar **-2.** [destruir - suj: fuego] to destroy; [- suj: enfermedad] to eat away

at. ◇ *vi* to consume.
  ➤ **consumirse** *vpr* **-1.** [persona] to waste away **-2.** [fuego] to burn out.

consumismo *m* consumerism.

consumo *m* consumption; **no apto para el** ~ unfit for human consumption; **bienes/sociedad de** ~ consumer goods/society; ~ **de drogas** taking of drugs.

contabilidad *f* **-1.** [oficio] accountancy **-2.** [de persona, empresa] bookkeeping, accounting; **llevar la** ~ to do the accounts; **doble** ~ double-entry bookkeeping.

contabilización *f* COM entering.

contabilizar [13] *vt* COM to enter.

contable *mf* accountant.

contactar ➤ **contactar con** *vi* to contact.

contacto *m* **-1.** [gen] contact; **estar en** ~ **con** to be in touch with; **ponerse en** ~ **con** to get in touch with; **perder el** ~ to lose touch **-2.** AUTOM ignition.

contado, da *adj* **-1.** [raro] rare, infrequent; **contadas veces** very rarely **-2.** [enumerado] counted.
  ➤ **al contado** *loc adv*: **pagar al** ~ to pay (in) cash.

contador, ra *m,f Amér* [contable] accountant; ~ **público** chartered accountant *UK*, certified public accountant *US*.
  ➤ **contador** *m* [aparato] meter; ~ **de revoluciones** rev counter.

contaduría *f Amér*: ~ **general** audit office.

contagiar [8] *vt* [persona] to infect; [enfermedad] to transmit.
  ➤ **contagiarse** *vpr* [enfermedad, risa] to be contagious; [persona] to become infected; ~ **se de algo** to become infected with sth, to catch sth.

contagio *m* infection, contagion.

contagioso, sa *adj* [enfermedad] contagious, infectious; [risa etc] infectious.

container = **contenedor**.

contaminación *f* [gen] contamination; [del medio ambiente] pollution; ~ **acústica** noise pollution.

contaminante *adj* contaminating, polluting.
  ➤ **contaminantes** *mpl* pollutants.

contaminar *vt* **-1.** [gen] to contaminate; [el medio ambiente] to pollute **-2.** *fig* [pervertir] to corrupt.

contante ➤ **dinero**.

contar [23] ◇ *vt* **-1.** [enumerar, incluir] to count **-2.** [narrar] to tell; **¡a mí me lo vas a** ~**!** you're telling me!, tell me about it! ◇ *vi* to count.

contar con vi -**1.** [confiar en] to count on -**2.** [tener, poseer] to have; **cuenta con dos horas para hacerlo** he has two hours to do it -**3.** [tener en cuenta] to take into account; **con esto no contaba** I hadn't reckoned with that.

contemplación f contemplation.

◆ **contemplaciones** fpl consideration (U); **no andarse con contemplaciones** not to beat about the bush; **tener demasiadas contemplaciones con algn** to be too soft on sb.

contemplar vt [mirar, considerar] to contemplate.

contemplativo, va adj contemplative.

contemporáneo, a adj & m,f contemporary.

contemporizar [13] vi to be accommodating.

contención f -**1.** CONSTR: **muro de ~** retaining wall -**2.** [moderación] restraint, self-restraint.

contencioso, sa adj -**1.** [tema, cuestión] contentious -**2.** DER litigious.

◆ **contencioso** m dispute, conflict.

contender [20] vi [competir] to contend; [pelear] to fight.

contendiente <> adj [en una competición] contending (antes de sust); [en una guerra] warring (antes de sust). <> mf [en una competición] contender; [en una guerra] warring faction.

contenedor, ra adj containing.

◆ **contenedor, container** m [gen] container; [para escombros] skip; **~ de basura** large rubbish bin for collecting rubbish from blocks of flats etc; **~ de vidrio reciclable** bottle bank.

contener [72] vt -**1.** [encerrar] to contain -**2.** [detener, reprimir] to restrain, to hold back.

◆ **contenerse** vpr to restrain o.s., to hold o.s. back.

contenido m [gen] contents (pl); [de discurso, redacción] content.

contentar vt to please, to keep happy.

◆ **contentarse** vpr: **~se con** to make do with.

contento, ta adj [alegre] happy; [satisfecho] pleased; **estar ~ con alguien/algo** to be pleased with sb/sthg; **tener ~ a alguien** to keep sb happy.

◆ **contento** m happiness, joy; **no caber uno en sí de ~** to be beside o.s. with joy.

contertulio, lia m,f companion (at a social gathering).

contestación f answer.

contestador ◆ **contestador (automático)** m answering machine.

contestar <> vt to answer; **contestó que vendría** she answered that she'd come. <> vi -**1.** [responder] to answer; **no contestan** there's no answer -**2.** [replicar] to answer back; **no contestes a tu madre** don't answer back to your mother.

contestatario, ria adj anti-establishment.

contexto m context.

contextualizar [13] vt to contextualize.

contextura f [textura] texture; [complexión] build.

contienda <> v ⊳ **contender**. <> f [competición, combate] contest; [guerra] conflict, war.

contiene v ⊳ **contener**.

contigo pron pers with you; **~ mismo/misma** with yourself.

contiguo, gua adj adjacent.

continencia f continence, self-restraint.

continental adj continental.

continente m -**1.** GEOGR continent -**2.** [recipiente] container.

contingencia f [eventualidad] eventuality; [imprevisibilidad] unpredictability.

contingente <> adj unforeseeable. <> m -**1.** [grupo] contingent -**2.** COM quota.

continuación f continuation; **a ~** next, then.

continuar [6] <> vt to continue, to carry on with. <> vi to continue, to go on; **~ haciendo algo** to continue doing o to do sthg; **continúa lloviendo** it's still raining; **"continuará"** 'to be continued'.

continuidad f [en una sucesión] continuity; [permanencia] continuation.

continuo, nua adj -**1.** [ininterrumpido] continuous -**2.** [constante, perseverante] continual.

contonearse vpr [hombre] to swagger; [mujer] to swing one's hips.

contoneo m [de hombre] swagger; [de mujer] sway of the hips.

contornear vt [seguir el contorno de] to go round; [perfilar] to outline.

contorno m -**1.** GEOGR contour; [línea] outline -**2.** (gen pl) [vecindad] neighbourhood; [de una ciudad] outskirts (pl).

contorsión f contortion.

contorsionarse vpr [gen] to do contortions; [de dolor] to writhe.

contorsionista mf contortionist.

contra <> prep against; **un jarabe ~ la tos**

a cough syrup; **en** ~ against; **estar en** ~ **de algo** to be opposed to sthg; **en** ~ **de** [a diferencia de] contrary to. <> *m*: **los pros y los** ~**s** the pros and cons.

contraatacar [10] *vt* to counterattack.

contraataque *m* counterattack.

contrabajo <> *m* -**1**. [instrumento] double-bass -**2**. [voz, cantante] low bass. <> *mf* [instrumentista] double-bass player.

contrabandista *mf* smuggler.

contrabando *m* [acto] smuggling; [mercancías] contraband; **pasar algo de** ~ to smuggle sthg in; ~ **de armas** gunrunning; **tabaco de** ~ contraband cigarettes.

contracción *f* contraction.

contracepción *f* contraception.

contraceptivo, va *adj* contraceptive *(antes de sust)*.

contrachapado, da *adj* made of plywood. ◆ **contrachapado** *m* plywood.

contracorriente *f* crosscurrent; **ir a** ~ to go against the current *o* tide.

contracultura *f* counter-culture.

contracultural *adj* counter-culture *(antes de sust)*.

contradecir [66] *vt* to contradict. ◆ **contradecirse** *vpr* to contradict o.s.

contradicción *f* contradiction; **estar en** ~ **con** to be in (direct) contradiction to.

contradicho, cha *pp* ▷ contradecir.

contradictorio, ria *adj* contradictory.

contraer [73] *vt* -**1**. [gen] to contract -**2**. [costumbre, acento etc] to acquire -**3**. [enfermedad] to catch. ◆ **contraerse** *vpr* to contract.

contraespionaje *m* counterespionage.

contrafuerte *m* -**1**. ARQUIT buttress -**2**. [del calzado] heel reinforcement -**3**. GEOGR foothill.

contragolpe *m* counter-attack.

contrahecho, cha *adj* deformed.

contraindicación *f*: 'contraindicaciones: ...' 'not to be taken with ...'.

contraindicado, da *adj*: **está** ~ **beber durante el embarazo** alcohol should be avoided during pregnancy.

contralmirante *m* rear admiral.

contralor *m Chile inspector of public spending*.

contraloría *f Méx & RP office controlling public spending*.

contralto <> *m* [voz] contralto. <> *mf* [cantante] counter tenor (*f* contralto).

contraluz *m* back lighting; **a** ~ against the light.

contramaestre *m* -**1**. NÁUT boatswain; MIL warrant officer -**2**. [capataz] foreman.

contraofensiva *f* counteroffensive.

contraorden *f* countermand.

contrapartida *f* compensation; **como** ~ to make up for it.

contrapelo ◆ **a contrapelo** *loc adv* -**1**. [acariciar] the wrong way -**2**. [vivir, actuar] against the grain.

contrapesar *vt* -**1**. [físicamente] to counterbalance -**2**. *fig* [contrarrestar] to compensate for.

contrapeso *m* -**1**. [en ascensores, poleas] counterweight -**2**. *fig* [fuerza que iguala] counterbalance.

contraponer [65] *vt* -**1**. [oponer]: ~ (**a**) to set up (against) -**2**. [cotejar] to compare. ◆ **contraponerse** *vpr* to oppose.

contraportada *f* [de periodico, revista] back page; [de libro, disco] back cover.

contraposición *f* -**1**. [oposición] conflict -**2**. [comparación] comparison.

contraproducente *adj* counterproductive.

contrapuesto, ta <> *pp* ▷ contraponer. <> *adj* conflicting.

contrapunto *m* -**1**. MÚS counterpoint -**2**. *fig* [contraste] contrast.

contrariado, da *adj* upset.

contrariar [9] *vt* -**1**. [contradecir] to go against -**2**. [disgustar] to upset.

contrariedad *f* -**1**. [dificultad] setback -**2**. [disgusto] annoyance -**3**. [oposición] contrary *o* opposing nature.

contrario, ria *adj* -**1**. [opuesto - dirección, sentido] opposite; [- parte] opposing; [- opinión] contrary; **ser** ~ **a algo** to be opposed to sthg -**2**. [perjudicial]: ~ **a** contrary to -**3**. *loc*: **llevar la contraria** to be awkward *o* contrary. ◆ **contrario** *m* -**1**. [rival] opponent -**2**. [opuesto] opposite; **al** ~, **por el** ~ on the contrary; **de lo** ~ otherwise; **todo lo** ~ quite the contrary.

contrarreembolso *m* = contrarrembolso.

contrarreforma *f* Counter-Reformation.

contrarreloj *adj inv*: **etapa** ~ time trial; **ir** ~ to be working against the clock.

contrarrembolso, contrarreembolso *m* cash on delivery.

contrarrestar *vt* [neutralizar] to counteract.

contrarrevolución *f* counterrevolution.

contrarrevolucionario, ria *adj* & *m,f* counterrevolutionary.

contrasentido *m* nonsense (*U*); **es un** ~

hacer eso it doesn't make sense to do that.
contraseña *f* password.
contrastar <> *vi* to contrast. <> *vt* **-1.**
[probar - hechos] to check, to verify **-2.** [resis-
tir] to resist.
contraste *m* contrast; **hacer ~con algo** to
contrast with sth; **en ~con** in contrast to;
por ~ in contrast.
contrata *f* (fixed price) contract.
contratación *f*[de personal] hiring.
contratante *mf* contracting party.
contratar *vt* **-1.** [obreros, personal, detective]
to hire; [deportista] to sign **-2.** [servicio, obra,
mercancía]: **~ algo a alguien** to contract for
sthg with sb.
contraterrorismo *m* counterterrorism.
contraterrorista *adj* & *m,f* counterterror-
ist.
contratiempo *m* [accidente] mishap; [dificul-
tad] setback.
contratista *mf* contractor; **~ de obras**
building contractor.
contrato *m* contract; **bajo ~** under contract; **~ indefinido/laboral/mercantil** in-
definite/work/commercial contract; **~**
administrativo administrative contract; **~**
basura short-term contract *(with poor*
conditions); **~ de arrendamiento** lease;
~ de compraventa contract of sale; **~ma-**
trimonial marriage contract; **~ temporal**
temporary *o* short-term contract; **~ ver-**
bal oral contract.
contravenir [75] *vi*: **~ a** to contravene.
contraventana *f* shutter.
contrayente *mf person getting married.*
contribución *f* **-1.** [gen] contribution **-2.**
[impuesto] tax; **~ directa/indirecta** direct/
indirect tax; **~ urbana** ≃ council tax *UK*.
contribuir [51] *vi* **-1.** [gen]: **~ (a)** to
contribute (to); **~ con algo para** to contribute sthg towards **-2.** [pagar impuestos] to
pay taxes.
contribuyente *mf* taxpayer.
contrincante *mf* rival, opponent.
contrito, ta *adj* **-1.** [arrepentido] contrite **-2.**
fig [triste, compungido] downcast.
control *m* **-1.** [gen] control; **bajo ~** under
control; **fuera de ~** out of control; **perder el**
~ to lose one's temper; **~ de cambios** *ECON*
foreign exchange regulation; **~ de natali-**
dad birth control; **~ remoto** remote control
-2. [verificación] examination, inspection;
(bajo) ~ médico (under) medical supervision; **~ antidoping** dope test; **~ de cali-**
dad quality control **-3.** [puesto policial]

checkpoint; **~ de pasaportes** passport control.
controlador, ra *m,f* [gen & *INFORM*] controller; **~ aéreo** air traffic controller.
➦ **controlador** *m*: **~ de disco** disk controller.
controlar *vt* **-1.** [gen] to control; [cuentas] to
audit **-2.** [comprobar] to check **-3.** [vigilar] to
watch, to keep an eye on.
➦ **controlarse** *vpr* to control o.s., to
restrain o.s.
controversia *f* controversy.
contubernio *m fig* conspiracy.
contumaz *adj* stubborn, obstinate.
contundencia *f* **-1.** [de golpes, patadas] force
-2. *fig* [de palabras, argumentos] forcefulness.
contundente *adj* **-1.** [arma, objeto] blunt;
[golpe] thudding **-2.** *fig* [razonamiento,
argumento] forceful.
contusión *f* bruise.
contusionar *vt* to bruise.
contuviera *etc* ⊳ **contener.**
conuco *m Carib* [casa y terreno] small plot of
land.
conurbación *f* conurbation.
convalecencia *f* convalescence.
convalecer [30] *vi*: **~ (de)** to convalesce
(after).
convaleciente *adj* convalescent.
convalidación *f* [de estudios] recognition;
[de asignaturas] validation.
convalidar *vt* [estudios] to recognize; [asig-
naturas] to validate.
convección *f* convection.
convector *m* convector.
convencer [11] *vt* to convince; **~ a alguien**
de algo to convince sb of sthg.
➦ **convencerse** *vpr*: **~se de** to become
convinced of.
convencimiento *m* [certeza] conviction;
[acción] convincing.
convención *f* convention.
convencional *adj* conventional.
convencionalismo *m* conventionality.
conveniencia *f* **-1.** [utilidad] usefulness;
[oportunidad] suitability **-2.** [interés] convenience; **sólo mira su ~** he only looks
after his own interests.
➦ **conveniencias** *fpl* conventions.
conveniente *adj* [útil] useful; [oportuno]
suitable, appropriate; [lugar, hora] convenient; [aconsejable] advisable; **sería ~ asistir** it
would be a good idea to go.
convenio *m* agreement; **~ colectivo** collective bargaining.

convenir [75] <> vi **-1.** [venir bien] to be suitable; **conviene analizar la situación** it would be a good idea to analyse the situation; **no te conviene hacerlo** you shouldn't do it **-2.** [acordar]: ~ **en** to agree on. <> vt to agree on.

convento m [de monjas] convent; [de monjes] monastery.

convergencia f [gen, en UE] convergence.

convergente adj converging, convergent.

converger [14] vi to converge.

conversación f conversation; **cambiar de** ~ to change the subject; **dar** ~ **a alguien** to keep sb talking; **trabar** ~ **con alguien** to strike up a conversation with sb.

➤ **conversaciones** fpl [negociaciones] talks.

conversada f Amér chat.

conversador, ra <> adj talkative. <> m,f conversationalist.

conversar vi to talk, to converse.

conversión f conversion.

converso, sa <> adj converted. <> m,f convert.

convertibilidad f ECON convertibility.

convertible adj convertible.

convertir [21] vt **-1.** RELIG to convert **-2.** [transformar]: ~ **algo/a alguien en** to convert sthg/sb into, to turn sthg/sb into.

➤ **convertirse** vpr **-1.** RELIG: ~**se (a)** to convert (to) **-2.** [transformarse]: ~**se en** to become, to turn into.

convexo, xa adj convex.

convicción f conviction; **tener la** ~ **de que** to be convinced that.

convicto, ta adj convicted.

convidado, da m,f guest; **como el** ~ **de piedra** silent as the grave.

convidar vt [invitar] to invite.

➤ **convidar a** vi [mover, incitar] to be conducive to.

conviene ➤ **convenir**.

convierta etc ➤ **convertir**.

convincente adj convincing.

conviniera etc ➤ **convenir**.

convite m **-1.** [invitación] invitation **-2.** [fiesta] banquet.

convivencia f living together.

➤ **convivencias** fpl: **irse de** ~s [gen] to go to camp; RELIG to go on a retreat.

convivir vi to live together; ~ **con** to live with.

convocar [10] vt [reunión] to convene; [huelga, elecciones] to call.

convocatoria f **-1.** [anuncio, escrito] notice

-2. [de examen] diet.

convoy (pl **convoyes**) m **-1.** [gen] convoy **-2.** [tren] train.

convulsión f **-1.** [de músculos] convulsion **-2.** [política, social] upheaval (U) **-3.** [de tierra] tremor.

convulsionar vt to convulse.

convulso, sa adj convulsed.

conyugal adj conjugal; **vida** ~ married life.

cónyuge mf spouse; **los** ~s husband and wife.

coña f fam **-1.** [guasa] joke; **está de** ~ she's joking **-2.** [molestia] drag, pain.

coñá, coñac (pl **coñacs**), **cognac** (pl **cognacs**) m brandy, cognac.

coñazo m fam pain, drag; **dar el** ~ to be a pain.

coño vulg <> m **-1.** [genital] cunt **-2.** [para enfatizar]: **¿dónde/qué** ...? where/what the fuck ...? <> interj **-1.** [enfado]: **¡coño!** for fuck's sake! **-2.** [asombro]: **¡coño!** fucking hell!

cookie f INFORM cookie.

cooperación f cooperation.

cooperador, ra adj cooperative.

cooperante adj cooperating.

cooperar vi: ~ **(con alguien en algo)** to cooperate (with sb in sthg).

cooperativa ➤ **cooperativo**.

cooperativismo m cooperative movement.

cooperativo, va adj cooperative.

➤ **cooperativa** f cooperative; **cooperativa agrícola** farming cooperative.

coordenada (gen pl) f coordinate.

coordinación f coordination.

coordinado, da adj coordinated.

coordinador, ra <> adj coordinating. <> m,f coordinator.

coordinar vt **-1.** [movimientos, gestos] to coordinate **-2.** [esfuerzos, medios] to combine, to pool.

copa f **-1.** [vaso] glass; **ir de** ~s to go out drinking; **¿quieres (tomar) una** ~? would you like (to have) a drink?; **lleva unas** ~s **de más** she's had one too many **-2.** [de árbol] top; **es un profesional como la** ~ **de un pino** fam he's a consummate professional; **es una mentira como la** ~ **de un pino** it's a whopper of a lie **-3.** [de sombrero] crown **-4.** [en deporte] cup.

➤ **copas** fpl [naipes] suit with pictures of goblets in Spanish playing cards, ≃ hearts.

copar vt fig **-1.** [puestos - en competición] to win

- 2. [cargos] to monopolize.

COPE (abrev de **Cadena de Ondas Populares Españolas**) f private Spanish radio station.

copear vi to have a few drinks.

Copenhague Copenhagen.

copeo m drinking.

copero, ra adj [competición, partido] cup (antes de sust); [equipo] cupwinning (antes de sust).

copete m **-1.** [de ave] crest **-2.** [de pelo] tuft **-3.** loc: de alto ~ upper-class.

copetín m Amér [bebida] aperitif; [comida] appetizer.

copia f **-1.** [reproducción] copy; **sacar una** ~ to make a copy; **~al carbón** carbon copy; **~ de seguridad** INFORM backup; **hacer una ~ de seguridad de algo** to back sthg up, to make a back-up of sthg **-2.** [acción] copying **-3.** [persona] (spitting) image.

copiador, ra adj copying.

copiar [8] <> vt [gen] to copy; [al dictado] to take down. <> vi [en examen] to cheat, to copy.

copiloto mf copilot.

copión, ona m,f [imitador] copycat; [en examen] cheat.

copioso, sa adj copious.

copista mf copyist.

copla f **-1.** [canción] folksong, popular song **-2.** [estrofa] verse, stanza.

copo m **-1.** [de nieve, cereales] flake; **~s de avena** rolled oats; **~s de maíz** cornflakes **-2.** [de algodón] ball.

copón m ciborium; **un lío del** ~ fam a hell of a mess.

coprocesador m INFORM coprocessor; ~ **matemático** maths chip o coprocessor.

coproducción f coproduction.

copropiedad f joint ownership.

copropietario, ria m,f co-owner, joint owner.

cópula f **-1.** [sexual] copulation **-2.** GRAM copula.

copulación f copulation.

copular vi to copulate.

copulativo, va adj copulative.

coque m coke.

coqueta ▷ coqueto.

coquetear vi to flirt.

coquetería f coquetry.

coqueto, ta adj **-1.** [persona - que flirtea] flirtatious, coquettish; [- que se arregla mucho] concerned with one's appearance **-2.** [cosa] charming, delightful.

◆ **coqueta** f [tocador] dressing table.

coraje m **-1.** [valor] courage **-2.** [rabia] anger;

me da mucho ~ it makes me furious.

coral <> adj choral. <> m coral. <> f **-1.** [coro] choir **-2.** [composición] chorale.

coralino, na adj coral.

Corán m: el ~ the Koran.

coraza f **-1.** [de soldado] cuirasse, armour **-2.** [de tortuga] shell **-3.** fig [protección] shield.

corazón m **-1.** [órgano] heart; **cirugía a ~abierto** open-heart surgery; **sufrir del** ~ to have heart trouble **-2.** [centro - de ciudad, alcachofa] heart; [- de manzana] core **-3.** ▷ **dedo - 4.** loc: con el ~ en la mano frankly, openly; **de buen** ~ kindhearted; **de (todo)** ~ from the bottom of one's heart, quite sincerely; **se me encoge el** ~ **al ver ...** it breaks my heart to see ...; **llevar el ~ en la mano** to wear one's heart on one's sleeve; **no tener** ~ to have no heart, to be heartless; **romper** o**partir el** ~ **a alguien** to break sb's heart; **tener un** ~ **de oro** to have a heart of gold.

◆ **Sagrado Corazón** m Sacred Heart.

corazonada f **-1.** [presentimiento] feeling, hunch **-2.** [impulso] sudden impulse.

corbata f tie; ~ **de pajarita** bow tie.

corbeta f corvette.

Córcega Corsica.

corcel m steed.

corchea f quaver.

corchera f rope with cork floats to divide lanes in swimming pool.

corchete m **-1.** [broche] hook and eye **-2.** [signo ortográfico] square bracket **-3.** Chile [grapa] staple.

corchetera f Chile stapler.

corcho m cork.

corcholata f Méx metal bottle top.

córcholis interj **-1.** [para expresar sorpresa]: **¡córcholis!** good heavens! **-2.** [para expresar enfado]: **¡córcholis!** for Heaven's sake!

cordada f roped party of mountaineers.

cordaje m **-1.** [de guitarra, raqueta] strings (pl) **-2.** NÁUT rigging.

cordel m cord.

cordero, ra m,f lit & fig lamb; ~ **lechal** suckling lamb.

cordial adj cordial.

cordialidad f cordiality.

cordillera f mountain range; **la** ~ **Cantábrica** the Cantabrian Mountains.

cordón m **-1.** [gen & ANAT] cord; [de zapato] lace; ~ **umbilical** umbilical cord **-2.** [cable eléctrico] flex **-3.** fig [para protección, vigilancia] cordon; ~ **sanitario** cordon sanitaire **-4.**

CSur [de la vereda] kerb *UK*, curb *US*; **aparcar en ~** to park end-to-end.

cordura *f* [juicio] sanity; [sensatez] sense; **con ~** sensibly.

Corea: **~ del Norte/Sur** North/South Korea.

corear *vt* to chorus.

coreografía *f* choreography.

coreógrafo, fa *m,f* choreographer.

corintio, tia *adj* & *m,f* Corinthian.

corista ◇ *mf* [en coro] chorus singer. ◇ *f* [en cabaret] chorus girl.

cormorán *m* cormorant.

cornada *f* goring; **dar una ~ a alguien** to gore sb.

cornamenta *f* -**1.** [de toro] horns *(pl)*; [de ciervo] antlers *(pl)* -**2.** *fam* [del marido engañado] cuckold's horns *(pl)*.

cornamusa *f* -**1.** [trompeta] hunting horn -**2.** [gaita] bagpipe.

córnea *f* cornea.

cornear, acornear *vt* to gore.

córner *m* corner (kick); **lanzar** *o* **sacar un ~** to take a corner.

corneta ◇ *f* [instrumento] bugle. ◇ *mf* [persona] bugler.

cornete *m* -**1.** *ANAT* turbinate bone -**2.** [helado] cornet, cone.

cornetín ◇ *m* [instrumento] cornet. ◇ *mf* [persona] cornet player.

cornflakes® ['konfleiks] *mpl* Cornflakes®.

cornisa *f* -**1.** *ARQUIT* cornice -**2.** *GEOGR*: **la ~ cantábrica** the Cantabrian Coast.

cornudo, da *adj* -**1.** [animal] horned -**2.** *fam fig* [marido] cuckolded.
 ➥ **cornudo** *m fam fig* cuckold.

coro *m* -**1.** [gen] choir; **contestar a ~** to answer all at once -**2.** [de obra musical] chorus.

corola *f* corolla.

corona *f* -**1.** [gen] crown -**2.** [de flores] garland; **~ fúnebre/de laurel** funeral/laurel wreath -**3.** [de santos] halo -**4.** [de comida] ring.

coronación *f* -**1.** [de monarca] coronation -**2.** *fig* [remate, colmo] culmination.

coronamiento *m* -**1.** *fig* [remate, fin] culmination -**2.** *ARQUIT* crown.

coronar *vt* -**1.** [persona] to crown -**2.** *fig* [terminar] to complete; [culminar] to crown, to cap -**3.** *fig* [cima] to reach.

coronario, ria *adj* coronary.

coronel *m* colonel.

coronilla *f* crown (of the head); **estar hasta la ~ (de)** to be sick and tired (of).

corotos *mpl Carib* things, whatnots.

corpiño *m* -**1.** bodice -**2.** *Arg* [sostén] bra.

corporación *f* corporation.

corporal *adj* corporal.

corporativismo *m* self-interested behaviour, usu of professional groups.

corporativo, va *adj* corporate.

corpulencia *f* corpulence.

corpulento, ta *adj* corpulent.

Corpus Christi ['korpus 'kristi] *m* Corpus Christi.

corpúsculo *m* corpuscle.

corral *m* -**1.** [gen] yard; [para cerdos, ovejas] pen -**2.** [para teatro] open-air theatre in courtyard.

correa *f* -**1.** [de bolso, reloj] strap; [de pantalón] belt; [de perro] lead, leash -**2.** *TECN* belt; **~ del ventilador** fan belt.

correaje *m* [de un caballo] harness.

corrección *f* -**1.** [de errores] correction; **~ de pruebas** proofreading -**2.** [de exámenes] marking -**3.** [de texto] revision -**4.** [de comportamiento] correctness, courtesy -**5.** [reprimenda] reprimand.

correccional *m* reformatory, reform school.

correctivo, va *adj* corrective.
 ➥ **correctivo** *m* punishment.

correcto, ta *adj* -**1.** [resultado, texto, respuesta] correct -**2.** [persona] polite; [conducta] proper.

corrector, ra ◇ *adj* corrective. ◇ *m,f*: **~ (de pruebas)** proofreader.
 ➥ **corrector** *m* *INFORM*: **~ de estilo** stylechecker; **~ ortográfico** *INFORM* spellchecker; **pasar el ~ ortográfico a** to spellcheck.

corredero, ra *adj* sliding.
 ➥ **corredera** *f* [ranura] runner; **puerta de corredera** sliding door.

corredizo, za *adj* sliding (antes de sust).

corredor, ra ◇ *adj* running (antes de sust). ◇ *m,f* -**1.** [deportista] runner -**2.** [intermediario]: **~ de bolsa** stockbroker; **~ de comercio** *COM* registered broker; **~ de fincas** land agent; **~ de seguros** *COM* insurance broker.
 ➥ **corredor** *m* [pasillo] corridor, passage.

corregir [42] *vt* -**1.** [gen] to correct; [exámenes] to mark -**2.** [reprender] to reprimand.
 ➥ **corregirse** *vpr* to change for the better.

correlación *f* correlation.

correlativo, va *adj* correlative.

correligionario, ria *adj* [en religión] fellow (antes de sust); [en política, ideología] likeminded.

correo ◇ *m* post *UK*, mail *US*; **echar al ~** to post; **a vuelta de ~** by return (of post); **~**

aéreo air mail; ~ **basura** *INFORM* spam; ~ **certificado** registered post *o* mail; ~ **comercial** direct mail; ~ **electrónico** e-mail; ~ **urgente** special delivery; ~ **de voz** voice mail. ◇ *adj*: **tren** ~ mail train.

   ➡ **Correos** *m* [organismo] the post office.

correoso, sa *adj* leathery.

correr ◇ *vi* **-1.** [andar de prisa] to run; **a todo** ~ at full speed *o* pelt; **(ella) corre que se las pela** she runs like the wind **-2.** [conducir de prisa] to drive fast **-3.** [pasar por - río] to flow; [- camino, agua del grifo] to run; **deja** ~ **el agua del grifo** leave the tap running **-4.** [el tiempo, las horas] to pass, to go by **-5.** [propagarse - noticia etc] to spread **-6.** [ser válido - moneda] to be legal tender **-7.** [encargarse de]: ~ **con** [los gastos] to bear; [la cuenta] to pay; ~ **a cargo de** to be taken care of by; **la comida corre a cargo de la empresa** the meal is on the company **-8.** [sueldo etc] to be payable. ◇ *vt* **-1.** [recorrer - una distancia] to cover; **corrió los 100 metros** he ran the 100 metres **-2.** [deslizar - mesa, silla] to move *o* pull up **-3.** [cortinas] to draw; ~ **el pestillo** to bolt the door **-4.** [experimentar - aventuras, vicisitudes] to have; [- riesgo] to run; ~ **la** *fam* to go out on the town **-5.** *Amér fam* [despedir] to throw out.

   ➡ **correrse** *vpr* **-1.** [desplazarse - persona] to move over; [- cosa] to slide **-2.** [pintura, colores] to run **-3.** *Andes, Esp vulg* [tener un orgasmo] to come.

correría *f* foray.

correspondencia *f* **-1.** [gen] correspondence; **curso por** ~ correspondence course **-2.** [de metro, tren] connection.

corresponder *vi* **-1.** [compensar]: ~ **(con algo) a alguien/algo** to repay sb/sthg (with sthg) **-2.** [pertenecer] to belong **-3.** [coincidir]: ~ **(a/con)** to correspond (to/with) **-4.** [tocar]: ~ **le a alguien hacer algo** to be sb's responsibility to do sthg **-5.** [a un sentimiento] to reciprocate.

   ➡ **corresponderse** *vpr* **-1.** [escribirse] to correspond **-2.** [amarse] to love each other.

correspondiente *adj* **-1.** [gen]: ~ **(a)** corresponding (to) **-2.** [respectivo] respective.

corresponsal *mf* **-1.** *PRENS* correspondent **-2.** *COM* agent.

corresponsalía *f* post of correspondent.

corretear *vi* **-1.** [correr] to run about **-2.** *fam* [vagar] to hang about.

correveidile *mf* gossip.

corrido, da *adj* **-1.** [cortinas] drawn **-2.** [avergonzado] embarrassed **-3.** [continuo] continuous.

   ➡ **corrida** *f* **-1.** *TAUROM* bullfight; *ver también* **tauromaquia** **-2.** [acción de correr] run; **dar una** ~ to make a dash; **en una** ~ in an instant *o* a flash.

   ➡ **de corrido** *loc prep* by heart; **recitar algo de** ~ to recite sthg parrot-fashion.

corriente ◇ *adj* **-1.** [normal] ordinary, normal; ~ **y moliente** run-of-the-mill **-2.** [agua] running **-3.** [mes, año, cuenta] current. ◇ *f* **-1.** [de río, electricidad] current; ~ **alterna/continua** alternating/direct current **-2.** [de aire] draught **-3.** *fig* [tendencia] trend, current; [de opinión] tide **-4.** *loc*: **dejarse llevar de** *o* **por la** ~ to follow the crowd; **ir contra** ~ to go against the tide; **llevarle** *o* **seguirle la** ~ **a alguien** to humour sb; ◇ *m*: **estar al** ~ **de** to be up to date with; **poner al** ~ to bring up to date; **ponerse al** ~ to bring *o.s* up to date; **tener al algn al** ~ to keep sb informed.

corrige, corrigió *etc* ▷ **corregir**.

corrillo *m* knot *o* small group of people.

corrimiento *m* shift, slipping; ~ **de tierras** landslide.

corro *m* **-1.** [círculo] circle, ring; **en** ~ in a circle; **hacer** ~ to form a circle **-2.** *FIN* [cotizaciones] stocks *(pl)*.

corroborar *vt* to corroborate.

corroer [69] *vt* **-1.** [gen] to corrode; *GEOL* to erode **-2.** *fig* [consumir] to consume, to eat away at.

corromper *vt* **-1.** [pudrir - madera] to rot; [- alimentos] to turn bad, to spoil **-2.** [pervertir] to corrupt **-3.** [sobornar] to bribe.

   ➡ **corromperse** *vpr* **-1.** [pudrirse] to rot **-2.** [pervertirse] to become corrupted.

corrosión *f* [gen] corrosion; [de un metal] rust; *GEOL* erosion.

corrosivo, va *adj lit & fig* corrosive.

corrupción *f* **-1.** [gen] corruption; ~ **de menores** corruption of minors **-2.** [soborno] bribery **-3.** [de una substancia] decay.

corruptela *f* corruption.

corrupto, ta *adj* corrupt.

corruptor, ra ◇ *adj* corrosive. ◇ *m,f* corrupter.

corrusco *m* hard crust.

corsario, ria *adj* pirate *(antes de sust)*.

   ➡ **corsario** *m* corsair, pirate.

corsé *m* corset.

corsetería *f* ladies' underwear shop.

cortacésped (*pl* **cortacéspedes**) *m* lawnmower.

cortacircuitos *m inv* circuit breaker.

cortacorriente *m AUTOM* immobilizer.

cortado, da *adj* -**1.** [labios, manos] chapped -**2.** [leche] sour, off; [salsa] curdled -**3.** *fam fig* [tímido] inhibited; **quedarse** ~ to be left speechless.
→ **cortado** *m* [café] *small coffee with just a little milk.*

cortadura *f* cut.

cortafuego *m* firebreak.

cortante *adj* -**1.** [afilado] sharp -**2.** *fig* [frase] cutting; [viento] biting; [frío] bitter.

cortapisa *f* limitation, restriction; **poner** ~s **a algo** to hinder sb.

cortaplumas *m inv* penknife.

cortar ◇ *vt* -**1.** [seccionar - pelo, uñas] to cut; [- papel] to cut up; [- ramas] to cut off; [- árbol] to cut down -**2.** [amputar] to amputate, to cut off -**3.** [tela, figura de papel] to cut out -**4.** [interrumpir - retirada, luz, teléfono] to cut off; [- carretera] to block (off); [- hemorragia] to stop, to staunch; [- discurso, conversación] to interrupt -**5.** [atravesar - calle, territorio] to cut across -**6.** [labios, piel] to crack, to chap -**7.** [hender - aire, olas] to slice through -**8.** [alimento] to curdle -**9.** [recortar - gastos etc] to cut back -**10.** [poner fin a - beca etc] to cut; [- abusos etc] to put a stop to -**11.** [avergonzar]: **este hombre me corta un poco** I find it hard to be myself when that man's around -**12.** [censurar] to censor; [película] to cut -**13.** *INFORM* to cut off. -**1.** ◇ *vi RP* [comunicación] to hang up -**2.** [producir un corte] to cut -**3.** [atajar] to take a short cut; ~ **por** to take a short cut through -**4.** [cesar una relación] to break o split up; **he cortado con mi novio** I've split up with my boyfriend.
→ **cortarse** *vpr* -**1.** [herirse] to cut o.s.; ~**se el pelo** to have a haircut -**2.** [labios, piel] to become chapped o cracked -**3.** [alimento] to curdle -**4.** [comunicación] to get cut off -**5.** [turbarse] to become tongue-tied.

cortaúñas *m inv* nail clippers *(pl)*.

corte ◇ *m* -**1.** [raja] cut; [en pantalones, camisa etc] tear; ~ **y confección** [para mujeres] dress-making; [para hombres] tailoring -**2.** [de pelo] haircut; ~ **a la navaja** razor cut -**3.** [retal de tela] length -**4.** [contorno] shape -**5.** [interrupción]: ~ **de digestión** stomach cramps; ~ **de luz** power cut -**6.** [sección] section -**7.** [concepción, estilo] style -**8.** [pausa] break -**9.** [filo] (cutting) edge -**10.** *fam* [respuesta ingeniosa] put-down; **dar un** ~ **a alguien** to cut sb dead; **hacer un** ~ **de mangas** *fam* ≃ to stick two fingers up, ≃ to make a V-sign -**11.** *fam* [vergüenza] embarrassment; **dar** ~ **a alguien** to embarrass sb. ◇ *f* [palacio] court; **hacer la** ~ **a alguien** *fig* to court sb.

→ **Cortes** *fpl POLÍT* *the Spanish parliament.*

cortedad *f* -**1.** [de extensión] shortness -**2.** *fig* [timidez] shyness.

cortejar *vt* to court.

cortejo *m* retinue; ~ **fúnebre** funeral cortège o procession.

cortés *adj* polite, courteous.

cortesano, na ◇ *adj* [fiestas, vida] court *(antes de sust)*; [modales] courtly. ◇ *m,f* [personaje de la corte] courtier.
→ **cortesana** *f* [meretriz] courtesan.

cortesía *f* courtesy; **de** ~ courtesy; **por** ~ **de** courtesy of.

corteza *f* -**1.** [del árbol] bark -**2.** [de pan] crust; [de queso, tocino, limón] rind; [de naranja etc] peel -**3.** [terrestre] crust -**4.** *ANAT* cortex.

cortical *adj* cortical.

corticoide *m* corticoid.

cortijo *m* [finca] farm; [casa] farmhouse.

cortina *f* [de tela] curtain; *fig*: ~ **de agua** sheet of water; ~ **de humo** smoke screen.

cortinaje *m* curtains *(pl)*.

cortisona *f* cortisone.

corto, ta *adj* -**1.** [gen] short -**2.** [escaso - raciones] small, meagre; [- disparo] short of the target; ~ **de** [dinero etc] short of; ~ **de vista** short-sighted -**3.** *fig* [bobo] dim, simple -**4.** *loc*: **a la corta o a la larga** sooner or later; **ni** ~ **ni perezoso** as bold as brass; **quedarse** ~ [al calcular] to underestimate; **decir que es bueno es quedarse** ~ it's an understatement to call it good.
→ **corto** *m CIN* short (film).

cortocircuito *m* short circuit.

cortometraje *m* short (film).

corvo, va *adj* [gen] curved; [nariz] hooked.
→ **corva** *f* back of the knee.

corzo, za *m,f* roe buck (*f* roe deer).

cosa *f* -**1.** [gen] thing; **¿queréis alguna** ~? is there anything you want?; **no es gran** ~ it's not important, it's no big deal; **poca** ~ nothing much -**2.** [asunto] matter; **esto es otra** ~ that's another matter; **no es** ~ **de risa** it's no laughing matter -**3.** [ocurrencia] funny remark; **¡qué** ~s **tienes!** you do say some funny things! -**4.** *loc*: **¡a otra** ~, **mariposa!** let's change the subject!; **como si tal** ~ as if nothing had happened; **decir cuatro** ~s **a alguien** to give sb a piece of one's mind; **eso es** ~ **mía** that's my affair o business; **hacer algo como quien no quiere la** ~ [disimuladamente] to do sthg as if one wasn't intending to; [sin querer] to do sthg almost without realizing it; **¡lo que son las** ~s! it's a funny old world!; **no sea** ~ **que**

just in case; **son** ~**s de mamá** that's just the way Mum is, that's just one of Mum's little idiosyncrasies; **son las** ~**s de la vida** that's life.

➤ **cosa de** *loc adv* about; **es** ~ **de tres semanas** it takes about three weeks.

cosaco, ca *adj* & *m,f* Cossack; **beber como un** ~ to drink like a fish.

coscorrón *m* bump on the head.

cosecha *f* **- 1.** [gen] harvest; **ser de la (propia)** ~ **de alguien** to be made up *o* invented by sb **- 2.** [del vino] vintage.

cosechadora *f* combine harvester.

cosechar ◇ *vt* **- 1.** [cultivar] to grow **- 2.** [recolectar] to harvest **- 3.** *fig* [obtener] to win, to reap. ◇ *vi* to (bring in the) harvest.

cosechero, ra *m,f* [de cereales] harvester, reaper; [de frutos] picker.

coseno *m* cosine.

coser ◇ *vt* **- 1.** [con hilo] to sew; ~ **un botón** to sew on a button **- 2.** [con grapas] to staple (together). ◇ *vi* to sew; ~ **a balazos** to riddle with bullets; ~ **a cuchilladas** to stab repeatedly; **ser cosa de** ~ **y cantar** to be child's play *o* a piece of cake.

cosido *m* stitching.

cosmético, ca *adj* cosmetic *(antes de sust)*.

➤ **cosmético** *m* cosmetic.

➤ **cosmética** *f* cosmetics *(U)*.

cósmico, ca *adj* cosmic.

cosmonauta *mf* cosmonaut.

cosmopolita *adj* & *m,f* cosmopolitan.

cosmos *m* cosmos.

coso *m* **- 1.** [plaza] bullring **- 2.** *CSur* [objeto] whatnot, thing.

cosquillas *fpl* **hacer** ~ to tickle; **tener** ~ to be ticklish; **buscarle las** ~ **a alguien** to wind sb up, to irritate sb.

cosquilleo *m* tickling sensation.

costa *f* GEOGR coast.

➤ **costas** *fpl* DER costs.

➤ **Costa Azul** *f*: **la Costa Azul** the Côte d'Azur.

➤ **Costa Brava** *f*: **la Costa Brava** the Costa Brava.

➤ **a costa de** *loc prep* at the expense of; **lo hizo a** ~ **de grandes esfuerzos** he did it by dint of much effort; **vive a** ~ **de sus padres** she lives off her parents.

➤ **a toda costa** *loc prep* at all costs.

Costa de Marfil Ivory Coast.

costado *m* side; **es francés por los cuatro** ~**s** he's French through and through.

costal *m* sack.

costalada *f*, **costalazo** *m* heavy fall.

costanera *f* CSur promenade.

costar [23] ◇ *vt* **- 1.** [dinero] to cost; **¿cuánto cuesta?** how much is it? **- 2.** [tiempo] to take **- 3.** *loc*: **cueste lo que cueste** whatever the cost; **le costó la vida** it cost him his life; ~ **un ojo de la cara** *o* **un riñón** to cost an arm and a leg. ◇ *vi* [ser difícil]: ~ **le a alguien hacer algo** to be difficult for sb to do sthg; ~ **caro a alguien** to cost sb dear.

Costa Rica Costa Rica.

costarricense, costarriqueño, ña *adj* & *m,f* Costa Rican.

coste *m* [de producción] cost; [de un objeto] price; ~ **de la vida** cost of living; ~ **unitario** ECON unit cost.

costear *vt* **- 1.** [pagar] to pay for **- 2.** NÁUT [la costa] to hug, to keep close to.

➤ **costearse** *vpr*: ~**se algo** [pagárselo] to pay for sthg o.s.; [permitírselo] to be able to afford sthg.

costeño, ña, costero, ra *adj* [gen] coastal; [pueblo] seaside *(antes de sust)*.

➤ **costera** *f* Méx promenade.

costilla *f* **- 1.** [de persona, barco] rib **- 2.** [de animal] cutlet **- 3.** *fam* [cónyuge] better half.

➤ **costillas** *fpl* *fam* [espalda] back *(sg)*.

costillar *m* [de persona] ribs *(pl)*, rib cage; [de carne] side.

costo *m* [de una mercancía] price; [de un producto, de la vida] cost.

costoso, sa *adj* **- 1.** [operación, maquinaria] expensive **- 2.** *fig* [trabajo] exhausting; [triunfo] costly.

costra *f* **- 1.** [de pan] crust; [de queso] rind **- 2.** [de herida] scab.

costumbre *f* habit, custom; **coger/perder la** ~ **de hacer algo** to get into/out of the habit of doing sthg; **como de** ~ as usual; **por** ~ through force of habit, out of habit.

➤ **costumbres** *fpl* [de país, cultura] customs; [de persona] habits.

costumbrista *adj describing the customs of a country or region.*

costura *f* **- 1.** [labor] sewing, needlework **- 2.** [puntadas] seam **- 3.** [oficio] dressmaking; **alta** ~ haute couture.

costurera *f* dressmaker, seamstress.

costurero *m* [caja] sewing box.

cota *f* **- 1.** [altura] altitude, height above sea level **- 2.** [armadura]: ~ **de mallas** coat of mail **- 3.** *fig* [nivel] level, height.

cotarro *m* riotous gathering; **alborotar el** ~ to stir up trouble; **dirigir el** ~ to rule the roost, to be the boss.

cotejar *vt* to compare.

cotejo *m* comparison.
cotice *etc* ⊳ **cotizar**.
cotidianidad *f* [vida cotidiana] everyday life; [monotonía] monotony.
cotidiano, na *adj* daily.
cotilla *mf fam* gossip, busybody.
cotillear *vi fam* to gossip.
cotilleo *m fam* gossip, tittle-tattle.
cotillón *m* New Year's Eve party.
cotizable *adj* quotable.
cotización *f* -**1.** [valor] price -**2.** [en Bolsa] quotation, price.
cotizado, da *adj* -**1.** [en la Bolsa] quoted -**2.** [persona] sought-after.
cotizar [13] ◇ *vt* -**1.** [valorar] to quote, to price -**2.** [pagar] to pay. ◇ *vi* to pay contributions.
➡ **cotizarse** *vpr* -**1.** [estimarse - persona] to be valued *o* prized -**2.:** ~se a [producto] to sell for, to fetch; [bonos, valores] to be quoted at.
coto *m* preserve; ~ **de caza** game preserve; **poner** ~ **a** to put a stop to.
cotorra *f* -**1.** [ave] parrot -**2.** *fam fig* [persona] chatterbox; **hablar como una** ~ to talk nineteen to the dozen.
cotorrear *vi* to chatter.
COU (*abrev de* **Curso de Orientación Universitaria**) *m one-year course which prepared pupils aged 17-18 for Spanish university entrance examinations.*

▎**COU**

In Spain, *COU* referred to the academic year which followed the school-leaving examination; its purpose was to prepare school students for university entrance examinations. Students had to study a set of compulsory subjects and several optional ones according to whether they wanted to study arts or sciences. It has now been replaced by the two-year *bachillerato*.

country *m Arg luxury suburban housing development.*
covacha *f* hovel.
coxis = **cóccix**.
coyote *m* coyote.
coyuntura *f* -**1.** [situación] moment; **la** ~ **económica** the economic situation -**2.** ANAT joint.
coyuntural *adj* transitional.
coz *f* kick; **tratar a alguien a coces** *fam fig* to treat sb like dirt.
cozamos ⊳ **cocer**.
CPN (*abrev de* **Cuerpo de la Policía Nacional**) *m Spanish police force.*

crac (*pl* **cracs**), **crack** (*pl* **cracks**) *m* FIN crash.
crack (*pl* **cracks**) *m* -**1.** *fig* [estrella] star, superstar -**2.** FIN ⊳ **crac** -**3.** [droga] crack.
craneal *adj* cranial.
cráneo *m* cranium, skull; **ir de** ~ *fam* to be doing badly.
crápula *mf* libertine.
craso, sa *adj fig* gross, crass; **¡** ~ **error!** **no debió hacerlo** that was a big mistake! he shouldn't have done it.
cráter *m* crater.
creación *f* creation.
creador, ra ◇ *adj* creative. ◇ *m,f* creator; ~ **gráfico** creator (*of cartoon etc*).
➡ **Creador** *m*: **el Creador** the Creator.
crear *vt* -**1.** [gen] to create -**2.** [inventar] to invent -**3.** [fundar - una academia] to found.
creatividad *f* creativity.
creativo, va ◇ *adj* creative. ◇ *m y f* [en publicidad] ideas man (*f* ideas woman).
crecer [30] *vi* -**1.** [persona, planta] to grow -**2.** [días, noches] to grow longer -**3.** [río, marea] to rise -**4.** [aumentar - animosidad etc] to grow, to increase; [- rumores] to spread -**5.** [la luna] to wax.
➡ **crecerse** *vpr* to become more self-confident.
creces
➡ **con creces** *adv* with interest.
crecido, da *adj* [cantidad] large; [hijo] grown-up.
➡ **crecida** *f* spate, flood.
creciente ◇ *adj* [gen] growing; [luna] crescent. ◇ *m* crescent.
crecimiento *m* [gen] growth; [de precios] rise; ~ **económico** ECON economic growth.
credencial ◇ *adj* accrediting. ◇ *f* [de acceso a un lugar] pass.
➡ **credenciales** *fpl* [diplomáticas] credentials.
credibilidad *f* credibility.
crediticio, cia *adj* credit (*antes de sust*).
crédito *m* -**1.** [préstamo] loan; **a** ~ on credit; ~ **al consumo** ECON consumer credit; ~ **blando** ECON soft loan; ~ **a la exportación** ECON export credit; ~ **hipotecario** ECON mortgage credit; ~ **oficial** ECON official credit; ~ **personal** ECON personal loan -**2.** [plazo de préstamo] credit -**3.** [confianza] trust, belief; **digno de** ~ trustworthy; **dar** ~ **a algo** to believe sthg -**4.** [fama] standing, reputation -**5.** [en universidad] credit.
credo *m* -**1.** [religioso] creed -**2.** [ideológico, político] credo.
credulidad *f* credulity.

crédulo, la *adj* credulous.
creencia *f* belief.
creer [50] *vt* -**1.** [gen] to believe; **¡ya lo creo!** of course!, I should say so! -**2.** [suponer] to think; **creo que no** I don't think so; **creo que sí** I think so; **según creo** to the best of my knowledge -**3.** [estimar] to think; **lo creo muy capaz de hacerlo** I think he's quite capable of doing it.
  ➤ **creer en** *vi* to believe in.
  ➤ **creerse** *vpr* -**1.** [considerarse] to believe o.s. to be; **¿qué se cree?** who does he think he is? -**2.** [dar por cierto] to believe completely.
creíble *adj* credible, believable.
creído, da *m,f* [presumido] conceited.
crema ◇ *f* -**1.** [gen] cream; **la ~ del mundo literario** the cream of the literary world; **~ batida** whipped cream -**2.** [cosmético, betún] cream; **~ de afeitar** shaving cream; **~ dental** toothpaste; **~ depilatoria** hair remover; **~ facial** face cream; **~ hidratante** moisturizer -**3.** [licor] crème -**4.** [dulce, postre] custard. ◇ *adj* cream *(antes de sust)*.
cremación *f* cremation.
cremallera *f* -**1.** [para cerrar] zip (fastener), zipper *US* -**2.** TECN rack.
crematístico, ca *adj* financial.
crematorio, ria *adj*: **horno ~** cremator.
  ➤ **crematorio** *m* crematorium.
cremoso, sa *adj* creamy.
crepe [krep] *f* crepe.
crepé *m* [tejido] crepe.
crepitar *vi* to crackle.
crepuscular *adj* crepuscular, twilight *(antes de sust)*.
crepúsculo *m* -**1.** [al amanecer] first light; [al anochecer] twilight, dusk -**2.** *fig* [fin] twilight.
crescendo *m* crescendo.
  ➤ **in crescendo** [inkres'tʃendo] *adv* growing.
crespo, pa *adj* tightly curled, frizzy.
crespón *m* crepe.
cresta *f* -**1.** [gen] crest; **estar en la ~ (de la ola)** to be riding high -**2.** [del gallo] comb.
creta *f* chalk.
cretino, na *m,f* cretin.
cretona *f* cretonne.
creyente *mf* believer.
creyera *etc* creer.
crezca *etc* ➩ **crecer**.
cría ➩ **crío**.
criadero *m* -**1.** [de animales] farm *(breeding place)*; [de árboles, plantas] nursery -**2.** [de mineral] seam.

criadillas *fpl* bull's testicles.
criado, da ◇ *adj* brought up; **niño mal ~** spoilt child. ◇ *m,f* servant (*f* maid).
criador, ra ◇ *adj* producing. ◇ *m,f* [de animales] breeder; [de vinos] grower.
crianza *f* -**1.** [de bebé] nursing, breastfeeding -**2.** [de animales] breeding, rearing -**3.** [del vino] vintage -**4.** [educación] breeding.
criar [9] *vt* -**1.** [amamantar - suj: mujer] to breastfeed; [- suj: animal] to suckle -**2.** [animales] to breed, to rear; [flores, árboles] to grow -**3.** [vino] to mature, to make -**4.** [educar] to bring up.
  ➤ **criarse** *vpr* -**1.** [crecer] to grow up -**2.** [reproducirse] to breed.
criatura *f* -**1.** [niño] child; [bebé] baby -**2.** [ser vivo] creature.
criba *f* -**1.** [tamiz] sieve -**2.** [selección] screening.
cribar *vt* -**1.** [con el tamiz] to sieve -**2.** [seleccionar] to screen out, to select.
cricket = **criquet**.
crimen *m* crime; **cometer un ~** to commit a crime; **~ de guerra** war crime; **~ organizado** organized crime; **~ pasional** crime of passion.
criminal *adj & m,f* criminal; **~ de guerra** war criminal.
criminalidad *f* -**1.** [cualidad] criminality -**2.**: **(índice de) ~** crime rate.
criminalista ◇ *adj* criminal. ◇ *mf* criminal lawyer.
criminología *f* criminology.
crin *f* mane.
crío, a *m,f* [niño] kid.
  ➤ **cría** *f* -**1.** [hijo del animal] young -**2.** [crianza - de animales] breeding; [- de plantas] growing.
criollo, lla ◇ *adj* -**1.** [persona] native to Latin America -**2.** [comida, lengua] creole. ◇ *m,f* [persona] person (*black or white*) born in Latin America.
  ➤ **criollo** *m* [idioma] creole.
cripta *f* crypt.
críptico, ca *adj* cryptic.
criptograma *m* cryptogram.
criquet, cricket ['kriket] *m* cricket.
crisálida *f* chrysalis.
crisantemo *m* chrysanthemum.
crisis *f inv* -**1.** [gen] crisis; **~ cardíaca** cardiac arrest, heart failure; **~ de los cuarenta** midlife crisis; **~ económica** recession; **~ nerviosa** nervous breakdown -**2.** [escasez] shortage.
crisma *f fam* bonce, nut; **romperle la ~ a alguien** to bash sb's head in; **romperse la ~** to

crack one's head open.

crismas, christmas *m inv* Christmas card.

crisol *m* **-1.** [de metales] crucible **-2.** *fig* [lugar donde se mezclan cosas] melting pot.

crispación *f* [de nervios] tension; [de músculos] tenseness.

crispar *vt* [los nervios] to set on edge; [los músculos] to tense; [las manos] to clench.
�ската **crisparse** *vpr* to become tense.

cristal *m* **-1.** [material] glass (U); [vidrio fino] crystal; ~ **ahumado** smoked glass; ~ **blindado** bullet-proof glass; ~ **de roca** rock crystal **-2.** [en la ventana] (window) pane **-3.** *MIN* crystal.

cristalera *f* [puerta] French window; [techo] glass roof; [armario] glass-fronted cabinet.

cristalería *f* **-1.** [objetos] glassware **-2.** [tienda] glassware shop; [fábrica] glassworks (*sg*).

cristalero *m* glazier.

cristalino, na *adj* crystalline.
�→ **cristalino** *m* crystalline lens.

cristalización *f lit & fig* crystallization.

cristalizar [13] *vt* **-1.** [una sustancia] to crystallize **-2.** *fig* [un asunto] to bring to a head.
�→ **cristalizarse** *vpr* to crystallize.
�→ **cristalizarse en** *vpr fig* to develop into.

cristiandad *f* Christianity.

cristianismo *m* Christianity.

cristianización *f* Christianization, conversion to Christianity.

cristianizar [13] *vt* to Christianize, to convert to Christianity.

cristiano, na *adj & m,f* Christian.
�→ **cristiano** *m*: **hablar en** ~ to speak (proper) Spanish.

cristo *m* crucifix.
�→ **Cristo** *m* Christ; **armar un Cristo** *fam* to kick up a fuss; **donde Cristo dio las tres voces/perdió el gorro** *fam* in the back of beyond; **estar hecho un Cristo** *fam* to be a pitiful sight.

criterio *m* **-1.** [norma] criterion; ~**s de convergencia** [en UE] convergence criteria **-2.** [juicio] taste, discernment **-3.** [opinión] opinion.

crítica ➤ **crítico**.

criticable *adj* censurable, open to criticism.

criticar [10] *vt* **-1.** [enjuiciar - literatura, arte] to review **-2.** [censurar] to criticize.

crítico, ca ◇ *adj* critical. ◇ *m,f* [persona] critic.
�→ **crítica** *f* **-1.** [juicio - sobre arte, literatura] review **-2.** [conjunto de críticos]: **la** ~ the critics (*pl*) **-3.** [ataque] criticism.

criticón, ona ◇ *adj* nit-picking, overcritical. ◇ *m,f* nitpicker.

Croacia Croatia.

croar *vi* to croak.

croata ◇ *adj* Croatian. ◇ *mf* Croat, Croatian.

croché [kro'tʃe], **crochet** *m* crochet.

croissant [krwa'san] (*pl* **croissants**) *m* croissant.

croissantería [krwasante'ria] *f* shop selling filled croissants.

crol *m DEP* crawl.

cromado *m* chromium-plating.

cromar *vt* to chrome, to chromium-plate.

cromático, ca *adj* chromatic.

cromatismo *m* colouring.

cromo *m* **-1.** [metal] chrome **-2.** [estampa] picture card; **ir hecho un** ~ to be dressed up to the nines.

cromosoma *m* chromosome.

crónico, ca *adj* chronic.
�→ **crónica** *f* **-1.** [de la historia] chronicle **-2.** [de un periódico] column; [de la televisión] feature, programme.

cronista *mf* [historiador] chronicler; [periodista] columnist.

crono *m DEP* time.

cronología *f* chronology.

cronológico, ca *adj* chronological.

cronometrador, ra *m,f* timekeeper.

cronometraje *m* timing.

cronometrar *vt* to time.

cronómetro *m DEP* stopwatch; *TECN* chronometer.

croquet *m* croquet.

croqueta *f* croquette.

croquis *m inv* sketch.

cross *m inv* [carrera] cross-country race; [deporte] cross-country (running).

crótalo *m* rattlesnake.

croupier = **crupier**.

cruce ◇ ➤ **cruzar**. ◇ *m* **-1.** [de líneas] crossing, intersection; [de carreteras] crossroads **-2.** [paso] crossing; ~ **a nivel** level crossing *UK*, grade crossing *US*; ~ **de peatones** pedestrian crossing **-3.** [de animales] cross, crossbreeding (U) **-4.** [de teléfono] crossed line.

crucero *m* **-1.** [viaje] cruise **-2.** [barco] cruiser **-3.** [de iglesias] transept.

crucial *adj* crucial.

crucificar [10] *vt* **-1.** [en una cruz] to crucify **-2.** *fig* [atormentar] to torment.

crucifijo *m* crucifix.

crucifixión f crucifixion.

crucigrama m crossword (puzzle).

crudeza f - **1.** [gen] harshness; **con** ~ harshly - **2.** [de descripción, imágenes] brutality, harsh realism.

crudo, da adj - **1.** [natural] raw; [petróleo] crude - **2.** [sin cocer completamente] undercooked - **3.** [realidad, clima, tiempo] harsh; [novela] harshly realistic, hard-hitting - **4.** [cruel] cruel - **5.** [color] beige.
◆ **crudo** m crude (oil).

cruel adj [gen] cruel.

crueldad f - **1.** [gen] cruelty - **2.** [acción cruel] act of cruelty.

crujido m [de madera] creak, creaking (U); [de hojas secas] crackle, crackling (U).

crujiente adj [madera] creaky; [hojas secas] rustling; [patatas fritas] crunchy.

crujir vi [madera] to creak; [patatas fritas, nieve] to crunch; [hojas secas] to crackle; [dientes] to grind.

crupier, croupier [kru'pier] m croupier.

crustáceo m crustacean.

cruz f - **1.** [gen] cross; ~ **gamada** swastika - **2.** [de una moneda] tails (U) - **3.** fig [aflicción] burden, torment - **4.** loc: **hacer** ~ **y raya** to break off relations.
◆ **Cruz Roja** f Red Cross.

cruza f Amér cross, crossbreed.

cruzado, da adj - **1.** [cheque, piernas, brazos] crossed - **2.** [atravesado]: ~ **en la carretera** blocking the road - **3.** [animal] crossbred - **4.** [abrigo, chaqueta] double-breasted.
◆ **cruzado** m crusader.
◆ **cruzada** f lit & fig crusade.

cruzar [13] vt - **1.** [gen] to cross; ~ **los dedos** to cross one's fingers - **2.** [unas palabras] to exchange.
◆ **cruzarse** vpr - **1.** [gen] to cross; ~ **se de brazos** to fold one's arms - **2.** [personas]: ~ **se con alguien** to pass sb.

CSIC (abrev de **Consejo Superior de Investigaciones Científicas**) m Spanish council for scientific research.

cta. (abrev de **cuenta**) a/c.

cte. (abrev de **corriente**) inst.

cuaderna f NÁUT rib.

cuaderno m [gen] notebook; [en el colegio] exercise book.
◆ **cuaderno de bitácora** m logbook.

cuadra f - **1.** [de caballos] stable - **2.** fam [lugar sucio] pigsty - **3.** Amér [en calle] block.

cuadrado, da adj - **1.** [gen & MAT] square; **elevar al** ~ to square - **2.** [persona] square-built, stocky.
◆ **cuadrado** m square.

cuadrafónico, ca adj quadraphonic.

cuadragésimo, ma núm fortieth.

cuadrangular adj quadrangular.

cuadrángulo m quadrangle.

cuadrante m - **1.** [gen] quadrant - **2.** [reloj de sol] sundial.

cuadrar ⟨⟩ vi - **1.** [información, hechos]: ~ **(con)** to square o agree (with) - **2.** [números, cuentas] to tally, to add up. ⟨⟩ vt - **1.** [gen] to square - **2.** Amér [aparcar] to park.
◆ **cuadrarse** vpr - **1.** MIL to stand to attention - **2.** [mostrar firmeza] to make a stand.

cuadratura f GEOM quadrature; **la** ~ **del círculo** fam squaring the circle.

cuádriceps m inv quadriceps.

cuadrícula f grid.

cuadriculado, da adj squared.

cuadricular vt to divide into squares.

cuadriga, cuádriga f four-in-hand.

cuadrilátero m - **1.** GEOM quadrilateral - **2.** DEP ring.

cuadrilla f - **1.** [de amigos, trabajadores] group; [de maleantes] gang - **2.** [de un torero] team of helpers; ver también **tauromaquia**.

cuadro m - **1.** [pintura] painting, picture - **2.** [escena] scene, spectacle - **3.** [descripción] portrait - **4.** [cuadrado] square; **a** ~s check (antes de sust); **quedarse a** ~s fam to be gobsmacked, to be flabbergasted; **quedarse en** ~s to be down to a skeleton staff - **5.** [equipo] team; ~s **medios** middle management - **6.** [gráfico] chart, diagram; ~ **sinóptico** (synoptic) chart - **7.** [de la bicicleta] frame - **8.** [de un aparato]: ~ **de distribución** switchboard; ~ **de mandos** control panel - **9.** TEATR scene; ~ **flamenco** flamenco group.

cuadrúpedo m quadruped.

cuádruple m quadruple.

cuadruplicar [10] vt to quadruple.

cuádruplo m quadruple.

cuajado, da adj - **1.** [leche] curdled; [huevo] set - **2.** [lleno]: ~ **de** full of.
◆ **cuajada** f curd (cheese).

cuajar ⟨⟩ vt [solidificar - leche] to curdle; [- huevo] to set; [- sangre] to clot, to coagulate. ⟨⟩ vi - **1.** [lograrse - acuerdo] to be settled; [- negocio] to take off, to get going - **2.** [ser aceptado - persona] to fit in; [- moda] to catch on - **3.** [nieve] to settle.
◆ **cuajarse** vpr [leche] to curdle; [sangre] to clot, to coagulate.

cuajo m rennet.
◆ **de cuajo** loc adv: **arrancar de** ~ [árbol] to uproot; [brazo etc] to tear right off.

cual *pron relat*: **el/la ~** *etc* [de persona] *(sujeto)* who; *(complemento)* whom; [de cosa] which; **lo ~** which; **conoció a una española, la ~ vivía en Buenos Aires** he met a Spanish girl who lived in Buenos Aires; **está muy enfadada, lo ~ es comprensible** she's very angry, which is understandable; **todo lo ~** all of which; **sea ~ sea** *o* **fuere su decisión** whatever his decision (may be); **los tres son a ~ más inteligente** all three are equally intelligent.

cuál *pron* - **1.** *(interrogativo)* what; [en concreto, especificando] which one; **¿~ es tu nombre?** what is your name?; **¿~ es la diferencia?** what's the difference?; **no sé ~ es son mejores** I don't know which are best; **¿~ prefieres?** which one do you prefer? - **2.** *(en oraciones distributivas)*: **todos contribuyeron, ~ más, ~ menos** everyone contributed, although some more than others.

cualesquiera *pl* ⊳ **cualquiera**.

cualidad *f* quality.

cualificación *f* degree of skill *(of a worker)*.

cualificado, da *adj* skilled.

cualificar [10] *vt* to qualify.

cualitativo, va *adj* qualitative.

cualquiera (*pl* **cualesquiera**) ◇ *adj (antes de sust: cualquier)* any; **cualquier día vendré a visitarte** I'll drop by one of these days; **en cualquier momento** at any time; **en cualquier lugar** anywhere. ◇ *pron* anyone; **~ te lo dirá** anyone will tell you; **~ que** [persona] anyone who; [cosa] whatever; **~ que te vea se reiría** anyone who saw you would laugh; **~ que sea la razón** whatever the reason (may be). ◇ *m,f* [don nadie] nobody. ◇ *f fam* [prostituta] tart.

cuan *adv* [todo lo que]: **se desplomó ~ largo era** he fell flat on the ground.

cuán *adv* how.

cuando ◇ *adv* when; **de ~ en ~** from time to time; **de vez en ~** now and again. ◇ *conj* - **1.** [de tiempo] when; **~ llegue el verano iremos de viaje** when summer comes we'll go travelling - **2.** [si] if; **~ tú lo dices será verdad** it must be true if you say so - **3.** *(después de 'aun')* [aunque]: **no mentiría aun ~ le fuera en ello la vida** she wouldn't lie even if her life depended on it.

➡ **cuando más** *loc adv* at the most.

➡ **cuando menos** *loc adv* at least.

➡ **cuando quiera que** *loc conj* whenever.

cuándo ◇ *adv* when; **¿~ vas a venir?** when are you coming?; **quisiera saber ~ sale el tren** I'd like to know when *o* at what time

the train leaves. ◇ *m*: **ignorará el cómo y el ~ de la operación** he won't know how or when the operation will take place.

cuantía *f* [suma] amount, quantity; [alcance] extent.

cuántico, ca, quántico, ca *adj* quantum.

cuantificable *adj* quantifiable.

cuantificar [10] *vt* to quantify.

cuantioso, sa *adj* large, substantial.

cuantitativo, va *adj* quantitative.

cuanto, ta ◇ *adj* - **1.** [todo]: **despilfarra ~ dinero gana** he squanders all the money he earns; **soporté todas cuantas críticas me hizo** I put up with every single criticism he made of me - **2.** *(antes de adv)* [compara cantidades]: **cuantas más mentiras digas, menos te creerán** the more you lie, the less people will believe you. ◇ *pron relat (gen pl)* [de personas] everyone who; [de cosas] everything (that); **~s fueron alabaron el espectáculo** everyone who went said the show was excellent; **dio las gracias a todos ~s le ayudaron** he thanked everyone who helped him.

➡ **cuanto** ◇ *pron relat (neutro)* - **1.** [todo lo que] everything, as much as; **come ~ quieras** eat as much as you like; **comprendo ~ dice** I understand everything he says; **todo ~** everything - **2.** [compara cantidades]: **~ más se tiene, más se quiere** the more you have, the more you want. ◇ *adv* [compara cantidades]: **~ más come, más gordo está** the more he eats, the fatter he gets.

➡ **cuanto antes** *loc adv* as soon as possible.

➡ **en cuanto** ◇ *loc conj* [tan pronto como] as soon as; **en ~ acabe** as soon as I've finished. ◇ *loc prep* [en calidad de] as; **en ~ cabeza de familia** as head of the family.

➡ **en cuanto a** *loc prep* as regards; **en ~ a tu petición** as regards your request, as far as your request is concerned.

cuánto, ta ◇ *adj* - **1.** *(interrogativo)* how much, *(pl)* how many; **¿cuántas manzanas tienes?** how many apples do you have?; **¿~ pan quieres?** how much bread do you want?; **no sé ~s hombres había** I don't know how many men were there - **2.** *(exclamativo)* what a lot of; **¡cuánta gente (había)!** what a lot of people (were there)! ◇ *pron (gen pl)* - **1.** *(interrogativo)* how much, *(pl)* how many; **¿~s han venido?** how many came?; **dime cuántas quieres** tell me how many you want - **2.** *(exclamativo)*: **¡~s quisieran conocerte!** there are so many people who would like to meet you!

cuánto *pron (neutro)* **-1.** *(interrogativo)* how much; **¿ ~ quieres?** how much do you want?; **me gustaría saber ~ te costarán** I'd like to know how much they'll cost you **-2.** *(exclamativo):* **¡~ han cambiado las cosas!** how things have changed!; **¡~ me gusta!** I really like it!

cuarenta *núm* forty; **los (años) ~** the forties; **cantar a alguien las ~** to give sb a piece of one's mind; *ver también* **seis**.

cuarentena *f* **-1.** [por epidemia] quarantine; **poner en ~** [enfermos] to (put in) quarantine; [noticia] to put on hold **-2.** [cuarenta unidades] forty; **una ~ de personas** about forty people.

cuarentón, ona *m,f* person in his/her forties.

cuaresma *f* Lent.

cuartear *vt* to cut *o* chop up.

◆ **cuartearse** *vpr* to crack.

cuartel *m* **-1.** MIL barracks *(pl)*; **~ general** headquarters *(pl)* **-2.** *fig* [piedad]: **sin ~** [guerra] all-out; **lucha sin ~** fight to the death.

cuartelazo *m Amér* military uprising, revolt.

cuartelillo *m* [de policía] police station.

cuarteto *m* quartet.

cuartilla *f* sheet of quarto.

cuarto, ta *núm* fourth; **la cuarta parte** a quarter.

◆ **cuarto** *m* **-1.** [parte] quarter; **un ~ de hora** a quarter of an hour; **son las dos y ~** it's a quarter past *UK o* after *US*; **son las dos menos ~** it's a quarter to *UK o* of *US* two; **~ creciente/menguante** first/last quarter; **ser tres ~s de lo mismo** to be exactly the same *o* no different **-2.** [habitación] room; **~ de aseo** washroom, small bathroom; **~ de baño** bathroom; **~ de estar** living room; **~ de huéspedes** guestroom; **~ oscuro** FOT darkroom; **~ secreto** RP voting booth **-3.** *loc:* **estar sin un ~** to be skint.

◆ **cuartos** *mpl* **-1.** *fam* [dinero] dough *(U)*, readies **-2.** DEP: **~s de final** quarter finals.

◆ **cuarta** *f* [palmo] span.

cuarzo *m* quartz.

cuate, ta *m,f CAm, Ecuad, Méx fam* pal, mate *UK*, buddy *US*.

cuaternario, ria *adj* Quaternary.

◆ **cuaternario** *m:* **el ~** the Quaternary (era).

cuatrero, ra *m,f* [de caballos] horse thief; [de ganado] cattle rustler.

cuatrillizo, za *m,f* quadruplet, quad.

cuatrimestral *adj* **-1.** [en frecuencia] four-

monthly **-2.** [en duración] four-month *(antes de sust)*, lasting four months.

cuatrimestre *m* period of four months.

cuatrimotor *m* four-engined plane.

cuatripartito, ta *adj* four-part.

cuatro ◇ *núm* four; **más de ~** quite a few; *ver también* **seis**. ◇ *adj fig* [poco] a few; **hace ~ días** a few days ago.

cuatrocientos, tas *núm* four hundred; *ver también* **seis**.

cuba *f* barrel, cask; **beber como una ~** to drink like a fish; **estar como una ~** to be legless *o* blind drunk.

Cuba Cuba.

cubalibre *m* rum and coke.

cubano, na *adj & m,f* Cuban.

cubata *m fam* rum and coke.

cubero *m:* **a ojo de buen ~** roughly.

cubertería *f* set of cutlery, cutlery *(U)*.

cubeta *f* [cuba pequeña] bucket, pail; FOT tray.

cúbico, ca *adj* cubic.

cubierto, ta ◇ *pp* ▷ **cubrir**. ◇ *adj* **-1.** [gen]: **~ (de)** covered (with); **estar a ~** [protegido] to be under cover; [con saldo acreedor] to be in the black; **ponerse a ~** to take cover **-2.** [cielo] overcast **-3.** [vacante] filled.

◆ **cubierto** *m* **-1.** [pieza de cubertería] piece of cutlery **-2.** [juego de cubertería] set of cutlery **-3.** [para cada persona] place setting **-4.** [comida] set menu.

◆ **cubierta** *f* **-1.** [gen] cover **-2.** [de neumático] tyre **-3.** [de barco] deck.

cubil *m* **-1.** [de animales] den, lair **-2.** *fig* [de personas] poky room.

cubilete *m* [en juegos] cup.

cubismo *m* cubism.

cubista *adj & m,f* cubist.

cubito *m* **-1.** [de hielo] ice cube **-2.** [de caldo] stock cube.

cúbito *m* ulna.

cubo *m* **-1.** [recipiente] bucket; **~ de la basura** rubbish bin *UK*, trashcan *US*, garbage can *US* **-2.** GEOM & MAT cube; **elevar al ~** to cube **-3.** [de rueda] hub.

cubrecama *m* bedspread.

cubrir *vt* **-1.** [gen] to cover **-2.** [proteger] to protect **-3.** [disimular] to cover up, to hide **-4.** [puesto, vacante] to fill.

◆ **cubrir de** *vt:* **~ de algo a alguien** to heap sthg on sb.

◆ **cubrirse** *vpr* **-1.** [taparse]: **~se (de)** to become covered (with) **-2.** [protegerse]: **~se (de)** to shelter (from) **-3.** [con sombrero] to put one's hat on **-4.** [con ropa]: **~se (con)** to cover o.s. (with) **-5.** [cielo] to cloud over **-6.**

loc: ~**se de gloria** [triunfar] to cover o.s. in *o* with glory; *irón* to land o.s. in it.

cuca ▷ cuco.

cucaña *f* greasy pole.

cucaracha *f* cockroach *UK*, roach *US*.

cuchara *f* -1. [para comer] spoon; ~ **de palo** wooden spoon; ~ **de postre** dessert spoon; **meter la** ~ *fam* to butt in -2. [cucharada] spoonful.

cucharada *f* spoonful.

cucharilla *f* teaspoon.

cucharón *m* ladle.

cuchichear *vi* to whisper.

cuchicheo *m* whispering.

cuchilla *f* blade; ~ **de afeitar** razor blade.

cuchillada *f* [golpe] stab; [herida] stab wound.

cuchillo *m* knife; ~ **de cocina** kitchen knife; ~ **eléctrico** electric carving knife; ~ **de trinchar** carving knife.

cuchitril *m* hovel.

cuchufleta *f fam* joke.

cuclillas
→ **en cuclillas** *loc adv* squatting; **ponerse en** ~ to squat (down).

cuclillo *m* cuckoo.

cuco, ca *adj fam* -1. [bonito] pretty -2. [astuto] shrewd, canny.
→ **cuco** *m* cuckoo.
→ **cuca** *f fam* peseta.

cucú *m* -1. [canto] cuckoo -2. [reloj] cuckoo clock.

cucurucho *m* -1. [de papel] paper cone -2. [para helado] cornet, cone -3. [gorro] pointed hat.

cuece ▷ cocer.

cuela *etc* ▷ colar.

cuelga *etc* ▷ colgar.

cuello *m* -1. [gen] neck; **alargar el** ~ to stretch *o* crane one's neck; ~ **de botella** bottleneck; ~ **uterino** cervix -2. [de prendas] collar; ~ **de pajarita** wing collar; ~ **de pico** V-neck; ~ **alto** *o* **de cisne** polo neck *UK*, turtleneck *US*; **hablar para el** ~ **de su camisa** *fam* to talk to o.s.

cuenca *f* -1. [de río] basin -2. [del ojo] (eye) socket -3. [región minera] coalfield.

cuenco *m* earthenware bowl.

cuenta ◇ ▷ contar. ◇ *f* -1. [acción de contar] count; **echar** ~**s** to reckon up; **llevar/perder la** ~ **de** to keep/lose count of; ~ **atrás** countdown -2. [cálculo] sum; ~ **de la vieja** *fam* counting on one's fingers -3. *BANCA & COM* account; **abonar algo en** ~ **a alguien** to credit sthg to sb's account; **abrir una** ~ to open an account; ~ **de gastos** expendi-ture account; **llevar las** ~**s** to keep the books; **pagar mil euros a** ~ to pay a thousand euros down; ~ **de ahorros** savings account; ~ **de ahorro vivienda** home loan; ~ **corriente** current account *UK*, checking account *US*; ~ **de crédito** current account with an overdraft facility; ~ **deudora** overdrawn account; ~ **de explotación** operating statement; ~ **a plazo fijo** deposit account -4. [factura] bill *UK*, check *US*; **domiciliar una** ~ to pay an account by standing order/direct debit; **pasar la** ~ to send the bill; ~ **por cobrar/pagar** account receivable/payable -5. [obligación, cuidado] responsibility; **déjalo de mi** ~ leave it to me -6. [bolita - de collar, rosario] bead -7. *loc:* **a fin de** ~**s** in the end; **ajustarle a alguien las** ~**s** to settle an account *o* a score with sb; **caer en la** ~ **de algo** to realize sthg; **dar** ~ **de algo** [comunicar] to report sthg; [terminar] to account for sthg, to finish sthg off; **darse** ~ **de algo** to realize sthg; **en resumidas** ~**s** in short; **más de la** ~ too much; **pedir** ~**s a alguien** to call sb to account; **por mi/tu** *etc* ~ on my/your *etc* own; **salir de** ~**s** to be due to give birth; **tener en** ~ **algo** to bear sthg in mind.

cuentagotas *m inv* dropper; **a** *o* **con** ~ in dribs and drabs.

cuentakilómetros *m inv* [de distancia recorrida] ≃ milometer; [de velocidad] speedometer.

cuentarrevoluciones *m inv* tachometer, rev counter.

cuentista *mf* -1. [escritor] short story writer -2. [mentiroso] fibber, story-teller.

cuento *m* -1. [fábula] tale; ~ **de hadas** fairy tale; **el** ~ **de la lechera** *fig* wishful thinking -2. [narración] short story -3. [mentira, exageración] story, lie; **¡puro** ~**!** what nonsense!; ~ **chino** tall story -4. *loc:* **quitarse** *o* **dejarse de** ~**s** to stop beating about the bush; **ser el** ~ **de nunca acabar** to be the same old story; **tener** ~ to put it on; **venir a** ~ to be relevant; **venir con** ~**s** to tell fibs *o* stories; **vivir del** ~ to live by one's wits.

cuerda *f* -1. [para atar - fina] string; [- más gruesa] rope; ~ **floja** tightrope -2. [de instrumento] string -3. [de reloj] spring; **dar** ~ **a** [reloj] to wind up -4. *GEOM* chord -5. *loc:* **bajo** ~ secretly, in an underhand manner; **estar en la** ~ **floja** to be hanging by a thread; **tener mucha** ~, **tener** ~ **para rato** to go on and on; **tirar de la** ~ to go too far, to push it.
→ **cuerdas vocales** *fpl* vocal cords.

cuerdo, da ⋄ *adj* **-1.** [sano de juicio] sane **-2.** [sensato] sensible. ⋄ *m,f* sane person.

cueriza *f Andes fam* beating, leathering.

cuerno *m* [gen] horn; [de ciervo] antler; **mandar al ~ a alguien** *fam* to send sb packing; **saber a ~ quemado** *fam* to be fishy; **¡vete al ~!** *fam* go to hell!

➤ **cuernos** *mpl fam:* **poner ~s a alguien** to be unfaithful to sb; [a un hombre] to cuckold sb.

cuero *m* **-1.** [piel de animal] skin; [piel curtida] hide; **~ cabelludo** scalp; **en ~s, en ~s vivos** stark naked **-2.** [material] leather **-3.** *Amér vulg* [prostituta] whore.

cuerpo *m* **-1.** [gen] body; **~ celeste** heavenly body; **~ extraño** foreign body; **de ~ entero** [persona] complete, consummate; [retrato] full-length; **a ~** without a coat on; **luchar ~ a ~** to fight hand-to-hand; **tomar ~** to take shape; **vivir a ~ de rey** to live like a king; **en ~ y alma** body and soul **-2.** [tronco] trunk **-3.** [parte principal] main body **-4.** [grosor] thickness **-5.** [cadáver] corpse; **de ~ presente** (lying) in state **-6.** [corporación consular, militar etc] corps; **~ de bomberos** fire brigade; **~ diplomático** diplomatic corps; **~ de policía** police force **-7.** [parte de armario, edificio] section.

cuervo *m* crow.

cuesco *m fam* fart.

cuesta ⋄ ⊳ **costar.** ⋄ *f* slope; **~ arriba** uphill; **~ abajo** downhill; **a ~s** on one's back, over one's shoulders; **hacérsele ~ arriba a alguien** to be hard going *o* an uphill struggle for sb; **ir ~ abajo** to decline, to go downhill.

cueste ⊳ **costar.**

cuestión *f* **-1.** [pregunta] question **-2.** [problema] problem **-3.** [asunto] matter, issue; **en ~** in question, at issue; **en ~ de** [en materia de] as regards; **en ~ de una hora** in no more than an hour; **ser ~ de** to be a question of.

cuestionable *adj* questionable, debatable.

cuestionar *vt* to question.

➤ **cuestionarse** *vpr* to (call into) question.

cuestionario *m* questionnaire.

cueva *f* cave; **~ de ladrones** den of thieves.

cueza *etc* ⊳ **cocer.**

cuico *m Méx fam* cop.

cuidado ⋄ *m* care; **con ~** [con esmero] carefully; [con cautela] cautiously; **de ~** [criminal, enemigo] dangerous; [accidente, problema] serious; **estar al ~ de** to be in charge of; **tener ~ con** to be careful with; **~s intensivos** intensive care *(U)*; **eso me tiene** *o* **trae sin ~** I couldn't care less about that. ⋄ *interj* **¡~!** careful!, look out!

cuidador, ra *m,f DEP* trainer.

cuidadoso, sa *adj* careful.

cuidar *vt* [gen] to look after; [estilo etc] to take care over; [detalles] to pay attention to.

➤ **cuidar de** *vi* to look after; **cuida de que no lo haga** make sure she doesn't do it.

➤ **cuidarse** *vpr* to take care of *o* to look after o.s.; **~se de** to worry about.

cuitlacoche *m CAm, Méx* corn smut, *edible fungus which grows on maize.*

culata *f* **-1.** [de arma] butt **-2.** [de animal] hindquarters **-3.** [de motor] cylinder head.

culatazo *m* [golpe] blow with the butt of a rifle; [retroceso] recoil, kick.

culé *(pl culés) adj fam DEP* of/relating to the Barcelona Football Club.

culebra *f* snake.

culebrón *m TV* soap opera.

culinario, ria *adj* culinary.

culminación *f* culmination.

culminante *adj* culminating; **punto ~** high point.

culminar ⋄ *vt:* **~ (con)** to crown (with). ⋄ *vi* to finish, to culminate.

culo *m fam* **-1.** [de personas] backside, bum *UK;* **caerse de ~** *fam* to be flabbergasted, to be gobsmacked; **estar en el ~ del mundo** *fam* to be in the back of beyond; **lamer el ~ a alguien** *fam* to lick sb's arse *UK,* to lick sb's ass *US;* **ser un ~ de mal asiento** to be fidgety **-2.** [de objetos] bottom **-3.** [líquido]: **queda un ~** there are a few drops left in the bottom.

culpa *f* **-1.** [responsabilidad] fault; **tener la ~ de algo** to be to blame for sthg; **echar la ~ a alguien (de)** to blame sb (for); **por ~ de** because of **-2.** [falta]: **~s** sins.

culpabilidad *f* guilt.

culpabilizar [13] *vt* to blame.

➤ **culpabilizarse** *vpr:* **~se (de)** to accept the blame (for).

culpable ⋄ *adj:* **~ (de)** guilty (of); **declarar ~ a alguien** to find sb guilty; **declararse ~** to plead guilty. ⋄ *mf DER* guilty party; **tú eres el ~** you're to blame.

culpar *vt:* **~ a alguien (de)** [atribuir la culpa] to blame sb (for); [acusar] to accuse sb (of).

cultivable *adj* cultivable, arable.

cultivado, da *adj* cultivated.

cultivador, ra *m,f* grower.

cultivar *vt* **-1.** [tierra] to farm, to cultivate; [plantas] to grow **-2.** [amistad, inteligencia] to cultivate **-3.** [arte] to practise **-4.** [germen] to culture.

◆ **cultivarse** *vpr* [persona] to improve o.s.

cultivo *m* **-1.** [de tierra] farming; [de plantas] growing **-2.** [plantación] crop **-3.** [de gérmenes] culture.

culto, ta *adj* [persona] cultured, educated; [estilo] refined; [palabra] literary, learned.

◆ **culto** *m* **-1.** [devoción] worship; **libertad de** ~ freedom of worship; **rendir** ~ **a** [dios etc] to worship; [persona, valentía etc] to pay homage *o* tribute to **-2.** [religión] cult.

cultura *f* **-1.** [de sociedad] culture **-2.** [sabiduría] learning, knowledge; ~ **general** general knowledge.

cultural *adj* cultural.

culturismo *m* body-building.

culturista *mf* body-builder.

culturizar [13] *vt* to educate.

cumbia *f* Colombian dance.

cumbre ◇ *adj* greatest. ◇ *f* **-1.** [de montaña] summit **-2.** *fig* [punto culminante] peak, pinnacle **-3.** POLÍT summit (conference).

cumpleaños *m inv* birthday.

cumplido, da *adj* **-1.** [acabado - orden] carried out; [- promesa, deber, profecía] fulfilled; [- plazo] expired **-2.** [completo, lleno] full, complete **-3.** [cortés] courteous.

◆ **cumplido** *m* compliment; **andarse con** ~**s** to stand on ceremony; **visita de** ~ courtesy call.

cumplidor, ra ◇ *adj* reliable, dependable. ◇ *m,f* reliable *o* dependable person.

cumplimentar *vt* **-1.** [saludar] to greet **-2.** [felicitar] to congratulate **-3.** [cumplir - orden] to carry out; [- contrato] to fulfil.

cumplimiento *m* [de un deber] performance; [de contrato, promesa] fulfilment; [de la ley] observance; [de órdenes] carrying out; [de condena] completion; [de plazo] expiry.

cumplir ◇ *vt* **-1.** [orden] to carry out; [promesa] to keep; [ley] to observe; [contrato] to fulfil **-2.** [años] to reach; **mañana cumplo los 20** I'm 20 *o* it's my 20th birthday tomorrow **-3.** [condena] to serve; [servicio militar] to do. ◇ *vi* **-1.** [plazo, garantía] to expire **-2.** [realizar el deber] to do one's duty; ~ **con alguien** to do one's duty by sb; **para** *o* **por** ~ out of politeness; ~ **con el deber** to do one's duty; ~ **con la palabra** to keep one's word.

cúmulo *m* **-1.** [de objetos] pile, heap **-2.** [nube] cumulus **-3.** *fig* [de asuntos, acontecimien-

tos] accumulation, series.

cuna *f* **-1.** [para dormir] cot, cradle **-2.** *fig* [de movimiento, civilización] cradle; [de persona] birthplace.

cundir *vi* **-1.** [propagarse] to spread **-2.** [dar de sí - comida, reservas, tiempo] to go a long way; [- trabajo, estudio] to go well.

cuneta *f* [de una carretera] ditch; [de una calle] gutter.

cuña *f* **-1.** [pieza] wedge **-2.** [de publicidad] commercial break **-3.** [orinal] bedpan **-4.** *Andes, RP fam:* **tener** ~ to have friends in high places.

cuñado, da *m,f* brother-in-law (*f* sister-in-law).

cuño *m* **-1.** [troquel] die **-2.** [sello, impresión] stamp **-3.** *loc:* **ser de nuevo** ~ to be a new coinage.

cuota *f* **-1.** [contribución - a entidad, club] membership fee, subscription; [- a Hacienda] tax (payment) ~ **de entrada** admission fee; **-2.** [cupo] quota **-3.** *Méx* [peaje] toll.

◆ **cuota de mercado** *f* ECON market share.

◆ **cuota de pantalla** *f* TV audience share.

cupido *m* *fig* lady's man.

cupiera *etc* ➤ **caber.**

cupo ◇ ➤ **caber.** ◇ *m* **-1.** [cantidad máxima] quota **-2.** [cantidad proporcional] share; [de una cosa racionada] ration.

cupón *m* [gen] coupon; [de lotería, rifa] ticket.

cúpula *f* **-1.** ARQUIT dome, cupola **-2.** *fig* [mandos] leaders (*pl*).

cura ◇ *m* priest. ◇ *f* **-1.** [curación] recovery; **tener** ~ to be curable **-2.** [tratamiento] treatment, cure; **necesitar una** ~ **de sueño** to need a good sleep; ~ **de emergencia** first aid; ~ **de reposo** rest cure **-3.** *loc:* **no tener** ~ [ser incurable] to be incurable; *fam* [ser incorregible] to be incorrigible.

curación *f* **-1.** [de un enfermo - recuperación] recovery; [- tratamiento] treatment; [de una herida] healing **-2.** [de jamón] curing.

curado, da *adj* [alimento] cured; [pieles] tanned; ~ **de espanto** unshockable.

◆ **curado** *m* [de alimentos] curing; [de pieles] tanning.

curandero, ra *m,f* quack.

curar ◇ *vt* **-1.** [gen] to cure **-2.** [herida] to dress **-3.** [pieles] to tan. ◇ *vi* [enfermo] to get well, to recover; [herida] to heal up.

◆ **curarse** *vpr* **-1.** [sanar]: ~**se (de)** to recover (from); ~**se en salud** to play safe **-2.** [alimento] to cure.

curativo, va *adj* curative.

curco *m Amér* **- 1.** [joroba] hump **- 2.** [jorobado] hunchback.

curcucho *m Amér* hunchback.

curcuncho, cha ◇ *adj Andes fam* [jorobado] hunchbacked. ◇ *m* [joroba] hump; [jorobado] hunchback.

curda *fam* ◇ *f*: coger *o* agarrar una ~ to get plastered. ◇ *adj Amér* drunk. ◇ *mf Amér* boozer, wino.

curdo, da ◇ *adj* Kurdish. ◇ *m,f* [persona] Kurd.
  ◆ **curdo** *m* [lengua] Kurdish.

curia *f* **- 1.** *HIST & RELIG* curia **- 2.** *DER* court.

curiosear ◇ *vi* [fisgonear] to nose around; [por una tienda] to browse round. ◇ *vt* [libros, revistas] to browse through.

curiosidad *f* curiosity; sentir *o* tener ~ por to be curious about.

curioso, sa ◇ *adj* **- 1.** [por saber, averiguar] curious, inquisitive **- 2.** [raro] odd, strange **- 3.** [limpio] neat, tidy; [cuidadoso] careful. ◇ *m,f* onlooker.

curita *m Amér* sticking plaster, Band-Aid® US.

currante ◇ *adj fam* hard-working. ◇ *mf* worker.

currar, currelar *vi fam* to work.

curre = curro.

currelar = currar.

currículum (vitae) [ku'rrikulum ('bite)] (*pl* currícula (vitae) *o* currículums), **currículo** (*pl* currículos) *m* curriculum vitae *UK*, résumé *US*.

curro, curre *m fam* work.

curruscar [10] *vi* to crunch.

cursar *vt* **- 1.** [estudiar] to study **- 2.** [enviar] to send **- 3.** [dar - órdenes etc] to give, to issue **- 4.** [tramitar] to submit.

cursi ◇ *adj fam* [vestido, canción etc] naff, tacky; [modales, persona] affected. ◇ *mf fam* affected *o* pretentious person.

cursilada *f* [acto, comportamiento] pretentious *o* affected act; [comentario] naff remark; [decoración, objeto] tacky thing.

cursilería *f* **- 1.** [objeto] tacky thing; [comentario] naff remark; [acto, comportamiento] pretentious *o* affected act **- 2.** [cualidad] tackiness, naffness.

cursillo *m* **- 1.** [curso] short course **- 2.** [conferencias] series of lectures.

cursiva ▷ letra.

curso *m* **- 1.** [año académico] year **- 2.** [lecciones] course; ~ **intensivo** crash course; ~ **por correspondencia** correspondence course **- 3.** [texto, manual] textbook **- 4.** [dirección - de

río, acontecimientos] course; [- de la economía] trend; **seguir su** ~ to go on, to continue; **el resfriado debe seguir su** ~ you should allow the cold to run its course; **en el** ~ **de** during (the course of); **en** ~ [mes, año] current; [trabajo] in progress; **dar** ~ **a algo** [dar rienda suelta] to give free rein to sthg; [tramitar] to process *o* deal with sthg **- 5.** [circulación]: **moneda de** ~ **legal** legal tender.

cursor *m INFORM* cursor.

curtido, da *adj* **- 1.** [piel, cuero] tanned **- 2.** *fig* [experimentado] seasoned.
  ◆ **curtido** *m* tanning.

curtiembre *f Andes, RP* tannery.

curtir *vt* **- 1.** [piel] to tan **- 2.** *fig* [persona] to harden.
  ◆ **curtirse** *vpr* **- 1.** [piel] to tan **- 2.** *fig* [persona] to become hardened.

curva ▷ curvo.

curvado, da *adj* [gen] curved; [doblado] bent.

curvar *vt* to bend; [espalda, cejas] to arch.
  ◆ **curvarse** *vpr* to become bent.

curvatura *f* curvature.

curvilíneo, a *adj* [gen] curved; [cuerpo] curvaceous.

curvo, va *adj* [gen] curved; [doblado] bent.
  ◆ **curva** *f* [gen] curve; [en carretera] bend; **curva cerrada** sharp bend; **curva de la felicidad** *fig* [barriga] paunch; **curva de nivel** contour line.

cuscurro *m* [trozo de pan frito] crouton; [punta de pan] end *(of baguette)*.

cúspide *f* **- 1.** [de montaña] summit, top **- 2.** *fig* [apogeo] peak, height **- 3.** *GEOM* apex.

custodia *f* **- 1.** [de cosas] safekeeping **- 2.** [de personas] custody; **estar bajo la** ~ **de** to be in the custody of; ~ **preventiva** protective custody.

custodiar [8] *vt* **- 1.** [vigilar] to guard **- 2.** [proteger] to look after.

custodio *m* guard.

cutáneo, a *adj* skin *(antes de sust)*.

cutícula *f* cuticle.

cutis *m inv* skin, complexion.

cutre *adj fam* **- 1.** [de bajo precio, calidad] cheap and nasty **- 2.** [sórdido] shabby **- 3.** [tacaño] tight, stingy.

cutter (*pl* cutters) *m* (artist's) scalpel *(with retractable blade)*.

cuyo, ya *adj* [posesión - por parte de personas] whose; [- por parte de cosas] of which, whose; **ésos son los amigos en cuya casa nos hospedamos** those are the friends in whose house we spent the night; **ese señor,** ~ **hijo conociste ayer** that man, whose son you met yesterday; **un equipo cuya principal es-trella** ... a team, the star player of which *o* whose star player ...; **en ~ caso** in which case.

CV (*abrev de* **curriculum vitae**) *m* CV.

D

d, D *f* [letra] d, D.

D. *abrev de* **don**.

dactilar ⊳ **huella**.

dactilografía *f* typing.

dádiva *f* [regalo] gift; [donativo] donation.

dadivoso, sa *adj* generous.

dado, da *adj* given; **en un momento ~** at a certain point; **ser ~ a** to be fond of.

➡ **dado** *m* dice, die; **echar** *o* **tirar los ~s** to throw the dice; **jugar a los ~s** to play dice.

➡ **dado que** *loc conj* since, seeing as.

dador, ra *m,f* **-1.** [de letra de cambio] drawer **-2.** [de carta] bearer.

daga *f* dagger.

daguerrotipo *m* daguerreotype.

dal (*abrev de* **decalitro**) dal.

dale *interj* ¡~! **- ¡otra vez con lo mismo!** there you go again!

dalia *f* dahlia.

dálmata *adj* & *m,f* **-1.** [persona] Dalmatian **-2.** [perro] Dalmatian.

daltónico, ca ◇ *adj* colour-blind. ◇ *m,f* person with colour blindness.

daltonismo *m* colour blindness.

dama *f* **-1.** [mujer] lady; **~ de honor** [de novia] bridesmaid; [de reina] lady-in-waiting; **primera ~** *TEATR* leading lady; *POLÍT* first lady *US* **-2.** [en damas] king; [en ajedrez, naipes] queen.

➡ **damas** *fpl* [juego] draughts (U) *UK*, checkers (U) *US*.

damasco *m* **-1.** [tela] damask **-2.** *Andes, RP* [albaricoque] apricot.

damero *m* draughts board.

damisela *f desus* damsel.

damnificado, da ◇ *adj* affected, dam-aged. ◇ *m,f* victim.

damnificar [10] *vt* [cosa] to damage; [persona] to harm, to injure.

dance *etc* ⊳ **danzar**.

dandi, dandy *m* dandy.

danés, esa ◇ *adj* Danish. ◇ *m,f* [persona] Dane.

➡ **danés** *m* [lengua] Danish.

dantesco, ca *adj lit & fig* Dantesque.

Danubio *m*: **el ~** the (River) Danube.

danza *f* [gen] dancing; [baile] dance; **estar siempre en ~** to be always on the go *o* doing sthg; **estar metido en ~** to be up to no good.

danzar [13] *vi* **-1.** [bailar] to dance **-2.** *fig* [ir de un sitio a otro] to run about.

danzarín, ina *m,f* dancer.

dañar *vt* [vista, cosecha] to harm, to damage; [persona] to hurt; [pieza, objeto] to damage.

➡ **dañarse** *vpr* [persona] to hurt o.s.; [cosa] to become damaged.

dañino, na *adj* harmful.

daño *m* **-1.** [dolor] pain, hurt; **hacer ~ a alguien** to hurt sb; **hacerse ~** to hurt o.s. **-2.** [perjuicio - a algo] damage; [- a persona] harm; **~s colaterales** collateral damage; **~s y perjuicios** damages.

dar [56] ◇ *vt* **-1.** [gen] to give; [baile, fiesta] to hold, to give; [naipes] to deal; **~ algo a alguien** to give sthg to sb, to give sb sthg **-2.** [producir - gen] to give, to produce; [- frutos, flores] to bear; [- beneficios, intereses] to yield **-3.** [suj: reloj] to strike; **el reloj ha dado las doce** the clock struck twelve **-4.** [suministrar luz etc - por primera vez] to connect; [- tras un corte] to turn back on; [encender] to turn *o* switch on **-5.** *CIN, TEATR & TV* to show; [concierto, interpretación] to give **-6.** [mostrar - señales etc] to show; **~ pruebas de sensatez** to show good sense **-7.** [untar con] to apply; **~ barniz a una silla** to varnish a chair **-8.** [provocar - gusto, escalofríos etc] to give; **me da vergüen-za/pena** it makes me ashamed/sad; **me da risa** it makes me laugh; **me da miedo** it frightens me; **si no se calla me va a ~ algo** *fam* if he doesn't shut up soon, I'll go mad; **si sigues trabajando así te va a ~ algo** *fam* you can't go on working like that **-9.** *fam* [fastidiar] to ruin; **es tan pesado que me dio la tarde** he's so boring that he ruined the afternoon for me **-10.** [expresa acción]: **~ un grito** to give a cry; **~ un vistazo a** to have a look at; **~ le un golpe/una puñalada a alguien** to hit/stab sb; **voy a ~ un paseo** I'm going (to go) for a walk **-11.** [considerar]: **~ algo por** to consider sthg as; **eso lo doy por**

hecho I take that for granted; ~ **a alguien por muerto** to give sb up for dead **- 12.** *loc*: **donde las dan las toman** you get what you deserve; **no ~ una** to get everything wrong. <> *vi* **- 1.** [repartir - en naipes] to deal **- 2.** [horas] to strike; **han dado las tres en el reloj** three o'clock struck **- 3.** [golpear]: **le dieron en la cabeza** they hit him on the head; **la piedra dio contra el cristal** the stone hit the window **- 4.** [accionar]: ~ **a** [llave de paso] to turn; [botón, timbre] to press **- 5.** [estar orientado]: ~ **a** [suj: ventana, balcón] to look out onto, to overlook; [suj: pasillo, puerta] to lead to; [suj: casa, fachada] to face **- 6.** [encontrar]: ~ **con algo/alguien** to find sthg/sb; **he dado con la solución** I've hit upon the solution **- 7.** [proporcionar]: ~ **de beber a alguien** to give sb sthg to drink; **le da de mamar a su hijo** she breast-feeds her son **- 8.** [ser suficiente]: ~ **para** to be enough for **- 9.** [motivar]: ~ **que hablar** to set people talking; **aquello me dio que pensar** that made me think **- 10.** [expresa repetición]: **le dieron de palos** they beat him repeatedly with a stick **- 11.** [coger costumbre]: ~ **le a uno por hacer algo** to get it into one's head to do sthg; **le dio por la gimnasia** she's taken it into her head to start gymnastics **- 12.** *loc*: ~ **de sí** [ropa, calzado] to give, to stretch; **no ~ más de sí** *o* **para más** [persona, animal] not to be up to much any more; **te digo que pares y tú ¡dale (que dale)!** I've told you to stop, but you just carry on and on!

> **darse** *vpr* **- 1.** [suceder] to occur, to happen; **se da pocas veces** it rarely happens **- 2.** [entregarse]: ~**se a** [droga etc] to take to **- 3.** [golpearse]: ~**se contra** to bump into **- 4.** [tener aptitud]: **se me da bien/mal el latín** I'm good/bad at Latin **- 5.** [considerarse]: ~**se por** to consider o.s. (to be); ~**se por vencido** to give in **- 6.** *loc*: **dársela a alguien** [engañar] to take sb in; **se las da de listo** he makes out (that) he is clever.

dardo *m* dart.

dársena *f* dock.

darvinismo *m* Darwinism.

datar *vt* to date.

> **datar de** *vi* to date back to, to date from.

dátil *m* BOT & CULIN date.

> **dátiles** *mpl fam* [dedos] fingers.

> **dátil (de mar)** *m* date mussel.

dato *m* **- 1.** [gen] piece of information, fact; ~**s** [gen] information; INFORM data; ~**s personales** personal details **- 2.** MAT datum.

dcha. (*abrev de* **derecha**) rt.

d. de JC., d.JC. (*abrev de* **después de Jesucristo**) AD.

de *prep* (*de + el = del*) **- 1.** [posesión, pertenencia] of; **el coche ~ mi padre/mis padres** my father's/parents' car; **es ~ ella** it's hers; **la pata ~ la mesa** the table leg **- 2.** [materia] (made) of; **un vaso ~ plástico** a plastic cup; **un reloj ~ oro** a gold watch **- 3.** [en descripciones]: **un vaso ~ agua** a glass of water; ~ **fácil manejo** user-friendly; **la señora ~ verde** the lady in green; **el chico ~ la coleta** the boy with the ponytail; **he comprado las peras ~ dos euros el kilo** I bought the pears that were *o* at two euros a kilo; **un sello ~ 50 céntimos** a 50 cent stamp **- 4.** [asunto] about; **hablábamos ~ ti** we were talking about you; **libros ~ historia** history books **- 5.** [uso]: **una bici ~ carreras** a racer; **ropa ~ deporte** sportswear **- 6.** [en calidad de]: **trabaja ~ bombero** he works as a fireman **- 7.** [tiempo - desde] from; [- durante] in; **trabaja ~ nueve a cinco** she works from nine to five; ~ **madrugada** early in the morning; **a las cuatro ~ la tarde** at four in the afternoon; **trabaja ~ noche y duerme ~ día** he works at night and sleeps during the day **- 8.** [procedencia, distancia] from; **salir ~ casa** to leave home; **soy ~ Bilbao** I'm from Bilbao; ~ **la playa al apartamento hay 100 metros** it's 100 metres from the beach to the apartment **- 9.** [causa, modo] with; **morirse ~ hambre** to die of hunger; **llorar ~ alegría** to cry with joy; ~ **una patada** with a kick; ~ **una sola vez** in one go **- 10.** [con superlativos]: **el mejor ~ todos** best of all; **el más importante del mundo** the most important in the world **- 11.** [en comparaciones]: **más/menos ~ ...** more/less than ... **- 12.** (*antes de infin*) [condición] if; ~ **querer ayudarme, lo haría** if she wanted to help me, she'd do it; ~ **no ser por ti, me hubiese hundido** if it hadn't been for you, I wouldn't have made it **- 13.** (*después de adj y antes de sust*) [enfatiza cualidad]: **el idiota ~ tu hermano** your stupid brother **- 14.** (*después de adj y antes de infin*): **es difícil ~ creer** it's hard to believe.

dé |> **dar**.

deambular *vi* to wander (about).

debacle *f* debacle.

debajo *adv* underneath; ~ **de** underneath, under; **por ~ de lo normal** below normal.

debate *m* debate.

debatir *vt* to debate.

> **debatirse** *vpr* [luchar] to struggle; **se debate la vida y la muerte** she's

fighting for her life.

debe *m* debit (side); ~ **y haber** debit and credit.

deber <> *vt* [adeudar] to owe; ~ **algo a alguien** to owe sb sthg, to owe sthg to sb. <> *vi* **-1.** *(antes de infin)* [expresa obligación]: **debo hacerlo** I have to do it, I must do it; **deberían abolir esa ley** they ought to *o* should abolish that law; **debes dominar tus impulsos** you must *o* should control your impulses **-2.** [expresa posibilidad]: ~ **de: el tren debe de llegar alrededor de las diez** the train should arrive at about ten; **deben de ser las diez** it must be ten o'clock; **no debe de ser muy mayor** she can't be very old. <> *m* duty.
    deberse a *vpr* **-1.** [ser consecuencia de] to be due to **-2.** [dedicarse a] to have a responsibility towards.
    deberes *mpl* [trabajo escolar] homework *(U)*; **hacer los** ~ to do one's homework.

debidamente *adv* properly.

debido, da *adj* **-1.** [adeudado] owing **-2.** [justo, conveniente] due, proper; **a su** ~ **tiempo** in due course; **como es** ~ properly.
    debido a *loc conj (a principio de frase)* owing to; *(en mitad de frase)* due to.

débil <> *adj* **-1.** [persona - sin fuerzas] weak; [- condescendiente] lax, lenient **-2.** [voz, sonido] faint; [luz] dim **-3.** *GRAM* weak. <> *mf* weak person.

debilidad *f* **-1.** [gen] weakness; **tener** ~ **por** to have a soft spot for **-2.** [condescendencia] laxness.

debilitación *f* weakening.

debilitar *vt* to weaken.
    debilitarse *vpr* to become *o* grow weak.

débito *m* [debe] debit; [deuda] debt.

debut *m* [de persona] debut; [de obra] premiere.

debutante *mf* person making his/her debut.

debutar *vi* to make one's debut.

década *f* decade; **la** ~ **de los sesenta** the sixties.

decadencia *f* [gen] decadence; **en** ~ [moda] on the way out; [cultura, sociedad] in decline.

decadente *adj* decadent.

decaer [55] *vi* [gen] to decline; [enfermo] to get weaker; [salud] to fail; [entusiasmo] to flag; [restaurante etc] to go downhill; **¡que no decaiga!** don't lose heart!

decágono *m* decagon.

decaído, da *adj* [desalentado] gloomy, down-

hearted; [débil] frail.

decaiga *etc* ⊳ **decaer.**

decaimiento *m* [desaliento] gloominess; [decadencia] decline; [falta de fuerzas] weakness.

decalitro *m* decalitre.

decálogo *m* **-1.** *RELIG* Decalogue **-2.** *fig* [normas] golden *o* basic rules *(pl)*.

decámetro *m* decametre.

decanato *m* **-1.** [cargo] deanship **-2.** [despacho] dean's office.

decano, na *m,f* **-1.** [de corporación, facultad] dean **-2.** [veterano] doyen *(f* doyenne*)*, senior member.

decantar *vt* to decant.
    decantarse *vpr* **-1.** [inclinarse]: ~**se (a)** to lean (towards) **-2.** [optar]: ~**se por** to opt for.

decapitar *vt* to decapitate, to behead.

decatlón, decathlón *m* decathlon.

decayera *etc* ⊳ **decaer.**

deceleración *f* deceleration.

decena *f* ten; **una** ~ **de veces** about ten times.

decencia *f* **-1.** [gen] decency; [en el vestir] modesty **-2.** [dignidad] dignity.

decenio *m* decade.

decente *adj* **-1.** [gen] decent **-2.** [en el comportamiento] proper; [en el vestir] modest **-3.** [limpio] clean.

decepción *f* disappointment; **llevarse una** ~ to be disappointed.

decepcionante *adj* disappointing.

decepcionar *vt* to disappoint.

deceso *m* decease, death.

dechado *m*: **ser un** ~ **de virtudes** to be a paragon of virtue.

decibelio *m* decibel.

decidido, da *adj* determined.

decidir <> *vt* **-1.** [gen] to decide; ~ **hacer algo** to decide to do sthg **-2.** [determinar] to determine. <> *vi* to decide, to choose.
    decidirse *vpr* to decide, to make up one's mind; ~**se a hacer algo** to decide to do sthg; ~**se por** to decide on, to choose.

decigramo *m* decigram.

decilitro *m* decilitre.

décima ⊳ **décimo.**

decimal <> *adj* **-1.** [sistema] decimal **-2.** [parte] tenth. <> *m* decimal.

decímetro *m* decimetre.

décimo, ma *núm* tenth; **la décima parte** a tenth.
    décimo *m* **-1.** [fracción] tenth **-2.** [en lotería] *tenth part of a lottery ticket.*
    décima *f* [en medidas] tenth; **tiene 3 décimas de fiebre** she has a slight fever; **una dé-**

cima de segundo a tenth of a second.
decimoctavo, va *núm* eighteenth.
decimocuarto, ca *adj* fourteenth.
decimonónico, ca *adj* **-1.** [del siglo XIX] nineteenth-century **-2.** [anticuado] old-fashioned.
decimonoveno, na *núm* nineteenth.
decimoquinto, ta *núm* fifteenth.
decimoséptimo, ma *núm* seventeenth.
decimosexto, ta *núm* sixteenth.
decimotercero, ra *núm* thirteenth.
decir [57] ◇ *vt* **-1.** [gen] to say; ~ **que sí/no** to say yes/no; **dice que no viene** she says (that) she is not coming; **¿cómo se dice 'estación' en inglés?** how do you say 'estación' in English?; **¿diga?, ¿dígame?** [al teléfono] hello? **-2.** [contar, ordenar] to tell; ~ **a alguien que haga algo** to tell sb to do sthg; **se dice que** they *o* people say (that); ~ **la verdad** to tell the truth **-3.** [recitar] to recite, to read **-4.** *fig* [revelar] to tell, to show; **eso lo dice todo** that says it all **-5.** [llamar] to call **-6.** *loc*: **como quien no dice nada** as if it were nothing; **como quien dice, como si dijéramos** so to speak; ~ **para sí** to say to o.s.; ~ **le a alguien cuatro verdades** to tell sb a few home truths; **preocuparse por el qué dirán** to worry about what people will say; **es** ~ that is, that's to say; **ni que** ~ **tiene** needless to say; **¡no me digas!** no!, never!; **¡no me digas que no te gusta!** don't tell me you don't like it!; **no me dice nada el tenis** tennis doesn't do anything for me; **no hay más que** ~ that's all there is to it, that's that; **(o) mejor dicho** or rather; **por** ~ **lo así, por así** ~ **lo** in other words, so to speak; **no llueve mucho que digamos** it's not exactly raining; **querer** ~ to mean; **¿qué quieres** ~ **con eso?** what do you mean by that?; **¡y que lo digas!** you can say that again! ◇ *m*: **es un** ~ it's not strictly true.
decisión *f* **-1.** [dictamen, resolución] decision; **tomar una** ~ to make *o* take a decision **-2.** [empeño, tesón] determination, resolve; [seguridad, resolución] decisiveness.
decisivo, va *adj* decisive.
declamar *vt & vi* to declaim, to recite.
declaración *f* **-1.** [gen] statement; [de amor, guerra] declaration; **prestar** ~ to give evidence; **tomar** ~ to take (down) a statement; ~ **de derechos** bill of rights **-2.** [de impuestos] tax return; **tengo que hacer la** ~ I have to do my tax return; ~ **conjunta** joint tax return; ~ **del impuesto sobre la renta** income tax return **-3.** [comienzo - de incendio] outbreak.

declarar ◇ *vt* [gen] to declare; [afirmar] to state, to say; ~ **la verdad** to tell the truth; ~ **culpable/inocente a alguien** to find sb guilty/not guilty. ◇ *vi DER* to testify, to give evidence.
➤ **declararse** *vpr* **-1.** [incendio, epidemia] to break out **-2.** [confesar el amor] to declare one's feelings *o* love **-3.** [dar una opinión]: ~ **se a favor de algo** to say that one supports sthg; ~ **se en contra de algo** to say one is opposed to sthg; ~ **se culpable/inocente** to plead guilty/not guilty.
declinación *f* **-1.** [caída] decline **-2.** *GRAM* declension.
declinar ◇ *vt* [gen & *GRAM*] to decline; [responsabilidad] to disclaim. ◇ *vi* [día, tarde] to draw to a close; [fiebre] to subside, to abate; [economía] to decline.
declive *m* **-1.** [decadencia] decline, fall; **en** ~ in decline **-2.** [pendiente] slope.
decodificador = descodificador.
decodificar = descodificar.
decolaje *m Amér* take-off.
decolar *vi Amér* to take off.
decolorante ◇ *adj* bleaching. ◇ *m* bleaching agent.
decolorar *vt* to bleach.
➤ **decolorarse** *vpr* to fade.
decomisar *vt* to confiscate, to seize.
decoración *f* **-1.** [acción] decoration; [efecto] décor **-2.** [adorno] decorations *(pl)* **-3.** *TEATR* set, scenery.
decorado *m CIN & TEATR* set.
decorador, ra *m,f* interior designer; *TEATR* set designer.
decorar *vt* to decorate.
decorativo, va *adj* decorative.
decoro *m* **-1.** [pudor] decency, decorum **-2.** [dignidad] dignity; **vivir con** ~ to live decently.
decoroso, sa *adj* [decente] decent; [correcto] seemly, proper.
decrecer [30] *vi* [gen] to decrease, to decline; [caudal del río] to go down.
decreciente *adj* declining, decreasing.
decrépito, ta *adj despec* decrepit.
decretar *vt* to decree.
decreto *m* decree; **por real** ~ by royal decree; ~ **ley** decree, ≈ order in council *UK*.
dedal *m* thimble.
dedicación *f* dedication; **con** ~ **(en) exclusiva** full-time.
dedicar [10] *vt* **-1.** [tiempo, dinero, energía] to devote **-2.** [libro, monumento] to dedicate.

➡ **dedicarse a** *vpr* **-1.** [a una profesión]: **¿a qué se dedica usted?** what do you do for a living?; **se dedica a la enseñanza** she works as a teacher **- 2.** [a una actividad, persona] to spend time on; **los domingos me dedico al estudio** I spend Sundays studying.

dedicatoria *f* dedication.

dedillo *m*: **saber algo al ~** *fam* to know sthg (off) by heart.

dedique *etc* ⊳ **dedicar**.

dedo *m* **- 1.** [de la mano] finger; **contar con los ~s** to count on one's fingers; **dos ~s de whisky** two fingers of whisky; **meterse el ~ en la nariz** to pick one's nose; **~ anular/corazón** ring/middle finger; **~ gordo** *o* **pulgar** thumb; **~ índice/meñique** index/little finger **- 2.** [del pie] toe; **~ gordo/pequeño** big/little toe **- 3.** *loc*: **escaparse de entre los ~s** to slip through one's fingers; **estar a dos ~s de** to be within an inch of; **estar para chuparse los ~s** to be mouthwatering; **hacer ~** *fam* to hitchhike; **mamarse** *o* **chuparse el ~** to be a fool; **no creas que me chupo el ~** I wasn't born yesterday, you know; **nombrar a alguien a ~** to handpick sb; **no mover un ~** not to lift a finger; **no tener dos ~s de frente** to be as thick as two short planks; **pillarse** *o* **cogerse los ~s** *fig* to get one's fingers burnt; **poner el ~ en la llaga** to put one's finger on it; **señalar a alguien con el ~** to criticize sb.

deducción *f* deduction; **~ fiscal** *ECON* tax-deductible expenditure.

deducible *adj* **-1.** [idea] deducible **- 2.** [dinero] deductible.

deducir [33] *vt* **- 1.** [inferir] to guess, to deduce **- 2.** [descontar] to deduct.

deductivo, va *adj* deductive.

dedujera, deduzca *etc* ⊳ **deducir**.

defecar [10] *vi* to defecate.

defecto *m* [físico] defect; [moral] fault, shortcoming; **~ de forma** administrative error; **~ de pronunciación** speech defect.

➡ **por defecto** *loc adv* by default.

defectuoso, sa *adj* [mercancía] defective, faulty; [trabajo] inaccurate.

defender [20] *vt* **- 1.** [gen] to defend; [amigo etc] to stand up for **- 2.** [proteger - del frío etc]: **~ a alguien (de)** to protect sb (against).

➡ **defenderse** *vpr* **- 1.** [protegerse]: **~se (de)** to defend o.s. (against) **- 2.** *fig* [apañarse] to get by; **se defiende con su trabajo** he's getting along okay at work.

defensa ◇ *f* defence; **en ~ propia, en legítima ~** in self-defence; **en ~ de** in defence of; **~ personal** self-defence. ◇

mf DEP defender; **~ central** centre-back.

➡ **defensas** *fpl* MED defences; **estoy baja de ~s** my body's defences are low.

defensivo, va *adj* defensive.

➡ **defensiva** *f*: **ponerse/estar a la defensiva** to go/be on the defensive.

defensor, ra ◇ *adj* ⊳ **abogado**. ◇ *m,f* [gen] defender; [abogado] counsel for the defence; [adalid] champion; **~ del pueblo** ≃ ombudsman.

defeque *etc* ⊳ **defecar**.

deferencia *f* deference; **por ~ a** in deference to.

deferir [27] ◇ *vi*: **~ (a)** to defer (to). ◇ *vt* DER to refer.

deficiencia *f* [defecto] deficiency, shortcoming; [insuficiencia] lack.

deficiente *adj* **-1.** [defectuoso - gen] deficient; [audición, vista] defective **- 2.** [mediocre] poor, unsatisfactory; **~ en** lacking *o* deficient in.

➡ **deficiente (mental)** *mf* mentally handicapped person.

➡ **muy deficiente** *m* EDUC very poor, ≃ E (grade).

déficit (*pl* **déficits**) *m* **- 1.** ECON deficit **- 2.** [falta] lack, shortage.

deficitario, ria *adj* [empresa, operación] loss-making; [balance] negative, showing a deficit.

defienda *etc* ⊳ **defender**.

defiera *etc* ⊳ **deferir**.

definición *f* **- 1.** [gen] definition; **por ~** by definition **- 2.** [descripción] description **- 3.** [en televisión] resolution; **alta ~** high resolution.

definido, da *adj* **-1.** [gen] defined **- 2.** GRAM ⊳ **artículo**.

definir *vt* **- 1.** [gen] to define **- 2.** [describir] to describe.

➡ **definirse** *vpr* to take a clear stance.

definitivamente *adv* **- 1.** [sin duda] definitely **- 2.** [para siempre] for good.

definitivo, va *adj* [texto etc] definitive; [respuesta] definite; **en definitiva** in short, anyway.

defiriera *etc* ⊳ **deferir**.

deforestación *f* deforestation.

deformación *f* [de huesos, objetos etc] deformation; [de la verdad etc] distortion; **~ física** (physical) deformity; **tener ~ profesional** *to be always acting as if one were still at work*.

deformar *vt* **- 1.** [huesos, objetos etc] to deform **- 2.** *fig* [la verdad etc] to distort.

◆ **deformarse** *vpr* to go out of shape.

deforme *adj* [cuerpo] deformed, disfigured; [imagen] distorted; [objeto] misshapen.

deformidad *f* deformity.

defraudación *f* [fraude] tax evasion.

defraudar *vt* -**1.** [decepcionar] to disappoint -**2.** [estafar] to defraud; ~ **a Hacienda** to practise tax evasion.

defunción *f* decease, death.

degeneración *f* degeneration.

degenerado, da *adj & m,f* degenerate.

degenerar *vi*: ~ **(en)** to degenerate (into).

degollar [23] *vt* [cortar la garganta] to cut *o* slit the throat of; [decapitar] to behead.

degradación *f* -**1.** [moral] (moral) degradation -**2.** [de un cargo] demotion.

degradante *adj* degrading.

degradar *vt* -**1.** [moralmente] to degrade, to debase -**2.** [de un cargo] to demote.

◆ **degradarse** *vpr* to degrade *o* lower o.s.

degüella *etc* ⊳ **degollar**.

degustación *f* tasting *(of wines etc)*.

degustar *vt* to taste *(wines etc)*.

dehesa *f* meadow.

dejada ⊳ **dejado**.

dejadez *f* neglect; [en aspecto] slovenliness.

dejado, da ◇ *adj* careless; [aspecto] slovenly. ◇ *m,f* [persona] slovenly person.

◆ **dejada** *f* [en tenis] drop shot.

dejar ◇ *vt* -**1.** [gen] to leave; **deja esa pera en el plato** put that pear on the plate; **deja el abrigo en la percha** leave your coat on the hanger; ~ **a alguien en algún sitio** [con el coche] to drop sb off somewhere; **deja algo de café para mí** leave some coffee for me; ~ **algo/a alguien a alguien** [encomendar] to leave sthg/sb with sb -**2.** [prestar]: ~ **algo a alguien** to lend sb sthg, to lend sthg to sb -**3.** [abandonar - casa, trabajo, país] to leave; [- tabaco, estudios] to give up; [- familia] to abandon; ~ **algo por imposible** to give sthg up as a lost cause; ~ **a alguien atrás** to leave sb behind -**4.** [permitir]: ~ **a alguien hacer algo** to let sb do sthg, to allow sb to do sthg; **sus gritos no me dejaron dormir** his cries prevented me from sleeping; **deja que tu hijo venga con nosotros** let your son come with us; ~ **correr algo** *fig* to let sthg be -**5.** [omitir] to leave out; ~ **algo por o sin hacer** to fail to do sthg; **dejó lo más importante por resolver** he left the most important question unsolved -**6.** *(en imperativo)* [prescindir de] to forget (about); **déjalo, no importa** forget it, it doesn't matter -**7.** *(en im-*

perativo) [no molestar] to leave alone *o* in peace; **¡déjame!, que tengo trabajo** leave me alone, I'm busy!; **déjame tranquilo** leave me alone *o* in peace -**8.** [esperar]: ~ **que** to wait until; **dejó que acabara de llover para salir** he waited until it had stopped raining before going out. ◇ *vi* -**1.** [parar]: ~ **de hacer algo** to stop doing sthg; **no deja de venir ni un solo día** he never fails to come -**2.** [expresando promesa]: **no** ~ **de** to be sure to; **¡no dejes de escribirme!** be sure to write to me! -**3.** *loc*: ~ **(mucho** *o* **bastante) que desear** to leave a lot to be desired.

◆ **dejarse** *vpr* -**1.** [olvidar]: ~**se algo en algún sitio** to leave sthg somewhere -**2.** [permitir]: ~**se engañar** to allow o.s. to be taken in -**3.** [cesar]: ~**se de hacer algo** to stop doing sthg; **¡déjate de tonterías!** stop messing about! -**4.** [descuidarse] to let o.s. go -**5.** *loc*: ~**se llevar (por algo)** to get carried away (with sthg).

deje *m* -**1.** [acento] accent -**2.** *fig* [resabio] touch, hint.

dejo *m* -**1.** [acento] accent -**2.** [sabor] aftertaste.

del ⊳ **de**.

delantal *m* apron.

delante *adv* -**1.** [en primer lugar, en la parte delantera] in front; **el de** ~ the one in front; **el asiento de** ~ the seat in front -**2.** [enfrente] opposite -**3.** [presente] present.

◆ **delante de** *loc prep* in front of.

delantero, ra ◇ *adj* front. ◇ *m,f* DEP forward; ~ **centro** centre forward.

◆ **delantera** *f* -**1.** DEP forwards *(pl)*, attack -**2.** *fam* [de una mujer] bust -**3.** *loc*: **coger** *o* **tomar la delantera** to take the lead; **coger** *o* **tomar la delantera a alguien** to beat sb to it; **llevar la delantera** to be in the lead.

delatar *vt* to denounce; *fig* [suj: sonrisa, ojos etc] to betray, to give away; **le delaté a la policía** I reported him to the police.

◆ **delatarse** *vpr* to give o.s. away.

delator, ra *m,f* informer.

delco *m* distributor.

delegación *f* -**1.** [autorización, embajada] delegation; ~ **de poderes** devolution (of power) -**2.** [sucursal] branch -**3.** [oficina pública] local office -**4.** *Méx* [comisaría] police station, precinct *US*, station house *US*.

delegado, da *m,f* -**1.** [gen] delegate; ~ **de curso** class representative -**2.** *COM* representative.

delegar [16] *vt*: ~ **algo (en** *o* **a)** to delegate sthg (to).

deleitar *vt* to delight.
➤ **deleitarse** *vpr:* ∼**se con** *o* **en algo** to take pleasure in sthg; ∼**se haciendo algo** to take pleasure in *o* enjoy doing sthg.
deleite *m* delight.
deletrear *vt* to spell (out).
deleznable *adj fig* [malo - clima, libro, actuación] appalling; [- excusa, razón] contemptible.
delfín *m* **-1.** [animal] dolphin **-2.** [título] dauphin.
delgadez *f* [gen] thinness; [esbeltez] slimness.
delgado, da *adj* [gen] thin; [esbelto] slim.
deliberación *f* deliberation.
deliberado, da *adj* deliberate.
deliberar *vi* to deliberate.
delicadeza *f* **-1.** [miramiento - con cosas] care; [- con personas] kindness, attentiveness; **tener la** ∼ **de** to be thoughtful enough to **-2.** [finura - de perfume, rostro] delicacy; [- de persona] sensitivity **-3.** [de un asunto, situación] delicacy.
delicado, da *adj* **-1.** [gen] delicate; [perfume, gusto] subtle; [paladar] refined **-2.** [persona - sensible] sensitive; [- muy exigente] fussy; [- educado] polite; **estar** ∼ **de salud** to be very weak.
delicia *f* delight; **hacer las** ∼**s de alguien** to delight sb.
delicioso, sa *adj* [comida] delicious; [persona] lovely, delightful.
delictivo, va *adj* criminal.
delimitar *vt* [finca etc] to set out the boundaries of; [funciones etc] to define.
delincuencia *f* crime; ∼ **juvenil** juvenile delinquency.
delincuente *mf* criminal; ∼ **habitual** habitual offender; ∼ **juvenil** juvenile delinquent.
delineante *mf* draughtsman (*f* draughtswoman).
delinear *vt* to draw; *fig* to outline.
delinquir [18] *vi* to commit a crime.
delirante *adj* **-1.** [gen] delirious **-2.** [idea] wild, crazy.
delirar *vi* [un enfermo] to be delirious; [desbarrar] to talk nonsense.
delirio *m* [por la fiebre] delirium; [de un enfermo mental] ravings (*pl*); ∼**s de grandeza** delusions of grandeur; **con** ∼ madly.
delito *m* crime, offence; **cometer un** ∼ to commit a crime *o* an offence; ∼ **común** common law offence; ∼ **ecológico** ecological crime; ∼ **fiscal** tax offence.

delta ◇ *m* delta. ◇ *f* delta.
demacrado, da *adj* gaunt.
demagogia *f* demagoguery.
demagogo, ga *m,f* demagogue.
demanda *f* **-1.** [petición] request; [reivindicación] demand; ∼ **salarial** wage claim; **en** ∼ **de** asking for **-2.** *ECON* demand **-3.** *DER* lawsuit; [por daños y perjuicios] claim; **presentar una** ∼ **contra** to take legal action against.
demandado, da *m,f* defendant.
demandante *mf* plaintiff.
demandar *vt* **-1.** *DER:* ∼ **a alguien (por)** to sue sb (for) **-2.** [pedir] to ask for, to seek.
demarcación *f* **-1.** [señalización] demarcation **-2.** [territorio demarcado] area; [jurisdicción] district.
demás ◇ *adj* other; **los** ∼ **invitados** the other *o* remaining guests. ◇ *pron:* **lo** ∼ the rest; **todo lo** ∼ everything else; **los/las** ∼ the others, the rest; **por lo** ∼ apart from that, otherwise; **y** ∼ and so on.
demasía
➤ **en demasía** *loc adv* in excess, too much.
demasiado, da ◇ *adj* too much; (*pl*) too many; **demasiada comida** too much food; ∼**s niños** too many children. ◇ *adv* [gen] too much; (*antes de adj o adv*) too; **habla** ∼ she talks too much; **iba** ∼ **rápido** he was going too fast.
demencia *f* madness, insanity; ∼ **senil** senile dementia.
demencial *adj* [disparatado] chaotic.
demente ◇ *adj* mad. ◇ *mf MED* mental patient; [loco] lunatic.
democracia *f* democracy.
demócrata ◇ *adj* democratic. ◇ *mf* democrat.
democratacristiano, na *adj & m,f* Christian Democrat.
democrático, ca *adj* democratic.
democratización *f* democratization.
democratizar [13] *vt* to democratize.
democristiano = democratacristiano.
demografía *f* demography.
demográfico, ca *adj* [estudio, instituto] demographic; [concentración, explosión] population (*antes de sust*).
demoledor, ra *adj* [huracán, críticas] devastating; [razones] overwhelming.
demoler [24] *vt* [edificio] to demolish, to pull down; *fig* to destroy.
demolición *f* demolition.

depilar

demoniaco, ca, demoníaco, ca *adj* devilish, diabolic.

demonio *m* -**1.** *lit* & *fig* devil; **un pesado de mil ~s** one hell of a bore; **saber a ~s** to taste disgusting -**2.** [para enfatizar]: **¿qué/ dónde ~s ...?** what/where the hell ...?
➡ **demonios** *interj*: **¡~s!** damn (it)!

demora *f* delay.

demorar ◇ *vt* -**1.** to delay -**2.** *Amér* [tardar]: **demoraron 3 días en hacerlo** it took them three days to do it; **demora una hora para vestirse** it takes her one hour to get dressed. ◇ *vi Amér* [tardar]: **¡no demores!** don't be late.
➡ **demorarse** *vpr* -**1.** [retrasarse] to be delayed -**2.** [detenerse] to stop (somewhere).

demostración *f* -**1.** [gen] demonstration; **hacer una ~** [de cómo funciona algo] to demonstrate; [de gimnasia etc] to put on a display; **~ de afecto** show of affection -**2.** [de un teorema] proof -**3.** [exhibición] display; [señal] sign; [prueba] proof.

demostrar [23] *vt* -**1.** [hipótesis, teoría, verdad] to prove -**2.** [alegría, impaciencia, dolor] to show -**3.** [funcionamiento, procedimiento] to demonstrate, to show.

demostrativo, va *adj* -**1.** [representativo] representative -**2.** *GRAM* demonstrative.

demuela *etc* ▷ **demoler**.

demuestra *etc* ▷ **demostrar**.

denegar [35] *vt* to turn down, to reject.

denigrante *adj* [humillante] degrading; [insultante] insulting.

denigrar *vt* [humillar] to denigrate, to vilify; [insultar] to insult.

denominación *f* naming; **'~ de origen'** 'appellation d'origine'.

denominador *m* denominator; **~ común** *MAT* & *fig* common denominator.

denominar *vt* to call.

denotar *vt* to indicate, to show.

densidad *f* [gen & *INFORM*] density; **~ de población** population density; **alta/doble ~** *INFORM* high/double density.

denso, sa *adj* [gen] dense; [líquido] thick.

dentado, da *adj* [rueda] cogged, toothed; [filo, cuchillo] serrated; [sello] perforated; [hojas] dentate.

dentadura *f* teeth *(pl)*; **~ postiza** false teeth *(pl)*, dentures *(pl)*.

dental *adj* dental.

dentellada *f* -**1.** [mordisco] bite; **a ~s** with one's teeth -**2.** [herida] toothmark.

dentera *f*: **dar ~ a alguien** to set sb's teeth on edge.

dentición *f* -**1.** [proceso] teething -**2.** [conjunto] teeth *(pl)*.

dentífrico, ca *adj* tooth *(antes de sust)*.
➡ **dentífrico** *m* toothpaste.

dentista *mf* dentist.

dentistería *f Andes, CRica, Ven* dental surgery.

dentística *f Amér* dentistry.

dentro *adv* inside; **está ahí ~** it's in there; **de ~** inside; **el bolsillo de ~** the inside pocket; **hacia/para ~** inwards; **por ~** (on the) inside; *fig* inside, deep down.
➡ **dentro de** *loc prep* in; **~ del coche** in o inside the car; **~ de poco/un año** in a while/a year; **~ de un año terminaré los estudios** I'll have finished my studies within a year; **~ de lo posible** as far as possible.

denuesta *etc* ▷ **denostar**.

denuncia *f* [acusación] accusation; [condena] denunciation; [a la policía] complaint; **presentar una ~ contra** to file a complaint against.

denunciante *mf* person who reports a crime.

denunciar [8] *vt* to denounce; [delito] to report.

deparar *vt* [gen] to bring; [oportunidad, placer] to afford.

departamento *m* -**1.** [gen] department -**2.** [división territorial] administrative district; [en Francia] department -**3.** [de maleta, cajón, tren] compartment -**4.** *Arg* [apartamento] flat *UK*, apartment *US*.

departir *vi* to chat, to talk.

dependencia *f* -**1.** [de una persona] dependence; [de país, drogas, alcohol] dependency -**2.** [departamento] section; [sucursal] branch.
➡ **dependencias** *fpl* [habitaciones] rooms; [edificios] outbuildings.

depender *vi* to depend; **depende ...** it depends ...
➡ **depender de** *vi*: **~ de algo** to depend on sthg; **~ de alguien** to be dependent on sb; **depende de ti** it's up to you.

dependienta *f* shop assistant, saleswoman.

dependiente ◇ *adj* dependent; **un organismo ~ del gobierno central** a body which forms part of the central government. ◇ *m* salesman, shop assistant *UK*, salesclerk *US*.

depilación *f* hair removal; **~ a la cera** waxing.

depilar *vt* [gen] to remove the hair from; [cejas] to pluck; [con cera] to wax.

 depilarse *vpr* [gen] to remove one's body hair; [las piernas] to wax one's legs.
depilatorio, ria *adj* hair-removing.
 depilatorio *m* hair-remover.
deplorable *adj* [suceso, comportamiento] deplorable; [aspecto] sorry, pitiful.
deplorar *vt* to regret deeply.
deponer [65] *vt* -**1.** [abandonar - actitud] to drop, to set aside; [las armas] to lay down -**2.** [destituir - ministro, secretario] to remove from office; [- líder, rey] to depose; ~ **a alguien de su cargo** to strip sb of his/her office.
deportación *f* deportation.
deportar *vt* to deport.
deporte *m* sport; **hacer** ~ to do *o* practise sports; **hacer** ~ **es bueno para la salud** sport is good for your health; **practicar un** ~ to do a sport; ~**s de competición** competitive sports; ~**s extremos** extreme sports; ~**s náuticos** water sports; **hacer algo por** ~ to do sthg as a hobby.
deportista <> *adj* sporty, sports-loving. <> *mf* sportsman (*f* sportswoman).
deportividad *f* sportsmanship.
deportivo, va *adj* -**1.** [revista, evento] sports *(antes de sust)* -**2.** [conducta, espíritu] sportsmanlike.
 deportivo *m* sports car.
deposición *f* -**1.** [destitución - de ministro, secretario] removal from office; [- de líder, rey] overthrow -**2.** [defecación] defecation.
depositar *vt* -**1.** [gen] to place; ~ **algo en alguien** [confianza, ilusiones] to place sthg in sb -**2.** [en el banco etc] to deposit.
 depositarse *vpr* [asentarse] to settle.
depositario, ria *m,f* -**1.** [de dinero] trustee -**2.** [de confianza etc] repository -**3.** [de mercancías etc] depositary.
depósito *m* -**1.** [almacén - de mercancías] store, warehouse; [- de armas] dump, arsenal; ~ **de cadáveres** morgue, mortuary; ~ **de equipaje** left luggage office *UK*, baggage room *US* -**2.** [recipiente] tank; ~ **de agua** [cisterna] water tank; [embalse] reservoir; ~ **de gasolina** petrol tank *UK*, gas tank *US* -**3.** [de dinero] deposit.
 depósito legal *m* copy of a publication legally required to be sent to the authorities.
depravación *f* depravity.
depravado, da <> *adj* depraved. <> *m,f* depraved person.
depravar *vt* to corrupt, to deprave.
 depravarse *vpr* to become depraved.
depreciación *f* depreciation.

depreciar [8] *vt* to (cause to) depreciate.
 depreciarse *vpr* to depreciate.
depredador, ra <> *adj* predatory. <> *m,f* predator.
depresión *f* -**1.** [gen] depression; ~ **nerviosa** nervous breakdown; ~ **posparto** postnatal depression -**2.** [en superficie, terreno] hollow, depression.
depresivo, va <> *adj* PSICOL depressive; [deprimente] depressing. <> *m,f* depressive.
deprimente *adj* depressing.
deprimido, da *adj* depressed.
deprimir *vt* to depress.
 deprimirse *vpr* to get depressed.
deprisa, de prisa *adv* fast, quickly; ¡~! quick!
depuesto, ta <> *pp* ⊳ **deponer**. <> *adj* [destituido - ministro, secretario] removed from office; [- líder, rey] deposed.
depuración *f* -**1.** [de agua, metal, gas] purification -**2.** *fig* [de organismo, sociedad] purge.
depurador, ra *adj* purifying.
 depurador *m* purifier.
 depuradora *f* purifier.
depurar *vt* -**1.** [agua, metal, gas] to purify -**2.** *fig* [organismo, sociedad] to purge -**3.** [estilo, gusto] to refine.
depusiera *etc* ⊳ **deponer**.
derby *m* -**1.** [en hípica] derby -**2.** [en fútbol] (local) derby.
derecha ⊳ **derecho**.
derechazo *m* [en boxeo] right.
derechista <> *adj* right-wing. <> *mf* right-winger.
derecho, cha <> *adj* -**1.** [diestro] right; **el margen** ~ the right-hand margin -**2.** [vertical] upright; **siempre anda muy derecha** she always walks with a very upright posture -**3.** [recto] straight. <> *adv* -**1.** [en posición vertical] upright -**2.** [en línea recta] straight; **todo** ~ straight ahead; **siga todo** ~ **y llegará al museo** continue straight ahead and you'll come to the museum -**3.** [directamente] straight; **se fue derecha a casa** she went straight home.
 derecho *m* -**1.** [leyes, estudio] law; **un estudiante de** ~ a law student; ~ **administrativo/mercantil** administrative/mercantile law; ~ **canónico/fiscal** canon/tax law; ~ **civil/penal** civil/criminal law; ~ **natural** natural law -**2.** [prerrogativa] right; **con** ~ **a** with a right to; **de pleno** ~ fullyfledged; **el** ~ **al voto** the right to vote; **hacer valer sus** ~**s** to exercise one's rights; **¡no hay** ~**!** it's not fair!; **reservado el** ~ **de ad-**

misión the management reserves the right of admission; **tener ~ a algo** to have a right to sthg; **tener ~ a hacer algo** to have the right to do sthg; **~ de asilo** right of asylum; **~ de réplica** right to reply; **~ de retención** *ECON* right of retention; **~s civiles/humanos** civil/human rights; **me queda el ~ al pataleo** all I can do now is complain **- 3.** [de una tela, prenda] right side; **del ~** right side out.

◆ derecha f **- 1.** [contrario de izquierda] right, right-hand side; **a la derecha** to the right; **girar a la derecha** to turn right **- 2.** *POLÍT* right (wing); **ser de derechas** to be right-wing **- 3.** *loc*: **no hacer nada a derechas** to do nothing right.

◆ derechos mpl [tasas] duties, taxes; [profesionales] fees; **~s de aduana** customs duty (U); **~s de inscripción** membership fee (sg); **~s de autor** [potestad] copyright (U); [dinero] royalties; **~s reales** death duty (U).

deriva f drift; **a la ~** adrift; **ir a la ~** to drift.

derivación f **- 1.** [cable, canal, carretera] branch **- 2.** *ELECTR* shunt **- 3.** *GRAM* derivation.

derivado, da adj *GRAM* derived.

◆ derivado m **- 1.** [producto] by-product; **~s lácteos** dairy products **- 2.** *QUÍM* derivative.

◆ derivada f *MAT* derivative.

derivar ◇ vt **- 1.** [desviar] to divert **- 2.** *MAT* to derive. ◇ vi [desviarse] to change direction, to drift.

◆ derivar de vi **- 1.** [proceder] to derive from **- 2.** *GRAM* to be derived from.

◆ derivar en vi to result in, to lead to.

dermatología f dermatology.

dermatológico, ca adj dermatological.

dermatólogo, ga m,f dermatologist.

dérmico, ca adj skin (antes de sust).

dermis f inv dermis.

derogación f repeal.

derogar [16] vt [ley] to repeal; [contrato] to rescind.

derramamiento m spilling; **~ de sangre** bloodshed.

derramar vt [por accidente] to spill; [verter] to pour; **~ lágrimas/sangre** to shed tears/blood.

◆ derramarse vpr [por accidente] to spill.

derrame m **- 1.** *MED* discharge; **~ cerebral** brain haemorrhage; **~ sinovial** water on the knee **- 2.** [de líquido] spilling; [de sangre] shedding.

derrapar vi to skid.

derrengado, da adj: **estar ~** to be exhausted, to be tired out.

derrengar vt [cansar] to exhaust, to tire out.

derretir [26] vt [gen] to melt; [nieve] to thaw.

◆ derretirse vpr **- 1.** [metal, mantequilla] to melt; [hielo, nieve] to thaw **- 2.** fam fig [enamorarse]: **~se (por alguien)** to be madly in love (with sb).

derribar vt **- 1.** [construcción] to knock down, to demolish **- 2.** [hacer caer - árbol] to cut down, to fell; [- avión] to bring down **- 3.** [gobierno, gobernante] to overthrow.

derribo m **- 1.** [de edificio] demolition; [de árbol] felling; [de avión] bringing down; [de gobierno, gobernante] overthrow **- 2.** [material] rubble.

derrita, derritiera etc ▷ **derretir**.

derrocar [10] vt [gobierno] to bring down, to overthrow; [ministro] to oust.

derrochador, ra ◇ adj wasteful. ◇ m,f spendthrift.

derrochar vt **- 1.** [malgastar] to squander **- 2.** [rebosar de] to ooze, to be full of.

derroche m **- 1.** [malgaste] waste, squandering **- 2.** [abundancia] profusion.

derrota f **- 1.** [fracaso] defeat **- 2.** *NÁUT* [rumbo] course.

derrotar vt to defeat.

derrotero m **- 1.** [camino] direction; **tomar diferentes ~s** to follow a different course **- 2.** *NÁUT* course.

derrotista adj & m,f defeatist.

derruir [51] vt to demolish, to knock down.

derrumbamiento m **- 1.** [de puente, edificio - por accidente] collapse; [- intencionado] demolition **- 2.** fig [de imperio] fall; [de empresa etc] collapse **- 3.** fig [de persona] devastation.

derrumbar vt **- 1.** [puente, edificio] to demolish **- 2.** [persona - moralmente] to destroy, to devastate.

◆ derrumbarse vpr **- 1.** [puente, edificio] to collapse; [techo] to fall o cave in **- 2.** [persona] to be devastated; [esperanzas] to be shattered.

derrumbe m collapse.

desabastecido, da adj without supplies; **~ de** short o out of.

desaborido, da fam ◇ adj boring, dull. ◇ m,f bore.

desabotonar vt to unbutton.

◆ desabotonarse vpr [suj: persona] to undo one's buttons; [suj: ropa] to come undone.

desabrido, da adj **- 1.** [tiempo] unpleasant, bad **- 2.** [persona] surly; [tono] harsh.

desabrigar [16] vt to wrap up insufficiently.

desabrigarse *vpr* - **1.** [al salir a la calle]: **¡no te desabrigues!** make sure you wrap up warmly! - **2.** [en la cama] to throw off the covers.

desabrochar *vt* to undo.

desabrocharse *vpr* [suj: persona] to undo one's buttons; [suj: ropa] to come undone.

desacatar *vt* [ley, regla] to disobey; [costumbre, persona] not to respect.

desacato *m* - **1.** [gen]: ~ **(a)** lack of respect (for), disrespect (for) - **2.** *DER* contempt of court.

desacertado, da *adj* [inoportuno] unwise, ill-considered; [erróneo] mistaken, wrong.

desacierto *m* [error] error.

desaconsejar *vt*: ~ **algo (a alguien)** to advise (sb) against sthg; ~ **a alguien que haga algo** to advise sb not to do sthg.

desacoplar *vt* *ELECTR* to disconnect; *TECN* to uncouple.

desacostumbrado, da *adj* unusual, uncommon.

desacreditar *vt* to discredit.

desacreditarse *vpr* to become discredited.

desactivar *vt* to defuse.

desacuerdo *m* disagreement; **estar en** ~ **(con)** to disagree (with).

desafiante *adj* defiant.

desafiar [9] *vt* - **1.** [persona] to challenge; ~ **a alguien a algo/a que haga algo** to challenge sb to sthg/to do sthg - **2.** [peligro] to defy.

desafinado, da *adj* out of tune.

desafinar *vi* *MÚS* to be out of tune.

desafío *m* challenge.

desaforadamente *adv*: **gritar** ~ to shout one's head off, to shout at the top of one's voice.

desaforado, da *adj* - **1.** [excesivo - apetito] uncontrolled - **2.** [furioso - grito] furious, wild.

desafortunadamente *adv* unfortunately.

desafortunado, da <> *adj* - **1.** [gen] unfortunate - **2.** [sin suerte] unlucky. <> *m,f* unlucky person.

desagradable *adj* unpleasant.

desagradar *vi* to displease; **su actitud le desagradó** he was displeased at her attitude.

desagradecido, da *m,f* ungrateful person.

desagrado *m* displeasure; **con** ~ reluctantly.

desagraviar [8] *vt*: ~ **a alguien por algo** [por una ofensa] to make amends to sb for sthg; [por un perjuicio] to compensate sb for sthg.

desagravio *m*: **en señal de** ~ (in order) to make amends.

desaguar [45] *vi* [bañera, agua] to drain; [río]: ~ **en** to flow into.

desagüe *m* [vaciado] drain; [cañería] drainpipe.

desaguisado *m* [destrozo] damage *(U)*.

desahogado, da *adj* - **1.** [de espacio] spacious, roomy - **2.** [de dinero] well-off, comfortable.

desahogar [16] *vt* [ira] to vent; [pena] to relieve, to ease.

desahogarse *vpr* - **1.** [contar penas]: ~ **se con alguien** to pour out one's woes *o* to tell one's troubles to sb - **2.** [desfogarse] to let off steam.

desahogo *m* - **1.** [moral] relief, release - **2.** [de espacio] space, room - **3.** [económico] ease; **vivir con** ~ to be comfortably off.

desahuciar [8] *vt* - **1.** [inquilino] to evict - **2.** [enfermo]: ~ **a alguien** to give up all hope of saving sb.

desahucio *m* eviction.

desairado, da *adj* - **1.** [poco airoso - actuación] unimpressive, unsuccessful - **2.** [humillado] spurned.

desairar *vt* [person] to snub, to slight; [cosa] not to think much of, to be unimpressed by.

desaire *m* snub, slight; **hacer un** ~ **a alguien** to snub sb; **sufrir un** ~ to receive a rebuff.

desajustar *vt* - **1.** [piezas] to disturb, to knock out of place - **2.** [planes] to upset.

desajuste *m* - **1.** [de piezas] misalignment; [de máquina] breakdown - **2.** [de declaraciones] inconsistency; [económico etc] imbalance.

desalentar [19] *vt* to dishearten, to discourage.

desalentarse *vpr* to be discouraged, to lose heart.

desaliento *m* dismay, dejection.

desaliñado, da *adj* scruffy.

desaliño *m* scruffiness.

desalmado, da <> *adj* heartless. <> *m,f* heartless person.

desalojar *vt* - **1.** [por una emergencia - edificio, personas] to evacuate - **2.** [por la fuerza - suj: policía, ejército] to clear; [- inquilinos etc] to evict - **3.** [por propia voluntad] to abandon, to move out of.

desamarrar *vt* to cast off.

desambientado, da *adj* [persona] out of place.

desamor *m* [falta de afecto] indifference, coldness; [odio] dislike.

desamortización *f* disentailment, alienation.

desamortizar [13] *vt* to disentail, to alienate.

desamparado, da ◇ *adj* [niño] helpless; [lugar] desolate, forsaken. ◇ *m,f* helpless person.

desamparar *vt* to abandon.

desamparo *m* [abandono] abandonment; [aflicción] helplessness.

desamueblar *vt* to remove the furniture from.

desandar [52] *vt* to go back over; ~ **lo anda-do** to retrace one's steps.

desangelado, da *adj* [casa, habitación] dull, uninspiring.

desangrar *vt* -1. [animal, persona] to bleed -2. *fig* [económicamente] to bleed dry.

➤ **desangrarse** *vpr* to lose a lot of blood.

desanimado, da *adj* -1. [persona] downhearted -2. [fiesta, lugar] quiet, lifeless.

desanimar *vt* to discourage.

➤ **desanimarse** *vpr* to get downhearted *o* discouraged.

desánimo *m* [gen] dejection; [depresión] depression.

desanudar *vt* to untie.

desapacible *adj* unpleasant.

desaparecer [30] *vi* -1. [gen] to disappear -2. [en guerra, accidente] to go missing.

desaparecido, da *m,f* missing person.

desaparición *f* disappearance.

desapasionado, da *adj* dispassionate.

desapego *m* indifference.

desapercibido, da *adj*: **pasar** ~ to go unnoticed.

desaprensión *f* unscrupulousness.

desaprensivo, va *m,f* unscrupulous person.

desaprobación *f* disapproval.

desaprobar [23] *vt* [gen] to disapprove of; [un plan etc] to reject.

desaprovechado, da *adj* -1. [estudiante] lacking in application, idle -2. [tiempo, ocasión] wasted; [casa, jardín] not properly used.

desaprovechamiento *m* -1. [de estudiante] lack of application, idleness -2. [de tiempo, ocasión] waste; [de casa, jardín] failure to exploit fully.

desaprovechar *vt* to waste.

desarmador *m Méx* screwdriver.

desarmar *vt* -1. [gen] to disarm -2. [desmontar] to take apart, to dismantle.

desarme *m* MIL disarmament; ~ **nuclear** nuclear disarmament.

desarraigar [16] *vt* -1. [vicio, costumbre] to root out -2. [persona, pueblo] to banish, to drive (out).

desarraigo *m* [de árbol] uprooting; [de vicio, costumbre] rooting out; [de persona, pueblo] banishment.

desarreglado, da *adj* [cuarto, armario, persona] untidy; [vida] disorganized.

desarreglar *vt* [armario, pelo] to mess up; [planes, horario] to upset.

desarreglo *m* [de cuarto, persona] untidiness; [de vida] disorder.

desarrollado, da *adj* developed.

desarrollar *vt* -1. [mejorar - crecimiento, país] to develop -2. [exponer - teoría, tema, fórmula] to expound, to explain -3. [realizar - actividad, trabajo] to carry out -4. MAT to expand.

➤ **desarrollarse** *vpr* -1. [crecer, mejorar] to develop -2. [suceder - reunión] to take place; [- película] to be set.

desarrollismo *m* policy of development at all costs.

desarrollo *m* -1. [mejora] development; **países en vías de** ~ developing countries -2. [crecimiento] growth, development -3. [de idea, argumento, acontecimiento] development.

desarticulación *f* -1. [de huesos] dislocation -2. *fig* [de organización, banda] breaking up.

desarticular *vt* -1. [huesos] to dislocate -2. *fig* [organización, banda] to break up; [plan] to foil.

desaseado, da *adj* [sucio] dirty; [desarreglado] untidy.

desasosegar [35] *vt* to disturb, to make uneasy.

➤ **desasosegarse** *vpr* to become uneasy.

desasosiego *m* -1. [mal presentimiento] unease -2. [nerviosismo] restlessness.

desastrado, da *adj* [desaseado] scruffy; [sucio] dirty.

desastre *m* disaster; **su madre es un** ~ her mother is hopeless; **¡vaya** ~**!** what a shambles!

desastroso, sa *adj* disastrous.

desatar *vt* -1. [nudo, lazo] to untie; [paquete] to undo; [animal] to unleash -2. *fig* [tormenta, iras, pasión] to unleash; [entusiasmo] to arouse; [lengua] to loosen.

➤ **desatarse** *vpr* -1. [nudo, lazo] to come undone -2. *fig* [desencadenarse - tormenta] to break; [- ira, cólera] to erupt.

desatascar [10] *vt* to unblock.

desatención *f* [falta de atención] lack of attention; [descortesía] discourtesy, impoliteness.

desatender [20] *vt* - **1**. [obligación, persona] to neglect - **2**. [ruegos, consejos] to ignore.

desatento, ta *adj* - **1**. [distraído] inattentive - **2**. [descortés] impolite.

desatino *m* - **1**. [locura] foolishness - **2**. [desacierto] foolish act.

desatrancar [10] *vt* [puerta, ventana] to unbolt; [tubería] to unblock.

desautorizar [13] *vt* - **1**. [desmentir - noticia] to deny - **2**. [prohibir - manifestación, huelga] to ban - **3**. [desacreditar] to discredit.

desavenencia *f* [desacuerdo] friction, tension; [riña] quarrel.

desavenirse [75] *vpr* to fall out.

desayunar <> *vi* to have breakfast. <> *vt* to have for breakfast.

desayuno *m* breakfast; ~ **continental** continental breakfast; ~ **de trabajo** working breakfast.

desazón *f* unease, anxiety.

desbancar [10] *vt fig* [ocupar el puesto de] to oust, to replace.

desbandada *f* breaking up, scattering; **a la** ~ in great disorder.

desbandarse *vpr* to scatter.

desbarajuste *m* disorder, confusion; **¡vaya** ~**!** what a mess!

desbaratar *vt* to ruin, to wreck.

desbarrar *vi* to talk nonsense.

desbloquear *vt* [cuenta] to unfreeze; [país] to lift the blockade on; [negociación] to end the deadlock in.

desbocado, da *adj* - **1**. [caballo] runaway - **2**. [prenda de vestir] stretched around the neck.

desbocarse [10] *vpr* [caballo] to bolt.

desbolado, da *RP fam* <> *adj* messy, untidy. <> *m,f* untidy person.

desbole *m RP fam* mess, chaos.

desbordamiento *m* [de río] overflowing.

desbordar *vt* - **1**. [cauce, ribera] to overflow, to burst - **2**. [límites, previsiones] to exceed; [paciencia] to push beyond the limit - **3**. [contrario, defensa] to get past, to pass.
  ➡ **desbordar de** *vi* to overflow with.
  ➡ **desbordarse** *vpr* - **1**. [líquido]: ~**se (de)** to overflow (from) - **2**. [río] to overflow - **3**. *fig* [sentimiento] to erupt.

descabalgar [16] *vi* to dismount.

descabellado, da *adj* crazy.

descabellar *vt TAUROM* to give the coup de grâce to.

descabezar [13] *vt* - **1**. [quitar la cabeza a - persona] to behead; [- cosa] to break the head off - **2**. [quitar la punta a - planta, árbol] to top.

descacharrar *vt fam* to smash up.

descafeinado, da *adj* - **1**. [sin cafeína] decaffeinated - **2**. *fig* [sin fuerza] watered down.
  ➡ **descafeinado** *m* decaffeinated coffee.

descafeinar *vt* - **1**. [quitar cafeína] to decaffeinate - **2**. *fig* [quitar fuerza a] to water down.

descalabrar *vt* - **1**. [herir] to wound in the head - **2**. *fam fig* [perjudicar] to harm, to damage.
  ➡ **descalabrarse** *vpr* to hurt one's head.

descalabro *m* setback, damage *(U)*.

descalcificar [10] *vt* to decalcify.
  ➡ **descalcificarse** *vpr* to decalcify.

descalificar [10] *vt* - **1**. [en una competición] to disqualify - **2**. [desprestigiar] to discredit.

descalzar [13] *vt*: ~ **a alguien** to take sb's shoes off.
  ➡ **descalzarse** *vpr* to take off one's shoes.

descalzo, za *adj* barefoot.

descaminado, da *adj* - **1**. *fig* [equivocado]: **andar** *o* **ir** ~ to be on the wrong track - **2**. [caminante, excursionista] heading in the wrong direction.

descaminar *vt* [suj: malas compañías] to lead astray; [suj: guía] to take the wrong way.
  ➡ **descaminarse** *vpr* [por malas compañías] to go astray; [en una excursión] to go the wrong way.

descamisado, da <> *adj* - **1**. [sin camisa] barechested - **2**. *fig* [pobre] wretched. <> *m,f* poor wretch.

descampado *m* open country.

descangallado, da *adj Amér fam* shabby.

descansar <> *vi* - **1**. [reposar] to rest - **2**. [dormir] to sleep - **3**. *fig* [viga, teoría etc]: ~ **en** to rest on - **4**. [estar enterrado]: **descanse en paz** rest in peace; **aquí descansan las víctimas de la guerra** here lie the victims of the war. <> *vt* - **1**. to rest; ~ **la vista** to rest one's eyes; **descansa la cabeza en mi hombro** rest your head on my shoulder - **2**. [dormir] to sleep; **¡que descanses!** sleep well! - **3**. *fig* [viga, teoría etc]: ~ **en** to rest on.

descansillo *m* landing.

descanso *m* - **1**. [reposo] rest; **tomarse un** ~ to take a rest; **día de** ~ day off - **2**. [pausa] break; *CIN & TEATR* interval; *DEP* half-time, interval - **3**. *fig* [alivio] relief - **4**. [calzado] *boot worn after skiing* - **5**. *MIL*: **adoptar la posición de** ~ to stand at ease.

descapitalizar [13] *vt COM* to undercapital-
ize.
➤ **descapitalizarse** *vpr* to be undercapi-
talized.
descapotable *adj & m* convertible.
descarado, da ◇ *adj* -1. [desvergonzado -
persona] cheeky, impertinent -2. [flagrante -
intento etc] barefaced, blatant; ¡es un robo
~! it's daylight robbery! ◇ *m,f* cheeky
devil.
descarga *f* -1. [de mercancías] unloading -2.
[de electricidad] shock -3. [disparo] firing, shots
(pl).
descargar [16] ◇ *vt* -1. [vaciar - mercancías,
pistola] to unload -2. [disparar - munición, arma,
ráfaga]: ~ **(sobre)** to fire (at) -3. [puntapié, pu-
ñetazo] to deal, to land -4. *ELECTR* to run down
-5. [exonerar]: ~ **a alguien de algo** to free *o*
release sb from sthg -6. *DER* [absolver]: ~ **a
alguien de algo** to clear sb of sthg. ◇ *vi*
to burst; [tormenta] to break.
➤ **descargarse** *vpr* -1. [desahogarse]: ~se
con alguien to take it out on sb -2. *DER*:
~se **(de)** to clear oneself (of) -3. *ELECTR* to go
flat.
descargo *m* -1. [excusa]: ~ **a** argument
against -2. *DER* defence; **en su** ~ in his/her
defence -3. [COM - de deuda] discharge; [- re-
cibo] receipt.
descarnado, da *adj* -1. [descripción] brutal
-2. [persona, animal] scrawny.
descaro *m* cheek, impertinence.
descarriarse [9] *vpr* -1. [ovejas, ganado] to
stray -2. *fig* [pervertirse] to lose one's way, to
go astray.
descarrilamiento *m* derailment.
descarrilar *vi* to be derailed.
descartar *vt* [ayuda] to refuse, to reject; [po-
sibilidad] to rule out.
➤ **descartarse** *vpr*: ~se **(de)** to discard.
descarte *m* [de naipes] discard.
descendencia *f* -1. [hijos] offspring; **morir
sin** ~ to die without issue -2. [linaje] lineage,
descent.
descendente *adj* [gen] descending; [movi-
miento, posición] downward.
descender [20] *vi* -1. [en estimación] to go
down; ~ **a segunda** to be relegated to the
second division -2. [cantidad, valor, temperatura, nivel] to fall, to drop.
➤ **descender de** *vi* -1. [avión] to get off -2.
[linaje] to be descended from.
descenso *m* -1. [en el espacio] descent -2. [de
cantidad, valor, temperatura, nivel] drop -3. [en
esquí] downhill -4. [en fútbol etc] relegation.

descentrado, da *adj* -1. [geométricamente]
off-centre -2. [mentalmente] unsettled, disorientated.
descentralización *f* decentralization.
descentralizar [13] *vt* to decentralize.
descentrar *vt* -1. [sacar del centro] to knock
off-centre -2. *fig* [desconcentrar] to distract.
descienda *etc* ▷ **descender**.
descifrable *adj* [mensaje, jeroglífico] deci-
pherable; [letra] legible.
descifrar *vt* -1. [clave, mensaje] to decipher
-2. [motivos, intenciones] to work out; [misterio]
to solve; [problemas] to puzzle out.
descodificador, decodificador *m* decoder.
descodificar, decodificar [10] *vt* decode.
descojonarse *vpr vulg*: ~ **(de)** to piss
oneself laughing (at).
descolgar [39] *vt* -1. [una cosa colgada] to take
down -2. [teléfono] to pick up, to take off the
hook.
➤ **descolgarse** *vpr* -1. [bajar]: ~se **(por algo)** to let oneself down *o* to slide down
(sthg) -2. *DEP*: ~se **de** to break away from -3.
fam [mencionar]: ~se **con que** to come out
with the idea that.
descollar *vi fig* [sobresalir] to stand out.
descolocado, da *adj* [objeto] out of place.
descolocar *vt* [objeto] to put out of place, to
disturb.
descolonización *f* decolonization.
descolonizar [13] *vt* to decolonize.
descolorido, da *adj* faded.
descomedido, da *adj* excessive, uncontrollable.
descompasado, da *adj* excessive, uncontrollable.
descompensación *f* imbalance.
descompensar *vt* to unbalance.
descomponer [65] *vt* -1. [pudrir - fruta] to
rot; [- cadáver] to decompose -2. [dividir] to
break down; ~ **algo en** to break sthg down
into -3. [desordenar] to mess up -4. [estropear]
to damage, to break -5. *fig* [enojar] to annoy.
➤ **descomponerse** *vpr* -1. [pudrirse - fruta]
to rot; [- cadáver] to decompose -2. [irritarse]
to get annoyed -3. [averiarse] to break down.
descomposición *f* -1. [de elementos] decomposition -2. [putrefacción - de fruta] rotting; [- de cadáver] decomposition -3.
[alteración] distortion -4. [diarrea] diarrhoea.
descompostura *f* -1. [falta de mesura] lack
of respect, rudeness -2. *Méx*, *RP* [avería]
breakdown -3. *Amér* [malestar] an unpleasant *o* nasty turn.

descompresión *f* decompression.
descompuesto, ta <> *pp* ▷ **descomponer.** <> *adj* **-1.** [putrefacto - fruta] rotten; [- cadáver] decomposed **-2.** [alterado - rostro] distorted, twisted.
descomunal *adj* tremendous, enormous.
desconcentrar *vt* to distract.
    ▪ **desconcentrarse** *vpr* to get distracted.
desconcertante *adj* disconcerting.
desconcertar [19] *vt* to disconcert, to throw.
    ▪ **desconcertarse** *vpr* to be thrown *o* bewildered.
desconchado *m* [de pintura] peeling paint; [de enyesado] peeling plaster.
desconchar *vt* to chip.
    ▪ **desconcharse** *vpr* [pintura] to flake off; [pared, loza] to chip.
desconcierto *m* [desorden] disorder; [desorientación, confusión] confusion.
desconectar *vt* [aparato] to switch off; [línea] to disconnect; [desenchufar] to unplug.
    ▪ **desconectarse** *vpr* *fig* [aislarse, olvidarse] to forget about one's worries; **~se de algo** to shut sthg out, to forget (about) sthg.
desconfiado, da <> *adj* distrustful. <> *m,f* distrustful person.
desconfianza *f* distrust.
desconfiar [9]
    ▪ **desconfiar de** *vi* **-1.** [sospechar de] to distrust; **desconfía de él** don't trust him **-2.** [no confiar en] to have no faith in.
descongelar *vt* **-1.** [producto] to thaw; [nevera] to defrost **-2.** *fig* [precios] to free; [créditos, salarios] to unfreeze.
descongestionar *vt* **-1.** MED to clear **-2.** *fig* [calle, centro de ciudad] to make less congested; **~ el tráfico** to reduce congestion.
desconocer [31] *vt* [ignorar] not to know.
desconocido, da <> *adj* **-1.** [no conocido] unknown **-2.** [muy cambiado]: **estar ~** to have changed beyond all recognition. <> *m,f* stranger.
desconocimiento *m* ignorance, lack of knowledge.
desconsideración *f* thoughtlessness.
desconsiderado, da <> *adj* thoughtless, inconsiderate. <> *m,f* thoughtless *o* inconsiderate person.
desconsolado, da *adj* disconsolate.
desconsolar [23] *vt* to distress. ▪
desconsuelo *m* distress, grief.
descontado, da *adj* discounted.
    ▪ **por descontado** *loc adv* obviously,

needless to say; **dar algo por ~** to take sthg for granted.
descontar [23] *vt* **-1.** [una cantidad] to deduct **-2.** COM to discount.
descontentar *vt* to upset, to make unhappy.
descontento, ta *adj* unhappy, dissatisfied.
    ▪ **descontento** *m* dissatisfaction.
descontrol *m* lack of control.
descontrolarse *vpr* [coche, inflación] to go out of control; [persona] to lose control.
desconvocar [10] *vt* to cancel, to call off.
descorazonador, ra *adj* discouraging.
descorazonamiento *m* discouragement.
descorazonar *vt* to discourage.
    ▪ **descorazonarse** *vpr* to be discouraged, to lose heart.
descorchar *vt* to uncork.
descorrer *vt* **-1.** [cortinas] to draw back, to open **-2.** [cerrojo, pestillo] to draw back.
descortés *adj* rude.
descortesía *f* discourtesy.
descoser *vt* to unstitch.
    ▪ **descoserse** *vpr* to come unstitched.
descosido, da *adj* unstitched.
    ▪ **descosido** *m* [roto - a propósito] open seam; [- por accidente] tear; **como un ~** [hablar] endlessly, non-stop; [beber, comer] to excess; [gritar] wildly.
descoyuntar *vt* to dislocate.
    ▪ **descoyuntarse** *vpr* to dislocate; **~se de risa** *fam* to split one's sides laughing.
descrédito *m* discredit; **ir en ~ de algo/alguien** to count against sthg/sb; **estar en ~** to be discredited.
descreído, da *m,f* non-believer, disbeliever.
descremado, da *adj* skimmed.
descremar *vt* to skim.
describir *vt* to describe.
descripción *f* description.
descriptivo, va *adj* descriptive.
descrito, ta *pp* ▷ **describir.**
descuajaringar [16] *vt* to break into pieces.
    ▪ **descuajaringarse** *vpr* **-1.** [descomponerse] to fall apart *o* to pieces **-2.** [troncharse de risa] to fall about laughing.
descuartizar [13] *vt* [persona] to quarter; [res] to carve up.
descubierto, ta <> *pp* ▷ **descubrir.** <> *adj* **-1.** [gen] uncovered; [coche] open **-2.** [cielo] clear **-3.** [sin sombrero] bareheaded.
    ▪ **descubierto** *m* [FIN - de empresa] deficit;

[- de cuenta bancaria] overdraft.

➥ **al descubierto** *loc adv* **-1.** [al raso] in the open **-2.** *BANCA* overdrawn; **quedar al ~** *fig* to be exposed *o* uncovered.

➥ **en descubierto** *loc adv BANCA* overdrawn.

descubridor, ra *m,f* discoverer.

descubrimiento *m* **-1.** [de continentes, invenciones] discovery **-2.** [de placa, busto] unveiling **-3.** [de complots] uncovering; [de asesinos] detection.

descubrir *vt* **-1.** [gen] to discover; [petróleo] to strike; [complot] to uncover **-2.** [destapar - estatua, placa] to unveil **-3.** [vislumbrar] to spot, to spy **-4.** [delatar] to give away.

➥ **descubrirse** *vpr* **-1.** [quitarse el sombrero] to take one's hat off; **~se ante algo** *fig* to take one's hat off to sthg **-2.** [cielo, horizonte] to clear.

descuelga *etc* ➪ **descolgar**.

descuenta *etc* ➪ **descontar**.

descuento *m* discount; **hacer ~** to give a discount; **con ~** at a discount; **un ~ del 10%** 10% off.

descuidar <> *vt* [desatender] to neglect. <> *vi* [no preocuparse] not to worry; **descuida, que yo me encargo** don't worry, I'll take care of it.

➥ **descuidarse** *vpr* **-1.** [abandonarse] to neglect one's appearance; **~se de algo/de hacer algo** to neglect sthg/to do sthg **-2.** [despistarse] not to be careful.

descuido *m* **-1.** [falta de aseo] carelessness **-2.** [olvido] oversight; [error] slip; **al menor ~** if you let your attention wander for even a moment; **en un ~** by mistake.

desde *prep* **-1.** [tiempo] since; **no lo veo ~ el mes pasado/~ ayer** I haven't seen him since last month/yesterday; **~ ahora** from now on; **~ hace mucho/un mes** for ages/a month; **~ ... hasta ...** from ... until ...; **~ el lunes hasta el viernes** from Monday till Friday; **~ entonces** since then; **~ que** since; **~ que murió mi madre** since my mother died; **~ ya** [inmediatamente] right now **-2.** [espacio] from; **~ ... hasta ...** from ... to ...; **~ aquí hasta el centro** from here to the centre.

➥ **desde luego** *loc adv* **-1.** [por supuesto] of course **-2.** [en tono de reproche] for goodness' sake!; **¡~ luego tienes cada idea!** you really come out with some funny ideas!

desdecir [66]

➥ **desdecir de** *vi* [desmerecer] to be unworthy of; [no cuadrar con] not to go with, to clash with.

➥ **desdecirse** *vpr* to go back on one's word; **~se de** to go back on.

desdén *m* disdain, scorn.

desdentado, da *adj* toothless.

desdeñable *adj* contemptible; **una cantidad nada ~** a considerable amount.

desdeñar *vt* to scorn.

desdeñoso, sa *adj* scornful, disdainful.

desdibujado, da *adj* blurred.

desdibujarse *vpr* to blur, to become blurred.

desdice ➪ **desdecir**.

desdicha *f* [desgracia - situación] misery; [- suceso] misfortune; **por ~** unfortunately.

desdichado, da <> *adj* [decisión, situación] unfortunate; [persona - sin suerte] unlucky; [- sin felicidad] unhappy. <> *m,f* poor wretch.

desdicho, cha *pp* ➪ **desdecir**.

desdienta *etc* ➪ **desdentar**.

desdiga, desdijera *etc* ➪ **desdecir**.

desdoblamiento *m* **-1.** [de objeto] unfolding **-2.** [de imagen, personalidad] splitting.

desdoblar *vt* **-1.** [servilleta, carta] to unfold; [alambre] to straighten out **-2.** *fig* [dividir] to split.

desdramatizar [13] *vt* to play down.

deseable *adj* desirable.

desear *vt* **-1.** [querer] to want; [anhelar] to wish; **¿qué desea?** [en tienda] what can I do for you?; **~ía estar allí** I wish I was there; **estoy deseando que llegue** I can't wait for her to arrive; **dejar mucho/no dejar nada que ~** to leave much/nothing to be desired **-2.** [sexualmente] to desire.

desecar [10] *vt* to dry out.

➥ **desecarse** *vpr* to dry out.

desechable *adj* disposable.

desechar *vt* **-1.** [tirar - ropa, piezas] to throw out, to discard **-2.** [rechazar - ayuda, oferta] to refuse, to turn down **-3.** [desestimar - idea] to reject; [- plan, proyecto] to drop **-4.** [despreciar] to ignore, to take no notice of.

desecho *m* **-1.** [objeto usado] unwanted object; [ropa] castoff; **material de ~** [gen] waste products *(pl)*; [metal] scrap **-2.** [escoria] dregs *(pl)*.

➥ **desechos** *mpl* [basura] rubbish *(U)*; [residuos] waste products; **~s radiactivos** radioactive waste *(U)*.

desembalar *vt* to unpack.

desembarazar [13] *vt* to clear.

➥ **desembarazarse** *vpr*: **~se de** to get rid of.

desembarazo *m* ease.

desembarcadero *m* pier, landing stage.

desembarcar [10] <> *vt* [pasajeros] to disembark; [mercancías] to unload. <> *vi* **-1.** [de barco, avión] to disembark **-2.** *Amér* [de autobús, tren] to get off.
 desembarcarse *vpr Amér* to get off.

desembarco *m* **-1.** [de pasajeros] disembarkation **-2.** *MIL* landing.

desembarque *m* [de mercancías] unloading.

desembarrancar [10] *vt* to refloat.

desembocadura *f* [de río] mouth; [de calle] opening.

desembocar [10]
 desembocar en *vi* **-1.** [río] to flow into **-2.** [calle] to lead onto **-3.** [asunto] to lead to, to result in.

desembolsar *vt* to pay out.

desembolso *m* payment; ~ **inicial** down payment.

desembozar [13] *vt* **-1.** [rostro] to unmask, to uncover **-2.** [cañería] to unblock.

desembragar [16] *vi AUTOM* to disengage the clutch, to declutch.

desembrollar *vt fam* [lío, malentendido] to straighten out; [ovillo] to disentangle.

desembuchar *vi fam* to spit it out; **¡desembucha!** spit it out!, out with it!

desempacar [10] *vt* to unpack.

desempalmar *vt* to disconnect.

desempañar *vt* [con trapo etc] to wipe the steam off; [electrónicamente] to demist.

desempaquetar *vt* [paquete] to unwrap; [caja] to unpack.

desempatar *vi* to decide the contest; **jugar para** ~ to have a play-off.

desempate *m* final result; **partido de** ~ decider.

desempeñar *vt* **-1.** [función, misión] to carry out; [cargo, puesto] to hold **-2.** [papel] to play **-3.** [joyas] to redeem.
 desempeñarse *vpr* to get oneself out of debt.

desempeño *m* **-1.** [de función] carrying out **-2.** [de papel] performance **-3.** [de objeto] redemption.

desempleado, da <> *adj* unemployed. <> *m,f* unemployed person.

desempleo *m* **-1.** [falta de empleo] unemployment **-2.** [subsidio] unemployment benefit; **cobrar el** ~ to receive unemployment benefit.

desempolvar *vt* **-1.** [mueble, jarrón] to dust **-2.** *fig* [recuerdos] to revive.

desencadenar *vt* **-1.** [preso, perro] to unchain **-2.** *fig* [suceso, polémica] to give rise to, to spark off; [pasión, furia] to unleash.

 desencadenarse *vpr* **-1.** [pasiones, odios, conflicto] to erupt; [guerra] to break out **-2.** [viento] to blow up; [tormenta] to burst; [terremoto] to strike.

desencajar *vt* **-1.** [mecanismo, piezas - sin querer] to knock out of place; [- intencionadamente] to take apart **-2.** [hueso] to dislocate.
 desencajarse *vpr* **-1.** [piezas] to come apart **-2.** [rostro] to distort, to become distorted.

desencantar *vt* [decepcionar] to disappoint.
 desencantarse *vpr* to be disappointed.

desencanto *m* disappointment.

desencapotarse *vpr* to clear.

desenchufar *vt* to unplug.

desenfadado, da *adj* [persona, conducta] relaxed, easy-going; [comedia, programa de TV] light-hearted; [estilo] light; [en el vestir] casual.

desenfado *m* [seguridad en sí mismo] self-assurance; [desenvoltura] ease; [desparpajo] forwardness, uninhibited nature.

desenfocado, da *adj* [imagen] out of focus; [visión] blurred.

desenfocar [10] *vt* [objeto] to focus incorrectly; [foto] to take out of focus.

desenfrenado, da *adj* [ritmo, baile] frantic, frenzied; [comportamiento] uncontrolled; [apetito] insatiable.

desenfrenar *vt* [coche] to take the brake off; [caballo] to unbridle.
 desenfrenarse *vpr* [persona] to lose one's self-control.

desenfreno *m* **-1.** [gen] lack of restraint **-2.** [vicio] debauchery.

desenfundar *vt* **-1.** [pistola] to draw **-2.** [mueble] to uncover.

desenganchar *vt* **-1.** [vagón] to uncouple **-2.** [caballo] to unhitch **-3.** [pelo, jersey] to free.
 desengancharse *vpr fam* [de un vicio] to kick the habit.

desengañado, da *adj*: ~ **(de)** disillusioned (with).

desengañar *vt* **-1.** [a persona equivocada]: ~ **a alguien** to reveal the truth to sb **-2.** [a persona esperanzada] to disillusion.
 desengañarse *vpr*: ~**se (de)** to become disillusioned (with); **desengáñate** stop kidding yourself.

desengaño *m* disappointment; **llevarse un** ~ **con alguien** to be disappointed in sb; ~ **amoroso** unhappy affair.

desengrasar *vt* to remove the grease from.

desenlace *m* denouement, ending.
desenlazar [13] *vt* to undo.
desenmarañar *vt* -1. [ovillo, pelo] to untangle -2. *fig* [asunto] to sort out; [problema] to resolve.
desenmascarar *vt* [descubrir] to unmask.
desenredar *vt* -1. [hilos, pelo] to untangle -2. *fig* [asunto] to sort out; [problema] to resolve.
➡ **desenredarse** *vpr*: ~se (de algo) to extricate oneself (from sthg); ~se el pelo to unknot one's hair.
desenrollar *vt* [hilo, cinta] to unwind; [persiana] to roll down; [pergamino, papel] to unroll.
desenroscar [10] *vt* to unscrew.
desensillar *vt* to unsaddle.
desentenderse [20] *vpr* to pretend not to hear/know *etc*; ~ de to refuse to have anything to do with.
desenterrar [19] *vt* -1. [cadáver] to disinter; [tesoro, escultura] to dig up -2. *fig* [recordar]: ~ algo (de) to recall *o* revive sthg (from).
desentonar *vi* -1. [MÚS- cantante] to sing out of tune; [- instrumento] to be out of tune -2. [color, cortinas, edificio]: ~ (con) to clash (with) -3. [persona, modales] to be out of place.
desentrañar *vt* to unravel, to figure out.
desentrenado, da *adj* [bajo de forma] out of training; [falto de práctica] out of practice.
desentubar *vt fam*: ~ a alguien to switch off sb's life-support machine.
desentumecer [30] *vt* to stretch.
➡ **desentumecerse** *vpr* to loosen up.
desenvainar *vt* to draw.
desenvoltura *f* [al moverse, comportarse] ease; [al hablar] fluency.
desenvolver [24] *vt* to unwrap.
➡ **desenvolverse** *vpr* -1. [asunto, proceso] to progress; [trama] to unfold -2. [persona] to cope, to manage.
desenvuelto, ta ◇ *pp* ▷ desenvolver. ◇ *adj* [al moverse, comportarse] natural; [al hablar] fluent.
deseo *m* -1. [anhelo] wish, desire; su ~ se hizo realidad her wish came true; arder en ~s de hacer algo to be burning with desire to do sthg; buenos ~s good intentions; pedir un ~ to make a wish -2. [apetito sexual] desire.
deseoso, sa *adj*: estar ~ de algo/hacer algo to long for sthg/to do sthg.
deseque *etc* ▷ desecar.
desequilibrado, da ◇ *adj* -1. [persona] unbalanced -2. [balanza, eje] off-centre. ◇ *m,f* unbalanced person.

desequilibrar *vt* -1. [persona] to unbalance -2. [objeto] to knock off balance.
➡ **desequilibrarse** *vpr* -1. [persona] to become mentally unbalanced *o* unstable -2. [objeto] to lose its balance.
desequilibrio *m* [mecánico] lack of balance; [mental] mental instability.
deserción *f* desertion.
desertar *vi* to desert.
desértico, ca *adj* [del desierto] desert (antes de sust); [despoblado] deserted.
desertización *f* [del terreno] desertification; [de la población] depopulation.
desertor, ra *m,f* deserter.
desescolarización *f* lack of schooling.
desesperación *f* -1. [falta de esperanza] despair, desperation; con ~ in despair -2. *fig* [enojo]: es una ~ lo lento que van los trenes it's maddening how slowly the trains go.
desesperado, da *adj* [persona, intento] desperate; [estado, situación] hopeless; [esfuerzo] furious; (hacer algo) a la desesperada (to do sthg) in desperation.
desesperante *adj* infuriating.
desesperar ◇ *vt* to exasperate, to drive mad. ◇ *vi* to despair, to give up *o* lose hope.
➡ **desesperarse** *vpr* -1. [perder la esperanza] to be driven to despair -2. [irritarse, enojarse] to get mad *o* exasperated.
desestabilizar [13] *vt* to destabilize.
desestatización *f Amér* privatization.
desestatizar *vt Amér* to privatize, to sell off.
desestimar *vt* -1. [rechazar] to turn down -2. [despreciar] to turn one's nose up at.
desfachatez *f fam* cheek.
desfalcar [10] *vt* to embezzle.
desfalco *m* embezzlement.
desfallecer [30] *vi* -1. [debilitarse] to be exhausted; ~ de to feel faint from -2. [desmayarse] to faint.
desfallecimiento *m* -1. [desmayo] fainting fit -2. [debilidad] faintness.
desfasado, da *adj* [persona] out of touch; [libro, moda] out of date.
desfasar *vt ELECTR* to phase out; estar desfasado *fig* to be out of touch.
desfase *m* [diferencia] gap; ~ horario jet lag.
desfavorable *adj* unfavourable.
desfavorecer [30] *vt* -1. [perjudicar] to go against the interest of -2. [sentar mal] not to suit.

desfiguración f[de rostro, cuerpo] disfigurement; [de la verdad] distortion.

desfigurar vt **-1.** [rostro, cuerpo] to disfigure **- 2.** fig [la verdad] to distort.

desfiladero m narrow mountain pass.

desfilar vi **-1.** MIL to parade **- 2.** fig [marcharse] to head off, to leave.

desfile m MIL parade; [de carrozas] procession; ~ **de modelos** fashion show.

desflorar vt to deflower.

desfogar [16] vt to vent.

➤ **desfogarse** vpr to let off steam.

desfondar vt **-1.** [caja, bolsa] to knock the bottom out of **- 2.** [agotar] to wear out.

➤ **desfondarse** vpr [persona] to become completely exhausted.

desforestación f deforestation.

desforestar vt to deforest.

desgajar vt [página] to tear out; [rama] to break off; [libro, periódico] to rip up; [naranja] to split into segments.

➤ **desgajarse** vpr [rama] to break off; [hoja] to fall.

desgana f **-1.** [falta de hambre] lack of appetite **- 2.** [falta de ánimo] lack of enthusiasm; **con** ~ unwillingly, reluctantly.

desganado, da adj **-1.** [sin apetito]: **estar** ~ to be off one's food **- 2.** [sin ganas] listless, apathetic.

desgañitarse vpr to scream oneself hoarse.

desgarbado, da adj clumsy, ungainly.

desgarrador, ra adj harrowing.

desgarrar vt to rip; ~ **el corazón** to break one's heart.

➤ **desgarrarse** vpr to rip.

desgarro m tear.

desgarrón m big tear.

desgastar vt to wear out.

➤ **desgastarse** vpr to wear o.s. out.

desgaste m **-1.** [de tela, muebles etc] wear and tear; [de roca] erosion; [de pilas] running down; [de cuerdas] fraying; [de metal] corrosion **- 2.** [de persona] wear and tear; ~ **político** erosion of voter confidence.

desglosar vt to break down.

desglose m breakdown.

desgobernar [19] vt [país] to govern badly.

desgobierno m [de país] misgovernment, misrule.

desgracia f **-1.** [mala suerte] misfortune; **por** ~ unfortunately; **tener la** ~ **de** to be unfortunate enough to **- 2.** [catástrofe] disaster; ~**s personales** casualties; **es una** ~ **que ...** it's a terrible shame that ... **- 3.** loc:

caer en ~ to fall into disgrace; **las** ~**s nunca vienen solas** it never rains but it pours.

desgraciadamente adv unfortunately.

desgraciado, da ⬦ adj **-1.** [gen] unfortunate **- 2.** [sin suerte] unlucky **- 3.** [infeliz] unhappy. ⬦ m,f **-1.** [persona sin suerte] born loser **- 2.** fig [pobre infeliz] miserable wretch.

desgraciar [8] vt to spoil.

➤ **desgraciarse** vpr [plan, proyecto] to be a complete disaster, to fall through.

desgranar vt **-1.** [insultos, frases, oraciones] to spout, to come out with **- 2.** [maíz, trigo] to thresh.

desgravable adj tax-deductible.

desgravación f deduction; ~ **fiscal** tax deduction, tax relief (U).

desgravar vt to deduct from one's tax bill.

desgreñado, da adj dishevelled.

desguace m [de coches] scrapping; [de buques] breaking.

desguarnecer [30] vt **-1.** [quitar los adornos de] to strip **- 2.** MIL to leave unprotected o without troops.

desguazar [13] vt [coche] to scrap; [buque] to break up.

deshabitado, da adj uninhabited.

deshabitar vt **-1.** [casa] to leave **- 2.** [territorio] to depopulate, to empty of people.

deshabituar [6] vt: ~ **a alguien (de)** to get sb out of the habit (of).

➤ **deshabituarse** vpr: ~**se (de)** to break the habit (of).

deshacer [60] vt **-1.** [costura, nudo, paquete] to undo; [maleta] to unpack; [castillo de arena] to destroy **- 2.** [disolver - helado, mantequilla] to melt; [- pastilla, terrón de azúcar] to dissolve **- 3.** [poner fin a - contrato, negocio] to cancel; [- pacto, tratado] to break; [- plan, intriga] to foil; [- organización] to dissolve **- 4.** [destruir - enemigo] to rout; [- matrimonio] to ruin **- 5.** fig [afligir] to devastate.

➤ **deshacerse** vpr **-1.** [desvanecerse] to disappear **- 2.** [afligirse] to be devastated **- 3.** fig [librarse]: ~**se de** to get rid of **- 4.** fig: ~**se en algo (con** o **hacia alguien)** [cumplidos] to lavish sthg (on sb); [insultos] to heap sthg (on sb) **- 5.** fig: ~**se por alguien** [desvivirse] to bend over backwards for sb; [estar enamorado] to be madly in love with sb.

desharrapado, da ⬦ adj ragged. ⬦ m,f person dressed in rags.

deshecho, cha ⬦ pp ⊳ deshacer. ⬦ adj **-1.** [costura, nudo, paquete] undone; [cama] unmade; [maleta] unpacked **- 2.** [enemigo] destroyed; [tarta, matrimonio] ruined **- 3.** [derretido - pastilla, terrón de azúcar] dissolved; [- helado, mantequilla] melted **- 4.** [anulado - contrato, negocio] cancelled; [- pacto, tratado] broken; [- plan, intriga] foiled; [- organización] dissolved **- 5.** [afligido] devastated **- 6.** [cansado] tired out.

deshelar [19] *vt* [nieve, lago, hielo] to thaw, to melt; [parabrisas] to de-ice.
➤ **deshelarse** *vpr* to thaw, to melt.

desheredado, da <> *adj* [excluido de herencia] disinherited; *fig* [indigente] underprivileged. <> *m,f* [indigente] deprived person; los ~s the underprivileged.

desheredar *vt* to disinherit.

deshice *etc* ▷ **deshacer**.

deshidratación *f* dehydration.

deshidratar *vt* to dehydrate.
➤ **deshidratarse** *vpr* to become dehydrated.

deshiela *etc* ▷ **deshelar**.

deshielo *m* thaw.

deshilachar *vt* to unravel.
➤ **deshilacharse** *vpr* to fray.

deshilar *vt* to unravel.

deshilvanado, da *adj* **- 1.** [tela] untacked **- 2.** *fig* [discurso, guión] disjointed.

deshilvanar *vt* to untack.

deshinchar *vt* **- 1.** [globo, rueda] to let down, to deflate **- 2.** [hinchazón] to reduce the swelling in.
➤ **deshincharse** *vpr* **- 1.** [globo, hinchazón] to go down; [neumático] to go flat **- 2.** *fig* [desanimarse] to get off one's high horse.

deshizo ▷ **deshacer**.

deshojar *vt* [árbol] to strip the leaves off; [flor] to pull the petals off; [libro] to pull the pages out of.
➤ **deshojarse** *vpr* [árbol] to shed its leaves; [flor] to drop its petals.

deshollinar *vt* to sweep.

deshonestidad *f* dishonesty.

deshonesto, ta *adj* [sin honradez] dishonest; [sin pudor] indecent.

deshonor *m*, **deshonra** *f* dishonour.

deshonrar *vt* to dishonour.
➤ **deshonrarse** *vpr* to be shamed.

deshonroso, sa *adj* dishonourable, shameful.

deshora
➤ **a deshora, a deshoras** *loc adv* [en momento inoportuno] at a bad time; [en horas poco habituales] at an unearthly hour.

deshuesar *vt* [carne] to bone; [fruto] to stone.

deshumanizar [13] *vt* to dehumanize.
➤ **deshumanizarse** *vpr* to become de-humanized, to lose one's humanity.

desidia *f* [en el trabajo] neglect; [en el aspecto] slovenliness.

desidioso, sa *adj* [en el trabajo] neglectful; [en el aspecto] slovenly.

desierto, ta *adj* **- 1.** [gen] deserted **- 2.** [vacante - concurso] void; [- premio] deferred.
➤ **desierto** *m* desert; **el ~ de Gobi** the Gobi Desert; **es como predicar en el ~** it's like talking to a brick wall.

designación *f* **- 1.** [nombre] designation **- 2.** [nombramiento] appointment.

designar *vt* **- 1.** [nombrar] to appoint **- 2.** [fijar, determinar] to name, to fix.

designio *m* intention, plan.

desigual *adj* **- 1.** [diferente] different; [terreno] uneven **- 2.** [tiempo, persona, humor] changeable; [alumno, actuación] inconsistent; [lucha] unevenly matched, unequal; [tratamiento] unfair, unequal.

desigualdad *f* [gen] inequality; [diferencia] difference; [del terreno] roughness; [de carácter] changeability; [de actuación, rendimiento] inconsistency.

desilusión *f* disappointment, disillusionment *(U)*; **llevarse una ~** to be disappointed.

desilusionar *vt* [desengañar] to reveal the truth to; [decepcionar] to disappoint, to disillusion.
➤ **desilusionarse** *vpr* [decepcionarse] to be disappointed o disillusioned; [desengañarse] to realize the truth.

desincrustar *vt* to descale.

desinencia *f* ending.

desinfección *f* disinfection.

desinfectante <> *adj* disinfectant *(antes de sust).* <> *m* disinfectant.

desinfectar *vt* to disinfect.

desinflamar *vt* to reduce the inflammation in.
➤ **desinflamarse** *vpr* to become less inflamed.

desinflar *vt* **- 1.** [quitar aire a] to let down, to deflate **- 2.** *fig* [quitar importancia a] to play down **- 3.** [desanimar] to depress.
➤ **desinflarse** *vpr* **- 1.** [perder aire - gen] to go down; [- neumático] to go flat **- 2.** [desanimarse] to get depressed.

desinformación *f* misinformation.

desinformar *vi* to misinform.

desintegración *f* **- 1.** [de objetos] disintegration; ~ **nuclear** nuclear fission **- 2.** [de grupos, organizaciones] breaking up.

desintegrar *vt* **- 1.** [objetos] to disintegrate;

[átomo] to split **-2.** [grupos, organizaciones] to break up.

➤ **desintegrarse** *vpr* **-1.** [objetos] to disintegrate **-2.** [grupos, organizaciones] to break up.

desinterés *m* **-1.** [indiferencia] disinterest, lack of interest **-2.** [generosidad] unselfishness.

desinteresado, da *adj* unselfish.

desinteresarse *vpr*: ~ de o por algo to lose interest in sthg.

desintoxicación *f* detoxification.

desintoxicar [10] *vt* to detoxify.

➤ **desintoxicarse** *vpr* to detoxify oneself.

desistir *vi*: ~ (de hacer algo) to give up o to stop (doing sthg).

deslave *m Amér* landslide, landslip *UK*.

desleal *adj* [competencia] unfair ~ (con) disloyal (to).

deslealtad *f* disloyalty.

desleír [28] *vt* [sólido] to dissolve; [líquido] to dilute.

deslenguado, da *adj fig* foul-mouthed.

deslía ⊳ desleír.

desliar [9] *vt* to unwrap.

deslíe *etc* ⊳ desleír.

desligar [16] *vt* **-1.** [desatar] to untie **-2.** *fig* [separar]: ~ algo (de) to separate sthg (from).

➤ **desligarse** *vpr* **-1.** [desatarse] to untie oneself **-2.** *fig* [separarse]: ~se de to become separated from; ~se de un grupo to distance o.s. from a group.

deslindar *vt* **-1.** [limitar] to mark out (the boundaries of) **-2.** *fig* [separar] to define.

deslió ⊳ desleír.

desliz *m* slip, error; **tener** o **cometer un** ~ to slip up.

deslizante *adj* slippery.

deslizar [13] *vt* **-1.** [mano, objeto]: ~ algo en to slip sthg into; ~ algo por algo to slide sthg along sthg **-2.** [indirecta, comentario] to let slip in.

➤ **deslizarse** *vpr* **-1.** [resbalar]: ~se por to slide along **-2.** [introducirse]: ~se en [persona] to slip into; [error] to creep into **-3.** [tiempo] to slip away o by.

deslomar *vt* [a golpes] to thrash.

➤ **deslomarse** *vpr fam* to break one's back, to wear oneself out.

deslucido, da *adj* **-1.** [sin brillo] faded; [plata] tarnished **-2.** [sin gracia - acto, ceremonia] dull; [- actuación] lacklustre, uninspired.

deslucir [32] *vt* [espectáculo] to spoil, to ruin.

deslumbrante *adj* dazzling.

deslumbrar *vt lit* & *fig* to dazzle.

deslustrar *vt* [zapatos etc] to take the shine off.

desmadejar *vt* to wear o tire out.

desmadrarse *vpr fam* to go wild.

desmadre *m fam* chaos, utter confusion.

desmán *m* **-1.** [con la bebida, comida etc] excess **-2.** [abuso de poder] abuse (of power).

desmandado, da *adj* [desobediente] unruly.

desmandarse *vpr* **-1.** [desobedecer] to be disobedient **-2.** [insubordinarse] to get out of hand.

desmano

➤ **a desmano** *loc adv* [fuera de alcance] out of reach; [fuera del camino seguido] out of the way.

desmantelado, da *adj* dismantled.

desmantelamiento *m* [de casa, fábrica] stripping; [de organización] disbanding; [de arsenal, andamiaje] dismantling; [de barco] unrigging.

desmantelar *vt* [casa, fábrica] to clear out, to strip; [organización] to disband; [arsenal, andamio] to dismantle; [barco] to unrig.

desmaquillador *m* make-up remover.

desmaquillar *vt* to remove the make-up from.

➤ **desmaquillarse** *vpr* to take one's make-up off.

desmarcar [10] *vt DEP* to draw the marker away from.

➤ **desmarcarse** *vpr DEP* to lose one's marker.

desmayado, da *adj* **-1.** [persona] unconscious; **caer** ~ to faint **-2.** [color] pale.

desmayar *vi* to lose heart.

➤ **desmayarse** *vpr* to faint.

desmayo *m* **-1.** [físico] fainting fit; **sufrir** ~s to have fainting fits **-2.** [moral] loss of heart; **sin** ~ unfalteringly.

desmedido, da *adj* excessive, disproportionate.

desmedirse [26] *vpr* to go too far, to go over the top.

desmejorar ◇ *vt* to spoil. ◇ *vi* to go downhill, to deteriorate.

➤ **desmejorarse** *vpr* to go downhill, to deteriorate.

desmelenado, da *adj* **-1.** [persona] reckless, wild **-2.** [cabello] tousled, dishevelled.

desmelenar *vt* [cabello] to dishevel.

➤ **desmelenarse** *vpr* to go wild.

desmembramiento *m* [de cuerpo] dismemberment; [de miembro, extremidad] loss;

[de estados, partidos] breaking up.

desmembrar [19] *vt* **-1.** [trocear - cuerpo] to dismember; [- miembro, extremidad] to cut off **-2.** [disgregar] to break up.

desmemoriado, da <> *adj* forgetful. <> *m,f* forgetful person.

desmentido *m* denial.

desmentir [27] *vt* **-1.** [negar] to deny **-2.** [no corresponder] to belie.

desmenuzar [13] *vt* **-1.** [trocear - pan, pastel, roca] to crumble; [- carne] to chop up; [- papel] to tear up into little pieces **-2.** *fig* [examinar, analizar] to scrutinize.

desmerecer [30] <> *vt* not to deserve, to be unworthy of. <> *vi* to lose value; ~ **(en algo) de alguien** to be inferior to sb (in sthg).

desmesurado, da *adj* [excesivo] excessive, disproportionate; [enorme] enormous.

desmida, desmidiera *etc* ⊳ desmedirse.

desmiembra *etc* ⊳ desmembrar.

desmienta *etc* ⊳ desmentir.

desmigajar *vt* to crumble.

➤ **desmigajarse** *vpr* to crumble.

desmilitarizar [13] *vt* to demilitarize.

desmintiera *etc* ⊳ desmentir.

desmitificar [10] *vt* to demythologize.

desmontable *adj* that can be dismantled; **una librería** ~ a self-assembly bookcase.

desmontar <> *vt* **-1.** [desarmar - máquina] to take apart o to pieces; [- motor] to strip down; [- piezas] to dismantle; [- rueda] to remove, to take off; [- tienda de campaña] to take down; [- arma] to uncock **-2.** [jinete - suj: caballo] to unseat; [- suj: persona] to help down. <> *vi*: ~ **de** [caballo] to dismount from; [moto, bicicleta] to get off; [coche] to get out of.

➤ **desmontarse** *vpr*: ~**se de** [caballo] to dismount from; [moto, bicicleta] to get off; [coche] to get out of.

desmonte *m* **-1.** *(gen pl)* [terreno] levelled ground *(U)* **-2.** [allanamiento] levelling **-3.** [de bosque] clearing.

desmoralización *f* demoralization.

desmoralizador, ra *adj* demoralizing.

desmoralizar [13] *vt* to demoralize.

➤ **desmoralizarse** *vpr* to become demoralized.

desmoronamiento *m* [de edificios, rocas, ideales] crumbling; [de imperios] fall.

desmoronar *vt* [edificios, rocas] to cause to crumble.

➤ **desmoronarse** *vpr* **-1.** [edificio, roca,

ideales] to crumble **-2.** *fig* [persona] to be devastated; [imperio] to fall.

desmovilizar [13] *vt* to demobilize.

desnacionalizar [13] *vt* to denationalize, to privatize.

desnatado, da *adj* skimmed.

desnatar *vt* to skim.

desnaturalizado, da *adj* **-1.** [sustancia] adulterated; [alcohol] denatured **-2.** [personal] inhuman.

desnaturalizar [13] *vt* **-1.** [sustancia] to adulterate **-2.** [persona] to deny the natural rights of.

desnivel *m* **-1.** [cultural, social etc] difference, inequality **-2.** [del terreno] irregularity, unevenness *(U)*.

desnivelar *vt* to make uneven; [balanza] to tip.

➤ **desnivelarse** *vpr* to become uneven.

desnucar [10] *vt* to break the neck of.

➤ **desnucarse** *vpr* to break one's neck.

desnuclearizar [13] *vt* to make nuclear-free.

desnudar *vt* to undress.

➤ **desnudarse** *vpr* to undress, to get undressed.

desnudez *f* [de persona] nakedness, nudity; [de cosa] bareness.

desnudo, da *adj* **-1.** [persona, cuerpo] naked **-2.** *fig* [salón, hombro, árbol] bare; [verdad] plain; [paisaje] bare, barren.

➤ **desnudo** *m* nude.

desnutrición *f* malnutrition.

desnutrido, da *adj* undernourished.

desnutrirse *vpr* to suffer from malnutrition.

desobedecer [30] *vt* to disobey.

desobediencia *f* disobedience; ~ **civil** civil disobedience.

desobediente *adj* disobedient.

desocupado, da *adj* **-1.** [persona - ocioso] free, unoccupied; [- sin empleo] unemployed **-2.** [lugar] vacant, unoccupied.

desocupar *vt* [edificio] to vacate; [habitación, mesa] to leave.

desodorante *m* deodorant.

desodorizar [13] *vt* to deodorize.

desoír *vt* not to listen to, to take no notice of.

desolación *f* **-1.** [destrucción] desolation **-2.** [desconsuelo] distress, grief.

desolador, ra *adj* [imagen, espectáculo] desolate; [noticia etc] devastating.

desolar [80] *vt* **-1.** [destruir] to devastate, to lay waste **-2.** [afligir] to cause anguish to.

◆ **desolarse** *vpr* to be devastated.

desollar [23] *vt* -**1.** [despellejar] to skin -**2.**: ~ vivo a alguien [criticar] to skin sb alive; [hacer pagar mucho] to fleece sb, to rip sb off.

desorbitado, da *adj* -**1.** [gen] disproportionate; [precio] exorbitant -**2.** *loc*: con los ojos ~s pop-eyed.

desorbitar *vt fig* [exagerar] to exaggerate, to blow out of proportion.

desorden *m* -**1.** [confusión] disorder, chaos; [falta de orden] mess; **en** ~ topsy-turvy; **poner en** ~ to upset, to disarrange -**2.** [disturbio] disturbance.

desordenado, da *adj* -**1.** [habitación, persona] untidy, messy; [documentos, fichas] jumbled (up) -**2.** *fig* [vida] chaotic.

desordenar *vt* [habitación, cajón] to mess up; [documentos, fichas] to jumble up; [pelo] to ruffle.

desorganización *f* disorganization.

desorganizar [13] *vt* to disrupt, to disorganize.

desorientación *f* -**1.** [en el espacio] disorientation -**2.** *fig* [aturdimiento] confusion.

desorientar *vt* -**1.** [en el espacio] to disorientate, to mislead -**2.** *fig* [aturdir] to confuse.

◆ **desorientarse** *vpr* -**1.** [en el espacio] to lose one's way o bearings -**2.** *fig* [aturdirse] to get confused.

desovar *vi* [peces, anfibios] to spawn; [insectos] to lay eggs.

desoxirribonucléico ▷ ácido.

despabilado, da *adj* -**1.** [despierto] wide-awake -**2.** [listo] smart, quick.

despabilar *vt* -**1.** [despertar] to wake up -**2.** [hacer más avispado] to make streetwise.

◆ **despabilarse** *vpr* -**1.** [despertarse] to wake up -**2.** [darse prisa] to hurry up.

despachar ◇ *vt* -**1.** [mercancía] to dispatch -**2.** [en tienda - cliente] to serve; [- entradas, bebidas etc] to sell -**3.** *fam fig* [terminar - trabajo, discurso] to finish off; [- comida] to polish off -**4.** [del trabajo]: ~ a alguien (de) to dismiss o sack sb (from) -**5.** [asunto, negocio] to settle -**6.** *Amér* [equipaje] to check in. ◇ *vi* -**1.** [sobre un asunto] to do business -**2.** [en una tienda] to serve.

◆ **despacharse** *vpr* -**1.** [hablar francamente]: ~se con alguien to give sb a piece of one's mind -**2.** [desembarazarse]: ~se de to get rid of.

despacho *m* -**1.** [oficina] office; [en casa] study -**2.** [muebles] set of office furniture -**3.** [comunicación oficial] dispatch -**4.** [venta] sale; [lugar de venta]: ~ de billetes/localidades ticket/box office.

despachurrar *vt fam* to squash.

despacio ◇ *adv* slowly. ◇ *interj*: ¡~! take it easy!

despampanante *adj* stunning.

despanzurrar *vt fam* to cause to burst open.

desparejar *vt* to mix up.

desparpajo *m fam* forwardness, self-assurance.

desparramar *vt* -**1.** [líquido] to spill; [objetos] to spread, to scatter -**2.** *fig* [dinero] to squander.

◆ **desparramarse** *vpr* [líquido] to spill; [objetos, personas] to scatter, to spread out.

despatarrarse *vpr* to open one's legs wide.

despavorido, da *adj* terrified.

despavorir [80] *vt* to terrify.

despecharse *vpr* to get angry.

despecho *m* [rencor, venganza] spite; [desengaño] bitterness; **(hacer algo) por** ~ (to do sthg) out of spite.

◆ **a despecho de** *loc prep* in spite of, despite.

despechugarse [16] *vpr fam fig* to bare one's breast.

despectivo, va *adj* -**1.** [despreciativo] scornful, contemptuous -**2.** *GRAM* pejorative.

◆ **despectivo** *m GRAM* pejorative.

despedazar [13] *vt* -**1.** [físicamente] to tear apart -**2.** *fig* [moralmente] to shatter.

despedida *f* -**1.** [adiós] goodbye, farewell -**2.** [fiesta] farewell party; ~ de soltera hen party; ~ de soltero stag o bachelor *US* party.

despedir [26] *vt* -**1.** [decir adiós a] to say goodbye to; **fuimos a** ~**le a la estación** we went to see him off at the station -**2.** [echar - de un empleo] to dismiss, to sack; [- de un club] to throw out -**3.** [lanzar, arrojar] to fling; **salir despedido de/por/hacia algo** to fly out of/through/towards sthg -**4.** *fig* [difundir, desprender] to give off.

◆ **despedirse** *vpr*: ~**se (de)** to say goodbye (to).

despegado, da *adj fig* cold, detached.

despegar [16] ◇ *vt* to unstick. ◇ *vi* [avión] to take off.

◆ **despegarse** *vpr* -**1.** [etiqueta, pegatina, sello] to come unstuck -**2.** [alejarse - persona]: ~**se de alguien** to break away o withdraw from sb.

despego *m* detachment, indifference.

despegue *m* takeoff; ~ **vertical** vertical takeoff; ~ **económico** economic takeoff.

despeinar *vt* [pelo] to ruffle; ~ **a alguien** to mess up sb's hair.

➡ **despeinarse** *vpr* to mess up one's hair.

despejado, da *adj* -**1.** [tiempo, día] clear -**2.** *fig* [persona, mente] alert -**3.** [espacio - ancho] spacious; [- sin estorbos] clear, uncluttered.

despejar *vt* -**1.** [gen] to clear -**2.** MAT [incógnita] to find.

➡ **despejarse** *vpr* -**1.** [persona - espabilarse] to clear one's head; [- despertarse] to wake o.s. up -**2.** [tiempo] to clear up; [cielo] to clear.

despeje *m* DEP clearance.

despellejar *vt* -**1.** [animal] to skin -**2.** *fig* [criticar] to pull to pieces.

despelotarse *vpr fam* -**1.** [desnudarse] to strip -**2.** [mondarse]: ~ **(de risa)** to laugh one's head off.

despelote *m fam* -**1.** [desmadre] chaos *(U)* -**2.** [desnudo] strip.

despenalización *f* decriminalization.

despenalizar [13] *vt* to decriminalize.

despensa *f* larder, pantry.

despeñadero *m* precipice.

despeñar *vt* to throw over a cliff.

➡ **despeñarse** *vpr* to fall over a cliff.

desperdiciar [8] *vt* [tiempo, comida] to waste; [dinero] to squander; [ocasión] to throw away.

desperdicio *m* -**1.** [acción] waste -**2.** [residuo]: ~**s** scraps -**3.** *loc*: **no tener** ~ to be excellent from start to finish.

desperdigar [16] *vt* to scatter, to disperse.

➡ **desperdigarse** *vpr* to scatter.

desperezarse [13] *vpr* to stretch.

desperfecto *m* [deterioro] damage *(U)*; [defecto] flaw, imperfection; **sufrir** ~**s** to get damaged.

despersonalizar [13] *vt* to depersonalize.

despertador *m* alarm clock.

despertar [19] ⬥ *vt* -**1.** [persona, animal] to wake (up) -**2.** *fig* [reacción] to arouse -**3.** *fig* [recuerdo] to revive, to awaken. ⬥ *vi* to wake up. ⬥ *m* awakening.

➡ **despertarse** *vpr* to wake up.

despiadado, da *adj* pitiless, merciless.

despida, despidiera *etc* ⊳ **despedir**.

despido *m* dismissal, sacking; ~ **colectivo** collective dismissal; ~ **improcedente** wrongful dismissal.

despiece *m* cutting-up.

despierta *etc* ⊳ **despertar**.

despierto, ta *adj* -**1.** [sin dormir] awake -**2.**

fig [espabilado, listo] bright, sharp.

despilfarrar *vt* [dinero] to squander; [electricidad, agua etc] to waste.

despilfarro *m* [de dinero] squandering; [de energía, agua etc] waste.

despintar *vt* to take the paint off.

despiole *m RP fam* rumpus, shindy.

despistado, da ⬥ *adj* absent-minded. ⬥ *m,f* scatterbrain; **hacerse el** ~ to pretend not to notice.

despistar *vt* -**1.** [dar esquinazo a] to throw off the scent -**2.** *fig* [confundir] to mislead.

➡ **despistarse** *vpr* -**1.** [perderse] to lose one's way, to get lost -**2.** *fig* [distraerse] to get confused.

despiste *m* -**1.** [distracción] absent-mindedness; [error] mistake, slip -**2.** [persona]: **Marta es un** ~ Marta is very absent-minded.

desplante *m* rude remark; **hacer un** ~ **a alguien** to snub sb.

desplazado, da *adj fig* [persona] out of place.

desplazamiento *m* -**1.** [viaje] journey; [traslado] move -**2.** NÁUT displacement.

desplazar [13] *vt* -**1.** [trasladar] to move -**2.** *fig* [desbancar] to take the place of; ~ **a alguien/algo de** to remove sb/sthg from.

➡ **desplazarse** *vpr* [viajar] to travel.

desplegar [35] *vt* -**1.** [tela, periódico, mapa] to unfold; [alas] to spread, to open; [bandera] to unfurl -**2.** [cualidad] to display -**3.** MIL to deploy.

despliegue *m* -**1.** [de cualidad] display -**2.** MIL deployment; ~ **de misiles** missile deployment.

desplomarse *vpr* [gen] to collapse; [techo] to fall in.

desplumar *vt* -**1.** [ave] to pluck -**2.** *fig* [estafar] to fleece.

despoblación *f* depopulation.

despoblado, da *adj* unpopulated, deserted.

➡ **despoblado** *m* deserted spot.

despojar *vt*: ~ **a alguien de algo** to strip sb of sthg.

➡ **despojarse** *vpr*: ~**se de algo** [bienes, alimentos] to give sthg up; [abrigo, chandal] to take sthg off.

despojo *m* [acción] stripping, plundering.

➡ **despojos** *mpl* -**1.** [sobras, residuos] leftovers -**2.** [de animales] offal *(U)* -**3.** [restos mortales] remains.

despolitizar [13] *vt* to depoliticize.

desposar *vt* to marry.

◆ **desposarse** *vpr* to get married, to marry.

desposeer [50] *vt*: ~ **a alguien de** to dispossess sb of.

déspota *mf* despot.

despotismo *m* despotism; ~ **ilustrado** enlightened despotism.

despotricar [10] *vi*: ~ **(contra)** to rant on (at).

despreciar [8] *vt* - **1.** [desdeñar] to scorn - **2.** [rechazar] to spurn.

desprecio *m* scorn, contempt; **hacer un** ~ **a alguien** to snub sb.

desprender *vt* - **1.** [lo que estaba fijo] to remove, to detach - **2.** [olor, luz] to give off.

◆ **desprenderse** *vpr* - **1.** [caerse, soltarse] to come *o* fall off - **2.** *fig* [deducirse]: **de sus palabras se desprende que ...** from his words it is clear *o* it can be seen that ... - **3.** [librarse]: ~**se de** to get rid of - **4.** [renunciar]: ~**se de algo** to part with sthg, to give sthg up.

desprendido, da *adj* [generoso] generous.

desprendimiento *m* - **1.** [separación] detachment; ~ **de tierras** landslide; ~ **de retina** detachment of the retina - **2.** *fig* [generosidad] generosity.

despreocupado, da ◇ *adj* [libre de preocupaciones] unworried, unconcerned; [en el vestir] casual. ◇ *m,f* [en el vestir] *person who doesn't care too much about his/her appearance.*

despreocuparse

◆ **despreocuparse de** *vpr* - **1.** [asunto] to stop worrying about - **2.** [persona] to be neglectful of.

desprestigiar [8] *vt* to discredit.

desprestigio *m* discredit.

desprevenido, da *adj* unprepared; **coger** *o* **pillar** ~ **a alguien** to catch sb unawares, to take sb by surprise.

desprogramar [8] *vt* to deprogramme.

desprolijo, ja *adj Amér* [casa, cuaderno] untidy; [persona] unkempt, dishevelled.

desproporción *f* disproportion.

desproporcionado, da *adj* disproportionate.

despropósito *m* stupid remark, nonsense (U).

desprovisto, ta *adj*: ~ **de** lacking in, devoid of.

después *adv* - **1.** [en el tiempo - más tarde] afterwards, later; [- entonces] then; [- justo lo siguiente] next; **poco** ~ soon after; **años** ~ years later; **ellos llegaron** ~ they arrived later; **llamé primero y** ~ **entré** I knocked first and then I went in; **yo voy** ~ it's my turn next - **2.** [en el espacio] next, after; **¿qué viene** ~**?** what comes next *o* after?; **hay una farmacia y** ~ **está mi casa** there's a chemist's and then there's my house; **varias manzanas** ~ several blocks further on - **3.** [en una lista] further down.

◆ **después de** *loc prep* after; **llegó** ~ **de ti** she arrived after you; ~ **de él, nadie lo ha conseguido** since he did it, no one else has; ~ **de hacer algo** after doing sthg.

◆ **después de que** *loc conj* after; ~ **de que amanezca** after dawn; ~ **de que te fueras a la cama** after you went to bed; ~ **de que lo hice** after I did it, after doing it.

◆ **después de todo** *loc adv* after all.

despuntar ◇ *vt* [romper] to break the point off; [desgastar] to blunt. ◇ *vi* - **1.** [brotar - flor, capullo] to bud; [- planta] to sprout - **2.** *fig* [persona] to excel, to stand out - **3.** [alba] to break; [día] to dawn.

desquiciar [8] *vt* - **1.** [puerta, ventana] to unhinge - **2.** *fig* [desequilibrar] to derange, to disturb mentally; [sacar de quicio] to drive mad.

desquitarse *vpr*: ~ **(de algo/alguien)** to get one's own back (for sthg/on sb).

desquite *m* revenge.

desratizar [13] *vt* to clear of rats.

desriñonarse *vpr* to break one's back.

destacado, da *adj* - **1.** [notable - persona] distinguished, prominent; [- acto] outstanding - **2.** MIL detached; ~ **en** stationed in.

destacamento *m* detachment; ~ **de tropas** task force.

destacar [10] ◇ *vt* - **1.** [poner de relieve] to emphasize, to highlight; **cabe** ~ **que ...** it is important to point out that ... - **2.** MIL to detach, to detail - **3.** ARTE to cause to stand out, to highlight. ◇ *vi* [sobresalir] to stand out.

◆ **destacarse** *vpr*: ~**se (de/por)** to stand out (from/because of).

destajo *m* piecework; **trabajar a** ~ [por trabajo hecho] to do piecework; *fig* [afanosamente] to work flat out.

destapador *m Amér* bottle opener.

destapar *vt* - **1.** [abrir - caja, botella] to open; [olla] to take the lid off; [descorchar] to uncork - **2.** [descubrir] to uncover - **3.** RP [desobstruir] to unblock.

◆ **destaparse** *vpr* - **1.** [desabrigarse] to lose the covers - **2.** *fig* [revelarse] to open up.

destape *m* [en revistas] nude photos (pl); [en películas, teatro etc] striptease.

destartalado, da *adj* [viejo, deteriorado] dilapidated; [desordenado] untidy.

destellar *vi* [diamante, ojos] to sparkle; [estrellas] to twinkle.

destello *m* - 1. [de luz, brillo] sparkle; [de estrella] twinkle - 2. *fig* [manifestación momentánea] glimmer.

destemplado, da *adj* - 1. [persona] out of sorts, off colour - 2. [instrumento] out of tune - 3. [tiempo, clima] unpleasant - 4. [carácter, actitud] irritable - 5. [voz] sharp.

destemplar *vt* [instrumento] to put out of tune.

➤ **destemplarse** *vpr* - 1. [coger frío] to catch a chill - 2. [irritarse] to get upset.

desteñir ◇ *vt* to fade, to bleach. ◇ *vi* to run, not to be colour fast.

➤ **desteñirse** *vpr* to fade.

desternillarse *vpr*: ~ **de risa** to split one's sides laughing *o* with laughter.

desterrar [19] *vt* - 1. [persona] to banish, to exile - 2. *fig* [idea] to dismiss - 3. *fig* [costumbre, hábito] to do away with.

destetar *vt* to wean.

destete *m* weaning.

destiempo

➤ **a destiempo** *loc adv* at the wrong time.

destierra etc ▷ **desterrar.**

destierro *m* exile; **en el** ~ in exile.

destilación *f* distillation.

destilar ◇ *vt* - 1. [agua, petróleo] to distil - 2. [sangre, pus] to ooze - 3. *fig* [cualidad, sentimiento] to exude, to ooze. ◇ *vi* [gotear] to trickle, to drip.

destilería *f* distillery; ~ **de petróleo** oil refinery.

destinar *vt* - 1.: ~ **algo a** *o* **para** [cantidad, edificio] to set sthg aside for; [empleo, cargo] to assign sthg to; [carta] to address sthg to; [medidas, programa, publicación] to aim sthg at - 2.: ~ **a alguien a** [cargo, empleo] to appoint sb to; [plaza, lugar] to post sb to.

destinatario, ria *m,f* addressee.

destino *m* - 1. [sino] destiny, fate - 2. [rumbo] destination; **(ir) con** ~ **a** (to be) bound for *o* going to; **un vuelo con** ~ **a ...** a flight to ... - 3. [empleo, plaza] position, post - 4. [finalidad] use, function.

destitución *f* dismissal.

destituir [51] *vt* to dismiss.

destornillador *m* screwdriver.

destornillar *vt* to unscrew.

destreza *f* skill, dexterity.

destripar *vt* - 1. [sacar las tripas a - animal, persona] to disembowel; [- pescado] to gut - 2. *fig*

[despanzurrar] to rip open.

destronar *vt* [rey] to dethrone, to depose; *fig* [rival] to unseat, to replace at the top.

destrozar [13] *vt* - 1. [físicamente - romper] to smash; [- estropear] to ruin - 2. [moralmente - persona] to shatter, to devastate; [- vida] to ruin.

destrozo *m* damage *(U)*; **ocasionar grandes** ~**s** to cause a lot of damage.

destrucción *f* destruction.

destructivo, va *adj* destructive.

destructor, ra *adj* destructive.

➤ **destructor** *m* destroyer.

destruir [51] *vt* - 1. [gen] to destroy; [casa, argumento] to demolish - 2. [proyecto] to ruin, to wreck; [ilusión] to dash.

desuella etc ▷ **desollar.**

desunión *f* - 1. [separación] separation - 2. [división, discordia] disunity.

desunir *vt* - 1. [separar] to separate - 2. [enemistar - grupos] to divide, to cause a rift between.

desusado, da *adj* - 1. [pasado de moda] oldfashioned, obsolete - 2. [desacostumbrado] unusual.

desuso *m* disuse; **caer en** ~ to become obsolete, to fall into disuse.

desvaído, da *adj* [color] pale, washed-out; [forma, contorno] blurred; [mirada] vague.

desvalido, da ◇ *adj* needy, destitute. ◇ *m,f* needy *o* destitute person.

desvalijar *vt* [casa] to burgle, burglarize *US*; [persona] to rob.

desvalorizar [13] *vt* to devalue.

desván *m* attic, loft.

desvanecer [30] *vt* - 1. [humo, nubes] to dissipate - 2. [sospechas, temores] to dispel.

➤ **desvanecerse** *vpr* - 1. [desmayarse] to faint - 2. [disiparse - humo, nubes] to clear, to disappear; [- sonido, sospechas, temores] to fade away.

desvanecimiento *m* [desmayo] fainting fit.

desvariar [9] *vi* [delirar] to be delirious; [decir locuras] to talk nonsense, to rave.

desvarío *m* - 1. [dicho] raving; [hecho] act of madness - 2. [delirio] delirium.

desvelar *vt* - 1. [quitar el sueño a] to keep awake - 2. [noticia, secreto etc] to reveal, to tell.

➤ **desvelarse** *vpr CAm, Méx* [quedarse despierto] to stay up *o* awake.

➤ **desvelarse por** *vpr*: ~**se por hacer algo** to make every effort to do sthg.

desvelo *m* - 1. [insomnio] sleeplessness, insomnia - 2. [esfuerzo] effort.

desvencijado, da *adj* [silla, mesa] rickety; [camión, coche] battered.

desvencijar *vt* [romper] to break; [desencajar] to cause to come apart.

desventaja *f* disadvantage; **en ~** at a disadvantage.

desventura *f* misfortune.

desventurado, da <> *adj* unfortunate. <> *m,f* poor wretch.

desvergonzado, da <> *adj* shameless, insolent. <> *m,f* shameless person.

desvergüenza *f* **-1.** [atrevimiento, frescura] shamelessness **-2.** [dicho] shameless remark; [hecho] shameless act; **¡qué ~!** what a nerve!

desvestir [26] *vt* to undress.
◆ **desvestirse** *vpr* to undress (o.s.).

desviación *f* **-1.** [de dirección, cauce, norma] deviation **-2.** [en la carretera] diversion, detour **-3.** *MED:* **~ de columna** slipped disc.

desviacionismo *m* deviationism.

desviar [9] *vt* [río, carretera, tráfico] to divert; [dirección] to change; [golpe] to parry; [pelota, disparo] to deflect; [pregunta] to evade; [conversación] to change the direction of; [mirada, ojos] to avert.
◆ **desviarse** *vpr* **-1.** [cambiar de dirección - conductor] to take a detour; [- avión, barco] to go off course; **~se de** to turn off **-2.** [cambiar]: **~se de** [tema] to wander *o* digress from; [propósito, idea] to lose sight of.

desvincular *vt*: **~ a alguien de** to release *o* discharge sb from.
◆ **desvincularse de** *vpr* to cut oneself off from.

desvío *m* diversion, detour.

desvirgar [16] *vt* to deflower.

desvirtuar [6] *vt* [gen] to detract from; [estropear] to spoil; [verdadero sentido] to distort.

desvista, desvistiera *etc* ⊳ **desvestir**.

desvivirse *vpr*: **~ (por alguien/algo)** to do everything one can (for sb/sthg); **~ por hacer algo** to bend over backwards to do sthg.

detalladamente *adv* in (great) detail.

detallado, da *adj* detailed, thorough.

detallar *vt* [historia, hechos] to detail, to give a rundown of; [cuenta, gastos] to itemize.

detalle *m* **-1.** [gen] detail; **con ~** in detail; **entrar en ~s** to go into detail **-2.** [atención] kind gesture *o* thought; **¡qué ~!** what a kind gesture!, how thoughtful!; **tener un ~ con alguien** to be thoughtful *o* considerate to sb.
◆ **al detalle** *loc adv COM* retail.

detallista <> *adj* **-1.** [meticuloso] pains-

taking **-2.** [atento] thoughtful. <> *mf COM* retailer.

detección *f* detection.

detectar *vt* to detect.

detective *mf* detective; **~ privado** private detective.

detector, ra *adj* detecting *(antes de sust).*
◆ **detector** *m* detector; **~ de incendios** fire detector; **~ de mentiras** lie detector; **~ de metales** metal detector.

detención *f* **-1.** [arresto] arrest; **~ domiciliaria** house arrest; **~ preventiva** protective custody **-2.** [parada] stopping, holding-up.

detener [72] *vt* **-1.** [arrestar] to arrest **-2.** [parar] to stop; [retrasar] to hold up **-3.** [entretener] to keep, to delay.
◆ **detenerse** *vpr* **-1.** [pararse] to stop; **~se a hacer algo** to stop to do sthg **-2.** [demorarse] to hang about, to linger.

detenidamente *adv* carefully, thoroughly.

detenido, da <> *adj* **-1.** [detallado] careful, thorough **-2.** [arrestado]: **(estar) ~ (to be)** under arrest. <> *m,f* prisoner, person under arrest.

detenimiento
◆ **con detenimiento** *loc adv* carefully, thoroughly.

detentar *vt* to hold unlawfully.

detergente *m* detergent.

deteriorar *vt* to damage, to spoil.
◆ **deteriorarse** *vpr fig* [empeorar] to deteriorate, to get worse.

deterioro *m* [daño] damage; [empeoramiento] deterioration.

determinación *f* **-1.** [fijación - de precio etc] settling, fixing **-2.** [resolución] determination, resolution **-3.** [decisión]: **tomar una ~** to take a decision.

determinado, da *adj* **-1.** [concreto] specific; [en particular] particular **-2.** [resuelto] determined **-3.** *GRAM* definite.

determinante <> *adj* decisive, determining. <> *m* **-1.** *GRAM* determiner **-2.** *MAT* determinant.

determinar *vt* **-1.** [fijar - fecha, precio] to settle, to fix **-2.** [averiguar] to determine; **~ las causas de la muerte** to establish the cause of death **-3.** [motivar] to cause, to bring about **-4.** [decidir] to decide; **~ hacer algo** to decide to do sthg.
◆ **determinarse** *vpr*: **~se a hacer algo** to make up one's mind to do sthg.

determinismo *m* determinism.

detestable *adj* detestable.

detestar *vt* to detest.

detiene ⊳ detener.

detonación *f* [acción] detonation; [sonido] explosion.

detonador *m* detonator.

detonante ◇ *adj* explosive. ◇ *m* -**1.** [explosivo] explosive -**2.** *fig* [desencadenante]: **ser el ~ de algo** to spark sthg off.

detonar *vi* to detonate, to explode.

detractor, ra ◇ *adj*: **~ (de)** disparaging (about). ◇ *m,f* detractor.

detrás *adv* -**1.** [en el espacio] behind; **tus amigos vienen ~** your friends are coming on behind; **el interruptor está ~** the switch is at the back -**2.** [en el orden] then, afterwards; **Portugal y ~ Puerto Rico** Portugal and then Puerto Rico.

➥ **detrás de** *loc prep* -**1.** [gen] behind -**2.** [a espaldas de]: **~ de alguien** behind sb's back.

➥ **por detrás** *loc adv* at the back; **hablar de alguien por ~** to talk about sb behind his/her back.

detrimento *m* damage; **en ~ de** to the detriment of.

detrito *m* BIOL detritus.

➥ **detritos** *mpl* [residuos] waste *(U)*.

detuviera *etc* ⊳ detener.

deuda *f* debt; **contraer una ~** to get into debt; **estar en ~ con alguien** *fig* [moral] to be indebted to sb; **~ exterior** ECON foreign debt; **~ pública** ECON national debt *UK*, public debt *US*.

deudor, ra ◇ *adj* [saldo] debit *(antes de sust)*; [entidad] indebted. ◇ *m,f* debtor.

devaluación *f* devaluation.

devaluar [6] *vt* to devalue.

➥ **devaluarse** *vpr* to go down in value.

devaneos *mpl* -**1.** [distracción] idle pursuits -**2.** [amoríos] affairs; [coqueteos] flirting *(U)*.

devastador, ra *adj* devastating.

devastar *vt* to devastate.

devengar [16] *vt* [intereses] to yield, to earn; [sueldo] to earn.

devoción *f*: **~ (por)** devotion (to).

devolución *f* [gen] return; [de dinero] refund; **~ fiscal** tax rebate *o* refund.

devolver [24] ◇ *vt* -**1.** [restituir]: **~ algo (a)** [coche, dinero etc] to give sthg back (to); [producto defectuoso, carta] to return sthg (to) -**2.** [restablecer, colocar en su sitio]: **~ algo a** to return sthg to -**3.** [favor, agravio] to pay back for; [visita] to return -**4.** [vomitar] to bring *o* throw up. ◇ *vi* to throw up.

➥ **devolverse** *vpr* Andes, Amér, Carib, Méx to come back.

devorar *vt lit & fig* to devour; **la culpabilidad le devora** he is consumed with guilt.

devoto, ta ◇ *adj* -**1.** [piadoso] devout; **ser ~ de** to have a devotion for -**2.** [admirador]: **~ (de alguien)** devoted (to sb) -**3.** [imagen, templo, lugar] devotional. ◇ *m,f* -**1.** [beato]: **los ~s** the faithful -**2.** [admirador] devotee.

devuelto, ta *pp* ⊳ devolver.

devuelva *etc* ⊳ devolver.

dg (*abrev de* decigramo) dg.

DGS (*abrev de* Dirección General de Seguridad) *f* Spanish police headquarters.

di *etc* -**1.** ⊳ dar -**2.** ⊳ decir.

día *m* -**1.** [gen] day; **me voy el ~ ocho** I'm going on the eighth; **¿a qué ~ estamos?** what day is it today?; **¿qué tal ~ hace?** what's the weather like today?; **todos los ~s** every day; **el ~ que se entere nos mata** when he finds out, he'll kill us; **~ de deuda** COM pay-by date; **~ de la Madre** Mother's Day; **~ de los enamorados** St Valentine's Day; **~ de los inocentes** ≈ *28th December*, ≈ April Fools' Day; **~ de pago** payday; **~ festivo** (public) holiday; **~ hábil** *o* **laborable** *o* **de trabajo** working day; **~ lectivo** school *o* teaching day; **~ libre** day off; **de ~ en ~** from day to day, day by day; **del ~** fresh; **en su ~** in due course; **hoy (en) ~** nowadays; **todo el (santo) ~** all day long; **el ~ de mañana** in the future; **al ~ siguiente** on the following day; **un ~ sí y otro no** every other day; **menú del ~** today's menu -**2.** [luz] daytime, day; **es de ~** it's daytime; **hacer algo de ~** to do sthg in the daytime *o* during the day; **~ y noche** day and night; **en pleno ~, a plena luz del ~** in broad daylight -**3.** *loc*: **dar el ~ a alguien** to ruin sb's day (for them); **mañana será otro ~** tomorrow is another day; **no pasar los ~s para alguien** not to look one's age; **tener ~s** to have one's good days and one's bad days; **un ~ es un ~** this is a special occasion; **el ~ menos pensado** when you least expect it; **estar/ponerse al ~ (de)** to be/get up to date (with); **poner algo/a alguien al ~** to update sthg/sb; **vivir al ~** to live from hand to mouth.

➥ **días** *mpl* -**1.** [vida] days, life *(sg)* -**2.** [época]: **en mis ~s** in my day; **en aquellos ~s de felicidad** in those happy times.

➥ **buen día** *interj* Amér: **¡buen ~!** good morning!

➥ **buenos días** *interj*: **¡buenos ~s!** [gen] hello!; [por la mañana] good morning!

DÍA DE LOS INOCENTES

The *Día de los Inocentes* falls on 28th December; it commemorates the slaughter of innocent children ordered by Herod. Children and adults traditionally play jokes and tricks known as *inocentadas* on one another.

diabetes *f inv* diabetes *(U)*.
diabético, ca *adj & m,f* diabetic.
diablo *m lit & fig* devil; **pobre ~** poor devil; **tener el ~ en el cuerpo, ser la piel del ~** to be a little devil; **mandar al ~ a alguien** to send sb packing; **más sabe el ~ por viejo que por ~** experience is what really counts.
➤ **diablos** *fam* ◇ *mpl* [para enfatizar]: **¿dónde/cómo ~s ...?** where/how the hell ...? ◇ *interj:* **¡~s!** damn it!
diablura *f* prank.
diabólico, ca *adj* **-1.** [del diablo] diabolic **-2.** *fig* [muy malo, difícil] diabolical.
diadema *f* [para el pelo] hairband.
diáfano, na *adj* **-1.** [transparente] transparent, diaphanous **-2.** *fig* [claro] clear.
diafragma *m* diaphragm.
diagnosis *f inv* diagnosis.
diagnosticar [10] *vt* to diagnose.
diagnóstico *m* diagnosis; **~ precoz** early diagnosis.
diagonal *adj & f* diagonal.
diagrama *m* diagram; **~ de flujo** *COMPUT* flow chart *o* diagram.
dial *m* dial.
dialecto *m* dialect.
diálisis *f inv* dialysis.
dialogante *adj:* **persona ~** interlocutor.
dialogar [16] *vi:* **~ (con)** [hablar] to have a conversation (with), to talk (to); [negociar] to hold a dialogue *o* talks (with).
diálogo *m* [conversación] conversation; *LITER & POLÍT* dialogue; **~ de besugos** mindless chatter *(U)*; **fue un ~ de sordos** nobody listened to anyone else.
diamante *m* [piedra preciosa] diamond; **~ en bruto** uncut diamond; **ser un ~ en bruto** *fig* to have a lot of potential.
➤ **diamantes** *mpl* [naipes] diamonds.
diametralmente *adv* diametrically; **~ opuesto a** diametrically opposed to.
diámetro *m* diameter.
diana *f* **-1.** [en blanco de tiro] bull's-eye, bull; **hacer ~** to hit the bull's-eye **-2.** [en cuartel] reveille; **tocar ~** to sound the reveille.
diapasón *m* tuning fork.
diapositiva *f* slide, transparency.

diariero, ra *m,f Andes, RP* newspaper seller.
diario, ria *adj* daily; **a ~** every day; **de ~** daily, everyday; **ropa de ~** everyday clothes.
➤ **diario** *m* **-1.** [periódico] newspaper, daily; **~ hablado/televisado** radio/television news (bulletin) **-2.** [relación día a día] diary; **~ de a bordo** logbook; **~ de sesiones** parliamentary report; **~ de vuelo** log, logbook.
diarrea *f* diarrhoea; **tener ~ mental** *fam* not to be thinking straight.
dibujante *mf* [gen] drawer, sketcher; [de dibujos animados] cartoonist; [de dibujo técnico] draughtsman (*f* draughtswoman).
dibujar *vt & vi* to draw, to sketch.
dibujo *m* **-1.** [gen] drawing; **no se le da bien el ~** he's no good at drawing; **~s animados** cartoons; **~ artístico** art; **~ lineal** technical drawing; **~ al natural** drawing from life **-2.** [de tela, prenda etc] pattern.
dic., dicbre. (*abrev de* diciembre) Dec.
dicción *f* diction.
diccionario *m* dictionary.
dice ⊳ decir.
dicha *f* **-1.** [alegría] joy **-2.** [suerte] good fortune.
dicharachero, ra *adj fam* talkative.
dicho, cha ◇ *pp* ⊳ decir. ◇ *adj* said, aforementioned; **~s hombres** the said men, these men; **lo ~** what I/we *etc* said; **o mejor ~** or rather; **~ y hecho** no sooner said than done.
➤ **dicho** *m* saying; **del ~ al hecho hay un gran** *o* **mucho trecho** it's easier said than done.
dichoso, sa *adj* **-1.** [feliz] happy; [afortunado] fortunate **-2.** [para enfatizar - maldito] blessed, confounded.
diciembre *m* December; *ver también* **septiembre**.
dictado *m* dictation; **escribir al ~** to take dictation.
➤ **dictados** *mpl* [órdenes] dictates.
dictador, ra *m,f* dictator.
dictadura *f* dictatorship; **~ del proletariado** dictatorship of the proletariat.
dictamen *m* [opinión] opinion, judgment; [informe] report; **~ facultativo** *o* **médico** medical report.
dictar *vt* **-1.** [texto] to dictate **-2.** [emitir - sentencia, fallo] to pronounce, to pass; [- ley] to enact; [- decreto] to issue.
didáctico, ca *adj* didactic.
➤ **didáctica** *f* didactics *(U)*.

diecinueve *núm* nineteen; *ver también* **seis**.
diecinueveavo, va *núm* nineteenth; **la diecinueveava parte** a nineteenth.
dieciocho *núm* eighteen; *ver también* **seis**.
dieciochoavo, va *núm* eighteenth; **la dieciochoava parte** an eighteenth.
dieciséis *núm* sixteen; *ver también* **seis**.
dieciseisavo, va *núm* sixteenth; **la dieciseisava parte** a sixteenth.
diecisiete *núm* seventeen; *ver también* **seis**.
diecisieteavo, va *núm* seventeenth; **la diecisieteava parte** a seventeenth.
diente *m* tooth; **está echando** *o* **le están saliendo los** ~**s** she's teething; ~ **de leche** milk tooth; ~ **incisivo** incisor; ~ **molar** molar; ~**s postizos** false teeth; **armado hasta los** ~**s** armed to the teeth; **enseñar los** ~**s** to bare one's teeth; **hablar entre** ~**s** to mumble, to mutter; **hincar el** ~ **a algo** to sink one's teeth into sthg; *fig* to get one's teeth into sthg; **ponerle a alguien los** ~**s largos** to turn sb green with envy; **me rechinan los** ~**s** it sets my teeth on edge; **reírse entre** ~**s** to chuckle.
◆ **diente de ajo** *m* clove of garlic.
◆ **diente de león** *m* dandelion.
diera ⊳ **dar**.
diéresis *f inv* diaeresis.
dieron *etc* ⊳ **dar**.
diesel, diésel *adj* diesel.
diestro, tra *adj* [hábil]: ~ **(en)** skilful (at); **a** ~ **y siniestro** *fig* left, right and centre, all over the place.
◆ **diestro** *m* TAUROM matador.
◆ **diestra** *f* right hand; **a la diestra** on the right *o* right-hand side.
dieta *f* MED diet; **estar/ponerse a** ~ to be/go on a diet; ~ **blanda** soft-food diet; ~ **equilibrada** balanced diet; ~ **mediterránea** Mediterranean diet.
◆ **dietas** *fpl* COM expenses.
dietético, ca *adj* dietetic, dietary.
◆ **dietética** *f* dietetics (U).
dietista *mf Amér* dietician.
diez ◇ *núm* ten; *ver también* **seis**. ◇ *m* [en la escuela] A, top marks (pl).
diezmar *vt* to decimate.
difamación *f* [verbal] slander; [escrita] libel.
difamar *vt* [verbalmente] to slander; [por escrito] to libel.
difamatorio, ria *adj* [declaraciones, críticas] defamatory; [texto, carta, escrito] libellous.
diferencia *f* difference; **a** ~ **de** unlike; **con** ~ by a long chalk, by far; **es, con** ~**, el más listo** he's the smartest by far; **establecer** *o*

hacer una ~ **entre** to make a distinction between; **limar** ~**s** to settle one's differences; **partir la** ~ to split the difference; ~ **horaria** time difference.
diferencial ◇ *adj* distinguishing. ◇ *m* MEC differential. ◇ *f* MAT differential.
diferenciar [7] ◇ *vt*: ~ **(de)** to distinguish (from). ◇ *vi*: ~ **(entre)** to distinguish *o* differentiate (between).
◆ **diferenciarse** *vpr* **-1.** [diferir]: ~**se (de/en)** to differ (from/in), to be different (from/in) **-2.** [descollar]: ~**se de** to stand out from.
diferente ◇ *adj*: ~ **(de** *o* **a)** different (from *o* to). ◇ *adv* differently.
diferido
◆ **en diferido** *loc adv* TV recorded.
diferir [27] ◇ *vt* [posponer] to postpone, to put off. ◇ *vi* [diferenciarse] to differ, to be different; ~ **de alguien en algo** to differ from sb in sthg.
difícil *adj* difficult; ~ **de hacer** difficult to do; **es** ~ **que ganen** they are unlikely to win.
dificultad *f* **-1.** [calidad de difícil] difficulty **-2.** [obstáculo] problem; **poner** ~**es** to raise objections.
◆ **dificultades** *fpl* [problemas] trouble (U); **pasar** ~**es** to suffer hardship.
dificultar *vt* [estorbar] to hinder; [obstruir] to obstruct.
difiera, difiriera *etc* ⊳ **diferir**.
difteria *f* diphtheria.
difuminar *vt* to blur.
difundir *vt* **-1.** [noticia, doctrina, epidemia] to spread **-2.** [luz, calor] to diffuse; [emisión radiofónica] to broadcast.
◆ **difundirse** *vpr* **-1.** [noticia, doctrina, epidemia] to spread **-2.** [luz, calor] to be diffused.
difunto, ta ◇ *adj* [gen] deceased, dead; **el** ~ **Sr. Pérez** the late Mr Pérez. ◇ *m, f*: **el** ~ the deceased.
difusión *f* **-1.** [de cultura, noticia, doctrina] dissemination **-2.** [de luz, calor, ondas] diffusion **-3.** [de programa] broadcasting.
difuso, sa *adj* [luz] diffuse; [estilo, explicación] wordy.
difusor, ra ◇ *adj* [medio, agencia] broadcasting. ◇ *m, f* propagator.
diga ⊳ **decir**.
digerir [27] *vt* to digest; *fig* [hechos] to assimilate, to take in.
digestión *f* digestion; **hacer la** ~ to digest one's food.
digestivo, va *adj* digestive.
◆ **digestivo** *m* digestive (drink).

digiera, digiriera etc ⊳ **digerir**.
digitador, dora m,f Amér keyboarder.
digital adj **-1.** [del dedo] finger (antes de sust)
-2. INFORM & TECN digital.
digitalización f INFORM digitizing.
digitalizar vt INFORM to digitize.
dígito m digit.
dignarse vpr ~ **a** to deign to.
dignatario, ria m,f dignitary.
dignidad f **-1.** [cualidad] dignity **-2.** [cargo]
office **-3.** [persona] dignitary.
dignificar [10] vt to dignify.
digno, na adj **-1.** [noble - actitud, respuesta]
dignified; [- persona] honourable, noble **-2.**
[merecedor]: ~ **de** worthy of; ~ **de elogio**
praiseworthy; ~ **de mención/de ver** worth
mentioning/seeing **-3.** [adecuado]: ~ **de**
appropriate for, fitting for **-4.** [decente -
sueldo, actuación etc] decent, good.
digo ⊳ **decir**.
dije adj Amér nice, pleasant.
dijera etc ⊳ **decir**.
dilapidar vt to squander, to waste.
dilatación f [gen] expansion; [de retina, útero]
dilation.
dilatar vt **-1.** [extender] to expand; [retina, úte-
ro] to dilate **-2.** [prolongar] to prolong **-3.** [de-
morar] to delay.
 ⇒ **dilatarse** vpr **-1.** [extenderse] to expand;
[retina, útero] to dilate **-2.** [prolongarse] to be
prolonged, to go on **-3.** [demorarse] to be
delayed.
dilema m dilemma.
diligencia f **-1.** [esmero, cuidado] diligence
-2. [prontitud] speed **-3.** [trámite, gestión] business (U); **hacer una** ~ to run an errand **-4.**
[vehículo] stagecoach.
 ⇒ **diligencias** fpl DER proceedings; **instruir**
~s to start proceedings.
diligente adj diligent.
diluir [51] vt to dilute.
 ⇒ **diluirse** vpr to dissolve.
diluviar [8] v impers to pour with rain.
diluvio m lit & fig flood; **el Diluvio Universal**
the Flood.
diluya, diluyera etc ⊳ **diluir**.
dimensión f dimension; **!as dimensiones**
de la tragedia the extent of the tragedy.
diminutivo m diminutive.
diminuto, ta adj tiny, minute.
dimisión f resignation; **presentar la** ~ to
hand in one's resignation.
dimitir vi: ~ **(de)** to resign (from).
dimos ⊳ **dar**.
Dinamarca Denmark.

dinámico, ca adj dynamic.
 ⇒ **dinámica** f **-1.** [gen] dynamics (pl); ~ **de**
grupo group dynamics (pl) **-2.** FÍS dynamics
(U).
dinamismo m dynamism.
dinamita f dynamite.
dinamitar vt to dynamite.
dinamizar [13] vt to speed up.
dinamo, dínamo f dynamo.
dinastía f dynasty.
dineral m fam fortune.
dinero m money; **andar bien/mal de** ~ to be
well off for/short of money; **hacer** ~ to
make money; **tirar el** ~ to throw money
away; **una familia de** ~ a family of means;
~ **circulante** ECON money in circulation; ~
contante (y sonante) hard cash; ~ **de curso**
legal legal tender; ~ **en metálico** cash; ~
negro o **sucio** illegally obtained money; ~
suelto loose change.
dinosaurio m dinosaur.
dintel m ARQUIT lintel.
diñar vt fam: ~ **la** to snuff it.
dio ⊳ **dar**.
diócesis f diocese.
dioptría f dioptre.
dios, sa m,f god (f goddess).
 ⇒ **Dios** m God; **¡a Dios gracias!** thank
heavens!; **a la buena de Dios** any old how;
a Dios rogando y con el mazo dando proverb
God helps those who help themselves;
¡anda o **ve con Dios!** God be with you!; **ar-**
mar la de Dios es Cristo to raise hell, to
make an almighty racket; **como Dios le da a**
entender as best one can; **como Dios manda**
properly; **para comer como Dios manda hay**
que sentarse en la mesa to eat properly, you
have to sit down at a table first; **Dios dirá**
it's in the lap of the gods; **Dios los cría y**
ellos se juntan proverb birds of a feather
flock together proverb; **¡Dios me libre!** God
o heaven forbid!; **Dios mediante, si Dios**
quiere God willing; **¡Dios mío!** good God!,
(oh) my God!; **Dios sabe, sabe Dios** God
(alone) knows; **¡que Dios se lo pague!** God
bless you!; **necesitar Dios y ayuda** to have
one's work cut out; **¡por Dios!** for God's
sake!; **sin encomendarse a Dios ni al diablo**
throwing caution to the winds; **¡válgame**
Dios! goodness gracious!, bless my soul!;
¡vaya por Dios! for Heaven's sake!, honestly!
diploma m diploma.
diplomacia f **-1.** [gen] diplomacy **-2.** [carre-
ra] diplomatic service.

diplomado, da ◇ *adj* qualified. ◇ *m,f* holder of a diploma.

diplomático, ca ◇ *adj lit* & *fig* diplomatic. ◇ *m,f* diplomat.

diptongo *m* diphthong.

diputación *f* - **1.** [corporación] committee; ~ **permanente** standing committee; ~ **provincial** *governing body of each province of an autonomous region in Spain*; ≃ county council *UK* - **2.** [cargo] post of member of parliament.

DIPUTACIÓN

In Spain, there is an administrative body in most provinces called the *diputación*. It is part of the local government structure and nowadays has limited powers mostly confined to co-ordinating services provided by local councils and representing the interests of the province. The members and president of the *diputación* are elected by the members of the autonomous parliaments.

diputado, da *m,f* ≃ Member of Parliament, MP *UK*, representative *US*.

dique *m* - **1.** [en río] dike; ~ **de contención** dam - **2.** [en puerto] dock; ~ **flotante** floating docks; ~ **seco** dry dock; **estar en (el)** ~ **seco** *fig* to be out of action.

dirá ⊳ decir.

dirección *f* - **1.** [sentido, rumbo] direction; **calle de** ~ **única** one-way street; ~ **'prohibida'** 'no entry'; **en** ~ **a** towards, in the direction of - **2.** [domicilio] address; ~ **comercial** business address; ~ **electrónica** *o* **de correo electrónico** e-mail address; ~ **particular** home address - **3.** [mando - de empresa, hospital] management; [- de partido] leadership; [- de colegio] headship; [- de periódico] editorship; [- de película] direction; [- de obra de teatro] production; [- de orquesta] conducting - **4.** [junta directiva] management; ~ **comercial** commercial department; ~ **general** head office - **5.** [de vehículo] steering; ~ **asistida** power steering.

➡ **Dirección** *f*: **Dirección General de Tráfico** *traffic department* (*part of the Ministry of the Interior*).

direccional ◇ *adj* directional. ◇ *m Amér AUTOM* indicator.

direccionar *vt INFORM* to address.

directivo, va ◇ *adj* managerial. ◇ *m,f* [jefe] manager.

➡ **directiva** *f* [junta] board (of directors).

directo, ta *adj* - **1.** [gen] direct - **2.** [derecho] straight.

➡ **directo** ◇ *m* [tren] through train. ◇ *adv* straight; ~ **a** straight to.*

➡ **directa** *f AUTOM* top gear; **poner** *o* **meter la directa** to go into top gear; *fig* to really get a move on.

➡ **en directo** *loc adv* live.

director, ra *m,f* - **1.** [de empresa] director; [de hotel, hospital] manager (*f* manageress); [de periódico] editor; [de cárcel] governor; ~ **ejecutivo** executive director; ~ **general** general manager; ~ **gerente** managing director - **2.** [de obra artística]: ~ **de cine** film director; ~ **de escena** producer, stage manager; ~ **de orquesta** conductor - **3.** [de colegio] headmaster (*f* headmistress) - **4.** [de tesis, trabajo de investigación] supervisor; ~ **espiritual** father confessor; ~ **técnico** *DEP* trainer.

directorio *m* - **1.** [gen & *INFORM*] directory; ~ **raíz** root directory - **2.** : ~ **telefónico** *Andes, CAm, Carib, Méx* directory.

directriz *f GEOM* directrix.

➡ **directrices** *fpl* [normas] guidelines.

diría ⊳ decir.

dirigente ◇ *adj* [en partido] leading; [en empresa] management (*antes de sust*). ◇ *mf* [de partido político] leader; [de empresa] manager.

dirigible *m* airship.

dirigir [15] *vt* - **1.** [conducir - coche, barco] to steer; [- avión] to pilot; *fig* [mirada] to direct - **2.** [llevar - empresa, hotel, hospital] to manage; [- colegio, cárcel, periódico] to run; [- partido, revuelta] to lead; [- expedición] to head - **3.** [película, obra de teatro] to direct; [orquesta] to conduct - **4.** [carta, paquete] to address - **5.** [guiar - persona] to guide - **6.** [dedicar]: ~ **algo a** to aim sthg at.

➡ **dirigirse** *vpr* - **1.** [encaminarse]: ~ **se a** *o* **hacia** to head for - **2.** [hablar]: ~ **se a** to address, to speak to - **3.** [escribir]: ~ **se a** to write to.

dirija *etc* ⊳ dirigir.

discar [10] *vt Andes, RP* to dial.

discernimiento *m* discernment.

discernir [21] *vt* to discern, to distinguish; ~ **algo de algo** to distinguish sthg from sthg.

disciplina *f* discipline.

disciplinar *vt* to discipline.

disciplinario, ria *adj* disciplinary.

discípulo, la *m,f* disciple.

disc-jockey [dis'jokei] *mf* disc jockey.

disco *m* - **1.** *ANAT, ASTRON* & *GEOM* disc - **2.** [de música] record; **parecer un** ~ **rayado** *fam* to go on like a cracked record; **~ compacto** compact disc; **~ de larga duración** LP, long-playing record **- 3.** [semáforo] (traffic) light; **saltarse un ~ rojo** to jump a red light *UK*, to to run a red light *US* **- 4.** *DEP* discus **- 5.** *INFORM* disk; **~ de arranque/del sistema** startup/system disk; **~ duro/flexible** hard/floppy disk; **~ magnético** magnetic disk; **~ óptico** optical disk, CD-ROM; **~ removible/rígido** removable/hard disk; **~ virtual** virtual disk; **~ Zip®** Zip® disk **- 6.** [del teléfono] dial.

discografía f records previously released *(by an artist or group)*.

discográfico, ca adj record *(antes de sust)*.

disconforme adj in disagreement; **estar ~ con** to disagree with.

discontinuo, nua adj [esfuerzo] intermittent; [línea] broken, dotted.

discordante adj [sonidos] discordant; [opiniones] clashing.

discordia f discord.

discoteca f **- 1.** [local] disco, discotheque **- 2.** [colección] record collection.

discotequero, ra <> adj disco *(antes de sust)*. <> m,f nightclubber.

discreción f discretion.

➥ **a discreción** loc adv as much as one wants, freely.

discrecional adj [gen] optional; [parada] request *(antes de sust)*.

discrepancia f [diferencia] difference, discrepancy; [desacuerdo] disagreement.

discrepar vi: **~ (de)** [diferenciarse] to differ (from); [disentir] to disagree (with).

discreto, ta adj **- 1.** [prudente] discreet **- 2.** [cantidad] moderate, modest **- 3.** [no extravagante] modest **- 4.** [normal - actuación] fair, reasonable.

discriminación f discrimination; **~ racial/sexual** racial/sexual discrimination.

discriminar vt **- 1.** [cosa]: **~ algo de** to discriminate *o* distinguish sthg from **- 2.** [persona, colectividad] to discriminate against.

discriminatorio, ria adj discriminatory.

disculpa f [pretexto] excuse; [excusa, perdón] apology; **dar ~s** to make excuses; **pedir ~s a alguien (por)** to apologize to sb (for).

disculpar vt to excuse; **~ a alguien (de o por algo)** to forgive sb (for sthg).

➥ **disculparse** vpr: **~se (de o por algo)** to apologize (for sthg).

discurrir <> vi **- 1.** [pasar - personas] to wander, to walk; [- tiempo, vida, sesión] to go

by, to pass; [- río, tráfico] to flow **- 2.** [pensar] to think, to reflect. <> vt to come up with.

discurso m speech; **pronunciar un ~** to make a speech.

discusión f **- 1.** [conversación] discussion; **estar en ~** to be under discussion **- 2.** [pelea] argument.

discutible adj debatable.

discutir <> vi **- 1.** [hablar] to discuss **- 2.** [pelear]: **~ (de)** to argue (about). <> vt [hablar] to discuss; [contradecir] to dispute.

disecar [10] vt [animal] to stuff; [planta] to dry.

diseminar vt [semillas] to scatter; [ideas] to disseminate.

disentería f dysentery.

disentir [27] vi: **~ (de/en)** to disagree (with/on).

diseñador, ra m,f designer; **~ gráfico** graphic designer; **~ industrial** industrial designer; **~ de modas** fashion designer; **~ de páginas web** web designer.

diseñar vt to design.

diseño m design; **ropa de ~** designer clothes; **~ asistido por ordenador** *INFORM* computer-aided design; **~ gráfico** graphic design; **~ industrial** industrial design.

diseque etc ⊳ disecar.

disertación f [oral] lecture, discourse; [escrita] dissertation.

disertar vi: **~ (sobre)** to speak *o* lecture (on).

disfraz m [gen] disguise; [para baile, fiesta etc] fancy dress *(U)*.

disfrazar [13] vt to disguise; **~ a alguien de** to dress sb up as.

➥ **disfrazarse** vpr to disguise o.s.; **~se de** to dress up as.

disfrutar <> vi **- 1.** [sentir placer] to enjoy o.s. **- 2.** [disponer de]: **~ de algo** to enjoy sthg. <> vt to enjoy.

disfrute m **- 1.** [placer] enjoyment **- 2.** [provecho] benefit, use.

disgregar [16] vt **- 1.** [multitud, manifestación] to disperse, to break up **- 2.** [roca, imperio, estado] to break up; [átomo] to split.

➥ **disgregarse** vpr **- 1.** [multitud, manifestación] to disperse, to break up **- 2.** [roca, imperio, estado] to break up.

disgustar vt **- 1.** [suj: comentario, críticas, noticia] to upset **- 2.** [suj: mal olor] to disgust.

➥ **disgustarse** vpr: **~se (con alguien/por algo)** [sentir enfado] to get upset (with sb/about sthg); [enemistarse] to fall out (with sb/over sthg).

disgusto m **- 1.** [enfado] annoyance; [pesadumbre] sorrow, grief; **dar un** ~ **a alguien** to upset sb; **llevarse un** ~ to be upset; **matar a alguien a** ~**s** to worry sb to death **- 2.** [desinterés, incomodidad]: **hacer algo a** ~ to do sthg unwillingly *o* reluctantly; **estar a** ~ to feel uncomfortable *o* uneasy **- 3.** [pelea]: **tener un** ~ **con alguien** to have a quarrel with sb.

disidencia *f* [política, religiosa] dissidence; [desacuerdo] disagreement.

disidente <> *adj* [en política] dissident; [en religión] dissenting. <> *mf* [político] dissident; [religioso] dissenter.

disienta *etc* ▷ **disentir**.

disimulado, da *adj* hidden, concealed; **hacerse el** ~ to pretend not to notice.

disimular <> *vt* to hide, to conceal. <> *vi* to pretend.

disimulo *m* pretence, concealment; **con** ~ furtively.

disintiera *etc* ▷ **disentir**.

disipar *vt* **- 1.** [dudas, sospechas] to dispel; [ilusiones] to shatter **- 2.** [fortuna, herencia] to squander, to throw away **- 3.** [niebla, humo, vapor] to drive *o* blow away.

➥ **disiparse** *vpr* **- 1.** [dudas, sospechas] to be dispelled; [ilusiones] to be shattered **- 2.** [niebla, humo, vapor] to vanish.

diskette = **disquete**.

dislexia *m* dyslexia.

disléxico, ca *adj & m,f* dyslexic.

dislocación *f* dislocation.

dislocar [10] *vt* to dislocate.

➥ **dislocarse** *vpr* to dislocate.

disminución *f* decrease, drop; **ir en** ~ to be on the decrease.

disminuido, da <> *adj* handicapped. <> *m,f* handicapped person; ~ **físico** physically-handicapped person; ~ **psíquico** mentally-handicapped person.

disminuir [51] <> *vt* to reduce, to decrease. <> *vi* [gen] to decrease; [precios, temperatura] to drop, to fall; [vista, memoria] to fail; [días] to get shorter; [beneficios] to fall off.

disociar [8] *vt*: ~ **(de)** to dissociate (from).

disolución *f* **- 1.** [en un líquido] dissolving **- 2.** [de matrimonio, sociedad, partido] dissolution **- 3.** [mezcla] solution.

disolvente *adj & m* solvent.

disolver [24] *vt* **- 1.** [gen] to dissolve **- 2.** [reunión, manifestación, familia] to break up.

➥ **disolverse** *vpr* **- 1.** [gen] to dissolve **- 2.** [reunión, manifestación, familia] to break up.

disparadero *m*: **poner a alguien en el** ~ to push sb too far.

disparado, da *adj*: **salir/entrar** ~ to shoot out/in.

disparador *m* **- 1.** [de armas] trigger **- 2.** FOT shutter release.

disparar <> *vt* to shoot; [pedrada] to throw. <> *vi* to shoot, to fire.

➥ **dispararse** *vpr* **- 1.** [arma] to go off **- 2.** [precipitarse - persona] to rush off; [- caballo] to bolt **- 3.** [perder los estribos] to get carried away **- 4.** [precios, inflación] to shoot up.

disparatado, da *adj* absurd, crazy.

disparatar *vi* [decir tonterías] to talk nonsense; [hacer tonterías] to behave foolishly.

disparate *m* **- 1.** [acción] silly thing; [comentario] foolish remark; [idea] crazy idea; **hacer** ~**s** to do silly things; **decir** ~**s** to make foolish remarks, to talk nonsense **- 2.** [cantidad excesiva]: **gastar un** ~ to spend a ridiculous amount.

disparo *m* shot; ~ **de advertencia** warning shot; ~ **de salida** starting shot.

dispensar *vt* **- 1.** [disculpar] to excuse, to forgive **- 2.** [rendir]: ~ **algo (a alguien)** [honores] to confer sthg (upon sb); [bienvenida, ayuda] to give sthg (to sb) **- 3.** [eximir]: ~ **a alguien de** to excuse *o* exempt sb from.

dispensario *m* dispensary.

dispersar *vt* **- 1.** [esparcir - objetos] to scatter **- 2.** [disolver - gentío] to disperse; [- manifestación] to break up; [- esfuerzos] to dissipate.

➥ **dispersarse** *vpr* to scatter.

dispersión *f* **- 1.** [de objetos] scattering **- 2.** [de gentío, luz] scattering; [de manifestación] breaking up.

disperso, sa *adj* scattered.

display [dis'pleil] *m* INFORM display.

displicencia *f* **- 1.** [desagrado] contempt **- 2.** [negligencia] carelessness; [desgana] lack of enthusiasm.

displicente *adj* **- 1.** [desagradable] contemptuous **- 2.** [negligente] careless; [desganado] unenthusiastic.

disponer [65] <> *vt* **- 1.** [gen] to arrange **- 2.** [cena, comida] to lay on **- 3.** [decidir - suj: persona] to decide; [suj: ley] to stipulate. <> *vi* **- 1.** [poseer]: ~ **de** to have **- 2.** [usar]: ~ **de** to make use of.

➥ **disponerse a** *vpr*: ~**se a hacer algo** to prepare *o* get ready to do sthg.

disponibilidad *f* **- 1.** [gen] availability **- 2.** [a ayudar] readiness to help.

➥ **disponibilidades** *fpl* [medios] financial resources.

disponible *adj* [gen] available; [tiempo] free, spare.

disposición *f* **-1.** [colocación] arrangement, layout **-2.** [estado]: **estar** *o* **hallarse en** ~ **de hacer algo** to be prepared *o* ready to do sthg **-3.** [orden] order; [de ley] provision **-4.** [uso]: **a** ~ **de** at the disposal of; **pasar a** ~ **policial** to be brought before the judge **-5.** *fig* [aptitud] talent.

dispositivo *m* device; ~ **intrauterino** intrauterine device, IUD.

dispuesto, ta <> *pp* ▷ **disponer**. <> *adj* **-1.** [preparado] ready; **estar** ~ **a hacer algo** to be prepared to do sthg; **estar poco** ~ **a hacer algo** to be reluctant to do sthg **-2.** [capaz] capable; [a ayudar] ready to help.

dispusiera *etc* ▷ **disponer**.

disputa *f* dispute.

disputar *vt* **-1.** [cuestión, tema] to argue about **-2.** [trofeo, puesto] to compete for, to dispute; [carrera, partido] to compete in.

disquete, diskette [dis'kete] *m* INFORM diskette, floppy disk.

disquetera *f* INFORM disk drive.

disquisición *f* [exposición] disquisition.

➤ **disquisiciones** *fpl* [digresión] digressions.

distancia *f* **-1.** [gen] distance; **a** ~ from a distance; **mantener a** ~ to keep at a distance; **mantener las** ~**s** to keep one's distance; **recorrer una gran** ~ to cover a lot of ground; ~ **de seguridad** safe distance **-2.** [en el tiempo] gap, space **-3.** [diferencia] difference **-4.** *loc*: **acortar las** ~**s** to come closer (to an agreement); **guardar las** ~**s** to keep one's distance; **salvando las** ~**s** only up to a point.

distanciamiento *m* [afectivo] distance, coldness.

distanciar [8] *vt* [gen] to drive apart; [rival] to forge ahead of.

➤ **distanciarse** *vpr* [alejarse - afectivamente] to grow apart; [- físicamente] to distance o.s.

distante *adj* **-1.** [en el espacio]: ~ **(de)** far away (from) **-2.** [en el trato] distant.

distar *vi* **-1.** [hallarse a]: **ese sitio dista varios kilómetros de aquí** that place is several kilometres away from here **-2.** *fig* [diferenciarse]: ~ **de** to be far from.

diste *etc* ▷ **dar**.

distender [20] *vt* [situación, relaciones] to ease; [cuerda] to slacken.

distendido, da *adj* [informal] relaxed, informal.

distensión *f* **-1.** [entre países] détente; [entre personas] easing of tension **-2.** [de arco, cuerda] slackening **-3.** MED strain.

distienda *etc* ▷ **distender**.

distinción *f* **-1.** [diferencia] distinction; **a** ~ **de** in contrast to, unlike; **sin** ~ alike; **hacer distinciones** not to treat everyone the same **-2.** [privilegio] privilege **-3.** [elegancia] refinement.

distinguido, da *adj* **-1.** [notable] distinguished **-2.** [elegante] refined.

distinguir [17] *vt* **-1.** [diferenciar] to distinguish; ~ **algo de algo** to tell sthg from sthg **-2.** [separar] to pick out **-3.** [caracterizar] to characterize **-4.** [premiar] to honour **-5.** [vislumbrar] to make out.

➤ **distinguirse** *vpr* **-1.** [destacarse] to stand out **-2.** [vislumbrarse] to be visible.

distintivo, va *adj* distinctive; [señal] distinguishing.

➤ **distintivo** *m* badge.

distinto, ta *adj* [diferente] different.

➤ **distintos, tas** *adj pl* [varios] various.

distorsión *f* [de tobillo, rodilla] sprain; [de imágenes, sonidos, palabras] distortion.

distorsionar *vt* to distort.

distracción *f* **-1.** [entretenimiento] entertainment; [pasatiempo] hobby, pastime **-2.** [despiste] slip; [falta de atención] absentmindedness.

distraer [73] *vt* **-1.** [divertir] to amuse, to entertain **-2.** [despistar] to distract.

➤ **distraerse** *vpr* **-1.** [divertirse] to enjoy o.s.; [pasar el tiempo] to pass the time **-2.** [despistarse] to let one's mind wander.

distraído, da <> *adj* **-1.** [entretenido] amusing, entertaining **-2.** [despistado] absentminded. <> *m,f* daydreamer, absentminded person; **hacerse el** ~ to pretend not to notice.

distribución *f* **-1.** [gen] distribution; ~ **de premios** prizegiving **-2.** [de correo, mercancías] delivery; ~ **comercial** commercial distribution **-3.** [de casa, habitaciones] layout.

distribuidor, ra <> *adj* [entidad] wholesale; [red] supply *(antes de sust)*. <> *m,f* [persona] deliveryman (*f* deliverywoman).

➤ **distribuidor** *m* [aparato] vending machine.

➤ **distribuidora** *f* [firma] wholesaler, supplier.

distribuir [51] *vt* **-1.** [gen] to distribute; [carga, trabajo] to spread; [pastel, ganancias] to divide up **-2.** [correo, mercancías] to deliver **-3.** [casa, habitaciones] to arrange.

distributivo, va *adj* distributive.

distrito *m* district; ~ **electoral** constituency; ~ **postal** postal district.

disturbio *m* disturbance; [violento] riot; ~**s raciales** race riots.

disuadir *vt*: ~ **(de)** to dissuade (from).

disuasión *f* deterrence.

disuasivo, va *adj* deterrent.

disuelto, ta *pp* ▷ **disolver**.

disuelva *etc* ▷ **disolver**.

disyuntivo, va *adj* GRAM disjunctive.

➥ **disyuntiva** *f* straight choice.

DIU (*abrev de* **dispositivo intrauterino**) *m* IUD.

diurético, ca *adj & m* diuretic.

diurno, na *adj* [gen] daytime *(antes de sust)*; [planta, animal] diurnal.

diva ▷ **divo**.

divagación *f* digression.

divagar [16] *vi* to digress.

diván *m* divan; [de psiquiatra] couch.

divergencia *f* **-1.** [de líneas] divergence **-2.** [de opinión] difference of opinion.

divergir [15] *vi* **-1.** [calles, líneas] to diverge **-2.** *fig* [opiniones]: ~ **(en)** to differ (on).

diversidad *f* diversity.

diversificación *f* diversification.

diversificar [10] *vt* to diversify.

➥ **diversificarse** *vpr* to grow apart.

diversión *f* entertainment, amusement.

diverso, sa *adj* [diferente] different.

➥ **diversos, sas** *adj pl* [varios] several, various.

divertido, da *adj* [entretenido - película, libro] entertaining; [- fiesta] enjoyable; [que hace reír] funny.

divertir [27] *vt* to entertain, to amuse.

➥ **divertirse** *vpr* to enjoy o.s.

dividendo *m* FIN & MAT dividend; ~ **a cuenta** interim dividend.

dividir *vt*: ~ **(en)** to divide (into); ~ **entre** [gen] to divide between; MAT to divide by.

divierta *etc* ▷ **divertir**.

divinidad *f* divinity, god.

divino, na *adj lit & fig* divine.

divirtiera *etc* ▷ **divertir**.

divisa *f* **-1.** *(gen pl)* [moneda] foreign currency; ~ **convertible** convertible currency **-2.** [distintivo] emblem.

divisar *vt* to spy, to make out.

división *f* [gen] division; [partición] splitting up; ~ **del trabajo** ECON division of labour.

divisor *m* MAT divisor; **máximo común** ~ highest common factor.

divisorio, ria *adj* dividing.

divo, va *m,f* **-1.** [MÚS - mujer] diva, prima donna; [- hombre] opera singer **-2.** [celebridad] star.

divorciado, da ◇ *adj* divorced. ◇ *m,f* divorcé (*f* divorcée).

divorciar [8] *vt lit & fig* to divorce.

➥ **divorciarse** *vpr* to get divorced.

divorcio *m* **-1.** DER divorce **-2.** *fig* [diferencia] difference, inconsistency.

divulgación *f* [de noticia, secreto] revelation; [de rumor] spreading; [de cultura, ciencia, doctrina] popularization.

divulgar [16] *vt* [noticia, secreto] to reveal; [rumor] to spread; [cultura, ciencia, doctrina] to popularize.

dizque *adv* Amér apparently.

dl (*abrev de* **decilitro**) dl.

dm (*abrev de* **decímetro**) dm.

Dm. (*abrev de* **Dios mediante**) DV.

DNI (*abrev de* **documento nacional de identidad**) *m* ID card.

Dña *abrev de* **doña**.

do *m* MÚS C; [en solfeo] doh; **dar el** ~ **de pecho** *fam fig* to give one's all.

doberman *m* Doberman (pinscher).

dobladillo *m* [de traje, vestido] hem; [de pantalón] turn-up UK, cuff US; **hacer un** ~ to turn up, to hem.

doblado, da *adj* **-1.** [papel, camisa] folded **-2.** [voz, película] dubbed.

doblaje *m* dubbing.

doblar ◇ *vt* **-1.** [duplicar] to double **-2.** [plegar] to fold **-3.** [torcer] to bend **-4.** [esquina] to turn, to go round **-5.** [voz, actor] to dub. ◇ *vi* **-1.** [girar] to turn **-2.** [campanas] to toll.

➥ **doblarse** *vpr* [someterse]: ~**se a** to give in to.

doble ◇ *adj* double; **tiene** ~ **número de habitantes** it has double *o* twice the number of inhabitants; **es** ~ **de ancho** it's twice as wide; **una frase de** ~ **sentido** a phrase with a double meaning; ~ **clic** INFORM double click. ◇ *mf* [gen & CIN] double.

◇ *m* [duplo]: **el ~** twice as much; **gana el ~ que yo** she earns twice as much as I do, she earns double what I do. ◇ *adv* double; **trabajar ~** to work twice as hard.
◆ **dobles** *mpl* DEP doubles.

doblegar [16] *vt* [someter] to bend, to cause to give in.
◆ **doblegarse** *vpr*: **~se (ante)** to give in *o* yield (to).

doblete *m* [joya] fake, imitation; LING doublet.

doblez ◇ *m* [pliegue] fold, crease. ◇ *m o f* *fig* [falsedad] deceit.

doc. (*abrev de* **documento**) doc.

doce *núm* twelve; *ver también* **seis**.

doceavo, va *núm* twelfth; **la doceava parte** a twelfth.

docena *f* dozen; **a** *o* **por ~s** by the dozen.

docencia *f* teaching.

docente ◇ *adj* teaching; **centro ~** educational institution. ◇ *mf* teacher.

dócil *adj* obedient.

docilidad *f* obedience.

doctor, ra *m,f*: **~ (en)** doctor (of).

doctorado *m* doctorate.

doctoral *adj* doctoral.

doctorar *vt* to confer a doctorate on.
◆ **doctorarse** *vpr*: **~se (en)** to get one's doctorate (in).

doctrina *f* doctrine.

doctrinal *adj* doctrinal.

documentación *f* **-1.** [en archivos] documentation **-2.** [identificación personal] papers *(pl)*.

documentado, da *adj* **-1.** [informado - película, informe] researched; [- persona] informed **-2.** [con papeles encima] having identification.

documental *adj & m* documentary.

documentar *vt* **-1.** [evidenciar] to document **-2.** [informar] to brief.
◆ **documentarse** *vpr* to do research.

documento *m* **-1.** [escrito] document; **~ nacional de identidad** identity card **-2.** [testimonio] record.

dodecaedro *m* dodecahedron.

dogma *m* dogma.

dogmático, ca *adj* dogmatic.

dogmatismo *m* dogmatism.

dogmatizar [13] *vi* to see everything in a dogmatic way.

dogo *mf* bull mastiff.

dólar *m* dollar.

dolencia *f* pain.

doler [24] *vi* to hurt; **me duele la pierna** my leg hurts; **¿te duele?** does it hurt?; **me duele la garganta/la cabeza** I have a sore throat/a headache; **me duele ver tanta injusticia** it pains me to see so much injustice; **¡ahí le duele!** that has really got him/her *etc*!
◆ **dolerse** *vpr*: **~se de** *o* **por algo** [quejarse] to complain about sthg; [arrepentirse] to be sorry about sthg.

dolido, da *adj* hurt.

dolmen *m* dolmen.

dolor *m* **-1.** [físico] pain; **siento un ~ en el brazo** I have a pain in my arm; **(tener) ~ de cabeza** (to have a) headache; **~ de estómago** stomachache; **~ de muelas** toothache **-2.** [moral] grief, sorrow.

dolorido, da *adj* [físicamente] sore; [moralmente] grieving, sorrowing.

doloroso, sa *adj* [físicamente] painful; [moralmente] distressing.

doma *f* taming; [de caballos] breaking-in.

domador, ra *m,f* [de caballos] breaker; [de leones] tamer.

domar *vt* [gen] to tame; [caballo] to break in; *fig* [personas] to control.

domesticar [10] *vt lit & fig* to tame.

doméstico, ca *adj* domestic.

domiciliación *f*: **~ (bancaria)** standing order, direct debit *(U)*.

domiciliar [8] *vt* **-1.** [pago] to pay by direct debit *o* standing order **-2.** [persona] to put up.

domiciliario, ria *adj* house *(antes de sust)*.

domicilio *m* **-1.** [vivienda] residence, home; **servicio a ~** home delivery; **venta a ~** door-to-door selling; **~ particular** private residence **-2.** [dirección] address; **sin ~ fijo** of no fixed abode; **~ fiscal** registered office; **~ social** head office **-3.** [localidad] residence.

dominación *f* rule, dominion.

dominante ◇ *adj* **-1.** [nación, religión, tendencia] dominant; [vientos] prevailing **-2.** [persona] domineering. ◇ *f* predominant feature.

dominar ◇ *vt* **-1.** [controlar - país, territorio]

to dominate, to rule (over); [- pasión, nervios, caballo] to control; [- situación] to be in control of; [- incendio] to bring under control; [- rebelión] to put down **-2.** [divisar] to overlook **-3.** [conocer - técnica, tema] to master; [- lengua] to be fluent in. ⬦ *vi* [predominar] to predominate.

➤ **dominarse** *vpr* to control o.s.

domingo *m* Sunday; ~ **de Ramos** Palm Sunday; ~ **de Resurrección** *o* **de Pascua** Easter Sunday; *ver también* **sábado**.

dominguero, ra ⬦ *adj fam despec* Sunday (*antes de sust*). ⬦ *m,f* Sunday tripper/driver etc.

dominical *adj* Sunday (*antes de sust*).

dominicano, na *adj* & *m,f* Dominican.

dominico, ca *adj* & *m,f* Dominican.

dominio *m* **-1.** [dominación, posesión]: ~ **(sobre)** control (over); ~ **de** *o* **sobre sí mismo** self-control **-2.** [autoridad] authority, power **-3.** *fig* [territorio] domain; [ámbito] realm **-4.** [conocimiento - de arte, técnica] mastery; [- de idiomas] command **-5.** *loc:* **ser del ~ público** to be public knowledge.

➤ **dominios** *mpl* [territorio] dominions.

dominó *m* **-1.** [juego] dominoes (*U*) **-2.** [fichas] set of dominoes.

don *m* **-1.** [tratamiento]: ~ **Luis García** [gen] Mr Luis García; [en cartas] Luis García Esquire; ~ **Luis** *not translated in modern English or translated as 'Mr' + surname, if known* **-2.** [habilidad] gift; ~ **de mando** leadership qualities; **el** ~ **de la palabra** the gift of the gab; **tener** ~ **de gentes** to have a way with people.

donación *f* donation.

donaire *m* [al expresarse] wit; [al andar etc] grace.

donante *mf* donor; ~ **de sangre** blood donor.

donar *vt* to donate.

donativo *m* donation.

doncella *f* maid.

donde ⬦ *adv* where; **el bolso está** ~ **lo dejaste** the bag is where you left it; **puedes marcharte** ~ **quieras** you can go wherever you want; **hasta** ~ as far as, up to where; **llegaré hasta** ~ **pueda** I'll get as far as I can; **por** ~ wherever; **iré por** ~ **me manden** I'll go wherever they send me. ⬦ *pron* where; **la casa** ~ **nací** the house where I was born; **la ciudad de** ~ **viene** the town (where) she comes from, the town from which she comes; **hacia** ~ towards where, towards which; **hasta** ~ as far as where, as far as which.

➤ **de donde** *loc adv* [de lo cual] from which.

dónde *adv (interrogativo)* where; **¿** ~ **está el niño?** where's the child?; **no sé** ~ **se habrá metido** I don't know where she can be; **¿a** ~ **vas?** where are you going?; **¿de** ~ **eres?** where are you from?; **¿hacia** ~ **vas?** where are you heading?; **¿por** ~ **?** whereabouts?; **¿por** ~ **se va al teatro?** how do you get to the theatre from here?

dondequiera

➤ **dondequiera que** *adv* wherever.

doña *f*: ~ **Luisa García** Mrs Luisa García; ~ **Luisa** *not translated in modern English or translated as 'Mrs' + surname, if known*.

dopado, da *adj* having taken performance-enhancing drugs.

dopar *vt* to dope.

➤ **doparse** *vpr* to take artificial stimulants.

doping ['dopin] *m* doping.

doquier

➤ **por doquier** *loc adv* everywhere.

dorado, da *adj lit* & *fig* golden.

➤ **dorado** *m* [material] gilt.

➤ **dorada** *f* [pez] gilthead.

dorar *vt* **-1.** [cubrir con oro] to gild **-2.** [alimento] to brown **-3.** [piel] to turn golden brown.

➤ **dorarse** *vpr* **-1.** [comida] to glaze **-2.** [piel] to tan.

dórico, ca *adj* Doric.

dormilón, ona *fam* ⬦ *adj* fond of sleeping. ⬦ *m,f* [persona] sleepyhead.

➤ **dormilona** *f Ven* [prenda] nightshirt, nightdress.

dormir [25] ⬦ *vt* [niño, animal] to put to bed; ~ **la siesta** to have an afternoon nap; ~ **la** *fam* to sleep it off. ⬦ *vi* to sleep.

➤ **dormirse** *vpr* **-1.** [persona] to fall asleep **-2.** [brazo, mano] to go to sleep **-3.** *fig* [despistarse] to be slow to react.

dormitar *vi* to doze.

dormitorio *m* **-1.** [de casa] bedroom; [de colegio] dormitory **-2.** [muebles] bedroom suite.

dorsal ⬦ *adj* dorsal. ⬦ *m* number (on player's back).

dorso *m* back; **al** ~, **en el** ~ on the back; **'véase al** ~**'** 'see overleaf'; ~ **de la mano** back of one's hand.

dos *núm* two; **de** ~ **en** ~ in twos, two by two; **en un** ~ **por tres** in no time at all; **cada** ~ **por tres** every five minutes, continually; *ver también* **seis**.

DOS (*abrev de* **disk operating system**) *m* DOS.

doscientos, tas *núm* two hundred; *ver también* **seis**.

dosel *m* canopy.

dosificador *m* dispenser.

dosificar [10] *vt* **-1.** FARM & QUÍM to measure out **-2.** *fig* [fuerzas, palabras] to use sparingly.

dosis *f inv lit & fig* dose; **en pequeñas** ~ in small doses.

dossier [do'sjer] *m inv* dossier, file.

dotación *f* **-1.** [de dinero, armas, medios] amount granted **-2.** [personal] staff, personnel; [tripulantes] crew; [patrulla] squad.

dotado, da *adj* gifted; ~ **de** [persona] blessed with; [edificio, instalación, aparato] equipped with.

dotar *vt* **-1.** [proveer]: ~ **algo de** to provide sthg with **-2.** [tripular]: ~ **algo de** to man sthg with **-3.** *fig* [suj: la naturaleza]: ~ **a algo/alguien de** to endow sthg/sb with **-4.** [dar una dote] to give a dowry to.

dote *f* [en boda] dowry.

➡ **dotes** *fpl* [dones] qualities; ~**s de mando** leadership qualities.

doy ➡ **dar**.

Dr. (*abrev de* **doctor**) Dr.

Dra. (*abrev de* **doctora**) Dr.

draconiano, na *adj fig* draconian.

draga *f* [máquina] dredge; [barco] dredger.

dragado *m* dredging.

dragaminas *m inv* minesweeper.

dragar [16] *vt* to dredge.

dragón *m* dragon.

drague *etc* ➡ **dragar**.

drama *m* [gen] drama; [obra] play.

dramático, ca *adj* dramatic.

dramatismo *m* dramatic nature, drama.

dramatizar [13] *vt* to dramatize.

dramaturgo, ga *m,f* playwright, dramatist.

dramón *m fam* melodrama.

drástico, ca *adj* drastic.

drenaje *m* drainage.

drenar *vt* to drain.

driblar *vt* DEP to dribble.

drive [draif] *m* DEP drive.

droga *f* drug; **la** ~ drugs *(pl)*; ~ **blanda/dura** soft/hard drug; ~ **de diseño** designer drug.

drogadicción *f* drug addiction.

drogadicto, ta ◇ *adj* addicted to drugs. ◇ *m,f* drug addict.

drogar [16] *vt* to drug.

➡ **drogarse** *vpr* to take drugs.

drogodependencia *f* drug dependence, drug addiction.

drogue *etc* ➡ **drogar**.

droguería *f* shop selling paint, cleaning materials etc.

droguero, ra *m,f* owner of a shop selling paint, cleaning materials etc.

dromedario *m* dromedary.

dto. *abrev de* **descuento**.

dual *adj* dual.

dualidad *f* duality.

dualismo *m* dualism.

dubitativo, va *adj* hesitant.

Dublín Dublin.

dublinés, esa ◇ *adj* of/relating to Dublin. ◇ *m,f* Dubliner.

ducado *m* **-1.** [tierras] duchy **-2.** [moneda] ducat.

ducha *f* shower; **tomar** *o* **darse una** ~ to have *o* take a shower; **una** ~ **de agua fría** *fam fig* a bucket of cold water; ~ **de teléfono** hand-held shower.

duchar *vt* to shower.

➡ **ducharse** *vpr* to have a shower.

ducho, cha *adj*: **ser** ~ **en** [entendido] to know a lot about; [diestro] to be skilled at.

dúctil *adj* **-1.** [metal] ductile **-2.** [persona] malleable.

ductilidad *f* **-1.** [de metal] ductility **-2.** [de persona] malleability.

duda *f* doubt; **poner algo en** ~ to call sthg into question; **sacar a alguien de la** ~ to remove sb's doubts; **salir de** ~**s** to set one's mind at rest; **sin** ~ doubtless, undoubtedly; **sin la menor** ~ without the slightest doubt; **sin sombra de** ~ beyond the shadow of a doubt; **tener uno sus** ~**s** to have one's doubts; **no cabe** ~ there is no doubt about it; **no te quepa** ~ don't doubt it, make no mistake about it.

dudar ◇ *vi* **-1.** [desconfiar]: ~ **de algo/alguien** to have one's doubts about sthg/sb **-2.** [no estar seguro]: ~ **sobre algo** to be unsure about sthg **-3.** [vacilar] to hesitate; ~ **entre hacer una cosa u otra** to be unsure whether to do one thing or another. ◇ *vt* to doubt; **dudo que venga** I doubt whether he'll come.

dudoso, sa *adj* **-1.** [improbable]: **ser** ~ **(que)** to be doubtful (whether), to be unlikely (that) **-2.** [vacilante] hesitant, indecisive **-3.** [sospechoso] questionable, suspect.

duela *etc* ➡ **doler**.

duelo *m* **-1.** [combate] duel; **batirse en** ~ to fight a duel **-2.** [sentimiento] grief, sorrow; **en señal de** ~ to show one's grief.

duende *m* **-1.** [personaje] imp, goblin **-2.** *fig* [encanto] charm.

dueño, ña *m,f* [gen] owner; [de piso etc] land-lord (*f* landlady); **cambiar de** ~ to change hands; **hacerse** ~ **de algo** to take control of sthg; **ser** ~ **de sí mismo** to be self-possessed; **ser muy** ~ **de hacer algo** to be free to do sthg.

duerma *etc* ▷ **dormir**.

Duero *m*: **el** ~ the Douro.

dueto *m* duet.

dulce ◇ *adj* **-1.** [gen] sweet **-2.** [agua] fresh **-3.** [mirada] tender. ◇ *m* [caramelo, postre] sweet; [pastel] cake, pastry; **a nadie le amar-ga un** ~ *fig* anything's better than nothing.

dulcificar [10] *vt* **-1.** [endulzar] to sweeten **-2.** *fig* [suavizar] to soften.

dulzura *f* **-1.** [gen] sweetness **-2.** [palabra cari-ñosa] sweet nothing.

duna *f* dune.

dúo *m* **-1.** *MÚS* duet **-2.** [pareja] duo; **a** ~ together.

duodécimo, ma *núm* twelfth.

duodeno *m* duodenum.

dúplex, duplex *m inv* **-1.** [piso] duplex **-2.** *ELECTRÓN* linkup.

duplicado, da *adj* in duplicate.

➤ **duplicado** *m*: **(por)** ~ (in) duplicate.

duplicar [10] *vt* **-1.** [cantidad] to double **-2.** [documento] to duplicate.

➤ **duplicarse** *vpr* to double.

duplicidad *f* **-1.** [repetición] duplication **-2.** [falsedad] duplicity.

duplo, pla *adj & m* double.

duque, sa *m,f* duke (*f* duchess).

duración *f* length; **de larga** ~ [pila, bombilla] long-life; [parado] long-term; [disco] long-playing.

duradero, ra *adj* [gen] lasting; [ropa, zapatos] hard-wearing.

duralex® *m* resistant glass-like plastic used for making glasses, dishes etc.

durante *prep* during; **le escribí** ~ **las vaca-ciones** I wrote to him during the holidays; **estuve escribiendo** ~ **una hora** I was writing for an hour; ~ **toda la semana** all week.

durar *vi* [gen] to last; [permanecer, subsistir] to remain, to stay; [ropa] to wear well; **aún du-ra la fiesta** the party's still going on.

durazno *m Amér* peach.

dúrex *m Méx* Sellotape®, Scotch® tape *US*.

dureza *f* **-1.** [de objeto, metal etc] hardness **-2.** [de clima, persona] harshness **-3.** [callosidad] callus, hard skin (*U*).

durmiente *adj* sleeping; **la Bella Durmiente** Sleeping Beauty.

durmiera *etc* ▷ **dormir**.

duro, ra *adj* **-1.** [gen] hard; [carne] tough **-2.** [resistente] tough **-3.** [palabras, clima] harsh **-4.** *loc*: **estar a las duras y a las maduras** [sin rendirse] to be there through thick and thin; [sin quejarse] to take the rough with the smooth; **ser** ~ **de pelar** to be a hard nut to crack.

➤ **duro** ◇ *m* **-1.** [moneda] five-peseta piece; **estar sin un** ~ to be flat broke **-2.** [persona] tough guy **-3.** *loc*: **lo que faltaba pa-ra el** ~ that's all I/we *etc* need. ◇ *adv* hard.

e¹, E *f* [letra] e, E.

e² *conj* (en lugar de 'y' ante palabras que empiecen por 'i' o 'hi') and.

EAU (*abrev de* **Emiratos Árabes Unidos**) *mpl* UAE.

ebanista *mf* cabinet-maker.

ebanistería *f* **-1.** [oficio] cabinet-making **-2.** [taller] cabinet-maker's.

ébano *m* ebony.

ebonita *f* ebonite, vulcanite.

ebrio, ebria *adj* **-1.** [borracho] drunk **-2.** *fig* [ofuscado]: ~ **de** blind with.

Ebro *m*: **el** ~ the Ebro.

ebullición *f* boiling; **punto de** ~ boiling point.

eccema *m* eczema.

echar ◇ *vt* **-1.** [tirar] to throw; [red] to cast **-2.** [meter] to put **-3.** [añadir]: ~ **algo (a** o **en algo)** [vino etc] to pour sthg (into sthg); [sal, azúcar etc] to add sthg (to sthg) **-4.** [decir - discurso] to give; [- reprimenda] to dish out **-5.** [carta, postal] to post **-6.** [humo, vapor, chispas] to give off, to emit **-7.** [hojas, flores] to sprout, to shoot **-8.** [expulsar]: ~ **a alguien (de)** to throw sb out (of) **-9.** [despedir]: ~ **a alguien (de)** to sack sb (from) **-10.** [accionar]: ~ **la lla-ve/el cerrojo** to lock/bolt the door; ~ **el freno** to brake, to put the brakes on **-11.** [acostar] to lie (down) **-12.** [condena] to give, to slap on **-13.** [calcular]: **¿cuántos años le echas?** how old do you reckon he is? **-14.**

fam [en televisión, cine] to show; **¿qué echan esta noche en la tele?** what's on telly tonight? **-15.** [buenaventura] to tell **-16.** *loc:* ~ **abajo** [edificio] to pull down, to demolish; [gobierno] to bring down; [proyecto] to ruin; ~ **a perder** [vestido, alimentos, plan] to ruin; [ocasión] to waste; ~ **de menos** to miss. ⋄ *vi* **-1.** [dirigirse]: ~ **por** to go *o* head along **-2.** [empezar]: ~ **a hacer algo** to begin to do sthg, to start doing sthg; ~ **a correr** to break into a run; ~ **a llorar** to burst into tears; ~ **a reír** to burst out laughing.

➡ **echarse** *vpr* **-1.** [lanzarse]: ~**se a** to throw o.s. *o* jump into **-2.** [acostarse] to lie down **-3.** [empezar]: ~**se a hacer algo** to begin to do sthg, to start doing sthg **-4.** [apartarse]: ~**se (a un lado)** to move (aside); ~**se atrás** *fig* to back out **-5.** [obtener]: ~**se (un) novio** to get o.s. a boyfriend **-6.** *loc:* ~**se a perder** [comida] to go off, to spoil; [plan] to fall through.

echarpe *m* shawl.

eclecticismo *m* eclecticism.

ecléctico, ca *adj* & *m,f* eclectic.

eclesiástico, ca *adj* ecclesiastical.

➡ **eclesiástico** *m* clergyman.

eclipsar *vt lit* & *fig* to eclipse.

eclipse *m* eclipse; ~ **lunar** *o* **de luna** lunar eclipse, eclipse of the moon; ~ **solar** *o* **de sol** solar eclipse, eclipse of the sun; ~ **total** total eclipse.

eclosión *f culto* emergence.

eco *m* **-1.** [gen] echo; **hacerse** ~ **de** to report; **tener** ~ to arouse interest **-2.** [rumor] rumour; ~**s de sociedad** society column *(sg)*.

ecografía *f* ultrasound scanning.

ecología *f* ecology.

ecológico, ca *adj* [gen] ecological; [alimentos] organic.

ecologismo *m* Green movement.

ecologista ⋄ *adj* environmental, ecological. ⋄ *mf* environmentalist, ecologist.

economato *m* company cooperative shop.

economía *f* **-1.** [gen] economy; ~ **doméstica** housekeeping; ~ **de libre mercado** free-market economy; ~ **de mercado** market economy; ~ **mixta** mixed economy; ~ **planificada** planned economy; ~ **sumergida** black economy *o* market **-2.** [estudio] economics *(U)*; ~ **aplicada** applied economics; ~ **familiar** home economics; ~ **política** political economy **-3.** [ahorro] saving.

económico, ca *adj* **-1.** [problema, doctrina etc] economic **-2.** [barato] cheap, low-cost **-3.** [que gasta poco - motor etc] economical; [- persona] thrifty.

economista *mf* economist.

economizar [13] *vt lit* & *fig* to save.

ecosistema *m* ecosystem.

ecotasa *f* ecotax.

ecoturismo *m* ecotourism.

ecuación *f* equation; ~ **de segundo grado** quadratic equation.

ecuador *m* equator; **pasar el** ~ to pass the halfway mark.

Ecuador Ecuador.

ecualizador *m* equalizer.

ecuánime *adj* **-1.** [en el ánimo] level-headed, even **-2.** [en el juicio] impartial, fair.

ecuanimidad *f* **-1.** [del ánimo] equanimity, composure **-2.** [del juicio] impartiality, fairness.

ecuatorial *adj* equatorial.

ecuatoriano, na *adj* & *m,f* Ecuadorian, Ecuadoran.

ecuestre *adj* equestrian.

ecuménico, ca *adj* ecumenical.

ed. -1. (*abrev de* **editor**) ed. **-2.** (*abrev de* **edición**) edit. **-3.** *abrev de* **editorial**.

edad *f* age; **¿qué** ~ **tienes?** how old are you?; **tiene 25 años de** ~ she's 25 (years old); **una persona de** ~ an elderly person; ~ **adulta** adulthood; ~ **avanzada** old age; ~ **del juicio** *o* **de la razón** age of reason; ~ **escolar** school age; **Edad Media** Middle Ages *(pl)*; ~ **mental** mental age; ~ **del pavo** awkward age; **Edad de piedra** Stone Age; **la tercera** ~ [ancianos] senior citizens *(pl)*; **estar en** ~ **de merecer** *hum* to be of marriageable age.

edecán *m Méx* assistant, aide.

edema *m* oedema.

edén *m RELIG* Eden; *fig* paradise.

edición *f* **-1.** [acción - IMPRENTA] publication; INFORM, RADIO & TV editing **-2.** [ejemplares] edition; ~ **extraordinaria/de bolsillo** special/pocket edition; ~ **crítica** critical edition; ~ **pirata** pirate edition **-3.** [celebración periódica] staging.

edicto *m* edict.

edificación *f* building.

edificante *adj* [conducta] exemplary; [libro, discurso] edifying.

edificar [10] *vt* **-1.** [construir] to build **-2.** [aleccionar] to edify.

edificio *m* building; ~ **inteligente** intelligent building.

edil *m* (town) councillor.

Edimburgo Edinburgh.

editar vt -**1**. [libro, periódico] to publish; [disco] to release -**2**. INFORM, RADIO & TV to edit.

editor, ra <> adj publishing (antes de sust). <> m,f -**1**. [de libro, periódico] publisher -**2**. RADIO & TV editor.
◆ **editor** m INFORM editor; ~ **de textos** text editor.

editorial <> adj publishing (antes de sust). <> m editorial, leader. <> f publisher, publishing house.

edredón m eiderdown, comforter US; ~ **nórdico** duvet.

educación f -**1**. [enseñanza] education; **escuela de** ~ **especial** special school; ~ **física/sexual** physical/sex education; ~ **primaria/secundaria** primary/secondary education -**2**. [modales] good manners (pl); **¡qué poca** ~! how rude!; **mala** ~ bad manners (pl).

EDUCACIÓN PRIMARIA

In Spain and Latin America, primary education is compulsory for children between the ages of 6 and 12. Science and arts subjects are both covered.

educado, da adj polite, well-mannered; **mal** ~ rude, ill-mannered.

educador, ra m,f teacher.

educar [10] vt -**1**. [enseñar] to educate -**2**. [criar] to bring up -**3**. [cuerpo, voz, oído] to train.

educativo, va adj [juego, libro, método] educational; [sistema] education (antes de sust).

edulcorante <> adj sweetening (antes de sust). <> m sweetener.

edulcorar vt to sweeten.

eduque etc ▷ **educar**.

EE UU (abrev de **Estados Unidos**) mpl USA.

efectista adj designed for effect, dramatic.

efectivamente adv [en respuestas] precisely, exactly.

efectividad f effectiveness.

efectivo, va adj -**1**. [útil] effective -**2**. [real] actual, true; **hacer** ~ [gen] to carry out; [promesa] to keep; [dinero, crédito] to pay; [cheque] to cash.
◆ **efectivo** m [dinero] cash; **en** ~ in cash; ~ **en caja** cash in hand.
◆ **efectivos** mpl [personal] forces.

efecto m -**1**. [gen] effect; **de** ~ **retardado** delayed-action; **hacer** ~ o **surtir** ~ to have the desired effect; **tener** ~ [vigencia] to come into o take effect; ~ **2000** COMPUT millennium bug; ~ **dominó** domino effect;

~ **invernadero** greenhouse effect; ~ **óptico** optical illusion; ~**s sonoros/visuales** sound/visual effects; ~**s especiales** special effects; ~**s secundarios** side effects -**2**. [finalidad] aim, purpose; **a tal** ~ to that end; **a** ~**s** o **para los** ~**s de algo** as far as sthg is concerned -**3**. [impresión] impression; **producir buen/mal** ~ to make a good/bad impression -**4**. [de balón, bola] spin; **dar** ~ **a** to put spin on -**5**. COM [documento] bill; ~ **de comercio** commercial paper; ~ **de favor** accommodation bill.
◆ **efectos personales** mpl personal possessions o effects.
◆ **en efecto** loc adv indeed.

efectuar [6] vt [gen] to carry out; [compra, pago, viaje] to make.
◆ **efectuarse** vpr to take place.

efeméride f [suceso] major event; [conmemoración] anniversary.
◆ **efemérides** fpl PRENS list of the day's anniversaries published in a newspaper.

efervescencia f -**1**. [de líquido] effervescence; [de bebida] fizziness -**2**. fig [agitación, inquietud] unrest.

efervescente adj [bebida] fizzy.

eficacia f [eficiencia] efficiency; [efectividad] effectiveness.

eficaz adj -**1**. [eficiente] efficient -**2**. [efectivo] effective.

eficiencia f efficiency.

eficiente adj efficient.

efigie f [gen] effigy; [en monedas etc] image, picture.

efímero, ra adj ephemeral.

efluvio m [emanación] vapour; [aroma] scent.

efusión f [cordialidad] effusiveness, warmth.

efusividad f effusiveness.

efusivo, va adj effusive.

EGB (abrev de **educación general básica**) f former Spanish primary education system.

Egeo ▷ **mar**.

egipcio, cia adj & m,f Egyptian.

Egipto Egypt.

égloga f eclogue.

ego m ego.

egocéntrico, ca <> adj egocentric, self-centred. <> m,f egocentric o self-centred person.

egocentrismo m egocentricity.

egoísmo m selfishness, egoism.

egoísta <> adj egoistic, selfish. <> mf egoist, selfish person.

ególatra <> adj egotistical. <> mf egotist.

egolatría f egotism.

egregio, gia *adj culto* egregious, illustrious.

egresado, da *m,f Amér* graduate.

egresar *vi Amér* to graduate.

egreso *m Amér* graduation.

eh *interj* ¡ ~ ! hey!

ej. *abrev de* ejemplar.

eje *m* **-1.** [de rueda] axle; [de máquina] shaft **-2.** *GEOM* axis **-3.** *fig* [idea central] central idea, basis.

ejecución *f* **-1.** [realización] carrying out **-2.** [de condenado] execution **-3.** [de concierto] performance, rendition **-4.** *INFORM* [de un programa] execution.

ejecutar *vt* **-1.** [realizar] to carry out **-2.** [condenado] to execute **-3.** [concierto] to perform **-4.** *INFORM* [programa] to execute, to run.

ejecutivo, va ⟨⟩ *adj* executive. ⟨⟩ *m,f* [persona] executive; ~ **agresivo** thrusting executive; ~ **de cuentas** account administrator.
 ◆ **ejecutivo** *m POLÍT:* **el** ~ the government.
 ◆ **ejecutiva** *f* [junta] executive.

ejecutor, ra *m,f* **-1.** *DER* executor **-2.** [verdugo] executioner.

ejem *interj* ¡ ~ ! [expresa duda] um!; [expresa ironía] ahem!

ejemplar ⟨⟩ *adj* exemplary. ⟨⟩ *m* [de libro] copy; [de revista] issue; [de moneda] example; [de especie, raza] specimen; ~ **de muestra** specimen copy.

ejemplificar [10] *vt* to exemplify.

ejemplo *m* example; **por** ~ for example; **dar** ~ to set an example; **predicar con el** ~ to practise what one preaches.

ejercer [11] ⟨⟩ *vt* **-1.** [profesión] to practise; [cargo] to hold **-2.** [poder, derecho] to exercise; [influencia, dominio] to exert; ~ **presión sobre** to put pressure on. ⟨⟩ *vi* to practise (one's profession); ~ **de** to practise o work as.

ejercicio *m* **-1.** [gen] exercise; **hacer** ~ to (do) exercise; ~ **escrito** written exercise; ~ **físico** physical exercise; ~s **de calentamiento** warm-up exercises; ~s **de mantenimiento** keep-fit exercises **-2.** [de profesión] practising; [de cargo, funciones] carrying out **-3.** [de poder, derecho] exercising **-4.** *MIL* drill **-5.** *ECON:* ~ **económico/fiscal** financial/tax year.
 ◆ **ejercicios espirituales** *mpl* retreat (U).

ejercitar *vt* [derecho] to exercise.
 ◆ **ejercitarse** *vpr:* ~**se (en)** to train (in).

ejército *m MIL & fig* army.

ejerza *etc* ⟐ ejercer.

ejote *m CAm & Méx* green bean.

el, la (*mpl* **los**, *fpl* **las**) *art* (**el** antes de sustantivo femenino que empiece por 'a' o 'ha' tónica; a + el = **al**; de + el = **del**) **-1.** [gen] the; [en sentido genérico] *no se traduce;* ~ **coche** the car; **la casa** the house; **los niños** the children; ~ **agua/hacha/águila** the water/axe/ eagle; **fui a recoger a los niños** I went to pick up the children; **los niños imitan a los adultos** children copy adults **-2.** [con sustantivo abstracto] *no se traduce;* ~ **amor** love; **la vida** life **-3.** [indica posesión, pertenencia]: **se partió la pierna** he broke his leg; **se quitó los zapatos** she took her shoes off; **tiene** ~ **pelo oscuro** he has dark hair **-4.** [con días de la semana]: **vuelven** ~ **sábado** they're coming back on Saturday **-5.** [con nombres propios geográficos] the; ~ **Sena** the (River) Seine; ~ **Everest** (Mount) Everest; **la España de la postguerra** post-war Spain **-6.** *fam* [con nombre propio de persona]: **llama a la María** call Maria **-7.** [con complemento de nombre, especificativo]: ~ **de** the one; **he perdido** ~ **tren, cogeré** ~ **de las nueve** I've missed the train, I'll get the nine o'clock one; ~ **de azul** the one in blue **-8.** [con complemento de nombre, posesivo]: **mi hermano y** ~ **de Juan** my brother and Juan's **-9.** [antes de frase]: ~ **que** [cosa] the one, whichever; [persona] whoever; **coge** ~ **que quieras** take whichever you like; ~ **que más corra** whoever runs fastest **-10.** [antes de adjetivo]: **prefiero** ~ **rojo al azul** I prefer the red one to the blue one.

él, ella *pron pers* **-1.** [sujeto, predicado - persona] he (*f* she); [- animal, cosa] it; **mi hermana es ella** she's the one who is my sister **-2.** (*después de prep*) [complemento] him (*f* her); **voy a ir de vacaciones con ella** I'm going on holiday with her; **díselo a ella** tell her it **-3.** [posesivo]: **de** ~ his; **de ella** hers.

elaboración *f* [de producto] manufacture; [de idea] working out; [de plan, informe] drawing up; **de** ~ **casera** home-made.

elaborar *vt* [producto] to make, to manufacture; [idea] to work out; [plan, informe] to draw up.

elasticidad *f* **-1.** [gen] elasticity **-2.** *fig* [falta de rigor] flexibility.

elástico, ca *adj* **-1.** [gen] elastic **-2.** *fig* [sin rigor] flexible.
 ◆ **elástico** *m* [cinta] elastic.
 ◆ **elásticos** *mpl* [tirantes] braces.

El Cairo Cairo.

elección *f* **-1.** [nombramiento] election **-2.**

[opción] choice.

➤ **elecciones** *fpl* POLÍT election *(sg)*; **elecciones autonómicas** *elections to the regional parliament*; **elecciones generales** general election; **elecciones municipales** local elections.

electo, ta *adj* elect; **el presidente** ~ the president elect.

elector, ra *m,f* voter, elector.

electorado *m* electorate.

electoral *adj* electoral.

electoralismo *m* electioneering.

electoralista *adj* electioneering *(antes de sust)*.

electricidad *f* electricity; ~ **estática** static electricity.

electricista <> *adj* electrical. <> *mf* electrician.

eléctrico, ca *adj* electric.

electrificar [10] *vt* to electrify.

electrizar [13] *vt* fig [exaltar] to electrify.

electrocardiograma *m* electrocardiogram.

electrochoque, electroshock [elektro-'ʃok] *(pl* **electroshocks)** *m* electric shock therapy.

electrocución *f* electrocution.

electrocutar *vt* to electrocute.

➤ **electrocutarse** *vpr* to electrocute o.s.

electrodo *m* electrode.

electrodoméstico *(gen pl)* *m* electrical household appliance.

electroencefalograma *m* electroencephalogram.

electrógeno, na *adj* generating.

➤ **electrógeno** *m* generator.

electrólisis *f inv* electrolysis.

electrólito *m* electrolyte.

electromagnético, ca *adj* electromagnetic.

electromagnetismo *m* electromagnetism.

electrón *m* electron.

electrónico, ca *adj* **-1.** [de la electrónica] electronic **-2.** [del electrón] electron *(antes de sust)*.

➤ **electrónica** *f* electronics *(U)*.

electroscopio *m* electroscope.

electroshock = **electrochoque**.

electrostático, ca *adj* electrostatic.

➤ **electrostática** *f* electrostatics *(U)*.

elefante, ta *m,f* elephant.

➤ **elefante marino** *m* sea cow, walrus.

elegancia *f* elegance.

elegante *adj* **-1.** [persona, traje, estilo] elegant

-2. [conducta, actitud, respuesta] dignified.

elegantoso, sa *adj* Amér elegant.

elegía *f* elegy.

elegiaco, ca, elegíaco, ca *adj* elegiac.

elegible *adj* eligible.

elegido, da *adj* [escogido] selected, chosen; POLÍT elected.

elegir [42] *vt* **-1.** [escoger] to choose, to select **-2.** [por votación] to elect.

elemental *adj* **-1.** [básico] basic **-2.** [obvio] obvious.

elemento <> *m* **-1.** [gen] element; **estar (uno) en su** ~ to be in one's element **-2.** [factor] factor **-3.** [persona - en equipo, colectivo] individual. <> *mf fam*: **una elementa de cuidado** a bad lot; **¡menudo** ~ **está hecho tu sobrino!** your nephew is a real tearaway!

➤ **elementos** *mpl* [fundamentos] rudiments.

elenco *m* **-1.** [reparto] cast **-2.** [catálogo] list, index.

elepé *m* LP (record).

elevación *f* **-1.** [de pesos, objetos etc] lifting; [de nivel, altura, precios] rise **-2.** [de terreno] elevation, rise.

elevado, da *adj* [alto] high; *fig* [sublime] lofty.

elevador *m* **-1.** [montacargas] hoist **-2.** Méx [ascensor] lift UK, elevator US.

elevadorista *mf* Amér lift operator UK, elevator operator US.

elevalunas *m inv* window winder; ~ **eléctrico** electric window.

elevar *vt* **-1.** [gen & MAT] to raise; [peso, objeto] to lift **-2.** [ascender]: ~ **a alguien (a)** to elevate sb (to) **-3.** *fig* [propuesta, quejas] to present.

➤ **elevarse** *vpr* [gen] to rise; [edificio, montaña] to rise up; ~**se a** [altura] to reach; [gastos, daños] to amount o come to.

elidir *vt* to elide.

elige, eligió ➪ **elegir**.

eliminación *f* elimination.

eliminar *vt* [gen] to eliminate; [contaminación, enfermedad] to get rid of.

eliminatorio, ria *adj* qualifying *(antes de sust)*.

➤ **eliminatoria** *f* [gen] qualifying round; [en atletismo] heat.

elipse *f* ellipse.

elipsis *f inv* ellipsis.

elíptico, ca *adj* elliptical.

élite, elite *f* elite.

elitismo *m* elitism.

elitista *adj & m,f* elitist.

elixir, elíxir *m* **-1.** FARM: ~ **bucal** mouthwash

-2. *fig* [remedio milagroso] elixir.

ella ▷ **él.**

ellas *fpl* ▷ **ellos.**

ello *pron pers (neutro)* it; **no nos llevamos bien, pero ~ no nos impide formar un buen equipo** we don't get on very well, but it o that doesn't stop us making a good team; **no quiero hablar de ~** I don't want to talk about it; **por ~** for that reason.

ellos, ellas *pron pers* **-1.** [sujeto, predicado] they; **los invitados son ~** they are the guests, it is they who are the guests **-2.** *(después de prep)* [complemento] them; **me voy al bar con ellas** I'm going with them to the bar; **díselo a ~** tell them it **-3.** [posesivo]: **de ~/ellas** theirs.

elocuencia *f* eloquence.

elocuente *adj* eloquent; **se hizo un silencio ~** the silence said it all.

elogiar [8] *vt* to praise.

elogio *m* praise.

elogioso, sa *adj* [palabras] appreciative, eulogistic.

elongación *f* elongation.

elote *m CAm, Méx* corncob, ear of maize o corn *US*.

El Salvador El Salvador.

elucidar *vt* to elucidate, to throw light upon.

elucubración *f* **-1.** [reflexión] reflection, meditation **-2.** *despec* [divagación] mental meandering.

elucubrar *vt* **-1.** [reflexionar] to reflect o meditate upon **-2.** *despec* [divagar] to theorize about.

eludir *vt* [gen] to avoid; [perseguidores] to escape.

emanación *f* emanation, emission.

emanar
◆ **emanar de** *vi* to emanate from.

emancipación *f* [de mujeres, esclavos] emancipation; [de menores de edad] coming of age; [de países] obtaining of independence.

emancipar *vt* [gen] to emancipate, to free; [países] to grant independence (to).
◆ **emanciparse** *vpr* to free o.s., to become independent.

embadurnar *vt*: **~ algo (de)** to smear sthg (with).
◆ **embadurnarse** *vpr*: **~se (de)** to smear o.s. (with).

embajada *f* **-1.** [edificio] embassy **-2.** [cargo] ambassadorship **-3.** [empleados] embassy staff.

embajador, ra *m, f* ambassador.

embalaje *m* **-1.** [acción] packing **-2.** [caja] packaging.

embalar *vt* to wrap up, to pack.
◆ **embalarse** *vpr* **-1.** [acelerar - corredor] to race away; [- vehículo] to pick up speed **-2.** *fig* [entusiasmarse] to get carried away.

embaldosar *vt* [piso] to tile; [calle] to pave.

embalsamar *vt* to embalm.

embalsar *vt* to dam (up).
◆ **embalsarse** *vpr* to collect, to form puddles.

embalse *m* reservoir.

embarazada ◇ *adj f* pregnant; **dejar ~ a alguien** to get sb pregnant; **estar ~ de ocho meses** to be eight months pregnant; **quedarse ~** to get pregnant. ◇ *f* pregnant woman.

embarazar [13] *vt* **-1.** [preñar] to get pregnant **-2.** [impedir] to restrict **-3.** [cohibir] to inhibit.

embarazo *m* **-1.** [preñez] pregnancy; **interrumpir un ~** to terminate a pregnancy; **prueba del ~** pregnancy test; **~ ectópico** o **extrauterino** ectopic pregnancy **-2.** [timidez] embarrassment.

embarazoso, sa *adj* awkward, embarrassing.

embarcación *f* **-1.** [barco] craft, boat; **~ pesquera** fishing boat; **~ de recreo** pleasure boat **-2.** [embarque] embarkation.

embarcadero *m* jetty.

embarcar [10] ◇ *vt* **-1.** [personas] to board; [mercancías] to ship **-2.** *fig* [involucrar]: **~ a alguien en algo** to involve sb in sthg. ◇ *vi* to board.
◆ **embarcarse** *vpr* **-1.** [para viajar] to board **-2.** *fig* [aventurarse]: **~se en algo** to become involved in sthg.

embargar [16] *vt* **-1.** *DER* to seize **-2.** [suj: emoción etc] to overcome.

embargo *m* **-1.** *DER* seizure **-2.** *ECON* embargo.
◆ **sin embargo** *loc adv* however, nevertheless.

embarque *m* [de personas] boarding; [de mercancías] embarkation.

embarrancar [10] *vi* to run aground.
◆ **embarrancarse** *vpr* [barco] to run aground; [coche etc] to get stuck.

embarrar *vt* to cover with mud.
◆ **embarrarse** *vpr* to get covered in mud.

embarullar *vt fam* to mess up.
◆ **embarullarse** *vpr fam* to get into a muddle.

embaucador, ra ◇ *adj* deceitful. ◇ *m,f* swindler.

embaucar [10] *vt* to swindle, to deceive.

embeber *vt* to soak up.

➡ **embeberse** *vpr*: ~**se (en algo)** [ensimismarse] to become absorbed (in sthg); *fig* [empaparse] to immerse o.s. (in sthg).

embelesar *vt* to captivate.

➡ **embelesarse** *vpr* to be captivated.

embellecedor *m* [adorno] go-faster stripes *(pl)*; [tapacubos] hubcap.

embellecer [30] *vt* to adorn, to embellish.

embellecimiento *m* embellishment.

embestida *f* [gen] attack; [de toro] charge.

embestir [26] *vt* [gen] to attack; [toro] to charge.

emblanquecer [30] *vt* to whiten.

emblema *m* -**1.** [divisa, distintivo] emblem, badge -**2.** [símbolo] symbol.

embobar *vt* to captivate.

➡ **embobarse** *vpr* to be captivated.

embocadura *f* -**1.** [de río, puerto] mouth -**2.** [de instrumento] mouthpiece.

embocar [10] *vt* to enter *(a narrow space)*, to squeeze into.

emboce *etc* ▷ **embozar**.

embolado *m fam* jam, mess; **meter a alguien en un** ~ to land sb in it; **meterse en un** ~ to get oneself into a fine mess.

embolador *m Col* boot black, shoeshine boy.

embolia *f* embolism.

émbolo *m AUTOM* piston.

embolsarse *vpr* [ganar] to make, to earn.

embonar *vt Andes, Cuba, Méx fam* -**1.** [ajustar] to suit -**2.** [abonar] to manure -**3.** [ensamblar] to join.

emboque *etc* ▷ **embocar**.

emborrachar *vt* to make drunk.

➡ **emborracharse** *vpr* to get drunk.

emborrascarse [10] *vpr* to cloud over, to turn black.

emborronar *vt* -**1.** [garabatear] to scribble on; [manchar] to smudge -**2.** [escribir de prisa] to scribble.

emboscada *f lit & fig* ambush; **tender una** ~ to lay an ambush.

emboscar [10] *vt* to ambush.

embotamiento *m* dullness.

embotar *vt* [sentidos] to dull.

embotellado, da *adj* bottled.

➡ **embotellado** *m* bottling.

embotellamiento *m* -**1.** [de tráfico] traffic jam -**2.** [de líquidos] bottling.

embotellar *vt* -**1.** [tráfico] to block -**2.** [líquido] to bottle.

embozo *m* [de sábana] turnover.

embragar [16] *vi* to engage the clutch.

embrague *m* clutch; ~ **automático** automatic clutch.

embravecer [30] *vt* to enrage.

➡ **embravecerse** *vpr* -**1.** [animal] to become enraged -**2.** [mar] to become rough.

embriagador, ra *adj* intoxicating.

embriagar [16] *vt* -**1.** [extasiar] to intoxicate -**2.** [emborrachar] to make drunk.

➡ **embriagarse** *vpr* -**1.** [extasiarse]: ~**se (de)** to become drunk (with) -**2.** [emborracharse]: ~**se (con)** to get drunk (on).

embriaguez *f* -**1.** [borrachera] drunkenness -**2.** [éxtasis] intoxication.

embrión *m* embryo.

embrionario, ria *adj fig* [inicial] embryonic.

embrollar *vt* [asunto] to confuse, to complicate; [hilos] to tangle up.

➡ **embrollarse** *vpr* to get muddled up o confused.

embrollo *m* -**1.** [de hilos] tangle -**2.** *fig* [lío] mess; [mentira] lie.

embromado, da *adj Andes, Carib, RP fam* [complicado] tricky.

embromar *vt* -**1.** [burlarse de] to tease -**2.** *Andes, Carib, RP* [fastidiar] to annoy, to bother -**3.** *Andes, Carib, RP* [estropear - máquina, objeto] to break; [- fiesta, vacaciones] to spoil, to ruin.

embrujamiento *m* bewitchment.

embrujar *vt lit & fig* to bewitch.

embrujo *m* [maleficio] curse, spell; *fig* [de ciudad, ojos] charm, magic.

embrutecer [30] *vt* to brutalize.

➡ **embrutecerse** *vpr* to become brutalized.

embrutecimiento *m* [acción] brutalization; [cualidad] brutishness.

embuchado, da *adj*: **carne embuchada** cured cold meat.

embuchar *vt* -**1.** *fam* [comer] to wolf down, to gobble up -**2.** [embutir] to process into sausages.

embudo *m* funnel.

embuste *m* lie.

embustero, ra ◇ *adj* lying. ◇ *m,f* liar.

embute *m Amér fam* bribe.

embutido *m* -**1.** [comida] cold cured meat -**2.** [acción] sausage-making, stuffing.

embutir *vt lit & fig* to stuff.

eme *f fam* [mierda] sugar, fudge; **¡vete a la** ~! eff off!

emergencia f -**1.** [urgencia] emergency; **en caso de** ~ in case of emergency -**2.** [brote] emergence.

emergente adj emerging.

emerger [14] vi [salir del agua] to emerge; [aparecer] to come into view, to appear.

emérito, ta adj emeritus.

emerja etc ▷ **emerger**.

emigración f -**1.** [de personas] emigration; [de aves] migration -**2.** [grupo de personas] emigrant community.

emigrado, da m,f emigrant; ~ **político** émigré.

emigrante adj & m,f emigrant.

emigrar vi [persona] to emigrate; [ave] to migrate.

eminencia f [persona] eminent figure, leading light; ~ **gris** éminence grise.
　➤ **Eminencia** f: **Su Eminencia** His Eminence.

eminente adj -**1.** [distinguido] eminent -**2.** [elevado] high.

emir m emir.

emirato m emirate.

Emiratos Árabes Unidos mpl: **los** ~ United Arab Emirates.

emisario, ria m,f emissary.

emisión f -**1.** [de energía, rayos etc] emission -**2.** [de bonos, sellos, monedas] issue; ~ **de obligaciones** COM debentures issue -**3.** [RADIO & TV - transmisión] broadcasting; [- programa] programme, broadcast.

emisor, ra adj transmitting (antes de sust).
　➤ **emisor** m transmitter.
　➤ **emisora** f radio station; ~ **a pirata** pirate radio station.

emitir ◇ vt -**1.** [rayos, calor, sonidos] to emit -**2.** [moneda, sellos, bonos] to issue -**3.** [expresar - juicio, opinión] to express; [- fallo] to pronounce -**4.** RADIO & TV to broadcast. ◇ vi to broadcast.

emoción f -**1.** [conmoción, sentimiento] emotion -**2.** [expectación] excitement; **¡qué** ~! how exciting!

emocional adj emotional.

emocionante adj -**1.** [conmovedor] moving, touching -**2.** [apasionante] exciting, thrilling.

emocionar vt -**1.** [conmover] to move -**2.** [excitar, apasionar] to thrill, to excite.
　➤ **emocionarse** vpr -**1.** [conmoverse] to be moved -**2.** [excitarse, apasionarse] to get excited.

emolumento (gen pl) m emolument.

emoticono m INFORM emoticon.

emotividad f emotional impact, emotiveness.

emotivo, va adj [persona] emotional; [escena, palabras] moving.

empacar vi Amér to pack.

empachar vt to give indigestion to.
　➤ **empacharse** vpr [hartarse] to stuff o.s.; [sufrir indigestión] to get indigestion.

empacho m -**1.** [indigestión] upset stomach, indigestion -**2.** fig [hartura]: **tener un** ~ **de** to have had one's fill o enough of.

empadronamiento m ≃ registration on the electoral roll.

empadronar vt ≃ to register on the electoral roll.
　➤ **empadronarse** vpr ≃ to register on the electoral roll.

empalagar [16] vt: **los bombones me empalagan** I find chocolates sickly.
　➤ **empalagarse** vpr: ~**se de** o **con** to get sick of.

empalago m cloying taste.

empalagoso, sa adj sickly, cloying.

empalizada f fence; MIL stockade.

empalmar ◇ vt -**1.** [tubos, cables] to connect, to join -**2.** [planes, ideas] to link -**3.** [en fútbol] to volley. ◇ vi -**1.** [autocares, trenes] to connect -**2.** [carreteras] to link o join (up) -**3.** [sucederse]: ~ **(con)** to follow on (from).

empalme m -**1.** [entre cables, tubos] joint, connection -**2.** [de líneas férreas, carreteras] junction.

empanada f pasty; **tener una** ~ **mental** fam to be in a real muddle, to not be able to think straight.

empanadilla f small pasty.

empanar vt CULIN to coat in breadcrumbs.

empantanar vt to flood.
　➤ **empantanarse** vpr -**1.** [inundarse] to be flooded o waterlogged -**2.** fig [atascarse] to get bogged down.

empañado, da adj -**1.** [cristal] misted o steamed up -**2.** [reputación] tarnished.

empañar vt -**1.** [cristal] to mist o steam up -**2.** fig [reputación] to tarnish.
　➤ **empañarse** vpr to mist o steam up.

empapar vt -**1.** [mojar] to soak -**2.** [absorber] to soak up.
　➤ **empaparse** vpr -**1.** [mojarse] to get soaked -**2.** [enterarse bien]: **se empapó de sociología antes de dar la conferencia** she did a lot of reading up about sociology before giving her speech; **¡para que te empapes!** fam so there!

empapelado m -**1.** [acción] papering -**2.** [papel] wallpaper.

empapelar vt -**1.** [pared] to paper -**2.** fam fig [procesar] to have up (before the courts).

empaque m Méx [en paquetes, bolsas, cajas] packing; [en latas] canning; [en botellas] bottling.

empaquetar vt to pack, to package.

emparedado, da adj confined.
➤ **emparedado** m sandwich.

emparedar vt to shut up, to lock away.

emparejamiento m pairing.

emparejar vt -**1.** [aparejar - personas] to pair off; [- zapatos etc] to match (up) -**2.** [nivelar] to make level.
➤ **emparejarse** vpr [personas] to find a partner.

emparentar [19] vi: ~ **con** to marry into.

emparrado m [pérgola] bower.

emparrar vt to train.

empastar vt to fill.

empaste m filling.

empatar ◇ vi DEP to draw; [en elecciones etc] to tie; ~ **a cero** to draw nil-nil. ◇ vt Andes, Ven to join, to link.

empate m -**1.** [resultado] draw; **un** ~ **a cero/ dos** a goalless/two-all draw -**2.** Andes, Ven [empalme] joint, link.

empecé etc ▷ empezar.

empecinado, da adj stubborn.

empecinarse vpr: ~ **(en hacer algo)** to insist (on doing sthg).

empedernido, da adj [bebedor, fumador] heavy; [criminal, jugador] hardened.

empedrado m paving.

empedrar [19] vt to pave.

empeine m [de pie, zapato] instep.

empellón m push, shove; **abrirse paso a empellones** to shove o push one's way through.

empeñado, da adj -**1.** [en préstamo] in pawn -**2.** [obstinado] determined; **estar** ~ **en hacer algo** to be determined to do sthg.

empeñar vt -**1.** [joyas etc] to pawn -**2.** [palabra, honor] to give.
➤ **empeñarse** vpr -**1.** [obstinarse] to insist; ~**se en hacer algo** [obstinarse] to insist on doing sthg; [persistir] to persist in doing sthg -**2.** [endeudarse] to get into debt.

empeño m -**1.** [de joyas etc] pawning; **casa de** ~**s** pawnshop -**2.** [obstinación] determination; **poner mucho** ~ **en algo** to put a lot of effort into sth; **tener** ~ **en hacer algo** to be determined to do sthg; **en el** ~ in the attempt.

empeoramiento m worsening, deterioration.

empeorar vi to get worse, to deteriorate.

empequeñecer [30] vt [quitar importancia a] to diminish; [en una comparación] to overshadow, to dwarf.

emperador, emperatriz m,f emperor (f empress).
➤ **emperador** m [pez] swordfish.

emperifollar vt fam to doll o tart up.
➤ **emperifollarse** vpr fam to doll o tart o.s. up.

emperrarse vpr: ~ **(en hacer algo)** to insist (on doing sthg).

empezar [34] ◇ vt to begin, to start. ◇ vi: ~ **(a hacer algo)** to begin o start (to do sthg); ~ **(por hacer algo)** to begin o start (by doing sthg); **para** ~ to begin o start with; **por algo se empieza** you've got to start somewhere.

empiedra etc ▷ empedrar.

empiezo ▷ empezar.

empinado, da adj steep.

empinar vt -**1.** [inclinar] to tip up -**2.** [levantar] to raise.
➤ **empinarse** vpr -**1.** [animal] to stand up on its hind legs -**2.** [persona] to stand on tiptoe -**3.** mfam [pene]: **se le empinó** he got a hard-on.

empingorotado, da adj stuck-up, posh.

empírico, ca ◇ adj empirical. ◇ m,f empiricist.

empirismo m empiricism.

emplasto m FARM poultice.

emplazamiento m -**1.** [ubicación] location -**2.** DER summons.

emplazar [13] vt -**1.** [situar] to locate; MIL to position -**2.** [citar] to summon; DER to summons.

empleado, da m,f [gen] employee; [de banco, administración, oficina] clerk; **empleada de hogar** maid.

empleador, ra m,f employer.

emplear vt -**1.** [usar - objetos, materiales etc] to use; [- tiempo] to spend; ~ **algo en hacer algo** to use sthg to do sthg -**2.** [contratar] to employ -**3.** loc: **lo tiene** o **le está bien empleado** he deserves it, it serves him right.
➤ **emplearse** vpr -**1.** [colocarse] to find a job -**2.** [usarse] to be used.

empleo m -**1.** [uso] use; **'modo de** ~**'** 'instructions for use' -**2.** [trabajo] employment; [puesto] job; **estar sin** ~ to be out of work; ~ **comunitario** community service;

~ **juvenil** youth employment; **pleno** ~ full employment.

emplomadura *f RP* [de diente] filling.

emplomar *vt* **-1.** [cubrir con plomo] to lead **-2.** *RP* [diente] to fill.

empobrecer [30] *vt* to impoverish.

➡ **empobrecerse** *vpr* to get poorer.

empobrecimiento *m* impoverishment.

empollar ◇ *vt* **-1.** [huevo] to incubate **-2.** *fam* [estudiar] to swot up on. ◇ *vi fam* to swot.

➡ **empollarse** *vpr fam* to swot up on.

empollón, ona *fam* ◇ *adj* swotty. ◇ *m,f* swot.

empolvarse *vpr* to powder one's face.

emporrado, da *adj fam* stoned.

emporrarse *vpr fam* to get stoned (on cannabis).

empotrado, da *adj* fitted, built-in.

empotrar *vt* to fit, to build in.

emprendedor, ra *adj* enterprising.

emprender *vt* **-1.** [trabajo] to start; [viaje, marcha] to set off on; ~ **vuelo** to fly off **-2.** *loc:* ~ **la con alguien** to take it out on sb; ~ **la a golpes con alguien** to start hitting sb.

empresa *f* **-1.** [sociedad] company; ~ **de seguridad** security firm; ~ **de servicios** service company; ~ **mixta/privada** mixed/private company; ~ **filial** subsidiary; ~ **libre, libre** ~ free enterprise; ~ **matriz** parent company; **pequeña y mediana** ~ small and medium-sized business; ~ **pública** public sector firm; ~ **de trabajo temporal** temping agency **-2.** [acción] enterprise, undertaking.

empresariado *m* employers *(pl)*.

empresarial *adj* management *(antes de sust)*.

➡ **empresariales** *fpl* business studies.

empresario, ria *m,f* [patrono] employer; [hombre, mujer de negocios] businessman (*f* businesswoman); [de teatro] impresario; **pequeño** ~ small businessman.

empréstito *m* debenture loan.

empujar *vt* to push; ~ **a alguien a que haga algo** to push sb into doing sthg.

empuje *m* **-1.** [presión] pressure **-2.** [energía] energy, drive.

empujón *m* **-1.** [empellón] shove, push; **dar un** ~ **a alguien** to give sb a push *o* a shove; **abrirse paso a empujones** to shove *o* push one's way through **-2.** *fig* [impulso] effort; **dar un último** ~ **a** to make one last effort with.

empuñadura *f* handle; [de espada] hilt.

empuñar *vt* to take hold of, to grasp.

emulación *f* [gen & *INFORM*] emulation.

emulador *m INFORM* emulator.

emular *vt* [gen & *INFORM*] to emulate.

emulsión *f* emulsion.

en *prep* **-1.** [lugar - en el interior de] in; [- sobre la superficie de] on; [- en un punto concreto de] at; **viven** ~ **la capital** they live in the capital; **tiene el dinero** ~ **el banco** he keeps his money in the bank; ~ **la mesa/el plato** on the table/plate; ~ **casa/el trabajo** at home/work **-2.** [dirección] into; **el avión cayó** ~ **el mar** the plane fell into the sea; **entraron** ~ **la habitación** they came into the room **-3.** [tiempo - mes, año etc] in; [- día] on; **nació** ~ **1940/mayo** he was born in 1940/May; ~ **aquel día** on that day; ~ **Nochebuena** on Christmas Eve; ~ **Navidades** at Christmas; ~ **aquella época** at that time, in those days; ~ **un par de días** in a couple of days **-4.** [medio de transporte] by; **ir** ~ **tren/coche/avión/barco** to go by train/car/plane/boat **-5.** [modo] in; ~ **voz baja** in a low voice; **lo dijo** ~ **inglés** she said it in English; **pagar** ~ **libras** to pay in pounds; **la inflación aumentó** ~ **un 10%** inflation increased by 10%; **todo se lo gasta** ~ **ropa** he spends everything on clothes **-6.** [precio] in; **las ganancias se calculan** ~ **millones** profits are calculated in millions; **te lo dejo en 5.000** I'll let you have it for 5,000 **-7.** [tema]: **es un experto** ~ **la materia** he's an expert on the subject; **es doctor** ~ **medicina** he's a doctor of medicine **-8.** [causa] from; **lo detecté** ~ **su forma de hablar** I could tell from the way he was speaking **-9.** [materia] in, made of; ~ **seda** in silk **-10.** [cualidad] in terms of; **le supera** ~ **inteligencia** she is more intelligent than he is.

enagua *f* (gen pl) petticoat.

enajenación *f*, **enajenamiento** *m* **-1.** [locura] mental derangement, insanity; [éxtasis] rapture **-2.** [de una propiedad] transfer of ownership, alienation.

enajenar *vt* **-1.** [volver loco] to drive mad; [extasiar] to enrapture **-2.** [propiedad] to transfer ownership of, to alienate.

enaltecer [30] *vt* to praise.

enamoradizo, za ◇ *adj* who falls in love easily. ◇ *m,f* person who falls in love easily.

enamorado, da ◇ *adj:* ~ **(de)** in love (with). ◇ *m,f* lover.

enamoramiento *m* falling in love.

enamorar *vt* to win the heart of.

➡ **enamorarse** *vpr:* ~**se (de)** to fall in love (with).

enano, na *adj* & *m,f* dwarf; **disfrutar como un ~** *fam* to have a whale of a time.

enarbolar *vt* [bandera] to raise, to hoist; [pancarta] to hold up; [arma] to brandish.

enardecer [30] *vt* [gen] to inflame; [persona, multitud] to fill with enthusiasm.

enarque *etc* ⊳ **enarcar**.

encabezamiento *m* [de carta, escrito] heading; [de artículo periodístico] headline; [preámbulo] foreword.

encabezar [13] *vt* **-1.** [artículo de periódico] to headline; [libro] to write the foreword for **-2.** [lista, carta] to head **-3.** [marcha, expedición] to lead.

encabritarse *vpr* **-1.** [caballo, moto] to rear up **-2.** *fam* [persona] to get shirty.

encabronarse *vpr vulg* to get pissed off.

encadenado *m* **-1.** CIN fade, dissolve **-2.** CONSTR buttress.

encadenamiento *m* linking.

encadenar *vt* **-1.** [atar] to chain (up) **-2.** [enlazar] to link (together) **-3.** *fig* [esclavizar] to chain.

encajar ⬦ *vt* **-1.** [meter ajustando]: **~ (en)** to fit (into) **-2.** [meter con fuerza]: **~ (en)** to push (into) **-3.** [hueso dislocado] to set **-4.** [recibir - golpe, noticia, críticas] to take **-5.** [soltar]: **~ algo a alguien** [discurso] to force sb to listen to *o* sit through sthg; [insultos] to hurl sthg at sb; **~ le un golpe a alguien** to land sb a blow. ⬦ *vi* **-1.** [piezas, objetos] to fit **-2.** [hechos, declaraciones, datos]: **~ (con)** to square (with), to match **-3.** [ser oportuno, adecuado]: **~ (con)** to fit nicely (with).

encaje *m* **-1.** [ajuste] insertion, fitting-in **-2.** [tejido] lace.

encajonar *vt* **-1.** [en cajas, cajones] to pack, to put in boxes **-2.** [en sitio estrecho]: **~ algo/a alguien (en)** to squeeze sthg/sb (into).

encalado *m* whitewash.

encalar *vt* to whitewash.

encallar *vi* **-1.** [barco] to run aground **-2.** *fig* [solicitud, proyecto] to founder.

encamarse *vpr* **-1.** [enfermo] to take to one's bed **-2.** *fam* [pareja]: **~ con alguien** to sleep with sb.

encaminar *vt* **-1.** [persona, pasos] to direct **-2.** [medidas, leyes, actividades] to aim; **encaminado a** aimed at.
➡ **encaminarse** *vpr*: **~se a/hacia** to set off for/towards.

encamotarse *vpr Andes, CAm fam* to fall in love.

encandilar *vt* to dazzle, to impress greatly.

➡ **encandilarse** *vpr* to be dazzled.

encanecer [30] *vi* to go grey.
➡ **encanecerse** *vpr* to go grey.

encantado, da *adj* **-1.** [contento] delighted; **estar ~ con algo/alguien** to be delighted with sth/sb; **~ de conocerle** pleased to meet you **-2.** [hechizado - casa, lugar] haunted; [- persona] bewitched.

encantador, ra *adj* delightful, charming.

encantamiento *m* enchantment.

encantar *vt* **-1.** [gustar]: **~ le a alguien algo/ hacer algo** to love sthg/doing sthg; **me encanta el chocolate** I love chocolate; **le encanta bailar** she loves dancing **-2.** [embrujar] to bewitch, to cast a spell on.

encanto *m* **-1.** [atractivo] charm; **ser un ~** to be a treasure *o* a delight **-2.** [apelativo cariñoso] darling **-3.** [hechizo] spell; **como por ~** as if by magic.

encañonar *vt* [persona] to point a gun at.

encapotado, da *adj* overcast.

encapotarse *vpr* to cloud over.

encapricharse *vpr* **-1.** [obstinarse]: **~ con algo/hacer algo** to set one's mind on sthg/ doing sthg **-2.** [enamorarse]: **~ (con alguien)** to become infatuated (with sb).

encapuchado, da ⬦ *adj* hooded. ⬦ *m,f* hooded person.

encarado, da *adj*: **bien ~** good-looking; **mal ~** plain, ugly.

encaramar *vt* to lift up.
➡ **encaramarse** *vpr*: **~se (a *o* en)** to climb up (onto).

encarar *vt* **-1.** [hacer frente a] to confront, to face up to **-2.** [poner frente a frente] to bring face to face.
➡ **encararse** *vpr* [enfrentarse]: **~se a *o* con** to stand up to.

encarcelamiento *m* imprisonment.

encarcelar *vt* to imprison.

encarecer [30] *vt* **-1.** [productos, precios] to make more expensive **-2.** [rogar]: **~ a alguien que haga algo** to beg *o* implore sb to do sthg.
➡ **encarecerse** *vpr* to become more expensive.

encarecidamente *adv* earnestly.

encarecimiento *m* **-1.** [de producto, coste] increase in price **-2.** [empeño]: **con ~** insistently.

encargado, da ⬦ *adj*: **~ (de)** responsible (for), in charge (of). ⬦ *m,f* [gen] person in charge; COM manager (*f* manageress); **~ de negocios** POLÍT chargé d'affaires.

encargar [16] *vt* **-1.** [poner al cargo]: **~ a al-**

guien de algo to put sb in charge of sthg; ∼ a alguien que haga algo to tell sb to do sthg - **2.** [pedir] to order.

➤ **encargarse** *vpr* -**1.** [ocuparse]: ∼se de to be in charge of; **yo me encargaré de eso** I'll take care of *o* see to that -**2.** [pedir] to order.

encargo *m* -**1.** [pedido] order; **por** ∼ to order; **es como hecho de** ∼ it's tailor-made -**2.** [recado] errand -**3.** [tarea] task, assignment.

encariñarse *vpr*: ∼ **con** to become fond of.

encarnación *f* [personificación - cosa] embodiment; [- persona] personification.

➤ **Encarnación** *f RELIG* Incarnation.

encarnado, da *adj* -**1.** [personificado] incarnate -**2.** [color] red.

➤ **encarnado** *m* red.

encarnar ◇ *vt* [ideal, doctrina] to embody; [personaje, papel] to play. ◇ *vi RELIG* to become flesh.

encarnizado, da *adj* bloody, bitter.

encarnizarse [13] *vpr*: ∼ **con** [presa] to fall upon; [prisionero, enemigo] to treat savagely.

encarpetar *vt* to file away.

encarrilar *vt* -**1.** [tren] to put back on the rails; [coche] to put back on the road -**2.** *fig* [negocio, situación] to put on the right track, to point in the right direction.

➤ **encarrilarse** *vpr* [persona] to find out what one wants to do in life.

encarte *m* [en naipes] lead.

encasillado *m* grid.

encasillamiento *m* pigeonholing.

encasillar *vt* -**1.** [clasificar] to pigeonhole; *TEATR* to typecast -**2.** [poner en casillas] to put in a box, to enter into a grid.

encasquetar *vt* -**1.** [imponer]: ∼ **algo a alguien** [idea, teoría] to drum sthg into sb; [discurso, lección] to force sb to sit through sthg -**2.** [sombrero] to pull on -**3.** [endilgar - bultos, objetos]: ∼ **algo a alguien** to lumber sb with sthg.

➤ **encasquetarse** *vpr* [sombrero] to pull on.

encasquillarse *vpr* to get jammed.

encausar *vt* to prosecute.

encauzar [13] *vt* -**1.** [corriente] to channel -**2.** [orientar] to direct.

encefálico, ca *adj* brain *(antes de sust)*.

encéfalo *m* encephalon.

encefalograma *m* encephalogram.

encendedor *m* lighter.

encender [20] *vt* -**1.** [vela, cigarro, chimenea] to light -**2.** [aparato] to switch on -**3.** *fig* [avivar-

entusiasmo, ira] to arouse; [- pasión, discusión] to inflame.

➤ **encenderse** *vpr* -**1.** [fuego, gas] to ignite; [luz, estufa] to come on -**2.** *fig* [ojos] to light up; [persona, rostro] to go red, to blush; [de ira] to flare up.

encendido, da *adj* -**1.** [luz, colilla] burning; **la luz está encendida** the light is on -**2.** *fig* [deseos, mirada, palabras] passionate, ardent -**3.** [mejillas] red, flushed.

➤ **encendido** *m AUTOM* ignition; ∼ **electrónico** electronic ignition.

encerado, da *adj* waxed, polished.

➤ **encerado** *m* -**1.** [acción] waxing, polishing -**2.** [pizarra] blackboard.

encerar *vt* to wax, to polish.

encerrar [19] *vt* -**1.** [recluir - gen] to shut (up *o* in); [- con llave] to lock (up *o* in); [- en la cárcel] to lock away *o* up -**2.** [contener] to contain.

➤ **encerrarse** *vpr* [gen] to shut o.s. away; [con llave] to lock o.s. away.

encerrona *f* -**1.** [trampa] trap -**2.** *TAUROM* private bullfight.

encestar *vt & vi* to score *(in basketball)*.

enceste *m* basket.

enchapado *m* veneer.

encharcamiento *m* flooding, swamping.

encharcar [10] *vt* to waterlog.

➤ **encharcarse** *vpr* -**1.** [terreno] to become waterlogged -**2.** [pulmones] to become flooded.

enchastrar *vt RP fam* to make dirty.

enchilada *f Méx* filled tortilla.

enchilarse *vpr Méx fam* [enfadarse] to get angry.

enchinar *vt Méx* to curl.

enchironar *vt fam* to (put in the) nick.

enchufado, da ◇ *adj fam*: **estar** ∼ to get where one is through connections. ◇ *m,f fam* person who got where they are through connections; **ser el** ∼ **de la clase** to be the teacher's pet.

enchufar *vt* -**1.** [aparato] to plug in -**2.** *fam* [a una persona] to pull strings for.

enchufe *m* -**1.** [*ELECTR* - macho] plug; [- hembra] socket; ∼ **múltiple** adapter -**2.** *fam* [recomendación] connections *(pl)*; **obtener algo por** ∼ to get sthg by pulling strings *o* through one's connections.

enchufismo *m fam* string-pulling.

encía *f* gum.

encíclica *f* encyclical.

enciclopedia *f* encyclopedia.

enciclopédico, ca *adj* encyclopedic.

encienda *etc* ▷ **encender**.

encierra *etc* ▷ **encerrar**.

encierro *m* **-1.** [protesta] sit-in **-2.** *TAUROM* running of the bulls.

encima *adv* **-1.** [arriba] on top; **yo vivo** ∼ I live upstairs; **por** ∼ [superficialmente] superficially **-2.** [además] on top of that **-3.** [sobre sí]: **lleva un abrigo** ∼ she has a coat on; **¿llevas dinero** ∼? have you got any money on you?

➥ **encima de** *loc prep* **-1.** [en lugar superior que] above; **vivo** ∼ **de tu casa** I live upstairs from you **-2.** [sobre, en] on (top of); **el pan está** ∼ **de la mesa** the bread is on (top of) the table; **estar** ∼ **de alguien** *fig* to be on at sb **-3.** [además] on top of; ∼ **de ser tonto, es feo** on top of being stupid, he's also ugly.

➥ **por encima de** *loc prep* **-1.** [gen] over; **vive por** ∼ **de sus posibilidades** he lives beyond his means **-2.** *fig* [más que] more than; **por** ∼ **de todo** more than anything else.

encimero, ra *adj* top.

➥ **encimera** *f* worktop.

encina *f* holm oak.

encinta *adj f* pregnant.

enclaustrar *vt* to shut up in a convent.

➥ **enclaustrarse** *vpr* to shut o.s. up in a convent; *fig* [encerrarse] to lock o.s. up in a room.

enclavado, da *adj* set, situated.

enclavar *vt* [clavar] to nail.

enclave *m* enclave.

enclenque *adj* sickly, frail.

encoger [14] ◇ *vt* **-1.** [ropa] to shrink **-2.** [miembro, músculo] to contract. ◇ *vi* to shrink.

➥ **encogerse** *vpr* **-1.** [ropa] to shrink; [músculos etc] to contract; ∼**se de hombros** to shrug one's shoulders **-2.** *fig* [apocarse] to cringe.

encogido, da *adj* [tímido] shy; [pusilánime] fearful, faint-hearted.

encoja *etc* ▷ **encoger**.

encolado *m* [de silla etc] glueing; [de pared] sizing.

encolar *vt* [silla etc] to glue; [pared] to size, to paste.

encolerizar [13] *vt* to infuriate, to enrage.

➥ **encolerizarse** *vpr* to get angry.

encomendar [19] *vt* to entrust.

➥ **encomendarse** *vpr*: ∼**se a** [persona] to entrust o.s. to; [Dios, santos] to put one's trust in.

encomiar [8] *vt* to praise, to extol.

encomienda *f* **-1.** [encargo] assignment,

mission **-2.** *Amér* [paquete] package, parcel.

encomio *m* praise.

enconado, da *adj* [lucha] bitter; [partidario] passionate, ardent.

enconar *vt* to inflame.

➥ **enconarse** *vpr* **-1.** [persona] to get angry **-2.** [herida] to become inflamed.

encono *m* rancour, animosity.

encontradizo, za *adj*: **hacerse el** ∼ to contrive a meeting.

encontrado, da *adj* conflicting.

encontrar [23] *vt* **-1.** [gen] to find **-2.** [dificultades] to encounter **-3.** [persona] to meet, to come across.

➥ **encontrarse** *vpr* **-1.** [hallarse] to be; **se encuentra en París** she's in Paris **-2.** [coincidir]: ∼**se (con alguien)** to meet (sb); **me encontré con Juan** I ran into *o* met Juan **-3.** [de ánimo] to feel; **¿cómo te encuentras?** how do you feel?, how are you feeling?; ∼ **se bien/mal** to feel fine/ill **-4.** [chocar] to collide.

encontronazo *m* collision, crash.

encopetado, da *adj* posh, upper-class.

encorsetar *vt* to straitjacket.

encorvar *vt* to bend.

➥ **encorvarse** *vpr* to bend down *o* over.

encrespar *vt* **-1.** [pelo] to curl; [mar] to make choppy *o* rough **-2.** [irritar] to irritate.

➥ **encresparse** *vpr* **-1.** [mar] to get rough **-2.** [persona] to get irritated.

encrucijada *f* *lit* & *fig* crossroads *(sg)*.

encuadernación *f* binding; ∼ **en cuero** leather binding; ∼ **en tela** cloth binding.

encuadernador, ra *m,f* bookbinder.

encuadernar *vt* to bind.

encuadrar *vt* **-1.** [enmarcar - cuadro, tema] to frame **-2.** [encerrar] to contain **-3.** [encajar] to fit.

encuadre *m* *FOT* composition.

encubierto, ta ◇ *pp* ▷ **encubrir**. ◇ *adj* [intento] covert; [insulto, significado] hidden.

encubridor, ra *m,f*: ∼ **(de)** accessory (to).

encubrimiento *m* [de delito] concealment; [de persona] harbouring.

encubrir *vt* [delito] to conceal; [persona] to harbour.

encuentra *etc* ▷ **encontrar**.

encuentro *m* **-1.** [acción] meeting, encounter; **un** ∼ **casual** *o* **fortuito** a chance meeting; **salir al** ∼ **de alguien** [para recibir] to go to meet sb; [para atacar] to confront sb **-2.** *DEP* game, match **-3.** [hallazgo] find.

encuesta *f* **-1.** [de opinión] survey, opinion poll **-2.** [investigación] investigation, inquiry.

encuestado, da *m,f* person polled.
encuestador, ra *m,f* pollster.
encuestar *vt* to poll.
encumbrado, da *adj* exalted, distinguished.
encumbramiento *m* [acción] rise; [posición] distinguished *o* exalted position.
encumbrar *vt* to elevate *o* raise to a higher position.
→ **encumbrarse** *vpr* to rise to a higher position.
encurtidos *mpl* pickles.
encurtir *vt* to pickle.
endeble *adj* [persona, argumento] weak, feeble; [objeto] fragile.
endemia *f* endemic disease.
endémico, ca *adj* MED endemic.
endemoniado, da <> *adj* **-1.** *fam* [molesto - niño] wicked; [- trabajo] very tricky **-2.** [desagradable] terrible, foul **-3.** [poseído] possessed (of the devil). <> *m,f* person possessed of the devil.
endenantes *adv Amér fam* before.
enderezamiento *m* [acción de poner derecho] straightening; [acción de poner vertical] putting upright.
enderezar [13] *vt* **-1.** [poner derecho] to straighten **-2.** [poner vertical] to put upright **-3.** *fig* [corregir] to set right, to straighten out.
→ **enderezarse** *vpr* [sentado] to sit up straight; [de pie] to stand up straight.
endeudamiento *m* debt.
endeudarse *vpr* to get into debt.
endiablado, da *adj* [persona] wicked; [tiempo, genio] foul; [problema, crucigrama] fiendishly difficult.
endibia = endivia.
endilgar [16] *vt fam:* ~ **algo a alguien** [sermón, bronca] to dish sthg out to sb; [bulto, tarea] to lumber sb with sthg.
endiñar *vt fam:* ~ **algo a alguien** [golpe] to land *o* deal sb sthg; [trabajo, tarea] to lumber sb with sthg.
endiosamiento *m* self-importance, conceit.
endiosarse *vpr* to become conceited *o* full of o.s.
endivia, endibia *f* endive.
endocrino, na <> *adj* endocrine *(antes de sust)*. <> *m,f* endocrinologist.
endocrinología *f* endocrinology.
endocrinólogo, ga *m,f* endocrinologist.
endogamia *f* endogamy.
endógeno, na *adj* endogamous.

endomingado, da *adj fam* dressed-up, dolled-up.
endomingar [16] *vt fam* to dress *o* doll up.
→ **endomingarse** *vpr fam* to get dressed *o* dolled up in one's best clothes.
endosar *vt* **-1.** [tarea, trabajo]: ~ **algo a alguien** to lumber sb with sthg **-2.** COM to endorse.
endoscopia *f* endoscopy.
endoso *m* COM endorsement.
endulzar [13] *vt* [con azúcar] to sweeten; *fig* [hacer agradable] to ease, to make more bearable.
endurecer [30] *vt* **-1.** [gen] to harden **-2.** [fortalecer] to strengthen.
endurecimiento *m lit & fig* hardening.
enebro *m* juniper.
enema *f* enema.
enemigo, ga <> *adj* enemy *(antes de sust)*; **ser** ~ **de algo** to hate sthg. <> *m,f* enemy; **pasarse al** ~ to go over to the enemy.
enemistad *f* enmity.
enemistar *vt* to make enemies of.
→ **enemistarse** *vpr:* ~**se (con)** to fall out (with).
energético, ca *adj* energy *(antes de sust)*.
→ **energética** *f* energetics *(U)*.
energía *f* **-1.** [gen] energy; ~ **atómica** *o* **nuclear** nuclear power; ~ **eléctrica/eólica/hidráulica** electric/wind/water power; ~ **solar** solar energy *o* power **-2.** [fuerza] strength; **hay que empujar con** ~ you have to push hard.
enérgico, ca *adj* [gen] energetic; [carácter] forceful; [gesto, medida] vigorous; [decisión, postura] emphatic.
energúmeno, na *m,f* madman (*f* madwoman); **gritaba como un** ~ he was screaming like one possessed.
enero *m* January; *ver también* **septiembre**.
enervante *adj* [debilitador] draining; [exasperante] exasperating.
enervar *vt* **-1.** [debilitar] to sap, to weaken **-2.** [poner nervioso] to exasperate.
enésimo, ma *adj* **-1.** MAT nth **-2.** *fig* umpteenth; **por enésima vez** for the umpteenth time.
enfadado, da *adj* angry.
enfadar *vt* to anger.
→ **enfadarse** *vpr:* ~**se (con)** to get angry (with).
enfado *m* anger.
enfangar [16] *vt* to cover in mud.
→ **enfangarse** *vpr* **-1.** [con fango] to get covered in mud **-2.** *fam fig* [en un asunto sucio]

to get mixed up in shady business.

énfasis *m inv* emphasis; **poner ~ en algo** to emphasize sthg.

enfático, ca *adj* emphatic.

enfatizar [13] *vt* to emphasize, to stress.

enfermar ⟨⟩ *vt* **-1.** [causar enfermedad a] to make ill **-2.** *fig* [irritar] to make sick. ⟨⟩ *vi* to fall ill; **~ del pecho** to develop a chest complaint.

enfermedad *f* illness; **contraer una ~** to catch an illness; **~ contagiosa** contagious disease; **~ de Creutzfeldt-Jakob** Creutzfeldt-Jakob disease, CJD; **~ infecciosa/venérea** infectious/venereal disease; **~ mental** mental illness; **~ profesional** occupational disease; **~ terminal** terminal illness.

enfermera ⊳ enfermero.

enfermería *f* sick bay.

enfermero, ra *m, f* male nurse (*f* nurse).

enfermizo, za *adj lit* & *fig* unhealthy.

enfermo, ma ⟨⟩ *adj* ill, sick; **caer ~** to fall ill. ⟨⟩ *m,f* [gen] invalid, sick person; [en el hospital] patient; **~ terminal** terminally ill patient.

enfervorizar [13] *vt* to inflame, to rouse.

enfilar ⟨⟩ *vt* **-1.** [ir por - camino] to go *o* head straight along **-2.** [apuntar - arma] to aim. ⟨⟩ *vi*: **~ hacia** to go *o* head straight towards.

enfisema *m* emphysema.

enflaquecer [30] ⟨⟩ *vt* to make thin. ⟨⟩ *vi* to grow thin, to lose weight.

enfocar [10] *vt* **-1.** [imagen, objetivo] to focus **-2.** [suj: luz, foco] to shine on **-3.** [tema, asunto] to approach, to look at.

enfoque *m* **-1.** [de imagen] focus **-2.** [de asunto] approach, angle; **dar un ~ nuevo a algo** to adopt a new approach to sthg.

enfrascado, da *adj*: **estar ~ (en)** to be totally absorbed (in).

enfrascar [10] *vt* to bottle.

⟶ enfrascarse en *vpr* [riña] to get embroiled in; [lectura, conversación] to become engrossed in.

enfrentamiento *m* confrontation.

enfrentar *vt* **-1.** [hacer frente a] to confront, to face **-2.** [poner frente a frente] to bring face to face.

⟶ enfrentarse *vpr* **-1.** [luchar, encontrarse] to meet, to clash **-2.** [oponerse]: **~se con alguien** to confront sb.

enfrente *adv* **-1.** [delante] opposite; **la tienda de ~** the shop across the road; **~ de** opposite **-2.** [en contra]: **tiene a todos ~** everyone's against her.

enfriamiento *m* **-1.** [catarro] cold **-2.** [acción] cooling.

enfriar [9] *vt lit* & *fig* to cool.

⟶ enfriarse *vpr* **-1.** [líquido, pasión, amistad] to cool down **-2.** [quedarse demasiado frío] to go cold **-3.** *MED* to catch a cold.

enfundar *vt* [espada] to sheathe; [pistola] to put away.

⟶ enfundarse *vpr*: **~se algo** to wrap o.s. up in sthg.

enfurecer [30] *vt* to infuriate, to madden.

⟶ enfurecerse *vpr* **-1.** [gen] to get furious **-2.** *fig* [mar] to become rough.

enfurecimiento *m* anger.

enfurruñarse *vpr fam* to sulk.

engalanar *vt* to decorate.

⟶ engalanarse *vpr* to dress up.

enganchar *vt* **-1.** [agarrar - vagones] to couple; [- remolque, caballos] to hitch up; [- pez] to hook **-2.** [colgar de un gancho] to hang up **-3.** *fam fig* [atraer]: **~ a alguien para que haga algo** to rope sb into doing sthg **-4.** [pillar - empleo, marido] to land (o.s.).

⟶ engancharse *vpr* **-1.** [prenderse]: **~se algo con algo** to catch sthg on sthg **-2.** [alistarse] to enlist, to join up **-3.** [hacerse adicto]: **~se (a)** to get hooked (on).

enganche *m* **-1.** [de trenes] coupling **-2.** [gancho] hook **-3.** [reclutamiento] enlistment **-4.** *Méx* [depósito] deposit.

enganchón *m* [de ropa etc] snag.

engañabobos *m inv* **-1.** [cosa] con (trick) **-2.** [persona] con man, con artist.

engañar *vt* **-1.** [gen] to deceive; **engaña a su marido** she cheats on her husband **-2.** [estafar] to cheat, to swindle **-3.** [hacer más llevadero] to appease; **~ el hambre** to cheat one's stomach.

⟶ engañarse *vpr* **-1.** [hacerse ilusiones] to delude o.s. **-2.** [equivocarse] to be wrong.

engañifa *f fam* [gen] trick; [estafa] swindle.

engaño *m* [gen] deceit; [estafa] swindle; **llamarse a ~** to claim one has been cheated.

engañoso, sa *adj* [persona, palabras] deceitful; [aspecto, apariencia] deceptive; [consejo] misleading.

engarce *m* setting.

engarzar [13] *vt* **-1.** [encadenar - abalorios] to thread; [- perlas] to string **-2.** [engastar] to set **-3.** [enlazar - palabras] to string together.

engatusador, ra *fam* ⟨⟩ *adj* coaxing, cajoling. ⟨⟩ *m,f* coaxer.

engatusamiento *m fam* coaxing, cajoling.

engatusar *vt fam* to get round; **~ a alguien**

para que haga algo to coax *o* cajole sb into doing sthg.

engendrar *vt* **- 1.** [procrear] to give birth to, to beget **- 2.** [originar] to give rise to.

engendro *m* **- 1.** [obra de mala calidad] monstrosity **- 2.** [ser deforme] freak, deformed creature; [niño] malformed child.

englobar *vt* to bring together.

engomar *vt* to stick, to glue.

engordar <> *vt* **- 1.** [cebar] to fatten up **- 2.** *fig* [aumentar] to swell. <> *vi* to put on weight.

engorde *m* fattening (up).

engorro *m* nuisance.

engorroso, sa *adj* bothersome.

engrampadora *f RP* stapler.

engrampar *vt RP* to staple.

engranaje *m* **- 1.** [acción] gearing **- 2.** [piezas - de reloj, piñón] cogs *(pl)*; [- AUTOM] gears *(pl)* **- 3.** *fig* [enlace - de ideas] chain, sequence **- 4.** [aparato - político, burocrático] machinery.

engranar *vt* **- 1.** [piezas] to engage **- 2.** *fig* [ideas] to link, to connect.

engrandecer [30] *vt* **- 1.** *fig* [enaltecer] to exalt **- 2.** [aumentar] to increase, to enlarge.

engrandecimiento *m* **- 1.** [enaltecimiento] enhancement **- 2.** [aumento] increase.

engrasar *vt* [gen] to lubricate; [bisagra, mecanismo] to oil; [eje, bandeja] to grease.

engrase *m* **- 1.** [acción - gen] lubrication; [- de goznes] oiling; [- de bandeja] greasing **- 2.** [sustancia] lubricant.

engreído, da <> *adj* conceited, full of one's own importance. <> *m,f* conceited person.

engrosar [23] *vt* **- 1.** *fig* [aumentar] to swell **- 2.** [engordar - animal] to fatten; [- texto] to bump up the size of.

engrudo *m* paste.

engruesa *etc* ⊳ **engrosar**.

engullir *vt* to gobble up, to wolf down.

enharinar *vt* to flour.

enhebrar *vt* **- 1.** [gen] to thread; [perlas] to string **- 2.** *fig* [palabras] to string together.

enhorabuena <> *f* congratulations *(pl)*; **dar la ~ a alguien** to congratulate sb. <> *interj*: **¡ ~ (por ...)!** congratulations (on ...)!

enigma *m* enigma.

enigmático, ca *adj* enigmatic.

enjabonado, da *adj* soapy.
 ➤ **enjabonado** *m* washing.

enjabonar *vt* **- 1.** [con jabón] to soap **- 2.** [dar coba a] to soft-soap.

enjambre *m* lit & fig swarm.

enjaular *vt* [en jaula] to cage; *fam* [en prisión]

to jail, to lock up.

enjoyar *vt* to adorn with jewels.
 ➤ **enjoyarse** *vpr* to put on (one's) jewels.

enjuagar [16] *vt* to rinse.
 ➤ **enjuagarse** *vpr* to rinse o.s./one's mouth/one's hands *etc*.

enjuague *m* rinse.

enjugar [16] *vt* **- 1.** [secar] to dry, to wipe away **- 2.** [pagar - deuda] to pay off; [- déficit] to cancel out.

enjuiciamiento *m* **- 1.** DER trial **- 2.** [opinión] judgment.

enjuiciar [8] *vt* **- 1.** DER to try **- 2.** [opinar] to judge.

enjuto, ta *adj* [delgado] lean.

enlace <> ⊳ **enlazar**. <> *m* **- 1.** [acción] link **- 2.** [persona] go-between; **~ sindical** shop steward **- 3.** QUÍM bond **- 4.** [casamiento] **~ (matrimonial)** marriage **- 5.** [de trenes] connection; **estación de ~** junction; **vía de ~** crossover **- 6.** INFORM: **~ de datos** data link; **~ hipertextual** *o* **de hipertexto** hypertext link.

enladrillado *m* brick paving.

enladrillar *vt* to pave with bricks.

enlatar *vt* to can, to tin.

enlazar [13] <> *vt* : **~ algo a** [atar] to tie sthg up to; [trabar, relacionar] to link *o* connect sthg with. <> *vi* : **~ en** [trenes] to connect at.
 ➤ **enlazarse** *vpr* to become linked.

enlodar *vt* to cover in mud.

enloquecedor, ra *adj* maddening.

enloquecer [30] <> *vt* **- 1.** [volver loco] to drive mad **- 2.** *fig* [gustar mucho] to drive wild *o* crazy. <> *vi* to go mad.

enloquecimiento *m* madness.

enlosar *vt* to tile.

enlutado, da *adj* in mourning.

enmaderar *vt* [pared] to panel; [suelo] to lay the floorboards of.

enmadrarse *vpr* to become too tied to one's mother.

enmarañar *vt* **- 1.** [enredar] to tangle (up) **- 2.** [complicar] to complicate, to confuse.
 ➤ **enmarañarse** *vpr* **- 1.** [enredarse] to become tangled **- 2.** [complicarse] to become confused *o* complicated.

enmarcar [10] *vt* to frame.

enmascarado, da <> *adj* masked. <> *m,f* masked man (*f* masked woman).

enmascarar *vt* [rostro] to mask; *fig* [encubrir] to disguise.

enmendar [19] *vt* [error] to correct; [ley, dictamen] to amend; [comportamiento] to mend; [daño, perjuicio] to redress.

enmendarse *vpr* to mend one's ways.
enmienda *f* -**1.** [acción]: **hacer propósito de ~** to promise to mend one's ways -**2.** [en un texto] corrections *(pl)* -**3.** *POLÍT* amendment.
enmiende ⊳ **enmendar**.
enmohecer [30] *vt* [gen] to turn mouldy; [metal] to rust.
➥ **enmohecerse** *vpr* [gen] to grow mouldy; [metal, conocimientos] to go rusty.
enmohecimiento *m* [gen] mould; [de metal] rust.
enmoquetado *m* carpeting.
enmoquetar *vt* to carpet.
enmudecer [30] ⟨⟩ *vt* to silence. ⟨⟩ *vi* [callarse] to fall silent, to go quiet; [perder el habla] to be struck dumb.
ennegrecer [30] *vt* [gen] to blacken; [suj: nubes] to darken.
➥ **ennegrecerse** *vpr* [gen] to become blackened; [nublarse] to darken, to grow dark.
ennoblecer [30] *vt* -**1.** *fig* [dignificar] to lend distinction to -**2.** [dar un título a] to ennoble.
enojadizo, za *adj* irritable, touchy.
enojar *vt* [enfadar] to anger; [molestar] to annoy.
➥ **enojarse** *vpr*: **~se (con)** [enfadarse] to get angry (with); [molestarse] to get annoyed (with).
enojo *m* [enfado] anger; [molestia] annoyance.
enojoso, sa *adj* [molesto] annoying; [delicado, espinoso] awkward.
enología *f* oenology, study of wine.
enólogo, ga *m,f* oenologist, wine expert.
enorgullecer [30] *vt* to fill with pride.
➥ **enorgullecerse de** *vpr* to be proud of.
enorme *adj* [en tamaño] enormous, huge; [en gravedad] monstrous.
enormidad *f* -**1.** [de tamaño] enormity, hugeness -**2.** *fig* [despropósito] crass remark/mistake *etc.*
enquistado, da *adj*: **tiene la mano enquistada** he has a cyst on his hand.
enquistarse *vpr* to develop into a cyst.
enraizar [13] *vi* [árbol] to take root; [persona] to put down roots.
enramada *f* -**1.** [espesura] branches *(pl)*, canopy -**2.** [cobertizo] bower.
enrarecer [30] *vt* -**1.** [contaminar] to pollute -**2.** [rarificar] to rarefy.
➥ **enrarecerse** *vpr* -**1.** [contaminarse] to become polluted -**2.** [rarificarse] to become rarefied -**3.** *fig* [situación, ambiente] to become tense.
enredadera *f* creeper.

enredador, ra ⟨⟩ *adj* [travieso] naughty, mischievous; [chismoso] gossiping. ⟨⟩ *m,f* [travieso] mischief-maker; [chismoso] gossip.
enredar ⟨⟩ *vt* -**1.** [madeja, pelo] to tangle up; [situación, asunto] to complicate, to confuse -**2.** [implicar]: **~ a alguien (en)** to embroil sb (in), to involve sb (in) -**3.** [entretener] to bother, to annoy. ⟨⟩ *vi* to get up to mischief.
➥ **enredarse** *vpr* -**1.** [plantas] to climb; [madeja, pelo] to get tangled up; [situación, asunto] to become confused -**2.** [empezar]: **~se en algo** to get involved in sthg; **~se a hacer algo** to start doing sthg -**3.** *fam* [amancebarse]: **~se con** to get involved *o* have an affair with.
enredo *m* -**1.** [maraña] tangle, knot -**2.** [lío] mess, complicated affair; [asunto ilícito] shady affair -**3.** [amoroso] (love) affair -**4.** *LITER* plot.
enrejado *m* -**1.** [barrotes - de balcón, verja] railings *(pl)*; [- de jaula, celda, ventana] bars *(pl)* -**2.** [de cañas] trellis.
enrevesado, da *adj* complex, complicated.
enriquecedor, ra *adj* enriching.
enriquecer [30] *vt* -**1.** [hacer rico] to bring wealth to, to make rich -**2.** *fig* [engrandecer] to enrich.
➥ **enriquecerse** *vpr* to get rich.
enriquecimiento *m* enrichment.
enrojecer [30] ⟨⟩ *vt* [gen] to redden, to turn red; [rostro, mejillas] to cause to blush. ⟨⟩ *vi* [por calor] to flush; [por turbación] to blush.
➥ **enrojecerse** *vpr* [por calor] to flush; [por turbación] to blush.
enrojecimiento *m* -**1.** [rubor] blushing -**2.** [irritación] redness, red mark.
enrolar *vt* to enlist.
➥ **enrolarse en** *vpr* [la marina] to enlist in; [un buque] to sign up for.
enrollado, da *adj* -**1.** [en forma de rollo] in a roll, rolled up -**2.** *fam* [interesante, animado] fun -**3.** *fam* [en relaciones amorosas]: **estar ~ con alguien** to be involved with sb.
enrollar *vt* -**1.** [arrollar] to roll up -**2.** *fam* [gustar]: **me enrolla mucho** I love it, I think it's great.
➥ **enrollarse** *vpr* -**1.** *fam* [tener relaciones]: **~se (con)** to get involved *o* have an affair (with) -**2.** [hablar] to go on (and on).
enroscar [10] *vt* -**1.** [atornillar] to screw in -**2.** [enrollar] to roll up; [cuerpo, cola] to curl up.
ensaimada *f cake made of sweet coiled pastry.*

ensalada f -**1.** [de lechuga etc] salad; ~ **de frutas** fruit salad; ~ **mixta** mixed salad; ~ **rusa** Russian salad -**2.** *fam fig* [lío] mishmash.

ensaladera f salad bowl.

ensaladilla f: ~ **(rusa)** Russian salad.

ensalzar [13] vt to praise.

ensamblado m assembly.

ensamblador, ra m,f [persona] joiner.
➤ **ensamblador** m INFORM assembler.

ensambladura f, **ensamblaje** m [acción] assembly; [pieza] joint.

ensamblar vt [gen & INFORM] to assemble; [madera] to join.

ensanchamiento m [de orificio, calle] widening; [de ropa] letting out.

ensanchar vt [orificio, calle] to widen; [ropa] to let out; [ciudad] to expand.

ensanche m -**1.** [de calle etc] widening -**2.** [en la ciudad] new suburb.

ensangrentado, da adj bloodstained.

ensangrentar [19] vt to cover with blood.

ensañamiento m ferocity.

ensañarse vpr: ~ **con** to torment, to treat cruelly.

ensartar vt -**1.** [perlas] to string; [aguja] to thread -**2.** [atravesar - torero] to gore; [puñal] to plunge, to bury.

ensayar vt -**1.** [gen] to test -**2.** TEATR to rehearse.

ensayista mf essayist.

ensayo m -**1.** TEATR rehearsal; ~ **general** dress rehearsal -**2.** [prueba] test; ~ **nuclear** nuclear test -**3.** LITER essay -**4.** [en rugby] try.

enseguida adv [inmediatamente] immediately, at once; [pronto] very soon; **llegará** ~ he'll be here any minute now.

ensenada f cove, inlet.

enseña f ensign.

enseñante mf teacher.

enseñanza f [gen] education; [instrucción] teaching; ~ **estatal** o **pública** state education; ~ **privada** private (sector) education; ~ **superior/universitaria** higher/university education; ~ **primaria/secundaria** primary/secondary education; ~ **personificada** personal o individual tutoring.
➤ **enseñanzas** fpl [de maestro] teachings.

enseñar vt -**1.** [instruir, aleccionar] to teach; ~ **a alguien a hacer algo** to teach sb (how) to do sthg -**2.** [mostrar] to show.

enseres mpl -**1.** [efectos personales] belongings -**2.** [utensilios] equipment (U); ~ **domésticos** household goods.

ensillado, da adj saddled.

ensillar vt to saddle up.

ensimismado, da adj [enfrascado] absorbed; [pensativo] lost in thought.

ensimismamiento m absorption.

ensimismarse vpr [enfrascarse] to become absorbed; [abstraerse] to be lost in thought.

ensombrecer [30] vt *lit & fig* to cast a shadow over.
➤ **ensombrecerse** vpr to darken.

ensoñación f daydream.

ensopar vt *Andes, RP, Ven* to soak.

ensordecedor, ra adj deafening.

ensordecer [30] <> vt -**1.** [causar sordera a] to cause to go deaf -**2.** [suj: sonido] to deafen. <> vi to go deaf.

ensordecimiento m deafness.

ensuciar [8] vt to (make) dirty; *fig* [desprestigiar] to sully, to tarnish.
➤ **ensuciarse** vpr to get dirty.

ensueño m *lit & fig* dream; **de** ~ dream (antes de sust), ideal.

entablado m [armazón] wooden platform; [suelo] floorboards (pl).

entablar vt -**1.** [suelo] to put down floorboards on -**2.** [iniciar - conversación, amistad] to strike up; [- negocio] to start up -**3.** [entablillar] to put in a splint.

entablillar vt to put in a splint.

entallar <> vt -**1.** [prenda] to cut, to tailor -**2.** [madera] to carve, to sculpt. <> vi to fit.

entarimado m [plataforma] wooden platform; [suelo] floorboards (pl).

entarimar vt [suelo] to put down floorboards on.

ente m -**1.** [ser] being -**2.** [corporación] body, organization; ~ **público** [gen] state-owned body o institution; [televisión] Spanish state broadcasting company -**3.** *fam* [personaje] odd bod.

entendederas fpl *fam* brains; **ser corto de** ~ to be a bit dim.

entendedor, ra m,f: **al buen** ~ **sobran las palabras** o **pocas palabras bastan** a word to the wise is sufficient.

entender [20] <> vt -**1.** [gen] to understand; **¿tú qué entiendes por 'amistad'?** what do you understand by 'friendship'?; **dar algo a** ~ to imply sthg; **dar a** ~ **que ...** to imply (that) ... -**2.** [darse cuenta] to realize -**3.** [oir] to hear -**4.** [juzgar] to think; **yo no lo entiendo así** I don't see it that way. <> vi -**1.** [comprender] to understand -**2.** [saber]: ~ **de** o **en algo** to be an expert on sthg; ~ **poco/algo de** to know very little/a little about. <> m: **a mi** ~ **...** the way I see it ...

entenderse *vpr* **-1.** [comprenderse - uno mismo] to know what one means; [- dos personas] to understand each other **- 2.** [llevarse bien] to get on **- 3.** [ponerse de acuerdo] to reach an agreement **- 4.** [comunicarse] to communicate (with each other) **- 5.** [amorosamente]: ~**se (con)** to have an affair (with).

entendido, da ◇ *adj* **- 1.** [comprendido] understood; **tener** ~ **que** to understand that **- 2.** [versado] expert. ◇ *m,f*: ~ **(en)** expert (on).

◆ **entendido** *interj*: ¡~! all right!, okay!

entendimiento *m* **- 1.** [comprensión] understanding; [juicio] judgment; [inteligencia] mind, intellect **- 2.** [acuerdo] understanding; **llegar a un** ~ to come to *o* reach an understanding.

entente *f POLÍT* entente cordiale; *COM* agreement.

enterado, da ◇ *adj*: ~ **(en)** wellinformed (about); **estar** ~ **de algo** to be aware of sthg; **darse por** ~ to get the message; **no darse por** ~ to turn a deaf ear. ◇ *m,f* expert.

enterarse *vpr* **- 1.** [descubrir]: ~ **(de)** to find out (about) **- 2.** *fam* [comprender] to get it, to understand **- 3.** [darse cuenta]: ~ **(de algo)** to realize (sthg) **- 4.** *loc*: ¡para que te enteres! I'll have you know!, as a matter of fact!; ¡te vas a ~! you'll know all about it!, you'll catch it!

entereza *f* [serenidad] composure; [honradez] integrity; [firmeza] firmness.

enternecedor, ra *adj* touching.

enternecer [30] *vt* to move, to touch.

◆ **enternecerse** *vpr* to be moved.

enternecimiento *m* compassion.

entero, ra *adj* **- 1.** [completo] whole; **por** ~ entirely, completely **- 2.** [sereno] composed **- 3.** [honrado] upright, honest.

◆ **entero** *m* **- 1.** *BOLSA* point **- 2.** *CSur* [de trabajo] overalls *UK (pl)*, coveralls *US (pl)*; [sin mangas] dungarees *UK (pl)*, overalls *US (pl)*; [para bebé] rompers *(pl)*.

enterrador, ra *m,f* gravedigger.

enterramiento *m* burial.

enterrar [19] *vt* **- 1.** [gen] to bury **- 2.** *fig* [olvidar] to forget about.

◆ **enterrarse** *vpr fig* to hide o.s. away.

entibiar [8] *vt* **- 1.** [enfriar] to cool **- 2.** [templar] to warm.

◆ **entibiarse** *vpr* [sentimiento] to cool.

entidad *f* **- 1.** [corporación] body; [empresa] firm, company; ~ **bancaria** bank **- 2.** *FILOSOFÍA* entity **- 3.** [importancia] importance.

entienda *etc* ▷ **entender**.

entierra *etc* ▷ **enterrar**.

entierro *m* [acción] burial; [ceremonia] funeral.

entlo. *abrev de* **entresuelo**.

entoldado *m* [toldo] awning; [para fiestas, bailes] marquee.

entoldar *vt* to cover with an awning.

entomología *f* entomology.

entonación *f* intonation.

entonar ◇ *vt* **- 1.** [cantar] to sing **- 2.** [tonificar] to pick up. ◇ *vi* **- 1.** [al cantar] to sing in tune **- 2.** [armonizar]: ~ **(con algo)** to match (sthg).

entonces ◇ *adv* then; **desde** ~ since then; **en** *o* **por aquel** ~ at that time. ◇ *interj*: ¡~! well, then!

entontecer [30] *vt*: ~ **a alguien** to dull sb's brain.

entornar *vt* to half-close.

entorno *m* **- 1.** [ambiente] environment, surroundings *(pl)* **- 2.** *COMPUT* environment; ~ **gráfico** graphic environment; ~ **de programación** programming environment.

entorpecer [30] *vt* **- 1.** [debilitar - movimientos] to hinder; [- miembros] to numb; [- mente] to cloud **- 2.** [dificultar] to obstruct, to hinder.

entorpecimiento *m* **- 1.** [debilitamiento - físico] numbness; [- mental] haziness **- 2.** [dificultad] hindrance.

entrada *f* **- 1.** [acción] entry; [llegada] arrival; 'prohibida la ~' 'no entry' **- 2.** [lugar] entrance; [puerta] doorway; '~' 'way in', 'entrance'; ~ **principal** main entrance; ~ **de servicio** tradesman's entrance **- 3.** *TECN* inlet, intake; ~ **de aire** air intake **- 4.** [en espectáculos - billete] ticket; [- recaudación] receipts *(pl)*, takings *(pl)*; ~ **gratuita** admission free; ~ **libre** admission free; **sacar una** ~ to buy a ticket **- 5.** [público] audience; *DEP* attendance **- 6.** [pago inicial] down payment **- 7.** [en contabilidad] income **- 8.** [plato] starter **- 9.** [en la frente]: **tener** ~**s** to have a receding hairline **- 10.** [en un diccionario] entry **- 11.** [principio] beginning, start; **de** ~ right from the beginning *o* the word go **- 12.** *INFORM* input.

entrado, da *adj* **- 1.** [gen]: ~ **el otoño** once autumn has started; ~ **en años** elderly; ~ **en carnes** portly, rather large **- 2.** *INFORM* input.

entramado *m* framework.

entramar *vt* to make the framework of.

entrante ◇ *adj* [año, mes] coming; [presidente, gobierno] incoming. ◇ *m* **- 1.** [plato] starter **- 2.** [hueco] recess.

entraña *(gen pl)* f **-1.** [víscera] entrails *(pl)*, insides *(pl)* **-2.** *fig* [centro, esencia] heart **-3.** *loc:* **arrancársele a uno las ~s** to break sb's heart; **no tener ~s** to be heartless.

entrañable *adj* intimate.

entrañar *vt* to involve.

entrar <> *vi* **-1.** [introducirse - viniendo] to enter, to come in; [- yendo] to enter, to go in; **~ en algo** to enter sthg, to come/go into sthg; **entré por la ventana** I got in through the window **-2.** [penetrar - clavo etc] to go in; **~ en algo** to go into sthg **-3.** [caber]: **~ (en)** to fit (in); **este anillo no te entra** this ring won't fit you **-4.** [incorporarse]: **~ (en algo)** [colegio, empresa] to start (at sthg); [club, partido político] to join (sthg); **~ de** [botones etc] to start off as **-5.** [empezar]: **~ a hacer algo** to start doing sthg **-6.** [participar] to join in; **~ en** [discusión, polémica] to join in; [negocio] to get in on **-7.** [estar incluido]: **~ en** to be included in **-8.** [figurar]: **~ en** to belong to; **entro en el grupo de los disconformes** I number among the dissidents **-9.** [estado físico o de ánimo]: **le entraron ganas de hablar** he suddenly felt like talking; **me está entrando frío** I'm getting cold; **me entró mucha pena** I was filled with pity **-10.** [periodo de tiempo] to start; **el verano entra el 21 de junio** summer starts on 21st June; **~ en** [edad, vejez] to reach; [año nuevo] to enter **-11.** [cantidad]: **¿cuántos entran en un kilo?** how many do you get to the kilo? **-12.** [concepto, asignatura etc]: **no le entra la geometría** he can't get the hang of geometry **-13.** *AUTOM* to engage; **no entra la tercera** it won't go into third gear. <> *vt* **-1.** [introducir] to bring in **-2.** [prenda de vestir] to take in **-3.** [acometer] to approach, to deal with; **a ése no hay por donde ~le** there's no way of getting through to him.

entre *prep* **-1.** [gen] between; **~ nosotros** [en confianza] between you and me, between ourselves; **era un color ~ verde y azul** the colour was somewhere between green and blue; **su estado de ánimo estaba ~ la alegría y la emoción** his state of mind was somewhere between *o* was a mixture of joy and excitement; **~ una cosa y otra** what with one thing and another **-2.** [en medio de muchos] among, amongst; **estaba ~ los asistentes** she was among those present; **estuvo ~ los mejores** he was one of *o* amongst the best; **~ hombres y mujeres somos más de cien** there are over a hundred of us, men and women together; **~ sí** amongst themselves; **discutían ~ sí** they were arguing with each other.

entreabierto, ta *pp* ▷ **entreabrir**.

entreabrir *vt* to half-open.

entreacto *m* interval.

entrecejo *m* space between the brows; **fruncir el ~** to frown.

entrecerrar [19] *vt* to half-close.

entrecomillado, da *adj* in quotation marks.
◆ **entrecomillado** *m* text in quotation marks.

entrecomillar *vt* to put in quotation marks.

entrecortado, da *adj* [voz, habla] faltering; [respiración] laboured; [señal, sonido] intermittent.

entrecot, entrecote *m* entrecôte.

entrecruzar [13] *vt* to interweave; [miradas] to meet; [dedos] to link together.
◆ **entrecruzarse** *vpr* to interweave; [miradas, caminos] to meet.

entredicho *m:* **estar en ~** to be in doubt; **poner en ~** to question, to call into question.

entrega *f* **-1.** [gen] handing over; [de pedido, paquete] delivery; [de premios] presentation; **hacer ~ de algo a alguien** to hand sthg over to sb; **~ a domicilio** home delivery **-2.** [dedicación]: **~ (a)** devotion (to) **-3.** [fascículo] instalment; **publicar por ~s** to serialize.

entregar [16] *vt* [gen] to hand over; [pedido, paquete] to deliver; [examen, informe] to hand in; [persona] to turn over.
◆ **entregarse** *vpr* [rendirse - soldado, ejército] to surrender; [- criminal] to turn o.s. in.
◆ **entregarse a** *vpr* **-1.** [persona, trabajo] to devote o.s. to **-2.** [vicio, pasión] to give o.s. over to.

entreguerras
◆ **de entreguerras** *loc adj* between the wars.

entrelazar [13] *vt* to interlace, to interlink.

entremedio, entremedias *adv* in between.

entremés *m CULIN (gen pl)* hors d'œuvres.

entremeter *vt* to insert, to put in.
◆ **entremeterse** *vpr* [inmiscuirse]: **~se (en)** to meddle (in).

entremetido, da <> *adj* meddling. <> *m,f* meddler.

entremezclar *vt* to mix up.
◆ **entremezclarse** *vpr* to mix.

entrenador, ra *m,f* coach; [seleccionador] manager.

entrenamiento *m* training.
entrenar *vt & vi* to train.
➧ **entrenarse** *vpr* to train.
entrepierna *f* crotch.
entresacar [10] *vt* to pick out.
entresijos *mpl* ins and outs.
entresuelo *m* mezzanine.
entretanto ⟨⟩ *adv* meanwhile. ⟨⟩ *m*: **en el ~** in the meantime.
entretecho *m Chile, Col* loft, attic.
entretela *f* [de ropa] inner lining.
➧ **entretelas** *fpl fig* innermost heart *(sg)*.
entretención *f Chile* entertainment.
entretener [72] *vt* - **1.** [despistar] to distract - **2.** [retrasar] to hold up, to keep - **3.** [divertir] to entertain - **4.** [mantener] to keep alive, to sustain.
➧ **entretenerse** *vpr* - **1.** [despistarse] to get distracted - **2.** [divertirse] to amuse o.s. - **3.** [retrasarse] to be held up.
entretenido, da *adj* entertaining, enjoyable.
entretenimiento *m* - **1.** [acción] entertainment - **2.** [pasatiempo] pastime.
entretiempo *m*: **de ~** mild-weather *(antes de sust)*.
entrever [76] *vt* - **1.** [vislumbrar] to barely make out; [por un instante] to glimpse - **2.** *fig* [adivinar] to see signs of.
➧ **entreverse** *vpr* to be barely visible; **no se entreve una solución** *fig* there's no sign of a solution.
entreverar *CSur vt* to mix.
➧ **entreverarse** *vpr* to get tangled.
entrevero *m CSur* [lío] tangle, mess; [pelea] brawl.
entrevista *f* - **1.** [periodística, de trabajo] interview; **hacer una ~ a alguien** to interview sb; **~ de selección** job interview - **2.** [reunión] meeting.
entrevistador, ra *m,f* interviewer.
entrevistar *vt* to interview.
➧ **entrevistarse** *vpr*: **~se (con)** to have a meeting (with).
entrevisto, ta *pp* ▷ **entrever**.
entristecer [30] *vt* to make sad.
➧ **entristecerse** *vpr* to become sad.
entristecimiento *m* sadness.
entrometerse *vpr*: **~ (en)** to interfere (in).
entrometido, da ⟨⟩ *adj* interfering. ⟨⟩ *m,f* meddler.
entrometimiento *m* meddling.
entromparse *vpr fam* to get legless.
entroncar [10] *vi* - **1.** [emparentarse]: **~ (con)** to become related (to) - **2.** [trenes etc] to

connect - **3.** *fig* [relacionarse]: **~ (con)** to be related (to).
entronizar [13] *vt* to crown.
entubar *vt* to fit tubes to, to tube.
entuerto *m* wrong, injustice; **deshacer ~s** to right wrongs.
entumecer [30] *vt* to numb.
➧ **entumecerse** *vpr* to become numb.
entumecido, da *adj* numb.
entumecimiento *m* numbness.
enturbiar [8] *vt lit & fig* to cloud.
➧ **enturbiarse** *vpr lit & fig* to become cloudy.
entusiasmar *vt* - **1.** [animar] to fill with enthusiasm - **2.** [gustar]: **le entusiasma la música** he loves music.
➧ **entusiasmarse** *vpr*: **~se (con)** to get excited (about).
entusiasmo *m* enthusiasm; **con ~** enthusiastically.
entusiasta ⟨⟩ *adj* enthusiastic. ⟨⟩ *mf* enthusiast.
enumeración *f* enumeration, listing.
enumerar *vt* to enumerate, to list.
enunciación *f*, **enunciado** *m* formulation, enunciation.
enunciar [8] *vt* to formulate, to enunciate.
envainar *vt* to sheathe.
envalentonamiento *m* boldness.
envalentonar *vt* to urge on, to fill with courage.
➧ **envalentonarse** *vpr* to become daring.
envanecer [30] *vt* to make vain.
➧ **envanecerse** *vpr* to become vain.
envanecimiento *m* vanity.
envarado, da ⟨⟩ *adj* stiff, formal. ⟨⟩ *m,f* stiff *o* formal person.
envasado *m* [en botellas] bottling; [en latas] canning; [en paquetes] packing.
envasar *vt* [en botellas] to bottle; [en latas] to can; [en paquetes] to pack.
envase *m* - **1.** [envasado - en botellas] bottling; [- en latas] canning; [- en paquetes] packing - **2.** [recipiente] container; [botella] bottle; **~ desechable** disposable container; **~ retornable** returnable bottle; **~ sin retorno** non-returnable bottle.
envejecer [30] ⟨⟩ *vi* [hacerse viejo] to grow old; [parecer viejo] to age. ⟨⟩ *vt* to age.
envejecido, da *adj* [de edad] old; [de aspecto] aged.
envejecimiento *m* ageing.
envenenamiento *m* poisoning.
envenenar *vt* to poison.

envergadura *f* **-1.** [importancia] size, extent; [complejidad] complexity; **una reforma de gran ~** a wide-ranging reform **-2.** [anchura] span.

envés *m* reverse (side), back; [de tela] wrong side.

enviado, da *m,f* POLÍT envoy; PRENS correspondent; **~ especial** PRENS special correspondent.

enviar [9] *vt* to send; **~ a alguien a hacer algo** to send sb to do sthg.

enviciar [8] *vt* to addict, to get hooked.
→ **enviciarse** *vpr* to become addicted.

envidia *f* envy; **era la ~ de todos** it was the envy of everyone; **dar ~ a alguien** to make sb jealous *o* envious; **tener ~ de alguien/algo** to envy sb/sthg, to be jealous *o* envious of sb/sthg; **morirse de ~** to be green with envy.

envidiable *adj* enviable.

envidiar [8] *vt* to envy.

envidioso, sa ◇ *adj* envious. ◇ *m,f* envious person.

envilecer [30] *vt* to debase.
→ **envilecerse** *vpr* to become debased.

envilecimiento *m* debasement.

envío *m* **-1.** COM dispatch; [de correo] delivery; [de víveres, mercancías] consignment; **gastos de ~** postage and packing *UK*, postage and handling *US*; **~ a domicilio** home delivery; **~ contra reembolso** cash on delivery **-2.** [paquete] package.

enviudar *vi* to be widowed.

envoltorio *m*, **envoltura** *f* wrapper, wrapping.

envolvente *adj* enveloping.

envolver [24] *vt* **-1.** [embalar] to wrap (up) **-2.** [enrollar] to wind **-3.** [implicar]: **~ a alguien en** to involve sb in.
→ **envolverse** *vpr*: **~se en** *o* **con algo** to wrap o.s. in sthg.

envuelto, ta *pp* ▷ **envolver**.

envuelva *etc* ▷ **envolver**.

enyesar *vt* **-1.** MED to put in plaster **-2.** CONSTR to plaster.

enzarzar [13] *vt* to entangle, to embroil.
→ **enzarzarse** *vpr*: **~se en** to get entangled *o* embroiled in.

enzima *f* enzyme.

eólico, ca *adj* wind *(antes de sust)*.

epatar *vt* to shock.

e.p.d. (*abrev de* **en paz descanse**) RIP.

épica ▷ **épico**.

epicentro *m* epicentre.

épico, ca *adj* epic.

→ **épica** *f* epic.

epicúreo, a *adj & m,f* Epicurean.

epidemia *f* epidemic.

epidémico, ca *adj* epidemic.

epidemiología *f* epidemiology.

epidérmico, ca *adj* epidermic.

epidermis *f inv* epidermis.

Epifanía *f* Epiphany.

epígrafe *m* heading.

epilepsia *f* epilepsy.

epiléptico, ca *adj & m,f* epileptic.

epílogo *m* epilogue.

episcopado *m* **-1.** [gen] episcopate, episcopacy **-2.** [territorio] diocese.

episcopal *adj* episcopal.

episodio *m* **-1.** [gen] episode **-2.** [suceso] event.

epístola *f culto* [carta] epistle; RELIG Epistle.

epistolar *adj culto* epistolary.

epistolario *m* collected letters *(pl)*.

epitafio *m* epitaph.

epitelio *m* epithelium.

epíteto *m* epithet.

época *f* period; [estación] season; **de ~** period *(antes de sust)*; **en aquella ~** at that time; **hacer ~** to become a symbol of its time; **~ dorada** golden age.

epopeya *f* **-1.** [gen] epic **-2.** *fig* [hazaña] feat.

equidad *f* fairness.

equidistante *adj* equidistant.

equidistar *vi*: **~ (de)** to be equidistant (from).

équidos *mpl* members of the horse family.

equilátero, ra *adj* equilateral.

equilibrado, da *adj* **-1.** [gen] balanced **-2.** [sensato] sensible.

equilibrar *vt* to balance.
→ **equilibrarse** *vpr* to balance.

equilibrio *m* balance; **mantener algo en ~** to balance sthg; **mantenerse/perder el ~** to keep/lose one's balance; **~ ecológico** ecological balance; **~ de poderes** balance of power; **hacer ~s** *fig* to perform a balancing act.

equilibrismo *m* [en trapecio] trapeze; [funambulismo] tightrope walking.

equilibrista *mf* [trapecista] trapeze artist; [funambulista] tightrope walker.

equino, na *adj* equine.

equinoccio *m* equinox.

equipaje *m* luggage *UK*, baggage *US*; **hacer el ~** to pack; **~ de mano** hand luggage.

equipamiento *m* [acción] equipping; [equipo] equipment.

equipar vt: ~ **(de)** [gen] to equip (with); [ropa] to fit out (with).
➡ **equiparse** vpr to equip o.s.
equiparable adj: ~ **(a)** comparable (to).
equiparar vt to compare.
➡ **equipararse** vpr to be compared.
equipo m **-1.** [equipamiento] equipment; ~ **de oficina** office equipment; **caerse con todo el** ~ fam to get it in the neck **-2.** [uniforme - de novia] trousseau; [- de soldado] kit; [- de colegial] uniform **-3.** [personas, jugadores] team; ~ **de rescate** rescue team **-4.** [de música] system; ~ **de sonido** sound system.
equis adj X; **un número** ~ **de personas** x number of people.
equitación f [arte] equestrianism; [actividad] horse riding.
equitativo, va adj fair, even-handed.
equivalencia f equivalence.
equivalente adj & m equivalent.
equivaler [74]
➡ **equivaler a** vi to be equivalent to; fig [significar] to amount to.
equivocación f mistake; **por** ~ by mistake.
equivocado, da adj mistaken.
equivocar [10] vt to choose wrongly; ~ **algo con algo** to mistake sthg for sthg.
➡ **equivocarse** vpr to be wrong; ~**se en** to make a mistake in; **se equivocó en la suma** she got the total wrong; **se equivocó de nombre** he got the wrong name.
equívoco, ca adj **-1.** [ambiguo] ambiguous, equivocal **-2.** [sospechoso] suspicious.
➡ **equívoco** m misunderstanding.
era ◇ ▷ **ser.** ◇ f **-1.** [periodo] era; ~ **atómica/espacial/glacial** atomic/space/ice age; ~ **cristiana/geológica** Christian/geological era **-2.** [campo] threshing floor.
erario m funds (pl); ~ **público** exchequer.
ERASMUS (abrev de **European Action Scheme for the Mobility of University Students**) m ERASMUS.
erección f erection.
eréctil adj erectile.
erecto, ta adj erect.
eremita mf hermit.
eres ▷ **ser.**
ergonomía f ergonomics (U).
ergonómico, ca adj ergonomic.
erguir [58] vt to raise.
➡ **erguirse** vpr to rise up.
erial ◇ adj uncultivated. ◇ m uncultivated land.
erice etc ▷ **erizar.**

erigir [15] vt **-1.** [construir] to erect, to build **-2.** [nombrar] to name.
➡ **erigirse en** vpr to set o.s. up as.
eritema m skin rash.
erizado, da adj **-1.** [de punta] on end; [con púas o espinas] spiky **-2.** fig [lleno]: ~ **de** plagued with.
erizar [13] vt to cause to stand on end.
➡ **erizarse** vpr [pelo] to stand on end; [persona] to stiffen.
erizo m **-1.** [mamífero] hedgehog **-2.** [pez] globefish; ~ **de mar** sea urchin.
ermita f hermitage.
ermitaño, ña m,f hermit.
erogación f Chile [donativo] contribution.
erogar vt Chile [donar] to contribute.
erógeno, na adj erogenous.
erosión f erosion.
erosionar vt to erode.
➡ **erosionarse** vpr to erode.
erosivo, va adj erosive.
erótico, ca adj erotic.
➡ **erótica** f: **la erótica del poder** the thrill of power.
erotismo m eroticism.
erradicación f eradication.
erradicar [10] vt to eradicate.
errado, da adj [disparo] wide of the mark, missed; [razonamiento] mistaken.
errante adj wandering.
errar [47] ◇ vt [vocación, camino] to choose wrongly; [disparo, golpe] to miss. ◇ vi **-1.** [vagar] to wander **-2.** [equivocarse] to make a mistake **-3.** [al disparar] to miss.
errata f misprint.
errático, ca adj [errante] wandering; MED erratic.
erre f: ~ **que** ~ stubbornly.
erróneo, a adj mistaken.
error m mistake, error; **cometer un** ~ to make a mistake; **estar en un** ~ to be mistaken; **por** ~ by mistake; **salvo** ~ **u omisión** errors and omissions excepted; ~ **de cálculo** miscalculation; ~ **humano** human error; ~ **de imprenta** misprint; ~ **judicial** miscarriage of justice; ~ **tipográfico** typo, typographical error.
ertzaina [er'tʃaina] f member of Basque regional police force.
ertzaintza [er'tʃaintʃa] f Basque regional police force.
eructar vi to belch.
eructo m belch.
erudición f erudition.
erudito, ta ◇ adj erudite. ◇ m,f scholar.

erupción *f* - **1.** GEOL eruption; **en ~** erupting; **entrar en ~** to erupt - **2.** MED rash.

eruptivo, va *adj* [roca] volcanic; [volcán] active.

es ⊳ ser.

esa ⊳ ese².

ésa ⊳ ése.

esbeltez *f* slenderness, slimness.

esbelto, ta *adj* slender, slim.

esbirro *m* henchman.

esbozar [13] *vt* to sketch, to outline; [sonrisa] to give a hint of.

esbozo *m* sketch, outline.

escabechado, da *adj* CULIN marinated.
➤ **escabechado** *m* CULIN marinade.

escabechar *vt* CULIN to marinate.

escabeche *m* CULIN marinade.

escabechina *f* destruction; [en examen] huge number of failures.

escabroso, sa *adj* - **1.** [abrupto] rough - **2.** [obsceno] risqué - **3.** [espinoso] awkward, thorny.

escabullirse *vpr* - **1.** [desaparecer]: **~ (de)** to slip away (from) - **2.** [escurrirse]: **escabullírsele le a alguien** to slip out of sb's hands.

escacharrar *vt fam* to knacker.
➤ **escacharrarse** *vpr fam* to get knackered.

escafandra *f* diving suit; **~ espacial** spacesuit.

escafandrista *mf* diver.

escala *f* - **1.** [gen] scale; [de colores] range; **a ~** [gráfica] to scale; **a ~ mundial** *fig* on a worldwide scale; **a gran ~** on a large scale; **a pequeña ~** small-scale; **en pequeña ~** on a small scale; **~ de popularidad** popularity stakes *(pl)*; **~ salarial** salary scale - **2.** [en un viaje] stopover; **hacer ~** to stop over; **~ técnica** refuelling stop UK, refueling stop US - **3.** [escalera] ladder.

escalada *f* - **1.** [de montaña] climb; **~ libre** free climbing - **2.** [de violencia, precios] escalation, rise.

escalador, ra ◇ *adj* climbing *(antes de sust)*. ◇ *m,f* - **1.** [alpinista] climber - **2.** *fam* [de puestos] careerist.

escalafón *m* scale, ladder.

escalar *vt* to climb.

escaldado, da *adj* - **1.** CULIN scalded - **2.** *fig* [receloso] wary.

escaldar *vt* to scald.
➤ **escaldarse** *vpr* to get burned.

escaleno *adj* scalene.

escalera *f* - **1.** [gen] stairs *(pl)*, staircase; [escala] ladder; **~ mecánica** *o* **automática** esca-

lator; **~ de caracol** spiral staircase; **~ de incendios** fire escape; **~ de mano** ladder; **~ de servicio** service stairs *(pl)*; **~ de tijera** step ladder - **2.** [en naipes] run; **~ de color** straight flush.

escalerilla *f* [de avión] stairs *(pl)*.

escalfar *vt* to poach.

escalinata *f* staircase.

escalofriante *adj* spine-chilling.

escalofrío *(gen pl)* *m* shiver; **dar ~s a alguien** to give sb the shivers; **tener ~s** to have the shivers.

escalón *m* step; *fig* grade.

escalonado, da *adj* - **1.** [en el tiempo] spread out - **2.** [terreno] terraced; [pelo] layered.

escalonar *vt* - **1.** [gen] to spread out - **2.** [terreno] to terrace.

escalope *m* escalope.

escalpelo *m* scalpel.

escama *f* - **1.** [de peces, reptiles] scale - **2.** [de jabón, en la piel] flake.

escamado, da *adj fam* suspicious, wary.

escamar *vt* - **1.** [pescado] to scale - **2.** *fam fig* [mosquear] to make suspicious.
➤ **escamarse** *vpr fam* to smell a rat, to get suspicious.

escamotear *vt*: **~ algo a alguien** [estafar] to do *o* swindle sb out of sthg; [hurtar] to rob sb of sthg.

escampar *v impers* to clear up, to stop raining.

escanciar [8] *vt* to serve, to pour out.

escandalizar [13] *vt* to scandalize, to shock.
➤ **escandalizarse** *vpr* to be shocked.

escándalo *m* - **1.** [inmoralidad] scandal; [indignación] outrage - **2.** [alboroto] uproar, racket; **armar un ~** to kick up a fuss.

escandaloso, sa ◇ *adj* - **1.** [inmoral] outrageous, shocking *o* - **2.** [ruidoso] very noisy. ◇ *m,f* very noisy *o* loud person.

Escandinavia Scandinavia.

escandinavo, va *adj & m,f* Scandinavian.

escanear *vt* to scan.

escáner *(pl* **escáners)** *m* - **1.** [aparato] scanner - **2.** [exploración] scan; **hacerse un ~** to have a scan.

escaño *m* - **1.** [cargo] seat *(in parliament)* - **2.** [asiento] bench *(in parliament)*.

escapada *f* - **1.** [huida] escape, flight; DEP breakaway - **2.** [viaje] quick trip.

escapar *vi* - **1.** [huir]: **~ (de)** to get away *o* escape (from) - **2.** [quedar fuera del alcance]: **~ a alguien** to be beyond sb.
➤ **escaparse** *vpr* - **1.** [huir]: **~se (de)** to get

away o escape (from); ~**se de casa** to run away from home - **2.** [salir - gas, agua etc] to leak - **3.** [perder]: **se me escapó la risa/un taco** I let out a laugh/an expletive; **se me escapó el tren** I missed the train; **se me escapó la ocasión** the opportunity slipped by.

escaparate m (shop) window.

escaparatista mf window dresser.

escapatoria f - **1.** [fuga] escape; **no tener ~** to have no way out - **2.** fam [evasiva] way (of getting) out.

escape m [de gas etc] leak; [de coche] exhaust; **a ~** in a rush, at high speed.

escapismo m escapism.

escapista adj escapist.

escaquearse vpr fam to duck out; **~ de algo/de hacer algo** to worm one's way out of sthg/doing sthg.

escarabajo m beetle.

escaramuza f MIL & fig skirmish.

escarapela f rosette, cockade.

escarbar vt to scratch, to scrape.

escarceos mpl forays; **~ amorosos** flirtations.

escarcha f frost.

escarchado, da adj [fruta] candied, crystallized.

escarchar v impers to freeze (over).

escarlata adj & m scarlet.

escarlatina f scarlet fever.

escarmentar [19] vi to learn (one's lesson); ¡**no escarmienta!** he never learns!; ¡**para que escarmientes!** that'll teach you!

escarmiento m lesson; **servir de ~** to serve as a lesson.

escarnecer [30] vt to mock, to ridicule.

escarnio m mockery, ridicule.

escarola f endive.

escarpado, da adj [inclinado] steep; [abrupto] craggy.

escasear vi to be scarce, to be in short supply.

escasez f [insuficiencia] shortage; [pobreza] poverty.

escaso, sa adj - **1.** [insuficiente - conocimientos, recursos] limited, scant; [- tiempo] short; [- cantidad, número] low; [- víveres, trabajo] scarce, in short supply; [- visibilidad, luz] poor; **andar ~ de** to be short of - **2.** [casi completo]: **un metro ~** barely a metre.

escatimar vt [gastos, comida] to be sparing with, to skimp on; [esfuerzo, energías] to use as little as possible; **no ~ gastos** to spare no expense.

escay, skai m Leatherette®.

escayola f CONSTR plaster of Paris; MED plaster.

escayolar vt to put in plaster.

escena f - **1.** [gen] scene; **hacer una ~** to make a scene; **~ retrospectiva** flashback - **2.** [escenario] stage; **llevar a la ~** to dramatize; **poner en ~** to stage; **salir a ~** to go on stage.

escenario m - **1.** [tablas, escena] stage; CIN & TEATR [lugar de la acción] setting - **2.** fig [de suceso] scene.

escénico, ca adj scenic.

escenificación f [de novela] dramatization; [de obra de teatro] staging.

escenificar [10] vt [novela] to dramatize; [obra de teatro] to stage.

escenografía f set design.

escenógrafo, fa m,f set designer.

escepticismo m scepticism.

escéptico, ca <> adj - **1.** FILOSOFÍA sceptic - **2.** [incrédulo] sceptical. <> m,f sceptic.

escindir vt to split.

➡ **escindirse** vpr: **~se (en)** to split (into).

escisión f [del átomo] splitting; [de partido político] split.

esclarecedor, ra adj illuminating.

esclarecer [30] vt to clear up, to shed light on.

esclarecimiento m clearing up, elucidation.

esclava ➡ esclavo.

esclavitud f lit & fig slavery.

esclavizar [13] vt lit & fig to enslave.

esclavo, va <> adj enslaved. <> m,f lit & fig [persona] slave; **es un ~ del trabajo** he's a slave to his work.

➡ **esclava** f [pulsera] bangle, bracelet.

esclerosis f inv MED sclerosis; **~ múltiple** multiple sclerosis.

esclusa f [de canal] lock; [compuerta] floodgate.

escoba f broom; **pasar la ~** to sweep (up).

escobazo m blow with a broom; **echar a alguien a ~s** to kick sb out.

escobilla f - **1.** brush - **2.** Chile [de dientes] toothbrush.

escocedura f - **1.** [herida] sore - **2.** [sensación] smarting, stinging.

escocer [41] vi lit & fig to sting.

➡ **escocerse** vpr [piel] to get sore.

escocés, esa <> adj [gen] Scottish; [whisky] Scotch; [tejido] tartan, plaid. <> m,f [persona] Scot, Scotsman (f Scotswoman); **los escoceses** the Scottish, the Scots.

➡ **escocés** m [lengua] Scots (U).

Escocia Scotland.

escoger [14] *vt* to choose.

escogido, da *adj* [elegido] selected, chosen; [selecto] choice, select.

escoja *etc* ▷ escoger.

escolar ◇ *adj* school *(antes de sust)*. ◇ *mf* pupil, schoolboy (*f* schoolgirl).

escolaridad *f* schooling.

escolarización *f* schooling.

escolarizar [13] *vt* to provide with schooling.

escollera *f* breakwater.

escollo *m* **-1.** [en el mar] reef **-2.** *fig* stumbling block.

escolta *f* escort.

escoltar *vt* to escort.

escombros *mpl* rubble (U), debris (U).

esconder *vt* to hide, to conceal.

➡ **esconderse** *vpr*: ~se (de) to hide (from).

escondido, da *adj* [lugar] secluded.

➡ **a escondidas** *loc adv* in secret; **hacer algo a escondidas de alguien** to do sthg behind sb's back.

escondite *m* **-1.** [lugar] hiding place **-2.** [juego] hide-and-seek.

escondrijo *m* hiding place.

escoñar *vt fam* to knacker, to break.

➡ **escoñarse** *vpr fam* to get knackered.

escopeta *f* shotgun; ~ de aire comprimido air gun; ~ de cañones recortados sawn-off shotgun.

escopetazo *m* [disparo] gunshot; [herida] gunshot wound.

escorar *vi* NÁUT to list.

escorbuto *m* scurvy.

escoria *f fig* dregs *(pl)*, scum.

Escorpio, Escorpión ◇ *m* [zodiaco] Scorpio; **ser** ~ to be (a) Scorpio. ◇ *mf* [persona] Scorpio.

escorpión *m* scorpion.

➡ **Escorpión** = Escorpio.

escotado, da *adj* low-cut, low-necked.

escote *m* [de prendas] neckline; [de persona] neck; **pagar a** ~ to go Dutch; ~ **en pico** V-neck; ~ **redondo** round neck.

escotilla *f* hatch, hatchway.

escozamos ▷ escocer.

escozor *m* stinging.

escribanía *f Andes, CRica, RP* [notaría] ≃ notary public's office.

escribano, na *m,f Andes, CRica, RP* [notario] notary (public).

escribir *vt & vi* to write; ~ **a lápiz** to write in pencil; ~ **a mano** to write by hand, to write

in longhand; ~ **a máquina** to type.

➡ **escribirse** *vpr* **-1.** [personas] to write to one another **-2.** [palabras]: **se escribe con 'h'** it is spelt with an 'h'.

escrito, ta ◇ *pp* ▷ escribir. ◇ *adj* written; **por** ~ in writing.

➡ **escrito** *m* [gen] text; [documento] document; [obra literaria] writing, work.

escritor, ra *m,f* writer.

escritorio *m* **-1.** [mueble] desk, bureau **-2.** [habitación] office.

escritura *f* **-1.** [arte] writing **-2.** [sistema de signos] script **-3.** DER deed.

➡ **Sagrada Escritura** *(gen pl)* *f*: **La Sagrada Escritura** Holy Scripture.

escriturar *vt* to execute by deed.

escroto *m* scrotum.

escrúpulo *m* **-1.** [duda, recelo] scruple; **sin escrúpulos** unscrupulous **-2.** [minuciosidad] scrupulousness, great care **-3.** [aprensión] qualm; **le da** ~ he has qualms about it.

escrupuloso, sa *adj* **-1.** [gen] scrupulous **-2.** [aprensivo] particular, fussy.

escrutar *vt* [con la mirada] to scrutinize, to examine; [votos] to count.

escrutinio *m* count *(of votes)*.

escuadra *f* **-1.** GEOM square **-2.** [de buques] squadron **-3.** [de soldados] squad.

escuadrilla *f* squadron.

escuadrón *m* squadron; ~ **de la muerte** death squad.

escuálido, da *adj culto* emaciated.

escucha *f* listening-in, monitoring; **estar** *o* **permanecer a la** ~ to listen in; ~s **telefónicas** telephone tapping (U).

escuchar ◇ *vt* to listen to. ◇ *vi* to listen.

escuchimizado, da ◇ *adj* skinny, thin as a rake. ◇ *m,f* skinny person.

escudar *vt fig* to shield.

➡ **escudarse** *vpr*: ~se **en algo** *fig* to hide behind sthg, to use sthg as an excuse.

escudería *f* team *(in motor racing)*.

escudero *m* squire.

escudo *m* **-1.** [arma] shield **-2.** [moneda] escudo **-3.** [emblema] coat of arms.

escudriñar *vt* [examinar] to scrutinize, to examine; [otear] to search.

escuece ▷ escocer.

escuela *f* school; ~ **normal** teacher training college; ~ **nocturna** night school; ~ **parroquial** parish school; ~ **privada** private school, public school *UK*; ~ **pública** state school; ~ **universitaria** *university which awards degrees after three years of study*;

formar o **hacer** ~ to have a following; **ser de la vieja** ~ to be of the old school.

escueto, ta *adj* [sucinto] concise; [sobrio] plain, unadorned.

escueza *etc* ▷ **escocer**.

escuincle, cla *m,f Méx fam* [muchacho] nipper, kid.

esculpir *vt* to sculpt, to carve.

escultor, ra *m,f* sculptor (*f* sculptress).

escultura *f* sculpture.

escultural *adj* -**1.** ARTE sculptural -**2.** [atractivo] statuesque.

escupir ◇ *vi* to spit. ◇ *vt* [suj: persona, animal] to spit out; [suj: volcán, chimenea etc] to belch out.

escupitajo *m* gob, spit.

escurreplatos *m inv* dish rack.

escurridero *m* draining board.

escurridizo, za *adj* lit & fig slippery.

escurrido, da *adj* -**1.** [ropa - en lavadora] spun-dry; [- estrujando] wrung-out -**2.** [verdura] drained.

escurridor *m* colander.

escurrir ◇ *vt* [gen] to drain; [ropa] to wring out; [en lavadora] to spin-dry. ◇ *vi* [gotear] to drip.

 ➡ **escurrirse** *vpr* [resbalarse] to slip.

escúter (*pl* escúters), **scooter** (*pl* scooters) *m* (motor) scooter.

esdrújulo, la *adj* proparoxytone.

ese[1] *f* [figura] zigzag; **hacer** ~**s** [en carretera] to zigzag; [al andar] to stagger about.

ese[2] (*pl* esos), **esa** *adj demos* -**1.** [gen] that, (*pl*) those -**2.** (después de sust) fam despec that, (*pl*) those; **el hombre** ~ **no me inspira confianza** I don't trust that guy.

ése (*pl* ésos), **ésa** *pron demos* -**1.** [gen] that one, (*pl*) those ones -**2.** [mencionado antes] the former -**3.** fam despec: **fue el que me pegó** that's the guy who hit me -**4.** loc: **¡a** ~**!** stop that man!; **ni por ésas** not even then; **no me lo vendió ni por ésas** even then he wouldn't sell me it.

esencia *f* essence; **quinta** ~ quintessence.

esencial *adj* essential; **lo** ~ the fundamental thing.

esfera *f* -**1.** [gen] sphere; ~ **celeste** celestial sphere; ~ **terrestre** (terrestrial) globe -**2.** [de reloj] face -**3.** [círculo social] circle; ~ **de influencia** sphere of influence -**4.** INFORM: ~ **de arrastre** o **de desplazamiento** trackball.

esférico, ca *adj* spherical.

 ➡ **esférico** *m* DEP ball.

esfero *m Col, Ecuad* ballpoint pen.

esfinge *f* sphinx; **parecer una** ~ to be inscrutable.

esfínter (*pl* esfínteres) *m* sphincter.

esforzar [37] *vt* [voz] to strain.

 ➡ **esforzarse** *vpr* to make an effort; ~**se en** o **por hacer algo** to try very hard to do sthg, to do one's best to do sthg.

esfuerzo *m* effort; **hacer un** ~ to make an effort, to try hard; **sin** ~ effortlessly.

esfumarse *vpr* [esperanzas, posibilidades] to fade away; [persona] to vanish, to disappear.

esgrima *f* fencing.

esgrimir *vt* -**1.** [arma] to brandish, to wield -**2.** [argumento, hecho, idea] to use, to employ.

esguince *m* sprain.

eslabón *m* link; **el** ~ **perdido** the missing link.

eslálom (*pl* esláloms) *m* slalom.

eslavo, va ◇ *adj* slav, Slavonic. ◇ *m,f* [persona] Slav.

 ➡ **eslavo** *m* [lengua] Slavonic.

eslip (*pl* eslips) *m* briefs (*pl*).

eslogan (*pl* eslóganes) *m* slogan.

eslora *f* NÁUT length.

eslovaco, ca *adj* & *m,f* Slovak, Slovakian.

 ➡ **eslovaco** *m* [lengua] Slovak.

Eslovaquia Slovakia.

esmaltado, da *adj* enamelled.

 ➡ **esmaltado** *m* enamelling.

esmaltar *vt* to enamel.

esmalte *m* -**1.** [sustancia - en dientes, cerámica etc] enamel; [- de uñas] (nail) varnish o polish -**2.** [objeto, joya etc] enamelwork.

esmerado, da *adj* [persona] painstaking, careful; [trabajo] carefully done, polished.

esmeralda ◇ *f* emerald. ◇ *adj* & *m inv* emerald.

esmerarse *vpr*: ~ **(en algo/hacer algo)** [esforzarse] to take great pains (over sthg/doing sthg).

esmerilado, da *adj* [pulido] polished with emery; [translúcido] ground.

esmerilar *vt* [pulir] to polish with emery.

esmero *m* great care.

esmirriado, da *adj* puny, weak.

esmoquin (*pl* esmóquines) *m* dinner jacket *UK*, tuxedo *US*.

esnifada *f fam* sniff (of a drug).

esnifar *vt fam* to sniff (drugs).

esnob (*pl* esnobs) ◇ *adj* trying to be trendy. ◇ *m,f* person who wants to be trendy.

esnobismo *m* desire to be trendy.

eso *pron demos (neutro)* that; ~ **es la Torre Eiffel** that's the Eiffel Tower; ~ **es lo que yo**

pienso that's just what I think; ~ **que propones es irrealizable** what you're proposing is impossible; ~ **de vivir solo no me gusta** I don't like the idea of living on my own; ¡ ~ , ~ ! that's right!, yes!; ¡ ~ **es!** that's it; ¿**cómo es** ~ ?, ¿**y** ~ ? [¿por qué?] how come?; **para** ~ **es mejor no ir** if that's all it is, you might as well not go; **por** ~ **vine** that's why I came.

➡ **a eso de** *loc prep* (at) about *o* around.

➡ **en eso** *loc adv* just then, at that very moment.

➡ **y eso que** *loc conj* even though.

ESO (*abrev de* **Enseñanza Secundaria Obligatoria**) *f mainstream secondary education for pupils aged 12-16*.

esófago *m* oesophagus.

esos, esas ▷ **ese**.

ésos, ésas ▷ **ése**.

esotérico, ca *adj* esoteric.

esoterismo *m* **-1.** [impenetrabilidad] esoteric nature **-2.** [ciencias ocultas] esotericism.

espabilar *vt* **-1.** [despertar] to wake up **-2.** [avispar]: ~ **a alguien** to sharpen sb's wits.

➡ **espabilarse** *vpr* **-1.** [despertarse] to wake up, to brighten up **-2.** [darse prisa] to get a move on **-3.** [avisparse] to sharpen one's wits.

espachurrar *fam vt* to squash.

➡ **espachurrarse** *vpr* to get squashed.

espaciado, da *adj* at regular intervals.

espaciador *m* space bar.

espacial *adj* space (*antes de sust*).

espaciar [8] *vt* to space out.

espacio *m* **-1.** [gen] space; **no tengo mucho** ~ I don't have much room; **a doble** ~ double-spaced; **por** ~ **de** over a period of; ~ **aéreo** air space; ~ **en blanco** blank; ~ **verde** park; ~ **vital** living space **-2.** RADIO & TV programme; ~ **publicitario** advertising spot.

espacioso, sa *adj* spacious.

espada ◇ *f* [arma] sword; ~ **de dos filos** *fig* double-edged sword; **estar entre la** ~ **y la pared** to be between the devil and the deep blue sea. ◇ *m* TAUROM matador; *ver también* **tauromaquia**.

➡ **espadas** *fpl* [naipes] ≃ spades.

espadachín *m* swordsman.

espagueti *m* spaghetti (U).

espalda *f* **-1.** [gen] back; **caer de** ~**s** to fall flat on one's back; **cargado de** ~**s** round-shouldered; **de** ~**s a alguien** with one's back turned on sb; ~ **con** ~ back to back; **por la** ~ from behind; *fig* behind one's back; **tumbarse de** ~**s** to lie on one's back; **cubrirse las** ~**s** to cover o.s.; **echarse algo sobre las** ~**s** to take sthg on; **hablar de alguien a sus** ~**s** to talk about sb behind their back; **hacer algo a** ~**s de alguien** to do sthg behind sb's back; **tener buenas** ~**s** to be mentally tough; **tirar** *o* **tumbar de** ~**s** to be amazing *o* stunning; **volver la** ~ **a alguien** to turn one's back on sb **-2.** [en natación] backstroke.

espaldarazo *m* blow to the back; **eso le dio el** ~ (**definitivo**) that finally earned her widespread recognition.

espalderas *fpl* wall bars.

espaldilla *f* shoulder (of lamb *etc*).

espantada *f* stampede; [de caballo] bolt.

espantadizo, za *adj* nervous, easily frightened.

espantajo *m* **-1.** [espantapájaros] scarecrow **-2.** [persona fea] fright, sight.

espantapájaros *m inv* scarecrow.

espantar *vt* **-1.** [ahuyentar] to frighten *o* scare away **-2.** [asustar] to frighten, to scare.

➡ **espantarse** *vpr* to get frightened *o* scared.

espanto *m* fright; ¡**qué** ~ ! how terrible!; **estar curado de** ~**s** to be unshockable.

espantoso, sa *adj* **-1.** [terrorífico] horrific **-2.** [enorme] terrible **-3.** [feísimo] frightful, horrible.

España Spain.

español, la ◇ *adj* Spanish. ◇ *m,f* [persona] Spaniard.

➡ **español** *m* [lengua] Spanish.

españolada *f despec* exaggerated portrayal of Spain.

españolismo *m* **-1.** [apego, afecto] affinity for things Spanish **-2.** [carácter, naturaleza] Spanishness, Spanish character.

españolizar [13] *vt* to make Spanish, to hispanicize.

➡ **españolizarse** *vpr* to adopt Spanish ways.

esparadrapo *m* (sticking) plaster, Band-Aid® *US*.

esparcido, da *adj* scattered.

esparcimiento *m* **-1.** [diseminación] scattering **-2.** [ocio] relaxation, time off.

esparcir [12] *vt* [gen] to spread; [semillas, papeles, objetos] to scatter.

➥ **esparcirse** *vpr* to spread (out).

espárrago *m* asparagus *(U)*; ~ **triguero** wild asparagus; **mandar a alguien a freír ~s** *fam* to tell sb to get lost.

esparraguera *f* asparagus (plant).

espartano, na ◇ *adj* -**1.** [de Esparta] Spartan -**2.** *fig* [severo] spartan. ◇ *m,f* Spartan.

esparto *m* esparto (grass).

espasmo *m* spasm.

espasmódico, ca *adj* spasmodic.

espatarrarse *vpr fam* to sprawl (with one's legs wide open).

espátula *f* -**1.** CULIN & MED spatula; ARTE palette knife; CONSTR bricklayer's trowel; [de empapelador] stripping knife -**2.** [animal] spoonbill.

especia *f* spice.

especial *adj* -**1.** [gen] special; ~ **para** specially for; **en** ~ especially, particularly; **¿alguno en ~?** any one in particular? -**2.** [peculiar - carácter, gusto, persona] peculiar, strange.

especialidad *f* speciality, specialty *US*; ~ **de la casa** house speciality.

especialista ◇ *adj*: ~ **(en)** specializing (in). ◇ *mf* -**1.** [experto]: ~ **(en)** specialist (in) -**2.** CIN stuntman (*f* stuntwoman).

especialización *f* specialization.

especializado, da *adj*: ~ **en** specialized (in).

especializar [13] *vt* to specialize.

➥ **especializarse** *vpr*: ~**se (en)** to specialize (in).

especie *f* -**1.** BIOL species *(sg)*; ~ **en vías de extinción** endangered species; ~ **protegida** protected species -**2.** [clase] kind, sort; **pagar en** ~ *o* ~**s** to pay in kind.

especificación *f* specification.

especificar [10] *vt* to specify.

específico, ca *adj* specific.

➥ **específicos** *mpl* FARM patent medicines.

espécimen (*pl* **especímenes**) *m* specimen.

espectacular *adj* spectacular.

espectacularidad *f* spectacular nature.

espectáculo *m* -**1.** [diversión] entertainment -**2.** [función] show, performance; ~ **de variedades** variety show -**3.** [suceso, escena] sight -**4.** *loc*: **dar el** ~ to cause a scene.

espectador *mf* TV viewer; CIN & TEATR member of the audience; DEP spectator; [de suceso, discusión] onlooker.

➥ **espectadores** *mpl* TV viewers; CIN & TEATR audience *(sg)*; DEP spectators; [de suceso, discusión] onlookers.

espectral *adj* -**1.** FÍS spectral -**2.** *fig* ghostly.

espectro *m* -**1.** [fantasma] spectre, ghost -**2.** FÍS & MED spectrum.

especulación *f* speculation.

especulador, ra ◇ *adj* speculating. ◇ *m,f* speculator.

especular *vi*: ~ **(sobre)** to speculate (about); ~ **en** COM to speculate on.

especulativo, va *adj* speculative.

espejismo *m* mirage; *fig* illusion.

espejo *m lit* & *fig* mirror; **mirarse al** ~ to look at o.s. in the mirror; ~ **de cuerpo entero** full-length mirror; ~ **retrovisor** rearview mirror.

espeleología *f* potholing.

espeleólogo, ga *m,f* potholer.

espeluznante *adj* hair-raising, lurid.

espera *f* -**1.** [acción] wait; **en** ~ **de, a la** ~ **de** waiting for, awaiting; **seguimos a la** ~ **de su respuesta** [en cartas] we await your reply -**2.** [paciencia] patience.

esperanto *m* Esperanto.

esperanza *f* [deseo, ganas] hope; [confianza, expectativas] expectation; **dar** ~**s** to encourage, to give hope to; **perder la** ~ to lose hope; **tener** ~ **de hacer algo** to hope to be able to do sthg; ~ **de vida** life expectancy.

esperanzador, ra *adj* encouraging, hopeful.

esperanzar [13] *vt* to give hope to, to encourage.

➥ **esperanzarse** *vpr* to be encouraged.

esperar ◇ *vt* -**1.** [aguardar] to wait for; ~ **a que alguien haga algo** to wait for sb to do sthg -**2.** [tener esperanza de]: ~ **que** to hope that; **espero que sí** I hope so; **espero que no** I hope not; ~ **hacer algo** to hope to do sthg -**3.** [tener confianza en] to expect; ~ **que** to expect (that); ~ **algo de alguien** to expect sthg from sb, to hope for sthg from sb -**4.** [ser inminente para] to await, to be in store for; **nos esperan muchas dificultades** many difficulties await us. ◇ *vi* [aguardar] to wait; **espera y verás** wait and see; **como era de** ~ as was to be expected; **hacer** ~ **a alguien** to keep sb waiting, to make sb wait; **quien espera desespera** *proverb* a watched pot never boils *proverb*.

➥ **esperarse** *vpr* -**1.** [imaginarse, figurarse] to expect -**2.** [aguardar] to wait; ~**se a que alguien haga algo** to wait for sb to do sthg.

esperma ◇ *m o f* BIOL sperm. ◇ *f Amér* [vela] candle.

espermatozoide, espermatozoo *m* sperm, spermatozoon.

esperpéntico, ca *adj* grotesque.

esperpento *m* [persona] grotesque sight; [cosa] absurdity, piece of nonsense.

espesar *vt* to thicken.

espeso, sa *adj* [gen] thick; [bosque, niebla] dense; [nieve] deep.

espesor *m* -**1.** [grosor] thickness; **tiene 2 metros de** ~ it's 2 metres thick -**2.** [densidad - de niebla, bosque] density; [- de nieve] depth.

espesura *f* -**1.** [vegetación] thicket -**2.** [grosor] thickness; [densidad] density.

espetar *vt* -**1.** [palabras] to blurt out, to tell straight out -**2.** [carne] to skewer.

espía *mf* spy.

espiar [9] *vt* to spy on.

espiga *f* -**1.** [de trigo etc] ear -**2.** [en telas] herringbone -**3.** [pieza - de madera] peg; [- de hierro] pin.

espigado, da *adj* -**1.** [persona] tall and slim -**2.** [planta] ripe.

espigarse [16] *vpr* -**1.** [persona] to shoot up -**2.** [planta] to go to seed.

espigón *m* breakwater.

espigue *etc* ⊳ **espigarse.**

espiguilla *f* herringbone.

espina *f* [de pez] bone; [de planta] thorn; **me da mala** ~ it makes me uneasy, there's something fishy about it; **tener una** ~ **clavada** to bear a great burden; **sacarse la** ~ to get even.

  ◆ **espina dorsal** *f* spine.

  ◆ **espinas bífida** *f* spina bifida.

espinaca (*gen pl*) *f* spinach (U).

espinal *adj* spinal.

espinazo *m* spine, backbone; **doblar el** ~ *fig* [humillarse] to kow-tow.

espinilla *f* -**1.** [hueso] shin, shinbone -**2.** [grano] blackhead.

espino *m* -**1.** [planta] hawthorn -**2.** [alambre] barbed wire.

espinoso, sa *adj lit & fig* thorny.

espionaje *m* espionage; ~ **industrial** industrial espionage.

espiración *f* exhalation, breathing out.

espiral *f lit & fig* spiral; **en** ~ [escalera, forma] spiral; ~ **inflacionaria** ECON inflationary spiral.

espirar *vi & vt* to exhale, to breathe out.

espiritismo *m* spiritualism.

espiritista *adj* spiritualist.

espíritu *m* -**1.** [gen] spirit; RELIG soul; ~ **de equipo** team spirit -**2.** [fantasma] ghost -**3.** [modo de pensar] attitudes (*pl*).

  ◆ **Espíritu Santo** *m* Holy Ghost.

espiritual *adj & m* spiritual.

espiritualidad *f* spirituality.

espita *f* spigot, tap, faucet *US*.

espléndido, da *adj* -**1.** [magnífico] splendid, magnificent -**2.** [generoso] generous, lavish.

esplendor *m* -**1.** [magnificencia] splendour -**2.** [apogeo] greatness.

esplendoroso, sa *adj* magnificent.

espliego *m* lavender.

espolear *vt lit & fig* to spur on.

espoleta *f* [de proyectil] fuse.

espolón *m* -**1.** [de ave] spur -**2.** ARQUIT buttress; [de puente] cutwater.

espolvorear *vt* to dust, to sprinkle.

esponja *f* sponge; ~ **vegetal** loofah, vegetable sponge; **beber como una** ~ *fam* to drink like a fish; **tirar la** ~ to throw in the towel.

esponjar *vt* to fluff up.

esponjosidad *f* sponginess.

esponjoso, sa *adj* spongy.

esponsales *mpl* betrothal (*sg*).

espontaneidad *f* spontaneity.

espontáneo, a ◇ *adj* spontaneous. ◇ *m,f* spectator who tries to join in a bullfight.

esporádico, ca *adj* sporadic.

esport *adj inv*: **(de)** ~ sports (*antes de sust*).

esposa ⊳ **esposo.**

esposado, da *adj* handcuffed.

esposar *vt* to handcuff.

esposo, sa *m,f* [persona] husband (*f* wife).

  ◆ **esposas** *fpl* [objeto] handcuffs.

espot (*pl* **espots**) *m* advertising spot, commercial.

espray (*pl* **esprays**) *m* spray.

esprint (*pl* **esprints**) *m* sprint.

esprínter (*pl* **esprínters**) *m,f* sprinter.

espuela *f* -**1.** [gen] spur -**2.** *fam fig* [última copa]: **tomar la** ~ to have one for the road.

espuerta *f* [recipiente] basket.

  ◆ **a espuertas** *loc adv* by the sackful o bucket.

espuma *f* -**1.** [gen] foam; [de cerveza] head; [de jabón] lather; [de olas] surf; [de caldo] scum; **hacer** ~ to foam; **crecer como la** ~ to mushroom; ~ **de afeitar** shaving foam; ~ **seca** carpet shampoo -**2.** [para pelo] (styling) mousse.

espumadera *f* skimmer.

espumar *vt* to skim.

espumarajo *m* froth, foam; **echar** ~**s** to foam at the mouth.

espumoso, sa *adj* [gen] foamy, frothy; [vino] sparkling; [jabón] lathery.

  ◆ **espumoso** *m* sparkling wine.

esputo *m* [gen] spittle; MED sputum.

esqueje *m* cutting.

esquela *f* obituary.

esquelético, ca *adj* ANAT skeletal; *fam* [muy delgado] skinny.

esqueleto *m* -1. [de persona] skeleton; **menear o mover el ~** *fam* to boogie (on down) -2. [armazón] framework.

esquema *m* [gráfico] diagram; [resumen] outline; **su respuesta me rompe los ~s** her answer has thrown all my plans up in the air.

esquemático, ca *adj* schematic.

esquí (*pl* esquíes *o* esquís) *m* -1. [tabla] ski -2. [deporte] skiing; **~ de fondo** *o* nórdico cross-country skiing; **~ náutico** *o* acuático water-skiing; **~ alpino** downhill skiing.

esquiador, ra *m, f* skier.

esquiar [9] *vi* to ski.

esquilador, ra *m, f* sheepshearer.

esquilar *vt* to shear.

esquimal ◇ *adj & m, f* Eskimo. ◇ *m* [lengua] Eskimo.

esquina *f* corner; **a la vuelta de la ~** just round the corner; **doblar la ~** to turn the corner; **hacer ~ (con)** to be on the corner (of).

esquinado, da *adj* on the corner.

esquinazo *m* corner; **dar (el) ~ a alguien** to give sb the slip.

esquirla *f* splinter.

esquirol *m fam* blackleg, scab.

esquivar *vt* [gen] to avoid; [golpe] to dodge.

esquivo, va *adj* shy.

esquizofrenia *f* schizophrenia.

esquizofrénico, ca *adj & m, f* schizophrenic.

esta ⊳ este².

ésta ⊳ éste.

estabilidad *f* stability; **~ de precios** price stability.

estabilización *f* stabilization.

estabilizador, ra *adj* stabilizing.

➡ **estabilizador** *m* stabilizer.

estabilizar [13] *vt* to stabilize.

➡ **estabilizarse** *vpr* to stabilize, to become stable.

estable *adj* -1. [firme] stable -2. [permanente - huésped] permanent; [- cliente] regular.

establecer [30] *vt* -1. [gen] to establish; [récord] to set -2. [negocio, campamento] to set up -3. [inmigrantes etc] to settle.

➡ **establecerse** *vpr* -1. [instalarse] to settle -2. [poner un negocio] to set up a business.

establecimiento *m* -1. [gen] establishment; [de récord] setting -2. [de negocio, colonia] setting up -3. [de emigrantes, colonos] settlement.

establo *m* cowshed.

estaca *f* -1. [para clavar, delimitar] stake; [de tienda de campaña] peg -2. [garrote] cudgel.

estacada *f* [valla] picket fence; MIL stockade, palisade; **dejar a alguien en la ~** to leave sb in the lurch.

estación *f* -1. [gen & INFORM] station; **~ de autocares/de tren** coach/railway station; **~ de esquí** ski resort; **~ de gasolina** petrol station; **~ de servicio** service station; **~ de trabajo** workstation; **~ meteorológica** weather station -2. [del año, temporada] season.

estacionamiento *m* AUTOM parking; **~ indebido** parking offence.

estacionar *vt* AUTOM to park.

estacionario, ria *adj* [gen] stationary; ECON stagnant.

estadía *f* CSur stay, stop.

estadio *m* -1. DEP stadium -2. [fase] stage.

estadista *mf* statesman (*f* stateswoman).

estadístico, ca *adj* statistical.

➡ **estadística** *f* -1. [ciencia] statistics (*U*) -2. [datos] statistics (*pl*).

estado *m* state; **su ~ es grave** his condition is serious; **estar en buen/mal ~** [coche, terreno etc] to be in good/bad condition; [alimento, bebida] to be fresh/off; **~ de ánimo** state of mind; **~ civil** marital status; **~ de bienestar** welfare state; **~ de cuentas** statement of accounts; **~ de excepción** *o* **emergencia** state of emergency; **~ de salud** (state of) health; **~ de sitio** state of siege; **en ~ de guerra** at war; **estar en ~ (de esperanza** *o* **buena esperanza)** to be expecting.

➡ **Estado** *m* [gobierno] State; **Estado Mayor** MIL general staff.

➡ **Estados Unidos (de América)** United States (of America).

estadounidense ◇ *adj* United States (*antes de sust*). ◇ *mf* United States citizen.

estafa *f* [gen] swindle; COM fraud.

estafador, ra *m, f* swindler.

estafar *vt* [gen] to swindle; COM to defraud.

estafeta *f* sub-post office.

estafilococo *m* staphylococcus.

estalactita *f* stalactite.

estalagmita *f* stalagmite.

estalinismo *m* Stalinism.

estalinista *adj & m, f* Stalinist.

estallar *vi* -1. [reventar - bomba] to explode; [- neumático] to burst; [- volcán] to erupt; [- cristal] to shatter -2. [sonar - ovación] to break out; [- látigo] to crack **-3.** [guerra, epidemia etc] to break out **-4.** [persona]: ~ **en sollozos** to burst into tears; ~ **en una carcajada** to burst out laughing.

estallido m **-1.** [de bomba] explosion; [de trueno] crash; [de látigo] crack **-2.** [de guerra etc] outbreak.

Estambul Istanbul.

estamento m stratum, class.

estampa f **-1.** [imagen, tarjeta] print **-2.** [aspecto] appearance **-3.** [retrato, ejemplo] image.

estampado, da adj printed.

➡ **estampado** m **-1.** [acción] printing **-2.** [dibujo] (cotton) print.

estampar vt **-1.** [imprimir - gen] to print; [- metal] to stamp **-2.** [escribir]: ~ **la firma** to sign one's name **-3.** fig [arrojar]: ~ **algo/a alguien contra** to fling sthg/sb against, to hurl sthg/sb against **-4.** fig [dar - beso] to plant; [- bofetada] to land.

estampida f stampede; **de** ~ suddenly, in a rush.

estampido m report, bang.

estampilla f **-1.** [para marcar] rubber stamp **-2.** Amér [sello de correos] stamp.

estampillar vt [gen] to stamp; [documentos] to rubber-stamp.

estampita ▷ timo.

estancado, da adj [agua] stagnant; [situación, proyecto] at a standstill.

estancamiento m stagnation.

estancarse [10] vpr [líquido] to stagnate, to become stagnant; [situación] to come to a standstill.

estancia f **-1.** [tiempo] stay **-2.** [habitación] room **-3.** CSur [hacienda] cattle ranch.

estanciera f RP minibus.

estanciero m CSur ranch owner.

estanco, ca adj watertight.

➡ **estanco** m tobacconist's.

estand (pl estands) m stand, stall.

estándar (pl estándares) adj & m standard.

estandarización f standardization.

estandarizar [13] vt to standardize.

estandarte m standard, banner.

estanding (pl estandings) m standing, social status.

estanque m **-1.** [alberca] pond; [para riego] reservoir **-2.** Amér [depósito] tank (of petrol).

estanquero mf tobacconist.

estante m shelf.

estantería f [gen] shelves (pl), shelving (U); [para libros] bookcase.

estañar vt to tin-plate.

estaño m tin.

estar [59] ⬦ vi **-1.** [hallarse] to be; **¿dónde está la llave?** where is the key?; **¿está María?** is Maria in?; **no está** she's not in **-2.** [con fechas]: **¿a qué estamos hoy?** what's the date today?; **hoy estamos a martes/a 15 de julio** today is Tuesday/the 15th of July; **estábamos en octubre** it was October **-3.** [quedarse] to stay, to be; **estaré un par de horas y me iré** I'll stay a couple of hours and then I'll go **-4.** (antes de 'a') [expresa valores, grados]: **estamos a veinte grados** it's twenty degrees here; **están a dos euros el kilo** they're two euros a kilo **-5.** [hallarse listo]: **¿aún no está ese trabajo?** is that piece of work still not ready? **-6.** [servir]: ~ **para** to be (there) for; **para eso están los amigos** that's what friends are for; **para eso estoy** that's what I'm there for **-7.** (antes de gerundio) [expresa duración] to be; **están golpeando la puerta** they're banging on the door **-8.** (antes de 'sin' + infin) [expresa negación]: **estoy sin dormir desde ayer** I haven't slept since yesterday; **está sin acabar** it's not finished **-9.** [faltar]: **eso está aún por escribir** that has yet to be written **-10.** [hallarse a punto de]: ~ **por hacer algo** to be on the verge of doing sthg; **estuve por pegarle** I was on the verge of hitting him **-11.** [expresa disposición]: ~ **para algo** to be in the mood for sthg; **no estoy para bromas** I'm not in the mood for jokes. ⬦ v copulativo **-1.** (antes de adj) [expresa cualidad, estado] to be; **los pasteles están ricos** the cakes are delicious; **esta calle está sucia** this street is dirty **-2.** (antes de 'con' o 'sin' + sust) [expresa estado] to be; **estamos sin agua** we have no water, we're without water **-3.** [expresa situación, acción]: ~ **de:** ~ **de camarero** to work as a waiter, to be a waiter; ~ **de vacaciones** to be on holiday; ~ **de viaje** to be on a trip; ~ **de mudanza** to be in (the process of) moving; **estamos de suerte** we're in luck **-4.** [expresa permanencia]: ~ **en uso** to be in use; ~ **en guardia** to be on guard **-5.** [expresa apoyo, predilección]: ~ **por** to be in favour of **-6.** [expresa ocupación]: ~ **como** to be; **está como cajera** she's a check-out girl **-7.** [consistir]: ~ **en** to be, to lie in; **el problema está en la fecha** the problem is the date **-8.** [sentar - ropa]: **este traje te está bien** this suit looks good on you **-9.** (antes de 'que' + verbo) [expresa actitud]: **está que muerde porque ha suspendido** he's furious because he failed.

➡ **estarse** vpr [permanecer] to stay; **te pue-**

des ~ **con nosotros unos días** you can stay o spend a few days with us.

estarcir *vt* to stencil.

estárter *(pl* estárters) *m* starter.

estatal *adj* state *(antes de sust).*

estático, ca *adj* **-1.** FíS static **-2.** [inmóvil] stock-still.

estatización *f Amér* nationalization.

estatizar *vt Amér* to nationalize.

estatua *f* statue.

estatura *f* height; **de ~ media** o **mediana** of average o medium height.

estatus *m inv* status.

estatuto *m* [gen] statute; [de empresa] article (of association); [de ciudad] by-law.

este¹ ◇ *adj* [posición, parte] east, eastern; [dirección, viento] easterly. ◇ *m* east; **los países del ~** the Eastern bloc countries.

este² *(pl* estos), **esta** *adj demos* **-1.** [gen] this, *(pl)* these; **esta camisa** this shirt; **~ año** this year **-2.** *fam despec* that, *(pl)* those; **no soporto a la niña esta** I can't stand that girl.

éste *(pl* éstos), **ésta** *pron demos* **-1.** [gen] this one, *(pl)* these (ones); **dame otro boli;** ~ **no funciona** give me another pen; this one doesn't work; **aquellos cuadros no están mal, aunque éstos me gustan más** those paintings aren't bad, but I like these (ones) better; **ésta ha sido la semana más feliz de mi vida** this has been the happiest week of my life **-2.** [recién mencionado] the latter; **entraron Juan y Pedro,** ~ **con un abrigo verde** Juan and Pedro came in, the latter wearing a green coat **-3.** *fam despec:* ~ **es el que me pegó** this is the guy who hit me; **éstos son los culpables de todo lo ocurrido** it's this lot who are to blame for everything.

➥ **en éstas** *loc adv fam* just then, at that very moment.

estela *f* **-1.** [de barco] wake; [de avión, estrella fugaz] trail **-2.** *fig* [rastro] trail.

estelar *adj* **-1.** ASTRON stellar **-2.** CIN & TEATR star *(antes de sust).*

estelaridad *f Amér* popularity.

estenografía *f* shorthand.

estenotipia *f* **-1.** [arte] stenotypy **-2.** [máquina] Stenotype®.

estenotipista *mf* stenotypist.

estenotipo *m* Stenotype®.

estentóreo, a *adj* [culto] stentorian.

estepa *f* steppe.

estepario, ria *adj* steppe *(antes de sust).*

estera *f* [tejido] matting; [alfombrilla] mat.

estercolero *m* dunghill; *fig* [lugar sucio] pigsty.

estéreo *adj inv* & *m* stereo.

estereofonía *f* stereo.

estereofónico, ca *adj* stereophonic, stereo.

estereoscopio *m* stereoscope.

estereotipado, da *adj* stereotyped, stereotypical.

estereotipar *vt* to stereotype.

estereotipo *m* stereotype.

estéril *adj* **-1.** [persona, terreno, imaginación] sterile **-2.** [gasa] sterilized **-3.** [inútil] futile, fruitless.

esterilidad *f* sterility.

esterilización *f* sterilization.

esterilizar [13] *vt* to sterilize.

esterilla *f* small mat.

esterlina ▷ **libra.**

esternón *m* breastbone, sternum.

esteroides *mpl* steroids.

estertor *m* death rattle.

estética ▷ **estético.**

esteticista, esthéticienne [esteti'θjen] *f* beautician.

estético, ca *adj* aesthetic.

➥ **estética** *f* **-1.** FILOSOFÍA aesthetics *(U)* **-2.** [belleza] beauty.

estetoscopio *m* stethoscope.

esthéticienne = esteticista.

estiba *f* stowage.

estibador, ra *m,f* stevedore.

estibar *vt* to stow.

estiércol *m* [excrementos] dung; [abono] manure.

estigma *m* **-1.** [marca] mark, scar **-2.** *fig* [deshonor] stigma.

➥ **estigmas** *mpl* RELIG stigmata.

estigmatización *f* [marca] branding; *fig* [deshonra] stigmatization.

estigmatizar [13] *vt* **-1.** [marcar] to scar; [con hierro candente] to brand **-2.** *fig* [deshonrar] to stigmatize.

estilarse *vpr fam* to be in (fashion).

estilete *m* **-1.** [daga] stiletto **-2.** MED stylet.

estilismo *m* stylism.

estilista *mf* **-1.** [escritor] stylist **-2.** [de moda, accesorios] fashion designer.

estilístico, ca *adj* stylistic.

➥ **estilística** *f* stylistics *(U).*

estilizar [13] *vt* to stylize.

estilo *m* **-1.** [gen] style; **al ~ de** in the style of; **~ de vida** lifestyle **-2.** [en natación] stroke **-3.** GRAM speech; **~ directo/indirecto** direct/

indirect speech **- 4.** *loc*: **algo por el** ~ something of the sort; **ser por el** ~ **a** to be similar to.

estilográfica *f* fountain pen.

estima *f* esteem, respect.

estimable *adj* [cantidad] considerable; [digno de estimación] worthy of appreciation.

estimación *f* **- 1.** [aprecio] esteem, respect **- 2.** [valoración] valuation **- 3.** [en impuestos] assessment.

estimado, da *adj* [querido] esteemed, respected; **Estimado señor** Dear Sir.

estimar *vt* **- 1.** [valorar - gen] to value; [- valor] to estimate **- 2.** [apreciar] to think highly of **- 3.** [creer] to consider, to think.

➤ **estimarse** *vpr* [tener dignidad] to have self-respect.

estimativo, va *adj* approximate, rough.

estimulador, ra *adj* encouraging.

estimulante ◇ *adj* **- 1.** [que anima] encouraging **- 2.** [que excita] stimulating. ◇ *m* stimulant.

estimular *vt* **- 1.** [animar] to encourage **- 2.** [excitar] to stimulate.

estímulo *m* **- 1.** [aliciente] incentive; [ánimo] encouragement **- 2.** [de un órgano] stimulus.

estío *m culto* summer.

estipulación *f* **- 1.** [acuerdo] agreement **- 2.** *DER* stipulation.

estipular *vt* to stipulate.

estirado, da *adj* **- 1.** [persona - altanero] haughty; [- adusto] uptight **- 2.** [brazos, piernas] outstretched.

estiramiento *m* stretching.

estirar ◇ *vt* **- 1.** [alargar - gen] to stretch; [- cuello] to crane; ~ **las piernas** to stretch one's legs **- 2.** [desarrugar] to straighten **- 3.** *fig* [dinero etc] to make last; [discurso, tema] to spin out. ◇ *vi*: ~ **(de)** to pull.

➤ **estirarse** *vpr* **- 1.** [desperezarse] to stretch **- 2.** [tumbarse] to stretch out **- 3.** [crecer] to shoot up.

estirón *m* **- 1.** [acción] tug, pull **- 2.** [al crecer]: **dar** *o* **pegar un** ~ to shoot up suddenly.

estirpe *f* stock, lineage.

estival *adj* summer *(antes de sust)*.

esto *pron demos (neutro)* this thing; ~ **es tu regalo de cumpleaños** this is your birthday present; ~ **que acabas de decir no tiene sentido** what you just said doesn't make sense; ~ **de trabajar de noche no me gusta** I don't like this business of working at night; ~ **es** that is (to say).

➤ **a todo esto** *loc adv* meanwhile, in the meantime.

➤ **en esto** *loc adv* just then, at that very moment.

estoc *(pl* **estocs)** *m* stock.

estocada *f* [en esgrima] stab; *TAUROM* (sword) thrust.

Estocolmo Stockholm.

estofa *f*: **de baja** ~ [gente] low-class; [cosas] poor-quality.

estofado *m* stew.

estofar *vt CULIN* to stew.

estoicismo *m* stoicism.

estoico, ca *adj* stoic, stoical.

estola *f* stole.

estomacal ◇ *adj* [dolencia] stomach *(antes de sust)*; [bebida] digestive. ◇ *m* digestive *(drink)*.

estómago *m* stomach; **revolver el** ~ **a alguien** to turn sb's stomach; **tener buen** ~ to be tough, to be able to stand a lot.

Estonia Estonia.

estonio, nia *adj* & *m,f* Estonian.

estop = **stop**.

estopa *f* [fibra] tow; [tela] burlap.

estoque *m* rapier.

estoquear *vt* to stab.

estor *m* Venetian blind.

estorbar ◇ *vt* [obstaculizar] to hinder; [molestar] to bother. ◇ *vi* [estar en medio] to be in the way.

estorbo *m* [obstáculo] hindrance; [molestia] nuisance.

estornino *m* starling.

estornudar *vi* to sneeze.

estornudo *m* sneeze.

estos, tas ⊳ **este²**.

éstos, tas ⊳ **éste**.

estoy ⊳ **estar**.

estrábico, ca ◇ *adj* squint-eyed. ◇ *m,f* person with a squint.

estrabismo *m* squint.

estrado *m* platform.

estrafalario, ria *adj* outlandish, eccentric.

estragón *m* tarragon.

estragos *mpl*: **causar** *o* **hacer** ~ **en** [físicos] to wreak havoc with; [morales] to destroy, to ruin.

estrambótico, ca *adj* outlandish.

estrangulador, ra *m,f* strangler.

estrangulamiento *m* strangulation.

estrangular *vt* **- 1.** [ahogar] to strangle; *MED* to strangulate **- 2.** [proyecto] to stifle, to nip in the bud.

➤ **estrangularse** *vpr* to strangle o.s.

estraperlista *mf* black marketeer.

estraperlo *m* black market; **de** ~ black market *(antes de sust)*.

estratagema *f* MIL stratagem; **fig** [astucia] artifice, trick.

estratega *mf* strategist.

estrategia *f* strategy.

estratégico, ca *adj* strategic.

estratificación *f* stratification.

estratificar [10] *vt* to stratify.
➡ **estratificarse** *vpr* to form strata.

estrato *m* GEOL & **fig** stratum.

estratosfera *f* stratosphere.

estrechamiento *m* -**1.** [de calle, tubo] narrowing -**2. fig** [de relaciones] rapprochement, tightening.

estrechar *vt* -**1.** [hacer estrecho - gen] to narrow; [- ropa] to take in -**2. fig** [relaciones] to make closer -**3.** [apretar] to squeeze, to hug; ~ **la mano a alguien** to shake sb's hand.
➡ **estrecharse** *vpr* -**1.** [hacerse estrecho] to narrow -**2.** [abrazarse] to embrace -**3.** [apretarse] to squeeze up.

estrechez *f* -**1.** [falta de anchura] narrowness; [falta de espacio] lack of space; [de ropa] tightness; ~ **de miras** narrow-mindedness -**2. fig** [falta de dinero] hardship; **pasar estrecheces** to be hard up -**3.** [intimidad] closeness.

estrecho, cha ◇ *adj* -**1.** [no ancho - gen] narrow; [- ropa] tight; [- habitación] cramped; ~ **de miras** narrow-minded -**2. fig** [íntimo] close. ◇ *m,f* **fam** [persona] prude.
➡ **estrecho** *m* GEOGR strait.

estrella ◇ *adj inv (después de sust)* star *(antes de sust).* ◇ *f* -**1.** [gen] star; **fig** [destino] fate; ~ **de cine** film star **UK**, movie star **US**; ~ **fugaz** shooting star; ~ **polar** Pole Star; **ver las** ~**s** to see stars -**2. loc: tener buena / mala** ~ to be lucky/unlucky.
➡ **estrella de mar** *f* starfish.

estrellado, da *adj* -**1.** [con estrellas] starry -**2.** [por la forma] star-shaped -**3.** [que ha chocado] smashed.

estrellar *vt* [arrojar] to smash.
➡ **estrellarse** *vpr* -**1.** [chocar]: ~**se (contra)** [gen] to smash (against); [avión, coche] to crash (into) -**2. fig** [fracasar] to come to nothing.

estrellato *m* stardom.

estrellón *m* **Amér** crash.

estremecer [30] *vt* to shake.
➡ **estremecerse** *vpr*: ~**se (de)** [horror, miedo] to tremble *o* shudder (with); [frío] to shiver (with).

estremecimiento *m* [de miedo] shudder; [de frío] shiver.

estrenar *vt* -**1.** [gen] to use for the first time; [ropa] to wear for the first time; [piso] to move into -**2.** CIN to release, to show for the first time; TEATR to premiere.
➡ **estrenarse** *vpr* [persona] to make one's debut, to start.

estreno *m* [de espectáculo] premiere, first night; [de cosa] first use; [en un empleo] debut.

estreñido, da *adj* constipated.

estreñimiento *m* constipation.

estreñir *vt* to constipate.

estrépito *m* [ruido] racket, din; **fig** [ostentación] fanfare.

estrepitoso, sa *adj* -**1.** [gen] noisy; [aplausos] deafening -**2.** [derrota] resounding; [fracaso] spectacular.

estrés *m inv* stress.

estresado, da *adj* suffering from stress.

estresante *adj* stressful.

estresar *vt* to cause stress to.

estría *f* [gen] groove; [en la piel] stretch mark.

estribación *f* (gen pl) foothills (pl).

estribar
➡ **estribar en** *vi* to be based on, to lie in.

estribillo *m* -**1.** MÚS chorus; LITER refrain -**2. fam** [coletilla] pet word *o* phrase.

estribo *m* -**1.** [de montura] stirrup -**2.** [de coche, tren] step -**3. loc: estar con un pie en el** ~ to be ready to leave; **perder los** ~**s** to fly off the handle.

estribor *m* starboard; **a** ~ (to) starboard.

estricnina *f* strychnine.

estricto, ta *adj* strict.

estridencia *f* -**1.** [ruido] stridency, shrillness -**2. fig** [de colores] loudness.

estridente *adj* -**1.** [ruido] strident, shrill -**2.** [color] garish, loud.

estrofa *f* stanza, verse.

estrógeno, na *adj* oestrogenic.
➡ **estrógeno** *m* oestrogen.

estroncio *m* strontium.

estropajo *m* scourer.

estropajoso, sa *adj* -**1.** [habla] indistinct, mumbled -**2.** [persona - andrajoso] ragged -**3.** [filete] tough, chewy.

estropear *vt* -**1.** [averiar] to break -**2.** [dañar] to damage -**3.** [echar a perder] to ruin, to spoil.
➡ **estropearse** *vpr* -**1.** [máquina] to break down -**2.** [comida] to go off, to spoil; [piel] to get damaged -**3.** [plan] to fall through.

estropicio *m*: **hacer** *o* **causar un** ~ to wreak havoc.

estructura *f* structure; ~ **profunda/superficial** deep/surface structure.

estructuración *f* structuring, organization.

estructural *adj* structural.

estructurar *vt* to structure, to organize.

estruendo *m* **-1.** [estrépito] din, roar; [de trueno] crash **-2.** [alboroto] uproar, tumult.

estrujar *vt* **-1.** [limón] to squeeze; [trapo, ropa] to wring (out); [papel] to screw up; [caja] to crush **-2.** [abrazar - persona, mano] to squeeze **-3.** *fig* [sacar partido de] to bleed dry.
 ◆ **estrujarse** *vpr* [apretujarse] to huddle together.

estuario *m* estuary.

estucado *m* stucco, stuccowork.

estucar [10] *vt* to stucco.

estuche *m* **-1.** [caja] case; [de joyas] jewellery box **-2.** [utensilios] set.

estuco *m* stucco.

estudiado, da *adj* studied.

estudiante *mf* student.

estudiantil *adj* student *(antes de sust)*.

estudiar [8] ◇ *vt* **-1.** [gen] to study **-2.** [observar] to observe. ◇ *vi* to study; ~ **para médico** to be studying to be a doctor.

estudio *m* **-1.** [gen] study; **estar en** ~ to be under consideration; ~ **de mercado** [técnica] market research; [investigación] market survey **-2.** [oficina] study; [de fotógrafo, pintor] studio **-3.** [apartamento] studio apartment **-4.** *(gen pl)* CIN, RADIO & TV studio.
 ◆ **estudios** *mpl* [serie de cursos] studies; [educación] education *(U)*; **dar** ~**s a alguien** to pay for sb's education; **tener** ~**s** to be well-educated; ~**s primarios/secundarios** primary/secondary education.

estudioso, sa ◇ *adj* studious. ◇ *m,f* [especialista] specialist, expert.

estufa *f* heater, fire; ~ **de gas** gas heater; ~ **eléctrica** electric heater.

estupa *m fam* drug squad detective.

estupefacción *f* astonishment.

estupefaciente *m* narcotic, drug.

estupefacto, ta *adj* astonished.

estupendamente *adv* wonderfully; **estoy** ~ I feel wonderful.

estupendo, da *adj* great, fantastic.
 ◆ **estupendo** *interj* ¡~! great!

estupidez *f* stupidity; **decir/hacer una** ~ to say/do sthg stupid.

estúpido, da ◇ *adj* stupid. ◇ *m,f* idiot.

estupor *m* astonishment.

estupro *m* rape of a minor.

estuque *etc* ▷ **estucar**.

esturión *m* sturgeon.

estuviera *etc* ▷ **estar**.

esvástica *f* swastika.

ETA *(abrev de Euskadi ta Askatasuna)* *f* ETA, *terrorist Basque separatist organization*.

etano *m* ethane.

etapa *f* stage; **por** ~**s** in stages; **quemar** ~**s** to come on in leaps and bounds, to progress rapidly.

etarra ◇ *adj* ETA *(antes de sust)*. ◇ *mf* member of ETA.

etc. *(abrev de etcétera)* etc.

etcétera ◇ *adv* etcetera. ◇ *m*: **y un largo** ~ **de** ... and a long list of ...

éter *m* ether.

etéreo, a *adj* **-1.** QUÍM etheric **-2.** *fig* ethereal.

eternidad *f* eternity; **hace una** ~ **que no la veo** *fam* it's ages since I last saw her.

eternizar [13] *vt*: ~ **algo** to make sthg last forever.
 ◆ **eternizarse** *vpr*: ~**se (haciendo algo)** to spend ages (doing sthg).

eterno, na *adj* eternal; *fam* [larguísimo] never-ending, interminable.

ético, ca *adj* ethical.
 ◆ **ética** *f* **-1.** FILOSOFÍA ethics *(U)* **-2.** [moralidad] ethics *(pl)*; **ética profesional** (professional) ethics.

etileno *m* ethylene.

etílico, ca *adj* QUÍM ethyl *(antes de sust)*; **intoxicación etílica** alcohol poisoning.

etilismo *m* intoxication.

etilo *m* ethyl.

etimología *f* etymology.

etimológico, ca *adj* etymological.

etiología *f* MED etiology.

etíope *adj* & *m,f* Ethiopian.

Etiopía Ethiopia.

etiqueta *f* **-1.** [gen & INFORM] label; ~ **autoadhesiva** sticky label; ~ **del precio** price tag **-2.** [ceremonial] etiquette; **de** ~ formal; **vestir de** ~ to wear formal dress.

etiquetado *m* labelling.

etiquetadora *f* pricing gun.

etiquetar *vt lit* & *fig* to label; ~ **a alguien de algo** to label sb sthg.

etnia *f* ethnic group.

étnico, ca *adj* ethnic.

etnocentrismo *m* ethnocentrism.

etnografía *f* ethnography.

etnología *f* ethnology.

etnólogo, ga *m,f* ethnologist.
etrusco, ca *adj* & *m,f* Etruscan.
EUA (*abrev de* **Estados Unidos de América**) *mpl* USA.
eucalipto *m* eucalyptus.
eucaristía *f*: **la ∼** the Eucharist.
eucarístico, ca *adj* Eucharistic.
eufemismo *m* euphemism.
euforia *f* euphoria, elation.
eufórico, ca *adj* euphoric, elated.
eunuco *m* eunuch.
eureka *interj*: **¡ ∼ !** eureka!
euro *m* [unidad monetaria] euro.
Eurocámara *f* European Parliament.
eurocheque *m* eurocheque *UK*, eurocheck *US*.
eurocomunismo *m* Eurocommunism.
eurocomunista *adj* & *m,f* Eurocommunist.
eurócrata *adj* & *m,f* Eurocrat.
eurodiputado, da *m y f* Euro-M.P., M.E.P.
eurodivisa *f* ECON eurocurrency.
Europa Europe.
euroescéptico, ca *m y f* Eurosceptic.
europeidad *f* Europeanness.
europeísmo *m* Europeanism.
europeísta *adj* & *m,f* pro-European.
europeización *f* Europeanization.
europeizar [13] *vt* to Europeanize.
europeo, a *adj* & *m,f* European.
eurovisión *f* Eurovision.
Euskadi the Basque Country.
euskara, euskera *m* Basque.
eutanasia *f* euthanasia.
evacuación *f* evacuation.
evacuado, da ◇ *adj* evacuated. ◇ *m,f* evacuee.
evacuador, ra *adj* evacuative.
evacuar [7] *vt* [gen] to evacuate; [vientre] to empty, to void.
evadido, da ◇ *adj* [persona] escaped; [divisas, impuestos] evaded. ◇ *m,f* escapee, fugitive.
evadir *vt* to evade; [respuesta, peligro] to avoid.
◆ evadirse *vpr*: **∼se (de)** to escape (from).
evaluable *adj* calculable.
evaluación *f* **- 1.** [gen] evaluation **- 2.** [EDUC - examen] assessment; [- periodo] *period of continuous assessment*.
evaluador, ra *adj* evaluating, evaluative.
evaluar [6] *vt* to evaluate, to assess.
evanescencia *f culto* evanescence.

evanescente *adj culto* evanescent.
evangélico, ca *adj* & *m,f* evangelical.
evangelio *m* gospel.
evangelista *m* Evangelist.
evangelización *f* evangelization, evangelizing.
evangelizar [13] *vt* to evangelize.
evaporación *f* evaporation.
evaporar *vt* to evaporate.
◆ evaporarse *vpr* **- 1.** [líquido etc] to evaporate **- 2.** *fam fig* [persona] to disappear into thin air.
evaporizar [13] *vt* to vaporize.
evasión *f* **- 1.** [huida] escape **- 2.** [de dinero]: **∼ de capitales** *o* **divisas** capital flight; **∼ fiscal** tax evasion **- 3.** [entretenimiento] amusement, recreation; [escapismo] escapism; **de ∼** escapist.
evasivo, va *adj* evasive.
◆ evasiva *f* evasive answer; **responder con evasivas** not to give a straight answer.
evasor, ra *m,f*: **∼ de impuestos** tax evader.
evento *m* event.
eventual *adj* **- 1.** [no fijo - trabajador] temporary, casual; [- gastos] incidental **- 2.** [posible] possible.
eventualidad *f* **- 1.** [temporalidad] temporariness **- 2.** [hecho incierto] eventuality; [posibilidad] possibility.
evidencia *f* **- 1.** [prueba] evidence, proof; **negar la ∼** to refuse to accept the obvious; **rendirse ante la ∼** to bow to the evidence **- 2.** [claridad] obviousness; **poner algo en ∼** to demonstrate sthg; **poner a alguien en ∼** to show sb up.
evidenciar [8] *vt* to show, to demonstrate.
◆ evidenciarse *vpr* to be obvious *o* evident.
evidente *adj* evident, obvious.
evitar *vt* [gen] to avoid; [desastre, accidente] to avert; **∼ hacer algo** to avoid doing sthg; **∼ que alguien haga algo** to prevent sb from doing sthg.
evocación *f* recollection, evocation.
evocador, ra *adj* evocative.
evocar [10] *vt* **- 1.** [recordar] to evoke **- 2.** [espíritu] to invoke, to call up.
evolución *f* **- 1.** [gen] evolution; [de enfermedad] development, progress **- 2.** MIL manoeuvre.
evolucionar *vi* **- 1.** [gen] to evolve; [enfermedad] to develop, to progress; [cambiar] to change **- 2.** MIL to carry out manoeuvres.
evolucionismo *m* evolutionism.
evolucionista *adj* & *m,f* evolutionist.

evolutivo, va *adj* evolutionary.

evoque *etc* ⊳ evocar.

ex ⟨⟩ *mf* [cónyuge etc] ex. ⟨⟩ *prep* ex; **el ~ presidente** the ex-president, the former president.

exabrupto *m* sharp word *o* remark.

exacerbar *vt* **- 1.** [agudizar] to exacerbate, to aggravate **- 2.** [irritar] to irritate, to infuriate.

exactamente *adv* exactly, precisely.

exactas ⊳ exacto.

exactitud *f* accuracy, precision.

exacto, ta *adj* **- 1.** [justo - cálculo, medida] exact; **tres metros ~s** exactly three metres **- 2.** [preciso] accurate, precise; [correcto] correct, right; **para ser ~s** to be precise **- 3.** [idéntico]: **~ (a)** identical (to), exactly the same (as).
◆ **exacto** *interj*: ¡~! exactly!, precisely!
◆ **exactas** *fpl* exact *o* pure sciences.

exageración *f* exaggeration; **este precio es una ~** this price is over the top.

exagerado, da *adj* [gen] exaggerated; [persona] overly dramatic; [precio] exorbitant; [gesto] flamboyant.

exagerar *vt* & *vi* to exaggerate.

exaltación *f* **- 1.** [júbilo] elation, intense excitement; [acaloramiento] overexcitement **- 2.** [ensalzamiento] exaltation.

exaltado, da ⟨⟩ *adj* [jubiloso] elated; [acalorado - persona] worked up; [- discusión] heated; [excitable] hotheaded. ⟨⟩ *m,f* [fanático] fanatic; POLÍT extremist.

exaltar *vt* **- 1.** [elevar] to promote, to raise **- 2.** [glorificar] to exalt.
◆ **exaltarse** *vpr* to get excited *o* worked up.

examen *m* **- 1.** [ejercicio] exam, examination; **presentarse a un ~** to sit an exam; **~ de conducir** driving test; **~ de ingreso** entrance examination; **~ final/oral** final/oral (exam); **~ parcial** ≃ end-of-term exam **- 2.** [indagación] consideration, examination; **hacer ~ de conciencia** to take a good look at o.s.; **someter algo a ~** to examine sthg, to subject sthg to examination; **~ médico** medical examination *o* check-up; **libre ~** personal interpretation.

examinador, ra *m,f* examiner.

examinar *vt* to examine.
◆ **examinarse** *vpr* to sit *o* take an exam.

exánime *adj* **- 1.** [muerto] dead **- 2.** [desmayado] lifeless **- 3.** *fig* [agotado] exhausted, worn-out.

exasperación *f* exasperation.

exasperante *adj* exasperating, infuriating.

exasperar *vt* to exasperate, to infuriate.
◆ **exasperarse** *vpr* to get exasperated.

excarcelar *vt* to release (from prison).

excavación *f* **- 1.** [acción] excavation **- 2.** [lugar] dig, excavation.

excavador, ra ⟨⟩ *adj* excavating, digging. ⟨⟩ *m,f* [persona] excavator, digger.
◆ **excavadora** *f* [máquina] digger.

excavar *vt* [gen] to dig; [en arqueología] to excavate.

excedencia *f* leave (of absence); EDUC sabbatical; **~ por maternidad** maternity leave.

excedente ⟨⟩ *adj* **- 1.** [producción etc] surplus **- 2.** [funcionario etc] on leave; EDUC on sabbatical. ⟨⟩ *m* COM surplus. ⟨⟩ *mf* [persona] person on leave; **~ de cupo** *person excused from military service because there are already enough new recruits.*

exceder ⟨⟩ *vt* to exceed, to surpass. ⟨⟩ *vi* to be greater; **~ a o de** to exceed.
◆ **excederse** *vpr* **- 1.** [pasarse de la raya]: **~se (en)** to go too far *o* overstep the mark (in) **- 2.** [rebasar el límite]: **se excede en el peso** it's too heavy.

excelencia *f* [cualidad] excellence; **por ~** par excellence.
◆ **Su Excelencia** *mf* His Excellency (*f* Her Excellency).

excelente *adj* excellent.

excelentísimo, ma *adj* most excellent.

excelso, sa *adj culto* sublime, elevated.

excentricidad *f* eccentricity.

excéntrico, ca *adj* & *m,f* eccentric.

excepción *f* exception; **a o con ~ de** with the exception of, except for; **hacer una ~** to make an exception; **la ~ confirma la regla** *proverb* the exception proves the rule.
◆ **de excepción** *loc adj* exceptional.

excepcional *adj* exceptional.

excepto *adv* except (for).

exceptuar [6] *vt*: **~ (de)** [excluir] to exclude (from); [eximir] to exempt (from); **exceptuando a ... excluding ...**
◆ **exceptuarse** *v impers*: **se exceptúa a los menores de 16 años** children under the age of 16 are exempt.

excesivo, va *adj* excessive.

exceso *m* [demasía] excess; **en ~** excessively, to excess; **~ de equipaje** excess baggage; **~ de peso** [obesidad] excess weight; **~ de velocidad** speeding.

excipiente *m* excipient.
◆ **excesos** *mpl* [abusos] excesses.

excisión *f* MED excision.

excitación *f* **- 1.** [nerviosismo] agitation; [por

enfado, sexo] arousal **-2.** *BIOL & ELECTR* excitation.

excitado, da *adj* [nervioso] agitated; [por enfado, sexo] aroused.

excitante ⬦ *adj* [emocionante] exciting; [sexualmente] arousing; [café, tabaco] stimulating. ⬦ *m* stimulant.

excitar *vt* **-1.** [inquietar] to upset, to agitate **-2.** [incitar]: ∼ **a** to incite to **-3.** [estimular - sentidos] to stimulate; [- apetito] to whet; [- pasión, curiosidad, persona] to arouse.

➥ **excitarse** *vpr* [alterarse] to get worked up *o* excited.

exclamación *f* [interjección] exclamation; [grito] cry.

exclamar *vt & vi* to exclaim, to shout out.

exclamativo, va *adj* exclamatory.

excluir [51] *vt* to exclude; [hipótesis, opción] to rule out; [hacer imposible] to preclude; ∼ **a alguien de algo** to exclude sb from sthg.

exclusión *f* exclusion.

exclusiva ⬐ exclusivo.

exclusive *adv* exclusive.

exclusividad *f* **-1.** [gen] exclusiveness **-2.** [privilegio] exclusive *o* sole right.

exclusivo, va *adj* exclusive.

➥ **exclusiva** *f* **-1.** *PRENS* exclusive **-2.** *COM* exclusive *o* sole right.

excluyente *adj* excluding.

Excma. *abrev de* **Excelentísima**.

Excmo. *abrev de* **Excelentísimo**.

excombatiente *mf* ex-serviceman (*f* ex-servicewoman) *UK*, war veteran *US*.

excomulgar [16] *vt* to excommunicate.

excomunión *f* excommunication.

excremento *(gen pl)* *m* excrement *(U)*.

excretar ⬦ *vt* [soltar] to secrete. ⬦ *vi* [evacuar] to excrete.

excretorio, ria *adj* excretory.

exculpación *f* exoneration; *DER* acquittal.

exculpar *vt* to exonerate; *DER* to acquit.

➥ **exculparse de** *vpr* to declare o.s. innocent of.

exculpatorio, ria *adj* exonerative.

excursión *f* **-1.** [viaje] excursion, trip; **ir de** ∼ to go on an outing *o* a trip **-2.** *fam* [paseo] walk, stroll.

excursionismo *m* rambling; [de montaña] hiking.

excursionista *mf* [en la ciudad] sightseer, tripper; [en el campo] rambler; [en la montaña] hiker.

excusa *f* **-1.** [gen] excuse; **¡nada de** ∼**s!** no excuses!; **buscar una** ∼ to look for an excuse; **dar** ∼**s** to make excuses **-2.** [petición de perdón] apology; **presentar uno sus** ∼**s** to apologize, to make one's excuses.

excusado, da *adj* **-1.** [disculpado] excused **-2.** [secreto] secret.

➥ **excusado** *m* bathroom, lavatory.

excusar *vt* **-1.** [disculpar a] to excuse; [disculparse por] to apologize for **-2.** [evitar] to avoid.

➥ **excusarse** *vpr* to apologize, to excuse o.s.

execrable *adj culto* abominable, execrable.

execrar *vt culto* to abhor.

exención *f* exemption; ∼ **fiscal** tax exemption.

exento, ta *adj* exempt; ∼ **de** [sin] free from, without; [eximido de] exempt from; ∼ **de impuestos** tax free.

exequias *fpl* funeral *(sg)*, funeral rites.

exfoliación *f* exfoliation.

exfoliante ⬦ *adj* exfoliating. ⬦ *m* exfoliating cream/lotion *etc*.

exhalación *f* **-1.** [emanación] exhalation, vapour; [suspiro] breath **-2.** [centella]: **como una** ∼ as quick as a flash.

exhalar *vt* **-1.** [aire] to exhale, to breathe out; [suspiros] to heave; ∼ **el último suspiro** to breathe one's last (breath) **-2.** [olor] to give off **-3.** [quejas] to utter.

exhaustivo, va *adj* exhaustive.

exhausto, ta *adj* exhausted.

exhibición *f* **-1.** [demostración] show, display **-2.** [deportiva, artística etc] exhibition **-3.** [de películas] showing.

exhibicionismo *m* exhibitionism.

exhibicionista *adj & m,f* exhibitionist.

exhibir *vt* **-1.** [exponer - cuadros, fotografías] to exhibit; [- modelos] to show; [- productos] to display **-2.** [lucir - joyas, cualidades etc] to show off **-3.** [película] to show, to screen.

➥ **exhibirse** *vpr* [alardear] to show off.

exhortación *f* exhortation.

exhortar *vt*: ∼ **a alguien a** to exhort sb to.

exhumación *f* exhumation, disinterment.

exhumar *vt* to exhume, to disinter.

exigencia *f* **-1.** [obligación] demand, requirement **-2.** [capricho] fussiness *(U)*.

exigente ⬦ *adj* demanding. ⬦ *mf* demanding person.

exigir [15] ⬦ *vt* **-1.** [gen] to demand; ∼ **algo de** *o* **a alguien** to demand sthg from sb **-2.** [requerir, necesitar] to call for, to require. ⬦ *vi* to be demanding.

exiguo, gua *adj* [escaso] meagre, paltry; [pequeño] minute.

exija *etc* ⬐ **exigir**.

exiliado, da ◇ *adj* exiled, in exile. ◇ *m,f* exile.

exiliar [8] *vt* to exile.
➡ **exiliarse** *vpr* to go into exile.

exilio *m* exile.

eximente ◇ *adj* absolutory, absolving. ◇ *f* case for acquittal.

eximio, mia *adj culto* eminent, illustrious.

eximir *vt*: ~ **(de)** to exempt (from).

existencia *f* existence.
➡ **existencias** *fpl* COM stock (U); **en** ~s in stock; **reponer las** ~s to restock.

existencial *adj* existential.

existencialismo *m* existentialism.

existencialista *adj* & *m,f* existentialist.

existente *adj* existing, existent.

existir *vi* to exist; **existe mucha pobreza** there is a lot of poverty.

éxito *m* -**1.** [gen] success; **con** ~ successfully; **tener** ~ to be successful -**2.** [libro] bestseller; [canción] hit.

exitoso, sa *adj* successful.

éxodo *m* exodus.

exonerar *vt culto*: ~ **a alguien (de)** [culpa, responsabilidad] to exonerate sb (from); [carga, obligación] to free sb (from); [empleo, cargo] to dismiss *o* remove sb (from).

exorbitante *adj* exorbitant.

exorbitar *vt* to exaggerate.

exorcismo *m* exorcism.

exorcista *mf* exorcist.

exorcizar [13] *vt* to exorcize.

exótico, ca *adj* exotic.

exotismo *m* exoticism.

expandir *vt* to spread; FÍS to expand.
➡ **expandirse** *vpr* to spread; FÍS to expand.

expansión *f* -**1.** FÍS expansion -**2.** ECON growth; **en** ~ expanding -**3.** *fig* [difusión] spread, spreading -**4.** [recreo] relaxation, amusement.

expansionarse *vpr* -**1.** [desahogarse]: ~ **(con)** to open one's heart (to) -**2.** [divertirse] to relax, to let off steam -**3.** [desarrollarse] to expand.

expansionismo *m* expansionism.

expansionista *adj* expansionist.

expansivo, va *adj* -**1.** [gen] expansive -**2.** [persona] open, frank.

expatriación *f* expatriation; [exilio] exile.

expatriado, da ◇ *adj* expatriate (antes de sust); [exiliado] exiled. ◇ *m,f* expatriate; [exiliado] exile.

expatriar [9] *vt* to expatriate; [exiliar] to exile.

expatriarse *vpr* to leave one's country, to emigrate; [exiliarse] to go into exile.

expectación *f* expectancy, anticipation.

expectante *adj* expectant.

expectativa *f* [espera] expectation; [esperanza] hope; [perspectiva] prospect; **estar a la** ~ to wait and see; **estar a la** ~ **de** [atento] to be on the lookout for; [a la espera] to be hoping for; ~ **de vida** life expectancy.

expectoración *f* -**1.** [acción] expectoration -**2.** [esputo] sputum (U).

expectorante *adj* & *m* expectorant.

expectorar *vi* to expectorate.

expedición *f* -**1.** [viaje, grupo] expedition; ~ **militar** military expedition; ~ **de salvamento** rescue mission -**2.** [envío] shipment, sending.

expedicionario, ria *adj* expeditionary.

expedidor, ra *m,f* sender, dispatcher.

expedientar *vt* [castigar] to take disciplinary action against; [investigar] to start proceedings against.

expediente *m* -**1.** [documentación] documents (pl); [ficha] file -**2.** [historial] record; ~ **académico** academic record *UK*, transcript *US* -**3.** [investigación] inquiry; **abrir** ~ **a alguien** [castigar] to take disciplinary action against sb; [investigar] to start proceedings against sb -**4.** ECON: ~ **de regulación de empleo** streamlining (of the workforce) -**5.** *loc*: **cubrir el** ~ *fam* to do the bare minimum.

expedir [26] *vt* [carta, pedido] to send, to dispatch; [pasaporte, decreto] to issue; [contrato, documento] to draw up.

expeditivo, va *adj* expeditious.

expedito, ta *adj* clear, free.

expeler *vt* [humo - suj: persona] to blow out; [- suj: chimenea, tubo de escape] to emit; [- suj: extractor, volcán] to expel.

expendedor, ra ◇ *adj* [máquina] vending (antes de sust); [taquilla, establecimiento] sales (antes de sust). ◇ *m,f* dealer, retailer; [de lotería] seller, vendor.

expendeduría *f* [de tabaco] tobacconist's *UK*, cigar store *US*.

expender *vt* to sell, to retail.

expensas *fpl* [gastos] expenses, costs.
➡ **a expensas de** *loc prep* at the expense of.

experiencia *f* -**1.** [gen] experience; **por (propia)** ~ from (one's own) experience -**2.** [experimento] experiment.

experimentación *f* experimentation.

experimentado, da *adj* [persona] experienced; [método] tried and tested.

experimentador, ra ◇ *adj* experimenting. ◇ *m,f* experimenter.

experimental *adj* experimental.

experimentar *vt* **-1.** [gen] to experience; [derrota, pérdidas] to suffer **-2.** [probar] to test; [hacer experimentos con] to experiment with o on.

experimento *m* experiment.

experto, ta *adj & m,f* expert; **ser ~ en la materia** to be a specialist in the subject; **ser ~ en hacer algo** to be an expert at doing sthg.

expiación *f* atonement, expiation.

expiar [9] *vt* to atone for, to expiate.

expiatorio, ria *adj* expiatory.

expida, expidiera *etc v* ▷ **expedir**.

expiración *f* expiry.

expirar *vi* to expire.

explanada *f* **-1.** [llanura] flat o level ground (U) **-2.** [paseo marítimo] esplanade.

explayar *vt* to extend.

➠ **explayarse** *vpr* **-1.** [divertirse] to amuse o.s., to enjoy o.s. **-2.** [hablar mucho] to talk at length **-3.** [desahogarse]: **~se (con)** to pour out one's heart (to).

explicación *f* explanation; **dar/pedir explicaciones** to give/demand an explanation.

explicar [10] *vt* **-1.** [gen] to explain; [teoría] to expound **-2.** [enseñar] to teach, to lecture in.

➠ **explicarse** *vpr* **-1.** [comprender] to understand; **no me lo explico** I can't understand it **-2.** [dar explicaciones] to explain o.s. **-3.** [expresarse] to make o.s. understood.

explicativo, va *adj* explanatory.

explícito, ta *adj* explicit.

exploración *f* **-1.** [gen & MED] exploration **-2.** MIN prospecting.

explorador, ra *m,f* explorer; [scout] boy scout (*f* girl guide).

explorar *vt* **-1.** [gen] to explore; MIL to scout **-2.** MIN to prospect **-3.** MED to examine; [internamente] to explore, to probe.

exploratorio, ria *adj* exploratory; [conversaciones] preliminary.

explosión *f lit & fig* explosion; **hacer ~** to explode; **~ atómica/termonuclear** atomic/thermonuclear explosion; **~ demográfica** population explosion.

explosionar *vt & vi* to explode, to blow up.

explosivo, va *adj* **-1.** [gen] explosive **-2.** GRAM plosive.

➠ **explosivo** *m* explosive.

explotación *f* **-1.** [acción] exploitation; [de fábrica etc] running; [de yacimiento minero]

mining; [agrícola] farming; [de petróleo] drilling **-2.** [instalaciones]: **~ agrícola** farm; **~ minera** mine; **~ petrolífera** oil field.

explotador, ra ◇ *adj* exploiting. ◇ *m,f* exploiter.

explotar ◇ *vt* **-1.** [gen] to exploit **-2.** [fábrica] to run, to operate; [terreno] to farm; [mina] to work. ◇ *vi* to explode.

expoliación *f* pillaging, plundering.

expoliar [8] *vt* to pillage, to plunder.

expolio *m* pillaging, plundering.

exponencial *adj & f* exponential.

exponente *m* MAT & *fig* exponent.

exponer [65] *vt* **-1.** [gen] to expose **-2.** [teoría] to expound; [ideas, propuesta] to set out, to explain **-3.** [cuadro, obra] to exhibit; [objetos en vitrinas] to display **-4.** [vida, prestigio] to risk.

➠ **exponerse** *vpr* [arriesgarse]: **~se (a)** [gen] to run the risk (of); [a la muerte] to expose o.s. (to).

exportación *f* **-1.** [acción] export **-2.** [mercancías] exports (*pl*); **exportaciones invisibles** invisible exports.

exportador, ra ◇ *adj* exporting (*antes de sust*). ◇ *m,f* exporter.

exportar *vt* COM & INFORM to export.

exposición *f* **-1.** [gen & FOT] exposure **-2.** [de arte etc] exhibition; [de objetos en vitrina] display; **~ universal** world fair **-3.** [de teoría] exposition; [de ideas, propuesta] setting out, explanation.

exposímetro *m* exposure meter.

expositivo, va *adj* explanatory.

expósito, ta ◇ *adj* foundling (*antes de sust*). ◇ *m,f* foundling.

expositor, ra ◇ *adj* exponent. ◇ *m,f* [de arte] exhibitor; [de teoría] exponent.

exprés ◇ *adj* **-1.** [tren] express **-2.** [café] espresso. ◇ *m* = **expreso**.

expresado, da *adj* [mencionado] abovementioned.

expresamente *adv* [a propósito] expressly; [explícitamente] explicitly, specifically.

expresar *vt* to express; [suj: rostro] to show.

➠ **expresarse** *vpr* to express o.s.

expresión *f* expression; **reducir a la mínima ~** to cut down to the bare minimum.

expresionismo *m* expressionism.

expresionista *adj & m,f* expressionist.

expresividad *f* expressiveness.

expresivo, va *adj* expressive; [cariñoso] affectionate.

expreso, sa *adj* [explícito] specific; [deliberado] express; [claro] clear.

◆ **expreso** ◇ *m* **-1.** [tren] express train **-2.** [café] expresso. ◇ *adv* on purpose, expressly.

exprimelimones *m inv* lemon squeezer.

exprimidor *m* squeezer.

exprimir *vt* **-1.** [fruta] to squeeze; [zumo] to squeeze out **-2.** *fig* to exploit.

expropiación *f* expropriation.

expropiar [8] *vt* to expropriate.

expuesto, ta ◇ *pp* ▷ **exponer**. ◇ *adj* **-1.** [dicho] stated, expressed **-2.** [desprotegido]: ~ **(a)** exposed (to) **-3.** [arriesgado] dangerous, risky **-4.** [exhibido] on display.

expugnar *vt culto* to (take by) storm.

expulsar *vt* **-1.** [persona - de clase, local, asociación] to throw out; [- de colegio] to expel **-2.** *DEP* to send off **-3.** [humo] to emit, to give off.

expulsión *f* [gen] expulsion; [de clase, local, asociación] throwing-out; *DEP* sending-off.

expulsor, ra *adj* ejector *(antes de sust)*.

◆ **expulsor** *m* ejector.

expurgación *f* expurgation.

expurgar [16] *vt* expurgate.

expusiera *etc* ▷ **exponer**.

exquisitez *f* **-1.** [cualidad] exquisiteness **-2.** [cosa] exquisite thing; [comida] delicacy.

exquisito, ta *adj* exquisite; [comida] delicious, sublime.

extasiarse [9] *vpr*: ~ **(ante** *o* **con)** to go into ecstasies (over).

éxtasis *m inv* ecstasy.

extender [20] *vt* **-1.** [desplegar - tela, plano, alas] to spread (out); [- brazos, piernas] to stretch out **-2.** [esparcir - mantequilla] to spread; [- pintura] to smear; [- objetos etc] to spread out **-3.** [ampliar - castigo, influencia etc] to extend, to widen **-4.** [documento] to draw up; [cheque] to make out; [pasaporte, certificado] to issue.

◆ **extenderse** *vpr* **-1.** [ocupar]: ~se **(por)** to stretch *o* extend across **-2.** [hablar mucho]: ~se **(en)** to enlarge *o* expand (on) **-3.** [durar] to extend, to last **-4.** [difundirse]: ~se **(por)** to spread (across) **-5.** [tenderse] to stretch out.

extensión *f* **-1.** [superficie - de terreno etc] area, expanse **-2.** [amplitud - de país etc] size; [- de conocimientos] extent **-3.** [duración] duration, length **-4.** [sentido - de concepto, palabra] range of meaning; **en toda la** ~ **de la palabra** in every sense of the word; **por** ~ by extension **-5.** *INFORM & TELECOM* extension.

extensivo, va *adj* extensive; **hacer algo** ~ **a** to extend sthg to.

extenso, sa *adj* extensive; [país] vast; [libro, película] long.

extensor *m* **-1.** [aparato] chest expander **-2.** [músculo] extensor.

extenuación *f* severe exhaustion *(U)*.

extenuado, da *adj* completely exhausted, drained.

extenuante *adj* completely exhausting, draining.

extenuar [6] *vt* to exhaust completely, to drain.

◆ **extenuarse** *vpr* to exhaust o.s., to tire o.s. out.

exterior ◇ *adj* **-1.** [de fuera] outside; [capa] outer, exterior **-2.** [visible] outward **-3.** [extranjero] foreign. ◇ *m* **-1.** [superficie] outside; **en el** ~ outside **-2.** [extranjero] foreign countries *(pl)*; **en el** ~ abroad **-3.** [aspecto] appearance.

◆ **exteriores** *mpl* *CIN* outside shots; **rodar en** ~**es** to film on location.

exteriorización *f* outward demonstration, manifestation.

exteriorizar [13] *vt* to show, to reveal.

exterminación *f* extermination.

exterminador, ra *adj* exterminating.

exterminar *vt* **-1.** [aniquilar] to exterminate **-2.** [devastar] to destroy, to devastate.

exterminio *m* extermination.

externalización *f* outsourcing.

externalizar *vt* to outsource.

externo, na *adj* **-1.** [gen] external; [parte, capa] outer; [influencia] outside; [signo, aspecto] outward **-2.** [alumno] day *(antes de sust)*.

extienda *etc* ▷ **extender**.

extinción *f* **-1.** [gen] extinction; [de esperanzas] loss **-2.** [de plazos, obligaciones] termination, end.

extinguir [17] *vt* [incendio] to put out, to extinguish; [raza] to wipe out; [afecto, entusiasmo] to put an end to.

◆ **extinguirse** *vpr* [fuego, luz] to go out; [animal, raza] to become extinct, to die out; [ruido] to die out; [afecto] to die.

extinto, ta *adj* extinguished; [animal, volcán] extinct.

extintor *m* fire extinguisher.

extirpación *f* *MED* removal; *fig* eradication, stamping out.

extirpar *vt* [tumor] to remove; [muela] to extract; *fig* to eradicate, to stamp out.

extorsión *f* **-1.** [molestia] trouble, bother **-2.** *DER* extortion.

extorsionador, ra *adj* extortive.

extorsionar *vt* **-1.** [perjudicar - persona] to inconvenience; [- plan] to mess up **-2.** *DER* to extort.

extorsionista *m y f* extortionist.
extra ⬦ *adj* -**1.** [adicional] extra -**2.** [de gran calidad] top quality, superior. ⬦ *mf* CIN extra. ⬦ *m* [gasto etc] extra. ⬦ *f* ⊳ **paga**.
extra- *prefijo* extra-.
extracción *f* -**1.** [gen] extraction -**2.** [en sorteos] draw -**3.** [de carbón] mining.
extractar *vt* to summarize, to shorten.
extracto *m* -**1.** [resumen] summary, résumé; ~ **de cuentas** statement (of account) -**2.** [concentrado] extract.
extractor, ra *adj* extractor *(antes de sust)*.
◆ **extractor** *m* extractor fan.
extracurricular *adj* extracurricular.
extradición *f* extradition.
extraditar *vt* to extradite.
extraer [73] *vt*: ~ **(de)** [gen] to extract (from); [sangre] to draw (from); [carbón] to mine (from); [conclusiones] to come to *o* draw (from).
extrafino, na *adj* top quality, de luxe.
extrajudicial *adj* extrajudicial.
extralegal *adj* extralegal.
extralimitación *f* abuse *(of power, authority)*.
extralimitarse *vpr fig* to go too far.
extramuros *adv* outside the city *o* town.
extranjería *f* foreign status.
extranjerismo *m* foreign word.
extranjerizar [13] *vt* to introduce foreign customs to.
extranjero, ra ⬦ *adj* foreign. ⬦ *m,f* [persona] foreigner.
◆ **extranjero** *m* [territorio] foreign countries *(pl)*; **estar en el/ir al** ~ to be/go abroad.
extranjis
◆ **de extranjis** *loc adv fam* on the quiet.
extrañamiento *m* banishment.
extrañar *vt* -**1.** [sorprender] to surprise; **me extraña (que digas esto)** I'm surprised (that you should say that) -**2.** [echar de menos] to miss -**3.** [desterrar] to banish.
◆ **extrañarse de** *vpr* [sorprenderse de] to be surprised at.
extrañeza *f* -**1.** [sorpresa] surprise -**2.** [rareza] strangeness *(U)*.
extraño, ña ⬦ *adj* -**1.** [raro] strange; ¡qué ~! how odd *o* strange! -**2.** [ajeno] detached, uninvolved -**3.** MED foreign. ⬦ *m,f* stranger.
extraoficial *adj* unofficial.
extraordinario, ria *adj* -**1.** [gen] extraordinary; **no tiene nada de** ~ there's nothing extraordinary about that -**2.** [gastos] addi-

tional; [edición, suplemento] special.
◆ **extraordinario** *m* -**1.** CULIN special dish -**2.** PRENS special edition -**3.** ⊳ **paga** -**4.** [correo] special delivery.
extraparlamentario, ria *adj* non-parliamentary.
extraplano, na *adj* super-slim, extra-thin.
extrapolación *f* generalization.
extrapolar *vt* to generalize about, to jump to conclusions about.
extrarradio *m* outskirts *(pl)*, suburbs *(pl)*.
extraterrestre *adj* & *m,f* extraterrestrial.
extraterritorial *adj* extraterritorial.
extraterritorialidad *f* extraterritorial rights *(pl)*.
extravagancia *f* eccentricity.
extravagante *adj* eccentric, outlandish.
extraversión = extroversión.
extravertido, da = extrovertido.
extraviado, da *adj* [perdido] lost; [animal] stray.
extraviar [9] *vt* -**1.** [objeto] to lose, to mislay -**2.** [excursionista] to mislead, to cause to lose one's way -**3.** [mirada, vista] to allow to wander.
◆ **extraviarse** *vpr* -**1.** [persona] to get lost -**2.** [objeto] to be mislaid, to go missing.
extravío *m* -**1.** [pérdida] loss, mislaying -**2.** [desenfreno] excess.
extremado, da *adj* extreme.
Extremadura Estremadura.
extremar *vt* to maximize.
◆ **extremarse** *vpr* to take great pains *o* care.
extremaunción *f* extreme unction.
extremeño, ña *adj* & *m,f* Estremaduran.
extremidad *f* [extremo] end.
◆ **extremidades** *fpl* ANAT extremities.
extremismo *m* extremism.
extremista *adj* & *m,f* extremist.
extremo, ma *adj* [gen] extreme; [en el espacio] far, furthest.
◆ **extremo** *m* -**1.** [punta] end -**2.** [límite] extreme; **en último** ~ as a last resort; **ir a pasar de un** ~ **al otro** to go from one extreme to the other; **ser el** ~ **opuesto** to be the complete opposite -**3.** DEP: ~ **derecho/izquierdo** outside right/left.
◆ **extremos** *mpl* [efusiones] exaggerations.
extrínseco, ca *adj* extrinsic.
extroversión, extraversión *f* extroversion.
extrovertido, da, extravertido, da *adj*

& *m,f* extrovert.

exuberancia *f* exuberance.

exuberante *adj* exuberant.

exudación *f* exudation.

exudado, da *adj* exuding, oozing.

exudar *vt* to exude, to ooze.

exultación *f* exultation.

exultante *adj* exultant.

exultar
◆ **exultar de** *vi* to exult with, to rejoice with.

exvoto *m* votive offering, ex voto.

eyaculación *f* ejaculation; ~ **precoz** premature ejaculation.

eyacular *vi* to ejaculate.

eyección *f* ejection, expulsion.

eyectar *vt* to eject, to expel.

eyector *m* [de armas] ejector; [de aire, gases] extractor.

f, F *f* [letra] f, F.
◆ **23 F** *m* 23rd February, day of the failed coup d'état in Spain in 1981.

23 F
On 23rd February 1981, a failed coup d'état was perpetrated in the Spanish parliament by a group of civil guards with the support of certain sectors of the Spanish army; the group took all the members of parliament hostage until the following morning. Late at night, the King appeared before the television cameras to pledge his support for democracy. On the morning of the 24th, the rebel group surrendered. By extension, 23 F has come to mean 'coup d'état'.

f. -1. (*abrev de* **factura**) inv. -2. (*abrev de* **folio**) f.

fa *m* MÚS F; [en solfeo] fa.

fabada *f* Asturian stew made of beans, pork sausage and bacon.

fábrica *f* -1. [establecimiento] factory; ~ **de cerveza** brewery; ~ **de conservas** canning plant, cannery; ~ **de papel** paper mill; ~ **siderúrgica** iron and steelworks *(sg)* -2. [fabricación] manufacture.

fabricación *f* manufacture; **de** ~ **casera** home-made; ~ **en serie** mass production.

fabricante ◇ *adj* manufacturing (*antes de sust*). ◇ *mf* manufacturer.

fabricar [10] *vt* -1. [producir] to manufacture, to make -2. [construir] to build, to construct -3. *fig* [inventar] to fabricate, to make up.

fabril *adj* manufacturing (*antes de sust*).

fábula *f* -1. LITER fable; [leyenda] legend, myth -2. [rumor] piece of gossip.

fabular *vi* to make things up.

fabulista *mf* author of fables.

fabuloso, sa *adj* -1. [ficticio] mythical, fantastic -2. [muy bueno] fabulous, fantastic.

facción *f* POLÍT faction.
◆ **facciones** *fpl* [rasgos] features.

faccioso, sa ◇ *adj* factious, rebellious. ◇ *m,f* rebel.

faceta *f* facet.

facha ◇ *f* -1. [aspecto] appearance, look -2. [mamarracho] mess; **vas hecho una** ~ you look a mess. ◇ *mf fam despec* [ultraderechista] fascist pig.

fachada *f* -1. ARQUIT façade -2. *fig* [apariencia] outward appearance; **es pura** ~ it's just a show.

facial *adj* facial.

fácil *adj* -1. [gen] easy; ~ **de hacer** easy to do -2. [tratable] easy-going -3. [probable] probable, likely.

facilidad *f* -1. [simplicidad] ease, easiness; **con** ~ easily; **con la mayor** ~ with the greatest of ease -2. [aptitud] aptitude; **tener** ~ **para algo** to have a gift for sthg.
◆ **facilidades** *fpl* [comodidades] facilities; **dar** ~ **es a alguien para algo** to make sthg easy for sb; ~ **es de pago** easy (payment) terms.

facilitar *vt* -1. [simplificar] to facilitate, to make easy; [posibilitar] to make possible -2. [proporcionar] to provide; ~ **algo a alguien** to provide *o* supply sb with sthg.

facilón, ona *adj fam* dead easy.

facineroso, sa *m,f* miscreant, criminal.

facsímil, facsímile *m* facsimile.

factible *adj* feasible.

fáctico, ca ⊳ **poder**.

factor *m* -1. [gen] factor; ~ **humano** human factor; ~ **de riesgo** risk factor -2. FERROC luggage clerk.

factoría *f* -1. [fábrica] factory -2. COM outlet, agency.

factura *f* **-1.** [por mercancías, trabajo realizado] invoice; **pasar** *o* **presentar una** ~ to send an invoice; ~ **pro forma** *o* **proforma** *COM* proforma invoice **-2.** [de gas, teléfono] bill; [en tienda, hotel] bill **-3.** *Arg* [repostería] cakes and pastries.

facturación *f* **-1.** [cobro] invoicing **-2.** [ventas] turnover *UK*, net revenue *US* **-3.** [de equipaje - en aeropuerto] checking-in; [- en estación] registration; **mostrador de** ~ check-in desk.

facturar *vt* **-1.** [cobrar]: ~ **le a alguien algo** to invoice *o* bill sb for sthg **-2.** [vender] to turn over **-3.** [equipaje - en aeropuerto] to check in; [- en estación] to register.

facultad *f* **-1.** [capacidad & *UNIV*] faculty; ~**es mentales** mental faculties **-2.** [poder] power, right.

facultar *vt* to authorize.

facultativo, va <> *adj* **-1.** [voluntario] optional **-2.** [médico] medical. <> *m,f* doctor.

faena *f* **-1.** [tarea] task, work *(U)*; **estar en plena** ~ to be hard at work; ~**s domésticas** housework *(U)*, household chores; **hacerle una (mala)** ~ **a alguien** to play a dirty trick on sb **-2.** *TAUROM* bullfighter's performance; *ver también* **tauromaquia**.

faenar *vi* to fish.

fagot <> *m* [instrumento] bassoon. <> *mf* [músico] bassoonist.

fainá *f RP* *baked dough made from chickpea flour, served with pizza*.

faisán *m* pheasant.

faja *f* **-1.** [prenda de mujer, terapéutica] corset; [banda] sash, cummerbund **-2.** [de terreno - pequeña] strip; [- grande] belt **-3.** [de libro] band *(around new book)*.

fajín *m* sash.

fajo *m* [de billetes, papel] wad; [de leña, cañas] bundle.

fakir = **faquir**.

falacia *f* deceit, trick.

falange *f* **-1.** *ANAT* & *MIL* phalanx **-2.** *POLÍT*: **la Falange (Española)** the Falange.

LA FALANGE ESPAÑOLA ▬▬▬

The *Falange Española* was a totalitarian political group, founded in Spain in 1933. It played a major role in the Spanish Civil War and later occupied an important position in Franco's Spain.

falangismo *m* Falangist movement.

falangista *adj* & *m,f* Falangist.

falda *f* **-1.** [prenda] skirt; **estar pegado** *o* **cosido a las** ~**s de su madre** to be tied to one's mother's apron strings; ~ **escocesa** kilt; ~

pantalón culottes *(pl)*; ~ **plisada** *o* **tableada** pleated skirt **-2.** [de montaña] slope, mountainside **-3.** [regazo] lap **-4.** [de mesa camilla] cover.

➤ **faldas** *fpl fam* [mujeres] women; **aficionado a las** ~**s** womanizer, ladies' man.

faldero, ra *adj* **-1.** [dócil]: **perro** ~ lapdog **-2.** [mujeriego] keen on women.

faldón *m* **-1.** [de ropa] tail; [de cortina, mesa camilla] folds *(pl)* **-2.** [de tejado] gable.

falencia *f CSur* shortcoming.

falible *adj* fallible.

fálico, ca *adj* phallic.

falla *f* [gen & *GEOL*] fault.

➤ **fallas** *fpl* [fiesta] *celebrations in Valencia during which cardboard figures are burnt*.

fallar <> *vt* **-1.** [sentenciar] to pass sentence on; [premio] to award **-2.** [equivocar - respuesta] to get wrong; [- tiro] to miss. <> *vi* **-1.** [equivocarse] to get it wrong; [no acertar] to miss **-2.** [fracasar, flaquear] to fail; [plan] to go wrong **-3.** [decepcionar]: ~ **le a alguien** to let sb down **-4.** [quebrarse, ceder] to give way **-5.** [sentenciar]: ~ **a favor/en contra de** to find in favour of/against.

fallecer [30] *vi* to pass away, to die.

fallecimiento *m* decease, death.

fallero, ra *adj* relating to the celebrations in Valencia during which cardboard figures are burnt.

fallido, da *adj* [esfuerzo, intento] unsuccessful, failed; [esperanza] vain; [disparo] missed.

fallo *m* **-1.** [error] mistake, *DEP* miss; **¡qué** ~**!** what a stupid mistake!; ~ **humano** human error **-2.** [sentencia - de juez, jurado] verdict **-3.** [opinión] judgment.

fallutería *f RP fam* hypocrisy.

falluto, ta <> *adj RP fam* phoney, hypocritical. <> *m,f* hypocrite.

falo *m* phallus.

falsario, ria <> *adj* false. <> *m,f* liar.

falsear *vt* [hechos, historia] to falsify, to distort; [moneda, firma] to forge.

falsedad *f* **-1.** [falta de verdad, autenticidad] falseness **-2.** [mentira] falsehood, lie.

falsete *m* falsetto.

falsificación *f* forgery.

falsificador, ra *m,f* forger.

falsificar [10] *vt* to forge.

falsilla *f* guide sheet *(for writing paper)*.

falso, sa *adj* **-1.** [rumor, excusa etc] false, untrue **-2.** [dinero, firma, cuadro] forged; [joyas] fake; **jurar en** ~ to commit perjury **-3.** [hipócrita] deceitful **-4.** [inadecuado] wrong, incorrect.

falta f **-1.** [carencia] lack; **hacer ~** to be necessary; **me hace ~ suerte** I need some luck; **por ~ de** for want o lack of **-2.** [escasez] shortage **-3.** [ausencia] absence; **echar en ~ algo/a alguien** [notar la ausencia de] to notice that sthg/sb is missing; [echar de menos] to miss sthg/sb **-4.** [imperfección] fault; [error] mistake; **~ de educación** bad manners (pl); **~ de ortografía** spelling mistake; **~ de respeto** disrespect, lack of respect **-5.** DEP foul; [en tenis] fault; **doble ~** double fault; **~ libre directa** direct free kick offence; **~ personal** personal foul **-6.** DER offence **-7.** [en la menstruación] missed period.
➠ **a falta de** loc prep in the absence of; **a ~ de pan, buenas son tortas** proverb half a loaf is better than none.
➠ **sin falta** loc adv without fail.

faltante m Amér deficit.

faltar vi **-1.** [no haber] to be lacking, to be needed; **falta aire** there's not enough air; **falta sal** it needs a bit of salt **-2.** [estar ausente] to be absent o missing; **falta Elena** Elena is missing **-3.** [carecer]: **le faltan las fuerzas** he lacks o doesn't have the strength **-4.** [hacer falta] to be necessary; **me falta tiempo** I need time **-5.** [quedar]: **falta un mes para las vacaciones** there's a month to go till the holidays; **sólo te falta firmar** all you have to do is sign; **¿cuánto falta para Leeds?** how much further is it to Leeds?; **falta mucho por hacer** there is still a lot to be done; **falta poco para que llegue** it won't be long till he arrives; **faltó poco para que le matase** I very nearly killed him **-6.** loc: **¡no faltaba o faltaría más!** [asentimiento] of course!; [rechazo] that tops it all!, that's a bit much!
➠ **faltar a** vi **-1.** [palabra, promesa] to break, not to keep; [deber, obligación] to neglect **-2.** [cita, trabajo] not to turn up at; **¡no faltes (a la cita)!** don't miss it!, be there! **-3.** [no respetar] to be disrespectful towards; **~ a alguien en algo** to offend sb in sthg **-4.** [defraudar] to betray, to disappoint.

falto, ta adj: **~ de** lacking in, short of.

fama f **-1.** [renombre] fame; **tener ~** to be famous **-2.** [reputación] reputation; **tener buena/mala ~** to have a good/bad reputation; **cría ~ y échate a dormir** proverb build yourself a good reputation, then you can rest on your laurels.

famélico, ca adj starving, famished.

familia f family; **en ~** privately, in private; **ser de buena ~** to come from a good family; **ser como de la ~** to be like one of the family; **~ monoparental** one-parent family; **~ numerosa** large family; **~ política** in-laws (pl); **~ real** royal family.

familiar <> adj **-1.** [de familia] family (antes de sust) **-2.** [en el trato - agradable] friendly; [- en demasía] overly familiar **-3.** [lenguaje, estilo] informal, colloquial **-4.** [conocido] familiar. <> mf relative, relation.

familiaridad f familiarity.

familiarizar [13] vt: **~ (con)** to familiarize (with).
➠ **familiarizarse** vpr: **~se con** [estudiar] to familiarize o.s. with; [acostumbrarse a] to get used to.

famoso, sa <> adj famous. <> m,f famous person, celebrity.

fan mf fan.

fanático, ca <> adj fanatical. <> m,f [gen] fanatic; DEP fan.

fanatismo m fanaticism.

fanatizar [13] vt to arouse fanaticism in.

fandango m [baile] fandango.

fandanguillo m type of fandango.

fané adj Amér worn out.

fanega f grain measure which varies from region to region.

fanfarria f **-1.** fam [jactancia] boasting, bragging **-2.** [pieza musical] fanfare; [banda] brass band.

fanfarrón, ona <> adj boastful. <> m,f braggart, show-off.

fanfarronada f brag.

fanfarronear vi: **~ (de)** to boast o brag (about).

fanfarronería f showing-off, bragging.

fango m mud.

fangoso, sa adj muddy.

fantasear <> vi to fantasize. <> vt to imagine, to fantasize about.

fantasía f **-1.** [imaginación] imagination; [cosa imaginada] fantasy; **de ~** [ropa] fancy; [bisutería] imitation, costume (antes de sust) **-2.** MÚS fantasia.

fantasioso, sa adj imaginative.

fantasma <> m [espectro] ghost, phantom. <> mf fam [fanfarrón] show-off.

fantasmada f fam brag.

fantasmal adj ghostly.

fantasmón, ona m,f fam show-off.

fantástico, ca adj fantastic.

fantochada f crazy o mad thing.

fantoche m **-1.** [títere] puppet **-2.** [mamarracho] (ridiculous) sight.

FAO (abrev de Food and Agriculture Organi-

zation) f FAO.
faquir, fakir m fakir.
faradio m farad.
farándula f: la ~ the theatre, the stage.
faraón m pharaoh.
faraónico, ca adj pharaonic; **fig** [fastuoso] lavish, magnificent.
fardada f fam showing-off (U).
fardar vi fam: ~ (de algo) to show (sthg) off.
fardo m bundle.
fardón, ona fam <> adj flashy. <> m,f flash Harry.
farero, ra m,f lighthouse keeper.
farfullar vt & vi to gabble, to splutter.
faringe f pharynx.
faringitis f inv sore throat.
fariseo, a m,f - **1.** HIST Pharisee - **2.** **fig** [hipócrita] hypocrite.
farmacéutico, ca <> adj pharmaceutical. <> m,f chemist, pharmacist.
farmacia f - **1.** [ciencia] pharmacy - **2.** [establecimiento] chemist's (shop) UK, pharmacy, drugstore US; ~ **de turno** o **de guardia** duty chemist's.
fármaco m medicine, drug.
farmacología f pharmacology.
faro m - **1.** [para barcos] lighthouse - **2.** [de coche] headlight, headlamp; ~ **antiniebla** foglamp.
farol m - **1.** [farola] street lamp o light; [linterna] lantern, lamp - **2.** [en el juego] bluff - **3.** **fam** [mentira] fib, lie.
farola f [farol] street lamp o light; [poste] lamppost.
farolear vi fam to fib.
farolero, ra <> adj fam boastful. <> m,f - **1.** [oficio] lamplighter - **2.** **fam** [fanfarrón] show-off.
farolillo m - **1.** [de papel] paper o Chinese lantern - **2.** [planta] Canterbury bell.
farra f fam binge, spree; **ir de** ~ to paint the town red.
farragoso, sa adj confused, rambling.
farruco, ca adj [valiente] cocky.
farsa f lit & fig farce.
farsante <> adj deceitful. <> mf deceitful person.
fascículo m part, instalment (of serialization).
fascinación f fascination.
fascinante adj fascinating.
fascinar vt to fascinate.
fascismo m fascism.
fascista adj & m,f fascist.

fase f phase; **en** ~ **terminal** in terminal phase.
fastidiado, da adj [de salud] ill; **ando** ~ **del estómago** I've got a bad stomach.
fastidiar [8] <> vt - **1.** [estropear - fiesta etc] to spoil, to ruin; [- máquina, objeto etc] to break - **2.** [molestar] to annoy, to bother. <> vi: ¡no fastidies! you're having me on!
➤ **fastidiarse** vpr - **1.** [estropearse - fiesta etc] to be ruined; [- máquina] to break down - **2.** [aguantarse] to put up with it.
fastidio m - **1.** [molestia] nuisance, bother; ¡qué ~! what a nuisance! - **2.** [enfado] annoyance - **3.** [aburrimiento] bore.
fastidioso, sa adj - **1.** [molesto] annoying - **2.** [aburrido] boring, tedious.
fasto m pomp, extravagance.
fastuosidad f lavishness, sumptuousness.
fastuoso, sa adj lavish, sumptuous.
fatal <> adj - **1.** [mortal] fatal - **2.** [muy malo] terrible, awful - **3.** [inevitable] inevitable - **4.** [seductor]: **mujer** ~ femme fatale. <> adv terribly; **pasarlo** ~ to have an awful time; **sentirse** ~ to feel terrible.
fatalidad f - **1.** [destino] fate, destiny - **2.** [desgracia] misfortune.
fatalismo m fatalism.
fatalista <> adj fatalistic. <> mf fatalist.
fatídico, ca adj fateful, ominous.
fatiga f [cansancio] tiredness, fatigue.
➤ **fatigas** fpl [penas] troubles, hardships.
fatigado, da adj tired, weary.
fatigante adj tiring.
fatigar [16] vt to tire, to weary.
➤ **fatigarse** vpr to get tired.
fatigoso, sa adj tiring, fatiguing.
fatigue etc ▷ **fatigar**.
fatuidad f - **1.** [necedad] fatuousness, foolishness - **2.** [vanidad] conceit.
fatuo, tua adj - **1.** [necio] fatuous, foolish - **2.** [engreído] conceited.
fauces fpl fig jaws.
fauna f fauna.
fausto, ta adj happy, fortunate.
favor m favour; **a** ~ **de** in favour of; **hacerle un** ~ **a alguien** [ayudar a] to do sb a favour; **fam** **fig** [acostarse con] to go to bed with sb; **hágame el** ~ **de cerrar la puerta** would you mind shutting the door, please?; **pedir un** ~ **a alguien** to ask sb a favour; **tener a** o **en su** ~ **a alguien** to enjoy sb's support.
➤ **favores** mpl [de una mujer] favours.
➤ **por favor** loc adv please.
favorable adj favourable; **ser** ~ **a algo** to be in favour of sthg.

favorecedor, ra *adj* flattering, becoming.
favorecer [30] *vt* **-1.** [gen] to favour; [ayudar] to help, to assist **-2.** [sentar bien] to suit.
favoritismo *m* favouritism.
favorito, ta *adj* & *m,f* favourite.
fax *m inv* **-1.** [aparato] fax (machine); **mandar algo por** ~ to fax sthg **-2.** [documento] fax.
fayuquero, ra *m,f* *Méx fam* smuggler.
faz *f culto* **-1.** [cara] countenance, face **-2.** [del mundo, de la tierra] face.
fe *f* **-1.** [gen] faith; **hacer algo de buena** ~ to do sthg in good faith; **tener** ~ **en** to have faith in, to believe in **-2.** [documento] certi- ficate; ~ **de bautismo** certificate of bap- tism; ~ **de erratas** errata (*pl*) **-3.** *loc*: **dar** ~ **de que** to testify that; **la** ~ **mueve montañas** faith can move mountains.
fealdad *f* **-1.** [de rostro etc] ugliness **-2.** [de conducta etc] unworthiness.
feb., febr. (*abrev de* **febrero**) Feb.
febrero *m* February; *ver también* **septiembre**.
febril *adj* feverish; *fig* [actividad] hectic.
fecal *adj* faecal.
fecha *f* [gen] date; [momento actual] current date; **a partir de esta** ~ from today; **en** ~ **próxima** in the next few days; **hasta la** ~ to date, so far; **ocurrió por estas** ~s it happened around this time of year; ~ **de caducidad** [de alimentos] sell-by date; [de car- né, pasaporte] expiry date; [de medicamento] 'use before' date; ~ **de nacimiento** date of birth; ~ **tope** *o* **límite** deadline.
fechar *vt* to date.
fechoría *f* bad deed, misdemeanour.
fécula *f* starch (*in food*).
fecundación *f* fertilization; ~ **artificial** artificial insemination; ~ **asistida** assisted fertilization; ~ **in vitro** in vitro fertiliza- tion.
fecundar *vt* **-1.** [fertilizar] to fertilize **-2.** [ha- cer productivo] to make fertile.
fecundidad *f* **-1.** [fertilidad] fertility **-2.** [pro- ductividad] productiveness.
fecundo, da *adj* [gen] fertile; [artista] proli- fic.
federación *f* federation.
federal *adj* & *m,f* federal.
federalismo *m* federalism.
federalista *adj* & *m,f* federalist.
federar *vt* to federate.
➡ **federarse** *vpr* **-1.** [formar federación] to become *o* form a federation **-2.** [ingresar en federación] to join a federation.
federativo, va ◇ *adj* federative. ◇ *m,f* member of a federation.

felación *f* fellatio.
feldespato *m* feldspar.
felicidad *f* happiness.
➡ **felicidades** *interj*: **¡** ~ **es!** [gen] con- gratulations!; [en cumpleaños] happy birth- day!
felicitación *f* **-1.** [acción]: **felicitaciones** con- gratulations **-2.** [postal] greetings card; ~ **de Navidad** Christmas card.
felicitar *vt* to congratulate; **¡te felicito!** congratulations!; ~ **a alguien por algo** to congratulate sb on sthg.
➡ **felicitarse** *vpr*: ~ **se (por)** to be pleased *o* glad (about).
félidos *mpl* felines, cats.
feligrés, esa *m,f* parishioner.
felino, na *adj* feline.
➡ **felino** *m* feline, cat.
feliz *adj* **-1.** [dichoso] happy; **hacer** ~ **a alguien** to make sb happy **-2.** [afortunado] lucky **-3.** [oportuno] timely.
felonía *f* [traición] treachery, betrayal; [infa- mia] vile deed.
felpa *f* [de seda] plush; [de algodón] towelling.
felpudo *m* doormat.
femenino, na *adj* [gen] feminine; *BOT* & *ZOOL* female.
➡ **femenino** *m* *GRAM* feminine.
fémina *f* woman, female.
feminidad, femineidad *f* femininity.
feminismo *m* feminism.
feminista *adj* & *m,f* feminist.
feminizar [13] *vt* to make feminine.
femoral ◇ *adj* femoral. ◇ *f* femoral artery.
fémur (*pl* **fémures**) *m* femur, thighbone.
fenicio, cia *adj* & *m,f* Phoenician.
➡ **fenicio** *m* [lengua] Phoenician.
fénix *m inv* [ave] phoenix.
fenomenal *adj* [magnífico] wonderful, fan- tastic.
fenómeno ◇ *m* **-1.** [gen] phenomenon **-2.** [monstruo] freak. ◇ *adv fam* brilliantly, fantastically; **pasarlo** ~ to have a great time. ◇ *interj*: **¡** ~ **!** great!, terrific!
fenotipo *m* phenotype.
feo, a ◇ *adj* **-1.** [persona] ugly; **le tocó bailar con la más fea** he drew the short straw; **ser más** ~ **que Picio** to be as ugly as sin **-2.** [as- pecto, herida, conducta] nasty; **es** ~ **escupir** it's rude to spit **-3.** [tiempo] foul, horrible; **la tar- de se ha puesto fea** the weather has turned nasty this afternoon. ◇ *m,f* [persona] ugly person.
➡ **feo** *m* [desaire] slight, insult; **hacer un** ~

a alguien to offend o slight sb.

féretro m coffin.

feria f **-1.** [gen] fair; ~ **(de muestras)** trade fair **-2.** [fiesta popular] festival.

feriado m Amér (public) holiday.

ferial adj fair (antes de sust); **recinto** ~ fairground.

feriante mf [vendedor] trader; [comprador] fairgoer.

fermentación f fermentation.

fermentar vt & vi to ferment.

fermento m ferment.

ferocidad f ferocity, fierceness.

feroz adj **-1.** [animal, bestia] fierce, ferocious **-2.** fig [criminal, asesino] cruel, savage **-3.** fig [dolor, angustia] terrible **-4.** fig [enorme] massive.

férreo, a adj lit & fig iron (antes de sust).

ferretería f ironmonger's (shop) UK, hardware store.

ferretero, ra m,f ironmonger, hardware dealer.

ferrocarril m [sistema, medio] railway, railroad US; [tren] train; **por** ~ by train.

ferroso, sa adj ferrous.

ferroviario, ria <> adj railway (antes de sust) UK, rail (antes de sust), railroad (antes de sust) US. <> m,f railway worker.

ferry m ferry.

fértil adj lit & fig fertile.

fertilidad f lit & fig fertility.

fertilización f fertilization; ~ **in vitro** in vitro fertilization.

fertilizante <> adj fertilizing. <> m fertilizer.

fertilizar [13] vt to fertilize.

ferviente adj fervent.

fervor m fervour.

fervoroso, sa adj fervent.

festejar vt **-1.** [celebrar] to celebrate **-2.** [agasajar] to entertain.
 ➡ **festejarse** vpr [celebrarse] to be celebrated.

festejo m **-1.** [fiesta] party **-2.** [agasajo] entertaining.
 ➡ **festejos** mpl [fiestas] public festivities.

festín m banquet, feast.

festival m festival.

festividad f festivity.

festivo, va adj **-1.** [de fiesta] festive; **día** ~ (public) holiday **-2.** [alegre] cheerful, jolly; [chistoso] funny, witty.

festón m [en costura] scallop.

festonear vt [en costura] to scallop.

feta f RP slice.

fetal adj foetal.

fetén adj inv fam brilliant, great.

fetiche m fetish.

fetichismo m fetishism.

fetichista <> adj fetishistic. <> mf fetishist.

fétido, da adj fetid, foul-smelling.

feto m foetus.

feudal adj feudal.

feudalismo m feudalism.

feudo m HIST fief; fig [dominio] domain, area of influence.

fez m fez.

FF AA (abrev de **Fuerzas Armadas**) fpl Spanish armed forces.

fiabilidad f reliability.

fiable adj [máquina] reliable; [persona] trustworthy.

fiaca m RP: **leventarme esta mañana, me dio una** ~ I had to prise myself out of bed this morning.

fiador, ra m,f guarantor, surety; **salir** ~ **por** to vouch for.

fiambre m **-1.** [comida] cold meat UK, cold cuts US **-2.** fam [cadáver] stiff, corpse.

fiambrera f lunch o sandwich box.

fianza f **-1.** [depósito] deposit **-2.** DER bail; **bajo** ~ on bail **-3.** [garantía] security, bond.

fiar [9] <> vt COM to sell on credit. <> vi COM to sell on credit; **ser de** ~ to be trustworthy.
 ➡ **fiarse** vpr: **¡no te fíes!** don't be too sure (about it)!; ~**se de algo/alguien** to trust sthg/sb.

fibra f **-1.** [gen] fibre; [de madera] grain; ~ **de vidrio** fibreglass; ~ **óptica** INFORM optic fibre **-2.** [energía] character, vigour.

fibroma m fibroma.

fibrosis f inv fibrosis.

fibroso, sa adj fibrous.

ficción f **-1.** [gen] fiction **-2.** [simulación] pretence, make-believe.

ficha f **-1.** [tarjeta] (index) card; [con detalles personales] file, record card **-2.** [de guardarropa, aparcamiento] ticket **-3.** [de teléfono] token **-4.** [de juego - gen] counter; [en ajedrez] piece; [en casino] chip **mover** ~ to act **-5.** DEP [contrato] contract **-6.** INFORM card; ~ **perforada** perforated card.

fichaje m DEP [contratación] signing (up); [importe] transfer fee.

fichar <> vt **-1.** [archivar] to note down on an index card, to file **-2.** [suj: policía] to put on police files o records **-3.** DEP to sign up **-4.**

fam [calar] to suss out, to see through. ◇ *vi*
-1. [suj: trabajador - al entrar] to clock in; [- al
salir] to clock out **-2.** *DEP*: ~ **(por)** to sign up
(for).

fichero *m* **-1.** [mueble] filing cabinet **-2.** *IN-FORM* file.

ficticio, cia *adj* **-1.** [imaginario] fictitious **-2.**
[convencional] imaginary.

ficus *m inv* rubber plant.

fidedigno, na *adj* reliable.

fidelidad *f* **-1.** [lealtad] loyalty; [de cónyuge,
perro] faithfulness **-2.** [precisión] accuracy;
alta ~ high fidelity.

fideo *m* noodle; **estar o quedarse como un** ~
to be as thin as a rake.

fiebre *f* fever; **tener** ~ to have a temperature; ~ **aftosa** foot-and-mouth disease; ~
amarilla/de Malta yellow/Malta fever; ~
del heno hay fever; ~ **reumática/tifoidea**
rheumatic/typhoid fever; **la** ~ **del oro** the
gold rush.

fiel ◇ *adj* **-1.** [leal - amigo, seguidor] loyal;
[- cónyuge, perro] faithful **-2.** [preciso] accurate. ◇ *m* [de balanza] needle, pointer.
　➥ **fieles** *mpl RELIG*: **los** ~**es** the faithful.

fieltro *m* felt.

fiero, ra *adj* savage, ferocious.
　➥ **fiera** *f* **-1.** [animal] wild animal **-2.** *fig*
[persona - genial] demon; [- cruel] brute;
estar/ponerse hecho una fiera to be/go wild
with anger; **ser una fiera para** to be brilliant
at.

fierro *m Amér* **-1.** [hierro] iron **-2.** [navaja]
penknife.

fiesta *f* **-1.** [reunión] party; [de pueblo etc]
(local) festivities *(pl)*; ~ **benéfica** fête; ~
de disfraces fancy-dress party; ~ **mayor**
*local celebrations for the festival of a
town's patron saint*; **la** ~ **nacional** bull
fighting; **aguar la** ~ **a alguien** to spoil sb's
fun; **no estar para** ~**s** to be in no mood for
joking **-2.** [día] public holiday; **ser** ~ to be a
public holiday; **hacer** ~ to be on holiday.
　➥ **fiestas** *fpl* [vacaciones] holidays.

FIESTA MAYOR ▬▬▬▬▬

The *fiesta mayor* consists of a round of cultural
and recreational events organized in a town to
celebrate the festival of its patron saint.

FIFA (*abrev de* **Federación Internacional de
Fútbol Asociación**) *f* FIFA.

fifí *m Amér fam* playboy.

figura *f* **-1.** [gen] figure; [forma] shape; **tener
buena** ~ to have a good figure; ~ **geomé-
trica** geometric figure; ~ **paterna** father

figure **-2.** [en naipes] picture card.

figuraciones *fpl* imaginings; **son** ~ **tuyas**
it's all in your imagination.

figurado, da *adj* figurative.

figurante, ta *m, f* extra.

figurar ◇ *vi* **-1.** [aparecer]: ~ **(en)** to
appear (in), to figure (in) **-2.** [ser importante]
to be prominent *o* important. ◇ *vt* **-1.** [re-
presentar] to represent **-2.** [simular] to feign,
to simulate.
　➥ **figurarse** *vpr* [imaginarse] to imagine; **ya
me lo figuraba yo** I thought as much.

figurativo, va *adj ARTE* figurative.

figurín *m* fashion sketch; **ir/estar hecho un**
~ *fig* to be dressed up to the nines.

figurón *m* poseur.

fijación *f* **-1.** [gen & *FOT*] fixing **-2.** [obsesión]
fixation.
　➥ **fijaciones** *fpl* [en esquí] bindings.

fijador *m* **-1.** [líquido] fixative; ~ **de pelo** [cre-
ma] hair gel; [espray] hair spray **-2.** [en esquí]
ski-clip.

fijar *vt* **-1.** [gen] to fix; [asegurar] to fasten;
[cartel] to stick up; [sello] to stick on **-2.** [sig-
nificado] to establish; ~ **el domicilio** to take
up residence; ~ **la mirada/la atención en** to
fix one's gaze/attention on.
　➥ **fijarse** *vpr* to pay attention; ~ **se en algo**
[darse cuenta] to notice sthg; [prestar atención]
to pay attention to sthg.

fijeza *f* firmness.
　➥ **con fijeza** *loc adv* **-1.** [con seguridad]
definitely, for sure **-2.** [con persistencia]
fixedly.

fijo, ja ◇ *adj* **-1.** [gen] fixed; [sujeto] secure
-2. [cliente] regular **-3.** [fecha] firm, definite
-4. [empleado, trabajo] permanent. ◇ *adv*
fam definitely.

fila *f* **-1.** [hilera - gen] line; [- de asientos] row; **en**
~, **en** ~ **india** in line, in single file; **ponerse
en** ~ to line up **-2.** *MIL* rank **-3.** [manía]
dislike.
　➥ **filas** *fpl MIL* ranks; **en** ~**s** doing
military service; **incorporarse a** ~**s** to join
up; **llamar a** ~**s a alguien** to call sb up;
romper ~**s** to fall out; **cerrar** ~**s** *fig* to close
ranks.

filamento *m* filament.

filantropía *f* philanthropy.

filantrópico, ca *adj* philanthropic.

filántropo, pa *m, f* philanthropist.

filarmónico, ca *adj* philharmonic.
　➥ **filarmónica** *f* philharmonic (orchestra).

filatelia *f* philately.

filatélico, ca <> *adj* philatelic. <> *m,f* philatelist.

filete *m* **-1.** [CULIN - grueso] (fillet) steak; [- delgado] fillet; [solomillo] sirloin **-2.** [de tornillo] thread.

filiación *f* **-1.** [ficha militar, policial] record, file **-2.** POLÍT affiliation **-3.** [parentesco] relationship.

filial <> *adj* **-1.** [de hijo] filial **-2.** [de empresa] subsidiary. <> *f* subsidiary.

filigrana *f* **-1.** [en orfebrería] filigree **-2.** *fig* [habilidad] skilful work **-3.** [en billetes] watermark.

Filipinas *fpl*: **(las)** ~ ·the Philippines (*sg*).

filipino, na *adj* & *m,f* Filipino.
➡ **filipino** *m* [lengua] Filipino.

filisteo, a *adj* & *m,f* Philistine.

film = filme.

filmación *f* filming, shooting.

filmador, ra *adj* film *(antes de sust).*
➡ **filmadora** *f* [cámara] cine camera.

filmar *vt* to film, to shoot.

filme *(pl* **filmes**), **film** *(pl* **films**) *m* film *UK*, movie *US*.

filmografía *f* filmography.

filmoteca *f* [archivo] film library; [sala de cine] film institute.

filo *m* (cutting) edge; **de doble** ~, **de dos** ~**s** *lit* & *fig* double-edged.
➡ **al filo de** *loc prep* just before.

filología *f* **-1.** [ciencia] philology **-2.** [carrera] language and literature.

filológico, ca *adj* philological.

filólogo, ga *m,f* philologist.

filón *m* **-1.** [de carbón etc] seam **-2.** *fig* [mina] gold mine.

filoso, sa, filudo, da *adj* Amér sharp.

filosofar *vi* to philosophize.

filosofía *f* **-1.** [ciencia] philosophy **-2.** [resignación]: **tomarse algo con** ~ to be philosophical about sthg.

filosófico, ca *adj* philosophical.

filósofo, fa *m,f* philosopher.

filtración *f* **-1.** [de agua] filtration **-2.** *fig* [de noticia etc] leak.

filtrar *vt* **-1.** [tamizar] to filter **-2.** *fig* [datos, noticia] to leak.
➡ **filtrarse** *vpr* **-1.** [penetrar]: ~**se (por)** to filter *o* seep (through) **-2.** *fig* [datos, noticia] to be leaked.

filtro *m* [gen] filter; [de cigarrillo] filter, filter tip; ~ **del aceite** oil filter.

filudo, da = filoso.

fimosis *f inv* phimosis.

fin *m* **-1.** [final] end; **dar** *o* **poner** ~ **a algo** to put an end to sthg; **tocar a su** ~ to come to a close; ~ **de fiesta** grand finale; ~ **de semana** weekend; **a** ~**es de** at the end of; **al** *o* **por** ~ at last, finally; **a** ~ **de cuentas** after all; **al** ~ **y al cabo** after all; **sin** ~ endless; ~ **del mundo** to the end of the earth (and back) **-2.** [objetivo] aim, goal; **el** ~ **justifica los medios** *proverb* the end justifies the means.
➡ **a fin de** *loc conj* in order to.
➡ **a fin de que** *loc conj* so that.
➡ **en fin** *loc adv* anyway.

finado, da *m,f*: **el** ~ the deceased.

final <> *adj* final, end *(antes de sust).* <> *m* end; ~ **feliz** happy ending; **a** ~**es de** at the end of; **al** ~ [en conclusión] in the end; **al** ~ **de** at the end of. <> *f* final.

finalidad *f* aim, purpose.

finalista <> *adj* amongst the finalists. <> *mf* finalist.

finalización *f* [gen] end; [de contrato] termination.

finalizar [13] <> *vt* to finish, to complete. <> *vi*: ~ **(con)** to end *o* finish (in).

financiación *f* financing.

financiar [8] *vt* to finance.

financiero, ra <> *adj* financial. <> *m,f* [persona] financier.
➡ **financiera** *f* [firma] finance company.

financista *mf* Amér financier.

finanzas *fpl* finance (*U*).

finca *f* [gen] property; [casa de campo] country residence.

fineza *f* **-1.** [cualidad] (fine) quality **-2.** [cortesía] courtesy.

fingido, da *adj* feigned, apparent.

fingimiento *m* prefence.

fingir [15] <> *vt* to feign; ~ **hacer algo** to pretend to do sthg. <> *vi* to pretend.

finiquitar *vt* to settle.

finiquito *m* settlement.

finito, ta *adj* finite.

finja *etc* ▷ fingir.

finlandés, esa <> *adj* Finnish. <> *m,f* [persona] Finn.
➡ **finlandés** *m* [lengua] Finnish.

Finlandia Finland.

fino, na *adj* **-1.** [gen] fine; [delgado] thin; [cintura] slim **-2.** [cortés] refined **-3.** [agudo - oído, olfato] sharp, keen; [- gusto, humor, ironía] refined.
➡ **fino** *m* dry sherry.

finolis *fam* <> *adj inv* affected. <> *m y f inv* affected person.

finura *f* [gen] fineness; [delgadez] thinness; [cortesía] refinement; [de oído, olfato] sharpness, keenness; [de gusto, humor, ironía] refinement.

fiordo *m* fiord.

firma *f* - **1.** [rúbrica] signature; [acción] signing; **estampar la ~** to sign, to write one's signature - **2.** [empresa] firm.

firmamento *m* firmament.

firmante ◇ *adj* signatory. ◇ *mf* signatory; **el abajo ~** the undersigned.

firmar *vt* to sign; **~ algo en blanco** *fig* to rubber-stamp sthg.

firme ◇ *adj* - **1.** [gen] firm; [mueble, andamio, edificio] stable - **2.** [argumento, base] solid - **3.** [carácter, actitud, paso] resolute. ◇ *adv* hard; **mantenerse ~ en** to hold fast to. ◇ *m* road surface.
  ➡ **firmes** *interj*: **¡~s!** MIL attention!

firmeza *f* - **1.** [gen] firmness; [de mueble, edificio] stability - **2.** [de argumento] solidity - **3.** [de carácter, actitud] resolution.

fiscal ◇ *adj* tax *(antes de sust)*, fiscal. ◇ *mf* public prosecutor *UK*, district attorney *US*.

fiscalía *f* - **1.** [cargo] post of public prosecutor *UK* - **2.** [oficina] office of public prosecutor *UK* o district attorney *US*.

fiscalización *f* investigation, inquiry.

fiscalizar [13] *vt* to inquire into o investigate the affairs of.

fisco *m* treasury, exchequer.

fisgar [16], **fisgonear** *vi* [gen] to pry; [escuchando] to eavesdrop.

fisgón, ona ◇ *adj* nosey, prying. ◇ *m,f* busybody, nosy parker.

fisgonear = fisgar.

fisgoneo *m* prying.

fisgue *etc* ▷ fisgar.

físico, ca ◇ *adj* physical. ◇ *m,f* [persona] physicist.
  ➡ **físico** *m* [complexión] physique.
  ➡ **física** *f* [ciencia] physics *(U)*.

fisiología *f* physiology.

fisiológico, ca *adj* physiological.

fisión *f* fission.

fisionomía, fisonomía *f* features *(pl)*, appearance.

fisionomista *mf* person who is good at remembering faces.

fisioterapeuta *mf* physiotherapist.

fisioterapia *f* physiotherapy.

fisonomía = fisionomía.

fisonomista = fisionomista.

fístula *f* fistula.

fisura *f* - **1.** [grieta] fissure - **2.** *fig* weakness, weak point.

fitología *f* botany.

flacidez, flaccidez *f* flabbiness.

flácido, da, fláccido, da *adj* flaccid, flabby.

flaco, ca ◇ *adj* thin, skinny. ◇ *m,f* *Amér* [como apelativo]: **¿cómo estas, flaca?** hey, how are you doing?

flagelación *f* flagellation.

flagelar *vt* to flagellate.
  ➡ **flagelarse** *vpr* to flagellate o.s.

flagrante *adj* flagrant.

flamante *adj* [vistoso] resplendent; [nuevo] brand-new.

flambear *vt* to flambé.

flamear ◇ *vi* - **1.** [fuego] to blaze o flare (up) - **2.** [bandera, vela] to flap. ◇ *vt* to sterilize by passing through a flame.

flamenco, ca ◇ *adj* - **1.** MÚS flamenco *(antes de sust)* - **2.** [de Flandes] Flemish - **3.** [achulado] cocky; **ponerse ~** to get cocky. ◇ *m,f* [de Flandes] Fleming.
  ➡ **flamenco** *m* - **1.** [ave] flamingo - **2.** [lengua] Flemish - **3.** MÚS flamenco.

flamencología *f* study of flamenco.

flamencólogo, ga *m,f* expert in flamenco.

flan *m* crème caramel; **estar hecho** o **como un ~** to shake like a jelly, to be a bundle of nerves.

flanco *m* flank.

flanera *f* crème caramel mould.

flanquear *vt* to flank.

flaquear *vi* to weaken; *fig* to flag.

flaqueza *f* weakness.

flash [flaʃ] *(pl* flashes*)* *m* - **1.** FOT flash - **2.** [informativo] newsflash - **3.** *fam* [imagen mental] flash of inspiration.

flato *m*: **tener ~** to have a stitch.

flatulencia *f* flatulence, wind.

flatulento, ta *adj* flatulent.

flauta ◇ *f* flute; **~ dulce** recorder; **sonó la ~ (por casualidad)** it was sheer fluke; **de la gran ~** *Chile, RP fig* tremendous. ◇ *interj*: **¡(la gran) ~!** *Chile, RP* good grief!, good heavens!

flautín *m* piccolo.

flautista *mf* flautist.

flebitis *f inv* phlebitis.

flecha ◇ *f* [gen] arrow; ARQUIT spire; **salir como una ~** to shoot out, to fly out. ◇ *mf fam*: **ser un ~** to be red hot, to be extremely good.

flechazo *m* - **1.** [disparo] arrow shot; [herida]

arrow wound **- 2.** *fam fig* [amoroso]: **fue un ~** it was love at first sight.

fleco *m* **-1.** [adorno] fringe **- 2.** [de tela gastada] frayed edge.

flema *f* phlegm.

flemático, ca *adj* **-1.** [con mucosidad] phlegmy **- 2.** [tranquilo] phlegmatic.

flemón *m* gumboil.

flequillo *m* fringe, bangs *(pl) US*.

fletamiento *m* [alquiler] charter, chartering *(U)*.

fletar *vt* **-1.** [alquilar] to charter **- 2.** [cargar] to load.

flete *m* **-1.** [precio] freightage **- 2.** [carga] cargo, freight.

flexibilidad *f* flexibility.

flexibilizar [13] *vt* to make flexible.

flexible *adj* flexible.

flexión *f* **-1.** [doblegamiento] bending; **hacer fiexiones** [de brazos] to do press-ups *UK*, to do push-ups *US*; [de piernas] to do squats **- 2.** *GRAM* inflection.

flexionar *vt* to bend.

flexo *m* adjustable table lamp *o* light.

flexor, ra *adj* flexional.

➤ **flexor** *m* flexor.

flipado, da *adj fam* [drogado] stoned, high; [asombrado] gobsmacked.

flipar *fam* ◇ *vi* **-1.** [disfrutar] to have a wild time **- 2.** [asombrarse] to be gobsmacked **- 3.** [con una droga] to be stoned *o* high. ◇ *vt* [gustar]: **me flipan los videojuegos** I'm wild about video games.

➤ **fliparse** *fam vpr* **-1.** [disfrutar]: **~se (con)** to go wild (about) **- 2.** [drogarse] to get stoned *o* high.

flirtear *vi* to flirt.

flirteo *m* flirtation, flirting *(U)*.

flojear *vi* **-1.** [decaer - piernas, fuerzas etc] to weaken; [- memoria] to be failing; [- película, libro] to flag; [- calor, trabajo] to ease off; [- ventas] to fall off **- 2.** [no ser muy apto]: **~ en algo** to get worse at sthg **- 3.** *Andes* [holgazanear] to laze about *o* around.

flojedad *f* weakness.

flojera *f* lethargy, feeling of weakness.

flojo, ja *adj* **-1.** [suelto] loose **- 2.** [débil - persona, bebida] weak; [- sonido] faint; [- tela] thin; [- salud] poor; [- viento] light **- 3.** [sin calidad, aptitudes] poor; **estar ~ en algo** to be poor *o* weak at sthg **- 4.** [inactivo - mercado, negocio] slack.

flor *f* **-1.** *BOT* flower; **de ~es** flowered; **en ~** in flower; **~ de lis** fleur-de-lis; **echar ~es a alguien** to pay sb compliments; **no tener**

ni ~es (de) *fam* not to have a clue (about); **ser ~ de un día** *fig* to be a flash in the pan **- 2.** [lo mejor]: **la ~ (y nata)** the crème de la crème, the cream; **en la ~ de la edad** *o* **de la vida** in the prime of life.

➤ **a flor de** *loc adv*: **a ~ de agua/tierra** at water/ground level; **a ~ de piel** *fig* just below the surface.

flora *f* flora; **~ intestinal** *o* **microbiana** microbes *(pl)*.

floración *f* flowering, blossoming.

floral *adj* floral.

floreado, da *adj* flowery.

florecer [30] *vi* to flower; *fig* to flourish.

floreciente *adj fig* flourishing.

florecimiento *m* flowering; *fig* flourishing.

florero *m* vase.

floricultor, ra *m, f* flower grower.

floricultura *f* flower growing.

florido, da *adj* [con flores] flowery; [estilo, lenguaje] florid.

florín *m* florin.

florista *mf* florist.

floristería *f* florist's (shop).

floritura *f* flourish.

flota *f* fleet; **~ mercante** merchant fleet; **~ pesquera** fishing fleet.

flotabilidad *f* **-1.** [en el agua] buoyancy **- 2.** *ECON* floatability.

flotación *f* [gen & *ECON*] flotation.

flotador *m* **-1.** [para nadar] rubber ring **- 2.** [de caña de pescar] float **- 3.** [de cisternas] ballcock.

flotante *adj* [gen & *ECON*] floating.

flotar *vi* [gen & *ECON*] to float; [banderas] to flutter.

flote

➤ **a flote** *loc adv* afloat; **mantenerse a ~** to stay afloat; **sacar algo a ~** *fig* to get sthg back on its feet; **salir a ~** *fig* to get back on one's feet.

flotilla *f* flotilla.

fluctuación *f* **-1.** [variación] fluctuation **- 2.** [vacilación] wavering.

fluctuante *adj* fluctuating.

fluctuar [6] *vi* **-1.** [variar] to fluctuate **- 2.** [vacilar] to waver.

fluidez *f* **-1.** [gen] fluidity; [del tráfico] free flow; [de relaciones] smoothness **- 2.** *fig* [en el lenguaje] fluency.

fluido, da *adj* **-1.** [gen] fluid; [tráfico] free-flowing **- 2.** [relaciones] smooth **- 3.** *fig* [lenguaje] fluent.

➤ **fluido** *m* fluid; **~ eléctrico** electric

current o power.
fluir [51] vi to flow.
flujo m flow; ~ **de caja** cash flow; ~ **menstrual** menstrual flow; ~ **sanguíneo** bloodstream.
flúor m fluorine.
fluorescencia f fluorescence.
fluorescente <> adj fluorescent. <> m strip light.
fluoruro m fluoride.
fluvial adj river (antes de sust).
fluya, fluyera ▷ fluir.
FM (abrev de frecuencia modulada) f FM.
FMI (abrev de Fondo Monetario Internacional) m IMF.
fobia f phobia.
foca f seal.
focal adj focal.
focalizar [13] vt to focus.
foco m -1. fig [centro] centre, focal point -2. [lámpara - para un punto] spotlight; [- para una zona] floodlight -3. FÍS & GEOM focus -4. Col, Ecuad, Méx, Perú [bombilla] light bulb -5. Amér [farola] street light -6. Amér AUTOM (car) headlight.
fofo, fa adj flabby.
fogata f bonfire, fire.
fogón m -1. [para cocinar] stove -2. [de máquina de vapor] firebox.
fogonazo m flash.
fogonero, ra m,f stoker.
fogosidad f passion.
fogoso, sa adj passionate.
fogueo m: de ~ blank.
foie-gras [fwa'ɣras] m (pâté de) foie-gras.
foja f Amér DER [folio] folio.
folclore, folclor, folklor m folklore.
folclórico, ca <> adj traditional, popular. <> m,f flamenco singer.
folclorismo m folklore.
fólder m Andes, CAm, Méx [carpeta] folder.
foliación f foliation.
foliado, da adj leafy.
folículo m follicle.
folio m [hoja] leaf, sheet; [tamaño] folio.
folklor = folclore.
follaje m foliage.
follar vi vulg to fuck.
folletín m [dramón] melodrama.
folletinesco, ca adj melodramatic.
folleto m [turístico, publicitario] brochure; [explicativo, de instrucciones] leaflet.
follón m fam -1. [discusión] row; se armó ~ there was an almighty row -2. [lío] mess;

¡vaya ~! what a mess!
fomentar vt to encourage, to foster.
fomento m encouragement, fostering.
fonación f phonation.
fonda f boarding house.
fondeadero m anchorage.
fondear <> vi to anchor. <> vt [sondear] to sound; [registrar - barco] to search.
fondista mf -1. [propietario de fonda] landlord (f landlady) -2. [DEP - corredor] long-distance runner; [- nadador] long-distance swimmer; [- esquiador] cross-country skier.
fondo m -1. [de recipiente, mar, piscina] bottom; **sin** ~ bottomless; **tocar** ~ [embarcación] to scrape along the sea/river bed; fig to hit rock bottom; **doble** ~ false bottom -2. [de habitación etc] back; **al** ~ **de** [calle, pasillo] at the end of; [sala] at the back of -3. [dimensión] depth -4. [de tela, cuadro, foto] background; **al** ~ in the background -5. RP [patio] back patio -6. [de asunto, tema] heart, bottom; **llegar al** ~ **de** to get to the heart o bottom of -7. [de una persona]: **tener buen** ~ to have a good heart -8. [de obra literaria] substance -9. ECON fund; **a** ~ **perdido** non-returnable; ~ **común** kitty; ~ **de amortización/de inversión/de pensiones** ECON sinking/investment/pension fund; ~ **de garantía de depósito** BANCA deposit guarantee fund -10. [fundamento] reason, basis -11. [de biblioteca, archivo] catalogue, collection; ~ **editorial** collection of published works -12. DEP stamina; **de** ~ long-distance; **de medio** ~ middle-distance -13. Méx [combinación] petticoat.
◆ **fondos** mpl -1. ECON [capital] funds; **estar mal de** ~s [persona] to be badly off; [empresa] to be short of funds; **recaudar** ~s to raise funds; ~s **públicos** public funds -2. [de embarcación] bottom (sg).
◆ **bajos fondos** mpl underworld (U).
◆ **a fondo** <> loc adv thoroughly; **emplearse a** ~ fig to do one's utmost. <> loc adj thorough.
◆ **en el fondo** loc adv -1. [en lo más íntimo] deep down -2. [en lo esencial] basically.
fonético, ca adj phonetic.
◆ **fonética** f -1. [ciencia] phonetics (U) -2. [sonidos] sound.
fónico, ca adj phonic.
fono m Amér fam phone.
fonógrafo m gramophone, phonograph US.
fonología f phonology.
fonoteca f record library.
fontanería f plumbing.

fontanero, ra *m,f* plumber.

football = fútbol.

footing ['futin] *m* jogging; **hacer** ~ to go jogging.

FOP (*abrev de* **Fuerzas de Orden Público**) *fpl* police (*force*).

forajido, da *m,f* outlaw.

foral *adj* relating to ancient regional laws still existing in some parts of Spain.

foráneo, a *adj* foreign.

forastero, ra *m,f* stranger.

forcé ⇨ **forzar**.

forcejear *vi* to struggle.

forcejeo *m* struggle.

forcemos ⇨ **forzar**.

fórceps *m inv* forceps.

forense ⇨ *adj* forensic. ⇨ *mf* pathologist.

forestal *adj* forest (*antes de sust*).

forfait [for'fe] *m* **-1.** DEP default **-2.** [abono] pass **-3.** [precio invariable] fixed rate; **a** ~ fixed price.

forja *f* [fragua] forge; [forjadura] forging.

forjado, da *adj* wrought.

forjar *vt* **-1.** [metal] to forge **-2.** *fig* [inventarse] to invent; [crear] to build up.
➤ **forjarse** *vpr fig* [labrarse] to carve out for o.s.

forma *f* **-1.** [gen] shape, form; **dar** ~ **a** to shape, to form; **en** ~ **de** in the shape of; **tomar** ~ to take shape; **guardar las** ~s to keep up appearances **-2.** [manera] way, manner; **de cualquier** ~, **de todas** ~s anyway, in any case; **de esta** ~ in this way; **de** ~ **que** in such a way that, so that; ~ **de pago** method of payment **-3.** ARTE & LITER form **-4.** [condición física] fitness; **estar en** ~ to be fit; **estar bajo de** ~, **estar en baja** ~ to be in poor shape **-5.** RELIG host.
➤ **formas** *fpl* **-1.** [silueta] figure (*sg*), curves **-2.** [modales] manners, social conventions.

formación *f* **-1.** [gen & MIL] formation **-2.** [educación] training; ~ **profesional** vocational training **-3.** [conjunto] grouping.

formal *adj* **-1.** [gen] formal **-2.** [que se porta bien] well-behaved, good **-3.** [de confianza] reliable **-4.** [serio] serious.

formalidad *f* **-1.** [gen] formality **-2.** [educación] (good) manners (*pl*) **-3.** [fiabilidad] reliability **-4.** [seriedad] seriousness.

formalismo *m* formalism.

formalista ⇨ *adj* formal. ⇨ *mf* formalist.

formalización *f* formalization.

formalizar [13] *vt* to formalize.

formar ⇨ *vt* **-1.** [gen] to form **-2.** [educar] to train, to educate **-3.** MIL to form up. ⇨ *vi* MIL to fall in.
➤ **formarse** *vpr* **-1.** [gen] to form **-2.** [educarse] to be trained o educated.

formatear *vt* INFORM to format.

formateo *m* INFORM formatting.

formativo, va *adj* formative.

formato *m* [gen & INFORM] format.

formica® *f* Formica®.

formidable *adj* [enorme] tremendous; [extraordinario] amazing, fantastic.

formol *m* formalin.

fórmula *f* formula; ~ **magistral** magistral formula; ~ **uno** formula one; **por pura** ~ purely as a matter of form.

formulación *f* formulation.

formular ⇨ *vt* to formulate; ~ **una pregunta** to ask a question. ⇨ *vi* to write formulae.

formulario *m* form; **rellenar un** ~ to fill in a form.

formulismo *m* [apego - a las formas] formalism; [- a las normas] sticking to the rules.

fornicar [10] *vi culto* to fornicate.

fornido, da *adj* well-built.

foro *m* **-1.** [tribunal] court (of law) **-2.** TEATR back of the stage; **desaparecer por el** ~ to slip away unnoticed **-3.** [debate] forum; ~ **de discusión** INFORM forum.

forofo, fa *m,f fam* fan, supporter.

forrado, da *adj* [libro] covered; [ropa] lined; [asiento] upholstered; **estar** ~ *fam* to be rolling in it.

forraje *m* fodder.

forrar *vt*: ~ **(de)** [libro] to cover (with); [ropa] to line (with); [asiento] to upholster (with).
➤ **forrarse** *vpr fam* to make a packet.

forro *m* **-1.** [de libro] cover; [de ropa] lining; [de asiento] upholstery; ~ **polar** fleece; **ni por el** ~ *fam* at all **-2.** RP fam [preservativo] rubber, johnny UK.

fortachón, ona *adj* strapping, well-built.

fortalecer [30] *vt* to strengthen.

fortalecimiento *m* strengthening.

fortaleza *f* **-1.** [gen] strength **-2.** [recinto] fortress.

fortificación *f* fortification.

fortificar [10] *vt* to fortify.

fortín *m* small fort.

fortuito, ta *adj* chance (*antes de sust*).

fortuna *f* **-1.** [suerte] (good) luck; **por** ~ fortunately, luckily; **probar** ~ to try one's luck **-2.** [destino] fortune, fate **-3.** [riqueza] fortune.

forúnculo, furúnculo *m* boil.

forzado, da *adj* forced.

forzar [37] *vt* -**1.** [gen] to force; ~ **a alguien a hacer algo** to force sb to do sthg; ~ **la vista** to strain one's eyes -**2.** [violar] to rape.

forzoso, sa *adj* [obligatorio] obligatory, compulsory; [inevitable] inevitable; [necesario] necessary.

forzudo, da ◇ *adj* strong. ◇ *m,f* strong man (*f* strong woman).

fosa *f* -**1.** [sepultura] grave; ~ **común** common grave -**2.** ANAT cavity; ~**s nasales** nostrils -**3.** [hoyo] pit; ~ **marina** ocean trough; ~ **séptica** septic tank.

fosfatar *vt* [fertilizar] to fertilize with phosphates.

fosfato *m* phosphate.

fosforescencia *f* phosphorescence.

fosforescente *adj* phosphorescent.

fósforo *m* -**1.** QUÍM phosphorus -**2.** [cerilla] match.

fósil ◇ *adj* fossil *(antes de sust)*. ◇ *m* -**1.** CIENCIA fossil -**2.** *fam* [viejo] old fossil.

fosilización *f* fossilization.

fosilizarse [13] *vpr* -**1.** CIENCIA to fossilize -**2.** *fig* [persona] to turn into an old fossil.

foso *m* [hoyo] ditch; [de fortaleza] moat; [de garaje] pit; DEP & TEATR pit.

foto *f* photo, picture; **hacer** *o* **sacar** *o* **tomar una** ~ to take a photo *o* picture; ~ **de carnet** passport photo.

fotocomponedora *f* IMPRENTA typesetter, typesetting machine.

fotocomponer *vt* IMPRENTA to typeset.

fotocomposición *f* IMPRENTA typesetting.

fotocopia *f* -**1.** [objeto] photocopy -**2.** [procedimiento] photocopying.

fotocopiadora *f* photocopier.

fotocopiar [8] *vt* to photocopy.

fotoeléctrico, ca *adj* photoelectric.

fotofobia *f* photophobia.

fotogenia *f* photogenic qualities *(pl)*.

fotogénico, ca *adj* photogenic.

fotograbado *m* photogravure.

fotografía *f* -**1.** [arte] photography -**2.** [imagen] photograph; **hacer** *o* **sacar** *o* **tomar una** ~ to take a photograph; ~ **de carnet** passport photograph.

fotografiar [9] *vt* to photograph, to take a photograph of.

fotográfico, ca *adj* photographic.

fotógrafo, fa *m,f* photographer.

fotograma *m* still.

fotolito *m* photolithograph.

fotomatón *m* passport photo machine.

fotometría *f* photometry.

fotómetro *m* light meter.

fotomodelo *m y f* photographic model.

fotomontaje *m* photomontage.

fotonovela *f* photo story.

fotorrobot *(pl* **fotorrobots**) *f* Identikit® picture.

fotosensible *adj* photosensitive.

fotosíntesis *f inv* photosynthesis.

fotuto *m Cuba* AUTOM horn.

foulard = **fular**.

foxterrier [foksteˈrjer] *m* fox terrier.

FP *(abrev de* **formación profesional***) f vocational training.*

FP

In Spain, vocational training can be entered either at 16, at the end of compulsory education, or at 18 after the *bachillerato*. It aims to provide flexible training programmes for students, as well as retraining schemes for adults.

---

frac *(pl* **fracs**) *m* tails *(pl)*, dress coat.

fracasado, da ◇ *adj* failed. ◇ *m,f* failure.

fracasar *vi:* ~ **(en/como)** to fail (at/as).

fracaso *m* failure; **todo fue un** ~ the whole thing was a disaster; ~ **escolar** school failure.

fracción *f* -**1.** [gen] fraction; **en una** ~ **de segundo** in a split second; ~ **decimal** decimal fraction -**2.** POLÍT faction.

fraccionadora *f Méx* estate agent.

fraccionamiento *m* -**1.** [división] division, breaking up -**2.** *Méx* [urbanización] housing estate.

fraccionar *vt* to divide, to break up.

fraccionario, ria *adj* fractional; **moneda fraccionaria** small change.

fractura *f* fracture.

fracturarse *vpr* to fracture.

fragancia *f* fragrance.

fragante *adj* fragrant.

fraganti
➡ **in fraganti** *loc adv:* **coger a alguien in** ~ to catch sb red-handed *o* in the act.

fragata *f* frigate.

frágil *adj* [objeto] fragile; [persona] frail.

fragilidad *f* [de objeto] fragility; [de persona] frailty.

fragmentación *f* [rotura] fragmentation; [división] division.

fragmentar *vt* [romper] to fragment; [dividir] to divide.

fragmentario, ria *adj* [incompleto] fragmentary.

fragmento *m* fragment, piece; [de obra] excerpt.

fragor *m* [de batalla] clamour; [de trueno] crash.

fragua *f* forge.

fraguar [45] <> *vt* - **1.** [forjar] to forge - **2.** *fig* [idear] to think up. <> *vi* to set, to harden.
➧ **fraguarse** *vpr* to be in the offing.

fraile *m* friar.

frambuesa *f* raspberry.

francés, esa <> *adj* French. <> *m,f* Frenchman (*f* Frenchwoman); **los franceses** the French; **marcharse** *o* **despedirse a la francesa** to leave without even saying goodbye.
➧ **francés** *m* [lengua] French.

franchute, ta *m,f despec* Frog.

Francia France.

franciscano, na *adj & m,f* Franciscan.

franco, ca <> *adj* - **1.** [sincero] frank, open; [directo] frank - **2.** [sin obstáculos, gastos] free - **3.** *CSur* [de permiso]: **me dieron el día** ~ they gave me the day off - **4.** *HIST* Frankish. <> *m,f HIST* Frank.
➧ **franco** *m* - **1.** [moneda] franc - **2.** [lengua] Frankish.

francófono, na <> *adj* francophone. <> *m,f* Francophone.

francotirador, ra *m,f* - **1.** *MIL* sniper - **2.** *fig* [rebelde] maverick.

franela *f* flannel.

franja *f* strip; [en bandera, uniforme] stripe; ~ **horaria** time zone.

franquear *vt* - **1.** [paso, camino] to clear - **2.** [río, montaña etc] to negotiate, to cross - **3.** [correo] to frank.

franqueo *m* postage.

franqueza *f* - **1.** [sinceridad] frankness, openness - **2.** [confianza] familiarity.

franquicia *f* exemption.

franquismo *m*: **el** ~ [régimen] the Franco regime; [doctrina] Franco's doctrine.

franquista <> *adj* pro-Franco. <> *mf* supporter of Franco.

frasco *m* small bottle.

frase *f* - **1.** [oración] sentence - **2.** [locución] expression; ~ **hecha** [modismo] set phrase; [tópico] cliché.

fraternal *adj* brotherly, fraternal.

fraternidad, fraternización *f* brotherhood, fraternity.

fraternizar [13] *vi* to get on like brothers.

fraterno, na *adj* brotherly, fraternal.

fratricida <> *adj* fratricidal. <> *mf* fratricide.

fratricidio *m* fratricide.

fraude *m* fraud; ~ **electoral** election *o* electoral fraud; ~ **fiscal** tax evasion.

fraudulento, ta *adj* fraudulent.

frazada *f Amér* blanket; ~ **eléctrica** electric blanket.

frecuencia *f* frequency; **con** ~ often; **alta/baja** ~ high/low frequency; ~ **modulada**, **modulación de** ~ frequency modulation.

frecuentación *f* frequenting.

frecuentado, da *adj* popular.

frecuentar *vt* [lugar] to frequent; [persona] to see, to visit.

frecuente *adj* [reiterado] frequent; [habitual] common.

fregadero *m* (kitchen) sink.

fregado, da *adj Andes, Méx, Ven fam* [persona - ser] annoying; [- estar]: **perdí las llaves, ¡estoy fregada!** I've lost my keys, I've had it! [roto] bust.
➧ **fregado** *m* - **1.** [lavado - gen] wash; [- frotando] scrub - **2.** *fam* [lío] mess; **meterse en un** ~ to get into a mess - **3.** *fam* [discusión] row, rumpus.

fregar [35] *vt* - **1.** [limpiar] to wash; ~ **los platos** to do the washing-up - **2.** [frotar] scrub - **3.** *Amér fam* [molestar] to bother, to pester - **4.** *Andes, Méx, Ven* [estropear]: **vas a** ~ **el televisión** you're going to bust the television.

fregona *f* - **1.** *despec* [criada] skivvy - **2.** *despec* [mujer vulgar]: **es una** ~ she's as common as muck - **3.** [utensilio] mop; **pasar la** ~ to mop.

fregotear *vt* to give a quick wash *o* wipe.

fregué *etc* ▷ **fregar**.

freidora *f* [gen] deep fat fryer; [para patatas fritas] chip pan.

freiduría *f shop where fried food, especially fish, is cooked and served.*

freír [28] *vt* - **1.** *CULIN* to fry - **2.** *fam* [molestar]: ~ **a alguien (a)** to pester sb (with) - **3.** *fam* [matar]: ~ **a alguien (a tiros)** to gun sb down.
➧ **freírse** *vpr* to be frying.

frenado *m* braking.

frenar <> *vt* - **1.** *AUTOM* to brake - **2.** [contener] to check. <> *vi* to stop; *AUTOM* to brake.

frenazo *m* - **1.** *AUTOM*: **dar un** ~ to brake hard - **2.** *fig* [parón] sudden stop.

frenesí (pl frenesíes) m frenzy.
frenético, ca adj -1. [colérico] furious, mad -2. [enloquecido] frenzied, frantic.
frenillo m fraenum.
freno m -1. AUTOM brake; ~ **automático** automatic brake; ~ **de mano** handbrake; ~s **ABS** ABS brakes; ~s **de disco** disc brakes -2. [de caballerías] bit -3. fig [contención] check; **poner** ~ **a** to put a stop to.
frente <> f forehead; **arrugar la** ~ to knit one's brow, to frown; ~ **a** ~ face to face; **con la** ~ **muy alta** with one's head held high. <> m front; **estar al** ~ **(de)** to be at the head (of); **hacer** ~ **a** to face up to; ~ **cálido/frío** warm/cold front.
➤ **de frente** loc adv -1. [hacia delante] forwards -2. [uno contra otro] head on.
➤ **en frente** loc adv opposite.
➤ **en frente de** loc adv opposite.
➤ **frente a** loc prep -1. [enfrente de] opposite -2. [con relación a] towards.
fresa f -1. [planta, fruto] strawberry -2. [herramienta - de dentista] drill; [- de orfebre etc] milling cutter.
fresco, ca <> adj -1. [gen] fresh; [temperatura] cool; [pintura, tinta] wet -2. [caradura] cheeky; ¡qué ~! what a nerve! -3. loc: **quedarse tan** ~ not to bat an eyelid. <> m,f [caradura] cheeky person.
➤ **fresco** m -1. ARTE fresco; **al** ~ in fresco -2. [frescor] coolness; **hace** ~ it's chilly; **tomar el** ~ to get a breath of fresh air.
➤ **fresca** f [insolencia]: **soltarle una fresca** o **cuatro frescas a alguien** to tell sb a few home truths.
frescor m coolness, freshness.
frescura f -1. [gen] freshness -2. [descaro] cheek, nerve; ¡qué ~! what a cheek!
fresno m ash (tree).
fresón m large strawberry.
freudiano, na [froi'ðjano, na] adj Freudian.
fría ▷ freír.
frialdad f lit & fig coldness.
fricativo, va adj fricative.
➤ **fricativa** f fricative.
fricción f [gen] friction; [friega] rub, massage.
friccionar vt to rub, to massage.
fríe ▷ freír.
friega <> ▷ fregar. <> f rub, massage.
friera etc ▷ freír.
frígida adj f frigid.
frigidez f frigidity.
frigorífico, ca adj [camión] refrigerator (antes de sust); [cámara] cold.

➤ **frigorífico** m refrigerator, fridge UK, icebox US.
frijol, fríjol m Andes, CAm, Carib, Méx bean.
frió ▷ freír.
frío, a adj [gen] cold; [inmutable] cool; **dejar a alguien** ~ to leave sb cold.
➤ **frío** m cold; **coger** ~ to catch a chill; **hace** ~ it's cold; **hacer un** ~ **que pela** to be freezing cold; **pelarse de** ~ to be freezing to death; **tener** ~ to be cold; **coger a alguien en** ~ fig to catch sb on the hop; **no darle a alguien ni** ~ **ni calor** fig to leave sb cold.
friolento, ta Amér <> adj sensitive to the cold. <> m,f : **es un** ~ he really feels the cold.
friolero, ra <> adj sensitive to the cold. <> m,f person who feels the cold.
➤ **friolera** f fam: **costó la friolera de 20.000 euros** it cost a cool 20,000 euros.
friso m -1. ARQUIT frieze -2. [zócalo] skirting board.
frisón, ona adj & m,f Frisian.
fritada f fry-up, dish of fried food.
frito, ta <> pp ▷ freír. <> adj -1. [alimento] fried -2. fam fig [persona - harta] fed up (to the back teeth); [- dormida] flaked out, asleep.
➤ **frito** (gen pl) m fried food (U).
fritura f fry-up, dish of fried food.
frivolidad f frivolity.
frívolo, la adj frivolous.
friyider = frigider.
frondosidad f leafiness.
frondoso, sa adj leafy.
frontal adj frontal.
frontera f border; fig [límite] bounds (pl).
fronterizo, za adj border (antes de sust).
frontis m inv façade.
frontispicio m -1. [de edificio - fachada] façade; [- remate] pediment -2. [de libro] frontispiece.
frontón m -1. [deporte] pelota; [cancha] pelota court -2. ARQUIT pediment.
frotamiento m rubbing.
frotar vt to rub.
➤ **frotarse** vpr: ~**se las manos** to rub one's hands.
fructífero, ra adj fruitful.
fructificar [10] vi lit & fig to bear fruit.
fructosa f fructose.
frugal adj frugal.
frugalidad f frugality.
fruición f gusto, delight.
fruncido, fruncimiento m gathering, shirring.

fruncir [12] *vt* **- 1.** [labios] to purse; ~ **el ceño** to frown **- 2.** [tela] to gather.

fruslería *f* triviality, trifle.

frustración *f* frustration.

frustrado, da *adj* frustrated; [fracasado] failed.

frustrante *adj* frustrating.

frustrar *vt* **- 1.** [persona] to frustrate **- 2.** [posibilidades, ilusiones] to thwart, to put paid to.
➤ **frustrarse** *vpr* **- 1.** [persona] to get frustrated **- 2.** [ilusiones] to be thwarted; [proyecto] to fail.

fruta *f* fruit; ~ **confitada** candied fruit; ~ **de la pasión** passion fruit; ~ **del tiempo** seasonal fruit.

frutal ◇ *adj* fruit *(antes de sust)*. ◇ *m* fruit tree.

frutería *f* fruit shop.

frutero, ra ◇ *adj* fruit *(antes de sust)*. ◇ *m,f* [persona] fruiterer.
➤ **frutero** *m* [recipiente] fruit bowl.

fruticultura *f* fruit farming.

frutilla *f* *Bol, CSur, Ecuad* strawberry.

fruto *m* **- 1.** [naranja, plátano etc] fruit; [nuez, avellana etc] nut; ~**s secos** dried fruit and nuts **- 2.** [resultado] fruit; **dar** ~ to bear fruit; **sacar** ~ **a** *o* **de algo** to profit from sthg.

fu
➤ **ni fu ni fa** *loc adv* so-so.

fucsia ◇ *f* [planta] fuchsia. ◇ *adj inv & m inv* [color] fuchsia.

fue - 1. ▷ **ir - 2.** ▷ **ser.**

fuego *m* **- 1.** [gen & MIL] fire; [de cocina, fogón] ring, burner; **a** ~ **lento/vivo** *CULIN* over a low/high heat; **abrir** ~ to open fire; **atizar el** ~ to poke the fire; **pegar** ~ **a algo** to set sthg on fire, to set fire to sthg; **pedir/dar** ~ to ask for/give a light; **¿tiene** ~**?** have you got a light?; ~ **fatuo** will-o'-the-wisp; ~**s artificiales** fireworks; **echar** ~ **por los ojos** to look daggers; **estar entre dos** ~**s** to be between the devil and the deep blue sea; **jugar con** ~ to play with fire **- 2.** [apasionamiento] passion, ardour **- 3.** [sensación de ardor] heat, burning.

fuel = **fuel-oil.**

fuelle *m* **- 1.** [gen] bellows *(pl)* **- 2.** [de maleta, bolso] accordion pleats *(pl)* **- 3.** [entre vagones] connecting corridor, concertina vestibule.

fuel-oil, fuel *m* fuel oil.

fuente *f* **- 1.** [manantial] spring **- 2.** [construcción] fountain **- 3.** [bandeja] (serving) dish **- 4.** [origen] source; ~**s oficiales** official sources; ~ **de información/ingresos** source of information/income **- 5.** *ELECTRÓN:* ~ **de alimen-**

tación feed source **- 6.**: ~ **de soda** *Carib, Chile, Col, Méx* cafe.

fuera ◇ **- 1.** ▷ **ir - 2.** ▷ **ser.** ◇ *adv* **-1.** [en el exterior] outside; **le echó** ~ she threw him out; **hacia** ~ outwards; **por** ~ (on the) outside **- 2.** [en otro lugar] away; [en el extranjero] abroad; **de** ~ [extranjero] from abroad **- 3.** *fig* [alejado]: ~ **de** [alcance, peligro] out of; [cálculos, competencia] outside; **estar** ~ **de sí** to be beside o.s. (with rage) **- 4.** *DEP:* ~ **de banda** out of play; ~ **de combate** knocked out; *fig* out of action; ~ **de juego** offside. ◇ *interj:* ¡~! [gen] (get) out!; [en el teatro] (get) off!; ¡~ **de aquí!** get out of my sight!
➤ **fuera de** *loc prep* [excepto] except for, apart from.
➤ **fuera de serie** ◇ *adj* exceptional, out of the ordinary. ◇ *mf:* **ser un** ~ **de serie** to be one of a kind.

fueraborda *m inv* outboard motor *o* engine.

fuerce ▷ **forzar.**

fuero *m* **- 1.** [ley local] *(gen pl)* *ancient regional law still existing in some parts of Spain* **- 2.** [jurisdicción] code of laws **- 3.** *loc:* **en el** ~ **interno de alguien** in sb's heart of hearts, deep down.

fuerte ◇ *adj* **- 1.** [gen] strong **- 2.** [carácter] strong **- 3.** [frío, dolor, color] intense; [lluvia] heavy; [ruido] loud; [golpe, pelea] hard **- 4.** [comida, salsa] rich **- 5.** [nudo] tight **- 6.** [grave]: **esto es** ~ that's a bit much **- 7.** : **estar** ~ **en algo** [suj: estudiante] to be good at sthg. ◇ *adv* **- 1.** [intensamente - gen] hard; [- abrazar, agarrar] tight **- 2.** [abundantemente] a lot **- 3.** [en voz alta] loudly. ◇ *m* **- 1.** [fortificación] fort **- 2.** [punto fuerte] strong point, forte.

fuerza ◇ ▷ **forzar.** ◇ *f* **- 1.** [gen] strength; [violencia] force; [de sonido] loudness; [de dolor] intensity; **cobrar** ~ to gather strength; **por** ~ of necessity; **tener** ~ to be strong; **tener** ~**s para** to have the strength to; ~ **mayor** *DER* force majeure; [en seguros] act of God; **no llegué por un caso de** ~ **mayor** I didn't make it due to circumstances beyond my control; **a** ~ **de** by dint of; **a la** ~ [contra la voluntad] by force; [por necesidad] of necessity; **por la** ~ by force; **írsele a alguien la** ~ **por la boca** to be all talk and no action, to be all mouth; **sacar** ~**s** to screw up one's courage; ~ **bruta** brute force; ~ **de voluntad** willpower **- 2.** *FÍS & MIL* force; ~ **aérea** airforce; ~ **disuasoria** deterrent; ~ **de la gravedad** force of gravity; ~ **motriz** *lit* motive power; *fig* driving force; ~**s armadas** armed forces; ~**s del orden pú-**

blico police *(pl)*; ~**s de seguridad** security forces **-3.** *ELECTR* power; ~ **hidráulica** water power.

➡️ **fuerzas** *fpl* [grupo] forces.

fuese -1. ▷ **ir - 2.** ▷ **ser.**

fuga *f-***1.** [huida] escape; **darse a la** ~ to take flight; ~ **de capitales** flight of capital; ~ **de cerebros** brain drain **- 2.** [escape] leak **- 3.** *MÚS* fugue.

fugacidad *f* fleeting nature.

fugarse [16] *vpr* to escape; ~ **de casa** to run away from home; ~ **con alguien** to run off with sb.

fugaz *adj* fleeting.

fugitivo, va ◇ *adj* **-1.** [en fuga] fleeing **- 2.** [fugaz] fleeting. ◇ *m,f* fugitive.

fugue *etc* ➡️ **fugarse.**

fui ▷ **ir.**

fulano, na *m,f* what's his/her name, so-and-so.

➡️ **fulana** *f* [prostituta] tart, whore.

fular, foulard [fu'lar] *m* headscarf.

fulero, ra ◇ *adj* **-1.** [chapucero] shoddy **- 2.** [tramposo] dishonest. ◇ *m,f* trickster.

fulgor *m* shining; [de disparo] flash.

fulgurante *adj* **-1.** [rápido] rapid **- 2.** [resplandeciente] flashing.

fulgurar *vi* to gleam; [intermitentemente] to flash.

fullero, ra ◇ *adj* cheating, dishonest. ◇ *m,f* cheat.

fulminante *adj* **-1.** *fig* [despido, muerte] sudden; [enfermedad] devastating; [mirada] withering **- 2.** [explosivo] fulminating.

fulminar *vt* [suj: enfermedad] to strike down; **un rayo la fulminó** she was struck by lightning; ~ **a alguien con la mirada** to look daggers at sb.

fumador, ra *m,f* smoker; ~ **empedernido** chain-smoker; ~ **pasivo** passive smoker; **no** ~ nonsmoker.

fumar *vt & vi* to smoke.

fumeta *mf fam* pot-head, pot smoker.

fumigación *f* fumigation.

fumigador *m* fumigator.

fumigar [16] *vt* to fumigate.

funámbulo, la *m,f* tightrope walker.

función *f-* **1.** [gen] function; [trabajo] duty; **director en funciones** acting director; **entrar en funciones** to take up one's duties **- 2.** *CIN & TEATR* show.

➡️ **en función de** *loc prep* depending on.

funcional *adj* functional.

funcionalidad *f* functional qualities *(pl)*.

funcionalismo *m* functionalism.

funcionamiento *m* operation, functioning; **entrar/estar en** ~ to come into/be in operation; **poner algo en** ~ to start sthg (working).

funcionar *vi* to work; ~ **con gasolina** to run on petrol; **'no funciona'** 'out of order'.

funcionariado *m* civil service.

funcionario, ria *m,f* civil servant.

funda *f* [de sofá, máquina de escribir] cover; [de almohada] case; [de disco] sleeve; [de pistola] sheath.

fundación *f* foundation.

fundado, da *adj* well-founded.

fundador, ra ◇ *adj* founding. ◇ *m,f* founder.

fundamentación *f* foundation, basis.

fundamental *adj* fundamental.

fundamentalismo *m* fundamentalism.

fundamentalista *adj & m,f* fundamentalist.

fundamentar *vt* **-1.** *fig* [basar] to base **- 2.** *CONSTR* to lay the foundations of.

➡️ **fundamentarse en** *vpr fig* [basarse] to be based *o* founded on.

fundamento *m* **-1.** [base] foundation, basis **- 2.** [razón] reason, grounds *(pl)*; **sin** ~ unfounded, groundless.

➡️ **fundamentos** *mpl* **-1.** [principios] basic principles **- 2.** [cimientos] foundations.

fundar *vt* **-1.** [crear] to found **- 2.** [basar]: ~ **(en)** to base (on).

➡️ **fundarse** *vpr* [basarse]: ~**se (en)** to be based (on).

fundición *f* **-1.** [fusión - de vidrio] melting; [- de metal] smelting **- 2.** [taller] foundry.

fundido *m* [apareciendo] fade-in; [desapareciendo] fade-out.

fundir *vt* **-1.** [METAL - plomo] to melt; [- hierro] to smelt **- 2.** *ELECTR* to fuse; [bombilla, fusible] to blow **- 3.** *COM & fig* to merge.

➡️ **fundirse** *vpr* **-1.** *ELECTR* to blow **- 2.** [derretirse] to melt **- 3.** *COM & fig* to merge **- 4.** *Amér* [arruinarse] to go bust.

fúnebre *adj* funeral *(antes de sust)*.

funeral *(gen pl)* *m* funeral.

funerario, ria *adj* funeral *(antes de sust)*.

➡️ **funeraria** *f* undertaker's *UK*, mortician's *US*.

funesto, ta *adj* fateful, disastrous.

fungir *vi Méx, Perú*: ~ **(de** *o* **como)** to act (as), to serve (as).

funicular ◇ *adj* funicular. ◇ *m* **-1.** [por tierra] funicular **- 2.** [por aire] cable car.

furcia *f vulg* slag, whore.

furgón *m AUTOM* van; *FERROC* wagon, van; ~ **ce-**

lular *o***policial** police van; ~ **de cola** guard's
van *UK*, caboose *US*.

furgoneta *f* van.

furia *f* fury; **estar hecho una** ~ to be furious;
ponerse hecho una ~ to fly into a rage.

furibundo, da *adj* furious.

furioso, sa *adj* furious.

furor *m* **-1.** [enfado] fury, rage **-2.** [ímpetu]
fever, urge **-3.** *loc:* **hacer** ~ to be all the
rage.

furtivo, va *adj* [mirada, sonrisa] furtive.

furúnculo = forúnculo.

fuselaje *m* fuselage.

fusible ◇ *adj* fusible. ◇ *m* fuse.

fusil *m* rifle.

fusilamiento *m* **-1.** [ejecución] execution by
firing squad **-2.** *fam* [plagio] plagiarism.

fusilar *vt* **-1.** [ejecutar] to execute by firing
squad, to shoot **-2.** *fam* [plagiar] to plagiarize.

fusión *f* **-1.** [agrupación] merging **-2.** [de empresas, bancos] merger **-3.** [derretimiento] melting **-4.** *Fís* fusion; ~ **nuclear** nuclear fusion.

fusionar ◇ *vt* **-1.** [gen & *ECON*] to merge **-2.**
Fís to fuse. ◇ *vi* to fuse.
    ➤ **fusionarse** *vpr ECON* to merge.

fusta *f* riding crop.

fustán *m Amér* petticoat.

fuste *m* shaft.

fustigar [16] *vt* **-1.** [azotar] to whip **-2.** [censu-
rar] to criticize harshly.

fútbol, football ['fudbol] *m* football, soccer *US*; ~ **sala** indoor five-a-side.

futbolero, ra *adj* football-crazy.

futbolín *m* table football.

futbolista *mf* footballer.

futbolístico, ca *adj* football *(antes de sust)*.

fútil *adj* trivial.

futilidad *f* triviality.

futón *m* futon.

futurible *adj* potential.

futuro, ra ◇ *adj* future. ◇ *adv*: **a** ~ *CSur,*
Méx in the future.
    ➤ **futuro** *m* [gen & *GRAM*] future; **en un** ~
próximo in the near future; ~ **perfecto**
future perfect.
    ➤ **futuros** *mpl ECON* futures.

futurología *f* futurology.

futurólogo, ga *m,f* futurologist.

g¹, G *f* [letra] g, G.

g² *(abrev de* **gramo***)* g.

g/ *abrev de* **giro**.

gabacho, cha *fam despec* ◇ *adj* Froggy,
pejorative term meaning 'French'. ◇ *m,f*
Frog, *pejorative term referring to a French*
person.

gabán *m* overcoat.

gabardina *f* **-1.** [tela] gabardine **-2.** [prenda]
raincoat, mac.

gabinete *m* **-1.** [gobierno] cabinet **-2.** [despa-
cho] office; ~ **de prensa** press office **-3.** [sala]
study.

gacela *f* gazelle.

gaceta *f* gazette.

gachas *fpl CULIN* (corn) porridge *(U).*

gachí *f fam* bird, chick.

gacho, cha *adj* drooping.

gachó *m fam* bloke *UK*, guy.

gaélico, ca *adj* Gaelic.
    ➤ **gaélico** *m* [lengua] Gaelic.

gafar *vt fam* to jinx, to bring bad luck to.

gafas *fpl* glasses; ~ **bifocales** bifocals; ~
graduadas prescription glasses; ~ **de sol**
sunglasses; ~ **submarinas** [para submarinis-
mo] diving mask; [para nadar] goggles.

gafe ◇ *adj* jinxed; **ser** ~ to be jinxed. ◇
mf jinxed person.

gag *m inv* gag.

gaita *f* **-1.** [instrumento] bagpipes *(pl)* **-2.** *fam*
[pesadez] drag, pain.

gaitero, ra *m,f* piper.

gajes *mpl*: ~ **del oficio** occupational haz-
ards.

gajo *m* **-1.** [trozo de fruta] segment **-2.** [racimo]
bunch **-3.** [rama] broken-off branch.

gala *f* **-1.** [fiesta] gala; **ropa/uniforme de** ~
[ropa] full dress/uniform; **cena de** ~ black
tie dinner, formal dinner **-2.** [ropa]: ~**s**
finery *(U)*, best clothes **-3.** [actuación] show

- 4. *loc:* **hacer ~ de algo** [preciarse] to be proud of sthg; [exhibir] to demonstrate sthg; **tener a ~ algo** to be proud of sthg.

galáctico, ca *adj* galactic.

galaico, ca *adj culto* Galician.

galán *m* **-1.** [hombre atractivo] attractive young man **-2.** *TEATR* leading man, lead.

galante *adj* gallant.

galantear *vt* to court, to woo.

galanteo *m* courting, wooing.

galantería *f* **-1.** [cualidad] politeness **-2.** [acción] gallantry, compliment.

galápago *m* turtle.

galardón *m* award, prize.

galardonado, da *adj* award-winning, prize-winning.

galardonar *vt* to award a prize to.

galaxia *f* galaxy.

galeón *m* galleon.

galera *f* galley.

galerada *f* (*gen pl*) galley proof.

galería *f* **-1.** [gen] gallery; [corredor descubierto] verandah **-2.** [para cortinas] curtain rail **-3.** *fig* [vulgo] masses *(pl)*; **hacer algo para la ~** to play to the gallery.
➤ **galerías (comerciales)** *fpl* shopping arcade *(sg)*.

galerna *f* strong north-west wind.

Gales: **(el país de) ~** Wales.

galés, esa ◇ *adj* Welsh. ◇ *m,f* Welshman *m*, Welshwoman *f*; **los galeses** the Welsh.
➤ **galés** *m* [lengua] Welsh.

galgo *m* greyhound; **¡échale un ~!** you can forget it!

Galicia Galicia.

galicismo *m* gallicism.

galimatías *m inv* [lenguaje] gibberish *(U)*; [lío] jumble.

gallardía *f* **-1.** [valentía] bravery **-2.** [elegancia] elegance.

gallardo, da *adj* **-1.** [valiente] brave **-2.** [bien parecido] elegant.

gallear *vi* to strut about, to show off.

gallego, ga *adj & m,f* **-1.** Galician **-2.** *CSur fam* [español] *sometimes pejorative term used to refer to someone or something Spanish.*
➤ **gallego** *m* [lengua] Galician.

galleta *f* **-1.** *CULIN* biscuit *UK*, cookie *US*; **~ salada** cracker **-2.** *fam* [cachete] slap, smack.

gallina ◇ *f* [ave] hen; **la ~ ciega** blind man's buff; **acostarse con las ~s** to go to bed early; **estar como ~ en corral ajeno** to be like a fish out of water; **matar la ~ de los huevos de oro** to kill the goose that lays the golden eggs. ◇ *mf fam* [persona] chicken, coward.

gallináceo, a *adj* gallinaceous.

gallinero *m* **-1.** [corral] henhouse **-2.** *fam TEATR* gods *(sg)* **-3.** *fam* [alboroto] madhouse.

gallito *m fig* cock of the walk.

gallo *m* **-1.** [ave] cock *UK*, rooster *US*, cockerel; **~ de pelea** fighting cock; **en menos que canta un ~** *fam* in no time at all; **otro ~ cantaría** things would be very different **-2.** [al cantar] false note; [al hablar] squeak **-3.** [pez] John Dory **-4.** *fig* [mandón] cock of the walk.

galo, la ◇ *adj HIST* Gallic; [francés] French. ◇ *m,f* [persona] Gaul.

galón *m* **-1.** [adorno] braid; *MIL* stripe **-2.** [medida] gallon.

galopada *f* gallop.

galopante *adj* galloping.

galopar *vi* to gallop.

galope *m* gallop; **al ~** at a gallop; **a ~ tendido** at full gallop.

galpón *m Andes, Carib, RP* shed.

galvanizar [13] *vt* to galvanize.

gama *f* [gen] range; *MÚS* scale.

gamba *f* prawn.

gamberrada *f* act of vandalism.

gamberrismo *m* vandalism; [en fútbol etc] hooliganism.

gamberro, rra ◇ *adj* loutish. ◇ *m,f* vandal; [en fútbol etc] hooligan; **hacer el ~** to behave loutishly.

gameto *m* gamete.

gamín *m Col* child.

gamo *m* fallow deer.

gamonal *m Andes, CAm, Ven* [cacique] village chief; [caudillo] cacique, local political boss.

gamuza *f* **-1.** [tejido] chamois (leather); [trapo] duster **-2.** [animal] chamois.

gana *f* **-1.** [afán]: **~ (de)** desire *o* wish (to); **de buena ~** willingly; **de mala ~** unwillingly; **me da/no me da la ~ hacerlo** I damn well feel like/don't damn well feel like doing it **-2.** [apetito] appetite.
➤ **ganas** *fpl* [deseo]: **tener ~s de algo/hacer algo, sentir ~s de algo/hacer algo** to feel like sthg/doing sthg; **no tengo ~s de que me pongan una multa** I don't fancy

getting a fine; **morirse de** ~**s de hacer algo** to be dying to do sthg; **quedarse con** ~**s de hacer algo** not to manage to do sthg; **tenerle** ~**s a alguien** to have it in for sb.

ganadería f - **1.** [actividad] livestock farming - **2.** [ganado] livestock - **3.** [lugar] livestock farm.

ganadero, ra <> adj livestock-farming (antes de sust); [industria] livestock (antes de sust). <> m,f livestock farmer.

ganado m livestock, stock; ~ **porcino** pigs (pl); ~ **vacuno** cattle (pl).

ganador, ra <> adj winning. <> m,f winner.

ganancia f [rendimiento] profit; [ingreso] earnings (pl); ~**s y pérdidas** profit and loss; ~ **líquida** net profit.

ganancial ⊳ **bien**.

ganar <> vt - **1.** [gen] to win; [sueldo, dinero] to earn; [peso, tiempo, terreno] to gain - **2.** [derrotar] to beat; ~ **a alguien a algo** to beat sb at sthg - **3.** [aventajar]: ~ **a alguien en algo** to be better than sb as regards sthg - **4.** [alcanzar - cima etc] to reach, to make it to - **5.** [conquistar - ciudad etc] to take, to capture. <> vi - **1.** [vencer] to win - **2.** [lograr dinero] to earn money - **3.** [mejorar]: ~ **(con)** to benefit (from); ~ **en algo** to gain in sthg.

◆ **ganarse** vpr - **1.** [conquistar - simpatía, respeto] to earn; [- persona] to win over - **2.** [merecer] to deserve.

ganchillo m [aguja] crochet hook; [labor] crochet; **hacer** ~ to crochet.

gancho m - **1.** [gen] hook; [de percha] peg - **2.** Andes, CAm, Méx, Ven [percha] hanger - **3.** [cómplice - de timador] decoy; [- de vendedor] person who attracts buyers - **4.** fam [atractivo] charm, sex appeal; **tener** ~ to have charm o sex appeal.

gandul, la fam <> adj lazy. <> m,f lazybones, layabout.

gandulear vi to loaf around.

gandulería f idleness.

ganga f fam snip, bargain.

ganglio m ganglion.

gangoso, sa adj nasal.

gangrena f gangrene.

gangrenado, da adj gangrenous.

gangrenarse vpr to become gangrenous.

gangrenoso, sa adj gangrenous.

gángster (pl gángsters) m gangster.

gansada f fam silly thing.

ganso, sa m,f - **1.** [ave - hembra] goose; [- macho] gander - **2.** fam [persona] idiot, fool.

ganzúa f picklock.

gañido m yelp.

garabatear vi & vt to scribble.

garabato m scribble; **hacer** ~**s** to scribble.

garaje m garage.

garante mf guarantor; **salir** ~ to act as guarantor.

garantía f - **1.** [gen] guarantee; **de** ~ reliable, dependable; **ser** ~ **de algo** to guarantee sthg; ~**s constitucionales** constitutional rights - **2.** [fianza] surety.

garantizado, da adj guaranteed.

garantizar [13] vt - **1.** [gen] to guarantee; ~ **algo a alguien** to assure sb of sthg - **2.** [avalar] to vouch for.

garbanzo m chickpea; **ser el** ~ **negro de la familia** to be the black sheep of the family.

garbeo m fam stroll; **dar un** ~ to go for o take a stroll.

garbo m [de persona] grace; [de escritura] stylishness, style.

gardenia f gardenia.

garduña f marten.

garete m: **ir** o **irse al** ~ fam to come adrift.

garfio m hook.

gargajo m phlegm.

garganta f - **1.** ANAT throat; **lo tengo atravesado en la** ~ fig he/it sticks in my gullet - **2.** [desfiladero] gorge.

gargantilla f choker, necklace.

gárgara (gen pl) f gargle, gargling (U); **hacer** ~**s** to gargle; **mandar a alguien a hacer** ~**s** fam to send sb packing; **¡vete a hacer** ~**s!** fam get lost!

gárgola f gargoyle.

garita f [gen] cabin; [de conserje] porter's lodge; MIL sentry box.

garito m despec [casa de juego] gambling den; [establecimiento] dive.

garra f [de animal] claw; [de ave de rapiña] talon; despec [de persona] paw, hand; **caer en las** ~**s de alguien** to fall into sb's clutches; **tener** ~ [persona] to have charisma; [novela, canción etc] to be gripping.

garrafa f carafe.

garrafal adj monumental, enormous.

garrafón m demijohn.

garrapata f tick.

garrapiña f sugar coating.

garrapiñar vt [fruta] to candy; [almendras etc] to coat with sugar.

garrocha f pike, lance.

garrotazo m blow with a club o stick.

garrote m - **1.** [palo] club, stick - **2.** [torniquete] tourniquet - **3.** [instrumento] garotte.

garúa f Andes, RP, Ven drizzle.

garza f heron; ~ **real** grey heron.

gas m gas; **con** ~ [agua] sparkling, carbonated; [refresco] fizzy, carbonated; ~ **ciudad/natural** town/natural gas; ~ **butano** butane (gas); ~ **lacrimógeno** tear gas.

➥ **gases** mpl [en el estómago] wind (U).

➥ **a todo gas** loc adv flat out, at top speed.

gasa f gauze.

gaseado, da adj gassed.

gasear vt to gas.

gaseoducto m gas pipeline.

gaseoso, sa adj gaseous; [bebida] fizzy.

➥ **gaseosa** f lemonade UK, soda US.

gasfitería f Chile, Ecuad, Perú plumber's (shop).

gasfitero, ra m,f Chile, Ecuad, Perú plumber.

gasificación f gasification.

gasificar [10] vt to gasify; [bebida] to carbonate.

gasóleo m diesel oil.

gasolina f petrol UK, gas US; **poner** ~ to fill up (with petrol).

gasolinera f petrol station UK, gas station US.

gastado, da adj [ropa, pieza etc] worn out; [frase, tema] hackneyed; [persona] broken, burnt out.

gastar ◇ vt - **1.** [consumir - dinero, tiempo] to spend; [- gasolina, electricidad] to use (up); [- ropa, zapatos] to wear out - **2.** fig [usar - gen] to use; [- ropa] to wear; [- número de zapatos] to take; ~ **una broma (a alguien)** to play a joke (on sb) - **3.** [malgastar] to waste - **4.** loc: ~ **las** to carry on, to behave. ◇ vi - **1.** [despilfarrar] to spend (money) - **2.** [desgastar] to be wearing.

➥ **gastarse** vpr - **1.** [deteriorarse] to wear out - **2.** [terminarse] to run out.

gasto m [acción de gastar] outlay, expenditure; [cosa que pagar] expense; [de energía, gasolina] consumption; [despilfarro] waste; **cubrir** ~**s** to cover costs, to break even; **no reparar en** ~**s** to spare no expense; ~ **amortizable** ECON capitalized expense; ~ **deducible** ECON tax-deductible expense; ~ **público** public expenditure; ~**s de envío** postage and packing; ~**s fijos** COM fixed charges o costs; [en una casa] overheads; ~**s generales** overheads; ~**s de mantenimiento** maintenance costs; ~**s de representación** entertainment allowance (sg).

gástrico, ca adj gastric.

gastritis f inv gastritis.

gastroenteritis f inv gastroenteritis.

gastrointestinal adj gastrointestinal.

gastronomía f gastronomy.

gastronómico, ca adj gastronomic.

gastrónomo, ma m,f gourmet, gastronome.

gatas

➥ **a gatas** loc adv on all fours.

gatear vi to crawl.

gatera f cat flap o door.

gatillero m Amér hired gunman.

gatillo m trigger; **apretar el** ~ to press o pull the trigger.

gato, ta m,f cat; ~ **montés** wildcat; **dar** ~ **por liebre a alguien** to swindle o cheat sb; **buscar tres pies al** ~ to overcomplicate matters; **jugar al** ~ **y al ratón** to play cat and mouse; **llevarse el** ~ **al agua** to pull it off; **sólo había cuatro** ~**s** there was hardly a soul there; **aquí hay** ~ **encerrado** there's something fishy going on here; **el** ~ **escaldado del agua fría huye** proverb once bitten twice shy.

➥ **gato** m AUTOM jack.

gatuno, na adj catlike, feline.

gauchada f CSur favour; **hacerle una** ~ **a alguien** to do sb a favour.

gaucho, cha adj RP helpful, obliging.

➥ **gaucho** m gaucho.

gavilán m sparrowhawk.

gavilla f sheaf.

gaviota f seagull.

gay adj inv & m,f gay (homosexual).

gazapo m - **1.** [animal] young rabbit - **2.** [error] misprint.

gazmoño, ña adj sanctimonious.

gaznate m gullet.

gazpacho m gazpacho, Andalusian soup made from tomatoes, peppers, cucumbers and bread, served chilled.

GB ◇ f (abrev de **Gran Bretaña**) GB. ◇ m (abrev de **gigabyte**) INFORM GB.

géiser, géyser (pl **géyseres**) m geyser.

gel m gel.

gelatina f [de carne] gelatine; [de fruta] jelly.

gema f gem.

gemelo, la ◇ adj twin (antes de sust). ◇ m,f [persona] twin.

➥ **gemelo** m [músculo] calf.

➥ **gemelos** mpl - **1.** [de camisa] cufflinks - **2.** [prismáticos] binoculars; [para teatro] opera glasses.

gemido m [de persona] moan, groan; [de animal] whine.

Géminis ◇ m [zodiaco] Gemini; **ser** ~ to be (a) Gemini. ◇ mf [persona] Gemini.

gemir [26] vi -**1.** [persona] to moan, to groan; [animal] to whine -**2.** [viento] to howl.

gen = gene.

gene, gen m gene.

genealogía f genealogy.

genealógico, ca adj genealogical.

generación f generation; ~ **espontánea** spontaneous generation, autogenesis.

generacional adj generation (antes de sust).

generador, ra adj generating.
➥ **generador** m generator.

general ◇ adj -**1.** [gen] general; **por lo** ~, **en** ~ in general, generally -**2.** [usual] usual. ◇ m MIL general; ~ **de brigada** brigadier UK, brigadier general US; ~ **de división** major general.

generalidad f -**1.** [mayoría] majority -**2.** [vaguedad] generalization.
➥ **generalidades** fpl [principios básicos] basic principles.

generalísimo m supreme commander, generalísimo.

generalista adj [médico] general.

Generalitat [ʒenerali'tat] f Generalitat, autonomous government of Catalonia or Valencia.

generalización f -**1.** [comentario amplio] generalization -**2.** [extensión - de conflicto] escalation, widening; [- de prácticas, enseñanza] spread.

generalizar [13] ◇ vt to spread, to make widespread. ◇ vi to generalize.
➥ **generalizarse** vpr to become widespread.

generalmente adv generally.

generar vt [gen] to generate; [engendrar] to create.

genérico, ca adj -**1.** [común] generic -**2.** GRAM gender (antes de sust).

género m -**1.** [clase] kind, type -**2.** GRAM gender -**3.** LITER genre -**4.** BIOL genus; **el** ~ **humano** the human race -**5.** MÚS: ~ **chico** zarzuela, Spanish light opera; ~ **lírico** opera -**6.** [productos] merchandise, goods (pl) -**7.** [tejido] cloth, material; ~**s de punto** knitwear (U).

generosidad f generosity.

generoso, sa adj generous.

génesis f inv genesis.
➥ **Génesis** m Genesis.

genético, ca adj genetic.
➥ **genética** f genetics (U).

genial adj -**1.** [autor, compositor etc] of genius -**2.** [estupendo] brilliant, great.

genialidad f -**1.** [capacidad] genius -**2.** [acción] stroke of genius.

genio m -**1.** [talento] genius -**2.** [carácter] nature, disposition -**3.** [personalidad fuerte] spirit; ~ **y figura hasta la sepultura** proverb a true genius -**4.** [mal carácter] bad temper; **estar de/tener mal** ~ to be in a mood/bad-tempered -**5.** [ser sobrenatural] genie.

genital adj genital.
➥ **genitales** mpl genitals.

genitivo m genitive.

genocidio m genocide.

genoma m genome; ~ **humano** human genome.

genotipo m genotype.

genovés, esa adj & m,f Genoese.

gente f -**1.** [gen] people (pl); ~ **bien** well-to-do people; ~ **menuda** kids (pl) -**2.** fam [familia] folks (pl).

gentil ◇ adj [amable] kind, nice. ◇ mf gentile.

gentileza f courtesy, kindness; ¿**tendría la** ~ **de decirme...?** would you be so kind as to tell me ...?; **por** ~ **de** by courtesy of.

gentilicio m term referring to the natives or inhabitants of a particular place.

gentío m crowd.

gentuza f riffraff.

genuflexión f genuflection; **hacer una** ~ to genuflect.

genuino, na adj genuine.

GEO (abrev de **Grupo Especial de Operaciones**) m specially trained police force, ≃ SAS UK, ≃ SWAT US.

geofísico, ca ◇ adj geophysical. ◇ m,f [persona] geophysicist.
➥ **geofísica** f [ciencia] geophysics (U).

geografía f geography; fig: **varios puntos de la** ~ **nacional** several parts of the country; ~ **física** physical geography; ~ **política** political geography.

geográfico, ca adj geographical.

geógrafo, fa m,f geographer.

geología f geology.

geológico, ca adj geological.

geólogo, ga m,f geologist.

geometría f geometry; ~ **del espacio** solid geometry.

geométrico, ca adj geometric.

geopolítico, ca adj geopolitical.
➥ **geopolítica** f geopolitics (U).

georgiano, na adj & m,f Georgian.
➥ **georgiano** m [lengua] Georgian.

geranio m geranium.

gerencia f -**1.** [gen] management -**2.** [cargo]

post of manager **-3.** [oficina] manager's office.

gerente *mf* manager, director.

geriatra *mf* geriatrician.

geriatría *f* geriatrics *(U)*.

gerifalte, jerifalte *m* **-1.** *ZOOL* gerfalcon **-2.** *fig* [persona] bigwig.

germánico, ca <> *adj* [gen] Germanic; [pueblos, carácter] Teutonic. <> *m,f* [alemán] German; *HIST* Teuton.

◆ **germánico** *m* [lengua] Germanic.

germano, na <> *adj* [gen] Germanic; [pueblos, carácter] Teutonic. <> *m,f* [alemán] German; *HIST* Teuton.

germen *m* *lit* & *fig* germ; **~ de trigo** wheatgerm.

germinación *f* germination.

germinar *vi* *lit* & *fig* to germinate.

gerontología *f* gerontology.

gerontólogo, ga *m,f* gerontologist.

gerundense <> *adj* of/relating to Gerona. <> *mf* native/inhabitant of Gerona.

gerundio *m* gerund.

gesta *f* exploit, feat.

gestación *f* *lit* & *fig* gestation.

gestar *vi* to gestate.

◆ **gestarse** *vpr*: **se estaba gestando un cambio sin precedentes** the seeds of an unprecedented change had been sown.

gesticulación *f* gesticulation; [de cara] face-pulling.

gesticular *vi* to gesticulate; [con la cara] to pull faces.

gestión *f* **-1.** [diligencia] step, thing that has to be done; **tengo que hacer unas gestiones** I have a few things to do **-2.** [administración] management; **~ de cartera** *ECON* portfolio management; **~ de datos** *INFORM* data management; **~ de ficheros** *INFORM* file management.

gestionar *vt* **-1.** [tramitar] to negotiate **-2.** [administrar] to manage.

gesto *m* **-1.** [gen] gesture; **hacer ~s** to gesture, to gesticulate **-2.** [mueca] face, grimace; **torcer el ~** to pull a face.

gestor, ra <> *adj* managing *(antes de sust)*. <> *m,f* person who carries out dealings with public bodies on behalf of private customers or companies, combining the role of solicitor and accountant.

gestoría *f* office of a 'gestor'.

gestual *adj* using gestures.

géyser = géiser.

ghetto = gueto.

giba *f* **-1.** [de camello] hump **-2.** [de persona] hunchback, hump.

Gibraltar Gibraltar.

gibraltareño, ña *adj* & *m,f* Gibraltarian.

gigabyte [xiγa'βait] *m* *INFORM* gigabyte.

gigante, ta *m,f* giant.

◆ **gigante** *adj* gigantic.

gigantesco, ca *adj* gigantic.

gigoló [jiγo'lol] *m* gigolo.

gil, gila *CSur fam* <> *adj* stupid. <> *m* jerk, twit *UK*.

gilí *fam* <> *adj* stupid. <> *mf* pillock, prat.

gilipollada, jilipollada *f fam*: **hacer/decir una ~** to do/say sthg bloody stupid.

gilipollas, jilipollas *fam* <> *adj inv* daft, dumb *US*. <> *m y f inv* pillock, prat.

gilipollez, jilipollez *f inv fam*: **hacer/decir una ~** to do/say sthg bloody stupid.

gima, gimiera *etc* ⊳ **gemir**.

gimnasia *f* [deporte] gymnastics *(U)*; [ejercicio] gymnastics *(pl)*; **~ correctiva** *o* **médica** *o* **terapéutica** physiotherapeutic exercises *(pl)*; **~ deportiva** gymnastics *(U)*; **~ rítmica** rhythmic gymnastics *(U)*; **~ sueca** free exercise, callisthenics *(U)*; **confundir la ~ con la magnesia** to get the wrong end of the stick.

gimnasio *m* gymnasium.

gimnasta *mf* gymnast.

gimnástico, ca *adj* gymnastic.

gimotear *vi* to whine, to whimper.

gimoteo *m* whining, whimpering.

gin [jin]

◆ **gin tonic** *m* gin and tonic.

gincana, gymkhana [jin'kana] *f* [de caballos] gymkhana; [de automóviles] rally.

ginebra *f* gin.

Ginebra Geneva.

ginecología *f* gynaecology.

ginecológico, ca *adj* gynaecological.

ginecólogo, ga *m,f* gynaecologist.

gingivitis *f inv* gingivitis.

gira *f* tour.

giralda *f* weather vane.

girar <> *vi* **-1.** [dar vueltas, torcer] to turn; [rápidamente] to spin **-2.** *fig* [centrarse]: **~ en torno a** *o* **alrededor de** to be centred around, to centre on **-3.** *COM* to remit payment. <> *vt* **-1.** [hacer dar vueltas a] to turn; [rápidamente] to spin **-2.** *COM* to draw **-3.** [dinero - por correo, telégrafo] to transfer, to remit.

girasol *m* sunflower.

giratorio, ria *adj* revolving; [silla] swivel *(antes de sust)*.

giro *m* **-1.** [gen] turn; **~ de 180 grados** *lit* & *fig*

U-turn **-2.** [postal, telegráfico] money order;
~ **postal** postal order **-3.** [de letras, órdenes de
pago] draft; ~ **en descubierto** overdraft **-4.**
[expresión] turn of phrase.

gis *m Méx* chalk.

gitano, na <> *adj* gypsy *(antes de sust)*; *fig*
wily, crafty. <> *m,f* gypsy.

glaciación *f* glaciation.

glacial *adj* glacial; [viento, acogida] icy.

glaciar <> *adj* glacial. <> *m* glacier.

gladiador *m* gladiator.

gladiolo, gladíolo *m* gladiolus.

glande *m* glans penis.

glándula *f* gland; ~ **endocrina** endocrine
gland; ~ **sebácea** sebaceous gland.

glasé <> *adj* glacé. <> *m* glacé silk.

glaseado, da *adj* glacé.
  ➥ **glaseado** *m* glazing.

glasear *vt* to glaze.

gleba *f* feudal land.

glicerina *f* glycerine.

global *adj* global, overall.

globalización *f* globalization.

globalizar [13] *vt* to globalize.

globo *m* **-1.** [Tierra] globe, earth; ~ **terráqueo** *o* **terrestre** globe **-2.** [aeróstato, juguete]
balloon; ~ **sonda** weather balloon **-3.** [lám-
para] round glass lampshade **-4.** [esfera]
sphere; ~ **ocular** eyeball.

globulina *f* globulin.

glóbulo *m MED* corpuscle; ~ **blanco/rojo**
white/red corpuscle.

gloria *f* **-1.** [gen] glory **-2.** [celebridad] celebrity, star; **ser una vieja** ~ to be a has-been
-3. [placer] delight; **estar en la** ~ to be in
seventh heaven; **saber a** ~ to taste divine *o*
heavenly.

glorieta *f* **-1.** [de casa, jardín] arbour **-2.** [plaza -
gen] square; [- redonda] circus, roundabout
UK, traffic circle *US*.

glorificación *f* glorification.

glorificar [10] *vt* to glorify.

glorioso, sa *adj* **-1.** [importante] glorious **-2.**
RELIG Blessed.

glosa *f* marginal note.

glosar *vt* **-1.** [anotar] to annotate **-2.** [co-
mentar] to comment on.

glosario *m* glossary.

glotis *f inv* glottis.

glotón, ona <> *adj* gluttonous, greedy.
<> *m,f* glutton.

glotonería *f* gluttony, greed.

glucemia *f* glycaemia.

glúcido *m* carbohydrate.

glucosa *f* glucose.

gluglú *m* glug-glug.

gluten *m* gluten.

glúteo, a *adj* gluteal.
  ➥ **glúteo** *m* gluteus.

gnomo, nomo *m* gnome.

gobernabilidad *f* governability.

gobernable *adj* governable.

gobernación *f* **-1.** governing **-2.** *Méx*:
Ministerio de la Gobernación Home
Office *UK*, Department of the Interior *US*.

gobernador, ra <> *adj* governing *(antes
de sust)*. <> *m,f* governor.

gobernanta *f* cleaning and laundry staff
manageress.

gobernante <> *adj* ruling *(antes de sust)*.
<> *mf* ruler, leader.

gobernar [19] <> *vt* **-1.** [gen] to govern, to
rule; [casa, negocio] to run, to manage **-2.**
[barco] to steer; [avión] to fly. <> *vi NÁUT* to
steer.

gobiernista <> *adj Andes, Méx* pro-
government. <> *mf* government supporter.

gobierno *m* **-1.** [gen] government; ~ **autó-
nomo/central** autonomous/central government; ~ **militar** military command; ~ **de
transición** caretaker *o* interim government
-2. [edificio] government buildings *(pl)* **-3.**
[administración, gestión] running, management **-4.** [control] control.

goce <> ⊳ **gozar.** <> *m* pleasure.

godo, da <> *adj* Gothic. <> *m,f* **-1.** *HIST*
Goth **-2.** *despec* [español peninsular] *pejorative
term for a mainland Spaniard.*

gol *(pl* goles*)* *m* goal; **marcar** *o* **meter un** ~ to
score a goal; ~ **del empate** equalizer; ~ **de
penalti** penalty goal; ~ **en propia meta** own
goal; **meter un** ~ **a alguien** to put one over
on sb.

goleada *f* high score, cricket score.

goleador, ra *m,f* goalscorer.

golear *vt* to score a lot of goals against, to
thrash.

goleta *f* schooner.

golf *m* golf.

golfa ⊳ **golfo.**

golfante *mf* scoundrel, rascal.

golfear *vi fam* [vaguear] to loaf around.

golfería *f* **-1.** [golfos] layabouts *(pl)*, good-
for-nothings *(pl)* **-2.** [granujada] loutish behaviour *(U)*.

golfista *mf* golfer.

golfo, fa <> *adj* [gamberro] loutish; [vago]
idle. <> *m,f* [gamberro] lout; [vago] layabout.

➤ **golfo** m GEOGR gulf, bay.

➤ **golfa** f mfam [prostituta] tart, whore, hooker US.

➤ **Golfo Pérsico** m: **el Golfo Pérsico** the Persian Gulf.

golondrina f - **1.** [ave] swallow - **2.** [barco] motor launch.

golondrino m - **1.** MED boil in the armpit - **2.** ZOOL young swallow.

golosina f [dulce] sweet; [exquisitez] titbit, delicacy.

goloso, sa <> adj sweet-toothed. <> m,f sweet-toothed person.

golpe m - **1.** [gen] blow; [bofetada] smack; [con puño] punch; [en puerta etc] knock; [en tenis, golf] shot; [entre coches] bump, collision; **a ~s** by force; **fig** in fits and starts; **moler a alguien a ~s** to beat sb up; **un ~ bajo** DEP & **fig** a blow below the belt; **~ de castigo** [en rugby] penalty (kick); **~ franco** free kick; **~ de tos** coughing fit; **~ de viento** gust of wind - **2.** [disgusto] blow - **3.** [atraco] raid, job, heist US - **4.** POLÍT: **~ (de Estado)** coup (d'état) - **5.** [ocurrencia] witticism - **6.** loc: **dar el ~** fam to cause a sensation, to be a hit; **errar** o **fallar el ~** to miss the mark; **no dar** o **pegar ~** not to lift a finger, not to do a stroke of work.

➤ **de golpe** loc adv suddenly.

➤ **de golpe y porrazo** loc adv without warning, just like that.

➤ **de un golpe** loc adv at one fell swoop, all at once.

➤ **golpe de gracia** m coup de grâce.

➤ **golpe maestro** m masterstroke.

➤ **golpe de suerte** m stroke of luck.

➤ **golpe de vista** m glance; **al primer ~ de vista** at a glance.

golpear vt & vi [gen] to hit; [puerta] to bang; [con puño] to punch.

golpeteo m [de dedos, lluvia] drumming; [de puerta, persiana] banging.

golpista <> adj in favour of military coups. <> mf person involved in military coup.

golpiza f Amér beating.

goma f - **1.** [sustancia viscosa, pegajosa] gum; **~ arábiga** gum arabic; **~ de mascar** chewing gum; **~ de pegar** glue, gum - **2.** [tira elástica] rubber band, elastic band UK; **~ elástica** elastic - **3.** [caucho] rubber; **~ espuma** foam rubber; **~ de borrar** rubber UK, eraser US - **4.** Cuba, CSur [neumático] tyre UK, tire US - **5.** fam [preservativo] condom, rubber US.

➤ **Goma 2** f plastic explosive.

gomería f CSur tyre centre.

gomero m Andes, RP - **1.** [persona] rubber plantation worker - **2.** [árbol] rubber tree.

gomina f hair gel.

gomoso, sa adj gummy.

gónada f gonad.

góndola f - **1.** [embarcación] gondola - **2.** Chile [autobús] bus.

gondolero m gondolier.

gong m inv gong.

gonorrea f gonorrhoea.

gordinflón, ona <> adj chubby, tubby. <> m,f fatty.

gordo, da <> adj - **1.** [persona] fat; **me cae ~** I can't stand him - **2.** [grueso] thick - **3.** [grande] big - **4.** [grave] big, serious. <> m,f - **1.** [persona obesa] fat man (f fat woman); **armar la gorda** fig to kick up a row o stink - **2.** Amér [querido] sweetheart, darling - **3.** Amér [como apelativo]: **¿cómo estás, ~?** hey, how's it going?

➤ **gordo** m [en lotería] first prize, jackpot; **el ~** first prize in the Spanish national lottery.

EL GORDO

In Spain and Latin America this is the name given to the first prize in the national lottery, especially the one in the Christmas draw.

gordura f fatness.

gorgorito m warble.

gorgoteo m gurgle, gurgling (U).

gorila m - **1.** ZOOL gorilla - **2.** [guardaespaldas] bodyguard - **3.** [en discoteca etc] bouncer.

gorjear vi to chirp, to twitter.

gorjeo m chirping, twittering.

gorra f (peaked) cap; **de ~** for free; **vivir de ~** to scrounge.

gorrear = gorronear.

gorrinada f - **1.** [guarrada - acción] disgusting behaviour (U); [- lugar] pigsty - **2.** [mala pasada] dirty trick.

gorrino, na m,f lit & fig pig.

gorrión m sparrow.

gorro m [gen] cap; [de niño] bonnet; **~ de baño** [para ducha] shower cap; [para piscina] swimming cap; **estar hasta el ~ (de)** fam to be fed up (with).

gorrón, ona fam <> adj sponging, scrounging. <> m,f sponger, scrounger.

gorronear, gorrear vt & vi fam to sponge, to scrounge.

gorronería f sponging, scrounging.

gota f - **1.** [de agua, leche, sangre] drop; [de sudor] bead; **caer cuatro ~s** to spit (with rain);

la ~ **que colma el vaso** the last straw, the straw that breaks the camel's back; **parecerse como dos ~s de agua** to be as like as two peas in a pod; **sudar la ~ gorda** to sweat blood, to work very hard - **2.** [cantidad pequeña]: **una ~ de** a (tiny) drop of; **ni ~ : no se veía ni ~** you couldn't see a thing; **no tienes ni ~ de sentido común** you haven't got an ounce of common sense - **3.** [enfermedad] gout.

➤ **gotas** *fpl* [medicamento] drops.

➤ **gota a gota** *m* MED intravenous drip.

➤ **gota fría** *f* METEOR *cold front that remains in one place for some time, causing continuous heavy rain.*

gotear ◇ *vi* [líquido] to drip; [techo, depósito etc] to leak; **fig** to trickle through. ◇ *v impers* [chispear] to spit, to drizzle.

goteo *m* dripping.

gotera *f* - **1.** [filtración] leak - **2.** [mancha] stain *(left by leaking water)*.

gótico, ca *adj* Gothic.

➤ **gótico** *m* [arte] Gothic.

gourmet = **gurmet**.

goyesco, ca *adj* relating to *o* like Goya.

gozada *f fam*: **es una ~** it's wonderful.

gozar [13] *vi* to enjoy o.s.; **~ de algo** to enjoy sthg; **~ con** to take delight in.

gozne *m* hinge.

gozo *m* joy, pleasure; **mi ~ en un pozo** that's just my (bad) luck.

g/p, g.p. (*abrev de* giro postal) p.o.

grabación *f* recording; **~ digital** digital recording; **~ en vídeo** video recording.

grabado *m* - **1.** [gen] engraving; [en madera] carving - **2.** [en papel - acción] printing; [- lámina] print.

grabador, ra ◇ *adj* [gen] engraving; [en papel] printing. ◇ *m,f* [gen] engraver; [en madera] carver; [en papel] printer.

➤ **grabadora** *f* [casete] tape recorder; **grabadora de CD** CD burner.

grabar *vt* - **1.** [gen] to engrave; [en madera] to carve; [en papel] to print; **grabado en su memoria** engraved on his mind - **2.** [sonido, cinta] to record, to tape - **3.** INFORM to save.

➤ **grabarse en** *vpr fig*: **grabársele a alguien en la memoria** to become engraved on sb's mind.

gracia *f* - **1.** [humor, comicidad] humour; **hacer ~ a alguien** to amuse sb; **no me hizo ~** I didn't find it funny; **¡maldita la ~!** it's not a bit funny!; **¡qué ~!** how funny!; **tener ~** [ser divertido] to be funny; **tiene ~** [es curioso] it's funny; **caer en ~** to be liked - **2.** [arte, habili-

dad] skill, natural ability - **3.** [encanto] grace, elegance - **4.** [chiste] joke; **hacer una ~ a alguien** to play a prank on sb; **no le rías las ~s** don't laugh when he says something silly - **5.** [favor] favour; [indulto] pardon.

➤ **gracias** *fpl* thank you, thanks; **~s a** thanks to; **~s a Dios** thank God; **dar las ~s a alguien (por)** to thank sb (for); **muchas ~s** thank you, thanks very much.

grácil *adj* [gen] graceful; [delicado] delicate.

gracioso, sa ◇ *adj* [divertido] funny, amusing; **¡qué ~!** how funny!; **es ~ que ...** it's funny how ... ◇ *m,f* comedian; **hacerse el ~** to try to be funny.

grada *f* - **1.** [peldaño] step - **2.** TEATR row.

➤ **gradas** *fpl* DEP terraces.

gradación *f* - **1.** [en retórica] climax - **2.** [escalonamiento] scale.

gradería *f*, **graderío** *m* TEATR rows *(pl)*; DEP terraces *(pl)*.

grado *m* - **1.** [gen] degree; **~ centígrado** degree centigrade - **2.** [fase] stage, level; [índice, nivel] extent, level; **en ~ sumo** greatly - **3.** [rango - gen] grade; [- MIL] rank - **4.** EDUC year, class, grade US - **5.** [voluntad]: **hacer algo de buen/mal ~** to do sthg willingly/unwillingly.

graduable *adj* adjustable.

graduación *f* - **1.** [acción] grading; [de la vista] eye-test - **2.** EDUC graduation - **3.** [de bebidas] strength, ≃ proof - **4.** MIL rank.

graduado, da ◇ *adj* - **1.** [termómetro etc] graded - **2.** [universitario] graduate. ◇ *m,f* [persona] graduate.

➤ **graduado** *m* [título - gen] certificate; [- universitario] degree; **~ escolar** *qualification received on completing primary school.*

gradual *adj* gradual.

graduar [6] *vt* - **1.** [medir] to gauge, to measure; [regular] to regulate; [vista] to test - **2.** [escalonar] to stagger - **3.** EDUC to confer a degree on - **4.** MIL to confer a rank on, to commission.

➤ **graduarse** *vpr*: **~se (en)** to graduate (in).

grafía *f* written symbol.

gráfico, ca *adj* graphic.

➤ **gráfico** *m* [gráfica] graph, chart; [dibujo] diagram; **~ de barras** bar chart.

➤ **gráfica** *f* graph, chart.

grafismo *m* - **1.** [diseño gráfico] graphics *(U)* - **2.** ARTE graphic art.

grafista *mf* graphic artist *o* designer.

grafito *m* graphite.

grafología f graphology.

grafólogo, ga m,f graphologist.

gragea f **-1.** MED pill, tablet **-2.** [confite] sugar-coated sweet.

grajo m rook.

gral. (abrev de **general**) gen.

gramática ▷ gramático.

gramatical adj grammatical.

gramático, ca ◇ adj grammatical. ◇ m,f [persona] grammarian.

➥ **gramática** f [disciplina, libro] grammar.

➥ **gramática parda** f native wit.

gramo m gram.

gramófono m gramophone.

gramola f gramophone.

grampa f Amér staple.

gran = grande.

granada f **-1.** [fruta] pomegranate **-2.** [proyectil] grenade; ~ **de mano** hand grenade.

granar vi to seed.

granate ◇ m garnet. ◇ adj inv garnet-coloured.

Gran Bretaña f Great Britain.

grande ◇ adj (antes de sust: **gran**) **-1.** [de tamaño] big, large; [de altura] tall; [de intensidad, importancia] great; **un hombre** ~ a big man; **un gran hombre** a great man; **este traje me está** ~ this suit is too big for me **-2.** RP [fantástico] great **-3.** RP [divertido] amusing **-4.** loc: **hacer algo a lo** ~ to do sthg in style; **pasarlo en** ~ fam to have a great time; **vivir a lo** ~ to live in style. ◇ m [noble] grandee.

➥ **grandes** mpl [adultos] grown-ups, adults.

➥ **a lo grande** loc adv in a big way, in style.

➥ **en grande** loc adv on a large scale.

grandeza f **-1.** [de tamaño] (great) size **-2.** [de sentimientos] generosity, graciousness **-3.** [aristocracia] aristocracy, nobility.

grandilocuencia f grandiloquence.

grandilocuente adj grandiloquent.

grandiosidad f grandeur.

grandioso, sa adj grand, splendid.

grandullón, ona ◇ adj overgrown. ◇ m,f big boy (f big girl).

granel

➥ **a granel** loc adv **-1.** [sin envase - gen] loose; [- en gran cantidad] in bulk **-2.** [sin orden] any old how, in a rough and ready manner **-3.** [en abundancia] in abundance.

granero m granary.

granito m granite.

granizada f **-1.** METEOR hailstorm **-2.** fig [abundancia] hail, shower.

granizado m iced drink.

granizar [13] v impers to hail.

granizo m hail.

granja f farm; ~ **avícola** chicken o poultry farm.

granjearse vpr to gain, to earn.

granjero, ra m,f farmer.

grano m **-1.** [semilla - de cereales] grain; ~ **de café** coffee bean; ~ **de pimienta** peppercorn **-2.** [partícula] grain **-3.** [en la piel] spot, pimple **-4.** loc: **apartar el** ~ **de la paja** to separate the wheat from the chaff; **aportar** o **poner uno su** ~ **de arena** to do one's bit; **ir al** ~ to get to the point.

granuja mf [pillo] rogue, scoundrel; [canalla] trickster, swindler.

granujada f dirty trick.

granulado, da adj granulated.

➥ **granulado** m granules (pl).

granuloso, sa adj bumpy.

grapa f **-1.** [para papeles etc] staple; [para heridas] stitch, (wire) suture **-2.** CSur [bebida] grappa.

grapadora f stapler.

grapar vt to staple.

grasa ▷ graso.

grasiento, ta adj greasy.

graso, sa adj [gen] greasy; [con alto contenido en grasas] fatty.

➥ **grasa** f **-1.** [en comestibles] fat; [de cerdo] lard; ~ **grasa animal** animal fat; ~ **grasa saturada** saturated fat; **grasa vegetal** vegetable fat **-2.** [lubricante] grease, oil **-3.** [suciedad] grease.

gratén m gratin; **al** ~ au gratin.

gratificación f **-1.** [moral] reward **-2.** [monetaria] bonus.

gratificante adj rewarding.

gratificar [10] vt [complacer] to reward; [retribuir] to give a bonus to; [dar propina a] to tip.

gratinado, da adj au gratin.

➥ **gratinado** m gratin.

gratinar vt to cook au gratin.

gratis adv [sin dinero] free, for nothing; [sin esfuerzo] for nothing.

gratitud f gratitude.

grato, ta adj pleasant; **nos es** ~ **comunicarle que ...** we are pleased to inform you that ...

gratuito, ta adj **-1.** [sin dinero] free **-2.** [arbitrario] gratuitous; [infundado] unfair, uncalled for.

grava f gravel.

gravamen m **-1.** [impuesto] tax **-2.** [obligación

moral] burden.

gravar *vt* **-1.** [con impuestos] to tax **-2.** [agravar] to worsen.

grave *adj* **-1.** [gen] serious; [estilo] formal; **estar ~** to be seriously ill **-2.** [sonido, voz] low, deep **-3.** [GRAM - acento prosódico] *with the stress on the penultimate syllable;* [- tilde] grave.

gravedad *f* **-1.** [cualidad] seriousness **-2.** FÍS gravity.

gravilla *f* gravel.

gravitación *f* gravitation.

gravitar *vi* to gravitate; *fig* [pender]: **~ sobre** to hang *o* loom over.

gravoso, sa *adj* burdensome; [costoso] expensive, costly.

graznar *vi* [cuervo] to caw; [ganso] to honk; [pato] to quack; [persona] to squawk.

graznido *m* [de cuervo] caw, cawing *(U)*; [de ganso] honk, honking *(U)*; [de pato] quack, quacking *(U)*; [de personas] squawk, squawking *(U)*.

Grecia Greece.

grecorromano, na *adj* Greco-Roman.

gregario, ria *adj* [animal] gregarious; [persona] incapable of independent thought.

gregoriano, na *adj* Gregorian.

gremial *adj* [gen] (trade) union *(antes de sust)*; HIST guild *(antes de sust)*.

gremialismo *m* trade unionism.

gremio *m* **-1.** [sindicato] (trade) union; [profesión] profession, trade; HIST guild; **ser del ~** to be in the trade **-2.** *fam* [grupo] league, club.

greña *(gen pl) f* tangle of hair; **andar a la ~ (con alguien)** to be at daggers drawn (with sb).

gres *m* stoneware.

gresca *f* row.

griego, ga *adj & m,f* Greek.
◆ **griego** *m* [lengua] Greek.

grieta *f* crack; [entre montañas] crevice; [que deja pasar luz] chink.

grifa *f fam* marijuana.

grifería *f* taps *(pl)*, plumbing.

grifero, ra *m,f Perú* petrol pump attendant *UK*, gas pump attendant *US*.

grifo *m* **-1.** [llave] tap *UK*, faucet *US*; **~ monomando** mixer tap **-2.** *Perú* [gasolinera] petrol station *UK*, gas station *US*.

grillado, da *adj fam* crazy, loopy.

grillete *m* shackle.

grillo *m* cricket.

grima *f* **-1.** [disgusto] annoyance; **dar ~** to get on one's nerves **-2.** [dentera]: **dar ~** to

set one's teeth on edge.,

gringo, ga <> *adj pey Esp* [estadounidense] gringo, Yankee; *Amér* [extranjero] gringo, foreign. <> *m,f Esp* [estadounidense] gringo, Yank; *Amér* [extranjero] gringo, foreigner.

gripa *f Col, Méx* flu.

gripe *f* flu.

griposo, sa *adj* fluey.

gris <> *adj* [color] grey; [triste] gloomy, miserable. <> *m* grey; **~ marengo** dark grey; **~ perla** pearl grey.

grisáceo, a *adj* greyish.

grisalla *f Méx* scrap metal.

grisú *(pl* grisúes*) m* firedamp.

gritar <> *vi* [hablar alto] to shout; [chillar] to scream, to yell. <> *vt*: **~ (algo) a alguien** to shout (sthg) at sb.

griterío *m* screaming, shouting.

grito *m* [gen] shout; [de dolor, miedo] cry, scream; [de sorpresa, de animal] cry; **dar** *o* **pegar un ~** to shout *o* scream (out); **a ~ limpio** *o* **pelado** at the top of one's voice; **pedir algo a ~s** *fig* to be crying out for sthg; **poner el ~ en el cielo** to hit the roof; **ser el último ~** to be the latest fashion *o* craze, to be the in thing.

Groenlandia Greenland.

grogui *adj lit & fig* groggy.

grosella *f* redcurrant; **~ negra** blackcurrant; **~ silvestre** gooseberry.

grosería *f* [cualidad] rudeness; [acción] rude thing; [palabrota] swear word.

grosero, ra <> *adj* **-1.** [maleducado] rude, crude **-2.** [tosco] coarse, rough. <> *m,f* rude person.

grosor *m* thickness.

grotesco, ca *adj* grotesque.

grúa *f* **-1.** CONSTR crane **-2.** AUTOM breakdown truck **-3.** [de la policía] tow truck.

grueso, sa *adj* **-1.** [espeso] thick **-2.** [corpulento] thickset; [obeso] fat **-3.** [grande] large, big **-4.** [mar] stormy.
◆ **grueso** *m* **-1.** [grosor] thickness **-2.** [la mayor parte]: **el ~ de** the bulk of.

grulla *f* crane.

grumete *m* cabin boy.

grumo *m* [gen] lump; [de sangre] clot.

grumoso, sa *adj* lumpy.

gruñido *m* **-1.** [gen] growl; [de cerdo] grunt; **dar ~s** to growl, to grunt **-2.** [de persona] grumble.

gruñir *vi* **-1.** [gen] to growl; [cerdo] to grunt **-2.** [persona] to grumble.

gruñón, ona *fam* <> *adj* grumpy. <> *m,f* old grump.

grupa f hindquarters.

grupo m [gen] group; [de árboles] cluster; TECN unit, set; **en ~** in a group; **~ de discusión** INFORM forum; **~ electrógeno** generator; **~ de empresas** ECON (corporate) group; **~ de noticias** INFORM newsgroup; **~ de presión** pressure group; **~ de riesgo** risk group.

◆ **grupo sanguíneo** m blood group.

grupúsculo m small group; POLÍT splinter group.

gruta f grotto.

gta. abrev de **glorieta.**

guacal m CAm, Méx [calabaza] gourd; Col, Méx, Carib [jaula] cage.

guacamol, guacamole m guacamole, avocado dip.

guachada f RP fam mean trick.

guachafita f Col, Ven fam racket, uproar.

guachimán m Amér night watchman.

guachinango m Méx [pez] red snapper.

guacho, cha m,f Andes, RP fam bastard.

guaco m Amér pottery object found in pre-Columbian Indian tomb.

guadaña f scythe.

guagua f Carib [autobús] bus; Andes [niño] baby.

guajiro, ra m,f Cuba peasant.

guajolote m CAm, Méx [pavo] turkey; fig [tonto] fool, idiot.

guampa f Bol, CSur horn.

guampudo, da adj RP horned.

guanajo m Carib turkey.

guanche adj & m,f Guanche.

guantazo m fam slap.

guante m glove; **~ de boxeo** boxing glove; **arrojar** o **tirar el ~** to throw down the gauntlet; **de ~ blanco** gentlemanly; **echar el ~ a algo** fam to get hold of sthg, to get one's hands on sthg; **echar el ~ a alguien** fam to nab sb; **estar más suave que un ~** fam to be as meek as a lamb.

guantera f glove compartment.

guaperas fam ◇ adj inv: **es un ~** he's a heart-throb. ◇ m inv **-1.** [presumido] pretty boy **-2.** [artista, cantante] heart-throb.

guapo, pa ◇ adj **-1.** [gen] good-looking; [hombre] handsome; [mujer] pretty **-2.** fam [bonito] cool. ◇ m,f **-1.** [valiente]: **a ver quién es el ~ que ...** let's see who's brave enough to ... **-2.** [fanfarrón] Amér braggart.

guarache m Méx **-1.** [sandalia] crude sandal with a sole made from a tyre **-2.** [parche] patch (on tyre).

guarangada f Bol, CSur rude remark.

guarango, ga adj Bol, CSur coarse, vulgar.

guaraní ◇ adj inv & m,f Guarani. ◇ m **-1.** [lengua] Guarani **-2.** [moneda] guarani.

guarda ◇ mf [vigilante] guard, keeper; **~ forestal** gamekeeper, forest ranger; **~ jurado** security guard. ◇ f **-1.** [tutela] guardianship **-2.** [de libros] flyleaf.

guardabarrera mf level crossing keeper.

guardabarros m inv mudguard UK, fender US.

guardabosque mf forest ranger.

guardacoches m OR f inv parking attendant.

guardacostas m inv [barco] coastguard boat.

guardaespaldas m y f inv bodyguard.

guardafrenos m y f inv brakeman (f brakewoman).

guardagujas m y f inv switchman (f switchwoman).

guardameta mf goalkeeper.

guardamuebles m inv furniture warehouse (for storage).

guardapolvo m overalls (pl).

guardar vt **-1.** [gen] to keep; [en su sitio] to put away **-2.** [vigilar] to keep watch over; [proteger] to guard **-3.** [reservar, ahorrar]: **~ algo (a** o **para alguien)** to save sthg (for sb) **-4.** [cumplir - ley] to observe; [- secreto, promesa] to keep.

◆ **guardarse** vpr: **guardársela a alguien** to have it in for sb.

◆ **guardarse de** vpr: **~se de hacer algo** [evitar] to avoid doing sthg; [abstenerse de] to be careful not to do sthg.

guardarropa m [gen] wardrobe; [de cine, discoteca etc] cloakroom.

guardarropía f TEATR wardrobe.

guardería f nursery; [en el lugar de trabajo] crèche.

guardia ◇ f **-1.** [gen] guard; [vigilancia] watch, guard; **en ~** on guard; **montar (la) ~** to mount guard; **~ municipal** urban police; **aflojar** o **bajar la ~** to lower o drop one's guard; **la vieja ~** the old guard **-2.** [turno] duty; **estar de ~** to be on duty. ◇ mf [policía] policeman (f policewoman); **~ de tráfico** traffic warden.

◆ **guardia marina** m sea cadet in final two years of training.

◆ **Guardia Civil** f: **la Guardia Civil** the Civil Guard, military-style Spanish security force who police rural areas, highways and borders.

GUARDIA CIVIL

The *Guardia Civil* is a military-style security force operating under the control of the Spanish Ministry of the Interior and responsible for policing rural areas and highways. They also form the Spanish customs police and are easily recognizable by their traditional black three-cornered hat.

guardián, ana *m,f* [de persona] guardian; [de cosa] watchman, keeper.

guarecer [30] *vt*: ~ **(de)** to protect o shelter (from).
➤ **guarecerse** *vpr*: ~**se (de)** to shelter (from).

guarida *f* lair; *fig* hideout.

guarismo *m* figure, number.

guarnecer [30] *vt* - **1.** [adornar] to decorate; [ropa] to trim; *CULIN* to garnish - **2.** [vigilar] to be garrisoned in.

guarnición *f* - **1.** *CULIN* garnish - **2.** *MIL* garrison - **3.** [adorno] decoration; [de ropa] trimming; [de joya] setting.

guarrada *f fam* [cosa repugnante] filthy thing; [mala pasada] filthy o dirty trick.

guarrería *f* - **1.** [suciedad] filth, muck - **2.** [acción] filthy thing - **3.** [mala pasada] filthy o dirty trick.

guarro, rra ◇ *adj* filthy. ◇ *m,f* - **1.** [animal] pig - **2.** *fam* [persona] filthy o dirty pig.

guarura *m Méx fam* bodyguard.

guasa *f* - **1.** *fam* [gracia] humour; [ironía] irony; **estar de** ~ to be joking - **2.** *fam* [pesadez]: **tener mucha** ~ to be a pain in the neck.

guasca *f CAm, Carib* whip.

guasearse *vpr fam*: ~ **(de)** to take the mickey (out of).

guasón, ona ◇ *adj* fond of teasing. ◇ *m,f* joker, tease.

guata *f* - **1.** [de algodón] cotton padding - **2.** *Chile fam* [barriga] belly.

guateado, da *adj* padded.

Guatemala - **1.** [país] Guatemala - **2.** [ciudad] Guatemala City.

guatemalteco, ca, guatemaltés, esa *adj & m,f* Guatemalan.

guateque *desus m* private party.

guatón, ona *adj Chile fam* potbellied.

guau *m* woof.

guay *adj fam* cool, neat.

guayabo, ba *m,f Amér fam* [persona] gorgeous person.
➤ **guayabo** *m* [árbol] guava tree.
➤ **guayaba** *f* [fruta] guava.

guayín *m Méx* van.

gubernamental *adj* government *(antes de sust)*.

gubernativo, va *adj* government *(antes de sust)*.

guepardo *m* cheetah.

güero, ra *adj Méx fam* blond (*f* blonde), fair-haired.

guerra *f* war; [referido al tipo de conflicto] warfare; [pugna] struggle, conflict; [de intereses, ideas] conflict; **declarar la** ~ to declare war; **en** ~ at war; **hacer la** ~ to wage war; ~ **sin cuartel** all-out war; ~ **bacteriológica/química** germ/chemical warfare; ~ **civil/mundial** civil/world war; ~ **atómica** o **nuclear** nuclear war; ~ **espacial** o **de las galaxias** star wars; ~ **fría** cold war; ~ **de guerrillas** guerrilla warfare; ~ **a muerte** fight to the death; ~ **de precios** price war; ~ **psicológica** psychological warfare; ~ **santa** Holy War, crusade; **dar** ~ to be a pain, to be annoying.

guerrear *vi* to (wage) war.

guerrero, ra ◇ *adj* warlike. ◇ *m,f* [luchador] warrior.
➤ **guerrera** *f* [prenda] (military) jacket.

guerrilla *f* [grupo] guerrilla group.

guerrillero, ra *m,f* guerrilla.

gueto, ghetto ['geto] *m* ghetto.

güevón *m Andes, Arg, Ven vulg* prat *UK*, pillock *UK*, jerk *US*.

guía ◇ *mf* [persona] guide; ~ **turístico** tourist guide. ◇ *f* - **1.** [indicación] guidance - **2.** [libro] guide (book); ~ **de carreteras** road atlas; ~ **de ferrocarriles** train timetable; ~ **telefónica** telephone book o directory - **3.** [de bicicleta] handlebars *(pl)* - **4.** [para cortinas] rail.

guiar [9] *vt* - **1.** [indicar dirección a] to guide, to lead; [aconsejar] to guide, to direct - **2.** *AUTOM* to drive; *NÁUT* to steer - **3.** [plantas, ramas] to train.
➤ **guiarse** *vpr*: ~**se por algo** to be guided by o to follow sthg.

guija *f* pebble.

guijarro *m* pebble.

guijarroso, sa *adj* pebbly.

guillado, da *adj* crazy.

guillotina *f* guillotine.

guillotinar *vt* to guillotine.

guinda *f* morello cherry.

guindar *vt fam*: ~ **algo a alguien** to pinch o nick sthg off sb.

guindilla *f* chilli (pepper).

guindo *m* morello cherry tree.

guinea *f* guinea.

Guinea-Bissau Guinea-Bissau.

Guinea Ecuatorial Equatorial Guinea.

guineano, na *adj & m,f* Guinean.

guineo *m Andes, CAm* banana.

guiñapo *m* **-1.** [andrajo] rag **-2.** [persona] (physical) wreck.

guiñar *vt* to wink.

➡ **guiñarse** *vpr* to wink at each other.

guiño *m* wink.

guiñol *m* puppet theatre.

guión *m* **-1.** [resumen] framework, outline **-2.** *CIN & TV* script **-3.** *GRAM* [signo] hyphen.

guionista *mf* scriptwriter.

guiri *fam despec* ⬦ *adj* foreign. ⬦ *mf* foreigner.

guirigay *m* **-1.** *fam* [jaleo] racket **-2.** [lenguaje ininteligible] gibberish.

guirlache *m brittle sweet made of roasted almonds or hazelnuts and toffee.*

guirnalda *f* garland.

guisa *f* way, manner; **a ~ de** by way of, as; **de esta ~** in this way.

guisado *m* stew.

guisante *m* pea.

guisar *vt & vi* to cook.

➡ **guisarse** *vpr fig* to be cooking, to be going on.

guiso *m* dish.

güisqui, whisky *m* whisky.

guita *f fam* dosh.

guitarra ⬦ *f* guitar; **~ acústica** acoustic guitar; **~ eléctrica** electric guitar; **chafar la ~ a alguien** to mess things up for sb. ⬦ *mf* guitarist.

guitarreada *f CSur* singalong *(to guitars)*.

guitarrero, ra *m,f* guitar maker.

guitarrista *mf* guitarist.

gula *f* gluttony.

gurí, risa *m,f RP fam* [niño] kid, child; [chico] lad, boy; [chica] lass, girl.

guripa *m fam* cop.

gurmet, gourmet [gur'met] *mf* gourmet.

guru, gurú *m* guru.

gusanillo *m fam*: **el ~ de la conciencia** conscience; **entrarle a uno el ~ de los videojuegos** to be bitten by the videogame bug; **matar el ~** [bebiendo] to have a drink on an empty stomach; [comiendo] to have a snack between meals; **sentir un ~ en el estómago** to have butterflies (in one's stomach).

gusano *m lit & fig* worm; **~ de luz** glow worm; **~ de (la) seda** silkworm.

gusarapo, pa *m,f* creepy-crawly.

gustar ⬦ *vi* [agradar] to be pleasing; **me gusta esa chica/ir al cine** I like that girl/going to the cinema; **me gustan las novelas** I like novels; **~ de hacer algo** to like *o* enjoy doing sthg; **como guste** as you wish. ⬦ *vt* to taste, to try.

gustativo, va *adj* taste *(antes de sust)*.

gustazo *m fam* great pleasure; **darse el ~ de algo/hacer algo** to allow o.s. the pleasure of sthg/doing sthg.

gustillo *m* aftertaste; **coger el ~ a algo** to take a liking to sthg.

gusto *m* **-1.** [gen] taste; [sabor] taste, flavour; **de buen/mal ~** in good/bad taste; **tener buen/mal ~** to have good/bad taste; **sobre ~s no hay nada escrito** there's no accounting for taste, each to his own **-2.** [placer] pleasure; **con mucho ~** gladly, with pleasure; **da ~ estar aquí** it's a real pleasure to be here; **dar ~ a alguien** to please sb; **mucho *o* tanto ~** pleased to meet you; **tener el ~ de** to have the pleasure of; **tengo el ~ de invitarle** I have the pleasure of inviting you; **tomar ~ a algo** to take a liking to sthg **-3.** [capricho] whim.

➡ **a gusto** *loc adv*: **hacer algo a ~** [de buena gana] to do sthg willingly *o* gladly; [cómodamente] to do sthg comfortably; **estar a ~** to be comfortable *o* at ease.

gustoso, sa *adj* **-1.** [sabroso] tasty **-2.** [con placer]: **hacer algo ~** to do sthg gladly *o* willingly.

gutural *adj* guttural.

gymkhana = gincana.

h¹, H *f* [letra] h, H; **por h o por b** *fig* for one reason or another.

➡ **H** (*abrev de* **Hermano**) Br.

h², h. (*abrev de* **hora**) hr, h.

ha ⬦ ➪ **haber.** ⬦ (*abrev de* **hectárea**) ha.

haba *f* broad bean.

habanero, ra *adj* of/relating to Havana.

➡ **habanera** *f MÚS* habanera.

habano, na *adj* Havanan.

▸ **habano** *m* Havana cigar.

haber [4] <> *v aux* **- 1.** [en tiempos compuestos] to have; **lo he/había hecho** I have/had done it; **los niños ya han comido** the children have already eaten; **en el estreno ha habido mucha gente** there were a lot of people at the premiere **- 2.** [expresa reproche]: ~ **venido antes** you could have come a bit earlier; ¡~ **lo dicho!** why didn't you say so? **- 3.** [expresa obligación]: ~ **de hacer algo** to have to do sthg; **has de estudiar más** you have to study more. <> *v impers* **- 1.** [existir, estar]: **hay** there is/are; **hay mucha gente en la calle** there are a lot of people in the street; **había/hubo muchos problemas** there were many problems; **habrá dos mil** [expresa futuro] there will be two thousand; [expresa hipótesis] there must be two thousand **- 2.** [expresa obligación]: ~ **que hacer algo** to have to do sthg; **hay que hacer más ejercicio** one *o* you should do more exercise; **habrá que soportar su mal humor** we'll have to put up with his bad mood **- 3.** *loc*: **algo habrá** there must be something in it; **allá se las haya** that's his/her/your *etc* problem; **habérselas con alguien** to face *o* confront sb; **¡hay que ver!** well I never!; **lo habido y por** ~ everything under the sun; **no hay de qué** don't mention it; **¿qué hay?** *fam* [saludo] how are you doing? <> *m* **- 1.** [bienes] assets *(pl)* **- 2.** [en cuentas, contabilidad] credit (side).

▸ **haberes** *mpl* [sueldo] remuneration *(U)*.

habichuela *f* bean.

habido, da *adj* occurred; **los accidentes** ~**s este verano** the number of accidents this summer.

hábil *adj* **- 1.** [diestro] skilful; [inteligente] clever **- 2.** [utilizable - lugar] suitable, fit **- 3.** *DER*: **días** ~**es** working days.

habilidad *f* [destreza] skill; [inteligencia] cleverness; **tener** ~ **para algo** to be good at sthg.

habilidoso, sa *adj* skilful, clever.

habilitación *f* **- 1.** [acondicionamiento] fitting out **- 2.** *DER* [autorización] authorization, right.

habilitado, da <> *adj DER* authorized. <> *m,f* paymaster.

habilitar *vt* **- 1.** [acondicionar] to fit out, to equip **- 2.** [autorizar] to authorize **- 3.** [financiar] to finance.

habiloso, sa *adj Chile fam* shrewd, astute.

habitabilidad *f* habitability.

habitable *adj* habitable, inhabitable.

habitación *f* [gen] room; [dormitorio] bedroom; ~ **doble** [con cama de matrimonio] double room; [con dos camas] twin room; ~ **individual** *o* **simple** single room; ~ **para invitados** guest room.

habitante *m* [de ciudad, país] inhabitant; [dè barrio] resident.

habitar <> *vi* to live. <> *vt* to live in, to inhabit.

hábitat (*pl* **hábitats**) *m* **- 1.** [gen] habitat **- 2.** [vivienda] housing conditions *(pl)*.

hábito *m* habit; **tener el** ~ **de hacer algo** to be in the habit of doing sthg; **colgar los** ~**s** *RELIG* to leave the priesthood, to give up the cloth; [renunciar] to give it up; **el** ~ **no hace al monje** clothes don't make the man.

habitual *adj* habitual; [cliente, lector] regular.

habituar [6] *vt*: ~ **a alguien a** to accustom sb to.

▸ **habituarse** *vpr*: ~**se a** [gen] to get used *o* accustomed to; [drogas etc] to become addicted to.

habla *f (el)* **- 1.** [idioma] language; [dialecto] dialect; **de** ~ **española** Spanish-speaking **- 2.** [facultad] speech; **dejar a alguien sin** ~ to leave sb speechless; **quedarse sin** ~ to be left speechless **- 3.** *LING* discourse **- 4.** [al teléfono]: **estar al** ~ **con alguien** to be on the line to sb.

hablador, ra <> *adj* talkative. <> *m,f* chatterbox.

habladurías *fpl* [rumores] rumours; [chismes] gossip *(U)*.

hablante <> *adj* speaking. <> *mf* speaker.

hablar <> *vi*: ~ **(con)** to talk (to), to speak (to); ~ **por** ~ to talk for the sake of talking; ~ **de** to talk about; ~ **bien/mal de** to speak well/badly of; ~ **en español/inglés** to speak Spanish/English; ~ **en voz alta/baja** to speak loudly/softly; **dar que** ~ to make people talk; **¡mira quién habla!**, **¡mira quién fue a** ~**!** look who's talking!; **¡ni** ~**!** no way! <> *vt* **- 1.** [idioma] to speak **- 2.** [asunto]: ~ **algo (con)** to discuss sthg (with).

▸ **hablarse** *vpr* to speak (to each other); **no** ~**se** not to be speaking, not to be on speaking terms; **'se habla inglés'** 'English spoken'.

habrá *etc* &rhd; haber.

hacendado, da *m,f* landowner.

hacendoso, sa *adj* houseproud.

hacer [60] <> *vt* **- 1.** [elaborar, crear, cocinar] to make; ~ **un vestido/planes** to make a dress/plans; ~ **un poema/una sinfonía** to write a poem/symphony; **para** ~ **la carne ...** to cook the meat ... **- 2.** [construir] to build; **han hecho un edificio nuevo** they've put up a new building **- 3.** [generar] to produce; **el**

árbol hace sombra the tree gives shade; **la carretera hace una curva** there's a bend in the road - **4.** [movimientos, sonidos, gestos] to make; **le hice señas** I signalled to her; **el reloj hace tic-tac** the clock goes tick-tock; ~ **ruido** to make a noise - **5.** [obtener - fotocopia] to make; [- retrato] to paint; [- fotografía] to take - **6.** [realizar - trabajo, estudios] to do; [- viaje] to make; [- comunión] to take; **hoy hace guardia** she's on duty today; **estoy haciendo segundo** I'm in my second year - **7.** [practicar-gen] to do; [- tenis, fútbol] to play; **debes ~ deporte** you should start doing some sport - **8.** [arreglar - casa, colada] to do; [- cama] to make - **9.** [dar aspecto de] to cause to look *o* seem; **este espejo te hace gordo** that mirror makes you look *o* seem fat - **10.** [transformar en]: ~ **a alguien feliz** to make sb happy; **la guerra no le hizo un hombre** the war didn't make him (into) a man; **hizo pedazos el papel** he tore the paper to pieces; ~ **de algo/ alguien algo** to make sthg/sb into sthg; **hizo de ella una buena cantante** he made a good singer of her - **11.** [comportarse como]: ~ **el tonto** to act the fool; ~ **el vándalo** to act like a hooligan - **12.** [causar]: ~ **daño a alguien** to hurt sb; **me hizo gracia** I thought it was funny - **13.** *CIN & TEATR* to play; **hace el papel de la hija del rey** she plays (the part of) the king's daughter - **14.** [suponer] to think, to reckon; **a estas horas yo te hacía en París** I thought *o* reckoned you'd be in Paris by now - **15.** [ser causa de]: ~ **que alguien haga algo** to make sb do sthg; **me hizo reír** it made me laugh; **has hecho que se enfadara** you've made him angry - **16.** [mandar]: ~ **que se haga algo** to have sthg done; **voy a ~ teñir este traje** I'm going to have the dress dyed. ◇ *vi* - **1.** [intervenir]: **déjame ~ a mí** let me do it - **2.** [actuar]: ~ **de** *CIN & TEATR* to play; [trabajar] to act as - **3.** [aparentar]: ~ **como si** to act as if; **haz como que no te importa** act as if you don't care - **4.** [procurar, intentar]: ~ **por** ~ **algo** to try to do sthg; **haré por verle esta noche** I'll try to see him tonight - **5.** *loc*: **¿hace?** all right? ◇ *v impers* - **1.** [tiempo meteorológico]: **hace frío/sol/viento** it's cold/sunny/windy; **hace un día precioso** it's a beautiful day - **2.** [tiempo transcurrido]: **hace diez años** ten years ago; **hace mucho/poco** a long time/not long ago; **hace un mes que llegué** it's a month since I arrived; **no la veo desde hace un año** I haven't seen her for a year.

➤ **hacerse** *vpr* - **1.** [formarse] to form - **2.** [desarrollarse, crecer] to grow - **3.** [guisarse, co-cerse] to cook - **4.** [convertirse] to become; ~**se musulmán** to become a Moslem - **5.** [resultar] to get; **se hace muy pesado** it gets very tedious - **6.** [crearse en la mente] ~**se ilusiones** to get one's hopes up; ~**se una idea de algo** to imagine what sthg is like - **7.** [mostrarse]: **se hace el gracioso/el simpático** he tries to act the comedian/the nice guy; ~**se el distraído** to pretend to be miles away.

hacha *f (el)* axe; **enterrar el ~ de guerra** to bury the hatchet; **desenterrar el ~ de guerra** to sharpen one's sword; **ser un ~** *fam* to be a whizz *o* an ace.

hachazo *m* blow of an axe, hack.

hache *f*: **llamémosle ~** call it what you like; **por ~ o por be** for one reason or another.

hachís, hash [xaʃ] *m* hashish.

hacia *prep* - **1.** [dirección, tendencia, sentimiento] towards; ~ **aquí/allí** this/that way; ~ **abajo** downwards; ~ **arriba** upwards; ~ **atrás** backwards; ~ **adelante** forwards - **2.** [tiempo] around, about; ~ **las diez** around *o* about ten o'clock.

hacienda *f* - **1.** [finca] country estate *o* property - **2.** [bienes] property; ~ **pública** public purse.

➤ **Hacienda** *f*: **Ministerio de Hacienda** the Treasury.

hacinamiento *m* [de personas] overcrowding; [de objetos] heaping, piling.

hacinar *vt* to pile *o* heap (up).

➤ **hacinarse** *vpr* [gente] to be crowded together; [cosas] to be piled *o* heaped (up).

hada *f (el)* fairy; ~ **madrina** fairy godmother.

haga *etc* ▷ **hacer**.

Haití Haiti.

haitiano, na *adj & m,f* Haitian.

hala *interj* ¡ ~ ! [para dar ánimo, prisa] come on!; [para expresar incredulidad] no!, you're joking!; [para expresar admiración, sorpresa] wow!

halagador, ra ◇ *adj* flattering. ◇ *m,f* flatterer.

halagar [16] *vt* to flatter.

halago *m* flattery.

halague *etc* ▷ **halagar**.

halagüeño, ña *adj* [prometedor] promising, encouraging.

halcón *m* - **1.** *ZOOL* falcon, hawk - **2.** *Amér fam* [matón] government-paid killer.

halconería *f* falconry.

hale *interj*: ¡ ~ ! come on!

hálito *m* - **1.** [aliento] breath - **2.** *fig* [aire] zephyr, gentle breeze.

halitosis *f inv* bad breath.

hall [xol] (*pl* **halls**) *m* entrance hall, foyer.

hallar *vt* [gen] to find; [averiguar] to find out.
➤ **hallarse** *vpr* **-1.** [en un lugar - persona] to be, to find o.s.; [- casa etc] to be (situated) **-2.** [en una situación] to be; ~ **se enfermo** to be ill.

hallazgo *m* **-1.** [descubrimiento] discovery **-2.** [objeto] find.

halo *m* [de astros, santos] halo; [de objetos, personas] aura.

halógeno, na *adj* QUÍM halogenous; [faro] halogen *(antes de sust)*.

halterofilia *f* weightlifting.

hamaca *f* **-1.** [para colgar] hammock **-2.** [tumbona - silla] deckchair; [- canapé] sunlounger.

hambre *f* **-1.** [apetito] hunger; [inanición] starvation; ~ **canina** ravenous hunger; **tener** ~ to be hungry; **matar de** ~ **a alguien** to starve sb to death; **matar el** ~ to satisfy one's hunger; **morirse de** ~ to be starving, to be dying of hunger; **pasar** ~ to starve **-2.** [epidemia] famine **-3.** *fig* [deseo]: ~ **de** hunger o thirst for **-4.** *loc:* **a buen** ~ **no hay pan duro** *proverb* beggars can't be choosers; **se juntan el** ~ **con las ganas de comer** it's one thing on top of another; **ser más listo que el** ~ to be nobody's fool.

hambreador *m Amér* exploiter.

hambriento, ta ◇ *adj* starving. ◇ *m,f* starving person; **los** ~**s** the hungry.

hamburguesa *f* hamburger.

hamburguesería *f* hamburger joint.

hampa *f (el)* underworld.

hampón *m* thug.

hámster ['xamster] *(pl* **hámsters)** *m* hamster.

hándicap ['xandikap] *(pl* **hándicaps)** *m* handicap.

hangar *m* hangar.

hará *etc* ▷ **hacer.**

haragán, ana ◇ *adj* lazy, idle. ◇ *m,f* layabout, idler.

haraganear *vi* to laze about, to lounge around.

haraganería *f* laziness, idleness.

harakiri = **haraquiri.**

harapiento, ta *adj* ragged, tattered.

harapo *m* rag, tatter.

haraquiri, harakiri *m* harakiri.

hardware ['xarwar] *m* INFORM hardware.

harén *m* harem.

harina *f* flour; **estar metido en** ~ to be right in the middle of sthg; **ser** ~ **de otro costal** to be a different kettle of fish.

harinoso, sa *adj* floury; [manzana] mealy.

hartar *vt* **-1.** [atiborrar] to stuff (full) **-2.** [fastidiar]: ~ **a alguien** to annoy sb, to get on sb's nerves.

➤ **hartarse** *vpr* **-1.** [atiborrarse] to stuff o gorge o.s. **-2.** [cansarse]: ~ **se (de)** to get fed up (with) **-3.** [no parar]: ~ **se de algo** to do sthg non-stop.

hartazgo, hartón *m* fill; **darse un** ~ **(de)** to have one's fill (of).

harto, ta *adj* **-1.** [de comida] full **-2.** [cansado]: ~ **(de)** tired (of), fed up (with) **-3.** *Andes, CAm, Carib, Méx* [mucho] a lot of, lots of; **tiene** ~ **dinero** she has a lot o lots of money; **de este aeropuerto salen hartos aviones** a lot of o lots of planes fly from this airport.

➤ **harto** *adv* **-1.** somewhat, rather **-2.** *Andes, CAm, Carib, Méx fam* [mucho] a lot, very much; [muy] very, really.

hartón = **hartazgo.**

hash = **hachís.**

hasta ◇ *prep* **-1.** [en el espacio] as far as, up to; **desde aquí** ~ **allí** from here to there; **¿** ~ **dónde va este tren?** where does this train go? **-2.** [en el tiempo] until, till; ~ **ahora** (up) until now, so far; ~ **el final** right up until the end; ~ **luego** o **pronto** o **la vista** see you (later) **-3.** [con cantidades] up to. ◇ *adv* **-1.** [incluso] even **-2.** *CAm, Col, Ecuad, Méx* [no antes de]: **pinteremos la casa** ~ **fin de mes** we won't start painting the house until the end of the month.

➤ **hasta que** *loc conj* until, till.

hastiar [9] *vt* [aburrir] to bore; [asquear] to sicken, to disgust.

➤ **hastiarse de** *vpr* to tire of, to get fed up with.

hastío *m* [tedio] boredom *(U)*; [repugnancia] disgust.

hatajo *m* load, bunch; **un** ~ **de** [gamberros] a bunch of; [mentiras] a pack of.

hatillo *m* bundle of clothes.

hato *m* **-1.** [de ganado] herd; [de ovejas] flock **-2.** [de ropa] bundle.

haya ◇ ▷ **haber.** ◇ *f* [árbol] beech (tree); [madera] beech (wood).

hayal *m* beech grove o wood.

haz ◇ ▷ **hacer.** ◇ *m* **-1.** [de leña] bundle; [de cereales] sheaf **-2.** [de luz] beam.

hazaña *f* feat, exploit.

hazmerreír *m* laughing stock.

he ▷ **haber.**

hebilla *f* buckle.

hebra *f* **-1.** [de hilo] thread; [de judías, puerros] string; [de tabaco] strand (of tobacco) **-2.** *loc:* **pegar la** ~ *fam* to strike up a conversation; **perder la** ~ to lose the thread.

hebreo, a *adj* & *m,f* Hebrew.

➤ **hebreo** *m* [lengua] Hebrew.

hecatombe f carnage (U), disaster.

hechicería f -1. [arte] witchcraft, sorcery -2. [maleficio] spell.

hechicero, ra <> adj enchanting, bewitching. <> m,f wizard (f witch), sorcerer (f sorceress).

hechizar [13] vt to cast a spell on; fig to bewitch, to captivate.

hechizo m -1. [maleficio] spell -2. fig [encanto] magic, charm.

hecho, cha <> pp ⊳ hacer. <> adj -1. [acabado, realizado] done; **bien/mal** ~ well/badly done -2. [manufacturado] made; ~ **a mano** handmade; ~ **a máquina** machine-made -3. [convertido en]: **estás** ~ **un artista** you've become quite an artist -4. [formado]: **una mujer hecha y derecha** a fully-grown woman -5. [carne] done; **quiero el filete muy/poco** ~ I'd like the steak well done/rare.

➤ **hecho** <> m -1. [obra] action, deed; **a lo** ~, **pecho** it's no use crying over spilt milk -2. [suceso] event; ~ **consumado** fait accompli -3. [realidad, dato] fact. <> interj: ¡~! it's a deal!, you're on!

➤ **de hecho** loc adv in fact, actually.

hechura f -1. [de traje] cut -2. [forma] shape.

hectárea f hectare.

hectolitro m hectolitre.

hectómetro m hectometre.

heder [20] vi -1. [apestar] to stink, to reek -2. fig [fastidiar] to be annoying o irritating.

hediondo, da adj -1. [pestilente] stinking, foul-smelling -2. fig [insoportable] unbearable.

hedonismo m hedonism.

hedonista <> adj hedonistic. <> mf hedonist.

hedor m stink, stench.

hegemonía f [gen] dominance; POLÍT hegemony.

hegemónico, ca adj [gen] dominant; [clase, partido] ruling.

hégira, héjira f hegira.

helada ⊳ helado.

heladera f RP fudge.

heladería f [tienda] ice-cream parlour; [puesto] ice-cream stall.

heladero, ra m,f ice-cream seller.

helado, da adj -1. [hecho hielo - agua] frozen; [- lago] frozen over -2. [muy frío - manos, agua] freezing -3. fig [atónito] dumbfounded, speechless.

➤ **helado** m ice-cream.

➤ **helada** f frost.

helar [19] <> vt -1. [líquido] to freeze -2. [dejar atónito] to dumbfound. <> v impers: **ayer heló** there was a frost last night.

➤ **helarse** vpr to freeze; [plantas] to be frostbitten.

helecho m fern, bracken.

helénico, ca adj Hellenic, Greek.

helenismo m Hellenism.

heleno, na adj Hellenic, Greek.

hélice f -1. TECN propeller -2. [espiral] spiral.

helicóptero m helicopter.

helio m helium.

helipuerto m heliport.

helvético, ca adj & m,f Swiss.

hematíe m red blood cell.

hematología f haematology.

hematológico, ca adj haematological.

hematólogo, ga m,f haematologist.

hematoma m bruise, haematoma MED.

hembra f -1. BIOL female; [mujer] woman; [niña] girl -2. [del enchufe] socket.

hemeroteca f newspaper library o archive.

hemiciclo m -1. [semicírculo] semicircle -2. [en el parlamento] floor.

hemiplejia, hemiplejía f hemiplegia.

hemipléjico, ca adj & m,f hemiplegic.

hemisférico, ca adj hemispheric.

hemisferio m hemisphere.

hemofilia f haemophilia.

hemofílico, ca adj & m,f haemophiliac.

hemoglobina f haemoglobin.

hemograma m blood test.

hemopatía f blood disease o disorder.

hemorragia f haemorrhage; ~ **nasal** nosebleed.

hemorrágico, ca adj haemorrhagic.

hemorroides fpl haemorrhoids, piles.

hender [20], **hendir** [27] vt [carne, piel] to carve open, to cleave; [piedra, madera] to crack open; [aire, agua] to cut o slice through.

hendido, da adj split (open).

hendidura f [en carne, piel] cut, split; [en piedra, madera] crack.

hendir = hender.

heno m hay.

hepático, ca adj liver (antes de sust), hepatic.

hepatitis f inv hepatitis.

heptagonal adj heptagonal.

heptágono m heptagon.

heráldico, ca adj heraldic.

➤ **heráldica** f heraldry.

heraldo m herald.

herbario, ria *adj* herbal.
  ➥ **herbario** *m* [colección] herbarium.
herbicida *m* weedkiller.
herbívoro, ra ◇ *adj* herbivorous. ◇ *m,f*
herbivore.
herbolario, ria *m,f* [persona] herbalist.
  ➥ **herbolario** *m* [tienda] herbalist's (shop).
herboristería *f* herbalist's (shop).
hercio, hertz [ˈerθjo] *m* hertz.
hercúleo, a *adj* very powerful, incredibly
strong.
hércules *m* ox, very strong man.
heredar *vt*: ~ **(de)** to inherit (from).
heredero, ra *m,f* heir (*f* heiress); ~ **forzoso** heir apparent; ~ **universal** residuary
legatee.
hereditario, ria *adj* hereditary.
hereje *mf* heretic.
herejía *f* heresy.
herencia *f* [de bienes] inheritance; [de carac-
terísticas] legacy; *BIOL* heredity.
herético, ca *adj* heretical.
herido, da ◇ *adj* [gen] injured; [en lucha,
atentado] wounded; [sentimentalmente] hurt,
wounded. ◇ *m,f* [gen] injured person; [en
lucha, atentado] wounded person; **no hubo
~s** there were no casualties; **los ~s** the
wounded.
  ➥ **herida** *f* **-1.** [lesión] injury; [en lucha, aten-
tado] wound; **herida superficial** flesh wound;
heridas múltiples multiple injuries **-2.**
[ofensa] injury, offence; **hurgar en la herida** to reopen an old wound; **lamerse las heridas** to lick one's wounds; [pena] hurt *(U)*,
pain *(U)*.
herir [27] *vt* **-1.** [físicamente] to injure;
[en lucha, atentado] to wound; [vista] to hurt;
[oído] to pierce **-2.** [sentimentalmente] to
hurt.
hermafrodita *adj & m,f* hermaphrodite.
hermanado, da *adj* [gen] united, joined;
[ciudades] twinned.
hermanamiento *m* [gen] union; [de ciuda-
des] twinning.
hermanar *vt* **-1.** [esfuerzos, personas] to
unite **-2.** [ciudades] to twin.
  ➥ **hermanarse** *vpr* [ciudades] to be
twinned.
hermanastro, tra *m,f* stepbrother (*f*
stepsister).
hermandad *f* **-1.** [asociación] association;
[*RELIG* - de hombres] brotherhood; [- de mujeres]
sisterhood **-2.** [amistad] intimacy, close
friendship.
hermano, na ◇ *adj* related, connected.

◇ *m,f* brother (*f* sister); ~ **gemelo** twin
brother; ~ **mayor** older brother, big brother; ~ **menor** younger brother, little brother; ~ **de sangre** blood brother; ~ **s siameses**
Siamese twins.
hermético, ca *adj* **-1.** [al aire] airtight, hermetic; [al agua] watertight, hermetic **-2.** *fig*
[persona] inscrutable.
hermetismo *m* inscrutability.
hermoso, sa *adj* [gen] beautiful, lovely;
[hombre] handsome; [excelente] wonderful.
hermosura *f* [gen] beauty; [de hombre] hand-
someness.
hernia *f* hernia, rupture; ~ **discal** slipped
disc.
herniado, da ◇ *adj* ruptured. ◇ *m,f*
person suffering from a hernia.
herniarse [8] *vpr* **-1.** *MED* to rupture o.s. **-2.**
fam [esforzarse]: ~ **(a hacer algo)** to bust a
gut (doing sthg).
héroe *m* hero.
heroicidad *f* **-1.** [cualidad] heroism **-2.** [he-
cho] heroic deed.
heroico, ca *adj* heroic.
heroína *f* **-1.** [mujer] heroine **-2.** [droga]
heroin.
heroinomanía *f* heroin addiction.
heroinómano, na *m,f* heroin addict.
heroísmo *m* heroism.
herpes *m inv* herpes *(U)*.
herradura *f* horseshoe.
herraje *m* iron fittings *(pl)*, ironwork.
herramienta *f* tool.
herrería *f* **-1.** [taller] smithy, forge **-2.** [oficio]
smithery, blacksmith's trade.
herrero *m* blacksmith, smith.
herrín *m* rust.
herrumbrarse *vpr* to rust, to go rusty.
herrumbre *f* **-1.** [óxido] rust **-2.** [sabor] iron
taste.
herrumbroso, sa *adj* rusty.
hertz = hercio.
hervidero *m* **-1.** [de pasiones, intrigas] hotbed
-2. [de gente - muchedumbre] swarm, throng;
[- sitio] place throbbing *o* swarming with
people.
hervido *m* stew.
hervir [27] ◇ *vt* to boil. ◇ *vi* **-1.** [líquido] to
boil **-2.** *fig* [lugar]: ~ **de** to swarm with **-3.** *fig*
[persona]: ~ **en** to be burning with.
hervor *m* boiling; **dar un** ~ **a algo** to blanch
sthg.
heterodoxia *f* heterodoxy, unorthodox
nature.
heterodoxo, xa ◇ *adj* heterodox, un-

orthodox. ◇ *m,f* heterodox *o* unorthodox person.

heterogeneidad *f* heterogeneity.
heterogéneo, a *adj* heterogeneous.
heterosexual *adj* & *m,f* heterosexual.
heterosexualidad *f* heterosexuality.
hexadecimal *adj* INFORM hexadecimal.
hexagonal *adj* hexagonal.
hexágono *m* hexagon.
hez *f lit* & *fig* dregs *(pl)*.
➤ **heces** *fpl* [excrementos] faeces, excrement *(sg)*.
hg (*abrev de* **hectogramo**) hg.
hiato *m* hiatus.
hibernación *f* [de animales] hibernation.
hibernal *adj* winter *(antes de sust)*.
hibernar *vi* to hibernate.
híbrido, da *adj lit* & *fig* hybrid.
➤ **híbrido** *m* **-1.** [animal, planta] hybrid **-2.** *fig* [mezcla] cross.
hice *etc* ⊳ **hacer**.
hidalgo *mf* nobleman (*f* noblewoman).
hidratación *f* [de la piel] moisturizing; [de persona] rehydration; [de sustancia] hydration.
hidratado, da *adj* [piel] moist; QUÍM hydrated.
hidratante ◇ *adj* moisturizing. ◇ *m* moisturizing cream.
hidratar *vt* [piel] to moisturize; QUÍM to hydrate.
hidrato *m* hydrate; ~ **de carbono** carbohydrate.
hidráulico, ca *adj* hydraulic.
➤ **hidráulica** *f* hydraulics *(U)*.
hídrico, ca *adj* hydric.
hidroavión *m* seaplane.
hidrocarburo *m* hydrocarbon.
hidrocefalia *f* water on the brain, hydrocephalus MED.
hidrodinámico, ca *adj* hydrodynamic.
➤ **hidrodinámica** *f* hydrodynamics *(U)*.
hidroeléctrico, ca *adj* hydroelectric.
hidrófilo, la *adj* absorbent; **algodón** ~ cotton wool *UK*, cotton *US*.
hidrofobia *f* hydrophobia.
hidrófobo, ba *adj* hydrophobic, rabid.
hidrófugo, ga *adj* [contra filtraciones] waterproof; [contra humedad] damp-proof.
hidrógeno *m* hydrogen.
hidrografía *f* hydrography.
hidrográfico, ca *adj* hydrographic.
hidrólisis *f inv* hydrolysis.
hidroplano *m* **-1.** [barco] hydrofoil **-2.**

[avión] seaplane.
hidrosfera *f* hydrosphere.
hidrosoluble *adj* water-soluble.
hidrostático, ca *adj* hydrostatic.
➤ **hidrostática** *f* hydrostatics *(U)*.
hidroterapia *f* hydrotherapy.
hidróxido *m* hydroxide.
hidruro *m* hydride.
hieda *etc* ⊳ **heder**.
hiedra *f* ivy.
hiel *f* **-1.** [bilis] bile; **echar la** ~ to sweat blood **-2.** [mala intención] spleen, bitterness.
hiela *etc* ⊳ **helar**.
hielo *m* ice; **con** ~ [whisky] with ice, on the rocks; **romper el** ~ *fig* to break the ice; **ser más frío que el** ~ to be as cold as ice.
hiena *f* hyena.
hienda *etc* ⊳ **hender, hendir**.
hiera *etc* ⊳ **herir**.
hierático, ca *adj* solemn.
hierba, yerba *f* **-1.** [planta] herb; **mala** ~ weed; ~ **mate** maté; ~**s medicinales** medicinal herbs **-2.** [césped] grass **-3.** *fam* [droga] grass **-4.** *loc:* **ser mala** ~ to be a nasty piece of work; **mala** ~ **nunca muere** *proverb* ill weeds grow apace *proverb*; **y otras** ~**s** and so on.
hierbabuena *f* mint.
hierro *m* **-1.** [metal] iron; **de** ~ [severo] iron *(antes de sust)*; ~ **forjado** wrought iron; ~ **fundido** cast iron; ~ **laminado** sheet metal; **quitar** ~ **a algo** to play sthg down **-2.** [de puñal] blade; [de flecha] point; **quien a** ~ **mata a** ~ **muere** *proverb* he who lives by the sword dies by the sword *proverb*.
hierva *etc* ⊳ **hervir**.
HI-FI (*abrev de* **high fidelity**) *f* hi-fi.
higadillo *m:* ~**s de pollo** chicken livers.
hígado *m* liver; **echar los** ~**s** to nearly kill o.s. (with the effort); **tener** ~**s** to have guts.
higiene *f* hygiene; ~ **mental** mental health; ~ **personal** personal hygiene.
higiénico, ca *adj* hygienic; **papel** ~ toilet paper.
higienista *mf* hygienist.
higienización *f* sterilization.
higienizar [13] *vt* to sterilize.
higo *m* fig; ~ **chumbo** prickly pear; **de** ~**s a brevas** once in a blue moon; **me importa un** ~ *fam* I couldn't care less.
higuera *f* fig tree; ~ **chumba** prickly pear; **estar en la** ~ *fig* to live in a world of one's own.
hijastro, tra *m,f* stepson (*f* stepdaughter).

hijo, ja *m,f*-**1.** [descendiente] son (*f*daughter); ~ **adoptivo** adopted child; ~ **de la chingada** *Méx* o **de puta** *vulg* fucking bastard, motherfucker (*f*fucking bitch); ~ **de papá** *fam* daddy's boy; ~ **ilegítimo** o **natural** illegitimate child; ~ **no deseado** unwanted child; ~ **pródigo** prodigal son; ~ **único** only child; **cualquier** o **todo** ~ **de vecino** *fam fig* any Tom, Dick or Harry -**2.** [natural] native -**3.** [como forma de dirigirse a alguien]: **¡pues ~, podrías haber avisado!** you could at least have told me, couldn't you?; **¡hija mía, qué bruta eres!** God, you're stupid!
➧ **hijo** *m* [hijo o hija] child.
➧ **hijos** *mpl* children.
hilacha *f*loose thread.
hilada *f*row.
hilandero, ra *m,f*spinner.
hilar *vt* [hilo, tela] to spin; [ideas, planes] to think up; ~ **delgado** o **muy fino** *fig* to split hairs.
hilarante *adj* hilarious.
hilaridad *f*hilarity.
hilera *f*row; **en** ~ in a row.
hilo *m* -**1.** [fibra, hebra] thread; **colgar** o**pender de un** ~ to be hanging by a thread; **mover los** ~**s** to pull some strings -**2.** [tejido] linen -**3.** [de metal, teléfono] wire; **sin** ~**s** wireless -**4.** [de agua, sangre] trickle; **apenas le salía un** ~ **de voz** he was barely able to speak -**5.** [de pensamiento] train; [de discurso, conversación] thread; **perder el** ~ to lose the thread; **seguir el** ~ to follow (the thread).
➧ **hilo dental** *m* dental floss.
➧ **hilo musical** *m* piped music.
hilván *m* -**1.** [costura] tacking *UK*, basting *US* -**2.** [hilo] tacking stitch *UK*, basting stitch *US*.
hilvanado *m* tacking *UK*, basting *US*.
hilvanar *vt* -**1.** [ropa] to tack *UK*, to baste *US* -**2.** [coordinar - ideas] to piece together -**3.** [improvisar] to throw together.
himen *m* hymen.
himno *m* hymn; ~ **nacional** national anthem.
hincapié *m*: **hacer** ~ **en** [insistir] to insist on; [subrayar] to emphasize, to stress.
hincar [10] *vt*: ~ **algo en** to stick sthg into.
➧ **hincarse** *vpr*: ~**se de rodillas** to fall to one's knees.
hincha ◇ ▷ **henchir.** ◇ *mf* [seguidor] fan. ◇ *f* [rabia]: **tener** ~ **a alguien** to have it in for sb.
hinchado, da *adj* -**1.** [rueda, globo] inflated; [cara, tobillo] swollen -**2.** *fig* [persona] big-

headed, conceited; [lenguaje, estilo] bombastic.
➧ **hinchada** *f*fans (*pl*).
hinchar *vt lit* & *fig* to blow up.
➧ **hincharse** *vpr* -**1.** [pierna, mano] to swell (up) -**2.** *fig* [persona] to become bigheaded -**3.** *fig* [de comida]: ~**se (a)** to stuff o.s. (with).
➧ **hincharse a** *vpr* [no parar de]: ~**se a hacer algo** to do sthg a lot.
hinchazón *f*swelling.
hinche, hinchiera *etc* ▷ **henchir.**
hindiera *etc* ▷ **hendir.**
hindú (*pl* **hindúes**) *adj* & *m,f* -**1.** [de la India] Indian -**2.** *RELIG* Hindu.
hinduismo *m* Hinduism.
hinojo *m* fennel.
hinque *etc* ▷ **hincar.**
hip *interj*: **¡** ~ ~ **hurra!** hip, hip, hooray!
hipar *vi* to hiccup, to have hiccups.
hiper *m fam* hypermarket.
hiperactividad *f*hyperactivity.
hiperactivo, va *adj* hyperactive.
hipérbaton (*pl* **hipérbatos** o **hiperbatones**) *m* hyperbaton.
hipérbola *f*hyperbola.
hipérbole *f*hyperbole.
hiperbólico, ca *adj* GEOM & LITER hyperbolic.
hiperenlace *m* INFORM hyperlink.
hiperglucemia *f*hyperglycæmia.
hipermercado *m* hypermarket.
hipermetropía *f*long-sightedness.
hiperrealismo *m* *artistic movement concerned with almost photographic representation of reality.*
hipersensibilidad *f*hypersensitivity.
hipersensible *adj* hypersensitive.
hipertensión *f*high blood pressure.
hipertenso, sa ◇ *adj* with high blood pressure. ◇ *m,f* person with high blood pressure.
hipertexto *m* INFORM hypertext.
hipertrofia *f* hypertrophy; *fig* overexpansion.
hípico, ca *adj* [de las carreras] horseracing (*antes de sust*); [de la equitación] showjumping (*antes de sust*).
➧ **hípica** *f*[carreras de caballos] horseracing; [equitación] showjumping.
hipnosis *f inv* hypnosis.
hipnótico, ca *adj* hypnotic.
➧ **hipnótico** *m* hypnotic, narcotic.
hipnotismo *m* hypnotism.
hipnotización *f*hypnotization.
hipnotizador, ra ◇ *adj* hypnotic; *fig*

spellbinding, mesmerizing. ◇ *m,f* hypnotist.

hipnotizar [13] *vt* to hypnotize; *fig* to mesmerize.

hipo *m* hiccups *(pl)*; **tener ~** to have (the) hiccups; **quitar el ~ a uno** *fig* to take one's breath away.

hipocentro *m* hypocentre, focus.

hipocondría *f* hypochondria.

hipocondriaco, ca *adj* & *m,f* hypochondriac.

hipocrático, ca *adj*: **juramento ~** Hippocratic oath.

hipocresía *f* hypocrisy.

hipócrita ◇ *adj* hypocritical. ◇ *mf* hypocrite.

hipodérmico, ca *adj* hypodermic.

hipodermis *f inv* hypodermis.

hipódromo *m* racecourse, racetrack.

hipófisis *f inv* pituitary gland.

hipoglucemia *f* hypoglycaemia.

hipopótamo *m* hippopotamus.

hipotálamo *m* hypothalamus.

hipoteca *f* mortgage; **levantar una ~** to pay off a mortgage.

hipotecable *adj* mortgageable.

hipotecar [10] *vt* - **1.** [bienes] to mortgage - **2.** *fig* [poner en peligro] to compromise, to jeopardize.

hipotecario, ria *adj* mortgage *(antes de sust)*.

hipotensión *f* low blood pressure.

hipotenso, sa ◇ *adj* with low blood pressure. ◇ *m,f* person with low blood pressure.

hipotensor *m* hypotensive drug.

hipotenusa *f* hypotenuse.

hipotermia *f* hypothermia.

hipótesis *f inv* hypothesis.

hipotético, ca *adj* hypothetic, hypothetical.

hippy, hippie ['xipi] *(pl* **hippies)** *adj* & *m,f* hippy.

hiriente *adj* [palabras] hurtful, cutting.

hiriera *etc* ⊳ **herir**.

hirsuto, ta *adj* [cabello] wiry; [brazo, pecho] hairy.

hirviera *etc* ⊳ **hervir**.

hisopo *m* - **1.** *RELIG* aspergillum, sprinkler - **2.** *BOT* hyssop.

hispalense *adj* & *m,f* Sevillian.

hispánico, ca *adj* & *m,f* Hispanic, Spanish-speaking.

hispanidad *f* [cultura] Spanishness; [pueblos]

Spanish-speaking world.

hispanista *mf* Hispanist, student of Hispanic culture.

hispano, na ◇ *adj* [español] Spanish; [hispanoamericano] Spanish-American; [en Estados Unidos] Hispanic. ◇ *m,f* [español] Spaniard; [estadounidense] Hispanic.

hispanoamericano, na ◇ *adj* Spanish-American. ◇ *m,f* Spanish American.

hispanoárabe ◇ *adj* Hispano-Arabic. ◇ *mf* Spanish Arab.

hispanohablante ◇ *adj* Spanish-speaking. ◇ *mf* Spanish speaker.

histamina *f* histamine.

histerectomía *f* hysterectomy.

histeria *f* MED & *fig* hysteria.

histérico, ca ◇ *adj* MED & *fig* hysterical; **ponerse ~** to get hysterical. ◇ *m,f* MED hysteric; *fig* hysterical person.

histerismo *m* MED & *fig* hysteria.

histerotomía *f* hysterotomy.

histología *f* histology.

historia *f* - **1.** [gen] history; **~ antigua/universal** ancient/world history; **~ del arte** art history; **hacer ~** to make history; **pasar a la ~** to go down in history - **2.** [narración, chisme] story; **dejarse de ~s** to stop beating about the bush.

➡ **historia natural** *f* natural history.

historiador, ra *m,f* historian.

historial *m* [gen] record; [profesional] curriculum vitae, résumé *US*; **~ médico** o **clínico** medical o case history.

historicidad *f* historicity, historical authenticity.

historicismo *m* historicism.

histórico, ca *adj* - **1.** [de la historia] historical - **2.** [verídico] factual - **3.** [importante] historic.

historieta *f* - **1.** [chiste] funny story, anecdote - **2.** [tira cómica] comic strip.

historiografía *f* historiography.

historiógrafo, fa *m,f* historiographer.

histriónico, ca *adj* histrionic.

histrionismo *m* histrionics *(pl)*.

hit [xit] *(pl* **hits)** *m* hit.

hitita *adj* & *m,f* Hittite.

hitleriano, na [xitle'rjano, na] *adj* & *m,f* Hitlerite.

hito *m* *lit* & *fig* milestone; **mirar a alguien de ~ en ~** to stare at sb.

hizo ⊳ **hacer**.

hl *(abrev de* **hectolitro)** hl.

hm *(abrev de* **hectómetro)** hm.

hobby ['xoβi] *(pl* **hobbies)** *m* hobby.

hocico *m* - **1.** [de perro] muzzle; [de gato] nose;

[de cerdo] snout **- 2.** *despec* [de personas - boca] rubber lips *(pl)*; [- cara] mug; **caer de ~s** to fall flat on one's face; **meter el ~ en todo** to to stick one's nose into everything.

hockey ['xokeil *m* hockey; **~ sobre hielo/patines** ice/roller hockey; **~ sobre hierba** (field) hockey.

hogar *m* **- 1.** [de chimenea] fireplace; [de horno, cocina] grate **- 2.** [domicilio] home; **artículos para el ~** household goods; **labores del ~** housework; **~, dulce ~** home, sweet home; **~ de ancianos** old people's home.

hogareño, ña *adj* [gen] family *(antes de sust)*; [amante del hogar] home-loving, homely.

hogaza *f* large loaf.

hoguera *f* bonfire; **morir en la ~** to be burned at the stake.

hoja *f* **- 1.** [de plantas] leaf; **de ~ caduca** deciduous; **de ~ perenne** evergreen; [de flor] petal; [de hierba] blade **- 2.** [de papel] sheet (of paper); [de libro] page; **~ informativa** newsletter; **~ de paga** pay slip; **~ de servicios** record (of service), track record **- 3.** [de cuchillo] blade; **~ de afeitar** razor blade **- 4.** [de puertas, ventanas] leaf.

➦ **hoja de cálculo** *f INFORM* spreadsheet.

hojalata *f* tinplate.

hojalatería *f* tinsmith's.

hojalatero *m* tinsmith.

hojaldre *m* puff pastry.

hojarasca *f* **- 1.** [hojas secas] (dead) leaves *(pl)*; [frondosidad] tangle of leaves **- 2.** *fig* [paja] rubbish.

hojear *vt* to leaf through.

hola *interj*: ¡**~**! hello!

Holanda Holland.

holandés, esa ⇔ *adj* Dutch. ⇔ *m, f* [persona] Dutchman (*f* Dutchwoman).

➦ **holandés** *m* [lengua] Dutch.

➦ **holandesa** *f* [papel] *piece of paper measuring 22 × 28 cm.*

holding ['xoldinl *(pl* **holdings**) *m* holding company.

holgado, da *adj* **- 1.** [ropa] baggy, loose-fitting; [habitación, espacio] roomy **- 2.** [victoria, situación económica] comfortable.

holganza *f* leisure.

holgar [39] *vi* [sobrar] to be unnecessary; **huelga decir que ...** needless to say ...

holgazán, ana ⇔ *adj* idle, good-for-nothing. ⇔ *m, f* good-for-nothing.

holgazanear *vi* to laze about.

holgazanería *f* idleness.

holgué *etc* ⊳ **holgar.**

holgura *f* **- 1.** [anchura - de espacio] room; [- de

ropa] bagginess, looseness; [- entre piezas] play, give **- 2.** [bienestar] comfort, affluence; **vivir con ~** to be comfortably off.

hollar [23] *vt* to tread (on).

hollejo *m* skin *(of grape, olive etc)*.

hollín *m* soot.

holocausto *m* holocaust.

holografía *f* holography.

holograma *m* hologram.

hombre ⇔ *m* man; **el ~** [la humanidad] man, mankind; **~ de acción** man of action; **el ~ de la calle** *o* **de a pie** the man in the street; **~ de las cavernas** caveman; **~ de estado** statesman; **~ de mundo** man of the world; **~ de negocios** businessman; **~ de paja** front (man); **~ de palabra** man of his word; **~ del saco** *fam* bogeyman; **~ del tiempo** weatherman; **el abominable ~ de las nieves** the abominable snowman; **un pobre ~** a nobody; **¡pobre ~!** poor chap *UK o* guy!; **de ~ a ~** man to man; **ser muy ~** to be a (real) man; **ser todo un ~** to be every bit a man; **ser un ~ hecho y derecho** to be a grown man; **el ~ propone y Dios dispone** *proverb* Man proposes, God disposes *proverb*; **~ precavido vale por dos** *proverb* forewarned is forearmed *proverb*. ⇔ *interj*: ¡**~**! ¡**qué alegría verte!** (hey,) how nice to see you!

➦ **hombre lobo** (*pl* **hombres lobo**) *m* werewolf.

➦ **hombre orquesta** (*pl* **hombres orquesta**) *m* one-man band.

➦ **hombre rana** (*pl* **hombres rana**) *m* frogman.

hombrera *f* [de traje, vestido] shoulder pad; [de uniforme] epaulette.

hombría *f* manliness.

hombro *m* shoulder; **a ~s** over one's shoulders; **al ~** across one's shoulder; **con ~** shoulder to shoulder; **encogerse de ~s** to shrug one's shoulders; **arrimar el ~** *fig* to lend a hand; **echarse algo al ~** *fig* to shoulder sthg, to take sthg on; **mirar por encima del ~ a alguien** *fig* to look down one's nose at sb.

hombruno, na *adj* masculine, mannish.

homenaje *m* [gen] tribute; [al soberano] homage; **partido (de) ~** testimonial (match); **en ~ de** *o* **a** in honour of, as a tribute to; **rendir ~ a** to pay tribute to.

homenajeado, da ⇔ *adj* honoured. ⇔ *m, f* guest of honour.

homenajear *vt* to pay tribute to, to honour.

homeópata *mf* homeopath.

homeopatía *f* homeopathy.
homeopático, ca *adj* homeopathic.
homérico, ca *adj* **-1.** *LITER* Homeric **-2.** [épico] epic.
homicida ◇ *adj* [mirada etc] murderous; **arma** ~ murder weapon. ◇ *mf* murderer.
homicidio *m* homicide, murder; ~ **frustrado** attempted murder; ~ **involuntario** manslaughter.
homilía *f* homily, sermon.
homínido *m* hominid.
homófono, na *adj* homophonic.
homogeneidad *f* homogeneity.
homogeneización *f* homogenization.
homogeneizar [13] *vt* to homogenize.
homogéneo, a *adj* homogenous.
homógrafo, fa *adj* homographic.
 ➤ **homógrafo** *m* homograph.
homologable *adj*: ~ **(a)** comparable (to).
homologación *f* **-1.** [equiparación] bringing into line **-2.** [ratificación - de producto] official authorization; [- de récord] official confirmation.
homologar [16] *vt* **-1.** [equiparar]: ~ **(con)** to bring into line (with), to make comparable (with) **-2.** [dar por válido - producto] to authorize officially; [- récord] to confirm officially.
homólogo, ga ◇ *adj* **-1.** [semejante] equivalent **-2.** *GEOM & QUÍM* homologous. ◇ *m,f* counterpart.
homonimia *f* homonymy.
homónimo, ma ◇ *adj* homonymous. ◇ *m,f* [tocayo] namesake.
 ➤ **homónimo** *m GRAM* homonym.
homosexual *adj & m,f* homosexual.
homosexualidad *f* homosexuality.
hondo, da *adj* **-1.** *lit & fig* [gen] deep; **tiene tres metros de** ~ it's three metres deep; **lo** ~ the depths *(pl)*; **calar** ~ **en** to strike a chord with; **en lo más** ~ **de** in the depths of **-2.** ▷ **cante.**
 ➤ **honda** *f* sling.
hondonada *f* hollow.
hondura *f* depth.
Honduras Honduras.
hondureño, ña *adj & m,f* Honduran.
honestamente *adv* [con honradez] honestly; [con decencia] modestly, decently; [con justicia] fairly.
honestidad *f* [honradez] honesty; [decencia] modesty, decency; [justicia] fairness.
honesto, ta *adj* [honrado] honest; [decente] modest, decent; [justo] fair.
hongo *m* **-1.** [planta - comestible] mushroom; [- no comestible] toadstool; **crecer como** ~**s** to

spring up like mushrooms **-2.** [enfermedad] fungus **-3.** [sombrero] bowler (hat) *UK*, derby *US*.
honor *m* honour; **en** ~ **de** in honour of; **hacer** ~ **a** to live up to; **en** ~ **a la verdad** to be (quite) honest; **tener el** ~ **de hacer algo** to have the honour of doing sthg.
 ➤ **honores** *mpl* [ceremonial] honours; **hacer los** ~**es de la casa** *fig* to do the honours, to look after the guests.
honorabilidad *f* honour.
honorable *adj* honourable.
honorario, ria *adj* honorary.
 ➤ **honorarios** *mpl* fees.
honorífico, ca *adj* honorific.
honra *f* honour; **es la** ~ **de su país** she's the pride *o* toast of her country; **tener algo a mucha** ~ to be honoured by sthg; **¡y a mucha** ~**!** and proud of it!
 ➤ **honras fúnebres** *fpl* funeral *(sg)*.
honradez *f* honesty.
honrado, da *adj* honest.
honrar *vt* to honour.
 ➤ **honrarse** *vpr*: ~**se (con algo/de hacer algo)** to be honoured (by sthg/to do sthg).
honrilla *f* pride, concern about what people say.
honroso, sa *adj* **-1.** [que da honra] honorary **-2.** [respetable] honourable, respectable.
hora *f* **-1.** [del día] hour; **a primera** ~ first thing in the morning; **a última** ~ [al final del día] at the end of the day; [en el último momento] at the last moment; **dar la** ~ to strike the hour; **de última** ~ [noticia] latest, up-to-the-minute; [preparativos] last-minute; **'última** ~**'** 'stop press'; **(pagar) por** ~**s** (to pay) by the hour; **poner el reloj en** ~ to set one's watch *o* clock; ~ **de dormir** bedtime; ~**s de oficina/trabajo** office/working hours; ~ **local/oficial** local/official time; ~ **punta** *o* **pico** *Amér* rush hour; ~**s extraordinarias** overtime *(U)*; ~**s libres** free time *(U)*; ~**s de visita** visiting times; ~**s de vuelo** flying time *(sg)*; **media** ~ half an hour **-2.** [momento determinado] time; **¿a qué** ~ **sale?** what time *o* when does it leave?; **es** ~ **de irse** it's time to go; **es** ~ **de cenar** it's time for supper; **a la** ~ on time; **cada** ~ hourly; **en su** ~ when the time comes, at the appropriate time; **¿qué** ~ **es?** what time is it?; ~ **de cerrar** closing time; ~ **H** zero hour **-3.** [cita] appointment; **pedir/dar** ~ to ask for/give an appointment; **tener** ~ **en/con** to have an appointment at/with **-4.** [muerte]: **llegó mi** ~ my time has come **-5.** *loc*: **a altas** ~**s de la noche** in the small hours; **a buenas** ~**s**

(mangas verdes) it's a bit late now; **en mala ~** unluckily; **la ~ de la verdad** the moment of truth; **no ver la ~ de hacer algo** [no tener tiempo] not to know when one is going to find time to do sthg; [estar ansioso] not to be able to wait to do sthg; **tener las ~s contadas** to have one's days numbered; ¡ya era ~! and about time too!

horadar vt to pierce; [con máquina] to bore through.

horario, ria adj time (antes de sust).
➤ **horario** m timetable; **~ comercial/laboral** opening/working hours (pl); **~ flexible** flexitime (U); **~ intensivo** working day without a long break for lunch; **~ de visitas** visiting hours (pl).

horca f -1. [patíbulo] gallows (pl) -2. AGR pitchfork.

horcajadas
➤ **a horcajadas** loc adv astride.

horchata f cold drink made from ground tiger nuts or almonds, milk and sugar.

horchatería f bar where 'horchata' is served.

horda f horde.

horizontal adj horizontal.

horizonte m horizon.

horma f [gen] mould, pattern; [para arreglar zapatos] last; [para conservar zapatos] shoe tree; [de sombrero] hat block; **encontrar alguien la ~ de su zapato** fig to meet one's match.

hormiga f ant; **ser una ~** fig to be hardworking and thrifty.

hormigón m concrete; **~ armado** reinforced concrete.

hormigonera f concrete mixer.

hormiguear vi -1. [dar hormigueo]: **me hormiguean las piernas** I've got pins and needles in my legs -2. [bullir] to swarm.

hormigueo m pins and needles (pl).

hormiguero ◇ ▷ **oso.** ◇ m ants' nest.

hormiguita f fam hard-working and thrifty person.

hormona f hormone.

hormonal adj hormonal.

hornada f lit & fig batch.

hornear vt to bake.

hornillo m [para cocinar] camping o portable stove; [de laboratorio] small furnace.

horno m CULIN oven; TECN furnace; [de cerámica, ladrillos] kiln; **al ~** baked; **alto ~** blast furnace; **altos ~s** [factoría] iron and steelworks; **~ crematorio** crematorium; **~ eléctrico** electric oven; **~ de gas** gas oven; **~**

microondas microwave (oven); **no está el ~ para bollos** the time is not right.

horóscopo m -1. [signo zodiacal] star sign -2. [predicción] horoscope.

horquilla f -1. [para el pelo] hairgrip, hairpin, bobby pin US -2. [de bicicleta etc] fork.

horrendo, da adj [gen] horrendous; [muy malo] terrible, awful.

hórreo m raised granary typical of Asturias and Galicia.

horrible adj [gen] horrible; [muy malo] terrible, awful.

horripilante adj -1. [terrorífico] horrifying, spine-chilling -2. fam [muy malo, feo] dreadful, awful.

horripilar vt to terrify, to scare to death.

horror m -1. [miedo] terror, horror; ¡qué ~! how awful!; **tener ~ a algo** to have a horror of sthg -2. (gen pl) [atrocidad] atrocity.
➤ **horrores** adv fam terribly, an awful lot.

horrorizado, da adj terrified, horrified.

horrorizar [13] vt to terrify, to horrify.
➤ **horrorizarse** vpr to be terrified o horrified.

horroroso, sa adj -1. [gen] awful, dreadful -2. [muy feo] horrible, hideous -3. fam [enorme] terrible.

hortaliza f (garden) vegetable.

hortelano, na ◇ adj market garden (antes de sust). ◇ m,f market gardener.

hortensia f hydrangea.

hortera fam ◇ adj tasteless, tacky. ◇ mf person with no taste.

horterada f fam tacky thing.

hortícola adj horticultural.

horticultor, ra m,f horticulturalist.

horticultura f horticulture.

hosco, ca adj [persona] sullen, gruff; [lugar] grim, gloomy.

hospedaje m -1. [alojamiento] accommodation, lodgings (pl) -2. [dinero] (cost of) board and lodging.

hospedar vt to put up.
➤ **hospedarse** vpr to stay.

hospicio m [para niños] orphanage, children's home; [para pobres] poorhouse.

hospital m hospital.

hospitalario, ria adj -1. [acogedor] hospitable -2. [de hospital] hospital (antes de sust).

hospitalidad f hospitality.

hospitalización f hospitalization.

hospitalizar [13] vt to hospitalize, to take o send to hospital.

hostal m guesthouse.

hostelería f catering.

hostelero, ra ◇ *adj* catering *(antes de sust).* ◇ *m,f* landlord *(f* landlady).

hostería *f* **-1.** guesthouse **-2.** *CSur* country hotel.

hostia *f* **-1.** *RELIG* host **-2.** *vulg* [bofetada] bash, punch; **dar de ~s a alguien** to beat the shit out of sb **-3.** *vulg* [accidente] smash-up; **darse** *o* **pegarse una ~** to have a smash-up.
➡ **hostias** *interj vulg*: **¡~s!** bloody hell!, damn it!

hostiar [9] *vt vulg* to bash.

hostigamiento *m* harassment.

hostigar [16] *vt* **-1.** [acosar] to pester, to bother **-2.** *MIL* to harass.

hostil *adj* hostile.

hostilidad *f* [sentimiento] hostility.
➡ **hostilidades** *fpl MIL* hostilities.

hostilizar [13] *vt* to harass.

hotel *m* hotel.

hotelería *f* hotel industry *o* trade.

hotelero, ra ◇ *adj* hotel *(antes de sust).* ◇ *m,f* hotel manager *(f* hotel manageress), hotelier.

hoy *adv* **-1.** [en este día] today; **de ~ en adelante** from now on; **~ mismo** this very day; **por ~** for now, for the time being **-2.** [en la actualidad] nowadays, today; **~ día, ~ en día, ~ por ~** these days, nowadays.

hoyo *m* **-1.** [gen] hole, pit; [de golf] hole **-2.** *fam* [sepultura] grave.

hoyuelo *m* dimple.

hoz *f* sickle; **la ~ y el martillo** the hammer and sickle.

HTML *(abrev de* **hypertext markup language)** *m INFORM* HTML.

huacal *m Méx* **-1.** [jaula] cage **-2.** [cajón] drawer.

huachafería *f Perú fam* **-1.** [hecho] tacky thing **-2.** [dicho] naff comment.

huachafo, fa *adj Perú fam* tacky.

huacho, cha *m,f Amér fam* illegitimate child.

huasca *f Amér* whip.

huaso, sa *m,f Chile fam* farmer, peasant.

hubiera *etc* ▷ **haber**.

hucha *f* moneybox.

hueco, ca *adj* **-1.** [vacío] hollow **-2.** [sonido] resonant, hollow **-3.** [sin ideas] empty.
➡ **hueco** *m* **-1.** [cavidad - gen] hole; [- en pared] recess **-2.** [tiempo libre] spare moment **-3.** [espacio libre] space, gap; [de escalera] well; [de ascensor] shaft; **hacer un ~ a alguien** to make space for sb.

huela *etc* ▷ **oler**.

huelga ◇ ▷ **holgar**. ◇ *f* strike; **estar/ declararse en ~** to be/to go on strike; **~ de brazos caídos** *o* **cruzados** sit-down (strike); **~ de celo** work-to-rule; **~ de hambre** hunger strike; **~ general** general strike; **~ indefinida** indefinite strike; **~ salvaje** wildcat strike.

huelguista ◇ *adj* strike *(antes de sust).* ◇ *mf* striker.

huella ◇ ▷ **hollar**. ◇ *f* **-1.** [de persona] footprint; [de animal, rueda] track; **~ digital** *o* **dactilar** fingerprint; **seguir las ~s de alguien** to follow in sb's footsteps **-2.** *fig* [vestigio] trace; **sin dejar ~** without (a) trace **-3.** *fig* [impresión profunda] mark; **dejar ~** to leave one's mark.

huérfano, na *adj & m,f* orphan; **es ~ de madre** his mother is dead, he's lost his mother.

huerta *f* **-1.** [huerto] market garden *UK*, truck farm *US* **-2.** [tierra de regadío] *irrigated crop-growing region.*

huerto *m* [de hortalizas] vegetable garden; [de frutales] orchard.

hueso *m* **-1.** [del cuerpo] bone; **acabar** *o* **dar con sus ~s en** to end up in; **estar calado hasta los ~s** to be soaked to the skin; **estar en los ~s** to be all skin and bones; **no poder alguien con sus ~s** to be ready to drop, to be exhausted; **ser un ~ duro de roer** to be a hard nut to crack **-2.** [de fruto] stone *UK*, pit *US* **-3.** *fam* [persona] very strict person; [asignatura] difficult subject **-4.** *Amér, Méx fam* [enchufe] contacts *(pl)*, influence **-5.** *Méx fam* [trabajo fácil] cushy job.
➡ **hueso de santo** *m CULIN* small marzipan roll filled with egg yolk.

huésped, da *m,f* guest.

huestes *fpl* [gen] army *(sg)*; [seguidores] followers.

huesudo, da *adj* bony.

hueva *f* roe.

huevada *f Andes mfam* crap.

huevear *vi Amér fam* to muck about.

huevero, ra *m,f* egg seller.
➡ **huevera** *f* **-1.** [para servir] egg cup **-2.** [para guardar] egg box.

huevo *m* **-1.** [de animales] egg; **~ a la copa** *o* **tibio** *Andes* soft-boiled egg; **~ escalfado/frito** poached/fried egg; **~ pasado por agua/ duro** soft-boiled/hard-boiled egg; **~ de Pascua** Easter egg; **~s al plato** *eggs cooked in the oven in an earthenware dish;* **~s revueltos** scrambled eggs; **parecerse como un ~ a una castaña** to be like chalk and cheese **-2.** *(gen pl) vulg* [testículos] balls *(pl)*; **costar un ~** [ser caro] to cost a packet *o* bomb; [ser difícil] to be bloody hard; **saber un** ~ to know a hell of a lot; **tener** ~**s** to have (a lot of) balls; **¡y un** ~**!** bollocks!, like hell!

huevón, huevona *m,f Andes, Arg, Ven vulg* prat *UK*, pillock *UK*, jerk *US*.

huida *f* escape, flight.

huidizo, za *adj* shy, elusive.

huipil *m CAm, Méx colourful embroidered dress or blouse traditionally worn by Indian women.*

huir [51] ◇ *vi* -**1.** [escapar]: ~ **(de)** [gen] to flee (from); [de cárcel etc] to escape (from); ~ **del país** to flee the country -**2.** [evitar]: ~ **de algo** to avoid sthg, to keep away from sthg. ◇ *vt* to avoid.

huiro *m Chile* seaweed.

hule *m* oilskin.

hulla *f* soft coal.

hullero, ra *adj* soft coal *(antes de sust).*

humanidad *f* humanity.
　➡ **humanidades** *fpl* [letras] humanities.

humanismo *m* humanism.

humanista ◇ *adj* humanist, humanistic. ◇ *mf* humanist.

humanístico, ca *adj* humanistic.

humanitario, ria *adj* humanitarian.

humanitarismo *m* humanitarianism.

humanización *f* humanization.

humanizar [13] *vt* to humanize, to make more human.
　➡ **humanizarse** *vpr* to become more human.

humano, na *adj* -**1.** [del hombre] human -**2.** [compasivo] humane.
　➡ **humano** *m* human being; **los** ~**s** mankind *(U).*

humareda *f* cloud of smoke.

humeante *adj* [lleno de humo] smoky; [que echa humo] smoking; [que echa vapor] steaming.

humear *vi* [salir humo] to (give off) smoke; [salir vapor] to steam.

humedad *f* -**1.** [gen] dampness; [en pared, techo] damp; [de piel, ojos etc] moistness -**2.** [de atmósfera etc] humidity; ~ **absoluta/relativa** absolute/relative humidity.

humedecer [30] *vt* to moisten.
　➡ **humedecerse** *vpr* to become moist; ~**se los labios** to moisten one's lips.

humedecimiento *m* moistening.

húmedo, da *adj* -**1.** [gen] damp; [chorreando] wet; [piel, ojos etc] moist -**2.** [aire, clima, atmósfera] humid.

húmero *m* humerus.

humidificador *m* humidifier.

humidificar [10] *vt* to humidify.

humildad *f* humility.

humilde *adj* humble.

humillación *f* humiliation.

humillado, da *adj* humiliated.

humillante *adj* humiliating.

humillar *vt* to humiliate.
　➡ **humillarse** *vpr* to humble o.s.; ~**se a hacer algo** [rebajarse] to lower o.s. to do sthg, to stoop to doing sthg.

humita *f Andes, Arg* paste made of mashed maize *UK* 0 *corn US* kernels mixed with cheese, chilli and onion, wrapped in a maize *UK* 0 *corn US* husk and steamed.

humo *m* [gen] smoke; [vapor] steam; [de coches etc] fumes *(pl)*; **echar** ~ *lit* to smoke; *fig* to be fuming; **tragarse el** ~ [al fumar] to inhale.
　➡ **humos** *mpl fig* [aires] airs; **bajarle a alguien los** ~**s** to take sb down a peg or two; **tener muchos** ~**s** to put on airs.

humor *m* -**1.** [estado de ánimo] mood; [carácter] temperament; **estar de buen/mal** ~ to be in a good/bad mood; **tener un** ~ **de perros** to be in a filthy mood -**2.** [gracia] humour; **un programa de** ~ a comedy programme; ~ **negro** black humour -**3.** [ganas] mood; **no estoy de** ~ I'm not in the mood -**4.** *ANAT* humour.

humorismo *m* humour; *TEATR & TV* comedy.

humorista *mf* humorist; *TEATR & TV* comedian *(f* comedienne*).*

humorístico, ca *adj* humorous.

humus *m inv* humus.

hundimiento *m* -**1.** [naufragio] sinking -**2.** [ruina] collapse.

hundir *vt* -**1.** [gen] to sink; ~ **algo en el agua** to put sthg underwater -**2.** [afligir] to devastate, to destroy -**3.** [hacer fracasar] to ruin.
　➡ **hundirse** *vpr* -**1.** [sumergirse] to sink; [intencionadamente] to dive -**2.** [derrumbarse] to collapse; [techo] to cave in -**3.** [fracasar] to be ruined.

húngaro, ra *adj & m,f* Hungarian.
　➡ **húngaro** *m* [lengua] Hungarian.

Hungría Hungary.

huno, na ◇ *adj* Hunnish. ◇ *m,f* Hun.

huracán *m* hurricane.

huracanado, da *adj* violent; *METEOR* hurricane-force.

huraño, ña *adj* unsociable.

hurgar [16] *vi*: ~ **(en)** [gen] to rummage around (in); [con el dedo, un palo] to poke around (in).

hurgarse *vpr*: ~**se la nariz** to pick one's nose; ~**se los bolsillos** to rummage around in one's pockets.

hurgue *etc* ⊳ **hurgar**.

hurón *m* **-1.** ZOOL ferret **-2.** *fig* [persona] unsociable person.

hurra *interj*: ¡ ~ ! hurray!

hurtadillas
a hurtadillas *loc adv* on the sly, stealthily.

hurtar *vt* to steal.

hurto *m* theft.

húsar *m* hussar.

husmear ⟨⟩ *vt* [olfatear] to sniff out, to scent. ⟨⟩ *vi* [curiosear] to nose around.

huso *m* spindle; [en máquina] bobbin.
huso horario *m* time zone.

huy *interj*: ¡ ~ ! [dolor] ouch!; [sorpresa] gosh!

huya, huyera *etc* ⊳ **huir**.

i, I *f* [letra] i, I.

IAE (*abrev de* **Impuesto sobre Actividades Económicas**) *m Spanish tax paid by professionals and shop owners.*

ib., ibíd. (*abrev de* **ibidem**) ibid.

iba ⊳ **ir**.

ibérico, ca *adj* Iberian.

íbero, ra *adj* & *m,f* Iberian.
íbero, ibero *m* [lengua] Iberian.

iberoamericano, na *adj* & *m,f* Latin American.

ibídem, ibidem *adv* ibidem, ibid.

ice *etc* ⊳ **izar**.

iceberg (*pl* **icebergs**) *m* iceberg.

icono *m* icon.

iconoclasta ⟨⟩ *adj* iconoclastic. ⟨⟩ *mf* iconoclast.

ictericia *f* jaundice.

ictiología *f* ichthyology.

id ⊳ **ir**.

ida *f* outward journey; **(billete de)** ~ **y vuelta** return (ticket); ~**s y venidas** *fig* comings and goings.

idea *f* **-1.** [gen] idea; [propósito] intention; **a mala** ~ maliciously; **con la** ~ **de** with the idea *o* intention of; **hacerse a la** ~ **de que ...** to get used to the idea that ...; **hacerse una** ~ **de algo** to get an idea of sthg; **tener** ~ **de hacer algo** to intend to do sthg; ~ **fija** obsession; ~ **luminosa** brilliant idea, brainwave; ~ **preconcebida** preconception; **cuando se le mete una** ~ **en la cabeza** ... when he gets an idea into his head ...; **¡ni** ~ ! *fam* search me!, I haven't got a clue!; **no tener ni** ~ **(de)** not to have a clue (about); **tener** ~**s de bombero** to have wild *o* crazy ideas **-2.** [opinión] impression; **cambiar de** ~ to change one's mind.
ideas *fpl* [ideología] ideas.

ideal *adj* & *m* ideal; **lo** ~ **sería hacerlo mañana** ideally, we would do it tomorrow.

idealismo *m* idealism.

idealista ⟨⟩ *adj* idealistic. ⟨⟩ *mf* idealist.

idealización *f* idealization.

idealizar [13] *vt* to idealize.

idear *vt* **-1.** [planear] to think up, to devise **-2.** [inventar] to invent.

ideario *m* ideology.

ídem *pron* ditto; ~ **de** ~ exactly the same.

idéntico, ca *adj*: ~ **(a)** identical (to).

identidad *f* **-1.** [gen] identity **-2.** [igualdad] identical nature.

identificación *f* identification.

identificar [10] *vt* to identify.
identificarse *vpr*: ~**se (con)** to identify (with).

ideograma *m* ideogram, ideograph.

ideología *f* ideology.

ideológico, ca *adj* ideological.

ideólogo, ga *m,f* ideologist.

idílico, ca *adj* idyllic.

idilio *m* love affair.

idioma *m* language.

idiomático, ca *adj* idiomatic.

idiosincrasia *f* individual character.

idiosincrásico, ca *adj* characteristic.

idiota ⟨⟩ *adj* **-1.** *despec* [tonto] stupid **-2.** [enfermo] mentally deficient. ⟨⟩ *mf* idiot.

idiotez *f* **-1.** [tontería] stupid thing, stupidity (*U*) **-2.** [enfermedad] mental deficiency.

idiotizar [13] *vt* to turn into an idiot, to zombify.

ido, ida *adj* **-1.** [loco] mad, touched **-2.** [distraído]: **estar** ~ to be miles away.

idólatra ⟨⟩ *adj lit* & *fig* idolatrous. ⟨⟩ *mf* idolater (*f* idolatress); *fig* idolizer.

idolatrar *vt* to worship; *fig* to idolize.

idolatría f *lit* & *fig* idolatry.
ídolo m idol.
idoneidad f suitability.
idóneo, a adj: ~ **(para)** suitable (for).
IES (*abrev de* **instituto de enseñanza secundaria**) m *Spanish state secondary school.*
iglesia f church; **casarse por la** ~ to get married in church, to have a church wedding; ~ **parroquial** parish church; **con la** ~ **hemos topado** now we're really up against it.
iglú (*pl* **iglúes**) m igloo.
ígneo, a adj igneous.
ignición f ignition.
ignominia f ignominy.
ignominioso, sa adj ignominious.
ignorancia f ignorance; ~ **supina** blind ignorance.
ignorante <> adj ignorant. <> mf ignoramus.
ignorar vt **-1.** [desconocer] not to know, to be ignorant of **-2.** [no tener en cuenta] to ignore.
ignoto, ta adj unknown, undiscovered.
igual <> adj **-1.** [idéntico]: ~ **(que)** the same (as); **llevan jerseys** ~ **es** they're wearing the same jumper; **son** ~**es** they're the same **-2.** [parecido]: ~ **(que)** similar (to) **-3.** [equivalente]: ~ **(a)** equal (to) **-4.** [liso] even **-5.** [constante - velocidad] constant; [- clima, temperatura] even **-6.** *MAT*: **A más B es** ~ **a C** A plus B equals C. <> mf equal; **de** ~ **a** ~ as an equal; **no tener** ~ to have no equal, to be unrivalled; **sin** ~ without equal, unrivalled. <> adv **-1.** [de la misma manera] the same; **yo pienso** ~ I think the same, I think so too; **al** ~ **que** just like; **por** ~ equally **-2.** [posiblemente] perhaps; ~ **llueve** it could well rain **-3.** *DEP*: **van** ~**es** the scores are level **-4.** *loc*: **dar** *o* **ser** ~ **a alguien** to be all the same to sb; **es** *o* **da** ~ it doesn't matter, it doesn't make any difference.
igualación f **-1.** [de terreno] levelling; [de superficie] smoothing **-2.** [de cantidades] equalizing.
igualado, da adj level.
igualar vt **-1.** [gen] to make equal, to equalize; *DEP* to equalize; ~ **algo a** *o* **con** to equate sthg with **-2.** [persona] to be equal to; **nadie le iguala en generosidad** nobody is as generous as he is **-3.** [terreno] to level; [superficie] to smooth.
➡ **igualarse** vpr **-1.** [gen] to be equal, to equal one another; ~**se a** *o* **con** to be equated with **-2.** [a otra persona]: ~**se a** *o* **con alguien** to treat sb as an equal.

igualdad f **-1.** [equivalencia] equality; **en** ~ **de condiciones** on equal terms; ~ **de oportunidades** equal opportunities (*pl*) **-2.** [identidad] sameness.
igualitario, ria adj egalitarian.
igualitarismo m egalitarianism.
igualmente adv **-1.** [también] also, likewise **-2.** [fórmula de cortesía] the same to you, likewise.
iguana f iguana.
ijada f, **ijar** m flank, side.
ikastola f *primary school in the Basque country where classes are given entirely in Basque.*
ikurriña f Basque national flag.
ilación f cohesion.
ilegal adj illegal.
ilegalidad f **-1.** [acción] unlawful act **-2.** [cualidad] illegality.
ilegible adj illegible.
ilegitimidad f illegitimacy.
ilegítimo, ma adj **-1.** illegitimate **-2.** ▷ **hijo**.
ileso, sa adj unhurt, unharmed; **salir** *o* **resultar** ~ to escape unharmed.
iletrado, da adj & m, f illiterate.
ilícito, ta adj illicit.
ilimitado, da adj unlimited, limitless.
ilógico, ca adj illogical.
iluminación f **-1.** [gen] lighting; [acción] illumination **-2.** *RELIG* enlightenment.
iluminado, da <> adj **-1.** [gen] lit (up) **-2.** *RELIG* enlightened. <> m, f *RELIG* enlightened person.
iluminador, ra <> adj illuminating. <> m, f lighting technician.
iluminar vt **-1.** [gen] to illuminate, to light up **-2.** *RELIG* to enlighten.
➡ **iluminarse** vpr **-1.** to light up **-2.** *RELIG* to become enlightened.
ilusión f **-1.** [esperanza - gen] hope; [- infundada] delusion, illusion; **hacerse** *o* **forjarse ilusiones** to build up one's hopes; **hacerse la** ~ **de** to imagine that; **tener** ~ **por** to look forward to **-2.** [emoción] thrill, excitement (*U*); **¡qué** ~**!** how exciting!; **me hace mucha** ~ I'm really looking forward to it **-3.** [espejismo] illusion; ~ **óptica** optical illusion.
ilusionar vt **-1.** [esperanzar]: ~ **a alguien (con algo)** to build up sb's hopes (about sthg) **-2.** [emocionar] to excite, to thrill.
➡ **ilusionarse** vpr **-1.** [esperanzarse]: ~**se (con)** to get one's hopes up (about) **-2.** [emocionarse]: ~**se (con)** to get excited (about).

ilusionismo *m* conjuring.

ilusionista ◇ *adj* conjuring *(antes de sust)*. ◇ *mf* illusionist, conjurer.

iluso, sa ◇ *adj* gullible. ◇ *m, f* gullible person.

ilusorio, ria *adj* illusory; [promesa] empty.

ilustración *f* **-1.** [estampa] illustration **-2.** [cultura] learning.

➡ **Ilustración** *f* HIST: **la Ilustración** the Enlightenment.

ilustrado, da *adj* **-1.** [publicación] illustrated **-2.** [persona] learned **-3.** HIST enlightened.

ilustrador, ra ◇ *adj* illustrative. ◇ *m, f* illustrator.

ilustrar *vt* **-1.** [explicar] to illustrate, to explain **-2.** [publicación] to illustrate **-3.** [educar] to enlighten.

ilustrativo, va *adj* illustrative.

ilustre *adj* **-1.** [gen] illustrious, distinguished **-2.** [título]: **el ~ señor alcalde** his Worship, the mayor.

ilustrísimo, ma *adj* most illustrious.

➡ **Ilustrísima** *f*: **Su Ilustrísima** Your/His Grace, Your/His Worship.

imagen *f* [gen] image; TV picture; **a ~ y semejanza de** identical to, exactly the same as; **ser la viva ~ de alguien** to be the spitting image of sb; **una ~ vale más que mil palabras** a picture is worth a thousand words; **~ borrosa** blur; **~ congelada** freeze frame; **~ corporativa** corporate identity.

imaginable *adj* imaginable, conceivable.

imaginación *f* **-1.** [facultad] imagination; **se deja llevar por la ~** he lets his imagination run away with him; **pasar por la ~ de alguien** to occur to sb, to cross sb's mind; **no me pasó por la ~** it never occurred to me **-2.** *(gen pl)* [idea falsa] delusion, imagining; **son imaginaciones tuyas** you're just imagining things, it's all in your mind.

imaginar *vt* **-1.** [gen] to imagine **-2.** [idear] to think up, to invent.

➡ **imaginarse** *vpr* to imagine; **¡imagínate!** just think *o* imagine!; **me imagino que sí** I suppose so.

imaginario, ria *adj* imaginary.

imaginativo, va *adj* imaginative.

imaginería *f* religious image-making.

imán *m* **-1.** [para atraer] magnet **-2.** [entre musulmanes] imam.

imanar, imantar *vt* to magnetize.

imbatible *adj* unbeatable.

imbatido, da *adj* unbeaten.

imbebible *adj* undrinkable.

imbécil ◇ *adj* stupid. ◇ *mf* idiot.

imbecilidad *f* stupidity; **decir/hacer una ~** to say/do sthg stupid.

imberbe *adj* beardless.

imbornal *m* scupper.

imborrable *adj* fig indelible; [recuerdo] unforgettable.

imbricado, da *adj* overlapping.

imbricar [10] *vt* to overlap.

imbuir [51] *vt*: **~ (de)** to imbue (with).

imitación *f* imitation; [de humorista] impersonation; **a ~ de** in imitation of; **piel de ~** imitation leather.

imitador, ra *m, f* imitator; [humorista] impersonator.

imitar *vt* [gen] to imitate, to copy; [a personajes famosos] to impersonate; [producto, material] to simulate.

imitativo, va *adj* imitative.

impaciencia *f* impatience.

impacientar *vt* to make impatient, to exasperate.

➡ **impacientarse** *vpr* to grow impatient.

impaciente *adj* impatient; **~ por hacer algo** impatient *o* anxious to do sthg.

impactante *adj* [imagen] hard-hitting; [belleza] striking.

impactar ◇ *vt* [suj: noticia] to have an impact on. ◇ *vi* [bala] to hit.

impacto *m* **-1.** [gen] impact; [de bala] hit **-2.** [señal] (impact) mark; **~s de bala** bullethole; **~ ambiental** environmental impact.

impagable *adj* invaluable.

impagado, da *adj* unpaid.

➡ **impagado** *m* unpaid bill.

impago *m* non-payment.

impalpable *adj* impalpable.

impar *adj* **-1.** MAT odd **-2.** [sin igual] unequalled.

imparable *adj* unstoppable.

imparcial *adj* impartial.

imparcialidad *f* impartiality.

impartir *vt* to give.

impase, impasse [im'pas] *m* impasse.

impasibilidad *f* impassivity.

impasible *adj* impassive.

impavidez *f* [valor] fearlessness, courage; [impasibilidad] impassivity.

impávido, da *adj* [valeroso] fearless, courageous; [impasible] impassive.

impecable *adj* impeccable.

impedido, da ◇ *adj* disabled; **estar ~ de un brazo** to have the use of only one arm. ◇ *m, f* disabled person.

impedimento *m* [gen] obstacle; [contra un

matrimonio] impediment; **no hay ningún ~ para hacerlo** there's no reason why we shouldn't do it.

impedir [26] vt **-1.** [imposibilitar] to prevent; **~ a alguien hacer algo** to prevent sb from doing sthg **-2.** [dificultar] to hinder, to obstruct.

impeler vt **-1.** [hacer avanzar] to propel **-2.** [estimular]: **~ a alguien a algo/hacer algo** to drive sb to sthg/to do sthg.

impenetrabilidad f lit & fig impenetrability.

impenetrable adj lit & fig impenetrable.

impenitente adj unrepentant, impenitent; fig [incorregible] inveterate.

impensable adj unthinkable.

impensado, da adj unexpected.

impepinable adj fam clear as clear can be, undeniable.

imperante adj prevailing.

imperar vi to prevail.

imperativo, va adj **-1.** [gen & GRAM] imperative **-2.** [autoritario] imperious.

➡ **imperativo** m [gen & GRAM] imperative.

imperceptible adj imperceptible.

imperdible m safety pin.

imperdonable adj unforgivable.

imperecedero, ra adj non-perishable; fig [eterno] immortal, eternal.

imperfección f **-1.** [cualidad] imperfection **-2.** [defecto] flaw, defect.

imperfecto, ta adj [gen] imperfect; [defectuoso] faulty, defective.

➡ **imperfecto** m GRAM imperfect.

imperial adj imperial.

imperialismo m imperialism.

imperialista adj & m,f imperialist.

impericia f lack of skill; [inexperiencia] inexperience.

imperio m **-1.** [territorio] empire **-2.** [dominio] rule; **valer un ~** to be worth a fortune **-3.** [mandato] emperorship.

imperioso, sa adj **-1.** [autoritario] imperious **-2.** [apremiante] urgent, pressing.

impermeabilidad f impermeability.

impermeabilización f waterproofing.

impermeabilizar [13] vt to (make) waterproof.

impermeable <> adj waterproof. <> m raincoat, mac UK.

impersonal adj impersonal.

impertérrito, ta adj unperturbed, unmoved; [ante peligros] fearless.

impertinencia f **-1.** [gen] impertinence **-2.** [comentario] impertinent remark.

impertinente <> adj impertinent. <> mf [persona] impertinent person.

➡ **impertinentes** mpl [anteojos] lorgnette (sg).

imperturbable adj imperturbable.

ímpetu m **-1.** [brusquedad] force **-2.** [energía] energy **-3.** FÍS impetus.

impetuosidad f [precipitación] impetuosity.

impetuoso, sa <> adj **-1.** [olas, viento, ataque] violent **-2.** [persona] impulsive, impetuous. <> m,f impulsive person.

impida, impidiera etc ⊳ impedir.

impío, a adj godless, impious.

implacable adj implacable, relentless.

implantación f **-1.** [establecimiento] introduction **-2.** BIOL implantation **-3.** MED insertion.

implantar vt **-1.** [establecer] to introduce **-2.** MED to insert.

➡ **implantarse** vpr **-1.** [establecerse] to be introduced **-2.** BIOL to become implanted.

implante m implant; [dental] dental plate.

implementar vt to implement.

implemento m implement.

implicación f **-1.** [participación] involvement **-2.** (gen pl) [consecuencia] implication.

implicar [10] vt **-1.** [involucrar]: **~ (en)** to involve (in); DER to implicate (in) **-2.** [significar] to mean.

➡ **implicarse** vpr DER to incriminate o.s.; **~se en** to become involved in.

implícito, ta adj implicit.

imploración f entreaty, plea.

implorar vt to implore.

impoluto, ta adj unpolluted, pure; fig unblemished, untarnished.

imponderable <> adj [incalculable] invaluable; [imprevisible] imponderable. <> m imponderable.

imponente adj **-1.** [impresionante] imposing, impressive **-2.** [estupendo] sensational, terrific.

imponer [65] <> vt **-1.**: **~ algo (a alguien)** [gen] to impose sthg (on sb); [respeto] to command sthg (from sb); **el profesor impuso silencio en la clase** the teacher silenced the class **-2.** [moda] to set; [costumbre] to introduce. <> vi to be imposing.

➡ **imponerse** vpr **-1.** [hacerse respetar] to command respect, to show authority **-2.** [prevalecer] to prevail **-3.** [asumir - obligación, tarea] to take on **-4.** [ser necesario] to be necessary **-5.** DEP to win, to prevail.

imponible ⊳ base.

impopular adj unpopular.

impopularidad *f* unpopularity.

importación *f* [acción] importing; [artículo] import; **de ~** imported.

importador, ra <> *adj* importing *(antes de sust).* <> *m,f* importer.

importancia *f* importance; **dar ~ a algo** to attach importance to sthg; **de ~** important, of importance; **quitar ~ a algo** to play sthg down; **sin ~** unimportant; **darse ~** to give o.s. airs, to show off.

importante *adj* **-1.** [gen] important; [lesión] serious; **lo ~** the most important thing, the main thing **-2.** [cantidad] considerable.

importar <> *vt* **-1.** [gen & *INFORM*] to import **-2.** [suj: factura, coste] to amount to, to come to. <> *vi* **-1.** [preocupar] to matter; **no me importa** I don't care, it doesn't matter to me; **¿y a ti qué te importa?** what's it got to do with you?; **me importa un bledo** *o* **comino** *o* **pito** *fam* I don't give a damn, I couldn't care less **-2.** [en preguntas] to mind; **¿le importa que me siente?** do you mind if I sit down?; **¿te importaría acompañarme?** would you mind coming with me? <> *v impers* to matter; **no importa** it doesn't matter; **¡qué importa que llueva!** who cares if it's raining.

importe *m* [gen] price, cost; [de factura] total; **~ total** total cost.

importunar <> *vt* to bother, to pester. <> *vi* to be tiresome *o* a nuisance.

importuno, na = **inoportuno.**

imposibilidad *f* impossibility; **su ~ para contestar la pregunta** his inability to answer the question; **~ física** physical disability.

imposibilitado, da *adj* disabled; **estar ~ para hacer algo** to be unable to do sthg.

imposibilitar *vt*: **~ a alguien para hacer algo** to make it impossible for sb to do sthg, to prevent sb from doing sthg.

imposible <> *adj* **-1.** [irrealizable] impossible **-2.** [insoportable] unbearable, impossible. <> *m*: **pedir ~s** to ask for the impossible; **hacer lo ~** to do everything possible and more.

imposición *f* **-1.** [obligación] imposition **-2.** [impuesto] tax **-3.** *BANCA* deposit; **hacer** *o* **efectuar una ~** to make a deposit.

impositivo, va *adj* tax *(antes de sust).*

impostor, ra <> *adj* [suplantador] fraudulent. <> *m,f* [suplantador] impostor.

impostura *f* **-1.** [suplantación] fraud **-2.** [calumnia] slander.

impotencia *f* impotence.

impotente <> *adj* impotent. <> *m* impotent man.

impracticable *adj* **-1.** [irrealizable] impracticable **-2.** [intransitable] impassable.

imprecación *f* imprecation.

imprecar [10] *vt* to imprecate.

imprecisión *f* imprecision, vagueness *(U).*

impreciso, sa *adj* imprecise, vague.

impredecible *adj* unforeseeable; [variable] unpredictable.

impregnar *vt*: **~ (de)** to impregnate (with).
◆ **impregnarse** *vpr*: **~se (de)** to become impregnated (with).

impremeditado, da *adj* unpremeditated.

imprenta *f* **-1.** [arte] printing **-2.** [máquina] (printing) press **-3.** [establecimiento] printing house.

imprescindible *adj* indispensable, essential; **lo ~** the basics.

impresentable *adj* unpresentable.

impresión *f* **-1.** [gen] impression; [sensación física] feeling; **cambiar impresiones** to compare notes, to exchange views; **causar (una) buena/mala ~** to make a good/bad impression; **dar la ~ de** to give the impression of; **tener la ~ de que** to have the impression that **-2.** [huella] imprint; **~ digital** *o* **dactilar** fingerprint **-3.** [*IMPRENTA* - acción] printing; [- edición] edition.

impresionable *adj* impressionable.

impresionante *adj* impressive; [error] enormous.

impresionar <> *vt* **-1.** [maravillar] to impress **-2.** [conmocionar] to move **-3.** [horrorizar] to shock **-4.** *FOT* to expose. <> *vi* **-1.** [maravillar] to make an impression **-2.** [conmocionar] to be moving **-3.** [horrorizar] to be shocking.
◆ **impresionarse** *vpr* **-1.** [maravillarse] to be impressed **-2.** [conmocionarse] to be moved **-3.** [horrorizarse] to be shocked.

impresionismo *m* impressionism.

impresionista *adj & m,f* impressionist.

impreso, sa <> *pp* ▷ **imprimir.** <> *adj* printed.
◆ **impreso** *m* **-1.** [texto] printed sheet, printed matter *(U)* **-2.** [formulario] form; **~ de solicitud** application form.

impresor, ra <> *adj* printing *(antes de sust).* <> *m,f* [persona] printer.
◆ **impresora** *f* *INFORM* printer; **impresora láser/térmica** laser/thermal printer; **impresora de matriz** *o* **de agujas** dot-matrix printer; **impresora de chorro de tinta** ink-

jet printer; **impresora de margarita** daisy-wheel printer.

imprevisible *adj* unforeseeable; [variable] unpredictable.

imprevisión *f* lack of foresight.

imprevisto, ta *adj* unexpected.
➡ **imprevisto** *m* [hecho] unforeseen circumstance; **salvo** ~**s** barring accidents.
➡ **imprevistos** *mpl* [gastos] unforeseen expenses.

imprimir ◇ *vt* **-1.** [gen] to print; [huella, paso] to leave, to make **-2.** *fig* [transmitir]: ~ **algo a** to impart *o* bring sthg to. ◇ *vi* to print.

improbabilidad *f* improbability, unlikelihood.

improbable *adj* improbable, unlikely.

ímprobo, ba *adj culto* Herculean, strenuous.

improcedencia *f* **-1.** [gen] inappropriateness **-2.** *DER* inadmissibility.

improcedente *adj* **-1.** [inoportuno] inappropriate **-2.** *DER* inadmissible; **despido** ~ unfair dismissal.

improductivo, va *adj* unproductive.

impronta *f* mark, impression.

impronunciable *adj* unpronounceable.

improperio *m* insult.

impropiedad *f* impropriety.

impropio, pia *adj*: ~ **(de)** improper (for), unbecoming (to).

improrrogable *adj* unable to be extended; [plazo] final.

improvisación *f* improvisation.

improvisado, da *adj* [gen] improvised; [discurso, truco] impromptu; [comentario] ad-lib; [cama etc] makeshift.

improvisar ◇ *vt* [gen] to improvise; [comida] to rustle up; ~ **una cama** to make (up) a makeshift bed. ◇ *vi* [gen] to improvise; *MÚS* to extemporize.

improviso
➡ **de improviso** *loc adv* unexpectedly, suddenly; **coger a alguien de** ~ to catch sb unawares.

imprudencia *f* [en los actos] carelessness *(U)*; [en los comentarios] indiscretion; ~ **temeraria** *DER* criminal negligence.

imprudente ◇ *adj* [en los actos] careless, rash; [en los comentarios] indiscreet. ◇ *mf* [en los actos] rash person; [en los comentarios] indiscreet person.

impúber ◇ *adj* pre-pubescent. ◇ *mf* pre-pubescent child.

impúdico, ca *adj* immodest, indecent.

impuesto, ta *pp* ▷ **imponer**.
➡ **impuesto** *m* tax; **exento de** ~**s** tax-exempt; ~ **de circulación** road tax; ~ **al consumo** tax on the consumer; ~ **ecológico** ecotax, green tax; ~ **directo/indirecto** direct/indirect tax; ~ **de lujo** luxury tax; ~ **municipal** local tax; ~ **revolucionario** *protection money paid by businessmen to terrorists*; ~ **sobre el capital** capital tax; ~ **sobre el valor añadido** value-added tax; ~ **sobre la renta** ≃ income tax; ~ **de sucesión** inheritance tax.

impugnable *adj* contestable.

impugnación *f* contestation, challenge.

impugnar *vt* to contest, to challenge.

impulsar *vt* **-1.** [empujar] to propel, to drive **-2.** [incitar]: ~ **a alguien (a algo/a hacer algo)** to drive sb (to sthg/to do sthg) **-3.** [promocionar] to stimulate.

impulsivo, va ◇ *adj* impulsive. ◇ *m,f* impulsive person, hothead.

impulso *m* **-1.** [progreso] stimulus, boost **-2.** [fuerza] momentum; **tomar** ~ to take a run-up **-3.** [motivación] impulse, urge.

impulsor, ra ◇ *adj* driving *(antes de sust).* ◇ *m,f* dynamic force.

impune *adj* unpunished; **quedar** ~ to go unpunished.

impunemente *adv* with impunity.

impunidad *f* impunity.

impuntualidad *f* unpunctuality.

impureza *(gen pl) f* impurity.

impuro, ra *adj lit & fig* impure.

impusiera *etc* ▷ **imponer**.

imputable *adj*: ~ **a** attributable to.

imputación *f* accusation.

imputar *vt* **-1.** [atribuir]: ~ **algo a alguien** [delito] to accuse sb of sthg; [fracaso, error] to attribute sthg to sb **-2.** *COM* to allocate, to assign.

in ▷ **fraganti**, **vitro**.

inabarcable *adj* unmanageable.

inabordable *adj* inaccessible.

inacabable *adj* interminable, endless.

inacabado, da *adj* unfinished.

inaccesible *adj* inaccessible.

inaceptable *adj* unacceptable.

inactividad *f* inactivity.

inactivo, va *adj* inactive.

inadaptación *f* maladjustment.

inadaptado, da ◇ *adj* maladjusted. ◇ *m,f* misfit.

inadecuado, da *adj* [inapropiado] unsuitable, inappropriate.

inadmisible *adj* inadmissible.

inadvertido, da *adj* unnoticed; **pasar** ~ to go unnoticed.

inagotable *adj* inexhaustible.

inaguantable *adj* unbearable.

inalámbrico, ca *adj* cordless.

➡ **inalámbrico** *m* cordless telephone.

inalcanzable *adj* unattainable.

inalienable *adj* inalienable.

inalterable *adj* -**1.** [gen] unalterable; [salud] stable; [amistad] undying -**2.** [color] fast -**3.** [rostro, carácter] impassive -**4.** [resultado, marcador] unchanged.

inamovible *adj* immovable, fixed.

inanición *f* starvation.

inanimado, da *adj* inanimate.

inánime *adj* lifeless.

inapagable *adj* unextinguishable.

inapelable *adj* -**1.** [inevitable] inevitable -**2.** *DER* not open to appeal.

inapetencia *f* lack of appetite.

inapetente *adj* lacking in appetite.

inaplazable *adj* [reunión, sesión] that cannot be postponed; [necesidad] urgent, pressing.

inaplicable *adj* inapplicable, not applicable.

inapreciable *adj* -**1.** [incalculable] invaluable, inestimable -**2.** [insignificante] imperceptible.

inapropiado, da *adj* inappropriate.

inarrugable *adj* crease-resistant.

inasequible *adj* -**1.** [por el precio] prohibitive -**2.** [inalcanzable - meta, ambición] unattainable; [- persona] unapproachable.

inatacable *adj* unassailable; *fig* irrefutable.

inaudible *adj* inaudible.

inaudito, ta *adj* unheard-of.

inauguración *f* inauguration, opening.

inaugurar *vt* to inaugurate, to open.

inca *adj* & *m,f* Inca.

incalculable *adj* incalculable.

incalificable *adj* unspeakable, indescribable.

incandescente *adj* incandescent.

incansable *adj* untiring, tireless.

incapacidad *f* -**1.** [imposibilidad] inability -**2.** [inaptitud] incompetence -**3.** *DER* incapacity; ~ **laboral** industrial disablement *o* disability.

incapacitado, da ◇ *adj* [*DER* - gen] disqualified; [- para testar] incapacitated; [- para trabajar] unfit. ◇ *m,f DER* disqualified person, person declared unfit.

incapacitar *vt*: ~ **(para)** [gen] to disqualify

(from); [para trabajar etc] to render unfit (for).

incapaz *adj* -**1.** [gen]: ~ **de** incapable of -**2.** [sin talento]: ~ **para** incompetent at, no good at -**3.** *DER* incompetent; **declarar** ~ **a alguien** to declare sb incompetent.

incautación *f* seizure, confiscation.

incautarse

➡ **incautarse de** *vpr* -**1.** *DER* to seize, to confiscate -**2.** [apoderarse de] to grab.

incauto, ta ◇ *adj* gullible. ◇ *m,f* gullible person.

incendiar [8] *vt* to set fire to.

➡ **incendiarse** *vpr* to catch fire.

incendiario, ria ◇ *adj* -**1.** [bomba etc] incendiary -**2.** [artículo, libro etc] inflammatory. ◇ *m,f* arsonist, fire-raiser.

incendio *m* fire; ~ **forestal** forest fire; ~ **provocado** arson.

incensario *m* censer.

incentivar *vt* to motivate.

incentivo *m* incentive; ~ **fiscal** tax incentive.

incertidumbre *f* uncertainty.

incesante *adj* incessant, ceaseless.

incesto *m* incest.

incestuoso, sa *adj* incestuous.

incidencia *f* -**1.** [repercusión] impact, effect -**2.** [suceso] event.

incidental *adj* incidental, chance *(antes de sust)*.

incidente *m* incident; ~ **diplomático** diplomatic incident.

incidir

➡ **incidir en** *vi* -**1.** [incurrir en] to fall into, to lapse into -**2.** [insistir en] to focus on -**3.** [influir en] to have an impact on, to affect -**4.** [suj: rayo] to fall on -**5.** [suj: cirujano] to make an incision into.

incienso *m* incense.

incierto, ta *adj* -**1.** [dudoso] uncertain -**2.** [falso] untrue.

incineración *f* [de cadáver] cremation; [de basura] incineration.

incinerador *m* [para basura] incinerator.

incinerar *vt* [cadáver] to cremate; [basura] to incinerate.

incipiente *adj* incipient; [estado, etapa] early.

incisión *f* incision.

incisivo, va *adj* -**1.** [instrumento] sharp, cutting -**2.** *fig* [mordaz] incisive -**3.** [diente] incisive.

➡ **incisivo** *m* incisor.

inciso, sa *adj* cut.

➤ **inciso** *m* passing remark.

incitación *f* incitement.

incitante *adj* [instigador] inciting; [provocativo] provocative.

incitar *vt*: ~ **a alguien a algo** [violencia, rebelión etc] to incite sb to sthg; ~ **a alguien a la fuga/venganza** to urge sb to flee/avenge himself; ~ **a alguien a hacer algo** [rebelarse etc] to incite sb to do sthg; [fugarse, vengarse] to urge sb to do sthg.

incívico, ca *adj* antisocial.

inclasificable *adj* unclassifiable.

inclemencia *f* harshness, inclemency.

inclemente *adj* harsh, inclement.

inclinación *f* **-1.** [desviación] slant, inclination; [de terreno] slope **-2.** *fig* [afición]: ~ **(a o por)** penchant *o* propensity (for) **-3.** [cariño]: ~ **hacia alguien** fondness towards sb **-4.** [saludo] bow.

inclinar *vt* **-1.** [doblar] to bend; [ladear] to tilt **-2.** [cabeza] to bow **-3.** [influir]: ~ **a alguien a hacer algo** to persuade sb to do sthg.

➤ **inclinarse** *vpr* **-1.** [doblarse] to lean ´**-2.** [para saludar]: ~**se (ante)** to bow (before).

➤ **inclinarse a** *vi* [tender a] to be *o* feel inclined to.

➤ **inclinarse por** *vi* [preferir] to favour, to lean towards.

incluir [51] *vt* [gen] to include; [adjuntar - en cartas] to enclose.

inclusión *f* inclusion.

inclusive *adv* inclusive.

incluso, sa *adj* enclosed.

➤ **incluso** *adv* & *prep* even.

incógnito, ta *adj* unknown.

➤ **incógnita** *f* **-1.** MAT unknown quantity **-2.** [misterio] mystery.

➤ **de incógnito** *loc adv* incognito.

incoherencia *f* **-1.** [cualidad] incoherence **-2.** [comentario] nonsensical remark.

incoherente *adj* **-1.** [inconexo] incoherent **-2.** [inconsecuente] inconsistent.

incoloro, ra *adj lit* & *fig* colourless.

incombustible *adj* fire-resistant.

incomestible, incomible *adj* inedible.

incomodar *vt* **-1.** [causar molestia] to bother, to inconvenience **-2.** [enfadar] to annoy.

➤ **incomodarse** *vpr* [enfadarse]: ~**se (por)** to get annoyed (about).

incomodidad *f* **-1.** [de silla etc] uncomfortableness **-2.** [de situación, persona] awkwardness, discomfort **-3.** [molestia - de visita etc] inconvenience.

incómodo, da *adj* **-1.** [silla etc] uncomfortable **-2.** [situación, persona] awkward, un-

comfortable; **sentirse** ~ to feel awkward *o* uncomfortable **-3.** [visita] inconvenient.

incomparable *adj* incomparable.

incomparecencia *f* failure to appear (in court).

incompatibilidad *f* incompatibility; ~ **de caracteres** incompatibility.

incompatible *adj*: ~ **(con)** incompatible (with).

incompetencia *f* incompetence.

incompetente *adj* incompetent.

incompleto, ta *adj* **-1.** [gen] incomplete **-2.** [inacabado] unfinished.

incomprendido, da <> *adj* misunderstood. <> *m, f* misunderstood person.

incomprensible *adj* incomprehensible.

incomprensión *f* lack of understanding.

incompresible *adj* incompressible.

incomunicación *f* **-1.** [gen] lack of communication **-2.** [de detenido] solitary confinement **-3.** [de una localidad] isolation.

incomunicado, da *adj* **-1.** [gen] isolated **-2.** [por la nieve etc] cut off **-3.** [preso] in solitary confinement.

incomunicar [10] *vt* [gen] to cut off; [detenido] to place in solitary confinement.

inconcebible *adj* inconceivable.

inconcluso, sa *adj* unfinished.

incondicional <> *adj* unconditional; [ayuda] wholehearted; [seguidor] staunch. <> *mf* staunch supporter.

inconexo, xa *adj* [gen] unconnected; [pensamiento, texto] disjointed.

inconfesable *adj* shameful.

inconformismo *m* nonconformism.

inconformista *adj* & *m, f* nonconformist.

inconfundible *adj* unmistakable; [prueba] irrefutable.

incongruencia *f* incongruity; **hacer/decir una** ~ to do/say sthg incongruous.

incongruente *adj* incongruous.

inconmensurable *adj* immeasurable; [espacio] vast.

inconquistable *adj* unassailable, impregnable.

inconsciencia *f* **-1.** [gen] unconsciousness **-2.** *fig* [falta de juicio] thoughtlessness.

inconsciente <> *adj* **-1.** [gen] unconscious **-2.** *fig* [irreflexivo] thoughtless. <> *mf* thoughtless person. <> *m* PSICOL: **el** ~ the unconscious.

inconsecuencia *f* inconsistency.

inconsecuente <> *adj* inconsistent. <> *mf* inconsistent person.

inconsistencia *f* [de tela, pared etc] flimsiness; [de una salsa] runniness; [de argumento, discurso etc] lack of substance.

inconsistente adj [tela, pared etc] flimsy; [salsa] runny; [argumento, discurso etc] lacking in substance.

inconsolable adj disconsolate.

inconstancia f - **1.** [en el trabajo, la conducta] unreliability - **2.** [de opinión, ideas] changeability.

inconstante adj - **1.** [en el trabajo, la conducta] unreliable - **2.** [de opinión, ideas] changeable.

inconstitucional adj unconstitutional.

inconstitucionalidad f unconstitutionality.

incontable adj [innumerable] countless.

incontenible adj [alegría] unbounded; [llanto] uncontrollable; [dolor] unbearable.

incontestable adj indisputable, undeniable.

incontinencia f incontinence.

incontinente adj incontinent.

incontrolable adj uncontrollable.

incontrolado, da adj [velocidad] furious; [situación] out of hand; [comando] maverick, not controlled by the leadership; [aumento de precios etc] spiralling.

incontrovertible adj incontrovertible, indisputable.

inconveniencia f - **1.** [inoportunidad] inappropriateness - **2.** [comentario] tactless remark; [acto] faux pas, mistake.

inconveniente <> adj - **1.** [inoportuno] inappropriate - **2.** [descortés] rude. <> m - **1.** [dificultad] obstacle, problem; **no tener ~ en hacer algo** to have no objection to doing sthg - **2.** [desventaja] disadvantage, drawback.

incordiar [8] vt fam to bother, to pester.

incordio m fam pain, nuisance.

incorporación f: ~ **(a)** [gen] incorporation (into); [a un puesto] induction (into).

incorporado, da adj TECN built-in.

incorporar vt - **1.** [añadir]: ~ **(a)** [gen] to incorporate (into); CULIN to mix (into) - **2.** [anexionar]: ~ **a** to annex as part of - **3.** [levantar] to sit up.

 incorporarse vpr - **1.** [empezar]: ~**se (a)** [equipo] to join; [trabajo] to start - **2.** [levantarse] to sit up.

incorrección f - **1.** [inexactitud] incorrectness; [error gramatical] mistake - **2.** [descortesía] lack of courtesy, rudeness (U).

incorrecto, ta adj - **1.** [equivocado] incorrect, wrong - **2.** [descortés] rude, impolite.

incorregible adj incorrigible.

incorruptible adj - **1.** [substancia] imperishable - **2.** fig [persona] incorruptible.

incorrupto, ta adj [cadáver] uncorrupted, not decomposed.

incredulidad f incredulity.

incrédulo, la <> adj sceptical, incredulous; RELIG unbelieving. <> m,f unbeliever.

increíble adj - **1.** [difícil de creer] unconvincing, lacking credibility - **2.** fig [extraordinario] incredible - **3.** fig [inconcebible] unbelievable; **es ~ que pasen cosas así** it's hard to believe that such things can happen.

incrementar vt to increase.

 incrementarse vpr to increase.

incremento m increase; [de temperatura] rise; ~ **salarial** pay increase.

increpar vt - **1.** [reprender] to reprimand - **2.** [insultar] to abuse, insult.

incriminación f accusation.

incriminar vt to accuse.

incrustación f inlay.

incrustar vt - **1.** TECN to inlay; [en joyería] to set - **2.** fam fig [empotrar]: ~ **algo en algo** to sink sthg into sthg.

 incrustarse vpr [cal etc] to become encrusted.

incubación f incubation; ~ **artificial** artificial incubation.

incubadora f incubator.

incubar vt - **1.** [huevo] to incubate - **2.** [enfermedad] to be sickening for.

incuestionable adj [teoría, razón] irrefutable; [deber] bounden.

inculcar [10] vt: ~ **algo a alguien** to instil sthg into sb.

inculpación f accusation; JUR charge.

inculpado, da <> adj accused; JUR charged. <> m,f accused.

inculpar vt: ~ **a alguien (de)** [gen] to accuse sb (of); DER to charge sb (with).

inculto, ta <> adj - **1.** [persona] uneducated - **2.** [tierra] uncultivated. <> m,f ignoramus.

incultura f lack of education.

incumbencia f: **es/no es de nuestra ~** it is/isn't a matter for us, it falls/doesn't fall within our area of responsibility; **no es asunto de tu ~** it's none of your business.

incumbir

 incumbir a vi: ~ **a alguien** to be a matter for sb, to be within sb's area of responsibility; **esto no te incumbe** this is none of your business.

incumplimiento m [de deber] failure to

fulfil; [de orden, ley] non-compliance; [de promesa] failure to keep; ~ **de contrato** breach of contract.

incumplir vt [deber] to fail to fulfil, to neglect; [orden, ley] to fail to comply with; [promesa] to break; [contrato] to breach.

incunable ◇ adj incunabular. ◇ m incunabulum.

incurable adj incurable.

incurrir
➡ **incurrir en** vi **- 1.** [delito, falta] to commit; [error] to make **- 2.** [desprecio etc] to incur.

incursión f incursion; ~ **aérea** air raid.

indagación f investigation, inquiry.

indagar [16] ◇ vt to investigate, to inquire into. ◇ vi to investigate, to inquire.

indebido, da adj **- 1.** [incorrecto] improper **- 2.** [ilegal] unlawful, illegal.

indecencia f **- 1.** [cualidad] indecency **- 2.** [acción] outrage, crime.

indecente adj **- 1.** [impúdico] indecent **- 2.** [indigno] miserable, wretched.

indecible adj [alegría] indescribable; [dolor] unspeakable; **hacer lo** ~ **para** o **por** to do one's utmost to; **sufrir lo** ~ to suffer indescribable pain.

indecisión f indecisiveness.

indeciso, sa ◇ adj **- 1.** [persona - inseguro] indecisive; [- que está dudoso] undecided, unsure **- 2.** [pregunta, respuesta] hesitant; [resultado] undecided. ◇ m,f undecided voter.

indecoroso, sa adj unseemly.

indefectible adj culto unfailing.

indefensión f defencelessness.

indefenso, sa adj defenceless.

indefinible adj indefinable; [edad] uncertain.

indefinido, da adj **- 1.** [ilimitado] indefinite; [contrato] open-ended **- 2.** [impreciso] vague **- 3.** GRAM indefinite.

indeleble adj culto indelible.

indemne adj unhurt, unharmed.

indemnidad f culto indemnity.

indemnización f [gen] compensation; [por despido] severance pay; ~ **por daños y perjuicios** DER damages (pl).

indemnizar [13] vt: ~ **a alguien (por)** to compensate sb (for).

indemostrable adj unprovable.

independencia f independence; **con** ~ **de** independently of.

independentismo m independence movement.

independentista ◇ adj advocating independence. ◇ mf supporter of independence.

independiente adj **- 1.** [gen] independent **- 2.** [aparte] separate.

independizar [13] vt to grant independence to.
➡ **independizarse** vpr: ~**se (de)** to become independent (of).

indescifrable adj [gen] indecipherable; [misterio] inexplicable, impenetrable.

indescriptible adj indescribable.

indeseable adj undesirable.

indestructible adj indestructible.

indeterminación f indecisiveness.

indeterminado, da adj **- 1.** [sin determinar] indeterminate; **por tiempo** ~ indefinitely **- 2.** [impreciso] vague **- 3.** GRAM ▷ **artículo**.

indexación f INFORM indexing.

indexar vt INFORM to index.

India: (la) ~ India.

indiano, na ◇ adj (Latin American) Indian. ◇ m,f **- 1.** [indígena] (Latin American) Indian **- 2.** [emigrante] *Spanish emigrant to Latin America who returned to Spain having made his fortune*.

indicación f **- 1.** [señal, gesto] sign, signal **- 2.** (gen pl) [instrucción] instruction; [para llegar a un sitio] directions (pl) **- 3.** [nota, corrección] note.

indicado, da adj suitable, appropriate.

indicador, ra adj indicating (antes de sust).
➡ **indicador** m [gen] indicator; TECN gauge, meter; ~ **de carretera** road sign; ~ **económico** economic indicator; ~ **de velocidad** speedometer.

indicar [10] vt **- 1.** [señalar] to indicate; [suj: aguja etc] to read **- 2.** [explicar] to tell, to explain to **- 3.** [prescribir] to prescribe.

indicativo, va adj indicative.
➡ **indicativo** m GRAM indicative.

índice m **- 1.** [gen] index; [proporción] level, rate; ~ **alfabético** alphabetical index; ~ **de audiencia** ratings; ~ **bursátil** stock market index; ~ **del coste de la vida** cost of living index; ~ **de materias** o **temático** table of contents; ~ **de natalidad** birth rate; ~ **de precios al consumo** retail price index **- 2.** [señal] sign, indicator; ~ **económico** economic indicator **- 3.** [catálogo] catalogue **- 4.** [dedo] index finger.

indicio m sign; [pista] clue; [cantidad pequeña] trace.

Índico m: **el (océano)** ~ the Indian Ocean.

indiferencia f indifference.

indiferente adj indifferent; **me es** ~ [me da igual] I don't mind, it's all the same to me;

[no me interesa] I'm not interested in it.

indígena ◇ *adj* indigenous, native. ◇ *mf* native.

indigencia *f culto* destitution, poverty.

indigente ◇ *adj* destitute, poor. ◇ *mf* poor person.

indigestarse *vpr* to get indigestion; **se me ha indigestado esa chica** *fam fig* I can't stomach that girl.

indigestión *f* indigestion.

indigesto, ta *adj* indigestible; *fam fig* [pesado] stodgy, heavy.

indignación *f* indignation.

indignante *adj* shocking, outrageous.

indignar *vt* to anger.
  ➡ **indignarse** *vpr*: ~se (por) to get angry o indignant (about).

indigno, na *adj* -**1.** [gen]: ~ (de) unworthy (of) -**2.** [impropio] not fitting, wrong -**3.** [vergonzoso] contemptible, shameful.

indio, dia ◇ *adj* Indian. ◇ *m,f* Indian; ~ **americano** Native American; **hacer el** ~ to play the fool.

indique *etc* ▷ **indicar**.

indirecto, ta *adj* indirect.
  ➡ **indirecta** *f* hint; **lanzar una indirecta a alguien** to drop a hint to sb.

indisciplina *f* indiscipline.

indisciplinado, da ◇ *adj* undisciplined. ◇ *m,f* undisciplined person.

indiscreción *f* -**1.** [cualidad] indiscretion -**2.** [comentario] indiscreet remark; **si no es** ~ if you don't mind my asking.

indiscreto, ta ◇ *adj* indiscreet. ◇ *m,f* indiscreet person.

indiscriminado, da *adj* indiscriminate.

indiscutible *adj* [gen] indisputable; [poder] undisputed.

indisoluble *adj* -**1.** [substancia] insoluble -**2.** [unión, ley] indissoluble.

indispensable *adj* indispensable, essential.

indisponer [65] *vt* -**1.** [enfermar] to make ill, to upset -**2.** [enemistar] to set at odds.

indisposición *f* -**1.** [malestar] indisposition -**2.** [reticencia] unwillingness.

indispuesto, ta ◇ *pp* ▷ **indisponer**. ◇ *adj* indisposed, unwell.

indistinto, ta *adj* -**1.** [indiferente]: **es** ~ it doesn't matter, it makes no difference -**2.** [cuenta, cartilla] joint -**3.** [perfil, figura] indistinct, blurred.

individual *adj* -**1.** [gen] individual; [habitación, cama] single; [despacho] personal -**2.** [prueba, competición] singles *(antes de sust)*.

➡ **individuales** *mpl* DEP singles.

individualidad *f* individuality.

individualismo *m* individualism.

individualista ◇ *adj* individualistic. ◇ *mf* individualist.

individualizar [13] *vi* to single people out.

individuo, dua *m,f* person; *despec* individual.

indivisible *adj* indivisible.

indiviso, sa *adj* undivided.

indochino, na *adj & m,f* Indochinese.

indocumentado, da ◇ *adj* -**1.** [sin documentación] without identity papers -**2.** [ignorante] ignorant. ◇ *m,f* [ignorante] ignoramus.

indoeuropeo, a *adj* Indo-European.
  ➡ **indoeuropeo** *m* [lengua] Indo-European.

índole *f* [naturaleza] nature; [tipo] type, kind.

indolencia *f* indolence, laziness.

indolente *adj culto* indolent, lazy.

indoloro, ra *adj* painless.

indomable *adj* -**1.** [animal] untameable -**2.** [carácter] rebellious; [pueblo] unruly.

indómito, ta *adj* -**1.** [animal] untameable -**2.** [carácter] rebellious; [pueblo] unruly.

Indonesia Indonesia.

indonesio, sia *adj & m,f* Indonesian.
  ➡ **indonesio** *m* [lengua] Indonesian.

inducción *f* -**1.** [gen & FÍS] induction -**2.** [incitación] instigation.

inducir [33] *vt* -**1.** [incitar]: ~ **a alguien a algo/a hacer algo** to lead sb into sthg/into doing sthg; ~ **a error** to mislead -**2.** [deducir] to infer -**3.** FÍS to induce.

inductor, ra *adj* instigating.
  ➡ **inductor** *m* inductor.

indudable *adj* undoubted; **es** ~ **que ...** there is no doubt that ...

indujera *etc* ▷ **inducir**.

indulgencia *f* indulgence; ~ **plenaria** plenary indulgence.

indulgente *adj* indulgent.

indultar *vt* to pardon.

indulto *m* pardon.

indumentaria *f* attire.

industria *f* -**1.** [gen] industry; ~ **artesanal** cottage industry; ~ **automovilística/pesada/punta** motor/heavy/sunrise industry -**2.** [fábrica] factory.

industrial ◇ *adj* industrial. ◇ *mf* industrialist.

industrialismo *m* industrialism.

industrialización *f* industrialization.

industrializar [13] *vt* to industrialize.
  ◆ **industrializarse** *vpr* to become industrialized.
industrioso, sa *adj* industrious.
induzca *etc* ▷ **inducir**.
inédito, ta *adj* **-1.** [no publicado] unpublished **-2.** [sorprendente] unheard-of, unprecedented.
inefable *adj* ineffable, inexpressible.
ineficacia *f* **-1.** [bajo rendimiento] inefficiency **-2.** [baja efectividad] ineffectiveness.
ineficaz *adj* **-1.** [de bajo rendimiento] inefficient **-2.** [de baja efectividad] ineffective.
ineficiencia *f* **-1.** [bajo rendimiento] inefficiency **-2.** [baja efectividad] ineffectiveness.
ineficiente *adj* **-1.** [de bajo rendimiento] inefficient **-2.** [de baja efectividad] ineffective.
ineludible *adj* unavoidable.
INEM (*abrev de* **Instituto Nacional de Empleo**) *m Spanish department of employment*.
inenarrable *adj* spectacular.
ineptitud *f* ineptitude.
inepto, ta ◇ *adj* inept. ◇ *m,f* inept person.
inequívoco, ca *adj* [apoyo, resultado] unequivocal; [señal, voz] unmistakeable.
inercia *f lit* & *fig* inertia.
inerme *adj* [sin armas] unarmed; [sin defensa] defenceless.
inerte *adj* **-1.** [materia] inert **-2.** [cuerpo, cadáver] lifeless.
inescrutable *adj* **-1.** [persona, rostro] inscrutable **-2.** [misterio, verdad] impenetrable.
inesperado, da *adj* unexpected.
inestabilidad *f* instability.
inestable *adj lit* & *fig* unstable.
inestimable *adj* inestimable, invaluable.
inevitable *adj* inevitable.
inexactitud *f* inaccuracy.
inexacto, ta *adj* **-1.** [impreciso] inaccurate **-2.** [erróneo] incorrect, wrong.
inexcusable *adj* **-1.** [imperdonable] inexcusable **-2.** [ineludible] unavoidable.
inexistencia *f* nonexistence.
inexistente *adj* nonexistent.
inexorable *adj* **-1.** [inevitable] inexorable **-2.** [inflexible] unyielding.
inexperiencia *f* inexperience.
inexperto, ta ◇ *adj* **-1.** [falto de experiencia] inexperienced **-2.** [falto de habilidad] unskilful, inexpert. ◇ *m,f* person without experience.
inexplicable *adj* inexplicable.
inexpresivo, va *adj* expressionless.

inexpugnable *adj* unassailable, impregnable.
inextinguible *adj* [fuego] unquenchable; [sentimiento] undying.
inextricable *adj* intricate.
infalibilidad *f* infallibility.
infalible *adj* infallible.
infamar *vt culto* to defame.
infame *adj* vile, base.
infamia *f* **-1.** [deshonra] infamy, disgrace **-2.** [mala acción] vile *o* base deed.
infancia *f* **-1.** [periodo] childhood **-2.** [todos los niños] children *(pl)*.
infante, ta *m,f* **-1.** [niño] infant **-2.** [hijo del rey] infante (*f* infanta), prince (*f* princess).
  ◆ **infante** *m* [soldado] infantryman.
infantería *f* infantry; **~ de marina** marines *(pl)*; **~ ligera** light infantry.
infanticida ◇ *adj* infanticidal. ◇ *mf* infanticide, child-murderer.
infanticidio *m* infanticide.
infantil *adj* **-1.** [para niños] children's; [de niños] child (*antes de sust*) **-2.** *fig* [inmaduro] infantile, childish.
infantilismo *m* infantilism.
infarto *m*: **~ (de miocardio)** heart attack; **de ~** *fam* heart-stopping.
infatigable *adj* indefatigable, tireless.
infausto, ta *adj* ill-starred.
infección *f* infection.
infeccioso, sa *adj* infectious.
infectar *vt* to infect.
  ◆ **infectarse** *vpr* to become infected.
infecto, ta *adj* **-1.** [agua, carroña] putrid **-2.** [población, zona] infected **-3.** *fig* [desagradable] foul, terrible.
infecundo, da *adj* **-1.** [tierra] infertile **-2.** [mujer] sterile.
infelicidad *f* unhappiness.
infeliz ◇ *adj* **-1.** [desgraciado] unhappy **-2.** *fig* [ingenuo] gullible. ◇ *mf* [ingenuo] gullible person; **un pobre ~** a poor wretch.
inferior ◇ *adj*: **~ (a)** [en espacio, cantidad] lower (than); [en calidad] inferior (to); **una cifra ~ a 100** a figure under *o* below 100. ◇ *mf* inferior.
inferioridad *f* inferiority; **estar en ~ de condiciones** to be at a disadvantage.
inferir [27] *vt* **-1.** [deducir]: **~ (de)** to deduce (from), to infer (from) **-2.** [ocasionar - herida] to inflict; [- mal] to cause.
infernal *adj lit* & *fig* infernal.
infestar *vt* to infest; [suj: carteles, propaganda etc] to be plastered across.
infidelidad *f* [conyugal] infidelity; [a la patria,

un amigo] unfaithfulness, disloyalty.

infiel <> *adj* **-1.** [desleal - cónyuge] unfaithful; [- amigo] disloyal **-2.** [inexacto] inaccurate, unfaithful. <> *mf RELIG* infidel.

infiera *etc* ⊳ **inferir.**

infiernillo *m* portable stove.

infierno *m lit & fig* hell; **en el quinto** ~ in the middle of nowhere; **¡vete al ~!** go to hell!

infiltración *f* **-1.** [de líquido] seeping **-2.** [de persona, ideas] infiltration.

infiltrado, da <> *adj* infiltrated. <> *m,f* infiltrator.

infiltrar *vt* **-1.** [inyectar] to inject **-2.** *fig* [ideas] to infiltrate.

➤ **infiltrarse en** *vpr* to infiltrate.

ínfimo, ma *adj* [calidad, categoría] extremely low; [precio] giveaway; [importancia] knock-down, minimal.

infinidad *f:* **una** ~ **de** an infinite number of; *fig* masses of; **en** ~ **de ocasiones** on countless occasions.

infinitesimal *adj* infinitesimal.

infinitivo *m* infinitive.

infinito, ta *adj lit & fig* infinite; **infinitas veces** hundreds of times.

➤ **infinito** <> *m* infinity. <> *adv* [mucho] extremely, infinitely.

infiriera *etc* ⊳ **inferir.**

inflación *f ECON* inflation; ~ **subyacente** underlying inflation.

inflacionario, ria, inflacionista *adj* inflationary. .

inflamable *adj* inflammable, flammable.

inflamación *f MED* inflammation.

inflamar *vt* **-1.** *MED & fig* to inflame **-2.** [encender] to set alight.

➤ **inflamarse** *vpr* [hincharse] to become inflamed.

inflamatorio, ria *adj* inflammatory.

inflar *vt* **-1.** [soplando] to blow up, to inflate; [con bomba] to pump up **-2.** *fig* [exagerar] to blow up, to exaggerate.

➤ **inflarse** *vpr:* ~**se (de)** [hartarse] to stuff o.s. (with).

inflexibilidad *f lit & fig* inflexibility.

inflexible *adj lit & fig* inflexible.

inflexión *f* inflection.

infligir [15] *vt* to inflict; [castigo] to impose.

influencia *f* influence; **bajo la** ~ **del alcohol** under the influence of alcohol.

influenciable *adj* easily influenced.

influenciar [8] *vt* to influence, to have an influence on.

influir [51] <> *vt* to influence. <> *vi* to have

influence; ~ **en** to influence, to have an influence on.

influjo *m* influence.

influyente *adj* influential.

infografía *f* computer graphics.

información *f* **-1.** [conocimiento] information; **para tu** ~ for your information; ~ **confidencial** inside information **-2.** [PRENS - noticias] news *(U);* [- noticia] report, piece of news; [- sección] section, news *(U);* ~ **meteorológica** weather report *o* forecast **-3.** [oficina] information office; [mostrador] information desk **-4.** *TELECOM* directory enquiries *(pl) UK,* directory assistance *US.*

informador, ra <> *adj* informing, reporting. <> *m,f* reporter.

informal *adj* **-1.** [desenfadado] informal **-2.** [irresponsable] unreliable.

informalidad *f* **-1.** [desenfado] informality **-2.** [irresponsabilidad] unreliability.

informante <> *adj* informing. <> *mf* informant, informer.

informar <> *vt:* ~ **a alguien (de)** to inform *o* tell sb (about). <> *vi* to inform; *PRENS* to report.

➤ **informarse** *vpr* to find out (details); ~**se de** to find out about.

informático, ca <> *adj* computer *(antes de sust).* <> *m,f* [persona] computer expert.

➤ **informática** *f* [ciencia] information technology, computing.

informativo, va *adj* **-1.** [instructivo, esclarecedor] informative **-2.** [que da noticias] news *(antes de sust);* [que da información] information *(antes de sust).*

➤ **informativo** *m* news (bulletin).

informatización *f* computerization.

informatizar [13] *vt* to computerize.

informe <> *adj* shapeless. <> *m* **-1.** [gen] report **-2.** *DER* plea.

➤ **informes** *mpl* [gen] information *(U);* [sobre comportamiento] report *(sg);* [para un empleo] references.

infortunado, da <> *adj* unfortunate, unlucky; [encuentro, conversación] ill-fated. <> *m,f* unfortunate *o* unlucky person.

infortunio *m* misfortune, bad luck *(U).*

infracción *f* infringement; [de circulación] offence.

infractor, ra <> *adj* offending. <> *m,f* offender.

infraestructura *f* **-1.** [de organización] infrastructure **-2.** [de construcción] foundations *(pl).*

in fraganti *loc adv* red-handed, in the act;

coger a alguien ~ to catch sb red-handed *o* in the act.

infrahumano, na *adj* subhuman.

infranqueable *adj* impassable; *fig* insurmountable.

infrarrojo, ja *adj* infrared.

infravalorar *vt* to undervalue, to underestimate.

infrecuente *adj* infrequent.

infringir [15] *vt* [quebrantar] to infringe, to break.

infructuoso, sa *adj* fruitless, unsuccessful.

ínfulas *fpl* pretensions; **darse** *o* **tener (muchas)** ~ to give oneself airs.

infumable *adj* [cigarrillo, tabaco] unsmokable; *fam* [insoportable] unbearable, intolerable.

infundado, da *adj* unfounded.

infundio *m culto* untruth, lie.

infundir *vt* : ~ **algo a alguien** to fill sb with sthg, to inspire sthg in sb; ~ **miedo** to inspire fear.

infusión *f* infusion; ~ **de manzanilla** camomile tea.

ingeniar [8] *vt* to invent, to devise.

➡ **ingeniarse** *vpr* : **ingeniárselas** to manage, to engineer it; **ingeniárselas para hacer algo** to manage *o* contrive to do sthg.

ingeniería *f* engineering; ~ **genética** genetic engineering.

ingeniero, ra *m,f* engineer; ~ **agrónomo** agronomist; ~ **de caminos, canales y puertos** civil engineer; ~ **industrial/de telecomunicaciones** industrial/telecommunications engineer; ~ **de sistemas/sonido** systems/sound engineer.

ingenio *m* -**1.** [inteligencia] ingenuity; **aguzar el** ~ to sharpen one's wits -**2.** [agudeza] wit, wittiness -**3.** [máquina] device; ~ **nuclear** nuclear device.

ingenioso, sa *adj* [inteligente] ingenious, clever; [agudo] witty.

ingente *adj* enormous, huge.

ingenuidad *f* ingenuousness, naivety.

ingenuo, nua ◇ *adj* ingenuous, naive. ◇ *m,f* ingenuous *o* naive person.

ingerencia = injerencia.

ingerir [27] *vt* to consume, to ingest.

ingestión *f* consumption.

ingiera *etc*, **ingiriera** *etc* ➡ ingerir.

Inglaterra England.

ingle *f* groin.

inglés, esa ◇ *adj* English. ◇ *m,f* [persona] Englishman (*f* Englishwoman); **los ingleses** the English.

➡ **inglés** *m* [lengua] English.

ingobernable *adj* [país] ungovernable; [niño] uncontrollable, unmanageable.

ingratitud *f* ingratitude, ungratefulness.

ingrato, ta *adj* ungrateful; [trabajo] thankless.

ingrávido, da *adj* weightless.

ingrediente *m* ingredient.

ingresar ◇ *vt BANCA* to deposit, to pay in. ◇ *vi* : ~ **(en)** [asociación, ejército] to join; [hospital] to be admitted (to); [convento, universidad] to enter; ~ **cadáver** to be dead on arrival.

ingreso *m* -**1.** [gen] entry; [en asociación, ejército] joining; [en hospital, universidad] admission -**2.** *BANCA* deposit; **hacer un** ~ to make a deposit.

➡ **ingresos** *mpl* -**1.** [sueldo etc] income *(U)*; ~**s brutos/netos** gross/net income -**2.** [recaudación] revenue *(U)*.

inhábil *adj* -**1.** [incapacitado - por defecto físico] unfit; [- por la edad] disqualified -**2.** [festivo]: **día** ~ *weekend day or public holiday*.

inhabilitación *f* disqualification; [minusvalía] disablement.

inhabilitar *vt* to disqualify.

inhabitable *adj* uninhabitable.

inhabitado, da *adj* uninhabited.

inhalación *f* inhalation.

inhalador *m* inhaler.

inhalar *vt* to inhale.

inherente *adj* : ~ **(a)** inherent (in).

inhibición *f* inhibition.

inhibir *vt* to inhibit.

➡ **inhibirse de** *vpr* [gen] to keep out of, to stay away from; [responsabilidades] to avoid, to shirk.

inhóspito, ta *adj* inhospitable.

inhumano, na *adj* [despiadado] inhuman; [desconsiderado] inhumane.

inhumar *vt* to inter, to bury.

iniciación *f* -**1.** [gen] initiation -**2.** [de suceso, curso] start, beginning.

iniciado, da ◇ *adj* initiated. ◇ *m,f* initiate.

inicial *adj* & *f* initial.

inicialización *f INFORM* initialization.

inicializar [13] *vt INFORM* to initialize.

iniciar [8] *vt* [gen] to start, to initiate; [debate, discusión] to start off; ~ **a alguien en** to initiate sb into.

iniciativa *f* initiative; **no tener** ~ to lack initiative; **por** *o* **propia** on one's own initiative; **tomar la** ~ to take the initiative; ~ **de paz** peace initiative; ~ **privada**

private enterprise.

inicio *m* start, beginning.

inigualable *adj* unrivalled.

inigualado, da *adj* unequalled.

inimaginable *adj* unimaginable.

inimitable *adj* inimitable.

ininteligible *adj* unintelligible.

ininterrumpido, da *adj* uninterrupted, continuous.

iniquidad *f* iniquity.

injerencia, ingerencia *f* interference, meddling.

injerir [27] *vt* to introduce, to insert.

➤ **injerirse** *vpr* [entrometerse]: ~se (en) to interfere (in), to meddle (in).

injertar *vt* to graft.

injerto *m* graft.

injiera, injiriera *etc v* ▷ injerir.

injuria *f* [insulto] insult, abuse *(U)*; [agravio] offence; *DER* slander.

injuriar [8] *vt* [insultar] to insult, to abuse; [agraviar] to offend; *DER* to slander.

injurioso, sa *adj* insulting, abusive; *DER* slanderous.

injusticia *f* injustice; ¡es una ~! that's unfair!; **cometer una ~ con alguien** to do sb an injustice.

injustificado, da *adj* unjustified.

injusto, ta *adj* unfair, unjust.

inmaculado, da *adj* immaculate.

➤ **Inmaculada** *f*: **la Inmaculada** the Virgin Mary.

inmadurez *f* immaturity.

inmaduro, ra *adj* **-1.** [fruta] unripe **-2.** [persona] immature.

inmaterial *adj* immaterial.

inmediaciones *fpl* [de localidad] surrounding area *(sg)*; [de lugar, casa] vicinity *(sg)*.

inmediatamente *adv* immediately, at once.

inmediatez *f* immediateness, immediacy.

inmediato, ta *adj* **-1.** [gen] immediate; **de ~** immediately, at once **-2.** [contiguo] next, adjoining.

inmejorable *adj* unbeatable, that cannot be bettered.

inmemorial *adj* immemorial.

inmensidad *f* **-1.** [grandeza] immensity **-2.** [multitud] huge amount, sea.

inmenso, sa *adj* **-1.** [gen] immense **-2.** *fig* [profundo] deep.

inmerecido, da *adj* undeserved.

inmersión *f* immersion; [de submarinista] dive; ~ **lingüística** language immersion.

inmerso, sa *adj*: ~ **(en)** immersed (in).

inmigración *f* immigration.

inmigrante *mf* immigrant.

inmigrar *vi* to immigrate.

inminencia *f* imminence.

inminente *adj* imminent, impending.

inmiscuirse [51] *vpr*: ~ **(en)** to interfere *o* meddle (in).

inmobiliario, ria *adj* property *(antes de sust)*, real estate *US (antes de sust)*.

➤ **inmobiliaria** *f* **-1.** [agencia] estate agency *UK*, real estate agent *US* **-2.** [constructora] construction company.

inmolación *f* immolation, sacrifice.

inmolar *vt* to immolate, to sacrifice.

inmoral *adj* immoral.

inmortal *adj* immortal.

inmortalidad *f* immortality.

inmortalizar [13] *vt* to immortalize.

inmóvil *adj* motionless, still; [coche, tren] stationary.

inmovilidad *f* immobility.

inmovilismo *m* defence of the status quo.

inmovilizado, da ◇ *adj* immobilized; [pierna, brazo] immobile. ◇ *m ECON* fixed assets *(pl)*.

inmovilizar [13] *vt* to immobilize.

inmueble ◇ *adj*: **bienes ~s** real estate *(U)*. ◇ *m* [edificio] building.

inmundicia *f* [suciedad] filth, filthiness; [basura] rubbish.

inmundo, da *adj* filthy, dirty.

inmune *adj* **-1.** *MED* immune **-2.** [exento] exempt.

inmunidad *f* immunity; ~ **diplomática/ parlamentaria** diplomatic/parliamentary immunity.

inmunitario, ria *adj* immune.

inmunizar [13] *vt* to immunize.

inmunodeficiencia *f MED* immunodeficiency.

inmunodepresor, ra *adj* immunodepressant.

inmunodeprimido, da *adj* immunodeficient.

inmunología *f* immunology.

inmunoterapia *f* immunotherapy.

inmutable *adj* immutable, unchangeable.

inmutar *vt* to upset, to perturb.

➤ **inmutarse** *vpr* to get upset, to be perturbed; **ni se inmutó** he didn't bat an eyelid.

innato, ta *adj* innate.

innecesario, ria *adj* unnecessary.

innegable *adj* undeniable.
innoble *adj* ignoble.
innombrable *adj* unmentionable.
innovación *f* innovation.
innovador, ra ◇ *adj* innovative, innovatory. ◇ *m,f* innovator.
innovar *vt* [método, técnica] to improve on.
innumerable *adj* countless, innumerable.
inocencia *f* innocence.
inocentada *f* practical joke, trick.
inocente ◇ *adj* -**1.** [gen & DER] innocent; **declarar ∼ a alguien** to find sb innocent *o* not guilty -**2.** [ingenuo - persona] naive, innocent -**3.** [sin maldad - persona] harmless. ◇ *mf* -**1.** [persona no culpable] innocent person -**2.** [persona cándida] innocent; **hacerse el ∼** to play *o* act the innocent.
inocular *vt* to inoculate.
inocuo, cua *adj* innocuous, harmless.
inodoro, ra *adj* odourless.
   ◆ **inodoro** *m* toilet *UK*, washroom *US*.
inofensivo, va *adj* inoffensive, harmless.
inolvidable *adj* unforgettable.
inoperante *adj* ineffective.
inopia *f*: **estar en la ∼** to be miles away, to be day-dreaming.
inopinado, da *adj* unexpected.
inoportuno, na, importuno, na *adj* -**1.** [en mal momento] inopportune, untimely -**2.** [molesto] inconvenient -**3.** [inadecuado] inappropriate.
inorgánico, ca *adj* inorganic.
inoxidable *adj* rustproof; [acero] stainless.
input ['imput] (*pl* **inputs**) *m* input (*U*).
inquebrantable *adj* unshakeable; [lealtad] unswerving.
inquiera *etc* ▷ **inquirir**.
inquietante *adj* worrying.
inquietar *vt* to worry, to trouble.
   ◆ **inquietarse** *vpr* to worry, to get anxious.
inquieto, ta *adj* -**1.** [preocupado]: **∼ (por)** worried *o* anxious (about) -**2.** [agitado, emprendedor] restless.
inquietud *f* [preocupación] worry, anxiety.
   ◆ **inquietudes** *fpl* [afán de saber]: **tener ∼es** to have an inquiring mind.
inquilino, na *m,f* tenant.
inquina *f* antipathy, aversion; **tener ∼ a** to feel aversion towards.
inquirir [22] *vt culto* to inquire into, to investigate.
inquisición *f* [indagación] inquiry, investigation.
   ◆ **Inquisición** *f* [tribunal] Inquisition.

inquisidor, ra *adj* inquisitive, inquiring.
   ◆ **inquisidor** *m* inquisitor.
inquisitivo, va *adj* inquisitive.
inri *m*: **para más ∼** *fam* to add insult to injury, to crown it all.
insaciable *adj* insatiable.
insalubre *adj culto* insalubrious, unhealthy.
Insalud (*abrev de* **Instituto Nacional de la Salud**) *m* ≃ NHS *UK*, ≃ Medicaid *US*.
insano, na *adj* [gen] unhealthy; [loco] insane.
insatisfacción *f* dissatisfaction.
insatisfecho, cha *adj* -**1.** [descontento] dissatisfied -**2.** [no saciado] not full, unsatisfied.
inscribir *vt* -**1.** [grabar]: **∼ algo (en)** to engrave *o* inscribe sthg (on) -**2.** [apuntar]: **∼ algo/a alguien (en)** to register sthg/sb (on).
   ◆ **inscribirse** *vpr*: **∼se (en)** [gen] to enrol (on); [asociación] to enrol (with); [concurso] to enter.
inscripción *f* -**1.** EDUC registration, enrolment; [en censo, registro] registration; [en partido etc] enrolment; [en concursos etc] entry -**2.** [escrito] inscription.
inscrito, ta *pp* ▷ **inscribir**.
insecticida ◇ *adj* insecticidal. ◇ *m* insecticide.
insectívoro, ra *adj* insectivorous.
insecto *m* insect.
inseguridad *f* -**1.** [falta de confianza] insecurity -**2.** [duda] uncertainty -**3.** [peligro] lack of safety; **∼ ciudadana** lack of law and order.
inseguro, ra *adj* -**1.** [sin confianza] insecure -**2.** [dudoso] uncertain -**3.** [peligroso] unsafe.
inseminación *f* insemination; **∼ artificial** artificial insemination.
inseminar *vt* to inseminate.
insensatez *f* foolishness, senselessness; **hacer/decir una ∼** to do/say sthg foolish.
insensato, ta ◇ *adj* foolish, senseless. ◇ *m,f* foolish *o* senseless person, fool.
insensibilidad *f* [emocional] insensitivity; [física] numbness.
insensibilizar *vt* MED to numb.
   ◆ **insensibilizarse** *vpr* [emocionalmente] to become desensitized.
insensible *adj* -**1.** [indiferente]: **∼ (a)** insensitive (to) -**2.** [entumecido] numb -**3.** [imperceptible] imperceptible.
inseparable *adj* inseparable.
inserción *f* insertion; **iniciativas de ∼ laboral** employment initiatives.
insertar *vt* [gen & COMPUT]: **∼ (en)** to insert (into).
inservible *adj* useless, unserviceable.

insidioso, sa *adj* malicious.

insigne *adj* distinguished, illustrious.

insignia *f* -**1.** [distintivo] badge; MIL insignia -**2.** [bandera] flag, banner.

insignificancia *f* -**1.** [cualidad] insignificance -**2.** [cosa, hecho] trifle, insignificant thing.

insignificante *adj* insignificant.

insinuación *f* hint, insinuation.

➡ **insinuaciones** *fpl* [amorosas] innuendo (U).

insinuante *adj* suggestive, full of innuendo.

insinuar [6] *vt*: ~ **algo (a)** to hint at o insinuate sthg (to).

➡ **insinuarse** *vpr* -**1.** [amorosamente]: ~se **(a)** to make advances (to) -**2.** [asomar]: ~se **detrás de algo** to peep out from behind sthg.

insípido, da *adj lit & fig* insipid.

insistencia *f* insistence.

insistente *adj* insistent.

insistir *vi*: ~ **(en)** to insist (on); ~ **en que** to insist that.

insobornable *adj* incorruptible.

insociable *adj* unsociable.

insolación *f* -**1.** MED sunstroke (U); **coger una** ~ to get sunstroke -**2.** METEOR sunshine.

insolencia *f* insolence; **hacer/decir una** ~ to do/say sthg insolent.

insolente ◇ *adj* [descarado] insolent; [orgulloso] haughty. ◇ *mf* insolent person.

insolidaridad *f* lack of solidarity.

insolidario, ria ◇ *adj* lacking in solidarity. ◇ *m y f* person lacking in solidarity.

insólito, ta *adj* very unusual.

insoluble *adj* insoluble.

insolvencia *f* insolvency.

insolvente *adj* insolvent.

insomne *adj* sleepless.

insomnio *m* insomnia, sleeplessness.

insondable *adj lit & fig* unfathomable.

insonorización *f* soundproofing.

insonorizar [13] *vt* to soundproof.

insoportable *adj* unbearable, intolerable.

insoslayable *adj* inevitable, unavoidable.

insospechable *adj* impossible to tell, unforeseeable.

insospechado, da *adj* unexpected, unforeseen.

insostenible *adj* untenable.

inspección *f* inspection; [policial] search; ~ **de calidad** quality control inspection; ~ **ocular** visual inspection.

inspeccionar *vt* to inspect; [suj: policía] to search.

inspector, ra *m,f* inspector; ~ **de aduanas** customs official; ~ **de Hacienda** tax inspector; ~ **de policía** police inspector.

inspiración *f* -**1.** [gen] inspiration -**2.** [respiración] inhalation, breath.

inspirado, da *adj* inspired.

inspirar *vt* -**1.** [gen] to inspire -**2.** [respirar] to inhale, to breathe in.

➡ **inspirarse** *vpr*: ~se **(en)** to be inspired (by).

instalación *f* -**1.** [gen] installation; ~ **eléctrica** wiring; ~ **sanitaria** plumbing -**2.** [de gente] settling.

➡ **instalaciones** *fpl* [deportivas etc] facilities.

instalador, ra ◇ *adj* installing, fitting. ◇ *m,f* fitter.

instalar *vt* -**1.** [montar- antena etc] to instal, to fit; [- local, puesto etc] to set up -**2.** [situar - objeto] to place; [- gente] to settle.

➡ **instalarse** *vpr* [establecerse]: ~se **en** to settle (down) in; [nueva casa] to move into.

instancia *f* -**1.** [solicitud] application (form) -**2.** [ruego] request; **a** ~s **de** at the request o bidding of; **en última** ~ as a last resort -**3.** DER: **juzgado de primera** ~ court of first instance.

instantáneo, a *adj* -**1.** [momentáneo] momentary -**2.** [rápido] instantaneous.

➡ **instantánea** *f* snapshot, snap.

instante *m* moment; **a cada** ~ all the time, constantly; **al** ~ instantly, immediately; **en un** ~ in a second.

instar *vt*: ~ **a alguien a que haga algo** to urge o press sb to do sthg.

instauración *f* establishment, foundation.

instaurar *vt* to establish, to set up.

instigador, ra ◇ *adj* instigating. ◇ *m,f* instigator.

instigar [16] *vt*: ~ **a alguien (a que haga algo)** to instigate sb (to do sthg); ~ **a algo** to incite to sthg.

instintivo, va *adj* instinctive.

instinto *m* instinct; **por** ~ instinctively; ~ **maternal** maternal instinct; ~ **de supervivencia** survival instinct.

institución *f* -**1.** [gen] institution; ~ **benéfica** charitable organization; ~ **pública** public institution; **ser una** ~ *fig* to be an institution -**2.** [de ley, sistema] introduction; [de organismo] establishment; [de premio] foundation.

institucional *adj* institutional.

institucionalizar [13] *vt* to institutionalize.
instituir [51] *vt* -**1.** [fundar - gobierno] to establish; [- premio, sociedad] to found; [- sistema, reglas] to introduce -**2.** [nombrar] to appoint, to name.
instituto *m* -**1.** [corporación] institute -**2.** *EDUC*: ~ **(de Enseñanza Secundaria)** state secondary school; ~ **de Formación Profesional** ≃ technical college; ~ **politécnico** polytechnic.
➡ **instituto de belleza** *m* beauty salon.
institutriz *f* governess.
instrucción *f* -**1.** [conocimientos] education; [docencia] instruction; ~ **militar** military training -**2.** [DER - investigación] preliminary investigation; [- curso del proceso] proceedings *(pl)*.
➡ **instrucciones** *fpl* [de uso] instructions.
instructivo, va *adj* [gen] instructive; [juguete, película] educational.
instructor, ra ◇ *adj* training, instructing. ◇ *m,f* [gen] instructor, teacher; *DEP* coach.
instruido, da *adj* educated.
instruir [51] *vt* -**1.** [enseñar] to instruct -**2.** *DER* to prepare.
instrumental ◇ *adj* instrumental. ◇ *m* instruments *(pl)*.
instrumentar *vt* to orchestrate, to score.
instrumentista *mf* -**1.** *MÚS* instrumentalist -**2.** *MED* surgeon's assistant.
instrumento *m* -**1.** *MÚS & fig* instrument; ~ **de cuerda** string instrument; ~ **musical** musical instrument; ~ **de viento** wind instrument -**2.** [herramienta] tool, instrument; ~ **de precisión** precision tool.
insubordinación *f* insubordination.
insubordinado, da ◇ *adj* insubordinate. ◇ *m,f* insubordinate (person), rebel.
insubordinar *vt* to stir up, to incite to rebellion.
➡ **insubordinarse** *vpr* to rebel.
insubstancial = insustancial.
insubstituible = insustituible.
insuficiencia *f* -**1.** [escasez] lack, shortage -**2.** *MED* failure, insufficiency; ~ **cardiaca/renal** heart/kidney failure.
insuficiente ◇ *adj* insufficient. ◇ *m* [nota] fail.
insufrible *adj* intolerable, insufferable.
insular ◇ *adj* insular, island *(antes de sust)*. ◇ *mf* islander.
insulina *f* insulin.
insulso, sa *adj lit & fig* bland, insipid.
insultante *adj* insulting, offensive.
insultar *vt* to insult.

insulto *m* insult; **proferir** ~**s** to hurl insults.
insumisión *f* rebelliousness.
insumiso, sa ◇ *adj* rebellious. ◇ *m,f* [gen] rebel; *MIL person who refuses to do military or community service.*
insuperable *adj* -**1.** [inmejorable] unsurpassable -**2.** [sin solución] insurmountable, insuperable.
insurgente *adj* insurgent.
insurrección *f* insurrection, revolt.
insurrecto, ta *adj & m,f* insurgent, rebel.
insustancial, insubstancial *adj* insubstantial.
insustituible, insubstituible *adj* irreplaceable.
intachable *adj* irreproachable.
intacto, ta *adj* untouched; *fig* intact.
intangible *adj* intangible.
integración *f* integration; ~ **racial** racial integration.
integral ◇ *adj* -**1.** [total] total, complete -**2.** [sin refinar - pan, harina, pasta] wholemeal; [- arroz] brown -**3.** *MAT* ▷ **cálculo.** ◇ *f MAT* integral.
integrante ◇ *adj* integral, constituent; **estado** ~ **de la CE** member state of the EC. ◇ *mf* member.
integrar *vt* -**1.** [gen & *MAT*] to integrate -**2.** [componer] to make up.
➡ **integrarse** *vpr* to integrate; ~**se en** to become integrated into.
integridad *f* [gen] integrity; [totalidad] wholeness.
integrismo *m* -**1.** *RELIG* fundamentalism -**2.** *POLÍT* reactión, traditionalism.
integrista *adj & m,f* -**1.** *RELIG* fundamentalist -**2.** *POLÍT* reactionary, traditionalist.
íntegro, gra *adj* -**1.** [completo] whole, entire; [versión etc] unabridged -**2.** [honrado] upright, honourable.
intelecto *m* intellect.
intelectual *adj & m,f* intellectual.
intelectualizar [13] *vt* to intellectualize.
inteligencia *f* intelligence; ~ **artificial** *INFORM* artificial intelligence; ~ **emocional** emotional intelligence.
inteligente *adj* [gen & *COMPUT*] intelligent.
inteligible *adj* intelligible.
intemperie *f*: **a la** ~ in the open air.
intempestivo, va *adj* [clima, comentario] harsh; [hora] ungodly, unearthly; [proposición, visita] inopportune.
intemporal *adj* timeless, independent of time.
intención *f* intention; **con** ~ intentionally;

sin ~ without meaning to; **tener la ~ de** to intend to; **tener malas intenciones** to be up to no good; **buena/mala ~** good/bad intentions *(pl)*; **segunda ~** underhandedness, duplicity; **~ de voto** voting intention; **la ~ es lo que cuenta** it's the thought that counts; **de buenas intenciones está el infierno lleno** *proverb* the road to hell is paved with good intentions.

intencionado, da *adj* intentional, deliberate; **bien ~** [acción] well-meant; [persona] well-meaning; **mal ~** [acción] ill-meant, ill-intentioned; [persona] malevolent.

intencional *adj* intentional, deliberate.

intencionalidad *f* intent.

intendencia *f* management, administration; **~ militar** service corps.

intendente *m* [militar] quartermaster.

intensidad *f* [gen] intensity; [de lluvia] heaviness; [de luz, color] brightness; [de amor] passion, strength.

intensificación *f* intensification.

intensificar [10] *vt* to intensify.

➧ **intensificarse** *vpr* to intensify.

intensivo, va *adj* intensive.

intenso, sa *adj* [gen] intense; [lluvia] heavy; [luz, color] bright; [amor] passionate, strong.

intentar *vt*: **~ (hacer algo)** to try (to do sthg).

intento *m* [tentativa] attempt; [intención] intention; **~ de golpe/robo** attempted coup/robbery; **~ de suicidio** suicide attempt.

intentona *f*: **~ (golpista)** POLÍT attempted coup.

interacción *f* interaction.

interaccionar *vi* to interact.

interactivo, va *adj* INFORM interactive.

intercalar *vt* to insert, to put in.

intercambiable *adj* interchangeable.

intercambiar [8] *vt* to exchange; [lugares, posiciones] to change, to swap.

intercambio *m* exchange; **hacer un ~** to go on an exchange programme; **~ comercial** trade.

interceder *vi*: **~ (por alguien)** to intercede (on sb's behalf).

interceptar *vt* **- 1.** [detener] to intercept **- 2.** [obstruir] to block.

interceptor, ra ⬦ *adj* intercepting. ⬦ *m* interceptor.

intercesión *f* intercession.

intercesor, ra ⬦ *adj* interceding. ⬦ *m,f* interceder, intercessor.

interconexión *f* interconnection.

intercostal *adj* intercostal, between the ribs.

interés *m* **- 1.** [gen & FIN] interest; **de ~** interesting; **esperar algo con ~** to await sthg with interest; **tener ~ en** *o* **por** to be interested in; **tengo ~ en que venga pronto** it's in my interest that he should come soon; **~ acumulado** accrued interest; **~ compuesto** compound interest; **~ interbancario** interbank deposit rate; **~ preferencial** preferential interest rate; **~ simple** simple interest; **intereses creados** vested interests **- 2.** [egoísmo] self-interest, selfishness; **por ~** out of selfishness.

interesado, da ⬦ *adj* **- 1.** [gen]: **~ (en** *o* **por)** interested (in) **- 2.** [egoísta] selfish, self-interested **- 3.** [implicado]: **las partes interesadas** the interested parties. ⬦ *m,f* **- 1.** [deseoso] interested person; **los ~s** those interested **- 2.** [egoísta] selfish *o* self-interested person.

interesante *adj* interesting; **hacerse el/la ~** to try to draw attention to oneself.

interesar *vi* to interest; **le interesa el arte** she's interested in art.

➧ **interesarse** *vpr*: **~se (en** *o* **por)** to take an interest (in), to be interested (in); **se interesó por tu salud** she asked after your health.

interestatal *adj* interstate.

interfaz *f* INFORM interface.

interfecto, ta *m,f* murder victim.

interferencia *f* interference.

interferir [27] ⬦ *vt* **- 1.** RADIO, TELECOM & TV to jam **- 2.** [interponerse] to interfere with. ⬦ *vi*: **~ (en)** to interfere (in).

interfono *m* intercom.

interina ⬦ interino.

interinidad *f* **- 1.** [cualidad] temporariness **- 2.** [tiempo] (period of) temporary employment.

interino, na ⬦ *adj* [gen] temporary; [presidente, director etc] acting; [gobierno] interim. ⬦ *m,f* [gen] stand-in; [médico, juez] locum; [profesor] supply teacher.

➧ **interina** *f* [asistenta] cleaning lady.

interior ⬦ *adj* **- 1.** [gen] inside, inner; [patio, jardín etc] interior, inside; [habitación, vida] inner **- 2.** POLÍT domestic **- 3.** GEOGR inland. ⬦ *m* **- 1.** [parte de dentro] inside, interior **- 2.** GEOGR interior, inland area **- 3.** [de una persona] inner self, heart; **en mi ~** deep down.

➧ **interiores** *fpl* **- 1.** CIN interiors **- 2.** *Amér* [calzoncillos] underpants *(pl)*.

interioridad *f* [carácter] inner self.

➥ **interioridades** *fpl* [asuntos] private affairs.

interiorismo *m* interior design.

interiorista *m y f* interior designer.

interiorización *f* internalization; [de sentimientos] bottling-up.

interiorizar [13] *vt* to internalize; [sentimientos] to bottle up.

interjección *f* interjection.

interlineado *m* space between the lines.

interlocutor, ra *m,f* interlocutor, speaker; **su** ~ the person she was speaking to.

interludio *m* [gen & *MÚS*] interlude.

intermediar [8] *vi* to mediate.

intermediario, ria ◇ *adj* intermediary. ◇ *m,f* [gen] intermediary; *COM* middleman; [en disputas] mediator.

intermedio, dia *adj* **-1.** [etapa] intermediate, halfway; [calidad] average; [tamaño] medium **-2.** [tiempo] intervening; [espacio] in between.

➥ **intermedio** *m* [gen & *TEATR*] interval; *CIN* intermission.

interminable *adj* endless, interminable.

intermitencia *f* intermittence, intermittency.

intermitente ◇ *adj* intermittent. ◇ *m* indicator.

internacional *adj* international.

➥ **Internacional** *f POLÍT* International; **La Internacional** [himno] the Internationale.

internacionalismo *m* internationalism.

internado, da ◇ *adj* [en manicomio] confined; [en colegio] boarding; *POLÍT* interned. ◇ *m,f* [en manicomio] inmate; [en colegio] boarder; *POLÍT* internee.

➥ **internado** *m* **-1.** [internamiento - en manicomio] confinement; [- en colegio] boarding **-2.** [colegio] boarding school.

➥ **internada** *f DEP* break, breakaway.

internamiento *m* [en manicomio] confinement; [en escuela] boarding; *POLÍT* internment.

internar *vt:* ~ **(en)** [internado] to send to boarding school (at); [manicomio] to commit (to); [campo de concentración] to intern (in).

➥ **internarse** *vpr:* ~**se (en)** [un lugar] to go *o* penetrate deep (into); [un tema] to become deeply involved (in).

internauta *m y f* Internet user.

Internet *f:* **(la)** ~ the Internet; **en** ~ on the Internet.

internista *adj & m,f* internist.

interno, na ◇ *adj* **-1.** [gen] internal; *POLÍT* domestic **-2.** [alumno] boarding **-3.** ⊳ **medicina**. ◇ *m,f* **-1.** [alumno] boarder **-2.** ⊳

médico -3. [preso] prisoner, inmate.

interparlamentario, ria *adj* interparliamentary.

interpelación *f* formal question.

interpelar *vt* to question formally.

interplanetario, ria *adj* interplanetary.

Interpol (*abrev de* **International Criminal Police Organization**) *f* Interpol.

interpolar *vt* to interpolate, to put in.

interponer [65] *vt* **-1.** [gen] to interpose, to put in **-2.** *DER* to lodge, to make.

➥ **interponerse** *vpr* to intervene.

interposición *f* **-1.** [gen] interposition **-2.** *DER* lodging (*of an appeal*).

interpretación *f* **-1.** [explicación] interpretation; **mala** ~ misinterpretation **-2.** [artística] performance **-3.** [traducción] interpreting.

interpretar *vt* **-1.** [gen] to interpret **-2.** [artísticamente] to perform.

intérprete *mf* **-1.** [traductor & *INFORM*] interpreter **-2.** [artista] performer **-3.** [comentarista] commentator.

interpuesto, ta *pp* ⊳ **interponer**.

interrelación *f* interrelation.

interrelacionar *vt* to interrelate.

interrogación *f* **-1.** [acción] questioning **-2.** [signo] question mark **-3.** [pregunta] question.

interrogador, ra ◇ *adj* questioning. ◇ *m,f* [gen] questioner; [que usa amenazas etc] interrogator.

interrogante *m o f* [incógnita] question mark.

interrogar [16] *vt* [gen] to question; [con amenazas etc] to interrogate.

interrogativo, va *adj* interrogative.

interrogatorio *m* [gen] questioning; [con amenazas] interrogation.

interrumpir *vt* **-1.** [gen] to interrupt **-2.** [discurso, trabajo] to break off; [viaje, vacaciones] to cut short **-3.** [circulación] to block.

➥ **interrumpirse** *vpr* to be interrupted; [tráfico] to be blocked.

interrupción *f* **-1.** [gen] interruption; ~ **(voluntaria) del embarazo** termination of pregnancy **-2.** [de discurso, trabajo] breaking-off; [de viaje, vacaciones] cutting-short **-3.** [de circulación etc] blocking.

interruptor *m* switch; ~ **general** mains switch.

intersección *f* intersection.

interurbano, na *adj* inter-city; *TELECOM* long-distance.

intervalo *m* **-1.** [gen & *MÚS*] interval; [de espacio] space, gap; **a** ~**s** at intervals **-2.** [duración]: **en el** ~ **de un mes** in the space of a month.

intervención f **-1.** [gen] intervention **-2.** [discurso] speech; [interpelación] contribution **-3.** COM auditing **-4.** MED operation **-5.** TELECOM tapping.

intervencionismo m interventionism.

intervencionista adj & m,f interventionist.

intervenir [75] <> vi **-1.** [participar]: ~ **(en)** [gen] to take part (in); [pelea] to get involved (in); [discusión etc] to make a contribution (to) **-2.** [dar un discurso] to make a speech **-3.** [interferir]: ~ **(en)** to intervene (in) **-4.** MED to operate. <> vt **-1.** MED to operate on **-2.** TELECOM to tap **-3.** [incautar] to seize **-4.** COM to audit.

interventor, ra m,f **-1.** COM auditor **-2.** [en elecciones] scrutineer.

interviú (pl **interviús**) f interview.

intestinal adj intestinal.

intestino, na adj internecine.

➡ **intestino** m intestine; ~ **delgado/grueso** small/large intestine.

intimar vi: ~ **(con)** to become intimate o very friendly (with).

intimidación f intimidation.

intimidad f **-1.** [vida privada] private life; [privacidad] privacy; **en la** ~ in private **-2.** [amistad] intimacy.

intimidar vt to intimidate.

intimista adj Intimist.

íntimo, ma <> adj **-1.** [vida, fiesta] private; [ambiente, restaurante] intimate **-2.** [relación, amistad] close **-3.** [sentimiento etc] innermost; **en lo (más)** ~ **de su corazón/alma** deep down in her heart/soul. <> m,f close friend.

intocable adj untouchable.

➡ **intocables** mpl y fpl [en la India] untouchables.

intolerable adj intolerable, unacceptable; [dolor, ruido] unbearable.

intolerancia f **-1.** [actitud] intolerance **-2.** MED allergy.

intolerante <> adj intolerant. <> mf intolerant person.

intoxicación f poisoning (U); ~ **alimenticia** food poisoning; ~ **etílica** alcohol poisoning.

intoxicar [10] vt to poison.

➡ **intoxicarse** vpr to poison o.s.

intraducible adj untranslatable.

intranquilidad f unease, anxiety.

intranquilizar [13] vt to worry, to make uneasy.

➡ **intranquilizarse** vpr to get worried.

intranquilo, la adj [preocupado] worried, uneasy; [nervioso] restless.

intranscendencia = intrascendencia.

intranscendente = intrascendente.

intransferible adj non-transferable, untransferable.

intransigencia f intransigence.

intransigente adj intransigent.

intransitable adj impassable.

intransitivo, va adj intransitive.

intrascendencia, intranscendencia f insignificance, unimportance.

intrascendente, intranscendente adj insignificant, unimportant.

intratable adj unsociable, difficult to get on with.

intrauterino, na adj intrauterine.

intravenoso, sa adj intravenous.

intrépido, da adj intrepid.

intriga f **-1.** [curiosidad] curiosity; **de** ~ suspense (antes de sust) **-2.** [maquinación] intrigue **-3.** [trama] plot.

intrigado, da adj intrigued.

intrigante adj intriguing.

intrigar [16] vt & vi to intrigue.

intrincado, da adj **-1.** [bosque etc] thick, dense **-2.** [problema etc] intricate.

intríngulis m inv fam: **tiene su** ~ it is quite tricky.

intrínseco, ca adj intrinsic.

introducción f: ~ **(a)** introduction (to).

introducir [33] vt **-1.** [meter - llave, carta etc] to put in, to insert **-2.** [mercancías etc] to bring in, to introduce **-3.** [dar a conocer]: ~ **a alguien en** to introduce sb to; ~ **algo en** to introduce o bring sthg to.

➡ **introducirse** vpr: ~**se en** to get into.

introductor, ra <> adj introductory; **el país** ~ **de esta moda** the country that brought in this fashion. <> m,f introducer.

introductorio, ria adj introductory.

intromisión f meddling, interfering.

introspección f introspection.

introspectivo, va adj introspective.

introvertido, da adj & m,f introvert.

intrusión f intrusion.

intrusismo m illegal practice of a profession.

intruso, sa <> adj intrusive. <> m,f intruder; ~ **informático** hacker.

intubar *vt* to intubate.
intuición *f* intuition.
intuir [51] *vt* to know by intuition, to sense.
intuitivo, va *adj* intuitive.
intuya, intuyera *etc v* ▷ **intuir**.
inundación *f* flood, flooding *(U)*.
inundar *vt* to flood; *fig* to inundate, to swamp.
　　➡ **inundarse** *vpr* to flood; ~se de *fig* to be inundated *o* swamped with.
inusitado, da *adj* uncommon, rare.
inusual *adj* unusual.
inútil ◇ *adj* **-1.** [gen] useless; [intento, esfuerzo] unsuccessful, vain **-2.** [inválido] disabled **-3.** [no apto] unfit. ◇ *mf* hopeless case, useless person.
inutilidad *f* **-1.** [gen] uselessness; [falta de sentido] pointlessness **-2.** [invalidez] disablement.
inutilizar [13] *vt* [gen] to make unusable; [máquinas, dispositivos] to disable, to put out of action.
invadir *vt* to invade; **la invade la tristeza** she's overcome by sadness.
invalidación *f* invalidation.
invalidar *vt* to invalidate.
invalidez *f* **-1.** MED disablement, disability; ~ **permanente/temporal** permanent/temporary disability **-2.** DER invalidity.
inválido, da ◇ *adj* **-1.** MED disabled **-2.** DER invalid. ◇ *m,f* invalid, disabled person; **los** ~s the disabled.
invariable *adj* invariable.
invasión *f* invasion.
invasor, ra ◇ *adj* invading. ◇ *m,f* invader.
invencible *adj* invincible; [timidez etc] insurmountable, insuperable.
invención *f* invention.
invendible *adj* unsaleable.
inventar *vt* [gen] to invent; [narración, falsedades] to make up.
　　➡ **inventarse** *vpr* to make up.
inventario *m* inventory; **hacer el** ~ COM to do the stocktaking.
inventiva *f* inventiveness.
invento *m* invention.
inventor, ra *m,f* inventor.
invernadero, invernáculo *m* greenhouse.
invernal *adj* winter *(antes de sust)*; [tiempo, paisaje] wintry.
invernar [19] *vi* [pasar el invierno] to (spend the) winter; [hibernar] to hibernate.
inverosímil *adj* unlikely, improbable.

inverosimilitud *f* unlikeliness, improbability.
inversión *f* **-1.** [del orden] inversion **-2.** [de dinero, tiempo] investment; **inversiones extranjeras** ECON foreign investments.
inverso, sa *adj* opposite, inverse; ~ **a** opposite to; **a la inversa** the other way round; **en orden** ~ in reverse order.
inversor, ra ◇ *adj* investing. ◇ *m,f* COM & FIN investor.
　　➡ **inversor** *m* ELECTR inverter.
invertebrado, da *adj* invertebrate.
　　➡ **invertebrado** *m* invertebrate.
invertido, da ◇ *adj* **-1.** [al revés] reversed, inverted; [sentido, dirección] opposite **-2.** [dinero] invested **-3.** [homosexual] homosexual. ◇ *m,f* homosexual.
invertir [27] *vt* **-1.** [gen] to reverse; [poner boca abajo] to invert, to turn upside down, to invert **-2.** [dinero, tiempo, esfuerzo] to invest **-3.** [tardar - tiempo] to spend.
investidura *f* investiture.
investigación *f* **-1.** [estudio] research; ~ **y desarrollo** research and development **-2.** [indagación] investigation, inquiry; ~ **judicial** judicial inquiry.
investigador, ra ◇ *adj* **-1.** [que estudia] research *(antes de sust)* **-2.** [que indaga] investigating. ◇ *m,f* **-1.** [estudioso] researcher **-2.** [detective] investigator; ~ **privado** private investigator *o* detective.
investigar [16] ◇ *vt* **-1.** [estudiar] to research **-2.** [indagar] to investigate. ◇ *vi* **-1.** [estudiar] to do research **-2.** [indagar] to investigate.
investir [26] *vt*: ~ **a alguien con algo** to invest sb with sthg.
inveterado, da *adj* deep-rooted.
inviabilidad *f* impracticability.
inviable *adj* impractical, unviable.
invicto, ta *adj culto* unconquered, unbeaten.
invidente ◇ *adj* blind, sightless. ◇ *mf* blind *o* sightless person; **los** ~s the blind.
invierna *etc* ▷ **invernar**.
invierno *m* winter; ~ **nuclear** nuclear winter.
invierta *etc* ▷ **invertir**.
inviolabilidad *f* inviolability.
inviolable *adj* inviolable.
invirtiera *etc* ▷ **invertir**.
invisible *adj* invisible.
invista, invistiera *etc* ▷ **investir**.
invitación *f* invitation.
invitado, da ◇ *adj* invited. ◇ *m,f* guest.

invitar ⬦ *vt* - **1.** [convidar]: ~ **a alguien (a algo/a hacer algo)** to invite sb (to sthg/to do sthg) - **2.** [pagar]: **os invito** it's my treat, this one's on me; ~ **a alguien a algo** to buy sb sthg *(food, drink)*; **te invito a cenar fuera** I'll take you out for dinner. ⬦ *vi* to pay; **invita la casa** it's on the house.

➠ **invitar a** *vi fig* [incitar]: ~ **a algo** to encourage sthg; **la lluvia invita a quedarse en casa** the rain makes you want to stay at home.

in vitro *loc adv* - **1.** [de probeta] in vitro - **2.** ▷ **fecundación**.

invocación *f* invocation.

invocar [10] *vt* to invoke.

involución *f* regression.

involucionista ⬦ *adj* regressive, reactionary. ⬦ *mf* reactionary.

involucrar *vt*: ~ **a alguien (en)** to involve sb (in).

➠ **involucrarse** *vpr*: ~**se (en)** to get involved (in).

involuntario, ria *adj* [espontáneo] involuntary; [sin querer] unintentional.

invoque *etc* ▷ **invocar**.

invulnerabilidad *f* invulnerability.

invulnerable *adj*: ~ **(a)** immune (to), invulnerable (to).

inyección *f* injection; **poner una** ~ to give an injection.

inyectable ⬦ *adj* injectable. ⬦ *m* injection.

inyectar *vt* to inject.

➠ **inyectarse** *vpr* [drogas] to take drugs intravenously; ~**se algo** to inject o.s. with sthg.

iodo = **yodo**.

ion *m* ion.

ionice *etc* ▷ **ionizar**.

iónico, ca *adj* ionic.

ionizar [13] *vt* to ionize.

ionosfera *f* ionosphere.

IPC (*abrev de* **índice de precios al consumo**) *m* Spanish cost of living index, ≃ RPI *UK*.

ipso facto *loc adv* immediately.

ir [61] *vi* - **1.** [gen] to go; ~ **hacia el sur/al cine** to go south/to the cinema; ~ **en autobús/coche** to go by bus/car; ~ **en avión** to fly; ~ **en bicicleta** to ride; ~ **andando** to go on foot, to walk; **¡vamos!** let's go! - **2.** [expresa duración gradual]: ~ **haciendo algo** to be (gradually) doing sthg; **va anocheciendo** it's getting dark; **voy mejorando mi estilo** I'm working on improving my style - **3.** [expresa intención, opinión]: ~ **a hacer algo** to be going to do

sthg; **voy a decírselo a tu padre** I'm going to tell your father; **te voy a echar de menos** I'm going to miss you - **4.** [cambiar]: ~ **a mejor/peor** *etc* to get better/worse *etc* - **5.** [funcionar] to work; **la manivela va floja** the crank is loose; **la televisión no va** the television isn't working - **6.** [desenvolverse] to go; **le va bien en su nuevo trabajo** things are going well for him in his new job; **su negocio va mal** his business is going badly; **¿cómo te va?** how are you doing? - **7.** [vestir]: ~ **en/con** to wear; **iba en camisa y con corbata** he was wearing a shirt and tie; ~ **de azul/de uniforme** to be dressed in blue/in uniform - **8.** [tener aspecto físico] to look like; **iba hecho un pordiosero** he looked like a beggar - **9.** [vacaciones, tratamiento]: ~ **le bien a alguien** to do sb good - **10.** [ropa]: ~**le (bien) a alguien** to suit sb; ~ **con algo** to go with sthg - **11.** [comentario, indirecta]: ~ **con** *o* **por alguien** to be meant for sb, to be aimed at sb - **12.** *loc*: **fue y dijo que ...** he went and said that ...; **ni me va ni me viene** *fam* I don't care; **¡qué va!** you must be joking!; **ser el no va más** to be the ultimate.

➠ **ir de** *vi* - **1.** [película, novela] to be about - **2.** *fig* [persona] to think o.s.; **va de listo** he thinks he's clever.

➠ **ir por** *vi* - **1.** [buscar]: ~ **por algo/alguien** to go and get sthg/sb, to go and fetch sthg/sb - **2.** [alcanzar]: **va por el cuarto vaso de vino** he's already on his fourth glass of wine; **vamos por la mitad de la asignatura** we covered about half the subject.

➠ **irse** *vpr* - **1.** [marcharse] to go, to leave; ~**se a** to go to; **¡vete!** go away! - **2.** [gastarse, desaparecer] to go - **3.** *loc*: ~**se abajo** [edificio] to fall down; [negocio] to collapse; [planes] to fall through.

ira *f* anger, rage.

iracundo, da *adj* angry, irate; [irascible] irascible.

Irán: **(el)** ~ Iran.

iraní (*pl* **iraníes**) *adj* & *m,f* Iranian.

➠ **iraní** *m* [lengua] Iranian.

Iraq: **(el)** ~ Iraq.

iraquí (*pl* **iraquíes**) *adj* & *m,f* Iraqi.

irascible *adj* irascible.

irga, irguiera *etc* ▷ **erguir**.

iris *m inv* iris.

Irlanda Ireland.

irlandés, esa ⬦ *adj* Irish. ⬦ *m,f* [persona] Irishman (*f* Irishwoman); **los irlandeses** the Irish.

➠ **irlandés** *m* [lengua] Irish.

ironía *f* irony.

irónico, ca *adj* ironic, ironical.
ironizar [13] <> *vt* to ridicule. <> *vi*: ~ **(sobre)** to be ironical (about).
IRPF (*abrev de* **Impuesto sobre la Renta de las Personas Físicas**) *m Spanish personal income tax.*
irracional *adj* irrational.
irracionalidad *f* irrationality.
irradiación *f* - **1.** [gen] irradiation - **2.** [de cultura, ideas] dissemination, spreading.
irradiar [8] *vt lit & fig* to radiate.
irrazonable *adj* unreasonable.
irreal *adj* unreal.
irrealidad *f* unreality.
irrealizable *adj* [sueño, objetivo] unattainable; [plan] impractical.
irrebatible *adj* irrefutable, indisputable.
irreconciliable *adj* irreconcilable.
irreconocible *adj* unrecognizable.
irrecuperable *adj* irretrievable.
irreemplazable = **irremplazable**.
irreflexión *f* rashness.
irreflexivo, va *adj* rash.
irrefrenable *adj* irrepressible, uncontainable.
irrefutable *adj* irrefutable.
irregular *adj* [gen] irregular; [terreno, superficie] uneven.
irregularidad *f* [gen] irregularity; [de terreno, superficie] unevenness.
irrelevancia *f* irrelevance.
irrelevante *adj* irrelevant.
irremediable *adj* irremediable.
irremplazable, irreemplazable *adj* irreplaceable.
irreparable *adj* irreparable.
irrepetible *adj* unique, unrepeatable.
irreprimible *adj* irrepressible.
irreprochable *adj* irreproachable.
irresistible *adj* irresistible.
irresoluble *adj* unsolvable.
irresoluto, ta <> *adj culto* irresolute. <> *m,f* irresolute person.
irrespetuoso, sa *adj* disrespectful.
irrespirable *adj* unbreathable.
irresponsabilidad *f* irresponsibility.
irresponsable <> *adj* irresponsible. <> *mf* irresponsible person.
irreverente *adj* irreverent.
irreversible *adj* irreversible.
irrevocable *adj* irrevocable.
irrigación *f* irrigation.
irrigador *m MED* irrigator.
irrigar [16] *vt* to irrigate.

irrisorio, ria *adj* - **1.** [excusa etc] laughable, derisory - **2.** [precio etc] ridiculously low.
irritabilidad *f* irritability.
irritable *adj* irritable.
irritación *f* irritation.
irritante *adj* irritating.
irritar *vt* to irritate.
➡ **irritarse** *vpr* - **1.** [enfadarse] to get angry *o* annoyed - **2.** [suj: piel etc] to become irritated.
irrompible *adj* unbreakable.
irrumpir *vi*: ~ **en** to burst into.
irrupción *f* bursting in.
isabelino, na *adj* [en España] Isabelline; [en Inglaterra] Elizabethan.
isla *f* island; **la ~ de Pascua** Easter Island; ~ **desierta** desert island.
islam *m* Islam.
islámico, ca *adj* Islamic.
islamismo *m* Islam.
islamizar [13] *vt* to Islamize, to convert to Islam.
➡ **islamizarse** *vpr* to convert to Islam.
islandés, esa <> *adj* Icelandic. <> *m,f* [persona] Icelander.
➡ **islandés** *m* [lengua] Icelandic.
Islandia Iceland.
isleño, ña <> *adj* island (*antes de sust*). <> *m,f* islander.
islote *m* small, rocky island.
isobara, isóbara *f* isobar.
isomorfo, fa *adj MIN* isomorphic.
isósceles <> *adj inv* isosceles. <> *m inv* isosceles triangle.
isótopo <> *adj* isotopic. <> *m* isotope.
Israel Israel.
israelí (*pl* israelíes) *adj & m,f* Israeli.
israelita *adj & m,f* Israelite.
istmo *m* isthmus.
Italia Italy.
italianismo *m* Italianism.
italianizar [13] *vt* to Italianize.
italiano, na *adj & m,f* Italian.
➡ **italiano** *m* [lengua] Italian.
itálico, ca <> *adj* - **1.** *HIST* Italic - **2.** ⊳ **letra**. <> *m,f HIST* Italic.
ítem, ítem *m* item.
itinerante *adj* itinerant; [embajador] roving.
itinerario *m* route, itinerary.
ITV (*abrev de* **inspección técnica de vehículos**) *f annual technical inspection for motor vehicles of ten years or more,* ≃ MOT *UK.*
IVA (*abrev de* **impuesto sobre el valor añadi-**

do) *m* VAT.
izar [13] *vt* to raise, to hoist.
izda (*abrev de* **izquierda**) L, l.
izquierda *f* ⊏ **izquierdo**.
izquierdismo *m* left-wing views (*pl*).
izquierdista ⬦ *adj* left-wing. ⬦ *mf* left-winger.
izquierdo, da *adj* left.
➥ **izquierda** *f* **- 1.** [lado] left; **a la izquierda (de)** on *o* to the left (of); **girar a la izquierda** to turn left; **por la izquierda** on the left **- 2.** [mano] left hand **- 3.** POLÍT left (wing); **de izquierdas** left-wing.
izquierdoso, sa *adj fam* leftish.

j, J *f* [letra] j, J.
ja *interj*: ¡ ~ ! ha!
jabalí (*pl* jabalíes) *m,f* wild boar.
jabalina *f* DEP javelin.
jabato, ta *adj* brave.
➥ **jabato** *m* ZOOL baby wild boar.
jabón *m* soap; ~ **de afeitar/tocador** shaving/toilet soap; ~ **líquido** liquid soap; ~ **en polvo** soap powder; **dar** ~ **a alguien** to soft-soap sb.
jabonar *vt* to soap.
jaboncillo *m* tailor's chalk.
jabonera *f* soap dish.
jabonoso, sa *adj* soapy.
jaca *f* [caballo pequeño] pony; [yegua] mare.
jacal *m* Méx hut.
jacinto *m* hyacinth.
jaco *m* mfam junk, heroin.
jacobeo, a *adj* of/relating to St James.
jacobino, na *adj* & *m,f* Jacobin.
jactancia *f* boasting.
jactancioso, sa *adj* boastful.
jactarse *vpr*: ~ **(de)** to boast (about *o* of).
jaculatoria *f* short prayer.
jade *m* jade.
jadeante *adj* panting.
jadear *vi* to pant.

jadeo *m* panting.
jaguar (*pl* jaguars) *m* jaguar.
jaiba *f* Andes, CAm, Carib, Méx crayfish.
jaibol *m* Amér highball.
jalar ⬦ *vi* mfam to pig (out), to scoff. ⬦ *vt* Andes, CAm, Carib, Méx [tirar] to pull.
➥ **jalarse** *vpr* mfam to scoff (down).
jalea *f* jelly; ~ **real** royal jelly.
jalear *vt* to cheer on.
jaleo *m* **- 1.** fam [alboroto] row, rumpus; **armar** ~ to kick up a row *o* fuss **- 2.** fam [lío] mess, confusion **- 3.** [aplausos, gritos] cheering.
jalón *m* [palo] marker pole.
jalonar *vt* to stake *o* mark out; *fig* to mark.
Jamaica Jamaica.
jamaicano, na *adj* & *m,f* Jamaican.
jamás *adv* never; **no le he visto** ~ I've never seen him; **la mejor película que** ~ **se haya hecho** the best film ever made; ~ **de los jamases** never ever.
jamba *f* jamb, door post.
jamelgo *m* fam nag.
jamón *m* ham; ~ **del país** local home-made ham; ~ **(de) York** *o* **(en) dulce** boiled ham; ~ **serrano** cured ham, ≃ Parma ham; **¡y un** ~ **!** fam you've got to be joking!, not on your life!
jamona fam ⬦ *adj* generously built. ⬦ *f* generously-built woman.
Japón: (el) ~ Japan.
japonés, esa *adj* & *m,f* Japanese.
➥ **japonés** *m* [lengua] Japanese.
jaque *m*: ~ **(al rey)** check; ~ **mate** checkmate; **tener en** ~ **a alguien** *fig* to keep sb in a state of anxiety.
jaqueca *f* migraine; **dar** ~ **(a alguien)** fam to bother (sb), to pester (sb).
jarabe *m* syrup; ~ **para la tos** cough mixture *o* syrup; ~ **de palo** beating; **tener mucho** ~ **de pico** to have the gift of the gab, to be a smooth talker.
jarana *f* **- 1.** [juerga]: **estar/irse de** ~ to be/go out on the town **- 2.** [alboroto] row, rumpus.
jaranero, ra ⬦ *adj* fond of partying. ⬦ *m,f* party-goer.
jarcia *f* NÁUT rigging.
jardín *m* garden, yard US; ~ **botánico** botanical garden; ~ **zoológico** zoological garden, zoo.
➥ **jardín de infancia** *m* kindergarten, nursery school.
jardinera ⊏ **jardinero**.
jardinería *f* gardening.
jardinero, ra *m,f* gardener.
➥ **jardinera** *f* flowerpot stand; **a la jardi-**

nera *CULIN* garnished with vegetables.
jarra *f* **-1.** [para servir] jug **-2.** [para beber] tankard.
➤ **en jarras** *loc adv* [postura] hands on hips.
jarrete *m* hock.
jarro *m* jug; **fue como un ~ de agua fría** *fig* it was a bolt from the blue.
jarrón *m* vase.
Jartum Khartoum.
jaspe *m* jasper.
jaspeado, da *adj* mottled, speckled.
➤ **jaspeado** *m* mottling.
jaspear *vt* to mottle, to speckle.
jauja *f fam* paradise, heaven on earth; **ser ~** to be heaven on earth *o* paradise.
jaula *f* cage.
jauría *f* pack of dogs.
Java Java.
javanés, esa *adj* & *m,f* Javanese.
jazmín *m* jasmine.
jazz [jas] *m* jazz.
JC (*abrev de* **Jesucristo**) JC.
je *interj*: ¡je! ha!
jeans [jins] *mpl* jeans.
jeep [jip] (*pl* jeeps) *m* jeep.
jefa ➾ **jefe**.
jefatura *f* **-1.** [cargo] leadership **-2.** [organismo] headquarters, head office; **~ de policía** police headquarters.
jefazo, za *m,f fam* big boss.
jefe, fa *m,f* [gen] boss; *COM* manager (*f* manageress); [líder] leader; [de tribu, ejército] chief; [de departamento etc] head; **en ~** *MIL* in-chief; **~ de cocina** chef; **~ de estación** stationmaster; **~ de Estado** head of state; **~ de estudios** deputy head; **~ de personal** personnel manager; **~ de producción/ventas** production/sales manager; **~ de redacción** editor-in-chief.
jengibre *m* ginger.
jeque *m* sheikh.
jerarca *m* high-ranking person, leader.
jerarquía *f* **-1.** [organización] hierarchy **-2.** [persona] high-ranking person, leader.
jerárquico, ca *adj* hierarchical.
jerarquizar [13] *vt* to structure in a hierarchical manner.
jerez *m* sherry; **~ fino** dry sherry.
jerga *f* jargon; [argot] slang.
jergón *m* straw mattress.
jerifalte = **gerifalte**.
jerigonza *f* [galimatías] gibberish; [jerga] jargon; [argot] slang.
jeringa *f* syringe.

jeringuilla *f* syringe; **~ hipodérmica** hypodermic syringe.
jeroglífico, ca *adj* hieroglyphic.
➤ **jeroglífico** *m* **-1.** [inscripción] hieroglyphic **-2.** [pasatiempo] rebus.
jerséi (*pl* jerséis), **jersey** (*pl* jerseys) *m* jumper, pullover.
Jerusalén Jerusalem.
Jesucristo *m* Jesus Christ.
jesuita *adj* & *m* Jesuit.
jesús *interj*: ¡~! [sorpresa] gosh!, good heavens!; [tras estornudo] bless you!
jet [jet] (*pl* jets) ➾ *m* jet. ➾ *f* ➾ **jet-set**.
jeta *mfam* ➾ *f* [cara] mug, face; **romperle la ~ a alguien** to smash sb's face in; **tener (mucha) ~** to be a cheeky bugger. ➾ *mf* cheeky bugger.
jet lag ['jetlak] *m* jet lag.
jet-set ['jetset] *f* jet set.
jíbaro, ra ➾ *adj* Jívaro (*antes de sust*). ➾ *m,f* Jívaro.
jibia *f* cuttlefish.
Jibuti Djibouti.
jícara *f CAm, Méx, Ven* calabash cup.
jijona *m type of nougat made in Jijona*.
jilguero *m* goldfinch.
jilipollada = **gilipollada**.
jilipollas = **gilipollas**.
jilipollez = **gilipollez**.
jinete *mf* rider; [yóquey] jockey.
jinetera *f Cuba fam* prostitute.
jiote *m Méx* rash.
jirafa *f* **-1.** *ZOOL* giraffe **-2.** *CIN* & *TV* boom.
jirón *m* **-1.** [andrajo] shred, rag; **hecho jirones** in tatters **-2.** *Perú* [calle] street.
jitomate *m CAm, Méx* tomato.
jívaro, ra = **jíbaro**.
JJ OO (*abrev de* **juegos olímpicos**) *mpl Olympic Games*.
jo *interj fam*: ¡~! [asombro, admiración] wow!; [enfado, molestia] hell!, Christ!
jockey ['jokei] = **yóquey**.
jocosidad *f* **-1.** [humor] funniness, humour **-2.** [chiste] quip.
jocoso, sa *adj* jocular.
joda *f RP, Ven fam* [fastidio] pain in the arse *UK o* ass *US*; [juerga]: **irse de ~** pissing about.
joder *vulg* ➾ *vi* **-1.** [copular] to fuck **-2.** [fastidiar] to be a pain in the arse; **¡no jodas!** [incredulidad] bollocks!, pull the other one! ➾ *vt* **-1.** [fastidiar] to fuck about *o* around **-2.** [disgustar] to fuck *o* piss off **-3.** [estropear] to fuck (up). ➾ *interj*: ¡joder! fuck it!, fucking hell!

joderse *vpr vulg* -**1.** [aguantarse] to fucking well put up with it; **¡que se joda!** he can fuck off! -**2.** [estropearse] to get fucked (up).

jodido, da *adj vulg* -**1.** [gen] fucked; [anímicamente] fucked up -**2.** [difícil] fucking difficult -**3.** [maldito] fucking.

jodienda *f vulg* fucking pain (in the arse).

jofaina *f* wash basin.

jogging ['joginl *m* jogging.

jóker ['jokerl *(pl* jokers) *m* joker *(in cards).*

jolgorio *m* merrymaking.

jolín, jolines *interj fam:* ¡ ~ ! hell!, Christ!

jondo ⊳ **cante.**

jónico, ca *adj* Ionic.

JONS *(abrev de* **Juntas de Ofensiva Nacional Sindicalista)** *fpl Spanish right-wing youth movement founded in 1931.*

jornada *f* -**1.** [de trabajo] working day; ~ **intensiva** *working day from 8 to 3 with only a short lunch break;* **media** ~ half day; ~ **partida** *typical Spanish working day from 9 to 1 and 4 to 7;* ~ **de reflexión** *day of reflection before elections when campaigning is forbidden* -**2.** [de viaje] day's journey -**3.** DEP round of matches, programme.

jornadas *fpl* [conferencia] conference *(sg).*

jornal *m* day's wage.

jornalero, ra *m,f* day labourer.

joroba *f* hump.

jorobado, da ⟨⟩ *adj* -**1.** *fam* [estropeado] knackered; **tengo el estómago** ~ I've got gut-rot -**2.** [con joroba] hunchbacked. ⟨⟩ *m,f* hunchback.

jorobar *vt fam* -**1.** [molestar] to cheese off, to annoy -**2.** [estropear] to knacker; **me ha jorobado el estómago** it's given me gut-rot.

jorobarse *vpr fam:* **pues te jorobas** you can like it or lump it.

jorongo *m Méx* -**1.** [manta] blanket -**2.** [poncho] poncho.

jota *f* -**1.** [baile] *Aragonese folk song and dance* -**2.** [loc]: **no entender** *o* **saber ni** ~ *fam* not to understand *o* know a thing; **no ver ni** ~ *fam* [por defecto visual] to be as blind as a bat; [por oscuridad etc] not to be able to see a thing.

jotero, ra *m,f* jota *dancer.*

joto *mf Méx fam despec* queer *UK,* faggot *US.*

joven ⟨⟩ *adj* young; **de** ~ as a young man/woman. ⟨⟩ *mf* young man *(f* young woman); **los jóvenes** young people.

jovenzuelo, la *m,f* youngster.

jovial *adj* jovial, cheerful.

jovialidad *f* joviality, cheerfulness.

joya *f* jewel; *fig* gem; ~ **s de fantasía** costume jewellery *(U).*

joyería *f* -**1.** [tienda] jeweller's (shop) -**2.** [arte, comercio] jewellery.

joyero, ra *m,f* [persona] jeweller.

joyero *m* [estuche] jewellery box.

JPI *(abrev de* **juzgado de primera instancia)** *m* court of first instance.

juanete *m* bunion.

jubilación *f* -**1.** [retiro] retirement; ~ **anticipada** early retirement; ~ **forzosa** compulsory retirement; ~ **voluntaria** voluntary retirement -**2.** [dinero] pension.

jubilado, da ⟨⟩ *adj* retired. ⟨⟩ *m,f* pensioner *UK,* senior citizen.

jubilar *vt:* ~ **a alguien (de)** to pension sb off *o* retire sb (from).

jubilarse *vpr* to retire.

jubileo *m* RELIG jubilee.

júbilo *m* jubilation, joy.

jubiloso, sa *adj* jubilant, joyous.

judaico, ca *adj* Judaic, Jewish.

judaísmo *m* Judaism.

judas *m inv* Judas, traitor.

judeocristiano, na *adj* Judaeo-Christian.

judeoespañol, la ⟨⟩ *adj* Sephardic. ⟨⟩ *m,f* [persona] Sephardic Jew.

judeoespañol *m* [lengua] Sephardi.

judería *f* Jewish ghetto *o* quarter.

judía *f* bean; ~ **blanca/verde** haricot/green bean.

judiada *f fam* dirty trick.

judicatura *f* -**1.** [cargo] office of judge -**2.** [institución] judiciary.

judicial *adj* judicial.

judío, a ⟨⟩ *adj* Jewish. ⟨⟩ *m,f* Jew *(f* Jewess).

judo = yudo.

judoka = yudoka.

juega ⊳ **jugar.**

juego *m* -**1.** [gen & DEP] game; [acción] play, playing; [con dinero] gambling; **abrir/cerrar el** ~ to begin/finish the game; **estar/poner en** ~ to be/put at stake; **¡hagan** ~ ! place your bets!; **ser un** ~ **de niños** to be child's play; ~ **de azar** game of chance; ~ **de manos** conjuring trick; ~ **de mesa** board game; ~ **de palabras** play on words, pun; ~ **de prendas** game of forfeit; ~ **s malabares** juggling *(U), fig* [piruetas] balancing act *(sg);* ~ **sucio/limpio** foul/clean play; **descubrirle el** ~ **a alguien** to see through sb; **hacerle** *o* **seguirle el** ~ **a alguien** to play along with sb; **doble** ~**,** ~ **doble** double game, double dealing *(U);* **estar (en) fuera de** ~ DEP to be offside; *fig* not to know what's going on **- 2.** [mano - de cartas] hand; **me salió un buen ~** I was dealt a good hand **- 3.** [conjunto de objetos] set; **~ de herramientas** tool kit; **~ de llaves/sábanas** set of keys/sheets; **~ de té/café** tea/coffee service; **zapatos a ~ con el bolso** shoes with matching handbag; **hacer ~ (con)** to match.

  ➥ **juegos florales** *mpl* poetry competition *(sg)*.

  ➥ **Juegos Olímpicos** *mpl* Olympic Games.

juegue ⊳ jugar.

juerga *f fam* rave-up, binge; **irse/estar de ~** to go/be out on the town; **tomar algo a ~** to take sthg as a joke.

juerguista *fam* ◇ *adj* fond of partying. ◇ *mf* party-goer, reveller.

jueves *m inv* Thursday; **~ lardero** Thursday before Shrovetide; **Jueves Santo** Maundy Thursday; **no ser nada del otro ~** to be nothing out of this world; *ver también* **sábado**.

juez *mf* **- 1.** *DER* judge; **~ de instrucción**, **~ de primera instancia** examining magistrate; **~ de paz** Justice of the Peace **- 2.** [DEP - gen] judge; [- en atletismo] official; **~ de línea** [fútbol] linesman; [rugby] touch judge; **~ de salida** starter; **~ de silla** umpire.

jugada *f* **- 1.** *DEP* period of play; [en tenis, ping-pong] rally; [en fútbol, rugby etc] move; [en ajedrez etc] move; [en billar] shot **- 2.** [treta] dirty trick; **hacer una mala ~ a alguien** to play a dirty trick on sb.

jugador, ra ◇ *adj* [gen] playing; [de juego de azar] gambling. ◇ *m,f* [gen] player; [de juego de azar] gambler.

jugar [40] ◇ *vi* **- 1.** [gen] to play; **~ al ajedrez** to play chess; **~ en un equipo** to play for a team; **te toca ~** it's your turn *o* go; **~ limpio/sucio** to play clean/dirty; **~ con algo** to play with sthg; **~ contra alguien** to play (against) sb **- 2.** [con dinero]: **~ (a)** to gamble (on); **~ (a la Bolsa)** to speculate (on the Stock Exchange) **- 3.** [ser desconsiderado]: **~ con** to play (around) with. ◇ *vt* **- 1.** [gen] to play; [ficha, pieza] to move **- 2.** [dinero]: **~ algo (a algo)** to gamble sthg (on sthg).

  ➥ **jugarse** *vpr* **- 1.** [apostarse] to bet **- 2.** [arriesgar] to risk; **¿qué te juegas a que...?** I bet you ... **- 3.** *loc*: **jugársela a alguien** to play a dirty trick on sb.

jugarreta *f fam* dirty trick.

juglar *m* minstrel.

juglaresco, ca *adj* minstrel *(antes de sust)*.

juglaría *f* minstrelsy.

jugo *m* **- 1.** [gen & *ANAT*] juice; *BOT* sap; **~s gástricos** gastric juices **- 2.** [interés] meat, substance; **sacar ~ a algo/alguien** to get the most out of sthg/sb.

jugosidad *f* juiciness.

jugoso, sa *adj* **- 1.** [con jugo] juicy **- 2.** *fig* [picante] juicy; [sustancioso] meaty, substantial.

jugué *etc* ⊳ jugar.

juguete *m lit & fig* toy; **de ~** toy *(antes de sust)*; **~ bélico** war toy; **~ educativo** educational toy.

juguetear *vi* to play (around); **~ con algo** to toy with sthg.

juguetería *f* toy shop.

juguetón, ona *adj* playful.

juicio *m* **- 1.** *DER* trial; **llevar a alguien a ~** to take sb to court; **~ civil** civil action; **~ criminal** criminal trial **- 2.** [sensatez] (sound) judgement; [cordura] sanity, reason; **estar/no estar en su (sano) ~** to be/not to be in one's right mind; **perder el ~** to lose one's reason, to go mad **- 3.** [opinión] opinion; **a mi ~** in my opinion; **~ de valor** value judgement.

  ➥ **Juicio Final** *m*: **el Juicio Final** the Last Judgement.

juicioso, sa *adj* sensible, wise.

jul. *(abrev de* julio*)* Jul.

julepe *m RP fam* scare, fright.

juliana *f CULIN* soup *made with chopped vegetables and herbs*; **en ~** julienne.

julio *m* **- 1.** [mes] July; *ver también* **septiembre - 2.** *FÍS* joule.

jumbo *m* jumbo (jet).

jun. *(abrev de* junio*)* Jun.

juncal *f* bed of rushes.

junco *m* **- 1.** [planta] rush, reed **- 2.** [embarcación] junk.

jungla *f* jungle.

junio *m* June; *ver también* **septiembre**.

júnior *(pl* juniors*)* ◇ *adj* **- 1.** *DEP* under-21 **- 2.** [hijo] junior. ◇ *m,f DEP* under-21.

junta *f* **- 1.** [gen] committee; [de empresa, examinadores] board; **~ directiva** board of directors; **~ de gobierno** *government and administrative body in certain autonomous regions*; **~ militar** military junta **- 2.** [reunión] meeting; **~ (general) de accionistas** shareholders' meeting **- 3.** [juntura] joint; **~ de culata** gasket.

juntamente *adv*: **~ con** together with.

juntar *vt* [gen] to put together; [fondos] to raise; [personas] to bring together.

  ➥ **juntarse** *vpr* **- 1.** [reunirse - personas] to get together; [- ríos, caminos] to meet **- 2.** [arrimarse] to draw o move closer **- 3.** [convivir] to live together.

junto, ta ⟨⟩ *adj* **- 1.** [gen] together **- 2.** [próximo] close together. ⟨⟩ *adv* : **todo** ~ [ocurrir etc] all at the same time; [escribirse] as one word.
➡ **junto a** *loc prep* **- 1.** [al lado de] next to **- 2.** [cerca de] right by, near.
➡ **junto con** *loc prep* together with.

juntura *f* joint.

Júpiter *m* Jupiter.

jura *f* [gen] oath; [de un cargo] swearing in; ~ **de bandera** oath of allegiance to the flag.

jurado, da *adj* **- 1.** [declaración etc] sworn **- 2.** ▷ **guarda - 3.** ▷ **traductor**.
➡ **jurado** *m* **- 1.** [tribunal] jury **- 2.** [miembro] member of the jury.

juramentar *vt* to swear in.

juramento *m* **- 1.** [promesa] oath; **bajo** ~ on o under oath; **prestar** ~ to take the oath; **tomar** ~ **a alguien** to swear sb in; ~ **hipocrático** Hippocratic oath **- 2.** [blasfemia] oath, curse.

jurar ⟨⟩ *vt* to swear; [constitución etc] to pledge allegiance to; **te lo juro** I promise, I swear it; ~ **por ... que** to swear by ... that; ~ **que** to swear that. ⟨⟩ *vi* [blasfemar] to swear; **tenérsela jurada a alguien** to have it in for sb.

jurel *m* scad, horse mackerel.

jurídico, ca *adj* legal.

jurisconsulto, ta *m,f* jurist.

jurisdicción *f* jurisdiction.

jurisdiccional *adj* jurisdictional; [aguas] territorial.

jurisprudencia *f* [ciencia] jurisprudence; [casos previos] case law; **sentar** ~ to set a legal precedent.

jurista *mf* jurist.

justa *f* HIST joust.

justamente *adv* **- 1.** [con justicia] justly **- 2.** [exactamente] exactly; ~ **, eso es lo que estaba pensando** exactly, that's just what I was thinking.

justicia *f* **- 1.** [gen] justice; [equidad] fairness, justice; **administrar** ~ to administer justice; **en** ~ in (all) fairness; **hacer** ~ to do justice; ~ **social** social justice; **ser de** ~ to be only fair; **tomarse la** ~ **por su mano** to take the law into one's own hands **- 2.** [organización]: **la** ~ the law.

justiciero, ra ⟨⟩ *adj* righteous. ⟨⟩ *m,f* angel of justice.

justificable *adj* justifiable.

justificación *f* [gen & IMPRENTA] justification;

~ **automática** automatic justification.

justificado, da *adj* justified.

justificante *m* written proof *(U)*, documentary evidence *(U)*.

justificar [10] *vt* **- 1.** [gen & IMPRENTA] to justify **- 2.** [excusar]: ~ **a alguien** to make excuses for sb.
➡ **justificarse** *vpr* **- 1.** [suj: actitud etc] to be justified **- 2.** [suj: persona] to justify o excuse o.s.; ~ **se de algo** to excuse o.s. for sthg; ~ **se con alguien** to make one's excuses to sb.

justificativo, va *adj* providing evidence, supporting *(antes de sust)*.

justiprecio *m* valuation.

justo, ta *adj* **- 1.** [equitativo] fair **- 2.** [merecido - recompensa, victoria] deserved; [- castigo] just **- 3.** [exacto - medida, hora] exact **- 4.** [idóneo] right **- 5.** [apretado] tight; **estar** o **venir** ~ to be a tight fit **- 6.** RELIG righteous.
➡ **justo** ⟨⟩ *m* RELIG: **los** ~ **s** the righteous. ⟨⟩ *adv* just; ~ **ahora iba a llamarte** I was just about to ring you; ~ **en medio** right in the middle.

juvenil ⟨⟩ *adj* youthful; DEP youth *(antes de sust)*. ⟨⟩ *mf* (gen pl) DEP player in the youth team.

juventud *f* **- 1.** [edad] youth; ¡ ~ **, divino tesoro!** what it is to be young! **- 2.** [conjunto] young people *(pl)*.

juzgado *m* **- 1.** [tribunal] court; ~ **municipal** magistrates' court; ~ **de guardia** court open during the night or at other times when ordinary courts are shut; **ser de** ~ **de guardia** fam to be criminal o a crime **- 2.** [jurisdicción] jurisdiction.

juzgar [16] *vt* **- 1.** [enjuiciar] to judge; DER to try; ~ **mal a alguien** to misjudge sb; **a** ~ **por (como)** judging by (how) **- 2.** [estimar] to consider, to judge.

K

k, K f [letra] k, K.
kafkiano, na adj kafkaesque.
káiser (pl **káisers**) m kaiser.
kaki = caqui.
kamikaze m **-1.** MIL kamikaze **-2.** fig [arriesgado] daredevil.
kárate, cárate m karate.
karateka mf karateist.
kart (pl **karts**) m go-kart.
katiusca, katiuska f ankle-length rubber boot.
kayac (pl **kayacs**) m kayak.
Kazajstán Kazakhstan.
Kenia Kenya.
keniata adj & m,f Kenyan.
kepis = quepis.
kermesse [ker'mes] f kermis.
keroseno = queroseno.
ketchup ['ketʃup] m ketchup.
kg (abrev de **kilogramo**) kg.
kibutz [ki'βuθ] (pl **kibutzim**) m kibbutz.
kif = quif.
kilo, quilo m **-1.** [peso] kilo **-2.** fam [millón] tonne, million.
kilocaloría, quilocaloría f kilocalorie.
kilogramo, quilogramo m kilogram.
kilolitro, quilolitro m kilolitre.
kilometraje, quilometraje m ≃ mileage distance in kilometres.
kilometrar, quilometrar vt to measure in kilometres.
kilométrico, ca, quilométrico, ca adj **-1.** [distancia] kilometric **-2.** fig [largo] very long.
kilómetro, quilómetro m kilometre; ~ cuadrado square kilometre; ~s por hora kilometres per hour.
kilovatio, quilovatio m kilowatt.

kilovoltio, quilovoltio m kilovolt.
kimono = quimono.
kínder m Andes, Méx nursery school UK, kindergarten US.
kiosco = quiosco.
kirsch [kirʃ] m kirsch.
kiwi (pl **kiwis**) m [fruto] kiwi (fruit).
km (abrev de **kilómetro**) km.
km/h (abrev de **kilómetro por hora**) km/h.
knockout [no'kaut] m knockout.
KO (abrev de **knockout**) m KO.
kosovar <> adj Kosovar. <> m, f Kosovar.
Kosovo m Kosovo.
kuchen m Amér cake.
Kurdistán m Kurdistan.
kurdo, da <> adj Kurdish. <> m,f Kurd.
Kuwait [ku'βait] Kuwait.
kuwaití (pl **kuwaitíes**) adj & m,f Kuwaiti.

l¹, L f [letra] l, L.
l² (abrev de **litro**) l.
L / abrev de letra.
la¹ m MÚS A; [en solfeo] lah.
la² <> art ▷ el. <> pron ▷ lo.
laberíntico, ca adj lit & fig labyrinthine.
laberinto m lit & fig labyrinth.
labia f fam smooth talk; **tener mucha** ~ to have the gift of the gab.
labial adj & f labial.
labio m **-1.** ANAT lip; ~ **inferior/superior** lower/upper lip; ~ **leporino** harelip; **estar pendiente de los** ~**s de alguien** to hang on sb's every word; **leer los** ~**s** to lip-read; **no despegar los** ~**s** not to utter a word **-2.** [borde] edge.
labiodental adj & f labiodental.
labor f **-1.** [trabajo] work; [tarea] task; ~ **de equipo** teamwork (U); ~**es domésticas** household chores; **ser de profesión sus** ~**es** to be a housewife; **no estar por la** ~ [distraerse] not to have one's mind on the job; [ser reacio] not to be keen on the idea

- 2. [de costura] needlework; **~es de punto** knitting.
laborable ▷ **día.**
laboral *adj* labour; [semana, condiciones] working *(antes de sust)*.
laboralista ◇ *adj* labour *(antes de sust).* ◇ *mf* labour lawyer.
laboratorio *m* laboratory; **~ espacial** space laboratory; **~ fotográfico** photographic laboratory; **~ de idiomas** *o* **lenguas** language laboratory.
laborioso, sa *adj* **- 1.** [difícil] laborious, arduous **- 2.** [trabajador] hard-working.
laborismo *m* Labour Movement.
laborista ◇ *adj* Labour. ◇ *mf* Labour Party supporter *o* member; **los ~s** Labour.
labrador, ra *m, f* [agricultor] farmer; [trabajador] farm worker.
labranza *f* farming.
labrar *vt* **- 1.** [campo - cultivar] to cultivate; [- arar] to plough **- 2.** [piedra, metal etc] to work **- 3.** *fig* [desgracia etc] to bring about; [porvenir, fortuna] to carve out.
➡ **labrarse** *vpr* [porvenir etc] to carve out for o.s.
labriego, ga *m, f* farmworker.
laburar *vi* *RP fam* [trabajar] to work.
laburo *m* *RP fam* [trabajo] job.
laca *f* **- 1.** [gen] lacquer; [para cuadros] lake **- 2.** [para el pelo] hairspray **- 3.** [de uñas] nail varnish.
lacado *m* lacquering.
lacar [10] *vt* to lacquer.
lacayo *m* footman; *fig* lackey.
lacerante *adj* [dolor] excruciating, stabbing; [palabras etc] hurtful, cutting; [grito etc] piercing.
lacerar *vt* to lacerate; *fig* to wound.
lacio, cia *adj* **- 1.** [cabello - liso] straight; [- sin fuerza] lank **- 2.** [planta] wilted **- 3.** *fig* [sin fuerza] limp.
lacón *m* shoulder of pork.
lacónico, ca *adj* laconic.
laconismo *m* terseness.
lacra *f* scourge.
lacrar *vt* to seal with sealing wax.
lacre *m* sealing wax.
lacrimal *adj* lacrimal, tear *(antes de sust).*
lacrimógeno, na *adj* **- 1.** [novela etc] weepy, tear-jerking **- 2.** ▷ **gas.**
lacrimoso, sa *adj* **- 1.** [ojos etc] tearful **- 2.** [historia etc] weepy, tear-jerking.
lactancia *f* lactation; **~ artificial** bottle-feeding; **~ materna** breastfeeding.
lactante *mf* breast-fed baby.

lactar *vt & vi* to suckle, to breastfeed.
lácteo, a *adj* **- 1.** [gen] milk *(antes de sust);* [industria, productos] dairy **- 2.** *fig* [blanco] milky.
láctico, ca *adj* lactic.
lactosa *f* lactose.
ladeado, da *adj* tilted, at an angle.
ladear *vt* to tilt.
ladera *f* slope, mountainside.
ladilla *f* crab (louse).
ladino, na ◇ *adj* crafty. ◇ *m, f CAm, Méx, Ven* [mestizo hispanohablante] *non-white Spanish-speaking person.*
➡ **ladino** *m* [dialecto] Ladino.
lado *m* **- 1.** [gen] side; **en el ~ de arriba/abajo** on the top/bottom; **a ambos ~s** on both sides; **al otro ~ de** on the other side of; **estoy de su ~** I'm on her side; **de ~** [torcido] crooked; **dormir de ~** to sleep on one's side; **de ~ a ~** from side to side; **echar a un ~** to push aside; **echarse** *o* **hacerse a un ~** to move aside; **ponerse del ~ de alguien** to side with sb; **por un ~** on the one hand; **por otro ~** on the other hand **- 2.** [lugar] place; **debe estar en otro ~** it must be somewhere else; **de un ~ para** *o* **a ptro** to and fro; **por todos ~s** on all sides, all round **- 3.** *loc:* **dar de ~ a alguien** to cold-shoulder sb; **dejar algo de ~** *o* **a un ~** [prescindir] to leave sthg to one side; **mirar de ~ a alguien** [despreciar] to look askance at sb.
➡ **al lado** *loc adv* [cerca] nearby.
➡ **al lado de** *loc prep* [junto a] beside.
➡ **de al lado** *loc adj* next door; **la casa de al ~** the house next door.
ladrador, ra *adj* barking.
ladrar *vi* *lit & fig* to bark; **estar alguien que ladra** to be in a foul mood.
ladrido *m* *lit & fig* bark, barking *(U).*
ladrillo *m* **- 1.** *CONSTR* brick **- 2.** *fam fig* [pesadez] drag, bore.
ladrón, ona ◇ *adj* thieving. ◇ *m, f* [persona] thief, robber.
➡ **ladrón** *m* [para varios enchufes] adapter.
lagar *m* [de vino] winepress; [de aceite] oil press.
lagarta ▷ **lagarto.**
lagartija *f* (small) lizard.
lagarto, ta *m, f ZOOL* lizard.
➡ **lagarta** *f fam fig* [mujer] scheming woman.
lago *m* lake.
lágrima *f* tear; **deshacerse en ~s** to dissolve into tears; **hacer saltar las ~s** to bring tears to the eyes; **llorar a ~ viva** to cry buckets; **~s de cocodrilo** crocodile tears.

lagrimal ◇ *adj* lacrimal, tear *(antes de sust)*. ◇ *m* corner of the eye.

lagrimear *vi* [suj: persona] to weep; [suj: ojos] to water.

laguna *f* - **1.** [lago] lagoon - **2.** *fig* [en colección, memoria] gap; [en leyes, reglamento] loophole.

La Habana Havana.

La Haya The Hague.

laicismo *m* laicism.

laico, ca ◇ *adj* lay, secular. ◇ *m,f* layman (*f* laywoman).

laísmo *m* the use of *'la'* and *'las'* instead of *'le'* and *'les'* as indirect objects.

lama *m* lama.

lambada *f* lambada.

lamber *vt Amér fam* to lick.

lamé *m* lamé.

La Meca Mecca.

lameculos *m & f inv vulg* arse-licker.

lamentable *adj* - **1.** [triste] terribly sad - **2.** [malo] lamentable, deplorable.

lamentación *f* moaning (*U*).

lamentar *vt* to regret, to be sorry about; **lo lamento** I'm very sorry; **lamentamos comunicarle** ... we regret to inform you ...

➡️ **lamentarse** *vpr*: ~**se (de** *o* **por)** to complain (about).

lamento *m* moan, cry of pain.

lamer *vt* to lick.

➡️ **lamerse** *vpr* to lick o.s.

lametón *m* (big) lick.

lamido, da *adj* skinny.

➡️ **lamido** *m* lick.

lámina *f* - **1.** [plancha] sheet; [placa] plate - **2.** [rodaja] slice - **3.** [plancha grabada] engraving - **4.** [dibujo] plate.

laminado, da *adj* laminated, rolled.

➡️ **laminado** *m* - **1.** [acción] lamination, rolling - **2.** [material] laminate.

laminador *m*, **laminadora** *f* rolling mill.

laminar *vt* to laminate, to roll.

lámpara *f* - **1.** [aparato] lamp; ~ **de mesa** table lamp; ~ **de pie** standard lamp; ~ **de soldar** blowtorch; ~ **de techo** ceiling lamp - **2.** [bombilla] bulb - **3.** *TECN* valve.

lamparilla *f* small lamp.

lamparón *m* grease stain.

lampazo *m Amér* cloth.

lampiño, ña *adj* [sin barba] beardless, smooth-cheeked; [sin vello] hairless.

lamprea *f* lamprey.

lana ◇ *f* wool; **de** ~ woollen; **pura** ~ **virgen** pure new wool; **ir a por** ~ **y volver trasquilado** *proverb* to be hoist by one's own petard; **unos cardan la** ~ **y otros llevan la fama** *proverb* some do all the work and others get all the credit. ◇ *f Andes, Méx fam* [dinero] dough, cash.

lanar *adj* wool-bearing.

lance ◇ ➪ **lanzar.** ◇ *m* - **1.** [en juegos, deportes] incident; [acontecimiento] event - **2.** [riña] dispute.

lancero *m* lancer.

lanceta *f Andes, Méx* sting.

lancha *f* - **1.** [embarcación - grande] launch; [- pequeña] boat; ~ **motora** motorboat, motor launch; ~ **neumática** rubber dinghy; ~ **patrullera** patrol boat; ~ **salvavidas** lifeboat - **2.** [piedra] slab.

landa *f* moor.

landó (*pl* landós) *m* landau.

lanero, ra *adj* wool *(antes de sust)*.

langosta *f* - **1.** [crustáceo] lobster - **2.** [insecto] locust.

langostino *m* king prawn.

languidecer [30] *vi* to languish; [conversación, entusiasmo] to flag.

languidez *f* [debilidad] listlessness; [falta de ánimo] disinterest.

lánguido, da *adj* [débil] listless; [falto de ánimo] disinterested.

lanilla *f* - **1.** [pelillo] nap - **2.** [tejido] flannel.

lanolina *f* lanolin.

lanudo, da *adj* woolly.

lanza *f* - **1.** [arma - arrojadiza] spear; [- en justas, torneos] lance; **estar** ~ **en ristre** to be ready for action; **romper una** ~ **por alguien** to fight for sb - **2.** [de carruaje] shaft.

lanzacohetes *m inv* rocket launcher.

lanzadera *f* [de telar] shuttle.

➡️ **lanzadera espacial** *f* space shuttle.

➡️ **lanzadera de misiles** *f* missile launcher.

lanzado, da *adj* - **1.** [atrevido] forward; [valeroso] fearless - **2.** [rápido]: **ir** ~ to hurtle along.

lanzagranadas *m inv* grenade launcher.

lanzallamas *m inv* flamethrower.

lanzamiento *m* - **1.** [de objeto] throwing; [de cohete] launching - **2.** [*DEP* - con la mano] throw; [- con el pie] kick; [- en béisbol] pitch; ~ **de disco** discus; ~ **de jabalina** javelin; ~ **de martillo** hammer; ~ **de peso** shot put - **3.** [de producto, artista] launch; [de disco] release.

lanzamisiles *m inv* rocket launcher.

lanzaplatos *m inv DEP* (clay pigeon) trap.

lanzar [13] *vt* - **1.** [gen] to throw; [con fuerza] to hurl, to fling; [de una patada] to kick; [bomba] to drop; [flecha, misil] to fire; [cohete] to launch - **2.** [proferir] to let out; [acusación, insulto] to hurl; [suspiro] to heave **- 3.** [COM - producto, artista, periódico] to launch; [- disco] to release.

• **lanzarse** vpr **- 1.** [tirarse] to throw o.s. **- 2.** [abalanzarse]: ~**se (sobre)** to throw o.s. (upon) **- 3.** [empezar]: ~**se (a hacer algo)** to get started (doing sthg).

lanzatorpedos m inv torpedo tube.

lapa f **- 1.** ZOOL limpet **- 2.** fam fig [persona] hanger-on, pest; **pegarse como una** ~ to cling like a leech.

La Paz La Paz.

lapicera f CSur ballpoint (pen), Biro®.

lapicero m **- 1.** pencil **- 2.** CAm, Perú [bolígrafo] ballpoint pen, Biro®.

lápida f memorial stone; ~ **mortuoria** tombstone.

lapidación f stoning.

lapidar vt to stone.

lapidario, ria adj solemn.

lapislázuli m lapis lazuli.

lápiz (pl lápices) m pencil; **escribir algo a** ~ to write sthg in pencil; ~ **de cejas** eyebrow pencil; ~ **de labios** lipstick; ~ **de ojos** eyeliner; ~ **óptico** INFORM light pen.

lapo m fam gob, spit.

lapón, ona adj & m,f Lapp.

• **lapón** m [lengua] Lapp.

lapso m space, interval; ~ **de tiempo** space o interval of time.

lapsus m inv lapse, slip.

laque etc &rhd; lacar.

laquear vt to lacquer.

lar m **- 1.** [lumbre] hearth **- 2.** MITOL household god.

• **lares** mpl [hogar] hearth and home.

lardero &rhd; jueves.

larga &rhd; largo.

largar [16] vt **- 1.** [aflojar] to pay out **- 2.** fam [dar, decir] to give; **le largué un bofetón** I gave him a smack.

• **largarse** vpr fam to clear off.

largavistas m inv Bol, CSur binoculars (pl).

largo, ga adj **- 1.** [en espacio, tiempo] long; **estarle** ~ **a alguien** to be too long for sb **- 2.** [alto] tall **- 3.** [sobrado]: **media hora larga** a good half hour **- 4.** fam [astuto] sly, crafty **- 5.** fam [generoso]: ~ **en hacer algo** generous in doing sthg.

• **largo** ◊ m length; **a lo** ~ lengthways; **tiene dos metros de** ~ it's two metres long; **pasar de** ~ to pass by; **vestirse de** ~ to dress up, to dress formally; **a lo** ~ **de** [en el espacio] along; [en el tiempo] throughout; **a lo** ~ **y a lo ancho de** right across, throughout;

¡~ **de aquí!** go away!, get out of here! ◊ adv at length; ~ **y tendido** at great length.

• **larga** f: **a la larga** in the long run; **dar largas a algo** to put sthg off.

largometraje m feature film.

largue etc &rhd; largar.

larguero m **- 1.** CONSTR main beam **- 2.** DEP crossbar.

larguirucho, cha adj fam lanky.

largura f length.

laringe f larynx.

laringitis f inv laryngitis.

laringología f laryngology.

laringólogo, ga m,f laryngologist.

larva f larva.

larvado, da adj latent.

las ◊ art &rhd; el. ◊ pron &rhd; lo.

lasaña f lasagne, lasagna.

lascivia f lasciviousness, lechery.

lascivo, va ◊ adj lascivious, lewd. ◊ m,f lascivious o lewd person.

láser ◊ adj inv &rhd; rayo. ◊ m inv laser.

laserterapia f laser therapy.

lasitud f lassitude.

laso, sa adj **- 1.** [cansado] weary **- 2.** [liso] straight.

Las Palmas (de Gran Canaria) Las Palmas.

lástima f **- 1.** [compasión] pity **- 2.** [pena] shame, pity; **dar** ~ to be a crying shame; **da** ~ **ver gente así** it's sad to see people in that state; **es una** ~ **que** it's a shame o pity that; ¡**qué** ~! what a shame o pity!; **tener** o **sentir** ~ **de** to feel sorry for; **quedarse hecho una** ~ to be a sorry o pitiful sight.

lastimar vt to hurt.

• **lastimarse** vpr to hurt o.s.

lastimoso, sa adj pitiful, woeful.

lastrar vt to ballast.

lastre m **- 1.** [peso] ballast; **soltar** ~ to discharge ballast **- 2.** fig [estorbo] burden.

lata f **- 1.** [envase] can, tin; [de bebidas] can; **en** ~ tinned, canned **- 2.** fam [fastidio] pain; ¡**qué** ~! what a pain!; **dar la** ~ **a alguien** to pester sb.

latente adj latent.

lateral ◊ adj **- 1.** [del lado - gen] lateral; [- puerta, pared] side **- 2.** [indirecto] indirect. ◊ m **- 1.** [lado] side **- 2.** DEP: ~ **derecho/izquierdo** right/left back.

látex m inv latex.

latido m [del corazón] beat; [en dedo etc] throb, throbbing (U).

latiente adj [corazón] beating.

latifundio m large rural estate.

latifundismo *m the system of land tenure characterized by the 'latifundio'.*

latigazo *m* -**1.** [golpe] lash -**2.** [chasquido] crack (of the whip) -**3.** *fam* [trago] swig.

látigo *m* whip.

latín *m* Latin; ~ **clásico/vulgar** Classical/Vulgar Latin; ~ **de cocina** *o* **macarrónico** dog Latin; **saber (mucho)** ~ *fig* to be sharp, to be on the ball.

latinajo *m fam despec Latin word used in an attempt to sound academic.*

latinismo *m* Latinism.

latino, na *adj* & *m,f* Latin.

latinoamericano, na *adj* & *m,f* Latin American.

latir *vi* -**1.** [suj: corazón] to beat -**2.** [estar latente] to be concealed, to lie.

latitud *f GEOGR* latitude.
➡ **latitudes** *fpl* [parajes] region *(sg)*, area *(sg)*.

latón *m* brass.

latoso, sa *fam* ◇ *adj* tiresome. ◇ *m,f* pain (in the neck).

laúd *m* lute.

laudable *adj* praiseworthy.

láudano *m* laudanum.

laudatorio, ria *adj* laudatory.

laureado, da *adj* prize-winning.

laurear *vt:* ~ **a alguien (con)** to honour sb (with).

laurel *m BOT* laurel; *CULIN* bay leaf.
➡ **laureles** *mpl* [honores] laurels; **dormirse en los** ~**es** *fig* to rest on one's laurels.

lava *f* lava.

lavable *adj* washable.

lavabo *m* -**1.** [objeto] washbasin -**2.** [habitación] lavatory *UK*, washroom *US*; **ir al** ~ to go to the toilet.

lavacoches *m* & *f inv* car washer.

lavadero *m* [en casa] laundry room; [público] washing place.

lavado *m* wash, washing *(U)*; ~ **a mano** hand-wash; ~ **de cerebro** brainwashing; ~ **de dinero** money-laundering; ~ **de estómago** stomach pumping; ~ **en seco** dry cleaning.

lavadora *f* washing machine; ~ **secadora** washer-drier.

lavamanos *m inv* washbasin.

lavanda *f* lavender.

lavandería *f* laundry; [automática] launderette.

lavandero, ra *m* laundryman (*f* laundress).

lavaplatos ◇ *m y f inv* [persona] dish-

washer, washer-up. ◇ *m inv* [aparato] dishwasher.

lavar *vt* -**1.** [limpiar] to wash; ~ **a mano** to wash by hand; ~ **en seco** to dry-clean; ~ **y marcar** shampoo and set -**2.** *fig* [honor] to clear; [ofensa] to make up for.
➡ **lavarse** *vpr* [gen] to wash o.s.; [cara, manos, pelo] to wash; [dientes] to clean.

lavaseco *m Amér* dry cleaner's.

lavativa *f* enema.

lavatorio *m Andes, RP* washbasin *UK*, washbowl *US*.

lavavajillas *m inv* dishwasher.

laxante ◇ *adj* laxative. ◇ *m* laxative.

laxar *vt* [vientre] to loosen.

laxitud *f* [de músculo, cable] slackness; *fig* laxity.

laxo, xa *adj* [músculo, cable] slack; *fig* lax.

lazada *f* bow.

lazarillo *m* -**1.** [persona] blind person's guide -**2.** ▷ **perro**.

lazo *m* -**1.** [atadura] bow; **hacer un** ~ to tie a bow -**2.** [trampa] snare; [de vaquero] lasso -**3.** *(gen pl) fig* [vínculo] tie, bond.

Lda. *abrev de* **licenciada**.

Ldo. *abrev de* **licenciado**.

le *pron pers* -**1.** *(complemento indirecto)* [hombre] (to) him; [mujer] (to) her; [cosa] to it; [usted] to you; ~ **expliqué el motivo** I explained the reason to him/her; ~ **tengo miedo** I'm afraid of him/her; **ya** ~ **dije lo que pasaría** [a usted] I told you what would happen -**2.** *(complemento directo)* him; [usted] you -**3.** ▷ **se**.

leal ◇ *adj:* ~ **(a)** loyal (to). ◇ *mf:* ~ **(a)** loyal supporter (of).

lealtad *f:* ~ **(a)** loyalty (to).

leasing ['lisin] *(pl* **leasings**) *m system · of leasing whereby the lessee has the option of purchasing the property after a certain time.*

lebrel *m* whippet.

lección *f* lesson; **aprenderse la** ~ to learn one's lesson; **dar a alguien una** ~ [como advertencia] to teach sb a lesson; [como ejemplo] to give sb a lesson; **servir de** ~ to serve as a lesson.

lechal ◇ *adj* sucking. ◇ *m* sucking lamb.

leche *f* -**1.** [gen] milk; ~ **condensada/en polvo** condensed/powdered milk; ~ **de almendras** almond milk; ~ **descremada** *o* **desnatada** skimmed *UK o* skim *US* milk; ~ **esterilizada/homogeneizada** sterilized/homogenized milk; ~ **merengada** *drink made from milk, egg whites, sugar and* *cinnamon*; ~ **pasterizada** *o* **pasteurizada** pasteurized milk; ~ **semidesnatada** semi-skimmed milk **- 2.** [de plantas] (milky) sap **- 3.** *mfam* [bofetada]: **pegar una** ~ **a alguien** to belt *o* clobber sb **- 4.** *mfam* [accidente] smash-up **- 5.** *mfam* [malhumor] bloody awful mood; **estar de mala** ~ to be in a bloody awful mood; **tener mala** ~ to be a miserable git **- 6.** *mfam* [suerte]: **tener mala** ~ to have bloody awful luck **- 7.** *vulg* [semen] spunk **- 8.** *loc mfam*: **ser la** ~ [ser raro] to be a nutcase; [ser molesto] to be a pain (in the neck); **¡una** ~ **!** no way!

lechera ⊳ **lechero**.

lechería *f* dairy.

lechero, ra ⟨> *adj* milk *(antes de sust)*, dairy. ⟨> *m,f* [persona] milkman (*f* milkwoman). ➡ **lechera** *f* [para transportar] milk churn; [para beber] milk jug.

lecho *m* **- 1.** [gen] bed; ~ **de muerte** deathbed; **ser un** ~ **de rosas** to be a bed of roses **- 2.** [capa] layer.

lechón *m* sucking pig.

lechosa *f Carib* papaya.

lechoso, sa *adj* milky.

lechuga *f* lettuce; ~ **iceberg/romana** iceberg/cos lettuce; **ser más fresco que una** ~ to be a cheeky devil.

lechuza *f* (barn) owl.

lectivo, va *adj* school *(antes de sust)*.

lector, ra *m,f* **- 1.** [gen] reader **- 2.** *EDUC* language assistant. ➡ **lector** *m* [de microfilms etc] reader, scanner; ~ **óptico** optical scanner.

lectorado *m* post of language assistant.

lectura *f* **- 1.** [gen] reading; **dar** ~ **a algo** to read sthg out loud **- 2.** [de tesis] viva voce **- 3.** [escrito] reading (matter) *(U)* **- 4.** [de datos] scanning; ~ **óptica** optical scanning.

leer [50] ⟨> *vt* [gen & *INFORM*] to read. ⟨> *vi* to read; ~ **de corrido** to read fluently; ~ **en voz alta/baja** to read aloud/quietly.

legación *f* legation.

legado *m* **- 1.** [herencia] legacy **- 2.** [representante - cargo] legation; [- persona] legate.

legajo *m* file.

legal *adj* **- 1.** [gen] legal; [hora] standard **- 2.** [forense] forensic **- 3.** *fam* [persona] honest, decent.

legalidad *f* legality.

legalismo *m* fine legal point, legalism.

legalista ⟨> *adj* legalistic. ⟨> *mf* legalist.

legalización *f* **- 1.** [gen] legalization **- 2.** [certificado] (certificate of) authentication.

legalizar [13] *vt* **- 1.** [gen] to legalize **- 2.** [certificar] to authenticate.

legañas *fpl* sleep *(U)* *(in the eyes)*.

legañoso, sa *adj* full of sleep.

legar [16] *vt* **- 1.** [gen] to bequeath **- 2.** [delegar] to delegate.

legendario, ria *adj* legendary.

legible *adj* legible.

legión *f lit* & *fig* legion. ➡ **Legión de Honor** *f* Legion of Honour.

legionario, ria *adj* legionary. ➡ **legionario** *m HIST* legionary; *MIL* legionnaire.

legislación *f* **- 1.** [leyes] legislation **- 2.** [ciencia] law.

legislador, ra ⟨> *adj* legislative. ⟨> *m,f* legislator.

legislar *vi* to legislate.

legislativo, va *adj* legislative.

legislatura *f* **- 1.** [periodo] period of office **- 2.** [órganos] parliament, legislature.

legitimación *f* **- 1.** [legalización] legitimation **- 2.** [certificación] authentication.

legitimar *vt* **- 1.** [legalizar] to legitimize **- 2.** [certificar] to authenticate.

legitimidad *f* legitimacy.

legítimo, ma *adj* [gen] legitimate; [auténtico] real, genuine; [oro] pure.

lego, ga ⟨> *adj* **- 1.** [gen] lay **- 2.** [ignorante] ignorant; **ser** ~ **en** to know nothing about. ⟨> *m,f* **- 1.** [gen] layman (*f* laywoman) **- 2.** [ignorante] ignorant person.

legua *f* league; ~ **marina** marine league; **verse a la** ~ to stand out a mile.

legue *etc* ⊳ **legar**.

legumbre *(gen pl)* *f* pulse, pod vegetable; ~**s secas** dried pulses; ~**s verdes** green vegetables.

leguminosas *fpl* pulses, leguminous vegetables.

lehendakari, lendakari [ʎenda'kari] *m president of the autonomous Basque government*.

leído, da *adj* **- 1.** [obra]: **muy/poco** ~ much/little read **- 2.** [persona] well-read. ➡ **leída** *f* reading.

leísmo *m GRAM use of 'le' as direct object instead of 'lo'*.

lejanía *f* distance.

lejano, na *adj* distant; **no está** ~ it's not far (away).

lejía *f* bleach.

lejos *adv* **- 1.** [en el espacio] far (away); **¿está** ~ **?** is it far?; **a lo** ~ in the distance; **de** *o* **desde** ~ from a distance **- 2.** [en el pasado] long ago; [en el futuro] far in the future; **eso queda ya** ~ that happened a long time ago **-3.** *loc*: **ir demasiado** ~ to go too far; **llegar** ~ to go far; **sin ir más** ~ indeed.

➤ **lejos de** <> *loc conj* far from; ~ **de mejorar ...** far from getting better ... <> *loc prep* far (away) from.

lelo, la <> *adj* stupid, slow; **quedarse** ~ to be stunned. <> *m,f* idiot.

lema *m* **-1.** [norma] motto; [político, publicitario] slogan **-2.** *LING & MAT* lemma.

lempira *m* lempira.

lencería *f* **-1.** [ropa] linen; ~ **fina** lingerie **-2.** [tienda] draper's.

lendakari = **lehendakari**.

lengua *f* **-1.** [gen] tongue; **sacarle la** ~ **a alguien** to stick one's tongue out at sb; **con la** ~ **fuera** out of breath; ~ **de gato** *CULIN* ≃ chocolate finger (biscuit); ~ **de fuego/tierra** tongue of flame/land; ~ **de víbora** *o* **viperina** malicious tongue; **darle a la** ~ *fam* to chatter; **irse de la** ~ to let the cat out of the bag; **las malas** ~**s dicen que ...** according to the gossip ...; **morderse la** ~ to bite one's tongue; **se le trabó la** ~ she stumbled over her words; **ser largo de** ~ to be a gossip; **¿te ha comido la** ~ **el gato?** has the cat got your tongue?, have you lost your tongue?; **tirar a alguien de la** ~ to draw sb out **-2.** [idioma, lenguaje] language; ~ **materna** mother tongue; ~ **muerta** dead language; ~ **oficial** official language.

lenguado *m* sole.

lenguaje *m* [gen & *INFORM*] language; ~ **coloquial/comercial** colloquial/business language; ~ **cifrado** code; ~ **corporal** body language; ~ **gestual** gestures *(pl)*; ~ **máquina** machine language; ~ **de alto nivel/de bajo nivel** high-level/low-level language; ~ **de programación** programming language; ~ **de los sordomudos** sign language.

lengüeta *f* [gen & *MÚS*] tongue.

lengüetazo *m*, **lengüetada** *f* lick.

leninismo *m* Leninism.

leninista *adj & m,f* Leninist.

lente *f* lens; ~ **de aumento** magnifying glass; ~**s de contacto** contact lenses.

➤ **lentes** *mpl* [gafas] glasses.

lenteja *f* lentil; **ganarse las** ~**s** to earn one's daily bread.

lentejuela *f* sequin.

lentilla *(gen pl)* *f* contact lens.

lentitud *f* slowness; **con** ~ slowly.

lento, ta *adj* slow; [veneno] slow-working; [agonía, enfermedad] lingering, long drawn out.

leña *f* **-1.** [madera] firewood; **echar** ~ **al fuego** to add fuel to the flames *o* fire; **llevar** ~ **al monte** to carry coals to Newcastle **-2.** *fam* [golpes] beating; **dar** ~ **a alguien** to beat sb up.

leñador, ra *m,f* woodcutter.

leñazo *m* **-1.** *fam* [garrotazo] blow with a stick; [golpe] bang, bash **-2.** [choque] smashup, crash.

leñe *interj fam*: **¡** ~ **!** for heaven's sake!

leñera *f* woodshed.

leño *m* **-1.** [de madera] log; **dormir como un** ~ to sleep like a log **-2.** *fam fig* [persona] blockhead.

leñoso, sa *adj* woody.

Leo <> *m* [zodiaco] Leo; **ser** ~ to be (a) Leo. <> *mf* [persona] Leo.

león, ona *m,f* lion *(f* lioness*)*; *fig* fierce person; **no es tan fiero el** ~ **como lo pintan** *proverb* he/it *etc* is not as bad as he/it *etc* is made out to be.

➤ **león marino** *m* sea lion.

leonera *f* **-1.** [jaula] lion's cage **-2.** *fam fig* [cuarto sucio] pigsty.

leonino, na *adj* **-1.** [rostro, aspecto] leonine **-2.** [contrato, condiciones] one-sided, unfair.

leopardo *m* leopard.

leotardo *m* **-1.** *(gen pl)* [medias] stockings *(pl)*, thick tights *(pl)* **-2.** [de gimnasta etc] leotard.

lépero, ra *adj CAm, Méx fam* [vulgar] coarse, vulgar; *Cuba fam* [astuto] smart, crafty.

leporino ⊳ **labio**.

lepra *f* leprosy.

leprosería *f* leper colony.

leproso, sa <> *adj* leprous. <> *m,f* leper.

lerdo, da <> *adj* [idiota] dim, slow-witted; [torpe] useless, hopeless. <> *m,f* [idiota] fool, idiot; [torpe] useless idiot.

les *pron pers pl* **-1.** *(complemento indirecto)* (to) them; [ustedes] (to) you; ~ **expliqué el motivo** I explained the reason to them; ~ **tengo miedo** I'm afraid of them; **ya** ~ **dije lo que pasaría** [a ustedes] I told you what would happen **-2.** *(complemento directo)* them; [ustedes] you **-3.** ⊳ **se**.

lesbianismo *m* lesbianism.

lesbiano, na *adj* lesbian.

➤ **lesbiana** *f* lesbian.

leseras *fpl Chile fam* nonsense, rubbish *UK*.

lesión *f* **-1.** [herida] injury; ~ **cerebral** brain damage **-2.** *fig* [perjuicio] damage, harm **-3.** *DER*: ~ **grave** grievous bodily harm.

lesionado, da ◇ *adj* injured. ◇ *m,f* injured person.

lesionar *vt* to injure; *fig* to damage, to harm.

➤ **lesionarse** *vpr* to injure o.s.

letal *adj* lethal.

letanía *(gen pl) f lit & fig* litany.

letárgico, ca *adj* **-1.** MED lethargic **-2.** ZOOL hibernating.

letargo *m* **-1.** MED lethargy **-2.** ZOOL hibernation.

Letonia Latvia.

letonio, nia, letón, ona *adj & m,f* Latvian.

➤ **letonio, letón** *m* [lengua] Latvian.

letra *f* **-1.** [signo] letter **-2.** [caligrafía] handwriting **-3.** [estilo] script; IMPRENTA type, typeface; ~ **bastardilla** *o* **cursiva** *o* **itálica** italic type, italics *(pl)*; ~ **de imprenta** *o* **molde** IMPRENTA print; [en formularios etc] block capitals *(pl)*; ~ **mayúscula/minúscula** capital/small letter; ~ **negrita** *o* **negrilla** bold (face); ~ **versalita** small capital; **la** ~ **con sangre entra** *proverb* spare the rod and spoil the child; **leer la** ~ **pequeña** to read the small print; **mandar cuatro** ~**s a alguien** to drop sb a line **-4.** [de canción] lyrics *(pl)* **-5.** COM: ~ **(de cambio)** bill of exchange; **girar una** ~ to draw a bill of exchange; **protestar una** ~ to protest a bill; ~ **avalada** guaranteed bill of exchange; ~ **de cambio a la vista** sight bill **-6.** [sentido] literal meaning.

➤ **letras** *fpl* EDUC arts; **ser de** ~**s** to study an arts subject.

letrado, da ◇ *adj* learned. ◇ *m,f* lawyer.

letrero *m* sign; ~ **luminoso** neon sign.

letrina *f* latrine.

letrista *mf* lyricist.

leucemia *f* leukaemia.

leucémico, ca ◇ *adj* leukaemia *(antes de sust).* ◇ *m,f* person suffering from leukaemia.

leucocito *(gen pl) m* leucocyte.

leva *f* **-1.** MIL levy **-2.** NÁUT weighing anchor **-3.** MEC cam.

levadizo ▷ **puente**.

levadura *f* yeast, leaven; ~ **de cerveza** brewer's yeast; ~ **en polvo** baking powder.

levantador, ra ◇ *adj* lifting. ◇ *m,f*: ~ **de pesas** DEP weightlifter.

levantamiento *m* **-1.** [sublevación] uprising **-2.** [elevación] raising; ~ **de pesas** DEP weightlifting **-3.** [supresión] lifting, removal.

levantar *vt* **-1.** [gen] to raise; [peso, capó, trampilla] to lift; ~ **el ánimo** to cheer up; ~ **la vista** *o* **mirada** to look up **-2.** [separar - pintura, venda, tapa] to remove **-3.** [recoger - campamento] to strike; [- tienda de campaña, puesto] to take down; [- mesa] to clear **-4.** [encender - protestas, polémica] to stir up; ~ **a alguien contra** to stir sb up against **-5.** [suspender - embargo, prohibición] to lift; [- pena, castigo] to suspend; [- sesión] to adjourn **-6.** [redactar - acta, atestado] to draw up.

➤ **levantarse** *vpr* **-1.** [ponerse de pie] to stand up **-2.** [de la cama] to get up; ~ **tarde** to sleep in **-3.** [elevarse - avión etc] to lift off, to take off; [- niebla] to lift **-4.** [sublevarse] to rise up **-5.** [empezar - viento, oleaje] to get up, to rise; [- tormenta] to gather.

levante *m* **-1.** [este] east; [región] east coast **-2.** [viento] east wind.

➤ **Levante** *m* GEOGR the east coast of Spain between Castellón and Cartagena.

levar *vt* to weigh.

leve *adj* **-1.** [gen] light; [olor, sabor, temblor] slight **-2.** [pecado, falta, herida] minor **-3.** [enfermedad] mild, slight.

levedad *f* lightness; [de temblor etc] slightness; [de pecado, falto, herida] minor nature; [de enfermedad] mildness.

levita *f* frock coat.

levitación *f* levitation.

levitar *vi* to levitate.

lexema *m* lexeme.

léxico, ca *adj* lexical.

➤ **léxico** *m* **-1.** [vocabulario] vocabulary **-2.** [diccionario] lexicon, dictionary.

lexicografía *f* lexicography.

lexicógrafo, fa *m,f* lexicographer.

lexicón *m* lexicon.

ley *f* **-1.** [gen] law; [parlamentaria] act; **aprobar una** ~ to pass a law; ~ **de extranjería** Aliens Act; ~ **de incompatibilidades** *act regulating which other positions may be held by people holding public office;* ~ **marcial** martial law; ~ **sálica** Salic law; ~ **seca** prohibition law; **hecha la** ~, **hecha la trampa** laws are made to be broken; **con todas las de la** ~ in due form, properly **-2.** [regla] rule; ~ **del embudo** one law for o.s. and another for everyone else; ~ **de la ventaja** DEP advantage (law); ~ **de la oferta y de la demanda** law of supply and demand; **de buena** ~ reliable, sterling **-3.** [de un metal]: **de** ~ [oro] pure; [plata] sterling.

➤ **leyes** *fpl* [derecho] law *(sg)*.

leyenda *f* **-1.** [narración] legend **-2.** [inscripción] inscription, legend.

leyera *etc* ▷ **leer**.

liar [9] *vt* **-1.** [atar] to tie up **-2.** [envolver - cigarrillo] to roll; ~ **algo en** [papel] to wrap sthg up in; [toalla etc] to roll sthg up in **-3.** [involucrar]: ~ **a alguien (en)** to get sb mixed up (in) **-4.** [complicar - asunto etc] to confuse; **¡ya me has liado!** now you've really got me confused!
➡ **liarse** *vpr* **-1.** [enredarse] to get muddled up **-2.** [empezar] to begin, to start; ~**se a hacer algo** to start *o* begin doing sthg **-3.** *fam* [sexualmente]: ~**se (con)** to get involved (with), to have an affair (with).

libación *f* libation.

libanés, esa *adj* & *m,f* Lebanese.

Líbano *m*: **el** ~ the Lebanon.

libar *vt* to sip, to suck.

libelo *m* lampoon.

libélula *f* dragonfly.

liberación *f* **-1.** [gen] liberation; [de preso] release; ~ **de la mujer** women's liberation; ~ **sexual** sexual liberation **-2.** [de una hipoteca] redemption.

liberado, da *adj* [gen] liberated; [preso] freed.

liberal *adj* & *m,f* liberal.

liberalidad *f* liberality.

liberalismo *m* liberalism.

liberalización *f* liberalization; *COM* deregulation.

liberalizar [13] *vt* to liberalize; *COM* to deregulate.

liberar *vt* [gen] to liberate; [preso] to free; ~ **de algo a alguien** to free sb from sthg.
➡ **liberarse** *vpr* to liberate o.s.; ~**se de algo** to free *o* liberate o.s. from sthg.

Liberia Liberia.

libertad *f* freedom, liberty; **dejar** *o* **poner a alguien en** ~ to set sb free, to release sb; **estar en** ~ to be free; **tener** ~ **para hacer algo** to be free to do sthg; **tomarse la** ~ **de hacer algo** to take the liberty of doing sthg; **tomarse** ~**es** to take liberties; ~ **de circulación de capitales/trabajadores** *ECON* free movement of capital/workers; ~ **de conciencia** freedom of conscience; ~ **condicional** probation; ~ **de expresión** freedom of speech; ~ **de imprenta** *o* **prensa** freedom of the press; ~ **provisional (bajo fianza)** bail; ~ **provisional (bajo palabra)** parole.

libertador, ra ◇ *adj* liberating. ◇ *m,f* liberator.

libertar *vt* [gen] to liberate; [preso] to deliver, to set free.

libertario, ria *adj* & *m,f* libertarian.

libertinaje *m* licentiousness.

libertino, na ◇ *adj* licentious. ◇ *m,f* libertine.

Libia Libya.

libidinoso, sa *adj* libidinous, lewd.

libido *f* libido.

libio, bia *adj* & *m,f* Libyan.

libra *f* [peso, moneda] pound; ~ **esterlina** pound sterling.
➡ **Libra** ◇ *m* [zodiaco] Libra; **ser Libra** to be (a) Libra. ◇ *mf* [persona] Libran.

librado, da ◇ *m,f* *COM* drawee. ◇ *adj*: **salir bien** ~ to get off lightly; **salir mal** ~ to come off badly.

librador, ra *m,f* drawer.

libramiento *m*, **libranza** *f* order of payment.

librar ◇ *vt* **-1.** [eximir]: ~ **a alguien (de algo/de hacer algo)** [gen] to free sb (from sthg/from doing sthg); [pagos, impuestos] to exempt sb (from sthg/from doing sthg) **-2.** [entablar - pelea, lucha] to engage in; [- batalla, combate] to join, to wage **-3.** *COM* to draw. ◇ *vi* [no trabajar] to be off work.
➡ **librarse** *vpr* **-1.** [salvarse]: ~**se (de hacer algo)** to escape (from doing sthg); **de buena te libraste** you had a narrow escape **-2.** [deshacerse]: ~**se de algo/alguien** to get rid of sthg/sb.

libre *adj* **-1.** [gen] free; [rato, tiempo] spare; [camino, vía] clear; [espacio, piso, lavabo] empty, vacant; **200 metros** ~**s** 200 metres freestyle; ~ **de** [gen] free from; [exento] exempt from; ~ **de franqueo** post-free; ~ **de impuestos** tax-free; **ser** ~ **de** *o* **para hacer algo** to be free to do sthg; **ir por** ~ to go it alone **-2.** [alumno] external; **estudiar por** ~ to be an external student.

librea *f* livery.

librecambio *m* free trade.

librecambismo *m* (doctrine of) free trade.

librepensador, ra ◇ *adj* freethinking. ◇ *m,f* freethinker.

librería *f* **-1.** [tienda] bookshop; ~ **de ocasión** second-hand bookshop **-2.** [oficio] bookselling **-3.** [mueble] bookcase.

librero, ra ◇ *adj* book *(antes de sust)*. ◇ *m,f* [persona] bookseller. ◇ *m CAm, Col, Méx* [mueble] bookcase.

libreta *f* **-1.** [para escribir] notebook; ~ **de direcciones** address book **-2.** [del banco]: ~ **(de ahorros)** savings book.

libretista *mf Amér* [guionista] screenwriter, scriptwriter.

libreto *m* **-1.** *MÚS* libretto **-2.** *Amér* [guión] script.

libro m [gen & COM] book; **llevar los ~s** to keep the books; **~ blanco** POLÍT white paper; **~ de bolsillo** paperback; **~ de cabecera/ cocina** bedside/cookery book; **~ de caja** cashbook; **~ de comercio** ledger; **~ de consulta/cuentos** reference/story book; **~ de cuentas** o **contabilidad** accounts book; **~ de ejercicios** workbook; **~ de escolaridad** school report; **~ de familia** document containing personal details of the members of a family; **~ de reclamaciones** complaints book; **~ de registro (de entradas)** register; **~ sagrado** Book (in Bible); **~ de texto** textbook; **~ de visitas** visitor's book; **colgar los ~s** to give up one's studies; **hablar como un ~** to express o.s. very clearly; **ser como un ~ abierto** to be an open book.

Lic. abrev de **licenciado**.

licántropo, pa <> adj werewolf (antes de sust). <> m,f werewolf.

liceal adj CSur, Ven secondary school UK, high school US.

licencia f -1. [documento] licence, permit; [autorización] permission; **~ de armas/caza** gun/hunting licence; **~ de exportación/ importación** export/import licence; **~ de obras** planning permission; **~ fiscal** official authorization to practise a profession; **~ poética** poetic licence -2. MIL discharge -3. [confianza] licence, freedom; **tomarse ~s con alguien** to take liberties with sb.

licenciado, da <> adj -1. EDUC graduate (antes de sust), **estar ~ en derecho** to be a law graduate -2. MIL discharged. <> m,f -1. EDUC graduate; **~ en económicas** economics graduate -2. MIL discharged soldier.

LICENCIADO

This is a form of address often used by wealthier people (who had access to education) amongst themselves, and by poorer people to address wealthier people as a sign of respect. This form of address is characteristic of Mexico.

licenciamiento m MIL discharge.

licenciar [8] vt MIL to discharge.
 ↠ **licenciarse** vpr -1. EDUC: **~se (en)** to graduate (in) -2. MIL to be discharged.

licenciatura f degree.

licencioso, sa adj licentious.

liceo m -1. EDUC lycée -2. CSur, Ven [instituto] secondary school UK, high school US -3. [de recreo] ≃ social club.

licitación f bid, bidding (U).

licitar vt to bid for.

lícito, ta adj -1. [legal] lawful -2. [correcto] right -3. [justo] fair.

licor m liquor.

licorera f decanter.

licorería f -1. [fábrica] distillery -2. [tienda] ≃ off-licence.

licuadora f liquidizer, blender.

licuar [6] vt -1. CULIN to liquidize -2. TECN to liquefy.

lid f fight; **experto en estas ~es** fig old hand in these matters.

líder <> adj leading. <> mf leader.

liderar vt to lead.

liderato, liderazgo m -1. [primer puesto] lead; [en liga] first place -2. [dirección] leadership.

lidia f -1. [arte] bullfighting -2. [corrida] bullfight; ver también **tauromaquia**.

lidiar [8] <> vi [luchar]: **~ (con)** to struggle (with). <> vt TAUROM to fight.

liebre f -1. ZOOL hare; **correr como una ~** to run like a hare; **levantar la ~** to let the cat out of the bag -2. Chile [microbús] minibus.

liendre f nit.

lienzo m -1. [tela] (coarse) cloth; [paño] piece of cloth -2. [para pintar] canvas -3. [cuadro] painting.

lifting ['liftin] (pl liftings) m facelift.

liga f -1. [gen] league -2. [de medias] suspender.

ligadura f -1. MED & MÚS ligature; **~ de trompas** MED tubal ligation -2. [atadura] bond, tie.

ligamento m ANAT ligament.

ligar [16] <> vt -1. [gen & CULIN] to bind; [atar] to tie (up) -2. MED to put a ligature on -3. MÚS to slur. <> vi -1. [coincidir]: **~ (con)** to tally (with) -2. fam [conquistar]: **~ (con)** to get off (with).

ligazón f link, connection.

ligereza f -1. [levedad] lightness -2. [agilidad] agility -3. [rapidez] speed -4. [irreflexión - cualidad] rashness; [- acto] rash act; **con ~** in a superficial manner.

ligero, ra adj -1. [gen] light; [dolor, rumor, descenso] slight; [traje, tela] thin -2. [ágil] agile, nimble -3. [rápido] quick, swift -4. [irreflexivo] flippant; **hacer algo a la ligera** to do sthg without much thought; **juzgar a alguien a la ligera** to be quick to judge sb; **tomarse algo a la ligera** not to take sthg seriously.

light [lait] adj inv [comida] low-calorie; [refresco] diet (antes de sust); [cigarrillos] light.

ligón, ona fam <> adj: **es muy ~** he's always getting off with sb or other. <> m,f goer, raver.

ligue <> ▷ **ligar**. <> m mfam -1. [acción]: **ir**

de ~ to go cruising - **2.** [persona] pick-up.
liguero, ra adj DEP league (antes de sust).
→ **liguero** m suspender belt UK, garter belt US.
liguilla f DEP mini-league, round-robin tournament.
lija f - **1.** [papel] sandpaper - **2.** [pez] dogfish.
lijadora f sander.
lijar vt to sand down.
lila ◇ f [flor] lilac. ◇ adj inv & m [color] lilac.
liliputiense fam ◇ adj dwarfish. ◇ mf midget.
lima f - **1.** [utensilio] file; ~ **de uñas** nail file; **comer como una** ~ to eat like a horse - **2.** BOT lime.
Lima Lima.
limadora f polisher.
limar vt - **1.** [pulir] to file down - **2.** [perfeccionar] to polish, to add the finishing touches to.
limbo m - **1.** RELIG limbo; **estar en el** ~ fig to be miles away - **2.** ASTRON & BOT limb.
limeño, ña ◇ adj of/relating to Lima. ◇ m,f native/inhabitant of Lima.
limitación f - **1.** [restricción] limitation, limit; ~ **de velocidad** speed limit - **2.** [distrito] boundaries (pl).
limitado, da adj - **1.** [gen] limited - **2.** [poco inteligente] dim-witted.
limitar ◇ vt - **1.** [gen] to limit - **2.** [terreno] to mark out - **3.** [atribuciones, derechos etc] to set out, to define. ◇ vi: ~ **(con)** to border (on).
→ **limitarse a** vpr to limit o.s. to.
límite ◇ adj inv - **1.** [precio, velocidad, edad] maximum - **2.** [situación] extreme; [caso] borderline. ◇ m - **1.** [tope] limit; **dentro de un** ~ within limits; **su pasión no tiene** ~ her passion knows no bounds; ~ **de velocidad** speed limit - **2.** [confín] boundary.
limítrofe adj [país, territorio] bordering; [terreno, finca] neighbouring.
limón m lemon.
limonada f lemonade.
limonar m lemon grove.
limonero, ra adj lemon (antes de sust).
→ **limonero** m lemon tree.
limosna f alms (pl); **pedir** ~ to beg.
limpia f Amér cleaning.
limpiabotas m y f inv shoeshine, bootblack UK.
limpiacristales m inv window-cleaning fluid.
limpiador, ra ◇ adj cleaning. ◇ m,f cleaner.

limpiamente adv - **1.** [con destreza] cleanly - **2.** [honradamente] honestly.
limpiaparabrisas m inv windscreen wiper UK, windshield wiper US.
limpiar [8] vt - **1.** [gen] to clean; [con trapo] to wipe; [mancha] to wipe away; [zapatos] to polish - **2.** fig [desembarazar]: ~ **algo de algo** to clear sthg of sthg - **3.** fam [en el juego] to clean out - **4.** fam [robar] to snipe, to pinch.
limpieza f - **1.** [cualidad] cleanliness - **2.** [acción] cleaning; **hacer la** ~ to do the cleaning; ~ **de cutis** facial; ~ **étnica** ethnic cleansing; ~ **general** spring-cleaning; ~ **en seco** dry cleaning - **3.** [destreza] skill, cleanness - **4.** [honradez] honesty.
limpio, pia adj - **1.** [gen] clean; [pulcro] neat; [cielo, imagen] clear - **2.** [neto - sueldo etc] net - **3.** [honrado] honest; [intenciones] honourable; [juego] clean - **4.** [sin culpa]: **estar** ~ to be in the clear; ~ **de** [sospecha etc] free of - **5.** fam [sin dinero] broke, skint - **6.** fam [para enfatizar]: **a puñetazo** ~ with bare fists; **a pedrada limpia** with nothing more than stones.
→ **limpio** adv cleanly, fair; **pasar o poner en** ~ to make a fair copy of, to write out neatly; **sacar algo en** ~ **de** to make sthg out from.
limusina f limousine.
linaje m lineage.
linaza f linseed.
lince m lynx; **ser un** ~ **para algo** to be very sharp at sthg.
linchamiento m lynching.
linchar vt to lynch.
lindante adj: ~ **(con)** [espacios] bordering; [conceptos] bordering (on).
lindar
→ **lindar con** vi - **1.** [terreno] to adjoin, to be next to - **2.** [conceptos, ideas] to border on.
linde m o f boundary.
lindero, ra adj - **1.** [terreno] adjoining, bordering - **2.** [concepto] bordering.
→ **lindero** m boundary.
lindeza f [belleza] prettiness.
→ **lindezas** fpl irón [insultos] insults.
lindo, da adj pretty, lovely; **de lo** ~ a great deal.
línea f - **1.** [gen, DEP & TELECOM] line; **cortar la** ~ **(telefónica)** to cut off the phone; ~ **aérea** airline; ~ **de banda** sideline, touchline; ~ **blanca** white goods (pl); ~ **de conducta** course of action; ~ **continua** AUTOM solid white line; ~ **de crédito/de descubierto** BANCA credit/overdraft limit; ~ **divisoria** dividing line; ~ **de flotación** waterline; ~

de fuego *MIL* firing line; ~ **de meta** [en fútbol] goal line; [en carrera] finishing line; ~ **de mira** o **tiro** line of fire; ~ **de puntos** dotted line; ~ **recta** straight line; ~ **de saque** base line, service line **- 2.** [de un coche etc] lines *(pl)*, shape **- 3.** [silueta] figure; **guardar la** ~ to watch one's figure **- 4.** [estilo] style; **de** ~ **clásica** classical **- 5.** [categoría] class, category; **de primera** ~ first-rate **- 6.** *INFORM*: **en** ~ on-line; **fuera de** ~ off-line **- 7.** *loc*: **en** ~**s generales** in broad terms; **en toda la** ~ [completamente] all along the line; **leer entre** ~**s** to read between the lines.

lineal *adj* **- 1.** [gen] linear; [dibujo] line **- 2.** [aumento] across-the-board.

lineamientos *mpl Amér* [generalidades] outline; [directrices] guidelines.

linfa *f* lymph.

linfático, ca *adj* lymphatic.

lingotazo *m fam* swig.

lingote *m* ingot.

lingüista *mf* linguist.

lingüístico, ca *adj* linguistic.
➡ **lingüística** *f* linguistics.

linier [linjer] *(pl* **liniers)** *m* linesman.

linimento *m* liniment.

lino *m* **- 1.** [planta] flax **- 2.** [tejido] linen.

linóleo, linóleum *(pl* **linóleums)** *m* linoleum *(U)*.

linotipia *f* Linotype®.

linotipista *mf* linotypist.

linterna *f* **- 1.** [farol] lantern, lamp **- 2.** [de pilas] torch *UK*, flashlight *US*.
➡ **linterna mágica** *f* magic lantern.

linyera *mf RP fam* tramp, bum *US*.

lío *m* **- 1.** [paquete] bundle **- 2.** *fam* [enredo] mess; **hacerse un** ~ to get muddled up; **meterse en** ~**s** to get into trouble **- 3.** *fam* [jaleo] racket, row; **armar un** ~ to kick up a fuss **- 4.** *fam* [amorío] affair.

liofilizar [13] *vt* to freeze-dry.

lioso, sa *adj fam* **- 1.** [enredado - asunto] messy; [- explicación] muddled **- 2.** [persona] troublemaking.

lípido *m* lipid.

liposoma *m* liposome.

liposucción *f* liposuction.

lipotimia *f* fainting fit.

liquen *m* lichen.

liquidación *f* **- 1.** [pago] settlement, payment; ~ **de bienes** *COM* liquidation of assets **- 2.** [rebaja] clearance sale **- 3.** [fin] liquidation.

liquidar *vt* **- 1.** [pagar - deuda] to pay; [- cuenta] to settle **- 2.** [rebajar] to sell off **- 3.** [mal-

gastar] to throw away **- 4.** [acabar - asunto] to settle; [- negocio, sociedad] to wind up **- 5.** *fam* [matar] to liquidate.

liquidez *f ECON & FÍS* liquidity.

líquido, da *adj* **- 1.** [gen] liquid **- 2.** *ECON* [neto] net.
➡ **líquido** *m* **- 1.** [gen] liquid; ~ **de frenos** brake fluid **- 2.** *ECON* liquid assets *(pl)* **- 3.** *MED* fluid.

lira *f* **- 1.** *MÚS* lyre **- 2.** [moneda] lira.

lírico, ca *adj* **- 1.** *LITER* lyric, lyrical **- 2.** [musical] musical.
➡ **lírica** *f* lyric poetry.

lirio *m* iris; ~ **del valle** lily of the valley.

lirismo *m* lyricism.

lirón *m ZOOL* dormouse; **dormir como un** ~ to sleep like a log.

Lisboa Lisbon.

lisboeta *adj* of/relating to Lisbon.

lisiado, da ⬦ *adj* crippled. ⬦ *m,f* cripple.

lisiar [8] *vt* to maim, to cripple.
➡ **lisiarse** *vpr* to be maimed o crippled.

liso, sa ⬦ *adj* **- 1.** [llano] flat; [sin asperezas] smooth; [pelo] straight; **los 400 metros** ~**s** the 400 metres; **lisa y llanamente** quite simply; **hablando lisa y llanamente** to put it plainly **- 2.** [no estampado] plain. ⬦ *m,f Andes, CAm, Ven* [insolente] cheeky person.

lisonja *f* flattering remark.

lisonjear *vt* to flatter.

lisonjero, ra *adj* flattering; [perspectiva] promising.

lista *f* **- 1.** [enumeración] list; **pasar** ~ to call the register; ~ **de boda/de espera/de precios** wedding/waiting/price list; ~ **de la compra** shopping list; ~ **electoral** electoral roll; ~ **de éxitos** *MÚS* hit parade; ~ **negra** black list **- 2.** [de tela, madera] strip; [de papel] slip; [de color] stripe.
➡ **lista de correos** *f* poste restante.

listado, da *adj* striped.
➡ **listado** *m INFORM* listing.

listar *vt INFORM* to list

listín
➡ **listín (de teléfonos)** *m* (telephone) directory.

listo, ta *adj* **- 1.** [inteligente, hábil] clever, smart; **dárselas de** ~ to make o.s. out to be clever; **pasarse de** ~ to be too clever by half; **ser más** ~ **que el hambre** to be nobody's fool **- 2.** [preparado] ready; **¿estáis** ~**s?** are you ready?; **estás** o **vas** ~ **(si crees que ...)** you've got another think coming (if you think that ...).

listón m lath; DEP bar; **poner el ~ muy alto** fig to set very high standards.

lisura f Arg & Perú rude remark, bad language (U).

litera f - **1.** [cama] bunk (bed); [de barco] berth; [de tren] couchette - **2.** [vehículo] litter.

literal adj literal.

literario, ria adj literary.

literato, ta m,f writer.

literatura f literature.

litigante adj & m,f litigant.

litigar [16] vi to go to law.

litigio m DER litigation (U); fig dispute; **en ~** in dispute.

litigue etc ⊳ litigar.

litio m lithium.

litografía f - **1.** [arte] lithography - **2.** [grabado] lithograph - **3.** [taller] lithographer's (workshop).

litografiar [9] vt to lithograph.

litoral ⋄ adj coastal. ⋄ m coast.

litosfera f lithosphere.

litro m litre.

litrona f mfam litre bottle of beer.

Lituania Lithuania.

lituano, na adj & m,f Lithuanian.
➡ **lituano** m [lengua] Lithuanian.

liturgia f liturgy.

litúrgico, ca adj liturgical.

liviano, na adj - **1.** [ligero - blusa] thin; [- carga] light - **2.** [sin importancia] slight - **3.** [superficial] frivolous.

lividez f [palidez] pallor.

lívido, da adj - **1.** [pálido] very pale, white as a sheet - **2.** [amoratado] livid.

living ['liin] m CSur living room.

liza f [lucha] battle; **en ~** in opposition.

Ll, ll f [letra] ll, Ll.

llaga f lit & fig wound.

llagar [16] vt to wound.
➡ **llagarse** vpr to become covered in sores.

llama f - **1.** [de fuego, pasión] flame; **en ~s** ablaze - **2.** ZOOL llama.

llamada f - **1.** [gen] call; [a la puerta] knock; [con timbre] ring; **~ al orden** call to order; **~ de socorro** distress signal - **2.** TELECOM telephone call; **devolver una ~** to phone back; **hacer una ~** to make a phone call; **~ urbana/interrurbana/a cobro revertido** local/long-distance/reverse-charge call - **3.** [en un libro] reference mark.

llamado, da adj so-called.
➡ **llamado** m Amér [de teléfono] call.

llamamiento m - **1.** [apelación] appeal, call, to call upon sb to do sthg - **2.** MIL call-up.

llamar ⋄ vt - **1.** [gen] to call; [con gestos] to beckon - **2.** [por teléfono] to phone, to call; **¿quién la llama, por favor?** who is calling, please? - **3.** [convocar] to summon, to call; **~ (a filas)** MIL to call up - **4.** [atraer] to attract, to call. ⋄ vi - **1.** [a la puerta etc - con golpes] to knock; [- con timbre] to ring; **están llamando** there's somebody at the door - **2.** [por teléfono] to phone.
➡ **llamarse** vpr [tener por nombre] to be called; **¿cómo te llamas?** what's your name?; **me llamo Pepe** my name's Pepe; **eso es lo que se llama buena suerte** that's what you call good luck.

llamarada f - **1.** [de fuego, ira etc] blaze - **2.** [de rubor] flush.

llamativo, va adj [color] bright, gaudy; [ropa] showy.

llamear vi to burn, to blaze.

llana ⊳ llano.

llanero, ra ⋄ adj of the plainspeople. ⋄ m,f plainsman (f plainswoman).

llaneza f naturalness, straightforwardness.

llano, na adj - **1.** [campo, superficie] flat - **2.** [trato, persona] natural, straightforward - **3.** [pueblo, clase] ordinary - **4.** [lenguaje, expresión] simple, plain - **5.** GRAM paroxytonic.
➡ **llana** f CONSTR trowel.
➡ **llano** m [llanura] plain.

llanta f - **1.** rim - **2.** Amér [cubierta] tyre UK, tire US.

llantera, llantina f fam blubbing (U).

llanto m tears (pl), crying.

llanura f plain.

llave f - **1.** [gen] key; **bajo ~** under lock and key; **cerrar con ~** to lock; **echar la ~** to lock up; **~ en mano** [vivienda] ready for immediate occupation; **~ de contacto** ignition key; **~ maestra** master key - **2.** [del agua, gas] tap UK, faucet US; [de la electricidad] switch; **cerrar la ~ de paso** to turn the water/gas off at the mains - **3.** [herramienta] spanner; **~ inglesa** monkey wrench - **4.** [de judo etc] hold, lock - **5.** [signo ortográfico] curly bracket.

llavero m keyring.

llavín m latchkey.

llegada f - **1.** [gen] arrival - **2.** DEP finish.

llegar [16] vi - **1.** [a un sitio]: **~ (de)** to arrive (from); **estar al ~** [persona] to be on one's way (over); [acontecimiento] to be coming up; **~ a un hotel/una ciudad** to arrive at a hotel/in a city; **llegaré pronto** I'll be there early - **2.** [un tiempo, la noche etc] to come - **3.**

[durar]: ~ **a** o **hasta** to last until - **4.** [alcanzar]: ~ **a** to reach; **no llego al techo** I can't reach the ceiling; ~ **hasta** to reach up to - **5.** [ser suficiente]: ~ **(para)** to be enough (for) - **6.** [lograr]: ~ **a (ser) algo** to get to be sthg, to become sthg; ~ **a hacer algo** to manage to do sthg; **si llego a saberlo** if I get to know of it - **7.** [atreverse]: **llegó a decirme ...** he went as far as to say to me ...

➧ **llegarse a** *vpr* to go round to.

llenar *vt* - **1.** [ocupar]: ~ **algo (de)** [vaso, hoyo, habitación] to fill sthg (with); [pared, suelo] to cover sthg (with) - **2.** [satisfacer] to satisfy - **3.** [rellenar - impreso] to fill in o out - **4.** [colmar]: ~ **a alguien de** to fill sb with.

➧ **llenarse** *vpr* - **1.** [ocuparse] to fill up - **2.** [saciarse] to be full - **3.** [cubrirse]: ~**se de** to become covered in.

llenazo *m fam* full house.

lleno, na *adj* - **1.** [gen] full; [cubierto] covered; ~ **de** [gen] full of; [manchas, pósters] covered in; ~ **hasta los topes** full to bursting, packed out - **2.** *fam* [regordete] chubby.

➧ **lleno** *m* full house.

➧ **de lleno** *loc adv* full in the face; **acertó de** ~ he was bang on target.

llevadero, ra *adj* bearable.

llevar <> *vt* - **1.** [gen] to carry - **2.** [acompañar, coger y depositar] to take; ~ **algo/a alguien a** to take sthg/sb to; **me llevó en coche** he drove me there - **3.** [prenda, objeto personal] to wear; **llevo gafas** I wear glasses; **no llevo dinero** I haven't got any money on me - **4.** [caballo, coche etc] to handle - **5.** [conducir]: ~ **a alguien a algo** to lead sb to sthg; ~ **a alguien a hacer algo** to lead o cause sb to do sthg - **6.** [ocuparse de, dirigir] to be in charge of; [casa, negocio] to look after, to run; **lleva la contabilidad** she keeps the books - **7.** [hacer - de alguna manera]: **lleva muy bien sus estudios** he's doing very well in his studies - **8.** [tener - de alguna manera] to have; ~ **el pelo largo** to have long hair; **llevas las manos sucias** your hands are dirty - **9.** [soportar] to deal o cope with - **10.** [mantener] to keep; ~ **el paso** to keep in step - **11.** [pasarse - tiempo]: **lleva tres semanas sin venir** she hasn't come for three weeks now, it's three weeks since she came last - **12.** [ocupar - tiempo] to take; **me llevó un día hacer este guiso** it took me a day to make this dish - **13.** [sobrepasar en]: **te llevo seis puntos** I'm six points ahead of you; **me lleva dos centímetros** he's two centimetres taller than me - **14.** *loc*: ~ **consigo** [implicar] to lead to, to bring about; ~ **las de perder** to be heading for defeat. <>

vi - **1.** [conducir]: ~ **a** to lead to; **esta carretera lleva al norte** this road leads north - **2.** *(antes de participio)* [haber]: **llevo leída media novela** I'm halfway through the novel; **llevo dicho esto mismo docenas de veces** I've said the same thing time and again - **3.** *(antes de gerundio)* [estar]: ~ **mucho tiempo haciendo algo** to have been doing sthg for a long time.

➧ **llevarse** *vpr* - **1.** [coger] to take, to steal; **alguien se ha llevado mi sombrero** someone has taken my hat - **2.** [conseguir] to get; **se ha llevado el premio** she has carried off the prize; **yo me llevo siempre las culpas** I always get the blame - **3.** [recibir - susto, sorpresa etc] to get, to receive; **me llevé un disgusto** I was upset - **4.** [entenderse]: ~**se bien/mal (con alguien)** to get on well/badly (with sb) - **5.** [estar de moda] to be in (fashion); **este año se lleva el verde** green is in this year - **6.** *MAT:* **me llevo una** carry (the) one.

llorar <> *vi* - **1.** [con lágrimas] to cry; ~ **por alguien** to cry over sb - **2.** *fam* [quejarse] to whinge. <> *vt:* ~ **la muerte de alguien** to mourn sb's death.

llorera *f fam* crying fit.

llorica *despec* <> *adj:* **ser** ~ to be a crybaby. <> *mf* crybaby.

lloriquear *vi* to whine, to snivel.

lloriqueo *m* whining *(U)*, snivelling *(U)*.

lloro *m* crying *(U)*, tears *(pl)*.

llorón, ona <> *adj* who cries a lot. <> *m,f* crybaby.

lloroso, sa *adj* tearful.

llover [24] <> *v impers* to rain; **está lloviendo** it's raining; **llueve sobre mojado** it's one thing after another. <> *vi:* **le llueven las ofertas** offers are raining down on him.

llovizna *f* drizzle.

lloviznar *v impers* to drizzle.

llueva *etc* ⊳ **llover**.

lluvia *f* - **1.** *METEOR* rain; **bajo la** ~ in the rain; ~ **ácida** acid rain; ~ **radiactiva** (nuclear) fallout; ~ **torrencial** torrential rain - **2.** [de panfletos, regalos etc] shower; [de preguntas] barrage.

lluvioso, sa *adj* rainy.

lo, la *(mpl* **los***, fpl* **las***) pron pers (complemento directo)* [cosa] it; *(pl)* them; [persona] him *(f* her); *(pl)* them; [usted] you.

➧ **lo** <> *pron pers (neutro) (predicado)* it; **su hermana es muy guapa pero él no** ~ **es** his sister is very good-looking, but he isn't; **es muy bueno aunque no** ~ **parezca** it's very good, even if it doesn't look it. <> *art det (neutro):* ~ **antiguo me gusta más que** ~

moderno I like old things better than modern things; ~ **mejor/peor** the best/worst part; **no te imaginas** ~ **grande que era** you can't imagine how big it was.

➤ **lo de** *loc prep:* ¿y ~ **de la fiesta?** what about the party, then?; **siento** ~ **de ayer** I'm sorry about yesterday.

➤ **lo que** *loc conj* what; **acepté** ~ **que me ofrecieron** I accepted what they offered me.

loa *f* - **1.** [gen] praise - **2.** *LITER* eulogy.

loable *adj* praiseworthy.

loar *vt* to praise.

lobato = **lobezno.**

lobby ['loβi] (*pl* **lobbies**) *m* lobby, pressure group.

lobezno, lobato *m* wolf cub.

lobo, ba *m,f* wolf.

➤ **lobo de mar** *m* [marinero] sea dog.

lobotomía *f* lobotomy.

lóbrego, ga *adj* gloomy, murky.

lóbulo *m* lobe.

local ◇ *adj* local. ◇ *m* - **1.** [edificio] premises (*pl*) - **2.** [sede] headquarters (*pl*).

localidad *f* - **1.** [población] place, town - **2.** [asiento] seat - **3.** [entrada] ticket; **'no hay** ~**es'** 'sold out'.

localismo *m* - **1.** [sentimiento] parochialism - **2.** *LING* localism.

localista *adj* parochial.

localización *f* localization, tracking down.

localizar [13] *vt* - **1.** [encontrar] to locate, to track down - **2.** [circunscribir] to localize.

➤ **localizarse en** *vpr* to become localized in.

locativo *m* locative.

loción *f* lotion; ~ **capilar** hair lotion; ~ **para después del afeitado** aftershave lotion.

loco, ca ◇ *adj* - **1.** [gen] mad; **estar** ~ **de/por** to be mad with/about; **estar** ~ **de contento** to be wild with joy; **volver** ~ **a alguien** to drive sb mad; **volverse** ~ **por** to be mad about; ~ **de atar** *o* **remate** stark raving mad; **a lo** ~ [sin pensar] hastily; [temerariamente] wildly - **2.** [extraordinario - interés, ilusión] tremendous; [- suerte, precio] extraordinary; [- amor, alegría] wild. ◇ *m,f* - **1.** *lit & fig* madman (*f* madwoman), lunatic; **cada** ~ **con su tema** everyone has his own axe to grind; **conduce como un** ~ he drives like a madman; **hacerse el** ~ to play dumb, to pretend not to understand - **2.** *Chile* [molusco] false abalone.

locomoción *f* transport; [de tren] locomotion.

locomotor, ra *o* **triz** *adj* locomotive.

➤ **locomotora** *f* engine, locomotive.

locuaz *adj* loquacious, talkative.

locución *f* phrase.

locura *f* - **1.** [demencia] madness - **2.** [imprudencia] folly; **hacer** ~**s** to do crazy things; **ser una** ~ to be madness - **3.** [exageración]: **con** ~ madly.

locutor, ra *m,f* [de radio] announcer; [de televisión] presenter.

locutorio *m* - **1.** [para visitas] visiting room - **2.** *TELECOM* phone box *o* booth - **3.** *RADIO* studio.

lodazal *m* quagmire.

lodo *m lit & fig* mud.

logaritmo *m* logarithm.

logia *f* - **1.** [masónica] lodge - **2.** *ARQUIT* loggia.

lógico, ca ◇ *adj* logical; **es** ~ **que se enfade** it stands to reason that he should get angry. ◇ *m,f* [persona] logician.

➤ **lógica** *f* [ciencia] logic.

logístico, ca *adj* logistic.

➤ **logística** *f* logistics (*pl*).

logopeda *mf* speech therapist.

logopedia *f* speech therapy.

logotipo *m* logo.

logrado, da *adj* [bien hecho] accomplished.

lograr *vt* [gen] to achieve; [puesto, beca, divorcio] to get, to obtain; [resultado] to obtain, to achieve; [perfección] to attain; [victoria, premio] to win; [deseo, aspiración] to fulfil; ~ **hacer algo** to manage to do sthg; ~ **que alguien haga algo** to manage to get sb to do sthg.

logro *m* achievement.

LOGSE (*abrev de* **Ley Orgánica de Ordenación General del Sistema Educativo**) *f Spanish Education Act.*

loísmo *m incorrect use of 'lo' as indirect object instead of 'le'.*

loma *f* hillock.

lombarda *f* red cabbage.

lombriz *f* earthworm, worm; **tener lombrices** to have worms; ~ **de tierra** earthworm; ~ **intestinal** tapeworm.

lomo *m* - **1.** [espalda] back - **2.** [carne] loin - **3.** [de libro] spine - **4.** [de cuchillo] blunt edge.

lona *f* canvas.

loncha *f* slice; [de beicon] rasher.

lonche *m Perú, Ven* [merienda] *snack eaten during break time.*

lonchería *f Méx, Ven fast-food joint selling tacos etc.*

londinense ◇ *adj* London (*antes de sust*).

◇ *mf* Londoner.

Londres London.

longaniza *f type of spicy, cold pork sausage.*

longevidad *f* longevity.

longevo, va *adj* long-lived.

longitud *f* - 1. [dimensión] length; **tiene medio metro de** ~ it's half a metre long; ~ **de onda** wavelength - 2. ASTRON & GEOGR longitude.

longitudinal *adj* longitudinal.

long play [ˈlomplaiˈ] (*pl* **long plays**) *m* LP, album.

longui, longuis *m fam*: **hacerse el** ~ to act dumb, to pretend not to understand.

lonja *f* - 1. [loncha] slice - 2. [edificio] exchange; ~ **de pescado** fish market.

lontananza *f* background; **en** ~ in the distance.

loquería *f Amér fam* mental home.

loquero, ra *m,f fam* [persona] psychiatric nurse.
➡ **loquero** *m Amér* [escándalo] row, uproar.

loro *m* - 1. [animal] parrot - 2. *fam* [charlatán] chatterbox; [mujer fea] fright, ugly old bag - 3. *loc*: **estar al** ~ *vulg* to have one's finger on the pulse.

los ◇ *art* ▷ **el**. ◇ *pron* ▷ **lo**.

losa *f* - 1. [gen] paving stone, flagstone; [de tumba] tombstone - 2.: ~ **radiante** *RP* underfloor heating.

loseta *f* floor tile.

lote *m* - 1. [parte] share - 2. [conjunto] batch, lot - 3. *Amér* [de tierra] plot (of land) - 4. *fam* [magreo]: **darse** o **pegarse el** ~ to kiss and canoodle.

loteamiento *m Bol, Urug* parcelling out, division into plots.

loteo *m Andes, Méx, RP* parcelling out, division into plots.

lotería *f* - 1. [gen] lottery; **jugar a la** ~ to play the lottery; **le tocó la** ~ she won the lottery; ~ **primitiva** *twice-weekly state-run lottery* - 2. [tienda] lottery booth - 3. [juego de mesa] lotto.

lotero, ra *m,f* seller of lottery tickets.

lotización *f Ecuad, Perú* parcelling out, division into plots.

loto *f fam* weekly state-run lottery.

loza *f* - 1. [material] earthenware; [porcelana] china - 2. [objetos] crockery.

lozanía *f* - 1. [de plantas] luxuriance - 2. [de persona] youthful vigour.

lozano, na *adj* - 1. [planta] lush, luxuriant - 2. [persona] youthfully vigorous.

LSD (*abrev de* lysergic diethylamide) *m* LSD.

lubina *f* sea bass.

lubricación *f* lubrication.

lubricante, lubrificante ◇ *adj* lubricating. ◇ *m* lubricant.

lubricar [10]**, lubrificar** [10] *vt* to lubricate.

lucero *m* bright star; ~ **del alba/de la tarde** morning/evening star; **como un** ~ as bright as a new pin.

lucha *f* fight; *fig* struggle; **abandonar la** ~ to give up the struggle; ~ **armada** armed struggle; ~ **de clases** class struggle o war; ~ **libre** all-in wrestling.

luchador, ra ◇ *adj* fighting. ◇ *m,f* DEP wrestler; *fig* fighter.

luchar *vi* to fight; *fig* to struggle; ~ **contra/por** to fight against/for.

lucidez *f* lucidity, clarity.

lucido, da *adj* splendid.

lúcido, da *adj* lucid.

luciérnaga *f* glow-worm.

Lucifer *m* Lucifer.

lucimiento *m* [de ceremonia etc] sparkle; [de actriz etc] brilliant performance.

lucio *m* pike.

lucir [32] ◇ *vi* - 1. [gen] to shine - 2. [compensar]: **no me lucían tantas horas de trabajo** working so many hours didn't do me much good - 3. [llevar puesto] to wear - 4. *Amér* [parecer] to look - 5. *Amér* [tener] to have. ◇ *vt* [gen] to show off; [ropa] to sport.
➡ **lucirse** *vpr* - 1. [destacar]: ~**se (en)** to shine (at) - 2. *fam fig & irón* [quedar mal] to really go and do it, to mess things up.

lucrarse *vpr*: ~ **(de)** to profit (from).

lucrativo, va *adj* lucrative; **no** ~ non profit-making.

lucro *m* profit, gain.

lucubrar *vt* to rack one's brains over.

lúdico, ca *adj* [del juego] game (*antes de sust*); [ocioso] of enjoyment, of pleasure.

ludópata *m y f* pathological gambling addict.

ludopatía *f* pathological addiction to gambling.

ludoteca *f* toy library.

luego <> *adv* **-1.** [justo después] then, next; **primero aquí y ~ allí** first here and then there; **~ de** immediately after **-2.** [más tarde] later; **¡hasta ~!** see you!, bye!; **hazlo ~** do it later **-3.** *Chile, Méx, Ven* [pronto] soon. <> *conj* **-1.** [así que] so, therefore **-2.: ~ ~** *Méx fam* [inmediatamente] immediately, straight away; [de vez en cuando] from time to time.

lugar *m* **-1.** [gen] place; [localidad] place, town; [del crimen, accidente etc] scene; [para acampar, merendar etc] spot; **en primer ~** in the first place, firstly; **en último ~** lastly, last; **fuera de ~** out of place; **no hay ~ a duda** there's no room for doubt; **ponte en mi ~** put yourself in my place; **sin ~ a dudas** without a doubt, undoubtedly; **yo en tu ~** if I were you; **dejar a alguien en buen/mal ~** to make sb look good/bad; **poner las cosas en su ~** to set things straight; **tener ~** to take place; **~ de nacimiento** birthplace; **~ de trabajo** workplace **-2.** [motivo] cause, reason; **dar ~ a** to bring about, to cause **-3.** [puesto] position.
 ➥ **en lugar de** *loc prep* instead of.
 ➥ **lugar común** *m* platitude, commonplace.

lugareño, ña <> *adj* village *(antes de sust)*. <> *m,f* villager.

lugarteniente *m* deputy.

lúgubre *adj* gloomy, mournful.

lujo *m* luxury; *fig* profusion; **con todo ~ de detalles** in great detail; **de ~** luxury *(antes de sust)*; **permitirse el ~ de algo/de hacer algo** to be able to afford sthg/to do sthg.

lujoso, sa *adj* luxurious.

lujuria *f* lust.

lujurioso, sa <> *adj* lecherous. <> *m,f* lecher.

lulú ⊳ **perro**.

lumbago *m* lumbago.

lumbar *adj* lumbar.

lumbre *f* **-1.** [fuego] fire; **dar ~ a alguien** to give sb a light **-2.** *fig* [resplandor] brightness.

lumbrera *f fam* leading light.

luminaria *f* light, lighting (U).

luminosidad *f* brightness; [fig] brilliance.

luminoso, sa *adj* **-1.** [gen] bright; [fuente, energía] light *(antes de sust)* **-2.** [idea etc] brilliant.

luminotecnia *f* lighting.

luna *f* **-1.** [astro] moon; **~ creciente** crescent moon *(when waxing)*; **~ llena/nueva** full/new moon; **~ menguante** crescent moon *(when waning)*; **media ~** half moon **-2.** [cristal] window (pane) **-3.** [espejo] mirror **-4.**

loc: **estar de mala ~** to be in a bad mood; **estar en la ~** to be miles away; **pedir la ~** to ask the impossible.
 ➥ **luna de miel** *f* honeymoon.

lunar <> *adj* lunar. <> *m* **-1.** [en la piel] mole, beauty spot **-2.** [en telas] spot; **a ~es** spotted.

lunático, ca <> *adj* crazy. <> *m,f* lunatic.

lunes *m inv* Monday; *ver también* **sábado**.

luneta *f* [de coche] windscreen; **~ trasera** rear windscreen; **~ térmica** demister.

lupa *f* magnifying glass.

lúpulo *m* hops *(pl)*.

lusitano, na, luso, sa *adj & m,f* **-1.** [de Lusitania] Lusitanian **-2.** [de Portugal] Portuguese.

lustrabotas *m inv Andes & RP* shoeshine, bootblack *UK*.

lustrador *m Andes, RP* shoeshine, bootblack *UK*.

lustradora *f Andes, RP* floor polisher.

lustrar *vt* to polish.

lustre *m* **-1.** [brillo] shine **-2.** *fig* [gloria] glory.

lustrín *m Chile* shoeshine box.

lustro *m* five-year period.

lustroso, sa *adj* shiny.

luteranismo *m* Lutheranism.

luterano, na *adj & m,f* Lutheran.

luto *m* mourning; **de ~** in mourning.

luxación *f* dislocation.

Luxemburgo Luxembourg.

luxemburgués, esa <> *adj* Luxembourg *(antes de sust)*. <> *m,f* Luxembourger.

luz *f* [gen] light; [electricidad] electricity; [destello] flash (of light); **apagar la ~** to switch off the light; **a plena ~ del día** in broad daylight; **cortar la ~** to cut off the electricity supply; **dar o encender la ~** to switch on the light; **pagar (el recibo de) la ~** to pay the electricity (bill); **se ha ido la ~** the lights have gone out; **~ eléctrica** electric light; **~ solar** sunlight; **a la ~ de** [una vela, la luna etc] by the light of; [los acontecimientos etc] in the light of; **arrojar ~ sobre** to shed light on; **a todas luces** whichever way you look at it; **dar a ~ (un niño)** to give birth (to a child); **dar ~ verde** to give the green light o the go-ahead; **sacar algo a la ~** [secreto] to bring to light; [obra] to bring out, to publish; **salir a la ~** [descubrirse] to come to light; [publicarse] to come out; **ver la ~** to see the light.
 ➥ **luces** *fpl* **-1.** [cultura] enlightenment *(U)* **-2.** [inteligencia] intelligence *(U)*; **de pocas luces** dim-witted **-3.** *AUTOM* lights; **darle las luces a alguien** to flash (one's lights) at sb; **poner las luces de carretera o largas** to put

(one's headlights) on full beam; **luces de cruce** o **cortas** dipped headlights; **luces de freno** brake lights; **luces de posición** o **situación** sidelights; **luces de tráfico** o **de señalización** traffic lights.

luzca *etc* ⊳ lucir.

lycra® *f* Lycra®.

m¹, M *f* [letra] m, M.

m² (*abrev de* **metro**) m.

maca *f* **-1.** [de fruta] bruise **-2.** [de objetos] flaw.

macabro, bra *adj* macabre.

macana *f CSur, Perú, Ven fam* [disparate] stupid thing; [fastidio] pain, drag; [pena] shame.

macanear *vi CSur fam* [decir tonterías] to talk nonsense; [hacer tonterías] to be stupid.

macarra *m fam* [de prostitutas] pimp; [rufián] thug.

macarrón *m* [tubo] sheath (*of cable*).
 ➡ **macarrones** *mpl* [pasta] macaroni (*U*).

macarrónico, ca *adj fam* macaronic.

macedonia *f* salad; ~ **de frutas** fruit salad.

maceración *f CULIN* soaking, maceration.

macerar *vt CULIN* to soak, to macerate.

maceta *f* **-1.** [tiesto] flowerpot **-2.** [herramienta] mallet.

macetero *m* flowerpot holder.

machaca *mf* **-1.** *fam* [pesado] pain **-2.** [trabajador] dogsbody.

machacador, ora *adj* crushing.
 ➡ **machacadora** *f* crusher.

machacar [10] ◇ *vt* **-1.** [triturar] to crush **-2.** *fig* [insistir] to keep going on about **-3.** *fig* [empollar] to swot up on. ◇ *vi fig:* ~ (**sobre**) to go on (about).

machacón, ona ◇ *adj* tiresome. ◇ *m,f* pain.

machaconería *f* annoying insistence.

machada *f* act of bravado.

machamartillo
 ➡ **a machamartillo** *loc adv* very firmly;

creer algo a ~ to be firm in one's belief of sthg.

machete *m* machete.

machismo *m* machismo.

machista *adj & m,f* male chauvinist.

macho ◇ *adj* **-1.** *BIOL* male **-2.** *fig* [hombre] macho. ◇ *m* **-1.** *BIOL* male **-2.** *fig* [hombre] macho man, he-man **-3.** *TECN* male part; [de enchufe] pin **-4.:** ~ **cabrío** billy goat. ◇ *interj fam:* ¡oye, ~! oy, mate!

machote, ta *fam* ◇ *adj* brave; **dárselas de** ~ to act like a he-man. ◇ *m,f* [niño] big boy (*f* big girl).
 ➡ **machote** *m Amér* [modelo] rough draft.

macizo, za *adj* solid; **estar** ~ *fam* [hombre] to be hunky; [mujer] to be gorgeous.
 ➡ **macizo** *m* **-1.** *GEOGR* massif **-2.** *BOT:* ~ **de flores** flowerbed.

macramé *m* macramé.

macro *f INFORM* macro.

macrobiótico, ca *adj* macrobiotic.
 ➡ **macrobiótica** *f* macrobiotics (*U*).

macroeconomía *f* macroeconomics (*U*).

mácula *f* spot; *fig* blemish.

macuto *m* backpack, knapsack.

madeja *f* hank, skein; **enredar la** ~ to complicate matters; **estar hecho una** ~ **de nervios** to be a bundle of nerves.

madera *f* **-1.** [gen] wood; *CONSTR* timber; [tabla] piece of wood; **de** ~ wooden; ~ **contrachapada** plywood; **tocar** ~ to touch wood *UK*, to knock on wood *US* **-2.** [disposición]: **tener** ~ **de algo** to have the makings of sthg.

maderaje, maderamen *m* timbers (*pl*).

maderero, ra *adj* timber (*antes de sust*).

madero *m* **-1.** [tabla] log **-2.** [necio] halfwit **-3.** *mfam* [policía] cop, pig.

madrastra *f* stepmother.

madrazo *m Méx* hard blow.

madre *f* **-1.** [gen] mother; **es** ~ **de tres niños** she's a mother of three; ~ **adoptiva/de alquiler** foster/surrogate mother; ~ **biológica** biological mother; ~ **de familia** mother; ~ **política** mother-in-law; ~ **soltera** single mother; ~ **superiora** mother superior; **la** ~ **patria** the motherland; **éramos ciento y la** ~ *fam* there were hundreds of us there; **me vale** ~ *Méx mfam* I couldn't give a damn o *UK* a toss; **ser la** ~ **del cordero** *fig* to be at the very root of the problem **-2.** [poso] dregs (*pl*) **-3.** [cauce] bed; **salirse de** ~ [río] to burst its banks; *fig* [persona] to go too far.
 ➡ **madre mía** *interj:* ¡~ mía! Jesus!, Christ!

madreperla f [ostra] pearl oyster; [nácar] mother-of-pearl.

madreselva f honeysuckle.

Madrid Madrid.

madrigal m madrigal.

madriguera f [gen & fig] den; [de conejo] burrow.

madrileño, ña ◇ adj of/relating to Madrid. ◇ m,f native/inhabitant of Madrid.

madrina f [gen] patroness; [de boda] bridesmaid; [de bautizo] godmother.

madroño m -1. [árbol] strawberry tree -2. [fruto] strawberry-tree berry.

madrugada f -1. [amanecer] dawn; **de** ~ at daybreak -2. [noche] early morning; **las tres de la** ~ three in the morning -3. [madrugón] early rise.

madrugador, ra ◇ adj early-rising. ◇ m,f early riser.

madrugar [16] vi to get up early; fig to be quick off the mark; **a quien madruga Dios le ayuda** proverb the early bird catches the worm; **no por mucho** ~ **amanece más temprano** proverb time must take its course.

madrugón m fam: **darse un** ~ to get up very early o at the crack of dawn.

madurar ◇ vt -1. [gen] to mature; [fruta, mies] to ripen -2. [idea, proyecto etc] to think through. ◇ vi [gen] to mature; [fruta] to ripen.

madurez f -1. [cualidad - gen] maturity; [- de fruta, mies] ripeness -2. [edad adulta] adulthood.

maduro, ra adj [gen] mature; [fruta, mies] ripe; **de edad madura** middle-aged.

maestra ▷ maestro.

maestranza f MIL arsenal.

maestría f [habilidad] mastery, skill.

maestro, tra ◇ adj -1. [perfecto] masterly -2. [principal] main; [llave] master (antes de sust). ◇ m,f -1. [profesor] teacher -2. [sabio] master -3. MÚS maestro -4. Méx [de universidad] lecturer UK, professor US -5. [director]: ~ **de ceremonias** master of ceremonies; ~ **de cocina** chef; ~ **de obras** foreman; ~ **de orquesta** conductor.
➡ **maestro** m TAUROM matador.

mafia f mafia.

mafioso, sa ◇ adj mafia (antes de sust). ◇ m,f mafioso.

magdalena f fairy cake.

magenta adj inv & m magenta.

magia f magic; ~ **blanca/negra** white/black magic.

mágico, ca adj -1. [con magia] magic -2. [atractivo] magical.

magisterio m -1. [título] teaching certificate -2. [enseñanza] teaching -3. [profesión] teaching profession.

magistrado, da m,f [juez] judge.
➡ **magistrado** m Amér [primer ministro] Prime Minister.

magistral adj -1. [de maestro] magisterial -2. [genial] masterly.

magistratura f -1. [oficio] judgeship -2. [jueces] magistrature -3. [tribunal] tribunal; ~ **de trabajo** industrial tribunal.

magma m magma.

magnánimo, ma adj magnanimous.

magnate m magnate; ~ **del petróleo/de la prensa** oil/press baron.

magnesia f magnesia.

magnesio m magnesium.

magnético, ca adj lit & fig magnetic.

magnetismo m lit & fig magnetism.

magnetizar [13] vt to magnetize; fig to mesmerize.

magnetofónico, ca adj [cinta] magnetic.

magnetófono m tape recorder.

magnetoscopio m video recorder.

magnicida mf assassin (of somebody important).

magnicidio m assassination (of somebody important).

magnificar [10] vt to praise highly.

magnificencia f magnificence.

magnífico, ca adj wonderful, magnificent.

magnitud f magnitude.

magno, na adj great.

magnolia f magnolia.

magnolio m magnolia (tree).

mago, ga m,f -1. [prestidigitador] magician -2. [en cuentos etc] wizard.

magra ▷ magro.

magrear vt mfam to touch up.

magreo m mfam touching up.

magro, gra adj -1. [sin grasa] lean -2. [pobre] poor.
➡ **magro** m lean meat.
➡ **magra** f slice of ham.

magulladura f bruise.

magullar vt to bruise.

maharajá [mara'xal] m maharajah.

mahometano, na adj & m,f Muslim.

mahonesa ▷ mayonesa.

maicena f cornflour UK, cornstarch US.

maillot [ma'jotl] (pl maillots) m -1. [prenda femenina] maillot -2. [para ciclistas] jersey; ~ **amarillo** DEP yellow jersey.

maître ['metre] *m* maître.

maíz *m* maize *UK*, corn *US*; ~ **dulce** sweet-corn.

maizal *m* maize field.

maja ▷ **majo**.

majadería *f* idiocy.

majadero, ra *m,f* idiot.

majar *vt* [machacar] to crush; [moler] to grind.

majareta *fam* ◇ *adj* nutty. ◇ *mf* nutcase.

majestad *f* majesty.
◆ **Su Majestad** *f* His/Her Majesty.

majestuosidad *f* majesty.

majestuoso, sa *adj* majestic.

majo, ja ◇ *adj* **-1.** [simpático] nice **-2.** [bonito] pretty. ◇ *m,f* ARTE & HIST Majo (*f* Maja).

majorette [majo'ret] *f* majorette.

mal ◇ *adj* ▷ **malo**. ◇ *m* **-1.** [perversión]: **el ~** evil **-2.** [daño] harm, damage **-3.** [enfermedad] illness; **~ de montaña** altitude *o* mountain sickness; **~ de ojo** evil eye **-4.** [inconveniente] bad thing; **un ~ necesario** a necessary evil **-5.** *loc*: **a grandes ~es, grandes remedios** drastic situations demand drastic action; **del ~, el menos** it's the lesser of two evils; **~ de muchos, consuelo de todos** *proverb* at least I'm not the only one; **no hay ~ que por bien no venga** *proverb* every cloud has a silver lining *proverb*. ◇ *adv* **-1.** [incorrectamente] wrong; **esto está ~ hecho** this has been done wrong; **has escrito ~ esta palabra** you've spelt that word wrong **-2.** [inadecuadamente] badly; **la fiesta salió ~** the party went off badly; **oigo/veo ~** I can't hear/see very well; **encontrarse ~** [enfermo] to feel ill; [incómodo] to feel uncomfortable; **oler ~** [tener mal olor] to smell bad; *fam* [tener mal cariz] to smell fishy; **saber ~** [tener mal sabor] to taste bad; **me supo ~ que no vinieses a mi fiesta** I was none too pleased that you didn't come to my party; **sentar ~ a alguien** [ropa] not to suit sb; [comida] to disagree with sb; [comentario, actitud] to upset sb; **tomar algo a ~** to take sthg the wrong way **-3.** [difícilmente] hardly; **~ puede saberlo si no se lo cuentas** he's hardly going to know it if you don't tell him **-4.** *loc*: **estar a ~ con alguien** to have fallen out with sb; **ir de ~ en peor** to go from bad to worse; **no estaría ~ que ...** it would be nice if ...
◆ **mal que** *loc conj* although, even though; **~ que te pese, las cosas están así** whether you like it or not, that's the way things are.
◆ **mal que bien** *loc adv* somehow or other.

malabar *adj*: **juego ~** juggling (*U*).

malabarismo *m lit* & *fig* juggling (*U*); **hacer ~s** to juggle.

malabarista *mf* juggler.

malacostumbrado, da *adj* spoiled.

malacostumbrar *vt* to spoil.

malaleche *mf vulg* miserable sod.

malapata *fam* ◇ *mf* clumsy oaf. ◇ *f* tough luck.

malaria *f* malaria.

Malasia Malaysia.

malasio, sia *adj* Malaysian.

malasombra *fam* ◇ *mf* [persona] pest. ◇ *f* [falta de gracia] lack of charm.

malayo, ya *adj* & *m,f* Malay, Malayan.
◆ **malayo** *m* [lengua] Malay, Malayan.

malcomer *vi* to eat poorly.

malcriado, da ◇ *adj* spoiled. ◇ *m,f* spoilt brat.

malcriar [9] *vt* to spoil.

maldad *f* **-1.** [cualidad] evil **-2.** [acción] evil thing.

maldecir [66] ◇ *vt* to curse. ◇ *vi* to curse; **~ de** to speak ill of.

maldición *f* curse.

maldiga, maldijera *etc v* ▷ **maldecir**.

maldito, ta *adj* **-1.** [embrujado] cursed, damned **-2.** *fam* [para enfatizar] damned; **¡maldita sea!** damn it! **-3.** [marginado - escritor etc] ostracized.

maleable *adj lit* & *fig* malleable.

maleado, da *adj* corrupt.

maleante ◇ *adj* wicked. ◇ *mf* crook.

malear *vt* to corrupt.

malecón *m* [atracadero] jetty.

maleducado, da ◇ *adj* rude. ◇ *m,f* rude person.

maleficio *m* curse.

maléfico, ca *adj* evil.

malentendido *m* misunderstanding.

malestar *m* **-1.** [dolor] upset, discomfort; **siento un ~ en el estómago** I've got an upset stomach; **sentir ~ general** to feel unwell **-2.** [inquietud] uneasiness, unrest.

maleta *f* suitcase; **hacer** *o* **preparar ia ~** to pack (one's bags).

maletera *f Amér* boot *UK*, trunk *US*.

maletero *m* boot *UK*, trunk *US*.

maletilla *mf* apprentice bullfighter.

maletín *m* briefcase.

malévolo, la *adj* malevolent, wicked.

maleza *f* [arbustos] undergrowth; [malas hierbas] weeds (*pl*).

malformación *f* malformation; **~ congénita** congenital malformation.

malgastar vt [dinero, tiempo] to waste; [salud] to ruin.

malhablado, da ◇ adj foul-mouthed. ◇ m,f foul-mouthed person.

malhechor, ra adj & m,f criminal.

malherir [27] vt to injure seriously.

malhumor m bad mood; **de** ~ in a bad mood.

malhumorado, da adj bad-tempered; [enfadado] in a bad mood.

malicia f -1. [maldad] wickedness, evil; [mala intención] malice -2. [agudeza] sharpness, alertness.

malicioso, sa adj -1. [malo] wicked, evil; [malintencionado] malicious -2. [avispado] sharp, alert.

maligno, na adj malignant.

malintencionado, da ◇ adj ill-intentioned. ◇ m,f ill-intentioned person.

malla f -1. [tejido] mesh; ~ **de alambre** wire mesh -2. [red] net -3. RP [traje de baño] swimsuit.

◆ **mallas** fpl -1. [de gimnasia] leotard (sg); [de ballet] tights -2. [de portería] net (sg).

Mallorca Majorca.

malnacido, da ◇ adj undesirable, nasty. ◇ m,f nasty type.

malnutrido, da adj undernourished.

malo, la, mal (compar **peor**, superl **el peor**) adj (antes de sust masc sg: **mal**) -1. [gen] bad; [calidad] poor, bad; **lo** ~ **fue que ...** the problem was (that) ...; **más vale** ~ **conocido que bueno por conocer** proverb better the devil you know (than the devil you don't) -2. [malicioso] wicked -3. [enfermo] ill, sick; **estar/ponerse** ~ to be/fall ill -4. [molesto] unpleasant -5. [travieso] naughty.

◆ **malo, la** m,f [de película etc] villain, baddie.

◆ **malas** fpl: **estar de malas** to be in a bad mood; **ponerse a (las) malas con** to fall out with; **por las malas** by force.

malogrado, da adj -1. [desaprovechado] wasted -2. [difunto]: **un** ~ **poeta** a poet who died before his time.

malograr vt -1. to waste -2. Andes [estropear] to make a mess of, to ruin.

◆ **malograrse** vpr -1. [fracasar] to fail -2. [morir] to die before one's time -3. Andes [estropearse - máquina] to break down; [- alimento] to go off, to spoil.

maloliente adj smelly.

malparado, da adj: **salir** ~ **de algo** to come out of sthg badly.

malpensado, da ◇ adj malicious, evil-minded. ◇ m,f evil-minded person.

malsano, na adj unhealthy.

malsonante adj rude.

malta m malt.

maltés, esa adj & m,f Maltese.

maltraer [73] vt [maltratar] to ill-treat; **llevar** o **traer a** ~ to cause headaches.

maltratar vt -1. [pegar, insultar] to ill-treat -2. [estropear] to damage.

maltrato m ill-treatment.

maltrecho, cha adj battered; **dejar** ~ **a alguien** to leave sb in a bad way.

malva ◇ f BOT mallow; **criar** ~**s** fam fig to push up daisies. ◇ adj inv mauve. ◇ m [color] mauve.

malvado, da ◇ adj evil, wicked. ◇ m,f villain, evil person.

malvender vt to sell at a loss.

malversación f: ~ **(de fondos)** embezzlement (of funds).

malversador, ra m,f embezzler.

malversar vt to embezzle.

Malvinas fpl: **las (islas)** ~ the Falkland Islands, the Falklands.

malviviente mf CSur criminal.

malvivir vi to live badly, to scrape together an existence.

mama f -1. [órgano - de mujer] breast; [- ZOOL] udder -2. fam [madre] mum, mummy.

mamá (pl **mamás**) f -1. fam mum, mummy -2.: ~ **grande** Col, Méx fam grandma.

mamadera f CSur, Perú [biberón] (baby's) bottle.

mamado, da adj fam [ebrio] pissed.

◆ **mamada** f [de bebé] (breast) feed, (breast) feeding (U).

mamar ◇ vt -1. [suj: bebé] to suckle -2. [aprender]: **lo mamó desde pequeño** he was immersed in it as a child -3. mfam fig [beber] to knock back. ◇ vi to suckle; **dar de** ~ to breast-feed.

◆ **mamarse** vpr mfam [emborracharse] to get plastered.

mamario, ria adj mammary.

mamarrachada f fam -1. [acción] stupid o idiotic thing -2. [cuadro etc] rubbish (U).

mamarracho m -1. [fantoche] sight, mess -2. [imbécil] idiot -3. [bodrio] rubbish (U).

mambo m mambo.

mamífero, ra adj mammal.

◆ **mamífero** m mammal.

mamografía f MED -1. [técnica] breast scanning, mammography -2. [resultado] breast scan.

mamón, ona m,f -1. vulg [persona despreciable] bastard, bitch f; **¡eres un ~!** you bastard! **-2.** *vulg* [necio] prat *UK*, jerk *US*.

mamotreto m **-1.** *despec* [libro] hefty tome **-2.** [objeto grande] monstrosity.

mampara f screen.

mamporro m *fam* punch, clout; [al caer] bump.

mampostería f masonry.

mamut (*pl* mamuts) m mammoth.

maná m *inv* manna.

manada f **-1.** [*ZOOL* - gen] herd; [- de lobos] pack; [- de ovejas] flock; [- de leones] pride **-2.** *fam* [de gente] crowd, mob.

manager (*pl* managers) m manager.

Managua Managua.

manantial m spring; *fig* source.

manar vi *lit* & *fig*: **~ (de)** to flow (from).

manazas <> *adj inv* clumsy. <> m y f *inv* clumsy person.

mancebo, ba m,f young person.
→ **manceba** f [concubina] concubine.

mancha f **-1.** [gen] stain, spot; [de tinta] blot; [de color] spot, mark; **extenderse como una ~ de aceite** to spread like wildfire **-2.** *ASTRON* spot **-3.** [deshonra] blemish; **sin ~** unblemished.

manchado, da *adj* [sucio] dirty; [con manchas] stained; [emborronado] smudged.

manchar vt **-1.** [ensuciar]: **~ algo (de** o **con)** [gen] to make sthg dirty (with); [con manchas] to stain sthg (with); [emborronar] to smudge sthg (with) **-2.** [deshonrar] to tarnish.
→ **mancharse** vpr [ensuciarse] to get dirty.

manchego, ga <> *adj* of/relating to La Mancha. <> m,f native/inhabitant of La Mancha.
→ **manchego** ⊳ **queso**.

manco, ca *adj* [sin una mano] one-handed; [sin manos] handless; [sin un brazo] one-armed; [sin brazos] armless; **no ser ~ para** o **en** to be a dab hand at.

mancomunar vt to pool (together).
→ **mancomunarse** vpr to join together, to unite.

mancomunidad f association.

mancorna, mancuerna f *Andes, CAm, Méx, Ven* cufflink.

mandado, da m,f [subordinado] underling.
→ **mandado** m [recado] errand.

mandamás (*pl* mandamases) m,f bigwig, boss.

mandamiento m **-1.** [orden - militar] order, command; [- judicial] writ **-2.** *RELIG* commandment; **los diez ~s** the Ten Commandments.

mandanga f *fam* **-1.** *(gen pl)* [cuento,

tontería] story **-2.** [calma] sluggishness, lethargy.

mandar <> vt **-1.** [dar órdenes a] to order; **~ a alguien hacer algo** to order sb to do sthg; **~ hacer algo** to have sthg done **-2.** [enviar] to send **-3.** [dirigir, gobernar] to lead, to be in charge of; [país] to rule. <> vi **-1.** [gen] to be in charge; [jefe de estado] to rule; **aquí mando yo** I'm in charge here; **~ en algo** to be in charge of sthg **-2.** *despec* [dar órdenes] to order people around **-3.** *loc*: **¿mande?** *fam* eh?, you what?

mandarín (*pl* mandarines) m **-1.** [título] mandarin **-2.** [dialecto] Mandarin.

mandarina f mandarin.

mandarinero m mandarin tree.

mandatario, ria m,f representative, agent; **primer ~** [jefe de estado] head of state.

mandato m **-1.** [gen] order, command **-2.** [poderes de representación, disposición] mandate; **~ judicial** warrant **-3.** *POLÍT* term of office; [reinado] period of rule.

mandíbula f jaw; **reír a ~ batiente** to laugh one's head off.

mandil m [delantal] apron.

Mandinga m *Amér* the devil.

mandioca f **-1.** [planta] cassava **-2.** [fécula] tapioca.

mando m **-1.** [poder] command, authority; **al ~ de** in charge of; **entregar el ~** to hand over command **-2.** [periodo en poder] term of office **-3.** *(gen pl)* [autoridades] leadership *(U)*; *MIL* command *(U)*; **alto ~** *MIL* high command; **~s intermedios** middle management *(sg)* **-4.** [dispositivo] control; **~ automático/a distancia** automatic/remote control.

mandolina f mandolin.

mandón, ona <> *adj* bossy. <> m,f bossy-boots.

mandrágora f mandrake.

mandril m **-1.** [animal] mandrill **-2.** [pieza] mandrel.

manduca f *fam* grub, scoff.

manecilla f **-1.** [del reloj] hand **-2.** [cierre] clasp.

manejable *adj* [gen] manageable; [herramienta] easy to use.

manejador m: **~ de dispositivos** device (driver).

manejar <> vt **-1.** [conocimientos, datos] to use, to marshal **-2.** [máquina, mandos] to operate; [caballo, bicicleta] to handle; [arma] to wield **-3.** [negocio etc] to manage, to run; [gente] to handle **-4.** *fig* [dominar] to boss about **-5.** *Amér* [vehículo] to drive. <> vi *Amér* [conducir] to drive.

◆ **manejarse** *vpr* **-1.** [moverse] to move *o* get about **-2.** [desenvolverse] to manage, to get by.

manejo *m* **-1.** [de máquina, mandos] operation; [de armas, herramientas] use; **de fácil ~** user-friendly **-2.** [de conocimientos, datos] marshalling; [de idiomas] command **-3.** [de caballo, bicicleta] handling **-4.** [de negocio etc] management, running **-5.** *(gen pl) fig* [intriga] intrigue.

manera *f* way, manner; **lo haremos a mi ~** we'll do it my way; **a mi ~ de ver** the way I see it; **de cualquier ~** [sin cuidado] any old how; [de todos modos] anyway, in any case; **de esta ~** in this way; **de la misma ~** similarly, in the same way; **de mala ~** badly; **de ninguna ~, en ~ alguna** [refuerza negación] by no means, under no circumstances; [respuesta exclamativa] no way!, certainly not!; **de todas ~s** anyway; **de una ~ o de otra** one way or another; **en cierta ~** in a way; **de ser** way of being, nature; **a la ~ de** in the style of, after the fashion of; **de ~ que** [para] so (that); **no hay ~** there is no way, it's impossible; **¡qué ~ de ...!** what a way to ...!

◆ **maneras** *fpl* [modales] manners; **buenas/malas ~s** good/bad manners.

manga *f* **-1.** [de prenda] sleeve; **en ~s de camisa** in shirt sleeves; **sin ~s** sleeveless; **~ corta/larga** short/long sleeve; **~ raglán *o* ranglán** raglan sleeve; **andar ~ por hombro** to be a mess; **sacarse algo de la ~** [improvisar] to make sthg up on the spur of the moment; [idear] to come up with sthg; **ser de ~ ancha, tener ~ ancha** to be over-indulgent **-2.** [manguera] hosepipe **-3.** [de pastelería] forcing *o* piping bag **-4.** *DEP* stage, round.

manganeso *m* manganese.

mangante *fam* ◇ *adj* thieving. ◇ *mf* thief.

mangar [16] *vt fam* to pinch, to nick.

mango *m* **-1.** [asa] handle **-2.** [árbol] mango tree; [fruta] mango **-3.: no tiene un ~** *RP fam* I haven't got a bean, I'm broke.

mangonear *vi fam* **-1.** [entrometerse] to meddle **-2.** [mandar] to push people around, to be bossy **-3.** [manipular] to fiddle about.

mangoneo *m fam* **-1.** [intromisión] bossing *o* pushing around **-2.** [manipulación] fiddling.

mangosta *f* mongoose.

mangue *etc* ▷ **mangar**.

manguera *f* hosepipe; [de bombero] fire hose.

mangui *mfam* ◇ *adj* [persona no fiable]

sneaky. ◇ *mf* **-1.** [ladrón] crook, thief **-2.** [persona no fiable] crook.

manguito *m* **-1.** [para el frío] muff **-2.** [media manga] protective sleeve, oversleeve.

maní, maníes *m Andes, Carib, RP* peanut.

manía *f* **-1.** [idea fija] obsession; **~ persecutoria** persecution complex **-2.** [peculiaridad] idiosyncrasy **-3.** [mala costumbre] bad habit **-4.** [afición exagerada] mania, craze **-5.** *fam* [ojeriza] dislike; **coger ~ a alguien** to take a dislike to sb; **tener ~ a alguien** not to be able to stand sb **-6.** *PSICOL* mania.

maniaco, ca, maníaco, ca ◇ *adj* manic. ◇ *m,f* maniac; **~ sexual** sex maniac.

maniacodepresivo, va *adj* & *m,f* manic-depressive.

maniatar *vt* to tie the hands of.

maniático, ca ◇ *adj* fussy. ◇ *m,f* fussy person; **es un ~ del fútbol** he's football-crazy.

manicomio *m* mental *o* psychiatric hospital *UK*, insane asylum *US*.

manicuro, ra *m,f* [persona] manicurist.
◆ **manicura** *f* [técnica] manicure.

manido, da *adj* [tema etc] hackneyed.

manierismo *m ARTE* mannerism.

manifestación *f* **-1.** [de alegría, dolor etc] show, display; [de opinión] declaration, expression; [indicio] sign **-2.** [por la calle] demonstration; **hacer una ~** to hold a demonstration.

manifestante *mf* demonstrator.

manifestar [19] *vt* **-1.** [alegría, dolor etc] to show **-2.** [opinión etc] to express.
◆ **manifestarse** *vpr* **-1.** [por la calle] to demonstrate **-2.** [hacerse evidente] to become clear *o* apparent.

manifiesto, ta *adj* clear, evident; **poner de ~ algo** [revelar] to reveal sthg; [hacer patente] to make sthg clear.
◆ **manifiesto** *m* manifesto.

manija *f* handle.

manilla *(gen pl) f* **-1.** [del reloj] hand **-2.** [grilletes] manacle.

manillar *m* handlebars *(pl)*.

maniobra *f* **-1.** [gen] manoeuvre; **estar de ~s** *MIL* to be on manoeuvres; **hacer ~s** *AUTOM* to manoeuvre **-2.** [treta] trick.

maniobrar *vi* to manoeuvre.

manipulación *f* **-1.** [gen] handling **-2.** [engaño] manipulation.

manipulador, ra ◇ *adj* handling. ◇ *m,f* handler.

manipular *vt* **-1.** [manejar] to handle **-2.** [mangonear - información, resultados] to manipulate; [- negocios, asuntos] to interfere in.

maniqueo, a ◇ *adj* Manichean. ◇ *m,f* Manichee.

maniquí (*pl* **maniquíes**) ◇ *m* dummy. ◇ *m,f* **-1.** [modelo] model **-2.** [persona manipulada] puppet.

manirroto, ta ◇ *adj* extravagant. ◇ *m,f* spendthrift.

manitas ◇ *adj inv* handy, good with one's hands. ◇ *m y f inv* handy person; **ser un ~ (de plata)** to be (very) good with one's hands; **hacer ~** to fondle, to touch each other up.

manito *m Méx fam* pal, mate *UK*, buddy *US*.

manivela *f* crank.

manjar *m* delicious food (*U*).

mano ◇ *f* **-1.** [gen] hand; **a ~** [cerca] to hand, handy; [sin máquina] by hand; **votación a ~ alzada** show of hands; **a ~ armada** armed; **dar** *o* **estrechar la ~ a alguien** to shake hands with sb; **darse** *o* **estrecharse la ~** to shake hands; **echar/tender una ~** to give/offer a hand; **¡~s arriba!, ¡arriba las ~s!** hands up!; **~ de obra** [capacidad de trabajo] labour; [trabajadores] workforce; **~ de obra especializada** skilled labour **-2.** [*ZOOL* - gen] forefoot; [- de perro, gato] (front) paw; [- de cerdo] (front) trotter **-3.** [lado] **a ~ derecha/izquierda** on the right/left **-4.**: **calle de una sola ~** *RP* one-way street; **calle de doble ~** *RP* two-way street **-5.** [de pintura etc] coat **-6.** [influencia] influence **-7.** [de mortero] pestle **-8.** [partida de naipes] game; **ser ~** to (be the) lead **-9.** [serie, tanda] series **-10.** *loc*: **alzar la ~ contra alguien** to raise one's hand to sb; **bajo ~** secretly; **caer en ~s de alguien** to fall into sb's hands; **cargar la ~** to go over the top; **con las ~s cruzadas, ~ sobre ~** sitting around doing nothing; **coger a alguien con las ~s en la masa** to catch sb red-handed *o* in the act; **de primera ~** [coche etc] brand new; [noticias etc] first-hand; **de segunda ~** second-hand; **dejar de la ~** to abandon; **dejar algo en ~s de alguien** to leave sth in sb's hands; **echar ~ de algo** to make use of sth, to resort to sth; **ensuciarse las ~s** to get one's hands dirty; **escaparse de las ~s a alguien** [oportunidad etc] to slip through sb's hands; [control, proyecto] to get out of hand for sb; **estar dejado de la ~ de Dios** [gen] to be godforsaken; [persona] to be a total failure; **ganar por la ~ a alguien** to beat sb to it; **írsele a uno la ~** [perder el control] to lose control; [exagerar] to go too far; **lavarse las ~s (de algo)** to wash one's hands (of sth); **llevarse las ~s a la cabeza** [gesticular] to throw one's hands in the air (in horror); *fig* to be horrified; **~ a ~** tête-à-tête; **¡~s a la obra!** let's get down to it!; **meter ~ a alguien** [investigar] to get onto sb, to start to investigate sb; [magrear sin consentimiento] to grope sb; [magrear con consentimiento] to touch sb up; **meter ~ a algo** [gen] to fiddle about *o* meddle with sth; [problema, asunto] to tackle sth; **pedir la ~ de una mujer** to ask for a woman's hand (in marriage); **ponerse en ~s de alguien** to put o.s. in sb's hands; **ser la ~ derecha de alguien** to be sb's right hand man; **tener buena ~ para algo** to have a knack for sth; **tener las ~s largas** to be fond of a fight; **tener ~ izquierda con la gente** to know how to deal with people; **traerse entre ~s algo** to be up to sth; **venir** *o* **llegar a las ~s** to come to blows. ◇ *m Andes, CAm, Carib, Méx* pal, mate *UK*, buddy *US*.

manojo *m* bunch; **estar hecho un ~ de nervios** to be a bundle of nerves; **ser un ~ de nervios** to be hyperactive.

manoletina *f* **-1.** *TAUROM* pass with the cape in bullfighting invented by the Spanish bullfighter, Manolete; *ver también* **tauromaquia -2.** [zapato] type of open, low-heeled shoe, often with a bow.

manómetro *m* pressure gauge.

manopla *f* mitten.

manoseado, da *adj* shabby, worn.

manosear *vt* **-1.** [gen] to handle roughly; [papel, tela] to rumple **-2.** [persona] to fondle.

manoseo *m* fingering, touching.

manotazo *m* slap.

mansalva

➤ **a mansalva** *loc adv* [en abundancia] in abundance.

mansedumbre *f* [gen] calmness, gentleness; [de animal] tameness.

mansión *f* mansion.

manso, sa *adj* **-1.** [apacible] calm, gentle **-2.** [domesticado] tame **-3.** *Chile* [extraordinario] tremendous.

manta ◇ *f* [para abrigarse] blanket; **~ eléctrica** electric blanket; **~ de viaje** travelling rug; **liarse la ~ a la cabeza** to take the plunge; **tirar de la ~** to let the cat out of the bag. ◇ *mf fam* [persona] hopeless *o* useless person; **mi hermano es un ~** my brother's useless.

manteca *f* fat; [mantequilla] butter; **~ de cacao** cocoa butter; **~ de cerdo** lard.

mantecado *m* **-1.** [pastel] shortcake **-2.** [helado] *ice-cream made of milk, eggs and sugar.*

mantecoso, sa *adj* fatty, greasy.

mantel *m* tablecloth.

mantelería *f* table linen.

mantener [72] *vt* -**1.** [sustentar, aguantar] to support -**2.** [conservar] to keep; [en buen estado] to maintain, to service -**3.** [tener - relaciones, conversación] to have -**4.** [defender - opinión] to stick to, to maintain; [- candidatura] to refuse to withdraw.

→ **mantenerse** *vpr* -**1.** [sustentarse] to subsist, to support o.s. -**2.** [permanecer, continuar] to remain; [edificio] to remain standing; ~**se aparte** [en discusión] to stay out of it.

mantenido, da ◇ *adj* sustained. ◇ *m,f* [hombre] gigolo; [mujer] kept woman.

mantenimiento *m* -**1.** [sustento] sustenance -**2.** [conservación] upkeep, maintenance.

mantequera *f* butter dish.

mantequería *f* -**1.** [fábrica] dairy, butter factory -**2.** [tienda] grocer's (shop).

mantequilla *f* butter.

mantiene *etc* ▷ **mantener**.

mantilla *f* -**1.** [de mujer] mantilla -**2.** [de bebé] shawl -**3.** *loc:* **estar en ~s** [persona] to be wet behind the ears; [plan] to be in its infancy.

manto *m* -**1.** [gen] cloak -**2.** *GEOL* mantle.

mantón *m* shawl; ~ **de Manila** embroidered silk shawl.

mantuviera *etc* ▷ **mantener**.

manual ◇ *adj* -**1.** [con las manos] manual -**2.** [manejable] easy-to-use. ◇ *m* manual.

manubrio *m* -**1.** crank -**2.** *Amér* [manillar] handlebars (*pl*).

manufacturado, da *adj* manufactured.

manufacturar *vt* to manufacture.

manuscrito, ta *adj* handwritten.

→ **manuscrito** *m* manuscript.

manutención *f* -**1.** [sustento] support, maintenance -**2.** [alimento] food.

manzana *f* -**1.** [fruta] apple; ~ **de la discordia** bone of contention -**2.** [grupo de casas] block (of houses).

manzanilla *f* -**1.** [planta] camomile -**2.** [infusión] camomile tea -**3.** [vino] manzanilla (sherry) -**4.** [aceituna] manzanilla, *type of small olive*.

manzano *m* apple tree.

maña *f* -**1.** [destreza] skill; **tener ~ para** to have a knack for; **más vale ~ que fuerza** *proverb* brain is better than brawn -**2.** [astucia] wits (*pl*), guile (*U*); **darse ~ para hacer algo** to contrive to do sthg -**3.** [engaño] ruse, trick.

mañana ◇ *f* morning; **a la ~ siguiente** the next morning; **(muy) de ~** (very) early in the morning; **a las dos de la ~** at two in the morning; **por la ~** in the morning. ◇ *m:* **el ~** tomorrow, the future. ◇ *adv* tomorrow; **a partir de ~** starting tomorrow, as of tomorrow; **¡hasta ~!** see you tomorrow!; ~ **por la ~** tomorrow morning; **pasado ~** the day after tomorrow.

mañanero, ra *adj* -**1.** [madrugador] early rising -**2.** [matutino] morning (*antes de sust*).

mañanitas *fpl* **Méx** birthday song (*sg*).

maño, ña *m, f* **fam** Aragonese.

mañoco *m* **Ven** tapioca.

mañoso, sa *adj* skilful.

mapa *m* map; ~ **de carreteras** road map; ~ **físico/mudo/político** geographic/blank/political map; ~ **de bits** *INFORM* bit map; **desaparecer del** ~ **fam** to vanish into thin air.

mapamundi *m* world map.

maqueta *f* -**1.** [reproducción a escala] (scale) model -**2.** [de libro] dummy.

maqui = **maquis**.

maquiavélico, ca *adj* Machiavellian.

maquila *f* **Amér** [de máquinas] assembly; [de ropas] making-up.

maquiladora *f* **Amér** assembly plant.

maquillador, ra ◇ *adj* make-up (*antes de sust*). ◇ *m, f* make-up artist.

maquillaje *m* -**1.** [producto] make-up -**2.** [acción] making-up.

maquillar *vt* -**1.** [pintar] to make up -**2.** *fig* [disimular] to cover up, to disguise.

→ **maquillarse** *vpr* to make o.s. up.

máquina *f* -**1.** [gen] machine; **a toda ~** at full pelt; **coser a ~** to machine-sew; **escribir a ~** to type; **escrito a ~** typewritten; **hecho a ~** machine-made; ~ **de afeitar** electric razor; ~ **de coser** sewing machine; ~ **de escribir** typewriter; ~ **fotográfica** camera; ~ **registradora** cash register; ~ **tragaperras** *o* **tragamonedas** *Amér* slot machine, fruit machine *UK* -**2.** [locomotora] engine; ~ **de vapor** steam engine -**3.** [mecanismo] mechanism -**4.** *Cuba* [vehículo] car -**5.** [de estado, partido etc] machinery (*U*).

maquinación *f* machination.

maquinal *adj* mechanical.

maquinar *vt* to machinate, to plot; ~ **algo contra alguien** to plot sthg against sb.

maquinaria *f* -**1.** [gen] machinery -**2.** [de reloj etc] mechanism.

maquinilla *f:* ~ **de afeitar** razor; ~ **eléctrica** electric razor.

maquinismo *m* mechanization.

maquinista *mf* [de tren] engine driver *UK*,

engineer *US*; [de barco] engineer.

maquis, maqui *m y f inv* guerrilla.

mar *m o f lit & fig* sea; **hacerse a la** ~ to set sail, to put (out) to sea; ~ **adentro** out to sea; **alta** ~ high seas *(pl)*; ~ **de fondo** *lit & fig* groundswell; ~ **gruesa** heavy sea; ~ **Egeo** the Aegean Sea; **el** ~ **del Norte** the North Sea; ~ **Tirreno** the Tyrrhenian Sea; **a** ~**es** a lot; **llover a** ~**es** to rain buckets; **la** ~ **de** [un montón de] loads of, lots of; [muy] really, very; **es la** ~ **de inteligente** she's really intelligent.

mar. (*abrev de marzo*) Mar.

marabunta *f* - **1.** [de hormigas] plague of ants - **2.** [muchedumbre] crowd.

maraca *f* maraca.

maracujá *f Amér* passion fruit.

maraña *f* - **1.** [maleza] thicket - **2.** *fig* [enredo] tangle.

maratón *m lit & fig* marathon.

maratoniano, na *adj* marathon.

maravilla *f* - **1.** [gen] marvel, wonder; **es una** ~ it's wonderful; **hacer** ~**s** to do *o* work wonders; **a las mil** ~**s**, **de** ~ wonderfully; **venir de** ~ to be just the thing *o* ticket - **2.** *BOT* marigold.

maravillar *vt* to amaze.

◆ **maravillarse** *vpr*: ~**se (con)** to be amazed (by).

maravilloso, sa *adj* marvellous, wonderful.

marca *f* - **1.** [señal] mark; [de rueda, animal] track; [en ganado] brand; [en papel] watermark; ~ **de nacimiento** birthmark - **2.** [*COM* - de tabaco, café etc] brand; [- de coche, ordenador etc] make; **de** ~ designer (antes de sust); ~ **de fábrica** trademark; ~ **registrada** registered trademark - **3.** [etiqueta] label - **4.** [*DEP* - gen] performance; [- en carreras] time; [- plusmarca] record - **5.** *loc*: **de** ~ **mayor** [muy grande] enormous; [excelente] outstanding.

marcado, da *adj* - **1.** [gen] marked - **2.** [pelo] set.

◆ **marcado** *m* - **1.** [señalado] marking - **2.** [peinado] set.

marcador, ra *adj* marking.

◆ **marcador** *m* - **1.** [tablero] scoreboard; ~ **electrónico** electronic scoreboard - **2.** [*DEP* - defensor] marker; [- goleador] scorer - **3.** [para libros] bookmark - **4.** *Amér* [rotulador] felt-tip pen; *Méx* [fluorescente] highlighter pen.

marcaje *m DEP* marking.

marcapasos *m inv* pacemaker.

marcar [10] <> *vt* - **1.** [gen] to mark - **2.** [poner precio a] to price - **3.** [indicar] to indicate - **4.**

[anotar] to note down - **5.** [resaltar] to emphasise - **6.** [número de teléfono] to dial - **7.** [suj: termómetro, contador etc] to read; [suj: reloj] to say - **8.** [*DEP* - tanto] to score; [- a un jugador] to mark - **9.** [cabello] to set. <> *vi* - **1.** [dejar secuelas] to leave a mark - **2.** *DEP* [anotar un tanto] to score.

◆ **marcarse** *vpr fam*: ~**se un detalle** to do sthg nice *o* kind; ~**se un tanto** to earn a Brownie point.

marcha *f* - **1.** [partida] departure - **2.** [ritmo] speed; **a** ~**s forzadas** [contra reloj] against the clock; **a toda** ~ at top speed; **en** ~ [motor] running; [plan] underway; **poner en** ~ [gen] to start; [dispositivo, alarma] to activate; **ponerse en** ~ [persona] to start off; [máquina] to start; **hacer algo sobre la** ~ to do sthg as one goes along - **3.** *AUTOM* gear; **cambiar de** ~ to change gear; ~ **atrás** reverse; **dar** ~ **atrás** *AUTOM* to reverse; *fig* to back out - **4.** *MIL & POLÍT* march; **abrir la** ~ to head the procession; **cerrar la** ~ to bring up the rear - **5.** *MÚS* march; ~ **fúnebre/nupcial** funeral/wedding march; **Marcha Real** *Spanish national anthem* - **6.** [transcurso] course; [progreso] progress - **7.** *DEP* walk - **8.** *fam* [animación] liveliness, life; **hay mucha** ~ there's a great atmosphere; **ir de** ~ to go out on the town; **tener (mucha)** ~ to be a (real) raver.

marchante, ta *m,f* - **1.** dealer - **2.** *CAm, Méx, Ven* [cliente] customer, patron.

marchar *vi* - **1.** [andar] to walk - **2.** [partir] to leave, to go - **3.** [funcionar] to work - **4.** [desarrollarse] to progress; **el negocio marcha** business is going well.

◆ **marcharse** *vpr* to leave, to go.

marchitar *vt lit & fig* to wither.

◆ **marchitarse** *vpr* - **1.** [planta] to fade, to wither - **2.** *fig* [persona] to languish, to fade away.

marchito, ta *adj* - **1.** [planta] faded - **2.** *fig* [persona] worn.

marchoso, sa *fam* <> *adj* lively. <> *m,f* livewire.

marcial *adj* martial.

marciano, na *adj & m,f* Martian.

marco *m* - **1.** [cerco] frame - **2.** *fig* [ambiente, paisaje] setting - **3.** [ámbito] framework - **4.** [moneda] mark - **5.** [portería] goalmouth.

marea *f* - **1.** [del mar] tide; ~ **alta/baja** high/low tide; ~ **negra** oil slick - **2.** *fig* [multitud] flood.

mareado, da *adj* - **1.** [con náuseas] sick, queasy; [en coche, avión etc] travelsick - **2.** [aturdido] dizzy - **3.** *fig* [fastidiado] fed up to the back teeth.

marear *vt* **-1.** [provocar náuseas a] to make sick; [en coche, avión etc] to make travelsick; [en barco] to make seasick **-2.** [aturdir] to make dizzy **-3.** *fam* [fastidiar] to annoy.

  ➥ **marearse** *vpr* **-1.** [tener náuseas] to feel sick; [en coche, avión etc] to feel travelsick; [en barco] to get seasick **-2.** [estar aturdido] to get dizzy **-3.** [emborracharse] to get drunk.

marejada *f* **-1.** [mar rizada] heavy sea **-2.** *fig* [agitación] wave of discontent.

marejadilla *f* slight swell.

maremoto *m* tidal wave.

marengo ➭ gris.

mareo *m* **-1.** [náuseas] sickness; [en coche, avión etc] travelsickness; [en barco] seasickness **-2.** [aturdimiento] dizziness, giddiness **-3.** *fam fig* [fastidio] drag, pain.

marfil *m* ivory.

marga *f* marl.

margarina *f* margarine.

margarita *f* **-1.** *BOT* daisy; **deshojar la** ~ to hum and haw, to shillyshally; **echar** ~s **a los cerdos** to cast pearls before swine **-2.** *IMPRENTA* daisy wheel.

margen *m o f* **-1.** *(gen f)* [de río] bank; [de camino] side **-2.** *(gen m)* [de página] margin **-3.** *(gen m)* *COM* margin; ~ **de beneficio** profit margin **-4.** *(gen m)* [límites] leeway; **al** ~ **de eso, hay otros factores** over and above this, there are other factors; **al** ~ **de la ley** outside the law; **dejar al** ~ to exclude; **estar al** ~ **de** to have nothing to do with; **mantenerse al** ~ **de** to keep out of; ~ **de error** margin of error; ~ **de seguridad** degree of certainty **-5.** *(gen m)* [ocasión]: **dar** ~ **a alguien para hacer algo** to give sb the chance to do sthg.

marginación *f* exclusion; ~ **social** exclusion from society.

marginado, da ⟨⟩ *adj* excluded. ⟨⟩ *m,f* outcast.

marginal *adj* **-1.** [nota] marginal; [tema] minor **-2.** *ARTE & POLÍT* fringe.

marginalidad *f* exclusion.

marginar *vt* **-1.** [excluir] to exclude, to make an outcast; [dar de lado] to give the cold shoulder **-2.** [omitir] to omit.

maría *f Méx fam* migrant from country to urban areas.

mariachi *m* **-1.** [música] mariachi (music) **-2.** [orquesta] mariachi band.

marica *m mfam despec* queer, poof.

Maricastaña ➭ tiempo.

maricón *m mfam despec* queer, poof.

mariconada *f mfam despec* [mala jugada] dirty trick.

mariconear *vi mfam despec* to camp it up.

mariconera *f fam* (man's) clutch bag.

marido *m* husband.

marihuana *f* marijuana.

marimacho *m fam* mannish woman; *despec* butch woman.

marimorena *f* row; **armar la** ~ *fig* to kick up a row.

marina ➭ marino.

marinar *vt* to marinate.

marine *m* MIL marine.

marinería *f* **-1.** [profesión] sailoring **-2.** [marineros] crew, seamen *(pl)*.

marinero, ra *adj* [gen] sea *(antes de sust)*; [buque] seaworthy; [pueblo] seafaring.

  ➥ **marinero** *m* sailor.

marino, na *adj* sea *(antes de sust)*, marine.

  ➥ **marino** *m* sailor.

  ➥ **marina** *f* **-1.** [náutica] seamanship **-2.** MIL: ~ **(de guerra)** navy; ~ **mercante** merchant navy **-3.** *ARTE* seascape.

marioneta *f* [muñeco] marionette, puppet.

  ➥ **marionetas** *fpl* [teatro] puppet show *(sg)*.

mariposa *f* **-1.** [insecto] butterfly **-2.** [tuerca] wing nut **-3.** [candela, luz] oil lamp **-4.** [en natación] butterfly **-5.** *loc*: **a otra cosa** ~ let's move on.

mariposear *vi* **-1.** [ser inconstante] to flit about **-2.** [galantear] to flirt.

mariposón *m fam* flirt, wolf.

mariquita ⟨⟩ *f* [insecto] ladybird *UK*, ladybug *US*. ⟨⟩ *m mfam despec* [homosexual] poof, queer.

marisabidilla *f* know-all.

mariscada *f* seafood dish.

mariscal *m* marshal; ~ **de campo** field marshal.

marisco *m* seafood *(U)*, shellfish *(U)*.

marisma *f* salt marsh.

marismeño, ña *adj* marshy.

marisquería *f* seafood restaurant.

marital *adj* marital.

marítimo, ma *adj* [del mar] maritime; [cercano al mar] seaside *(antes de sust)*.

marketing ['marketin] *m* marketing.

marmita *f* pot.

mármol *m* marble; **de** ~ *fig* cold, insensitive.

marmota *f* marmot; **dormir como una** ~ to sleep like a log.

mar Muerto *m*: **el** ~ the Dead Sea.

mar Negro *m*: el ~ the Black Sea.

maroma *f* rope.

maromo *m fam* bloke, guy.

marque *etc* ⊳ **marcar**.

marqués, esa *m* marquis (*f* marchioness).

marquesina *f* glass canopy; [parada de autobús] bus-shelter.

marquetería *f* marquetry.

marranada *f fam* **-1.** [porquería - estado] filthy mess; [- dicho] filthy thing, filth *(U)* **-2.** [mala jugada] dirty trick.

marrano, na *m,f* **-1.** [animal] pig **-2.** *fam fig* [sucio] (filthy) pig **-3.** *fam fig* [sin escrúpulos] swine.

marras
▶ **de marras** *loc adj* aforementioned, said.

mar Rojo *m*: el ~ the Red Sea.

marrón *adj* & *m* brown.

marroquí (*pl* **marroquíes**) *adj* & *m,f* Moroccan.

marroquinería *f* **-1.** [arte] leatherwork **-2.** [artículos] leather goods (*pl*).

Marruecos Morocco.

Marte *m* Mars.

martes *m inv* Tuesday; ~ **de Carnaval** Shrove Tuesday; ~ **y trece** ≃ Friday 13th; *ver también* **sábado**.

martillear, martillar *vt* to hammer.

martillero, ra *m,f CSur* auctioneer.

martillo *m* **-1.** hammer; ~ **neumático** pneumatic drill *UK*, jackhammer *US* **-2.** *Col* [subasta] auction.

martinete *m* heron.

martín pescador (*pl* **martín pescadores**) *m* kingfisher.

mártir *mf lit* & *fig* martyr.

martirio *m* **-1.** *RELIG* martyrdom **-2.** *fig* [sufrimiento] trial, torment; **ser un** ~ **chino** to be torture.

martirizar [13] *vt* **-1.** [torturar] to martyr **-2.** *fig* [hacer sufrir] to torment, to torture.

maruja *f fam stereotyped housewife*.

marxismo *m* Marxism.

marxista *adj* & *m,f* Marxist.

marzo *m* March; *ver también* **septiembre**.

mas *conj* but.

más ◇ *adv* **-1.** (comparativo) more; **Pepe es** ~ **alto/ambicioso** Pepe is taller/more ambitious; **tener** ~ **hambre** to be hungrier *o* more hungry; ~ **de/que** more than; ~ ... **que ...** more ... than ...; **Juan es** ~ **alto que tú** Juan is taller than you; **de** ~ [de sobra] left over; **hay diez euros de** ~ there are ten euros left over; **eso está de** ~ that's not necessary **-2.** *(superlativo)*: **el/la/lo** ~ the most; **el** ~ **listo/ambicioso** the cleverest/most ambitious **-3.** *(en frases negativas)* any more; **no necesito** ~ **(trabajo)** I don't need any more (work) **-4.** *(con pron interrogativos e indefinidos)* else; **¿ qué/quién** ~**?** what/who else?; **nadie** ~ **vino** nobody else came **-5.** [indica suma] plus; **dos** ~ **dos igual a cuatro** two plus two is four **-6.** [indica intensidad]: **no le aguanto, ¡es** ~ **tonto!** I can't stand him, he's so stupid!; **¡qué día** ~ **bonito!** what a lovely day! **-7.** [indica preferencia]: ~ **vale que nos vayamos a casa** it would be better for us to go home **-8.** *loc*: **el que** ~ **y el que menos** everyone; **es** ~ indeed, what is more; ~ **bien** rather; ~ **o menos** more or less; **¿qué** ~ **da?** what difference does it make?; **sin** ~ **(ni** ~**)** just like that. ◇ *m inv MAT* plus (sign); **tiene sus** ~ **y sus menos** it has its good points and its bad points.
▶ **a más de** *loc adv* in addition to, as well as.
▶ **por más que** *loc conj* however much; **por** ~ **que lo intente no lo conseguirá** however much *o* hard she tries, she'll never manage it.

masa *f* **-1.** [gen] mass; ~ **atómica** atomic mass; ~ **salarial** total wages bill **-2.** [multitud] throng; **en** ~ **en masse -3.** *CULIN* dough **-4.** *ELECTR* earth **-5.** *RP* [pastelillo] cake.
▶ **masas** *fpl*: **las** ~ **s** the masses.

masacrar *vt* to massacre.

masacre *f* massacre.

masaje *m* massage.

masajista *m* masseur (*f* masseuse).

mascar [10] *vt* & *vi* to chew.

máscara *f* **-1.** [gen] mask; ~ **antigás** gas mask; ~ **de oxígeno** oxygen mask **-2.** [pretexto] front, pretence; **quitar la** ~ **a alguien** to unmask sb; **quitarse la** ~ to reveal o.s.

mascarada *f* **-1.** [fiesta] masquerade **-2.** *fig* [farsa] farce.

mascarilla *f* **-1.** *MED* mask **-2.** [cosmética] face pack.

mascarón *m* **-1.** [máscara] large mask **-2.** *ARQUIT* grotesque head; ~ **de proa** figurehead.

mascota *f* mascot.

masculinidad *f* masculinity.

masculinizar [13] *vt* to make mannish.

masculino, na *adj* **-1.** *BIOL* male **-2.** [varonil] manly **-3.** *GRAM* masculine.

mascullar *vt* to mutter.

masía *f traditional Catalan or Aragonese farmhouse*.

masificación *f* overcrowding.

masificar [10] *vt* to cause overcrowding in.
 ➡ **masificarse** *vpr* to become over-crowded.
masilla *f* putty.
masivo, va *adj* mass *(antes de sust)*.
masoca *mf fam* masochist.
masón, ona ⬦ *adj* masonic. ⬦ *m,f* mason, freemason.
masonería *f* masonry, freemasonry.
masoquismo *m* masochism.
masoquista ⬦ *adj* masochistic. ⬦ *mf* masochist.
masque *etc* ➡ **mascar**.
mass media, mass-media *mpl* mass media.
mastectomía *f* mastectomy.
máster *(pl* **masters)** *m* Master's (degree).
masticar [10] *vt* **-1.** [mascar] to chew **-2.** *fig* [pensar] to chew over, to ponder.
mástil *m* **-1.** *NÁUT* mast **-2.** [palo] pole **-3.** *MÚS* neck.
mastín *m* mastiff.
mastitis *f inv* mastitis.
mastodonte ⬦ *m* mastodon. ⬦ *mf fam* giant.
mastuerzo *m fam* idiot.
masturbación *f* masturbation.
masturbar *vt* to masturbate.
 ➡ **masturbarse** *vpr* to masturbate.
mata *f* [arbusto] bush, shrub; [matojo] tuft; ~**s** scrub.
 ➡ **mata de pelo** *f* mop of hair.
matadero *m* abattoir, slaughterhouse.
matador, ra *fam adj* **-1.** [cansado] killing, exhausting **-2.** [feo] awful, horrendous.
 ➡ **matador** *m* matador; *ver también* **tauromaquia**.
matambre *m Andes, Ven* [carne] flank *o UK* skirt steak; [plato] *flank steak rolled with boiled egg, olives and red pepper, which is cooked and then sliced and served cold*.
matamoscas *m inv* [pala] flyswat; [esprai] flyspray.
matanza *f* **-1.** [masacre] slaughter **-2.** [del cerdo] pig-killing.
matar *vt* **-1.** [gen] to kill; **estar a ~ con alguien** to be at daggers drawn with sb; ~ **las callando** to be up to sthg on the quiet **-2.** [molestar] to drive mad **-3.** [apagar - color] to tone down; [- sed] to slake, to quench; [- hambre] to stay **-4.** [redondear, limar] to round (off).
 ➡ **matarse** *vpr* **-1.** [morir] to die **-2.** [suicidarse, esforzarse] to kill o.s.; ~**se a trabajar** to work o.s. to death; ~**se por hacer algo** to

kill o.s. in order to do sthg.
matarratas *m inv* **-1.** [veneno] rat poison **-2.** *fig* [bebida] rotgut.
matasanos *m y f inv despec* quack.
matasellos *m y f inv* postmark.
matasuegras *m inv* (party) cracker.
match [matʃ] *(pl* **matches)** *m* match.
 ➡ **match ball** [ˈmatʃβoll] *(pl* **match balls)** *m* match ball.
mate ⬦ *adj* matt. ⬦ *m* **-1.** [en ajedrez] mate, checkmate **-2.** [en baloncesto] dunk; [en tenis] smash **-3.** *BOT* [bebida] maté.

MATE

Mate is the national drink in the River Plate region. It is an infusion made using dry maté leaves (*yerba mate*). The drink is made and served in a small hollow gourd, and is drunk through a metal tube called a *bombilla*. People drink *mate* at any time of the day, either by themselves or when meeting socially; Uruguayans can often be seen walking along the street with a gourd of *mate* in one hand.

matemático, ca ⬦ *adj* mathematical. ⬦ *m,f* [científico] mathematician.
 ➡ **matemáticas** *fpl* [ciencia] mathematics (U).
materia *f* **-1.** [sustancia] matter; ~ **grasa** fat; ~ **gris** grey matter; ~ **orgánica** organic matter **-2.** [material] material; ~ **prima, primera** ~ raw material **-3.** [tema, asignatura] subject; **en** ~ **de** on the subject of, concerning; **entrar en** ~ to get down to business.
material ⬦ *adj* **-1.** [gen] physical; [daños, consecuencias] material **-2.** [real] real, actual. ⬦ *m* **-1.** [gen] material; ~ **de desecho** waste material; ~ **refractario** heat-resistant material **-2.** [instrumentos] equipment; ~ **bélico** *o* **de guerra** war material; ~ **de oficina** office stationery.
materialismo *m* materialism; ~ **dialéctico/histórico** dialectical/historical materialism.
materialista ⬦ *adj* materialistic. ⬦ *mf* materialist.
materializar [13] *vt* **-1.** [idea, proyecto] to realize **-2.** [hacer tangible] to produce.
 ➡ **materializarse** *vpr* to materialize.
maternal *adj* motherly, maternal.
maternidad *f* **-1.** [cualidad] motherhood **-2.** [hospital] maternity hospital.
materno, na *adj* maternal; [lengua] mother *(antes de sust)*.

matice *etc* ▷ **matizar**.

matinal *adj* morning *(antes de sust)*.

matiz *m* -**1.** [variedad - de color, opinión] shade; [- de sentido] nuance, shade of meaning -**2.** [atisbo] trace, hint.

matizar [13] *vt* -**1.** [teñir]: ~ **(de)** to tinge (with) -**2.** *fig* [distinguir - rasgos, aspectos] to distinguish; [- tema] to explain in detail -**3.** *fig* [dar tono especial] to tinge, to colour -**4.** *ARTE* to blend.

matojo *m* [mata] tuft; [arbusto] bush, shrub.

matón, ona *m,f fam* bully.

matorral *m* thicket.

matraca *f* [instrumento] rattle; **dar la ~** *fam fig* to go on, to be a nuisance; **ser una ~** *fam* to be a pain.

matraz *m* flask.

matriarcado *m* matriarchy.

matrícula *f* -**1.** [inscripción] registration -**2.** [documento] registration document -**3.** *AUTOM* number plate.

➡ **matrícula de honor** *f* top marks *(pl)*.

matriculación *f* [inscripción] registration.

matricular *vt* to register.

➡ **matricularse** *vpr* to register.

matrimonial *adj* marital; [vida] married.

matrimonio *m* -**1.** [gen] marriage; **consumar el ~** to consummate one's marriage; **contraer ~** to get married; **fuera del ~** out of wedlock; **~ civil** civil marriage; **~ de conveniencia** marriage of convenience; **~ religioso** church wedding -**2.** [pareja] married couple.

matriz ⟨⟩ *f* -**1.** *ANAT* womb -**2.** [de talonario] (cheque) stub -**3.** [molde] mould -**4.** *MAT* matrix. ⟨⟩ *adj* [empresa] parent *(antes de sust)*; [casa] head *(antes de sust)*; [iglesia] mother *(antes de sust)*.

matrona *f* -**1.** [madre] matron -**2.** [comadrona] midwife -**3.** [en aduanas] *female customs officer responsible for frisking women travellers* -**4.** [en cárceles] female prison warden.

matusalén *m* very old person; **ser más viejo que ~** *fig* to be as old as Methuselah.

matutino, na *adj* morning *(antes de sust)*.

maullar *vi* to miaow.

maullido *m* miaow, miaowing *(U)*.

Mauricio Mauritius.

mausoleo *m* mausoleum.

maxilar ⟨⟩ *adj* maxillary, jaw *(antes de sust)*. ⟨⟩ *m* jaw.

máxima ▷ **máximo**.

máxime *adv* especially.

máximo, ma ⟨⟩ *superl* ▷ **grande**. ⟨⟩ *adj* maximum; [galardón, puntuación] highest.

➡ **máximo** *m* maximum; **al ~** to the utmost; **llegar al ~** to reach the limit; **como ~** [a más tardar] at the latest; [como mucho] at the most.

➡ **máxima** *f* -**1.** [sentencia, principio] maxim -**2.** [temperatura] high, highest temperature.

maya ⟨⟩ *adj* Mayan. ⟨⟩ *mf* Maya, Mayan. ⟨⟩ *m* [lengua] Maya.

MAYAS

Guatemala is the Latin American country with the lowest percentage of native Spanish speakers. Approximately 65 percent of the Guatemalan population is of native Indian origin; the majority of these are Mayas, totalling nearly six million people. The Mayas belong to 20 different ethnic groups, each one with its own language and cultural traditions. The chief Mayan ethnic groups, with more than a million inhabitants each, are the K'ichee, the Mam and the Kaqchikel.

mayestático, ca *adj* majestic.

mayo *m* May; *ver también* **septiembre**.

mayonesa, mahonesa *f* mayonnaise.

mayor ⟨⟩ *adj* -**1.** *(comparativo)*: **~ (que)** [de tamaño] bigger (than); [de importancia etc] greater (than); [de edad] older (than); [de número] higher (than) -**2.** *(superlativo)*: **el/la ~** ... [de tamaño] the biggest ...; [de importancia etc] the greatest ...; [de edad] the oldest ...; [de número] the highest ... -**3.** [adulto] grown-up; **hacerse ~** to grow up; **ser ~ de edad** to be an adult -**4.** [anciano] elderly -**5.** *MÚS:* **en do ~** in C major -**6.** *loc:* **al por ~** *COM* wholesale. ⟨⟩ *mf:* **el/la ~** [hijo, hermano] the eldest. ⟨⟩ *m MIL* major.

➡ **mayores** *mpl* -**1.** [adultos] grown-ups -**2.** [antepasados] ancestors, forefathers.

mayoral *m* -**1.** [pastor] chief herdsman -**2.** [capataz] foreman, overseer.

mayorazgo *m* -**1.** [institución] primogeniture -**2.** [bienes] entailed estate -**3.** [persona] *heir to an entailed estate*; [primogénito] eldest son.

mayordomo *m* butler.

mayoreo *m Amér* wholesale; **al ~** wholesale.

mayoría *f* majority; **son ~** they are in the majority; **la ~ de** most of; **la ~ de los españoles** most Spaniards; **la ~ de las veces** usually, most often; **en su ~** in the main; **~ absoluta/relativa** absolute/relative majority; **~ silenciosa** silent majority; **~ simple** simple majority.

➡ **mayoría de edad** *f:* **llegar a la ~ de**

edad to come of age.

mayorista ◇ *adj* wholesale. ◇ *mf* wholesaler.

mayoritario, ria *adj* majority *(antes de sust)*.

mayúscula ▷ **letra**.

mayúsculo, la *adj* tremendous, enormous.

maza *f* mace; [del bombo] drumstick.

mazacote *m* dry, sticky food.

mazapán *m* marzipan.

mazazo *m lit & fig* heavy blow.

mazmorra *f* dungeon.

mazo *m* **-1.** [martillo] mallet **-2.** [de mortero] pestle **-3.** [conjunto - de cartas, papeles] bundle; [- de billetes] wad; [- de naipes] balance (of the deck).

mazorca *f* cob; ~ **de maíz** corncob.

mazurca *f* mazurka.

me *pron pers* **-1.** *(complemento directo)* me; **le gustaría verme** she'd like to see me **-2.** *(complemento indirecto)* (to) me; ~ **lo dio** he gave it to me; ~ **tiene miedo** he's afraid of me **-3.** *(reflexivo)* myself.

meada *f vulg* piss; [mancha] urine stain.

meandro *m* meander.

mear *vi vulg* to piss.

  ➡ **mearse** *vpr vulg* to piss o.s.; ~**se en la cama** to wet one's bed; ~**se (de risa)** to piss o.s. laughing.

meca *f* mecca.

mecachis *interj fam eufemismo*: ¡~! sugar! *UK*, shoot! *US*.

mecánica ▷ **mecánico**.

mecanicismo *m* mechanism.

mecánico, ca ◇ *adj* mechanical. ◇ *m,f* [persona] mechanic; ~ **dentista** dental technician.

  ➡ **mecánica** *f* **-1.** [ciencia] mechanics *(U)* **-2.** [funcionamiento] mechanics *(pl)*.

mecanismo *m* **-1.** [estructura] mechanism **-2.** [funcionamiento] way of working, modus operandi; ~**s de defensa** *PSICOL* defence mechanisms.

mecanización *f* mechanization.

mecanizado, da *adj* mechanized.

mecanizar [13] *vt* to mechanize.

mecano® *m* Meccano®.

mecanografía *f* typing; ~ **al tacto** touch typing.

mecanografiar [9] *vt* to type.

mecanógrafo, fa *m,f* typist.

mecapal *m CAm & Méx* porter's leather harness.

mecedora *f* rocking chair.

mecenas *m y f inv* patron.

mecenazgo *m* patronage.

mecer [11] *vt* to rock.

  ➡ **mecerse** *vpr* to rock back and forth; [en columpio] to swing.

mecha *f* **-1.** [de vela] wick **-2.** [de explosivos] fuse; **a toda** ~ *fam* flat out; **aguantar** ~ *fam* to grin and bear it **-3.** [de pelo] streak.

mechero *m* (cigarette) lighter.

mechón *m* [de pelo] lock; [de lana] tuft.

medalla *f* medal; **ponerse** ~**s** *fig* to show off.

medallero *m* medals table.

medallista *mf* **-1.** [oficio] maker of medals **-2.** *DEP* medallist.

medallón *m* **-1.** [joya] medallion **-2.** [rodaja] médaillon; ~ **de pescado** [empanado] fishcake.

médano *m* (sand) dune.

media *f* **-1.** ▷ **medio -2.** *Amér* [calcetín] sock.

mediación *f* mediation; **por** ~ **de** through.

mediado, da *adj* [medio lleno] half-full; **mediada la película** halfway through the film.

  ➡ **a mediados de** *loc prep* in the middle of, halfway through.

mediador, ra ◇ *adj* mediating. ◇ *m,f* mediator.

mediagua *f RP* shack, hut.

medialuna *f Amér* croissant.

mediana ▷ **mediano**.

medianía *f* average *o* mediocre person.

mediano, na *adj* **-1.** [intermedio - de tamaño] medium; [- de calidad] average; **de mediana edad** middle-aged; **de mediana estatura** of medium *o* average height **-2.** [mediocre] average, ordinary.

  ➡ **mediana** *f* **-1.** *GEOM* median **-2.** [de carretera] central reservation.

medianoche *(pl* mediasnoches*)* *f* **-1.** [hora] midnight; **a** ~ at midnight **-2.** [bollo] *sandwich made with a small bun*.

mediante *prep* by means of.

mediar [8] *vi* **-1.** [llegar a la mitad] to be halfway through; **mediaba julio** it was mid-July **-2.** [estar en medio - tiempo, distancia, espacio]: ~ **entre** to be between; **media un jardín/un kilómetro entre las dos casas** there is a garden/one kilometre between the two houses; **medió una semana** a week passed by **-3.** [intervenir]: ~ **(en/entre)** to mediate (in/between) **-4.** [interceder]: ~ **(en favor de** *o* **por)** to intercede (on behalf of *o* for) **-5.** [ocurrir] to intervene, to happen; **media la circunstancia de que ...** it so happens that ...

mediatizar [13] *vt* to determine.

medicación *f* medication.

medicamento *m* medicine.
medicar [10] *vt* to give medicine to.
➡ **medicarse** *vpr* to take medicine.
medicina *f* medicine; **ejercer la** ~ to practise medicine; ~ **alternativa** alternative medicine; ~ **interna** general medicine *o* practice; ~ **preventiva/social** preventive/ community medicine.
medicinal *adj* medicinal.
medición *f* measurement.
médico, ca ◇ *adj* medical. ◇ *m,f* doctor; **ir al** ~ to go to the doctor; ~ **de cabecera** *o* **familia** family doctor, general practitioner; ~ **de guardia** duty doctor; ~ **forense** specialist in forensic medicine; ~ **interno** houseman *UK*, intern *US*.
medida *f* - **1.** [gen] measure; [medición] measurement; **a (la)** ~ [gen] custom-built; [ropa] made-to-measure; ~ **de capacidad** measure *(liquid or dry)* - **2.** [disposición] measure, step; **tomar** ~**s** to take measures *o* steps; ~ **cautelar** precautionary measure; ~**s represivas** clampdown *(sg)*; ~**s de seguridad** security measures - **3.** [moderación] moderation; **sin** ~ without moderation - **4.** [grado] extent, degree; **en cierta/gran** ~ to some/a large extent; **en la** ~ **de lo posible** as far as possible; **en mayor/menor** ~ to a greater/lesser extent; **a** ~ **que entraban** as they were coming in.
➡ **medidas** *fpl* [del cuerpo] measurements; **tomar las** ~**s a alguien** to take sb's measurements.
medidor *m Amér* meter.
medieval *adj* medieval.
medievo, medioevo *m* Middle Ages *(pl)*.
medina *f* medina.
medio, dia *adj* - **1.** [gen] half; **a** ~ **camino** [en viaje] halfway there; [en trabajo etc] halfway through; **media docena/hora** half a dozen/ an hour; ~ **pueblo estaba allí** half the town was there; **a media luz** in the half-light; **hacer algo a medias** to half-do sthg; **pagar a medias** to go halves, to share the cost; **un kilo y** ~ one and a half kilos; **son (las dos) y media** it's half past (two) - **2.** [intermedio - estatura, tamaño] medium; [- posición, punto] middle - **3.** [de promedio - temperatura, velocidad] average - **4.** [corriente] ordinary, average.
➡ **medio** ◇ *adv* half; ~ **borracho** half drunk; **a** ~ **hacer** half done. ◇ *m* - **1.** [mitad] half - **2.** [centro] middle, centre; **en** ~ **(de)** in the middle (of); **estar por** ~ to be in the way; **equivocarse de** ~ **a** ~ to be completely wrong; **meterse** *o* **ponerse de por** ~

to get in the way; *fig* to interfere; **quitar de en** ~ **a alguien** to get rid of sb, to get sb out of the way - **3.** [sistema, manera] means, method; **por** ~ **de** by means of, through - **4.** [elemento físico] environment; ~ **ambiente** environment - **5.** [ambiente social] circle; **en** ~**s bien informados** in well-informed circles - **6.** *DEP* midfielder.
➡ **medios** *mpl* [recursos] means, resources; **los** ~**s de comunicación** *o* **información** the media; ~**s de producción/ transporte** means of production/transport.
➡ **media** *f* - **1.** [promedio] average; **media aritmética/proporcional** arithmetic/ proportional mean; **media horaria** hourly average - **2.** [hora]: **al dar la media** on the half-hour - **3.** *(gen pl)* [prenda] tights *(pl)*, stockings *(pl)* - **4.** *DEP* midfielders *(pl)*.
medioambiental *adj* environmental.
mediocampista *mf* midfielder.
mediocre *adj* mediocre, average.
mediocridad *f* mediocrity.
mediodía *(pl* **mediodías)** *m* - **1.** [hora] midday, noon; **al** ~ at noon *o* midday - **2.** [sur] south.
medioevo = **medievo**.
mediofondista *mf* middle-distance runner.
mediopensionista *mf child who has lunch at school.*
medique *etc* ▷ **medicar**.
medir [26] *vt* - **1.** [gen] to measure; **¿cuánto mides?** how tall are you?; **mido 1,80** ≃ I'm 6 foot (tall); **mide diez metros** it's ten metres long - **2.** [pros, contras etc] to weigh up - **3.** [palabras] to weigh carefully - **4.** [fuerzas] to test out against each other.
➡ **medirse** *vpr* - **1.** [tomarse medidas] to measure o.s. - **2.** [moderarse] to show restraint - **3.** [enfrentarse]: ~**se con** to meet, to compete against.
meditabundo, da *adj* thoughtful, pensive.
meditación *f* meditation.
meditar ◇ *vi*: ~ **(sobre)** to meditate (on). ◇ *vt* - **1.** [gen] to meditate, to ponder - **2.** [planear] to plan, to think through.
meditativo, va *adj* pensive.
mediterráneo, a *adj* Mediterranean.
➡ **Mediterráneo** *m*: **el (mar) Mediterráneo** the Mediterranean (Sea).
médium *m y f inv* medium.
medrar *vi* - **1.** [prosperar] to prosper - **2.** [enriquecerse] to get rich - **3.** [crecer] to grow.

medroso, sa ◇ adj [miedoso] fearful. ◇ m,f fearful person.

médula f -1. ANAT (bone) marrow; ~ **espinal** spinal cord; ~ **ósea** bone marrow -2. [esencia] core; **hasta la** ~ to the core.

medusa f jellyfish.

megabyte [mega'βait] (pl **megabytes**) m INFORM megabyte.

megafonía f public-address system; **llamar por** ~ **a alguien** to page sb.

megáfono m megaphone.

megalito m megalith.

megalómano, na adj & m,f megalomaniac.

mejicanismo = mexicanismo.

mejicano = mexicano.

Méjico = México.

mejilla f cheek.

mejillón m mussel; **mejillones a la marinera** *mussels cooked in a tomato, onion and garlic sauce.*

mejor ◇ adj -1. (comparativo) better; **no hay nada** ~ there's nothing better, there's nothing to beat it; ~ **(que)** better (than); **es** ~ **padre que marido** he's a better father than he is a husband -2. (superlativo): **el/la** ~ ... the best ...; **su** ~ **amigo** his best friend; **con la** ~ **voluntad** with the best will in the world. ◇ mf: **el/la** ~ **(de)** the best (in); **el** ~ **de todos** the best of all; **lo** ~ **fue que** ... the best thing was that ... ◇ adv -1. (comparativo): ~ **(que)** better (than); **ahora veo** ~ I can see better now; **es** ~ **que no vengas** it would be better if you didn't come; **estar** ~ [no tan malo] to feel better; [recuperado] to be better; ~ **que** ~ so much the better -2. (superlativo) best; **el que la conoce** ~ the one who knows her best.

➡ **a lo mejor** loc adv maybe, perhaps.

➡ **mejor dicho** loc adv (or) rather.

mejora f -1. [progreso] improvement -2. [aumento] increase.

mejorable adj improvable.

mejorar ◇ vt -1. [gen] to improve; [enfermo] to make better -2. [aumentar] to increase. ◇ vi to improve, to get better.

➡ **mejorarse** vpr to improve, to get better; **¡que te mejores!** get well soon!

mejoría f improvement.

mejunje m lit & fig concoction.

melancolía f melancholy.

melancólico, ca ◇ adj melancholic. ◇ m,f melancholic person.

melanina f melanin.

melaza f molasses (pl).

melena f -1. [de persona] long hair (U); **soltarse la** ~ to let one's hair down -2. [de león] mane.

➡ **melenas** fpl despec mop (sg) of hair.

melenudo, da despec ◇ adj with a mop of hair. ◇ m,f person with a mop of hair.

melifluo, flua adj honeyed, mellifluous.

melillense adj of/relating to Melilla.

melindre m CULIN *fried cake made from honey and sugar.*

➡ **melindres** mpl [escrúpulos] affected scrupulousness (U).

melindroso, sa ◇ adj affectedly scrupulous. ◇ m,f affectedly scrupulous person.

melisa f lemon balm.

mella f [gen] nick; [en dentadura] gap; **hacer** ~ **en algo** [dañar] to dent sthg; **hacer** ~ **en alguien** to make an impression on sb.

mellado, da adj -1. [con hendiduras] nicked -2. [sin dientes] gap-toothed.

mellar vt -1. [hacer mellas en] to nick, to chip -2. [menoscabar] to damage.

mellizo, za adj & m,f twin.

melocotón m peach.

melocotonero m peach tree.

melodía f -1. MÚS melody, tune -2. [de teléfono móvil] ring tone.

melódico, ca adj melodic.

melodioso, sa adj melodious.

melodrama m melodrama.

melodramático, ca adj melodramatic.

melomanía f love of music.

melómano, na m,f music lover.

melón m -1. [fruta] melon -2. fam [persona] lemon, idiot.

melopea f fam: **agarrar una** ~ to get legless.

melosidad f sweetness; [empalago] sickliness.

meloso, sa adj -1. [como la miel] honey; fig sweet -2. [empalagoso] sickly.

membrana f membrane.

membranoso, sa adj membranous.

membresía f Amér membership.

membrete m letterhead.

membrillo m -1. [fruto] quince -2. [dulce] quince jelly.

memela f Méx *thick corn tortilla, oval in shape.*

memez f stupidity; [acción, dicho] silly o stupid thing.

memo, ma ◇ adj stupid. ◇ m,f idiot, fool.

memorable adj memorable.

memorándum (pl **memorándums** o **me-morandos**) m - **1.** [cuaderno] notebook - **2.** [nota diplomática] memorandum.

memoria f - **1.** [gen & INFORM] memory; **si la ~ no me falla** if my memory serves me right; **¡qué ~ la mía!** what a memory I have!; **de ~** by heart; **falta de ~** forgetfulness; **hacer ~** to try to remember; **tener buena/mala ~** to have a good/bad memory; **traer a la ~** to call to mind; **venir a la ~** to come to mind; **~ de acceso aleatorio/de sólo lectura** INFORM random-access/read only memory; **~ expandida/extendida/programable** INFORM expanded/extended/programmable memory; **~ RAM/ROM** INFORM RAM/ROM - **2.** [recuerdo] remembrance, remembering; **ser de feliz/ingrata ~** to be a happy/an unhappy memory - **3.** [disertación] (academic) paper - **4.** [informe]: **~ (anual)** (annual) report - **5.** [lista] list, record.
◆ **memorias** fpl [biografía] memoirs.

memorial m petition, request.

memorización f memorizing.

memorizar [13] vt to memorize.

menaje m household goods and furnishings (pl); **~ de cocina** kitchenware.

mención f mention; **hacer ~ de** to mention; **~ honorífica** honourable mention.

mencionar vt to mention.

menda ⬦ pron fam [el que habla] yours truly. ⬦ mf [uno cualquiera]: **vino un ~ y ...** this bloke came along and ...

mendigar [16] ⬦ vt to beg for. ⬦ vi to beg.

mendigo, ga m,f beggar.

mendrugo m crust (of bread).

menear vt - **1.** [mover - gen] to move; [- cabeza] to shake; [- cola] to wag; [- caderas] to wiggle - **2.** [activar] to get moving.
◆ **menearse** vpr - **1.** [moverse] to move (about); [agitarse] to shake; [oscilar] to sway - **2.** [darse prisa, espabilarse] to get a move on - **3.** loc: **un susto de no te menees** fam a hell of a scare.

meneo m [gen] movement; [de cabeza] shake; [de cola] wag, wagging (U); [de caderas] wiggling (U); **dar un ~ a algo** fam to knock sthg; **dar un ~ a alguien** fam to give sb a hiding.

menester m necessity; **haber ~ de algo** to be in need of sthg; **ser ~ que alguien haga algo** to be necessary for sb to do sthg.
◆ **menesteres** mpl [asuntos] business (U), matters (pl).

menesteroso, sa ⬦ adj needy, poor. ⬦ m,f needy o poor person.

menestra f vegetable stew.

mengano, na m,f so-and-so.

mengua f [reducción] reduction; [falta] lack; [descrédito] discredit; **sin ~ de** without detriment to.

menguado, da adj reduced, diminished.

menguante adj [luna] waning.

menguar [45] ⬦ vi - **1.** [disminuir] to decrease, to diminish; [luna] to wane - **2.** [en labor de punto] to decrease. ⬦ vt - **1.** [disminuir] to lessen, to diminish - **2.** [en labor de punto] to decrease.

menhir m menhir.

meninge f meninx.

meningitis f inv meningitis.

menisco m meniscus.

menopausia f menopause.

menor ⬦ adj - **1.** (comparativo): **~ (que)** [de tamaño] smaller (than); [de edad] younger (than); [de importancia etc] less o lesser (than); [de número] lower (than) - **2.** (superlativo): **el/la ~ ...** [de tamaño] the smallest ...; [de edad] the youngest ...; [de importancia] the slightest ...; [de número] the lowest ... - **3.** [de poca importancia] minor; **un problema ~** a minor problem - **4.** [joven]: **ser ~ de edad** [para votar, conducir etc] to be under age; DER to be a minor - **5.** MÚS: **en do ~** in C minor - **6.** loc: **al por ~** COM retail. ⬦ mf - **1.** (superlativo): **el/la ~** [hijo, hermano] the youngest - **2.** DER [niño] minor.

Menorca Minorca.

menos ⬦ adj inv - **1.** (comparativo) [cantidad] less; [número] fewer; **~ aire** less air; **~ manzanas** fewer apples; **~ ... que ...** less/fewer ... than ...; **tiene ~ experiencia que tú** she has less experience than you; **hace ~ calor que ayer** it's not as hot as it was yesterday - **2.** (superlativo) [cantidad] the least; [número] the fewest; **el que compró ~ acciones** the one who bought the fewest shares; **lo que ~ tiempo llevó** the thing that took the least time - **3.** fam [peor]: **éste es ~ coche que el mío** that car isn't as good as mine. ⬦ adv - **1.** (comparativo) less; **~ de/que** less than; **estás ~ gordo** you're not as fat - **2.** (superlativo): **el/la/lo ~** the least; **él es el ~ indicado para criticar** he's the last person who should be criticizing; **ella es la ~ adecuada para el cargo** she's the least suitable person for the job; **es lo ~ que puedo hacer** it's the least I can do - **3.** [expresa resta] minus; **tres ~ dos igual a uno** three minus two is one - **4.** [con las horas]: **son (las dos) ~ diez** it's ten to (two) - **5.** loc: **es lo de ~** that's the least of it, that's of no importance; **hacer de ~ a alguien** to snub sb; **¡~ mal!** just as well!, thank God!; **no es para** ~ not without (good) reason; **venir a** ~ to go down in the world. ◇ *m inv MAT* minus (sign). ◇ *prep* [excepto] except (for); **todo** ~ **eso** anything but that.

➤ **al menos, por lo menos** *loc adv* at least.

➤ **a menos que** *loc conj* unless; **no iré a** ~ **que me acompañes** I won't go unless you come with me.

➤ **de menos** *loc adj* [que falta] missing; **hay dos euros de** ~ there's two euros missing.

menoscabar *vt* [fama, honra etc] to damage; [derechos, intereses, salud] to harm; [belleza, perfección] to diminish.

menoscabo *m* [de fama, honra etc] damage; [de derechos, intereses, salud] harm; [de belleza, perfección] diminishing; **(ir) en** ~ **de** (to be) to the detriment of.

menospreciar [8] *vt* [despreciar] to scorn, to despise; [infravalorar] to undervalue.

menosprecio *m* scorn, contempt.

mensaje *m* [gen & INFORM] message; ~ **de texto** [en teléfono móvil] text message.

mensajería *f* courier service.

mensajero, ra ◇ *adj* message-carrying; *fig* announcing, presaging. ◇ *m,f* [gen] messenger; [de mensajería] courier.

menso, sa *adj Méx* foolish, stupid.

menstruación *f* menstruation.

menstrual *adj* menstrual.

menstruar [6] *vi* to menstruate, to have a period.

mensual *adj* monthly; **1.000 euros** ~**es** 1,000 euros a month.

mensualidad *f* **-1.** [sueldo] monthly salary **-2.** [pago] monthly payment *o* instalment.

menta *f* mint.

mentado, da *adj* **-1.** [mencionado] above-mentioned, aforementioned **-2.** [famoso] famous.

mental *adj* mental.

mentalidad *f* mentality; ~ **abierta/cerrada** open/closed mind.

mentalización *f* mental preparation.

mentalizar [13] *vt* to put into a frame of mind.

➤ **mentalizarse** *vpr* to get into a frame of mind.

mentar [19] *vt* to mention.

mente *f* **-1.** [gen] mind; **tener en** ~ **algo** to have sthg in mind; **tener en** ~ **hacer algo** to intend to do sthg; **traer a la** ~ to bring to mind **-2.** [mentalidad] mentality; **tiene una** ~ **muy abierta** she's very open-minded.

mentecato, ta *m,f* idiot.

mentir [27] *vi* to lie; **me mintió** she lied to me, she told me a lie; **¡mientes descaradamente!** you're lying shamelessly!, you're a barefaced liar!; **miente como respira** she lies through her teeth.

mentira *f* lie; [acción] lying; **aunque parezca** ~ strange as it may seem; **de** ~ pretend, false; **parece** ~ **(que ...)** it hardly seems possible (that ...), it's scarcely credible (that ...); **una** ~ **como una casa** a whopping great lie; ~ **piadosa** white lie.

mentirijillas

➤ **de mentirijillas** *fam* ◇ *loc adv* [en broma] as a joke, in fun. ◇ *loc adj* [falso] pretend, make-believe.

mentiroso, sa ◇ *adj* lying; [engañoso] deceptive. ◇ *m,f* liar.

mentís *m inv* denial; **dar un** ~ **(a)** to issue a denial (of).

mentol *m* menthol.

mentolado, da *adj* mentholated.

mentón *m* chin.

mentor *m* mentor.

menú (*pl* **menús**) *m* **-1.** [lista] menu; [comida] food; ~ **del día** set meal **-2.** INFORM menu; ~ **desplegable** pull-down menu.

menudear ◇ *vi* to happen frequently. ◇ *vt* to repeat, to do repeatedly.

menudencia *f* trifle, insignificant thing.

menudeo *m Amér* COM retailing.

menudillos *mpl* giblets.

menudo, da *adj* **-1.** [pequeño] small **-2.** [insignificante] trifling, insignificant **-3.** *(antes de sust)* [para enfatizar] what!; **¡** ~ **lío/gol!** what a mess/goal!

➤ **a menudo** *loc adv* often.

meñique ▷ **dedo**.

meollo *m* core, heart; **llegar al** ~ **de la cuestión** to come to the heart of the matter.

meón, ona *m,f fam*: **es una meona** [niña] she's always wetting herself; [mujer] she has a weak bladder.

mequetrefe *mf fam* good-for-nothing.

mercachifle *mf despec* **-1.** [comerciante] pedlar **-2.** [usurero] money-grabber, shark.

mercader *mf* trader.

mercadería *f* merchandise, goods (pl).

mercadillo *m* flea market.

mercado *m* market; **salir al** ~ to come on to the market; ~ **alcista/bajista** bull/bear market; ~ **bursátil** stock market; ~ **común** Common Market; ~ **de abastos** COM wholesale food market; ~ **de capitales/divisas/valores** capital/currency/securities market; ~ **de futuros** futures market; ~ **de tra-bajo** labour *o* job market; ~ **interbancario** interbank market; ~ **libre/negro** free/ black market.

mercadotecnia *f* marketing.

mercancía *f* merchandise *(U)*, goods *(pl)*.
➡ **mercancías** *m inv FERROC* goods train, freight train *US*.

mercante *adj* merchant.

mercantil *adj* mercantile, commercial.

mercantilismo *m ECON* mercantilism; *fig* commercialism.

merced *f* favour; ~ **a** thanks to; **a la** ~ **de algo/alguien** at the mercy of sthg/sb.

mercenario, ria *adj & m,f* mercenary.

mercería *f* -**1.** [género] haberdashery *UK*, notions *US* -**2.** [tienda] haberdasher's (shop) *UK*, notions store *US*.

mercurio *m* mercury.

Mercurio *m* Mercury.

mercurocromo *m* mercurochrome.

merecedor, ra *adj*: ~ **de** worthy of.

merecer [30] <> *vt* to deserve, to be worthy of; **la isla merece una visita** the island is worth a visit; **no merece la pena** it's not worth it. <> *vi* to be worthy.

merecido *m*: **recibir su** ~ to get one's just desserts.

merendar [19] <> *vi* to have tea *(as a light afternoon meal)*. <> *vt* to have for tea.
➡ **merendarse** *vpr fam*: ~**se a alguien** to thrash sb.

merendero *m* open-air café or bar *(in the country or on the beach)*.

merendola *f fam* slap-up tea.

merengue <> *m* -**1.** *CULIN* meringue -**2.** [baile] merengue. <> *adj fam DEP* of/relating to Real Madrid Football Club.

merezca *etc* ⊳ **merecer**.

meridiano, na *adj* -**1.** [hora etc] midday -**2.** *fig* [claro] crystal-clear.
➡ **meridiano** *m* meridian.

meridional <> *adj* southern. <> *mf* southerner.

merienda <> ⊳ **merendar**. <> *f* tea *(as a light afternoon meal)*; [en el campo] picnic; ~ **de negros** free-for-all.

mérito *m* -**1.** [cualidad] merit; **hacer** ~**s para** to do everything possible to -**2.** [valor] value, worth; **tiene mucho** ~ it's no mean achievement; **de** ~ worthy, deserving.

meritorio, ria <> *adj* worthy, deserving. <> *m,f* unpaid trainee *o* apprentice.

merluza *f* -**1.** [pez, pescado] hake -**2.** *fam* [borrachera]: **agarrar una** ~ to get sozzled.

merma *f* decrease, reduction.

mermar <> *vi* to diminish, to lessen. <> *vt* to reduce, to diminish.

mermelada *f* jam; ~ **de naranja** marmalade.

mero, ra *adj (antes de sust)* mere.
➡ **mero** *m* grouper.

merodeador, ra *m,f* prowler, snooper.

merodear *vi*: ~ **(por)** to snoop *o* prowl (about).

mes *m* -**1.** [del año] month -**2.** [salario] monthly salary -**3.** [menstruación] period.

mesa *f* -**1.** [gen] table; [de oficina, despacho] desk; **bendecir la** ~ to say grace; **poner/ quitar la** ~ to set/clear the table; **sentarse a la** ~ to sit down to table; ~ **camilla** *small round table under which a heater is placed*; ~ **de billar** billiard table; ~ **de mezclas** mixing desk; ~ **(de) nido** nest of tables; ~ **de operaciones** operating table; ~ **plegable** folding table -**2.** [comité] board, committee; [en un debate etc] panel; ~ **directiva** executive board *o* committee.
➡ **mesa electoral** *f* polling station.
➡ **mesa redonda** *f* [coloquio] round table.

mesada *f* -**1.** *Amér* [mensualidad] monthly payment, monthly instalment -**2.** *RP* [encimera] worktop.

mesana *f* -**1.** [mástil] mizenmast -**2.** [vela] mizensail.

mescalina *f* mescalin.

mescolanza = **mezcolanza**.

mesero, ra *m,f CAm, Col, Méx* waiter (*f* waitress).

meseta *f* plateau, tableland.

mesianismo *m RELIG* messianism; *fig* blind faith in one person.

mesías *m fig* Messiah.
➡ **Mesías** *m*: **el Mesías** the Messiah.

mesilla *f* small table; ~ **de noche** bedside table.

mesón *m* -**1.** *HIST* inn -**2.** [bar-restaurante] *old, country-style restaurant and bar*.

mesonero, ra *m,f* -**1.** innkeeper -**2.** *Ven* [camarero] waiter (*f* waitress).

mestizaje *m* cross-breeding; *fig* mixing.

mestizo, za <> *adj* [persona] half-caste; [animal, planta] cross-bred. <> *m,f* half-caste.

mesura *f* -**1.** [moderación] moderation, restraint; **con** ~ [moderadamente] in moderation -**2.** [cortesía] courtesy, politeness -**3.** [gravedad] dignity, seriousness.

mesurado, da *adj* moderate, restrained.

mesurarse *vpr* to restrain o.s.

meta *f* -**1.** [DEP - llegada] finishing line; [- portería] goal; ~ **volante** [en ciclismo] hot spot sprint **- 2.** [objetivo] aim, goal; **fijarse una ~** to set o.s. a target o goal.

metabólico, ca adj metabolic.

metabolismo m metabolism.

metadona f methadone.

metafísico, ca <> adj metaphysical. <> m, f [filósofo] metaphysicist.

metafísica f [disciplina] metaphysics (U).

metáfora f metaphor.

metafórico, ca adj metaphorical.

metal m **- 1.** [material] metal; ~ **blanco** white metal; ~ **pesado** heavy metal; **~es preciosos** precious metals; **el vil** ~ filthy lucre **- 2.** MÚS brass.

metálico, ca <> adj [sonido, color] metallic; [objeto] metal. <> m: **pagar en** ~ to pay (in) cash.

metalizado, da adj [pintura] metallic.

metalurgia f metallurgy.

metalúrgico, ca <> adj metallurgical. <> m, f metallurgist.

metamorfosis f inv lit & fig metamorphosis.

metano m methane.

metanol m methanol.

metástasis f inv MED metastasis.

metate m Guat, Méx grinding stone.

metedura

metedura de pata f clanger.

meteórico, ca adj lit & fig meteoric.

meteorito m meteorite.

meteoro m meteor.

meteorología f meteorology.

meteorológico, ca adj meteorological.

meteorólogo, ga m, f meteorologist; RADIO & TV weatherman (f weatherwoman).

meter vt **- 1.** [gen] to put in; ~ **algo/a alguien en algo** to put sth/sb in sthg; ~ **la llave en la cerradura** to get the key into the lock; **lo metieron en la cárcel** they put him in prison; ~ **dinero en el banco** to put money in the bank; **he metido mis ahorros en esa empresa** I've put all my savings into this venture **- 2.** [hacer participar]: ~ **a alguien en algo** to get sb into sthg **- 3.** [obligar a]: ~ **a alguien a hacer algo** to make sb start doing sthg **- 4.** [causar]: ~ **prisa/miedo a alguien** to rush/ scare sb; ~ **ruido** to make a noise **- 5.** fam [asestar] to give; **le metió un puñetazo** he gave him a punch **- 6.** fam [echar] to give; ~ **una bronca a alguien** to tell sb off **- 7.** [estrechar - prenda] to take in; ~ **el bajo de una falda** to take up a skirt **- 8.** loc: **a todo ~** as quickly as possible.

meterse vpr **- 1.** [entrar] to get in; **~se en** to get into **- 2.** (en frase interrogativa) [estar] to get to; **¿dónde se ha metido ese chico?** where has that boy got to? **- 3.** [dedicarse]: **~se a** to become; **~se a torero** to become a bullfighter **- 4.** [involucrarse]: **~se (en)** to get involved (in) **- 5.** [entrometerse] to meddle, to interfere; **se mete en todo** he never minds his own business; **~se por medio** to interfere **- 6.** [empezar]: **~se a hacer algo** to get started on doing sthg.

meterse con vpr **- 1.** [incordiar] to hassle **- 2.** [atacar] to go for.

meterete mf CSur fam busybody, noseyparker UK.

metete mf Andes, CAm fam busybody, noseyparker UK.

metiche mf Méx, Ven fam busybody, noseyparker UK.

meticulosidad f meticulousness.

meticuloso, sa adj meticulous.

metido, da adj **- 1.** [envuelto]: **andar** o **estar** ~ **en** to be involved in **- 2.** [abundante]: ~ **en años** elderly; ~ **en carnes** plump.

metódico, ca adj methodical.

metodismo m Methodism.

metodista adj & m, f Methodist.

método m **- 1.** [sistema] method; ~ **anticonceptivo** method of contraception, contraceptive method **- 2.** EDUC course.

metodología f methodology.

metodológico, ca adj methodological.

metomentodo fam <> adj inv meddlesome. <> mf busybody.

metonimia f metonymy.

metraje m length, running time.

metralla f shrapnel.

metralleta f submachine gun.

métrico, ca adj **- 1.** [del metro] metric **- 2.** LITER metrical.

métrica f LITER metrics (U).

metro m **- 1.** [gen] metre; ~ **cuadrado/cúbico** square/cubic metre; **~s por segundo** metres per second **- 2.** [transporte] underground UK, tube UK, subway US **- 3.** [cinta métrica] tape measure.

metrópoli f, **metrópolis** f inv **- 1.** [ciudad] metropolis **- 2.** [nación] home country.

metropolitano, na adj metropolitan.

mexicanismo, mejicanismo m Mexicanism.

mexicano, na, mejicano, na adj & m, f Mexican.

México, Méjico Mexico.

meza etc ⊳ **mecer.**

mezcla *f* **-1.** [gen] mixture; [tejido] blend; [de grabación] mix **-2.** [acción] mixing.

mezclador, ra *m, f* [persona] sound mixer.
➤ **mezclador** *m* [aparato] mixer; ∼ **de imagen/sonido** vision/sound mixer.

mezclar *vt* **-1.** [gen] to mix; [combinar, armonizar] to blend **-2.** [confundir, desordenar] to mix up **-3.** [implicar]: ∼ **a alguien en** to get sb mixed up in.
➤ **mezclarse** *vpr* **-1.** [gen]: ∼**se (con)** to mix (with) **-2.** [esfumarse]: ∼**se entre** to disappear *o* blend into **-3.** [implicarse]: ∼**se en** to get mixed up in.

mezcolanza, mescolanza *f fam* hotchpotch, mishmash.

mezquindad *f* **-1.** [cualidad] meanness **-2.** [acción] mean action.

mezquino, na *adj* mean, cheap *US*.

mezquita *f* mosque.

mg (*abrev de* **miligramo**) mg.

mi¹ *m MÚS* E; [en solfeo] mi.

mi² (*pl* **mis**) *adj poses* my; ∼ **casa** my house; ∼**s libros** my books.

mí *pron pers* (*después de prep*) **-1.** [gen] me; **este trabajo no es para** ∼ this job isn't for me; **no se fía de** ∼ he doesn't trust me **-2.** *(reflexivo)* myself **-3.** *loc*: **¡a** ∼ **con ésas!** come off it!; **¡a** ∼ **qué!** so what?, why should I care?; **para** ∼ [yo creo] as far as I'm concerned, in my opinion; **por** ∼ as far as I'm concerned; **por** ∼**, no hay inconveniente** it's fine by me.

mía ⊳ **mío.**

miaja *f* crumb; *fig* tiny bit.

mialgia *f MED* myalgia.

miau *m* miaow.

mica *f* mica.

micción *f* [MED - acción] urination; [- orina] urine.

michelines *mpl fam* spare tyre *(sg)*.

mico *m* **-1.** [animal] (long-tailed) monkey **-2.** *fam* [persona] ugly devil; **ser el último** ∼ to be the lowest of the low; **se volvió** ∼ **para abrir la puerta** he had a hell of a job opening the door.

micra *f* micron.

micrero, ra *m, f Amér* minibus driver.

micro ⟨⟩ *m fam* (*abrev de* **micrófono**) mike.
⟨⟩ *m o f Chile* [microbús] bus, coach *UK*.

microbio *m* germ, microbe.

microbiología *f* microbiology.

microbús *m* **-1.** minibus **-2.** *Méx* [taxi] (collective) taxi.

microcirugía *f* microsurgery.

microclima *m* microclimate.

microeconomía *f* microeconomics *(U)*.

microelectrónica *f* microelectronics *(U)*.

microficha *f* microfiche.

microfilm (*pl* **microfilms**), **microfilme** *m* microfilm.

micrófono *m* microphone.

microinformática *f INFORM* microcomputing.

microonda *f* microwave.

microondas *m inv* microwave (oven).

microordenador *m INFORM* microcomputer.

microorganismo *m* microorganism.

microprocesador *m INFORM* microprocessor.

microscópico, ca *adj* microscopic.

microscopio *m* microscope; ∼ **electrónico** electron microscope.

microsurco *m* microgroove.

mida *etc* ⊳ **medir.**

midiera *etc* ⊳ **medir.**

miedo *m* fear; **coger** ∼ **a algo** to develop a fear of sthg; **dar** ∼ to be frightening; **me de** ∼ **conducir** I'm afraid *o* frightened of driving; **meter** ∼ **a** to frighten; **por** ∼ **a** for fear of; **por** ∼ **de que ...** for fear that ...; **temblar de** ∼ to tremble with fear; **tener** ∼ to be frightened *o* scared; **tener** ∼ **a *o* de (hacer algo)** to be afraid of (doing sthg); ∼ **cerval** terrible fear, terror; **de** ∼ *fam*: **esta película está de** ∼ this film is brilliant; **lo pasamos de** ∼ we had a whale of a time; **estar cagado de** ∼ *vulg* to be shit-scared; **morirse de** ∼ to die of fright, to be terrified.

miedoso, sa ⟨⟩ *adj* fearful. ⟨⟩ *m, f* fearful person.

miel *f* honey; **dejar a alguien con la** ∼ **en los labios** to cut short sb's enjoyment; ∼ **sobre hojuelas** all the better; **no hay** ∼ **sin hiel** every rose has a thorn.

miembro *m* **-1.** [gen] member **-2.** [extremidad] limb, member; ∼**s superiores/inferiores** upper/lower limbs; ∼ **(viril)** penis.

mienta *etc* **-1.** ⊳ **mentar -2.** ⊳ **mentir.**

mientras ⟨⟩ *conj* **-1.** [al tiempo que] while; **leía** ∼ **comía** she was reading while eating; ∼ **más ando más sudo** the more I walk, the more I sweat **-2.** [hasta que]: ∼ **no se pruebe lo contrario** until proved otherwise **-3.** [por el contrario]: ∼ **(que)** whereas, whilst. ⟨⟩ *adv*: ∼ **(tanto)** meanwhile, in the meantime.

miércoles *m* Wednesday; ∼ **de ceniza** Ash Wednesday; *ver también* **sábado.**

mierda *vulg* ⟨⟩ *f* **-1.** [excremento] shit **-2.** [suciedad] filth, shit **-3.** [cosa sin valor]: **es una ~** it's (a load of) crap; **de ~** shitty, crappy **- 4.** *loc*: **irse a la ~** [proyecto etc] to go down the tubes; **mandar a alguien a la ~** to tell sb to piss off; **¡vete a la ~!** go to hell!, piss off! ◇ *mf vulg* shithead.

mies *f* [cereal] ripe corn.
◈ **mieses** *fpl* [campo] cornfields.

miga *f* [de pan] crumb; **tener ~** *fam* [ser sustancioso] to have a lot to it; [ser complicado] to have more to it than meets the eye.
◈ **migas** *fpl* CULIN fried breadcrumbs; **hacer buenas/malas ~s** *fam* to get on well/ badly; **hacerse ~s** *fam* [cosa] to be smashed to bits; **hacer ~s a alguien** *fam* [desmoralizar] to shatter sb.

migaja *f* **- 1.** [trozo] bit; [de pan] crumb **- 2.** *fig* [pizca] scrap.
◈ **migajas** *fpl* [restos] leftovers.

migra *f* *Méx fam pey*: **la ~** *US police border patrol.*

migración *f* migration.

migraña *f* migraine.

migrar *vi* to migrate.

migratorio, ria *adj* migratory.

mijo *m* millet.

mil *núm* thousand; **dos ~** two thousand; **~ euros** a thousand euros; **a las ~ quinientas** really late; **~ y una/uno** a thousand and one; *ver también* **seis.**
◈ **miles** *mpl* [gran cantidad]: **~es (de)** thousands (of).

milagrero, ra *despec* ◇ *adj* who believes in miracles. ◇ *m,f* person who believes in miracles.

milagro *m* miracle; **de ~** miraculously, by a miracle; **hacer ~s** *fig* to work wonders.

milagroso, sa *adj* miraculous; *fig* amazing.

milanesa *f* *RP* Wiener schnitzel, breaded veal escalope.

milano *m* kite.

milenario, ria *adj* ancient.
◈ **milenario** *m* millennium.

milenio *m* millennium.

milésimo, ma *núm* thousandth; **la milésima parte** a thousandth; **una milésima de segundo** a millisecond.

milhojas *m inv* CULIN mille feuille.

mili *f* *fam* military service; **hacer la ~** to do one's military service.

milicia *f* **- 1.** [profesión] military (profession) **- 2.** [grupo armado] militia; **~s universitarias** *formerly in Spain, military service for students.*

miliciano, na ◇ *adj* militia *(antes de sust).*
◇ *m,f* militiaman (*f* female soldier).

milico *m* *Andes, RP fam pey* [soldado] soldier; [policía] pig.

miligramo *m* milligram.

mililitro *m* millilitre.

milimetrado ▷ **papel.**

milimétrico, ca *adj* millimetric.

milímetro *m* millimetre.

militancia *f* militancy.

militante *adj* & *m,f* militant.

militar ◇ *adj* military. ◇ *mf* soldier; **los ~es** the military. ◇ *vi*: **~ (en)** to be active (in).

militarismo *m* militarism.

militarista *adj* & *m,f* militarist.

militarización *f* militarization.

militarizar [13] *vt* to militarize.

milla *f* mile; **~ (marina)** nautical mile.

millar *m* thousand; **a ~es** by the thousand; **un ~ de personas** a thousand people.

millón *núm* million; **dos millones** two million; **un ~ de personas** a million people; **un ~ de cosas que hacer** a million things to do; **un ~ de gracias** thanks a million.
◈ **millones** *mpl* [dineral] millions, a fortune *(sg).*

millonada *f* *fam* fortune, millions *(pl).*

millonario, ria ◇ *adj*: **es ~** he's a millionaire. ◇ *m,f* millionaire (*f* millionairess).

millonésimo, ma *núm* millionth; **la millonésima parte** a millionth.

milpa *f* *CAm, Méx* cornfield.

mimado, da *adj* spoilt.

mimar *vt* to spoil, to pamper.

mimbre *m* wicker; **de ~** wickerwork.

mimético, ca *adj* **- 1.** [animal, planta] mimetic **- 2.** [persona]: **ser ~** to be a copycat.

mimetismo *m* **- 1.** [de animal, planta] mimetism **- 2.** [de persona] mimicry.

mímica *f* **- 1.** [mimo] mime **- 2.** [lenguaje] sign language.

mimo *m* **- 1.** [zalamería] mollycoddling **- 2.** [cariño] show of affection **- 3.** TEATR mime; **hacer ~** to perform mime.

mimosa *f* BOT mimosa.

mimoso, sa *adj* affectionate.

min (*abrev de* minuto) min.

mina *f* **- 1.** GEOL & MIL mine; **~ antipersona** anti-personnel mine; **~ de carbón** coalmine; **una ~ de información** a mine of information; **ser una ~ (de oro)** to be a gold mine **- 2.** [de lápiz] lead.

minar *vt* **- 1.** MIL to mine **- 2.** *fig* [aminorar] to undermine.

mineral ◇ *adj* mineral. ◇ *m* -**1.** *GEOL* mineral -**2.** *MIN* ore.

mineralizar [13] *vt* to mineralize.

➡ **mineralizarse** *vpr* to become mineralized.

mineralogía *f* minerology.

minería *f* -**1.** [técnica] mining -**2.** [sector] mining industry.

minero, ra ◇ *adj* mining *(antes de sust)*; [producción, riqueza] mineral. ◇ *m,f* miner.

miniatura *f* miniature; **el piso es una ~** the flat is tiny; **en ~** in miniature.

minicadena *f* midi system.

mini disk, mini disc *m inv* mini disc.

minifalda *f* mini skirt.

minifundio *m* small holding.

minigolf (*pl* **minigolfs**) *m* -**1.** [lugar] crazy golf course -**2.** [juego] crazy golf.

mínima ⊳ **mínimo**.

minimalismo *m* MÚS minimalism.

minimalista *adj* MÚS minimalist.

minimizar [13] *vt* to play down.

mínimo, ma ◇ *superl* ⊳ **pequeño**. ◇ *adj* -**1.** [lo más bajo posible o necesario] minimum -**2.** [lo más bajo temporalmente] lowest -**3.** [muy pequeño - efecto, importancia etc] minimal, very small; [- protesta, ruido etc] slightest; **no tengo la más mínima idea** I haven't the slightest idea; **como ~** at the very least; **en lo más ~** in the slightest.

➡ **mínimo** *m* [límite] minimum; **~ común múltiplo** lowest common multiple.

➡ **mínima** *f* METEOR low, lowest temperature.

minino, na *m,f fam* pussy (cat).

ministerial *adj* ministerial.

ministerio *m* -**1.** POLÍT ministry *UK*, department *US* -**2.** RELIG ministry.

➡ **ministerio público, ministerio fiscal** *m* ≃ Department of Public Prosecution.

➡ **Ministerio de Asuntos Exteriores** *m* ≃ Foreign Office *UK*, ≃ State Department *US*.

➡ **Ministerio de Economía y Hacienda** *m* ≃ Treasury *UK*, ≃ Treasury Department *US*.

➡ **Ministerio del Interior** *m* ≃ Home Office *UK*, ≃ Department of the Interior *US*.

ministro, tra *m,f* -**1.** POLÍT minister *UK*, secretary *US*; **~ sin cartera** minister without portfolio; **primer ~** prime minister -**2.** RELIG minister; **~ de Dios** minister of God.

minoría *f* minority; **estar en ~** to be in a o

the minority; **~s étnicas** ethnic minorities.

minorista ◇ *adj* retail. ◇ *mf* retailer.

minoritario, ria *adj* minority *(antes de sust)*.

mintiera *etc* ⊳ **mentir**.

minucia *f* trifle, insignificant thing.

minuciosidad *f* meticulousness, attention to detail.

minucioso, sa *adj* -**1.** [meticuloso] meticulous -**2.** [detallado] highly detailed.

minuendo *m* minuend.

minúsculo, la *adj* -**1.** [tamaño] tiny, minute -**2.** [letra] small; *IMPRENTA* lower-case.

➡ **minúscula** *f* small letter; *IMPRENTA* lower-case letter.

minusvalía *f* -**1.** ECON depreciation -**2.** [física] handicap, disability.

minusválido, da ◇ *adj* disabled, handicapped. ◇ *m,f* disabled o handicapped person.

minusvalorar *vt* to underestimate.

minuta *f* -**1.** [factura] fee -**2.** [menú] menu -**3.** *RP* [comida] quick meal.

minutero *m* minute hand.

minuto *m* minute; **al ~** a moment later; **guardar un ~ de silencio** to observe a minute's silence.

mío, mía ◇ *adj poses* mine; **este libro es ~** this book is mine; **un amigo ~** a friend of mine; **no es asunto ~** it's none of my business. ◇ *pron poses*: **el ~** mine; **el ~ es rojo** mine is red; **esta es la mía** *fam* this is the chance I've been waiting for; **lo ~ es el teatro** [lo que me va] theatre is what I should be doing; **los ~s** *fam* [mi familia] my folks; [mi bando] my lot, my side.

miocardio *m* myocardium.

miope ◇ *adj* shortsighted, myopic. ◇ *mf* shortsighted o myopic person.

miopía *f* shortsightedness, myopia.

MIR (*abrev de* **médico interno y residente**) *m* ≃ houseman *UK*, ≃ intern *US*.

mira ◇ *f* sight; *fig* intention; **con ~s a** with a view to, with the intention of. ◇ *interj*: **¡ ~!** look!

mirado, da *adj* [prudente] careful; **bien ~** [bien pensado] if you look at it closely.

➡ **mirada** *f* [gen] look; [rápida] glance; [de cariño, placer, admiración] gaze; **apartar la mirada** to look away; **dirigir o lanzar la mirada a** to glance at; **echar una mirada (a algo)** to glance o to have a quick look (at sthg); **fulminar con la mirada a alguien** to look daggers at sb; **hay miradas que matan** if looks could kill ...; **levantar la mirada to** look up; **mirada asesina** glare; **mirada fija** stare; **mirada furtiva** peek; **mirada perdida** distant look.

mirador *m* -**1.** [balcón] enclosed balcony -**2.** [para ver un paisaje] viewpoint.

miramiento *m* consideration, circumspection; **andarse con ~s** to stand on ceremony; **sin ~s** just like that, without the least consideration.

mirar <> *vt* -**1.** [gen] to look at; [observar] to watch; [fijamente] to stare at; **~ algo de cerca/lejos** to look at sthg closely/from a distance; **~ algo por encima** to glance over sthg, to have a quick look at sthg; **~ a alguien bien/mal** to think highly/poorly of sb; **~ a alguien de arriba abajo** to look sb up and down; **de mírame y no me toques** very fragile -**2.** [fijarse en] to keep an eye on, to watch -**3.** [examinar, averiguar] to check, to look through; **le miraron todas las maletas** they searched all her luggage; **mira si ha llegado la carta** go and see if the letter has arrived -**4.** [considerar] to consider, to take a look at. <> *vi* -**1.** [gen] to look; [observar] to watch; [fijamente] to stare; **mira, yo creo que ...** look, I think that ... -**2.** [buscar] to check, to look; **he mirado en todas partes** I've looked everywhere -**3.** [orientarse]: **~ a** to face -**4.** [cuidar]: **~ por alguien/algo** to look after sb/sthg.

    ➡ **mirarse** *vpr* [uno mismo] to look at o.s.; **si bien se mira** *fig* if you really think about it.

mirilla *f* spyhole.

mirlo *m* blackbird; **ser un ~ blanco** to be one in a million.

mirón, ona *fam* <> *adj* nosey; [con lascivia] peeping. <> *m,f* -**1.** [espectador] onlooker -**2.** [curioso] nosy parker -**3.** [voyeur] peeping Tom.

mirra *f* myrrh.

mirto *m* myrtle.

misa *f* mass; **cantar/decir/oír ~** to sing/say/hear mass; **ir a ~** *lit* to go to mass o church; *fam fig* to be gospel; **lo que yo digo va a ~** what I say goes; **~ cantada/de campaña** sung/open-air mass; **~ de difuntos** requiem, mass for the dead; **~ del gallo** midnight mass *(on Christmas Eve)*; **no saber de la ~ la mitad** *fam* not to know half the story.

misal *m* missal.

misantropía *f* misanthropy.

misántropo, pa *m,f* misanthrope, misanthropist.

miscelánea *f* -**1.** miscellany -**2.** *Méx* [tienda] *small general store*.

miserable <> *adj* -**1.** [pobre] poor; [vivienda] wretched, squalid -**2.** [penoso, insuficiente] miserable -**3.** [vil] contemptible, base -**4.** [tacaño] mean. <> *mf* -**1.** [ruin] wretch, vile person -**2.** [tacaño] mean person, miser.

miseria *f* -**1.** [pobreza] poverty; **vivir en la ~** to live in poverty -**2.** [cantidad muy pequeña] pittance -**3.** [desgracia] misfortune -**4.** [tacañería] meanness.

misericordia *f* compassion; **pedir ~** to beg for mercy.

misericordioso, sa <> *adj* compassionate, merciful. <> *m,f*: **los ~s** the merciful.

mísero, ra *adj* [pobre] wretched; **ni un ~ ...** not even a measly o miserable ...

misil *(pl* **misiles)** *m* missile; **~ de crucero** cruise missile.

misión *f* -**1.** [gen] mission; [cometido] task -**2.** [expedición científica] expedition.

    ➡ **misiones** *fpl RELIG* (overseas) missions.

misionero, ra *adj & m,f* missionary.

misiva *f culto* missive.

mismo, ma <> *adj* -**1.** [igual] same; **el ~ piso** the same flat; **del ~ color que** the same colour as -**2.** [para enfatizar]: **yo ~** I myself; **en este ~ cuarto** in this very room; **en su misma calle** right in the street where he lives; **por mí/ti ~** by myself/yourself; **¡tú ~!** it's up to you. <> *pron*: **el ~** the same; **el ~ que vi ayer** the same one I saw yesterday; **lo ~** the same (thing); **lo ~ que** the same as; **da** *o* **es lo ~** it doesn't matter, it doesn't make any difference; **me da lo ~** I don't care; **por lo ~** for that (very) reason; **estar en las mismas** to be no further forward.

    ➡ **mismo** *(después de sust) adv* -**1.** [para enfatizar]: **lo vi desde mi casa ~** I saw it from my own house; **ahora/aquí ~** right now/here; **ayer ~** only yesterday; **por eso ~** precisely for that reason -**2.** [por ejemplo]: **escoge uno cualquiera — este ~** choose any — this one, for instance.

misoginia *f* misogyny.

misógino, na <> *adj* misogynistic. <> *m,f* misogynist.

míster *(pl* **místers)** *m DEP* ≃ manager.

misterio *m* mystery.

misterioso, sa *adj* mysterious.

mística ▷ **místico**.

misticismo *m* mysticism.

místico, ca <> *adj* mystical. <> *m,f* [persona] mystic.

    ➡ **mística** *f* [práctica] mysticism.

mistificar [10], **mixtificar** *vt* to mystify.

mitad f -**1.** [gen] half; **a ~ de precio** at half price; **a ~ de camino** halfway there; **a ~ de película** halfway through the film; **la ~ de** half (of); **la ~ del tiempo no está** half the time she's not in; **~ y ~** half and half -**2.** [centro] middle; **en ~ de** in the middle of; **(cortar algo) por la ~** (to cut sthg) in half.

mítico, ca adj mythical.

mitificar [10] vt to mythologize.

mitigador, ra adj calming.

mitigar [16] vt -**1.** [gen] to alleviate, to reduce; [ánimos] to calm; [sed] to slake; [hambre] to take the edge off; [choque, golpe] to soften; [dudas, sospechas] to allay -**2.** [justificar] to mitigate.

mitin (pl **mítines**) m rally, meeting.

mito m -**1.** [gen] myth -**2.** [personaje] mythical figure.

mitología f mythology.

mitológico, ca adj mythological.

mitomanía f mythomania.

mitómano, na adj & m,f mythomaniac.

mitón m (fingerless) mitten.

mitote m Méx fam [bulla] racket.

mitra f -**1.** [tocado] mitre -**2.** [cargo] office of archbishop/bishop.

mixtificar [10] = mistificar.

mixto, ta adj mixed; [comisión] joint.

mixtura f mixture.

mízcalo m milk fungus.

ml (abrev de **mililitro**) ml.

mm (abrev de **milímetro**) mm.

mobiliario m furniture; **~ urbano** street furniture.

mocasín m moccasin.

mocetón, ona m,f fam strapping lad (f strapping lass).

moche ⊳ **troche**.

mochila f backpack.

mocho, cha adj [gen] blunt; [árbol] lopped.
➤ **mocho** m [fregona] mop.

mochuelo m little owl; **cargar con el ~** fam to be landed with it.

moción f motion; **~ de censura** censure motion.

moco m fam snot (U); MED mucus (U); **limpiarse los ~s** to wipe one's nose; **sorberse los ~s** to sniffle, to snuffle; **tener ~s** to have a runny nose; **llorar a ~ tendido** fam to cry one's eyes out; **no ser ~ de pavo** fam to be sthg not to be sneezed at, to be no mean feat.

mocoso, sa ⋄ adj runny-nosed. ⋄ m,f fam despec brat.

moda f [gen] fashion; [furor pasajero] craze;

estar de ~ to be fashionable o in fashion; **estar pasado de ~** to be unfashionable o out of fashion; **ir a la última ~** to wear the latest fashion; **ponerse de ~** to come into fashion; **~ pasajera** fad.

modal adj modal.
➤ **modales** mpl manners; **tener buenos/malos ~es** to have good/bad manners.

modalidad f form, type; DEP discipline; **~ de pago** method of payment.

modelado m modelling.

modelar vt to model; fig to form, to shape.

modelismo m modelling.

modelo ⋄ adj model. ⋄ mf model. ⋄ m -**1.** [gen] model; **servir de ~** to serve as a model; **~ económico** ECON economic model -**2.** [prenda de vestir] number.

módem ['moðem] (pl **módems**) m INFORM modem; **~ fax** fax modem.

moderación f moderation; **con ~** in moderation.

moderado, da adj & m,f moderate.

moderador, ra ⋄ adj moderating. ⋄ m,f chair, chairperson.

moderar vt -**1.** [gen] to moderate; [velocidad] to reduce -**2.** [debate] to chair.
➤ **moderarse** vpr to restrain o.s.; **~se en algo** to moderate sthg.

modernidad f modernity.

modernismo m -**1.** [gen & LITER] modernism -**2.** [ARQUIT etc - en España] Modernismo, ≃ Art Nouveau.

modernista adj & m,f -**1.** [gen & LITER] modernist -**2.** [ARQUIT etc - en España] Modernista.

modernización f modernization.

modernizar [13] vt to modernize.
➤ **modernizarse** vpr to modernize.

moderno, na ⋄ adj modern. ⋄ m,f fam trendy (person).

modestia f modesty; **falsa ~** false modesty; **~ aparte** modesty apart.

modesto, ta ⋄ adj modest. ⋄ m,f modest person.

módico, ca adj modest.

modificación f alteration.

modificado, da adj modified; **~ genéticamente** genetically modified.

modificar [10] vt -**1.** [variar] to alter -**2.** GRAM to modify.

modismo m idiom.

modista mf -**1.** [diseñador] fashion designer -**2.** [que cose] tailor (f dressmaker).

modisto m -**1.** [diseñador] fashion designer -**2.** [sastre] tailor.

modo *m* **-1.** [manera, forma] way; **a ~ de** as, by way of; **al ~ de** in the style of; **a mi ~** (in) my own way; **de ese ~** in that way; **de ningún ~** in no way; **de todos ~s** in any case, anyway; **de un ~ u otro** one way or another; **en cierto ~** in some ways; **~ de empleo** instructions *(pl)* for use; **~ de pensar/ser** way of thinking/being; **~ de vida** way of life; **de ~ que** [de manera que] in such a way that; [así que] so **-2.** *GRAM* mood; **~ adverbial** adverbial phrase.
➨ **modos** *mpl* [modales] manners; **buenos/malos ~s** good/bad manners.

modorra *f fam* drowsiness.

modoso, sa *adj* [recatado] modest; [formal] well-behaved.

modulación *f* modulation; **~ de frecuencia** frequency modulation.

modulador, ra *adj* modulating.
➨ **modulador** *m* modulator.

modular <> *adj* modular. <> *vt* to modulate.

módulo *m* **-1.** [gen] module; **~ lunar** lunar module **-2.** [de muebles] unit.

mofa *f* mockery; **hacer ~ de** to mock.

mofarse *vpr* to scoff; **~ de** to mock.

moflete *m* chubby cheek.

mogol, la, mongol, la <> *adj* Mongolian. <> *m,f* [persona] Mongol, Mongolian.
➨ **mogol** *m* [lengua] Mongol, Mongolian.

mogollón *m mfam* **-1.** [muchos]: **~ de** tons *(pl)* of, loads *(pl)* of **-2.** [lío] row, commotion; **entraron/salieron a ~** everyone rushed in/out at once.

mohín *m* grimace, face; **hacer un ~** to make a face.

moho *m* **-1.** [hongo] mould; **criar ~** to go mouldy **-2.** [herrumbre] rust.

mohoso, sa *adj* **-1.** [con hongo] mouldy **-2.** [oxidado] rusty.

moisés *m inv* Moses basket.

mojado, da *adj* wet; [húmedo] damp; **llover sobre ~** to be just too much.

mojama *f* dried salted tuna.

mojar *vt* [sin querer] to get wet; [a propósito] to wet; [humedecer] to dampen; [comida] to dunk; **no mojes el suelo** don't get the floor wet; **moja el pan en la salsa** dip your bread in the sauce.
➨ **mojarse** *vpr* **-1.** [con agua] to get wet **-2.** *fam* [comprometerse] to commit o.s.

mojigatería *f* **-1.** [beatería] prudery **-2.** [falsa humildad] sanctimoniousness.

mojigato, ta <> *adj* **-1.** [beato] prudish **-2.** [con falsa humildad] sanctimonious. <> *m,f* **-1.**

[beato] prude **-2.** [con falsa humildad] sanctimonious person.

mojón *m* [piedra] milestone; [poste] milepost.

molar¹ ▷ **diente**.

molar² *m fam* <> *vt*: **¡cómo me mola esa moto/ese chico!** I think that motorbike/that guy is bloody gorgeous. <> *vi* to be bloody gorgeous.

molcajete *m Méx* mortar.

molde *m* mould.

moldeado *m* **-1.** [del pelo] soft perm, body-wave **-2.** [de figura, cerámica] moulding.

moldear *vt* **-1.** [gen] to mould **-2.** [modelar] to cast **-3.** [cabello] to give a soft perm to.

moldura *f* moulding.

mole <> *f* hulk. <> *m Méx* [salsa] *thick, cooked chilli sauce*; [guiso] *dish served in 'mole' sauce*.

molécula *f* molecule.

molecular *adj* molecular.

moler [24] *vt* **-1.** [gen] to grind; [aceitunas] to press; [trigo] to mill **-2.** *fam* [cansar] to wear out.

molestar *vt* **-1.** [perturbar] to annoy; **¿le molesta que fume?** do you mind if I smoke?; **perdone que le moleste ...** I'm sorry to bother you ... **-2.** [doler] to hurt **-3.** [ofender] to offend.
➨ **molestarse** *vpr* **-1.** [incomodarse] to bother; **no te molestes, yo lo haré** don't bother, I'll do it; **~se en hacer algo** to bother to do sthg; **~se por alguien/algo** to put o.s. out for sb/sthg **-2.** [ofenderse]: **~se (por algo)** to take offence (at sthg).

molestia *f* **-1.** [incomodidad] nuisance; **disculpen las ~s** we apologize for any inconvenience; **si no es demasiada ~** if it's not too much trouble; **tomarse la ~ de hacer algo** to take the trouble to do sthg **-2.** [malestar] discomfort; **siento una ~ en el estómago** my stomach doesn't feel too good.

molesto, ta *adj* **-1.** [incordiante] annoying; [visita] inconvenient **-2.** [irritado]: **~ (con)** annoyed (with) **-3.** [con malestar] in discomfort.

molido, da *adj* **-1.** [gen] ground; [trigo] milled **-2.** *fam* [cansado] worn out; **estar ~ de** to be worn out from.

molinero, ra <> *adj* milling. <> *m,f* miller.

molinete *m* **-1.** [ventilador] extractor fan **-2.** [juguete] toy windmill.

molinillo *m* grinder; **~ de café** coffee mill *o* grinder.

molino *m* mill; ~ **de viento** windmill.

molla *f* **-1.** [parte blanda] flesh **-2.** [gordura] flab.

molleja *f* gizzard.

mollera *f* *fam* [juicio] brains *(pl)*; **ser duro de ~** [estúpido] to be thick in the head; [testarudo] to be pig-headed.

molusco *m* mollusc.

momentáneo, a *adj* [de un momento] momentary; [pasajero] temporary.

momento *m* [gen] moment; [periodo] time; **llegó un ~ en que ...** there came a time when ...; **a cada ~** all the time; **al ~** straightaway; **a partir de este ~** from this moment (on); **de ~, por el ~** for the time being *o* moment; **del ~** [actual] of the day; **de un ~ a otro** any minute now; **dentro de un ~** in a moment; **desde el ~ (en) que ...** [tiempo] from the moment that ...; [causa] seeing as ...; **en algún ~** sometime; **~s después** moments later; **por ~s** by the minute; **~ decisivo** turning point.

momia *f* mummy.

momificar [10] *vt* to mummify.

➡ **momificarse** *vpr* to mummify.

momio, mia *adj* *Chile fam* [carcamal] square, untrendy.

mona ➪ **mono**.

monacal *adj* monastic.

monada *f* **-1.** [persona]: **su novia es una ~** his girlfriend is gorgeous; **¡qué ~ de bebé!** what a cute baby! **-2.** [cosa] lovely thing; **¡qué ~ de falda!** what a lovely skirt!

➡ **monadas** *fpl* [gracias] antics; **hacer ~s** to monkey *o* clown around.

monaguillo *m* altar boy.

monarca *m* monarch.

monarquía *f* monarchy; **~ absoluta/constitucional/parlamentaria** absolute/constitutional/parliamentary monarchy.

monárquico, ca ◇ *adj* monarchic. ◇ *m,f* monarchist.

monasterio *m* [de monjes] monastery; [de monjas] convent.

monástico, ca *adj* monastic.

Moncloa *f*: **la ~** *residence of the Spanish premier*.

LA MONCLOA ▰▰▰▰

This palace in Madrid is the residence of the Spanish premier, and the place where the *pactos de la Moncloa*, economic and social agreements drawn up between 1977 and 1978, were signed. By extension, the phrase refers to the Spanish government.

monda *f* [acción] peeling; [piel] peel; **ser la ~** *m fam* [extraordinario] to be amazing; [gracioso] to be a scream.

mondadientes *m inv* toothpick.

mondadura *f* **-1.** [acción] peeling **-2.** [piel] peel.

mondar *vt* to peel.

➡ **mondarse** *vpr*: **~se (de risa)** *fam* to laugh one's head off.

mondongo *m* innards *(pl)*.

moneda *f* **-1.** [pieza] coin; **~ suelta** small change *(U)*; **pagar a alguien con** *o* **en la misma ~** to pay sb back in kind; **ser ~ corriente** to be commonplace **-2.** [divisa] currency; **~ débil/fuerte** weak/strong currency; **~ corriente** legal tender; **~ divisionaria** *o* **fraccionaria** minor unit of currency; **~ única** single currency.

monedero *m* **-1.** [gen] purse **-2.** [tarjeta]: **~ electrónico** electronic purse.

monegasco, ca *adj* & *m,f* Monacan, Monegasque.

monería *f* *(gen pl)* antic; **hacer ~s** to monkey *o* clown around.

monetario, ria *adj* monetary.

mongol, la = mogol.

mongólico, ca *MED* ◇ *adj* Down's syndrome *(antes de sust)*. ◇ *m,f* Down's syndrome person.

mongolismo *m* Down's syndrome.

monigote *m* **-1.** [muñeco] rag *o* paper doll **-2.** [dibujo] doodle **-3.** *fig* [persona] puppet.

monitor, ra *m,f* [persona] instructor.

➡ **monitor** *m* INFORM & TECN monitor; **~ en color** colour monitor.

monja *f* nun.

monje *m* monk.

mono, na ◇ *adj* lovely. ◇ *m,f* [animal] monkey; **aunque la mona se vista de seda, mona se queda** *proverb* you can't make a silk purse out of a sow's ear *proverb*; **mandar a alguien a freír monas** *fam* to tell sb to get lost; **ser el último ~** to be bottom of the heap.

➡ **mono** *m* **-1.** [prenda - con peto] dungarees *(pl)*; [- con mangas] overalls *(pl)* **-2.** *fam* [abstinencia] cold turkey.

➡ **mona** *f* *fam* [borrachera]: **coger una mona** to get legless; **dormir la mona** to sleep it off.

monobloque *m* *Arg* tower block.

monocarril *adj* & *m* monorail.

monocolor *adj* monochrome.

monocorde *adj* -**1.** [monótono] monotonous -**2.** *MÚS* single-stringed.

monóculo *m* monocle.

monogamia *f* monogamy.

monógamo, ma ◇ *adj* monogamous. ◇ *m,f* monogamous person.

monografía *f* monograph.

monográfico, ca *adj* monographic.

monolingüe *adj* monolingual.

monolítico, ca *adj* monolithic.

monolito *m* monolith.

monologar [16] *vi* to give a monologue.

monólogo *m* monologue; *TEATR* soliloquy.

monomanía *f* obsession.

monomaniaco, ca, monomaníaco, ca *adj & m,f* obsessive.

monopatín *m* skateboard.

monoplano *adj & m* monoplane.

monoplaza ◇ *adj* single-seat (antes de sust). ◇ *m* single-seater.

monopolio *m* monopoly.

monopolización *f* monopolization.

monopolizador, ra ◇ *adj* monopolistic. ◇ *m,f* monopolist.

monopolizar [13] *vt lit & fig* to monopolize.

monorraíl *adj & m* monorail.

monosilábico, ca *adj* monosyllabic.

monosílabo, ba *adj* monosyllabic. ◆ **monosílabo** *m* monosyllable.

monoteísmo *m* monotheism.

monoteísta ◇ *adj* monotheistic. ◇ *mf* monotheist.

monotonía *f* -**1.** [uniformidad] monotony -**2.** [entonación] monotone.

monótono, na *adj* monotonous.

monovolumen *m* people carrier.

monóxido *m* monoxide; ~ **de carbono** carbon monoxide.

monseñor *m* Monsignor.

monserga *f fam* drivel (U); **déjate de** ~**s, no me vengas con** ~**s** don't give me that rubbish.

monstruo ◇ *adj inv* -**1.** [grande] enormous, monster (antes de sust) -**2.** [prodigioso] fantastic. ◇ *m* -**1.** [gen] monster -**2.** [prodigio] giant, marvel.

monstruosidad *f* -**1.** [crueldad] monstrosity, atrocity -**2.** [fealdad] hideousness -**3.** [anomalía] freak -**4.** [enormidad] hugeness.

monstruoso, sa *adj* -**1.** [cruel] monstrous -**2.** [feo] hideous -**3.** [enorme] huge, enormous -**4.** [deforme] terribly deformed.

monta *f* -**1.** [suma] total -**2.** [importancia]

importance; **de poca** ~ of little importance.

montacargas *m inv* goods lift *UK*, freight elevator *US*.

montador, ra *m,f* -**1.** [obrero] fitter -**2.** *CIN* editor.

montaje *m* -**1.** [de máquina] assembly -**2.** *TEATR* staging -**3.** *FOT* montage -**4.** *CIN* editing -**5.** [farsa] put-up job.

montante *m* -**1.** [ARQUIT- de armazón] upright; [- de ventana] mullion; [- de puerta] jamb -**2.** [ventanuco] fanlight -**3.** [importe] total; ~**s compensatorios** *COM* compensating duties -**4.** *loc:* **coger el** ~ to go away, to leave.

montaña *f lit & fig* mountain; **ir de excursión a la** ~ to go on a trip to the mountains; ~ **rusa** roller coaster, big dipper; **hacer una** ~ **de algo** to make a big thing of sthg; **hacer una** ~ **de un grano de arena** to make a mountain out of a molehill.

montañero, ra ◇ *adj* mountaineering. ◇ *m,f* mountaineer.

montañés, esa ◇ *adj* -**1.** [santanderino] of or relating to Santander -**2.** [de la montaña] highland (antes de sust), mountain (antes de sust). ◇ *m,f* -**1.** [santanderino] person from Santander -**2.** [de la montaña] highlander.

montañismo *m* mountaineering.

montañoso, sa *adj* mountainous.

montar ◇ *vt* -**1.** [ensamblar - máquina, estantería] to assemble; [- tienda de campaña, tenderete] to put up -**2.** [encajar]: ~ **algo en algo** to fit sthg into sthg -**3.** [organizar - negocio, piso] to set up -**4.** [cabalgar] to ride -**5.** [poner encima]: ~ **a alguien en** to lift sb onto -**6.** [CULIN - nata] to whip; [- claras, yemas] to beat -**7.** *TEATR* to stage -**8.** *CIN* to cut, to edit. ◇ *vi* -**1.** [subir] to get on; [en coche] to get in; ~ **en** [gen] to get onto; [coche] to get into; [animal] to mount -**2.** [ir montado] to ride; ~ **en bicicleta/a caballo** to ride a bicycle/a horse -**3.** [sumar]: ~ **a** to come to, to total; **tanto monta** it's all the same.
◆ **montarse** *vpr* -**1.** [gen] to get on; [en coche] to get in; [en animal] to mount; ~**se en** [gen] to get onto; [coche] to get into; [animal] to mount -**2.** *loc:* **montárselo** *fam* to manage it, to organize things.

monte *m* [elevación] mountain; [terreno] woodland; ~ **bajo** scrub; **echarse** *o* **tirarse al** ~ *lit* to take to the hills; *fig* to go to extremes; **no todo el** ~ **es orégano** *proverb* life's not a bowl of cherries.
◆ **monte de piedad** *m* state pawnbroker's.
◆ **monte de Venus** *m* mons veneris.

montepío *m* mutual aid society.

montera *f* bullfighter's hat; *ver también* **tauromaquia**.

montés *adj* wild.

montículo *m* hillock.

montilla *m* Montilla, *dry sherry from Montilla near Córdoba*.

monto *m* total.

montón *m* **-1.** [pila] heap, pile; **a** *o* **en** ~ everything together *o* at once; **del** ~ ordinary, run-of-the-mill **-2.** [muchos] loads; **un** ~ **de** loads of; **a montones** by the bucketload.

montuno, na *adj Andes* unsociable.

montura *f* **-1.** [cabalgadura] mount **-2.** [arreos] harness; [silla] saddle **-3.** [soporte - de gafas] frame; [- de joyas] mounting.

monumental *adj* **-1.** [ciudad, lugar] famous for its monuments **-2.** [fracaso etc] monumental.

monumento *m* monument.

monzón *m* monsoon.

moña ◇ *f* **-1.** *fam* [borrachera]: **coger una** ~ to get smashed **-2.** [adorno] ribbon. ◇ *m mfam* poof.

moño *m* **-1.** bun *(of hair)*; **agarrarse del** ~ [pegarse] to pull each other's hair out; **estar hasta el** ~ **(de)** to be sick to death (of) **-2.** *Amér* [lazo] bow.

moquear *vi* to have a runny nose.

moqueta *f* fitted carpet.

moquillo *m VETER* distemper.

mora *f* **-1.** [de la zarzamora] blackberry **-2.** [del moral] mulberry.

morada *f culto* dwelling.

morado, da *adj* purple; **pasarlas moradas** *fam* to have a bad time of it; **ponerse** ~ *fam* to stuff o.s.

➡ **morado** *m* **-1.** [color] purple **-2.** [golpe] bruise.

moral ◇ *adj* moral. ◇ *f* **-1.** [ética] morality **-2.** [ánimo] morale; **estar bajo de** ~ to be in poor spirits; **levantar la** ~ **a alguien** to raise sb's morale, to lift sb's spirits. ◇ *m* [árbol] mulberry tree.

moraleja *f* moral.

moralidad *f* morality.

moralismo *m* moralism.

moralista *mf* moralist.

moralizar [13] *vi* to moralize.

morapio *m fam* cheap red wine, plonk.

moratoria *f* moratorium.

morbo *m* **-1.** *fam* [placer malsano] morbid pleasure **-2.** *MED* disease.

morbosidad *f* morbidity.

morboso, sa *adj* morbid.

morcilla *f CULIN* ≃ black pudding *UK*, ≃ blood sausage *US*; **¡que te/os den** ~! *mfam* you can stuff it, then!

morcillo *m* foreknuckle.

mordacidad *f* sharpness, mordacity.

mordaz *adj* caustic, biting.

mordaza *f* gag.

mordedura *f* bite.

morder [24] ◇ *vt* **-1.** [con los dientes] to bite **-2.** [gastar] to eat into. ◇ *vi* to bite; **estar que muerde** to be hopping mad.

➡ **morderse** *vpr*: ~**se la lengua/las uñas** to bite one's tongue/nails.

mordida *f CAm & Méx fam* [soborno] bribe.

mordisco *m* bite; **a** ~**s** by biting; **dar un** ~ **a algo** to give sthg a bite.

mordisquear *vt* to nibble (at).

moreno, na ◇ *adj* **-1.** [pelo, piel] dark; [por el sol] tanned; **ponerse** ~ to get a tan **-2.** [pan, azúcar] brown. ◇ *m,f* [de pelo] dark-haired person; [de piel] dark-skinned person.

➡ **morena** *f* [pez] moray eel.

morera *f* white mulberry.

moretón *m* bruise.

morfema *m* morpheme.

morfina *f* morphine.

morfología *f* morphology.

moribundo, da ◇ *adj* dying. ◇ *m,f* dying person.

morir [25] *vi* **-1.** [gen] to die; ~ **de algo** to die of sthg **-2.** [río, calle] to come out **-3.** [fuego] to die down; [luz] to go out; [día] to come to a close.

➡ **morirse** *vpr* **-1.** [fallecer]: ~**se (de)** to die (of) **-2.** [sentir con fuerza]: ~**se de envidia/ira** to be burning with envy/rage; **me muero de ganas de ir a bailar** I'm dying to go dancing; **me muero de hambre/frío** I'm starving/freezing; ~**se por algo** to be dying for sthg; ~**se por alguien** to be crazy about sb.

morisco, ca ◇ *adj referring to Moors in Spain baptized after the Reconquest.* ◇ *m,f* baptized Moor.

mormón, ona *adj & m,f* Mormon.

moro, ra ◇ *adj* **-1.** *HIST* Moorish **-2.** *fam* [machista] sexist. ◇ *m,f* **-1.** *HIST* Moor; ~**s y cristianos** *traditional Spanish festival involving mock battle between Moors and Christians* **-2.** [árabe] Arab *(N.B.: the term 'moro' is considered to be racist)*; **no hay** ~**s en la costa** the coast is clear.

➡ **moro** *m fam fig* [machista] sexist (man).

MOROS Y CRISTIANOS
This traditional festival is especially popular in the east of Spain. A mock battle is held to simulate the battles which took place between Moors and Christians during the Spanish Reconquest.

morocho, cha <> *adj Andes, RP* [persona] dark-haired; *Ven* [mellizo] twin. <> *m,f Andes, RP* [moreno] dark-haired person; *Ven* [mellizo] twin.

moronga *f CAm, Méx* black pudding *UK*, blood sausage *US*.

moroso, sa *COM* <> *adj* defaulting. <> *m,f* defaulter, bad debtor.

morral *m MIL* haversack; [de cazador] game-bag.

morralla *f* - **1.** *despec* [personas] scum; [cosas] junk - **2.** [pescado] small fry - **3.** *Méx* [suelto] loose change.

morrear *m fam vt & vi* to snog.
 morrearse *vpr* to snog.

morriña *f* [por el país de uno] homesickness; [por el pasado] nostalgia.

morro *m* - **1.** [hocico] snout - **2.** *(gen pl) fam* [labios] (thick) lips *(pl)*; **beber a** ~ to drink straight from the bottle; **estar de** ~**s** to be angry; **por el** ~ through sheer cheek *o* nerve; **romperle con** ~**s a alguien** to smash sb's face in; **¡qué** ~ **tiene!** *fam* he's got a cheek! - **3.** *fam* [de coche, avión] nose.

morrocotudo, da *adj fam* tremendous.

morsa *f* walrus.

morse *m (en aposición inv)* Morse (code).

mortadela *f* Mortadella.

mortaja *f* shroud.

mortal <> *adj* mortal; [caída, enfermedad] fatal; [aburrimiento, susto, enemigo] deadly. <> *mf* mortal.

mortalidad *f* mortality.

mortandad *f* mortality.

mortecino, na *adj* [luz, brillo] faint; [color, mirada] dull.

mortero *m* mortar.

mortífero, ra *adj* deadly.

mortificar [10] *vt* to mortify.

moruno, na *adj* Moorish.

mosaico, ca *adj* Mosaic.
 mosaico *m* mosaic.

mosca *f* fly; ~ **tse-tsé** tsetse fly; **aflojar** *o* **soltar la** ~ to cough up, to fork out; **cazar** ~**s** to twiddle one's thumbs; **estar con** *o* **tener la** ~ **detrás de la oreja** *fam* to be suspicious *o* distrustful; **estar** ~ *fam* [enfadado] to be in a mood; [con sospechas] to smell a rat; **no se oía ni una** ~ you could

have heard a pin drop; **por si las** ~**s** just in case; **¿qué** ~ **te ha picado?** what's up with you?
 mosca muerta *mf* slyboots, hypocrite.

moscardón *m* - **1.** *ZOOL* blowfly - **2.** *fam* [persona] pest, creep.

moscatel *m* Muscatel, *dessert wine made from muscat grapes*.

moscón *m* - **1.** *ZOOL* meatfly, bluebottle - **2.** *fam* [persona] pest, creep.

moscovita *adj & m,f* Muscovite.

Moscú Moscow.

mosqueado, da *adj fam* [enfadado] cross, in a mood.

mosquearse *vpr fam* [enfadarse] to get cross; [sospechar] to smell a rat.

mosqueo *m fam* annoyance, anger.

mosquete *m* musket.

mosquetero *m* musketeer.

mosquetón *m* short carbine.

mosquitero *m* mosquito net.

mosquito *m* mosquito.

mosso d'Esquadra *m member of the Catalan police force.*

mostacho *m* moustache.

mostaza *f* mustard.

mosto *m* [residuo] must; [zumo de uva] grape juice.

mostrador *m* [en tienda] counter; [en bar] bar.

mostrar [23] *vt* to show.
 mostrarse *vpr* to appear, to show o.s.; **se mostró muy interesado** he expressed great interest.

mostrenco, ca <> *adj* [sin dueño] without an owner, unclaimed. <> *m,f fam* [torpe] thick *o* stupid person.

mota *f* [de polvo] speck; [en tela] dot.

mote *m* - **1.** nickname; **poner un** ~ **a alguien** to nickname sb - **2.** *Andes* [maíz] stewed maize *UK o* corn *US*.

moteado, da *adj* speckled; [vestido] dotted.

motel *m* motel.

motín *m* [del pueblo] uprising, riot; [de las tropas] mutiny.

motivación *f* motive, motivation *(U)*.

motivar *vt* - **1.** [causar] to cause; [impulsar] to motivate - **2.** [razonar] to explain, to justify.

motivo *m* - **1.** [causa] reason, cause; [de crimen] motive; **bajo ningún** ~ under no circumstances; **con** ~ **de** [por causa de] because of; [para celebrar] on the occasion of; [con el fin de] in order to; **dar** ~ **a** to give reason to; **sin** ~ for no reason; **tener** ~**s para** to have reason to - **2.** *ARTE, LITER & MÚS* motif.

moto *f* motorbike *UK*, motorcycle; **ponerse como una ~** *fam* [por nervios] to get worked up; [sexualmente] to get horny; [por drogas] to get high.

motocicleta *f* motorbike, motorcycle.

motociclismo *m* motorcycling.

motociclista *mf* motorcyclist.

motonáutico, ca *adj* speedboat *(antes de sust)*.

➡ **motonáutica** *f* speedboat racing.

motoneta *f Amér* (motor) scooter.

motonetista *mf Amér* scooter rider.

motor (*f* **motora** *o* **motriz**) *adj* motor.

➡ **motor** *m* - **1.** [aparato] motor, engine; **~ diesel/de gasolina** diesel/fuel engine; **~ de inyección/reacción** fuel-injection/jet engine; **~ de arranque** starter, starting motor; **~ de búsqueda** INFORM search engine; **~ de combustión interna** internal combustion engine; **~ eléctrico** electric motor; **~ de explosión** spark-ignition engine; **~ fuera borda** outboard motor - **2.** [fuerza] dynamic force - **3.** [causa] instigator, cause.

➡ **motora** *f* motorboat.

motorismo *m* motorcycling.

motorista *mf* motorcyclist.

motorizado, da *adj* motorized.

motorizar [13] *vt* to motorize.

➡ **motorizarse** *vpr fam* to get o.s. some wheels.

motosierra *f* power saw.

motricidad *f* motivity.

motriz ⊳ **motor**.

motu propio *adv*: **(de) ~** of one's own accord.

mousse [mus] *m inv* CULIN mousse.

movedizo, za *adj* - **1.** [movible] movable, easily moved - **2.** [inestable] unsteady, unstable.

mover [24] *vt* - **1.** [gen & INFORM] to move; [mecánicamente] to drive - **2.** [cabeza - afirmativamente] to nod; [- negativamente] to shake - **3.** [suscitar] to arouse, to provoke - **4.** *fig* [empujar]: **~ a alguien a algo/a hacer algo** to drive sb to sthg/to do sthg.

➡ **mover a** *vi* - **1.** [incitar] to incite to - **2.** [causar] to provoke, to cause.

➡ **moverse** *vpr* - **1.** [gen] to move; [en la cama] to toss and turn - **2.** [darse prisa] to get a move on - **3.** [hacer gestiones] to make an effort - **4.** [relacionarse]: **~se en/entre** to move in/among.

movible *adj* movable.

movido, da *adj* - **1.** [debate, torneo] lively; [persona] active, restless; [jornada, viaje] hectic

- **2.** FOT blurred, fuzzy.

➡ **movida** *f fam* [ambiente] scene; **la movida madrileña** *the Madrid scene of the late 1970s*.

LA MOVIDA MADRILEÑA

This movement, which emerged in Madrid at the end of the 1970s, brought new cultural life to the city in the fields of music and cinema. Its most celebrated exponents were cinema directors such as Pedro Almodóvar, pop groups such as Radio Futura, and so on.

móvil ⊳ *adj* mobile, movable. ⊳ *m* - **1.** [motivo] motive - **2.** [juguete] mobile.

movilidad *f* mobility.

movilización *f* mobilization.

movilizar [13] *vt* to mobilize.

movimiento *m* - **1.** [gen & POLÍT] movement; **~ obrero/pacifista** working-class/pacifist movement - **2.** FÍS & TECN motion; **poner en ~** to put in motion; **~ continuo/de rotación** perpetual/rotational motion; **~ sísmico** earth tremor - **3.** [circulación - gen] activity; [- de personal, mercancías] turnover; [- de vehículos] traffic; **~ de capital** cash flow - **4.** [MÚS - parte de la obra] movement; [- velocidad del compás] tempo.

moviola *f* editing projector.

moza ⊳ **mozo**.

mozalbete *m* young lad.

mozárabe ⊳ *adj* Mozarabic, *Christian in the time of Moorish Spain*. ⊳ *mf* [habitante] Mozarab, *Christian of Moorish Spain*. ⊳ *m* [lengua] Mozarabic.

mozo, za ⊳ *adj* [joven] young; [soltero] single, unmarried. ⊳ *m,f* - **1.** young boy (*f* young girl), young lad (*f* young lass) - **2.** *Andes, RP* [camarero] waiter (*f* waitress).

➡ **mozo** *m* - **1.** [trabajador] assistant (worker); **~ de cordel** *o* **de cuerda** porter; **~ de estación** (station) porter - **2.** [recluta] conscript.

➡ **moza** *f* [sirvienta] girl, maid.

MP3 (*abrev de* **MPEG-1 Audio Layer-3**) *m* [inform] MP3.

mu *m* [mugido] moo; **no decir ni ~** not to say a word.

mucamo, ma *m,f Andes, RP* [en casa] maid; [en hotel] chamberperson (*f* chambermaid).

muchachada *f Amér* group of youngsters.

muchacho, cha *m,f* boy (*f* girl).

➡ **muchacha** *f* [sirvienta] maid.

muchedumbre *f* [de gente] crowd, throng; [de cosas] great number, masses *(pl)*.

mucho, cha ⊳ *adj* - **1.** [gran cantidad] *(en sg)*

a lot of; *(en pl)* many, a lot of; *(en interrogativas y negativas)* much, a lot of; **tengo ~ sueño** I'm very sleepy; **~s días** several days; **no tengo ~ tiempo** I haven't got much time **- 2.** *(en sg)* [demasiado]: **hay ~ niño aquí** there are too many kids here. <> *pron (en sg)* a lot; *(en pl)* many, a lot; **tengo ~ que contarte** I have a lot to tell you; **¿queda dinero? - no ~** is there any money left? - not much *o* not a lot; **~s piensan igual** a lot of *o* many people think the same.

➡ **mucho** *adv* **- 1.** [gen] a lot; **habla ~** he talks a lot; **me canso ~** I get really *o* very tired; **me gusta ~** I like it a lot *o* very much; **no me gusta ~** I don't like it much; **(no) ~ más tarde** (not) much later **- 2.** [largo tiempo]: **hace ~ que no vienes** I haven't seen you for a long time; **¿dura ~ la obra?** is the play long?; **~ antes/después** long before/after **- 3.** [frecuentemente]: **¿vienes ~ por aquí?** do you come here often? **- 4.** *loc:* **como ~** at the most; **con ~** by far, easily; **ni con ~** not by a long chalk; **ni ~ menos** far from it, by no means; **no está ni ~ menos decidido** it is by no means decided.

➡ **por mucho que** *loc conj* no matter how much, however much; **por ~ que insistas** no matter how much *o* however much you insist.

mucosidad *f* mucus.

mucoso, sa *adj* mucous.

➡ **mucosas** *fpl* mucous membranes.

muda *f* **- 1.** [de la voz] breaking; [de piel, plumas] moulting **- 2.** [ropa interior] change of underwear.

mudable *adj* [persona] changeable; [carácter] fickle.

mudanza *f* move; **estar de ~** to be moving.

mudar <> *vt* **- 1.** [gen] to change; [casa] to move; **cuando mude la voz** when his voice breaks **- 2.** [piel, plumas] to moult. <> *vi* [cambiar]: **~ de** [opinión, color] to change; [domicilio] to move.

➡ **mudarse** *vpr:* **~se (de casa)** to move (house); **~se (de ropa)** to change.

mudéjar *adj & m,f* Mudejar.

mudo, da <> *adj* **- 1.** [sin habla] dumb **- 2.** [callado] silent, mute; **se quedó ~** he was left speechless **- 3.** [sin sonido] silent. <> *m,f* dumb person, mute.

mueble <> *m* piece of furniture; **los ~s** the furniture *(U)*; **~ bar** cocktail cabinet; **salvar los ~s** to save face. <> *adj* ▷ **bien**.

mueca *f* [gen] face, expression; [de dolor] grimace; **hacer ~s** to make faces.

muela <> ▷ **moler**. <> *f* **- 1.** [diente - gen]

tooth; [- molar] molar; **dolor de ~s** toothache; **~ del juicio** wisdom tooth **- 2.** [de molino] millstone; [para afilar] grindstone.

muelle *m* **- 1.** [de colchón, reloj] spring **- 2.** [en el puerto] dock, quay; [en el río] wharf.

muera ▷ **morir**.

muerda *etc* ▷ **morder**.

muérdago *m* mistletoe.

muere ▷ **morir**.

muermo *m fam* bore, drag; **tener ~** to be bored.

muerte *f* **- 1.** [gen] death; **a ~** to the death, to the bitter end; **hasta la ~** until death; **hasta que la ~ nos separe** till death do us part; **un susto de ~** a terrible shock; **~ cerebral** brain death; **~ natural/violenta** natural/violent death; **~ súbita** [de bebé] cot death; *FTBL* sudden death; [en tenis] tiebreak, tiebreaker; **de mala ~** third-rate, lousy; **estar de ~** *fam* [comida] to be yummy; [persona] to be gorgeous **- 2.** [homicidio] murder.

muerto, ta <> *pp* ▷ **morir**. <> *adj* **- 1.** [gen] dead; **caer ~** to drop dead; **estar ~ (de cansancio)** to be dead tired; **estar ~ de miedo/frío** to be scared/freezing to death; **estar ~ de hambre** to be starving **- 2.** [color] dull **- 3.** *loc:* **más ~ que vivo** frightened half to death; **medio ~** [cansado] dead beat; **no tener donde caerse ~** not to have a penny to one's name. <> *m,f* dead person; [cadáver] corpse; **hubo dos ~s** two people died; **hacerse el ~** to pretend to be dead, to play dead; **callarse como un ~** to keep dead quiet; **cargar con el ~** [trabajo, tarea] to be left holding the baby; [culpa] to get the blame; **el ~ al hoyo y el vivo al bollo** *proverb* dead men have no friends *proverb*; **hacer el ~** to float on one's back.

muesca *f* **- 1.** [concavidad] notch, groove **- 2.** [corte] nick.

muestra <> ▷ **mostrar**. <> *f* **- 1.** [pequeña cantidad] sample; **~ gratuita** free sample; **para ~ (basta) un botón** one example is enough **- 2.** [señal] sign, show; [prueba] proof; [de cariño, aprecio] token; **dar ~s de** to show signs of **- 3.** [modelo] model, pattern **- 4.** [exposición] show, exhibition.

muestrario *m* collection of samples.

muestreo *m* sample; [acción] sampling.

mueva *etc* ▷ **mover**.

mugido *m* [de vaca] moo, mooing *(U)*; [de toro] bellow, bellowing *(U)*.

mugir [15] *vi* [vaca] to moo; [toro] to bellow.

mugre *f* filth, muck.

mugriento, ta *adj* filthy.

muguete *m* lily of the valley.

muja ⊳ mugir.

mujer *f* woman; [cónyuge] wife; **ser toda una** ~ to be quite a woman; ~ **de su casa** good housewife; ~ **fatal** femme fatale; ~ **de la limpieza** cleaning lady; ~ **de negocios** businesswoman; ~ **objeto** sex object; ~ **pública** prostitute.

mujeriego, ga *adj* fond of the ladies.
➡ **mujeriego** *m* womanizer, lady's man.

mujerzuela *f despec* loose woman.

mulato, ta *adj & m,f* mulatto.

muleta *f* **-1.** [para andar] crutch; *fig* prop, support **-2.** *TAUROM* muleta, *red cape hanging from a stick used to tease the bull; ver también* **tauromaquia**.

muletilla *f* [frase] pet phrase; [palabra] pet word.

mullido, da *adj* soft, springy.

mullir *vt* to soften; [lana, almohada] to fluff up.

mulo, la *m,f* **-1.** *ZOOL* mule; **ser más terco que una mula** to be as stubborn as a mule **-2.** *fam* [persona] brute, beast.

multa *f* fine; **poner una** ~ **a alguien** to fine sb.

multar *vt* to fine.

multicolor *adj* multicoloured.

multicopista *f* duplicator, duplicating machine.

multicultural *adj* multicultural.

multidisciplinar, multidisciplinario, ria *adj* multidisciplinary.

multiestación *f*: ~ **(de musculación)** multigym.

multilateral *adj* multilateral.

multimedia *adj inv INFORM* multimedia.

multimillonario, ria ⬦ *adj*: **un negocio** ~ a multimillion pound *o* dollar business. ⬦ *m,f* multimillionaire.

multinacional *adj & f* multinational.

múltiple *adj* [variado] multiple.
➡ **múltiples** *adj pl* [numerosos] many, numerous.

multiplicable *adj* multipliable.

multiplicación *f* multiplication.

multiplicador, ra *adj* multiplying.
➡ **multiplicador** *m MAT* multiplier.

multiplicando *m* multiplicand.

multiplicar [10] *vt & vi* to multiply.
➡ **multiplicarse** *vpr* **-1.** [persona] to do lots of things at the same time **-2.** *BIOL* to multiply.

multiplicidad *f* multiplicity.

múltiplo, pla *adj* multiple.
➡ **múltiplo** *m* multiple; **mínimo común** ~ lowest common multiple.

multipuesto *adj inv INFORM* multi-terminal *(antes de sust)*.

multisalas *m inv* [cine] multiplex cinema.

multitarea *adj inv INFORM* multitasking.

multitud *f* [de personas] crowd; **una** ~ **de cosas** loads of *o* countless things.

multitudinario, ria *adj* extremely crowded; [manifestación] mass *(antes de sust)*.

multiuso *adj inv* multipurpose.

mundanal *adj* worldly.

mundano, na *adj* **-1.** [del mundo] worldly, of the world **-2.** [de la vida social] (high) society.

mundial ⬦ *adj* [política, economía, guerra] world *(antes de sust)*; [tratado, organización, fama] worldwide. ⬦ *m* World Championships *(pl)*; [en fútbol] World Cup.

mundillo *m* world, circles *(pl)*; **el** ~ **literario** the literary world, literary circles.

mundo *m* **-1.** [gen] world; **el nuevo** ~ the New World; **el otro** ~ the next world, the hereafter; **irse al otro** ~ to pass away; **el tercer** ~ the Third World; **desde que el** ~ **es** ~ since the dawn of time; **el** ~ **anda al revés** the world has been turned on its head; **el** ~ **es un pañuelo** it's a small world; **medio** ~ half the world, a lot of people; **no es cosa** *o* **nada del otro** ~ it's nothing special; **ponerse el** ~ **por montera** not to give a damn what people think; **por nada del** ~ not for (all) the world; **se le cayó el** ~ **encima** his world fell apart; **todo el** ~ everyone, everybody; **venir al** ~ to come into the world, to be born **-2.** [diferencia]: **hay un** ~ **entre ellos** they are worlds apart **-3.** [experiencia]: **hombre/mujer de** ~ man/woman of the world; **tener** ~ to be worldly-wise, to know the ways of the world; **ver** *o* **correr** ~ to see life.

mundología *f* worldly wisdom, experience of life.

munición *f* ammunition.

municipal ⬦ *adj* town *(antes de sust)*, municipal; [elecciones] local; [instalaciones] public. ⬦ *mf* ⊳ **guardia**.

municipio *m* **-1.** [corporación] town council **-2.** [edificio] town hall **-3.** [territorio] town, municipality **-4.** [habitantes] inhabitants of a town *o* municipality.

muñeco, ca *m,f* [juguete] doll; [marioneta] puppet; ~ **de peluche** cuddly *o* soft toy; ~ **de trapo** rag doll.
➡ **muñeco** *m fig* puppet.
➡ **muñeca** *f* **-1.** *ANAT* wrist **-2.** [mujer] doll **-3.** *Andes & RP fam* [enchufe]: **tener** ~ to have

friends in high places.
- **muñeco de nieve** *m* snowman.

muñeira *f popular Galician dance and music.*

muñequera *f* wristband.

muñón *m* stump.

mural <> *adj* [pintura] mural; [mapa] wall. <> *m* mural.

muralla *f* wall.

murciano, na *adj & m,f* Murcian.

murciélago *m* bat.

murga *f* -**1.** [charanga] band of street musicians -**2.** *fam* [pesadez] drag, pain; **dar la** ~ to be a pain.

muriera *etc* ⊳ **morir**.

murmullo *m* [gen] murmur, murmuring *(U)*; [de hojas] rustle, rustling *(U)*; [de insectos] buzz, buzzing *(U)*.

murmuración *f* backbiting *(U)*, gossip *(U)*.

murmurador, ra <> *adj* backbiting, gossiping. <> *m,f* backbiter, gossip.

murmurar <> *vt* to murmur. <> *vi* -**1.** [susurrar - persona] to murmur, to whisper; [- agua, viento] to murmur, to gurgle; [- hojas] to rustle -**2.** [criticar]: ~ **(de)** to gossip *o* backbite (about) -**3.** [rezongar, quejarse] to grumble.

muro *m lit & fig* wall; ~ **de contención** retaining wall; ~ **de las lamentaciones** Wailing Wall.
- **muro del sonido** *m* sound barrier.

mus *m inv* card game played in pairs with bidding and in which players communicate by signs.

musa *f* -**1.** [inspiración] muse -**2.** *MITOL* Muse.
- **musas** *fpl* [artes] arts.

musaraña *f ZOOL* shrew; **mirar a las** ~s to stare into space *o* thin air; **pensar en las** ~s to have one's head in the clouds.

musculación *f* body-building.

muscular *adj* muscular.

musculatura *f* muscles *(pl)*.

músculo *m* muscle.

musculoso, sa *adj* muscular.

muselina *f* muslin.

museo *m* museum; ~ **de arte** art gallery.

musgo *m* moss.

música ⊳ **músico**.

musical *adj & m* musical.

musicalidad *f* musicality.

músico, ca <> *adj* musical. <> *m,f* [persona] musician; ~ **callejero** street musician, busker.
- **música** *f* music; **poner música a algo** to set sthg to music; **música clásica/de cámara** classical/chamber music; **música instrumental/vocal** instrumental/choral music; **música ligera/pop** light/pop music; **música ambiental** background music; **música celestial** *irón* hot air, empty words *(pl)*; **irse con la música a otra parte** to clear off; **mandar a alguien con la música a otra parte** to send sb packing.

musitar *vt* to mutter, to mumble.

muslo *m* thigh; [de pollo] drumstick.

mustela *f* -**1.** [comadreja] weasel -**2.** [pez] dogfish.

mustiar [8] *vt* to wither, to wilt.
- **mustiarse** *vpr* to wither, to wilt.

mustio, tia *adj* -**1.** [flor, planta] withered, wilted -**2.** [persona] down, gloomy.

musulmán, ana *adj & m,f* Muslim, Moslem.

mutable *adj* changeable, mutable.

mutación *f* [cambio] sudden change; *BIOL* mutation.

mutante *adj & m,f* mutant.

mutar *vt* to mutate.

mutilación *f* mutilation *(U)*.

mutilado, da <> *adj* mutilated. <> *m,f* cripple; ~ **de guerra** disabled veteran.

mutilar *vt* [gen] to mutilate; [estatua] to deface, to spoil.

mutis *m inv TEATR* exit; **hacer** ~ [marcharse] to leave, to go away; [callar] to keep quiet, to say nothing; *TEATR* to exit.

mutismo *m* -**1.** [mudez] muteness, dumbness -**2.** [silencio] silence.

mutua ⊳ **mutuo**.

mutual *m CSur, Perú* friendly society, mutual benefit society *US*.

mutualidad *f* -**1.** [asociación] mutual benefit society -**2.** [reciprocidad] mutuality.

mutualista <> *adj* mutual benefit society *(antes de sust)*. <> *mf* member of a mutual benefit society.

mutuo, tua *adj* mutual.
- **mutua** *f* mutual benefit society.

muy *adv* -**1.** [mucho] very; ~ **bueno/cerca** very good/near; ~ **de mañana** very early in the morning; **¡** ~ **bien!** [vale] OK!, all right!; [qué bien] very good!, well done!; **es** ~ **hombre** he's a real man; **eso es** ~ **de ella** that's just like her; **eso es** ~ **de los americanos** that's typically American; **¡el** ~ **idiota!** what an idiot! -**2.** [demasiado] too; **es** ~ **joven para votar** she's too young to vote.

n¹, N f [letra] n, N.

➡ **N** m: **el 20 N** 20th November, the date of Franco's death.

20 N

The day of General Franco's death, 20th November 1975, is commemorated every year by extreme right-wing groups. This date is considered to be the starting point of Spain's transition to a democratic state.

n² f MAT: **n euros** n (number of) euros.

nabo m turnip.

nácar m mother-of-pearl.

nacarado, da adj mother-of-pearl (antes de sust).

nacer [29] vi **-1.** [venir al mundo - niño, animal] to be born; [- planta] to sprout, to begin to grow; [- pájaro] to hatch (out); **~ de/en** to be born of/in; **~ de familia humilde** to be born into a poor family; **~ para algo** to be born to be sthg; **ha nacido cantante** she's a born singer; **volver a ~** to have a lucky escape **-2.** [surgir - pelo] to grow; [- río] to rise, to have its source; [- costumbre, actitud, duda] to have its roots.

nacido, da ◇ adj born. ◇ m,f: **los ~s hoy** those born today; **recién ~** new-born baby; **ser un mal ~** to be a wicked o vile person.

naciente adj **-1.** [día] dawning; [sol] rising **-2.** [gobierno, estado] new, fledgling; [interés] growing.

nacimiento m **-1.** [gen] birth; [de planta] sprouting; **de ~** from birth **-2.** [de río] source **-3.** [origen] origin, beginning **-4.** [belén] Nativity scene.

nación f [gen] nation; [territorio] country.

➡ **Naciones Unidas** fpl United Nations.

nacional ◇ adj national; [mercado, vuelo] domestic; [asuntos] home (antes de sust). ◇ mf HIST Francoist.

nacionalidad f nationality; **doble ~** dual nationality.

nacionalismo m nationalism.

nacionalista adj & m,f nationalist.

nacionalización f [de educación, bienes] nationalization; [de persona] naturalization.

nacionalizar [13] vt **-1.** [banca, bienes] to nationalize **-2.** [persona] to naturalize.

➡ **nacionalizarse** vpr to become naturalized.

nada ◇ pron nothing; (en negativas) anything; **no he leído ~ de este autor** I haven't read anything by this author; **no hay ~ como un buen libro** there is nothing like a good book; **~ más** nothing else, nothing more; **no quiero ~ más** I don't want anything else; **no dijo ~ de ~** he didn't say anything at all; **te he traído un regalito de ~** I've brought you a little something; **de ~** [respuesta a 'gracias'] not at all, you're welcome; **como si ~** as if nothing had happened; **esto no es ~** that's nothing. ◇ adv **-1.** [en absoluto] at all; **la película no me ha gustado ~** I didn't like the film at all; **no es ~ extraño** it's not at all strange **-2.** [poco] a little, a bit; **no hace ~ que salió** he left just a minute ago; **~ menos que** [cosa] no less than; [persona] none other than. ◇ f: **la ~** nothingness, the void; **salir de la ~** to appear out of o from nowhere.

➡ **nada más** loc conj no sooner, as soon as; **~ más salir de casa se puso a llover** no sooner had I left the house than it started to rain, as soon as I left the house, it started to rain.

nadador, ra ◇ adj swimming. ◇ m,f swimmer.

nadar vi **-1.** [gen] to swim; [flotar] to float **-2.** [abundar]: **~ en** [dinero] to be rolling in; [deudas] to be up to one's neck in.

nadería f trifle, little thing.

nadie ◇ pron nobody, no one; **~ lo sabe** nobody knows; **casi ~** hardly anybody; **no se lo dije a ~** I didn't tell anybody; **no ha llamado ~** nobody phoned. ◇ m: **un don ~** a nobody.

nado

➡ **a nado** loc adv swimming.

nafta f **-1.** QUÍM naphtha **-2.** RP [gasolina] petrol UK, gas US, gasoline US.

naftalina f naphthalene, naphthaline.

nahua ◇ adj Nahuatl, relating to Nahuatl language, culture or people. ◇ mf Nahuatl (indian), member of one of a group of

Mexican indian peoples.

naïf [na'if] *adj* naïve, primitivistic.

nailon, nilón, nylon® *m* nylon.

naipe *m* (playing) card.

➠ **naipes** *mpl* cards.

nalga *f* buttock.

nana *f* -**1.** [canción] lullaby -**2.** *fam* [abuela] grandma, nana -**3.** *Col, Méx* [niñera] nanny.

nanay *interj fam*: ¡~! no way!, not likely!

napa *f* nappa (leather).

napalm [na'palm] *m* napalm.

napia *(gen pl) f fam* snout, conk.

napoleón *m Amér* pliers *pl.*

napoleónico, ca *adj* Napoleonic.

naranja ◇ *adj inv* orange. ◇ *m* [color] orange. ◇ *f* [fruto] orange; ¡~s de la china! no way!

➠ **media naranja** *f fam* other *o* better half.

naranjal *m* orange grove.

naranjo *m* -**1.** [árbol] orange tree -**2.** [madera] orange (wood).

narcisismo *m* narcissism.

narcisista *mf* narcissist.

narciso *m* -**1.** *BOT* narcissus -**2.** [hombre] narcissist.

narcótico, ca *adj* narcotic.

➠ **narcótico** *m* narcotic; [droga] drug.

narcotizar [13] *vt* to drug.

narcotraficante *mf* drug trafficker.

narcotráfico *m* drug trafficking.

nardo *m* nard, spikenard.

narices *interj*: ¡~! no way!, not on your life!

narigudo, da ◇ *adj* big-nosed. ◇ *m,f* big-nosed person.

nariz *f* -**1.** [órgano] nose; **hablar por la** ~ to talk through one's nose; **sonarse la** ~ to blow one's nose; **tener la** ~ **tapada** to have a stuffed up *o* blocked nose; ~ **aguileña/chata/respingona** Roman/snub/turned-up nose -**2.** [orificio] nostril -**3.** [olfato] sense of smell -**4.** *loc*: **me da en la** ~ **que ...** *fam* I've got a feeling that ...; **dar a alguien en las narices con algo** *fam* to rub sb's nose in sthg; **darse de narices contra algo** *fam* to bump into sthg, to go flat into sthg; **de narices** *fam* [estupendo] great, brilliant; **estar hasta las narices (de algo)** *fam* to be fed up to the back teeth (with sthg); **hacer algo por narices** *fam* to have no alternative but to do sthg; **me estás hinchando las narices** *fam* you're beginning to get up my nose; **meter las narices en algo** *fam* to poke *o* stick one's nose into sthg; **no ver uno más allá de sus narices** *fam* not to see past one's nose;

romper las narices a alguien *fam* to smash sb's face in; **romperse las narices** *fam* to fall flat on one's face; **¡tiene narices la cosa!** *fam* it's a scandal!

narizotas *m y f inv fam* big-nose.

narración *f* -**1.** [cuento, relato] narrative, story -**2.** [acción] narration.

narrador, ra *m,f* narrator.

narrar *vt* [contar] to recount, to tell.

narrativo, va *adj* narrative.

➠ **narrativa** *f* narrative.

nasal *adj* nasal.

nasalizar [13] *vt* to nasalize.

nata *f* -**1.** [gen] *fig* cream; ~ **batida** *o* **montada** whipped cream -**2.** [de leche hervida] skin.

natación *f* swimming.

natal *adj* [país] native; [ciudad, pueblo] home *(antes de sust).*

natalidad *f* birth rate.

natillas *fpl* custard *(U).*

natividad *f* nativity.

➠ **Natividad** *f*: **la Natividad** Christmas.

nativo, va *adj & m,f* native.

nato, ta *adj* [gen] born; [cargo, título] ex officio.

natura *f* nature; **contra** ~ against nature, unnatural.

natural ◇ *adj* -**1.** [gen] natural; [flores, fruta, leche] fresh; **soy rubia** ~ I'm a natural blonde; **al** ~ [persona] in one's natural state; [fruta] in its own juice; **ser** ~ **en alguien** to be natural *o* normal for sb -**2.** [nativo] native; **ser** ~ **de** to come from -**3.** [ilegítimo] illegitimate. ◇ *mf* [nativo] native. ◇ *m* [talante] nature, disposition.

naturaleza *f* -**1.** [gen] nature; **por** ~ by nature; **la madre** ~ Mother Nature; **la** ~ **humana** human nature; ~ **muerta** still life -**2.** [complexión] constitution.

naturalidad *f* naturalness; **con** ~ naturally.

naturalismo *m* naturalism.

naturalización *f* naturalization.

naturalizado, da *adj* naturalized.

naturalizar [13] *vt* to naturalize.

➠ **naturalizarse** *vpr* to become naturalized.

naturismo *m* way of life promoting return to nature.

naturista *mf* person favouring return to nature.

naturópata *mf* naturopath.

naufragar [16] *vi* -**1.** [barco] to sink, to be wrecked; [persona] to be shipwrecked -**2.**

[fracasar] to fail, to collapse.

naufragio *m* **-1.** [de barco] shipwreck **-2.** [fracaso] failure, collapse.

náufrago, ga ◇ *adj* shipwrecked. ◇ *m,f* shipwrecked person, castaway.

náusea *(gen pl) f* nausea *(U)*, sickness *(U)*; **me da** ~**s** it makes me sick; **tener** ~**s** to feel nauseated, to feel sick.

nauseabundo, da *adj* nauseating, sickening.

náutico, ca *adj* [gen] nautical; *DEP* water *(antes de sust)*.
➤ **náutica** *f* navigation, seamanship.

navaja *f* **-1.** [cuchillo - pequeño] penknife; [- más grande] jackknife; ~ **automática** flick knife, switchblade; ~ **de afeitar** razor **-2.** [molusco] razor-shell, razor clam.

navajazo *m* stab, slash.

navajero, ra *m,f thug who carries a knife.*

naval *adj* naval.

Navarra Navarre.

navarro, rra *adj & m,f* Navarrese.

nave *f* **-1.** [barco] ship; **quemar las** ~**s** to burn one's boats *o* bridges **-2.** [vehículo] craft; ~ **espacial** spaceship, spacecraft; ~ **extraterrestre** (extraterrestrial) spaceship **-3.** [de fábrica] shop, plant; [almacén] warehouse **-4.** [de iglesia] nave.

navegable *adj* navigable.

navegación *f* navigation; ~ **aérea/fluvial/marítima** air/river/sea navigation; ~ **de altura** ocean navigation.

navegador *m INFORM* browser.

navegante ◇ *adj* sailing; [pueblo] seafaring. ◇ *mf* navigator.

navegar [16] ◇ *vi* [barco] to sail; [avión] to fly; ~ **por Internet** *INFORM* to surf the Net. ◇ *vt* [barco] to sail; [avión] to fly.

Navidad *f* **-1.** [día] Christmas (Day) **-2.** *(gen pl)* [periodo] Christmas (time); **felices** ~**es** Merry Christmas.

navideño, ña *adj* Christmas *(antes de sust).*

naviero, ra *adj* shipping.
➤ **naviero** *m* [armador] shipowner.
➤ **naviera** *f* [compañía] shipping company.

navío *m* large ship.

nazareno, na *adj & m,f* Nazarene.
➤ **nazareno** *m penitent in Holy Week processions.*
➤ **Nazareno** *m*: **el Nazareno** Jesus of Nazareth.

nazca *etc* ➩ **nacer.**

nazi *adj & m,f* Nazi.

nazismo *m* Nazism.

NB *(abrev de* **nota bene)** NB.

neblina *f* mist.

nebulosidad *f* [de nubes] cloudiness; [de niebla] fogginess.

nebuloso, sa *adj* **-1.** [con nubes] cloudy; [de niebla] foggy **-2.** [idea, mirada] vague.
➤ **nebulosa** *f ASTRON* nebula.

necedad *f* **-1.** [estupidez] stupidity, foolishness **-2.** [dicho, hecho] stupid *o* foolish thing; **decir** ~**es** to talk nonsense.

necesario, ria *adj* necessary; **un mal** ~ a necessary evil; **es** ~ **hacerlo** it needs to be done; **no es** ~ **que lo hagas** you don't need to do it; **si fuera** ~ if need be.

neceser *m* toilet bag *o* case.

necesidad *f* **-1.** [gen] need; **de (primera)** ~ essential; **obedecer a la** ~ **(de)** to arise from the need (to); **tener** ~ **de algo** to need sthg; **hacer de la** ~ **virtud** to make a virtue of necessity; **la** ~ **aguza el ingenio** *proverb* necessity is the mother of invention *proverb* **-2.** [obligación] necessity; **por** ~ out of necessity **-3.** [hambre] hunger.
➤ **necesidades** *fpl*: **hacer (uno) sus necesidades** *eufemismo* to answer the call of nature.

necesitado, da ◇ *adj* needy; ~ **de** in need of. ◇ *m,f* needy *o* poor person; **los** ~**s** the poor.

necesitar *vt* to need; **necesito que me lo digas** I need you to tell me; **'se necesita piso'** 'flat wanted'.
➤ **necesitar de** *vi* to have need of.

necio, cia ◇ *adj* stupid, foolish; *Méx* [fastidioso] boring. ◇ *m,f* idiot, fool; *Méx* [fastidioso] bore, pain.

nécora *f* fiddler crab.

necrófago, ga *adj* necrophagous.

necrofilia *f* necrophilia.

necrología *f* obituary; [lista de esquelas] obituaries *(pl)*, obituary column.

necrológico, ca *adj* obituary *(antes de sust).*

necrópolis *f inv* necropolis.

necrosis *f inv* necrosis.

néctar *m* nectar.

nectarina *f* nectarine.

nefasto, ta *adj* [funesto] ill-fated; [dañino] bad, harmful; [pésimo] terrible, awful.

nefrítico, ca *adj* nephritic.

nefrología *f* nephrology.

negación *f* **-1.** [desmentido] denial **-2.** [negativa] refusal **-3.** [lo contrario] antithesis, negation **-4.** *GRAM* negative.

negado, da ◇ *adj* useless, inept. ◇ *m,f* useless person, dead loss.

negar [35] *vt* **-1.** [rechazar] to deny **-2.** [denegar] to refuse, to deny; ~ **le algo a alguien** to refuse o deny sb sthg.

➤ **negarse** *vpr:* ~**se (a)** to refuse (to).

negativo, va *adj* **-1.** [gen] negative **-2.** MAT minus *(antes de sust)*, negative.

➤ **negativo** *m* FOT negative.

➤ **negativa** *f* **-1.** [rechazo] refusal; **una negativa rotunda** a flat refusal **-2.** [mentís] denial.

negligencia *f* negligence.

negligente *adj* negligent.

negociable *adj* negotiable.

negociación *f* negotiation; ~ **colectiva** collective bargaining.

negociado *m* **-1.** department, section **-2.** *Andes, RP* shady deal.

negociador, ra <> *adj* negotiating. <> *m,f* negotiator.

negociante *mf* [comerciante] businessman (*f* businesswoman); ~ **en vinos** wine merchant.

negociar [8] <> *vi* **-1.** [comerciar] to do business; ~ **en** to deal o trade in; ~ **con** to deal o trade with **-2.** [discutir] to negotiate. <> *vt* to negotiate.

negocio *m* **-1.** [gen] business; **el mundo de los** ~**s** the business world; ~ **familiar** family business **-2.** [transacción] deal, (business) transaction; ~ **sucio** shady deal, dirty business *(U)* **-3.** [operación ventajosa] good deal, bargain; **hacer** ~ to do well; ~ **redondo** great bargain, excellent deal **-4.** [comercio] trade.

negra ⊳ **negro**.

negrero, ra <> *adj* [explotador] tyrannical. <> *m,f* **-1.** HIST slave trader **-2.** [explotador] slave driver.

negrita, negrilla ⊳ **letra**.

negro, gra <> *adj* **-1.** [gen] black **-2.** [moreno] tanned **-3.** [suerte] awful, rotten; [porvenir] black, gloomy; **pasarlas negras** to have a hard time; **verlo todo** ~ to be pessimistic **-4.** [furioso] furious, fuming; **poner** ~ **a alguien** to anger sb; **ponerse** ~ to get mad o angry **-5.** CIN: **cine** ~ film noir. <> *m,f* black man (*f* black woman); **trabajar como un** ~ to work like a slave.

➤ **negro** *m* [color] black.

➤ **negra** *f* **-1.** MÚS crotchet **-2.** *loc:* **tener la negra** *fam* to have bad luck.

negroide *adj* negroid.

negrura *f* blackness.

negruzco, ca *adj* blackish.

negué *etc* ⊳ **negar**.

nene, na *m,f* **-1.** *fam* [niño] baby **-2.** [apelativo

cariñoso] dear, darling.

nenúfar *m* water lily.

neocelandés, esa, neozelandés, esa <> *adj* New Zealand *(antes de sust)*, of/relating to New Zealand. <> *m,f* New Zealander.

neoclasicismo *m* neoclassicism.

neoclásico, ca <> *adj* neoclassical. <> *m,f* neoclassicist.

neofascismo *m* neofascism.

neofascista *adj* & *m,f* neofascist.

neófito, ta *m,f* **-1.** RELIG neophyte **-2.** [aprendiz] novice.

neogótico, ca *adj* Neo-Gothic.

➤ **neogótico** *m* Neo-Gothic movement.

neolatino, na *adj* [gen] Neo-Latin; [lengua] Romance.

neolítico, ca *adj* Neolithic.

➤ **neolítico** *m* Neolithic (period).

neologismo *m* neologism.

neón *m* **-1.** QUÍM neon **-2.** [luz] neon light.

neonato, ta *adj* & *culto* newborn.

neonazi *adj* & *m,f* neo-Nazi.

neoplasma *m* neoplasm, tumour.

neorrealismo *m* neorealism.

neoyorquino, na <> *adj* New York *(antes de sust)*, of/relating to New York. <> *m,f* New Yorker.

neozelandés, esa = **neocelandés**.

Nepal: **el** ~ Nepal.

nepalés, esa, nepalí *(pl* **nepalíes)** *adj* & *m,f* Nepalese.

➤ **nepalés, nepalí** *m* [lengua] Nepalese.

nepotismo *m* nepotism.

Neptuno Neptune.

nervio *m* **-1.** ANAT nerve; ~ **ciático** sciatic nerve; ~ **óptico** optic nerve **-2.** [de carne] sinew **-3.** BOT vein, rib **-4.** [vigor] energy, vigour; **sus niños son puro** ~ her kids never sit still for five minutes **-5.** ARQUIT rib.

➤ **nervios** *mpl* [estado mental] nerves; **está mal de los** ~**s** he's suffering from a nervous condition; **tener** ~**s** to be nervous; **poner los** ~**s de punta a alguien** to get on sb's nerves; **tener los** ~**s de punta** to be on edge; **tener** ~**s de acero** to have nerves of steel.

nerviosismo *m* nervousness, nerves *(pl)*.

nervioso, sa *adj* **-1.** [ANAT - sistema, enfermedad] nervous; [- tejido, célula, centro] nerve *(antes de sust)* **-2.** [inquieto] nervous; **ponerse** ~ to get nervous **-3.** [muy activo] highly-strung **-4.** [irritado] worked-up, uptight; **poner** ~ **a alguien** to get on sb's nerves; **ponerse** ~ to get uptight o worked up.

nervudo, da *adj* sinewy.
netiqueta *f INFORM* netiquette.
neto, ta *adj* **-1.** [claro] clear, clean; [verdad] simple, plain **-2.** [peso, sueldo] net.
neumático, ca *adj* pneumatic.
➤ **neumático** *m* tyre; ~ **de repuesto** spare tyre.
neumonía *f* pneumonia.
neuralgia *f* neuralgia.
neurálgico, ca *adj* **-1.** *MED* neuralgic **-2.** [importante] critical.
neurastenia *f* nervous exhaustion.
neurasténico, ca *MED* <> *adj* neurasthenic. <> *m,f* neurasthenic person.
neurocirugía *f* neurosurgery.
neurocirujano, na *m,f* neurosurgeon.
neurología *f* neurology.
neurológico, ca *adj* neurological.
neurólogo, ga *m,f* neurologist.
neurona *f* neuron, nerve cell.
neuropatía *f* neuropathy.
neurosis *f inv* neurosis; ~ **de guerra** shell shock.
neurótico, ca *adj* & *m,f* neurotic.
neurotransmisor *m* neurotransmitter.
neutral *adj* & *m,f* neutral.
neutralidad *f* neutrality.
neutralizable *adj* [efecto, consecuencia] remediable.
neutralización *f* neutralization.
neutralizador, ra *adj* neutralizing.
neutralizar [13] *vt* to neutralize.
➤ **neutralizarse** *vpr* to neutralize each other.
neutro, tra *adj* **-1.** [gen] neutral **-2.** *BIOL* & *GRAM* neuter.
neutrón *m* neutron.
nevado, da *adj* snowy.
➤ **nevada** *f* snowfall.
nevar [19] *v impers* to snow.
nevera *f* fridge *UK*, icebox *US*.
nevisca *f* snow flurry.
neviscar [10] *v impers* to snow lightly.
nexo *m* link, connection; [relación] relation, connection.
ni <> *conj*: ~ ... ~ ... neither ... nor ...; ~ **mañana** ~ **pasado** neither tomorrow nor the day after; ~ **puedo** ~ **quiero venir** I can't come and I don't want to either, I can't come, nor do I want to; **no ... ~ ...** neither ... nor ..., not ... or ... (either); **no es alto** ~ **bajo** he's neither tall nor short, he's not tall or short (either); **no es rojo** ~ **verde** ~ **azul** it's neither red nor green nor blue;

~ **un/una ...** not a single ...; **no me quedaré** ~ **un minuto más** I'm not staying a minute longer; ~ **uno/una** not a single one; **no he aprobado** ~ **una** I haven't passed a single one; ~ **que as if**; **¡** ~ **que yo fuera tonto!** as if I were that stupid! <> *adv* not even; **anda tan atareado que** ~ **tiene tiempo para comer** he's so busy he doesn't even have time to eat.
Niágara *m*: **las cataratas del** ~ the Niagara Falls.
Nicaragua Nicaragua.
nicaragüense *adj* & *m,f* Nicaraguan.
nicho *m* niche; ~ **ecológico** ecological niche.
nicotina *f* nicotine.
nidada *f* [de crías] brood; [de huevos] clutch.
nidificar [10] *vi* to (build a) nest.
nido *m* **-1.** [gen] nest; ~ **de víboras** *fig* nest of vipers; **caer del** ~ to be extremely gullible **-2.** [escondrijo] hiding-place.
niebla *f* **-1.** [densa] fog; [neblina] mist; **hay** ~ it's foggy **-2.** [confusión] fogginess, cloudiness.
niega *etc* ▷ **negar**.
nieto, ta *m,f* grandson (*f* granddaughter).
nieva *etc* ▷ **nevar**.
nieve *f* **-1.** *METEOR* snow **-2.** *CULIN*: **a punto de** ~ beaten stiff **-3.** *fam* [cocaína] snow **-4.** *Carib, Méx* [granizado] *drink of flavoured crushed ice.*
➤ **nieves** *fpl* [nevada] snows, snowfall *(sg).*
➤ **nieve carbónica** *f* carbon dioxide snow.
NIF (*abrev de* **número de identificación fiscal**) *m* ≃ National Insurance number *UK*, *identification number for tax purposes.*
Níger *m* Niger.
Nigeria Nigeria.
night-club ['naitklub] (*pl* **night-clubs**) *m* nightclub.
nihilismo *m* nihilism.
Nilo *m*: **el** ~ the (river) Nile.
nilón = **nailon**.
nimbo *m* **-1.** *METEOR* nimbus **-2.** [de astro, santo] halo, nimbus.
nimiedad *f* **-1.** [cualidad] insignificance, triviality **-2.** [dicho, hecho] trifle.
nimio, mia *adj* insignificant, trivial.
ninfa *f* nymph.
ninfómana <> *adj f* nymphomaniac. <> *f* nymphomaniac.
ninfomanía *f* nymphomania.
ninguno, na <> *adj* (*antes de sust masculino:* **ningún**) no; **no dieron ninguna respuesta**

no answer was given; **no tengo ningún interés en hacerlo** I've no interest in doing it, I'm not at all interested in doing it; **no tengo ningún hijo/ninguna buena idea** I don't have any children/good ideas; **no tiene ninguna gracia** it's not funny. ⬦ *pron* [cosa] none, not any; [persona] nobody, no one; ~ **funciona** none of them works; **no hay** ~ there aren't any, there are none; ~ **lo sabrá** no one *o* nobody will know; ~ **de** none of; ~ **de ellos** none of them; ~ **de los dos** neither of them.

niña ▷ niño.

niñato, ta *m,f* spoiled brat.

niñería *f* -**1.** [cualidad] childishness (U) -**2.** [tontería] silly *o* childish thing.

niñero, ra *adj* fond of children.

➧ **niñera** *f* nanny.

niñez *f* childhood.

niño, ña ⬦ *adj* young. ⬦ *m,f* -**1.** [crío] child, boy (f girl); [bebé] baby; **los** ~**s** the children; ~ **bien** *despec* spoilt brat; ~ **probeta** test-tube baby; ~ **prodigio** child prodigy; ~ **de teta** *o* **pecho** tiny baby; **estar como un** ~ **con zapatos nuevos** to be as pleased as punch; **es culpa de la crisis** - **¡qué crisis ni qué** ~ **muerto!** it's the fault of the recession - don't talk to me about recessions!; **ser el** ~ **bonito de alguien** to be sb's pet *o* blue-eyed boy -**2.** [joven] young boy (f young girl).

➧ **niña** *f* [del ojo] pupil; **la niña de los ojos** *fig* the apple of one's eye.

nipón, ona *adj* & *m,f* Japanese.

níquel *m* nickel.

niquelar *vt* to nickel-plate.

niqui *m* T-shirt.

nirvana *m* nirvana.

níspero *m* medlar.

nitidez *f* clarity; [de imágenes, colores] sharpness.

nítido, da *adj* clear; [imágenes, colores] sharp.

nitratación *f* nitration.

nitrato *m* nitrate; ~ **de Chile** Chile saltpetre, nitre.

nítrico, ca *adj* nitric.

nitrificar [10] *vt* to nitrify.

nitrogenado, da *adj* nitrogenous.

nitrógeno *m* nitrogen.

nitroglicerina *f* nitroglycerine.

nitroso, sa *adj* nitrous.

nivel *m* -**1.** [gen] level; [altura] height; **al** ~ **de** level with; **al** ~ **del mar** at sea level; ~ **del agua** water level -**2.** [grado] level, standard; **tengo un buen** ~ **de inglés** I'm good at

English; **al mismo** ~ **(que)** on a level *o* par (with); **a** ~ **europeo** at a European level; **investigación de alto** ~ high-level research; ~ **mental** level of intelligence; ~ **de vida** standard of living; ~**es de audiencia** ratings -**3.** [herramienta] spirit level.

nivelación *f* -**1.** [allanamiento] levelling -**2.** [equilibrio] levelling out, evening out.

nivelador, ra *adj* levelling.

➧ **niveladora** *f* bulldozer.

nivelar *vt* -**1.** [allanar] to level -**2.** [equilibrar] to even out; *FIN* to balance.

no ⬦ *adv* -**1.** [expresa negación - gen] not; [- en respuestas] no; [- con sustantivos] non-; ~ **sé** I don't know; ~ **veo nada** I can't see anything; ~ **es fácil** it's not easy, it isn't easy; ~ **tiene dinero** he has no money, he hasn't got any money; **todavía** ~ not yet; ¿~ **vienes?** - ~, ~ **creo** aren't you coming? - no, I don't think so; ~ **fumadores** non-smokers; ~ **bien** as soon as; ~ **ya ... sino que** ... not only ... but (also) ...; **¡a que** ~ **lo haces!** I bet you don't do it!; **¿cómo** ~**?** of course; **pues** ~, **eso sí que** ~ certainly not; **¡que** ~**!** I said no! -**2.** [expresa duda, extrañeza]: ¿~ **irás a venir?** you're not coming, are you?; **estamos de acuerdo, ¿** ~**?** we're agreed then, are we?; **es español, ¿** ~**?** he's Spanish, isn't he? ⬦ *m* no.

n.° (*abrev de* **número**) no.

nobiliario, ria *adj* noble, nobiliary.

noble *adj* & *m,f* noble; **los** ~**s** the nobility.

nobleza *f* nobility; ~ **obliga** noblesse oblige.

noche *f* night; [atardecer] evening; **al caer la** ~ at nightfall; **ayer por la** ~ last night; **esta** ~ tonight; **hacer** ~ **en** to stay the night in; **hacerse de** ~ to get dark; **por la** ~, **de** ~ at night; **buenas** ~**s** [despedida] good night; [saludo] good evening; ~ **cerrada** dark night; ~ **de bodas** wedding night; ~ **del estreno** first *o* opening night; ~ **toledana** sleepless night; **de la** ~ **a la mañana** overnight; **pasar la** ~ **en claro** *o* **vela** to have a sleepless night; **ser la** ~ **y el día** to be as different as night and day.

Nochebuena *f* Christmas Eve.

nochero *m* -**1.** *CSur* night watchman -**2.** *Amér* [mesita] bedside table.

Nochevieja *f* New Year's Eve.

noción *f* [concepto] notion; **tener** ~ **(de)** to have an idea (of).

➧ **nociones** *fpl* [conocimiento básico]: **tener nociones de** to have a smattering of.

nocivo, va *adj* [gen] harmful; [gas] noxious.

noctambulismo *m* being out and about at night.

noctámbulo, la ◇ *adj* active at night; [vida] night *(antes de sust).* ◇ *m,f* night owl.

nocturno, na *adj* **-1.** [club, tren, vuelo] night *(antes de sust)*; [clase] evening *(antes de sust)* **-2.** [animales, plantas] nocturnal.
➡ **nocturno** *m* MÚS nocturne.

nodo *m* node.

nodriza *f* wet nurse.

nódulo *m* nodule.

Noel ▷ papá.

nogal *m* walnut.

nómada ◇ *adj* nomadic. ◇ *mf* nomad.

nomadismo *m* nomadism.

nombrado, da *adj* **-1.** [citado] mentioned **-2.** [famoso] famous, well-known.

nombramiento *m* appointment.

nombrar *vt* **-1.** [citar] to mention **-2.** [designar] to appoint.

nombre *m* **-1.** [gen] name; **a ~ de** [carta] addressed to; [cheque] made out to; **conocer a alguien de ~** to know somebody by name; **de ~ Juan** called Juan, Juan by name; **poner ~ a** to name; **sin ~** nameless; **~ artístico/comercial** stage/trade name; **~ y apellidos** full name; **~ compuesto** compound name; **~ de dominio** [inform] domain name; **~ de pila** first *o* Christian name; **~ de soltera** maiden name; **en ~ de** on behalf of; **llamar a las cosas por su ~** to call a spade a spade; **lo que hizo no tiene ~** what he did is outrageous **-2.** [fama] reputation; **hacerse un ~** to make a name for o.s.; **tener mucho ~** to be renowned *o* famous **-3.** GRAM noun; **~ abstracto/colectivo** abstract/collective noun; **~ común/propio** common/proper noun.

nomenclatura *f* nomenclature.

nomeolvides *m inv* **-1.** BOT forget-me-not **-2.** [pulsera] identity bracelet.

nómina *f* **-1.** [lista de empleados] payroll; **estar en ~** to be on the staff **-2.** [pago] wage packet, wages *(pl)* **-3.** [hoja de salario] payslip.

nominación *f* nomination.

nominado, da *adj* nominated.

nominal *adj* nominal.

nominar *vt* to nominate.

nominativo, va *adj* COM bearing a person's name, nominal.
➡ **nominativo** *m* GRAM nominative.

nomo, gnomo *m* gnome.

non ◇ *adj* odd, uneven. ◇ *m* odd number.
➡ **nones** *adv* [no] no way, absolutely not.

nonagenario, ria ◇ *adj* ninety-year old. ◇ *m,f* person in his/her nineties.

nonagésimo, ma *núm* ninetieth.

noquear *vt* DEP to knock out.

nordeste = noreste.

nórdico, ca ◇ *adj* **-1.** [del norte] northern, northerly **-2.** [escandinavo] Nordic. ◇ *m,f* Nordic person.

noreste, nordeste ◇ *adj* [posición, parte] northeast, northeastern; [dirección, viento] northeasterly. ◇ *m* north-east.

noria *f* **-1.** [para agua] water wheel **-2.** [de feria] big wheel UK, Ferris wheel.

norma *f* standard; [regla] rule; **es la ~ hacerlo así** it's usual to do it this way; **por ~** as a rule; **tener por ~ hacer algo** to make it a rule to do sthg; **~s de conducta** [principios] standards (of behaviour) *(pl)*; **~s de seguridad** safety regulations.

normal *adj* normal; **~ y corriente** run-of-the-mill; **es una persona ~ y corriente** he's a perfectly ordinary person.

normalidad *f* normality.

normalización *f* **-1.** [vuelta a la normalidad] normalization **-2.** [regularización] standardization.

normalizar [13] *vt* **-1.** [volver normal] to return to normal **-2.** [estandarizar] to standardize.
➡ **normalizarse** *vpr* to return to normal.

normando, da ◇ *adj* **-1.** [de Normandía] Norman **-2.** HIST [nórdico] Norse. ◇ *m,f* **-1.** [habitante de Normandía] Norman **-2.** HIST [nórdico] Norseman (*f* Norsewoman).

normativo, va *adj* normative.
➡ **normativa** *f* regulations *(pl)*.

noroeste ◇ *adj* [posición, parte] northwest, northwestern; [dirección, viento] northwesterly. ◇ *m* northwest.

norte ◇ *adj* [posición, parte] north, northern; [dirección, viento] northerly. ◇ *m* **-1.** GEOGR north **-2.** [objetivo] goal, objective; **perder el ~** to lose one's bearings *o* way.

norteamericano, na *adj* & *m,f* North American, American.

norteño, ña ◇ *adj* northern. ◇ *m,f* northerner.

Noruega Norway.

noruego, ga *adj* & *m,f* Norwegian.
➡ **noruego** *m* [lengua] Norwegian.

nos *pron pers* **-1.** *(complemento directo)* us; **le gustaría vernos** she'd like to see us **-2.** *(complemento indirecto)* (to) us; **~ lo dio** he gave it to us; **~ tiene miedo** he's afraid of us **-3.** *(reflexivo)* ourselves **-4.** *(recíproco)* each other; **~ enamoramos** we fell in love (with each other).

nosocomio *m Amér* hospital.

nosotros, tras *pron pers* **-1.** *(sujeto)* we **-2.** *(predicado):* **somos** ~ it's us **-3.** *(después de prep) (complemento)* us; **vente a comer con** ~ come and eat with us **-4.** *loc:* **entre** ~ between you and me, just between the two of us.

nostalgia *f* [del pasado] nostalgia; [de país, amigos] homesickness.

nostálgico, ca ◇ *adj* [del pasado] nostalgic; [de país, amigos] homesick. ◇ *m,f* nostalgic person.

nota *f* **-1.** [gen & *MÚS*] note; **tomar** ~ **de algo** [apuntar] to note sthg down; [fijarse] to take note of sthg; **tomar** ~**s** to take notes; ~ **al margen** marginal note; ~ **a pie de página** footnote; ~ **dominante** prevailing mood; ~**s de sociedad** society column *(sg)* **-2.** *EDUC* mark; **ir para** ~ to go for top marks; **sacar** *o* **tener buenas** ~**s** to get good marks; ~ **de corte** *minimum marks for entry into university* **-3.** [cuenta] bill; ~ **de gastos** expenses claim **-4.** *loc:* **dar la** ~ to make o.s. conspicuous; **de mala** ~ of ill repute; **forzar la** ~ to go too far.

  ➣ **nota bene** *f* [correspondencia] nota bene, N.B.

notable ◇ *adj* remarkable, outstanding. ◇ *m* **-1.** *EDUC* merit, second class **-2.** *(gen pl)* [persona] notable, distinguished person.

notar *vt* **-1.** [advertir] to notice; **te noto cansado** you look tired to me; **hacer** ~ **algo** to point sthg out **-2.** [sentir] to feel; **noto un dolor raro** I can feel a strange pain.

  ➣ **notarse** *vpr* to be apparent; **se nota que le gusta** you can tell she likes it; **¡pues no se nota!** you could have fooled me!

notaría *f* **-1.** [profesión] profession of notary **-2.** [oficina] notary's office.

notariado *m* [profesión] profession of notary.

notarial *adj* notarial.

notario, ria *m,f* notary (public).

noticia *f* news *(U)*; **una** ~ a piece of news; **tener** ~**s** to have news; **¿tienes** ~**s suyas?** have you heard from him?; ~ **bomba** *fam* bombshell.

  ➣ **noticias** *fpl:* **las** ~**s** *RADIO* & *TV* the news.

noticiario, noticiero *Amér m* [telediario] television news; *CIN* newsreel.

notición *m fam* bombshell.

notificación *f* notification.

notificar [10] *vt* to notify, to inform.

notoriedad *f* **-1.** [fama] fame **-2.** [evidencia] obviousness.

notorio, ria *adj* **-1.** [evidente] obvious **-2.** [conocido] widely-known.

nov., novbre. (*abrev de* noviembre) Nov.

novatada *f* **-1.** [broma] ragging *(U)* **-2.** [error] beginner's mistake; **pagar la** ~ to learn the hard way.

novato, ta ◇ *adj* inexperienced. ◇ *m,f* novice, beginner.

novecientos, tas *núm* nine hundred; *ver también* **seis**.

novedad *f* **-1.** [cualidad - de nuevo] newness; [- de novedoso] novelty **-2.** [cambio] change **-3.** [noticia] news *(U)*; **sin** ~ without incident; *MIL* all quiet **-4.** [cosa nueva] new thing; [innovación] innovation.

  ➣ **novedades** *fpl* [libros, discos] new releases; [moda] latest fashion *(sg)*.

novedoso, sa *adj* novel, new.

novel *adj* new, first-time.

novela *f* novel; ~ **de caballerías** tales of chivalry *(pl)*; ~ **por entregas** serial; ~ **policíaca** detective story; ~ **rosa** romance, romantic novel.

novelar *vt* to fictionalize, to make into a novel.

novelero, ra ◇ *adj* **-1.** [fantasioso] very imaginative **-2.** [aficionado a las novelas] fond of novels. ◇ *m,f* **-1.** [fantasioso] very imaginative person **-2.** [aficionado a las novelas] person fond of novels.

novelesco, ca *adj* **-1.** [de la novela] fictional **-2.** [fantástico] fantastic, extraordinary.

novelista *mf* novelist.

novelón *m fam* hefty and badly written novel.

noveno, na *núm* ninth; **la novena parte** a ninth.

  ➣ **novena** *f RELIG* novena.

noventa *núm* ninety; **los (años)** ~ the nineties; *ver también* **seis**.

noviar *vi CSur, Méx:* ~ **con alguien** to go out with sb, to date sb *US*; **están noviando** they are going out together, they are dating *US*.

noviazgo *m* engagement.

noviciado *m RELIG* novitiate.

novicio, cia *RELIG* & *fig* ◇ *adj* novice (*antes de sust*). ◇ *m,f* novice.

noviembre *m* November; *ver también* **septiembre**.

novillada *f TAUROM* bullfight with young bulls.

novillero, ra *m,f TAUROM* apprentice bull-fighter.

novillo, lla *m,f young bull or cow;* **hacer** ∼s *fam* to play truant *UK*, to play hooky *US*.

novio, via *m,f* **-1.** [compañero] boyfriend (*f* girlfriend) **-2.** [prometido] fiancé (*f* fiancée) **-3.** [recién casado] bridegroom (*f* bride); **los** ∼s the newly-weds.

nubarrón *m* storm cloud.

nube *f* **-1.** [gen] *fig* cloud; ∼ **atómica** mushroom cloud; ∼ **de tormenta** thundercloud; ∼ **de verano** *lit* summer shower; *fig* short fit of anger **-2.** [de personas, moscas] swarm **-3.** *loc:* caído de las ∼s out of the blue; **estar en las** ∼s to have one's head in the clouds; **poner algo/a alguien por las** ∼s to praise sthg/sb to the skies; **por las** ∼s [caro] sky-high, terribly expensive.

nublado, da *adj* **-1.** [encapotado] cloudy, overcast **-2.** *fig* [turbado] clouded, darkened.

nublar *vt lit & fig* to cloud.
◆ **nublarse** *vpr* to cloud over.

nubosidad *f* cloudiness, clouds (*pl*).

nuboso, sa *adj* cloudy.

nuca *f* nape, back of the neck.

nuclear *adj* nuclear.

nuclearización *f* IND introduction of nuclear power; MIL acquisition of nuclear weapons.

nuclearizar [13] *vt* IND to introduce nuclear power into; MIL to acquire nuclear weapons for.

núcleo *m* **-1.** [centro] nucleus; *fig* centre *UK*, center *US*; ∼ **de población** population centre *UK*, population center *US* **-2.** [grupo] core.

nudillo *m* knuckle.

nudismo *m* nudism.

nudista *adj & m,f* nudist.

nudo *m* **-1.** [gen] knot; ∼ **corredizo** slipknot; **se le hizo un** ∼ **en la garganta** she got a lump in her throat **-2.** [cruce] junction; ∼ **de comunicaciones** communications centre **-3.** [vínculo] tie, bond **-4.** [punto principal] crux, nub **-5.** [de una planta] node.

nudoso, sa *adj* knotty, gnarled.

nuera *f* daughter-in-law.

nuestro, tra ◇ *adj poses* our; ∼ **coche** our car; **este libro es** ∼ this book is ours, this is our book; **un amigo** ∼ a friend of ours; **no es asunto** ∼ it's none of our business. ◇ *pron poses:* **el** ∼ ours; **el** ∼ **es rojo** ours is red; **ésta es la nuestra** *fam* this is the chance we have been waiting for; **lo** ∼ **es el teatro** [lo que nos va] theatre is what we should be doing; **los** ∼s *fam* [nuestra familia] our folks;

[nuestro bando] our lot, our side.

nueva ▷ **nuevo.**

Nueva Delhi New Delhi.

Nueva York New York.

Nueva Zelanda New Zealand.

nueve *núm* nine; *ver también* **seis.**

nuevo, va ◇ *adj* [gen] new; [patatas, legumbres] new, fresh; [vino] young; **esto es** ∼ **para mí, no lo sabía** that's news to me, I didn't know it; **ser** ∼ **en** to be new to; **estar/quedar como** ∼ to be as good as new. ◇ *m,f* newcomer.
◆ **buena nueva** *f* good news (*U*).
◆ **de nuevo** *loc adv* again.

nuez *f* **-1.** BOT [gen] nut; [de nogal] walnut **-2.** ANAT Adam's apple.
◆ **nuez moscada** *f* nutmeg.

nulidad *f* **-1.** [no validez] nullity **-2.** [ineptitud] incompetence **-3.** *fam* [persona] nonentity; **ser una** ∼ to be useless.

nulo, la *adj* **-1.** [sin validez] null and void, invalid **-2.** *fam* [incapacitado]: ∼ **(para)** useless (at).

núm. (*abrev de* **número**) No.

numeración *f* **-1.** [acción] numbering **-2.** [sistema] numerals (*pl*), numbers (*pl*); ∼ **arábiga** *o* **decimal** Arabic numerals; ∼ **binaria** binary numbers (*pl*); ∼ **romana** Roman numerals.

numerador *m* MAT numerator.

numeral *adj* numeral.

numerar *vt* to number.
◆ **numerarse** *vpr* [suj: personas] to number off.

numerario, ria *adj* [profesor, catedrático] tenured, permanent; [miembro] full.

numérico, ca *adj* numerical.

número *m* **-1.** [gen] number; **sin** ∼ [muchos] countless, innumerable; ∼ **abstracto** abstract number; ∼ **cardinal/ordinal** cardinal/ordinal number; ∼ **complejo/irracional** complex/irrational number; ∼ **complementario** complementary number; ∼ **de matrícula** AUTOM registration number; ∼ **de serie** serial number; ∼ **de teléfono** telephone number; ∼ **dígito** digit; ∼ **entero** whole number, integer; ∼ **fraccionario** *o* **quebrado** fraction; ∼ **par/impar** even/odd number; ∼ **primo** prime number; ∼ **redondo** round number; ∼ **romano** Roman numeral; **en** ∼s **rojos** in the red; **hacer** ∼s to reckon up; **ser el** ∼ **uno** to be number one **-2.** [tamaño, talla] size **-3.** [de publicación] issue, number; ∼ **atrasado** back number **-4.** [de lotería] ticket **-5.** MIL member **-6.** [de un

espectáculo] turn, number; **montar el** ~ *fam*
to make o cause a scene.
➤ **número atómico** *m* QUM atomic number.
numeroso, sa *adj* numerous; **un grupo** ~ a
large group.
numismático, ca ◇ *adj* numismatic. ◇
m,f [persona] numismatist.
➤ **numismática** *f* [estudio] numismatics
(U).
nunca *adv* (en frases afirmativas) never; (en frases negativas) ever; **casi** ~ **viene** he almost
never comes, he hardly ever comes; ¿ ~ **le
has visto?** have you never seen her?,
haven't you ever seen her?; **más que** ~
more than ever; ~ **jamás** o **más** never more
o again.
nuncio *m* nuncio.
nupcial *adj* wedding (antes de sust).
nupcias *fpl* wedding *(sg)*, nuptials; **casarse
en segundas** ~ to remarry, to marry again.
nurse ['nurse] *f* nurse, nanny.
nutria *f* otter.
nutrición *f* nutrition.
nutricionista *mf Amér* dietician.
nutrido, da *adj* **-1.** [alimentado] nourished,
fed; **mal** ~ undernourished **-2.** [numeroso]
large.
nutrir *vt* **-1.** [alimentar]: ~ **(con** o **de)** to
nourish o feed (with) **-2.** [fomentar] to feed,
to nurture **-3.** [suministrar]: ~ **(de)** to supply
(with).
➤ **nutrirse** *vpr* **-1.** [gen]: ~**se de** o **con** to
feed on **-2.** [proveerse]: ~**se de** o **con** to
supply o provide o.s. with.
nutritivo, va *adj* nutritious.
nylon® ['nailon] = **nailon**.

ñ, Ñ *f* [letra] ñ, Ñ, *15th letter of the Spanish
alphabet.*
ñapa *f Ven fam* bonus, extra.
ñato, ta *adj Andes, RP* snub-nosed.

ñoñería, ñoñez *f* inanity, insipidness *(U).*
ñoño, ña *adj* **-1.** [remilgado] squeamish; [que-
jica] whining **-2.** [soso] dull, insipid.
ñoqui (gen pl) *m* CULIN gnocchi *(pl).*
ñu *m* gnu.
ñudo *Amér*
➤ **al ñudo** *loc adv* in vain.

o¹, O *f* [letra] o, O.
o² *conj* ('u' en vez de 'o' antes de palabras que empiezan por 'o' u 'ho') or; ~ ... ~ either ... or; ~ **sea
(que)** in other words.
o/ *abrev de* **orden.**
oasis *m inv lit & fig* oasis.
obcecación *f* blindness, stubbornness.
obcecado, da *adj* **-1.** [tozudo] stubborn **-2.**
[obsesionado]: ~ **por** o **con** blinded by.
obcecar [10] *vt* to blind.
➤ **obcecarse** *vpr* to become stubborn;
~**se en hacer algo** to insist on doing sthg.
obedecer [30] ◇ *vt:* ~ **(a alguien)** to obey
(sb). ◇ *vi* **-1.** [acatar] to obey, to do as one is
told; **hacerse** ~ to command obedience **-2.**
[someterse]: ~ **a** to respond to **-3.** [estar moti-
vado]: ~ **a** to be due to.
obediencia *f* obedience.
obediente *adj* obedient.
obelisco *m* obelisk.
obertura *f* overture.
obesidad *f* obesity.
obeso, sa ◇ *adj* obese. ◇ *m,f* obese
person.
óbice *m:* no ser ~ **para** not to be an obstacle
to.
obispado *m* bishopric.
obispo *m* bishop.
óbito *m culto* decease, demise.
obituario *m* obituary.
objeción *f* objection; **poner objeciones a** to
raise objections to; **tener objeciones** to
have objections; ~ **de conciencia** conscientious objection.

objetar ⟨⟩ *vt* to object to; **no tengo nada que** ~ I have no objection. ⟨⟩ *vi* MIL to be a conscientious objector.

objetivar *vt* to treat objectively.

objetividad *f* objectivity.

objetivo, va *adj* objective.

➡ **objetivo** *m* -**1.** [finalidad] objective, aim -**2.** MIL target -**3.** FOT lens.

objeto *m* -**1.** [gen] object; **ser** ~ **de** to be the object of; ~ **volante no identificado** unidentified flying object; ~**s de valor** valuables; ~**s perdidos** lost property *(U)* -**2.** [propósito] purpose, object; **sin** ~ [inútilmente] to no purpose, pointlessly; **al** *o* **con** ~ **de** [para] in order to, with the aim of.

objetor, ra *m,f* objector; ~ **de conciencia** conscientious objector.

oblicuo, cua *adj* -**1.** [inclinado] oblique, slanting; [mirada] sidelong -**2.** GEOM oblique.

obligación *f* -**1.** [gen] obligation, duty; **por** ~ out of a sense of duty; **antes es la** ~ **que la devoción** *proverb* business before pleasure -**2.** FIN *(gen pl)* bond, security; ~ **convertible** convertible bond; ~ **del Estado** Treasury bond.

obligado, da *adj* obligatory, compulsory.

obligar [16] *vt*: ~ **a alguien (a hacer algo)** to oblige *o* force sb (to do sthg).

➡ **obligarse** *vpr*: ~**se a hacer algo** to undertake to do sthg.

obligatoriedad *f* obligatory *o* compulsory nature.

obligatorio, ria *adj* obligatory, compulsory.

obligue *etc* ▷ **obligar.**

oblongo, ga *adj* oblong.

obnubilar *vt* to bewilder, to daze.

oboe ⟨⟩ *m* [instrumento] oboe. ⟨⟩ *mf* [persona] oboist.

obra *f* -**1.** [gen] work *(U)*; **es** ~ **suya** it's his doing; **poner en** ~ to put into effect; ~ **de caridad** [institución] charity; ~**s sociales** community work *(U)*; **por** ~ **(y gracia) de** thanks to; ~**s son amores y no buenas razones** *proverb* actions speak louder than words *proverb* -**2.** ARTE work (of art); TEATR play; LITER book; MÚS opus; ~ **maestra** masterpiece; ~**s completas** complete works -**3.** CONSTR [lugar] building site; [reforma] alteration; **'cerrado por** ~**s'** 'closed for alterations'; **'** ~**s'** [en carretera] 'roadworks'; ~**s públicas** public works.

obrador *m* workshop.

obrar ⟨⟩ *vi* -**1.** [actuar] to act -**2.** [causar efecto] to work, to take effect -**3.** [estar en poder]:

~ **en manos de** to be in the possession of. ⟨⟩ *vt* to work.

obrero, ra ⟨⟩ *adj* [clase] working; [movimiento] labour *(antes de sust).* ⟨⟩ *m,f* [en fábrica] worker; [en obra] workman, labourer; ~ **cualificado** skilled worker.

obscenidad *f* obscenity.

obsceno, na *adj* obscene.

obscurantismo = oscurantismo.

obscurecer [30] = oscurecer.

obscuridad = oscuridad.

obscuro, ra = oscuro.

obsequiar [8] *vt*: ~ **a alguien con algo** to present sb with sthg.

obsequio *m* gift, present; ~ **de empresa** complimentary gift.

obsequioso, sa *adj* obliging, attentive.

observación *f* -**1.** [gen] observation; **en** *o* **bajo** ~ under observation -**2.** [comentario] remark, observation; **hacer una** ~ to make a remark -**3.** [nota] note -**4.** [cumplimiento] observance.

observador, ra ⟨⟩ *adj* observant. ⟨⟩ *m,f* observer.

observancia *f* observance.

observar *vt* -**1.** [contemplar] to observe, to watch -**2.** [advertir] to notice, to observe -**3.** [acatar - ley, normas] to observe, to respect; [- conducta, costumbre] to follow.

➡ **observarse** *vpr* to be noticed.

observatorio *m* observatory.

obsesión *f* obsession.

obsesionar *vt* to obsess.

➡ **obsesionarse** *vpr* to be obsessed.

obsesivo, va *adj* obsessive.

obseso, sa ⟨⟩ *adj* obsessed. ⟨⟩ *m,f* obsessed *o* obsessive person.

obsoleto, ta *adj culto* obsolete.

obstaculizar [13] *vt* to hinder, to hamper.

obstáculo *m* obstacle; **un** ~ **para** an obstacle to; **poner** ~**s a algo/alguien** to hinder sthg/sb.

obstante

➡ **no obstante** *loc adv* nevertheless, however.

obstar *vi*: **eso no obsta para que vengas si quieres** that isn't to say that you can't come if you want to.

obstetricia *f* obstetrics *(U).*

obstinación *f* [persistencia] perseverance; [terquedad] obstinacy, stubbornness.

obstinado, da *adj* [persistente] persistent; [terco] obstinate, stubborn.

obstinarse *vpr* to refuse to give way; ~ **en** to persist in.

obstrucción f lit & fig obstruction.

obstruccionismo m obstructionism, stonewalling.

obstruccionista adj & m,f obstructionist.

obstruir [51] vt **-1.** [bloquear] to block, to obstruct **-2.** [obstaculizar] to obstruct, to impede.
◆ **obstruirse** vpr to get blocked (up).

obtención f obtaining.

obtener [72] vt [beca, cargo, puntos] to get; [premio, victoria] to win; [ganancias] to make; [satisfacción] to gain.

obturación f blockage, obstruction.

obturador m FOT shutter.

obturar vt to block.

obtuso, sa adj **-1.** [sin punta] blunt **-2.** [tonto] obtuse, stupid.

obtuviera etc ⊳ obtener.

obús (pl obuses) m **-1.** [cañón] howitzer **-2.** [proyectil] shell.

obviar [8] vt to avoid, to get round.

obvio, via adj obvious.

oca f **-1.** [ave] goose **-2.** [juego] ≃ snakes and ladders.

ocasión f **-1.** [oportunidad] opportunity, chance; **aprovechar una** ~ to take advantage of an opportunity; **tener** ~ **de hacer algo** to have the chance to do sthg; **la** ~ **la pintan calva** fam this is my/your etc big chance **-2.** [momento] moment, time; [vez] occasion; **en dos ocasiones** on two occasions; **en alguna** ~ sometimes; **en cierta** ~ once; **en otra** ~ some other time **-3.** [motivo]: **con** ~ **de** on the occasion of; **dar** ~ **para algo/hacer algo** to give cause for sthg/to do sthg **-4.** [ganga] bargain; **de** ~ [precio, artículos etc] bargain (antes de sust).

ocasional adj **-1.** [accidental] accidental **-2.** [irregular] occasional.

ocasionar vt to cause.

ocaso m **-1.** [puesta del sol] sunset **-2.** [decadencia] decline.

occidental ◇ adj western. ◇ mf westerner.

occidente m west.
◆ **Occidente** m [bloque de países] the West.

occipital adj occipital.

OCDE (abrev de **Organización para la Cooperación y el Desarrollo Económico**) f OECD.

Oceanía Oceania.

oceánico, ca adj **-1.** [de un océano] oceanic **-2.** [de Oceanía] Oceanian.

océano m ocean; [inmensidad] sea, host.

oceanografía f oceanography.

oceanográfico, ca adj oceanographical.

ochenta núm eighty; **los (años)** ~ the eighties; ver también **seis**.

ocho núm eight; **de aquí en** ~ **días** [en una semana] a week today; ver también **seis**.

ochocientos, tas núm eight hundred; ver también **seis**.

ocio m [tiempo libre] leisure; [inactividad] idleness.

ociosidad f idleness.

ocioso, sa adj **-1.** [inactivo] idle **-2.** [innecesario] unnecessary; [inútil] pointless.

oclusión f blockage.

oclusivo, va adj occlusive.
◆ **oclusiva** f occlusive.

ocre ◇ m ochre. ◇ adj inv ochre.

octaedro m octahedron.

octagonal adj octagonal.

octágono, na adj octagonal.
◆ **octágono** m octagon.

octanaje m octane number.

octano m octane.

octava ⊳ octavo.

octavilla f **-1.** [de propaganda política] pamphlet, leaflet **-2.** [tamaño] octavo.

octavo, va núm eighth; **la octava parte** an eighth.
◆ **octavo** m **-1.** [parte] eighth **-2.** DEP: ~**s de final** round before the quarter final.
◆ **octava** f MÚS octave.

octeto m **-1.** MÚS octet **-2.** INFORM byte.

octogenario, ria adj & m,f octogenarian.

octogésimo, ma núm eightieth.

octogonal adj octagonal.

octubre m October; ver también **septiembre**.

OCU (abrev de **Organización de Consumidores y Usuarios**) f Spanish consumer organization, ≃ CAB UK.

ocular adj eye (antes de sust).

oculista mf ophthalmologist.

ocultar vt **-1.** [gen] to hide; ~ **algo a alguien** to hide sthg from sb; **le ocultó la verdad** she hid the truth from him **-2.** [delito] to cover up.
◆ **ocultarse** vpr to hide.

ocultismo m occultism.

ocultista mf occultist.

oculto, ta adj hidden.

ocupación f **-1.** [gen] occupation; ~ **ilegal de viviendas** squatting **-2.** [empleo] job.

ocupacional adj occupational.

ocupado, da adj **-1.** [persona] busy **-2.** [teléfono, lavabo etc] engaged **-3.** [lugar - gen, por ejército] occupied; [plaza] taken; **tengo las manos ocupadas** I've got my hands full.

ocupante ⬦ adj occupying. ⬦ mf occupant; ~ **ilegal de viviendas** squatter.

ocupar vt -**1.** [gen] to occupy - **2.** [superficie, espacio] to take up; [habitación, piso] to live in; [mesa] to sit at; [sillón] to sit in - **3.** [suj: actividad] to take up - **4.** [cargo] to hold - **5.** [dar trabajo a] to find o provide work for - **6.** *CAm, Méx* [usar] to use.

➥ **ocuparse** vpr [encargarse]: **ocúpate tú, yo no puedo** you do it, I can't; ~**se de** [gen] to deal with; [niños, enfermos, finanzas] to look after; **¡tú ocúpate de lo tuyo!** mind your own business!

ocurrencia f -**1.** [idea] bright idea - **2.** [dicho gracioso] witty remark.

ocurrente adj witty.

ocurrir vi -**1.** [acontecer] to happen - **2.** [pasar, preocupar]: **¿qué le ocurre a Juan?** what's up with Juan?; **¿te ocurre algo?** is anything the matter?

➥ **ocurrirse** vpr [venir a la cabeza]: **no se me ocurre ninguna solución** I can't think of a solution; **¡ni se te ocurra!** don't even think about it!; **se me ocurre que ...** it occurs to me that ...

oda f ode.

odeón m odeon.

odiar [8] vt & vi to hate.

odio m hatred; **tener** ~ **a algo/alguien** to hate sthg/sb.

odioso, sa adj hateful, horrible.

odisea f odyssey.

odontología f dentistry.

odontólogo, ga m,f dentist, dental surgeon.

odre m [de vino] wineskin.

OEA (abrev de **Organización de Estados Americanos**) f OAS.

oeste ⬦ adj [posición, parte] west, western; [dirección, viento] westerly. ⬦ m west; **el lejano** ~ the wild west.

ofender ⬦ vt -**1.** [injuriar] to insult; [suj: palabras] to offend, to hurt - **2.** [a la vista, al oído etc] to offend. ⬦ vi to cause offence.

➥ **ofenderse** vpr: ~**se (por)** to take offence (at).

ofendido, da ⬦ adj offended. ⬦ m,f offended party.

ofensa f -**1.** [acción] ~ **(a)** offence (against) - **2.** [injuria] slight, insult.

ofensivo, va adj offensive.

➥ **ofensiva** f offensive; **pasar a la ofensiva** to go on the offensive; **tomar la ofensiva** to take the offensive.

ofensor, ra m,f offender.

oferta f -**1.** [gen] offer; ~ **en firme** firm offer; **'~s de trabajo'** 'situations vacant' - **2.** *ECON* [suministro] supply; **la ~ y la demanda** supply and demand; ~ **monetaria** money supply - **3.** [rebaja] bargain, special offer; **de** ~ bargain (antes de sust), on offer - **4.** *FIN* [proposición] bid, tender; ~ **pública de adquisición** *COM* takeover bid.

ofertar vt to offer.

ofertorio m *RELIG* offertory.

oficial, la m,f [obrero] journeyman; [aprendiz] trainee.

➥ **oficial** ⬦ adj official. ⬦ m -**1.** *MIL* officer - **2.** [funcionario] clerk.

oficialidad f official nature.

oficialismo m *Amér*: **el** ~ [gobierno] the Government; [partidarios del gobierno] government supporters.

oficialista adj *Amér* pro-government.

oficializar [13] vt to make official.

oficiante mf *RELIG* officiant.

oficiar [8] ⬦ vt to officiate at. ⬦ vi -**1.** [sacerdote] to officiate - **2.** [actuar de]: ~ **de** to act as.

oficina f office; ~ **de correos** post office; ~ **de empleo** job centre; ~ **de turismo** tourist office; ~ **inteligente** *INFORM* intelligent office.

oficinista mf office worker.

oficio m -**1.** [profesión manual] trade; **de** ~ by trade - **2.** [trabajo] job; **no tener** ~ **ni beneficio** to have no trade - **3.** [experiencia]: **tener mucho** ~ to be very experienced - **4.** *RELIG* service - **5.** [función] function, role.

➥ **Santo Oficio** m: **el Santo Oficio** the Holy Office, the Inquisition.

oficioso, sa adj unofficial.

ofimática f office automation.

ofrecer [30] vt -**1.** [gen] to offer; [fiesta] to give, to throw; ~ **le algo a alguien** to offer sb sthg - **2.** [aspecto] to present.

➥ **ofrecerse** vpr -**1.** [presentarse] to offer, to volunteer; ~**se a** o **para hacer algo** to offer to do sthg - **2.** loc: **¿qué se le ofrece?** what can I do for you?

ofrecimiento m offer.

ofrenda f *RELIG* offering; [por gratitud, amor] gift.

ofrendar vt to offer up.

ofrezca etc ➤ **ofrecer**.

oftalmología f ophthalmology.

oftalmólogo, ga m,f ophthalmologist.

ofuscación f blindness, confusion.

ofuscar [10] vt -**1.** [deslumbrar] to dazzle - **2.** [turbar] to blind.

ofuscarse *vpr:* ~**se (con)** to be blinded (by).

ogro *m* ogre.

oh *interj:* ¡~! oh!

ohmio *m* ohm.

oídas
  de oídas *loc adv* by hearsay.

oído *m* **-1.** [órgano] ear; **decir algo a alguien al** ~ to whisper sthg into sb's ear; ~ **interno** inner ear; **abrir los** ~**s** to pay close attention; **de** ~ by ear; **toca el piano de** ~ she plays the piano by ear; **entrar por un** ~ **y salir por el otro** to go in one ear and out the other; **hacer** ~**s sordos** to turn a deaf ear; **lastimar los** ~**s** to offend one's ears; **si llega a** ~**s de ella ...** if she gets to hear about this ...; **me zumban los** ~**s** my ears are burning; **prestar** ~**s a** to listen carefully to; **regalarle el** ~ **a alguien** to flatter sb; **ser todo** ~**s** to be all ears **-2.** [sentido] (sense of) hearing; **ser duro de** ~ to be hard of hearing; **tener** ~, **tener buen** ~ to have a good ear.

oír [62] ⟨⟩ *vt* **-1.** [gen] to hear; ~ **hablar de** to hear about; **como quien oye llover** without paying the least attention **-2.** [atender] to listen to; **¡oye bien lo que te digo!** listen to what I'm going to tell you! ⟨⟩ *vi* to hear; ~ **bien** to hear well; **¡oiga, por favor!** excuse me!; **¡oye!** *fam* hey!; ~, **ver y callar** hear no evil, see no evil, speak no evil.

ojal *m* buttonhole.

ojalá *interj:* ¡~! if only (that were so)!; ¡~ **lo haga!** I hope she does it!; ¡~ **fuera ya domingo!** I wish it were Sunday!

ojeada *f* glance, look; **echar una** ~ **a algo/alguien** to take a quick glance at sthg/sb, to take a quick look at sthg/sb.

ojear *vt* to have a look at.

ojera *(gen pl)* *f* bags *(pl)* under the eyes.

ojeriza *f fam* dislike; **tener** ~ **a alguien** to have it in for sb.

ojeroso, sa *adj* with bags under the eyes, haggard.

ojete *m* **-1.** [bordado] eyelet **-2.** *vulg* [ano] arsehole.

ojiva *f* **-1.** *ARQUIT* ogive **-2.** *MIL* warhead.

ojo ⟨⟩ *m* **-1.** *ANAT* eye; **poner los** ~**s en blanco** *lit* & *fig* to roll one's eyes; ~ **a la funerala** *o* **a la virulé** black eye; ~**s rasgados** almond eyes; ~**s saltones** popping eyes **-2.** [agujero - de aguja] eye; [- de puente] span; ~ **de la cerradura** keyhole; ~ **de la escalera** stairwell **-3.** *loc:* **a** ~ **(de buen cubero)** roughly, approximately; **a** ~**s vistas** visibly; **abrir**

los ~**s a alguien** to open sb's eyes; **andar con (mucho)** ~ to be (very) careful; **cerrar los** ~**s** [morir] to pass away; **cerrar los** ~**s ante algo** [ignorar] to close one's eyes to sthg; **comerse con los** ~**s a alguien** *fam* to drool over sb; **con los** ~**s cerrados** blindly, with one's eyes closed; **costar un** ~ **de la cara** to cost an arm and a leg; **¡dichosos los** ~**s que te ven!** *fam* how lovely to see you again!; **echar el** ~ **a algo** to have one's eye on sthg; **en un abrir y cerrar de** ~**s** in the twinkling of an eye; **estar** ~ **alerta** *o* **avizor** to be on the lookout; **mirar algo con buenos/malos** ~**s** to look favourably/unfavourably on sthg; **no pegar** ~ not to get a wink of sleep; **no quitar los** ~**s de encima a alguien** not to take one's eyes off sb; **tener** ~**s de lince** to have eyes like a hawk; **poner los** ~**s en alguien** to set one's sights on sb; **ser todo** ~**s** to be all eyes; **tener (buen)** ~ to have a good eye; **tener** ~ **clínico para algo** to be a good judge of sthg; ~ **por** ~, **diente por diente** *proverb* an eye for an eye, a tooth for a tooth; ~**s que no ven, corazón que no siente** *proverb* what the eye doesn't see, the heart doesn't grieve over. ⟨⟩ *interj:* ¡~! be careful!, watch out!
  ojo de buey *m* [ventana] porthole.
  ojo de gallo *m MED* corn.
  ojo de pez *m FOT* fish-eye lens.

ojota *f RP* [chancletas] flip-flop *UK*, thong *US*, *Austr.*

OK, okey lo'keil *(abrev de* **all correct**) *interj* OK.

okupa *m y f mfam* squatter.

ola *f* wave; ~ **de calor** heatwave; ~ **de frío** cold spell.
  nueva ola *f:* **la nueva** ~ the New Wave.

ole, olé *interj:* ¡~! bravo!

oleada *f* **-1.** [del mar] swell **-2.** *fig* [avalancha] wave; ~**s de refugiados** waves of refugees.

oleaje *m* swell.

óleo *m* oil (painting); **al** ~ in oils.

oleoducto *m* oil pipeline.

oleoso, sa *adj* oily.

oler [49] ⟨⟩ *vt* to smell. ⟨⟩ *vi* **-1.** [despedir olor]: ~ **(a)** to smell (of); **huele fatal** it smells foul **-2.** *fam* [indicando sospecha]: ~ **a** to smack of.
  olerse *vpr:* ~**se algo** *fam* to sense sthg.

olfatear *vt* **-1.** [olisquear] to sniff **-2.** [barruntar] to smell, to sense.
  olfatear en *vi* [indagar] to pry into.

olfativo, va *adj* olfactory.

olfato *m* **-1.** [sentido] sense of smell **-2.** *fig* [sagacidad] nose, instinct; **tener** ~ **para algo**

to be a good judge of sthg.
oligarca *mf* oligarch.
oligarquía *f* oligarchy.
oligárquico, ca *adj* oligarchic.
oligofrenia *f* mental handicap.
oligofrénico, ca <> *adj* mentally handicapped. <> *m,f* mentally handicapped person.
olimpiada, olimpíada *f* Olympiad, Olympic Games *(pl)*; **las ~s** the Olympics.
olímpicamente *adv fam* blithely.
olímpico, ca *adj* -**1.** *DEP* olympic -**2.** *fig* [altanero] Olympian, haughty.
olimpismo *m* Olympic movement.
olisquear *vt* to sniff (at).
oliva *f* olive.
oliváceo, a *adj* olive.
olivar *m* olive grove.
olivarero, ra <> *adj* olive *(antes de sust)*. <> *m,f* olive-grower.
olivera *f* olive tree.
olivo *m* olive tree.
olla *f* pot; **~ exprés** *o* **a presión** pressure cooker; **~ podrida** *CULIN* stew; **~ de grillos** bedlam, madhouse.
olmeda *f* elm grove.
olmo *m* elm (tree).
olor *m* smell; **~ a** smell of; **tener ~ a** to smell of; **~ corporal** body odour; **en ~ de multitud** *(considerado incorrecto)* enjoying popular acclaim.
oloroso, sa *adj* fragrant.
  ◆ **oloroso** *m* oloroso (sherry).
OLP *(abrev de* **Organización para la Liberación de Palestina)** *f* PLO.
olvidadizo, za *adj* forgetful.
olvidar *vt* -**1.** [gen] to forget -**2.** [dejarse] to leave; **olvidé las llaves en la oficina** I left my keys at the office.
  ◆ **olvidarse** *vpr* -**1.** [gen] to forget; **~se de algo/hacer algo** to forget sthg/to do sthg -**2.** [dejarse] to leave.
olvido *m* -**1.** [de un nombre, hecho etc] forgetting; **caer en el ~** to fall into oblivion -**2.** [descuido] oversight.
Omán Oman.
ombligo *m* -**1.** *ANAT* navel -**2.** [centro] centre; **el ~ del mundo** the centre of the universe -**3.** *loc*: **mirarse el ~** *fam* to be wrapped up in o.s.; **se le encogió el ~** *fam* she got cold feet.
ombudsman ['ombuðsman] *m* ombudsman.
omisión *f* omission.
omiso, sa ▷ **caso**.
omitir *vt* to omit.

ómnibus *m inv* -**1.** omnibus; *FERROC* local train -**2.** *Cuba, Urug* [urbano] bus; *Andes, Cuba, Urug* [interurbano, internacional] intercity bus.
omnipotencia *f* omnipotence.
omnipotente *adj* omnipotent.
omnipresente *adj* omnipresent.
omnívoro, ra <> *adj* omnivorous. <> *m,f* omnivore.
omoplato, omóplato *m* shoulder-blade.
OMS *(abrev de* **Organización Mundial de la Salud)** *f* WHO.
once *núm* eleven; *ver también* **seis**.
ONCE *(abrev de* **Organización Nacional de Ciegos Españoles)** *f Spanish association for the blind, famous for its national lottery.*

ONCE

The ONCE is an independent organization which was originally set up to help the blind, although it now caters for other handicapped people as well. One of its functions is to provide work for its members, and to this end it runs a national lottery, tickets for which are sold by the blind. The lottery is also one of the ONCE's main sources of income.

---

onceavo, va *núm* eleventh; **la onceava parte** an eleventh.
oncología *f* oncology.
oncólogo, ga *m,f* oncologist.
onda *f* wave; **~ corta/larga/media** short/long/medium wave; **~ eléctrica** *o* **hertziana** Hertzian wave; **~ expansiva** shock wave; **~ luminosa/sonora** light/sound wave; **estar en la ~** *fam* to be on the ball; **¿que ~?** *Méx, RP fam* how's it going?, how are things?
ondeante *adj* rippling.
ondear *vi* to ripple.
ondulación *f* -**1.** [acción] rippling -**2.** [onda] ripple; [del pelo] ripple.
ondulado, da *adj* wavy.
ondulante *adj* undulating.
ondular <> *vi* [agua] to ripple; [terreno] to undulate. <> *vt* to wave.
oneroso, sa *adj* burdensome.
ONG *(abrev de* **organización no gubernamental)** *f* NGO.
ónice, ónix *m o f* onyx.
onírico, ca *adj* dream *(antes de sust)*.
ónix = ónice.
onomástico, ca *adj culto* onomastic.
  ◆ **onomástica** *f culto* name day.
onomatopeya *f* onomatopoeia.

ontología *f* ontology.

ONU (*abrev de* **Organización de las Naciones Unidas**) *f* UN.

onza *f* - **1.** [unidad de peso] ounce - **2.** [de chocolate] square.

OPA (*abrev de* **oferta pública de adquisición**) *f* takeover bid.

opacidad *f* opacity.

opaco, ca *adj* opaque.

opalino, na *adj* opaline.
➡ **opalina** *f* opaline.

ópalo *m* opal.

opción *f* - **1.** [elección] option; **no hay** ~ there is no alternative - **2.** [derecho] right; **dar** ~ **a** to give the right to; **tener** ~ **a** [empleo, cargo] to be eligible for.

opcional *adj* optional.

OPEP (*abrev de* **Organización de Países Exportadores de Petróleo**) *f* OPEC.

ópera *f* opera; ~ **bufa** comic opera, opera buffa; ~ **rock** rock opera.

operación *f* - **1.** [gen] operation; ~ **quirúrgica** (surgical) operation; ~ **retorno** *police operation to assist return of holidaymakers to their city homes, minimizing traffic congestion and maximizing road safety* - **2.** *COM* transaction.

operacional *adj* operational.

operador, ra *m,f* - **1.** *INFORM & TELECOM* operator - **2.** [de la cámara] cameraman; [del proyector] projectionist.
➡ **operador** *m MAT* operator.
➡ **operador turístico** *m* tour operator.

operar ◇ *vt* - **1.** [enfermo]: ~ **a alguien (de algo)** [enfermedad] to operate on sb (for sthg); **lo operaron del hígado** they've operated on his liver - **2.** [cambio etc] to bring about, to produce. ◇ *vi* - **1.** [gen] to operate - **2.** [actuar] to act - **3.** *COM & FIN* to deal.
➡ **operarse** *vpr* - **1.** [enfermo] to be operated on, to have an operation; ~ **se de algo** to be operated on for sthg; **me voy a** ~ **del hígado** I'm going to have an operation on my liver - **2.** [cambio etc] to occur, to come about.

operario, ria *m,f* worker.

operatividad *f* feasibility.

operativo, va *adj* operative.
➡ **operativo** *m Amér* operation.

opereta *f* operetta.

opiáceo, a *adj* opiate.
➡ **opiáceo** *m* opiate.

opinar ◇ *vt* to believe, to think. ◇ *vi* to give one's opinion; ~ **de algo/alguien**, ~ **sobre algo/alguien** to think about sthg/sb; ~ **bien de alguien** to think highly of sb.

opinión *f* [parecer] opinion; **en mi** ~ in my opinion; **cambiar de** ~ to change one's mind; **expresar** *o* **dar una** ~ to give an opinion; **reservarse la** ~ to reserve judgment; **la** ~ **pública** public opinion.

opio *m* opium.

opíparo, ra *adj* sumptuous.

opondrá *etc* ➭ **oponer**.

oponente *mf* opponent.

oponer [65] *vt* - **1.** [resistencia] to put up - **2.** [argumento, razón] to put forward, to give.
➡ **oponerse** *vpr* - **1.** [no estar de acuerdo] to be opposed; ~ **se a algo** [desaprobar] to be opposed to sthg, to oppose sthg; [contradecir] to contradict sthg; **me opongo a creerlo** I refuse to believe it - **2.** [obstaculizar]: ~ **se a** to stand in the way of, to impede.

oporto *m* port (wine).

oportunidad *f* - **1.** [ocasión] opportunity, chance; **a la primera** ~ at the first opportunity; **aprovechar la** ~ to seize the opportunity; **darle una/otra** ~ **a alguien** to give sb a/another chance - **2.** [conveniencia] timeliness.

oportunismo *m* opportunism.

oportunista ◇ *adj* opportunistic. ◇ *mf* opportunist.

oportuno, na *adj* - **1.** [pertinente] appropriate - **2.** [propicio] timely; **el momento** ~ the right time.

oposición *f* - **1.** [gen] opposition - **2.** [resistencia] resistance - **3.** (*gen pl*) [examen] public entrance examination; ~ **a profesor** public examination to be a teacher; **preparar oposiciones** to be studying for a public entrance examination.

opositar *vi*: ~ **(a)** to sit a public entrance examination (for).

opositor, ra *m,f* - **1.** [a un cargo] *candidate in a public entrance examination* - **2.** [oponente] opponent.

opresión *f* - **1.** [de un botón] press - **2.** *fig* [represión] oppression - **3.** *fig* [ahogo] difficulty in breathing.

opresivo, va *adj* oppressive.

opresor, ra ◇ *adj* oppressive. ◇ *m,f* oppressor.

oprimir *vt* - **1.** [apretar - botón etc] to press; [- garganta, brazo etc] to squeeze - **2.** [suj: zapatos, cinturón] to pinch, to be too tight for - **3.** *fig* [reprimir] to oppress - **4.** *fig* [angustiar] to weigh down on, to burden.

oprobio *m* shame, disgrace.

optar *vi* - **1.** [escoger]: ~ **(por algo)** to choose (sthg); ~ **por hacer algo** to choose to do sthg; ~ **entre** to choose between **-2.** [aspirar]: ~ **a** to aim for, to go for.

optativo, va *adj* optional.

➡ **optativa** *f EDUC* option, optional subject.

óptico, ca ⬦ *adj* optic. ⬦ *m,f* [persona] optician.

➡ **óptica** *f* **-1.** *FÍS* optics *(U)* **-2.** [tienda] optician's (shop) **-3.** *fig* [punto de vista] point of view.

optimismo *m* optimism.

optimista ⬦ *adj* optimistic. ⬦ *mf* optimist.

optimización *f* optimization.

optimizar *vt* to optimize.

óptimo, ma ⬦ *superl* ⊳ **bueno.** ⬦ *adj* optimum.

opuesto, ta ⬦ *pp* ⊳ **oponer.** ⬦ *adj* **-1.** [contrario] conflicting; ~ **a** opposed *o* contrary to **-2.** [de enfrente] opposite.

opulencia *f* [riqueza] opulence; [abundancia] abundance; **vivir en la** ~ to live in luxury; **nadar en la** ~ to be filthy rich.

opulento, ta *adj* **-1.** [rico] opulent **-2.** [abundante] abundant.

opus *m MÚS* opus.

➡ **Opus Dei** *m*: **el Opus Dei** the Opus Dei, *traditionalist religious organization, the members of which are usually professional people or public figures.*

opusiera *etc* ⊳ **oponer.**

ora *conj desus:* ~ ... ~ ... now ... now ...

oración *f* **-1.** [rezo] prayer; ~ **fúnebre** memorial speech **-2.** *GRAM* sentence; ~ **principal/subordinada** main/subordinate clause.

oráculo *m* **-1.** [gen] oracle **-2.** *fig* [persona] fount of wisdom.

orador, ra *m,f* speaker.

oral ⬦ *adj* oral. ⬦ *m* ⊳ **examen.**

órale *interj Méx fam* [de acuerdo] right!, sure!; [¡venga!] come on!

orangután *m* orangutang.

orar *vi* to pray.

oratorio, ria *adj* oratorical.

➡ **oratorio** *m* **-1.** [lugar] oratory **-2.** *MÚS* oratorio.

➡ **oratoria** *f* oratory.

orbe *m* world, globe.

órbita *f* **-1.** *ASTRON* orbit; **entrar/poner en** ~ to go/put into orbit **-2.** [de ojo] eye socket **-3.** *fig* [ámbito] sphere, realm.

orca *f* killer whale.

órdago *m* all-or-nothing stake in the game of 'mus'; **de** ~ *fig* magnificent.

orden ⬦ *m* **-1.** [gen] order; **en** ~ [bien colocado] tidy, in its place; [como debe ser] in order; **llamar al** ~ **a alguien** to call sb to order; **poner en** ~ **algo** to tidy sthg up; **por** ~ in order; **sin** ~ **ni concierto** in a haphazard way; **las fuerzas del** ~ the forces of law and order; ~ **de compra** *COM* purchase order; ~ **público** law and order **-2.** [tipo] type, order; **problemas de** ~ **económico** economic problems; **en otro** ~ **de cosas** on the other hand. ⬦ *f* order; **dar órdenes** to give orders; **por** ~ **de** by order of; ~ **de busca y captura** warrant for search and arrest; ~ **de caballería** order of knighthood; ~ **militar** military order; ~ **de pago** payment order; **¡a la** ~**!** *MIL* (yes) sir!; **estar a la** ~ **del día** to be the order of the day.

➡ **del orden de** *loc prep* around, approximately.

➡ **orden del día** *m* agenda.

ordenación *f* **-1.** [organización] ordering, arranging; [disposición] order, arrangement; [de recursos, edificios] planning **-2.** *RELIG* ordination.

ordenado, da ⬦ *adj* [lugar, persona] tidy. ⬦ *m,f RELIG* ordained person.

➡ **ordenada** *f MAT* ordinate.

ordenador *m INFORM* computer; ~ **central** mainframe computer; ~ **personal** personal computer; ~ **portátil** laptop computer.

ordenamiento *m* legislation, regulations *(pl).*

ordenanza ⬦ *m* **-1.** [de oficina] messenger **-2.** *MIL* orderly. ⬦ *f (gen pl)* ordinance, law; ~**s municipales** by-laws.

ordenar *vt* **-1.** [poner en orden - gen] to arrange, to put in order; [- habitación, armario etc] to tidy (up) **-2.** [mandar] to order **-3.** *RELIG* to ordain **-4.** *Amér* [solicitar] to order.

➡ **ordenarse** *vpr RELIG* to be ordained.

ordeñadora *f* milking machine.

ordeñar *vt* to milk.

ordeño *m* milking.

ordinal ⬦ *adj* ordinal. ⬦ *m* ⊳ **número.**

ordinariez *f* commonness, coarseness; **decir/hacer una** ~ to say/do sthg rude.

ordinario, ria ⬦ *adj* **-1.** [común] ordinary, usual; **de** ~ usually **-2.** [vulgar] common, coarse **-3.** [no selecto] unexceptional **-4.** [no especial - presupuesto, correo] daily; [- tribunal] of first instance. ⬦ *m,f* common *o* coarse person.

orear *vt* to air.

➡ **orearse** *vpr* [ventilarse] to air.

orégano *m* oregano.

oreja *f* **-1.** *ANAT* ear; **calentarle a alguien las**

~s to box sb's ears; **con las** ~s **gachas** with one's tail between one's legs; **tirar a alguien de las** ~s to give sb a good telling-off; **verle las** ~s **al lobo** to see what's coming **- 2.** [de sillón] wing.

orejera f earflap.

orejudo, da *adj* big-eared.

orfanato, orfelinato m orphanage.

orfandad f orphanhood; *fig* abandonment, neglect.

orfebre *mf* [de plata] silversmith; [de oro] goldsmith.

orfebrería f [obra - de plata] silver work; [- de oro] gold work.

orfelinato = orfanato.

orfeón m choral group *o* society.

organdí (*pl* **organdíes**) m organdie.

orgánico, ca *adj* organic.

organigrama m [gen & INFORM] flowchart.

organillero, ra *m,f* organ-grinder.

organillo m barrel organ.

organismo *m* **- 1.** BIOL organism **- 2.** ANAT body **- 3.** *fig* [entidad] organization, body.

organista *mf* organist.

organización f organization.

organizador, ra ⬦ *adj* organizing. ⬦ *m,f* organizer.

organizar [13] *vt* to organize.

➡ **organizarse** *vpr* **- 1.** [persona] to organize o.s. **- 2.** [pelea etc] to break out, to happen suddenly.

organizativo, va *adj* organizing.

órgano m organ.

orgasmo m orgasm.

orgía f orgy.

orgiástico, ca *adj* orgiastic.

orgullo m pride.

orgulloso, sa ⬦ *adj* proud. ⬦ *m,f* proud person.

orientación f **- 1.** [dirección - acción] guiding; [- rumbo] direction **- 2.** [posicionamiento - acción] positioning; [- lugar] position **- 3.** *fig* [información] guidance; ~ **profesional** careers advice *o* guidance **- 4.** *fig* [tendencia] tendency, leaning.

oriental ⬦ *adj* **- 1.** [gen] eastern; [del Lejano Oriente] oriental **- 2.** *Amér* [de Uruguay] Uruguayan. ⬦ *mf* **- 1.** oriental **- 2.** *Amér* [de Uruguay] Uruguayan.

orientalismo m orientalism.

orientalista *mf* orientalist.

orientar *vt* **- 1.** [dirigir] to direct; [casa] to build facing **- 2.** *fig* [medidas etc]: ~ **hacia** to direct towards *o* at **- 3.** *fig* [aconsejar] to give advice *o* guidance to.

➡ **orientarse** *vpr* **- 1.** [dirigirse - foco etc]: ~**se a** to point towards *o* at **- 2.** [encontrar el camino] to get one's bearings, to find one's way around **- 3.** *fig* [encaminarse]: ~**se hacia** to be aiming at.

oriente m east.

➡ **Oriente** *m*: **el Oriente** the East, the Orient; **Oriente Medio/Próximo** Middle/Near East; **Lejano** *o* **Extremo Oriente** Far East.

orificio m hole; TECN opening.

origen *m* **- 1.** [gen] origin; [ascendencia] origins (*pl*), birth; **de** ~ **español** of Spanish origin **- 2.** [causa] cause; **dar** ~ **a** to give rise to.

original ⬦ *adj* **- 1.** [gen] original **- 2.** [raro] eccentric, different. ⬦ *m* original.

originalidad f **- 1.** [gen] originality **- 2.** [extravagancia] eccentricity.

originar *vt* to cause.

➡ **originarse** *vpr* to be caused.

originario, ria *adj* **- 1.** [inicial, primitivo] original **- 2.** [procedente]: **ser** ~ **de** [costumbres etc] to come from (originally); [persona] to be a native of.

orilla f **- 1.** [ribera - de río] bank; [- de mar] shore; **a** ~**s de** [río] on the banks of; **a** ~**s del mar** by the sea **- 2.** [borde] edge **- 3.** [acera] pavement.

orillar *vt* **- 1.** [dificultad, obstáculo] to skirt around **- 2.** [tela] to edge.

orín m [herrumbre] rust.

➡ **orines** *mpl* [orina] urine (*U*).

orina f urine.

orinal m chamberpot.

orinar *vi & vt* to urinate.

➡ **orinarse** *vpr* to wet o.s.

Orinoco *m*: **el** ~ the Orinoco.

oriundo, da ⬦ *adj*: ~ **de** native of. ⬦ *m,f* DEP non-Spanish footballer whose mother or father is Spanish.

orla f **- 1.** [adorno] (decorative) trimming **- 2.** [fotografía] graduation photograph.

orlar *vt* to decorate with trimmings.

ornamentación f ornamentation.

ornamental *adj* ornamental.

ornamentar *vt* to decorate, to adorn.

ornamento m [objeto] ornament.

➡ **ornamentos** *mpl* RELIG vestments (*pl*).

ornar *vt* to decorate, to adorn.

ornato m decoration.

ornitología f ornithology.

ornitólogo, ga *m,f* ornithologist.

oro *m* gold; *fig* money, riches (*pl*); **de** ~ gold; ~ **en barras** bullion; ~ **en polvo** gold dust;

guardar algo como ~ en paño to treasure sthg; **hacerse de ~** to make one's fortune; **no es ~ todo lo que reluce** all that glitters is not gold; **pedir el ~ y el moro** to ask the earth.

➦ **oros** *mpl* [naipes] *suit of Spanish cards bearing gold coins.*

➦ **oro negro** *m* oil.

orogénesis *f inv* orogenesis.

orografía *f* - **1.** GEOGR orography - **2.** [relieve] terrain.

orondo, da *adj fam* - **1.** [gordo] plump - **2.** [satisfecho] self-satisfied, smug.

oropel *m* tinsel.

oropéndola *f* golden oriole.

orquesta *f* - **1.** [músicos] orchestra; **~ de cámara/sinfónica** chamber/symphony orchestra - **2.** [lugar] orchestra pit.

orquestación *f* orchestration.

orquestar *vt* to orchestrate.

orquestina *f* dance band.

orquídea *f* orchid.

ortiga *f* (stinging) nettle.

ortodoncia *f* orthodontics (U).

ortodoxia *f* orthodoxy.

ortodoxo, xa ⬦ *adj* orthodox. ⬦ *m,f* RELIG member of the Orthodox Church.

ortografía *f* spelling.

ortográfico, ca *adj* spelling (antes de sust).

ortopedia *f* orthopaedics (U).

ortopédico, ca ⬦ *adj* orthopaedic. ⬦ *m,f* orthopaedist.

ortopedista *mf* orthopaedist.

oruga *f* caterpillar.

orujo *m strong spirit made from grape pressings.*

orzuelo *m* stye.

os *pron pers* - **1.** (complemento directo) you; **me gustaría veros** I'd like to see you - **2.** (complemento indirecto) (to) you; **~ lo dio** he gave it to you; **~ tengo miedo** I'm afraid of you - **3.** (reflexivo) yourselves - **4.** (recíproco) each other; **~ enamorasteis** you fell in love (with each other).

osa ⊳ **oso.**

osadía *f* - **1.** [valor] boldness, daring - **2.** [descaro] audacity, cheek.

osado, da *adj* - **1.** [valeroso] daring, bold - **2.** [descarado] impudent, cheeky.

osamenta *f* skeleton.

osar *vi* to dare.

osario *m* ossuary.

Óscar *m* CIN Oscar.

oscilación *f* - **1.** [movimiento] swinging; FÍS oscillation - **2.** [espacio recorrido] swing - **3.**

fig [variación] fluctuation.

oscilador *m* oscillator.

oscilar *vi* - **1.** [moverse] to swing; FÍS to oscillate - **2.** *fig* [variar] to fluctuate.

oscilatorio, ria *adj* swinging; FÍS oscillating.

ósculo *m culto* kiss.

oscurantismo *m* obscurantism.

oscurecer [30] ⬦ *vt* - **1.** [privar de luz] to darken - **2.** *fig* [mente] to confuse, to cloud - **3.** *fig* [deslucir] to overshadow. ⬦ *v impers* [anochecer] to get dark.

➦ **oscurecerse** *vpr* to grow dark.

oscuridad *f* - **1.** [falta de luz] darkness - **2.** [zona oscura]: **en la ~** in the dark - **3.** *fig* [falta de claridad] obscurity.

oscuro, ra *adj* - **1.** [gen] dark; **a oscuras** in the dark - **2.** [nublado] overcast - **3.** *fig* [inusual] obscure - **4.** *fig* [incierto] uncertain, unclear - **5.** *fig* [intenciones, asunto] shady.

óseo, a *adj* bone (antes de sust).

osezno *m* bear cub.

osificarse [10] *vpr* to ossify.

Oslo Oslo.

ósmosis *f inv* FÍS & *fig* osmosis.

oso, osa *m,f* bear (*f* she-bear); **~ de felpa** *o* **peluche** teddy bear; **~ hormiguero** anteater; **~ panda** panda; **~ polar** polar bear; **hacer el ~** to act the fool.

➦ **Osa Mayor** *f* Great Bear.

➦ **Osa Menor** *f* Little Bear.

ossobuco [oso'buko] *m* CULIN osso bucco.

ostensible *adj* evident, clear.

ostentación *f* ostentation, show; **hacer ~ de algo** to show sthg off, to parade sthg.

ostentador, ra *m,f* show-off, ostentatious person.

ostentar *vt* - **1.** [poseer] to hold, to have - **2.** [exhibir] to show off, to parade.

ostentoso, sa *adj* ostentatious.

osteópata *mf* osteopath.

osteopatía *f* [terapia] osteopathy.

osteoplastia *f* osteoplasty.

ostión *m Chile* [vieira] scallop.

ostra *f* oyster; **aburrirse como una ~** *fam* to be bored to death.

➦ **ostras** *interj fam*: **¡~s!** blimey!

ostracismo *m* ostracism; **~ político** political wilderness.

OTAN (abrev de **Organización del Tratado del Atlántico Norte**) *f* NATO.

otear *vt* to survey, to scan; *fig* to study.

otero *m* hillock.

OTI (abrev de **Organización de Televisiones Iberoamericanas**) *f* association of all Spanish-speaking television networks.

otitis *f inv* inflammation of the ear.

otomano, na *adj & m,f* Ottoman.

   ➧ **otomana** *f* [sofá] ottoman.

otoñal *adj* autumn *UK (antes de sust)*, autumnal *UK*, fall *US (antes de sust)*.

otoño *m lit & fig* autumn *UK*, fall *US*.

otorgamiento *m* granting, conferring; [de un premio] award, presentation; *DER* execution.

otorgar [16] *vt* to grant; [premio] to award, to present; *DER* to execute.

otorrino, na *m,f fam* ear, nose and throat specialist.

otorrinolaringología *f* ear, nose and throat medicine.

otorrinolaringólogo, ga *m,f* ear, nose and throat specialist.

otro, tra ◇ *adj* -**1.** [distinto] *(sg)* another, *(pl)* other; ~ **chico** another boy; **el** ~ **chico** the other boy; **(los)** ~**s chicos** (the) other boys; **no hacer otra cosa que llorar** to do nothing but cry; **el** ~ **día** [pasado] the other day -**2.** [nuevo] another; **estamos ante** ~ **Dalí** this is another Dali; ~**s tres goles** another three goals. ◇ *pron (sg)* another (one), *(pl)* others; **dame** ~ give me another (one); **el** ~ the other one; **(los)** ~**s** (the) others; **yo no lo hice, fue** ~ it wasn't me, it was somebody else; ~ **habría abandonado, pero no él** anyone else would have given up, but not him; ¡**otra!** [en conciertos] encore!, more!

otrora *adv culto* formerly.

otrosí *adv culto* besides, moreover.

Ottawa [o'taa] Ottawa.

OUA *(abrev de* **Organización para la Unidad Africana)** *f* OAU.

output ['autput] *(pl* **outputs)** *m INFORM* output *(U)*.

ovación *f* ovation.

ovacionar *vt* to give an ovation to, to applaud.

oval *adj* oval.

ovalado, da *adj* oval.

óvalo *m* oval.

ovario *m* ovary.

oveja *f* sheep, ewe.

   ➧ **oveja descarriada** *f* lost sheep.

   ➧ **oveja negra** *f* black sheep.

overbooking [ober'bukin] *m* overbooking.

overol, overoles *m Amér* [ropa - con peto] dungarees *(pl) UK*, overalls *(pl) US*; [- para bebé] rompers *(pl)*.

ovetense *adj* of/relating to Oviedo.

OVI *(abrev de* **objeto volador identificado)** *m* identified flying object.

Oviedo Oviedo.

ovillar *vt* to roll o wind into a ball.

   ➧ **ovillarse** *vpr* to curl up into a ball.

ovillo *m* ball *(of wool etc)*; **hacerse un** ~ to curl up into a ball.

ovino, na ◇ *adj* ovine, sheep *(antes de sust)*. ◇ *m,f* sheep.

ovíparo, ra *adj* oviparous.

ovni ['ofni] *m (abrev de* **objeto volador no identificado)** UFO.

ovoide *adj* ovoid.

ovulación *f* ovulation.

ovular ◇ *adj* ovular. ◇ *vi* to ovulate.

óvulo *m* ovum.

oxidación *f* rusting.

oxidante ◇ *adj* oxidizing. ◇ *m* oxidizing agent.

oxidar *vt* to rust; *QUÍM* to oxidize.

   ➧ **oxidarse** *vpr* to get rusty.

óxido *m* -**1.** *QUÍM* oxide -**2.** [herrumbre] rust.

oxigenación *f* oxygenation.

oxigenado, da *adj* -**1.** *QUÍM* oxygenated -**2.** [cabello] peroxide *(antes de sust)*, bleached.

oxigenar *vt QUÍM* to oxygenate.

   ➧ **oxigenarse** *vpr* -**1.** [airearse] to get a breath of fresh air -**2.** [cabello] to bleach.

oxígeno *m* oxygen.

oye ▷ oír.

oyente *mf* -**1.** *RADIO* listener -**2.** [alumno] unregistered student.

oyera *etc* ▷ oír.

ozono *m* ozone.

ozonosfera *f* ozonosphere.

p, P *f* [letra] p, P.

p. -**1.** = **pág** -**2.** *abrev de* **paseo**.

p.a. -**1.** *abrev de* **por ausencia** -**2.** (*abrev de* **por autorización**) pp.

pabellón *m* -**1.** [edificio] pavilion -**2.** [parte de un edificio] block, section -**3.** [en parques, jardines] summerhouse -**4.** [tienda de campaña]

bell tent **-5.** [dosel] canopy **-6.** [bandera] flag
-7.: ~ **auditivo** outer ear.
pábilo *m* wick.
pábulo *m* food, fuel; **dar** ~ **a** to feed, to
encourage.
PAC (*abrev de* **política agrícola común**) *f* CAP.
pacato, ta ◇ *adj* **-1.** [mojigato] prudish **-2.**
[tímido] shy. ◇ *m,f* [mojigato] prude.
paceño, ña ◇ *adj* of/relating to La Paz.
◇ *m,f* native/inhabitant of La Paz.
pacer [29] *vi* to graze.
pachá (*pl* **pachaes**) *m* pasha; **vivir como un** ~
fam to live like a lord.
Pachamama *f Andes* Mother Earth.
pachanga *f fam* rowdy celebration.
pachanguero, ra *adj fam* [música] catchy
but mindless.
pacharán *m liqueur made from anis and
sloes.*
pachorra *f fam* calmness.
pachucho, cha *adj fam* under the weather.
pachulí (*pl* **pachulíes**) *m* patchouli.
paciencia *f* patience; **armarse de** ~ to
summon up one's patience; **perder la** ~ to
lose one's patience; **tener** ~ to be patient;
tener más ~ **que un santo** to have the
patience of a saint.
paciente *adj & m,f* patient.
pacificación *f* pacification.
pacificar [10] *vt* **-1.** [país] to pacify **-2.** [ánimos]
to calm.
↝ **pacificarse** *vpr* [persona] to calm down.
pacífico, ca *adj* [gen] peaceful; [persona]
peaceable.
Pacífico *m*: **el (océano)** ~ the Pacific
(Ocean).
pacifismo *m* pacifism.
pacifista *adj & m,f* pacifist.
paco, ca *m,f Andes, Pan fam* cop.
pacotilla *f*: **de** ~ trashy, third-rate.
pactar ◇ *vt* to agree to. ◇ *vi*: ~ **(con)** to
strike a deal (with).
pacto *m* [gen] agreement, pact; [entre países]
treaty; **hacer/romper un** ~ to make/break
an agreement; ~ **social** social contract.
padecer [30] ◇ *vt* to suffer, to endure; [en-
fermedad] to suffer from. ◇ *vi* to suffer;
[enfermedad]: ~ **de** to suffer from.
padecimiento *m* suffering.
pádel [paell *m ball game for two or four
players, played with a small rubber bat on
a two-walled court.*
padezca *etc* ⊳ **padecer**.
padrastro *m* **-1.** [pariente] stepfather **-2.** [pe-
llejo] hangnail.

padrazo *m fam* adoring father.
padre ◇ *m* [gen & RELIG] father; ~ **de familia**
head of the family; ~ **espiritual** confessor;
~ **soltero** single parent; **de** ~ **y muy señor
mío** incredible, tremendous. ◇ *adj inv* **-1.**
Esp fam [enorme] incredible, tremendous **-2.**
Méx fam [estupendo] fantastic, great.
↝ **padres** *mpl* **-1.** [padre y madre] parents
-2. [antepasados] ancestors, forefathers.
↝ **Padres de la Iglesia** *mpl RELIG* Fathers
of the Christian Church.
↝ **Santo Padre** *m RELIG* Holy Father, Pope.
padrenuestro (*pl* **padrenuestros**) *m* Lord's
Prayer.
padrino *m* **-1.** [de bautismo] godfather; [de
boda] best man **-2.** [en duelos, torneos etc]
second **-3.** *fig* [protector] patron.
↝ **padrinos** *mpl* [padrino y madrina] godparents.
padrísimo *adj Méx fam* great.
padrón *m* [censo] census; [para votar] electoral roll o register.
padrote *m Méx fam* pimp.
paella *f* paella.
paellera *f large frying-pan or earthenware
dish for cooking paella.*
paf *interj* bang!, crash!
pág., p. (*abrev de* **página**) p.
paga *f* payment; [salario] salary, wages *(pl)*;
[de niño] pocket money; ~ **extra** o **extraordinaria** *bonus paid twice a year to Spanish
workers.*

PAGA EXTRA

This is a bonus, equivalent to one month's wages,
which is added to employees' salaries twice a year,
in the summer and at Christmas, just in time to
help people over these periods of heavy
expenditure. It is considered as part of an
employee's annual salary.

pagadero, ra *adj* payable; ~ **a 90 días/a la
entrega** payable within 90 days/on delivery.
pagado, da *adj* paid.
pagador, ra ◇ *adj* paying; **ser buen/mal**
~ to be a reliable/unreliable payer. ◇
m,f [de obreros etc] paymaster.
paganismo *m* paganism.
pagano, na *adj & m,f* pagan, heathen.
pagar [16] ◇ *vt* [gen] to pay; [deuda] to pay
off, to settle; [ronda, gastos, delito] to pay for;
[ayuda, favor] to repay; **me las pagarás** *fam*
you'll pay for this; ~ **el pato/los platos rotos** *fam* to carry the can; **el que la hace la
paga** he/she *etc* will pay for it in the end.

◇ *vi* to pay; ~ **en efectivo** *o* **metálico** to pay (in) cash.

pagaré (*pl* **pagarés**) *m* COM promissory note, IOU; ~ **del Tesoro** Treasury note.

pagel *m* pandora.

página *f* page; ~ **inicial** *o* **de inicio** INFORM home page; ~ **Web** Web page; **las** ~**s amarillas** the Yellow Pages.

paginación *f* pagination.

paginar *vt* INFORM to paginate.

pago *m* payment; *fig* reward, payment; **en** ~ **de** [en recompensa por] as a reward for; [a cambio de] in return for; ~ **anticipado/inicial** advance/down payment; ~ **por visión** pay-per-view.

➤ **pagos** *mpl* [lugar]: **por estos** ~**s** around here.

pagoda *f* pagoda.

pague *etc* ▷ **pagar**.

pai *m* CAm & Méx pie.

paila *f* **- 1.** *Andes, CAm & Carib* [sartén] frying pan **- 2.** *Chile* [huevos fritos] fried eggs (*pl*).

paipai (*pl* **paipais**), **paipay** (*pl* **paipays**) *m* fan made from a palm leaf.

pair ▷ au pair.

país *m* country; **los** ~**es bálticos** the Baltic States; ~ **natal** native country, homeland; ~ **satélite** satellite state; ~**es desarrollados/en vías de desarrollo/subdesarrollados** developed/developing/underdeveloped countries.

paisaje *m* [gen] landscape; [vista panorámica] scenery (U), view.

paisajista ◇ *adj* landscape (*antes de sust*). ◇ *mf* landscape painter.

paisajístico, ca *adj* landscape (*antes de sust*).

paisanaje *m* civilians (*pl*).

paisano, na ◇ *adj* [del mismo país] from the same country. ◇ *m,f* [del mismo país] compatriot, fellow countryman (*f* fellow countrywoman).

➤ **paisano** *m* [civil] civilian; **de** ~ MIL in civilian clothes; **de** ~ [policía] in plain clothes.

Países Bajos *mpl*: **los** ~ the Netherlands.

País Valenciano *m*: **el** ~ the autonomous region of Valencia.

País Vasco *m*: **el** ~ the Basque Country.

paja *f* **- 1.** [gen] straw **- 2.** *fig* [relleno] waffle **- 3.** *vulg* [masturbación] wank; **hacerse una** ~ to have a wank.

pajar *m* straw loft.

pájara *f fig* crafty *o* sly woman.

pajarera *f* aviary.

pajarería *f* pet shop.

pajarita *f* **- 1.** *Esp* [corbata] bow tie **- 2.** [de papel] paper bird.

pájaro *m* **- 1.** ZOOL bird; ~ **bobo** penguin; ~ **carpintero** woodpecker; ~ **de mal agüero** bird of ill omen; **más vale** ~ **en mano que ciento volando** *proverb* a bird in the hand is worth two in the bush; **matar dos** ~**s de un tiro** to kill two birds with one stone; **tener** ~**s en la cabeza** to be scatterbrained *o* empty-headed **- 2.** *fig* [persona] crafty devil, sly old fox.

pajarraco *m despec* **- 1.** [pájaro] big ugly bird **- 2.** [persona] nasty piece of work.

paje *m* page.

pajilla, pajita *f* (drinking) straw.

pajizo, za *adj* [de paja] straw (*antes de sust*); [color] straw-coloured; [techo] thatched.

pajolero, ra *adj* *Esp* *fam* damn, blessed; **no tengo ni pajolera idea** I haven't got the foggiest.

pajuerano, na *RP* ◇ *adj* [de pueblo] countrified. ◇ *m,f* [palurdo] bumpkin, hick *US*.

Pakistán, Paquistán Pakistan.

pakistaní (*pl* **pakistaníes**), **paquistaní** (*pl* **paquistaníes**) *adj* & *m,f* Pakistani.

pala *f* **- 1.** [herramienta] spade; [para recoger] shovel; CULIN slice; ~ **mecánica** *o* **excavadora** excavator, digger **- 2.** [de frontón, ping-pong] bat **- 3.** [de remo, hélice] blade **- 4.** [de diente] upper front tooth.

palabra *f* **- 1.** [gen] word; **estar bajo** ~ to be under oath; **de** ~ by word of mouth, verbally; **mantener uno su** ~ to keep one's word; **no tener** ~ to go back on one's word; ~ **por** ~ word for word; **sin mediar** ~ without a single word; **tomar** *o* **coger la** ~ **a alguien** to hold sb to their word; ~ **clave** INFORM key word; ~ **divina** *o* **de Dios** word of God; ~ **de honor** word of honour **- 2.** [habla] speech **- 3.** [derecho de hablar] right to speak; **dar la** ~ **a alguien** to give the floor to sb **- 4.** *loc*: **dejar a alguien con la** ~ **en la boca** to cut sb off in mid-sentence; **en cuatro** *o* **dos** ~**s** in a few words; **en una** ~ in a word; **medir las** ~**s** to weigh one's words (carefully); **ser** ~**s mayores** to be an important matter.

➤ **palabras** *fpl* [discurso] words.

palabrería *f fam* hot air.

palabrota *f* swearword, rude word; **decir** ~**s** to swear.

palacete *m* mansion, small palace.

palaciego, ga *adj* palace (*antes de sust*), court (*antes de sust*).

palacio *m* palace; ~ **de congresos** conference centre; ~ **de Justicia** Law Courts *(pl)*.

palada *f* **- 1.** [al cavar] spadeful, shovelful **- 2.** [de remo] stroke **- 3.** [de hélice] rotation.

paladar *m* palate.

paladear *vt* to savour.

paladín *m* **- 1.** *HIST* paladin, heroic knight **- 2.** *fig* [adalid] champion, defender.

palanca *f* **- 1.** [barra, mando] lever; ~ **de cambio** gear lever *o* stick, gearshift *US*; ~ **de mando** joystick **- 2.** [trampolín] diving board.

palangana *f* [para fregar] washing-up bowl; [para lavarse] wash bowl.

palangre *m* fishing line with hooks.

palanqueta *f* jemmy, crowbar.

palatal *adj* palatal.

palatino, na *adj* **- 1.** [de paladar] palatine **- 2.** [de palacio] palace *(antes de sust)*, court *(antes de sust)*.

palco *m* box *(at theatre)*; ~ **de autoridades** VIP box.

paleocristiano, na *adj* early Christian.

paleografía *f* paleography.

paleográfico, ca *adj* paleographic.

paleógrafo, fa *m,f* paleographer.

paleolítico, ca *adj* paleolithic.
➤ **paleolítico** *m* Paleolithic period.

paleontología *f* paleontology.

paleontólogo, ga *m,f* paleontologist.

Palestina Palestine.

palestino, na *adj* & *m,f* Palestinian.

palestra *f* arena; **salir** *o* **saltar a la** ~ to enter the fray.

paleta *f* [gen] small shovel, small spade; [llana] trowel; *CULIN* slice; *ARTE* palette; [de pingpong] bat; *Méx* [helado] ice lolly *UK*, Popsicle® *US*.

paletada *f* [gen] shovelful, spadeful; [de yeso] trowelful; [de pintura] palette.

paletilla *f* shoulder blade.

paleto, ta *Esp* ◇ *adj* coarse, uncouth. ◇ *m,f* country bumpkin, yokel, hick *US*.

paliar [8] *vt* [atenuar] to ease, to relieve.

paliativo, va *adj* palliative.
➤ **paliativo** *m* **- 1.** *MED* palliative **- 2.**: **sin** ~**s** [derrota, fracaso] resounding.

palidecer [30] *vi* **- 1.** [ponerse pálido] to go *o* turn pale **- 2.** [perder importancia] to pale, to fade.

palidez *f* paleness.

pálido, da *adj* pale; *fig* dull.

palier [pa'ljer] *m* *AUTOM* bearing.

palillero *m* toothpick holder.

palillo *m* **- 1.** [mondadientes] toothpick **- 2.** [baqueta] drumstick **- 3.** [para comida china] chopstick **- 4.** *fig* [persona delgada] matchstick.

palio *m* canopy.

palique *m* *Esp fam* chat, natter; **estar de** ~ to chat, to natter.

palisandro *m* rosewood.

palito *m*: ~ **(de pescado)** *CULIN* fish finger.

paliza *f* **- 1.** [golpes, derrota] beating **- 2.** [esfuerzo] hard grind **- 3.** *fam* [rollo] drag.

palma *f* **- 1.** [de mano] palm; **conocer algo como la** ~ **de la mano** to know sthg like the back of one's hand **- 2.** [palmera] palm (tree); [hoja de palmera] palm leaf; **llevarse la** ~ to be the best; *irón* to take the biscuit.
➤ **palmas** *fpl* [aplausos] clapping *(U)*, applause *(U)*; **batir** ~**s** to clap (one's hands).

palmada *f* **- 1.** [golpe] pat; [más fuerte] slap **- 2.** [aplauso] clap; ~**s** clapping *(U)*.

palmar[1] ◇ *adj* of the palm *(of the hand)*. ◇ *m* palm grove.

palmar[2] *fam* *vi* to kick the bucket, to snuff it. ◇ *vt*: ~**la** to kick the bucket, to snuff it.

palmarés *m* **- 1.** [historial] record **- 2.** [lista] list of winners.

palmear ◇ *vt* **- 1.** [aplaudir] to applaud **- 2.** [espalda] to slap, to pat. ◇ *vi* to clap, to applaud.

palmeño, ña *adj* of/relating to Las Palmas.

palmera *f* **- 1.** [árbol] palm (tree); [datilera] date palm **- 2.** [pastel] *flat, butterfly-shaped pastry*.

palmeral *m* palm grove.

palmesano, na *adj* of/relating to Palma (Majorca).

palmito *m* **- 1.** [árbol] palmetto, fan palm **- 2.** *CULIN* palm heart **- 3.** *fam Esp fig* [buena planta] good looks *(pl)*; **lucir el** ~ to show off one's good looks.

palmo *m* handspan; *fig* small amount; ~ **a** ~ bit by bit; **dejar a alguien con un** ~ **de narices** to let sb down.

palmotear *vi* to clap.

palmoteo *m* clapping.

palmtop *m* [inform] palmtop.

palo *m* **- 1.** [gen] stick; [de golf] club; [de portería] post; [de la escoba] handle **- 2.** [mástil] mast **- 3.** [golpe] blow *(with a stick)*; **moler a alguien a** ~**s** to thrash sb **- 4.** *fig* [mala crítica] bad review **- 5.** [de baraja] suit **- 6.** [madera]: **de**

~ wooden **-7.** *BOT* tree; ~ **santo** lignum vitae **-8.** *fig* [pesadez] bind, drag; **dar** ~ *fam* to be a bind *o* a drag **-9.** *loc:* a ~ **seco** [gen] without anything else; [bebida] neat; **dar ~s de ciego** [criticar] to lash out (wildly); [no saber qué hacer] to grope around in the dark; **de tal** ~ **tal astilla** he/she is a chip off the old block.

paloma ▷ palomo.

palomar *m* dovecote; [grande] pigeon shed.

palomilla *f* **-1.** [insecto] grain moth **-2.** [tornillo] butterfly nut, wing nut **-3.** [soporte] bracket.

palomino *m* young dove *o* pigeon.

palomita *f:* ~s popcorn *(U).*

palomo, ma *m,f* dove, pigeon; **paloma mensajera** carrier *o* homing pigeon; **paloma torcaz** ringdove, wood pigeon.

palote *m* [trazo] downstroke.

palpable *adj* touchable, palpable; *fig* obvious, clear.

palpación *f* palpation.

palpar ◇ *vt* **-1.** [tocar] to feel, to touch; *MED* to palpate **-2.** *fig* [percibir] to feel. ◇ *vi* to feel around.

palpitación *f* beat, beating *(U);* [con fuerza] throb, throbbing *(U).*
➤ **palpitaciones** *fpl MED* palpitations.

palpitante *adj* **-1.** [que palpita] beating; [con fuerza] throbbing **-2.** *fig* [interesante - discusión, competición] lively; [- interés, deseo, cuestión] burning.

palpitar *vi* **-1.** [latir] to beat; [con fuerza] to throb **-2.** *fig* [suj: sentimiento] to be evident.

pálpito *m* feeling, hunch.

palta *f Andes* & *RP* avocado.

palúdico, ca *adj* **-1.** *MED* malarial **-2.** [pantanoso] marshy, swampy.

paludismo *m* malaria.

palurdo, da ◇ *adj fam* coarse, uncouth. ◇ *m,f* country bumpkin, yokel, hick *US.*

pamela *f* sun hat.

pampa *f:* **la** ~ **the pampas** *(pl).*

pampero, ra ◇ *adj* of/relating to the pampas. ◇ *m,f* inhabitant of the pampas.

pamplina *(gen pl) f fam* trifle, unimportant thing.

pamplonés, esa *adj* of/relating to Pamplona.

pan *m* **-1.** [alimento] bread; ~ **de molde** *o* **inglés** sliced bread; ~ **francés** French bread; ~ **integral** wholemeal bread; *Arg* ~ **lactal** sliced bread; ~ **moreno** *o* **negro** [integral] wholemeal *UK o* wholewheat *US* bread; [con centeno] black *o* rye bread; ~ **rallado**

breadcrumbs *(pl)* **-2.** [hogaza] loaf **-3.** *loc:* a **falta de** ~ **buenas son tortas** you have to make the most of what you've got; **a** ~ **y agua** on bread and water; *fig* on the breadline; **contigo** ~ **y cebolla** I'll go through thick and thin with you; **llamar al** ~ ~ **y al vino vino** to call a spade a spade; **ser** ~ **comido** to be a piece of cake, to be as easy as pie; **ser el** ~ **nuestro de cada día** to be a regular occurrence, to be commonplace; **ser más bueno que el** ~ to be kindness itself; **no sólo de** ~ **vive el hombre** man cannot live on bread alone.

pana *f* corduroy.

panacea *f lit* & *fig* panacea.

panadería *f* bakery, baker's.

panadero, ra *m,f* baker.

panal *m* honeycomb.

panamá *(pl* **panamaes)** *m* panama (hat).

Panamá Panama.

panameño, ña *adj* & *m,f* Panamanian.

panamericanismo *m* Pan-Americanism.

Panamericana *f:* **la** ~. the Pan-American Highway.

pancarta *f* placard, banner.

panceta *f* bacon.

pancho, cha *adj fam* calm, unruffled; **estar/ quedarse tan** ~ to be/remain perfectly calm.
➤ **pancho** *m RP* [comida] hot dog.

páncreas *m inv* pancreas.

pancreático, ca *adj* pancreatic.

panda ◇ *m* ▷ **oso.** ◇ *f Esp* gang.

pandemónium *(pl* **pandemóniums)** *m* pandemonium.

pandereta *f* tambourine.

pandero *m* **-1.** *MÚS* tambourine **-2.** *Esp fam* [trasero] bum.

pandilla *f* gang.

pandillero, ra *m,f* member of a gang.

panecillo *m Esp* bread roll.

panecito *m Amér* bread roll.

panegírico, ca *adj* panegyrical, eulogistic.
➤ **panegírico** *m* panegyric, eulogy.

panel *m* **-1.** [gen] panel **-2.** [pared, biombo] screen **-3.** [tablero] board; ~ **solar** solar panel.

panera *f* [para servir] bread basket; [para guardar] bread bin.

panero *m* bread tray.

paneuropeísmo *m* Europeanism.

pánfilo, la ◇ *adj* simple, foolish. ◇ *m,f* fool, simpleton.

panfletario, ria *adj* propagandist.

panfleto *m* pamphlet.

pánico *m* panic; **ser presa del** ~ to be panic-stricken.

panificadora *f* (large) bakery.

panocha *f* ear, cob.

panoplia *f* - **1.** [armadura] panoply - **2.** [armas] collection of arms *o* weapons.

panorama *m* - **1.** [vista] panorama - **2.** *fig* [situación] overall state; [perspectiva] outlook.

panorámico, ca *adj* panoramic.

➡ **panorámica** *f* panorama.

panqueque *m Csur* pancake.

pantagruélico, ca *adj* gargantuan, enormous.

pantaletas *fpl CAm, Carib, Méx* [bragas] panties, knickers *UK*.

pantalla *f* - **1.** [gen & INFORM] screen; **mostrar en** ~ to show on the screen; ~ **acústica** baffle; ~ **de ayuda** help screen; ~ **de cristal líquido** liquid crystal display; ~ **de radar** radar screen; ~ **táctil** touch screen; **la pequeña** ~ the small screen, television - **2.** [de lámpara] lampshade - **3.** [de chimenea] fireguard - **4.** *fig* [encubridor] front.

pantalón *(gen pl)* *m* trousers *(pl)*, pants *(pl)* *US*; ~ **tejano** *o* **vaquero** jeans *(pl)*; ~ **pitillo** drainpipe trousers *(pl)*; **bajarse los pantalones** *fig* to give in; **llevar los pantalones** to wear the trousers.

pantano *m* - **1.** [ciénaga] marsh; [laguna] swamp - **2.** [embalse] reservoir.

pantanoso, sa *adj* - **1.** [cenagoso] marshy, boggy - **2.** *fig* [difícil] tricky.

panteísta <> *adj* pantheistic. <> *mf* pantheist.

panteón *m* pantheon; [familiar] mausoleum, vault.

pantera *f* panther; ~ **negra** black panther.

pantimedias *fpl Méx* tights *UK*, pantyhose *US*.

pantocrátor *m* Christ Pantocrator.

pantomima *f* mime; *fig* pantomime *(U)*, acting *(U)*.

pantorrilla *f* calf.

pantufla *(gen pl)* *f* slipper.

panty *(pl* **pantys***)* *m* tights *(pl)*.

panza *f* belly.

panzada *f* - **1.** [en el agua] belly flop - **2.** *fam* [hartura]: **darse una** ~ **de algo** to pig out on sthg.

pañal *m* nappy *UK*, diaper *US*; **estar en** ~**es** [en sus inicios] to be in its infancy; [sin conocimientos] not to have a clue; **dejar a alguien en** ~**es** to leave sb standing *o* behind.

pañería *f* [producto] drapery; [tienda] draper's (shop), dry-goods store *US*.

paño *m* - **1.** [tela] cloth, material - **2.** [trapo] cloth; [para polvo] duster; [de cocina] tea towel - **3.** [lienzo] panel, length - **4.** *loc*: **conocer el** ~ to know the score; **ser el** ~ **de lágrimas de alguien** to be a shoulder to cry on for sb.

➡ **paños** *mpl* - **1.** [vestiduras] drapes; **en** ~**s menores** in one's underwear - **2.** *loc*: ~**s calientes** half-measures.

pañol *m NÁUT* storeroom.

pañoleta *f* shawl, wrap.

pañuelo *m* [de nariz] handkerchief; [para el cuello] scarf; [para la cabeza] headscarf; ~ **de papel** paper handkerchief, tissue.

papa *f* potato; **no saber ni** ~ *fam* not to have a clue.

➡ **Papa** *m* Pope.

papá *m fam* dad, daddy, pop *US*; ~ **grande** *Méx* grandpa.

➡ **Papá Noel** *m* Father Christmas.

papachador, ra *adj Méx* comforting.

papachar *vt Méx* to spoil.

papada *f* [de persona] double chin; [de animal] dewlap.

papado *m* papacy.

papagayo *m* - **1.** [pájaro] parrot; **como un** ~ parrot-fashion - **2.** *Ven* [cometa] kite.

papal *adj* papal.

papalote *m CAm, Carib, Méx* kite.

papamoscas *m inv* flycatcher.

papamóvil *m inv* popemobile.

papanatas *m y f inv fam* sucker.

Papanicolau *m* smear test.

papaya *f* [fruta] papaya, pawpaw.

papear *vi fam* to eat.

papel *m* - **1.** [gen] paper; [hoja] sheet of paper; ~ **carbón/cuché/secante** carbon/coated/blotting paper; ~ **cebolla** onionskin; ~ **celofán** Cellophane; ~ **confort** *Chile* toilet paper; ~ **continuo** INFORM continuous paper; ~ **de embalar** *o* **de embalaje** wrapping paper; ~ **de estaño** *o* **de aluminio** *o* **de plata** tin *o* aluminium foil; ~ **de estraza** brown paper; ~ **de fumar** cigarette paper; ~ **de lija** sandpaper; ~ **higiénico** toilet paper; ~ **madera** *RP* cardboard; ~ **milimetrado** graph paper; ~ **pintado** wallpaper; ~ **reciclado** recycled paper; *Cuba & Méx* ~ **sanitario** toilet paper; ~ **sellado** *o* **timbrado** stamp, stamped paper; ~ **vegetal** tracing paper; **sobre el** ~ on paper; **ser** ~ **mojado** to be worthless - **2.** CIN & TEATR & *fig* role, part; **desempeñar** *o* **hacer el** ~ **de** to play the role *o* part of; ~ **principal/secundario** main/minor part; **hacer buen/mal** ~ to do well/badly - **3.** *FIN*

stocks and shares (pl); ~ **de pagos** special stamps for making certain payments to the State; ~ **del Estado** government bonds (pl); ~ **moneda** paper money, banknotes (pl).
➤ **papeles** mpl [documentos] papers.

papela f Esp fam [documentación] I.D. card.

papeleo m paperwork, red tape.

papelera ➩ papelero.

papelería f stationer's (shop).

papelero, ra adj paper (antes de sust).
➤ **papelera** f -1. [cesto - en oficina etc] wastepaper basket o bin; [- en la calle] litter bin -2. [fábrica] paper mill.

papeleta f -1. [boleto] ticket, slip (of paper); [de votación] ballot paper -2. EDUC slip of paper with university exam results -3. fig [problema]: ¡menuda ~! that's a nasty one!

papelina f fam wrap.

papelón m fam spectacle; **hacer un** ~ to make a fool of o.s., to be left looking ridiculous.

paperas fpl mumps.

papi m fam daddy, dad.

papila f papilla; ~ **gustativa** taste bud.

papilla f -1. [para niños] baby food; **echar** o **arrojar la primera** ~ fam to be as sick as a dog; **hecho** ~ fam [cansado] shattered, exhausted; [cosa] smashed to bits, ruined -2. MED barium meal.

papiloma m papilloma.

papiro m papyrus.

papiroflexia f origami.

papista mf papist; **ser más** ~ **que el Papa** to be more Catholic than the Pope.

paprika, páprika f paprika.

papú (pl papúes) adj & m,f Papuan.

Papúa-Nueva Guinea Papua New Guinea.

paquebote m packet boat.

paquete m -1. [de libros, regalos etc] parcel; ~ **bomba** parcel bomb; ~ **postal** parcel -2. [de cigarrillos, klínex, folios etc] pack, packet; [de azúcar, arroz] bag -3. [maleta, bulto etc] bag -4. [de medidas] package; ~ **de acciones** block of shares; ~ **turístico** package tour -5. fam [cosa fastidiosa]: **me ha tocado el** ~ **de hacer** ... I've been lumbered with doing ... -6. IN-FORM package; ~ **integrado** integrated package -7. Esp fam [pañales] nappies -8. [en una moto]: **ir de** ~ to ride pillion -9. loc: **meter un** ~ **a alguien** fam [castigar] to come down on sb like a ton of bricks.

paquidermo m pachyderm.

Paquistán = Pakistán.

paquistaní = pakistaní.

par <> adj -1. MAT even; **echar algo a** ~**es** o **nones** to decide something between two people by a game involving guessing the number of fingers that another person is holding out behind his/her back -2. [igual] equal. <> m -1. [pareja - de zapatos etc] pair -2. [dos - veces etc] couple -3. [número indeterminado] few, couple; **un** ~ **de copas** a couple of o a few drinks -4. [en golf] par -5. [noble] peer.
➤ **a la par** loc adv -1. [simultáneamente] at the same time -2. [a igual nivel] at the same level -3. FIN at par.
➤ **de par en par** loc adj: **abierto de** ~ **en** ~ wide open.
➤ **sin par** loc adj without equal, matchless.

para prep -1. [finalidad] for; **es** ~ **ti** it's for you; **una mesa** ~ **el salón** a table for the living room; **esta agua no es buena** ~ **beber** this water isn't fit for drinking o to drink; **te lo repetiré** ~ **que te enteres** I'll repeat it so you understand; ¿~ **qué?** what for? -2. [motivación] (in order) to; ~ **conseguir sus propósitos** in order to achieve his aims; **lo he hecho** ~ **agradarte** I did it to please you -3. [dirección] towards; **ir** ~ **casa** to head (for) home; **salir** ~ **el aeropuerto** to leave for the airport -4. [tiempo] for; **tiene que estar acabado** ~ **mañana** it has to be finished by o for tomorrow -5. [comparación]: **está muy delgado** ~ **lo que come** he's very thin considering how much he eats; ~ **ser verano hace mucho frío** considering it's summer, it's very cold -6. (después de adj y antes de infin) [inminencia, propósito] to; **la comida está lista** ~ **servir** the meal is ready to be served; **el atleta está preparado** ~ **ganar** the athlete is ready to win.
➤ **para con** loc prep towards; **es buena** ~ **con los demás** she is kind towards other people.

parabién (pl parabienes) m congratulations (pl).

parábola f -1. [alegoría] parable -2. GEOM parabola.

parabólico, ca adj parabolic.
➤ **parabólica** f satellite dish.

parabrisas m inv windscreen, windshield US.

paracaídas m inv parachute.

paracaidismo m parachuting, parachute jumping.

paracaidista mf parachutist; MIL paratrooper.

parachispas m inv fireguard.

parachoques *m inv* AUTOM bumper, fender US; FERROC buffer.

parada ⊳ parado.

paradero *m* -1. [de persona] whereabouts *(pl)* -2. *Chile, Col, Méx, Perú* [parada de autobús] bus stop.

paradigma *m* paradigm, example.

paradisiaco, ca, paradisíaco, ca *adj* heavenly.

parado, da ⟨⟩ *adj* -1. [inmóvil - coche] stationary, standing; [- persona] still, motionless; [- fábrica, proyecto] at a standstill -2. [pasivo] lacking in initiative -3. *Amér* [de pie] standing -4. *Esp* [sin empleo] unemployed, out of work -5. *loc*: salir bien/mal ∼ de algo to come off well/badly out of sthg. ⟨⟩ *m,f Esp* [desempleado] unemployed person; los ∼s the unemployed.

⬥ **parada** *f* -1. [detención] stop, stopping *(U)*; **parada de imagen** [de vídeo] freeze-frame function -2. DEP save -3. [de autobús] (bus) stop; [de taxis] taxi rank *UK* o stand *US*; [de metro] (underground) station; **parada discrecional** request stop -4. MIL parade.

paradoja *f* paradox.

paradójico, ca *adj* paradoxical, ironical.

parador *m* [hotel]: ∼ **(nacional)** *Esp* state-owned luxury hotel, *usually a building of historic or artistic importance.*

PARADOR NACIONAL ▪

A *parador nacional* is a building of artistic or historic interest which has been converted into a luxury hotel and is administered by the Spanish government. *Paradores* are found throughout Spain, both in cities and in the countryside. They are considered to be flagships of the government's policy on tourism.

parafernalia *f* paraphernalia.

parafina *f* paraffin.

parafrasear *vt* to paraphrase.

paráfrasis *f inv* paraphrase.

paragolpes *mpl RP* AUTOM bumper, fender US.

paraguas *m inv* umbrella.

Paraguay: (el) ∼ Paraguay.

paraguayo, ya *adj & m,f* Paraguayan.

paragüero *m* umbrella stand.

paraíso *m* RELIG Paradise; *fig* paradise; ∼ **fiscal** tax haven; ∼ **terrenal** earthly Paradise.

paraje *m* spot, place.

paralelismo *m* -1. GEOM parallelism -2. [semejanza] similarity, parallels *(pl)*.

paralelo, la *adj*: ∼ **(a)** parallel (to).

⬥ **paralelo** *m* -1. GEOGR parallel -2. [compa-ración] comparison -3. ELECTR: **estar en** ∼ to be in parallel.

⬥ **paralela** *f* GEOM parallel (line).

⬥ **paralelas** *fpl* DEP parallel bars.

paralelogramo *m* parallelogram.

parálisis *f inv* paralysis; ∼ **cerebral** cerebral palsy; ∼ **infantil** polio.

paralítico, ca *adj & m,f* paralytic.

paralización *f* paralysis; *fig* halting.

paralizar [13] *vt* to paralyse.

⬥ **paralizarse** *vpr* to become paralysed; [producción etc] to come to a standstill.

paramento *m* -1. [adorno] adornment -2. CONSTR facing *(of a wall)*.

parámetro *m* parameter.

paramilitar *adj & m,f* paramilitary.

páramo *m* moor, moorland *(U)*; *fig* wilderness.

parangón *m* paragon; **sin** ∼ unparalleled; **tener** ∼ **con** to be comparable with.

paraninfo *m* assembly hall, auditorium.

paranoia *f* paranoia.

paranoico, ca *adj & m,f* paranoic.

paranormal *adj* paranormal.

parapente *m* [deporte] parapenting, paragliding; [paracaídas] parapente.

parapentista *m,f* paraglider.

parapetarse *vpr lit & fig*: ∼ **(tras)** to take refuge (behind).

parapeto *m* [antepecho] parapet; [barandilla] bannister; [barricada] barricade.

paraplejía, paraplejia *f* paraplegia.

parapléjico, ca *adj & m,f* paraplegic.

parapsicología *f* parapsychology.

parapsicológico, ca *adj* parapsychological.

parapsicólogo, ga *m,f* parapsychologist.

parar ⟨⟩ *vi* -1. [gen] to stop; ∼ **de hacer algo** to stop doing sthg; **no para de molestarme** she keeps annoying me; **no para** *fam* he's always on the go; **sin** ∼ non-stop -2. [alojarse] to stay -3. [recaer]: ∼ **en manos de alguien** to come into the possession of sb -4. [acabar] to end up; **¿en qué parará este lío?** where will it all end?; **ir a** ∼ **a** to end up in. ⟨⟩ *vt* -1. [gen] to stop; [golpe] to parry -2. [preparar] to prepare, to lay -3. *Amér* [levantar] to raise.

⬥ **pararse** *vpr* -1. [detenerse] to stop; ∼ **se a hacer algo** to stop to do sthg -2. *Amér* [ponerse de pie] to stand up -3. *Méx, Ven* [salir de la cama] to get up.

pararrayos *m inv* lightning conductor.

parasitario, ria *adj* parasitic.

parasitismo *m* parasitism.

parásito, ta *adj BIOL* parasitic.
   parásito *m BIOL & fig* parasite.
   parásitos *mpl* [interferencias] statics *(pl)*.

parasitología *f* parasitology.

parasol *m* parasol.

parcela *f* -**1.** [de tierra] plot (of land) -**2.** [de saber] area.

parcelación *f* parcelling out, division into plots.

parcelar *vt* to parcel out, to divide into plots.

parcelario, ria *adj* of/relating to plots of land.

parche *m* -**1.** [gen] patch -**2.** [emplasto] poultice -**3.** [chapuza - mal hecha] botch job; [- para salir del paso] makeshift solution.

parchear *vt fig* to patch up.

parchís *m inv* ludo.

parcial ◇ *adj* -**1.** [no total] partial; **a tiempo** ~ part-time -**2.** [no ecuánime] biased. ◇ *m* [examen] *end-of-term exam at university*.

parcialidad *f* [tendenciosidad] bias, partiality.

parco, ca *adj* -**1.** [moderado]: ~ **(en)** sparing (in) -**2.** [escaso] meagre; [cena] frugal; [explicación] brief, concise.

pardiez *interj desus:* ¡ ~ ! good gracious!

pardillo, lla *Esp* ◇ *adj* -**1.** [ingenuo] naive -**2.** [paludo] countrified. ◇ *m,f* -**1.** [ingenuo] naive person -**2.** [paludo] bumpkin, hick *US*.
   pardillo *m ZOOL* linnet.

pardo, da *adj* greyish-brown, dull brown.
   pardo *m* greyish-brown, dull brown.

parear *vt* to pair.

parecer [30] ◇ *m* -**1.** [opinión] opinion -**2.** [apariencia]: **de buen** ~ good-looking. ◇ *vi (antes de sust)* to look like; **parece un palacio** it looks like a palace. ◇ *v copulativo* to look, to seem; **pareces cansado** you look *o* seem tired. ◇ *v impers* -**1.** [opinar]: **me parece que** ... I think *o* it seems to me that ...; **me parece que sí/no** I think/don't think so; **¿qué te parece?** what do you think (of it)? -**2.** [tener aspecto de]: **parece que va a llover** it looks like it's going to rain; **parece que le gusta** it looks as if *o* it seems that she likes it; **eso parece** so it seems; **al** ~ apparently.
   parecerse *vpr:* ~**se (en)** to be alike (in); ~**se a alguien** [físicamente] to look like sb; [en carácter] to be like sb.

parecido, da *adj* similar; ~ **a** similar to, like; **bien** ~ [atractivo] good-looking.

   parecido *m:* ~ **(con/entre)** resemblance (to/between).

pared *f* -**1.** [gen] wall; ~ **maestra** main wall; **entre cuatro** ~**es** cooped-up at home; **las** ~**es oyen** walls have ears; **si las** ~**es hablasen** ... if the walls could talk ...; **subirse por las** ~**es** to hit the roof, to go up the wall -**2.** [de montaña] side; ~ **artificial** climbing wall -**3.** *DEP* one-two.

paredón *m* (thick) wall; [de fusilamiento] (execution) wall.

parejo, ja *adj:* ~ **(a)** similar (to).
   pareja *f* -**1.** [gen] pair; [de novios] couple; **pareja de hecho** *common-law heterosexual or homosexual relationship*; **son una pareja de hecho** they live together as man and wife; **por parejas** in pairs -**2.** [miembro del par-persona] partner; [- guante etc] other one; **la pareja de este calcetín** the other sock of this pair.

parentela *f fam* relations *(pl)*, family.

parentesco *m* relationship.

paréntesis *m inv* -**1.** [signo] bracket; **entre** ~ in brackets, in parentheses -**2.** [intercalación] digression -**3.** [interrupción] break; **hacer un** ~ to have a break.

pareo *m* wraparound skirt.

parezca *etc* ▷ **parecer**.

pargo *m* porgy.

paria *mf* pariah.

parida *f fam:* **eso es una** ~ that's a load of nonsense; **decir** ~**s** to talk nonsense.

paridad *f* -**1.** [semejanza] similarity; [igualdad] equality -**2.** *ECON* parity; ~ **de cambio** parity of exchange -**3.** *INFORM* parity.

pariente, ta *m,f* -**1.** [familiar] relation, relative -**2.** *fam* [cónyuge] old man (*f* missus).

parietal *m* parietal.

parihuela *f* stretcher.

paripé *m Esp fam:* **hacer el** ~ to put on an act, to pretend.

parir ◇ *vi* to give birth. ◇ *vt* to give birth to.

paritorio *m* delivery room.

París Paris.

parking ['parkin] *(pl* **parkings**) *m* car park *UK*, parking lot *US*.

párkinson *m* Parkinson's disease.

parlamentar *vi* to negotiate.

parlamentario, ria ◇ *adj* parliamentary. ◇ *m,f* member of parliament.

parlamentarismo *m* parliamentary system.

parlamento *m* -**1.** *POLÍT* parliament -**2.** *TEATR* speech.

parlanchín, ina *fam* ⬦ *adj* chatty. ⬦ *m,f* chatterbox.

parlante *adj* talking.
  ➤ **parlante** *m Amér* speaker.

parlotear *vi fam* to chatter.

parloteo *m fam* chatter.

parmesano, na *adj & m,f* Parmesan.
  ➤ **parmesano** ⊳ **queso**.

parnaso *m culto* parnassus.

paro *m* **- 1.** *Esp* [desempleo] unemployment; **estar en** ~ to be unemployed; ~ **cíclico/encubierto/estructural** cyclical/hidden/ structural unemployment **- 2.** *Esp* [subsidio] unemployment benefit; **cobrar el** ~ to claim unemployment benefit **- 3.** [cesación - acción] shutdown; [- estado] stoppage; ~ **cardiaco** cardiac arrest; ~ **laboral** industrial action *(U)*.

parodia *f* parody.

parodiar [8] *vt* to parody.

parón *m* sudden stoppage.

paroxismo *m* paroxysm.

parolímpico, ca *adj* Paralympic.

paroxítono, na *adj* paroxytone, *word where the penultimate syllable is stressed.*

parpadeante *adj* [luz] flickering.

parpadear *vi* **- 1.** [pestañear] to blink **- 2.** [centellear] to flicker.

parpadeo *m* **- 1.** [pestañeo] blinking **- 2.** [centelleo] flickering.

párpado *m* eyelid.

parque *m* **- 1.** [gen] park; ~ **acuático** waterpark; ~ **de atracciones** amusement park; ~ **eólico** wind farm; ~ **nacional** national park; ~ **tecnológico** science park; ~ **temático** theme park; **(~) zoológico** zoo **- 2.** [vehículos] fleet; *Esp* ~ **de bomberos** fire station; ~ **móvil** car pool **- 3.** [para niños] playpen.

parqué *(pl* parqués*)*, **parquet** [par'kel *(pl* parquets*)* *m* parquet (floor).

parqueadero *m Amér* car park, parking lot *US*.

parquear *vt Amér* to park.

parquedad *f* moderation; **con** ~ sparingly.

parquet = **parqué**.

parquímetro *m* parking meter.

parra *f* grapevine; **subirse a la** ~ *fig fam* to hit the roof.

parrafada *f* earful, dull monologue; **soltó una** ~ **sobre el tema** to go on (and on).

párrafo *m* paragraph.

parral *m* **- 1.** [emparrado] vine arbour **- 2.** [terreno] vineyard.

parrampán *m Amér fam* [tonto] daft.

parranda *f fam* [juerga]: **irse de** ~ to go out on the town.

parrandear *vi fam* to go out on the town.

parricida *mf* parricide.

parricidio *m* parricide.

parrilla *f* **- 1.** [utensilio] grill; **a la** ~ grilled, broiled *US* **- 2.** [sala de restaurante] grillroom **- 3.** *DEP*: ~ **(de salida)** (starting) grid **- 4.** *Amér* [baca] roof rack.

parrillada *f* mixed grill.

párroco *m* parish priest.

parronal *m Chile* vineyard.

parroquia *f* **- 1.** [iglesia] parish church **- 2.** [jurisdicción] parish **- 3.** [fieles] parishioners *(pl)*, parish **- 4.** [clientela] clientele.

parroquial *adj* parish *(antes de sust).*

parroquiano, na *m,f* **- 1.** [feligrés] parishioner **- 2.** [cliente] customer.

parsimonia *f* deliberation, calmness; **con** ~ unhurriedly.

parsimonioso, sa *adj* unhurried, deliberate.

parte ⬦ *m* report; **dar** ~ **(a alguien de algo)** to report (sthg to sb); ~ **facultativo** *o* **médico** medical report; ~ **meteorológico** weather forecast. ⬦ *f* [gen] part; [bando] side; *DER* party; **la mayor** ~ **de la gente** most people; **la tercera** ~ **de** a third of; **en alguna** ~ somewhere; **no lo veo por ninguna** ~ I can't find it anywhere; **en** ~ to a certain extent, partly; **estar/ponerse de** ~ **de alguien** to be on/to take sb's side; **formar** ~ **de** to be part of; **por mi** ~ for my part; **por** ~ **de padre/madre** on one's father's/ mother's side; **por** ~**s** bit by bit; **por una** ~ **... por la otra ...** on the one hand ... on the other (hand) ...; **tener a alguien de** ~ **de uno** to have sb on one's side; **tomar** ~ **en algo** to take part in sthg; **en todas** ~**s cuecen habas** it's the same the whole world over.
  ➤ **partes** *fpl* [genitales] private parts.
  ➤ **de parte de** *loc prep* on behalf of, for; **¿de** ~ **de (quién)?** *TELECOM* who is calling, please?
  ➤ **por otra parte** *loc adv* [además] what is more, besides.

partenaire [parte'nerl *mf* partner.

partera *f* midwife.

parterre *m Esp* flowerbed.

partición *f* **- 1.** [reparto] sharing out; [de territorio] partitioning **- 2.** *MAT* division.

participación *f* **- 1.** [colaboración] participation **- 2.** [de lotería] share of a lottery ticket **- 3.** [comunicación] notice **- 4.** *ECON*: **cuentan con una** ~ **en los beneficios** they are entitled to a share in the profits.

participante ◇ *adj* participating. ◇ *mf* participant.

participar ◇ *vi* **-1.** [colaborar]: ~ **(en)** to take part *o* participate (in); FIN to have a share (in) **-2.** [recibir]: ~ **(de)** to receive a share (of) **-3.** [compartir]: ~ **de** to share. ◇ *vt*: ~ algo a alguien to notify sb of sthg.

partícipe ◇ *adj*: ~ **(de)** involved (in); **hacer** ~ **de algo a alguien** [notificar] to notify sb of sthg; [compartir] to share sthg with sb. ◇ *mf* participant.

participio *m* participle; ~ **pasado/presente** past/present participle.

partícula *f* particle.

particular ◇ *adj* **-1.** [gen] particular; **tiene su sabor** ~ it has its own particular taste; **en** ~ in particular **-2.** [no público - domicilio, clases etc] private **-3.** [no corriente - habilidad etc] uncommon. ◇ *mf* [persona] member of the public. ◇ *m* [asunto] matter; **sin otro** ~ without further ado.

particularidad *f* [cualidad] peculiarity; [rasgo] special *o* distinctive feature.

particularizar [13] ◇ *vt* [caracterizar] to characterize. ◇ *vi* **-1.** [detallar] to go into details **-2.** [personalizar]: ~ **en alguien** to single sb out.

➥ **particularizarse** *vpr* [caracterizarse]: ~**se por** to be characterized by.

partida *f* **-1.** [marcha] departure **-2.** [en juego] game; **echar una** ~ to have a game **-3.** [documento] certificate; ~ **de defunción/matrimonio/nacimiento** death/marriage/birth certificate **-4.** [COM - mercancía] consignment; [- entrada] item, entry.

partidario, ria ◇ *adj*: ~ **de** in favour of, for. ◇ *m,f* supporter.

partidismo *m* partisanship, bias.

partidista *adj* partisan, biased.

partido *m* **-1.** POLÍT party **-2.** DEP match; ~ **amistoso** friendly (match) **-3.** [futuro cónyuge]: **buen/mal** ~ good/bad match **-4.** *loc*: **sacar** ~ **de** to make the most of; **tomar** ~ **por** to side with.

partir ◇ *vt* **-1.** [dividir] to divide, to split **-2.** [repartir] to share out **-3.** [romper] to break open; [cascar] to crack; [tronco, loncha etc] to cut. ◇ *vi* **-1.** [marchar] to leave, to set off **-2.** [basarse]: ~ **de** to start from.

➥ **partirse** *vpr* **-1.** [romperse] to split **-2.** [rajarse] to crack.

➥ **a partir de** *loc prep* starting from; **a** ~ **de aquí** from here on.

partisano, na *adj & m,f* partisan.

partitivo, va *adj* partitive.

➥ **partitivo** *m* partitive.

partitura *f* score.

parto *m* birth; **estar de** ~ to be in labour; ~ **natural/prematuro** natural/premature birth.

parturienta *f* woman in labour.

parvulario *m* nursery school, kindergarten.

párvulo, la *m,f* infant.

pasa *f* [fruta] raisin; ~ **de Corinto** currant; ~ **de Esmirna** sultana.

pasable *adj* passable.

pasabocas *m inv Col* snack.

pasada ⊳ pasado.

pasadizo *m* passage.

pasado, da *adj* **-1.** [gen] past; ~ **un año** a year later; **lo** ~, ~ **está** let bygones be bygones **-2.** [último] last; **el año** ~ last year **-3.** [podrido] off, bad **-4.** [hecho - filete, carne] well done.

➥ **pasado** *m* [gen] past; GRAM past (tense).

➥ **pasada** *f* **-1.** [con el trapo] wipe; [con la brocha] coat **-2.** *Esp fam* [barbaridad]: **es una pasada** it's way over the top.

➥ **de pasada** *loc adv* in passing.

➥ **mala pasada** *f* dirty trick.

pasador *m* **-1.** [cerrojo] bolt **-2.** [para el pelo] slide **-3.** *Perú* [cordón] shoelace.

pasaje *m* **-1.** [billete] ticket **-2.** [pasajeros] passengers *(pl)* **-3.** [calle] passage **-4.** [fragmento] passage.

pasajero, ra ◇ *adj* passing. ◇ *m,f* passenger.

pasamanos *m inv* [de escalera interior] bannister; [de escalera exterior] handrail.

pasamontañas *m inv* balaclava (helmet).

pasante *mf* articled clerk.

pasapalos *mpl Méx, Ven* snacks, appetizers.

pasaporte *m* passport.

pasapuré *m*, **pasapurés** *m inv* food mill.

pasar ◇ *vt* **-1.** [gen] to pass; [noticia, aviso] to pass on; **¿me pasas la sal?** would you pass me the salt?; ~ **algo por** [filtrar] to pass sthg through **-2.** [cruzar] to cross; ~ **la calle** to cross the road; **pasé el río a nado** I swam across the river **-3.** [traspasar] to pass through **-4.** [trasladar]: ~ **algo a** to move sthg to **-5.** [llevar adentro] to show in; **el criado nos pasó al salón** the butler showed us into the living room **-6.** [contagiar]: ~ **algo a alguien** to give sthg to sb, to infect sb with sthg; **me has pasado la tos** you've given me your cough **-7.** [admitir - instancia etc] to accept **-8.** [consentir]: ~ **algo a alguien** to let sb get away with sthg - **9.** [rebasar - en el espacio] to go through; [- en el tiempo] to have been through; ~ **un semáforo en rojo** to go through a red light - **10.** [emplear - tiempo] to spend; **pasó dos años en Roma** he spent two years in Rome - **11.** [padecer] to go through, to suffer; **pasarlo mal** to have a hard time of it - **12.** [sobrepasar]: **ya ha pasado los veinticinco** he's over twenty-five now; **mi hijo me pasa ya dos centímetros** my son is already two centimetres taller than me - **13.** [adelantar - coche, contrincante etc] to overtake - **14.** CIN to show. <> vi - **1.** [gen] to pass, to go; **pasó por mi lado** he passed by my side; **el autobús pasa por mi casa** the bus goes past o passes in front of my house; **el Manzanares pasa por Madrid** the Manzanares goes o passes through Madrid; **he pasado por tu calle** I went down your street; ~ **de ... a ...** to go o pass from ... to ...; ~ **de largo** to go by - **2.** [entrar] to go/come in; **¡pase!** come in! - **3.** [poder entrar]: ~ **(por)** to go (through); **por ahí no pasa** it won't go through there - **4.** [ir un momento] to pop in; **pasaré por mi oficina/por tu casa** I'll pop into my office/round to your place - **5.** [suceder] to happen; **¿qué pasa aquí?** what's going on here?; **¿qué pasa?** what's the matter?; **pase lo que pase** whatever happens, come what may - **6.** [terminarse] to be over; **pasó la Navidad** Christmas is over - **7.** [transcurrir] to go by - **8.** [cambiar - acción]: ~ **a** to move on to; **pasemos a otra cosa** let's move on to something else - **9.** [conformarse]: ~ **(con/sin algo)** to make do (with/without sthg); **tendrá que** ~ **sin coche** she'll have to make do without a car - **10.** [servir] to be all right, to be usable; **puede** ~ it'll do - **11.** fam [prescindir]: ~ **de algo/alguien** to want nothing to do with sthg/sb; **paso de política** I'm not into politics - **12.** [tolerar]: ~ **por algo** to put up with sthg.

◆ **pasarse** vpr - **1.** [acabarse] to pass; **siéntate hasta que se te pase** sit down until you feel better - **2.** [emplear - tiempo] to spend, to pass; **se pasaron el día hablando** they spent all day talking - **3.** [desaprovecharse] to slip by; **se me pasó la oportunidad** I missed my chance - **4.** [estropearse - comida] to go off; [- flores] to fade - **5.** [cambiar de bando]: ~**se a** to go over to - **6.** [omitir] to miss out; **te has pasado una página** you've missed a page out - **7.** [olvidarse]: **pasársele a alguien** to slip sb's mind; **se me pasó decírtelo** I forgot to mention it to you - **8.** [no fijarse]: **pasársele a alguien** to escape sb's attention; **no se le pasa nada** he never

misses a thing - **9.** [excederse]: ~**se de generoso/bueno** to be far too generous/kind - **10.** fam [propasarse] to go too far, to go over the top; **te has pasado diciéndole eso** what you said went too far o was over the top - **11.** [divertirse]: **¿qué tal te lo estás pasando?** how are you enjoying yourself?; **pasárselo bien/mal** to have a good/bad time.

pasarela f - **1.** [puente] footbridge; [para desembarcar] gangway - **2.** [en un desfile] catwalk.

pasatiempo m [hobby] pastime, hobby.
◆ **pasatiempos** mpl PRENS crossword and puzzles section (sg).

Pascua f - **1.** [de los judíos] Passover - **2.** [de los cristianos] Easter; **hacer la** ~ **a alguien** fam [ser pesado] to pester sb; [poner en apuros] to land sb in it.
◆ **Pascuas** fpl [Navidad] Christmas (sg); **¡felices Pascuas!** Merry Christmas!; **de Pascuas a Ramos** fam once in a blue moon.

pascual adj Easter (antes de sust).

pase m - **1.** [gen, DEP & TAUROM] pass; ver también **tauromaquia** - **2.** Esp [proyección] showing, screening - **3.** [desfile] parade; ~ **de modelos** fashion parade.

paseante mf person out for a stroll.

pasear <> vi to go for a walk. <> vt to take for a walk; [perro] to walk; fig to show off, to parade.
◆ **pasearse** vpr [caminar] to go for a walk.

paseíllo m parade of bullfighters when they come out into the ring before the bullfight starts; ver también **tauromaquia**.

paseo m - **1.** [acción - a pie] walk; [- en coche] drive; [- a caballo] ride; [- en barca] row; **dar un** ~ [a pie] to go for a walk - **2.** [lugar] avenue; ~ **marítimo** promenade - **3.** loc: **mandar** o **enviar a alguien a** ~ fam to send sb packing.

pasillo m corridor; ~ **aéreo** air corridor; ~ **deslizante** travelator; **hacer el** ~ to form a corridor (for people to walk down).

pasión f passion.
◆ **Pasión** f RELIG: **la Pasión** the Passion.

pasional adj passionate.

pasionaria f passion flower.

pasividad f passivity.

pasivo, va adj - **1.** [gen & GRAM] passive - **2.** [haber] (received) from a pension - **3.** [población etc] inactive.
◆ **pasivo** m COM liabilities (pl).

pasma f Esp fam: **la** ~ the fuzz (pl), the cops (pl).

pasmado, da <> adj - **1.** [asombrado] astonished, astounded **- 2.** [atontado] stunned. <> *m,f* halfwit.

pasmar *vt* to astound.
- ◆ **pasmarse** *vpr* to be astounded.

pasmarote *mf fam* twit.

pasmo *m* astonishment.

pasmoso, sa *adj* astonishing.

paso *m* **- 1.** [gen] step; [huella] footprint **- 2.** [acción] passing; [cruce] crossing; [camino de acceso] way through, thoroughfare; **abrir ~ a alguien** *lit* & *fig* to make way for sb; **ceder el ~ (a alguien)** to let sb past; *AUTOM* to give way (to sb); **'ceda el ~'** 'give way'; **'prohibido el ~'** 'no entry'; **~ elevado** flyover; **~ a nivel** level crossing; **~ peatonal** *o* **de peatones** pedestrian crossing; **~ subterráneo** subway, underpass *US*; **~ de cebra** zebra crossing **- 3.** [forma de andar] walk; [ritmo] pace; **marcar el ~** to keep time **- 4.** [GEOGR - en montaña] pass; [- en el mar] strait **- 5.** *(gen pl)* [gestión] step; [progreso] step forward, advance; **dar los ~s necesarios** to take the necessary steps **- 6.** *loc:* **a cada ~** every other minute; **está a dos o cuatro ~s** it's just down the road; **¡a este ~ ...!** *fig* at that rate ...!; **a ~ de tortuga** at a snail's pace; **abrirse ~ en la vida** to get on in life; **dar un ~ en falso** to make a false move *o* a mistake; **estar de ~** to be passing through; **~ a ~** step by step; **salir del ~** to get out of trouble.
- ◆ **de paso** *loc adv* in passing.
- ◆ **paso del ecuador** *m halfway stage in a university course.*

PASO DEL ECUADOR

In Spain, the mid-point in a university course is called the *paso del ecuador*. Students celebrate by organizing parties, and the money spent by party-goers at these events finances a trip students take together at the end of the academic year.

pasodoble *m* paso doble.

pasota *Esp fam* <> *adj* apathetic. <> *mf* dropout.

pasotismo *m Esp fam* couldn't-care-less attitude.

pasquín *m* lampoon.

pasta *f* **- 1.** [masa] paste; [de papel] pulp; **~ dentífrica** toothpaste **- 2.** [CULIN - espagueti etc] pasta; [- de pasteles] pastry; [- de pan] dough; **~s alimenticias** pasta (U) **- 3.** [pastelillo] pastry **- 4.** *Esp fam* [dinero] dough **- 5.** [encuadernación]: **en ~** hardback **- 6.** *loc:* **ser de buena ~** *fam* to be good-natured.

pastar *vi* to graze.

pastel *m* **- 1.** [CULIN - dulce] cake; [- salado] pie **- 2.** *ARTE* pastel **- 3.** *fam* [chapucería] botch-up **- 4.** *loc:* **descubrir el ~** to let the cat out of the bag; **repartirse el ~** to share things out.

pastelería *f* **- 1.** [establecimiento] cake shop, patisserie **- 2.** [repostería] pastries *(pl)*.

pastelero, ra <> *adj* pastry *(antes de sust)*. <> *m,f* [cocinero] pastry cook; [vendedor] owner of a patisserie.

pasteurizado, da [pasteuri'θaðo, ða] *adj* pasteurized.

pasteurizar [13] [pasteuri'θar] *vt* to pasteurize.

pastiche *m* pastiche.

pastilla *f* **- 1.** *MED* pill, tablet **- 2.** [de jabón, chocolate] bar **- 3.** [de caldo] cube **- 4.** *AUTOM* shoe *(of brakes)* **- 5.** *ELECTRÓN* microchip **- 6.** *loc Esp:* **a toda ~** at full pelt.

pastizal *m* pasture.

pasto *m* **- 1.** [sitio] pasture **- 2.** [hierba] fodder **- 3.** *Amér* [hierba] lawn, grass **- 4.** *loc:* **a todo ~** in abundance; **ser ~ de las llamas** to go up in flames.

pastón *m fam:* **vale un ~** it costs a bomb.

pastor, ra *m,f* [de ganado] shepherd *(f* shepherdess).
- ◆ **pastor** *m* **- 1.** [sacerdote] minister; **~ protestante** Protestant minister **- 2.** ⊳ **perro**.

pastoral *adj* pastoral.

pastorear *vt* to put out to pasture.

pastoreo *m* shepherding.

pastoso, sa *adj* **- 1.** [blando] pasty; [arroz] sticky **- 2.** [seco] dry.

pata <> *f* **- 1.** [pierna] leg **- 2.** [pie - gen] foot; [- de perro, gato] paw; [- de vaca, caballo] hoof **- 3.** *fam* [de persona] leg; **a cuatro ~s** on all fours; **a ~** on foot; **ir a la ~ coja** to hop **- 4.** [de mueble] leg; [de gafas] arm **- 5.** *Chile* [etapa] stage **- 6.** [ave] duck **- 7.** *loc:* **estirar la ~** to kick the bucket; **meter la ~** to put one's foot in it; **poner/estar ~s arriba** to turn/be upside down; **tener mala ~** to be unlucky. <> *m Perú* [amigo] pal, mate *UK*, buddy *US*.
- ◆ **patas** *fpl Chile fam* [poca vergüenza] cheek (U).
- ◆ **pata de gallo** *f* **- 1.** [en la cara] crow's feet *(pl)* **- 2.** [tejido] hound's-tooth check material.
- ◆ **pata negra** *m CULIN type of top-quality cured ham.*

patada *f* kick; [en el suelo] stamp; **dar una ~ a** to kick; **dar cien ~s a alguien** to drive sb mad; **dar la ~ a alguien** to kick sb out;

sentar como una ~ en el estómago to be like a kick in the teeth; tratar a alguien a ~s to treat sb like dirt.

patagón, ona *adj & m,f* Patagonian.

Patagonia *f*: la ~ Patagonia.

patalear *vi* to kick about; [en el suelo] to stamp one's feet.

pataleo *m* kicking (U); [en el suelo] stamping (U).

pataleta *f* tantrum.

patán ◇ *adj m* uncivilized, uncouth. ◇ *m* bumpkin.

patata *f* potato; ~s fritas [de sartén] chips *UK*, french fries *US*; [de bolsa] crisps *UK*, chips *US*; ~ caliente *fig* hot potato.

patatero, ra ◇ *adj* potato *(antes de sust)*. ◇ *m,f* potato farmer.

patatús *m fam* funny turn.

paté *m* paté.

patear ◇ *vt* [dar un puntapié] to kick; [pisotear] to stamp on. ◇ *vi* -1. [patalear] to stamp one's feet -2. *fam fig* [andar] to tramp.

� **patearse** *vpr* [recorrer] to tramp.

patena *f* paten; limpio *o* blanco como una ~ as clean as a new pin.

patentado, da *adj* patent, patented.

patentar *vt* to patent.

patente ◇ *adj* obvious; [demostración, prueba] clear. ◇ *f* -1. [de invento] patent -2. [autorización] licence -3. *CSur* [matrícula] number plate *UK*, license plate *US*.

pateo *m* stamping.

patera *f* small boat.

paternal *adj* fatherly, paternal.

paternalismo *m* paternalism.

paternalista *adj* paternalistic.

paternidad *f* fatherhood; *DER* paternity.

paterno, na *adj* paternal.

patético, ca *adj* pathetic, moving.

patetismo *m* pathos (U).

patíbulo *m* scaffold, gallows *(pl)*.

patidifuso, sa *adj fam* stunned, floored.

patilla *f* -1. [de pelo] sideboard, sideburn -2. [de gafas] arm.

patín *m* -1. [calzado - de cuchilla] ice skate; [- de ruedas] roller skate; [- en línea] roller blade -2. [patinete] scooter -3. [embarcación] pedal boat.

pátina *f* patina.

patinador, ra *m,f* skater.

patinaje *m* skating; ~ artístico figure skating; ~ sobre hielo ice skating; ~ sobre ruedas roller skating.

patinar *vi* -1. [sobre hielo] to skate; [sobre ruedas] to roller-skate -2. [resbalar - coche] to

skid; [- persona] to slip -3. *fam* [meter la pata] to put one's foot in it.

patinazo *m* -1. [de coche] skid; [de persona] slip -2. *fam* [planchazo] blunder.

patinete *m* scooter.

patio *m* [gen] patio, courtyard; [de escuela] playground; [de cuartel] parade ground; ~ (de butacas) stalls *(pl)*; ¡cómo está el ~! *fam* what a fine state of affairs!

patita *f*: poner a alguien de ~s en la calle *fam* to kick sb out.

patitieso, sa *adj fam* -1. [de frío] frozen stiff -2. [de sorpresa] aghast, amazed; **dejar** ~ to astound, to amaze; **quedarse** ~ to be astounded *o* dumbfounded.

patizambo, ba *adj* knock-kneed.

pato, ta *m,f* duck; **pagar el** ~ to carry the can.

patología *f* pathology.

patológico, ca *adj* pathological.

patoso, sa *adj fam* clumsy.

patota *f Perú, RP* street gang.

patraña *f fam* fib, lie.

patria ⟿ patrio.

patriarca *m* patriarch.

patriarcado *m* patriarchy.

patriarcal *adj* patriarchal.

patricio, cia *adj & m,f* patrician.

patrimonio *m* -1. [bienes - heredados] inheritance; [- propios] wealth; ~ **nacional** [artístico] national heritage; [económico] national wealth -2. *fig* [de una colectividad] exclusive birthright.

patrio, tria *adj* native.

➤ **patria** *f* native country, fatherland; **patria chica** home town; **hacer patria** to fly the flag.

➤ **patria potestad** *f DER* parental authority.

patriota ◇ *adj* patriotic. ◇ *mf* patriot.

patriotero, ra *adj despec* jingoistic.

patriótico, ca *adj* patriotic.

patriotismo *m* patriotism.

patrocinador, ra ◇ *adj* sponsoring. ◇ *m,f* sponsor.

patrocinar *vt* to sponsor.

patrocinio *m* sponsorship.

patrón, ona *m,f* -1. [de obreros] boss; [de criados] master (*f* mistress) -2. [de pensión etc] landlord (*f* landlady) -3. [santo] patron saint.

➤ **patrón** *m* -1. [de barco] skipper -2. [medida] standard; ~ **oro** *ECON* gold standard -3. [en costura] pattern; **estar cortados por el mismo** ~ to be cast in the same mould.

patronal ◇ *adj* **-1.** [empresarial] management *(antes de sust)* **-2.** RELIG patron saint
(antes de sust). ◇ *f* **-1.** [de empresa] management **-2.** [de país] employers' organisation.

patronato *m* [gen] board; [con fines benéficos]
trust.

patronímico, ca *adj* patronymic.

patrono, na *m,f* **-1.** [de empresa - encargado]
boss; [- empresario] employer **-2.** [santo]
patron saint.

patrulla ◇ *adj* ▷ **coche.** ◇ *f* patrol;
estar de ~ to be on patrol; ~ **urbana**
vigilante group.

patrullar *vt* & *vi* to patrol.

⟶ patrullero *m* **-1.** [barco] patrol boat;
[avión] patrol plane **-2.** CSur [vehículo] police
(patrol) car, cruiser US.

paulatino, na *adj* gradual.

pausa *f* pause, break; MÚS rest; **con** ~
unhurriedly; **hacer una** ~ to pause; ~ **publicitaria** commercial break.

pausado, da *adj* deliberate, slow.

pauta *f* **-1.** [gen] standard, model; **marcar la**
~ to set the standard; **seguir una** ~ to
follow an example **-2.** [en un papel] guide-
line.

pautado, da *adj* lined, ruled.

pava ▷ **pavo.**

pavada *f* RP [cosa sin importancia] trifle.

pavero, ra ◇ *adj* boastful. ◇ *m,f* braggart.

pavimentación *f* [de carretera] road surfacing; [de acera] paving; [de suelo] flooring.

pavimentar *vt* [carretera] to surface; [acera]
to pave; [suelo] to floor.

pavimento *m* [de carretera] road surface; [de
acera] paving; [de suelo] flooring.

pavo, va ◇ *adj fam despec* wet, drippy. ◇
m,f **-1.** [ave] turkey; ~ **real** peacock (*f*
peahen); **se le subió el** ~ she turned as
red as a beetroot **-2.** *fam despec* [persona]
drip.

pavonearse *vpr despec*: ~ **(de)** to boast *o*
brag (about).

pavoneo *m despec* showing off, boasting.

pavor *m* terror.

pavoroso, sa *adj* terrifying.

pay *m Chile, Méx, Ven* pie.

paya *f Amér* improvised poem accompanied
by guitar.

payasada *f* clowning (U); **hacer** ~**s** to clown
around.

payaso, sa ◇ *adj* clownish. ◇ *m,f*
clown.

payés, esa *m,f peasant farmer from Catalonia or the Balearic Islands.*

payo, ya *m,f* non-gipsy.

paz *f* peace; [tranquilidad] peacefulness; **dejar
a alguien en** ~ to leave sb alone *o* in peace;
estar *o* **quedar en** ~ to be quits; **firmar la** ~
to sign a peace treaty; **hacer las paces** to
make (it) up; **poner** ~ **entre** to reconcile, to
make peace between; **que en** ~ **descanse**,
que descanse en ~ may he/she rest in
peace.

pazca *etc* ▷ **pacer.**

pazguato, ta *fam despec* ◇ *adj* simple. ◇
m,f simpleton.

pazo *m Galician country mansion.*

PC *m* **-1.** (*abrev de* **personal computer**) PC **-2.**
(*abrev de* **Partido Comunista**) Communist
Party.

PD, PS (*abrev de* **posdata**) PS.

PDF (*abrev de* **portable document format**) *m*
INFORM PDF.

pdo. *abrev de* **pasado.**

pe *f*: **de** ~ **a pa** *fam* from beginning to end.

peaje *m* toll.

peana *f* pedestal.

peatón *m* pedestrian.

peatonal *adj* pedestrian (*antes de sust*).

peca *f* freckle.

pecado *m* sin; **estar en** ~ to be in sin; **morir
en** ~ to die unrepentant; ~ **mortal** mortal
sin; ~ **original** original sin; ~**s capitales**
mortal sins; **ser un** ~ to be a sin *o* crime;
sería un ~ **tirar este vestido** it would be a
crime to throw out this dress.

pecador, ra ◇ *adj* sinful. ◇ *m,f* sinner.

pecaminoso, sa *adj* sinful.

pecar [10] *vi* **-1.** RELIG to sin **-2.** [pasarse]: ~ **de
confiado/generoso** to be overconfident/too
generous.

pecera *f* fish tank; [redonda] fish bowl.

pechera *f* [de camisa] shirt front; [de blusa, ves-
tido] bust.

pecho *m* **-1.** [tórax] chest; [de mujer] bosom;
sacar ~ to stick one's chest out **-2.** [mama]
breast; **dar el** ~ **a** to breastfeed **-3.** *loc*: **abrir
el** ~ **a alguien** to open one's heart to sb; **a lo
hecho,** ~ it's no use crying over spilt milk;
a ~ **descubierto** without protection *o* any
form of defence; **partirse el** ~ to bust a gut,
to knock o.s. out; **tomarse algo a** ~ to take
sthg to heart.

pechuga *f* **-1.** [de ave] breast (*meat*) **-2.**
mfam [de mujer] tits (*pl*).

pechugón, ona *adj mfam* big-chested (*f*
buxom).

pécora f: **ser una mala** ~ to be a bitch o cow.

pecoso, sa adj freckly.

pectoral ◇ adj -**1.** ANAT pectoral, chest (antes de sust) -**2.** FARM cough (antes de sust). ◇ m FARM cough mixture o medicine.

pecuario, ria adj livestock (antes de sust).

peculiar adj -**1.** [característico] typical, characteristic -**2.** [curioso] peculiar.

peculiaridad f -**1.** [cualidad] uniqueness -**2.** [detalle] particular feature o characteristic.

pecuniario, ria adj pecuniary.

pedagogía f education, pedagogy.

pedagógico, ca adj educational.

pedagogo, ga m,f educator; [profesor] teacher.

pedal m pedal; ~ **de embrague** clutch (pedal); ~ **de freno** brake pedal.

pedalear vi to pedal.

pedante ◇ adj pompous. ◇ mf pompous person.

pedantería f pomposity (U).

pedazo m piece, bit; **a** ~**s** in pieces o bits; **caerse a** ~**s** to fall to pieces; **hacer** ~**s** lit to break to bits; fig to destroy; **saltar en (mil)** ~**s** to be smashed to pieces; ~ **de alcornoque** o **de animal** o **de bruto** stupid oaf o brute; **ser un** ~ **de pan** to be an angel.

pederasta m pederast.

pedernal m flint.

pedestal m pedestal, stand; **poner/tener a alguien en un** ~ to put sb on a pedestal.

pedestre adj on foot.

pediatra mf pediatrician.

pediatría f pediatrics (U).

pedicuro, ra m,f chiropodist UK, podiatrist US.

pedido m COM order; **hacer un** ~ to place an order.

pedigrí, pedigree [peðĭCril] m pedigree.

pedigüeño, ña ◇ adj demanding, clamouring. ◇ m,f demanding person.

pedir [26] ◇ vt -**1.** [gen] to ask for; [en comercios, restaurantes] to order; ~ **a alguien que haga algo** to ask sb to do sthg; ~ **a alguien (en matrimonio)** to ask for sb's hand (in marriage); ~ **prestado algo a alguien** to borrow sthg from sb -**2.** [exigir] to demand -**3.** [requerir] to call for, to need -**4.** [poner precio]: ~ **(por)** to ask (for); **pide un millón por la moto** he's asking a million for the motorbike. ◇ vi [mendigar] to beg.

pedo ◇ m -**1.** fam [ventosidad] fart; **tirarse un** ~ to fart -**2.** mfam [borrachera]: **cogerse**

---

un ~ to get pissed. ◇ adj mfam: **estar** ~ to be pissed.

pedofilia f paedophilia.

pedorrear vi vulg to fart a lot.

pedorreta f fam raspberry (sound).

pedrada f -**1.** [acción] throw of a stone -**2.** [golpe] blow o hit with a stone; **a** ~**s** by stoning; **matar a alguien a** ~**s** to stone sb to death.

pedrea f [en lotería] group of smaller prizes in the Spanish national lottery.

pedregal m stony ground.

pedregullo m RP gravel.

pedrera f stone quarry.

pedrería f precious stones (pl).

pedrisco m hail.

pedrusco m rough stone.

pega f -**1.** [pegamento] glue -**2.** [obstáculo] difficulty, hitch; **poner** ~**s (a)** to find problems (with).
 ◆ **de pega** loc adj false, fake.

pegadizo, za adj -**1.** [música] catchy -**2.** [contagioso] catching.

pegajoso, sa adj sticky; despec clinging.

pegamento m glue.

pegar [16] ◇ vt -**1.** [adherir] to stick; [con pegamento] to glue; [póster, cartel] to fix, to put up; [botón] to sew on -**2.** [arrimar]: ~ **algo a** to put o place sthg against; **pega la silla a la pared** put the chair against the wall -**3.** [golpear] to hit -**4.** [propinar - bofetada, paliza etc] to give; [- golpe] to deal -**5.** [contagiar]: ~ **algo a alguien** to give sb sthg, to pass sthg on to sb -**6.** INFORM to paste. ◇ vi -**1.** [adherir] to stick -**2.** [golpear] to hit -**3.** [armonizar] to go together, to match; ~ **con** to go with -**4.** [sol] to beat down.
 ◆ **pegarse** vpr -**1.** [adherirse] to stick -**2.** [agredirse] to fight, to hit one another -**3.** [golpearse]: ~**se (un golpe) con algo** to hit o.s. against sthg -**4.** [contagiarse - enfermedad] to be transmitted, to be passed on; [- canción] to be catchy; **se me pegó su acento** I picked up his accent -**5.** despec [engancharse]: ~**se a alguien** to stick to sb -**6.** loc: **pegársela a alguien** fam to have sb on, to deceive sb; [cónyuge] to cheat on sb.

pegatina f sticker.

pego m: **dar el** ~ fam to look like the real thing.

pegote m fam -**1.** [masa pegajosa] sticky mess -**2.** [chapucería] botch.

pegue etc ▷ **pegar**.

peinado m hairdo; [estilo, tipo] hairstyle.

peinar vt lit & fig to comb.

➤ **peinarse** *vpr* to comb one's hair.

peine *m* comb; **pasarse el** ~ to comb one's hair; **enterarse de** *o* **saber lo que vale un** ~ *fam* to find out what's what *o* a thing or two.

peineta *f comb worn in the back of the hair.*

p.ej. (*abrev de* **por ejemplo**) e.g.

pejiguera *f fam* drag, pain.

Pekín Peking, Beijing.

pela *f fam* peseta; **no tengo** ~**s** I'm skint.

peladilla *f* sugared almond.

pelado, da ◇ *adj* **-1.** [cabeza] shorn **-2.** [piel, cara etc] peeling; [fruta] peeled **-3.** [habitación, monte, árbol] bare **-4.** [número] exact, round; **saqué un aprobado** ~ I passed, but only just **-5.** *fam* [sin dinero] broke, skint. ◇ *m,f Andes fam* [niño] kid.
➤ **pelado** *m Esp* haircut.

pelagatos *m y f inv fam despec* nobody.

pelaje *m* [de gato, oso, conejo] fur; [de perro, caballo] coat.

pelambre *m* mane *o* mop of hair.

pelambrera *f* long thick hair (*U*).

pelandusca *f fam despec* tart, slut.

pelar *vt* **-1.** [persona] to cut the hair of **-2.** [fruta, patatas] to peel; [guisantes, marisco] to shell **-3.** [aves] to pluck; [conejos etc] to skin **-4.** *fam fig* [dejar sin dinero] to fleece.
➤ **pelarse** *vpr* **-1.** [cortarse el pelo] to have one's hair cut **-2.** [piel, espalda etc] to peel.

peldaño *m* step; [de escalera de mano] rung.

pelea *f* **-1.** [a golpes] fight **-2.** [riña] row, quarrel.

pelear *vi* **-1.** [a golpes] to fight **-2.** [a gritos] to have a row *o* quarrel **-3.** [esforzarse] to struggle.
➤ **pelearse** *vpr* **-1.** [a golpes] to fight **-2.** [a gritos] to have a row *o* quarrel.

pelele *m* **-1.** *fam despec* [persona] puppet **-2.** [muñeco] guy, straw doll **-3.** [prenda de bebé] rompers (*pl*).

peleón, ona *adj* **-1.** [persona] aggressive **-2.** [vino] rough.

peletería *f* **-1.** [tienda] fur shop, furrier's **-2.** [oficio] furriery **-3.** [pieles] furs (*pl*).

peletero, ra *m,f* furrier.

peliagudo, da *adj* tricky.

pelícano, pelicano *m* pelican.

película *f* **-1.** [gen] film; **echar** *o* **poner una** ~ to show a film; ~ **muda/de terror** silent/horror film; ~ **del Oeste** western; **de** ~ amazing; ~ **virgen** *FOT* blank film **-2.** *fam* [historia increíble] (tall) story.

peliculero, ra *m,f fam*: **es muy** ~ he's always telling tall stories.

peligrar *vi* to be in danger.

peligro *m* danger; **correr** ~ **(de)** to be in danger (of); **estar/poner en** ~ to be/put at risk; **en** ~ **de extinción** [especie, animal] endangered; **fuera de** ~ out of danger; ~ **de incendio** fire hazard; **¡**~ **de muerte!** danger!

peligrosidad *f* danger.

peligroso, sa *adj* dangerous.

pelín *m fam* mite, tiny bit.

pelirrojo, ja ◇ *adj* ginger, red-headed. ◇ *m,f* redhead.

pellejo *m* **-1.** [piel, vida] skin **-2.** [padrastro] hangnail **-3.** *loc*: **arriesgar** *o* **jugarse el** ~ to risk one's neck; **estar/ponerse en el** ~ **de otro** to be/put o.s. in someone else's shoes; **salvar el** ~ to save one's skin.

pelliza *f* fur jacket.

pellizcar [10] *vt* **-1.** [gen] to pinch **-2.** [pan] to pick at.

pellizco *m* pinch; **dar un** ~ **a alguien** to give sb a pinch.

pelma, pelmazo, za *fam despec* ◇ *adj* annoying, tiresome. ◇ *m,f* bore, pain.

pelo *m* **-1.** [gen] hair **-2.** [de oso, gato] fur; [de perro, caballo] coat **-3.** [de melocotón] down **-4.** [de una tela] nap **-5.** *loc*: **con** ~**s y señales** with all the details; **de medio** ~ second-rate; **montar a caballo a** ~ to ride bareback; **presentarse a un examen a** ~ to enter an exam unprepared; **no tener un** ~ **de tonto** *fam* to be nobody's fool; **no tener** ~**s en la lengua** *fam* not to mince one's words; **no verle el** ~ **a alguien** *fam* not to see hide nor hair of sb; **poner a alguien los** ~**s de punta** *fam* to make sb's hair stand on end; **por los** ~**s, por un** ~ by the skin of one's teeth, only just; **ser un hombre de** ~ **en pecho** to be a real man; **soltarse el** ~ to let one's hair down; **tomar el** ~ **a alguien** *fam* to pull sb's leg; **venir al** ~ **a alguien** *fam* to be just right for sb.
➤ **a contra pelo** *loc adv lit* & *fig* against the grain.

pelota ◇ *f* **-1.** [gen & *DEP*] ball; **jugar a la** ~ to play ball; ~ **base** baseball; ~ **vasca** pelota; **devolver la** ~ **a alguien** to put the ball back into sb's court; **hacer la** ~ **(a alguien)** *fam* to suck up (to sb); **pasarse la** ~ to pass the buck **-2.** *fam* [cabeza] nut. ◇ *mf* [persona] crawler, creep.
➤ **pelotas** *fpl vulg* balls; **en** ~**s** *mfam* starkers, in the nude.

pelotazo *m* kick *o* throw of a ball.

pelotear *vi* to have a kickabout; [en tenis] to knock up.

pelotera *f fam* scrap, fight.

pelotón *m* [de soldados] squad; [de gente] crowd; *DEP* pack; ~ **de ejecución** firing squad.

pelotudo, da *RP fam* <> *adj* stupid. <> *m,f* jerk.

peluca *f* wig.

peluche *m* plush.

peludo, da *adj* hairy.

peluquería *f* - **1.** [establecimiento] hairdresser's (shop) - **2.** [oficio] hairdressing.

peluquero, ra *m,f* hairdresser.

peluquín *m* toupee; **¡ni hablar del ~!** *fam* it's out of the question!

pelusa *f* - **1.** [de tela] fluff - **2.** [vello] down.

pélvico, ca *adj* pelvic.

pelvis *f inv* pelvis.

pena *f* - **1.** [lástima] shame, pity; **¡qué ~!** what a shame *o* pity!; **dar ~** to inspire pity; **el pobre me da ~** I feel sorry for the poor chap - **2.** [tristeza] sadness, sorrow - **3.** *(gen pl)* [desgracia] problem, trouble - **4.** *(gen pl)* [dificultad] struggle *(U)*; **a duras ~s** with great difficulty - **5.** [castigo] punishment; **so** *o* **bajo ~ de** under penalty of; **~ capital** *o* **de muerte** death penalty - **6.** *Amér* [vergüenza] shame, embarrassment; **me da ~** I'm ashamed of it - **7.** *loc:* **(no) valer** *o* **merecer la ~** (not) to be worthwhile *o* worth it; **una película que merece la ~** a film that is worth seeing; **sin ~ ni gloria** without distinction.

penacho *m* - **1.** [de pájaro] crest - **2.** [adorno] plume.

penal <> *adj* criminal. <> *m* prison.

penalidad *(gen pl)* *f* suffering *(U)*, hardship.

penalista *mf* [abogado] criminal lawyer.

penalización *f* - **1.** [acción] penalization - **2.** [sanción] penalty.

penalizar [13] *vt* [gen & *DEP*] to penalize.

penalti, penalty *m DEP* penalty; **pitar señalar ~** to award a penalty; **casarse de ~** *fam* to have a shotgun wedding.

penar <> *vt* [castigar] to punish. <> *vi* [sufrir] to suffer.

pendejo *m fam* - **1.** [cobarde] coward - **2.** [tonto] prat, idiot.

➡ **pendejo, ja** *m,f RP fam* [adolescente] kid.

pendenciero, ra <> *adj* who always gets into a fight. <> *m,f* person who is always getting into fights.

pender *vi* - **1.** [colgar]: ~ **(de)** to hang (from) - **2.** [amenaza etc]: ~ **sobre** to hang over - **3.** [sentencia etc] to be pending.

pendiente <> *adj* - **1.** [por resolver] pending; [deuda] outstanding; **estar ~ de** [atento a] to keep an eye on; [a la espera de] to be waiting for - **2.** [asignatura] failed. <> *m* earring. <> *f* slope.

pendón, ona *m,f fam* libertine.

pendonear *vi fam* to hang out.

péndulo *m* pendulum.

pene *m* penis.

penene *mf* untenured teacher or lecturer.

penetración *f* - **1.** [gen] penetration; ~ **de mercado** *ECON* market penetration - **2.** [sagacidad] astuteness, sharpness.

penetrante *adj* - **1.** [intenso - dolor] acute; [- olor] sharp; [- frío] biting; [- mirada] penetrating; [- voz, sonido etc] piercing - **2.** [sagaz] sharp, penetrating.

penetrar <> *vi:* ~ **en** [internarse en] to enter; [filtrarse por] to get into, to penetrate; [perforar] to pierce; [llegar a conocer] to get to the bottom of. <> *vt* - **1.** [introducirse en - suj: arma, sonido etc] to pierce, to penetrate; [- suj: humedad, líquido] to permeate; [- suj: emoción, sentimiento] to pierce - **2.** [llegar a conocer - secreto etc] to get to the bottom of - **3.** [sexualmente] to penetrate.

peneuvista <> *adj* of/relating to the Basque nationalist party PNV. <> *mf* member/supporter of the Basque nationalist party PNV.

penicilina *f* penicillin.

península *f* peninsula.

peninsular <> *adj* peninsular. <> *mf* peninsular Spaniard.

penique *m* penny; ~**s** pence.

penitencia *f* penance; **hacer ~** to do penance.

penitenciaría *f* penitentiary.

penitenciario, ria *adj* prison *(antes de sust)*.

penitente *mf* penitent.

penoso, sa *adj* - **1.** [trabajoso] laborious - **2.** [lamentable] distressing; [aspecto, espectáculo] sorry - **3.** *CAm, Carib, Col, Méx* [vergonzoso] shy.

pensado, da *adj:* **mal ~** twisted, evilminded; **en el día/momento menos ~** when you least expect it; **un mal ~** a twisted person.

➡ **bien pensado** *loc adv* on reflection.

pensador, ra *m,f* thinker.

pensamiento *m* - **1.** [gen] thought; [mente] mind; [idea] idea; **leer el ~ a alguien** to read sb's mind *o* thoughts - **2.** *BOT* pansy.

pensar [19] <> *vi* to think; ~ **bien/mal de alguien** to think well/ill of sb; ~ **en algo/ en alguien/en hacer algo** to think about sthg/about sb/about doing sthg; ~ **sobre algo** to think about sthg; **piensa en un nú-**

mero/buen regalo think of a number/good present; dar que ~ a alguien to give sb food for thought. <> vt -1. [reflexionar] to think about o over -2. [opinar, creer] to think; ~ algo de alguien/algo to think sthg of sb/sthg; pienso que no vendrá I don't think she'll come -3. [idear] to think up -4. [tener la intención de]: ~ hacer algo to intend to do sthg.

➽ **pensarse** vpr: ~se algo to think about sthg, to think sthg over.

pensativo, va adj pensive, thoughtful.

pensión f -1. [dinero] pension; ~ alimenticia o alimentaria maintenance; ~ de jubilación/de viudedad retirement/widow's pension -2. [de huéspedes] ≃ guest house; media ~ [en hotel] half board; estar a media ~ [en colegio] to have school dinners; ~ completa full board.

pensionado m boarding school.

pensionista mf -1. [jubilado] pensioner -2. [en una pensión] guest, lodger -3. [en un colegio] boarder.

pentaedro m pentahedron.

pentágono m pentagon.

pentagrama m MÚS stave.

Pentecostés (no se usa pl) m -1. [católico] Whitsun, Whitsuntide -2. [judío] Pentecost.

penúltimo, ma adj & m,f penultimate, last but one.

penumbra f semi-darkness, half-light; en ~ in semi-darkness.

penuria f -1. [pobreza] penury, poverty -2. [escasez] paucity, dearth.

peña f [grupo de amigos] circle, group; [club] club; [quinielística] pool.

peñasco m large crag o rock.

peñón m rock.

➽ **Peñón** m: el Peñón (de Gibraltar) the Rock (of Gibraltar).

peón m -1. [obrero] unskilled labourer; ~ caminero navvy -2. [en ajedrez] pawn.

peonza f (spinning) top.

peor <> adj -1. (comparativo): ~ (que) worse (than); ~ para él that's his problem -2. (superlativo): el/la ~ ... the worst ... <> pron: el/la ~ (de) the worst (in); el ~ de todos the worst of all; lo ~ fue que ... the worst thing was that ... <> adv -1. (comparativo): ~ (que) worse (than); ahora veo ~ I see worse now; estar ~ [enfermo] to get worse; estoy ~ [de salud] I feel worse; ~ que ~ so much the worse -2. (superlativo) worst; el que lo hizo ~ the one who did it (the) worst.

pepa f Andes, CAm, Carib, Méx [pepita] pip; [hueso] stone, pit.

pepinillo m gherkin.

pepino m BOT cucumber; me importa un ~ I couldn't care less.

pepita f -1. [de fruta] pip -2. [de oro] nugget.

pepito m grilled meat sandwich.

pepona f large cardboard doll.

peppermint = pipermín.

peque etc ➪ pecar.

pequeñez f -1. [gen] smallness -2. fig [insignificancia] trifle; discutir por pequeñeces to argue over silly little things.

pequeño, ña <> adj small; [hermano] little; [posibilidad] slight; [ingresos, cifras etc] low; me queda ~ it's too small for me. <> m,f [niño] little one; de ~ as a child; el ~, la pequeña [benjamín] the youngest, the baby.

pequeñoburgués, esa <> adj petit bourgeois. <> m,f petit bourgeois (f petite bourgeoise).

pequinés <> adj & m,f Pekinese. <> m [perro] Pekinese.

pera f -1. [fruta] pear -2. [para ducha etc] (rubber) bulb -3. CSur [barbilla] chin -4. loc: partir ~s to fall out; pedir ~s al olmo to ask (for) the impossible; ser la ~ fam to be the limit; ser una ~ en dulce fam to be a gem.

peral m pear-tree.

perca f perch.

percal m percale; conocer el ~ to know what one is doing.

percance m mishap.

percatarse vpr: ~ (de algo) to notice (sthg).

percebe m [pez] barnacle.

percepción f [de los sentidos] perception; ~ extrasensorial extrasensory perception.

perceptible adj [por los sentidos] noticeable, perceptible.

percha f -1. [de armario] (coat) hanger -2. [de pared] coat rack -3. [para pájaros] perch.

perchero m [de pared] coat rack; [de pie] coat stand.

percibir vt -1. [con los sentidos] to perceive, to notice; [por los oídos] to hear; [ver] to see -2. [cobrar] to receive, to get.

percusión f percussion.

percusionista mf percussionist.

percutor, percusor m hammer, firing pin.

perdedor, ra <> adj losing. <> m,f loser.

perder [20] <> vt -1. [gen] to lose; llevas las de ~ you can't hope to win; salir perdiendo to come off worst -2. [desperdiciar] to waste -3. [tren, oportunidad] to miss -4. [perjudicar] to be the ruin of. ⬦ *vi* **-1.** [salir derrotado] to lose **- 2.** [empeorar] to go downhill **-3.** [dejar escapar aire] to deflate, to go down **- 4.** *loc:* echar algo a ~ to spoil sthg; **echarse a** ~ [alimento] to go off, to spoil.

➡ **perderse** *vpr* **-1.** [gen] to get lost; **¡piérdete!** *mfam* get lost! **-2.** [desaparecer] to disappear **-3.** [desperdiciarse] to be wasted **- 4.** [desaprovechar]: ~**se algo** to miss out on sthg; **¡no te lo pierdas!** don't miss it! **- 5.** *fig* [por los vicios] to be beyond salvation **- 6.** *fig* [anhelar]: ~**se por** to be mad about.

perdición *f* ruin, undoing.

pérdida *f* **-1.** [gen] loss; **no tiene** ~ you can't miss it **- 2.** [de tiempo, dinero] waste **- 3.** [escape] leak.

➡ **pérdidas** *fpl* **-1.** *FIN & MIL* losses; ~**s humanas** loss of life **- 2.** [daños] damage *(U)* **- 3.** [de sangre] haemorrhage *(sg)*.

perdidamente *adv* hopelessly.

perdido, da ⬦ *adj* **-1.** [extraviado] lost; [animal, bala] stray **- 2.** [sucio] filthy **-3.** [tiempo] wasted; [ocasión] missed **- 4.** *fam* [de remate] complete, utter **- 5.** *loc:* **dar algo por** ~ to give sthg up for lost; **estar** ~ to be done for *o* lost. ⬦ *m,f* reprobate.

perdigón *m* pellet.

perdigonada *f* **-1.** [tiro] shot **-2.** [herida] gunshot wound.

perdiguero *m* English setter.

perdiz *f* partridge; **fueron felices y comieron perdices** they all lived happily ever after.

perdón *m* pardon, forgiveness; **con** ~ if you'll forgive the expression; **no tener** ~ to be unforgivable; **pedir** ~ to apologize; **¡perdón!** sorry!; ~, **¿me deja pasar?** excuse me, could you let me through?

perdonar ⬦ *vt* **-1.** [gen] to forgive; ~ **le algo a alguien** to forgive sb for sthg; **perdone que le moleste** sorry to bother you **- 2.** [eximir de - deuda, condena]: ~ **algo a alguien** to let sb off sthg; ~ **le la vida a alguien** to spare sb their life **- 3.** [desperdiciar]: **no** ~ **algo** not to miss sthg. ⬦ *vi:* **perdone, ¿cómo ha dicho?** excuse me, what did you say?

perdonavidas *m y f inv fam* bully.

perdurar *vi* **-1.** [durar mucho] to endure, to last **- 2.** [persistir] to persist.

perecedero, ra *adj* **-1.** [productos] perishable **- 2.** [naturaleza] transitory.

perecer [30] *vi* to perish, to die.

peregrina ➥ **peregrino.**

peregrinación *f RELIG* pilgrimage.

peregrinaje *m RELIG* pilgrimage.

peregrinar *vi RELIG* to make a pilgrimage.

peregrino, na ⬦ *adj* **-1.** [ave] migratory **- 2.** *fig* [extraño] strange. ⬦ *m,f* [persona] pilgrim.

perejil *m* parsley.

perenne *adj BOT* perennial.

perentorio, ria *adj* urgent, pressing; [gesto, tono] peremptory; **plazo** ~ fixed time limit.

pereza *f* idleness; **me da** ~ **ir a pie** I can't be bothered walking; **sacudirse la** ~ to wake o.s. up.

perezca *etc* ➥ **perecer.**

perezoso, sa ⬦ *adj* [vago] lazy. ⬦ *m,f* [vago] lazy person, idler.

perfección *f* perfection; **es de una gran** ~ it's exceptionally good; **a la** ~ perfectly, to perfection.

perfeccionamiento *m* **-1.** [acabado] perfecting **- 2.** [mejoramiento] improvement.

perfeccionar *vt* **-1.** [redondear] to perfect **- 2.** [mejorar] to improve.

perfeccionismo *m* perfectionism.

perfeccionista *adj & m,f* perfectionist.

perfectamente *adv* **-1.** [sobradamente] perfectly **- 2.** [muy bien] fine; **¿cómo estas? - estoy** ~ how are you? - I'm fine **-3.** [de acuerdo]: **¡perfectamente!** fine!, great!

perfecto, ta *adj* perfect.

perfidia *f* perfidy, treachery.

pérfido, da ⬦ *adj* perfidious, treacherous. ⬦ *m,f* treacherous person.

perfil *m* **-1.** [contorno] outline, shape **- 2.** [de cara, cuerpo] profile; **de** ~ in profile **-3.** *fig* [característica] characteristic **- 4.** *fig* [retrato moral] profile **- 5.** *GEOM* cross section.

perfilar *vt* to outline.

➡ **perfilarse** *vpr* **-1.** [destacarse] to be outlined **- 2.** [concretarse] to shape up.

perforación *f* **-1.** [gen & *MED*] perforation **- 2.** [taladro] bore-hole.

perforador, ra *adj* drilling.

➡ **perforadora** *f* **-1.** [herramienta] drill **- 2.** *INFORM* card punch.

perforar *vt* [horadar] to perforate; [agujero] to drill; *INFORM* to punch.

perfumar *vt* to perfume.

➡ **perfumarse** *vpr* to put perfume on.

perfume *m* perfume.

perfumería *f* **-1.** [tienda, arte] perfumery **- 2.** [productos] perfumes *(pl)*.

pergamino *m* parchment.

pérgola *f* pergola.

pericia *f* skill.

pericial *adj* expert.

perico *m* **-1.** *fam* [pájaro] parakeet **- 2.** *mfam*

perpendicular

[cocaína] snow - **3.** *Col* [café con leche] white coffee; [alrededores] outskirts (*pl*).

periferia *f* periphery; [alrededores] outskirts (*pl*).

periférico, ca *adj* peripheral; [barrio] outlying.

➡ **periférico** *m* - **1.** *INFORM* peripheral - **2.** *CAm, Méx* [carretera] ring road *UK*, beltway *US*.

perifollos *mpl fam* frills (and fripperies).

perífrasis *f inv*: ~ (**verbal**) compound verb.

perifrástico, ca *adj* long-winded.

perilla *f* goatee; **venir de** ~ (**s**) to be just the right thing.

perímetro *m* perimeter.

periodicidad *f* frequency; *TECN* periodicity.

periódico, ca *adj* [gen] periodic.

➡ **periódico** *m* newspaper; ~ **dominical** Sunday paper.

periodismo *m* journalism.

periodista *mf* journalist.

periodístico, ca *adj* journalistic.

periodo, período *m* period; *DEP* half; ~ **de prácticas** trial period.

peripatético, ca ◇ *adj* - **1.** *FILOSOFÍA* Peripatetic - **2.** *fam* [ridículo] ludicrous. ◇ *m,f* Peripatetic.

peripecia *f* incident, adventure.

periplo *m* journey, voyage.

peripuesto, ta *adj fam* dolled-up, tarted-up.

periquete *m*: **en un** ~ *fam* in a jiffy.

periquito ◇ *m* parakeet. ◇ *adj fam* of/relating to the Español Football Club.

periscopio *m* periscope.

perista *mf fam* fence, receiver of stolen goods.

peritaje *m* - **1.** [trabajo] expert work; [informe] expert's report - **2.** [estudios] professional training; ~ **industrial** industrial studies; ~ **mercantil** business studies.

peritar *vt* [casa] to value; [coche] to assess the value of, to assess the damage to.

perito *m* - **1.** [experto] expert; ~ **agrónomo** agronomist - **2.** [ingeniero técnico] technician.

perjudicar [10] *vt* to damage, to harm.

perjudicial *adj*: ~ (**para**) harmful (to).

perjuicio *m* harm (*U*), damage (*U*); **causar** ~ **a algo/alguien** to do damage to sb/sthg; **ir en** ~ **de** to be detrimental to; **sin** ~ **de** despite.

perjurar *vi* - **1.** [jurar mucho] to swear blind - **2.** [jurar en falso] to commit perjury.

perjurio *m* perjury.

perjuro, ra ◇ *adj* perjured. ◇ *m,f* perjuror.

perla *f* pearl; ~ **de cultivo** cultured pearl; *fig* [maravilla] gem, treasure; **de** ~**s** great, fine; **me viene de** ~**s** it's just the right thing.

perlado, da *adj* - **1.** [con perlas] pearly; [collar] pearl (*antes de sust*) - **2.** [con gotas] beaded.

perlé *m* beading.

permanecer [30] *vi* - **1.** [en un lugar] to stay - **2.** [en un estado] to remain, to stay.

permanencia *f* - **1.** [en un lugar] staying, continued stay - **2.** [en un estado] continuation.

permanente ◇ *adj* permanent; [comisión] standing. ◇ *f* perm; **hacerse la** ~ to have a perm.

permeabilidad *f* permeability.

permeable *adj* permeable.

permisible *adj* permissible, acceptable.

permisividad *f* permissiveness.

permisivo, va *adj* permissive.

permiso *m* - **1.** [autorización] permission; **con** ~ if I may, if you'll excuse me; **dar** ~ **para hacer algo** to give permission to do sthg; **pedir** ~ **para hacer algo** to ask permission to do sthg - **2.** [documento] licence, permit; ~ **de armas** gun licence; ~ **de conducir** driving licence *UK*, driver's license *US*; ~ **de residencia** residence permit; ~ **de trabajo** work permit - **3.** [vacaciones] leave; **estar de** ~ to be on leave.

permitir *vt* to allow; ~ **a alguien hacer algo** to allow sb to do sthg; **¿me permite?** may I?

➡ **permitirse** *vpr* to allow o.s. (the luxury of); **no puedo permitírmelo** I can't afford it.

permuta, permutación *f* exchange.

permutación = **permuta**.

permutar *vt* to exchange, to swap.

pernera *f* trouser leg.

pernicioso, sa *adj* damaging, harmful.

pernil *m* leg of ham.

perno *m* bolt.

pernoctar *vi* to stay overnight.

pero ◇ *conj* but; **la casa es vieja** ~ **céntrica** the house may be old, but it's central; ~ **¿qué es tanto ruido?** what on earth is all this noise about? ◇ *m* snag, fault; **poner** ~**s a todo** to find fault with everything.

perogrullada *f fam* truism.

perol *m* casserole (dish).

peroné *m* fibula.

perorata *f* long-winded speech.

peróxido *m* peroxide.

perpendicular *adj* perpendicular; **ser** ~ **a algo** to be at right angles to sthg.

perpetrar *vt* to perpetrate, to commit.
perpetuar [6] *vt* to perpetuate.
  ▶ **perpetuarse** *vpr* to last, to endure.
perpetuidad *f* perpetuity; **a ~ in** perpetuity; **presidente a ~** president for life; **condenado a ~** condemned to life imprisonment.
perpetuo, tua *adj* **-1.** [gen] perpetual **-2.** [para toda la vida] lifelong; *DER* life *(antes de sust)*.
perplejidad *f* perplexity, bewilderment.
perplejo, ja *adj* perplexed, bewildered.
perra *f* **-1.** [rabieta] tantrum; **coger una ~** to throw a tantrum **-2.** [dinero] penny; **estoy sin una ~** I'm flat broke **-3.** ⊳ **perro**.
perrera ⊳ **perrero**.
perrería *f fam:* **hacer ~s a alguien** to play dirty tricks on sb.
perrero, ra *m,f* [persona] dogcatcher.
  ▶ **perrera** *f* **-1.** [lugar] kennels *(pl)* **-2.** [vehículo] dogcatcher's van.
perro, rra ⇔ *m,f* **-1.** [animal] dog *(f* bitch); **~ callejero** stray dog; **~ de caza** hunting dog; **~ de compañía** pet dog; **~ faldero** lapdog; **~ lazarillo** guide dog; **~ lobo** alsatian; **~ lulú** Pomeranian; **~ pastor** sheepdog; **~ policía** police dog; **allí no atan los ~s con longaniza** money doesn't grow on trees there; **andar como el ~ y el gato** to fight like cat and dog; **de ~s** [tiempo etc] wretched, lousy; **echar los ~s a alguien** to have a go at sb; **~ ladrador poco mordedor** his bark is worse than his bite; **ser ~ viejo** to be an old hand **-2.** *despec* [persona] swine, dog. ⇔ *adj* wretched, lousy.
  ▶ **perro caliente** *m* hot dog.
perruno, na *adj* canine.
persecución *f* **-1.** [seguimiento] pursuit **-2.** [acoso] persecution.
persecutorio, ria *adj* [manía] persecution *(antes de sust)*.
perseguir [43] *vt* **-1.** [seguir, tratar de obtener] to pursue **-2.** [acosar] to persecute **-3.** [suj: mala suerte, problema etc] to dog.
perseverancia *f* perseverance.
perseverante *adj* persistent.
perseverar *vi:* **~ (en)** to persevere (with), to persist (in).
Persia Persia.
persiana *f* blind, shade *US*; **enrollarse como una ~** *fam* to go on and on.
persiga *etc* ⊳ **perseguir**.
persignarse *vpr* to cross o.s.
persigo, persiguiera *etc* ⊳ **perseguir**.
persistencia *f* persistence.

persistente *adj* persistent.
persistir *vi:* **~ (en)** to persist (in).
persona *f* **-1.** [individuo] person; **cien ~s a** hundred people; **de ~ a ~** person to person; **en ~** in person; **por ~** per head; **ser buena ~** to be nice; **~ mayor** adult, grown-up **-2.** *DER* party; **~ física** private individual; **~ jurídica** legal entity o person **-3.** *GRAM* person.
personaje *m* **-1.** [persona importante] important person, celebrity; **ser todo un ~** *fam* to be a real big shot **-2.** [de obra] character.
personal ⇔ *adj* [gen] personal; [teléfono, dirección] private, home *(antes de sust)*. ⇔ *m* **-1.** [trabajadores] staff, personnel **-2.** *fam* [gente] people *(pl)*. ⇔ *f* [en baloncesto] personal foul.
personalidad *f* **-1.** [características] personality **-2.** [persona importante] important person, celebrity.
personalizar [13] *vi* [nombrar] to name names.
personarse *vpr* to turn up.
personero, ra *m,f Amér* spokesperson.
personificación *f* personification.
personificar *vt* to personify.
perspectiva *f* **-1.** [gen] perspective **-2.** [paisaje] view **-3.** [futuro] prospect; **en ~** in prospect.
perspicacia *f* insight, perceptiveness.
perspicaz *adj* sharp, perceptive.
persuadir *vt* to persuade; **~ a alguien para que haga algo** to persuade sb to do sthg.
  ▶ **persuadirse** *vpr* to convince o.s.; **~se de algo** to become convinced of sthg.
persuasión *f* persuasion.
persuasivo, va *adj* persuasive.
pertenecer [30] *vi* **-1.** [gen]: **~ a** to belong to **-2.** [corresponder] to be up to, to be a matter for.
perteneciente *adj:* **ser ~ a** to belong to.
pertenencia *f* **-1.** [propiedad] ownership **-2.** [afiliación] membership.
  ▶ **pertenencias** *fpl* [enseres] belongings.
pértiga *f* **-1.** [vara] pole **-2.** *DEP* pole-vault.
pertinaz *adj* **-1.** [terco] stubborn **-2.** [persistente] persistent.
pertinencia *f* **-1.** [adecuación] appropriateness **-2.** [relevancia] relevance.
pertinente *adj* **-1.** [adecuado] appropriate **-2.** [relativo] relevant, pertinent.
pertrechar *vt* **-1.** *MIL* to supply with food and ammunition **-2.** [suministrar] to equip.
  ▶ **pertrecharse** *vpr:* **~se de** to equip o.s. with.

pertrechos *mpl* -**1.** MIL supplies and ammunition -**2.** *fig* [utensilios] gear (U).

perturbación *f* -**1.** [desconcierto] disquiet, unease -**2.** [disturbio] disturbance; ~ **del orden público** breach of the peace -**3.** MED mental imbalance -**4.** METEOR unsettled weather (U); ~ **atmosférica** atmospheric disturbance.

perturbado, da <> *adj* -**1.** MED disturbed, mentally unbalanced -**2.** [desconcertado] perturbed. <> *m,f* MED mentally unbalanced person.

perturbador, ra <> *adj* unsettling. <> *m,f* troublemaker.

perturbar *vt* -**1.** [trastornar] to disrupt -**2.** [inquietar] to disturb, to unsettle -**3.** [enloquecer] to perturb.

Perú: **(el)** ~ Peru.

peruano, na *adj* & *m,f* Peruvian.

perversidad *f* wickedness.

perversión *f* perversion.

perverso, sa *adj* depraved.

pervertido, da *m,f* pervert.

pervertidor, ra <> *adj* pernicious, corrupting. <> *m,f* reprobate, corrupter; ~ **de menores** corruptor of minors.

pervertir [27] *vt* to corrupt.
➤ **pervertirse** *vpr* to become corrupt, to be corrupted.

pervivir *vi* to survive.

pesa *f* -**1.** [gen] weight -**2.** (gen pl) DEP weights (pl); **alzar** ~**s** to lift weights.

pesabebés *m inv* baby-weighing scales (pl).

pesacartas *m inv* letter-weighing scales (pl).

pesada ▷ pesado.

pesadez *f* -**1.** [peso] weight -**2.** [sensación] heaviness -**3.** [molestia, fastidio] drag, pain -**4.** [aburrimiento] ponderousness.

pesadilla *f* nightmare.

pesado, da <> *adj* -**1.** [gen] heavy -**2.** [caluroso] sultry -**3.** [lento] ponderous, sluggish -**4.** [duro] difficult, tough -**5.** [aburrido] boring -**6.** [molesto] annoying, tiresome; **¡qué ~ eres!** you're so annoying!; **ponerse** ~ to be a pain. <> *m,f* bore, pain.

pesadumbre *f* grief, sorrow.

pésame *m* sympathy, condolences (pl); **dar el** ~ to offer one's condolences; **mi más sentido** ~ my deepest sympathies.

pesar <> *m* -**1.** [tristeza] grief -**2.** [arrepentimiento] remorse -**3.** *loc*: **a** ~ **mío** against my will. <> *vt* -**1.** [determinar el peso de] to weigh -**2.** [examinar] to weigh up. <> *vi* -**1.** [tener peso] to weigh -**2.** [ser pesado] to be

heavy -**3.** [importar] to play an important part -**4.** [molestar]: **me pesa tener que hacerlo** it grieves me to have to do it; **pese a quien pese** in spite of everything -**5.** [entristecer]: **me pesa tener que decirte esto** I'm sorry to have to tell you this.
➤ **pesarse** *vpr* to weigh o.s.
➤ **a pesar de** *loc prep* despite; **a** ~ **de todo** in spite of everything.
➤ **a pesar de que** *loc conj* in spite of the fact that.

pesaroso, sa *adj* -**1.** [arrepentido] remorseful -**2.** [afligido] sad.

pesca *f* -**1.** [acción] fishing; **ir de** ~ to go fishing; ~ **con caña** angling; ~ **con red** net fishing; ~ **de bajura/altura** coastal/deepsea fishing; ~ **submarina** underwater fishing -**2.** [lo pescado] catch.

pescadería *f* fishmonger's (shop).

pescadero, ra *m,f* fishmonger.

pescadilla *f* whiting.

pescado *m* fish; ~ **azul/blanco** blue/white fish.

pescador, ra *m,f* fisherman (f fisherwoman).

pescar [10] <> *vt* -**1.** [peces] to catch -**2.** *fig* [enfermedad] to catch -**3.** *fam fig* [conseguir] to get o.s., to land -**4.** *fam fig* [atrapar] to catch -**5.** *fam fig* [entender] to pick up, to understand. <> *vi* to fish, to go fishing.

pescuezo *m* neck; **retorcer el** ~ **a alguien** *fam* to wring sb's neck.

pese
➤ **pese a** *loc prep* despite; ~ **a que** even though.

pesebre *m* -**1.** [para los animales] manger -**2.** [belén] crib, Nativity scene.

pesero *m* CAm & Méx *fixed-rate taxi service*.

peseta *f* [unidad] peseta.
➤ **pesetas** *fpl fig* [dinero] money (U).

pesetero, ra <> *adj* money-grubbing. <> *m,f* moneygrubber.

pesimismo *m* pessimism.

pesimista <> *adj* pessimistic. <> *mf* pessimist.

pésimo, ma <> *superl* ▷ malo. <> *adj* terrible, awful.

peso *m* -**1.** [gen] weight; **perder** *o* **ganar** ~ to lose/gain weight; **siento** ~ **en las piernas** my legs feel heavy; **tiene un kilo de** ~ it weighs a kilo; **de** ~ [razones] weighty, sound; [persona] influential; ~ **atómico/molecular** atomic/molecular weight; ~ **bruto/neto** gross/net weight; ~ **muerto** dead weight; ~ **ligero** lightweight; ~ **medio**

middleweight; ~ **mosca** flyweight; ~ **pesa-do** heavyweight; **caer por su propio** ~ to be self-evident; **pagar algo a** ~ **de oro** to pay a fortune for sthg; **quitarse un** ~ **de encima** to take a weight off one's mind **-2.** [moneda] peso **-3.** [de atletismo] shot **-4.** [balanza] scales (pl).

pesque etc ▷ pescar.

pesquero, ra adj fishing.
➡ **pesquero** m fishing boat.

pesquisa f investigation, inquiry.

pestaña f **-1.** [de párpado] eyelash; ~s **posti-zas** false eyelashes; **quemarse las** ~s fig to burn the midnight oil **-2.** TECN flange.

pestañear vi to blink; **sin** ~ without batting an eyelid.

peste f **-1.** [enfermedad, plaga] plague; ~ **bu-bónica** bubonic plague **-2.** fam [mal olor] stink, stench **-3.** [molestia] pest **-4.** loc: **decir** ~s **de alguien** to heap abuse on sb.

pesticida ◇ adj pesticidal. ◇ m pesti-cide.

pestilencia f stench.

pestilente adj foul-smelling.

pestillo m [cerrojo] bolt; [mecanismo, en verjas] latch; **correr** o **echar el** ~ to shoot the bolt.

petaca f **-1.** [para cigarrillos] cigarette case; [para tabaco] tobacco pouch **-2.** [para bebidas] flask **-3.** Méx [maleta] suitcase **-4.** loc: **hacer la** ~ to make an apple-pie bed.
➡ **petacas** fpl Méx fam buttocks.

pétalo m petal.

petanca f game similar to bowls played in parks, on beach etc.

petardo ◇ m **-1.** [cohete] banger, fire-cracker **-2.** fam [aburrimiento] bore **-3.** mfam [porro] joint. ◇ mf fam [persona fea] horror, ugly person.

petate m kit bag; **liar el** ~ fam [marcharse] to pack one's bags and go; [morir] to kick the bucket.

petenera f Andalusian popular song; **salir por** ~s to go off at a tangent.

petición f **-1.** [acción] request; **a** ~ **de** at the request of **-2.** DER [escrito] petition; ~ **de ma-no** proposal (of marriage).

petimetre, tra m,f fop, dandy.

petirrojo m robin.

petiso, sa, petizo, za ◇ adj Andes & RP fam [person] short. ◇ m Andes & RP [caballo] small horse.

peto m **-1.** [de prenda] bib; **pantalón con** ~ overalls **-2.** [de armadura] breastplate **-3.** DEP breastguard.

pétreo, a adj [de piedra] stone; [como piedra] stony.

petrificar [10] vt lit & fig to petrify.

petrodólar m petrodollar.

petróleo m oil, petroleum.

petrolero, ra adj oil (antes de sust).
➡ **petrolero** m oil tanker.

petrolífero, ra adj oil (antes de sust).

petroquímico, ca adj petrochemical.
➡ **petroquímica** f petrochemistry.

petulancia f arrogance.

petulante ◇ adj opinionated, arrogant. ◇ mf opinionated person.

petunia f petunia.

peúco (gen pl) m bootee.

peyorativo, va adj pejorative.

pez ◇ m fish; ~ **de colores** goldfish; ~ **de río** freshwater fish; ~ **espada** swordfish; **estar uno como** ~ **en el agua** to be in one's element; **estar** ~ **(en algo)** to have no idea (about sthg). ◇ f pitch, tar.
➡ **pez gordo** m fam fig big shot.

pezón m [de pecho] nipple.

pezuña f hoof.

pi f MAT pi.

piadoso, sa adj **-1.** [compasivo] kind-hearted **-2.** [religioso] pious.

pianista mf pianist.

piano m piano; ~ **bar** piano bar; ~ **de cola** grand piano; ~ **de media cola** baby grand; **como un** ~ fam huge.

pianola f pianola.

piar [9] vi to cheep, to tweet.

piara f herd.

piastra f piastre, piaster.

PIB (abrev de **producto interior bruto**) m GDP.

pibe, ba m,f RP fam kid.

PIC (abrev de **punto de información cultural**) m tourist information point.

pica f **-1.** [naipe] spade **-2.** [lanza] pike; **poner una** ~ **en Flandes** to do the impossible **-3.** TAUROM goad, picador's spear.
➡ **picas** fpl [palo de baraja] spades.

picada f **-1.** ▷ picado **-2.** RP snacks (pl), appetizers (pl).

picadero m **-1.** [de caballos] riding school **-2.** fam [de soltero] bachelor pad.

picadillo m **-1.** [de carne] mince; [de verdura] chopped vegetables (pl); **hacer** ~ **a alguien** fam to beat sb to a pulp **-2.** Chile [tapas] snacks, appetizers.

picado, da adj **-1.** [marcado - piel] pock-marked; [- fruta] bruised **-2.** [agujereado] perforated; ~ **de polilla** moth-eaten **-3.** [tri-turado - alimento] chopped; [- carne] minced;

[- tabaco] cut - **4.** [vino] sour - **5.** [diente]
decayed - **6.** [mar] choppy - **7.** _fig_ [enfadado]
annoyed - **8.** _AERON_: **descender en** ~ to dive.
➡ **picada** _f_ [de mosquito, serpiente] bite; [de
avispa, escorpión, ortiga] sting.

picador, ra _m,f TAUROM_ picador.

picadora _f_ mincer.

picadura _f_ - **1.** [de mosquito, serpiente] bite; [de
avispa, ortiga, escorpión] sting - **2.** [tabaco] (cut)
tobacco _(U)_.

picante ◇ _adj_ - **1.** [comida etc] spicy, hot - **2.**
fig [obsceno] saucy. ◇ _m_ [comida] spicy food;
[sabor] spiciness.

picantería _f Andes_ cheap restaurant.

picapleitos _m y f inv despec_ lawyer.

picaporte _m_ [aldaba] doorknocker; [barrita]
latch.

picar [10] ◇ _vt_ - **1.** [suj: mosquito, serpiente] to
bite; [suj: avispa, escorpión, ortiga] to sting - **2.**
[escocer] to itch; **me pican los ojos** my eyes
are stinging - **3.** [triturar - verdura] to chop; [-
carne] to mince - **4.** [suj: ave] to peck - **5.** [ape-
ritivo] to pick at - **6.** [tierra, piedra, hielo] to hack
at - **7.** _fig_ [enojar] to irritate - **8.** _fig_ [estimular -
persona, caballo] to spur on; [- curiosidad] to
prick - **9.** [perforar - billete, ficha] to punch - **10.**
[teclear] to type. ◇ _vi_ - **1.** [alimento] to be
spicy _o_ hot - **2.** [pez] to bite - **3.** [escocer] to
itch - **4.** [ave] to peck - **5.** [tomar un aperitivo] to
nibble - **6.** [sol] to burn - **7.** [dejarse engañar] to
take the bait - **8.** _loc:_ ~ **(muy) alto** to have
great ambitions.
➡ **picarse** _vpr_ - **1.** [vino] to turn sour - **2.** [ro-
pa] to become moth-eaten - **3.** [mar] to get
choppy - **4.** [diente] to get a cavity - **5.** [oxidar-
se] to go rusty - **6.** _fig_ [enfadarse] to get
annoyed _o_ cross - **7.** _fam_ [inyectarse droga] to
shoot up.

picardía _f_ - **1.** [astucia] sharpness, craftiness
- **2.** [travesura] naughty trick, mischief _(U)_.

picaresco, ca _adj_ mischievous, roguish.
➡ **picaresca** _f_ - **1.** _LITER_ picaresque literature - **2.** [modo de vida] roguery.

PICARESCA

The picaresque was a popular and influential
Spanish literary genre during the 16th and 17th
centuries. Its principal characteristics are its
episodic form and the ingenuity and roguish
qualities of the low-life hero. In the course of the
hero's adventures, a vivid and often critical picture
of all strata of Spanish society is presented. In
modern Spanish the term _pícaro_ is still used to
describe people with the same qualities as the
picaresque hero.

pícaro, ra _m,f_ - **1.** [astuto] sly person, rogue
- **2.** [travieso] rascal - **3.** _ver también_ **picaresca**.

picatoste _m_ crouton.

picazón _f_ [en el cuerpo] itch.

picha _f mfam_ dick, knob.

pichi _m_ pinafore (dress).

pichichi _m DEP_ top scorer.

pichincha _f Bol, RP fam_ bargain.

pichón _m_ - **1.** _ZOOL_ young pigeon - **2.**
fam fig [apelativo cariñoso] darling, sweetheart.

pichula _f Amér vulg_ prick, cock.

pickles _mpl RP_ pickles.

picnic (_pl_ **picnics**) _m_ picnic.

pico _m_ - **1.** [de ave] beak - **2.** [punta, saliente]
corner - **3.** [herramienta] pick, pickaxe - **4.**
[cumbre] peak - **5.** [cantidad indeterminada]: **cincuenta y** ~ fifty-odd, fifty-something; **llegó
a las cinco y** ~ he got there just after five
- **6.** _fam_ [boca] gob, mouth; **cerrar el** ~ [callar]
to shut up; **ser _o_ tener un** ~ **de oro** to be a
smooth talker, to have the gift of the gab
- **7.** _loc:_ **andar/irse de** ~s **pardos** to be/go out
on the town; **le costó un** ~ it cost her a
fortune.

picor _m_ [del calor] burning; [que irrita]
itch.

picoso, sa _adj Méx_ spicy, hot.

picota _f_ - **1.** [de ajusticiados] pillory; **poner a alguien en la** ~ _fig_ to pillory sb - **2.** [cereza]
cherry.

picotazo _m_ peck.

picotear _vt_ - **1.** [suj: ave] to peck - **2.** _fig_ [comer]
to pick at.

pictórico, ca _adj_ pictorial.

pida, pidiera _etc_ ➢ **pedir**.

pie _m_ - **1.** [gen & _ANAT_] foot; **a** ~ on foot; **estar
de** _o_ **en** ~ to be on one's feet _o_ standing;
ponerse de _o_ **en** ~ to stand up; **de** ~s **a cabeza** _fig_ from head to toe; **seguir en** ~ [vi-
gente] to be still valid; **en** ~ **de igualdad** on
an equal footing; **en** ~ **de guerra** at war;
perder/no hacer ~ to go/to be out of one's
depth; ~ **de atleta** athlete's foot; ~ **de foto**
caption; ~s **de cerdo** (pig's) trotters; ~s
planos flat feet - **2.** [de micrófono, lámpara etc]
stand; [de copa] stem - **3.** _TEATR_ cue - **4.** _loc:_ **al**
~ **de la letra** to the letter, word for word;
al ~ **del cañón** ready for action; **andar con**
~s **de plomo** to tread carefully; **a** ~s **junti-
llas** unquestioningly; **a sus** ~s **at your
service**; [de copa] stem; **buscarle (los) tres** ~**s al gato** to
split hairs; **cojear del mismo** ~ to fall at the
same fence; **con buen** ~ on the right

footing; **dar** ∼ **a alguien para que haga algo** to give sb cause to do sthg; **el ciudadano de a** ∼ the man in the street; **levantarse con el** ∼ **izquierdo** to get out of bed on the wrong side; **no dar** ∼ **con bola** to get everything wrong; **no tener ni** ∼**s ni cabeza** to make no sense at all; **no tenerse de** *o* **en** ∼ [por cansancio] not to be able to stand up a minute longer; *fig* [por ser absurdo] not to stand up; **pararle los** ∼**s a alguien** to put sb in their place; **poner** ∼ **en polvorosa** to make a run for it; **saber de qué** ∼ **cojea alguien** to know sb's weaknesses; **tener un** ∼ **en la tumba** to have one foot in the grave.

piedad *f* **-1.** [compasión] pity; **por** ∼ for pity's sake; **tener** ∼ **de** to take pity on **-2.** [religiosidad] piety.

➤ **Piedad** *f ARTE* Pietà.

piedra *f* **-1.** [gen] stone; ∼ **angular** *lit* & *fig* cornerstone; ∼ **pómez** pumice stone; ∼ **preciosa** precious stone; ∼ **de toque** touchstone; **poner la primera** ∼ [inaugurar] to lay the foundation stone; *fig* to lay the foundations; **no dejar** ∼ **sobre** ∼ to leave no stone standing; **no ser de** ∼ to be human; **quedarse de** ∼ to be thunderstruck; **tirar la** ∼ **y esconder la mano** to play the innocent; **tirar** ∼**s a su propio tejado** to harm oneself **-2.** [de mechero] flint.

piel *f* **-1.** *ANAT* skin; ∼ **roja** redskin *(N.B: the term 'piel roja' is considered to be racist)*; ∼ **de gallina** goose bumps; **dejar** *o* **jugarse la** ∼ to risk one's neck; **ser de la** ∼ **del diablo** to be a little devil **-2.** [cuero] leather **-3.** [pelo] fur **-4.** [cáscara] skin, peel.

piensa *etc* ➦ **pensar**.

pienso *m* fodder.

pierda *etc* ➦ **perder**.

pierna *f* leg; **dormir a** ∼ **suelta** to sleep like a log; **estirar las** ∼**s** to stretch one's legs.

pieza *f* **-1.** [gen] piece; [de mecanismo] part; ∼ **de recambio** *o* **repuesto** spare part, extra *US*; **un dos** ∼**s** a two-piece suit; **dejar/quedarse de una** ∼ to leave/be thunderstruck **-2.** [presa] specimen **-3.** *irón* [persona]: **ser una buena** ∼ to be a fine one *o* a right one **-4.** [obra dramática] play **-5.** [habitación] room.

pifia *f* blunder.

pifiar [8] *vt*: ∼ **la** *fam* to put one's foot in it.

pigmentación *f* pigmentation.

pigmento *m* pigment.

pigmeo, a *m,f* pygmy.

pijada *f fam* [dicho] trivial remark; [hecho] trifle.

pijama *m* pyjamas *(pl)*.

pijería *f fam* [dicho] trivial remark; [hecho] trifle.

pijo, ja *fam* ◇ *adj* posh. ◇ *m,f* spoilt rich brat.

➤ **pijo** *m vulg* prick, cock.

pila *f* **-1.** [generador] battery; ∼ **atómica** atomic pile; ∼ **solar** solar cell; **cargar las** ∼**s** *fam* to recharge one's batteries **-2.** [montón] pile; **tiene una** ∼ **de deudas** he's up to his neck in debt **-3.** [fregadero] sink; ∼ **bautismal** (baptismal) font.

pilar *m lit* & *fig* pillar.

pilastra *f* pilaster.

píldora *f* pill; [anticonceptivo]: **la** ∼ the pill; ∼ **del día siguiente** morning after pill; **dorar la** ∼ to sugar the pill.

pileta *f RP* [piscina] swimming pool; [en baño] washbasin; [en cocina] sink.

pillaje *m* pillage.

pillar ◇ *vt* **-1.** [gen] to catch **-2.** [chiste, explicación] to get **-3.** [atropellar] to knock down. ◇ *vi fam* [hallarse]: **me pilla lejos** it's out of the way for me; **me pilla de camino** it's on my way; **no me pilla de nuevas** it doesn't surprise me.

➤ **pillarse** *vpr* [dedos etc] to catch.

pillastre *mf fam* rogue, crafty person.

pillo, lla *fam* ◇ *adj* **-1.** [travieso] mischievous **-2.** [astuto] crafty. ◇ *m,f* **-1.** [pícaro] rascal **-2.** [astuto] crafty person.

pilotar *vt* [avión] to fly, to pilot; [coche] to drive; [barco] to steer.

piloto ◇ *mf* [gen] pilot; [de coche] driver; ∼ **automático** automatic pilot; ∼ **de pruebas** test pilot. ◇ *m* **-1.** [luz - de coche] tail light; [- de aparato] pilot lamp **-2.** *CSur* [impermeable] raincoat. ◇ *adj inv* pilot *(antes de sust)*.

piltra *f mfam* pit, bed.

piltrafa *(gen pl)* *f* scrap; *fam* [persona débil] wreck.

pimentón *m* **-1.** [dulce] paprika **-2.** [picante] cayenne pepper.

pimienta *f* pepper; ∼ **blanca/negra** white/black pepper.

pimiento *m* [fruto] pepper, capsicum; [planta] pimiento, pepper plant; ∼ **morrón** sweet pepper; **me importa un** ∼ *fam* I couldn't care less.

pimpante *adj* **-1.** [satisfecho] well-pleased **-2.** [garboso] swish, smart.

pimpinela *f* pimpernel.

pimpollo *m* **-1.** [de rama, planta] shoot; [de flor] bud **-2.** *fam fig* [persona atractiva] gorgeous person.

PIN *(abrev de producto interior neto)* *m* NDP.

pinacoteca *f* art gallery.

pináculo *m* **-1.** [gen] pinnacle **-2.** [juego de naipes] pinochle.

pinar *m* pine wood *o* grove.

pinaza *f* pine needles *(pl)*.

pincel *m* [para pintar] paintbrush; [para maquillar etc] brush.

pincelada *f* brushstroke; **a grandes** ~**s** *fig* in broad terms.

pinchadiscos *m y f inv* disc jockey.

pinchar ⬦ *vt* **-1.** [punzar - gen] to prick; [- rueda] to puncture; [- globo, balón] to burst **-2.** [penetrar] to pierce **-3.** *fam* [teléfono] to tap **-4.** *fig* [irritar] to torment **-5.** *fig* [incitar]: ~ **a alguien para que haga algo** to urge sb to do sthg. ⬦ *vi* **-1.** [rueda] to get a puncture **-2.** [barba] to be prickly **-3.** *loc:* **ella ni pincha ni corta** she cuts no ice.

➤ **pincharse** *vpr* **-1.** [punzarse - persona] to prick o.s.; [- rueda] to get a puncture **-2.** *fig* [irritarse] to get annoyed **-3.** [inyectarse]: ~**se (algo)** [medicamento] to inject o.s. (with sthg), *fam* [droga] to shoot up (with sthg).

pinchazo *m* **-1.** [punzada] prick **-2.** [marca] needle mark **-3.** [de neumático, balón etc] puncture, flat *US*.

pinche ⬦ *mf* kitchen boy (*f* kitchen maid). ⬦ *adj Méx fam* lousy, damn.

pinchito *m CULIN* **-1.** [tapa] aperitif on a stick **-2.** [pincho moruno] shish kebab.

pincho *m* **-1.** [punta] (sharp) point **-2.** [espina - de planta] prickle, thorn **-3.** [varilla] pointed stick **-4.** *CULIN* aperitif on a stick; ~ **moruno** shish kebab.

pindonguear *vi fam* to loaf about.

pineda *f* pine wood *o* grove.

pinga *f Andes & Méx vulg* prick, cock.

pingajo *m fam despec* rag.

pingonear *vi fam* to loaf about.

ping-pong [pin'pon] *m* ping-pong, table-tennis.

pingüe *adj* plentiful; ~**s ganancias** fat profit *(sg)*.

pingüino *m* penguin.

pinitos *mpl:* **hacer** ~ *lit* & *fig* to take one's first steps.

pino *m* pine; **en el quinto** ~ in the middle of nowhere; **hacer el** ~ to do a handstand.

LOS PINOS

Los Pinos ("The Pine Trees") is the name given to the official residence of the Mexican president and the seat of the Mexican government.

pinta ⊳ pinto.

pintado, da *adj* **-1.** [coloreado] coloured; '**recién** ~' 'wet paint' **-2.** [maquillado] made-up **-3.** [moteado] speckled **-4.** *loc:* **el más** ~ the best person around; **venir que ni** ~ to be just the thing.

➤ **pintada** *f* **-1.** [escrito] graffiti *(U)* **-2.** [ave] guinea fowl.

pintalabios *m inv* lipstick.

pintar ⬦ *vt* **-1.** to paint; ~ **algo de negro** to paint sthg black **-2.** [significar, importar] to count; **aquí no pinto nada** there's no place for me here; **¿qué pinto yo en este asunto?** where do I come in? ⬦ *vi* [con pintura] to paint.

➤ **pintarse** *vpr* **-1.** [maquillarse] to make o.s. up **-2.** [manifestarse] to show, to be evident **-3.** *loc:* **pintárselas uno solo para algo** to be a past master at sthg.

pintarrajear *vt fam despec* to daub.

pinto, ta *adj* speckled, spotted.

➤ **pinta** ⬦ *f* **-1.** [lunar] spot **-2.** *fig* [aspecto] appearance; **tener pinta de algo** to look *o* seem sthg; **tiene buena pinta** it looks good **-3.** [unidad de medida] pint **-4.** *Méx* [pintada] graffiti *(U)*. ⬦ *mf fam* [caradura] cheeky so-and-so, shameless person.

pintor, ra *m,f* painter; ~ **de brocha gorda** painter and decorator; *despec* dauber.

pintoresco, ca *adj* picturesque; *fig* [extravagante] colourful.

pintura *f* **-1.** *ARTE* painting; ~ **a la acuarela** watercolour; ~ **al óleo** oil painting; ~ **rupestre** cave painting; **no poder ver a alguien ni en** ~ *fig* not to be able to stand the sight of sb **-2.** [materia] paint.

pinza *(gen pl) f* **-1.** [gen] tweezers *(pl)*; [de tender ropa] peg, clothespin *US*; **coger algo con** ~**s** *fam* to handle sthg with great care **-2.** [de animal] pincer, claw **-3.** [pliegue] fold.

piña *f* **-1.** [del pino] pine cone **-2.** [ananás] pineapple; ~ **colada** piña colada **-3.** *fig* [conjunto de gente] close-knit group; **hacer** ~ **con alguien** to rally around sb **-4.** *fam* [golpe] knock, bash.

piñata *f pot full of sweets which blind-folded children try to break open with sticks at parties.*

piñón *m* **-1.** [fruto] pine nut; **estar a partir un** ~ **con alguien** to be hand in glove with sb **-2.** [rueda dentada] pinion; **ser de** ~ **fijo** to be fixed *o* rigid.

pío, a *adj* pious.

➤ **pío** *m* cheep, cheeping *(U)*; [de gallina] cluck, clucking *(U)*; **no decir ni** ~ *fig* not to make a peep.

piojo *m* louse; ~**s** lice.

piojoso, sa *adj* lousy, covered in lice; *fig* [sucio] flea-bitten, filthy.

piola ◇ *adj Arg fam* -**1.** [astuto] shrewd -**2.** [estupendo] fabulous. ◇ *f Amér* [cuerda] cord.

piolín *m RP* cord.

pionero, ra *m,f* pioneer.

piorrea *f* pyorrhoea.

pipa *f* -**1.** [para fumar] pipe; **fumar en** ~ to smoke a pipe -**2.** [pepita] seed, pip; ~**s (de girasol)** *sunflower seeds coated in salt* -**3.** *loc:* **pasarlo** *o* **pasárselo** ~ to have a whale of a time.

pipermín, peppermint [piper'min] *m* peppermint liqueur.

pipí *m fam* wee-wee; **hacer** ~ to have a wee-wee.

pipón, ona *m,f Amér fam* nipper, kid.

pipote *m Amér* rubbish bin *UK*, garbage can *US*.

pique ◇ *v* ▷ **picar.** ◇ *m* -**1.** [enfado] grudge; **tener un** ~ **con alguien** to have a grudge against sb -**2.** [rivalidad] rivalry -**3.** *loc:* **irse a** ~ [barco] to sink; [negocio] to go under; [plan] to fail.

piqué (*pl* **piqués**) *m* piqué.

piquera *f Amér* [antro] dive, seedy bar.

piqueta *f* pickaxe.

piquete *m* -**1.** [herramienta] peg, stake -**2.** [grupo]: ~ **de ejecución** firing squad; ~ **(de huelga)** picket.

pira *f* pyre.

pirado, da *adj fam* crazy.

piragua *f* canoe.

piragüismo *m* canoeing.

piramidal *adj* pyramid-shaped, pyramidal.

pirámide *f* pyramid.

piraña *f* piranha.

pirarse *vpr fam* to clear off.

pirata ◇ *adj* pirate (*antes de sust*); [disco] bootleg. ◇ *mf lit & fig* pirate; ~ **del aire** hijacker; ~ **informático** hacker.

piratear ◇ *vi* -**1.** [gen] to be involved in piracy -**2.** INFORM to hack. ◇ *vt* INFORM to hack into.

piratería *f lit & fig* piracy; ~ **aérea** hijacking; ~ **informática** hacking.

pirenaico, ca *adj* Pyrenean.

pírex, pyrex® *m* Pyrex®.

pirindolo *m fam fig* thingamabob.

Pirineos *mpl:* **los** ~ the Pyrenees.

piripi *adj fam* tipsy.

piro *m fam:* **darse el** ~ to scarper, to clear off.

piromanía *f* pyromania.

pirómano, na ◇ *adj* pyromaniacal. ◇ *m,f* pyromaniac.

piropear *vt fam* to make flirtatious comments to, ≃ to wolf-whistle at.

piropo *m fam* flirtatious remark, ≃ wolf whistle.

pirotecnia *f* pyrotechnics (*U*).

pirotécnico, ca ◇ *adj* firework (*antes de sust*). ◇ *m,f* firework specialist.

pirrarse *vpr fam:* ~ **por algo/alguien** to be dead keen on sthg/sb.

pírrico, ca *adj* Pyrrhic.

pirueta *f* pirouette; **hacer** ~**s** *fig* [esfuerzo] to perform miracles.

piruleta *f* lollipop.

pirulí (*pl* **pirulís**) *m* lollipop.

pis (*pl* **pises**) *m fam* pee; **hacer** ~ *fam* to have a pee.

pisada *f* -**1.** [acción] footstep; **seguir las** ~**s de alguien** to follow in sb's footsteps -**2.** [huella] footprint.

pisapapeles *m inv* paperweight.

pisar ◇ *vt* -**1.** [con el pie] to tread on -**2.** [uvas] to tread -**3.** *fig* [llegar a] to set foot in -**4.** *fig* [despreciar] to trample on -**5.** *fig* [anticiparse]: ~ **un contrato a alguien** to beat sb to a contract; ~ **una idea a alguien** to think of something before sb; ~ **fuerte** *fig* to be firing on all cylinders. ◇ *vi:* ~ **fuerte** *fig* to be firing on all cylinders.

piscicultura *f* fish farming.

piscifactoría *f* fish farm.

piscina *f* swimming pool; ~ **al aire libre** open air swimming pool; ~ **climatizada** heated swimming pool.

Piscis ◇ *m* [zodiaco] Pisces; **ser** ~ to be (a) Pisces. ◇ *mf* [persona] Pisces.

pisco *m Chile, Perú* pisco, *Andean grape brandy.*

piscolabis *m inv fam* snack.

piso *m* -**1.** [vivienda] flat; ~ **franco** safe house; ~ **piloto** show apartment, show flat *UK* -**2.** [planta] floor -**3.** [suelo - de carretera] surface; [- de edificio] floor -**4.** [capa] layer.

pisotear *vt* -**1.** [con el pie] to trample on -**2.** [humillar] to scorn.

pisotón *m fam* stamp (*of the foot*).

pista *f* -**1.** [gen] track; ~ **de aterrizaje** runway; ~ **de baile** dance floor; ~ **cubierta** indoor track; ~ **de esquí** ski slope; ~ **de hielo** ice rink; ~ **de tenis** tennis court -**2.** *fig* [indicio] clue; **estar sobre la** ~ to be on the right track; **seguir la** ~ **a alguien** to be on sb's trail.

pistacho *m* pistachio.

pistilo *m* pistil.

pisto *m* ≃ ratatouille.

pistola *f* **-1.** [arma - con cilindro] gun; [- sin cilindro] pistol; ~ **de agua** water pistol **-2.** [pulverizador] spraygun; **pintar a** ~ to spraypaint **-3.** [herramienta] gun.

pistolero, ra *m,f* [persona] gunman.
➡ **pistolera** *f* [funda] holster.

pistón *m* **-1.** *MEC* piston **-2.** [MÚS - corneta] cornet; [- llave] key **-3.** [de arma] percussion cap.

pita *f* agave.

pitada *f* *Amér fam* drag, puff.

pitanza *f* [ración de comida] daily rations *(pl)*.

pitar ◇ *vt* **-1.** [arbitrar - partido] to referee; [- falta] to blow for **-2.** [abuchear]: ~ **a alguien** to whistle at sb in disapproval **-3.** *Amér fam* [fumar] to puff (on). ◇ *vi* **-1.** [tocar el pito] to blow a whistle; [del coche] to toot one's horn **-2.** [funcionar - cosa] to work; [- persona] to get on **-3.** *loc*: **salir/irse pitando** to rush out/off; **venir pitando** to come rushing.

pitido *m* whistle.

pitillera *f* cigarette case.

pitillo *m* **-1.** [cigarrillo] cigarette **-2.** *Col* [pajita] drinking straw.

pito *m* **-1.** [silbato] whistle **-2.** [claxon] horn **-3.** *fam* [cigarrillo] fag **-4.** *fam* [pene] willie **-5.** *loc*: **(no) me importa un** ~ I couldn't give a damn; **por** ~**s o por flautas** for one reason or another; **tomar a alguien por el** ~ **del sereno** not to take sb seriously.

pitón ◇ *m* **-1.** [cuerno] horn **-2.** [pitorro] spout. ◇ *f* ▷ **serpiente**.

pitonisa *f* fortune-teller.

pitorrearse *vpr fam*: ~ **(de)** to take the mickey (out of).

pitorreo *m* making fun *(U)*, joking *(U)*; **estar de** ~ to be joking.

pitorro *m* spout.

pituitario, ria *adj* pituitary.

pívot = **pivote**.

pivotar *vi* *DEP* to pivot.

pivote *(pl* pivotes*)*, **pívot** *(pl* pivots*)* *m,f* *DEP* pivot.

pizarra *f* **-1.** [roca, material] slate **-2.** [encerado] blackboard, chalkboard *US*.

pizarrón *m* *Amér* blackboard.

pizca *f* *fam* **-1.** [gen] tiny bit; [de sal] pinch; **ni** ~ not one bit **-2.** *Méx* [cosecha] harvest, crop.

pizpireta *adj f fam* brassy, spirited.

pizza ['pitsa] *f* pizza.

pizzería [pitse'ria] *f* pizzeria.

placa *f* **-1.** [lámina] plate; [de madera] sheet; ~ **solar** solar panel **-2.** [inscripción] plaque; [de policía] badge **-3.** [matrícula] number plate **-4.** [de cocina] ring; ~ **de vitrocerámica** glass enamel hob **-5.** *GEOL* plate **-6.** *ELECTRÓN* board; ~ **madre** *INFORM* motherboard **-7.**: ~ **dental** dental plaque.

placaje *m* tackle.

placar [10] ◇ *vt* to tackle. ◇ *m RP* built-in cupboard.

placebo *m* placebo.

placenta *f* placenta.

placentero, ra *adj* pleasant.

placer *m* pleasure; **ha sido un** ~ **(conocerle)** it has been a pleasure meeting you.

placidez *f* [de persona] placidness; [de día, vida, conversación] peacefulness.

plácido, da *adj* [persona] placid; [día, vida, conversación] peaceful.

plafón *m* *ELEC* ceiling rose.

plaga *f* **-1.** [gen] plague; *AGR* blight; [animal] pest **-2.** [epidemia] epidemic.

plagado, da *adj*: ~ **(de)** infested (with).

plagar [16] *vt*: ~ **de** [propaganda etc] to swamp with; [moscas etc] to infest with.

plagiar [8] *vt* **-1.** [copiar] to plagiarize **-2.** *Amér* [secuestrar] to kidnap.

plagiario, ria *m,f* *Amér* kidnapper.

plagio *m* **-1.** [copia] plagiarism **-2.** *Amér* [secuestro] kidnapping.

plague *etc* ▷ **plagar**.

plaguicida ◇ *adj* pesticidal. ◇ *m* pesticide.

plan *m* **-1.** [proyecto, programa] plan; **hacer** ~**es** to plan; ~ **de desarrollo** development plan; ~ **de estudios** syllabus; ~ **de pensiones** pension plan **-2.** *fam* [ligue] date **-3.** *fam* [modo, forma]: **lo dijo en** ~ **serio** he was serious about it; **¡vaya** ~ **de vida!** what a life!; **si te pones en ese** ~ ... if you're going to be like that about it ...; **no es** ~ it's just not on.

plana ▷ **plano**.

plancha *f* **-1.** [para planchar] iron; ~ **de vapor** steam iron **-2.** [para cocinar] grill; **a la** ~ grilled **-3.** [placa] plate; [de madera] sheet **-4.** *fam* [metedura de pata] boob, blunder **-5.** [en fútbol] diving header **-6.** *IMPRENTA* plate.

planchado *m* ironing.

planchar *vt* to iron.

planchazo *m* *fam* boob, blunder.

plancton *m* plankton.

planeador *m* glider.

planear ◇ *vt* to plan. ◇ *vi* **-1.** [hacer planes] to plan **-2.** [en el aire] to glide.

planeta *m* planet.

planetario, ria *adj* **-1.** [de un planeta] planetary **-2.** [mundial] world *(antes de sust).*
➡ **planetario** *m* planetarium.

planicie *f* plain.

planificación *f* planning; ~ **familiar** family planning.

planificar [10] *vt* to plan.

planilla *f Amér* [formulario] form.

planisferio *m* planisphere.

planning [ˈplanin] (*pl* **plannings**) *m* scheduling.

plano, na *adj* flat.
➡ **plano** *m* **-1.** [diseño, mapa] plan **-2.** [nivel, aspecto] level **-3.** *CIN* shot; **primer** ~ close-up; **en segundo** ~ *fig* in the background **-4.** *GEOM* plane **-5.** *loc*: **de** ~ [golpear] right, directly; [negar] flatly; **cantar de** ~ to make a full confession.
➡ **plana** *f* **-1.** [página] page; **en primera plana** on the front page **-2.** *MIL*: **plana mayor** staff **-3.** [loc]: **enmendarle la plana a alguien** to find fault with sb.

planta *f* **-1.** *BOT & IND* plant; ~ **depuradora** purification plant; ~ **de envase** *o* **envasadora** packaging plant **-2.** [piso] floor; ~ **baja** ground floor **-3.** [del pie] sole **-4.** *loc*: **de nueva** ~ brand new; **tener buena** ~ to be good-looking.

plantación *f* **-1.** [terreno] plantation **-2.** [acción] planting.

plantado, da *adj* standing, planted; **dejar** ~ **a alguien** *fam* [cortar la relación] to walk out on sb; [no acudir] to stand sb up; **ser bien** ~ to be good-looking.

plantar *vt* **-1.** [sembrar]: ~ **algo (de)** to plant sthg (with) **-2.** [fijar - tienda de campaña] to pitch; [- poste] to put in **-3.** *fam* [asestar] to deal, to land **-4.** *fam* [decir con brusquedad]: **le plantó cuatro frescas** she gave him a piece of her mind **-5.** *fam* [abandonar] to dump, to leave.
➡ **plantarse** *vpr* **-1.** [gen] to plant o.s. **-2.** [en un sitio con rapidez]: ~**se en** to get to, to reach **-3.** [en una actitud]: ~**se en algo** to stick to sthg, to insist on sthg **-4.** [en naipes] to stick.

plante *m* **-1.** [para protestar] protest **-2.** [plantón]: **dar** *o* **hacer un** ~ **a alguien** to stand sb up.

planteamiento *m* **-1.** [exposición] raising, posing **-2.** [enfoque] approach.

plantear *vt* **-1.** [exponer - problema] to pose; [- posibilidad, dificultad, duda] to raise **-2.** [enfocar] to approach.
➡ **plantearse** *vpr*: ~**se algo** to consider sthg, to think about sthg.

plantel *m* **-1.** [criadero] nursery bed **-2.** *fig* [conjunto] group.

plantilla *f* **-1.** [de empresa] staff; **estar en** ~ to be on the staff **-2.** [suela interior] insole **-3.** [patrón] pattern, template.

plantón *m*: **dar un** ~ **a alguien** *fam* to stand sb up.

plañidero, ra *adj* plaintive, whining.

plañido *m* moan.

plañir ⬦ *vt* to bewail. ⬦ *vi* to moan, to wail.

plaque *etc* ▷ **placar**.

plaqueta *f BIOL* platelet.

plasma *m* plasma.

plasmar *vt* **-1.** *fig* [reflejar] to give shape to **-2.** [modelar] to shape, to mould.
➡ **plasmarse** *vpr* to emerge, to take shape.

plasta ⬦ *adj mfam*: **ser** ~ to be a pain. ⬦ *mf mfam* [pesado] pain, drag. ⬦ *f* [cosa blanda] mess.

plástica ▷ **plástico**.

plasticidad *f* **-1.** [gen] plasticity **-2.** [expresividad] expressiveness.

plástico, ca *adj* **-1.** [gen] plastic **-2.** [expresivo] expressive.
➡ **plástico** *m* **-1.** [gen] plastic **-2.** *fam* [tarjetas de crédito] plastic (money).
➡ **plástica** *f* plastic art.

plastificar [10] *vt* to plasticize.

plastilina® *f* ≃ Plasticine®.

plata *f* **-1.** [metal] silver; ~ **de ley** sterling silver; **hablar en** ~ *fam* to speak bluntly **-2.** [objetos de plata] silverware **-3.** *Amér* [dinero] money.

plataforma *f* **-1.** [gen] platform; ~ **espacial** space station; ~ **petrolífera** oil rig **-2.** *fig* [punto de partida] launching pad **-3.** *GEOL* shelf; ~ **continental** continental shelf.

platal *m Amér fam*: **un** ~ a fortune, loads of money.

platanal, platanar *m* banana plantation.

platanero *m* banana tree.

plátano *m* **-1.** [fruta] banana **-2.** [banano] banana tree; [árbol platanáceo] plane tree.

platea *f* stalls *(pl)*.

plateado, da *adj* **-1.** [con plata] silver-plated **-2.** *fig* [color] silvery.

platería *f* [arte u oficio] silversmithing.

plática *f CAm, Méx* talk, chat.

platicar [10] *vi CAm, Méx* to talk, to chat.

platillo *m* **-1.** [plato pequeño] small plate; [de taza] saucer **-2.** [de una balanza] pan **-3.** *(gen pl) MÚS* cymbal.
➡ **platillo volante** *m* flying saucer.

platina *f* **-1.** [de tocadiscos] turntable **-2.** [de microscopio] slide.

platino *m* [metal] platinum.

➤ **platinos** *mpl AUTOM & MEC* contact points.

plato *m* **-1.** [recipiente] plate, dish; **lavar los** ~s to do the washing-up; ~ **de postre** dessert plate; ~ **hondo** *o* **sopero** soup dish *o* plate; ~ **llano** plate; **comer en el mismo** ~ to be great friends; **pagar los** ~**s rotos** to carry the can; **parecer que alguien no ha roto un** ~ **en su vida** to look as if butter wouldn't melt in one's mouth **-2.** [parte de una comida] course; **primer** ~ first course, starter; **de primer** ~ for starters; **segundo** ~ second course, main course; ~ **fuerte** [en una comida] main course; *fig* main part **-3.** [comida] dish; ~ **combinado** *single-course meal which usually consists of meat or fish accompanied by chips and vegetables*; ~ **principal** main course; ~ **preparado** ready-prepared meal **-4.** [de tocadiscos, microondas] turntable **-5.** [de bicicleta] chain wheel.

plató *m* set.

platónico, ca *adj* Platonic.

platudo, da *adj Amér fam* loaded, rolling in it.

plausibilidad *f* **-1.** [admisibilidad] acceptability **-2.** [posibilidad] plausibility.

plausible *adj* **-1.** [admisible] acceptable **-2.** [posible] plausible.

playa *f* **-1.** [en el mar] beach; **ir a la** ~ **de vacaciones** to go on holiday to the seaside **-2.** : ~ **de estacionamiento** *Amér* car park *UK*, parking lot *US*.

play-back ['pleiβak] (*pl* **play-backs**) *m*: **hacer** ~ to mime (the lyrics).

play-boy [plei'βoil (*pl* **play-boys**) *m* playboy.

playero, ra *adj* beach (*antes de sust*).

➤ **playera** *f CAm, Méx* [camiseta] T-shirt.

➤ **playeras** *fpl* **-1.** [de deporte] tennis shoes **-2.** [para la playa] canvas shoes.

plaza *f* **-1.** [en una población] square; ~ **mayor** main square **-2.** [sitio] place; **tenemos** ~**s limitadas** there are a limited number of places available **-3.** [asiento] seat; **de dos** ~**s** two-seater (*antes de sust*) **-4.** [puesto de trabajo] position, job; ~ **vacante** vacancy **-5.** [mercado] market, marketplace **-6.** *TAUROM*: ~ (**de toros**) bull-ring **-7.** *COM* [zona] area **-8.** [fortificación]: ~ **fuerte** stronghold.

plazo *m* **-1.** [de tiempo] period (of time); **en un** ~ **de un mes** within a month; **mañana termina el** ~ **de inscripción** the deadline for registration is tomorrow; **a corto/largo** ~ [gen] in the short/long term; *ECON* short/

long term; **a** ~ **fijo** *ECON* fixed term; ~ **de entrega** *COM* delivery time **-2.** [de dinero] instalment; **a** ~**s** in instalments, on hire purchase.

plazoleta *f* small square.

pleamar *f* high tide.

plebe *f*: **la** ~ *lit* & *fig* the plebs.

plebeyo, ya *adj* **-1.** *HIST* plebeian **-2.** [vulgar] common.

plebiscito *m* plebiscite.

plegable *adj* collapsible, foldaway; [chair] folding.

plegar [35] *vt* to fold; [mesita, hamaca] to fold away.

➤ **plegarse** *vpr*: ~**se a algo** to give in *o* yield to sthg.

plegaria *f* prayer.

plegue *etc* ▷ **plegar**.

pleitear *vi DER* to litigate, to conduct a lawsuit.

pleitesía *f* homage; **rendir** ~ **a alguien** to pay homage to sb.

pleito *m* **-1.** *DER* [litigio] legal action (*U*), lawsuit; [disputa] dispute; **poner un** ~ **(a alguien)** to take legal action (against sb) **-2.** *Amér* [discusión] argument.

plenario, ria *adj* plenary.

plenilunio *m* full moon.

plenipotenciario, ria ◇ *adj* plenipotentiary. ◇ *m,f* envoy.

plenitud *f* [totalidad] completeness, fullness; **en la** ~ **de** at the height of.

pleno, na *adj* full, complete; **en** ~ **día** in broad daylight; **en plena guerra** in the middle of the war; **le dio en plena cara** she hit him right in the face; **en** ~ **uso de sus facultades** in full command of his faculties; **la reunión en** ~ the meeting as a whole, everyone at the meeting; **en plena forma** on top form.

➤ **pleno** *m* **-1.** [reunión] plenary meeting **-2.** [en las quinielas] full claim, ≈ 24 points.

pletina *f* cassette deck.

pletórico, ca *adj*: ~ **de** full of.

pleura *f* pleural membrane.

pleuresía *f* pleurisy.

plexiglás® *m inv* ≈ Perspex®.

pléyade *f* [conjunto] cluster.

pliega *etc* ▷ **plegar**.

pliego *m* **-1.** [hoja] sheet (of paper) **-2.** [carta, documento] *sealed document o letter*; ~ **de condiciones** specifications (*pl*); ~ **de descargos** list of rebuttals.

pliegue *m* **-1.** [gen & GEOL] fold **-2.** [en un plisado] pleat.

plisado m pleating.

plisar vt to pleat.

plomada f plumb line.

plomería f Méx, RP, Ven plumber's.

plomero m CAm, Carib, Méx, RP plumber.

plomizo, za adj [color] leaden.

plomo m -**1.** [metal] lead; **caer a ~** to fall o drop like a stone -**2.** [pieza de metal] lead weight -**3.** [fusible] fuse -**4.** fam [pelmazo] bore, drag.

plotter (pl **plotters**) m INFORM plotter.

pluma ◇ f -**1.** [de ave] feather -**2.** [para escribir] (fountain) pen; HIST quill; ~ **estilográfica** fountain pen -**3.** fig [estilo de escribir] style -**4.** Carib, Méx [bolígrafo] ballpoint pen -**5.** loc: **tener mucha ~** to be camp. ◇ adj inv DEP featherweight.

plumaje m -**1.** [de ave] plumage -**2.** [adorno] plume.

plumazo m stroke of the pen; **de un ~** [al tachar] with a stroke of one's pen; fig [al hacer algo] in one fell swoop, at a stroke.

plúmbeo, a adj fig tedious, heavy.

plum-cake [pluŋ'keik] (pl **plum-cakes**) m fruit cake.

plumero m feather duster; **vérsele a alguien el ~** fam to see through sb.

plumier (pl **plumiers**) m pencil box.

plumilla f nib.

plumín m nib.

plumón m -**1.** [de ave] down -**2.** [anorak] feather-lined anorak.

PLUNA (abrev de **Primeras Líneas Uruguayas de Navegación Aérea**) f Uruguayan state airline.

plural adj & m plural.

pluralidad f diversity.

pluralismo m pluralism.

pluralizar [13] vi to generalize.

pluriempleado, da adj: **estar ~** to have more than one job.

pluriempleo m: **hacer ~** to have more than one job.

pluripartidismo m multi-party system.

plurivalente adj polyvalent.

plus (pl **pluses**) m bonus; ~ **de peligrosidad** danger money (U); ~ **familiar** family allowance.

pluscuamperfecto adj & m pluperfect.

plusmarca f record.

plusmarquista mf record-holder.

plusvalía f ECON appreciation, added value.

plutocracia f plutocracy.

Plutón Pluto.

plutonio m plutonium.

pluvial adj rain (antes de sust).

pluviómetro m rain gauge.

pluviosidad f rainfall.

p.m. (abrev de **post meridiem**) p.m.

PNB (abrev de **producto nacional bruto**) m GNP.

PNV (abrev de **Partido Nacionalista Vasco**) m Basque nationalist party.

p.o., p/o abrev de **por orden**.

Po m: **el ~** the (River) Po.

población f -**1.** [ciudad] town, city; [pueblo] village -**2.** Chile [chabola] shanty town -**3.** [habitantes] population; ~ **activa** working population; ~ **flotante** floating population -**4.** [acción de poblar] settlement, populating.

poblado, da adj -**1.** [habitado] inhabited; **una zona muy poblada** a densely populated area -**2.** fig [lleno] full; [barba, cejas] bushy; ~ **de algo** full of sthg.
  ➡ **poblado** m settlement.

poblador, ra m,f settler.

poblar [23] vt -**1.** [establecerse en] to settle, to colonize -**2.** fig [llenar]: ~ **(de)** [plantas, árboles] to plant (with); [peces etc] to stock (with) -**3.** [habitar] to inhabit.
  ➡ **poblarse** vpr -**1.** [colonizarse] to be settled with -**2.** fig [llenarse] to fill up; ~**se (de)** to fill up (with).

pobre ◇ adj poor; ¡~ **hombre!** poor man!; ~ **en** lacking in; ¡~ **de mí!** poor me! ◇ mf [gen] poor person; **los ~s** the poor, poor people; ¡**el ~!** poor thing!

pobreza f [escasez] poverty; ~ **de** lack o scarcity of; ~ **de espíritu** weakness of character.

pochismo m Amér fam language mistake caused by English influence.

pocho, cha adj -**1.** [persona] off-colour -**2.** [fruta] over-ripe -**3.** Méx fam [americanizado] Americanized.

pochoclo m Arg popcorn.

pocilga f lit & fig pigsty.

pocillo m Amér small cup.

pócima f -**1.** [poción] potion -**2.** despec [bebida de mal sabor] concoction.

poción f potion.

poco, ca ◇ adj little, not much, (pl) few, not many; **poca agua** not much water; **de poca importancia** of little importance; **hay ~s árboles** there aren't many trees; **pocas personas lo saben** few o not many people know it; **tenemos ~ tiempo** we don't have much time; **hace ~ tiempo** not long ago; **dame unos ~s días** give me a few days. ◇

pron little, not much, *(pl)* few, not many; **queda** ~ there's not much left; **tengo muy** ~**s** I don't have very many, I have very few; ~**s hay que sepan tanto** not many people know so much; **un** ~ a bit; **¿me dejas un** ~**?** can I have a bit?; **un** ~ **de** a bit of; **un** ~ **de sentido común** a bit of common sense; **unos** ~**s** a few.

➤ **poco** *adv* -**1.** [escasamente] not much; **este niño come** ~ this boy doesn't eat much; **es** ~ **común** it's not very common; **es un** ~ **triste** it's rather sad; ~ **más o menos** more or less; **por** ~ almost, nearly; **tener en** ~ **a alguien** not to think much of sb -**2.** [brevemente]: **tardaré muy** ~ I won't be long; **al** ~ **de ...** shortly after ...; **dentro de** ~ soon, in a short time; **hace** ~ a little while ago, not long ago; ~ **a** ~ [progresivamente] little by little, bit by bit; **¡** ~ **a** ~**!** [despacio] steady on!, slow down!

poda *f* -**1.** [acción] pruning -**2.** [tiempo] pruning time.

podadera *f* pruning knife.

podadora *f Amér* garden shears.

podar *vt* to prune.

podenco *m* hound.

poder [64] ◇ *m* -**1.** [gen] power; **estar en/ hacerse con el** ~ to be in/to seize power; ~ **adquisitivo** purchasing power; ~ **calorífico** calorific value; **tener** ~ **de convocatoria** to be a crowd-puller; ~**es fácticos** *the church, military and press* -**2.** [posesión]: **estar en** ~ **de alguien** to be in sb's hands -**3.** *(gen pl)* [autorización] power, authorization; **dar** ~**es a alguien para que haga algo** to authorize sb to do sthg; **por** ~**es** by proxy. ◇ *vi* -**1.** [tener facultad] can, to be able to; **no puedo decírtelo** I can't tell you, I'm unable to tell you -**2.** [tener permiso] can, may; **no puedo salir por la noche** I'm not allowed to *o* I can't go out at night; **¿se puede fumar aquí?** may I smoke here? -**3.** [ser capaz moralmente] can; **no podemos portarnos así con él** we can't treat him like that -**4.** [tener posibilidad, ser posible] may, can; **podías haber cogido el tren** you could have caught the train; **puede estallar la guerra** war could *o* may break out; **¡hubiera podido invitarnos!** [expresa enfado] she could *o* might have invited us! -**5.** *loc:* **a** *o* **hasta más no** ~ as much as can be; **es avaro a más no** ~ he's as miserly as can be; **no** ~ **más** [estar cansado] to be too tired to carry on; [estar harto de comer] to be full (up); [estar enfadado] to have had enough; **¿se puede?** may I come in? ◇ *v impers* [ser posible] may;

puede que llueva it may *o* might rain; **¿vendrás mañana? - puede** will you come tomorrow? - I may do; **puede ser** perhaps, maybe. ◇ *vt* [ser más fuerte que] to be stronger than; **tú eres más alto, pero yo te puedo** you may be taller than me, but I could still beat you up.

➤ **poder con** *vi + prep* -**1.** [enfermedad, rival] to be able to overcome -**2.** [tarea, problema] to be able to cope with -**3.** [soportar]: **no** ~ **con algo/alguien** not to be able to stand sthg/sb; **no puedo con la hipocresía** I can't stand hypocrisy.

poderío *m* -**1.** [poder] power -**2.** [riqueza] riches *(pl)*.

poderoso, sa *adj* powerful.

podio, podium *m* podium.

podología *f* chiropody.

podólogo, ga *m,f* chiropodist.

podrá ⊳ **poder**.

podredumbre *f* -**1.** [putrefacción] putrefaction -**2.** *fig* [inmoralidad] corruption.

podría *v* ⊳ **poder**.

podrido, da ◇ *pp* ⊳ **pudrir**. ◇ *adj* -**1.** rotten -**2.** *RP* [persona]: **estoy** ~ I'm fed up.

poema *m* poem; **ser todo un** ~ to be heartbreaking.

poesía *f* -**1.** [género literario] poetry -**2.** [poema] poem.

poeta *mf* poet.

poético, ca *adj* poetic.

➤ **poética** *f* poetics *(U)*.

poetisa *f* female poet.

póker = **póquer**.

polaco, ca *adj* & *m,f* Polish.

➤ **polaco** *m* [lengua] Polish.

polaina *f* leggings *(pl)*.

polar *adj* polar.

polaridad *f* polarity.

polarizar [13] *vt* -**1.** *fig* [miradas, atención, esfuerzo] to concentrate -**2.** *Fís* to polarize.

➤ **polarizarse** *vpr* [vida política, opinión pública] to become polarized.

polaroid® *f inv* Polaroid®.

polca *f* polka.

polea *f* pulley.

polémico, ca *adj* controversial.

➤ **polémica** *f* controversy.

polemizar [13] *vi* to argue, to debate.

polen *m* pollen.

polenta *f* cornflour.

poleo *m* pennyroyal.

polera *f Arg, Chile, Perú* polo shirt.

poli *fam* ◇ *mf* cop. ◇ *f* cops *(pl)*.

poliamida *f* polyamide.

polichinela *m* -**1.** [personaje] Punchinello -**2.** [títere] puppet, marionette.
policía <> *mf* policeman (*f* policewoman). <> *f*: **la** ~ the police; ~ **militar/secreta/urbana** military/secret/local police; ~ **antidisturbios** riot police; ~ **de tráfico** traffic police.
policiaco, ca, **policíaco, ca** *adj* police *(antes de sust)*; [novela, película] detective *(antes de sust)*.
policial *adj* police *(antes de sust)*.
policlínica *f* general hospital.
policromo, ma, **polícromo, ma** *adj* polychromatic.
polideportivo, va *adj* multi-sport; [gimnasio] multi-use.
➡ **polideportivo** *m* sports centre.
poliedro *m* polyhedron.
poliéster *m inv* polyester.
polietileno *m* polythene *UK*, polyethylene *US*.
polifacético, ca *adj* multifaceted, versatile.
polifónico, ca *adj* polyphonic.
poligamia *f* polygamy.
polígamo, ma <> *adj* polygamous. <> *m,f* polygamist.
polígloto, ta, **políglota, ta** *adj & m,f* polyglot.
poligonal *adj* polygonal.
polígono *m* -**1.** *GEOM* polygon -**2.** [terreno]: ~ **industrial/residencial** industrial/housing estate; ~ **de tiro** firing range.
polilla *f* moth.
polinización *f* pollination.
polinomio *m* polynomial.
poliomelitis, polio *f inv* polio.
polipiel *f* artificial skin.
pólipo *m* polyp.
Polisario (*abrev de* **Frente Popular para la Liberación de Sakiet el Hamra y Río de Oro**) *m*: **el (Frente)** ~ the Polisario Front.
polisemia *f* polysemy.
polisílabo, ba *adj* polysyllabic.
➡ **polisílabo** *m* polysyllable.
politburó *m* politburo.
politécnico, ca *adj* polytechnic.
➡ **politécnica** *f* polytechnic.
politeísta *adj* polytheistic.
política ▷ **político**.
politicastro *m despec* bad politician.
político, ca *adj* -**1.** [de gobierno] political -**2.** *fig* [prudente] tactful -**3.** [pariente]: **hermano** ~ brother-in-law; **familia política** in-laws *(pl)*.
➡ **político** *m* politician.

➡ **política** *f* -**1.** [arte de gobernar] politics *(U)* -**2.** [modo de gobernar, táctica] policy; **política monetaria** monetary policy; **la política de avestruz** burying one's head in the sand.
politiqueo *m despec* politicking.
politización *f* politicization.
politizar [13] *vt* to politicize.
➡ **politizarse** *vpr* to become politicized.
poliuretano *m* polyurethane.
polivalencia *f* polyvalency.
polivalente *adj* [vacuna, suero] polyvalent.
póliza *f* -**1.** [de seguro] (insurance) policy -**2.** [sello] *stamp on a document showing that a certain tax has been paid.*
polizón *m* stowaway.
polizonte *m fam despec* cop.
polla ▷ **pollo**.
pollera *f CSur* skirt.
pollería *f* poultry shop.
pollito *m* chick.
pollo, lla *m,f* -**1.** *ZOOL* chick -**2.** *(gen m)* *fig* [joven] young kid.
➡ **pollo** *m CULIN* chicken.
➡ **polla** *f vulg* cock, prick.
➡ **polla de agua** *f* [ave] moorhen.
polo *m* -**1.** [gen] pole; ~ **magnético** magnetic pole; ~ **norte/sur** North/South Pole; ~ **de atracción** o **atención** *fig* centre of attraction; **ser** ~**s opuestos** *fig* to be poles apart -**2.** *ELECTR* terminal; ~ **negativo/positivo** negative/positive terminal -**3.** [helado] ice lolly -**4.** [jersey] polo shirt -**5.** *DEP* polo.
pololear *vi Chile fam*: ~ **con alguien** to go out with sb.
pololeo *m Chile fam* small job.
pololo, la *m,f Chile fam* boyfriend (*f* girlfriend).
Polonia Poland.
poltrón, ona *adj* lazy.
➡ **poltrona** *f* easy chair.
polución *f* -**1.** [contaminación] pollution -**2.** [eyaculación]: ~ **nocturna** wet dream.
polucionar *vt* to pollute.
polvareda *f* dust cloud; **levantar una gran** ~ *fig* to cause a commotion.
polvera *f* powder compact.
polvo *m* -**1.** [en el aire] dust; **limpiar** o **quitar el** ~ to do the dusting -**2.** [de un producto] powder; **en** ~ powdered; ~**s de talco** talcum powder; ~**s picapica** itching powder; **estar hecho** ~ *fam* to be knackered; **hacer** ~ **algo** to smash sthg; **limpio de** ~**y paja** including all charges; **morder el** ~ to be humiliated -**3.** *vulg* [coito] fuck, screw; **echar un** ~ to have a screw.

polvos *mpl* [maquillaje] powder *(U)*; **ponerse ~s** to powder one's face.

pólvora *f* [sustancia explosiva] gunpowder; **correr como la ~** to spread like wildfire; **no ha inventado la ~** *fam* he's not the most intelligent person in the world.

polvoriento, ta *adj* [superficie] dusty; [sustancia] powdery.

polvorín *m* munitions dump.

polvorón *m crumbly sweet made from flour, butter and sugar*.

pomada *f* ointment.

pomelo *m* **-1.** [fruto] grapefruit **-2.** [árbol] grapefruit tree.

pómez ⊳ **piedra**.

pomo *m* knob.

pompa *f* **-1.** [suntuosidad] pomp **-2.** [ostentación] show, ostentation **-3.: ~ (de jabón)** (soap) bubble.
    ◆ **pompas** *fpl Méx fam* behind, bottom.
    ◆ **pompas fúnebres** *fpl* **-1.** [servicio] undertaker's *(sg)* **-2.** [ceremonia] funeral *(sg)*.

Pompeya Pompeii.

pompis *m inv fam* bottom, backside.

pompón *m* pompom.

pomposidad *f* **-1.** [suntuosidad] splendour; [ostentación] showiness **-2.** [en el lenguaje] pomposity.

pomposo, sa *adj* **-1.** [suntuoso] sumptuous; [ostentoso] magnificent, showy **-2.** [lenguaje] pompous.

pómulo *m* **-1.** [hueso] cheekbone **-2.** [mejilla] cheek.

pon *v* ⊳ **poner**.

ponchar *vt CAm & Méx* to puncture.
    ◆ **poncharse** *vpr CAm & Méx* to puncture.

ponche *m* punch.

ponchera *f* punch bowl.

poncho *m* poncho.

ponderación *f* **-1.** [alabanza] praise **-2.** [moderación] deliberation, considered nature.

ponderado, da *adj* [moderado] considered.

ponderar *vt* **-1.** [alabar] to praise **-2.** [considerar] to consider, to weigh up.

pondrá *etc* ⊳ **poner**.

ponencia *f* [conferencia] lecture, paper; [informe] report.

ponente *mf* reporter, rapporteur; [en congreso] speaker.

poner [65] ⊳ *vt* **-1.** [gen] to put; [colocar] to place, to put **-2.** [vestir]: **~ algo a alguien** to put sth on sb **-3.** [contribuir, invertir] to put in; **~ dinero en el negocio** to put money into the business; **~ algo de mi/tu** *etc* **parte** to do my/your *etc* bit **-4.** [hacer estar de cierta manera]: **~ a alguien en un aprieto/de mal humor** to put sb in a difficult position/in a bad mood; **le has puesto colorado** you've made him blush **-5.** [calificar]: **~ a alguien de algo** to call sb sth **-6.** [oponer]: **~ obstáculos a algo** to hinder sth; **~ pegas a algo** to raise objections to sth **-7.** [asignar - precio, medida] to fix, to settle; [- multa, tarea] to give; **le pusieron Mario** they called him Mario **-8.** [TELECOM - telegrama, fax] to send; [- conferencia] to make; **¿me pones con él?** can you put me through to him? **-9.** [conectar - televisión etc] to switch *o* put on; [- despertador] to set; [- instalación, gas] to put in **-10.** CIN, TEATR & TV to show; **¿qué ponen en la tele?** what's on the telly? **-11.** [montar - negocio] to set up; **ha puesto una tienda** she has opened a shop **-12.** [decorar] to do up; **han puesto su casa con mucho lujo** they've done up their house in real style **-13.** [suponer] to suppose; **pongamos que sucedió así** (let's) suppose that's what happened; **pon que necesitemos cinco días** suppose we need five days; **poniendo que todo salga bien** assuming everything goes according to plan **-14.** [decir] to say; **¿qué pone ahí?** what does it say? **-15.** [huevo] to lay. ⊳ *vi* [ave] to lay (eggs).
    ◆ **ponerse** ⊳ *vpr* **-1.** [colocarse] to put o.s.; **~se de pie** to stand up; **ponte en la ventana** stand by the window **-2.** [ropa, gafas, maquillaje] to put on **-3.** [estar de cierta manera] to go, to become; **se puso rojo de ira** he went red with anger; **se puso colorado** he blushed; **se puso muy guapa** she made herself attractive **-4.** [iniciar]: **~se a hacer algo** to start doing sth **-5.** [de salud]: **~se malo** *o* **enfermo** to fall ill; **~se bien** to get better **-6.** [llenarse]: **~se de algo** to get covered in sth; **se puso de barro hasta las rodillas** he got covered in mud up to the knees **-7.** [suj: astro] to set **-8.** [llegar]: **~se en** to get to. ⊳ *v impers Amér fam* [parecer]: **se me pone que ...** it seems to me that ...

poney = **poni**.

pongo *etc* ⊳ **poner**.

poni, poney [ˈponi] *m* pony.

poniente *m* [occidente] West; [viento] west wind.

pontificado *m* papacy.

pontífice *m* Pope, Pontiff.

pontificio, cia *adj* papal.

ponzoña *f* [veneno] venom, poison.

ponzoñoso, sa *adj* [venenoso] venomous, poisonous.

pop ⊳ *adj* pop. ⊳ *m* ⊳ **música**.

popa *f* stern.

pope *m* **-1.** RELIG *priest of the Orthodox church* **-2.** *fam fig* [pez gordo] big shot.

popelina *f*, **popelín** *m* poplin.

popote *m Méx* drinking straw.

populachero, ra *adj despec* **-1.** [fiesta etc] common, popular **-2.** [discurso etc] populist.

populacho *m despec* mob, masses *(pl)*.

popular *adj* **-1.** [del pueblo] of the people; [arte, música] folk **-2.** [famoso] popular.

popularidad *f* popularity; **gozar de** ~ to be popular.

popularizar [13] *vt* to popularize.

➡ **popularizarse** *vpr* to become popular.

populismo *m* populism.

populista *adj* & *m,f* populist.

populoso, sa *adj* populous, crowded.

popurrí *m* potpourri.

póquer, póker *m* **-1.** [juego] poker **-2.** [jugada] four of a kind.

por *prep* **-1.** [causa] because of; **se enfadó ~ tu comportamiento** she got angry because of your behaviour **-2.** [finalidad] *(antes de infin)* (in order) to; *(antes de sust, pron)* for; **lo hizo ~ complacerte** he did it to please you; **lo hice ~ ella** I did it for her **-3.** [medio, modo, agente] by; **~ mensajero/fax** by courier/fax; **~ escrito** in writing; **lo cogieron ~ el brazo** they took him by the arm; **el récord fue batido ~ el atleta** the record was broken by the athlete **-4.** [tiempo aproximado]: **creo que la boda será ~ abril** I think the wedding will be some time in April **-5.** [tiempo concreto]: **~ la mañana/tarde** in the morning/afternoon; **~ la noche** at night; **ayer salimos ~ la noche** we went out last night; **~ unos días** for a few days **-6.** [lugar - aproximadamente en]: **¿ ~ dónde vive?** whereabouts does he live?; **vive ~ las afueras** he lives somewhere on the outskirts; **había papeles ~ el suelo** there were papers all over the floor **-7.** [lugar - a través de] through; **iba paseando ~ el bosque/la calle** she was walking through the forest/along the street; **pasar ~ la aduana** to go through customs **-8.** [a cambio de, en lugar de] for; **lo ha comprado ~ poco dinero** she bought it for very little; **cambió el coche ~ la moto** he exchanged his car for a motorbike; **él lo hará ~ mí** he'll do it for me **-9.** [distribución] per; **dos euros ~ unidad** 2 euros each; **20 kms ~ hora** 20 km an *o* per hour **-10.** MAT: **dos ~ dos igual a cuatro** two times two is four **-11.** [en busca de] for; **baja ~ tabaco** go down to the shops for some cigarettes, go down to get some cigarettes; **a ~** for; **vino a ~ las entradas** she came for the tickets **-12.** [concesión]: **~**

más *o* **mucho que lo intentes no lo conseguirás** however hard you try *o* try as you might, you'll never manage it; **no me cae bien, ~ (muy) simpático que te parezca** you may think he's nice, but I don't like him.

➡ **por qué** *pron* why; **¿ ~ qué lo dijo?** why did she say it?; **¿ ~ qué no vienes?** why don't you come?

porcelana *f* **-1.** [material] porcelain, china **-2.** [objeto] piece of porcelain *o* china.

porcentaje *m* percentage; **trabaja a ~** he works on a commission basis.

porcentual *adj* percentage *(antes de sust)*.

porche *m* [soportal] arcade; [entrada] porch.

porcino, na *adj* pig *(antes de sust)*.

porción *f* portion, piece.

pordiosero, ra *m,f* beggar.

porfía *f* [insistencia] persistence; [tozudez] stubbornness.

porfiado, da *adj* persistent; [tozudo] stubborn.

porfiar [9] *vi* [empeñarse]: **~ en** to be insistent on.

pormenor *(gen pl) m* detail; **entrar en ~es** to go into detail.

pormenorizar [13] ⟨⟩ *vt* to describe in detail. ⟨⟩ *vi* to go into detail.

porno *adj fam* porno.

pornografía *f* pornography.

pornográfico, ca *adj* pornographic.

poro *m* pore.

poroso, sa *adj* porous.

poroto *m Andes, RP* kidney bean.

porque *conj* **-1.** [debido a que] because; **¿por qué lo hiciste? ~ sí** why did you do it? Just because **-2.** [para que] so that, in order that.

porqué *m* reason; **el ~ de** the reason for.

porquería *f* **-1.** [suciedad] filth **-2.** [cosa de mala calidad] rubbish *(U)* **-3.** *despec* [golosina] junk food, rubbish *(U)*.

porquero, ra *m,f* swineherd.

porra ⟨⟩ *f* **-1.** [palo] club; [de policía] truncheon **-2.** CULIN deep-fried pastry sticks **-3.** *loc*: **mandar a alguien a la ~** *fam* to tell sb to go to hell; **¡y una ~!** like hell! ⟨⟩ *interj (gen pl) fam*: **¡ ~s!** hell!, damn it!

porrada *f fam*: **una ~ (de)** heaps *(pl)* o tons *(pl)* (of).

porrazo *m* [golpe] bang, blow; [caída] bump.

porreta ⟨⟩ *m,f mfam* [fumador de porros] pothead. ⟨⟩ *f fam* [nariz] hooter.

porrillo

➡ **a porrillo** *loc adv fam* by the bucket.

porro *m fam* [de droga] joint.

porrón *m glass wine jar used for drinking*

wine from its long spout.

portaaviones = portaviones.

portabustos *m inv Amér* bra *(sg)*.

portada *f* **- 1.** [de libro] title page; [de revista] (front) cover; [de periódico] front page **- 2.** [de disco] sleeve.

portador, ra ⬦ *adj* carrying, bearing. ⬦ *m,f* carrier, bearer; **al ~** COM to the bearer.

portaequipajes *m inv* **- 1.** [maletero] boot UK, trunk US **- 2.** [baca] roofrack.

portaestandarte *m* standard-bearer.

portafolios *m inv*, **portafolio** *m* [carpeta] file; [maletín] attaché case.

portal *m* **- 1.** [entrada] entrance hall; [puerta] main door **- 2.** [belén] crib, Nativity scene.

portalámparas *m inv* socket.

portaligas *m inv* suspender belt.

portamaletas *m inv Amér* boot UK, trunk US.

portamonedas *m inv* purse.

portar *vt* to carry.

➧ **portarse** *vpr* to behave; **se ha portado bien conmigo** she has treated me well; **~se mal** to misbehave.

portátil *adj* portable.

portaviones, portaaviones *m inv* aircraft carrier.

portavoz *mf* [persona] spokesman (*f* spokeswoman).

portazo *m*: **dar un ~** to slam the door.

porte *m* **- 1.** *(gen pl)* [gasto de transporte] carriage, transport costs *(pl)*; **~ debido/pagado** COM carriage due/paid **- 2.** [transporte] carriage, transport **- 3.** [aspecto] bearing, demeanour.

porteador, ra ⬦ *adj* bearing, carrying. ⬦ *m,f* porter.

portento *m* wonder, marvel.

portentoso, sa *adj* wonderful, amazing.

porteño, ña *adj* from the city of Buenos Aires.

portería *f* **- 1.** [de casa, colegio] caretaker's office o lodge; [de hotel, ministerio] porter's office o lodge **- 2.** DEP goal, goalmouth.

portero, ra *m,f* **- 1.** [de casa, colegio] caretaker UK, super(intendant) US; [de hotel, ministerio] porter; **~ automático** o **electrónico** o **eléctrico** entry-phone **- 2.** DEP goalkeeper.

pórtico *m* **- 1.** [fachada] portico **- 2.** [arcada] arcade.

portón *m* large door o entrance.

portuario, ria *adj* port *(antes de sust)*; [de los muelles] dock *(antes de sust)*; **trabajador ~** docker.

Portugal Portugal.

portugués, esa *adj* & *m,f* Portuguese.

➧ **portugués** *m* [lengua] Portuguese.

porvenir *m* future.

pos

➧ **en pos de** *loc prep* **- 1.** [detrás de] behind **- 2.** [en busca de] after; **correr en ~ de alguien** to run after sb.

posada *f* **- 1.** [fonda] inn, guest house **- 2.** [hospedaje] lodging, accommodation.

posaderas *fpl fam* backside *(sg)*, bottom *(sg)*.

posadero, ra *m,f* innkeeper.

posar ⬦ *vt* to put o lay down; [mano, mirada] to rest. ⬦ *vi* to pose.

➧ **posarse** *vpr* **- 1.** [gen] to settle **- 2.** [pájaro] to perch; [nave, helicóptero] to come down.

posavasos *m inv* coaster; [de cartón] beer mat.

posdata, postdata *f* postscript.

pose *f* pose; **adoptar una ~** to strike a pose.

poseedor, ra ⬦ *adj* owning, possessing; [de cargo, acciones, récord] holding. ⬦ *m,f* owner; [de cargo, acciones, récord] holder.

poseer [50] *vt* **- 1.** [ser dueño de] to own; [estar en poder de] to have, to possess **- 2.** [sexualmente] to have.

poseído, da ⬦ *adj*: **~ por** possessed by. ⬦ *m,f* possessed person.

posesión *f* possession; **estar en plena ~ de todas sus facultades** to be in full possession of his/her faculties; **tomar ~ de un cargo** to take up a position o post.

posesivo, va *adj* possessive.

➧ **posesivo** *m* GRAM possessive.

poseso, sa ⬦ *adj* possessed. ⬦ *m,f* possessed person.

poseyera *etc* ➭ poseer.

posgraduado, da, postgraduado, da *adj* & *m,f* postgraduate.

posguerra, postguerra *f* post-war period.

posibilidad *f* possibility, chance; **cabe la ~ de que ...** there is a chance that ...

➧ **posibilidades económicas** *fpl* financial means o resources.

posibilitar *vt* to make possible.

posible *adj* possible; **es ~ que llueva** it could rain; **dentro de lo ~, en lo ~** as far as possible; **de ser ~** if possible; **hacer (todo) lo ~** to do everything possible; **lo antes ~** as soon as possible; **¡no es ~!** surely not!

➧ **posibles** *mpl* (financial) means.

posición *f* **- 1.** [gen] position; **en ~ de descanso** standing at ease **- 2.** [categoría - social] status (U); **de buena** ~ of high social status; [- económica] situation **-3.** DEP position.

posicionarse vpr to take a position o stance.

positivar vt FOT to develop.

positivismo m **-1.** [realismo] pragmatism **-2.** FILOSOFÍA positivism.

positivo, va adj [gen & ELECTR] positive.
◆ **positivo** m FOT print.

posmeridiano, na, postmeridiano, na adj afternoon (antes de sust).

posmodernidad f post-modernism.

posmoderno, na adj & m,f postmodernist.

poso m sediment; fig trace.

posología f dosage.

posponer [65] vt **-1.** [relegar] to put behind, to relegate **-2.** [aplazar] to postpone.

pospuesto, ta pp ▷ posponer.

pospusiera etc ▷ posponer.

posta
◆ **a posta** loc adv on purpose.

postal ◇ adj postal. ◇ f postcard.

postdata = posdata.

poste m post, pole; ~ **de alta tensión** electricity pylon; DEP post.

póster (pl posters) m poster.

postergar [16] vt **-1.** [retrasar] to postpone **-2.** [relegar] to put behind, to relegate.

posteridad f **-1.** [generación futura] posterity **-2.** [futuro] future.

posterior adj **-1.** [en el espacio] rear, back; ~ a behind **-2.** [en el tiempo] subsequent, later; ~ a subsequent to, after.

posteriori
◆ **a posteriori** loc adv later, afterwards.

posterioridad f: **con** ~ later, subsequently.

postgraduado = posgraduado.

postguerra = posguerra.

postigo m **-1.** [contraventana] shutter **-2.** [puerta pequeña] wicket gate.

postín m showiness, boastfulness; **darse** ~ to show off; **de** ~ posh.

post-it® m inv Post-it®.

postizo, za adj **-1.** [falso] false **-2.** [añadido] detachable.
◆ **postizo** m hairpiece.

postmeridiano = posmeridiano.

post meridiem adj post meridiem.

postoperatorio, ria adj post-operative.

postor, ra m,f bidder; **mejor** ~ highest bidder.

postración f prostration.

postrar vt to weaken, to (make) prostrate.

◆ **postrarse** vpr to prostrate o.s.

postre m dessert, pudding; **de** ~ for dessert; **a la** ~ fig in the end; **para** ~ fig to cap it all.

postrero, ra adj (antes de sust masculino sg: **postrer**) culto last.

postrimerías fpl final stages.

postulado m postulate.

postulante, ta m,f [para colectas] collector; RELIG postulant.

postular ◇ vt [exigir] to call for. ◇ vi [para colectas] to collect.

póstumo, ma adj posthumous.

postura f **-1.** [posición] position, posture **-2.** [actitud] attitude, stance; **tomar** ~ to adopt an attitude.

posventa, postventa adj inv after-sales (antes de sust).

potable adj **-1.** [bebible] drinkable; **agua** ~ drinking water **-2.** fam [aceptable] acceptable, passable.

potaje m [CULIN - guiso] vegetable stew; [- sopa] vegetable soup.

potasio m potassium.

pote m pot.

potencia f **-1.** [gen, MAT & POLÍT] power; **tiene mucha** ~ it's very powerful; **las grandes** ~s the major (world) powers **-2.** [posibilidad]: **en** ~ potentially; **una campeona en** ~ a potential champion.

potencial ◇ adj [gen & FÍS] potential. ◇ m **-1.** [fuerza] power **-2.** [posibilidades] potential **-3.** GRAM conditional **-4.** ELECTR (electric) potential.

potenciar [8] vt **-1.** [fomentar] to encourage, to promote **-2.** [reforzar] to boost, to strengthen.

potentado, da m,f potentate.

potente adj powerful.

potestad f authority, power.

potingue m fam concoction.

potra ▷ potro.

potrero m Amér [prado] field, pasture.

potrillo m Amér large glass.

potro, tra m,f ZOOL colt (f filly).
◆ **potro** m DEP vaulting horse.
◆ **potra** f mfam [suerte] luck; **tener potra** to be jammy.

pozo m well; [de mina] shaft; ~ **negro** cesspool; ~ **de petróleo** oil well; **ser un** ~ **de algo** fig to be a fountain of sthg; **ser un** ~ **sin fondo** fig to be a bottomless pit.

PP (abrev de **Partido Popular**) m Spanish political party to the right of the political spectrum.

PPA (*abrev de* **Partido Peronista Auténtico**) *m* *Argentinian political party which follows the Perón ideology.*

práctica ▷ **práctico**.

practicable *adj* **-1.** [realizable] practicable **-2.** [transitable] passable.

practicante ◇ *adj* practising. ◇ *mf* **-1.** [de deporte] practitioner; [de religión] practising member of a Church **-2.** MED medical assistant.

practicar [10] ◇ *vt* **-1.** [gen] to practise; [deporte] to play **-2.** [realizar] to carry out, to perform. ◇ *vi* to practise.

práctico, ca *adj* practical.
  ● **práctico** *m* NÁUT pilot.
  ● **práctica** *f* **-1.** [gen] practice; [de un deporte] playing; **llevar algo a la práctica, poner algo en práctica** to put sthg into practice; **en la práctica** in practice; **prácticas de tiro** target practice **-2.** [clase no teórica] practical.

pradera *f* large meadow, prairie.

prado *m* meadow.
  ● **Prado** *m*: **el (Museo del) Prado** the Prado (Museum).

Praga Prague.

pragmático, ca ◇ *adj* pragmatic. ◇ *m,f* [persona] pragmatist.
  ● **pragmática** *f* LING pragmatics (U).

pragmatismo *m* pragmatism.

pral. *abrev de* **principal**.

praliné *m* praline.

praxis *f inv* practice; FILOSOFÍA praxis.

preacuerdo *m* draft agreement.

preámbulo *m* **-1.** [introducción - de libro] foreword, preface; [- de congreso, conferencia] introduction, preamble **-2.** [rodeo] digression; **sin más** ~**s** without further ado.

preaviso *m* prior notice.

prebenda *f* **-1.** RELIG prebend **-2.** [favor] special favour.

preboste *m* provost.

precalentamiento *m* DEP warm-up.

precalentar [19] *vt* **-1.** CULIN to pre-heat **-2.** DEP to warm up.

precampaña *f* preliminary campaign.

precariedad *f* precariousness.

precario, ria *adj* precarious.

precaución *f* **-1.** [prudencia] caution, care **-2.** [medida] precaution; **tomar precauciones** to take precautions.

precaver *vt* to guard against.
  ● **precaverse** *vpr* to take precautions; ~**se de** *o* **contra** to guard (o.s.) against.

precavido, da *adj* **-1.** [prevenido] prudent;

es muy ~ he always comes prepared **-2.** [cauteloso] wary.

precedente ◇ *adj* previous, preceding. ◇ *m* precedent; **sentar** ~ to set a precedent; **que no sirva de** ~ this is not to become a regular occurrence; **sin** ~**s** unprecedented.

preceder *vt* to go before, to precede.

preceptivo, va *adj* obligatory, compulsory.
  ● **preceptiva** *f* rules (pl).

precepto *m* precept; **fiestas de** ~ RELIG days of obligation.

preceptor, ra *m,f* (private) tutor.

preciado, da *adj* valuable, prized.

preciarse [8] *vpr* to have self-respect; ~ **de** to be proud of.

precintado *m* sealing.

precintadora *f* sealing machine.

precintar *vt* to seal.

precinto *m* seal.

precio *m* lit & fig price; **a cualquier** ~ at any price; **poner** ~ **a la cabeza de alguien** to put a price on sb's head; **¿qué** ~ **tiene esto?** how much is this?; **subir/bajar los** ~**s** to raise/lower prices; **al** ~ **de** fig at the cost of; ~ **de fábrica/de coste** factory/cost price; ~ **de compra** purchase price; ~ **indicativo** ECON guide price; ~ **de mercado** market price; ~ **prohibitivo** prohibitively high price; ~ **de salida** starting price; ~ **de venta (al público)** retail price; **no tener** ~ to be priceless.

preciosidad *f* **-1.** [valor] value **-2.** [cosa bonita]: **¡es una** ~! it's lovely *o* beautiful!

precioso, sa *adj* **-1.** [valioso] precious **-2.** [bonito] lovely, beautiful.

precipicio *m* precipice.

precipitación *f* **-1.** [apresuramiento] haste **-2.** [lluvia] rainfall (U) **-3.** QUÍM precipitation.

precipitado, da *adj* hasty.
  ● **precipitado** *m* QUÍM precipitate.

precipitar *vt* **-1.** [arrojar] to throw *o* hurl down **-2.** [acelerar] to hasten, to speed up **-3.** QUÍM to precipitate.
  ● **precipitarse** *vpr* **-1.** [caer] to plunge (down) **-2.** [acelerarse - acontecimientos etc] to speed up **-3.** [apresurarse]: ~**se (hacia)** to rush (towards) **-4.** [obrar irreflexivamente] to act rashly.

precisamente *adv* **-1.** [con precisión] precisely **-2.** [justamente]: **¡precisamente!** exactly!, precisely!; ~ **por eso** for that very reason; ~ **tú lo sugeriste** in fact it was you who suggested it.

precisar *vt* **-1.** [determinar] to fix, to set; [aclarar] to specify exactly **-2.** [necesitar] to need, to require.

precisión f accuracy, precision.

preciso, sa adj **-1.** [determinado, conciso] precise **-2.** [necesario]: **ser ~ para (algo/hacer algo)** to be necessary (for sthg/to do sthg); **es ~ que vengas** you must come **-3.** [justo] just; **en este ~ momento** at this very moment.

precocidad f precociousness.

precocinado, da adj pre-cooked.
➤ **precocinado** m precooked dish.

precolombino, na adj pre-Columbian.

preconcebido, da adj [idea] preconceived; [plan] drawn up in advance.

preconcebir [26] vt to draw up in advance.

preconizar [13] vt to recommend, to advise.

precoz adj **-1.** [persona] precocious **-2.** [lluvias, frutos etc] early.

precursor, ra m,f precursor.

predador, ra adj predatory.
➤ **predador** m predator.

predatorio, ria adj [animal, instinto] predatory.

predecesor, ra m,f predecessor.

predecir [66] vt to predict.

predestinado, da adj: **~ (a)** predestined (to).

predestinar vt to predestine.

predeterminar vt to predetermine.

predicado m GRAM predicate.

predicador, ra m,f preacher.

predicar [10] vt & vi to preach.

predicción f prediction; [del tiempo] forecast.

predice ➤ predecir.

predicho, cha pp ➤ predecir.

prediga, predijera ➤ predecir.

predilección f: **~ (por)** preference (for).

predilecto, ta adj favourite.

predio m **-1.** [finca] estate, property **-2.** Amér [edificio] building.

predisponer [65] vt: **~ (a)** to predispose (to).

predisposición f **-1.** [aptitud]: **~ para** aptitude for **-2.** [tendencia]: **~ a** predisposition to.

predispuesto, ta ◇ pp ➤ predisponer. ◇ adj: **~ (a)** predisposed (to).

predominancia f predominance.

predominante adj predominant; [viento, actitudes] prevailing.

predominar vi: **~ (sobre)** to predominate o prevail (over).

predominio m preponderance, predominance (U).

preelectoral adj pre-election (antes de sust).

preeminencia f preeminence.

preeminente adj preeminent.

preescolar ◇ adj nursery (antes de sust), preschool. ◇ m nursery school, kindergarten.

preestreno m preview.

preexistente adj pre-existing.

prefabricado, da adj prefabricated.

prefabricar [10] vt to prefabricate.

prefacio m preface.

prefecto m prefect.

prefectura f prefecture; **~ de tráfico** traffic division.

preferencia f preference; **con** o **de ~** preferably; **dar preferencia ~ (a)** to give priority (to); **tener ~** AUTOM to have right of way; **tener ~ por** to have a preference for.

preferente adj preferential.

preferentemente adv preferably.

preferible adj: **~ (a)** preferable (to).

preferido, da adj favourite.

preferir [27] vt: **~ algo (a algo)** to prefer sthg (to sthg); **prefiero que vengas** I'd rather you came.

prefigurar vt to prefigure.

prefijo m **-1.** GRAM prefix **-2.** TELECOM (telephone) dialling code.

prefiriera etc ➤ preferir.

pregón m [discurso] speech; [bando] proclamation, announcement.

pregonar vt **-1.** [bando etc] to proclaim, to announce **-2.** fig [secreto] to spread about.

pregonero, ra m,f **-1.** [de pueblo] town crier **-2.** despec [bocazas] blabbermouth.

pregunta f question; **hacer una ~** to ask a question; **~ capciosa** catch question; **andar a la cuarta** o **última ~** to be broke.

preguntar ◇ vt to ask; **~ algo a alguien** to ask sb sthg. ◇ vi: **~ por** to ask about o after.
➤ **preguntarse** vpr: **~se (si)** to wonder (whether).

prehistoria f prehistory.

prehistórico, ca adj prehistoric.

prejuicio m prejudice.

prejuzgar [16] vt & vi to prejudge.

prelado m prelate.

preliminar ◇ adj preliminary. ◇ m (gen pl) preliminary.
➤ **preliminares** mpl [de tratado de paz] results of preliminary negotiations.

preludio m [gen & MÚS] prelude.

premamá *adj inv* maternity.

prematrimonial *adj* premarital.

prematuro, ra *adj* premature.

premeditación *f* premeditation; ~ y alevosía malice aforethought.

premeditado, da *adj* premeditated.

premeditar *vt* to think out in advance.

premiar [8] *vt* -**1.** [recompensar] to reward -**2.** [dar un premio a] to give a prize to.

premier (*pl* **premiers**) *m* British prime minister.

premio *m* -**1.** [en competición] prize; [recompensa] reward; **me tocó un ~** I won a prize; ~ **de consolación** consolation prize; ~ **gordo** first prize -**2.** [ganador] prize-winner.

premisa *f* premise.

premolar *adj* & *m* premolar.

premonición *f* premonition.

premonitorio, ria *adj* warning.

premura *f* [urgencia] haste.

prenatal *adj* prenatal, antenatal.

prenda *f* -**1.** [vestido] garment, article of clothing -**2.** [garantía] pledge; **dejar algo en** ~ to leave sthg as a pledge -**3.** [de un juego] forfeit; **jugar a las ~s** to play forfeits -**4.** *loc:* **no soltar** ~ not to say a word.

prendarse *vpr* to fall in love with.

prendedor *m* brooch.

prender <> *vt* -**1.** [arrestar] to arrest, to apprehend -**2.** [sujetar] to fasten -**3.** [encender] to light -**4.** [agarrar] to grip. <> *vi* -**1.** [arder] to catch (fire) -**2.** [planta] to take root.
➥ **prenderse** *vpr* [arder] to catch fire.

prendido, da *adj* caught; **quedar ~ de** *fig* to be captivated by.

prensa *f* -**1.** [gen] press; ~ **amarilla** the gutter press, ≃ the tabloids; ~ **del corazón** romantic magazines (*pl*); **tener buena/mala** ~ *fig* to have a good/bad press -**2.** [imprenta] printing press.

prensar *vt* to press.

prenupcial *adj* premarital.

preñado, da *adj* -**1.** [mujer] pregnant; **quedarse preñada** to get pregnant -**2.** *fig* [lleno]: ~ **de** full of.
➥ **preñada** *f* pregnant woman.

preñar *vt* -**1.** [mujer] to make pregnant -**2.** *fig* [llenar]: ~ **de** to fill with.

preñez *f* pregnancy.

preocupación *f* concern, worry.

preocupado, da *adj*: ~ **(por)** worried *o* concerned (about).

preocupante *adj* worrying.

preocupar *vt* -**1.** [inquietar] to worry -**2.** [importar] to bother.

➥ **preocuparse** *vpr* -**1.** [inquietarse]: ~**se (por)** to worry (about), to be worried (about) -**2.** [encargarse]: ~**se de algo** to take care of sthg; ~**se de hacer algo** to see to it that sthg is done; ~**se de que ...** to make sure that ...

preolímpico, ca *adj* in the run-up to the Olympics; **torneo** ~ Olympic qualifying competition.

preparación *f* -**1.** [gen] preparation -**2.** [conocimientos] training.

preparado, da *adj* -**1.** [dispuesto] ready; [de antemano] prepared; **¡~s, listos, ya!** ready, steady, go! -**2.** [capacitado]: ~ **(para)** competent *o* talented (in) -**3.** *CULIN* ready-cooked.
➥ **preparado** *m FARM* preparation.

preparar *vt* -**1.** [gen] to prepare; [trampa] to set, to lay; [maletas] to pack -**2.** [examen] to prepare for -**3.** *DEP* to train.
➥ **prepararse** *vpr*: ~**se (para algo)** to prepare o.s. *o* get ready (for sthg); ~**se para hacer algo** to prepare *o* get ready to do sthg.

preparativo, va *adj* preparatory, preliminary.
➥ **preparativos** *mpl* preparations.

preparatorio, ria *adj* preparatory.

preponderancia *f* preponderance; **tener** ~ **(sobre)** to predominate (over).

preponderante *adj* prevailing.

preponderar *vi* to prevail.

preposición *f* preposition.

preposicional *adj* prepositional.

prepotencia *f* [arrogancia] arrogance.

prepotente *adj* [arrogante] domineering, overbearing.

prepucio *m* foreskin.

prerrogativa *f* prerogative.

presa *f* -**1.** [captura - de cazador] catch; [- de animal] prey; **hacer** ~ **en alguien** to seize *o* grip sb; **ser** ~ **de** to be prey to; **ser** ~ **del pánico** to be panic-stricken -**2.** [dique] dam.

presagiar [8] *vt* [felicidad, futuro] to foretell; [tormenta, problemas] to warn of.

presagio *m* -**1.** [premonición] premonition -**2.** [señal] omen; **buen/mal** ~ good/bad omen.

presbiterianismo *m* Presbyterianism.

presbiteriano, na *adj* & *m, f* Presbyterian.

presbiterio *m* presbytery.

prescindir
➥ **prescindir de** *vi* -**1.** [renunciar a] to do without -**2.** [omitir] to dispense with -**3.** [no tener en cuenta] to disregard.

prescribir <> *vt* to prescribe. <> *vi* -**1.** [ordenar] to prescribe **- 2.** DER to expire, to lapse.

prescripción f prescription; ~ **facultativa** medical prescription.

prescrito, ta pp ⊳ **prescribir.**

preselección f short list, shortlisting (U).

preseleccionar vt to shortlist; DEP to name in the squad.

presencia f [asistencia, aspecto] presence; **en** ~ **de** in the presence of; **buena/mala** ~ good/bad looks (pl); **mucha/poca** ~ great/little presence.

➠ **presencia de ánimo** f presence of mind.

presencial ⊳ **testigo.**

presenciar [8] vt [asistir] to be present at; [ser testigo de] to witness.

presentable adj presentable.

presentación f **- 1.** [gen] presentation **- 2.** [entre personas] introduction.

presentador, ra m,f presenter.

presentar vt **- 1.** [gen] to present; [dimisión] to tender; [tesis, pruebas, propuesta] to hand in, to submit; [solicitud, recurso, denuncia] to lodge; [moción] to propose; [libro, disco] to launch **- 2.** [ofrecer - ventajas, novedades] to offer; [- disculpas, excusas] to make; [- respetos] to pay **- 3.** [persona, amigos etc] to introduce; **me presentó a sus amigos** she introduced me to her friends **- 4.** [enseñar] to show **- 5.** [tener - aspecto etc] to have, to show; **presenta difícil solución** it's going to be difficult to solve **- 6.** [proponer]: ~ **a alguien para** to propose sb for, to put sb forward for.

➠ **presentarse** vpr **- 1.** [aparecer] to turn up, to appear **- 2.** [en juzgado, comisaría]: ~**se (en)** to report (to); ~**se a un examen** to sit an exam **- 3.** [darse a conocer] to introduce o.s. **- 4.** [para un cargo]: ~**se (a)** to stand o run (for) **- 5.** [futuro] to appear, to look **- 6.** [problema etc] to arise, to come up.

presente ⟨⟩ adj **- 1.** [gen] present; **aquí** ~ here present; **hacer** ~ **algo a alguien** to notify sb of sthg; **hasta el momento** ~ up to the present time; **tener** ~ [recordar] to remember; [tener en cuenta] to bear in mind; **¡presente!** present! **- 2.** [en curso] current; **del** ~ **mes** of this month. ⟨⟩ mf **- 1.** [en un lugar]: **los (aquí)** ~**s** all those present **- 2.** [escrito]: **por la** ~ **le informo ...** I hereby inform you ... ⟨⟩ m **- 1.** [gen & GRAM] present; ~ **histórico** historical present **- 2.** [regalo] gift, present **- 3.** [corriente]: **el** ~ [mes] the current month; [año] the current year **- 4.** loc: **mejorando lo** ~ without wishing to

detract from anyone present.

presentimiento m presentiment, feeling.

presentir [27] vt to foresee; ~ **que algo va a pasar** to have a feeling that sthg is going to happen; ~ **lo peor** to fear the worst.

preservación f preservation.

preservar vt to protect; ~ **algo/alguien de algo** to protect sthg/sb from sthg.

➠ **preservarse de** vpr to protect o.s. o shelter from.

preservativo m condom; ~ **femenino** female condom.

presidencia f [de nación] presidency; [de asamblea, empresa] chairmanship.

presidenciable mf Amér potential presidential candidate.

presidencialismo m presidential system.

presidente, ta m,f [de nación] president; [de asamblea, empresa] chairman (f chairwoman); ~ **(del gobierno)** ≃ prime minister; ~ **de mesa** chief scrutineer.

presidiario, ria m,f convict.

presidio m prison.

presidir vt **- 1.** [ser presidente de] to preside over; [reunión] to chair **- 2.** [predominar] to dominate.

presienta, presintiera etc ⊳ **presentir.**

presintonía f [de radio] pre-set station selector.

presión f pressure; **a** ~ under pressure; **ejercer** ~ **(sobre)** to pressurize; **altas/bajas presiones** areas of high/low pressure; ~ **atmosférica** atmospheric pressure; ~ **arterial** o **sanguínea** blood pressure; ~ **fiscal** ECON tax burden.

presionar vt **- 1.** [apretar] to press **- 2.** fig [coaccionar] to pressurize, to put pressure on.

preso, sa ⟨⟩ adj imprisoned; **meter** ~ **a alguien** to put sb in prison; ~ **de conciencia** prisoner of conscience. ⟨⟩ m,f prisoner.

prestación f [de servicio - acción] provision; [- resultado] service; ~ **social** social security benefit.

➠ **prestaciones** fpl **- 1.** [servicio social] benefits **- 2.** [de coche etc] performance features.

prestado, da adj on loan; **dar** ~ **algo** to lend sthg; **pedir/tomar** ~ **algo** to borrow sthg; **de** ~ [con cosas prestadas] with borrowed things; **vivir de** ~ to live off other people.

prestamista mf moneylender.

préstamo m **- 1.** [acción - de prestar] lending; [- de pedir prestado] borrowing **- 2.** [cantidad] loan.

prestancia *f* excellence, distinction.
prestar *vt* **-1.** [dejar - dinero etc] to lend, to loan **-2.** [dar - ayuda etc] to give, to offer; [- servicio] to offer, to provide; [- atención] to pay; [- declaración, juramento] to make **-3.** [transmitir - encanto etc] to lend.
➡ **prestarse a** *vpr* **-1.** [ofrecerse a] to offer to **-2.** [acceder a] to consent to **-3.** [dar motivo a] to be open to.
presteza *f* promptness, speed.
prestidigitación *f* conjuring.
prestidigitador, ra *m,f* conjuror.
prestigiar [8] *vt* to honour, to give prestige to.
prestigio *m* prestige.
prestigioso, sa *adj* prestigious.
presto, ta *adj* [dispuesto]: ~ **(a)** ready (to).
presumible *adj* probable, likely.
presumido, da ◇ *adj* conceited, vain. ◇ *m,f* conceited *o* vain person.
presumir ◇ *vt* [suponer] to presume, to assume; **es de** ~**que irán** presumably they'll go. ◇ *vi* **-1.** [jactarse] to show off; **presume de guapa** she thinks she's pretty **-2.** [ser vanidoso] to be conceited *o* vain.
presunción *f* **-1.** [suposición] presumption **-2.** [vanidad] conceit, vanity.
presunto, ta *adj* presumed, supposed; [criminal, robo etc] alleged, suspected.
presuntuoso, sa ◇ *adj* [vanidoso] conceited; [pretencioso] pretentious. ◇ *m,f* conceited person.
presuponer [65] *vt* to presuppose.
presuposición *f* assumption.
presupuestar *vt* [gen] to estimate; FIN to budget for.
presupuestario, ria *adj* budgetary, budget *(antes de sust)*.
presupuesto, ta *pp* ➭ **presuponer**.
➡ **presupuesto** *m* **-1.** [cálculo] budget; [de costo] estimate; **pedir un** ~ to ask for an estimate; ~**s generales del Estado** ECON *Spanish national budget* **-2.** [suposición] assumption.
presuroso, sa *adj* in a hurry.
prêt-à-porter [pretapor'te] *(pl* prêts-à-porter) *m* off-the-peg clothing.
pretencioso, sa ◇ *adj* [persona] pretentious; [cosa] showy. ◇ *m,f* pretentious person.
pretender *vt* **-1.** [intentar]: ~ **hacer algo** to try to do sthg **-2.** [aspirar a]: ~ **hacer algo** to aspire *o* want to do sthg; ~ **que alguien haga algo** to want sb to do sthg; **¿qué pretendes decir?** what do you mean? **-3.** [afir-

mar] to claim **-4.** [solicitar] to apply for **-5.** [cortejar] to court.
pretendido, da *adj* supposed.
pretendiente ◇ *mf* **-1.** [aspirante]: ~ **(a)** candidate (for) **-2.** [a un trono]: ~ **(a)** pretender (to). ◇ *m* [a una mujer] suitor.
pretensión *f* **-1.** [intención] aim, intention **-2.** [aspiración] aspiration **-3.** [supuesto derecho]: ~ **(a** *o* **sobre)** claim (to) **-4.** [afirmación] claim **-5.** *(gen pl)* [exigencia] demand **-6.** *(gen pl)* [presuntuosidad] pretentiousness; **sin pretensiones** unpretentious.
pretérito, ta *adj* past.
➡ **pretérito** *m* GRAM preterite, past; ~ **imperfecto** imperfect; ~ **indefinido** simple past; ~ **perfecto** (present) perfect; ~ **pluscuamperfecto** pluperfect.
pretextar *vt* to use as a pretext, to claim.
pretexto *m* pretext, excuse.
pretil *m* parapet.
preuniversitario, ria *adj* pre-university.
➡ **preuniversitario** *m in Spain, former one-year course of study, successful completion of which allowed pupils to go to university.*
prevalecer [30] *vi*: ~ **(sobre)** to prevail (over).
prevaler [74] *vi*: ~ **(sobre)** to prevail (over).
➡ **prevalerse de** *vpr* to take advantage of.
prevaricación *f* breach of trust.
prevaricar [10] *vi* to betray one's trust.
prevención *f* **-1.** [acción] prevention; [medida] precaution; **en** ~ **de** as a precaution against **-2.** [prejuicio] prejudice.
prevenido, da *adj* **-1.** [previsor]: **ser** ~ to be cautious **-2.** [avisado, dispuesto]: **estar** ~ to be prepared.
prevenir [75] *vt* **-1.** [evitar] to prevent; **más vale** ~ **que curar** *proverb* prevention is better than cure *proverb* **-2.** [avisar] to warn **-3.** [prever] to foresee, to anticipate **-4.** [predisponer]: ~ **a alguien contra algo/alguien** to prejudice sb against sthg/sb.
preventivo, va *adj* [medicina, prisión] preventive; [medida] precautionary.
prever [76] ◇ *vt* **-1.** [conjeturar] to foresee, to anticipate **-2.** [planear] to plan **-3.** [predecir] to forecast. ◇ *vi*: **como era de** ~ as was to be expected.
previene *etc* ➭ **prevenir**.
previera *etc* ➭ **prever**.
previniera *etc* ➭ **prevenir**.
previo, via *adj* prior; ~ **pago de multa** on payment of a fine.

previó *etc* ⊳ prever.

previsible *adj* foreseeable.

previsión *f* **-1.** [predicción] forecast **-2.** [visión de futuro] foresight **-3.** [precaución]: **en ~ de** as a precaution against **-4.** *Andes, RP* [social] social security.

previsor, ra *adj* prudent, farsighted.

previsto, ta ◇ *pp* ⊳ prever. ◇ *adj* [conjeturado] predicted; [planeado] forecast, expected, planned.

prieto, ta *adj* **-1.** [ceñido] tight **-2.** *Méx fam* [moreno] dark-haired.

prima ⊳ primo.

primacía *f* primacy; **tener ~ sobre algo** to take priority over sthg.

primado *m* primate.

primar ◇ *vi:* **~ (sobre)** to have priority (over). ◇ *vt* to give a bonus to.

primario, ria *adj* primary; *fig* primitive.

primates *mpl* Primates.

➥ **primaria** *f* primary education.

primavera *f* **-1.** [estación] spring **-2.** *fig* [juventud] springtime **-3.** *fig* [año]: **tiene diez ~s** she is ten years old, she has seen ten summers.

primaveral *adj* spring *(antes de sust)*.

primer, primera ⊳ primero.

primerizo, za ◇ *adj* **-1.** [principiante] novice **-2.** [embarazada] first-time. ◇ *m,f* [principiante] beginner.

➥ **primeriza** *f* [madre] first-time mother.

primero, ra ◇ *núm adj antes de sust masculino sg: primer -***1.** [para ordenar] first; **el ~ de mayo** the first of May **-2.** [en importancia] main, basic; **lo ~** the most important *o* main thing; **lo ~ es lo ~** first things first. ◇ *núm m y f -***1.** [en orden]: **el ~** the first one; **llegó el ~** he came first; **es el ~ de la clase** he's top of the class; **a ~s de mes** at the beginning of the month **-2.** [mencionado antes]: **vinieron Pedro y Juan, el ~ con ...** Pedro and Juan arrived, the former with ...

➥ **primero** ◇ *adv -***1.** [en primer lugar] first **-2.** [antes, todo menos]: **~ ... que ...** rather ... than ...; ➥ **morir que traicionarle** I'd rather die than betray him. ◇ *m -***1.** [piso] first floor **-2.** [curso] first year.

➥ **primera** *f -***1.** *AUTOM* first (gear) **-2.** *AERON & FERROC* first class **-3.** *DEP* first division **-4.** *loc:* **de primera** first-class, excellent.

primicia *f* scoop, exclusive.

primitivo, va *adj -***1.** [gen] primitive **-2.** [original] original.

primo, ma *m,f -***1.** [pariente] cousin; **~ hermano** first cousin **-2.** *fam* [tonto] sucker; **ha-**

cer el ~ to be taken for a ride.

➥ **prima** *f -***1.** [paga extra] bonus **-2.** [de un seguro] premium; **~ de riesgo** risk premium **-3.** [subvención] subsidy.

➥ **prima dona** *f* prima donna.

primogénito, ta *adj & m,f* first-born.

primor *m* fine thing; **con ~** with skill.

primordial *adj* fundamental.

primoroso, sa *adj -***1.** [delicado] exquisite, fine **-2.** [hábil] skilful.

princesa *f* princess.

principado *m* principality.

principal ◇ *adj* main, principal; [puerta] front. ◇ *m* [piso] first floor.

príncipe *m* prince; **~ consorte** prince consort; **~ heredero** crown prince.

➥ **príncipe azul** *m* Prince Charming.

principesco, ca *adj* princely.

principiante ◇ *adj* novice, inexperienced. ◇ *mf* novice, beginner.

principio *m -***1.** [comienzo] beginning, start; **a ~s de** at the beginning of; **a ~s de siglo** at the turn of the century; **en un ~** at first **-2.** [fundamento, ley] principle; **en ~** in principle; **por ~** on principle **-3.** [origen] origin, source **-4.** [elemento] element.

➥ **principios** *mpl -***1.** [reglas de conducta] principles **-2.** [nociones] rudiments, first principles.

pringar [16] ◇ *vt -***1.** [ensuciar] to make greasy **-2.** [mojar] to dip **-3.** *fam fig* [comprometer] to involve. ◇ *vi fam fig* to get stuck in.

➥ **pringarse** *vpr -***1.** [ensuciarse] to get covered in grease **-2.** *fam fig* [en asunto sucio] to get one's hands dirty.

pringoso, sa *adj* [grasiento] greasy; [pegajoso] sticky.

pringue ◇ *v* ⊳ pringar. ◇ *m* [suciedad] muck, dirt; [grasa] grease.

prior, ra *m,f* prior (*f* prioress).

priorato *m* [vino] wine from El Priorato in Tarragona.

priori

➥ **a priori** *loc adv* in advance, a priori.

prioridad *f* priority; *AUTOM* right of way.

prioritario, ria *adj* priority *(antes de sust)*.

prisa *f* haste, hurry; **a toda ~** quickly; **a toda ~** very quickly; **correr ~** to be urgent; **darse ~** to hurry (up); **meter ~ a alguien** to hurry *o* rush sb; **tener ~** to be in a hurry; **de ~ y corriendo** in a slapdash way.

prisión *f -***1.** [cárcel] prison **-2.** [encarcelamiento] imprisonment.

prisionero, ra *m,f* prisoner; **hacer ~ a al-**

guien to take sb prisoner.

prisma m -**1.** *FÍS & GEOM* prism -**2.** *fig* [perspectiva] viewpoint, perspective.

prismáticos *mpl* binoculars.

privación f [gen] deprivation; [de libertad] loss; **pasar privaciones** to suffer hardship.

privado, da adj private; **en** ~ in private.

privar <> vt [quitar]: ~ **a alguien/algo de** to deprive sb/sthg of. <> vi -**1.** [gustar]: **le privan los pasteles** he adores cakes -**2.** [estar de moda] to be in (fashion) -**3.** *fam* [beber] to booze.

➡ **privarse de** vpr to go without.

privativo, va adj exclusive.

privatizar [13] vt to privatize.

privilegiado, da <> adj -**1.** [favorecido] privileged -**2.** [excepcional] exceptional. <> m, f [afortunado] privileged person.

privilegiar [8] vt [persona] to favour.

privilegio m privilege.

pro <> prep for, supporting; **una asociación** ~ **derechos humanos** a human rights organization. <> m advantage; **los** ~s **y los contras** the pros and cons.

➡ **en pro de** *loc prep* for, in support of.

proa f *NÁUT* prow, bows (pl); *AERON* nose.

probabilidad f probability; **con toda** ~ in all probability; [oportunidad] likelihood, chance.

probable adj probable, likely; **es** ~ **que llueva** it'll probably rain; **es** ~ **que no diga nada** he probably won't say anything.

probador m fitting room.

probar [23] <> vt -**1.** [demostrar, indicar] to prove -**2.** [comprobar] to test, to check -**3.** [experimentar] to try -**4.** [degustar] to taste, to try. <> vi: ~ **a hacer algo** to try to do sthg.

➡ **probarse** vpr [ropa] to try on.

probeta f test tube.

problema m problem.

problemático, ca adj problematic.

➡ **problemática** f problems (pl).

procacidad f obscenity; [acto] indecent act.

procaz adj indecent, obscene.

procedencia f -**1.** [origen] origin -**2.** [punto de partida] point of departure; **con** ~ **de** (arriving) from -**3.** [pertinencia] properness, appropriateness.

procedente adj -**1.** [originario]: ~ **de** [gen] originating in; *AERON & FERROC* (arriving) from -**2.** [oportuno] appropriate; *DER* fitting, right and proper.

proceder <> m conduct, behaviour. <> vi -**1.** [originarse]: ~ **de** to come from -**2.** [actuar]: ~ **(con)** to act (with) -**3.** [empezar]: ~ **(a algo/**

a hacer algo) to proceed (with sthg/to do sthg) -**4.** [ser oportuno] to be appropriate.

procedimiento m -**1.** [método] procedure, method -**2.** *DER* proceedings (pl).

prócer m great person.

procesado, da m, f accused, defendant.

procesador m *INFORM* processor; ~ **Pentium®** Pentium® processor; ~ **de textos** word processor.

procesamiento m -**1.** *DER* prosecution -**2.** *INFORM* processing; ~ **de textos** word processing.

procesar vt -**1.** *DER* to prosecute -**2.** *INFORM* to process.

procesión f *RELIG & fig* procession; **la** ~ **va por dentro** he/she is putting on a brave face.

procesionaria f processionary moth.

proceso m -**1.** [gen] process -**2.** [desarrollo, intervalo] course -**3.** [*DER* - juicio] trial; [- causa] lawsuit; **abrir un** ~ **contra** to bring an action against.

➡ **proceso de datos** m data processing.

➡ **proceso de textos** m word processing.

proclama f proclamation.

proclamación f -**1.** [anuncio] notification -**2.** [ceremonia] proclamation.

proclamar vt -**1.** [nombrar] to proclaim -**2.** *fig* [aclamar] to acclaim -**3.** [anunciar] to declare.

➡ **proclamarse** vpr -**1.** [nombrarse] to proclaim o.s. -**2.** [conseguir un título]: ~**se campeón** to become champion.

proclive adj: ~ **a** prone to.

procreación f procreation.

procrear vi to procreate.

procurador, ra m, f *DER* attorney; ~ **en Cortes** Member of Spanish Parliament.

procuraduría f *Méx* ministry of justice.

procurar vt -**1.** [intentar]: ~ **hacer algo** to try to do sthg; ~ **que ...** to make sure that ... -**2.** [proporcionar] to get, to secure.

➡ **procurarse** vpr to get, to obtain (for o.s.).

prodigalidad f -**1.** [derroche] prodigality -**2.** [abundancia] profusion.

prodigar [16] vt: ~ **algo a alguien** to lavish sthg on sb.

➡ **prodigarse** vpr -**1.** [exhibirse] to appear a lot in public -**2.** [excederse]: ~**se en** to be lavish with.

prodigio m [suceso] miracle; [persona] wonder, prodigy.

prodigioso, sa adj -**1.** [sobrenatural] miraculous **-2.** [extraordinario] wonderful, marvellous.

pródigo, ga *adj* **-1.** [derrochador] extravagant **-2.** [generoso] generous, lavish.

producción *f* **-1.** [gen & CIN] production; ~ **en serie** *ECON* mass production **-2.** [productos] products *(pl)*.

producir [33] *vt* **-1.** [gen & CIN] to produce **-2.** [causar] to cause, to give rise to **-3.** [interés, fruto] to yield, to bear.

➙ **producirse** *vpr* [ocurrir] to take place, to come about.

productividad *f* productivity.

productivo, va *adj* productive; [que da beneficio] profitable.

producto *m* **-1.** [gen & MAT] product; *AGR* produce *(U)*; ~ **acabado/manufacturado** finished/manufactured product; ~ **de belleza** beauty product; ~ **interior/nacional bruto** gross domestic/national product; ~ **químico** chemical **-2.** [ganancia] profit **-3.** *fig* [resultado] result.

productor, ra <> *adj* producing; **país** ~ **de petróleo** oil-producing country. <> *m,f CIN* [persona] producer.

➙ **productora** *f CIN* [firma] production company.

proeza *f* exploit, deed.

profanación *f* desecration.

profanar *vt* to desecrate.

profano, na <> *adj* **-1.** [no sagrado] profane, secular **-2.** [ignorante] ignorant, uninitiated. <> *m,f* layman (f laywoman), lay person.

profecía *f* [predicción] prophecy.

➙ **profecías** *fpl* [libros] Prophets.

proferir [22] *vt* to utter; [insultos] to hurl.

profesar <> *vt* **-1.** [una religión] to follow; [una profesión] to practise **-2.** [admiración etc] to profess. <> *vi RELIG* to take one's vows.

profesión *f* profession; **de** ~ by profession; ~ **liberal** liberal profession.

profesional *adj & m,f* professional.

profesionalidad *f*, **profesionalismo** *m* professionalism.

profesionista *mf Méx* professional.

profeso, sa *adj* professed.

➙ **ex profeso** *loc adv* intentionally, expressly.

profesor, ra *m,f* [gen] teacher; [de universidad] lecturer; [de autoescuela, esquí etc] instructor; ~ **agregado** lecturer; ~ **asociado** associate lecturer; ~ **ayudante** assistant lecturer; ~ **particular** (private) tutor; ~ **titular** (full) lecturer.

profesorado *m* **-1.** [plantilla] teaching staff,

faculty *US*; [profesión] teachers *(pl)*, teaching profession **-2.** [cargo] post of teacher; [en la universidad] lectureship.

profeta *m* prophet.

profético, ca *adj* prophetic.

profetisa *f* prophetess.

profetizar [13] *vt* to prophesy.

profiera *etc* ⊳ **proferir**.

profiláctico, ca *adj* prophylactic.

➙ **profiláctico** *m* prophylactic, condom.

profilaxis *f inv* prophylaxis.

prófugo, ga *adj & m,f* fugitive.

➙ **prófugo** *m* **-1.** *DER* fugitive **-2.** *MIL* deserter.

profundidad *f lit & fig* depth; **en** ~ in depth; **tiene dos metros de** ~ it's two metres deep.

profundizar [13] <> *vt fig* to study in depth. <> *vi* to go into detail; ~ **en** to study in depth.

profundo, da *adj* **-1.** [gen] deep **-2.** *fig* [respeto, libro, pensamiento] profound, deep; [dolor] intense.

profusión *f* profusion.

profuso, sa *adj* profuse.

progenie *f* **-1.** [familia] lineage **-2.** [descendencia] offspring.

progenitor, ra *m,f* father (f mother).

➙ **progenitores** *mpl* parents.

progesterona *f* progesterone.

programa *m* **-1.** [gen] programme; ~ **espacial** space programme; ~ **de intercambio** exchange (programme) **-2.** [de actividades] schedule, programme; [de estudios] syllabus **-3.** *INFORM* program.

programación *f* **-1.** *INFORM* programming **-2.** *TV* scheduling; **la** ~ **del lunes** Monday's programmes.

programador, ra *m,f* [persona] programmer.

➙ **programador** *m* [aparato] programmer.

programar *vt* **-1.** [vacaciones, reforma etc] to plan **-2.** *CIN & TV* to put on, to show **-3.** *TECN* to programme; *INFORM* to program.

progre *fam* <> *adj* liberal, permissive. <> *mf* progressive.

progresar *vi* to progress, to make progress; ~ **en** to make progress in.

progresión *f* [gen & MAT] progression; [mejora] progress, advance; ~ **aritmética/geométrica** arithmetic/geometric progression.

progresista *adj & m,f* progressive.

progresivo, va *adj* progressive.

progreso *m* progress; **hacer** ~**s** to make progress.

prohibición *f* ban, banning *(U)*.

prohibido, da *adj* prohibited, banned; **'~ aparcar/fumar'** 'no parking/smoking', 'parking/smoking prohibited'; **'prohibida la entrada'** 'no entry'; **'dirección prohibida'** AUTOM 'no entry'.

prohibir *vt* **-1.** [gen] to forbid; ~ **a alguien hacer algo** to forbid sb to do sthg; **'se prohíbe el paso'** 'no entry' **-2.** [por ley - de antemano] to prohibit; [- a posteriori] to ban.

prohibitivo, va *adj* prohibitive.

prójimo *m* fellow human being, neighbour.

prole *f* offspring.

proletariado *m* proletariat.

proletario, ria *adj & m,f* proletarian.

proliferación *f* proliferation; ~ **nuclear** proliferation (of nuclear arms).

proliferar *vi* to proliferate.

prolífico, ca *adj* prolific.

prolijo, ja *adj* **-1.** [extenso] long-winded **-2.** [esmerado] meticulous; [detallado] exhaustive.

prólogo *m* [de libro] preface, foreword; *fig* prelude.

prolongación *f* extension.

prolongado, da *adj* long; *fig* [dilatado] lengthy.

prolongar [16] *vt* [gén] to extend; [espera, visita, conversación] to prolong; [cuerda, tubo] to lengthen.

promedio *m* average; **como** ~ on average.

promesa *f* **-1.** [compromiso] promise; **hacer una** ~ to make a promise; **romper una** ~ to break a promise **-2.** *fig* [persona] promising talent.

prometedor, ra *adj* promising.

prometer ◇ *vt* to promise. ◇ *vi* [tener futuro] to show promise.

➤ **prometerse** *vpr* to get engaged.

prometido, da ◇ *m,f* fiancé (*f* fiancée). ◇ *adj* **-1.** [para casarse] engaged **-2.** [asegurado]: **lo** ~ what has been promised, promise; **cumplir lo** ~ to keep one's promise.

prominencia *f* **-1.** [abultamiento] protuberance **-2.** [elevación] rise **-3.** [importancia] prominence.

prominente *adj* **-1.** [abultado] protruding **-2.** [elevado, ilustre] prominent.

promiscuidad *f* promiscuity.

promiscuo, cua *adj* promiscuous.

promoción *f* **-1.** [gen & DEP] promotion; ~ **de ventas** sales promotion **-2.** [curso] class, year.

promocionar *vt* to promote.

➤ **promocionarse** *vpr* to put o.s. forward, to promote o.s.

promontorio *m* promontory.

promotor, ra ◇ *adj* promoting. ◇ *m,f* promoter; [de una rebelión] instigator; ~ **inmobiliario** COM real estate developer.

promover [24] *vt* **-1.** [iniciar - fundación etc] to set up; [- rebelión] to stir up **-2.** [impulsar] to stimulate **-3.** [ocasionar] to cause **-4.** [ascender]: ~ **a alguien a** to promote sb to.

promulgación *f* [de ley] enactment.

promulgar [16] *vt* [ley] to enact.

pronombre *m* pronoun; (~) **demostrativo** demonstrative pronoun; (~) **indefinido** indefinite pronoun; ~ **interrogativo/personal** interrogative/personal pronoun; (~) **posesivo** possessive pronoun; ~ **relativo** relative pronoun.

pronominal ◇ *adj* pronominal. ◇ *m* pronominal verb.

pronosticar [10] *vt* to predict, to forecast.

pronóstico *m* **-1.** [predicción] forecast; ~ **del tiempo** weather forecast **-2.** MED prognosis; **de** ~ **leve** suffering from a mild condition; **de** ~ **grave** serious, in a serious condition; **de** ~ **reservado** under observation.

prontitud *f* promptness.

pronto, ta *adj* quick, fast; [respuesta] prompt, early; [curación, tramitación] speedy.

➤ **pronto** ◇ *adv* **-1.** [rápidamente] quickly; **tan** ~ **como** as soon as **-2.** [temprano] early; **salimos** ~ we left early **-3.** [dentro de poco] soon; **¡hasta** ~**!** see you soon! ◇ *m fam* sudden impulse.

➤ **al pronto** *loc adv* at first.

➤ **de pronto** *loc adv* suddenly.

➤ **por lo pronto** *loc adv* **-1.** [de momento] for the time being **-2.** [para empezar] to start with.

pronunciación *f* pronunciation.

pronunciado, da *adj* [facciones] pronounced; [curva] sharp; [pendiente, cuesta] steep; [nariz] prominent.

pronunciamiento *m* **-1.** [sublevación] uprising **-2.** DER pronouncement.

pronunciar [8] *vt* **-1.** [decir - palabra] to pronounce; [- discurso] to deliver, to make **-2.** [realzar] to accentuate **-3.** DER to pronounce, to pass.

➤ **pronunciarse** *vpr* **-1.** [definirse]: ~**se (sobre)** to state an opinion (on) **-2.** [sublevarse] to rise up, to revolt.

propagación *f* **-1.** [gen] spreading *(U)* **-2.**

BIOL & *FÍS* propagation.

propaganda f **-1.** [publicidad] advertising *(U)* **-2.** [prospectos - gen] publicity leaflets *(U)*; [- por correo] junk mail **-3.** [política, religiosa] propaganda.

propagandístico, ca *adj* advertising *(antes de sust)*; *POLÍT* propaganda *(antes de sust)*.

propagar [16] *vt* [gen] to spread; [razas, especies] to propagate.

➡ **propagarse** *vpr* **-1.** [gen] to spread **-2.** *BIOL* & *FÍS* to propagate.

propalar *vt* to divulge.

propano *m* propane.

propasarse *vpr*: ~ **(con algo)** to go too far (with sthg); ~ **con alguien** [sexualmente] to take liberties with sb.

propensión f propensity, tendency.

propenso, sa *adj*: ~ **a algo/a hacer algo** prone to sthg/doing sthg.

propiamente *adv* [adecuadamente] properly; [verdaderamente] really, strictly; ~ **dicho** strictly speaking; **el pueblo** ~ **dicho es sólo esto** strictly speaking, the town is just this area.

propiciar [8] *vt* to be conducive to.

propicio, cia *adj* **-1.** [favorable] propitious, favourable **-2.** [adecuado] suitable, appropriate.

propiedad f **-1.** [derecho] ownership; [bienes] property; **tener algo en** ~ to own sthg; ~ **horizontal** joint-ownership *(in a block of flats)*; ~ **industrial** patent rights *(pl)*; ~ **intelectual** copyright; ~ **privada** private property; ~ **pública** public ownership **-2.** [facultad] property **-3.** [exactitud] accuracy; **usar una palabra con** ~ to use a word properly.

propietario, ria *m,f* [de bienes] owner.

propina f tip; **dar de** ~ to tip.

propinar *vt* [paliza] to give; [golpe] to deal.

propio, pia *adj* **-1.** [gen] own; **tiene coche** ~ she has a car of her own, she has her own car; **por tu** ~ **bien** for your own good **-2.** [peculiar]: ~ **de** typical *o* characteristic of; **no es** ~ **de él** it's not like him **-3.** [apropiado]: ~ **(para)** suitable *o* right (for) **-4.** [en persona] himself *(f* herself); **el** ~ **compositor** the composer himself.

proponer [65] *vt* to propose; [candidato] to put forward.

➡ **proponerse** *vpr*: ~ **se hacer algo** to plan *o* intend to do sthg.

proporción f **-1.** [gen & *MAT*] proportion; **en** ~ in proportion to; **guardar** ~ **(con)** to be in proportion (to) **-2.** *(gen pl)* [importancia] extent, size.

➡ **proporciones** *fpl* [tamaño] size *(sg)*.

proporcionado, da *adj*: ~ **(a)** [estatura, sueldo] commensurate (with); [medidas] proportionate (to); **bien** ~ well-proportioned.

proporcional *adj* proportional.

proporcionar *vt* **-1.** [facilitar]: ~ **algo a alguien** to provide sb with sthg **-2.** *fig* [conferir] to lend, to add.

proposición f **-1.** [propuesta] proposal **-2.** *GRAM* clause.

➡ **proposiciones** *fpl* [sugerencias] propositions; **hacer proposiciones a alguien** to proposition sb; **proposiciones deshonestas** improper suggestions.

propósito *m* **-1.** [intención] intention **-2.** [objetivo] purpose.

➡ **a propósito** ◇ *loc adj* [adecuado] suitable. ◇ *loc adv* **-1.** [adrede] on purpose **-2.** [por cierto] by the way.

➡ **a propósito de** *loc prep* with regard to, concerning.

propuesta f proposal; **a** ~ **de** at the suggestion of; [de empleo] offer.

propuesto, ta *pp* ▷ **proponer**.

propugnar *vt* to advocate, to support.

propulsar *vt* **-1.** [impeler] to propel **-2.** *fig* [promover] to promote.

propulsión f propulsion; ~ **a chorro** jet propulsion.

propulsor, ra ◇ *adj* propulsive. ◇ *m,f* [persona] promoter.

➡ **propulsor** *m* **-1.** [dispositivo] engine **-2.** [combustible] propellent.

propusiera *etc* ▷ **proponer**.

prorrata f quota, share; **a** ~ pro rata.

prórroga f **-1.** [gen] extension; [de estudios, servicio militar] deferment **-2.** *DEP* extra time.

prorrogar [16] *vt* [alargar] to extend; [aplazar] to defer, to postpone.

prorrumpir *vi*: ~ **en** to burst into.

prosa f *LITER* prose; **en** ~ in prose.

prosaico, ca *adj* prosaic.

proscribir *vt* **-1.** [prohibir] to ban **-2.** [desterrar] to banish.

proscrito, ta ◇ *pp* ▷ **proscribir**. ◇ *adj* **-1.** [prohibido] banned **-2.** [desterrado] banished. ◇ *m,f* [desterrado] exile.

proseguir [43] ◇ *vt* to continue. ◇ *vi* to go on, to continue.

proselitismo *m* proselytism; **hacer** ~ to proselytize.

prosélito, ta *m,f* proselyte.

prosiga *etc* ▷ **proseguir**.

prosiguiera *etc* ▷ **proseguir**.

prospección *f* -**1**. [gen] exploration; [petrolífera, minera] prospecting -**2**. [de clientes]: ~ **(de)** canvassing (for).

prospectivo, va *adj* exploratory.

prospecto *m* leaflet; COM & EDUC prospectus.

prosperar *vi* -**1**. [mejorar] to prosper, to thrive -**2**. [triunfar] to be successful.

prosperidad *f* -**1**. [mejora] prosperity -**2**. [éxito] success.

próspero, ra *adj* prosperous, flourishing.

próstata *f* prostate.

prostíbulo *m* brothel.

prostitución *f* -**1**. [gen] prostitution -**2**. *fig* [corrupción] corruption.

prostituir [51] *vt lit* & *fig* to prostitute.

➡ **prostituirse** *vpr* to become a prostitute.

prostituta *f* prostitute.

protagonismo *m* leading role; **ganar** ~ to become more important.

protagonista *mf* -**1**. [gen] main character, hero (*f* heroine); TEATR lead, leading role -**2**. *fig* [de crimen, hazaña] person responsible.

protagonizar [13] *vt* -**1**. [obra, película] to play the lead in, to star in -**2**. *fig* [crimen] to be one of the main people responsible for; *fig* [hazaña] to play a leading part in.

protección *f* protection; **bajo la** ~ **de alguien** under the protection of sb; ~ **civil** civil defence; ~ **de datos** INFORM data protection.

proteccionismo *m* protectionism.

protector, ra ◇ *adj* protective. ◇ *m,f* [persona] protector.

➡ **protector** *m* -**1**. [en boxeo] gumshield -**2**. : ~ **labial** lip salve.

protectorado *m* protectorate.

proteger [14] *vt* -**1**. [gen] to protect; ~ **algo de algo** to protect sthg from sthg -**2**. [apoyar] to support.

➡ **protegerse** *vpr* to take cover *o* refuge.

protege-slips *m inv* panty pad *o* liner.

protegido, da ◇ *adj* protected. ◇ *m,f* protégé (*f* protégée).

proteína *f* protein; **rico en proteínas** rich in protein.

prótesis *f inv* -**1**. MED prosthesis; [miembro] artificial limb -**2**. GRAM prothesis.

protesta *f* protest; DER objection.

protestante *adj* & *m,f* Protestant.

protestantismo *m* Protestantism.

protestar *vi* -**1**. [quejarse]: ~ **(por/contra)** to protest (about/against); **¡protesto!** DER objection! -**2**. [refunfuñar] to grumble.

protesto *m* COM: ~ **de letra** noting bill of exchange.

protocolario, ria *adj* formal.

protocolo *m* -**1**. [gen & INFORM] protocol; ~ **de comunicación** communications protocol -**2**. [ceremonial] etiquette -**3**. DER *documents handled by a solicitor.*

protón *m* proton.

prototipo *m* -**1**. [modelo] archetype -**2**. [primer ejemplar] prototype.

protozoo *m* protozoan, protozoon.

protuberancia *f* protuberance, bulge.

provecho *m* -**1**. [gen] benefit; **buen** ~ enjoy your meal!; **de** ~ [persona] worthy; **hacer** ~ to do good; **sacar** ~ **de** to make the most of, to take advantage of -**2**. [rendimiento] good effect.

provechoso, sa *adj* -**1**. [ventajoso] beneficial, advantageous -**2**. [lucrativo] profitable.

proveedor, ra *m,f* supplier; ~ **de acceso a Internet** Internet access provider.

proveer [50] *vt* -**1**. [abastecer] to supply, to provide; ~ **a alguien de algo** to provide sb with sthg -**2**. [puesto, cargo] to fill.

➡ **proveerse de** *vpr* -**1**. [ropa, víveres] to stock up on -**2**. [medios, recursos] to arm o.s. with.

proveniente *adj*: ~ **de** (coming) from.

provenir [75] *vi*: ~ **de** to come from.

provenzal ◇ *adj* & *m,f* Provençal. ◇ *m* [lengua] Provençal.

proverbial *adj* proverbial.

proverbio *m* proverb.

providencia *f* -**1**. [medida] measure, step -**2**. DER ruling.

➡ **Providencia** *f* Providence.

providencial *adj lit* & *fig* providential.

proviene *etc* ▷ **provenir**.

provincia *f* [división administrativa] province.

➡ **provincias** *fpl* [no la capital] the provinces.

provincial *adj* & *m* provincial.

provinciano, na *adj* & *m,f despec* provincial.

proviniera *etc* ▷ **provenir**.

provisión *f* -**1**. (*gen pl*) [suministro] supply, provision; [de una plaza] filling (*U*) -**2**. [disposición] measure; ~ **de fondos** financial reserves (*pl*).

provisional *adj* provisional.

provisorio, ria *adj Amér* provisional.

provisto, ta *pp* ▷ **proveer**.

provocación *f* -**1**. [hostigamiento] provocation -**2**. [ocasionamiento - de incendio] starting; [- de incidente] causing; [- de revuelta] instigation.

provocador, ra ◇ *adj* provocative. ◇ *m,f* agitator.

provocar [10] *vt* -**1.** [incitar] to incite; ~ **a alguien a hacer algo** [gen] to cause sb to do sthg, to make sb do sthg; [matar, luchar etc] to provoke sb to do sthg -**2.** [irritar] to provoke -**3.** [ocasionar - gen] to cause; [- incendio, rebelión] to start -**4.** [excitar sexualmente] to arouse -**5.** : **¿te provoca hacerlo?** *Carib, Col, Méx* [te apetece] would you like to do it?

provocativo, va *adj* provocative.

proxeneta *mf* pimp (*f* procuress).

proxenetismo *m* pimping (*U*), procuring (*U*).

próximamente *adv* soon, shortly; *CIN* coming soon.

proximidad *f* [cercanía] closeness, proximity.

➡ **proximidades** *fpl* -**1.** [de ciudad] surrounding area (*sg*) -**2.** [de lugar] vicinity (*sg*).

próximo, ma *adj* -**1.** [cercano] near, close; ~ **a algo** close to sthg; [casa, ciudad] nearby, neighbouring; **en fecha próxima** shortly -**2.** [parecido] similar, close -**3.** [siguiente] next; **el** ~ **año** next year.

proyección *f* -**1.** [gen & *GEOM*] projection -**2.** *CIN* screening, showing -**3.** *fig* [trascendencia] importance.

proyectar *vt* -**1.** [dirigir - focos etc] to shine, to direct -**2.** [mostrar - película] to project, to screen; [- sombra] to cast; [- diapositivas] to show -**3.** [planear - viaje, operación, edificio] to plan; [- puente, obra] to design -**4.** [arrojar] to throw forwards -**5.** *GEOM* to project.

proyectil *m* projectile, missile.

proyectista *mf* designer.

proyecto *m* -**1.** [intención] project -**2.** [plan] plan; **tener en** ~ **hacer algo** to be planning to do sthg -**3.** [diseño - *ARQUIT*] design; *IND* & *TECN* plan -**4.** [borrador] draft; ~ **de ley** bill -**5.** *EDUC*: ~ **fin de carrera** *design project forming part of doctoral thesis for architecture students etc*; ~ **de investigación** [de un grupo] research project; [de una persona] dissertation.

proyector, ra *adj* projecting.

➡ **proyector** *m* -**1.** [de cine, diapositivas] projector -**2.** [reflector] searchlight; [en el teatro] spotlight.

prudencia *f* [cuidado] caution, care; [previsión, sensatez] prudence; [moderación] moderation; **con** ~ in moderation.

prudencial *adj* [sensato] sensible; [moderado] moderate.

prudente *adj* -**1.** [cuidadoso] careful, cau-

tious; [previsor, sensato] sensible -**2.** [razonable] reasonable.

prueba ◇ *v* ▷ **probar**. ◇ *f* -**1.** [demostración] proof; *DER* evidence, proof; **no tengo** ~**s** I have no proof -**2.** [manifestación] sign, token; **en** *o* **como** ~ **de** in *o* as proof of -**3.** [trance] ordeal, trial -**4.** *EDUC* & *MED* test; ~ **de alcoholemia** Breathalyser® test; ~ **de acceso** entrance examination; ~ **de aptitud** aptitude test; ~ **del embarazo** pregnancy test -**5.** [comprobación] test; **a** *o* **de** ~ [trabajador] on trial; [producto comprado] on approval; **es a** ~ **de agua/balas** it's waterproof/ bulletproof; **paciencia a toda** ~ unwavering patience; **poner a** ~ to (put to the) test; **la** ~ **de fuego** the acid test -**6.** *DEP* event -**7.** *IMPRENTA* proof.

prurito *m* *MED* itch, itching (*U*); *fig* urge.

prusiano, na *adj* & *m,f* Prussian.

PS = **PD**.

pseudo *adj* pseudo.

pseudónimo *m* pseudonym.

psicoanálisis *m inv* psychoanalysis.

psicoanalista *mf* psychoanalyst.

psicoanalizar [13] *vt* to psychoanalyze.

psicodélico, ca *adj* psychedelic.

psicodrama *m* psychodrama.

psicología *f lit* & *fig* psychology.

psicológico, ca *adj* psychological.

psicólogo, ga *m,f* psychologist.

psicomotor, ra *adj* psychomotor.

psicomotricidad *f* psychomotricity.

psicópata *mf* psychopath.

psicopatía *f* psychopathy, psychopathic personality.

psicosis *f inv* psychosis; ~ **maniacodepresiva** manic-depressive psychosis.

psicosomático, ca *adj* psychosomatic.

psicotécnico, ca *adj* psychotechnical.

➡ **psicotécnico** *m* [prueba] psychotechnical test.

psicoterapia *f* psychotherapy.

psique *f* psyche.

psiquiatra *mf* psychiatrist.

psiquiatría *f* psychiatry.

psiquiátrico, ca *adj* psychiatric.

➡ **psiquiátrico** *m* psychiatric *o* mental hospital.

psíquico, ca *adj* psychic.

psiquis *f inv* psyche.

PSOE [pe'soe, soe] (*abrev de* **Partido Socialista Obrero Español**) *m major Spanish political party to the centre-left of the political spectrum*.

pta. (*abrev de* **peseta**) pta.

púa *f* -**1.** [de planta] thorn; [de erizo] barb, quill; [de peine] spine, tooth; [de tenedor] prong -**2.** *MÚS* plectrum.

pub [pap] *(pl* **pubs)** *m* bar *(open till late, usually with music)*.

púber, ra *adj* & *m,f culto* adolescent.

pubertad *f* puberty.

pubis *m inv* pubes *(pl)*.

publicación *f* publication; ~ **periódica** periodical.

publicar [10] *vt* -**1.** [editar] to publish -**2.** [difundir] to publicize; [ley] to make public, to pass; [aviso] to issue.

publicidad *f* -**1.** [difusión] publicity; **dar** ~ **a algo** to publicize sthg -**2.** *COM* advertising; *TV* adverts *(pl)*, commercials *(pl)*; ~ **directa** direct mailing.

publicista *mf* advertising agent.

publicitar *vt* to advertise.

publicitario, ria <> *adj* advertising *(antes de sust)*. <> *m,f* advertising agent.

público, ca *adj* public; **ser** ~ [conocido] to be common knowledge; **en** ~ in public; **hacer algo** ~ to make sthg public.
➥ **público** *m* -**1.** *CIN, TEATR* & *TV* audience; *DEP* crowd -**2.** [comunidad] public; **el gran** ~ the (general) public.

publirreportaje *m* [anuncio de televisión] promotional film; [en revista] advertising spread.

pucha *interj Andes, RP fam* : ¡ ~ /s! sugar! *UK*, shoot! *US*.

pucherazo *m fig* electoral fraud *(U)*.

puchero *m* -**1.** [perola] cooking pot -**2.** [comida] stew.
➥ **pucheros** *mpl* [gesto] pout *(sg)*; **hacer** ~s to pout.

pucho *m CSur fam* [colilla] cigarette butt; [cigarillo] cigarette.

pudding = pudin.

pudendo, da *adj*: **partes pudendas** private parts.

pudibundo, da *adj* prudish.

púdico, ca *adj* -**1.** [recatado] modest -**2.** [tímido] bashful.

pudiente <> *adj* wealthy, well-off. <> *mf* wealthy person.

pudiera *etc* ⊳ **poder**.

pudin *(pl* **púdines)**, **pudding** [ˈpuðin] *(pl* **puddings)** *m* (plum) pudding.

pudor *m* -**1.** [recato] (sense of) shame -**2.** [timidez] bashfulness.

pudoroso, sa *adj* -**1.** [recatado] modest -**2.** [tímido] bashful.

pudrir *vt* -**1.** [descomponerse] to rot -**2.**

[fastidiar] to be fed up.
➥ **pudrirse** *vpr* to rot.

puebla *etc* ⊳ **poblar**.

pueblerino, na <> *adj* village *(antes de sust)*; *despec* rustic, provincial. <> *m,f* villager; *despec* yokel.

pueblo *m* -**1.** [población - pequeña] village; [- grande] town -**2.** [nación] people -**3.** [proletariado] (common) people.

pueda *etc* ⊳ **poder**.

puente *m* -**1.** [gen] bridge; ~ **colgante** suspension bridge; ~ **levadizo** drawbridge; ~ **peatonal** footbridge; **tender un** ~ to build bridges -**2.** [días festivos]: **hacer** ~ *to take an extra day off between two public holidays*.
➥ **puente aéreo** *m* [civil] air shuttle; [militar] airlift.

puenting *m* bungee-jumping.

puerco, ca <> *adj* dirty, filthy. <> *m,f* -**1.** [animal] pig *(f* sow) -**2.** *fam fig* [persona] pig, swine.

puercoespín *m* porcupine.

puericultor, ra *m,f* nursery nurse.

puericultura *f* childcare.

pueril *adj fig* childish.

puerilidad *f fig* childishness.

puerperio *m* puerperium.

puerro *m* leek.

puerta *f* -**1.** [de casa] door; [de jardín, ciudad etc] gate; **de** ~ **en** ~ from door to door; **llamar a la** ~ to knock on the door; ~ **de embarque** boarding gate; ~ **principal/trasera** front/back door; ~ **corrediza/giratoria** sliding/revolving door; ~ **blindada/vidriera** reinforced/glass door -**2.** *fig* [posibilidad] gateway, opening -**3.** *DEP* goal, goalmouth -**4.** *loc*: **a las** ~s **de** on the verge of; **a** ~ **cerrada** [gen] behind closed doors; [juicio] in camera; **coger la** ~ **y marcharse** to up and go; **dar a alguien con las** ~s **en las narices** to slam the door in sb's face; **estar en** ~s to be knocking on the door, to be imminent.

puerto *m* -**1.** [de mar] port; **llegar a** ~ to come into port; *fig* to make it in the end; ~ **deportivo** marina; ~ **franco** *o* **libre** free port; ~ **pesquero** fishing port -**2.** [de montaña] pass -**3.** *INFORM* port; ~ **paralelo/serie/USB** parallel/serial/USB port -**4.** *fig* [refugio] haven.

Puerto Rico Puerto Rico.

pues *conj* -**1.** [dado que] since, as -**2.** [por lo tanto] therefore, so; **creo,** ~, **que ...** so, I think that ... -**3.** [así que] so; **querías verlo,** ~ **ahí está** you wanted to see it, so here it is

- 4. [enfático]: **¡ ~ ya está!** well, that's it!; **¡ ~ claro!** but of course!; **¡ ~ vaya amigo que tienes!** some friend he is!

puesto, ta ◇ *pp* ▷ **poner**. ◇ *adj*: **ir muy ~** to be all dressed up; **iba sólo con lo ~** all she had with her were the clothes on her back.

➼ **puesto** *m* **-1.** [lugar] place **-2.** [empleo] post, position; **~ de trabajo** job; **escalar ~s** to work one's way up **-3.** [en fila, clasificación etc] place **-4.** [tenderete] stall, stand **-5.** *MIL* post; **~ de mando/vigilancia** command/sentry post; **~ de policía** police station; **~ de socorro** first-aid post.

➼ **puesta** *f* **-1.** [acción]: **puesta a punto** [de una técnica] perfecting; [de un motor] tuning; **puesta al día** updating; **puesta de largo** debut (in society); **puesta en escena** staging, production; **puesta en marcha** [de máquina] starting, start-up; [de acuerdo, proyecto] implementation; **puesta en órbita** putting into orbit; **puesta en práctica** implementation **-2.** [de ave] laying.

➼ **puesta de sol** *f* sunset.

➼ **puesto que** *loc conj* since, as.

puf (*pl* **pufs**) *m* pouf, pouffe.

púgil *m* boxer.

pugilato *m* boxing.

pugna *f* fight, battle.

pugnar *vi* **-1.** [luchar] to fight **-2.** *fig* [esforzarse]: **~ por** to struggle *o* fight (for).

puja *f* [en subasta - acción] bidding; [- cantidad] bid.

pujante *adj* vigorous.

pujanza *f* vigour, strength.

pujar ◇ *vi* **-1.** [en subasta] to bid higher **-2.** *fig* [luchar] to struggle. ◇ *vt* to bid.

pulcritud *f* neatness, tidiness.

pulcro, cra *adj* neat, tidy.

pulga *f* flea; **tener malas ~s** *fig* to be bad-tempered.

pulgada *f* inch.

pulgar ▷ **dedo**.

pulgón *m* plant louse, aphid.

pulido, da *adj* polished, clean.

➼ **pulido** *m* polish.

pulidor, ra *adj* polishing.

➼ **pulidora** *f* polisher.

pulimentar *vt* to polish.

pulir *vt* to polish.

➼ **pulirse** *vpr* [gastarse] to blow, to throw away.

pulla *f* gibe.

pulmón *m* lung; **~ de acero** *o* **artificial** iron lung; **a pleno ~** [gritar] at the top of one's

voice; [respirar] deeply; **tener buenos pulmones** to have a powerful voice.

pulmonar *adj* pulmonary, lung *(antes de sust)*.

pulmonía *f* pneumonia.

pulóver *m RP* pullover.

pulpa *f* pulp.

púlpito *m* pulpit.

pulpo *m* **-1.** [animal] octopus **-2.** *fam* [hombre]: **es un ~** he can't keep his hands off women **-3.** [correa elástica] spider strap.

pulque *m CAm, Méx* pulque, *fermented maguey juice*.

pulquería *f CAm, Méx* 'pulque' bar.

pulsación *f* **-1.** [del corazón] beat, beating (U) **-2.** [en máquina de escribir] keystroke, tap; [en piano]: **pulsaciones por minuto** keystrokes per minute.

pulsador *m* button, push button.

pulsar *vt* **-1.** [botón, timbre etc] to press; [teclas de ordenador] to hit, to strike; [teclas de piano] to play; [cuerdas de guitarra] to pluck **-2.** *fig* [opinión pública etc] to sound out.

pulsera *f* bracelet; **~ de tobillo** ankle bracelet.

pulso *m* **-1.** [latido] pulse; **tomar el ~ a alguien** to take sb's pulse; **tomar el ~ a algo/alguien** *fig* to sound sthg/sb out **-2.** [firmeza]: **tener buen ~** to have a steady hand; **a ~** unaided; **echar un ~ (con alguien)** to arm-wrestle (with sb); **ganarse algo a ~** to deserve sthg.

pulular *vi* to swarm.

pulverización *f* [de sólido] pulverization; [de líquido] spraying.

pulverizador, ra *adj* spray *(antes de sust)*.

➼ **pulverizador** *m* spray.

pulverizar [13] *vt* **-1.** [líquido] to spray **-2.** [sólido] to reduce to dust; *TECN* to pulverize **-3.** *fig* [aniquilar] to pulverize.

pum *interj*: **¡ ~!** bang!

puma *m* puma.

pumba *interj*: **¡ ~!** wham!, bang!

puna *f Andes, Arg* altitude sickness.

punce *etc* ▷ **punzar**.

punción *f* puncture.

pundonor *m* pride.

punitivo, va *adj* punitive.

punk [paŋk] (*pl* **punks**), **punki** *adj & m, f* punk.

punta *f* **-1.** [extremo - gen] point; [- de pan, pelo] end; [- de dedo, cuerno] tip; **a ~ de pistola** at gunpoint; **de ~ a ~** from one end to the other; **en ~** pointed; **en la otra ~ de algo** at the other end of sthg; **sacar ~ a**

(un lápiz) to sharpen (a pencil); a ~ (de) pala by the dozen o bucket; estar de ~ con alguien to be on edge with sb; ir de ~ en blanco to be dressed up to the nines; la ~ del iceberg *fig* the tip of the iceberg; tener algo en la ~ de la lengua *fig* to have sthg on the tip of one's tongue -2. [pizca] touch, bit; [de sal] pinch -3. [clavo] small nail -4. *GEOGR* point, headland.
➡ puntas *fpl* [del pelo] ends.

puntada *f* -1. [agujero] hole o mark left by needle -2. [pespunte] stitch.

puntaje *m CSur* mark *UK*, grade *US*.

puntal *m* [madero] prop; *fig* [apoyo] mainstay.

puntapié *m* kick; dar un ~ a alguien to kick sb; echar a alguien a ~s to kick sb out; tratar a alguien a ~s *fig* to be nasty to sb.

punteado *m MÚS* plucking.

puntear *vt* to pluck.

punteo *m* guitar solo.

puntera ▷ puntero.

puntería *f* -1. [destreza] marksmanship; hacer ~ to take aim; tener ~ to be a good shot -2. [orientación] aim.

puntero, ra ◇ *adj* leading. ◇ *m,f* [líder] leader.
➡ puntero *m* [para señalar] pointer.
➡ puntera *f* [de zapato] toecap.

puntiagudo, da *adj* pointed.

puntilla *f* point lace; dar la ~ *fig* to give the coup de grâce.
➡ de puntillas *loc adv* on tiptoe.

puntillismo *m* pointillism.

puntilloso, sa *adj* -1. [susceptible] touchy -2. [meticuloso] punctilious.

punto *m* -1. [gen] point; ~ débil/fuerte weak/strong point; ~ de ebullición/fusión boiling/melting point; ~ cardinal cardinal point; ~ de apoyo fulcrum; *fig* backup, support; ~s a tratar matters to be discussed; poner ~ final a algo to bring sthg to a close; y ~ *fam* and that's that -2. [signo ortográfico] dot; ~ com [empresa] dot com; ~ y aparte full stop, new paragraph; ~ y coma semicolon; ~ y seguido full stop; ~s suspensivos dots, suspension points; dos ~s colon; poner los ~s sobre las íes to dot the i's and cross the t's -3. [marca] spot, dot -4. [lugar] spot, place; ~ de venta *COM* point of sale -5. [momento] point, moment; estar a ~ to be ready; estar a ~ de hacer algo to be on the point of doing sthg; llegar a ~ (para hacer algo) to arrive just in time (to do sthg); al ~ at once, there and then -6. [estado] state, condition; estando las cosas en este ~

things being as they are; llegar a un ~ en que ... to reach the stage where ...; estar en ~ de caramelo para to be ripe for; estar en su ~ [gen] to be just right; [comida] to be done to a turn; poner a ~ [gen] to fine-tune; [motor] to tune -7. [grado] degree; hasta tal ~ que to such an extent that -8. [cláusula] clause -9. [puntada - en costura, cirugía] stitch; ~ de cruz cross-stitch; hacer ~ to knit; un jersey de ~ a knitted jumper -10. [estilo de tejer] knitting; ~ de ganchillo crochet -11. [pizca, toque] touch -12. [objetivo] end, target.
➡ en punto *loc adv* exactly, on the dot.
➡ hasta cierto punto *loc adv* to some extent, up to a point.
➡ punto de partida *m* starting point.
➡ punto de referencia *m* point of reference.
➡ punto de vista *m* point of view, viewpoint.
➡ punto muerto *m* -1. *AUTOM* neutral -2. [en un proceso] deadlock; estar en un ~ muerto to be deadlocked.

puntuable *adj*: ~ para that counts towards.

puntuación *f* -1. [calificación] mark; [en concursos, competiciones] score -2. [ortográfica] punctuation.

puntual *adj* -1. [en el tiempo] punctual; ser ~ to be on time -2. [exacto, detallado] detailed -3. [aislado] isolated, one-off.

puntualidad *f* [en el tiempo] punctuality.

puntualizar [13] *vt* to specify, to clarify.

puntuar [6] ◇ *vt* -1. [calificar] to mark; *DEP* to award marks to -2. [escrito] to punctuate. ◇ *vi* -1. [calificar] to mark -2. [entrar en el cómputo]: ~ (para) to count (towards).

punzada *f* [dolor intenso] stabbing pain (*U*); *fig* pang, twinge.

punzante *adj* -1. [que pincha] sharp -2. [intenso] sharp, stabbing -3. [mordaz] caustic.

punzón *m* punch.

puñado *m* handful; a ~s *fig* hand over fist.

puñal *m* dagger.

puñalada *f* stab; [herida] stab wound; coser a ~s *fig* to stab repeatedly; ~ trapera *fig* stab in the back.

puñeta ◇ *f fam* [tontería]: hacer la ~ to be a pain; mandar a alguien a ~s to tell sb to get lost; en la quinta ~ in the back of beyond. ◇ *interj fam*: ¡~s! damn it!

puñetazo *m* punch; lo derribó de un ~ he knocked him to the ground.

puñetería *f fam* -1. [molestia] bloodymindedness -2. [menudencia] trifle, unimportant thing.

puñetero, ra fam ◇ adj -**1.** [persona] damn; **a ver si arranca el coche de una ~ vez** let's see if this damn car will finally start -**2.** [cosa] tricky, awkward. ◇ m,f pain.

puño m -**1.** [mano cerrada] fist; **son verdades como ~s** it's as clear as daylight; **de su ~ y letra** in his/her own handwriting; **meter o tener a alguien en un ~** to have sb under one's thumb -**2.** [de manga] cuff -**3.** [empuñadura - de espada] hilt; [- de paraguas] handle.

pupa f -**1.** [erupción] blister -**2.** [daño] fam pain; **hacerse ~** to hurt o.s.

pupila f pupil.

pupilaje m reserved o long-term parking.

pupilo, la m,f -**1.** [discípulo] pupil -**2.** [huérfano] ward.

pupitre m desk.

purasangre m inv thoroughbred.

puré m CULIN purée; [sopa] thick soup; **~ de patatas** mashed potatoes (pl); **estar hecho ~** fam to be knackered; **hacer ~ a alguien** to beat sb to a pulp.

pureta fam ◇ adj fogeyish. ◇ mf old fogey.

pureza f purity.

purga f -**1.** MED purgative -**2.** fig [depuración] purge.

purgante adj & m purgative.

purgar [16] vt lit & fig to purge.
➡ **purgarse** vpr to take a purge.

purgatorio m purgatory.

purgue etc ▷ **purgar**.

purificación f purification.

purificar [10] vt to purify; [mineral, metal] to refine.

purista ◇ adj purist (antes de sust). ◇ mf purist.

puritanismo m puritanism.

puritano, na adj & m,f puritan.

puro, ra adj -**1.** [gen] pure; [oro] solid -**2.** [conducta, persona] chaste, innocent -**3.** [mero] sheer; [verdad] plain; **por pura casualidad** by pure chance.
➡ **puro** m cigar.

púrpura ◇ adj inv purple. ◇ m purple.

purpurina f purpurin.

purulento, ta adj culto purulent.

pus m pus.

pusiera etc ▷ **poner**.

pusilánime adj cowardly.

puso etc ▷ **poner**.

pústula f pimple, spot.

puta ◇ adj ▷ **puto**. ◇ f vulg whore; **ir de ~s** to go whoring; **de ~ madre** fucking brilliant.

putada f vulg: **hacerle una ~ a alguien** to be a mean bastard to sb; **¡qué ~!** what a bummer!

putativo, va adj putative.

puteada f CSur fam swear word.

puteado, da adj vulg pissed off.

puteo m vulg [con prostitutas]: **ir de ~** to go whoring.

putero, ra adj vulg whoremonger.

puto, ta adj vulg -**1.** [maldito] bloody -**2.** [difícil] bloody difficult.
➡ **puto** m vulg male prostitute.

putrefacción f rotting, putrefaction.

putrefacto, ta adj rotting.

pútrido, da adj putrid.

puzzle [ˈpuθle], **puzle** m jigsaw puzzle.

PVC (abrev de polyvinyl-chloride) m PVC.

PVP (abrev de precio de venta al público) m ≃ RRP.

PYME (abrev de Pequeña y Mediana Empresa) f SME.

pyrex® = **pírex**.

pza. (abrev de plaza) Sq.

q, Q f [letra] q, Q.

q.e.p.d. (abrev de que en paz descanse) RIP.

quántico = **cuántico**.

que ◇ pron relat -**1.** (sujeto) [persona] who, that; [cosa] that, which; **la mujer ~ me saluda** the woman (who o that is) waving to me; **el ~ me lo compró** the one who bought it from me; **la moto ~ me gusta** the motorbike (that) I like -**2.** (complemento directo) [persona] whom, that; [cosa] that, which; **el hombre ~ conociste ayer** the man (whom o that) you met yesterday; **ese coche es el ~ me quiero comprar** that car is the one (that o which) I want to buy -**3.** (complemento indirecto): **al/a la ~** (to) whom; **ese es el chico al ~ presté dinero** that's the boy to whom I lent some money -**4.** (complemento circunstancial): **la playa a la ~ fui** the beach where *o* to which I went; **la mujer con la ~ hablas** the woman to whom you are talking; **la mesa sobre la ~ escribes** the table on which you are writing **- 5.** *(complemento de tiempo):* **(en) ~** when; **el día (en) ~ me fui** the day (when) I left. <> *conj* **- 1.** *(con oraciones de sujeto)* that; **es importante ~ me escuches** it's important that you listen to me **- 2.** *(con oraciones de complemento directo)* that; **me ha confesado ~ me quiere** he has told me that he loves me **- 3.** *(comparativo)* than; **es más rápido ~ tú** he's quicker than you; **antes morir ~ vivir la guerra** I'd rather die than live through a war **- 4.** [expresa causa]: **hemos de esperar, ~ todavía no es la hora** we'll have to wait, as it isn't time yet **- 5.** [expresa consecuencia] that; **tanto me lo pidió ~ se lo di** he asked me for it so insistently that I gave it to him **- 6.** [expresa finalidad] so (that); **ven aquí ~ te vea** come over here so (that) I can see you **- 7.** *(+ subjuntivo)* [expresa deseo] that; **quiero ~ lo hagas** I want you to do it; **espero ~ te diviertas** I hope (that) you have fun **- 8.** *(en oraciones exclamativas):* **¡~ te diviertas!** have fun!; **¡~ te doy un bofetón!** do that again and I'll slap you! **- 9.** *(en oraciones interrogativas):* **¿~ quiere venir?** pues **que venga** so she wants to come? then let her **- 10.** [expresa disyunción] or; **quieras ~ no, harás lo que yo mando** you'll do what I tell you, whether you like it or not **- 11.** [expresa hipótesis] if; **~ no quieres hacerlo, pues no pasa nada** it doesn't matter if you don't want to do it **- 12.** [expresa reiteración] and; **estaban charla ~ charla** they were talking and talking.

qué <> *adj* [gen] what; [al elegir, al concretar] which; **¿~ hora es?** what's the time?; **¿~ coche prefieres?** which car do you prefer?; **¿a ~ distancia?** how far away? <> *pron (interrogativo)* what; **¿~ te dijo?** what did he tell you?; **no sé ~ hacer** I don't know what to do; **¿~ ?** [¿cómo?] sorry?, pardon? <> *adv* **- 1.** [exclamativo] how; **¡~ horror!** how awful!; **¡~ tonto eres!** how stupid you are!, you're so stupid!; **¡~ casa más bonita!** what a lovely house!; **¡y ~ !** so what? **- 2.** [expresa gran cantidad]: **¡~ de ...!** what a lot of ...! ; **¡~ de gente hay aquí!** what a lot of people there are here!, there are so many people here!

Québec *m:* **(el) ~** Quebec.

quebrada ▷ quebrado.

quebradero
◆ **quebradero de cabeza** *m* headache, problem.

quebradizo, za *adj* **- 1.** [frágil] fragile, brittle **- 2.** [débil] frail **- 3.** [voz] weak.

quebrado, da *adj* **- 1.** [terreno] rough, uneven; [perfil] rugged **- 2.** MAT fractional.
◆ **quebrado** *m* MAT fraction.
◆ **quebrada** *f* **- 1.** [desfiladero] gorge **- 2.** *Amér* [arroyo] stream.

quebrantado, da *adj* frail.

quebrantahuesos *m inv* bearded vulture, lammergeier.

quebrantar *vt* **- 1.** [incumplir - promesa, ley] to break; [- obligación] to fail in **- 2.** [debilitar] to weaken; [moral, resistencia] to break.
◆ **quebrantarse** *vpr* **- 1.** [romperse] to crack **- 2.** [debilitarse] to decline, to deteriorate.

quebranto *m* **- 1.** [debilitamiento] weakening, debilitation **- 2.** [pena] grief.

quebrar [19] <> *vt* [romper] to break. <> *vi* FIN to go bankrupt.
◆ **quebrarse** *vpr* **- 1.** [romperse] to break **- 2.** [voz] to break, to falter.

quechua <> *adj* Quechuan. <> *mf* [persona] Quechua. <> *m* [idioma] Quechua.

quedar <> *vi* **- 1.** [permanecer] to remain, to stay; **el viaje quedó en proyecto** the trip never got beyond the planning stage **- 2.** [haber aún, faltar] to be left, to remain; **¿queda azúcar?** is there any sugar left?; **nos quedan 10 euros** we have 10 euros left; **¿cuánto queda para León?** how much further is it to León?; **~ por hacer** to remain to be done; **queda por fregar el suelo** the floor has still to be cleaned **- 3.** [mostrarse]: **~ como** to come across as; **~ bien/mal (con alguien)** to make a good/bad impression (on sb) **- 4.** [llegar a ser, resultar]: **el trabajo ha quedado perfecto** the job turned out perfectly; **el cuadro queda muy bien ahí** the picture looks great there **- 5.** [acabar]: **~ en** to end in; **~ en nada** to come to nothing **- 6.** [sentar] to look; **te queda un poco corto el traje** your suit is a bit too short; **~ bien/mal a alguien** to look good/bad on sb; **~ bien/mal con algo** to go well/badly with sthg **- 7.** [citarse]: **~ (con alguien)** to arrange to meet (sb); **hemos quedado el lunes** we've arranged to meet on Monday **- 8.** [acordar]: **~ en algo/en hacer algo** to agree on sthg/to do sthg; **~ en que ...** to agree that ...; **¿en qué quedamos?** what's it to be, then? **- 9.** *fam* [estar situado] to be; **queda por las afueras** it's somewhere on the outskirts; **¿por dónde queda?** whereabouts is it? <> *v impers:* **por mí que no quede** don't let me be the one to stop you; **que no quede**

por falta de dinero we don't want it to fall through for lack of money.

◆ **quedarse** *vpr* - **1.** [permanecer - en un lugar] to stay, to remain - **2.** [terminar - en un estado]: ~**se ciego/sordo** to go blind/deaf; ~**se triste** te to be *o* **se sin dinero** to be left penniless; **la pared se ha quedado limpia** the wall is clean now - **3.** [comprar] to take; **me quedo éste** I'll take this one.

◆ **quedarse con** *vpr* - **1.** [retener, guardarse] to keep - **2.** [preferir] to go for, to prefer - **3.** *mfam* [burlarse de]: ~**se con alguien** to wind sb up.

quedo, da *adj* quiet, soft.

◆ **quedo** *adv* quietly, softly.

quehacer *(gen pl)* m task; ~**es domésticos** housework *(U)*.

queimada f *flamed punch made from lemon juice, sugar and a type of brandy.*

queja f - **1.** [lamento] moan, groan - **2.** [protesta] complaint; **presentar una** ~ to lodge *o* make a complaint.

quejarse *vpr* - **1.** [lamentar] to groan, to cry out; ~ **de algo/alguien** to bemoan sthg/sb - **2.** [protestar] to complain; ~ **de** to complain about.

quejica *despec* ◇ *adj* whining, whingeing. ◇ *mf* whinger.

quejido m cry, moan.

quejoso, sa *adj*: ~ **(de)** annoyed *o* upset (with).

quejumbroso, sa *adj* whining.

quema f burning.

quemado, da *adj* - **1.** [gen] burnt; **oler a** ~ to smell burning; [por agua hirviendo] scalded; [por electricidad] burnt-out; [fusible] blown - **2.** [por sol] sunburnt - **3.** *loc:* **estar** ~ [agotado] to be burnt-out; [harto] to be fed up.

quemador m burner.

quemadura f [por fuego] burn; ~ **en tercer grado** third-degree burning; [por agua hirviendo] scald.

quemar ◇ *vt* - **1.** [gen] to burn; [suj: agua hirviendo] to scald; [suj: electricidad] to blow - **2.** [suj: frío] to wither - **3.** *fig* [malgastar] to go through, to fritter away - **4.** *fig* [desgastar] to burn out - **5.** *fig* [hartar] to make fed up. ◇ *vi* - **1.** [estar caliente] to be (scalding) hot - **2.** *fig* [desgastar]: **la política quema** politics burns you out.

◆ **quemarse** *vpr* - **1.** [por fuego] to burn down; [por agua hirviendo] to get scalded; [por calor] to burn; [por electricidad] to blow - **2.** [por el sol] to get burned - **3.** *fig* [desgastarse] to burn out - **4.** *fig* [hartarse] to get fed up.

quemarropa

◆ **a quemarropa** *loc adv* point-blank.

quemazón f burning; [picor] itch.

quepa *etc* ▷ **caber**.

quepis, kepis m kepi.

quepo *etc* ▷ **caber**.

queque m *Andes, CAm, Méx* sponge (cake).

queratina f keratin.

querella f - **1.** *DER* [acusación] charge; **presentar una** ~ **contra alguien** to bring an action against sb - **2.** [discordia] dispute.

querellante *adj & m, f* *DER* plaintiff.

querellarse *vpr* to bring an action.

querencia f homing instinct.

querer [67] ◇ *vt* - **1.** [gen] to want; **quiero una bicicleta** I want a bicycle; **¿quieren ustedes algo más?** would you like anything else?; ~ **que alguien haga algo** to want sb to do sthg; **quiero que lo hagas tú** I want you to do it; ~ **que pase algo** to want sthg to happen; **queremos que las cosas te vayan bien** we want things to go well for you; **quisiera hacerlo, pero ...** I'd like to do it, but ... - **2.** [amar] to love - **3.** [pedir] [precio]: ~ **algo (por)** to want sthg (for); **¿cuánto quieres por el coche?** how much do you want for the car? - **5.** *fig & irón* [dar motivos para]: **tú lo que quieres es que te pegue** you're asking for a smack - **6.** *loc:* **como quien no quiere la cosa** as if it were nothing; **quien bien te quiere te hará llorar** *proverb* you have to be cruel to be kind *proverb.* ◇ *vi* to want; **ven cuando quieras** come whenever you like *o* want; **no me voy porque no quiero** I'm not going because I don't want to; **queriendo** on purpose; **sin** ~ accidentally; ~ **decir** to mean; **¿qué quieres decir con eso?** what do you mean by that?; ~ **es poder** where there's a will there's a way. ◇ *v impers* [haber atisbos]: **parece que quiere llover** it looks like rain. ◇ m love.

◆ **quererse** *vpr* to love each other.

querido, da ◇ *adj* dear. ◇ *m, f* lover; [apelativo afectuoso] darling.

quermés, quermese f kermiss.

queroseno, keroseno m kerosene.

querrá *etc* ▷ **querer**.

querubín m cherub.

quesadilla f *CAm, Méx* *filled fried tortilla.*

quesera ▷ **quesero**.

quesero, ra ◇ *adj* cheese (antes de sust). ◇ *m, f* [persona] cheese maker.

◆ **quesera** f [recipiente] cheese dish.

queso m cheese; ~ gruyère/parmesano/roquefort Gruyère/Parmesan/Roquefort (cheese); ~ **de bola** Dutch cheese; ~ **manchego** *hard mild yellow cheese made in La Mancha*; ~ **para untar** cheese spread; ~ **rallado** grated cheese; **dárselas con ~ a alguien** to fool sb.

quetzal [ket'sal] m quetzal.

quevedos mpl pince-nez.

quia interj fam: ¡~! huh!, ha!

quibutz [ki'βuθ] (pl **quibutzs**), **kibutz** (pl **kibutzim**) m kibbutz.

quicio m jamb; **estar fuera de ~** fig to be out of kilter; **sacar de ~ a alguien** fig to drive sb mad.

quid (pl **quids**) m crux; **el ~ de la cuestión** the crux of the matter.

quiebra ◇ v ▷ **quebrar**. ◇ f **-1.** [ruina] bankruptcy; **ir a la ~** to go bankrupt; [en bolsa] crash; ~ **fraudulenta** DER fraudulent bankruptcy **-2.** fig [pérdida] collapse.

quiebro m **-1.** [ademán] swerve **-2.** MÚS trill.

quien pron **-1.** (relativo) [sujeto] who; [complemento] whom; **fue mi hermano ~ me lo explicó** it was my brother who explained it to me; **era Pepe a ~ vi/de ~ no me fiaba** it was Pepe (whom) I saw/didn't trust **-2.** (indefinido): ~**es quieran verlo que se acerquen** whoever wants to see it will have to come closer; **hay ~ lo niega** there are those who deny it **-3.** loc: ~ **más ~ menos** everyone.

quién pron **-1.** (interrogativo) [sujeto] who; [complemento] who, whom; ¿~ **es ese hombre?** who's that man?; **no sé ~ viene** I don't know who is coming; ¿**a ~es has invitado?** who o whom have you invited?; ¿**de ~ es?** whose is it?; ¿~ **es?** [en la puerta] who is it?; [al teléfono] who's calling? **-2.** (exclamativo): ¡~ **pudiera verlo!** if only I could have seen it!

quienquiera (pl **quienesquiera**) pron whoever; ~ **que venga** whoever comes.

quiera etc ▷ **querer**.

quieto, ta adj **-1.** [parado] still; ¡**estáte ~!** keep still!; ¡~ **ahí!** don't move! **-2.** fig [tranquilo] quiet.

quietud f **-1.** [inmovilidad] stillness **-2.** [tranquilidad] quietness.

quif, kif m hashish.

quijada f jaw.

quijotada f quixotic deed.

quijote m despec do-gooder.

quijotesco, ca adj quixotic.

quijotismo m quixotism.

quilate m carat.

quilla f NÁUT keel.

quilo etc = kilo.

quilombo m CSur mfam [burdel] whorehouse; [lío, desorden] mess.

quimera f fantasy.

quimérico, ca adj fanciful, unrealistic.

químico, ca ◇ adj chemical. ◇ m,f [científico] chemist.
➤ **química** f [ciencia] chemistry.

quimioterapia f chemotherapy.

quimono, kimono m kimono.

quina f **-1.** [planta] cinchona **-2.** [bebida] quinine; **ser más malo que la ~** to be truly horrible; **tragar ~** to grin and bear it.

quincalla f trinket.

quincallería f [quincallas] trinkets (pl).

quince núm fifteen; ~ **días** a fortnight; ver también **seis**.

quinceañero, ra ◇ adj teenage. ◇ m,f teenager.

quinceavo, va núm fifteenth; **la quinceava parte** a fifteenth.

quincena f fortnight.

quincenal adj fortnightly.

quincho m RP [techo] thatched roof; [en jardín, playa] thatched shelter.

quincuagésimo, ma núm fiftieth.

quiniela f [boleto] pools coupon.
➤ **quinielas** fpl [apuestas] (football) pools; **jugar a las ~s** to play the pools.
➤ **quiniela hípica** f sweepstake.

quinielista mf punter who does the pools.

quinientos, tas núm five hundred; ver también **seis**.

quinina f quinine.

quinqué m oil lamp.

quinquenal adj five-year (antes de sust).

quinquenio m **-1.** [periodo] five-year period **-2.** [paga] five-yearly increment of salary.

quinqui mf fam delinquent.

quinta ▷ **quinto**.

quintaesencia f inv quintessence.

quinteto m quintet.

quintillizo, za adj & m,f quintuplet.

quinto, ta núm fifth; **la quinta parte** a fifth.
➤ **quinto** m **-1.** [parte] fifth **-2.** MIL recruit, conscript.
➤ **quinta** f **-1.** [finca] country house **-2.** MIL call-up year; **entrar en quintas** to be called up.

quíntuple = **quíntuplo**.

quintuplicar [10] vt to increase fivefold.
➤ **quintuplicarse** vpr to increase fivefold.

quíntuplo, pla, quíntuple *adj* quintuple.
➤ **quíntuplo** *m* quintuple.

quiosco, kiosco *m* kiosk; [de periódicos] newspaper stand; ~ **de música** bandstand.

quiosquero, ra *m,f* owner of a newspaper stand.

quipus *mpl Andes* quipus, *knotted cords used for record-keeping by the Incas.*

quiquiriquí (*pl* **quiquiriquíes**) *m* cock-a-doodle-do.

quirófano *m* operating theatre.

quiromancia *f* palmistry, chiromancy.

quiromántico, ca ◇ *adj* chiromantic.
◇ *m,f* palmist.

quiromasaje *m* (manual) massage.

quirúrgico, ca *adj* surgical.

quisiera *etc* ▷ **querer**.

quisque *m*: **cada** *o* **todo** ~ every man Jack, everyone.

quisquilloso, sa ◇ *adj* **-1.** [detallista] pernickety **-2.** [susceptible] touchy, over-sensitive. ◇ *m,f* **-1.** [detallista] nit picker **-2.** [susceptible] touchy person.

quiste *m* cyst.

quitaesmalte *m* nail-polish remover.

quitaipón
➤ **de quitaipón** *loc adj* removable; [capucha] detachable.

quitamanchas *m inv* stain remover.

quitanieves *m inv* snow plough.

quitar *vt* **-1.** [gen] to remove; [ropa, zapatos etc] to take off; ~ **le algo a alguien** to take sthg away from sb; **de quita y pon** removable; [capucha] detachable **-2.** [dolor, ansiedad] to take away, to relieve; [sed] to quench **-3.** [tiempo] to take up **-4.** [robar] to take, to steal **-5.** [impedir]: **esto no quita que sea un vago** that doesn't change the fact that he's a layabout **-6.** [exceptuar]: **quitando el queso, me gusta todo** apart from cheese, I'll eat anything **-7.** [desconectar] to switch off.
➤ **quitarse** *vpr* **-1.** [apartarse] to get out of the way **-2.** [ropa] to take off **-3.** [suj: mancha] to come out **-4.** *loc*: ~ **se a alguien de encima** *o* **de en medio** to get rid of sb.

quitasol *m* sunshade *UK*, parasol.

quite *m DEP* parry; **estar al** ~ to be on hand to help.

quiteño, ña *adj* of/relating to Quito.

Quito Quito.

quizá, quizás *adv* perhaps; ~ **llueva mañana** it might rain tomorrow; ~ **no lo creas** you may not believe it; ~ **sí** maybe; ~ **no** maybe not.

quórum *m* quorum.

r, R *f* [letra] r, R.

rabadilla *f* **-1.** [de persona] coccyx **-2.** [de res] rump.

rábano *m* radish; **coger el** ~ **por las hojas** to get the wrong end of the stick; **me importa un** ~ I couldn't care less, I don't give a damn.

Rabat Rabat.

rabel *m* rebec.

rabí *m* rabbi.

rabia *f* **-1.** [ira] rage; **me da** ~ it makes me mad; **tenerle** ~ **a alguien** *fig* not to be able to stand sb **-2.** [enfermedad] rabies.

rabiar [8] *vi* **-1.** [sufrir] to writhe in pain; ~ **de** *o* **por** to writhe in **-2.** [enfadarse] to be furious; **estar a** ~ **(con alguien)** to be furious (with sb); **hacer** ~ **a alguien** to make sb furious **-3.** [desear]: ~ **por algo/hacer algo** to be dying for sthg/to do sthg; **me gusta a** ~ I'm crazy about it.

rabieta *f fam* tantrum; **tener una** ~ to throw a tantrum.

rabillo *m* corner; **mirar algo con el** ~ **del ojo** to look at sthg out of the corner of one's eye.

rabino *m* rabbi.

rabiosamente *adv* **-1.** [mucho] terribly **-2.** [con enfado] furiously, in a rage.

rabioso, sa *adj* **-1.** [furioso] furious **-2.** [excesivo] terrible **-3.** [enfermo de rabia] rabid **-4.** [chillón] loud, gaudy.

rabo *m* **-1.** [de animal] tail; ~ **de buey** oxtail; **irse** *o* **salir con el** ~ **entre las piernas** to go off with one's tail between one's legs **-2.** [de hoja, fruto] stem **-3.** *vulg* [pene] prick, cock.

racanear *vi fam* [ser tacaño] to be stingy.

rácano, na *fam* ◇ *adj* [tacaño] mean, stingy. ◇ *m,f* [tacaño] mean devil.

RACE (*abrev de* **Real Automóvil Club de España**) *m Spanish automobile association,* ≃ AA *UK,* ≃ AAA *US.*

racha *f* **-1.** [ráfaga] gust (of wind) **-2.** [época] spell; [serie] string; **buena/mala** ~ good/bad patch; **a** ~**s** in fits and starts.

racial *adj* racial.

racimo *m* **-1.** [de frutos] bunch **-2.** [de flores] raceme.

raciocinio *m* **-1.** [razón] (power of) reason **-2.** [razonamiento] reasoning *(U).*

ración *f* **-1.** [porción] portion **-2.** [en bar, restaurante] *large portion of a dish served as a snack.*

racional *adj* rational.

racionalidad *f* rationality.

racionalismo *m* rationalism.

racionalización *f* rationalization.

racionalizar [13] *vt* to rationalize.

racionamiento *m* rationing.

racionar *vt* to ration.

racismo *m* racism.

racista *adj* & *m,f* racist.

radar (*pl* **radares**) *m* radar.

radiación *f* radiation; ~ **solar** solar radiation.

radiactividad, radioactividad *f* radioactivity.

radiactivo, va,   radioactivo, va *adj* radioactive.

radiado, da *adj* **-1.** [por radio - mensaje] radioed; [- programa etc] radio *(antes de sust)* **-2.** [radial] radiate.

radiador *m* radiator.

radial *adj* **-1.** [gen] radial **-2.** *Amér* [emisión, cadena] radio *(antes de sust).*

radiante *adj* radiant; **lucía un sol** ~ it was brilliantly sunny.

radiar [9] *vt* **-1.** [irradiar] to radiate **-2.** *FÍS* to irradiate; *MED* to give X-ray treatment to **-3.** [por radio] to broadcast.

radicación *f* [establecimiento] settling.

radical ◇ *adj* & *m,f* radical. ◇ *m* **-1.** *GRAM* & *MAT* root **-2.** *QUÍM* free radical.

radicalismo *m* **-1.** [intransigencia] severity **-2.** *POLÍT* radicalism.

radicalización *f* radicalization.

radicalizar [13] *vt* to harden, to make more radical.

↪ **radicalizarse** *vpr* to become more radical *o* extreme.

radicar [10] *vi*: ~ **en** [suj: problema etc] to lie in; [suj: población] to be (situated) in.

↪ **radicarse** *vpr* [establecerse]: ~**se (en)** to settle (in).

radio ◇ *m* **-1.** *ANAT* & *GEOM* radius; **en un** ~ **de** within a radius of; ~ **de acción** *TECN* range; *fig* sphere of influence **-2.** [de rueda] spoke **-3.** *QUÍM* radium. ◇ *f* radio; **oír algo por la** ~ to hear sthg on the radio; **oír algo por** ~ **macuto** *fam* to hear sthg on the bush telegraph; ~ **pirata** pirate radio station.

radioactividad = radiactividad.

radioactivo = radiactivo.

radioaficionado, da *m,f* radio ham.

radiocasete *m* radio cassette (player).

radiocontrol *m* remote control.

radiodespertador *m* clock radio.

radiodifusión *f* broadcasting.

radioemisor, ra *adj* radio broadcasting.

↪ **radioemisora** *f* radio station, radio transmitter.

radioenlace *m* radio link.

radioescucha *m y f inv* listener.

radiofonía *f* radio *(technology).*

radiofónico, ca *adj* radio *(antes de sust).*

radiofrecuencia *f* radio frequency.

radiograbador *m CSur* radio cassette.

radiografía *f* [fotografía] X-ray; **hacerse una** ~ to be X-rayed; [ciencia] radiography.

radiografiar [9] *vt* to X-ray.

radiología *f* radiology.

radiólogo, ga *m,f* radiologist.

radionovela *f* radio soap opera.

radiooperador, ra *m,f* radio operator.

radiorreceptor *m* radio (receiver).

radiorreloj *m* clock radio.

radiotaxi *m* taxi (with radio link).

radioteléfono *m* radiotelephone.

radiotelegrafía *f* radiotelegraphy.

radiotelegrafista *mf* wireless operator.

radioterapia *f* radiotherapy.

radiotransmisión *f* broadcasting.

radiotransmisor *m* radio transmitter.

radioyente *mf* listener.

radique *etc* ▷ **radicar**.

RAE *abrev de* **Real Academia Española**.

raer [68] *vt* to scrape (off).

ráfaga *f* [de aire, viento] gust; [de disparos] burst; [de luces] flash.

rafting *m DEP* rafting.

raglán ▷ **manga**.

ragout ▷ **ragú**.

ragtime [rak'taim] *m* ragtime.

ragú, ragout [ra'gul (*pl* **ragouts**) *m* ragout.

raído, da *adj* threadbare; [por los bordes] frayed.

raiga *etc* ▷ **raer**.

raigambre f -**1.** [tradición] tradition -**2.** BOT root system.

raigo etc ▷raer.

raíl, rail m rail.

raíz (pl **raíces**) f [gen & MAT] root; ~ **cuadrada/ cúbica** square/cube root; **a** ~ **de** as a result of, following; **arrancar algo de** ~ to root sthg out completely; **cortar algo de** ~ to nip sthg in the bud; **echar raíces** to put down roots.

raja f -**1.** [porción] slice -**2.** [grieta] crack.

rajá (pl **rajaes**) m rajah.

rajado, da adj & m,f fam chicken.

rajar vt -**1.** [partir] to crack; [melón] to slice -**2.** mfam [apuñalar] to slash, to cut up.

➡ **rajarse** vpr -**1.** [partirse] to crack -**2.** fam [echarse atrás] to chicken out.

rajatabla

➡ **a rajatabla** loc adv to the letter, strictly.

ralea f despec breed, ilk.

ralentí m neutral; **al** ~ AUTOM ticking over; CIN in slow motion.

rallado, da adj grated.

rallador m grater.

ralladura (gen pl) f grating; ~**s de limón** grated lemon rind.

rallar vt to grate.

rally ['ralil] (pl **rallys**) m rally.

ralo, la adj [pelo, barba] sparse, thin; [dientes] with gaps between them.

RAM (abrev de **random access memory**) f RAM.

rama f branch; **en** ~ raw; **andarse por las** ~**s** fam to beat about the bush; **irse por las** ~**s** fam to go off at a tangent.

ramada f Amér stall.

ramadán m Ramadan.

ramaje m branches (pl).

ramal m [de carretera, ferrocarril] branch.

ramalazo m -**1.** fam [hecho que delata] give-away sign; **tener un** ~ fam to be effeminate -**2.** [ataque] fit.

rambla f [avenida] avenue, boulevard.

ramera f whore, hooker US.

ramificación f -**1.** [gen] ramification -**2.** [de carretera, ferrocarril, ciencia] branch.

ramificarse [10] vpr -**1.** [bifurcarse] to branch out -**2.** [subdividirse]: ~ **(en)** to subdivide (into).

ramillete m bunch, bouquet.

ramo m -**1.** [de flores] bunch, bouquet -**2.** [rama] branch; **el** ~ **de la construcción** the building industry.

rampa f -**1.** [para subir y bajar] ramp; ~ **de lanzamiento** launch pad -**2.** [cuesta] steep incline -**3.** [calambre] cramp (U).

rampla f Amér trailer.

ramplón, ona adj vulgar, coarse.

rana f frog; **salir** ~ fam to turn out sadly, to be a disappointment.

ranchero, ra m,f rancher.

➡ **ranchera** f -**1.** MÚS popular Mexican song -**2.** AUTOM estate car -**3.** Amér [furgoneta] van.

rancho m -**1.** [comida] mess -**2.** [granja] ranch -**3.** [loc]: **hacer** ~ **aparte** to keep to o.s. -**4.** CSur, Ven [choza] shack, shanty; Ven [chabola] shanty town.

rancio, cia adj -**1.** [pasado] rancid -**2.** [antiguo] ancient -**3.** [añejo - vino] mellow.

ranglán ▷manga.

rango m -**1.** [social] standing -**2.** [jerárquico] rank.

raní f rani.

ranking ['raŋkin] (pl **rankings**) m ranking.

ranúnculo m buttercup.

ranura f groove; [de máquina tragaperras, cabina telefónica] slot.

rapaces ▷rapaz.

rapacidad f rapacity, greed.

rapado, da adj shaven.

rapapolvo m fam ticking-off; **dar** o **echar un** ~ **a alguien** to tick sb off.

rapar vt [barba, bigote] to shave off; [cabeza] to shave; [persona] to shave the hair of.

➡ **raparse** vpr to shave one's head.

rapaz, za m,f fam lad (f lass).

➡ **rapaz** adj -**1.** [que roba] rapacious, greedy -**2.** ZOOL ▷ave.

➡ **rapaces** fpl ZOOL birds of prey.

rape m monkfish; **cortar el pelo al** ~ **a alguien** to crop sb's hair.

rapé m (en aposición inv) snuff.

rapero, ra m,f rapper.

rápidamente adv quickly.

rapidez f speed; **con** ~ quickly.

rápido, da adj quick, fast; [coche] fast; [beneficio, decisión] quick.

➡ **rápido** ◇ adv quickly; **más** ~ quicker; **¡ven,** ~ **!** come, quick! ◇ m [tren] express train.

➡ **rápidos** mpl [de río] rapids.

rapiña f -**1.** [robo] robbery with violence -**2.** ▷ave.

raposa f vixen.

rappel ['rapel] (pl **rappels**) m DEP abseiling; **hacer** ~ to abseil.

rapsodia f rhapsody.

raptar vt to abduct, to kidnap.

rapto m -**1.** [secuestro] abduction, kidnapping **-2.** [ataque] fit.

raptor, ra *m,f* abductor, kidnapper.

raqueta *f* **-1.** [para jugar - al tenis] racquet; [- al ping pong] bat **-2.** [para la nieve] snowshoe **-3.** [de croupier] rake.

raquídeo, a *adj ANAT* rachideal.

raquis *m* vertebral column.

raquítico, ca *adj* **-1.** *MED* rachitic **-2.** [insuficiente] miserable.

raquitismo *m MED* rickets *(U)*.

rareza *f* **-1.** [poco común, extraño] rarity **-2.** [poco frecuente] infrequency **-3.** [extravagancia] idiosyncracy, eccentricity.

raro, ra *adj* **-1.** [extraño] strange; ¡qué ~! how odd o strange! **-2.** [excepcional] unusual, rare; [visita] infrequent **-3.** [extravagante] odd, eccentric **-4.** [escaso] rare; **rara vez** rarely.
    ➤ **rara avis** *mf* oddity.

ras *m*: **a** ~ **de** level with; **a** ~ **de tierra** at ground level; **volar a** ~ **de tierra** to fly low.

rasante ◇ *adj* [vuelo] low-level; [tiro] grazing. ◇ *f* [de carretera] gradient.

rasar *vt* to skim, to gráze.

rascacielos *m inv* skyscraper.

rascar [10] ◇ *vt* **-1.** [con uñas, clavo] to scratch **-2.** [con espátula] to scrape (off); [con cepillo] to scrub **-3.** *despec* [instrumento] to scrape away at. ◇ *vi* to be rough.
    ➤ **rascarse** *vpr* to scratch o.s.

RASD (*abrev de* **República Árabe Saharaui Democrática**) *f* Democratic Arab Republic of the Western Sahara.

rasero *m* strickle; **medir por el mismo** ~ to treat alike.

rasgado ➤ ojo.

rasgar [16] *vt* to tear; [sobre] to tear open.
    ➤ **rasgarse** *vpr* to tear.

rasgo *m* **-1.** [característica] trait, characteristic **-2.** [acto elogiable] act **-3.** [trazo] flourish, stroke.
    ➤ **rasgos** *mpl* **-1.** [del rostro] features **-2.** [letra] handwriting *(U)*.
    ➤ **a grandes rasgos** *loc adv* in general terms; **explicar algo a grandes** ~**s** to outline sthg.

rasgón *m* tear.

rasgue *etc* ➤ rasgar.

rasguear *vt* to strum.

rasguñar *vt* to scratch.
    ➤ **rasguñarse** *vpr* to scratch.

rasguño *m* scratch; **sin un** ~ without a scratch.

raso, sa *adj* **-1.** [cucharada etc] level **-2.** [cielo] clear **-3.** [a poca altura] low **-4.** *MIL*: **soldado** ~ private.

raso *m* **-1.** [tela] satin **-2.** *loc*: **al** ~ in the open air.

raspa *f* backbone (of fish).

raspado *m* **-1.** *MED* scrape **-2.** [de pieles etc] scraping.

raspador *m* scraper.

raspadura *f (gen pl)* scraping; [señal] scratch.

raspar ◇ *vt* **-1.** [rascar] to scrape (off) **-2.** [rasar] to graze, to shave. ◇ *vi* to be rough.
    ➤ **rasparse** *vpr* to scratch o.s.

rasposo, sa *adj* rough.

rasque *etc* ➤ rascar.

rastras
    ➤ **a rastras** *loc adv*: **llevar algo/a alguien a** ~ *lit* & *fig* to drag sthg/sb along.

rastreador, ra *m,f* tracker.

rastrear ◇ *vt* **-1.** [seguir las huellas de] to track **-2.** *fig* [buscar pistas en - suj: persona] to search, to comb; [- suj: reflector, foco] to sweep. ◇ *vi fig* [indagar] to make enquiries.

rastreo *m* [de una zona] searching, combing.

rastrero, ra *adj* despicable.

rastrillar *vt* to rake (over).

rastrillo *m* **-1.** [en jardinería] rake **-2.** [mercado] flea market; [benéfico] jumble sale.

rastro *m* **-1.** [pista] trail; **perder el** ~ **de alguien** to lose track of sb; **sin dejar** ~ without trace; **no hay o queda ni** ~ **de él** there's no sign of him **-2.** [vestigio] trace **-3.** [mercado] flea market.

rastrojo *m* stubble.

rasurar *vt* to shave.
    ➤ **rasurarse** *vpr* to shave.

rata ◇ *adj fam* stingy, mean. ◇ *mf fam* stingy person. ◇ *f* rat; ~ **de sacristía** *fam* fanatical churchgoer; **más pobre que una** ~ *fam* as poor as a church mouse.

rataplán *m* ratatat.

ratear *vi* to pilfer, to steal.

ratería *f* pilfering, stealing.

ratero, ra *m,f* petty thief.

raticida *m* rat poison.

ratificar [10] *vt* to ratify.
    ➤ **ratificarse en** *vpr* to stand by, to stick to.

rato *m* while; **estuvimos hablando mucho** ~ we were talking for quite a while; **al poco** ~ **(de)** shortly after; **con esto hay para** ~ that should keep us going for a while; **de a** ~**s** now and again; **dentro de un** ~ in a while; **hace un** ~ a while ago; **pasar el** ~ to kill time, to pass the time; **pasar un mal** ~ to have a hard time of it; ~**s libres** spare time *(U)*; **a** ~**s** at times; **a** ~**s perdidos** at odd moments; **un** ~ **(largo)** *fig* really, terribly.

ratón *m* [gen & *INFORM*] mouse.

→ **ratón de biblioteca** *m* bookworm.

ratonera *f* -**1.** [para ratas] mousetrap -**2.** *fig* [trampa] trap.

raudal *m* -**1.** [de agua] torrent -**2.** *fig* [montón] abundance; [de lágrimas] flood; [de desgracias] string; **a** ~**es** in abundance, by the bucket.

raudo, da *adj* fleet, swift.

ravioli (*gen pl*) *m* ravioli *(U)*.

raya ◇ *v* ▷ **raer.** ◇ *f* -**1.** [línea] line; [en tejido] stripe; **a** ~**s** striped -**2.** [del pelo] parting; **hacerse la** ~ to part one's hair -**3.** [de pantalón] crease -**4.** *fig* [límite] limit; **pasarse de la** ~ to overstep the mark; **mantener** *o* **tener a** ~ **a alguien** to keep sb in line -**5.** [señal - en disco, pintura etc] scratch -**6.** [pez] ray -**7.** [guión] dash.

rayado, da *adj* -**1.** [a rayas - tela] striped; [- papel] ruled -**2.** [estropeado] scratched.

→ **rayado** *m* -**1.** [rayas] stripes *(pl)* -**2.** [acción] ruling.

rayano, na *adj fig*: ~ **en** bordering on.

rayar ◇ *vt* -**1.** [marcar] to scratch -**2.** [trazar rayas] to rule lines on. ◇ *vi* -**1.** [aproximarse]: ~ **en algo** to border on sthg; **raya en los cuarenta** he's pushing forty -**2.** [alba] to break.

→ **rayarse** *vpr* to get scratched.

rayera *etc* ▷ **raer.**

rayo ◇ ▷ **raer.** ◇ *m* -**1.** [de luz] ray; ~ **solar** sunbeam -**2.** *FÍS* beam, ray; ~ **láser** laser beam; ~**s infrarrojos/ultravioleta/uva** infrared/ultraviolet/UVA rays; ~**s X** X-rays; **caer como un** ~ *fig* to be a bombshell -**3.** *METEOR* bolt of lightning; ~**s** lightning *(U)*; **¡que te parta un** ~**!** *fam* go to hell! -**4.** [persona]: **ser un** ~ to be like greased lightning; **pasar como un** ~ to flash by -**5.** [de rueda] spoke -**6.** [loc]: **saber/oler a rayos** to taste/smell foul.

rayón *m* rayon.

rayuela *f* -**1.** [juego en que se tiran monedas] pitch and toss -**2.** hopscotch.

raza *f* -**1.** [humana] race; ~ **humana** human race -**2.** [animal] breed; **de** ~ [caballo] thoroughbred; [perro] pedigree -**3.** *Perú fam* [cara] cheek, nerve.

razón *f* -**1.** [gen] reason; **atender a razones** to listen to reason; **con** ~ **no vino** no wonder he didn't come; **dar la** ~ **a alguien** to say that sb is right; **en** ~ **de** *o* **a** in view of; ~ **de ser** raison d'être; **hacer entrar en** ~ **a alguien** to make sb see reason; **perder la** ~ to lose one's reason *o* mind; **tener** ~ **(en**

hacer algo) to be right (to do sthg); **no tener** ~ to be wrong; ~ **de más para hacer algo** all the more reason to do sthg; **y con** ~ and quite rightly so -**2.** [información]: **se vende piso:** ~ **aquí** flat for sale: enquire within; **dar** ~ **de** to give an account of -**3.** *MAT* ratio.

→ **razón de Estado** *f* reasons *(pl)* of state.

→ **razón social** *f* *COM* trade name.

→ **a razón de** *loc adv* at a rate of.

razonable *adj* reasonable.

razonamiento *m* reasoning *(U)*.

razonar ◇ *vt* [argumentar] to reason out. ◇ *vi* [pensar] to reason.

RDA (*abrev de* **República Democrática Alemana**) *f* GDR.

RDSI (*abrev de* **Red Digital de Servicios Integrados**) *f* *COMPUT* ISDN.

re *m* *MÚS* D; [en solfeo] re.

reacción *f* reaction; ~ **en cadena** chain reaction.

reaccionar *vi* to react; ~ **a algo** to react to sthg.

reaccionario, ria *adj* & *m,f* reactionary.

reacio, cia *adj* stubborn; ~ **a algo** resistant to sthg; **ser a** *o* **en hacer algo** to be reluctant to do sthg.

reactivación *f* revival.

reactivar *vt* to revive.

reactivo, va *adj* reactive.

→ **reactivo** *m* *QUÍM* reagent.

reactor *m* -**1.** [propulsor] reactor -**2.** [avión] jet (plane).

readaptación *f* readaptation.

readaptar *vt* to readapt.

→ **readaptarse** *vpr* to readjust.

readmitir *vt* to accept *o* take back.

reafirmar *vt* to confirm; ~ **a alguien en algo** to confirm sb in sthg.

→ **reafirmarse** *vpr* to assert o.s.; ~**se en algo** to become confirmed in sthg.

reagrupar *vt* to regroup, to reorganize.

reajustar *vt* -**1.** [corregir] to rearrange -**2.** [*ECON* - precios, impuestos] to make changes to, to raise; [- plantilla] to cut back; [- sector] to streamline; [- salarios] to cut.

reajuste *m* -**1.** [cambio] readjustment; ~ **ministerial** cabinet reshuffle -**2.** [*ECON* - de precios, impuestos] increase; [- de sector] streamlining; [- de salarios] reduction; ~ **de plantilla** redundancies *(pl)*.

real ◇ *adj* -**1.** [verdadero] real -**2.** [de monarquía] royal. ◇ *m desus* old Spanish coin *worth one quarter of a peseta*; **no valer un** ~ to be worthless.

realce ◇ v ▷ realzar. ◇ m -**1.** [esplendor] glamour; **dar ~ a algo/alguien** to enhance sthg/sb -**2.** [en pintura] highlight -**3.** [en arquitectura, escultura] relief.

realeza f -**1.** [monarcas] royalty -**2.** [magnificencia] magnificence.

realidad f -**1.** [mundo real] reality; **~ virtual** INFORM virtual reality -**2.** [verdad] truth; **en ~** actually, in fact.

realismo m realism.

realista ◇ adj realistic. ◇ mf ARTE realist.

realización f -**1.** [ejecución] carrying-out; [de proyecto, medidas] implementation; [de sueños, deseos] fulfilment; **~ de beneficios** profit-taking -**2.** [obra] achievement -**3.** CIN production.

realizado, da adj -**1.** [hecho] carried out, performed -**2.** [satisfecho] fulfilled.

realizador, ra m, f CIN & TV director.

realizar [13] vt -**1.** [ejecutar - esfuerzo, viaje, inversión] to make; [- operación, experimento, trabajo] to perform; [- encargo] to carry out; [- plan, reformas] to implement -**2.** [hacer real] to fulfil, to realize -**3.** CIN to produce.

◆ **realizarse** vpr -**1.** [en un trabajo] to find fulfilment -**2.** [hacerse real - sueño, predicción, deseo] to come true; [- esperanza, ambición] to be fulfilled -**3.** [ejecutarse] to be carried out.

realmente adv -**1.** [en verdad] in fact, actually -**2.** [muy] really, very.

realquilado, da ◇ adj sub-let. ◇ m, f sub-tenant.

realquilar vt to sublet.

realzar [13] vt -**1.** [resaltar] to enhance -**2.** [en pintura] to highlight.

reanimación f -**1.** [física, moral] recovery -**2.** MED resuscitation.

reanimar vt -**1.** [físicamente] to revive -**2.** [moralmente] to cheer up -**3.** MED to resuscitate.

◆ **reanimarse** vpr to revive.

reanudación f resumption; [de amistad] renewal.

reanudar vt [conversación, trabajo] to resume; [amistad] to renew.

◆ **reanudarse** vpr [conversación, trabajo] to resume; [amistad] to be renewed.

reaparecer [30] vi to reappear.

reaparición f reappearance.

reapertura f reopening.

rearmar vt to rearm.

rearme m rearmament.

reavivar vt to revive.

rebaja f -**1.** [acción] reduction -**2.** [descuento] discount; **hacer una ~** to give a discount.

◆ **rebajas** fpl COM sales; **'grandes ~s'** 'massive reductions'; **estar de ~s** to have a sale on.

rebajado, da adj -**1.** [precio] reduced -**2.** [humillado] humiliated.

rebajar vt -**1.** [precio] to reduce; **te rebajo 2 euros** I'll knock 2 euros off for you -**2.** [persona] to humiliate -**3.** [intensidad] to tone down -**4.** [altura] to lower.

◆ **rebajarse** vpr [persona] to humble o.s.; **~se a hacer algo** to lower o.s. o stoop to do sthg; **~se ante alguien** to humble o.s. before sb.

rebanada f slice.

rebanar vt [pan] to slice; [dedo etc] to slice off.

rebañar vt to scrape clean.

rebaño m flock; [de vacas] herd.

rebasar vt to exceed, to surpass; [agua] to overflow; AUTOM to overtake.

rebatible adj refutable.

rebatir vt to refute.

rebato m alarm; **tocar a ~** to sound the alarm.

rebeca f cardigan.

rebelarse vpr to rebel; **~ contra alguien/algo** to rebel against sb/sthg.

rebelde ◇ adj -**1.** [sublevado] rebel *(antes de sust)* -**2.** [desobediente] rebellious -**3.** [difícil de dominar - pelo] unmanageable; [- tos] persistent; [- pasiones] unruly -**4.** DER defaulting. ◇ mf -**1.** [sublevado, desobediente] rebel -**2.** DER defaulter.

rebeldía f -**1.** [cualidad] rebelliousness -**2.** [acción] (act of) rebellion -**3.** DER default; **declarar a alguien en ~** to declare sb in default.

rebelión f rebellion; **~ militar** military uprising.

rebenque m CSur riding crop.

reblandecer [30] vt to soften.

◆ **reblandecerse** vpr to get soft.

rebobinado m rewinding.

rebobinar vt to rewind.

reboce etc ▷ rebozar.

reborde m edge.

rebosante adj: **~ (de)** brimming o overflowing (with).

rebosar ◇ vt to overflow with, to brim with. ◇ vi to overflow; **~ de** to be overflowing with; **fig** [persona] to brim with.

rebotar ◇ vi: **~ (en)** to bounce (off), to rebound (off). ◇ vt fam [irritar] to cheese off.

➤ **rebotarse** *vpr fam* [irritarse] to get cheesed off.

rebote *m* -**1.** [bote] bounce, bouncing *(U)* -**2.** *DEP* rebound; **de** ~ on the rebound.

rebozado, da *adj CULIN* coated in batter *o* breadcrumbs.

rebozar [13] *vt CULIN* to coat in batter *o* breadcrumbs.

rebozo *m* -**1.** wrap, muffler -**2.** *Amér* wrap, shawl.

rebrotar *vi BOT* to sprout; [fenómeno] to reappear.

rebuscado, da *adj* recherché, pretentious.

rebuscamiento *m* pretentiousness.

rebuscar [10] *vt* to search (around in).

rebuznar *vi* to bray.

rebuzno *m* bray, braying *(U)*.

recabar *vt* [pedir] to ask for; [conseguir] to obtain.

recadero, ra *m,f* messenger.

recado *m* -**1.** [mensaje] message; **mandar** ~ **de que** ... to send word that ... -**2.** [encargo] errand; **hacer** ~s to run errands.

recaer [55] *vi* -**1.** [enfermo] to have a relapse -**2.** [ir a parar]: ~ **sobre** to fall on -**3.** [reincidir]: ~ **en** to relapse into.

recaída *f* relapse.

recaiga *etc* ▷ **recaer.**

recalar *vi NÁUT* to sight land.

recalcar [10] *vt* to stress, to emphasize.

recalcitrante *adj* recalcitrant.

recalentar [19] *vt* -**1.** [volver a calentar] to warm up -**2.** [calentar demasiado] to overheat.

➤ **recalentarse** *vpr* to overheat.

recámara *f* -**1.** [habitación] dressing room -**2.** [de arma de fuego] chamber -**3.** *CAm, Col & Méx* [dormitorio] bedroom.

recamarera *f CAm, Col, Méx* chambermaid.

recambiar [8] *vt* to replace.

recambio *m* spare (part); [para pluma] refill; **de** ~ spare.

recapacitar *vi* to reflect, to think; ~ **sobre** to think about.

recapitalización *f* recapitalization.

recapitulación *f* recap, recapitulation.

recapitular *vt* to recapitulate, to summarize.

recargable *adj* [batería] rechargeable; [encendedor] refillable.

recargado, da *adj* [estilo etc] over-elaborate, affected.

recargar [16] *vt* -**1.** [volver a cargar - encendedor, recipiente] to refill; [- batería, pila] to recharge; [- fusil, camión] to reload -**2.** [cargar demasiado] to overload -**3.** [adornar en exceso] to over-elaborate -**4.** [cantidad]: ~ **20 euros a alguien** to charge sb 20 euros extra -**5.** [poner en exceso]: ~ **algo de algo** to put too much of sthg in sthg.

➤ **recargarse** *vpr Méx* [apoyarse] to lean.

recargo *m* extra charge, surcharge.

➤ **recargarse de** *vpr*: **recargarse de responsabilidades** to take on too much responsibility.

recatado, da *adj* [pudoroso] modest, demure.

recatarse *vpr*: ~ **de hacer algo** to shy away from doing sthg; **sin** ~ openly.

recato *m* -**1.** [pudor] modesty, demureness -**2.** [reserva]: **sin** ~ openly, without reserve -**3.** [cautela] prudence, caution.

recaudación *f* -**1.** [acción] collection, collecting; ~ **de impuestos** tax collection -**2.** [cantidad] takings *(pl)*; *DEP* gate; [de un cine] box office takings.

recaudador, ra *m,f*: ~ **(de impuestos)** tax collector.

recaudar *vt* to collect.

recaudo

➤ **a buen recaudo** *loc adv* in safe-keeping; **poner a buen** ~ to put in a safe place.

recayera *etc* ▷ *recaer.*

rece *etc* ▷ *rezar.*

recelar *vi* to be mistrustful; ~ **de** to mistrust.

recelo *m* mistrust, suspicion.

receloso, sa *adj* mistrust, suspicious.

recensión *f* review, write-up.

recepción *f* -**1.** [gen] reception -**2.** [de carta, paquete] receipt.

recepcionista *mf* receptionist.

receptáculo *m* receptacle.

receptividad *f* receptiveness.

receptivo, va *adj* receptive.

receptor, ra ◇ *adj* receiving. ◇ *m,f* [persona] recipient; ~ **de órgano** organ recipient.

➤ **receptor** *m* [aparato] receiver.

recesión *f* recession.

recesivo, va *adj* -**1.** *ECON* recessionary -**2.** *BIOL* recessive.

receta *f* -**1.** *CULIN & fig* recipe -**2.** *MED* prescription.

recetar *vt* to prescribe.

recetario *m* -**1.** *MED* prescription record -**2.** *CULIN* recipe book.

rechazar [13] *vt* -**1.** [gen & *MED*] to reject; [oferta] to turn down -**2.** [repeler - a una persona] to push away; [- *MIL*] to drive back, to repel.

rechazo *m* -**1.** [gen & *MED*] rejection; [hacia una ley, un político] disapproval; ~ **a hacer algo** refusal to do sthg -**2.** [negación] denial.

rechinar *vi* -**1.** [puerta] to creak; [dientes] to grind; [frenos, ruedas] to screech; [metal] to clank -**2.** [dando dentera] to grate.

rechistar *vi* to answer back; **sin** ~ without a word of protest.

rechoncho, cha *adj fam* tubby, chubby.

rechupete

▸ **de rechupete** *loc adv fam* [gen] brilliant, great; [comida] delicious, scrumptious.

recibí *m*: '~' [en documentos] 'received'.

recibidor *m* entrance hall.

recibimiento *m* reception, welcome.

recibir <> *vt* -**1.** [gen] to receive; [clase, instrucción] to have -**2.** [dar la bienvenida a] to welcome -**3.** [ir a buscar] to meet. <> *vi* [atender visitas] to receive visitors.

▸ **recibirse** *vpr Amér*: ~**se (de)** to graduate, to qualify (as).

recibo *m* receipt; **acusar** ~ **de** to acknowledge receipt of; **no ser de** ~ to be unacceptable.

reciclado, da *adj* recycled.

reciclaje *m* -**1.** [de residuos] recycling -**2.** [de personas] retraining.

reciclar *vt* -**1.** [residuos] to recycle -**2.** [personas] to retrain.

recién *adv* -**1.** recently, newly; **el** ~ **casado** the newly-wed; **los** ~ **llegados** the newcomers; **el** ~ **nacido** the newborn baby -**2.** [hace poco] *Amér* just; ~ **llegó** he has just arrived.

reciente *adj* -**1.** [acontecimiento etc] recent -**2.** [pintura, pan etc] fresh.

recientemente *adv* recently.

recinto *m* [zona cercada] enclosure; [área] place, area; [alrededor de edificios] grounds *(pl)*; ~ **ferial** fairground *(of trade fair)*.

recio, cia *adj* -**1.** [persona] robust -**2.** [voz] gravelly -**3.** [objeto] solid -**4.** [material, tela] tough, strong -**5.** [lluvia, viento, etc] harsh.

recipiente *m* container, receptacle.

reciprocidad *f* reciprocity; **en** ~ **a** in return for.

recíproco, ca *adj* mutual, reciprocal.

recital *m* -**1.** [de música clásica] recital; [de rock] concert -**2.** [de lectura] reading -**3.** *fig* [exhibición] display, exhibition.

recitar *vt* to recite.

reclamación *f* -**1.** [petición] claim, demand -**2.** [queja] complaint; **hacer una** ~ to lodge a complaint.

reclamar <> *vt* -**1.** [pedir, exigir] to demand, to ask for -**2.** [necesitar] to demand, to need. <> *vi* [protestar]: ~ **(contra)** to protest (against), to complain (about).

reclamo *m* -**1.** [para atraer] inducement -**2.** [para cazar] decoy, lure -**3.** [de ave] call -**4.** *Amér* [queja] complaint; *Amér* [reivindicación] claim.

reclinable *adj* reclining.

reclinar *vt*: ~ **algo (sobre)** to lean sthg (on).

▸ **reclinarse** *vpr* to lean back; ~**se contra algo** to lean against sthg.

reclinatorio *m* prie-dieu, prayer stool.

recluir [51] *vt* to shut *o* lock away, to imprison.

▸ **recluirse** *vpr* to shut o.s. away.

reclusión *f* -**1.** [encarcelamiento] imprisonment -**2.** *fig* [encierro] seclusion.

recluso, sa *m,f* [preso] prisoner.

recluta *m* [obligatorio] conscript; [voluntario] recruit.

reclutamiento *m* -**1.** [de soldados - obligatorio] conscription; [- voluntario] recruitment -**2.** [de trabajadores] recruitment.

reclutar *vt* -**1.** [soldados - obligatoriamente] to conscript; [- voluntariamente] to recruit -**2.** [trabajadores] to recruit.

recobrar *vt* [gen] to recover; [conocimiento] to regain; [tiempo perdido] to make up for.

▸ **recobrarse** *vpr*: ~**se (de)** to recover (from).

recochinearse *vpr fam*: ~ **de alguien** to take the mickey out of sb.

recochineo *m fam* mickey-taking *(U)*.

recodo *m* bend.

recogedor *m* dustpan.

recogemigas *m inv* crumb scoop.

recogepelotas *m,f inv* ball boy (*f* ball girl).

recoger [14] *vt* -**1.** [coger] to pick up -**2.** [ordenar, limpiar - mesa] to clear; [- habitación, cosas] to tidy *o* clear up -**3.** [ir a buscar] to pick up, to fetch -**4.** [albergar] to take in -**5.** [cosechar] to gather, to harvest; [fruta] to pick -**6.** [acortar - prenda] to take up, to shorten.

▸ **recogerse** *vpr* -**1.** [a dormir, meditar] to retire -**2.** [cabello] to put up.

recogido, da *adj* -**1.** [lugar] withdrawn, secluded -**2.** [cabello] tied back.

▸ **recogida** *f* -**1.** [gen] collection -**2.** [cosecha] harvest, gathering; [de fruta] picking.

recogimiento *m* -**1.** [concentración] concentration, absorption -**2.** [retiro] withdrawal, seclusion.

recoja *etc* ▷ **recoger.**

recolección *f* -**1.** [cosecha] harvest, gathering **- 2.** [recogida] collection.

recolectar *vt* **- 1.** [cosechar] to harvest, to gather; [fruta] to pick **- 2.** [reunir] to collect.

recolector, ra *m,f* **- 1.** [gen] collector **- 2.** [de cosecha] harvester; [de fruta] picker.

recoleto, ta *adj* quiet, secluded.

recomendable *adj* recommendable; **no ser ~** not to be a good idea.

recomendación *f (gen pl)* **- 1.** [gen] recommendation **- 2.** [referencia] reference.

recomendado, da ◇ *m,f* protégé (*f* protégée). ◇ *adj Amér* [correspondencia] registered.

recomendar [19] *vt* to recommend; **~ a alguien que haga algo** to recommend that sb do sthg.

recompensa *f* reward; **en ~ por** in return for.

recompensar *vt* **- 1.** [premiar] to reward **- 2.** [compensar]: **~ a alguien algo** to compensate *o* reward sb for sthg.

recomponer [65] *vt* to repair, to mend.

recompuesto, ta *pp* ▷ **recomponer**.

reconcentrar *vt* **- 1.** [reunir] to bring together **- 2.** [concentrar]: **~ algo en** to centre *o* concentrate sthg on **- 3.** [hacer denso] to thicken.

➡ **reconcentrarse** *vpr*: **~se (en)** to concentrate (on), to be absorbed (in).

reconciliación *f* reconciliation.

reconciliar [8] *vt* to reconcile.

➡ **reconciliarse** *vpr* to be reconciled.

reconcomerse *vpr*: **~ (de)** to be consumed (with *o* by).

reconcomio *m* grudge, resentment *(U)*.

recóndito, ta *adj* hidden, secret; **en lo más ~ de mi corazón** in the depths of my heart.

reconducir [33] *vt* to redirect.

reconfortante *adj* **- 1.** [anímicamente] comforting **- 2.** [físicamente] revitalizing.

reconfortar *vt* **- 1.** [anímicamente] to comfort **- 2.** [físicamente] to revitalize.

reconocer [31] *vt* **- 1.** [gen] to recognize **- 2.** *MED* to examine **- 3.** [terreno] to survey.

➡ **reconocerse** *vpr* **- 1.** [identificarse] to recognize each other **- 2.** [confesarse]: **~se culpable** to admit one's guilt.

reconocido, da *adj* **- 1.** [admitido] recognized, acknowledged **- 2.** [agradecido] grateful; **quedo muy ~** I am very much obliged to you.

reconocimiento *m* **- 1.** [gen] recognition; **en ~ por** in recognition for; **~ del habla** *INFORM* & *LING* speech recognition **- 2.** [agradeci-

miento] gratitude **- 3.** *MED* examination **- 4.** *MIL* reconnaissance.

Reconquista *f* reconquest, recapture.

➡ **Reconquista** *f*: **la Reconquista** *HIST* the Reconquest of Spain, when the Christian Kings retook the country from the Muslims.

reconquistar *vt* to recapture, to reconquer; *fig* to regain, to win back.

reconsiderar *vt* to reconsider.

reconstituir [51] *vt* **- 1.** [rehacer] to reconstitute **- 2.** [reproducir] to reconstruct.

➡ **reconstituirse** *vpr* [rehacerse - país] to rebuild.

reconstituyente *FARM* ◇ *adj* tonic (*antes de sust*). ◇ *m* tonic.

reconstrucción *f* **- 1.** [de edificios, país etc] rebuilding **- 2.** [de sucesos] reconstruction.

reconstruir [51] *vt* **- 1.** [edificio, país etc] to rebuild **- 2.** [suceso] to reconstruct.

reconvención *f* reprimand, reproach.

reconvenir [75] *vt* to reprimand, to reproach.

reconversión *f* restructuring; **~ industrial** rationalization of industry.

reconvertir [27] *vt* [gen] to restructure; [industria] to rationalize.

recopilación *f* **- 1.** [acción] collecting, gathering **- 2.** [texto - de poemas, artículos] compilation, collection; [- de leyes] code.

recopilar *vt* **- 1.** [recoger] to collect, to gather **- 2.** [escritos, leyes] to compile.

récord *(pl* **récords)** ◇ *m* record; **batir un ~** to break a record; **establecer un ~** to set a new record; **tener el ~** to hold the record. ◇ *adj inv* record.

recordar [23] ◇ *vt* **- 1.** [acordarse de] to remember; **~ a alguien algo/que haga algo** to remind sb sthg/to do sthg **- 2.** [traer a la memoria] to remind; **me recuerda a un amigo mío** he reminds me of a friend of mine. ◇ *vi* to remember; **si mal no recuerdo** as far as I can remember.

recordatorio *m* **- 1.** [aviso] reminder **- 2.** [estampa] *card given to commemorate sb's first communion, a death etc*.

recordman [re'korðman] *(pl* **recordmen** *o* **recordmans)** *m* record holder.

recorrer *vt* **- 1.** [atravesar - lugar, país] to travel through *o* across, to cross; [- ciudad] to go round **- 2.** [distancia] to cover **- 3.** *fig* [con la mirada] to look over.

recorrida *f Amér* [ruta, itinerario] route; [viaje] journey.

recorrido *m* **- 1.** [trayecto] route, path **- 2.**

[viaje] journey.

recortable *m* cutout.

recortado, da *adj* **-1.** [cortado] cut **-2.** [borde] jagged.

recortar *vt* **-1.** [cortar - lo que sobra] to cut off *o* away; [- figuras de un papel] to cut out **-2.** [pelo, flequillo] to trim **-3.** *fig* [reducir] to cut.
  ◆ **recortarse** *vpr* [figura etc] to stand out, to be outlined; ~**se sobre algo** to stand out against sthg.

recorte *m* **-1.** [pieza cortada] cut, trimming; [de periódico, revista] cutting, clipping **-2.** [reducción] cut, cutback; ~**s presupuestarios** budget cuts **-3.** [cartulina] cutout.

recostar [23] *vt* to lean (back).
  ◆ **recostarse** *vpr* to lie down.

recoveco *m* **-1.** [rincón] nook, hidden corner **-2.** [curva] bend **-3.** *fig* [complicación]: **sin** ~**s** uncomplicated **-4.** *fig* [lo más oculto]: **los** ~**s del alma** the innermost recesses of the mind.

recreación *f* re-creation.

recrear *vt* **-1.** [volver a crear] to recreate **-2.** [entretener] to amuse, to entertain.
  ◆ **recrearse** *vpr* **-1.** [entretenerse] to amuse o.s., to entertain o.s. **-2.** [regodearse] to take delight *o* pleasure.

recreativo, va *adj* recreational.

recreo *m* **-1.** [entretenimiento] recreation, amusement **-2.** [EDUC - en primaria] playtime *UK*, recess *US*; [- en secundaria] break *UK*, recess *US*.

recriminar *vt* to reproach.

recrudecerse [30] *vpr* to get worse.

recrudecimiento *m* worsening, accentuation; [de criminalidad etc] upsurge.

recta ▷ recto.

rectal *adj* rectal.

rectangular *adj* [de forma] rectangular.

rectángulo *m* rectangle.

rectificación *f* rectification; [en periódico] correction.

rectificar [10] *vt* **-1.** [error] to rectify, to correct **-2.** [conducta, actitud etc] to improve **-3.** [ajustar] to put right.

rectilíneo, a *adj* rectilinear.

rectitud *f* straightness; *fig* rectitude, uprightness.

recto, ta *adj* **-1.** [sin curvas, vertical] straight **-2.** *fig* [íntegro] upright, honourable **-3.** *fig* [literal] literal, true.
  ◆ **recto** ◇ *m* ANAT rectum. ◇ *adv* straight on *o* ahead.
  ◆ **recta** *f* straight line; **la recta final** *lit* & *fig* the home straight.

rector, ra ◇ *adj* governing, guiding. ◇ *m,f* **-1.** [de universidad] vice-chancellor *UK*, president *US* **-2.** [dirigente] leader, head.
  ◆ **rector** *m* RELIG rector.

rectorado *m* **-1.** [cargo] vice-chancellorship *UK*, presidency *US* **-2.** [lugar] vice-chancellor's office, rector's office.

rectoría *f* **-1.** [cargo] rectorate, rectorship **-2.** [casa] rectory.

recuadro *m* box.

recubierto, ta *pp* ▷ recubrir.

recubrimiento *m* covering, coating.

recubrir *vt* [gen] to cover; [con pintura, barniz] to coat.

recuento *m* recount.

recuerda *etc* ▷ recordar.

recuerdo *m* **-1.** [rememoración] memory; **traer** ~**s a alguien de algo** to bring back memories of sthg to sb **-2.** [objeto - de viaje] souvenir; [- de persona] keepsake; **de** ~ as a souvenir.
  ◆ **recuerdos** *mpl* [saludos] regards; **dar** ~**s a alguien (de parte de alguien)** to give one's regards to sb (on sb's behalf); **dale** ~**s de mi parte** give her my regards.

recuesta *etc* ▷ recostar.

recular *vi* **-1.** [retroceder] to go *o* move back **-2.** *fig* [ceder] to back down.

recuperable *adj* [gen] recoverable; [fiestas, horas de trabajo] that can be made up later.

recuperación *f* **-1.** [de lo perdido, la salud, la economía] recovery; ~ **de datos** INFORM data recovery **-2.** [fisioterapia] physiotherapy **-3.** EDUC ▷ clase.

recuperar *vt* [lo perdido] to recover; [horas de trabajo] to catch up; [conocimiento] to regain.
  ◆ **recuperarse** *vpr* **-1.** [enfermo] to recuperate, to recover **-2.** [de una crisis] to recover; [negocio] to pick up; ~**se de algo** to get over sthg.

recurrente ◇ *adj* **-1.** DER appellant **-2.** [repetido] recurrent. ◇ *mf* DER appellant.

recurrir *vi* **-1.** [buscar ayuda]: ~ **a alguien** to turn to sb; ~ **a algo** to resort to sthg **-2.** DER to appeal; ~ **contra algo** to appeal against sthg.

recurso *m* **-1.** [medio] resort; **como último** ~ as a last resort **-2.** DER appeal; ~ **de alzada** appeal (against an official decision); ~ **de apelación** appeal; ~ **de casación** High Court appeal.
  ◆ **recursos** *mpl* [fondos] resources; **es una mujer llena de** ~**s** she's a resourceful woman; [financieros] means; **sin** ~**s** with no means of support; ~**s propios** ECON equities.

recusar *vt* **-1.** *DER* to challenge **-2.** [rechazar] to reject, to refuse.

red *f* **-1.** [malla] net; [para cabello] hairnet **-2.** [sistema] network, system; [de electricidad, agua] mains *(sg)*; ~ **viaria** road network *o* system **-3.** [organización - de espionaje] ring; [- de tiendas] chain **-4.** *INFORM* network; ~ **local/neuronal** local (area)/neural network **-5.** *loc:* **caer en las ~es de alguien** to fall into sb's trap.
 ➤ **Red** *f:* **la Red** the Net; **navegar por la ~** to surf the Net.

redacción *f* **-1.** [acción - gen] writing; [- de periódico etc] editing **-2.** [estilo] wording **-3.** [equipo de redactores] editorial team *o* staff **-4.** [oficina] editorial office **-5.** *EDUC* essay, composition.

redactar *vt* to write (up); [carta] to draft.

redactor, ra *m,f* [PRENS - escritor] writer; [- editor] editor; ~ **jefe** editor-in-chief.

redada *f* [de policía - en un solo lugar] raid; [- en varios lugares] round-up.

redecilla *f* [de pelo] hairnet.

redención *f* redemption.

redentor, ra *m,f* [persona] redeemer.
 ➤ **Redentor** *m:* **el Redentor** *RELIG* the Redeemer.

redicho, cha *adj fam* affected, pretentious.

redil *m* fold, pen.

redimir *vt* **-1.** [gen] to redeem **-2.** [librar] to free, to exempt.
 ➤ **redimirse** *vpr* to redeem o.s.

redireccionar *vt INFORM* to redirect.

redistribuir [51] *vt* to redistribute.

rédito *m* interest *(U)*, yield *(U)*.

redoblar ◇ *vt* to redouble. ◇ *vi* to roll.

redoble *m* roll, drumroll.

redomado, da *adj* out-and-out.

redonda ▷ **redondo**.

redondeado, da *adj* rounded.

redondear *vt* **-1.** [hacer redondo] to round, to make round **-2.** [negocio, acuerdo] to round off **-3.** [cifra, precio] to round up/down.

redondel *m* **-1.** [gen] circle, ring **-2.** *TAUROM* bullring.

redondo, da *adj* **-1.** [circular, esférico] round; **a la redonda** around; **caerse ~** *fig* to collapse in a heap; **girar en ~** to turn around **-2.** [perfecto] excellent **-3.** [rotundo] categorical; **negar en ~** to flatly refuse **-4.** [cantidad] round; **mil euros redondo ~s** a round thousand euros.
 ➤ **redondo** *m CULIN* topside.
 ➤ **redonda** *f* [letra] roman type *o* print.

reducción *f* **-1.** [gen] reduction; ~ **de gas-**

tos reduction in costs **-2.** [sometimiento] suppression.

reducido, da *adj* **-1.** [pequeño] small **-2.** [limitado] limited **-3.** [estrecho] narrow.

reducir [33] ◇ *vt* **-1.** [gen] to reduce; ~ **algo a algo** to reduce sthg to sthg **-2.** [someter - país, ciudad] to suppress, to subdue; [- sublevados, atracadores] to bring under control **-3.** *MAT* [convertir] to convert **-4.** *MED* to set. ◇ *vi AUTOM* to change down.
 ➤ **reducirse a** *vpr* **-1.** [limitarse a] to be reduced to **-2.** [equivaler a] to boil *o* come down to.

reducto *m* **-1.** [fortificación] redoubt **-2.** *fig* [refugio] stronghold, bastion.

redujera *etc* ▷ **reducir**.

redundancia *f* redundancy; **y valga la ~** if you'll excuse the repetition.

redundante *adj* redundant, superfluous.

redundar *vi:* ~ **en algo** to have an effect on sthg; **redunda en beneficio nuestro** it is to our advantage.

reduplicar [10] *vt* to redouble.

reduzca *etc* ▷ **reducir**.

reedición *f* new edition; [reimpresión] reprint.

reeditar *vt* to bring out a new edition of; [reimprimir] to reprint.

reelección *f* re-election.

reelegir [42] *vt* to re-elect.

reembolsable *adj* [gastos] reimbursable; [fianza, dinero] refundable; [deuda] repayable.

reembolsar, rembolsar *vt* [gastos] to reimburse; [fianza, dinero] to refund; [deuda] to repay.

reembolso, rembolso *m* [de gastos] reimbursement; [de fianza, dinero] refund; [de deuda] repayment; **contra ~** cash on delivery.

reemplazar [13], **remplazar** *vt* [gen & INFORM] to replace; ~ **algo/alguien por algo/alguien** to replace sthg/sb with sthg/sb.

reemplazo, remplazo *m* **-1.** [gen & INFORM] replacement **-2.** *MIL* call-up, draft.

reemprender *vt* to start again.

reencarnación *f* reincarnation.

reencarnar *vt* to reincarnate.
 ➤ **reencarnarse en** *vpr* to be reincarnated as.

reencontrar [23] *vt* to find again.
 ➤ **reencontrarse** *vpr* [varias personas] to meet again.

reencuentro *m* reunion.

reengancharse *vpr MIL* to re-enlist.

reestrenar *vt CIN* to re-run; *TEATR* to revive.

reestreno *m CIN* re-run; *TEATR* revival.

reestructuración *f* restructuring.

reestructurar *vt* to restructure.

reexpedir [26] *vt* to forward, to send on.

refacción *f Andes, CAm, RP, Ven* repair; *Méx* [recambio] spare part.

refaccionar *vt Andes, CAm, Ven* to repair.

refaccionaria *f Amér* repair workshop.

refectorio *m* refectory.

referencia *f* reference; **con** ~ **a** with reference to; **hacer** ~ **a** to make reference to, to refer to.

➣ **referencias** *fpl* [informes] references; **tener buenas** ~**s** to have good references.

referéndum (*pl* **referéndums**) *m* referendum; **convocar un** ~ to call a referendum.

referente *adj*: ~ **a** concerning, relating to; **en lo** ~ **a** regarding.

referir [27] *vt* **-1.** [narrar] to tell, to recount **-2.** [remitir]: ~ **a alguien a** to refer sb to **-3.** [relacionar]: ~ **algo a** to relate sthg to.

➣ **referirse a** *vpr* to refer to; **¿a qué te refieres?** what do you mean?; **por lo que se refiere a ...** as far as ... is concerned.

refilón

➣ **de refilón** *loc adv* **-1.** [de lado] sideways; **mirar algo de** ~ to look at sthg out of the corner of one's eye **-2.** *fig* [de pasada] briefly.

refinado, da *adj* refined.

➣ **refinado** *m* refining.

refinamiento *m* refinement.

refinanciar [8] *vt* to refinance.

refinar *vt* to refine.

refinería *f* refinery.

refiriera *etc* ➣ **referir.**

reflector *m* **-1.** *ELECTR* spotlight; *MIL* searchlight **-2.** [telescopio] reflector.

reflejar *vt lit & fig* to reflect.

➣ **reflejarse** *vpr lit & fig*: ~**se (en)** to be reflected (in).

reflejo, ja *adj* **-1.** [onda, rayo] reflected **-2.** [movimiento, dolor] reflex *(antes de sust).*

➣ **reflejo** *m* **-1.** [gen] reflection **-2.** [destello] glint, gleam **-3.** *ANAT* reflex; ~ **condicional** o **condicionado** conditioned reflex o response.

➣ **reflejos** *mpl* [de peluquería] highlights; **hacerse** ~**s** to have highlights put in one's hair.

réflex ⟨⟩ *adj inv* reflex. ⟨⟩ *f inv FOT* [cámara] reflex camera.

reflexión *f* reflection; **con** ~ on reflection; **sin previa** ~ without thinking.

reflexionar *vi* to reflect, to think; ~ **sobre**

algo to think about sthg.

reflexivo, va *adj* **-1.** [que piensa] reflective, thoughtful **-2.** *GRAM* reflexive.

refluir [51] *vi* to flow back o out.

reflujo *m* ebb (tide).

reforma *f* **-1.** [modificación] reform; ~ **agraria** agrarian reform **-2.** [en local, casa etc] alterations *(pl);* **hacer** ~**s** to renovate.

➣ **Reforma** *f*: **la Reforma** *RELIG* the Reformation.

reformar *vt* **-1.** [gen & *RELIG*] to reform **-2.** [local, casa etc] to renovate, to do up.

➣ **reformarse** *vpr* to mend one's ways.

reformatorio *m* ≃ youth custody centre *UK*, ≃ borstal *UK* reformatory *US*; [de menores de 15 años] ≃ remand home.

reformismo *m* reformism.

reformista *adj & m,f* reformist.

reformular *vt* to reformulate, to put another way.

reforzado, da *adj* reinforced.

reforzar [37] *vt* to reinforce.

refracción *f* refraction.

refractar *vt* to refract.

refractario, ria *adj* **-1.** [material] refractory, heat-resistant **-2.** [opuesto]: ~ **a** averse to **-3.** [inmune]: ~ **a** immune to.

refrán *m* proverb, saying.

refranero *m* collection of proverbs o sayings.

refregar [35] *vt* **-1.** [frotar] to scrub **-2.** *fig* [reprochar]: ~ **algo a alguien** to reproach sb for sthg.

refrenar *vt* to curb, to restrain.

➣ **refrenarse** *vpr* to hold back, to restrain o.s.

refrendar *vt* **-1.** [aprobar] to approve **-2.** [legalizar] to endorse, to countersign.

refrescante *adj* refreshing.

refrescar [10] ⟨⟩ *vt* **-1.** [gen] to refresh; [bebidas] to chill **-2.** *fig* [conocimientos] to brush up. ⟨⟩ *vi* **-1.** [tiempo] to cool down **-2.** [bebida] to be refreshing.

➣ **refrescarse** *vpr* **-1.** [tomar aire fresco] to get a breath of fresh air **-2.** [beber algo] to have a drink **-3.** [mojarse con agua fría] to splash o.s. down.

refresco *m* **-1.** [bebida] soft drink; ~**s** refreshments **-2.** [relevo]: **de** ~ new, fresh.

refría *etc* ➣ **refreír.**

refriega ⟨⟩ *v* ➣ **refregar.** ⟨⟩ *f* scuffle; *MIL* fracas, skirmish.

refriera *etc* ➣ **refreír.**

refrigeración *f* **-1.** [aire acondicionado] air-conditioning **-2.** [de alimentos] refrigeration

-3. [de máquinas] cooling.

refrigerado, da *adj* [gen] cooled; [local] air-conditioned; [alimentos] refrigerated.

refrigerador, ra *adj* cooling.
- ➤ **refrigerador** *m* **-1.** [de alimentos] refrigerator, fridge *UK*, icebox *US* **-2.** [de máquinas] cooling system.

refrigerante *adj* [gen] cooling; [para alimentos] refrigerating.
- ➤ **refrigerante** *m* coolant.

refrigerar *vt* **-1.** [alimentos] to refrigerate **-2.** [local] to air-condition **-3.** [máquina] to cool.

refrigerio *m* snack.

refrito, ta ◇ *pp* ▷ **refreír.** ◇ *adj* [demasiado frito] over-fried; [frito de nuevo] re-fried.
- ➤ **refrito** *m* **-1.** *CULIN* sauce made from fried tomato and onion **-2.** *fig* [cosa rehecha] rehash.

refucilo, refusilo *m RP* flash of lightning.

refuerce *etc* ▷ **reforzar.**

refuerzo *m* reinforcement, strengthening (U).
- ➤ **refuerzos** *mpl MIL* reinforcements.

refugiado, da ◇ *adj* refugee *(antes de sust)*. ◇ *m,f* refugee.

refugiar [8] *vt* to give refuge to.
- ➤ **refugiarse** *vpr* to take refuge; **~se de algo** to shelter from sthg.

refugio *m* **-1.** [lugar] shelter, refuge; **~ antiaéreo** air-raid shelter; **~ atómico** nuclear bunker; **~ subterráneo** bunker, underground shelter **-2.** *fig* [amparo, consuelo] refuge, comfort **-3.** *AUTOM* traffic island.

refulgencia *f* brilliance.

refulgente *adj* brilliant.

refulgir [15] *vi* to shine brightly.

refundir *vt* **-1.** [material] to re-cast **-2.** *LITER* to adapt **-3.** *fig* [unir] to bring together.

refunfuñar *vi* to grumble.

refunfuñón, ona ◇ *adj* grumpy. ◇ *m,f* grumbler.

refusilo = **refucilo.**

refutación *f* refutation.

refutar *vt* to refute.

regadera *f* **-1.** [para regar] watering can; **estar como una ~** *fig* to be as mad as a hatter **-2.** *Col, Méx, Ven* [ducha] shower.

regadío *m* irrigated land; **de ~** irrigated, irrigable.

regalado, da *adj* **-1.** [muy barato] dirt cheap; **te lo doy ~** I'm giving it away to you **-2.** [agradable] comfortable, easy.

regalar *vt* **-1.** [dar - de regalo] to give (as a present); [- gratis] to give away **-2.** [agasajar]:

~ a alguien con algo to shower sb with sthg.
- ➤ **regalarse con** *vpr* to treat o.s. to.

regalía *f* royal prerogative.

regaliz *m* liquorice.

regalo *m* **-1.** [obsequio] present, gift; **un ~ del cielo** a godsend **-2.** [placer] joy, delight.

regalón, ona *adj RP & Chile fam* spoilt.

regalonear *vt RP & Chile fam* to spoil.

regañadientes
- ➤ **a regañadientes** *loc adv fam* unwillingly, reluctantly.

regañar ◇ *vt* [reprender] to tell off. ◇ *vi* [pelearse] to fall out, to argue.

regañina *f* **-1.** [reprimenda] ticking off **-2.** [enfado] argument, row.

regaño *m* telling off.

regar [35] *vt* **-1.** [con agua - planta] to water; [- calle] to hose down **-2.** [suj: río] to flow through **-3.** *fig* [desparramar] to sprinkle, to scatter.

regata *f* **-1.** *NÁUT* regatta, boat race **-2.** [reguera] irrigation channel.

regate *m* **-1.** *DEP* swerve, sidestep **-2.** *fig* [evasiva] dodge.

regatear ◇ *vt* **-1.** [escatimar] to be sparing with; **no ha regateado esfuerzos** he has spared no effort **-2.** *DEP* to beat, to dribble past **-3.** [precio] to haggle over. ◇ *vi* **-1.** [negociar el precio] to barter, to haggle **-2.** *NÁUT* to race.

regateo *m* bartering, haggling.

regazo *m* lap.

regencia *f* **-1.** [reinado] regency **-2.** [administración] running, management.

regeneración *f* regeneration; [moral] reform.

regeneracionismo *m* political reform movement.

regenerar *vt* to regenerate; [moralmente] to reform.

regenta *f* wife of the regent.

regentar *vt* [país] to run, to govern; [negocio] to run, to manage; [puesto] to hold.

regente ◇ *adj* regent. ◇ *mf* **-1.** [de un país] regent **-2.** [administrador - de tienda] manager; [- de colegio] governor **-3.** *Méx* [alcalde] mayor (*f* mayoress).

reggae ['ripə38il] *m* reggae.

regicida *mf* regicide.

regicidio *m* regicide.

regidor, ra *m,f* **-1.** [concejal] councillor **-2.** *TEATR* stage manager; *CIN & TV* assistant director.

régimen (*pl* **regímenes**) *m* **-1.** [sistema políti-

co] regime; **Antiguo** ~ ancien régime; ~
parlamentario parliamentary system **-2.**
[normativa] rules (pl) **-3.** [dieta] diet; **estar/po-
nerse a** ~ to be/go on a diet **-4.** [de vida, llu-
vias etc] pattern, usual routine; ~ **de vida**
lifestyle **-5.** LING government.

regimiento m MIL & fig regiment.

regio, gia adj **-1.** lit & fig royal **-2.** Amér fig
fam fantastic.

región f region; MIL district.

regional adj regional.

regionalismo m regionalism.

regir [42] ⟨⟩ vt **-1.** [reinar en] to rule, to
govern **-2.** [administrar] to run, to manage **-3.**
LING to govern **-4.** fig [determinar] to govern, to
determine. ⟨⟩ vi **-1.** [ley] to be in force, to
apply **-2.** fig [persona] to be of sound mind.

➤ **regirse por** vpr to trust in, to be guided
by.

registrado, da adj **-1.** [grabado] recorded
-2. [patentado] registered **-3.** Amér [correspon-
dencia] registered.

registradora f Amér cash register.

registrar ⟨⟩ vt **-1.** [inspeccionar - zona, piso]
to search; [- persona] to frisk **-2.** [nacimiento,
temperatura etc] to register, to record. ⟨⟩ vi
to search.

➤ **registrarse** vpr **-1.** [suceder] to occur, to
happen **-2.** [observarse] to be recorded.

registro m **-1.** [oficina] registry (office); ~ **civil** registry (office); ~ **de la propiedad** land
registry office; ~ **mercantil** o **de
comercio** business registry office **-2.** [libro]
register **-3.** [inspección] search, searching
(U) **-4.** INFORM record **-5.** LING & MÚS register.

regla f **-1.** [para medir] ruler, rule; ~ **de cálculo** slide rule **-2.** [norma] rule; **en** ~ in order;
por ~ **general** as a rule, generally; **salirse
de la** ~ to overstep the mark o line
-3. MAT operation; ~ **de tres** rule of three
-4. fam [menstruación] period; **tener la** ~ to
have one's period **-5.** [modelo] example,
model.

reglamentación f [acción] regulation; [reg-
las] rules (pl), regulations (pl).

reglamentar vt to regulate.

reglamentario, ria adj lawful; [arma, balón]
within the rules, regulation (antes de sust);
DER statutory.

reglamento m regulations (pl), rules (pl);
~ **de tráfico** traffic regulations (pl).

regocijar

➤ **regocijarse** vpr: ~**se (de** o **con)** to
rejoice (in).

regocijo m joy, delight.

regodearse vpr: ~ **(con)** to take pleasure
o delight (in).

regodeo m delight, pleasure; [malicioso]
(cruel) delight o pleasure.

regordete adj chubby, tubby.

regresar ⟨⟩ vi [yendo] to go back, to
return; [viniendo] to come back, to return.
⟨⟩ vt Andes, CAm, Carib, Méx [devolver] to give
back.

➤ **regresarse** vpr Andes, CAm, Carib, Méx
[yendo] to go back; [viniendo] to come back,
to return.

regresión f **-1.** [de epidemia] regression **-2.**
[de exportaciones] drop, decline.

regresivo, va adj regressive.

regreso m return; **estar de** ~ to be back.

regué etc ⊳ **regar**.

reguero m [de sangre, agua] trickle; [de harina
etc] dribble, trail; **correr como un** ~ **de pólvora** to spread like wildfire.

regulación f [gen] regulation; [de nacimien-
tos, tráfico] control; [de mecanismo] adjustment; ~ **de empleo** streamlining,
redundancies (pl).

regulador, ra adj regulating, regulatory.

regular ⟨⟩ adj **-1.** [gen] regular; [de tamaño]
medium; **de un modo** ~ regularly **-2.** [me-
diocre] average, fair **-3.** [normal] normal,
usual. ⟨⟩ m MIL regular. ⟨⟩ adv all right;
[de salud] so-so. ⟨⟩ vt [gen] to control, to
regulate; [mecanismo] to adjust.

➤ **por lo regular** loc adv as a rule,
generally.

regularidad f regularity; **con** ~ regularly.

regularización f regularization.

regularizar [13] vt **-1.** [volver a la normalidad] to
get back to normal **-2.** [legalizar] to regular-
ize.

➤ **regularizarse** vpr **-1.** [volver a la normali-
dad] to return to normal **-2.** [legalizarse] to
become legitimate.

regurgitar vt & vi to regurgitate.

regusto m aftertaste; [semejanza, aire] flavour, hint.

rehabilitación f **-1.** [de personas] rehabilitation; [en un puesto] reinstatement **-2.** [de lo-
cal] restoration.

rehabilitar vt **-1.** [personas] to rehabilitate;
[en un puesto] to reinstate **-2.** [local] to
restore.

rehacer [60] vt **-1.** [volver a hacer] to redo, to
do again **-2.** [reconstruir] to rebuild.

➤ **rehacerse** vpr [recuperarse] to recuperate, to recover.

rehecho, cha pp ⊳ **rehacer**.

rehén (*pl* **rehenes**) *m* hostage; **tomar como** ~ to take hostage.

rehíce *etc* ▷ **rehacer**.

rehiciera *etc* ▷ **rehacer**.

rehogar [16] *vt* to fry over a low heat.

rehuir [51] *vt* to avoid.

rehusar *vt* & *vi* to refuse.

rehuya *etc* ▷ **rehuir**.

rehuyera *etc* ▷ **rehuir**.

Reikiavik Reykjavik.

reimplantar *vt* **-1.** [reintroducir] to reintroduce **-2.** MED to implant again.

reimpresión *f* [tirada] reprint; [acción] reprinting.

reimprimir *vt* to reprint.

reina *f* **-1.** [monarca] queen; ~ **de belleza** beauty queen; ~ **madre** queen mother **-2.** ▷ **abeja**.

reinado *m lit* & *fig* reign.

reinante *adj* **-1.** [monarquía, persona] reigning, ruling **-2.** [viento] prevailing; [frío, calor] current.

reinar *vi lit* & *fig* to reign.

reincidencia *f* relapse; [en un delito] recidivism.

reincidente *adj* & *m,f* recidivist.

reincidir *vi:* ~ **en** [falta, error] to relapse into, to fall back into; [delito] to repeat.

reincorporar *vt* to reincorporate.

➤ **reincorporarse** *vpr:* ~**se (a)** to rejoin, to go back to.

reingresar *vi:* ~ **en** to return to.

reinicializar [13] *vt* INFORM to reset.

reino *m* CIENCIA & POLÍT kingdom; *fig* realm; **el** ~ **de los cielos** the kingdom of Heaven.

Reino Unido: **el** ~ the United Kingdom.

reinserción *f:* ~ **(social)** (social) rehabilitation *o* reintegration.

reinsertar *vt* to reintegrate, to rehabilitate.

reinstaurar *vt* to reestablish.

reintegración *f* **-1.** [a puesto] reinstatement **-2.** [de dinero] repayment, reimbursement.

reintegrar *vt* **-1.** [a un puesto] to reinstate **-2.** [dinero] to repay, to reimburse **-3.** [timbrar] to stick a fiscal stamp to.

➤ **reintegrarse** *vpr:* ~**se (a)** to return (to).

reintegro *m* **-1.** [de dinero] repayment, reimbursement **-2.** BANCA withdrawal **-2.** [en lotería] return of one's stake *(in lottery)* **-3.** [póliza] fiscal stamp.

reír [28] ◇ *vi* to laugh; **dar que** ~ to ask to be laughed at; **echarse a** ~ to burst out laughing; **hacer** ~ **a alguien** to make sb laugh. ◇ *vt* to laugh at.

➤ **reírse** *vpr:* ~**se (de)** to laugh (at).

reiterar *vt* to reiterate, to repeat.

➤ **reiterarse** *vpr:* ~**se en** to reaffirm.

reiterativo, va *adj* repetitive, repetitious.

reivindicación *f* **-1.** [de derechos] claim, demand **-2.** [de atentado] claiming of responsibility.

reivindicar [10] *vt* **-1.** [derechos, salario etc] to claim, to demand **-2.** [atentado] to claim responsibility for.

reivindicativo, va *adj:* **plataforma reivindicativa** (set of) demands; **jornada reivindicativa** day of protest.

reja *f* [gen] bars *(pl)*; [en el suelo] grating; [celosía] grille; **estar entre** ~**s** to be behind bars.

rejego, ga *adj* Amér fam [terco] stubborn.

rejilla *f* **-1.** [enrejado] grid, grating; [de ventana] grille; [de cocina] grill *(on stove)*; [de horno] gridiron **-2.** [para sillas, muebles] wickerwork **-3.** [para equipaje] luggage rack.

rejón *m* TAUROM type of 'banderilla' used by mounted bullfighter.

rejoneador, ra *m,f* TAUROM bullfighter on horseback who uses the 'rejón'.

rejuntarse *vpr fam* to live together.

rejuvenecer [30] *vt* & *vi* to rejuvenate.

➤ **rejuvenecerse** *vpr* to be rejuvenated.

relación *f* **-1.** [nexo] relation, connection; **con** ~ **a, en** ~ **con** in relation to, with regard to; **tener** ~ **con algo** to bear a relation to sthg; ~ **precio-calidad** value for money **-2.** [comunicación, trato] relations *(pl)*, relationship; **estar en buenas/malas relaciones** to be on good/bad terms with sb; **relaciones amorosas** (love) affair *(sg)*; **relaciones comerciales** [entre individuos] business relationship *(sg)*; [entre países, empresas] trade *(U)*; **relaciones diplomáticas/públicas** diplomatic/public relations; **relaciones laborales** industrial relations **-3.** [lista] list **-4.** [descripción] account **-5.** [informe] report **-6.** (gen pl) [noviazgo] relationship; **llevan cinco años de relaciones** they've been going out together for five years **-7.** MAT ratio; **en una** ~ **de tres a uno** in a ratio of three to one.

➤ **relaciones** *fpl* [contactos] contacts, connections.

relacionar *vt* **-1.** [vincular] to relate to, connect **-2.** [relatar] to tell, to relate.

➤ **relacionarse** *vpr:* ~**se (con)** [alternar] to mix (with).

relajación *f* relaxation.

relajante *adj* relaxing.
relajar *vt* to relax.
  ◆ **relajarse** *vpr* to relax.
relajo *m Amér fam* [alboroto] racket, din.
relamer *vt* to lick repeatedly.
  ◆ **relamerse** *vpr* **- 1.** [persona] to lick one's lips **- 2.** [animal] to lick its chops.
relamido, da *adj* prim and proper.
relámpago *m* **- 1.** [descarga] flash of lightning, lightning *(U)*; [destello] flash **- 2.** *fig* [exhalación]: **pasar como un** ~ to pass by as quick as lightning, to flash past.
relampaguear ◇ *v impers*: **relampagueó** lightning flashed. ◇ *vi fig* to flash.
relampagueo *m* METEOR lightning; [destello] flashing.
relanzamiento *m* relaunch.
relanzar [13] *vt* to relaunch.
relatar *vt* [suceso] to relate, to recount; [historia] to tell.
relatividad *f* relativity.
relativismo *m* relativism.
relativizar [13] *vt* to put into perspective.
relativo, va *adj* **- 1.** [gen] relative; **en lo** ~ **a** regarding; **eso es** ~ that depends **- 2.** [escaso] limited.
relato *m* [exposición] account, report; [cuento] tale, story.
relax *m inv* **- 1.** [relajación] relaxation **- 2.** [sección de periódico] personal column.
relegar [16] *vt*: ~ **(a)** to relegate (to); ~ **algo al olvido** to banish sthg from one's mind.
relente *m* (night) dew; **dormir al** ~ to sleep out in the open.
relevancia *f* relevance, importance.
relevante *adj* outstanding, important.
relevar *vt* **- 1.** [sustituir] to relieve, to take over from **- 2.** [destituir]: ~ **(de)** to dismiss (from), to relieve (of) **- 3.** [eximir]: ~ **(de)** to free (from) **- 4.** [DEP- en partidos] to substitute; [- en relevos] to take over from.
  ◆ **relevarse** *vpr* to take turns.
relevo *m* **- 1.** MIL relief, changing **- 2.** DEP [acción] relay **- 3.** *loc*: **tomar el** ~ to take over.
  ◆ **relevos** *mpl* DEP [carrera] relay (race) *(sg)*.
releyera *etc* ▷ **releer**.
relicario *m* RELIG reliquary; [estuche] locket.
relieve *m* **- 1.** [gen, ARTE & GEOGR] relief; **alto** ~ high relief; **bajo** ~ bas-relief **- 2.** [importancia] importance; **de** ~ important; **poner de** ~ to underline (the importance of), to highlight.
religión *f* religion.
religiosamente *adv lit & fig* religiously.
religiosidad *f lit & fig* religiousness.

religioso, sa ◇ *adj* religious. ◇ *m,f* [monje] monk (*f* nun).
relinchar *vi* to neigh, to whinny.
relincho *m* neigh, neighing *(U)*.
reliquia *f* relic; [familiar] heirloom.
rellano *m* **- 1.** [de escalera] landing **- 2.** [de terreno] shelf.
rellenar *vt* **- 1.** [volver a llenar] to refill **- 2.** [documento, formulario] to fill in *o* out **- 3.** [pollo, cojín etc] to stuff; [tarta, pastel] to fill.
relleno, na *adj* [gen] stuffed; [tarta, pastel] filled.
  ◆ **relleno** *m* [de pollo] stuffing; [de pastel] filling; **de** ~ *fig* as padding, as a filler.
reloj *m* [de pared] clock; [de pulsera] watch; ~ **analógico/digital** analogue/digital watch; ~ **de arena** hourglass; ~ **de bolsillo** pocket watch; ~ **de cuarzo** quartz watch; ~ **de cuco** cuckoo clock; ~ **despertador** alarm clock; ~ **interno** INFORM internal clock; ~ **de pulsera** watch, wristwatch; ~ **de sol** sun dial; **hacer algo contra** ~ to do sthg against the clock; **ser como un** ~ *fig* to be like clockwork.
relojería *f* **- 1.** [tienda] watchmaker's (shop) **- 2.** [arte] watchmaking.
relojero, ra *m,f* watchmaker.
reluciente *adj* shining, gleaming.
relucir [32] *vi lit & fig* to shine; **sacar algo a** ~ to bring sthg up, to mention sthg; **salir a** ~ to come to the surface.
relumbrar *vi* to shine brightly.
reluzca *etc* ▷ **relucir**.
REM (*abrev de* **Roentgen Equivalent Man**) *m* REM.
remachar *vt* **- 1.** [machacar] to rivet **- 2.** *fig* [recalcar] to drive home, to stress.
remache *m* **- 1.** [acción] riveting **- 2.** [clavo] rivet.
remake [ri'meik] (*pl* remakes) *m* remake.
remanente *m* **- 1.** [de géneros] surplus stock; [de productos agrícolas] surplus **- 2.** [en cuenta bancaria] balance **- 3.** [de beneficios] net profit.
remangar [16] = **arremangar**.
remanso *m* still pool; ~ **de paz** oasis of peace.
remar *vi* to row.
remarcar [10] *vt* [recalcar] to underline, to stress.
rematadamente *adv* absolutely, utterly.
rematado, da *adj* utter, complete.
rematar ◇ *vt* **- 1.** [acabar] to finish; **y para** ~ **la** *fam* to cap it all **- 2.** [matar - persona] to finish off; [- animal] to put out of its misery

-3. *DEP* to shoot **-4.** [liquidar, vender] to sell off cheaply **-5.** [adjudicar en subasta] to knock down. ◇ *vi* [en fútbol] to shoot; [de cabeza] to head at goal.

remate *m* **-1.** [fin, colofón] end; **para ~** [colmo] to cap it all **-2.** *ARQUIT* top **-3.** [en fútbol] shot; [de cabeza] header at goal **-4.** [subasta] *Amér* auction.
➤ **de remate** *loc adv* totally, completely.

rembolsar = reembolsar.

rembolsarse = reembolsarse.

rembolso = reembolso.

remecer [11] *vi Méx* to shake.

remedar *vt* to imitate; [por burla] to ape, to mimic.

remediar [8] *vt* [daño] to remedy, to put right; [problema] to solve; [peligro] to avoid, to prevent.

remedio *m* **-1.** [solución] solution, remedy; **como último ~** as a last resort; **no hay** *o* **queda más ~ que ...** there's nothing for it but ...; **no tener más ~** to have no alternative *o* choice; **poner ~ a algo** to do sthg about sthg; **sin ~** [sin cura, solución] hopeless; [ineludiblemente] inevitably **-2.** [consuelo] comfort, consolation **-3.** [medicamento] remedy, cure; **~ casero** home remedy.

remedo *m* imitation; [por burla] parody.

rememorar *vt* to remember, to recall.

remendado, da *adj* patched.

remendar [19] *vt* to mend, to darn.

remendón ▷ zapatero.

remero, ra *m,f* [persona] rower.
➤ **remera** *f RP* [prenda] T-shirt.

remesa *f* [de productos] consignment; [de dinero] shipment, remittance.

remeter *vt* to tuck in.

remezón *m Andes* & *RP* earth tremor.

remienda *etc* ▷ remendar.

remiendo *m* **-1.** [parche] mend, darn **-2.** *fam* [apaño] patching up, makeshift mending.

remigio *m card game where players aim to collect ten particular cards.*

remilgado, da *adj* **-1.** [afectado] affected **-2.** [escrupuloso] squeamish; [con comida] fussy, finicky.

remilgo *m* **-1.** [afectación] affectation **-2.** [escrupulosidad] squeamishness; [con comida] fussiness.

reminiscencia *f* reminiscence; **tener ~s de** to be reminiscent of.

remise *m RP* taxi *(in private car without a meter).*

remisero, ra *m,f RP* taxi driver *(of private car without a meter).*

remisión *f* **-1.** [envío] sending **-2.** [en texto] cross-reference, reference **-3.** [perdón] remission, forgiveness **-4.** [de dolor] remission.
➤ **sin remisión** *loc adv* without hope of a reprieve.

remiso, sa *adj*: **ser ~ a hacer algo** to be reluctant to do sthg.

remite *m* sender's name and address.

remitente *mf* sender.

remitir ◇ *vt* **-1.** [enviar] to send **-2.** [traspasar]: **~ algo a** to refer sthg to. ◇ *vi* **-1.** [en texto]: **~ a** to refer to **-2.** [disminuir] to subside.
➤ **remitirse a** *vpr* **-1.** [atenerse a] to comply with, to abide by **-2.** [referirse a] to refer to.

remo *m* **-1.** [pala] oar **-2.** [deporte] rowing.

remoción *f Amér* [de heridos] transport.

remodelación *f* [gen] to redesign; [de gobierno] reshuffle.

remodelar *vt* [gen] to redesign; [gobierno] to reshuffle.

remojar *vt* **-1.** [humedecer] to soak **-2.** *fam* [festejar] to drink to, to celebrate with a drink.

remojo *m*: **poner en ~** to leave to soak; **estar en ~** to be soaking.

remojón *m fam* [en la piscina, el mar] dip; [bajo la lluvia] soaking, drenching.

remolacha *f* beetroot *UK*, beet *US*; [azucarera] (sugar) beet.

remolcador, ra *adj* [coche] tow *(antes de sust)*; [barco] tug *(antes de sust).*
➤ **remolcador** *m* [camión] breakdown lorry; [barco] tug, tugboat.

remolcar [10] *vt* [coche] to tow; [barco] to tug.

remolino *m* **-1.** [de agua] eddy, whirlpool; [de viento] whirlwind; [de humo] cloud, swirl **-2.** [de gente] throng, mass **-3.** [de pelo] cowlick.

remolón, ona ◇ *adj* lazy. ◇ *m,f*: **hacerse el ~** to shirk.

remolonear *vi fam* to laze.

remolque *m* **-1.** [acción] towing; **ir a ~** *fig* [voluntariamente] to go in tow, to tag along; [obligado] to be dragged along **-2.** [vehículo] trailer.

remontar *vt* [pendiente, río] to go up; [obstáculo] to get over, to overcome.
➤ **remontarse** *vpr* **-1.** [ave, avión] to soar, to climb high **-2.** [gastos]: **~se a** to amount *o* come to **-3.** *fig* [datar]: **~se a** to go *o* date back to.

rémora *f* **-1.** [pez] remora **-2.** *fam fig* [obstáculo] drawback, hindrance.

remorder [24] *vt fig*: ~ **le a alguien** to fill sb with remorse.

remordimiento *m* remorse; **tener ~s de conciencia** to suffer pangs of conscience.

remoto, ta *adj* remote; **no tengo ni la más remota idea** I haven't got the faintest idea.

remover [24] *vt* -**1**. [agitar - sopa, café] to stir; [- ensalada] to toss; [- bote, frasco] to shake; [- tierra] to turn over, to dig up -**2**. [reavivar - caso policial] to re-open; [- recuerdos, pasado] to stir up, to rake up -**3**. *Amér* [despedir] to dismiss, to sack.

  � **removerse** *vpr* to move about.

remozar *vt* [edificio, fachada] to renovate.

remplazar [13] = reemplazar.

remplazo = reemplazo.

remuerda *etc* ➭ remorder.

remueva *etc* ➭ remover.

remuneración *f* remuneration.

remunerado, da *adj*: **bien ~** well-paid; **mal ~** badly-paid.

remunerar *vt* [pagar] to remunerate.

renacentista *adj* Renaissance *(antes de sust)*.

renacer [29] *vi* -**1**. [gen] to be reborn; [flores, hojas] to grow again -**2**. [alegría, esperanza] to return, to revive.

renacimiento *m* -**1**. [gen] rebirth; [de flores, hojas] budding -**2**. [de alegría, esperanza] revival, return.

  ➱ **Renacimiento** *m*: **el Renacimiento** the Renaissance.

renacuajo *m* tadpole; *fam fig* tiddler.

renal *adj* renal, kidney *(antes de sust)*.

renazca *etc* ➭ renacer.

rencilla *f* quarrel.

rencor *m* resentment, bitterness; **guardar ~ a** to bear a grudge.

rencoroso, sa ◇ *adj* resentful, bitter. ◇ *m,f* resentful *o* bitter person.

rendición *f* surrender.

rendido, da *adj* -**1**. [agotado] exhausted, worn-out; **caer ~ a** to collapse -**2**. [sumiso] submissive; [admirador] servile, devoted.

rendija *f* crack, gap.

rendimiento *m* -**1**. [de inversión, negocio] yield, return; [de trabajador, fábrica] productivity; [de tierra, cosecha] performance, yield; **a pleno ~** at full capacity -**2**. [de motor] performance.

rendir [26] ◇ *vt* -**1**. [cansar] to wear out, to tire out -**2**. [rentar] to yield -**3**. [vencer] to defeat, to subdue -**4**. [ofrecer] to give, to present; [pleitesía] to pay. ◇ *vi* [máquina] to perform well; [negocio] to be profitable; [fá-

brica, trabajador] to be productive.

  ➱ **rendirse** *vpr* -**1**. [entregarse] to give o.s. up, to surrender -**2**. [ceder]: **~se a** to submit to, to give in to; **~se a la evidencia** to bow to the evidence -**3**. [desanimarse] to give in *o* up.

renegado, da *adj & m,f* renegade.

renegar [35] ◇ *vt* to deny strongly. ◇ *vi* -**1**. [repudiar]: **~ de** [ideas] to renounce; [familia] to disown -**2**. *fam* [gruñir] to grumble.

renegociar [8] *vt* to renegotiate.

renegué *etc* ➭ renegar.

Renfe (*abrev de* Red Nacional de los Ferrocarriles Españoles) *f Spanish state railway network.*

renglón *m* line; *COM* item; **a ~ seguido** *fig* in the same breath, straight after.

  ➱ **renglones** *mpl fam fig* [escrito] lines, words.

rengo, ga *adj Andes, RP* lame.

renguear *vi Andes, RP* to limp, to hobble.

reniega *etc* ➭ renegar.

reno *m* reindeer.

renombrado, da *adj* renowned, famous.

renombrar *vt INFORM* to rename.

renombre *m* renown, fame; **de ~** famous.

renovable *adj* renewable.

renovación *f* [de carné, contrato] renewal; [de mobiliario, local] renovation.

renovar [24] *vt* -**1**. [cambiar - mobiliario, local] to renovate; [- vestuario] to clear out; [- personal, plantilla] to make changes to, to shake out -**2**. [rehacer - carné, contrato, ataques] to renew -**3**. [restaurar] to restore -**4**. [innovar] to rethink, to revolutionize; *POLÍT* to reform.

renquear *vi* to limp, to hobble.

renta *f* -**1**. [ingresos] income; **vivir de las ~s** to live off one's (private) income; **~ fija** fixed income; **~ per cápita** *o* **por habitante** per capita income; **~ variable/vitalicia** variable/life annuity -**2**. [alquiler] rent -**3**. [beneficios] return -**4**. [intereses] interest -**5**. [deuda pública] national *o* public debt.

rentabilidad *f* profitability.

rentabilizar [13] *vt* to make profitable.

rentable *adj* profitable.

rentar ◇ *vt* -**1**. [rendir] to produce, to yield -**2**. *Méx* [alquilar] to rent. ◇ *vi* to be profitable.

rentista *mf* person of independent means.

renuencia *f* reluctance, unwillingness.

renuente *adj*: **~ a** reluctant to, unwilling to.

renueva *etc* ➭ renovar.

renuncia *f* [abandono] giving up; [dimisión]

resignation; **presentar la** ~ to resign.

renunciar [8] *vi* **-1.** [abandonar] to give up **-2.** [dimitir] to resign.

➤ **renunciar a** *vi* **-1.** [prescindir de] to give up; [plan, proyecto] to drop; ~ **al tabaco** to give up *o* stop smoking **-2.** [rechazar]: ~ **(a hacer algo)** to refuse (to do sthg).

reñido, da *adj* **-1.** [enfadado]: ~ **(con)** on bad terms *o* at odds (with); **están** ~s they've fallen out **-2.** [disputado] fierce, hard-fought **-3.** [incompatible]: **estar** ~ **con** to be at odds with, to be incompatible with.

reñir [26] <> *vt* **-1.** [regañar] to tell off **-2.** [disputar] to fight. <> *vi* [enfadarse] to argue, to fall out; ~ **con** to fall out with.

reo, a *m,f* [culpado] offender, culprit; [acusado] accused, defendant.

reoca *f fam*: **ser la** ~ [gracioso] to be a scream; [el colmo] to be the limit.

reojo *m*: **mirar algo de** ~ to look at sthg out of the corner of one's eye.

reordenación *f* restructuring, reorganization.

reorganización *f* [gen] reorganization; [del gobierno] reshuffle.

reorganizar [13] *vt* [gen] to reorganize; [gobierno] to reshuffle.

reorientar *vt* to give a new direction to, to re-focus.

repanchigarse [16] *vpr fam* to sprawl out.

repanocha *f fam*: **ser la** ~ [gracioso] to be a scream; [el colmo] to be the limit.

repantigarse [16] *vpr* to sprawl out.

reparación *f* **-1.** [arreglo] repair, repairing *(U)*; **en** ~ under repair **-2.** [compensación] reparation, redress.

reparador, ra *adj* [descanso, sueño] refreshing.

reparar <> *vt* [coche etc] to repair, to fix; [error, daño etc] to make amends for; [fuerzas] to make up for, to restore. <> *vi* [advertir]: ~ **en algo** to notice sthg; **no** ~ **en gastos** to spare no expense.

reparo *m* **-1.** [objeción] objection; **poner** ~s **a algo** to raise objections to sthg **-2.** [apuro]: **con** ~s with hesitation *o* reservations; **me da** ~ I feel awkward about it; **no tener** ~ **en** not to be afraid to; **sin** ~s without reservation, with no holds barred.

repartición *f* [reparto] sharing out.

repartidor *mf* [gen] distributor; [de butano, carbón] deliveryman (*f* deliverywoman); [de leche] milkman (*f* milklady); [de periódicos] paperboy (*f* papergirl).

repartir *vt* **-1.** [dividir - gen] to share out, to

divide; [- territorio, nación] to partition **-2.** [distribuir - leche, periódicos, correo] to deliver; [- naipes] to deal (out) **-3.** [esparcir - pintura, mantequilla] to spread **-4.** [asignar - trabajo, órdenes] to give out, to allocate; [- papeles] to assign **-5.** *fig* [administrar] to administer, to dish out.

reparto *m* **-1.** [división] division, distribution; ~ **de beneficios** *ECON* profit sharing; ~ **de premios** prizegiving **-2.** [distribución - de leche, periódicos, correo] delivery; [- de naipes] dealing **-3.** [asignación] giving out, allocation; ~ **a domicilio** home delivery **-4.** *CIN & TEATR* cast.

repasador *m RP* tea towel.

repasar *vt* **-1.** [revisar] to go over; [lección] to revise *UK*, to review *US* **-2.** [zurcir] to darn, to mend **-3.** [volver a pasar - trapo etc] to run over again.

repaso *m* **-1.** [revisión] revision; [de ropa] darning, mending; **dar un** ~ **a algo** to look over sthg; **dar un último** ~ **a algo** to give sthg a final check; **curso de** ~ refresher course **-2.** *fam* [reprimenda] telling off, ticking off.

repatear *vt fam* to bug; ~ **a alguien** to get on sb's wick.

repatriación *f* repatriation.

repatriar [9] *vt* to repatriate.

➤ **repatriarse** *vpr* to be repatriated.

repecho *m* steep slope.

repelencia *f* repulsion.

repelente *adj* **-1.** [desagradable, repugnante] repulsive **-2.** [ahuyentador] repellent.

repeler *vt* **-1.** [rechazar] to repel **-2.** [repugnar] to repulse, to disgust.

repelús *m*: **me da** ~ it gives me the shivers.

repeluzno *m* shiver.

repente *m* [arrebato] fit.

➤ **de repente** *loc adv* suddenly.

repentinamente *adv* suddenly.

repentino, na *adj* sudden.

repera *f fam*: **ser la** ~ to be the limit.

repercusión *f* **-1.** *fig* [consecuencia] repercussion **-2.** [resonancia] echoes *(pl)*.

repercutir *vi* **-1.** *fig* [afectar]: ~ **en** to have repercussions on **-2.** [resonar] to resound, to echo.

repertorio *m* **-1.** [obras] repertoire **-2.** *fig* [serie] selection.

repesca *f* **-1.** *EDUC* resit **-2.** *DEP* repêchage.

repescar [10] *vt* **-1.** *EDUC* to allow a resit **-2.** *DEP* to allow into the repêchage.

repetición *f* repetition; [de una jugada] action replay.

repetido, da adj **-1.** [gen] repeated; **repetidas veces** time and time again **-2.** [cromo etc] duplicated.

repetidor, ra ⬦ adj repeating the year. ⬦ m,f EDUC student repeating a year. **➡ repetidor** m ELECTR repeater.

repetir [26] ⬦ vt to repeat; [ataque] to renew; [en comida] to have seconds of. ⬦ vi **-1.** [alumno] to repeat a year **-2.** [sabor, alimento]: ~ **(a alguien)** to repeat (on sb) **-3.** [comensal] to have seconds. **➡ repetirse** vpr **-1.** [fenómeno] to recur **-2.** [persona] to repeat o.s.

repetitivo, va adj repetitive.

repicar [10] ⬦ vt [campanas] to ring. ⬦ vi [campanas] to ring.

repipi fam adj **-1.** [cursi] affected **-2.** [sabiondo] know-it-all.

repique ⬦ v ⊳ **repicar.** ⬦ m peal, ringing (U).

repiquetear vi [campanas] to ring out; [tambor] to beat; [timbre] to ring; [lluvia, dedos] to drum.

repiqueteo m [de campanas] pealing; [de tambor] beating; [de timbre] ringing; [de lluvia, dedos] drumming.

repisa f **-1.** [estante] shelf; [sobre chimenea] mantelpiece **-2.** ARQUIT bracket.

repita etc ⊳ **repetir.**

repitiera etc ⊳ **repetir.**

replanteamiento m restatatement, reconsideration.

replantear vt **-1.** [reenfocar] to reconsider, to restate **-2.** [volver a mencionar] to bring up again.

replay [ri'plei] (pl **replays**) m replay.

replegar [35] vt [ocultar] to retract. **➡ replegarse** vpr [retirarse] to withdraw, to retreat.

repleto, ta adj: ~ **(de)** packed (with).

réplica f **-1.** [respuesta] reply **-2.** [copia] replica.

replicar [10] ⬦ vt [responder] to answer; [objetar] to answer back, to retort. ⬦ vi [objetar] to answer back.

repliega etc ⊳ **replegar.**

repliegue m **-1.** [retirada] withdrawal, retreat **-2.** [pliegue] fold.

repoblación f [con gente] repopulation; [con peces] restocking; ~ **forestal** reafforestation.

repoblar [23] vt [con gente] to repopulate; [con peces] to restock; [con árboles] to replant, to reafforest. **➡ repoblarse** vpr: ~ **se de** [gente] to be

repopulated with; [peces] to be restocked with; [árboles] to be replanted o reafforested with.

repollo m cabbage.

reponer [65] vt **-1.** [gen] to replace **-2.** CIN & TEATR to re-run; TV to repeat **-3.** [replicar]: ~ **que** to reply that. **➡ reponerse** vpr: ~ **se (de)** to recover (from).

reportaje m RADIO & TV report; PRENS article; ~ **gráfico** illustrated feature.

reportar vt **-1.** [traer] to bring; **no le ha reportado más que problemas** it has caused him nothing but problems **-2.** Méx [denunciar] to report; Andes, CAm, Méx, Ven [informar] to report. **➡ reportarse** vpr CAm, Méx, Ven : ~ **se (a)** to report (to).

reporte m CAm, Méx [informe] report; [noticia] news item o report.

reportero, ra, repórter m,f reporter; ~ **gráfico** press photographer.

reposacabezas m inv headrest.

reposado, da adj relaxed, calm.

reposapiés m inv footrest.

reposar vi **-1.** [descansar] to (have a) rest **-2.** [sedimentarse] to stand **-3.** fig [yacer] to lie.

reposera f RP sun-lounger UK, beach recliner US.

reposición f **-1.** CIN rerun; TEATR revival; TV repeat **-2.** [de existencias, pieza etc] replacement.

reposo m [descanso] rest; **en** ~ [cuerpo, persona] at rest; [máquina] not in use; CULIN standing; **guardar** ~ to rest.

repostar ⬦ vi [coche] to fill up; [avión] to refuel. ⬦ vt **-1.** [coche] to fill up; [avión] to refuel **-2.** [gasolina] to fill up with **-3.** [provisiones] to stock up on.

repostería f **-1.** [establecimiento] confectioner's (shop) **-2.** [oficio, productos] confectionery.

repostero, ra m,f [persona] confectioner. **➡ repostero** m Andes [armario] larder, pantry.

reprender vt [a niños] to tell off; [a empleados] to reprimand.

reprensible adj reprehensible.

reprensión f [a niños] telling-off; [a empleados] reprimand.

represa f dam.

represalia (gen pl) f reprisal; **tomar** ~**s** to retaliate, to take reprisals.

representación f **-1.** [gen & COM] representation; **en** ~ **de** on behalf of; **tener la** ~ **de**

COM to act as a representative for **- 2.** *TEATR* performance.

representante ◇ *adj* representative. ◇ *mf* **- 1.** [gen & *COM*] representative; **~ de la ley** officer of the law **- 2.** [de artista] agent.

representar *vt* **- 1.** [gen & *COM*] to represent **- 2.** [aparentar] to look; **representa unos 40 años** she looks about 40 **- 3.** [significar] to mean **- 4.** [en teatro] to perform; [- papel] to play.

representatividad *f* representativeness.

representativo, va *adj* **- 1.** [simbolizador]: **ser ~ de** to represent **- 2.** [característico, relevante]: **~ (de)** representative (of).

represión *f* repression.

represivo, va *adj* repressive.

reprimenda *f* reprimand.

reprimido, da ◇ *adj* repressed. ◇ *m,f* repressed person.

reprimir *vt* [gen] to suppress; [minorías, disidentes] to repress.

➡ **reprimirse** *vpr*: **~se (de hacer algo)** to restrain o.s. (from doing sthg).

reprís, reprise (*pl* **reprises**) *m* acceleration.

reprobable *adj* reprehensible.

reprobación *f* reproof, censure.

reprobar [23] *vt* **- 1.** to censure, to condemn **- 2.** *Amér* [suspender] to fail.

reprochar *vt*: **~ algo a alguien** to reproach sb for sthg.

➡ **reprocharse** *vpr*: **~se algo (uno mismo)** to reproach o.s. for sthg.

reproche *m* reproach; **hacer un ~ a alguien** to reproach sb.

reproducción *f* reproduction.

reproducir [33] *vt* [gen & *ARTE*] to reproduce; [gestos] to copy, to imitate.

➡ **reproducirse** *vpr* **- 1.** [volver a suceder] to recur **- 2.** [procrear] to reproduce.

reproductor, ra ◇ *adj* reproductive. ◇ *m* player; **~ de DVD** DVD player.

reprueba *etc* ▷ **reprobar**.

reptar *vi* to crawl.

reptil *m* reptile.

república *f* republic.

República Checa *f* Czech Republic.

República Dominicana *f* Dominican Republic.

republicanismo *m* republicanism.

republicano, na *adj* & *m,f* republican.

repudiar [8] *vt* **- 1.** [condenar] to repudiate **- 2.** [rechazar] to disown.

repudio *m* disowning.

repuebla *etc* ▷ **repoblar**.

repuesto, ta ◇ *pp* ▷ **reponer**. ◇ *adj*: **~ (de)** recovered (from).

➡ **repuesto** *m* [gen] reserve; *AUTOM* spare part; **de ~** spare, in reserve; **la rueda de ~** the spare wheel.

repugnancia *f* disgust.

repugnante *adj* disgusting.

repugnar ◇ *vi* to be disgusting. ◇ *vt*: **me repugna ese olor/su actitud** I find that smell/her attitude disgusting; **me repugna hacerlo** I'm loathe to do it.

repujado, da *adj* embossed.

repujar *vt* to emboss.

repulsa *f* [censura] condemnation.

repulsión *f* repulsion.

repulsivo, va *adj* repulsive.

repuntar *vi Amér* [mejorar] to improve.

repunte *m Amér* [recuperación] improvement.

repusiera *etc* ▷ **reponer**.

reputación *f* reputation; **tener mucha ~** to be very famous.

reputado, da *adj* highly reputed.

requemar *vt* to burn; [planta, tierra] to scorch.

➡ **requemarse** *vpr* to get burnt, to burn.

requerimiento *m* **- 1.** [demanda] entreaty; **a ~ de alguien** at sb's request **- 2.** [*DER* - intimación] writ, injunction; [- aviso] summons *(sg)*.

requerir [27] *vt* **- 1.** [necesitar] to require **- 2.** [ordenar] to demand **- 3.** [pedir]: **~ a alguien (para) que haga algo** to ask sb to do sthg **- 4.** *DER* to order.

➡ **requerirse** *vpr* [ser necesario] to be required *o* necessary.

requesón *m* cottage cheese.

requiebro *m* flirtatious remark.

réquiem (*pl* **réquiems**) *m* requiem.

requiera *etc* ▷ **requerir**.

requiriera *etc* ▷ **requerir**.

requisa *f* **- 1.** [requisición - *MIL*] requisition; [- en aduana] seizure **- 2.** [inspección] inspection.

requisar *vt MIL* to requisition; [en aduana] to seize.

requisito *m* requirement; **cumplir los ~s** to fulfil all the requirements; **~ previo** prerequisite.

res *f* beast, animal.

resabiado, da *adj fam* know-all *(antes de sust)*.

resabio *m* **- 1.** [sabor] nasty aftertaste **- 2.** [vicio] persistent bad habit.

resaca *f* **- 1.** *fam* [de borrachera] hangover **- 2.** [de las olas] undertow.

resalado, da *adj fam* charming.

resaltar ◇ *vi* **- 1.** [destacar] to stand out **- 2.**

[en edificios - balcón] to stick out; [- decoración] to stand out. ⬦ *vt* [destacar] to highlight.

resarcir [12] *vt* : ∼ **a alguien (de)** to compensate sb (for).

➡ **resarcirse** *vpr* to be compensated; ∼**se de** [daño, pérdida] to be compensated for; [desengaño, derrota] to make up for.

resbalada *f Amér fam* slip.

resbaladizo, za *adj lit* & *fig* slippery.

resbalar *vi* **-1.** [caer]: ∼ **(con** *o* **sobre)** to slip (on) **-2.** [deslizarse] to slide; ∼ **le a alguien** *fam fig* to leave sb cold **-3.** [estar resbaladizo] to be slippery.

➡ **resbalarse** *vpr* to slip (over).

resbalón *m* slip; **dar** *o* **pegar un** ∼ to slip.

resbaloso, sa *adj* slippery.

rescatar *vt* **-1.** [liberar, salvar] to rescue; [pagando rescate] to ransom **-2.** [recuperar - herencia etc] to recover.

rescate *m* **-1.** [liberación, salvación] rescue **-2.** [dinero] ransom **-3.** [recuperación] recovery.

rescindir *vt* to rescind.

rescisión *f* cancellation.

rescoldo *m* ember; *fig* lingering feeling, flicker.

resecar [10] *vt* **-1.** [piel] to dry out **-2.** [tierra] to parch.

➡ **resecarse** *vpr* **-1.** [piel] to dry out **-2.** [tierra] to become parched.

reseco, ca *adj* **-1.** [piel, garganta, pan] very dry **-2.** [tierra] parched **-3.** [flaco] emaciated.

resentido, da ⬦ *adj* bitter, resentful; **estar** ∼ **con alguien** to be really upset with sb. ⬦ *m,f* bitter *o* resentful person.

resentimiento *m* resentment, bitterness.

resentirse [27] *vpr* **-1.** [debilitarse] to be weakened; [salud] to deteriorate **-2.** [sentir molestias]: ∼ **de** to be suffering from **-3.** [ofenderse] to be offended.

reseña *f* [de libro, concierto] review; [de partido, conferencia] report.

reseñar *vt* **-1.** [criticar - libro, concierto] to review; [- partido, conferencia] to report on **-2.** [describir] to describe.

reseque *etc* ⮑ **resecar**.

reserva ⬦ *f* **-1.** [de hotel, avión etc] reservation **-2.** [provisión] reserves *(pl)*; **tener algo de** ∼ to keep sthg in reserve; ∼**s de divisas/monetarias** *ECON* foreign currency/monetary reserves **-3.** [objeción] reservation; **sin** ∼**s** without reservation **-4.** [discreción] discretion **-5.** [de indígenas] reservation **-6.** [de animales] reserve; ∼ **natural** nature reserve **-7.** *MIL* reserve; **pasar a la** ∼ to

become a reservist. ⬦ *mf DEP* reserve, substitute. ⬦ *m* [vino] vintage.

➡ **reservas** *fpl* **-1.** [energía acumulada] energy reserves **-2.** [recursos] resources.

reservado, da *adj* **-1.** [gen] reserved **-2.** [tema, asunto] confidential.

➡ **reservado** *m* [en restaurante] private room; *FERROC* reserved compartment.

reservar *vt* **-1.** [habitación, asiento etc] to reserve, to book **-2.** [guardar - dinero, pasteles etc] to set aside; [- sorpresa] to keep **-3.** [callar - opinión, comentarios] to reserve.

➡ **reservarse** *vpr* **-1.** [esperar]: ∼**se para** to save o.s. for **-2.** [guardar para sí - secreto] to keep to o.s.; [- dinero, derecho] to retain (for o.s.).

reservista [- *MIL*] *mf* reservist.

resfriado, da *adj*: **estar** ∼ to have a cold.

➡ **resfriado** *m* cold; **pescar un** ∼ to catch a cold.

resfriar [9]

➡ **resfriarse** *vpr* [constiparse] to catch a cold.

resfrio *m Andes, RP* cold.

resguardar *vt* & *vi*: ∼ **de** to protect against.

➡ **resguardarse** *vpr*: ∼**se de** [en un portal] to shelter from; [con abrigo, paraguas] to protect o.s. against.

resguardo *m* **-1.** [documento] receipt **-2.** [protección] protection; **al** ∼ **de** safe from; **ponerse a** ∼ **de** to take shelter from.

residencia *f* **-1.** [estancia] stay **-2.** [localidad, domicilio] residence; **segunda** ∼ second home; ∼ **canina** kennels **-3.** [establecimiento - de estudiantes] hall of residence; [- de ancianos] old people's home; [- de oficiales] residence **-4.** [hotel] boarding house **-5.** [hospital] hospital **-6.** [permiso para extranjeros] residence permit **-7.** [periodo de formación] residency.

residencial *adj* residential.

residente *adj* & *m,f* resident.

residir *vi* **-1.** [vivir] to reside **-2.** [radicar]: ∼ **en** to lie in, to reside in.

residual *(gen pl) adj* residual; **aguas** ∼**es** sewage *(U)*.

residuo *m (gen pl)* [material inservible] waste; *QUÍM* residue; ∼**s nucleares** nuclear waste *(U)*; ∼**s tóxicos** toxic waste *(U)*.

resienta *etc* ⮑ **resentirse**.

resignación *f* resignation.

resignarse *vpr*: ∼ **(a hacer algo)** to resign o.s. (to doing sthg).

resina *f* resin.

resinoso, sa *adj* resinous.

resintiera *etc* ⊳ **resentirse**.

resistencia *f* **-1.** [gen, ELECTR & POLÍT] resistance; **ofrecer** ~ to put up resistance; ~ **pasiva** passive resistance **-2.** [de puente, cimientos] strength **-3.** [física - para correr etc] stamina.

resistente *adj* [gen] tough, strong; ~ **al calor** heat-resistant.

resistir ⟨⟩ *vt* **-1.** [dolor, peso, críticas] to withstand **-2.** [tentación, impulso, deseo] to resist **-3.** [tolerar] to stand; **no lo resisto más, me voy** I can't stand it any longer, I'm off **-4.** [ataque] to resist, to withstand. ⟨⟩ *vi* **-1.** [ejército, ciudad etc]: ~ **(a algo/a alguien)** to resist (sthg/sb) **-2.** [corredor etc] to keep going; ~ **a algo** to stand up to sthg, to withstand sthg **-3.** [mesa, dique etc] to take the strain; ~ **a algo** to withstand sthg **-4.** [mostrarse firme - ante tentaciones etc] to resist (it); ~ **a algo** to resist sthg.
➡ **resistirse** *vpr*: ~**se (a algo)** to resist (sthg); ~**se a hacer algo** to refuse to do sthg; **me resisto a creerlo** I refuse to believe it; **no hay hombre que se le resista** no man can resist her; **se le resisten las matemáticas** she just can't get the hang of maths.

resol *m* (sun's) glare.

resollar [23] *vi* to gasp (for breath); [jadear] to pant.

resolución *f* **-1.** [solución - de una crisis] resolution; [- de un crimen] solution **-2.** [firmeza] determination **-3.** [decisión] decision; DER ruling; **tomar una** ~ to take a decision **-4.** [de Naciones Unidas etc] resolution.

resoluto, ta *adj* resolute.

resolver [24] *vt* **-1.** [solucionar - duda, crisis] to resolve; [- problema, caso] to solve **-2.** [decidir]: ~ **hacer algo** to decide to do sthg **-3.** [partido, disputa, conflicto] to settle.
➡ **resolverse** *vpr* **-1.** [solucionarse - duda, crisis] to be resolved; [- problema, caso] to be solved **-2.** [decidirse]: ~**se a hacer algo** to decide to do sthg **-3.** [en disputa, conflicto]: ~**se en** to come to nothing more than.

resonancia *f* **-1.** [gen & FÍS] resonance *(U)*; ~ **magnética** MED magnetic resonance **-2.** *fig* [importancia] repercussions *(pl)*.

resonante *adj* resounding; FÍS resonant; *fig* important.

resonar [23] *vi* to resound, to echo.

resoplar *vi* [de cansancio] to pant; [de enfado] to snort.

resoplido *m* [por cansancio] pant; [por enfado] snort.

resorte *m* spring; **saltar como movido por un** ~ to spring up; *fig* means *(pl)*; **tocar todos los** ~**s** to pull out all the stops.

respaldar *vt* to back, to support.
➡ **respaldarse** *vpr* **-1.** [en asiento] to lean back **-2.** *fig* [apoyarse]: ~**se en** to fall back on.

respaldo *m* **-1.** [de asiento] back **-2.** *fig* [apoyo] backing, support.

respectar *v impers*: **por lo que respecta a alguien/a algo, en lo que respecta a alguien/a algo** as far as sb/sthg is concerned.

respectivo, va *adj* respective; **en lo** ~ **a** with regard to.

respecto *m*: **al** ~, **a este** ~ in this respect; **no sé nada al** ~ I don't know anything about it; **(con)** ~ **a**, ~ **de** regarding.

respetable *adj* **-1.** [venerable] respectable **-2.** [bastante] considerable.

respetar *vt* **-1.** [gen] to respect; [la palabra] to honour; **hacerse** ~ to make o.s. respected **-2.** [acatar] to observe **-3.** [no destruir] to spare; **'respetad las plantas'** 'keep off the flowerbeds'.

respeto *m*: ~ **(a o por)** respect (for); **es una falta de** ~ it shows a lack of respect; **faltar al** ~ **a alguien** to be disrespectful to sb; **por** ~ **a** out of consideration for; **presentar uno sus** ~**s a alguien** to pay one's respects to sb; **tener** ~ **a alguien** to have respect for sb.

respetuoso, sa *adj*: ~ **(con)** respectful (of).

respingar [16] *vi* [protestar] to make a fuss, to complain.

respingo *m* [movimiento] start, jump; **dar un** ~ to start.

respingón, ona *adj* snub.

respiración *f* breathing; MED respiration; ~ **artificial** o **asistida** artificial respiration; ~ **boca a boca** mouth-to-mouth resuscitation; **contener la** ~ to hold one's breath; **quedarse sin** ~ [asombrado] to be stunned.

respiradero *m* [hueco] vent; [conducto] ventilation shaft.

respirar ⟨⟩ *vt* **-1.** [aire] to breathe **-2.** *fig* [bondad etc] to exude; ~ **hondo** to take a deep breath. ⟨⟩ *vi* to breathe; *fig* [sentir alivio] to breathe again; **no dejar** ~ **a alguien** *fig* not to allow sb a moment's peace; **sin** ~ [sin descanso] without a break; [atentamente] with great attention.

respiratorio, ria *adj* respiratory.

respiro *m* **-1.** [descanso] rest **-2.** [alivio] relief, respite; **dar un** ~ **a alguien** *fam* to give sb a break.

resplandecer [30] *vi* **-1.** [brillar] to shine **-2.** *fig* [destacar] to shine, to stand out; ~ **de algo** to shine with sthg.

resplandeciente *adj* shining; [sonrisa] beaming; [época] glittering; [vestimenta, color] resplendent.

resplandor *m* -**1.** [luz] brightness; [de fuego] glow -**2.** [brillo] gleam.

responder ⟨⟩ *vt* to answer. ⟨⟩ *vi* -**1.** [contestar]: ~ **(a algo)** to answer (sthg) -**2.** [reaccionar]: ~ **(a)** to respond (to) -**3.** [responsabilizarse]: ~ **de algo/por alguien** to answer for sthg/for sb -**4.** [replicar] to answer back -**5.** [corresponder]: ~ **a** to correspond to; **las medidas responden a la crisis** the measures are in keeping with the nature of the crisis.

respondón, ona ⟨⟩ *adj* insolent. ⟨⟩ *m,f* insolent person.

responsabilidad *f* responsibility; DER liability; **de** ~ responsible; **exigir** ~**es a alguien** to hold sb accountable; **tener la** ~ **de algo** to be responsible for sthg; ~ **civil/penal** DER civil/criminal liability; ~ **limitada** limited liability.

responsabilizar [13] *vt*: ~ **a alguien (de algo)** to hold sb responsible (for sthg).
➡ **responsabilizarse** *vpr*: ~**se (de)** to accept responsibility (for).

responsable ⟨⟩ *adj* responsible; ~ **de** responsible for; **hacerse** ~ **de** [gen] to take responsibility for; [atentado, secuestro] to claim responsibility for. ⟨⟩ *mf* -**1.** [culpable] person responsible -**2.** [encargado] person in charge.

responso *m* prayer for the dead.

respuesta *f* -**1.** [gen] answer, reply; [en exámenes] answer; **en** ~ **a** in reply to -**2.** *fig* [reacción] response.

resquebrajamiento *m*, **resquebrajadura** *f* crack.

resquebrajar *vt* to crack.
➡ **resquebrajarse** *vpr* to crack.

resquemor *m* resentment, bitterness.

resquicio *m* -**1.** [abertura] chink; [grieta] crack -**2.** *fig* [pizca] glimmer.

resta *f* MAT subtraction.

restablecer [30] *vt* to reestablish, to restore.
➡ **restablecerse** *vpr* -**1.** [curarse]: ~**se (de)** to recover (from) -**2.** [reimplantarse] to be reestablished.

restablecimiento *m* -**1.** [reimplantación] restoration, reestablishment -**2.** [cura] recovery.

restallar *vt* & *vi* [látigo] to crack; [lengua] to click.

restante *adj* remaining; **lo** ~ the rest.

restar ⟨⟩ *vt* -**1.** MAT to subtract; ~ **una cantidad de otra** to subtract one figure from another -**2.** [disminuir]: ~ **importancia a algo/méritos a alguien** to play down the importance of sthg/sb's qualities. ⟨⟩ *vi* [faltar] to be left.

restauración *f* restoration.

restaurador, ra *m,f* restorer.

restaurante *m* restaurant.

restaurar *vt* to restore.

restitución *f* return.

restituir [51] *vt* -**1.** [devolver - objeto] to return; [- salud] to restore -**2.** [restaurar] to restore.

resto *m*: **el** ~ [gen] the rest; MAT the remainder; **echar el** ~ *fig* to do one's utmost.
➡ **restos** *mpl* -**1.** [sobras] leftovers -**2.** [cadáver] remains; ~**s mortales** mortal remains -**3.** [ruinas] ruins.

restregar [35] *vt* to rub hard; [para limpiar] to scrub.
➡ **restregarse** *vpr* [frotarse] to rub.

restricción *f* restriction.

restrictivo, va *adj* restrictive.

restringir [15] *vt* to limit, to restrict.

resucitar ⟨⟩ *vt* [person] to bring back to life; [costumbre] to resurrect, to revive, to resurrect. ⟨⟩ *vi* [persona] to rise from the dead.

resuella *etc* ⟶ resollar.

resuello *m* gasp, gasping (U); [jadeo] pant, panting (U).

resuelto, ta ⟨⟩ *pp* ⟶ resolver. ⟨⟩ *adj* -**1.** [solucionado] solved -**2.** [decidido] determined; **estar** ~ **a hacer algo** to be determined to do sthg.

resuelva *etc* ⟶ resolver.

resuena *etc* ⟶ resonar.

resulta *f*: **de** ~**s de** as a result of.

resultado *m* result; **dar** ~ to work (out), to have the desired effect; **dar buen/mal** ~ to be a success/failure.

resultante *adj* & *f* resultant.

resultar ⟨⟩ *vi* -**1.** [acabar siendo]: ~ **(ser)** to turn out (to be); **resultó ileso** he was uninjured; **nuestro equipo resultó vencedor** our team came out on top -**2.** [salir bien] to work (out), to be a success -**3.** [originarse]: ~ **de** to come of, to result from -**4.** [ser] to be; **resulta sorprendente** it's surprising; **me resultó imposible terminar antes** I was unable to finish earlier -**5.** [venir a costar]: ~ **a** to come to, to cost. ⟨⟩ *v impers* [suceder]: ~ **que** to turn out that; **ahora resulta que no quiere alquilarlo** now it seems that she doesn't want to rent it.

resultón, ona *adj fam* attractive.

resumen *m* summary; **en** ~ in short.

resumir *vt* to summarize; [discurso] to sum up.

➡ **resumirse en** *vpr* **-1.** [sintetizarse en] to be able to be summed up in **-2.** [reducirse a] to boil down to.

resurgimiento *m* resurgence.

resurgir [15] *vi* to undergo a resurgence, to be revived.

resurrección *f* resurrection.

retablo *m* altarpiece.

retaco *m despec o hum* shorty, midget.

retaguardia *f* [tropa] rearguard; [territorio] rear.

retahíla *f* string, series.

retal *m* remnant.

retama *f* broom.

retar *vt*: ~ **(a)** to challenge (to).

retardado, da *adj* delayed.

retardar *vt* [retrasar] to delay; [frenar] to hold up, to slow down.

retazo *m* remnant; *fig* fragment.

rete *adv Amér fam* very.

retén *m* **-1.** reserve **-2.** *Amér* [de menores] reformatory, reform school.

retención *f* **-1.** [en comisaría] detention **-2.** [en el sueldo] deduction **-3.** *(gen pl)* [de tráfico] hold-up **-4.** MED retention.

retener [72] *vt* **-1.** [detener] to hold back; [en comisaría] to detain **-2.** [hacer permanecer] to keep **-3.** [contener - impulso, ira] to hold back, to restrain; [- aliento] to hold **-4.** [conservar] to retain **-5.** [quedarse con] to hold on to, to keep **-6.** [memorizar] to remember **-7.** [deducir del sueldo] to deduct.

reticencia *f* **-1.** [resistencia] unwillingness **-2.** [insinuación] insinuation, innuendo *(U).*

reticente *adj* **-1.** [reacio] unwilling, reluctant **-2.** [con insinuaciones] full of insinuation.

reticular *adj* ANAT reticular.

retículo *m* reticle.

retiene *etc* ➪ **retener**.

retina *f* retina.

retintín *m* **-1.** [ironía] sarcastic tone; **con** ~ sarcastically **-2.** [tintineo] ringing.

retirado, da <> *adj* **-1.** [jubilado] retired **-2.** [solitario, alejado] isolated, secluded. <> *m,f* [jubilado] retired person.

➡ **retirada** *f* **-1.** MIL retreat; **batirse en retirada** to beat a retreat; **cubrir la retirada** MIL to cover the retreat; *fig* [tomar precauciones] not to burn one's bridges, to cover o.s. **-2.** [de fondos, moneda, carné] withdrawal **-3.** [de competición, actividad] withdrawal.

retirar *vt* **-1.** [quitar - gen] to remove; [- dinero, moneda, carné] to withdraw; [- nieve] to clear; [- mano] to withdraw **-2.** [jubilar - a deportista] to force to retire; [- a empleado] to retire **-3.** [retractarse de] to take back.

➡ **retirarse** *vpr* **-1.** [gen] to retire **-2.** [de competición, elecciones] to withdraw; [de reunión] to leave **-3.** [de campo de batalla] to retreat **-4.** [apartarse] to move away.

retiro *m* **-1.** [jubilación] retirement; [pensión] pension **-2.** [refugio, ejercicio] retreat.

reto *m* challenge.

retocar [10] *vt* to touch up.

retoce *etc* ➪ **retozar**.

retoño *m* BOT sprout, shoot; *fig* offspring *(U).*

retoque <> *v* ➪ **retocar**. <> *m* touching-up *(U);* [de prenda de vestir] alteration; **dar los últimos** ~**s a** to put the finishing touches to.

retorcer [41] *vt* **-1.** [torcer - brazo, alambre] to twist; [- ropa, cuello] to wring **-2.** *fig* [tergiversar] to twist.

➡ **retorcerse** *vpr* [contraerse]: ~**se (de)** [risa] to double up (with); [dolor] to writhe about (in).

retorcido, da *adj* **-1.** [torcido - brazo, alambre] twisted; [- ropa] wrung out **-2.** *fig* [rebuscado] complicated, involved **-3.** *fig* [malintencionado] twisted, warped.

retórico, ca *adj* rhetorical.

➡ **retórica** *f* lit & *fig* [discurso] rhetoric.

retornable *adj* returnable; **no** ~ non-returnable.

retornar *vt* & *vi* to return.

retorno *m* [gen & INFORM] return; ~ **de carro** carriage return.

retortijón *(gen pl) m* stomach cramp.

retozar [13] *vi* to gambol, to frolic; [amantes] to romp about.

retozón, ona *adj* playful.

retractación *f* retraction.

retractarse *vpr* [de una promesa] to go back on one's word; [de una opinión] to take back what one has said; ~ **de** [lo dicho] to retract, to take back.

retráctil *adj* retractable; [uña] retractile.

retraer [73] *vt* **-1.** [encoger] to retract **-2.** [disuadir]: ~ **a alguien de hacer algo** to persuade sb not to do sthg.

➡ **retraerse** *vpr* **-1.** [encogerse] to retract **-2.** [retirarse]: ~**se de** to withdraw from **-3.** [retroceder] to withdraw, to retreat.

retraído, da *adj* withdrawn, retiring.

retraimiento *m* shyness, reserve.

retransmisión *f* broadcast; ~ **en directo/ diferido** live/recorded broadcast.

retransmitir *vt* to broadcast.

retrasado, da <> *adj* -**1.** [país, industria] backward; [reloj] slow; [tren] late, delayed -**2.** [en el pago, los estudios] behind -**3.** MED retarded, backward. <> *m,f*: ~ **(mental)** mentally retarded person.

retrasar <> *vt* -**1.** [aplazar] to postpone -**2.** [demorar] to delay, to hold up -**3.** [hacer más lento] to slow down, to hold up -**4.** [en el pago, los estudios] to set back -**5.** [reloj] to put back. <> *vi* [reloj] to be slow.
➡ **retrasarse** *vpr* -**1.** [llegar tarde] to be late -**2.** [quedarse atrás] to fall behind -**3.** [aplazarse] to be put off -**4.** [reloj] to lose time.

retraso *m* -**1.** [por llegar tarde] delay; **llegar con (15 minutos de)** ~ to be (15 minutes) late -**2.** [por sobrepasar una fecha] time behind schedule; **llevo en mi trabajo un** ~ **de 20 páginas** I'm 20 pages behind with my work -**3.** [subdesarrollo] backwardness; **llevar (siglos de)** ~ to be (centuries) behind -**4.** MED mental deficiency.

retratar *vt* -**1.** [fotografiar] to photograph -**2.** [dibujar] to do a portrait of -**3.** *fig* [describir] to portray.
➡ **retratarse** *vpr fig* [describirse] to describe o.s.

retratista *mf* ARTE portraitist; FOT (portrait) photographer.

retrato *m* -**1.** [dibujo] portrait; [fotografía] photograph; ~ **robot** photofit picture; **ser el vivo** ~ **de alguien** to be the spitting image of sb -**2.** *fig* [reflejo] portrayal.

retreta *f* retreat.

retrete *m* toilet.

retribución *f* [pago] payment; [recompensa] reward.

retribuir [51] *vt* [pagar] to pay; [recompensar] to reward.

retro *adj* old-fashioned.

retroactividad *f* [de ley] retroactivity; [del pago] backdating.

retroactivo, va *adj* [ley] retrospective, retroactive; [pago] backdated.

retroceder *vi* to go back; *fig* to back down; **no retrocederé ante nada** there's no stopping me now.

retroceso *m* -**1.** [regresión - gen] backward movement; [- en negociaciones] setback; [- en la economía] recession -**2.** [en enfermedad] deterioration.

retrógrado, da *adj* & *m,f* reactionary.

retropropulsión *f* jet propulsion.

retroproyector *m* overhead projector.

retrospección *f* retrospection.

retrospectivo, va *adj* retrospective; **echar una mirada retrospectiva a** to look back over.
➡ **retrospectiva** *f* retrospective.

retrovisor *m* rear-view mirror.

retuerce *etc* ▷ **retorcer.**

retumbante *adj* resounding.

retumbar *vi* -**1.** [resonar] to resound -**2.** [hacer ruido] to thunder, to boom.

retuviera *etc* ▷ **retener.**

reuma, reúma *m o f* rheumatism.

reumático, ca *adj* & *m,f* rheumatic.

reumatismo *m* rheumatism.

reumatología *f* rheumatology.

reumatólogo, ga *m,f* rheumatologist.

reunificación *f* reunification.

reunificar [10] *vt* to reunify.
➡ **reunificarse** *vpr* to reunify.

reunión *f* meeting.

reunir *vt* -**1.** [público, accionistas etc] to bring together -**2.** [objetos, textos etc] to collect, to bring together; [fondos] to raise -**3.** [requisitos] to meet; [cualidades] to possess, to combine -**4.** [volver a unir] to put back together.
➡ **reunirse** *vpr* [congregarse] to meet.

reutilizar [13] *vt* to reuse.

reválida *f* final exam.

revalidar *vt* to confirm.

revalorar = revalorizar.

revalorización *f* -**1.** [aumento del valor] appreciation; [de moneda] revaluation -**2.** [restitución del valor] favourable reassessment.

revalorizar [13], **revalorar** *vt* -**1.** [aumentar el valor] to increase the value of; [moneda] to revalue -**2.** [restituir el valor] to reassess in a favourable light.
➡ **revalorizarse** *vpr* -**1.** [aumentar de valor] to appreciate; [moneda] to be revalued -**2.** [recuperar valor] to be reassessed favourably.

revancha *f* -**1.** [venganza] revenge; **tomarse la** ~ to take revenge -**2.** DEP return match.

revanchismo *m* vengefulness.

revelación *f* revelation.

revelado *m* FOT developing.

revelador, ra *adj* [aclarador] revealing.
➡ **revelador** *m* FOT developer.

revelar *vt* -**1.** [declarar] to reveal -**2.** [evidenciar] to show -**3.** FOT to develop.
➡ **revelarse** *vpr*: ~ **se como** to show o.s. to be.

revendedor, ra *m,f* ticket tout.

revender *vt* to resell; [entradas] to tout.

reventa *f* resale; [de entradas] touting.

reventado, da *adj* *fam* shattered, whacked.

reventar [19] ◇ *vt* **-1.** [explotar] to burst **-2.** [echar abajo] to break down; [con explosivos] to blow up **-3.** [hacer fracasar] to ruin, to spoil **-4.** *fam* [fastidiar] to annoy. ◇ *vi* **-1.** [explotar] to burst **-2.** [estar lleno]: ~ **de** to be bursting with **-3.** [desear mucho]: ~ **por hacer algo** to be bursting to do sthg **-4.** *fam fig* [perder los nervios]: ~ **(de)** to explode (with).

➡ **reventarse** *vpr* **-1.** [explotar] to explode; [rueda] to burst **-2.** *fam* [cansarse] to get whacked, to tire o.s. to death.

reventón *m* [pinchazo] blowout, flat *US*, puncture *UK*.

reverberación *f* [de sonido] reverberation; [de luz, calor] reflection.

reverberar *vi* [sonido] to reverberate; [luz, calor] to reflect.

reverdecer [30] *vi* **-1.** [campos etc] to become green again **-2.** *fig* [amor] to revive.

reverencia *f* **-1.** [respeto] reverence **-2.** [saludo - inclinación] bow; [- flexión de piernas] curtsy.

reverenciar [8] *vt* to revere.

reverendo, da *adj* reverend.

➡ **reverendo** *m* reverend.

reverente *adj* reverent.

reversa *f Méx* reverse.

reversibilidad *f* reversibility.

reversible *adj* reversible.

reverso *m* back, other side; **ser el** ~ **de la medalla** to be the other side of the coin.

revertir [27] *vi* **-1.** [volver, devolver] to revert **-2.** [resultar]: ~ **en** to result in; ~ **en beneficio/perjuicio de** to be to the advantage/detriment of.

revés *m* **-1.** [parte opuesta - de papel, mano] back; [- de tela] other o wrong side; **al** ~ [en sentido contrario] the wrong way round; [en forma opuesta] the other way round; **del** ~ [lo de detrás, delante] the wrong way round, back to front; [lo de dentro, fuera] inside out; [lo de arriba, abajo] upside down **-2.** [bofetada] slap **-3.** *DEP* backhand **-4.** [contratiempo] setback, blow.

revestimiento *m* covering.

revestir [26] *vt* **-1.** [recubrir]: ~ **(de)** [gen] to cover (with); [pintura] to coat (with); [forro] to line (with) **-2.** [poseer - solemnidad, gravedad etc] to take on, to have.

➡ **revestirse** *vpr*: ~ **se de** [valor, paciencia] to arm o.s. with.

revienta *etc* ▷ **reventar.**

revierta, revirtiera *etc* ▷ **revertir.**

revisar *vt* **-1.** [repasar] to go over again **-2.** [inspeccionar] to inspect; [cuentas] to audit **-3.** [modificar] to revise.

revisión *f* **-1.** [repaso] revision **-2.** [inspección] inspection; ~ **de cuentas** audit; ~ **médica** check-up **-3.** [modificación] amendment **-4.** [*AUTOM* - puesta a punto] service; [- anual] ≃ MOT (test).

revisionismo *m* revisionism.

revisor, ra *m,f* [en tren] ticket inspector, conductor *US*; [en autobús] (bus) conductor.

revista ◇ *v* ▷ **revestir.** ◇ *f* **-1.** [publicación] magazine; ~ **del corazón** gossip magazine; ~ **de modas** fashion magazine **-2.** [sección de periódico] section, review **-3.** [espectáculo teatral] revue **-4.** [inspección] inspection; **pasar** ~ **a** *MIL* to inspect, to review; [examinar] to examine.

revistero *m* [mueble] magazine rack.

revistiera *etc* ▷ **revestir.**

revitalizar [13] *vt* to revitalize.

revival *m inv* revival.

revivificar [10] *vt* to revive.

revivir ◇ *vi* to revive. ◇ *vt* [recordar] to revive memories of.

revocable *adj* revocable.

revocación *f* revocation.

revocar [10] *vt* **-1.** [gen] to revoke **-2.** *CONSTR* to plaster.

revolcar [36] *vt* to throw to the ground, to upend.

➡ **revolcarse** *vpr* to roll about.

revolcón *m* tumble, fall; **dar un** ~ **a alguien** *fam* to thrash sb; **dar un** ~ **con alguien** *fam* to roll in the hay with sb.

revolotear *vi* to flutter (about).

revoloteo *m* fluttering (about).

revoltijo, revoltillo *m* jumble.

revoltoso, sa *adj* **-1.** [travieso] mischievous **-2.** [sedicioso] rebellious.

revolución *f* revolution.

revolucionar *vt* **-1.** [crear conflicto] to cause a stir in **-2.** [transformar] to revolutionize.

revolucionario, ria *adj* & *m,f* revolutionary.

revolver [24] *vt* **-1.** [dar vueltas] to turn around; [líquido] to stir **-2.** [mezclar] to mix; [ensalada] to toss **-3.** [desorganizar] to turn upside down, to mess up; [cajones] to turn out **-4.** [irritar] to upset; **me revuelve el estómago** o **las tripas** it makes my stomach turn.

➡ **revolver en** *vi* [cajones etc] to rummage around in.

➡ **revolverse** *vpr* **-1.** [moverse] to move

around; [en la cama] to toss and turn **- 2.** [volverse] to turn around; ~**se contra** to turn against.

revólver *m* revolver.

revoque *etc* ⊳ revocar.

revuelca *etc* ⊳ revolcar.

revuelo *m* [agitación] commotion; **armar un gran** ~ to cause a great stir.

revuelque ⊳ revolcar.

revuelto, ta ◇ *pp* ⊳ revolver. ◇ *adj* **-1.** [desordenado] upside down, in a mess **- 2.** [alborotado - época etc] troubled, turbulent **- 3.** [clima] unsettled **- 4.** [aguas] choppy, rough.
➤ **revuelto** *m CULIN* scrambled eggs *(pl)*.
➤ **revuelta** *f* **-1.** [disturbio] riot, revolt **- 2.** [curva] bend.

revuelva *etc* ⊳ revolver.

revulsivo, va *adj fig* stimulating, revitalizing.
➤ **revulsivo** *m fig* kick-start, stimulus.

rey *m* king.
➤ **Reyes** *mpl*: **los Reyes** the King and Queen; **(Día de) Reyes** Twelfth Night.
➤ **Reyes Católicos** *mpl*: **los Reyes Católicos** *the Spanish Catholic monarchs Ferdinand V and Isabella.*
➤ **Reyes Magos** *mpl*: **los Reyes Magos** the Three Kings, the Three Wise Men.

REYES MAGOS

On 6th January Spanish children traditionally receive presents, supposedly brought by the Three Wise Men. Tradition has it that children should leave out their slippers the night before to show how many people there are in the house and also leave some bread and water for the camels on which the Wise Men ride. This custom is still very much alive, although some people now have presents from Father Christmas on Christmas Day.

reyerta *f* fight, brawl.

rezagado, da ◇ *adj*: **ir** ~ to lag behind. ◇ *m,f* straggler.

rezagarse [16] *vpr* to lag *o* fall behind.

rezar [13] ◇ *vt* [oración] to say. ◇ *vi* **-1.** [orar]: ~ **(a)** to pray (to); ~ **por algo/alguien** to pray for sthg/sb **- 2.** [decir] to read, to say **- 3.** [corresponderse]: ~ **con** to have to do with.

rezo *m* **-1.** [acción] praying **- 2.** [oración] prayer.

rezongar [16] *vi* to grumble, to moan.

rezumar ◇ *vt* **-1.** [transpirar] to ooze **- 2.** *fig* [manifestar] to be overflowing with. ◇ *vi* to ooze *o* seep out.

RFA *(abrev de* **República Federal de Alemania)** *f* FRG.

Rhin *m*: **el (río)** ~ the Rhine.

ría ◇ *v* ⊳ reír. ◇ *f* estuary.

riachuelo *m* brook, stream.

riada *f lit* & *fig* flood.

ribeiro *m wine from the province of Orense, Spain.*

ribera *f* [del río] bank; [del mar] shore.

ribereño, ña *adj* [de río] riverside; [de mar] coastal.

ribete *m* edging *(U)*, trimming *(U)*; *fig* touch, nuance.

ribetear *vt* to edge, to trim.

ribonucleico ⊳ ácido.

ricamente *adv*: **tan** ~ quite happily.

ricino *m* [planta] castor oil plant.

rico, ca ◇ *adj* **-1.** [gen] rich **- 2.** [abundante]: ~ **(en)** rich (in) **- 3.** [sabroso] delicious **- 4.** [simpático] cute **- 5.** *fam* [apelativo]: **¡oye** ~**!** hey, sunshine! ◇ *m,f* rich person; **los** ~**s** the rich; **los nuevos** ~**s** the nouveaux riches.

rictus *m inv* **-1.** [de ironía] smirk **- 2.** [de desprecio] sneer **- 3.** [de dolor] wince.

ricura *f* [persona] delight, lovely person.

ridiculez *f* **-1.** [payasada] silly thing, nonsense *(U)* **- 2.** [nimiedad] trifle; **cuesta una** ~ it costs next to nothing.

ridiculizar [13] *vt* to ridicule.

ridículo, la *adj* ridiculous; [precio, suma] laughable, derisory.
➤ **ridículo** *m* ridicule; **hacer el** ~ to make a fool of o.s.; **poner** *o* **dejar en** ~ **a alguien** to make sb look stupid; **quedar en** ~ to look like a fool.

ríe *etc* ⊳ reír.

riega *etc* ⊳ regar.

riego *m* [de campo] irrigation; [de jardín] watering; ~ **sanguíneo** (blood) circulation.

riegue *etc* ⊳ regar.

riel *m* **-1.** [de vía] rail **- 2.** [de cortina] (curtain) rail.

rienda *f* **-1.** [de caballería] rein; **dar** ~ **suelta a** *fig* to give free rein to; **tener a alguien con la** ~ **corta** *fig* to keep sb on a tight rein **- 2.** [moderación] restraint.
➤ **riendas** *fpl fig* [dirección] reins; **aflojar las** ~**s** to ease up; **llevar** *o* **tener las** ~**s** to hold the reins, to be in control.

riera *etc* ⊳ reír.

riesgo *m* risk; **a todo** ~ [seguro, póliza] comprehensive; **correr (el)** ~ **de** to run the risk of.

riesgoso, sa *adj Amér* risky.
rifa *f* raffle.
rifar *vt* to raffle.
➤ **rifarse** *vpr fig* to fight over, to contest.
rifle *m* rifle.
rige *etc* ➭ **regir**.
rigidez *f* -**1.** [de un cuerpo, objeto etc] rigidity -**2.** [del rostro] stoniness -**3.** *fig* [severidad] strictness, harshness.
rígido, da *adj* -**1.** [cuerpo, objeto etc] rigid -**2.** [rostro] stony -**3.** [severo - normas etc] harsh; [- carácter] inflexible.
rigiera *etc* ➭ **regir**.
rigor *m* -**1.** [severidad] strictness -**2.** [exactitud] accuracy, rigour; **en** ~ strictly (speaking) -**3.** [inclemencia] harshness.
➤ **de rigor** *loc adj* usual.
rigurosidad *f* -**1.** [severidad] strictness -**2.** [exactitud] accuracy, rigour -**3.** [inclemencia] harshness.
riguroso, sa *adj* -**1.** [severo] strict -**2.** [exacto] rigorous, disciplined -**3.** [inclemente] harsh.
rija *etc* ➭ **regir**.
rima *f* rhyme.
rimar *vt* & *vi* to rhyme; ~ **con algo** to rhyme with sthg.
rimbombante *adj* -**1.** [estilo, frases] pompous -**2.** [desfile, fiesta etc] ostentatious.
rímel, rimmel *m* mascara.
rin *m* -**1.** *Amér* [ficha telefónica] telephone token -**2.** *Méx* [llanta] wheel rim.
rincón *m* corner *(inside)*.
rinconera *f* corner piece.
rinda, rindiera *etc* ➭ **rendir**.
ring (*pl* **rings**) *m* (boxing) ring.
rinitis *f inv* rhinitis.
rinoceronte *m* rhinoceros.
riña ◇ *v* ➭ **reñir**. ◇ *f* [disputa] quarrel; [pelea] fight.
riñera *etc* ➭ **reñir**.
riñón *m* kidney; ~ **artificial** kidney machine; **costar un** ~ *fig* to cost a packet; **tener el** ~ **bien cubierto** *fig* to be well-heeled.
➤ **riñones** *mpl* [región lumbar] lower back *(sg)*.
riñonada *f* [región lumbar] lower back; **costar una** ~ *fig* to cost a packet.
riñonera *f* [pequeño bolso] bum bag *UK*, fanny pack *US*.
río ◇ *v* ➭ **reír**. ◇ *m lit* & *fig* river; **ir** ~ **arriba/abajo** to go upstream/downstream; **a** ~ **revuelto, ganancia de pescadores** *proverb* it's an ill wind that blows nobody any good *proverb*; **cuando el** ~ **suena, agua lleva**

proverb there's no smoke without fire *proverb*.
Río de Janeiro *m* Rio de Janeiro.
Río de la Plata *m* River Plate.
rioja *m* Rioja (wine).
riojano, na *adj* & *m, f* Riojan.
rioplatense *adj* of/relating to the River Plate region.
RIP (*abrev de* **requiescat in pace**) RIP.
ripio *m LITER* word *or* phrase included to complete a rhyme.
riqueza *f* -**1.** [fortuna] wealth -**2.** [abundancia] richness.
risa *f* laugh, laughter *(U)*; **me da** ~ I find it funny; **¡qué** ~**!** how funny!; **de** ~ funny; **mondarse** *o* **morirse de** ~ to die of laughter; **se me escapó la** ~ I burst out laughing; **tomar algo a** ~ to take sthg as a joke.
risco *m* cliff, crag.
risible *adj* laughable.
risotada *f* guffaw; **soltar una** ~ to laugh loudly.
ristra *f lit* & *fig* string.
ristre
➤ **en ristre** *loc adv* at the ready.
risueño, ña *adj* -**1.** [alegre] smiling -**2.** [próspero] sunny, promising.
rítmico, ca *adj* rhythmic.
ritmo *m* -**1.** [gen] rhythm; **al** ~ **de** to the rhythm of; **llevar el** ~ to keep time; **perder el** ~ to get out of time; [cardíaco] beat -**2.** [velocidad] pace.
rito *m* -**1.** *RELIG* rite -**2.** [costumbre] ritual.
ritual *adj* & *m* ritual.
rival *adj* & *m, f* rival; **sin** ~ unrivaled.
rivalidad *f* rivalry.
rivalizar [13] *vi:* ~ **(con)** to compete (with).
rivera *f* brook, stream.
rizado, da *adj* -**1.** [pelo] curly -**2.** [mar] choppy.
➤ **rizado** *m* [en peluquería]: **hacerse un** ~ to have one's hair curled.
rizar [13] *vt* -**1.** [pelo] to curl -**2.** [mar] to ripple.
➤ **rizarse** *vpr* [pelo] to curl.
rizo *m* -**1.** [de pelo] curl -**2.** [del agua] ripple -**3.** [de avión] loop -**4.** [tela] towelling, terry -**5.** *loc:* **rizar el** ~ to split hairs.
RNE (*abrev de* **Radio Nacional de España**) *f* Spanish national radio station.
roast-beef [ros'βif] (*pl* **roast-beefs**), **rosbif** (*pl* **rosbifs**) *m* roast beef.
róbalo, robalo *m* sea bass.
robar *vt* -**1.** [gen] to steal; [casa] to burgle, burglarize *US*; ~ **a alguien** to rob sb -**2.** [en

naipes] to draw **-3.** [cobrar caro] to rob.

roble *m* **-1.** *BOT* oak **-2.** *fig* [persona] strong person; **más fuerte que un** ~ as strong as an ox.

robledal, robledo *m* oak wood *o* grove.

robo *m* [delito] robbery, theft; [en casa] burglary; ~ **a mano armada** armed robbery; **ser un** ~ [precios etc] to be daylight robbery.

robot (*pl* **robots**) *m* [gen & *INFORM*] robot.
➤ **robot de cocina** *m* food processor.

robótica *f* robotics (*U*).

robotización *f* automation.

robotizar [13] *vt* to automate.

robustecer [30] *vt* to strengthen.
➤ **robustecerse** *vpr* to get stronger.

robustez *f* robustness.

robusto, ta *adj* robust.

roca *f* rock; **firme como una** ~ solid as a rock.

rocalla *f* rubble.

rocambolesco, ca *adj* ludicrous.

roce <> *v* ▷ **rozar**. <> *m* **-1.** [rozamiento - gen] rub, rubbing (*U*); [- suave] brush, brushing (*U*); [- *FÍS*] friction **-2.** [desgaste] wear **-3.** [rasguño - en piel] graze; [- en zapato, puerta] scuffmark; [- en metal] scratch **-4.** [trato] close contact **-5.** [desavenencia] brush; **tener un** ~ **con alguien** to have a brush with sb.

rociada *f* **-1.** [rocío] dew **-2.** [aspersión] sprinkling **-3.** [de insultos, perdigones etc] shower.

rociar [9] *vt* **-1.** [arrojar gotas] to sprinkle; [con espray] to spray **-2.** [arrojar cosas]: ~ **algo (de)** to shower sthg (with) **-3.** [con vino] to wash down.

rocín *m* nag.

rocío *m* dew.

rock, rock and roll *m inv* rock and roll.

rockero, ra, roquero, ra <> *adj* rock (*antes de sust*). <> *m,f* **-1.** [músico] rock musician **-2.** [fan] rock fan.

rococó *adj inv* & *m* rococo.

rocoso, sa *adj* rocky.

rodaballo *m* turbot.

rodado, da *adj* **-1.** [piedra] rounded **-2.** [tráfico] road (*antes de sust*) **-3.** *loc*: **estar muy** ~ [persona] to be very experienced; **venir** ~ **para** to be the perfect opportunity to.
➤ **rodada** *f* tyre track.

rodaja *f* slice; **en** ~**s** sliced.

rodaje *m* **-1.** [filmación] shooting **-2.** [de motor] running-in **-3.** [experiencia] experience.

Ródano *m*: **el** ~ the (River) Rhône.

rodapié *m* skirting board.

rodar [23] <> *vi* **-1.** [deslizar] to roll; **echar al-**

go a ~ *fig* to set sthg in motion **-2.** [circular] to travel, to go **-3.** [girar] to turn **-4.** [caer]: ~ **(por)** to tumble (down) **-5.** [ir de un lado a otro] to go around **-6.** *CIN* to shoot. <> *vt* **-1.** *CIN* to shoot **-2.** [automóvil] to run in.

Rodas Rhodes.

rodear *vt* **-1.** [gen] to surround; **le rodeó el cuello con los brazos** she put her arms around his neck; ~ **algo de algo** to surround sthg with sthg **-2.** [dar la vuelta a] to go around **-3.** [eludir] to skirt around.
➤ **rodearse** *vpr*: ~**se de** to surround o.s. with.

rodeo *m* **-1.** [camino largo] detour; **dar un** ~ to make a detour **-2.** (*gen pl*) [evasiva] evasiveness (*U*); **andar** *o* **ir con** ~**s** to beat about the bush; **hablar sin** ~**s** to come straight to the point **-3.** [reunión de ganado] rounding up **-4.** [espectáculo] rodeo.

rodete *m* round pad.

rodilla *f* knee; **de** ~**s** on one's knees; **doblar** *o* **hincar la** ~ [arrodillarse] to go down on one knee; *fig* to bow (down), to humble o.s.; **hincarse de** ~**s** to kneel (down).

rodillera *f* **-1.** [protección] knee pad **-2.** [remiendo] knee patch.

rodillo *m* [gen] roller; [para repostería] rolling pin.

rododendro *m* rhododendron.

rodrigón *m* stake, prop.

rodríguez *m inv* grass widower; **estar** *o* **quedarse de** ~ to be a grass widower.

roedor, ra *adj* *ZOOL* rodent (*antes de sust*).
➤ **roedor** *m* rodent.

roedura *f* **-1.** [acción] gnawing **-2.** [señal] gnaw mark.

roer [69] *vt* **-1.** [con dientes] to gnaw (at) **-2.** *fig* [gastar] to eat away (at) **-3.** *fig* [atormentar] to nag *o* gnaw (at) **-4.** *loc*: **ser duro de** ~ to be a tough nut to crack.

rogar [39] *vt* [implorar] to beg; [pedir] to ask; ~ **a alguien que haga algo** to ask *o* beg sb to do sthg; **le ruego me perdone** I beg your pardon; **hacerse (de)** ~ to play hard to get; **'se ruega silencio'** 'silence, please'.

rogativa (*gen pl*) *f* rogation.

rogué *etc* ▷ **rogar**.

roiga *etc* ▷ **roer**.

rojez *f* **-1.** [cualidad] redness **-2.** [roncha] (red) blotch.

rojizo, za *adj* reddish.

rojo, ja ◇ *adj* red; **ponerse ~** [gen] to turn red; [ruborizarse] to blush. ◇ *m,f POLÍT* red.
➡ **rojo** *m* [color] red; **al ~ vivo** [en incandescencia] red hot; *fig* heated.

rol (*pl* **roles**) *m* **-1.** [papel] role **-2.** *NÁUT* muster.

rollizo, za *adj* chubby, plump.

rollo *m* **-1.** [cilindro] roll; **~ de primavera** *CULIN* spring roll **-2.** *CIN* roll **-3.** *fam* [discurso]: **el ~ de costumbre** the same old story; **soltar el ~** to go on and on; **tener mucho ~** to witter on **-4.** *fam* [embuste] tall story **-5.** *fam* [pelmazo, pesadez] bore, drag **-6.** *fam* [tema] stuff; **¿de qué va el ~?** what's it all about? **-7.** *fam* [relación] relationship; **tener buen/mal ~ (con alguien)** to get on/not to get on with sb **-8.** *fam* [ambiente, tipo de vida] scene; **traerse un mal ~** to be into a bad scene.

ROM (*abrev de* **read-only memory**) *f* ROM.

Roma Rome.

romance ◇ *adj* Romance. ◇ *m* **-1.** *LING* Romance language **-2.** *LITER* romance **-3.** [idilio] romance.

romancero *m LITER* collection of romances.

románico, ca *adj* **-1.** *ARQUIT & ARTE* Romanesque **-2.** *LING* Romance.
➡ **románico** *m*: **el (estilo) ~** the Romanesque (style).

romanización *f* Romanization.

romanizar [13] *vt* to Romanize.

romano, na ◇ *adj* Roman; *RELIG* Roman Catholic. ◇ *m,f* Roman.

romanticismo *m* **-1.** *ARTE & LITER* Romanticism **-2.** [sentimentalismo] romanticism.

romántico, ca *adj & m,f* **-1.** *ARTE & LITER* Romantic **-2.** [sentimental] romantic.

romanza *f MÚS* ballad.

rombo *m GEOM* rhombus.

romeo *m fig* person very much in love.

romería *f* **-1.** [peregrinación] pilgrimage **-2.** [fiesta] *open-air festivities to celebrate a religious event* **-3.** *fig* [mucha gente] long line.

romero, ra *m,f* [peregrino] pilgrim.
➡ **romero** *m BOT* rosemary.

romo, ma *adj* **-1.** [sin filo] blunt **-2.** [de nariz] snub-nosed.

rompecabezas *m inv* **-1.** [juego] jigsaw **-2.** *fam* [problema] puzzle.

rompehielos *m inv* ice-breaker.

rompeolas *m inv* breakwater.

romper ◇ *vt* **-1.** [gen] to break; [hacer añicos] to smash; [rasgar] to tear **-2.** [interrumpir - monotonía, silencio, hábito] to break; [- hilo del discurso] to break off; [- tradición] to put an end to, to stop **-3.** [terminar - relaciones etc] to break off. ◇ *vi* **-1.** [terminar una relación]: **~ (con alguien)** to break *o* split up (with sb) **-2.** [olas, el día] to break; [hostilidades] to break out; **al ~ el alba** *o* **día** at daybreak **-3.** [empezar]: **~ a hacer algo** to suddenly start doing sthg; **~ a llorar** to burst into tears; **~ a reír** to burst out laughing **-4.** *loc*: **de rompe y rasga** [persona] determined.
➡ **romperse** *vpr* [partirse] to break; [rasgarse] to tear; **se ha roto una pierna** he has broken a leg.

rompevientos *m Amér* [anorak] anorak; *RP* [suéter] polo-neck jersey.

rompiente *m* reef, shoal.

rompimiento *m* **-1.** breaking; [de relaciones] breaking-off **-2.** *Amér* [de relaciones, conversaciones] breaking-off; [de pareja] break-up; [de contrato] breach.

ron *m* rum.

roncar [10] *vi* to snore.

roncha *f* red blotch.

ronco, ca *adj* **-1.** [afónico] hoarse; **se quedó ~ de tanto gritar** he shouted himself hoarse **-2.** [bronco] harsh.

ronda *f* **-1.** [de vigilancia, visitas] rounds (*pl*); **hacer la ~** to do one's rounds **-2.** [carretera] ring road **-3.** [avenida] avenue **-4.** *fam* [de bebidas, en el juego etc] round.

rondalla *f* group of minstrels.

rondar ◇ *vt* **-1.** [vigilar] to patrol **-2.** [estar próximo]: **me ronda un resfriado** I've got a cold coming on **-3.** [rayar - edad] to be around **-4.** [cortejar] to court. ◇ *vi* [merodear]: **~ (por)** to wander *o* hang around.

rondín *m Andes* **-1.** [vigilante] watchman, guard **-2.** [armónica] mouth organ.

ronque *etc* ➤ **roncar**.

ronquera *f* hoarseness.

ronquido *m* snore, snoring (U).

ronronear *vi* to purr.

ronroneo *m* purr, purring (U).

roña ◇ *adj fam* [tacaño] stingy, tight. ◇ *mf fam* [tacaño] stingy person. ◇ *f* **-1.** [suciedad] filth, dirt **-2.** *fam* [tacañería] stinginess **-3.** *VETER* mange.

roñería *f fam* stinginess.

roñica *fam* ◇ *adj* stingy, tight. ◇ *mf* stingy person.

roñoso, sa ◇ *adj* **-1.** [sucio] dirty **-2.** [tacaño] mean. ◇ *m,f* miser, mean person.

ropa *f* clothes (*pl*); **aligerarse de ~** [semidesnudo] to strip half-naked; **cambiarse de ~** to change clothes; **ligero de ~** scantily clad; **~ blanca** linen; **~ de abrigo** warm clothes *(pl)*; ~ **de cama** bed linen; ~ **hecha** ready-to-wear clothes; ~ **interior** underwear; ~ **sucia** laundry; **lavar la** ~ **sucia en público** *fig* to wash one's dirty linen in public; **nadar y guardar la** ~ *fig* to cover one's back.

ropaje *m* robes *(pl)*.

ropero *m* **-1.** [armario] wardrobe **-2.** [habitación] walk-in wardrobe; *TEATR* cloakroom.

roque *m* [en ajedrez] castle; **estar/quedarse** ~ *fig* to be/fall fast asleep.

roquefort [roke'for] *m* Roquefort (cheese).

roquero = **rockero**.

rorro *m* baby.

rosa ◇ *f* [flor] rose; **estar (fresco) como una** ~ to be as fresh as a daisy; **no hay** ~ **sin espinas** there's no rose without a thorn. ◇ *m* [color] pink. ◇ *adj inv* [color] pink; **verlo todo de color (de)** ~ *fig* to see everything through rose-tinted spectacles.

rosa de los vientos *f NÁUT* compass.

rosáceo, a *adj* pinkish.

rosado, da *adj* pink.

rosado ▷ **vino**.

rosal *m* [arbusto] rose bush.

rosaleda *f* rose garden.

rosario *m* **-1.** *RELIG* rosary; **rezar el** ~ to say one's rosary **-2.** [sarta] string **-3.** *loc*: **acabar como el** ~ **de la aurora** to finish up badly.

rosbif = **roast-beef**.

rosca *f* **-1.** [de tornillo] thread **-2.** [forma - de anillo] ring; [- espiral] coil **-3.** *CULIN* ring doughnut **-4.** *loc*: **hacerle la** ~ **a alguien** to suck up to sb; **pasarse de** ~ [persona] to go over the top.

rosco *m* ring-shaped bread roll; **no comerse un** ~ *mfam* never to get off with anyone.

roscón *m* ring-shaped cake; ~ **de reyes** *cake eaten on 6th January*.

roseta *f* **-1.** *ARQUIT* rosette **-2.** [de regadera] nozzle.

rosetón *m* **-1.** [ventana] rose window **-2.** [adorno] ceiling rose.

rosquete *adj Perú fam despec* queer.

rosquilla *f* ring doughnut; **venderse como** ~ s *fam* to sell like hot cakes.

rosticería *f Chile shop selling roast chicken.*

rostro *m* face; **tener (mucho)** ~ *fam fig* to have a real nerve.

rotación *f* **-1.** [giro] rotation; ~ **de cultivos** crop rotation **-2.** [alternancia] rota; **por** ~ in turn.

rotar *vi* to rotate.

rotativo, va *adj* rotary, revolving.

rotativo *m* newspaper.

rotativa *f* rotary press.

rotatorio, ria *adj* rotary, revolving.

rotisería *f CSur* deli.

roto, ta ◇ *pp* ▷ **romper**. ◇ *adj* **-1.** [gen] broken; [tela, papel] torn **-2.** *fig* [deshecho - vida etc] destroyed; [- corazón] broken **-3.** *fig* [exhausto] shattered. ◇ *m,f Chile fam pey* [trabajador] worker.

roto *m* [en tela] tear, rip.

rotonda *f* **-1.** [glorieta] roundabout *UK*, traffic circle *US* **-2.** [plaza] circus **-3.** [edificio] rotunda.

rotoso, sa *adj Andes & RP fam* ragged, in tatters.

Rotterdam Rotterdam.

rótula *f* kneecap.

rotulador *m* felt-tip pen; [fluorescente] marker pen.

rotular *vt* **-1.** [con rotulador] to highlight **-2.** [calle] to put up a sign on **-3.** [carta, artículo] to head with fancy lettering **-4.** [letrero] to letter.

rótulo *m* **-1.** [letrero] sign **-2.** [encabezamiento] headline, title.

rotundidad *f* firmness, categorical nature.

rotundo, da *adj* **-1.** [categórico - negativa, persona] categorical; [- lenguaje, estilo] emphatic, forceful **-2.** [completo] total.

rotura *f* [gen] break, breaking *(U)*; [de hueso] fracture; [en tela] rip, hole.

roturar *vt* to plough.

roulotte [ru'lot], **rulot** *f* caravan *UK*, trailer *US*.

round [raund] *(pl* **rounds***)* *m DEP* round.

roya *etc* ▷ **roer**.

royalty [ro'jalti] *(pl* **royalties***)* *m* royalty.

royera, royo *etc* ▷ **roer**.

rozadura *f* **-1.** [señal] scratch, scrape **-2.** [herida] graze.

rozamiento *m* [fricción] rub, rubbing *(U)*; *FÍS* friction *(U)*.

rozar [13] *vt* **-1.** [gen] to rub; [suavemente] to brush; [suj: zapato] to graze **-2.** [pasar cerca de] to skim, to shave **-3.** *fig* [estar cerca de] to border on; **roza los cuarenta** he's almost forty.

rozar con *vi* **-1.** [tocar] to brush against **-2.** *fig* [acercarse a] to verge on.

rozarse *vpr* **-1.** [tocarse] to touch **-2.** [pasar cerca] to brush past each other **-3.** [herirse - rodilla etc] to graze **-4.** *fig* [tener trato]: ~ **se con** to rub shoulders with.

Rte. *abrev de* **remitente**.

RTVE (*abrev de* **Radiotelevisión Española**) *f*

Spanish state broadcasting company.
rúa f street.
ruana f *Andes* poncho.
rubeola, rubéola f German measles *(U)*.
rubí *(pl* rubís o rubíes) m ruby.
rubia ▷ rubio.
rubicundo, da *adj* ruddy.
rubio, bia ◇ *adj* -1. [pelo, persona] blond (*f* blonde), fair; **teñirse de** ~ to dye one's hair blond; **rubia platino** platinum blonde -2. [tabaco] Virginia *(antes de sust)* -3. [cerveza] lager *(antes de sust).* ◇ m,f [persona] blond (*f* blonde), fair-haired person.
rublo m rouble.
rubor m -1. [vergüenza] embarrassment; **causar** ~ to embarrass -2. [sonrojo] blush.
ruborizar [13] *vt* [avergonzar] to embarrass.
  ➡ **ruborizarse** *vpr* to blush.
ruboroso, sa *adj* blushing.
rúbrica f -1. [de firma] flourish -2. [título] title -3. [conclusión] final flourish; **poner** ~ **a algo** to complete sthg.
rubricar [10] *vt* -1. [firmar] to sign with a flourish -2. *fig* [confirmar] to confirm -3. *fig* [concluir] to complete.
rucio, cia *adj* -1. [gris] grey -2. *Amér fam* blond (*f* blonde).
rudeza f -1. [tosquedad] roughness -2. [grosería] coarseness.
rudimentario, ria *adj* rudimentary.
rudimentos *mpl* rudiments.
rudo, da *adj* -1. [tosco] rough -2. [brusco] sharp, brusque -3. [grosero] rude, coarse.
rueca f distaff.
rueda ◇ *v* ▷ rodar. ◇ f -1. [pieza] wheel; ~ **delantera/trasera** front/rear wheel; ~ **de repuesto** spare wheel; **la ~ de la fortuna** o **del destino** *fig* the wheel of fortune; **comulgar con** ~**s de molino** *fig* to be very gullible; **ir sobre** ~**s** *fig* to go smoothly -2. [corro] circle.
  ➡ **rueda de prensa** f press conference.
  ➡ **rueda de reconocimiento** f identification parade.
ruedo m -1. *TAUROM* bullring; *ver también* **tauromaquia** -2. *fig* [mundo] sphere, world; **echarse al** ~ to enter the fray.
ruega *etc* ▷ rogar.
ruego m request; ~**s y preguntas** any other business.
rufián m villain.
rugby m rugby.
rugido m [gen] roar; [de persona] bellow.
rugir [15] *vi* [gen] to roar; [persona] to bellow.
rugosidad f -1. [cualidad] roughness -2.

[arruga - de persona] wrinkle; [- de tejido] crinkle.
rugoso, sa *adj* -1. [áspero - material, terreno] rough -2. [con arrugas - rostro etc] wrinkled; [- tejido] crinkled.
ruibarbo m rhubarb.
ruido m -1. [gen] noise; [sonido] sound; ~ **de fondo** background noise; **mucho** ~ **y pocas nueces** much ado about nothing -2. *fig* [escándalo] row; **hacer** o **meter** ~ to cause a stir.
ruidoso, sa *adj* [que hace ruido] noisy.
ruin *adj* -1. [vil] low, contemptible -2. [avaro] mean.
ruina f -1. [gen] ruin; **amenazar** ~ [edificio] to be about to collapse; **dejar en** o **llevar a la** ~ **a alguien** to ruin sb; **estar en la** ~ to be ruined; **ser una** ~ to cost a fortune -2. [destrucción] destruction -3. [fracaso - persona] wreck; **estar hecho una** ~ to be a wreck.
  ➡ **ruinas** *fpl* [históricas] ruins; **en** ~**s** in ruins.
ruindad f -1. [cualidad] meanness, baseness -2. [acto] vile deed.
ruinoso, sa *adj* -1. [poco rentable] ruinous -2. [edificio] ramshackle.
ruiseñor m nightingale.
ruja *etc* ▷ rugir.
ruleta f roulette.
  ➡ **ruleta rusa** f Russian roulette.
ruletear *vi CAm, Méx fam* to drive a taxi.
ruletero m *CAm, Méx fam* taxi driver.
rulo m -1. [para el pelo] roller -2. [rizo] curl.
rulot = roulotte.
ruma f *Andes, Ven* heap, pile.
Rumanía Romania.
rumano, na *adj & m,f* Romanian.
  ➡ **rumano** m [lengua] Romanian.
rumba f rumba.
rumbo m -1. [dirección] direction, course; **caminar sin** ~ **fijo** to walk aimlessly; **ir con** ~ **a** to be heading for; **poner** ~ **a** to set course for; **perder el** ~ [barco] to go off course; *fig* [persona] to lose one's way; **tomar otro** ~ to take a different tack -2. *fig* [camino] path, direction.
rumboso, sa *adj fam* generous.
rumiante *adj & m* ruminant.
rumiar [8] ◇ *vt* [suj: rumiante] to chew; *fig* to ruminate, to chew over. ◇ *vi* [masticar] to ruminate, to chew the cud.
rumor m -1. [ruido sordo] murmur -2. [chisme] rumour; **corre el** ~ **de que** there's a rumour going around that.
rumorearse *v impers:* ~ **que ...** to be rumoured that ...

runrún m [ruido confuso] hum, humming (U).

runruneo m [ruido] hum, humming (U).

rupestre adj cave (antes de sust).

rupia f rupee.

ruptura f [gen] break; [de relaciones, conversaciones] breaking-off; [de contrato] breach.

rural adj rural.

Rusia Russia.

ruso, sa adj & m,f Russian.
➡ **ruso** m [lengua] Russian.

rústico, ca adj -1. [del campo] country (antes de sust) -2. [tosco] rough, coarse.
➡ **en rústica** loc adj paperback.

ruta f route; fig way, course.

rutilante adj shining.

rutilar vi to shine brightly.

rutina f [gen & INFORM] routine; **de ~** routine; **por ~** as a matter of course.

rutinario, ria adj routine.

Rvda. (abrev de **Reverenda**) Rev. (Mother etc).

Rvdo. (abrev de **Reverendo**) Rev. (Father etc).

S

s, S f [letra] s, S.
➡ **S** (abrev de **san**) St.

s.a. (abrev de **sinne anno**) s.a.

SA (abrev de **sociedad anónima**) f ≃ Ltd, ≃ PLC.

sábado m Saturday; **¿qué día es hoy? - (es) ~** what day is it (today)? - (it's) Saturday; **cada ~, todos los ~s** every Saturday; **cada dos ~s, un ~ sí y otro no** every other Saturday; **caer en ~** to be on a Saturday; **te llamo el ~** I'll call you on Saturday; **el próximo ~, el ~ que viene** next Saturday; **el ~ pasado** last Saturday; **el ~ por la mañana/tarde/noche** Saturday morning/afternoon/night; **en ~** on Saturdays; **nací en ~** I was born on a Saturday; **este ~** [pasado] last Saturday; [próximo] this (coming) Saturday; **¿trabajas los ~s?** do you work (on)

Saturdays?; **un ~ cualquiera** on any Saturday; **Sábado de Gloria** Easter Saturday.

sabana f savannah.

sábana f sheet; **~ ajustable** fitted sheet; **~ bajera/encimera** bottom/top sheet; **se le pegan las ~s** she's not good at getting up.

sabandija f -1. [animal] creepy-crawly, bug -2. fig [persona] worm.

sabañón m chilblain.

sabático, ca adj -1. [del sábado] Saturday (antes de sust) -2. ➪ año.

Sabbat [ˈsaβat] m Sabbath.

sabedor, ra adj: **ser ~ de** to be aware of.

sabelotodo m y f inv fam know-all.

saber [70] ◇ m knowledge. ◇ vt -1. [conocer] to know; **ya lo sé** I know; **hacer ~ algo a alguien** to inform sb of sthg, to tell sb sthg; **¿se puede ~ qué haces?** would you mind telling me what you are doing? -2. [ser capaz de]: **~ hacer algo** to know how to do sthg, to be able to do sthg; **sabe hablar inglés/montar en bici** she can speak English/ride a bike -3. [enterarse] to learn, to find out; **lo supe ayer** I only found out yesterday -4. [entender de] to know about; **sabe mucha física** he knows a lot about physics -5. loc: **no ~ dónde meterse** not to know where to put o.s. ◇ vi -1. [tener sabor]: **(a)** to taste (of); **~ bien/mal** to taste good/bad; **~ mal a alguien** fig to upset o annoy sb -2. [entender]: **~ de algo** to know about sthg; **ése sí que sabe** he's a canny one -3. [tener noticia]: **~ de alguien** to hear from sb; **~ de algo** to learn of sthg -4. [parecer]: **eso me sabe a disculpa** that sounds like an excuse to me -5. Andes, Arg & Chile fam [soler]: **~ hacer algo** to be wont to do sthg -6. loc: **no ~ uno por dónde se anda** not to have a clue; **que yo sepa** as far as I know; **¡quién sabe!, ¡vete a ~!** who knows!
➡ **saberse** vpr: **~se algo** to know sthg; **sabérselas todas** fig to know all the tricks.
➡ **a saber** loc adv [es decir] namely.

sabido, da adj: **como es (bien) ~** as everyone knows.

sabiduría f -1. [conocimientos] knowledge, learning -2. [prudencia] wisdom; **~ popular** popular wisdom.

sabiendas
➡ **a sabiendas** loc adv knowingly; **a ~ de que ...** knowing that ..., quite aware of the fact that ...

sabihondo, da, sabiondo, da adj & m,f know-all, know-it-all.

sabina f [planta] savin.

sabio, bia <> adj **-1.** [sensato, inteligente] wise **-2.** [docto] learned. <> m,f [listo] wise person; [docto] learned person.

sabiondo = sabihondo.

sablazo m **-1.** [golpe] blow with a sabre **-2.** [herida] sabre wound **-3.** fam fig [de dinero] scrounging (U); **dar un ~ a alguien** to scrounge money off sb.

sable m sabre.

sablear vi fam to scrounge money.

sablista mf fam scrounger.

sabor m **-1.** [gusto] taste, flavour; **tener ~ a algo** to taste of sthg; **dejar mal/buen ~ (de boca)** fig to leave a nasty taste in one's mouth/a warm feeling **-2.** fig [estilo] flavour.

saborear vt lit & fig to savour.

sabotaje m sabotage.

saboteador, ra m,f saboteur.

sabotear vt to sabotage.

sabrá etc [> saber.

sabroso, sa adj **-1.** [gustoso] tasty **-2.** fig [substancioso] tidy, considerable.

sabueso m **-1.** [perro] bloodhound **-2.** fig [policía] sleuth, detective.

saca f sack.

sacacorchos m inv corkscrew.

sacamuelas m inv fam dentist.

sacapuntas m inv pencil sharpener.

sacar [10] <> vt **-1.** [poner fuera, hacer salir] to take out; [lengua] to stick out; **~ algo de** to take sthg out of; **nos sacaron algo de comer** they gave us something to eat; **~ a alguien a bailar** to ask sb to dance **-2.** [quitar]: **~ algo (de)** to remove sthg (from) **-3.** [librar, salvar]: **~ a alguien de** to get sb out of **-4.** [conseguir]: **no sacas nada mintiéndole** you don't gain anything by lying to him **-5.** [obtener - carné, buenas notas] to get, to obtain; [- premio] to win; [- foto] to take; [- fotocopia] to make; [- dinero del banco] to withdraw **-6.** [sonsacar]: **~ algo a alguien** to get sthg out of sb **-7.** [extraer - producto]: **~ algo de** to extract sthg from **-8.** [fabricar] to produce **-9.** [crear - modelo, disco etc] to bring out **-10.** [exteriorizar] to show **-11.** [resolver - crucigrama etc] to do, to finish **-12.** [deducir] to gather, to understand; [conclusión] to come to **-13.** [mostrar] to show; **lo sacaron en televisión** he was on television **-14.** [comprar - entradas etc] to get, to buy **-15.** [prenda - de ancho] to let out; [- de largo] to let down **-16.** [aventajar]: **sacó tres minutos a su rival** he was three minutes ahead of his rival **-17.** [DEP - con la mano] to throw in; [- con la raqueta] to serve. <> vi DEP to put the ball into play; [con la raqueta] to serve.

sacarse vpr **-1.** [poner fuera]: **~se algo (de)** to take sthg out (of) **-2.** [carné etc] to get.

sacar adelante vt **-1.** [hijos] to bring up **-2.** [negocio] to make a go of.

sacárido m saccharide.

sacarina f saccharine.

sacarosa f sucrose.

sacerdocio m priesthood.

sacerdotal adj priestly.

sacerdote, tisa m,f [pagano] priest (f priestess).

sacerdote m [cristiano] priest.

saciar [8] vt **-1.** [satisfacer - sed] to quench; [- hambre] to satisfy, to sate **-2.** fig [colmar] to fulfil.

saciarse vpr to have had one's fill; fig to be satisfied.

saciedad f satiety; **hasta la ~** fig over and over again.

saco m **-1.** [bolsa] sack, bag; **~ de dormir** sleeping bag **-2.** fig [persona]: **ser un ~ de mentiras** to be full of lies **-3.** Amér [chaqueta] coat **-4.** loc: **dar por ~ a alguien** mfam to screw sb; **entrar a ~ en** to sack, to pillage; **mandar a alguien a tomar por ~** mfam to tell sb to get stuffed; **no echar algo en ~ roto** to take good note of sthg.

sacralizar [13] vt to consecrate.

sacramental adj sacramental.

sacramentar vt to administer the last rites to.

sacramento m sacrament.

sacrificar [10] vt **-1.** [gen] to sacrifice; **~ algo a** lit & fig to sacrifice sthg to **-2.** [animal - para consumo] to slaughter.

sacrificarse vpr: **~se (para hacer algo)** to make sacrifices (in order to do sthg); **~se por** to make sacrifices for.

sacrificio m lit & fig sacrifice.

sacrilegio m lit & fig sacrilege.

sacrílego, ga <> adj sacrilegious. <> m,f sacrilegious person.

sacristán, ana m,f sacristan, sexton.

sacristía f sacristy.

sacro, cra adj **-1.** [sagrado] holy, sacred **-2.** ANAT sacral.

sacro m ANAT sacrum.

sacrosanto, ta adj sacrosanct.

sacudida f **-1.** [gen] shake; [de la cabeza] toss; [de tren, coche] jolt; **dar ~s** to jolt; **~ eléctrica** electric shock **-2.** [terremoto] tremor **-3.** fig [conmoción] shock.

sacudir vt **-1.** [agitar] to shake **-2.** [golpear - alfombra etc] to beat **-3.** [hacer temblar] to shake - **4.** *fig* [conmover] to shake, to shock - **5.** *fam fig* [pegar] to smack, to give a hiding.

➤ **sacudirse** *vpr* [persona] to get rid of.

sádico, ca ◇ *adj* sadistic. ◇ *m,f* sadist.

sadismo *m* sadism.

sadomasoquismo *m* sadomasochism.

sadomasoquista ◇ *adj* sadomasochistic. ◇ *mf* sadomasochist.

saeta *f* - **1.** [flecha] arrow - **2.** [de reloj] hand - **3.** *MÚS* flamenco-style song sung on religious occasions.

safari *m* - **1.** [expedición] safari; **ir de** ~ to go on safari - **2.** [zoológico] safari park.

saga *f* saga.

sagacidad *f* astuteness.

sagaz *adj* astute, shrewd.

Sagitario ◇ *m* [zodiaco] Sagittarius; **ser** ~ to be (a) Sagittarius. ◇ *mf* [persona] Sagittarian.

sagrado, da *adj* holy, sacred; *fig* sacred.

sagrario *m* - **1.** [parte del templo] shrine - **2.** [de las hostias] tabernacle.

Sahara *m*: **el (desierto del)** ~ the Sahara (Desert).

sahariana [saxaˈrjana] *f* [prenda] safari jacket.

sahariano, na *adj* & *m,f* Saharan.

sainete *m* - **1.** *TEATR* short, popular comic play - **2.** [fig] farce.

sajón, ona *adj* & *m,f* Saxon.

Sajonia *f* Saxony.

sal *f* - **1.** *CULIN* & *QUÍM* salt; ~ **común** o **de cocina** cooking salt; ~ **de fruta** fruit salts; ~ **marina** sea salt; **la** ~ **de la vida** *fig* the spark of life - **2.** *fig* [gracia] wit - **3.** *fig* [garbo] charm.

➤ **sales** *fpl* - **1.** [para reanimar] smelling salts - **2.** [para baño] bath salts.

sala *f* - **1.** [habitación - gen] room; [- de una casa] lounge, living room; [- de hospital] ward; ~ **de embarque** departure lounge; ~ **de espera** waiting room; ~ **de estar** lounge, living room; ~ **de juntas** boardroom; ~ **de máquinas** machine room; ~ **de operaciones** operating theatre; ~ **de partos** delivery room - **2.** [mobiliario] lounge suite - **3.** [local - de conferencias, conciertos] hall; [- de cine, teatro] auditorium; ~ **de fiestas** discothèque - **4.** [*DER* - lugar] court (room); [- magistrados] bench.

saladero *m* salting room.

saladillo, lla *adj* salted.

saladito *m RP* savoury snack o appetizer.

salado, da *adj* - **1.** [con sal] salted; [agua] salt (antes de sust); [con demasiada sal] salty; **estar** ~ to be (too) salty - **2.** *fig* [gracioso] witty - **3.**

CAm, Carib, Méx [desgraciado] unfortunate.

salamandra *f* - **1.** [animal] salamander - **2.** [estufa] salamander stove.

salami, salame *CSur m* salami.

salar *vt* - **1.** [para conservar] to salt - **2.** [para cocinar] to add salt to.

salarial *adj* wage (antes de sust).

salario *m* salary, wages (pl); [semanal] wage; ~ **base** o **básico** basic wage; ~ **bruto/neto** gross/net wage; ~ **mínimo (interprofesional)** minimum wage.

salaz *adj* salacious.

salazón *f* [acción] salting.

➤ **salazones** *fpl* [carne] salted meat (U); [pescado] salted fish (U).

salchicha *f* sausage.

salchichón *m* ≃ salami.

salchichonería *f Méx* delicatessen.

saldar *vt* - **1.** [pagar - cuenta] to close; [- deuda] to settle - **2.** *fig* [poner fin a] to settle - **3.** *COM* to sell off.

➤ **saldarse** *vpr* [acabar]: ~**se con** to produce; **la pelea se saldó con 11 heridos** 11 people were injured in the brawl.

saldo *m* - **1.** [de cuenta] balance; ~ **acreedor/deudor** credit/debit balance; ~ **negativo** overdraft - **2.** [de deudas] settlement - **3.** (gen pl) [restos de mercancías] remnant; [rebajas] sale; **de** ~ bargain - **4.** *fig* [resultado] balance.

saldrá *etc* ➤ **salir**.

saledizo, za *adj* projecting.

➤ **saledizo** *m* overhang.

salero *m* - **1.** [recipiente] salt cellar *UK*, salt shaker *US* - **2.** *fig* [gracia] wit; [donaire] charm.

saleroso, sa *adj* [gracioso] witty; [garboso] charming.

salga *etc* ➤ **salir**.

sálico ➤ **ley**.

salida *f* - **1.** [acción de partir - gen] leaving; [- de tren, avión] departure; ~**s nacionales/internacionales** domestic/international departures - **2.** *DEP* start; **dar la** ~ to start the race; ~ **nula** false start - **3.** [lugar] exit, way out; ~ **de emergencia/incendios** emergency/fire exit - **4.** [momento]: **quedamos a la** ~ **del trabajo** we agreed to meet after work - **5.** [viaje] trip - **6.** [aparición - de sol, luna] rise; [- de revista, nuevo modelo] appearance - **7.** [*COM* - posibilidades] market; [- producción] output - **8.** *INFORM* output - **9.** *fig* [solución] way out; **si no hay otra** ~ if there's no alternative - **10.** [pretexto] excuse - **11.** [ocurrencia]: **tener** ~**s** to be witty; ~ **de tono** out-of-place remark

-12. *fig* [futuro - de carreras etc] opening, opportunity.

salido, da ◇ *adj* **-1.** [saliente] projecting, sticking out; [ojos] bulging **-2.** [animal] on heat **-3.** *mfam* [persona] horny. ◇ *m,f mfam* [persona] horny bugger.

saliente ◇ *adj* **-1.** [destacable] salient, important **-2.** *POLÍT* outgoing. ◇ *m* projection.

salina ▷ salino.

salinidad *f* salinity.

salino, na *adj* saline.

➤ **salina** *f* **-1.** *MIN* salt mine **-2.** *(gen pl)* [en el mar] saltworks *(sg)*.

salir [71] *vi* **-1.** [ir fuera] to go out; [venir fuera] to come out; ~ **de** to go/come out of; **¿salimos al jardín?** shall we go out into the garden?; **¡sal aquí fuera!** come out here! **-2.** [ser novios]: ~ **(con alguien)** to go out (with sb) **-3.** [marcharse]: ~ **(de/para)** to leave (from/for); ~ **corriendo** to go off like a shot **-4.** [desembocar - calle]: ~ **a** to open out onto **-5.** [separarse - tapón, anillo etc]: ~ **(de)** to come off **-6.** [resultar] to turn out; **ha salido muy estudioso** he has turned out to be very studious; **¿qué salió en la votación?** what was the result of the vote?; ~ **elegida actriz del año** to be voted actress of the year; ~ **bien/mal** to turn out well/badly; ~ **ganando/perdiendo** to come off well/badly **-7.** [proceder]: ~ **de** to come from; **el vino sale de la uva** wine comes from grapes **-8.** [surgir - luna, estrellas, planta] to come out; [- sol] to rise; [- dientes] to come through; **le ha salido un sarpullido en la espalda** her back has come out in a rash **-9.** [aparecer - publicación, producto, traumas] to come out; [- moda, ley] to come in; [- en imagen, prensa, televisión] to appear; **¡qué bien sales en la foto!** you look great in the photo!; **ha salido en los periódicos** it's in the papers; **hoy salió por la televisión** he was on television today; ~ **de** *CIN* & *TEATR* to appear as **-10.** [en sorteo] to come up **-11.** [presentarse - ocasión, oportunidad] to turn up, to come along; [- problema, contratiempo] to arise; **a lo que salga, salga lo que salga** *fig* whatever happens **-12.** [costar]: ~ **(a** o **por)** to work out (at); ~ **caro** [de dinero] to be expensive; [por las consecuencias] to be costly **-13.** [decir u obrar inesperadamente]: **nunca se sabe por dónde va a** ~ you never know what she's going to do/come out with next **-14.** [parecerse]: ~ **a alguien** to turn out like sb, to take after sb **-15.** [en juegos] to lead; **te toca** ~ **a ti** it's your lead **-16.** [quitarse - manchas] to come out **-17.** [librarse]: ~ **de** [gen] to get out of; [problema] to get round **-18.** *INFORM*: ~ **(de)** to quit, to exit.

➤ **salirse** *vpr* **-1.** [marcharse - de lugar, asociación etc]: ~ **se (de)** to leave **-2.** [filtrarse]: ~ **se (por)** [líquido, gas] to leak o escape (through); [humo, aroma] to come out (through) **-3.** [rebosar] to overflow; [leche] to boil over; **el río se salió del cauce** the river broke its banks **-4.** [desviarse]: ~ **se (de)** to come off; **el coche se salió de la carretera** the car came off o left the road **-5.** *fig* [escaparse]: ~ **se de** [gen] to deviate from; [límites] to go beyond; ~ **se del tema** to digress **-6.** *loc:* ~ **se con la suya** to get one's own way.

➤ **salir adelante** *vi* **-1.** [persona, empresa] to get by **-2.** [proyecto, propuesta, ley] to be successful.

salitre *m* saltpetre.

saliva *f* saliva; **gastar** ~ **en balde** *fig* to waste one's breath; **tragar** ~ *fig* to bite one's tongue.

salivación *f* salivation.

salivadera *f Andes* spittoon.

salmo *m* psalm.

salmodia *f* singing of psalms; *fig* drone.

salmodiar [8] *vt* to sing in a monotone.

salmón ◇ *m* [pez] salmon. ◇ *adj* & *m inv* [color] salmon (pink).

salmonelosis *f inv MED* salmonella.

salmonete *m* red mullet.

salmuera *f* brine.

salobre *adj* salty.

salobridad *f* saltiness.

salomónico, ca *adj* equitable, even-handed.

salón *m* **-1.** [habitación - en casa] lounge, sitting room; ~ **comedor** living room-dining room; [- en residencia, edificio público] reception hall **-2.** [mobiliario] lounge suite **-3.** [local - de sesiones etc] hall; ~ **de actos** assembly hall **-4.** [feria] show, exhibition; ~ **de exposiciones** exhibition hall **-5.** [establecimiento] shop; ~ **de belleza/masaje** beauty/massage parlour; ~ **de té** tearoom.

➤ **de salón** *loc adj fig* armchair.

salpicadera *f Méx* mudguard *UK*, fender *US*.

salpicadero *m* dashboard.

salpicadura *f* [acción] splashing, spattering; [mancha] spot, spatter.

salpicar [10] *vt* **-1.** [rociar] to splash, to spatter **-2.** *fig* [diseminar]: ~ **(de)** to pepper (with).

salpicón *m CULIN* cold dish of chopped fish, seasoned with pepper, salt, vinegar and onion.

salpimentar [19] *vt* to season with salt and pepper.

salpullido = sarpullido.

salsa *f* -**1.** [CULIN- gen] sauce; [- de carne] gravy; ~ **bearnesa/tártara** bearnaise/tartar sauce; ~ **bechamel** *o* **besamel** bechamel *o* white sauce; ~ **muselina*** *sauce made from egg yolk, butter and whipped cream*; ~ **rosa** thousand island dressing; ~ **de tomate** tomato sauce; **en su propia** ~ *fig* in one's element -**2.** *fig* [interés] spice -**3.** *MÚS* salsa.

salsera *f* gravy boat.

saltador, ra ◇ *adj* jumping. ◇ *m,f* DEP jumper.

saltamontes *m inv* grasshopper.

saltar ◇ *vt* -**1.** [obstáculo] to jump (over) -**2.** [omitir] to skip, to miss out. ◇ *vi* -**1.** [gen] to jump; ~ **de alegría** to jump for joy; [a la comba] to skip; [al agua] to dive; ~ **sobre alguien** [abalanzarse] to set upon sb; ~ **de un tema a otro** to jump (around) from one subject to another -**2.** [levantarse] to jump up; ~ **de la silla** to jump out of one's seat -**3.** [salir para arriba - objeto] to jump (up); [- champán, aceite] to spurt (out); [- corcho, válvula] to pop out -**4.** [explotar] to explode, to blow up -**5.** [romperse] to break -**6.** [sorprender]: ~ **con** to suddenly come out with -**7.** [reaccionar violentamente] to explode -**8.** [suj: agua, cascada]: ~ **por** to gush down, to pour down -**9.** *loc*: **estar a la que salta** to be always on the lookout.
 ◆ **saltarse** *vpr* -**1.** [omitir] to skip, to miss out -**2.** [salir despedido] to pop off -**3.** [no respetar - cola, semáforo] to jump; [- ley, normas] to break.

salteado, da *adj* -**1.** CULIN sautéed -**2.** [espaciado] unevenly spaced.

salteador, ra *m,f*: ~ **de caminos** highwayman.

saltear *vt* -**1.** [asaltar] to assault -**2.** CULIN to sauté.

saltimbanqui *mf* acrobat.

salto *m* -**1.** [gen & DEP] jump; **levantarse de un** ~ to leap to sb's feet; [grande] leap; [al agua] dive; **dar** *o* **pegar un** ~ to jump; [grande] to leap; ~ **de altura/longitud** high/long jump; ~ **mortal** somersault; ~ **con pértiga** pole vault -**2.** *fig* [diferencia, omisión] gap -**3.** *fig* [progreso] leap forward -**4.** [despeñadero] precipice -**5.** *loc*: **vivir a** ~ **de mata** to live from one day to the next; **dar** ~**s de alegría** *o* **contento** to jump with joy.
 ◆ **salto de agua** *m* waterfall.
 ◆ **salto de cama** *m* negligée.

saltón, ona *adj* [ojos] bulging; [dientes] sticking out.

salubre *adj* healthy.

salubridad *f* -**1.** [cualidad] healthiness -**2.** *culto* [salud pública] public health.

salud ◇ *f lit* & *fig* health; **estar bien/mal de** ~ to be well/unwell; **rebosar de** ~ to glow with health; **beber** *o* **brindar a la** ~ **de alguien** to drink to sb's health; **curarse en** ~ to cover one's back. ◇ *interj*: ¡~! [para brindar] cheers!; ¡a su~! your health!; [después de estornudar] bless you!

saludable *adj* -**1.** [sano] healthy -**2.** *fig* [provechoso] beneficial.

saludar *vt* to greet; ~ **con la mano a alguien** to wave to sb; MIL to salute; **saluda a Ana de mi parte** give my regards to Ana; **le saluda atentamente** yours faithfully.
 ◆ **saludarse** *vpr* to greet one another.

saludo *m* greeting; **retirarle el** ~ **a alguien** to stop speaking to sb; MIL salute; **Ana te manda** ~**s** [en cartas] Ana sends you her regards; [al teléfono] Ana says hello; **un** ~ **afectuoso** [en cartas] yours sincerely; ~**s** best regards.

salva *f* MIL salvo; **una** ~ **de aplausos** *fig* a round of applause.

salvación *f* -**1.** [remedio]: **no tener** ~ to be beyond hope -**2.** [rescate] rescue -**3.** RELIG salvation.

salvado *m* bran.

salvador, ra ◇ *adj* saving. ◇ *m,f* [persona] saviour.
 ◆ **Salvador** *m* -**1.** RELIG: **el Salvador** the Saviour -**2.** GEOGR: **El Salvador** El Salvador.

salvadoreño, ña *adj* & *m,f* Salvadoran.

salvaguarda *f* INFORM backup.

salvaguardar *vt* to safeguard.

salvaguardia *f* -**1.** [defensa] safeguard -**2.** [salvoconducto] safe-conduct, pass.

salvajada *f* atrocity.

salvaje ◇ *adj* -**1.** [gen] wild -**2.** [pueblo, tribu] savage. ◇ *mf* -**1.** [primitivo] savage -**2.** [bruto] maniac.

salvamanteles *m inv* [llano] table mat; [con pies] trivet.

salvamento *m* rescue, saving; **equipo de** ~ rescue team.

salvar *vt* -**1.** [gen & INFORM] to save; ~ **algo/a alguien de algo** to save sthg/sb from sthg -**2.** [rescatar] to rescue -**3.** [superar - moralmente] to overcome; [- físicamente] to go over *o* around -**4.** [recorrer] to cover -**5.** [exceptuar]: **salvando algunos detalles** except for a few details.

➡ **salvarse** *vpr* **-1.** [librarse] to escape; **sálvese quien pueda** every man for himself **-2.** *RELIG* to be saved.

salvavidas ◇ *adj inv* life *(antes de sust)*. ◇ *m* [chaleco] lifejacket; [flotador] lifebelt.

salve¹ *interj* hail!

salve² *f prayer dedicated to the Virgin Mary.*

salvedad *f* exception; **con la ~ de** with the exception of.

salvia *f* sage.

salvo, va *adj* safe; **estar a ~** to be safe; **poner algo a ~** to put sthg in a safe place.
➡ **salvo** *adv* except; **~ que** unless.

salvoconducto *m* safe-conduct, pass.

Salzburgo [sals'βurɣo] Salzburg.

samaritano, na *adj & m,f* Samaritan.

samba *f* samba.

sambenito *m fig* [descrédito] disgrace; **poner** *o* **colgar a alguien el ~ de borracho** to brand sb a drunk.

samovar *m* samovar.

samurái *(pl* **samuráis)** *m* samurai.

san *adj* Saint; **~ José** Saint Joseph.

sanar ◇ *vt* [persona] to cure; [herida] to heal. ◇ *vi* [persona] to get better; [herida] to heal.

sanatorio *m* sanatorium, nursing home.

sanción *f* **-1.** [castigo] punishment; *ECON* sanction **-2.** [aprobación] approval.

sancionar *vt* **-1.** [castigar] to punish **-2.** [aprobar] to approve, to sanction.

sancocho *m Andes* stew of beef, chicken or fish, vegetables and green bananas.

sanctasanctórum *m inv lit & fig* sanctum.

sandalia *f* sandal.

sándalo *m* sandalwood.

sandez *f* silly thing, nonsense *(U)*; **decir sandeces** to talk nonsense.

sandía *f* watermelon.

sándwich ['sanwitʃ] *(pl* **sándwiches)** *m* toasted sandwich.

saneado, da *adj* [FIN - bienes] written off, written down; [- economía] back on a sound footing; [- cuenta] regularized.

saneamiento *m* **-1.** [higienización - de tierras] drainage; [- de edificio] disinfection **-2.** *fig & FIN -* de bienes] write-off, write-down; [- de moneda etc] stabilization; [- de economía] putting back on a sound footing.

sanear *vt* **-1.** [higienizar - tierras] to drain; [- un edificio] to disinfect **-2.** *fig & FIN -* bienes] to write off *o* down; [- moneda] to stabilize; [- economía] to put back on a sound footing.

sanfermines *mpl festival held in Pamplo-*

na when bulls are run through the streets of the town.

sangrar ◇ *vi* to bleed. ◇ *vt* **-1.** [sacar sangre] to bleed **-2.** [vaciar - conducto] to drain off; [- árbol] to tap **-3.** *IMPRENTA* to indent.

sangre *f* blood; **donar ~** to give blood; **de ~ caliente** *ZOOL* warm-blooded; **de ~ fría** *ZOOL* cold-blooded; **~ azul** blue blood; **chuparle a alguien la ~** to bleed sb dry; **costó ~, sudor y lágrimas** I sweat blood; **encender** *o* **quemar la ~ a alguien** to make sb's blood boil; **se le heló la ~** his blood ran cold; **llevar algo en la ~** to have sthg in one's blood; **no llegó la ~ al río** it didn't get too nasty; **no tiene ~ en las venas** he's got no life in him; **se le subió la ~ a la cabeza** he saw red; **sudar ~** to sweat blood; **tener mala ~** to be malicious; **tener ~ de horchata** to be as cool as a cucumber.
➡ **sangre fría** *f* sangfroid; **a ~ fría** in cold blood.

sangría *f* **-1.** [bebida] sangria **-2.** *MED* bloodletting **-3.** *fig* [ruina] drain.

sangriento, ta *adj* **-1.** [ensangrentado, cruento] bloody **-2.** [despiadado, cruel, hiriente] cruel.

sanguijuela *f lit & fig* leech.

sanguinario, ria *adj* bloodthirsty.

sanguíneo, a *adj* blood *(antes de sust)*.

sanguinolento, ta *adj* [que echa sangre] bleeding; [bañado en sangre] bloody; [manchado de sangre] bloodstained; [ojos] bloodshot.

sanidad *f* **-1.** [salubridad] health, healthiness **-2.** [servicio] public health; [ministerio] health department.

sanitario, ria ◇ *adj* health *(antes de sust)*. ◇ *m,f* [persona] health officer.
➡ **sanitarios** *mpl* [instalación] bathroom fittings *(pl)*.

San José San José.

sano, na *adj* **-1.** [saludable] healthy; **~ y salvo** safe and sound **-2.** [positivo - principios, persona etc] sound; [- ambiente, educación] wholesome **-3.** [entero] intact, undamaged **-4.** *loc:* **cortar por lo ~** to make a clean break.

San Salvador San Salvador.

sánscrito, ta *adj* Sanskrit.
➡ **sánscrito** *m* Sanskrit.

sanseacabó *interj fam:* ¡**~** ! that's an end to it!

Santander Santander.

santanderino, na *adj* of/relating to Santander.

santería *f Amér* [tienda] shop selling religious mementoes such as statues of saints.

santero, ra *adj* pious.

Santiago (de Chile) Santiago.

Santiago de Compostela Santiago de Compostela.

Santiago de Cuba Santiago de Cuba.

santiaguino, na <> *adj* of/relating to Santiago. <> *m,f* native/inhabitant of Santiago.

santiamén

⟶ **en un santiamén** *loc adv fam* in a flash.

santidad *f* saintliness, holiness.

⟶ **Santidad** *f*: **Su Santidad** His Holiness.

santificación *f* sanctification.

santificar [10] *vt* [consagrar] to sanctify.

santiguar [45] *vt* to make the sign of the cross over.

⟶ **santiguarse** *vpr* [persignarse] to cross o.s.

santo, ta <> *adj* **-1.** [sagrado] holy **-2.** [virtuoso] saintly **-3.** *fam fig* [dichoso] damn; **todo el ~ día** all day long. <> *m,f RELIG* saint.

⟶ **santo** *m* **-1.** [onomástica] saint's day **-2.** [ilustración] illustration **-3.** [estatua] (statue of a) saint **-4.** *loc:* ¿**a ~ de qué?** why on earth?; **se le fue el ~ al cielo** *fam* he/she completely forgot; **llegar y besar el ~** to get sthg at the first attempt; **no ser ~ de su devoción** not to be his/her *etc* cup of tea; **¡por todos los ~s!** for heaven's sake!; **quedarse para vestir ~s** to be left on the shelf.

⟶ **santo y seña** *m MIL* password.

Santo Domingo Santo Domingo.

santón *m* **-1.** *RELIG* Muslim holy man **-2.** *fig* [persona influyente] guru.

santoral *m* **-1.** [libro de vidas de santos] *book containing lives of saints* **-2.** [onomásticas] *list of saints' days.*

santuario *m* shrine; *fig* sanctuary.

santurrón, ona <> *adj* excessively pious. <> *m,f* excessively pious person.

santurronería *f* sanctimoniousness.

saña *f* viciousness, malice.

Sao Paulo Sao Paulo.

sapiencia *f culto* knowledge.

sapo *m* toad; **echar ~s y culebras** *fig* to rant and rave.

saque <> *v* ⊳ **sacar.** <> *m* **-1.** [en fútbol]: **~ de banda** throw-in; **~ inicial** *o* **de centro** kick-off; **~ de esquina/meta** corner/goal kick **-2.** [en tenis etc] serve; **tener buen ~** to have a good serve; *fig* to have a hearty appetite.

saqueador, ra <> *adj* looting, plundering. <> *m,f* looter.

saquear *vt* **-1.** [rapiñar - ciudad] to sack; [- tienda etc] to loot **-2.** *fam* [vaciar] to ransack.

saqueo *m* [de ciudad] sacking; [de tienda etc] looting.

sarampión *m* measles *(U).*

sarao *m* [fiesta] party.

sarasa *m fam despec* poof, queer.

sarcasmo *m* sarcasm.

sarcástico, ca <> *adj* sarcastic. <> *m,f* sarcastic person.

sarcófago *m* sarcophagus.

sarcoma *m* sarcoma.

sardana *f traditional Catalan dance and music.*

sardina *f* sardine; **como ~s en canasta** *o* **en lata** like sardines.

sardinero, ra *adj* sardine *(antes de sust).*

sardo, da *adj & m,f* Sardinian.

⟶ **sardo** *m* [lengua] Sardinian.

sardónico, ca *adj* sardonic.

sargento <> *mf* **-1.** *MIL* ≃ sergeant **-2.** *despec* [mandón] dictator, little Hitler. <> *m* [herramienta] handscrew.

sari *m* sari.

sarmiento *m* vine shoot.

sarna *f MED* scabies *(U); VETER* mange; **~ con gusto no pica** *proverb* some things are a necessary evil.

sarnoso, sa <> *adj* [perro] mangy. <> *m,f* [persona] scabies sufferer.

sarpullido, salpullido *m* rash.

sarraceno, na *adj & m,f* Saracen.

sarro *m* **-1.** [de dientes] tartar **-2.** [poso] sediment.

sarta *f lit & fig* string; **una ~ de mentiras** a pack of lies.

sartén *f* frying pan; **tener la ~ por el mango** to be in control.

sastre, tra *m,f* tailor.

sastrería *f* [oficio] tailoring; [taller] tailor's (shop).

Satanás *m* Satan.

satánico, ca *adj* satanic.

satanismo *m* Satanism.

satélite <> *m* satellite; **~ artificial** satellite; **~ de comunicaciones** communications satellite. <> *adj fig* satellite *(antes de sust).*

satelización *f* putting into orbit.

satén *m* satin; [de algodón] sateen.

satinado, da *adj* glossy.

⟶ **satinado** *m* gloss.

satinar *vt* to make glossy.

sátira *f* satire.

satírico, ca <> *adj* satirical. <> *m,f* satirist.

satirizar [13] *vt* to satirize.

sátiro *m* **-1.** *MITOL* satyr **-2.** *fig* [lujurioso] lecher.

satisfacción *f* satisfaction.
satisfacer [60] *vt* **- 1.** [gen] to satisfy; [sed] to quench **- 2.** [deuda, pago] to pay, to settle **- 3.** [ofensa, daño] to redress **- 4.** [duda, pregunta] to answer **- 5.** [cumplir - requisitos, exigencias] to meet.
➛ **satisfacerse** *vpr* to be satisified.
satisfactorio, ria *adj* satisfactory.
satisfecho, cha ◇ *pp* ▷ satisfacer. ◇ *adj* satisfied; ~ **de sí mismo** self-satisfied; **darse por** ~ to be satisfied.
saturación *f* saturation.
saturado, da *adj*: ~ **(de)** saturated (with).
saturar *vt* to saturate.
➛ **saturarse** *vpr*: ~**se (de)** to become saturated (with).
saturnismo *m* lead poisoning.
Saturno Saturn.
sauce *m* willow; ~ **llorón** weeping willow.
saúco *m* elder.
saudí (*pl* saudíes), **saudita** *adj & m,f* Saudi.
sauna *f* sauna.
savia *f* sap; *fig* vitality; ~ **nueva** *fig* new blood.
savoir-faire [sa'βwar fer] *m* savoir-faire.
saxo ◇ *m* [instrumento] sax. ◇ *mf* [persona] sax player.
saxofón, saxófono ◇ *m* [instrumento] saxophone. ◇ *mf* [persona] saxophonist.
saxofonista *mf* saxophonist.
saxófono = saxofón.
sazón *f* **- 1.** [madurez] ripeness; **en** ~ ripe **- 2.** [sabor] seasoning, flavouring.
➛ **a la sazón** *loc adv* then, at that time.
sazonado, da *adj* seasoned.
sazonar *vt* to season.
scanner [es'kaner] = escáner.
schilling = chelín.
scooter [es'kuter] = escúter.
scotch [es'kotʃ] (*pl* scotchs) *m* scotch (whisky).
scout [es'kaut] (*pl* scouts) *m* scout.
script [es'kript] (*pl* scripts) *m* script.
SDN (*abrev de* **Sociedad de Naciones**) *f* Society of Nations.
se *pron pers* **- 1.** *(reflexivo)* [de personas] himself (*f* herself), (*pl*) themselves; [usted mismo] yourself, (*pl*) yourselves; [de cosas, animales] itself, (*pl*) themselves; ~ **está lavando, está lavándo**~ she is washing (herself); ~ **lavó los dientes** she cleaned her teeth; **espero que** ~ **diviertan** I hope you enjoy yourselves; **el perro** ~ **lame** the dog is licking itself; ~ **lame la herida** it's licking its wound; ~ **levantaron y** ~ **fueron** they got

up and left **- 2.** *(reflexivo impersonal)* oneself; **hay que afeitar** ~ **todos los días** one has to shave every day, you have to shave every day **- 3.** *(recíproco)* each other, one another; ~ **aman** they love each other; ~ **escriben cartas** they write to each other **- 4.** [en construcción pasiva]: ~ **ha suspendido la reunión** the meeting has been cancelled; '~ **prohíbe fumar'** 'no smoking'; '~ **habla inglés'** 'English spoken' **- 5.** *(impersonal)*: **en esta sociedad ya no** ~ **respeta a los ancianos** in our society old people are no longer respected; ~ **dice que ...** it is said that ..., people say that ... **- 6.** *(en vez de 'le' o 'les' antes de 'lo', 'la', 'los' o 'las') (complemento indirecto)* [gen] to him (*f* to her), (*pl*) to them; [de cosa, animal] to it, (*pl*) to them; [usted, ustedes] to you; ~ **lo dio** he gave it to him/her *etc*; ~ **lo dije, pero no me hizo caso** I told her, but she didn't listen; **si usted quiere, yo** ~ **lo arreglo en un minuto** if you like, I'll sort it out for you in a minute.
sé ▷ saber; ser.
sebáceo, a *adj* sebaceous.
sebo *m* fat; [para jabón, velas] tallow.
seborrea *f* seborrhoea.
seboso, sa *adj* fatty.
secadero *m* drying room.
secado *m* drying.
secador *m* dryer; ~ **de pelo** hair-dryer.
secadora *f* clothes *o* tumble dryer.
secano *m* unirrigated *o* dry land.
secante ◇ *adj* **- 1.** [secador] drying **- 2.** ▷ **papel - 3.** *GEOM* secant *(antes de sust)*. ◇ *f* *GEOM* secant.
secar [10] *vt* **- 1.** [desecar] to dry **- 2.** [enjugar] to wipe away; [con fregona] to mop up.
➛ **secarse** *vpr* [gen] to dry up; [ropa, vajilla, suelo] to dry.
sección *f* **- 1.** [gen & *GEOM*] section **- 2.** [departamento] department.
seccionar *vt* **- 1.** [cortar] to cut; *TECN* to section **- 2.** [dividir] to divide (up).
sececionismo *m* secessionism.
secesión *f* secession.
seco, ca *adj* **- 1.** [gen] dry; [plantas, flores] withered; [higos, pasas] dried; **lavar en** ~ to dry-clean; **lavado en** ~ dry-cleaning **- 2.** [tajante] brusque **- 3.** [flaco] thin, lean **- 4.** [ruido] dull; [tos] dry; [voz] sharp **- 5.** *loc*: **dejar a alguien** ~ [matar] to kill sb stone dead; [pasmar] to stun sb; **parar en** ~ to stop dead.
➛ **a secas** *loc adv* simply, just; **llámame Juan a secas** just call me Juan.
secreción *f* secretion.

secretar *vt* to secrete.

secretaría *f* - **1.** [cargo] post of secretary - **2.** [oficina, lugar] secretary's office - **3.** [organismo] secretariat; ~ **general** general secretariat.

secretariado *m* - **1.** *EDUC* secretarial skills *(pl)*; **curso de** ~ secretarial course - **2.** [cargo] post of secretary - **3.** [oficina, lugar] secretary's office - **4.** [organismo] secretariat.

secretario, ria *m,f* secretary; ~ **de dirección** secretary to the director; ~ **de Estado** Secretary of State; ~ **general** General Secretary.

secretear *vi* to talk in secret.

secreter *m* bureau, writing desk.

secreto, ta *adj* [gen] secret; [tono] confidential; **en** ~ in secret.

➡ **secreto** *m* - **1.** [gen] secret; **guardar un** ~ to keep a secret; ~ **a voces** open secret; ~ **bancario** banking confidentiality; ~ **de confesión** confessional secret; ~ **de estado** State secret; ~ **profesional** professional secret; **declarar el** ~ **de sumario** to deny access to information regarding a judicial enquiry - **2.** [sigilo] secrecy.

secta *f* sect.

sectario, ria <> *adj* sectarian. <> *m,f* [miembro de secta] sect member.

sectarismo *m* sectarianism.

sector *m* - **1.** [gen] sector; [grupo] group; ~ **primario/secundario** primary/secondary sector; ~ **privado/público** private/public sector; ~ **terciario** service industries *(pl)* - **2.** [zona] area.

sectorial *adj* sectorial.

secuaz *mf despec* minion.

secuela *f* consequence.

secuencia *f* sequence.

secuestrador, ra *m,f* - **1.** [de persona] kidnapper - **2.** [de avión] hijacker.

secuestrar *vt* - **1.** [raptar] to kidnap - **2.** [avión] to hijack - **3.** [embargar] to seize.

secuestro *m* - **1.** [rapto] kidnapping - **2.** [de avión, barco] hijack - **3.** [de bienes etc] seizure, confiscation.

secula

➡ **secula seculorum** *loc adv* for ever and ever.

secular <> *adj* - **1.** [seglar] secular, lay - **2.** [centenario] age-old. <> *m* lay person.

secularización *f* secularization.

secularizar [13] *vt* to secularize.

secundar *vt* to support, to back (up); [propuesta] to second.

secundario, ria *adj* secondary.

➡ **secundaria** *f* secondary education.

secuoya *f* sequoia.

sed <> *v* ⊳ **ser**. <> *f* thirst; **el calor da** ~ heat makes you thirsty; **tener** ~ to be thirsty; ~ **de** *fig* thirst for.

seda *f* silk; ~ **artificial** rayon, artificial silk; ~ **cruda/natural** raw/pure silk; ~ **dental** dental floss; **estar como una** ~ to be as meek as a lamb; **ir como una** ~ to go smoothly.

sedal *m* fishing line.

sedán *m* sedan.

sedante <> *adj MED* sedative; [música] soothing. <> *m* sedative.

sedar *vt MED* to sedate; [suj: música] to soothe, to calm.

sedativo, va *adj MED* sedative; [música] soothing.

sede *f* - **1.** [emplazamiento] headquarters *(pl)*; [de gobierno] seat; ~ **social** head office - **2.** [de campeonato] host - **3.** *RELIG* seat.

➡ **Santa Sede** *f*: **la Santa Sede** the Holy See.

sedentario, ria *adj* sedentary.

sedente *adj* seated.

sedición *f* sedition.

sedicioso, sa <> *adj* seditious. <> *m,f* rebel.

sediento, ta *adj* - **1.** [de agua] thirsty - **2.** *fig* [deseoso]: ~ **de** hungry for.

sedimentación *f* sedimentation.

sedimentar *vt* to deposit.

➡ **sedimentarse** *vpr* [líquido] to settle.

sedimentario, ria *adj* sedimentary.

sedimento *m* - **1.** [poso] sediment - **2.** *GEOL* deposit.

sedoso, sa *adj* silky.

seducción *f* - **1.** [cualidad] seductiveness - **2.** [acción - gen] attraction, charm; [- sexual] seduction.

seducir [33] *vt* - **1.** [atraer] to attract, to charm; [sexualmente] to seduce - **2.** [persuadir]: ~ **a alguien para que haga algo** to tempt sb to do sthg.

seductor, ra <> *adj* [gen] attractive, charming; [sexualmente] seductive; [persuasivo] tempting. <> *m,f* seducer.

sedujera, seduzca *etc* ⊳ **seducir**.

sefardí *(pl* **sefardíes)**, **sefardita** <> *adj* Sephardic. <> *m,f* [persona] Sephardi. <> *m* [lengua] Sephardi.

segador, ra *m,f* [agricultor] reaper.

➡ **segadora** *f* [máquina] reaping machine.

segar [35] *vt* - **1.** *AGR* to reap - **2.** [cortar] to cut off - **3.** *fig* [truncar] to put an end to.

seglar ◇ *adj* secular, lay. ◇ *m* lay person.

segmentación *f* division.

segmentar *vt* to cut *o* divide into pieces.

segmento *m* **-1.** GEOM & ZOOL segment **-2.** [trozo] piece **-3.** [sector] sector.

segregación *f* **-1.** [separación, discriminación] segregation; ~ **racial** racial segregation **-2.** [secreción] secretion.

segregacionismo *m* racial segregation.

segregar [16] *vt* **-1.** [separar, discriminar] to segregate **-2.** [secretar] to secrete.

segué *etc* ▷ segar.

seguidilla *f* **-1.** LITER *poem containing four or seven verses used in popular songs* **-2.** *(gen pl)* [baile] *traditional Spanish dance* **-3.** [cante] *mournful flamenco song.*

seguido, da *adj* **-1.** [consecutivo] consecutive; **diez años** ~**s** ten years in a row **-2.** [sin interrupción - gen] one after the other; [- línea, pitido etc] continuous.

→ **seguido** *adv* **-1.** [inmediatamente después] straight after **-2.** [en línea recta] straight on **-3.** *Amér* [frecuentemente] often.

→ **en seguida** *loc adv* straight away, at once; **en seguida nos vamos** we're going in a minute.

seguidor, ra *m, f* follower.

seguimiento *m* [de noticia] following; [de clientes] follow-up.

seguir [43] ◇ *vt* **-1.** [gen] to follow; ~ **de cerca algo** to follow sthg closely; ~ **de cerca a alguien** to tail sb **-2.** [perseguir] to chase **-3.** [reanudar] to continue, to resume **-4.** [cursar]: **sigue un curso de italiano** he's doing an Italian course. ◇ *vi* **-1.** [sucederse]: ~ **a algo** to follow sthg; **a la tormenta siguió la lluvia** the storm was followed by rain **-2.** [continuar] to continue, to go on; ~ **adelante** to carry on; **¡sigue! ¡no te pares!** go *o* carry on, don't stop!; **sigo trabajando en la fábrica** I'm still working at the factory; **debes** ~ **haciéndolo** you should keep on *o* carry on doing it; **sigo pensando que está mal** I still think it's wrong; **sigue enferma/en el hospital** she's still ill/at the hospital.

→ **seguirse** *vpr* to follow; ~**se de algo** to follow *o* be deduced from sthg; **de esto se sigue que estás equivocado** it therefore follows that you are wrong.

según ◇ *prep* **-1.** [de acuerdo con] according to; ~ **su opinión, ha sido un éxito** in his opinion *o* according to him, it was a success; ~ **yo/tú** *etc* in my/your *etc* opinion **-2.** [dependiendo de] depending on; ~ **la hora que sea** depending on the time. ◇ *adv* **-1.** [como] (just) as; **todo permanecía** ~ **lo recordaba** everything was just as she remembered it; **actuó** ~ **se le recomendó** he did as he had been advised **-2.** [a medida que] as; **entrarás en forma** ~ **vayas entrenando** you'll get fit as you train **-3.** [dependiendo]: **¿te gusta la música?** - ~ do you like music? - it depends; **lo intentaré** ~ **esté de tiempo** I'll try to do it, depending on how much time I have.

→ **según que** *loc adv* depending on whether.

→ **según qué** *loc adj* certain; ~ **qué días la clase es muy aburrida** some days the class is really boring.

segunda ▷ segundo.

segundero *m* second hand.

segundo, da ◇ *núm adj* second. ◇ *núm m y f* **-1.** [en orden]: **el** ~ the second one; **llegó el** ~ he came second **-2.** [mencionado antes]: **vinieron Pedro y Juan, el** ~ **con ...** Pedro and Juan arrived, the latter with ... **-3.** [ayudante] number two; ~ **de abordo** NÁUT first mate.

→ **segundo** *m* **-1.** [gen] second **-2.** [piso] second floor.

→ **segunda** *f* **-1.** AUTOM second (gear); **meter la segunda** to go into second (gear) **-2.** AERON & FERROC second class; **viajar en segunda** to travel second class **-3.** DEP second division.

→ **con segundas** *loc adv* with an ulterior motive.

segundón *m* second son; *fig & despec* failure, second best.

seguramente *adv* probably; ~ **iré, pero aún no lo sé** the chances are I'll go, but I'm not sure yet.

seguridad *f* **-1.** [fiabilidad, ausencia de peligro] safety; [protección, estabilidad] security; **de** ~ [cinturón, cierre] safety *(antes de sust)*; [puerta, guardia] security *(antes de sust)*; ~ **ciudadana** public safety; ~ **vial** road safety **-2.** [certidumbre] certainty; **con** ~ for sure, definitely **-3.** [confianza] confidence; ~ **en sí mismo** self-confidence.

→ **Seguridad Social** *f* Social Security.

seguro, ra *adj* **-1.** [fiable, sin peligro] safe; [protegido, estable] secure; **sobre** ~ safely, without risk **-2.** [infalible - prueba, negocio etc] reliable **-3.** [confiado] sure; **estar** ~ **de algo** to be sure about sthg **-4.** [indudable - nombramiento, fecha etc] definite, certain; **tener por** ~ **que** to be sure that **-5.** [con aplomo] self-confident; **estar** ~ **de sí mismo** to be self-confident.

➥ **seguro** ◇ m **-1.** [contrato] insurance
(U); ~ **a todo riesgo/a terceros** comprehen-
sive/third party insurance; ~ **de incen-
dios/de vida** fire/life insurance; ~ **de paro**
o **de desempleo** unemployment benefit; ~
de cambio exchange rate hedge; ~ **del coche** car insurance; ~ **de invalidez** o **incapacidad** disability insurance; ~ **mutuo** joint
insurance; ~ **de vida** life insurance **-2.** [se-
guridad social] *health service office* **-3.** [dispo-
sitivo] safety device; [de armas] safety catch
-4. *CAm, Méx* [imperdible] safety pin. ◇ *adv*
for sure, definitely; ~ **que vendrá** she's
bound to come.

seis ◇ *núm adj inv* **-1.** [para contar] six; **tiene**
~ **años** she's six (years old) **-2.** [para ordenar]
(number) six; **la página** ~ page six. ◇ *núm
m* **-1.** [número] six; **el** ~ number six; **doscientos** ~ two hundred and six; **treinta y** ~
thirty-six **-2.** [en fechas] sixth; **el** ~ **de agosto**
the sixth of August **-3.** [en direcciones]: **calle
Mayor (número)** ~ number six calle Mayor
-4. [en naipes] six; **el** ~ **de diamantes** the six
of diamonds; **echar** o **tirar un** ~ to play a
six. ◇ *núm mpl* **-1.** [referido a grupos]: **invité a
diez y sólo vinieron** ~ I invited ten and only
six came along; **somos** ~ there are six of
us; **de** ~ **en** ~ in sixes; **los** ~ the six of
them **-2.** [en temperaturas]: **estamos a** ~ **bajo
cero** the temperature is six below zero **-3.**
[en puntuaciones]: **empatar a** ~ to draw six
all; ~ **a cero** six-nil. ◇ *núm fpl* [hora]: **las** ~
six o'clock; **son las** ~ it's six o'clock.

seiscientos, tas *núm* six hundred; *ver también* **seis**.

seísmo *m* earthquake.

selección *f* **-1.** [gen] selection; [de personal]
recruitment; ~ **natural** natural selection
-2. [equipo] team; ~ **nacional** national team.

seleccionador, ra ◇ *adj* **-1.** *DEP* selecting
-2. [de personal] recruiting. ◇ *m,f* **-1.** *DEP*
selector, ≃ manager **-2.** [de personal] re-
cruiter.

seleccionar *vt* to pick, to select.

selectividad *f* **-1.** [selección] selectivity **-2.**
[examen] university entrance examination.

selectivo, va *adj* selective.

selecto, ta *adj* **-1.** [excelente] fine, excellent
-2. [escogido] exclusive, select.

selector, ra *adj* selecting.

➥ **selector** *m* selector (button).

selenio *m* selenium.

selenita ◇ *f* selenite. ◇ *m y f* [habitante]
moon dweller.

self-service *m inv* self-service restaurant.

sellado, da *adj* [documento] sealed; [pasapor-

te, carta] stamped.

➥ **sellado** *m* [de documento] sealing; [de pasaporte, carta] stamping.

sellar *vt* **-1.** [timbrar] to stamp **-2.** [lacrar] to
seal **-3.** *fig* [pacto, labios] to seal.

sello *m* **-1.** [gen] stamp **-2.** [tampón] rubber
stamp **-3.** [lacre] seal **-4.** [sortija] signet ring
-5. *fig* [carácter] hallmark.

➥ **sello discográfico** *m* record label.

selva *f* [gen] jungle; [bosque] forest; ~ **virgen**
virgin forest.

Selva Negra *f*: **la** ~ the Black Forest.

selvático, ca *adj* woodland *(antes de sust)*.

semáforo *m* traffic lights *(pl)*.

semana *f* week; **entre** ~ during the week;
la ~ **próxima/que viene** next week; ~ **laboral** working week.

➥ **Semana Santa** *f* Easter; *RELIG* Holy
Week.

semanada *f* *Amér* (weekly) pocket money.

semanal *adj* weekly.

semanario, ria *adj* weekly.

➥ **semanario** *m* [publicación semanal]
weekly.

semántico, ca *adj* semantic.

➥ **semántica** *f* semantics *(U)*.

semblante *m* countenance, face.

semblanza *f* portrait, profile.

sembrado, da *adj* **-1.** [plantado] sown **-2.** *fig*
[lleno]: ~ **de** scattered o plagued with.

➥ **sembrado** *m* sown field.

sembrador, ra *m y f* [persona] sower.

➥ **sembradora** *f* [máquina] seed drill.

sembrar [19] *vt* **-1.** [plantar] to sow; ~ **algo de
algo** to sow sthg with sthg **-2.** *fig* [llenar] to
scatter, to strew **-3.** *fig* [confusión, pánico etc]
to sow.

semejante ◇ *adj* **-1.** [parecido]: ~ **(a)**
similar (to) **-2.** [tal] such; **jamás aceptaría** ~
invitación I would never accept such an
invitation. ◇ *m (gen pl)* fellow (human)
being.

semejanza *f* similarity; **a** ~ **de** similar to.

semejar *vt* to resemble.

➥ **semejarse** *vpr* to be alike, to resemble
each other; ~ **se a alguien** to resemble sb.

semen *m* semen.

semental ◇ *adj* stud *(antes de sust)*. ◇ *m*
stud; [caballo] stallion.

sementera *f* [tierra] sown land.

semestral *adj* half-yearly, six-monthly.

semestre *m* period of six months, semester *US*; **cada** ~ every six months.

semiautomático, ca *adj* semiautomatic.

semicírculo *m* semicircle.

semiconductor *m* semiconductor.

semiconsonante *f* semiconsonant.

semicorchea *f* semiquaver.

semidirecto ◇ *adj* express. ◇ *m* ▷ tren.

semifinal *f* semifinal.

semifinalista ◇ *adj* semifinalist *(antes de sust)*. ◇ *m,f* semifinalist.

semilla *f* seed.

semillero *m* -**1.** [para plantar] seedbed -**2.** [para guardar] seed box -**3.** [origen] *fig* breeding ground.

seminario *m* -**1.** [escuela para sacerdotes] seminary -**2.** [*EDUC* - curso, conferencia] seminar; [- departamento] department, school.

seminarista *m* seminarist.

semioculto, ta *adj* partially hidden.

semiología *f* LING & MED semiology.

semiólogo, ga *m,f* LING & MED semiologist.

semiótica *f* LING & MED semiotics *(U)*.

semipesado DEP ◇ *adj* light heavyweight *(antes de sust)*. ◇ *m* light heavyweight.

semiseco, ca *adj* medium-dry.

semita ◇ *adj* Semitic. ◇ *m,f* Semite.

semítico, ca *adj* Semitic.

semitismo *m* Semitism.

semitono *m* semitone.

semivocal *f* LING semivowel.

sémola *f* semolina.

sempiterno, na *adj culto* eternal.

Sena *m*: el ~ the (river) Seine.

senado *m* senate.

senador, ra *m,f* senator.

senatorial *adj* -**1.** [del senado] senate *(antes de sust)* -**2.** [de senador] senatorial.

sencillez *f* -**1.** [facilidad] simplicity -**2.** [modestia] unaffectedness, naturalness -**3.** [discreción] plainness.

sencillo, lla *adj* -**1.** [fácil, sin lujo, llano] simple -**2.** [campechano] natural, unaffected -**3.** [billete, unidad etc] single.

➡ **sencillo** *m* -**1.** [disco] single -**2.** *Andes, CAm, Méx fam* [cambio] loose change.

senda *f*, **sendero** *m* path.

sendos, das *adj pl* each, respective; llegaron los dos con ~ paquetes they arrived each carrying a parcel, they both arrived with their respective parcels.

senectud *f culto* old age.

Senegal: (el) ~ Senegal.

senil *adj* senile.

senilidad *f* senility.

senior *(pl* seniors*) adj & m* senior.

seno *m* -**1.** [pecho] breast -**2.** [pechera] bosom;

en el ~ **de** *fig* within -**3.** [útero]: ~ **(materno)** womb -**4.** *fig* [amparo, cobijo] refuge, shelter -**5.** [concavidad] hollow -**6.** MAT sine -**7.** ANAT [de la nariz] sinus.

sensación *f* -**1.** [percepción] feeling, sensation -**2.** [efecto] sensation; causar ~ to cause a sensation; causar una gran ~ a alguien to make a great impression on sb -**3.** [premonición] feeling; tener la ~ de que to have a feeling that.

sensacional *adj* sensational.

sensacionalismo *m* sensationalism.

sensacionalista *adj* sensationalist.

sensatez *f* wisdom, common sense.

sensato, ta *adj* sensible.

sensibilidad *f* -**1.** [perceptibilidad] feeling -**2.** [sentimentalismo] sensitivity; tener la ~ a flor de piel to be very sensitive -**3.** [don especial] feel -**4.** [de emulsión fotográfica, balanza etc] sensitivity.

sensibilización *f* -**1.** [concienciación] increased awareness -**2.** FOT sensitization.

sensibilizar [13] *vt* -**1.** [concienciar] to raise the awareness of -**2.** FOT to sensitize.

sensible *adj* -**1.** [gen] sensitive -**2.** [evidente] perceptible; [pérdida] significant.

sensiblería *f despec* mushiness.

sensiblero, ra *adj despec* mushy, sloppy.

sensitivo, va *adj* -**1.** [de los sentidos] sensory -**2.** [receptible] sensitive.

sensor *m* sensor; ~ **de humo** smoke detector.

sensorial *adj* sensory.

sensual *adj* sensual.

sensualidad *f* sensuality.

sentado, da *adj* -**1.** [en asiento] seated; estar ~ to be sitting down -**2.** [establecido]: dar algo por ~ to take sthg for granted; dejar ~ que ... to make it clear that ...

➡ **sentada** *f* sit-in; de una ~ in one go, at one sitting.

sentar [19] ◇ *vt* -**1.** [en asiento] to seat, to sit -**2.** [establecer] to establish. ◇ *vi* -**1.** [ropa, color] to suit -**2.** [comida]: ~ **bien/mal a alguien** to agree/disagree with sb -**3.** [vacaciones, medicamento]: ~ **bien a alguien** to do sb good -**4.** [comentario, consejo]: le sentó mal it upset her; le sentó bien she appreciated it.

➡ **sentarse** *vpr* to sit down; ~se a hacer algo to sit down and do sthg.

sentencia *f* -**1.** DER sentence; dictar ~ to pass sentence; visto para ~ ready for judgment -**2.** [proverbio, máxima] maxim.

sentenciar [8] *vt* -**1.** DER: ~ **(a alguien a algo)** to sentence (sb to sthg) -**2.** *fig* [condenar, juzgar] to condemn.

sentencioso, sa adj sententious.

sentido, da adj **-1.** [profundo] heartfelt **-2.** [sensible]: **ser muy ~** to be very sensitive.

◆ **sentido** m **-1.** [gen] sense; **en cierto ~** in a sense; **en ~ literal** in a literal sense; **tener ~** to make sense; **~ común** common sense; **~ del humor** sense of humour; **sexto ~** sixth sense **-2.** [conocimiento] consciousness; **perder/recobrar el ~** to lose/ regain consciousness; **sin ~** unconscious **-3.** [significado] meaning, sense; **sin ~** [ilógico] meaningless; [inútil, irrelevante] pointless; **doble ~** double meaning **-4.** [dirección] direction; **de ~ único** one-way.

◆ **sin sentido** m nonsense (U).

sentimental adj sentimental.

sentimentalismo m sentimentality.

sentimentaloide adj mushy, sloppy.

sentimiento m **-1.** [gen] feeling; **dejarse llevar por los ~s** to get carried away; **herir los ~s a alguien** to hurt sb's feelings **-2.** [pena, aflicción]: **le acompaño en el ~** my deepest sympathy.

sentir [27] ◇ vt **-1.** [gen] to feel **-2.** [lamentar] to regret, to be sorry about; **siento que no puedas venir** I'm sorry you can't come; **lo siento (mucho)** I'm (really) sorry **-3.** [oír] to hear. ◇ m feelings (pl), sentiments (pl).

◆ **sentirse** vpr to feel; **me siento mareada** I feel sick; **se siente superior** she considers herself superior.

seña f [gesto, indicio, contraseña] sign, signal.

◆ **señas** fpl **-1.** [dirección] address (sg); **~s personales** (personal) description (sg) **-2.** [gesto, indicio] signs; **dar ~s de algo** to show signs of sthg; **(hablar) por ~s** (to talk) in sign language; **hacer ~s (a alguien)** to signal (to sb) **-3.** [detalle] details; **para o por más ~s** to be precise.

señal f **-1.** [gen & TELECOM] signal; **~ de alarma/salida** alarm/starting signal; [de teléfono] tone; **~ de ocupado** engaged tone, busy signal US **-2.** [indicio, símbolo] sign; **dar ~es de vida** to show signs of life; **~ de la Cruz** sign of the Cross; **~ de tráfico** road sign; **en ~ de** as a mark o sign of **-3.** [marca, huella] mark; **no quedó ni ~ de él** there was no sign of him left; **no dejó ni ~** she didn't leave a trace **-4.** [cicatriz] scar, mark **-5.** [fianza] deposit.

señalado, da adj **-1.** [importante - fecha] special; [- personaje] distinguished **-2.** [con cicatrices] scarred, marked.

señalar vt **-1.** [marcar, denotar] to mark; [hora, temperatura etc] to indicate, to say **-2.** [indicar-

con el dedo, con un comentario] to point out **-3.** [fijar] to set, to fix; **señaló su valor en 1.000 dólares** he set o fixed its value at $1,000.

◆ **señalarse** vpr [perfilarse] to stand out.

señalización f **-1.** [conjunto de señales] signs (pl); **~ vial** roadsigns (pl) **-2.** [colocación de señales] signposting.

señalizar [13] vt to signpost.

señera f Catalan flag.

señor, ra adj **-1.** [refinado] noble, refined **-2.** (antes de sust) fam [gran] real.

◆ **señor** m **-1.** [tratamiento - antes de nombre, cargo] Mr; [- al dirigir la palabra] Sir; **el ~ López** Mr López; **¡ ~ presidente!** Mr President!; **¿qué desea el ~?** what would you like, Sir?; **Muy ~ mío** [en cartas] Dear Sir **-2.** [hombre] man **-3.** [caballero] gentleman **-4.** [dueño] owner **-5.** [amo - de criado] master.

◆ **señora** f **-1.** [tratamiento - antes de nombre, cargo] Mrs; [- al dirigir la palabra] Madam; **la señora López** Mrs López; **¡señora presidenta!** Madam President!; **¿qué desea la señora?** what would you like, Madam?; **¡señoras y ~es! ...** Ladies and Gentlemen! ...; **Estimada señora** [en cartas] Dear Madam; **¿es usted señora o señorita?** are you Mrs or Miss? **-2.** [mujer] lady; **señora de compañía** female companion; **señora de la limpieza** cleaning woman **-3.** [dama] lady **-4.** [dueña] owner **-5.** [ama - de criado] mistress **-6.** [esposa] wife.

◆ **señores** mpl [matrimonio]: **los ~es Ruiz** Mr & Mrs Ruiz.

◆ **Señor** m: **el Señor** RELIG the Lord.

◆ **Nuestra Señora** f RELIG Our Lady.

señoría f lordship (f ladyship); **su ~** [gen] his lordship; [a un noble] your lordship; [a un parlamentario] the right honourable gentleman/lady; [a un juez] your Honour.

señorial adj **-1.** [majestuoso] stately **-2.** [del señorío] lordly.

señorío m **-1.** [dominio] dominion, rule **-2.** [distinción] nobility.

señorito, ta adj fam despec [refinado] lordly.

◆ **señorito** m **-1.** desus [hijo del amo] master **-2.** fam despec [niñato] rich kid.

◆ **señorita** f **-1.** [soltera, tratamiento] Miss **-2.** [joven] young lady **-3.** [maestra]: **la ~** miss, the teacher **-4.** desus [hija del amo] mistress.

señuelo m **-1.** [reclamo] decoy **-2.** fig [trampa] bait, lure.

sep., sept. (abrev de **septiembre**) Sept.

sepa etc ▷ saber.

sépalo m sepal.

separación f **-1.** [gen] separation **-2.** [espacio] space, distance.

◆ **separación de bienes** f DER separate

estates (pl) (in matrimony).

separado, da ⟨⟩ adj **-1.** [gen] separate; **está muy ~ de la pared** it's too far away from the wall; **por ~** separately **-2.** [del cónyuge] separated. ⟨⟩ m, f separated person.

separar vt **-1.** [gen] to separate; **~ algo de** to separate sthg from **-2.** [desunir] to take off, to remove **-3.** [apartar- silla etc] to move away **-4.** [reservar] to put aside **-5.** [destituir]: **~ de** to remove o dismiss from.

◆ **separarse** vpr **-1.** [apartarse] to move apart; **~se de** to move away from **-2.** [ir por distinto lugar] to separate, to part company **-3.** [matrimonio]: **~se (de alguien)** to separate (from sb) **-4.** [desprenderse] to come away o off.

separatismo m separatism.

separo m Méx (prison) cell.

sepelio m burial.

sepia f [molusco] cuttlefish.

sept = sep.

septentrional adj northern.

septicemia f septicaemia.

séptico, ca adj septic.

septiembre, setiembre m September; **el 1 de ~** the 1st of September; **uno de los ~s más lluviosos de la última década** one of the rainiest Septembers in the last decade; **a principios/mediados/finales de ~** at the beginning/in the middle/at the end of September; **el pasado/próximo (mes de) ~** last/next September; **en ~** in September; **en pleno ~** in mid-September; **este (mes de) ~** [pasado] (this) last September; [próximo] next September, this coming September; **para ~** by September.

séptimo, ma, sétimo, ma núm seventh; **la séptima parte** a seventh.

septuagésimo, ma núm seventieth.

septuplicar [10] vt to multiply by seven.

◆ **septuplicarse** vpr to increase sevenfold.

sepulcral adj **-1.** [del sepulcro] tomb (antes de sust) **-2.** fig [profundo - voz, silencio] lugubrious, gloomy.

sepulcro m tomb.

sepultar vt to bury.

sepultura f **-1.** [enterramiento] burial; **dar ~ a alguien** to bury sb **-2.** [fosa] grave.

sepulturero, ra m y f gravedigger.

seque etc ▷ secar.

sequedad f **-1.** [falta de humedad] dryness **-2.** fig [antipatía] abruptness, brusqueness.

sequía f drought.

séquito m [comitiva] retinue, entourage.

ser [5] ⟨⟩ v aux (antes de participio forma la voz pasiva) to be; **fue visto por un testigo** he was seen by a witness. ⟨⟩ v copulativo **-1.** [gen] to be; **es alto/gracioso** he is tall/funny; **es azul/difícil** it's blue/difficult; **es un amigo/el dueño** he is a friend/the owner **-2.** [empleo, dedicación] to be; **soy abogado/actriz** I'm a lawyer/an actress; **son estudiantes** they're students. ⟨⟩ vi **-1.** [gen] to be; **fue aquí** it was here; **lo importante es decidirse** the important thing is to reach a decision; **~ de** [estar hecho de] to be made of; [provenir de] to be from; [ser propiedad de] to belong to; [formar parte de] to be a member of; **¿de dónde eres?** where are you from?; **los juguetes son de mi hijo** the toys are my son's **-2.** [con precios, horas, números] to be; **¿cuánto es?** how much is it?; **son 30 euros** that'll be 30 euros; **¿qué (día) es hoy?** what day is it today?, what's today?; **mañana será 15 de julio** tomorrow (it) will be the 15th of July; **¿qué hora es?** what time is it?, what's the time?; **son las tres (de la tarde)** it's three o'clock (in the afternoon), it's three (pm) **-3.** [servir, ser adecuado]: **~ para** to be for; **este trapo es para (limpiar) las ventanas** this cloth is for (cleaning) the windows; **este libro es para niños** this book is (meant) for children **-4.** (uso partitivo): **~ de los que ...** to be one of those (people) who ...; **ése es de los que están en huelga** he is one of those on strike. ⟨⟩ v impers **-1.** [expresa tiempo] to be; **es muy tarde** it's rather late; **era de noche/de día** it was night/day **-2.** [expresa necesidad, posibilidad]: **es de desear que ...** it is to be hoped that ...; **es de suponer que aparecerá** presumably, he'll turn up **-3.** [expresa motivo]: **es que no vine porque estaba enfermo** the reason I didn't come is that I was ill **-4.** loc: **a no ~ que** unless; **como sea** one way or another, somehow or other; **de no ~ por** had it not been for; **érase una vez, érase que se era** once upon a time; **no es para menos** not without reason; **o sea** that is (to say), I mean; **por si fuera poco** as if that wasn't enough. ⟨⟩ m [ente] being; **~ humano/vivo** human/living being.

SER (abrev de **Sociedad Española de Radiodifusión**) f Spanish independent radio company.

Serbia Serbia.

serafín m seraph.

serenar vt [calmar] to calm.

◆ **serenarse** vpr [calmarse] to calm down.

serenata f MÚS serenade.

serenidad *f* **-1.** [tranquilidad] calm **-2.** [quietud] tranquility.

sereno, na *adj* calm.

◆ **sereno** *m* **-1.** [vigilante] night watchman **-2.** [humedad] night dew.

serial *m* serial.

serie *f* **-1.** [gen & TV] series *(sg)*; [de hechos, sucesos] chain; [de mentiras] string **-2.** [de sellos, monedas] set **-3.** *loc*: **ser un fuera de** ~ to be unique.

◆ **de serie** *loc adj* [equipamiento] (fitted) as standard.

◆ **en serie** *loc adv* **-1.** [fabricación]: **fabricar en** ~ to mass-produce **-2.** ELECTR in series.

seriedad *f* **-1.** [gravedad] seriousness **-2.** [responsabilidad] sense of responsibility **-3.** [formalidad - de persona] reliability.

serigrafía *f* silkscreen printing.

serio, ria *adj* **-1.** [gen] serious; **estar** ~ to look serious **-2.** [responsable, formal] responsible **-3.** [sobrio] sober.

◆ **en serio** *loc adv* seriously; **lo digo en** ~ I'm serious; **tomar(se) algo/a alguien en** ~ to take sthg/sb seriously.

sermón *m lit* & *fig* sermon; **echar un** ~ **por algo** to give a lecture for sthg.

sermoneador, ra *adj* sermonizing.

sermonear *vt* to give a lecture *o* ticking-off to.

seropositivo, va MED ◇ *adj* HIV-positive. ◇ *m, f* HIV-positive person.

serpentear *vi* **-1.** [río, camino] to wind, to snake **-2.** [culebra] to wriggle.

serpentina *f* streamer.

serpiente *f* [culebra] snake; LITER serpent; ~ **de cascabel** rattlesnake; ~ **pitón** python.

serrallo *m* seraglio.

serranía *f* mountainous region.

serrano, na ◇ *adj* **-1.** [de la sierra] mountain *(antes de sust)*, highland *(antes de sust)* **-2.** [jamón] cured. ◇ *m y f* highlander.

serrar [19] *vt* to saw (up).

serrería *f* sawmill.

serrín *m* sawdust.

serrucho *m* handsaw.

servicial *adj* attentive, helpful.

servicio *m* **-1.** [gen] service; **fuera de** ~ out of order; ~ **de inteligencia** *o* **secreto** intelligence *o* secret service; ~ **de prensa/de urgencias** press/casualty department; ~ **discrecional/público** private/public service; ~ **a domicilio** home delivery service; ~ **de mesa** dinner service; ~ **militar** military service; ~ **de paquetería** parcel service; ~ **posventa** after-sales service; ~

de té tea set **-2.** [servidumbre] servants *(pl)*; ~ **doméstico** domestic help **-3.** [turno] duty; **estar de** ~ to be on duty **-4.** *(gen pl)* [WC] toilet, lavatory, bathroom US **-5.** DEP serve, service **-6.** [cubierto] place setting.

servidor, ra *m, f* **-1.** [criado] servant **-2.** [en cartas]: **su seguro** ~ yours faithfully **-3.** [yo] yours truly, me; **¿quién es el último? -** who's last? - I am.

◆ **servidor** *m* INFORM server.

servidumbre *f* **-1.** [criados] servants *(pl)* **-2.** [dependencia] servitude.

servil *adj* servile.

servilismo *m* subservience.

servilleta *f* serviette, napkin.

servilletero *m* serviette *o* napkin ring.

servir [26] ◇ *vt* to serve; **sírvanos dos cervezas** bring us two beers; **¿te sirvo más patatas?** would you like some more potatoes?; **¿en qué puedo** ~ **le?** what can I do for you? ◇ *vi* **-1.** [gen] to serve; ~ **en el gobierno** to be a government minister **-2.** [valer, ser útil] to serve, to be useful; **no sirve para estudiar** he's no good at studying; **de nada sirve que se lo digas** it's no use telling him; ~ **de algo** to serve as sthg **-3.** [como criado] to be in service.

◆ **servirse** *vpr* **-1.** [aprovecharse]: ~ **se de** to make use of; **sírvase llamar cuando quiera** please call whenever you want **-2.** [comida, bebida] to help o.s.

servoasistido, da *adj* AUTOM servo *(antes de sust)*.

servodirección *f* power steering.

servofreno *m* servo brake.

sésamo *m* sesame.

sesear *vi* GRAM to pronounce 'c' and 'z' as 's', as in Andalusian and Latin American dialects.

sesenta *núm* sixty; **los (años)** ~ the sixties; *ver también* **seis**.

seseo *m* pronunciation of 'c' and 'z' as an 's'.

sesera *f fam* **-1.** [cabeza] skull, nut **-2.** *fig* [inteligencia] brains *(pl)*; **estar mal de la** ~ *fam* to be soft in the head.

sesgar [16] *vt* to cut on the bias.

sesgo *m* **-1.** [oblicuidad] slant; **al** ~ [gen] on a slant; [costura] on the bias **-2.** *fig* [rumbo] course, path **-3.** [enfoque] bias.

sesgue *etc* ▷ **sesgar**.

sesión *f* **-1.** [reunión] meeting, session; DER sitting, session; **abrir/levantar la** ~ to open/to adjourn the meeting **-2.** [proyección, representación] show, performance; ~

continua continuous showing; ~ **matinal** matinée; ~ **de tarde** afternoon matinée; ~ **de noche** evening showing -**3.** [periodo] session.

seso (gen pl) m -**1.** [cerebro] brain -**2.** [sensatez] brains (pl), sense; **calentarse** o **devanarse los** ~**s** to rack one's brains; **sorber el** ~ o **los** ~**s a alguien** to brainwash sb.

sestear vi to have a nap.

sesudo, da adj -**1.** [inteligente] brainy -**2.** [sensato] wise, sensible.

set (pl **sets**) m DEP set.

seta f mushroom; ~ **venenosa** toadstool.

setecientos, tas núm seven hundred; ver también **seis**.

setenta núm seventy; **los (años)** ~ the seventies; ver también **seis**.

setiembre = septiembre.

sétimo = séptimo.

seto m fence; ~ **vivo** hedge.

setter ['seter] m setter.

seudo = pseudo.

seudónimo = pseudónimo.

severidad f -**1.** [rigor] severity -**2.** [intransigencia] strictness.

severo, ra adj -**1.** [castigo] severe, harsh -**2.** [persona] strict.

Sevilla Seville.

sevillano, na adj & m,f Sevillian.
➤ **sevillanas** fpl Andalusian dance and song.

sexagenario, ria adj & m,f sexagenarian.

sexagésimo, ma núm sixtieth.

sex-appeal [seksa'pil] m inv sex appeal.

sexi, sexy (pl **sexys**) adj sexy.

sexismo m sexism.

sexista adj & m,f sexist.

sexo m -**1.** [gen] sex; **bello** ~, ~ **débil** fair sex -**2.** [genitales] genitals (pl).

sexología f sexology.

sexólogo, ga m,f sexologist.

sex-shop [se'ʃop] (pl **sex-shops**) m sex shop.

sextante m sextant.

sexteto m MÚS sextet.

sexto, ta núm sixth; **la sexta parte** a sixth.

sextuplicar [10] vt to multiply by six.
➤ **sextuplicarse** vpr to increase sixfold.

séxtuplo, pla adj sixfold.
➤ **séxtuplo** m sextuple.

sexuado, da adj sexed.

sexual adj [gen] sexual; [educación, vida] sex (antes de sust).

sexualidad f sexuality.

sexy = sexi.

Seychelles [sei'ʃels] fpl: **las (islas)** ~ the Seychelles.

sha [sa, ʃa] m shah.

shakesperiano, na [ʃespi'rjano] adj Shakespearian.

Shanghai [ʃaŋ'gai] Shanghai.

sheriff ['ʃerif] m sheriff.

sherry ['ʃeri] (pl **sherries**) m sherry.

shock = choc.

shorts [ʃorts] mpl shorts.

show [ʃou] (pl **shows**) m show; **montar un** ~ fig to cause a scene.

si[1] (pl **sis**) m MÚS B; [en solfeo] ti.

si[2] conj -**1.** (condicional) if; ~ **viene él yo me voy** if he comes, then I'm going; ~ **hubieses venido te habrías divertido** if you had come, you would have enjoyed yourself -**2.** (en oraciones interrogativas indirectas) if, whether; **ignoro** ~ **lo sabe** I don't know if o whether she knows -**3.** [expresa protesta] but; ¡~ **te dije que no lo hicieras!** but I told you not to do it!

sí[1] (pl **síes**) ◇ adv -**1.** [afirmación] yes; ¿**vendrás?** - ~, **iré** will you come? - yes, I will; **claro que** ~ of course; **creo que** ~ I think so; ¿**están de acuerdo?** - **algunos** ~ do they agree? - some do -**2.** [uso enfático]: ~ **que** really, certainly; ~ **que me gusta** I really o certainly like it -**3.** loc: **no creo que puedas hacerlo** - ¡**a que** ~! I don't think you can do it - I bet I can!; **porque** ~ [sin razón] because (I/you etc felt like it); **van a subir la gasolina** – ¡**pues** ~ **que ...!** petrol prices are going up – what a pain!; ¿~? [incredulidad] really? ◇ pron pers -**1.** (reflexivo) [de personas] himself (f herself), (pl) themselves; [usted] yourself, (pl) yourselves; [de cosas, animales] itself, (pl) themselves; **lo quiere todo para** ~ (**misma**) she wants everything for herself; **se acercó la silla hacia** ~ he drew the chair nearer (himself); **de (por)** ~ [cosa] in itself -**2.** (reflexivo impersonal) oneself; **cuando uno piensa en** ~ **mismo** when one thinks about oneself, when you think about yourself. ◇ m consent; **dar el** ~ to give one's consent.

Siam Siam.

siamés, esa ◇ adj Siamese. ◇ m,f -**1.** [de Siam] Siamese person, Thai -**2.** [gemelo] Siamese twin.
➤ **siamés** m [gato] Siamese.

sibarita ◇ adj sybaritic. ◇ mf sybarite, epicure.

sibaritismo m sybaritism, epicureanism.

Siberia: **(la)** ~ Siberia.

siberiano, na adj & m,f Siberian.
sibila f MITOL sibyl.
sibilante adj sibilant.
sibilino, na adj [incomprensible] mysterious,
cryptic.
sicario m hired assassin.
Sicilia Sicily.
siciliano, na adj & m,f Sicilian.
sicoanálisis = psicoanálisis.
sicodélico = psicodélico.
sicodrama = psicodrama.
sicología = psicología.
sicometría = psicometría.
sicomoro m [planta] sycamore.
sicomotricidad = psicomotricidad.
sicópata = psicópata.
sicopatía = psicopatía.
sicosis = psicosis.
sicosomático = psicosomático.
sicotécnico = psicotécnico.
sicoterapia = psicoterapia.
sida (abrev de **síndrome de inmunodeficiencia adquirida**) m AIDS.
sidecar (pl **sidecares**) m sidecar.
sideral adj sidereal.
siderurgia f iron and steel industry.
siderúrgico, ca adj IND iron and steel (antes
de sust).
sidra f cider.
siega ◇ v ▷ segar. ◇ f -**1.** [acción]
reaping, harvesting -**2.** [época] harvest
(time).
siembra ◇ v ▷ sembrar. ◇ f -**1.** [acción]
sowing -**2.** [época] sowing time.
siempre adv [gen] always; **como** ~ as usual;
de ~ usual; **lo de** ~ the usual; **somos amigos de** ~ we've always been friends; **es así
desde** ~ it has always been that way; **para**
~, **para** ~ **jamás** for ever and ever; **¿** ~ **nos
vemos mañana?** Amér we're still getting
together tomorrow, aren't we?
　➡ **siempre que** loc conj -**1.** [cada vez que]
whenever -**2.** [con tal de que] provided that,
as long as.
　➡ **siempre y cuando** loc conj provided
that, as long as.
siempreviva f everlasting flower.
sien f temple.
sienta etc ▷ sentar; sentir.
sierra ◇ v ▷ serrar. ◇ f -**1.** [herramienta]
saw; ~ **eléctrica** power saw -**2.** [cordillera]
mountain range -**3.** [región montañosa]
mountains (pl).
Sierra Leona Sierra Leone.

siervo, va m,f -**1.** [esclavo] serf -**2.** RELIG
servant.
siesta f siesta, nap; **dormir** o **echarse la** ~ to
have an afternoon nap.
siete ◇ núm seven; ver también **seis**. ◇ f RP
fig: **de la gran** ~ amazing, incredible; **¡la
gran** ~**!** fam sugar! UK, shoot! US.
　➡ **siete y media** f pl card game in which
players aim to get 7½ points, court cards
counting for ½ point.
sietemesino, na ◇ adj premature. ◇
m,f premature baby.
sífilis f inv syphilis.
sifilítico, ca MED adj & m,f syphilitic.
sifón m -**1.** [agua carbónica] soda (water) -**2.**
[de WC] trap, U-bend -**3.** [tubo] siphon.
siga etc ▷ seguir.
sigilo m [gen] secrecy; [al robar, escapar]
stealth.
sigiloso, sa adj [discreto] secretive; [al robar,
escapar] stealthy.
siglas f pl acronym.
siglo m -**1.** [cien años] century; **el** ~ **XX** the
20th century; **el** ~ **III antes de Cristo** the
third century before Christ; **el** ~ **de las Luces** the Age of Enlightenment; **el** ~ **de Oro**
the Golden Age -**2.** fig [mucho tiempo]: **hace**
~**s que no la veo** I haven't seen her for
ages; **por los** ~**s de los** ~**s** for ever and ever.
signatario, ria adj & m,f signatory.
signatura f -**1.** [en biblioteca] catalogue
number -**2.** [firma] signature.
significación f -**1.** [importancia] significance
-**2.** [significado] meaning.
significado, da adj important.
　➡ **significado** m -**1.** [sentido] meaning -**2.**
LING signifier.
significante m LING signifiant.
significar [10] ◇ vt -**1.** [gen] to mean -**2.**
[expresar] to express. ◇ vi [tener importancia]:
no significa nada para mí it means nothing
to me.
　➡ **significarse por** vpr to become known
for.
significativo, va adj significant.
signo m -**1.** [gen] sign; ~ **de multiplicar/divi-
dir** multiplication/division sign; ~ **del zodiaco** sign of the zodiac -**2.** [en la escritura]
mark; ~ **de admiración/interrogación** ex-
clamation/question mark -**3.** [símbolo] symbol.
sigo etc ▷ seguir.
siguiente ◇ adj -**1.** [en el tiempo, espacio]
next -**2.** [a continuación] following. ◇ mf -**1.**
[el que sigue]: **el** ~ the next one; **¡el** ~**!** next,

please! - **2.** [lo que sigue]: **lo** ~ the following.

siguiera etc ▷ **seguir**.

sij (pl **sijs**) adj & m,f Sikh.

sílaba f syllable.

silábico, ca adj syllabic.

silbar ◇ vt - **1.** [gen] to whistle - **2.** [abuchear] to hiss, to catcall. ◇ vi - **1.** [gen] to whistle - **2.** [abuchear] to hiss, to catcall - **3.** fig [oídos] to ring.

silbato m whistle.

silbido, silbo m - **1.** [gen] whistle - **2.** [para abuchear, de serpiente] hiss, hissing (U).

silenciador m silencer.

silenciar [8] vt to hush up, to keep quiet.

silencio m - **1.** [gen] silence; **en** ~ in silence; **guardar** ~ **(sobre algo)** to keep silent (about sthg); **guardaron un minuto de** ~ they held a minute's silence; **imponer** ~ **a alguien** to make sb be silent; **reinaba el** ~ **más absoluto** there was complete silence; **romper el** ~ to break the silence - **2.** MÚS rest.

silencioso, sa adj silent, quiet.

sílex m inv flint.

sílfide f sylph.

silicato m silicate.

sílice f silica.

silicio m silicon.

silicona f silicone.

silla f - **1.** [gen] chair; ~ **de la reina** seat made by two people joining hands; ~ **de ruedas** wheelchair; ~ **eléctrica** electric chair; ~ **de tijera** folding chair - **2.** [de caballo]: ~ **(de montar)** saddle.

sillería f set of chairs; [de coro] choir stalls (pl).

sillín m saddle, seat.

sillón m armchair.

silo m silo.

silogismo m syllogism.

silueta f - **1.** [cuerpo] figure - **2.** [contorno] outline - **3.** [dibujo] silhouette.

silvestre adj wild.

sima f chasm.

simbiosis f inv symbiosis.

simbólico, ca adj symbolic.

simbolismo m symbolism.

simbolizar [13] vt to symbolize.

símbolo m symbol.

simbología f system of symbols.

simetría f symmetry.

simétrico, ca adj symmetrical.

simiente f culto seed.

simiesco, ca adj simian, apelike.

símil m - **1.** [paralelismo] similarity, resemblance - **2.** LITER simile.

similar adj: ~ **(a)** similar (to).

similitud f similarity.

simio, mia m,f simian, ape.

simpatía f - **1.** [cordialidad] friendliness - **2.** [cariño] affection; **coger** ~ **a alguien** to take a liking to sb; **tener** ~ **a, sentir** ~ **por** to like - **3.** MED sympathy.

simpático, ca adj - **1.** [gen] nice, likeable; [abierto, cordial] friendly; **Juan me cae** ~ I like Juan - **2.** [anécdota, comedia etc] amusing, entertaining - **3.** [reunión, velada etc] pleasant, agreeable - **4.** ANAT sympathetic.

simpatizante ◇ adj sympathizing. ◇ mf sympathizer.

simpatizar [13] vi: ~ **(con)** [persona] to hit it off (with), to get on (with); [cosa] to sympathize (with).

simple ◇ adj - **1.** [gen] simple - **2.** [fácil] easy, simple - **3.** [único, sin componentes] single; **dame una** ~ **razón** give me one single reason - **4.** [mero] mere; **por** ~ **estupidez** through sheer stupidity - **5.** MAT prime. ◇ mf [persona] simpleton.

simplemente adv simply.

simpleza f - **1.** [de persona] simple-mindedness - **2.** [tontería] trifle.

simplicidad f simplicity.

simplificación f simplification.

simplificar [10] vt to simplify.

➡ **simplificarse** vpr to be simplified.

simplista ◇ adj simplistic. ◇ mf naïve person.

simplón, ona ◇ adj simple, simple-minded. ◇ m,f simple-minded person.

simposio, simposium m symposium.

simulación f pretence, simulation.

simulacro m simulation; ~ **de combate** mock battle; ~ **de incendio** fire drill.

simulado, da adj - **1.** [sentimiento, desmayo etc] feigned - **2.** [combate, salvamento] simulated.

simular vt - **1.** [sentimiento, desmayo etc] to feign; **simuló que no me había visto** he pretended not to have seen me - **2.** [enfermedad] to fake - **3.** [combate, salvamento] to simulate.

simultanear vt to do at the same time.

simultaneidad f simultaneousness.

simultáneo, nea adj simultaneous.

sin prep without; ~ **alcohol** alcohol-free; **estoy** ~ **una peseta** I'm penniless; **ha escrito cinco libros** ~ **(contar) las novelas** he has written five books, not counting his novels;

está ~ **hacer** it hasn't been done yet; **estamos** ~ **vino** we're out of wine; ~ **que** (+ subjuntivo) without (+ gerund); ~ **que nadie se enterara** without anyone noticing.

➤ **sin embargo** conj however.

sinagoga f synagogue.

Sinaí m: el ~ Sinai.

sincerarse vpr: ~ **(con alguien)** to open one's heart (to sb).

sinceridad f sincerity; [llaneza, franqueza] frankness; **con toda** ~ in all honesty.

sincero, ra adj sincere; [abierto, directo] frank; **para ser** ~ to be honest.

sincopado, da adj syncopated.

síncope m blackout; **le dio un** ~ she blacked out.

sincretismo m synchretism.

SINCRETISMO

When the form of Christianity introduced by the colonists met with the religious beliefs of the native Indian people, the result was the religious syncretism which is by and large characteristic of Latin American culture today. This syncretism is apparent in the survival of pagan rites and also in religious art, where traditional Christian images can be seen alongside native Indian symbols.

sincronía f [simultaneidad] synchronousness.

sincrónico, ca adj -**1.** [simultáneo] simultaneous -**2.** [coordinado] synchronous.

sincronismo m [simultaneidad] simultaneity.

sincronización f synchronization.

sincronizar [13] vt [regular] to synchronize.

sindicación f trade union membership.

sindicado, da adj belonging to a trade union.

sindical adj (trade) union (antes de sust).

sindicalismo m trade unionism.

sindicalista <> adj (trade) union (antes de sust). <> mf trade unionist.

sindicar [10] vt -**1.** to unionize -**2.** Andes, RP, Ven to accuse.

➤ **sindicarse** vpr to join a union.

sindicato m trade union, labor union US; ~ **amarillo** yellow union, conservative trade union that leans towards the employers' interests; ~ **vertical** workers' and employers' union during the Franco period.

síndico m -**1.** [representante] community representative -**2.** [administrador] (official) receiver -**3.** ECON trustee.

síndrome m syndrome; ~ **de abstinencia** withdrawal symptoms (pl); ~ **de Down** Down's syndrome; ~ **de Estocolmo** Stock-

holm syndrome; ~ **de inmunodeficiencia adquirida** acquired immune deficiency syndrome; ~ **premenstrual** premenstrual syndrome; ~ **tóxico** toxic syndrome caused by ingestion of adulterated rapeseed oil.

sine

➤ **sine die** loc adv indefinitely.

sinergia f synergy.

sinestesia f synaesthesia.

sinfín m vast number; **un** ~ **de problemas** no end of problems.

sinfonía f symphony.

sinfónico, ca adj symphonic.

➤ **sinfónica** f symphony orchestra.

singani m Bol grape brandy.

Singapur Singapore.

singladura f NÁUT [distancia] day's run; fig [dirección] course.

single ['singell] m -**1.** single -**2.** CSur [habitación] single room.

singular <> adj -**1.** [raro] peculiar, odd -**2.** [único] unique -**3.** GRAM singular. <> m GRAM singular; **en** ~ in the singular.

singularidad f -**1.** [rareza, peculiaridad] peculiarity -**2.** [exclusividad] uniqueness.

singularizar [13] vt to distinguish, to single out.

➤ **singularizarse** vpr to stand out, to be conspicuous; ~**se por algo** to stand out because of sthg.

sinhueso f fam tongue; **darle a la** ~ to yap.

siniestrado, da <> adj [coche, avión etc] crashed, smashed up; [edificio] ruined, destroyed. <> m,f victim.

siniestralidad f accident rate.

siniestro, tra adj -**1.** [perverso] sinister -**2.** [desgraciado] disastrous.

➤ **siniestro** m disaster; [accidente de coche] accident, crash; [incendio] fire.

➤ **siniestra** f desus left hand.

sinnúmero m: un ~ **de** countless.

sino[1] m fate, destiny.

sino[2] conj -**1.** [para contraponer] but; **no lo hizo él,** ~ **ella** he didn't do it, she did; **no sólo es listo,** ~ **también trabajador** he's not only clever but also hardworking -**2.** [para exceptuar] except, but; **¿quién** ~ **tú lo haría?** who else but you would do it?; **no quiero** ~ **que se haga justicia** I only want justice to be done.

sínodo m synod.

sinonimia f synonymy.

sinónimo, ma adj synonymous; **ser** ~ **de algo** to be synonymous with sthg.

➤ **sinónimo** *m* synonym.

sinopsis *f inv* synopsis.

sinóptico, ca *adj* synoptic.

sinovial *adj* synovial.

sinrazón (*gen pl*) *f* injustice.

sinsabor (*gen pl*) *m* trouble.

sintáctico, ca *adj* syntactic.

sintagma *m* syntagma.

sintaxis *f inv* syntax.

síntesis *f inv* synthesis; **en** ~ in short; ~ **del habla** INFORM & LING speech synthesis.

sintético, ca *adj* **-1.** [artificial] synthetic **-2.** [resumido] summarized.

sintetizador, ra *adj* synthesizing.

➤ **sintetizador** *m* synthesizer.

sintetizar [13] *vt* **-1.** [resumir] to summarize **-2.** [fabricar artificialmente] to synthesize.

sintiera *etc* ⊳ **sentir**.

síntoma *m* symptom.

sintomático, ca *adj* symptomatic.

sintomatología *f* symptoms (*pl*).

sintonía *f* **-1.** [música] signature tune **-2.** [conexión] tuning **-3.** *fig* [compenetración] harmony; **en** ~ **con** in tune with.

sintonización *f* **-1.** [conexión] tuning **-2.** *fig* [compenetración] harmonization.

sintonizador *m* tuner, tuning dial.

sintonizar [13] ⟨> *vt* [conectar] to tune in to. ⟨> *vi* **-1.** [conectar]: ~ **(con)** to tune in (to) **-2.** *fig* [compenetrarse]: ~ **en algo (con alguien)** to be on the same wavelength (as sb) about sthg.

sinuosidad *f* bend, wind.

sinuoso, sa *adj* **-1.** [camino] winding **-2.** [movimiento] sinuous **-3.** *fig* [disimulado] devious.

sinusitis *f inv* sinusitis.

sinvergüenza ⟨> *adj* **-1.** [canalla] shameless **-2.** [fresco, descarado] cheeky. ⟨> *mf* **-1.** [canalla] rogue **-2.** [fresco, descarado] cheeky person.

sionismo *m* Zionism.

sionista *adj* & *m,f* Zionist.

sioux ['siuks] *adj inv* & *m y f inv* Sioux.

sique = psique.

siquiatra = psiquiatra.

siquiatría = psiquiatría.

siquiátrico = psiquiátrico.

síquico = psíquico.

siquiera ⟨> *conj* [aunque] even if; **ven** ~ **por pocos días** do come, even if it's only for a few days. ⟨> *adv* [por lo menos] at least; **dime** ~ **tu nombre** (you could) at least tell me your name.

➤ **ni (tan) siquiera** *loc conj* not even; **ni** **(tan)** ~ **me hablaron** they didn't even speak to me.

siquis = psiquis.

sirena *f* **-1.** MITOL mermaid, siren **-2.** [señal] siren.

Siria Syria.

sirimiri *m* drizzle.

sirio, ria *adj* & *m,f* Syrian.

siroco *m* sirocco.

sirva *etc* ⊳ **servir**.

sirviente, ta *m,f* servant.

sirviera *etc* ⊳ **servir**.

sisa *f* **-1.** [de dinero] pilfering **-2.** [en costura] dart; [de manga] armhole.

sisar ⟨> *vt* **-1.** [dinero] to pilfer **-2.** [costura] to take in. ⟨> *vi* to pilfer.

sisear *vt* & *vi* to hiss.

siseo *m* hiss, hissing (*U*).

sísmico, ca *adj* seismic.

sismo *m* earthquake.

sismógrafo *m* seismograph.

sisón, ona ⟨> *adj* pilfering. ⟨> *m,f* [ladrón] pilferer, petty thief.

➤ **sisón** *m* [ave] little bustard.

sistema *m* **-1.** [gen & INFORM] system; ~ **monetario/nervioso/solar** monetary/nervous/solar system; ~ **experto/operativo** INFORM expert/operating system; ~ **fiscal** *o* **impositivo** tax system; ~ **ABS** AUTOM ABS (brake) system; ~ **dual** *TV system enabling dubbed TV programmes to be heard in the original language*; ~ **de gestión de bases de datos** INFORM database management system; ~ **internacional de unidades** SI units (*pl*); ~ **métrico (decimal)** metric (decimal) system; ~ **monetario europeo** European Monetary System; ~ **montañoso** mountain chain *o* range; ~ **periódico de los elementos** periodic table of elements **-2.** [método, orden] method.

➤ **por sistema** *loc adv* systematically.

Sistema Ibérico *m*: **el** ~ the Iberian mountain chain.

sistemático, ca *adj* systematic.

sistematización *f* systematization.

sistematizar [13] *vt* to systematize.

sístole *f* systole.

sitiar [8] *vt* **-1.** [cercar] to besiege **-2.** *fig* [acorralar] to surround.

sitio *m* **-1.** [lugar] place; **cambiar de** ~ **(con alguien)** to change places (with sb); **en otro** ~ elsewhere; **poner a alguien en su** ~ to put sb in his/her place **-2.** [espacio] room, space; **hacer** ~ **a alguien** to make room for sb; **ocupar** ~ to take up space **-3.** [cerco]

siege **-4.** *INFORM*: ~ **Web** Web site **-5.** *Méx* [de taxi] taxi rank *UK* o stand *US*.

sito, ta *adj* located.

situ
  ⟶ **in situ** *loc adv* on the spot.

situación *f* **-1.** [circunstancias] situation; [legal, social] status; **estar en** ~ **de hacer algo** [gen] to be in a position to do sthg; [suj: enfermo, borracho] to be in a fit state to do sthg; ~ **límite** critical situation; **salvar la** ~ to save the day **-2.** [condición, estado] state, condition **-3.** [ubicación] location.

situado, da *adj* **-1.** [acomodado] comfortably off; **estar bien** ~ to be well off **-2.** [ubicado] located.

situar [6] *vt* **-1.** [colocar] to place, to put; [edificio, ciudad] to site, to locate **-2.** [en clasificación] to place, to rank **-3.** [localizar] to locate, to find.
  ⟶ **situarse** *vpr* **-1.** [colocarse] to take up position **-2.** [ubicarse] to be located **-3.** [acomodarse, establecerse] to get o.s. established **-4.** [en clasificación] to be placed; **se sitúa entre los mejores** he's (ranked) amongst the best.

siútico, ca *adj Amér fam* naff, tacky.

skai [es'kai] = **escay**.

skateboard [es'keiðβor] (*pl* **skateboards**) *m* **-1.** [tabla] skateboard **-2.** [deporte] skateboarding.

sketch [es'ketʃ] (*pl* **sketches**) *m CIN & TEATR* sketch.

ski [es'ki] = **esquí**.

skin head [es'kinxeðl] (*pl* **skin heads**) *m,f* skinhead.

SL (*abrev de* **sociedad limitada**) *f* ≃ Ltd.

slalom [es'lalom] = **eslálom**.

slip [es'lip] = **eslip**.

slogan [es'loɣan] = **eslogan**.

SM (*abrev de* **Su Majestad**) HM.

smash [es'maʃ] (*pl* **smashes**) *m DEP* smash.

SME (*abrev de* **sistema monetario europeo**) *m* EMS.

SMI (*abrev de* **sistema monetario internacional**) *m* IMS.

smoking [es'mokin] = **esmoquin**.

s/n *abrev de* **sin número**.

snob = **esnob**.

snobismo = **esnobismo**.

snowboard *n* snowboard *m*.

snowboarding *n* snowboard *m*; **to go** ~ hacer snowboard.

so ⟨⟩ *prep* under; ~ **pretexto de** under; ~ **pena de** under penalty of. ⟨⟩ *adv*: ¡ ~ **tonto!** you idiot! ⟨⟩ *interj*: ¡ ~ ! whoa!

sobaco *m* armpit.

sobado, da *adj* **-1.** [cuello, puños etc] worn, shabby; [libro] dog-eared **-2.** *fig* [argumento, excusa] well-worn, hackneyed.
  ⟶ **sobado** *m CULIN* shortcrust pastry.

sobaquera *f* armhole.

sobaquina *f fam* body odour.

sobar ⟨⟩ *vt* **-1.** [tocar] to finger, to paw **-2.** *despec* [acariciar, besar] to touch up, to fondle **-3.** [ablandar] to soften. ⟨⟩ *vi mfam* to kip.

soberanía *f* sovereignty.

soberano, na ⟨⟩ *adj* **-1.** [independiente] sovereign **-2.** *fig* [grande] massive; [paliza] thorough; [belleza, calidad] supreme, unrivalled. ⟨⟩ *m,f* sovereign.

soberbio, bia ⟨⟩ *adj* **-1.** [arrogante] proud, arrogant **-2.** [magnífico] superb **-3.** [grande] huge. ⟨⟩ *m,f* [persona] arrogant o proud person.
  ⟶ **soberbia** *f* **-1.** [arrogancia] pride, arrogance **-2.** [magnificencia] grandeur, splendour.

sobón, ona *adj & m,f fam* groper.

sobornar *vt* to bribe.

soborno *m* **-1.** [acción] bribery **-2.** [dinero, regalo] bribe.

sobra *f* excess, surplus; **de** ~ [en exceso] more than enough; [de más] superfluous; **aquí estoy de** ~, **me voy** I'm off, it's obvious I'm not wanted here; **lo sabemos de** ~ we know it only too well.
  ⟶ **sobras** *fpl* **-1.** [de comida] leftovers **-2.** [de tela] remnants.

sobrado, da *adj* **-1.** [de sobra] more than enough, plenty of **-2.** [de dinero] well off.

sobrante ⟨⟩ *adj* remaining. ⟨⟩ *m* surplus.

sobrar *vi* **-1.** [quedar, restar] to be left over, to be spare; **nos sobró comida** we had some food left over **-2.** [haber de más] to be more than enough; **parece que van a** ~ **bocadillos** it looks like there are going to be too many sandwiches **-3.** [estar de más] to be superfluous; **lo que dices sobra** that goes without saying.

sobrasada *f* Mallorcan spiced sausage.

sobre¹ *m* **-1.** [para cartas] envelope **-2.** [para alimentos] sachet, packet **-3.** *mfam* [cama] sack; **irse al** ~ to hit the sack.

sobre² *prep* **-1.** [encima de] on (top of); **el libro está** ~ **la mesa** the book is on (top of) the table **-2.** [por encima de] over, above; **el pato vuela** ~ **el lago** the duck is flying over the lake **-3.** [superioridad] above; **su opinión está** ~ **las de los demás** his opinion is more important than that of the others **-4.** [acerca de] about, on; **un libro** ~ **el amor** a book about *o* on love; **una conferencia** ~ **el desarme** a conference on disarmament **-5.** [alrededor de] about; **llegarán** ~ **las diez** they'll arrive at about ten o'clock **-6.** [acumulación] upon; **nos contó mentira** ~ **mentira** he told us lie upon lie *o* one lie after another **-7.** [cerca de] upon; **la desgracia estaba ya** ~ **nosotros** the disaster was already upon us.

sobreabundancia = superabundancia.

sobreabundante = superabundante.

sobreabundar = superabundar.

sobrealimentación *f* overfeeding.

sobrealimentar *vt* to overfeed.

sobreañadir *vt* to add on top of.

sobrecalentar [19] *vt* to overheat.

sobrecarga *f* **-1.** [exceso de carga] excess weight **-2.** [saturación] overload.

sobrecargar [16] *vt* [gen] to overload; [decoración etc] to overdo.

sobrecargo *m* **-1.** NÁUT supercargo **-2.** [de avión] purser.

sobrecogedor, ra *adj* **-1.** [aterrador] frightening, startling **-2.** [impresionante] moving.

sobrecoger [14] *vt* **-1.** [asustar] to frighten, to startle **-2.** [impresionar] to move. ➡ **sobrecogerse** *vpr* **-1.** [asustarse] to be frightened, to be startled **-2.** [impresionarse] to be moved.

sobrecongelar *vt* to deep-freeze.

sobrecosto *m* extra costs *(pl)*.

sobrecubierta *f* **-1.** [de libro] (dust) jacket **-2.** [de barco] upper deck.

sobredosis *f inv* overdose.

sobreentender = sobrentender.

sobreentendido = sobrentendido.

sobreexcitar = sobrexcitar.

sobreexponer = sobrexponer.

sobreexposición = sobrexposición.

sobregiro *m* COM overdraft.

sobrehumano, na *adj* superhuman.

sobreimpresión *f* superimposing *(U)*.

sobreimprimir *vt* to superimpose.

sobrellevar *vt* to bear, to endure.

sobremanera *adv* exceedingly.

sobremesa *f* after-dinner period; **de** ~ [programación etc] mid-afternoon *(antes de sust)*.

sobrenadar *vi* to float.

sobrenatural *adj* [extraordinario] supernatural.

sobrenombre *m* nickname.

sobrentender, sobreentender [20] *vt* to understand, to deduce. ➡ **sobrentenderse** *vpr* to be inferred *o* implied.

sobrentendido, da, sobreentendido, da *adj* implied, implicit.

sobrepasar *vt* **-1.** [exceder] to exceed **-2.** [aventajar] ~ **a alguien** to overtake sb. ➡ **sobrepasarse** *vpr* to go too far.

sobrepeso *m* excess weight.

sobreponer, superponer [65] *vt* **-1.** [poner encima] to put on top **-2.** *fig* [anteponer] ~ **algo a algo** to put sthg before sthg. ➡ **sobreponerse** *vpr*: ~ **se a algo** to overcome sthg.

sobreposición, superposición *f* superimposing.

sobreproducción, superproducción *f* ECON overproduction *(U)*.

sobreproteger [14] *vt* to overprotect.

sobrepuesto, ta, superpuesto, ta *adj* superimposed; ➡ **sobreponer**.

sobresaliente ◇ *adj* [destacado] outstanding. ◇ *m* [en escuela] excellent, ≃ A; [en universidad] ≃ first class.

sobresalir [71] *vi* **-1.** [en tamaño] to jut out **-2.** [en importancia] to stand out.

sobresaltar *vt* to startle. ➡ **sobresaltarse** *vpr* to be startled, to start.

sobresalto *m* start, fright; **dar un** ~ **a alguien** to make sb start, to give sb a fright.

sobrescribir *vt* to overwrite.

sobrescrito, ta *pp* ➡ sobrescribir.

sobreseer [50] *vt* DER to discontinue, to stay.

sobreseimiento *m* DER stay.

sobrestimar *vt* to overestimate.

sobresueldo *m* extra money on the side *(U)*.

sobretasa *f* surcharge.

sobretiempo *m* Andes [trabajo] overtime; [en deporte] extra time *UK*, overtime *US*.

sobretodo *m* Amér overcoat.

sobrevenir [75] *vi* to happen, to ensue; **sobrevino la guerra** the war intervened.

sobreviviente = superviviente.

sobrevivir *vi* to survive; ~ **a alguien** to outlive sb.

sobrevolar [23] *vt* to fly over.

sobrexcitar, sobreexcitar *vt* to overexcite.

➤ **sobrexcitarse** *vpr* to get overexcited.

sobriedad *f* -**1.** [moderación] restraint, moderation -**2.** [no embriaguez] soberness.

sobrino, na *m,f* nephew (*f* niece).

sobrio, bria *adj* -**1.** [moderado] restrained; ~ **en** moderate in -**2.** [no excesivo] simple -**3.** [austero, no borracho] sober.

socaire *m* NÁUT lee; **al** ~ **de** *fig* under the protection of.

socarrón, ona *adj* sarcastic.

socarronería *f* sarcasm.

socavar *vt* [excavar por debajo] to dig under; *fig* [debilitar] to undermine.

socavón *m* [hoyo] hollow; [en la carretera] pothole.

sociabilidad *f* sociability.

sociable *adj* sociable.

social *adj* -**1.** [gen] social -**2.** COM company (*antes de sust*).

socialdemocracia *f* social democracy.

socialdemócrata ◇ *adj* social democratic. ◇ *mf* social democrat.

socialismo *m* socialism.

socialista *adj* & *m,f* socialist.

socialización *f* ECON nationalization.

socializar [13] *vt* ECON to nationalize.

sociedad *f* -**1.** [gen] society; **entrar** *o* **presentarse en** ~ to come out, to make one's debut; **alta** ~ high society; ~ **de consumo** consumer society; ~ **deportiva** sports club; ~ **literaria** literary society -**2.** COM [empresa] company; ~ **anónima** public (limited) company *UK*, incorporated company *US*; ~ **civil** non-profit-making company; ~ **colectiva** general partnership; ~ **comanditaria** *o* **en comandita** general and limited partnership; (~) **cooperativa** cooperative; ~ **de cartera** portfolio company; ~ **(de responsabilidad) limitada** private limited company; ~ **industrial** industrial society; ~ **mixta** joint venture.

socio, cia *m,f* -**1.** COM partner; ~ **accionista** shareholder; ~ **capitalista** *o* **comanditario** sleeping partner *UK*, silent partner *US*; ~ **fundador** founding partner -**2.** [miembro] member; ~ **honorario** honorary member -**3.** *fam* [amigo] mate.

sociocultural *adj* sociocultural.

socioeconomía *f* socioeconomics (*U*).

socioeconómico, ca *adj* socioeconomic.

sociolingüístico, ca *adj* sociolinguistic.

➤ **sociolingüística** *f* sociolinguistics (*U*).

sociología *f* sociology.

sociólogo, ga *m,f* sociologist.

sociopolítico, ca *adj* sociopolitical.

socorrer *vt* to help.

socorrido, da *adj* [útil] useful, handy.

socorrismo *m* first aid; [en la playa] lifesaving.

socorrista *mf* first aid worker; [en la playa] lifeguard.

socorro ◇ *m* help, aid. ◇ *interj*: ¡~! help!

soda *f* [bebida] soda water, club soda *US*.

sódico, ca *adj* sodium (*antes de sust*).

sodio *m* sodium.

sodomía *f* sodomy.

sodomita *adj* & *m,f* sodomite.

sodomizar [13] *vt* to sodomize.

soez *adj* vulgar, dirty.

sofá (*pl* **sofás**) *m* sofa; ~ **cama** *o* **nido** sofa bed.

Sofía Sofia.

sofisma *m* sophism.

sofisticación *f* sophistication.

sofisticado, da *adj* sophisticated.

sofocado, da *adj* -**1.** [por cansancio] gasping for breath; [por calor] suffocating -**2.** [por vergüenza] mortified -**3.** [por irritación] hot under the collar.

sofocante *adj* suffocating, stifling.

sofocar [10] *vt* -**1.** [ahogar] to suffocate, to stifle -**2.** [incendio] to put out, to smother -**3.** *fig* [rebelión] to suppress, to quell -**4.** *fig* [avergonzar] to mortify.

➤ **sofocarse** *vpr* -**1.** [ahogarse] to suffocate -**2.** *fig* [avergonzarse] to go red as a beetroot -**3.** *fig* [irritarse]: ~**se (por)** to get hot under the collar (about).

sofoco *m* -**1.** [ahogo] breathlessness (*U*); [sonrojo, bochorno] hot flush -**2.** *fig* [vergüenza] mortification -**3.** *fig* [disgusto]: **llevarse un** ~ to have a fit.

sofocón *m* *fam*: **llevarse un** ~ to get hot under the collar.

sofoque *etc* ▷ **sofocar**.

sofreír [28] *vt* to fry lightly over a low heat.

sofría *etc* ▷ **sofreír**.

sofriera *etc* ▷ **sofreír**.

sofrito, ta *pp* ▷ **sofreír**.

➤ **sofrito** *m* fried tomato and onion sauce.

sofrología *f* relaxation therapy.

software [ˈsofwer] *m* INFORM software; ~ **integrado** integrated software.

soga *f* rope; [para ahorcar] noose; **estar con la ~ al cuello** *fig* to be in dire straits; **no hay que mentar la ~ en casa del ahorcado** use a little tact.

sois ⊳ **ser**.

soja *f* soya.

sojuzgar [16] *vt* to subjugate.

sol *m* **-1.** [astro] sun; **a pleno ~** in the sun; **al salir/ponerse el ~** at sunrise/sunset; **hace ~** it's sunny; **~ naciente/poniente** rising/setting sun; **de ~ a ~** from dawn to dusk; **no dejar a alguien ni a ~ ni a sombra** not to give sb a moment's peace **-2.** [rayos, luz] sunshine, sun; **tomar el ~** to sunbathe **-3.** TAUROM seats in the sun, the cheapest in the bullring **-4.** *fig* [ángel, ricura] darling, angel **-5.** MÚS G; [en solfeo] so **-6.** [moneda] sol.
➤ **sol y sombra** *m* [bebida] mixture of brandy and anisette.

solace etc ⊳ **solazar**.

solamente *adv* only, just; **vino ~ él** only he came.

solana *f* **-1.** [lugar] sunny spot **-2.** [galería] sun lounge.

solano *m* east wind.

solapa *f* **-1.** [de prenda] lapel **-2.** [de libro, sobre] flap.

solapado, da *adj* underhand, devious.

solapar *vt* to cover up.

solar ⟨⟩ *adj* solar. ⟨⟩ *m* undeveloped plot (of land).

solariego, ga *adj* ancestral.

solario, solárium (*pl* solariums) *m* solarium.

solaz *m* **-1.** [entretenimiento] amusement, entertainment **-2.** [descanso] rest **-3.** [alivio] solace, relief.

solazar [13] *vt* **-1.** to amuse, to entertain **-2.** [aliviar] to solace, to entertain.
➤ **solazarse** *vpr* to enjoy o.s.

soldada *f* pay.

soldado *m* soldier; **~ de primera** ≃ lance corporal; **~ raso** private.

soldador, ra *m,f* [persona] welder.
➤ **soldador** *m* [aparato] soldering iron.

soldadura *f* **-1.** [acción] soldering, welding **-2.** [juntura] weld, soldered joint.

soldar [23] *vt* to solder, to weld.

soleado, da *adj* sunny.

solecismo *m* solecism.

soledad *f* loneliness; **en ~** alone; *culto* solitude.

solemne *adj* **-1.** [con pompa] formal **-2.** [grave] solemn **-3.** *fig* [enorme] utter, complete.

solemnidad *f* [suntuosidad] pomp, solem-

nity; **de ~** extremely.

soler [81] *vi*: **~ hacer algo** to do sthg usually; **aquí suele llover mucho** it usually rains a lot here; **solíamos ir a la playa cada día** we used to go to the beach every day.

solera *f* **-1.** [tradición] tradition **-2.** [del vino] sediment; **de ~** vintage.

solfa *f* **-1.** MÚS tonic sol-fa **-2.** *fam* [paliza] thrashing **-3.** *loc*: **poner algo en ~** *fam* to poke fun at sthg.

solfeo *m* MÚS solfeggio, singing of scales.

solicitante ⟨⟩ *adj* applying. ⟨⟩ *mf* applicant.

solicitar *vt* **-1.** [pedir] to request; [un empleo] to apply for; **~ algo a o de alguien** to request sthg of sb **-2.** [persona] to pursue; **estar muy solicitado** to be very popular, to be much sought after.

solícito, ta *adj* solicitous, obliging.

solicitud *f* **-1.** [petición] request; **presentar una ~** to submit a request **-2.** [documento] application **-3.** [atención] care.

solidaridad *f* solidarity; **en ~ con** in solidarity with.

solidario, ria *adj* **-1.** [adherido]: **~ (con)** sympathetic (to), supporting (of) **-2.** [obligación, compromiso] mutually binding.

solidarizarse [13] *vpr* to make common cause, to show one's solidarity; **~ con algo/alguien** to support sthg/sb.

solidez *f* **-1.** [física] solidity **-2.** [moral] firmness.

solidificación *f* solidification.

solidificar [10] *vt* to solidify.
➤ **solidificarse** *vpr* to solidify.

sólido, da *adj* **-1.** [gen] solid; [cimientos, fundamento] firm **-2.** [argumento, conocimiento, idea] sound **-3.** [color] fast.
➤ **sólido** *m* solid.

soliloquio *m* soliloquy.

solista ⟨⟩ *adj* solo. ⟨⟩ *mf* soloist.

solitario, ria ⟨⟩ *adj* **-1.** [sin compañía] solitary **-2.** [lugar] lonely, deserted. ⟨⟩ *m,f* [persona] loner.
➤ **solitario** *m* **-1.** [diamante] solitaire **-2.** [juego] patience.
➤ **solitaria** *f* [tenia] tapeworm.

soliviantar *vt* **-1.** [excitar] to stir up **-2.** [indignar] to exasperate.
➤ **soliviantarse** *vpr* to be infuriated.

sollozar [13] *vi* to sob.

sollozo *m* sob.

solo, la *adj* **-1.** [sin nadie] alone; **dejar ~ a alguien** to leave sb alone; **se quedó ~ a temprana edad** he was on his own from an early age; **a solas** alone, by oneself **- 2.** [sin nada] on its own; [café] black; [whisky] neat **- 3.** [único] single, sole; **ni una sola gota** not a (single) drop; **dame una sola cosa** give me just one thing **- 4.** [solitario] lonely.

➧ **solo** m MÚS solo.

sólo adv only, just; **no ~ ... sino (también) ...** not only ... but (also) ...; **con ~, ~ con** just by; **~ que ...** only ...

solomillo m sirloin.

solsticio m solstice.

soltar [23] vt **- 1.** [desasir] to let go of **- 2.** [desatar - gen] to unfasten; [- nudo] to untie; [- hebilla, cordones] to undo **- 3.** [dejar libre] to release **- 4.** [desenrollar - cable etc] to let o pay out **- 5.** [patada, grito, suspiro etc] to give; **no suelta ni un duro** you can't get a penny out of her **- 6.** [decir bruscamente] to come out with.

➧ **soltarse** vpr **- 1.** [desasirse] to break free **- 2.** [desatarse] to come undone **- 3.** [desprenderse] to come off **- 4.** fam [adquirir habilidad] to get the hang of it; **~se en algo** to get the hang of sthg **- 5.** [perder timidez] to let go.

soltería f [de hombre] bachelorhood; [de mujer] spinsterhood.

soltero, ra ◇ adj single, unmarried. ◇ m,f bachelor (f single woman).

solterón, ona ◇ adj unmarried. ◇ m,f old bachelor (f spinster, old maid).

soltura f **- 1.** [gen] fluency **- 2.** [seguridad de sí mismo] assurance.

soluble adj **- 1.** [que se disuelve] soluble **- 2.** [que se soluciona] solvable.

solución f solution.

➧ **solución de continuidad** f interruption; **sin ~ de continuidad** uninterrupted.

solucionar vt to solve; [disputa] to resolve.

solvencia f **- 1.** [económica] solvency **- 2.** [capacidad] reliability.

solventar vt **- 1.** [pagar] to settle **- 2.** [resolver] to resolve.

solvente adj **- 1.** [económicamente] solvent **- 2.** fig [fuentes etc] reliable.

Somalia Somalia.

somático, ca adj somatic.

somatizar [13] vt MED to convert into physical symptoms.

sombra f **- 1.** [proyección - fenómeno] shadow; [- zona] shade; **a la ~** in the shade; fam [en la cárcel] in the slammer; **dar ~ a** to cast a shadow over; **hacer ~ a alguien** to overshadow sb; **ser la ~ de alguien** to be sb's shadow; **tener mala ~** to be a nasty swine **- 2.** [en pintura] shade **- 3.** fig [anonimato] back-

ground; **permanecer en la ~** to stay out of the limelight **- 4.** fig [imperfección] stain, blemish **- 5.** fig [atisbo] trace, touch; **no tener ni ~ de** not to have the slightest bit of **- 6.** [mancha] spot **- 7.** [suerte]: **buena/mala ~** good/bad luck **- 8.** TAUROM most expensive seats in bullring, located in the shade.

➧ **sombra de ojos** f eyeshadow.

sombreado m shading.

sombrerería f **- 1.** [fábrica] hat factory **- 2.** [tienda] hat shop.

sombrero m **- 1.** [prenda] hat; **~ de copa** top hat; **~ hongo** bowler hat, derby US; **quitarse el ~** fig to take one's hat off **- 2.** [de setas] cap.

sombrilla f sunshade, parasol; **me vale ~** Méx fig I couldn't care less.

sombrío, bría adj **- 1.** [oscuro] gloomy, dark **- 2.** fig [triste] sombre, gloomy.

somero, ra adj superficial.

someter vt **- 1.** [a rebeldes] to subdue **- 2.** [presentar]: **~ algo a la aprobación de alguien** to submit sthg for sb's approval; **~ algo a votación** to put sthg to the vote **- 3.** [subordinar] to subordinate **- 4.** [a operación, interrogatorio etc]: **~ a alguien a algo** to subject sb to sthg.

➧ **someterse** vpr **- 1.** [rendirse] to surrender **- 2.** [conformarse]: **~se a algo** to yield o bow to sthg **- 3.** [a operación, interrogatorio etc]: **~se a algo** to undergo sthg.

sometimiento m **- 1.** [gen] submission **- 2.** [dominio] subjugation.

somier (pl **somieres**) m [de muelles] bed springs (pl); [de tablas] slats (of bed).

sommelier = sumiller.

somnífero, ra adj somniferous.

➧ **somnífero** m sleeping pill.

somnolencia f sleepiness, drowsiness.

somnoliento, ta adj drowsy, sleepy.

somos ▷ ser.

son ◇ ▷ ser. ◇ m **- 1.** [sonido] sound; **bailar al ~ que le tocan** fig to toe the line **- 2.** [estilo] way; **en ~ de** in the manner of; **en ~ de paz** in peace.

sonado, da adj **- 1.** [renombrado] famous **- 2.** [loco] crazy **- 3.** [boxeador] punch drunk.

sonajero m rattle.

sonambulismo m sleepwalking.

sonámbulo ◇ adj sleepwalking (antes de sust). ◇ m,f sleepwalker.

sonante ▷ dinero.

sonar¹ m sonar.

sonar² [23] vi **- 1.** [gen] to sound; **suena a falso/chiste** it sounds false/like a joke; **(así o tal) como suena** literally, in so many words

-2. [timbre] to ring **-3.** [hora]: **sonaron las doce** the clock struck twelve **-4.** [ser conocido, familiar] to be familiar; **me suena** it rings a bell; **no me suena su nombre** I don't remember hearing her name before **-5.** [pronunciarse - letra] to be pronounced **-6.** [rumorearse] to be rumoured.

➤ **sonarse** *vpr* to blow one's nose.

sonata *f* sonata.

sonda *f* **-1.** MED & TECN probe; ~ **espacial** space probe **-2.** NÁUT sounding line **-3.** MIN drill, bore.

sondar *vt* **-1.** MED to sound, to probe **-2.** NÁUT to sound **-3.** [MIN - terreno] to test; [- roca] to drill.

sondear *vt* **-1.** [indagar] to sound out **-2.** [MIN - terreno] to test; [- roca] to drill.

sondeo *m* **-1.** [encuesta] (opinion) poll **-2.** MIN drilling (U), boring (U) **-3.** NÁUT sounding.

soneto *m* sonnet.

sónico, ca *adj* sonic, sound *(antes de sust)*.

sonido *m* sound.

soniquete *m* monotonous noise.

sonora ▷ **sonoro**.

sonoridad *f* **-1.** [gen] sonority **-2.** [acústica] acoustics *(pl)*.

sonorización *f* soundtrack recording.

sonorizar [13] *vt* **-1.** [con amplificadores] to fit with a public address system **-2.** CIN [poner sonido] to record the soundtrack for.

sonoro, ra *adj* **-1.** [gen] sound *(antes de sust)*; [película] talking **-2.** [ruidoso, resonante, vibrante] resonant.

sonreír [28] *vi* **-1.** [reír levemente] to smile **-2.** *fig* [ser favorable] to smile on.

➤ **sonreírse** *vpr* to smile.

sonriente *adj* smiling.

sonriera *etc* ▷ **sonreír**.

sonrisa *f* smile.

sonrojar *vt* to cause to blush.

➤ **sonrojarse** *vpr* to blush.

sonrojo *m* blush, blushing (U).

sonrosado, da *adj* rosy.

sonsacar [10] *vt*: ~ **algo a alguien** [conseguir] to wheedle sthg out of sb; [hacer decir] to extract sthg from sb; ~ **a alguien** to pump sb for information.

sonso, sa *Amér Fam* ◇ *adj* foolish, silly. ◇ *m,f* fool, idiot.

sonsonete *m* **-1.** [ruido] tapping (U) **-2.** *fig* [entonación] monotonous intonation **-3.** *fig* [cantinela] old tune **-4.** *fig* [sarcasmo] hint of sarcasm.

soñador, ra ◇ *adj* dreamy. ◇ *m,f* dreamer.

soñar [23] ◇ *vt lit & fig* to dream; **¡ni ~ lo!** not on your life! ◇ *vi lit & fig*: ~ **(con)** to dream (of o about); ~ **con los angelitos** to have sweet dreams; ~ **despierto** to daydream.

soñoliento, ta *adj* sleepy, drowsy.

sopa *f* **-1.** [guiso] soup; ~ **de ajo** garlic soup; ~ **juliana** o **de verduras** vegetable soup **-2.** [de pan] sop, *piece of soaked bread* **-3.** *loc*: **andar a la ~ boba** to scrounge; **dar ~ con hondas a alguien** to knock the spots off sb; **encontrarse a alguien hasta en la ~** not to be able to get away from sb; **estar como una ~** to be sopping wet.

sopapo *m fam* slap.

sope *m Méx fried corn tortilla, with beans and cheese or other toppings*.

sopero, ra *adj* soup *(antes de sust)*.

➤ **sopera** *f* [recipiente] soup tureen.

sopesar *vt* to try the weight of; *fig* to weigh up.

sopetón

➤ **de sopetón** *loc adv* suddenly, abruptly.

soplado *m* [del vidrio] glassblowing.

soplagaitas *fam* ◇ *adj inv* [quisquilloso] fussy. ◇ *m y f inv* [quisquilloso] fuss-pot.

soplamocos *fam m inv* punch on the nose.

soplar ◇ *vt* **-1.** [vela, fuego] to blow out **-2.** [ceniza, polvo] to blow off **-3.** [globo etc] to blow up **-4.** [vidrio] to blow **-5.** *fig* [pregunta, examen] to prompt **-6.** *fig* [denunciar] to squeal **-7.** *fig* [hurtar] to pinch, to nick. ◇ *vi* **-1.** [gen] to blow **-2.** *fam* [beber] to booze.

➤ **soplarse** *vpr fam* [comer] to gobble up; [beber] to knock back.

soplete *m* blowlamp.

soplido *m* blow, puff.

soplo *m* **-1.** [soplido] blow, puff **-2.** *fig* [instante] breath, moment **-3.** MED murmur **-4.** *fam* [chivatazo] tip-off; **dar el ~** to squeal, to grass.

soplón, ona *m,f fam* grass.

soponcio *m fam* fainting fit; **le dio un ~** [desmayo] she passed out; [ataque] she had a fit.

sopor *m* drowsiness.

soporífero, ra *adj lit & fig* soporific.

soportal *m* [pórtico] porch.

➤ **soportales** *mpl* [arcadas] arcade *(sg)*.

soportar *vt* **-1.** [sostener] to support **-2.** [resistir, tolerar] to stand; **¡no le soporto!** I can't stand him! **-3.** [sobrellevar] to endure, to bear.

➤ **soportarse** *vpr* to stand one another.

soporte *m* **-1.** [apoyo] support; ~ **publicita-**

rio publicity medium **- 2.** INFORM medium; ~ **físico** hardware; ~ **lógico** software.

soprano *mf* soprano.

sor *f* sister RELIG.

sorber *vt* **- 1.** [beber] to sip; [haciendo ruido] to slurp **- 2.** [absorber] to soak up, to absorb **- 3.** [atraer] to draw *o* suck in **- 4.** *fig* [escuchar atentamente] to drink in.

sorbete *m* sorbet.

sorbo *m* **- 1.** [acción] gulp, swallow; **beber algo de un** ~ to drink sthg in one gulp; [pequeño] sip; **beber a** ~**s** to sip **- 2.** [trago] mouthful; [pequeño] sip **- 3.** [cantidad pequeña] drop.

sorda ▷ sordo.

sordera *f* deafness.

sordidez *f* **- 1.** [miseria] squalor **- 2.** [obscenidad, perversión] sordidness.

sórdido, da *adj* **- 1.** [miserable] squalid **- 2.** [obsceno, perverso] sordid.

sordina *f* **- 1.** MÚS [en instrumentos de viento, cuerda] mute; [en pianos] damper **- 2.** [de reloj] muffle.

sordo, da ◇ *adj* **- 1.** [que no oye] deaf; **permanecer** ~ **a** *o* **ante algo** *fig* to be deaf to sthg; **estar más** ~ **que una tapia** to be stone deaf; **quedarse** ~ to go deaf **- 2.** [pasos] quiet, muffled **- 3.** [ruido, dolor] dull. ◇ *m,f* [persona] deaf person; **los** ~**s** the deaf; **hacerse el** ~ to turn a deaf ear.

sordomudo, da ◇ *adj* deaf and dumb. ◇ *m,f* deaf-mute.

soriasis *f inv* psoriasis.

sorna *f* sarcasm.

soroche *m* Andes, Arg altitude sickness.

sorprendente *adj* surprising.

sorprender *vt* **- 1.** [asombrar] to surprise **- 2.** [atrapar]: ~ **a alguien (haciendo algo)** to catch sb (doing sthg) **- 3.** [coger desprevenido] to catch unawares **- 4.** [descubrir] to discover.

    ◆ **sorprenderse** *vpr* to be surprised.

sorprendido, da *adj* surprised; **quedarse** ~ to be surprised.

sorpresa *f* surprise; **coger a alguien por** ~ to catch sb by surprise; **dar una** ~ **a alguien** to surprise sb; **llevarse una** ~ to get a surprise; **de** *o* **por** ~ by surprise.

sorpresivo, va *adj* Amér unexpected.

sortear *vt* **- 1.** [rifar] to raffle **- 2.** [echar a suertes] to draw lots for **- 3.** *fig* [superar] to get round **- 4.** *fig* [esquivar] to dodge.

sorteo *m* **- 1.** [lotería] draw **- 2.** [rifa] raffle.

sortija *f* ring.

sortilegio *m* [hechizo] spell.

SOS (*abrev de* save our souls) *m* SOS.

sosa *f* soda; ~ **cáustica** caustic soda.

sosegado, da *adj* calm.

sosegar [35] *vt* to calm.

    ◆ **sosegarse** *vpr* to calm down.

soseras *m y f inv* fam dull person, bore.

sosería *f* lack of sparkle.

sosias *m inv* double, lookalike.

sosiega *etc* ▷ sosegar.

sosiego *m* calm.

soslayar *vt* to avoid.

soslayo

    ◆ **de soslayo** *loc adv* [oblicuamente] sideways, obliquely; **mirar a alguien de** ~ to look at sb out of the corner of one's eye.

soso, sa ◇ *adj* **- 1.** [sin sal] bland, tasteless **- 2.** [sin gracia] dull, insipid. ◇ *m,f* dull person, bore.

sospecha *f* suspicion; **despertar** ~**s** to arouse suspicion.

sospechar ◇ *vt* [creer, suponer] to suspect; **sospecho que no lo terminará** I doubt whether she'll finish it. ◇ *vi*: ~ **de** to suspect.

sospechoso, sa ◇ *adj* suspicious. ◇ *m,f* suspect.

sostén *m* **- 1.** [apoyo] support **- 2.** [sustento] main support; [alimento] sustenance **- 3.** [sujetador] bra, brassiere.

sostener [72] *vt* **- 1.** [sujetar] to support, to hold up **- 2.** [defender - idea, opinión, tesis] to defend; [- promesa, palabra] to stand by, to keep; ~ **que ...** to maintain that ... **- 3.** [mantener, costear] to support **- 4.** [tener - conversación] to hold, to have; [- correspondencia] to keep up.

    ◆ **sostenerse** *vpr* to hold o.s. up; [en pie] to stand up; [en el aire] to hang.

sostenido, da *adj* **- 1.** [persistente] sustained **- 2.** MÚS sharp.

    ◆ **sostenido** *m* MÚS sharp.

sostiene, sostuviera *etc v* ▷ sostener.

sota *f* ≃ jack.

sotana *f* cassock.

sótano *m* basement.

sotavento *m* leeward.

soterrar [19] *vt* [enterrar] to bury; *fig* to hide.

sotto voce [soto'βotʃe] *loc adv* sotto voce.

soufflé [su'fle] (*pl* soufflés) *m* soufflé.

soul *m* MÚS soul (music).

soviético, ca ◇ *adj* **- 1.** [del soviet] soviet **- 2.** [de la URSS] Soviet. ◇ *m,f* Soviet.

soy ▷ ser.

spaghetti [espa'yeti] = espagueti.

spaniel [es'paniel] *m* spaniel.

sparring [es'parrin] (*pl* **sparrings**) *m* DEP sparring partner.

sport [es'port] = esport.

spot [es'pot] = espot.

spray [es'prai] = espray.

sprint [es'prin] = esprint.

sprinter [es'printer] = esprínter.

squash [es'kwaʃ] *m inv* squash.

squatter [es'kwater] (*pl* **squatters**) *m* squatter.

Sr. (*abrev de* **señor**) Mr.

Sra. (*abrev de* **señora**) Mrs.

Sres. (*abrev de* **señores**) Messrs.

Sri Lanka Sri Lanka.

Srta. (*abrev de* **señorita**) Miss.

Sta. (*abrev de* **santa**) St.

staff [es'taf] = estaf.

stalinismo [estali'nismo] = estalinismo.

stalinista [estali'nista] = estalinista.

stand [es'tand] = estand.

standard [es'tandar] = estándar.

standarización [estandariθa'θjon] = estandarización.

standarizar [13] [estandarɪ'θar] = estandarizar.

standing [es'tandin] = estanding.

starter [es'tarter] = estárter.

statu quo [es'tatu 'kwo] *m inv* status quo.

status [es'tatus] = estatus.

stereo [es'tereo] = estéreo.

sterling [es'terlin] = esterlina.

stick [es'tik] (*pl* **sticks**) *m* DEP hockey stick.

Sto. (*abrev de* **santo**) St.

stock [es'tok] = estoc.

stop, estop [es'top] *m* **-1.** AUTOM stop sign **-2.** [en telegrama] stop.

stress [es'tres] = estrés.

strip-tease [es'triptis] *m inv* striptease.

su (*pl* **sus**) *adj poses* [de él] his; [de ella] her; [de cosa, animal] its; [de uno] one's; [de ellos, ellas] their; [de usted, ustedes] your.

suahili [sua'xilil *m* [lengua] Swahili.

suave *adj* **-1.** [gen] soft **-2.** [liso] smooth **-3.** [sabor, olor, color] delicate **-4.** [apacible - persona, carácter] gentle; [- clima] mild **-5.** [fácil - cuesta, tarea, ritmo] gentle; [- dirección de un coche] smooth.

suavidad *f* **-1.** [gen] softness **-2.** [lisura] smoothness **-3.** [de sabor, olor, color] delicacy **-4.** [de carácter] gentleness **-5.** [de clima] mildness **-6.** [de cuesta, tarea, ritmo] gentleness; [de la dirección de un coche] smoothness.

suavizante <> *adj* [para ropa, cabello] conditioning; [para piel] moisturizing. <> *m* conditioner; ~ **para la ropa** fabric conditioner.

suavizar [13] *vt* **-1.** [gen] to soften; [ropa, cabello] to condition **-2.** [hacer dócil] to temper **-3.** [ascensión, conducción, tarea] to ease; [clima] to make milder **-4.** [sabor, olor, color] to tone down **-5.** [alisar] to smooth.

subacuático, ca *adj* subaquatic.

subafluente *m* tributary.

subalimentar *vt* to undernourish.

subalquilar *vt* to sublet.

subalterno, na <> *adj* [subordinado] auxiliary. <> *m,f* [empleado] subordinate.

➡ **subalterno** *m* TAUROM assistant to bullfighter; *ver también* **tauromaquia**.

subarrendar [19] *vt* to sublet.

subarrendatario, ria *m,f* subtenant.

subarriendo *m* **-1.** [acción] subtenancy **-2.** [contrato] sublease (agreement).

subasta *f* **-1.** [venta pública] auction; **sacar algo a** ~ to put sthg up for auction **-2.** [contrata pública] tender; **sacar algo a** ~ to put sthg out to tender.

subastador, ra <> *adj* auction (*antes de sust*). <> *m,f* auctioneer.

subastar *vt* to auction.

subcampeón, ona *m,f* runner-up.

subcampeonato *m* second place, runner-up's position.

subclase *f* subclass.

subcomisión *f* subcommittee.

subconjunto *m* MAT subset.

subconsciente *adj & m* subconscious.

subcontración *f* outsourcing.

subcontratar *vt* to outsource.

subcontrato *m* subcontract.

subcutáneo, a *adj* subcutaneous.

subdelegación *f* subdelegation.

subdelegado, da *m,f* subdelegate.

subdesarrollado, da *adj* underdeveloped.

subdesarrollo *m* underdevelopment.

subdirección *f* [puesto] post of assistant manager.

subdirector, ra *m,f* assistant manager.

subdirectorio *m* INFORM subdirectory.

súbdito, ta <> *adj*: **ser** ~ **de** to be subject to. <> *m,f* **-1.** [subordinado] subject **-2.** [ciudadano] citizen, national.

subdividir *vt* to subdivide.

➡ **subdividirse** *vpr* to be subdivided.

subdivisión *f* subdivision.

subemplear *vt* to underemploy.

subempleo *m* underemployment.

subespecie *f* subspecies.

subestimar *vt* to underestimate; [infravalorar] to underrate.

➤ **subestimarse** *vpr* to underrate o.s.

subgénero *m* subgenus.

subgrupo *m* subgroup.

subido, da *adj* **-1.** [intenso] strong, intense **-2.** *fam* [en cantidad]: **tiene el guapo** ∼ he's looking really good today; **está de un imbécil** ∼ he has been acting like an idiot recently **-3.** *fam* [atrevido] risqué; ∼ **de tono** [impertinente] impertinent.

➤ **subida** *f* **-1.** [cuesta] hill **-2.** [ascensión] ascent, climb **-3.** [aumento] increase, rise.

subíndice *m* subscript.

subinspector, ra *m,f* deputy inspector.

subir ◇ *vi* **-1.** [a piso, azotea] to go/come up; [a montaña, cima] to climb **-2.** [aumentar - precio, temperatura] to go up, to rise; [- cauce, marea] to rise **-3.** [montar - en avión, barco] to get on; [- en coche] to get in; **sube al coche** get into the car **-4.** [cuenta, importe]: ∼ **a** to come o amount to **-5.** [de categoría] to be promoted **-6.** *CULIN* [crecer] to rise. ◇ *vt* **-1.** [ascender - calle, escaleras] to go/come up; [- pendiente, montaña] to climb **-2.** [poner arriba] to lift up; [llevar arriba] to take/bring up **-3.** [aumentar - precio, peso] to put up, to increase; [- volumen de radio etc] to turn up **-4.** [montar]: ∼ **algo/a alguien a** to lift sthg/sb onto **-5.** [alzar - mano, bandera, voz] to raise; [- persiana] to roll up; [- ventanilla] to wind up **-6.** *MÚS* to raise the pitch of.

➤ **subirse** *vpr* **-1.** [ascender]: ∼**se a** [árbol] to climb up; [mesa] to climb onto; [piso] to go/come up to **-2.** [montarse]: ∼**se a** [tren, avión] to get on, to board; [caballo, bicicleta] to mount; [coche] to get into; **el taxi paró y me subí** the taxi stopped and I got in **-3.** [alzarse - pernera, mangas] to roll up; [- cremallera] to do up; [- pantalones, calcetines] to pull up **-4.** [emborrachar] *fam*: **se le subió a la cabeza** it went to his head.

súbito, ta *adj* sudden; **de** ∼ suddenly.

subjefe, fa *m,f* second-in-command.

subjetividad *f* subjectivity.

subjetivismo *m* subjectivism.

subjetivo, va *adj* subjective.

sub júdice [suβ'djuðiθe] *adj DER* sub judice.

subjuntivo, va *adj* subjunctive.

➤ **subjuntivo** *m* subjunctive.

sublevación *f*, **sublevamiento** *m* uprising.

sublevar *vt* **-1.** [amotinar] to stir up **-2.** [indignar] to infuriate.

➤ **sublevarse** *vpr* [amotinarse] to rise up, to rebel.

sublimación *f* **-1.** [exaltación] exaltation **-2.** *PSICOL & QUÍM* sublimation.

sublimar *vt* **-1.** [exaltar] to exalt **-2.** *PSICOL & QUÍM* to sublimate.

sublime *adj* sublime.

sublimidad *f* sublimity.

subliminal *adj* subliminal.

submarinismo *m* skin-diving.

submarinista ◇ *adj* skin-diving *(antes de sust)*. ◇ *mf* skin-diver.

submarino, na *adj* underwater.

➤ **submarino** *m* submarine.

submúltiplo, pla *adj* submultiple.

➤ **submúltiplo** *m* submultiple.

subnormal ◇ *adj* **-1.** *ofensivo* [minusválido] subnormal **-2.** *fig & despec* [imbécil] moronic. ◇ *mf* **-1.** *ofensivo* [minusválido] subnormal person **-2.** *fig & despec* [imbécil] moron, cretin.

suboficial *m MIL* non-commissioned officer.

suborden *m BIOL* suborder.

subordinación *f* [gen & *GRAM*] subordination.

subordinado, da *adj & m,f* subordinate.

subordinar *vt* [gen & *GRAM*] to subordinate; ∼ **algo a algo** to subordinate sthg to sthg.

➤ **subordinarse** *vpr* to subordinate o.s.

subproducto *m* by-product.

subrayado, da *adj* underlined.

➤ **subrayado** *m* underlining.

subrayar *vt lit & fig* to underline.

subrepticio, cia *adj* surreptitious.

subrogación *f* subrogation.

subrogar [16] *vt* to subrogate.

subsanable *adj* **-1.** [solucionable] solvable **-2.** [corregible] rectifiable.

subsanar *vt* **-1.** [solucionar] to resolve **-2.** [corregir] to correct **-3.** [disculpar] to excuse.

subscribir = suscribir.

subscripción = suscripción.

subscriptor = suscriptor.

subscrito *pp & adj* = suscrito.

subsecretaría *f* **-1.** [oficina] undersecretary's office **-2.** [cargo] undersecretaryship.

subsecretario, ria *m,f* **-1.** [de secretario] assistant secretary **-2.** [de ministro] undersecretary.

subsidiar [8] *vt* to subsidize.

subsidiario, ria *adj* **-1.** [de subvención] paid for by the State **-2.** *DER* ancillary.

subsidio *m* benefit, allowance; ∼ **de invalidez** disability allowance; ∼ **de**

paro unemployment benefit.

subsiguiente *adj* subsequent.

subsistencia *f* [vida] subsistence.

➤ **subsistencias** *fpl* [provisiones] provisions.

subsistente *adj* surviving.

subsistir *vi* **-1.** [vivir] to live, to exist **-2.** [sobrevivir] to survive.

substancia = sustancia.

substancial = sustancial.

substanciar [8] = sustanciar.

substancioso = sustancioso.

substantivación = sustantivación.

substantivar = sustantivar.

substantivo = sustantivo.

substitución = sustitución.

substituible = sustituible.

substituir [51] = sustituir.

substitutivo = sustitutivo.

substituto = sustituto.

substracción = sustracción.

substraer [73] = sustraer.

substrato = sustrato.

subsuelo *m* subsoil.

subte *m RP* metro, underground *UK*, subway *US*.

subteniente *m* sub-lieutenant.

subterfugio *m* subterfuge.

subterráneo, a *adj* subterranean, underground.

➤ **subterráneo** *m* **-1.** underground tunnel **-2.** *Arg* [metro] underground.

subtipo *m BIOL* subtype.

subtitular *vt* [gen & CIN] to subtitle; **versión original subtitulada** original language version with subtitles.

subtítulo *m* [gen & CIN] subtitle.

subtropical *adj* subtropical.

suburbano, na *adj* suburban.

suburbial *adj*: **barrio** ~ poor suburb.

suburbio *m* poor suburb.

subvalorar *vt* to undervalue, to underrate.

subvención *f* subsidy.

subvencionar *vt* to subsidize.

subversión *f* subversion.

subversivo, va *adj* subversive.

subvertir [27] *vt* to subvert.

subyacente *adj* underlying.

subyacer *vi* [ocultarse]: ~ **bajo algo** to underlie sthg.

subyugador, ra *adj* **-1.** [dominador] conquering **-2.** [atrayente] captivating.

subyugar [16] *vt* **-1.** [someter] to subjugate

-2. *fig* [dominar] to quell, to master **-3.** *fig* [atraer] to captivate.

succión *f* suction.

succionar *vt* [suj: raíces] to suck up; [suj: bebé] to absorb, to suck.

sucedáneo, a *adj* ersatz, substitute.

➤ **sucedáneo** *m* substitute.

suceder ◇ *v impers* [ocurrir] to happen; **suceda lo que suceda** whatever happens. ◇ *vt* [sustituir]: ~ **a alguien (en)** to succeed sb (in). ◇ *vi* [venir después]: ~ **a** to come after, to follow; **a la guerra sucedieron años muy tristes** the war was followed by years of misery.

➤ **sucederse** *vpr* to follow.

sucesión *f* **-1.** [gen] succession **-2.** [descendencia] issue.

sucesivamente *adv* successively; **y así** ~ and so on.

sucesivo, va *adj* **-1.** [consecutivo] successive, consecutive **-2.** [siguiente]: **en días** ~s **les informaremos** we'll let you know over the next few days; **en lo** ~ in future.

suceso *m* **-1.** [acontecimiento] event **-2.** (*gen pl*) [hecho delictivo] crime; [incidente] incident; **sección de** ~s accident and crime reports.

sucesor, ra ◇ *adj* succeeding. ◇ *m,f* successor.

sucesorio, ria *adj* succession (*antes de sust*).

suciedad *f* **-1.** [cualidad] dirtiness (*U*) **-2.** [porquería] dirt, filth (*U*).

sucinto, ta *adj* **-1.** [conciso] succinct **-2.** [pequeño - biquini etc] skimpy.

sucio, cia *adj* **-1.** [gen] dirty; [al comer, trabajar] messy; **el blanco es un color muy** ~ white is a colour that gets dirty easily; **en** ~ in rough **-2.** [juego] dirty **-3.** [conciencia] bad, guilty.

sucre *m* [moneda] sucre.

suculento, ta *adj* tasty.

sucumbir *vi* **-1.** [rendirse, ceder]: ~ **(a)** to succumb (to) **-2.** [fallecer] to die **-3.** [desaparecer] to fall.

sucursal *f* branch.

sudaca *adj & m,f fam racist term referring to a Latin American.*

sudadera *f* **-1.** [sudor] sweat **-2.** [prenda] sweatshirt.

sudado *m Amér* stew.

Sudáfrica South Africa.

sudafricano, na *adj & m,f* South African.

Sudán Sudan.

sudanés, esa *adj & m,f* Sudanese.

sudar ◇ *vi* **-1.** [gen] to sweat **-2.** *fam* [trabajar duro] to sweat blood. ◇ *vt* **-1.** [empapar] to

make sweaty **-2.** *fam* [trabajar duro por] to
work hard for.
sudario *m* shroud.
sudeste, sureste ◇ *adj* [posición, parte]
southeast, southeastern; [dirección, viento]
southeasterly. ◇ *m* southeast.
sudista ◇ *adj* Southern *(in US Civil
War)*. ◇ *mf* Southerner *(in US Civil
War)*.
sudoeste, suroeste ◇ *adj* [posición, par-
te] southwest, southwestern; [dirección, vien-
to] southwesterly. ◇ *m* southwest.
sudor *m* **-1.** [gen] sweat *(U)*; **con el ~ de su
frente** by the sweat of his/her *etc* brow; **~
frío** cold sweat **-2.** [de botijo etc] condensation.
sudoriento, ta *adj* sweaty.
sudoríparo, ra *adj* sweat *(antes de sust)*.
sudoroso, sa *adj* sweaty.
Suecia Sweden.
sueco, ca ◇ *adj* Swedish. ◇ *m,f* [perso-
na] Swede; **hacerse el ~** *fig* to play dumb, to
pretend not to understand.
➤ **sueco** *m* [lengua] Swedish.
suegro, gra *m,f* father-in-law *(f* mother-in-
law*)*.
suela *f* sole; **no llegarle a alguien a la ~ del
zapato** *fig* not to hold a candle to sb.
suelda *etc* ▷ soldar.
sueldo *m* salary, wages *(pl)*; [semanal] wage;
a ~ [asesino] hired; [empleado] salaried; **~
base** basic salary; **~ mínimo** minimum
wage; [semanal] basic wage.
suelo ◇ ▷ soler. ◇ *m* **-1.** [pavimento - en
interiores] floor; [- en el exterior] ground; **caerse al ~** to fall over; **besar el ~** to fall flat on
one's face **-2.** [terreno, territorio] soil; [para edi-
ficar] land **-3.** [base] bottom **-4.** *loc:* **arrastrarse por el ~** to grovel, to humble o.s.; **echar
por el ~ un plan** to ruin a project; **estar por
los ~s** [persona, precio] to be at rock bottom;
[productos] to be dirt cheap; **poner** *o* **tirar por
los ~s** to run down, to criticize.
suelto, ta *adj* **-1.** [gen] loose; [cordones] undone; **¿tienes cinco euros ~s?** have you got
five euros in loose change?; **andar ~** [en
libertad] to be free; [en fuga] to be at large;
[con diarrea] to have diarrhoea **-2.** [separado]
separate; [desparejado] odd; **no los vendemos ~s** we don't sell them separately **-3.**
[arroz] fluffy **-4.** [lenguaje, estilo] fluent, fluid
-5. [desenvuelto] comfortable, at ease.
➤ **suelto** *m* [calderilla] loose change.
➤ **suelta** *etc* ▷ soltar.
suena *etc* ▷ sonar².

sueña *etc* ▷ soñar.
sueño *m* **-1.** [ganas de dormir] sleepiness; [por
medicamento etc] drowsiness; **¡qué ~!** I'm
really sleepy!; **tener ~** to be sleepy **-2.** [es-
tado] sleep; **coger el ~** to get to sleep; **descabezar un ~** to have a nap; **no pierdas el ~
por ella** don't lose any sleep over her;
quitarle el ~ a alguien to keep sb awake;
~ eterno *fig* eternal rest; **~ pesado/ligero**
heavy/light sleep **-3.** [imagen mental, objetivo,
quimera] dream; **esta casa es un ~** *fam* this
house is a dream; **en ~s** in a dream; **ni en
~s** *fig* no way, under no circumstances.
suero *m* **-1.** *MED* serum; **~ artificial** saline
solution **-2.** [de la leche] whey.
suerte *f* **-1.** [azar] chance; **echar** *o* **tirar algo a
~s** to draw lots for sthg; **la ~ está echada**
the die is cast **-2.** [fortuna] luck; **desear ~ a
alguien** to wish sb luck; **estar de ~** to be in
luck; **por ~** luckily; **probar ~** to try one's
luck; **¡qué ~!** that was lucky!; **tener (buena) ~** to be lucky; **tener mala ~** to be
unlucky **-3.** [destino] fate; **tentar a la ~** to
tempt fate; **tocar** *o* **caer en ~ a alguien** to
fall to sb's lot; **traer mala ~** to bring bad
luck **-4.** [situación] situation, lot **-5.** *culto* [cla-
se]: **toda ~ de** all manner of **-6.** *culto* [mane-
ra] manner, fashion; **de ~ que** in such a way
that.
suéter *(pl* suéteres*)* *m* sweater.
Suez Suez.
suficiencia *f* **-1.** [capacidad] proficiency **-2.**
[idoneidad] suitability **-3.** [presunción] smugness, self-importance.
suficiente ◇ *adj* **-1.** [bastante] enough;
[medidas, esfuerzos] adequate; **no llevo (dinero) ~** I don't have enough (money) on me;
no tienes la estatura ~ you're not tall
enough **-2.** [presuntuoso] smug, full of o.s.
◇ *m* [nota] pass.
sufijo *m* suffix.
sufragar [16] *vt* to defray.
sufragio *m* suffrage; **~ directo/indirecto**
direct/indirect suffrage; **~ universal** universal suffrage.
sufragismo *m* suffragette movement.
sufragista ◇ *adj* suffragette *(antes de
sust)*. ◇ *mf* suffragette.
sufrido, da *adj* **-1.** [resignado] patient, un-
complaining; [durante mucho tiempo] longsuffering **-2.** [resistente - tela] hardwearing;
[- color] that does not show the dirt.
sufridor, ra *adj* easily worried.
sufrimiento *m* suffering.
sufrir ◇ *vt* **-1.** [gen] to suffer; [accidente] to

have **-2.** [soportar] to bear, to stand; **tengo que ~ sus manías** I have to put up with his idiosyncrasies **-3.** [experimentar - cambios etc] to undergo. <> *vi* [padecer] to suffer; **~ de** [enfermedad] to suffer from; **~ del estómago** *etc* to have a stomach *etc* complaint.

sugerencia *f* suggestion; **hacer una ~** to make a suggestion.

sugerente *adj* evocative.

sugerir [27] *vt* **-1.** [proponer] to suggest; **~ a alguien que haga algo** to suggest that sb should do sthg **-2.** [evocar] to evoke.

sugestión *f* suggestion.

sugestionable *adj* impressionable.

sugestionar *vt* to influence.

➧ **sugestionarse** *vpr* **-1.** [obsesionarse] to become obsessed **-2.** PSICOL to use autosuggestion.

sugestivo, va *adj* **-1.** [atrayente] attractive **-2.** [que sugiere] stimulating, suggesting.

sugiera, sugiriera *etc v* ▷ **sugerir**.

suich *m* Amér switch.

suiche *m* Col, Ven switch.

suicida <> *adj* suicidal. <> *mf* [por naturaleza] suicidal person; [suicidado] person who has committed suicide.

suicidarse *vpr* to commit suicide.

suicidio *m* suicide.

sui generis [sui 'xeneris] *adj* unusual.

suite [suit] *f* [gen & MÚS] suite.

Suiza Switzerland.

suizo, za *adj* & *m,f* Swiss.

sujeción *f* **-1.** [atadura] fastening **-2.** [sometimiento] subjection.

sujetador *m* bra, brassiere.

sujetapapeles *m inv* paper clip.

sujetar *vt* **-1.** [agarrar] to hold down **-2.** [aguantar] to fasten; [papeles] to fasten together **-3.** [someter] to subdue; [a niños] to control.

➧ **sujetarse** *vpr* **-1.** [agarrarse]: **~se a** to hold on to, to cling to **-2.** [aguantarse] to keep in place **-3.** [someterse]: **~se a** to keep *o* stick to.

sujeto, ta *adj* **-1.** [agarrado - objeto] fastened **-2.** [expuesto]: **~ a** subject to.

➧ **sujeto** *m* **-1.** [gen & GRAM] subject **-2.** [individuo] individual; **~ pasivo** ECON taxpayer.

sulfamida *f* MED sulphonamide.

sulfato *m* sulphate.

sulfurar *vt* **-1.** [encolerizar] to infuriate **-2.** QUÍM to sulphurate.

➧ **sulfurarse** *vpr* [encolerizarse] to get mad.

sulfúrico, ca *adj* sulphuric.

sulfuro *m* sulphide.

sulfuroso, sa *adj* QUÍM sulphurous.

sultán *m* sultan.

sultana *f* sultana.

suma *f* **-1.** [MAT - acción] addition; [- resultado] total **-2.** [conjunto - de conocimientos, datos] total, sum; [- de dinero] sum **-3.** [resumen]: **en ~** in short.

sumamente *adv* extremely.

sumando *m* addend.

sumar *vt* **-1.** MAT to add together; **~ algo a algo** to add sthg to sthg; **tres y cinco suman ocho** three and five are *o* make eight **-2.** [costar] to come to.

➧ **sumarse** *vpr* **-1.**: **~se (a)** [unirse] to join (in) **-2.** [agregarse] to be in addition to.

sumarial *adj* pertaining to an indictment.

sumario, ria *adj* **-1.** [conciso] brief **-2.** DER summary.

➧ **sumario** *m* **-1.** DER indictment **-2.** [resumen] summary.

sumarísimo, ma *adj* DER swift, expeditious.

sumergible <> *adj* waterproof. <> *m* submarine.

sumergir [15] *vt* [hundir] to submerge; [con fuerza] to plunge; [bañar] to dip.

➧ **sumergirse** *vpr* **-1.** [hundirse] to submerge; [con fuerza] to plunge **-2.** [abstraerse]: **~se (en)** to immerse o.s. (in).

sumidero *m* drain.

sumiller (*pl* sumillers), **sommelier** [sumi'jer] (*pl* sommeliers) *m* sommelier, wine waiter.

suministrador, ra <> *adj* supply (antes de sust). <> *m,f* supplier.

suministrar *vt* to supply; **~ algo a alguien** to supply sb with sthg.

suministro *m* [gen] supply; [acto] supplying.

sumir *vt*: **~ a alguien en** to plunge sb into.

➧ **sumirse en** *vpr* **-1.** [depresión, sueño etc] to sink into **-2.** [estudio, tema] to immerse o.s. in.

sumisión *f* **-1.** [obediencia - acción] submission; [- cualidad] submissiveness **-2.** [rendición] surrender.

sumiso, sa *adj* submissive.

súmmum *m* height; **el ~** the ultimate.

sumo, ma *adj* **-1.** [supremo] highest, supreme **-2.** [gran] extreme, great.

➧ **a lo sumo** *loc adv* at most.

sunnita <> *adj* Sunni. <> *mf* Sunnite, Sunni Moslem.

suntuosidad *f* sumptuousness, magnificence.

suntuoso, sa *adj* sumptuous, magnificent.

supeditación f subordination.

supeditar vt : ~ **(a)** to subordinate (to); **estar supeditado a** to be dependent on.
→ **supeditarse** vpr : ~**se a** to submit to.

súper ◇ adj fam great, super. ◇ adv fam really. ◇ m fam supermarket. ◇ f: **(gasolina)** ~ ≃ four-star (petrol).

superable adj surmountable.

superabundancia, sobreabundancia f excess.

superabundante, sobreabundante adj excessive.

superación f overcoming; **afán de** ~ drive to improve.

superar vt - **1.** [mejorar] to beat; [récord] to break; ~ **algo/a alguien en algo** to beat sthg/sb in sthg - **2.** [ser superior] to exceed, to surpass - **3.** [adelantar - corredor] to overtake, to pass - **4.** [época, técnica]: **estar superado** to have been superseded - **5.** [vencer - dificultad etc] to overcome.
→ **superarse** vpr - **1.** [mejorar] to better o.s. - **2.** [lucirse] to excel o.s.

superávit m inv surplus.

supercarburante m high-grade fuel.

superchería f fraud, hoax.

superdotado, da ◇ adj extremely gifted. ◇ m,f extremely gifted person.

superestructura f superstructure.

superficial adj lit & fig superficial.

superficialidad f superficiality.

superficie f - **1.** [gen] surface; **salir a la** ~ to surface - **2.** [área] area.

superfino, na adj superfine.

superfluo, flua adj superfluous; [gasto] unnecessary.

superhombre m superman.

superintendente mf superintendent.

superior, ra RELIG ◇ adj superior. ◇ m,f superior (f mother superior).
→ **superior** ◇ adj - **1.** [de arriba] top - **2.** [mayor]: ~ **(a)** higher (than) - **3.** [mejor]: ~ **(a)** superior (to) - **4.** [excelente] excellent - **5.** ANAT & GEOGR upper - **6.** EDUC higher. ◇ m (gen pl) [jefe] superior.

superioridad f lit & fig superiority; ~ **sobre algo/alguien** superiority over sthg/sb.

superlativo, va adj - **1.** [belleza etc] exceptional - **2.** GRAM superlative.
→ **superlativo** m GRAM superlative.

superman [super'man] m superman.

supermercado m supermarket.

supernova f supernova.

superpoblación f overpopulation.

superpoblado, da adj overpopulated.

superponer [65] = sobreponer.

superposición = sobreposición.

superpotencia f superpower.

superproducción f - **1.** ECON overproduction (U) - **2.** CIN blockbuster.

superpuesto, ta ◇ adj = sobrepuesto. ◇ pp ▷ **superponer**.

supersónico, ca adj supersonic.

superstición f superstition.

supersticioso, sa adj superstitious.

supervalorar vt to overvalue, to overrate.
→ **supervalorarse** vpr to have too high opinion of o.s.

supervisar vt to supervise.

supervisión f supervision.

supervisor, ra ◇ adj supervisory. ◇ m,f supervisor.

supervivencia f survival.

superviviente, sobreviviente ◇ adj surviving. ◇ mf survivor.

supiera etc ▷ **saber**.

supino, na adj - **1.** [tendido] supine - **2.** fig [excesivo] utter.

suplantación f replacement; ~ **(de personalidad)** impersonation.

suplantador, ra m,f impostor.

suplantar vt to take the place of.

suplementario, ria adj supplementary, extra.

suplemento m - **1.** [gen & PRENS] supplement; ~ **dominical** Sunday supplement - **2.** [complemento] attachment.

suplencia f EDUC: **hacer** ~**s** ≃ to do supply teaching (U).

suplente ◇ adj stand-in (antes de sust). ◇ mf - **1.** [gen] stand-in - **2.** TEATR understudy - **3.** DEP substitute.

supletorio, ria adj additional, extra.
→ **supletorio** m TELECOM extension.

súplica f - **1.** [ruego] plea, entreaty - **2.** DER petition.

suplicar [10] vt - **1.** [rogar]: ~ **algo (a alguien)** to plead for sthg (with sb); ~ **a alguien que haga algo** to beg sb to do sthg - **2.** DER to appeal to.

suplicatorio m letters (pl) rogatory.

suplicio m lit & fig torture.

suplique etc ▷ **suplicar**.

suplir vt - **1.** [sustituir]: ~ **algo/a alguien (con)** to replace sthg/sb (with) - **2.** [compensar]: ~ **algo (con)** to compensate for sthg (with).

supo ▷ **saber**.

suponer [65] ◇ vt - **1.** [creer, presuponer] to suppose - **2.** [implicar] to involve, to entail - **3.**

[significar] to mean **- 4.** [conjeturar] to imagine; **lo suponía** I guessed as much; **te suponía mayor** I thought you were older. ◇ *vi* to be important. ◇ *m*: **ser un ~** to be conjecture.

➡ **suponerse** *vpr* to suppose; **se supone que es el mejor** he's supposed to be the best.

suposición *f* assumption.

supositorio *m* suppository.

suprarrenal *adj* suprarenal.

supremacía *f* supremacy.

supremo, ma *adj lit* & *fig* supreme.

➡ **Supremo** *m DER*: **el Supremo** the High Court *UK*, the Supreme Court *US*.

supresión *f* **- 1.** [de ley, impuesto, derecho] abolition; [de sanciones, restricciones] lifting **- 2.** [de palabras, texto] deletion **- 3.** [de puestos de trabajo, proyectos] axing.

suprimir *vt* **- 1.** [ley, impuesto, derecho] to abolish; [sanciones, restricciones] to lift **- 2.** [palabras, texto] to delete **- 3.** [puestos de trabajo, proyectos] to axe.

supuesto, ta ◇ *pp* ▷ **suponer**. ◇ *adj* supposed; [culpable, asesino] alleged; [nombre] falso; **dar algo por ~** to take sthg for granted; **por ~** of course.

➡ **supuesto** *m* assumption; **en el ~ de que ...** assuming ...; **partimos del ~ de que ...** we work on the assumption that ...

supuración *f* suppuration.

supurar *vi* to suppurate, to fester.

supusiera *etc* ▷ **suponer**.

sur ◇ *adj* [posición, parte] south, southern; [dirección, viento] southerly. ◇ *m* south.

surcar [10] *vt* [tierra] to plough; [aire, agua] to cut *o* slice through.

surco *m* **- 1.** [zanja] furrow **- 2.** [señal - de disco] groove; [- de rueda] rut **- 3.** [arruga] line, wrinkle.

sureño, ña ◇ *adj* southern; [viento] southerly. ◇ *m,f* southerner.

sureste = **sudeste**.

surf, surfing *m* surfing.

surgir [15] *vi* **- 1.** [brotar] to spring forth **- 2.** [aparecer] to appear **- 3.** *fig* [producirse] to arise.

suroeste = **sudoeste**.

surque *etc* ▷ **surcar**.

surrealismo *m* surrealism.

surrealista *adj* & *m,f* surrealist.

surtido, da *adj* **- 1.** [bien aprovisionado] well-stocked **- 2.** [variado] assorted.

➡ **surtido** *m* **- 1.** [gama] range **- 2.** [caja surtida] assortment.

surtidor *m* [de gasolina] pump; [de un chorro] spout.

surtir *vt* [proveer]: **~ a alguien (de)** to supply sb (with).

➡ **surtirse de** *vpr* [proveerse de] to stock up on.

susceptibilidad *f* **- 1.** [sensibilidad] sensitivity **- 2.** [propensión a ofenderse] touchiness.

susceptible *adj* **- 1.** [sensible] sensitive **- 2.** [propenso a ofenderse] touchy **- 3.** [posible]: **~ de** liable to.

suscitar *vt* to provoke; [interés, dudas, sospechas] to arouse.

suscribir *vt* **- 1.** [firmar] to sign **- 2.** [ratificar] to endorse **- 3.** *COM* [acciones] to subscribe for.

➡ **suscribirse** *vpr* **- 1.** *PRENS*: **~se (a)** to subscribe (to) **- 2.** *COM*: **~se a** to take out an option on.

suscripción *f* subscription.

suscriptor, ra *m,f* subscriber.

suscrito, ta ◇ *pp* ▷ **suscribir**. ◇ *adj*: **estar ~ a** to subscribe to.

susodicho, cha *adj* above-mentioned.

suspender *vt* **- 1.** [colgar] to hang (up); **~ algo de algo** to hang sthg from sthg **- 2.** *EDUC* to fail **- 3.** [interrumpir] to suspend; [sesión] to adjourn **- 4.** [aplazar] to postpone **- 5.** [de un cargo] to suspend; **~ de empleo y sueldo** to suspend without pay.

suspense *m* suspense.

suspensión *f* **- 1.** [gen & *AUTOM*] suspension; **en ~** in suspension; **~ de empleo** suspension on full pay; **~ de pagos** suspension of payments **- 2.** [aplazamiento] postponement; [de reunión, sesión] adjournment.

suspenso, sa *adj* **- 1.** [colgado]: **~ de** hanging from **- 2.** [no aprobado]: **estar ~** to have failed **- 3.** *fig* [interrumpido]: **en ~** pending.

➡ **suspenso** *m* failure.

suspensores *mpl Andes* & *Arg* braces *UK*, suspenders *US*.

suspensorio *m* jockstrap.

suspicacia *f* suspicion.

suspicaz *adj* suspicious.

suspirar *vi* **- 1.** [dar suspiros] to sigh; **~ de** to sigh with **- 2.** *fig* [desear]: **~ por algo/por hacer algo** to long for sthg/to do sthg.

suspiro *m* **- 1.** [aspiración] sigh; **dar un ~** to heave a sigh **- 2.** [instante]: **en un ~** in no time at all.

sustancia *f* **- 1.** [gen] substance; **sin ~** lacking in substance **- 2.** [esencia] essence **- 3.** [de alimento] nutritional value.

➡ **sustancia gris** *f* grey matter.

sustancial *adj* substantial, significant.
sustanciar [8] *vt* **-1.** [resumir] to summarize **-2.** *DER* to substantiate.
sustancioso, sa *adj* substantial.
sustantivo, va *adj GRAM* noun *(antes de sust).*
➟ **sustantivo** *m GRAM* noun.
sustentar *vt* **-1.** [gen] to support **-2.** *fig* [mantener- la moral] to keep up; [- argumento, teoría] to defend.
sustento *m* **-1.** [alimento] sustenance; [mantenimiento] livelihood; **ganarse el** ~ to earn one's living **-2.** [apoyo] support.
sustitución *f* **-1.** [cambio] replacement; **la** ~ **de Elena por Luis** the substitution of Luis for Elena **-2.** *DER* subrogation.
sustituible *adj* replaceable.
sustituir [51] *vt:* ~ **(por)** to replace (with); **sustituir a Elena por Luis** to replace Elena with Luis, to substitute Luis for Elena.
sustitutivo, va *adj* substitute.
➟ **sustitutivo** *m:* ~ **(de)** substitute (for).
sustituto, ta *m,f* substitute, replacement.
susto *m* fright; **dar** *o* **pegar un** ~ **a alguien** to give sb a fright; **darse** *o* **pegarse un** ~ to get a fright.
sustracción *f* **-1.** [robo] theft **-2.** *MAT* subtraction.
sustraer [73] *vt* **-1.** [robar] to steal **-2.** *MAT* to subtract.
➟ **sustraerse** *vpr:* ~ **se a** *o* **de** [obligación, problema] to avoid.
sustrato *m* substratum.
susurrar *vt & vi* to whisper.
susurro *m* whisper; *fig* murmur.
sutil *adj* [gen] subtle; [velo, tejido] delicate, thin; [brisa] gentle; [hilo, línea] fine.
sutileza *f* subtlety; [de velo, tejido] delicacy, thinness; [de brisa] gentleness; [de hilo, línea] fineness.
sutura *f* suture.
suturar *vt* to stitch.
Suva Suva.
suyo, ya <> *adj poses* [de él] his; [de ella] hers; [de uno] one's (own); [de ellos, ellas] theirs; [de usted, ustedes] yours; **este libro es** ~ this book is his/hers *etc;* **un amigo** ~ a friend of his/hers *etc;* **no es asunto** ~ it's none of his/her *etc* business; **es muy** ~ *fam fig* he/she is really selfish. <> *pron poses* **-1.: el** ~ [de él] his; [de ella] hers; [de cosa, animal] its (own); [de uno] one's own; [de ellos, ellas] theirs; [de usted, ustedes] yours **-2.** *loc:* **de** ~ in itself; **hacer de las suyas** to be up to his/her *etc* usual tricks; **hacer** ~ to make one's own; **lo** ~ **es el teatro** he/she *etc* should be on the stage; **lo** ~ **sería volver** the proper thing to do would be to go back; **los** ~**s** *fam* [su familia] his/her *etc* folks; [su bando] his/her *etc* lot.
svástica = esvástica.
swing [swin] *m MÚS* swing.
Sydney Sydney.

t¹, T *f* [letra] t, T.
t² *(abrev de* **tonelada)** t.
tabacalero, ra *adj* tobacco *(antes de sust).*
➟ **Tabacalera** *f state tobacco monopoly in Spain.*
tabaco <> *m* **-1.** [planta] tobacco plant **-2.** [picadura] tobacco; ~ **para liar** rolling tobacco; ~ **de pipa** pipe tobacco; ~ **negro/rubio** dark/Virginia tobacco **-3.** [cigarrillos] cigarettes *(pl).* <> *adj inv* [color] light brown.
tábano *m* horsefly.
tabaquismo *m* nicotine poisoning.
tabardo *m* (coarse) cloak.
tabarra *f fam:* **dar la** ~ to be a pest.
tabasco® *m* Tabasco®.
taberna *f country-style bar, usually cheap.*
tabernáculo *m* tabernacle.
tabernario, ria *adj* coarse.
tabernero, ra *m,f* [propietario] landlord (*f* landlady); [encargado] bartender *US,* barman (*f* barmaid).
tabicar [10] *vt* to wall up.
tabique *m* **-1.** [pared] partition (wall) **-2.** *ANAT:* ~ **nasal** nasal septum.
tabla *f* **-1.** [plancha] plank; ~ **de planchar** ironing board **-2.** [pliegue] pleat **-3.** [lista, gráfico] table; ~ **de multiplicación** *o* **pitagórica**

multiplication *o* Pythagorean table; ~ **periódica** *o*de los elementos periodic table - **4.** *CULIN*: ~ **de cocina** chopping board; ~ **de queso** cheeseboard - **5.** *NÁUT* [de surf, vela etc] board - **6.** *ARTE* panel - **7.** *loc*: **ser una** ~ **de salvación** to be a last resort *o* hope; **hacer** ~ **rasa** to wipe the slate clean.

▸ **tablas** *fpl* - **1.** [en ajedrez]: **quedar en** *o* **hacer** ~**s** to end in stalemate - **2.** *TEATR* stage (*sg*), boards; **tener** ~**s** *TEATR* to be an experienced actor; *fig* to be an old hand - **3.** *TAUROM fence surrounding bullring.*

tablado *m* [de teatro] stage; [de baile] dancefloor; [plataforma] platform.

tablao *m* flamenco show.

tablero *m* - **1.** [gen] board; ~ **de ajedrez** chessboard - **2.** [en baloncesto] backboard - **3.**: ~ **(de mandos)** [de avión] instrument panel; [de coche] dashboard.

tableta *f* - **1.** *MED* tablet - **2.** [de chocolate] bar.

tablilla *f* *MED* splint.

tablón *m* plank; [en el techo] beam; ~ **de anuncios** notice board.

tabú (*pl* **tabúes** *o* **tabús**) *adj* & *m* taboo.

tabulación *f* tabulation.

tabulador *m*, **tabuladora** *f* tabulator.

tabular *vt* & *vi* to tabulate.

taburete *m* stool.

tacañería *f* meanness, miserliness.

tacaño, ña ◇ *adj* mean, miserly. ◇ *m,f* mean *o* miserly person.

tacataca, tacatá *m* babywalker.

tacha *f* - **1.** [defecto] flaw, fault; **sin** ~ faultless - **2.** [clavo] tack.

tachadura *f* correction, crossing out.

tachar *vt* - **1.** [lo escrito] to cross out - **2.** *fig* [acusar]: ~ **a alguien de mentiroso** *etc* to accuse sb of being a liar *etc.*

tacho *m* *Andes, RP* waste bin.

tachón *m* - **1.** [tachadura] correction, crossing out - **2.** [clavo] stud.

tachonar *vt* - **1.** [poner clavos] to decorate with studs - **2.** *fig* [salpicar] to stud; **tachonado de** studded with.

tachuela *f* tack.

tácito, ta *adj* tacit; [norma, regla] unwritten.

taciturno, na *adj* taciturn.

taco *m* - **1.** [tarugo] plug - **2.** [cuña] wedge - **3.** *fam fig* [palabrota] swearword; **soltar un** ~ to swear - **4.** *fam fig* [confusión] mess, muddle; **armarse un** ~ **(con algo)** to get into a muddle (over sthg) - **5.** [de billar] cue - **6.** [de hojas, billetes de banco] wad; [de billetes de autobús, metro] book - **7.** [de jamón, queso] hunk - **8.** *Andes, RP* [tacón] heel - **9.** [tortilla de maíz] taco.

▸ **tacos** *mpl mfam* [años] years (of age).

tacógrafo *m* tachograph.

tacón *m* heel; **de** ~ **alto** high-heeled; ~ **de aguja** stiletto heel.

taconear *vi* - **1.** [bailarín] to stamp one's feet - **2.** *MIL* to click one's heels.

taconeo *m* [de bailarín] foot-stamping.

táctico, ca *adj* tactical.

▸ **táctica** *f lit* & *fig* tactics (*pl*).

táctil *adj* tactile.

tacto *m* - **1.** [sentido] sense of touch - **2.** [textura] feel - **3.** *fig* [delicadeza] tact - **4.** *MED* manual examination.

TAE (*abrev de* **tasa anual equivalente**) *f* Annual Equivalent Rate.

taekwondo [te'kwondo] *m* tae kwon do.

tafetán *m* taffeta.

tahúr, ra *m,f* cardsharp.

taifa *f HIST* *independent Muslim kingdom in Iberian peninsula.*

taiga *f* taiga.

tailandés, esa *adj* & *m,f* Thai.

▸ **tailandés** *m* [lengua] Thai.

Tailandia Thailand.

taimado, da ◇ *adj* crafty. ◇ *m,f* crafty person.

Taipei Taipei.

Taiwán [tai'wan] Taiwan.

taiwanés, esa *adj* & *m,f* Taiwanese.

tajada *f* - **1.** [rodaja] slice - **2.** *fig* [parte] share; **sacar** ~ **de algo** to get sthg out of sthg - **3.** *fam* [borrachera]: **agarrarse una** ~ to get plastered *o* legless.

tajante *adj* [categórico] categorical.

tajo *m* - **1.** [corte] deep cut - **2.** *fam* [trabajo] workplace, work - **3.** [acantilado] precipice.

Tajo *m*: **el (río)** ~ the (River) Tagus.

tal ◇ *adj* - **1.** [semejante, tan grande] such; **¡jamás se vio cosa** ~! you've never seen such a thing!; **lo dijo con** ~ **seguridad que ...** he said it with such conviction that ...; **dijo cosas** ~ **es como ...** he said such things as ... - **2.** [sin especificar] such and such; **a** ~ **hora** at such and such a time - **3.** [desconocido]: **un** ~ **Pérez** a (certain) Mr Pérez. ◇ *pron* - **1.** [alguna cosa] such a thing - **2.** *loc*: **que si** ~ **que si cual** this, that and the other; **ser** ~ **para cual** to be two of a kind; ~ **y cual,** ~ **y** ~ this and that; **y** ~ [etcétera] and so on. ◇ *adv*: **¿qué** ~**?** how's it going?, how are you doing?; **¿qué** ~ **fue el viaje?** how was the trip?; **déjalo** ~ **cual** leave it just as it is.

▸ **con tal de** *loc prep* as long as, provided; **con** ~ **de volver pronto ...** as long as we're back early ...

→ **con tal (de) que** *loc conj* as long as, provided.

→ **tal (y) como** *loc conj* just as *o* like.

→ **tal que** *loc prep fam* [como por ejemplo] like.

tala *f* felling.

taladrador, ra *adj* drilling.

→ **taladradora** *f* drill.

taladrar *vt* to drill; *fig* [suj: sonido] to pierce.

taladro *m* **- 1.** [taladradora] drill **- 2.** [agujero] drill hole.

tálamo *m* **- 1.** *culto* [cama] bed **- 2.** *ANAT & BOT* thalamus.

talante *m* **- 1.** [humor] mood; **estar de buen ~** to be in good humour **- 2.** [carácter] character, disposition.

talar *vt* to fell.

talayote *m megalithic monument found in the Balearic Islands*.

talco *m* talc, talcum powder.

talego *m* **- 1.** [talega] sack **- 2.** *mfam* [cárcel] nick, slammer **- 3.** *mfam* [mil pesetas] 1000 peseta note.

talento *m* **- 1.** [don natural] talent; **de ~ talented - 2.** [inteligencia] intelligence.

talentoso, sa *adj* talented.

talgo (*abrev de* **tren articulado ligero de Goicoechea Oriol**) *m Spanish intercity high-speed train*.

talibán ◇ *adj* taliban. ◇ *m* taliban.

talidomida *f* thalidomide.

talión *m*: **la ley del ~** an eye for an eye and a tooth for a tooth.

talismán *m* talisman.

talla *f* **- 1.** [medida] size; **¿qué ~ usas?** what size are you? **- 2.** [estatura] height **- 3.** *fig* [capacidad] stature; **dar la ~** to be up to it **- 4.** [ARTE - en madera] carving; [- en piedra] sculpture **- 5.** [de piedras preciosas] cutting.

tallado, da *adj* [madera] carved; [piedras preciosas] cut.

→ **tallado** *m* [de madera, piedra] carving; [de piedras preciosas] cutting.

tallar *vt* [esculpir - madera, piedra] to carve; [- piedra preciosa] to cut.

tallarín (*gen pl*) *m* noodle.

talle *m* **- 1.** [cintura] waist **- 2.** [figura, cuerpo] figure **- 3.** [medida] measurement.

taller *m* **- 1.** [gen] workshop **- 2.** *AUTOM* garage **- 3.** *ARTE* studio.

tallista *mf* [de madera] wood carver; [de metales] engraver.

tallo *m* stem; [brote] sprout, shoot.

talludo, da *adj* thick-stemmed; *fig* tall.

Talmud *m*: **el ~** the Talmud.

talón *m* **- 1.** [gen & *ANAT*] heel; **~ de Aquiles** *fig* Achilles' heel; **pisarle a alguien los talones** to be hot on sb's heels **- 2.** [cheque] cheque; [matriz] stub; **~ cruzado/devuelto/en blanco** crossed/bounced/blank cheque; **~ bancario** cashier's cheque *UK*, cashier's check *US*; **~ sin fondos** bad cheque.

talonario *m* [de cheques] cheque book; [de recibos] receipt book.

talonera *f* heelpiece.

talud *m* bank, slope.

tamaño, ña *adj* such; **¡cómo pudo decir tamaña estupidez!** how could he say such a stupid thing!

→ **tamaño** *m* size; **de gran ~** large; **de ~ familiar** family-size; **de ~ natural** life-size.

tamarindo *m* tamarind.

tambaleante *adj* **- 1.** [inestable - silla etc] wobbly, unsteady; [- persona] staggering **- 2.** *fig* [gobierno, sistema] unstable.

tambalearse *vpr* **- 1.** [bambolearse - persona] to stagger, to totter; [- mueble] to wobble, to be unsteady; [- tren] to sway **- 2.** *fig* [gobierno, sistema] to totter.

tambaleo *m* [de tren etc] swaying; [de mueble] wobble; [de persona] staggering.

también *adv* also, too; **yo ~ me too; Juan está enfermo – Elena ~** Juan is sick – so is Elena; **~ a mí me gusta** I like it too, I also like it.

tambo *m RP* dairy farm.

tambor ◇ *m* **- 1.** *MÚS & TECN* drum; [de pistola] cylinder **- 2.** *ANAT* eardrum **- 3.** *AUTOM* brake drum. ◇ *mf* [tamborilero] drummer.

tamboril *m* small drum.

tamborilear *vi MÚS & fig* to drum.

tamborileo *m* drumming.

tamborilero, ra *m, f* drummer.

Támesis *m*: **el (río) ~** the (River) Thames.

tamice *etc* ▷ **tamizar**.

tamiz *m* **- 1.** [cedazo] sieve; **pasar algo por el ~** to sift sthg **- 2.** *fig* [selección] screening procedure.

tamizar [13] *vt* **- 1.** [cribar] to sieve **- 2.** *fig* [seleccionar] to screen.

tampoco *adv* neither, not ... either; **ella no va y tú ~** she's not going and neither are you, she's not going and you aren't either; **¿no lo sabías? - yo ~** didn't you know? – me neither *o* neither did I.

tampón *m* **- 1.** [sello] stamp; [almohadilla] inkpad **- 2.** [para la menstruación] tampon; **~**

contraceptivo contraceptive sponge.

tam-tam *m* tom tom.

tan *adv* **-1.** [mucho] so; ~ **grande/deprisa** so big/quickly; **¡qué película ~ larga!** what a long film!; ~ **... que ... so ... that ...;** ~ **es así que ...** so much so that ... **-2.** [en comparaciones]: ~ **... como ...** as ... as ...
◆ **tan sólo** *loc adv* only.

tanda *f* **-1.** [grupo, lote] group, batch **-2.** [serie] series; [de inyecciones] course **-3.** [turno de trabajo] shift.

tándem (*pl* **tándemes**) *m* **-1.** [bicicleta] tandem **-2.** [pareja] duo, pair.

tanga *m* tanga, thong *US.*

tangencial *adj* tangential.

tangente ◇ *adj* tangential. ◇ *f* tangent; **irse** *o* **salirse por la ~** to go off at a tangent.

tangible *adj* tangible.

tango *m* tango.

tanguero, ra *m,f* *RP* tango enthusiast.

tanque *m* **-1.** MIL tank **-2.** [vehículo cisterna] tanker **-3.** [depósito] tank.

tanqueta *f* armoured car.

tantear ◇ *vt* **-1.** [sopesar - peso, precio, cantidad] to try to guess; [- problema, posibilidades, ventajas] to weigh up **-2.** [probar, sondear] to test (out) **-3.** [toro, contrincante etc] to size up. ◇ *vi* **-1.** [andar a tientas] to feel one's way **-2.** [apuntar los tantos] to (keep) score.

tanteo *m* **-1.** [prueba, sondeo] testing out; [de posibilidades, ventajas] weighing up; [de contrincante, puntos débiles] sizing up **-2.** [puntuación] score **-3.** DER: **(derecho de)** ~ first option *(on a purchase).*

tanto, ta ◇ *adj* **-1.** [gran cantidad] so much, *(pl)* so many; ~ **dinero** so much money, such a lot of money; **tanta gente** so many people; **tiene ~ entusiasmo/~s amigos que ...** she has so much enthusiasm/so many friends that ... **-2.** [cantidad indeterminada] so much, *(pl)* so many; **nos daban ~s euros al día** they used to give us so many euros per day; **cuarenta y ~s** forty-something, forty-odd; **nos conocimos en el sesenta y ~s** we met sometime in the Sixties **-3.** [en comparaciones]: ~ **... como** as much ... as, *(pl)* as many ... as. ◇ *pron* **-1.** [gran cantidad] so much, *(pl)* so many; **¿cómo puedes tener ~s?** how can you have so many? **-2.** [cantidad indeterminada] so much, *(pl)* so many; **a ~s de agosto** on such and such a date in August **-3.** [igual cantidad] as much *(pl)*, as many; **había mucha gente aquí, allí no había tanta** there were a lot of people here, but not as many there; **otro ~** as much again, the same again; **otro ~ le ocurrió a los de-**

más the same thing happened to the rest of them **-4.** *loc:* **ser uno de ~s** to be nothing special.

◆ **tanto** ◇ *m* **-1.** [punto] point; [gol] goal; **marcar un ~** to score **-2.** *fig* [ventaja] point; **apuntarse un ~** to earn o.s. a point **-3.** [cantidad indeterminada]: **un ~** so much, a certain amount; ~ **por ciento** percentage **-4.** *loc:* **estar al ~ (de)** to be on the ball (about). ◇ *adv* **-1.** [mucho]: ~ **(que ...)** [cantidad] so much (that ...); [tiempo] so long (that ...); **no bebas ~** don't drink so much; **de eso hace ~ que ya no me acordaba** it's been so long since that happened that I don't even remember; **¿~ te gusta?** do you like it that much?; ~ **mejor/peor** so much the better/worse; ~ **más cuanto que ...** all the more so because ... **-2.** [en comparaciones]: ~ **como** as much as; ~ **hombres como mujeres** both men and women; ~ **si estoy como si no** whether I'm there or not **-3.** *loc:* **¡y ~!** most certainly!, you bet!

◆ **tantas** *fpl* *fam:* **eran las tantas** it was very late.

◆ **en tanto (que)** *loc conj* while.

◆ **entre tanto** *loc adv* meanwhile.

◆ **por (lo) tanto** *loc conj* therefore, so.

◆ **tanto (es así) que** *loc conj* so much so that.

◆ **un tanto** *loc adv* [un poco] a bit, rather.

Tanzania Tanzania.

tanzano, na *adj* & *m,f* Tanzanian.

tañer ◇ *vt* [instrumento] to play; [campana] to ring. ◇ *vi* [campana] to ring.

tañido *m* [de instumento] sound; [de campana] ringing.

taoísmo *m* Taoism.

taoísta *adj* & *m,f* Taoist.

tapa *f* **-1.** [de caja, baúl, recipiente] lid; **levantarse** *o* **volarse la ~ de los sesos** *fam* to blow one's brains out **-2.** [aperitivo] snack, tapa; **irse de ~s** to go for some tapas **-3.** [de libro] cover **-4.** [de zapato] heel plate **-5.** [pieza de carne] topside **-6.** *Andes* & *RP* [de botella] top; [de frasco] stopper.

tapabarro *m* *Andes* mudguard.

tapacubos *m inv* hubcap.

tapadera *f* **-1.** [tapa] lid **-2.** [para encubrir] front.

tapadillo
◆ **de tapadillo** *loc adv* *fam* on the sly.

tapado *m* *CSur* [abrigo] overcoat.

tapar *vt* **-1.** [cerrar - ataúd, cofre] to close (the lid of); [- olla, caja] to put the lid on; [- botella] to put the top on **-2.** [ocultar, cubrir] to cover; [no dejar ver] to block out; [obstruir] to block

- 3. [abrigar - con ropa] to wrap up; [- en la cama] to tuck in **- 4.** [encubrir] to cover up.
  taparse *vpr* **-1.** [cubrirse] to cover (up) **- 2.** [abrigarse - con ropa] to wrap up; [- en la cama] to tuck o.s. in.

taparrabos *m inv* **-1.** [de hombre primitivo] loincloth **- 2.** *fam* [tanga] tanga briefs *(pl)*.

tapear *vi* to have some tapas.

tapete *m* [paño] runner; [de billar, para cartas] baize; **estar sobre el** ~ *fig* to be up for discussion; **poner algo sobre el** ~ *fig* to put sthg up for discussion.

tapia *f* (stone) wall; **estar sordo como una** ~ *fam* to be (as) deaf as a post.

tapiar [8] *vt* **- 1.** [cercar] to wall in **- 2.** [enladrillar] to brick up.

tapice *etc* ▷ **tapizar**.

tapicería *f* **- 1.** [tela] upholstery **- 2.** [tienda - para muebles] upholsterer's; [- para cortinas] draper's **- 3.** [oficio - de muebles] upholstery; [- de tapices] tapestry making **- 4.** [tapices] tapestries *(pl)*.

tapicero, ra *m,f* **- 1.** [de muebles] upholsterer **- 2.** [de tapices] tapestry maker.

tapioca *f* tapioca.

tapir *m* tapir.

tapiz *m* [para la pared] tapestry; *fig* [de nieve, flores] carpet.

tapizado *m* **- 1.** [de mueble] upholstery **- 2.** [de pared] tapestries *(pl)*.

tapizar [13] *vt* [mueble] to upholster; *fig* [campos, calles] to carpet, to cover.

tapón *m* **- 1.** [para tapar - botellas, frascos] stopper; [- de corcho] cork; [- de metal, plástico] cap, top; [- de bañera, lavabo] plug; ~ **de rosca** screw-top **- 2.** [en el oído - de cerumen] wax *(U)* in the ear; [- de algodón] earplug **- 3.** [atasco] traffic jam **- 4.** *fam* [persona] tubby person **- 5.** [en baloncesto] block **- 6.** *Amér* [fusible] fuse.

taponar *vt* **- 1.** [cerrar - lavadero] to put the plug in; [- salida] to block; [- tubería] to stop up **- 2.** *MED* to tampon.
  taponarse *vpr* to get blocked; **se le taponaron los oídos** his ears got blocked.

tapujo *m*: **andarse con** ~s [rodeos] to beat about the bush; **hacer algo sin** ~s to do sthg openly.

taquería *f Méx* [quiosco] taco stall; [restaurante] taco restaurant.

taquicardia *f* tachycardia.

taquigrafía *f* shorthand, stenography.

taquigrafiar [9] *vt* to write (down) in shorthand.

taquígrafo, fa *m,f* shorthand writer, stenographer.

taquilla *f* **- 1.** [ventanilla - gen] ticket office, booking office; *CIN & TEATR* box office; **en** ~ at the/ticket/box office **- 2.** [recaudación] takings *(pl)* **- 3.** [armario] locker **- 4.** [casillero] set of pigeonholes.

taquillero, ra ◇ *adj*: **es un espectáculo** ~ the show is a box-office hit. ◇ *m,f* ticket clerk.

taquimecanografía *f* shorthand and typing.

taquimecanógrafo, fa *m,f* shorthand typist.

tara *f* **- 1.** [defecto] defect **- 2.** [peso] tare.

taracea *f* inlay.

tarado, da ◇ *adj* **- 1.** [defectuoso] defective **- 2.** *fam despec* [tonto] thick. ◇ *m,f fam despec* idiot.

tarambana *adj & m,f fam* ne'er-do-well.

tarántula *f* tarantula.

tararear *vt* to hum.

tarareo *m* humming.

tardanza *f* lateness.

tardar *vi* **- 1.** [llevar tiempo] to take; **esto va a** ~ this will take time; **tardó un año en hacerlo** she took a year to do it; **¿cuánto tardarás (en hacerlo)?** how long will you be (doing it)?, how long will it take you (to do it)? **- 2.** [retrasarse] to be late; [ser lento] to be slow; **¡no tardéis!** don't be long!; ~ **en hacer algo** to take a long time to do sthg; **no tardaron en hacerlo** they were quick to do it; **a más** ~ at the latest.

tarde ◇ *f* [hasta las cinco] afternoon; [después de las cinco] evening; **por la** ~ [hasta las cinco] in the afternoon; [después de las cinco] in the evening; **buenas** ~s [hasta las cinco] good afternoon; [después de las cinco] good evening; **de** ~ **en** ~ from time to time; **muy de** ~ **en** ~ very occasionally. ◇ *adv* [gen] late; [en exceso] too late; **ya es** ~ **para eso** it's too late for that now; **llegar** ~ to be late; **se está haciendo** ~ it's getting late; ~ **o temprano** sooner or later; **más vale** ~ **que nunca** better late than never.

tardío, a *adj* [gen] late; [intento, decisión] belated.

tardo, da *adj* **- 1.** [lento] slow **- 2.** [torpe] dull; ~ **de oído** hard of hearing.

tardón, ona *m,f* **- 1.** [impuntual] person who is always late **- 2.** [lento] slowcoach.

tarea *f* [gen] task; *EDUC* homework; ~s **de la casa** housework *(U)*.

tarifa *f* **- 1.** [precio] charge; *COM* tariff; [en transportes] fare; ~ **plana** flat rate **- 2.** *(gen pl)* [lista] price list.

tarifar ◇ *vt* to price. ◇ *vi fam*: salir tarifando **(con)** to have a row (with).

tarima *f* **- 1.** [estrado] platform **- 2.** [suelo] floorboards *(pl)*.

tarjeta *f* [gen & *INFORM*] card; ~ **amarilla/roja** *DEP* yellow/red card; ~ **de cliente** store card; ~ **de crédito/débito** credit/debit card; ~ **de embarque** boarding pass; ~ **de felicitación** greetings card; ~ **postal** postcard; ~ **de recarga** top-up card; ~ **de sonido/vídeo** sound/video card; ~ **telefónica** postcard; ~ **de visita** visiting *o* calling card.

tarot *m* tarot.

tarrina *f* tub.

tarro *m* **- 1.** [recipiente] jar **- 2.** *mfam* [cabeza] nut, bonce.

tarso *m* tarsus.

tarta *f* [gen] cake; [plana, con base de pasta dura] tart; [plana, con base de bizcocho] flan; ~ **de cumpleaños** birthday cake; ~ **helada** ice cream gâteau.

tartaja ◇ *adj fam* stammering, stuttering. ◇ *mf fam* stammerer, stutterer.

tartajear *vi fam* to stammer, to stutter.

tartaleta *f* tartlet.

tartamudear *vi* to stammer, to stutter.

tartamudeo *m* stammer, stammering *(U)*.

tartamudez *f* stammer, stutter.

tartamudo, da ◇ *adj* stammering, stuttering. ◇ *m,f* stammerer, stutterer.

tartán *m* tartan.

tartana *f* **- 1.** [carruaje] trap **- 2.** *fam* [coche viejo] banger.

tártaro, ra ◇ *adj* **- 1.** [pueblo] Tartar **- 2.** ▷ **salsa.** ◇ *m,f* Tartar.

tartera *f* [fiambrera] lunch box.

tarugo *m* **- 1.** [de madera] block of wood; [de pan] chunk (of stale bread) **- 2.** *fam* [necio] blockhead.

tarumba *adj fam* crazy.

tasa *f* **- 1.** [índice] rate; ~ **de mortalidad/natalidad** death/birth rate; ~ **de paro** *o* **desempleo** (level of) unemployment **- 2.** [impuesto] tax; ~s **de aeropuerto** airport tax **- 3.** *EDUC*: ~s fees **- 4.** [tasación] valuation.

tasación *f* valuation.

tasador, ra *m,f* valuer.

tasar *vt* **- 1.** [valorar] to value **- 2.** [fijar precio] to fix a price for.

tasca *f* ≃ pub; **ir de** ~s to go on a pub crawl.

tasquear *vi* to go on a pub crawl.

tasqueo *m* pubcrawling.

tata ◇ *f* ▷ **tato.** ◇ *m Amér fam* [padre] dad, daddy, pop *US*.

tatarabuelo, la *m,f* great-great-grandfather (*f* great-great-grandmother).

tataranieto, ta *m,f* great-great-grandson (*f* great-great-granddaughter).

tate *interj*: ¡~! [¡cuidado!] watch out!; [¡ya comprendo!] I see!

tato, ta *fam m,f* [hermano] big brother (*f* big sister).

➡ **tata** *f* [niñera] nanny.

tatuaje *m* **- 1.** [dibujo] tattoo **- 2.** [acción] tattooing.

tatuar [6] *vt* to tattoo.

➡ **tatuarse** *vpr* to have a tattoo done.

taurino, na *adj* bullfighting *(antes de sust)*.

tauro ◇ *m* [zodiaco] Taurus; **ser** ~ to be (a) Taurus. ◇ *mf* [persona] Taurean.

tauromaquia *f* bullfighting.

TAUROMAQUIA

Tauromaquia is the name given to the art and the world of bullfighting. The bullfight, or *corrida*, is opened by a procession, the *paseíllo*, which is headed by mounted officials called *alguacilillos*. The bullfighters, dressed in splendid traditional costumes called *trajes de luces*, parade diagonally across the bullring. Each of the principal bullfighters, the *matadores* or *espadas*, is attended by his assistants or *subalternos* (known collectively as the *cuadrilla*), and by the mounted *picadores*.

The bullfight itself, the *lidia*, follows a strict order and is divided into three main parts or *tercios*. Six bulls are involved; each in turn is released into the bullring (the *ruedo*) and is greeted by the *matador*, who performs a series of passes with his long cape (the *capa*) so that he can study the way the bull moves and can slow down its momentum.

The first stage of the bullfight, the *tercio de varas*, belongs to the *picador*; sitting on his horse, the *picador* pricks the bull with a lance, or *vara*, up to three times to goad and weaken it. Next, in the *tercio de banderillas* the bull is struck in the neck or shoulder with long decorated barbed darts (*banderillas*) by specialized bullfighters called *banderilleros*. The *matador* himself may also take part. If he judges that the *tercio de varas* or the *tercio de banderillas* has gone on long enough, he may ask the permission of the president of the bullring to move on to the next stage, and he does this by removing his *montera* or hat.

In the third and final part of the *lidia*, the *tercio de muerte*, the *matador* takes his *muleta*, a small cape attached to a stick, and performs the *faena*, his final series of passes. This consists of set pieces like the *manoletina*, a particular type of pass invented by one of Spain's famous *matadors*, Manolete. It is on this stage of the proceedings that the performance of the bullfighter - and the bull - will be judged.

Bullfighting is extremely popular in both Spain and Latin America, where it is seen by many as a true art form. It does have its detractors, however, who consider it a cruel and inhuman spectacle.

tautología f tautology.

tautológico, ca adj tautological.

taxativo, va adj precise; exact.

taxi m taxi.

taxidermia f taxidermy.

taxidermista mf taxidermist.

taxímetro m taximeter.

taxista mf taxi driver.

taxonomía f taxonomy.

taza f -1. [para beber] cup; **una ~ de té** [recipiente] a teacup; [contenido] a cup of tea -2. [de retrete] bowl.

tazón m bowl.

te pron pers -1. (complemento directo) you; **le gustaría verte** she'd like to see you -2. (complemento indirecto) (to) you; **~ lo dio** he gave it to you; **~ tiene miedo** he's afraid of you -3. (reflexivo) yourself -4. fam (valor impersonal)**: si ~ dejas pisar, estás perdido** if you let people walk all over you, you've had it.

té (pl tés) m tea.

tea f [antorcha] torch.

teatral adj -1. [de teatro - gen] theatre (antes de sust); [- grupo] drama (antes de sust) -2. [exagerado] theatrical.

teatralidad f theatrical nature.

teatralizar [13] vt to exaggerate.

teatrero, ra adj fam theatrical.

teatro m -1. [gen] theatre; **~ de la ópera** opera house; **~ de variedades** music hall UK, variety, vaudeville US; **~ lírico** opera and light opera -2. fig [fingimiento] playacting; **hacer ~** to playact -3. fig [escenario] scene.

tebeo® m (children's) comic; **estar más visto que el ~** to be old hat.

teca f teak.

techado m roof; **bajo ~** under cover.

techar vt to roof.

techo m -1. [gen] roof; [dentro de casa] ceiling; **~ solar** AUTOM sun roof; **bajo ~** under cover -2. fig [límite] ceiling.

➤ sin techo mf: **los sin ~** the homeless.

techumbre f roof.

tecla f [gen, INFORM & MÚS] key; **~ de borrado/control/función/retorno** erase/control/

function/return key; **pulsar** o **tocar una ~** to press o strike a key; **tocar muchas ~s** [contactar] to pull lots of strings; [abarcar mucho] to have too many things on the go at once.

teclado m [gen & MÚS] keyboard; **~ expandido** expanded keyboard; **~ numérico** numeric keypad.

teclear vt & vi [en ordenador etc] to type; [en piano] to play.

tecleo m [en piano] playing; [en máquina de escribir] clattering.

teclista mf keyboard player.

tecnicismo m -1. [cualidad] technical nature -2. [término] technical term.

técnico, ca <> adj technical. <> m, f -1. [mecánico] technician -2. [experto] expert -3. DEP [entrenador] coach, manager UK.

➤ técnica f -1. [gen] technique -2. [tecnología] technology.

tecnicolor® m Technicolor®.

tecnificar [10] vt to apply technology to.

tecno <> adj inv MÚS techno. <> m inv MÚS techno (music).

tecnocracia f technocracy.

tecnócrata <> adj technocratic. <> mf technocrat.

tecnología f technology; **~s de la información** information technology; **~ punta** state-of-the-art technology.

tecnológico, ca adj technological.

tecnólogo, ga m, f technologist.

tecolote m CAm, Méx [búho] owl; [policía] cop (on night patrol).

tectónico, ca adj tectonic.

➤ tectónica f tectonics (U).

tedéum m inv Te Deum.

tedio m boredom, tedium.

tedioso, sa adj tedious.

teflón® m Teflon®.

Tegucigalpa Tegucigalpa.

tegumento m integument.

Teherán Teheran.

teja f -1. [de tejado] tile; **color ~** brick red -2. CULIN potato waffle.

tejado m roof.

tejano, na <> adj -1. [de Texas] Texan -2. [tela] denim. <> m, f [persona] Texan.

➤ tejanos mpl [pantalones] jeans.

tejar <> m brickworks (sg). <> vt & vi to tile.

tejedor, ra <> adj weaving. <> m, f weaver.

tejeduría f -1. [arte] weaving -2. [taller] weaver's shop.

tejemaneje *m fam* **-1.** [maquinación] intrigue **-2.** [ajetreo] to-do, fuss.

tejer ⬦ *vt* **-1.** [gen] to weave; [labor de punto] to knit **-2.** [telaraña] to spin **-3.** *fig* [labrar - porvenir] to carve out; [- ruina] to bring about. ⬦ *vi* [hacer ganchillo] to crochet; [hacer punto] to knit.

tejido *m* **-1.** [tela] fabric, material; *IND* textile **-2.** *ANAT* tissue.

tejo *m* **-1.** [juego] hopscotch **-2.** *BOT* yew **-3.** *loc:* **tirar los ~s a alguien** *fam* to try it on with sb.

tejón *m* badger.

tel., teléf. (*abrev de* **teléfono**) tel.

tela *f* **-1.** [tejido] fabric, material; [retal] piece of material; **~ de araña** cobweb; **~ asfáltica** asphalt roofing/flooring; **~ metálica** wire netting **-2.** *ARTE* [lienzo] canvas **-3.** *fam* [dinero] dough **-4.** *fam* [cosa complicada]: **el examen era ~** the exam was really tricky; **tener (mucha) ~** [ser difícil] to be (very) tricky; **hay ~ (para rato)** [trabajo] there's no shortage of things to do; **¡~ marinera!** that's too much! **-5.** *loc:* **poner en ~ de juicio** to call into question.

telar *m* **-1.** [máquina] loom **-2.** (*gen pl*) [fábrica] textiles mill **-3.** *TEATR* gridiron.

telaraña *f* spider's web, cobweb; **la ~ mundial** *INFORM* the (World Wide) Web.

tele *f fam* telly.

teleadicto, ta *m,f* telly-addict.

telearrastre *m* ski-tow.

telecabina *f* cable-car.

telecomedia *f* television comedy programme.

telecomunicación *f* [medio] telecommunication.
➠ **telecomunicaciones** *fpl* [red] telecommunications.

telediario *m* television news (*U*).

teledirigido, da *adj* remote-controlled.

teledirigir [15] *vt* to operate by remote control.

teléf. = tel.

telefax *m inv* telefax, fax.

teleférico *m* cable-car.

telefilme, telefilm (*pl* **telefilms**) *m* TV film.

telefonazo *m fam* ring, buzz; **dar un ~ a alguien** to give sb a ring o buzz.

telefonear *vt & vi* to phone.

telefonía *f* telephony; **~ móvil** mobile phones (*pl*).

telefónico, ca *adj* telephone (*antes de sust*).

telefonillo *m fam* [en vivienda] entryphone.

telefonista *mf* telephonist.

teléfono *m* **-1.** [gen] telephone, phone; **coger el ~** to answer the phone; **hablar por ~** to be on the phone; **llamar por ~** to phone; **~ inalámbrico/móvil** cordless/mobile *UK* o cell *US* phone; **~ público** public phone; **~ rojo** hot line; **~ WAP** WAP phone **-2.:** **(número de) ~** telephone number.

telefotografía *f* telephotography.

telegrafía *f* telegraphy.

telegrafiar [9] *vt & vi* to telegraph.

telegráfico, ca *adj lit & fig* telegraphic.

telegrafista *mf* telegraphist.

telégrafo *m* [medio, aparato] telegraph.
➠ **telégrafos** *mpl* [oficina] telegraph office (*sg*).

telegrama *m* telegram.

telele *m:* **le dio un ~** [desmayo] he had a fainting fit; [enfado] he had a fit.

telemando *m* remote control.

telemática *f* telematics (*U*).

telémetro *m* telemeter.

telenovela *f* television soap opera.

teleobjetivo *m* telephoto lens.

telepatía *f* telepathy.

telepático, ca *adj* telepathic.

telequinesia *f* telekinesis (*U*).

telescópico, ca *adj* telescopic.

telescopio *m* telescope.

telesilla *m* chair lift.

telespectador, ra *m,f* viewer.

telesquí *m* ski lift.

teletexto *m* Teletext®.

teletienda *f* home shopping programme.

teletipo *m* **-1.** [aparato] teleprinter **-2.** [texto] Teletype®.

teletrabajador, ra *m,f* teleworker.

teletrabajo *m* teleworking.

televendedor, ra *m,f* telesales assistant.

televenta *f* **-1.** [por teléfono] telesales (*pl*) **-2.** [por televisión] *TV advertising in which a phone number is given for clients to contact.*

televidente *mf* viewer.

televisado, da *adj* televised.

televisar *vt* to televise.

televisión *f* **-1.** [sistema, empresa] television; **salir en** o **por (la) ~** to be on television; **~ en blanco y negro/en color** black and white/colour television; **~ digital** digital television; **~ por cable/vía satélite** cable/satellite television; **~ privada/pública** commercial/public television **-2.** [televisor] television (set).

televisivo, va *adj* television *(antes de sust)*.

televisor *m* television (set); ~ **de pantalla plana** flatscreen television; ~ **panorámico** *o* **de pantalla ancha** widescreen television.

télex *m inv* telex; **mandar por** ~ to telex.

telón *m* [de escenario - delante] curtain; [- detrás] backcloth; **el** ~ **de acero** [- *HIST*] the Iron Curtain; ~ **de fondo** *fig* backdrop.

telonero, ra <> *adj* support *(antes de sust)*. <> *m,f* [cantante] support artist; [grupo] support band.

telúrico, ca *adj* telluric.

tema *m* **-1.** [asunto] subject; ~**s de actualidad** current affairs **-2.** *MÚS* [de composición, película] theme; [canción] song **-3.** *EDUC* [de asignatura, oposiciones] topic; [en libro de texto] unit.

temario *m* [de asignatura] curriculum; [de oposiciones] list of topics.

temático, ca *adj* thematic.
  ◆ **temática** *f* subject matter.

tembladera *f fam* trembling fit.

temblar [19] *vi* **-1.** [tiritar]: ~ **(de)** [gen] to tremble (with); [de frío] to shiver (with); **tiemblo por lo que pueda pasarle** I shudder to think what could happen to him **-2.** [vibrar - suelo, edificio, vehículo] to shudder, to shake; [- voz] to tremble, to shake; **dejar algo temblando** *fam fig* [nevera, botella] to leave sthg almost empty.

tembleque *m fam* trembling fit; **le dio** *o* **entró un** ~ he got the shakes.

temblor *m* shaking *(U)*, trembling *(U)*; ~ **de tierra** earthquake.

tembloroso, sa *adj* trembling, shaky.

temer <> *vt* **-1.** [tener miedo de] to fear, to be afraid of **-2.** [sospechar] to fear. <> *vi* to be afraid; **no temas** don't worry; ~ **por** to fear for.
  ◆ **temerse** *vpr*: ~**se que** to be afraid that, to fear that; **me temo que no vendrá** I'm afraid she won't come; **me temo que sí/no** I'm afraid so/not; ~**se lo peor** to fear the worst.

temerario, ria *adj* rash; [conducción] reckless.

temeridad *f* **-1.** [cualidad] recklessness **-2.** [acción] folly *(U)*, reckless act.

temeroso, sa *adj* [receloso] fearful.

temible *adj* fearsome.

temor *m*: ~ **(a** *o* **de)** fear (of); **por** ~ **a** *o* **de** for fear of.

témpano *m*: ~ **(de hielo)** ice floe; **como un** ~ *fig* freezing.

témpera *f ARTE* tempera.

temperado, da *adj* temperate.

temperamental *adj* **-1.** [cambiante] temperamental **-2.** [impulsivo] impulsive.

temperamento *m* temperament.

temperatura *f* temperature; **tomar la** ~ **a alguien** to take sb's temperature; ~ **máxima/mínima** highest/lowest temperature; ~ **ambiente** room temperature.

tempestad *f* storm.

tempestuoso, sa *adj lit & fig* stormy.

templado, da *adj* **-1.** [tibio - agua, bebida, comida] lukewarm **-2.** *GEOGR* [clima, zona] temperate **-3.** [nervios] steady; [persona, carácter] calm, composed.

templanza *f* **-1.** [serenidad] composure **-2.** [moderación] moderation.

templar <> *vt* **-1.** [entibiar - lo frío] to warm (up); [- lo caliente] to cool down **-2.** [calmar - nervios, ánimos] to calm; [- ira] to restrain **-3.** *TECN* [metal etc] to temper **-4.** *MÚS* to tune. <> *vi* [entibiarse] to get milder.
  ◆ **templarse** *vpr* [lo frío] to warm up; [lo caliente] to cool down.

templario *m* Templar.

temple *m* **-1.** [serenidad] composure **-2.** *TECN* tempering **-3.** *ARTE* tempera; **al** ~ in tempera.

templete *m* pavilion.

templo *m lit & fig* temple; **como un** ~ *fig* huge.

tempo *m* tempo.

temporada *f* **-1.** [periodo concreto] season; [de exámenes] period; **de** ~ [fruta, trabajo] seasonal; ~ **alta/baja** high/low season; ~ **media** mid-season **-2.** [periodo indefinido] (period of) time; **pasé una** ~ **en el extranjero** I spent some time abroad.

temporal <> *adj* **-1.** [provisional] temporary **-2.** [del tiempo] time *(antes de sust)* **-3.** *ANAT & RELIG* temporal. <> *m* **-1.** [tormenta] storm; **capear el** ~ *lit & fig* to ride out the storm **-2.** *ANAT* temporal bone.

temporalidad *f* temporary nature.

temporario, ria *adj Amér* temporary.

temporero, ra *m,f* casual labourer.

temporizador *m* timing device.

tempranero, ra *adj* [persona] early-rising.

temprano, na *adj* early.
  ◆ **temprano** *adv* early.

ten ▷ **tener**.
  ◆ **ten con ten** *m* tact.

tenacidad *f* tenacity.

tenacillas *fpl* tongs; [para vello] tweezers; [para rizar el pelo] curling tongs.

tenaz *adj* **-1.** [perseverante] tenacious **-2.** [persistente] stubborn.

tenaza *(gen pl)* f **- 1.** [herramienta] pliers *(pl)* **- 2.** [pinzas] tongs *(pl)* **- 3.** ZOOL pincer.

tendedero m **- 1.** [cuerda] clothes line; [armazón] clothes horse **- 2.** [lugar] drying place.

tendencia f tendency; ~ **a hacer algo** tendency to do sthg; ~ **a la depresión** tendency to get depressed; **nuevas** ~s [en moda, arte] new trends.

tendenciosidad f tendentiousness.

tendencioso, sa *adj* tendentious.

tender [20] *vt* **- 1.** [colgar - ropa] to hang out **- 2.** [tumbar] to lay (out) **- 3.** [extender] to stretch (out); [mantel] to spread **- 4.** [dar - cosa] to hand; [- mano] to hold out, to offer **- 5.** [entre dos puntos - cable, vía] to lay; [- puente] to build; [- cuerda] to stretch **- 6.** *fig* [preparar - trampa etc] to lay **- 7.** *Amér* [cama] to make; [mesa] to set, to lay.
 ➤ **tender a** *vi* **- 1.** [propender]: ~ **a hacer algo** to tend to do something; ~ **a la depresión** to have a tendency to get depressed **- 2.** MAT to approach.
 ➤ **tenderse** *vpr* to stretch out, to lie down.

tenderete m [puesto] stall.

tendero, ra m,f shopkeeper.

tendido, da *adj* **- 1.** [extendido, tumbado] stretched out **- 2.** [colgado - ropa] hung out, on the line.
 ➤ **tendido** m **- 1.** [instalación - de puente] construction; [- de cable, vía] laying; ~ **eléctrico** electrical installation **- 2.** TAUROM front rows *(pl)*.

tendinitis f *inv* tendinitis.

tendón m tendon.

tendrá *etc v* ➭ **tener.**

tenebrismo m tenebrism.

tenebroso, sa *adj* dark, gloomy; *fig* shady, sinister.

tenedor¹ m [utensilio] fork.

tenedor², ra m,f [poseedor] holder; ~ **de acciones** shareholder; ~ **de libros** COM bookkeeper.

teneduría f COM bookkeeping.

tenencia f possession; ~ **ilícita de armas** illegal possession of arms.
 ➤ **tenencia de alcaldía** f deputy mayor's office.

tener [72] ➭ *v aux* **- 1.** *(antes de participio)* [haber]: **teníamos pensado ir al teatro** we had thought of going to the theatre; **te lo tengo dicho** I've told you many times **- 2.** *(antes de adj)* [hacer estar]: **me tuvo despierto** it kept me awake; **eso la tiene despistada** that has confused her **- 3.** [expresa obligación]: ~ **que**

hacer algo to have to do sthg; **tiene que ser así** it has to be this way **- 4.** [expresa propósito]: **tenemos que ir a cenar un día** we ought to *o* should go for dinner some time. ➭ *vt* **- 1.** [gen] to have; **tengo un hermano** I have *o* I've got a brother; ~ **fiebre** to have a temperature; **tuvieron una pelea** they had a fight; ~ **un niño** to have a baby; **¡que tengan buen viaje!** have a good journey!; **hoy tengo clase** I have to go to school today **- 2.** [medida, edad, sensación, cualidad] to be; **tiene 3 metros de ancho** it's 3 metres wide; **¿cuántos años tienes?** how old are you?; **tiene diez años** she's ten (years old); ~ **hambre/miedo** to be hungry/afraid; ~ **mal humor** to be bad-tempered; **le tiene lástima** he feels sorry for her **- 3.** [sujetar] to hold; **¿puedes** ~ **me esto?** could you hold this for me, please?; **tenlo por el asa** hold it by the handle **- 4.** [tomar]: **ten el libro que me pediste** here's the book you asked me for; **¡aquí tienes!** here you are! **- 5.** [recibir] to get; **tuve un verdadero desengaño** I was really disappointed; **tendrá una sorpresa** he'll get a surprise **- 6.** [valorar]: **me tienen por tonto** they think I'm stupid; ~ **a alguien en mucho** to think the world of sb **- 7.** [guardar, contener] to keep **- 8.** *Amér* [llevar]: **tengo tres años aquí** I've been here for three years **- 9.** *loc*: **no las tiene todas consigo** he is not too sure about it; ~ **a bien hacer algo** to be kind enough to do sthg; ~ **que ver con algo/alguien** [estar relacionado] to have something to do with sthg/sb; [ser equiparable] to be in the same league as sthg/sb.
 ➤ **tenerse** *vpr* **- 1.** [sostenerse]: ~ **se de pie** to stand upright **- 2.** [considerarse]: **se tiene por listo** he thinks he's clever.

tengo ➭ **tener.**

tenia f tapeworm.

tenida f Chile suit.

teniente ➭ m lieutenant; ~ **coronel/general** lieutenant colonel/general. ➭ *adj fam* [sordo] deaf (as a post).
 ➤ **teniente (de) alcalde** mf deputy mayor.

tenis m *inv* tennis; ~ **de mesa** table tennis.

tenista mf tennis player.

tenístico, ca *adj* tennis *(antes de sust)*.

tenor m **- 1.** MÚS tenor **- 2.** [estilo] tone; **a este** ~ along those lines.
 ➤ **a tenor de** *loc prep* in view of.

tenorio m ladies' man, Casanova.

tensado m tightening.

tensar *vt* [cable, cuerda] to tauten; [arco] to draw.

tensión f **-1.** [gen] tension; ~ **nerviosa** nervous tension **-2.** TECN [estiramiento] stress; **en** ~ tensed **-3.** MED: ~ **(arterial)** blood pressure; **tener la** ~ **alta/baja** to have high/low blood pressure; **tomar la** ~ **a alguien** to take sb's blood pressure **-4.** ELECTR voltage; **alta** ~ high voltage.

tenso, sa adj taut; fig tense.

tensor, ra adj tightening.
➡ **tensor** m **-1.** [dispositivo] turnbuckle **-2.** ANAT tensor.

tentación f temptation; **caer en la** ~ to give in to temptation; **tener la** ~ **de** to be tempted to; **estos bombones son una** ~ these chocolates are really tempting.

tentáculo m tentacle.

tentador, ra adj tempting.

tentar [19] vt **-1.** [palpar] to feel **-2.** [atraer, incitar] to tempt.

tentativa f attempt; ~ **de asesinato** attempted murder; ~ **de suicidio** suicide attempt.

tentempié (pl **tentempiés**) m snack.

tenue adj **-1.** [tela, hilo, lluvia] fine **-2.** [luz, sonido, dolor] faint **-3.** [relación] tenuous.

teñido m dyeing.

teñir [26] vt **-1.** [ropa, pelo]: ~ **algo (de rojo** etc**)** to dye sthg (red etc) **-2.** fig [matizar]: ~ **algo (de)** to tinge sthg (with).
➡ **teñirse** vpr: ~**se (el pelo)** to dye one's hair.

teología f theology; ~ **de la liberación** liberation theology.

teológico, ca adj theological.

teólogo, ga m,f theologian.

teorema m theorem.

teoría f theory; **en** ~ in theory; ~ **del conocimiento** epistemology; ~ **de la información** information theory.

teóricamente adv theoretically.

teórico, ca <> adj theoretical; **clase teórica** theory class. <> m,f [persona] theorist.

teorizar [13] vi to theorize.

tepache m Méx mildly alcoholic drink made from fermented pineapple peelings and unrefined sugar.

tequila m,f tequila.

terapeuta mf therapist.

terapéutico, ca adj therapeutic.
➡ **terapéutica** f therapeutics (U).

terapia f therapy; ~ **ocupacional/de grupo** occupational/group therapy.

tercer ⊳ tercero.

tercera ⊳ tercero.

tercermundismo m underdevelopment.

tercermundista adj third-world (antes de sust).

tercero, ra núm (antes de sust masculino sg: **tercer**) third; **a la tercera va la vencida** third time lucky.
➡ **tercero** m **-1.** [piso] third floor **-2.** [curso] third year **-3.** [mediador, parte interesada] third party; **el** ~ **en discordia** the third party.
➡ **tercera** f AUTOM third (gear).

terceto m **-1.** MÚS trio **-2.** [estrofa] tercet.

terciar [8] <> vt **-1.** [poner en diagonal - gen] to place diagonally; [- sombrero] to tilt **-2.** [dividir] to divide into three. <> vi **-1.** [mediar]: ~ **(en)** to mediate (in) **-2.** [participar] to intervene, to take part.
➡ **terciarse** vpr to arise; **si se tercia** if the opportunity arises.

terciario, ria adj tertiary.
➡ **terciario** m GEOL Tertiary (period).

tercio m **-1.** [tercera parte] third **-2.** MIL ≃ regiment; [de la Guardia Civil] ≃ division **-3.** TAUROM stage (of bullfight); ver también **tauromaquia**.

terciopelo m velvet.

terco, ca <> adj stubborn. <> m,f stubborn person.

tereré m Arg, Par refreshing maté drink made with lemon juice.

tergal® m Tergal®.

tergiversación f distortion.

tergiversador, ra <> adj distorting. <> m,f person who distorts the facts.

tergiversar vt to distort, to twist.

termal adj thermal.

termas fpl **-1.** [baños] hot baths, spa (sg) **-2.** HIST thermae.

termes = termita.

térmico, ca adj thermal.

terminación f **-1.** [finalización] completion **-2.** [parte final] end **-3.** GRAM ending.

terminal <> adj [gen] final; [enfermo] terminal. <> m ELECTR & INFORM terminal. <> f [de aeropuerto] terminal; [de autobuses] terminus.

terminante adj categorical; [prueba] conclusive.

terminar <> vt to finish. <> vi **-1.** [acabar] to end; [tren] to stop, to terminate; ~ **en** [objeto] to end in **-2.** [ir a parar]: ~ **(de/en)** to end up (as/in); ~ **por hacer algo** to end up doing sthg **-3.** [reñir] to finish, to split up.
➡ **terminarse** vpr **-1.** [finalizar] to finish **-2.** [agotarse] to run out; **se nos ha terminado la sal** we have run out of salt.

término m **-1.** [fin, extremo] end; **dar** ~ **a al-**

go to bring sthg to a close; **poner ~ a algo** to put a stop to sthg **- 2.** [territorio]: **~ (municipal)** district **- 3.** [plazo] period; **en el ~ de un mes** within (the space of) a month **- 4.** [lugar, posición] place; **en primer ~** ARTE & FOT in the foreground; **en último ~** ARTE & FOT in the background; *fig* [si es necesario] as a last resort; [en resumidas cuentas] in the final analysis **- 5.** [situación, punto] point; **~ medio** [media] average; [compromiso] compromise, happy medium; **por ~ medio** on average **- 6.** LING & MAT term; **a mí no me hables en esos ~s** don't talk to me like that; **los ~s del contrato** the terms of the contract; **en ~s generales** generally speaking **- 7.** [de transportes] terminus.

terminología f terminology.

terminológico, ca adj terminological.

termita f, **termes** m inv termite.

termitero m termite nest, termite mound.

termo m Thermos® (flask).

termoaislante adj heat insulating.

termodinámico, ca adj thermodynamic.
➤ **termodinámica** f thermodynamics (U).

termómetro m thermometer; **poner el ~ a alguien** to take sb's temperature.

termonuclear adj thermonuclear.

termostato m thermostat.

terna f POLÍT shortlist of three candidates.

ternario, ria adj ternary.

ternasco f suckling lamb.

ternero, ra m,f [animal] calf.
➤ **ternera** f [carne] veal.

ternilla f - 1. CULIN gristle - 2. ANAT cartilage.

terno m [traje] three-piece suit.

ternura f tenderness.

terquedad f stubbornness.

terracota f terracotta.

terral, tierral m Amér dust cloud.

Terranova f Newfoundland.

terraplén m embankment.

terráqueo, a adj Earth (antes de sust), terrestrial.

terrario, terrarium m terrarium.

terrateniente mf landowner.

terraza f - 1. [balcón] balcony - 2. [de café] terrace, patio - 3. [azotea] terrace roof - 4. [bancal] terrace.

terrazo m terrazzo.

terremoto m earthquake.

terrenal adj earthly.

terreno, na adj earthly.
➤ **terreno** m - 1. [suelo - gen] land; [- GEOL] terrain; [- AGR] soil - 2. [solar] plot (of land) - 3.

DEP: **~ (de juego)** field, pitch - **4.** *fig* [ámbito] field - **5.** *loc*: **estar** o **encontrarse en su propio ~** to be on home ground; **ganar ~** [imponerse] to gain ground; [progresar] to make up ground; **perder ~** to lose ground; **preparar el ~ (para)** to pave the way (for); **reconocer** o **tantear el ~** to see how the land lies; **saber uno el ~ que pisa** to know what one is about; **ser ~ abonado (para algo)** to be fertile ground (for sthg); **sobre el ~** on the spot.

térreo, a adj earthy.

terrero, ra adj: **saco ~** sandbag.

terrestre adj - 1. [del planeta] terrestrial - 2. [de la tierra] land (antes de sust).

terrible adj - 1. [enorme, insoportable] terrible - 2. [aterrador] terrifying.

terrícola ◇ adj Earth (antes de sust). ◇ mf earthling.

terrier m terrier.

territorial adj territorial.

territorialidad f territoriality.

territorio m territory; **por todo el ~ nacional** across the country, nationwide.

terrón m - 1. [de tierra] clod of earth - 2. [de harina etc] lump; **~ de azúcar** sugar lump.

terror m [miedo, persona terrible] terror; CIN horror; **película de ~** horror movie; **dar ~** to terrify.

terrorífico, ca adj - 1. [enorme, insoportable] terrible - 2. [aterrador] terrifying.

terrorismo m terrorism.

terrorista adj & m,f terrorist.

terroso, sa adj - 1. [parecido a la tierra] earthy - 2. [con tierra] muddy.

terruño m - 1. [patria] homeland - 2. [terreno] plot of land.

terso, sa adj - 1. [piel, superficie] smooth - 2. [aguas, mar] clear - 3. [estilo, lenguaje] polished.

tersura f - 1. [de piel, superficie] smoothness - 2. [de aguas, mar] clarity - 3. [de estilo, lenguaje] polish.

tertulia f regular meeting of people for informal discussion of a particular issue of common interest; **~ literaria** literary circle.

tesela f tessera.

tesina f (undergraduate) dissertation.

tesis f inv [gen & UNIV] thesis.

tesitura f - 1. [circunstancia] circumstances (pl) - 2. MÚS tessitura, pitch.

tesón m - 1. [tenacidad] tenacity, perseverance - 2. [firmeza] firmness.

tesorería f - 1. [cargo] treasurership - 2. [oficina] treasurer's office - 3. COM liquid capital.

tesorero, ra *m,f* treasurer.

tesoro *m* -**1.** [botín] treasure -**2.** [hacienda pública] treasury, exchequer -**3.** *fig* [persona valiosa] gem, treasure -**4.** *fig* [como apelativo] my treasure.

➨ **Tesoro** *m* ECON: **el Tesoro (Público)** the Treasury.

test (*pl* **tests**) *m* test; **examen tipo** ~ multiple choice test; ~ **de embarazo** pregnancy test.

testa *f* head.

testado, da *adj* [persona] testate.

testaferro *m* front man.

testamentaría *f* -**1.** [documentos] documentation (*of a will*) -**2.** [bienes] estate, inheritance.

testamentario, ria ◇ *adj* testamentary. ◇ *m,f* executor.

testamento *m* will; *fig* [artístico, intelectual] legacy; **hacer** ~ to write one's will.

➨ **Antiguo Testamento** *m* Old Testament.

➨ **Nuevo Testamento** *m* New Testament.

testar ◇ *vi* [hacer testamento] to make a will. ◇ *vt* [probar] to test.

testarazo *m* -**1.** [golpe] head butt -**2.** [en fútbol] header.

testarudez *f* stubbornness.

testarudo, da ◇ *adj* stubborn. ◇ *m,f* stubborn person.

testear *vt CSur* to test.

testículo *m* testicle.

testificar [10] ◇ *vt* to testify; *fig* to testify to. ◇ *vi* to testify, to give evidence.

testigo ◇ *mf* [persona] witness; **poner por** ~ **a alguien** to cite sb as a witness; ~ **de cargo/descargo** witness for the prosecution/defence; ~ **ocular** *o* **presencial** eyewitness. ◇ *m* -**1.** *fig* [prueba]: ~ **de** proof of -**2.** DEP baton.

➨ **testigo de Jehová** *mf* Jehovah's Witness.

testimonial *adj* -**1.** [documento, prueba etc] testimonial -**2.** *fig* [simbólico] token, symbolic.

testimoniar [8] ◇ *vt* to testify; *fig* to testify to. ◇ *vi* to testify, to give evidence.

testimonio *m* -**1.** [relato] account; DER testimony; **prestar** ~ to give evidence; **falso** ~ perjury, false evidence -**2.** [prueba] proof; **como** ~ **de** as proof of; **dar** ~ **de** to prove.

testosterona *f* testosterone.

testuz *m o f* -**1.** [frente] brow -**2.** [nuca] nape.

teta *f* -**1.** *fam* [de mujer] tit; **dar la** ~ to breast-feed; **de** ~ nursing -**2.** [de animal] teat.

tétanos *m inv* tetanus.

tetera *f* teapot.

tetero *m Col, Ven* baby's bottle.

tetilla *f* -**1.** [de hombre, animal] nipple -**2.** [de biberón] teat.

tetina *f* teat.

tetona *adj fam* busty.

tetrabrick (*pl* **tetrabricks**) *m* tetrabrick.

tetraedro *m* tetrahedron.

tetralogía *f* tetralogy.

tetraplejía *f* quadriplegia.

tetrapléjico, ca *adj & m,f* quadriplegic.

tétrico, ca *adj* gloomy.

tetuda *adj fam* busty.

teutón, ona ◇ *adj* HIST Teutonic; [alemán] German. ◇ *m,f* HIST Teuton; [alemán] German.

teutónico, ca *adj* HIST Teutonic; [alemán] German.

textil *adj & m* textile.

texto *m* -**1.** [gen] text; **el Sagrado Texto** the Holy Scripture, the Bible -**2.** [pasaje] passage.

textual *adj* -**1.** [del texto] textual -**2.** [exacto] exact.

textura *f* texture.

tez *f* complexion.

ti *pron pers (después de prep)* -**1.** [gen] you; **siempre pienso en** ~ I'm always thinking about you; **me acordaré de** ~ I'll remember you -**2.** [reflexivo] yourself; **sólo piensas en** ~ **(mismo)** you only think about yourself.

tía ▷ tío.

tianguis *m inv CAm & Méx* open-air market.

tiara *f* tiara.

Tibet *m*: **el** ~ Tibet.

tibetano, na *adj & m,f* Tibetan.

tibia *f* shinbone, tibia.

tibieza *f* -**1.** [calidez] warmth; [falta de calor] lukewarmness -**2.** *fig* [frialdad] lack of enthusiasm.

tibio, bia *adj* -**1.** [cálido] warm; [falto de calor] tepid, lukewarm -**2.** *fig* [frío] lukewarm -**3.** *loc*: **poner** ~ **a alguien** *fam* to speak ill of sb; **ponerse** ~ *fam* [comiendo] to stuff one's face; [ensuciarse] to get filthy.

tiburón *m* -**1.** [gen] shark -**2.** FIN raider.

tic *m* tic.

ticket = **tíquet**.

tictac *m* tick tock.

tiembla *etc* ▷ temblar.

tiempo *m* -**1.** [gen] time; **al poco** ~ soon

afterwards; **a ~ (de hacer algo)** in time (to do sthg); **al mismo ~, a un ~** at the same time; **cada cierto ~** every so often; **con el ~** in time; **no me dio ~ a terminarlo** I didn't have (enough)time to finish it; **del ~** [fruta] of the season; [bebida] at room temperature; **en mis ~s** in my day o time; **en ~s** long ago; **estar a** o **tener ~ de** to have time to; **fuera de ~** at the wrong moment; **ganar ~** to save time; **hacer ~** to pass the time; **perder el ~** to waste time; **~ libre** o **de ocio** spare time; **a ~ parcial** part-time; **~ de acceso** INFORM access time; **~ de conversación** [de teléfono móvil] talk time; **~ muerto** DEP time out; **~ real** INFORM real time; **dar ~ al ~** to give things time; **en ~s de Maricastaña** donkey's years ago; **matar el ~** to kill time **- 2.** [periodo largo] long time; **con ~** in good time; **hace ~ que** it is a long time since; **hace ~ que no vive aquí** he hasn't lived here for some time; **tomarse uno su ~** to take one's time **- 3.** [edad] age; **¿qué ~ tiene?** how old is he? **- 4.** [movimiento] movement; **motor de cuatro ~s** four-stroke engine **- 5.** METEOR weather; **hizo buen/mal ~** the weather was good/bad; **si el ~ lo permite** o**no lo impide** weather permitting; **hace un ~ de perros** it's a foul day; **poner al mal ~ buena cara** to put a brave face on things **- 6.** DEP half **- 7.** GRAM tense **- 8.** [MÚS - compás] time; [- ritmo] tempo.

tienda ◇ v ▷ **tender**. ◇ f **- 1.** [establecimiento] shop; **ir de ~s** to go shopping; **~ libre de impuestos** duty-free shop **- 2.** [para acampar]: **~ (de campaña)** tent.

tiene ▷ **tener**.

tienta ◇ v ▷ **tentar**. ◇ f TAUROM trial (of the bulls).

➤ **a tientas** loc adv blindly; **andar a ~s** to grope along.

tiento m **- 1.** [cuidado] care; [tacto] tact **- 2.** fam [trago] swig.

tierno, na adj **- 1.** [blando, cariñoso] tender **- 2.** [del día] fresh.

tierra f **- 1.** [gen] land; **~ adentro** inland; **~ de nadie** no-man's-land; **~ firme** terra firma, dry land; **~ prometida** o **de promisión** Promised Land **- 2.** [materia inorgánica] earth, soil; **un camino de ~** a dirt track; **pista de ~ batida** clay court **- 3.** [suelo] ground; **caer a ~** to fall to the ground; **quedarse en ~** [pasajero] to miss the plane/boat/train; **tomar ~** to touch down **- 4.** [patria] homeland, native land; **de la ~** [vino, queso] local **- 5.** ELECTR earth UK, ground US; **conectado a ~** earthed UK, grounded US **- 6.**

loc: **echar por ~ algo** to ruin sthg; **echar ~ a un asunto** to hush up an affair; **poner ~ por medio** to make o.s. scarce; **se lo tragó la ~** he vanished without trace; **¡trágame ~!** fam I wish the earth would swallow me up!

➤ **Tierra** f: **la Tierra** the Earth.

➤ **Tierra del Fuego** f Tierra del Fuego.

➤ **Tierra Santa** f the Holy Land.

tierral = **terral**.

tieso, sa adj **- 1.** [rígido] stiff; **quedarse ~** [de frío] to freeze **- 2.** [erguido] erect **- 3.** fam [muerto] stone dead; **dejar ~ a alguien** to kill sb **- 4.** fam [sin dinero] broke **- 5.** fig [engreído] haughty.

tiesto m flowerpot.

tifoideo, a adj typhoid (antes de sust).

tifón m typhoon.

tifus m inv typhus.

tigre m tiger; **oler a ~** fam to stink.

tigresa f tigress.

tijera (gen pl) f scissors (pl); [de jardinero, esquilador] shears (pl); **unas ~s** a pair of scissors/ shears; **de ~** [escalera, silla] folding; **meter la ~** lit & fig to cut.

tijereta f **- 1.** [insecto] earwig **- 2.** DEP scissors (sg).

tijeretazo m snip.

tila f [infusión] lime blossom tea.

tildar vt: **~ a alguien de algo** to brand o call sb sthg.

tilde f **- 1.** [signo ortográfico] tilde **- 2.** [acento gráfico] accent.

tiliches mpl CAm & Méx bits and pieces.

tilín m tinkle, tinkling (U); **me hace ~** fam I fancy him.

tilma f Méx woollen blanket.

tilo m [árbol] linden o lime tree.

timador, ra m,f confidence trickster, swindler.

timar vt **- 1.** [estafar]: **~ a alguien** to swindle sb; **~ algo a alguien** to swindle sb out of sthg **- 2.** fig [engañar] to cheat, to con.

timba f game of cards.

timbal m [MÚS - de orquesta] kettledrum, timbal; [- tamboril] small drum.

timbalero, ra m,f [de orquesta] kettledrummer.

timbrado, da adj **- 1.** [sellado] stamped **- 2.** [sonido] clear, true.

timbrazo m loud ring.

timbre m **- 1.** [aparato] bell; **tocar el ~** to ring the bell; **~ de alarma** alarm (bell) **- 2.** [de voz, sonido] tone; TECN timbre **- 3.** [sello - de documentos] stamp; [- de impuestos] seal.

timidez f shyness.

tímido, da <> *adj* shy. <> *m,f* shy person.

timo *m* **- 1.** [estafa] swindle; ~ **de la estampita** *confidence trick where fake notes are used* **- 2.** *fam* [engaño] trick; **¡vaya ~!** what a rip-off! **- 3.** ANAT thymus.

timón *m* **- 1.** AERON & NÁUT rudder **- 2.** *fig* [gobierno] helm; **llevar el** ~ **de** to be at the helm of **- 3.** *Andes, Cuba* [volante] steering wheel.

timonear *vi* to steer.

timonel, timonero *m* NÁUT helmsman.

timorato, ta *adj* **- 1.** [mojigato] prudish **- 2.** [tímido] fearful.

tímpano *m* **- 1.** ANAT eardrum **- 2.** ARQUIT tympanum.

tina *f* **- 1.** [tinaja] pitcher **- 2.** [gran cuba] vat **- 3.** *CAm, Col, Méx* [bañera] bathtub.

tinaja *f* (large) pitcher.

tinerfeño, ña *adj* of/from Tenerife.

tinglado *m* **- 1.** [cobertizo] shed **- 2.** [armazón] platform **- 3.** *fig* [lío] fuss **- 4.** *fig* [maquinación] plot.

tinieblas *fpl* darkness *(U)*; *fig* confusion *(U)*, uncertainty *(U)*; **entre ~s** *lit* & *fig* in the dark.

tino *m* **- 1.** [puntería] good aim **- 2.** *fig* [habilidad] skill **- 3.** *fig* [juicio] sense, good judgment **- 4.** *fig* [moderación] moderation.

tinta *f* ink; ~ **china** Indian ink; ~ **simpática** invisible ink; **cargar** *o* **recargar las ~s** to exaggerate; **saberlo de buena** ~ to have it on good authority; **sudar** ~ to sweat blood.

➔ **medias tintas** *fpl*: **andarse con medias ~s** to be wishy-washy.

tintar *vt* to dye.

tinte *m* **- 1.** [sustancia] dye **- 2.** [operación] dyeing **- 3.** [tintorería] dry cleaner's **- 4.** *fig* [tono] shade, tinge.

tintero *m* [frasco] ink pot; [en la mesa] inkwell; **dejarse algo en el** ~ to leave sthg unsaid.

tintinear *vi* to jingle, to tinkle.

tintineo *m* tinkle, tinkling *(U)*.

tinto, ta *adj* **- 1.** [manchado] stained; ~ **en sangre** bloodstained **- 2.** [vino] red.

➔ **tinto** *m* **- 1.** [vino] red wine **- 2.** *Col, Ven* [café] black coffee.

tintorera *f* ZOOL blue shark.

tintorería *f* dry cleaner's.

tintorero, ra *m,f* dry cleaner.

tintorro *m* *fam* red plonk.

tintura *f* **- 1.** FARM tincture **- 2.** [tinte - sustancia] dye; [- operación] dyeing.

tiña <> *v* ▷ **teñir.** <> *f* MED ringworm.

tiñera *etc* ▷ **teñir.**

tiñoso, sa *adj* MED suffering from ringworm.

tío, a *m,f* **- 1.** [familiar] uncle (*f* aunt); ~ **abuelo** great uncle (*f* great aunt); ~ **carnal** blood uncle (*f* blood aunt); **el** ~ **Sam** *fig* Uncle Sam **- 2.** *fam* [individuo] guy (*f* bird) **- 3.** *fam* [como apelativo] mate (*f* darling) **- 4.** *loc*: **no hay tu tía** *fam* there's no way.

tiovivo *m* merry-go-round *UK*, carousel *US*.

tiparraco, ca *m,f* *despec* individual, character.

tipazo *m* *fam* [de mujer] great figure; [de hombre] good build.

tipear <> *vt* *Amér* to type. <> *vi* to type.

tipejo, ja *m,f* *despec* individual, character.

típico, ca *adj* typical; [traje, restaurante etc] traditional; ~ **de** typical of.

tipificación *f* **- 1.** [gen & DER] classification **- 2.** [normalización] standardization.

tipificar [10] *vt* **- 1.** [gen & DER] to classify **- 2.** [normalizar] to standardize **- 3.** [simbolizar] to typify.

tipismo *m* local colour.

tiple <> *mf* [cantante] soprano. <> *m* **- 1.** [voz] soprano **- 2.** [guitarra] treble guitar.

tipo, pa *m,f* *fam* guy (*f* woman).

➔ **tipo** *m* **- 1.** [clase] type, sort; **no es mi** ~ he is not my type; **todo** ~ **de** all sorts of **- 2.** [cuerpo - de mujer] figure; [- de hombre] build; **aguantar** *o* **mantener el** ~ to keep one's calm; **jugarse el** ~ to risk one's neck **- 3.** ECON rate; ~ **de descuento** base rate; ~ **de interés/cambio** interest/exchange rate; ~ **impositivo** tax band **- 4.** IMPRENTA & ZOOL type.

tipografía *f* [procedimiento] printing.

tipográfico, ca *adj* typographical, printing *(antes de sust)*.

tipógrafo, fa *m,f* printer.

tipología *f* typology.

tíquet (*pl* **tíquets**), **ticket** ['tiket] (*pl* **tickets**) *m* ticket; ~ **de compra** receipt.

tiquismiquis <> *adj inv* *fam* [maniático] pernickety. <> *m y f* *inv* *fam* [maniático] fusspot. <> *mpl* **- 1.** [riñas] squabbles **- 2.** [bagatelas] trifles.

TIR (*abrev de* **transport international routier**) *m* International Road Transport, ≃ HGV *UK*.

tira *f* **- 1.** [banda cortada] strip **- 2.** [tirante] strap **- 3.** [de viñetas] comic strip **- 4.** *loc*: **la** ~ **de** *fam* loads *(pl)* of; : **la** ~ *Méx* *fam* [la policía] the cops, the fuzz *UK*.

➔ **tira y afloja** *m* give and take.

tirabuzón *m* [rizo] curl.

tirachinas *m inv* catapult.

tiradero *m* *Amér* rubbish dump.

tirado, da <> *adj* **- 1.** *fam* [barato] dirt cheap

- 2. *fam* [fácil] simple, dead easy; **estar** ~ to be a cinch **- 3.** *fam* [débil, cansado] worn-out **- 4.** *fam* [miserable] seedy **- 5.** *loc:* **dejar** ~ **a alguien** *fam* to leave sb in the lurch. <> *m,f fam* [persona] wretch.

➡ **tirada** *f* **- 1.** [lanzamiento] throw **- 2.** [IMPRENTA - número de ejemplares] print run; [- reimpresión] reprint; [- número de lectores] circulation **- 3.** [sucesión] series **- 4.** [distancia]: **hay una tirada hasta allí** it's a fair way o quite a stretch; **de** o **en una tirada** in one go.

tirador, ra *m,f* [con arma] marksman.

➡ **tirador** *m* **- 1.** [mango] handle **- 2.** [de campanilla] bell rope **- 3.** [tirachinas] catapult.

➡ **tiradores** *mpl Bol* & *RP* [tirantes] braces *UK*, suspenders *US*.

tirafondo *m* long screw.

tiraje *m Amér* print run.

tiralíneas *m inv* ruling pen.

tiramisú *m* tiramisu.

tiranía *f* tyranny.

tiránico, ca *adj* tyrannical.

tiranizar [13] *vt* to tyrannize.

tirano, na <> *adj* tyrannical. <> *m,f* tyrant.

tiranosaurio *m* tyrannosaurus.

tirante <> *adj* **- 1.** [estirado] taut **- 2.** *fig* [violento, tenso] tense; **estoy** ~ **con él** there's tension between us. <> *m* **- 1.** [de tela] strap **- 2.** *ARQUIT* brace.

➡ **tirantes** *mpl* [para pantalones] braces *UK*, suspenders *US*.

tirantez *f fig* tension.

tirar <> *vt* **- 1.** [lanzar] to throw; ~ **algo a alguien/algo** [para hacer daño] to throw sthg at sb/sthg; **tírame una manzana** throw me an apple; **tírale un beso** blow him a kiss **- 2.** [dejar caer] to drop; [derramar] to spill; [volcar] to knock over **- 3.** [desechar, malgastar] to throw away **- 4.** [disparar] to fire; [bomba] to drop; [petardo, cohete] to let off; [foto] to take **- 5.** [derribar] to knock down **- 6.** [jugar - carta] to play; [- dado] to throw **- 7.** [DEP - falta, penalti etc] to take; [- balón] to pass **- 8.** [imprimir] to print **- 9.** *fam* [suspender] to fail. <> *vi* **- 1.** [estirar, arrastrar]: ~ **(de algo)** to pull (sthg); **tira y afloja** give and take **- 2.** [suj: prenda, pernera, manga] to be too tight; **me tira de los lados** it's a bit tight at the sides **- 3.** [disparar] to shoot; ~ **a matar** to shoot to kill **- 4.** *fam* [atraer] to have a pull; **me tira la vida del campo** I feel drawn towards life in the country; ~ **de algo** to attract sthg **- 5.** [cigarrillo, chimenea etc] to draw **- 6.** *fam* [funcionar] to go, to work **- 7.** [dirigirse] to go, to head **- 8.** *fam* [apañárselas] to get by; **ir tirando** to get

by; **voy tirando** I'm O.K., I've been worse **- 9.** [durar] to last **- 10.** [parecerse]: **tira a gris** it's greyish; **tira a su abuela** she takes after her grandmother; **tirando a** approaching, not far from **- 11.** [tender]: ~ **para algo** [persona] to have the makings of sthg; **este programa tira a (ser) hortera** this programme is a bit on the tacky side; **el tiempo tira a mejorar** the weather looks as if it's getting better **- 12.** [jugar] to (have one's) go **- 13.** [DEP - con el pie] to kick; [- con la mano] to throw; [- a meta, canasta etc] to shoot.

➡ **tirarse** *vpr* **- 1.** [lanzarse]: ~**se (a)** [al agua] to dive (into); [al vacío] to jump (into); ~**se sobre alguien** to jump on top of sb; ~**se de** [gen] to jump from; [para bajar] to jump down from; [para matarse] to throw o.s. from **- 2.** [tumbarse] to stretch out **- 3.** [pasar tiempo] to spend **- 4.** *fam* [expeler]: ~**se un pedo/eructo** to fart/burp **- 5.** *vulg* [copular]: ~**se a alguien** to screw sb.

tirita® *f* (sticking) plaster *UK*, ≃ Bandaid® *US*.

tirilla® *f* ≃ neckband.

tiritar *vi:* ~ **(de)** to shiver (with).

tiritera, tiritona *f* shivering.

tiro *m* **- 1.** [gen] shot; **pegar un** ~ **a alguien** to shoot sb; **pegarse un** ~ to shoot o.s.; ~ **de gracia** coup de grâce; ~ **libre** [en baloncesto] free throw; **ni a** ~**s** never in a million years; **me salió el** ~ **por la culata** it backfired on me; **no van por ahí los** ~**s** you're a bit wide of the mark there; **sentar como un** ~ **(a alguien)** *fam* to go down badly (with sb) **- 2.** [acción] shooting; ~ **al blanco** [deporte] target shooting; [lugar] shooting range; ~ **al plato** clay-pigeon shooting; ~ **con arco** archery **- 3.** [huella, marca] bullet mark; [herida] gunshot wound **- 4.** [alcance] range; **a** ~ **de** within the range of; **a** ~ **de piedra** a stone's throw away; **ponerse/estar a** ~ [de arma] to come/be within range; *fig* [de persona] to come/be within one's reach **- 5.** [de chimenea, horno] draw **- 6.** [de pantalón] *distance between crotch and waist;* **vestirse** o **ponerse de** ~**s largos** to dress o.s. up to the nines **- 7.** [de caballos] team **- 8.** *fam* [de cocaína] line.

tiroideo, a *adj* thyroid *(antes de sust).*

tiroides *m* o *f inv* thyroid (gland).

tirón *m* **- 1.** [estirón] pull **- 2.** [robo] bagsnatching **- 3.** *MED:* ~ **(muscular)** strained muscle **- 4.** *fam* [popularidad] pull.

➡ **de un tirón** *loc adv* in one go.

tironero, ra *m,f* bagsnatcher.

tirotear <> *vt* to fire at. <> *vi* to shoot.

tiroteo *m* [tiros] shooting; [intercambio de disparos] shootout.

Tirreno *m*: **el (mar)** ~ the Tyrrhenian Sea.

tirria *f fam* dislike; **cogerle** *o* **tomarle** ~ **a alguien** to take a dislike to sb; **tenerle** ~ **a alguien** to have a grudge against sb.

tisana *f* herbal tea.

tísico, ca *adj* & *m,f MED* consumptive.

tisis *f inv MED* (pulmonary) tuberculosis.

titán *m fig* giant.

titánico, ca *adj* titanic.

titanio *m* titanium.

títere *m lit* & *fig* puppet; **no dejar** ~ **con cabeza** [destrozar] to destroy everything in sight; [criticar] to spare nobody.

➤ **títeres** *mpl* [guiñol] puppet show *(sg)*.

tití *m ZOOL* marmoset.

titilar *vi* [estrella, luz] to flicker.

titipuchal *m Amér fam* hubbub.

titiritero, ra *m,f* **- 1.** [de títeres] puppeteer **- 2.** [acróbata] acrobat.

tito, ta *m,f fam* uncle (*f* auntie).

titubeante *adj* **- 1.** [actitud] hesitant; [voz] stuttering **- 2.** [al andar] tottering.

titubear *vi* **- 1.** [dudar] to hesitate; [al hablar] to stutter **- 2.** [tambalearse] to totter.

titubeo *(gen pl) m* **- 1.** [duda] hesitation; [al hablar] stutter, stuttering *(U)* **- 2.** [al andar] tottering.

titulación *f* [académica] qualifications *(pl)*.

titulado, da ◇ *adj* [diplomado] qualified; [licenciado] graduate *(antes de sust)*; ~ **en** with a qualification/degree in. ◇ *m,f* [diplomado] holder of a qualification; [licenciado] graduate.

titular ◇ *adj* [profesor, médico] official. ◇ *mf* [poseedor] holder. ◇ *m (gen pl) PRENS* headline; **con grandes** ~**es** splashed across the front page. ◇ *vt* [llamar] to title, to call.

➤ **titularse** *vpr* **- 1.** [llamarse] to be titled *o* called **- 2.** [licenciarse]: ~**se (en)** to graduate (in) **- 3.** [diplomarse]: ~**se (en)** to obtain a qualification (in).

titulitis *f inv despec* obsession with getting different degrees and diplomas.

título *m* **- 1.** [gen] title; ~ **de propiedad** title deed; ~**s de crédito** *CIN* credits **- 2.** [licenciatura] degree; [diploma] diploma; **tiene muchos** ~**s** she has a lot of qualifications **- 3.** *fig* [derecho] right; **a** ~ **de** as **- 4.** *ECON* bond, security.

tiza *f* chalk; **una** ~ a piece of chalk.

tiznadura *f* [mancha] black mark.

tiznar *vt* to blacken.

➤ **tiznarse** *vpr* to be blackened.

tizne *m,f* soot.

tizón *m* burning stick *o* log.

tlapalería *f Méx* ironmonger's (shop).

TNT *(abrev de* trinitrotolueno*) m* TNT.

toalla *f* **- 1.** [para secarse] towel; ~ **de ducha/manos** bath/hand towel; **arrojar** *o* **tirar la** ~ to throw in the towel **- 2.** [tejido] towelling.

toallero *m* towel rail.

toba *f* [en oreja] flick.

tobera *f* nozzle.

tobillera *f* ankle support.

tobillo *m* ankle.

tobogán *m* [rampa] slide; [en parque de atracciones] helter-skelter; [en piscina] chute, flume.

toca *f* wimple.

tocadiscos *m inv* record player.

tocado, da *adj* **- 1.** *fam* [chiflado] soft in the head **- 2.** [fruta] bad, rotten **- 3.** [jugador, deportista] slightly injured.

➤ **tocado** *m* **- 1.** [prenda] headgear *(U)* **- 2.** [peinado] hairdo.

tocador *m* **- 1.** [mueble] dressing table **- 2.** [habitación - en lugar público] powder room; [- en casa] boudoir.

tocante *adj*: **(en lo)** ~ **a** regarding.

tocar [10] ◇ *vt* **- 1.** [gen] to touch; [palpar] to feel **- 2.** [instrumento, canción] to play; [bombo] to bang; [sirena, alarma] to sound; [campana, timbre] to ring; **el reloj tocó las doce** the clock struck twelve **- 3.** [abordar - tema etc] to touch on **- 4.** *fig* [conmover] to touch **- 5.** *fig* [concernir]: **por lo que a mí me toca/a eso le toca** as far as I'm/that's concerned; ~ **a alguien de cerca** to concern sb closely. ◇ *vi* **- 1.** [entrar en contacto] to touch **- 2.** [estar próximo]: ~ **(con)** [gen] to be touching; [país, jardín] to border (on) **- 3.** [llamar - a la puerta, ventana] to knock **- 4.** [corresponder en reparto]: ~ **a alguien** to be due to sb; **tocamos a mil cada uno** we're due a thousand each; **le tocó la mitad** he got half of it; **te toca a ti hacerlo** [turno] it's your turn to do it; [responsabilidad] it's up to you to do it **- 5.** [caer en suerte]: **me ha tocado la lotería** I've won the lottery; **le ha tocado sufrir mucho** he has had to suffer a lot **- 6.** [llegar el momento]: **nos toca pagar ahora** it's time (for us) to pay now.

➤ **tocarse** *vpr* to touch.

tocata ◇ *f MÚS* toccata. ◇ *m fam* [tocadiscos] record player.

tocateja

➤ **a tocateja** *loc adv* in cash.

tocayo, ya *m,f* namesake.

tocho *m fam* [libro] massive tome.

tocinería *f* pork butcher's (shop).

tocinero, ra *m,f* pork butcher.

tocineta *f Amér* bacon.

tocino *m* [para cocinar] lard; [para comer] fat *(of bacon)*; ~ **entreverado** streaky bacon.

➤ **tocino de cielo** *m CULIN* dessert made of syrup and eggs.

tocología *f* obstetrics *(U)*.

tocólogo, ga *m,f* obstetrician.

tocomocho *m* confidence trick involving the sale of a lottery ticket, claimed to be a certain winner, for a large amount of money.

tocón *m* stump.

todavía *adv* -**1.** [aún] still; [con negativo] yet, still; ~ **no lo he recibido** I still haven't got it yet; ~ **ayer** as late as yesterday; ~ **no** not yet -**2.** [sin embargo] still -**3.** [incluso] even; ~ **mejor** even better.

todo, da <> *adj* -**1.** [gen] all; ~ **el mundo** everybody; ~ **el libro** the whole book, all (of) the book; ~ **el día** all day -**2.** [cada, cualquier]: ~**s los días/lunes** every day/Monday; ~ **español** every Spaniard, all Spaniards -**3.** [para enfatizar]: **es** ~ **un hombre** he's every bit a man; **ya es toda una mujer** she's a big girl now; **fue** ~ **un éxito** it was a great success. <> *pron* -**1.** [todas las cosas] everything, *(pl)* all of them; **lo vendió** ~ he sold everything, he sold it all; ~**s están rotos** they're all broken, all of them are broken; **de** ~ everything (you can think of); **ante** ~ [principalmente] above all; [en primer lugar] first of all; **con** ~ despite everything; **después de** ~ after all; **de todas todas** without a shadow of a doubt; **sobre** ~ above all; **está en** ~ he/she always makes sure everything is just so; ~ **lo más** at (the) most; **me invitó a cenar y** ~ she even asked me to dinner -**2.** [todas las personas]: ~**s** everybody; **todas vinieron** everybody o they all came.

➤ **todo** <> *m* whole; **jugarse el** ~ **por el** ~ to stake everything. <> *adv* completely, all.

➤ **del todo** *loc adv*: **no estoy del** ~ **contento** I'm not entirely happy; **no lo hace mal del** ~ she doesn't do it at all badly.

todopoderoso, sa *adj* almighty.

➤ **Todopoderoso** *m*: **el Todopoderoso** the Almighty.

todoterreno *m* all-terrain vehicle.

tofe *m* coffee-flavoured toffee.

toga *f* -**1.** [manto] toga -**2.** [traje] gown -**3.** [en pelo] method of combing one's hair so it becomes straight.

togado, da *adj* robed.

toisón

➤ **toisón de oro** *m* -**1.** [insignia] golden fleece -**2.** [orden] Order of the Golden Fleece.

tojo *m* gorse.

Tokio Tokyo.

toldo *m* [de tienda] awning; [de playa] sunshade.

tolerable *adj* -**1.** [soportable] tolerable -**2.** [perdonable] acceptable.

tolerancia *f* tolerance.

tolerante <> *adj* tolerant. <> *mf* tolerant person.

tolerar *vt* -**1.** [consentir, aceptar] to tolerate; ~ **que alguien haga algo** to tolerate sb doing sthg -**2.** [aguantar] to stand.

tolva *f* hopper.

toma *f* -**1.** [de biberón, papilla] feed; [de medicamento] dose -**2.** [de sangre] sample -**3.** [de ciudad etc] capture -**4.** [de agua, aire] inlet; ~ **de corriente** *ELECTR* socket; ~ **de tierra** *ELECTR* earth -**5.** *CIN* [de escena] take.

➤ **toma de conciencia** *f* realization.

➤ **toma de posesión** *f* -**1.** [de gobierno, presidente] investiture -**2.** [de cargo] undertaking.

➤ **toma y daca** *m*: **ser un** ~ **y daca** to be give and take.

tomadura *f*: ~ **de pelo** hoax.

tomar <> *vt* -**1.** [gen] to take; [actitud, costumbre] to adopt -**2.** [datos, información] to take down -**3.** [medicina, drogas] to take; [comida, bebida] to have; **¿qué quieres** ~**?** what would you like (to drink/eat)? -**4.** [autobús, tren etc] to catch; [taxi] to take -**5.** [contratar] to take on -**6.** [considerar, confundir]: ~ **a alguien por algo/alguien** to take sb for sthg/sb -**7.** *loc*: ~**la con alguien** *fam* to have it in for sb; **¡toma!** [al dar algo] here you are!; [expresando sorpresa] well I never!; **¡toma (ésa)!** *fam* [expresa venganza] take that! <> *vi* -**1.** [encaminarse] to go, to head -**2.** *Amér* [beber alcohol] to drink.

➤ **tomarse** *vpr* -**1.** [comida, bebida] to have; [medicina, drogas] to take -**2.** [interpretar] to take; ~ **se algo mal/bien** to take sthg badly/well.

tomate *m* -**1.** [fruto] tomato; ~ **frito** unconcentrated puree made by frying peeled tomatoes; **ponerse como un** ~ to go as red as a beetroot -**2.** [salsa] tomato sauce -**3.** [en calcetín] hole -**4.** *fam* [jaleo] uproar, commotion.

tomatera *f* tomato plant.

tomavistas *m inv* cine camera.

tómbola *f* tombola.

tomillo *m* thyme.

tomo *m* - **1.** [volumen] volume - **2.** [libro] tome.

tomografía *f* tomography.

ton
➤ **sin ton ni son** *loc adv* for no apparent reason.

tonada *f* tune.

tonadilla *f* ditty.

tonadillero, ra *m,f* ditty singer/writer.

tonal *adj* tonal.

tonalidad *f* - **1.** [de color] tone - **2.** MÚS key.

tonel *m* [recipiente] barrel; **estar/ponerse como un ~** to be/become (as fat as) a barrel.

tonelada *f* tonne; **~ métrica** metric ton, tonne; **pesar una ~** to weigh a ton.

tonelaje *m* tonnage.

tóner *m* INFORM toner.

tongo *m* - **1.** [engaño]: **en la pelea hubo ~** the fight was fixed - **2.** *Chile fam* [sombrero hongo] bowler hat.

tónico, ca *adj* - **1.** [reconstituyente] revitalizing - **2.** GRAM & MÚS tonic.
➤ **tónico** *m* - **1.** [reconstituyente] tonic - **2.** [cosmético] skin toner.
➤ **tónica** *f* - **1.** [bebida] tonic water - **2.** [tendencia] trend - **3.** MÚS tonic.

tonificación *f* invigoration.

tonificador, ra, tonificante *adj* invigorating.

tonificar [10] *vt* to invigorate.

tonillo *m despec* [retintín] sarcastic tone of voice.

tono *m* - **1.** [gen] tone; **estar a ~ (con)** to be appropriate (for); **fuera de ~** out of place - **2.** [MÚS - tonalidad] key; [- altura] pitch - **3.** [de color] shade; **~ de piel** complexion - **4.** *loc:* **darse ~** *fam* to give o.s. airs; **ponerse a ~ con algo** [emborracharse] to get drunk on sthg; [ponerse al día] to get to grips with sthg; **subido de ~** [chiste, comentario] risqué, obscene; **subir el ~, subir(se) de ~** to get angrier and angrier.

tonsura *f* tonsure.

tontaina ◇ *adj fam* daft. ◇ *mf fam* daft idiot.

tontear *vi* - **1.** [hacer el tonto] to fool about - **2.** [coquetear]: **~ (con alguien)** to flirt (with sb).

tontería *f* - **1.** [estupidez] stupid thing; **decir una ~** to talk nonsense; **hacer una ~** to do sthg foolish - **2.** [cosa sin importancia o valor] trifle.

tonto, ta ◇ *adj* stupid; **ponerse ~** to be difficult; **~ de capirote o remate** daft as a brush. ◇ *m,f* idiot; **hacer el ~** to play the fool; **hacerse el ~** to act innocent.

➤ **a lo tonto** *loc adv* [sin notarlo] without realizing it.
➤ **a tontas y a locas** *loc adv* haphazardly.

tontorrón, ona ◇ *adj* daft. ◇ *m,f* daft idiot.

toña *f* - **1.** *fam* [patada] kick - **2.** *fam* [borrachera]: **agarrarse una ~** to get plastered.

top (*pl* **tops**) *m* [prenda] short top.

topacio *m* topaz.

topadora *f* RP bulldozer.

topar *vi* - **1.** [chocar] to bump into each other - **2.** [encontrarse]: **~ con alguien** to bump into sb; **~ con algo** to come across sthg.
➤ **toparse con** *vpr* [persona] to bump into; [cosa] to come across.

tope ◇ *adj inv* - **1.** [máximo] top, maximum; [fecha] last - **2.** *mfam* [estupendo] brill, ace. ◇ *adv mfam* [muy] mega, really. ◇ *m* - **1.** [pieza] block; [para puerta] doorstop - **2.** FERROC buffer - **3.** [límite máximo] limit; [de plazo] deadline - **4.** [freno]: **poner ~ a** to rein in, to curtail - **5.** *loc:* **estar hasta los ~s** to be bursting at the seams.
➤ **a tope** ◇ *loc adv* [de velocidad, intensidad] flat out. ◇ *loc adj fam* [lleno - lugar] packed.

topera *f* molehill.

topetazo *m* bump; **darse un ~** [en la cabeza] to bump o.s. on the head.

tópico, ca *adj* - **1.** [manido] clichéd - **2.** MED topical.
➤ **tópico** *m* cliché.

topless [ˈtoβles] *m inv* topless bathing; **en ~** topless; **hacer ~** to go topless.

topo *m* - **1.** ZOOL & *fig* mole - **2.** [lunar] polka dot.

topografía *f* topography.

topográfico, ca *adj* topographical.

topógrafo, fa *m,f* topographer.

toponimia *f* - **1.** [nombres] place names (*pl*) - **2.** [ciencia] toponymy.

toponímico, ca *adj* toponymical.

topónimo *m* place name.

toque ◇ *v* ▷ **tocar**. ◇ *m* - **1.** [gen] touch; **dar los últimos ~s a algo** to put the finishing touches to sthg - **2.** [aviso] warning; **dar un ~ a alguien** [llamar] to call sb; [amonestar] to prod sb, to warn sb; **~ de atención** warning - **3.** [sonido - de campana] chime, chiming (*U*); [- de tambor] beat, beating (*U*); [- de sirena etc] blast; **~ de diana** reveille; **~ de difuntos** death knell; **~ de queda** curfew.

toquetear *vt* [manosear - cosa] to fiddle with; [- persona] to fondle.

toqueteo *m* [de cosa] fiddling; [a persona] fondling.

toquilla *f* shawl.

torácico, ca *adj* thoracic.

tórax *m inv* thorax.

torbellino *m* -**1.** [remolino - de aire] whirl-wind; [- de agua] whirlpool; [- de polvo] dustcloud -**2.** *fig* [mezcla confusa] spate -**3.** *fig* [persona inquieta] whirlwind.

torcaz ▷ **paloma**.

torcedura *f* [esguince] sprain.

torcer [41] ◇ *vt* -**1.** [gen] to twist; [doblar] to bend -**2.** [girar] to turn -**3.** [desviar] to deflect; *fig* [persona] to corrupt. ◇ *vi* [girar] to turn.
➡ **torcerse** *vpr* -**1.** [retorcerse] to twist; [do-blarse] to bend; **me tuerzo al andar/escribir** I can't walk/write in a straight line -**2.** [dis-locarse] to sprain -**3.** [ir mal - negocios, día] to go wrong; [- persona] to go astray.

torcido, da *adj* [enroscado] twisted; [doblado] bent; [cuadro, corbata] crooked.

tordo, da ◇ *adj* dappled. ◇ *m,f* [caballo] dapple (horse).
➡ **tordo** *m* [pájaro] thrush.

toreador, ra *m,f* bullfighter.

torear ◇ *vt* -**1.** [lidiar] to fight *(bulls)* -**2.** *fig* [eludir] to dodge -**3.** *fig* [burlarse de]: **~ a al-guien** to mess sb about. ◇ *vi* [lidiar] to fight bulls.

toreo *m* bullfighting.

torero, ra ◇ *adj* bullfighting *(antes de sust)*. ◇ *m,f* [persona] bullfighter; **saltarse algo a la torera** *fig* to flout sthg.
➡ **torera** *f* [prenda] bolero (jacket).

toril *m* bullpen.

tormenta *f lit* & *fig* storm.

tormento *m* torment; **ser un ~** [persona] to be a torment; [cosa] to be torture.

tormentoso, sa *adj* stormy; [sueño] troubled.

tornadizo, za *adj* fickle.

tornado *m* tornado.

tornar *culto* ◇ *vt* -**1.** [convertir]: **~ algo en (algo)** to turn sthg into (sthg) -**2.** [devolver] to return. ◇ *vi* -**1.** [regresar] to return -**2.** [vol-ver a hacer]: **~ a hacer algo** to do sthg again.
➡ **tornarse** *vpr* [convertirse]: **~se (en)** to turn (into), to become.

tornas *fpl*: **volver las ~** to turn the tables.

tornasol *m* [reflejo] sheen.

tornasolado, da *adj* iridescent.

torneado, da *adj* -**1.** [cerámica] turned -**2.** [brazos, piernas] shapely.
➡ **torneado** *m* turning.

tornear *vt* to turn.

torneo *m* tournament.

tornero, ra *m,f* [con madera] lathe operator.

tornillo *m* screw; [con tuerca] bolt; **le falta un ~** *fam* he has a screw loose.

torniquete *m* -**1.** *MED* tourniquet -**2.** [en en-trada] turnstile.

torno *m* -**1.** [de alfarero] (potter's) wheel -**2.** [de carpintero] lathe -**3.** [en entrada] turnstile -**4.** [de dentista] drill -**5.** [para pesos] winch.
➡ **en torno a** *loc prep* -**1.** [alrededor de] around -**2.** [acerca de] about; **girar en ~ a** to be about.

toro *m* bull; **~ de lidia** fighting bull; **agarrar** *o* **coger el ~ por los cuernos** to take the bull by the horns; **ver los ~s desde la barrera** to watch from the wings.
➡ **toros** *mpl* [lidia] bullfight *(sg)*, bullfight-ing *(U)*.

toronja *f* grapefruit.

torpe *adj* -**1.** [gen] clumsy -**2.** [necio] slow, dim-witted.

torpedear *vt* to torpedo.

torpedero *m* torpedo boat.

torpedo *m* -**1.** [proyectil] torpedo -**2.** [pez] electric ray.

torpeza *f* -**1.** [gen] clumsiness; **fue una ~ hacerlo/decirlo** it was a clumsy thing to do/say -**2.** [falta de inteligencia] slowness.

torrar *vt* to roast.
➡ **torrarse** *vpr fam* [de calor] to be roasting.

torre *f* -**1.** [construcción] tower; *ELECTR* pylon; **~ (de apartamentos)** tower block; **~ de con-trol** control tower; **~ del homenaje** keep; **~ de marfil** *fig* ivory tower; **~ de perfora-ción** oil derrick -**2.** [en ajedrez] rook, castle -**3.** *MIL* turret -**4.** [chalé] cottage.

torrefacto, ta *adj* high-roast *(antes de sust)*.

torrencial *adj* torrential.

torrente *m* torrent; **un ~ de** *fig* [gente, pala-bras etc] a stream *o* flood of; [dinero, energía] masses of; **un ~ de voz** a powerful voice.

torrentera *f* watercourse, gully.

torreón *m* large fortified tower.

torreta *f* -**1.** *MIL* turret -**2.** *ELECTR* pylon.

torrezno *m* chunk of fried bacon.

tórrido, da *adj lit* & *fig* torrid.

torrija *f* French toast *(U) (dipped in milk or wine)*.

torsión *f* -**1.** [del cuerpo, brazo] twist, twisting *(U)* -**2.** *MEC* torsion.

torso *m culto* torso.

torta *f* -**1.** *CULIN* cake; **nos costó la ~ un pan** it cost us an arm and a leg -**2.** *Andes, Col, RP, Ven* [tarta] cake -**3.** *fam* [bofetada] thump; **dar** *o* **pegar una ~ a alguien** to thump sb -**4.** *fam* [accidente] crash; **darse** *o* **pegarse una ~** to crash.

◆ **ni torta** *loc adv fam* not a thing.

tortazo *m* **-1.** *fam* [bofetada] thump; **dar o pegar un ~ a alguien** to thump sb; **liarse a ~s** to come to blows **-2.** *fam* [accidente] crash; **darse o pegarse un ~** to crash.

tortícolis *f inv* crick in the neck.

tortilla *f* **-1.** [de huevo] omelette; **~ (a la) española** Spanish *o* potato omelette; **~ (a la) francesa** French *o* plain omelette; **se dio la vuelta o se volvió la ~** the tables turned **-2.** [de maíz] tortilla.

tortillera *f mfam despec* dyke, lesbian.

tortillería *f* [restaurante] omelette restaurant.

tórtola *f* turtledove.

tortolito, ta *m,f (gen pl) fam* [enamorado] lovebird.

tortuga *f* **-1.** [terrestre] tortoise; [marina] turtle; [fluvial] terrapin **-2.** *fam* [persona o cosa lenta] snail.

tortuosidad *f* **-1.** [sinuosidad] tortuousness **-2.** *fig* [perversidad] deviousness.

tortuoso, sa *adj* **-1.** [sinuoso] tortuous, winding **-2.** *fig* [perverso] devious.

tortura *f* torture.

torturador, ra ◇ *adj* torturing. ◇ *m,f* torturer.

torturar *vt* to torture.

◆ **torturarse** *vpr* to torture o.s.

torunda *f* swab.

torvo, va *adj* fierce.

torzamos ▷ **torcer**.

tos *f* cough; **~ ferina = tosferina.**

tosco, ca *adj* **-1.** [basto] crude **-2.** *fig* [ignorante] coarse.

toser *vi* to cough.

tosferina, tos ferina *f* whooping cough.

tosquedad *f* **-1.** [vulgaridad] crudeness **-2.** *fig* [ignorancia] coarseness.

tostadero *m* roaster.

tostado, da *adj* **-1.** [pan, almendras] toasted **-2.** [color] brownish **-3.** [piel] tanned.

◆ **tostada** *f* piece of toast; **café con ~s** coffee and toast.

tostador *m*, **tostadora** *f* toaster.

tostar [23] *vt* **-1.** [dorar, calentar - pan, almendras] to toast; [- carne] to brown **-2.** [broncear] to tan.

◆ **tostarse** *vpr* to get brown; **~se (al sol)** to sunbathe.

tostón *m* **-1.** *CULIN* crouton **-2.** *fam* [rollo, aburrimiento] bore, drag **-3.** *fam* [persona molesta] pain.

total ◇ *adj* **-1.** [absoluto, completo] total **-2.** *mfam* [estupendo] brill, ace. ◇ *m* **-1.** [suma]

total **-2.** [totalidad, conjunto] whole; **el ~ del grupo** the whole group; **en ~** in all. ◇ *adv* anyway; **~ que me marché** so anyway, I left.

totalidad *f* whole; **en su ~** as a whole.

totalitario, ria *adj* totalitarian.

totalitarismo *m* totalitarianism.

totalizar [13] *vt* to add up to, to amount to.

tótem (*pl* **tótems** *o* **tótemes**) *m* totem.

totémico, ca *adj* totemic.

tour [tur] (*pl* **tours**) *m* tour.

◆ **tour de force** *m* tour de force.

◆ **tour operador** *m* tour operator.

tournée [tur'ne] (*pl* **tournées**) *f* tour; **ir de ~** to go on tour.

toxicidad *f* toxicity.

tóxico, ca *adj* toxic, poisonous.

◆ **tóxico** *m* poison.

toxicología *f* toxicology.

toxicológico, ca *adj* toxicological.

toxicomanía *f* drug addiction.

toxicómano, na ◇ *adj* addicted to drugs. ◇ *m,f* drug addict.

toxina *f* toxin.

tozudez *f* stubbornness, obstinacy.

tozudo, da ◇ *adj* stubborn. ◇ *m,f* stubborn person.

traba *f fig* [obstáculo] obstacle; **poner ~s (a alguien)** to put obstacles in the way (of sb).

trabado, da *adj* **-1.** [ligado - salsa] smooth; [- discurso] coherent **-2.** [atascado] jammed **-3.** *GRAM* ending in a consonant.

trabajado, da *adj* **-1.** [obra] carefully worked **-2.** [músculo] developed.

trabajador, ra ◇ *adj* hard-working. ◇ *m,f* worker; **~ por cuenta ajena** employee; **~ por cuenta propia** self-employed person.

trabajar ◇ *vi* **-1.** [gen] to work; **~ de/en** to work as/in; **~ en una empresa** to work for a firm **-2.** *CIN & TEATR* to act. ◇ *vt* **-1.** [hierro, barro, tierra] to work; [masa] to knead **-2.** [mejorar] to work on *o* at **-3.** *fig* [engatusar, convencer]: **~ a alguien (para que haga algo)** to work on sb (so that they do sthg).

trabajo *m* **-1.** [gen] work; **hacer un buen ~** to do a good job; **~ intelectual/físico** mental/physical effort; **~ manual** manual labour; **~s forzados o forzosos** hard labour (*U*); **~s manuales** [en el colegio] arts and crafts; **ser un ~ de chinos** to be a finicky job **-2.** [empleo] job; **no tener ~** to be out of work **-3.** [estudio escrito] piece of work, essay **-4.** *ECON & POLÍT* labour **-5.** *fig* [esfuerzo] effort; **costar mucho ~** to take a lot of effort.

trabajoso, sa adj -**1.** [difícil] hard, difficult -**2.** [molesto] tiresome.

trabalenguas m inv tongue-twister.

trabar vt -**1.** [sujetar] to fasten; [con grilletes] to shackle -**2.** [unir] to join -**3.** [iniciar - conversación, amistad] to strike up -**4.** [obstaculizar] to obstruct, to hinder -**5.** CULIN to thicken.

➡ **trabarse** vpr -**1.** [enredarse] to get tangled -**2.** [espesarse] to thicken -**3.** loc: se le trabó la lengua he got tongue-tied.

trabazón f -**1.** [de piezas, vigas] assembly -**2.** [de ideas, episodios] connection; [de discurso, novela] consistency.

trabilla f [de pantalón] belt loop; [de chaqueta, abrigo] half belt; [de medias, polainas] foot strap.

trabucar vt to mix up.

➡ **trabucarse** vpr [al hablar] to get tongue-tied.

trabuco m [arma de fuego] blunderbuss.

traca f string of firecrackers.

tracción f traction; ~ **a las cuatro ruedas** four-wheel drive; ~ **delantera/trasera** front-wheel/rear-wheel drive.

trace etc ➪ trazar.

tracoma m trachoma.

tractor m tractor.

tractorista mf tractor driver.

tradición f tradition.

tradicional adj traditional.

tradicionalismo m traditionalism; POLÍT conservatism.

tradicionalista adj & m,f [conservador] traditionalist; POLÍT conservative.

traducción f translation; ~ **automática/simultánea** machine/simultaneous translation; ~ **directa/inversa** translation into/out of one's own language.

traducir [33] ◇ vt -**1.** [a otro idioma] to translate -**2.** fig [expresar] to express. ◇ vi: ~ **(de/a)** to translate (from/into).

➡ **traducirse** vpr [a otro idioma]: ~se (por) to be translated (by o as).

➡ **traducirse en** vpr [ocasionar] to lead to.

traductor, ra ◇ adj translating. ◇ m,f translator; ~ **jurado** translator qualified to work at court and translate legal documents.

traer [73] vt -**1.** [trasladar, provocar] to bring; [consecuencias] to carry, to have; ~ **consigo** [implicar] to mean, to lead to -**2.** [llevar] to carry; **¿qué traes ahí?** what have you got there? -**3.** [llevar adjunto, dentro] to have; **trae un artículo interesante** it has an interesting article in it -**4.** [llevar puesto] to wear.

➡ **traerse** vpr: **traérselas** fam fig to be a real handful.

tráfago m [de calle, ciudad, oficina] hustle and bustle.

traficante mf [de drogas, armas etc] trafficker.

traficar [10] vi: ~ **(en/con algo)** to traffic (in sthg).

tráfico m [de vehículos] traffic; [de drogas, armas] trafficking, dealing; ~ **rodado** road traffic; ~ **de influencias** political corruption.

tragaderas fpl fam: **tener (buenas)** ~ [ser crédulo] to fall for anything; [tener aguante] to be able to stomach anything.

tragaldabas m,f & inv fam greedy guts.

tragaluz m skylight.

traganíqueles f inv Amér fam ➪ máquina.

tragaperras f inv slot machine.

tragar [16] ◇ vt -**1.** [ingerir, creer] to swallow -**2.** [absorber] to swallow up -**3.** fig [soportar] to put up with; **no (poder)** ~ **a alguien** not to be able to stand sb -**4.** fig [refrenar] to contain, to keep to o.s.; [lágrimas] to choke back -**5.** fam [consumir mucho - suj: persona, coche] to devour, to guzzle. ◇ vi -**1.** [ingerir] to swallow -**2.** [aguantar] to grin and bear it; [acceder, ceder] to give in.

➡ **tragarse** vpr fig [soportarse]: **no se tragan** they can't stand each other.

tragedia f tragedy.

trágico, ca adj tragic.

tragicomedia f tragicomedy.

tragicómico, ca adj tragicomic.

trago m -**1.** [de líquido] mouthful; **dar un** ~ **de algo** to take a swig of sthg; **de un** ~ in one gulp -**2.** fam [copa] drink; **echar un** ~ to have a quick drink -**3.** fam [disgusto]: **ser un** ~ **para alguien** to be tough on sb; **pasar un mal** ~ to have a tough time of it.

tragón, ona fam ◇ adj greedy. ◇ m,f pig, glutton.

trague etc ➪ tragar.

traición f -**1.** [infidelidad] betrayal; **a** ~ treacherously -**2.** DER treason; **alta** ~ high treason.

traicionar vt [persona, país, ideales] to betray.

traicionero, ra ◇ adj [desleal] treacherous; DER treasonous. ◇ m,f traitor.

traído, da adj: ~ **y llevado** well-worn, hackneyed.

traidor, ra ◇ adj treacherous; DER treasonous. ◇ m,f traitor.

traiga etc ➪ traer.

trailer ['trailer] (pl trailers) m -**1.** CIN trailer -**2.** AUTOM articulated lorry -**3.** Méx [caravana] caravan *UK*, trailer *US*.

trainera *f small Basque fishing boat.*

traje *m* **-1.** [con chaqueta] suit; [de una pieza] dress; **ir de** ~ to wear a suit; ~ **de baño** swimsuit; ~ **de ceremonia** *o* **de gala** dress suit, formal dress *(U)*; ~ **de chaqueta** woman's two-piece suit; ~ **de etiqueta** evening dress *(U)*; ~ **de noche** evening dress; ~ **pantalón** trouser suit **-2.** [regional, de época etc] costume; ~ **de luces** matador's outfit ; *ver también* **tauromaquia -3.** [ropa] clothes *(pl)*; ~ **de diario** everyday clothes; ~ **de paisano** [de militar] civilian clothes; [de policía] plain clothes.

trajeado, da *adj* **-1.** [con chaqueta] wearing a jacket **-2.** *fam* [arreglado] spruced up.

trajearse *vpr* [elegantemente] to dress smartly.

trajera *etc* ⊳ **traer.**

trajín *m fam* [ajetreo] bustle.

trajinar *vi fam* to bustle about.

➤ **trajinarse a** *vpr fam* [ligarse a] to get off with.

trajo ⊳ **traer.**

tralla *f* [látigo] whip.

trallazo *m fam DEP* powerful shot.

trama *f* **-1.** [de hilos] weft **-2.** [argumento] plot **-3.** [conspiración] intrigue.

tramar *vt* [planear] to plot; [complot] to hatch; **estar tramando algo** to be up to something.

tramitación *f* [acción] processing.

tramitar *vt* **-1.** [suj: autoridades - pasaporte, permiso] to take the necessary steps to obtain; [- solicitud, dimisión] to process **-2.** [suj: solicitante]: ~ **un permiso/visado** to be in the process of applying for a licence/visa.

trámite *m* [gestión] formal step; **de** ~ routine, formal.

➤ **trámites** *mpl* **-1.** [proceso] procedure *(sg)* **-2.** [papeleo] paperwork *(U)*.

tramo *m* [espacio] section, stretch; [de escalera] flight (of stairs).

tramontana *f* north wind.

tramoya *f* **-1.** *TEATR* stage machinery *(U)* **-2.** *fig* [enredo] intrigue.

tramoyista *mf TEATR* stagehand.

trampa *f* **-1.** [para cazar] trap; *fig* [engaño] trick; **caer en la** ~ to fall into the trap; **tender una** ~ **(a alguien)** to set *o* lay a trap (for sb); **hacer** ~**s** to cheat **-2.** [trampilla] trapdoor **-3.** *fam* [deuda] debt.

trampear *vi fam* **-1.** [estafar] to swindle money **-2.** [ir tirando] to struggle along.

trampero, ra *m,f* trapper.

trampilla *f* [en el suelo] trapdoor.

trampolín *m* **-1.** [de piscina] diving board; [de esquí] ski jump; [en gimnasia] springboard **-2.** *fig* [medio, impulso] springboard.

tramposo, sa ⊳ *adj* [fullero] cheating. ⊳ *m,f* **-1.** [fullero] cheat **-2.** *fam* [moroso] bad debtor.

tranca *f* **-1.** [en puerta, ventana] bar **-2.** [arma] cudgel, stick **-3.** *fam* [borrachera]: **coger una** ~ to get plastered **-4.** *loc*: **a** ~**s y barrancas** with great difficulty.

trancarse *vpr Amér* [atorarse] to get blocked, to get clogged up.

trancazo *m* **-1.** [golpe] blow (with a stick) **-2.** *fam* [gripe] bout of the flu; [resfriado] cold.

trance *m* **-1.** [apuro] difficult situation; **estar en** ~ **de hacer algo** to be about to do sthg; **pasar por un mal** ~ to go through a bad patch **-2.** [estado hipnótico] trance; **estar en** ~ to be in a trance.

tranquilidad *f* peacefulness, calmness; **para mayor** ~ to be on the safe side.

tranquilizador, ra *adj* calming.

tranquilizante ⊳ *adj* **-1.** [música, color etc] soothing **-2.** *FARM* tranquilizing. ⊳ *m FARM* tranquilizer.

tranquilizar [13] *vt* **-1.** [calmar] to calm (down) **-2.** [dar confianza] to reassure.

➤ **tranquilizarse** *vpr* **-1.** [calmarse] to calm down **-2.** [ganar confianza] to feel reassured.

tranquillo *m Esp fam*: **coger el** ~ **a algo** to get the knack of sthg.

tranquilo, la *adj* **-1.** [sosegado - lugar, música] peaceful; [- persona, tono de voz, mar] calm; **¡(tú)** ~**!** *fam* don't you worry! **-2.** [velada, charla, negocio] quiet **-3.** [mente] untroubled; [conciencia] clear **-4.** [despreocupado] casual, laid-back; **quedarse tan** ~ not to bat an eyelid.

transacción *f COM* transaction.

transalpino, na *adj* transalpine.

transaminasa *f QUÍM* transaminase.

transar *vi Amér* [negociar] to come to an arrangement; to reach a compromise; [transigir] to compromise, to give in.

transatlántico, ca *adj* transatlantic.

➤ **transatlántico** *m NÁUT* (ocean) liner.

transbordador *m* **-1.** *NUT* ferry **-2.** *AERON*: ~ **(espacial)** space shuttle.

transbordar *vi* to change *(trains etc)*.

transbordo *m*: **hacer** ~ to change *(trains etc)*.

transcendencia *f* importance; **tener una**

gran ~ to be deeply significant.

transcendental *adj* **-1.** [importante] momentous **-2.** [meditación] transcendental.

transcendente *adj* momentous.

transcender [20] *vi* **-1.** [extenderse]: ~ **(a algo)** to spread (across sthg) **-2.** [filtrarse] to be leaked **-3.** [sobrepasar]: ~ **de** to transcend, to go beyond.

transcontinental *adj* transcontinental.

transcribir *vt* **-1.** [escribir] to transcribe **-2.** *fig* [expresar] to express in writing.

transcripción *f* transcription.

transcrito, ta *adj* transcribed.

transcurrir *vi* **-1.** [tiempo] to pass, to go by **-2.** [ocurrir] to take place, to go off.

transcurso *m* **-1.** [paso de tiempo] passing **-2.** [periodo de tiempo]: **en el** ~ **de** in the course of.

transeúnte *mf* **-1.** [viandante] passer-by **-2.** [residente de paso] temporary resident.

transexual *adj & m,f* transsexual.

transferencia *f* transfer; **pagar algo mediante** ~ to pay sthg by transfer.

transferir [27] *vt* to transfer.

transfiguración *f* transfiguration.

transfigurarse *vpr* to become transfigured.

transformable *adj* convertible *(furniture)*.

transformación *f* **-1.** [cambio, conversión] transformation **-2.** [en rugby] conversion.

transformador *m* ELECTRÓN transformer.

transformar *vt* **-1.** [cambiar radicalmente]: ~ **algo/a alguien (en)** to transform sthg/sb (into) **-2.** [convertir]: ~ **algo (en)** to convert sthg (into) **-3.** [en rugby] to convert.
➡ **transformarse** *vpr* **-1.** [cambiar radicalmente] to be transformed **-2.** [convertirse]: ~**se en algo** to be converted into sthg.

transformista *mf* [artista] quick-change artist.

tránsfuga *mf* POLÍT defector.

transfuguismo *m* POLÍT defection.

transfusión *f* transfusion.

transgénico, ca *adj* genetically modified, transgenic.

transgredir [78] *vt* to transgress.

transgresión *f* transgression.

transgresor, ra *m,f* transgressor.

transiberiano *m* Trans-Siberian railway.

transición *f* transition; **periodo de** ~ transition period; ~ **democrática** transition to democracy.

transido, da *adj*: ~ **(de)** stricken (with); ~ **de pena** grief-stricken.

transigencia *f* willingness to compromise.

transigente *adj* **-1.** [que cede] compromising **-2.** [tolerante] tolerant.

transigir [15] *vi* **-1.** [ceder] to compromise **-2.** [ser tolerante] to be tolerant.

transistor *m* transistor.

transitable *adj* [franqueable] passable; [no cerrado al tráfico] open to traffic.

transitar *vi* to go (along).

transitivo, va *adj* transitive.

tránsito *m* **-1.** [circulación - gen] movement; [- de vehículos] traffic; **pasajeros en** ~ **a ...** passengers with connecting flights to ...; ~ **rodado** road traffic **-2.** [transporte] transit.

transitorio, ria *adj* [gen] transitory; [residencia] temporary; [régimen, medida] transitional, interim.

translúcido, da *adj* translucent.

translucirse [32] *vpr* [motivos, sentimientos, cualidades] to show through, to be obvious.

transmediterráneo, a *adj* transmediterranean.

transmisible *adj* **-1.** [enfermedad] transmittible **-2.** [título, posesiones] transferrable.

transmisión *f* **-1.** [gen & AUTOM] transmission; **de** ~ **oral/sexual** MED sexually/orally transmitted; ~ **del pensamiento** telepathy **-2.** RADIO & TV broadcast, broadcasting *(U)* **-3.** [de herencia, poderes etc] transference.

transmisor, ra *adj* transmission *(antes de sust)*.
➡ **transmisor** *m* transmitter.

transmitir *vt* **-1.** [gen] to transmit; [saludos, noticias] to pass on **-2.** RADIO & TV to broadcast **-3.** [ceder] to transfer.
➡ **transmitirse** *vpr* to be transmitted.

transmutación *f* transmutation.

transmutar *vt* to transmute.

transnacional *adj* transnational.

transoceánico, ca *adj* transoceanic.

transparencia *f* transparency.

transparentarse *vpr* **-1.** [tela] to be seethrough; [vidrio, líquido] to be transparent **-2.** *fig* [manifestarse] to show through.

transparente *adj* [gen] transparent; [tela] see-through.

transpiración *f* perspiration.

transpirar *vi* to perspire.

transplantar *vt* to transplant.

transplante *m* transplant, transplanting *(U)*.

transponer [65] *vt* **-1.** [cambiar] to switch **-2.** [desaparecer detrás de] to disappear behind.
    transponerse *vpr* [adormecerse] to doze off.

transportable *adj* portable.

transportador *m* [para medir ángulos] protractor.

transportar *vt* **-1.** [trasladar] to transport **-2.** [embelesar] to captivate.
    transportarse *vpr* [embelesarse] to go into raptures.

transporte *m* transport *UK*, transportation *US*; ~ **público** *o* **colectivo** public transport *UK* *o* transportation *US*.

transportista *mf* carrier.

transposición *f* transposition.

transpuesto, ta *adj* dozing.

transvasar *vt* **-1.** [líquido] to decant **-2.** [río] to transfer.

transvase *m* **-1.** [de líquido] decanting **-2.** [de río] transfer.

transversal ◇ *adj* transverse. ◇ *f GEOM* transversal.

tranvía *m* tram, streetcar *US*.

trapecio *m* **-1.** [de gimnasia] trapeze **-2.** *GEOM* trapezium **-3.** *ANAT* [músculo] trapezius.

trapecista *mf* trapeze artist.

trapense *adj & m,f RELIG* Trappist.

trapero, ra *m,f* rag-and-bone man (*f* rag-and-bone woman).

trapezoide *m ANAT & GEOM* trapezoid.

trapichear *vi fam* to be on the fiddle.

trapicheo *m fam* **-1.** [negocio sucio] fiddle **-2.** [tejemaneje] scheme, scheming *(U)*.

trapío *m TAUROM* good bearing.

trapisonda *f fam* **-1.** [riña] row, commotion **-2.** [enredo] scheme.

trapo *m* **-1.** [trozo de tela] rag **-2.** [gamuza, bayeta] cloth; **pasar el** ~ **a algo** to wipe sthg with a cloth; **los** ~**s sucios se lavan en casa** you should not wash your dirty linen in public; **poner a alguien como un** ~ to tear sb to pieces **-3.** *TAUROM* cape; **entrar al** ~ *fig* to raise to the bait **-4.** *loc:* **a todo** ~ at full pelt.
    trapos *mpl fam* [ropa] clothes.

tráquea *f* windpipe, trachea *MED*.

traqueotomía *f* tracheotomy.

traquetear *vi* [hacer ruido] to rattle.

traqueteo *m* [ruido] rattling.

tras *prep* **-1.** [detrás de] behind **-2.** [después de, en pos de] after; **uno** ~ **otro** one after the other; **andar** ~ **algo** to be after sthg.

trasalpino, na = transalpino.

trasatlántico, ca = transatlántico.

trasbordador, ra = transbordador.

trasbordar = transbordar.

trasbordo = transbordo.

trascendencia = transcendencia.

trascendental = transcendental.

trascendente = transcendente.

trascender [20] = transcender.

trascontinental = transcontinental.

trascribir = transcribir.

trascripción = transcripción.

trascriptor = transcriptor.

trascrito, ta = transcrito.

trascurrir = transcurrir.

trascurso = transcurso.

trasegar [35] *vt* **-1.** [desordenar] to rummage about amongst **-2.** [transvasar] to decant.

trasero, ra *adj* back (*antes de sust*), rear (*antes de sust*).
    trasero *m fam* backside, butt *US*.
    trasera *f* rear.

trasferencia = transferencia.

trasferir [27] = transferir.

trasfiguración = transfiguración.

trasfigurarse = transfigurarse.

trasfondo *m* background; [de palabras, intenciones] undertone.

trasformable = transformable.

trasformación = transformación.

trasformador = transformador.

trasformar = transformar.

trasformista = transformista.

trásfuga = tránsfuga.

trasfuguismo = transfuguismo.

trasfusión = transfusión.

trasgredir [78] = transgredir.

trasgresión = transgresión.

trasgresor, ra = transgresor.

trashumancia *f* seasonal migration *(of livestock)*.

trashumante *adj* seasonally migratory.

trashumar *vi* to migrate seasonally.

trasiega ➢ trasegar.

trasiego *m* **-1.** [movimiento] comings and goings *(pl)* **-2.** [transvase] decanting.

trasiegue ➢ trasegar.

traslación *f ASTRON* passage.

trasladar *vt* **-1.** [desplazar] to move **-2.** [a empleado, funcionario] to transfer - **3.** [reunión, fecha] to postpone, to move back - **4.** [traducir] to translate - **5.** *fig* [expresar]: ~ algo al papel to transfer sthg onto paper.

◆ **trasladarse** *vpr* - **1.** [desplazarse] to go - **2.** [mudarse] to move; **me traslado de piso** I'm moving flat.

traslado *m* - **1.** [de casa, empresa, muebles] move, moving *(U)* - **2.** [de trabajo] transfer - **3.** [de personas] movement.

traslúcido, da = translúcido.

traslucirse [32] = translucirse.

trasluz *m* reflected light; **al** ~ against the light.

trasmano

◆ **a trasmano** *loc adv* - **1.** [fuera de alcance] out of reach - **2.** [lejos] out of the way.

trasmediterráneo, a = transmediterráneo.

trasmisible = transmisible.

trasmisión = transmisión.

trasmisor, ra = transmisor.

trasmitir = transmitir.

trasmutación = transmutación.

trasmutar = transmutar.

trasnacional = transnacional.

trasnochado, da *adj* outdated.

trasnochador, ra ◇ *adj* given to staying up late. ◇ *m,f* night owl.

trasnochar *vi* to stay up late, to go to bed late.

trasoceánico, ca = transoceánico.

traspapelar *vt* to mislay, to misplace.

◆ **traspapelarse** *vpr* to get mislaid *o* misplaced.

trasparencia = transparencia.

trasparentarse = transparentarse.

trasparente = transparente.

traspasar *vt* - **1.** [perforar, atravesar] to go through, to pierce; [suj: líquido] to soak through - **2.** [cruzar] to cross (over); [puerta] to pass through - **3.** [cambiar de sitio] to move - **4.** [vender - jugador] to transfer; [- negocio] to sell (as a going concern) - **5.** *fig* [exceder] to go beyond.

traspaso *m* - **1.** [venta - de jugador] transfer; [- de negocio] sale (as a going concern) - **2.** [precio - de jugador] transfer fee; [- de negocio] takeover fee.

traspié (*pl* **traspiés**) *m* - **1.** [resbalón] trip, stumble; **dar un** ~ to trip up - **2.** *fig* [error] blunder, slip.

traspiración = transpiración.

traspirar = transpirar.

trasplantar = transplantar.

trasplante = transplante.

trasponer [65] = transponer.

trasportar *etc* = transportar.

trasposición = transposición.

traspuesto, ta = transpuesto.

trasquilado, da *adj*: **salir** ~ *fig* to come off badly.

trasquilar *vt* [esquilar] to shear.

trasquilón *m*: **hacerle un** ~ **a alguien** to cut sb's hair crooked.

trastabillar *vi* [tambalearse] to stagger; [tropezar] to stumble; [tartamudear] to stutter.

trastada *f fam* dirty trick; **hacer una** ~ **a alguien** to play a dirty trick on sb.

trastazo *m fam* bump, bang; **darse** *o* **pegarse un** ~ to bang *o* bump o.s.

traste *m* - **1.** *MÚS* fret - **2.** *CSur fam* [trasero] bottom - **3.** *Andes, CAm, Carib, Méx*: ~s utensils - **4.** *loc*: **dar al** ~ **con algo** to ruin sthg; **irse al** ~ to fall through.

trastero *m* junk room.

trastienda *f* backroom.

trasto *m* - **1.** [utensilio inútil] piece of junk, junk *(U)* - **2.** *fam* [persona traviesa] menace, nuisance - **3.** *fam fig* [persona inútil]: ~ **(viejo)** dead loss.

◆ **trastos** *mpl fam* [pertenencias, equipo] things, stuff *(U)*; **tirarse los** ~**s a la cabeza** to have a flaming row.

trastocar [36] *vt* [cambiar] to turn upside down.

◆ **trastocarse** *vpr* [enloquecer] to go mad.

trastornado, da *adj* disturbed, unbalanced.

trastornar *vt* - **1.** [volver loco] to drive mad - **2.** [inquietar] to worry, to trouble - **3.** [alterar] to turn upside down; [planes] to disrupt, to upset - **4.** [estómago] to upset.

◆ **trastornarse** *vpr* [volverse loco] to go mad.

trastorno *m* - **1.** [mental] disorder; [digestivo] upset - **2.** [alteración - por huelga, nevada] trouble *(U)*, disruption *(U)*; [- por guerra etc] upheaval.

trasvasar = transvasar.

trasvase = transvase.

trasversal = transversal.

trata *f*: ~ **de blancas** white slave trade; ~ **de esclavos** slave trade.

tratable *adj* easy-going, friendly.

tratadista *mf* treatise writer, essayist.

tratado *m* - **1.** [convenio] treaty - **2.** [escrito] treatise.

tratamiento *m* - **1.** [gen & MED] treatment; **estar en** ~ to be receiving treatment; ~ **del**

dolor pain relief **-2.** [título] title, form of address **-3.** INFORM processing; ~ **de datos/ textos** data/word processing; ~ **por lotes** batch processing.

tratante *mf* dealer; [de vinos] merchant.

tratar ◇ *vt* **-1.** [gen & MED] to treat **-2.** [discutir] to discuss **-3.** INFORM to process **-4.** [dirigirse a]: ~ **a alguien de** [usted, tú etc] to address sb as **-5.** : ~ **a alguien de algo** [cretino etc] to call sb sthg. ◇ *vi* **-1.** [intentar]: ~ **de hacer algo** to try to do sthg **-2.** [versar]: ~ **de/sobre** to be about **-3.** [tener relación]: ~ **con alguien** to mix with sb, to have dealings with sb **-4.** [comerciar]: ~ **en** to deal in.

➡ **tratarse** *vpr* **-1.** [relacionarse]: ~**se con** to mix with, to have dealings with **-2.** [versar]: ~**se de** to be about; **¿de qué se trata?** what's it about?

tratativas *fpl CSur* negotiation (*sg*).

trato *m* **-1.** [comportamiento] treatment; **de ~ agradable** pleasant; **malos ~s** battering (U) (*of child, wife*) **-2.** [relación] dealings (*pl*); **tener ~ con alguien** to associate with, to be friendly with **-3.** [acuerdo] deal; **cerrar** *o* **hacer un ~** to do *o* make a deal; **¡~ hecho!** it's a deal! **-4.** [tratamiento] title, term of address.

trauma *m* trauma.

traumático, ca *adj* traumatic.

traumatismo *m* traumatism.

traumatizante *adj* traumatic.

traumatizar [13] *vt* to traumatize.
➡ **traumatizarse** *vpr* to be devastated.

traumatología *f* traumatology.

traumatólogo, ga *m,f* traumatologist.

travelling *m* CIN travelling shot.

través
➡ **a través de** *loc prep* **-1.** [de un lado a otro de] across, over **-2.** [por, por medio de] through.
➡ **de través** *loc adv* [transversalmente] crossways; [de lado] crosswise, sideways.

travesaño *m* **-1.** ARQUIT crosspiece **-2.** DEP crossbar **-3.** [de escalera] rung.

travesero, ra *adj*: **flauta travesera** flute.

travesía *f* **-1.** [viaje - por mar] voyage, crossing; [- por aire] flight **-2.** [calle] cross-street.

travestido, da, travestí (*pl* **travestís**) *m,f* transvestite.

travestirse [26] *vpr* to cross-dress.

travestismo *m* transvestism.

travesura *f* [acción] prank, mischief (U); **hacer ~s** to play pranks, to get up to mischief.

traviesa *f* **-1.** FERROC sleeper (*on track*) **-2.** CONSTR crossbeam, tie beam.

travieso, sa *adj* mischievous.

travista, travistiera *etc v* ▷ travestirse.

trayecto *m* **-1.** [distancia] distance **-2.** [viaje] journey, trip **-3.** [ruta] route; **final de ~** end of the line.

trayectoria *f* **-1.** [recorrido] trajectory **-2.** *fig* [evolución] path.

traza *f* [aspecto] appearance (U), looks (*pl*); **tener ~s de hacer algo** to show signs of doing sthg; **esto no tiene ~s de acabar pronto** this doesn't look as if it's going to finish soon.

trazado *m* **-1.** [trazo] outline, sketching **-2.** [diseño] plan, design **-3.** [recorrido] route.

trazar [13] *vt* **-1.** [dibujar] to draw, to trace; [ruta] to plot **-2.** [indicar, describir] to outline **-3.** [idear] to draw up.

trazo *m* **-1.** [de dibujo, rostro] line **-2.** [de letra] stroke.

trébol *m* **-1.** [planta] clover **-2.** [naipe] club.
➡ **tréboles** *mpl* [naipes] clubs.

trece *núm* thirteen; **mantenerse** *o* **seguir en sus ~** to stick to one's guns; *ver también* **seis.**

treceavo, va *núm* thirteenth; **la treceava parte** a thirteenth.

trecho *m* [espacio] distance; [tiempo] time, while; **de ~ en ~** every so often.

tregua *f* truce; *fig* respite.

treinta *núm* thirty; **los (años) ~** the Thirties; *ver también* **seis.**

treintañero, ra *adj & m,f* thirtysomething.

treintena *f* thirty.

tremebundo, da *adj* terrifying.

tremendo, da *adj* **-1.** [enorme] tremendous, enormous **-2.** [travieso] mischievous **-3.** [atroz, horripilante] horrifying **-4.** *fam* [gordísimo] really fat **-5.** *loc*: **tomar** *o* **tomarse algo a la tremenda** to take sthg hard.

trementina *f* turpentine.

tremolar *vi culto* to wave, to flutter.

tremolina *f* row, uproar.

trémolo *m* tremolo.

trémulo, la *adj* [voz] trembling; [luz] flickering.

tren *m* **-1.** [ferrocarril] train; **ir en ~** to go by train; ~ **de alta velocidad/largo recorrido** high-speed/long-distance train; ~ **de cercanías** local train, suburban train; ~ **correo** mail train; ~ **de mercancías** freight *o* goods train; **estar como (para parar) un ~** to be really gorgeous; **perder el ~** *fig* to miss the boat; **subirse al ~** *fig* to climb on the bandwagon **-2.** TECN line; ~ **de aterrizaje** undercarriage, landing gear; ~ **de lavado** car wash **-3.** *fig* [estilo]: ~ **de vida** lifestyle;

vivir a todo ~ to live in style.
trena f fam nick, slammer.
trenca f duffle coat.
trence etc ⊳ trenzar.
trenza f -1. [de pelo] plait -2. [de fibras] braid.
trenzar [13] vt -1. [pelo] to plait -2. [fibras] to braid.
trepa mf fam social climber.
trepador, ra <> adj: planta trepadora climber, creeper. <> m,f fam social climber.
trepanación f trepanation.
trepanar vt to trepan.
trepar <> vt to climb. <> vi -1. [subir] to climb -2. fam [medrar] to be a social climber.
trepidación f shaking, vibration.
trepidante adj -1. [rápido, vivo] frenetic -2. [vibratorio] shaking, vibrating.
trepidar vi to shake, to vibrate.
tres núm three; de ~ al cuarto cheap, third-rate; ni a la de ~ for anything in the world, no way; no ver ~ en un burro to be as blind as a bat; ~ cuartos de lo mismo the same thing; ver también seis.
➤ **tres cuartos** m inv [abrigo] three-quarter-length coat.
➤ **tres en raya** m noughts and crosses (U) UK, tick-tack-toe US.
trescientos, tas núm three hundred; ver también seis.
tresillo m -1. [sofá] three-piece suite -2. [juego de naipes] ombre.
treta f trick.
tríada f triad.
trial m DEP trial; ~ indoor indoor trial.
triangular adj triangular.
triángulo m -1. GEOM & MÚS triangle; el ~ de las Bermudas the Bermuda Triangle; ~ equilátero/rectángulo equilateral/right-angled triangle -2. fam [amoroso] ménage à trois.
triásico, ca adj Triassic.
➤ **triásico** m: el ~ the Triassic (period).
triates mpl Amér triplets.
triatlón m triathlon.
tribal adj tribal.
tribu f tribe; ~ urbana identifiable social group, such as punks or yuppies, made up of young people living in urban areas.
tribulación f tribulation.
tribuna f -1. [estrado] rostrum, platform; [del jurado] jury box -2. [DEP - localidad] stand; [- graderío] grandstand -3. PRENS: ~ de prensa press box; ~ libre open forum.
tribunal m -1. [gen] court; llevar a alguien/

acudir a los ~es to take sb/go to court; **Tribunal Constitucional** Constitutional Court; **Tribunal Supremo** High Court UK, Supreme Court US; **Tribunal tutelar de menores** Juvenile Court -2. [de examen] board of examiners; [de concurso] panel.
tributable adj taxable.
tributación f -1. [impuesto] tax -2. [sistema] taxation.
tributar <> vt [homenaje] to pay; [respeto, admiración] to have. <> vi [pagar impuestos] to pay taxes.
tributario, ria <> adj tax (antes de sust). <> m,f taxpayer.
tributo m -1. [impuesto] tax -2. fig [precio] price -3. [homenaje] tribute.
tríceps m inv triceps.
triciclo m tricycle.
tricolor adj tricolour, three-coloured.
tricornio m three-cornered hat.
tricotar vt & vi to knit.
tricotosa f knitting machine.
tridente m trident.
tridimensional adj three-dimensional.
trienal adj triennial, three-yearly.
trienio m -1. [tres años] three years (pl) -2. [paga] three-yearly salary increase.
trifásico, ca adj ELECTR three-phase.
trifulca f fam row, squabble.
trigal m wheat field.
trigésimo, ma núm thirtieth.
trigo m wheat.
trigonometría f trigonometry.
trigueño, ña adj -1. [tez] olive; [cabello] corn-coloured -2. Ven [pelo] dark brown; [persona] olive-skinned.
triguero, ra adj [del trigo] wheat (antes de sust).
trilateral adj trilateral.
trilingüe adj trilingual.
trilita f TNT.
trilla f -1. [acción] threshing -2. [tiempo] threshing time o season.
trillado, da adj fig well-worn, trite.
trilladora f [máquina] threshing machine.
trillar vt to thresh.
trillizo, za m,f triplet.
trillo m thresher.
trillón m trillion UK, quintillion US.
trilogía f trilogy.
trimestral adj three-monthly, quarterly; [exámenes, notas] end-of-term (antes de sust).
trimestre m three months (pl), quarter; [en escuela, universidad] term.

trimotor ◇ adj three-engined. ◇ m three-engined aeroplane.

trinar vi to chirp, to warble; **está que trina** fig she's fuming.

trincar [10] fam ◇ vt -**1.** [agarrar] to grab -**2.** [detener] to nick, to arrest. ◇ vi [beber] to guzzle.
➡ **trincarse** vpr fam [beberse] to guzzle, to down.

trinchar vt to carve.

trinchera f -**1.** MIL trench -**2.** [abrigo] trench coat.

trineo m [pequeño] sledge; [grande] sleigh.

Trinidad f: **la (Santísima)** ~ the (Holy) Trinity.

Trinidad y Tobago Trinidad and Tobago.

trinitario, ria adj & m,f Trinitarian.

trinitrotolueno m trinitrotoluene.

trino m [de pájaros] chirp, chirping (U); MÚS trill.

trinque etc ⊳ trincar.

trinquete m NÁUT foremast.

trío m -**1.** [gen] trio -**2.** [de naipes] three of a kind.

tripa f -**1.** [intestino] gut, intestine -**2.** fam [barriga] gut, belly; **me duele la** ~ I have bellyache; **revolverle las** ~**s a alguien** fig to turn sb's stomach.
➡ **tripas** fpl fig [interior] insides; **hacer de** ~**s corazón** to pluck up one's courage.

tripartito, ta adj tripartite.

tripi m mfam tab.

triple ◇ adj triple. ◇ m -**1.** [tres veces]: **el** ~ three times as much; **el** ~ **de gente** three times as many people -**2.** [en baloncesto] three-pointer.

triplicado m second copy, triplicate; **por** ~ in triplicate.

triplicar [10] vt to triple, to treble.
➡ **triplicarse** vpr to triple, to treble.

trípode m tripod.

Trípoli Tripoli.

tripón, ona adj fam paunchy.

tríptico m -**1.** ARTE triptych -**2.** [folleto] three-part document.

triptongo m GRAM triphthong.

tripulación f crew.

tripulante mf crew member.

tripular vt to man.

triquina f trichina.

triquinosis f inv trichinosis.

triquiñuela f (gen pl) fam trick.

tris m: **estar en un** ~ **de (hacer algo)** to be within a whisker of (doing sthg).

trisílabo, ba adj GRAM trisyllabic.

triste adj -**1.** [gen] sad; [día, tiempo, paisaje] gloomy, dreary; **es** ~ **que** it's a shame o pity that -**2.** fig [color, vestido, luz] pale, faded -**3.** (antes de sust) [humilde] poor; [sueldo] sorry, miserable; **ni un** ~ fig not a single.

tristeza f -**1.** [gen] sadness; [de paisaje, día] gloominess, dreariness -**2.** [de color, vestido, luz] paleness.

tristón, ona adj rather sad o miserable.

tritón m newt.

trituración f grinding, crushing.

triturador m [de basura] waste-disposal unit; [de papeles] shredder.

trituradora f crushing machine, grinder.

triturar vt -**1.** [moler, desmenuzar] to crush, to grind; [papel] to shred -**2.** [masticar] to chew.

triunfador, ra ◇ adj winning, victorious. ◇ m,f winner.

triunfal adj triumphant.

triunfalismo m triumphalism.

triunfalista adj triumphalist.

triunfante adj victorious.

triunfar vi -**1.** [vencer] to win, to triumph -**2.** [tener éxito] to succeed, to be successful.

triunfo m -**1.** [gen] triumph; [en encuentro, elecciones] victory, win -**2.** [trofeo] trophy -**3.** [en juegos de naipes] trump.

triunvirato m triumvirate.

trivial adj trivial.

trivialidad f triviality.

trivializar [13] vt to trivialize.

trizas fpl: **hacer** ~ **algo** [hacer añicos] to smash sthg to pieces; [desgarrar] to tear sthg to shreds; **hacer** ~ **a alguien** to tear o pull sb to pieces; **estar hecho** ~ [persona] to be shattered.

trocar [36] vt -**1.** [transformar]: ~ **algo (en algo)** to change sthg (into sthg) -**2.** [intercambiar] to swap, to exchange.
➡ **trocarse** vpr [transformarse]: ~**se (en)** to change (into).

trocear vt to cut up (into pieces).

trocha f [senda] path; [atajo] shortcut.

troche
➡ **a troche y moche** loc adv haphazardly.

trofeo m trophy.

troglodita ◇ adj -**1.** [cavernícola] cave dwelling, troglodytic -**2.** fam [bárbaro, tosco] rough, brutish. ◇ mf -**1.** [cavernícola] cave dweller, troglodyte -**2.** fam [bárbaro, tosco] roughneck, brute.

trola f fam fib, lie.

trolebús m trolleybus.

trolero, ra fam ◇ adj fibbing, lying. ◇ m,f fibber, liar.

tromba *f* waterspout; **en ~** [en tropel] in a mad rush, en masse; **~ de agua** heavy downpour.

trombo *m* thrombus.

trombón *m* [instrumento] trombone; [músico] trombonist; **~ de varas** slide trombone.

trombosis *f inv* thrombosis.

trompa ⟨⟩ *f* **-1.** [de elefante] trunk; [de oso hormiguero] snout; [de insecto] proboscis **-2.** MÚS horn **-3.** ANAT tube; **~ de Eustaquio/de Falopio** Eustachian/Fallopian tube **-4.** *fam* [borrachera]: **coger** *o* **pillar una ~** to get plastered. ⟨⟩ *adj fam* [borracho] plastered.

trompazo *m fam* bang; **darse** *o* **pegarse un ~ con** to bang into.

trompear *vt Amér fam* to punch.
➡ **trompearse** *vpr Amér fam* to have a fight.

trompeta ⟨⟩ *f* trumpet. ⟨⟩ *mf* trumpeter.

trompetilla *f* ear trumpet.

trompetista *mf* trumpeter.

trompicar *vi* to stumble.

trompicón *m* [tropezón] stumble; **a trompicones** in fits and starts.

trompo *m* **-1.** [juguete] spinning top **-2.** [giro] spin.

trona *f* [para niño] high chair.

tronado, da *adj fam* [loco] nuts, crazy.

tronar [23] ⟨⟩ *v impers & vi* to thunder. ⟨⟩ *vt Méx fam* [fracasar] to fail.
➡ **tronarse** *vpr Amér fam* to shoot o.s.

troncal *adj*: **asignatura ~** core subject.

tronchante *adj fam* hilarious.

tronchar *vt* [partir] to snap.
➡ **troncharse** *vpr fam*: **~se (de risa)** to split one's sides laughing.

troncho *m* [de lechuga] heart.

tronco, ca *m,f mfam* [tipo] guy, *(f)* bird; [como apelativo] pal, mate.
➡ **tronco** *m* ANAT & BOT trunk; [talado y sin ramas] log; **dormir como un ~, estar hecho un ~** to sleep like a log.

tronera *f* **-1.** ARQUIT & HIST embrasure **-2.** [en billar] pocket.

trono *m* throne; **subir al ~** to ascend the throne.

tropa *f* **-1.** *(gen pl)* MIL troops *(pl)* **-2.** *fam* [multitud] troop, flock.

tropear *vt Amér* to herd.

tropecientos, tas *adj fam* loads of.

tropel *m* **-1.** [de personas] mob, crowd; **en ~** in a mad rush, en masse **-2.** [de cosas] mass, heap.

tropelía *f* outrage.

tropero *m RP* cowboy.

tropezar [34] *vi* [con el pie]: **~ (con)** to trip *o* stumble (on).
➡ **tropezarse** *vpr* [encontrarse] to bump into each other, to come across one another; **~se con alguien** to bump into sb.
➡ **tropezar con** *vi* [problema, persona] to run into, to come across.

tropezón *m* **-1.** [con el pie] trip, stumble; **dar un ~** to trip up, to stumble **-2.** *fig* [desacierto] slip-up, blunder.
➡ **tropezones** *mpl* CULIN small chunks.

tropical *adj* tropical.

trópico *m* tropic.

tropiece *etc* ⟐ **tropezar**.

tropiezo *m* **-1.** [con el pie] trip, stumble; **dar un ~** to trip up, to stumble **-2.** *fig* [equivocación] blunder, slip-up; [revés] setback **-3.** *fig* [desliz sexual] indiscretion; **tener un ~** to commit an indiscretion.

tropo *m* figure of speech, trope.

troqué ⟐ **trocar**.

troquel *m* [molde] mould, die.

troquelado *m* **-1.** [acuñado] [de moneda] minting, mintage; [de medallas] die-casting **-2.** [recorte] cutting.

troquelar *vt* **-1.** [acuñar] [monedas] to mint; [medallas] to cast **-2.** [recortar] to cut.

troquemos ⟐ **trocar**.

trotamundos *m y f inv* globe-trotter.

trotar *vi* to trot; *fam fig* [de aquí para allá] to dash *o* run around.

trote *m* **-1.** [de caballo] trot; **al ~** at a trot **-2.** *fam* [actividad]: **no estar para ~s** not to be up to it.

trotskismo [tros'kismo] *m* Trotskyism.

trotskista [tros'kista] *adj & m,f* Trotskyite.

troupe [trup, 'trupe] *(pl* **troupes)** *f* troupe.

trova *f* LITER lyric.

trovador *m* troubadour.

trovadoresco, ca *adj* troubadour *(antes de sust)*.

troyano, na *adj & m,f* Trojan.

trozar *vt Amér* [carne] to cut up; [res, tronco] to butcher, to cut up.

trozo *m* [gen] piece; [de sendero, camino] stretch; [de obra, película] extract; **cortar algo en ~s** to cut sthg into pieces; **hacer algo a ~s** to do sthg in bits.

trucaje *m* [gen] trick effect; [fotografía] trick photography.

trucar [10] *vt* to doctor; [motor] to soup up.

trucha *f* [pez] trout; **~ a la navarra** fried trout stuffed with ham.

truco *m* **-1.** [trampa, engaño] trick; **~ de magia**

magic trick **- 2.** [habilidad, técnica] knack; **coger el** ~ to get the knack; ~ **publicitario** advertising gimmick.

truculencia *f* horror, terror.

truculento, ta *adj* horrifying, terrifying.

trueca ⊳ trocar.

truena *etc* ⊳ tronar.

trueno *m* **-1.** METEOR clap of thunder, thunder (U) **-2.** *fig* [ruido] thunder, boom.

trueque ⇔ *v* ⊳ trocar. ⇔ *m* **-1.** COM & HIST barter **-2.** [intercambio] exchange, swap.

trufa *f* [hongo, bombón] truffle.

trufar *vt* CULIN to stuff with truffles.

truhán, ana ⇔ *adj* crooked. ⇔ *m,f* rogue, crook.

trullo *m* *mfam* slammer, nick.

truncado, da *adj* **-1.** [frustrado - vida, carrera] cut short; [- planes, ilusiones] ruined **-2.** GEOM truncated.

truncar [10] *vt* **-1.** [frustrar - vida, carrera] to cut short; [- planes, ilusiones] to spoil, to ruin **-2.** [dejar incompleto - texto, frase] to leave unfinished.

truque *etc* ⊳ trucar.

trusa *f* *Carib* [traje de baño] swimsuit; *RP* [faja] girdle.

trust [trust] (*pl* **trusts**) *m* trust, cartel.

tse-tsé ⊳ mosca.

tu (*pl* **tus**) *adj poses (antes de sust)* your.

tú *pron pers* you; **es más alta que** ~ she's taller than you; **de** ~ **a** ~ [lucha] evenly matched; **hablar** *o* **tratar de** ~ **a alguien** to address sb as 'tú'.

tuareg *adj inv* & *m y f inv* Tuareg.

tuba *f* tuba.

tuberculina *f* tuberculin.

tubérculo *m* tuber, root vegetable.

tuberculosis *f inv* tuberculosis.

tuberculoso, sa ⇔ *adj* **-1.** MED tuberculous **-2.** BOT tuberous. ⇔ *m,f* tuberculosis sufferer.

tubería *f* **-1.** [cañerías] pipes (pl), pipework **-2.** [tubo] pipe.

tubo *m* **-1.** [tubería] pipe; ~ **de escape** AUTOM exhaust (pipe); ~ **del desagüe** drainpipe **-2.** [recipiente] tube; ~ **de ensayo** test tube **-3.** ANAT tract; ~ **digestivo** digestive tract, alimentary canal **-4.** *loc*: **pasar por el** ~ to put up with it.

➥ **por un tubo** *loc adv* *fam* a hell of a lot.

tubular ⇔ *adj* tubular. ⇔ *m* bicycle tyre.

tucán *m* toucan.

tuerca *f* nut; **apretar las** ~**s a alguien** to tighten the screws on sb.

tuerce ⊳ torcer.

tuerto, ta ⇔ *adj* [sin un ojo] one-eyed; [ciego de un ojo] blind in one eye. ⇔ *m,f* [sin un ojo] one-eyed person; [ciego de un ojo] person who is blind in one eye.

tuerza *etc* ⊳ torcer.

tuesta *etc* ⊳ tostar.

tuétano *m* **-1.** ANAT (bone) marrow **-2.** *fig* [meollo] crux, heart; **hasta el** ~ *o* **los** ~**s** to the core.

tufarada *f* waft.

tufillo *m* whiff.

tufo *m* **-1.** [mal olor] stench, foul smell **-2.** [emanación] vapour.

tugurio *m* hovel.

tul *m* tulle.

tulipa *f* [de lámpara] tulip-shaped lampshade.

tulipán *m* tulip.

tullido, da ⇔ *adj* paralyzed, crippled. ⇔ *m,f* cripple, disabled person.

tullir *vt* to paralyze, to cripple.

tumba *f* grave, tomb; **a** ~ **abierta** at breakneck speed; **ser (como) una** ~ to be as silent as the grave.

tumbar *vt* **-1.** [derribar] to knock over *o* down **-2.** *fam fig* [suspender] to fail **-3.** *fam fig* [suj: noticia] to knock back; [suj: olor] to overpower.

➥ **tumbarse** *vpr* **-1.** [acostarse] to lie down **-2.** [repantigarse] to lounge, to stretch out.

tumbo *m* jolt, jerk; **dar** ~**s** *o* **un** ~ [coche etc] to jolt, to jerk; **ir dando** ~**s** *fig* [persona] to have a lot of ups and downs.

tumbona *f* [en la playa] deck chair; [en el jardín] (sun) lounger.

tumefacción *f* swelling.

tumefacto, ta *adj* swollen.

tumor *m* tumour.

túmulo *m* **-1.** [sepulcro] tomb **-2.** [montecillo] burial mound **-3.** [catafalco] catafalque.

tumulto *m* **-1.** [disturbio] riot, disturbance **-2.** [alboroto] uproar, tumult; **un** ~ **de gente** a crowd of people.

tumultuoso, sa *adj* **-1.** [conflictivo] tumultuous, riotous **-2.** [turbulento] rough, stormy.

tuna *f* **-1.** ⊳ tuno **-2.** *CAm, Méx* [fruta] prickly pear.

tunante, ta *m,f* crook, scoundrel.

tunda *f* *fam* [paliza] beating, thrashing.

tundra *f* tundra.

tunecino, na *adj* & *m,f* Tunisian.

túnel *m* tunnel; **salir del** ~ *fig* to turn the corner.

➥ **túnel de lavado** *m* AUTOM car wash.

Túnez -1. [capital] Tunis **-2.** [país] Tunisia.

tungsteno *m* tungsten.
túnica *f* tunic.
Tunicia Tunisia.
tuno, na *m,f* rogue, scoundrel.
 ➤ **tuno** *m* student minstrel.
 ➤ **tuna** *f* group of student minstrels.

TUNA

A *tuna* is a musical group made up of university students who wear black capes and coloured ribbons; they wander the streets singing and playing various instruments for pleasure or to collect money.

tuntún
 ➤ **al tuntún** *loc adv* without thinking.
tupé *m* **-1.** [cabello] quiff **-2.** *fig* [atrevimiento] cheek, nerve.
tupido, da *adj* thick, dense.
tupir *vt* to pack tightly.
turba *f* **-1.** [combustible] peat, turf **-2.** [muchedumbre] mob.
turbación *f* **-1.** [desconcierto] upset, disturbance **-2.** [azoramiento] embarrassment.
turbador, ra *adj* **-1.** [desconcertante] disconcerting, troubling **-2.** [emocionante] upsetting, disturbing.
turbante *m* turban.
turbar *vt* **-1.** [alterar] to disturb **-2.** [emocionar] to upset **-3.** [desconcertar] to trouble, to disconcert.
 ➤ **turbarse** *vpr* **-1.** [alterarse] to get upset **-2.** [aturdirse] to get embarrassed.
turbiedad *f* **-1.** [de agua etc] cloudiness **-2.** *fig* [de negocios etc] shadiness.
turbina *f* turbine.
turbio, bia *adj* **-1.** [agua etc] cloudy **-2.** [vista] blurred **-3.** *fig* [negocio etc] shady **-4.** *fig* [época etc] turbulent, troubled.
turbopropulsor *m* turboprop.
turborreactor *m* turbojet (engine).
turbulencia *f* **-1.** [de fluido] turbulence **-2.** [alboroto] uproar, clamour.
turbulento, ta *adj* **-1.** [gen] turbulent **-2.** [revoltoso] unruly, rebellious.
turco, ca ⬦ *adj* Turkish. ⬦ *m,f* [persona] Turk.
 ➤ **turco** *m* [lengua] Turkish.
turgente *adj* [formas, muslos] well-rounded.
turismo *m* **-1.** [gen] tourism; **hacer ~ (por)** to go touring (round); **~ rural** rural tourism **-2.** *AUTOM* private car.
 rista *mf* tourist.
 ístico, ca *adj* tourist *(antes de sust)*.
 nalina *f* tourmaline.

túrmix® *f inv* blender, liquidizer.
turnarse *vpr*: **~ (con alguien)** to take turns (with sb).
turnedó *(pl* **turnedós)** *m* tournedos.
turno *m* **-1.** [tanda] turn, go; **le ha llegado el ~ de hacerlo** it's his turn to do it **-2.** [de trabajo] shift; **trabajar por ~s** to work shifts; **~ de día/noche** day/night shift.
turón *m* polecat.
turquesa ⬦ *f* [mineral] turquoise. ⬦ *adj inv* [color] turquoise. ⬦ *m* [color] turquoise.
Turquía Turkey.
turrón *m* *Christmas sweet similar to marzipan or nougat, made with almonds and honey.*
turulato, ta *adj fam* flabbergasted, dumbfounded.
tute *m* **-1.** [juego] *card game similar to whist* **-2.** *fam fig* [trabajo intenso] hard slog; **darse un ~** to slog away.
tutear *vt* to address as 'tú'.
 ➤ **tutearse** *vpr* to address each other as 'tú'.
tutela *f* **-1.** *DER* guardianship **-2.** [cargo]: **~ (de)** responsibility (for); **bajo la ~ de** under the protection of.
tutelaje *m* *DER* guardianship.
tutelar ⬦ *adj* **-1.** *DER* tutelary **-2.** [protector] protecting. ⬦ *vt* to act as guardian to.
tuteo *m* use of 'tú', familiar form of address.
tutiplén
 ➤ **a tutiplén** *loc adv fam* to excess, in abundance.
tutor, ra *m,f* **-1.** *DER* guardian **-2.** [profesor - privado] tutor; [- de un curso] form teacher.
tutoría *f* **-1.** *DER* guardianship **-2.** [de un curso] role of form teacher.
tutti frutti, tuttifrutti *m* tutti frutti.
tutú *(pl* **tutús)** *m* tutu.
tutuma *f Amér fam* variety of nut.
tuviera *etc* ⊳ **tener**.
tuyo, ya ⬦ *adj poses* yours; **este libro es ~** this book is yours; **un amigo ~** a friend of yours; **no es asunto ~** it's none of your business. ⬦ *pron poses*: **el ~** yours; **el ~ es rojo** yours is red; **ésta es la tuya** *fam* this is the chance you've been waiting for; **lo ~ es el teatro** [lo que haces bien] you should be on the stage; **los ~s** *fam* [tu familia] your folks; [tu bando] your lot, your side.
TV *(abrev de televisión)* *f* TV.
TVE *(abrev de Televisión Española)* *f Spanish state television network.*
twist [tuist] *m inv* twist *(dance).*

u¹, U f [letra] u, U.

u² conj or; ver también **o²**.

ubérrimo, ma adj culto [tierra] extremely fertile; [vegetación] luxuriant, abundant.

ubicación f position, location.

ubicar [10] vt to place, to position; [edificio etc] to locate.

➡ **ubicarse** vpr [edificio etc] to be situated, to be located.

ubicuidad f ubiquity.

ubicuo, cua adj ubiquitous.

ubique etc ▷ **ubicar.**

ubre f udder.

Ucrania the Ukraine.

Ud., Vd. abrev de **usted.**

UDC (abrev de **universal decimal classification**) f UDC.

Uds., Vds. abrev de **ustedes.**

UE (abrev de **Unión Europea**) f EU.

UEFA (abrev de **Unión de Asociaciones Europeas de Fútbol**) f UEFA.

UEM (abrev de **unión económica y monetaria**) f EMU.

uf interj ¡ ~ ! [expresa cansancio, calor] phew!; [expresa fastidio] tut!; [expresa repugnancia] ugh!

ufanarse vpr: ~ de to boast about.

ufano, na adj **-1.** [satisfecho] proud, pleased **-2.** [engreído] boastful, conceited.

UFO (abrev de **unidentified flying object**) m UFO.

ufología f ufology.

Uganda Uganda.

ugetista ◇ adj of or belonging to the 'UGT'. ◇ mf member of the 'UGT'.

UGT (abrev de **Unión General de los Trabajadores**) f major socialist Spanish trade union.

UHF (abrev de **ultra high frequency**) f UHF.

ujier (pl ujieres) m usher.

újule interj Amér: ¡ ~ ! wow!

ukelele m ukelele.

úlcera f MED ulcer; ~ de estómago stomach ulcer.

ulceración f ulceration.

ulcerar vt to ulcerate.

➡ **ulcerarse** vpr MED to ulcerate.

ulterior adj culto **-1.** [en el tiempo] subsequent, ulterior **-2.** [en el espacio] further.

ulteriormente adv culto subsequently.

ultimación f conclusion, completion.

ultimador, ra m, f Amér killer.

últimamente adv recently, of late.

ultimar vt **-1.** [gen] to conclude, to complete **-2.** Amér [matar] to kill.

ultimátum (pl ultimátums o ultimatos) m ultimatum.

último, ma ◇ adj **-1.** [gen] last; por ~ lastly, finally; ser lo ~ [lo final] to come last; [el último recurso] to be a last resort; [el colmo] to be the last straw **-2.** [más reciente] latest, most recent **-3.** [más remoto] furthest, most remote **-4.** [más bajo] bottom **-5.** [más alto] top **-6.** [de más atrás] back. ◇ m, f **-1.** [en fila, carrera etc]: el ~ the last (one); llegar el ~ to come last **-2.** (en comparaciones, enumeraciones): éste ~ ... the latter ...

➡ **última** f: estar en las últimas [muriéndose] to be on one's deathbed; [sin dinero] to be down to one's last penny; [sin provisiones] to be down to one's last provisions; ir a la última fam to wear the latest fashion.

ultra ◇ adj POLÍT extreme right-wing. ◇ mf POLÍT right-wing extremist.

➡ **non plus ultra** m epitome, height.

ultraderecha f extreme right (wing).

ultraizquierda f extreme left (wing).

ultrajante adj insulting, offensive.

ultrajar vt to insult, to offend.

ultraje m insult.

ultraligero m microlight.

ultramar m overseas (pl); de ~ overseas (antes de sust).

ultramarino, na adj overseas (antes de sust).

➡ **ultramarinos** ◇ mpl [comestibles] groceries. ◇ m inv [tienda] grocer's (shop) (sg).

ultramicroscopio m ultramicroscope.

ultranza

➡ **a ultranza** loc adv **-1.** [con decisión] to the death **-2.** [acérrimamente] out-and-out.

ultrasonido m ultrasound.

ultratumba f: de ~ from beyond the grave.

ultravioleta adj inv ultraviolet.

ulular *vi* **-1.** [viento, lobo] to howl **-2.** [búho] to hoot.

umbilical ▷ cordón.

umbral *m* **-1.** [gen] threshold **-2.** *fig* [límite] bounds *(pl)*, realms *(pl)*.

umbrío, a *adj* shady.

un, una ◇ *art antes de sust femenino que empiece por 'a' o 'ha' tónica*: **un** a, an *(ante sonido vocálico)*; ~ **hombre/coche** a man/car; **una mujer/mesa** a woman/table; ~ **águila/hacha** an eagle/axe; **una hora** an hour. ◇ *adj* ▷ **uno**.

unánime *adj* unanimous.

unanimidad *f* unanimity; **por ~** unanimously.

unción *f* unction.

uncir [12] *vt* to yoke.

undécimo, ma *núm* eleventh.

underground [ander'graun] *adj inv* underground.

UNED *(abrev de Universidad Nacional de Educación a Distancia) f Spanish open university.*

Unesco *(abrev de United Nations Educational, Scientific and Cultural Organization) f* UNESCO.

ungimiento *m* unction.

ungir [15] *vt* to put ointment on; *RELIG* to anoint.

ungüento *m* ointment.

únicamente *adv* only, solely.

Unicef *(abrev de United Nations Children's Fund) m* UNICEF.

unicelular *adj* single-cell, unicellular.

unicidad *f* uniqueness.

único, ca *adj* **-1.** [sólo] only; **es lo ~ que quiero** it's all I want **-2.** [excepcional] unique **-3.** [precio, función, razón] single.

unicornio *m* unicorn.

unidad *f* **-1.** [gen, MAT & MIL] unit; **25 euros la ~ 25 euros each;** ~ **de cuidados intensivos** *o* **vigilancia intensiva** intensive care (unit); ~ **central de proceso** *INFORM* central processing unit; ~ **de combate** combat unit; ~ **de disco** *INFORM* disk drive; ~ **monetaria** monetary unit; ~ **móvil** *TV* mobile unit **-2.** [cohesión, acuerdo] unity.

unidireccional *adj* unidirectional, one-way.

unido, da *adj* united; [familia, amigo] close.

unifamiliar *adj* detached; **vivienda ~** house *(detached or terraced)*.

unificación *f* **-1.** [unión] unification **-2.** [uniformización] standardization.

unificador, ra *adj* unifying.

unificar [10] *vt* **-1.** [unir] to unite, to join; [países] to unify **-2.** [uniformar] to standardize.

uniformado, da *adj* uniformed.

uniformar *vt* **-1.** [igualar] to standardize **-2.** [poner uniforme] to put into uniform.

uniforme ◇ *adj* uniform; [superficie] even. ◇ *m* uniform.

uniformidad *f* uniformity; [de superficie] evenness.

uniformización *f* standardization.

uniformizar [13] *vt* to standardize.

unilateral *adj* unilateral.

unión *f* **-1.** [gen] union; **en ~ de** together with **-2.** [suma, adherimiento] joining together **-3.** *TECN* join, joint.

Unión Económica y Monetaria *f* Economic and Monetary Union.

Unión Europea *f*: **la ~** the European Union.

unir *vt* **-1.** [pedazos, habitaciones etc] to join **-2.** [empresas, estados, facciones] to unite **-3.** [comunicar - ciudades etc] to link **-4.** [suj: amistad, circunstancias etc] to bind **-5.** [casar] to join, to marry **-6.** [combinar] to combine; ~ **algo a algo** to combine sthg with sthg **-7.** [mezclar] to mix *o* blend in.

➙ **unirse** *vpr* **-1.** [gen] to join together; **~se a algo** to join sthg **-2.** [casarse]: **~se en matrimonio** to be joined in wedlock.

unisexo, unisex *adj inv* unisex.

unisexual *adj* unisexual.

unísono

➙ **al unísono** *loc adv* in unison.

unitario, ria ◇ *adj* **-1.** [de una unidad - estado, nación] single; [- precio] unit *(antes de sust)* **-2.** *POLÍT* unitarian. ◇ *m,f POLÍT* unitarian.

unitarismo *m* unitarianism.

universal *adj* **-1.** [gen] universal **-2.** [mundial] world *(antes de sust)*.

➙ **universales** *mpl FILOSOFÍA* universals.

universalidad *f* universality.

universalismo *m* universalism.

universalizar [13] *vt* to make widespread.

universidad *f* university, college *US*; school *US*; ~ **a distancia** ≃ Open University *UK*.

universitario, ria ◇ *adj* university *(antes de sust)*. ◇ *m,f* **-1.** [estudiante] university student **-2.** [licenciado] university graduate.

universo *m* **-1.** *ASTRON* universe **-2.** *fig* [mundo] world.

unívoco, ca *adj* univocal, unambiguous.

unja *etc* ▷ **ungir**.

uno, una ◇ *adj antes de sust masculino sg*: **un**

-1. [indefinido] one; **un día volveré** one *o* some day I'll return; **había ~s coches mal aparcados** there were some badly parked cars; **había ~s 12 muchachos** there were about *o* some 12 boys there **-2.** [numeral] one; **un hombre, un voto** one man, one vote; **la fila ~** row one. ◇ *pron* **-1.** [indefinido] one; **coge ~** take one; **~ de vosotros** one of you; **~s ... otros ...** some ... others ...; **~ a otro, ~s a otros** each other, one another; **~ y otro** both; **~s y otros** all of them **-2.** *fam* [cierta persona] someone, somebody; **hablé con ~ que te conoce** I spoke to someone who knows you; **me lo han contado ~s** certain people told me so **-3.** [yo] one; **~ ya no está para estos trotes** one isn't really up to this sort of thing any more **-4.** *loc*: **a una** [en armonía, a la vez] together; **de ~ en ~, ~ a ~, ~ por ~** one by one; **juntar varias cosas en una** to combine several things into one; **lo ~ por lo otro** it all evens out in the end; **más de ~** many people; **una de dos** it's either one thing or the other; **~s cuantos** a few; **una y no más** once was enough, once bitten, twice shy.

➤ **uno** *m* [número] (number) one; **el ~** number one; *ver también* **seis**.

➤ **una** *f* [hora]: **la una** one o'clock.

untar *vt* **-1.** [pan, tostada]: **~ (con)** to spread (with); [piel, cara etc] to smear (with) **-2.** [máquina, bisagra etc] to grease, to oil **-3.** *fam fig* [sobornar] to grease the palm of, to bribe.

➤ **untarse** *vpr* **-1.** *fam* [ensuciarse]: **~se la cara de** *o* **con algo** to smear one's face with sthg **-2.** *fam* [enriquecerse] to line one's pockets.

unto *m* **-1.** [ungüento] ointment **-2.** [grasa] grease.

untuosidad *f* greasiness, oiliness.

untuoso, sa *adj* [graso] greasy, oily.

untura *f* **-1.** [ungüento] ointment **-2.** [grasa] grease.

unza *etc* ▷ **uncir**.

uña *f* **-1.** [de mano] fingernail, nail; **hacerse las ~s** to do one's nails; **comerse las ~s** [por preocupación, nerviosismo] to bite one's nails; **dejarse las ~s en algo** to break one's back doing sthg; **ser ~ y carne** to be as thick as thieves **-2.** [de pie] toenail **-3.** [garra] claw; **enseñar** *o* **sacar las ~s** to get one's claws out **-4.** [casco] hoof.

uñero *m* **-1.** [inflamación] whitlow **-2.** [uña encarnada] ingrowing nail **-3.** [de libro] thumb-index.

UPE (*abrev de* **Unión Parlamentaria Europea**) *f* EPU.

uperización *f* U.H.T. treatment.

uperizar [13] *vt* to give U.H.T. treatment.

Ural *m*: **el ~** the River Ural.

Urales *mpl*: **los ~** the Urals.

uralita® *f* CONSTR *material made of asbestos and cement, usually corrugated and used mainly for roofing.*

uranio *m* uranium.

Urano Uranus.

urbanidad *f* politeness, courtesy.

urbanismo *m* town planning.

urbanista *mf* town planner.

urbanístico, ca *adj* town-planning (*antes de sust*).

urbanización *f* **-1.** [acción] urbanization **-2.** [zona residencial] (housing) estate.

urbanizador, ra ◇ *adj* developing. ◇ *m,f* developer.

urbanizar [13] *vt* to develop, to urbanize.

urbano, na ◇ *adj* urban, city (*antes de sust*). ◇ *m,f* traffic policeman (*f* traffic policewoman).

urbe *f* large city.

urdido *m* warp.

urdimbre *f* warp.

urdir *vt* **-1.** [planear] to plot, to forge **-2.** [hilos] to warp.

urea *f* urea.

uremia *f* uraemia.

uréter *m* ureter.

uretra *f* urethra.

urgencia *f* **-1.** [cualidad] urgency **-2.** MED emergency; **de ~** emergency **-3.** [necesidad] urgent need; **en caso de ~** in case of emergency.

➤ **urgencias** *fpl* MED casualty (department) (*sg*); **ingresar por ~s** to be admitted as an emergency.

urgente *adj* **-1.** [apremiante] urgent **-2.** MED emergency (*antes de sust*) **-3.** [correo] express.

urgir [15] *vi* to be urgently necessary; **me urge hacerlo** I urgently need to do it; **~ a alguien a que haga algo** to urge sb to do sthg.

úrico, ca *adj* uric.

urinario, ria *adj* urinary.

➤ **urinario** *m* urinal, comfort station *US*.

urja *etc* ▷ **urgir**.

URL (*abrev de* **uniform resource locator**) *f* INFORM URL.

urna *f* **-1.** [vasija] urn; **~ cineraria** urn (*for sb's ashes*) **-2.** [caja de cristal] glass case **-3.** [para votar] ballot box; **acudir a las ~s** to go to the polls.

urogallo *m* capercaillie.

urología f urology.

urólogo, ga m,f urologist.

urraca f magpie.

URSS (*abrev de* **Unión de Repúblicas Socialistas Soviéticas**) f USSR.

ursulina f **- 1.** *RELIG* Ursuline (nun) **- 2.** *fig* [mujer recatada] prudish woman.

urticaria f nettle rash.

Uruguay: **(el)** ~ Uruguay.

uruguayo, ya adj & m,f Uruguayan.

usado, da adj **- 1.** [utilizado] used; **muy** ~ widely-used **- 2.** [de segunda mano] second-hand **- 3.** [gastado] worn-out, worn.

usanza f custom, usage; **a la vieja** ~ in the old way o style.

usar <> vt **- 1.** [gen] to use; ~ **algo/a alguien de** o **como algo** to use sthg/sb as sthg **- 2.** [prenda] to wear. <> vi: ~ **de** to use, to make use of.

➠ **usarse** vpr **- 1.** [emplearse] to be used **- 2.** [estar de moda] to be worn.

USB (*abrev de* **Universal Serial Bus**) m *INFORM* USB.

usía mf desus Your Lordship (f Your Ladyship).

usina f *Amér*: ~ **eléctrica** power station; ~ **nuclear** nuclear power station.

uso m **- 1.** [gen] use; **al** ~ fashionable; **al** ~ **andaluz** in the Andalusian style; **'de** ~ **externo'** *FARM* 'for external use only'; **en pleno** ~ **de sus facultades mentales** in full possession of his mental faculties; **entrar en** ~ to be in service; **fuera de** ~ out of use, obsolete; **hacer** ~ **de** [utilizar] to make use of, to use; [de prerrogativa, derecho] to exercise; **tener el** ~ **de la palabra** to have the floor **- 2.** *(gen pl)* [costumbre] custom **- 3.** *LING* usage **- 4.** [desgaste] wear and tear.

➠ **uso de razón** m age of reason.

usted pron pers **- 1.** [tratamiento de respeto - sg] you; [- pl]: ~**es** you *(pl)*; **contesten** ~**es a las preguntas** please answer the questions; **me gustaría hablar con** ~ I'd like to talk to you; **¡oiga,** ~**!** hey, you!; **tratar a alguien de** ~ *to address sb using the 'usted' form* **- 2.** [tratamiento de respeto - posesivo]: **de** ~ / ~**es** yours.

usual adj usual.

usuario, ria m,f user.

usufructo m *DER* usufruct, use.

usufructuar [6] vt *DER* to have the usufruct o use of.

usufructuario, ria adj & m,f *DER* usufructuary.

usura f usury.

usurero, ra m,f usurer.

usurpación f usurpation.

usurpador, ra <> adj usurping. <> m,f usurper.

usurpar vt to usurp.

utensilio m [gen] tool, implement; *CULIN* utensil; ~**s de pesca** fishing tackle.

uterino, na adj uterine.

útero m womb, uterus.

útil <> adj **- 1.** [beneficioso, aprovechable] useful **- 2.** [eficiente] helpful **- 3.** [hábil] working. <> m *(gen pl)* [herramienta] tool; ~**es de jardinería** gardening tools; *AGR* implement; ~**es de labranza** agricultural implements.

utilería f equipment; *CIN & TEATR* props *(pl)*.

utilidad f **- 1.** [cualidad] usefulness **- 2.** [beneficio] profit.

utilitario, ria adj *AUTOM* run-around, utility.

➠ **utilitario** m *AUTOM* run-around car, utility car, compact *US*.

utilitarismo m utilitarianism.

utilización f use.

utilizar [13] vt [gen] to use.

utillaje m tools *(pl)*.

utopía f utopia.

utópico, ca adj utopian.

uva f grape; ~ **de mesa** dessert grape; ~ **moscatel** muscatel grape; ~ **pasa** raisin; **de** ~**s a peras** once in a blue moon; **estar de mala** ~ to be in a bad mood; **tener mala** ~ to be a bad sort, to be a nasty piece of work; ~**s de la suerte** *grapes eaten for good luck as midnight chimes on New Year's Eve.*

UVAS DE LA SUERTE

Tradition dictates that on New Year's Eve twelve grapes must be eaten as midnight is struck, one for each of the twelve chimes, in the belief that whoever manages to do so will have good luck in the coming year.

UVI (*abrev de* **unidad de vigilancia intensiva**) f ICU.

úvula f uvula.

uvular adj uvular.

uy interj: **¡**~**!** ahh!, oh!

v, V ['uβe] *f* [letra] v, V.
➤ **v doble** *f* W.
v. = vid.
va ▷ ir.
vaca *f* -1. [animal] cow; ~ **lechera/sagrada** dairy/sacred cow; **ponerse como una** ~ to put on a lot of weight -2. [carne] beef.
➤ **vacas flacas** *fpl fam* lean years.
➤ **vacas gordas** *fpl fam* years of plenty.
vacaciones *fpl* holiday (*sg*), holidays *UK*, vacation (*sg*) *US*; **coger (las)** ~ to take one's holidays; **estar/irse de** ~ to be/go on holiday.
vacacionista *mf Méx* tourist.
vacante ◇ *adj* vacant. ◇ *f* vacancy.
vaciado *m* -1. [de recipiente] emptying -2. [de estatua] casting, moulding.
vaciar [9] *vt* -1. [gen]: ~ **algo (de)** to empty sthg (of) -2. [dejar hueco] to hollow (out) -3. *ARTE* to cast, to mould.
vaciedad *f* [tontería] trifle.
vacilación *f* -1. [duda] hesitation; [al elegir] indecision -2. [oscilación] swaying; [de la luz] flickering.
vacilante *adj* -1. [gen] hesitant; [al elegir] indecisive -2. [luz] flickering; [pulso] irregular; [paso] swaying, unsteady.
vacilar ◇ *vi* -1. [dudar] to hesitate; [al elegir] to be indecisive -2. [voz, principios, régimen] to falter -3. [fluctuar - luz] to flicker; [- pulso] to be irregular -4. [tambalearse] to wobble, to sway -5. *fam* [chulear] to swank, to show off -6. *fam* [bromear] to take the mickey. ◇ *vt fam* [tomar el pelo]: ~ **a alguien** to take the mickey out of sb.
vacilón, ona *fam* ◇ *adj* -1. [chulo] swanky -2. [bromista] jokey, teasing -3. *CAm, Carib, Méx* [fiestero] fond of partying. ◇ *m,f* -1. [chulo] show-off -2. [bromista] tease.

➤ **vacilón** *m CAm, Carib, Méx* [fiesta] party.
vacío, a *adj* empty; ~ **de** [contenido etc] devoid of.
➤ **vacío** *m* -1. *FÍS* vacuum; **envasar al** ~ to vacuum-pack; ~ **de poder** power vacuum -2. [abismo, carencia] void -3. [hueco] space, gap -4. *loc*: **caer en el** ~ to fall on deaf ears; **hacer el** ~ **a alguien** to send sb to Coventry; **tener un** ~ **en el estómago** to feel hungry.
vacuidad *f* [trivialidad] shallowness, vacuity.
vacuna *f* vaccine; **poner una** ~ **a alguien** to vaccinate sb.
vacunación *f* vaccination.
vacunar *vt* to vaccinate; ~ **contra algo** to vaccinate against sthg.
➤ **vacunarse** *vpr* to get vaccinated.
vacuno, na *adj* bovine.
vacuo, cua *adj* [trivial] shallow, vacuous.
vadear *vt* to ford; *fig* to overcome.
vademécum (*pl* **vademecums**) *m* vade mecum, handbook.
vado *m* -1. [en acera] lowered kerb; '~ **permanente**' 'keep clear' -2. [de río] ford.
vagabundear *vi* -1. [ser un vagabundo] to lead a vagrant's life -2. [vagar]: ~ **(por)** to wander, to roam.
vagabundeo *m* vagrant's life.
vagabundo, da ◇ *adj* [persona] vagrant; [perro] stray. ◇ *m,f* tramp, vagrant, bum *US*.
vagamente *adv* vaguely.
vagancia *f* -1. [holgazanería] laziness, idleness -2. [vagabundeo] vagrancy.
vagar [16] *vi*: ~ **(por)** to wander, to roam.
vagina *f* vagina.
vaginal *adj* vaginal.
vago, ga ◇ *adj* -1. [perezoso] lazy, idle -2. [impreciso] vague. ◇ *m,f* lazy person, idler; **hacer el** ~ to laze around.
vagón *m* [de pasajeros] carriage, car *US*; [de mercancías] wagon; ~ **cisterna** tanker, tank wagon; ~ **de mercancías** goods wagon *o* van; ~ **de primera/segunda** first-class/second-class carriage; ~ **restaurante** dining car, restaurant car.
vagoneta *f* wagon.
vaguada *f* valley floor.
vague *etc* ▷ **vagar**.
vaguear *vi* to laze around.
vaguedad *f* -1. [cualidad] vagueness -2. [dicho] vague remark.
vahído *m* blackout, fainting fit; **me dio un** ~ I fainted.
vaho *m* -1. [vapor] steam -2. [aliento] breath.
➤ **vahos** *mpl MED* inhalation (*sg*).

vaina f -**1.** [gen] sheath -**2.** [BOT- envoltura] pod
-**3.** *Amér fam* [engreído] pain in the neck; **¡qué
~ !** *Col, Perú,* **Ven mfam** what a pain! -**4.** *Col,
Perú &* **Ven** [problema] pain -**5.** *Col, Perú &* **Ven**
[cosa] thing.

vainica f hemstitch.

vainilla f vanilla.

vaivén m -**1.** [balanceo - de barco] swaying,
rocking; [- de péndulo, columpio] swinging -**2.**
[altibajo] ups-and-downs (pl).

vajilla f crockery; **una ~ a** dinner service.

valdepeñas m inv Valdepeñas, *Spanish
wine from the La Mancha region, usually
red.*

valdrá etc ▷ **valer**.

vale ◇ m -**1.** [bono] coupon, voucher -**2.**
[comprobante] receipt -**3.** [pagaré] I.O.U. -**4.**
Méx, **Ven fam** [amigo] pal, mate *UK*, buddy
US. ◇ interj ▷ **valer**.

valedero, ra adj valid.

valedor, ra m,f protector.

valemadrista adj **Amér** -**1.** [apático] apathetic -**2.** [cínico] cynical.

valencia f QUÍM valency.

Valencia Valencia.

valenciano, na adj & m,f [de Valencia] Valencian.
➤ **valenciana** f **Amér** [de pantalón] (trouser)
turn-up.

valentía f -**1.** [valor] bravery -**2.** [hazaña] act
of bravery.

valentón, ona m,f: **hacerse el ~** to boast of
one's bravery.

valer [74] ◇ vt -**1.** [costar- precio] to cost; [te-
ner un valor de] to be worth; **¿cuánto vale?** [de
precio] how much does it cost?, how much is
it? -**2.** [ocasionar] to earn -**3.** [merecer] to
deserve, to be worth -**4.** [equivaler] to be
equivalent o equal to. ◇ vi -**1.** [merecer
aprecio] to be worthy; **hacerse ~** to show
one's worth -**2.** [servir]: **~ para algo** to be for
sthg; **eso aún vale** you can still use that;
¿para qué vale? what's it for? -**3.** [ser válido] to
be valid; [en juegos] to be allowed -**4.** [ayudar]
to help, to be of use -**5.** [tener calidad] to be of
worth; **no ~ nada** to be worthless o useless
-**6.** [equivaler]: **~ por** to be worth -**7.** loc: **más
vale tarde que nunca** better late than never;
más vale que te calles/vayas it would be
better if you shut up/left; **¿vale?** okay?, all
right?; **¡vale!** okay!, all right!; **¡vale (ya)!**
that's enough! ◇ m worth, value.
➤ **valerse** vpr -**1.** [servirse]: **~ se de algo/al-
guien** to use sthg/sb -**2.** [desenvolverse]: **~ se
(por sí mismo)** to manage on one's own -**3.**

loc **Méx: ¡no se vale!** that's not fair!

valeriana f valerian, allheal.

valeroso, sa adj brave, courageous.

valga etc ▷ **valer**.

valía f value, worth.

validar vt to validate.

validez f validity; **dar ~ a** to validate.

válido, da adj valid.

valiente ◇ adj -**1.** [valeroso] brave -**2.**
irón [menudo]: **¡en ~ lío te has metido!** you've
got yourself into some mess o into a fine
mess! ◇ mf [valeroso] brave person.

valija f -**1.** [maleta] case, suitcase; **~ diplomática** diplomatic bag -**2.** [de correos] mailbag.

valioso, sa adj -**1.** [gen] valuable -**2.** [intento,
esfuerzo] worthy.

valla f -**1.** [cerca] fence -**2.** DEP hurdle.
➤ **valla publicitaria** f billboard, hoarding.

vallado m fence.

vallar vt to put a fence round.

valle m valley.

vallisoletano, na adj of/relating to Valla-
dolid.

valor m -**1.** [gen, MAT & MÚS] value; **de ~**
valuable; **joyas por ~ de ...** jewels worth ...;
sin ~ worthless; **~ adquisitivo** purchasing
power; **~ añadido** ECON added value; **~ nominal** face o nominal value; **~ nutritivo**
nutritional value -**2.** [importancia] importance; **dar ~ a** to give o attach importance
to; **quitar ~ a algo** to take away from sthg,
to diminish the importance of sthg -**3.** [va-
lentía] bravery; **armarse de ~** to pluck up
one's courage -**4.** [desvergüenza] cheek,
nerve -**5.** fam [personaje - DEP]: **un joven ~** a
young prospect.
➤ **valores** mpl -**1.** [principios] values -**2.** FIN
securities, bonds; **~es en cartera** investments.

valoración f -**1.** [de precio, pérdidas] valuation
-**2.** [de mérito, cualidad, ventajas] evaluation,
assessment.

valorar vt -**1.** [tasar, apreciar] to value -**2.** [eva-
luar] to evaluate, to assess.

valorización f -**1.** [de precios, pérdidas] valuation -**2.** [aumento de valor] appreciation.

valorizar [13] vt to increase the value of.
➤ **valorizarse** vpr to increase in value.

valquiria f Valkyrie.

vals (pl **valses**) m waltz.

valva f BOT & ZOOL valve.

válvula f valve; **~ de seguridad** safety
valve.

➤ **válvula de escape** f *fig* means of letting off steam.

vampiresa f *fam* vamp, femme fatale.

vampirismo m vampirism.

vampiro m -**1.** [personaje] vampire -**2.** [murciélago] vampire bat.

vanagloriarse [8] *vpr*: ~ **(de)** to boast (about), to show off (about).

vandálico, ca *adj* [salvaje] vandalistic; **un acto** ~ an act of vandalism.

vandalismo m vandalism.

vándalo, la ◇ *adj* vandal *(antes de sust)*. ◇ m,f *HIST* Vandal.

➤ **vándalo** m *fig* [salvaje] vandal.

vanguardia f -**1.** *MIL* vanguard; **ir a la** ~ **de** *fig* to be at the forefront of -**2.** [cultural] avant-garde, vanguard; **de** ~ avant-garde.

vanguardismo m avant-garde.

vanidad f -**1.** [orgullo] vanity -**2.** [inutilidad] futility.

vanidoso, sa ◇ *adj* vain, conceited. ◇ m,f vain person.

vano, na *adj* -**1.** [gen] vain; **en** ~ in vain -**2.** [vacío, superficial] shallow, superficial.

➤ **vano** m *ARQUIT* bay.

vapor m -**1.** [emanación] vapour; [de agua] steam; **al** ~ *CULIN* steamed; **de** ~ [máquina etc] steam *(antes de sust)*; **a todo** ~ at full speed; ~ **de agua** *FÍS* & *QUÍM* water vapour -**2.** [barco] steamer, steamship.

vaporización f -**1.** *FÍS* vaporization -**2.** [pulverización] spraying.

vaporizador m -**1.** [pulverizador] spray -**2.** [para evaporar] vaporizer.

vaporizar [13] *vt* -**1.** *FÍS* to vaporize -**2.** [pulverizar] to spray.

➤ **vaporizarse** *vpr* *FÍS* to evaporate, to vaporize.

vaporoso, sa *adj* [fino - tela etc] diaphanous, sheer.

vapulear *vt* to beat, to thrash; *fig* to slate, to tear apart.

vapuleo m beating, thrashing; *fig* slating, tearing apart.

vaquería f dairy.

vaquero, ra ◇ *adj* cowboy *(antes de sust)*. ◇ m,f [persona] cowboy (f cowgirl), cowherd.

➤ **vaqueros** mpl [pantalón] jeans.

vaquilla f [vaca] heifer; [toro] young bull.

vara f -**1.** [rama, palo] stick -**2.** [pértiga] pole -**3.** [de metal etc] rod -**4.** [tallo] stem, stalk -**5.** [insignia] staff.

varadero m dry dock.

varado, da *adj* [*NÁUT* - encallado] aground,

stranded; [- en el dique seco] in dry dock.

varar *vi* *NÁUT* to run aground.

varear *vt* [árboles] to beat (with a pole); [fruta] to knock o beat down.

variabilidad f changeability, variability.

variable ◇ *adj* changeable, variable. ◇ f *MAT* variable.

variación f variation; [del tiempo] change.

➤ **variación magnética** f magnetic declination.

variado, da *adj* varied; [galletas, bombones] assorted.

variante ◇ *adj* variant. ◇ f -**1.** [variación] variation; [versión] version -**2.** *AUTOM* by-pass -**3.** [en quiniela] draw or away win.

variar [9] ◇ *vt* -**1.** [modificar] to alter, to change -**2.** [dar variedad] to vary. ◇ *vi* -**1.** [cambiar]: ~ **(de)** to change; **para** ~ *irón* (just) for a change -**2.** [ser diferente]: ~ **(de)** to vary o differ (from).

varicela f chickenpox.

varicoso, sa *adj* varicose.

variedad f variety.

➤ **variedades, varietés** fpl *TEATR* variety (U), music hall (U).

varilla f -**1.** [barra larga] rod, stick -**2.** [tira larga - de abanico, paraguas] spoke, rib; [- de gafas] arm; [- de corsé] bone, stay.

vario, ria *adj* [variado] varied, different; *(pl)* various, several.

➤ **varios, rias** *pron pl* several.

variopinto, ta *adj* diverse.

varita f wand; ~ **mágica** magic wand.

variz *(gen pl)* f varicose vein.

varón m [hombre] male, man; [chico] boy.

varonil *adj* masculine, male.

Varsovia Warsaw.

vasallo, lla m,f -**1.** [siervo] vassal -**2.** [súbdito] subject.

vasco, ca *adj* & m,f Basque.

➤ **vasco** m [lengua] Basque.

vascuence m [lengua] Basque.

vascular *adj* vascular.

vasectomía f vasectomy.

vaselina® f Vaseline®.

vasija f vessel.

vaso m -**1.** [recipiente, contenido] glass; **un** ~ **de plástico** a plastic cup; **ahogarse en un** ~ **de agua** to make a mountain out of a molehill -**2.** *ANAT* vessel; ~**s capilares** capillaries; ~**s sanguíneos** blood vessels -**3.** *BOT* vein.

vástago m -**1.** [descendiente] offspring (U) -**2.** [brote] shoot -**3.** [varilla] rod.

vasto, ta *adj* vast.

vate *m culto* bard.

váter = **wáter**.

vaticano, na *adj* Vatican *(antes de sust)*.
 ➡ **Vaticano** *m*: **el Vaticano** the Vatican.

vaticinar *vt* to prophesy, to predict.

vaticinio *m culto* prophecy, prediction.

vatio, watio ['batio] *m* watt.

vaudeville = **vodevil**.

vaya <> ▷ **ir.** <> *interj* - **1.** [sorpresa]: ¡∼ ! well! - **2.** [énfasis]: ¡∼ **moto!** what a motorbike!

VB *abrev de* **visto bueno**.

Vd. = **Ud.**

Vda. *abrev de* **viuda**.

Vds. = **Uds.**

ve ▷ **ir.**

véase ▷ **ver.**

vecinal *adj* - **1.** [relaciones, trato] neighbourly - **2.** [camino, impuestos] local.

vecindad *f* - **1.** [vecindario] neighbourhood - **2.** [alrededores] vicinity - **3.** *Méx* [vivienda] tenement house.

vecindario *m* [de barrio] neighbourhood; [de población] community, inhabitants *(pl)*.

vecino, na <> *adj* [cercano] neighbouring; ∼ **a** next to. <> *m,f* - **1.** [de la misma casa, calle] neighbour; [de un barrio] resident - **2.** [de una localidad] inhabitant.

vector *m* vector.

vectorial *adj* vectorial.

veda *f* - **1.** [prohibición] ban *(on hunting and fishing)*; **levantar la** ∼ to open the season - **2.** [periodo] close season.

vedado, da *adj* prohibited.
 ➡ **vedado** *m* reserve.

vedar *vt* to prohibit.

vedette [be'ðet] *(pl* **vedettes)** *f* star.

vega *f* fertile plain.

vegetación *f* vegetation.
 ➡ **vegetaciones** *fpl* MED adenoids.

vegetal <> *adj* - **1.** BIOL vegetable, plant *(antes de sust)* - **2.** [sandwich] salad *(antes de sust)*. <> *m* vegetable.

vegetar *vi* to vegetate.

vegetarianismo *m* vegetarianism.

vegetariano, na *adj* & *m,f* vegetarian.

vegetativo, va *adj* vegetative.

vehemencia *f* [pasión, entusiasmo] vehemence.

vehemente *adj* [apasionado, entusiasta] vehement.

vehículo *m* [gen] vehicle; [de infección] carrier.

veinte *núm* twenty; **los (años)** ∼ the twen-

ties; *ver también* **seis**.

veinteañero, ra <> *adj* about twenty years old. <> *m,f* person about twenty years old.

veinteavo, va *núm* twentieth; **la veinteava parte** a twentieth.

veintena *f* - **1.** [veinte] twenty - **2.** [aproximadamente]: **una** ∼ **(de)** about twenty.

vejación *f*, **vejamen** *m* humiliation.

vejar *vt* to humiliate.

vejatorio, ria *adj* humiliating.

vejestorio *m despec* old fogey.

vejez *f* old age; ¡**a la** ∼ **viruelas!** fancy that at his/her age!

vejiga *f* bladder.

vela *f* - **1.** [para dar luz] candle; ¿**quién le ha dado** ∼ **en este entierro?** who asked you to stick your oar in?; **estar a dos** ∼s not to have two halfpennies to rub together - **2.** [de barco] sail; **a toda** ∼ under full sail - **3.** DEP sailing; **hacer** ∼ to go sailing - **4.** [vigilia] vigil; **pasar la noche en** ∼ [adrede] to stay awake all night; [desvelado] to have a sleepless night.

velada *f* evening.

velado, da *adj* - **1.** [oculto] veiled, hidden - **2.** FOT fogged.

velador, ra *adj* watching.
 ➡ **velador** *m* - **1.** *Andes, Méx* [mueble] bedside table - **2.** *Méx, RP* [luz] bedside lamp - **3.** *Méx* [centinela] night watchman.
 ➡ **veladora** *f Amér* [vela] candle.

velamen *m* sails *(pl)*.

velar¹ *adj* ANAT & LING velar.

velar² <> *vi* - **1.** [cuidar]: ∼ **por** to look after, to watch over - **2.** [no dormir] to stay awake. <> *vt* - **1.** [de noche - muerto] to keep a vigil over; [- enfermo] to sit up with - **2.** [ocultar] to mask, to veil.
 ➡ **velarse** *vpr* FOT to get fogged.

velatorio *m* wake, vigil.

veleidad *f* - **1.** [inconstancia] fickleness, capriciousness - **2.** [antojo, capricho] whim, caprice.

veleidoso, sa *adj* - **1.** [inconstante] fickle - **2.** [caprichoso] capricious.

velero *m* sailing boat/ship.

veleta <> *f* weather vane. <> *mf fam* capricious person.

vello *m* - **1.** [pelusilla] down - **2.** [pelo] hair; ∼ **púbico** pubic hair.

vellocino *m* fleece.

vellón *m* - **1.** [lana] fleece - **2.** [aleación] silver and copper alloy.

velloso, sa *adj* hairy.

velludo, da *adj* hairy.

velo *m lit* & *fig* veil; **correr** *o* **echar un (tupido) ~ sobre algo** to draw a veil over sthg.
 ► **velo del paladar** *m* soft palate.

velocidad *f* **-1.** [gen] speed; **cobrar ~** to pick up speed; **perder ~** to lose speed; **~ máxima** top speed; *TECN* velocity; **a toda ~** at full speed; **de alta ~** high-speed; **~ de crucero** cruising speed; **~ punta** top speed; **con la ~ de un rayo** as quick as lightning **-2.** *AUTOM* [marcha] gear; **cambiar de ~** to change gear.

velocímetro *m* speedometer.

velocípedo *m* velocipede.

velocista *mf* sprinter.

velódromo *m* cycle track, velodrome.

velomotor *m* moped.

velorio *m* wake.

veloz *adj* fast, quick.

ven ⊳ **venir**.

vena *f* **-1.** [gen, *ANAT* & *MIN*] vein **-2.** [inspiración] inspiration; **tener la ~** to be inspired **-3.** [don] vein, streak; **tener ~ de algo** to have a gift for doing sthg **-4.** *loc*: **estar en la ~** to be in the mood; **si se le da la ~** if the mood takes him/her.

venado *m ZOOL* deer; *CULIN* venison.

venal *adj* **-1.** [sobornable] venal, corrupt **-2.** [vendible] for sale, saleable.

vencedor, ra ⇔ *adj* winning, victorious. ⇔ *m,f* winner.

vencer [11] ⇔ *vt* **-1.** [ganar] to beat, to defeat **-2.** [derrotar - suj: sueño, cansancio, emoción] to overcome **-3.** [aventajar]: **~ a alguien a** *o* **en algo** to outdo sb at sthg **-4.** [superar - miedo, obstáculos] to overcome; [- tentación] to resist. ⇔ *vi* **-1.** [ganar] to win, to be victorious **-2.** [caducar - garantía, contrato, plazo] to expire; [- deuda, pago] to fall due, to be payable; [- bono] to mature **-3.** [prevalecer] to prevail.
 ► **vencerse** *vpr* [estante etc] to give way, to collapse.

vencido, da ⇔ *adj* **-1.** [derrotado] defeated; **darse por ~** to give up **-2.** [caducado - garantía, contrato, plazo] expired; [- pago, deuda] due, payable; [- bono] mature. ⇔ *m,f* [en guerra] conquered *o* defeated person; [en deportes, concursos] loser.

vencimiento *m* **-1.** [término - de garantía, contrato, plazo] expiry; [- de pago, deuda] falling due; [- de bono] maturing **-2.** [expiración] due date **-3.** [inclinación] giving way, collapse.

venda *f* bandage; **~ de gasa** gauze bandage; **tener una ~ en** *o* **delante de los ojos**

fig to be blind.

vendaje *m* bandaging; **poner un ~** to put on a dressing.

vendar *vt* to bandage; **~ los ojos a alguien** to blindfold sb.

vendaval *m* gale.

vendedor, ra ⇔ *adj* selling. ⇔ *m,f* [gen] seller; [en tienda] shop *o* sales assistant; [de coches, seguros] salesman (*f* saleswoman); **~ ambulante** pedlar, hawker.

vender *vt lit* & *fig* to sell; **~ algo a** *o* **por** to sell sthg for.
 ► **venderse** *vpr* **-1.** [ser vendido] to be sold *o* on sale; **'se vende'** 'for sale' **-2.** [dejarse sobornar] to sell o.s., to be bribed.

vendido, da *adj* sold; **estar** *o* **ir ~** *fig* not to stand a chance.

vendimia *f* grape harvest.

vendimiador, ra *m,f* grape picker.

vendimiar [8] ⇔ *vt* to harvest *(grapes)*. ⇔ *vi* to pick grapes.

vendrá *etc* ⊳ **venir**.

Venecia Venice.

veneciano, na *adj* & *m,f* Venetian.

veneno *m* **-1.** [gen]; [de serpiente, insecto] venom **-2.** *fig* [mala intención] venom.

venenoso, sa *adj* **-1.** [gen] poisonous **-2.** *fig* [malintencionado] venomous.

venerable *adj* venerable.

veneración *f* veneration, worship.

venerar *vt* to venerate, to worship.

venéreo, a *adj* venereal.

venezolano, na *adj* & *m,f* Venezuelan.

Venezuela Venezuela.

venga ⇔ *v* ⊳ **venir**. ⇔ *interj*: **¡~!** come on!

vengador, ra ⇔ *adj* avenging. ⇔ *m,f* avenger.

venganza *f* vengeance, revenge.

vengar [16] *vt* to avenge.
 ► **vengarse** *vpr*: **~se (de)** to take revenge (on), to avenge o.s. (on).

vengativo, va *adj* vengeful, vindictive.

vengo ⊳ **venir**.

vengue *etc* ⊳ **vengar**.

venia *f* **-1.** [permiso] permission **-2.** *DER* [perdón] pardon; **con la ~** [tomando la palabra] by your leave.

venial *adj* petty, venial.

venialidad *f* veniality, pettiness.

venida *f* [llegada] arrival.

venidero, ra *adj* coming, future.

venir [75] ⇔ *vi* **-1.** [gen] to come; **~ a/de hacer algo** to come to do sthg/from doing

sthg; ~ **de algo** [proceder, derivarse] to come
from sthg; ~ **a alguien con algo** to come to
sb with sthg; **no me vengas con exigencias**
don't come to me making demands; ~ **a**
por algo to come to pick up sthg; **el año**
que viene next year **-2.** [llegar] to arrive; **vi-**
no a las doce he arrived at twelve o'clock
-3. [hallarse] to be; **su foto viene en primera**
página his photo is *o* appears on the front
page; **el texto viene en inglés** the text is in
English **-4.** [acometer, sobrevenir]: **me viene**
sueño I'm getting sleepy; **le vinieron ganas**
de reír he was seized by a desire to laugh;
le vino una tremenda desgracia he suffered
a great misfortune **-5.** [ropa, calzado]: ~ **a**
alguien to fit sb; **¿qué tal te viene?** does it
fit all right?; **el abrigo le viene pequeño** the
coat is too small for her **-6.** [convenir]: ~
bien/mal a alguien to suit/not to suit sb **-7.**
[aproximarse]: **viene a costar un millón** it costs
almost a million **-8.** *loc:* **¿a qué viene esto?**
what do you mean by that?, what's that in
aid of?; ~ **a menos** [negocio] to go downhill;
[persona] to go down in the world; ~ **a parar**
en to end in; ~ **a ser** to amount to. <> *v aux*
-1. *(antes de gerundio)* [haber estado]: ~ **hacien-**
do algo to have been doing sthg; **las peleas**
vienen sucediéndose desde hace tiempo
fighting has been going on for some time
-2. *(antes de participio)* [estar]: **los cambios vie-**
nen motivados por la presión de la oposición
the changes have resulted from pressure
on the part of the opposition **-3.** *(antes de*
infinitivo) [estar]: **esto viene a costar unos**
veinte euros it costs almost twenty euros.
➤ **venirse** *vpr***-1.** [volver]: ~**se (de)** to come
back *o* return (from) **-2.** *loc:* ~**se abajo** [te-
cho, estante etc] to collapse; [ilusiones] to be
dashed.

venoso, sa *adj* venous.

venta *f* **-1.** [acción] sale, selling; **de ~ en ...**
on sale at ...; **estar en ~** to be for sale; **po-**
ner a la ~ [casa] to put up for sale; **salir a la**
~ to go on sale; [producto] to put on sale; ~
por correo *o* **por correspondencia** mail-
order sale; ~ **automatizada** vending-ma-
chine sale; ~ **al contado** cash sale; ~ **a cré-**
dito credit sale; ~ **a domicilio** door-to-door
selling; ~ **a plazos** sale by instalments; ~
pública public auction; ~ **sobre plano** sale
of customized goods **-2.** *(gen pl)* [cantidad]
sales *(pl)* **-3.** [posada] country inn.

ventaja *f* **-1.** [hecho favorable] advantage **-2.**
[en competición] lead; **dar ~** to give a start;
llevar ~ a alguien to have a lead over sb.

ventajista *adj* & *m,f* opportunist.

ventajoso, sa *adj* advantageous.

ventana *f* **-1.** [gen & INFORM] window; ~ **de**
guillotina sash window **-2.** [de nariz] nostril.

ventanal *m* large window.

ventanilla *f* **-1.** [de vehículo, sobre] window
-2. [taquilla] counter.

ventear <> *v impers* to be very windy. <> *vi*
to sniff the air.

ventilación *f* ventilation.

ventilador *m* ventilator, fan.

ventilar *vt* **-1.** [airear] to air **-2.** [resolver] to
clear up **-3.** [discutir] to air **-4.** [difundir] to
spread, to make public.
➤ **ventilarse** *vpr* **-1.** [airearse] to air **-2.** *fam*
[terminarse] to knock *o* finish off.

ventisca *f* blizzard.

ventiscar [10], **ventisquear** *v impers* to
blow a blizzard.

ventisquero *m* [nieve amontonada] snowdrift.

ventolera *f* **-1.** [viento] gust of wind **-2.** [idea
extravagante] wild idea; **se le ha dado la ~ de**
hacerlo she has taken it into her head to do
it.

ventosa *f* [gen & ZOOL] sucker.

ventosear *vi* to break wind.

ventosidad *f* wind, flatulence.

ventoso, sa *adj* windy.

ventrículo *m* ventricle.

ventrílocuo, cua *m,f* ventriloquist.

ventriloquía *f* ventriloquism.

ventura *f* **-1.** [suerte] luck; **a la (buena)** ~ [al
azar] at random, haphazardly; [sin nada pre-
visto] without planning *o* a fixed plan;
por ~ *fml* luckily; **echar la buena ~ a al-**
guien to tell sb's fortune **-2.** [casualidad] fate,
fortune.

venturoso, sa *adj* happy, fortunate.

Venus Venus.

venza *etc* ➭ **vencer**.

ver [76] <> *vi* **-1.** [gen] to see **-2.** *loc:* **a ~** [vea-
mos] let's see; **¿a ~?** [mirando con interés] let
me see, let's have a look; **¡a ~!** [¡pues claro!]
what do you expect?; [al empezar algo] right!;
dejarse ~ (por un sitio) to show one's face
(somewhere); **eso está por ~** that remains
to be seen; **ni visto ni oído** in the twinkling
of an eye; **verás, iba a ir pero ...** listen, I was
thinking of coming but ...; **ya veremos** we'll
see. <> *vt* **-1.** [gen] to see; [mirar] to look at;
[televisión, partido de fútbol] to watch; **¿ves al-**
go? can you see anything?; **he estado vien-**
do tu trabajo I've been looking at your
work; **ya veo que estás de mal humor** I can
see you're in a bad mood; **¿ves lo que quie-**

ro decir? do you see what I mean?; **ir a ~ lo que pasa** to go and see what's going on; **es una manera de ~ las cosas** that's one way of looking at it; **yo no lo veo tan mal** I don't think it's that bad - **2.** *loc:* **eso habrá que ~ lo** that remains to be seen; **¡hay que ~ qué lista es!** you wouldn't believe how clever she is!; **no puedo ~ le (ni en pintura)** *fam* I can't stand him; **si no lo veo, no lo creo** you'll never believe it; **si te vi, no me acuerdo** he/she *etc* doesn't want anything to do with me; **~ venir a alguien** to see what sb is up to. ◇ *m:* **estar de buen ~** to be good-looking.

◆ **verse** *vpr* - **1.** [mirarse, imaginarse] to see o.s.; **~se en el espejo** to see o.s. in the mirror; **ya me veo cargando el camión yo solo** I can see myself having to load the lorry on my own - **2.** [percibirse]: **desde aquí se ve el mar** you can see the sea from here - **3.** [encontrarse] to meet, to see each other; **~se con alguien** to see sb; **hace mucho que no nos vemos** we haven't seen each other for a long time - **4.** [darse, suceder] to be seen - **5.** *loc:* **vérselas venir** *fam* to see it coming; **vérselas y deseárselas para hacer algo** to have a real struggle doing sthg.

◆ **véase** *vpr* [en textos] see.

◆ **por lo visto, por lo que se ve** *loc adv* apparently.

vera *f* - **1.** [orilla - de río, lago] bank; [- de camino] edge, side - **2.** *fig* [lado] side; **a la ~ de** next to.

veracidad *f* truthfulness.

veranda *f* verandah.

veraneante ◇ *adj* holiday-making. ◇ *mf* holidaymaker, (summer) vacationer *US*.

veranear *vi:* **~ en** to spend one's summer holidays in.

veraneo *m* summer holidays *(pl)*; **de ~** holiday *(antes de sust)*.

veraniego, ga *adj* summer *(antes de sust)*.

verano *m* summer.

veras *fpl* truth *(U)*; **de ~** [verdaderamente] really; [en serio] seriously.

veraz *adj* truthful.

verbal *adj* verbal.

verbalizar [13] *vt* to verbalize.

verbena *f* - **1.** [fiesta] street party *(on the eve of certain saints' days)* - **2.** [planta] verbena.

verbenero, ra *adj* street-party *(antes de sust)*.

verbigracia *adv culto* for example, for instance.

verbo *m* - **1.** *GRAM* verb - **2.** [lenguaje] language.

verborrea *f* verbal diarrhoea, verbosity.

verbosidad *f* verbosity.

verboso, sa *adj* verbose.

verdad *f* - **1.** [gen] truth; **a decir ~** to tell the truth; **decir la ~** to tell the truth; **en ~** truly, honestly - **2.** [principio aceptado] fact - **3.** *loc:* **no te gusta, ¿~?** you don't like it, do you?; **está bueno, ¿~?** it's good, isn't it?; **una ~ como un puño** an undeniable fact.

◆ **verdades** *fpl* [opinión sincera] true thoughts; **cantar las ~es** *fig* to speak one's mind; **cantarle** *o* **decirle a alguien cuatro ~es** *fig* to tell sb a few home truths.

◆ **de verdad** ◇ *loc adv* - **1.** [en serio] seriously - **2.** [realmente] really. ◇ *loc adj* [auténtico] real.

verdadero, ra *adj* - **1.** [cierto, real] true, real; **fue un ~ lío** it was a real mess - **2.** [sin falsificar] real - **3.** [enfático] real.

verde ◇ *adj* - **1.** [gen] green; **~ oliva** olive (green); **estar ~ de envidia** to be green with envy; **poner ~ a alguien** to criticize sb - **2.** [fruta] unripe, green - **3.** [ecologista] Green, green - **4.** *fig* [obsceno] blue, dirty - **5.** *fig* [inmaduro - proyecto etc] in its early stages. ◇ *m* [color] green.

◆ **Verdes** *mpl* [partido]: **los Verdes** the Greens.

verdor *m* [color] greenness.

verdoso, sa *adj* greenish.

verdugo *m* - **1.** [de preso] executioner; [que ahorca] hangman - **2.** [pasamontañas] balaclava helmet.

verdulería *f* greengrocer's (shop).

verdulero, ra *m, f* [tendero] greengrocer.

◆ **verdulera** *f fam fig* [ordinaria] fishwife.

verdura *f* vegetables *(pl)*, greens *(pl)*.

verdusco, ca *adj despec* dirty green.

vereda *f* - **1.** [senda] path; **hacer entrar** *o* **meter a alguien en ~** to bring sb into line - **2.** *CSur, Perú* [acera] pavement *UK*, sidewalk *US*.

veredicto *m* verdict.

verga *f* - **1.** *ANAT* penis - **2.** *NÁUT* yard - **3.** [vara] stick.

vergel *m* lush, fertile place.

vergonzante *adj* shameful.

vergonzoso, sa ◇ *adj* - **1.** [deshonroso] shameful - **2.** [tímido] bashful. ◇ *m, f* bashful person.

vergüenza *f* - **1.** [turbación] embarrassment; **dar ~** to embarrass; **¡qué ~!** how embarrassing!; **sentir ~** to feel embarrassed; **sentir ~ ajena** to feel embarrassed for sb - **2.** [timidez] bashfulness; **perder la ~** to lose one's inhibitions -**3.** [remordimiento] shame; **sentir** ~ to feel ashamed -**4.** [deshonra, escándalo] disgrace; **¡es una** ~**!** it's disgraceful!

➤ **vergüenzas** *fpl* [genitales] private parts.

vericueto *(gen pl) m* -**1.** [lugar] rough track -**2.** [situación] complication.

verídico, ca *adj* -**1.** [cierto] true, truthful -**2.** *fig* [verosímil] true-to-life, real.

verificación *f* check, checking *(U)*.

verificador, ra ◇ *adj* [confirmador] checking; [examinador] testing, inspecting. ◇ *m,f* tester, inspector.

verificar [10] *vt* -**1.** [comprobar - verdad, autenticidad] to check, to verify -**2.** [examinar - funcionamiento, buen estado] to check, to test -**3.** [confirmar - fecha, cita] to confirm -**4.** [llevar a cabo] to carry out.

➤ **verificarse** *vpr* -**1.** [tener lugar] to take place -**2.** [resultar cierto - predicción] to come true; [comprobarse] to be verified.

verja *f* -**1.** [puerta] iron gate; **la** ~ **de Gibraltar** *the border between Spain and Gibraltar* -**2.** [valla] railings *(pl)* -**3.** [enrejado] grille.

vermú *(pl* vermús), **vermut** *(pl* vermuts) *m* -**1.** [bebida] vermouth -**2.** *Andes, RP* [en cine] early-evening showing; *Andes, RP* [en teatro] early-evening performance.

vernáculo, la *adj* vernacular.

verónica *f* -**1.** *TAUROM* pass in which matador swings cape away from bull -**2.** [planta] veronica.

verosímil *adj* -**1.** [creíble] believable, credible -**2.** [probable] likely, probable.

verosimilitud *f* -**1.** [credibilidad] credibility -**2.** [probabilidad] likeliness.

verruga *f* wart.

versado, da *adj:* ~ **(en)** versed (in).

Versalles Versailles.

versallesco, ca *adj fam* [cortés] gallant, chivalrous.

versar *vi:* ~ **sobre** to be about, to deal with.

versátil *adj* -**1.** [voluble] changeable, fickle -**2.** *(considerado incorrecto)* [polifacético] versatile.

versatilidad *f* -**1.** [volubilidad] changeability, fickleness -**2.** [adaptabilidad] versatility.

versículo *m* verse.

versificación *f* versification.

versificar [10] ◇ *vi* to write (in) verse. ◇ *vt* to put into verse.

versión *f* -**1.** [gen] version; [en música pop] cover version; ~ **original** *CIN* original (version) -**2.** [traducción] translation, version.

verso *m* -**1.** [género] verse; **en** ~ in verse; ~ **blanco/libre** blank/free verse -**2.** [unidad rítmica] line *(of poetry)* -**3.** [poema] poem.

versus *prep culto* versus.

vértebra *f* vertebra.

vertebrado, da *adj* vertebrate.

➤ **vertebrados** *mpl ZOOL* vertebrates.

vertebral *adj* vertebral.

vertedero *m* -**1.** [de basuras] rubbish tip *o* dump; [de agua] overflow -**2.** [de pantano] drain, spillway.

verter [20] ◇ *vt* -**1.** [derramar] to spill -**2.** [vaciar - líquido] to pour (out); [- recipiente] to empty -**3.** [tirar - basura, residuos] to dump -**4.** [traducir]: ~ **(a)** to translate (into) -**5.** *fig* [decir] to tell. ◇ *vi:* ~ **a** to flow into.

➤ **verterse** *vpr* [derramarse] to spill.

vertical ◇ *adj GEOM* vertical; [derecho] upright. ◇ *m ASTRON* vertical circle. ◇ *f GEOM* vertical.

verticalidad *f* verticality, vertical position.

vértice *m* [gen] vertex; [de cono] apex.

vertido *m* -**1.** *(gen pl)* [residuo] waste *(U)* -**2.** [acción] dumping.

vertiente *f* -**1.** [pendiente] slope -**2.** *fig* [aspecto] side, aspect -**3.** *RP* [manantial] spring.

vertiginoso, sa *adj* -**1.** [mareante] dizzy -**2.** *fig* [raudo] giddy.

vértigo *m* -**1.** [enfermedad] vertigo; [mareo] dizziness; **trepar me da** ~ climbing makes me dizzy -**2.** *fig* [apresuramiento] mad rush, hectic pace -**3.** *fig* [asombro]: **dar** ~ **a alguien** to make sb's head spin; **de** ~ [velocidad, altura] giddy; [cifras] mindboggling.

vesícula *f:* ~ **biliar** gall bladder.

vespertino, na *adj* evening *(antes de sust)*.

vestal *f* vestal (virgin).

vestíbulo *m* [de casa] (entrance) hall; [de hotel, oficina] lobby, foyer.

vestido, da *adj* dressed; **ir** ~ to be dressed; **iba** ~ **de negro** he was dressed in black.

➤ **vestido** *m* -**1.** [indumentaria] clothes *(pl)* -**2.** [prenda femenina] dress; ~ **de noche** evening dress.

vestidor *m* dressing room.

vestidura *(gen pl) f* clothes *(pl)*; *RELIG* vestments *(pl)*; **rasgarse las** ~**s** to make a fuss.

vestigio *m* vestige; *fig* sign, trace.

vestimenta *f* clothes *(pl)*, wardrobe.

vestir [26] ◇ *vt* -**1.** [gen] to dress -**2.** [llevar puesto] to wear -**3.** [cubrir] to cover -**4.** *fig* [encubrir]: ~ **algo de** to invest sthg with. ◇ *vi* -**1.** [ser elegante] to be dressy; **de (mucho)** ~ (very) dressy -**2.** [llevar ropa] to dress -**3.** *fig* [estar bien visto] to be the done thing **- 4.** *loc*: **el mismo que viste y calza** the very same, none other; **vísteme despacio que tengo prisa** *proverb* more haste, less speed *proverb*.

➤ **vestirse** *vpr* **-1.** [ponerse ropa] to get dressed, to dress; **~se de** to wear **-2.** [adquirir ropa]: **~se en** to buy one's clothes at **- 3.** *fig* [cubrirse]: **~se de** to be covered in.

vestuario *m* **-1.** [vestimenta] clothes *(pl)*, wardrobe; *TEATR* costumes *(pl)* **- 2.** [para cambiarse] changing room; [de actores] dressing room.

veta *f* **-1.** [filón] vein, seam **-2.** [faja, lista] grain.

vetar *vt* to veto.

veteado, da *adj* grained.

vetear *vt* to grain.

veteranía *f* seniority, age.

veterano, na *adj & m,f* veteran.

veterinario, ria ◇ *adj* veterinary. ◇ *m,f* [persona] vet, veterinary surgeon.

➤ **veterinaria** *f* [ciencia] veterinary science *o* medicine.

veto *m* veto; **poner ~ a algo** to veto sthg.

vetusto, ta *adj culto* ancient, very old.

vez *f* **-1.** [gen] time; **una ~** once; **dos veces** twice; **tres veces** three times; **¿has estado allí alguna ~?** have you ever been there?; **a mi/tu** *etc* **~** in my/your *etc* turn; **a la ~ (que)** at the same time (as); **cada ~ (que)** every time; **cada ~ más** more and more; **cada ~ menos** less and less; **cada ~ la veo más feliz** she seems happier and happier; **de una ~** in one go; **de una ~ para siempre** *o* **por todas** once and for all; **muchas veces** often, a lot; **otra ~** again; **pocas veces, rara ~** rarely, seldom; **por última ~** for the last time; **una** *o* **alguna que otra ~** occasionally; **una ~ más** once again; **una y otra ~** time and again; **érase una ~** once upon a time **- 2.** [turno] turn; **pedir la ~** to ask who is last **- 3.** *loc*: **hacer las veces de** to act as.

➤ **a veces, algunas veces** *loc adv* sometimes, at times.

➤ **de vez en cuando** *loc adv* from time to time, now and again.

➤ **en vez de** *loc prep* instead of.

➤ **tal vez** *loc adv* perhaps, maybe.

➤ **una vez que** *loc conj* once, after.

VHF (*abrev de* **very high frequency**) *f* VHF.

VHS (*abrev de* **video home system**) *m* VHS.

vía ◇ *f* **- 1.** [medio de transporte] route; **por ~ aérea** [gen] by air; [correo] (by) airmail; **por ~ marítima** by sea; **por ~ terrestre** overland, by land; **~ de comunicación** communica-

tion route; **~ fluvial** waterway **- 2.** [calzada, calle] road; **~ pública** public thoroughfare **- 3.** [*FERROC* - raíl] rails *(pl)*, track; [- andén] platform; **~ estrecha** narrow gauge; **~ férrea** [ruta] railway line; **~ muerta** siding **- 4.** [proceso]: **estar en ~s de** to be in the process of; **país en ~s de desarrollo** developing country; **una especie en ~s de extinción** an endangered species **- 5.** *ANAT* tract; **por ~ oral** orally; **por ~ venosa** intravenously **- 6.** [opción] channel, path; **por ~ oficial/judicial** through official channels/the courts **- 7.** [camino] way; **dar ~ libre** [dejar paso] to give way; [dar libertad de acción] to give a free rein **- 8.** *DER* procedure. ◇ *prep* via.

➤ **Vía Láctea** *f* Milky Way.

viabilidad *f* viability.

viable *adj fig* [posible] viable.

viacrucis *m inv RELIG* Stations *(pl)* of the Cross, Way of the Cross.

viaducto *m* viaduct.

viajante *mf* travelling salesperson.

viajar *vi* **-1.** [trasladarse, irse]: **~ (en)** to travel (by) **- 2.** [circular] to run.

viaje *m* **-1.** [gen] journey, trip; [en barco] voyage; **¡buen ~!** have a good journey *o* trip!; **estar/ir de ~** to be/go away (on a trip); **hay 11 días de ~** it's an 11-day journey; **~ de ida/de vuelta** outward/return journey; **~ de ida y vuelta** return journey *o* trip; **~ de negocios** business trip; **~ de novios** honeymoon; **~ organizado** package tour; **~ relámpago** lightning trip *o* visit **- 2.** *fig* [recorrido] trip; **di varios ~s para trasladar los muebles** it took me a good few trips to move all the furniture **- 3.** *fam fig* [alucinación] trip **- 4.** *fam fig* [golpe] bang, bump.

➤ **viajes** *mpl* [singladuras] travels.

viajero, ra ◇ *adj* [persona] travelling; [ave] migratory. ◇ *m,f* [gen] traveller; [en transporte público] passenger.

vial ◇ *adj* road (*antes de sust*). ◇ *m FARM* phial.

vianda *f* **-1.** food *(U)* **-2.** *Amér* [recipiente] lunchbox.

viandante *mf* **-1.** [peatón] pedestrian **-2.** [transeúnte] passer-by.

viaraza *f Amér* **-1.** [enfado] fit of anger **-2.** [ocurrencia] absurd idea.

viario, ria *adj* road (*antes de sust*).

viático *m* **-1.** [dieta] expenses allowance **-2.** *RELIG* last rites *(pl)*, viaticum.

víbora *f* viper.

vibración *f* vibration.

vibrador, ra *adj* vibrating.

➤ **vibrador** m vibrator.
vibráfono m vibraphone.
vibrante adj **-1.** [oscilante] vibrating **-2.** fig [emocionante] vibrant **-3.** [trémulo] quivering.
vibrar vi **-1.** [oscilar] to vibrate **-2.** fig [voz, rodillas etc] to shake **-3.** fig [público] to get excited.
vibrátil adj vibratile.
vibratorio, ria adj vibratory.
vicaría f **-1.** [cargo] vicarship, vicariate; **pasar por la** ~ to tie the knot **-2.** [residencia] vicarage.
vicario m vicar.
vicealmirante m vice-admiral.
vicecónsul m vice-consul.
vicepresidencia f [de país, asociación] vice-presidency; [de comité, empresa] vice-chairmanship.
vicepresidente, ta m,f [de país, asociación] vice-president; [de comité, empresa] vice-chairman.
vicerrector, ra m,f ≃ vice-rector.
vicesecretario, ria m,f assistant secretary.
viceversa adv vice versa.
vichy [bi'tʃil (pl **vichys**) m gingham.
vichysoisse [bitʃi'swas] (pl **vichysoisses**) f CULIN vichysoisse.
viciado, da adj [aire] stuffy; [estilo] marred.
viciar [8] vt **-1.** [pervertir] to corrupt **-2.** fig [falsear] to falsify; [tergiversar] to distort, to twist.
➤ **viciarse** vpr [enviciarse] to take to vice.
vicio m **-1.** [mala costumbre] bad habit, vice; **llorar** o **quejarse de** ~ to complain for no (good) reason **-2.** [libertinaje] vice **-3.** [defecto físico, de dicción etc] defect **-4.** loc: **de** ~ fam [fenomenal] brilliant.
vicioso, sa ◇ adj dissolute, depraved. ◇ m,f dissolute person, depraved person.
vicisitud f [avatar] (gen en pl) vicissitude; **las** ~ **de la vida** life's ups and downs.
víctima f victim; [en accidente, guerra] casualty; **ser** ~ **de** to be the victim of; ~ **propiciatoria** scapegoat.
victimar vt Amér to kill, to murder.
victimario, ria m,f Amér killer, murderer.
victoria f victory; **adjudicarse la** ~ to win a victory; **cantar** ~ to claim victory.
➤ **Victoria** m: **el lago** ~ Lake Victoria.
victoriano, na adj Victorian.
victorioso, sa adj victorious.
vicuña f vicuña.
vid f vine.
vid., v. (abrev de **véase**) v., vid.
vida f life; **amargarse la** ~ to make one's life

a misery; **buscarse la** ~ to try to earn one's own living; **dar la** ~ **por** fig to give one's life for; **de toda la** ~ [amigo etc] lifelong; **le conozco de toda la** ~ I've known him all my life; **de por** ~ for life; **en** ~ **de** during the life o lifetime of; **en mi/tu** etc ~ never (in my/your etc) life; **estar con** ~ to be alive; **estar entre la** ~ **y la muerte** to be at death's door; **ganarse la** ~ to earn a living; **pasar a mejor** ~ to pass away; **pasarse la** ~ **haciendo algo** to spend one's life doing sthg; **perder la** ~ to lose one's life; **quitar la** ~ **a alguien** to kill sb; ~ **privada/sentimental** private/love life; ~ **eterna** eternal life; **la otra** ~ the next life; **¡así es la** ~! that's life!, such is life!; **darse** o **pegarse la gran** ~, **darse** o **pegarse la** ~ **padre** to live the life of Riley; **enterrarse en** ~ to forsake the world; **la** ~ **y milagros de alguien** sb's life story; **llevar una** ~ **de perros** to lead a dog's life; **¡mi** ~!, **¡** ~ **mía!** my darling!; **¿qué es de tu** ~? how's life?; **tener la** ~ **pendiente de un hilo** to have one's life hanging by a thread; **tener siete** ~s **como los gatos** to have nine lives.
vidente mf clairvoyant.
vídeo, video ◇ m **-1.** [gen] video; **grabar en** ~ to videotape, to record on video; ~ **comunitario** system enabling one video to be shown simultaneously on different television sets in one block of flats; ~ **doméstico** home video **-2.** [aparato reproductor] video, VCR US. ◇ adj inv video (antes de sust).
videocámara f camcorder.
videocasete m video, videocassette.
videocinta f video, videotape.
videoclip m (pop) video.
videoclub (pl **videoclubes**) m video club.
videoclip m (pop) video.
videoconferencia f videoconference.
videoedición f video editing.
videojuego m video game.
videoteca f video library.
videoteléfono m videophone.
videoterminal m video terminal.
videotexto m, **videotex** m inv [por señal de televisión] teletext; [por línea telefónica] videotext, viewdata.
vidorra f fam easy life; **pegarse una (gran)** ~ to live the life of Riley.
vidriado, da adj glazed.
➤ **vidriado** m **-1.** [técnica] glazing **-2.** [material] glaze.
vidriero, ra m,f **-1.** [que fabrica cristales] glass

merchant o manufacturer **-2.** [que coloca cristales] glazier.

➤ **vidriera** f [puerta] glass door; [ventana] glass window; [en catedrales] stained glass window.

vidrio m **-1.** [material] glass **-2.** [cristal] window (pane); **pagar los ~s rotos** to carry the can.

vidrioso, sa adj **-1.** [quebradizo] brittle **-2.** fig [tema, asunto] thorny, delicate **-3.** fig [ojos] glazed.

vieira f scallop.

viejo, ja ⟨⟩ adj old; **hacerse ~** to get o grow old. ⟨⟩ m,f **-1.** [anciano] old man (f old lady); **los ~s** the elderly; **~ verde** dirty old man (f dirty old woman) **-2.** fam [padres] old man (f old girl); **mis ~s** my folks **-3.** Amér fam [amigo] pal, mate.

➤ **Viejo de Pascua** m Chile: **V~ de Pascua** o **Pascuero** Father Christmas.

Viena Vienna.

viene ⊳ venir.

vienés, esa adj & m,f Viennese.

viento m **-1.** [aire] wind; **hace ~** it's windy; (**~**) **alisio** trade wind; **~ de costado** o **de lado** crosswind **-2.** MÚS wind **-3.** loc: **a los cuatro ~s** from the rooftops; **contra ~ y marea** in spite of everything; **despedir** o **echar a alguien con ~ fresco** to send sb packing; **mis esperanzas se las llevó el ~** my hopes flew out of the window; **~ en popa** splendidly, very nicely.

vientre m **-1.** ANAT stomach; **hacer de ~** to have a bowel movement; **bajo ~** lower stomach **-2.** [de vasija etc] belly, rounded part.

viera ⊳ ver.

viernes m inv Friday; ver también **sábado**.

➤ **Viernes Santo** m RELIG Good Friday.

vierta etc ⊳ verter.

viese ⊳ ver.

Vietnam Vietnam.

vietnamita adj & m,f Vietnamese.

viga f [de madera] beam, rafter; [de metal] girder; **~ maestra** main beam.

vigencia f [de ley etc] validity; [de costumbre] use; **estar/entrar en ~** to be in/come into force.

vigente adj [ley etc] in force; [costumbre] in use.

vigésimo, ma núm twentieth.

vigía ⟨⟩ f **-1.** [atalaya] watch tower **-2.** [vigilancia] watch. ⟨⟩ mf lookout.

vigilancia f **-1.** [cuidado] vigilance, care; **estar bajo ~** to be under surveillance **-2.** [vigilantes] guards (pl).

vigilante ⟨⟩ adj vigilant. ⟨⟩ mf guard; **~ nocturno** night watchman.

vigilar ⟨⟩ vt [enfermo] to watch over; [presos, banco] to guard; [niños, bolso] to keep an eye on; [proceso] to oversee. ⟨⟩ vi to keep watch.

vigilia f **-1.** [vela] wakefulness; **estar de ~** to be awake **-2.** [insomnio] sleeplessness **-3.** [víspera] vigil.

vigor m **-1.** [gen] vigour **-2.** [vigencia]: **en ~** in force; **entrar en ~** to come into force, to take effect.

vigorizador, ra, vigorizante adj [medicamento] fortifying; [actividad] invigorating.

vigorizar [13] vt **-1.** [fortalecer] to fortify **-2.** fig [animar] to animate, to encourage.

vigoroso, sa adj [gen] vigorous, energetic.

vikingo, ga adj & m,f Viking.

vil adj vile, despicable; [metal] base.

vileza f **-1.** [acción] vile o despicable act **-2.** [cualidad] vileness.

vilipendiar [8] vt desus **-1.** [despreciar] to despise; [humillar] to humiliate **-2.** [ofender] to vilify, to revile.

vilipendio m desus **-1.** [desprecio] scorn, contempt; [humillación] humiliation **-2.** [ofensa] vilification.

vilipendioso, sa adj desus **-1.** [despreciativo] scornful, contemptuous; [humillante] humiliating **-2.** [ofensivo] vilifying.

villa f **-1.** [población] small town **-2.** [casa] villa, country house **-3.** : **~ miseria** Arg, Bol shanty town.

villadiego m: **coger** o **tomar las de ~** fig to take to one's heels.

villancico m [navideño] Christmas carol.

villanía f vile o despicable act, villainy (U).

villano, na ⟨⟩ adj villainous. ⟨⟩ m,f villain.

villorrio m despec dump, hole.

vilo

➤ **en vilo** loc adv **-1.** [suspendido] in the air, suspended **-2.** [inquieto] on tenterhooks; **tener a alguien en ~** to keep sb in suspense.

vinagre m vinegar.

vinagrera f [vasija] vinegar bottle.

➤ **vinagreras** fpl CULIN [convoy] cruet (sg).

vinagreta f vinaigrette, French dressing.

vinatero, ra ⟨⟩ adj wine (antes de sust). ⟨⟩ m,f vintner, wine merchant.

vinculación f link, linking (U).

vinculante adj DER binding; **ser ~ para algo** to be binding for sthg.

vincular vt **-1.** [enlazar] to link; **~ algo con algo** to link sthg with o to sthg; [por obligación] to tie, to bind **- 2.** *DER* to entail.

➡ **vincularse** *vpr* [enlazarse] to be linked.

vínculo *m* **- 1.** [lazo - entre hechos, países] link; [- personal, familiar] tie, bond **- 2.** *DER* entail.

vindicación *f* **- 1.** [venganza] vengeance, revenge **- 2.** [defensa] vindication.

vindicar [10] *vt* **- 1.** [vengar] to avenge, to revenge **- 2.** [defender] to vindicate **- 3.** [reivindicar] to claim.

vindicativo, va *adj* [reivindicativo]: ~ **(de)** in defence (of).

vinícola *adj* [país, región] wine-producing *(antes de sust)*; [industria] wine *(antes de sust)*.

vinicultor, ra *m,f* wine producer.

vinicultura *f* wine producing.

viniera *etc* ▷ **venir**.

vinilo *m* vinyl.

vino ◇ ▷ **venir**. ◇ *m* wine; ~ **blanco/tinto** white/red wine; ~ **dulce/seco** sweet/dry wine; ~ **espumoso/generoso** sparkling/full-bodied wine; ~ **clarete** light red wine; ~ **de mesa** table wine; ~ **peleón** plonk, cheap wine; ~ **rosado** rosé.

viña *f* vineyard.

viñedo *m* (large) vineyard.

viñeta *f* **- 1.** [de tebeo] (individual) cartoon **- 2.** [de libro] vignette.

vio ▷ **ver**.

viola ◇ *f* viola. ◇ *mf* viola player.

violáceo, a *adj* violet.

➡ **violáceo** *m* violet.

violación *f* **- 1.** [de ley, derechos] violation, infringement **- 2.** [de persona] rape **- 3.** : ~ **de domicilio** unlawful entry.

violador, ra *adj* & *m,f* rapist.

violar *vt* **- 1.** [ley, derechos, domicilio] to violate, to infringe **- 2.** [persona] to rape.

violencia *f* **- 1.** [agresividad] violence **- 2.** [fuerza - de viento, pasiones] force **- 3.** [incomodidad] embarrassment, awkwardness.

violentar *vt* **- 1.** [incomodar] to embarrass, to cause to feel awkward **- 2.** [forzar - cerradura] to force; [- domicilio] to break into.

➡ **violentarse** *vpr* [incomodarse] to get embarrassed, to feel awkward.

violentismo *m Amér* subversiveness.

violentista *adj Amér* subversive.

violento, ta *adj* **- 1.** [gen] violent; [goce] intense **- 2.** [incómodo] awkward.

violeta ◇ *f* [flor] violet. ◇ *adj inv* & *m* [color] violet.

violetera *f* violet seller.

violín ◇ *m* violin. ◇ *mf* violinist.

violinista *mf* violinist.

violón ◇ *m* double bass. ◇ *mf* double

bass player.

violonchelista, violoncelista *mf* cellist.

violonchelo, violoncelo ◇ *m* cello. ◇ *mf* cellist.

VIP (*abrev de* **very important person**) *mf* VIP.

viperino, na *adj fig* venomous.

viraje *m* **- 1.** [giro - *AUTOM*] turn; [- *NÁUT*] tack **- 2.** *FOT* toning **- 3.** *fig* [cambio] change of direction.

virar ◇ *vt* **- 1.** [girar] to turn (round); *NÁUT* to tack, to put about **- 2.** *FOT* to tone. ◇ *vi* [girar] to turn (round).

virgen ◇ *adj* [gen] virgin; [cinta] blank; [película] unused. ◇ *mf* [persona] virgin. ◇ *f ARTE* Madonna.

➡ **Virgen** *f*: **la Virgen** *RELIG* the (Blessed) Virgin; **¡Virgen santa!** good heavens!

virginal *adj* **- 1.** [puro] virginal **- 2.** *RELIG* Virgin *(antes de sust)*.

virginidad *f* virginity.

virgo *m* [virginidad] virginity.

➡ **Virgo** ◇ *m* [zodiaco] Virgo; **ser Virgo** to be (a) Virgo. ◇ *mf* [persona] Virgo.

virguería *f fam* gem; **hacer** ~**s** to do wonders.

vírico, ca *adj* viral.

viril *adj* virile, manly.

virilidad *f* virility.

virreina *f* vicereine.

virreinato, virreino *m* viceroyalty.

virrey *m* viceroy.

virtual *adj* **- 1.** [posible] possible, potential **- 2.** [casi real] virtual.

virtualidad *f* potential.

virtud *f* **- 1.** [cualidad] virtue; ~ **cardinal/teologal** cardinal/theological virtue **- 2.** [poder] power; **tener la** ~ **de** to have the power *o* ability to.

➡ **en virtud de** *loc prep* by virtue of.

virtuosismo *m* virtuosity.

virtuoso, sa ◇ *adj* [honrado] virtuous. ◇ *m,f* [genio] virtuoso.

viruela *f* **- 1.** [enfermedad] smallpox **- 2.** [pústula] pockmark; **picado de** ~**s** pockmarked.

virulé

➡ **a la virulé** *loc adj* **- 1.** [torcido] crooked **- 2.** [hinchado]: **un ojo a la** ~ a black eye.

virulencia *f MED* & *fig* virulence.

virulento, ta *adj MED* & *fig* virulent.

virus *m inv* [gen & *INFORM*] virus.

viruta *f* shaving.

vis

➡ **vis a vis** *loc adv* face-to-face.

➡ **vis cómica** *f* sense of humour.

visa *f Amér* visa.

visado *m* visa.

visar *vt* to endorse.

víscera *f* internal organ; ~s entrails.

visceral *adj ANAT &* *fig* visceral; **un sentimiento/una reacción** ~ a gut feeling/reaction.

viscosidad *f* **-1.** [cualidad] viscosity **-2.** [substancia] slime.

viscoso, sa *adj* [gen] viscous; [baboso] slimy.
➥ **viscosa** *f* [tejido] viscose.

visera *f* **-1.** [de gorra] peak **-2.** [de casco, suelta] visor **-3.** [de automóvil] sun visor.

visibilidad *f* visibility.

visible *adj* visible; **estar** ~ [presentable] to be decent *o* presentable.

visigodo, da ⬦ *adj* Visigothic. ⬦ *m,f* Visigoth.

visillo *(gen pl) m* net/lace curtain.

visión *f* **-1.** [sentido, lo que se ve] sight **-2.** [alucinación, lucidez] vision; **ver visiones** to be seeing things **-3.** [punto de vista] (point of) view.

visionar *vt* to view privately.

visionario, ria *adj & m,f* visionary.

visir *(pl visires) m* vizier.

visita *f* **-1.** [gen] visit; [breve] call; **hacer una** ~ **a alguien** to visit sb, to pay sb a visit; **ir de** ~ to go visiting; **pasar** ~ *MED* to see one's patients; ~ **a domicilio** house call; ~**s médicas** doctor's rounds *(pl)*; ~ **de cumplido** courtesy visit *o* call; ~ **relámpago** flying visit **-2.** [visitante] visitor; **tener** ~ *o* ~**s** to have visitors **-3.** [a página web] hit.

visitador, ra ⬦ *adj* fond of visiting. ⬦ *m,f* [de laboratorio] medical sales representative.

visitante ⬦ *adj DEP* visiting, away. ⬦ *mf* visitor.

visitar *vt* [gen] to visit; [suj: médico] to call on.

vislumbrar *vt* **-1.** [entrever] to make out, to discern **-2.** [adivinar] to have an inkling of.
➥ **vislumbrarse** *vpr* **-1.** [entreverse] to be barely visible **-2.** [adivinarse] to become a little clearer.

vislumbre *m o f lit &* *fig* glimmer.

viso *m* **-1.** [aspecto]: **tener** ~**s de** to seem; **tiene** ~**s de verdad** it seems pretty true; **tiene** ~**s de hacerse realidad** it could become a reality **-2.** [reflejo - de tejido] sheen; [- de metal] glint.

visón *m* mink.

visor *m* **-1.** *FOT* viewfinder **-2.** [de arma] sight **-3.** [en fichero] file tab.

víspera *f* **-1.** [día antes] day before, eve; **en** ~**s de** on the eve of; ~ **de festivo** day prior

to a public holiday **-2.** *(gen pl) RELIG* evensong *(U)*, vespers *(U)*.

vista ⬦ **visto**.

vistazo *m* glance, quick look; **echar** *o* **dar un** ~ **a** to have a quick look at.

viste ⬦ **ver**.

vistiera *etc* ⬦ **vestir**.

visto, ta ⬦ *pp* ⬦ **ver**. ⬦ *adj*: **estar** ~ **que** ... to be clear that ...; **estar muy** ~ to be old-fashioned; **estar bien/mal** ~ to be considered good/frowned upon; **es lo no** *o* **nunca** ~ you've never seen anything like it; **fue** ~ **y no** ~ it happened just like that, it was over in a flash.
➥ **vista** ⬦ *v* ⬦ **vestir**. ⬦ *f* **-1.** [sentido] sight, eyesight; [ojos] eyes *(pl)*; **se le nubló la vista** his eyes clouded over; **perder la vista** to lose one's sight, to go blind; **corto de vista** short-sighted; **vista cansada** eyestrain **-2.** [observación] watching **-3.** [mirada] gaze; **alzar/bajar la vista** to look up/down; **fijar la vista en** to fix one's eyes on, to stare at; **a la vista de** in full view of; **a primera** *o* **simple vista** [aparentemente] at first sight, on the face of it; **estar a la vista** [visible] to be visible; [muy cerca] to be staring one in the face **-4.** [panorama] view **-5.** *DER* hearing; **vista oral** hearing **-6.** *loc*: **a vista de pájaro** from a bird's eye view; **conocer a alguien de vista** to know sb by sight; **hacer la vista gorda** to turn a blind eye; **¡hasta la vista!** see you!; **no perder de vista a alguien/algo** [vigilar] not to let sb/sthg out of one's sight; [tener en cuenta] not to lose sight of sb/sthg, not to forget about sb/sthg; **perder de vista** [dejar de ver] to lose sight of; [perder contacto] to lose touch with; **saltar a la vista** to be blindingly obvious; **tener vista** to have vision *o.* foresight; **volver la vista atrás** to look back.
➥ **vistas** *fpl* [panorama] view *(sg)*; **con vistas al mar** with a sea view.
➥ **visto bueno** *m*: **el** ~ **bueno** the go-ahead; **dar el** ~ **bueno (a algo)** to give the go-ahead (to sthg); '~ **bueno'** 'approved'.
➥ **a la vista** *loc adv BANCA* at sight.
➥ **con vistas a** *loc prep* with a view to.
➥ **en vista de** *loc prep* in view of, considering.
➥ **en vista de que** *loc conj* since, seeing as.
➥ **por lo visto** *loc adv* apparently.
➥ **visto que** *loc conj* seeing *o* given that.

vistoso, sa *adj* eye-catching.

visual ⬦ *adj* visual. ⬦ *f* line of sight.

visualización *f* **-1.** [gen] visualization **-2.** *IN-*

FORM display.

visualizar [13] *vt* -**1.** [gen] to visualize -**2.** *IN-FORM* to display.

vital *adj* [gen] vital; [ciclo] life *(antes de sust)*; [persona] full of life, vivacious.

vitalicio, cia *adj* for life, life *(antes de sust).*

➤ **vitalicio** *m* -**1.** [pensión] life annuity -**2.** [seguro] life insurance policy.

vitalidad *f* vitality.

vitalizar [13] *vt* to vitalize.

vitamina *f* vitamin.

vitaminado, da *adj* with added vitamins, vitamin-enriched.

vitamínico, ca *adj* vitamin *(antes de sust).*

viticultor, ra *m,f* wine grower, viticulturist.

viticultura *f* wine growing, viticulture.

vítor *(gen pl)* *m desus* cheer.

vitorear *vt* to cheer.

Vitoria *GEOGR* Vitoria.

vitoriano, no *adj* of/relating to Vitoria.

vitral *m* stained-glass window.

vítreo, a *adj* vitreous. ·

vitrina *f* -**1.** [en casa] display cabinet; [en tienda] showcase, glass case -**2.** *Andes, Ven* [escaparate] (shop) window.

vitro

➤ **in vitro** *loc adv* in vitro.

vituallas *fpl* provisions.

vituperar *vt* to criticize harshly, to condemn.

vituperio *m* harsh criticism, condemnation.

viudedad *f* -**1.** [viudez - de mujer] widowhood; [- de hombre] widowerhood -**2.: (pensión de)** ~ widow's/widower's pension.

viudo, da ⬦ *adj* widowed; **quedarse** ~ to be widowed. ⬦ *m,f* widower (*f* widow).

viva ⬦ *m* cheer; **dar** ~**s** to cheer. ⬦ *interj*: ¡ ~ ! hurrah!; ¡ ~ **el rey!** long live the King!

vivac = vivaque.

vivacidad *f* liveliness.

vivalavirgen *m y f inv* happy-go-lucky person.

vivales *m y f inv* crafty person.

vivamente *adv* -**1.** [relatar, describir] vividly -**2.** [afectar, emocionar] deeply.

vivaque, vivac *m* bivouac.

vivaracho, cha *adj* lively, vivacious.

vivaz *adj* -**1.** [color, descripción] vivid -**2.** [persona, discusión, ojos] lively -**3.** [ingenio, inteligencia] alert, sharp -**4.** *BOT* biennial.

vivencia *(gen pl)* *f* experience.

víveres *mpl* provisions, supplies.

vivero *m* -**1.** [de plantas] nursery -**2.** [de peces] fish farm; [de moluscos] bed.

viveza *f* -**1.** [de colorido, descripción] vividness -**2.** [de persona, discusión, ojos] liveliness; [de ingenio, inteligencia] sharpness.

vívido, da *adj* vivid.

vividor, ra *m,f despec* parasite, scrounger.

vivienda *f* -**1.** [alojamiento] housing -**2.** [morada] dwelling; ~ **de protección oficial** ≃ council house; ~ **de renta limitada** ≃ council house with fixed maximum rent *o* price.

viviente *adj* living.

vivificante *adj* [que da vida] life-giving; [que reanima] revitalizing.

vivificar [10] *vt* [dar vida] to give life to; [reanimar] to revitalize.

vivíparo, ra *adj* viviparous.

vivir ⬦ *vt* [experimentar] to experience, to live through. ⬦ *vi* [gen] to live; [estar vivo] to be alive; ~ **de** to live on *o* off; ~ **para algo/alguien** to live for sthg/sb; ~ **bien** [económicamente] to be well-off; [en armonía] to be happy; **no dejar** ~ **a alguien** not to give sb any peace; **¿quién vive?** who goes there?; ~ **para ver** who'd have thought it?

vivisección *f* vivisection.

vivito *adj*: ~ **y coleando** *fam* alive and kicking.

vivo, va *adj* -**1.** [existente - ser, lengua etc] living; **estar** ~ [persona, costumbre, recuerdo] to be alive -**2.** [dolor, deseo, olor] intense; [luz, color, tono] bright -**3.** [gestos, ojos, descripción] lively, vivid -**4.** [activo - ingenio, niño] quick, sharp; [- ciudad] lively -**5.** [pronunciado - ángulo etc] sharp -**6.** [genio] quick, hot.

➤ **vivos** *mpl*: **los** ~**s** the living.

➤ **en vivo** *loc adv* -**1.** [en directo] live -**2.** [sin anestesia] without anaesthetic.

vizcaíno, na *adj & m,f* Biscayan; **a la vizcaína** *CULIN* ⊳ **bacalao.**

Vizcaya Vizcaya; **Golfo de** ~ Bay of Biscay.

vizconde, desa *m,f* viscount (*f* viscountess).

VM (*abrev de* **Vuestra Majestad**) Your Majesty.

VO *f abrev de* **versión original.**

vocablo *m* word, term.

vocabulario *m* [riqueza léxica] vocabulary.

vocación *f* vocation, calling.

vocacional *adj* vocational.

vocal ⬦ *adj* vocal. ⬦ *mf* member. ⬦ *f* vowel.

vocalista *mf* vocalist.

vocalización *f* vocalization.

vocalizar [13] *vi* to vocalize.

vocativo *m* vocative.

vocear ◇ *vt* -**1.** [gritar] to shout o call out -**2.** [llamar] to shout o call to -**3.** [vitorear] to cheer -**4.** [pregonar - mercancía] to hawk; [- secreto] to publicize. ◇ *vi* [gritar] to shout.

vocerío *m* shouting.

vociferante *adj* shouting.

vociferar *vi* to shout.

vodevil, vaudeville [boðe'βil] *m* vaudeville.

vodka ['boθka] *m,f* vodka.

vol. (*abrev de* **volumen**) vol.

volado, da *adj fam* [ido]: **estar** ~ to be away with the fairies.

volador, ra *adj* flying.
➡ **volador** *m* -**1.** [pez] flying fish -**2.** [cohete] rocket.

voladura *f* [en guerras, atentados] blowing-up; [de edificio en ruinas] demolition (*with explosives*); MIN blasting.

volandas
➡ **en volandas** *loc adv* in the air, off the ground.

volante ◇ *adj* flying. ◇ *m* -**1.** [para conducir] (steering) wheel; **estar** o **ir al** ~ to be at the wheel -**2.** [de tela] frill, flounce -**3.** [del médico] (referral) note -**4.** [en bádminton] shuttlecock.

volantín *m Carib & Chile* kite.

volar [23] ◇ *vt* [en guerras, atentados] to blow up; [caja fuerte, puerta] to blow open; [edificio en ruinas] to demolish (*with explosives*); MIN to blast. ◇ *vi* -**1.** [gen] to fly; [papeles etc] to blow away; ~ **a** [una altura] to fly at; [un lugar] to fly to; **echar(se) a** ~ to fly away o off -**2.** *fam* [desaparecer] to disappear, to vanish -**3.** *fig* [correr] to fly (off), to rush (off); **hacer algo volando** to do sthg at top speed; **me voy volando** I must fly o dash -**4.** *fig* [días, años] to fly by.
➡ **volarse** *vpr* [papeles etc] to be blown away.

volatería *f* birds (*pl*), fowl.

volátil *adj* QUÍM & *fig* volatile.

volatilización *f* volatilization.

volatilizar [13] *vt* to volatilize.
➡ **volatilizarse** *vpr* -**1.** FÍS to volatilize, to evaporate -**2.** *fam fig* [persona] to vanish into thin air.

vol-au-vent = **volován**.

volcado *m* INFORM: ~ **de pantalla** screen dump; ~ **de pantalla en impresora** hard copy.

volcán *m* volcano.

volcánico, ca *adj* volcanic.

volcar [36] ◇ *vt* -**1.** [tirar] to knock over; [carretilla] to tip up -**2.** [vaciar] to empty out. ◇ *vi* [coche, camión] to overturn; [barco] to capsize.
➡ **volcarse** *vpr* -**1.** [esforzarse]: ~ **se (con/en)** to bend over backwards (for/in) -**2.** [caerse] to fall over.

volea *f* volley.

voleibol *m* volleyball.

voleo *m* volley; **a** o **al** ~ [arbitrariamente] randomly, any old how.

Volga *m*: **el** ~ the (River) Volga.

volitivo, va *adj* voluntary.

volován (*pl* volovanes), **vol-au-vent** [bolo'βan] (*pl* vol-au-vents) *m* vol-au-vent.

volqué *etc* ⊳ **volcar**.

volquete *m* dumper truck, dump truck *US*.

voltaico, ca *adj* voltaic.

voltaje *m* voltage.

voltear ◇ *vt* -**1.** [heno, crepe, torero] to toss; [tortilla - con plato] to turn over; [mesa, silla] to turn upside-down -**2.** *Amér* [derribar] to knock over; *Andes, CAm, Carib, Méx* [volver] to turn. ◇ *vi Méx* [torcer] to turn, to go round.
➡ **voltearse** *vpr Andes, CAm, Carib, Méx* [volverse] to turn around.

voltereta *f* [en el suelo] handspring; [en el aire] somersault; **dar una** ~ to do a somersault; ~ **lateral** cartwheel.

voltímetro *m* voltmeter.

voltio *m* volt.

volubilidad *f* changeability, fickleness.

voluble *adj* changeable, fickle.

volumen *m* -**1.** [gen & COM] volume; **a todo** ~ at full blast; **subir/bajar el** ~ [de aparato] to turn up/down the volume; **sube el** ~ **que no te oímos** speak up, please, we can't hear you; ~ **de contratación** ECON trading volume; ~ **de negocio** o **ventas** turnover -**2.** [espacio ocupado] size, bulk.

voluminoso, sa *adj* bulky.

voluntad *f* -**1.** [determinación] will, willpower; ~ **de hierro** iron will -**2.** [intención] intention; **buena** ~ goodwill; **mala** ~ ill will -**3.** [deseo] wishes (*pl*), will; **contra la** ~ **de alguien** against sb's will -**4.** [albedrío] free will; **a** ~ [cuanto se quiere] as much as one likes; **por** ~ **propia** of one's own free will -**5.** [cantidad]: **¿qué le debo? - la** ~ what do I owe you? – whatever you think fit.

voluntariado *m* voluntary enlistment.

voluntariedad *f* -**1.** [intencionalidad] volition -**2.** [no obligatoriedad] voluntary nature.

voluntario, ria <> *adj* voluntary. <> *m,f* volunteer.

voluntarioso, sa *adj* [esforzado] willing.

voluptuosidad *f* voluptuousness.

voluptuoso, sa *adj* voluptuous.

voluta *f* spiral.

volver [24] <> *vt* -**1.** [dar la vuelta a] to turn round; [lo de arriba abajo] to turn over -**2.** [poner del revés - boca abajo] to turn upside down; [- lo de dentro fuera] to turn inside out; [- lo de detrás delante] to turn back to front -**3.** [cabeza, ojos etc] to turn -**4.** [convertir en]: **eso le volvió un delincuente** that made him a criminal, that turned him into a criminal. <> *vi* [ir de vuelta] to go back, to return; [venir de vuelta] to come back, to return; ~ **de** to come back from; ~ **atrás** to turn back; **yo allí no vuelvo** I'm not going back there; **vuelve, no te vayas** come back, don't go; ~ **en sí** to come to, to regain consciousness.

➡ **volver a** *vi* [reanudar] to return to; ~ **a hacer algo** [hacer otra vez] to do sthg again.

➡ **volverse** *vpr* -**1.** [darse la vuelta, girar la cabeza] to turn round -**2.** [ir de vuelta] to go back, to return; [venir de vuelta] to come back, to return -**3.** [convertirse en] to become; ~**se loco/pálido** to go mad/pale -**4.** *loc*: ~**se atrás** [de una afirmación, promesa] to go back on one's word; [de una decisión] to change one's mind, to back out; ~**se (en) contra (de) alguien** to turn against sb.

vomitar <> *vt* -**1.** [devolver] to vomit, to bring up -**2.** *fig* [expresar] to come out with. <> *vi* to vomit, to be sick.

vomitera *f* acute vomiting (U).

vomitivo, va *adj* -**1.** *MED* emetic -**2.** *fig* [asqueroso] sickening, repulsive.

➡ **vomitivo** *m* emetic.

vómito *m* -**1.** [acción] vomiting -**2.** [substancia] vomit (U).

voracidad *f* voraciousness.

vorágine *f* *fig* confusion, whirl.

voraz *adj* -**1.** [persona, apetito] voracious -**2.** *fig* [fuego, enfermedad] raging.

vórtice *m* -**1.** [de agua] whirlpool, vortex -**2.** [de aire] whirlwind.

vos *pron personal Amér* [tú - sujeto] you; [- objeto] you.

VOSE (*abrev de* **versión original subtitulada en español**) *f* *CIN* *original language version subtitled in Spanish*.

vosotros, tras *pron pers* you (*pl*).

votación *f* vote, voting (U); **decidir algo por** ~ to put sthg to the vote; ~ **a mano alzada** show of hands.

votante *mf* voter.

votar <> *vt* -**1.** [partido, candidato] to vote for; [ley] to vote on -**2.** [aprobar] to pass, to approve (*by vote*). <> *vi* to vote; ~ **por** [emitir un voto por] to vote for; *fig* [estar a favor de] to be in favour of; ~ **por que ...** to vote (that) ...; ~ **en blanco** to return a blank ballot paper.

voto *m* -**1.** [gen] vote; ~ **de confianza/censura** vote of confidence/no confidence; ~ **por correspondencia** *o* **correo** postal vote; ~ **de calidad** casting vote; ~ **de castigo** vote against one's own party; ~ **secreto** secret ballot -**2.** *RELIG* vow; **hacer** ~ **de** to vow to; ~ **de castidad/pobreza/silencio** vow of chastity/poverty/silence -**3.** [ruego] prayer, plea; **hacer** ~**s por** to pray for; ~**s de felicidad** best wishes.

voy ➣ ir.

voyeur [bwa'jer] (*pl* **voyeurs**) <> *adj* voyeuristic. <> *m,f* voyeur.

voyeurismo [bwaje'rismo] *m* voyeurism.

vóytelas *interj* *Amér fam* good grief!

voz *f* -**1.** [gen & *GRAM*] voice; **a media** ~ in a low voice, under one's breath; **a** ~ **en cuello** *o* **grito** at the top of one's voice; **aclarar** *o* **aclararse la** ~ to clear one's throat; **alzar** *o* **levantar la** ~ **a alguien** to raise one's voice to sb; **en** ~ **alta** aloud; **en** ~ **baja** softly, in a low voice; **mudó la** ~ his voice broke; **tener la** ~ **tomada** to be hoarse; ~ **activa/pasiva** *GRAM* active/passive voice; **la** ~ **de la conciencia** the voice of conscience; ~ **en off** *CIN* voice-over; *TEATR* voice offstage -**2.** [grito] shout; **a voces** shouting; **dar voces** to shout -**3.** [vocablo] word; **dar la** ~ **de alerta** to raise the alarm; ~ **de mando** order, command -**4.** [derecho a expresarse] say, voice; **no tener ni** ~ **ni voto** to have no say in the matter -**5.** *loc*: **correr la** ~ to spread the word; **estar pidiendo algo a voces** to be crying out for sthg; **llevar la** ~ **cantante** to be the boss.

vozarrón *m* *fam* loud voice.

VPO (*abrev de* **vivienda de protección oficial**) *f* ≃ council house/flat *UK*, ≃ public housing unit *US*.

VTR (*abrev de* **videotape recording**) *f* VTR.

vudú (*en aposición inv*) *m* voodoo.

vuela ➣ volar.

vuelca ➣ volcar.

vuelco *m* upset; **dar un** ~ [coche] to overturn; [relaciones] to change completely; [empresa] to go to ruin; **me dio un** ~ **el corazón** my heart missed *o* skipped a beat.

vuele ➣ volar.

vuelo *m* **-1.** [gen & *AERON*] flight; **alzar** *o* **emprender** *o* **levantar el** ~ [despegar] to take flight, to fly off; *fig* [irse de casa] to fly the nest; **coger algo al** ~ [en el aire] to catch sthg in flight; *fig* [rápido] to catch on to sthg very quickly; **remontar el** ~ to soar; ~ **chárter/regular** charter/scheduled flight; ~ **espacial** space flight; ~ **libre** hang gliding; ~ **sin motor** gliding; ~**s nacionales** domestic flights; **de altos** ~**s**, **de mucho** ~ of great importance; **no se oía el** ~ **de una mosca** you could have heard a pin drop **-2.** [de vestido] fullness; **una falda de** ~ a full skirt.

vuelque ▷ volcar.

vuelta *f* **-1.** [gen] turn; [acción] turning; **dar una** ~ **(a algo)** [recorriéndolo] to go round (sthg); **dar la** ~ **al mundo** to go around the world; **darse la** ~ to turn round; **dar** ~**s (a algo)** [girándolo] to turn (sthg) round; **media** ~ *MIL* about-turn; *AUTOM* U-turn; ~ **al ruedo** *TAUROM* bullfighter's lap of honour **-2.** *DEP* lap; ~ **(ciclista)** tour **-3.** [regreso, devolución] return; **billete de ida y** ~ return ticket; **a la** ~ [volviendo] on the way back; [al llegar] on one's return; **estar de** ~ to be back **-4.** [paseo]: **dar una** ~ to go for a walk **-5.** [dinero sobrante] change **-6.** [ronda, turno] round **-7.** [parte opuesta] back, other side; **a la** ~ **de la esquina** *lit* & *fig* round the corner; **a la** ~ **de la página** over the page **-8.** [cambio, avatar] change; **dar la** *o* **una** ~ *fig* to turn around completely **-9.** [de pantalón] turn-up *UK*, cuff *US*; [de manga] cuff **-10.** [en labor de punto] row **-11.** *loc*: **a la** ~ **de** [tras] at the end of; **a** ~ **de correo** by return of post; **dar la** ~ **a la tortilla** *fam* to turn the tables; **darle cien** ~**s a alguien** to knock spots off sb; **dar una** ~ / **dos** *etc* ~**s de campana** [coche] to turn over once/twice *etc*; **darle** ~**s a algo** to turn sthg over in one's mind; **estar de** ~ **de algo** to be blasé about sthg; **estar de** ~ **de todo** to be in the know; **la cabeza me da** ~**s** my head's spinning; **no tiene** ~ **de hoja** there are no two ways about it; **poner a alguien de** ~ **y media** [criticar] to call sb all the names under the sun; [regañar] to give sb a good telling-off; **sin** ~ **de hoja** irrevocable.

vuelto, ta ◇ *pp* ▷ volver. ◇ *adj* turned.
➡ **vuelto** *m Amér* change.

vuelva *etc* ▷ volver.

vuestro, tra ◇ *adj poses* your; ~ **libro/amigo** your book/friend; **este libro es** ~ this book is yours; **un amigo** ~ a friend of yours; **no es asunto** ~ it's none of your business. ◇ *pron poses*: **el** ~ yours; **los** ~**s**

están en la mesa yours are on the table; **lo** ~ **es el teatro** [lo que hacéis bien] you should be on the stage; **los** ~**s** *fam* [vuestra familia] your folks; [vuestro bando] your lot, your side.

vulcanología *f* vulcanology.

vulgar *adj* **-1.** [no refinado] vulgar **-2.** [corriente, ordinario] ordinary, common; ~ **y corriente** ordinary **-3.** [no técnico] non-technical, lay.

vulgaridad *f* **-1.** [grosería] vulgarity; **hacer/decir una** ~ to do/say sthg vulgar **-2.** [banalidad] banality.

vulgarismo *m GRAM* vulgarism.

vulgarización *f* popularization.

vulgarizar [13] *vt* to popularize.
➡ **vulgarizarse** *vpr* to become popular *o* common.

vulgo *m despec*: **el** ~ [plebe] the masses *(pl)*, the common people *(pl)*; [no expertos] the lay public *(U)*.

vulnerabilidad *f* vulnerability.

vulnerable *adj* vulnerable.

vulneración *f* **-1.** [de prestigio etc] harming, damaging **-2.** [de ley, pacto etc] violation, infringement.

vulnerar *vt* **-1.** [prestigio etc] to harm, to damage **-2.** [ley, pacto etc] to violate, to break.

vulva *f* vulva.

w, W *f* [letra] w, W.

wagon-lit [ba'gon'lit] *(pl* **wagons-lits***) m* sleeping car.

walkie-talkie ['walki'talki] *(pl* **walkie-talkies***) m* walkie-talkie.

walkman® ['walkman] *(pl* **walkmans***) m* Walkman®.

WAP *(abrev de* **wireless application protocol***) m* WAP.

Washington ['waʃiŋton] Washington.

wáter ['bater] *(pl* **wáteres***)*, **váter** *(pl* **váte-**

res) *m* toilet.

waterpolo [water'polo] *m* water polo.

watio = vatio.

WC (*abrev de* water closet) *m* WC.

Web [web] *f*: la (World Wide) ~ the (World Wide) Web.

western ['wester] (*pl* **westerns**) *m* CIN western.

whisky ['wiski] = güisqui.

windsurf ['winsurf], **windsurfing** ['winsurfin] *m* windsurfing.

WWW (*abrev de* World Wide Web) *f* WWW.

x, X *f* [letra] x, X.

➡ **X** *mf*: la señora X Mrs X.

xenofobia *f* xenophobia.

xenófobo, ba ⟨⟩ *adj* xenophobic. ⟨⟩ *m,f* xenophobe.

xerografía *f* photocopying, xerography.

xilófon, xilófono *m* xylophone.

xilografía *f* - **1.** [técnica] xylography, wood engraving - **2.** [impresión] xylograph, wood engraving.

y¹, Y *f* [letra] y, Y.

y² *conj* - **1.** [gen] and; un ordenador ~ una impresora a computer and a printer; horas ~ horas de espera hours and hours of waiting - **2.** [pero] and yet; sabía que no lo conseguiría ~ seguía intentándolo she knew she

wouldn't manage it and yet she kept on trying - **3.** [en preguntas] what about; ¿ ~ **tu mujer?** what about your wife?

ya ⟨⟩ *adv* - **1.** [en el pasado] already; ~ **me lo habías contado** you had already told me; ~ **en 1926** as long ago as 1926 - **2.** [ahora] now; [inmediatamente] at once; **hay que hacer algo** ~ something has to be done now/at once; **bueno, yo** ~ **me voy** right, I'm off now; ~ **no es así** it's no longer like that - **3.** [en el futuro]: ~ **te llamaré** I'll give you a ring some time; ~ **hablaremos** we'll talk later; ~ **nos habremos ido** we'll already have gone; ~ **verás** you'll (soon) see - **4.** [refuerza el verbo]: ~ **entiendo/lo sé** I understand/know. ⟨⟩ *conj* [distributiva]: ~ **(sea) por ...** ~ **(sea) por ...** whether for ... or ... ⟨⟩ *interj*: **¡ ~ !** [expresa asentimiento] right!; [expresa comprensión] yes!; **¡ ~, ~ !** *irón* sure!, yes, of course!

➡ **ya no** *loc adv*: ~ **no ... sino** not only ..., but.

➡ **ya que** *loc conj* since; ~ **que has venido, ayúdame con esto** since you're here, give me a hand with this.

yacente, yaciente *adj* [gen] lying; ARTE recumbent, reclining.

yacer [77] *vi* to lie.

yaciente = yacente.

yacimiento *m* - **1.** [minero] bed, deposit; ~ **de petróleo** oilfield - **2.** [arqueológico] site.

yaga *etc* ⟹ yacer.

yanqui ⟨⟩ *adj* - **1.** HIST Yankee (*antes de sust*) - **2.** *fam* [estadounidense] *pejorative term relating to the US*, yank (*antes de sust*). ⟨⟩ *mf* - **1.** HIST Yankee - **2.** *fam* [estadounidense] *pejorative term referring to a person from the US*, yank.

yantar *desus* ⟨⟩ *m* fare, food. ⟨⟩ *vt* to eat.

yarda *f* yard.

yate *m* yacht.

yayo, ya *m,f fam* grandad (*f* grandma).

yazca, yazga *etc* ⟹ yacer.

yegua *f* mare.

yeísmo *m pronunciation of Spanish 'll' as 'y'*.

yelmo *m* helmet.

yema *f* - **1.** [de huevo] yolk - **2.** [de planta] bud, shoot - **3.** [de dedo] fingertip - **4.** CULIN *sweet made from sugar and egg yolk*.

Yemen: (el) ~ Yemen.

yemenita *adj & m,f* Yemeni.

yen (*pl* yenes) *m* yen.

yerba = hierba; ~ **mate** *RP* yerba maté.

yerbatero *m Andes, Carib* [curandero] healer; [vendedor de hierbas] herbalist.

yerga *etc* ⊳ **erguir**.
yermo, ma *adj* - **1.** [estéril] barren - **2.** [despoblado] uninhabited.
➤ **yermo** *m* wasteland.
yerno *m* son-in-law.
yerra *etc* ⊳ **errar**.
yerro *m desus* mistake, error.
yesca *f* tinder.
yesería *f* [fábrica] gypsum kiln.
yesero, ra ⟨⟩ *adj* plaster *(antes de sust)*. ⟨⟩ *m,f* - **1.** [fabricante] plaster manufacturer - **2.** [obrero] plasterer.
yeso *m* - **1.** GEOL gypsum - **2.** CONSTR plaster - **3.** ARTE gesso.
yeti *m* yeti.
yeyé (*pl* yeyés) *adj* sixties.
yiddish, jiddisch *m* Yiddish.
yiu-yitsu, jiu-jitsu *m* jujitsu.
yo ⟨⟩ *pron pers* - **1.** *(sujeto)* I; ~ me llamo Luis I'm called Luis - **2.** *(predicado)*: soy ~ it's me - **3.** *loc*: ~ que tú/él *etc* si I were you/him *etc*. ⟨⟩ *m* PSICOL: el ~ the ego.
yodado, da *adj* iodized.
yodo, iodo *m* iodine.
yoga *m* yoga.
yogui *mf* yogi.
yogur (*pl* yogures), **yogurt** (*pl* yogurts) *m* yoghurt.
yogurtera *f* yoghurt maker.
yonqui *mf fam* junkie.
yóquey (*pl* yóqueys), **jockey** (*pl* jockeys) *m* jockey.
yoyó *m* yoyo.
yuca *f* - **1.** BOT yucca - **2.** CULIN cassava, manioc.
yudo, judo ['juðo] *m* judo.
yudoka, judoka [ju'ðoka] *mf* judoist, judoka.
yugo *m lit* & *fig* yoke.
Yugoslavia Yugoslavia.
yugoslavo, va ⟨⟩ *adj* Yugoslavian. ⟨⟩ *m,f* Yugoslav.
yugular *adj* & *f* jugular.
yunque *m* anvil.
yunta *f* - **1.** [de bueyes etc] yoke, team - **2.** *Amér* [esposas] cufflink.
yuppie (*pl* yuppies), **yuppi** *m y f* yuppie.
yute *m* jute.
yuxtaponer [65] *vt* to juxtapose.
➤ **yuxtaponerse** *vpr*: ~se (a) to be juxtaposed (with).
yuxtaposición *f* juxtaposition.
yuxtapuesto, ta *pp* ⊳ **yuxtaponer**.
yuyo *m CSur* [hierba medicinal] medicinal herb; [hierba mala] weed; [hierba silvestre] wild herb.

Z

z, Z *f* [letra] z, Z.
zacate *m CAm, Méx* fodder.
zafacón *m Carib* rubbish bin.
zafarrancho *m* - **1.** NÁUT clearing of the decks; ~ de combate MIL call to action stations - **2.** *fig* [destrozo] mess; se armó un ~ there as a lot of trouble - **3.** *fig* [riña] row, fracas.
zafarse *vpr* to get out of it, to escape; ~ de [persona] to get rid of; [obligación] to get out of.
zafiedad *f* roughness, uncouthness.
zafio, fia *adj* rough, uncouth.
zafiro *m* sapphire.
zaga *f* DEP defence; a la ~ behind, at the back; no irle a la ~ a alguien to be every bit *o* just as good as sb.
zaguán *m* (entrance) hall.
zaherir *vt* - **1.** [herir] to hurt - **2.** [burlarse de] to mock - **3.** [criticar] to pillory.
zahorí (*pl* zahoríes) *m,f* - **1.** [de agua] water diviner - **2.** *fig* [clarividente] mind reader.
zaino, na *adj* - **1.** [caballo] chestnut - **2.** [res] black.
Zaire Zaire.
zalamería *(gen pl)* f flattery *(U)*; hacerle ~s a alguien to sweet talk sb.
zalamero, ra ⟨⟩ *adj* flattering; *despec* smooth-talking. ⟨⟩ *m,f* flatterer; *despec* smooth talker.
zamarra *f* sheepskin jacket.
Zambia Zambia.
zambo, ba ⟨⟩ *adj* knock-kneed. ⟨⟩ *m,f* knock-kneed person.
zambomba *f* MÚS type of rustic drum.
zambombazo *m* bang.
zambullida *f* dive; darse una ~ [baño] to go for a dip.

zambullir *vt* to dip, to submerge.
➤ **zambullirse** *vpr*: ~**se (en)** [agua] to dive (into); [actividad] to immerse o.s. (in).
zampar *fam vi* to gobble.
➤ **zamparse** *vpr* to scoff, to wolf down.
zanahoria *f* carrot.
zanca *f* [de ave] leg, shank.
zancada *f* stride.
zancadilla *f* trip; **poner una** *o* **la ~ a alguien** [hacer tropezar] to trip sb up; [engañar] to trick sb.
zancadillear *vt* -**1.** [hacer tropezar] to trip up -**2.** *fig* [engañar] to trick.
zanco *m* stilt.
zancudo, da *adj* long-legged.
➤ **zancudo** *m Amér* mosquito.
➤ **zancuda** *f* wader.
zanganear *vi fam* to laze about.
zángano, na *m,f fam* [persona] lazy oaf, idler.
➤ **zángano** *m* [abeja] drone.
zanja *f* ditch.
zanjar *vt* [poner fin a] to put an end to; [resolver] to settle, to resolve.
zapallito *m CSur* [calabacín] courgette *UK*, zucchini *US*.
zapallo *m Andes, RP* [calabaza] pumpkin.
zapata *f* -**1.** [cuña] wedge -**2.** [de freno] shoe.
zapateado *m* type of flamenco music and dance.
zapatear *vi* to stamp one's feet.
zapatería *f* -**1.** [oficio] shoemaking -**2.** [taller] shoemaker's -**3.** [tienda] shoe shop.
zapatero, ra *m,f* -**1.** [fabricante] shoemaker -**2.** [reparador]: ~ **(de viejo** *o* **remendón)** cobbler; **¡ ~ a tus zapatos!** mind your own business! -**3.** [vendedor] shoe seller.
zapatilla *f* -**1.** [de baile] shoe, pump; [de estar en casa] slipper; [de deporte] sports shoe, trainer -**2.** [de grifo] washer.
zapato *m* shoe; ~ **de salón** court shoe; ~ **de tacón** high heeled shoe; **saber alguien dónde le aprieta el ~** to know which side one's bread is buttered.
zapping ['θapin] *m inv* channel-hopping; **hacer ~** to channel-hop.
zar, zarina *mf* tsar (*f* tsarina), czar (*f* czarina).
zarabanda *f* -**1.** [danza] saraband -**2.** *fig* [jaleo] commotion, uproar.
Zaragoza Saragossa.
zaragozano, na *adj* of/relating to Saragossa.
zarandear *vt* -**1.** [cosa] to shake -**2.** [persona] to jostle, to knock about.

zarandeo *m* -**1.** [sacudida] shake, shaking (U) -**2.** [empujón] pushing (U) *o* knocking (U) about.
zarista *adj & m,f* Tsarist, Czarist.
zarpa *f* -**1.** [de animal - uña] claw; [- mano] paw -**2.** *fam* [de persona] paw, hand.
zarpar *vi* to weigh anchor, to set sail; ~ **rumbo a** to set sail for.
zarpazo *m* clawing (U).
zarrapastroso, sa <> *adj* scruffy, shabby. <> *m,f* scruff.
zarza *f* bramble, blackberry bush.
zarzal *m* bramble patch.
zarzamora *f* blackberry.
zarzaparrilla *f* sarsaparilla.
zarzuela *f* -**1.** *MÚS* zarzuela, *Spanish light opera* -**2.** *CULIN* fish stew in a spicy sauce.

ZARZUELA

Zarzuela in the musical sense is a form of light opera which combines song, dance and spoken dialogue. It usually portrays everyday life in Spain, and the music is often based on traditional Spanish folk songs. In culinary terms, a *zarzuela* is a fish dish made with a tomato, onion, garlic and flour sauce.

---

zas *interj*: **¡ ~ !** wham!, bang!
zen <> *adj inv* Zen (*antes de sust*). <> *m* Zen.
zenit, cenit *m lit & fig* zenith.
zepelín (*pl* zepelines) *m* zeppelin.
zigzag (*pl* zigzags *o* zigzagues) *m* zigzag; **caminar en ~** to walk in a zigzag.
zigzaguear *vi* to zigzag.
Zimbabue Zimbabwe.
zinc = cinc.
zíngaro, ra = cíngaro.
zíper *m CAm, Méx, Ven* zip *UK*, zipper *US*.
zipizape *m fam* squabble, set-to.
zócalo *m* -**1.** [de pared] skirting board -**2.** [de edificio, pedestal] plinth -**3.** [pedestal] pedestal.
zoco *m* souk, Arabian market.
zodiacal *adj* zodiacal.
zodiaco, zodíaco *m* zodiac.
zombi, zombie *mf lit & fig* zombie.
zona *f* zone, area; ~ **azul** *AUTOM* restricted parking zone; ~ **catastrófica** disaster area; ~ **de exclusión** exclusion zone; ~ **franca** *COM* free-trade zone; ~ **de urgente reindustrialización** *ECON* region given priority status for industrial investment, ≃ enterprise zone *UK*; ~ **verde** [grande] park; [pequeño] lawn.
zoo *m* zoo.
zoología *f* zoology.

zoológico, ca *adj* zoological.
   ➡ **zoológico** *m* zoo.
zoólogo, ga *m,f* zoologist.
zoom [θum] (*pl* **zooms**) *m FOT* zoom.
zopenco, ca *fam* ◇ *adj* idiotic, daft. ◇ *m,f* idiot, nitwit.
zoquete ◇ *adj* stupid. ◇ *m CSur* [calcetín] ankle sock. ◇ *mf* [tonto] blockhead, idiot.
zorro, rra ◇ *adj* foxy, crafty; **no tener ni zorra idea** I haven't got a bloody clue. ◇ *m,f lit & fig* fox; ~ **azul** blue fox.
   ➡ **zorro** *m* [piel] fox (fur).
   ➡ **zorra** *f mfam despec* [ramera] whore, tart, hooker *US*.
   ➡ **zorros** *mpl* [utensilio] feather duster *(sg)*; **estar hecho unos ~s** *fam* [cansado, maltrecho] to be whacked, to be done in; [enfurecido] to be fuming.
zozobra *f* anxiety, worry.
zozobrar *vi* **-1.** [naufragar] to be shipwrecked **-2.** *fig* [fracasar] to fall through.
zueco *m* clog.
zulo *m* hideout.
zulú (*pl* **zulúes**) *adj & m,f* Zulu.
zumbado, da *fam* ◇ *adj* crazy. ◇ *m,f* crazy person.
zumbador *m* buzzer.

zumbar ◇ *vi* [gen] to buzz; [máquinas] to whirr, to hum; **me zumban los oídos** my ears are buzzing. ◇ *vt fam* to bash, to thump; **vino zumbando** he came running.
zumbido *m* [gen] buzz, buzzing *(U)*; [de máquinas] whirr, whirring *(U)*.
zumbón, ona *fam* ◇ *adj* funny, joking. ◇ *m,f* joker, tease.
zumo *m* juice.
zurcido *m* **-1.** [acción] darning **-2.** [remiendo] darn.
zurcidor, ra *m,f* darner, mender.
zurcir [12] *vt* to darn; **¡anda y que te zurzan!** *fam* on your bike!, get lost!
zurdo, da ◇ *adj* [mano etc] left; [persona] left-handed. ◇ *m,f* [persona] left-handed person.
   ➡ **zurda** *f* **-1.** [mano] left hand **-2.** [pie] left foot.
Zurich ['θurik] Zurich.
zurra *f* beating, hiding; **dar una ~ a alguien** to give sb a hiding.
zurrar *vt* **-1.** [pegar] to beat, to thrash **-2.** [curtir] to tan.
zurza *etc* ▷ **zurcir**.
zutano, na *m,f* so-and-so, what's-his-name (*f* what's-her-name).

Vivir
en el
Reino Unido
y Estados Unidos

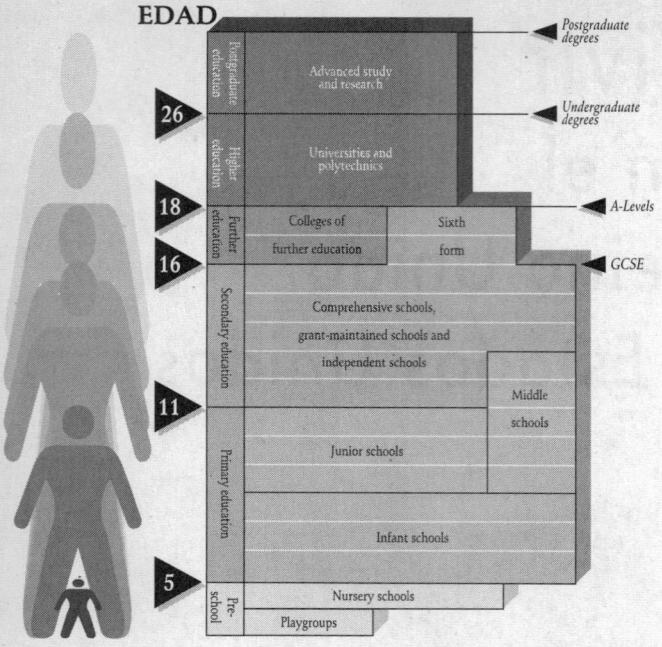

EDAD

			Postgraduate degrees
Postgraduate education	Advanced study and research		
26			Undergraduate degrees
Higher education	Universities and polytechnics		
18			A-Levels
Further education	Colleges of further education	Sixth form	
16			GCSE
Secondary education	Comprehensive schools, grant-maintained schools and independent schools		
			Middle schools
11			
Primary education	Junior schools		
	Infant schools		
5			
Pre-school	Nursery schools		
	Playgroups		

En el Reino Unido la educación es obligatoria para niños entre los 5 y 16 años de edad. La responsabilidad educativa se halla en gran parte descentralizada (es decir controlada por las autoridades locales), y el sistema está estructurado de la siguiente manera:

Educación Preescolar (hasta los 5 años) No es obligatoria, aunque a partir de los dos años de edad los niños pueden inscribirse en jardines infantiles. Muchos niños en edad preescolar acuden a grupos de actividades lúdico-educativas *(playgroups)* dirigidos por padres.

Educación Primaria (entre 5 y 11 años) Se lleva a cabo en escuelas primarias, normalmente divididas en escuelas para niños de 5 a 7 años *(infant schools)*, y de 7 a 11 años *(junior schools)*. Algunas autoridades locales optan por colegios para niños de 8 a 14 años *(middle schools)*, quienes pasan luego a colegios secundarios *(upper secondary schools)*. Algunas escuelas primarias privadas se llaman *prep(aratory) schools*.

Educación Secundaria (de 11 a 16/18 años) Se lleva a cabo en colegios del estado o en colegios privados.

▸ Los **Institutos de Segunda Enseñanza** *(comprehensive schools)* ofrecen educación gratuita para todos los niños, sin distinción de aptitudes. La mayoría de los niños británicos asisten a ellos.

▸ Las **Escuelas Privadas** *(independent schools)*, son instituciones privadas financiadas por los padres. Son generalmente conocidas como *private schools* o también *public schools*, forman a una minoría (aproximadamente el 6% de los niños en edad escolar), e incluyen a escuelas famosas como *Eton* y *Harrow*.

▸ Las **Escuelas Subsidiadas** *(grant-maintained schools)* son escuelas autónomas que reciben subsidios directamente del gobierno.

Plan de Estudios Durante los primeros cinco años de educación secundaria, la mayoría de los alumnos sigue un Plan Nacional de Estudios. A los 16 años, hacen un examen llamado *General Certificate of Secondary Education (GCSE)*. Aproximadamente el 50% de los estudiantes deja la escuela a los 16 años, con o sin este certificado.

▸ **A-Levels** Los estudiantes que desean ir a la universidad deben continuar sus estudios durante dos años más, realizando dos cursos a tiempo completo en los que se preparan para hacer los exámenes *GCE Advanced Level* (llamados *A-Levels* en Inglaterra, Gales e Irlanda del Norte), que constan generalmente de tres materias. En Escocia, los alumnos se preparan para unos exámenes que se llaman *Highers*.

Educación Secundaria no Obligatoria (*Further Education*) (de 16 a 18 años)

Los estudiantes que continúan los estudios para hacer los *A-Levels* suelen permanecer en la misma escuela por dos años más *(sixth form)*, o pasar a otros centros llamados *sixth-form colleges*.

En muchos casos los cursos son de orientación profesional, y son suministrados por instituciones tales como los *colleges of further education*, o escuelas de arte y de agricultura.

Enseñanza Superior (de 18 a 26 años)

Es proporcionada por universidades. La admisión depende de contar con una cantidad mínima de *A-Levels* con buenos resultados, y la competencia por las plazas es intensa. Las becas son suministradas por las autoridades educativas locales, pero deben ser complementadas con las contribuciones de los padres, o a través de préstamos bancarios para estudiantes, con bajos tipos de interés. Por lo general los cursos universitarios duran tres años.

> ### Oxbridge y Los Otros
>
> *Oxford* y *Cambridge*, conocidas a nivel colectivo como *Oxbridge* y fundadas en el siglo XIII, se distinguen tanto de aquellas universidades del Reino Unido que fueron fundadas en la década de los 60 (*Redbrick universities*), como de las ex escuelas politécnicas, cuya categoría universitaria les fue otorgada a comienzos de la década de los 90. Aunque actualmente el 50% de los estudiantes de *Oxford* y *Cambridge* provienen de escuelas del estado, persiste la creencia de que gozan de una situación privilegiada. Esto se debe a la desproporcionada cantidad de licenciados de *Oxbridge* que ejerce profesiones importantes como economía, política y derecho.

Educación de Adultos Es suministrada por centros de educación posescolar y por los departamentos externos de algunas universidades. Los adultos también pueden realizar estudios a distancia para obtener un título en la Universidad de Educación a Distancia (*Open University*, fundada en 1969), que ofrece cursos universitarios y de postgrado por correspondencia. No hacen falta títulos previos para cursar estos estudios, y el trabajo se sustenta en libros de texto, programas de radio y televisión, y clases individuales.

La sigla *UK*, abreviatura de *United Kingdom* (Reino Unido), es una forma de abreviar el nombre del Reino Unido de Gran Bretaña e Irlanda del Norte. Gran Bretaña está formada por Inglaterra, Gales y Escocia. Las Islas Británicas están compuestas por Gran Bretaña, Irlanda e islas adjuntas, como las Islas del Canal de la Mancha y la Isla de Man. Los cuatro países que integran el Reino Unido tienen un sólo gobierno, aunque el Parlamento Escocés y la Asamblea Galesa, se ocupan de los asuntos internos de estas regiones. Cada nación tiene su propia identidad cultural. En Gales se habla mucho el galés, lengua celta propia de Gales, (hay un canal de televisión - ver **medios de comunicación** - y la mayoría de las señales de tráfico están en galés también), aunque el inglés sigue siendo el idioma más extendido. Escocia goza de mayor autonomía que Gales, y tiene su propio sistema educativo y legal. El gaélico, lengua celta de Escocia, está menos generalizado que el galés, pero es corriente en las Tierras Altas de Escocia (*Highlands*) y en las islas escocesas. Irlanda está políticamente dividida en Irlanda del Norte, donde la población es mayoritariamente protestante, y la República de Irlanda (llamada *Eire* en gaélico irlandés), mayoritariamente católica; la República ha sido independiente de Gran Bretaña desde 1921.

País	Área (millas cuadradas)	Población
■ Inglaterra	50.377	46.161.000
■ Gales	8.081	2.798.000
■ Escocia	30.420	4.957.000
■ Irlanda del Norte	5.452	1.583.000

Geografía Desde la costa sur de Inglaterra hasta el punto extremo norte de Escocia son casi 620 millas (998 Km), y tiene menos de 310 millas (499 Km) en su punto más ancho. Ningún lugar de Gran Bretaña se encuentra a más de 75 millas (121 Km) del mar. En general las tierras del interior de Inglaterra son planas y bajas, con excepción del norte y el suroeste, mientras que gran parte de Escocia y Gales es montañosa. El paisaje de Irlanda del Norte es de montañas bajas y campos ondulados. En el centro se encuentra Lough Neagh, de 150 millas cuadradas (unos 390 Km²), el lago de agua dulce más grande del Reino Unido. El 90% de la población británica se concentra en áreas urbanas entre Londres y Manchester.

Administración local El Reino Unido se divide en condados ('regiones' en Escocia), que se subdividen a su vez en distritos.

❑ Inglaterra y Gales tienen seis condados metropolitanos (*Greater Manchester, Merseyside, South Yorkshire, Tyne and Wear, West Midlands* y *West Yorkshire*), los cuales se dividen en 36 distritos metropolitanos; también hay 39 condados no metropolitanos que se dividen en 296 distritos no metropolitanos.

❑ *Greater London* es un área separada que se divide en 32 municipios (*boroughs*), más la *Corporation of the City of London*.

❑ Escocia tiene 29 autoridades unitarias (*unitary authorities*) y tres consejos de las islas (Orcadas, Shetland y Hébridas).

❑ Irlanda del Norte se divide en 26 distritos municipales (*district councils*).

La mayoría de los condados, regiones, distritos y municipios tiene su propia autoridad (*council*). Normalmente los concejales se eligen cada cuatro años. Las autoridades metropolitanas, municipales y de condado proveen los servicios más importantes: policía, educación y transporte. Las autoridades de distrito se ocupan de los servicios locales, por ejemplo las viviendas sociales y la recolección de la basura. Las autoridades son subvencionadas a través de los impuestos municipales sobre la propiedad individual (*council tax*), y sobre la propiedad de los negocios (*non-domestic rates*).

Salir a comer a un restaurante, ir al cine, y tomar unas copas en el pub son las actividades preferidas por la mayoría. El teatro y las discotecas son populares también, así como ver televisión, trabajar en el jardín y el bricolaje. El aerobic y el ejercicio para mantenerse en forma han atraído a una gran cantidad de adeptos en los últimos años.

Días Festivos
Gran Bretaña tiene pocas fiestas nacionales (llamadas *bank holidays* porque cierran los bancos así como las escuelas, los negocios y la mayoría de las tiendas).

▸ **Semana Santa y Navidad** son las dos únicas fiestas religiosas nacionales. El Domingo de Resurrección, los padres regalan huevos de chocolate a los niños. La Navidad es el día festivo

Días Festivos	
1 de enero	Día de Año Nuevo
2 de enero	Día Festivo de Año Nuevo (sólo en Escocia)
17 de marzo	Día de San Patricio (sólo en Irlanda del Norte)
marzo o abril (varía cada año)	Viernes Santo Lunes de Pascua (excepto en Escocia)
Primer lunes de mayo	Día del Trabajo
Último lunes de mayo (Spring Bank Holiday)	Fiesta de la primavera (excepto en Escocia)
12 de julio	Día Festivo (Battle of the Boyne) (sólo en Irlanda del Norte)
Primer lunes de agosto	Fiesta del Verano (sólo en Escocia)
Último lunes de agosto	Fiesta del Verano (excepto en Escocia)
25 de diciembre	Día de Navidad
26 de diciembre	*Boxing Day*

nacional más importante. La tradición es enviar tarjetas de Navidad a parientes y amigos, y decorar el árbol navideño con espumillón y luces de colores. Al intercambio de los regalos, que se dejan al pie del árbol, le sigue la comida de Navidad, que tradicionalmente consiste en pavo relleno al horno, patatas asadas y otras verduras. El día siguiente es conocido como *Boxing Day*.

▸ **Nochevieja** (llamada *Hogmanay* en Escocia) se destaca por las fiestas a lo largo de toda la noche. La canción *Auld Lang Syne* se canta a medianoche.

Pub
El *pub* es un foco importante de la vida social. Los *pubs* tradicionales se dividen en áreas con asientos cómodos y áreas para beber de pie (*lounge bar* y *public bar*). Las copas se piden en la barra, y se pagan inmediatamente. El personal no espera propina. Los *pubs* ofrecen diversos entretenimientos, como dardos, billar americano, concursos, karaoke o música en vivo.

Off-Licenses
Estas tiendas tienen permiso de venta de bebidas alcohólicas para llevar. La mayoría abre de 10.00 a 22.00 horas de lunes a sábado, y en algunas regiones incluso los domingos.

Comer fuera
Pese a la popularidad de la comida rápida, el tradicional pescado frito con patatas o papas fritas (*fish and chips*) sigue siendo la opción preferida de comida para llevar. La comida india es también muy popular tanto como comida para llevar como para comer en los numerosos restaurantes indios que hay por toda Gran Bretaña. Normalmente los almuerzos en el pub son relativamente baratos y buenos. Los restaurantes suelen cobrar tres veces el precio del vino comprado en las tiendas, y la cuenta puede incluir un recargo del 10% por servicio de mesa. En caso contrario, se suele dejar una propina de entre el 10% y el 15%.

Ver televisión es la actividad predilecta de los británicos para el tiempo libre. En general, la radio y la televisión en Gran Bretaña tienen una sólida reputación de neutralidad política.

Canales de televisión Hay cinco canales nacionales.

▸ **BBC** (*British Broadcasting Corporation*) emite dos canales nacionales de televisión, *BBC1* y *BBC2*, y se financia a través de un impuesto abonado anualmente por todos aquellos que poseen televisión. *BBC1* presenta programas generales de alta calidad que incluyen drama, noticias, deportes, películas y comedias. *BBC2* emite más programas culturales y para minorías, incluyendo programación para escuelas y para la Universidad de Educación a Distancia (ver **educación**).

▸ **ITV** (*Independent Television* o *Canal 3*) emite programación de 15 compañías regionales independientes, financiadas a través de anuncios publicitarios. Los programas de *ITV* y *BBC1* son similares en líneas generales. Ambos compiten ferozmente por el índice de audiencia.

▸ **Channel 4** canal comercial, independiente y nacional (con excepción de Gales), tiene como objetivo ofrecer programas especializados y para minorías, sobre temas no cubiertos por *ITV*. En vez de *Channel 4*, Gales recibe el *S4C Welsh Fourth Channel*, que emite programas en galés.

▸ **Channel 5** es un canal comercial que tiene una imagen desenfadada y juvenil y cuyo contenido cultural e informativo es de carácter más popular que el de sus rivales.

Vía Satélite y Cable La televisión por satélite está dominada por el canal *British Sky Broadcasting* (*BSkyB*), que ofrece programas deportivos, películas, noticias, servicio de telecompra y concursos televisivos. *BSkyB* compite con varias compañías de cable que ofrecen un abanico de programas similares en canales gratuitos o de abonados, así como películas por encargo, televisión interactiva, y acceso a Internet. En 1998, se introdujo la televisión digital, que ofrece una mejor calidad de imagen y sonido.

Radio La *BBC* tiene cinco emisoras de radio (ver recuadro), además de emisoras en Escocia, Gales e Irlanda del Norte.

Hay dos estaciones independientes de radio a nivel nacional: *Classic FM* y *Virgin Radio 1215 AM*. También hay 39 emisoras locales de la *BBC* en Inglaterra, y más de 100 emisoras locales independientes.

Periódicos En Gran Bretaña, aproximadamente el 56% de los adultos lee el diario. Además de los periódicos nacionales diarios y dominicales (ver recuadro), algunas ciudades publican periódicos vespertinos, y hay varios diarios regionales, como el *Yorkshire Post* (Leeds), el *Herald* (Glasgow), *The Scotsman* (Edimburgo), el *South Wales Echo* (Cardiff) y *The Belfast Telegraph*.

Radio Nacional BBC

■ **Radio 1** (1053/1089 kHz OM; 97.6–99.8 MHz FM) Música pop, rock, noticias e información sobre el tráfico.

■ **Radio 2** (88–90.2 MHz FM) Música popular, entretenimientos, comedias, programas culturales y noticias.

■ **Radio 3** (1215 kHz OM; 90.2–92.4 MHz FM) Música clásica, drama y documentales.

■ **Radio 4** (198 kHz LW; 92.4–94.6 MHz FM) Principal estación sin música. Noticias, documentales, asuntos de actualidad, drama, entretenimientos y críquet.

■ **Radio 5 Live** (693/909 kHz OM) Noticias y deportes las 24 horas.

Tirada de los periódicos nacionales

Diarios populares			Periódicos dominicales populares		
The Sun (fund. 1964)	D	3.502.923 P	News of the World (fund. 1843)	D	4.086.621 P
Daily Mirror (fund. 1903)	I	2.489.264 P	The Mail on Sunday (fund. 1982)	D	2.342.860 P
Daily Mail (fund. 1896)	D	2.164.576 P	The Sunday Mirror (fund. 1963)	D	1.845.860 P
Daily Express (fund. 1900)	D	991.560 P	The People (fund. 1881)	D	1.389.778 P
Daily Star (fund. 1978)	D	706.554 P	The Sunday Express (fund. 1918)	D	834.999 G
Daily Record (fund. 1895)	C/I	584.290 P	Sunday Sport (fund. 1988)	D	301.000 P
Diarios de calidad			**Periódicos dominicales de calidad**		
Daily Telegraph (fund. 1855)	D	1.013.653 G	The Sunday Times (fund. 1822)	D	1.405.430 G
The Times (fund. 1785)	D	711.295 G	Sunday Telegraph (fund. 1961)	D	784.069 G
The Financial Times	C	475.475 G	The Observer (fund. 1791)	I	449.806 G
The Guardian (fund. 1821)	I	411.386 G	The Independent on Sunday		
The Independent (fund. 1985)	C/I	224.655 G	(fund. 1990)	C/I	231.869 G

fund. = Año de fundación • Orientación política: D = Derecha I = Izquierda C = Centro
• G = formato grande P = formato pequeño

También hay centenares de periódicos semanales, y numerosos periódicos gratuitos con noticias locales que son repartidos a domicilio. Muchos hogares encargan a sus tiendas locales la entrega del periódico por la mañana temprano; también pueden comprarse en las tiendas de venta de periódicos, en pequeñas tiendas de barrio, supermercados y quioscos.

La prensa británica se divide aproximadamente en periódicos de formato grande y pequeño. Los periódicos de calidad (*broadsheet*) utilizan una página de tamaño grande (aunque algunos diarios de calidad como *The Guardian* y *The Times* tienen secciones no dedicadas a las noticias en formato pequeño). Los periódicos populares, o *tabloids*, así llamados por el formato pequeño de sus páginas, reemplazan los análisis serios de noticias con artículos sobre la vida sexual de los personajes públicos, crímenes morbosos, chismes de personas famosas y cubren obsesivamente episodios de la Familia Real.

▶ La discusión seria sobre **política** no tiene cabida en la mayoría de los *tabloides*, pero la mayoría de los periódicos británicos es de derecha. Sin embargo, no hay una relación directa entre las ideas políticas de las personas y el diario que leen.

▶ Los **periódicos dominicales** son más grandes que los diarios, a menudo con dos o más secciones y un suplemento en color.

Revistas Las tiendas de venta de periódicos venden una amplia gama de publicaciones que abarca desde revistas serias de noticias, como *The Economist*, hasta revistas de historietas escatológicas, como *Viz*. Hay miles de publicaciones que satisfacen cualquier interés concebible. Las revistas generales de mayor éxito de ventas incluyen guías de televisión, y otras como *Reader's Digest*, *Computer Shopper*, *What Car* y *National Geographic*. Las revistas femeninas baratas como *Woman's Own*, *Bella*, *Best* y *Prima*, también venden millones.

Internet El uso del Internet en el Reino Unido es cada vez más extendido. Hay ya más de 10 millones de hogares conectados a Internet, lo que los sitúa por encima de la media europea en lo relativo al uso de Internet. Los británicos también emplean una proporción de tiempo superior a la mayoría de los Europeos usando el Internet - una media de más de 7 horas a la semana -, aunque siguen por detrás de los países escandinavos. Sin embargo, tienen una de las primeras posiciones entre el resto de los países europeos en la compra por Internet, aunque muchos usuarios aún muestran inquietud con respecto a si resulta seguro utilizar tarjetas de crédito para pagar por Internet.

La mayor parte de los usuarios acceden al Internet desde casa (un 74 %). Una gran proporción accede también o exclusivamente desde el trabajo, y un número mucho menor de usuarios accede desde bibliotecas, centros de educación o cafés de Internet. Los principales proveedores de Internet en el Reino Unido son *Freeserve, AOL, BT Internet, NTL, LineOne,* y *VirginNet*. La mayoría de los usuarios están conectados vía línea telefónica. La banda ancha cada vez tiene más penetración en el mercado.

Aunque actualmente más hombres que mujeres hacen uso de Internet, el número de mujeres aumenta día a día y se va acercando al número de hombres. El usuario típico de Internet en el Reino Unido es hombre, joven o de edad media y de un nivel adquisitivo alto.

Una enorme proporción (86%) de empresas británicas están conectadas a Internet y muchas utilizan activamente el Internet para actividades relativas a su negocio, no sólo para enviar mensajes de correo electrónico y para actividades de marketing y publicidad, sino también para realización de pedidos, cuestiones relativas a ventas y suministro y también para formación del personal.

En la industria manufacturera, la semana de trabajo oscila entre 38 y 40 horas, mientras que muchos empleados de oficina trabajan entre 35 y 38 horas por semana. Sin embargo, algunos empleados en hospitales, servicios de hostelería y hoteles, suelen trabajar hasta 100 horas por semana (aunque el promedio está alrededor de las 50 o 60 horas).

▸ El sistema de **horario flexible** es utilizado por muchas empresas, especialmente en oficinas. Los empleados deben estar presentes a ciertas horas centrales, llamadas *core time*, como por ejemplo de 9.00 a 11.30, y de 13.30 a 16.00 horas. También pueden recuperar horas de trabajo comenzando más temprano, durante el horario del almuerzo, o trabajando hasta más tarde.

Vacaciones

Muchos británicos tienen vacaciones anuales pagadas de entre 4 y 6 semanas. Si bien se toman normalmente dentro del año de trabajo, algunas empresas permiten que el personal las conserve para el año próximo. Además, hay varios días festivos por año (ver **ocio**).

Sueldos y salarios

Los profesionales y los empleados administrativos reciben un salario mensual, que se abona directamente en la cuenta bancaria. Los asalariados reciben un recibo de sueldo con detalles del salario bruto y las deducciones, por ejemplo, para el impuesto sobre la renta, Seguridad Social, los fondos de pensión de la compañía o cuota de afiliación al sindicato. Los trabajadores manuales y los eventuales reciben a menudo un sueldo semanal en efectivo. Normalmente, éste se cobra en el sobre de la paga los viernes, e incluye una hoja con detalles del sueldo y las deducciones.

Enfermedad y accidentes

En caso de ausentarse por menos de siete días, al volver al trabajo los empleados deben rellenar un formulario (*self-certification form*), explicando el motivo de la ausencia. En caso de ausencias más prolongadas, se requiere un certificado médico.

Impuesto sobre la Renta

Es recaudado por Hacienda (*Inland Revenue*), y se cobra sobre el total de los ingresos anuales (el año fiscal comienza el 6 de abril y termina el 5 de abril del siguiente año). La mayoría de la gente no realiza declaración de la renta, sino que la empresa deduce automáticamente los impuestos de los sueldos de los empleados, de acuerdo con el sistema *PAYE* (*Pay-As-You-Earn*). Los trabajadores autónomos pagan los impuestos al finalizar el año fiscal. El monto de los mismos se basa en la información presentada a través de la declaración de la renta, sustentada por una serie de informes financieros.

Seguridad Social

La asistencia social del estado está financiada en parte por las contribuciones a la Seguridad Social (*National Insurance* o *NI*), las cuales dan derecho a una pensión, seguro de desempleo y otros subsidios. Dichas contribuciones son obligatorias para la mayoría de los residentes de Gran Bretaña, y en general la empresa las deduce directamente del salario.

Seguro de Desempleo

Para percibir este subsidio, se debe haber completado los aportes requeridos por Seguridad Social durante un período determinado. El seguro se paga cada dos semanas a través de un cheque de giro postal. Los solicitantes deben inscribirse en la Oficina de Empleo cada dos semanas, para probar su disponibilidad laboral. Aquellos que no pueden acceder al seguro de desempleo, pueden solicitar otros subsidios sociales otorgados a personas de bajos ingresos (*Income Support*).

El Reino Unido es popular entre los turistas por su patrimonio histórico y cultural, sus castillos, viejas ciudades y ruinas históricas, sus museos y sus galerías de arte, así como por su belleza natural. Más de 25 millones de personas lo visitan cada año. La mayor parte de los visitantes viajan a Londres (unos 12 millones al año), atraídos por su ambiente cosmopolita y sus conocidos y típicos monumentos. La ciudad ofrece también una amplísima gama de actividades culturales: museos, obras teatrales, música. Desde Londres mucha gente visita las famosas ciudades universitarias de Oxford y Cambridge. Para aquellos que se aventuran a explorar el país más allá de las inmediaciones de Londres, Inglaterra ofrece muchos más atractivos: ciudades medievales como York, los baños romanos y la elegancia georgiana de Bath, Stratford-upon-Avon - la ciudad donde nació William Shakespeare - Stonehenge con su famoso círculo de piedras prehistóricas o la belleza natural de el Distrito de los Lagos que sirvió de inspiración a numerosos pintores y escritores.

Escocia y Gales

Muchos visitantes acuden también a Escocia para disfrutar de su belleza natural, su flora y su fauna y especialmente de la sensación de espacio y tranquilidad que sus paisajes poco visitados proporcionan. Es posible practicar numerosas actividades al aire libre, tales como golf, montañismo, esquí, pesca o actividades acuáticas. Gales fomenta también el turismo para personas en busca de actividad y deporte, tales como practicar el senderismo, el montañismo o la bicicleta de montaña por sus parques naturales de Snowdonia o Breacon Beacons.

Cursos de inglés

Una fuente muy importante de visitantes son los estudiantes de inglés. Cada año miles de jóvenes y adultos acuden a diferentes ciudades del Reino Unido para realizar cursos de inglés y practicar el idioma. Las ciudades más populares entre los estudiantes son Londres, Oxford, Cambridge, Bristol, Bath, Brighton, y Edimburgo.

Transporte

La mayor parte de los visitantes que llega al Reino Unido lo hace por avión, aunque en los últimos años el Eurostar ha hecho el acceso por tren desde Francia mucho más popular. Muchas personas prefieren también cruzar el Canal de la Mancha en ferry, especialmente si viajan en coche con su familia o con un grupo de personas.

Alojamiento

Aparte del hotel, una popular forma de alojamiento entre los turistas son los *Bed & Breakfasts* (casas particulares que alquilan habitaciones para dormir incluyendo el desayuno, a un precio más económico que los hoteles). Aunque no cuentan con los servicios de un hotel, ofrecen en cambio un ambiente íntimo y familiar. Los *Bed & Breakfast* están inspeccionados por la Oficina de Turismo y otras asociaciones privadas tales como *AA* (Ayuda en Carretera). Estos organismos han establecido una clasificación de calidad basada en un número de estrellas o diamantes, que evalúa aspectos tales como comodidad, limpieza y atención al cliente. Otra ventaja de los *Bed & Breakfast* es que, al ser casas particulares, es fácil encontrarlos incluso en áreas remotas.

Otra posibilidad, muy popular entre familias o grupos que viaja a zonas del campo, alejadas de las ciudades, es alquilar *cottages*. Los *cottages* son generalmente casas de campo - o incluso molinos o graneros - a menudo antiguos, que han sido renovados. Otra original opción es alquilar una casa flotante para viajar por los muchos canales y ríos de Inglaterra.

Los Estados Unidos de América ocupan un área de 3.536.338 millas cuadradas lo que los sitúa como el cuarto país más grande del mundo. Su población de 286.488.000 lo coloca como el tercer país más populoso del mundo, después de China e India. Cubre toda la sección media del continente norteamericano, abarcando 2.500 millas entre los océanos Atlántico y Pacífico, y se extiende 1.200 millas de norte a sur desde la frontera canadiense hasta el Golfo de México. Alaska está situada al noroeste de Canadá, y Hawai en el Pacífico central. Los EE UU también administran varios territorios insulares en el Pacífico y el Caribe, incluyendo Puerto Rico, Guam, las islas Vírgenes y Samoa.

Las 10 áreas metropolitanas más grandes de los EE UU		
Ciudad	Población	Estado
New York	20.124.000	Nueva York
Los Angeles	15.781.000	California
Chicago	8.810.000	Illinois
Washington DC-Baltimore	6.726.000	DC/Maryland
San Francisco	6.278.000	California
Philadelphia	5.893.000	Pensilvania
Boston	5.455.000	Massachusetts
Detroit	5.187.000	Michigan
Dallas	4.037.000	Texas
Houston	3.731.000	Texas

Regiones Los EE UU se dividen en cuatro regiones geográficas:

❏ *Noreste* – Nueva Inglaterra (formada por Connecticut, Nuevo Hampshire, Maine, Massachusetts, Rhode Island y Vermont), Nueva Jersey, Nueva York, Pensilvania, Maryland, Delaware y Washington DC.

❏ *Región Central* (*Midwest*) – Illinois, Indiana, Iowa, Kansas, Michigan, Minnesota, Missouri, Nebraska, Dakota del Norte, Ohio, Dakota del Sur y Wisconsin.

❏ *Sur* – Alabama, Arkansas, Florida, Georgia, Kentucky, Louisiana, Mississippi, Carolina del Norte, Oklahoma, Carolina del Sur, Tennessee, Texas, Virginia y Virginia Occidental.

❏ *Oeste* – Alaska, Arizona, California, Colorado, Hawai, Idaho, Montana, Nevada, Nuevo México, Oregón, Utah, Washington y Wyoming.

Gobierno Federal y del Estado

es una república federal formada por 50 estados y el Distrito de Columbia, territorio dentro del estado de Maryland en que se encuentra la capital de la nación, Washington DC. El poder se divide entre el gobierno federal, del Estado, y local.

❏ *El Gobierno Federal* está constituido por el Presidente, el Congreso (formado por la Cámara de Representantes y el Senado), y el Tribunal Supremo. Controla áreas como defensa, asuntos exteriores, la emisión de la moneda, y la regulación del comercio.

❏ *Los Gobiernos del Estado* tienen su propio Gobernador, y un Congreso del Estado bicameral. Son responsables de los impuestos, la sanidad pública, la educación, y la legislación civil y penal.

❏ *Los Estados* se dividen en *condados*, que a su vez se dividen en *municipios*, cada uno de ellos con su propia administración local. La mayoría de las ciudades están gobernadas por un alcalde y un ayuntamiento. Las autoridades locales tienen a su cargo escuelas, hospitales, servicios de urgencia, eliminación de residuos, carreteras y leyes de regulación de actividad comercial.

EDAD

Postdoctoros	Advanced study and research			
Postgraduates	Doctor's degree study			Master of arts or sciences
	Master's degree study			Bachelor of arts or sciences
Higher education	Colleges and universities			
	Junior and community colleges	Vocational and technical colleges		Associate in arts or sciences
	Regular high school programs		Technical and vocational high schools	High-school diploma
		Senior high schools		
	Traditional high schools	Combined junior and senior high schools		
		Junior high schools		
	Elementary schools			
	Kindergartens			
Pre-school	Nursery schools			

Grados: XII, XI, X, IX, VIII, VII, VI, V, IV, III, II, I

Edades marcadas: 22, 18, 14, 6

El gobierno central de los EE UU ejerce muy poco control directo sobre la educación, y los sistemas educativos difieren de una región a otra. La mayoría de las escuelas e institutos de enseñanza superior son centros mixtos regidos por los propios estados, pero aproximadamente el 25% de las escuelas y el 45% de las universidades están en manos de grupos privados o religiosos. Los estudios son generalmente obligatorios, y se extienden desde los 5 o 6 años de edad hasta los 16 o 18.

Educación Preescolar (hasta los 5 años) Aproximadamente el 35% de los niños de 3 y 4 años concurre a guarderías, y casi todos los niños entre 4 y 5 años concurren al jardín de infancia.

Escuela Primaria (de 6 a 13 años) y Escuela Secundaria (hasta los 18 años)

La cantidad de años de estudios de cada una varía de estado en estado. Las siguientes pautas son las más corrientes:

❑ seis años de escuela primaria, seguidos por tres años de *junior high school*, y tres años de *senior high school*.

❑ ocho años de escuela primaria, seguidos por cuatro de escuela secundaria.

❑ cuatro o cinco años de escuela primaria, seguidos por tres o cuatro años de *middle school*, y cuatro años de colegio secundario (*high school*).

Terminología

	Escuela Secundaria		Universidad
	edad	curso	edad
■ estudiante de primer año (*freshman*)	14–15	9°	18
■ estudiante de segundo año (*sophomore*)	15–16	10°	19
■ estudiante de tercer año (*junior*)	16–17	11°	20
■ estudiante de último año (*senior*)	17–18	12°	21

Plan de Estudios No hay un plan nacional de estudios. La mayoría de los estudiantes de los colegios secundarios deben estudiar algunas materias clave, y en los cursos superiores pueden elegir materias optativas.

Exámenes Los estudiantes toman exámenes al final de cada curso semestral, pero no hay ningún examen nacional para finalizar los estudios secundarios como en otros países. En cambio, los estudiantes tienen evaluaciones continuas a lo largo de sus años escolares. Los estudiantes que aspiran a ir a la universidad hacen exámenes nacionales, como el *American College Test* (*ACT*) y el *SAT*.

Escuelas Privadas Aproximadamente el 12% de los niños estadounidenses concurre a escuelas de pago. Siguen el sistema de cursos de las escuelas estatales, pero su plan de estudios se concentra en asegurar la admisión a las mejores universidades.

Graduación Todos los estudiantes aspiran a tener una ceremonia de graduación de la escuela secundaria (llamada *commencement*). Los estudiantes visten una gorra y una toga especiales, y se les otorga un diploma. Algunos compran un anillo conmemorativo (*class ring*) y una copia del álbum del curso (*yearbook*).

Enseñanza Superior (de 18 a 26 años) Más del 50% de los graduados de la escuela secundaria pasa a hacer estudios de enseñanza superior. Los cursos son ofrecidos por instituciones estatales y privadas que incluyen *state colleges*, *community* o *junior colleges* (que tienen cursos de dos años para obtener el título llamado *Associate*), universidades con cursos de cuatro años (*undergraduate colleges*), instituciones técnicas, y las prestigiosas universidades y *graduate schools*. Las cuotas son abonadas por cada estudiante (o por sus padres), aunque alrededor del 50% de los estudiantes consigue apoyo económico.

Las instituciones de mayor nivel

Universidades	Colleges
Ivy League	*Seven Sisters*
Brown	Barnard
Columbia	Bryn Mawr
Cornell	Mount Holyoke
Dartmouth	Radcliffe
Harvard	Smith
Univ. of Pennsylvania	Vassar
Princeton	Wellesley
Yale	

Educación de Adultos Millones de adultos estadounidenses concurren a universidades y otros centros de enseñanza superior con cursos de tiempo completo o tiempo parcial (el 40% de los estudiantes universitarios tiene más de 25 años).

Los EE UU tienen la proporción más alta de televisores per cápita de todo el mundo. Prácticamente todos los hogares tienen al menos un aparato de televisión, y el 70% posee dos o más. La familia estadounidense típica ve la televisión siete horas por día, y el promedio por persona es de 30 horas semanales.

Canales de televisión
Existen cuatro cadenas comerciales a nivel nacional:

- ❏ *American Broadcasting Company (ABC)*
- ❏ *Columbia Broadcasting Service (CBS)*
- ❏ *National Broadcasting Company (NBC)*
- ❏ *Fox TV*

Las mismas dan cuenta del 70% de la audiencia en los horarios de mayor demanda. Existen aproximadamente 1.300 canales comerciales, y 400 canales no comerciales del estado y canales educativos. La gran mayoría de los canales comerciales están afiliados a una cadena nacional. Sin embargo, hay también más de 400 canales comerciales independientes que suelen ofrecer una programación especializada, por ejemplo películas viejas.

Programas en cadena
La programación está basada casi exclusivamente en el entretenimiento, por ejemplo concursos televisivos, programas de entrevistas, comedias de situación y películas. En general, los únicos programas en vivo son de noticias locales y eventos deportivos importantes.

Índices de audiencia y Publicidad
Las emisoras televisivas en cadena son principalmente un medio para la publicidad (hasta 15 minutos por hora). Los índices de audiencia de las cadenas son el factor más importante en la televisión estadounidense. Un índice bajo significa menos ingresos de la publicidad, y aun programas relativamente populares pueden ser cancelados si las estadísticas así lo dictan.

Vía satélite y Cable
Alrededor del 60% de los hogares tiene televisión por cable. En las ciudades grandes, un promedio de 35 canales de cable está disponible, además de las cadenas nacionales y el Servicio Público de Televisión *PBS* (ver abajo). A diferencia de las emisoras en cadena, la televisión por cable no está sujeta a las leyes federales, y por lo tanto el material que se emite puede ser ofensivo. En general, los canales se dedican a un tema en particular, como deportes, películas, religión, noticias (p. ej. *CNN*), compras, música (p. ej. *MTV*), salud, pornografía, o programas en lenguas extranjeras. Muchos hoteles, bares, y clubes tienen servicio de cable o satélite, utilizado a para eventos deportivos en vivo.

Servicio Público de Televisión (PBS)
Es una cadena de canales no comerciales que se sustenta en fondos federales, auspicios de empresas, y donaciones de particulares. Este servicio provee programas de contenido educativo y cultural.

Radio
Los EE UU tienen más de 10.000 estaciones de radio, y en las ciudades principales suele haber entre 50 y 100 estaciones locales. Muchas estaciones de radio están afiliadas a cadenas nacionales como *ABC*, *NBC* y *CBS*. También existen más de 100 cadenas regionales. Programas serios se pueden encontrar en la *National Public Radio (NPR)*, especializada en noticias y temas de actualidad, y en la *American Public Radio (APR)*, cuya

---

Signos de identificación radial

Las estaciones de radio se identifican con un signo de cuatro letras, p. ej. KLMN y WBNS. Las estaciones que están al este del Misisipí y las Rocosas son precedidas por una "W", y las que están al oeste, por una "K". En general, a este signo le sigue AM o FM, p. ej. WBNS FM.

---

especialidad son los programas de entretenimiento. Al igual que *PBS*, *NPR* y *APR*, sobreviven con la ayuda de subsidios y auspicios privados.

Periódicos Hay unos 1.700 diarios y 850 periódicos dominicales, con una tirada total de más de 68 millones. También hay alrededor de 7.500 periódicos semanales y quincenales. Las comunidades étnicas principales tienen también sus propios periódicos, y en todas las regiones se publican y reparten a domicilio periódicos gratuitos con noticias de las comunidades locales.

▸ **¿Prensa nacional?** En realidad, la mayoría de los periódicos de los EE UU es de carácter regional. *Christian Science Monitor*, *USA Today* y el *Wall Street Journal* son los únicos periódicos que tienen una tirada nacional, aunque algunos diarios respetados como el *New York Times*, *Washington Post* y *Los Angeles Times* publican ediciones nacionales. *USA Today* es el diario popular más destacado y vende más de 5 millones de copias diarias. El *Wall Street Journal* se imprime en varias ciudades, y tiene cuatro ediciones regionales. Es la publica-

> **La compra del periódico**
>
> Un tercio de los estadounidenses recibe los periódicos en la puerta. Los repartidores los meten en una cubierta de plástico que los protege del clima. Se venden también en quioscos y en máquinas expendedoras. Se introduce el precio exacto, y se da por sentado que se llevará sólo una copia.

ción más importante sobre negocios, y tiene la mayor circulación entre los periódicos de los EE UU. Otros periódicos regionales de calidad, principalmente de formato grande, incluyen al *Boston Globe*, *Chicago Tribune*, *Denver Post*, *Miami Herald* y *San Francisco Herald*.

▸ Los lectores pueden optar entre periódicos de **formato pequeño y grande**. Así como en el Reino Unido, los periódicos serios son aquellos de formato grande, mientras que los de formato pequeño se concentran en temas de sexo, escándalos y deportes. Los mismos se publican en la mayoría de las ciudades, incluyendo al *Herald* (Boston), *Sun Times* (Chicago), y al *Daily News* (Nueva York). Los periódicos semanales más escandalosos son el *National Enquirer*, el *Globe* y el *Star*.

▸ Los **periódicos dominicales** se pueden conseguir los sábados por la tarde (exceptuando la sección de noticias), y pueden tener tres veces el precio de los diarios aunque los periódicos en general suelen ser baratos. La mayoría de los diarios publica una edición dominical, muchas veces con varias secciones.

Las **revistas** de noticias semanales, como *Newsweek*, *Time* y *US News and World Report*, son muy populares y proveen una buena cobertura informativa. Sin embargo, las revistas más populares son las que se dedican a temas de moda, delincuencia, noticias de guerra y personajes famosos.

Internet Muchos estadounidenses se conectan diariamente a Internet desde casa, el trabajo o el colegio. El servicio de Internet que más utilizan es el correo electrónico - en los Estados Unidos cada día se envían cerca de cinco mil millones de correos electrónicos. Hay cientos de proveedores de acceso a Internet; entre los más conocidos está *America Online* (AOL) y *MSN*. Los proveedores de acceso permiten personalizar la información que reciben los usuarios, proporcionándoles noticias, información deportiva o financiera y la actualidad de los espectáculos. Mucha gente se conecta a Internet con un módem, pero cada vez hay más internautas con métodos de conexión más rápidos como el ADSL y los módem cable. Otro servicio de Internet muy popular es *Instant Messenger*, que permite que los internautas hablen con otros amigos por Internet en tiempo real.

La mayoría de los empleados trabaja 40 horas semanales, aunque el promedio es de 45 horas para los profesionales, y ronda las 53 para los trabajadores de la industria manufacturera. El típico horario de oficina es de 8.00 a 17.00 horas, con una hora para el almuerzo.

▸ El sistema de **horario flexible** es menos común en los EE UU que en Gran Bretaña.

Vacaciones Es común tener sólo una o dos semanas de vacaciones remuneradas al año. Muchos empleados no reciben vacaciones remuneradas en absoluto durante el primer año en el puesto. Cada año de trabajo incrementa el derecho anual a las mismas.

Impuesto sobre la Renta Existen dos tipos: el federal y el del estado. Los impuestos son recaudados por el *Internal Revenue Service* (*IRS*). El sistema impositivo se basa en el cálculo individual (*self-assessment*) siendo exclusiva responsabilidad de los contribuyentes. Las empresas tienen a su cargo la deducción del impuesto sobre la renta del salario del empleado. Esto se llama *withholding*. Todos aquellos que reciben un salario sujeto a retenciones deben completar una declaración de la renta para el año fiscal pasado (de enero a diciembre) y presentarla antes del 15 de abril. El impuesto sobre la renta del estado es generalmente menor que el federal, y varía en cada estado (algunos no recaudan impuestos).

Seguridad Social Cubre pensiones de jubilación, subsidios por invalidez y viudedad, y el programa de asistencia llamado *Medicare*. Todos los ciudadanos de los EE UU y los residentes extranjeros reciben una tarjeta de Seguridad Social que lleva un número de identificación de nueve dígitos. El requisito para cobrar los subsidios sociales consiste en haber mantenido un empleo por un período mínimo, habitualmente alrededor de 10 años.

Las contribuciones a la Seguridad Social son abonadas por empleados y empresas, cada uno de los cuales contribuye un determinado porcentaje del salario bruto. La empresa suele descontar los impuestos directamente. Los trabajadores autónomos abonan las contribuciones anualmente.

Desempleo Un fondo de seguros, administrado conjuntamente por el gobierno federal y los estados individuales, provee un ingreso semanal por un tiempo limitado (generalmente 26 semanas). En caso de desempleo, hay que inscribirse en la oficina de empleo local. El monto del subsidio que se recibe, depende de los ingresos anteriores, siendo el objetivo suministrar una cantidad semanal igual a la mitad del salario semanal previo.

Tarjeta Verde

Todos los extranjeros no residentes que desean entrar en los EE UU necesitan un visado. Los mismos se dividen, en términos generales, entre visados para inmigrantes (residentes permanentes), y para no inmigrantes (residentes temporales). Aquellos que poseen un visado de inmigrante reciben una tarjeta llamada *Alien Registration Receipt Card*, popularmente conocida como Tarjeta Verde (*Green Card*), aunque ahora es rosa. La misma se puede obtener a través del matrimonio, por ser un pariente cercano de un ciudadano de los EE UU, o a través de la obtención de un empleo. Quienes poseen un visado de inmigrante tienen derecho a vivir y trabajar en los EE UU de manera permanente, y pueden obtener la ciudadanía tras cinco años. A diferencia de los ciudadanos, los residentes permanentes no pueden votar en las elecciones, ni ocupar cargos públicos, ni tener determinados empleos (p. ej. en la policía).

Los estadounidenses gozan de relativamente poco tiempo libre (ver **trabajo**).

Días Festivos Además de los días festivos federales, muchos estados tienen sus propias fiestas.

▶ **Navidad y Año Nuevo** se celebran de la misma forma que en Gran Bretaña.

▶ **Semana Santa** Los niños norteamericanos asocian estas fechas con el imaginario Conejito de Pascua, que entrega canastas de dulces y huevos de chocolate (*Easter baskets*) el Domingo de Resurrección por la mañana.

▶ El día de **Acción de Gracias** conmemora la cosecha recogida por la Colonia de Plymouth en 1621, tras un invierno de grandes privaciones. Familias enteras disfrutan de una comida tradicional que consiste en pavo relleno, batatas, salsa de arándano, y tartas de calabaza y de manzana.

Días Festivos Federales	
1° de enero	Día de Año Nuevo
Tercer lunes de enero	Día de Martin Luther King
Tercer lunes de febrero	Día de los Presidentes (se conmemoran los aniversarios de nacimiento de Lincoln (12 de febrero), y de Washington (22 de febrero)
Último lunes de mayo	*Memorial Day* (conmemoración de los caídos)
4 de julio	Día de la Independencia
Primer lunes de septiembre	Día del Trabajo
Segundo lunes de octubre	Día de la Hispanidad (*Columbus Day*)
11 de noviembre	Día del Armisticio
Cuarto jueves de noviembre	Día de Acción de Gracias
25 de diciembre	Día de Navidad

Clubes Sociales Las organizaciones más comunes incluyen a la *American Legion* (veteranos), clubes de campo (con instalaciones deportivas y recreativas), Francmasones, *Shriners* (masones de alto rango), *Moose Lodges* (sociedad fraternal), *Jaycees* (*JC = Junior Chamber of Commerce*), *PTAs* (Asociación de Padres y Maestros), asociaciones de ex-alumnos, y los *boy* y *girl scouts*.

Bares El mejor lugar para una conversación tranquila es el salón de cocteles (*cocktail lounge*). Se sirve en la mesa y, o bien se paga al final de cada ronda de copas, o se abre una cuenta que se abona al salir. Los estadounidenses tienden más a pagar sus propias copas que a invitar a rondas. Es costumbre dejar una propina, normalmente entre el 15% y 20% de la cuenta.

Comer fuera Los estadounidenses comen mucho, y alrededor del 40% del presupuesto de la familia tipo se gasta en comer fuera. Los restaurantes sirven porciones abundantes y la selección de comidas étnicas es amplia. En general, la cuenta no incluye el servicio, y se espera una propina de entre el 15% y el 20% sobre el total.

Deportes Los deportes participativos de mayor popularidad son la natación, el ciclismo, el esquí, la pesca, el footing, el senderismo y el aerobic. Los que tienen mayor índice de espectadores son el béisbol (el juego nacional), el fútbol americano, y el baloncesto.

Desde el trópico de Cáncer hasta el Ártico y abarcando todo el ancho del continente norteamericano, lo más notorio de los Estados Unidos es su enorme tamaño. Es un país que se define por sus espacios abiertos y la amplitud de su terreno. El panorama ofrece vistas tan diversas como los áridos desiertos y los densos bosques, las imponentes montañas y las extensas praderas.

Este enorme país se divide en 50 estados, y al viajar de un estado a otro se aprecian las diferencias, tanto geográficas como culturales, que le dan a cada uno su sabor individual y forman la amalgama vital y dinámica que ha formado el país a lo largo de su historia.

Cualquier persona que viaja a Estados Unidos tiene alguna idea de lo que encontrará. Pero es incomparable el placer causado por ver todas esas cosas con las que nos hemos familiarizado a través del cine y la televisión - los taxis amarillos en las calles de las ciudades, las plantas rodadoras en el desierto y las carreteras sin fin atravesando las praderas.

El turismo se centra sobre todo en los estados de Florida, California y Hawaii, los centros de esquí en las montañas y las grandes metrópolis. No hay que olvidar el espectáculo natural de los parques nacionales como Yosemite y Yellowstone, los Grandes Lagos y los impresionantes panoramas del Cañón del Colorado y Monument Valley. Entre las ciudades estadounidenses se destacan Nueva York, con sus imponentes rascacielos, atracciones culturales y la energía y dinamismo de su gente; Nueva Orleans, donde uno puede disfrutar la típica cultura sureña y escuchar jazz en su lugar de origen; y Las Vegas, ese oasis en medio del desierto, con sus palacios de neón dedicados al juego y al exceso.

Transporte Viajar en Estados Unidos es fácil, aunque las distancias son grandes. La manera más sencilla de recorrer el país es por avión, sobre todo cuando se trata de atravesar grandes distancias. Los autobuses y trenes son una buena opción si uno no tiene prisa o desea recorrer un área limitada, como por ejemplo el área del noreste entre Boston y Washington. Mejor aún es viajar en coche propio. El alquiler de vehículos es muy razonable, la gasolina no es cara y es la mejor manera de explorar los pueblos pequeños y sitios de menos turismo.

Alojamiento No es difícil encontrar hospedaje, y lo hay a todos los niveles, desde los pequeños moteles en las carreteras y en las afueras de las grandes ciudades hasta las grandes cadenas hoteleras. Los hoteles normalmente cobran por la habitación, y no por el número de huéspedes. También existe la posibilidad de hospedarse en un *Bed & Breakfast*, o *B&B*, generalmente situados en antiguas casas convertidas en hostelerías. Muchos de estos *B&Bs* se ufanan de los espléndidos desayunos que sirven a sus huéspedes.

Living
in
Spain
and
Spanish-speaking
America

CONTENTS

	Population	Area (square miles)	Currency	Major Cities (and populations)
The Caribbean				
Cuba	11 184 000	42 800	peso	Havana (2 256 000) Santiago de Cuba (403 000)
Puerto Rico	3 937 000	3 500	US dollar	San Juan (424 600)
Dominican Republic	8 581 000	19 000	peso	Santo Domingo (3 600 000)
Mexico and Central America				
Mexico	101 879 000	761 600	peso	Mexico City (16 000 000) Guadalajara (2 245 000)
Guatemala	12 974 000	42 000	quetzal	Guatemala City (3 242 000)
Honduras	6 406 000	43 300	lempita	Tegucigalpa (950 000)
El Salvador	6 238 000	8 100	colón	San Salvador (1 408 000)
Nicaragua	4 916 000	50 000	córdoba	Managua (959 000)
Costa Rica	3 773 000	19 700	colón	San José (988 000)
Panama	2 846 000	30 200	balboa	Panama City (1 173 000)
The Andean Countries				
Venezuela	23 917 000	352 100	bolivar	Caracas (3 153 000)
Colombia	40 349 000	439 700	peso	Bogotá (6 288 000) Medellin (2 951 000) Cali (2 710 000)
Ecuador	13 184 000	109 600	dólar estadounidense	Quito (1 754 000)
Peru	27 484 000	496 200	nuevo sol	Lima (7 443 000)
Bolivia	8 300 000	424 200	boliviano	La Paz (1 480 000)
The Southern Cone and Paraguay				
Paraguay	5 734 000	157 000	guarani	Asunción (1 262 000)
Argentina	37 385 000	1 068 000	peso	Buenos Aires (3 047 000; with suburbs 12 560 000) Rosario (1 278 000) Córdoba (1 434 000)
Uruguay	3 131 000	68 200	peso	Montevideo (1 236 000)
Chile	13 599 000	292 200	peso	Santiago (5 538 000)

The Americas are divided into three geographical regions: North America, Central America and South America. Spanish-speakers can be found in all three of these areas. People sometimes tend to forget, perhaps because of its powerful neighbour to the north, that Mexico is actually part of North America.

Regions of Spanish America
■ The Caribbean
■ Mexico and Central America
■ The Andean countries
■ The Southern Cone (Argentina, Chile, Uruguay) and Paraguay

The term 'Spanish America' is used to describe the group of Spanish-speaking nations in Latin America that were colonized by the Spanish from the 16th century onwards. It covers a very large area: the southernmost part of North America and almost the whole of Central and South America, with the exception of Haiti, Belize, Surinam, Guyana, French Guiana and Brazil. It is bordered to the east by the Atlantic Ocean and to the west by the Pacific Ocean; to the north, Mexico shares a border with the United States of America, and the southernmost point of Spanish America - Tierra del Fuego - is only a relatively short distance from Antarctica.

Physical Geography South America is a land of contrasts, from the high, cold mountains of the Andes (that run for 6000 miles from the Caribbean Sea to the Antarctic) to the warm beaches of the Caribbean and the Pacific. There is tremendous climatic variety: in Mexico and Central America the seasons are those of the northern hemisphere, whilst in South America the summer runs from December to March and the winter from June to September. There are four main types of landscape in this part of the Americas:

❑ The Pacific region is dominated by extremely high mountain ranges (the highest peak is Aconcagua at 23 000 feet) and partially volcanic ranges that mark the edge of the *altiplanos* (the high plateaux), such as the Andes.

❑ The Atlantic coast is characterized by coastal plains like the Pampas. The mountainous areas consist mainly of high plateaux, none of which exceeds 10 000 feet.

❑ The central region consists of very low-lying areas, like the Amazon Jungle, which are criss-crossed by vast river systems.

❑ The Caribbean Islands are volcanic in origin, with no natural defences against a climate characterized by strong winds, high temperatures, heavy rainfall and extreme humidity.

Human Geography The population of this vast region is as varied as the landscape and climate; in most countries you can find ethnic groups from almost anywhere in the world. The majority of the population are mestizos, a mixture of Spanish or other European and the native Indian population. In Mexico, for example, mestizos make up 60% of the total population. In Bolivia and Guatemala, more than half the population are Indian, whilst in Argentina and Uruguay most of the population are white and of European descent.

Religion The principal religion is Roman Catholicism. In some countries, like Nicaragua, El Salvador and Peru, Liberation Theology - the belief that poverty is a sin and that the Church should side with the poor against the rich - is very influential. More recently, evangelical Christianity has found growing popularity, especially amongst the poorer sections of society.

With a few exceptions, political administration in the different Spanish American countries has followed a remarkably similar pattern, considering the vast area and the variety of peoples involved. Generally speaking, all the countries, with the exception of Cuba, have gone through the same stages - colonization, independence and military dictatorship - to reach their present democratic state.

Politics

All the Spanish-speaking countries in the Americas (except Puerto Rico) are independent republics which, apart from Cuba, are governed by democratically elected parliaments. Under the multiparty system, people vote every four or - in the case of Mexico - six years to elect their representatives. In most countries, the President is only elected for one term of office. Puerto Rico is a self-governing part of the USA, with the same control over internal affairs as the other states. Until the 1980s, Spanish America suffered under a series of oppressive military dictatorships.

Economics

Most of the countries in Spanish-speaking America have vast natural resources, although in general their economies are not very developed. Despite the fact that much of the population lives in towns and cities, Spanish-speaking America is not highly industrialized, agriculture and mining still playing an important part in the economy. Common factors are high inflation, a massive foreign debt, an extensive black market, and tremendous inequalities in the distribution of wealth, with the indigenous populations usually coming off worst. A large part of Spanish America is poor and many people live on very meagre incomes. The Central American republics are amongst the poorest, especially Nicaragua and Honduras, with a per capita gross domestic product (GDP) of 2500 US dollars and 2400 US dollars respectively. Chile and Puerto Rico are the wealthiest, with a GDP of 12,500 and 9800 dollars respectively, followed by Uruguay on 8600 dollars and Venezuela on 8500 dollars.

Language

Spanish is the official language spoken by the majority of people in all of Spanish-speaking America. In countries where there is a large indigenous population, such as Peru, Bolivia, Guatemala and Mexico, various Amerindian languages are also spoken. The Spanish spoken in Spanish America has many distinguishing features, but only two are common to the whole continent, namely seseo (the pronunciation of 'c' before 'i' and 'e' as 's', not 'th' as in Spain) and the use of *ustedes* instead of *vosotros* in informal as well as formal speech. Other characteristics are shared by some regions and countries, but not by all. *Vos* replaces *tú* in many regions, and the correspond-

Some Amerindian Languages
■ Quechua (Peru, Bolivia, Ecuador)
■ Aimara (Peru and Bolivia)
■ Náhuatl (El Salvador and Mexico)

ing verb forms differ from area to area. In the River Plate and most of Central America, the present indicative and imperative forms are affected, e.g. *vos hablás* (for *tú hablas*), *vos tenés* (for *tú tienes*), *vení* (for *ven*) and *levantate* (for *levántate*).

Spanish in the USA

In the southern states of the USA there are still a few pockets of Spanish-speakers, descended from the first Spanish settlers to arrive there in the 14th century. The growing importance of Spanish in the USA, however, is due to the modern-day Spanish-speaking immigrants from all over Latin America, but with especially large numbers of immigrants from Mexico, Cuba and Puerto Rico. They now make up about 9% of the whole population, the second largest ethnic minority after Black Americans, and for most of them Spanish is their mother tongue. The most notable thing about the Spanish spoken in the USA is the influence English has had on vocabulary and syntax.

Most experts agree that the first settlers to arrive in the Americas came from Asia. Out of these diverse tribes arose the pre-Columbian civilizations, the most important of which were the Aztecs in north and central Mexico, the Mayans in the south of Mexico and in Central America, and the Incas, who settled in the Andean regions of present-day Peru and Bolivia.

Discovery and Colonization The discovery of the Americas by Cristóbal Colón (Christopher Columbus) in 1492 was followed by the conquest of its people and its lands. Many European explorers and conquistadors made the journey across the Atlantic, but it was Spanish colonization and the imposition of Christianity which destroyed the indigenous civilizations. By the 1530s Hernán Cortés had conquered the Aztecs and Francisco Pizarro the Incas. Pedro de Mendoza founded Buenos Aires in 1536 and, around the same time, a colony was set up in Paraguay. The colonization of other parts of the continent was much slower due to the difficulty of the terrain.

Independence Spanish and Portuguese colonization created a new social class, the criollo, someone of European descent born in a Spanish American colony. It was the criollos who formed the revolutionary juntas in revolt against Spanish rule after 1808. The most famous of the independence leaders, who began their campaigns of liberation at around the same time, were General Simón Bolívar (Venezuela, 1783-1830), whose unrealized dream was to form a confederation of Latin American states, and General José Sanmartín (Argentina, 1778-1850), who liberated Chile and contributed to the independence of Peru. Other countries soon joined them in declaring their independence.

Dates of Independence
■ Argentina: 9 July 1816
■ Bolivia: 6 August 1825
■ Chile: 18 September 1810
■ Colombia: 20 July 1810
■ Costa Rica: 15 September 1821
■ Cuba: 20 May 1902
■ Dominican Republic: 27 February 1844
■ Ecuador: 24 May 1822
■ El Salvador: 15 September 1821
■ Guatemala: 15 September 1821
■ Honduras: 15 September 1821
■ Mexico: 16 September 1810
■ Nicaragua: 15 September 1821
■ Panama: 3 November 1903
■ Paraguay: 14 May 1811
■ Peru: 28 July 1821
■ Uruguay: 25 August 1825
■ Venezuela: 5 July 1811

The Present Day Once fragmented, Spanish America underwent a long period of internal political upheavals and border wars. In 1898 Spain lost its last colonies, Cuba and Puerto Rico, signalling the end of four centuries of domination. Since 1898 the United States army has intervened in Spanish American countries on numerous occasions, sometimes on its own initiative, at others at the request of Spanish Americans themselves. The condition of permanent economic crisis and poverty was a breeding ground for military dictatorships and for the revolutionary movements that sprang up to combat them. Finally, in the 1980s, democracy was restored to almost every country in Spanish America. As for relations between the different states, the creation of the *Organización de Estados Americanos* (Organization of American States) in 1948 in Bogotá was proof of a desire for cooperation. Some countries, like Argentina, Brazil, Uruguay and Paraguay, went further, and moved towards economic integration through the creation of Mercosur, which represents about 200 million people and has a GDP of 800 000 million dollars. Another far-reaching international treaty was the *Tratado de Libre Comercio* (*TLC* - North American Free Trade Agreement, NAFTA), to which the USA, Canada and Mexico are signatories.

S panish America has a state education system at primary (elementary), secondary (high school) and university levels, which coexists with a large private sector. While some state universities enjoy great prestige, primary and secondary schools are generally inferior to private schools, which are beyond the means of most of the population.

Pre-school Education Only a small proportion of children under the age of five are enrolled in pre-school programmes (see table below).

Primary and Secondary Education In general, increased government expenditure on state schools since the 1960s has improved the quantity and quality of primary and secondary education and reduced the importance of private schools. Vocational training and technical and professional education have also been expanded at secondary level to help provide students with practical skills to prepare them for the job market.

Higher Education This has seen rapid growth since the 1960s and there are now over 400 major universities (including technical universities) among several thousand institutions of higher learning. This increase has been achieved by greater public expenditure and through the expansion and proliferation of private universi-

Enrolment in Education (%)				
	1960	1970	1980	1990
■ Pre-school (0–5 age group)	2.4	3.3	7.8	16.7
■ Primary (6–11 age group)	57.7	71	82.9	87.1
■ Secondary (12–17 age group)	36.3	49.8	62.9	66.2
■ Tertiary (18–23 age group)	5.7	11.6	24.1	26.9

ties funded by tuition fees and lucrative contract research. Degrees are offered in virtually every field, and traditionally law, medicine and engineering have attracted large numbers of students. As a result, many graduates in these and other specialized professions have difficulty finding employment due to the underdeveloped nature of most national economies. In Cuba technical and scientific subjects are emphasized over more traditional studies and in this respect the Cuban university system can be said to come closest to serving national economic development and the interests of the poorest people in society.

Literacy Although schooling at all levels has increased since the 1960s, the quality of education that most children receive is inadequate. This is particularly the case in public sector schools, which enrol most primary and secondary students, and for virtually all of the poor. Illiteracy is still a big problem, especially in rural areas and amongst women; incomplete primary education is more the rule than the exception and secondary or higher education rates are very low compared to the developed world. Poverty, the dispersed nature of rural populations, discrimination against indigenous peoples and lack of political will to educate the rural population all conspire to prevent access to basic education. Cuba, Argentina, Costa Rica, Peru and Uruguay do the most effective job of educating their citizens; each has a literacy rate of 90% or greater. Much further down the scale are the Central American republics. In Guatemala, for example, 50% of the population over 25 have had no formal education and a further 22% fail to complete elementary schooling. The exception in this region is Nicaragua, where in the 1980s the Sandinista Government organized a nationwide drive for literacy, based on the Cuban example after the 1959 revolution.

M ost of the media in Spanish America (except Cuba) tend to be privately owned.

Newspapers Most countries offer a wide range of newspapers and magazines, although they are only read by the middle and upper classes. The oldest newspapers date back to the early nineteenth century: Chile's *El Mercurio* (still the country's leading newspaper) was founded in 1827 and Peru's *El Comercio* in 1839. In several countries political upheavals produced complete breaks with the past; in Mexico, for example, the oldest existing newspapers – *El Universal* (1916), *El Excelsior* (1917) and *La Prensa* (1928) – all postdate the 1910 revolution, and in Cuba the oldest existing paper is *Granma*, founded in 1965. Despite the common linguistic and cultural heritage there are only a few region-wide publications, the most successful being the news magazine *Visión*.

▸ **Censorship** has varied according to time and place, and at its most extreme has led to abductions, imprisonment, forced exile and assassinations of journalists, as in Argentina in the mid-1970s. Less extreme censorship persists in some countries in the form of economic coercion and bribery. In Cuba all media are controlled by the State.

Television As everywhere else in the world, television is the staple of popular information and entertainment, and is largely funded by advertising. Most countries have two or three commercial networks and often a government or educational channel. Programmes used to consist entirely of reruns of US output dubbed into Spanish, but the share of national programmes has increased dramatically in the last 20 years. Programmes characteristic of Spanish American TV include marathon variety shows presented live before a studio audience, live regional music, comedy and *telenovelas*.

▸ **Telenovelas** are popular TV soap operas which dominate prime-time viewing in most countries. They are not clones of US soaps or movies but adaptations of older forms of Spanish American popular culture such as radio melodramas (*radionovelas*) and the serial novel. As well as family dramas and romance, *telenovelas* often feature more realistic themes such as economic corruption, health and family planning.

Radio There are many thousands of radio stations in Spanish America. The majority are small commercial operations with simple output, although in cities there are larger FM and AM stations offering a variety of programmes including news, popular music, sport, talk shows and *radionovelas*.

▸ **National radio**, the official state network, is often poorly funded and equipped. It carries more political discussions and educational material than commercial stations.

▸ **University stations** are aimed at an educated minority. They broadcast a mixture of educational programmes, classical music and cultural programmes taken from leading international radio networks such as the BBC and Voice of America.

▸ **Religious stations** run by the Roman Catholic and Protestant churches are numerous. They provide a wide range of news, and cultural and evangelical material.

Internet In Latin America more and more people are using the Internet. E-mail is the most popular Internet service used with millions of messages being sent every day in Spanish-speaking countries. There are hundreds of Internet Service Providers, some of which like America Online (AOL) are popular in Europe and the United States, and others like *Terra* which are found only in Latin American countries. The development of e-commerce cannot be compared with the United States but the number of people carrying out transactions on the Internet is continuing to grow.

Popular culture throughout Spanish America is based on a complex fusion of European Spanish, indigenous, African and criollo folklore. Music and dance are particularly important in the region, and are an essential part of any celebration of a traditional or popular nature.

Festivals Independence Day is the main festival in all Spanish American countries; also known as the *Fiesta Patria*, it commemorates independence from the Spanish Crown.

Other important festivals tend to be linked to religious occasions, for example, el *Día de los Muertos* (2 November, All Souls' Day) and the *Virgen de Guadalupe* (12 December) in Mexico, or *Nuestro Señor de los Milagros* (Our Lord of Miracles, in October) in Peru.

El Día de los Muertos (Day of the Dead) reflects Aztec traditions and attitudes with regard to death. In most homes and public places, people leave offerings for their dead relatives and friends: flowers and candles, as well as the dead person's favourite food and drink and objects that were of sentimental value to him or her. It is a celebration full of colour and joy, a vision of death that has none of the tragic overtones of the Judaeo-Christian tradition.

The festival of the *Virgen de Guadalupe* attracts devotees from miles around to the Basilica de Guadalupe in Mexico City, where the image of the Virgin Mary is kept.

Nuestro Señor de los Milagros in Peru is another deeply religious festival. Throughout the month of October, many devotees in Lima dress in purple, the colour of *El Señor*. The festival culminates in a massive procession that packs the city centre.

Music Spanish American music is very varied and usually has close links with dance. Popular music is characterized by its lively, impassioned rhythms, for example, the *tango* in Argentina, the *cumbia* in Colombia, *salsa* and the *merengue*, popular everywhere, *rancheras*, sung by mariachi bands in Mexico, the Cuban *son* and the *bachata* from the Dominican Republic. There are more ancient musical traditions too: for example, the *guaíno* in Peru and Bolivia, that originated with the pre-Columbian Indians. The symbiosis between criollo and indigenous music has produced new rhythms like the *chicha* in Peru. *Nueva canción* (called *nueva trova* in Cuba) developed in Chile and Argentina in the 1960s and is political in nature, although its message is expressed in a variety of forms.

Food Most Spanish American countries have an excellent, rich and varied cuisine that combines indigenous, Asian, African, criollo and European flavours. Argentina and Uruguay produce excellent beef, which they normally serve grilled, fish is hardly eaten at all here, but you can eat wonderful seafood in the countries in the Caribbean and on the Pacific coasts. Mexican cooking is known around the world for its quality and originality. It uses a wide variety of fruit and vegetables as well as spices, especially the many types of chilli pepper; one famous dish, *mole poblano*, even includes chocolate (discovered by the Aztecs and introduced to Europe via Spain around 1500).

Sports Various sports are played in Spanish America, but soccer is the most popular, both to watch and to play. Professional soccer here is of an extremely high standard and several nations are internationally renowned; fans flock to the stadiums in their thousands to watch their local and national teams. Some countries have achieved great success in other sports too, e.g. athletics in Cuba, basketball in Puerto Rico and cycling in Colombia.

Tourism is now one of the most important industries in Latin America, as thousands of tourists visit the continent every year, coming from Latin America itself as well as from other parts of the world.

Every region of Latin America has tourist attractions which are visited by thousands of vacationers. Traditional tourism centres on the Caribbean beaches in Mexico, Cuba, Puerto Rico, Santo Domingo etc. As well as sunbathing, tourists can take part in all kinds of water sports; the area is visited by divers from all over the world because of the quality of its water and the wide variety of marine life to be found there. Major hotel chains provide service on an international level.

But Latin America has its own particular attractions too. The pre-Columbian ruins draw thousands of tourists every year with many European and American visitors going to Central America to visit the remains of Mayan culture, spread throughout the Yucatán Peninsula, Guatemala and Honduras. The most outstanding sites include *Chichén Itzá*, in Mexico, and the majestic *Tikal*, in the middle of the forest in the north of Guatemala. The remains of the Aztec civilization, to be found in Mexico, are also of great interest. *Machu Pichu*, the ancient sacred city of the Incas, is one of the most important tourist centres in Peru whilst Easter Island, situated in the Pacific Ocean 3,700 kilometres from the coast of Chile, is no less important, with its impressive *moais* - giants several metres tall, carved out of stone.

Skiing is popular in Argentina and Chile and they boast some famous ski centres such as *Bariloche* and *Farellones*. These resorts are popular with Argentine and Chilean skiers as well as Europeans and Americans who delight in enjoying winter sports while it is summer in the Northern Hemisphere. The *Torres del Paine* national park is situated in the province of *Última Esperanza* in Southern Chile and attracts thousands of visitors during the summer. Added to the natural beauty of the mountains, lakes, waterfalls and glaciers in the park, there is also an abundance of plants and wildlife. In Argentina, in the province of Patagonia, *Perito Moreno* national park attracts a similar number of tourists, drawn by the grandeur of the glacier from which the park takes its name. The Andes run between Chile and Argentina, and here, on Argentine territory, majestic *Aconcagua* rises to a height of 6,959 metres. It is the highest peak in the Andes and every year, expeditions from the five continents attempt to reach its summit.

The Iguaçu Falls are certainly an impressive sight, drawing people from all over the world. They are to be found at the heart of South America, on the border between Argentina and Brazil. In both of these countries, and also in neighbouring Paraguay, you can visit the remains of missions founded by the Jesuits in the area, which came to an end with the expulsion of the religious order at the end of the 18th century.

Latin America is an area of great diversity and the number of tourists visiting this developing holiday destination is growing year on year.

Spain is situated on the Iberian Peninsula, in the southwest corner of Europe; it has a surface area of 195 300 square miles, making it one of the largest European countries. It occupies most of the peninsula, and also includes the Balearic Islands in the Mediterranean, the Canary Islands in the Atlantic and the North African enclaves of Ceuta and Melilla. To the north it is bordered by France and the Bay of Biscay; to the east by the Mediterranean; to the south by the Straits of Gibraltar, which separate it from Africa; and to the west by Portugal. Sandwiched between the Atlantic Ocean and the Mediterranean Sea - the former giving rise to a damp, cool climate, the latter to warm, drier weather - Spain's climate combines with its physical geography to create some striking contrasts: from the *rías* (the Spanish equivalent of fjords) in Galicia to the Almería desert, from the Castilian tableland to the peaks of the Pyrenees, from the volcanic landscape of Tenerife to the rugged Majorcan coastline.

Since 1833, Spain has been divided geographically into 50 provinces (*provincias*) - each of them with its capital city and villages - plus the towns of Ceuta and Melilla. In 1978, these provinces, along with Ceuta and Melilla, were additionally grouped into 19 *Comunidades Autónomas*, which are administrative and political entities (see **The Autonomous Regions**).

Official Languages
■ Throughout Spain: *Spanish (Castilian)*
■ Catalonia, Balearic Islands: *Catalan*
■ Galicia: *Galician*
■ Basque Country: *Basque*
■ Valencia: *Valencian*

Language Spanish (*Castilian*) is the official language spoken throughout Spain, but it is not the only language. In certain regions, there are two official languages (see above). Most linguists consider Valencian to be a variety of Catalan. *Euskera*, or Basque, is the joint official language in Basque-speaking areas of Navarre. Other minority languages are spoken in very specific areas, such as *Bable* (a variety of Castilian) in parts of Asturias. Until the 1960s, French was the most widely taught foreign language, but it has now been overtaken by English.

Political Administration The 1978 Constitution was the product of a broad and hard-won consensus amongst the major political parties which won parliamentary representation in the first democratic elections since the civil war. According to that Constitution, Spain is a parliamentary monarchy. The King is the head of state; he plays a mediating role in the workings of the institutions and is the highest representative of the Spanish state at international level, although actual political leadership remains the role of the Government.

▶ **Parliament (las Cortes Generales)**, usually called *las Cortes*, consists of the lower house, the Congress of Deputies (*Congreso de los Diputados*), and the upper house, the Senate (*Senado*). Members of both chambers are elected by universal suffrage every four years in a general election, but their responsibilities are very different.

The Congress of Deputies is made up of 350 deputies elected by proportional representation. Its political dominance is evident not only in the legislative process, but also in the fact that it votes to accept a new Prime Minister (*presidente del Gobierno*) and can force him or her to resign, either by a censure motion or a vote of no confidence.

The Prime Minister determines both the actions of the Government and its actual composition. The prime ministerial candidate first submits his manifesto to Congress and then, once he has obtained the approval of the deputies and has been appointed by the King, he puts forward to the King the names of his chosen ministers.

The Senate serves as a 'cooling-off' chamber in the legislative process. Here, bills coming from the Congress of Deputies can technically be amended or vetoed, but in practice the Congress always has the last word. The Senate is currently composed of 259 members. Each of the Spanish provinces (*provincias*) elects 4 senators, except Ceuta and Melilla which only elect 2. In addition to this, each of the assemblies in the autonomous regions elects 1 senator, plus an additional senator for each million inhabitants. The Senate is becoming more and more involved with representing the interests of the different regions at national level.

▸ **The Constitution** was passed in 1978, bringing to an end the 'Transition' period (1975-8), which bridged the gap between the Franco regime and democracy. At present, the regional map of Spain is made up of 19 *Comunidades Autónomas* (Autonomous Regions), which include the two autonomous municipalities of Ceuta and Melilla in North Africa. Each *Comunidad* has its own government and parliament.

▸ **The autonomous regions** were set up in an attempt to preserve and foster the cultural and historical diversity which remains such a strong feature of 20th century Spain. For legal and administrative purposes, the regions are divided up into provinces and municipalities. The Constitution does not set out a list of responsibilities (*competencias*) for the regional governments; within preset limits, it allows each to take on whatever it considers necessary. The State draws up the national budget and is responsible for foreign affairs and trade, defence and the armed forces, the legal system, the monetary system, economic planning, public works of national scope and so on. The autonomous regions have the right to implement national guidelines in, for example, the areas of education and health, in a way which is suited to regional circumstances.

The Legal System At local level, legal cases are heard at the *juzgados de primera instancia e instrucción*, which cover single or several municipalities, towns and cities. A step further up the ladder, each province has an *audiencia provincial*, and each autonomous region has a *tribunal superior de justicia*. Finally, the *Tribunal Supremo* operates at national level as the highest court in the land. The *Audiencia Nacional* is based in Madrid and has jurisdiction over the whole of Spain in matters of special significance for the nation: terrorism, arms dealing, smuggling, drug trafficking, large-scale fraud, immigration etc. Slightly apart from the rest of the legal system, the *Tribunal Constitucional* safeguards constitutional rights and interprets the constitution.

The Main Political Parties After Franco, the forces of the centre right formed the *UCD* (*Unión de Centro Democrático*), a coalition which won the first democratic elections since the civil war and was in power from 1977 to 1982. After the *UCD's* dissolution, the *CDS* (*Centro Democrático y Social*) attempted to fill the void between left

Main Political Parties and Coalitions	
PP	*Partido Popular*
PSOE	*Partido Socialista Obrero Español*
IU	*Izquierda Unida*
CiU	*Convergència i Unió*
PNV	*Partido Nacionalista Vasco*
CC	*Coalición Canaria*

and right wings; its downfall left the *PP* (*Partido Popular*, formerly *AP*, *Alianza Popular*, which had its roots on the right) as Spain's largest centre-right party. To the left of the spectrum, the *PSOE* (*Partido Socialista Obrero Español* - the Spanish Socialist Party), founded in 1879, is the oldest party in Spain and formed the Government from 1982 to 1995; its policies are more or less in line with those of the other Western European socialist parties. The *PCE* (*Partido Comunista de España* - the Spanish Communist Party) was set up in 1920 and played an important role during the transition, but in 1986 it entered into a coalition of left-wing parties called *IU* (*Izquierda Unida* - United Left).

▸ **In the autonomous regions** the big nationwide parties are complemented by regional ones, some of whom play a major role in the government of the regions and even carry some weight at national level; these include *Convergència i Unió* (*CiU*), a nationalist Catalan coalition, and the *PNV* (*Partido Nacionalista Vasco* – Basque Nationalist Party). Other regional parties represented in Parliament are *Coalición Canaria*, *BNG* (*Bloque Nacionalista Galego*), *Unió Valenciana*, the Basque *Eusko Alkartasuna* (*EA*) and *Herri Batasuna* (*HB*), and the Catalan *Esquerra Republicana de Catalunya*. There are also regional parties in Andalusia, Navarre and Aragon.

O ver recent years, the Spanish education system has seen many changes. The most recent change followed the replacement of the *Ley General de Educación* (*LGE* - General Education Act) that had been in place since 1970, by the *Ley Orgánica de Ordenación General del Sistema Educativo* (*LOGSE* - General Organization of the Educational System Act), which came into force in 1990. The new system that was introduced by this act was gradually phased in and had superseded the old one by the turn of the 20th century. The changes introduced by the *LOGSE* in 1990 were intended to expand free, compulsory education up to the age of 16; bring infant schooling (0-6 years) into the state system; bring vocational training more into line with the needs of business and industry; place special emphasis on the development of training in the arts; and generally bring the education system up to date and into line with other European Union countries.

According to the Constitution, central government has general responsibility for education in the following areas: basic legislation, degrees and diplomas, organization of grades, courses and minimum course content, requirements for passing from one grade to the next, minimum standards for schools, and general planning. Other responsibilities can and have been taken over by the autonomous regions. In those regions with their own language (Catalonia, Galicia, the Basque Country, Valencia, Navarre [in bilingual areas] and the Balearic Islands), the teaching of that language is one of the main organizational tasks of their regional authorities. In this respect a special effort has been made to revive the Basque language at the *ikastolas* (schools where all teaching is in Basque). Also, the teaching of subjects such as history in each of the autonomous regions places more emphasis on local history.

State Schools and Private Schools
Private education has traditionally been very important at primary (elementary) and secondary (high school) levels and used to have close links with the Catholic Church, although nowadays non-denominational private schools predominate. Around 34% of pre-school pupils and 33% of primary pupils attend private schools; at the secondary level, 35% of students are privately educated; but at university level, this figure is only around 9%.

As stated above, under the new Education Act, *LOGSE*, education has become compulsory until 16 years of age. The aim is to put an end to the situation in which the wealthy middle classes typically send their children to *escuelas de pago* (fee-paying schools), whilst working-class children attend state schools. Yet the coexistence of the two different systems, along with the transfer of power to the autonomous regions, has created various anomalies. The *Ley Orgánica del Derecho a la Educación* (*LODE* - Right to Education Act), which came into force in 1985, states that all private schools funded with public money should provide their services free. In practice, this process of *concertación* (harmonization) varies considerably, according to the agreement between individual schools and the education authorities. 'Harmonized' schools remain private but offer education at a very low cost. However, it is still up to the family to buy books and to pay for other expenses such as transport, food and any extra-curricular activities.

Current Education System

▸ *Educación infantil* (pre-school education - 0-6 years) is not compulsory, but the new system aims to attract as many children as possible.

▸ *Educación primaria* (primary education - 6-12 years) constitutes the first part of compulsory education. It consists of three stages of two years each. As well as the usual subjects, physical education (PE), music and a foreign language are taught.

▸ *Educación secundaria obligatoria (ESO)* (secondary education - 12-16 years) consists of two stages of two years each. At the end of *ESO*, students are awarded the qualification of *graduado en educación secundaria* (graduate in secondary education), which signals successful completion of compulsory education.

▸ *Bachillerato* (16-18 years) lasts for two years and offers four options: natural sciences and health, humanities and social sciences, technology, and art. All students follow certain core courses (language and literature; a foreign language; and PE, philosophy and history for one year each), as well as studying a number of optional subjects. Students who complete the bachillerato obtain a single qualification that allows them either to go on to university or to enter the higher level of *FP*.

▸ *FP* is made up of two levels: *grado medio* (intermediate level), which students can enter at the end of compulsory education and from which they can go straight on to the job market; and *grado superior* (higher level), which students can enter after completing their *bachillerato* and from which they can either go into work or go on to university. The new FP aims to provide more flexible training for students, enabling them to respond to the changing needs of business and industry. It also seeks to undertake retraining programmes for professionals.

New System

XIX	Third Stage	
XVIII ◂ 23		University
XVII	Second Stage	
XVI		
XV	First Stage	FP Específica (higher level)
XIV		
XIII ◂ 18		
XII	Bachillerato	FP Específica (intermediate level)
XI ◂ 16		Secondary education
X	Second Stage	
IX	Educación Secundaria Obligatoria	
VIII		
VII ◂ 12	First Stage	
VI		
V		
IV	Educación primaria	Primary education
III		
II		
I ◂ 6		
	Pre-school education	

Enseñanza básica

University The University of Salamanca, founded in the early 13th century, was one of the first universities in Europe. The School of Translators in Toledo, where many scientific works from the East were translated during the 12th and 13th centuries, is evidence of the vigorous cultural life of medieval Spain and of the country's role as a multicultural meeting place. Other Spanish universities with a long history are *Santiago de Compostela* (1504) and *Alcalá de Henares* (1507); the latter became the *Universidad Complutense de Madrid* in 1707.

Most universities (48 out of 66) are public: the private ones tend to concentrate on specific subjects such as economics and business administration. Students usually stay in their home town if there is a university which offers the course they are interested in.

Higher education courses last from three to six years. On completing a university course of four, five or six years, the student becomes a *licenciado* (graduate). *Escuelas universitarias* offer shorter three-year courses, at the end of which the student becomes a *diplomado*. Most University courses have an entry requirement. Students over 25 wishing to enter university have to take a set of exams.

Another institution, the *Universidad Internacional Menéndez Pelayo*, was founded in Santander in 1932; it runs summer courses for students of all nationalities.

The Top Ten Universities
(by number of students)

- *Universidad Nacional de Educación Distancia* (Spanish Open University)
- *Universidad Complutense de Madrid*
- *Universidad de Sevilla*
- *Universidad de Granada*
- *Universitat de Barcelona*
- *Universidad del País Vasco (Euskal Herriko Unibertsitatea)*
- *Universitat de València (Estud-General)*
- *Universidad Politécnica de Madrid*
- *Universidad de Zaragoza*
- *Universidad de Santiago de Compostela*

I n Spain, as in most countries in Western Europe, there is a pitched battle amongst political and economic interests for control of the media.

Television Television now broadcasts almost 24 hours a day. There are two national channels owned and run by the State: *TVE-1* is aimed at a broad audience and provides mainstream viewing, whilst *TVE-2* concentrates on cultural and educational programmes. *Televisión Española (TVE)* provides Catalonia with several programmes in Catalan. There are also several locally run channels in the autonomous regions (*see below*).

Programmes on the independent channels are broadly similar to those on the State-owned channels, with whom they have been in competition since 1990. In that same year, *Canal+* began broadcasting in Spain. This is an independent subscription channel offering mainly films, special reports, documentaries, news, sports and music; films are shown with no commercial breaks. To receive most of its programmes you need to buy a decoder, for which you pay a subscription and a monthly fee.

Satellite television is becoming more and more popular in Spain, and there are around 60 satellite channels available, including *Canal Clásico, Antena 3 satélite, Canal 31, Documanía, Cinemanía, Cineclassics, Minimax, Teledeporte* and *Galavisión* (the latter a Latin American channel), all broadcasting in Spanish. You can also receive foreign channels, such as the *BBC, CNN, RTL* or *Eurosport*.

> ### Main Television Channels
>
> ■ State-owned: *TVE-1, TVE-2* (*La 2*)
> ■ Independent: *Antena 3, Tele 5, Canal+*
> ■ Regional: *Telemadrid, Canal Sur* (Andalusia),
>   *TV3* and *Canal 33* (Catalonia), *TVG*
>   (Galicia), *Canal 9* and *Noticias 9* (Valencia),
>   *ETB1* and *ETB2* (Basque Country)

The main players on the digital TV scene are *Canal Satélite Digital* (belonging to the owners of *Canal+* and the newspaper *El País*) and *Vía Digital* (owned by *Telefónica* and other shareholders like the newspaper *El Mundo*). They broadcast by satellite, but are expected to go over to cable. Both companies offer a wide range of channels (around 35) and require a decoder, for which you pay a subscription.

Teletexto (Teletext) provides text-only information on the weather, news, sports, entertainment listings etc.

> ### Main Radio Stations
>
> ■ *RNE Radio 1*: chat shows, news, game
>   shows, sport
> ■ *RNE Radio 2*: classical music
> ■ *RNE Radio 3*: rock and pop music
> ■ *COPE, SER* and *Onda Cero*: chat shows,
>   news, music

Radio There are two wave bands available: *Onda Media* (Medium Wave), which is used less and less, and *Frecuencia Modulada* (FM), which has a growing number of stations providing programmes 24 hours a day. The State-owned *Radio Nacional de España* (RNE) has five stations: *Radio 1* produces chat shows, news bulletins, game shows and sports programmes; *Radio 2* specializes in classical music; *Radio 3* broadcasts mainly rock and pop but also has 'alternative' versions of chat shows etc.; *Radio 4* is in Catalan and only goes out in Catalonia; and *Radio 5* is dedicated to news.

Independent stations enjoy very large audiences and they too offer chat shows, discussion programmes, music, game shows and news. The most popular stations are *SER*, *COPE* and *Onda Cero*. *SER's Cuarenta Principales*, specializing in rock and pop music, also has a large following, especially amongst young people.

State-owned radio in the autonomous regions has undergone a massive expansion in recent years: *Euskadi Irratia*, *Radio Galega*, *Catalunya Ràdio*, *Canal Sur* (in Andalusia), *Onda Regional de Murcia*; and *Canal Nou* and *Punt Dos* (in Valencia) are just a few of the stations available in the regions.

The Press Newspaper circulation in Spain is one of the lowest in Europe: only 100 newspapers are sold for every 1000 people. Nevertheless, the press is very influential and there is a wide variety of newspapers available: more than 150 dailies. Although, some of these are distributed nationally and some - e.g. *El País*, *El Mundo* or *ABC* - produce special editions in some of the autonomous regions, most newspapers are purely local or regional.

Major Daily Newspapers and their Circulation	
■ *El País*	414 000
■ *ABC*	303 000
■ *El Mundo*	261 000
■ *El Periódico de Catalunya*	211 000
■ *La Vanguardia*	197 000

At regional level, the main newspapers published wholly or partially in languages other than Spanish are: *Avui* and *El Punt* in Catalan; *Egin* and *Deia in Basque*; and *O Correo Galego* in Galician. *El Periódico de Catalunya* publishes two editions, one in Catalan and one in Spanish. Some newspapers are even published in English: *Majorca Daily Bulletin* and *Sur in English*, for example. Sports newspapers (*As*, *Marca*, *Sport*, *Mundo Deportivo*) have a wide circulation, as do the new financial and economic papers like *Expansión*, *Gaceta de los Negocios* and *Cinco Días*. The weekend editions of most newspapers carry a supplement which sometimes includes part works (guides, maps, dictionaries etc.), although this makes for a higher cover price. The dailies also frequently come in separate sections, often printed in different colours and on different paper, focusing on local issues or on a topic such as science, medicine, culture etc.

Magazines The magazine market is a thriving one, with more than 300 registered titles. Those with the highest circulation figures are the so-called *revistas del corazón* (real-life or true-romance magazines), such as *¡Hola!*, *Lecturas* and *Semana*, which report on the love lives of actors and other celebrities. *Pronto* and *Diez Minutos* have the samesubject matter but take a more sensationalist line. Next come the television guides (*Teleprograma*, *Supertele*), which are cheap and provide complete coverage of TV programmes as well as short news items. The TV listings magazines are losing in popularity, as the TV ratings wars mean that the schedules are constantly changing, often from one day to the next. Magazines providing general news coverage come only third, since the weekend newspaper supplements now have the lion's share of this market. The most popular of these magazines is *Interviú*, followed by *Tiempo*, *Cambio 16* and *Época*. The best-selling monthly magazine is *Muy Interesante*, which specializes in articles on scientific or popular science topics. For readers interested in the arts, *El Europeo* and *El Paseante* are amongst the most appealing titles. There is also a vast choice of publications catering for the specialist reader, on subjects ranging from computing to knitting.

Nearly all newspaper and magazine sales are made through the ubiquitous *quioscos* (newsstands), since subscriptions are almost unknown (although certain professional journals are sold in this way).

Internet The number of people who use the Internet in Spain (or *internautas*, as they are called) has been growing at a steady pace. People increasingly value the use of the Internet as a source of information and also entertainment. At the moment there are more than 7 million users. Of that figure, the majority, (approximately 4 million) access the Internet at home. The profile of the Spanish Internet user is young (18 to 34 years old), middle class and male, although the number of women using the Internet is beginning to reach the same levels as men. The use of the Internet to access web pages is higher than the use of electronic mail; and the most visited sites are chat rooms and those related to News and Leisure. Spanish people however still spend a relatively small amount of time on the Internet compared to other European countries, approximately 12 minutes per day on average.

Most Spanish companies have access to the Internet too, but only one in three has a Web page. Companies mainly use the Internet for e-mail, looking for information, on-line banking and to a lesser extent for business transactions. Most Spanish public institutions (such as Ministries, Town Councils, etc) have a web site, although only a small percentage of these sites can be used for dealing with administrative matters.

The *siesta*, a rest period after lunch when many people take a nap, is a very Spanish phenomenon. Modern working hours, however, mean that most people can no longer keep up the tradition. Lunch is usually eaten between 2 and 3 p.m. Given the fine weather during most of the year, a large part of people's leisure time is spent out of doors, either playing sports or chatting with friends and having a drink at an open-air bar. The *paseo*, a late afternoon or early evening stroll, is a tradition that many Spaniards keep up when work permits. Dinner is eaten late, from 9 p.m. onwards. If you can't last out till then, you can sample some of Spain's delicious bar snacks: *tapas* are small portions of food which sometimes - but by no means always - come free with your drink. *Raciones* are the same but bigger, whilst *pinchos* come on a cocktail stick. *Montados* (small slices of bread topped with a piece of meat, sausage, etc.) and *bocadillos* (small or large filled baguettes) are also sold in bars. You pay for your food and drinks when you are ready to leave.

Entertainment and Culture Bullfights remain a distinctive feature of the country and still have a large following, especially in central and southern Spain. The season is mainly spring and summer. Football is still the most popular sport overall, however, closely followed by basketball, cycling and tennis.

Cinemas are very popular, especially at weekends and on the *día del espectador* (usually Mondays or Wednesdays, when seats are cheaper). The theatre is more of a minority interest, although independent and alternative theatre groups have flourished in recent years.

Spain is home to several museums of international standing, including the *Prado* and the *Reina Sofía* Modern Art Museum in Madrid, the *Fundació Joan Miró* and the Picasso museum in Barcelona, and the new Guggenheim in Bilbao.

Gambling The *Quiniela*, a sports lottery based on the Spanish football (soccer) league (rather like the football pools in Britain), is very popular. There are other lotteries too: the one organized by *ONCE* (the Spanish association for the blind), with daily draws from Monday to Friday; the *Primitiva*; *Bonoloto*; and the National Lottery, famous for its Christmas draw for which almost everyone in Spain buys a ticket. Since the transition to democracy, the casinos have opened their doors again, as have bingo halls, which are very popular.

Local Fiestas Each village or town has its annual celebration, the *fiesta mayor*, usually in summer. Local people, businesses and institutions pool their resources to stage cultural and recreational events which vary according to the traditions and customs of each particular place. They include the colourful *Carnavales* in Cádiz and Santa Cruz de Tenerife; the *Fallas* in Valencia (19 March), when gigantic papier-mâché figures called *ninots* are burned; the religious processions of *Semana Santa* (Holy Week) in Andalusia or Aragon and the *Rocío* in Huelva; the *Feria* in Seville in April, with flamenco, horses and sherry; and the *Sanfermines*, a bullrunning festival in the streets of Pamplona, that takes place in July. Lastly, on the eve of San Juan (24 June), there are spectacular bonfires and fireworks all along Spain's Mediterranean coast.

More than 45 million people visit Spain every year, making it one of the three most visited countries in the world. As a large proportion of these visitors come as tourists, tourism is very important for the Spanish economy.

Destinations Tourists especially go to the holiday resorts along the Mediterranean coast during the summer months with the Balearic and Canary Islands also being very popular destinations. The Canary Islands attract many holidaymakers in winter too because of its mild climate. Apart from the more traditional summer resorts, Spain is trying to promote other less well-known tourist destinations. Madrid and Barcelona are already popular city breaks, and people go there, attracted by the museums and nightlife. Other regions of central and northern Spain, are promoting their historic and cultural heritage, and organize itineraries such as the Camino de Santiago, which goes along the old pilgrimage route to the historical town of Santiago de Compostela, where St James is supposed to be buried. Other old towns also popular with visitors are Salamanca, the centre of one of the first universities in Europe, Segovia, famous for its Roman aqueduct or Ávila with its medieval walls. Andalucía too offers a wide variety of interesting towns boasting a strong Arabic influence and unique architecture. Examples are Granada, with the Moorish palace of the Alhambra and Sevilla or Córdoba.

Recent years have seen the emergence of different types of tourism, mainly *turismo rural,* which aims to provide rural areas of scenic or historical interest with a means of economic income while at the same time aiming to protect the character of the areas. *Turismo rural* consists of a network of traditional villages, farms, old mills, etc that have been converted to offer comfortable accommodation. There is also *turismo activo,* where people take part in activities that contribute somehow to the community in which they are staying (such as helping on a farm or helping to rebuild an old abandoned village). Both types of tourism are popular mainly with Spanish people travelling within Spain, and are so far, little known by foreigners.

Transport A third of the people who come to Spain arrive by air, and about a third of these use non-scheduled flights or charters. The busiest airports are those of Madrid and Barcelona, followed by the Balearic and Canary Islands. However, to travel around Spain, road or rail are the most popular forms of transport.

Accomodation Visitors to Spain can choose from a wide range of types of accommodation: from hotels to self-catering villas, from small *pensiones* or *hostales* (guest houses) to grand *Paradores* (*see below*). Hotels are normally rated by a star system, one star being the lowest, five the highest. A different and special type of accommodation, apart from those offered by the *turismo rural* (*see above*) is provided by the *Paradores*. These are usually buildings of particular historical interest (old palaces, monasteries, etc) which have been converted into hotels or are purpose built. They are normally to be found in very old historic towns or villages; or near places of great natural beauty.

ENGLISH-SPANISH

INGLÉS-ESPAÑOL

a¹ (*pl* as *OR* a's), **A** (*pl* As *OR* A's) [eɪ] *n* [letter] a *f*, A *f*;
from A to B de un sitio a otro; **from A to Z** de
cabo a rabo, de pe a pa.
◂ **A** *n* **-1.** *MUS* la *m* **-2.** *SCH* [mark] ≃ sobresaliente *m*.

a² [stressed eɪ, unstressed ə (*before vowel or silent
'h'* **an** [stressed æn, unstressed ən])] *indef art*
-1. [gen] un (una); **a boy** un chico; **a table** una
mesa; **an orange** una naranja; **an eagle** un
águila; **a hundred/thousand pounds** cien/mil
libras **-2.** [referring to occupation]: **to be a den-
tist/teacher** ser dentista/maestra **-3.** [to
express prices, ratios etc] por; **£10 a person**
10 libras por persona; **50 kilometres an hour**
50 kilómetros por hora; **20p a kilo** 20 peniques
el kilo; **twice a week/month** dos veces a
la semana/al mes **-4.** [preceding person's
name] un (una) tal; **a Mr Jones** un tal señor
Jones.

A-1 *adj inf* [excellent] de primera.

A4 *n UK* DIN *m* A4.

AA *n* **-1.** (*abbr of* **Automobile Association**)
asociación británica del automóvil, ≃
RACE *m* **-2.** (*abbr of* **Associate in Arts**) *titular
de una licenciatura de letras en Estados
Unidos* **-3.** (*abbr of* **Alcoholics Anonymous**)
AA *mpl*.

AAA *n* **-1.** (*abbr of* **Amateur Athletics Association**) *federación británica de atletismo aficionado* **-2.** (*abbr of* **American Automobile
Association**) *asociación automovilística estadounidense*, ≃ RACE *m*.

AAUP (*abbr of* **American Association of University Professors**) *n sindicato estadounidense
de profesores universitarios*.

aback [ə'bæk] *adv*: **to be taken** ~ quedarse
desconcertado(da).

abacus ['æbəkəs] (*pl* **-cuses** *OR* **-ci** [-saɪ]) *n* ábaco *m*.

abandon [ə'bændən] ⬦ *vt* [gen] abandonar;
[soccer, rugby match] suspender. ⬦ *n*: **with** ~
con desenfreno.

abandoned [ə'bændənd] *adj* abandonado(da).

abashed [ə'bæʃt] *adj* avergonzado(da).

abate [ə'beɪt] *vi* [storm] amainar; [noise] disminuir; [fear] apaciguarse.

abattoir ['æbətwɑːʳ] *n* matadero *m*.

abbess ['æbes] *n* abadesa *f*.

abbey ['æbɪ] *n* abadía *f*.

abbot ['æbət] *n* abad *m*.

abbreviate [ə'briːvɪeɪt] *vt* abreviar.

abbreviation [ə,briːvɪ'eɪʃn] *n* abreviatura *f*.

ABC *n* **-1.** *lit & fig* abecé *m* **-2.** (*abbr of* **American
Broadcasting Company**) ABC *f*, *cadena de
televisión estadounidense*.

abdicate ['æbdɪkeɪt] ⬦ *vi* abdicar. ⬦ *vt* [re-
sponsibility] abdicar de.

abdication [,æbdɪ'keɪʃn] *n* abdicación *f*.

abdomen ['æbdəmen] *n* abdomen *m*.

abdominal [æb'dɒmɪnl] *adj* abdominal.

abduct [əb'dʌkt] *vt* raptar.

abduction [æb'dʌkʃn] *n* rapto *m*.

aberration [,æbə'reɪʃn] *n* aberración *f*,
anomalía *f*; **a mental** ~ un despiste.

abet [ə'bet] (*pt & pp* **-ted**, *cont* **-ting**) *vt* ▷ **aid**.

abeyance [ə'beɪəns] *n*: **in** ~ [custom] en desuso;
[law] en suspenso.

abhor [əb'hɔːʳ] (*pt & pp* **-red**, *cont* **-ring**) *vt*
aborrecer.

abhorrent [əb'hɒrəntl *adj* aborrecible.

abide [ə'baɪdl *vt* soportar, aguantar.

➤ **abide by** *vt fus* [law, ruling] acatar; [principles, own decision] atenerse a.

abiding [ə'baɪdɪŋ] *adj* [feeling, interest] duradero(ra); **my ~ memory of that day is how excited I was** mi recuerdo más durarero de ese día es lo emocionado que estaba.

ability [ə'bɪlətɪ] (*pl* -ies) *n* -1. [capability] capacidad *f*, facultad *f*; **to do sthg to the best of one's ~** hacer algo lo mejor posible *OR* lo mejor que uno puede -2. [skill] aptitud *f*.

abject ['æbdʒektl *adj* -1. [poverty] vil, indigente -2. [person] sumiso(sa); [apology] humillante.

ablaze [ə'bleɪz] *adj* -1. [on fire] en llamas -2. [bright]: **to be ~ with** resplandecer de.

able ['eɪbl] *adj* -1. [capable]: **to be ~ to do sthg** poder hacer algo; **to feel ~ to do sthg** sentirse capaz de hacer algo -2. [skilful] capaz, competente.

able-bodied [-,bɒdɪd] *adj* (físicamente) sano(na).

ablutions [ə'bluːʃnz] *npl fml* abluciones *fpl*.

ably ['eɪblɪ] *adv* competentemente.

ABM (*abbr of* **anti-ballistic missile**) *n* ABM *m*, misil antibalístico.

abnormal [æb'nɔːml] *adj* anormal.

abnormality [,æbnɔː'mælətɪ] (*pl* -ies) *n* anormalidad *f*, anomalía *f*.

abnormally [æb'nɔːməlɪ] *adv* [unusually] anormalmente.

aboard [ə'bɔːd] <> *adv* a bordo. <> *prep* [ship, plane] a bordo de; [bus, train] en.

abode [ə'bəʊd] *n fml*: **of no fixed ~** sin domicilio fijo.

abolish [ə'bɒlɪʃ] *vt* abolir.

abolition [,æbə'lɪʃn] *n* abolición *f*.

A-bomb (*abbr of* **atom bomb**) *n* bomba *f* A.

abominable [ə'bɒmɪnəbl] *adj* abominable, deplorable.

abominable snowman *n*: **the ~** el abominable hombre de las nieves.

abominably [ə'bɒmɪnəblɪ] *adv* de forma abominable *OR* deplorable.

aborigine [,æbə'rɪdʒənɪ] *n* aborigen *m OR f* de Australia.

abort [ə'bɔːt] <> *vt* -1. [pregnancy, plan, project] abortar; [pregnant woman] provocar el aborto a -2. *COMPUT* abortar. <> *vi COMPUT* abortar.

abortion [ə'bɔːʃn] *n* aborto *m*; **to have an ~** abortar.

abortive [ə'bɔːtɪv] *adj* frustrado(da), fracasado(da).

abound [ə'baʊnd] *vi* -1. [be plentiful] abundar -2. [be full]: **to ~ with** *OR* **in** abundar en.

about [ə'baʊt] <> *adv* -1. [approximately] más o menos, como; **there were ~ fifty/a hundred** había (como) unos cincuenta/cien o así; **at ~ five o'clock** a eso de las cinco -2. [referring to place] por ahí; **to leave things lying ~** dejar las cosas por ahí; **to walk ~** ir andando por ahí; **to jump ~** dar saltos -3. [on the point of]: **to be ~ to do sthg** estar a punto de hacer algo. <> *prep* -1. [relating to, concerning] sobre, acerca de; **a film ~ Paris** una película sobre París; **what is it ~?** ¿de qué trata?; **tell me your problems** háblame de tus problemas; **there's something odd ~ that man** hay algo raro en ese hombre -2. [referring to place] por; **to wander ~ the streets** vagar por las calles.

about-turn *esp UK*, **about-face** *esp US n MIL* media vuelta *f*; *fig* cambio *m* radical, giro *m* de 180 grados.

above [ə'bʌv] <> *adv* -1. [on top, higher up] arriba; **the flat ~** el piso de arriba; **see ~** [in text] véase más arriba -2. [more, over]: **children aged five and ~** niños de cinco años en adelante. <> *prep* -1. [on top of] encima de -2. [higher up than, over] por encima de; **the plane flew ~ them** el avión pasó por encima de ellos -3. [more than, superior to] por encima de; **children ~ the age of 15** niños mayores de 15 años; **she's not ~ lying** es muy capaz de mentir.

➤ **above all** *adv* sobre todo, por encima de todo.

aboveboard [ə,bʌv'bɔːd] *adj* limpio(pia).

above-mentioned *adj* arriba mencionado(da).

abracadabra [,æbrəkə'dæbrə] *excl* ¡abracadabra! **abrasion** [ə'breɪʒn] *n fml* [graze] abrasión *f*.

abrasive [ə'breɪsɪv] <> *adj* -1. [substance] abrasivo(va) -2. [person] cáustico(ca), mordaz. <> *n* abrasivo *m*.

abreast [ə'brest] <> *adv*: **they were walking four ~** caminaban en fila de a cuatro. <> *prep*: **to keep ~ of** mantenerse al día de.

abridged [ə'brɪdʒd] *adj* abreviado(da).

abroad [ə'brɔːd] *adv* en el extranjero; **to go ~** ir al extranjero.

abrupt [ə'brʌpt] *adj* -1. [sudden] repentino(na), súbito(ta) -2. [brusque] brusco(ca), seco(ca).

abruptly [ə'brʌptlɪ] *adv* -1. [suddenly] repentinamente, súbitamente -2. [brusquely] secamente, con brusquedad.

ABS (*abbr of* **Antiblockiersystem**) *n* ABS *m*.

abscess ['æbsɪs] *n* absceso *m*.

abscond [əb'skɒnd] *vi*: **to ~ (with/from)** escaparse *OR* fugarse (con/de).

abseil ['æbseɪl] *vi*: **to ~ (down sthg)** descolgarse OR descender haciendo rappel (por algo).

abseiling ['æbseiiŋ] n rappel m; **to go** ~ ir a hacer rappel.

absence ['æbsəns] n **- 1.** [of person] ausencia f; **in sb's** ~ en ausencia de alguien **- 2.** [of thing] falta f; **in the** ~ **of** a falta de.

absent ['æbsənt] adj **- 1.** [not present] ausente; **to be** ~ **from** faltar a; **to be** ~ **without leave** MIL ausentarse sin permiso **- 2.** [absent - minded] distraído(da).

absentee [,æbsən'ti:] n ausente m OR f; **US** ~ **ballot** voto m por correo.

absenteeism [,æbsən'ti:ɪzm] n absentismo m.

absent-minded [-'maɪndɪd] adj [person] despistado(da); [behaviour] distraído(da).

absent-mindedly [-'maɪndɪdlɪ] adv distraídamente.

absinth(e) ['æbsɪnθ] n absenta f, ajenjo m.

absolute ['æbsəlu:t] adj absoluto(ta); **that's** ~ **rubbish!** ¡menuda tontería es eso!

absolutely ['æbsəlu:tlɪ] <> adv [completely] absolutamente, completamente; **it was** ~ **delicious** estuvo riquísimo. <> excl ¡desde luego!, ¡por supuesto!

absolute majority n mayoría f absoluta.

absolution [,æbsə'lu:ʃn] n absolución f.

absolve [əb'zɒlv] vt: **to** ~ **sb (from)** absolver a alguien (de).

absorb [əb'sɔ:b] vt **- 1.** [gen] absorber; **to be** ~**ed in sthg** fig estar absorto OR embebido en algo **- 2.** fig [learn] asimilar.

absorbent [əb'sɔ:bənt] adj absorbente; ~ **cotton** US algodón m hidrófilo.

absorbing [əb'sɔ:bɪŋ] adj absorbente.

absorption [əb'sɔ:pʃn] n [of liquid] absorción f.

abstain [əb'steɪn] vi [refrain, not vote]: **to** ~ **(from)** abstenerse (de).

abstemious [æb'sti:mjəs] adj fml sobrio(bria), moderado(da).

abstention [əb'stenʃn] n abstención f.

abstinence ['æbstɪnəns] n: ~ **(from)** abstinencia f (de).

abstract [adj & n 'æbstrækt, vb æb'strækt] <> adj abstracto(ta). <> n [summary] resumen m, sinopsis f. <> vt [summarize] resumir, sintetizar.

abstraction [æb'strækʃn] n abstracción f.

abstruse [æb'stru:s] adj abstruso(sa).

absurd [əb'sɜ:d] adj absurdo(da).

absurdity [əb'sɜ:dətɪ] (pl -ies) n irracionalidad f.

absurdly [əb'sɜ:dlɪ] adv [ridiculously] disparatadamente.

ABTA ['æbtə] (abbr of Association of British Travel

Agents) n asociación británica de agencias de viajes.

abundance [ə'bʌndəns] n: **(in)** ~ **(en)** abundancia f.

abundant [ə'bʌndənt] adj abundante.

abundantly [ə'bʌndəntlɪ] adv **- 1.** [extremely]: **it's** ~ **clear** está clarísimo **- 2.** [in large amounts] abundantemente, en abundancia.

abuse [n ə'bju:s, vb ə'bju:z] <> n (U) **- 1.** [offensive remarks] insultos mpl **- 2.** [misuse, maltreatment] abuso m. <> vt **- 1.** [insult] insultar **- 2.** [maltreat, misuse] abusar de.

abusive [ə'bju:sɪv] adj [person] grosero(ra); [behaviour, language] insultante, ofensivo(va).

abut [ə'bʌt] (pt & pp **-ted**, cont **-ting**) vi: **to** ~ **on** to lindar con.

abysmal [ə'bɪzml] adj pésimo(ma), nefasto(ta).

abysmally [ə'bɪzməlɪ] adv pésimamente.

abyss [ə'bɪs] n abismo m.

Abyssinia [,æbɪ'sɪnɪə] n Abisinia f.

a/c (abbr of account (current)) c/c.

AC n **- 1.** UK (abbr of athletics club) CA f **- 2.** (abbr of alternating current) CA f.

acacia [ə'keɪʃə] n acacia f.

academic [,ækə'demɪk] <> adj **- 1.** [of college, university] académico(ca) **- 2.** [studious] estudioso(sa) **- 3.** [hypothetical]: **that's completely** ~ **now** eso carece por completo de relevancia. <> n **- 1.** [university lecturer] profesor m universitario, profesora f universitaria **- 2.** [intellectual] académico(ca).

academically [,ækə'demɪklɪ] adv [gifted, qualified] en el terreno académico.

academic year n año m académico.

academy [ə'kædəmɪ] (pl **-ies**) n academia f.

ACAS ['eɪkæs] (abbr of Advisory, Conciliation and Arbitration Service) n organización británica para el arbitraje en conflictos laborales, ≃ IMAC m.

accede [æk'si:d] vi **- 1.** [agree]: **to** ~ **to** acceder a **- 2.** [monarch]: **to** ~ **to the throne** subir al trono.

accelerate [ək'seləreɪt] vi **- 1.** [car, driver] acelerar **- 2.** [inflation, growth] acelerarse.

acceleration [ək,selə'reɪʃn] n aceleración f.

accelerator [ək'seləreɪtər] n acelerador m.

accelerator board n COMPUT placa f aceleradora.

accelerator card n COMPUT tarjeta f aceleradora.

accent ['æksənt] n lit & fig acento m.

accentuate [æk'sentjʊeɪt] vt acentuar, poner de relieve.

accept [ək'sept] <> vt **- 1.** [gen] aceptar **- 2.** [difficult situation, problem] asimilar **- 3.** [defeat, blame, responsibility] asumir, admitir - **4.** [agree]: **to ~ that** admitir que - **5.** [subj: machine - coins, tokens] funcionar con, admitir. ⟨⟩ *vi* acceptar.

acceptable [əkˈseptəbl] *adj* aceptable.

acceptably [əkˈseptəbli] *adv* [allowably, adequately] aceptablemente.

acceptance [əkˈseptəns] *n* - **1.** [gen] aceptación *f* - **2.** [of piece of work, article] aprobación *f* - **3.** [of defeat, blame, responsibility] asunción *f*, reconocimiento *m* - **4.** [of person - as part of group etc] admisión *f*.

accepted [əkˈseptɪd] *adj* [ideas, truth] reconocido(da) por todos.

access [ˈækses] ⟨⟩ *n* - **1.** [entry] acceso *m*; **to gain ~ to** [place] acceder a, conseguir acceso a - **2.** [opportunity to use or see] libre acceso *m*; **to have ~ to** tener acceso a. ⟨⟩ *vt* COMPUT acceder a.

access code *n* COMPUT código *m* de acceso.

accessibility [ək,sesəˈbɪlətɪ] *n* - **1.** [of place] accesibilidad *f* - **2.** [of service, amenity] facilidad *f* de acceso.

accessible [əkˈsesəbl] *adj* - **1.** [place] accesible - **2.** [service, book, film] asequible - **3.** [for the disabled] para discapacitados.

accession [ækˈseʃn] *n* - **1.** [of monarch] advenimiento *m* OR subida *f* (al trono) - **2.** [to EU] adhesión *f*.

accessory [əkˈsesərɪ] (*pl* **-ies**) *n* - **1.** [of car, vacuum cleaner] accesorio *m* - **2.** JUR cómplice *m* OR *f*.

⬦ **accessories** *npl* complementos *mpl*.

access road *n* UK vía *f* OR carretera *f* de acceso.

access time *n* COMPUT tiempo *m* de acceso.

accident [ˈæksɪdənt] *n* accidente *m*; **to have an ~** [gen] tener un accidente; [in car] tener un accidente de coche; **it was an ~** fue sin querer; **by ~** [by chance] por casualidad.

accidental [,æksɪˈdentl] *adj* accidental.

accidentally [,æksɪˈdentəlɪ] *adv* - **1.** [by chance] por casualidad - **2.** [unintentionally] sin querer.

accident-prone *adj* propenso(sa) a los accidentes.

acclaim [əˈkleɪm] ⟨⟩ *n* (U) elogios *mpl*, alabanza *f*. ⟨⟩ *vt* elogiar, alabar.

acclamation [,ækləˈmeɪʃn] (U) *n* aclamación *f*, vítores *mpl*.

acclimatize, -ise [əˈklaɪmətaɪz], **acclimate** US [ˈækləmeɪt] ⟨⟩ *vt*: **to become ~d to** sthg aclimatarse a algo. ⟨⟩ *vi*: **to ~ (to)** aclimatarse (a).

accolade [ˈækəleɪd] *n* [praise] elogio *m*, halago *m*; [award] galardón *m*.

accommodate [əˈkɒmədeɪt] *vt* - **1.** [provide

room for people - subj: person] alojar; [- subj: building, place] albergar - **2.** [provide room for things] acomodar - **3.** [oblige] complacer.

accommodating [əˈkɒmədeɪtɪŋ] *adj* complaciente, servicial.

accommodation UK [ə,kɒməˈdeɪʃn] *n*, **accommodations** US [ə,kɒməˈdeɪʃnz] *npl* - **1.** [lodging] alojamiento *m* - **2.** [work space] espacio *m*.

accompaniment [əˈkʌmpənɪmənt] *n* MUS acompañamiento *m*.

accompanist [əˈkʌmpənɪst] *n* MUS acompañante *m* OR *f*.

accompany [əˈkʌmpənɪ] (*pt* & *pp* **-ied**) *vt* acompañar.

accomplice [əˈkʌmplɪs] *n* cómplice *m* OR *f*.

accomplish [əˈkʌmplɪʃ] *vt* [aim, goal] conseguir, alcanzar; [task] realizar.

accomplished [əˈkʌmplɪʃt] *adj* [person] competente, experto(ta); [performance] logrado(da).

accomplishment [əˈkʌmplɪʃmənt] *n* - **1.** [action] realización *f* - **2.** [achievement] logro *m*.

⬦ **accomplishments** *npl* dotes *fpl*.

accord [əˈkɔːd] ⟨⟩ *n*: **in ~** de acuerdo; **with one ~** al unísono; **to do sthg of one's own ~** hacer algo por propia voluntad; **the situation improved of its own ~** la situación mejoró por sí sola. ⟨⟩ *vt*: **to ~ sb sthg, to ~ sthg to sb** conceder algo a alguien. ⟨⟩ *vi*: **to ~ with** sthg concordar con algo.

accordance [əˈkɔːdəns] *n*: **in ~ with** de acuerdo con, conforme a.

according [əˈkɔːdɪŋ] ⬦ **according to** *prep* - **1.** [as stated or shown by] según; **to go ~ to plan** ir según lo planeado - **2.** [with regard to] de acuerdo con, conforme a.

accordingly [əˈkɔːdɪŋlɪ] *adv* - **1.** [appropriately] como corresponde - **2.** [consequently] por lo tanto, en consecuencia.

accordion [əˈkɔːdjən] *n* acordeón *m*.

accordionist [əˈkɔːdjənɪst] *n* acordeonista *m* OR *f*.

accost [əˈkɒst] *vt* abordar.

account [əˈkaʊnt] *n* - **1.** [with bank, shop etc] cuenta *f* - **2.** [report - spoken] relato *m*; [- written] informe *m* - **3.** [client] cuenta *f*, cliente *m* - **4.** *phr*: **to call sb to ~** pedir cuentas a alguien; **to give a good ~ of o.s.** hacer un buen papel; **to take ~ of sthg, to take sthg into ~** tener en cuenta algo; **of no ~** sin importancia; **it is of no ~ to me** me es indiferente; **on no ~** bajo ningún pretexto OR concepto.

⬦ **accounts** *npl* [of business] cuentas *fpl*.

⬦ **by all accounts** *adv* a decir de todos, según todo el mundo.

➤ **on account of** prep debido a, a causa de.
➤ **account for** vt fus -**1.** [explain] justificar, dar razón de -**2.** [represent] representar.

accountability [əˌkaʊntə'bɪlətɪ] n (U) responsabilidad f.

accountable [ə'kaʊntəbl] adj -**1.** [responsible]: ~ **(for)** responsable (de) -**2.** [answerable]: ~ **to** obligado(da) a rendir cuentas ante.

accountancy [ə'kaʊntənsɪ] n contabilidad f.

accountant [ə'kaʊntənt] n contable m OR f, contador m, -ra f Amér.

accounting [ə'kaʊntɪŋ] n contabilidad f.

accoutrements UK [ə'ku:trəmənts], **accouterments** US [ə'ku:tərmənts] npl fml impedimenta f, pertrechos mpl.

accredited [ə'kredɪtɪd] adj [ambassador] acreditado(da); [dealer, spokesperson] oficial.

accrue [ə'kru:] vi acumularse.

accumulate [ə'kju:mjʊleɪt] ⇔ vt acumular. ⇔ vi [money, things] acumularse; [problems] amontonarse.

accumulation [əˌkju:mjʊ'leɪʃn] n -**1.** (U) [act of accumulating] acumulación f -**2.** [collection of things] cúmulo m, montón m.

accuracy ['ækjʊrəsɪ] n -**1.** [of description, report] veracidad f -**2.** [of weapon, marksman] precisión f; [of typing, figures] exactitud f, corrección f.

accurate ['ækjʊrət] adj -**1.** [description, report] veraz -**2.** [weapon, marksman, typist] preciso(sa); [figures, estimate] exacto(ta), correcto(ta).

accurately ['ækjʊrətlɪ] adv -**1.** [truthfully] verazmente -**2.** [precisely] con precisión.

accusation [ˌækju:'zeɪʃn] n -**1.** [charge] acusación f -**2.** JUR denuncia f.

accuse [ə'kju:z] vt: **to** ~ **sb of sthg/of doing sthg** acusar a alguien de algo/de hacer algo.

accused [ə'kju:zd] (pl inv) n JUR: **the** ~ el acusado, la acusada.

accusing [ə'kju:zɪŋ] adj acusador(ra).

accusingly [ə'kju:zɪŋlɪ] adv [look at] acusatoriamente; [speak to] en tono acusador.

accustomed [ə'kʌstəmd] adj: ~ **to** acostumbrado(da) a; **to grow** ~ **to** acostumbrarse a.

ace [eɪs] ⇔ adj -**1.**: **an** ~ **athlete** un as del atletismo -**2.** UK inf [excellent] genial. ⇔ n -**1.** [playing card] as m; **to be within an** ~ **of** fig estar al borde de -**2.** [in tennis] ace m. ⇔ vt US: **to** ~ **an exam** bordar un examen.

acerbic [ə'sɜ:bɪk] adj mordaz.

acetate ['æsɪteɪt] n acetato m.

acetic acid [ə'si:tɪk-] n ácido m acético.

acetone ['æsɪtəʊn] n acetona f.

acetylene [ə'setɪli:n] n acetileno m.

ache [eɪk] ⇔ n [pain] dolor m. ⇔ vi -**1.** [hurt] doler; **my back** ~**s** me duele la espalda -**2.**

fig [want]: **to be aching for sthg/to do sthg** morirse de ganas de algo/de hacer algo.

achieve [ə'tʃi:v] vt [success, goal, fame] alcanzar, lograr; [ambition] realizar.

achievement [ə'tʃi:vmənt] n -**1.** [accomplishment] logro m, éxito m -**2.** [act of achieving] consecución f, realización f.

achiever [ə'tʃi:vəʳ] n triunfador m, -ra f; **low** ~ [at school] estudiante m OR f de bajo rendimiento escolar.

Achilles' heel [ə'kɪli:z-] n talón m de Aquiles.

Achilles' tendon [ə'kɪli:z-] n tendón m de Aquiles.

acid ['æsɪd] ⇔ adj -**1.** CHEM ácido(da) -**2.** [sharptasting] agrio (agria) -**3.** fig [person, remark] mordaz, corrosivo(va). ⇔ n [chemical, drug] ácido m.

acidic [ə'sɪdɪk] adj ácido(da).

acidity [ə'sɪdətɪ] n -**1.** [of substance, liquid, soil] acidez f -**2.** fig [of person, remark] mordacidad f.

acid house n acid house m.

acid rain n lluvia f ácida.

acid test n fig prueba f de fuego.

acknowledge [ək'nɒlɪdʒ] vt -**1.** [accept] reconocer -**2.** [greet] saludar -**3.** [letter etc]: **to** ~ **receipt of** acusar recibo de -**4.** [recognize]: **to** ~ **sb as** reconocer OR considerar a alguien como.

acknowledg(e)ment [ək'nɒlɪdʒmənt] n -**1.** [acceptance] reconocimiento m -**2.** [confirmation of receipt] acuse m de recibo -**3.** [thanks]: **in** ~ **of** en señal de agradecimiento por.
➤ **acknowledg(e)ments** npl agradecimientos mpl.

ACLU (abbr of American Civil Liberties Union) n asociación estadounidense para la defensa de las libertades civiles.

acme ['ækmɪ] n cenit m, súmmum m.

acne ['æknɪ] n acné m.

acorn ['eɪkɔ:n] n bellota f.

acoustic [ə'ku:stɪk] adj acústico(ca).
➤ **acoustics** npl acústica f.

acoustic guitar n guitarra f acústica.

acquaint [ə'kweɪnt] vt -**1.** [make familiar]: **to** ~ **sb with sthg** [information] poner a alguien al corriente de algo; [method, technique] familiarizar a alguien con algo -**2.** [make known]: **to be** ~**ed with sb** conocer a alguien.

acquaintance [ə'kweɪntəns] n [person] conocido m, -da f; **to make sb's** ~ fml conocer a alguien.

acquiesce [ˌækwɪ'es] vi: **to** ~ **(to OR in sthg)** acceder (a algo).

acquiescence [ˌækwɪ'esns] n consentimiento m.

acquire [ə'kwaɪə^r] vt **-1.** [buy, adopt] adquirir **-2.** [obtain - information, document] hacerse con, procurarse.

acquired taste [ə'kwaɪəd-] n gusto m que se adquiere con el tiempo.

acquisition [ˌækwɪ'zɪʃn] n adquisición f.

acquisitive [ə'kwɪzɪtɪv] adj consumista.

acquit [ə'kwɪt] (pt & pp -ted, cont -ting) vt **-1.** JUR: **to ~ sb of sthg** absolver a alguien de algo **-2.** [perform]: **to ~ o.s. well/badly** hacer un buen/mal papel.

acquittal [ə'kwɪtl] n JUR absolución f.

acre ['eɪkə^r] n acre m.

acrid ['ækrɪd] adj lit & fig acre.

acrimonious [ˌækrɪ'məʊnjəs] adj [words] áspero(ra); [dispute] agrio (agria), enconado(da).

acrobat ['ækrəbæt] n acróbata m or f.

acrobatic [ˌækrə'bætɪk] adj **-1.** [somersault, display] acrobático(ca) **-2.** [person] ágil.
　➡ **acrobatics** npl acrobacias fpl.

acronym ['ækrənɪm] n siglas fpl.

across [ə'krɒs] <> adv **-1.** [from one side to the other] de un lado a otro; **to walk/run ~** cruzar andando/corriendo; **to look ~** mirar al otro lado **-2.** [in measurements]: **the river is 2 km ~** el río tiene 2 kms de ancho **-3.** [in crossword]: **'21 ~'** '21 horizontal' **-4.** phr: **to get sthg ~ (to sb)** hacer entender algo (a alguien). <> prep **-1.** [from one side to the other of] a través de, de un lado a otro de; **to walk/run ~ the road** cruzar la carretera andando/corriendo; **the bridge ~ the river** el puente que cruza el río; **he drew a line ~ the page** trazó una línea a través de la página; **to look ~ sthg** mirar hacia el otro lado de algo **-2.** [on the other side of] al otro lado de.
　➡ **across from** prep enfrente de.

across-the-board adj global; [salary rise] lineal.

acrylic [ə'krɪlɪk] <> adj acrílico(ca). <> n acrílico m.

act [ækt] <> n **-1.** [action, deed] acto m, acción f; **to be in the ~ of doing sthg** estar haciendo algo; **to catch sb in the ~** coger a alguien con las manos en la masa **-2.** [pretence] farsa f, fachada f **-3.** [in parliament] ley f **-4.** [THEATRE - part of play] acto m; [- routine, turn] número m **-5.** phr: **to get in on the ~** apuntarse al carro; **to get one's ~ together** organizarse. <> vi **-1.** [gen] actuar; **to ~ as** [person] hacer de, fungir de Méx; [thing] actuar como **-2.** [behave]: **to ~ (as if/like)** comportarse (como si/como) **-3.** fig [pretend] fingir **-4.** JUR [lawyer, estate agent]: **to ~ for sb, to ~ on behalf of sb** actuar en representación or nombre de alguien. <> vt [part - in play, film] interpretar; **to ~ the fool**

hacer el tonto; **to ~ the innocent** hacerse el inocente; **~ your age!** ¡deja de portarte como un crío!
　➡ **act out** vt sep **-1.** [feelings, thoughts] exteriorizar **-2.** [scene, event] representar.
　➡ **act up** vi **-1.** [machine] no ir bien **-2.** [child] dar guerra.

acting ['æktɪŋ] <> adj [interim] en funciones. <> n actuación f; **I like ~** me gusta actuar.

action ['ækʃn] n **-1.** [gen & MIL] acción f; **to take ~** tomar medidas; **in ~** [person] en acción; [machine] en funcionamiento; **to be killed in ~** caer muerto en combate or en acto de servicio; **to put sthg into ~** poner algo en práctica or marcha; **out of ~** [person] fuera de combate; [machine] averiado(da) **-2.** [deed] acto m, acción f **-3.** JUR demanda f.

action group n grupo m de presión.

action-packed adj lleno(na) de acción.

action replay n repetición f (de la jugada).

activate ['æktɪveɪt] vt [device] activar; [machine] poner en funcionamiento.

active ['æktɪv] adj **-1.** [person, campaigner, encouragement, etc] activo(va) **-2.** [volcano] en actividad; [bomb] activado(da); **on ~ duty** US MIL en servicio activo.

actively ['æktɪvlɪ] adv [encourage, discourage] activamente.

active service n MIL servicio m activo.

activist ['æktɪvɪst] n activista m or f.

activity [æk'tɪvətɪ] (pl -ies) n **-1.** [movement, action] actividad f **-2.** [pastime, hobby] afición f.
　➡ **activities** npl [actions] actividades fpl.

act of God n caso m de fuerza mayor.

actor ['æktə^r] n actor m.

actress ['æktrɪs] n actriz f.

actual ['æktʃʊəl] adj [emphatic]: **the ~ cost is £10** el coste real es de 10 libras; **the ~ game starts at three** el partido en sí empieza a las tres; **the ~ spot where it happened** el sitio mismo en que ocurrió.

actuality [ˌæktʃʊ'ælətɪ] n: **in ~** en realidad.

actually ['æktʃʊəlɪ] adv **-1.** [really, in truth]: **do you ~ like him?** ¿de verdad que te gusta?; **no-one ~ saw her** en realidad, nadie la vio; **it's not that good** la verdad es que no está tan bien **-2.** [by the way]: **~, I was there yesterday** pues yo estuve ayer por allí.

actuary ['æktjʊərɪ] (pl -ies) n actuario m, -ria f de seguros.

actuate ['æktjʊeɪt] vt [mechanism] activar, accionar.

acuity [ə'kju:ətɪ] n fml agudeza f.

acumen ['ækjʊmen] n: **business ~** vista f para los negocios.

acupuncture [ˈækjʊpʌŋktʃəʳ] n acupuntura f.

acute [əˈkjuːt] adj **-1.** [illness, pain] agudo(da); [danger] extremo(ma) **-2.** [perceptive - person] perspicaz **-3.** [hearing, smell] muy fino(na) **-4.** LING: **e ~ e f** acentuada.

acute accent n acento m agudo.

acutely [əˈkjuːtlɪ] adv [extremely] extremadamente, profundamente.

ad [æd] (abbr of **advertisement**) n anuncio m.

AD (abbr of **Anno Domini**) d. C.

adage [ˈædɪdʒ] n refrán m, adagio m.

adamant [ˈædəmənt] adj: **to be ~ (that)** insistir (en que).

Adam's apple [ˈædəmz-] n bocado m OR nuez f de Adán.

adapt [əˈdæpt] <> vt adaptar. <> vi: **to ~ (to)** adaptarse (a).

adaptability [ə,dæptəˈbɪlətɪ] n adaptabilidad f.

adaptable [əˈdæptəbl] adj [person] adaptable.

adaptation [,ædæpˈteɪʃn] n adaptación f.

adapter, adaptor [əˈdæptəʳ] n [ELEC - for several devices] ladrón m; [- for different socket] adaptador m.

ADC n **-1.** abbr of **aide-de-camp -2.** (abbr of **analogue-digital converter**) convertidor analógico-digital.

add [æd] vt **-1.** [gen]: **to ~ sthg (to sthg)** añadir algo (a algo) **-2.** [numbers] sumar.

◆ **add in** vt sep añadir, sumar.

◆ **add on** vt sep **-1.** [to building]: **to ~ sthg on (to sthg)** añadir algo (a algo) **-2.** [to bill, total]: **to ~ sthg on (to sthg)** añadir OR incluir algo (en algo).

◆ **add to** vt fus aumentar, acrecentar.

◆ **add up** <> vt sep [numbers] sumar. <> vi inf [make sense]: **it doesn't ~ up** no tiene sentido.

◆ **add up to** vt fus venir a ser.

added [ˈædəd] adj [additional] adicional; **with ~ protein** con proteínas añadidas.

adder [ˈædəʳ] n víbora f.

addict [ˈædɪkt] n **-1.** [taking drugs] adicto m, -ta f; **drug ~** drogadicto m, -ta f, toxicómano m, -na f; **heroin ~** heroinómano m, -na f **- 2.** fig [fan] fanático m, -ca f.

addicted [əˈdɪktɪd] adj **-1.** [to drug]: **~ (to)** adicto(ta) (a) **-2.** fig [to food, TV]: **to be ~ (to)** ser un fanático (de).

addiction [əˈdɪkʃn] n **-1.** [to drug]: **~ (to)** adicción f (a) **-2.** fig [to food, TV]: **~ (to)** vicio m (por).

addictive [əˈdɪktɪv] adj lit & fig adictivo(va).

Addis Ababa [ˈædɪs ˈæbəbə] n Addis Abeba.

addition [əˈdɪʃn] n **-1.** MATH suma f **- 2.** [extra thing] adición f, añadido m **-3.** [act of adding] incorporación f; **in ~** además; **in ~ to** además de.

additional [əˈdɪʃənl] adj adicional.

additive [ˈædɪtɪv] n aditivo m.

addled [ˈædld] adj **-1.** [egg] podrido(da) **-2.** [brain] hecho(cha) un lío.

add-on COMPUT <> adj externo(na), complementario(ria). <> n complemento m.

address [əˈdres] <> n **-1.** [of person, organization] dirección f, domicilio m **- 2.** COMPUT dirección f **- 3.** [speech] discurso m, conferencia f. <> vt **-1.** [letter, parcel, remark]: **to ~ sthg to** dirigir algo a; **to be ~ed to** ir dirigido a **- 2.** [meeting, conference] dirigirse a, hablar ante **- 3.** [issue] abordar; **to ~ o.s. to sthg** enfrentarse a OR abordar algo.

address book n agenda f de direcciones.

addressee [,ædreˈsiː] n destinatario m, -ria f.

adenoids [ˈædɪnɔɪdz] npl vegetaciones fpl (adenoideas).

adept [ˈædept] adj: **to be ~ (at sthg/at doing sthg)** ser experto(ta) (en algo/en hacer algo).

adequacy [ˈædɪkwəsɪ] n **-1.** [sufficiency] suficiencia f **- 2.** [suitability] idoneidad f.

adequate [ˈædɪkwət] adj **-1.** [sufficient] suficiente **- 2.** [good enough] aceptable, satisfactorio(ria).

adequately [ˈædɪkwətlɪ] adv **-1.** [sufficiently] suficientemente **- 2.** [well enough] aceptablemente, satisfactoriamente.

adhere [ədˈhɪəʳ] vi **-1.** [to surface, principle]: **to ~ (to)** adherirse (a) **- 2.** [to rule, decision]: **to ~ to** respetar, observar.

adherence [ədˈhɪərəns] n **-1.** [to rule, decision]: **to** observancia f OR cumplimiento m de **- 2.** [to principle, belief]: **~ to** adhesión f a.

adhesive [ədˈhiːsɪv] <> adj adhesivo(va), adherente. <> n adhesivo m.

adhesive tape n cinta f adhesiva.

ad hoc [,ædˈhɒk] adj ad hoc, a propósito.

ad infinitum [,ædɪnfɪˈnaɪtəm] adv ad infinitum, hasta el infinito.

adjacent [əˈdʒeɪsənt] adj: **~ (to)** adyacente OR contiguo(gua) (a).

adjective [ˈædʒɪktɪv] n adjetivo m.

adjoin [əˈdʒɔɪn] vt [land] lindar con; [room] estar contiguo(gua) a.

adjoining [əˈdʒɔɪnɪŋ] <> adj [table] adyacente; [room] contiguo(gua). <> prep junto a.

adjourn [əˈdʒɜːn] <> vt [session] levantar; [meeting] interrumpir. <> vi: **the court ~ed for an hour** el juicio se interrumpió durante una hora.

adjournment [əˈdʒɜːnmənt] n aplazamiento m.

adjudge [ə'dʒʌdʒ] *vt* declarar.

adjudicate [ə'dʒuːdɪkeɪt] <> *vt* actuar como juez en. <> *vi* actuar como juez; **to ~ on** OR **upon sthg** emitir un fallo OR un veredicto sobre algo.

adjudication [ə,dʒuːdɪ'keɪʃn] *n* fallo *m*, decisión *f*.

adjunct ['ædʒʌŋkt] *n* complemento *m*, apéndice *m*.

adjust [ə'dʒʌst] <> *vt* [machine, setting] ajustar; [clothing] arreglarse. <> *vi*: **to ~ (to)** adaptarse OR amoldarse (a).

adjustable [ə'dʒʌstəbl] *adj* [machine, chair] regulable.

adjustable spanner *n* llave *f* inglesa.

adjusted [ə'dʒʌstɪd] *adj*: **to be well ~** ser una persona equilibrada.

adjuster [ə'dʒʌstə'] *n* US perito *m*, -a *f*, tasador *m*, -ra *f* de seguros.

adjustment [ə'dʒʌstmənt] *n* **-1.** [modification] modificación *f*, reajuste *m*; **to make an ~ to sthg** hacer un reajuste a algo **-2.** (*U*) [change in attitude]: **~ (to)** adaptación *f* OR amoldamiento *m* (a).

adjutant ['ædʒʌtənt] *n* ayudante *m*.

ad lib [,æd'lɪb] (*pt* & *pp* **-bed**, *cont* **-bing**) <> *adj* [improvised] improvisado(da). <> *n* improvisación *f*. <> *adv* [without preparation] improvisando; [without limit] a voluntad.

➡ **ad-lib** *vi* improvisar.

adman ['ædmæn] (*pl* **admen** ['ædmen]) *n* publicista *m*.

admin ['ædmɪn] (*abbr of* **administration**) *n* UK inf papeleo *m*.

administer [əd'mɪnɪstə'] *vt* [gen] administrar; [punishment] aplicar.

administration [əd,mɪnɪ'streɪʃn] *n* [gen] administración *f*; [of punishment] aplicación *f*.

➡ **Administration** *n* US: **the Administration** la Administración.

administrative [əd'mɪnɪstrətɪv] *adj* administrativo(va).

administrator [əd'mɪnɪstreɪtə'] *n* administrador *m*, -ra *f*.

admirable ['ædmərəbl] *adj* admirable.

admirably ['ædmərəblɪ] *adv* admirablemente.

admiral ['ædmərəl] *n* almirante *m*.

Admiralty ['ædmərəltɪ] *n* UK: **the ~** el Almirantazgo.

admiration [,ædmə'reɪʃn] *n* admiración *f*.

admire [əd'maɪə'] *vt*: **to ~ sb (for)** admirar a alguien (por).

admirer [əd'maɪərə'] *n* admirador *m*, -ra *f*.

admiring [əd'maɪərɪŋ] *adj* lleno(na) de admiración.

admiringly [əd'maɪərɪŋlɪ] *adv* con admiración.

admissible [əd'mɪsəbl] *adj* JUR admisible.

admission [əd'mɪʃn] *n* **-1.** [permission to enter] admisión *f*, ingreso *m* **-2.** [cost of entrance] entrada *f* **-3.** [of guilt, mistake] reconocimiento *m*; **by his/her** *etc* **own ~** como él mismo/ella misma *etc* reconoce.

admit [əd'mɪt] (*pt* & *pp* **-ted**, *cont* **-ting**) <> *vt* **-1.** [acknowledge, confess]: **to ~ (that)** admitir OR reconocer (que); **to ~ doing sthg** reconocer haber hecho algo; **to ~ defeat** *fig* darse por vencido **-2.** [allow to enter or join] admitir; **to be admitted to hospital** UK OR **to the hospital** US ser ingresado en el hospital; '**~s two**' [on ticket] 'válido para dos (personas)'. <> *vi*: **to ~ to sthg** [crime] confesar algo.

admittance [əd'mɪtəns] *n*: **to gain ~ to** conseguir entrar en; '**no ~**' 'prohibido el paso'.

admittedly [əd'mɪtɪdlɪ] *adv* sin duda, indudablemente.

admonish [əd'mɒnɪʃ] *vt* amonestar, apercibir.

ad nauseam [,æd'nɔːzɪæm] *adv* hasta la saciedad.

ado [ə'duː] *n*: **without further** OR **more ~** sin más preámbulos, sin mayor dilación.

adolescence [,ædə'lesns] *n* adolescencia *f*.

adolescent [,ædə'lesnt] <> *adj* **-1.** [teenage] adolescente **-2.** *pej* [immature] pueril, infantil. <> *n* [teenager] adolescente *m* OR *f*.

adopt [ə'dɒpt] *vt* & *vi* adoptar.

adoption [ə'dɒpʃn] *n* adopción *f*.

adoptive [ə'dɒptɪv] *adj* adoptivo(va).

adorable [ə'dɔːrəbl] *adj* encantador(ra), adorable.

adoration [,ædə'reɪʃn] *n* adoración *f*.

adore [ə'dɔː'] *vt* **-1.** [love deeply] adorar, querer con locura **-2.** [like very much]: **I ~ chocolate** me encanta el chocolate.

adoring [ə'dɔːrɪŋ] *adj* **-1.** [look] lleno(na) de adoración **-2.** [mother, father] devoto(ta).

adorn [ə'dɔːn] *vt* adornar.

adornment [ə'dɔːnmənt] *n* adorno *m*.

ADP (*abbr of* **automatic data processing**) *n* proceso automático de datos.

adrenalin [ə'drenəlɪn] *n* adrenalina *f*.

Adriatic [,eɪdrɪ'ætɪk] *n*: **the ~ (Sea)** el (mar) Adriático.

adrift [ə'drɪft] <> *adj* [boat] a la deriva. <> *adv*: **to go ~** *fig* irse a la deriva.

adroit [ə'drɔɪt] *adj* diestro(tra).

ADT (*abbr of* **Atlantic Daylight Time**) *n* hora de verano de la costa este estadounidense.

adulation [,ædjʊ'leɪʃn] *n* adulación *f*.

adult ['ædʌlt] <> *adj* **-1.** [fully grown] adulto(ta)

- 2. [mature] maduro(ra) **- 3.** [suitable for adults only] para adultos OR mayores. ◇ n adulto m, -ta f.

adult education n educación f de adultos.

adulterate [ə'dʌltəreɪt] vt adulterar.

adulteration [ə,dʌltə'reɪʃn] n adulteración f.

adulterer [ə'dʌltərəʳ] n adúltero m, -ra f.

adultery [ə'dʌltərɪ] n adulterio m.

adulthood ['ædʌlthʌd] n edad f adulta.

advance [əd'vɑːns] ◇ n - **1.** [gen] avance m - **2.** [money] adelanto m, anticipo m. ◇ comp: ~ **notice** OR **warning** previo aviso m; ~ **booking** reserva f anticipada; ~ **payment** pago m anticipado. ◇ vt - **1.** [improve] promover, favorecer - **2.** [bring forward in time] adelantar - **3.** [give in advance]: **to** ~ **sb sthg** adelantarle algo a alguien. ◇ vi avanzar.

advances npl: **to make** ~**s to sb** [sexual] hacerle proposiciones a alguien, insinuarse a alguien; [business] hacerle una propuesta a alguien.

in advance adv [pay] por adelantado; [book] con antelación; [know, thank] de antemano; **to arrive half an hour in** ~ llegar con media hora de adelanto.

in advance of prep - **1.** [ahead of] por delante de - **2.** [prior to] con anterioridad a.

advanced [əd'vɑːnst] adj - **1.** [developed] avanzado(da); ~ **in years** euphemism entrado(da) en años - **2.** [student, pupil] adelantado(da); [studies] superior.

advancement [əd'vɑːnsmənt] n - **1.** [in job] ascenso m - **2.** [of cause etc] fomento m.

advantage [əd'vɑːntɪdʒ] n: ~ **(over)** ventaja f (sobre); **to be to one's** ~ ir en beneficio de uno; **to take** ~ **of sthg** aprovechar algo; **to take** ~ **of sb** aprovecharse de alguien; **to have** OR **hold the** ~ **(over sb)** tener OR llevar ventaja (sobre alguien); ~ **Hewitt** [in tennis] ventaja de Hewitt.

advantageous [,ædvən'teɪdʒəs] adj ventajoso(sa).

advent ['ædvənt] n [arrival] advenimiento m.

Advent n RELIG Adviento m.

Advent calendar n calendario m de Adviento.

adventure [əd'ventʃəʳ] n aventura f.

adventure holiday n vacaciones fpl de aventura.

adventure playground n UK parque m infantil.

adventurer [əd'ventʃərəʳ] n - **1.** [adventurous person] aventurero m, -ra f - **2.** [unscrupulous person] sinvergüenza m OR f.

adventurous [əd'ventʃərəs] adj - **1.** [daring] aventurero(ra) - **2.** [dangerous] arriesgado(da).

adverb ['ædvɜːb] n adverbio m.

adversary ['ædvəsərɪ] (pl -ies) n adversario m, -ria f.

adverse ['ædvɜːs] adj adverso(sa).

adversely ['ædvɜːslɪ] adv negativamente.

adversity [əd'vɜːsətɪ] n adversidad f.

advert ['ædvɜːt] n anuncio m.

advertise ['ædvətaɪz] ◇ vt anunciar. ◇ vi anunciarse, poner un anuncio; **to** ~ **for** buscar (mediante anuncio).

advertisement [əd'vɜːtɪsmənt] n anuncio m; **to be a great** ~ **for** fig hacerle una propaganda excelente a.

advertiser ['ædvətaɪzəʳ] n anunciante m OR f.

advertising ['ædvətaɪzɪŋ] n publicidad f.

advertising agency n agencia f de publicidad.

advertising campaign n campaña f publicitaria.

advice [əd'vaɪs] n (U) consejos mpl; **to take sb's** ~ seguir el consejo de alguien; **a piece of** ~ un consejo; **to give sb** ~ aconsejar a alguien.

advice note n aviso m de envío.

advisability [əd,vaɪzə'bɪlətɪ] n conveniencia f.

advisable [əd'vaɪzəbl] adj aconsejable.

advise [əd'vaɪz] ◇ vt - **1.** [give advice to]: **to** ~ **sb to do sthg** aconsejar a alguien que haga algo; **to** ~ **sb against sthg/against doing sthg** desaconsejar a alguien algo/que haga algo - **2.** [professionally]: **to** ~ **sb on sthg** asesorar a alguien en algo - **3.** [recommend] [caution] recomendar - **4.** fml [inform]: **to** ~ **sb (of sthg)** informar a alguien (de algo). ◇ vi - **1.** [give advice]: **to** ~ **against sthg** desaconsejar algo; **to** ~ **against doing sthg** aconsejar no hacer algo - **2.** [professionally]: **to** ~ **on** asesorar en (materia de).

advisedly [əd'vaɪzɪdlɪ] adv [deliberately] deliberadamente; [after careful consideration] con conocimiento de causa.

adviser UK, **advisor** US [əd'vaɪzəʳ] n [of politician, etc] consejero m, -ra f; [financial, professional] asesor m, -ra f.

advisory [əd'vaɪzərɪ] adj [body] consultivo(va), asesor(ra); **in an** ~ **capacity** OR **role** en calidad de asesor.

advocacy ['ædvəkəsɪ] n apoyo m, defensa f.

advocate [n 'ædvəkət, vb 'ædvəkeɪt] ◇ n - **1.** JUR abogado m defensor, abogada f defensora - **2.** [supporter] defensor m, -ra f, partidario m, -ria f. ◇ vt abogar por.

advt. abbr of advertisement.

AEA (abbr of **Atomic Energy Authority**) n organismo británico de energía nuclear, ≃ CSN m.

AEC (*abbr of* **Atomic Energy Commission**) *n* organismo estadounidense de energía nuclear, ≃ CSN *m*.

AEEU (*abbr of* **Amalgamated Engineering and Electrical Union**) *n* sindicato británico de ingeniería.

Aegean [iːˈdʒiːən] *n*: **the ~ (Sea)** el mar Egeo.

aegis [ˈiːdʒɪs] *n*: **under the ~ of** bajo los auspicios *OR* la égida de.

aeon *UK*, **eon** *US* [ˈiːən] *n fig*: **it's been ~s since I saw you** hace siglos que no te veo.

aerial [ˈeərɪəl] ◇ *adj* aéreo(a). ◇ *n UK* [antena] antena *f*.

aerobatics [ˌeərəˈbætɪks] *n* (*U*) acrobacia *f* aérea.

aerobics [eəˈrəʊbɪks] *n* (*U*) aerobic *m*.

aerodrome [ˈeərədrəʊm] *n* aeródromo *m*.

aerodynamic [ˌeərəʊdaɪˈnæmɪk] *adj* aerodinámico(ca).

• **aerodynamics** ◇ *n* (*U*) [science] aerodinámica *f*. ◇ *npl* [aerodynamic qualities] aerodinámica *f*.

aerogramme [ˈeərəgræm] *n* aerograma *m*.

aeronautics [ˌeərəˈnɔːtɪks] *n* (*U*) aeronáutica *f*.

aeroplane [ˈeərəpleɪn] *n UK* avión *m*.

aerosol [ˈeərəsɒl] *n* aerosol *m*.

aerospace [ˈeərəʊspeɪs] *n*: **the ~ industry** la industria aeroespacial.

aesthete, esthete *US* [ˈiːsθiːt] *n* esteta *m OR f*.

aesthetic, esthetic *US* [iːsˈθetɪk] *adj* estético(ca).

aesthetically, esthetically *US* [iːsˈθetɪklɪ] *adv* estéticamente.

aesthetics, esthetics *US* [iːsˈθetɪks] *n* (*U*) estética *f*.

afar [əˈfɑːʳ] *adv*: **from ~** desde lejos.

affable [ˈæfəbl] *adj* afable.

affair [əˈfeəʳ] *n* **-1.** [concern, matter] asunto *m* **-2.** [extra-marital relationship] aventura *f* (amorosa) **-3.** [event, do] acontecimiento *m*.

• **affairs** *npl* asuntos *mpl*.

affect [əˈfekt] *vt* **-1.** [influence, move emotionally] afectar **-2.** [put on] fingir, simular.

affectation [ˌæfekˈteɪʃn] *n* afectación *f*.

affected [əˈfektɪd] *adj* [insincere] afectado(da).

affection [əˈfekʃn] *n* cariño *m*, afecto *m*.

affectionate [əˈfekʃnət] *adj* cariñoso(sa), afectuoso(sa).

affectionately [əˈfekʃnətlɪ] *adv* cariñosamente, afectuosamente.

affidavit [ˌæfɪˈdeɪvɪt] *n* declaración *f* jurada.

affiliate [*n* əˈfɪlɪət, *vb* əˈfɪlɪeɪt] ◇ *n* filial *f*. ◇ *vt*: **to be ~d to** *OR* **with** estar afiliado(da) a.

affiliation [əˌfɪlɪˈeɪʃn] *n* afiliación *f*.

affinity [əˈfɪnətɪ] (*pl* **-ies**) *n* **-1.** [close feeling]

afinidad *f*; **to have an ~ with** sentirse afín a **-2.** [similarity] similitud *f*; **to have an ~ with** tener un parecido con.

affirm [əˈfɜːm] *vt* afirmar.

affirmation [ˌæfəˈmeɪʃn] *n* **-1.** [declaration] afirmación *f* **-2.** [confirmation] confirmación *f*.

affirmative [əˈfɜːmətɪv] ◇ *adj* afirmativo(va). ◇ *n* respuesta *f* afirmativa; **in the ~** afirmativamente.

affirmative action *n* discriminación *f* positiva.

affix [əˈfɪks] *vt* fijar, pegar.

afflict [əˈflɪkt] *vt* aquejar, afligir; **to be ~ed with sthg** estar aquejado de algo.

affliction [əˈflɪkʃn] *n* aflicción *f*, padecimiento *m*.

affluence [ˈæflʊəns] *n* prosperidad *f*.

affluent [ˈæflʊənt] *adj* pudiente, adinerado(da).

affluent society *n* sociedad *f* próspera.

afford [əˈfɔːd] *vt* **-1.** [gen]: **to be able to ~** poder permitirse (el lujo de); **we can't ~ a car** no nos podemos permitir un coche; **I can't ~ the time** no tengo tiempo; **we can't ~ to let this happen** no podemos permitirnos el lujo de dejar que esto ocurra **-2.** *fml* [provide, give] brindar.

affordable [əˈfɔːdəbl] *adj* asequible.

afforestation [æˌfɒrɪˈsteɪʃn] *n* repoblación *f* forestal.

affray [əˈfreɪ] *n UK* reyerta *f*.

affront [əˈfrʌnt] ◇ *n* afrenta *f*. ◇ *vt* afrentar.

Afghan [ˈæfgæn], **Afghani** [æfˈgænɪ] ◇ *adj* afgano(na). ◇ *n* afgano *m*, -na *f*.

Afghan hound *n* galgo *m* afgano.

Afghanistan [æfˈgænɪstæn] *n* Afganistán *m*.

afield [əˈfiːld] *adv*: **further ~** más lejos.

AFL-CIO (*abbr of* **American Federation of Labor and Congress of Industrial Organizations**) *n* confederación estadounidense de sindicatos de la industria.

afloat [əˈfləʊt] *adj lit & fig* a flote.

afoot [əˈfʊt] *adj* [plan] en marcha; **there is a rumour ~ that** corre el rumor de que.

aforementioned [əˌfɔːˈmenʃənd], **aforesaid** [əˈfɔːsed] *adj* susodicho(cha), arriba mencionado(da).

afraid [əˈfreɪd] *adj* **-1.** [gen] asustado(da); **to be ~ of sb** tenerle miedo a alguien; **I'm ~ of them** me dan miedo; **to be ~ of sthg** tener miedo de algo; **to be ~ of doing** *OR* **to do sthg** tener miedo de hacer algo **-2.** [in apologies]: **to be ~ that** temerse que; **I'm ~ so/not** me temo que sí/no.

afresh [əˈfreʃ] *adv* de nuevo.
Africa [ˈæfrɪkə] *n* África.
African [ˈæfrɪkən] ◇ *adj* africano(na). ◇ *n* africano *m*, -na *f*.
African American *n* afroamericano *m*, -na *f*.
Afrikaans [ˌæfrɪˈkɑːns] *n* africaans *m*.
Afrikaner [ˌæfrɪˈkɑːnəʳ] *n* africánder *m* OR *f*.
Afro-Caribbean [ˈæfrəʊ-] *n* afrocaribeño *m*, -ña *f*.
aft [ɑːft] *adv* en popa.
AFT (*abbr of* **American Federation of Teachers**) *n* sindicato estadounidense de profesores.
after [ˈɑːftəʳ] ◇ *prep* **-1.** [gen] después de; ~ **having ...** después de haber ...; ~ **all my efforts** después de todos mis esfuerzos; ~ **you!** ¡usted primero!; **day** ~ **day** día tras día; **the day** ~ **tomorrow** pasado mañana; **the week** ~ **next** no la semana que viene sino la otra **-2.** *inf* [in search of]: **to be** ~ **sthg** buscar algo; **to be** ~ **sb** andar detrás de alguien **-3.** [with the name of]: **to be named** ~ **sb/sthg** llamarse así por alguien/algo **-4.** [towards retreating person]: **to call** ~ **sb** llamar a alguien; **to run** ~ **sb** correr tras alguien **-5.** ART: **Titian** copia de Tiziano **-6.** *US* [telling the time]: **it's twenty** ~ **three** son las tres y veinte. ◇ *adv* más tarde, después. ◇ *conj* después (de) que; ~ **you had done it** después de que lo hubieras hecho.
◆ **afters** *npl UK inf* postre *m*.
◆ **after all** *adv* **-1.** [in spite of everything] después de todo **-2.** [it should be remembered] al fin y al cabo.
afterbirth [ˈɑːftəbɜːθ] *n* placenta *f (tras el parto).*
aftercare [ˈɑːftəkeəʳ] *n* [on leaving hospital] atención *f* postoperatoria; [on leaving prison] ayuda *f* para la reinserción.
aftereffects [ˈɑːftərɪˌfekts] *npl* **-1.** [consequences] secuelas *fpl* **-2.** [of drug] efectos *mpl* secundarios.
afterlife [ˈɑːftəlaɪf] (*pl* **-lives** [-laɪvz]) *n* más allá *m*, vida *f* de ultratumba.
aftermath [ˈɑːftəmæθ] *n* [time] periodo *m* posterior; [situation] situación *f* posterior.
afternoon [ˌɑːftəˈnuːn] *n* tarde *f*; **in the** ~ por la tarde; **at three in the** ~ a las tres de la tarde; **good** ~ buenas tardes.
◆ **afternoons** *adv US* por las tardes.
aftershave [ˈɑːftəʃeɪv] *n* loción *f* para después del afeitado.
aftershock [ˈɑːftəʃɒk] *n* réplica *f*.
aftertaste [ˈɑːftəteɪst] *n* **-1.** [of food, drink] regusto *m*, resabio *m* **-2.** *fig* [of unpleasant experi-

ence] mal sabor *m* de boca.
afterthought [ˈɑːftəθɔːt] *n* idea *f* a posteriori.
afterward(s) [ˈɑːftəwəd(z)] *adv* después, más tarde.
again [əˈgen] *adv* **-1.** [gen] otra vez, de nuevo; **never** ~ nunca jamás; **he's well** ~ **now** ya está bien; **to do sthg** ~ volver a hacer algo; **to say sthg** ~ repetir algo; ~ **and** ~ una y otra vez; **all over** ~ otra vez desde el principio; **time and** ~ una y otra vez **-2.** [asking for repetition]: **what's his name** ~? ¿cómo has dicho que se llama? **-3.** *phr*: **half as much** ~ la mitad otra vez; **twice as much** ~ dos veces lo mismo otra vez; **come** ~? *inf* ¿cómo?; **then** OR **there** ~ por otro lado, por otra parte.
against [əˈgenst] ◇ *prep* contra; **I'm** ~ **it** estoy (en) contra (de) ello; **to lean** ~ **sthg** apoyarse en algo; **(as)** ~ a diferencia de, en contraste con. ◇ *adv* en contra.
age [eɪdʒ] (*cont* **ageing** OR **aging**) ◇ *n* **-1.** [gen] edad *f*; **to be of** ~ *US* ser mayor de edad; **to come of** ~ alcanzar la mayoría de edad; **to be under** ~ ser menor de edad; **what** ~ **are you?** ¿qué edad tienes?; **to be forty years of** ~ tener cuarenta años (de edad); **at the** ~ **of thirty** a los treinta años **-2.** [state of being old] vejez *f*. ◇ *vt* & *vi* envejecer.
◆ **ages** *npl* [long time] un montón de tiempo, siglos *mpl*; ~**s ago** hace siglos; **I haven't seen her for** ~**s** hace siglos que no la veo.
aged [*adj sense 1* eɪdʒd, *adj sense 2 npl* ˈeɪdʒɪd] ◇ *adj* **-1.** [of the stated age]: **children** ~ **between 8 and 15** niños de entre 8 y 15 años de edad **-2.** [very old] anciano(na). ◇ *npl*: **the** ~ los ancianos.
age group *n* (grupo *m* de) edad *f*.
ageing [ˈeɪdʒɪŋ] ◇ *adj* viejo(ja). ◇ *n* envejecimiento *m*.
ageism [ˈeɪdʒɪzəm] *n* discriminación *f* por motivos de edad.
ageless [ˈeɪdʒlɪs] *adj* [person] eternamente joven; [thing] imperecedero(ra).
agency [ˈeɪdʒənsɪ] (*pl* **-ies**) *n* **-1.** [business] agencia *f*; **employment/travel** ~ agencia de colocaciones/viajes **-2.** [organization, body] organismo *m*, instituto *m*.
agenda [əˈdʒendə] *n* **-1.** [of meeting] orden *m* del día; **what's on the** ~? ¿cuál es el orden del día? **-2.** [intentions] intenciones *fpl*.
agent [ˈeɪdʒənt] *n* **-1.** COMM [of company] representante *m* OR *f*, delegado *m*, -da *f*; [of actor] agente *m* OR *f* **-2.** [substance] agente *m* **-3.** [secret agent] agente *m* (secreto).
age-old *adj* secular.
aggravate [ˈægrəveɪt] *vt* **-1.** [make worse] agravar, empeorar **-2.** [annoy] irritar.

aggravating [ˈægrəveɪtɪŋ] *adj* [annoying] irritante, exasperante.

aggravation [ˌægrəˈveɪʃn] *n* - **1.** (*U*) [trouble] irritación *f* - **2.** [annoying thing] molestia *f*, incomodidad *f*.

aggregate [ˈægrɪgət] ⟨⟩ *adj* total. ⟨⟩ *n* - **1.** [total] total *m* - **2.** [material] conglomerado *m*.

aggression [əˈgreʃn] *n* agresividad *f*; **act of** ~ agresión *f*.

aggressive [əˈgresɪv] *adj* - **1.** [belligerent - person] agresivo(va) - **2.** [forceful - person, campaign] audaz, emprendedor(ra).

aggressively [əˈgresɪvlɪ] *adv* con agresividad.

aggressor [əˈgresəʳ] *n* agresor *m*, -ra *f*.

aggrieved [əˈgriːvd] *adj* ofendido(da), herido(da).

aggro [ˈægrəʊ] *n UK inf* camorra *f*, follón *m*.

aghast [əˈgɑːst] *adj*: ~ (**at**) horrorizado(da) (ante).

agile [*UK* ˈædʒaɪl, *US* ˈædʒəl] *adj* ágil.

agility [əˈdʒɪlətɪ] *n* agilidad *f*.

aging *adj & n* = ageing.

agitate [ˈædʒɪteɪt] ⟨⟩ *vt* - **1.** [disturb, worry] inquietar, perturbar - **2.** [shake about] agitar. ⟨⟩ *vi* [campaign]: **to** ~ **for/against** hacer campaña a favor de/en contra de.

agitated [ˈædʒɪteɪtɪd] *adj* inquieto(ta).

agitation [ˌædʒɪˈteɪʃn] *n* - **1.** [anxiety] inquietud *f* - **2.** *POL* [campaigning] campaña *f*.

agitator [ˈædʒɪteɪtəʳ] *n* [political activist] agitador *m*, -ra *f*.

AGM *n abbr of* annual general meeting.

agnostic [ægˈnɒstɪk] ⟨⟩ *adj* agnóstico(ca). ⟨⟩ *n* agnóstico *m*, -ca *f*.

ago [əˈgəʊ] *adv*: **a long time/three days/three years** ~ hace mucho tiempo/tres días/tres años.

agog [əˈgɒg] *adj* ansioso(sa), expectante; ~ **with excitement** vibrante de emoción.

agonize, -ise [ˈægənaɪz] *vi* titubear largamente; **to** ~ **over** OR **about sthg** atormentarse con algo.

agonized [ˈægənaɪzd] *adj* angustioso(sa).

agonizing [ˈægənaɪzɪŋ] *adj* angustioso(sa).

agonizingly [ˈægənaɪzɪŋlɪ] *adv* angustiosamente; **they came** ~ **close to winning** les faltó poquísimo para ganar.

agony [ˈægənɪ] (*pl* **-ies**) *n* - **1.** [physical pain] dolor *m* muy intenso; **to be in** ~ morirse de dolor - **2.** [mental pain] angustia *f*; **to be in** ~ estar angustiado.

agony aunt *n UK inf* consejera *f* sentimental.

agony column *n UK inf* consultorio *m* sentimental.

agoraphobia [ˌægərəˈfəʊbjə] *n* agorafobia *f*.

agree [əˈgriː] ⟨⟩ *vi* - **1.** [be of same opinion]: **to** ~ (**with sb about sthg**) estar de acuerdo (con alguien acerca de algo); **to** ~ **on sthg** [reach agreement] ponerse de acuerdo en algo; **to** ~ **on sthg** [be in agreement] estar de acuerdo en algo - **2.** [consent]: **to** ~ (**to sthg**) acceder (a algo) - **3.** [approve]: **to** ~ **with sthg** estar de acuerdo con algo - **4.** [be consistent] concordar - **5.** [food]: **to** ~ **with sb** sentarle bien a alguien - **6.** *GRAMM*: **to** ~ (**with**) concordar (con). ⟨⟩ *vt* - **1.** [fix] [date, time] acordar, convenir - **2.** [be of same opinion]: **to** ~ **that** estar de acuerdo en que - **3.** [agree, consent]: **to** ~ **to do sthg** acordar hacer algo - **4.** [concede]: **to** ~ (**that**) reconocer que.

agreeable [əˈgriːəbl] *adj* - **1.** [pleasant] agradable - **2.** [willing]: **to be** ~ **to sthg/doing sthg** estar conforme con algo/hacer algo.

agreeably [əˈgriːəblɪ] *adv* agradablemente.

agreed [əˈgriːd] ⟨⟩ *adj*: **to be** ~ **on sthg** estar de acuerdo sobre algo; **at the** ~ **time** a la hora acordada OR convenida. ⟨⟩ *adv* - **1.** [decided] de acuerdo - **2.** [admittedly] de acuerdo que.

agreement [əˈgriːmənt] *n* - **1.** [accord, settlement, contract] acuerdo *m*; **to be in** ~ **with** estar de acuerdo con; **to reach an** ~ llegar a un acuerdo - **2.** [consent] aceptación *f* - **3.** [consistency] correspondencia *f* - **4.** *GRAMM* concordancia *f*.

agricultural [ˌægrɪˈkʌltʃərəl] *adj* agrícola.

agriculture [ˈægrɪkʌltʃəʳ] *n* agricultura *f*.

aground [əˈgraʊnd] *adv*: **to run** ~ encallar.

ah [ɑː] *excl* ¡ah!

aha [ɑːˈhɑː] *excl* ¡ajá!

ahead [əˈhed] *adv* - **1.** [in front] delante; **to go on** ~ ir por delante; **to be sent on** ~ ser enviado por delante - **2.** [forwards] adelante, hacia delante; **go** ~! ¡por supuesto!; **right** OR **straight** ~ todo recto OR de frente - **3.** [winning]: **to be** ~ [in race] ir en cabeza; [in football, rugby etc] ir ganando; **they went** ~ **in the fifth minute** a los cinco minutos se pusieron por delante en el marcador - **4.** [in better position] por delante; **to get** ~ [be successful] abrirse camino - **5.** [in time]: **to look** OR **think** ~ mirar hacia el futuro.
　　ahead of *prep* - **1.** [in front of] frente a - **2.** [beating]: **to be two points** ~ llevar dos puntos de ventaja a - **3.** [in better position than] por delante de - **4.** [in time] antes de, con anterioridad a; ~ **of schedule** por delante de lo previsto.

ahoy [əˈhɔɪ] *excl NAUT*: **land/ship** ~! ¡tierra/barco a la vista!

AI *n* - **1.** (*abbr of* Amnesty International) AI *f* - **2.** (*abbr of* artificial intelligence) IA *f* - **3.** *abbr of* artificial insemination.

aid [eɪd] ◇ *n* ayuda *f*; **medical** ~ asistencia *f* médica; **with the** ~ **of** con (la) ayuda de; **to go to the** ~ **of sb** OR **to sb's** ~ ir en auxilio de alguien; **in** ~ **of** a beneficio de. ◇ *vt* **-1.** [help] ayudar **- 2.** JUR: **to** ~ **and abet sb** ser cómplice de alguien.

AID *n* **- 1.** (*abbr of* **artificial insemination by donor**) *inseminación artificial con semen de donante anónimo* **- 2.** (*abbr of* **Agency for International Development**) *organismo estadounidense para el desarrollo internacional*.

aide [eɪd] *n* POL ayudante *m* OR *f*.

aide-de-camp [ˌeɪddə'kɑ:] (*pl* **aides-de-camp**) *n* ayudante *m*, -ta *f* de campo.

AIDS, Aids [eɪdz] (*abbr of* **acquired immune deficiency syndrome**) ◇ *n* sida *m*. ◇ *comp*: ~ **specialist** especialista de sida; ~ **patient** sidoso *m*, -sa *f*.

AIH (*abbr of* **artificial insemination by husband**) *n inseminación artificial con semen del marido*.

ail [eɪl] ◇ *vt literary* afligir. ◇ *vi* estar enfermo(ma).

ailing ['eɪlɪŋ] *adj* **-1.** [ill] enfermo(ma), achacoso(sa) **- 2.** *fig* [economy] renqueante.

ailment ['eɪlmənt] *n* achaque *m*, molestia *f*.

aim [eɪm] ◇ *n* **- 1.** [objective] objetivo *m* **- 2.** [in firing gun] puntería *f*; **to take** ~ **at** apuntar a. ◇ *vt* **-1.** [weapon]: **to** ~ **sthg at** apuntar algo a **- 2.** [plan, action]: **to be** ~ **ed at doing sthg** ir dirigido OR encaminado a hacer algo **-3.** [campaign, publicity, criticism]: **to** ~ **sthg at sb** dirigir algo a alguien. ◇ *vi* **-1.** [point weapon]: **to** ~ **(at sthg)** apuntar (a algo) **- 2.** [intend]: **to** ~ **at** OR **for sthg** apuntar a OR pretender algo; **to** ~ **to do sthg** pretender hacer algo.

aimless ['eɪmlɪs] *adj* sin un objetivo claro.

aimlessly ['eɪmlɪslɪ] *adv* [wander] sin rumbo fijo.

ain't [eɪnt] *inf* = **am not**, **are not**, **is not**, **have not**, **has not**.

air [eəʳ] ◇ *n* **-1.** [gen] aire *m*; **into the** ~ al aire; **by** ~ en avión; **(up) in the** ~ *fig* en el aire; **to clear the** ~ *fig* aclarar las cosas **- 2.** [tune] melodía *f* **-3.** RADIO & TV: **on the** ~ en el aire. ◇ *comp* aéreo(a). ◇ *vt* **-1.** [clothes, sheets] airear; [cupboard, room] ventilar **- 2.** [views, opinions] expresar **- 3.** *US* [broadcast] emitir. ◇ *vi* [clothes, sheets] airearse; [cupboard, room] ventilarse.
   ➤ **airs** *npl*: ~**s and graces** aires *mpl*; **to give o.s.** ~**s**, **to put on** ~**s** darse aires.

airbag ['eəbæg] *n* AUT airbag *m*.

airbase ['eəbeɪs] *n* base *f* aérea.

airbed ['eəbed] *n UK* colchón *m* inflable.

airborne ['eəbɔ:n] *adj* **-1.** [troops] aerotransportado(da); [attack] aéreo(a) **-2.** [plane] en el aire, en vuelo.

airbrake ['eəbreɪk] *n* freno *m* neumático.

airbrush ['eəbrʌʃ] *vt*: **to** ~**sb out of a photo** borrar a alguien de una foto.

airbus ['eəbʌs] *n* aerobús *m*.

air-conditioned [-kən'dɪʃnd] *adj* climatizado(da), con aire acondicionado.

air-conditioning [-kən'dɪʃnɪŋ] *n* aire *m* acondicionado.

aircraft ['eəkrɑ:ft] (*pl inv*) *n* [plane] avión *m*; [any flying machine] aeronave *f*.

aircraft carrier *n* portaaviones *m inv*.

air cushion *n* cojín *m* neumático.

airdrop ['eədrɒp] *n* lanzamiento *m* con paracaídas.

airfield ['eəfi:ld] *n* campo *m* de aviación.

airforce ['eəfɔ:s] ◇ *n*: **the** ~ las fuerzas aéreas. ◇ *comp* de las fuerzas aéreas.

air freight *n* transporte *m* por vía aérea.

air freshener [-ˈfreʃnəʳ] *n* ambientador *m*.

airgun ['eəgʌn] *n* pistola *f* de aire comprimido.

airhead ['eəhed] *n inf* cabeza *m* OR *f* de chorlito.

airhostess ['eəˌhəʊstɪs] *n* azafata *f*, aeromoza *f* *Amér*.

airily ['eərəlɪ] *adv* alegremente, despreocupadamente.

airing ['eərɪŋ] *n*: **to give sthg an** ~ [clothes, linen] orear OR airear algo; [room] ventilar algo; [opinions] expresar algo.

airing cupboard *n UK armario seco y caliente en el que se encuentra la caldera del agua y que se utiliza para guardar la ropa.*

airkiss ['eəkɪs] *vi besarse sin llegar a tocar con los labios.*

airlane ['eəleɪn] *n* ruta *f* aérea.

airless ['eəlɪs] *adj* mal ventilado(da), cargado(da).

airletter ['eəletəʳ] *n* aerograma *m*.

airlift ['eəlɪft] ◇ *n* puente *m* aéreo. ◇ *vt* aerotransportar, transportar por avión.

airline ['eəlaɪn] *n* línea *f* aérea.

airliner ['eəlaɪnəʳ] *n* avión *m* (grande) de pasajeros.

airlock ['eəlɒk] *n* **-1.** [in tube, pipe] bolsa *f* de aire **- 2.** [airtight chamber] cámara *f* OR esclusa *f* de aire.

airmail ['eəmeɪl] *n* correo *m* aéreo; **by** ~ por correo aéreo.

airman ['eəmən] (*pl* **-men** [-mən]) *n* [aviator] aviador *m*.

air mattress *n* colchón *m* inflable.

airplane ['eəpleɪn] *n US* avión *m*.

airplay ['eəpleɪ] *n* tiempo *m* de emisión, cobertura *f* radiofónica.

airpocket ['eəpɒkɪt] *n* bolsa *f* de aire.

airport ['eəpɔːt] <> *n* aeropuerto *m.* <> *comp* de aeropuerto.

airport tax *n* tasas *fpl* de aeropuerto.

air raid *n* ataque *m* aéreo.

air-raid shelter *n* refugio *m* antiaéreo.

air rifle *n* fusil *m* de aire comprimido.

airship ['eəʃɪp] *n* dirigible *m.*

airsick ['eəsɪk] *adj*: **to be ~** marearse *(en el avión).*

airspace ['eəspeɪs] *n* espacio *m* aéreo.

airspeed ['eəspiːd] *n* velocidad *f* de vuelo.

air steward *n* auxiliar *m* de vuelo, aeromozo *m Amér.*

air stewardess *n* auxiliar *f* de vuelo, azafata *f.*

airstrip ['eəstrɪp] *n* pista *f* de aterrizaje.

air terminal *n* terminal *f* aérea.

airtight ['eətaɪt] *adj* hermético(ca).

airtime ['eətaɪm] *n* [on radio] espacio *m* radiofónico, cobertura *f* radiofónica.

air-to-air *adj* [missile] aire-aire *(inv).*

air-traffic control *n* control *m* del tráfico aéreo.

air-traffic controller *n* controlador aéreo *m,* controladora aérea *f.*

air travel *n (U)* viajes *mpl* en avión.

airwaves ['eəweɪvz] *npl* ondas *fpl*; **on the ~** en antena.

airy ['eərɪ] *(compar* **-ier,** *superl* **-iest)** *adj* **-1.** [room] espacioso(sa) y bien ventilado(da) **-2.** [fanciful] vano(na), ilusorio(ria) **-3.** [nonchalant] despreocupado(da).

aisle [aɪl] *n* **-1.** [in church] nave *f* lateral **-2.** [in plane, theatre, supermarket] pasillo *m.*

ajar [ə'dʒɑːʳ] *adj* entreabierto(ta).

AK *abbr of* **Alaska.**

aka *(abbr of* **also known as)** alias.

akin [ə'kɪn] *adj*: **~ to sthg/to doing sthg** semejante a algo/a hacer algo.

AL *abbr of* **Alabama.**

Alabama [,ælə'bæmə] *n* Alabama.

alabaster [,ælə'bɑːstəʳ] *n* alabastro *m.*

à la carte *adj & adv* a la carta.

alacrity [ə'lækrətɪ] *n* presteza *f,* prontitud *f.*

à la mode [,ɑːlɑː'məʊd] *adj US* [dessert] con helado.

alarm [ə'lɑːm] <> *n* alarma *f*; **to raise** *or* **sound the ~** dar la (voz de) alarma. <> *vt* alarmar, asustar.

alarm clock *n* despertador *m.*

alarming [ə'lɑːmɪŋ] *adj* alarmante.

alarmingly [ə'lɑːmɪŋlɪ] *adv* de manera alarmante.

alarmist [ə'lɑːmɪst] *adj* alarmista.

alas [ə'læs] <> *adv* desgraciadamente. <> *excl literary* ¡ay!

Alaska [ə'læskə] *n* Alaska.

Albania [æl'beɪnjə] *n* Albania.

Albanian [æl'beɪnjən] <> *adj* albanés(esa). <> *n* **-1.** [person] albanés *m,* -esa *f* **-2.** [language] albanés *m.*

albatross ['ælbətrɒs] *(pl inv or* **-es)** *n* [bird, in golf] albatros *m.*

albeit [ɔːl'biːɪt] *conj fml* aunque, si bien.

Alberta [æl'bɜːtə] *n* Alberta.

albino [æl'biːnəʊ] *(pl* **-s)** <> *n* albino *m,* -na *f.* <> *comp* albino(na).

album ['ælbəm] *n* **-1.** [of stamps, photos] álbum *m* **-2.** [record] elepé *m.*

alchemist ['ælkəmɪst] *n* alquimista *m or f.*

alchemy ['ælkəmɪ] *n* alquimia *f.*

alcohol ['ælkəhɒl] *n* alcohol *m.*

alcoholic [,ælkə'hɒlɪk] <> *adj* alcohólico(ca). <> *n* alcohólico *m,* -ca *f.*

alcoholism ['ælkəhɒlɪzm] *n* alcoholismo *m.*

alcopop ['ælkəʊpɒp] *n* refresco gaseoso que contiene un cierto porcentaje de alcohol.

alcove ['ælkəʊv] *n* hueco *m.*

alderman ['ɔːldəmən] *(pl* **-men** [-mən]) *n* ≃ concejal *m,* -la *f.*

ale [eɪl] *n* tipo *m* de cerveza.

alert [ə'lɜːt] <> *adj* **-1.** [vigilant] atento(ta) **-2.** [perceptive] despierto(ta) **-3.** [aware]: **to be ~ to** ser consciente de. <> *n* [gen & MIL] alerta *f*; **to be on the ~** estar alerta. <> *vt* alertar; **to ~ sb to sthg** alertar a alguien de algo.

Aleutian Islands [ə'luːʃjən-] *npl*: **the ~** las islas Aleutianas.

A level *(abbr of* **Advanced level)** *n UK sch* nivel escolar necesario para acceder a la universidad.

A LEVEL

Los *A levels* son exámenes que realizan los alumnos en Gran Bretaña (excepto en Escocia) sobre una materia concreta escogida previamente por ellos. Se suelen hacer a los 18 años de edad tras un curso de dos años. Para el acceso a las universidades se requieren habitualmente tres *A levels*; no obstante, mucha gente estudia *A levels* simplemente para mejorar su currículum.

Alexandria [,ælɪg'zɑːndrɪə] *n* Alejandría.

alfalfa [æl'fælfə] *n* alfalfa *f.*

alfresco [æl'freskəʊ] *adj & adv* al aire libre.

algae ['ældʒiː] *npl* algas *fpl.*

Algarve [æl'gɑːv] *n*: **the** ~ el Algarve.
algebra ['ældʒɪbrə] *n* álgebra *f*.
Algeria [æl'dʒɪərɪə] *n* Argelia.
Algerian [æl'dʒɪərɪən] ◇ *adj* argelino(na). ◇ *n* argelino *m*, -na *f*.
Algiers [æl'dʒɪəz] *n* Argel.
algorithm ['ælgərɪðm] *n* algoritmo *m*.
alias ['eɪlɪəs] (*pl* -es) ◇ *adv* alias. ◇ *n* alias *m inv*.
alibi ['ælɪbaɪ] *n* coartada *f*.
alien ['eɪljən] ◇ *adj* -1. [foreign] foráneo(a), extranjero(ra) -2. [from outer space] extraterrestre -3. [unfamiliar] extraño(ña), ajeno(na). ◇ *n* -1. [from outer space] extraterrestre *m or f*-2. *JUR* [foreigner] extranjero *m*, -ra *f*.
alienate ['eɪljəneɪt] *vt* -1. [make unsympathetic] ganarse la antipatía de -2. [distance emotionally]: **to be ~d from** estar distanciado(da) de.
alienation [ˌeɪljə'neɪʃn] *n* -1. [separation] separación *f*, alejamiento *m* -2. [not belonging] alienación *f*.
alight [ə'laɪt] (*pt* & *pp* -ed) ◇ *adj* [on fire] prendido(da), ardiendo; **to set sthg ~** prender fuego a algo. ◇ *vi fml* -1. [land] posarse -2. [get off]: **to ~ from** apearse de.
align [ə'laɪn] *vt* -1. [line up] alinear, poner en línea -2. [ally]: **to ~ o.s. with** alinearse con.
alignment [ə'laɪnmənt] *n* -1. [arrangement] alineación *f*-2. [alliance] alineamiento *m*.
alike [ə'laɪk] ◇ *adj* parecido(da). ◇ *adv* [treat] de la misma forma, por igual; **to look ~** parecerse; **to think ~** pensar igual.
alimentary canal [ˌælɪ'mentərɪ-] *n* tubo *m* digestivo.
alimony ['ælɪmənɪ] *n* pensión *f* alimenticia.
A-line *adj* de vuelo.
alive [ə'laɪv] *adj* -1. [living] vivo(va); **to stay ~** sobrevivir -2. [tradition] con vida -3. [active, lively] lleno(na) de vida; **to come ~** [story, description] cobrar vida; [person, place] animarse -4. [aware]: **to be ~ to** ser consciente de -5. [rats, insects]: **to be ~ with** estar infestado(da) de; [rumour, speculation] bullir de.
alkali ['ælkəlaɪ] (*pl* -s *or* -ies) *n* álcali *m*.
alkaline ['ælkəlaɪn] *adj* alcalino(na).
all [ɔːl] ◇ *adj* -1. *(with sg noun)* todo(da); ~ **the drink** toda la bebida; ~ **violence is to be condemned** toda forma de violencia es condenable; ~ **day** todo el día; ~ **night** toda la noche; ~ **the time** todo el tiempo *or* el rato -2. *(with pl noun)* todos(das); ~ **the boxes** todas las cajas; ~ **men** todos los hombres; ~ **three died** los tres murieron. ◇ *pron* -1. *(sg)* [the whole amount] todo *m*, -da *f*; **she drank it ~**, **she drank ~ of it** se lo bebió todo -2. *(pl)* [every-body, everything] todos *mpl*, -das *fpl*; ~ **of them came, they ~ came** vinieron todos -3. *(with superl)*: **he's the cleverest of ~** es el más listo de todos; **the most amazing thing of ~** lo más impresionante de todo; **best/worst of ~ ... lo mejor/peor de todo es que ...; above ~** ▷ **above**; **after ~** ▷ **after**; **at ~** ▷ **at**. ◇ *adv* -1. [entirely] completamente; **I'd forgotten ~ about that** me había olvidado completamente de eso; **it spilled ~ over the carpet** se derramó por toda la alfombra; **she was dressed ~ in red** iba vestida toda de rojo; ~ **alone** completamente solo(la); **that's ~ very well, but ...** sí, eso está muy bien, pero ... -2. [in sport, competitions]: **the score is two ~** el resultado es de empate a dos; **thirty ~** [in tennis] treinta iguales -3. *(with compar)*: **the situation was made ~ the worse by his arrival** la situación se hizo peor si cabe con su llegada; **to run ~ the faster** correr aun más rápido.
◆ **all but** *adv* casi.
◆ **all in all** *adv* en conjunto.
◆ **all that** *adv* tan; **she's not ~ that pretty** no es tan guapa.
◆ **for all** ◇ *prep* a pesar de. ◇ *conj*: **for ~ I know** por lo que yo sé; **do it, for ~ I care!** pues hazlo, ¡a mí qué me importa!
◆ **in all** *adv* en total.
Allah ['ælə] *n* Alá *m*.
all-American *adj* [typically American] típicamente americano(na).
all-around *US* = **all-round**.
allay [ə'leɪ] *vt fml* [suspicions, doubts] despejar; [fears] apaciguar.
all clear *n* -1. [signal] señal *f* de cese de peligro -2. *fig* [go-ahead] luz *f* verde.
allegation [ˌælɪ'geɪʃn] *n* acusación *f*; **to make ~s (about)** hacer acusaciones (acerca de).
allege [ə'ledʒ] *vt* alegar; **to ~ that** alegar que; **to be ~d to have done/said** ser acusado de haber hecho/dicho.
alleged [ə'ledʒd] *adj* presunto(ta).
allegedly [ə'ledʒɪdlɪ] *adv* presuntamente.
allegiance [ə'liːdʒəns] *n* lealtad *f*.
allegorical [ˌælɪ'gɒrɪkl] *adj* alegórico(ca).
allegory ['ælɪgərɪ] (*pl* -ies) *n* alegoría *f*.
alleluia [ˌælɪ'luːjə] *excl* ¡aleluya!
allergic [ə'lɜːdʒɪk] *adj lit* & *fig*: ~ **(to sthg)** alérgico(ca) (a algo).
allergy ['ælədʒɪ] (*pl* -ies) *n* alergia *f*; **to have an ~ to** tener alergia a.
alleviate [ə'liːvɪeɪt] *vt* aliviar.
alley(way) ['ælɪ(weɪ)] *n* callejuela *f*.
alliance [ə'laɪəns] *n* alianza *f*.
allied ['ælaɪd] *adj* -1. [powers, troops] aliado(da)

-2. [subjects] análogo(ga), afín.

alligator ['ælɪgeɪtə'] (*pl inv* OR **-s**) *n* caimán *m*.

all-important *adj* de suma importancia, crucial.

all-in *adj* UK [inclusive] todo incluido.

➡ **all in** ⇔ *adj inf* [tired] hecho(cha) polvo. ⇔ *adv* [inclusive] todo incluido.

all-in wrestling *n* lucha *f* libre.

alliteration [ə͵lɪtə'reɪʃn] *n* aliteración *f*.

all-night *adj* [party etc] que dura toda la noche; [chemist, bar] abierto(ta) toda la noche.

allocate ['æləkeɪt] *vt*: **to ~ sthg to sb** [money, resources] destinar algo a alguien; [task, tickets, seats] asignar algo a alguien.

allocation [͵ælə'keɪʃn] *n* **-1.** [sharing out - of money, resources] distribución *f*, reparto *m*; [- of task, tickets, seats] asignación *f* **-2.** [share - of money, resources] distribución *f*, reparto *m*; [- of tickets, seats] asignación *f*.

allot [ə'lɒt] (*pt* & *pp* **-ted**, *cont* **-ting**) *vt* [job, time] asignar; [money, resources] destinar.

allotment [ə'lɒtmənt] *n* **-1.** UK [garden] *parcela municipal arrendada para su cultivo* **-2.** [sharing out - of job, time] asignación *f*; [- of money, resources] distribución *f* **-3.** [share - of money, resources] porción *f*, asignación *f*; [- of time] espacio *m* (de tiempo) concedido.

all-out *adj* [effort] supremo(ma); [war] sin cuartel.

allow [ə'laʊ] *vt* **-1.** [permit] permitir, dejar; **to ~ sb to do sthg** permitir OR dejar a alguien hacer algo; **~ me** permítame **-2.** [set aside - money] apartar, destinar; [- time] dejar **-3.** [officially accept - subj: person] conceder; [- subj: law] admitir, permitir **-4.** [concede]: **to ~ that** admitir OR reconocer que.

➡ **allow for** *vt fus* tener en cuenta, contar con.

allowable [ə'laʊəbl] *adj* permisible.

allowance [ə'laʊəns] *n* **-1.** [money received - from government] subsidio *m*; [- from employer] dietas *fpl*; **clothing ~** asignación *f* para ropa **-2.** US [pocket money] paga *f*, asignación *f* semanal **-3.** FIN desgravación *f* **-4.**: **to make ~s for sthg/sb** [forgive] disculpar algo/a alguien; [take into account] tener en cuenta algo/a alguien.

alloy ['ælɔɪ] *n* aleación *f*.

all-powerful *adj* todopoderoso(sa), omnipotente.

all-purpose *adj* multiuso.

all-purpose flour *n* US [plain flour] harina *f* (de uso general).

all right ⇔ *adv* **-1.** [gen] bien **-2.** [only just acceptably] (más o menos) bien **-3.** [in answer - yes] vale, bueno **-4.** [certainly] seguro, sin duda;

it's her ~ seguro que es ella **-5.** [do you understand?]: **all right?** ¿vale? **-6.** [now then] bueno, vale; **~, children, stop talking now!** ¡venga, niños, callaos de una vez! ⇔ *adj* **-1.** [gen] bien **-2.** [not bad]: **it's ~, but ...** no está mal, pero ... **-3.** [allowable]: **is it ~ if ...?** ¿te importa si ...? **-4.** [OK]: **sorry - that's ~** lo siento - no importa.

all-round UK, **all-around** US *adj* **-1.** [multiskilled] completo(ta), polifacético(ca) **-2.** [comprehensive] amplio(plia), extenso(sa).

all-rounder [-'raʊndə'] *n* **-1.** [versatile person] persona *f* que hace de todo **-2.** [sportsman, sportswoman] deportista completo *m*, **-ta** *f*.

all-star *adj* [cast] estelar.

all-terrain vehicle *n* todoterreno *m*.

all-time *adj* [favourite] de todos los tiempos; [high, low] histórico(ca).

allude [ə'lu:d] *vi*: **to ~ to** aludir a.

allure [ə'ljʊə'] *n* encanto *m*, atractivo *m*.

alluring [ə'ljʊərɪŋ] *adj* [person] atrayente; [thing] tentador(ra).

allusion [ə'lu:ʒn] *n* alusión *f*.

ally [*n* 'ælaɪ, *vb* ə'laɪ] (*pl* **-ies**, *pt* & *pp* **-ied**) ⇔ *n* aliado *m*, **-da** *f*. ⇔ *vt*: **to ~ o.s. with** aliarse con.

➡ **Allies** *npl*: **the Allies** los Aliados.

almanac ['ɔ:lmənæk] *n* [yearbook] anuario *m*; [calendar] almanaque *m*.

almighty [ɔ:l'maɪtɪ] *adj inf* [very big] descomunal.

➡ **Almighty** ⇔ *adj* todopoderoso(sa). ⇔ *n*: **the Almighty** el Todopoderoso.

almond ['ɑ:mənd] *n* **-1.** [nut] almendra *f* **-2.** [tree] almendro *m*.

almond paste *n* mazapán *m*, pasta *f* de almendras.

almost ['ɔ:lməʊst] *adv* casi.

alms [ɑ:mz] *npl dated* limosna *f*.

aloe ['æləʊ] *n* áloe *m*.

aloft [ə'lɒft] *adv* **-1.** [in the air] en lo alto **-2.** NAUT entre el velamen.

alone [ə'ləʊn] ⇔ *adj* solo(la); **to be ~ with** estar a solas con; **all ~** completamente solo. ⇔ *adv* **-1.** [without others] solo(la) **-2.** [only] sólo **-3.** *phr*: **to go it ~** ir por cuenta propia OR por libre; **to leave sthg/sb ~** dejar algo/a alguien en paz.

➡ **let alone** *conj* no digamos, y mucho menos.

along [ə'lɒŋ] ⇔ *adv* **-1.** [forward] hacia delante; **to go** OR **walk ~** avanzar; **she was walking ~** iba andando **-2.** [with others or oneself]: **bring it ~** tráetelo **-3.** [to this or that place]: **to come ~** venir; **to go ~** ir. ⇔ *prep* **-1.** [towards one end

of, beside] por, a lo largo de **-2.** [in] en; **he lives
~ Dalry Road** vive en Dalry Road.
  ◄ **all along** adv todo el rato; **she knew all ~**
lo sabía desde el principio.
  ◄ **along with** prep junto con.

alongside [əˌlɒŋ'saɪd] <> prep **-1.** [next to]
junto a **-2.** [together with] junto con. <> adv :
to come ~ ponerse a la misma altura; **to
work ~** trabajar juntos(tas).

aloof [ə'luːf] <> adj frío(a), distante. <> adv
distante, a distancia; **to remain ~ (from)**
mantenerse a distancia (de).

aloud [ə'laʊd] adv en alto, en voz alta.

alpaca [æl'pækə] n [animal, wool] alpaca f.

alphabet ['ælfəbet] n alfabeto m.

alphabetical [ˌælfə'betɪkl] adj alfabético(ca);
in ~ order en OR por orden alfabético.

alphabetically [ˌælfə'betɪklɪ] adv alfabéticamente.

alphabetize, -ise ['ælfəbətaɪz] vt ordenar
alfabéticamente.

alphanumeric [ˌælfənjuː'merɪk] adj COMPUT al-
fanumérico(ca).

alpine ['ælpaɪn] adj alpino(na).

Alps [ælps] npl: **the ~** los Alpes.

already [ɔːl'redɪ] adv ya.

alright [ˌɔːl'raɪt] = **all right**.

Alsace [æl'sæs] n Alsacia.

Alsatian [æl'seɪʃn] <> adj [of Alsace] alsacia-
no(na). <> n **-1.** [person] alsaciano m, -na f **-2.**
[dog] pastor m alemán.

also ['ɔːlsəʊ] adv también.

also-ran n comparsa m OR f.

Alta. abbr of **Alberta**.

altar ['ɔːltəʳ] n altar m.

alt code [ɔːlt] n COMPUT código m alt.

alter ['ɔːltəʳ] <> vt [modify] alterar, modificar;
to have a dress ~ed mandar arreglar un
vestido. <> vi cambiar.

alteration [ˌɔːltə'reɪʃn] n **-1.** [gen] alteración f;
to make an ~ / ~s to hacer una modificación/
.modificaciones en **-2.** [to dress] arreglo m.

altercation [ˌɔːltə'keɪʃn] n altercado' m.

alter ego (pl -s) n álter ego m.

alternate [adj UK ɔːl'tɜːnət, US 'ɔːltərnət, vb
'ɔːltərneɪt] <> adj **-1.** [by turns] alterno(na) **-2.**
[every other]: **on ~ days/weeks** cada dos días/
semanas. <> n US sustituto(ta). <> vt alternar. <> vi: **to ~ (with/between)** alternar
(con/entre).

alternately [ɔːl'tɜːnətlɪ] adv alternativamente.

alternating current ['ɔːltərneɪtɪŋ-] n ELEC corriente f alterna.

alternation [ˌɔːltə'neɪʃn] n alternancia f.

alternative [ɔːl'tɜːnətɪv] <> adj alternati-

vo(va). <> n alternativa f, opción f; **to have
no ~ (but to do sthg)** no tener más remedio
(que hacer algo).

alternatively [ɔːl'tɜːnətɪvlɪ] adv o bien.

alternative medicine n medicina f alternativa.

alternator ['ɔːltəneɪtəʳ] n ELEC alternador m.

although [ɔːl'ðəʊ] conj aunque.

altitude ['æltɪtjuːd] n altitud f.

alto ['æltəʊ] (pl -s) <> n [female singer] contralto f;
[male singer] contralto m. <> comp alto.

altogether [ˌɔːltə'geðəʳ] adv **-1.** [completely]
completamente, totalmente; **not ~** no del
todo **-2.** [considering all things] en conjunto, en
general **-3.** [in total] en total.

altruism ['æltruɪzm] n altruismo m.

altruistic [ˌæltru'ɪstɪk] adj altruista.

aluminium UK [ˌæljʊ'mɪnɪəm], **aluminum**
US [ə'luːmɪnəm] <> n aluminio m. <> comp
de aluminio.

alumnus [ə'lʌmnəs] (pl -ni [-naɪ]) n ex-alumno
m, -na f.

always ['ɔːlweɪz] adv siempre.

Alzheimer's disease ['æltshaɪməz-] n enfermedad f de Alzheimer.

am [æm] ⊳ **be**.

a.m. (abbr of **ante meridiem**): **at 3 ~** a las tres de
la mañana.

AM (abbr of **amplitude modulation**) n AM f.

amalgam [ə'mælgəm] n fml & TECH amalgama f.

amalgamate [ə'mælgəmeɪt] <> vt [ideas]
amalgamar; [companies, organizations] fusionar.
<> vi [of ideas] amalgamarse; [of companies, or-
ganizations] fusionarse.

amalgamation [əˌmælgə'meɪʃn] n fusión f.

amass [ə'mæs] vt [fortune, wealth] amasar.

amateur ['æmətəʳ] <> adj aficionado(da); pej
chapucero(ra), poco profesional. <> n aficionado m, -da f; pej chapucero m, -ra f.

amateurish [ˌæmə'tɜːrɪʃ] adj chapucero(ra),
poco profesional.

amaze [ə'meɪz] vt asombrar.

amazed [ə'meɪzd] adj asombrado(da).

amazement [ə'meɪzmənt] n asombro m; **to my
~** para gran sorpresa mía.

amazing [ə'meɪzɪŋ] adj **-1.** [surprising] asombro-
so(sa) **-2.** [excellent] genial.

amazingly [ə'meɪzɪŋlɪ] adv increíblemente.

Amazon ['æməzn] n **-1.** [river]: **the ~** el
Amazonas **-2.** [region]: **the ~ (Basin)** la
Amazonia, la cuenca amazónica; **the ~ rain-
forest** la selva amazónica **-3.** [woman] amazona f.

Amazonian [ˌæmə'zəʊnjən] adj amazónico(ca).

ambassador [æm'bæsədə[r]] *n* embajador *m*, -ra *f*.

amber ['æmbə[r]] <> *adj* -**1.** [amber-coloured] de color ámbar, ambarino(na) - **2.** *UK* [traffic light] ámbar. <> *n* ámbar *m*. <> *comp* [made of amber] de ámbar.

ambiance ['æmbɪəns] = **ambience**.

ambidextrous [ˌæmbɪ'dekstrəs] *adj* ambidiestro(tra).

ambience ['æmbɪəns] *n* ambiente *m*.

ambiguity [ˌæmbɪ'gjuːətɪ] (*pl* -**ies**) *n* ambigüedad *f*.

ambiguous [æm'bɪgjʊəs] *adj* ambiguo(gua).

ambiguously [æm'bɪgjʊəslɪ] *adv* ambiguamente.

ambition [æm'bɪʃn] *n* ambición *f*.

ambitious [æm'bɪʃəs] *adj* ambicioso(sa).

ambivalence [æm'bɪvələns] *n* ambivalencia *f*.

ambivalent [æm'bɪvələnt] *adj* ambivalente.

amble ['æmbl] *vi* [walk] deambular.

ambulance ['æmbjʊləns] <> *n* ambulancia *f*. <> *comp*: ~ **man** ambulanciero *m*; ~ **woman** ambulanciera *f*.

ambush ['æmbʊʃ] <> *n* emboscada *f*. <> *vt* emboscar.

ameba *US* = **amoeba**.

ameliorate [ə'miːljəreɪt] *vt & vi fml* mejorar.

amen [ˌɑː'men] *excl* amén.

amenable [ə'miːnəbl] *adj* receptivo(va); ~ **to** favorable a.

amend [ə'mend] *vt* [law] enmendar; [text] corregir; [schedule] modificar.

➡ **amends** *npl*: **to make** ~**s for sthg** reparar algo.

amendment [ə'mendmənt] *n* -**1.** [change - to law] enmienda *f*; [- to text] corrección *f*; [- to schedule] modificación *f* - **2.** [act of changing] enmienda *f*, rectificación *f*.

amenities [ə'miːnətɪz] *npl* [of town] facilidades *fpl*; [of building] comodidades *fpl*.

America [ə'merɪkə] *n* América.

➡ **Americas** *npl*: **the** ~**s** las Américas.

American [ə'merɪkn] <> *adj* americano(na). <> *n* [person] americano *m*, -na *f*.

American football *n* fútbol *m* americano.

American Indian *n* amerindio *m*, -dia *f*.

Americanism [ə'merɪkənɪzm] *n* americanismo *m*.

americanize, -ise [ə'merɪkənaɪz] *vt* americanizar.

amethyst ['æmɪθɪst] *n* amatista *f*.

Amex ['æmeks] *n* -**1.** (*abbr of* **American Stock Exchange**) *segundo mercado bursátil estadounidense* - **2.** *abbr of* **American Express**.

amiable ['eɪmjəbl] *adj* amable, agradable.

amiably ['eɪmjəblɪ] *adv* amablemente.

amicable ['æmɪkəbl] *adj* amigable, amistoso(sa).

amicably ['æmɪkəblɪ] *adv* amigablemente, amistosamente.

amid(st) [ə'mɪd(st)] *prep fml* entre, en medio de.

amino acid [ə'miːnəʊ-] *n* aminoácido *m*.

amiss [ə'mɪs] <> *adj*: **something's** ~ algo va mal. <> *adv*: **to take sthg** ~ tomarse algo a mal.

ammo ['æməʊ] *n* (*U*) *inf* MIL munición *f*.

ammonia [ə'məʊnjə] *n* amoniaco *m*.

ammunition [ˌæmjʊ'nɪʃn] *n* (*U*) -**1.** MIL municiones *fpl* - **2.** *fig* [information, argument] argumentos *mpl*.

ammunition dump *n* arsenal *m* OR depósito *m* de municiones.

amnesia [æm'niːzjə] *n* amnesia *f*.

amnesty ['æmnəstɪ] (*pl* -**ies**) *n* amnistía *f*.

Amnesty International *n* Amnistía *f* Internacional.

amoeba *UK* (*pl* -**bas** OR -**bae** [-biː]), **ameba** *US* (*pl* -**bas** OR -**bae** [-biː]) [ə'miːbə] *n* ameba *f*.

amok [ə'mɒk] *adv*: **to run** ~ *enloquecer atacando a gente de forma indiscriminada*.

among(st) [ə'mʌŋ(st)] *prep* entre.

amoral [ˌeɪ'mɒrəl] *adj* amoral.

amorous ['æmərəs] *adj* apasionado(da).

amorphous [ə'mɔːfəs] *adj* amorfo(fa).

amortize [ə'mɔːtaɪz] *vt* FIN amortizar.

amount [ə'maʊnt] *n* cantidad *f*.

➡ **amount to** *vt fus* -**1.** [total] ascender a - **2.** [be equivalent to] venir a ser.

amp [æmp] *n* -**1.** *abbr of* **ampere** - **2.** *inf* (*abbr of* **amplifier**) ampli *m*.

amperage ['æmpərɪdʒ] *n* ELEC amperaje *m*.

ampere ['æmpeə[r]] *n* amperio *m*.

ampersand ['æmpəsænd] *n* signo "&".

amphetamine [æm'fetəmiːn] *n* anfetamina *f*.

amphibian [æm'fɪbɪən] *n* anfibio *m*.

amphibious [æm'fɪbɪəs] *adj* [animal, vehicle] anfibio(bia).

amphitheatre *UK*, **amphitheater** *US* ['æmfɪˌθɪətə[r]] *n* anfiteatro *m*.

ample ['æmpl] *adj* -**1.** [enough] suficiente; [more than enough] sobrado(da); **to have** ~ **time** *tener tiempo de sobra* - **2.** [garment, room] amplio (plia); [stomach, bosom] abundante.

amplification [ˌæmplɪfɪ'keɪʃn] *n* -**1.** [of sound] amplificación *f* - **2.** [of idea, statement] desarrollo *m*, explicación *f*.

amplifier ['æmplɪfaɪə[r]] *n* amplificador *m*.

amplify ['æmplɪfaɪ] (*pt & pp* -**ied**) <> *vt* -**1.** [sound] amplificar - **2.** [idea, statement] desarrollar, ampliar. ⬦ *vi*: **to ~ (on sthg)** ampliar (algo).

amply ['æmplɪ] *adv* **-1.** [sufficiently] suficientemente; [more than sufficiently] sobradamente **-2.** [considerably] abundantemente, ampliamente.

ampoule *UK*, **ampule** *US* ['æmpu:l] *n* ampolla *f*.

amputate ['æmpjʊteɪt] *vt* & *vi* amputar.

amputation [,æmpjʊ'teɪʃn] *n* amputación *f*.

Amsterdam [,æmstə'dæm] *n* Amsterdam.

amt *abbr of* **amount**.

Amtrak ['æmtræk] *n organismo que regula y coordina las líneas férreas en Estados Unidos.*

amuck [ə'mʌk] = **amok**.

amulet ['æmjʊlɪt] *n* amuleto *m*.

amuse [ə'mju:z] *vt* **-1.** [make laugh, smile] divertir **-2.** [entertain] distraer; **to ~ o.s. (by doing sthg)** distraerse (haciendo algo).

amused [ə'mju:zd] *adj* **-1.** [person, look] divertido(da); **I was not ~ at** *OR* **by that** no me hizo gracia eso **-2.** [entertained]: **to keep o.s. ~** entretenerse, distraerse.

amusement [ə'mju:zmənt] *n* **-1.** [enjoyment] regocijo *m*, diversión *f* **-2.** [diversion, game] atracción *f*.

amusement arcade *n* salón *m* de juegos.

amusement park *n* parque *m* de atracciones.

amusing [ə'mju:zɪŋ] *adj* divertido(da), gracioso(sa).

an [*stressed* æn, *unstressed* ən] ⤳ **a²**.

anabolic steroid [,ænə'bɒlɪk-] *n* esteroide *m* anabolizante.

anachronism [ə'nækrənɪzm] *n* anacronismo *m*.

anachronistic [ə,nækrə'nɪstɪk] *adj* anacrónico(ca).

anaemia *UK*, **anemia** *US* [ə'ni:mjə] *n* anemia *f*.

anaemic *UK*, **anemic** *US* [ə'ni:mɪk] *adj* **-1.** [ill] anémico(ca) **-2.** *fig* & *pej* [weak, poor] pobre.

anaesthesia *UK*, **anesthesia** *US* [,ænɪs'θi:zjə] *n* anestesia *f*.

anaesthetic *UK*, **anesthetic** *US* [,ænɪs'θetɪk] *n* anestesia *f*; **under ~** bajo los efectos de la anestesia; **local/general ~** anestesia local/general.

anaesthetist *UK*, **anesthetist** *US* [æ-'ni:sθətɪst] *n* anestesista *m* OR *f*.

anaesthetize *UK*, **-ise** *UK*, **anesthetize** *US* [æ'ni:sθətaɪz] *vt* anestesiar.

anagram ['ænəgræm] *n* anagrama *m*.

anal ['eɪnl] *adj* anal.

analgesic [,ænæl'dʒi:sɪk] ⬦ *adj* analgési-

co(ca). ⬦ *n* analgésico *m*.

analog *US adj* & *n* = **analogue**.

analogous [ə'næləgəs] *adj fml*: **~ (to)** análogo(ga) (a).

analogue, analog *US* ['ænəlɒg] ⬦ *adj* [watch, clock] analógico(ca). ⬦ *n fml* equivalente *m*.

analogy [ə'nælədʒɪ] (*pl* **-ies**) *n* analogía *f*; **to draw an ~ with/between** establecer una analogía con/entre; **by ~** por analogía.

analyse *UK*, **analyze** *US* ['ænəlaɪz] *vt* analizar.

analysis [ə'næləsɪs] (*pl* **analyses** [ə'næləsi:z]) *n* **-1.** [examination] análisis *m* inv; **in the final** *OR* **last ~** a fin de cuentas **-2.** [psychoanalysis] psicoanálisis *m* inv; **she is in ~** se está psicoanalizando.

analyst ['ænəlɪst] *n* **-1.** [gen] analista *m* OR *f* **-2.** [psychoanalyst] psicoanalista *m* OR *f*.

analytic(al) [,ænə'lɪtɪk(l)] *adj* analítico(ca).

analyze *US* = **analyse**.

anarchic [æ'nɑ:kɪk] *adj* anárquico(ca).

anarchist ['ænəkɪst] *n* anarquista *m* OR *f*.

anarchy ['ænəkɪ] *n* anarquía *f*.

anathema [ə'næθəmə] *n*: **the idea is ~ to me** la idea me parece aberrante.

anatomical [,ænə'tɒmɪkl] *adj* anatómico(ca).

anatomy [ə'nætəmɪ] (*pl* **-ies**) *n* anatomía *f*.

ANC (*abbr of* **African National Congress**) *n* ANC *m*.

ancestor ['ænsestəʳ] *n lit* & *fig* antepasado *m*.

ancestral home [æn'sestrəl-] *n* casa *f* solariega.

ancestry ['ænsestrɪ] (*pl* **-ies**) *n* ascendencia *f*.

anchor ['æŋkəʳ] ⬦ *n* NAUT ancla *f*; **to drop ~** echar el ancla; **to weigh ~** levar anclas. ⬦ *vt* **-1.** [secure] sujetar **-2.** *esp US* TV presentar. ⬦ *vi* NAUT anclar.

anchorage ['æŋkərɪdʒ] *n* **-1.** NAUT fondeadero *m* **-2.** [means of securing] sujeción *f*.

anchorman ['æŋkəmæn] (*pl* **-men** [-men]) *n* TV presentador *m*, locutor *m*.

anchorwoman ['æŋkə,wʊmən] (*pl* **women** [-,wɪmɪn]) *n* presentadora *f*, locutora *f*.

anchovy ['æntʃəvɪ] (*pl inv* OR **-ies**) *n* [salted] anchoa *f*; [fresh, in vinegar] boquerón *m*.

ancient ['eɪnʃənt] *adj* **-1.** [gen] antiguo(gua) **-2.** *hum* [very old] vetusto(ta).

ancillary [æn'sɪlərɪ] *adj* auxiliar.

and [*strong form* ænd, *weak form* ənd, ən] *conj* **-1.** [gen] y; *(before 'i' or 'hi')* e; **fish ~ chips** pescado con patatas fritas; **faster ~ faster** cada vez más rápido; **it's nice ~ easy** es sencillito **-2.** [in numbers]: **one hundred ~ eighty** ciento ochenta; **one ~ a half** uno y medio; **2 ~ 2 is 4** 2 y 2 son 4 **-3.** [to]: **try ~ come** intenta venir; **come ~ see the kids** ven a ver a los niños;

wait ~ **see** espera a ver.
➡ **and so on, and so forth** adv etcétera, y cosas así.

Andalusia [ˌændəˈluːzɪəl] n Andalucía.

Andalusian [ˌændəˈluːzɪən] ◇ adj andaluz(za). ◇ n andaluz m, -za f.

Andean [ˈændɪən] adj andino(na).

Andes [ˈændiːz] npl: **the** ~ los Andes.

Andorra [ænˈdɔːrə] n Andorra.

androgynous [ænˈdrɒdʒɪnəs] adj andrógino(na).

android [ˈændrɔɪd] n androide m.

anecdotal [ˌænɪkˈdətl] adj [evidence] anecdótico(ca).

anecdote [ˈænɪkdəʊt] n anécdota f.

anemia US = anaemia.

anemic US = anaemic.

anemone [əˈnemənɪ] n anémona f.

anesthesiologist [ˌænɪsˌθiːzɪˈɒlədʒɪst] n anestesista m OR f.

anesthetic etc US = anaesthetic.

anew [əˈnjuː] adv de nuevo, nuevamente.

angel [ˈeɪndʒəl] n **-1.** RELIG ángel m **-2.** inf [delightful person] cielo m, sol m; US ~ **food cake** bizcocho lígero elaborado con claras de huevo.

Angeleno [ˌændʒəˈliːnəʊ] n habitante de Los Angeles.

angelic [ænˈdʒelɪk] adj angelical.

anger [ˈæŋgəʳ] ◇ n ira f, furia f. ◇ vt enfadar.

angina [ænˈdʒaɪnə] n angina f de pecho.

angle [ˈæŋgl] ◇ n **-1.** [gen] ángulo m; **the picture was hanging at an** ~ [aslant] el cuadro estaba colgado torcido **-2.** [point of view] enfoque m. ◇ vi **-1.** [fish] pescar (con caña) **-2.** [manoeuvre]: **to** ~ **for** andar detrás de OR a la caza de.

Anglepoise lamp® [ˈæŋglpɔɪz-] n flexo m.

angler [ˈæŋgləʳ] n pescador m, -ra f (con caña).

Anglican [ˈæŋglɪkən] ◇ adj anglicano(na). ◇ n anglicano m, -na f.

anglicism [ˈæŋglɪsɪzm] n anglicismo m.

angling [ˈæŋglɪŋ] n pesca f con caña.

Anglo [ˈæŋgləʊ] prefix anglo-.

Anglo-Saxon [ˌæŋgləʊˈsæksn] ◇ adj anglosajón(ona). ◇ n **-1.** [person] anglosajón m, -ona f **-2.** [language] anglosajón m.

Angola [æŋˈgəʊlə] n Angola.

Angolan [æŋˈgəʊlən] ◇ adj angoleño(ña). ◇ n angoleño m, -ña f.

angora [æŋˈgɔːrə] n **-1.** [goat] cabra f de angora; [rabbit] conejo m de angora **-2.** [material] angora f.

angrily [ˈæŋgrəlɪ] adv airadamente.

angry [ˈæŋgrɪ] (compar **-ier**, superl **-iest**) adj [person] enfadado(da); [letter, look, face] furioso(sa); airado(da); **to be** ~ **at** OR **with sb** estar enfadado con alguien; **to get** ~ **with sb** enfadarse con alguien.

angst [æŋst] n angustia f vital.

anguish [ˈæŋgwɪʃ] n angustia f.

anguished [ˈæŋgwɪʃt] adj angustiado(da).

angular [ˈæŋgjʊləʳ] adj [face, body] anguloso(sa).

animal [ˈænɪml] ◇ adj [instincts, kingdom] animal; [rights] de los animales. ◇ n [creature] animal m; pej [person] animal m OR f.

animate [ˈænɪmət] adj animado(da).

animated [ˈænɪmeɪtɪd] adj animado(da).

animated cartoon n dibujos mpl animados.

animation [ˌænɪˈmeɪʃn] n **-1.** [excitement] emoción f, entusiasmo m **-2.** [of cartoons] animación f.

animosity [ˌænɪˈmɒsətɪ] (pl **-ies**) n animosidad f, animadversión f.

aniseed [ˈænɪsiːd] n anís m.

ankle [ˈæŋkl] ◇ n tobillo m. ◇ comp: ~ **boots** botines mpl; ~ **socks** calcetines mpl cortos.

anklet [ˈæŋklɪt] n US [ankle sock] calcetín m corto.

annals [ˈænlz] npl anales mpl.

annex esp UK & esp US [ˈæneks] ◇ n edificio m anejo. ◇ vt anexionar.

annexation [ˌænekˈseɪʃn] n anexión f.

annexe [ˈæneks] = **annex**.

annihilate [əˈnaɪəleɪt] vt [destroy] aniquilar.

annihilation [əˌnaɪəˈleɪʃn] n [destruction] aniquilación f.

anniversary [ˌænɪˈvɜːsərɪ] (pl **-ies**) n aniversario m.

annotate [ˈænəteɪt] vt fml anotar.

announce [əˈnaʊns] vt anunciar.

announcement [əˈnaʊnsmənt] n anuncio m.

announcer [əˈnaʊnsəʳ] n: **radio/television** ~ presentador m, -ra f OR locutor m, -ra f de radio/televisión.

annoy [əˈnɔɪ] vt fastidiar, molestar.

annoyance [əˈnɔɪəns] n molestia f.

annoyed [əˈnɔɪd] adj: **to be** ~ **at** sthg/**with sb** estar molesto(ta) por algo/con alguien; **to get** ~ **at** sthg/**with sb** molestarse por algo/con alguien.

annoying [əˈnɔɪɪŋ] adj fastidioso(sa), irritante.

annual [ˈænjʊəl] ◇ adj anual. ◇ n **-1.** [plant] planta f anual **-2.** [book] anuario m.

annual general meeting n asamblea f general anual.

annually [ˈænjʊəlɪ] adv anualmente.

annuity [əˈnjuːɪtɪ] (pl **-ies**) n FIN anualidad f.

annul [ə'nʌl] (*pt* & *pp* **-led**, *cont* **-ling**) *vt* anular.
annulment [ə'nʌlmənt] *n* anulación *f*.
annum ['ænəm] *n*: per ~ al año.
Annunciation [ə,nʌnsɪ'eɪʃn] *n*: the ~ la Anunciación *f*.
anode ['ænəʊd] *n* ánodo *m*.
anoint [ə'nɔɪnt] *vt* ungir.
anomalous [ə'nɒmələs] *adj* anómalo(la).
anomaly [ə'nɒmələ] (*pl* **-ies**) *n* anomalía *f*.
anon. [ə'nɒn] (*abbr of* **anonymous**) anón.
anonymity [,ænə'nɪmətɪ] *n* anonimato *m*.
anonymous [ə'nɒnɪməs] *adj* anónimo(ma).
anonymously [ə'nɒnɪməslɪ] *adv* anónimamente.
anorak ['ænəræk] *n* **-1.** *esp UK* [garment] chubasquero *m*, anorak *m* **-2.** *UK inf* [boring person] petardo *m*, -da *f*.
anorexia (nervosa) [,ænə'reksɪə(nɜː'vəʊsə)] *n* anorexia *f*.
anorexic [,ænə'reksɪk] <> *adj* anoréxico(ca). <> *n* anoréxico *m*, -ca *f*.
another [ə'nʌðəʳ] <> *adj* otro(tra); ~ one otro(tra); in ~ few minutes en unos minutos más. <> *pron* otro *m*, -tra *f*; one after ~ uno tras otro, una tras otra; one ~ el uno al otro, la una a la otra; we love one ~ nos queremos; with one ~ el uno con el otro, la una con la otra.
ANSI (*abbr of* **American National Standards Institute**) *n instituto estadounidense de normalización*.
answer ['ɑːnsəʳ] <> *n* **-1.** [gen] respuesta *f*; in ~ to en respuesta a **-2.** [to problem] solución *f*. <> *vt* **-1.** [reply to] responder a, contestar a **-2.** [respond to]: to ~ the door abrir la puerta; to ~ the phone coger *or* contestar el teléfono. <> *vi* responder, contestar.
→ **answer back** *vt sep* & *vi* replicar.
→ **answer for** *vt fus* **-1.** [accept responsibility for] responder por; they have a lot to ~ for tienen mucho que explicar **-2.** [suffer consequences of] responder de.
answerable ['ɑːnsərəbl] *adj*: ~ (to sb/for sthg) responsable (ante alguien/de algo).
answering machine, answerphone ['ɑːnsərɪŋ-] *n* contestador *m* automático.
ant [ænt] *n* hormiga *f*.
antacid [,ænt'æsɪd] *n* antiácido *m*.
antagonism [æn'tægənɪzm] *n* antagonismo *m*.
antagonist [æn'tægənɪst] *n* antagonista *m or f*.
antagonistic [æn,tægə'nɪstɪk] *adj* hostil, hostil.
antagonize, -ise [æn'tægənaɪz] *vt* provocar la hostilidad de.
Antarctic [æn'tɑːktɪk] <> *adj* antártico(ca). <> *n*: the ~ el Antártico.

Antarctica [æn'tɑːktɪkə] *n* (la) Antártida.
Antarctic Circle *n*: the ~ el Círculo Polar Antártico.
Antarctic Ocean *n*: the ~ el océano Antártico.
ante ['æntɪ] *n inf fig*: to up *or* raise the ~ subir la apuesta.
anteater ['ænt,iːtəʳ] *n* oso *m* hormiguero.
antecedent [,æntɪ'siːdənt] *n fml* [previous event] antecedente *m*.
antediluvian [,æntɪdɪ'luːvjən] *adj hum* antediluviano(na).
antelope ['æntɪləʊp] (*pl inv or* **-s**) *n* antílope *m*.
antenatal [,æntɪ'neɪtl] *adj* prenatal.
antenatal clinic *n* clínica *f* de preparación al parto.
antenna [æn'tenə] (*pl sense 1* **-nae** [-niː], *pl sense 2* **-s**) *n* **-1.** [of insect] antena *f* **-2.** *US* [aerial] antena *f*.
anteroom ['æntɪrʊm] *n* [antechamber] antesala *f*; [waiting room] sala *f* de espera.
anthem ['ænθəm] *n* himno *m*.
anthill ['ænθhɪl] *n* hormiguero *m*.
anthology [æn'θɒlədʒɪ] (*pl* **-ies**) *n* antología *f*.
anthrax ['ænθræks] *n* ántrax *m inv*, carbunco *m*.
anthropologist [,ænθrə'pɒlədʒɪst] *n* antropólogo *m*, -ga *f*.
anthropology [,ænθrə'pɒlədʒɪ] *n* antropología *f*.
anti- ['æntɪ] *prefix* anti-.
antiaircraft [,æntɪ'eəkrɑːft] *adj* antiaéreo(a).
anti-American *adj* antiamericano(na).
antiballistic missile [,æntɪbə'lɪstɪk-] *n* misil *m* antibalístico.
antibiotic [,æntɪbaɪ'ɒtɪk] *n* antibiótico *m*.
antibody ['æntɪ,bɒdɪ] (*pl* **-ies**) *n* anticuerpo *m*.
anticipate [æn'tɪsɪpeɪt] *vt* **-1.** [expect] prever **-2.** [look forward to] esperar ansiosamente **-3.** [preempt] adelantarse a.
anticipation [æn,tɪsɪ'peɪʃn] *n* [excitement] expectación *f*; in ~ con impaciencia; in ~ of en previsión de.
anticlimax [,æntɪ'klaɪmæks] *n* decepción *f*.
anticlockwise [,æntɪ'klɒkwaɪz] *UK* <> *adj* contrario(ria) al sentido de las agujas del reloj. <> *adv* en sentido contrario al de las agujas del reloj.
antics ['æntɪks] *npl* payasadas *fpl*.
anticyclone [,æntɪ'saɪkləʊn] *n* anticiclón *m*.
antidepressant [,æntɪdɪ'presnt] *n* antidepresivo *m*.
antidote ['æntɪdəʊt] *n lit* & *fig*: ~ (to) antídoto *m* (contra).
antifreeze ['æntɪfriːz] *n* anticongelante *m*.
Antigua [æn'tiːgə] *n* Antigua; ~ and Barbuda

Antigua y Barbuda.

antihero [ˈæntɪˌhɪərəʊ] (*pl* **-es**) *n* antihéroe *m*.

antihistamine [ˌæntɪˈhɪstəmɪn] *n* antihistamínico *m*.

anti-inflammatory *adj* antiinflamatorio(ria).

antipathy [ænˈtɪpəθɪ] *n*: ~ **(to** *OR* **towards)** antipatía *f* (hacia *OR* por).

antipersonnel [ˈæntɪˌpɜːsəˈnel] *adj* MIL antipersonal.

antiperspirant [ˌæntɪˈpɜːspərənt] *n* antitranspirante *m*.

Antipodes [ænˈtɪpədiːz] *npl*: **the** ~ las antípodas.

antiquarian [ˌæntɪˈkweərɪən] <> *adj* [bookshop] especializado(da) en libros antiguos. <> *n* anticuario *m*, -ria *f*.

antiquated [ˈæntɪkweɪtɪd] *adj* anticuado(da).

antique [ænˈtiːk] <> *adj* [furniture, object] antiguo(gua). <> *n* antigüedad *f*.

antique dealer *n* anticuario *m*, -ria *f*.

antique shop *n* tienda *f* de antigüedades.

antiquity [ænˈtɪkwətɪ] (*pl* **-ies**) *n* antigüedad *f*.

anti-Semitic [-sɪˈmɪtɪk] *adj* antisemita.

anti-Semitism [ˌæntɪˈsemɪtɪzm] *n* antisemitismo *m*.

antiseptic [ˌæntɪˈseptɪk] <> *adj* antiséptico(ca). <> *n* antiséptico *m*.

antisocial [ˌæntɪˈsəʊʃl] *adj* **-1.** [against society] antisocial **-2.** [unsociable] poco sociable.

antistatic [ˌæntɪˈstætɪk] *adj* antiestático(ca).

antitank [ˌæntɪˈtæŋk] *adj* antitanque *(inv)*.

antitheft device [ˌæntɪˈθeft-] *n* dispositivo *m* antirrobo.

antithesis [ænˈtɪθɪsɪs] (*pl* **-theses** [-θɪsiːz]) *n* antítesis *f inv*.

antitrust [ˈæntɪˈtrʌst] *adj* US antimonopolio *(inv)*.

antivirus [ˈæntɪˈvaɪrəs] *adj* COMPUT antivirus *(inv)*.

antlers [ˈæntləz] *npl* cornamenta *f*.

antonym [ˈæntənɪm] *n* antónimo *m*.

antsy [ˈæntsɪ] *adj* US nervioso *m*, -sa *f*.

Antwerp [ˈæntwɜːp] *n* Amberes.

anus [ˈeɪnəs] *n* ano *m*.

anvil [ˈænvɪl] *n* yunque *m*.

anxiety [æŋˈzaɪətɪ] (*pl* **-ies**) *n* **-1.** [worry] ansiedad *f*, inquietud *f* **-2.** [cause of worry] preocupación *f* **-3.** [keenness] afán *m*, ansia *f*.

anxious [ˈæŋkʃəs] *adj* **-1.** [worried] preocupado (da); **to be** ~ **about** estar preocupado por **-2.** [keen]: **to be** ~ **that/to do sthg** estar ansioso(sa) por que/por hacer algo.

anxiously [ˈæŋkʃəslɪ] *adv* con inquietud.

any [ˈenɪ] <> *adj* **-1.** (with negative) ninguno(na).

I haven't read ~ **books** no he leído ningún libro; **I haven't got** ~ **money** no tengo nada de dinero **-2.** [some] algún(una); **are there** ~ **cakes left?** ¿queda algún pastel?; **is there** ~ **milk left?** ¿queda algo de leche?; **can I be of** ~ **help?** ¿le puedo ayudar en algo?; **have you got** ~ **money?** ¿tienes dinero? **-3.** [no matter which] cualquier; ~ **box will do** cualquier caja vale; *see also* **case, day, moment, rate.** <> *pron* **-1.** (with negative) ninguno *m*, -na *f*; **I didn't get** ~ a mí no me tocó ninguno **-2.** [some] alguno *m*, -na *f*; **can you do it?** ¿sabe alguno de vosotros hacerlo?; **I need some matches, do you have** ~? necesito cerillas, ¿tienes?; **few foreign films, if** ~, **are successful here** muy pocas películas extranjeras, por no decir ninguna, tienen éxito aquí **-3.** [no matter which] cualquiera; **take** ~ **you like** coge cualquiera que te guste. <> *adv* **-1.** (with negative): **I can't see it** ~ **more** ya no lo veo; **he's not feeling** ~ **better** no se siente nada mejor; **I can't stand it** ~ **longer** no lo aguanto más **-2.** [some, a little]: **do you want** ~ **more potatoes?** ¿quieres más patatas?; **is that** ~ **better/different?** ¿es así mejor/diferente?

anybody [ˈenɪˌbɒdɪ] = **anyone.**

anyhow [ˈenɪhaʊ] *adv* **-1.** [in spite of that] de todos modos **-2.** [carelessly] de cualquier manera **-3.** [in any case] en cualquier caso.

anyone [ˈenɪwʌn] *pron* **-1.** (in negative sentences) nadie; **I don't know** ~ no conozco a nadie **-2.** (in questions) alguien **-3.** [any person] cualquiera.

anyplace US = **anywhere.**

anything [ˈenɪθɪŋ] *pron* **-1.** (in negative sentences) nada; **I don't want** ~ no quiero nada **-2.** (in questions) algo; **would you like** ~ **else?** ¿quiere algo más? **-3.** [any object, event] cualquier cosa; **it could be** ~ **between two and five** no sé, de dos a cinco.

➡ **anything but** *adv* cualquier cosa menos.

anyway [ˈenɪweɪ] *adv* **-1.** [in any case] de todas formas *OR* maneras **-2.** [in conversation] en cualquier caso.

anywhere [ˈenɪweəʳ], **anyplace** US [ˈenɪpleɪs] *adv* **-1.** (in negative sentences) en ningún sitio; **I didn't go** ~ no fui a ninguna parte **-2.** (in questions) en algún sitio; **did you go** ~? ¿fuiste a algún sitio? **-3.** [wherever] cualquier sitio; ~ **you like** donde quieras **-4.** [any amount, number]: ~ **between 10 and 100 people** de 10 a 100 personas.

Anzac [ˈænzæk] (*abbr of* **Australia-New Zealand Army Corps**) *n* soldado *australiano o neocelandés*.

AOB, a.o.b. (*abbr of* **any other business**)

ruegos y preguntas.

Apache [əˈpætʃɪ] *n* apache *m* OR *f*.

apart [əˈpɑːt] *adv* **-1.** [separated] separado(da); **they're not very far** ~ están bastante juntos; **we're living** ~ vivimos separados **-2.** [in several parts]: **to take sthg** ~ desmontar algo; **to fall** ~ hacerse pedazos **-3.** [aside] aparte; **joking** ~ bromas aparte.

➤ **apart from** *prep* **-1.** [except for] aparte de, salvo **-2.** [as well as] aparte de.

apartheid [əˈpɑːtheɪt] *n* apartheid *m*.

apartment [əˈpɑːtmənt] *n* esp US piso *m*, apartamento *m*, departamento *m* Amér.

apartment building *n* US bloque *m* de pisos, bloque *m* de departamentos Amér.

apathetic [ˌæpəˈθetɪk] *adj* apático(ca).

apathy [ˈæpəθɪ] *n* apatía *f*.

ape [eɪp] <> *n* simio *m*. <> *vt pej* copiar, imitar.

Apennines [ˈæpɪnaɪnz] *npl*: **the** ~ los Apeninos.

aperitif [əperəˈtiːf] *n* aperitivo *m*.

aperture [ˈæpəˌtjʊəʳ] *n* abertura *f*.

apex [ˈeɪpeks] (*pl* **-es** OR **apices**) *n* [top] vértice *m*.

APEX [ˈeɪpeks] (*abbr of* **advance purchase excursion**) *n* UK (tarifa *f*) APEX *f*.

aphid [ˈeɪfɪd] *n* pulgón *m*.

aphorism [ˈæfərɪzm] *n* aforismo *m*.

aphrodisiac [ˌæfrəˈdɪzɪæk] *n* afrodisíaco *m*.

apices [ˈeɪpɪsiːz] *pl* ⊳ **apex**.

apiece [əˈpiːs] *adv* cada uno(na).

aplomb [əˈplɒm] *n* aplomo *m*.

apocalypse [əˈpɒkəlɪps] *n* apocalipsis *m inv*.

apocalyptic [əˌpɒkəˈlɪptɪk] *adj* apocalíptico(ca).

apogee [ˈæpədʒiː] *n* ASTRON & **fig** apogeo *m*.

apolitical [ˌeɪpəˈlɪtɪkəl] *adj* apolítico(ca).

apologetic [əˌpɒləˈdʒetɪk] *adj* [tone, look] lleno(na) de disculpas; **to be very** ~ **(about)** no hacer más que disculparse (por).

apologetically [əˌpɒləˈdʒetɪklɪ] *adv* pidiendo disculpas OR perdón.

apologize, -ise [əˈpɒlədʒaɪz] *vi*: **to** ~ **(to sb for sthg)** disculparse (ante alguien por algo); **I** ~**d to her** le pedí perdón.

apology [əˈpɒlədʒɪ] (*pl* **-ies**) *n* disculpa *f*; **Tom sends his apologies** [can't come] Tom se excusa por no poder asistir.

apoplectic [ˌæpəˈplektɪk] *adj* **-1.** MED apopléti-co(ca) **-2.** inf [very angry] enfurecido(da).

apoplexy [ˈæpəpleksɪ] *n* apoplejía *f*.

apostle [əˈpɒsl] *n* RELIG apóstol *m*.

apostrophe [əˈpɒstrəfɪ] *n* apóstrofo *m*.

appal (UK *pt* & *pp* **-led**, *cont* **-ling**), **appall** US [əˈpɔːl] *vt* horrorizar.

Appalachian [ˌæpəˈleɪtʃən] <> *adj* apalache. <> *n*: **the** ~**s**, **the** ~ **Mountains** los (montes) Apalaches.

appall US = **appal**.

appalled [əˈpɔːld] *adj* horrorizado(da).

appalling [əˈpɔːlɪŋ] *adj* **-1.** [shocking] horroro-so(sa) **-2.** [very bad] pésimo(ma).

appallingly [əˈpɔːlɪŋlɪ] *adv* **-1.** [shockingly] horrorosamente **-2.** [very badly] pésimamente.

apparatus [ˌæpəˈreɪtəs] (*pl inv* OR **-es**) *n* **-1.** [equipment] aparatos *mpl*; **a piece of** ~ un aparato **-2.** POL aparato *m*.

apparel [əˈpærəl] *n* US ropa *f*.

apparent [əˈpærənt] *adj* **-1.** [evident] evidente, patente; **for no** ~ **reason** sin motivo aparente **-2.** [seeming] aparente.

apparently [əˈpærəntlɪ] *adv* **-1.** [it seems] al parecer, por lo visto, diz que Amér **-2.** [seemingly] aparentemente.

apparition [ˌæpəˈrɪʃn] *n* fml aparición *f*.

appeal [əˈpiːl] <> *vi* **-1.** [request]: **to** ~ **(to sb for sthg)** solicitar (de alguien algo) **-2.** [to sb's honour, common sense]: **to** ~ **to** apelar a **-3.** JUR: **to** ~ **(against)** apelar (contra) **-4.** [attract, interest]: **to** ~ **(to)** atraer (a). <> *n* **-1.** [request] llamamiento *m*, súplica *f*; [fundraising campaign] campaña *f* para recaudar fondos **-2.** JUR apelación *f* **-3.** [charm, interest] atractivo *m*.

appealing [əˈpiːlɪŋ] *adj* **-1.** [attractive] atractivo(va) **-2.** [touching] [look, tone] suplicante.

appear [əˈpɪəʳ] *vi* **-1.** [gen] aparecer **-2.** [seem]: **to** ~ **(to be/to do sthg)** parecer (ser/hacer algo); **it would** ~ **that ...** parece que ... **-3.** [in play, film, on TV]: **to** ~ **on TV/in a film** salir en televisión/en una película **-4.** JUR: **to** ~ **(before)** comparecer (ante).

appearance [əˈpɪərəns] *n* **-1.** [gen] aparición *f*; **to make an** ~ aparecer; **to put in an** ~ hacer acto de presencia **-2.** [of sportsman] actuación *f* **-3.** [look - of person, place, object] aspecto *m*; **by** OR **to all** ~**s** por lo que parece; **to keep up** ~**s** guardar las apariencias.

appease [əˈpiːz] *vt* aplacar, apaciguar.

appeasement [əˈpiːzmənt] *n* **-1.** [placating] apaciguamiento *m* **-2.** POL contemporización *f*.

append [əˈpend] *vt fml* **-1.** [add]: **to** ~ **sthg (to sthg)** agregar algo (a algo) **-2.** [attach] [document]: **to** ~ **sthg (to sthg)** adjuntar algo (a algo).

appendage [əˈpendɪdʒ] *n* apéndice *m*, añadido *m*.

appendices [əˈpendɪsiːz] *pl* ⊳ **appendix**.

appendicitis [əˌpendɪˈsaɪtɪs] *n (U)* apendicitis *f inv*.

appendix [əˈpendɪks] (*pl* **-dixes** OR **-dices**) *n* [gen

& *ANAT* apéndice *m*; **to have one's ~ out** OR **removed** operarse de apendicitis.

appetite ['æpɪtaɪt] *n* -**1.** [for food] apetito *m*; **I no longer have any ~ for my food** ya no tengo ganas de comer -**2.** *fig* [enthusiasm]: **~ for** entusiasmo *m* por.

appetizer, -iser ['æpɪtaɪzə'] *n* aperitivo *m*, pasapalos *m inv Amér.*

appetizing, -ising ['æpɪtaɪzɪŋ] *adj* [food] apetitoso(sa).

applaud [ə'plɔ:d] *vt & vi lit & fig* aplaudir.

applause [ə'plɔ:z] *n (U)* aplausos *mpl.*

apple ['æpl] *n* manzana *f*; **she's the ~ of my eye** *inf* es la niña de mis ojos.

apple pie *n* pastel *m* de manzana.

applet ['æplɪt] *n COMPUT* applet *m.*

apple tree *n* manzano *m.*

appliance [ə'plaɪəns] *n* aparato *m*; **domestic ~** electrodoméstico *m.*

applicable [ə'plɪkəbl] *adj*: **to be ~ (to)** aplicarse (a).

applicant ['æplɪkənt] *n*: **~ (for)** solicitante *m* OR *f* (de).

application [,æplɪ'keɪʃn] *n* -**1.** [gen] aplicación *f* -**2.** [for job, college, club]: **~ (for)** solicitud *f* (para) -**3.** *COMPUT* aplicación *f.*

application form *n* impreso *m* de solicitud.

applicator ['æplɪkeɪtə'] *n* aplicador *m.*

applied [ə'plaɪd] *adj* [science] aplicado(da).

appliqué [ə'pli:keɪ] *n SEWING* aplicación *f*, sobrepuesto *m.*

apply [ə'plaɪ] (*pt & pp* **-ied**) <> *vt* [gen] aplicar; [brakes] echar; **to ~ o.s. (to sthg)** aplicarse (en algo). <> *vi* -**1.** [for work, grant] presentar una solicitud; **to ~ to sb for sthg** solicitar a alguien algo -**2.** [be relevant] aplicarse; **to ~ to** concernir a.

appoint [ə'pɔɪnt] *vt* -**1.** [to job, position]: **to ~ sb (to sthg)** nombrar a alguien (para algo); **to ~ sb as sthg** nombrar a alguien algo -**2.** *fml* [agree]: **'at the ~ed time'** a la hora señalada.

appointment [ə'pɔɪntmənt] *n* -**1.** [to job, position] nombramiento *m*; **'by ~ to Her Majesty the Queen'** 'proveedor de la familia real' -**2.** [job, position] puesto *m*, cargo *m* -**3.** [with businessman, lawyer] cita *f*; [with doctor, hairdresser] hora *f*; **to have an ~** [with businessman] tener una cita; [with doctor] tener hora; **to make an ~** concertar una cita; **by ~** mediante cita.

apportion [ə'pɔ:ʃn] *vt* [money] repartir; [blame] adjudicar.

apposite ['æpəzɪt] *adj fml* oportuno(na).

appraisal [ə'preɪzl] *n* evaluación *f*, valoración *f.*

appraise [ə'preɪz] *vt fml* evaluar, valorar.

appreciable [ə'pri:ʃəbl] *adj* [difference] apreciable, sensible.

appreciably [ə'pri:ʃəblɪ] *adv* [differ] sensiblemente.

appreciate [ə'pri:ʃɪeɪt] <> *vt* -**1.** [value, like] apreciar -**2.** [recognize, understand] entender, darse cuenta de -**3.** [be grateful for] agradecer. <> *vi FIN* revalorizarse.

appreciation [ə,pri:ʃɪ'eɪʃn] *n* -**1.** [liking] aprecio *m* -**2.** [recognition, understanding] entendimiento *m* -**3.** [gratitude] gratitud *f*, agradecimiento *m* -**4.** *FIN* revalorización *f*, plusvalía *f* -**5.** [of novel, play] crítica *f.*

appreciative [ə'pri:ʃjətɪv] *adj* [person, remark] agradecido(da); [audience] entendido(da).

apprehend [,æprɪ'hend] *vt fml* [arrest] capturar, aprehender.

apprehension [,æprɪ'henʃn] *n* [anxiety] aprensión *f.*

apprehensive [,æprɪ'hensɪv] *adj* aprensivo(va).

apprehensively [,æprɪ'hensɪvlɪ] *adv* con aprensión.

apprentice [ə'prentɪs] <> *n* aprendiz *m*, -za *f.* <> *vt*: **to be ~d to sb** estar de aprendiz con alguien.

apprenticeship [ə'prentɪʃɪp] *n* aprendizaje *m.*

approach [ə'prəʊtʃ] <> *n* -**1.** [arrival] llegada *f* -**2.** [way in] acceso *m* -**3.** [method] enfoque *m*, planteamiento *m* -**4.** [to person]: **to make ~es to sb** hacerle propuestas a alguien. <> *vt* -**1.** [come near to] acercarse a -**2.** [ask]: **to ~ sb about sthg** dirigirse a alguien acerca de algo -**3.** [problem, situation] abordar -**4.** [level, speed] aproximarse a. <> *vi* aproximarse, acercarse.

approachable [ə'prəʊtʃəbl] *adj* accesible.

approaching [ə'prəʊtʃɪŋ] *adj* próximo(ma), cercano(na).

approbation [,æprə'beɪʃn] *n fml* aprobación *f.*

appropriate [*adj* ə'prəʊprɪət, *vb* ə'prəʊprɪeɪt] <> *adj* apropiado(da), adecuado(da). <> *vt* -**1.** *JUR* [take] apropiarse de -**2.** [allocate] destinar.

appropriately [ə'prəʊprɪətlɪ] *adv* de manera apropiada, adecuadamente.

appropriation [ə,prəʊprɪ'eɪʃn] *n* -**1.** [taking] apropiación *f* -**2.** [allocation] asignación *f.*

approval [ə'pru:vl] *n* -**1.** [admiration] aprobación *f* -**2.** [official sanctioning] visto *m* bueno -**3.** *COMM*: **on ~** a prueba.

approve [ə'pru:v] <> *vi* estar de acuerdo; **to ~ of sthg/sb** ver con buenos ojos algo/a alguien. <> *vt* aprobar.

approved [ə'pruːvd] *adj* **-1.** [method] aprobado(da), reconocido(da) **-2.** [supplier] autorizado(da).

approving [ə'pruːvɪŋ] *adj* aprobatorio(ria).

approx. [ə'prɒks] (*abbr of* **approximately**) aprox.

approximate [*adj* ə'prɒksɪmət, *vb* ə'prɒksɪmeɪt] <> *adj* aproximado(da). <> *vi*: **to ~ to** aproximarse a.

approximately [ə'prɒksɪmətlɪ] *adv* aproximadamente.

approximation [ə͵prɒksɪ'meɪʃn] *n* **-1.** [of number, position] cálculo *m* aproximado **-2.** [similarity]: **~ (to)** aproximación *f*(a).

Apr. (*abbr of* **April**) abr.

APR *n* **-1.** (*abbr of* **annualized percentage rate**) TAE *m* OR *f* **-2.** (*abbr of* **annual purchase rate**) *tasa de adquisición anual.*

après-ski [͵æpreɪ'skiː] *n alterne nocturno en una estación de esquí.*

apricot ['eɪprɪkɒt] <> *n* **-1.** [fruit] albaricoque *m*, chabacano *m Méx*, damasco *m Andes, CSur* **-2.** [colour] color *m* albaricoque. <> *comp* de albaricoque.

April ['eɪprəl] *n* abril *m*; *see also* **September**.

April Fools' Day *n* primero *m* de abril, ≈ Día *m* de los Santos Inocentes.

apron ['eɪprən] *n* **-1.** [clothing] delantal *m*, mandil *m*; **to be tied to sb's ~ strings** *inf* estar pegado a las faldas de alguien **-2.** AERON pista *f* de estacionamiento.

apropos ['æprəpəʊ] <> *adj* oportuno(na). <> *prep*: **~ (of)** hablando de.

apt [æpt] *adj* **-1.** [pertinent] acertado(da) **-2.** [likely]: **~ to do sthg** propenso(sa) a hacer algo.

Apt. (*abbr of* **apartment**) Apto.

aptitude ['æptɪtjuːd] *n* aptitud *f*; **to have an ~ for** tener aptitudes para.

aptitude test *n* prueba *f* de aptitud.

aptly ['æptlɪ] *adv* apropiadamente.

aqualung ['ækwəlʌŋ] *n* escafandra *f* autónoma.

aquamarine [͵ækwəmə'riːn] *n* [colour] color *m* aguamarina.

aquaplane ['ækwəpleɪn] *vi UK* AUT patinar.

aquarium [ə'kweərɪəm] (*pl* -**riums** OR -**ria** [-rɪə]) *n* acuario *m*.

Aquarius [ə'kweərɪəs] *n* Acuario *m*; **to be (an) ~** ser Acuario.

aquatic [ə'kwætɪk] *adj* acuático(ca).

aqueduct ['ækwɪdʌkt] *n* acueducto *m*.

AR *abbr of* **Arkansas**.

Arab ['ærəb] <> *adj* árabe. <> *n* **-1.** [person] árabe *m* OR *f* **-2.** [horse] caballo *m* árabe.

Arabia [ə'reɪbjə] *n* Arabia.

Arabian [ə'reɪbjən] *adj* árabe, arábigo(ga).

Arabian desert *n*: **the ~** el Desierto de Arabia.

Arabian Sea *n*: **the ~** el Mar de Omán.

Arabic ['ærəbɪk] <> *adj* árabe. <> *n* [language] árabe *m*.

Arabic numeral *n* número *m* arábigo.

arable ['ærəbl] *adj* cultivable.

Aragon ['ærəgən] *n* Aragón.

arbiter ['ɑːbɪtər] *n fml* árbitro *m*.

arbitrary ['ɑːbɪtrərɪ] *adj* [random] arbitrario(ria).

arbitrate ['ɑːbɪtreɪt] *vi* arbitrar.

arbitration [͵ɑːbɪ'treɪʃn] *n* arbitraje *m*; **the dispute has gone to ~** el conflicto ha sido llevado ante un árbitro.

arc [ɑːk] *n* arco *m*.

ARC (*abbr of* **AIDS-related complex**) *n enfermedad relacionada con el sida.*

arcade [ɑː'keɪd] *n* **-1.** [shopping arcade] galería *f* comercial **-2.** [covered passage] arcada *f*, galería *f*.

arcade game *n* videojuego *m*.

arch [ɑːtʃ] <> *adj* travieso(sa), pícaro(ra). <> *n* **-1.** ARCHIT arco *m* **-2.** [of foot] puente *m*. <> *vt* arquear. <> *vi*: **the bridge ~s over the river** el puente cruza el río formando un arco.

arch- [ɑːtʃ] *prefix*: **~ rival** máximo rival.

archaeological [͵ɑːkɪə'lɒdʒɪkl] *adj* arqueológico(ca).

archaeologist [͵ɑːkɪ'ɒlədʒɪst] *n* arqueólogo *m*, -ga *f*.

archaeology [͵ɑːkɪ'ɒlədʒɪ] *n* arqueología *f*.

archaic [ɑː'keɪɪk] *adj* arcaico(ca).

archangel ['ɑːk͵eɪndʒəl] *n* arcángel *m*.

archbishop [͵ɑːtʃ'bɪʃəp] *n* arzobispo *m*.

archduchess [͵ɑːtʃ'dʌtʃɪs] *n* archiduquesa *f*.

archduke [͵ɑːtʃ'djuːk] *n* archiduque *m*.

arched [ɑːtʃt] *adj* [gen] arqueado(da); [roof] abovedado(da).

archenemy [͵ɑːtʃ'enɪmɪ] (*pl* -**ies**) *n* peor enemigo *m*, enemigo acérrimo.

archeology *etc* [͵ɑːkɪ'ɒlədʒɪ] = **archaeology** *etc*.

archer ['ɑːtʃər] *n* arquero *m*.

archery ['ɑːtʃərɪ] *n* tiro *m* con arco.

archetypal [͵ɑːkɪ'taɪpl] *adj* arquetípico(ca).

archetype ['ɑːkɪtaɪp] *n* arquetipo *m*.

archipelago [͵ɑːkɪ'pelɪgəʊ] (*pl* -**es** OR -**s**) *n* archipiélago *m*.

architect ['ɑːkɪtekt] *n* **-1.** [of buildings] arquitecto *m*, -ta *f* **-2.** *fig* [of plan, event] artífice *m* OR *f*.

architectural [͵ɑːkɪ'tektʃərəl] *adj* arquitectónico(ca).

architecture ['ɑːkɪtektʃər] *n* [gen & COMPUT] arquitectura *f*.

archive file [ˈɑːkaɪv-] *n* COMPUT fichero *m* archivado.

archives [ˈɑːkaɪvz] *npl* [of documents] archivos *mpl*.

archivist [ˈɑːkɪvɪst] *n* archivero *m*, -ra *f*.

archway [ˈɑːtʃweɪ] *n* [passage] arcada *f*; [entrance] entrada *f* en forma de arco.

Arctic [ˈɑːktɪk] ◇ *adj* **-1.** GEOGR ártico(ca) **-2.** *inf* [very cold] gélido(da). ◇ *n*: **the ~** el Ártico.

Arctic Circle *n*: **the ~** el Círculo Polar Ártico.

Arctic Ocean *n*: **the ~** el océano Ártico.

ardent [ˈɑːdənt] *adj* [supporter, admirer, desire] ardiente, ferviente.

ardour UK, **ardor** US [ˈɑːdəʳ] *n* ardor *m*.

arduous [ˈɑːdjʊəs] *adj* arduo(dua).

are [weak form əʳ, strong form ɑːʳ] ▷ **be**.

area [ˈeərɪə] *n* **-1.** [region, designated space] zona *f*, área *f*; **in the ~** en la zona **-2.** [of town] zona *f*, barrio *m* **-3.** *fig* [approximate size, number]: **in the ~ of** del orden de, alrededor de **-4.** [surface size] superficie *f*, área *f* **-5.** [of knowledge, interest] campo *m*.

area code *n* US prefijo *m* (telefónico).

arena [əˈriːnə] *n* **-1.** SPORT palacio *m*, pabellón *m* **-2.** *fig* [area of activity]: **she entered the political ~** saltó al ruedo político.

aren't [ɑːnt] = **are not**.

Argentina [ˌɑːdʒənˈtiːnə] *n* (la) Argentina.

Argentine [ˈɑːdʒəntaɪn] ◇ *adj* argentino(na). ◇ *n* argentino *m*, -na *f*.

Argentinian [ˌɑːdʒənˈtɪnɪən] ◇ *adj* argentino(na). ◇ *n* argentino *m*, -na *f*.

arguable [ˈɑːgjʊəbl] *adj* **-1.** [questionable] discutible **-2.** [possible]: **it is ~ that ...** se podría afirmar que ...

arguably [ˈɑːgjʊəblɪ] *adv* probablemente.

argue [ˈɑːgjuː] ◇ *vi* **-1.** [quarrel]: **to ~ (with sb about sthg)** discutir (con alguien de algo) **-2.** [reason]: **to ~ (for)** abogar (por); **to ~ (against)** oponerse (a). ◇ *vt*: **to ~ that** argumentar que.

argument [ˈɑːgjʊmənt] *n* **-1.** [gen] discusión *f*; **to have an ~ (with)** tener una discusión (con) **-2.** [reason] argumento *m*.

argumentative [ˌɑːgjʊˈmentətɪv] *adj* propenso(sa) a discutir.

aria [ˈɑːrɪə] *n* aria *f*.

arid [ˈærɪd] *adj* lit & *fig* árido(da).

Aries [ˈeəriːz] *n* Aries *m*; **to be (an) ~** ser Aries.

arise [əˈraɪz] (*pt* **arose**, *pp* **arisen** [əˈrɪznl]) *vi* [appear]: **to ~ (from)** surgir (de).

aristocracy [ˌærɪˈstɒkrəsɪ] (*pl* **-ies**) *n* aristocracia *f*.

aristocrat [UK ˈærɪstəkræt, US əˈrɪstəkræt] *n*

aristócrata *m* OR *f*.

aristocratic [UK ˌærɪstəˈkrætɪk, US əˌrɪstəˈkrætɪk] *adj* aristocrático(ca).

arithmetic [əˈrɪθmətɪk] *n* aritmética *f*.

Arizona [ˌærɪˈzəʊnə] *n* Arizona.

ark [ɑːk] *n* arca *f*.

Arkansas [ˈɑːkənsɔː] *n* Arkansas.

arm [ɑːm] ◇ *n* **-1.** [of person, chair, record player] brazo *m*; **~ in ~** del brazo; **to chance one's ~** *fig* jugársela; **to keep sb at ~'s length** *fig* guardar las distancias con alguien; **to twist sb's ~** *fig* persuadir a alguien **-2.** [of garment] manga *f* **-3.** [of organization] rama *f*. ◇ *vt* armar. ◇ *vi* armarse.

▸ **arms** *npl* [weapons] armas *fpl*; **to take up ~s** tomar las armas; **he's up in ~s (about it)** está que se sube por las paredes (por ello).

armada [ɑːˈmɑːdə] *n* armada *f*.

▸ **Armada** *n* HIST: **the Spanish Armada** la Armada Invencible.

armadillo [ˌɑːməˈdɪləʊ] (*pl* **-s**) *n* armadillo *m*.

Armageddon [ˌɑːməˈgedn] *n* apocalipsis *f inv*.

armaments [ˈɑːməmənts] *npl* armamento *m*.

armband [ˈɑːmbænd] *n* **-1.** [indicating mourning, rank] brazalete *m* **-2.** [for swimming] flotador *m* (*en los brazos*).

armchair [ˈɑːmtʃeəʳ] *n* sillón *m*.

armed [ɑːmd] *adj* **-1.** [police, thieves] armado(da) **-2.** *fig* [with information]: **~ with** provisto(ta) de.

armed forces *npl* fuerzas *fpl* armadas.

armed robbery *n* atraco *m* a mano armada.

Armenia [ɑːˈmiːnjə] *n* Armenia.

Armenian [ɑːˈmiːnjən] ◇ *adj* armenio(nia). ◇ *n* **-1.** [person] armenio *m*, -nia *f* **-2.** [language] armenio *m*.

armhole [ˈɑːmhəʊl] *n* sobaquera *f*, sisa *f*.

armistice [ˈɑːmɪstɪs] *n* armisticio *m*.

armour UK, **armor** US [ˈɑːməʳ] *n* **-1.** [for person] armadura *f* **-2.** [for military vehicle] blindaje *m*.

armoured UK, **armored** US [ˈɑːməd] *adj* MIL blindado(da).

armoured car [ɑːməd-] *n* MIL carro *m* blindado.

armour-plated [-ˈpleɪtɪd] *adj* MIL blindado(da), acorazado(da).

armoury UK (*pl* **-ies**), **armory** US (*pl* **-ies**) [ˈɑːmərɪ] *n* arsenal *m*.

armpit [ˈɑːmpɪt] *n* sobaco *m*, axila *f*.

armrest [ˈɑːmrest] *n* brazo *m*.

arms control [ˈɑːmz-] *n* control *m* armamentístico.

arms dealer [ˈɑːmz-] *n* traficante *m* OR *f* de armas.

arms race [ˈɑːmz-] *n* carrera *f* armamentística.

army ['ɑːmɪ] (*pl* **-ies**) ◇ *n lit* & *fig* ejército *m*. ◇ *comp* del ejército, militar.

A road *n UK* ≃ carretera *f* nacional.

aroma [ə'rəʊmə] *n* aroma *m*.

aromatherapy [ərəʊmə'θerəpɪ] *n* aromaterapia *f*.

aromatic [ˌærə'mætɪk] *adj* aromático(ca).

arose [ə'rəʊz] *pt* ▷ **arise**.

around [ə'raʊnd] ◇ *adv* **-1.** [about, round] por ahí; **to walk/look** ~ andar/mirar por ahí **- 2.** [on all sides] alrededor **- 3.** [present, available]: **is John** ~**?** [there] ¿está John por ahí?; [here] ¿está John por aquí? **- 4.** [turn, look]: **to turn** ~ volverse; **to look** ~ volver la cabeza **- 5.** *phr*: **to have been** ~ *inf* haber visto mundo. ◇ *prep* **-1.** [on all sides of] alrededor de **- 2.** [about, round - place] por **- 3.** [in the area of] cerca de **- 4.** [approximately] alrededor de.

arousal [ə'raʊzl] *n* excitación *f*.

arouse [ə'raʊz] *vt* **-1.** [excite - feeling] despertar; [- person] excitar **- 2.** [wake] despertar.

arrange [ə'reɪndʒ] *vt* **-1.** [books, furniture] colocar; [flowers] arreglar **- 2.** [event, meeting, party] organizar; **to** ~ **to do sthg** acordar hacer algo; **we've** ~**ed to meet at nine** hemos quedado a las nueve; **to** ~ **sthg for sb** organizarle algo a alguien; **to** ~ **for sb to do sthg** hacer lo necesario para que alguien haga algo **- 3.** *MUS* arreglar.

arranged marriage [ə'reɪndʒd-] *n* matrimonio *m* concertado.

arrangement [ə'reɪndʒmənt] *n* **-1.** [agreement] acuerdo *m*; **to come to an** ~ llegar a un acuerdo **- 2.** [of furniture] disposición *f*, colocación *f*; [of flowers] arreglo *m* **- 3.** *MUS* arreglo *m*. ◆ **arrangements** *npl* preparativos *mpl*; **to make** ~**s** hacer los preparativos.

array [ə'reɪ] ◇ *n* **-1.** [of objects] surtido *m* **- 2.** *COMPUT* matriz *f*. ◇ *vt* [ornaments etc] disponer.

arrears [ə'rɪəz] *npl* [money owed] atrasos *mpl*; **in** ~ [retrospectively] con retraso; [late] atrasado en el pago.

arrest [ə'rest] ◇ *n* detención *f*, arresto *m*; **under** ~ detenido(da), bajo arresto. ◇ *vt* **-1.** [subj: police] detener, arrestar **- 2.** [sb's attention] captar, atraer **- 3.** *fml* [stop] detener, poner freno a.

arresting [ə'restɪŋ] *adj* llamativo(va).

arrival [ə'raɪvl] *n* llegada *f*; **late** ~ [of train, bus, mail] retraso *m*; **new** ~ [person] recién llegado *m*, recién llegada *f*; [baby] recién nacido *m*, recién nacida *f*.

arrive [ə'raɪv] *vi* **-1.** [gen] llegar; **to** ~ **at** [conclusion, decision] llegar a **- 2.** [baby] nacer.

arrogance ['ærəgəns] *n* arrogancia *f*.

arrogant ['ærəgənt] *adj* arrogante.

arrogantly ['ærəgəntlɪ] *adv* con arrogancia.

arrow ['ærəʊ] *n* flecha *f*.

arrow key *n* COMPUT tecla *f* de movimiento del cursor.

arse *UK* [ɑːs], **ass** *US* [æs] *n* v *inf* [bottom] culo *m*.

arsehole *UK* ['ɑːshəʊl], **asshole** *US* ['æshəʊl] *n* vulg **-1.** [anus] ojete *m* **- 2.** [person] cabrón *m*, -ona *f*.

arsenal ['ɑːsənl] *n* arsenal *m*.

arsenic ['ɑːsnɪk] *n* arsénico *m*.

arson ['ɑːsn] *n* incendio *m* premeditado.

arsonist ['ɑːsənɪst] *n* incendiario *m*, -ria *f*.

art [ɑːt] ◇ *n* arte *m*. ◇ *comp* [student, college, exhibition] de arte.
◆ **arts** ◇ *npl* **-1.** *SCH* & *UNIV* [humanities] letras *fpl* **- 2.** [fine arts]: **the** ~**s** las bellas artes. ◇ *comp SCH* & *UNIV* de letras.
◆ **arts and crafts** *npl* artesanía *f*.

art deco [-'dekəʊ] *n* art deco *m*.

artefact ['ɑːtɪfækt] = **artifact**.

arterial [ɑː'tɪərɪəl] *adj* **-1.** [blood] arterial **- 2.** [road] principal.

arteriosclerosis [ɑːˌtɪərɪəʊsklɪ'rəʊsɪs] *n* arteriosclerosis *f inv*.

artery ['ɑːtərɪ] (*pl* **-ies**) *n* arteria *f*.

artful ['ɑːtfʊl] *adj* astuto(ta).

art gallery *n* [public] museo *m* (de arte); [commercial] galería *f* (de arte).

arthritic [ɑː'θrɪtɪk] *adj* artrítico(ca).

arthritis [ɑː'θraɪtɪs] *n* artritis *f inv*.

artic [ɑː'tɪk] (*abbr of* **articulated lorry**) *n UK inf* camión *m* articulado.

artichoke ['ɑːtɪʃəʊk] *n* alcachofa *f*.

article ['ɑːtɪkl] *n* artículo *m*; ~ **of clothing** prenda *f* de vestir.

articled clerk ['ɑːtɪkld-] *n UK* abogado contratado *m*, abogada contratada *f* en prácticas.

articles of association ['ɑːtɪklz-] *npl* estatutos *mpl* sociales.

articulate [*adj* ɑː'tɪkjʊlət, *vb* ɑː'tɪkjʊleɪt] ◇ *adj* [person] elocuente; [speech] claro(ra), bien articulado(da). ◇ *vt* [express clearly] expresar.

articulated lorry [ɑː'tɪkjʊleɪtɪd-] *n UK* camión *m* articulado.

articulation [ɑːˌtɪkjʊ'leɪʃn] *n* **-1.** [speech] articulación *f* **- 2.** [of idea, feeling] expresión *f*.

artifact ['ɑːtɪfækt] *n* artefacto *m*.

artifice ['ɑːtɪfɪs] *n* **-1.** [trick] artificio *m* **- 2.** [trickery] artificiosidad *f*.

artificial [ˌɑːtɪ'fɪʃl] *adj* artificial.

artificial insemination *n* inseminación *f* artificial.

artificial intelligence *n* inteligencia *f* artificial.

artificially [ˌɑːtɪˈfɪʃəlɪ] adv artificialmente.

artificial respiration n respiración f artificial.

artillery [ɑːˈtɪlərɪ] n [guns] artillería f.

artisan [ˌɑːtɪˈzæn] n artesano m, -na f.

artist [ˈɑːtɪst] n artista m OR f.

artiste [ɑːˈtiːst] n artista m OR f.

artistic [ɑːˈtɪstɪk] adj -1. [gen] artístico(ca) -2. [good at art]: **to be ~** tener sensibilidad artística.

artistically [ɑːˈtɪstɪklɪ] adv artísticamente.

artistry [ˈɑːtɪstrɪ] n maestría f.

artless [ˈɑːtlɪs] adj ingenuo(nua), cándido(da).

art nouveau [ˌɑːnuːˈvəʊ] n art nouveau m.

Aryan [ˈɛərɪən] <> adj ario(ria). <> n ario m, -ria f.

as [unstressed əz, stressed æz] <> conj -1. [referring to time - while] mientras; [- when] cuando; **she told it to me ~ we walked along** me lo contó mientras paseábamos; **~ time goes by** a medida que pasa el tiempo; **she rang (just) ~ I was leaving** llamó justo cuando iba a salir -2. [referring to manner, way] como; **leave it ~ it is** déjalo como está; **do ~ I say** haz lo que te digo -3. [introducing a statement] como; **~ you see, ...** como puedes ver, ...; **~ you know, ...** como (ya) sabes, ... -4. [because] como, ya que -5. phr: **~ it is** (ya) de por sí; **things are bad enough ~ it is** las cosas ya están mal de por sí; **~ it turns out ...** resulta que ...; **~ things stand** tal como están las cosas. <> prep como; **I'm speaking ~ a friend** te hablo como amigo; **she works ~ a nurse** trabaja OR como enfermera; **~ a boy, I lived in Spain** de niño vivía en España; **she treats it ~ a game** se lo toma como un juego; **it came ~ a shock** fue una gran sorpresa. <> adv (in comparisons): **~** tan ... como; **~ tall ~ I am** tan alto como yo; **I've lived ~ long ~ she has** he vivido durante tanto tiempo como ella; **twice ~ big** el doble de grande; **it's just ~ fast** es igual de rápido; **~ much ~** tanto como; **~ many ~** tantos(tas) como; **~ much wine ~ you like** tanto vino como quieras.

➡ **as it were** adv por así decirlo.

➡ **as for, as to** prep en cuanto a, por lo que se refiere a.

➡ **as from, as of** prep a partir de.

➡ **as if, as though** conj como si.

➡ **as to** prep UK con respecto a.

AS n (abbr of Associate in Science) titular de una licenciatura de ciencias en Estados Unidos.

ASA (abbr of American Standards Association) n instituto estadounidense de normalización.

a.s.a.p. (abbr of as soon as possible) a la mayor brevedad posible.

asbestos [æsˈbestəs] n amianto m, asbesto m.

asbestosis [ˌæsbesˈtəʊsɪs] n asbestosis f inv.

ascend [əˈsend] <> vt subir; **to ~ the throne** subir al trono. <> vi ascender.

ascendancy [əˈsendənsɪ] n ascendiente m.

ascendant [əˈsendənt] n: **in the ~** en auge.

ascendency [əˈsendənsɪ] = **ascendancy**.

ascending [əˈsendɪŋ] adj ascendiente; **in ~ order** en orden ascendiente.

ascension [əˈsenʃn] n [to throne] subida f.

➡ **Ascension** n RELIG Ascensión f.

Ascension Island n Isla de la Ascensión.

ascent [əˈsent] n -1. [climb] ascensión f -2. [upward slope] subida f, cuesta f -3. fig [progress] ascenso m.

ascertain [ˌæsəˈteɪn] vt determinar.

ascetic [əˈsetɪk] <> adj ascético(ca). <> n asceta m OR f.

ASCII [ˈæskɪ] (abbr of American Standard Code for Information Interchange) n ASCII m.

ascorbic acid [əˈskɔːbɪk-] n ácido m ascórbico.

ascribe [əˈskraɪb] vt: **to ~ sthg to** atribuir algo a.

aseptic [ˌeɪˈseptɪk] adj aséptico(ca).

asexual [ˌeɪˈsekʃʊəl] adj asexual, asexuado(da).

ash [æʃ] n -1. [from cigarette, fire] ceniza f -2. [tree] fresno m.

➡ **ashes** npl [from cremation] cenizas fpl.

ashamed [əˈʃeɪmd] adj avergonzado(da), apenado(da) Andes, CAm & Méx; **I'm ~ to do it** me da vergüenza hacerlo; **I'm ~ of ...** me da vergüenza ...

ashcan [ˈæʃkæn] n US cubo m de la basura.

ashen-faced [ˈæʃnˌfeɪst] adj: **to be ~** tener la cara pálida.

ashore [əˈʃɔːʳ] adv [swim] hasta la orilla; **to go ~** desembarcar.

ashtray [ˈæʃtreɪ] n cenicero m.

Ash Wednesday n miércoles m inv de ceniza.

Asia [UK ˈeɪʃə, US ˈeɪʒə] n Asia.

Asia Minor n Asia Menor.

Asian [UK ˈeɪʃn, US ˈeɪʒn] <> adj asiático(ca); **~ American** americano(na) de origen asiático. <> n asiático m, -ca f.

Asia Pacific n Asia Pacífico.

Asiatic [UK ˌeɪʃɪˈætɪk, US ˌeɪʒɪˈætɪk] adj asiático(ca).

aside [əˈsaɪd] <> adv -1. [to one side] a un lado; **to move ~** apartarse; **to take sb ~** llevar a alguien aparte; **to brush** OR **sweep sthg ~** dejar algo aparte OR de lado -2. [apart] aparte; **~ from** aparte de. <> n -1. [in play] aparte m -2. [remark] inciso m, comentario m al margen.

ask [ɑːsk] <> vt -1. [question - person]: **to ~ (sb**

sthg) preguntar (a alguien algo); **if you ~ me ...** si quieres que te diga la verdad ... - **2.** [put - question]: **to ~ a question** hacer una pregunta - **3.** [request, demand] pedir; **to ~ sb (to do sthg)** pedir a alguien (que haga algo); **to ~ sb for sthg** pedirle algo a alguien - **4.** [invite] invitar. <> vi - **1.** [question] preguntar - **2.** [request] pedir.

◆ **ask after** vt fus preguntar por.

◆ **ask for** vt fus - **1.** [person] preguntar por - **2.** [thing] pedir.

◆ **ask out** vt sep [ask to be boyfriend, girlfriend] pedir salir.

askance [ə'skæns] adv: **to look ~ at sb** mirar a alguien con recelo.

askew [ə'skju:] adj torcido(da).

asking price ['ɑ:skɪŋ-] n precio m inicial.

asleep [ə'sli:p] adj dormido(da); **she's ~** está dormida OR durmiendo; **to fall ~** quedarse dormido; **to be fast** OR **sound ~** estar profundamente dormido.

ASLEF ['æzlef] (abbr of **Associated Society of Locomotive Engineers and Firemen**) n sindicato británico de ferroviarios.

asparagus [ə'spærəgəs] n (U) [plant] espárrago m; [shoots] espárragos mpl.

aspartame [UK ə'spa:teim, US 'æspərteim] n aspartamo m.

ASPCA (abbr of **American Society for the Prevention of Cruelty to Animals**) n sociedad estadounidense protectora de animales, ≃ SPA f.

aspect ['æspekt] n - **1.** [of subject, plan] aspecto m - **2.** [appearance] cariz m, aspecto m - **3.** [of building] orientación f.

aspen ['æspən] n álamo m alpino OR temblón.

aspersions [ə'spɜ:ʃnz] npl: **to cast ~ on sthg** poner en duda algo.

asphalt ['æsfælt] n asfalto m.

asphyxiate [əs'fiksieit] vt asfixiar.

aspic ['æspik] n gelatina f de carne.

aspirate ['æspərət] adj aspirado(da).

aspiration [,æspə'reiʃn] n aspiración f.

aspire [ə'spaiər] vi: **to ~ to** aspirar a.

aspirin ['æsprin] n aspirina f.

aspiring [ə'spaiəriŋ] adj: **an ~ actor** un aspirante a actor.

ass [æs] n - **1.** [donkey] asno m, -na f - **2.** UK inf [idiot] burro m, -rra f - **3.** US v inf = **arse.**

assail [ə'seil] vt - **1.** [attack] atacar, arremeter contra - **2.** fig [subj: doubts] asaltar.

assailant [ə'seilənt] n agresor m, -ra f.

assassin [ə'sæsin] n asesino m, -na f.

assassinate [ə'sæsineit] vt asesinar.

assassination [ə,sæsi'neiʃn] n asesinato m.

assault [ə'sɔ:lt] <> n - **1.** MIL: **~ (on)** ataque m (contra) - **2.** [physical attack]: **~ (on sb)** agresión f (contra alguien); **~ and battery** JUR agresión f con resultado de lesiones. <> vt [physically] asaltar, agredir; [sexually] abusar de.

assault course n pista f americana.

assemble [ə'sembl] <> vt - **1.** [gather] juntar, reunir - **2.** [fit together] montar. <> vi reunirse.

assembler language = assembly language.

assembly [ə'sembli] (pl -ies) n - **1.** [meeting, law-making body] asamblea f - **2.** [gathering together] reunión f - **3.** UK [at school] reunión de todos los profesores y alumnos de un centro al comienzo de cada día escolar - **4.** [fitting together] montaje m.

assembly hall n UK salón m de actos.

assembly language, assembler language n COMPUT lenguaje m ensamblador.

assembly line n cadena f de montaje.

assent [ə'sent] <> n consentimiento m. <> vi: **to ~ (to)** asentir (a).

assert [ə'sɜ:t] vt - **1.** [fact, belief] afirmar - **2.** [authority] imponer; **to ~ o.s.** imponerse.

assertion [ə'sɜ:ʃn] n afirmación f.

assertive [ə'sɜ:tiv] adj enérgico(ca).

assess [ə'ses] vt evaluar.

assessment [ə'sesmənt] n - **1.** [evaluation] evaluación f - **2.** [calculation] cálculo m.

assessor [ə'sesər] n tasador m, -ra f.

asset ['æset] n - **1.** [valuable quality - of person] cualidad f positiva; [- of thing] ventaja f - **2.** [valuable person] elemento m importante.

◆ **assets** npl COMM activo m.

asset-stripping [-,stripiŋ] n adquisición de una empresa para la venta de sus activos y posterior cierre.

assiduous [ə'sidjuəs] adj [gen] dedicado(da); [student] aplicado(da).

assiduously [ə'sidjuəsli] adv con dedicación.

assign [ə'sain] vt - **1.** [gen]: **to ~ sthg (to sb)** asignar algo (a alguien); **to ~ sb to sthg** asignar a alguien algo; **to ~ sb to do sthg** asignar a alguien que haga algo - **2.** [designate for specific use, purpose]: **to ~ sthg (to)** destinar algo (a).

assignation [,æsig'neiʃn] n fml cita f a escondidas.

assignment [ə'sainmənt] n - **1.** [task] misión f; SCH trabajo m - **2.** [act of assigning] asignación f.

assimilate [ə'simileit] vt - **1.** [learn] asimilar - **2.** [absorb]: **to ~ sb (into)** integrar a alguien (en).

assimilation [ə,simi'leiʃn] n - **1.** [of ideas, facts] asimilación f - **2.** [of people] incorporación f.

assist [ə'sist] <> vt: **to ~ sb (with sthg/in**

doing sthg) ayudar a alguien (con algo/a hacer algo). ◇ *vi* ayudar.

assistance [ə'sɪstəns] *n* ayuda *f*, asistencia *f*; **to be of** ~ **(to)** ayudar (a).

assistant [ə'sɪstənt] ◇ *n* ayudante *m* OR *f*; **(shop)** ~ dependiente *m*, -ta *f*. ◇ *comp* adjunto(ta); ~ **manager** director adjunto *m*, directora adjunta *f*; ~ **referee** árbitro *m*, asistente *f*.

associate [*adj & n* ə'səʊʃɪət *vb* ə'səʊʃɪeɪt] ◇ *adj* asociado(da). ◇ *n* socio *m*, -cia *f*. ◇ *vt* asociar; **to** ~ **sthg/sb with** asociar algo/a alguien con; **to be** ~**d with** [organization, plan, opinion] estar relacionado con; [people] estar asociado con. ◇ *vi*: **to** ~ **with sb** relacionarse con alguien.

association [ə,səʊsɪ'eɪʃn] *n* -1. [organization, act of associating] asociación *f*; **in** ~ **with** en colaboración con -2. [in mind] connotación *f*.

assonance ['æsənəns] *n* asonancia *f*.

assorted [ə'sɔ:tɪd] *adj* -1. [of various types] variado(da) -2. [biscuits, sweets] surtido(da).

assortment [ə'sɔ:tmənt] *n* surtido *m*.

assuage [ə'sweɪdʒ] *vt fml* [grief] aliviar; [thirst, hunger] saciar.

assume [ə'sju:m] *vt* -1. [suppose] suponer -2. [power, responsibility] asumir -3. [appearance, attitude] adoptar.

assumed name [ə'sju:md-] *n* nombre *m* falso.

assuming [ə'sju:mɪŋ] *conj* suponiendo que.

assumption [ə'sʌmpʃn] *n* -1. [supposition] suposición *f*; **on the** ~ **that** suponiendo que -2. [of power] asunción *f*.
  ◆ **Assumption** *n* RELIG: **the Assumption** la Asunción.

assurance [ə'ʃʊərəns] *n* -1. [promise] garantía *f* -2. [confidence] seguridad *f* de sí mismo -3. [insurance] seguro *m*.

assure [ə'ʃʊər] *vt* asegurar, garantizar; **to** ~ **sb of sthg** garantizar a alguien algo; **to be** ~**d of sthg** tener algo garantizado; **rest** ~**d that** ... ten por seguro que ...

assured [ə'ʃʊəd] *adj* [confident] seguro(ra).

AST (*abbr of* **Atlantic Standard Time**) *n* hora oficial de la costa este estadounidense.

asterisk ['æstərɪsk] *n* asterisco *m*.

astern [ə'stɜ:n] *adv* NÁUTA popa.

asteroid ['æstərɔɪd] *n* asteroide *m*.

asthma ['æsmə] *n* asma *f*.

asthmatic [æs'mætɪk] ◇ *adj* asmático(ca). ◇ *n* asmático *m*, -ca *f*.

astigmatism [ə'stɪgmətɪzm] *n* astigmatismo *m*.

astonish [ə'stɒnɪʃ] *vt* asombrar.

astonishing [ə'stɒnɪʃɪŋ] *adj* asombroso(sa).

astonishment [ə'stɒnɪʃmənt] *n* asombro *m*.

astound [ə'staʊnd] *vt* asombrar, pasmar.

astounding [ə'staʊndɪŋ] *adj* asombroso(sa), pasmoso(sa).

astrakhan [,æstrə'kæn] *n* astracán *m*.

astray [ə'streɪ] *adv*: **to go** ~ [become lost] extraviarse; **to lead sb** ~ [into bad ways] llevar a alguien por el mal camino.

astride [ə'straɪd] ◇ *adv* a horcajadas. ◇ *prep* a horcajadas en.

astringent [ə'strɪndʒənt] ◇ *adj* astringente. ◇ *n* astringente *m*.

astrologer [ə'strɒlədʒər] *n* astrólogo *m*, -ga *f*.

astrological [,æstrə'lɒdʒɪkl] *adj* astrológico(ca).

astrologist [ə'strɒlədʒɪst] *n* astrólogo *m*, -ga *f*.

astrology [ə'strɒlədʒɪ] *n* astrología *f*.

astronaut ['æstrənɔ:t] *n* astronauta *m* OR *f*.

astronomer [ə'strɒnəmər] *n* astrónomo *m*, -ma *f*.

astronomical [,æstrə'nɒmɪkl] *adj lit & fig* astronómico(ca).

astronomy [ə'strɒnəmɪ] *n* astronomía *f*.

astrophysics [,æstrəʊ'fɪzɪks] *n* astrofísica *f*.

Asturias [æ'stʊərɪæs] *n* Asturias.

astute [ə'stju:t] *adj* astuto(ta), abusado(da) *Méx*.

asunder [ə'sʌndər] *adv literary* [apart]: **to tear sthg** ~ hacer trizas algo.

asylum [ə'saɪləm] *n* -1. [mental hospital] manicomio *m* -2. [protection] asilo *m*.

asylum seeker [ə'saɪləm'si:kər] *n* peticionario *m*, -ria *f* de asilo.

asymmetrical [,eɪsɪ'metrɪkl] *adj* asimétrico(ca).

at [*unstressed* ət, *stressed* æt] *prep* -1. [indicating place] en; ~ **my father's** en casa de mi padre; **standing** ~ **the window** de pie junto a la ventana; ~ **the bottom of the hill** al pie de la colina; **to arrive** ~ llegar a; ~**school/work/home** en la escuela/el trabajo/casa -2. [indicating direction] a; **to look** ~ **sthg/sb** mirar algo/a alguien; **she smiled** ~ **me** me sonrió -3. [indicating a particular time]: ~ **a more suitable time** en un momento más oportuno; ~ **midnight/noon/eleven o'clock** a medianoche/mediodía/las once; ~ **night** por la noche; ~**Christmas/Easter** en Navidades/Semana Santa -4. [indicating speed, rate, price] a; ~ **100 mph/high speed** a 100 millas por hora/gran velocidad; ~ **£50 (a pair)** a 50 libras (el par) -5. [indicating particular state, condition]: ~ **peace/war** en paz/guerra; **she's** ~ **lunch** está comiendo; **to work hard** ~ **sthg** trabajar duro en algo -6. [indicating a particular age] a; ~ **52/your age** a los 52/tu edad -7. [indicating tentativeness, noncompletion]: **to snatch** ~ **sthg** intentar agarrar algo; **to nibble** ~ **sthg** mordisquear algo **- 8.** *(after adjectives):* **delighted** ~ encantado con; **experienced** ~ experimentado en; **puzzled/ horrified** ~ perplejo/horrorizado ante; **he's good/bad** ~ **sport** se le dan bien/mal los deportes.

➤ **at all** *adv* **-1.** *(with negative):* **not** ~ **all** [when thanked] de nada; [when answering a question] en absoluto; **she's not** ~ **all happy** no está nada contenta **- 2.** [in the slightest]: **anything** ~ **all will do** cualquier cosa valdrá; **do you know her** ~ **all?** ¿la conoces (de algo)?

ate [*UK* et, *US* eɪt] *pt* ▷ **eat.**

atheism [ˈeɪθɪɪzm] *n* ateísmo *m.*

atheist [ˈeɪθɪɪst] *n* ateo *m,* -a *f.*

Athenian [əˈθiːnjən] <> *adj* ateniense. <> *n* ateniense *m* OR *f.*

Athens [ˈæθɪnz] *n* Atenas.

athlete [ˈæθliːt] *n* atleta *m* OR *f.*

athlete's foot *n* pie *m* de atleta.

athletic [æθˈletɪk] *adj* atlético(ca).

➤ **athletics** *npl* atletismo *m.*

Atlantic [ətˈlæntɪk] <> *adj* atlántico(ca). <> *n:* **the** ~ **(Ocean)** el (océano) Atlántico.

Atlantis [ətˈlæntɪs] *n* (la) Atlántida.

atlas [ˈætləs] *n* atlas *m inv.*

Atlas [ˈætləs] *n:* **the** ~ **Mountains** el Atlas.

ATM (*abbr of* **automatic teller machine**) *n cajero automático.*

atmosphere [ˈætməˌsfɪəʳ] *n* **-1.** [of planet] atmósfera *f* **- 2.** [air in room, mood of place] ambiente *m.*

atmospheric [ˌætməsˈferɪk] *adj* **-1.** [pressure, pollution] atmosférico(ca) **- 2.** [attractive, mysterious] sugerente.

atoll [ˈætɒl] *n* atolón *m.*

atom [ˈætəm] *n* **-1.** *PHYS* átomo *m* **- 2.** *fig* [tiny amount] pizca *f.*

atom bomb *n* bomba *f* atómica.

atomic [əˈtɒmɪk] *adj* atómico(ca).

atomic bomb = **atom bomb.**

atomic energy *n* energía *f* atómica.

atomic number *n* número *m* atómico.

atomizer, -iser [ˈætəmaɪzəʳ] *n* atomizador *m.*

atone [əˈtəʊn] *vi:* **to** ~ **for** reparar.

atonement [əˈtəʊnmənt] *n:* ~ **(for)** reparación *f* (por).

A to Z *n* guía *f* alfabética; [map] callejero *m.*

ATP (*abbr of* **Association of Tennis Professionals**) *n* ATP *f.*

atrocious [əˈtrəʊʃəs] *adj* [very bad] atroz.

atrocity [əˈtrɒsətɪ] (*pl* **-ies**) *n* [terrible act] atrocidad *f.*

attach [əˈtætʃ] *vt* **- 1.** [with pin, clip]: **to** ~ **sthg (to**

sujetar algo (a); [with string] atar algo (a) **- 2.** [document & *COMPUT*] adjuntar **- 3.** [importance, blame]: **to** ~ **sthg (to sthg)** atribuir algo (a algo).

attaché [əˈtæʃeɪ] *n* agregado *m,* -da *f.*

attaché case [əˈtæʃeɪ-] *n* maletín *m.*

attached [əˈtætʃt] *adj* **-1.** [fastened on]: ~ **(to)** adjunto(ta) (a) **- 2.** [for work, job]: ~ **to** destinado(da) a **- 3.** [fond]: **to be** ~ **to** tener cariño a.

attachment [əˈtætʃmənt] *n* **-1.** [device] accesorio *m* **- 2.** *COMPUT* archivo *m* adjunto **- 3.** [fondness]: ~ **(to)** cariño *m* (por).

attack [əˈtæk] <> *n:* ~ **(on)** ataque *m* (contra); **terrorist** ~ atentado *m* terrorista; **to be under** ~ estar siendo atacado. <> *vt* **-1.** [gen] atacar **- 2.** [job, problem] acometer. <> *vi* atacar.

attacker [əˈtækəʳ] *n* atacante *m* OR *f.*

attain [əˈteɪn] *vt* lograr, alcanzar.

attainment [əˈteɪnmənt] *n* logro *m.*

attempt [əˈtempt] <> *n:* ~ **(at doing sthg)** intento *m* (de hacer algo); ~ **on sb's life** atentado *m* contra la vida de alguien. <> *vt:* **to** ~ **sthg/to do sthg** intentar algo/hacer algo.

attempted coup [əˈtemptɪdˈkuː] *n* intentona *f* golpista.

attempted murder [əˈtemptɪd-] *n* intento *m* de asesinato.

attend [əˈtend] <> *vt* [go to] asistir a. <> *vi* **-1.** [be present] asistir **- 2.** [pay attention]: **to** ~ **(to)** atender (a).

➤ **attend to** *vt fus* **-1.** [matter] ocuparse de **- 2.** [customer] atender a; [patient] asistir a.

attendance [əˈtendəns] *n* asistencia *f;* **the** ~ **for the match was over 10,000** más de 10.000 personas asistieron al partido.

attendant [əˈtendənt] <> *adj* relacionado(da), concomitante. <> *n* [at museum] vigilante *m* OR *f;* [at petrol station, in swimming pool] encargado *m,* -da *f.*

attention [əˈtenʃn] <> *n* (U) **-1.** [gen] atención *f;* **to bring sthg to sb's** ~, **to draw sb's** ~ **to sthg** llamar la atención de alguien sobre algo; **to attract** OR **catch sb's** ~ atraer OR captar la atención de alguien; **to pay/pay no** ~ **(to)** prestar/no prestar atención (a); **for the** ~ **of** *COMM* a la atención de; **your** ~ **please!** ¡atención! **- 2.** [care] asistencia *f* **- 3.** *MIL:* **to stand to** ~ ponerse en la posición de firmes, cuadrarse. <> *excl MIL* ¡firmes!

attentive [əˈtentɪv] *adj* atento(ta).

attentively [əˈtentɪvlɪ] *adv* atentamente.

attenuate [əˈtenjʊeɪt] *fml* <> *vt* atenuar. <> *vi* atenuarse.

attest [əˈtest] ⬦ *vt* atestiguar. ⬦ *vi*: **to ~ to sthg** atestiguar algo.

Att. Gen. *n* (*abbr of* **Attorney General**) ministro *m*, -ra *f* de Justicia.

attic [ˈætɪk] *n* desván *m*, entretecho *m* *Amér.*

attire [əˈtaɪəʳ] *n* (*U*) atuendo *m*, atavío *m*.

attitude [ˈætɪtjuːd] *n* -**1.** [way of thinking, acting]: **~ (to** *OR* **towards)** actitud *f* (hacia) -**2.** [posture] postura *f*.

attn. (*abbr of* **for the attention of**) a/a.

attorney [əˈtɜːnɪ] *n* *US* abogado *m*, -da *f*.

attorney general (*pl* **attorneys general**) *n* fiscal *m* general del estado.

attract [əˈtrækt] *vt* -**1.** [gen] atraer; **to ~ sb's attention** llamar la atención de alguien; **to be ~d to** sentirse atraído por -**2.** [support, criticism] suscitar.

attraction [əˈtrækʃn] *n* -**1.** [gen]: **~ (to sb)** atracción *f* (hacia *OR* por alguien) -**2.** [attractiveness - of thing] atractivo *m*.

attractive [əˈtræktɪv] *adj* atractivo(va).

attractively [əˈtræktɪvlɪ] *adv* de un modo atractivo.

attributable [əˈtrɪbjʊtəbl] *adj* [of thing]: **~ to** atribuible a.

attribute [*vb* əˈtrɪbjuːt, *n* ˈætrɪbjuːt] ⬦ *vt*: **to ~ sthg to** atribuir algo a. ⬦ *n* atributo *m*.

attrition [əˈtrɪʃn] *n* desgaste *m*; **war of ~** guerra de desgaste.

attuned [əˈtjuːnd] *adj* -**1.** [accustomed]: **~ (to)** acostumbrado(da) (a) -**2.** [ears]: **~ to** sensible a.

ATV *n* (*abbr of* **all terrain vehicle**) todo terreno.

atypical [ˌeɪˈtɪpɪkl] *adj* atípico(ca).

atypically [ˌeɪˈtɪpɪklɪ] *adv* de manera atípica.

aubergine [ˈəʊbəʒiːn] *n* *UK* berenjena *f*.

auburn [ˈɔːbən] *adj* castaño rojizo.

auction [ˈɔːkʃn] ⬦ *n* subasta *f*; **at** *OR* **by ~** mediante subasta; **to put sthg up for ~** sacar algo a subasta. ⬦ *vt* subastar.

➡ **auction off** *vt sep* subastar.

auctioneer [ˌɔːkʃəˈnɪəʳ] *n* subastador *m*, -ra *f*.

audacious [ɔːˈdeɪʃəs] *adj* [daring] audaz; [cheeky] atrevido(da).

audacity [ɔːˈdæsətɪ] *n* -**1.** [daring] audacia *f* -**2.** [cheek] osadía *f*, atrevimiento *m*.

audible [ˈɔːdəbl] *adj* audible.

audience [ˈɔːdjəns] *n* -**1.** [of play, film] público *m* -**2.** [formal meeting, TV viewers] audiencia *f*.

audio [ˈɔːdɪəʊ] *adj* de audio.

audio book *n* audiolibro *m*.

audio frequency *n* audiofrecuencia *f*.

audiotypist [ˈɔːdɪəʊˌtaɪpɪst] *n* mecanógrafo *m*, -fa *f* por dictáfono.

audio-visual [ˈɔːdɪəʊ-] *adj* audiovisual.

audit [ˈɔːdɪt] ⬦ *n* auditoría *f*. ⬦ *vt* auditar.

audition [ɔːˈdɪʃn] ⬦ *n* prueba *f* (*a un artista*). ⬦ *vi*: **to ~ for** hacer una prueba para.

auditor [ˈɔːdɪtəʳ] *n* auditor *m*, -ra *f*.

auditorium [ˌɔːdɪˈtɔːrɪəm] (*pl* **-riums** *OR* **-ria** [-rɪə]) *n* auditorio *m*.

au fait [ˌəʊˈfeɪ] *adj*: **~ with** familiarizado(da) con.

Aug. (*abbr of* **August**) ago.

augment [ɔːgˈment] *vt* acrecentar, aumentar.

augur [ˈɔːgəʳ] *vi*: **to ~ well/badly** ser un buen/mal augurio.

august [ɔːˈgʌst] *adj* augusto(ta).

August [ˈɔːgəst] *n* agosto *m*; *see also* **September**.

Auld Lang Syne [ˌɔːldlæŋˈsaɪn] *n* canción escocesa en alabanza de los viejos tiempos que se canta tradicionalmente en Nochevieja.

aunt [ɑːnt] *n* tía *f*.

auntie, aunty [ˈɑːntɪ] (*pl* **-ies**) *n* *inf* tita *f*.

au pair [ˌəʊˈpeəʳ] *n* au pair *f*.

aura [ˈɔːrə] *n* aura *f*, halo *m*.

aural [ˈɔːrəl] *adj* auditivo(va).

aurally [ˈɔːrəlɪ] *adv*: **~ handicapped** con deficiencia auditiva.

auspices [ˈɔːspɪsɪz] *npl*: **under the ~ of** bajo los auspicios de.

auspicious [ɔːˈspɪʃəs] *adj* prometedor(ra).

Aussie [ˈɒzɪ] *n* *inf* australiano *m*, -na *f*.

austere [ɒˈstɪəʳ] *adj* austero(ra).

austerity [ɒˈsterətɪ] *n* austeridad *f*.

austerity measures *npl* medidas *fpl* de austeridad.

Australasia [ˌɒstrəˈleɪʒə] *n* Australasia.

Australia [ɒˈstreɪljə] *n* Australia.

Australian [ɒˈstreɪljən] ⬦ *adj* australiano(na). ⬦ *n* australiano *m*, -na *f*.

Austria [ˈɒstrɪə] *n* Austria.

Austrian [ˈɒstrɪən] ⬦ *adj* austriaco(ca). ⬦ *n* austriaco *m*, -ca *f*.

AUT (*abbr of* **Association of University Teachers**) *n* sindicato británico de profesores universitarios.

authentic [ɔːˈθentɪk] *adj* auténtico(ca).

authenticate [ɔːˈθentɪkeɪt] *vt* autentificar.

authentication [ɔːˌθentɪˈkeɪʃn] *n* [gen & *COMPUT*] autentificación *f*.

authenticity [ˌɔːθenˈtɪsətɪ] *n* autenticidad *f*.

author [ˈɔːθəʳ] *n* [by profession] escritor *m*, -ra *f*; [of particular book, text] autor *m*, -ra *f*.

authoritarian [ɔːˌθɒrɪˈteərɪən] *adj* autoritario(ria).

authoritative [ɔːˈθɒrɪtətɪv] *adj* -**1.** [person,

voice] autoritario(ria) **- 2.** [study] autorizado(da).

authority [ɔː'θɒrətɪ] (pl **-ies**) n **- 1.** [gen] autoridad f; **to be an** ~ **on** ser una autoridad en **- 2.** [permission] autorización f **- 3. phr: to have it on good** ~ saberlo de buena tinta.

➡ **authorities** npl: **the authorities** las autoridades fpl.

authorize, -ise ['ɔːθəraɪz] vt: **to** ~ **(sb to do sthg)** autorizar (a alguien a hacer algo).

Authorized Version ['ɔːθəraɪzd-] n: **the** ~ la versión oficial de la Biblia en inglés.

authorship ['ɔːθəʃɪp] n autoría f.

autism ['ɔːtɪzm] n autismo m.

autistic [ɔː'tɪstɪk] adj autista.

auto ['ɔːtəʊ] (pl **-s**) n US coche m.

autobiographical ['ɔːtə,baɪə'græfɪkl] adj autobiográfico(ca).

autobiography [,ɔːtəbaɪ'ɒgrəfɪ] (pl **-ies**) n autobiografía f.

autocrat ['ɔːtəkræt] n autócrata m or f.

autocratic [,ɔːtə'krætɪk] adj autocrático(ca).

autocross ['ɔːtəʊkrɒs] n UK autocross m.

Autocue® ['ɔːtəʊkjuː] n UK teleapuntador m.

autodisconnect ['ɔːtəʊdɪskə'nekt] <> vi COMPUT desconectarse automáticamente. <> vt autografiar.

autograph ['ɔːtəɡrɑːf] <> n autógrafo m. <> vt autografiar.

autoimmune disease [,ɔːtəʊˈmjuːn-] n enfermedad f autoinmune.

automata [ɔː'tɒmətə] pl ⊳ **automaton**.

automate ['ɔːtəmeɪt] vt automatizar.

automatic [,ɔːtə'mætɪk] <> adj automático (ca). <> n **- 1.** [car] coche m automático **- 2.** [gun] arma f automática **- 3.** [washing machine] lavadora f automática.

automatically [,ɔːtə'mætɪklɪ] adv automáticamente.

automatic pilot n **- 1.** AERON & NAUT piloto m automático **- 2. fig: on** ~ [automatically] con el piloto automático puesto.

automation [,ɔːtə'meɪʃn] n automatización f.

automaton [ɔː'tɒmətən] (pl **-tons** OR **-ta**) n **- 1.** [robot] autómata m **- 2. pej** [person] autómata m OR f.

automobile ['ɔːtəməbiːl] n US coche m, automóvil m.

automotive [,ɔːtə'məʊtɪv] adj automovilístico(ca).

autonomous [ɔː'tɒnəməs] adj autónomo(ma).

autonomy [ɔː'tɒnəmɪ] n autonomía f.

autopilot ['ɔːtəʊpaɪlət] n piloto m automático.

autopsy ['ɔːtɒpsɪ] (pl **-ies**) n autopsia f.

autumn ['ɔːtəm] <> n otoño m; **in** ~ en otoño. <> comp otoñal.

autumnal [ɔː'tʌmnəl] adj otoñal.

auxiliary [ɔːɡ'zɪljərɪ] (pl **-ies**) <> adj auxiliar. <> n **- 1.** [medical worker] auxiliar sanitario m, auxiliar sanitaria f **- 2.** [soldier] soldado m auxiliar.

Av. (abbr of avenue) Av.

AV abbr of audiovisual.

avail [ə'veɪl] <> n: **to no** ~ en vano. <> vt: **to** ~ **o.s. of sthg** aprovechar algo.

availability [ə,veɪlə'bɪlətɪ] n disponibilidad f.

available [ə'veɪləbl] adj **- 1.** [product, service] disponible; **this product is no longer** ~ ya no comercializamos este producto **- 2.** [person] libre, disponible.

avalanche ['ævəlɑːnʃ] n lit & fig avalancha f, alud m.

avant-garde [,ævɒŋ'ɡɑːd] adj de vanguardia, vanguardista.

avarice ['ævərɪs] n avaricia f.

avaricious [,ævə'rɪʃəs] adj avaricioso(sa).

Ave. (abbr of avenue) Avda.

avenge [ə'vendʒ] vt vengar.

avenue ['ævənjuː] n **- 1.** [wide road] avenida f **- 2.** fig [method, means] camino m, vía f.

average ['ævərɪdʒ] <> adj **- 1.** [mean, typical] medio(dia) **- 2.** [mediocre] regular. <> n media f, promedio m; **on** ~ de media, por término medio. <> vt alcanzar un promedio de.

➡ **average out** <> vt sep sacar la media de. <> vi: **to** ~ **out at** salir a una media de.

averse [ə'vɜːs] adj: **not to be** ~ **to sthg/to doing sthg** no hacerle ascos a algo/a hacer algo.

aversion [ə'vɜːʃn] n **- 1.** [dislike] ~ **(to)** aversión f (a) **- 2.** [object of dislike]: **football is my pet** ~ el fútbol es lo que más odio.

avert [ə'vɜːt] vt **- 1.** [problem, accident] evitar, prevenir **- 2.** [eyes, glance] apartar, desviar.

aviary ['eɪvjərɪ] (pl **-ies**) n pajarera f.

aviation [,eɪvɪ'eɪʃn] n aviación f.

aviator ['eɪvɪeɪtər] n dated aviador m, -ra f.

avid ['ævɪd] adj: ~ **(for)** ávido(da) (de).

avocado [,ævə'kɑːdəʊ] (pl **-s** OR **-es**) n: ~ **(pear)** aguacate m, palta f Andes & RP.

avoid [ə'vɔɪd] vt: **to** ~ **(sthg/doing sthg)** evitar (algo/hacer algo); **she's been** ~ **ing me** ha estado esquivándome.

avoidable [ə'vɔɪdəbl] adj evitable.

avoidance [ə'vɔɪdəns] ⊳ **tax avoidance**.

avowed [ə'vaʊd] adj declarado(da).

AWACS ['eɪwæks] (abbr of airborne warning and control system) n AWACS m.

await [ə'weɪt] vt esperar, aguardar.

awake [ə'weɪk] (pt **awoke** OR **awaked**, pp **awoken**) <> adj **- 1.** [not sleeping] despierto(ta);

wide ~ completamente despierto -**2.** *fig*
[aware]: ~ **to sthg** consciente de algo. <> *vt*
lit & *fig* despertar. <> *vi lit* & *fig* despertarse.

awakening [ə'weɪknɪŋ] *n lit* & *fig* despertar *m*;
a rude ~ una repentina y desagradable toma
de conciencia.

award [ə'wɔːd] <> *n* -**1.** [prize] premio *m*,
galardón *m* -**2.** [compensation] indemnización *f*.
<> *vt* : **to** ~ **sb sthg, to** ~ **sthg to sb** [prize]
conceder *OR* otorgar algo a alguien; [compensation] adjudicar algo a alguien.

aware [ə'weəʳ] *adj* -**1.** [conscious]: ~ **of** consciente de; **to become** ~ **of** darse cuenta de -**2.** [informed, sensitive] informado(da), al día; ~ **of
sthg** al día de algo; **to be** ~ **that** estar
informado de que.

awareness [ə'weənɪs] *n* conciencia *f*.

awash [ə'wɒʃ] *adj lit* & *fig*: ~ **(with)** inundado(da) (de).

away [ə'weɪ] <> *adv* -**1.** [move, walk, drive]: **to
walk** ~ **(from)** marcharse (de); **to drive** ~
(from) alejarse (de) *(en coche)*; **to turn** *OR*
look ~ apartar la vista -**2.** [at a distance - in
space, time]: ~ **from** a distancia de; **4 miles** ~
a 4 millas de distancia; **a long way** ~ muy
lejos; **the exam is two days** ~ faltan dos días
para el examen -**3.** [not at home or office] fuera
-**4.** [in safe place]: **to put sthg** ~ poner algo en
su sitio -**5.** [indicating removal or disappearance]:
to fade ~ desvanecerse; **to give sthg** ~
regalar algo; **to take sthg** ~ **from sb** quitarle
algo a alguien -**6.** [continuously]: **he was working** ~ **when ...** estaba muy concentrado
trabajando cuando ... <> *adj SPORT* [team, supporters] visitante; ~ **game** partido *m* fuera de
casa.

awe [ɔː] *n* sobrecogimiento *m*; **to be in** ~ **of sb**
sentirse intimidado por alguien.

awesome ['ɔːsəm] *adj* alucinante *Esp*, macanudo(da) *Andes, RP*, padrísimo(ma) *Méx*.

awestruck ['ɔːstrʌk] *adj* sobrecogido(da).

awful ['ɔːfʊl] *adj* -**1.** [terrible] terrible, espantoso(sa); **I feel** ~ me siento fatal -**2.** *inf* [very
great] tremendo(da); **I like it an** ~ **lot** me gusta
muchísimo.

awfully ['ɔːflɪ] *adv inf* [very] tremendamente.

awhile [ə'waɪl] *adv literary* un instante, un rato.

awkward ['ɔːkwəd] *adj* -**1.** [clumsy - movement]
torpe; [- person] desgarbado(da) -**2.** [embarrassed, embarrassing] incómodo(da) -**3.** [unreasonable] difícil -**4.** [inconvenient - shape, size] poco
manejable; [- moment] inoportuno(na).

awkwardly ['ɔːkwədlɪ] *adv* -**1.** [with difficulty]
torpemente -**2.** [in an embarrassed way] incómodamente.

awkwardness ['ɔːkwədnɪs] *n* -**1.** [clumsiness]

torpeza *f* -**2.** [embarrassment] incomodidad *f* -**3.**
[unreasonableness] antipatía *f* -**4.** [inconvenience] [of
moment] inoportunidad *f*.

awl [ɔːl] *n* lezna *f*.

awning ['ɔːnɪŋ] *n* toldo *m*.

awoke [ə'wəʊk] *pt* ⊳ **awake**.

awoken [ə'wəʊkn] *pp* ⊳ **awake**.

AWOL ['eɪwɒl] (*abbr of* **absent without leave**) *MIL*
ausente sin permiso.

awry [ə'raɪ] <> *adj* torcido(da), ladeado(da).
<> *adv* : **to go** ~ salir mal.

axe *UK*, **ax** *US* [æks] <> *n* hacha *f*; **to have an** ~
to grind tener intereses personales. <> *vt*
[project, jobs] suprimir.

axes ['æksiːz] *pl* ⊳ **axis**.

axiom ['æksɪəm] *n* axioma *m*.

axis ['æksɪs] (*pl* **axes**) *n* eje *m*.

axle ['æksl] *n* eje *m*.

ayatollah [ˌaɪə'tɒlə] *n* ayatollah *m*.

aye [aɪ] <> *adv* sí. <> *n* sí *m*.

AZ *abbr of* **Arizona**.

azalea [ə'zeɪljə] *n* azalea *f*.

Azerbaijan [ˌæzəbaɪ'dʒɑːn] *n* Azerbaiyán.

Azerbaijani [ˌæzəbaɪ'dʒɑːnɪ] <> *adj* azerbaiyano(na). <> *n* azerbaiyano *m*, -na *f*.

Azeri [ə'zerɪ] <> *adj* azerí. <> *n* azerí *m OR f*.

Azores [ə'zɔːz] *npl*: **the** ~ los Azores.

AZT (*abbr of* **azidothymidine**) *n* AZT *m*.

Aztec ['æztek] <> *adj* azteca. <> *n* [person]
azteca *m OR f*.

azure ['æʒəʳ] *adj* azul celeste *(inv)*.

B

b (*pl* **b's** *OR* **bs**), **B** (*pl* **B's** *OR* **Bs**) [biː] *n* [letter] b *f*, B *f*.
◆ **B** *n* -**1.** *MUS* si *m* -**2.** *SCH* [mark] ≈ bien *m*.

b. (*abbr of* **born**) n. **BA** *n* -**1.** (*abbr of* **Bachelor of
Arts**) *(titular de una) licenciatura de letras* -**2.**
(*abbr of* **British Airways**) *British Airways*.

BAA (*abbr of* **British Airports' Authority**) *n*
*organismo independiente gestor de algunos
de los principales aeropuertos británicos*.

babble ['bæbl] <> *n* parloteo *m*. <> *vi* [person]
farfullar.

babe [beɪb] n -**1.** *literary* [baby] bebé m -**2.** *US inf* [term of affection] cariño m -**3.** *inf* [attractive person] persona f guapa; [attractive man] guaperas m inv.

baboon [bə'bu:n] n babuino m, papión m.

baby ['beɪbɪ] (pl -**ies**) ◇ n -**1.** [newborn child] bebé m; [infant] niño m -**2.** *inf* [term of affection] cariño m. ◇ comp: ~ **brother** hermanito m; ~ **sister** hermanita f.

baby boomer [-ˌbu:məʳ] n US niño nacido durante el boom natalicio de los sesenta.

baby buggy n -**1.** UK [foldable pushchair] sillita f de niño (con ruedas) -**2.** US = **baby carriage**.

baby carriage n US cochecito m de niños.

baby food n papilla f.

babyish ['beɪbɪʃ] adj pej infantil.

baby-minder n UK niñera f (durante el día).

baby-sit vi cuidar a niños.

baby-sitter [-ˈsɪtəʳ] n canguro m OR f.

bachelor ['bætʃələʳ] n soltero m; ~ **party** US despedida f de soltero.

Bachelor of Arts n ≃ licenciado m, -da f en Letras.

Bachelor of Science n ≃ licenciado m, -da f en Ciencias.

bachelor's degree n ≃ licenciatura f.

back [bæk] ◇ adv -**1.** [in position] atrás; **stand ~!** ¡échense para atrás!; **to push ~** empujar hacia atrás -**2.** [to former position or state] de vuelta; **to come ~** volver; **to go ~** volver; **to look ~** volver la mirada; **to walk ~** volver andando; **to give sthg ~** devolver algo; **to be ~ (in fashion)** estar de vuelta; **he has been there and ~** ha estado allí y ha vuelto; **I spent all day going ~ and forth** pasé todo el día yendo y viniendo -**3.** [in time]: **two weeks ~** hace dos semanas; **it dates ~ to 1960** data de 1960; **~ in March** allá en marzo; **to think ~ (to sthg)** recordar (algo) -**4.** [phone, write] de vuelta; **to pay sb ~** [give back money] devolverle el dinero a alguien. ◇ n -**1.** [of person] espalda f; [of animal] lomo m; **lying on one's ~** tumbado de espaldas; **to break the ~ of** fig pasar lo peor OR la peor parte de; **behind sb's ~** a espaldas de alguien; **to put sb's ~ up** poner negro a alguien; **to stab sb in the ~** fig darle a alguien una puñalada por la espalda OR trapera; **to turn one's ~ on sb/sthg** dar la espalda a alguien/algo, volver la espalda a alguien/algo -**2.** [of hand, cheque] dorso m; [of coin, page] reverso m; [of car, book, head] parte f trasera; [of chair] respaldo m; [of queue] final m; [of room, cupboard] fondo m; **the ~ of beyond** UK el quinto pino; **to know somewhere like the ~ of one's hand** conocer un sitio como la palma de la mano -**3.** *SPORT* [player]

defensa m. ◇ adj (in compounds) -**1.** [at the back - door, legs, seat] trasero(ra); [- page] último(ma) -**2.** [overdue - pay, rent] atrasado(da). ◇ vt -**1.** *AUT* [reverse]: **to ~ one's car into the garage** meter el coche marcha atrás en el garaje -**2.** [support] respaldar -**3.** [bet on] apostar por -**4.** [strengthen with material] reforzar. ◇ vi [drive backwards] ir marcha atrás; [walk backwards] ir hacia atrás.

➤ **back to back** adv [with backs facing] espalda con espalda.

➤ **back to front** adv al revés.

➤ **back away** vi retroceder.

➤ **back down** vi echarse OR volverse atrás.

➤ **back off** vi echarse atrás.

➤ **back onto** vt UK dar (por la parte de atrás) a.

➤ **back out** vi echarse OR volverse atrás.

➤ **back up** ◇ vt sep -**1.** [support] apoyar -**2.** [reverse] dar marcha atrás a -**3.** *COMPUT* hacer una copia de seguridad de. ◇ vi -**1.** [reverse] ir marcha atrás -**2.** *COMPUT* hacer copias de seguridad.

backache ['bækeɪk] n dolor m de espalda.

backbencher [ˌbæk'bentʃəʳ] n UK diputado sin cargo en el gabinete del gobierno o la oposición.

backbenches [ˌbæk'bentʃɪz] npl UK escaños de los diputados sin cargo en el gabinete del gobierno o la oposición.

backbiting ['bækbaɪtɪŋ] n murmuración f, chismorreo m.

backbone ['bækbəʊn] n lit & fig columna f vertebral.

backbreaking ['bækˌbreɪkɪŋ] adj derrengante.

back burner n: **to put sthg on the ~** aparcar algo.

backchat UK ['bæktʃæt], **backtalk** US ['bæktɔ:k] n (U) inf réplicas fpl.

backcloth ['bækklɒθ] UK = **backdrop**.

backcomb ['bækkəʊm] vt UK cardar.

back copy n número m atrasado.

backdate [ˌbæk'deɪt] vt: **a pay rise ~d to March** un aumento de sueldo con efecto retroactivo desde marzo.

back door n puerta f trasera; **the team qualified through the ~** fig el equipo se clasificó por la puerta trasera.

backdrop ['bækdrɒp] n lit & fig telón m de fondo.

backer ['bækəʳ] n promotor m, -ra f, patrocinador m, -ra f.

backfire [ˌbæk'faɪəʳ] vi -**1.** [motor vehicle] petardear -**2.** [go wrong]: **it ~d on him** le salió el tiro por la culata.

backgammon ['bæk,gæmən] *n* backgammon *m*.

background ['bækgraʊnd] <> *n* -**1.** [in picture, view] fondo *m*; **in the ~** [of painting etc] al fondo; [out of the limelight] en la sombra -**2.** [of event, situation] trasfondo *m* -**3.** [upbringing] origen *m*; **family ~** antecedentes *mpl* familiares -**4.** [knowledge, experience]: **a ~ in** conocimientos *mpl* de. <> *comp* [music, noise] de fondo; **~ information** información sobre el contexto.

backhand ['bækhænd] *n* revés *m*.

backhanded ['bækhændɪd] *adj fig* equívoco(ca).

backhander ['bækhændə'] *n UK inf*: **to give sb a ~** untarle la mano a alguien, coimear a alguien *Andes, RP*, morder a alguien *CAm, Méx*.

backing ['bækɪŋ] *n* -**1.** [support] apoyo *m*, respaldo *m* -**2.** [lining] refuerzo *m* -**3.** MUS acompañamiento *m*.

back issue = back number.

backlash ['bæklæʃ] *n* reacción *f* violenta.

backless ['bæklɪs] *adj* abierto(ta) por la espalda.

backlit ['bæklɪt] *adj* [display] retroiluminado(da).

backlog ['bæklɒg] *n* acumulación *f*.

back number *n* número *m* atrasado.

backpack ['bækpæk] *n* mochila *f*, macuto *m*.

backpacker ['bækpækə'] *n* mochilero *m*, -ra *f*.

backpacking ['bækpækɪŋ] *n*: **to go ~** irse de viaje con la mochila.

back passage *n euphemism* recto *m*.

back pay *n (U)* atrasos *mpl*.

backpedal [,bæk'pedl] (*UK pt* & *pp* **-led**, *cont* **-ling**, *US pt* & *pp* **-ed**, *cont* **-ing**) *vi fig*: **to ~ (on sthg)** dar marcha atrás (con respecto a algo).

back seat *n* asiento *m* trasero OR de atrás; **to take a ~** *fig* situarse en segundo plano.

back-seat driver *n* persona que no para de dar consejos al conductor.

backside [,bæk'saɪd] *n inf* trasero *m*.

backslash ['bækslæʃ] *n* COMPUT barra *f* inversa.

backslide [,bæk'slaɪd] (*pt* & *pp* **-slid** [-'slɪd]) *vi* reincidir, recaer.

backspace ['bækspeɪs] <> *n* COMPUT: **~ (key)** tecla *f* de retroceso. <> *vi* retroceder.

backstage [,bæk'steɪdʒ] *adv* entre bastidores.

back street *n UK* callejuela *f* de barrio.

back-street abortion *n UK* aborto *m* clandestino.

backstroke ['bækstrəʊk] *n* espalda *f* (*en natación*); **to do the ~** nadar a espalda.

backtalk *US* = backchat.

back-to-back *adj* [victories, meetings] seguidos(das).

backtrack ['bæktræk] = backpedal.

backup ['bækʌp] <> *adj* -**1.** [plan] de emergencia, alternativo(va); [team] de apoyo -**2.** COMPUT de seguridad. <> *n* -**1.** [support] apoyo *m* -**2.** COMPUT copia *f* de seguridad.

backward ['bækwəd] <> *adj* -**1.** [movement, look] hacia atrás -**2.** [country, person] atrasado (da). <> *adv US* = backwards.

backward-looking [-,lʊkɪŋ] *adj pej* retrógrado(da).

backwards ['bækwədz], **backward** *US adv* -**1.** [move, go] hacia atrás; **~ and forwards** [movement] de un lado a otro -**2.** [back to front] al OR del revés.

backwash ['bækwɒʃ] *n* estela *f*.

backwater ['bæk,wɔːtə'] *n fig* páramo *m*, lugar *m* atrasado.

backwoods ['bækwʊdz] *npl* zona *f* aislada.

backyard [,bæk'jɑːd] *n* -**1.** *UK* [yard] patio *m* -**2.** *US* [garden] jardín *m* (trasero).

bacon ['beɪkən] *n* bacon *m*, tocino *m*.

bacteria [bæk'tɪərɪə] *npl* bacterias *fpl*.

bacteriology [bæk,tɪərɪ'ɒlədʒɪ] *n* bacteriología *f*.

bad [bæd] (*compar* **worse**, *superl* **worst**) <> *adj* -**1.** [gen] malo(la); **he's ~ at French** se le da mal el francés; **to have a ~ back** estar mal de la espalda; **to go ~** [food] echarse a perder; **to go from ~ to worse** ir de mal en peor; **too ~!** ¡mala suerte!; **it's not ~ (at all)** no está nada mal; **how are you? — not ~** ¿qué tal? — bien -**2.** [illness] grave -**3.** [guilty]: **to feel ~ about sthg** sentirse mal por algo. <> *adv US* = badly.

bad blood *n* rencor *m*, resentimiento *m*.

bad cheque *n* cheque *m* sin fondos.

bad debt *n* deuda *f* incobrable.

bade [bæd] *pt* & *pp* > bid.

bad feeling *n (U)* [resentment] rencor *m*, resentimiento *m*.

badge [bædʒ] *n* -**1.** [for decoration - metal, plastic] chapa *f*; [- sewn-on] insignia *f* -**2.** [for identification] distintivo *m*.

badger ['bædʒə'] <> *n* tejón *m*. <> *vt*: **to ~ sb (to do sthg)** ponerse pesado(da) con alguien (para que haga algo).

bad language *n (U)* palabrotas *fpl*.

badly ['bædlɪ] (*compar* **worse**, *superl* **worst**) *adv* -**1.** [not well] mal; **to think ~ of sb** pensar mal de alguien -**2.** [seriously] gravemente; **I'm ~ in need of help** necesito ayuda urgentemente.

badly-off *adj* -**1.** [poor] apurado(da) de dinero -**2.** [lacking]: **to be ~ for sthg** estar OR andar mal de algo.

bad-mannered [-'mænəd] *adj* maleducado(da).

badminton ['bædmɪntən] n bádminton m.
bad-mouth vt esp US inf poner verde.
badness ['bædnɪs] n [of behaviour] maldad f.
bad-tempered [-'tempəd] adj **-1.** [by nature]: **to be** ~ tener mal genio **-2.** [in a bad mood]: **to be** ~ estar malhumorado(da).
baffle ['bæfl] vt desconcertar.
baffling ['bæflɪŋ] adj desconcertante.
bag [bæg] (pt & pp -ged, cont -ging) <> n **-1.** [container, bagful] bolsa f; **he's nothing but a** ~ **of bones** está en los huesos; **in the** ~ inf en el bote; **to pack one's** ~**s** fig hacer las maletas **-2.** [handbag] bolso m, cartera f Andes & RP. <> vt **-1.** [put into bags] meter en bolsas **-2.** UK inf [reserve] pedirse, reservarse.
  ◆ **bags** npl **-1.** [under eyes]: **to have** ~**s under one's eyes** inf tener ojeras **-2.** [lots]: ~**s of** inf un montón de.
bagel ['beɪgl] n bollo de pan en forma de rosca.
baggage ['bægɪdʒ] n esp US (U) equipaje m.
baggage allowance n equipaje m permitido.
baggage car n US furgón m de equipajes.
baggage reclaim n recogida f de equipajes.
baggage room n US consigna f.
baggy ['bægɪ] (compar -ier, superl -iest) adj holgado(da).
Baghdad [bæg'dæd] n Bagdad.
bag lady n inf vagabunda f.
bagpipes ['bægpaɪps] npl gaita f.
bagsnatcher ['bægsnætʃər] n ladrón que roba dando el tirón.
baguette [bə'get] n barra f de pan.
bah [bɑː] excl ¡bah!
Bahamas [bə'hɑːməz] npl: **the** ~ (las) Bahamas.
Bahrain, Bahrein [bɑː'reɪn] n Bahrein.
Bahraini, Bahreini [bɑː'reɪnɪ] <> adj bahreiní. <> n bahreiní m or f.
Bahrein = Bahrain.
Bahreini = Bahraini.
bail [beɪl] n (U) fianza f; **on** ~ bajo fianza.
  ◆ **bail out** <> vt sep **-1.** [pay bail for] obtener la libertad bajo fianza de **-2.** [rescue] sacar de apuros. <> vi [from plane] tirarse en paracaídas (antes de que se estrelle el avión).
bailiff ['beɪlɪf] n alguacil m.
bait [beɪt] <> n lit & fig cebo m; **to rise to** or **take the** ~ fig picarse, morder el anzuelo. <> vt **-1.** [put bait on] cebar **-2.** [tease, torment] hacer sufrir, cebarse con.
baize [beɪz] n tapete m.
bake [beɪk] <> vt **-1.** [food] cocer al horno **-2.**

[bricks, clay] cocer, endurecer. <> vi [food] cocerse al horno.
baked beans [beɪkt-] npl alubias fpl cocidas en salsa de tomate.
baked potato [beɪkt-] n patata f asada or al horno.
Bakelite® ['beɪkəlaɪt] n baquelita f.
baker ['beɪkər] n panadero m; ~**'s (shop)** panadería f.
bakery ['beɪkərɪ] (pl -ies) n panadería f, tahona f.
baking ['beɪkɪŋ] <> adj inf: **it's** ~ **hot** hace un calor achicharrante. <> n cocción f.
baking powder n levadura f en polvo.
baking soda n US biscarbonato m en polvo.
baking tin n molde m para cocinar al horno.
baking tray n bandeja f de hornear.
balaclava (helmet) [bælə'klɑːvə-] n pasamontañas m inv, verdugo m.
balance ['bæləns] <> n **-1.** [equilibrium] equilibrio m; **to keep/lose one's** ~ mantener/perder el equilibrio; **it caught me off** ~ me pilló desprevenido(da) **-2.** fig [counterweight] contrapunto m **-3.** [of evidence etc] peso m **-4.** [scales] balanza f; **to be** or **hang in the** ~ estar en el aire **-5.** [of account] saldo m. <> vt **-1.** [keep in balance] poner en equilibrio **-2.** [compare] sopesar **-3.** [in accounting]: **to** ~ **the books/a budget** hacer que cuadren las cuentas/cuadre un presupuesto. <> vi **-1.** [maintain equilibrium] sostenerse en equilibrio **-2.** [in accounting] cuadrar.
  ◆ **on balance** adv tras pensarlo detenidamente.
balanced ['bælənst] adj [fair] equilibrado(da).
balanced diet ['bælənst-] n dieta f equilibrada.
balance of payments n balanza f de pagos.
balance of power n equilibrio m de fuerzas.
balance of trade n balanza f comercial.
balance sheet n balance m.
balancing act ['bælənsɪŋ-] n fig: **to perform a** ~ hacer equilibrios.
balcony ['bælkənɪ] (pl -ies) n **-1.** [on building - big] terraza f; [- small] balcón m **-2.** [in theatre] anfiteatro m, galería f.
bald [bɔːld] adj **-1.** [without hair] calvo(va); **to go** ~ quedarse calvo(va) **-2.** [tyre] desgastado (da) **-3.** fig [blunt] escueto(ta).
bald eagle n pigargo m cabeciblanco (este pájaro es el símbolo de los Estados Unidos y aparece en todos los emblemas oficiales).

balding ['bɔːldɪŋ] adj con calva incipiente.
baldness ['bɔːldnɪs] n calvicie f.
bale [beɪl] n bala f.
➤ **bale out** vi UK - **1.** [remove water] achicar agua - **2.** [from plane] tirarse en paracaídas *(antes de que se estrelle el avión)*.
Balearic Islands [ˌbælɪ'ærɪk-], **Balearics** [ˌbælɪ'ærɪks] npl: the ~ las Baleares.
baleful ['beɪlfʊl] adj maligno(na).
Bali ['bɑːlɪ] n Bali.
balk [bɔːk] vi: to ~ (at doing sthg) resistirse (a hacer algo); I ~ at the idea me repele la idea.
Balkan ['bɔːlkən] adj balcánico(ca).
Balkans ['bɔːlkənz], **Balkan States** npl: the ~ los Balcanes.
ball [bɔːl] n - **1.** [for tennis, cricket] pelota f; [for golf, billiards] bola f; [for football, basketball, rugby] balón m; **to be on the ~** fig estar al tanto de todo; **to play ~ with** fig colaborar con; **to start/ keep the ~ rolling** fig poner/mantener las cosas en marcha - **2.** [round shape] bola f - **3.** [of foot] pulpejo m - **4.** [dance] baile m; **to have a ~** fig pasárselo bomba.
➤ **balls** v inf <> npl [testicles] pelotas fpl. <> n (U) [nonsense] gilipolleces fpl. <> excl [expressing disagreement] ¡y un huevo!; [expressing annoyance] ¡leche!
ballad ['bæləd] n balada f.
ball-and-socket joint n ANAT enartrosis f inv.
ballast ['bæləst] n lastre m.
ball bearing n cojinete m de bolas.
ball boy n recogepelotas m inv.
ballcock ['bɔːlkɒk] n válvula f de desagüe.
ballerina [ˌbælə'riːnə] n bailarina f.
ballet ['bæleɪ] n ballet m.
ballet dancer n bailarín m, -ina f.
ball game n - **1.** US [baseball match] partido m de béisbol - **2.** inf [situation]: **it's a whole new ~** es una historia totalmente distinta.
ball girl n recogepelotas f inv.
ball gown n traje m de fiesta.
ballistic [bə'lɪstɪk] adj [missile] balístico(ca); **to go ~** fig inf ponerse hecho(cha) una furia.
ballistics [bə'lɪstɪks] n (U) balística f.
balloon [bə'luːn] <> n - **1.** [toy] globo m - **2.** [hot-air balloon] globo m (aerostático) - **3.** [in cartoon] bocadillo m. <> vi inflarse.
ballooning [bə'luːnɪŋ] n aerostación f.
ballot ['bælət] <> n - **1.** [voting paper] voto m, papeleta f, balota f *Perú*, boleta f electoral *Méx, RP* - **2.** [voting process] votación f. <> vt: **to ~ the members on an issue** someter un asunto a votación entre los afiliados. <> vi: **to ~ for sthg** elegir algo por votación.

ballot box n [container] urna f; **to decide sthg at the ~** decidir algo en las urnas.
ballot paper n voto m, papeleta f, balota f *Perú*, boleta f electoral *Méx, RP*.
ball park n US estadio m de béisbol.
ball-park figure n inf cifra f aproximada.
ballpoint (pen) ['bɔːlpɔɪnt-] n bolígrafo m, pluma f atómica *Méx*, esfero m *Col*, birome f *RP*, lápiz m de pasta *Chile*.
ballroom ['bɔːlrʊm] n salón m de baile.
ballroom dancing n (U) baile m de salón.
balls-up UK, **ball-up** US n v inf cagada f.
balm [bɑːm] n bálsamo m.
balmy ['bɑːmɪ] (compar -ier, superl -iest) adj apacible.
baloney [bə'ləʊnɪ] n - **1.** (U) inf bobadas fpl - **2.** US [sausage] = bologna.
balsa ['bɒlsə], **balsawood** ['bɒlsəwʊd] n balsa f.
balsam ['bɔːlsəm] n bálsamo m.
balsamic vinegar [bɔːl'sæmɪk-] n vinagre m (balsámico) de Módena.
balsawood = balsa.
balti ['bɔːltɪ] n [pan] cacerola utilizada en la cocina india; [food] plato indio sazonado con especias y preparado en un 'balti'.
Baltic ['bɔːltɪk] <> adj báltico(ca). <> n: the ~ (Sea) el (mar) Báltico.
Baltic Republic n: the ~s las repúblicas bálticas.
Baltic State n: the ~s los países bálticos.
balustrade [ˌbæləs'treɪd] n balaustrada f.
bamboo [bæm'buː] n bambú m.
bamboozle [bæm'buːzl] vt inf camelar, engatusar.
ban [bæn] (pt & pp -ned, cont -ning) <> n: ~ (on) prohibición f (de). <> vt: **to ~ (sb from doing sthg)** prohibir (a alguien hacer algo).
banal [bə'nɑːl] adj pej banal, ordinario(ria).
banana [bə'nɑːnə] n plátano m, banana f *Amér*.
banana republic n república f bananera.
banana split n banana split m.
band [bænd] n - **1.** [musical group - pop] grupo m; [- jazz, military] banda f - **2.** [of thieves etc] banda f - **3.** [strip] cinta f, tira f - **4.** [stripe, range] franja f.
➤ **band together** vi juntarse, agruparse.
bandage ['bændɪdʒ] <> n venda f. <> vt vendar.
Band-Aid® n US ≃ tirita® f *Esp*, ≃ curita f *Amér*.
bandan(n)a [bæn'dænə] n pañuelo m *(para la cabeza)*.
b and b, B and B n abbr of bed and breakfast.
bandit ['bændɪt] n bandido m, -da f, bandolero m, -ra f.

bandmaster [ˈbændˌmɑːstəʳ] *n* director *m* (de banda musical).

band saw *n* sierra *f* de cinta.

bandsman [ˈbændzmən] (*pl* -men [-mən]) *n* músico *m* (de banda).

bandstand [ˈbændstænd] *n* quiosco *m* de música.

bandwagon [ˈbændwægən] *n*: **to jump on the** ~ subirse *OR* apuntarse al carro.

bandwidth [ˈbændwɪdθ] *n COMPUT* ancho *m* de banda.

bandy [ˈbændɪ] (*compar* -ier, *superl* -iest, *pt* & *pp* -ied) *adj* [legs] arqueado(da).

　➡ **bandy about, bandy around** *vt sep* sacar a relucir.

bandy-legged [-ˌlegd] *adj* de piernas arqueadas.

bane [beɪn] *n*: **to be the** ~ **of sb's life** ser la cruz de alguien.

bang [bæŋ] <> *n* -**1.** [blow] golpe *m* -**2.** [loud noise] estampido *m*, estruendo *m*; **to go with a** ~ *inf* ser la bomba. <> *vt* -**1.** [hit - drum, desk] golpear; [- knee, head] golpearse -**2.** [door] cerrar de golpe. <> *vi* golpear, dar golpes. <> *adv* -**1.** [exactly]: ~ **in the middle of** justo en mitad de; ~ **on** [correct] muy acertado(da) -**2.** *inf* [away]: ~ **goes** *OR* **go ...** adiós a ... <> *excl* ¡pum!

　➡ **bangs** *npl US* flequillo *m*.

　➡ **bang down** *vt sep* [book, fist] golpear con.

banger [ˈbæŋəʳ] *n UK* -**1.** *inf* [sausage] salchicha *f* -**2.** *inf* [old car] carraca *f*, cacharro *m* -**3.** [firework] petardo *m*.

Bangkok [bæŋˈkɒk] *n* Bangkok.

Bangladesh [ˌbæŋɡləˈdeʃ] *n* Bangladesh.

Bangladeshi [ˌbæŋɡləˈdeʃɪ] <> *adj* bangladesí. <> *n* bangladesí *m OR f*.

bangle [ˈbæŋɡl] *n* pulsera *f*, brazalete *m*.

banish [ˈbænɪʃ] *vt lit* & *fig* desterrar.

banister [ˈbænɪstəʳ] *n*, **banisters** [ˈbænɪstəz] *npl* barandilla *f*, pasamanos *m inv*.

banjo [ˈbændʒəʊ] (*pl* -s *OR* -es) *n* banjo *m*.

bank [bæŋk] <> *n* -**1.** [gen & FIN] banco *m* -**2.** [by river, lake] ribera *f*, orilla *f* -**3.** [slope] loma *f* -**4.** [of clouds etc] masa *f*. <> *vt FIN* ingresar en el banco. <> *vi* -**1.** *FIN*: **to** ~ **with** tener una cuenta en -**2.** [plane] ladearse.

　➡ **bank on** *vt fus* contar con.

bank account *n* cuenta *f* bancaria.

bank balance *n* saldo *m* bancario.

bankbook [ˈbæŋkbʊk] *n* libreta *f OR* cartilla *f* (del banco).

bank card = banker's card.

bank charges *npl* comisiones *fpl* bancarias.

bank draft *n* giro *m* bancario.

banker [ˈbæŋkəʳ] *n* banquero *m*, -ra *f*.

banker's card *n UK* tarjeta *f* de identificación bancaria.

banker's order *n UK* domiciliación *f* de pago.

bank holiday *n UK* día *m* festivo, fiesta *f* nacional.

banking [ˈbæŋkɪŋ] *n* banca *f*.

banking house *n* entidad *f* bancaria.

bank loan *n* préstamo *m OR* crédito *m* bancario.

bank manager *n* director *m*, -ra *f* de banco.

bank note *n* billete *m* de banco.

bank rate *n* tipo *m* de interés bancario.

bankrupt [ˈbæŋkrʌpt] <> *adj* [financially] quebrado(da), en quiebra; **to go** ~ quebrar. <> *n* quebrado *m*, -da *f*, insolvente *m OR f*. <> *vt* llevar a la quiebra.

bankruptcy [ˈbæŋkrəptsɪ] (*pl* -ies) *n* quiebra *f*, bancarrota *f*; *fig* [of ideas] falta *f* total.

bank statement *n* extracto *m* de cuenta.

banner [ˈbænəʳ] *n* -**1.** [carrying slogan] pancarta *f* -**2.** [comput] banner *m*, pancarta *f* publicitaria.

bannister [ˈbænɪstəʳ] *n*, **bannisters** [ˈbænɪstəz] *npl* = banister(s).

banns [bænz] *npl*: **to publish the** ~ correr las amonestaciones.

banquet [ˈbæŋkwɪt] *n* banquete *m*.

bantam [ˈbæntəm] *n* gallina *f* de Bantam.

bantamweight [ˈbæntəmweɪt] *n* peso *m* gallo.

banter [ˈbæntəʳ] <> *n (U)* bromas *fpl*. <> *vi* bromear.

bap [bæp] *n UK* bollo *m* de pan, panecillo *m*.

baptism [ˈbæptɪzm] *n* bautismo *m*; ~ **of fire** bautismo de fuego.

Baptist [ˈbæptɪst] *n* bautista *m OR f*.

baptize, -ise [*UK* bæpˈtaɪz, *US* ˈbæptaɪz] *vt* bautizar.

bar [bɑːʳ] (*pt* & *pp* -red, *cont* -ring) <> *n* -**1.** [of soap] pastilla *f*; [of gold] lingote *m*; [of wood] barrote *m*; [of metal] barra *f*; **a** ~ **of chocolate** una chocolatina; **to be behind** ~**s** estar entre rejas -**2.** [drinking place] bar *m* -**3.** [counter] barra *f* -**4.** *fig* [obstacle] barrera *f*; [ban] prohibición *f* -**5.** *MUS* compás *m*. <> *vt* -**1.** [close with a bar] atrancar -**2.** [block]: **to** ~ **sb's way** impedir el paso a alguien -**3.** [ban]: **to** ~ **sb (from doing sthg)** prohibir a alguien (hacer algo); **to** ~ **sb from somewhere** prohibir a alguien la entrada en un sitio. <> *prep* [except] menos, salvo; ~ **none** sin excepción.

　➡ **Bar** *n JUR*: **the Bar** *UK* *conjunto de los abogados que ejercen en tribunales superiores*; *US* la abogacía.

Barbados [bɑːˈbeɪdɒs] *n* Barbados.

barbarian [bɑːˈbeərɪən] *n lit & fig* bárbaro *m*, -ra *f.*

barbaric [bɑːˈbærɪk] *adj* salvaje.

barbarous [ˈbɑːbərəs] *adj* bárbaro(ra).

barbecue [ˈbɑːbɪkjuː] <> *n* barbacoa *f.* <> *vt* asar a la parrilla.

barbed [bɑːbd] *adj* **-1.** [pointed, spiked] con púa OR púas **-2.** [unkind] envenenado(da), afilado(da).

barbed wire [bɑːbd-] *n* alambre *m* de espino.

barber [ˈbɑːbəʳ] *n* barbero *m*; ~ 's peluquería *f.*

barbershop [ˈbɑːbəʃɒp] *n US* barbería *f.*

barbiturate [bɑːˈbɪtjʊrət] *n* barbitúrico *m.*

Barcelona [ˌbɑːsəˈləʊnə] *n* Barcelona.

bar chart, bar graph *US n* gráfico *m* de barras.

bar code *n* código *m* de barras.

bare [beəʳ] <> *adj* **-1.** [without covering - legs, trees, hills] desnudo(da); [- feet] descalzo(za) **-2.** [absolute, minimum] esencial; **the ~ essentials** lo mínimo indispensable **-3.** [empty] vacío(a) **-4.** [mere] **a ~ 10%** tan sólo el 10% **to ~ one's teeth** enseñar los dientes.

bareback [ˈbeəbæk] *adj & adv* a pelo.

barefaced [ˈbeəfeɪst] *adj* descarado(da).

barefoot(ed) [ˌbeəˈfʊt(ɪd)] *adj & adv* descalzo(za).

bareheaded [ˌbeəˈhedɪd] *adj & adv* descubierto(ta), sin sombrero.

barelegged [ˌbeəˈlegd] *adj & adv* con las piernas desnudas.

barely [ˈbeəlɪ] *adv* [scarcely] apenas.

bargain [ˈbɑːgɪn] <> *n* **-1.** [agreement] trato *m*, acuerdo *m*; **into the ~** además **-2.** [good buy] ganga *f*, pichincha *f RP.* <> *vi*: **to ~ (with sb for sthg)** negociar (con alguien para obtener algo).

‣ **bargain for, bargain on** *vt fus* contar con.

bargaining [ˈbɑːgɪnɪŋ] *n (U)* negociación *f.*

bargaining power *n* poder *m* negociador.

bargain price *n* precio *m* de saldo.

barge [bɑːdʒ] <> *n* gabarra *f*, barcaza *f.* <> *vi inf* abrirse paso; **to ~ into** [person] chocarse con; [room] irrumpir en.

‣ **barge in** *vi inf*: **to ~ in (on)** [conversation etc] entrometerse (en).

barge pole *n inf*: **I wouldn't touch it with a ~** no lo quiero ni regalado.

bar graph *US* = bar chart.

baritone [ˈbærɪtəʊn] *n* barítono *m.*

barium meal [ˈbeərɪəm-] *n UK* papilla *f (tomada antes de radiografía).*

bark [bɑːk] <> *n* **-1.** [of dog] ladrido *m*; **his ~ is worse than his bite** *inf* ≃ perro ladrador,

poco mordedor **-2.** [on tree] corteza *f.* <> *vt* gritar. <> *vi*: **to ~ (at)** ladrar (a).

barking [ˈbɑːkɪŋ] <> *adj UK inf* [crazy]: **~ mad** loco(ca) de remate. <> *n (U)* ladridos *mpl.*

barley [ˈbɑːlɪ] *n* cebada *f.*

barley sugar *n UK* azúcar *m* OR *f* cande. .

barley water *n UK* hordiate *m.*

barmaid [ˈbɑːmeɪd] *n* camarera *f.*

barman [ˈbɑːmən] *(pl* **-men** [-mən]*) n* camarero *m*, barman *m.*

barmy [ˈbɑːmɪ] *(compar* **-ier**, *superl* **-iest)** *adj UK inf* chalado(da), chiflado(da).

barn [bɑːn] *n* granero *m.*

barnacle [ˈbɑːnəkl] *n* percebe *m.*

barn dance *n* baile *m* campestre.

barn owl *n* lechuza *f.*

barometer [bəˈrɒmɪtəʳ] *n* barómetro *m*; *fig* [of public opinion etc] piedra *f* de toque.

baron [ˈbærən] *n* barón *m*; **press/oil ~** *fig* magnate *m* de la prensa/del petróleo.

baroness [ˈbærənɪs] *n* baronesa *f.*

baronet [ˈbærənɪt] *n* baronet *m.*

baroque [bəˈrɒk] *adj* barroco(ca).

barrack [ˈbærək] *vt UK* abroncar, abuchear.

‣ **barracks** *npl* cuartel *m.*

barracking [ˈbærəkɪŋ] *n UK* bronca *f*, abucheo *m.*

barracuda [ˌbærəˈkuːdə] *n* barracuda *f.*

barrage [ˈbærɑːʒ] *n* **-1.** [of firing] descarga *f*, fuego *m* intenso de artillería **-2.** [of questions] aluvión *m*, alud *m* **-3.** *UK* [dam] presa *f*, dique *m.*

barred [bɑːd] *adj* enrejado(da).

barrel [ˈbærəl] *n* **-1.** [for beer, wine, oil] barril *m* **-2.** [of gun] cañón *m.*

barrel organ *n* organillo *m.*

barren [ˈbærən] *adj* estéril.

barrette [bəˈret] *n US* pasador *m.*

barricade [ˌbærɪˈkeɪd] <> *n* barricada *f.* <> *vt* levantar barricadas en; **to ~ o.s. in** atrincherarse OR parapetarse en.

barrier [ˈbærɪəʳ] *n lit & fig* barrera *f.*

barrier cream *n UK* crema *f* protectora.

barring [ˈbɑːrɪŋ] *prep* salvo; **~ a miracle** a menos que ocurra un milagro.

barrister [ˈbærɪstəʳ] *n UK* abogado *m*, -da *f (de tribunales superiores).*

barroom [ˈbɑːrʊm] *n US* bar *m.*

barrow [ˈbærəʊ] *n* carrito *m.*

bar stool *n* taburete *m (de bar).*

bartender [ˈbɑːtendəʳ] *n esp US* camarero *m*, -ra *f.*

barter [ˈbɑːtəʳ] <> *n* trueque *m.* <> *vt*: **to ~ (sthg for sthg)** trocar (algo por algo). <> *vi* trocar.

base [beɪs] ◇ *n* base *f*. ◇ *vt* -**1.** [place, establish] emplazar; **he's ~d in Paris** vive en París -**2.** [use as starting point]: **to ~ sthg on** OR **upon** basar algo en. ◇ *adj pej* bajo(ja), vil.

baseball ['beɪsbɔːl] *n* béisbol *m*.

baseball cap *n* gorra *f* de visera.

baseboard ['beɪbɔːd] *n US* rodapié *m*.

base camp *n* campamento *m* base.

Basel, Basle ['bɑːzəl] *n* Basilea.

baseless ['beɪslɪs] *adj* infundado(da).

baseline ['beɪslaɪn] *n* [in tennis] línea *f* de fondo.

basement ['beɪsmənt] *n* sótano *m*.

base metal *n dated* metal *m* no precioso.

base rate *n* tipo *m* de interés base.

bases ['beɪsiːz] *pl* ▷ **basis**.

bash [bæʃ] *inf* ◇ *n* -**1.** [painful blow] porrazo *m* -**2.** [attempt]: **to have a ~ at sthg** intentar algo -**3.** [party] juerga *f*. ◇ *vt* -**1.** [hit - person, thing] darle un porrazo a; [- one's head, knee] darse un porrazo en -**2.** [criticize] arremeter contra.

bashful ['bæʃfʊl] *adj* [person] vergonzoso(sa); [smile] tímido(da).

basic ['beɪsɪk] *adj* básico(ca).

➥ **basics** *npl* -**1.** [rudiments] principios *mpl* básicos -**2.** [essentials] lo imprescindible.

basically ['beɪsɪklɪ] *adv* -**1.** [essentially] esencialmente -**2.** [really] en resumen.

basic rate *n UK* tipo *m* base.

basic wage *n* sueldo *m* base.

basil ['bæzɪl] *n* albahaca *f*.

basin ['beɪsn] *n* -**1.** *UK* [bowl] balde *m*, barreño *m* -**2.** [wash basin] lavabo *m* -**3.** GEOGR cuenca *f*.

basis ['beɪsɪs] (*pl* **bases**) *n* base *f*; **on the ~ of** de acuerdo con, a partir de; **on a weekly ~** semanalmente; **on a monthly ~** mensualmente.

bask [bɑːsk] *vi* -**1.** [sunbathe]: **to ~ in the sun** tostarse al sol -**2.** *fig*: **to ~ in** [sb's approval, praise] gozar de.

basket ['bɑːskɪt] *n* -**1.** [container] cesta *f* -**2.** [in basketball] canasta *f*.

basketball ['bɑːskɪtbɔːl] ◇ *n* baloncesto *m*. ◇ *comp* de baloncesto.

basketwork ['bɑːskɪtwɜːk] *n* cestería *f*.

basking shark ['bɑːskɪŋ-] *n* tiburón *m* peregrino.

Basle [bɑːl] = **Basel**.

Basque [bɑːsk] ◇ *adj* vasco(ca). ◇ *n* -**1.** [person] vasco *m*, -ca *f* -**2.** [language] vascuence *m*, euskera *m*.

Basque Country [bɑːsk-] *n*: **the ~** el País Vasco, Euskadi.

bass [beɪs] ◇ *adj* bajo(ja). ◇ *n* -**1.** [singer, bass guitar] bajo *m* -**2.** [double bass] contrabajo *m* -**3.** [on hi-fi, amplifier] graves *mpl*.

bass [bæs] (*pl inv* OR -**es**) *n* [seawater fish] lubina *f*.

bass clef [beɪs-] *n* clave *f* de fa.

bass drum [beɪs-] *n* bombo *m*.

basset (hound) ['bæsɪt-] *n* basset *m*.

bass guitar [beɪs-] *n* bajo *m*.

bassoon [bə'suːn] *n* fagot *m*.

bass player [beɪs-] *n* bajista *m* OR *f*.

bastard ['bɑːstəd] *n* -**1.** [illegitimate child] bastardo *m*, -da *f* -**2.** *v inf pej* cabrón *m*, -ona *f*, concha *f* de su madre *RP*.

baste [beɪst] *vt* regar con grasa.

bastion ['bæstɪən] *n* bastión *m*.

bat [bæt] (*pt* & *pp* -**ted**, *cont* -**ting**) ◇ *n* -**1.** [animal] murciélago *m* -**2.** [for cricket, baseball] bate *m* -**3.** [for table-tennis] pala *f*, paleta *f* -**4.** *phr*: **I did it off my own ~** lo hice por mi cuenta. ◇ *vt* & *vi* batear.

batch [bætʃ] *n* -**1.** [of bread] hornada *f* -**2.** [of letters etc] remesa *f* -**3.** [of work] montón *m* -**4.** [of products] lote *m*, partida *f* -**5.** [of people] grupo *m*, tanda *f*.

batch file *n* COMPUT fichero *m* por lotes.

batch processing *n* COMPUT proceso *m* por lotes.

bated ['beɪtɪd] *adj*: **with ~ breath** con el aliento contenido.

bath [bɑːθ] ◇ *n* -**1.** [bathtub] bañera *f*, bañadera *f Arg*, tina *f Amér* -**2.** [act of washing] baño *m*, bañada *f Amér*; **to have** OR **take a ~** darse un baño, bañarse. ◇ *vt* bañar.

➥ **baths** *npl UK* [public swimming pool] piscina *f* municipal, alberca *f* municipal *Méx*, pileta *f* municipal *RP*.

bath chair *n* silla *f* de ruedas.

bath cube *n* cubito con esencias aromáticas para el baño.

bathe [beɪð] ◇ *vt* -**1.** [wound] lavar -**2.** [suffuse]: **to be ~d in** OR **with** estar bañado(da) de. ◇ *vi* bañarse.

bather ['beɪðəʳ] *n* bañista *m* OR *f*.

bathing ['beɪðɪŋ] *n (U)* baños *mpl*.

bathing cap *n* gorro *m* de baño.

bathing costume, bathing suit *n* traje *m* de baño, bañador *m*, malla *f Amér*.

bathing trunks *npl* bañador *m*.

bath mat *n* alfombrilla *f* de baño, tapete *m* de baño *Col*, *Méx*.

bath oil *n* aceite *m* de baño.

bathrobe ['bɑːθrəʊb] *n* -**1.** [made of towelling] albornoz *m* -**2.** [dressing gown] batín *m*, bata *f*.

bathroom ['bɑːθrʊm] *n* -**1.** *UK* [room with bath] (cuarto *m* de) baño *m* -**2.** [toilet] servicio *m*.

bath salts *npl* sales *fpl* de baño.

bath towel *n* toalla *f* de baño.

bathtub ['bɑːθtʌb] *n* bañera *f*.

batik [bə'tiːk] n batik m.

baton ['bætən] n -**1.** [of conductor] batuta f -**2.** [in relay race] testigo m -**3.** UK [of policeman] porra f.

baton charge n UK carga f policial (con porras).

batsman ['bætsmən] (pl -men [-mən]) n bateador m.

battalion [bə'tæljən] n batallón m.

batten ['bætn] n listón m (de madera).

➡ **batten down** vt fus sujetar con listones.

batter ['bætə'] ◇ n pasta f para rebozar; US [for cakes] mezcla f pastelera. ◇ vt -**1.** [child, woman] pegar -**2.** [door, ship] golpear.

➡ **batter down** vt sep echar abajo.

battered ['bætəd] adj -**1.** [child, woman] maltratado(da) -**2.** [car, hat] abollado(da) -**3.** [fish, vegetables, etc] rebozado(da).

battering ['bætərɪŋ] n paliza f.

battering ram n ariete m.

battery ['bætərɪ] (pl -ies) n -**1.** [of radio, toy] pila f; [of car, guns] batería f -**2.** [array, set] serie f, conjunto m.

battery charger n cargador m de pilas.

battery farming n avicultura f intensiva.

battery hen n gallina f de granja intensiva.

battle ['bætl] ◇ n -**1.** [in war] batalla f -**2.** [struggle]: ~ (for/against/with) lucha f (por/contra/con); ~ of wits duelo m de ingenio; self-confidence is half the ~ confiar en uno mismo es llevar medio camino andado; **to be fighting a losing** ~ luchar por una causa perdida. ◇ vi: **to** ~ (for/against/with) luchar (por/contra/con).

battledress ['bætldres] n UK uniforme m.

battlefield ['bætlfiːld], **battleground** ['bætlgraund] n lit & fig campo m de batalla.

battlements ['bætlmənts] npl almenas fpl.

battleship ['bætlʃɪp] n acorazado m.

bauble ['bɔːbl] n -**1.** [ornament] baratija f -**2.** [for Christmas tree] bola f de Navidad.

baud [bɔːd] n baudio m.

baud rate n velocidad f de transmisión.

baulk [bɔːk] = **balk**.

Bavaria [bə'veərɪə] n Baviera f.

Bavarian [bə'veərɪən] ◇ adj bávaro(ra). ◇ n bávaro m, -ra f.

bawdy ['bɔːdɪ] (compar -ier, superl -iest) adj verde, picante.

bawl [bɔːl] ◇ vt gritar. ◇ vi -**1.** [shout] vociferar -**2.** [cry] berrear.

bay [beɪ] ◇ n -**1.** [of coast] bahía f -**2.** [for loading] zona f de carga y descarga -**3.** [for parking] plaza f, estacionamiento m -**4.** [horse] caballo m bayo -**5.** phr: **to keep sthg/sb at** ~ mantener algo/a alguien a raya. ◇ vi aullar.

bay leaf n (hoja f de) laurel m.

bayonet ['beɪənɪt] n bayoneta f.

bay tree n laurel m.

bay window n ventana f salediza.

bazaar [bə'zɑː'] n -**1.** [market] bazar m, zoco m -**2.** UK [charity sale] mercadillo m benéfico.

bazooka [bə'zuːkə] n bazuca m.

B & B abbr of **bed and breakfast**.

BBC (abbr of **British Broadcasting Corporation**) n BBC f, compañía estatal británica de radio-televisión.

BC -**1.** (abbr of **before Christ**) a.C. -**2.** abbr of **British Columbia**.

BCG (abbr of **Bacillus Calmette-Guérin**) n vacuna de la tuberculosis.

be [biː] (pt was OR were, pp been) ◇ aux vb -**1.** (in combination with present participle: to form cont tense) estar; **what is he doing?** ¿qué hace OR está haciendo?; **it's snowing** está nevando; **I'm leaving tomorrow** me voy mañana; **they've been promising it for years** han estado prometiéndolo durante años -**2.** (in combination with pp: to form passive) ser; **to** ~ **loved** ser amado; **there was no one to** ~ **seen** no se veía a nadie; **ten people were killed** murieron diez personas -**3.** (in question tags): **you're not going now, are you?** no irás a marcharte ya ¿no?; **the meal was delicious, wasn't it?** la comida fue deliciosa ¿verdad? -**4.** (followed by 'to' + infin): **I'm to be promoted** me van a ascender; **you're not to tell anyone** no debes decírselo a nadie. ◇ copulative vb -**1.** (with adj, n) [indicating innate quality, permanent condition] ser; [indicating state, temporary condition] estar; **snow is white** la nieve es blanca; **she's intelligent/tall** es inteligente/alta; **to** ~ **a doctor/plumber** ser médico/fontanero; **I'm Welsh** soy galés; ~ **quiet!** ¡cállate!; **1 and 1 are 2** 1 y 1 son 2; **your hands are cold** tus manos están frías; **I'm tired/angry** estoy cansado/enfadado; **I'm hot** tengo calor; **he's in a difficult position** está en una situación difícil -**2.** [referring to health] estar; **she's ill/better** está enferma/mejor; **how are you?** ¿cómo estás?, ¿qué tal? -**3.** [referring to age]: **how old are you?** ¿qué edad OR cuántos años tienes?; **I'm 20 (years old)** tengo 20 años -**4.** [cost] ser, costar; **how much is it?** ¿cuánto es?; **how much was it?** ¿cuánto costó?; **that will** ~ **£10, please** son 10 libras; **apples are only 40p a kilo today** hoy las manzanas están a tan sólo 40 peniques el kilo. ◇ vi -**1.** [exist] ser, existir; **the worst prime minister that ever was** el peor primer ministro de todos los tiempos; ~ **that as it may** aunque así sea; **there is/are** hay; **is there life on Mars?** ¿hay vida en Marte? -**2.** [referring to place] estar; **Valencia is in Spain**

Valencia está en España; **he will ~ here to-morrow** estará aquí mañana **- 3.** [referring to movement] estar; **where have you been?** ¿dónde has estado? ◇ *impersonal vb* **-1.** [referring to time, dates] ser; **it's two o'clock** son las dos; **it's the 17th of February** estamos a 17 de febrero **- 2.** [referring to distance]: **it's 3 km to the next town** hay 3 kms hasta el próximo pueblo **- 3.** [referring to the weather]: **it's hot/cold/windy** hace calor/frío/viento **- 4.** [for emphasis] ser; **it's me** soy yo; **it's the milkman** es el lechero.

beach [bi:tʃ] ◇ *n* playa *f.* ◇ *vt* varar.

beach ball *n* pelota *f* de playa.

beach buggy *n* todoterreno *m* para playa.

beachcomber ['bi:tʃ,kəuməʳ] *n* [person] *persona que va buscando objetos de valor en la playa.*

beachhead ['bi:tʃhed] *n MIL* cabeza *f* de playa.

beachwear ['bi:tʃweəʳ] *n* ropa *f* de playa.

beacon ['bi:kən] *n* **-1.** [warning fire] almenara *f* **-2.** [lighthouse] faro *m* **-3.** [radio beacon] radiofaro *m.*

bead [bi:d] *n* **-1.** [of wood, glass] cuenta *f,* abalorio *m* **-2.** [of sweat] gota *f.*

beading ['bi:dɪŋ] *n* (U) [on furniture] moldura *f;* [on walls] astrágalo *m.*

beady ['bi:dɪ] (*compar* **-ier,** *superl* **-iest**) *adj*: ~ **eyes** ojos pequeños y brillantes.

beagle ['bi:gl] *n* beagle *m.*

beak [bi:k] *n* pico *m.*

beaker ['bi:kəʳ] *n* taza *f (sin asa).*

be-all *n*: **money isn't the ~ and end-all** el dinero no lo es todo.

beam [bi:m] ◇ *n* **-1.** [of wood, concrete] viga *f* **-2.** [of light] rayo *m.* ◇ *vt* transmitir. ◇ *vi* **-1.** [smile] sonreír resplandeciente **-2.** [shine] resplandecer, brillar.

beaming ['bi:mɪŋ] *adj* radiante.

bean [bi:n] *n CULIN* [haricot] judía *f,* habichuela *f,* frijol *m Amér,* poroto *m Andes, CSur,* caraota *f Ven;* [of coffee] grano *m;* **to be full of ~s** *inf* estar lleno de energía; **to spill the ~s** *inf* descubrir el pastel.

beanbag ['bi:nbæg] *n* cojín grande relleno de *bolitas de polietileno.*

beanshoot ['bi:nʃu:t], **beansprout** ['bi:nsprautl] *n* brote *m* de soja.

bear [beəʳ] (*pt* bore, *pp* borne) ◇ *n* **-1.** [animal] oso *m,* -sa *f* **-2.** *ST EX* bajista *m OR f.* ◇ *vt* **-1.** [carry] llevar **-2.** [support] soportar **-3.** [responsibility] cargar con **-4.** [marks, signs] llevar **-5.** [endure] aguantar **-6.** [fruit, crop] dar **-7.** [child] dar a luz **-8.** [feeling] guardar, albergar **-9.** *FIN* [interest] devengar. ◇ *vi*: **to ~ left** torcer *OR* doblar a la izquierda; **to bring pressure/influence to**

~ **on** ejercer presión/influencia sobre.

◆ **bear down** *vi*: **to ~ down on** echarse encima de.

◆ **bear out** *vt sep* corroborar.

◆ **bear up** *vi* resistir.

◆ **bear with** *vt fus* tener paciencia con; **if you could just ~ with me a moment ...** si no le importa esperar un momento ...

bearable ['beərəbl] *adj* soportable.

beard [bɪəd] *n* barba *f.*

bearer ['beərəʳ] *n* **-1.** [of stretcher, news, cheque] portador *m,* -ra *f* **-2.** [of passport] titular *m OR f* **-3.** [of name, title] poseedor *m,* -ra *f.*

bear hug *n inf* fuerte abrazo *m.*

bearing ['beərɪŋ] *n* **-1.** [connection]: ~ **(on)** relación *f* (con) **-2.** [deportment] porte *m* **-3.** [for shaft] cojinete *m* **-4.** [on compass] rumbo *m,* orientación *f;* **to get one's ~s** orientarse; **to lose one's ~s** desorientarse.

bear market *n ST EX* mercado *m* a la baja.

bearskin ['beəskɪn] *n* **-1.** [fur] piel *f* de oso **-2.** [hat] birretina *f.*

beast [bi:st] *n lit & fig* bestia *f.*

beastly ['bi:stlɪ] (*compar* **-ier,** *superl* **-iest**) *adj dated* atroz.

beat [bi:t] (*pt* beat, *pp* beaten) ◇ *n* **-1.** [of drum] golpe *m* **-2.** [of heart, pulse] latido *m* **-3.** *MUS* [rhythm] ritmo *m;* [individual unit of time] golpe *m (de compás)* **-4.** [of wings] batido *m* **-5.** [of policeman] ronda *f.* ◇ *adj inf* hecho(cha) polvo. ◇ *vt* **-1.** [hit - person] pegar; [- thing] golpear; [- carpet] sacudir **-2.** [wings, eggs, butter] batir **-3.** *MUS* [time] marcar **-4.** [defeat]: **to ~ sb (at sthg)** ganar a alguien (a algo); **it ~s me** *inf* no me lo explico **-5.** [reach ahead of]: **to ~ sb (to sthg)** adelantarse a alguien (en algo) **-6.** [be better than] ser mucho mejor que **-7.** *phr*: ~ **it!** *inf* ¡largo! ◇ *vi* **-1.** [rain] golpear **-2.** [heart, pulse] latir; [drums] redoblar.

◆ **beat down** ◇ *vt sep* [seller]: **I managed to ~ him down** conseguí que me hiciera una rebaja. ◇ *vi* **-1.** [sun] pegar fuerte **-2.** [rain] descargar.

◆ **beat off** *vt sep* [attackers] repeler.

◆ **beat up** *vt sep inf* dar una paliza a.

◆ **beat up on** *vt sep US inf* dar una paliza a.

beater ['bi:təʳ] *n* **-1.** [for eggs] batidora *f* **-2.** [for carpet] sacudidor *m* **-3.** [of wife, child]: **he's a wife ~** pega a su mujer.

beating ['bi:tɪŋ] *n* **-1.** [hitting] paliza *f,* golpiza *f Amér* **-2.** [defeat] derrota *f;* **to take some ~** *inf* ser difícil de superar.

beatnik ['bi:tnɪk] *n* beatnik *m OR f.*

beat-up *adj inf* destartalado(da).

beautician [bju:'tɪʃn] *n* esteticista *m OR f,* esteticienne *f.*

beautiful ['bju:tɪfʊl] *adj* **-1.** [person] guapo(pa) **-2.** [thing, animal] precioso(sa) **-3.** *inf* [very good - shot, weather] espléndido(da).

beautifully ['bju:təflɪ] *adv* **-1.** [attractively] bellamente **-2.** *inf* [very well] espléndidamente.

beauty ['bju:tɪ] (*pl* **-ies**) ◇ *n* belleza *f*. ◇ *comp* de belleza.

beauty contest *n* concurso *m* de belleza.

beauty parlour *n* salón *m* de belleza.

beauty queen *n* miss *f*.

beauty salon = beauty parlour.

beauty spot *n* **-1.** [picturesque place] bello paraje *m* **-2.** [on skin] lunar *m*.

beaver ['bi:və'] *n* castor *m*.
➤ **beaver away** *vi*: to ~ away (at) trabajar con afán (en).

becalmed [bɪ'kɑ:md] *adj* parado(da) por falta de viento.

became [bɪ'keɪm] *pt* ▷ become.

because [bɪ'kɒz] *conj* porque.
➤ **because of** *prep* por, a causa de.

béchamel sauce [ˌbeɪʃə'mel-] *n* besamel *f*.

beck [bek] *n*: to be at sb's ~ and call estar siempre a disposición de alguien.

beckon ['bekən] ◇ *vt* [signal to] llamar (con un gesto). ◇ *vi* [signal]: to ~ to sb llamar (con un gesto) a alguien.

become [bɪ'kʌm] (*pt* became, *pp* become) *vi* hacerse; to ~ happy ponerse contento; to ~ suspicious volverse receloso; to ~ angry enfadarse; he became Prime Minister in 1991 en 1991 se convirtió en primer ministro; what has ~ of ...? ¿qué ha sido de ...?

becoming [bɪ'kʌmɪŋ] *adj* **-1.** [attractive] favorecedor(ra) **-2.** [appropriate] apropiado(da).

bed [bed] (*pt* & *pp* **-ded**, *cont* **-ding**) *n* **-1.** [to sleep on] cama *f*; to go to ~ irse a la cama; to make the ~ hacer la cama; to put sb to ~ acostar a alguien; to go to ~ with *euphemism* acostarse con **-2.** [flowerbed] macizo *m*; a ~ of roses *fig* un lecho de rosas **-3.** [of sea] fondo *m*; [of river] lecho *m*, cauce *m*.
➤ **bed down** *vi* acostarse.

bed and breakfast *n* [service] cama *f* y desayuno; [hotel] ≃ pensión *f*.

bed-bath *n* lavado que se hace a alguien que está en cama.

bedbug ['bedbʌg] *n* chinche *m or f*.

bedclothes ['bedkləʊðz] *npl* ropa *f* de cama.

bedcover ['bedˌkʌvə'] *n* colcha *f*.

bedding ['bedɪŋ] *n* ropa *f* de cama.

bedding plant *n* planta *f* de jardín.

bedeck [bɪ'dek] *vt*: to ~ sthg with engalanar algo con.

bedevil [bɪ'devl] (*UK pt* & *pp* **-led**, *cont* **-ling**, *US*

pt & *pp* **-ed**, *cont* **-ing**) *vt*: to be bedevilled with estar plagado(da) de.

bedfellow ['bedˌfeləʊ] *n fig*: strange ~ extraña pareja.

bedlam ['bedləm] *n* jaleo *m*, alboroto *m*.

bed linen *n* ropa *f* de cama.

Bedouin, Beduin ['bedʊɪn] ◇ *adj* beduino(na). ◇ *n* beduino *m*, -na *f*.

bedpan ['bedpæn] *n* cuña *f*.

bedraggled [bɪ'drægld] *adj* mojado y sucio (mojada y sucia).

bedridden ['bedˌrɪdn] *adj* postrado(da) en cama.

bedrock ['bedrɒk] *n* (*U*) **-1.** GEOL roca *f* sólida **-2.** *fig* [solid foundation] cimientos *mpl*.

bedroom ['bedrʊm] *n* **-1.** [at home] dormitorio *m*, recámara *f Cam* & *Méx* **-2.** [in hotel] habitación *f*, recámara *f Cam* & *Méx*.

Beds [bedz] (*abbr of* Bedfordshire) *condado inglés*.

bedside ['bedsaɪd] *n* [side of bed] lado *m* de la cama; [for ill person] lecho *m*; ~ **lamp** lámpara *f* de noche; ~ **table** mesita *f* de noche, nochero *m Amér*, buró *m Méx*.

bedside manner *n* actitud *f* hacia el enfermo.

bed-sit(ter) *n UK* habitación alquilada con cama.

bedsore ['bedsɔ:'] *n* úlcera *f* por decúbito.

bedspread ['bedspred] *n* colcha *f*.

bedtime ['bedtaɪm] *n* hora *f* de irse a la cama.

Beduin = Bedouin.

bed-wetting [-ˌwetɪŋ] *n* (*U*) enuresis *f inv* MED.

bee [bi:] *n* abeja *f*; to have a ~ in one's bonnet about tener una fijación con.

Beeb [bi:b] *n UK inf*: the ~ la BBC.

beech [bi:tʃ] *n* haya *f*.

beef [bi:f] *n* carne *f* de vaca, carne *f* de res *Amér*.
➤ **beef up** *vt sep inf* reforzar.

beefburger ['bi:fˌbɜ:gə'] *n* hamburguesa *f*.

Beefeater ['bi:fˌi:tə'] *n* guardián de la Torre de Londres.

beef jerky *n US* tasajo *m*, cecina *f*.

beefsteak ['bi:fˌsteɪk] *n* bistec *m*, bife *m RP*.

beehive ['bi:haɪv] *n* **-1.** [for bees] colmena *f* **-2.** [hairstyle] moño *m* alto.

beekeeper ['bi:ˌki:pə'] *n* apicultor *m*, -ra *f*, colmenero *m*, -ra *f*.

beeline ['bi:laɪn] *n*: to make a ~ for *inf* irse derechito(ta) hacia.

been [bi:n] *pp* ▷ be.

beep [bi:p] *inf* ◇ *n* pitido *m*. ◇ *vi* pitar.

beeper ['bi:pə'] *n* buscapersonas *m inv*.

beer [bɪəʳ] n cerveza f.

beer garden n terraza f interior (de bar).

beer mat n posavasos m inv (de cartón).

beeswax [ˈbiːzwæks] n cera f de abeja.

beet [biːt] n -1. [sugar beet] remolacha f azucarera -2. US [beetroot] remolacha f, betabel m Méx, betarraga f Chile.

beetle [ˈbiːtl] n escarabajo m.

beetroot [ˈbiːtruːt] n remolacha f, betabel m Méx, betarraga f Chile.

befall [bɪˈfɔːl] (pt -fell [-ˈfel], pp -fallen [-ˈfɔːlən]) literary <> vt acontecer a. <> vi acontecer.

befit [bɪˈfɪt] (pt & pp -ted, cont -ting) vt fml corresponder a.

before [bɪˈfɔːʳ] <> adv antes, endenantes Amér; we went the year ~ fuimos el año anterior. <> prep -1. [in time] antes de; they arrived ~ us llegaron antes que nosotros -2. [in space - facing] ante, delante de. <> conj antes de; ~ it's too late antes de que sea demasiado tarde.

beforehand [bɪˈfɔːhænd] adv con antelación, de antemano.

befriend [bɪˈfrend] vt hacer OR entablar amistad con.

befuddled [bɪˈfʌdld] adj liado(da), confundido(da).

beg [beg] (pt & pp -ged, cont -ging) <> vt -1. [money, food] mendigar, pedir -2. [favour, forgiveness] suplicar; to ~ sb to do sthg rogar a alguien que haga algo; to ~ sb for sthg rogar algo a alguien. <> vi -1. [for money, food]: to ~ (for sthg) pedir OR mendigar (algo) -2. [for favour, forgiveness]: to ~ (for sthg) suplicar OR rogar (algo).

began [bɪˈgæn] pt ⊳ begin.

beggar [ˈbegəʳ] n [poor person] mendigo m, -ga f.

begin [bɪˈgɪn] (pt began, pp begun, cont -ning) <> vt: to ~ (doing OR to do sthg) empezar OR comenzar (a hacer algo). <> vi empezar, comenzar; to ~ with para empezar, de entrada.

beginner [bɪˈgɪnəʳ] n principiante m OR f.

beginning [bɪˈgɪnɪŋ] n comienzo m, principio m; at the ~ of the month a principios de mes; from ~ to end de principio a fin.

begonia [bɪˈgəʊnjə] n begonia f.

begrudge [bɪˈgrʌdʒ] vt -1. [envy]: to ~ sb sthg envidiar a alguien algo -2. [give, do unwillingly]: to ~ doing sthg hacer algo de mala gana OR a regañadientes.

beguile [bɪˈgaɪl] vt [charm] seducir.

beguiling [bɪˈgaɪlɪŋ] adj seductor(ra).

begun [bɪˈgʌn] pp ⊳ begin.

behalf [bɪˈhɑːf] n: on ~ of UK, in ~ of US en nombre OR en representación de.

behave [bɪˈheɪv] <> vt: to ~ o.s. portarse bien. <> vi -1. [in a particular way] comportarse, portarse -2. [in an acceptable way] comportarse OR portarse bien.

behaviour UK, **behavior** US [bɪˈheɪvjəʳ] n comportamiento m, conducta f.

behaviourism UK, **behaviorism** US [bɪˈheɪvjərɪzm] n conductismo m.

behead [bɪˈhed] vt decapitar.

beheld [bɪˈheld] pt & pp ⊳ behold.

behind [bɪˈhaɪnd] <> prep -1. [in space] detrás de -2. [causing, responsible for] detrás de -3. [in support of] con; we're ~ you nosotros te apoyamos -4. [in time]: to be ~ schedule ir retrasado(da) -5. [less successful than] por detrás de. <> adv -1. [in space] detrás -2. [in time]: to be ~ (with) ir atrasado(da) (con) -3. [less successful] por detrás. <> n inf trasero m.

behold [bɪˈhəʊld] (pt & pp beheld) vt literary contemplar.

beige [beɪʒ] <> adj beige. <> n (color m) beige m.

Beijing [ˌbeɪˈdʒɪŋ] n Pekín.

being [ˈbiːɪŋ] n -1. [creature] ser m -2. [state of existing]: it is no longer in ~ ya no existe; to come into ~ ver la luz, nacer.

Beirut [ˌbeɪˈruːt] n Beirut; East/West ~ Beirut Este/Oeste.

Belarus [beləˈrʊs] n Bielorrusia.

belated [bɪˈleɪtɪd] adj tardío(a).

belatedly [bɪˈleɪtɪdlɪ] adv tardíamente.

belch [beltʃ] <> n eructo m. <> vt escupir, arrojar. <> vi -1. [person] eructar -2. [smoke, fire] brotar.

beleaguered [bɪˈliːgəd] adj -1. MIL asediado(da) -2. fig [harassed] acosado(da).

belfry [ˈbelfrɪ] (pl -ies) n campanario m.

Belgian [ˈbeldʒən] <> adj belga. <> n belga m OR f.

Belgium [ˈbeldʒəm] n Bélgica.

Belgrade [ˌbelˈgreɪd] n Belgrado.

belie [bɪˈlaɪ] (cont belying) vt -1. [disprove] contradecir, desmentir -2. [give false idea of] esconder, encubrir.

belief [bɪˈliːf] n -1. [faith, principle]: ~ (in) creencia f (en); to be beyond ~ ser increíble -2. [opinion] opinión f; in the ~ that con la idea de que.

believable [bɪˈliːvəbl] adj creíble.

believe [bɪˈliːv] <> vt creer; ~ it or not lo creas o no. <> vi -1. [be religious] ser creyente -2. [know to exist, be good]: to ~ in creer en.

believer [bɪˈliːvəʳ] n -1. [religious person] creyente m OR f -2. [in idea, action]: ~ in sthg partidario *m*, -ria *f* de algo.

Belisha beacon [bɪˈliːʃə-] *n UK farol intermitente junto a paso de peatones.*

belittle [bɪˈlɪtl] *vt* menospreciar.

Belize [beˈliːz] *n* Belice.

bell [bel] *n* **-1.** [of church] campana *f*; [handbell] campanilla *f*; [handbell, on door, bike] timbre *m* **-2.** *phr:* **the name rings a ~** el nombre me suena.

bell-bottoms *npl* pantalones *mpl* de campana.

bellhop [ˈbelhɒp] *n US* botones *m inv.*

belligerence [bɪˈlɪdʒərəns] *n* [aggression] belicosidad *f*.

belligerent [bɪˈlɪdʒərənt] *adj* **-1.** [at war] beligerante **-2.** [aggressive] belicoso(sa).

bellow [ˈbeləʊ] <> *vt* gritar. <> *vi* **-1.** [person] rugir **-2.** [bull] bramar.

bellows [ˈbeləʊz] *npl* fuelle *m*.

bellhop [ˈbelhɒp] *n US* botones *m inv.*

bell pepper *n US* pimiento *m* (morrón).

bell-ringer *n* campanero *m*, -ra *f*.

belly [ˈbelɪ] (*pl* -ies) *n* **-1.** [of person] barriga *f*, guata *f Chile* **-2.** [of animal] vientre *m*.

bellyache [ˈbelɪeɪk] *inf* <> *n* dolor *m* de barriga. <> *vi* gruñir.

belly button *n inf* ombligo *m*.

belly dancer *n* bailarina *que practica la danza del vientre.*

belong [bɪˈlɒŋ] *vi* **-1.** [be property]: **to ~ to** pertenecer a **-2.** [be member]: **to ~ to** ser miembro de **-3.** [be situated in right place]: **where does this book ~?** ¿dónde va este libro?; **he felt he didn't ~ there** sintió que no encajaba allí.

belongings [bɪˈlɒŋɪŋz] *npl* pertenencias *fpl.*

Belorussia [ˌbeləʊˈrʌʃə] *n* Bielorrusia.

beloved [bɪˈlʌvd] <> *adj* querido(da). <> *n* amado *m*, -da *f*.

below [bɪˈləʊ] <> *adv* **-1.** [gen] abajo; **the flat ~** el piso de abajo **-2.** [in text] más abajo; **see ~** véase más abajo **-3.** [with temperatures]: **thirty degrees ~** treinta grados bajo cero. <> *prep* **-1.** [lower than in position] (por) debajo de, bajo **-2.** [lower than in rank, number] por debajo de **-3.** [with temperatures]: **thirty degrees ~ zero** treinta grados bajo cero.

belt [belt] <> *n* **-1.** [for clothing] cinturón *m*, correa *f*; **that was below the ~** eso fue un golpe bajo; **to tighten one's ~** apretarse el cinturón; **under one's ~** a las espaldas de uno **-2.** *TECH* [wide] cinta *f*; [narrow] correa *f* **-3.** [of land, sea] cinturón *m*, franja *f*. <> *vt inf* arrear. <> *vi UK inf* ir a toda mecha.

➡ **belt out** *vt sep inf* cantar a voz en grito.

➡ **belt up** *vi UK inf* cerrar el pico.

beltway [ˈbeltˌweɪ] *n US* carretera *f* de circunvalación.

bemused [bɪˈmjuːzd] *adj* perplejo(ja).

bench [bentʃ] <> *n* **-1.** [seat] banco *m* **-2.** [in lab, workshop] mesa *f* de trabajo **-3.** [in sport] banquillo *m*. <> *vt SPORT* mandar al banquillo.

➡ **benches** *npl UK* [pol] escaños *npl.*

bend [bend] (*pt & pp* **bent**) <> *n* curva *f*; **round the ~** *inf* majareta, majara. <> *vt* doblar. <> *vi* [person] agacharse; [tree] doblarse; **to ~ over backwards for** hacer todo lo humanamente posible por.

➡ **bends** *npl:* **the ~s** *la enfermedad de los buzos.*

bendy [ˈbendɪ] (*compar* -ier, *superl* -iest) *adj UK* flexible.

beneath [bɪˈniːθ] <> *adv* debajo. <> *prep* **-1.** [under] debajo de, bajo **-2.** [unworthy of] indigno(na) de.

benediction [ˌbenɪˈdɪkʃn] *n* bendición *f*.

benefactor [ˈbenɪfæktəˈ] *n* benefactor *m*.

benefactress [ˈbenɪfæktrɪs] *n* benefactora *f*.

beneficial [ˌbenɪˈfɪʃl] *adj:* **~ (to)** beneficioso(sa) (para).

beneficiary [ˌbenɪˈfɪʃərɪ] (*pl* -ies) *n* **-1.** *JUR* [of will] beneficiario *m*, -ria *f* **-2.** [of change in law, new rule] beneficiado *m*, -da *f*.

benefit [ˈbenɪfɪt] <> *n* **-1.** [advantage] ventaja *f*; **for the ~ of** en atención a; **to be to sb's ~**, **to be of ~** to sb ir en beneficio de alguien **-2.** *ADMIN* [allowance of money] subsidio *m*; **to be on ~** *UK* estar cobrando un subsidio estatal. <> *comp* [concert, match] benéfico(ca). <> *vt* beneficiar. <> *vi:* **to ~ from** beneficiarse de.

Benelux [ˈbenɪlʌks] *n* (el) Benelux; **the ~ countries** los países del Benelux.

benevolent [bɪˈnevələnt] *adj* benevolente.

BEng [ˌbiːˈeŋ] (*abbr of* Bachelor of Engineering) *n* (*titular de un*) *título de ingeniero.*

Bengal [ˌbeŋˈɡɔːl] *n* Bengala; **the Bay of ~** el golfo de Bengala.

benign [bɪˈnaɪn] *adj* **-1.** [person] bondadoso(sa) **-2.** *MED* benigno(na).

Benin [beˈnɪn] *n* Benin.

bent [bent] <> *pt & pp* ⊳ **bend.** <> *adj* **-1.** [wire, bar] torcido(da) **-2.** [person, body] encorvado(da) **-3.** *UK inf* [dishonest] corrupto(ta) **-4.** [determined]: **to be ~ on sthg/on doing sthg** estar empeñado(da) en algo/en hacer algo. <> *n* [natural tendency] inclinación *f*; **~ for** don *m OR* talento *m* para.

bequeath [bɪˈkwiːð] *vt lit & fig:* **to ~ sb sthg**, **to ~ sthg to sb** legar algo a alguien.

bequest [bɪˈkwest] *n* legado *m*.

berate [bɪˈreɪt] *vt* regañar.
Berber [ˈbɜːbəʳ] ◇ *adj* bereber. ◇ *n* -**1.** [person] bereber *m or f*-**2.** [language] bereber *m*.
bereaved [bɪˈriːvd] (*pl inv*) ◇ *adj* que llora la muerte de un ser querido; **the ~ family** la familia del difunto. ◇ *n*: **the ~** la familia del difunto.
bereavement [bɪˈriːvmənt] *n* pérdida *f (de ser querido)*.
bereft [bɪˈreft] *adj literary*: **~ (of)** ayuno(na) (de).
beret [ˈbereɪ] *n* boina *f*.
Bering Sea [ˈberɪŋ-] *n*: **the ~** el mar de Bering.
Bering Strait [ˈberɪŋ-] *n*: **the ~** el estrecho de Bering.
berk [bɜːk] *n UK inf* imbécil *m or f*.
Berks (*abbr of* **Berkshire**) *condado inglés*.
Berlin [bɜːˈlɪn] *n* Berlín; **East/West ~** Berlín Este/Oeste; **the ~ Wall** el muro de Berlín.
Berliner [bɜːˈlɪnəʳ] *n* berlinés *m*, -esa *f*.
berm [bɜːm] *n US* arcén *m*.
Bermuda [bəˈmjuːdə] *n* las Bermudas.
Bermuda shorts *npl* bermudas *mpl*.
Bern [bɜːn] *n* Berna.
berry [ˈberɪ] (*pl -ies*) *n* baya *f*.
berserk [bəˈzɜːk] *adj*: **to go ~** ponerse hecho(cha) una fiera.
berth [bɜːθ] ◇ *n* -**1.** [in harbour] amarradero *m*, atracadero *m* -**2.** [in ship, train] litera *f*-**3.** *phr*: **to give sb a wide ~** mantenerse a distancia de alguien. ◇ *vt & vi* atracar.
beseech [bɪˈsiːtʃ] (*pt & pp* **besought** *or* **beseeched**) *vt literary*: **to ~ (sb to do sthg)** suplicar (a alguien que haga algo).
beset [bɪˈset] (*pt & pp* **beset**, *cont* **-ting**) *adj*: **~ with** *or* **by** [subj: person] acosado(da) por; [subj: plan] plagado(da) de.
beside [bɪˈsaɪd] *prep* -**1.** [next to] al lado de, junto a -**2.** [compared with] comparado(da) con -**3.** *phr*: **that's ~ the point** eso no importa, eso no viene al caso; **to be ~ o.s. with rage** estar fuera de sí; **to be ~ o.s. with joy** estar loco(ca) de alegría.
besides [bɪˈsaɪdz] ◇ *adv* además. ◇ *prep* aparte de.
besiege [bɪˈsiːdʒ] *vt lit & fig* asediar; **to be ~d with** verse asediado por.
besotted [bɪˈsɒtɪd] *adj*: **~ with** embobado(da) con.
besought [bɪˈsɔːt] *pt & pp* ▷ **beseech**.
bespectacled [bɪˈspektəkld] *adj* con gafas.
bespoke [bɪˈspəʊk] *adj UK* -**1.** [clothes] (hecho(cha)) a medida -**2.** [tailor] que hace ropa a medida.

best [best] ◇ *adj* mejor; **~ before ...** [on packaging] consumir preferentemente antes de ... ◇ *adv* mejor; **which did you like ~?** ¿cuál te gustó más? ◇ *n*: **she's the ~** es la mejor; **we're the ~** somos los mejores; **to do one's ~** hacerlo lo mejor que uno puede; **to make the ~ of sthg** sacarle el mayor partido posible a algo; **for the ~** para bien; **all the ~** [ending letter] un abrazo; [saying goodbye] que te vaya bien; **to have the ~ of both worlds** tenerlo todo.
➥ **at best** *adv* en el mejor de los casos.
bestial [ˈbestjəl] *adj* [disgusting] bestial.
best man *n* ≃ padrino *m* de boda.

bestow [bɪˈstəʊ] *vt fml*: **to ~ sthg on sb** [gift] otorgar *or* conceder algo a alguien; [praise] dirigir algo a alguien; [title] conferir algo a alguien.
best-seller *n* [book] best seller *m*, éxito *m* editorial.
best-selling *adj* de éxito.
bet [bet] (*pt & pp* **bet** *or* **-ted**, *cont* **-ting**) ◇ *n* -**1.** [gen]: **~ (on)** apuesta *f* (a) -**2.** *fig* [prediction] predicción *f*; **it's a safe ~ that** seguro que -**3.** *phr*: **to hedge one's ~s** cubrirse, guardarse las espaldas. ◇ *vt* apostar. ◇ *vi* -**1.** [gamble]: **to ~ (on)** apostar (a) -**2.** [predict]: **to ~ on sthg** contar con (que pase) algo -**3.** *phr*: **you ~!** *inf* ¡ya lo creo!
beta-blocker [ˈbiːtəˌblɒkəʳ] *n* betabloqueante *m*.
Bethlehem [ˈbeθlɪhem] *n* Belén *m*.
betray [bɪˈtreɪ] *vt* -**1.** [person, trust, principles] traicionar -**2.** [secret] revelar -**3.** [feeling] delatar.
betrayal [bɪˈtreɪəl] *n* -**1.** [of person, trust, principles] traición *f*-**2.** [of secret] revelación *f*.
betrothed [bɪˈtrəʊðd] *adj dated*: **~ (to)** prometido(da) (a).
better [ˈbetəʳ] ◇ *adj (compar of good)* mejor; **to get ~** mejorar. ◇ *adv (compar of well)* -**1.** [in quality] mejor -**2.** [more]: **I like it ~** me gusta más; **~ known for** más conocido(da) por -**3.** [preferably]: **we had ~ be going** más vale que nos vayamos ya. ◇ *n* [best one] mejor *m or f*; **to get the ~ of sb** poder con alguien. ◇ *vt* mejorar; **to ~ o.s.** mejorarse.
better half *n inf* media naranja *f*.
better off *adj* -**1.** [financially] mejor de dinero -**2.** [in better situation]: **you'd be ~ going by bus**

betting 48

sería mejor si vas en autobús.

better-off n: the ~ la gente pudiente.
betting ['betɪŋ] n (U) apuestas fpl.
betting shop n UK casa f de apuestas.
between [bɪ'twiːn] ◇ prep entre; **he sat (in) ~ Paul and Anne** se sentó entre Paul y Anne; **closed ~ 1 and 2** cerrado de 1 a 2. ◇ adv: **(in) ~** en medio, entremedio.
bevelled UK, **beveled** US ['bevld] adj biselado(da).
beverage ['bevərɪdʒ] n fml bebida f.
bevy ['bevɪ] (pl -ies) n [group, women] panda f.
beware [bɪ'weəʳ] vi: **to ~ (of)** tener cuidado (con).
bewildered [bɪ'wɪldəd] adj desconcertado(da).
bewildering [bɪ'wɪldərɪŋ] adj desconcertante.
bewitched [bɪ'wɪtʃt] adj hechizado(da).
bewitching [bɪ'wɪtʃɪŋ] adj hechizante.
beyond [bɪ'jɒnd] ◇ prep más allá de; ~ **midnight** pasada la medianoche; ~ **my reach/responsibility** fuera de mi alcance/competencia; **it has changed ~ recognition** está irreconocible. ◇ adv más allá.
b/f abbr of brought forward.
bhp abbr of brake horsepower.
bi- [baɪ] prefix bi-.
biannual [baɪ'ænjʊəl] adj semestral.
bias ['baɪəs] n -1. [prejudice] prejuicio m -2. [tendency] tendencia f, inclinación f.
biased ['baɪəst] adj parcial; **to be ~ towards/against** tener prejuicios en favor/en contra de.
bib [bɪb] n [for baby] babero m.
Bible ['baɪbl] n: the ~ la Biblia.
bible n biblia f.
biblical ['bɪblɪkl] adj bíblico(ca).
bibliography [ˌbɪblɪ'ɒgrəfɪ] (pl -ies) n bibliografía f.
bicarbonate of soda [baɪ'kɑːbənət-] n bicarbonato m sódico.
bicentenary UK [ˌbaɪsen'tiːnərɪ] (pl -ies), **bicentennial** US [ˌbaɪsen'tenjəl] n bicentenario m.
biceps ['baɪseps] (pl inv) n bíceps m inv.
bicker ['bɪkəʳ] vi reñir.
bickering ['bɪkərɪŋ] n (U) discusiones fpl.
bicycle ['baɪsɪkl] ◇ n bicicleta f. ◇ comp de bicicleta.
bicycle path n camino m para bicicletas.
bicycle pump n bomba f de bicicleta.
bid [bɪd] (pt & pp vt sense 1 & vi bid, cont bidding, pt vt senses 2 & 3 bid OR bade, pp vt senses 2 & 3 bid OR bidden ['bɪdn], cont bidding) ◇ n -1. [attempt]: ~ **(for)** intento m (de hacerse con) -2.

[at auction] puja f -3. [financial offer]: ~ **(for sthg)** oferta f (para adquirir algo). ◇ vt -1. [money] ofrecer; [at auction] pujar -2. literary [request]: **to ~ sb do sthg** invitar a alguien a hacer algo -3. fml [wish]: **to ~ sb good morning** dar los buenos días a alguien. ◇ vi: **to ~ (for)** [at auction] pujar (por); [contract] hacer una oferta (por).
bidder ['bɪdəʳ] n postor m, -ra f; **to sell to the highest ~** vender al mejor postor.
bidding ['bɪdɪŋ] n (U) [at auction] puja f.
bide [baɪd] vt: **to ~ one's time** esperar el momento oportuno.
bidet ['biːdeɪ] n bidé m.
biennial [baɪ'enɪəl] ◇ adj bienal. ◇ n [plant] planta f bienal.
bier [bɪəʳ] n andas fpl.
bifocals [ˌbaɪ'fəʊklz] npl gafas fpl bifocales.
big [bɪg] (compar -ger, superl -gest) adj -1. [large, important] grande, gran (before singular nouns); **a ~ problem** un gran problema; ~ **problems** grandes problemas -2. [older] mayor -3. [successful] popular -4. phr: **she's into modern art in a ~ way** le va mucho el arte moderno.
bigamy ['bɪgəmɪ] n bigamia f.
Big Apple n: the ~ Nueva York.
big bang n ASTRON: the ~ el big bang.
Big Ben n el Big Ben.
big business n (U) [large companies] las grandes compañías.
big cat n felino m grande.
big deal inf ◇ n: **it's no ~** no tiene (la menor) importancia. ◇ excl ¡y a mí qué!
Big Dipper [-'dɪpəʳ] n -1. UK [rollercoaster] montaña f rusa -2. US ASTRON: the ~ la Osa Mayor.
big end n cabeza f de biela.
big fish n inf [person] pez m gordo.
big game n caza f mayor.
big hand n -1. [on clock] minutero m -2. inf [applause] fuerte aplauso m.
bighead ['bɪghed] n inf pej creído m, -da f.
bigheaded [ˌbɪg'hedɪd] adj inf pej creído(da).
big-hearted [-'hɑːtɪd] adj de buen corazón, generoso(sa).
big money n inf: **to cost ~** costar mucha pasta OR lana Amér.
big mouth n inf bocazas m y f inv.
big name n inf figura f.
bigot ['bɪgət] n intolerante m OR f.
bigoted ['bɪgətɪd] adj intolerante.
bigotry ['bɪgətrɪ] n intolerancia f.
big screen n: the ~ la pantalla grande.
big shot n inf pez m gordo.

big time *n inf:* the ~ el éxito, la fama.
big toe *n* dedo *m* gordo (del pie).
big top *n* carpa *f*.
big wheel *n* - **1.** *UK* [at fairground] noria *f* - **2.** *inf* [big shot] pez *m* gordo.
bigwig ['bɪgwɪg] *n inf pej* pope *m*, pez *m* gordo.
bike [baɪk] *n inf* [bicycle] bici *f*; [motorcycle] moto *f*.
bikeway ['baɪkweɪ] *n US* [lane] carril-bici *m*.
bikini [bɪ'kiːnɪ] *n* biquini *m*, bikini *m*.
bilateral [ˌbaɪ'lætərəl] *adj* bilateral.
bilberry ['bɪlbərɪ] (*pl* -ies) *n* arándano *m*.
bile [baɪl] *n* - **1.** [fluid] bilis *f inv* - **2.** [anger] hiel *f*.
bilingual [baɪ'lɪŋgwəl] *adj* bilingüe.
bilious ['bɪljəs] *adj* - **1.** [sickening] nauseabundo(da) - **2.** [nauseous] bilioso(sa).
bill [bɪl] <> *n* - **1.** [statement of cost]: ~ **(for)** [meal] cuenta *f* (de); [electricity, phone] factura *f* (de) - **2.** [in parliament] proyecto *m* de ley - **3.** [of show, concert] programa *m* - **4.** *US* [banknote] billete *m* - **5.** [poster]: 'post *OR* stick no ~s' 'prohibido fijar carteles' - **6.** [beak] pico *m* - **7.** *phr:* **a clean** ~ **of health** *MED* un certificado médico favorable; *fig* el visto bueno. <> *vt* [send a bill]: **to** ~ **sb for** mandar la factura a alguien por.
→ **Bill** *n UK inf* [police]: **the Bill** la pasma.
billboard ['bɪlbɔːd] *n* valla *f* publicitaria.
billet ['bɪlɪt] <> *n* acantonamiento *m*, alojamiento *m*. <> *vt* acantonar, alojar.
billfold ['bɪlfəʊld] *n US* billetera *f*.
billiards ['bɪljədz] *n* billar *m*.
billion ['bɪljən] *num* - **1.** [thousand million] millar *m* de millones; **three** ~ tres mil millones - **2.** *UK dated* [million million] billón *m*.
billionaire [ˌbɪljə'neər] *n* multimillonario *m*, -ria *f*.
bill of exchange *n* letra *f* de cambio.
bill of lading [-'leɪdɪŋ] *n* conocimiento *m* de embarque.
Bill of Rights *n:* the ~ *las diez primeras enmiendas de la Constitución estadounidense*.

BILL OF RIGHTS

Con este nombre colectivo se conocen las diez primeras enmiendas de la Constitución estadounidense, que garantizan derechos fundamentales, tales como la libertad de expresión, de credo y de reunión.

bill of sale *n* contrato *m OR* escritura *f* de venta.
billow ['bɪləʊ] <> *n* nube *f*. <> *vi* - **1.** [smoke, steam] brotar en nubes - **2.** [sail, skirt] hincharse.

billycan ['bɪlɪkæn] *n* cazo *m*.
billy goat ['bɪlɪ-] *n* cabrón *m*, macho *m* cabrío.
bimbo ['bɪmbəʊ] (*pl* -s *OR* -es) *n inf pej* niña *f* mona, *mujer joven, guapa y poco inteligente*.
bimonthly [ˌbaɪ'mʌnθlɪ] <> *adj* - **1.** [every two months] bimestral - **2.** [twice a month] bimensual. <> *adv* - **1.** [every two months] bimestralmente - **2.** [twice a month] bimensualmente.
bin [bɪn] <> *n* - **1.** *UK* [for rubbish] cubo *m* de la basura; [for paper] papelera *f* - **2.** [for grain, coal] depósito *m* - **3.** [for bread, flour] caja *f*. <> *vt inf* echar a la basura.
binary ['baɪnərɪ] *adj* binario(ria).
bin bag *n UK* bolsa *f* de basura.
bind [baɪnd] (*pt & pp* **bound**) <> *vt* - **1.** [tie up] atar - **2.** [unite - people] unir - **3.** [bandage] vendar - **4.** [book] encuadernar - **5.** [constrain] obligar, comprometer. <> *n inf* - **1.** *UK* [nuisance] lata *f*, pesadez *f* - **2.** [difficult situation] aprieto *m*.
→ **bind over** *vt sep* conminar, obligar legalmente.
binder ['baɪndər] *n* - **1.** [cover] carpeta *f* - **2.** [machine] (máquina *f*) encuadernadora *f* - **3.** [person] encuadernador *m*, -ra *f*.
binding ['baɪndɪŋ] <> *adj* obligatorio(ria), vinculante. <> *n* - **1.** [on book] cubierta *f*, tapa *f* - **2.** [on dress, tablecloth] ribete *m*.
binge [bɪndʒ] *inf* <> *n:* **to go on a** ~ irse de juerga. <> *vi:* **to** ~ **on sthg** hincharse a algo.
bingo ['bɪŋgəʊ] *n* bingo *m*.
bin-liner *n UK* bolsa *f* de basura.
binoculars [bɪ'nɒkjʊləz] *npl* prismáticos *mpl*, gemelos *mpl*.
biochemistry [ˌbaɪəʊ'kemɪstrɪ] *n* bioquímica *f*.
biodegradable [ˌbaɪəʊdɪ'greɪdəbl] *adj* biodegradable.
biodiversity [ˌbaɪəʊdaɪ'vɜːsətɪ] *n* biodiversidad *f*.
bioethics [ˌbaɪəʊ'eθɪks] *n (U)* bioética *f*.
biofuel ['baɪəʊfjʊəl] *n* biocombustible *m*.
biographer [baɪ'ɒgrəfər] *n* biógrafo *m*, -fa *f*.
biographic(al) [ˌbaɪə'græfɪk(l)] *adj* biográfico(ca).
biography [baɪ'ɒgrəfɪ] (*pl* -ies) *n* biografía *f*.
biological [ˌbaɪə'lɒdʒɪkl] *adj* biológico(ca).
biological weapon *n* arma *f* biológica.
biologist [baɪ'ɒlədʒɪst] *n* biólogo *m*, -ga *f*.
biology [baɪ'ɒlədʒɪ] *n* biología *f*.
biomass ['baɪəʊˌmæs] *n* biomasa *f*.
biopic ['baɪəʊpɪk] *n inf* película *f* biográfica.
biopsy ['baɪɒpsɪ] (*pl* -ies) *n* biopsia *f*.
biorhythm ['baɪəʊrɪðm] *n* biorritmo *m*.
biosphere ['baɪəʊˌsfɪər] *n* biosfera *f*.
biotech company ['baɪəʊtek-] *n* empresa *f* de biotecnología.

biotechnology [ˌbaɪəʊtek'nɒlədʒɪ] *n* biotecnología *f*.

bioterrorism [ˌbaɪəʊ'terərɪzm] *n* bioterrorismo *m*.

bipartite [ˌbaɪ'pɑːtaɪt] *adj* bipartito(ta).

biplane ['baɪpleɪn] *n* biplano *m*.

birch [bɜːtʃ] *n* **- 1.** [tree] abedul *m* **- 2.** [stick]: **the** ~ la vara.

bird [bɜːd] *n* **- 1.** [animal - large] ave *f*; [- small] pájaro *m*; **to kill two** ~**s with one stone** matar dos pájaros de un tiro **- 2.** *UK inf* [woman] tía *f*.

birdcage ['bɜːdkeɪdʒ] *n* jaula *f*.

birdie ['bɜːdɪ] *n* **- 1.** [bird] pajarito *m* **- 2.** [in golf] birdie *m*.

bird of paradise *n* ave *f* del paraíso.

bird of prey *n* ave *f* rapaz OR de presa.

birdseed ['bɜːdsiːd] *n* alpiste *m*.

bird's-eye view *n* vista *f* panorámica.

bird-watcher [-ˌwɒtʃəʳ] *n* observador *m*, -ra *f* de pájaros.

Biro® ['baɪərəʊ] *n* bolígrafo *m*, birome *f RP*, lápiz *m* de pasta *Chile*, esfero *m Col*, pluma *f* atómica *Méx*.

birth [bɜːθ] *n* [gen] nacimiento *m*; [delivery] parto *m*; **by** ~ de nacimiento; **to give** ~ **(to)** dar a luz (a).

birth certificate *n* partida *f* de nacimiento.

birth control *n* control *m* de natalidad.

birthday ['bɜːθdeɪ] <> *n* cumpleaños *m inv*. <> *comp* [cake, card, present] de cumpleaños.

birthmark ['bɜːθmɑːk] *n* antojo *m*.

birthplace ['bɜːθpleɪs] *n* lugar *m* de nacimiento.

birthrate ['bɜːθreɪt] *n* índice *m* de natalidad.

birthright ['bɜːθraɪt] *n* derecho *m* de nacimiento.

Biscay ['bɪskɪ] *n*: **the Bay of** ~ el golfo de Vizcaya.

biscuit ['bɪskɪt] *n* [in UK] galleta *f*, *US* [scone] *masa cocida al horno que se suele comer con salsa de carne*, bísquet *m Méx*.

bisect [baɪ'sekt] *vt* [gen] dividir en dos; MATH bisecar.

bisexual [ˌbaɪ'sekʃʊəl] <> *adj* bisexual. <> *n* bisexual *m* OR *f*.

bishop ['bɪʃəp] *n* **- 1.** [in church] obispo *m* **- 2.** [in chess] alfil *m*.

bison ['baɪsn] (*pl inv* OR **-s**) *n* bisonte *m*.

bistro ['biːstrəʊ] (*pl* **-s**) *n* ≃ bar-restaurante *m*.

bit [bɪt] <> *pt* ▷ **bite**. <> *n* **- 1.** [piece] trozo *m*; **a** ~ **of** un poco de; **a** ~ **of advice** un consejo; **a** ~ **of news** una noticia; ~**s and pieces** *UK* [objects] cosillas *fpl*, tiliches *mpl Cam* & *Méx*; [possessions] cosas *fpl*, bártulos *mpl*; **to fall to** ~**s** [clothes, house] caerse a pedazos; **to take sthg to** ~**s** desmontar algo **- 2.** [amount]: **a** ~ **of** un poco de; **a** ~ **of shopping** algunas compras; **quite a** ~ **of** bastante **- 3.** [short time]: **(for) a** ~ un rato **- 4.** [of drill] broca *f* **- 5.** [of bridle] bocado *m*, freno *m* **- 6.** COMPUT bit *m* **- 7.** *phr*: **to do one's** ~ *UK* aportar uno su grano de arena; **every** ~ **as ... as** igual de ... que; **a** ~ **much** demasiado; **not a** ~ ni mucho menos, en absoluto.

➡ **a bit** *adv* un poco; **a** ~ **easier** un poco más fácil.

➡ **bit by bit** *adv* poco a poco.

bitch [bɪtʃ] <> *n* **- 1.** [female dog] perra *f* **- 2.** *v inf pej* [unpleasant woman] bruja *f*. <> *vi inf* **- 1.** [complain] protestar todo el rato **- 2.** [talk unpleasantly]: **to** ~ **about** poner a parir a.

bitchy ['bɪtʃɪ] (*compar* **-ier**, *superl* **-iest**) *adj inf* malicioso(sa).

bite [baɪt] (*pt* **bit**, *pp* **bitten**) <> *n* **- 1.** [by dog, person] mordisco *m*; [by insect, snake] picotazo *m* **- 2.** *inf* [food]: **to have a** ~ **(to eat)** comer algo **- 3.** [wound - from dog] mordedura *f*; [- from insect, snake] picadura *f* **- 4.** *UK* [sharp flavour] sabor *m* fuerte. <> *vt* **- 1.** [subj: person, animal] morder **- 2.** [subj: insect, snake] picar. <> *vi* **- 1.** [animal, person]: **to** ~ **(into sthg)** morder (algo); **to** ~ **off sthg** arrancar algo de un mordisco; **to** ~ **off more than one can chew** intentar abarcar demasiado **- 2.** [insect, snake] picar **- 3.** [grip] agarrar **- 4.** [take effect] pegar duro.

biting ['baɪtɪŋ] *adj* **- 1.** [very cold] gélido(da), cortante **- 2.** [caustic] mordaz.

bit part *n* papel *m* secundario.

bitten ['bɪtn] *pp* ▷ **bite**.

bitter ['bɪtəʳ] <> *adj* **- 1.** [coffee, chocolate] amargo(ga) **- 2.** [icy] gélido(da) **- 3.** [causing pain] amargo(ga); **to the** ~ **end** hasta el final **- 4.** [acrimonious] agrio(gria), enconado(da) **- 5.** [resentful] amargado(da), resentido(da). <> *n UK* [beer] *tipo de cerveza amarga*.

bitter lemon *n* bíter *m* de limón.

bitterly ['bɪtəlɪ] *adv*: **it's** ~ **cold** hace un frío de muerte; **to criticise** ~ criticar duramente.

bitterness ['bɪtənɪs] *n* **- 1.** [of taste] amargor *m* **- 2.** [of wind, weather] gelidez *f* **- 3.** [resentment] amargura *f*.

bittersweet ['bɪtəswiːt] *adj* agridulce.

bitty ['bɪtɪ] (*compar* **-ier**, *superl* **-iest**) *adj UK inf* inconexo(xa).

bitumen ['bɪtjʊmɪn] *n* betún *m*, chapopote *m Carib* & *Méx*.

bivouac ['bɪvʊæk] (*pt* & *pp* **-ked**, *cont* **-king**) <> *n* vivaque *m*. <> *vi* vivaquear.

biweekly [ˌbaɪ'wiːklɪ] <> *adj* **- 1.** [every two weeks] quincenal **- 2.** [twice a week] bisemanal. <> *adv* **- 1.** [every two weeks] quincenalmente **- 2.** [twice a week] dos veces por semana.

bizarre [bɪˈzɑːʳ] *adj* [behaviour, appearance] extravagante; [machine, remark] singular, extraordinario(ria).

blab [blæb] (*pt* & *pp* -**bed**, *cont*-**bing**) *vi inf* irse de la lengua.

black [blæk] ◇ *adj* -**1.** [gen] negro(gra); ~ **and blue** amoratado(da); ~ **and white** [films, photos] en blanco y negro; [clear-cut] extremadamente nítido(da) -**2.** [coffee] solo; [milk] sin leche -**3.** [angry] furioso(sa). ◇ *n* -**1.** [colour] negro *m* -**2.** [person] negro *m*, -gra *f* -**3.** *phr:* **in ~ and white** [in writing] por escrito; **to be in the ~** tener saldo positivo. ◇ *vt UK* [boycott] boicotear.
➡ **black out** ◇ *vt sep* -**1.** [put out lights] dejar sin luz -**2.** [suppress] censurar. ◇ *vi* desmayarse, perder el conocimiento.

blackball [ˈblækbɔːl] *vt* votar en contra de.

black belt *n* cinturón *m* negro.

blackberry [ˈblækbərɪ] (*pl* -**ies**) *n* -**1.** [fruit] mora *f* -**2.** [bush] zarzamora *f*.

blackbird [ˈblækbɜːd] *n* mirlo *m*.

blackboard [ˈblækbɔːd] *n* pizarra *f*, encerado *m*, pizarrón *m Amér*.

black box *n* [flight recorder] caja *f* negra.

black comedy *n* comedia *f* de humor negro.

blackcurrant [ˌblækˈkʌrənt] *n* grosella *f* negra, casis *m*.

black economy *n* economía *f* sumergida.

blacken [ˈblækn] ◇ *vt* -**1.** [make dark] ennegrecer -**2.** [tarnish] manchar. ◇ *vi* ennegrecerse.

black eye *n* ojo *m* morado.

blackhead [ˈblækhed] *n* barrillo *m*.

black hole *n* agujero *m* negro.

black ice *n* hielo *transparente en las carreteras*.

blackjack [ˈblækdʒæk] *n* -**1.** [card game] veintiuna *f* -**2.** *US* [weapon] porra *f*, cachiporra *f*.

blackleg [ˈblækleg] *n pej* esquirol *m*.

blacklist [ˈblæklɪst] ◇ *n* lista *f* negra. ◇ *vt* poner en la lista negra.

black magic *n* magia *f* negra.

blackmail [ˈblækmeɪl] ◇ *n lit* & *fig* chantaje *m*. ◇ *vt lit* & *fig* chantajear.

blackmailer [ˈblækmeɪləʳ] *n* chantajista *m* OR *f*.

Black Maria [-məˈraɪə] *n inf* coche *m* celular, furgón *m* policial.

black mark *n* punto *m* en contra.

black market *n* mercado *m* negro.

blackout [ˈblækaʊt] *n* -**1.** [in wartime, power cut] apagón *m* -**2.** [of news] censura *f* -**3.** [fainting fit] desmayo *m*.

Black Power *n* el poder negro.

black pudding *n UK* morcilla *f*.

Black Sea *n:* **the ~** el mar Negro.

black sheep *n* oveja *f* negra.

blacksmith [ˈblæksmɪθ] *n* herrero *m*.

black spot *n* punto *m* negro.

black-tie *adj* de etiqueta.

bladder [ˈblædəʳ] *n ANAT* vejiga *f*.

blade [bleɪd] *n* -**1.** [of knife, saw] hoja *f* -**2.** [of propeller] aleta *f*, paleta *f* -**3.** [of grass] brizna *f*, hoja *f*.

blame [bleɪm] ◇ *n* culpa *f*; **to take the ~ for** hacerse responsable de; **to be to ~ for** ser el culpable de. ◇ *vt* echar la culpa a, culpar; **to ~ sthg on sthg/sb, to ~ sthg/sb for sthg** culpar algo/a alguien de algo.

blameless [ˈbleɪmlɪs] *adj* inocente.

blanch [blɑːntʃ] ◇ *vt* blanquear. ◇ *vi* palidecer.

blancmange [bləˈmɒndʒ] *n postre hecho de harina de maíz, leche y azúcar*.

bland [blænd] *adj* soso(sa).

blank [blæŋk] ◇ *adj* -**1.** [sheet of paper] en blanco; [wall] liso(sa) -**2.** [cassette] virgen -**3.** *fig* [look] vacío(a); **her mind went ~** se le quedó la mente en blanco. ◇ *n* -**1.** [empty space] espacio *m* en blanco -**2.** MIL [cartridge] cartucho *m* de fogueo -**3.** *phr:* **to draw a ~** buscar en vano.

blank cheque *n* cheque *m* en blanco; *fig* carta *f* blanca.

blanket [ˈblæŋkɪt] ◇ *adj* [TV coverage] exhaustivo(va); [ban, statement] global, general. ◇ *n* -**1.** [bed cover] manta *f*, frazada *f Amér* -**2.** [layer] manto *m*. ◇ *vt* cubrir, tapar.

blanket bath *n UK baño dado a un enfermo en cama*.

blankly [ˈblæŋklɪ] *adv* [stare] con la mirada vacía.

blare [bleəʳ] *vi* resonar, sonar.
➡ **blare out** *vi* retumbar, resonar.

blasé [*UK* ˈblɑːzeɪ, *US* ˌblɑːˈzeɪ] *adj:* **to be ~ about** estar de vuelta de.

blasphemous [ˈblæsfəməs] *adj* blasfemo(ma).

blasphemy [ˈblæsfəmɪ] (*pl* -**ies**) *n* blasfemia *f*.

blast [blɑːst] ◇ *n* -**1.** [of bomb] explosión *f* -**2.** [of wind] ráfaga *f*; **we had a ~** *US* lo pasamos genial. ◇ *vt* [hole, tunnel] perforar *(con explosivos)*. ◇ *excl UK inf* ¡maldita sea!
➡ **(at) full blast** *adv* a todo trapo.
➡ **blast off** *vi* despegar.

blasted [ˈblɑːstɪd] *adj inf* maldito(ta), puñetero(ra).

blast furnace *n* alto horno *m*.

blast-off *n* despegue *m*.

blatant [ˈbleɪtənt] *adj* descarado(da).

blatantly [ˈbleɪtəntlɪ] *adv* descaradamente;

~ **obvious** clarísimo.

blaze [bleɪz] <> n -1. [fire] incendio m -2. fig [of colour] explosión f; [of light] resplandor m; a ~ of publicity una ola de publicidad. <> vi lit & fig arder.

blazer ['bleɪzə^r] n chaqueta de sport generalmente con la insignia de un equipo, colegio etc.

blazing ['bleɪzɪŋ] adj -1. [sun, heat] abrasador(ra) -2. [row] encendido(da), acalorado(da).

bleach [bliːtʃ] <> n lejía f. <> vt [hair] blanquear; [clothes] desteñir.

bleached [bliːtʃt] adj [hair] teñido(da) de rubio; [jeans] desteñido(da).

bleachers ['bliːtʃəz] npl US SPORT graderío m descubierto.

bleak [bliːk] adj -1. [future] negro(gra) -2. [place, person, face] sombrío(a) -3. [weather] desapacible.

bleary ['blɪərɪ] (compar -ier, superl -iest) adj [eyes] nublado(da).

bleary-eyed [ˌblɪərɪ'aɪd] adj con los ojos nublados.

bleat [bliːt] <> n [of sheep] balido m. <> vi -1. [sheep] balar -2. fig [person] quejarse.

bleed [bliːd] (pt & pp bled) <> vt [radiator etc] purgar. <> vi sangrar.

bleep [bliːp] <> n pitido m. <> vt llamar con el busca. <> vi pitar.

bleeper ['bliːpə^r] n busca m, buscapersonas m inv.

blemish ['blemɪʃ] <> n [mark] señal f, marca f; fig mancha f. <> vt [reputation] manchar.

blend [blend] <> n -1. [mix] mezcla f -2. COMPUT degradado m. <> vt: to ~ (sthg with sthg) mezclar (algo con algo). <> vi: to ~ (with) combinarse (con).
➡ **blend in** vi armonizar.
➡ **blend into** vt fus confundirse con.

blender ['blendə^r] n licuadora f, túrmix® f.

bless [bles] (pt & pp -ed OR blest) vt -1. RELIG bendecir -2. [endow]: to be ~ed with estar dotado(da) de -3. phr: ~ you! [after sneezing] ¡jesús!; [thank you] ¡gracias!

blessed ['blesɪd] adj -1. RELIG bendito(ta) -2. [desirable] feliz, maravilloso(sa) -3. inf [blasted] dichoso(sa).

blessing ['blesɪŋ] n -1. RELIG bendición f; it was a ~ in disguise no hay mal que por bien no venga; to count one's ~s darse con un canto en los dientes; it's a mixed ~ tiene sus pros y sus contras -2. fig [good wishes] aprobación f.

blest [blest] pt & pp ▷ **bless**.

blew [bluː] pt ▷ **blow**.

blight [blaɪt] <> n [plant disease] añublo m; fig plaga f, mal m. <> vt [hopes, prospects] malograr, arruinar.

blimey ['blaɪmɪ] excl UK inf ¡ostias!

blind [blaɪnd] <> adj -1. [unsighted, irrational] ciego(ga); a ~ man un ciego; to go ~ quedarse ciego -2. fig [unaware]: to be ~ to sthg no ver algo -3. UK inf [for emphasis]: it doesn't make a ~ bit of difference no cambia las cosas para nada. <> adv: ~ drunk borracho(cha) como una cuba. <> n [for window] persiana f. <> npl: the ~ los ciegos. <> vt [permanently] dejar ciego(ga); [temporarily] cegar; to ~ sb to sthg fig no dejar a alguien ver algo.

blind alley n lit & fig callejón m sin salida.

blind corner n curva f sin visibilidad.

blind date n cita f a ciegas.

blinders ['blaɪndəz] npl US anteojeras fpl.

blindfold ['blaɪndfəʊld] <> adv con los ojos vendados. <> n venda f. <> vt vendar los ojos a.

blinding ['blaɪndɪŋ] adj deslumbrante.

blindingly ['blaɪndɪŋlɪ] adv: to be ~ obvious saltar a la vista.

blindly ['blaɪndlɪ] adv -1. [unable to see] a ciegas -2. fig [guess] a boleo; [accept] ciegamente.

blindness ['blaɪndnɪs] n lit & fig: ~ (to) ceguera f (ante).

blind spot n -1. [when driving] ángulo m muerto -2. fig [inability to understand] punto m débil.

blink [blɪŋk] <> n -1. [of eyes] parpadeo m -2. phr: in the ~ of an eye en un abrir y cerrar de ojos; on the ~ inf estropeado(da). <> vt -1. [eyes]: to ~ one's eyes parpadear -2. US AUT: to ~ one's lights dar las luces (intermitentemente). <> vi parpadear.

blinkered ['blɪŋkəd] adj -1. [horse] con anteojeras -2. fig [attitude] estrecho(cha) de miras.

blinkers ['blɪŋkəz] npl UK anteojeras fpl.

blinking ['blɪŋkɪŋ] adj UK inf condenado(da).

blip [blɪp] n -1. [sound] pitido m -2. [image on radar] señal f -3. fig [temporary problem] pequeño bache m.

bliss [blɪs] n gloria f, dicha f.

blissful ['blɪsfʊl] adj dichoso(sa), feliz.

blissfully ['blɪsfʊlɪ] adv [happy] dichosamente; [smile] felizmente; to be ~ unaware of sthg no tener ni idea de algo.

blister ['blɪstə^r] <> n ampolla f. <> vi ampollarse.

blistering ['blɪstərɪŋ] adj -1. [heat] abrasador(ra) -2. [attack] feroz.

blister pack n blíster m.

blithe [blaɪð] adj alegre.

blithely ['blaɪðlɪ] *adv* alegremente.

BLitt [ˌbiː'lɪt] (*abbr of* **Bachelor of Letters (Baccalaureus Litterarum)**) *n* (*titular de una*) *licenciatura de letras*.

blitz [blɪts] *n* **-1.** *MIL* bombardeo *m* aéreo **-2.** *UK fig* [attack]: **to have a ~ on the attic** ponerse a limpiar a fondo el ático.

blizzard ['blɪzəd] *n* ventisca *f* (de nieve).

bloated ['bləʊtɪd] *adj* hinchado(da).

blob [blɒb] *n* **-1.** [drop] gota *f* **-2.** [indistinct shape] bulto *m* borroso.

bloc [blɒk] *n* bloque *m*.

block [blɒk] <> *n* **-1.** [gen] bloque *m* **-2.** *US* [of buildings] manzana *f* **-3.** [obstruction - physical or mental] bloqueo *m* **-4.** *TECH*: **~ and tackle** sistema *m* de poleas. <> *vt* **-1.** [road] cortar; [pipe] obstruir; [sink, toilet] atascar; **my nose is ~d** tengo la nariz tapada **-2.** [view] tapar **-3.** [prevent] bloquear, obstaculizar **-4.** *COMPUT*: **to ~ a stretch of text** seleccionar un bloque de texto.

➤ **block off** *vt sep* bloquear.

➤ **block out** *vt sep* **-1.** [from mind] apartar **-2.** [light] tapar.

➤ **block up** <> *vt sep* obstruir. <> *vi* atascarse, taparse *Amér*.

blockade [blɒ'keɪd] <> *n* bloqueo *m*. <> *vt* bloquear.

blockage ['blɒkɪdʒ] *n* obstrucción *f*.

block booking *n* reserva *f* de grupo.

blockbuster ['blɒkbʌstəʳ] *n inf* [book] (gran) éxito *m* editorial; [film] (gran) éxito de taquilla.

block capitals *npl* mayúsculas *fpl* (*de imprenta*).

blockhead ['blɒkhed] *n inf* zoquete *m OR f*.

block letters *npl* mayúsculas *fpl* (*de imprenta*).

block vote *n UK* voto *m* por delegación.

bloke [bləʊk] *n UK inf* tío *m*, tipo *m*, chavo *m Méx*.

blond [blɒnd] *adj* rubio(bia), catire(ra) *Carib, Col & Ven*.

blonde [blɒnd] <> *adj* rubia, catira *Carib, Col & Ven*. <> *n* [woman] rubia *f*.

blood [blʌd] *n* sangre *f*; **in cold ~** a sangre fría; **to make one's ~ boil** hacer que la sangre se le suba a uno a la cabeza; **to make one's ~ run cold** helarle a uno la sangre; **it's in his ~** lo lleva en la sangre; **new OR fresh ~** savia *f* nueva.

blood bank *n* banco *m* de sangre.

bloodbath ['blʌdbɑːθ, *pl* -bɑːðz] *n* matanza *f*, carnicería *f*.

blood brother *n* hermano *m* de sangre.

blood cell *n* glóbulo *m*.

blood count *n* recuento *m* de glóbulos.

bloodcurdling ['blʌdˌkɜːdlɪŋ] *adj* espeluznante.

blood donor *n* donante *m OR f* de sangre.

blood group *n* grupo *m* sanguíneo.

bloodhound ['blʌdhaʊnd] *n* sabueso *m*.

bloodless ['blʌdlɪs] *adj* **-1.** [face, lips] macilento(ta), mortecino(na) **-2.** [coup, victory] incruento(ta).

bloodletting ['blʌdˌletɪŋ] *n* [killing] derramamiento *m* de sangre.

blood money *n* dinero *pagado para que se cometa un asesinato*.

blood orange *n* naranja *f* sanguina *OR* de sangre.

blood poisoning *n* septicemia *f*.

blood pressure *n* presión *f* sanguínea, tensión *f* arterial; **to have high/low ~** tener la tensión alta/baja.

blood pudding *n US* morcilla *f*.

blood relation, blood relative *n* familiar *m* consanguíneo.

bloodshed ['blʌdʃed] *n* derramamiento *m* de sangre.

bloodshot ['blʌdʃɒt] *adj* inyectado(da) (de sangre).

blood sports *npl* deportes en que se matan animales.

bloodstained ['blʌdsteɪnd] *adj* manchado(da) de sangre.

bloodstream ['blʌdstriːm] *n* flujo *m* sanguíneo.

blood test *n* análisis *m inv* de sangre.

bloodthirsty ['blʌdˌθɜːstɪ] *adj* sanguinario(ria).

blood transfusion *n* transfusión *f* de sangre.

blood type *n* grupo *m* sanguíneo.

blood vessel *n* vaso *m* sanguíneo.

bloody ['blʌdɪ] (*compar* -ier, *superl* -iest) <> *adj* **-1.** [war, conflict] sangriento(ta) **-2.** [face, hands] ensangrentado(da) **-3.** *UK v inf* maldito(ta), puñetero(ra), pinche *Méx*; **~ hell!** ¡hostia! <> *adv UK v inf*: **he's ~ useless** es un puto inútil; **it's ~ brilliant** es de puta madre.

bloody-minded [-'maɪndɪd] *adj UK inf* puñetero(ra).

bloom [bluːm] <> *n* flor *f*; **in ~** en flor. <> *vi* florecer.

blooming ['bluːmɪŋ] <> *adj* **-1.** *UK inf* [to show annoyance] condenado(da) **-2.** [healthy, attractive] radiante. <> *adv UK inf*: **he's ~ useless** es un inútil del copón.

blossom ['blɒsəm] <> *n* flor *f*; **in ~** en flor. <> *vi lit & fig* florecer.

blot [blɒt] (*pt & pp* -ted, *cont* -ting) ◇ *n* [of ink] borrón *m*; *fig* mancha *f.* ◇ *vt* -1. [paper] emborronar -2. [ink] secar.

➤ **blot out** *vt sep* [gen] cubrir, ocultar; [memories] borrar.

blotchy ['blɒtʃɪ] (*compar* -ier, *superl* -iest) *adj* lleno(na) de manchas.

blotting paper ['blɒtɪŋ-] *n* (U) papel *m* secante.

blouse [blaʊz] *n* blusa *f.*

blouson ['bluːzɒn] *n* UK blusón *m.*

blow [bləʊl] (*pt* blew, *pp* blown) ◇ *vi* -1. [gen] soplar -2. [in wind] salir volando, volar -3. [fuse] fundirse. ◇ *vt* -1. [subj: wind] hacer volar -2. [whistle, horn] tocar, hacer sonar -3. [bubbles] hacer -4. [kiss] mandar -5. [fuse] fundir -6. [clear]: **to ~ one's nose** sonarse la nariz -7. *inf* [money] ventilarse; *inf* [chance] echar a perder. ◇ *n* -1. [hit, shock] golpe *m*; **to come to ~s** llegar a las manos; **to soften the ~** ayudar a encajar el golpe -2. [for cause]: **a ~ (for)** un empujón *or* adelanto (para).

➤ **blow out** ◇ *vt sep* apagar. ◇ *vi* -1. [candle] apagarse -2. [tyre] reventar.

➤ **blow over** *vi* -1. [storm] amainar -2. [scandal] calmarse.

➤ **blow up** ◇ *vt sep* -1. [inflate] inflar -2. [destroy] volar -3. [photograph] ampliar. ◇ *vi* saltar por los aires.

blow-by-blow *adj* [account] con pelos y señales.

blow-dry ◇ *n* secado *m (con secador).* ◇ *vt* secar *(con secador).*

blowfly ['bləʊflaɪ] (*pl* -flies) *n* moscardón *m*, moscón *m.*

blowgun US = blowpipe.

blowlamp UK ['bləʊlæmp], **blowtorch** *esp* US ['bləʊtɔːtʃ] *n* soplete *m.*

blown [bləʊn] *pp* ▷ blow.

blowout ['bləʊaʊt] *n* -1. [of tyre] pinchazo *m*, reventón *m* -2. *inf* [big meal] comilona *f.*

blowpipe UK ['bləʊpaɪp], **blowgun** US ['bləʊgʌn] *n* cerbatana *f.*

blowtorch *esp* US = blowlamp.

blowzy ['blaʊzɪ] *adj*: **a ~ woman** una mujer gorda y zarrapastrosa.

BLT (*abbr of* bacon, lettuce and tomato) *n* sándwich *m* de tocino, lechuga y tomate.

blubber ['blʌbər] ◇ *n* grasa *f* de ballena. ◇ *vi pej* lloriquear.

bludgeon ['blʌdʒən] *vt* apalear.

blue [bluː] ◇ *adj* -1. [colour] azul -2. *inf* [sad] triste -3. [pornographic - film] equis *(inv)*, porno; [- joke] verde. ◇ *n* azul *m*; **in ~** de azul; **out of the ~** en el momento menos pensado.

➤ **blues** *npl*: **the ~** *MUS* el blues; *inf* [sad feeling] la depre.

blue baby *n* bebé *m* cianótico.

bluebell ['bluːbel] *n* campanilla *f.*

blueberry ['bluːbərɪ] *n* arándano *m.*

bluebird ['bluːbɜːd] *n* azulejo *m (pájaro).*

blue-black *adj* azul oscuro *(inv).*

blue-blooded [-'blʌdɪd] *adj* de sangre azul.

bluebottle ['bluːˌbɒtl] *n* moscardón *m*, moscón *m.*

blue cheese *n* queso *m* azul.

blue chip *n* acción *f* de rentabilidad segura.

➤ **blue-chip** *comp* [company] de primera.

blue-collar *adj*: **~ worker** obrero *m*, -ra *f.*

blue-eyed boy [-aɪd-] *n inf* niño *m* mimado.

blue-green algae *npl* algas *fpl* verdeazuladas.

blue jeans *npl* US vaqueros *mpl*, tejanos *mpl.*

blue moon *n*: **once in a ~** de higos a brevas.

blueprint ['bluːprɪnt] *n* -1. *CONSTR* cianotipo *m* -2. *fig* [description] proyecto *m.*

bluestocking ['bluːˌstɒkɪŋ] *n pej* marisabidilla *f*, intelectualoide *f.*

blue tit *n* herrerillo *m.*

blue whale *n* ballena *f* azul.

bluff [blʌf] ◇ *adj* brusco(ca). ◇ *n* -1. [deception] farol *m*; **to call sb's ~** desafiar a alguien a que haga lo que dice -2. [cliff] acantilado *m.* ◇ *vt* engañar. ◇ *vi* tirarse un farol.

blunder ['blʌndər] ◇ *n* metedura *f* de pata. ◇ *vi* -1. [make mistake] meter la pata -2. [move clumsily] ir tropezando; **to ~ into sthg** tropezar con algo.

blundering ['blʌndərɪŋ] *adj* estúpido(da).

blunt [blʌnt] ◇ *adj* -1. [knife, pencil] desafilado(da) -2. [point, edge] romo(ma) -3. [forthright] directo(ta), franco(ca). ◇ *vt* -1. [knife] desafilar -2. *fig* [weaken] debilitar, aflojar.

bluntly ['blʌntlɪ] *adv* sin rodeos, con franqueza.

bluntness ['blʌntnɪs] *n* [forthrightness] franqueza *f.*

blur [blɜːr] (*pt & pp* -red, *cont* -ring) ◇ *n* imagen *f* borrosa. ◇ *vt* -1. [vision] nublar -2. [distinction] desdibujar, oscurecer.

blurb [blɜːb] *n inf texto publicitario en la cubierta o solapa de un libro.*

blurred [blɜːd] *adj* -1. [photograph] movido(da) -2. [vision, distinction] borroso(sa).

blurt [blɜːt] ➤ **blurt out** *vt sep* espetar, decir de repente.

blush [blʌʃ] ◇ *n* rubor *m.* ◇ *vi* ruborizarse.

blusher ['blʌʃər] *n* colorete *m.*

bluster ['blʌstər] ◇ *n* fanfarronería *f.* ◇ *vi* fanfarronear.

blustery ['blʌstərɪ] adj borrascoso(sa).

Blvd (abbr of **Boulevard**) bulevar.

BM n (abbr of **Bachelor of Medicine**) (titular de una) licenciatura de medicina.

BMA (abbr of **British Medical Association**) n colegio británico de médicos.

BMus [ˌbiːˈmjuːz] (abbr of **Bachelor of Music**) n (titular de una) licenciatura de música.

BMX (abbr of **bicycle motorcross**) n ciclocross m.

BO n (abbr of **body odour**) olor a sudor.

boa constrictor ['bəʊəkənˈstrɪktəʳ] n boa f constrictor.

boar [bɔːʳ] n **-1.** [male pig] verraco m **-2.** [wild pig] jabalí m.

board [bɔːd] <> n **-1.** [plank] tabla f **- 2.** [for notices] tablón m **-3.** [for games] tablero m **- 4.** [blackboard] pizarra f **- 5.** COMPUT placa f **- 6.** [of company]: ~ (**of directors**) consejo m de administración **- 7.** [committee] comité m, junta f **- 8.** UK [at hotel, guesthouse]; ~ **and lodging** comida y habitación; **full** ~ pensión completa; **half** ~ media pensión **- 9.: on** ~ [ship, plane] a bordo; [bus, train] dentro **-10.** phr: **above** ~ en regla; **across the** ~ lineal, general; **to go by the** ~ irse al garete; **to sweep the** ~ arrasar; **to take sthg on** ~ hacerse cargo de OR aceptar algo. <> vt **-1.** [ship, plane] embarcar en; [train, bus] subirse a, embarcarse en **Amér - 2.** [in naval battle] abordar. <> vi: **flight XY879 is now** ~**ing through gate 4** embarque del vuelo XY789 por la puerta 4.

boarder ['bɔːdəʳ] n **-1.** [lodger] huésped m OR f **- 2.** [at school] interno m, -na f.

board game n juego m de tablero.

boarding card ['bɔːdɪŋ-] n tarjeta f de embarque.

boardinghouse ['bɔːdɪŋhaʊs, pl -haʊzɪz] n casa f de huéspedes.

boarding school ['bɔːdɪŋ-] n internado m.

board meeting n reunión f del consejo de administración.

Board of Trade n UK: **the** ~ ≃ el Ministerio de Comercio.

boardroom ['bɔːdrʊm] n sala f de juntas.

boardwalk ['bɔːdwɔːk] n US paseo marítimo entarimado.

boast [bəʊst] <> n alarde m. <> vt disfrutar de, presumir de tener. <> vi: **to** ~ (**about**) alardear⁺ OR jactarse (de), compadrear (de) Amér.

boastful ['bəʊstfʊl] adj fanfarrón(ona).

boat [bəʊt] n [large] barco m; [small] barca f; **by** ~ en barco; **to rock the** ~ complicar las cosas; **to be in the same** ~ estar en el mismo barco OR en la misma situación.

boater ['bəʊtəʳ] n [hat] canotié m, sombrero m de paja.

boating ['bəʊtɪŋ] n paseo m en barco; **to go** ~ dar un paseo en barco.

boat people npl balseros mpl.

boatswain ['bəʊsn] n NAUT contramaestre m.

boat train n tren que enlaza con un puerto.

bob [bɒb] (pt & pp **-bed**, cont **-bing**) <> n **-1.** [hairstyle] corte m de chico **- 2.** UK inf dated [shilling] chelín m **-3.** = **bobsleigh**. <> vi [boat] balancearse.

bobbin ['bɒbɪn] n bobina f.

bobble ['bɒbl] n pompón m.

bobby ['bɒbɪ] (pl **-ies**) n UK inf poli m.

bobby pin n US horquilla f.

bobby socks, bobby sox npl US calcetines mpl cortos de colegiala.

bobsleigh ['bɒbsleɪ] n bobsleigh m.

bode [bəʊd] vi literary: **to** ~ **ill/well for** traer malos/buenos presagios para.

bodice ['bɒdɪs] n **-1.** [of dress] cuerpo m **-2.** [undergarment] corpiño m.

bodily ['bɒdɪlɪ] <> adj corporal, físico(ca). <> adv: **to lift/move sb** ~ levantar/mover a alguien por la fuerza.

body ['bɒdɪ] (pl **-ies**) n **-1.** [gen] cuerpo m; (**to earn enough**) **to keep** ~ **and soul together** (ganar lo justo para) seguir tirando **-2.** [corpse] cadáver m; **over my dead** ~ por encima de mi cadáver **-3.** [organization] entidad f; **a** ~ **of thought/opinion** una corriente de pensamiento/opinión **- 4.** [of car] carrocería f; [of plane] fuselaje m **- 5.** [item of clothing] body m.

body building n culturismo m.

bodyguard ['bɒdɪgɑːd] n guardaespaldas m inv, guarura m Méx.

body language n lenguaje m corporal.

body odour n olor m corporal.

body piercing n piercing m.

body search n cacheo m.

body shop n [garage] taller m de carrocería.

body stocking n [woman's undergarment] body m; [dancer's garment] malla f.

bodywork ['bɒdɪwɜːk] n carrocería f.

boffin ['bɒfɪn] n UK inf lumbrera f.

bog [bɒg] n **-1.** [marsh] cenagal m, lodazal m **-2.** UK v inf [toilet] baño m.

bogey ['bəʊgɪ] n **-1.** [in golf] bogey m **-2.** UK inf [piece of mucus] moco m.

bogged down [ˌbɒgd-] adj **-1.** [in details, work]: ~ (**in**) empantanado(da) (en) **-2.** [in mud, snow]: ~ **in** atascado(da) en.

boggle ['bɒgl] vi: **the mind** ~**s!** ¡es increíble!

boggy ['bɒgɪ] adj cenagoso(sa), pantanoso(sa).

Bogotá [ˌbɒgəˈtɑː] n Bogotá.

bog-standard *adj UK inf* del montón.
bogus ['bəʊgəs] *adj* falso(sa).
Bohemia [bəʊ'hi:mjə] *n* Bohemia.
bohemian [bəʊ'hi:mɪən] <> *adj* bohemio(mia). <> *n* bohemio *m*, -mia *f*.
  → **Bohemian** <> *adj* bohemio(mia). <> *n* bohemio *m*, -mia *f*.
boil [bɔɪl] <> *n* -**1.** MED pústula *f* -**2.** [boiling point]: **to bring sthg to the ~** hacer que algo hierva; **to come to the ~** romper a hervir. <> *vt* -**1.** [water] hervir; **to ~ the kettle** poner el agua a hervir -**2.** [food] cocer. <> *vi* hervir.
  → **boil away** *vi* [evaporate] (hervir hasta) consumirse.
  → **boil down to** *vt fus* reducirse a.
  → **boil over** *vi* -**1.** [liquid] rebosar -**2.** *fig* [feelings] desbordarse.
boiled [bɔɪld] *adj* cocido(da); **~ egg** [hardboiled] huevo *m* duro; [soft-boiled] huevo *m* pasado por agua; **~ sweets** UK caramelos *mpl* (duros).
boiler ['bɔɪləʳ] *n* caldera *f*.
boiler suit *n* UK mono *m*.
boiling ['bɔɪlɪŋ] *adj* -**1.** [liquid] hirviendo -**2.** *inf* [hot]: **I'm ~** estoy asado(da) de calor; **it's ~** hace un calor de muerte -**3.** [angry]: **~ with rage** ciego(ga) de ira.
boiling point *n* punto *m* de ebullición.
boisterous ['bɔɪstərəs] *adj* ruidoso(sa), alborotador(ra).
bold [bəʊld] *adj* -**1.** [brave, daring] audaz -**2.** [lines, design] marcado(da) -**3.** [colour] vivo(va) -**4.** TYPO: **~ type** OR **print** negrita *f*.
boldly ['bəʊldlɪ] *adv* [bravely] con audacia, audazmente.
Bolivia [bə'lɪvɪə] *n* Bolivia.
Bolivian [bə'lɪvɪən] <> *adj* boliviano(na). <> *n* boliviano *m*, -na *f*.
bollard ['bɒlɑ:d] *n* [on road] poste *m*.
bollocks ['bɒləks] UK v inf <> *npl* cojones *mpl*. <> *excl* ¡un cojón!, ¡qué cojones!
bologna [bə'ləʊnjə] *n* US [sausage] *embutido ahumado elaborado con distintos tipos de carne.*
Bolshevik ['bɒlʃɪvɪk] <> *adj* bolchevique. <> *n* bolchevique *m* OR *f*.
bolster ['bəʊlstəʳ] <> *n* cabezal *m*. <> *vt* fortalecer, reforzar.
  → **bolster up** *vt fus* reforzar.
bolt [bəʊlt] <> *n* -**1.** [on door, window] cerrojo *m* -**2.** [type of screw] perno *m*. <> *adv*: **~ upright** muy derecho(cha). <> *vt* -**1.** [fasten together] atornillar -**2.** [door, window] echar el cerrojo a -**3.** [food] tragarse. <> *vi* salir disparado(da).

bomb [bɒm] <> *n* -**1.** bomba *f* -**2.** US inf [failure] desastre. <> *vt* bombardear. <> *vi* US inf [fail] fracasar estrepitosamente.
bombard [bɒm'bɑ:d] *vt* MIL & *fig*: **to ~ (with)** bombardear (a).
bombardment [bɒm'bɑ:dmənt] *n* bombardeo *m*.
bombastic [bɒm'bæstɪk] *adj* grandilocuente, rimbombante.
bomb disposal squad *n* equipo *m* de artificieros.
bomber ['bɒməʳ] *n* -**1.** [plane] bombardero *m* -**2.** [person] terrorista *m* OR *f* que pone bombas.
bomber jacket *n* cazadora *f* (de aviador).
bombing ['bɒmɪŋ] *n* bombardeo *m*.
bombshell ['bɒmʃel] *n* *fig* bombazo *m*; **a blonde ~** *inf* una rubia explosiva.
bona fide ['bəʊnə'faɪdɪ] *adj* auténtico(ca).
bonanza [bə'nænzə] *n* mina *f*.
bond [bɒnd] <> *n* -**1.** [between people] lazo *m*, vínculo *m* -**2.** [binding promise] compromiso *m* -**3.** FIN bono *m*. <> *vt* [glue] adherir; *fig* [people] unir; **to ~ sthg to** adherir algo a. <> *vi* [stick together]: **to ~ (together)** adherirse; *fig* [people] unirse.
bonded warehouse ['bɒndɪd-] *n* depósito *m* franco.
bone [bəʊn] <> *n* [gen] hueso *m*; [of fish] raspa *f*, espina *f*; **~ of contention** manzana *f* de la discordia; **to feel** OR **know sthg in one's ~s** tener el presentimiento de algo; **to make no ~s about sthg** no andarse con rodeos acerca de algo; **to make no ~s about doing sthg** no tener ningún reparo en hacer algo. <> *vt* [fish] quitar las espinas a; [meat] deshuesar.
bone china *n* porcelana *f* fina.
bone-dry *adj* completamente seco(ca).
bone-idle *adj* haragán(ana), gandul(la).
boneless ['bəʊnlɪs] *adj* [meat] deshuesado(da); [fish] sin raspa.
bone marrow *n* tuétano *m*.
bonfire ['bɒn,faɪəʳ] *n* hoguera *f*.
bonfire night *n* UK noche del 5 de noviembre en que se encienden hogueras y fuegos artificiales.
bongo ['bɒŋgəʊ] (*pl* -**s** OR -**es**) *n*: **~ (drum)** bongó *m*.
bonk [bɒŋk] UK v inf <> *vt* echar un casquete con. <> *vi* echar un casquete.
bonkers ['bɒŋkəz] *adj* UK inf chiflado(da).
Bonn [bɒn] *n* Bonn.
bonnet ['bɒnɪt] *n* -**1.** UK [of car] capó *m* -**2.** [hat] toca *f*.
bonny ['bɒnɪ] (*compar* -ier, *superl* -iest) *adj* Scot majo(ja).

bonus ['bəʊnəs] (*pl* **-es**) *n* [extra money] prima *f*; [for increased productivity] plus *m*; *fig* beneficio *m* adicional.

bonus issue *n UK FIN* emisión *f* gratuita de acciones.

bony ['bəʊnɪl] (*compar* **-ier**, *superl* **-iest**) *adj* **-1.** [person, hand] huesudo(da) **-2.** [meat] lleno(na) de huesos; [fish] espinoso(sa).

boo [bu:] (*pl* **-s**) <> *excl* ¡bu! <> *n* abucheo *m*. <> *vt* & *vi* abuchear.

boob [bu:b] *n inf* [mistake] metedura *f* de pata.
➡ **boobs** *npl UK v inf* [woman's breasts] tetas *fpl*.

boob tube *n* **-1.** *UK* [garment] top *m* sin mangas ni tirantes **-2.** *US inf* [television] caja *f* tonta.

booby prize ['bu:bɪ-] *n* premio otorgado al último o al peor (en broma).

booby trap ['bu:bɪ-] *n* **-1.** [bomb] bomba *f* camuflada **-2.** [type of prank] trampa *f* (broma).
➡ **booby-trap** *vt* poner una trampa explosiva en.

boogie ['bu:gɪ] *inf* <> *n* baile *m*. <> *vi* menear el esqueleto.

book [bʊk] <> *n* **-1.** [for reading] libro *m*; **to do sthg by the** ~ hacer algo como mandan los cánones; **to throw the** ~ **at sb** castigar duramente a alguien **-2.** [of stamps] librillo *m*; [of tickets, cheques] talonario *m*; [of matches] caja *f* (de solapa). <> *vt* **-1.** [reserve] reservar; **to be fully** ~**ed** estar completo **-2.** *inf* [subj: police] multar **-3.** *UK FTBL* mostrar una tarjeta amarilla a. <> *vi* hacer reserva.
➡ **books** *npl COMM* libros *mpl*; **to do the** ~**s** hacer las cuentas; **to be in sb's good/bad** ~**s** estar a bien/a mal con alguien.
➡ **book in** *UK* <> *vt sep* hacer una reserva a. <> *vi* registrarse.
➡ **book up** *vt sep*: **to be** ~**ed up** estar completo.

bookable ['bʊkəbl] *adj UK* **-1.** [seats, tickets] reservable con antelación **-2.** *FTBL* sancionable con tarjeta.

bookbinding ['bʊk,baɪndɪŋ] *n* encuadernación *f*.

bookcase ['bʊkkeɪs] *n* estantería *f*.

book club *n* ≃ círculo *m* de lectores.

bookend ['bukend] *n* sujetalibros *m inv*.

bookie ['bʊkɪ] *n inf* corredor *m*, -ra *f* de apuestas.

booking ['bʊkɪŋ] *n* **-1.** *esp UK* [reservation] reserva *f* **-2.** *UK FTBL* tarjeta *f* amarilla.

booking clerk *n esp UK* taquillero *m*, -ra *f*.

booking office *n esp UK* taquilla *f*.

bookish ['bʊkɪʃ] *adj* aficionado(da) a la lectura seria.

bookkeeper ['bʊk,ki:pəʳ] *n* contable *m OR f*.

bookkeeping ['bʊk,ki:pɪŋ] *n* contabilidad *f*.

booklet ['bʊklɪt] *n* folleto *m*.

bookmaker ['bʊk,meɪkəʳ] *n* corredor *m*, -ra *f* de apuestas.

bookmark ['bʊkmɑ:k] *n* **-1.** separador *m* **-2.** *COMPUT* marcador *m*.

bookseller ['bʊk,seləʳ] *n* librero *m*, -ra *f*.

bookshelf ['bʊkʃelf] (*pl* **-shelves** [-ʃelvz]) *n* [shelf] estante *m*; [bookcase] estantería *f*, librero *m Chile* & *Méx*.

bookshop *UK* ['bʊkʃɒp], **bookstore** *US* ['bʊkstɔ:ʳ] *n* librería *f*.

bookstall ['bʊkstɔ:l] *n UK* puesto *m* de libros.

bookstore *esp US* = bookshop.

book token *n esp UK* vale *m* para comprar libros.

bookworm ['bʊkwɜ:m] *n* ratón *m* de biblioteca.

boom [bu:m] <> *n* **-1.** [loud noise] estampido *m*, estruendo *m* **-2.** [increase] auge *m*, boom *m* **-3.** *NAUT* botavara *f* **-4.** [for TV camera, microphone] jirafa *f*. <> *vi* **-1.** [make noise] tronar **-2.** *ECON* estar en auge.

boomerang ['bu:məræŋ] *n* bumerán *m*.

boon [bu:n] *n* gran ayuda *f*.

boor [bʊəʳ] *n* patán *m*.

boorish ['bʊərɪʃ] *adj* basto(ta).

boost [bu:st] <> *n* **-1.** [in profits, production] incremento *m* **-2.** [to popularity, spirits] empujón *m*, estímulo *m*. <> *vt* **-1.** [increase] incrementar **-2.** [improve] levantar.

booster ['bu:stəʳ] *n MED* inyección *f* de revacunación.

boot [bu:t] <> *n* **-1.** [item of footwear] bota *f*; [ankle boot] botín *m* **-2.** *UK* [of car] maletero *m*, cajuela *f Méx*, baúl *m Col, RP*, maletera *f Perú*. <> *vt* **-1.** *inf* [kick] dar una patada a **-2.** *COMPUT* arrancar.
➡ **to boot** *adv* además.
➡ **boot out** *vt sep inf* echar, poner (de patitas) en la calle.
➡ **boot up** *vt sep COMPUT* arrancar.

boot camp ['bu:tleg] *adj US* campamento *m* de reclutas.

booth [bu:ð] *n* **-1.** [at fair] puesto *m* **-2.** [for phoning, voting] cabina *f*.

bootleg ['bu:tleg] *adj* [recording] pirata; [whisky] de contrabando.

bootlegger ['bu:t,legəʳ] *n* contrabandista *m OR f*.

booty ['bu:tɪ] *n* **-1.** botín *m* **-2.** *US inf* [sexual intercourse]: **to get some** ~ mojar el churro *Esp OR* bizcocho *RP*, echarse un caldito **Méx**.

booze [buːz] *inf* ◇ *n (U)* priva *f.* ◇ *vi* privar, empinar el codo.

boozer ['buːzə'] *n inf* **- 1.** [person] borrachuzo *m*, -za *f*, curda *m* OR *f* **Amér- 2.** *UK* [pub] ≃ bareto *m*.

bop [bɒp] (*pt* & *pp* -ped, *cont* -ping) *inf* ◇ *n* **- 1.** [hit] golpecito *m* **- 2.** [disco] disco *f* **- 3.** [dance] baile *m.* ◇ *vt* dar un golpecito a. ◇ *vi* bailar.

border ['bɔːdə'] ◇ *n* **- 1.** [between countries] frontera *f* **- 2.** [edge] borde *m* **- 3.** [in garden] parterre *m*, arriate *m.* ◇ *vt* **- 1.** [country] limitar con **- 2.** [edge] bordear.

◆ **border on** *vt fus* rayar en.

borderline ['bɔːdəlaɪn] ◇ *adj*: a ∼ **case** un caso dudoso. ◇ *n fig* frontera *f*, límite *m*.

bore ['bɔː'] ◇ *pt* ▷ **bear.** ◇ *n* **- 1.** *pej* [person] pelmazo *m*, -za *f*, pesado *m*, -da *f*; [situation, event] rollo *m*, lata *f* **- 2.** [of gun] calibre *m.* ◇ *vt* **- 1.** [not interest] aburrir; **to** ∼ **sb stiff** OR **to tears** OR **to death** aburrir a alguien un montón **- 2.** [drill] taladrar, horadar.

bored [bɔːd] *adj* aburrido(da); **to be** ∼ **with sthg** estar harto de algo; **to be** ∼ **stiff** OR **to tears** OR **to death** aburrirse como una ostra.

boredom ['bɔːdəm] *n* aburrimiento *m*.

boring ['bɔːrɪŋ] *adj* aburrido(da), cansador(ra) *RP*.

born [bɔːn] *adj* **- 1.** [given life] nacido(da); **to be** ∼ nacer; ∼ **and bred** nacido y criado **- 2.** [natural] nato(ta).

born-again Christian *n* cristiano convertido a una secta evangélica.

borne [bɔːn] *pp* ▷ **bear.**

Borneo ['bɔːnɪəʊ] *n* Borneo.

borough ['bʌrə] *n* [area of town] distrito *m*; [town] municipio *m*.

borrow ['bɒrəʊ] *vt*: **to** ∼ **sthg from sb** coger OR tomar algo prestado a alguien; **can I** ∼ **your bike?** ¿me prestas tu bici?

borrower ['bɒrəʊə'] *n* **- 1.** [of money] prestatario *m*, -ria *f* **- 2.** [library user] usuario *m*, -ria *f*.

borrowing ['bɒrəʊɪŋ] *n (U)* préstamos *mpl*.

borstal ['bɔːstl] *n UK* correccional *m*, reformatorio *m*.

Bosnia ['bɒznɪə] *n* Bosnia.

Bosnia-Herzegovina [-ˌhɜːtsəgəʊ'viːnə] *n* Bosnia-Herzegovina.

Bosnian ['bɒznɪən] ◇ *adj* bosnio(nia). ◇ *n* bosnio *m*, -nia *f*.

bosom ['bʊzəm] *n* **- 1.** [of woman] busto *m*, pecho *m* **- 2.** *fig* [centre of emotions] seno *m*; ∼ **friend** amigo *m*, -ga *f* del alma.

Bosporus ['bɒspərəs], **Bosphorus** ['bɒsfərəs] *n*: **the** ∼ el Bósforo.

boss [bɒs] ◇ *n* jefe *m*, -fa *f*; **to be one's own** ∼

trabajar por cuenta propia. ◇ *vt pej* mangonear, dar órdenes a.

◆ **boss about, boss around** *vt sep pej* mangonear, dar órdenes a.

bossy ['bɒsɪ] (*compar* -ier, *superl* -iest) *adj* mandón(ona).

bosun ['bəʊsn] = **boatswain.**

botanic(al) [bə'tænɪk(l)] *adj* botánico(ca).

botanical garden *n* jardín *m* botánico.

botanist ['bɒtənɪst] *n* botánico *m*, -ca *f*.

botany ['bɒtənɪ] *n* botánica *f*.

botch [bɒtʃ] ◆ **botch up** *vt sep inf* estropear, hacer chapuceramente.

both [bəʊθ] ◇ *adj* los dos, las dos, ambos(bas). ◇ *pron*: ∼ **(of them)** los dos (las dos), ambos *mpl*, -bas *fpl*; ∼ **of us are coming** vamos los dos. ◇ *adv*: **she is** ∼ **pretty and intelligent** es guapa e inteligente.

bother ['bɒðə'] ◇ *vt* **- 1.** [worry] preocupar; [irritate] fastidiar, fregar **Amér**; **I/she can't be** ∼ **ed to do it** no tengo/tiene ganas de hacerlo **- 2.** [pester] molestar. ◇ *vi*: **to** ∼ **(doing** OR **to do sthg)** molestarse (en hacer algo); **to** ∼ **about** preocuparse por. ◇ *n (U)* **- 1.** [inconvenience] problemas *mpl* **- 2.** [pest, nuisance] molestia *f*.

bothered ['bɒðəd] *adj* preocupado(da).

Botswana [bɒ'tswɑːnə] *n* Botsuana.

bottle ['bɒtl] ◇ *n* **- 1.** [gen] botella *f* **- 2.** [of shampoo, medicine - plastic] bote *m*; [- glass] frasco *m* **- 3.** [for baby] biberón *m* **- 4.** *(U) UK inf* [courage] agallas *fpl*. ◇ *vt* **- 1.** [wine] embotellar **- 2.** [fruit] envasar.

◆ **bottle out** *vi UK inf* achantarse, arrugarse.

◆ **bottle up** *vt sep* reprimir.

bottle bank *n* contenedor *m* de vidrio.

bottled ['bɒtld] *adj* embotellado(da).

bottle-feed *vt* criar con biberón.

bottleneck ['bɒtlnek] *n* **- 1.** [in traffic] embotellamiento *m* **- 2.** [in production] atasco *m*.

bottle-opener *n* abridor *m*, abrebotellas *m inv*.

bottle party *n* fiesta *a* la que los invitados traen bebida.

bottom ['bɒtəm] ◇ *adj* **- 1.** [lowest] más bajo(ja), de abajo del todo **- 2.** [least successful] peor. ◇ *n* **- 1.** [lowest part - of glass, bottle] culo *m*; [- of bag, mine, sea] fondo *m*; [- of ladder, hill] pie *m*; [- of page, list] final *m* **- 2.** [farthest point] final *m*, fondo *m* **- 3.** [of class etc] parte *f* más baja **- 4.** [buttocks] culo *m*, trasero *m*, traste *m* **Amér- 5.** [root]: **at the** ∼ **of** detrás de; **to get to the** ∼ **of** llegar al fondo de.

◆ **bottom out** *vi* tocar fondo.

bottomless ['bɒtəmlɪs] *adj* **- 1.** [very deep] sin

fondo, insondable **-2.** [endless] inagotable.

bottom line *n fig:* the ~ is ... a fin de cuentas ...

bough [baʊ] *n* rama *f.*

bought [bɔːt] *pt* & *pp* ▷ **buy.**

boulder ['bəʊldə^r] *n* roca *f* grande y de forma redonda.

boulevard ['buːləvɑːd] *n* bulevar *m.*

bounce [baʊns] ◇ *vi* **-1.** [gen] rebotar **-2.** [light] reflejarse **-3.** [person]: to ~ into the room irrumpir en el cuarto; to ~ (on sthg) dar botes (en algo) **-4.** [cheque] ser rechazado(da) por el banco. ◇ *vt* botar. ◇ *n* bote *m.*

▶ **bounce back** *vi* recuperarse.

bouncer ['baʊnsə^r] *n inf* matón *m,* gorila *m (de un local).*

bouncy ['baʊnsɪ] (*compar* -ier, *superl* -iest) *adj* **-1.** [lively] animado(da), dinámico(ca) **-2.** [springy] elástico(ca).

bound [baʊnd] ◇ *pt* & *pp* ▷ **bind.** ◇ *adj* **-1.** [certain]: it's ~ to happen seguro que va a pasar **-2.** [obliged]: ~ (by sthg/to do sthg) obligado(da) (por algo/a hacer algo); I'm ~ to say *or* admit tengo que decir *or* admitir **-3.** [for place]: to be ~ for ir rumbo a. ◇ *n* salto *m.* ◇ *vt:* to be ~ed by estar rodeado(da) de. ◇ *vi* ir dando saltos.

▶ **bounds** *npl* [limits] límites *mpl;* out of ~s (en) zona prohibida.

boundary ['baʊndərɪ] (*pl* -ies) *n* [gen] límite *m;* [between countries] frontera *f.*

boundless ['baʊndlɪs] *adj* ilimitado(da).

bountiful ['baʊntɪfʊl] *adj literary* [ample] generoso(sa), opulento(ta).

bounty ['baʊntɪ] *n literary* [generosity] magnificencia *f,* generosidad *f.*

bouquet [bəʊ'keɪ] *n* [of flowers] ramo *m.*

bouquet garni ['buːkeɪgɑː'niː] *n ramo de hierbas aromáticas atadas y utilizadas en cocina.*

bourbon ['bɜːbən] *n* bourbon *m,* whisky *m* americano.

bourgeois ['bɔːʒwɑː] *adj* burgués(esa).

bourgeoisie [ˌbɔːʒwɑːˈziː] *n:* the ~ la burguesía.

bout [baʊt] *n* **-1.** [attack] ataque *m,* acceso *m* **-2.** [session] racha *f* **-3.** [boxing match] combate *m.*

boutique [buːˈtiːk] *n* boutique *f.*

bow¹ [baʊ] ◇ *n* **-1.** [act of bowing] reverencia *f* **-2.** [of ship] proa *f.* ◇ *vt* inclinar. ◇ *vi* **-1.** [make a bow] inclinarse **-2.** [defer]: to ~ to sthg ceder *or* doblegarse ante algo.

▶ **bow down** *vi* doblegarse.

▶ **bow out** *vi* retirarse.

bow² [bəʊ] *n* **-1.** [weapon, for musical instrument]

arco *m* **-2.** [knot] lazo *m.*

bowels ['baʊəlz] *npl lit* & *fig* entrañas *fpl.*

bowl [bəʊl] ◇ *n* **-1.** [gen] cuenco *m,* bol *m;* [for soup] plato *m;* [for washing clothes] barreño *m,* balde *m* **-2.** [of toilet] taza *f;* [of pipe] cazoleta *f.* ◇ *vt* lanzar. ◇ *vi* lanzar la bola.

▶ **bowls** *n* (U) *juego similar a la petanca que se juega sobre césped.*

▶ **bowl over** *vt sep* **-1.** [knock over] atropellar **-2.** *fig* [surprise, impress] dejar atónito(ta).

bow-legged [ˌbəʊˈlegɪd] *adj* de piernas arqueadas, estevado(da).

bowler ['bəʊlə^r] *n* **-1.** *CRICKET* lanzador *m* **-2.:** ~ (hat) bombín *m,* sombrero *m* hongo, tongo *m Chile.*

bowling ['bəʊlɪŋ] *n* (U) bolos *mpl.*

bowling alley *n* **-1.** [building] bolera *f* **-2.** [alley] calle *f.*

bowling green *n campo de césped para jugar a los 'bowls'.*

bow tie [bəʊ-] *n* pajarita *f.*

bow window [bəʊ-] *n* mirador *m.*

box [bɒks] ◇ *n* **-1.** [container, boxful] caja *f;* [for jewels] estuche *m* **-2.** *THEATRE* palco *m* **-3.** *UK inf* [television]: the ~ la tele **-4.** [in printed questionnaire, etc] casilla *f.* ◇ *vt* **-1.** *BOXING* boxear con **-2.** [put in boxes] encajonar. ◇ *vi* boxear.

▶ **box in** *vt sep* **-1.** [cut off] encerrar, encajonar **-2.** [build a box around] proteger con una caja.

boxed [bɒkst] *adj* presentado(da) en una caja.

boxer ['bɒksə^r] *n* **-1.** [fighter] boxeador *m,* púgil *m* **-2.** [dog] bóxer *m.*

boxer shorts *npl* calzoncillos *mpl,* boxers *mpl.*

boxing ['bɒksɪŋ] *n* boxeo *m,* box *m CAm, CSur* & *Méx.*

Boxing Day *n fiesta nacional en Inglaterra y Gales el 26 de diciembre (salvo domingos) en que tradicionalmente se da el aguinaldo.*

boxing glove *n* guante *m* de boxeo, guante *m* de box *CAm, CSur, Méx.*

boxing ring *n* ring *m,* cuadrilátero *m.*

box junction *n UK* cruce *m* con parilla.

box number *n* apartado *m* de correos.

box office *n* taquilla *f,* boletería *f Amér.*

boxroom ['bɒksrʊm] *n UK* trastero *m.*

boy [bɔɪ] ◇ *n* **-1.** [male child] chico *m,* niño *m,* pibe *m RP* **-2.** *inf* [young man] chaval *m.* ◇ *excl:* (oh) ~! *US inf* ¡jolín!, ¡vaya, vaya!

boycott ['bɔɪkɒt] ◇ *n* boicot *m.* ◇ *vt* boicotear.

boyfriend ['bɔɪfrend] *n* novio *m,* pololo *m Chile.*

boyish ['bɔɪʃ] *adj* **-1.** [man] juvenil **-2.** [woman, figure] masculino(na).

boy scout n (boy) scout m.

bozo ['bəʊzəʊ] n inf tonto m, -ta f, bobo m, -ba f.

Br, Bro (abbr of **brother**) [preceding name of monk] Hno.

BR (abbr of **British Rail**) n antigua compañía ferroviaria británica, ≃ Renfe f.

bra [brɑ:] n sujetador m, sostén m, ajustadores mpl **Cuba**, brasier m **Carib, Col, Méx**, corpiño m **Arg**.

brace [breɪs] <> n **-1.** [on teeth] aparato m corrector **-2.** [on leg] soporte m para la pierna **-3.** [pair] par m. <> vt [steady] tensar; **to** ~ **o.s. (for)** lit & fig prepararse (para).
 ➡ **braces** npl **UK** tirantes mpl, tiradores mpl **Bol & RP**.

bracelet ['breɪslɪt] n brazalete m, pulsera f.

bracing ['breɪsɪŋ] adj tonificante.

bracken ['brækn] n helechos mpl.

bracket ['brækɪt] <> n **-1.** [support] soporte m, palomilla f **-2.** [parenthesis - round] paréntesis m inv; [- square] corchete m; **in** ~**s** entre paréntesis **-3.** [group] sector m, banda f. <> vt **-1.** [enclose in brackets] poner entre paréntesis **-2.** [group]: **to** ~ **sthg/sb (together) with** agrupar algo/a alguien (junto) con.

brackish ['brækɪʃ] adj salobre.

brag [bræg] (pt & pp **-ged**, cont **-ging**) vi fanfarronear, jactarse, compadrear **Amér**.

braid [breɪd] <> n **-1.** [on uniform] galón m **-2.** [hairstyle] trenza f. <> vt trenzar.

braille [breɪl] n braille m.

brain [breɪn] n lit & fig cerebro m; **to have sthg on the** ~ tener algo metido en la cabeza.
 ➡ **brains** npl cerebro m, seso m; **to pick sb's** ~**s** recurrir a los conocimientos de alguien.

brainchild ['breɪntʃaɪld] n inf invención f, idea f.

brain death n muerte f cerebral.

brain drain n fuga f de cerebros.

brainless ['breɪnlɪs] adj estúpido(da).

brainstorm ['breɪnstɔ:m] n **-1. UK** [moment of aberration] momento m de atontamiento OR estupidez **-2. US** [brilliant idea] idea f genial, genialidad f

brainstorming ['breɪnˌstɔ:mɪŋ] n: ~ **session** tormenta f de ideas.

brain surgeon n neurocirujano m, -na f.

brainteaser ['breɪnˌti:zəʳ] n rompecabezas m inv.

brainwash ['breɪnwɒʃ] vt lavar el cerebro a.

brainwave ['breɪnweɪv] n idea f genial.

brainy ['breɪnɪ] (compar **-ier**, superl **-iest**) adj inf listo(ta).

braise [breɪz] vt estofar, cocer a fuego lento.

brake [breɪk] <> n lit & fig freno m. <> vi frenar.

brake fluid n líquido m de frenos.

brake light n luz f de freno.

brake lining n forro m del freno.

brake pedal n pedal m del freno.

brake shoe n zapata f del freno.

bramble ['bræmbl] n [bush] zarza f, zarzamora f; [fruit] mora f.

bran [bræn] n salvado m.

branch [brɑ:ntʃ] <> n **-1.** [of tree, subject] rama f **-2.** [of river] afluente m; [of railway] ramal m **-3.** [of company, bank] sucursal f. <> vi bifurcarse.
 ➡ **branch off** vi desviarse.
 ➡ **branch out** vi [person] ampliar horizontes; [firm] expandirse, diversificarse.

branch line n ramal m.

brand [brænd] <> n **-1.** [of product] marca f **-2.** fig [type] tipo m, estilo m **-3.** [mark] hierro m. <> vt **-1.** [cattle] marcar (con hierro) **-2.** fig [classify]: **to** ~ **sb (as sthg)** tildar a alguien (de algo).

brandish ['brændɪʃ] vt [weapon] blandir; [letter etc] agitar.

brand leader n marca f líder OR puntera.

brand name n marca f.

brand-new adj flamante.

brandy ['brændɪ] (pl **-ies**) n coñac m, brandy m.

brash [bræʃ] adj pej enérgico e insolente.

Brasilia [brə'zɪljə] n Brasilia.

brass [brɑ:s] n **-1.** [metal] latón m **-2.** MUS: **the** ~ el metal.

brass band n banda f de metal.

brasserie ['bræsərɪ] n restaurante m.

brassiere [**UK** 'bræsɪəʳ, **US** brə'zɪr] n sostén m, sujetador m.

brass tacks npl inf: **to get down to** ~ ir al grano.

brat [bræt] n inf pej mocoso m, -sa f.

bravado [brə'vɑ:dəʊ] n bravuconería f.

brave [breɪv] <> adj valiente. <> n guerrero m indio. <> vt [weather, storm] desafiar; [sb's anger] hacer frente a.

bravely ['breɪvlɪ] adv valientemente.

bravery ['breɪvərɪ] n valentía f.

bravo [ˌbrɑː'vəʊ] excl ¡bravo!

brawl [brɔ:l] n gresca f, reyerta f.

brawn [brɔ:n] n (U) **-1.** [muscle] musculatura f, fuerza f física **-2. UK** [meat] carne f de cerdo en gelatina.

brawny ['brɔ:nɪ] (comp **-ier**, superl **-iest**) adj musculoso(sa).

bray [breɪ] vi [donkey] rebuznar.

brazen ['breɪzn] adj [person] descarado(da); [lie] burdo(da).

brazen out *vt sep*: **to ~ it out** echarle cara.

brazier [ˈbreɪzjəʳ] *n* brasero *m*.

Brazil [brəˈzɪl] *n* (el) Brasil.

Brazilian [brəˈzɪljən] ◇ *adj* brasileño(ña), brasilero(ra) *Amér.* ◇ *n* brasileño *m*, -ña *f*, brasilero *m*, -ra *f Amér.*

brazil nut *n* nuez *f* de Pará.

breach [briːtʃ] ◇ *n* **-1.** [act of disobedience] incumplimiento *m*; **~ of confidence** abuso *m* de confianza; **to be in ~ of sthg** incumplir algo; **~ of contract** incumplimiento de contrato **- 2.** [opening, gap] brecha *f*; **to step into the ~** echar una mano **- 3.** *fig* [in friendship, marriage] ruptura *f*. ◇ *vt* **- 1.** [disobey] incumplir **- 2.** [make hole in] abrir (una) brecha *f*.

breach of the peace *n* alteración *f* del orden público.

bread [bred] *n* **- 1.** [food] pan *m*; **~ and butter** [buttered bread] pan con mantequilla; *fig* [main income] sustento *m* diario **- 2.** *inf* [money] pasta *f*.

bread bin *UK*, **bread box** *US n* panera *f*.

breadboard [ˈbredbɔːd] *n* tabla *f* (de cortar el pan).

bread box *US* = bread bin.

breadcrumbs [ˈbredkrʌmz] *npl* migas *fpl* (de pan); *CULIN* pan *m* rallado.

breaded [ˈbredɪd] *adj* empanado(da).

breadline [ˈbredlaɪn] *n*: **to be on the ~** vivir en la miseria.

breadth [bretθ] *n* **- 1.** [in measurements] anchura *f* **- 2.** *fig* [scope] amplitud *f*.

breadwinner [ˈbredˌwɪnəʳ] *n*: **he's the ~** es el que mantiene a la familia.

break [breɪk] (*pt* broke, *pp* broken) ◇ *n* **- 1.** [gap - in clouds] claro *m*; [- in line] espacio *m* en blanco; [- in transmission] corte *m* **- 2.** [fracture] rotura *f*, fractura *f* **- 3.** [rupture]: **~ (with)** ruptura *f* (con) **- 4.** [pause]: **~ (from)** descanso *m* (de); **to have** *OR* **take a ~** tomarse un descanso **- 5.** [holiday] vacaciones *fpl* **- 6.** [playtime] recreo *m* **- 7.** *inf* [chance] oportunidad *f*; **a lucky ~** un golpe de suerte **- 8.** *literary*: **at ~ of day** al alba **- 9.** *COMPUT*: **~ (key)** tecla *f* de interrupción. ◇ *vt* **- 1.** [gen] romper; [arm, leg etc] romperse; **the river broke its banks** el río se desbordó; **to ~ sb's hold** escaparse *OR* liberarse de alguien **- 2.** [machine] estropear **- 3.** [journey, contact] interrumpir **- 4.** [habit, health] acabar con; [strike] reventar **- 5.** [law, rule] violar; [appointment, word] faltar a **- 6.** [record] batir **- 7.** [in tennis - service] romper **- 8.** [tell]: **to ~ the news (of sthg to sb)** dar la noticia (de algo a alguien). ◇ *vi* **- 1.** [come to pieces] romperse

- 2. [stop working] estropearse **- 3.** [pause] parar; [weather] cambiar **- 4.** [start - day] romper; [- storm] estallar, desencadenarse **- 5.** [wave] romper **- 6.** [escape]: **to ~ loose** *OR* **free** escaparse **- 7.** [voice] cambiar **- 8.** [news] divulgarse **- 9.** *phr*: **to ~ even** salir sin pérdidas ni beneficios.

break away *vi* escaparse; **to ~ away (from)** [end connection] separarse (de); *POL* escindirse (de).

break down ◇ *vt sep* **- 1.** [destroy - gen] derribar, echar abajo; [- resistance] vencer **- 2.** [analyse] descomponer **- 3.** [cause to decompose] descomponer. ◇ *vi* **- 1.** [collapse, disintegrate, fail] venirse abajo **- 2.** [stop working] estropearse **- 3.** [lose emotional control] perder el control **- 4.** [decompose] descomponerse.

break in ◇ *vi* **- 1.** [enter by force] entrar por la fuerza **- 2.** [interrupt]: **to ~ in (on sthg/sb)** interrumpir (algo/a alguien). ◇ *vt sep* **- 1.** [horse, shoes] domar **- 2.** [person] amoldar.

break into *vt fus* **- 1.** [house, shop] entrar (por la fuerza) en, allanar; [box, safe] forzar **- 2.** [begin suddenly]: **to ~ into song/a run** echarse a cantar/correr **- 3.** [become involved in] introducirse *OR* adentrarse en.

break off ◇ *vt sep* **- 1.** [detach] partir **- 2.** [end] romper; [holiday] interrumpir. ◇ *vi* **- 1.** [become detached] partirse **- 2.** [stop talking] interrumpirse **- 3.** [stop working] parar (de trabajar).

break out *vi* **- 1.** [fire, fighting, panic] desencadenarse; [war] estallar **- 2.** [become covered]: **he broke out in spots** le salieron granos **- 3.** [escape]: **to ~ out (of)** escapar (de).

break through ◇ *vt fus* abrirse paso a través de. ◇ *vi* abrirse paso.

break up ◇ *vt sep* **- 1.** [ice] hacer pedazos; [car] desguazar **- 2.** [relationship] romper; [talks] poner fin a; [fight,] poner fin a; [crowd] disolver. ◇ *vi* **- 1.** [into smaller pieces] hacerse pedazos **- 2.** [relationship] deshacerse; [conference] concluir; [school, pupils] terminar; **to ~ up with sb** romper con alguien **- 3.** [crowd] disolverse.

break with *vt fus* romper con.

breakable [ˈbreɪkəbl] *adj* frágil.

breakage [ˈbreɪkɪdʒ] *n* rotura *f*.

breakaway [ˈbreɪkəweɪ] *adj* disidente.

break dancing *n* break (dance) *m*.

breakdown [ˈbreɪkdaʊn] *n* **- 1.** [of car, train] avería *f*; [of talks, in communications] ruptura *f*; [of law and order] colapso *m*; **nervous ~** crisis *f* (nerviosa) **- 2.** [analysis] desglose *m*.

breaker [ˈbreɪkəʳ] *n* [wave] ola *f* grande.

breakeven point [ˌbreɪkˈiːvn-] *n* punto *m* de

equilibrio (de pérdidas y ganancias).

breakfast ['brekfəst] <> n desayuno m; to have ~ desayunar. <> vi fml: to ~ (on sthg)' desayunar (algo).

breakfast cereal n cereales mpl (para desayuno).

breakfast television n UK programación f matinal de televisión.

break-in n robo m (con allanamiento de morada).

breaking ['breɪkɪŋ] n: ~ and entering JUR allanamiento m de morada.

breaking point n: to be at ~ estar al límite.

breakneck ['breɪknek] adj: at ~ speed a (una) velocidad de vértigo.

breakthrough ['breɪkθruː] n avance m.

breakup ['breɪkʌp] n ruptura f.

breakup value n COMM valor m en liquidación.

bream [briːm] (pl inv or -s) n [sea bream] besugo m; [freshwater] brema f.

breast [brest] n -1. [of woman] pecho m, seno m; [of man] pecho -2. [meat of bird] pechuga f -3. literary [seat of emotions] corazón m; to make a clean ~ of it confesarlo abiertamente.

breast cancer n cáncer m de mama.

breast-feed vt & vi amamantar, dar de mamar.

breast pocket n bolsillo m del pecho or de arriba.

breaststroke ['breststrəʊk] n braza f.

breath [breθ] n -1. [act of breathing] respiración f; to take a deep ~ respirar hondo; to be a ~ of fresh air fig [person, experience] ser un soplo de aire fresco; to get one's ~ back recuperar el aliento; to go for a ~ of (fresh) air salir a tomar un poco de aire; to hold one's ~ [stop breathing] aguantar la respiración; [wait anxiously] contener el aliento; to say sthg under one's ~ decir algo en voz baja; to take one's ~ away dejar a uno sin habla or respiración; to waste/save one's ~ gastar/no gastar saliva -2. [air from mouth] aliento m; out of ~ sin aliento.

breathable ['briːðəbl] adj respirable.

breathalyse UK, -yze US ['breθəlaɪz] vt hacer la prueba del alcohol a.

Breathalyser® UK, **-yzer**® US ['breθəlaɪzəʳ] n alcoholímetro m.

breathe [briːð] <> vi respirar; to ~ more easily fig respirar (más) tranquilo. <> vt -1. [inhale] respirar, aspirar -2. [exhale] despedir.
 ➤ **breathe in** vt sep & vi aspirar.
 ➤ **breathe out** vi espirar.

breather ['briːðəʳ] n inf respiro m, descanso m.

breathing ['briːðɪŋ] n respiración f.

breathing space n (periodo m de) respiro m.

breathless ['breθlɪs] adj -1. [out of breath] ahogado(da), jadeante -2. [with excitement] sin aliento (por la emoción).

breathtaking ['breθˌteɪkɪŋ] adj sobrecogedor(ra), impresionante.

breath test n prueba f del alcohol.

breed [briːd] (pt & pp bred [bred]) <> n -1. [of animal] raza f -2. fig [sort] especie f. <> vt -1. [animals] criar; [plants] cultivar -2. fig [suspicion] alimentar; [contempt, hatred] concitar. <> vi procrear, reproducirse.

breeder ['briːdəʳ] n [of animals] criador m, -ra f.

breeder reactor n reactor m reproductor.

breeding ['briːdɪŋ] n -1. [of animals] cría f; [of plants] cultivo m -2. [manners] educación f.

breeding-ground n [of ideas, activity] campo m de cultivo.

breeze [briːz] <> n brisa f. <> vi: to ~ in/out entrar/salir como si tal cosa.

breezeblock ['briːzblɒk] n UK bloque de cemento y cenizas de coque.

breezy ['briːzɪ] (compar -ier, superl -iest) adj -1. [windy]: it's ~ hace aire -2. [cheerful] jovial, despreocupado(da).

Breton ['bretn] <> adj bretón(ona). <> n -1. [person] bretón m, -ona f -2. [language] bretón m.

brevity ['brevɪtɪ] n brevedad f.

brew [bruː] <> vt [beer] elaborar; [tea, coffee] preparar. <> vi -1. [tea] reposar -2. [trouble] fraguarse.

brewer ['bruːəʳ] n cervecero m, -ra f.

brewery ['bruːərɪ] (pl -ies) n fábrica f de cerveza.

briar ['braɪəʳ] n brezo m.

bribe [braɪb] <> n soborno m, coima f Andes & RP, mordida f Méx. <> vt: to ~ (sb to do sthg) sobornar (a alguien para que haga algo), coimear (a alguien para que haga algo) Andes, RP, mordar (a alguien para que haga algo) Méx.

bribery ['braɪbərɪ] n soborno m.

bric-a-brac ['brɪkəbræk] n baratijas fpl.

brick [brɪk] n ladrillo m.
 ➤ **brick up** vt sep enladrillar, tapiar (con ladrillos).

bricklayer ['brɪkˌleɪəʳ] n albañil m.

brickwork ['brɪkwɜːk] n enladrillado m, ladrillos mpl.

bridal ['braɪdl] adj nupcial; ~ dress traje m de novia.

bride [braɪd] n novia f; the ~ and groom los novios.

bridegroom ['braɪdgrʊm] *n* novio *m*.

bridesmaid ['braɪdzmeɪd] *n* dama *f* de honor.

bridge [brɪdʒ] ⬦ *n* -**1.** [gen] puente *m*; **I'll cross that ~ when I come to it** ya me preocuparé de eso cuando llegue el momento - **2.** [on ship] puente *m* de mando - **3.** [of nose] caballete *m* - **4.** [card game] bridge *m*. ⬦ *vt fig* [gap] llenar.

bridging loan ['brɪdʒɪŋ-] *n* UK préstamo *m* puente.

bridle ['braɪdl] ⬦ *n* brida *f*. ⬦ *vt* embridar. ⬦ *vi*: **to ~ (at)** indignarse (por OR ante).

bridle path *n* camino *m* de herradura.

brief [bri:f] ⬦ *adj* -**1.** [short, to the point] breve; **in ~** en resumen - **2.** [clothes] corto(ta). ⬦ *n* - **1.** JUR [statement] sumario *m*, resumen *m* - **2.** UK [instructions] instrucciones *fpl*. ⬦ *vt*: **to ~ sb (on)** informar a alguien (acerca de).

➡ **briefs** *npl* [underpants] calzoncillos *mpl*; [knickers] bragas *fpl*.

briefcase ['bri:fkeɪs] *n* maletín *m*, portafolios *m inv*.

briefing ['bri:fɪŋ] *n* [meeting] reunión *f* informativa; [instructions] instrucciones *fpl*.

briefly ['bri:flɪ] *adv* -**1.** [for a short time] brevemente - **2.** [concisely] en pocas palabras.

brigade [brɪ'geɪd] *n* brigada *f*.

brigadier [ˌbrɪgə'dɪə'] *n* brigadier *m*, general *m* de brigada.

bright [braɪt] *adj* -**1.** [light] brillante; [day, room] luminoso(sa); [weather] despejado(da) - **2.** [colour] vivo(va) - **3.** [lively - eyes] brillante; [- smile] radiante - **4.** [intelligent - person] listo(ta); [- idea] genial - **5.** [hopeful] prometedor(ra).

➡ **brights** *npl* US *inf* faros *mpl*.

➡ **bright and early** *adv* muy temprano.

brighten ['braɪtn] *vi* -**1.** [become lighter] clarear, despejarse - **2.** [become more cheerful] alegrarse.

➡ **brighten up** ⬦ *vt sep* animar, alegrar. ⬦ *vi* -**1.** [become more cheerful] animarse - **2.** [weather] clarear, despejarse.

brightly ['braɪtlɪ] *adv* -**1.** [shine] de forma resplandeciente - **2.** [coloured] vivamente - **3.** [cheerfully] alegremente.

brightness ['braɪtnɪs] *n* -**1.** [of light] luminosidad *f*, brillo *m* - **2.** [of colour] viveza *f*.

brilliance ['brɪljəns] *n* -**1.** [cleverness] brillantez *f* - **2.** [of colour, light] brillo *m*.

brilliant ['brɪljənt] *adj* -**1.** [clever] genial - **2.** [colour] vivo(va) - **3.** [light, career, future] brillante - **4.** *inf* [wonderful] fenomenal, genial.

brilliantly ['brɪljəntlɪ] *adv* -**1.** [cleverly] de manera genial - **2.** [coloured] vivamente - **3.** [shine] brillantemente.

Brillo pad® ['brɪləʊ-] *n* estropajo *m* (jabonoso) de aluminio.

brim [brɪm] (*pt* & *pp* -med, *cont* -ming) ⬦ *n* -**1.** [edge] borde *m* - **2.** [of hat] ala *f*. ⬦ *vi lit* & *fig*: **to ~ with** rebosar de.

➡ **brim over** *vi lit* & *fig*: **to ~ over (with)** rebosar (de).

brine [braɪn] *n* -**1.** [for food] salmuera *f* - **2.** [sea water] agua *f* de mar.

bring [brɪŋ] (*pt* & *pp* brought) *vt* -**1.** [gen] traer; **to ~ sthg to an end** poner fin a algo - **2.** JUR: **to ~ charges against** presentar una denuncia contra; **to ~ sb to trial** llevar a alguien a juicio - **3.** *phr*: **I/he** *etc* **couldn't ~ myself/himself** *etc* **to do it** yo/él *etc* era incapaz de hacerlo.

➡ **bring about** *vt sep* producir.

➡ **bring along** *vt sep* traer.

➡ **bring around** *vt sep* [make conscious] reanimar, hacer recuperar el conocimiento.

➡ **bring back** *vt sep* -**1.** [books etc] devolver; [person] traer de vuelta - **2.** [shopping] traer - **3.** [memories] traer (a la memoria) - **4.** [practice, hanging] volver a introducir; [fashion] recuperar.

➡ **bring down** *vt sep* -**1.** [from upstairs] bajar - **2.** [plane, bird] derribar; [government, tyrant] derrocar - **3.** [prices] reducir.

➡ **bring forward** *vt sep* -**1.** [meeting, elections etc] adelantar - **2.** [in bookkeeping] sumar a la siguiente columna.

➡ **bring in** *vt sep* -**1.** [introduce - law] implantar; [- bill] presentar - **2.** [earn] ganar, ingresar - **3.** JUR [verdict] pronunciar.

➡ **bring off** *vt sep* [plan] sacar adelante; [deal] cerrar.

➡ **bring on** *vt sep* producir, ocasionar; **you brought it on yourself** tú (solo) te lo buscaste.

➡ **bring out** *vt sep* -**1.** [new product, book] sacar - **2.** [the worst etc in sb] revelar, despertar.

➡ **bring round, bring to** = **bring around**.

➡ **bring up** *vt sep* -**1.** [raise - children] criar - **2.** [mention] sacar a relucir - **3.** [vomit] devolver.

brink [brɪŋk] *n*: **on the ~ of** al borde de.

brisk [brɪsk] *adj* -**1.** [quick] rápido(da) - **2.** [trade, business] boyante, activo(va) - **3.** [efficient, confident - manner] enérgico(ca); [- person] eficaz - **4.** [weather] fresco(ca).

brisket ['brɪskɪt] *n* carne *f* de pecho.

briskly ['brɪsklɪ] *adv* -**1.** [quickly] rápidamente - **2.** [efficiently, confidently] con soltura y eficacia.

bristle ['brɪsl] ⬦ *n* [gen] cerda *f*; [of person] pelillo *m*. ⬦ *vi* -**1.** [stand up] erizarse, ponerse de punta - **2.** [react angrily]: **to ~ (at)** enfadarse (por).

➡ **bristle with** *vt fus* estar sembrado(da) de.

bristly ['brɪslɪ] (*compar* **-ier**, *superl* **-iest**) *adj* [chin, face] con barba áspera *OR* de tres días; [moustache] erizado(da), pinchudo(da).

Brit [brɪt] *n inf* británico *m*, -ca *f*.

Britain ['brɪtn] *n* Gran Bretaña.

British ['brɪtɪʃ] <> *adj* británico(ca). <> *npl*: **the** ~ los británicos.

British Columbia *n* (la) Columbia Británica.

British Isles *npl*: **the** ~ las Islas Británicas.

British Rail *n* antigua compañía ferroviaria británica, ≃ Renfe *f*.

British Summer Time *n* hora oficial británica entre finales de marzo y de octubre.

Briton ['brɪtn] *n* británico *m*, -ca *f*.

Britpop ['brɪtpɒp] *n* el Britpop.

Brittany ['brɪtənɪ] *n* (la) Bretaña.

brittle ['brɪtl] *adj* quebradizo(za), frágil.

Bro = Br.

broach [brəʊtʃ] *vt* abordar, sacar a colación.

B road *n UK* ≃ carretera *f* comarcal.

broad [brɔːd] <> *adj* **- 1.** [shoulders, river, street] ancho(cha); [grin] amplio(plia) **- 2.** [range, interests] amplio(plia) **- 3.** [description, outline] general, a grandes rasgos **- 4.** [hint] claro(ra) **- 5.** [accent] cerrado(da), marcado(da) **- 6.** *phr*: **in** ~ **daylight** a plena luz del día. <> *n US inf* tía *f*, tipa *f*.

broadband ['brɔːdbænd] *COMPUT* <> *adj* de banda ancha. <> *n* banda *f* ancha.

broad bean *n* haba *f*.

broadcast ['brɔːdkɑːst] (*pt* & *pp* **broadcast**) <> *n* emisión *f*. <> *vt* emitir.

broadcaster ['brɔːdkɑːstə'] *n* locutor *m*, -ra *f*.

broadcasting ['brɔːdkɑːstɪŋ] *n* (*U*) *TV* emisión *f* (televisiva); *RADIO* radiodifusión *f*.

broaden ['brɔːdn] <> *vt* **- 1.** [road, pavement] ensanchar **- 2.** [scope, appeal] ampliar. <> *vi* [river, road] ensancharse; [smile] hacerse más amplia.

◆ **broaden out** <> *vt sep* ampliar. <> *vi* ampliarse.

broadly ['brɔːdlɪ] *adv* **- 1.** [generally] en general; ~ **speaking** en líneas generales **- 2.** [smile] abiertamente.

broadly-based [-'beɪst] *adj* [party] de amplia base; [course] muy completo(ta), que abarca muchos temas.

broadminded [ˌbrɔːd'maɪndɪd] *adj* abierto(ta), liberal.

broadsheet ['brɔːdʃiːt] *n* periódico de calidad (con hojas de gran tamaño).

brocade [brə'keɪd] *n* brocado *m*.

broccoli ['brɒkəlɪ] *n* brécol *m*.

brochure ['brəʊʃə'] *n* folleto *m*.

brogues [brəʊgz] *npl* zapatos gruesos de cuero con dibujo calado y estilo clásico.

broil [brɔɪl] *vt US* asar a la parrilla.

broiler ['brɔɪlə'] *n* **- 1.** [young chicken] pollo *m* **- 2.** *US* [grill] parrilla *f*.

broke [brəʊk] <> *pt* ▻ **break**. <> *adj inf* sin blanca, sin un duro, bruja *Carib & Méx*; **to go** ~ ir a la ruina; **to go for** ~ jugárselo todo.

broken ['brəʊkn] <> *pp* ▻ **break**. <> *adj* **- 1.** [gen] roto(ta); ~ **home** hogar *m OR* familia *f* de padres separados **- 2.** [not working] estropeado(da) **- 3.** [interrupted - sleep] entrecortado(da); [- journey] discontinuo(nua) **- 4.** [hesitant, inaccurate]: **she speaks** ~ **French** chapurrea el francés.

broken-down *adj* **- 1.** [car, machine] averiado(da) **- 2.** [building] destartalado(da).

broker ['brəʊkə'] *n* [of stock] corredor *m*; [of insurance] agente *m OR f*.

brokerage ['brəʊkərɪdʒ] *n* corretaje *m*.

brolly ['brɒlɪ] (*pl* **-ies**) *n UK inf* paraguas *m inv*.

bronchitis [brɒŋ'kaɪtɪs] *n* (*U*) bronquitis *f inv*.

bronze [brɒnz] <> *n* **- 1.** [metal, sculpture] bronce *m* **- 2.** = **bronze medal**. <> *comp* de bronce.

bronze medal *n* medalla *f* de bronce.

brooch [brəʊtʃ] *n* broche *m*, alfiler *m*.

brood [bruːd] <> *n* **- 1.** [of birds] nidada *f* **- 2.** *inf* [of children] prole *f*. <> *vi*: **to** ~ **(over** *OR* **about)** dar vueltas (a).

broody ['bruːdɪ] (*compar* **-ier**, *superl* **-iest**) *adj* **- 1.** [sad] apesadumbrado(da) **- 2.** [bird] clueco(ca).

brook [brʊk] <> *n* arroyo *m*. <> *vt fml* tolerar.

broom [bruːm] *n* **- 1.** [brush] escoba *f* **- 2.** [plant] retama *f*.

broomstick ['bruːmstɪk] *n* palo *m* de escoba.

Bros., bros. (*abbr of* **brothers**) Hnos.

broth [brɒθ] *n* caldo *m*.

brothel ['brɒθl] *n* burdel *m*.

brother ['brʌðə'] <> *n* **- 1.** [relative, monk] hermano *m* **- 2.** *fig* [comrade] camarada *m*. <> *excl US inf* ¡dios mío!

brotherhood [ˈbrʌðəhʊd] n -1. [companionship] fraternidad f -2. [religious organization] cofradía f, hermandad f; [professional association] gremio m, colegio m.

brother-in-law (pl brothers-in-law) n cuñado m.

brotherly [ˈbrʌðəlɪ] adj fraternal, fraterno(na).

brought [brɔːt] pt & pp ▷ bring.

brow [braʊ] n -1. [forehead] frente f -2. [eyebrow] ceja f; **to knit one's ～s** fruncir el ceño OR entrecejo -3. [of hill] cima f, cresta f.

browbeat [ˈbraʊbiːt] (pt -beat, pp -beaten) vt intimidar, amedrentar.

browbeaten [ˈbraʊbiːtn] adj intimidado(da), amedrentado(da).

brown [braʊn] ◇ adj -1. [gen] marrón; [hair, eyes] castaño(ña) -2. [tanned] moreno(na). ◇ n marrón m; **in ～** de marrón. ◇ vt [food] dorar.

brown bread n pan m integral.

brownie [ˈbraʊnɪ-] n US bizcocho de chocolate y nueces.

Brownie (Guide) n guía f (7-10 años).

Brownie point n: **to gain ～s** fig apuntarse tantos.

brown paper n (U) papel m de embalar.

brown rice n arroz m integral.

brown sugar n azúcar m moreno, azúcar f morena.

browse [braʊz] ◇ vi -1. [person] echar un ojo, mirar; **to ～ through** hojear -2. [animal] pacer -3. COMPUT navegar. ◇ vt COMPUT navegar por.

browser [ˈbraʊzr] n COMPUT navegador m.

bruise [bruːz] ◇ n magulladura f, cardenal m. ◇ vt -1. [person, arm] magullar, contusionar; [fruit] magullar -2. fig [feelings] herir. ◇ vi [person] magullarse, contusionarse; [fruit] magullarse.

bruised [bruːzd] adj -1. [arm, knee, fruit] magullado(da) -2. fig [person] dolido(da); [feelings] herido(da).

Brum [brʌm] n UK inf Birmingham.

Brummie, Brummy [ˈbrʌmɪ] n UK inf natural o habitante de Birmingham.

brunch [brʌntʃ] n brunch m, combinación de desayuno y almuerzo que se toma por la mañana tarde.

Brunei [ˈbruːnaɪ] n Brunei.

brunette [bruːˈnet] n morena f.

brunt [brʌnt] n: **to bear** OR **take the ～ of** aguantar lo peor de.

brush [brʌʃ] ◇ n -1. [for hair, teeth] cepillo m; [for shaving, decorating] brocha f; [of artist] pincel m; [broom] escoba f -2. [encounter] roce m. ◇ vt -1. [clean with brush] cepillar; **to ～ one's hair** cepillarse el pelo -2. [move with hand] quitar, apartar -3. [touch lightly] rozar.

◆ **brush aside** vt sep [dismiss] hacer caso omiso de.

◆ **brush off** vt sep [dismiss] hacer caso omiso de.

◆ **brush up** ◇ vt sep fig [revise] repasar. ◇ vi: **to ～ up on** repasar.

brushed [brʌʃt] adj [steel, chrome] cepillado(da); [cotton, nylon] afelpado(da).

brush-off n inf: **to give sb the ～** mandar a alguien a paseo.

brush-up n inf: **to have a wash and ～** lavarse y peinarse, arreglarse.

brushwood [ˈbrʌʃwʊd] n leña f, ramojo m.

brushwork [ˈbrʌʃwɜːk] n (estilo m de) pincelada f.

brusque [bruːsk] adj brusco(ca).

Brussels [ˈbrʌslz] n Bruselas.

brussels sprout n col f de Bruselas.

brutal [ˈbruːtl] adj brutal.

brutality [bruːˈtælətɪ] (pl -ies) n brutalidad f.

brutalize, -ise [ˈbruːtəlaɪz] vt -1. [make cruel] embrutecer -2. [treat brutally] tratar brutalmente.

brute [bruːt] ◇ adj bruto(ta). ◇ n -1. [large animal] bestia f, bruto m -2. [bully] bestia m OR f.

BS US (abbr of Bachelor of Science) n (titular de una) licenciatura de ciencias.

BSc (abbr of Bachelor of Science) n (titular de una) licenciatura de ciencias.

BSE (abbr of bovine spongiform encephalopathy) n EEB f, encefalopatía espongiforme bovina.

BSI (abbr of British Standards Institution) n instituto británico de normalización.

B-side n cara f dos OR B.

BST -1. abbr of British Summer Time -2. (abbr of British Standard Time) hora oficial británica.

BT n British Telecom, compañía telefónica británica.

bubble [ˈbʌbl] ◇ n [gen] burbuja f; [of soap] pompa f. ◇ vi -1. [produce bubbles] burbujear -2. [make a bubbling sound] borbotar -3. [be full]: **to ～ with** rebosar de.

bubble bath n espuma f de baño.

bubble gum n chicle m (de globo).

bubblejet printer [ˈbʌbldʒet-] n COMPUT impresora f de inyección.

bubbly [ˈbʌblɪ] (compar -ier, superl -iest) ◇ adj -1. [full of bubbles] con burbujas -2. [lively] alegre, vivo(va). ◇ n inf champán m.

Bucharest [ˌbuːkəˈrest] n Bucarest.

buck [bʌk] (pl inv OR -s) ◇ n -1. [male animal] macho m -2. esp US inf [dollar] dólar m; **to make a fast ～** hacer pasta rápidamente -3. inf [responsibility]: **the ~ stops with me** a mí me toca lidiar con eso; **to pass the ~ to sb** echarle el muerto a alguien. <> *vt inf* [oppose] oponerse a, ir en contra de. <> *vi* corcovear, encabritarse.

➡ **buck up** *inf* <> *vt sep* -1. [improve] mejorar; **~ your ideas up** más vale que espabiles -2. [cheer up] animar. <> *vi* -1. [hurry up] darse prisa -2. [cheer up] animarse.

bucket ['bʌkɪt] *n* -1. [container, bucketful] cubo *m* -2. *inf* [large quantity]: **~s** of un montón de.

Buckingham Palace ['bʌkɪŋəm-] *n* el palacio de Buckingham.

buckle ['bʌkl] <> *n* hebilla *f*. <> *vt* -1. [fasten] abrochar con hebilla -2. [bend] combar. <> *vi* [wheel] combarse; [knees] doblarse.

➡ **buckle down** *vi*: **to ~ down (to)** dedicarse seriamente (a).

➡ **buckle up** *vi US* abrocharse el cinturón.

Bucks [bʌks] (*abbr of* **Buckinghamshire**) *condado inglés*.

buckshot ['bʌkʃɒt] *n* perdigones *mpl*.

buckskin ['bʌkskɪn] *n* ante *m*.

buckteeth [bʌk'ti:θ] *npl* dientes *mpl* salientes.

buckwheat ['bʌkwi:t] *n* alforfón *m*.

bud [bʌd] (*pt & pp* -ded, *cont* -ding) <> *n* [shoot] brote *m*; [flower] capullo *m*; **to nip sthg in the ~** *fig* cortar algo de raíz. <> *vi* brotar, echar brotes.

Budapest [ˌbju:də'pest] *n* Budapest.

Buddha ['bʊdə] *n* Buda *m*.

Buddhism ['bʊdɪzm] *n* budismo *m*.

Buddhist ['bʊdɪst] <> *adj* budista. <> *n* budista *m or f*.

budding ['bʌdɪŋ] *adj* en ciernes.

buddy ['bʌdɪ] (*pl* -ies) *n esp US inf* [friend] amiguete *m*, -ta *f*, colega *m or f*, compa *m* *Amér*.

budge [bʌdʒ] <> *vt* mover. <> *vi* [move] moverse; [give in] ceder.

budgerigar ['bʌdʒərɪgɑːʳ] *n* periquito *m*.

budget ['bʌdʒɪt] <> *adj* económico(ca). <> *n* presupuesto *m*; **the Budget** *UK* el presupuesto nacional *or* del estado. <> *vt* [money] presupuestar; [time] planificar. <> *vi* presupuestar.

➡ **budget for** *vt fus* contar con.

budget account *n UK* [with a shop] cuenta *f*; [with a bank] cuenta para domiciliaciones.

budgetary ['bʌdʒɪtrɪ] *adj* presupuestario(ria).

budget deficit *n* déficit *m* presupuestario.

budgie ['bʌdʒɪ] *n inf* periquito *m*.

Buenos Aires [ˌbwenəs'aɪrɪz] *n* Buenos Aires.

buff [bʌf] <> *adj* color de ante. <> *n inf* [expert] aficionado *m*, -da *f*.

buffalo ['bʌfələʊ] (*pl inv or* -s *or* -es) *n* búfalo *m*.

buffer ['bʌfəʳ] *n* -1. *UK* [for trains] tope *m* -2. *US* [for car] parachoques *m inv* -3. [protection] defensa *f*, salvaguarda *f* -4. *COMPUT* búfer *m*.

buffer state *n* estado *m* tapón.

buffet¹ [*UK* 'bʊfeɪ, *US* bə'feɪ] *n* -1. [meal] bufé *m* -2. [cafeteria] cafetería *f*.

buffet² ['bʌfɪt] *vt* [physically] golpear.

buffet car ['bʊfeɪ-] *n* coche *m* restaurante.

buffoon [bə'fu:n] *n* bufón *m*.

bug [bʌg] (*pt & pp* -ged, *cont* -ging) <> *n* -1. *esp US* [small insect] bicho *m* -2. *inf* [illness] virus *m*; **stomach ~** virus del estómago -3. *inf* [listening device] micrófono *m* oculto -4. *COMPUT* error *m* -5. [enthusiasm] manía *f*. <> *vt* -1. *inf* [spy on - room] poner un micrófono oculto en; [- phone] pinchar, intervenir -2. *esp US inf* [annoy] fastidiar, jorobar.

bugbear ['bʌgbeəʳ] *n* fastidio *m*, pesadilla *f*.

bugger ['bʌgəʳ] *UK v inf* <> *n* [unpleasant person] cabrón *m*, -ona *f*; **the lucky ~!** ¡qué suerte tiene el cabrón/la cabrona!; [difficult, annoying task] coñazo *m*. <> *excl* ¡mierda! <> *vt*: **~ it!** ¡mierda!

➡ **bugger off** *vi v inf*: **~ off!** ¡vete a tomar por culo!

buggy ['bʌgɪ] (*pl* -ies) *n* -1. [carriage] calesa *f* -2. [pushchair] sillita *f* de ruedas; *US* [pram] cochecito *m* de niño.

bugle ['bju:gl] *n* corneta *f*, clarín *m*.

build [bɪld] (*pt & pp* built) <> *vt* -1. [construct] construir -2. *fig* [form, create] crear. <> *n* complexión *f*, constitución *f*.

➡ **build into** *vt sep* -1. [construct as part of] empotrar -2. [include in] incorporar.

➡ **build (up)on** <> *vt fus* [further] desarrollar. <> *vt sep* [base on] fundar en.

➡ **build up** <> *vt sep* -1. [business - establish] poner en pie; [- promote] fomentar -2. [person] fortalecer; **to ~ up one's reputation** labrarse una reputación. <> *vi* acumularse.

builder ['bɪldəʳ] *n* constructor *m*, -ra *f*.

building ['bɪldɪŋ] *n* -1. [structure] edificio *m* -2. [profession] construcción *f*.

building and loan association *n US* ≃ caja *f* de ahorros.

building block *n* [toy] bloque *m* de construcción; *fig* [element] componente *m* esencial.

building contractor *n* contratista *m or f* de obras.

building site *n* obra *f*.

building society *n UK* ≃ caja *f* de ahorros.

BUILDING SOCIETY

Las *building societies* funcionan como los bancos pero no tienen un sistema de compensación. Estas organizaciones conceden préstamos inmobiliarios a particulares y antes desempeñaban un papel muy importante en Gran Bretaña, pero ahora muchas se han convertido en bancos.

buildup ['bɪldʌp] *n* [increase] acumulación *f*, incremento *m* gradual; [of troops] concentración *f*.

built [bɪlt] ◇ *pt & pp* ▷ **build**. ◇ *adj*: heavily/slightly ~ de complexión fuerte/débil; **to be ~ for** dar el tipo para.

built-in *adj* -1. [physically integrated] empotrado(da) -2. [inherent] incorporado(da).

built-up *adj* urbanizado(da).

bulb [bʌlb] *n* -1. [for lamp] bombilla *f* -2. [of plant] bulbo *m* -3. [bulb-shaped part] parte *f* redondeada.

bulbous ['bʌlbəs] *adj* bulboso(sa).

Bulgaria [bʌl'geərɪə] *n* Bulgaria.

Bulgarian [bʌl'geərɪən] ◇ *adj* búlgaro(ra). ◇ *n* -1. [person] búlgaro *m*, -ra *f* -2. [language] búlgaro *m*.

bulge [bʌldʒ] ◇ *n* -1. [lump] protuberancia *f*, bulto *m* -2. [sudden increase] alza *f*. ◇ *vi*: **to ~ (with)** rebosar (de), estar atestado(da) (de).

bulging ['bʌldʒɪŋ] *adj* [muscles] fornido(da); [pocket] abultado(da).

bulimia (nervosa) [bjʊ'lɪmɪə-] *n* bulimia *f* (nerviosa).

bulk [bʌlk] ◇ *n* -1. [mass] bulto *m*, volumen *m* -2. [large body] mole *f* -3. [large quantity]: **in ~ a** granel -4. [majority, most of]: **the ~ of** la mayor parte de. ◇ *adj* a granel.

bulk buying [-'baɪŋ] *n* compra *f* al por mayor.

bulkhead ['bʌlkhed] *n* mamparo *m*.

bulky ['bʌlkɪ] (*compar* -ier, *superl* -iest) *adj* voluminoso(sa).

bull [bʊl] *n* -1. [male cow] toro *m* -2. [male animal] macho *m* -3. *ST EX* alcista *m or f* -4. (U) *v inf esp US* [nonsense] gilipolleces *fpl*.

bulldog ['bʊldɒg] *n* buldog *m*.

bulldog clip *n* pinza *f* sujetapapeles.

bulldoze ['bʊldəʊz] *vt* [ground] nivelar; [building] derribar; *fig* [force] forzar; **to ~ sb into doing sthg** *fig* forzar a alguien a hacer algo.

bulldozer ['bʊldəʊzə'] *n* bulldozer *m*.

bullet ['bʊlɪt] *n* -1. [of gun] bala *f* -2. [typo] topo *m*.

bulletin ['bʊlətɪn] *n* -1. [news] boletín *m*; [medical report] parte *m* -2. [regular publication] boletín *m*, gaceta *f*.

bulletin board *n esp US* tablón *m* de anuncios.

bullet-proof *adj* a prueba de balas.

bullfight ['bʊlfaɪt] *n* corrida *f* (de toros).

bullfighter ['bʊl,faɪtə'] *n* torero *m*, -ra *f*.

bullfighting ['bʊl,faɪtɪŋ] *n* toreo *m*.

bullfinch ['bʊlfɪntʃ] *n* camachuelo *m*.

bullion ['bʊljən] *n* (U) lingotes *mpl*.

bullish ['bʊlɪʃ] *adj ST EX* alcista.

bull market *n* mercado *m* en alza *OR* alcista.

bullock ['bʊlək] *n* buey *m*, toro *m* castrado.

bullring ['bʊlrɪŋ] *n* -1. [stadium] plaza *f* (de toros) -2. [arena] ruedo *m*.

bullrush ['bʊlrʌʃ] = bulrush.

bull's-eye *n* diana *f*.

bullshit ['bʊlʃɪt] (*pt & pp* -ted, *cont* -ting) *vulg* ◇ *n* (U) gilipolleces *fpl*. ◇ *vi* decir gilipolleces.

bull terrier *n* bulterrier *m*.

bully ['bʊlɪ] (*pl* -ies, *pt & pp* -ied) ◇ *n* abusón *m*, matón *m*. ◇ *vt* intimidar; **to ~ sb into doing sthg** obligar a alguien con amenazas a hacer algo.

bullying ['bʊlɪŋ] *n* intimidación *f*.

bulrush ['bʊlrʌʃ] *n* anea *f*.

bum [bʌm] (*pt & pp* -med, *cont* -ming) *n* -1. *esp UK v inf* [bottom] cola *f Amér*, poto *m Chile, Perú*, traste *m CSur* -2. *US inf pej* [tramp] vagabundo *m*, -da *f* -3. *US inf pej* [idler] holgazán *m*, -ana *f*, vago *m*, -ga *f*, flojo *m*, -ja *f Amér*.

➤ **bum around** *esp US vi US inf* -1. [waste time] haraganear, flojear *Amér* -2. [travel aimlessly] vagabundear.

bumblebee ['bʌmblbi:] *n* abejorro *m*.

bumbling ['bʌmblɪŋ] *adj inf* inútil.

bumf [bʌmf] *n* (U) *UK inf* papelotes *mpl*, papeleo *m*.

bump [bʌmp] ◇ *n* -1. [lump - on head] chichón *m*; [- on road] bache *m* -2. [knock, blow, noise] golpe *m*. ◇ *vt* [car] chocar con *or* contra; [head, knee] golpearse en; **I ~ ed my head on the door** me di con la cabeza en la puerta.

➤ **bump into** *vt fus* [meet by chance] toparse con, encontrarse con.

➤ **bump off** *vt sep inf* cargarse a.

➤ **bump up** *vt sep inf* aumentar, subir.

bumper ['bʌmpə'] ◇ *adj* abundante; **~ edition** edición especial. ◇ *n* -1. *AUT* parachoques *m inv* -2. *US RAIL* tope *m*.

bumper-to-bumper *adj*: **the cars were ~** había una caravana (de coches).

bumph [bʌmf] = bumf.

bumptious ['bʌmpʃəs] *adj pej* engreído(da).

bumpy ['bʌmpɪ] (*compar* -ier, *superl* -iest) *adj* -1. [road] lleno(na) de baches -2. [ride, journey] con muchas sacudidas.

bun [bʌn] n **-1.** [cake, bread roll] bollo m **-2.** [hairstyle] moño m, chongo m *Amér.*

➤ **buns** npl *US inf* trasero m, culo m.

bunch [bʌntʃ] ◇ n [of people] grupo m; [of flowers] ramo m; [of fruit] racimo m; [of keys] manojo m. ◇ vt agrupar. ◇ vi agruparse.

➤ **bunches** npl [hairstyle] coletas fpl.

bundle [ˈbʌndl] ◇ n **-1.** [of clothes] lío m, bulto m; [of notes, papers] fajo m; [of wood] haz m; to be a ~ **of nerves** *fig* ser un manojo de nervios **-2.** *COMPUT* paquete m. ◇ vt [clothes] empaquetar de cualquier manera; [person] empujar.

➤ **bundle off** vt sep despachar.

➤ **bundle up** vt sep [put into bundles] liar.

bundled software [ˈbʌndld-] n *COMPUT* software m incluido.

bung [bʌŋ] ◇ n tapón m. ◇ vt *UK inf* **-1.** [throw] echar, tirar **-2.** [pass] pasar, alcanzar.

bungalow [ˈbʌŋɡələʊ] n bungalow m.

bunged up [bʌŋd-] adj [drain] atascado(da), obstruido(da); [nose] taponado(da).

bungee-jumping [ˈbʌndʒɪ-] n puenting m.

bungle [ˈbʌŋɡl] vt chapucear.

bunion [ˈbʌnjən] n juanete m.

bunk [bʌŋk] n **-1.** [bed] litera f **-2.** (U) *inf* [nonsense] tonterías fpl **-3.** *phr:* to do a ~ *inf* poner pies en polvorosa.

bunk bed n litera f.

bunker [ˈbʌŋkəʳ] n **-1.** [shelter, in golf] bunker m **-2.** [for coal] carbonera f.

bunny [ˈbʌnɪ] (pl -ies) n: ~ (**rabbit**) conejito m, -ta f.

bunny slope n *SKI* pista f (de esquí) para principiantes.

Bunsen burner [ˈbʌnsn-] n mechero m Bunsen.

bunting [ˈbʌntɪŋ] n (U) [flags] banderitas fpl.

buoy [*UK* bɔɪ, *US* ˈbuːɪ] n boya f.

➤ **buoy up** vt sep [encourage] alentar, animar.

buoyancy [ˈbɔɪənsɪ] n **-1.** [ability to float] flotabilidad f **-2.** [optimism] optimismo m.

buoyant [ˈbɔɪənt] adj **-1.** [able to float] boyante, capaz de flotar **-2.** [optimistic - gen] optimista; [- market] con tendencia alcista.

burden [ˈbɜːdn] ◇ n **-1.** [heavy load] carga f **-2.** *fig* [heavy responsibility]: ~ **on** carga f para. ◇ vt: to ~ **sb with** cargar a alguien con.

bureau [ˈbjʊərəʊ] (pl -x) n **-1.** [government department] departamento m, oficina f **-2.** [office] oficina f **-3.** *UK* [desk] secreter m; *US* [chest of drawers] cómoda f.

bureaucracy [bjʊəˈrɒkrəsɪ] (pl -ies) n burocracia f.

bureaucrat [ˈbjʊərəkræt] n *pej* burócrata m *OR* f.

bureaucratic [ˌbjʊərəˈkrætɪk] adj *pej* burocrático(ca).

bureau de change [ˌbjʊərəʊdəˈʃɒndʒ] (pl bureaux de change [ˌbjʊərəʊdəˈʃɒndʒ]) n casa f de cambio.

bureaux [ˈbjʊərəʊz] pl ⊳ bureau.

burger [ˈbɜːɡəʳ] n hamburguesa f.

burglar [ˈbɜːɡləʳ] n ladrón m, -ona f.

burglar alarm n alarma f antirrobo.

burglarize *US* = burgle.

burglary [ˈbɜːɡlərɪ] (pl -ies) n robo m (de una casa).

burgle [ˈbɜːɡl], **burglarize** [ˈbɜːɡləraɪz] *US* vt robar, desvalijar *(una casa)*.

burial [ˈberɪəl] n entierro m.

burial ground n cementerio m.

burk [bɜːk] n *UK inf* tonto m, -ta f.

Burkina Faso [bɜːˌkiːnəˈfæsəʊ] n Burkina Faso.

burly [ˈbɜːlɪ] (compar -ier, superl -iest) adj fornido(da).

Burma [ˈbɜːmə] n Birmania.

Burmese [ˌbɜːˈmiːz] ◇ adj birmano(na). ◇ n **-1.** [person] birmano m, -na f **-2.** [language] birmano m.

burn [bɜːn] (pt & pp burnt *OR* -ed) ◇ vt **-1.** [gen] quemar **-2.** [injure - by heat, fire] quemarse **-3.** *COMPUT* estampar. ◇ vi **-1.** [gen] arder; to ~ **with passion/hatred** arder de pasión/odio **-2.** [be alight] estar encendido(da) **-3.** [food] quemarse **-4.** [cause burning sensation] escocer **-5.** [become sunburnt] quemarse. ◇ n quemadura f.

➤ **burn down** ◇ vt sep incendiar. ◇ vi **-1.** [be destroyed by fire] incendiarse **-2.** [burn less brightly] apagarse.

➤ **burn out** ◇ vt sep [exhaust]: to ~ **o.s.** out quemarse. ◇ vi apagarse, consumirse.

➤ **burn up** ◇ vt sep quemar. ◇ vi quemarse.

burner [ˈbɜːnəʳ] n quemador m.

burning [ˈbɜːnɪŋ] adj **-1.** [on fire] en llamas **-2.** [heat, passion, interest] ardiente; it was ~ **hot** hacía un calor abrasador **-3.** [cheeks, face] colorado(da) **-4.** [controversial]: ~ **question** pregunta f candente.

burnish [ˈbɜːnɪʃ] vt bruñir.

Burns' Night n fiesta celebrada en Escocia el 25 de enero en honor del poeta escocés Robert Burns.

burnt [bɜːnt] pt & pp ⊳ burn.

burnt-out adj lit & fig quemado(da).

burp [bɜːp] *inf* ◇ n eructo m. ◇ vi eructar.

burrow ['bʌrəʊ] <> n madriguera f. <> vi -1. [dig] escarbar (un agujero) -2. fig [in order to search] hurgar.

bursar ['bɜːsəˈ] n tesorero m, -ra f, administrador m, -ra f.

bursary ['bɜːsərɪ] (pl -ies) n UK beca f.

burst [bɜːst] (pt & pp burst) <> vi -1. [gen] reventarse; [bag] romperse; [tyre] pincharse -2. [explode] estallar -3. [door, lid]: **to ~ open** abrirse de golpe -4. [go suddenly]: **to ~ into** irrumpir en; **to ~ through** abrirse paso a través de. <> vt [gen] reventar; [tyre] pinchar. <> n [of gunfire, enthusiasm] estallido m.
➡ **burst in on** vt fus interrumpir.
➡ **burst into** vt fus -1. [tears, song]: **to ~ into tears/song** romper a llorar/cantar -2. [flames] estallar en -3. [subj: plants]: **to ~ into flower** florecer.
➡ **burst out** <> vt fus [say suddenly] exclamar. <> vi [begin suddenly]: **to ~ out laughing/ crying** echarse a reír/llorar.

bursting ['bɜːstɪŋ] adj -1. [full] lleno(na) a estallar -2. [with emotion]: **~ with** rebosando de -3. [eager]: **to be ~ to do sthg** estar deseando hacer algo.

Burundi [bʊ'rʊndɪ] n Burundi.

bury ['berɪ] (pt & pp -ied) vt -1. [in ground] enterrar -2. [hide - face, memory] ocultar -3. fig [immerse]: **to ~ o.s. in sthg** enfrascarse en algo.

bus [bʌs] <> n autobús m, micro m Chile, camión m CAm, Méx, colectivo m Arg, Bol, carrito m por puesto Ven, omnibús m Perú, Urug, guagua f Cuba; **by ~** en autobús. <> vt US: **to ~ tables** [in restaurant] recoger mesas.

bus boy n US ayudante m de camarero.

bus conductor n cobrador m, -ra f.

bus driver n conductor m, -ra f de autobús, chofer mf Amér.

bush [bʊʃ] n -1. [plant] arbusto m -2. [open country]: **the ~** el campo abierto, el monte -3. phr: **to beat about the ~** andarse por las ramas.

bushel ['bʊʃl] n UK = 36,37 litros; US = 35,24 litros.

bushy ['bʊʃɪ] (compar -ier, superl -iest) adj poblado(da), espeso(sa).

business ['bɪznɪs] <> n -1. (U) [commerce, amount of trade] negocios mpl; **to be away on ~** estar en viaje de negocios; **to mean ~** inf ir en serio; **to go out of ~** quebrar -2. [company] negocio m, empresa f -3. [concern, duty] oficio m, ocupación f; **to have no ~ doing** OR **to do sthg** no tener derecho a hacer algo; **mind your own ~!** inf ¡no te metas donde no te llaman!; **that's none of your ~** eso no es asunto tuyo -4. (U) [affair, matter] asunto m.

<> comp: **~ interests** intereses mpl comerciales; **~ hours** horas fpl de oficina; **~ English** inglés m comercial.

business address n dirección f comercial.

business card n tarjeta f de visita.

business class n clase f preferente.

businesslike ['bɪznɪslaɪk] adj formal y eficiente.

business lunch n comida f de trabajo.

businessman ['bɪznɪsmæn] (pl -men [-men]) n empresario m, hombre m de negocios.

business school n escuela f OR academia f comercial.

business studies npl empresariales mpl.

business trip n viaje m de negocios.

businesswoman ['bɪznɪsˌwʊmən] (pl -women [-ˌwɪmɪn]) n empresaria f, mujer f de negocios.

busker ['bʌskəˈ] n UK músico m ambulante OR callejero.

bus lane n carril m bus, pista f sólo bus Chile.

bus-shelter n marquesina f (de parada de autobús).

bus station n estación f OR terminal f de autobuses.

bus stop n parada f de autobús, paradero m CAm, Andes, Méx.

bust [bʌst] (pt & pp -ed OR bust) <> adj inf -1. [broken] fastidiado(da), roto(ta) -2. [bankrupt]: **to go ~** quebrar. <> n -1. [bosom, statue] busto m -2. inf [raid] redada f. <> vt -1. inf [break] fastidiar, estropear -2. [arrest] pillar, empapelar; [raid] hacer una redada en.

bustle ['bʌsl] <> n bullicio m. <> vi apresurarse.

bustling ['bʌslɪŋ] adj bullicioso(sa).

bust-up n inf -1. [quarrel] trifulca f, camorra f -2. [breakup] ruptura f.

busy ['bɪzɪ] (compar -ier, superl -iest) <> adj -1. [occupied] ocupado(da); **to be ~ doing sthg** estar ocupado haciendo algo -2. [hectic - life, week] ajetreado(da); [- town, office] concurrido(da), animado(da); [- road] con mucho tráfico -3. [active] activo(va) -4. esp US TELEC [engaged] comunicando. <> vt: **to ~ o.s. (doing sthg)** ocuparse (haciendo algo).

busybody ['bɪzɪˌbɒdɪ] (pl -ies) n pej entrometido m, -da f.

busy signal n US TELEC señal f de comunicando.

but [bʌt] <> conj pero; **we were poor ~ happy** éramos pobres pero felices; **she owns not one ~ two houses** tiene no una sino dos casas; **~ now let's talk about you** pero ahora hablemos de ti. <> prep menos, excepto; **everyone ~ Jane was there** todos estaban allí, menos Jane;

we've had nothing ~ bad weather no hemos tenido más que mal tiempo; **he has no one ~ himself to blame** la culpa no es de otro más que él *or* sino de él. <> *adv fml:* **had I ~ known** de haberlo sabido; **we can ~ try** por intentarlo que no quede; **she has ~ recently joined the firm** hace tan sólo un tiempo que entró en la empresa.

➡ **but for** *conj* de no ser por; **~ for her I'd have died** de no ser por ella, hubiera muerto.

➡ **but then** *adv:* **I really liked the book, ~ then it is by my favourite author** me gustó mucho el libro, pero claro, es de mi escritor favorito.

butane ['bju:teɪn] *n* butano *m*.

butch [bʊtʃ] *adj UK inf* [woman] marimacho; [man] muy macho.

butcher ['bʊtʃər] <> *n* **-1.** [occupation] carnicero *m*, -ra *f*; **~'s (shop)** carnicería *f* **-2.** [indiscriminate killer] carnicero *m*, -ra *f*, asesino *m*, -na *f*. <> *vt* [animal - for meat] matar; *fig* [kill indiscriminately] hacer una carnicería con.

butchery ['bʊtʃərɪ] *n fig* [indiscriminate killing] matanza *f*, carnicería *f*.

butler ['bʌtlər] *n* mayordomo *m*.

butt [bʌt] <> *n* **-1.** [of cigarette, cigar] colilla *f* **-2.** [of rifle] culata *f* **-3.** [for water] tina *f* **-4.** [of joke, remark] blanco *m* **-5.** *US inf* [bottom] trasero *m*, culo *m*. <> *vt* topetar.

➡ **butt in** *vi* [interrupt]: **to ~ in on sb** cortar a alguien; **to ~ in on sthg** entrometerse en algo.

➡ **butt out** *vi US* dejar de entrometerse.

butter ['bʌtər] <> *n* mantequilla *f*; **~ wouldn't melt in her mouth** *inf* parece una mosquita muerta. <> *vt* untar con mantequilla.

➡ **butter up** *vt sep inf* dar coba a.

butter bean *n* judía *f* blanca, frijol *m* blanco *Amér*, poroto *m* blanco *CSur*, poroto *m* de manteca *RP*, caraota *f Ven*.

buttercup ['bʌtəkʌp] *n* ranúnculo *m*.

butter dish *n* mantequera *f*.

buttered ['bʌtəd] *adj* con mantequilla.

butterfingers ['bʌtəˌfɪŋgəz] (*pl inv*) *n inf* manazas *mf inv*.

butterfly ['bʌtəflaɪ] (*pl -ies*) *n* **-1.** [insect] mariposa *f*; **to have butterflies in one's stomach** *inf* estar hecho un manojo de nervios **-2.** [swimming style] (estilo *m*) mariposa *f*.

buttermilk ['bʌtəmɪlk] *n* suero *m* de leche.

butterscotch ['bʌtəskɒtʃ] *n* dulce hecho hirviendo azúcar y mantequilla.

buttocks ['bʌtəks] *npl* nalgas *fpl*.

button ['bʌtn] <> *n* **-1.** [gen & *COMPUT*] botón *m*

-2. *US* [badge] chapa *f*. <> *vt* = **button up**.

➡ **button up** *vt sep* abotonar, abrochar.

buttonhole ['bʌtnhəʊl] <> *n* **-1.** [hole] ojal *m* **-2.** *UK* [flower] flor *f* para el ojal. <> *vt inf* enganchar, coger por banda.

button mushroom *n* champiñón *m* pequeño.

buttress ['bʌtrɪs] *n* contrafuerte *m*.

buxom ['bʌksəm] *adj* [woman] maciza, pechugona.

buy [baɪ] (*pt & pp* **bought**) <> *vt lit & fig* comprar; **to ~ sthg from sb** comprar algo a alguien; **to ~ sb sthg** comprar algo a alguien, comprar algo para alguien. <> *n* compra *f*.

➡ **buy in** *vt sep UK* aprovisionarse de.

➡ **buy into** *vt fus* [company] comprar acciones en.

➡ **buy off** *vt sep* sobornar, comprar.

➡ **buy out** *vt sep* **-1.** [in business] comprar la parte de **-2.** [from army]: **to ~ o.s. out** *pagar dinero para salirse del ejército*.

➡ **buy up** *vt sep* acaparar.

buyer ['baɪər] *n* **-1.** [purchaser] comprador *m*, -ra *f* **-2.** [profession] jefe *m*, -fa *f* de compras.

buyer's market *n* mercado *m* de compradores.

buyout ['baɪaʊt] *n adquisición de la mayoría de las acciones de una empresa.*

buzz [bʌz] <> *n* [of insect, machinery] zumbido *m*; [of conversation] rumor *m*; **to give sb a ~** *inf* [on phone] dar un toque *or* llamar a alguien. <> *vi* **-1.** [make noise] zumbar **-2.** *fig* [be active]: **to ~ (with)** bullir (de). <> *vt* [on intercom] llamar.

➡ **buzz off** *vi UK inf:* **~ off!** ¡lárgate!

buzzard ['bʌzəd] *n* **-1.** *UK* [hawk] águila *f* ratonera **-2.** *US* [vulture] buitre *m*.

buzzer ['bʌzər] *n* timbre *m*.

buzzing ['bʌzɪŋ] *n* zumbido *m*.

buzzword ['bʌzwɜːd] *n inf* palabra *f* de moda.

by [baɪ] <> *prep* **-1.** [indicating cause, agent] por; **caused/written ~** causado/escrito por; **a book ~ Joyce** un libro de Joyce **-2.** [indicating means, method, manner]: **to travel ~ bus/train/ plane/ship** viajar en autobús/tren/avión/barco; **to pay ~ cheque** pagar con cheque; **to take sb ~ the hand** coger a alguien de la mano; **~ candlelight** a la luz de las velas; **he got rich ~ buying land** se hizo rico comprando terrenos; **~ nature** por naturaleza; **~ profession/trade** de profesión/oficio **-3.** [beside, close to] junto a; **~ the sea** junto al mar **-4.** [past] por delante de; **to walk ~ sb/sthg** pasear por delante de alguien/algo; **we drove ~ the castle** pasamos por el castillo (conduciendo) **-5.** [via, through] por; **we entered ~ the back door** entramos por la puerta trasera **-6.** [with time - at or before, during] para; **I'll be there** ~ **eight** estaré allí para las ocho; ~ **1916 it was all over** en 1916 ya todo estaba decidido; ~ **now** ya; ~ **day/ night** por el día/la noche, de día/noche **-7.** [according to] según; ~ **law/my standards** según la ley/mis criterios **- 8.** [in division] entre; [in multiplication, measurements] por; **to divide 20** ~ **2** dividir 20 entre 2; **to multiply 20** ~ **2** multiplicar 20 por 2; **twelve feet** ~ **ten** doce pies por diez **- 9.** [in quantities, amounts] por; ~ **the thousand** OR **thousands** por miles; ~ **the metre** por metros; ~ **the day/hour** por día/ horas; **prices were cut** ~ **50%** los precios fueron rebajados (en) un 50% **-10.** [indicating gradual change]: **day** ~ **day** día a día; **one** ~ **one** uno a uno **-11.** [to explain a word or expression] con, por; **what do you mean** ~ **'all right'?** ¿qué quieres decir con 'bien'?; **what do you understand** ~ **the word 'subsidiarity'?** ¿qué entiendes por 'subsidiariedad'? **-12.** *phr:* **(all)** ~ **oneself** solo(la); **did you do it all** ~ **yourself?** ¿lo hiciste tú solo? ◇ *adv* ▷ **go, pass** *etc.*

bye(-bye) [baɪ(baɪ)] *excl inf* ¡hasta luego!

bye-election = by-election.

byelaw ['baɪlɔ:] = bylaw.

by-election *n* elección *f* parcial.

Byelorussia [bɪˌeləʊ'rʌʃə] = Belorussia.

bygone ['baɪɡɒn] *adj* pasado(da).
  ◆ **bygones** *npl:* **let** ~**s be** ~**s** lo pasado, pasado está.

bylaw ['baɪlɔ:] *n* reglamento *m* OR estatuto *m* local.

by-line *n* [in article] pie *m* de autor.

bypass ['baɪpɑ:s] ◇ *n* **-1.** [road] carretera *f* de circunvalación **- 2.** MED: ~ **(operation)** (operación *f* de) by-pass *m*. ◇ *vt* evitar.

by-product *n* **-1.** [product] subproducto *m* **- 2.** [consequence] consecuencia *f*.

bystander ['baɪˌstændə'] *n* espectador *m*, -ra *f*.

byte [baɪt] *n* COMPUT byte *m*.

byword ['baɪwɜ:d] *n:* **to be a** ~ **(for)** ser sinónimo de.

c¹ (*pl* c's OR cs), **C** (*pl* C's OR Cs) [si:] *n* [letter] c *f*, C *f*.
  ◆ **C** *n* **-1.** MUS do *m* **-2.** (*abbr of* **celsius, centi- grade**) C.

c² **-1.** (*abbr of* **century**) s. **- 2.** (*abbr of* **cent(s)**) cént.

c. (*abbr of* **circa**) h.

ca. (*abbr of* **circa**) h.

c/a **-1.** *abbr of* **credit account - 2.** (*abbr of* **current account**) c/c.

CA **-1.** *abbr of* **Central America - 2.** *abbr of* **Cali- fornia**.

CAA *n* **-1.** (*abbr of* **Civil Aviation Authority**) *organismo independiente regulador de la aviación civil en Gran Bretaña* **-2.** (*abbr of* **Civil Aeronautics Authority**) *dirección esta- dounidense de aviación civil.*

cab [kæb] *n* **-1.** [taxi] taxi *m* **-2.** [of lorry] cabina *f*.

CAB (*abbr of* **Citizens' Advice Bureau**) *n oficina británica de información y asistencia al ciudadano.*

cabaret ['kæbəreɪ] *n* cabaret *m*.

cabbage ['kæbɪdʒ] *n* col *f*, repollo *m*.

cabbie, cabby ['kæbɪ] *n inf* taxista *m* OR *f*.

caber ['keɪbə'] *n Scot:* **tossing the** ~ *prueba de lanzamiento de una pesada pértiga en los 'Highland Games'.*

cabin ['kæbɪn] *n* **-1.** [on ship] camarote *m* **-2.** [in aircraft] cabina *f* **-3.** [house] cabaña *f*.

cabin crew *n* personal *m* de a bordo.

cabin cruiser *n* yate *m* de motor.

cabinet ['kæbɪnɪt] *n* **-1.** [cupboard] armario *m*; [with glass pane] vitrina *f* **-2.** POL consejo *m* de ministros, gabinete *m*.

cabinet-maker *n* ebanista *m* OR *f*.

cabinet minister *n* ministro *m*, -tra *f* (en el gabinete).

cable ['keɪbl] ◇ *n* **-1.** [rope, wire] cable *m* **-2.** [telegram] cablegrama *m*. ◇ *vt* cablegrafiar.

cable car *n* teleférico *m*.

cable railway n funicular m aéreo.

cable television, cable TV n televisión f por cable.

caboodle [kə'bu:dl] n inf: **the whole** ~ todo el rollo.

cabriolet ['kæbrɪəʊleɪ] n [car] cabriolé m.

cache [kæʃ] <> n -1. [store] alijo m -2. COMPUT caché f. <> vt COMPUT poner en la memoria caché.

cache memory n COMPUT memoria f caché.

cachet ['kæʃeɪ] n fml caché m.

cackle ['kækl] <> n -1. [of hen] cacareo m -2. [of person] risotada f. <> vi -1. [hen] cacarear -2. [person] reírse.

cacophony [kæ'kɒfənɪ] n cacofonía f.

cactus ['kæktəs] (pl -tuses OR -ti [-taɪ]) n cactus m inv.

CAD (abbr of computer-aided design) n CAD m.

caddie ['kædɪ] <> n cadi m OR f. <> vi: to ~ (for) hacer de cadi (para).

caddy ['kædɪ] (pl -ies) n cajita f para el té.

cadence ['keɪdəns] n [of voice] cadencia f, ritmo m.

cadet [kə'det] n cadete m.

cadge [kædʒ] UK inf <> vt: to ~ sthg (off OR from sb) gorronear algo (a alguien). <> vi: to ~ off OR from sb gorronear a alguien.

Cadiz [kə'dɪz] n Cádiz.

Caesar ['si:zəʳ] n César m.

caesarean (section) [sɪ'zeərɪən-] UK, **cesarean (section)** US n cesárea f.

CAF (abbr of cost and freight) C y F.

cafe, café ['kæfeɪ] n café m, cafetería f.

cafeteria [ˌkæfɪ'tɪərɪə] n (restaurante m) autoservicio m, cantina f.

cafetiere [ˌkæfət'jeə] n cafetera f de émbolo.

caffeine ['kæfi:n] n cafeína f.

cage [keɪdʒ] n jaula f.

caged [keɪdʒd] adj enjaulado(da).

cagey ['keɪdʒɪ] (compar -ier, superl -iest) adj inf reservado(da).

cagoule [kə'gu:l] n UK chubasquero m, canguro m.

cahoots [kə'hu:ts] n: **in** ~ **(with)** inf confabulado(da) (con).

CAI (abbr of computer-aided instruction) n EAO f.

cairn [keən] n hito m de piedras.

Cairo ['kaɪərəʊ] n El Cairo.

cajole [kə'dʒəʊl] vt: to ~ sb (into doing sthg) engatusar a alguien (para que haga algo).

cake [keɪk] n -1. [sweet food] pastel m, tarta f, torta f Amér; **to be a piece of** ~ inf fig ser pan comido; **to sell like hot** ~**s** inf venderse como

rosquillas, venderse como pan caliente Amér; **you can't have your** ~ **and eat it** inf no se puede estar en misa y repicando -2. [of fish, potato] medallón m empanado -3. [of soap] pastilla f.

caked [keɪkt] adj: ~ **with mud** cubierto(ta) de barro seco.

cake tin UK, **cake pan** US n molde m.

cal. [kæl] (abbr of calorie) cal.

calamine lotion [kæləmaɪn-] n loción f de calamina.

calamitous [kə'læmɪtəs] adj fml calamitoso(sa).

calamity [kə'læmɪtɪ] (pl -ies) n fml calamidad f.

calcium ['kælsɪəm] n calcio m.

calculate ['kælkjʊleɪt] vt -1. [work out] calcular -2. [plan]: **to be** ~**d to do sthg** estar pensado(da) para hacer algo.

➤ **calculate on** vi: **to** ~ **on sthg** contar con algo; **you can't** ~ **on them accepting** no puedes contar con que acepten.

calculated ['kælkjʊleɪtɪd] adj [murder, deception] premeditado(da); [risk] calculado(da), medido(da).

calculating ['kælkjʊleɪtɪŋ] adj pej calculador(ra).

calculation [ˌkælkjʊ'leɪʃn] n cálculo m.

calculator ['kælkjʊleɪtəʳ] n calculadora f.

calculus [ˌkælkjʊləs] n cálculo m.

calendar ['kælɪndəʳ] n calendario m.

calendar month n mes m civil.

calendar year n año m civil.

calf [kɑ:f] (pl calves) n -1. [young animal - of cow] ternero m, -ra f, becerro m, -rra f; [- of whale] ballenato m; [- of other animals] cría f -2. [leather] piel f de becerro -3. [of leg] pantorrilla f.

caliber US = calibre.

calibrate ['kælɪbreɪt] vt calibrar.

calibre, caliber US ['kælɪbəʳ] n -1. [quality] nivel m -2. [size] calibre m.

calico ['kælɪkəʊ] n percal m, calicó m.

California [ˌkælɪ'fɔ:njə] n California.

Californian [ˌkælɪ'fɔ:njən] <> adj californiano(na). <> n californiano m, -na f.

calipers US = callipers.

call [kɔ:l] <> n -1. [cry, attraction, vocation] llamada f, llamado m Amér; [cry of bird] reclamo m -2. TELEC llamada f, llamado m Amér; **to give sb a** ~ llamar a alguien -3. [visit] visita f; **to pay a** ~ **on sb** hacerle una visita a alguien -4. [demand]: ~ **for** llamamiento m a -5. [summons]: **on** ~ de guardia. <> vt -1. [gen & TELEC] llamar; **I'm** ~**ed Joan** me llamo Joan; **what is it** ~**ed?** ¿cómo se llama?; **he** ~**ed my name** me llamó por el nombre; **we'll** ~ **it £10** dejémoslo en 10 libras -2. [announce - flight] anunciar; [- strike, meeting, election] convocar. <> vi -1. [gen &

TELEC] llamar; **who's ~ing?** ¿quién es? **- 2.** [visit] pasar.

➤ **call at** *vt fus* [subj: train] efectuar parada en.

➤ **call back** ◇ *vt sep* **-1.** [on phone] volver a llamar **- 2.** [ask to return] hacer volver. ◇ *vi* **-1.** [on phone] volver a llamar **- 2.** [visit again] volver a pasarse.

➤ **call by** *vi inf* pasarse.

➤ **call for** *vt fus* **-1.** [collect] ir a buscar **- 2.** [demand] pedir; **this ~s for a drink** esto merece un trago.

➤ **call in** ◇ *vt sep* **-1.** [send for] llamar **- 2.** [recall - product, banknotes] retirar; [- loan] exigir pago de. ◇ *vi*: **to ~ in (at)** pasarse (por).

➤ **call off** *vt sep* **-1.** [meeting, party] suspender; [strike] desconvocar **- 2.** [dog etc] llamar *(para deje de atacar)*.

➤ **call on** *vt fus* **-1.** [visit] visitar **- 2.** [ask]: **to ~ on sb to do sthg** pedir a alguien que haga algo.

➤ **call out** ◇ *vt sep* **-1.** [order to help - troops] movilizar; [- police, firemen] hacer intervenir **- 2.** [order to strike] llamar a la huelga a, llamar al paro a *Amér* **- 3.** [cry out] gritar. ◇ *vi* gritar.

➤ **call round** *vi* pasarse.

➤ **call up** *vt sep* **-1.** *MIL* llamar a filas **- 2.** *esp US* [on telephone] llamar (por teléfono) **- 3.** *COMPUT* visualizar.

call box *n UK* cabina *f* telefónica.

call centre *n* centro *m* de atención telefónica.

caller [ˈkɔːləʳ] *n* **-1.** [visitor] visita *f* **- 2.** [on telephone] persona *f* que llama.

caller (ID) display *n* [on telephone] identificador *m* de llamada.

call girl *n* prostituta *f (que concierta sus citas por teléfono)*.

calligraphy [kəˈlɪgrəfɪ] *n* caligrafía *f*.

call-in *n US RADIO & TV* programa *m* a micrófono abierto.

calling [ˈkɔːlɪŋ] *n* **-1.** [profession] profesión *f* **- 2.** [vocation] vocación *f*.

calling card *n US* tarjeta *f* de visita.

callipers *UK*, **calipers** *US* [ˈkælɪpəz] *npl* **-1.** *MED* aparato *m* ortopédico **- 2.** [for measuring] calibrador *m*.

callisthenics *UK* [ˌkælɪsˈθenɪks] *n* calistenia *f*.

callous [ˈkæləs] *adj* despiadado(da), cruel.

callously [ˈkæləslɪ] *adv* despiadadamente, cruelmente.

callousness [ˈkæləsnɪs] *n* crueldad *f*.

call-up *n UK* llamamiento *m* a filas, reclutamiento *m*.

callus [ˈkæləs] *(pl -es)* *n* callo *m*.

calm [kɑːm] ◇ *adj* **-1.** [not worried or excited] tranquilo(la) **- 2.** [evening, weather] apacible **- 3.** [sea] en calma. ◇ *n* calma *f*. ◇ *vt* calmar.

➤ **calm down** ◇ *vt sep* calmar. ◇ *vi* calmarse.

calmly [ˈkɑːmlɪ] *adv* tranquilamente, con calma.

calmness [ˈkɑːmnɪs] *n* calma *f*.

Calor gas® [ˈkæləʳ-] *n UK* (gas *m*) butano *m*.

calorie [ˈkælərɪ] *n* caloría *f*.

calorific [ˌkæləˈrɪfɪk] *adj* [fattening] que engorda.

calve [kɑːv] *vi* parir (un becerro).

calves [kɑːvz] *pl* ⊳ **calf**.

cam [kæm] *n* leva *f*.

CAM (*abbr of* **computer aided manufacture**) *n* FAO *f*.

camaraderie [ˌkæməˈrɑːdərɪ] *n* camaradería *f*.

camber [ˈkæmbəʳ] *n* [of road] peralte *m*.

Cambodia [kæmˈbəʊdjə] *n* Camboya.

Cambodian [kæmˈbəʊdjən] ◇ *adj* camboyano(na). ◇ *n* camboyano *m*, -na *f*.

Cambs (*abbr of* **Cambridgeshire**) *condado inglés*.

camcorder [ˈkæmˌkɔːdəʳ] *n* camcorder *m*, videocámara *f*.

came [keɪm] *pt* ⊳ **come**.

camel [ˈkæml] *n* camello *m*.

camellia [kəˈmiːljə] *n* camelia *f*.

cameo [ˈkæmɪəʊ] *(pl -s)* *n* **-1.** [jewellery] camafeo *m* **- 2.** [in acting] actuación *f* breve y memorable; [in writing] excelente descripción *f*.

camera [ˈkæmərə] *n* cámara *f*.

➤ **in camera** *adv fml* a puerta cerrada.

cameraman [ˈkæmərəmæn] *(pl -men* [-men]*)* *n* cámara *m*.

Cameroon [ˌkæməˈruːn] *n* (el) Camerún.

Cameroonian [ˌkæməˈruːnɪən] ◇ *adj* camerunés(esa). ◇ *n* camerunés *m*, -esa *f*.

camisole [ˈkæmɪsəʊl] *n* combinación *f*, picardías *m inv*.

camomile [ˈkæməmaɪl] ◇ *n* manzanilla *f*. ◇ *comp*: ~ **tea** manzanilla *f*.

camouflage [ˈkæmǝflɑːʒ] ◇ *n* camuflaje *m*. ◇ *vt* camuflar.

camp [kæmp] ◇ *n* **-1.** [gen & *MIL*] campamento *m* **- 2.** [temporary mass accommodation] campo *m*; **prison ~** campo de prisioneros; **(summer) ~** *US* colonia *f*, campamento *m* de verano **- 3.** [faction] bando *m*. ◇ *vi* acampar. ◇ *adj inf* amanerado(da).

➤ **camp out** *vi* acampar (al aire libre).

campaign [kæmˈpeɪn] ◇ *n* campaña *f*. ◇ *vi*: **to ~ (for/against)** hacer campaña (a favor de/en contra de).

campaigner [kæmˈpeɪnəʳ] *n* **-1.** [supporter of cause] defensor *m*, -ra *f* **- 2.** [experienced person]:

an experienced ~ un veterano.
camp bed *n* cama *f* plegable.
camper ['kæmpə'] *n* -**1.** [person] campista *m* OR *f*
-**2.**: ~ **(van)** autocaravana *f*.
campground ['kæmpgraʊnd] *n US* camping *m*.
camphor ['kæmfə'] *n* alcanfor *m*.
camping ['kæmpɪŋ] *n* camping *m*, acampada *f*;
to go ~ ir de acampada.
camping site, campsite ['kæmpsaɪt] *n*
camping *m*.
campus ['kæmpəs] (*pl* **-es**) *n* campus *m inv*,
ciudad *f* universitaria.
camshaft ['kæmʃɑ:ft] *n* árbol *m* de levas.
can¹ [kæn] (*pt* & *pp* **-ned**, *cont* **-ning**) <> *n* [for
drink, food] lata *f*, bote *m*; [for oil, paint] lata; *US*
[for garbage] cubo *m*. <> *vt* enlatar.
can² [weak form kən, strong form kæn] (*pt* & *conditional* **could**, *negative* **cannot** OR **can't**) *modal vb*
-**1.** [be able to] poder; ~ **you come to lunch?**
¿puedes venir a comer?; **she couldn't come**
no pudo venir; **I** ~ **'t** OR **cannot afford it** no me
lo puedo permitir; ~ **you see/hear some-
thing?** ¿ves/oyes algo? -**2.** [know how to] saber;
I ~ **speak French** hablo francés, sé hablar
francés; **I** ~ **play the piano** sé tocar el piano; ~
you drive/cook? ¿sabes conducir/cocinar ? -**3.**
[indicating permission, in polite requests] poder;
you ~ **use my car if you like** puedes utilizar mi
coche si quieres; **we** ~ **'t wear jeans to work** no
nos dejan llevar vaqueros en el trabajo; ~ **I**
speak to John, please? ¿puedo hablar con
John, por favor? -**4.** [indicating disbelief, puzzle-
ment]: **you** ~ **'t be serious** estás de broma
¿no?; **what** ~ **she have done with it?** ¿qué
puede haber hecho con ello?; **we** ~ **'t just
leave him here** no podemos dejarlo aquí de
esta forma -**5.** [indicating possibility] poder; **you
could have done it** podrías haberlo hecho; **I
could see you tomorrow** podríamos vernos
mañana -**6.** [indicating usual state or behaviour]
poder; **she** ~ **be a bit stubborn sometimes** a
veces puede ser un poco terca; **this city** ~ **be
very chilly** esta ciudad puede llegar a ser muy
fría.
Canada ['kænədə] *n* (el) Canadá.
Canadian [kə'neɪdjən] <> *adj* canadiense. <>
n [person] canadiense *m* OR *f*.
canal [kə'næl] *n* canal *m*.
canary [kə'neərɪ] (*pl* **-ies**) *n* canario *m*.
Canary Islands, Canaries [kə'neərɪz] *npl*:
the ~ las (islas) Canarias.
cancan ['kænkæn] *n* cancán *m*.
cancel ['kænsl] (*UK pt* & *pp* **-led**, *cont* **-ling**, *US pt*
& *pp* **-ed**, *cont* **-ing**) *vt* -**1.** [call off] cancelar,
suspender -**2.** [invalidate - cheque, debt] cancelar;

[- order] anular; [- stamp] matar.
◆ **cancel out** *vt sep* anular.
cancellation [,kænsə'leɪʃn] *n* suspensión *f*.
cancellation fee *n* tarifa *f* de cancelación.
cancer ['kænsə'] <> *n* [disease] cáncer *m*. <>
comp de cáncer; ~ **patient** enfermo *m*, -ma *f*
de cáncer; ~ **research** investigación *f* sobre el
cáncer.
◆ **Cancer** *n* Cáncer *m*; **to be (a)** ~ ser
Cáncer.
cancerous ['kænsərəs] *adj* canceroso(sa).
candelabra [,kændɪ'lɑ:brə] *n* candelabro *m*.
C and F (*abbr of* **cost and freight**) C y F.
candid ['kændɪd] *adj* franco(ca), sincero(ra).
candidacy ['kændɪdəsɪ] *n* candidatura *f*.
candidate ['kændɪdət] *n*: ~ **(for)** candidato *m*,
-ta *f* (a).
candidature ['kændɪdətʃə'] *n* candidatura *f*.
candidly ['kændɪdlɪ] *adv* con franqueza OR
sinceridad.
candidness ['kændɪdnɪs] = **candour**.
candied ['kændɪd] *adj* confitado(da).
candle ['kændl] *n* vela *f*, esperma *f Amér*; **to
burn the** ~ **at both ends** *inf* no descansar en
todo el día.
candlelight ['kændllaɪt] *n*: **by** ~ a la luz de
una vela.
candlelit ['kændllɪt] *adj* [dinner] a la luz de las
velas.
candlestick ['kændlstɪk] *n* candelero *m*.
candour *UK*, **candor** *US* ['kændə'] *n* franqueza
f, sinceridad *f*.
candy ['kændɪ] (*pl* **-ies**) *n esp US* -**1.** (U) [confection-
ery] golosinas *fpl*; ~ **bar** chocolatina *f* -**2.**
[sweet] caramelo *m*.
candyfloss *UK* ['kændɪflɒs], **cotton candy**
US n azúcar *m* hilado, algodón *m*.
cane [keɪn] <> *n* -**1.** (U) [for making furniture, supporting plant] caña *f*, mimbre *m* -**2.** [walking stick]
bastón *m* -**3.** [for punishment]: **the** ~ la vara. <>
comp de caña OR mimbre. <> *vt* azotar (con
la vara).
cane sugar *n* azúcar *m* o *f* de caña.
canine ['keɪnaɪn] <> *adj* canino(na). <> *n*: ~
(tooth) (diente *m*) canino *m*, colmillo *m*.
canister ['kænɪstə'] *n* [for tea] bote *m*; [for film]
lata *f*; [for gas] bombona *f*; **smoke** ~ bote de
humo.
cannabis ['kænəbɪs] *n* cannabis *m*.
canned [kænd] *adj* -**1.** [food, drink] enlatado(da),
en lata -**2.** *inf fig* [applause, music, laughter]
grabado(da).
cannelloni [,kænɪ'ləʊnɪ] *n* (U) canelones *mpl*.
cannibal ['kænɪbl] *n* caníbal *m* OR *f*.
cannibalize, -ise ['kænɪbəlaɪz] *vt* desmontar

para aprovechar algunas piezas. •

cannon ['kænən] (*pl inv or* **-s**) *n* cañón *m*.
 ➡ **cannon into** *vt fus UK* chocar de lleno con.

cannonball ['kænənbɔːl] *n* bala *f* de cañón.

cannot ['kænɒt] *fml* ⊏ **can** ².

canny ['kænɪ] (*compar* **-ier**, *superl* **-iest**) *adj* [shrewd] astuto(ta).

canoe [kə'nuː] (*cont* **canoeing**) ◇ *n* [gen] canoa *f*; *sport* piragua *f*. ◇ *vi* ir en canoa.

canoeing [kə'nuːɪŋ] *n* piragüismo *m*.

canon ['kænən] *n* **-1.** [clergyman] canónigo *m* **-2.** [general principle] canon *m* **-3.** [of mass]: **the Canon** el canon.

canonize, -ise ['kænənaɪz] *vt* canonizar.

canoodle [kə'nuːdl] *vi UK inf* hacerse arrumacos.

can opener *n esp US* abrelatas *m inv*.

canopy ['kænəpɪ] (*pl* **-ies**) *n* **-1.** [over bed, seat] dosel *m* **-2.** [of trees] copas *fpl*.

cant [kænt] *n (U) pej* [insincere talk] hipocresías *fpl*.

can't [kɑːnt] = **cannot**.

Cantab. (*abbr of* **cantabrigiensis**) *de o relativo a Cambridge, especialmente su universidad.*

Cantabrian Mountains [kæn'teɪbrɪən-] *npl*: **the** ~ la cordillera Cantábrica.

cantaloup *UK*, **cantaloupe** *US* ['kæntəluːp] *n* melón *m* cantaluoup.

cantankerous [kæn'tæŋkərəs] *adj* [person] refunfuñón(ona), cascarrabias (*inv*).

canteen [kæn'tiːn] *n* **-1.** [restaurant] cantina *f* **-2.** [set of cutlery] (juego *m* de) cubertería *f*.

canter ['kæntəʳ] ◇ *n* medio galope *m*. ◇ *vi* ir a medio galope.

cantilever ['kæntɪliːvəʳ] *n* voladizo *m*.

Canton [kæn'tɒn] *n* Cantón *f*.

Cantonese [ˌkæntə'niːz] ◇ *adj* cantonés(esa). ◇ *n* **-1.** [person] cantonés *m*, **-esa** *f* **-2.** [language] cantonés *m*.

canvas ['kænvəs] *n* **-1.** [cloth] lona *f*; **under** ~ [in a tent] en una tienda (de campaña) **-2.** [for painting on, finished painting] lienzo *m*.

canvass ['kænvəs] ◇ *vt* **-1.** *pol* [person] solicitar el voto a **-2.** [opinion] pulsar. ◇ *vi solicitar votos yendo de puerta en puerta.*

canvasser ['kænvəsəʳ] *n* **-1.** [for political support] *persona que solicita votos yendo de puerta en puerta* **-2.** [for poll] encuestador *m*, **-ra** *f*.

canvassing ['kænvəsɪŋ] *n* **-1.** (*U*) [for political support]: **to go** ~ ir a solicitar votos **-2.** [for poll] sondeos *mpl*.

canyon ['kænjən] *n* cañón *m*.

cap [kæp] (*pt & pp* **-ped**, *cont* **-ping**) ◇ *n* **-1.** [hat - peaked] gorra *f*; [- with no peak] gorro *m*; **to go**

~ **in hand to sb** acudir a alguien en actitud humilde **-2.** [on bottle] tapón *m*; [on jar] tapa *f*; [on pen] capuchón *m* **-3.** [limit] tope *m* **-4.** *UK* [contraceptive device] diafragma *m*. ◇ *vt* **-1.** [top]: **to be capped with** estar coronado(da) de **-2.** [outdo]: **to** ~ **it all** para colmo.

CAP [kæp, ˌsiːeɪ'piː] (*abbr of* **Common Agricultural Policy**) *n* PAC *f*.

capability [ˌkeɪpə'bɪlətɪ] (*pl* **-ies**) *n* capacidad *f*.

capable ['keɪpəbl] *adj* **-1.** [able]: **to be** ~ **of sthg/of doing sthg** ser capaz de algo/de hacer algo **-2.** [competent] competente.

capably ['keɪpəblɪ] *adv* competentemente.

capacious [kə'peɪʃəs] *adj fml* espacioso(sa).

capacitor [kə'pæsɪtəʳ] *n* condensador *m* eléctrico.

capacity [kə'pæsɪtɪ] (*pl* **-ies**) ◇ *n* **-1.** [gen]: ~ **(for)** capacidad *f* (de); **seating** ~ aforo *m*; **to** ~ al completo; ~ **for doing** *or* **to do sthg** capacidad de hacer algo; **within one's** ~ dentro de las posibilidades de uno **-2.** [position] calidad *f*; **in my** ~ **as ...** en calidad de ... ◇ *comp*: ~ **audience** lleno *m* absoluto *or* total.

cape [keɪp] *n* **-1.** *geogr* cabo *m* **-2.** [cloak] capa *f*.

Cape Canaveral [-kə'nævərəl] *n* Cabo Cañaveral.

Cape Cod *n* Cabo Cod.

Cape Horn *n* Cabo de Hornos.

Cape of Good Hope *n*: **the** ~ el Cabo de Buena Esperanza.

caper ['keɪpəʳ] ◇ *n* **-1.** [food] alcaparra *f* **-2.** *inf* [escapade] treta *f*. ◇ *vi* retozar.

Cape Town *n* Ciudad del Cabo.

Cape Verde [-vɜːd] *n*: **the** ~ **Islands** las islas de Cabo Verde.

capillary [kə'pɪlərɪ] (*pl* **-ies**) *n* capilar *m*.

capita ⊏ **per capita**.

capital ['kæpɪtl] ◇ *adj* **-1.** [letter] mayúscula **-2.** [punishable by death] capital. ◇ *n* **-1.** [of country, main centre] capital *f* **-2.**: ~ **(letter)** mayúscula *f*; **in** ~**s** en mayúsculas **-3.** [money] capital *m*; **to make** ~ **(out) of** *fig* sacar partido de.

capital allowance *n* desgravación *f* por inversiones.

capital assets *npl* bienes *mpl* de capital, activo *m* fijo.

capital expenditure *n (U)* inversión *f* de capital.

capital gains tax *n* impuesto *m* sobre plusvalías.

capital goods *npl* bienes *mpl* de capital.

capital-intensive *adj* que utiliza gran volumen de capital.

capital investment *n* inversiones *fpl* de capital.

capitalism [ˈkæpɪtəlɪzm] *n* capitalismo *m*.

capitalist [ˈkæpɪtəlɪst] ◇ *adj* capitalista. ◇ *n* capitalista *m or f*.

capitalize, -ise [ˈkæpɪtəlaɪz] *vi*: to ~ on sthg aprovechar algo, capitalizar algo.

capital punishment *n (U)* pena *f* capital.

capital stock *n* capital *m* social.

Capitol [ˈkæpɪtl] *n*: the ~ el Capitolio.

Capitol Hill [ˈkæpɪtl-] *n* el Capitolio, *ubicación del Congreso estadounidense, en Washington*.

capitulate [kəˈpɪtjʊleɪt] *vi*: to ~ (to) capitular (ante).

capitulation [kəˌpɪtjʊˈleɪʃn] *n* capitulación *f*.

caplet [ˈkæplɪt] *n US* pastilla *f* (de forma ovalada).

cappuccino [ˌkæpʊˈtʃiːnəʊ] (*pl* -s) *n* capuchino *m*.

capricious [kəˈprɪʃəs] *adj* [person] caprichoso (sa) [behaviour] inconstante; [weather] variable.

Capricorn [ˈkæprɪkɔːn] *n* Capricornio *m*; to be (a) ~ ser Capricornio.

caps [kæps] (*abbr of* **capital letters**) mayúsc.

capsicum [ˈkæpsɪkəm] *n* pimiento *m*.

capsize [kæpˈsaɪz] ◇ *vt* hacer volcar *or* zozobrar. ◇ *vi* volcar, zozobrar.

capsule [ˈkæpsjuːl] *n* cápsula *f*.

Capt. (*abbr of* **captain**) Capt.

captain [ˈkæptɪn] ◇ *n* [gen] capitán *m*, -ana *f*; [of aircraft] comandante *m or f*. ◇ *vt* capitanear.

caption [ˈkæpʃn] *n* [under picture etc] pie *m*, leyenda *f*; [heading] encabezamiento *m*.

captivate [ˈkæptɪveɪt] *vt* cautivar.

captivating [ˈkæptɪveɪtɪŋ] *adj* cautivador(ra).

captive [ˈkæptɪv] ◇ *adj* -1. [imprisoned] en cautividad, en cautiverio -2. *fig* [market] asegurado(da); ~ **audience** *público forzado a ver o escuchar algo*. ◇ *n* cautivo *m*, -va *f*.

captivity [kæpˈtɪvətɪ] *n*: in ~ en cautividad, en cautiverio.

captor [ˈkæptəʳ] *n* apresador *m*, -ra *f*.

capture [ˈkæptʃəʳ] ◇ *vt* -1. [gen] capturar -2. [audience, share of market] hacerse con; [city] tomar -3. [scene, mood, attention] captar -4. [comput] introducir. ◇ *n* [of person] captura *f*; [of city] toma *f*.

car [kɑːʳ] ◇ *n* -1. [motorcar] coche *m*, automóvil *m*, carro *m* *Amér*, auto *m* *CSur*; by ~ en coche -2. [on train] vagón *m*, coche *m*. ◇ *comp* [door, tyre etc] del coche; *IND* del automóvil; [accident] de automóvil.

Caracas [kəˈrækəs] *n* Caracas.

carafe [kəˈræf] *n* garrafa *f*.

car alarm *n* alarma *f* de coche.

caramel [ˈkærəmel] *n* -1. [burnt sugar] caramelo *m* (líquido), azúcar *m* quemado -2. [sweet] tofe *m*.

caramelize, -ise [ˈkærəməlaɪz] *vt* poner a punto de caramelo, caramelizar.

carat [ˈkærət] *n UK* quilate *m*; 24-~ **gold** oro *m* de 24 quilates.

caravan [ˈkærəvæn] ◇ *n* caravana *f*, roulotte *f*. ◇ *comp* [holiday] en caravana *or* roulotte; [park] para caravanas *or* roulottes.

caravanning [ˈkærəvænɪŋ] *n UK*: to go ~ ir de caravaning.

caravan site *n UK* camping *m* para caravanas *or* roulottes.

caraway seed [ˈkærəweɪ-] *n* carvi *m*.

carbohydrate [ˌkɑːbəʊˈhaɪdreɪt] *n CHEM* hidrato *m* de carbono.

➤ **carbohydrates** *npl* [in food] féculas *fpl*.

carbon [ˈkɑːbən] *n* -1. [element] carbono *m* -2. = **carbon copy** -3. = **carbon paper**.

carbonated [ˈkɑːbəneɪtɪd] *adj* con gas, carbónico(ca).

carbon copy *n* [document] copia *f* en papel carbón; *fig* [exact copy] calco *m*.

carbon dating [-ˈdeɪtɪŋ] *n* datación *f* por carbono 14.

carbon dioxide [-daɪˈɒksaɪd] *n* bióxido *m or* dióxido *m* de carbono.

carbon fibre *n UK* fibra *f* de carbono.

carbon monoxide [-mɒˈnɒksaɪd] *n* monóxido *m* de carbono.

carbon paper *n (U)* papel *m* carbón.

car-boot sale *n venta de objetos usados colocados en el portaequipajes del coche*.

carburettor *UK*, **carburetor** *US* [ˌkɑːbəˈretəʳ] *n* carburador *m*.

carcass [ˈkɑːkəs] *n* [gen] cadáver *m* (de animal); [of bird] carcasa *f*; [at butcher's] canal *m*.

carcinogenic [ˌkɑːsɪnəˈdʒenɪk] *adj* cancerígeno(na).

card [kɑːd] ◇ *n* -1. [playing card] carta *f*, naipe *m*; to play one's ~s right hacer las cosas bien; to put *or* lay one's ~s on the table poner las cartas boca arriba *or* sobre la mesa -2. [for information, greetings, computers] tarjeta *f*; [for identification] carné *m* -3. [postcard] postal *f* -4. [cardboard] cartulina *f*. ◇ *vt US* [ask for ID] pedir el carné a.

➤ **cards** *npl* las cartas, los naipes; to play ~s jugar a las cartas.

➤ **on the cards** *UK*, **in the cards** *US adv inf* más que probable.

cardamom [ˈkɑːdəməm] *n* cardamomo *m*.

cardboard [ˈkɑːdbɔːd] ◇ *n (U)* cartón *m*.

◇ *comp* de cartón.

cardboard box *n* caja *f* de cartón.

card-carrying [-'kærɪŋ] *adj*: **to be a ~ member of the party** ser miembro del partido.

card catalog *n US* fichero *m*.

cardholder ['kɑːdˌhəʊldə-] *n* titular *m* or *f* (de tarjeta de crédito).

cardiac ['kɑːdɪæk] *adj* cardíaco(ca).

cardiac arrest *n* paro *m* cardíaco.

cardigan ['kɑːdɪgən] *n* rebeca *f*, cárdigan *m*.

cardinal ['kɑːdɪnl] ◇ *adj* capital. ◇ *n RELIG* cardenal *m*.

cardinal number, cardinal numeral *n* número *m* cardinal.

card index *n UK* fichero *m*.

cardiograph ['kɑːdɪəgrɑːf] *n* cardiógrafo *m*.

cardiology [ˌkɑːdɪ'ɒlədʒɪ] *n* cardiología *f*.

cardphone ['kɑːdfəʊn] *n* tarjeta *f* telefónica.

cardiovascular [ˌkɑːdɪəʊ'væskjʊləʳ] *adj* cardiovascular.

cardsharp ['kɑːdˌʃɑːp] *n* fullero *m*, -ra *f*.

card table *n* mesita *f* plegable *(para jugar a cartas)*.

card vote *n UK* voto *m* por delegación.

care [keəʳ] ◇ *n* **-1.** [gen] cuidado *m*; **medical ~** asistencia *f* médica; **in sb's ~** al cargo or cuidado de alguien; **to be in/be taken into ~** estar/ser internado en un centro de protección de menores; **to take ~ of** [person] cuidar de; [animal, machine] cuidar; [deal with] encargarse de; **take ~!** [goodbye] ¡nos vemos!, ¡cuídate!; **to take ~ (to do sthg)** tener cuidado (de hacer algo) **-2.** [cause of worry] preocupación *f*, problema *m*. ◇ *vi* **-1.** [be concerned]: **to ~ (about)** preocuparse (de or por) **-2.** [mind]: **I don't ~** no me importa; **I couldn't ~ less** *inf* me importa un pito.

◆ **care of** *prep* al cuidado de, en casa de.

◆ **care for** *vt fus dated* [like]: **I don't ~ for cheese** no me gusta el queso; **he still ~s for her** todavía la quiere.

CARE [keəʳ] *(abbr of* **Cooperative for American Relief Everywhere)** *n organización humanitaria estadounidense.*

career [kə'rɪəʳ] ◇ *n* carrera *f*. ◇ *comp* de carrera. ◇ *vi* ir a toda velocidad.

careerist [kə'rɪərɪst] *n pej* arribista *m* or *f*.

careers [kə'rɪəz] *comp* vocacional, profesional.

careers adviser *n* asesor *m*, -ra *f* de orientación profesional.

career woman *n* mujer *f* de carrera.

carefree ['keəfriː] *adj* despreocupado(da).

careful ['keəfʊl] *adj* [gen] cuidadoso(sa); [driver] prudente; [work] esmerado(da); **be ~!** ¡ten cuidado!; **to be ~ with money** ser mirado or

cuidadoso con el dinero; **to be ~ to do sthg** tener cuidado de hacer algo.

carefully ['keəflɪ] *adv* **-1.** [cautiously] cuidadosamente, con cuidado; [drive] con cuidado **-2.** [thoroughly] detenidamente.

careless ['keəlɪs] *adj* **-1.** [inattentive] descuidado(da) **-2.** [unconcerned] despreocupado(da).

carelessly ['keəlɪslɪ] *adv* **-1.** [inattentively - gen] descuidadamente; [- drive] con poco cuidado **-2.** [unconcernedly] despreocupadamente.

carelessness ['keəlɪsnɪs] *n* **-1.** [inattention] descuido *m* **-2.** [lack of concern] despreocupación *f*.

carer ['keərəʳ] *n* persona que cuida de un familiar impedido o enfermo.

caress [kə'res] ◇ *n* caricia *f*, apapacho *m Méx.* ◇ *vt* acariciar.

caretaker ['keəˌteɪkəʳ] *n UK* conserje *m* or *f*.

caretaker government *n* gobierno *m* provisional.

car ferry *n* transbordador *m* or ferry *m* de coches.

cargo ['kɑːgəʊ] *(pl* **-es** or **-s)** ◇ *n* carga *f*, cargamento *m*. ◇ *comp* de carga.

car hire *n UK* alquiler *m* or renta *f Méx* de coches, arrendamiento *m* de autos *CSur*.

Carib ['kærɪb] *n* [language] caribe *m*.

Caribbean [*UK* kærɪ'bɪən, *US* kə'rɪbɪən] ◇ *adj* caribe. ◇ *n*: **the ~ (Sea)** el (mar) Caribe.

caribou ['kærɪbuː] *(pl inv* or **-s)** *n* caribú *m*.

caricature ['kærɪkəˌtjʊəʳ] ◇ *n lit* & *fig* caricatura *f*. ◇ *vt* caricaturizar.

caries ['keəriːz] *n* caries *f inv.*

caring ['keərɪŋ] *adj* solícito(ta), dedicado(da).

caring professions *npl*: **the ~** *las profesiones relacionadas con la asistencia social.*

carnage ['kɑːnɪdʒ] *n* carnicería *f*, matanza *f*.

carnal ['kɑːnl] *adj literary* carnal.

carnation [kɑː'neɪʃn] *n* clavel *m*.

carnival ['kɑːnɪvl] *n* carnaval *m*.

carnivore ['kɑːnɪvɔːʳ] *n* carnívoro *m*, -ra *f*.

carnivorous [kɑː'nɪvərəs] *adj* carnívoro(ra).

carol ['kærəl] *n* villancico *m*.

carouse [kə'raʊz] *vi* andar de parranda.

carousel [ˌkærə'sel] *n* **-1.** *esp US* [at fair] tiovivo *m* **-2.** [at airport] cinta *f* transportadora.

carp [kɑːp] *(pl inv* or **-s)** ◇ *n* carpa *f*. ◇ *vi*: **to ~ (about)** refunfuñar or renegar (de).

car park *n UK* aparcamiento *m*, parqueadero *m Col* & *Pan*, estacionamiento *m Amér.*

Carpathians [kɑː'peɪθɪənz] *npl*: **the ~** los Cárpatos.

carpenter ['kɑːpəntəʳ] *n* carpintero *m*, -ra *f*.

carpentry ['kɑːpəntrɪ] *n* carpintería *f*.

carpet ['kɑːpɪtl] ⬦ *n lit* & *fig* alfombra *f*; **fitted** ~ moqueta *f*; **to sweep sthg under the** ~ *fig* echar tierra a algo. ⬦ *vt* **-1.** [fit with carpet] enmoquetar **-2.** *fig* [cover] cubrir.

carpetbagger ['kɑːpɪtˌbægə'] *n* [politician] candidato *m*, -ta *f* cunero, -ra *f*.

carpet slipper *n* zapatilla *f*.

carpet sweeper [-'swiːpə'] *n* cepillo *m* mecánico (de alfombras).

car phone *n* teléfono *m* de coche.

car pool *n* **-1.** *UK* [of company] *parque m móvil* **-2.** [car-sharing scheme] *acuerdo para ir al trabajo compartiendo un vehículo*.

carport ['kɑːˌpɔːt] *n US* cochera *f*.

car radio *n* radio *f* de coche.

car rental *n US* alquiler *m* OR renta *f Méx* de coches, arrendamiento *m* de autos *CSur*.

carriage ['kærɪdʒ] *n* **-1.** [horsedrawn vehicle] carruaje *m* **-2.** *UK* [railway coach] vagón *m* **-3.** [transport of goods] transporte *m*; ~ **paid** OR **free** *UK* porte pagado; ~ **forward** *UK* porte a cuenta del destinatario **-4.** [on typewriter] carro *m* **-5.** *literary* [bearing] porte *m*.

carriage clock *n* reloj grande con asa.

carriage return *n* retorno *m* de carro.

carriageway ['kærɪdʒweɪ] *n UK* calzada *f*.

carrier ['kærɪə'] *n* **-1.** COMM transportista *m* OR *f* **-2.** [airline] aerolínea *f* **-3.** [of disease] portador *m*, -ra *f* **-4.** MIL: **(aircraft)** ~ portaaviones *m inv* **-5.** [on bicycle] portaequipajes *m inv* **-6.** = **carrier bag**.

carrier bag *n* bolsa *f (de papel o plástico)*.

carrier pigeon *n* paloma *f* mensajera.

carrion ['kærɪən] *n* carroña *f*.

carrot ['kærət] *n* **-1.** [vegetable] zanahoria *f* **-2.** *inf* [incentive] señuelo *m*, aliciente *m*.

carry ['kærɪ] (*pt* & *pp* **-ied**) ⬦ *vt* **-1.** [transport] llevar **-2.** [have about one's person] llevar encima **-3.** [disease] ser portador de **-4.** [involve] acarrear, conllevar **-5.** [motion, proposal] aprobar **-6.** [be pregnant with] estar embarazada de **-7.** MATH llevarse. ⬦ *vi* [sound] oírse.

➡ **carry away** *vt fus*: **to get carried away** exaltarse.

➡ **carry forward** *vt sep* llevar a la página siguiente; **carried forward** suma y sigue.

➡ **carry off** *vt sep* **-1.** [make a success of] llevar a cabo **-2.** [win] llevarse.

➡ **carry on** ⬦ *vt fus* **-1.** [continue] continuar, seguir; **to** ~ **on doing sthg** continuar OR seguir haciendo algo **-2.** [conversation] mantener. ⬦ *vi* **-1.** [continue]: **to** ~ **on (with)** continuar OR seguir (con) **-2.** *inf* [make a fuss] exagerar la nota **-3.** *inf dated* [have a love affair]: **to** ~ **on with** tener un lío con.

➡ **carry out** *vt fus* **-1.** [perform] llevar a cabo **-2.** [fulfil] cumplir.

➡ **carry over** = **carry forward**.

➡ **carry through** *vt sep* [accomplish] llevar a cabo.

carryall ['kærɪɔːl] *n US* bolsa *f* de viaje.

carrycot ['kærɪkɒt] *n esp UK* moisés *m*, capazo *m*.

carry-on *n UK inf* lío *m*, follón *m*.

carry-out *n US* & *Scot* comida *f* para llevar.

carsick ['kɑːˌsɪk] *adj* mareado(da) *(al ir en coche)*.

cart [kɑːt] ⬦ *n* **-1.** [for horse] carro *m*, carreta *f* **-2.** *US* [trolley] carrito *m*. ⬦ *vt inf* acarrear.

carte blanche ['kɑːtblɑ̃ʃ] *n* carta *f* blanca.

cartel [kɑːtell] *n pej* cártel *m*.

cartilage ['kɑːtɪlɪdʒ] *n* cartílago *m*.

carton ['kɑːtn] *n* **-1.** [strong cardboard box] caja *f* de cartón **-2.** [for liquids] cartón *m*, envase *m*.

cartoon [kɑːtuːn] *n* **-1.** [satirical drawing] chiste *m* (en viñeta) **-2.** [comic strip] tira *f* cómica **-3.** [film] dibujos *mpl* animados.

cartoonist [kɑːtuːnɪst] *n* dibujante *m* OR *f* de chistes.

cartridge ['kɑːtrɪdʒ] *n* **-1.** [for gun, camera & COMPUT] cartucho *m* **-2.** [for pen] recambio *m* **-3.** [for record player] portaagujas *m inv*.

cartridge paper *n* papel *m* de dibujo.

cartwheel ['kɑːtwiːl] *n* voltereta *f* lateral.

carve [kɑːv] ⬦ *vt* **-1.** [wood] tallar; [stone] esculpir **-2.** [meat] trinchar **-3.** [name, message] grabar. ⬦ *vi* trinchar.

➡ **carve out** *vt sep* [niche, place] conquistar; **to** ~ **out a future for o.s.** labrarse un porvenir.

➡ **carve up** *vt sep* repartir.

carving ['kɑːvɪŋ] *n* **-1.** [art, work - wooden] tallado *m*; [- stone] labrado *m*, cincelado *m* **-2.** [object - wooden, stone] talla *f*.

carving knife *n* cuchillo *m* de trinchar.

car wash *n* lavado *m* de coches.

Casablanca [ˌkæsə'blæŋkə] *n* Casablanca.

cascade [kæ'skeɪd] ⬦ *n* cascada *f*. ⬦ *vi* caer en cascada.

case [keɪs] *n* **-1.** [gen & GRAMM] caso *m*; **to be the** ~ ser el caso; **a** ~ **in point** un ejemplo claro; **in that/which** ~ en ese/cuyo caso; **as** OR **whatever the** ~ **may be** según sea el caso; **in** ~ **of** en caso de **-2.** [argument] argumentos *mpl*; **the** ~ **for/against (sthg)** los argumentos a favor/ en contra (de algo) **-3.** JUR [trial, inquiry] pleito *m*, causa *f* **-4.** [container - of leather] funda *f*; [- of hard material] estuche *m* **-5.** *UK* [suitcase] maleta *f*, petaca *f Méx*, valija *f RP*.

➡ **in any case** *adv* en cualquier caso, de todas formas.

➤ **in case** *conj & adv* por si acaso; **in ~ she doesn't come** por si no viene.

case history *n* historial *m* (clínico), historia *f* clínica *Amér.*

case-sensitive *adj* COMPUT: **it's ~** hay que respetar las mayúsculas y las minúsculas.

case study *n* estudio *m* de casos prácticos.

cash [kæʃ] ◇ *n* **-1.** [notes and coins] (dinero *m*) efectivo *m*, metálico *m*; **to pay (in) ~** pagar al contado OR en efectivo **-2.** *inf* [money] dinero *m*, plata *f Amér* **-3.** [payment]: **~ in advance** pago *m* al contado por adelantado; **~ on delivery** entrega *f* contra reembolso. ◇ *vt* cobrar, hacer efectivo.

➤ **cash in** *vi*: **to ~ in on** *inf* sacar partido de.

cash and carry *n* almacén *de venta al por mayor.*

cashbook [ˈkæʃbʊk] *n* libro *m* de caja.

cash box *n* caja *f* con cerradura (para el dinero).

cash card *n esp US* tarjeta *f* de cajero automático.

cash crop *n* cultivo *m* para comercialización.

cash desk *n UK* caja *f.*

cash discount *n* descuento *m* por pronto pago.

cash dispenser [-dɪˈspensəʳ] *n esp US* cajero *m* automático.

cashew (nut) [ˈkæʃuː-] *n* (nuez *f* de) anacardo *m.*

cash flow *n* flujo *m* de fondos, cash-flow *m.*

cashier [kæˈʃɪəʳ] *n* cajero *m*, -ra *f.*

cash machine = **cash dispenser**.

cashmere [kæʃˈmɪəʳ] ◇ *n* cachemir *m*, cachemira *f.* ◇ *comp* de cachemir OR cachemira.

cash payment *n* pago *m* en efectivo OR al contado.

cashpoint [ˈkæʃpɔɪnt] = **cash dispenser**.

cash price *n* precio *m* al contado.

cash register *n* caja *f* (registradora).

cash sale *n* venta *f* al contado.

casing [ˈkeɪsɪŋ] *n* [of tyre, machine] cubierta *f*; [of electric cable] revestimiento *m.*

casino [kəˈsiːnəʊ] (*pl* -s) *n* casino *m.*

cask [kɑːsk] *n* tonel *m*, barril *m.*

casket [ˈkɑːskɪt] *n* **-1.** [for jewels] estuche *m* **-2.** *US* [coffin] ataúd *m.*

Caspian Sea [ˈkæspɪən-] *n*: **the ~** el mar Caspio.

casserole [ˈkæsərəʊl] *n* **-1.** [stew] guiso *m* **-2.** [pan] cazuela *f*, cacerola *f.*

cassette [kæˈset] *n* cinta *f*, casete *f.*

cassette deck *n* platina *f*, pletina *f.*

cassette player *n* casete *m*, magnetófono *m.*

cassette recorder *n* casete *m*, magnetófono *m.*

cassock [ˈkæsək] *n* sotana *f.*

cast [kɑːst] (*pt & pp* **cast**) ◇ *n* [of play, film] reparto *m.* ◇ *vt* **-1.** [look] echar, lanzar; **to ~ doubt on sthg** poner algo en duda; **to ~ a spell on** embrujar OR hechizar a **-2.** [light] irradiar; [shadow] proyectar **-3.** [throw] arrojar, lanzar **-4.** [choose for play]: **to ~ sb as** asignar a alguien el papel de **-5.** [vote] emitir **-6.** [metal, statue] fundir **-7.** [shed - skin] mudar.

➤ **cast about**, **cast around** *vi*: **to ~ about for sthg** buscar algo.

➤ **cast aside** *vt sep* [person] abandonar; [idea] rechazar.

➤ **cast off** ◇ *vt sep* desechar, abandonar. ◇ *vi* NAUT soltar amarras.

castanets [ˌkæstəˈnets] *npl* castañuelas *fpl.*

castaway [ˈkɑːstəweɪ] *n* náufrago *m*, -ga *f.*

caste [kɑːst] *n* casta *f.*

caster [ˈkɑːstəʳ] *n* [wheel] ruedecilla *f.*

caster sugar *n UK* azúcar *m* extrafino.

castigate [ˈkæstɪgeɪt] *vt fml* [behaviour, report] censurar.

Castile [kæsˈtiːl] *n* Castilla.

Castilian [kæˈstiljən] ◇ *adj* castellano(na). ◇ *n* **-1.** [person] castellano *m*, -na *f* **-2.** [language] castellano *m.*

casting [ˈkɑːstɪŋ] *n* [for film, play] reparto *m.*

casting vote [ˈkɑːstɪŋ-] *n* voto *m* de calidad.

cast iron *n* hierro *m* fundido.

➤ **cast-iron** *adj* **-1.** [made of cast iron] de hierro fundido **-2.** [alibi, excuse] irrebatible, indiscutible; [will] férreo(a), de hierro.

castle [ˈkɑːsl] *n* **-1.** [building] castillo *m* **-2.** [in chess] torre *f.*

castoffs [ˈkɑːstɒfs] *npl* ropa *f* vieja OR usada.

castor [ˈkɑːstəʳ] = **caster**.

castor oil *n* aceite *m* de ricino.

castor sugar = **caster sugar**.

castrate [kæˈstreɪt] *vt* castrar.

castration [kæˈstreɪʃn] *n* castración *f.*

casual [ˈkæʒʊəl] *adj* **-1.** [relaxed, indifferent] despreocupado(da) **-2.** *pej* [offhand] descuidado (da), informal **-3.** [chance - visitor] ocasional; [- remark] casual **-4.** [informal] [clothes] de sport, informal **-5.** [irregular - labourer etc] eventual.

casually [ˈkæʒʊəlɪ] *adv* **-1.** [in a relaxed manner, indifferently] con aire despreocupado **-2.** [informally] informalmente.

casual sex *n* relaciones *fpl* sexuales ocasionales.

casualty [ˈkæʒʊəltɪ] (*pl* -ies) *n* **-1.** [gen] víctima *f*; MIL baja *f* **-2.** (U) [ward] urgencias *fpl.*

casualty department n unidad f de urgencias.

cat [kæt] n -1. [domestic] gato m, -ta f; **to let the ~ out of the bag** descubrir el pastel; **to be like a ~ on hot bricks** UK OR **on a hot tin roof** US estar en ascuas; **to put the ~ among the pigeons** UK meter el lobo en el redil; **to rain ~s and dogs** llover a cántaros; **to think that one is the ~'s whiskers** UK creerse que uno es el oro y el moro - 2. [wild] felino m.

cataclysmic [ˌkætəˈklɪzmɪk] adj catastrófico(ca).

catacombs [ˈkætəkuːmz] npl catacumbas fpl.

Catalan [ˈkætəˌlæn] <> adj catalán(ana). <> n -1. [person] catalán m, -ana f - 2. [language] catalán m.

catalogue UK, **catolog** US [ˈkætəlɒg] <> n -1. [of items] catálogo m - 2. fig [series] serie f. <> vt -1. [make official list of] catalogar - 2. fig [list] enumerar.

Catalonia [ˌkætəˈləʊnɪə] n Cataluña.

Catalonian [ˌkætəˈləʊnɪən] <> adj catalán(ana). <> n [person] catalán m, -ana f.

catalyst [ˈkætəlɪst] n lit & fig catalizador m.

catalytic convertor [ˌkætəˈlɪtɪk kənˈvɜːtəʳ] n catalizador m.

catamaran [ˌkætəməˈræn] n catamarán m.

catapult [ˈkætəpʊlt] UK <> n -1. HIST [hand-held] tirachinas m inv - 2. HIST [machine] catapulta f. <> vt -1. [hurl] lanzar - 2. fig [propel] catapultar.

cataract [ˈkætərækt] n [waterfall, in eye] catarata f.

catarrh [kəˈtɑːʳ] n (U) catarro m.

catastrophe [kəˈtæstrəfɪ] n catástrofe f.

catastrophic [ˌkætəˈstrɒfɪk] adj catastrófico(ca).

cat burglar n UK ladrón que entra trepando.

catcall [ˈkætkɔːl] n silbido m, pitido m.

catch [kætʃ] (pt & pp caught) <> vt -1. [gen] coger, agarrar Amér; [ball] atrapar - 2. [fish] pescar; [stop - person] parar - 3. [be in time for]: **I've got a train to ~** tengo que coger un tren; **to ~ the (last) post** UK llegar a la (última) recogida del correo - 4. [hear clearly] entender, llegar a oír - 5. [interest, imagination] despertar - 6. [see]: **to ~ sight** OR **a glimpse of** alcanzar a ver - 7. [hook - shirt etc] engancharse; [shut in door - finger] pillarse - 8. [light] reflejar - 9. [strike] golpear. <> vi -1. [become hooked, get stuck] engancharse - 2. [start to burn] prenderse, encenderse. <> n -1. [of ball etc] parada f - 2. [of fish] pesca f, captura f - 3. [fastener - on door] pestillo m; [- on necklace] cierre m - 4. [snag] trampa f.

◆ **catch at** vt fus intentar agarrar.

◆ **catch on** vi -1. [become popular] hacerse

popular - 2. inf [understand]: **to ~ on (to)** caer en la cuenta (de).

◆ **catch out** vt sep [trick] pillar.

◆ **catch up** <> vt sep alcanzar. <> vi: **we'll soon ~ up** pronto nos pondremos a la misma altura; **to ~ up on** [sleep] recuperar; [work, reading] ponerse al día con.

◆ **catch up with** vt fus -1. [group etc] alcanzar - 2. [criminal] pillar, descubrir.

catch-22 n callejón m sin salida.

catch-all adj general.

catching [ˈkætʃɪŋ] adj contagioso(sa).

catchment area [ˈkætʃmənt-] n UK zona f de captación.

catchphrase [ˈkætʃfreɪz] n muletilla f.

catchword [ˈkætʃwɜːd] n eslogan m, lema m.

catchy [ˈkætʃɪ] (compar -ier, superl -iest) adj pegadizo(za).

catechism [ˈkætəkɪzm] n catecismo m.

categorical [ˌkætɪˈgɒrɪkl] adj [statement] categórico(ca); [denial] rotundo(da).

categorically [ˌkætɪˈgɒrɪklɪ] adv [state] categóricamente; [deny] rotundamente.

categorize, -ise [ˈkætəgəraɪz] vt: **to ~ sb (as)** clasificar OR catalogar a alguien (de).

category [ˈkætəgərɪ] (pl -ies) n categoría f.

cater [ˈkeɪtəʳ] <> vi proveer comida. <> vt US [party, event] dar el servicio de comida y bebida de.

◆ **cater for** vt fus UK [tastes, needs] atender a; [social group] estar destinado(da) a; **I hadn't ~ed for that** no había contado con eso.

◆ **cater to** vt fus complacer.

caterer [ˈkeɪtərəʳ] n [firm] empresa f de hostelería.

catering [ˈkeɪtərɪŋ] n [at wedding etc] servicio m de banquetes; [trade] hostelería f.

caterpillar [ˈkætəpɪləʳ] n oruga f.

caterpillar tracks npl (rodado m de) oruga f.

cat flap n UK gatera f.

catharsis [kəˈθɑːsɪs] (pl catharses [kəˈθɑːsiːz]) n fml catarsis f inv.

cathedral [kəˈθiːdrəl] n catedral f.

catheter [ˈkæθɪtəʳ] n catéter m.

cathode ray tube [ˈkæθəʊd-] n tubo m de rayos catódicos.

Catholic [ˈkæθlɪk] <> adj católico(ca). <> n católico m, -ca f.

◆ **catholic** adj diverso(sa), variado(da).

Catholicism [kəˈθɒlɪsɪzm] n catolicismo m.

catkin [ˈkætkɪn] n candelilla f, amento m.

CAT scan [ˈkæt-] n escáner m TAC.

Catseyes® [ˈkætsaɪz] npl UK catafaros mpl.

catsuit [ˈkætsuːt] n UK malla de manga larga

hasta el tobillo.

catsup ['kætsəp] *n US* ketchup *m*.

cattle ['kætl] *npl* ganado *m* (vacuno).

cattle grid *n UK reja de tubos metálicos en la calzada para impedir el paso al ganado.*

catty ['kætɪ] (*compar* -**ier**, *superl* -**iest**) *adj inf pej* [spiteful] malintencionado(da).

catwalk ['kætwɔːk] *n* pasarela *f*.

Caucasian [kɔːˈkeɪzjən] ◇ *adj* -**1.** GEOGR caucásico(ca) -**2.** [white] de raza blanca. ◇ *n* -**1.** GEOGR caucásico *m*, -ca *f* -**2.** [white person] persona *f* de raza blanca.

Caucasus ['kɔːkəsəs] *n*: **the** ~ el Cáucaso.

caucus ['kɔːkəs] *n* [political group] comité *m*.
➡ **Caucus** *n US congreso de los principales partidos estadounidenses.*

caught [kɔːt] *pt & pp* ▷ **catch**.

cauliflower ['kɒlɪˌflaʊəʳ] *n* coliflor *f*.

causal ['kɔːzl] *adj* causal.

cause [kɔːz] ◇ *n* -**1.** [gen] causa *f* -**2.** [grounds]: ~ (**for**) motivo *m* (para); ~ **for complaint** motivo de queja; ~ **to do sthg** motivo para hacer algo. ◇ *vt* causar; **to** ~ **sb to do sthg** hacer que alguien haga algo.

causeway ['kɔːzweɪ] *n* [road] carretera *f* elevada.

caustic ['kɔːstɪk] *adj* -**1.** CHEM cáustico(ca) -**2.** [comment] mordaz, hiriente.

caustic soda *n* sosa *f* cáustica.

cauterize, -ise ['kɔːtəraɪz] *vt* cauterizar.

caution ['kɔːʃn] ◇ *n* -**1.** (*U*) [care] precaución *f*, cautela *f* -**2.** [warning] advertencia *f*, amonestación *f*. ◇ *vt* -**1.** [warn - against danger] prevenir; [- against behaving rudely etc] advertir, avisar -**2.** *UK* [subj: policeman]: **to** ~ **sb (for)** amonestar a alguien (por).

cautionary ['kɔːʃənərɪ] *adj* instructivo(va), con moraleja.

cautious ['kɔːʃəs] *adj* prudente, cauto(ta).

cautiously ['kɔːʃəslɪ] *adv* prudentemente, cautelosamente.

cautiousness ['kɔːʃəsnɪs] *n* cautela *f*, precaución *f*.

cavalier [ˌkævəˈlɪəʳ] *adj* arrogante, desdeñoso(sa).

cavalry ['kævlrɪ] *n* caballería *f*.

cave [keɪv] *n* cueva *f*.
➡ **cave in** *vi* -**1.** [roof, ceiling] hundirse, derrumbarse -**2.** [yield]: **to** ~ **in (to)** ceder OR transigir (ante).

caveman ['keɪvmæn] (*pl* -**men** [-men]) *n* cavernícola *m* OR *f*, hombre *m* de las cavernas.

cavern ['kævən] *n* caverna *f*.

cavernous ['kævənəs] *adj* cavernoso(sa), grande y profundo(da).

caviar(e) ['kævɪɑːʳ] *n* caviar *m*.

caving ['keɪvɪŋ] *n UK* espeleología *f*.

cavity ['kævətɪ] (*pl* -**ies**) *n* -**1.** [in object, structure] cavidad *f* -**2.** [in tooth] caries *f inv* -**3.** [in body]: **nasal** ~ fosa *f* nasal.

cavity wall insulation *n UK* aislamiento *m* de doble pared.

cavort [kəˈvɔːt] *vi* retozar, brincar.

cayenne (pepper) [keɪˈen-] *n* [powder] (pimienta *f* de) cayena *f*; [pepper] guindilla *f*.

CB *n abbr of* **citizens' band**.

CBC (*abbr of* **Canadian Broadcasting Corporation**) *n cadena canadiense de radiotelevisión.*

CBE (*abbr of* **Commander of (the Order of) the British Empire**) *n (titular de) distinción honorífica británica.*

CBI *abbr of* **Confederation of British Industry**.

CBS (*abbr of* **Columbia Broadcasting System**) *n ≈* CBS *f, cadena estadounidense de televisión.*

cc ◇ *n* (*abbr of* **cubic centimetre**) cc. ◇ (*abbr of* **carbon copy**) cc.

CCTV (*abbr of* **closed-circuit television**) *n circuito cerrado de televisión.*

CD ◇ *n* (*abbr of* **compact disc**) CD *m*. ◇ (*abbr of* **Corps Diplomatique**) CD.

CD burner *n* grabadora *f* de CD.

CDI (*abbr of* **compact disc interactive**) *n* COMPUT CDI *m*.

CD player *n* reproductor *m* de CD.

CD-R (*abbr of* **compact disc recordable**) *n* CD-R *m*.

CD-R drive *n* grabadora *f* de CD-R.

CD rewriter = **CD-RW drive**.

CD-ROM [ˌsiːdiːˈrɒm] (*abbr of* **compact disc read only memory**) *n* CD-ROM *m*.

CD-ROM burner *n* estampadora *f* de CD.

CD-ROM drive *n* unidad *f* de CD-ROM.

CD-RW (*abbr of* **compact disc rewritable**) *n* CD-RW *m*.

CD-RW drive *n* grabadora *f* de CD-RW.

CD single *n* CD *m* sencillo.

CDT (*abbr of* **Central Daylight Time**) *hora de verano del centro de Estados Unidos.*

CD tower *n* torre *f* de almacenamiento de CDs.

CDW *n abbr of* **collision damage waiver**.

CE *abbr of* **Church of England**.

cease [siːs] *fml* ◇ *vt* cesar; **to** ~ **doing** OR **to do sthg** dejar de hacer algo; ~ **fire!** ¡alto el fuego! ◇ *vi* cesar.

cease-fire *n* alto *m* el fuego.

ceaseless ['siːslɪs] *adj fml* incesante.

ceaselessly ['siːslɪslɪ] *adv fml* incesantemente.

cedar (tree) ['si:dəʳ-] n cedro m.
cede [si:d] vt: to ~ sthg (to) ceder algo (a).
CEEB (abbr of College Entry Examination Board) n organismo encargado del acceso a la enseñanza superior en Estados Unidos.
Ceefax® ['si:fæks] n UK servicio de teletexto de la BBC.
ceilidh ['keɪlɪ] n en Escocia e Irlanda, fiesta en la que se baila y se canta música regional.
ceiling ['si:lɪŋ] n -1. [of room] techo m -2. [limit] tope m, límite m.
celebrate ['selɪbreɪt] <> vt celebrar. <> vi celebrarlo.
celebrated ['selɪbreɪtɪd] adj célebre, famoso(sa).
celebration [,selɪ'breɪʃn] n -1. (U) [activity, feeling] celebración f -2. [event] fiesta f, festejo m.
celebrity [sɪ'lebrətɪ] (pl -ies) n celebridad f.
celeriac [sɪ'lerɪæk] n apio m nabo.
celery ['selərɪ] n apio m.
celestial [sɪ'lestjəl] adj celestial.
celibacy ['selɪbəsɪ] n celibato m.
celibate ['selɪbət] adj célibe.
cell [sel] n -1. BIOL & POL célula f -2. COMPUT celda f -3. [prisoner's, nun's or monk's room] celda f, separo m Amér -4. ELEC pila f.
cellar ['seləʳ] n -1. [basement] sótano m -2. [stock of wine] bodega f.
cellist ['tʃelɪst] n violoncelista m OR f.
cello ['tʃeləʊ] (pl -s) n violoncelo m.
Cellophane® ['seləfeɪn] n celofán® m.
cellphone ['selfəʊn], **cellular phone** ['səljələʳ-] n US teléfono m móvil, celular m Amér.
cellulite ['seljʊlaɪt] n celulitis f inv.
Celluloid® ['seljʊlɔɪd] n celuloide m.
cellulose ['seljʊləʊs] n celulosa f.
Celsius ['selsɪəs] adj centígrado(da); **20 degrees** ~ 20 grados centígrados.
Celt [kelt] n celta m OR f.
Celtic ['keltɪk] <> adj celta, céltico(ca). <> n celta m.
cement [sɪ'ment] <> n -1. [for concrete] cemento m -2. [glue] cola f, pegamento m. <> vt -1. [cover with cement] cubrir con cemento -2. [glue] pegar, encolar -3. [agreement, relationship] cimentar, fortalecer.
cement mixer n hormigonera f.
cemetery ['semɪtrɪ] (pl -ies) n cementerio m.
cenotaph ['senətɑ:f] n cenotafio m.
censor ['sensəʳ] <> n censor m, -ra f. <> vt censurar.
censorship ['sensəʃɪp] n censura f.

censure ['senʃəʳ] <> n censura f. <> vt censurar.
census ['sensəs] (pl -uses) n censo m.
cent [sent] n centavo m.
centenary UK [sen'ti:nərɪ] (pl -ies), **centennial** US [sen'tenjəl] n centenario m.
center US = centre.
centigrade ['sentɪgreɪd] adj centígrado(da); **20 degrees** ~ 20 grados centígrados.
centigram(me) ['sentɪgræm] n centigramo m.
centilitre UK, **centiliter** US ['sentɪ,li:təʳ] n centilitro m.
centimetre UK, **centimeter** US ['sentɪ,mi:təʳ] n centímetro m.
centipede ['sentɪpi:d] n ciempiés m inv.
central ['sentrəl] adj -1. [gen] central; **in** ~ **Spain** en el centro de España; **to be** ~ **to** ser el eje OR la pieza clave de -2. [easily reached] céntrico(ca).
Central African <> adj centroafricano(na). <> n centroafricano m, -na f.
Central African Republic n: the ~ la república Centroafricana.
Central America n Centroamérica.
Central American <> adj centroamericano(na). <> n centroamericano m, -na f.
Central Asia n Asia Central.
central bank n banco m central.
Central Europe n Europa Central.
Central European <> adj centroeuropeo(a). <> n centroeuropeo m, -a f.
central government n gobierno m central.
central heating n calefacción f central.
centralization [,sentrəlaɪ'zeɪʃn] n centralización f.
centralize, -ise ['sentrəlaɪz] vt centralizar.
centralized ['sentrəlaɪzd] adj centralizado(da).
central locking [-'lɒkɪŋ] n cierre m centralizado.
centrally ['sentrəlɪ] adv: ~ **situated** OR **located** céntrico(ca).
centrally heated adj con calefacción central.
central nervous system n sistema m nervioso central.
central processing unit n unidad f central de proceso.
central reservation n UK mediana f.
centre UK, **center** US ['sentəʳ] <> n centro m; ~ **of attention/gravity** centro de atención/gravedad; **the** ~ POL el centro. <> adj -1. [middle] central -2. POL centrista. <> vt centrar.
➤ **centre around, centre on** vt fus centrarse en.
centre back n defensa m OR f central.

centre-fold n póster m central.
centre forward n delantero m, -ra f centro (inv).
centre half = **centre back**.
centrepiece UK, **centerpiece** US ['sentəpi:s] n -**1.** [decoration] centro m de mesa -**2.** [principal element] punto m central.
centre-spread n póster m central.
centrifugal force [sentrɪ'fju:gl-] n fuerza f centrífuga.
century ['sentʃʊrɪ] (pl -**ies**) n siglo m; **the 20th** ~ el siglo XX.
CEO (abbr of chief executive officer) n presidente m, -ta f.
ceramic [sɪ'ræmɪk] adj de cerámica, cerámico(ca).
➡ **ceramics** ◇ n cerámica f. ◇ npl [objects] piezas fpl de cerámica.
cereal ['sɪərɪəl] n -**1.** [crop] cereal m -**2.** [breakfast food] cereales mpl.
cerebral ['serɪbrəl] adj cerebral.
cerebral palsy n parálisis f inv cerebral.
ceremonial [ˌserɪ'məʊnjəl] ◇ adj ceremonial. ◇ n ceremonial m.
ceremonious [ˌserɪ'məʊnjəs] adj ceremonioso(sa).
ceremony ['serɪmənɪ] (pl -**ies**) n ceremonia f; **without** ~ sin miramientos; **to stand on** ~ andarse con cumplidos OR ceremonias.
cert [sɜ:t] n UK inf cosa f segura.
certain ['sɜ:tn] adj -**1.** [gen] seguro(ra); **he's** ~ **to be late** (es) seguro que llega tarde; **to be** ~ **(of)** estar seguro (de); **to make** ~ **(of)** asegurarse (de); **for** ~ con toda seguridad -**2.** [particular, some] cierto(ta); **to a** ~ **extent** hasta cierto punto -**3.** [named person]: **a** ~ ... un (una) tal ...
certainly ['sɜ:tnlɪ] adv desde luego; ~ **not!** ¡claro que no!
certainty ['sɜ:tntɪ] (pl -**ies**) n seguridad f; **it's a** ~ **that ...** es seguro que ...
CertEd [ˌsɜ:t'ed] (abbr of Certificate in Education) n diploma universitario de pedagogía.
certifiable [ˌsɜ:tɪ'faɪəbl] adj [mad]: **she's** ~ está para que la encierren.
certificate [sə'tɪfɪkət] n [gen] certificado m; SCH & UNIV diploma m, título m; [of birth, death] partida f.
certification [ˌsɜ:tɪfɪ'keɪʃn] n certificación f.
certified ['sɜ:tɪfaɪd] adj [document] certificado(da); [person] diplomado(da).
certified mail n US correo m certificado.
certified public accountant n US contable diplomado m, contable diplomada f, contador público m, contadora pública f Amér.

certify ['sɜ:tɪfaɪ] (pt & pp -**ied**) vt -**1.** [declare true] certificar -**2.** [declare officially]: **to** ~ **sb dead** dar constancia de la muerte de alguien -**3.** [declare insane] declarar demente.
cervical [sə'vaɪkl] adj cervical.
cervical smear n citología f, frotis f cervical.
cervix ['sɜ:vɪks] (pl -**ices** [-ɪsi:z]) n [of womb] cuello m del útero.
cesarean (section) = **caesarean (section)**.
cessation [se'seɪʃn] n fml cese m.
cesspit ['sespɪt], **cesspool** ['sespu:l] n pozo m negro.
CET (abbr of Central European Time) hora de Europa Central.
cf. (abbr of confer) cf., cfr.
c/f (abbr of carried forward) suma y sigue.
c & f (abbr of cost and freight) c y f.
CFC (abbr of chlorofluorocarbon) n CFC m.
cg (abbr of centigram) cg m.
C & G (abbr of City and Guilds) n diploma británico de formación profesional.
CGA (abbr of colour graphics adapter) n CGA m.
CGI (abbr of computer-generated images) n imágenes fpl generadas por ordenador.
ch (abbr of central heating) cal. cent.
ch. (abbr of chapter) cap.
Chad [tʃæd] n el Chad.
chafe [tʃeɪf] ◇ vt [rub] rozar. ◇ vi -**1.** [skin] irritarse -**2.** [person]: **to** ~ **at** irritarse por.
chaff [tʃɑ:f] n barcia f.
chaffinch ['tʃæfɪntʃ] n pinzón m.
chain [tʃeɪn] ◇ n cadena f; ~ **of mountains** cordillera f, cadena f montañosa; ~ **of office** ≃ collar m de mando; ~ **of events** serie f OR cadena f de acontecimientos. ◇ vt [person, object] encadenar.
chain letter n carta que se hace circular en cadena para obtener algún beneficio.
chain reaction n reacción f en cadena.
chain saw n motosierra f, sierra f mecánica.
chain-smoke vi fumar un cigarrillo tras otro.
chain-smoker n fumador empedernido m, fumadora empedernida f.
chain store n tienda f (de una cadena).
chair [tʃeəʳ] ◇ n -**1.** [gen] silla f; [armchair] sillón m -**2.** [university post] cátedra f -**3.** [of meeting] presidencia f; **to take the** ~ presidir, tomar la presidencia. ◇ vt presidir.
chair lift n telesilla m.
chairman ['tʃeəmən] (pl -**men** [-mən]) n presidente m.
chairmanship ['tʃeəmənʃɪp] n presidencia f.

chairperson [ˈtʃeəˌpɜːsn] (*pl* **-s**) *n* presidente *m*, -ta *f*.

chairwoman [ˈtʃeəˌwomən] (*pl* **-women** [ˌwɪmɪn]) *n* presidenta *f*.

chaise longue [ˌʃeɪzˈlɒŋ] (*pl* **chaises longues** [ˌʃeɪzˈlɒŋ]) *n* tumbona *f*, chaise-longue *f*.

chálet [ˈʃæleɪ] *n* chalé *m*, chalet *m*.

chalice [ˈtʃælɪs] *n* cáliz *m*.

chalk [tʃɔːk] *n* **-1.** [for drawing] tiza *f*, gis *m Méx* **- 2.** [type of rock] creta *f*.
➡ **by a long chalk** *adv* con diferencia, con mucho.
➡ **not by a long chalk** *adv* ni mucho menos, de ninguna manera.
➡ **chalk up** *vt sep* [attain] apuntarse, anotarse *Amér.*

chalkboard [ˈtʃɔːkbɔːd] *n US* pizarra *f*, encerado *m*.

challenge [ˈtʃælɪndʒ] ◇ *n* desafío *m*, reto *m*. ◇ *vt* **-1.** [to fight, competition]: **to ~ sb (to sthg/to do sthg)** desafiar a alguien (a algo/a que haga algo) **- 2.** [question] poner en tela de juicio.

challenger [ˈtʃælɪndʒəʳ] *n* [for title, leadership] aspirante *m OR f*; [opponent] contrincante *m OR f*.

challenging [ˈtʃælɪndʒɪŋ] *adj* **-1.** [task, job] estimulante, que supone un reto **- 2.** [look, tone of voice] desafiante.

chamber [ˈtʃeɪmbəʳ] *n* [room] cámara *f*.
➡ **chambers** *npl* despacho *m*.

chambermaid [ˈtʃeɪmbəmeɪd] *n* [at hotel] camarera *f*.

chamber music *n* música *f* de cámara.

chamber of commerce *n* cámara *f* de comercio.

chamber orchestra *n* orquesta *f* de cámara.

chameleon [kəˈmiːljən] *n* camaleón *m*.

chamois¹ [ˈʃæmwɑː] (*pl inv*) *n* [animal] gamuza *f*.

chamois² [ˈʃæmɪ] *n*: ~ **(leather)** gamuza *f*.

champ [tʃæmp] ◇ *n inf* campeón *m*, -ona *f*. ◇ *vi* mordisquear.

champagne [ˌʃæmˈpeɪn] *n* champán *m*.

champion [ˈtʃæmpjən] ◇ *n* **-1.** [of competition] campeón *m*, -ona *f* **- 2.** [of cause] defensor *m*, -ra *f*. ◇ *vt* defender.

championship [ˈtʃæmpjənʃɪp] *n* campeonato *m*.

chance [tʃɑːns] ◇ *n* **-1.** [luck] azar *m*, suerte *f*; **by ~** por casualidad **- 2.** [likelihood] posibilidad *f*; **not to stand a ~ (of)** no tener ninguna posibilidad (de); **by any ~** por casualidad, acaso; **on the off ~** por si acaso **- 3.** [opportu-

nity] oportunidad *f* **- 4.** [risk] riesgo *m*; **to take a ~ (on)** correr un riesgo *OR* arriesgarse (con). ◇ *adj* fortuito(ta), casual. ◇ *vt* arriesgar; **to ~ it** arriesgarse. ◇ *vi literary* [happen]: **to ~ to do sthg** hacer algo por casualidad.

chancellor [ˈtʃɑːnsələʳ] *n* **-1.** [chief minister] canciller *m* **- 2.** *US UNIV* ≃ rector *m*, -ra *f*.

Chancellor of the Exchequer *n UK* Ministro *m*, -tra *f* de Economía y Hacienda.

chancy [ˈtʃɑːnsɪ] (*compar* **-ier**, *superl* **-iest**) *adj inf* arriesgado(da).

chandelier [ˌʃændəˈlɪəʳ] *n* (lámpara *f* de) araña *f*, candil *m Méx.*

change [tʃeɪndʒ] ◇ *n* **-1.** [gen] cambio *m*; ~ **of clothes** muda *f*; **it makes a ~** es un cambio; **for a ~** para variar **- 2.** [from payment] vuelta *f*, cambio *m*, vuelto *m Amér* **- 3.** [coins] suelto *m*, calderilla *f*, sencillo *m Andes*, feria *f Méx*, menudo *m Col* **- 4.** [money in exchange]: **have you got ~ for £5?** ¿tienes cambio de 5 libras? ◇ *vt* **-1.** [gen] cambiar; **to ~ sthg into** transformar algo en; **to ~ pounds into francs** cambiar libras en *Esp OR* a francos; **to ~ direction** cambiar de rumbo; **to ~ one's mind** cambiar de idea *OR* opinión **- 2.** [goods in shop] cambiar **- 3.** [switch - job, gear, train] cambiar de; **to ~ hands** [- *COMM*] cambiar de mano; **to ~ one's shirt** cambiarse de camisa; **to get ~d** cambiarse de ropa. ◇ *vi* **-1.** [alter] cambiar; **to ~ into sthg** transformarse en algo **- 2.** [change clothes] cambiarse **- 3.** [change trains, buses] hacer transbordo.
➡ **change over** *vi* [convert]: **to ~ over to** cambiar a.

changeable [ˈtʃeɪndʒəbl] *adj* variable.

changed [tʃeɪndʒd] *adj*: **he's a ~ man** es otro, es un hombre nuevo.

change machine *n* máquina *f* de cambio.

change of life *n*: **the ~** la menopausia.

changeover [ˈtʃeɪndʒˌəʊvəʳ] *n*: ~ **(to)** cambio *m* (a).

change purse *n US* portamonedas *m inv*, monedero *m*, chauchera *f Chile.*

changing [ˈtʃeɪndʒɪŋ] *adj* cambiante.

changing room *n* **-1.** *SPORT* vestuario *m* **- 2.** [in clothes shop] probador *m*.

channel [ˈtʃænl] (*UK pt* & *pp* **-led**, *cont* **-ling**, *US pt* & *pp* **-ed**, *cont* **-ing**) ◇ *n* canal *m*. ◇ *vt lit* & *fig* canalizar.
➡ **Channel** *n*: **the (English) Channel** el Canal de la Mancha.
➡ **channels** *npl* [procedure] conductos *mpl*, medios *mpl*.

Channel Islands *npl*: **the ~** las islas del canal de la Mancha.

Channel tunnel n: the ~ el túnel del Canal de la Mancha.

chant [tʃɑːnt] ◇ n -1. RELIG canto m -2. [of demonstrators] consigna f; [at sports match] cántico m. ◇ vt -1. RELIG cantar -2. [words] corear. ◇ vi -1. RELIG salmodiar -2. [repeat words] corear.

chaos ['keɪɒs] n caos m inv.

chaotic [keɪ'ɒtɪk] adj caótico(ca).

chap [tʃæp] n UK inf tipo m, tío m.

chapat(t)i [tʃə'pætɪ] n chapati m, pan indio sin levadura.

chapel ['tʃæpl] n capilla f.

chaperon(e) ['ʃæpərəʊn] ◇ n carabina f, acompañanta f. ◇ vt acompañar.

chaplain ['tʃæplɪn] n capellán m.

chapped [tʃæpt] adj agrietado(da).

chapter ['tʃæptəʳ] n lit & fig capítulo m.

char [tʃɑːʳ] (pt & pp -red, cont -ring) ◇ n UK [cleaner] mujer f de la limpieza. ◇ vt [burn] carbonizar, calcinar. ◇ vi [work as cleaner] trabajar de mujer de la limpieza.

character ['kærəktəʳ] n -1. [nature, quality, letter] carácter m; **to be out of/in ~ (for)** no ser/ ser típico (de) -2. [in film, book, play] personaje m -3. inf [person of stated kind] tipo m -4. inf [person with strong personality]: **to be a ~** ser todo un carácter.

characteristic [,kærəktə'rɪstɪk] ◇ adj característico(ca). ◇ n característica f.

characteristically [,kærəktə'rɪstɪklɪ] adv típicamente.

characterization [,kærəktəraɪ'zeɪʃn] n caracterización f.

characterize, -ise ['kærəktəraɪz] vt -1. [typify] caracterizar -2. [portray]: **to ~ sthg as** definir algo como.

character set n COMPUT juego m de caracteres.

charade [ʃə'rɑːd] n farsa f.

➧ **charades** n (U) charadas fpl.

charbroil [,tʃɑː'brɔɪl] vt US asar a la parrilla.

charcoal ['tʃɑːkəʊl] n [for barbecue etc] carbón m (vegetal); [for drawing] carboncillo m.

chard [tʃɑːd] n acelga f.

charge [tʃɑːdʒ] ◇ n -1. [cost] precio m; **admission ~** entrada f; **free of ~** gratis; **will that be cash or ~?** US ¿pagará en efectivo o con tarjeta? -2. JUR cargo m, acusación f -3. [responsibility]: **to have ~ of sthg** tener algo al cargo de uno; **to take ~ (of)** hacerse cargo (de); **to be in ~** ser el encargado (la encargada); **in ~ of** encargado(da) de -4. ELEC carga f -5. MIL [of cavalry] carga f. ◇ vt -1. [customer, sum] cobrar; **to ~ sthg to sb** cargar algo en la cuenta de alguien -2. [suspect, criminal]: **to ~ sb (with)**

acusar a alguien (de) -3. [attack] cargar contra -4. [battery] cargar. ◇ vi -1. [ask in payment]: **to ~ (for)** cobrar (por) -2. [rush] cargar; **to ~ in/ out** entrar/salir en tromba.

chargeable ['tʃɑːdʒəbl] adj -1. [costs] cobrable, cobradero(ra) -2. [offence] punible.

charge account n cuenta f de crédito.

charge card n tarjeta f de compra.

charged [tʃɑːdʒd] adj cargado(da).

chargé d'affaires [,ʃɑːzeɪdæ'feə] (pl chargés d'affaires [,ʃɑːzeɪdæ'feə]) n encargado m, -da f de negocios.

charge hand n UK ayudante m OR f de capataz.

charge nurse n UK enfermero m, -ra f jefe.

charger ['tʃɑːdʒəʳ] n -1. [for batteries] cargador m -2. literary [horse] caballo m de batalla.

charge sheet n UK atestado m policial.

chariot ['tʃærɪət] n carro m, cuadriga f.

charisma [kə'rɪzmə] n carisma m.

charismatic [,kærɪz'mætɪk] adj carismático(ca).

charitable ['tʃærətəbl] adj -1. [person, remark] caritativo(va) -2. [organization] benéfico(ca).

charity ['tʃærətɪ] (pl -ies) n -1. [kindness, money] caridad f -2. [organization] institución f benéfica.

charity shop n UK tienda de una entidad benéfica en la que se venden productos de segunda mano dondados por simpatizantes.

charlatan ['ʃɑːlətən] n charlatán m, -ana f.

charm [tʃɑːm] ◇ n -1. [appeal, attractiveness] encanto m -2. [spell] encantamiento m, hechizo m -3. [on bracelet] dije m, amuleto m. ◇ vt dejar encantado(da).

charm bracelet n pulsera f con dijes.

charmer ['tʃɑːməʳ] n: **he's a real ~** es muy cumplido.

charming ['tʃɑːmɪŋ] adj encantador(ra).

charmingly ['tʃɑːmɪŋlɪ] adv [attractive, naïve] encantadoramente; [smile, dress] de un modo encantador.

charred [tʃɑːd] adj carbonizado(da), calcinado(da).

chart [tʃɑːt] ◇ n -1. [diagram] gráfico m; weather ~ mapa m del tiempo -2. [map] carta f. ◇ vt -1. [plot, map] representar en un mapa -2. fig [describe] trazar.

➧ **charts** npl: **the ~s** la lista de éxitos.

charter ['tʃɑːtəʳ] ◇ n [document] carta f. ◇ comp chárter (inv), alquilado(da). ◇ vt [plane, boat] fletar.

chartered accountant ['tʃɑːtəd-] n UK contable colegiado m, contable colegiada f, con-

tador colegiado *m*, contadora colegiada *f*
Amér.

charter flight *n* vuelo *m* chárter.

chart-topping *adj UK* número uno en la lista
de éxitos.

chary ['tʃeərɪ] (*compar* -ier, *superl* -iest) *adj*: to be
~ of doing sthg ser reacio(cia) a la hora de
hacer algo.

chase [tʃeɪs] <> *n* [pursuit] persecución *f*; to
give ~ emprender la persecución. <> *vt* -1.
[pursue] perseguir - 2. [drive away] ahuyentar - 3.
[money, jobs] ir detrás de, ir a la caza de. <> *vi*:
to ~ after sthg/sb perseguir algo/a alguien.
  ◆ **chase up** *vt sep UK* [person] localizar; [in-
formation] buscar, intentar hacerse con; **to ~
sb up about sthg** ponerse en contacto con
alguien para recordarle algo.

chaser ['tʃeɪsəʳ] *n copa de licor tomada
después de una cerveza.*

chasm ['kæzm] *n* [deep crack] sima *f*; ***fig*** [divide]
abismo *m*.

chassis ['ʃæsɪ] (*pl inv*) *n* [of vehicle] chasis *m inv*.

chaste [tʃeɪst] *adj* casto(ta).

chasten ['tʃeɪsn] *vt* escarmentar.

chastise [tʃæ'staɪz] *vt fml* [scold] reprender.

chastity ['tʃæstətɪ] *n* castidad *f*.

chat [tʃæt] (*pt* & *pp* -ted, *cont* -ting) <> *n* [gen &
COMPUT] charla *f*, conversación *f Amér*, plática *f*
CAm, Méx. <> *vi* [gen & *COMPUT*] charlar.
  ◆ **chat up** *vt sep UK inf* intentar ligar con,
tirarse un lance con *CSur*.

chatiquette ['tʃætɪketl] *n COMPUT* etiqueta *f* en
los chats.

chat line *n* línea *f* compartida.

chat room *n COMPUT* sala *f* de conversación.

chatter ['tʃætəʳ] <> *n* -1. [of person] cháchara *f*,
parloteo *m* - 2. [of bird] gorjeo *m*; [of monkey]
chillidos *mpl*. <> *vi* -1. [person] parlotear - 2.
[bird] gorjear; [monkey] chillar - 3. [teeth] castañetear.

chatterbox ['tʃætəbɒks] *n inf* parlanchín *m*,
-ina *f*.

chatty ['tʃætɪ] (*compar* -ier, *superl* -iest) *adj* -1.
[person] dicharachero(ra) - 2. [letter] informal.

chauffeur ['ʃəʊfəʳ] <> *n* chófer *m OR f*. <> *vt*
hacer de chófer para; **we were** ~**ed to our
hotel** un chófer nos llevó al hotel.

chauvinist ['ʃəʊvɪnɪst] *n* -1. [sexist] sexista *m OR
f*; **male** ~ machista *m* - 2. [nationalist] chovinista
m OR f.

chauvinistic ['ʃəʊvɪ'nɪstɪk] *adj* -1. [sexist] sexista - 2. [nationalist] chovinista.

cheap [tʃiːp] <> *adj* -1. [inexpensive] barato(ta)
- 2. [low- quality] de mala calidad - 3. [vulgar- joke
etc] de mal gusto - 4. *US* [stingy] mezquino(na).

<> *adv* barato. <> *n*: **on the** ~ en plan
barato.

cheapen ['tʃiːpn] *vt* [degrade] rebajar, degradar.

cheaply ['tʃiːplɪ] *adv* barato.

cheapness ['tʃiːpnɪs] *n* -1. [low cost] lo barato,
baratura *f* - 2. [low quality] baja calidad *f* - 3. [vul-
garity - of joke etc] mal gusto *m*.

cheap rate *n* [on phone] tarifa *f* reducida.

cheapskate ['tʃiːpskeɪt] *n inf pej* agarrado *m*,
-da *f*.

cheat [tʃiːt] <> *n* tramposo *m*, -sa *f*. <> *vt*
engañar, estafar; **to ~ sb out of sthg** estafar
algo a alguien; **to feel** ~**ed** sentirse engañado.
<> *vi* -1. [in exam] copiar; [at cards] hacer
trampas - 2. *inf* [be unfaithful]: **to ~ on sb**
pegársela a alguien.

cheating ['tʃiːtɪŋ] *n* [in games] trampas *fpl*; [in
business] fraude *m*.

check [tʃek] <> *n* -1. [inspection, test]: ~ (on)
inspección *f OR* control *m* (de); **to keep a** ~
on controlar - 2. [restraint]: ~ (on) restricción
f (en); **to put a** ~ **on sthg** controlar *OR*
restringir algo; **in** ~ bajo control - 3. *US*
[cheque] cheque *m* - 4. *US* [bill] cuenta *f*, nota *f*
- 5. *US* [tick] señal *f* de visto bueno - 6. [pattern]
cuadros *mpl* - 7. [in chess] jaque *m*. <> *vt* -1. [test,
verify] comprobar - 2. [inspect - machine, product]
inspeccionar; [- ticket, passport] revisar, controlar - 3. [restrain, stop] refrenar, contener; **to ~
o.s.** detenerse. <> *vi* comprobar; **to ~ (for/on
sthg)** comprobar (algo).
  ◆ **check in** <> *vt sep* [luggage, coat] facturar,
despachar *Amér*. <> *vi* -1. [at hotel] inscribirse,
registrarse - 2. [at airport] facturar.
  ◆ **check off** *vt sep* ir comprobando (en una
lista).
  ◆ **check out** <> *vt sep* -1. [luggage, coat]
recoger - 2. [investigate] comprobar - 3. *inf* [look
at] mirar. <> *vi* [from hotel] dejar el hotel.
  ◆ **check up** *vi*: **to ~ up (on sthg)** informarse
(acerca de algo); **to ~ up on sb** hacer
averiguaciones sobre alguien.

checkbook *US* = chequebook.

checked [tʃekt] *adj* a cuadros.

checkered *US* = chequered.

checkers ['tʃekəz] *n US* (U) damas *fpl*.

check guarantee card *n US* tarjeta *f* de
identificación bancaria.

check-in *n* facturación *f*.

check-in desk *n* mostrador *m* de facturación.

checking account ['tʃekɪŋ-] *n US* cuenta *f*
corriente.

checklist ['tʃeklɪst] *n* lista *f* (de cosas por
hacer).

checkmate ['tʃekmeɪt] n jaque m mate.
checkout ['tʃekaʊt] n caja f.
checkpoint ['tʃekpɔɪnt] n control m.
checkroom ['tʃekrʊm] n US consigna f.
checkup ['tʃekʌp] n chequeo m, revisión f.
Cheddar (cheese) ['tʃedə'-] n (queso m) cheddar m.
cheek [tʃi:k] ◇ n -1. [of face] mejilla f -2. inf [impudence] cara f, descaro m. ◇ vt inf ser descarado(da) con.
cheekbone ['tʃi:kbəʊn] n pómulo m.
cheekily ['tʃi:kɪlɪ] adv con descaro.
cheekiness ['tʃi:kɪnɪs] n descaro m.
cheeky ['tʃi:kɪ] (compar -ier, superl -iest) adj descarado(da).
cheer [tʃɪə'] ◇ n [shout] aclamación f, grito m de entusiasmo; ~s vítores mpl. ◇ vt -1. [shout approval, encouragement at] aclamar, vitorear -2. [gladden] animar. ◇ vi gritar con entusiasmo.
➤ **cheers** excl [when drinking] ¡salud!; UK inf [thank you] ¡gracias!; inf [goodbye] ¡hasta luego!
➤ **cheer on** vt sep animar con gritos de aliento.
➤ **cheer up** ◇ vt sep animar. ◇ vi animarse.
cheerful ['tʃɪəfʊl] adj -1. [gen] alegre -2. [attitude, agreement] entusiasta.
cheerfully ['tʃɪəfʊlɪ] adv -1. [joyfully - smile, sing] alegremente; [- dress, decorate] con colores vivos -2. [willingly] con entusiasmo.
cheerfulness ['tʃɪəfʊlnɪs] n [of person] buen humor m; [of dress, song] alegría f.
cheering ['tʃɪərɪŋ] ◇ adj [gladdening] alentador(ra). ◇ n (U) vítores mpl, aclamaciones fpl.
cheerio [,tʃɪərɪ'əʊ] excl UK inf ¡hasta otra!, ¡hasta luego!
cheerleader ['tʃɪə,li:də'] n animadora f (de un equipo).
cheerless ['tʃɪəlɪs] adj triste, deprimente.
cheery ['tʃɪərɪ] (compar -ier, superl -iest) adj animado(da), alegre.
cheese [tʃi:z] n queso m.
cheeseboard ['tʃi:zbɔ:d] n tabla f de quesos.
cheeseburger ['tʃi:z,bɜ:gə'] n hamburguesa f con queso.
cheesecake ['tʃi:zkeɪk] n pastel m OR tarta f de queso.
cheesy ['tʃi:zɪ] (compar -ier, superl -iest) adj -1. [tasting of cheese] con sabor a queso -2. [smell] a queso.
cheetah ['tʃi:tə] n guepardo m, onza f.
chef [ʃef] n chef m, jefe m de cocina.
chemical ['kemɪkl] ◇ adj químico(ca). ◇ n

sustancia f química.
chemically ['kemɪklɪ] adv químicamente.
chemical weapons npl armas fpl químicas.
chemist ['kemɪst] n -1. UK [pharmacist] farmacéutico m, -ca f; ~'s (shop) farmacia f -2. [scientist] químico m, -ca f.
chemistry ['kemɪstrɪ] n -1. [science] química f -2. [composition, characteristics] composición f (química).
chemotherapy [,ki:məʊ'θerəpɪ] n quimioterapia f.
cheque UK, **check** US [tʃek] n cheque m, talón m; to pay by ~ pagar con cheque.
cheque account n cuenta f corriente.
chequebook UK, **checkbook** US ['tʃekbʊk] n talonario m de cheques, chequera f Amér.
cheque card n UK tarjeta f de identificación bancaria.
chequered UK ['tʃekəd], **checkered** US ['tʃekərd] adj -1. [patterned] a cuadros -2. [varied] lleno(na) de altibajos.
Chequers ['tʃekəz] n segunda residencia oficial del primer ministro británico.
cherish ['tʃerɪʃ] vt -1. [hope, memory] abrigar, albergar -2. [privilege, right] apreciar -3. [person, thing] tener mucho cariño a.
cherished ['tʃerɪʃt] adj [memory] querido(da); [hope] anhelado(da).
cherry ['tʃerɪ] (pl -ies) n [fruit] cereza f; ~ (tree) cerezo m.
cherub ['tʃerəb] (pl -s OR -im [-ɪm]) n -1. [angel] querubín m -2. [child] ricura f, angelito m.
chervil ['tʃɜ:vɪl] n perifollo m, cerafolio m.
Ches. (abbr of Cheshire) condado inglés.
chess [tʃes] n ajedrez m.
chessboard ['tʃesbɔ:d] n tablero m de ajedrez.
chessman ['tʃesmæn] (pl -men [-men]), **chess piece** n pieza f (de ajedrez).
chest [tʃest] n -1. ANAT pecho m; to get sthg off one's ~ inf contar algo para desahogarse -2. [box, trunk - gen] arca f, cofre m; [- for tools] caja f.
chestnut ['tʃesnʌt] ◇ adj [colour] castaño(ña). ◇ n [nut] castaña f; ~ (tree) castaño m.
chest of drawers (pl chests of drawers) n cómoda f.
chesty ['tʃestɪ] (compar -ier, superl -iest) adj [cough] de pecho.
chevron ['ʃevrən] n [on uniform] galón m.
chew [tʃu:] ◇ n [sweet] gominola f. ◇ vt -1. [food] masticar -2. [nails] morderse; [carpet] morder.
➤ **chew over** vt sep fig rumiar.
➤ **chew up** vt sep [food] masticar; [slippers] mordisquear; [tape] destrozar.

chewing gum [ˈtʃuːɪŋ-] n chicle m, goma f de mascar.

chewy [tʃuːɪ] (compar -ier, superl -iest) adj [meat, pasta] correoso(sa); [toffee, sweets] gomoso(sa).

chic [ʃiːk] ◇ adj chic (inv), elegante. ◇ n estilo m, elegancia f.

chicanery [ʃɪˈkeɪnərɪ] n (U) supercherías fpl, engaños mpl.

chick [tʃɪk] n -1. [baby bird] polluelo m -2. inf [woman] nena f.

chicken [ˈtʃɪkɪn] ◇ adj inf [cowardly] gallina. ◇ n -1. [bird] gallina f; it's a ~ and egg situation es como lo del huevo y la gallina -2. [food] pollo m -3. inf [coward] gallina m OR f.

➤ **chicken out** vi inf: to ~ out (of sthg/of doing sthg) rajarse (a la hora de algo/de hacer algo).

chickenfeed [ˈtʃɪkɪnfiːd] n (U) fig miseria f.

chickenpox [ˈtʃɪkɪnpɒks] n varicela f.

chicken wire n tela f metálica (con agujeros hexagonales).

chickpea [ˈtʃɪkpiː] n garbanzo m.

chicory [ˈtʃɪkərɪ] n achicoria f.

chide [tʃaɪd] (pt chided OR chid [tʃɪd], pp chid OR chidden [ˈtʃɪdn]) vt literary: to ~ sb for reprender a alguien por.

chief [tʃiːf] ◇ adj principal. ◇ n jefe m, -fa f.

chief constable n UK ≃ jefe m, -fa f superior de policía.

Chief Executive n US [US president] presidente m, -ta f.

chief executive officer n US [head of company] director m, -ra f general.

➤ **Chief Executive** n US [US president] presidente m, -ta f.

chief justice n presidente m, -ta f del tribunal supremo.

chiefly [ˈtʃiːflɪ] adv -1. [mainly] principalmente -2. [especially, above all] por encima de todo.

chief of staff n jefe m, -fa f del estado mayor.

chief superintendent n inspector m, -ra f jefe.

chieftain [ˈtʃiːftən] n jefe m, -fa f, cacique m.

chiffon [ˈʃɪfɒn] n gasa f.

chihuahua [tʃɪˈwɑːwə] n chihuahua m OR f.

chilblain [ˈtʃɪlbleɪn] n sabañón m.

child [tʃaɪld] (pl children) n -1. [boy, girl] niño m, -ña f -2. [son, daughter] hijo m, -ja f.

child abuse n (U) malos tratos o abusos deshonestos a menores.

childbearing [ˈtʃaɪldˌbeərɪŋ] n: of ~ age en edad de tener hijos.

child benefit n (U) UK subsidio pagado a todas las familias por cada hijo.

childbirth [ˈtʃaɪldbɜːθ] n (U) parto m.

childcare [ˈtʃaɪldkeəʳ] n cuidado m de los niños.

childhood [ˈtʃaɪldhʊd] n infancia f, niñez f.

childish [ˈtʃaɪldɪʃ] adj pej infantil.

childishly [ˈtʃaɪldɪʃlɪ] adv pej de manera infantil.

childless [ˈtʃaɪldlɪs] adj sin hijos.

childlike [ˈtʃaɪldlaɪk] adj [person] como un niño; [smile, trust] de niño.

childminder [ˈtʃaɪldˌmaɪndəʳ] n UK niñera f (durante el día).

child prodigy n niño m, -ña f prodigio.

childproof [ˈtʃaɪldpruːf] adj a prueba de niños.

children [ˈtʃɪldrən] pl ⊳ **child**.

children's home n hogar m infantil.

Chile [ˈtʃɪlɪ] n Chile.

Chilean [ˈtʃɪlɪən] ◇ adj chileno(na). ◇ n chileno m, -na f.

chili [ˈtʃɪlɪ] = **chilli**.

chill [tʃɪl] ◇ adj frío(a). ◇ n -1. [illness] resfriado m -2. [in temperature]: there's a ~ in the air hace un poco de fresco -3. [feeling of fear] escalofrío m. ◇ vt -1. [drink, food] (dejar) enfriar -2. [person - with cold] enfriar; [- with fear] hacer sentir escalofríos. ◇ vi -1. enfriarse -2. inf [relax] relajarse.

➤ **chill out** vi inf relajarse.

chilli [ˈtʃɪlɪ] (pl -ies) n guindilla f, chile m, ají m Andes & RP.

chilling [ˈtʃɪlɪŋ] adj [frightening] escalofriante.

chilli powder n guindilla f en polvo.

chilly [ˈtʃɪlɪ] (compar -ier, superl -iest) adj frío(a).

chime [tʃaɪm] ◇ n [of clock] campanada f; [of bells] repique m. ◇ vt [time] dar. ◇ vi [bell] repicar; [clock] sonar.

chimney [ˈtʃɪmnɪ] n chimenea f.

chimneypot [ˈtʃɪmnɪpɒt] n cañón m de chimenea.

chimneysweep [ˈtʃɪmnɪswiːp] n deshollinador m, -ra f.

chimp [tʃɪmp], **chimpanzee** [ˌtʃɪmpənˈziː] n chimpancé m OR f.

chin [tʃɪn] n barbilla f.

china [ˈtʃaɪnə] ◇ n porcelana f. ◇ comp de porcelana.

China [ˈtʃaɪnə] n la China; the People's Republic of ~ la República Popular China.

china clay n caolín m.

China Sea n: the ~ el mar de China.

Chinatown [ˈtʃaɪnətaʊn] n barrio m chino (de la comunidad oriental).

chinchilla [tʃɪnˈtʃɪlə] n chinchilla f.

Chinese [ˌtʃaɪˈniːz] ◇ adj chino(na). ◇ n -1. [person] chino m, -na f -2. [language] chino m. ◇ npl: the ~ los chinos.

Chinese cabbage n (hojas fpl de) col f china.

Chinese lantern n farolillo m chino.

Chinese leaves npl UK (hojas fpl de) col f china.

chink [tʃɪŋk] <> n -1. [narrow opening] grieta f; [of light] resquicio m -2. [sound] tintineo m. <> vi tintinear.

chinos ['tʃiːnəʊz] npl pantalones mpl de algodón.

chintz [tʃɪnts] <> n zaraza f. <> comp de zaraza.

chinwag ['tʃɪnwæg] n inf charla f.

chip [tʃɪp] (pt & pp -ped, cont -ping) <> n -1. UK [fried potato chip] patata f frita; US [potato crisp] patata f frita (de bolsa o de churrería) -2. [fragment - gen] pedacito m; [- of wood] viruta f; [- of stone] lasca f -3. [flaw - in cup, glass] mella f, desportilladura f -4. COMPUT chip m -5. [token] ficha f -6. phr: when the ∼s are down cuando llega la hora de la verdad; to have a ∼ on one's shoulder estar resentido, tener uno un poco de complejo. <> vt [damage] mellar, desportillar.

➡ **chip in** <> vt fus inf [pay money] poner. <> vi -1. [pay money] poner dinero -2. [in conversation] intervenir.

➡ **chip off** vt sep desconchar.

chipboard ['tʃɪpbɔːd] n aglomerado m.

chipmunk ['tʃɪpmʌŋk] n ardilla f listada.

chipolata [ˌtʃɪpə'lɑːtə] n salchicha f pequeña.

chipped ['tʃɪpt] adj [flawed] mellado(da), desconchado(da).

chippings ['tʃɪpɪŋz] npl esp US [of stone] gravilla f; [of wood] virutas fpl; 'loose ∼' 'gravilla suelta'.

chip shop n UK tienda en la que se vende pescado y patatas fritas.

chiropodist [kɪ'rɒpədɪst] n podólogo m, -ga f, pedicuro m, -ra f.

chiropody [kɪ'rɒpədɪ] n podología f.

chirp [tʃɜːp] vi [bird] piar; [insect] chirriar.

chirpy ['tʃɜːpɪ] (compar -ier, superl -iest) adj esp UK inf alegre.

chisel ['tʃɪzl] (UK pt & pp -led, cont -ling, US pt & pp -ed, cont -ing) <> n [for wood] formón m, escoplo m; [for stone] cincel m. <> vt [wood] escoplear; [stone] cincelar.

chit [tʃɪt] n [note] nota f.

chitchat ['tʃɪttʃæt] n (U) inf cháchara f.

chivalrous ['ʃɪvlrəs] adj caballeroso(sa).

chivalry ['ʃɪvlrɪ] n -1. literary [of knights] caballería f -2. [good manners] caballerosidad f.

chives [tʃaɪvz] npl cebollinos mpl.

chivy (pt & pp -ied), **chivvy** (pt & pp -ied)

['tʃɪvɪ] vt inf meter prisa a.

chloride ['klɔːraɪd] n cloruro m.

chlorinated ['klɔːrɪneɪtɪd] adj clorado(da).

chlorine ['klɔːriːn] n cloro m.

chlorofluorocarbon ['klɔːrəʊˌflʊərəʊ-'kɑːbən] n clorofluorocarbono m.

chloroform ['klɔrəfɔːm] n cloroformo m.

choc-ice ['tʃɒkaɪs] n UK bombón m helado.

chock [tʃɒk] n cuña f, calzo m.

chock-a-block, chock-full adj inf: ∼ (with) hasta los topes (de).

chocolate ['tʃɒkələt] <> n -1. [food, drink] chocolate m -2. [sweet] bombón m. <> comp de chocolate.

choice [tʃɔɪs] <> n -1. [gen] elección f; to do sthg by OR from ∼ elegir hacer algo; to have no ∼ but to do sthg no tener más remedio que hacer algo -2. [person chosen] preferido m, -da f; [thing chosen] alternativa f preferida -3. [variety, selection] surtido m. <> adj de primera calidad.

choir ['kwaɪəʳ] n coro m.

choirboy ['kwaɪəbɔɪ] n niño m de coro.

choke [tʃəʊk] <> n AUT estárter m. <> vt -1. [subj: person] estrangular, ahogar -2. [subj: fumes] asfixiar, ahogar; [subj: fishbone etc] hacer atragantarse -3. [block - pipes, gutter] atascar. <> vi [on fishbone etc] atragantarse; [to death] asfixiarse.

➡ **choke back** vt fus contener, reprimir.

cholera ['kɒlərə] n cólera m.

cholesterol [kə'lestərɒl] n colesterol m.

choose [tʃuːz] (pt chose, pp chosen) <> vt -1. [select] elegir, escoger; there's little OR not much to ∼ between them no se sabe cuál es mejor -2. [decide]: to ∼ to do sthg decidir hacer algo; do whatever you ∼ haz lo que quieras. <> vi elegir, escoger.

choos(e)y ['tʃuːzɪ] (compar -ier, superl -iest) adj [gen] quisquilloso(sa); [about food] exigente, remilgado(da).

chop [tʃɒp] (pt & pp -ped, cont -ping) <> n -1. CULIN chuleta f -2. [blow - with axe] hachazo m; [- with hand] golpe m, tajo m; I'm for the ∼ fig mi puesto es uno de los que se van a cargar. <> vt -1. [vegetables, meat] picar; [wood] cortar -2. inf [funding, budget] recortar. <> vi: to ∼ and change cambiar cada dos por tres.

➡ **chops** npl inf morros mpl, jeta f.

➡ **chop down** vt sep talar.

➡ **chop up** vt sep [vegetables, meat] picar; [wood] cortar.

chopper ['tʃɒpəʳ] n -1. [for wood] hacha f; [for meat] cuchillo m de carnicero -2. inf [helicopter] helicóptero m.

chopping board ['tʃɒpɪŋ-] n tajo m OR tabla f de cocina.

choppy ['tʃɒpɪ] (compar -ier, superl -iest) adj picado(da).

chopsticks ['tʃɒpstɪks] npl palillos mpl.

choral ['kɔːrəl] adj coral.

chord [kɔːd] n MUS acorde m; **to strike a ~ (with)** calar hondo (en).

chore [tʃɔːʳ] n -1. [task] tarea f, faena f - 2. inf [boring thing] lata f.

choreographer [ˌkɒrɪ'ɒɡrəfəʳ] n coreógrafo m, -fa f.

choreography [ˌkɒrɪ'ɒɡrəfɪ] n coreografía f.

chortle ['tʃɔːtl] vi reírse con satisfacción.

chorus ['kɔːrəs] <> n -1. [part of song, refrain] estribillo m - 2. [choir, group of singers or dancers] coro m. <> vt corear todos a una.

chose [tʃəʊz] pt ⊳ choose.

chosen ['tʃəʊzn] pp ⊳ choose.

choux pastry [ʃuː-] n pasta f brisa.

chow [tʃaʊ] n inf [food] manduca f.

chowder ['tʃaʊdəʳ] n sopa espesa de pescado o mariscos.

Christ [kraɪst] <> n Cristo m. <> excl ¡vaya por Dios!

christen ['krɪsn] vt bautizar.

christening ['krɪsnɪŋ] <> n bautizo m. <> comp de bautizo.

Christian ['krɪstʃən] <> adj cristiano(na). <> n cristiano m, -na f.

Christianity [ˌkrɪstɪ'ænətɪ] n cristianismo m.

Christian name n nombre m de pila.

Christmas ['krɪsməs] <> n Navidad f; **happy** OR **merry ~!** ¡Feliz Navidad! <> comp navideño(ña).

Christmas cake n UK pastel de Navidad con frutas cubierto de mazapán y glaseado por encima.

Christmas card n crismas m inv, christmas m inv.

Christmas carol n villancico m.

Christmas cracker n UK cilindro de papel que produce un estallido al abrirlo y que tiene dentro un regalito de Navidad.

Christmas Day n día m de Navidad.

Christmas Eve n Nochebuena f.

Christmas pudding n UK pudín de frutas que se come caliente el día de Navidad.

Christmas stocking n calcetín largo en el que se meten regalos por Nochebuena.

Christmastime ['krɪsməstaɪm] n (U) Navidad f, Navidades fpl.

Christmas tree n árbol m de Navidad.

chrome [krəʊm], **chromium** ['krəʊmɪəm] <> n cromo m. <> comp cromado(da).

chromosome ['krəʊməsəʊm] n cromosoma m.

chronic ['krɒnɪk] adj -1. [illness, unemployment] crónico(ca) - 2. [liar, alcoholic] empedernido(da).

chronically ['krɒnɪklɪ] adv crónicamente.

chronicle ['krɒnɪkl] <> n crónica f. <> vt narrar cronológicamente.

chronological [ˌkrɒnə'lɒdʒɪkl] adj cronológico(ca).

chronologically [ˌkrɒnə'lɒdʒɪklɪ] adv cronológicamente.

chronology [krə'nɒlədʒɪ] n [sequence] cronología f.

chrysalis ['krɪsəlɪs] (pl -lises [-lɪsiːz]) n crisálida f.

chrysanthemum [krɪ'sænθəməm] (pl -s) n crisantemo m.

chubby ['tʃʌbɪ] (compar -bier, superl -biest) adj [person, hands] rechoncho(cha); **to have ~ cheeks** ser mofletudo(da).

chuck [tʃʌk] vt inf -1. [throw] tirar, arrojar, aventar Amér; **to ~ sb out** echar a alguien - 2. [job, girlfriend] mandar a paseo, dejar.
➡ **chuck away, chuck out** vt sep inf tirar.

chuckle ['tʃʌkl] <> n risita f. <> vi reírse entre dientes.

chuffed [tʃʌft] adj UK inf: **to be ~ (with sthg/ to do sthg)** estar como unas castañuelas (con algo/al hacer algo).

chug [tʃʌɡ] (pt & pp -ged, cont -ging) vi [train] traquetear; [car] resoplar.

chum [tʃʌm] n inf [gen] amiguete m, -ta f, manito m Méx; [at school] compañero m, -ra f.

chummy ['tʃʌmɪ] (compar -mier, superl -miest) adj inf: **to be ~ (with)** ser muy amiguete(ta) (de).

chump [tʃʌmp] n inf tontín m, -ina f.

chunk [tʃʌŋk] n -1. [piece] trozo m - 2. inf [large amount] tajada f.

chunky ['tʃʌŋkɪ] (compar -ier, superl -iest) adj -1. [person] cuadrado(da), fornido(da) - 2. [furniture] macizo(za); [jumper] grueso(sa).

Chunnel ['tʃʌnl] n inf: **the ~** el Eurotúnel.

church [tʃɜːtʃ] n iglesia f; **to go to ~** ir a misa.

churchgoer ['tʃɜːtʃˌɡəʊəʳ] n practicante m OR f.

churchman ['tʃɜːtʃmən] (pl -men [-mən]) n clérigo m.

Church of England n: **the ~** la Iglesia Anglicana.

CHURCH OF ENGLAND

La Iglesia anglicana es la Iglesia oficial de Inglaterra. Su jefe laico es el monarca, y su jefe espiritual, el arzobispo de Canterbury.

Church of Scotland n: the ~ la Iglesia de Escocia.

churchyard ['tʃɜːtʃjɑːd] n cementerio m, camposanto m.

churlish ['tʃɜːlɪʃ] adj descortés, maleducado(da).

churn [tʃɜːn] ◇ n -1. [for making butter] mantequera f - 2. [for transporting milk] lechera f. ◇ vt [stir up] agitar. ◇ vi: my stomach ~ed se me revolvió el estómago.
➡ **churn out** vt sep inf hacer como churros OR en cantidades industriales.
➡ **churn up** vt sep agitar.

chute [ʃuːt] n [for water] vertedor m, conducto m; [slide] tobogán m; [for waste] rampa f.

chutney ['tʃʌtnɪ] n salsa agridulce y picante de fruta y semillas.

CI abbr of Channel Islands.

CIA (abbr of Central Intelligence Agency) n CIA f.

cicada [sɪ'kɑːdə] n cigarra f.

CID (abbr of Criminal Investigation Department) n UK ≃ Brigada f de Policía Judicial.

cider ['saɪdəʳ] n -1. sidra f - 2. US [non-alcoholic] zumo m Esp OR jugo m Amér de manzana.

cigar [sɪ'gɑːʳ] n puro m.

cigarette [ˌsɪgə'ret] n cigarrillo m.

cigarette butt n colilla f.

cigarette end UK = cigarette butt.

cigarette holder n boquilla f.

cigarette lighter n mechero m, encendedor m.

cigarette paper n papel m de fumar.

cilantro [sɪ'lɑːntrəʊ] n US [coriander] cilantro m.

C-in-C abbr of commander-in-chief.

cinch [sɪntʃ] n inf: it's a ~ está tirado, es pan comido.

cinder ['sɪndəʳ] n ceniza f.

cinderblock ['sɪndəblɒk] n US ladrillo grande de cemento y cenizas de coque.

Cinderella [ˌsɪndə'relə] n Cenicienta f.

cine-camera ['sɪnɪ-] n cámara f cinematográfica.

cine-film ['sɪnɪ-] n película f cinematográfica.

cinema ['sɪnəmə] n cine m.

cinematic [ˌsɪnɪ'mætɪk] adj cinematográfico(ca).

cinnamon ['sɪnəmən] n canela f.

cipher ['saɪfəʳ] n [secret writing system] código m, cifra f.

circa ['sɜːkə] prep hacia.

circle ['sɜːkl] ◇ n -1. [gen] círculo m; to come full ~ volver al punto de partida; to go round in ~s darle (mil) vueltas al mismo tema - 2. [in theatre] anfiteatro m; [in cinema] entresuelo m. ◇ vt -1. [draw a circle round] rodear con un

círculo - 2. [move round] describir círculos alrededor de. ◇ vi dar vueltas.

circuit ['sɜːkɪt] n -1. [gen] circuito m - 2. [of track] vuelta f.

circuit board n tarjeta f de circuito impreso.

circuit breaker n cortacircuitos m inv.

circuitous [sə'kjuːɪtəs] adj tortuoso(sa).

circular ['sɜːkjʊləʳ] ◇ adj -1. [gen] circular - 2. [argument, discussion] que no lleva a ninguna parte. ◇ n circular f.

circulate ['sɜːkjʊleɪt] ◇ vi -1. [gen] circular - 2. [socialize] alternar. ◇ vt [rumour, document] hacer circular.

circulation [ˌsɜːkjʊ'leɪʃn] n -1. [of blood, money] circulación f; in ~ en circulación - 2. [of magazine, newspaper] tirada f.

circumcise ['sɜːkəmsaɪz] vt circuncidar.

circumcision [ˌsɜːkəm'sɪʒn] n circuncisión f; female ~ circuncisión femenina.

circumference [sə'kʌmfərəns] n circunferencia f.

circumflex ['sɜːkəmfleks] n: ~ (accent) (acento m) circunflejo m.

circumnavigate [ˌsɜːkəm'nævɪgeɪt] vt circunnavegar.

circumscribe ['sɜːkəmskraɪb] vt fml circunscribir.

circumspect ['sɜːkəmspekt] adj circunspecto(ta).

circumstance ['sɜːkəmstəns] n circunstancia f; ~s circunstancias fpl; under OR in no ~s bajo ningún concepto; in OR under the ~s dadas las circunstancias.

circumstantial [ˌsɜːkəm'stænʃl] adj fml: ~ evidence pruebas fpl indiciarias.

circumvent [ˌsɜːkəm'vent] vt fml burlar, evadir.

circus ['sɜːkəs] n -1. [for entertainment] circo m - 2. [in place names] glorieta f.

cirrhosis [sɪ'rəʊsɪs] n cirrosis f inv.

CIS (abbr of Commonwealth of Independent States) n CEI f.

cissy ['sɪsɪ] (pl -ies) n UK inf -1. [cowardly male] cobardica m - 2. [effeminate male] mariquita m.

cistern ['sɪstən] n -1. UK [in roof] depósito m de agua - 2. [in toilet] cisterna f.

citation [saɪ'teɪʃn] n -1. [official praise]: ~ (for) mención f (por) - 2. [quotation] cita f.

cite [saɪt] vt citar.

citizen ['sɪtɪzn] n ciudadano m, -na f.

Citizens' Advice Bureau n oficina británica de información y asistencia al ciudadano.

Citizens' Band n banda de radio reservada para radioaficionados y conductores.

citizenship ['sɪtɪznʃɪp] n ciudadanía f.

citric acid ['sɪtrɪk-] *n* ácido *m* cítrico.

citrus fruit ['sɪtrəs-] *n* cítrico *m*.

city ['sɪtɪ] (*pl* -ies) *n* ciudad *f.*

➡ **City** *n UK*: **the City** la City, *barrio financiero de Londres.*

THE CITY

La City, barrio financiero de Londres, es una circunscripción administrativa autónoma de la capital inglesa y tiene su propio cuerpo de policía. Por extensión, se hace referencia con este nombre al mundo financiero británico.

city centre *n* centro *m* de la ciudad.

city hall *n US* ayuntamiento *m.*

city technology college *n UK centro de formación profesional financiado por la industria.*

civic ['sɪvɪk] *adj* -**1**. [duty, pride] cívico(ca) -**2**. [leader, event] público(ca).

civic centre *n UK zona de la ciudad donde se encuentran los edificios públicos.*

civil ['sɪvl] *adj* -**1**. [involving ordinary citizens] civil -**2**. [polite] cortés, correcto(ta).

civil aviation *n* aviación *f* civil.

civil defence *n* protección *f* civil.

civil disobedience *n* desobediencia *f* civil.

civil engineer *n* ingeniero *m*, -ra *f* civil.

civil engineering *n* ingeniería *f* civil.

civilian [sɪ'vɪljən] <> *n* civil *m OR f.* <> *comp* [organization] civil; [clothes] de paisano.

civility [sɪ'vɪlətɪ] *n* urbanidad *f*, cortesía *f.*

civilization [,sɪvɪlaɪ'zeɪʃn] *n* civilización *f.*

civilize, -ise ['sɪvɪlaɪz] *vt* civilizar.

civilized ['sɪvɪlaɪzd] *adj* civilizado(da).

civil law *n* derecho *m* civil.

civil liberties *npl* libertades *fpl* civiles.

civil list *n UK presupuesto de la familia real votado cada año en el Parlamento.*

civil rights *npl* derechos *mpl* civiles.

civil servant *n* funcionario *m*, -ria *f* público, -ca *f.*

civil service *n* administración *f* pública.

civil war *n* guerra *f* civil.

CJD (*abbr of* **Creutzfeldt-Jakob disease**) *n* enfermedad *f* de Creutzfeldt-Jakob.

cl (*abbr of* **centilitre**) cl.

clad [klæd] *adj literary*: ~ **in** vestido(da) de.

cladding ['klædɪŋ] *n UK* revestimiento *m.*

claim [kleɪm] <> *n* -**1**. [for pay, insurance, expenses] reclamación *f*; **pay** ~ reivindicación *f* salarial -**2**. [of right] reivindicación *f*, demanda *f*; **to have a** ~ **on sb** tener un derecho sobre alguien; **to lay** ~ **to sthg** reclamar algo -**3**. [assertion] afirmación *f.* <> *vt* -**1**. [allowance, ex-

penses, lost property] reclamar -**2**. [responsibility, credit] atribuirse -**3**. [maintain]: **to** ~ **(that)** mantener que. <> *vi*: **to** ~ **on one's insurance** reclamar al seguro; **to** ~ **for sthg** reclamar algo.

claimant ['kleɪmənt] *n* [to throne] pretendiente *m OR f*; [of unemployment benefit] solicitante *m OR f*; *JUR* demandante *m OR f.*

claim form *n* impreso *m* de solicitud, formulario *m* de solicitud, forma *f* de solicitud *Méx*.

clairvoyant [kleə'vɔɪənt] <> *adj* clarividente. <> *n* clarividente *m OR f.*

clam [klæm] (*pt* & *pp* -med, *cont* -ming) *n* almeja *f.*

➡ **clam up** *vi inf* cerrar la boca *OR* el pico.

clamber ['klæmbər] *vi* trepar; **to** ~ **down a tree** bajar por un árbol.

clammy ['klæmɪ] (*compar* -mier, *superl* -miest) *adj* [hands] húmedo(da), pegajoso(sa); [weather] bochornoso(sa).

clamor *US* = **clamour**.

clamorous ['klæmərəs] *adj* clamoroso(sa).

clamour *UK*, **clamor** *US* ['klæmər] <> *n (U)* -**1**. [noise] clamor *m* -**2**. [demand]: ~ **(for)** demandas *fpl* (de). <> *vi*: **to** ~ **for sthg** exigir a voces algo.

clamp [klæmp] <> *n* [gen] abrazadera *f*; [for car wheel] cepo *m.* <> *vt* -**1**. [with clamp] sujetar (con una abrazadera) -**2**. [with wheel clamp] poner un cepo a.

➡ **clamp down** *vi*: **to** ~ **down on** poner freno a.

clampdown ['klæmpdaʊn] *n*: **a** ~ **on** speeding medidas *fpl* contundentes contra los excesos de velocidad.

clan [klæn] *n* clan *m.*

clandestine [klæn'destɪn] *adj* clandestino(na).

clang [klæŋ] <> *n* ruido *m* metálico. <> *vi* hacer un ruido metálico.

clanger ['klæŋər] *n UK inf* metedura *f* de pata; **to drop a** ~ meter la pata.

clank [klæŋk] <> *n* ruido *m* seco y metálico. <> *vi* hacer un ruido seco y metálico.

clap [klæp] (*pt* & *pp* -ped, *cont* -ping) <> *n* -**1**. [on back] palmada *f* -**2**. [sound]: **a** ~ **of thunder** un trueno. <> *vt* -**1**.: **to** ~ **one's hands** dar palmadas -**2**. *inf* [place]: **he** ~ped the book onto the table golpeó el libro en la mesa; **to** ~ **eyes on** *inf* ver. <> *vi* aplaudir.

clapboard ['klæpbɔːd] *n US* tablilla *f.*

clapped-out [klæpt-] *adj UK inf* [car] destartalado(da).

clapperboard ['klæpəbɔːd] *n* claqueta *f.*

clapping ['klæpɪŋ] *n (U)* aplausos *mpl.*

claptrap ['klæptræp] *n (U) inf* chorradas *fpl.*

claret ['klærət] *n* burdeos *m inv.*
clarification [ˌklærɪfɪ'keɪʃn] *n* aclaración *f.*
clarify ['klærɪfaɪ] (*pt* & *pp* -ied) *vt* aclarar.
clarinet [ˌklærə'net] *n* clarinete *m.*
clarity ['klærətɪ] *n* claridad *f.*
clash [klæʃ] ⬦ *n* -1. [difference - of interests] conflicto *m*; [- of personalities] choque *m* -2. [fight, disagreement]: ~ (with) conflicto *m* (con) -3. [noise] estruendo *m*, estrépito *m.* ⬦ *vi* -1. [fight, disagree]: **to** ~ (with) enfrentarse (con) -2. [opinions, policies] estar en desacuerdo -3. [date, event]: **to** ~ (with) coincidir (con) -4. [colour]: **to** ~ (with) desentonar (con) -5. [cymbals] sonar.
clasp [klɑːsp] ⬦ *n* [on necklace, bracelet] broche *m*; [on belt] cierre *m*, hebilla *f.* ⬦ *vt* [person] abrazar; [thing] agarrar.
class [klɑːs] ⬦ *n* -1. [gen] clase *f* -2. [category] clase *f*, tipo *m*; **to be in a** ~ **of one's own** ser incomparable. ⬦ *comp* [struggle] de clases. ⬦ *vt*: **to** ~ **sb (as)** clasificar a alguien (de).
class-conscious *adj pej* clasista.
classic ['klæsɪk] ⬦ *adj* [typical] clásico(ca). ⬦ *n* clásico *m.*
  ➡ **classics** *npl* (lenguas *fpl*) clásicas *fpl.*
classical ['klæsɪkl] *adj* clásico(ca).
classical music *n* música *f* clásica.
classification [ˌklæsɪfɪ'keɪʃn] *n* clasificación *f.*
classified ['klæsɪfaɪd] *adj* [secret] reservado(da), secreto(ta).
classified ad *n* anuncio *m* por palabras.
classify ['klæsɪfaɪ] (*pt* & *pp* -ied) *vt* clasificar.
classless ['klɑːslɪs] *adj* sin clases.
classmate ['klɑːsmeɪt] *n* compañero *m*, -ra *f* de clase.
classroom ['klɑːsrʊm] *n* aula *f*, clase *f.*
classy ['klɑːsɪ] (*compar* -ier, *superl* -iest) *adj inf* con clase.
clatter ['klætər] ⬦ *n* [gen] estrépito *m*; [of pots, pans, dishes] ruido *m* (de cacharros); [of hooves] chacoloteo *m.* ⬦ *vi* [hooves] chacolotear; [person, car etc]: **to** ~ **down/into sthg** armar un gran estrépito al caer por/chocar con algo.
clause [klɔːz] *n* -1. [in legal document] cláusula *f* -2. *GRAMM* oración *f.*
claustrophobia [ˌklɔːstrə'fəʊbjə] *n* claustrofobia *f.*
claustrophobic [ˌklɔːstrə'fəʊbɪk] *adj* claustrofóbico(ca).
claw [klɔː] ⬦ *n* -1. [of animal, bird] garra *f*; [of cat] uña *f* -2. [of crab, lobster] pinza *f.* ⬦ *vt* arañar. ⬦ *vi*: **to** ~ **at sthg** [cat] arañar algo; [person] intentar agarrarse a algo.
  ➡ **claw back** *vt sep UK* lograr recuperar.
clay [kleɪ] *n* arcilla *f.*

clay court *n* [in tennis] pista *f* de tierra batida.
clay pigeon shooting *n* tiro *m* al plato.
clean [kliːn] ⬦ *adj* -1. [gen] limpio(pia) -2. [page] en blanco -3. [environmentally-friendly] no contaminante -4. [record, reputation] impecable, irreprochable; [driving licence] sin multas; **to come** ~ **about sthg** confesar algo -5. [joke] inocente -6. [outline] neto(ta), nítido(da). ⬦ *adv* totalmente. ⬦ *vt* & *vi* limpiar; **to** ~ **one's teeth** limpiarse los dientes. ⬦ *n* limpieza *f*; **to give sthg a** ~ limpiar algo.
  ➡ **clean out** *vt sep* -1. [clear out] limpiar el interior de -2. *inf* [take money from] desplumar -3. *inf* [take everything from]: **the burglars** ~**ed us out** (los ladrones) nos limpiaron la casa.
  ➡ **clean up** ⬦ *vt sep* [clear up] ordenar, limpiar; **to** ~ **o.s. up** asearse. ⬦ *vi* [win money, prizes] *inf* arrasar.
cleaner ['kliːnər] *n* -1. [person] limpiador *m*, -ra *f* -2. [substance] producto *m* de limpieza -3. [shop]: ~'s tintorería *f.*
cleaning ['kliːnɪŋ] *n* limpieza *f.*
cleaning lady *n* mujer *f OR* señora *f* de la limpieza.
cleanliness ['klenlɪnɪs] *n* limpieza *f.*
cleanly ['kliːnlɪ] *adv* limpiamente.
cleanness ['kliːnnɪs] *n* limpieza *f.*
cleanse [klenz] *vt* [gen] limpiar; [soul] purificar; **to** ~ **sthg/sb of sthg** limpiar algo/a alguien de algo.
cleanser ['klenzər] *n* crema *f OR* loción *f* limpiadora.
clean-shaven [-'ʃeɪvn] *adj* [never growing a beard] barbilampiño(ña); [recently shaved] bien afeitado(da).
cleansing lotion ['klenzɪŋ-] *n* loción *f* limpiadora.
cleanup ['kliːnʌp] *n* limpieza *f.*
clear [klɪər] ⬦ *adj* -1. [gen] claro(ra); [day, road, view] despejado(da); **to make sthg** ~ **(to)** dejar algo claro (a); **it's** ~ **that ...** está claro que ...; **are you** ~ **about it?** ¿lo entiendes?; **to make o.s.** ~ explicarse con claridad -2. [transparent] transparente -3. [well-defined] [sound, picture] nítido(da) -4. [free of blemishes - skin] terso(sa) -5. [free - time] libre -6. [not touching]: **to be** ~ **of the ground** no tocar el suelo -7. [conscience] tranquilo(la), limpio(pia) -8. [complete - day, week] entero(ra); [- profit] limpio(pia), neto(ta). ⬦ *adv* [out of the way]: **stand** ~! ¡aléjense!; **to jump/step** ~ saltar/dar un paso para hacerse a un lado. ⬦ *n*: **in the** ~ [out of danger] fuera de peligro; [free from suspicion] fuera de (toda) sospecha. ⬦ *vt* -1. [remove objects, obstacles from] despejar; [forest] talar; [pipe] desatascar; **they** ~**ed the area of mines**

limpiaron el área de minas; **to ~ a space** hacer sitio; **to ~ the table** quitar la mesa; **to ~ one's throat** aclararse la garganta **- 2.** [remove] quitar **- 3.** [jump] saltar **- 4.** [pay] liquidar **- 5.** [authorize] aprobar **- 6.** [prove not guilty] declarar inocente; **to be ~ed of sthg** salir absuelto de algo **-7.** [cheque] conformar, dar por bueno **- 8.** [not touch]: **it must ~ the ground** no debe tocar el suelo. <> *vi* despejarse.

◆ **clear away** *vt sep* poner en su sitio.
◆ **clear off** *vi UK inf* largarse.
◆ **clear out** <> *vt sep* limpiar a fondo. <> *vi inf* largarse.
◆ **clear up** <> *vt sep* **- 1.** [room, mess] limpiar; [toys, books] recoger **- 2.** [disagreement] aclarar; [mystery] resolver. <> *vi* **- 1.** [weather] despejarse; [infection] desaparecer **- 2.** [tidy up] ordenar, recoger.

clearance ['klɪərəns] *n* **- 1.** [removal - of rubbish, litter] despeje *m*, limpieza *f*; [of slums, houses] eliminación *f* **- 2.** [permission] autorización *f*, permiso *m* **- 3.** [free space] distancia *f* libre.

clearance sale *n* (venta *f* de) liquidación *f*.

clear-cut *adj* [issue, plan] bien definido(da); [division] nítido(da).

clear-headed [-'hedɪd] *adj* lúcido(da).

clearing ['klɪərɪŋ] *n* claro *m*.

clearing bank *n UK* banco *m* de compensación.

clearing house *n* **- 1.** [bank] cámara *f* de compensación **- 2.** [organization] centro *m* de intercambio de información.

clearing up *n* limpieza *f*.

clearly ['klɪəlɪ] *adv* **- 1.** [gen] claramente **- 2.** [plainly] obviamente.

clearout ['klɪəraʊt] *n esp UK inf* limpieza *f*; **to have a ~** ordenar y tirar lo que no sirva.

clear-sighted [-'saɪtɪd] *adj* perspicaz.

clearway ['klɪəweɪ] *n UK carretera donde no se puede parar.*

cleavage ['kli:vɪdʒ] *n* [between breasts] escote *m*.

cleaver ['kli:və'] *n* cuchillo *m OR* cuchilla *f* de carnicero.

clef [klef] *n* clave *f*.

cleft [kleft] *n* grieta *f*.

cleft palate *n* fisura *f* de paladar.

clematis ['klemətɪs] *n* clemátide *f*.

clemency ['klemənsɪ] *n fml* [mercy] clemencia *f*.

clementine ['kleməntaɪn] *n* clementina *f*.

clench [klentʃ] *vt* apretar.

clergy ['klɜ:dʒɪ] *npl*: **the ~** el clero.

clergyman ['klɜ:dʒɪmən] (*pl* **-men** [-mən]) *n* clérigo *m*.

cleric ['klerɪk] *n* clérigo *m*.

clerical ['klerɪkl] *adj* **- 1.** [work] de oficina; [worker] administrativo(va) **- 2.** [in church] clerical.

clerk [*UK* klɑ:k, *US* klɜ:rk] *n* **- 1.** [in office] oficinista *m OR f* **- 2.** [in court] secretario *m*, escribano *m* **- 3.** *US* [shop assistant] dependiente *m*, -ta *f*.

clever ['klevə'] *adj* **- 1.** [intelligent] listo(ta), inteligente **- 2.** [idea, invention] ingenioso(sa); [with hands] hábil.

cleverly ['klevəlɪ] *adv* **- 1.** [intelligently] inteligentemente **- 2.** [skilfully] ingeniosamente.

cleverness ['klevənɪs] *n* [intelligence] inteligencia *f*.

cliché ['kli:ʃeɪ] *n* cliché *m*.

click [klɪk] <> *n* [of tongue, fingers] chasquido *m*; [of camera, door & *COMPUT*] clic *m*. <> *vt* [fingers, tongue] chasquear. <> *vi* **- 1.** [heels] sonar con un taconazo; [camera] dar un chasquido, hacer clic **- 2.** *inf* [fall into place]: **suddenly, it ~ed** pronto, caí en la cuenta **- 3.** *COMPUT* hacer clic; **to ~ on sthg** hacer clic en algo.

client ['klaɪənt] *n* cliente *m*, -ta *f*.

clientele [ˌkli:ən'tel] *n* clientela *f*.

cliff [klɪf] *n* [on coast] acantilado *m*; [inland] precipicio *m*.

cliffhanger ['klɪfˌhæŋə'] *n* [film, story] historia *f* de suspense.

climactic [klaɪ'mæktɪk] *adj* culminante.

climate ['klaɪmɪt] *n* [weather] clima *m*; *fig* [atmosphere] ambiente *m*.

climate change *n* cambio *m* climático.

climatic [klaɪ'mætɪk] *adj* climático(ca).

climax ['klaɪmæks] *n* [culmination] clímax *m*, culminación *f*.

climb [klaɪm] <> *n* [gen] subida *f*; [up mountain] escalada *f*. <> *vt* [stairs, ladder] subir; [tree] trepar a; [mountain] escalar. <> *vi* **- 1.** [clamber]: **to ~ over sthg** trepar por algo; **to ~ into sthg** meterse en algo **- 2.** [plant] trepar; [road, plane] subir **- 3.** [increase] subir.

◆ **climb down** *vi* apearse del burro.

climb-down *n* vuelta *f* atrás.

climber ['klaɪmə'] *n* **- 1.** [mountaineer] alpinista *m OR f*, andinista *m OR f Amér*; [rock climber] escalador *m*, -ra *f* **- 2.** [plant] enredadera *f*.

climbing ['klaɪmɪŋ] *n* montañismo *m*, alpinismo *m*, andinismo *m Amér*.

climbing frame *n UK barras de metal para que trepen los niños.*

climes [klaɪmz] *npl literary* parajes *mpl*.

clinch [klɪntʃ] *vt* [deal] cerrar.

cling [klɪŋ] (*pt* & *pp* **clung**) *vi* **- 1.** [hold tightly]: **to ~ (to)** agarrarse (a) **- 2.** [clothes, person]: **to ~ (to)** pegarse (a) **- 3.** [to ideas, principles]: **to ~ to** aferrarse a.

clingfilm ['klɪŋfilm] n UK film m de plástico adherente.

clinging ['klɪŋɪŋ] adj -1. [person, child] pegajoso(sa) - 2. [clothes] ajustado(da), ceñido(da).

clinic ['klɪnɪk] n clínica f.

clinical ['klɪnɪkl] adj -1. MED clínico(ca) - 2. [cold] frío(a).

clinically ['klɪnɪklɪ] adv -1. MEDclínicamente - 2. [coldly] fríamente.

clink [klɪŋk] <> n tintineo m. <> vi tintinear.

clip [klɪp] (pt & pp -ped, cont -ping) <> n -1. [for paper] clip m; [for hair] horquilla f; [on earring] cierre m - 2. [of film] fragmento m, secuencias fpl -3. [cut]: **to give sb's hair a ~** cortarle el pelo a alguien. <> vt -1. [fasten] sujetar - 2. [cut - lawn, newspaper cutting] recortar; [punch - tickets] picar - 3. inf [hit] dar un golpecito en.

clipboard ['klɪpbɔːd] n -1. [for writing] tabloncillo m con pinza sujetapapeles - 2. COMPUT portapapeles m inv.

clip-on adj [gen] de enganche; [earrings] de clip.

clipped [klɪpt] adj [staccato] entrecortado(da).

clippers ['klɪpəz] npl [for nails] cortaúñas m inv; [for hair] maquinilla f para cortar el pelo; [for hedges, grass] tijeras fpl de podar.

clipping ['klɪpɪŋ] n -1. [from newspaper] recorte m - 2. [of nails] pedazo m.

clique [kliːk] n pej camarilla f.

cloak [kləʊk] <> n -1. [garment] capa f - 2. [of secrecy] manto m. <> vt: **to be ~ed in** estar rodeado(da) de.

cloak-and-dagger adj de intriga.

cloakroom ['kləʊkrʊm] n -1. [for clothes] guardarropa m - 2. UK [toilets] servicios mpl.

clobber ['klɒbər] inf <> n UK (U) -1. [things] bártulos mpl, trastos mpl - 2. [clothes] indumentaria f, trapos mpl. <> vt atizar.

clock [klɒk] n -1. [timepiece] reloj m; **round the ~** día y noche, las 24 horas; **to put the ~ back** lit atrasar el reloj or la hora; fig retroceder en el tiempo; **to put the ~ forward** adelantar el reloj or la hora - 2. [mileometer] cuentakilómetros m inv.
◆ **clock in, clock on** vi UK fichar (a la entrada).
◆ **clock off, clock out** vi UK fichar (a la salida).
◆ **clock up** vt fus [miles etc] recorrer.

clock speed n COMPUT velocidad f de reloj.

clockwise ['klɒkwaɪz] adj & adv en el sentido de las agujas del reloj.

clockwork ['klɒkwɜːk] <> n: **to go like ~** ir sobre ruedas. <> comp de cuerda.

clod [klɒd] n terrón m.

clog [klɒg] (pt & pp -ged, cont -ging) vt atascar, obstruir.
◆ **clogs** npl zuecos mpl.
◆ **clog up** <> vt sep [drain, pipe] atascar; [eyes, nose] congestionar. <> vi atascarse.

clogged [klɒgd] adj [drains, roads] atascado(da); [pores] obstruido(da).

cloister ['klɔɪstər] n claustro m.

clone [kləʊn] <> n [gen & COMPUT] clon m. <> vt clonar.

cloning ['kləʊnɪŋ] n clonación f.

close¹ [kləʊs] <> adj -1. [near] cercano(na); **~ to** cerca de; **~ to tears/laughter** a punto de llorar/reír; **~ up, ~ to** de cerca; **~ by, ~ at hand** muy cerca; **we arrived on time, but it was a ~ shave** or **thing** llegamos a tiempo, pero por los pelos - 2. [relationship, friend] íntimo(ma); **to be ~ to sb** estar muy unido(da) a alguien - 3. [relative, family] cercano(na), próximo(ma); [resemblance]: **to bear a ~ resemblance to sb** parecerse mucho a alguien; [link, tie, cooperation] estrecho(cha) - 4. [questioning] minucioso(sa); [examination] detallado(da); [look] de cerca; **to keep a ~ watch on** vigilar de cerca - 5. [room, air] cargado(da); [weather] bochornoso(sa) - 6. [contest, race] reñido(da); [result] apretado(da). <> adv cerca; **~ to** cerca de. <> n [in street names] callejón m.
◆ **close on, close to** prep [almost] cerca de.

close² [kləʊz] <> vt -1. [gen] cerrar - 2. [meeting, conference] clausurar; [discussion, speech] acabar, terminar - 3. [gap] reducir. <> vi -1. [gen] cerrarse - 2. [shop] cerrar - 3. [meeting, film, day] terminar. <> n final m; **to bring sthg to a ~** dar por terminado algo; **to draw to a ~** tocar a su fin.
◆ **close down** <> vt sep cerrar (definitivamente). <> vi [factory etc] cerrarse (definitivamente).
◆ **close in** vi acercarse; **to ~ in on sthg/sb** rodear or cercar algo/a alguien.
◆ **close off** vt fus [road] cortar; [room] cerrar.

close-cropped [ˌkləʊs-] adj al rape.

closed [kləʊzd] adj cerrado(da).

closed circuit television n televisión f por circuito cerrado.

closedown ['kləʊzdaʊn] n cierre m.

closed shop n empresa donde sólo se contrata a afiliados de un determinado sindicato.

close-fitting [ˌkləʊs-] adj ajustado(da), ceñido(da).

close-knit [ˌkləʊs-] adj muy unido(da).

closely ['kləʊslɪ] adv -1. [of connection, relation etc] estrechamente; **to be ~ involved in sthg** estar

muy metido en algo; [resemble] mucho **-2.**
[carefully] atentamente.

closeness [ˈkləʊsnɪs] n **-1.** [nearness] proximidad f **-2.** [intimacy] intimidad f.

closeout [ˈkləʊzaʊt] n US liquidación f.

close quarters [ˌkləʊs-] npl: at ~ de cerca.

close season [ˈkləʊs-] n UK (temporada f de)
veda f.

closet [ˈklɒzɪt] <> adj inf en secreto. <> n **-1.**
US armario m **-2.** phr: to come out of the ~
declararse homosexual públicamente. <>
vt: to be ~ed with estar encerrado(da) con.

close-up [ˈkləʊs-] n primer plano m.

closing [ˈkləʊzɪŋ] adj final, último(ma).

closing date n fecha f límite.

closing price n precio m OR cotización f de
cierre.

closing time n hora f de cierre.

closure [ˈkləʊʒəʳ] n cierre m.

clot [klɒt] (pt & pp **-ted**, cont **-ting**) <> n **-1.** [in
blood] coágulo m **-2.** UK inf [fool] bobo m, -ba f
<> vi [blood] coagularse.

cloth [klɒθ] n **-1.** (U) [fabric] tela f **-2.** [piece of cloth]
trapo m.

clothe [kləʊð] vt fml vestir; ~d in vestido(da)
de.

clothes [kləʊðz] npl ropa f; to put one's ~ on
ponerse la ropa, vestirse; to take one's ~ off
quitarse la ropa, desvestirse.

clothes basket n cesta f de la ropa sucia.

clothes brush n cepillo m para la ropa.

clotheshorse [ˈkləʊðzhɔːs] n tendedero m
(plegable).

clothesline [ˈkləʊðzlaɪn] n cuerda f para
tender la ropa.

clothes peg UK, **clothespin** US [ˈkləʊðzpɪn]
n pinza f (para la ropa).

clothing [ˈkləʊðɪŋ] n ropa f.

clotted cream [ˌklɒtɪd-] n nata muy espesa
típica de Cornualles.

cloud [klaʊd] <> n nube f; to be under a ~
ser mirado con malos ojos; every ~ has a silver
lining no hay mal que por bien no venga. <>
vt **-1.** [mirror, window] empañar **-2.** [memory,
happiness] oscurecer **-3.** [mind] obnubilar; [issue]
complicar.
‣ **cloud over** vi lit & fig nublarse.

cloudburst [ˈklaʊdbɜːst] n chaparrón m.

cloudless [ˈklaʊdlɪs] adj despejado(da), sin
nubes.

cloudy [ˈklaʊdɪ] (compar **-ier**, superl **-iest**) adj **-1.**
[overcast] nublado(da) **-2.** [murky] turbio(bia) **-3.**
[confused - idea etc] vago(ga), impreciso(sa).

clout [klaʊt] inf <> n **-1.** [blow] bofetón m,
tortazo m **-2.** (U) [influence] influencia f. <> vt

dar un tortazo a.

clove [kləʊv] n: a ~ of garlic un diente de ajo.
‣ **cloves** npl [spice] clavos mpl.

clover [ˈkləʊvəʳ] n trébol m.

cloverleaf [ˈkləʊvəliːf] (pl **-leaves** [-liːvz]) n
[plant] hoja f de trébol.

clown [klaʊn] n **-1.** [performer] payaso m **-2.** [fool]
payaso m, -sa f.
‣ **clown around** vi hacer payasadas.

cloying [ˈklɔɪɪŋ] adj empalagoso(sa).

club [klʌb] (pt & pp **-bed**, cont **-bing**) <> n **-1.**
[organization, place] club m **-2.** [nightclub] discoteca
f **-3.** [weapon] porra f, garrote m **-4.**: (golf) ~
palo m de golf. <> comp del club. <> vt
apalear, aporrear.
‣ **clubs** npl [cards] tréboles mpl.
‣ **club together** vi UK recolectar dinero.

clubbing [ˈklʌbɪŋ] n: to go ~ ir de discotecas.

club car n US RAIL vagón m OR coche m club.

clubhouse [ˈklʌbhaʊs, pl **-haʊzɪz**] n [for golfers]
(edificio m del) club m.

club soda n US soda f.

club sandwich n US sandwich m de tres
pisos.

cluck [klʌk] vi **-1.** [hen] cloquear **-2.** [person]
chasquear la lengua.

clue [kluː] n **-1.** [in crime] pista f; not to have a ~
(about) no tener ni idea (de) **-2.** [explanation]
clave f **-3.** [in crossword] pregunta f, clave f.

clued-up [kluːd-] adj UK inf bien informa-
do(da), al tanto.

clueless [ˈkluːlɪs] adj UK inf: to be ~ (about) no
tener ni idea (de).

clump [klʌmp] <> n **-1.** [of bushes] mata f; [of
trees, flowers] grupo m **-2.** [sound] ruido m de
pisadas. <> vi: to ~ about andar pesadamente.

clumsily [ˈklʌmzɪlɪ] adv **-1.** [ungracefully] torpemente **-2.** [awkwardly, unskillfully] toscamente,
rudimentariamente **-3.** [tactlessly] torpemente, sin tacto.

clumsy [ˈklʌmzɪ] (compar **-ier**, superl **-iest**) adj **-1.**
[ungraceful] torpe **-2.** [unwieldy] difícil de manejar **-3.** [tactless] torpe, sin tacto.

clung [klʌŋ] pt & pt ⊳ **cling**.

cluster [ˈklʌstəʳ] <> n [group] grupo m; [of
grapes] racimo m. <> vi agruparse.

clutch [klʌtʃ] <> n AUT embrague m. <> vt
[hand] estrechar; [arm, baby] agarrar. <> vi: to
~ at sthg tratar de agarrarse a algo.
‣ **clutches** npl: in the ~ of en las garras
de.

clutch bag n bolso m de mano (sin asas).

clutter [ˈklʌtəʳ] <> n desorden m. <> vt cubrir
desordenadamente.

cm (*abbr of* **centimetre**) cm.

CNAA (*abbr of* **Council for National Academic Awards**) *n organismo británico independiente de las universidades que otorga títulos superiores.*

CND (*abbr of* **Campaign for Nuclear Disarmament**) *n organización británica contra el armamento nuclear.*

co- [kəʊ] *prefix* co-.

c/o (*abbr of* **care of**) c/d.

Co. -1. (*abbr of* **Company**) Cía. **-2.** *abbr of* County.

CO ⬦ *n* (*abbr of* **commanding officer**) *rango militar,* ≃ Cte. *m or f.* ⬦ *abbr of* **Colorado**.

coach [kəʊtʃ] ⬦ *n* **-1.** [bus] autocar *m* **-2.** RAIL vagón *m* **-3.** [horsedrawn] carruaje *m* **-4.** SPORT entrenador *m,* -ra *f* **-5.** [tutor] profesor *m,* -ra *f* particular **- 6.:** ~ **(class)** US clase *f* turista. ⬦ *vt* **-1.** SPORT entrenar **- 2.** [tutor] dar clases particulares a.

coaching [ˈkəʊtʃɪŋ] *n (U)* **-1.** SPORT entrenamiento *m* **-2.** [tutoring] clases *fpl* particulares.

coach trip *n UK* excursión *f* en autocar.

coagulate [kəʊˈægjʊleɪt] *vi* coagularse.

coal [kəʊl] *n* carbón *m.*

coalesce [ˌkəʊəˈles] *vi fml* fundirse.

coalface [ˈkəʊlfeɪs] *n* frente *m* de una mina de carbón.

coalfield [ˈkəʊlfiːld] *n* yacimiento *m* de carbón.

coalition [ˌkəʊəˈlɪʃn] *n* coalición *f.*

coalman [ˈkəʊlmæn] (*pl* **-men** [-men]) *n UK* carbonero *m.*

coalmine [ˈkəʊlmaɪn] *n* mina *f* de carbón.

coalminer [ˈkəʊlˌmaɪnəʳ] *n* minero *m* (de carbón).

coalmining [ˈkəʊlˌmaɪnɪŋ] *n* minería *f* del carbón.

coarse [kɔːs] *adj* **-1.** [skin, hair, sandpaper] áspero(ra); [fabric] basto(ta) **- 2.** [person, joke] ordinario(ria), guarango(ga) *Chile* & *RP.*

coarse fishing *n UK* pesca de río exceptuando a los salmónidos.

coarsen [ˈkɔːsn] ⬦ *vt* **-1.** [person, manners] embrutecer **- 2.** [make rough] curtir. ⬦ *vi* **-1.** [become vulgar] embrutecerse **- 2.** [become rough] curtirse.

coast [kəʊst] ⬦ *n* costa *f.* ⬦ *vi* **-1.** [in car] ir en punto muerto **- 2.** [progress easily]: **they ~ed into the semifinals** se metieron en las semifinales sin ningún esfuerzo.

coastal [ˈkəʊstl] *adj* costero(ra).

coaster [ˈkəʊstəʳ] *n* [small mat] posavasos *m inv.*

coastguard [ˈkəʊstgɑːd] *n* **-1.** [person] guardacostas *m or f inv* **-2.** [organization]: **the ~** los guardacostas (*pl*).

coastline [ˈkəʊstlaɪn] *n* litoral *m.*

coat [kəʊt] ⬦ *n* **-1.** [overcoat] abrigo *m,* sobretodo *m RP*; [for women] tapado *m RP*; [jacket] chaqueta *f* **- 2.** [of animal] pelo *m,* pelaje *m* **-3.** [layer] capa *f.* ⬦ *vt*: **to ~ sthg (with)** cubrir algo (de).

coat hanger *n* percha *f,* gancho *m CAm, Andes, Méx.*

coat hook *n* colgador *m.*

coating [ˈkəʊtɪŋ] *n* [of dust etc] capa *f*; [of chocolate, silver] baño *m.*

coat of arms (*pl* **coats of arms**) *n* escudo *m* de armas.

coauthor [kəʊˈɔːθəʳ] *n* coautor *m,* -ra *f.*

coax [kəʊks] *vt*: **to ~ sb (to do** OR **into doing sthg)** engatusar a alguien (para que haga algo).

coaxial cable [kəʊˈæksɪəl-] *n* COMPUT cable *m* coaxial.

cob [kɒb] ➪ **corn.**

cobalt [ˈkəʊbɔːlt] *n* **-1.** CHEM cobalto *m* **-2.** [colour] azul *m* cobalto.

cobble [ˈkɒbl] ➡ **cobble together** *vt sep* pergeñar (de cualquier manera).

cobbled [ˈkɒbld] *adj* adoquinado(da).

cobbler [ˈkɒbləʳ] *n* zapatero (remendón) *m,* zapatera *f.*

cobbles [ˈkɒblz], **cobblestones** [ˈkɒblstəʊnz] *npl* adoquines *mpl.*

Cobol [ˈkəʊbɒl] (*abbr of* **Common Business Orientated Language**) *n* COMPUT Cobol *m.*

cobra [ˈkəʊbrə] *n* cobra *f.*

cobweb [ˈkɒbweb] *n* telaraña *f (abandonada).*

Coca-Cola® [ˌkəʊkəˈkəʊlə] *n* Coca-Cola® *f.*

cocaine [kəʊˈkeɪn] *n* cocaína *f.*

cock [kɒk] ⬦ *n* **-1.** [male chicken] gallo *m* **- 2.** [male bird] macho *m* **-3.** [penis] *vulg* polla *f.* ⬦ *vt* **-1.** [gun] montar, amartillar **- 2.** [head] ladear. ➡ **cock up** *vt sep UK v inf* jorobar, fastidiar.

cock-a-hoop *adj inf* [delighted]: **to be ~** estar como unas castañuelas.

cockatoo [ˌkɒkəˈtuː] (*pl* **-s**) *n* cacatúa *f.*

cockerel [ˈkɒkrəl] *n* gallo *m* joven.

cocker spaniel [ˌkɒkə-] *n* cocker *m.*

cockeyed [ˈkɒkaɪd] *adj inf* **-1.** [lopsided] torcido(da) **- 2.** [foolish] disparatado(da).

cockfight [ˈkɒkfaɪt] *n* pelea *f* de gallos.

cockle [ˈkɒkl] *n* berberecho *m.*

Cockney [ˈkɒknɪ] (*pl* **Cockneys**) ⬦ *n* **-1.** [person] cockney *m or f, persona procedente del este de Londres* **-2.** [dialect, accent] cockney *m, dialecto del este de Londres.* ⬦ *comp* cockney, *del este de Londres.*

cockpit ['kɒkpɪt] n [in civil aviation] cabina f; MIL carlinga f.

cockroach ['kɒkrəʊtʃ] n cucaracha f.

cocksure [ˌkɒk'ʃʊəˈ] adj presuntuoso(sa).

cocktail ['kɒkteɪl] n cóctel m.

cocktail dress n vestido m de fiesta.

cocktail party n cóctel m.

cocktail shaker [-ˌʃeɪkəˈ] n coctelera f.

cocktail stick n palillo m.

cock-up n v inf pifia f.

cocky ['kɒkɪ] (compar -ier, superl -iest) adj inf chulo(la).

cocoa ['kəʊkəʊ] n -1. [powder] cacao m -2. [drink] chocolate m.

coconut ['kəʊkənʌt] n coco m.

cocoon [kə'ku:n] <> n -1. ZOOL capullo m -2. fig [protective environment]: **to live in a** ~ vivir entre algodones. <> vt fig arropar.

cod [kɒd] (pl inv OR -s) n bacalao m.

COD (abbr of cash on delivery) entrega contra reembolso.

code [kəʊd] <> n -1. [gen] código m -2. [for telephone] prefijo m. <> vt -1. [encode] codificar, cifrar - 2. [give identifier to] clasificar.

coded ['kəʊdɪd] adj codificado(da).

codeine ['kəʊdi:n] n codeína f.

code name n nombre m en clave.

code of practice n código m (de ética) profesional.

cod-liver oil n aceite m de hígado de bacalao.

codswallop ['kɒdzˌwɒləp] n (U) UK inf bobadas fpl.

coed [ˌkəʊ'ed] <> adj (abbr of coeducational) mixto(ta). <> n -1. US (abbr of coeducational student) estudiante de un colegio mixto - 2. UK (abbr of coeducational school) colegio mixto.

coeducational [ˌkəʊedju:'keɪʃənl] adj mixto(ta).

coefficient [ˌkəʊɪ'fɪʃnt] n coeficiente m.

coerce [kəʊ'ɜ:s] vt: **to ~ sb (into doing sthg)** coaccionar a alguien (para que haga algo).

coercion [kəʊ'ɜ:ʃn] n coacción f.

coexist [ˌkəʊɪg'zɪst] vi coexistir.

coexistence [ˌkəʊɪg'zɪstəns] n coexistencia f.

C of E (abbr of Church of England) n UK iglesia anglicana; **she's** ~ es anglicana.

coffee ['kɒfɪ] n café m.

coffee bar n UK cafetería f.

coffee beans npl granos mpl de café.

coffee break n descanso m para el café.

coffee cake n US sweet, rich cake often made with nuts and dried fruit, usually served with coffee.

coffee cup n taza f de café.

coffee machine n cafetera f (máquina).

coffee mill n molinillo m de café.

coffee morning n UK reunión matinal, generalmente benéfica, en la que se sirve café.

coffeepot ['kɒfɪpɒt] n cafetera f (para servir).

coffee shop n - 1. UK [shop] cafetería f - 2. US [restaurant] café m.

coffee table n mesita f baja (de salón).

coffee-table book n libro grande con fotografías o ilustraciones que se coloca a la vista, generalmente sobre la mesita del salón.

coffers ['kɒfəz] npl arcas fpl.

coffin ['kɒfɪn] n ataúd m.

cog [kɒg] n [tooth on wheel] diente m; [wheel] rueda f dentada; **a** ~ **in the machine** una pieza insignificante del engranaje.

cogent ['kəʊdʒənt] adj contundente, convincente.

cogitate ['kɒdʒɪteɪt] vi fml meditar.

cognac ['kɒnjæk] n coñac m.

cognitive ['kɒgnɪtɪv] adj cognitivo(va), cognoscitivo(va).

cogwheel ['kɒgwi:l] n rueda f dentada.

cohabit [ˌkəʊ'hæbɪt] vi fml: **to** ~ **(with)** cohabitar (con).

coherent [kəʊ'hɪərənt] adj coherente.

coherently [kəʊ'hɪərəntlɪ] adv coherentemente.

cohesion [kəʊ'hi:ʒn] n cohesión f.

cohesive [kəʊ'hi:sɪv] adj [group] unido(da).

cohort ['kəʊhɔ:t] n pej acólito m, -ta f, secuaz m OR f.

COI (abbr of Central Office of Information) n oficina gubernamental británica de información al público.

coil [kɔɪl] <> n - 1. [of rope, wire] rollo m; [of hair] tirabuzón m; [of smoke] espiral f - 2. ELEC bobina f - 3. UK [contraceptive device] DIU m, espiral f. <> vi enrollarse, enroscarse. <> vt enrollar, enroscar.

 ➤ **coil up** vt sep enrollar.

coiled [kɔɪld] adj [rope etc] enrollado(da); [spring] en espiral.

coin [kɔɪn] <> n moneda f. <> vt [invent] acuñar; **to** ~ **a phrase** ... como se suele decir ...

coinage ['kɔɪnɪdʒ] n - 1. [currency] moneda f - 2. [invention] palabra f de nuevo cuño.

coin-box n depósito m de monedas.

coincide [ˌkəʊɪn'saɪd] vi: **to** ~ **(with)** coincidir (con).

coincidence [kəʊ'ɪnsɪdəns] n coincidencia f.

coincidental [kəʊˌɪnsɪˈdentl] adj fortuito(ta).

coincidentally [kəʊˌɪnsɪˈdentəlɪ] adv: ~ his name was the same as mine dio la coincidencia de que tenía el mismo nombre que yo.

coin-operated [-ˈɒpəˌreɪtɪd] adj que funciona con monedas.

coitus [ˈkəʊɪtəs] n fml coito m.

coke [kəʊk] n -1. [fuel] coque m -2. drugs sl coca f.

Coke® [kəʊk] n Coca-Cola® f.

Col. (abbr of colonel) Col.

cola [ˈkəʊlə] n (bebida f de) cola f.

colander [ˈkʌləndəʳ] n colador m, escurridor m.

cold [kəʊld] <> adj frío(a); it's ~ hace frío; my hands are ~ tengo las manos frías; I'm ~ tengo frío; to get ~ enfriarse. <> n -1. [illness] resfriado m, constipado m; to catch (a) ~ resfriarse, coger un resfriado -2. [low temperature] frío m.

cold-blooded [-ˈblʌdɪd] adj -1. [animal] de sangre fría -2. [person] despiadado(da); [killing] a sangre fría.

cold cream n crema f limpiadora.

cold cuts npl esp US embutidos mpl, fiambres mpl.

cold feet npl: he got ~ inf se echó atrás.

cold-hearted [-ˈhɑːtɪd] adj [person] duro(ra) de corazón; [action] despiadado(da).

coldly [ˈkəʊldlɪ] adv con frialdad.

coldness [ˈkəʊldnɪs] n frialdad f.

cold shoulder n: to give sb the ~ inf dar de lado a alguien Esp, hacer el vacío a alguien.

cold sore n calentura f.

cold storage n [of food] conservación f en frío.

cold sweat n sudor m frío.

cold war n: the ~ la guerra fría.

coleslaw [ˈkəʊlslɔː] n ensalada de col, zanahoria, cebolla y mayonesa.

colic [ˈkɒlɪk] n cólico m.

collaborate [kəˈlæbəreɪt] vi: to ~ (with) colaborar (con).

collaboration [kəˌlæbəˈreɪʃn] n -1. [teamwork]: ~ (with) colaboración f (con) -2. pej [with enemy]: ~ (with) colaboracionismo m (con).

collaborative [kəˈlæbərətɪv] adj de colaboración.

collaborator [kəˈlæbəreɪtəʳ] n -1. [colleague] colaborador m, -ra f -2. pej [traitor] colaboracionista m or f.

collage [ˈkɒlɑːʒ] n collage m.

collagen [ˈkɒlədʒən] n colágeno m.

collapse [kəˈlæps] <> n -1. [of building] derrumbamiento m, desplome m; [of roof] hundimiento m -2. [of marriage, system] fracaso m; [of government, currency] caída f; [of empire] derrumbamiento m -3. med colapso m. <> vi -1. [building, person] derrumbarse, desplomarse; [roof, prices] hundirse; to ~ with laughter partirse de risa -2. [plan, business] venirse abajo -3. med sufrir un colapso -4. [fold up] plegarse.

collapsible [kəˈlæpsəbl] adj plegable.

collar [ˈkɒləʳ] <> n -1. [on clothes] cuello m -2. [for dog] collar m -3. tech collar m. <> vt inf [subj: police] pescar, cazar; [subj: boss etc] pillar, parar.

collarbone [ˈkɒləbəʊn] n clavícula f.

collate [kəˈleɪt] vt -1. [compare] cotejar -2. [put in order] poner en orden.

collateral [kɒˈlætərəl] n garantía f subsidiaria, seguridad f colateral.

collateral damage n mil (U) daños mpl colaterales.

collation [kəˈleɪʃn] n -1. [comparison] cotejo m -2. [ordering] ordenación f.

colleague [ˈkɒliːg] n colega m or f.

collect [kəˈlekt] <> vt -1. [gather together] reunir, juntar; to ~ o.s. concentrarse -2. [as a hobby] coleccionar -3. [go to get - person, parcel] recoger -4. [money, taxes] recaudar. <> vi -1. [gather] congregarse, reunirse -2. [accumulate] acumularse -3. [for charity, gift] hacer una colecta. <> adv US telec: to call (sb) ~ llamar (a alguien) a cobro revertido.

◆ **collect up** vt sep recoger.

collectable [kəˈlektəbl] <> adj interesante para un coleccionista. <> n pieza f interesante para un coleccionista.

collected [kəˈlektɪd] adj -1. [calm] sosegado(da) -2. liter: ~ works obras fpl completas.

collecting [kəˈlektɪŋ] n [hobby] coleccionismo m.

collection [kəˈlekʃn] n -1. [of stamps, art etc] colección f -2. [of poems, stories etc] recopilación f -3. [of rubbish, mail] recogida f; [of taxes] recaudación f -4. [of money] colecta f.

collective [kəˈlektɪv] <> adj colectivo(va). <> n colectivo m.

collective bargaining n negociación f colectiva.

collectively [kəˈlektɪvlɪ] adv colectivamente.

collective ownership n propiedad f colectiva.

collector [kəˈlektəʳ] n -1. [as a hobby] coleccionista m or f -2. [of taxes] recaudador m, -ra f -3. [of debts, rent] cobrador m, -ra f.

collector's item n pieza f de coleccionista.

college [ˈkɒlɪdʒ] n -1. [for further education] instituto m, escuela f -2. US [university] universidad f -3. UK [of university] colegio universitario *que forma parte de ciertas universidades* **- 4.** [organized body] colegio *m.* ⋄ *comp* universitario(ria).

college of education *n UK escuela de formación de profesores de enseñanza primaria y secundaria.*

collide [kə'laɪd] *vi:* to ~ (with) [gen] chocar (con); [vehicles] colisionar *OR* chocar (con).

collie ['kɒlɪ] *n* collie *m.*

colliery ['kɒljərɪ] (*pl* -ies) *n* mina *f* de carbón.

collision [kə'lɪʒn] *n lit & fig:* ~ (with/between) choque *m* (con/entre), colisión *f* (con/entre); **to be on a** ~ **course (with)** *fig* estar al borde del enfrentamiento (con).

collision damage waiver *n* franquicia *f.*

colloquial [kə'ləʊkwɪəl] *adj* coloquial.

collude [kə'luːd] *vi:* to ~ with estar en connivencia con.

collusion [kə'luːʒn] *n:* in ~ with en connivencia con.

cologne [kə'ləʊn] *n* colonia *f.*

Cologne [kə'ləʊn] *n* Colonia.

Colombia [kə'lɒmbɪə] *n* Colombia.

Colombian [kə'lɒmbɪən] ⋄ *adj* colombiano(na). ⋄ *n* colombiano *m,* -na *f.*

Colombo [kə'lʌmbəʊ] *n* Colombo.

colon ['kəʊlən] *n* **- 1.** *ANAT* colon *m* **- 2.** [punctuation mark] dos puntos *mpl.*

colonel ['kɜːnl] *n* coronel *m OR f.*

colonial [kə'ləʊnjəl] *adj* colonial.

colonialism [kə'ləʊnjəlɪzm] *n* colonialismo *m.*

colonic irrigation [kɒ'lɒnɪk-] *n* irrigación *f* de colon.

colonist ['kɒlənɪst] *n* colono *m.*

colonize, -ise ['kɒlənaɪz] *vt* colonizar.

colonnade [,kɒlə'neɪd] *n* columnata *f.*

colony ['kɒlənɪ] (*pl* -ies) *n* colonia *f.*

color *etc US* = colour *etc.*

Colorado [,kɒlə'rɑːdəʊ] *n* Colorado.

colorado beetle *n* escarabajo *m* de la patata.

colossal [kə'lɒsl] *adj* colosal.

colostomy [kə'lɒstəmɪ] (*pl* -ies) *n* colostomía *f.*

colour *UK,* **color** *US* ['kʌləʳ] ⋄ *n* color *m;* **what** ~ **is it?** ¿de qué color es?; **in** ~ [magazine] a color; [film] en color; **to change** ~ cambiar de color. ⋄ *adj* en color. ⋄ *vt* **- 1.** [give colour to] dar color a; [with pen, crayon] colorear **- 2.** [dye] teñir **- 3.** [affect] influenciar. ⋄ *vi* [blush] ruborizarse.

➥ **colours** *npl* colores *mpl.*

➥ **colour in** *vt sep* colorear.

colour bar *n* discriminación *f* racial.

colour-blind *adj* daltónico(ca).

colour-coded *adj* identificado(da) por color.

coloured *UK,* **colored** *US* ['kʌləd] *adj* **- 1.** [pens, sheets etc] de colores **- 2.** [with stated colour]: **maroon-**~ de color granate; **brightly-**~ de vivos colores **- 3.** [person - black] de color.

colourfast *UK,* **colorfast** *US* ['kʌləfɑːst] *adj* que no destiñe.

colourful *UK,* **colorful** *US* ['kʌləfʊl] *adj* **- 1.** [brightly coloured] de vivos colores **- 2.** [story] animado(da) **- 3.** [person] pintoresco(ca) **- 4.** [language] expresivo(va).

colouring *UK,* **coloring** *US* ['kʌlərɪŋ] *n* **- 1.** [in food] colorante *m* **- 2.** [complexion, hair] tez *f* **- 3.** [of animal's skin] color *m,* coloración *f.*

colourless *UK,* **colorless** *US* ['kʌləlɪs] *adj* **- 1.** [not coloured] incoloro(ra) **- 2.** *fig* [uninteresting] soso(sa), anodino(na).

colour scheme *n* combinación *f* de colores.

colour supplement *n UK* suplemento *m* en color.

colour television *n* televisión *f* en color.

colt [kəʊlt] *n* potro *m.*

column ['kɒləm] *n* **- 1.** [gen] columna *f* **- 2.** [of people, vehicles] hilera *f.*

columnist ['kɒləmnɪst] *n* columnista *m OR f.*

coma ['kəʊmə] *n* coma *m.*

comatose ['kəʊmətəʊs] *adj MED* comatoso(sa).

comb [kəʊm] ⋄ *n* peine *m.* ⋄ *vt lit & fig* peinar.

combat ['kɒmbæt] ⋄ *n* combate *m.* ⋄ *vt* combatir.

combative ['kɒmbətɪv] *adj* combativo(va).

combination [,kɒmbɪ'neɪʃn] *n* combinación *f.*

combination lock *n* cerradura *f* de combinación.

combine [*vb* kəm'baɪn, *n* 'kɒmbaɪn] ⋄ *vt:* to ~ sthg (with) combinar algo (con). ⋄ *vi* combinarse, unirse. ⋄ *n* **- 1.** [group] grupo *m* **- 2.** = combine harvester.

combine harvester [-'hɑːvɪstəʳ] *n* cosechadora *f.*

combustible [kəm'bʌstəbl] *adj* combustible.

combustion [kəm'bʌstʃn] *n* combustión *f.*

come [kʌm] (*pt* came, *pp* come) *vi* **- 1.** [move] venir; [arrive] llegar; **coming!** ¡ahora voy!; **the news came as a shock** la noticia constituyó un duro golpe; **the time has** ~ ha llegado la hora; **he doesn't know whether he's coming or going** *fig* no sabe si va o viene **- 2.** [reach]: **to** ~ **up/ down to** llegar hasta; **the water came up to her thighs** el agua le llegaba hasta los muslos **- 3.** [happen] pasar; ~ **what may** pase lo que pase; **how did you** ~ **to fail your exam?** ¿cómo es que suspendiste el examen? **- 4.** [become]: **to** ~ **true** hacerse realidad; **to** ~ **unstuck** despegarse; **my shoelaces have** ~ **undone** se me han desatado los cordones **- 5.** [begin gradually]: **to ~ to do sthg** llegar a hacer algo **- 6.** [be placed in order]: **to ~ first/last in a race** llegar el primero/el último en una carrera; **she came second in the exam** quedó segunda en el examen; **P ~s before Q** la P viene antes de la Q **- 7.** *v inf* [sexually] correrse **- 8.** *phr:* **~ to think of it** ahora que lo pienso.

◆ **to come** *adv:* **in (the) days/years to ~** en días/años venideros.

◆ **come about** *vi* [happen] pasar, ocurrir.

◆ **come across** ◇ *vt fus* [find] encontrar. ◇ *vi* [speaker, message]: **to ~ across well/badly** causar buena/mala impresión; **to ~ across as sthg** resultar ser algo.

◆ **come along** *vi* **-1.** [arrive by chance - opportunity] surgir; [- bus] aparecer, llegar **- 2.** [progress] ir; **the project is coming along nicely** el proyecto va muy bien **- 3.** *phr:* **~ along!** [expressing encouragement] ¡venga!; [hurry up] ¡date prisa!

◆ **come apart** *vi* deshacerse.

◆ **come at** *vt fus* [attack] atacar.

◆ **come back** *vi* **-1.** [return] volver **- 2.** [in talk, writing]: **to ~ back to sthg** volver a algo **- 3.** [memory]: **to ~ back to sb** volverle a la memoria a alguien **- 4.** [become fashionable again] volver a estar de moda.

◆ **come by** *vt fus* **-1.** [get, obtain] conseguir **- 2.** [visit, drop in on]: **they came by our house** se pasaron por nuestra casa.

◆ **come down** *vi* **-1.** [from upstairs] bajar **- 2.** [decrease] bajar **- 3.** [descend - plane, parachutist] aterrizar; [- rain] caer.

◆ **come down to** *vt fus* reducirse a.

◆ **come down with** *vt fus* coger, agarrar *(enfermedad)*.

◆ **come forward** *vi* presentarse.

◆ **come from** *vt fus* [noise etc] venir de; [person] ser de.

◆ **come in** *vi* **-1.** [enter] entrar, pasar; **~ in!** ¡pase! **- 2.** [arrive - train, letters, donations] llegar **- 3.** [be involved] entrar; **it's a good plan, but where do I ~ in?** el plan está bien pero ¿dónde encajo yo? **- 4.** [be introduced] entrar en vigor.

◆ **come in for** *vt fus* [criticism etc] recibir, llevarse.

◆ **come into** *vt fus* **-1.** [inherit] heredar **- 2.** [begin to be]: **to ~ into being** nacer, ver la luz; **to ~ into force** entrar en vigor; **to ~ into sight** vislumbrarse.

◆ **come of** *vt fus* [result from] resultar de; **what came of your plans?** ¿qué fue de tus planes?

◆ **come off** ◇ *vi* **-1.** [button] descoserse; [label] despegarse; [lid] soltarse; [stain] quitarse **- 2.** [plan, joke] salir bien, dar resultado **- 3.** [person]: **to ~ off well/badly** salir bien/mal parado. ◇ *vt fus* **-1.** [medicine] dejar de tomar **- 2.** *phr:* **~ off it!** *inf* ¡venga ya!

◆ **come on** *vi* **-1.** [start] empezar; **I think I have a cold coming on** creo que me estoy constipando **- 2.** [start working - lights, heating] encenderse **- 3.** [progress] ir; **it's coming on nicely** va muy bien **- 4.** *phr:* **~ on!** [expressing encouragement, urging haste] ¡vamos!; [expressing disbelief] ¡venga ya!

◆ **come out** *vi* **-1.** [screw, tooth] caerse **- 2.** [stain] quitarse **- 3.** [become known] salir a la luz **- 4.** [appear - product, book, sun] salir; [- film] estrenarse **- 5.** [in exam, race etc] terminar, acabar; **who came out on top?** ¿quién acabó ganando? **- 6.** [go on strike] ponerse en huelga **- 7.** [declare publicly]: **to ~ out for/against sthg** declararse a favor/en contra de algo **- 8.** [as homosexual] declararse homosexual **- 9.** [photograph] salir.

◆ **come out in** *vt fus:* **she has ~ out in spots** le han salido unos granos.

◆ **come out with** *vt fus* [remark] decir.

◆ **come over** ◇ *vt fus* [subj: feeling] sobrevenir; **I don't know what has ~ over her** no sé qué le pasa. ◇ *vi* [to visit] pasarse.

◆ **come round** *vi* **-1.** [to visit] pasarse **- 2.** [change opinion]: **to ~ round (to sthg)** terminar por aceptar (algo) **- 3.** [regain consciousness] volver en sí **- 4.** [happen] volver.

◆ **come through** ◇ *vt fus* [difficult situation, period] pasar por, atravesar; [operation, war] sobrevivir a. ◇ *vi* **-1.** [arrive] llegar **- 2.** [survive] sobrevivir.

◆ **come to** ◇ *vt fus* **-1.** [reach]: **to ~ to an end** tocar a su fin; **to ~ to power** subir al poder; **to ~ to a decision** alcanzar una decisión **- 2.** [amount to] ascender a; **the plan came to nothing** el plan se quedó en nada **- 3.** [subj: memory, thought]: **the idea suddenly came to me** se me ocurrió la idea de pronto. ◇ *vi* [regain consciousness] volver en sí.

◆ **come under** *vt fus* **-1.** [be governed by] estar bajo **- 2.** [heading in book etc] venir en, ir bajo **- 3.** [suffer]: **to ~ under attack** ser atacado.

◆ **come up** *vi* **-1.** [name, topic, opportunity] surgir **- 2.** [be imminent] estar al llegar **- 3.** [sun, moon] salir.

◆ **come up against** *vt fus* tropezarse OR toparse con.

◆ **come upon** *vt fus* [find] cruzarse con, encontrar.

◆ **come up to** *vt fus* **-1.** [approach - in space] acercarse a; [- in time]: **it's coming up to Christ-**

mas/six o'clock nos acercamos a la Navidad/a las seis de la tarde - **2.** [expectations] estar a la altura de.

➡ **come up with** *vt fus* [idea] salir con; [solution] encontrar.

comeback ['kʌmbæk] *n* [return] reaparición *f*; **to make a ~** [fashion] volver (a ponerse de moda); [actor] hacer una reaparición; [in match] recuperarse.

Comecon ['kɒmɪkɒn] (*abbr of* **Council for Mutual Economic Aid**) *n* CAME *m*.

comedian [kə'miːdjən] *n* cómico *m*, humorista *m*.

comedienne [kə,miːdɪ'en] *n* cómica *f*, humorista *f*.

comedown ['kʌmdaʊn] *n inf* degradación *f*.

comedy ['kɒmədɪ] (*pl* -ies) *n* - **1.** [film, play] comedia *f*; [on television] serie *f* de humor - **2.** [humorous entertainment] humorismo *m* - **3.** [amusing nature] comicidad *f*.

comely ['kʌmlɪ] *adj literary* hermoso(sa), bello(lla).

come-on *n*: **to give sb the ~** *inf* insinuarse a alguien.

comet ['kɒmɪt] *n* cometa *m*.

come-uppance [,kʌm'ʌpəns] *n*: **to get one's ~** *inf* llevarse uno su merecido.

comfort ['kʌmfət] <> *n* - **1.** [gen] comodidad *f*; **we managed it, but it was a bit too close for ~** lo conseguimos, pero por poco - **2.** [solace] consuelo *m*. <> *vt* consolar, confortar.

comfortable ['kʌmftəbl] *adj* - **1.** [gen] cómodo(da) - **2.** [financially secure] acomodado(da) - **3.** [after operation, accident] en estado satisfactorio - **4.** [victory, job, belief] fácil; [lead, majority] amplio(plia); **it's a ~ hour's walk away** está a una buena hora de camino.

comfortably ['kʌmftəblɪ] *adv* - **1.** [sit, sleep] cómodamente - **2.** [without financial difficulty] sin aprietos; **~ off** acomodado(da) - **3.** [easily] fácilmente.

comforter ['kʌmfətər] *n* - **1.** [for baby] chupete *m* - **2.** *US* [quilt] edredón *m*.

comforting ['kʌmfətɪŋ] *adj* reconfortante.

comfort station *n US euphemism* aseos *mpl*.

comfy ['kʌmfɪ] (*compar* -ier, *superl* -iest) *adj inf* cómodo(da).

comic ['kɒmɪk] <> *adj* cómico(ca). <> *n* - **1.** [comedian] cómico *m*, -ca *f*, humorista *m OR f* - **2.** [magazine - for children] tebeo *m*; [- for adults] cómic *m*.

➡ **comics** *npl US* [in newspaper] sección *f* de tiras cómicas.

comical ['kɒmɪkl] *adj* cómico(ca).

comic strip *n* tira *f* cómica.

coming ['kʌmɪŋ] <> *adj* [future] próximo(ma). <> *n*: **~s and goings** idas *fpl* y venidas.

comma ['kɒmə] *n* coma *f*.

command [kə'mɑːnd] <> *n* - **1.** [order] orden *f* - **2.** (*U*) [control] mando *m*; **to be in ~ of** [of people, tasks, operations] estar al mando de; [of senses] tener pleno dominio de - **3.** [of language, skill] dominio *m*; **to have sthg at one's ~** dominar algo - **4.** *COMPUT* comando *m*. <> *vt* - **1.** [order]: **to ~ sb (to do sthg)** ordenar *OR* mandar a alguien (que haga algo) - **2.** *MIL* [control] comandar - **3.** [deserve - respect, attention] hacerse acreedor(ra) de; [- high price] alcanzar.

commandant [,kɒmən'dænt] *n* comandante *m OR f*.

commandeer [,kɒmən'dɪər] *vt* requisar.

commander [kə'mɑːndər] *n* - **1.** [in army] comandante *m OR f* - **2.** [in navy] capitán *m*, -ana *f* de fragata.

commander in chief (*pl* **commanders in chief**) *n* comandante *m OR f* en jefe.

commanding [kə'mɑːndɪŋ] *adj* - **1.** [lead, position, height] dominante - **2.** [voice, manner] autoritario(ria).

commanding officer *n* oficial *m OR f* al mando.

commandment [kə'mɑːndmənt] *n RELIG* mandamiento *m*.

command module *n* módulo *m* de mando.

commando [kə'mɑːndəʊ] (*pl* -s *OR* -es) *n* comando *m*.

command performance *n obra teatral representada a petición del jefe de estado o rey.*

commemorate [kə'meməreɪt] *vt* conmemorar.

commemoration [kə,memə'reɪʃn] *n* conmemoración *f*.

commemorative [kə'memərətɪv] *adj* conmemorativo(va).

commence [kə'mens] *fml* <> *vt*: **to ~ (doing sthg)** comenzar *OR* empezar (a hacer algo). <> *vi* comenzar, empezar.

commencement [kə'mensmənt] *n fml* inicio *m*, comienzo *m*.

commend [kə'mend] *vt* - **1.** [praise] alabar - **2.** [recommend]: **to ~ sthg (to)** recomendar algo (a).

commendable [kə'mendəbl] *adj* admirable, loable.

commendation [,kɒmen'deɪʃn] *n* [special award] distinción *f*, mención *f*.

commensurate [kə'menʃərət] *adj fml*: **~ with** acorde *OR* en proporción con.

comment ['kɒment] <> *n* comentario *m*; **no**

~ sin comentarios. <> *vt*: to ~ that comentar que. <> *vi* comentar; to ~ on hacer comentarios sobre.

commentary ['kɒməntrɪ] (*pl* -ies) *n* -1. [on match, event] comentarios *mpl* -2. [analysis] comentario *m*.

commentate ['kɒmənteɪt] *vi* RADIO & TV: to ~ (on sthg) hacer de comentarista (de algo).

commentator ['kɒmənteɪtə^r] *n* comentarista *m* OR *f*.

commerce ['kɒmɜːs] *n* (U) comercio *m*.

commercial [kə'mɜːʃl] <> *adj* comercial. <> *n* anuncio *m* (*televisivo o radiofónico*).

commercial bank *n* banco *m* comercial.

commercial break *n* pausa *f* publicitaria.

commercialism [kə'mɜːʃəlɪzml] *n* comercialismo *m*.

commercialize, -ise [kə'mɜːʃəlaɪz] *vt* comercializar.

commercialized [kə'mɜːʃəlaɪzd] *adj* comercializado(da).

commercially [kə'mɜːʃəlɪ] *adv* comercialmente.

commercial television *n* UK televisión *f* comercial.

commercial traveller *n* UK dated viajante *m* OR *f* de comercio.

commercial vehicle *n* UK vehículo *m* de transporte de mercancías.

commie ['kɒmɪ] *inf pej* <> *adj* rojo(ja), comunista. <> *n* rojo *m*, -ja *f*, comunista *m* OR *f*.

commiserate [kə'mɪzəreɪt] *vi*: I ~ ed with her le dije cuánto lo sentía.

commiseration [kə,mɪzə'reɪʃn] *n* conmiseración *f*; my ~s cuánto lo siento.

commission [kə'mɪʃn] <> *n* -1. [money, investigative body] comisión *f* -2. [piece of work] encargo *m*. <> *vt* encargar; to ~ sb (to do sthg) encargar a alguien (que haga algo).

commissionaire [kə,mɪʃə'neə^r] *n* UK portero *m* (uniformado).

commissioned officer [kə'mɪʃnd-] *n* oficial *o* suboficial (*salvo sargentos*) del ejército.

commissioner [kə'mɪʃnə^r] *n* comisario *m*, -ria *f*.

commit [kə'mɪt] (*pt* & *pp* -ted, *cont* -ting) *vt* -1. [crime, sin etc] cometer -2. [pledge - money, resources] destinar; to ~ o.s. (to) comprometerse (a) -3. [consign - to mental hospital] ingresar; to ~ sb to prison encarcelar a alguien; to ~ sthg to memory aprender algo de memoria.

commitment [kə'mɪtmənt] *n* compromiso *m*.

committed [kə'mɪtɪd] *adj* comprometido(da); ~ to the cause entregado(da) a la causa.

committee [kə'mɪtɪ] *n* comisión *f*, comité *m*.

commode [kə'məʊd] *n* [with chamber pot] silla *f* con orinal incorporado.

commodity [kə'mɒdətɪ] (*pl* -ies) *n* producto *m* básico.

commodity market *n* mercado *m* de materias primas.

common ['kɒmən] <> *adj* -1. [gen]: ~ (to) común (a) -2. [ordinary - man, woman] corriente, de la calle -3. UK pej [vulgar] vulgar, ordinario(ria). <> *n* campo *m* común.

→ in common *adv* en común.

Common Agricultural Policy *n* POL Política *f* Agrícola Común.

commoner ['kɒmənə^r] *n* plebeyo *m*, -ya *f*.

common good *n*: for the ~ para el bien común.

common ground *n* puntos *mpl* en común.

common knowledge *n*: it's ~ es de todos sabido, es del dominio público.

common law *n* derecho *m* consuetudinario.

→ **common-law** *adj* [wife, husband] de hecho.

commonly ['kɒmənlɪ] *adv* generalmente, comúnmente.

Common Market *n*: the ~ el Mercado Común.

commonplace ['kɒmənpleɪs] *adj* corriente, común.

common room *n* [for pupils] sala *f* de estudiantes; [for teachers] sala *f* de profesores.

Commons ['kɒmənz] *npl* UK: the ~ la Cámara de los Comunes.

common sense *n* sentido *m* común.

Commonwealth ['kɒmənwelθ] *n*: the ~ la Commonwealth.

Commonwealth of Independent States *n*: the ~ la Comunidad de Estados Independientes.

commotion [kə'məʊʃn] *n* alboroto *m*.

communal ['kɒmjʊnl] *adj* comunal.

commune [*n* 'kɒmjuːn, *vb* kə'mjuːn] <> *n* comuna *f*. <> *vi*: to ~ with estar en comunión OR comulgar con.

communicate [kə'mjuːnɪkeɪt] <> *vt* transmitir, comunicar. <> *vi*: to ~ (with) comunicarse (con).

communicating [kə'mjuːnɪkeɪtɪŋ] *adj* [door] que comunica.

communication [kə,mjuːnɪ'keɪʃn] *n* -1. [contact] comunicación *f* -2. [letter, phone call] comunicado *m*.

→ **communications** *npl* comunicaciones *fpl*.

communication cord *n* UK alarma *f* (*de un tren o metro*).

communications satellite *n* satélite *m* de comunicaciones.

communications technology *n* tecnología *f* de las comunicaciones.

communicative [kə'mju:nɪkətɪv] *adj* comunicativo(va).

communicator [kə'mju:nɪkeɪtə'] *n*: **a good/ bad** ~ una persona con/sin dotes para comunicar ideas.

communion [kə'mju:njən] *n* [communication] comunión *f*.
 ➤ **Communion** *n (U) RELIG* comunión *f*.

communiqué [kə'mju:nɪkeɪ] *n* comunicado *m*.

Communism ['kɒmjʊnɪzm] *n* comunismo *m*.

Communist ['kɒmjʊnɪst] <> *adj* comunista. <> *n* comunista *m or f*.

community [kə'mju:nətɪ] *(pl* -ies) *n* comunidad *f*.

community centre *n* centro *m* social.

community home *n UK* centro *m* docente para delincuentes menores de edad.

community policing *n fomento de las buenas relaciones entre policía y vecindario.*

community service *n (U)* servicios *mpl* a la comunidad.

community spirit *n* civismo *m*.

commutable [kə'mju:təbl] *adj* [sentence] conmutable.

commutation ticket [,kɒmju:'teɪʃn-] *n US* abono *m*, boleto *m* de abono *Amér*.

commute [kə'mju:t] <> *vt JUR* conmutar. <> *vi* [to work] *viajar diariamente al lugar de trabajo, esp en tren.*

commuter [kə'mju:tə'] *n persona que viaja diariamente al lugar de trabajo, esp en tren.*

commy ['kɒmɪ] = **commie**.

Comoros ['kɒmərəʊz] *npl*: **the** ~ las islas Comores.

compact [*adj & vb* kəm'pækt, *n* 'kɒmpækt] <> *adj* [small and neat] compacto(ta). <> *n* **-1.** [for face powder] polvera *f* **-2.** *US* [car] utilitario *m*. <> *vt* comprimir.

compact disc *n* disco *m* compacto, compact disc *m*.

compact disc player *n* compact *m* (disc), reproductor *m* de discos compactos.

companion [kəm'pænjən] *n* compañero *m*, -ra *f*.

companionable [kəm'pænjənəbl] *adj* [person] sociable; [evening, silence] agradable.

companionship [kəm'pænjənʃɪp] *n* [friendly relationship] compañerismo *m*.

company ['kʌmpənɪ] *(pl* -ies) *n* [gen] compañía *f*; [business] empresa *f*, compañía *f*; **to keep sb** ~ hacer compañía a alguien; **to part** ~ **(with)** separarse (de).

company car *n* coche *m* de la empresa, carro *m* de la compañía *Amér*, auto *m* de la compañía *CSur*.

company director *n* gerente *m or f or* director *m*, -ra *f* de la empresa.

company secretary *n secretario del consejo de administración.*

comparable ['kɒmprəbl] *adj*: ~ **(to *or* with)** comparable (a).

comparative [kəm'pærətɪv] <> *adj* **-1.** [relative] relativo(va) **-2.** [study] comparado(da) **-3.** *GRAMM* comparativo(va). <> *n GRAMM* comparativo *m*.

comparatively [kəm'pærətɪvlɪ] *adv* relativamente.

compare [kəm'peə'] <> *vt*: **to** ~ **sthg/sb (with)**, **to** ~ **sthg/sb (to)** comparar algo/a alguien (con); ~ **d with *or* to** [as opposed to] comparado con; [in comparison with] en comparación con. <> *vi*: **to** ~ **(with)** compararse (con); **to** ~ **favourably/unfavourably with** ser mejor/peor que.

comparison [kəm'pærɪsn] *n* comparación *f*; **in** ~ **(with *or* to)** en comparación (con).

compartment [kəm'pɑ:tmənt] *n* **-1.** [container] compartimento *m*, compartimiento *m* **-2.** *RAIL* departamento *m*, compartimento *m*.

compartmentalize, -ise [,kɒmpɑ:t'mentəlaɪz] *vt* compartimentar.

compass ['kʌmpəs] *n* **-1.** [magnetic] brújula *f* **-2.** *fml* [scope] alcance *m*.
 ➤ **compasses** *npl* compás *m*.

compassion [kəm'pæʃn] *n* compasión *f*.

compassionate [kəm'pæʃənət] *adj* compasivo(va).

compatibility [kəm,pætə'bɪlətɪ] *n*: ~ **(with)** compatibilidad *f* (con).

compatible [kəm'pætəbl] *adj*: ~ **(with)** compatible (con).

compatriot [kəm'pætrɪət] *n* compatriota *m or f*.

compel [kəm'pel] *(pt & pp* -led, *cont* -ling) *vt* **-1.** [force] obligar; **to** ~ **sb to do sthg** forzar *or* obligar a alguien a hacer algo **-2.** [cause - feeling] despertar.

compelling [kəm'pelɪŋ] *adj* **-1.** [argument, reason] convincente **-2.** [book, film] absorbente.

compendium [kəm'pendɪəm] *(pl* -diums *or* -dia [-dɪə]) *n* [book] compendio *m*.

compensate ['kɒmpenseɪt] <> *vt*: **to** ~ **sb for sthg** [financially] compensar *or* indemnizar a alguien por algo. ⟨⟩ *vi*: **to ~ for sthg** compensar algo.

compensation [ˌkɒmpen'seɪʃn] *n* **-1.** [money]: **~ (for)** indemnización *f* (por) **-2.** [way of compensating]: **~ (for)** compensación *f* (por).

compere ['kɒmpeə[r]] *UK* ⟨⟩ *n* presentador *m*, -ra *f.* ⟨⟩ *vt* presentar.

compete [kəm'piːt] *vi* **-1.** [gen]: **to ~ (for/in)** competir (por/en); **to ~ (with OR against)** competir (con) **-2.** [be in conflict] rivalizar.

competence ['kɒmpɪtəns] *n* [proficiency] competencia *f.*

competent ['kɒmpɪtənt] *adj* competente, capaz.

competently ['kɒmpɪtəntlɪ] *adv* competentemente.

competing [kəm'piːtɪŋ] *adj* [conflicting] contrapuesto(ta).

competition [ˌkɒmpɪ'tɪʃn] *n* **-1.** [rivalry] competencia *f* **-2.** [competitors, rivals]: **the ~** la competencia **-3.** [race, sporting event] competición *f* **-4.** [contest] concurso *m.*

competitive [kəm'petətɪv] *adj* **-1.** [match, exam, prices] competitivo(va) **-2.** [person, spirit] competidor(ra).

competitively [kəm'petətɪvlɪ] *adv* **-1.** [play] competitivamente **-2.** *COMM* [price, market] de forma competitiva.

competitor [kəm'petɪtə[r]] *n* competidor *m*, -ra *f.*

compilation [ˌkɒmpɪ'leɪʃn] *n* recopilación *f*, compilación *f.*

compile [kəm'paɪl] *vt* recopilar, compilar.

complacency [kəm'pleɪsnsɪ] *n* autocomplacencia *f.*

complacent [kəm'pleɪsnt] *adj* autocomplaciente.

complacently [kəm'pleɪsntlɪ] *adv* con autosatisfacción.

complain [kəm'pleɪn] *vi* **-1.** [moan]: **to ~ (about)** quejarse (de) **-2.** *MED*: **to ~ of sthg** sufrir algo.

complaining [kəm'pleɪnɪŋ] *adj* protestón(ona).

complaint [kəm'pleɪnt] *n* **-1.** [gen] queja *f* **-2.** *MED* problema *m*, dolencia *f.*

complement [*n* 'kɒmplɪmənt, *vb* 'kɒmplɪˌment] ⟨⟩ *n* **-1.** [gen & *GRAMM*] complemento *m* **-2.** [number]: **we offer a full ~ of services** ofrecemos una gama completa de servicios. ⟨⟩ *vt* complementar.

complementary [ˌkɒmplɪ'mentərɪ] *adj* **-1.** [gen] complementario(ria) **-2.** [medicine] alternativo(va).

complete [kəm'pliːt] ⟨⟩ *adj* **-1.** [total] total; **a**

~ idiot un auténtico idiota **-2.** [lacking nothing] completo(ta); **bathroom ~ with shower** baño con ducha **-3.** [finished] terminado(da). ⟨⟩ *vt* **-1.** [finish] terminar, acabar **-2.** [form] rellenar **-3.** [make whole - collection] completar; [- disappointment, amazement] colmar, rematar.

completely [kəm'pliːtlɪ] *adv* completamente.

completion [kəm'pliːʃn] *n* finalización *f*, terminación *f.*

complex ['kɒmpleks] ⟨⟩ *adj* complejo(ja). ⟨⟩ *n* complejo *m.*

complexion [kəm'plekʃn] *n* **-1.** [of face] tez *f*, cutis *m inv* **-2.** [nature] naturaleza *f*, carácter *m.*

complexity [kəm'pleksətɪ] (*pl* **-ies**) *n* complejidad *f.*

compliance [kəm'plaɪəns] *n* [obedience]: **~ (with)** cumplimiento *m* (de), acatamiento *m* (de).

compliant [kəm'plaɪənt] *adj* dócil, sumiso(sa).

complicate ['kɒmplɪkeɪt] *vt* complicar.

complicated ['kɒmplɪkeɪtɪd] *adj* complicado(da).

complication [ˌkɒmplɪ'keɪʃn] *n* complicación *f.*

complicity [kəm'plɪsətɪ] *n*: **~ (in)** complicidad *f* (en).

compliment [*n* 'kɒmplɪmənt, *vb* 'kɒmplɪment] ⟨⟩ *n* cumplido *m*; **my ~s to the cook** felicitaciones a la cocinera. ⟨⟩ *vt*: **to ~ sb (on)** felicitar a alguien (por).

➨ **compliments** *npl fml* saludos *mpl.*

complimentary [ˌkɒmplɪ'mentərɪ] *adj* **-1.** [remark] elogioso(sa); [person] halagador(ra) **-2.** [drink, seats] gratis (*inv*).

complimentary ticket *n* entrada *f* gratuita.

compliments slip *n* nota *f* de cortesía.

comply [kəm'plaɪ] (*pt & pp* **-ied**) *vi*: **to ~ with sthg** [standards] cumplir (con) algo; [request] acceder a algo; [law] acatar algo.

component [kəm'pəʊnənt] *n TECH* pieza *f*; [element] elemento *m*, parte *f* integrante.

compose [kəm'pəʊz] *vt* **-1.** [constitute] componer; **to be ~d of** estar compuesto OR componerse de **-2.** [music, poem, letter] componer **-3.** [calm]: **to ~ o.s.** calmarse, tranquilizarse.

composed [kəm'pəʊzd] *adj* tranquilo(la).

composer [kəm'pəʊzə[r]] *n* compositor *m*, -ra *f.*

composite ['kɒmpəzɪt] ⟨⟩ *adj* compuesto(ta). ⟨⟩ *n* combinación *f*, conjunto *m.*

composition [ˌkɒmpə'zɪʃn] *n* **-1.** [gen] composición *f* **-2.** [essay] redacción *f.*

compost [*UK* 'kɒmpɒst, *US* 'kɒmpəʊst] *n* compost *m*, abono *m.*

composure [kəm'pəʊʒəʳ] *n* compostura *f*, calma *f*.

compound [*adj* & *n* 'kɒmpaʊnd, *vb* kəm'paʊnd] ⬦ *adj* compuesto(ta). ⬦ *n* -**1.** [gen & CHEM] compuesto *m* -**2.** [enclosed area] recinto *m*. ⬦ *vt* [exacerbate] agravar.

compound fracture *n* fractura *f* complicada.

compound interest *n* interés *m* compuesto.

comprehend [ˌkɒmprɪ'hend] *vt* comprender.

comprehension [ˌkɒmprɪ'henʃn] *n* comprensión *f*.

comprehensive [ˌkɒmprɪ'hensɪv] ⬦ *adj* -**1.** [wide-ranging] completo(ta) -**2.** [defeat, victory] rotundo(da) -**3.** [insurance] a todo riesgo. ⬦ *n* UK = comprehensive school.

comprehensively [ˌkɒmprɪ'hensɪvlɪ] *adv* [cover] extensamente; [study] minuciosamente; [beat] abrumadoramente.

comprehensive school *n* instituto de enseñanza media no selectiva en Gran Bretaña.

compress [kəm'pres] *vt* -**1.** [squeeze, press & COMPUT] comprimir -**2.** [shorten] reducir.

compression [kəm'preʃn] *n* -**1.** [of air & COMPUT] compresión *f* -**2.** [of text] reducción *f*.

comprise [kəm'praɪz] *vt* -**1.** [consist of] comprender -**2.** [form] constituir.

compromise ['kɒmprəmaɪz] ⬦ *n* arreglo *m*, término *m* medio. ⬦ *vt* comprometer; **to ~ o.s.** comprometerse. ⬦ *vi* llegar a un arreglo, transigir.

compromising ['kɒmprəmaɪzɪŋ] *adj* comprometedor(ra).

compulsion [kəm'pʌlʃn] *n* -**1.** [strong desire] ganas *fpl* irrefrenables -**2.** *(U)* [force] obligación *f*.

compulsive [kəm'pʌlsɪv] *adj* -**1.** [gambler] empedernido(da); [liar] compulsivo(va) -**2.** [fascinating, compelling] absorbente.

compulsory [kəm'pʌlsərɪ] *adj* [gen] obligatorio(ria); [redundancy, retirement] forzoso(sa).

compulsory purchase *n* UK expropiación *f*.

compunction [kəm'pʌŋkʃn] *n* *(U)* escrúpulos *mpl*, reparos *mpl*.

computation [ˌkɒmpju:'teɪʃn] *n* cálculo *m*.

compute [kəm'pju:t] *vt* computar, calcular.

computer [kəm'pju:təʳ] ⬦ *n* ordenador *m*, computadora *f* *Amér*. ⬦ *comp* de ordenadores, de computadoras *Amér*.

computer animation *n* animación *f* por ordenador.

computer dating [-'deɪtɪŋ] *n* citas organi-

zadas por una agencia matrimonial a través de ordenador.

computer game *n* juego *m* de ordenador.

computer graphics *npl* infografía *f*.

computerization [kəmˌpju:təraɪ'zeɪʃn] *n* informatización *f*.

computerize, -ise [kəm'pju:təraɪz] *vt* informatizar.

computerized [kəm'pju:təraɪzd] *adj* informatizado(da), computerizado(da).

computer language *n* lenguaje *m* de ordenador.

computer-literate *adj* con conocimientos de informática.

computing [kəm'pju:tɪŋ], **computer science** *n* informática *f*.

computer program *n* programa *m* informático.

comrade ['kɒmreɪd] *n* camarada *m OR f*.

comradeship ['kɒmreɪdʃɪp] *n* camaradería *f*.

comsat ['kɒmsæt] = communications satellite.

con [kɒn] (*pt* & *pp* -ned, *cont* -ning) *inf* ⬦ *n* -**1.** [trick] timo *m*, estafa *f* -**2.** *prison sl* presidiario *m*, -ria *f*. ⬦ *vt* timar, estafar; **to ~ sb out of sthg** timarle algo a alguien; **to ~ sb into doing sthg** engañar a alguien para que haga algo.

concave [ˌkɒn'keɪv] *adj* cóncavo(va).

conceal [kən'si:l] *vt* [object, substance, information] ocultar; [feelings] disimular; **to ~ sthg from sb** ocultarle algo a alguien.

concede [kən'si:d] ⬦ *vt* -**1.** [defeat, a point] admitir, reconocer -**2.** [goal] encajar. ⬦ *vi* [gen] ceder; [in sports, chess] rendirse.

conceit [kən'si:t] *n* engreimiento *m*, vanidad *f*.

conceited [kən'si:tɪd] *adj* engreído(da), vanidoso(sa).

conceivable [kən'si:vəbl] *adj* concebible, imaginable.

conceivably [kən'si:vəblɪ] *adv* posiblemente; **I can't ~ do that** no puedo hacer eso por nada del mundo.

conceive [kən'si:v] ⬦ *vt* concebir. ⬦ *vi* -**1.** MED concebir -**2.** [imagine]: **to ~ of sthg** imaginarse algo.

concentrate ['kɒnsəntreɪt] ⬦ *vt* concentrar. ⬦ *vi*: **to ~ (on)** concentrarse (en).

concentrated ['kɒnsəntreɪtɪd] *adj* -**1.** [fruit juice, washing powder] concentrado(da) -**2.** [effort] decidido(da), intenso(sa).

concentration [ˌkɒnsən'treɪʃn] *n* concentración *f*.

concentration camp *n* campo *m* de concentración.

concentric [kən'sentrɪk] *adj* concéntrico(ca).

concept ['kɒnsept] *n* concepto *m*.

conception [kən'sepʃn] *n* **-1.** [gen] concepción *f*- **2.** [idea] concepto *m*, idea *f*.

conceptualize, -ise [kən'septʃʊəlaɪz] *vt* formarse un concepto de, conceptualizar.

concern [kən'sɜːn] ◇ *n* **-1.** [worry, anxiety] preocupación *f*- **2.** [matter of interest] asunto *m*; **it's no ~ of yours** no es asunto tuyo **-3.** [company] negocio *m*, empresa *f*. ◇ *vt* **-1.** [worry] preocupar; **to be ~ed about** preocuparse por **-2.** [involve] concernir; **those ~ed** los interesados; **to be ~ed with** [subj: person] ocuparse de; **to ~ o.s. with** sthg preocuparse de *or* por algo; **as far as ... is ~ed** por lo que a ... respecta **-3.** [book, film etc] tratar de; **it ~s your parents** tiene que ver con tus padres.

concerned [kən'sɜːnd] *adj* [person] preocupado(da); [expression] de preocupación.

concerning [kən'sɜːnɪŋ] *prep* en relación con.

concert ['kɒnsət] *n* concierto *m*.
➡ **in concert** *adv* **-1.** *MUS* en directo, en concierto **-2.** *fml* [acting as one] conjuntamente.

concerted [kən'sɜːtɪd] *adj* conjunto(ta).

concertgoer ['kɒnsət,gəʊəˈ] *n* asiduo *m*, -dua *f* a conciertos.

concert hall *n* sala *f* de conciertos.

concertina [,kɒnsə'tiːnə] (*pt* & *pp* **-ed**, *cont* **-ing**) ◇ *n* concertina *f*. ◇ *vi* quedarse hecho(cha) un acordeón.

concerto [kən'tʃeətəʊ] (*pl* **-s**) *n* concierto *m*.

concession [kən'seʃn] *n* **-1.** [allowance, franchise] concesión *f*- **2.** *UK* [special price] descuento *m*, rebaja *f*- **3.** *UK* [reduced ticket - for cinema, theatre] entrada *f* con descuento; [- for public transport] billete *m* con descuento.

concessionary [kən'seʃnəri] *adj* de descuento, especial.

concierge [,kɒnsɪ'ɛəʒ] *n* *US* [in hotel] conserje *m* *or* *f*.

conciliation [kən,sɪlɪ'eɪʃn] *n* conciliación *f*.

conciliatory [kən'sɪlɪətri] *adj* conciliador(ra).

concise [kən'saɪs] *adj* conciso(sa).

concisely [kən'saɪslɪ] *adv* de manera concisa.

conclave ['kɒŋkleɪv] *n* cónclave *m*.

conclude [kən'kluːd] ◇ *vt* **-1.** [bring to an end] concluir, terminar **-2.** [deduce]: **to ~ (that)** concluir que **-3.** [agreement] llegar a; [business deal] cerrar; [treaty] firmar. ◇ *vi* terminar, concluir.

conclusion [kən'kluːʒn] *n* **-1.** [decision] conclusión *f*; **to jump to the wrong ~** sacar precipitadamente una conclusión errónea **-2.** [ending] conclusión *f*, final *m*; **a foregone ~** un resultado inevitable **-3.** [of business deal] cierre *m*; [of treaty, agreement] firma *f*.

conclusive [kən'kluːsɪv] *adj* concluyente.

concoct [kən'kɒkt] *vt* **-1.** [excuse, story] ingeniar **-2.** [food] confeccionar; [drink] preparar.

concoction [kən'kɒkʃn] *n* [drink] brebaje *m*; [food] mezcla *f*.

concord ['kɒŋkɔːd] *n* concordia *f*.

concourse ['kɒŋkɔːs] *n* [of station etc] vestíbulo *m*.

concrete ['kɒŋkriːt] ◇ *adj* [definite, real] concreto(ta). ◇ *n* hormigón *m*, concreto *m* *Amér*. ◇ *comp* [made of concrete] de hormigón. ◇ *vt* cubrir con hormigón.

concrete mixer *n* hormigonera *f*.

concubine ['kɒŋkjʊbaɪn] *n* concubina *f*.

concur [kən'kɜːˈ] (*pt* & *pp* **-red**, *cont* **-ring**) *vi* [agree]: **to ~ (with)** estar de acuerdo *or* coincidir (con).

concurrently [kən'kʌrəntlɪ] *adv* simultáneamente, al mismo tiempo.

concussed [kən'kʌst] *adj*: **to be ~ed** haber sufrido una conmoción cerebral.

concussion [kən'kʌʃn] *n* conmoción *f* cerebral.

condemn [kən'dem] *vt* **-1.** [gen]: **to ~ sb (for/to)** condenar a alguien (por/a) **-2.** [building] declarar en ruinas.

condemnation [,kɒndem'neɪʃn] *n* condena *f*.

condemned [kən'demd] *adj* **-1.** *JUR* [condemned to death] condenado(da) a muerte **-2.** [building] declarado(da) en ruinas.

condensation [,kɒnden'seɪʃn] *n* [on walls] condensación *f*; [on glass] vaho *m*.

condense [kən'dens] ◇ *vt* condensar. ◇ *vi* condensarse.

condensed milk [kən'denst-] *n* leche *f* condensada.

condescend [,kɒndɪ'send] *vi* **-1.** [talk down]: **to ~ to sb** hablar a alguien con tono de superioridad **-2.** [deign]: **to ~ to do** sthg condescender *or* rebajarse a hacer algo.

condescending [,kɒndɪ'sendɪŋ] *adj* altivo(va), condescendiente.

condiment ['kɒndɪmənt] *n* condimento *m*.

condition [kən'dɪʃn] ◇ *n* **-1.** [state] estado *m*; **in good/bad ~** en buen/mal estado; **to be out of ~** no estar en forma **-2.** *MED* [disease, complaint] afección *f*- **3.** [provision] condición *f*; **on ~ that** a condición de que; **on one ~** con una condición. ◇ *vt* **-1.** [gen] condicionar **-2.** [hair] acondicionar.
➡ **conditions** *npl* condiciones *fpl*; **weather ~s** estado del tiempo.

conditional [kən'dɪʃənl] ◇ *adj* condicional; **to be ~ on** *or* **upon** depender de. ◇ *n*: **the ~** el condicional.

conditionally [kən'dıʃnəlı] *adv* condicionalmente.

conditioner [kən'dıʃnəʳ] *n* suavizante *m*.

conditioning [kən'dıʃnıŋ] *n* **-1.** [psychological] condicionamiehto *m* **-2.** [physical] preparación *f*.

condo ['kɒndəʊ] *n US inf abbr of* **condominium**.

condolences [kən'dəʊlənsız] *npl* pésame *m*; **to offer one's ~** dar uno su más sentido pésame.

condom ['kɒndəm] *n* preservativo *m*, condón *m*.

condominium [ˌkɒndə'mınıəm] *n US* **-1.** [apartment] piso *m*, apartamento *m* **-2.** [apartment block] bloque *m* de pisos *OR* apartamentos.

condone [kən'dəʊn] *vt* perdonar, tolerar.

condor ['kɒndɔːʳ] *n* cóndor *m*.

conducive [kən'djuːsıv] *adj*: **~ to** favorable para.

conduct [*n* 'kɒndʌkt, *vb* kən'dʌkt] <> *n* **-1.** [behaviour] conducta *f* **-2.** [carrying out] dirección *f*. <> *vt* **-1.** [carry out] dirigir, llevar a cabo **-2.** [behave]: **to ~ o.s. well/badly** comportarse bien/mal **-3.** *MUS* dirigir **-4.** *PHYS* conducir. <> *vi* [lead orchestra, choir] dirigir.

conducted tour [kən'dʌktıd-] *n* visita *f* con guía.

conductor [kən'dʌktəʳ] *n* **-1.** [of orchestra, choir] director *m*, -ra *f* **-2.** [on bus] cobrador *m* **-3.** *US* [on train] revisor *m*, -ra *f*.

conductress [kən'dʌktrıs] *n* [on bus] cobradora *f*.

conduit ['kɒndıt] *n* conducto *m*.

cone [kəʊn] *n* **-1.** [shape] cono *m* **-2.** [for ice cream] cucurucho *m* **-3.** [from tree] piña *f*.

◆ **cone off** *vt sep UK* cortar temporalmente (*un carril o carretera*) *con conos*.

confectioner [kən'fekʃnəʳ] *n* confitero *m*, -ra *f*; **~'s (shop)** confitería *f*.

confectioner's sugar [kən'fekʃnəz-] *n US* azúcar *m* glas.

confectionery [kən'fekʃnərı] *n (U)* dulces *mpl*, golosinas *fpl*.

confederation [kən,fedə'reıʃn] *n* confederación *f*.

Confederation of British Industry *n*: **the ~** *organización patronal británica*, ≃ la CEOE.

confer [kən'fɜːʳ] (*pt & pp* **-red**, *cont* **-ring**) <> *vt fml*: **to ~ sthg (on)** otorgar *OR* conferir algo (a). <> *vi*: **to ~ (with)** consultar (con).

conference ['kɒnfərəns] *n* congreso *m*, conferencia *f*; **in ~** reunido.

conference call *n multiconferencia f, llamada f OR llamado m en conferencia Amér*.

conference centre *n* **-1.** [purpose-built building] palacio *m* de congresos **-2.** [in hotel, etc] centro *m* de congresos.

conference hall *n* sala *f* de conferencias *OR* congresos.

conferencing ['kɒnfərənsıŋ] *n* multiconferencias *fpl*.

confess [kən'fes] <> *vt* confesar; **to ~ (that)** admitir *OR* confesar que. <> *vi* **-1.** [to crime & *RELIG*] confesarse; **to ~ to sthg** confesar algo **-2.** [admit]: **to ~ to sthg** admitir algo.

confession [kən'feʃn] *n* confesión *f*.

confessional [kən'feʃənl] *n* confesionario *m*.

confetti [kən'fetı] *n* confeti *m*.

confidant [ˌkɒnfı'dænt] *n* confidente *m*.

confidante [ˌkɒnfı'dænt] *n* confidente *f*.

confide [kən'faıd] <> *vt* confiar. <> *vi*: **to ~ (in)** confiarse (a).

confidence ['kɒnfıdəns] *n* **-1.** [self-assurance] confianza *f OR* seguridad *f* (en sí mismo/misma) **-2.** [trust] confianza *f*; **to have ~ in sb** tener confianza en alguien **-3.** [secrecy]: **in ~** en secreto **-4.** [secret] intimidad *f*, secreto *m*.

confidence trick *n* timo *m*, estafa *f*.

confident ['kɒnfıdənt] *adj* **-1.** [self-assured - person] seguro de sí mismo (segura de sí misma); [- smile, attitude] confiado(da) **-2.** [sure]: **~ (of)** seguro(ra) (de).

confidential [ˌkɒnfı'denʃl] *adj* [gen] confidencial; [secretary, clerk] de confianza.

confidentiality ['kɒnfıˌdenʃı'ælətı] *n* confidencialidad *f*.

confidentially [ˌkɒnfı'denʃəlı] *adv* **-1.** [secretly] en confianza **-2.** [secretively] confidencialmente.

confidently ['kɒnfıdəntlı] *adv* **-1.** [with self-assurance] con seguridad **-2.** [trustingly] con toda confianza.

configuration [kənˌfıgə'reıʃn] *n* [gen & *COMPUT*] configuración *f*.

confine [kən'faın] *vt* **-1.** [limit, restrict] limitar, restringir; **to be ~d to** limitarse a; **to ~ o.s. to** limitarse a **-2.** [shut up] recluir, encerrar.

confined [kən'faınd] *adj* [space] reducido(da), limitado(da).

confinement [kən'faınmənt] *n* **-1.** [imprisonment] reclusión *f* **-2.** *dated & MED* parto *m*.

confines ['kɒnfaınz] *npl* confines *mpl*, límites *mpl*.

confirm [kən'fɜːm] *vt* confirmar.

confirmation [ˌkɒnfə'meıʃn] *n* confirmación *f*.

confirmed [kən'fɜːmd] *adj* [non-smoker] inveterado(da); [bachelor] empedernido.

confiscate ['kɒnfıskeıt] *vt* confiscar.

conker

confiscation [ˌkɒnfɪˈskeɪʃn] *n* confiscación *f*, incautación *f*.
conflagration [ˌkɒnfləˈgreɪʃn] *n fml* conflagración *f*.
conflict [*n* ˈkɒnflɪkt, *vb* kənˈflɪkt] <> *n* conflicto *m*; ~ **of interests** conflicto de intereses. <> *vi*: **to** ~ **(with)** estar en desacuerdo (con).
conflicting [kənˈflɪktɪŋ] *adj* contrapuesto(ta).
conform [kənˈfɔːm] *vi* **-1.** [behave as expected] amoldarse a las normas sociales **-2.** [be in accordance]: **to** ~ **(to** OR **with)** [expectations] corresponder (a); [rules] ajustarse (a).
conformist [kənˈfɔːmɪst] <> *adj* conformista. <> *n* conformista *m* OR *f*.
conformity [kənˈfɔːmətɪ] *n*: ~ **(to** OR **with)** conformidad *f* (con).
confound [kənˈfaʊnd] *vt* [confuse, defeat] confundir, desconcertar.
confounded [kənˈfaʊndɪd] *adj inf* maldito(ta).
confront [kənˈfrʌnt] *vt* **-1.** [problem, task] afrontar, hacer frente a **-2.** [subj: problem, task] presentarse a **-3.** [enemy etc] enfrentarse con **-4.** [challenge]: **to** ~ **sb (with)** poner a alguien cara a cara (con).
confrontation [ˌkɒnfrʌnˈteɪʃn] *n* enfrentamiento *m*, confrontación *f*.
confuse [kənˈfjuːz] *vt* **-1.** [bewilder] desconcertar, confundir **-2.** [mix up]: **to** ~ **(with)** confundir (con) **-3.** [complicate, make less clear] complicar.
confused [kənˈfjuːzd] *adj* **-1.** [person] confundido(da), desconcertado(da) **-2.** [reasoning, situation] confuso(sa).
confusing [kənˈfjuːzɪŋ] *adj* confuso(sa).
confusion [kənˈfjuːʒn] *n* **-1.** [gen] confusión *f* **-2.** [of person] desconcierto *m*.
conga [ˈkɒŋgə] *n*: **the** ~ la conga.
congeal [kənˈdʒiːl] *vi* [fat] solidificarse; [blood] coagularse.
congenial [kənˈdʒiːnjəl] *adj* ameno(na), agradable.
congenital [kənˈdʒenɪtl] *adj* MED congénito(ta).
conger eel [ˈkɒŋgəʳ-] *n* congrio *m*.
congested [kənˈdʒestɪd] *adj* **-1.** [road] congestionado(da); [area] superpoblado(da) **-2.** MED congestionado(da).
congestion [kənˈdʒestʃn] *n* [of traffic & MED] congestión *f*.
conglomerate [kənˈglɒmərət] *n* COMM conglomerado *m*.
conglomeration [kənˌglɒməˈreɪʃn] *n fml* conglomerado *m*.
Congo [ˈkɒŋgəʊ] *n* [country, river]: **the** ~ el Congo.
Congolese [ˌkɒŋgəˈliːz] <> *adj* congoleño(ña).

<> *n* congoleño *m*, -ña *f*.
congratulate [kənˈgrætʃʊleɪt] *vt*: **to** ~ **sb (on)** felicitar a alguien (por); **to** ~ **o.s. (on)** sentirse satisfecho(cha) (con).
congratulations [kənˌgrætʃʊˈleɪʃənz] <> *npl* felicitaciones *fpl*. <> *excl* ¡enhorabuena!
congratulatory [kənˈgrætʃʊlətrɪ] *adj* de felicitación.
congregate [ˈkɒŋgrɪgeɪt] *vi* [people] congregarse; [animals] juntarse.
congregation [ˌkɒŋgrɪˈgeɪʃn] *n* RELIG feligreses *mpl*.
congress [ˈkɒŋgres] *n* congreso *m*.
➤ **Congress** *n* [in US]: **(the) Congress** el Congreso.

congressional [kənˈgreʃənl] *adj* US POL del Congreso.
congressman [ˈkɒŋgresmən] (*pl* **-men** [-mən]) *n* US congresista *m*.
congresswoman [ˈkɒŋgresˌwʊmən] (*pl* **-women** [-ˌwɪmɪn]) *n* US congresista *m*.
conical [ˈkɒnɪkl] *adj* cónico(ca).
conifer [ˈkɒnɪfəʳ] *n* conífera *f*.
coniferous [kəˈnɪfərəs] *adj* conífero(ra).
conjecture [kənˈdʒektʃəʳ] <> *n* conjetura *f*. <> *vt*: **to** ~ **(that)** conjeturar que. <> *vi* hacer conjeturas.
conjugal [ˈkɒndʒʊgl] *adj* conyugal.
conjugate [ˈkɒndʒʊgeɪt] *vt* conjugar.
conjugation [ˌkɒndʒʊˈgeɪʃn] *n* conjugación *f*.
conjunction [kənˈdʒʌŋkʃn] *n* **-1.** GRAMM conjunción *f* **-2.** [combination]: **in** ~ **with** juntamente con.
conjunctivitis [kənˌdʒʌŋktɪˈvaɪtɪs] *n* conjuntivitis *f inv*.
conjure [ˈkʌndʒəʳ] <> *vt* hacer aparecer. <> *vi* hacer juegos de manos.
➤ **conjure up** *vt sep* [evoke] evocar.
conjurer [ˈkʌndʒərəʳ] *n* prestidigitador *m*, -ra *f*.
conjuring trick [ˈkʌndʒərɪŋ-] *n* juego *m* de manos.
conjuror [ˈkʌndʒərəʳ] = **conjurer**.
conk [kɒŋk] *n inf* [nose] napia *f*.
➤ **conk out** *vi inf* **-1.** [break down] escacharrarse **-2.** [fall asleep] quedarse roque.
conker [ˈkɒŋkəʳ] *n* UK castaña *f* (*del castaño de Indias*).

conman ['kɒnmæn] (pl -men [-men]) n estafador m, timador m.

connect [kə'nekt] ◇ vt -1. [join]: **to ~ sthg (to)** conectar algo (a); **to get ~ed** conectarse -2. [on telephone]: **I'll ~ you now** ahora le paso OR pongo -3. [associate]: **to ~ sthg/sb (with)** asociar algo/a alguien (con) -4. ELEC: **to ~ sthg to** conectar algo a. ◇ vi [train, plane, bus]: **to ~ (with)** enlazar (con).

connected [kə'nektɪd] adj [related]: **~ (with)** relacionado(da) (con).

Connecticut [kə'netɪkət] n Connecticut.

connecting [kə'nektɪŋ] adj -1. [service, flight] de enlace -2. [door] que comunica.

connection [kə'nekʃn] n -1. [gen, ELEC & COMPUT]: **~ (between/with)** conexión f (entre/con); **in ~ with** con relación OR respecto a -2. [plane, train, bus] enlace m -3. [professional acquaintance] contacto m; **to have good ~s** tener mucho enchufe.

connective tissue [kə'nektɪv-] n tejido m conjuntivo.

connexion [kə'nekʃn] UK = connection.

connive [kə'naɪv] vi -1. [plot]: **to ~ (with)** confabularse (con) -2. [allow to happen]: **to ~ at sthg** hacer la vista gorda con algo.

conniving [kə'naɪvɪŋ] adj intrigante.

connoisseur [ˌkɒnə'sɜːʳ] n entendido m, -da f.

connotation [ˌkɒnə'teɪʃn] n connotación f.

conquer ['kɒŋkəʳ] vt -1. [take by force] conquistar -2. [gain control of, overcome] vencer.

conqueror ['kɒŋkərəʳ] n conquistador m, -ra f.

conquest ['kɒŋkwest] n conquista f.

cons [kɒnz] npl -1. UK inf: **all mod ~** con todas las comodidades -2. ▷ **pro.**

Cons. abbr of **Conservative.**

conscience ['kɒnʃəns] n conciencia f; **in all ~** en conciencia.

conscientious [ˌkɒnʃɪ'enʃəs] adj concienzudo(da).

conscientiously [ˌkɒnʃɪ'enʃəslɪ] adv a conciencia.

conscientious objector n objetor m, -ra f de conciencia.

conscious ['kɒnʃəs] adj -1. [gen] consciente; **to be ~ of** ser consciente de; **to become ~ of** darse cuenta de -2. [intentional] deliberado(da).

consciously ['kɒnʃəslɪ] adv deliberadamente.

consciousness ['kɒnʃəsnɪs] n -1. [gen] conciencia f -2. [state of being awake] conocimiento m; **to lose/regain ~** perder/recobrar el conocimiento.

conscript [n 'kɒnskrɪpt, vb kən'skrɪpt] ◇ n recluta m OR f. ◇ vt reclutar.

conscription [kən'skrɪpʃn] n servicio m militar obligatorio.

consecrate ['kɒnsɪkreɪt] vt RELIG & fig consagrar.

consecration [ˌkɒnsɪ'kreɪʃn] n RELIG consagración f.

consecutive [kən'sekjʊtɪv] adj consecutivo(va); **on three ~ days** tres días seguidos.

consecutively [kən'sekjʊtɪvlɪ] adv consecutivamente.

consensus [kən'sensəs] n consenso m.

consent [kən'sent] ◇ n (U) -1. [permission] consentimiento m -2. [agreement]: **by general** OR **common ~** de común acuerdo. ◇ vi: **to ~ (to)** consentir (en).

consenting [kən'sentɪŋ] adj: **~ adults** adultos que aceptan mutuamente tener relaciones sexuales.

consequence ['kɒnsɪkwəns] n -1. [result] consecuencia f; **in ~** por consiguiente -2. [importance] importancia f.

consequent ['kɒnsɪkwənt] adj consiguiente.

consequently ['kɒnsɪkwəntlɪ] adv por consiguiente.

conservation [ˌkɒnsə'veɪʃn] n [gen] conservación f; [environmental protection] protección f del medio ambiente.

conservation area n zona f protegida.

conservationist [ˌkɒnsə'veɪʃənɪst] n ecologista m OR f.

conservatism [kən'sɜːvətɪzm] n conservadurismo m.

➤ **Conservatism** n POL conservadurismo m.

conservative [kən'sɜːvətɪv] ◇ adj -1. [not modern] conservador(ra) -2. [estimate, guess] moderado(da). ◇ n conservador m, -ra f.

➤ **Conservative** POL ◇ adj conservador(ra). ◇ n conservador m, -ra f.

Conservative Party n: **the ~** el Partido Conservador.

conservatory [kən'sɜːvətrɪ] (pl -ies) n pequeña habitación acristalada aneja a la casa.

conserve [n 'kɒnsɜːv, vb kən'sɜːv] ◇ n compota f. ◇ vt [energy, supplies] ahorrar; [nature, wildlife] conservar, preservar.

consider [kən'sɪdəʳ] vt -1. [gen] considerar; **to ~ doing sthg** considerar hacer algo; **to ~ whether to do sthg** pensarse si hacer algo; **to ~ o.s. lucky** considerarse afortunado -2. [take into account] tener en cuenta; **all things ~ed** teniéndolo todo en cuenta.

considerable [kən'sɪdrəbl] adj considerable.

considerably [kən'sɪdrəblɪ] adv considerablemente, sustancialmente.

considerate [kən'sɪdərət] adj considerado(da).

consideration [kənˌsɪdə'reɪʃn] n -1. [gen] consideración f; **to take sthg into** ~ tomar OR tener algo en cuenta; **several options are under** ~ se están considerando varias posibilidades - **2.** [factor] factor m - **3.** [amount of money] retribución f.

considered [kən'sɪdəd] adj: it is my ~ opinion that ... tras pensarlo detenidamente creo que ...

considering [kən'sɪdərɪŋ] <> prep habida cuenta de, teniendo en cuenta. <> conj después de todo.

consign [kən'saɪn] vt: **to** ~ sthg/sb to relegar algo/a alguien a.

consignee [ˌkɒnsaɪ'niː] n consignatario m, -ria f.

consignment [kən'saɪnmənt] n remesa f.

consignment note n talón m de expedición.

consignor [kən'saɪnəʳ] n consignador m, -ra f.

consist [kən'sɪst] ➡ **consist in** vt fus consistir en.
➡ **consist of** vt fus constar de.

consistency [kən'sɪstənsɪ] (pl -ies) n - **1.** [coherence - of behaviour, policy] consecuencia f, coherencia f; [of work, performances] regularidad f - **2.** [texture] consistencia f.

consistent [kən'sɪstənt] adj - **1.** [regular] constante - **2.** [coherent]: ~ **(with)** consecuente (con).

consistently [kən'sɪstəntlɪ] adv - **1.** [without exception] constantemente - **2.** [argue, reason] consecuentemente.

consolation [ˌkɒnsə'leɪʃn] n consuelo m.

consolation prize n premio m de consolación.

console [n 'kɒnsəʊl, vt kən'səʊl] <> n consola f. <> vt consolar; **to** ~ **o.s. with the thought that** ... consolarse pensando que ...

consolidate [kən'sɒlɪdeɪt] <> vt - **1.** [strengthen] consolidar - **2.** [merge] fusionar. <> vi [merge] fusionarse.

consolidation [kənˌsɒlɪ'deɪʃn] (U) n - **1.** [strengthening] consolidación f - **2.** [merging] fusión f.

consommé [UK kən'sɒmeɪ, US ˌkɒnsə'meɪ] n consomé m.

consonant ['kɒnsənənt] n consonante f.

consort [vb kən'sɔːt, n 'kɒnsɔːt] <> vi fml: **to** ~ **with sb** asociarse con OR frecuentar a alguien. <> n consorte m OR f.

consortium [kən'sɔːtjəm] (pl -tiums OR -tia [-tjə]) n consorcio m.

conspicuous [kən'spɪkjʊəs] adj [building] visible; [colour] llamativo(va); **he felt** ~ le pareció que llamaba mucho la atención; **to be** ~ **by its absence** brillar por su ausencia.

conspicuously [kən'spɪkjʊəslɪ] adv [behave] ostentosamente; **they have** ~ **failed to solve the problem** han tenido un fracaso estrepitoso en su intento de resolver el problema.

conspiracy [kən'spɪrəsɪ] (pl -ies) n conspiración f.

conspiracy theory n teoría que sostiene la existencia de una conspiración oculta.

conspirator [kən'spɪrətəʳ] n conspirador m, -ra f.

conspiratorial [kənˌspɪrə'tɔːrɪəl] adj cómplice.

conspire [kən'spaɪəʳ] <> vt: **to** ~ **to do sthg** conspirar para hacer algo. <> vi - **1.** [plan secretly]: **to** ~ **(against/with)** conspirar (contra/con) - **2.** [combine] confabularse.

constable ['kʌnstəbl] n policía m OR f, agente m OR f.

constabulary [kən'stæbjʊlərɪ] (pl -ies) n policía f (de una zona determinada).

constancy ['kɒnstənsɪ] n - **1.** [of purpose] constancia f - **2.** literary [faithfulness] fidelidad f.

constant ['kɒnstənt] <> adj - **1.** [gen] constante - **2.** literary [faithful] fiel. <> n constante f.

constantly ['kɒnstəntlɪ] adv [forever] constantemente.

constellation [ˌkɒnstə'leɪʃn] n constelación f.

consternation [ˌkɒnstə'neɪʃn] n consternación f.

constipated ['kɒnstɪpeɪtɪd] adj estreñido(da).

constipation [ˌkɒnstɪ'peɪʃn] n estreñimiento m.

constituency [kən'stɪtjʊənsɪ] (pl -ies) n [area] distrito m electoral, circunscripción f.

constituency party n UK delegación f local de un partido.

constituent [kən'stɪtjʊənt] <> adj integrante, constituyente. <> n - **1.** [voter] votante m OR f, elector m, -ra f - **2.** [element] componente m.

constitute ['kɒnstɪtjuːt] vt constituir.

constitution [ˌkɒnstɪ'tjuːʃn] n constitución f.
➡ **Constitution** n: **the Constitution** [in US] la Constitución.

CONSTITUTION

La Constitución británica, a diferencia de la estadounidense (texto escrito y definitivo), no es un documento propiamente dicho, sino el resultado virtual de la sucesión, a lo largo de la historia, de leyes con base en el principio de jurisprudencia.

constitutional [ˌkɒnstɪ'tjuːʃənl] adj constitucional.

constrain [kən'streɪn] vt - **1.** [coerce]: **to** ~ **sb to do sthg** forzar a alguien a hacer algo - **2.** [restrict] coartar, constreñir.

constrained [kən'streɪnd] *adj* [smile] forzado(da); [manner] inhibido(da).

constraint [kən'streɪnt] *n* **-1.** [restriction]: ~ **(on)** limitación *f* (de) **-2.** [coercion] coacción *f*.

constrict [kən'strɪkt] *vt* **-1.** [compress] apretar **-2.** [limit] limitar.

constricting [kən'strɪktɪŋ] *adj* **-1.** [clothing] que aprieta **-2.** [circumstances, lifestyle] opresivo(va).

construct [vb kən'strʌkt, n 'kɒnstrʌkt] <> *vt lit* & *fig* construir. <> *n fml* concepto *m*.

construction [kən'strʌkʃn] <> *n* construcción *f*; under ~ en construcción. <> *comp* de la construcción; ~ **site** obra *f*.

construction industry *n* (industria *f* de la) construcción *f*.

constructive [kən'strʌktɪv] *adj* constructivo(va).

constructively [kən'strʌktɪvlɪ] *adv* de ·forma constructiva.

construe [kən'struː] *vt fml*: to ~ sthg as interpretar algo como.

consul ['kɒnsəl] *n* cónsul *m* OR *f*.

consular ['kɒnsjʊlə'] *adj* consular.

consulate ['kɒnsjʊlət] *n* consulado *m*.

consult [kən'sʌlt] <> *vt* consultar. <> *vi*: to ~ **with** sb consultar a OR con alguien.

consultancy [kən'sʌltənsɪ] (*pl* -ies) *n* **-1.** [company] consultoría *f* **-2.** *UK* MED puesto *m* de especialista.

consultancy fee *n* honorarios *mpl* por la consulta.

consultant [kən'sʌltənt] *n* **-1.** [expert] asesor *m*, -ra *f* **-2.** *UK* [hospital doctor] (médico) especialista *m*, especialista *f*.

consultation [,kɒnsəl'teɪʃn] *n* **-1.** [gen] consulta *f* **-2.** [discussion] discusión *f*.

consulting room [kən'sʌltɪŋ-] *n* consultorio *m*, consulta *f*.

consume [kən'sjuːm] *vt lit* & *fig* consumir.

consumer [kən'sjuːmə'] <> *n* consumidor *m*, -ra *f*. <> *comp* [protection, rights] del consumidor; [advice] al consumidor.

consumer credit *n* (U) crédito *m* al consumidor.

consumer durables *npl* bienes *mpl* de consumo duraderos.

consumer goods *npl* bienes *mpl* de consumo.

consumerism [kən'sjuːmərɪzm] *n usu pej* [theory] consumismo *m*.

consumer price index *n* índice *m* de precios al consumo.

consumer society *n* sociedad *f* de consumo.

consumer spending *n* gasto *m* de bienes de consumo.

consummate [*adj* kən'sʌmət, *vb* 'kɒnsəmeɪt] <> *adj* **-1.** [skill, ease] absoluto(ta) **-2.** [liar, politician, snob] consumado(da). <> *vt* **-1.** [marriage] consumar **-2.** [deal] cerrar; [achievement] completar, redondear.

consummation [,kɒnsə'meɪʃn] *n* **-1.** [of marriage] consumación *f* **-2.** [culmination] culminación *f*.

consumption [kən'sʌmpʃn] *n* **-1.** [use] consumo *m* **-2.** *dated* [tuberculosis] tisis *f inv*.

cont. *abbr of* continued.

contact ['kɒntækt] <> *n* contacto *m*; in ~ **(with)** en contacto (con); to lose ~ **with** perder (el) contacto con; to make ~ **with** ponerse en contacto con. <> *vt* ponerse en contacto con.

contacts *npl inf* [contact lenses] lentillas *fpl*, lentes *fpl* de contacto.

contact lens *n* lentilla *f*, lente *f* de contacto.

contact number *n* número *m* de contacto.

contagious [kən'teɪdʒəs] *adj* contagioso(sa).

contain [kən'teɪn] *vt* contener; to ~ **o.s.** contenerse.

contained [kən'teɪnd] *adj* [unemotional] mesurado(da).

container [kən'teɪnə'] *n* **-1.** [box, bottle etc] recipiente *m*, envase *m* **-2.** [for transporting goods] contenedor *m*.

containerize, -ise [kən'teɪnəraɪz] COMM *vt* [goods] poner en contenedores.

container ship *n* barco *m* OR buque *m* de transporte de contenedores.

containment [kən'teɪnmənt] *n* contención *f*.

contaminate [kən'tæmɪneɪt] *vt* contaminar.

contaminated [kən'tæmɪneɪtɪd] *adj* contaminado(da).

contamination [kən,tæmɪ'neɪʃn] *n* contaminación *f*.

cont'd *abbr of* continued.

contemplate ['kɒntempleɪt] <> *vt* **-1.** [consider] considerar, pensar en; to ~ **doing sthg** contemplar la posibilidad de hacer algo **-2.** *fml* [look at] contemplar. <> *vi* reflexionar.

contemplation [,kɒntem'pleɪʃn] *n* **-1.** [thought] reflexión *f* **-2.** *fml* [act of looking quietly] contemplación *f*.

contemplative [kən'templətɪv] *adj* contemplativo(va).

contemporary [kən'tempərərɪ] (*pl* -ies) <> *adj* contemporáneo(a). <> *n* contemporáneo *m*, -a *f*.

contempt [kən'tempt] *n* **-1.** [scorn]: ~ **(for)** desprecio *m* OR desdén *m* (por); to hold sb in

~ despreciar a alguien **- 2.** _JUR_ desacato _m_.

contemptible [kən'temptəbl] _adj_ despreciable.

contemptuous [kən'temptʃʊəs] _adj_ despreciativo(va); **to be ~ of sthg** despreciar algo.

contend [kən'tend] ⟨⟩ _vi_ **-1.** [deal]: **to ~ with** enfrentarse a; **I've got enough to ~ with** ya tengo suficientes problemas que afrontar **- 2.** [compete]: **to ~ for/against** competir por/contra. ⟨⟩ _vt fml_: **to ~ that** sostener _OR_ afirmar que.

contender [kən'tendə'] _n_ [gen] contendiente _m OR f_; [for title] aspirante _m OR f_.

content [_n_ 'kɒntent, _adj_ & _vb_ kən'tent] ⟨⟩ _adj_: ~ **(with)** contento(ta) _OR_ satisfecho(cha) (con); **to be ~ to do sthg** contentarse con hacer algo; **I'd be quite ~ to go** iría de buena gana. ⟨⟩ _n_ contenido _m_. ⟨⟩ _vt_: **to ~ o.s. with sthg/with doing sthg** contentarse con algo/con hacer algo.
➡ **contents** _npl_ **-1.** [of container, letter, etc] contenido _m_ **- 2.** [heading in book] índice _m_.

contented [kən'tentɪd] _adj_ satisfecho(cha), contento(ta).

contentedly [kən'tentɪdlɪ] _adv_ con satisfacción.

contention [kən'tenʃn] _n fml_ **-1.** [argument, assertion] argumento _m_; **it is my ~ that ...** en mi opinión ... **- 2.** _(U)_ [disagreement] disputas _fpl_ **- 3.** [competition]: **to be in ~ for sthg** tener posibilidades de ganar algo.

contentious [kən'tenʃəs] _adj fml_ controvertido(da), polémico(ca).

contentment [kən'tentmənt] _n_ satisfacción _f_.

contest [_n_ 'kɒntest, _vb_ kən'test] ⟨⟩ _n_ **-1.** [competition] concurso _m_; [in boxing] combate _m_ **- 2.** [for power, control] lucha _f_, contienda _f_. ⟨⟩ _vt_ **-1.** [seat, election] presentarse como candidato(ta) a **- 2.** [dispute - statement] disputar; [- decision] impugnar.

contestant [kən'testənt] _n_ [in quiz show] concursante _m OR f_; [in race] participante _m OR f_; [in boxing match] contrincante _m OR f_.

context ['kɒntekst] _n_ contexto _m_; **out of ~** fuera de contexto.

continent ['kɒntɪnənt] _n_ continente _m_.
➡ **Continent** _n UK_: **the Continent** la Europa continental.

continental [ˌkɒntɪ'nentl] ⟨⟩ _adj_ **-1.** _GEOGR_ continental **- 2.** _UK_ [European] de la Europa continental. ⟨⟩ _n UK inf_ europeo (no británico) _m_, europea _f_.

continental breakfast _n_ desayuno _m_ continental.

continental drift _n_ deriva _f_ continental.

continental quilt _n UK_ edredón _m_.

continental shelf _n_ plataforma _f_ continental.

contingency [kən'tɪndʒənsɪ] (_pl_ **-ies**) _n_ contingencia _f_.

contingency plan _n_ plan _m_ de emergencia.

contingent [kən'tɪndʒənt] ⟨⟩ _adj fml_: ~ **on** _OR_ **upon** supeditado(da) a. ⟨⟩ _n_ **-1.** _MIL_ contingente _m_ **- 2.** [group] representación _f_.

continual [kən'tɪnjʊəl] _adj_ continuo(nua), constante.

continually [kən'tɪnjʊəlɪ] _adv_ continuamente, constantemente.

continuation [kənˌtɪnjʊ'eɪʃn] _n_ continuación _f_.

continue [kən'tɪnjuː] ⟨⟩ _vt_: **to ~ (doing _OR_ to do sthg)** continuar (haciendo algo); **to be ~d** continuará. ⟨⟩ _vi_: **to ~ (with sthg)** continuar (con algo).

continuity [ˌkɒntɪ'njuːətɪ] _n_ **-1.** [coherence] continuidad _f_; ~ **announcer** locutor _m_, -ra _f_ de continuidad **- 2.** _CINEMA_: ~ **girl** script _f_, anotadora _f_.

continuous [kən'tɪnjʊəs] _adj_ continuo(nua).

continuous assessment _n_ evaluación _f_ continua.

continuously [kən'tɪnjʊəslɪ] _adv_ continuamente, ininterrumpidamente.

contort [kən'tɔːt] ⟨⟩ _vt_ retorcer. ⟨⟩ _vi_ retorcerse.

contortion [kən'tɔːʃn] _n_ contorsión _f_.

contour ['kɒnˌtʊə'] ⟨⟩ _n_ **-1.** [outline] contorno _m_ **- 2.** [on map] curva _f_ de nivel. ⟨⟩ _comp_: ~ **map** mapa _m_ topográfico; ~ **line** curva _f_ de nivel.

contraband ['kɒntrəbænd] ⟨⟩ _adj_ de contrabando. ⟨⟩ _n_ contrabando _m_.

contraception [ˌkɒntrə'sepʃn] _n_ anticoncepción _f_.

contraceptive [ˌkɒntrə'septɪv] ⟨⟩ _adj_ anticonceptivo(va). ⟨⟩ _n_ anticonceptivo _m_.

contraceptive pill _n_ píldora _f_ anticonceptiva.

contract [_n_ 'kɒntrækt, _vb_ kən'trækt] ⟨⟩ _n_ contrato _m_. ⟨⟩ _vt_ **-1.** [through legal agreement]: **to ~ sb (to do sthg)** contratar a alguien (para hacer algo); **to ~ to do sthg** comprometerse a hacer algo (por contrato) **- 2.** _fml_ [illness, disease] contraer **- 3.** [muscle, word, debt] contraer. ⟨⟩ _vi_ [decrease in size, length] contraerse.
➡ **contract in** _vi esp UK_ acceder formalmente a participar.
➡ **contract out** ⟨⟩ _vt sep_: **they've ~ed out refuse collection to a private firm** han contratado a una empresa privada para que se

encargue de la recogida de la basura. ⟨⟩ *vi esp UK*: **to ~ out (of)** optar formalmente por no participar (en).

contraction [kənˈtrækʃn] *n* contracción *f*.

contractor [kənˈtræktəˈ] *n* contratista *m or f*.

contractual [kənˈtræktʃʊəl] *adj* contractual.

contradict [ˌkɒntrəˈdɪkt] *vt* contradecir.

contradiction [ˌkɒntrəˈdɪkʃn] *n* contradicción *f*; **~ in terms** contradicción *f* en sí misma.

contradictory [ˌkɒntrəˈdɪktərɪ] *adj* contradictorio(ria).

contraflow [ˈkɒntrəfləʊ] *n habilitación f del carril contrario.*

contralto [kənˈtræltəʊ] (*pl* -s) *n* contralto *f*.

contraption [kənˈtræpʃn] *n* chisme *m*, artilugio *m*.

contrary [ˈkɒntrərɪ, *adj sense 2* kənˈtreərɪ] ⟨⟩ *adj* **-1.** [opposite] contrario(ria); **~ to** en contra de **-2.** [awkward] puñetero(ra), que lleva la contraria siempre. ⟨⟩ *n*: **the ~** lo contrario; **on the ~** al contrario; **to the ~** en contra; **unless I hear to the ~** a menos que me digan otra cosa.

➡ **contrary to** *prep* en contra de.

contrast [*n* ˈkɒntrɑːst, *vb* kənˈtrɑːst] ⟨⟩ *n*: **~ (between)** contraste *m* (entre); **by *or* in ~** en cambio; **in ~ with *or* to** a diferencia de; **to be a ~ (to *or* with)** contrastar (con). ⟨⟩ *vt*: **to ~ sthg with** contrastar algo con. ⟨⟩ *vi*: **to ~ (with)** contrastar (con).

contrasting [kənˈtrɑːstɪŋ] *adj* [personalities, views] opuesto(ta); [colours] que contrastan.

contravene [ˌkɒntrəˈviːn] *vt* contravenir.

contravention [ˌkɒntrəˈvenʃn] *n* contravención *f*.

contribute [kənˈtrɪbjuːt] ⟨⟩ *vt* **-1.** [give] contribuir, aportar **-2.** [to magazine, newspaper]: **to ~ (to)** escribir (para). ⟨⟩ *vi* **-1.** [gen]: **to ~ (to)** contribuir (a) **-2.** [write material]: **to ~ to** colaborar con.

contributing [kənˈtrɪbjuːtɪŋ] *adj* contribuyente.

contribution [ˌkɒntrɪˈbjuːʃn] *n* **-1.** [gen]: **~ (to)** contribución *f* (a) **-2.** [article] colaboración *f* **-3.** [to social security] cotización *f*.

contributor [kənˈtrɪbjʊtəˈ] *n* **-1.** [of money] contribuyente *m or f* **-2.** [to magazine, newspaper] colaborador *m*, -ra *f*.

contributory [kənˈtrɪbjʊtərɪ] *adj* [factor] contribuyente.

contributory pension scheme *n* plan *m* de pensiones contributivo.

contrite [ˈkɒntraɪt] *adj* arrepentido(da).

contrition [kənˈtrɪʃn] *n* arrepentimiento *m*.

contrivance [kənˈtraɪvns] *n* **-1.** [contraption]

artilugio *m* **-2.** [ploy] estratagema *f*, treta *f*.

contrive [kənˈtraɪv] *fml vt* **-1.** [engineer] maquinar, idear **-2.** [manage]: **to ~ to do sthg** lograr hacer algo.

contrived [kənˈtraɪvd] *adj* inverosímil.

control [kənˈtrəʊl] (*pt & pp* -led, *cont* -ling) ⟨⟩ *n* **-1.** [gen & *comput*] control *m*; [on spending] restricción *f*; **beyond *or* outside one's ~** fuera del control de uno; **in ~ of** al mando de; **to be in ~ of o.s.** tener el control de sí mismo; **to be in ~ of the situation** dominar la situación; **out of/under ~** fuera de/bajo control; **to gain ~ (of)** hacerse con el poder (en); **to take ~ (of)** tomar el control (de) **-2.** [of emotions] dominio *m*, control *m*; **to lose ~** perder el dominio. ⟨⟩ *vt* **-1.** [gen] controlar; **to ~ o.s.** dominarse, controlarse **-2.** [operate - machine, plane] manejar; [- central heating] regular. ⟨⟩ *comp* de control.

➡ **controls** *npl* [of machine, vehicle] mandos *mpl*.

control group *n* grupo *m* de control.

control key *n comput* tecla *f* de control.

controlled [kənˈtrəʊld] *adj* **-1.** [person] controlado(da) **-2.** *econ* dirigido(da).

controller [kənˈtrəʊləˈ] *n fin* interventor *m*, -ra *f*; *radio & tv* director *m*, -ra *f*.

controlling interest *n* participación *f* mayoritaria.

control panel *n* tablero *m* de instrumentos *or* de mandos.

control tower *n* torre *f* de control.

controversial [ˌkɒntrəˈvɜːʃl] *adj* polémico(ca), controvertido(da).

controversy [ˈkɒntrəvɜːsɪ, *UK* kənˈtrɒvəsɪ] (*pl* -ies) *n* polémica *f*, controversia *f*.

conundrum [kəˈnʌndrəm] (*pl* -s) *n fml* [problem] enigma *m*.

conurbation [ˌkɒnɜːˈbeɪʃn] *n* conurbación *f*.

convalesce [ˌkɒnvəˈles] *vi* convalecer.

convalescence [ˌkɒnvəˈlesns] *n* convalecencia *f*.

convalescent [ˌkɒnvəˈlesnt] ⟨⟩ *adj* [patient] convaleciente. ⟨⟩ *n* convaleciente *m or f*.

convalescent home *n* clínica *f* de reposo.

convection [kənˈvekʃn] *n* convección *f*.

convector [kənˈvektəˈ] *n* calentador *m* de convección, convector *m*.

convene [kənˈviːn] ⟨⟩ *vt* convocar. ⟨⟩ *vi* reunirse.

convener [kənˈviːnəˈ] *n UK* [trade union official] *sindicalista que supervisa a los delegados sindicales de una empresa.*

convenience [kənˈviːnjəns] *n* comodidad *f*, conveniencia *f*; **do it at your ~** hágalo cuando le venga bien; **at your earliest** ~ a la mayor brevedad posible.

convenience food *n* comida *f* preparada.

convenience store *n* tienda *f* de ultramarinos que abre hasta tarde.

convenient [kən'vi:njənt] *adj* **-1.** [suitable] conveniente; **is Monday** ~**?** ¿te viene bien el lunes? **- 2.** [handy - size] práctico(ca); [- position] adecuado(da); ~ **for** [well-situated] bien situado para.

conveniently [kən'vi:njəntlı] *adv* convenientemente; ~ **located** bien situado.

convent ['kɒnvənt] *n* convento *m*.

convention [kən'venʃn] *n* convención *f*.

conventional [kən'venʃənl] *adj* convencional.

conventionally [kən'venʃnəlı] *adv* de manera convencional.

convent school *n* colegio *m* de monjas.

converge [kən'vɜːdʒ] *vi lit & fig*: **to** ~ **(on)** converger (en); **the protesters** ~**d on the palace** los manifestantes se dieron cita ante el palacio.

convergence [kən'vɜːdʒəns] *n* [in EU] convergencia *f*; ~ **criteria** criterios *mpl* de convergencia.

conversant [kən'vɜːsənt] *adj fml*: ~ **with** familiarizado(da) con.

conversation [ˌkɒnvə'seɪʃn] *n* conversación *f*; **to make** ~ **(with)** dar conversación (a).

conversational [ˌkɒnvə'seɪʃənl] *adj* coloquial; ~ **style** estilo familiar.

conversationalist [ˌkɒnvə'seɪʃnəlɪst] *n* conversador *m*, -ra *f*.

converse [*n & adj* 'kɒnvɜːs, *vb* kən'vɜːs] <> *adj fml* contrario(ria), opuesto(ta). <> *n*: **the** ~ lo contrario *OR* opuesto. <> *vi fml*: **to** ~ **(with)** conversar (con).

conversely [kən'vɜːslı] *adv fml* a la inversa.

conversion [kən'vɜːʃn] *n* **-1.** [gen, COMPUT & RELIG] conversión *f*. **- 2.** [in building] reforma *f*. **- 3.** [in rugby] transformación *f*.

conversion table *n* tabla *f* de conversión.

convert [*vb* kən'vɜːt, *n* 'kɒnvɜːt] <> *vt* **-1.** [gen & COMPUT]: **to** ~ **sthg (to** *OR* **into)** convertir algo (en) **- 2.** [change belief of]: **to** ~ **sb (to)** convertir a alguien (a) **-3.** [in rugby] transformar. <> *vi* **-1.** [change]: **to** ~ **from sthg to** pasarse de algo a **- 2.** RELIG: **to** ~ **to sthg** convertirse a algo **-3.** [in rugby] hacer una transformación. <> *n* converso *m*, -sa *f*.

converted [kən'vɜːtɪd] *adj* **-1.** [building, ship] acondicionado(da) **-2.** RELIG converso(sa).

convertible [kən'vɜːtəbl] <> *adj* **-1.** [sofa]: ~ **sofa** sofá-cama *m* **- 2.** [currency] convertible **-3.**

[car] descapotable. <> *n* (coche *m*) descapotable *m*.

convex [kɒn'veks] *adj* convexo(xa).

convey [kən'veɪ] *vt* **-1.** *fml* [transport] transportar, llevar **- 2.** [express]: **to** ~ **sthg (to)** transmitir algo (a).

conveyancing [kən'veɪənsɪŋ] *n (U)* redacción *f* de escrituras de traspaso.

conveyer belt [kən'veɪəʳ-] *n* cinta *f* transportadora.

convict [*n* 'kɒnvɪkt, *vb* kən'vɪkt] <> *n* presidiario *m*, -ria *f*. <> *vt*: **to** ~ **sb of** condenar a alguien por, declarar a alguien culpable de.

convicted [kən'vɪktɪd] *adj* convicto(ta).

conviction [kən'vɪkʃn] *n* **-1.** [belief, fervour] convicción *f*. **-2.** JUR condena *f*.

convince [kən'vɪns] *vt*: **to** ~ **sb (of sthg/to do sthg)** convencer a alguien (de algo/para que haga algo).

convinced [kən'vɪnst] *adj*: ~ **(of)** convencido(da) (de).

convincing [kən'vɪnsɪŋ] *adj* convincente.

convivial [kən'vɪvɪəl] *adj* [gathering, atmosphere] agradable; [group] alegre.

convoluted ['kɒnvəlu:tɪd] *adj* [tortuous] enrevesado(da).

convoy ['kɒnvɔɪ] *n* convoy *m*; **in** ~ en convoy.

convulse [kən'vʌls] *vt*: **to be** ~**d with** [pain] retorcerse de; [laughter] troncharse de.

convulsion [kən'vʌlʃn] *n* MED convulsión *f*.

convulsive [kən'vʌlsɪv] *adj* convulsivo(va).

coo [ku:] *vi* arrullar.

cook [kʊk] <> *n* cocinero *m*, -ra *f*. <> *vt* **-1.** [gen] cocinar, guisar; [prepare] preparar, hacer **- 2.** *inf* [falsify] falsificar. <> *vi* **-1.** [prepare food] cocinar, guisar **- 2.** [subj: food] cocerse, hacerse.

   cook up *vt sep* [plan, deal] tramar, urdir; [excuse] inventarse.

cookbook ['kʊk‚bʊk] = **cookery book**.

cooked [kʊkt] *adj* cocido(da).

cooker ['kʊkəʳ] *n esp UK* cocina *f (aparato)*.

cookery ['kʊkərı] *n* cocina *f (arte)*.

cookery book *n* libro *m* de cocina.

cookie ['kʊkı] *n* **-1.** *US* [biscuit] galleta *f*. **-2.** COMPUT cookie *m*.

cooking ['kʊkɪŋ] <> *n* **-1.** [activity]: **do you like** ~**?** ¿te gusta cocinar? **- 2.** [food] cocina *f*. <> *comp* [utensils, salt] de cocina; [oil, sherry] para cocinar *OR* guisar.

cooking apple *n* manzana *f* para asar.

cookout ['kʊkaʊt] *n US* barbacoa *f* al aire libre.

cool [ku:l] <> *adj* **-1.** [not warm] fresco(ca); [lukewarm] tibio(a); **it's** ~ hace fresco **-2.** [calm] tranquilo(la) **-3.** [unfriendly] frío(a) **- 4.** *inf* [hip] guay, chachi. ◇ *vt* refrescar. ◇ *vi* **-1.** [become less warm] enfriarse **- 2.** [abate] calmarse, aplacarse. ◇ *n*: **to keep/lose one's ~** mantener/perder la calma.

► **cool down** ◇ *vt sep* **-1.** [make less warm] refrescar **- 2.** [make less angry] calmar. ◇ *vi* **-1.** [become less warm] enfriarse **- 2.** [become less angry] calmarse.

► **cool off** *vi* **-1.** [become less warm] refrescarse **- 2.** [become less angry] calmarse.

coolant ['ku:lənt] *n* refrigerante *m*.

cool box *n* nevera *f* portátil.

cool-headed [-'hedɪd] *adj* [person] sereno(na); [reaction] calmado(da).

cooling-off period ['ku:lɪŋ-] *n* tiempo en el que los sindicatos y la patronal pueden intentar llegar a un acuerdo antes de declararse una huelga.

cooling tower ['ku:lɪŋ-] *n* torre *f* de refrigeración.

coolly ['ku:lɪ] *adv* **-1.** [calmly] con tranquilidad **- 2.** [coldly] con frialdad.

coolness ['ku:lnɪs] *n* **-1.** [in temperature] frescor *m* **- 2.** [unfriendliness] frialdad *f* **- 3.** [calmness] serenidad *f*.

coop [ku:p] *n* gallinero *m*.

► **coop up** *vt sep inf* encerrar.

cooperate [kəʊ'ɒpəreɪt] *vi*: **to ~ (with)** cooperar (con).

cooperation [kəʊ,ɒpə'reɪʃn] *n* cooperación *f*.

cooperative [kəʊ'ɒpərətɪv] ◇ *adj* **-1.** [helpful] servicial, dispuesto(ta) a ayudar **- 2.** [collective] cooperativo(va). ◇ *n* cooperativa *f*.

co-opt *vt*: **to ~ sb onto sthg** nombrar a alguien miembro de algo.

coordinate [*n* kəʊ'ɔ:dɪnət, *vt* kəʊ'ɔ:dɪneɪt] ◇ *n* coordenada *f*. ◇ *vt* coordinar.

► **coordinates** *npl* [clothes] conjuntos *mpl*.

coordination [kəʊ,ɔ:dɪ'neɪʃn] *n* coordinación *f*.

co-ownership *n* copropiedad *f*.

cop [kɒp] (*pt & pp* -ped, *cont* -ping) *n inf* poli *m* OR *f*; **the ~s** la poli.

► **cop out** *vi inf*: **to ~ out (of)** escaquearse (de).

cope [kəʊp] *vi* arreglárselas; **to ~ with** [work] poder con; [problem, situation] hacer frente a.

Copenhagen [,kəʊpən'heɪgən] *n* Copenhague.

copier ['kɒpɪəʳ] *n* copiadora *f*, fotocopiadora *f*.

copilot ['kəʊ,paɪlət] *n* copiloto *m* OR *f*.

copious ['kəʊpjəs] *adj* copioso(sa), abundante.

cop-out *n inf* escaqueo *m*.

copper ['kɒpəʳ] *n* **-1.** [metal] cobre *m* **- 2.** *UK inf* [policeman] poli *m* OR *f*, paco *m*, -ca *f Andes*.

► **coppers** *npl UK* calderilla formada por monedas de 1 y 2 peniques.

coppice ['kɒpɪs], **copse** [kɒps] *n* bosquecillo *m*.

copulate ['kɒpjʊleɪt] *vi*: **to ~ (with)** copular (con).

copulation [,kɒpjʊ'leɪʃn] *n* cópula *f*.

copy ['kɒpɪ] (*pt & pp* -ied) ◇ *n* **-1.** [imitation, duplicate] copia *f* **- 2.** [of book, magazine] ejemplar *m*. ◇ *vt* **-1.** [imitate & COMPUT] copiar **- 2.** [photocopy] fotocopiar. ◇ *vi* copiar.

► **copy down** *vt sep* copiar (por escrito).

► **copy out** *vt sep* copiar, pasar a limpio.

copycat ['kɒpɪkæt] ◇ *n inf* copión *m*, -ona *f*. ◇ *comp* [crime] calcado de otro (calcada de otra).

copy protect *vt* COMPUT proteger contra copia.

copyright ['kɒpɪraɪt] *n* (U) derechos *mpl* de autor.

copy typist *n UK* mecanógrafo *m*, -fa *f*.

copywriter ['kɒpɪ,raɪtəʳ] *n* redactor *m*, -ra *f* de textos publicitarios.

coral ['kɒrəl] ◇ *n* coral *m*. ◇ *comp* de coral.

coral reef *n* arrecife *m* de coral.

Coral Sea *n*: **the ~** el mar del Coral.

cord [kɔ:d] ◇ *n* **-1.** [string] cuerda *f*; [for tying clothes] cordón *m* **- 2.** [cable] cable *m*, cordón *m* **- 3.** [fabric] pana *f*. ◇ *comp* de pana.

► **cords** *npl* pantalones *mpl* de pana.

cordial ['kɔ:djəl] ◇ *adj* cordial. ◇ *n* bebida de frutas concentrada.

cordially ['kɔ:dɪəlɪ] *adv* cordialmente.

cordless phone ['kɔ:dlɪs-] *n* teléfono *m* inalámbrico.

Cordoba ['kɔ:dəbə] *n* Córdoba.

cordon ['kɔ:dn] *n* cordón *m*.

► **cordon off** *vt sep* acordonar.

cordon bleu [-'blɜ:] *adj* de primera clase.

corduroy ['kɔ:dərɔɪ] ◇ *n* pana *f*. ◇ *comp* de pana.

core [kɔ:ʳ] ◇ *n* **-1.** [of fruit] corazón *m* **- 2.** [of Earth, nuclear reactor, group] núcleo *m* **- 3.** [of issue, matter] meollo *m*; **to the ~** hasta la médula. ◇ *vt* quitar el corazón de.

corer ['kɔ:rəʳ] *n* sacacorazones *m inv*.

core time *n UK* periodo en el que todos deben estar trabajando en un sistema de horario flexible.

Corfu [kɔ:'fu:] *n* Corfú.

corgi ['kɔ:gɪ] (*pl* -s) *n* corgi *mf*.

coriander [,kɒrɪ'ændəʳ] *n* cilantro *m*.

cork [kɔ:k] *n* corcho *m*.

corkage ['kɔ:kɪdʒ] *n* recargo a pagar en

restaurantes si se consumen bebidas de fuera.

corked [kɔːkt] *adj* con sabor a corcho.

corkscrew ['kɔːkskruː] *n* sacacorchos *m inv.*

cormorant ['kɔːmərənt] *n* cormorán *m.*

corn [kɔːn] ⟷ *n* - **1.** *UK* [wheat, barley, oats] cereal *m* - **2.** *US* [maize] maíz *m*, choclo *m Andes* & *RP*; ~ **on the cob** mazorca *f* - **3.** [callus] callo *m.* ⟷ *comp US* de maíz.

Corn *abbr of* **Cornwall.**

cornea ['kɔːnɪə] (*pl* -**s**) *n* córnea *f.*

corned beef [kɔːnd-] *n* carne de vaca cocinada y enlatada.

corner ['kɔːnəʳ] ⟷ *n* - **1.** [angle - of street, page, screen] esquina *f*; [- of room, cupboard] rincón *m*; [- of mouth] comisura *f*; **to cut** ~**s** economizar esfuerzos, atajar; **just around the** ~ a la vuelta de la esquina - **2.** [bend - in street, road] curva *f* - **3.** [faraway place] rincón *m* - **4.** [in football] saque *m* de esquina, córner *m.* ⟷ *vt* - **1.** [trap] arrinconar - **2.** [monopolize] monopolizar, acaparar.

corner flag *n* banderín *m* de córner.

corner kick *n FTBL* saque *m* de esquina, córner *m.*

corner shop *n tienda pequeña de barrio que vende comida, artículos de limpieza etc.*

cornerstone ['kɔːnəstəʊn] *n fig* piedra *f* angular.

cornet ['kɔːnɪt] *n* - **1.** [instrument] corneta *f* - **2.** *UK* [ice-cream cone] cucurucho *m.*

cornfield ['kɔːnfiːld] *n* - **1.** *UK* campo *m* de cereal - **2.** *US* maizal *m.*

cornflakes ['kɔːnfleɪks] *npl* copos *mpl* de maíz, cornflakes *mpl.*

cornflour *UK* ['kɔːnflaʊəʳ], **cornstarch** *US* ['kɔːnstɑːtʃ] *n* harina *f* de maíz, maicena® *f.*

cornice ['kɔːnɪs] *n* cornisa *f.*

Cornish ['kɔːnɪʃ] ⟷ *adj* de Cornualles. ⟷ *n* [language] córnico *m.* ⟷ *npl:* **the** ~ los córnicos.

cornstarch *US* = **cornflour.**

cornucopia [ˌkɔːnjʊ'kəʊpjə] *n literary* cornucopia *f.*

Cornwall ['kɔːnwɔːl] *n* Cornualles.

corny ['kɔːnɪ] (*compar* -**ier**, *superl* -**iest**) *adj inf* trillado(da).

corollary [kə'rɒlərɪ] (*pl* -**ies**) *n* corolario *m.*

coronary ['kɒrənrɪ] (*pl* -**ies**), **coronary thrombosis** [-θrɒm'bəʊsɪs] (*pl* **coronary thromboses** [-θrɒm'bəʊsiːz]) *n* trombosis *f inv* coronaria, infarto *m.*

coronation [ˌkɒrə'neɪʃn] *n* coronación *f.*

coroner ['kɒrənəʳ] *n juez de instrucción que investiga las causas de muertes sospechosas.*

Corp. (*abbr of* **corporation**) Corp.

corpora ['kɔːpərə] *pl* ⊳ **corpus.**

corporal ['kɔːpərəl] *n* cabo *m OR f.*

corporal punishment *n* castigo *m* corporal.

corporate ['kɔːpərət] *adj* - **1.** [business] corporativo(va); [strategy, culture] empresarial - **2.** [collective] colectivo(va).

corporate hospitality *n (U)* atenciones *fpl* de la compañía.

corporate identity, corporate image *n* imagen *f* corporativa.

corporation [ˌkɔːpə'reɪʃn] *n* - **1.** [company] = sociedad *f* anónima - **2.** *UK* [council] ayuntamiento *m.*

corporation tax *n UK* impuesto *m* de sociedades.

corps [kɔːʳ] (*pl inv*) *n* cuerpo *m*; **press** ~ prensa *f* acreditada.

corpse [kɔːps] *n* cadáver *m.*

corpulent ['kɔːpjʊlənt] *adj* obeso(sa).

corpus ['kɔːpəs] (*pl* -**pora** *OR* -**puses**) *n* corpus *m inv.*

corpuscle ['kɔːpʌsl] *n* glóbulo *m.*

corral [kɒ'rɑːl] *n* corral *m.*

correct [kə'rekt] ⟷ *adj* - **1.** [accurate - time, amount, forecast] exacto(ta); [- answer, spelling, information] correcto(ta); **you're** ~ tienes razón - **2.** [socially acceptable] correcto(ta) - **3.** [appropriate, required] apropiado(da). ⟷ *vt* corregir.

correction [kə'rekʃn] *n* corrección *f.*

correctly [kə'rektlɪ] *adv* - **1.** [gen] correctamente; **I don't think I can have heard you** ~ no estoy segura de haberte oído bien - **2.** [appropriately, as required] apropiadamente.

correlate ['kɒrəleɪt] ⟷ *vt* relacionar, vincular. ⟷ *vi:* **to** ~ **(with)** guardar correspondencia (con).

correlation [ˌkɒrə'leɪʃn] *n:* ~ **(between)** correlación *f* (entre).

correspond [ˌkɒrɪ'spɒnd] *vi* - **1.** [correlate]: **to** ~ **(with** *OR* **to)** corresponder (con *OR* a) - **2.** [match]: **to** ~ **(with** *OR* **to)** coincidir (con) - **3.** [write letters]: **to** ~ **(with)** cartearse (con).

correspondence [ˌkɒrɪ'spɒndəns] *n:* ~ **(with/between)** correspondencia *f* (con/entre).

correspondence course *n* curso *m* por correspondencia.

correspondent [ˌkɒrɪ'spɒndənt] *n* [reporter] corresponsal *m OR f.*

corresponding [ˌkɒrɪ'spɒndɪŋ] *adj* correspondiente.

corridor ['kɒrɪdɔːʳ] *n* pasillo *m*, corredor *m.*

corroborate [kə'rɒbəreɪt] *vt* corroborar.

corroboration [kəˌrɒbəˈreɪʃn] *n* corroboración *f*.

corrode [kəˈrəud] ⬦ *vt* corroer. ⬦ *vi* corroerse.

corrosion [kəˈrəuʒn] *n* corrosión *f*.

corrosive [kəˈrəusɪv] *adj* [poison, substance] corrosivo(va).

corrugated [ˈkɒrəgeɪtɪd] *adj* ondulado(da).

corrugated iron *n* chapa *f* ondulada.

corrupt [kəˈrʌpt] ⬦ *adj* [gen & *COMPUT*] corrupto(ta). ⬦ *vt* [gen & *COMPUT*] corromper; **to ~ a minor** pervertir a un menor.

corruption [kəˈrʌpʃn] *n* corrupción *f*.

corsage [kɔːˈsɑːʒ] *n* ramillete *m*.

corset [ˈkɔːsɪt] *n* corsé *m*.

Corsica [ˈkɔːsɪkə] *n* Córcega.

Corsican [ˈkɔːsɪkən] ⬦ *adj* corso(sa). ⬦ *n* **-1.** [person] corso *m*, -sa *f* **-2.** [language] corso *m*.

cortege, cortège [kɔːˈteɪʒ] *n* cortejo *m*.

cortisone [ˈkɔːtɪzəun] *n* cortisona *f*.

cos¹ [kɒz] *UK inf* = **because**.

cos² [kɒs] = **cos lettuce**.

cosh [kɒʃ] ⬦ *n* porra *f*. ⬦ *vt* aporrear.

cosignatory [ˌkəuˈsɪgnətrɪ] (*pl* -ies) *n* cosignatario *m*, -ria *f*.

cosine [ˈkəusaɪn] *n* coseno *m*.

cos lettuce [kɒs-] *n UK* lechuga *f* romana.

cosmetic [kɒzˈmetɪk] ⬦ *n* cosmético *m*. ⬦ *adj fig* superficial.

cosmetic surgery *n* cirugía *f* estética.

cosmic [ˈkɒzmɪk] *adj* cósmico(ca).

cosmology [kɒzˈmɒlədʒɪ] *n* cosmología *f*.

cosmonaut [ˈkɒzmənɔːt] *n* cosmonauta *m OR f*.

cosmopolitan [ˌkɒzməˈpɒlɪtn] *adj* cosmopolita.

cosmos [ˈkɒzmɒs] *n*: **the ~** el cosmos.

Cossack [ˈkɒsæk] *n* cosaco *m*, -ca *f*.

cosset [ˈkɒsɪt] *vt* mimar.

cost [kɒst] (*pt* & *pp* cost *OR* -ed) ⬦ *n* coste *m*, costo *m*; **at ~** *COMM* a precio de coste; **at no extra ~** sin costo adicional; **at the ~ of** a costa de; **at all ~s** a toda costa. ⬦ *vt* **-1.** [gen] costar; **it ~ us £20/a lot of effort** nos costó 20 libras/mucho esfuerzo; **how much does it ~?** ¿cuánto cuesta *OR* vale? **-2.** [estimate] presupuestar, preparar un presupuesto de.

◆ **costs** *npl JUR* litisexpensas *fpl*, costas *fpl*.

cost accounting *n* contabilidad *f* de costes.

co-star [ˈkəu-] ⬦ *n* coprotagonista *m OR f*. ⬦ *vt*: **the film ~s ...** la película está coprotagonizada por ... ⬦ *vi*: **to ~ in a film** coprotagonizar una película.

Costa Rica [ˌkɒstəˈriːkə] *n* Costa Rica.

Costa Rican [ˌkɒstəˈriːkən] ⬦ *adj* costarri-

cense. ⬦ *n* costarricense *m OR f*.

cost-benefit analysis *n* análisis *m inv* coste-beneficio.

cost-effective *adj* rentable.

cost-effectiveness *n* rentabilidad *f*.

costing [ˈkɒstɪŋ] *n* cálculo *m* del coste.

costly [ˈkɒstlɪ] (*compar* -ier, *superl* -iest) *adj* costoso(sa).

cost of living *n*: **the ~** el coste de la vida.

cost-of-living index *n* índice *m* del coste de la vida.

cost price *n* precio *m* de coste.

costume [ˈkɒstjuːm] *n* **-1.** [gen] traje *m* **-2.** [swimming costume] traje *m* de baño.

costume drama *n* [film] película *f* de época.

costume jewellery *n* (U) joyas *fpl* de fantasía, bisutería *f*.

cosy *UK*, **cozy** *US* [ˈkəuzɪ] (*compar* -ier, *superl* -iest, *pl* -ies) ⬦ *adj* **-1.** [warm and comfortable - room] acogedor(ra); [- clothes] cómodo(da) **-2.** [intimate] agradable, amigable. ⬦ *n* funda *f* para tetera.

cot [kɒt] *n* **-1.** *UK* [for child] cuna *f* **-2.** *US* [folding bed] cama *f* plegable, catre *m*.

cot death *n* muerte *f* súbita infantil.

cottage [ˈkɒtɪdʒ] *n* casa *f* de campo, chalé *m*.

cottage cheese *n* queso *m* fresco.

cottage hospital *n UK* hospital pequeño en el campo.

cottage industry *n* industria *f* casera.

cottage pie *n UK* pastel de carne picada con una capa de puré de patatas.

cotton [ˈkɒtn] ⬦ *n* **-1.** [fabric] algodón *m* **-2.** [thread] hilo *m* (de algodón) **-3.** [plant] algodonero *m*. ⬦ *comp* [dress, shirt, mill] de algodón; *IND* algodonero(ra).

◆ **cotton on** *vi inf*: **to ~ on (to)** caer en la cuenta (de).

cotton bud *UK*, **cotton swab** *US n* bastoncillo *m* de algodón.

cotton candy *n US* azúcar *m* hilado, algodón *m*.

cotton swab *US* = **cotton bud**.

cotton wool *n* algodón *m* (hidrófilo).

couch [kautʃ] ⬦ *n* **-1.** [sofa] sofá *m* **-2.** [in doctor's surgery] diván *m*. ⬦ *vt*: **to ~ sthg in** formular algo en.

couchette [kuːˈʃet] *n UK* litera *f*.

couch potato *n inf* persona perezosa que pasa mucho tiempo en el sofá viendo la televisión.

cougar [ˈkuːgəʳ] (*pl inv OR* -s) *n* puma *m*.

cough [kɒf] ⬦ *n* tos *f*; **to have a ~** tener tos. ⬦ *vi* toser. ⬦ *vt* escupir.

◆ **cough up** *vt sep* **-1.** [bring up] escupir **-2.**

v inf [pay up] soltar.
coughing ['kɒfɪŋ] *n (U)* tos *f*.
cough mixture *n UK* jarabe *m* para la tos.
cough sweet *n UK* caramelo *m* para la tos.
cough syrup = cough mixture.
could [kʊd] *pt* ⊳ can².
couldn't ['kʊdnt] = could not.
could've ['kʊdəv] = could have.
council ['kaʊnsl] ⟨⟩ *n* -1. [of a town] ayuntamiento *m*; [of a county] ≃ diputación *f* -2. [group, organization] consejo *m* -3. [meeting] junta *f*, consejo *m*. ⟨⟩ *comp* [meeting, leader] del ayuntamiento; [tenant] de una vivienda protegida.
council estate *n* urbanización *de viviendas de protección oficial*.
council house *n UK* ≃ casa *f* de protección oficial.
councillor ['kaʊnsələʳ] *n* concejal *m*, -la *f*.
Council of Europe *n* Consejo *m* de Europa.
Council of Ministers *n* POL Consejo *m* de Ministros.
council tax *n UK impuesto municipal basado en el valor de la propiedad*, ≃ contribución *f* urbana.
counsel ['kaʊnsəl] (*UK pt* & *pp* -led, *cont* -ling, *US pt* & *pp* -ed, *cont* -ing) ⟨⟩ *n* -1. *(U) fml* [advice] consejo *m*; **to keep one's own** ~ reservarse su opinión -2. [lawyer] abogado *m*, -da *f*. ⟨⟩ *vt* aconsejar; **to** ~ **sb to do sthg** *fig* aconsejar a alguien hacer algo.
counselling *UK*, **counseling** *US* ['kaʊnsəlɪŋ] *n (U)* ayuda *f* psicológica.
counsellor *UK*, **counselor** *US* ['kaʊnsələʳ] *n* -1. [gen] consejero *m*, -ra *f* -2. [therapist] psicólogo *m*, -ga *f* -3. *US* [lawyer] abogado *m*, -da *f*.
count [kaʊnt] ⟨⟩ *n* -1. [total] total *m*; [of votes] recuento *m*; **to keep/lose** ~ **of** llevar/perder la centa de -2. [point] punto *m* -3. JUR [charge] cargo *m* -4. [aristocrat] conde *m*. ⟨⟩ *vt* -1. [add up] contar; [total, cost] calcular -2. [consider]: **to** ~ **sb as** considerar a alguien como -3. [include] incluir, contar. ⟨⟩ *vi* contar; **to** ~ (**up**) **to** contar hasta; **to** ~ **for nothing** no contar para nada; **to** ~ **as** contar como.
➤ **count against** *vt fus* perjudicar.
➤ **count in** *vt sep inf* contar con.
➤ **count (up)on** *vt fus* contar con.
➤ **count out** *vt sep* -1. [money] ir contando -2. [leave out] *inf* no contar con.
➤ **count up** *vt fus* contar.
countdown ['kaʊntdaʊn] *n* cuenta *f* atrás.
countenance ['kaʊntənəns] ⟨⟩ *n literary* [face] semblante *m*. ⟨⟩ *vt* aceptar.
counter ['kaʊntəʳ] ⟨⟩ *n* -1. [in shop] mostrador

m; **over the** ~ sin receta médica; [in bank] ventanilla *f* -2. [in board game] ficha *f*. ⟨⟩ *vt*: **to** ~ **sthg with** responder a algo mediante; **to** ~ **sthg by doing sthg** contrarrestar algo haciendo algo. ⟨⟩ *vi*: **to** ~ **with sthg/by doing sthg** contestar con algo/haciendo algo.
➤ **counter to** *adv* en contra de; **to run** ~ **to** ir en contra de.
counteract [,kaʊntə'rækt] *vt* contrarrestar.
counterattack [,kaʊntərə'tæk] ⟨⟩ *n* contraataque *m*. ⟨⟩ *vt* & *vi* contraatacar.
counterbalance [,kaʊntə'bæləns] *vt fig* contrapesar, compensar.
counterclaim ['kaʊntəkleɪm] *n* contrarréplica *f*.
counterclockwise [,kaʊntə'klɒkwaɪz] *adv US* en sentido opuesto a las agujas del reloj.
counterespionage [,kaʊntər'espɪənɑːʒ] *n* contraespionaje *m*.
counterfeit ['kaʊntəfɪt] ⟨⟩ *adj* falsificado(da). ⟨⟩ *vt* falsificar.
counterfoil ['kaʊntəfɔɪl] *n* matriz *f*.
counterintelligence [,kaʊntərɪn'telɪdʒəns] *n* contraespionaje *m*.
countermand [,kaʊntə'mɑːnd] *vt* revocar.
countermeasure [,kaʊntə'meʒəʳ] *n* medida *f* en contra, contramedida *f*.
counteroffensive [,kaʊntərə'fensɪv] *n* contraofensiva *f*.
counterpane ['kaʊntəpeɪn] *n* cubrecama *m*, colcha *f*.
counterpart ['kaʊntəpɑːt] *n* homólogo *m*, -ga *f*.
counterpoint ['kaʊntəpɔɪnt] *n* MUS contrapunto *m*.
counterproductive [,kaʊntəprə'dʌktɪv] *adj* contraproducente.
counter-revolution *n* contrarrevolución *f*.
countersank ['kaʊntəsæŋk] *pt* ⊳ countersink.
countersign ['kaʊntəsaɪn] *vt* refrendar, ratificar.
countersink ['kaʊntəsɪŋk] (*pt* -sank, *pp* -sunk [-sʌŋk]) *vt* avellanar.
countess ['kaʊntɪs] *n* condesa *f*.
countless ['kaʊntlɪs] *adj* innumerables.
countrified ['kʌntrɪfaɪd] *adj pej* [person] pueblerino(na); [area] provinciano(na).
country ['kʌntrɪ] (*pl* -ies) ⟨⟩ *n* -1. [nation] país *m* -2. [population]: **the** ~ el pueblo -3. [countryside]: **the** ~ el campo -4. [terrain] terreno *m*. ⟨⟩ *comp* campestre.
country and western ⟨⟩ *n* música *f* country. ⟨⟩ *comp* [music] country *(inv)*; [fan] del country.

country club n club m de campo.
country dancing n (U) baile m tradicional.
country house n casa f solariega.
countryman ['kʌntrɪmən] (pl -men [-mən]) n [from same country] compatriota m.
country music = country and western.
country park n UK parque natural abierto al público.
countryside ['kʌntrɪsaɪd] n [land] campo m; [landscape] paisaje m.
countrywoman ['kʌntrɪˌwʊmən] (pl -women [-ˌwɪmɪn]) n [from same country] compatriota f.
county ['kaʊntɪ] (pl -ies) n condado m.
county council n UK organismo que gobierna un condado, ≃ diputación f provincial.
county court n UK tribunal de justicia de un condado, ≃ audiencia f provincial.
county town UK, **county seat** US n capital f de condado.
coup [kuː] n -1. [rebellion]: ~ (d'état) golpe m (de estado) -2. [masterstroke] éxito m.
coupé ['kuːpeɪl] n cupé m.
couple ['kʌpl] <> n -1. [two people in relationship] pareja f -2. [two objects, people]: a ~ (of) un par (de) -3. [a few - objects, people]: a ~ (of) un par (de), unos(nas). <> vt -1. [join]: to ~ sthg (to) enganchar algo (con) -2. fig [associate]: to ~ sthg with asociar algo con; ~ d with unido(da) a, junto con.
couplet ['kʌplɪt] n pareado m.
coupling ['kʌplɪŋ] n RAIL enganche m.
coupon ['kuːpɒn] n [gen] vale m, cupón m; [for pools] boleto m.
courage ['kʌrɪdʒ] n valor m; to take ~ (from) animarse (con); she didn't have the ~ of her convictions no fue consecuente con sus principios.
courageous [kə'reɪdʒəs] adj valiente.
courageously [kə'reɪdʒəslɪ] adv valientemente.
courgette [kɔː'ʒet] n UK calabacín m, calabacita f Méx, zapallito m (italiano) CSur.
courier ['kʊrɪə'] n -1. [on holiday] guía m or f -2. [to deliver letters, packages] mensajero m, -ra f.
course [kɔːs] <> n -1. [gen] curso m; [of lectures] ciclo m; UNIV carrera f; ~ of treatment MED tratamiento m; to change ~ cambiar de rumbo; to be on ~ for [ship, plane] ir rumbo a; fig [on target] ir camino de; to run or take its ~ seguir su curso; off ~ fuera de su rumbo; ~ (of action) camino m (a seguir); in the ~ of a lo largo de -2. [of meal] plato m -3. SPORT [for golf] campo m; [for race] circuito m. <> vi literary [flow] correr.
➤ **of course** adv -1. [inevitably, not surprisingly]

naturalmente -2. [certainly] claro, por supuesto; of ~ not claro que no, desde luego que no.
coursebook ['kɔːsbʊk] n libro m de texto.
coursework ['kɔːswɜːk] n (U) trabajo m realizado durante el curso.
court [kɔːt] <> n -1. [place of trial, judge, jury etc] tribunal m; to appear in ~ comparecer ante el juez; to go to ~ ir a juicio; to take sb to ~ llevar a alguien a juicio -2. SPORT cancha f, pista f; on ~ en la cancha or pista -3. [of king, queen etc] corte f -4. [courtyard] patio m. <> vt [danger] exponerse a; [favour] solicitar. <> vi dated [go out together] cortejarse.
court case n juicio m.
courteous ['kɜːtjəs] adj cortés.
courtesan [ˌkɔːtɪ'zæn] n cortesana f.
courtesy ['kɜːtɪsɪ] <> n cortesía f. <> comp de cortesía.
➤ **(by) courtesy of** prep [the author] con permiso de; [a company] por cortesía or gentileza de.
courtesy bus n [at airport] autobús gratuito para llevar húespedes al hotel.
courtesy car n coche m de cortesía, carro m de cortesía Amér, auto m de cortesía CSur.
courthouse ['kɔːthaʊs, pl -haʊzɪz] n US palacio m de justicia.
courtier ['kɔːtjə'] n cortesano m.
court-martial (pl court-martials or courts-martial, UK pt & pp -led, cont -ling, US pt & pp -ed, cont -ing) <> n consejo m de guerra. <> vt juzgar en consejo de guerra.
court of appeal UK, **court of appeals** US n tribunal m de apelación.
court of inquiry n comisión f de investigación.
court of law n tribunal m (de justicia).
court order n orden f (judicial).
courtroom ['kɔːtrʊm] n sala f del tribunal.
courtship ['kɔːtʃɪp] n -1. [of people] noviazgo m -2. [of animals] cortejo m.
court shoe n zapato liso de tacón.
courtyard ['kɔːtjɑːd] n patio m.
cousin ['kʌzn] n primo m, -ma f.
couture [kuː'tʊə'] n alta costura f.
cove [kəʊv] n cala f, ensenada f.
coven ['kʌvən] n aquelarre m.
covenant ['kʌvənənt] n -1. [of money] compromiso escrito para el pago regular de una contribución esp con fines caritativos -2. [agreement] convenio m.
Covent Garden [ˌkɒvənt-] n famosa galería comercial londinense donde se dan cita todo tipo de artistas callejeros.

Coventry [ˈkɒvəntrɪ] *n*: **to send sb to** ~ hacer el vacío a alguien.

cover [ˈkʌvəʳ] <> *n* **-1.** [covering] cubierta *f*; [lid] tapa *f*; [for seat, typewriter] funda *f* **-2.** [blanket] manta *f*; **under the** ~**s** debajo de las sábanas **-3.** [of book] tapa *f*, cubierta *f*; [of magazine - at the front] portada *f*; [- at the back] contraportada *f* **-4.** [protection, shelter] refugio *m*, cobijo *m*; **air** ~ apoyo *m* aéreo, cobertura *f* aérea; **to take** ~ [from weather, gunfire] ponerse a cubierto, refugiarse; **under** ~ [from weather] a cubierto, bajo techo **-5.** [concealment] tapadera *f*; **under** ~ **of** al amparo OR abrigo de; **to break** ~ salir al descubierto **-6.** [insurance] cobertura *f*. <> *vt* **-1.** [gen]: **to** ~ **sthg (with)** cubrir algo (de); [with lid] tapar algo (con) **-2.** [insure]: **to** ~ **sb (against)** cubrir OR asegurar a alguien (contra) **-3.** [include] abarcar **-4.** [report on] informar sobre, cubrir **-5.** [discuss, deal with] abarcar, cubrir.

◆ **cover up** *vt sep* **-1.** [place sthg over] tapar **-2.** [conceal] encubrir.

coverage [ˈkʌvərɪdʒ] *n* [of news] cobertura *f* informativa.

coveralls [ˈkʌvərɔːlz] *npl US* mono *m*.

cover charge *n* cubierto *m*.

cover girl *n* modelo *f* OR chica *f* de portada.

covering [ˈkʌvərɪŋ] *n* **-1.** [for floor etc] cubierta *f* **-2.** [of snow, dust] capa *f*.

covering letter *UK*, **cover letter** *US n* [with CV] carta *f* de presentación; [with parcel, letter] nota *f* aclaratoria.

cover note *n UK* póliza *f* provisional.

cover price *n* [of magazine] precio *m* (de una revista).

cover story *n* [of magazine] tema *m* de portada.

covert [ˈkʌvət] *adj* [operation] encubierto(ta), secreto(ta); [glance] furtivo(va).

cover-up *n* encubrimiento *m*.

cover version *n* versión *f*.

covet [ˈkʌvɪt] *vt* codiciar.

cow [kaʊ] <> *n* **-1.** [female type of cattle] vaca *f* **-2.** [female elephant, whale, seal] hembra *f* **-3.** *UK inf pej* [woman] bruja *f*. <> *vt* acobardar, intimidar.

coward [ˈkaʊəd] *n* cobarde *m* OR *f*.

cowardice [ˈkaʊədɪs] *n* cobardía *f*.

cowardly [ˈkaʊədlɪ] *adj* cobarde.

cowboy [ˈkaʊbɔɪ] <> *n* **-1.** [cattlehand] vaquero *m*, tropero *m RP* **-2.** *UK inf* [dishonest workman] chorizo *m*. <> *comp* de vaqueros; ~ **boots** botas *fpl* camperas.

cower [ˈkaʊəʳ] *vi* encogerse.

cowhide [ˈkaʊhaɪd] *n* cuero *m*.

co-worker *n US* compañero *m*, -ra *f* de trabajo.

cowpat [ˈkaʊpæt] *n* boñiga *f*.

cowshed [ˈkaʊʃed] *n* establo *m*.

cox [kɒks], **coxswain** [ˈkɒksən] *n* timonel *m* OR *f*.

coy [kɔɪ] *adj* tímido(da).

coyly [ˈkɔɪlɪ] *adv* con timidez afectada.

coyote [kɔɪˈəʊtɪ] *n* coyote *m*.

cozy *US* = cosy.

c/p (*abbr of* **carriage paid**) pp.

CPA *n US abbr of* **certified public accountant**.

CPI (*abbr of* **Consumer Price Index**) *n* IPC *m*.

Cpl. *abbr of* **corporal**.

c.p.s. (*abbr of* **characters per second**) c.p.s.

CPS (*abbr of* **Crown Prosecution Service**) *acusación popular*.

CPU (*abbr of* **central processing unit**) *n COMPUT* CPU *f*.

crab [kræb] *n* cangrejo *m*.

crab apple *n* manzana *f* silvestre.

crack [kræk] <> *n* **-1.** [split - in wood, ground] grieta *f*; [- in glass, pottery] raja *f* **-2.** [gap] rendija *f*; **at the** ~ **of dawn** al romper el alba **-3.** [sharp noise - of whip] chasquido *m*; [- of twigs] crujido *m* **-4.** [joke] chiste *m* **-5.** *inf* [attempt]: **to have a** ~ **at sthg** intentar algo **-6.** [cocaine] crack *m*. <> *adj* de primera. <> *vt* **-1.** [cause to split] romper, partir **-2.** [egg, nut] cascar **-3.** [whip etc] chasquear **-4.** [bang]: **to** ~ **one's head** golpearse la cabeza **-5.** *inf* [open - bottle] abrir; [- safe] forzar **-6.** [code] dar con la clave de, descifrar; [problem] resolver **-7.** *inf* [tell - joke] contar. <> *vi* **-1.** [split - wood, ground] agrietarse; [- pottery, glass] partirse, rajarse **-2.** [break down] hundirse, venirse abajo **-3.** [make sharp noise - whip] chasquear; [- twigs] crujir **-4.** *UK inf* [act quickly]: **to get** ~**ing** ponerse manos a la obra.

◆ **crack down** *vi*: **to** ~ **down (on)** tomar medidas severas (contra).

◆ **crack up** *vi* **-1.** [under pressure] venirse abajo **-2.** *inf* [laugh] partirse de risa.

crackdown [ˈkrækdaʊn] *n*: ~ **(on)** ofensiva *f* (contra).

cracked [ˈkrækt] *adj* **-1.** [damaged - wall] agrietado(da); [- vase] rajado(da) **-2.** [voice] ronco(ca) **-3.** *inf* [mad] majara.

cracker [ˈkrækəʳ] *n* **-1.** [biscuit] galleta *f* (salada) **-2.** *UK* [for Christmas] *cilindro de papel que produce un estallido al abrirlo y que tiene dentro un regalito de Navidad*.

crackers [ˈkrækəz] *adj UK inf* majara.

cracking [ˈkrækɪŋ] *adj inf* **-1.** [fast]: **a** ~ **pace** un ritmo tremendo **-2.** [excellent] genial.

crackle [ˈkrækl] <> *n* [of fire, cooking] crujido *m*,

chasquido *m*; [on phone, radio] interferencias *fpl*. ⬦ *vi* [fire] crujir, chasquear; [radio] sonar con interferencias.

crackling ['kræklɪŋ] *n (U)* **-1.** [of fire, dry leaves] crujido *m*; [on phone, radio] interferencias *fpl* **-2.** [pork skin] cortezas *fpl*.

crackpot ['krækpɒt] *inf* ⬦ *adj* descabellado(da). ⬦ *n* chiflado *m*, -da *f*.

cradle ['kreɪdl] ⬦ *n* **-1.** [baby's bed, birthplace] cuna *f* **-2.** [hoist] andamio *m* colgado. ⬦ *vt* acunar, mecer.

craft [krɑːft] (*pl sense 2 inv*) *n* **-1.** [trade] oficio *m*; [skill] arte *m* **-2.** [boat] embarcación *f*.
➡ **crafts** *npl* artesanía *f*.

craftsman ['krɑːftsmən] (*pl* **-men** [-mən]) *n* artesano *m*.

craftsmanship ['krɑːftsmənʃɪp] *n (U)* **-1.** [skill] destreza *f*, habilidad *f* **-2.** [skilled work] artesanía *f*.

craftsmen *pl* ▷ **craftsman**.

crafty ['krɑːftɪ] (*compar* **-ier**, *superl* **-iest**) *adj* astuto(ta).

crag [kræg] *n* peñasco *m*.

craggy ['krægɪ] (*compar* **-ier**, *superl* **-iest**) *adj* **-1.** [rock] escarpado(da) **-2.** [face] anguloso(sa), de facciones pronunciadas.

Crakow ['krækaʊ] *n* Cracovia.

cram [kræm] (*pt & pp* **-med**, *cont* **-ming**) ⬦ *vt* **-1.** [push - books, clothes] embutir; [people] apiñar **-2.** [overfill]: **to ~ sthg with** atiborrar OR atestar algo de; **to be crammed (with)** estar repleto(ta) (de). ⬦ *vi* [study] empollar.

cramming ['kræmɪŋ] *n* [studying] empolladura *f*, empollada *f*.

cramp [kræmp] ⬦ *n* calambre *m*; **stomach ~s** retortijones *mpl* de vientre. ⬦ *vt* [restrict, hinder] coartar, limitar.

cramped [kræmpt] *adj* [flat, conditions] estrecho(cha).

crampon ['kræmpən] *n* crampón *m*.

cranberry ['krænbərɪ] (*pl* **-ies**) *n* arándano *m* (agrio).

crane [kreɪn] ⬦ *n* **-1.** [machine] grúa *f* **-2.** [bird] grulla *f*. ⬦ *vt* estirar. ⬦ *vi* estirarse.

crane fly *n* típula *f*.

cranium ['kreɪnjəm] (*pl* **-niums** OR **-nia** [-njə]) *n* cráneo *m*.

crank [kræŋk] ⬦ *n* **-1.** [handle] manivela *f* **-2.** *inf* [eccentric] majareta *m* OR *f*. ⬦ *vt* **-1.** [wind] girar **-2.** AUT poner en marcha con la manivela.

crankshaft ['kræŋkʃɑːft] *n* cigüeñal *m*.

cranky ['kræŋkɪ] (*compar* **-ier**, *superl* **-iest**) *adj inf* **-1.** [odd] extravagante, estrambótico(ca) **-2.** *US* [bad-tempered] refunfuñón(ona).

cranny ['krænɪ] ▷ **nook**.

crap [kræp] *v inf* ⬦ *n (U)* **-1.** [gen] mierda *f* **-2.** [nonsense]: **to talk ~** decir gilipolleces. ⬦ *adj UK* de mierda, muy chungo(ga).

crappy ['kræpɪ] (*compar* **-ier**, *superl* **-iest**) *adj v inf* de mierda, muy chungo(ga).

crash [kræʃ] ⬦ *n* **-1.** [accident] colisión *f*, choque *m*, estrellón *m Amér*; **train ~** accidente *m* de tren **-2.** [loud noise] estruendo *m* **-3.** FIN crac *m*, quiebra *f*. ⬦ *vt* [plane] estrellar; **to ~ the car** tener un accidente con el coche. ⬦ *vi* **-1.** [collide - two vehicles] chocar, colisionar; [one vehicle - into wall etc] estrellarse; **to ~ into** sthg chocar OR estrellarse contra algo **-2.** [make crashing noise] armar estruendo; **to ~ to the ground** caerse y hacerse añicos **-3.** FIN quebrar **-4.** COMPUT bloquearse, colgarse.

crash barrier *n* valla *f* protectora.

crash course *n* cursillo *m* intensivo de introducción, curso *m* acelerado.

crash diet *n* régimen *m* drástico.

crash-dive *vi* sumergirse a gran profundidad y con gran rapidez.

crash helmet *n* casco *m* protector.

crash-land ⬦ *vt* hacer un aterrizaje forzoso con. ⬦ *vi* realizar un aterrizaje forzoso.

crash landing *n* aterrizaje *m* forzoso.

crass [kræs] *adj* burdo(da); **a ~ error** un error básico.

crate [kreɪt] *n* caja *f (para embalaje o transporte)*.

crater ['kreɪtəʳ] *n* cráter *m*.

cravat [krə'væt] *n* pañuelo *m* (de hombre).

crave [kreɪv] ⬦ *vt* ansiar. ⬦ *vi*: **to ~ for sthg** ansiar algo.

craving ['kreɪvɪŋ] *n* [gen]: **~ (for sthg/to do sthg)** anhelo *m* (de algo/de hacer algo); [of pregnant woman]: **~ (for sthg)** antojo *m* (de algo).

crawfish ['krɔːfɪʃ] = **crayfish**.

crawl [krɔːl] ⬦ *vi* **-1.** [baby] andar a gatas, gatear **-2.** [insect, person] arrastrarse **-3.** [move slowly, with difficulty] avanzar lentamente, ir a paso de tortuga **-4.** *inf* [be covered]: **to be ~ing with sthg** estar infestado(da) de algo **-5.** *inf* [grovel]: **to ~ (to)** arrastrarse (ante). ⬦ *n* **-1.** [slow pace]: **at a ~** a paso de tortuga **-2.** [swimming stroke]: **the ~** el crol.

crawler lane ['krɔːləʳ-] *n UK* carril *m* de los lentos.

crayfish ['kreɪfɪʃ] (*pl inv* OR **-es**) *n* [freshwater] cangrejo *m* de río; [spiny lobster] cigala *f*.

crayon ['kreɪɒn] *n* lápiz *m* de cera.

craze [kreɪz] *n* moda *f*.

crazed [kreɪzd] *adj* enloquecido(da); ~ **with** loco(ca) de.

crazy ['kreɪzɪ] (*compar* **-ier**, *superl* **-iest**) *adj inf* **-1.** [mad - person] loco(ca); [- idea] disparatado(da); **like** ~ como un loco **-2.** [enthusiastic]: **to be** ~ **about** estar loco(ca) por.

crazy paving *n UK* enlosado *m* irregular.

creak [kri:k] <> *n* [of floorboard, bed] crujido *m*; [of door, hinge] chirrido *m*. <> *vi* [floorboard, bed] crujir; [door, hinge] chirriar.

creaky ['kri:kɪ] (*compar* **-ier**, *superl* **-iest**) *adj* [floorboard, bed] que cruje; [door, hinge] chirriante.

cream [kri:m] <> *adj* [in colour] (color) crema (*inv*). <> *n* **-1.** [food] nata *f* **-2.** [cosmetic, mixture for food] crema *f*; ~ **of tomato soup** crema de tomate **-3.** [colour] (color *m*) crema *m* **-4.** [elite]: **the** ~ la flor y nata, la crema. <> *vt CULIN* batir; ~**ed potatoes** puré *m* de patatas.
◆ **cream off** *vt sep* seleccionar, separar.

cream cake *n UK* pastel *m* de nata, pastel *m* de crema *Amér*, masa *f* de crema *RP*.

cream cheese *n* queso *m* cremoso *or* blanco.

cream cracker *n UK* galleta *sin azúcar que generalmente se come con queso.*

cream of tartar *n* crémor *m* tártaro.

cream tea *n UK merienda de té con bollos, nata y mermelada.*

creamy ['kri:mɪ] (*compar* **-ier**, *superl* **-iest**) *adj* **-1.** [taste, texture] cremoso(sa) **-2.** [colour] (color) crema (*inv*).

crease [kri:s] <> *n* [deliberate - in shirt] pliegue *m*; [- in trousers] raya *f*; [accidental] arruga *f*. <> *vt* arrugar. <> *vi* [gen] arrugarse; [forehead] fruncirse.

creased [kri:st] *adj* arrugado(da).

crease-resistant *adj* inarrugable.

create [kri:'eɪt] *vt* [gen] crear; [interest] producir.

creation [kri:'eɪʃn] *n* creación *f*.

creative [kri:'eɪtɪv] *adj* [gen] creativo(va); [energy] creador(ra); ~ **writing** creación *f* literaria.

creativity [ˌkri:eɪ'tɪvətɪ] *n* creatividad *f*.

creator [kri:'eɪtəʳ] *n* creador *m*, -ra *f*.

creature ['kri:tʃəʳ] *n* criatura *f*; **a** ~ **of habit** un animal de costumbres.

crèche [kreʃ] *n UK* guardería *f* (infantil).

credence ['kri:dns] *n*: **to give** *or* **lend** ~ **to** dar crédito a.

credentials [krɪ'denʃlz] *npl* credenciales *fpl*.

credibility [ˌkredə'bɪlətɪ] *n* credibilidad *f*.

credible ['kredəbl] *adj* creíble, digno(na) de crédito.

credit ['kredɪt] <> *n* **-1.** [financial aid] crédito *m*; **to be in** ~ tener saldo acreedor *or* positivo; **on** ~ a crédito **-2.** (*U*) [praise] reconocimiento

m; **to have sthg 'to one's** ~ [successfully completed] tener uno algo en su haber; **to be to sb's** ~ [in sb's favour] ir en favor de alguien; **to do sb credit** decir mucho en favor de alguien; **to give sb** ~ **for** reconocer a alguien el mérito de **-3.** [towards qualification, degree] crédito *m* **-4.** [money credited] saldo *m* acreedor *or* positivo. <> *vt* **-1.** *FIN* [add] abonar; **we'll** ~ **your account** lo abonaremos en su cuenta **-2.** [believe] creer **-3.** [give the credit to]: **to** ~ **sb with** atribuir a alguien el mérito de.
◆ **credits** *npl* [on film] títulos *mpl*.

creditable ['kredɪtəbl] *adj fml* meritorio(ria), encomiable.

credit account *n UK* cuenta *f* de crédito.

credit card *n* tarjeta *f* de crédito.

credit control *n* control *m* de crédito.

credit facilities *npl* facilidades *fpl* de crédito.

credit limit *UK*, **credit line** *US n* límite *m* de crédito.

credit note *n* [from shop] vale *m* de compra.

creditor ['kredɪtəʳ] *n* acreedor *m*, -ra *f*.

credit rating *n* calificación *f* de solvencia.

credit squeeze *n* restricción *f* de créditos.

credit transfer *n* transferencia *f* bancaria.

creditworthy ['kredɪtˌwɜːðɪ] *adj* solvente.

credulity [krɪ'dju:lətɪ] *n fml* credulidad *f*.

credulous ['kredjʊləs] *adj* crédulo(la).

creed [kri:d] *n* credo *m*.

creek [kri:k] *n* **-1.** [inlet] cala *f* **-2.** *US* [stream] riachuelo *m*.

creep [kri:p] (*pt* & *pp* **crept**) <> *vi* **-1.** [person] deslizarse, andar con sigilo **-2.** [insect] arrastrarse; [traffic etc] avanzar lentamente **-3.** *inf* [grovel]: **to** ~ **(to sb)** hacer la pelota (a alguien). <> *n inf* **-1.** [unctuous person] pelotillero *m*, -ra *f*, pelota *m or f* **-2.** [horrible person] asqueroso *m*, -sa *f*.
◆ **creeps** *npl*: **to give sb the** ~**s** *inf* ponerle a alguien la piel de gallina.
◆ **creep in** *vi* [mistake] introducirse.
◆ **creep up on** *vt* **-1.** [subj: person, animal] acercarse sigilosamente a **-2.** [subj: old age, deadline] aproximarse a.

creeper ['kri:pəʳ] *n* enredadera *f*, bejuco *m* *Amér*.

creepy ['kri:pɪ] (*compar* **-ier**, *superl* **-iest**) *adj inf* horripilante, espeluznante.

creepy-crawly [-'krɔ:lɪ] (*pl* **-ies**) *n inf* bicho *m*.

cremate [krɪ'meɪt] *vt* incinerar.

cremation [krɪ'meɪʃn] *n* incineración *f*.

crematorium *UK* [ˌkremə'tɔ:rɪəm] (*pl* **-riums** *or* **-ria** [-rɪə]), **crematory** *US* ['kremətrɪ] (*pl* **-ies**) *n* crematorio *m*.

crème caramel [krem-] *n* flan *m*.

creosote ['krɪəsəʊt] <> *n* creosota *f*. <> *vt* aplicar creosota a.

crepe [kreɪp] *n* -1. [cloth] crespón *m* -2. [rubber] crepé *m* -3. [thin pancake] crepe *f*.

crepe bandage *n UK* venda *f* de gasa.

crepe paper *n (U)* papel *m* crespón.

crepe-soled shoes [-səʊld-] *npl UK* zapatos *mpl* de suela de crepé.

crept [krept] *pt & pp* ⊳ **creep**.

Cres. *abbr of* Crescent.

crescendo [krɪ'ʃendəʊ] (*pl* -s) *n* crescendo *m*.

crescent ['kresnt] <> *adj* creciente. <> *n* -1. [shape] media luna *f* -2. [street] *calle en forma de arco*.

cress [kres] *n* berro *m*.

crest [krest] *n* -1. [on bird's head, of wave] cresta *f* -2. [of hill] cima *f*, cumbre *f* -3. [on coat of arms] blasón *m*.

crestfallen ['krest,fɔːln] *adj* alicaído(da).

Crete [kriːt] *n* Creta.

cretin ['kretɪn] *n inf* [idiot] cretino *m*, -na *f*.

Creutzfeldt-Jakob disease [,krɔɪtsfelt-'jækɒb-] *n* enfermedad *f* de Creutzfeldt-Jakob.

crevasse [krɪ'væs] *n* grieta *f*, fisura *f*.

crevice ['krevɪs] *n* grieta *f*, hendidura *f*.

crew [kruː] *n* -1. [of ship, plane] tripulación *f* -2. [on film set etc] equipo *m*.

crew cut *n* rapado *m*, corte *m* al cero.

crewman ['kruːmæn] (*pl* -**men** [-mən]) *n* [of ship, plane] tripulante *m*; [on film set etc] miembro *m* del equipo.

crew-neck(ed) [-nek(t)] *adj* con cuello redondo.

crib [krɪb] (*pt & pp* -**bed**, *cont* -**bing**) <> *n* -1. [cot] cuna *f* -2. *US inf* [place] casa *f*, cantón *f Méx*. <> *vt inf*: **to** ~ **sthg off** *OR* **from sb** copiar algo de alguien.

cribbage ['krɪbɪdʒ] *n juego de cartas en que la puntuación se anota colocando clavijas en un tablero*.

crick [krɪk] <> *n*: **to have a** ~ **in one's neck** tener tortícolis. <> *vt* torcerse.

cricket ['krɪkɪt] <> *n* -1. [game] críquet *m* -2. [insect] grillo *m*. <> *comp* de críquet.

cricketer ['krɪkɪtəʳ] *n* jugador *m*, -ra *f* de críquet.

crikey ['kraɪkɪ] *excl UK inf* ¡caramba!

crime [kraɪm] <> *n* -1. [serious offence] crimen *m*; [less serious offence] delito *m* -2. [criminal behaviour - serious] criminalidad *f*; [- less serious] delincuencia *f* -3. [immoral act] crimen *m*. <> *comp*: ~ **squad** brigada *f* de investigación criminal; ~ **novel** novela *f* policíaca.

crime wave *n* ola *f* delictiva.

criminal ['krɪmɪnl] <> *adj* -1. *JUR* [act, behaviour] criminal, delictivo(va); [law] penal; [lawyer] criminalista; ~ **offence** delito *m* -2. [shameful]: **it's** ~ es un crimen. <> *n* [serious] criminal *m* *OR* *f*; [less serious] delincuente *m* *OR* *f*.

criminalize, -ise ['krɪmɪnəlaɪz] *vt* [person] convertir en delincuente.

criminal record *n* antecedentes *mpl* penales.

criminology [,krɪmɪ'nɒlədʒɪ] *n* criminología *f*.

crimp [krɪmp] *vt* ondular, rizar.

crimson ['krɪmzn] <> *adj* -1. [in colour] carmesí -2. [with embarrassment] colorado(da). <> *n* carmesí *m*.

cringe [krɪndʒ] *vi* -1. [out of fear] encogerse -2. *inf* [with embarrassment] sentir vergüenza ajena.

crinkle ['krɪŋkl] <> *n* arruga *f*. <> *vt* arrugar. <> *vi* arrugarse.

cripple ['krɪpl] <> *n dated & offensive* tullido *m*, -da *f*, lisiado *m*, -da *f*. <> *vt* -1. *MED* dejar inválido(da) -2. [country, industry] paralizar, inmovilizar; [ship, plane] inutilizar.

crippling ['krɪplɪŋ] *adj* -1. *MED* postrador(ra) -2. [severe] abrumador(ra).

crisis ['kraɪsɪs] (*pl* **crises** ['kraɪsiːz]) *n* crisis *f inv*.

crisp [krɪsp] *adj* -1. [pastry, bacon, snow] crujiente; [banknote, vegetables, weather] fresco(ca) -2. [brisk] directo(ta), categórico(ca).
◆ **crisps** *npl UK* patatas *fpl* fritas *(de bolsa)*.

crispbread ['krɪspbred] *n galleta salada y alargada de centeno o trigo*.

crispy ['krɪspɪ] (*compar* -**ier**, *superl* -**iest**) *adj* crujiente.

crisscross ['krɪskrɒs] <> *adj* entrecruzado(da). <> *vt* entrecruzar. <> *vi* entrecruzarse.

criterion [kraɪ'tɪərɪən] (*pl* -**ria** [-rɪə], -**rions**) *n* criterio *m*.

critic ['krɪtɪk] *n* crítico *m*, -ca *f*.

critical ['krɪtɪkl] *adj* [gen] crítico(ca); [illness] grave; **to be** ~ **of** criticar; ~ **acclaim** la aclamación de la crítica.

critically ['krɪtɪklɪ] *adv* [gen] críticamente; ~ **important** de vital importancia; ~ **acclaimed** aclamado(da) por la crítica; [ill] gravemente.

criticism ['krɪtɪsɪzm] *n* crítica *f*.

criticize, -ise ['krɪtɪsaɪz] *vt & vi* criticar.

critique [krɪ'tiːk] *n* crítica *f*.

croak [krəʊk] <> *n* -1. [of frog] croar *m*, canto *m*; [of raven] graznido *m* -2. [hoarse voice] ronquido *m*, estertor *m*. <> *vi* -1. [frog] croar; [raven] graznar -2. [person] ronquear.

Croat ['krəʊæt], **Croatian** [krəʊ'eɪʃn] <> *adj* croata. <> *n* -1. [person] croata *m* *OR* *f* -2. [language] croata *m*.

Croatia [krəʊˈeɪʃəl] *n* Croacia.

Croatian = **Croat**.

crochet [ˈkrəʊʃeɪ] ◇ *n* ganchillo *m*. ◇ *vt* hacer a ganchillo.

crockery [ˈkrɒkərɪ] *n* loza *f*, vajilla *f*.

crocodile [ˈkrɒkədaɪl] (*pl inv* OR -**s**) *n* cocodrilo *m*.

crocus [ˈkrəʊkəs] (*pl* -**es**) *n* azafrán *m* (*planta*)..

croft [krɒft] *n UK granja pequeña que pertenece a una familia y les proporciona sustento*.

croissant [ˈkrwæsɒɒ] *n* croissant *m*, medialuna *f RP*, cachito *m* **Ven**.

crony [ˈkrəʊnɪ] (*pl* -**ies**) *n inf* amiguete *m*, -ta *f*.

crook [krʊk] ◇ *n* -**1**. [criminal] ratero *m*, -ra *f*, delincuente *m* OR *f* - **2**. *inf* [dishonest person] ladrón *m*, -ona *f*, sinvergüenza *m* OR *f* - **3**. [of arm, elbow] pliegue *m* - **4**. [shepherd's staff] cayado *m*. ◇ *vt* doblar.

crooked [ˈkrʊkɪd] *adj* -**1**. [teeth, tie] torcido(da) -**2**. [back] encorvado(da); [path] sinuoso(sa) -**3**. *inf* [dishonest - person, policeman] corrupto(ta); [- deal] sucio(cia).

croon [kruːn] *vt* & *vi* canturrear.

crop [krɒp] (*pt* & *pp* -**ped**, *cont* -**ping**) ◇ *n* -**1**. [kind of plant] cultivo *m* - **2**. [harvested produce] cosecha *f*, pizca *f* **Méx** - **3**. *inf* [group - of people] hornada *f*; [- of books] cosecha *f* - **4**. [whip] fusta *f*. ◇ *vt* - **1**. [cut short] cortar (muy corto) - **2**. [subj: cows, sheep] pacer.

➤ **crop up** *vi* surgir.

cropper [ˈkrɒpə²] *n inf*: **to come a ~** [fall] darse un batacazo; [slip up] pegar un patinazo; [business] irse a la porra.

crop spraying [-ˌspreɪɪŋ] *n* fumigación *f*.

croquet [ˈkrəʊkeɪ] *n* croquet *m*.

croquette [krɒˈket] *n* croqueta *f*.

cross [krɒs] ◇ *adj* enfadado(da); **to get ~ (with)** enfadarse (con). ◇ *n* - **1**. [gen] cruz *f* - **2**. [hybrid] cruce *m*, cruza *f* **Amér**; **a ~ between** [combination] una mezcla de - **3**. SPORT centro *m*. ◇ *vt* - **1**. [gen & FIN] cruzar - **2**. [face - subj: expression] reflejarse en - **3**. SPORT centrar - **4**. [oppose] contrariar - **5**. RELIG: **to ~ o.s.** santiguarse. ◇ *vi* - **1**. [intersect] cruzarse - **2**. [boat, ship] hacer una travesía.

➤ **cross off, cross out** *vt sep* tachar.

crossbar [ˈkrɒsbɑːʳ] *n* - **1**. [on goal] larguero *m*, travesaño *m* - **2**. [on bicycle] barra *f*.

cross-border *adj* transfronterizo(za).

crossbow [ˈkrɒsbəʊ] *n* ballesta *f*.

crossbreed [ˈkrɒsbriːd] *n* híbrido *m*.

cross-Channel *adj* [ferry] que hace la travesía del Canal de la Mancha; [route] a través del Canal de la Mancha.

cross-check *n* verificación *f* con otro método.

➤ **crosscheck** *vt* verificar con otro método.

cross-country ◇ *adj* & *adv* a campo traviesa. ◇ *n* cross *m*.

cross-cultural *adj* intercultural.

cross-dressing *n* travestismo *m*.

crossed line [krɒst-] *n* TELEC cruce *m* de líneas.

cross-examination *n* interrogatorio *m* (*para comprobar veracidad*).

cross-examine *vt* interrogar (*para comprobar veracidad*).

cross-eyed [ˈkrɒsaɪd] *adj* bizco(ca).

cross-fertilize *vt* [plants] fecundar por fertilización cruzada.

crossfire [ˈkrɒsˌfaɪəʳ] *n* fuego *m* cruzado.

crosshead [ˈkrɒsˌhed] *adj*: **~ screw** tornillo *m* de cabeza en cruz; **~ screwdriver** destornillador *m* de cabeza en cruz.

crossing [ˈkrɒsɪŋ] *n* - **1**. [on road] cruce *m*, paso *m* de peatones; [on railway line] paso a nivel - **2**. [sea journey] travesía *f*.

crossing guard *n* - **1**. *US persona encargada de ayudar a cruzar la calle a los colegiales*; [on railway line] paso a nivel - **2**. [sea journey] travesía *f*.

cross-legged [ˈkrɒslegd] *adv* con las piernas cruzadas.

crossly [ˈkrɒslɪ] *adv* con enfado.

crossply [ˈkrɒsplaɪ] (*pl* -**ies**) ◇ *adj* de carcasa diagonal. ◇ *n* neumático *m* de carcasa diagonal.

cross-purposes *npl*: **I think we're at ~** creo que estamos hablando de cosas distintas.

cross-question *vt* interrogar (*para comprobar veracidad*).

cross-refer *vt* remitir.

cross-reference *n* remisión *f*, referencia *f*.

crossroads [ˈkrɒsrəʊdz] (*pl inv*) *n* cruce *m*; **to be at a ~** *fig* estar en una encrucijada.

cross-section *n* - **1**. [drawing] sección *f* transversal - **2**. [sample] muestra *f* representativa.

crosswalk [ˈkrɒswɔːk] *n US* paso *m* de peatones.

crossways [ˈkrɒsweɪz] = **crosswise**.

crosswind [ˈkrɒswɪnd] *n* viento *m* de costado.

crosswise [ˈkrɒswaɪz] *adv* en diagonal, transversalmente.

crossword (puzzle) [ˈkrɒswɜːd-] *n* crucigrama *m*.

crotch [krɒtʃ] *n* entrepierna *f*.

crotchet [ˈkrɒtʃɪt] *n* negra *f*.

crotchety [ˈkrɒtʃɪtɪ] *adj UK inf* refunfuñón(ona).

crouch [kraʊtʃ] *vi* [gen] agacharse; [ready to spring] agazaparse.

croup [kru:p] *n* -**1.** [illness] crup *m* -**2.** [of horse] grupa *f*.

croupier ['kru:pɪə'] *n* crupier *m* OR *f*.

crouton ['kru:tɒn] *n* cuscurro *m*, picatoste *m*.

crow [krəʊ] <> *n* corneja *f*; **as the ~ flies** en línea recta. <> *vi* -**1.** [cock] cantar -**2.** *inf* [gloat] darse pisto, vanagloriarse.

crowbar ['krəʊbɑ:'] *n* palanca *f*.

crowd [kraʊd] <> *n* -**1.** [mass of people] multitud *f*, muchedumbre *f*; [at football match etc] público *m* -**2.** [particular group] gente *f*. <> *vi* agolparse, apiñarse; **to ~ in/out** entrar/salir en tropel. <> *vt* -**1.** [room, theatre etc] llenar -**2.** [people] meter, apiñar.

crowded ['kraʊdɪd] *adj*: **~ (with)** repleto(ta) OR atestado(da) (de).

crown [kraʊn] <> *n* -**1.** [of royalty, on tooth] corona *f* -**2.** [of hat] copa *f*; [of head] coronilla *f*; [of hill] cumbre *f*, cima *f*. <> *vt* -**1.** [gen] coronar; **to ~ it all** para colmo -**2.** [tooth] poner una corona a.

➥ **Crown** <> *n*: **the Crown** [monarchy] la corona. <> *comp* de la corona.

crown court *n* ≃ tribunal *m* superior de lo penal.

crowning ['kraʊnɪŋ] *adj* supremo(ma).

crown jewels *npl* joyas *fpl* de la corona.

crown prince *n* príncipe *m* heredero.

crow's feet *npl* patas *fpl* de gallo.

crow's nest *n* cofa *f*.

crucial ['kru:ʃl] *adj* crucial.

crucially ['kru:ʃlɪ] *adv* lo que fue crucial; **~ important** de importancia crucial.

crucible ['kru:sɪbl] *n* crisol *m*.

crucifix ['kru:sɪfɪks] *n* crucifijo *m*.

Crucifixion [,kru:sɪ'fɪkʃn] *n*: **the ~** la crucifixión.

crucify ['kru:sɪfaɪ] (*pt* & *pp* -**ied**) *vt lit* & *fig* crucificar.

crude [kru:d] <> *adj* -**1.** [rubber, oil, joke] crudo(da) -**2.** [person, behaviour] basto(ta), vulgar -**3.** [drawing, sketch] tosco(ca). <> *n* crudo *m*.

crudely ['kru:dlɪ] *adv* -**1.** [say, remark] vulgarmente -**2.** [sketch, write] toscamente.

crude oil *n* crudo *m*.

cruel [krʊəl] (*compar* -**ler**, *superl* -**lest**) *adj* [gen] cruel; [blow] duro(ra); [winter] crudo(da).

cruelly ['krʊəlɪ] *adv* -**1.** [sadistically] cruelmente -**2.** [painfully, harshly] dolorosamente.

cruelty ['krʊəltɪ] *n* (*U*) crueldad *f*.

cruelty-free *adj* no probado(da) en animales.

cruet ['kru:ɪt] *n* vinagreras *fpl*, convoy *m*.

cruise [kru:z] <> *n* crucero *m*. <> *vi* -**1.** [sail] hacer un crucero -**2.** [drive, fly] ir a velocidad de crucero.

cruise missile *n* misil *m* de crucero.

cruiser ['kru:zə'] *n* -**1.** [warship] crucero *m* -**2.** [cabin cruiser] yate *m* (para cruceros).

crumb [krʌm] *n* -**1.** [of food] miga *f*, migaja *f* -**2.** [of information] migaja *f*, pizca *f*.

crumble ['krʌmbl] <> *n* postre *a base de compota de fruta con una pasta seca por encima*. <> *vt* desmigajar. <> *vi* -**1.** [building, cliff] desmoronarse; [plaster] caerse -**2.** *fig* [relationship, hopes] derrumbarse, venirse abajo.

crumbly ['krʌmblɪ] (*compar* -**ier**, *superl* -**iest**) *adj* que se desmigaja con facilidad.

crummy ['krʌmɪ] (*compar* -**mier**, *superl* -**miest**) *adj inf* [bad] chungo(ga).

crumpet ['krʌmpɪt] *n* -**1.** [food] *bollo que se come tostado* -**2.** [women] *inf* (*U*) tías *fpl*.

crumple ['krʌmpl] <> *vt* [dress, suit] arrugar; [letter] estrujar. <> *vi* -**1.** [dress, suit, face] arrugarse; [car] quedarse hecho un acordeón -**2.** [body] desplomarse; [army, government] sucumbir.

➥ **crumple up** *vt sep* estrujar.

crunch [krʌntʃ] <> *n* crujido *m*; **when it comes to the ~** *inf* a la hora de la verdad. <> *vt* [with teeth] ronzar. <> *vi* crujir.

crunchy ['krʌntʃɪ] (*compar* -**ier**, *superl* -**iest**) *adj* crujiente.

crusade [kru:'seɪd] <> *n lit* & *fig* cruzada *f*. <> *vi*: **to ~ for/against** hacer una cruzada en pro/en contra de.

crusader [kru:'seɪdə'] *n* -**1.** *HIST* cruzado *m* -**2.** [campaigner] paladín *m*, defensor *m*, -ra *f*.

crush [krʌʃ] <> *n* -**1.** [crowd] gentío *m*, aglomeración *f* -**2.** *inf* [infatuation]: **to have a ~ on sb** estar colado(da) OR loco(ca) por alguien -**3.** *UK* [drink] *zumo con agua añadida*. <> *vt* -**1.** [squash] aplastar -**2.** [grind - garlic, grain] triturar; [- ice] picar; [- grapes] exprimir -**3.** [destroy] demoler.

crush barrier *n UK* valla *f* de contención.

crushing ['krʌʃɪŋ] *adj* -**1.** [defeat, blow] aplastante, abrumador(ra) -**2.** [remark] demoledor(ra).

crust [krʌst] *n* -**1.** [on bread, of snow, earth] corteza *f* -**2.** [on pie] parte *f* dura.

crustacean [krʌ'steɪʃn] *n* crustáceo *m*.

crusty ['krʌstɪ] (*compar* -**ier**, *superl* -**iest**) *adj* -**1.** [food] crujiente -**2.** [person] brusco(ca).

crutch [krʌtʃ] *n* -**1.** [stick] muleta *f*; *fig* [support] apoyo *m*, soporte *m* -**2.** [crotch] entrepierna *f*.

crux [krʌks] *n*: **the ~ of the matter** el quid de la cuestión.

cry [kraɪ] (*pt* & *pp* **cried**, *pl* **cries**) <> *n* -**1.** [weep] llanto *m*, llorera *f* -**2.** [shout] grito *m*; **to be a far ~ from** no parecerse en nada a -**3.** [of bird] chillido *m*. <> *vt*: **to ~ o.s. to sleep** llorar

hasta dormirse. ◇ *vi* -**1.** [weep] llorar -**2.** [shout] gritar; **to ~ for help** gritar pidiendo ayuda.
➤ **cry off** *vi* volverse atrás.
➤ **cry out** ◇ *vt* gritar. ◇ *vi* [call out] gritar.
➤ **cry out for** *vt fus* pedir a voces.
crybaby ['kraɪˌbeɪbɪ] (*pl* -**ies**) *n inf pej* llorón *m*, -ona *f*.
crying ['kraɪɪŋ] ◇ *adj*: **a ~ shame** una verdadera vergüenza; **a ~ need for sthg** una necesidad imperiosa de algo. ◇ *n (U)* llanto *m*.
crypt [krɪpt] *n* cripta *f*.
cryptic ['krɪptɪk] *adj* críptico(ca).
crystal ['krɪstl] ◇ *n* cristal *m*. ◇ *comp* de cristal.
crystal ball *n* bola *f* de cristal.
crystal clear *adj* -**1.** [transparent] cristalino(na) -**2.** [clearly stated] claro(ra) como el agua.
crystallize, -ise ['krɪstəlaɪz] ◇ *vi lit* & *fig* cristalizar. ◇ *vt* -**1.** [make clear] cristalizar -**2.** [preserve in sugar] confitar, escarchar.
CSA (*abbr of* **Child Support Agency**) *n* en Gran Bretaña, agencia que vela por el cumplimiento de la ley en materia de pensiones alimenticias.
CSE (*abbr of* **Certificate of Secondary Education**) *n* antiguo título de enseñanza secundaria en Gran Bretaña para alumnos de bajo rendimiento escolar.
CS gas *n* gas *m* lacrimógeno.
CST (*abbr of* **Central Standard Time**) *hora oficial en el centro de los EE.UU.*
ct (*abbr of* **carat**) quil.
CT *abbr of* **Connecticut**.
CTC *n abbr of* **city technology college**.
cu. (*abbr of* **cubic**) c.
cub [kʌb] *n* -**1.** [young animal] cachorro *m* -**2.** [boy scout] lobato *m*, boy scout de entre 8 y 11 años.
Cuba ['kju:bə] *n* Cuba.
Cuban ['kju:bən] ◇ *adj* cubano(na). ◇ *n* [person] cubano *m*, -na *f*.
cubbyhole ['kʌbɪhəʊl] *n* [room] cuchitril *m*; [cupboard] armario *m*.
cube [kju:b] ◇ *n* [gen] cubo *m*; [of sugar] terrón *m*. ◇ *vt* -**1.** MATH elevar al cubo -**2.** [cut up] cortar en dados.
cube root *n* raíz *f* cúbica.
cubic ['kju:bɪk] *adj* cúbico(ca).
cubicle ['kju:bɪkl] *n* [at swimming pool] caseta *f*; [in shop] probador *m*; [in toilets] cubículo *m*.
cubism ['kju:bɪzm] *n* cubismo *m*.
cubist ['kju:bɪst] *n* cubista *m or f*.
Cub Scout *n* lobato *m*, boy scout de entre 8 y 11 años.

cuckoo ['kʊku:] *n* cuco *m*, cuclillo *m*.
cuckoo clock *n* reloj *m* de cuco.
cucumber ['kju:kʌmbə^r] *n* pepino *m*.
cud [kʌd] *n*: **to chew the ~** *lit* & *fig* rumiar.
cuddle ['kʌdl] ◇ *n* abrazo *m*. ◇ *vt* abrazar, apapachar *Méx*. ◇ *vi* abrazarse.
➤ **cuddle up** *vi*: **to ~ up (to)** arrimarse (a).
cuddly ['kʌdlɪ] (*compar* -**ier**, *superl* -**iest**) *adj* [person, child] mimoso(sa).
cuddly toy ['kʌdlɪ-] *n* muñeco *m* de peluche.
cudgel ['kʌdʒəl] (*UK pt* & *pp* -**led**, *cont* -**ling**, *US pt* & *pp* -**ed**, *cont* -**ing**) ◇ *n* porra *f*; **to take up the ~s for** salir en defensa de. ◇ *vt* aporrear; **to ~ one's brains** *US* devanarse los sesos.
cue [kju:] *n* -**1.** RADIO, THEATRE & TV entrada *f*; **on ~** justo en aquel instante; **to take one's ~ from** guiarse por -**2.** *fig* [stimulus, signal] señal *f* -**3.** [in snooker, pool] taco *m*.
cuff [kʌf] ◇ *n* -**1.** [of sleeve] puño *m*; **off the ~** [speech, remarks] improvisado(da), sacado(da) de la manga -**2.** *US* [of trouser leg] vuelta *f* -**3.** [blow] cachete *m*. ◇ *vt* dar un cachete a.
cuff link *n* gemelo *m*, collera *f Andes*.
cuisine [kwɪ'zi:n] *n* cocina *f*.
cul-de-sac ['kʌldəsæk] *n* callejón *m* sin salida.
culinary ['kʌlɪnərɪ] *adj* culinario(ria).
cull [kʌl] ◇ *n* sacrificio *m* selectivo. ◇ *vt* -**1.** [animals] sacrificar selectivamente -**2.** *fml* [information, facts] recoger.
culminate ['kʌlmɪneɪt] *vi*: **to ~ in** culminar en.
culmination [ˌkʌlmɪ'neɪʃn] *n* culminación *f*.
culottes [kju:'lɒts] *npl* falda *f* pantalón.
culpable ['kʌlpəbl] *adj fml*: **~ (of)** culpable (de); **~ homicide** homicidio *m* involuntario.
culprit ['kʌlprɪt] *n* culpable *m or f*.
cult [kʌlt] ◇ *n* -**1.** RELIG culto *m* -**2.** [person, activity, object] objeto *m* de culto. ◇ *comp* [series, movie] de culto.
cultivate ['kʌltɪveɪt] *vt* -**1.** [gen] cultivar -**2.** [get to know - person] hacer amistad con.
cultivated ['kʌltɪveɪtɪd] *adj* -**1.** [cultured] culto(ta) -**2.** [land] cultivado(da).
cultivation [ˌkʌltɪ'veɪʃn] *n (U)* cultivo *m*.
cultural ['kʌltʃərəl] *adj* cultural.
culture ['kʌltʃə^r] *n* -**1.** [gen] cultura *f* -**2.** [of bacteria] cultivo *m*.
cultured ['kʌltʃəd] *adj* culto(ta).
cultured pearl *n* perla *f* cultivada.
culture shock *n* choque *m* cultural.
culture vulture *n inf hum* devorador insaciable de cultura.
culvert ['kʌlvət] *n* alcantarilla *f*, desagüe *m*.
cumbersome ['kʌmbəsəm] *adj* -**1.** [package]

abultado(da), voluminoso(sa); [machinery] aparatoso(sa) **- 2.** [system] torpe.

cumin [ˈkʌmɪn] n comino m.

cum laude [kʊmˈlaʊdeɪ] adv US: **to graduate** ~ licenciarse cum laude.

cumulative [ˈkjuːmjʊlətɪv] adj acumulativo(va).

cunning [ˈkʌnɪŋ] <> adj [gen] astuto(ta); [device, idea] ingenioso(sa). <> n (U) astucia f.

cunt [kʌnt] n vulg [vagina] coño m; [person] hijo m, -ja f de puta.

cup [kʌp] (pt & pp **-ped**, cont **-ping**) <> n **- 1.** [gen] taza f **- 2.** [prize, of bra] copa f. <> vt ahuecar.

cupboard [ˈkʌbəd] n armario m.

cupcake [ˈkʌpkeɪk] n US magdalena f.

Cup Final n: **the** ~ ≃ la final de la Copa.

cup holder n [team, person] (actual) campeón m de copa.

cupid [ˈkjuːpɪdl] n [figure] cupido m.

cupola [ˈkjuːpələ] (pl **-s**) n cúpula f.

cup tie n UK partido m de copa.

curable [ˈkjʊərəbl] adj curable.

curate [ˈkjʊərət] n coadjutor m, -ra f, auxiliar m OR f.

curator [kjʊəˈreɪtər] n conservador m, -ra f.

curb [kɜːb] <> n **- 1.** [control]: ~ **(on)** control m OR restricción f(de); **to put a** ~ **on sthg** poner freno a algo **- 2.** US [in road] bordillo m, bordo m de la banqueta Méx, cordón m de la vereda RP, cuneta f Chile, sardinel m Col. <> vt controlar, contener.

curd cheese [kɜːd-] n UK requesón m.

curdle [ˈkɜːdl] vi [milk] cuajarse; fig [blood] helarse.

cure [kjʊər] <> n **- 1.** MED: ~ **(for)** cura f(para) **- 2.** [solution]: ~ **(for)** remedio m (a). <> vt **- 1.** MED curar **- 2.** [problem, inflation] remediar **- 3.** [rid]: **to** ~ **sb of sthg** hacer a alguien abandonar algo **- 4.** [food, tobacco] curar; [leather] curtir.

cure-all n panacea f.

curfew [ˈkɜːfjuː] n toque m de queda.

curio [ˈkjʊərɪəʊ] (pl **-s**) n curiosidad f, rareza f.

curiosity [kjʊərɪˈɒsətɪ] n curiosidad f.

curious [ˈkjʊərɪəs] adj curioso(sa); **to be** ~ **about** sentir curiosidad por; **I'm** ~ **to know** ... tengo ganas de saber ...

curiously [ˈkjʊərɪəslɪ] adv **- 1.** [inquisitively] con curiosidad **- 2.** [oddly] curiosamente.

curl [kɜːl] <> n **- 1.** [of hair] rizo m **- 2.** [of smoke] voluta f. <> vt **- 1.** [hair] rizar **- 2.** [twist] enroscar. <> vi **- 1.** [hair] rizarse **- 2.** [paper] abarquillarse, curvarse; **to** ~ **into a ball** acurrucarse, hacerse un ovillo.

➤ **curl up** vi [person, animal] acurrucarse, hacerse un ovillo; [leaf, paper] abarquillarse, curvarse.

curler [ˈkɜːlər] n rulo m.

curling [ˈkɜːlɪŋ] n curling m, deporte que consiste en hacer deslizar piedras planas sobre el hielo.

curling tongs npl tenacillas fpl de rizar.

curly [ˈkɜːlɪ] (compar **-ier**, superl **-iest**) adj [hair] rizado(da); [pig's tail] enroscado(da).

currant [ˈkʌrənt] n pasa f de Corinto.

currency [ˈkʌrənsɪ] (pl **-ies**) n **- 1.** FIN moneda f; **foreign** ~ divisa f **- 2.** fml [acceptability]: **to gain** ~ ganar aceptación.

current [ˈkʌrənt] <> adj [price, method, girlfriend] actual; [year] presente, en curso; [issue] último(ma); [ideas, expressions, customs] común, corriente; **in** ~ **use** de uso común. <> n corriente f.

current account n UK cuenta f corriente.

current affairs npl temas mpl de actualidad.

current assets npl activo m circulante.

current liabilities npl pasivo m circulante.

currently [ˈkʌrəntlɪ] adv actualmente.

curriculum [kəˈrɪkjələm] (pl **-lums** OR **-la** [-lə]) n [course of study] plan m de estudios, temario m.

curriculum vitae [-ˈviːtaɪ] (pl **curricula vitae**) n UK currículum m (vitae).

curried [ˈkʌrɪd] adj al curry.

curry [ˈkʌrɪ] (pl **-ies**) n curry m.

curry powder n curry m en polvo.

curse [kɜːs] <> n **- 1.** [evil charm] maldición f; **to put a** ~ **on** echar una maldición a **- 2.** [swearword] taco m, palabrota f **- 3.** [source of problems] azote m. <> vt maldecir. <> vi [swear] maldecir, soltar tacos.

cursor [ˈkɜːsər] n COMPUT cursor m.

cursory [ˈkɜːsərɪ] adj superficial, por encima.

curt [kɜːt] adj brusco(ca), seco(ca).

curtail [kɜːˈteɪl] vt **- 1.** [visit] acortar **- 2.** [expenditure] reducir; [rights] restringir.

curtailment [kɜːˈteɪlmənt] n fml [of expenditure] reducción f; [of rights] restricción f.

curtain [ˈkɜːtn] n **- 1.** [gen] cortina f **- 2.** [in theatre] telón m.

➤ **curtain off** vt sep separar con una cortina.

curtain call n salida f a escena para saludar.

curtain raiser n fig preludio m, preámbulo m.

curts(e)y [ˈkɜːtsɪ] (pt & pp **curtsied**) <> n reverencia f (de mujer). <> vi hacer una reverencia (una mujer).

curvaceous [kɜːˈveɪʃəs] adj inf escultural.

curvature [ˈkɜːvətʃər] (U) n **- 1.** [of Earth] curvatura *f* **- 2.** *MED* [of spine] desviación *f.*

curve [kɜːv] <> *n* curva *f.* <> *vi* [river] torcer, hacer una curva; [surface] curvarse, arquearse.

curved [kɜːvd] *adj* curvo(va).

curvy ['kɜːvɪ] (*compar* **-ier**, *superl* **-iest**) *adj* **-1.** [line] sinuoso(sa) **- 2.** *inf* [figure] escultural.

cushion ['kʊʃn] <> *n* **-1.** [for sitting on] cojín *m*, almohadón *m* **- 2.** [protective layer] colchón *m.* <> *vt lit* & *fig* amortiguar; **to be ~ed against** estar protegido contra.

cushy ['kʊʃɪ] (*compar* **-ier**, *superl* **-iest**) *adj inf* cómodo(da); **a ~ job** *OR* **number** un chollo (de trabajo).

custard ['kʌstəd] *n* (U) natillas *fpl.*

custard pie *n* tarta *f* de crema.

custard powder *n* (U) polvos *mpl* para natillas.

custodial sentence [kʌ'stəʊdjəl-] *n* pena *f* de cárcel.

custodian [kʌ'stəʊdjən] *n* **-1.** [of building, museum] conservador *m*, -ra *f* **- 2.** [of tradition, values] guardián *m*, -ana *f.*

custody ['kʌstədɪ] *n* custodia *f*; **to take sb into ~** detener a alguien; **in ~** bajo custodia.

custom ['kʌstəm] <> *n* **-1.** [tradition, habit] costumbre *f* **- 2.** (U) *fml* [trade] clientela *f.* <> *adj* hecho(cha) de encargo.

  customs *n* [place] aduana *f*; **to go through ~s** pasar por la aduana.

customary ['kʌstəmrɪ] *adj* acostumbrado(da), habitual.

custom-built *adj* hecho(cha) de encargo.

customer ['kʌstəməʳ] *n* **-1.** [client] cliente *m OR f* **- 2.** *inf* [person] tipo *m*, individuo *m.*

customer services *npl* servicio *m* de atención al cliente.

customize, -ise ['kʌstəmaɪz] *vt* [gen & *COMPUT*] personalizar.

custom-made *adj* [shoes, suit] hecho(cha) a la medida; [car] hecho de encargo.

Customs and Excise *n* (U) *UK oficina del gobierno británico encargada de la recaudación de derechos arancelarios.*

customs duty *n* (U) derechos *mpl* de aduana, aranceles *mpl.*

customs officer *n* empleado *m*, -da *f* de aduanas.

customs union *n* unión *f* aduanera.

cut [kʌt] (*pt* & *pp* **cut**, *cont* **-ting**) <> *n* **-1.** [gen] corte *m* **- 2.** [reduction]: **~ (in)** reducción *f* (de); **wage ~** recorte *m* salarial **- 3.** *inf* [share] parte *f* **- 4.** *phr*: **to be a ~ above the rest** *inf* ser superior al resto. <> *vt* **-1.** [gen & *COMPUT*] cortar; **to ~ sb's hair** cortarle el pelo a alguien; **to ~ a hole** hacer un agujero; **to ~ class** *US*

faltar a clase; [one's finger etc] cortarse; **to ~ o.s.** cortarse **- 2.** [spending, staff etc] reducir, recortar; [text] acortar **- 3.** [tooth] echar **- 4.** *inf* [lecture] fumarse. <> *vi* [gen & *COMPUT*] cortar.

  cut across *vt fus* **-1.** [take short cut] atajar *OR* cortar por **- 2.** [go beyond] rebasar, trascender.

  cut back <> *vt sep* **-1.** [plant] podar **- 2.** [expenditure, budget] reducir, recortar. <> *vi*: **to ~ back (on sthg)** reducir *OR* recortar (algo).

  cut down <> *vt sep* **-1.** [chop down] cortar, talar **- 2.** [reduce] reducir. <> *vi*: **to ~ down on smoking** *OR* **cigarettes** fumar menos.

  cut in *vi* **-1.** [interrupt]: **to ~ in (on sb)** cortar *OR* interrumpir (a alguien) **- 2.** [in car] colarse.

  cut off *vt sep* **-1.** [gen] cortar **- 2.** [interrupt] interrumpir **- 3.** [separate]: **to be ~ off (from)** [person] estar aislado(da) (de); [town, village] quedarse incomunicado(da).

  cut out <> *vt sep* **-1.** [remove] recortar **- 2.** [dress, pattern etc] cortar; **to be ~ out for sthg** *fig* [person] estar hecho para algo **- 3.** [stop]: **to ~ out smoking** *OR* **cigarettes** dejar de fumar; **~ it out!** *inf* ¡basta ya! **- 4.** [exclude - light etc] eliminar; **to ~ sb out of one's will** desheredar a alguien. <> *vi* [stall] calarse, pararse.

  cut through *vt fus* **-1.** [object, liquid] cortar **- 2.** [take short cut through] atajar *OR* cortar por.

  cut up *vt sep* [chop up] cortar, desmenuzar.

cut-and-dried *adj* [issue, result] claro(ra); [formula, answer] preestablecido(da).

cut and paste *COMPUT vt* & *vi* cortar y pegar.

cutback ['kʌtbæk] *n*: **~ (in)** recorte *m OR* reducción *f* (en).

cute [kjuːt] *adj* [appealing] mono(na), lindo(da).

cut glass <> *n* cristal *m* tallado. <> *comp* de cristal tallado.

cuticle ['kjuːtɪkl] *n* cutícula *f.*

cutlery ['kʌtlərɪ] *n* (U) cubertería *f*, cubiertos *mpl.*

cutlet ['kʌtlɪt] *n* chuleta *f.*

cutoff date ['kʌtɒf-] *n* fecha *f* tope.

cutoff point *n* [limit] límite *m.*

cutout ['kʌtaʊt] *n* **-1.** [on machine] cortacircuitos *m inv* **- 2.** [shape] recorte *m.*

cut-price, cut-rate *US adj* de oferta, rebajado(da); **~ offers** ofertas *fpl.*

cutter ['kʌtəʳ] *n* [tool]: **wire ~s** cortaalambres *m inv*; **glass ~** diamante *m.*

cutthroat ['kʌtθrəʊt] *adj* [ruthless] encarnizado(da).

cutting ['kʌtɪŋ] <> *adj* [sarcastic] cortante, hiriente. <> *n* **-1.** [of plant] esqueje *m* **- 2.** [from newspaper] recorte *m* **-3.** *UK* [for road, railway] desmonte *m*, paso *m* estrecho.

cuttlefish ['kʌtlfɪʃ] (*pl inv*) *n* jibia *f*, sepia *f*.

cut-up *adj UK inf* [upset] disgustado(da).

CV (*abbr of* **curriculum vitae**) *n UK* CV *m*.

cwo (*abbr of* **cash with order**) *pago al contado*.

cwt. *abbr of* **hundredweight**.

cyanide ['saɪənaɪd] *n* cianuro *m*.

cybercafe ['saɪbə‚kæfeɪ] *n* cibercafé *m*.

cybernetics [‚saɪbə'netɪks] *n* (*U*) cibernética *f*.

cyberspace ['saɪbəspeɪs] *n* ciberespacio *m*.

cyclamen ['sɪkləmən] (*pl inv*) *n* ciclamen *m*.

cycle ['saɪkl] ⬦ *n* **-1.** [series of events, poems, songs] ciclo *m* **-2.** [bicycle] bicicleta *f*. ⬦ *comp*: ~ **lane** carril *m* bici; ~ **path** camino *m* para bicicletas; ~ **race** carrera *f* ciclista. ⬦ *vi* ir en bicicleta.

cyclic(al) ['saɪklɪk(l)] *adj* cíclico(ca).

cycling ['saɪklɪŋ] *n* ciclismo *m*; **to go** ~ salir en bicicleta.

cyclist ['saɪklɪst] *n* ciclista *m OR f*.

cyclone ['saɪkləʊn] *n* ciclón *m*.

cygnet ['sɪgnɪt] *n* pollo *m* de cisne.

cylinder ['sɪlɪndə'] *n* **-1.** [shape, engine component] cilindro *m* **-2.** [container - for gas] bombona *f*.

cylinder block *n* bloque *m* de cilindros.

cylinder head *n* culata *f* del cilindro.

cylinder-head gasket *n* junta *f* de la culata.

cylindrical [sɪ'lɪndrɪkl] *adj* cilíndrico(ca).

cymbals ['sɪmblz] *npl* platillos *mpl*.

cynic ['sɪnɪk] *n* cínico *m*, -ca *f*.

cynical ['sɪnɪkl] *adj* cínico(ca).

cynically ['sɪnɪklɪ] *adv* cínicamente.

cynicism ['sɪnɪsɪzm] *n* cinismo *m*.

cypher ['saɪfə'] = **cipher**.

cypress ['saɪprəs] *n* ciprés *m*.

Cypriot ['sɪprɪət] ⬦ *adj* chipriota. ⬦ *n* chipriota *m OR f*; **Greek** ~ chipriota griego *m*, chipriota griega *f*; **Turkish** ~ chipriota turco *m*, chipriota turca *f*.

Cyprus ['saɪprəs] *n* Chipre.

cyst [sɪst] *n* quiste *m*.

cystic fibrosis [‚sɪstɪkfaɪ'brəʊsɪs] *n* (*U*) fibrosis *f inv* quística (del páncreas).

cystitis [sɪs'taɪtɪs] *n* cistitis *f inv*.

cytology [saɪ'tɒlədʒɪ] *n* citología *f*.

CZ (*abbr of* **canal zone**) *área del canal de Panamá*.

czar [zɑː'] *n* zar *m*; **the government drugs** ~ *UK* jefe *m*, -fa *f* de la lucha contra el narcotráfico.

Czech [tʃek] ⬦ *adj* checo(ca). ⬦ *n* **-1.** [person] checo *m*, -ca *f* **-2.** [language] checo *m*.

Czechoslovakia [‚tʃekəslə'vækɪə] *n* Checoslovaquia.

Czechoslovakian [‚tʃekəslə'vækɪən] ⬦ *adj* checoslovaco(ca). ⬦ *n* [person] checoslovaco *m*, -ca *f*.

Czech Republic *n*: **the** ~ la República Checa.

D

d (*pl* **d's** *OR* **ds**), **D** (*pl* **D's** *OR* **Ds**) [diː] *n* [letter] d *f*, D *f*.
➤ **D** ⬦ *n* **-1.** *MUS* re *m* **-2.** *SCH* ≃ suspenso *m*. ⬦ *US abbr of* **Democrat, Democratic**.

d [diː] (*abbr of* **penny**) *antiguamente*, *penique*.

d. (*abbr of* **died**) m.; ~ **1913** m. 1913.

D.A. *n US abbr of* **district attorney**.

dab [dæb] (*pt & pp* **-bed**, *cont* **-bing**) ⬦ *n* [small amount] toque *m*, pizca *f*; [of powder] pizca *f*. ⬦ *vt* **-1.** [skin, wound] dar ligeros toques en **-2.** [cream, ointment]: **to** ~ **sthg on** *OR* **onto** aplicar algo sobre. ⬦ *vi*: **to** ~ **at** dar ligeros toques en.

dabble ['dæbl] *vi*: **to** ~ **(in)** pasar el tiempo *OR* entretenerse (con).

dab hand *n UK*: **to be a** ~ **(at sthg)** ser un fenómeno *OR* un hacha (haciendo algo).

Dacca ['dækə] *n* Dacca.

dachshund ['dækshʊnd] *n* perro *m* salchicha.

dad [dæd], **daddy** ['dædɪ] (*pl* **-ies**) *n inf* papá *m*.

daddy longlegs [-'lɒŋlegz] (*pl inv*) *n* típula *f*.

daffodil ['dæfədɪl] *n* narciso *m*.

daft [dɑːft] *adj UK inf* tonto(ta), baboso(sa) *Amér*.

dagger ['dægə'] *n* daga *f*, puñal *m*.

dahlia ['deɪljə] *n* dalia *f*.

daily ['deɪlɪ] (*pl* **-ies**) ⬦ *adj* diario(ria); **on a** ~ **basis** día a día, cada día. ⬦ *adv* diariamente; **twice** ~ dos veces al día. ⬦ *n* [newspaper] diario *m*.

daintily ['deɪntɪlɪ] *adv* delicadamente, finamente.

dainty ['deɪntɪ] (*compar* **-ier**, *superl* **-iest**) *adj* delicado(da), fino(na).

dairy ['deərɪ] (*pl* **-ies**) *n* **-1.** [on farm] vaquería *f* **-2.** [shop] lechería *f* **-3.** [factory] central *f* lechera.

dairy cattle *npl* vacas *fpl* lecheras.

dairy farm *n* vaquería *f*.

dairy products *npl* productos *mpl* lácteos.

dais ['deɪls] *n* tarima *f*, estrado *m*.

daisy ['deɪzɪ] (*pl* -ies) *n* margarita *f*.

daisy wheel *n* margarita *f (de máquina de escribir)*.

Dakar ['dækɑː] *n* Dakar.

Dakota [də'kəʊtə] *n* Dakota.

dal [dɑːl] = **dhal**.

dale [deɪl] *n* valle *m*.

dalmatian [dæl'meɪʃn] *n* [dog] dálmata *m*.

dam [dæm] (*pt* & *pp* -med, *cont* -ming) ⋄ *n* [across river] presa *f*. ⋄ *vt* represar.
  ➤ **dam up** *vt sep* [feelings] reprimir.

damage ['dæmɪdʒ] ⋄ *n* -1. [physical harm]: ~ (to) daño *m* (a); **to cause** ~ **to sthg** ocasionar daños a algo -2. [harmful effect]: ~ (to) perjuicio *m* (a). ⋄ *vt* dañar.
  ➤ **damages** *npl* JUR daños *mpl* y perjuicios.

damaging ['dæmɪdʒɪŋ] *adj*: ~ (to) perjudicial (para).

Damascus [də'mæskəs] *n* Damasco.

Dame [deɪm] *n* UK *título honorífico concedido a una mujer*.

damn [dæm] ⋄ *adj inf* maldito(ta), pinche *Méx*. ⋄ *adv inf* tela de, muy; **don't be so** ~ **stupid** no seas tan rematadamente estúpido. ⋄ *n inf*: **I don't give** OR **care a** ~ **(about it)** me importa un bledo. ⋄ *vt* -1. [gen & RELIG] condenar -2. *v inf* [curse]: ~ **it!** ¡maldita sea! ⋄ *excl v inf* ¡maldita sea!

damnable ['dæmnəbl] *adj dated* [appalling] terrible, detestable.

damnation [dæm'neɪʃn] ⋄ *n* RELIG condenación *f*. ⋄ *excl v inf* ¡maldición!

damned [dæmd] *inf* ⋄ *adj* maldito(ta), pinche *Méx*; **I'm** ~ **if I know why she did it** que me maten si lo sé; **well I'll be** OR **I'm** ~ **!** ¡ostras! ⋄ *adv* tela de, muy.

damning ['dæmɪŋ] *adj* condenatorio(ria).

damp [dæmp] ⋄ *adj* húmedo(da). ⋄ *n* humedad *f*. ⋄ *vt* [make wet] humedecer.
  ➤ **damp down** *vt sep* -1. [fire] sofocar -2. [enthusiasm] apagar.

damp course *n* UK (aislante *m*) hidrófugo *m*.

dampen ['dæmpən] *vt* -1. [make wet] humedecer -2. *fig* [emotion] apagar.

damper ['dæmpə'] *n* -1. MUS apagador *m*, sordina *f* -2. [for fire] regulador *m* de tiro -3. *phr*: **to put a** ~ **on sthg** aguar OR estropear algo.

dampness ['dæmpnɪs] *n* humedad *f*.

damson ['dæmzn] *n* (ciruela *f*) damascena *f*.

dance [dɑːns] ⋄ *n* baile *m*. ⋄ *vt* bailar. ⋄ *vi*

-1. [to music] bailar -2. [move quickly and lightly] agitarse, moverse.

dance floor *n* pista *f* de baile.

dance music *n* música *f* de baile.

dancer ['dɑːnsə'] *n* bailarín *m*, -ina *f*.

dancing ['dɑːnsɪŋ] *n* (U) baile *m*.

D and C (*abbr of* dilation and curettage) *n* legrado, raspado *m*.

dandelion ['dændɪlaɪən] *n* diente *m* de león.

dandruff ['dændrʌf] *n* caspa *f*.

dandy ['dændɪ] (*pl* -ies) *n* dandi *m*.

Dane [deɪn] *n* danés *m*, -esa *f*.

danger ['deɪndʒə'] *n*: ~ **(to)** peligro *m* (para); **in/out of** ~ en/fuera de peligro; **to be in** ~ **of doing sthg** correr el riesgo de hacer algo.

danger list *n* UK: **to be on the** ~ [species, institution] estar en vías de desaparición; [person] estar en estado crítico.

danger money *n* (U) UK plus *m* OR prima *f* de peligrosidad.

dangerous ['deɪndʒərəs] *adj* peligroso(sa).

dangerous driving *n* JUR conducción *f* temeraria.

dangerously ['deɪndʒərəslɪ] *adv* -1. [riskily] peligrosamente -2. MED: **to be** ~ **ill** estar grave OR en estado crítico.

danger zone *n* zona *f* de peligro.

dangle ['dæŋgl] ⋄ *vt* colgar; *fig*: **to** ~ **sthg before sb** tentar a alguien con algo. ⋄ *vi* colgar, pender.

Danish ['deɪnɪʃ] ⋄ *adj* danés(esa). ⋄ *n* -1. [language] danés *m* -2. US = **Danish pastry**. ⋄ *npl* [people]: **the** ~ los daneses.

Danish blue *n* queso *m* azul danés.

Danish pastry *n* pastel *m* de hojaldre con crema o manzana o almendras etc.

dank [dæŋk] *adj* húmedo(da) e insalubre.

Danube ['dænjuːb] *n*: **the** ~ el Danubio.

dapper ['dæpə'] *adj* pulcro(cra), atildado(da).

dappled ['dæpld] *adj* -1. [light] moteado(da) -2. [horse] rodado(da).

dare [deə'] ⋄ *vt* -1. [be brave enough]: **to** ~ **to do sthg** atreverse a hacer algo, osar hacer algo -2. [challenge]: **to** ~ **sb to do sthg** desafiar a alguien a hacer algo -3. *phr*: **I** ~ **say (...)** supongo OR me imagino (que ...). ⋄ *vi* atreverse, osar; **how** ~ **you!** ¿cómo te atreves? ⋄ *n* desafío *m*, reto *m*.

daredevil ['deə,devl] *n* temerario *m*, -ria *f*.

daren't [deənt] = **dare not**.

Dar es-Salaam [,dɑːressə'lɑːm] *n* Dar es Salam.

daring ['deərɪŋ] ⋄ *adj* atrevido(da), audaz. ⋄ *n* audacia *f*.

dark [dɑːk] ⋄ *adj* -1. [night, colour, hair] oscuro(ra); **it's getting** ~ está oscureciendo; **it was already** ~ ya era de noche **- 2.** [person, skin] moreno(na), cambujo(ja) **Amér - 3.** [thoughts, days, mood] sombrío(a), triste **- 4.** [look, comment, side of character etc] siniestro(tra). <> *n* **-1.** [darkness]: **the** ~ la oscuridad; **to be in the** ~ **about sthg** estar a oscuras sobre algo **- 2.** [night]: **before/after** ~ antes/después del anochecer.

Dark Ages *npl*: **the** ~ la Alta Edad Media.

darken ['dɑːkn] <> *vt* oscurecer. <> *vi* **- 1.** [become darker] oscurecerse **- 2.** [look angry] ensombrecerse.

dark glasses *npl* gafas *fpl* oscuras, anteojos *mpl OR* lentes *mpl* oscuros **Amér**.

dark horse *n* **- 1.** [person who does sthg unexpected] figura *f OR* persona *f* enigmática **- 2.** [in competition] competidor *m*, -ra *f* sorpresa.

darkness ['dɑːknɪs] *n* oscuridad *f*.

darkroom ['dɑːkrʊm] *n PHOT* cuarto *m* oscuro.

darling ['dɑːlɪŋ] <> *adj* **-1.** [dear] querido(da) **- 2.** *inf* [cute] adorable, encantador(ra). <> *n* **- 1.** [loved person] encanto *m* **- 2.** *inf* [addressing any woman] maja *f* **- 3.** [idol] preferido *m*, -da *f*, niño bonito *m*, niña bonita *f*.

darn [dɑːn] <> *adj inf* maldito(ta), condenado(da) <> *adv inf* tela de, muy; **don't be so** ~ **stupid** no seas tan rematadamente estúpido. <> *n* zurcido *m*. <> *vt* zurcir. <> *excl inf* ¡maldita sea!

darning ['dɑːnɪŋ] *n (U)* [things] ropa *f* para zurcir; [task] zurcido *m*.

darning needle *n* aguja *f* de zurcir.

dart [dɑːt] <> *n* **- 1.** [arrow] dardo *m* **- 2.** *SEWING* pinza *f*. <> *vt* [look, glance] lanzar. <> *vi* precipitarse.

◆ **darts** *n (U)* [game] dardos *mpl*.

dartboard ['dɑːtbɔːd] *n* blanco *m*, diana *f*.

dash [dæʃ] <> *n* **- 1.** [of liquid] gotas *fpl*, chorrito *m*; [of colour] toque *m* **- 2.** [in punctuation] guión *m* **- 3.** *esp US AUT* salpicadero *m* **- 4.** [rush]: **to make a** ~ **for sthg** salir disparado hacia algo. <> *vt* **- 1.** *literary* [throw] arrojar **- 2.** [hopes] frustrar, malograr. <> *vi* ir de prisa; **I must** ~ **!** ¡me voy pitando!

◆ **dash off** *vt sep* [write quickly] escribir de prisa.

dashboard ['dæʃbɔːd] *n* salpicadero *m*.

dashing ['dæʃɪŋ] *adj* gallardo(da), apuesto(ta).

dastardly ['dæstədlɪ] *adj dated* ruin, malvado(da).

DAT [dæt] *(abbr of* **digital audio tape***) n* DAT *f*.

data ['deɪtə] *n (U)* datos *mpl*.

databank ['deɪtəbæŋk] *n* banco *m* de datos.

database ['deɪtəbeɪs] *n COMPUT* base *f* de datos.

data capture *n* introducción *f* de datos.

data link *n* enlace *m* para transmisión de datos.

data management *n COMPUT* gestión *f* de datos.

data processing *n* proceso *m* de datos.

data protection *n COMPUT* protección *f* de datos.

data recovery *n COMPUT* recuperación *f* de datos.

data transmission *n* transmisión *f* de datos.

date [deɪt] <> *n* **-1.** [in time] fecha *f*; **to** ~ hasta la fecha **- 2.** [appointment] cita *f* **- 3.** *US* [person] pareja *f (con la que se sale)* **- 4.** [performance] actuación *f* **- 5.** [fruit] dátil *m*. <> *vt* **-1.** [establish the date of] datar **- 2.** [mark with the date] fechar **- 3.** *US* [go out with] salir con. <> *vi* [go out of fashion] pasar de moda, quedarse anticuado.

◆ **date back to, date from** *vt fus* [object, building] datar de; [custom] remontarse a.

dated ['deɪtɪd] *adj* anticuado(da).

date line *n* línea *f* de cambio de fecha.

date of birth *n* fecha *f* de nacimiento.

date stamp *n* **- 1.** [device] fechador *m* **- 2.** [mark] sello *m* de fecha.

daub [dɔːb] *vt*: **to** ~ **sthg with** embadurnar algo con.

daughter ['dɔːtə'] *n* hija *f*.

daughter-in-law *(pl* **daughters-in-law***) n* nuera *f*.

daunt [dɔːnt] *vt* intimidar, acobardar.

daunting ['dɔːntɪŋ] *adj* amedrantador(ra).

dawdle ['dɔːdl] *vi* entretenerse.

dawn [dɔːn] <> *n* **- 1.** [of day] amanecer *m*, alba *f*; **at** ~ al amanecer; **from** ~ **to dusk** de sol a sol **- 2.** [of era, period] albores *mpl*, amanecer *m*. <> *vi* **- 1.** [day] amanecer **- 2.** [era, period] nacer.

◆ **dawn (up)on** *vt fus*: **it** ~ ed on me that ... caí en la cuenta de que ...

dawn chorus *n* canto *m* de los pájaros al amanecer.

day [deɪ] *n* **- 1.** [gen] día *m*; **I work an eight-hour** ~ trabajo una jornada de ocho horas; **the** ~ **before/after** el día anterior/siguiente; **the** ~ **before yesterday** anteayer; **the** ~ **after tomorrow** pasado mañana; **any** ~ **now** cualquier día de estos; **from** ~ **to** ~ de un día para otro; **one OR some** ~, **one of these** ~ s un día de estos; ~ **and night** día y noche; **to call it a** ~ dejarlo por hoy; **to make sb's** ~ dar un alegrón a alguien; **to save sthg for a rainy** ~ guardar algo para cuando haga verdadera falta; **his** ~ s **are numbered** tiene los días contados; **it's early** ~ s **yet** es aún pronto para hablar, sería prematuro aventurar nada **-2.** [period in history]: **in my/your** *etc* ~ en mis/tus *etc*tiempos; **in the** ~**s of ...** en tiempos de ...; **in those** ~**s** en aquellos tiempos; **in this** ~ **and age** en nuestros días; **these** ~**s** hoy día.

➤ **days** *adv* de día.

dayboy ['deɪbɔɪ] *n UK SCH* (alumno *m*) externo *m*.

daybreak ['deɪbreɪk] *n* amanecer *m*, alba *f*; **at** ~ al amanecer.

day-care centre *n* guardería *f*.

daycentre ['deɪsentə'] *n UK centro estatal diurno donde se da acogida y cuidado a niños, ancianos, minusválidos etc.*

daydream ['deɪdriːm] <> *n* sueño *m*, ilusión *f*. <> *vi* soñar despierto(ta).

daygirl ['deɪgɜːl] *n UK SCH* (alumna *f*) externa *f*.

Day-Glo® ['deɪgləʊ] *adj* fluorescente.

daylight ['deɪlaɪt] *n* **-1.** [light] luz *f* del día; **in broad** ~ a plenaluz del día; **it was still** ~ todavía era de día **-2.** [dawn] amanecer *m* **-3.** *inf phr:* **to scare the (living)** ~**s out of sb** dar un susto de muerte a alguien.

daylight robbery *n (U) inf:* **that's** ~ **!** ¡es un auténtico timo OR robo!

daylight saving time *n* horario *m* oficial de verano.

day nursery *n* guardería *f* (infantil).

day off (*pl* **days off**) *n* día *m* libre.

day pupil *n UK SCH* externo *m*, -na *f*.

day release *n (U) sistema en que los trabajadores dedican un día de trabajo a la formación profesional en un centro de enseñanza.*

day return *n UK* billete *m* de ida y vuelta para un día.

dayroom ['deɪruːm] *n* sala *f* de estar *(en hospital, asilo etc).*

day school *n* colegio *m* sin internado.

day shift *n* turno *m* de día.

daytime ['deɪtaɪm] <> *n (U)* día *m*. <> *comp* de día, diurno(na).

day-to-day *adj* cotidiano(na), diario(ria).

daytrader ['deɪtreɪdə'] *n ST EX* operador *m*, -ra *f* de posiciones diarias.

day trip *n* excursión *f* (de un día).

day-tripper *n UK* excursionista *m* OR *f*.

daze [deɪz] <> *n:* **in a** ~ aturdido(da). <> *vt lit & fig* aturdir.

dazed [deɪzd] *adj lit & fig* aturdido(da).

dazzle ['dæzl] <> *n (U)* **-1.** [of light] resplandor *m* **-2.** [impressiveness] hechizo *m*, fascinación *f*. <> *vt lit & fig* deslumbrar.

dazzling ['dæzlɪŋ] *adj lit & fig* deslumbrante.

DC <> *n (abbr of* **direct current)** CC *f*. <> *abbr*

of **District of Columbia**.

D/D *abbr of* **direct debit**.

D-day ['diːdeɪ] *n* el día D.

DDT (*abbr of* **dichlorodiphenyltrichloroethane**) *n* DDT *m*.

DE *abbr of* **Delaware**.

DEA (*abbr of* **Drug Enforcement Administration**) *n organismo estadounidense para la lucha contra la droga.*

deacon ['diːkn] *n* diácono *m*.

deaconess [ˌdiːkəˈnes] *n* diaconisa *f*.

deactivate [ˌdiːˈæktɪveɪt] *vt* desactivar.

dead [ded] <> *adj* **-1.** [person, animal, plant] muerto(ta); **a** ~ **body** un cadáver; **to be** ~ **on arrival** ingresar cadáver; **to shoot sb** ~ matar a alguien a tiros; **he wouldn't be seen** ~ **doing that** no haría eso por nada del mundo **-2.** [numb - leg, arm] dormido(da), entumecido(da); **my arm has gone** ~ se me ha dormido el brazo **-3.** [telephone] cortado(da); [car battery] descargado(da) **-4.** [silence] absoluto(ta), completo(ta) **-5.** [lifeless - town, party] sin vida. <> *adv* **-1.** [directly, precisely] justo **-2.** [completely] totalmente, completamente; **to be** ~ **set against sthg** estar totalmente en contra de algo; **to be** ~ **set on sthg** estar decidido a hacer algo; **'** ~ **slow'** 'al paso' **-3.** *inf* [very] la mar de, muy **-4.** [suddenly]: **to stop** ~ parar en seco. <> *n* [middle, depth]: **at** ~ **of night** en mitad de la noche. <> *npl:* **the** ~ los muertos.

deadbeat ['dedbiːt] *n US inf* holgazán *m*, -ana *f*.

dead centre *n:* **in the** ~ justo en el centro.

dead duck *n inf:* **it's a** ~ está condenado al fracaso.

deaden ['dedn] *vt* atenuar.

dead end *n lit & fig* callejón *m* sin salida.

dead-end job *n* trabajo *m* sin futuro.

deadhead ['dedhed] *vt* quitar las flores marchitas a.

dead heat *n* empate *m*.

dead letter *n fig* [rule, law] letra *f* muerta.

deadline ['dedlaɪn] *n* [period] plazo *m*; [date] fecha *f* tope.

deadlock ['dedlɒk] *n* punto *m* muerto.

deadlocked ['dedlɒkt] *adj* paralizado(da).

dead loss *n inf* **-1.** [person] inútil *m* OR *f* **-2.** [thing] inutilidad *f*.

deadly ['dedlɪ] (*compar* **-ier,** *superl* **-iest**) <> *adj* **-1.** [gen] mortal **-2.** [accuracy] absoluto(ta). <> *adv* [boring] mortalmente, terriblemente; [serious] totalmente.

deadly nightshade [-ˈnaɪtʃeɪd] *n (U)* belladona *f*.

deadpan ['dedpæn] *adj* [expression] inexpresivo(va), serio(ria); [humour] socarrón(ona).

Dead Sea *n*: the ~ el mar Muerto.

dead wood *UK*, **deadwood** *US* ['dedwʊd] *n* (*U*) *fig* [people] gente *f* que sobra; [in text] paja *f*.

deaf [def] <> *adj* -**1.** [unable to hear] sordo(da) -**2.** [unwilling to hear]: **to be** ~ **to sthg** hacer oídos sordos a algo. <> *npl*: **the** ~ los sordos.

deaf-aid *n UK* audífono *m*.

deaf-and-dumb *adj* sordomudo(da).

deafen ['defn] *vt* ensordecer.

deafening ['defnɪŋ] *adj* ensordecedor(ra).

deaf-mute <> *adj* sordomudo(da). <> *n* sordomudo *m*, -da *f*.

deafness ['defnɪs] *n* sordera *f*.

deal [di:l] (*pt* & *pp* **dealt**) <> *n* -**1.** [quantity]: **a good** *OR* **great** ~ **(of)** mucho -**2.** [agreement] acuerdo *m*; [business agreement] trato *m*; **to do** *OR* **strike a** ~ **with sb** hacer un trato con alguien; **it's a** ~ ! ¡trato hecho! -**3.** *inf* [treatment] trato *m*; **big** ~ ! ¡vaya cosa! -**4.** [price]: **to get a good** ~ **on sthg** conseguir algo a un precio barato. <> *vt* -**1.** [strike]: **to** ~ **sb/sthg a blow, to** ~ **a blow to sb/sthg** *lit* & *fig* asestar un golpe a alguien/algo -**2.** [cards] repartir, dar. <> *vi* -**1.** [in cards] repartir, dar -**2.** [in drugs] traficar con droga.

▶ **deal in** *vt fus COMM* comerciar en, vender.

▶ **deal out** *vt sep* repartir.

▶ **deal with** *vt fus* -**1.** [handle - situation, problem] hacer frente a, resolver; [- customer] tratar con -**2.** [be about] tratar de -**3.** [be faced with] enfrentarse a.

dealer ['di:lə'] *n* -**1.** [trader] comerciante *m OR f* -**2.** [in drugs, arms] traficante *m OR f* -**3.** [in cards] repartidor *m*, -ra *f*.

dealership ['di:ləʃɪp] *n* concesionario *m*.

dealing ['di:lɪŋ] *n* comercio *m*.

▶ **dealings** *npl* [personal] trato *m*; [in business] tratos *mpl*.

dealt [delt] *pt* & *pp* ▷ **deal**.

dean [di:n] *n* -**1.** [of university] ≃ decano *m*, -na *f* -**2.** [of church] deán *m*.

dean's list *n US* lista *de los alumnos considerados más sobresalientes por el decano de una universidad.*

dear [dɪə'] <> *adj* -**1.** [loved] querido(da); ~ **to sb** preciado(da) para alguien -**2.** [expensive] caro(ra) -**3.** [in letter]: **Dear Sir** Estimado señor, Muy señor mío; **Dear Madam** Estimada señora; **Dear Daniela** Querida Daniela. <> *n*: **my** ~ cariño *m*, -ña *f*. <> *excl*: **oh** ~ ! ¡vaya por Dios!

dearly ['dɪəlɪ] *adv* -**1.** [very much]: **I love you** ~ te quiero muchísimo; **I would** ~ **love to ...** me encantaría ... -**2.** [severely]: **to pay** ~ **for sthg**

pagar algo caro.

dearth [dɜ:θ] *n* carencia *f*, escasez *f*.

death [deθ] *n* muerte *f*; **to be put to** ~ ser ejecutado(da); **to frighten sb to** ~ dar un susto de muerte a alguien; **to be sick to** ~ **of sthg/of doing sthg** estar hasta las narices de algo/de hacer algo; **to starve to** ~ morir de hambre; **to be at** ~'**s door** estar a las puertas de la muerte.

deathbed ['deθbed] *n* lecho *m* de muerte.

death certificate *n* partida *f OR* certificado *m* de defunción.

death duty *UK*, **death tax** *US n* impuesto *m* de sucesiones.

death knell *n fig*: **to sound the** ~ **of** hacer presagiar el final de.

deathly ['deθlɪ] (*compar* -**ier**, *superl* -**iest**) <> *adj* [silence] sepulcral. <> *adv*: **he was** ~ **pale** estaba pálido como un muerto; **her hands were** ~ **cold** sus manos estaban frías como la muerte.

death penalty *n* pena *f* de muerte.

death rate *n* índice *m OR* tasa *f* de mortalidad.

death row *n US* corredor *m* de la muerte.

death sentence *n* pena *f* de muerte.

death squad *n* escuadrón *m* de la muerte.

death tax *US* = death duty.

death toll *n* número *m* de víctimas mortales.

death trap *n inf* trampa *f* mortal, sitio *m* muy peligroso.

Death Valley *n* la Valle de la Muerte.

deathwatch beetle ['deθwɒtʃ-] *n* carcoma *f*.

death wish *n* ganas *fpl* de morir.

deb [deb] *UK inf* = debutante.

débâcle [de'bɑ:kl] *n* debacle *f*.

debar [di:'bɑ:'] (*pt* & *pp* -**red**, *cont* -**ring**) *vt*: **to** ~ **sb from** [place] prohibir a alguien la entrada en; **to** ~ **sb from doing sthg** prohibir a alguien hacer algo.

debase [dɪ'beɪs] *vt* degradar; **to** ~ **o.s.** rebajarse.

debasement [dɪ'beɪsmənt] *n* degradación *f*.

debatable [dɪ'beɪtəbl] *adj* discutible.

debate [dɪ'beɪt] <> *n* debate *m*; **that's open to** ~ eso es discutible. <> *vt* -**1.** [issue] discutir, debatir -**2.** [what to do]: **to** ~ **(whether to do sthg)** pensarse (si hacer algo). <> *vi* discutir, debatir.

debating society [dɪ'beɪtɪŋ-] *n* asociación *de debates especialmente universitaria.*

debauched [dɪ'bɔ:tʃt] *adj* depravado(da).

debauchery [dɪ'bɔ:tʃərɪ] *n* depravación *f*, libertinaje *m*.

debenture [dɪ'bentʃə'] *n* obligación *f*.

debenture stock *n* (*U*) *UK* obligaciones *fpl*.

debilitate [dɪˈbɪlɪteɪt] *vt* debilitar.

debilitating [dɪˈbɪlɪteɪtɪŋ] *adj* debilitador(ra), debilitante.

debility [dɪˈbɪlətɪ] *n* debilidad *f*.

debit [ˈdebɪt] <> *n* debe *m*, débito *m*. <> *vt*: **to ~ sb** OR **sb's account with an amount, to ~ an amount to sb** adeudar OR cargar una cantidad en la cuenta de alguien.

debit card *n* tarjeta *f* de débito.

debit note *n* nota *f* de cargo.

debonair [ˌdebəˈneəᶬ] *adj* apuesto(ta).

debrief [ˌdiːˈbriːf] *vt* pedir un informe completo a *(tras una misión)*.

debriefing [ˌdiːˈbriːfɪŋ] *n* sesión *f* informativa (tras una misión).

debris [ˈdeɪbriː] *n (U)* [of building] escombros *mpl*; [of aircraft] restos *mpl*.

debt [det] *n* deuda *f*; **to be in ~ (to sb)** tener una deuda (con alguien); **to get into ~** endeudarse; **to be in sb's ~** *fig* estar en deuda con alguien.

debt collector *n* cobrador *m*, -ra *f* de morosos.

debtor [ˈdetəᶬ] *n* deudor *m*, -ra *f*.

debug [ˌdiːˈbʌg] *(pt & pp* -ged, *cont* -ging) *vt* -**1.** [room] quitar micrófonos ocultos de -**2.** COMPUT depurar.

debunk [ˌdiːˈbʌŋk] *vt* desmentir, desacreditar.

debut [ˈdeɪbjuː] *n* debut *m*.

debutante [ˈdebjʊtɑːnt] *n* debutante *f*.

Dec. (*abbr of* **December**) dic.

decade [ˈdekeɪd] *n* década *f*.

decadence [ˈdekədəns] *n* decadencia *f*.

decadent [ˈdekədənt] *adj* decadente.

decaff [ˈdiːkæf] *n inf* descafeinado *m*.

decaffeinated [dɪˈkæfɪneɪtɪd] *adj* descafeinado(da).

decal [ˈdiːkæl] *n* US calcomanía *f*.

decamp [dɪˈkæmp] *vi inf* escabullirse, esfumarse.

decant [dɪˈkænt] *vt* decantar.

decanter [dɪˈkæntəᶬ] *n* licorera *f*.

decapitate [dɪˈkæpɪteɪt] *vt* decapitar.

decathlete [dɪˈkæθliːt] *n* decatleta *m* OR *f*.

decathlon [dɪˈkæθlɒn] *n* decatlón *m*.

decay [dɪˈkeɪ] <> *n (U)* -**1.** [of tooth] caries *f inv*; [of body, plant] descomposición *f* -**2.** *fig* [of building] deterioro *m*; [of society] corrupción *f*, degradación *f*. <> *vi* -**1.** [tooth] picarse; [body, plant] pudrirse, descomponerse -**2.** *fig* [building] deteriorarse; [society] corromperse, degradarse.

deceased [dɪˈsiːst] *(pl inv) fml* <> *adj* difunto(ta), fallecido(da). <> *n*: **the ~** el difunto (la difunta).

deceit [dɪˈsiːt] *n* engaño *m*.

deceitful [dɪˈsiːtfʊl] *adj* [person, smile] embustero(ra); [behaviour] falso(sa).

deceive [dɪˈsiːv] *vt* engañar; **to ~ o.s.** engañarse (a uno mismo/una misma).

decelerate [ˌdiːˈseləreɪt] *vi* desacelerar.

December [dɪˈsembəᶬ] *n* diciembre *m*; *see also* **September.**

decency [ˈdiːsnsɪ] *n* -**1.** [respectability] decencia *f* -**2.** [consideration]: **to have the ~ to do sthg** tener la delicadeza de hacer algo.

decent [ˈdiːsnt] *adj* -**1.** [gen] decente -**2.** [considerate]: **that's very ~ of you** es muy amable de tu parte.

decently [ˈdiːsntlɪ] *adv* [behave, dress] decentemente.

decentralization [diːˌsentrəlaɪˈzeɪʃn] *n* descentralización *f*.

decentralize, -ise [ˌdiːˈsentrəlaɪz] *vt* descentralizar.

deception [dɪˈsepʃn] *n* engaño *m*.

deceptive [dɪˈseptɪv] *adj* engañoso(sa).

deceptively [dɪˈseptɪvlɪ] *adv* engañosamente.

decibel [ˈdesɪbel] *n* decibelio *m*.

decide [dɪˈsaɪd] <> *vt* -**1.** [gen]: **to ~ (to do sthg)** decidir (hacer algo); **to ~ (that)** decidir que -**2.** [person] hacer decidirse -**3.** [issue, case] resolver. <> *vi* decidir; **I couldn't ~** no me decidía; **I ~d against doing it** decidí no hacerlo.

decide (up)on *vt fus* decidirse por.

decided [dɪˈsaɪdɪd] *adj* -**1.** [advantage, improvement] indudable -**2.** [person] decidido(da); [opinion] categórico(ca).

decidedly [dɪˈsaɪdɪdlɪ] *adv* -**1.** [clearly] decididamente, indudablemente -**2.** [resolutely] con decisión.

deciding [dɪˈsaɪdɪŋ] *adj*: **~ vote** voto *m* decisivo.

deciduous [dɪˈsɪdjʊəs] *adj* de hoja caduca.

decimal [ˈdesɪml] <> *adj* decimal. <> *n* (número *m*) decimal *m*.

decimal currency *n* moneda *f* de sistema decimal.

decimalize, -ise [ˈdesɪməlaɪz] *vt* UK convertir al sistema decimal.

decimal place *n* cifra *f* OR posición *f* decimal.

decimal point *n* coma *f* decimal.

decimate [ˈdesɪmeɪt] *vt* diezmar.

decimation [ˌdesɪˈmeɪʃn] *n* práctica destrucción *f*.

decipher [dɪˈsaɪfəᶬ] *vt* descifrar.

decision [dɪˈsɪʒn] *n* decisión *f*; **to make a ~** tomar una decisión.

decision-making *n* toma *f* de decisiones.
decisive [dɪ'saɪsɪv] *adj* **-1.** [person] decidido(da) **-2.** [factor, event] decisivo(va).
decisively [dɪ'saɪsɪvlɪ] *adv* **-1.** [act, speak] con decisión, decididamente **-2.** [beaten, superior] claramente.
decisiveness [dɪ'saɪsɪvnɪs] *n* decisión *f*.
deck [dek] ◇ *n* **-1.** [of ship] cubierta *f*; [of bus] piso *m* **-2.** [of cards] baraja *f* **-3.** *US* [of house] entarimado *m (junto a una casa)*. ◇ *vt*: **to ~ sthg with** engalanar algo con.
◆ **deck out** *vt sep* [place, object] engalanar, adornar; [person] ataviar.
deckchair ['dektʃeəʳ] *n* tumbona *f*.
deckhand ['dekhænd] *n* marinero *m*.
declaration [,deklə'reɪʃn] *n* declaración *f*.
Declaration of Independence *n*: the ~ la declaración de independencia estadounidense de 1776.
declare [dɪ'kleəʳ] *vt* declarar.
declared [dɪ'kleəd] *adj* declarado(da).
declassify [,di:'klæsɪfaɪ] (*pt* & *pp* **-ied**) *vt* [information] levantar el secreto oficial a.
decline [dɪ'klaɪn] ◇ *n* **~** in decline *m*; **in ~** en decadencia; **on the ~** en declive. ◇ *vt* [offer] declinar; [request] denegar; **to ~ to do sthg** rehusar hacer algo. ◇ *vi* **-1.** [number, importance] decrecer, disminuir **-2.** [standards, quality] decaer; [health] deteriorarse **-3.** [refuse] rehusar, negarse.
declutch [dɪ'klʌtʃ] *vi* *AUT* desembragar, quitar el embrague.
decode [,di:'kəʊd] *vt* descodificar.
decoder [,di:'kəʊdəʳ] *n* descodificador *m*.
decommission [,di:kə'mɪʃn] *vt* **-1.** [nuclear power station] desmantelar **-2.** [arms] entregar.
decommissioning [,di:kə'mɪʃənɪŋ] *n* [of arms] entrega *f* de armas.
decompose [,di:kəm'pəʊz] *vi* descomponerse.
decomposition [,di:kɒmpə'zɪʃn] *n* descomposición *f*.
decompression chamber [,di:kəm'preʃn-] *n* cámara *f* de descompresión.
decompression sickness [,di:kəm'preʃn-] *n* aeroembolismo *m*.
decongestant [,di:kən'dʒestənt] *n* descongestionante *m*.
decontaminate [,di:kən'tæmɪneɪt] *vt* descontaminar.
décor ['deɪkɔːʳ] *n* decoración *f*.
decorate ['dekəreɪt] *vt* **-1.** [make pretty]: **to ~ sthg (with)** decorar algo (de) **-2.** [with paint] pintar; [with wallpaper] empapelar **-3.** [with medal] condecorar.

decoration [,dekə'reɪʃn] *n* **-1.** [gen] decoración *f* **-2.** [ornament] adorno *m* **-3.** [medal] condecoración *f*.
decorative ['dekərətɪv] *adj* decorativo(va).
decorator ['dekəreɪtəʳ] *n* [painter] pintor *m*, -ra *f*; [paperhanger] empapelador *m*, -ra *f*.
decorous ['dekərəs] *adj* *fml* decoroso(sa).
decorum [dɪ'kɔːrəm] *n* decoro *m*.
decoy [*n* 'di:kɔɪ, *vb* dɪ'kɔɪ] ◇ *n* señuelo *m*. ◇ *vt* atraer *(mediante señuelo)*.
decrease [*n* 'di:kri:s, *vb* dɪ'kri:s] ◇ *n*: **~ (in)** disminución *f* (de), reducción *f* (de). ◇ *vt* & *vi* disminuir.
decreasing [di:'kri:sɪŋ] *adj* decreciente.
decree [dɪ'kri:] ◇ *n* **-1.** [order, decision] decreto *m* **-2.** *US* [judgment] sentencia *f*, fallo *m*. ◇ *vt* decretar.
decree absolute (*pl* **decrees absolute**) *n* *UK* *JUR* sentencia *f* de divorcio definitiva.
decree nisi [-'naɪsaɪ] (*pl* **decrees nisi**) *n* *UK* *JUR* sentencia *f* provisional de divorcio.
decrepit [dɪ'krepɪt] *adj* **-1.** [person] decrépito(ta) **-2.** [thing] deteriorado(da).
decriminalize [,di:'krɪmɪnəlaɪz] *vt* despenalizar.
decry [dɪ'kraɪ] (*pt* & *pp* **-ied**) *vt* *fml* censurar, deplorar.
decrypt [dɪ'krɪpt] *vt* [comput] descifrar.
dedicate ['dedɪkeɪt] *vt* **-1.** dedicar; **to ~ o.s. to sthg** consagrarse *or* dedicarse a algo **-2.** *US* [open for public use] inaugurar.
dedicated ['dedɪkeɪtɪd] *adj* [person & *COMPUT*] dedicado(da).
dedication [,dedɪ'keɪʃn] *n* **-1.** [commitment] dedicación *f* **-2.** [in book] dedicatoria *f*.
deduce [dɪ'dju:s] *vt*: **to ~ (sthg from sthg)** deducir (algo de algo).
deduct [dɪ'dʌkt] *vt*: **to ~ (from)** deducir (de), descontar (de).
deduction [dɪ'dʌkʃn] *n* deducción *f*.
deed [di:d] *n* **-1.** [action] acción *f*, obra *f* **-2.** *JUR* escritura *f*.
deed poll (*pl* **deed polls** *OR* **deeds poll**) *n* *UK*: **to change one's name by ~** cambiarse oficialmente de nombre.
deem [di:m] *vt* *fml* estimar; **to ~ it wise to do sthg** estimar prudente hacer algo.
deep [di:p] ◇ *adj* **-1.** [gen] profundo(da); **to be 10 feet ~** tener 10 pies de profundidad **-2.** [sigh, breath, bowl] hondo(da); **to take a ~ breath** respirar hondo **-3.** [colour] intenso(sa) **-4.** [sound, voice] grave. ◇ *adv* [dig, cut] hondo; **to advance ~ into enemy territory** adentrarse en territorio enemigo; **~ down** *OR* **inside** por dentro; **to be ~ in thought** estar sumido en

sus pensamientos; **to go** OR **run** ~ estar muy arraigado.

deepen ['di:pn] <> vt [hole, channel] ahondar, hacer más profundo(da). <> vi **-1.** [river, sea] ahondarse, hacerse más profundo(da) **-2.** [crisis, recession] agudizarse; [emotion, darkness] hacerse más intenso(sa).

deepening ['di:pnɪŋ] adj [crisis, recession] cada vez más agudo(da).

deep freeze n congelador m.
- **deep-freeze** vt congelar.

deep fry vt freír (con mucho aceite).

deeply ['di:plɪ] adv [gen] profundamente; [dig, breathe, sigh] hondo.

deep-rooted adj profundamente arraigado(da).

deep-sea adj: ~ **diving** buceo m de profundidad; ~ **fishing** pesca f de altura.

deep-seated adj profundamente arraigado(da).

deep-set adj [eyes] hundido(da).

deer [dɪəʳ] (pl inv) n ciervo m.

deerstalker ['dɪəˌstɔːkəʳ] n especie de gorro con orejeras.

de-escalate [ˌdiːˈeskəleɪt] <> vt suavizar, paliar. <> vi suavizarse.

deface [dɪˈfeɪs] vt pintarrajear.

de facto [deɪˈfæktəʊ] adj & adv de hecho.

defamation [ˌdefəˈmeɪʃn] n fml difamación f.

defamatory [dɪˈfæmətrɪ] adj fml difamatorio(ria).

default [dɪˈfɔːlt] <> n **-1.** [on payment, agreement] incumplimiento m; [failure to attend] incomparecencia f; **by** ~ [win] por incomparecencia **-2.** COMPUT: ~ **(setting)** valor m por omisión. <> vi incumplir un compromiso; **to** ~ **on sthg** incumplir algo.

defaulter [dɪˈfɔːltəʳ] n [on payment] moroso m, -sa f.

defeat [dɪˈfiːt] <> n derrota f; **to admit** ~ darse por vencido(da). <> vt [team, opponent] derrotar; [motion] rechazar; [plans] frustrar.

defeatism [dɪˈfiːtɪzm] n derrotismo m.

defeatist [dɪˈfiːtɪst] <> adj derrotista. <> n derrotista m y f.

defecate ['defəkeɪt] vi fml defecar.

defect [n 'diːfekt, vb dɪˈfekt] <> n [fault] defecto m. <> vi POL desertar; **to** ~ **to the other side** pasarse al otro bando.

defection [dɪˈfekʃn] n [to another country] deserción f; [to another party] cambio m de bando.

defective [dɪˈfektɪv] adj defectuoso(sa).

defector [dɪˈfektəʳ] n [to another country] desertor m, -ra f; [to another party] tránsfuga m OR f.

defence UK, **defense** US [dɪˈfens] n defensa f;

in ~ **of** en defensa de.
- **defences** npl [of country] defensas fpl.

defenceless UK, **defenseless** US [dɪˈfenslɪs] adj indefenso(sa).

defend [dɪˈfend] <> vt defender; **to** ~ **o.s.** defenderse. <> vi SPORT defender.

defendant [dɪˈfendənt] n acusado m, -da f.

defender [dɪˈfendəʳ] n **-1.** [gen] defensor m, -ra f **-2.** SPORT defensa m y f.

defending champion [dɪˈfendɪŋ-] n actual campeón m, -ona f.

defense US = defence.

defenseless US = defenceless.

defensive [dɪˈfensɪv] <> adj **-1.** [weapons, tactics] defensivo(va) **-2.** [person]: **to be** ~ ponerse a la defensiva. <> n: **on the** ~ a la defensiva.

defer [dɪˈfɜːʳ] (pt & pp -red, cont -ring) <> vt aplazar. <> vi: **to** ~ **to sb** deferir con OR a alguien.

deference ['defərəns] n deferencia f.

deferential [ˌdefəˈrenʃl] adj deferente, respetuoso(sa).

defiance [dɪˈfaɪəns] n desafío m; **in** ~ **of** en desafío de, a despecho de.

defiant [dɪˈfaɪənt] adj desafiante.

defiantly [dɪˈfaɪəntlɪ] adv de manera desafiante.

deficiency [dɪˈfɪʃnsɪ] (pl -ies) n **-1.** [lack] escasez f, insuficiencia f **-2.** [inadequacy] deficiencia f.

deficient [dɪˈfɪʃnt] adj **-1.** [lacking]: **to be** ~ **in** ser deficitario(ria) en, estar falto(ta) de **-2.** [inadequate] deficiente.

deficit ['defɪsɪt] n déficit m.

defile [dɪˈfaɪl] vt [desecrate] profanar; fig [mind, purity] corromper.

define [dɪˈfaɪn] vt definir.

definite ['defɪnɪt] adj **-1.** [plan, date, answer] definitivo(va) **-2.** [improvement, difference] indudable, claro(ra) **-3.** [sure - person] seguro(ra); **I am quite** ~ **(about it)** estoy totalmente seguro (de ello) **-4.** [categorical] tajante, concluyente.

definitely ['defɪnɪtlɪ] adv **-1.** [without doubt] sin duda **-2.** [for emphasis] desde luego, con (toda) seguridad; ~ **not** desde luego que no.

definition [ˌdefɪˈnɪʃn] n **-1.** [gen] definición f; **by** ~ por definición **-2.** [clarity] nitidez f.

definitive [dɪˈfɪnɪtɪv] adj definitivo(va).

deflate [dɪˈfleɪt] <> vt **-1.** [balloon] desinflar; fig [person] bajar los humos a **-2.** ECON reducir la inflación en. <> vi desinflarse.

deflation [dɪˈfleɪʃn] n ECON deflación f.

deflationary [dɪˈfleɪʃnərɪ] adj ECON deflacionario(ria), deflacionista.

deflect [dɪ'flekt] *vt* [gen] desviar; [criticism] soslayar.

deflection [dɪ'flekʃn] *n* desviación *f*.

defog [ˌdiː'fɒg] *vt US AUT* desempañar.

defogger [ˌdiː'fɒgəʳ] *n US AUT* dispositivo *m* antivaho, luneta *f* térmica.

deforest [ˌdiː'fɒrɪst] *vt* deforestar.

deforestation [diːˌfɒrɪ'steɪʃn] *n* deforestación *f*.

deform [diː'fɔːm] *vt* deformar.

deformed [dɪ'fɔːmd] *adj* deforme.

deformity [dɪ'fɔːmətɪ] (*pl* **-ies**) *n* [in foetus, baby] malformación *f* (congénita); [in adult] deformidad *f*.

defragment [ˌdiːfræg'ment] *vt COMPUT* desfragmentar.

defraud [dɪ'frɔːd] *vt* defraudar, estafar.

defray [dɪ'freɪ] *vt* sufragar, correr con.

defrost [ˌdiː'frɒst] ⬦ *vt* **-1.** [gen] descongelar **-2.** *US AUT* [demist] desempañar. ⬦ *vi* descongelarse.

deft [deft] *adj* habilidoso(sa), diestro(tra).

deftly ['deftlɪ] *adv* con destreza.

defunct [dɪ'fʌŋkt] *adj* [body, organization] desaparecido(da); [plan] desechado(da).

defuse [ˌdiː'fjuːz] *vt UK* **-1.** [bomb] desactivar **-2.** [situation] distender.

defy [dɪ'faɪ] (*pt* & *pp* **-ied**) *vt* **-1.** [disobey - person, authority] desobedecer; [law, rule] violar **-2.** [challenge]: **to ~ sb to do sthg** retar *OR* desafiar a alguien a hacer algo **-3.** [attempts, efforts] hacer inútil; **to ~ description** ser indescriptible; **to ~ explanation** ser inexplicable.

degenerate [*adj* & *n* dɪ'dʒenərət, *vb* dɪ'dʒenəreɪt] ⬦ *adj* degenerado(da). ⬦ *n* degenerado *m*, -da *f*. ⬦ *vi*: **to ~ (into)** degenerar (en).

degenerative [dɪ'dʒenərətɪv] *adj* degenerativo(va).

degradation [ˌdegrə'deɪʃn] *n* degradación *f*.

degrade [dɪ'greɪd] *vt* degradar; **to ~ o.s.** rebajarse.

degrading [dɪ'greɪdɪŋ] *adj* denigrante, degradante.

degree [dɪ'griː] *n* **-1.** [unit of measurement, amount] grado *m*; **a ~ of risk** un cierto riesgo; **by ~s** paulatinamente, poco a poco **-2.** [qualification] título *m* universitario, ≃ licenciatura *f*; **to have/take a ~ (in sthg)** tener/hacer una licenciatura (en algo) **-3.** [course] ≃ carrera *f*.

dehumanize, -ise [diː'hjuːmənaɪz] *vt* deshumanizar.

dehumidifier [ˌdiːhjuːˈmɪdɪfaɪəʳ] *n* deshumidificador *m*.

dehydrated [ˌdiːhaɪ'dreɪtɪd] *adj* deshidratado(da).

dehydration [ˌdiːhaɪ'dreɪʃn] *n* deshidratación *f*.

de-ice [diː'aɪs] *vt* quitar el hielo de.

de-icer [diː'aɪsəʳ] *n* (producto *m*) descongelante *m*.

deign [deɪn] *vt*: **to ~ to do sthg** dignarse a hacer algo.

deity ['diːɪtɪ] (*pl* **-ies**) *n* deidad *f*, divinidad *f*.

déjà vu [ˌdeʒɑː'vjuː] *n* (sensación *f* de) déjà vu *m*.

dejected [dɪ'dʒektɪd] *adj* abatido(da).

dejection [dɪ'dʒekʃn] *n* abatimiento *m*.

del (*abbr of* **delete**) [on keyboard] supr.

Del. *abbr of* **Delaware**.

Delaware ['deləweəʳ] *n* Delaware.

delay [dɪ'leɪ] ⬦ *n* retraso *m*; **without ~** sin demora. ⬦ *vt* retrasar; **to ~ starting sthg** retrasar el comienzo de algo. ⬦ *vi*: **to ~ (in doing sthg)** retrasarse (en hacer algo).

delayed [dɪ'leɪd] *adj*: **to be ~** [person] retrasarse; [train, flight] llevar retraso.

delayed-action [dɪ'leɪd-] *adj* de efecto retardado; **~ shutter** *PHOT* (disparador *m*) automático *m*.

delectable [dɪ'lektəbl] *adj* **-1.** [food] deleitable **-2.** [person] apetecible.

delegate [*n* 'delɪgət, *vb* 'delɪgeɪt] ⬦ *n* delegado *m*, -da *f*. ⬦ *vt*: **to ~ sthg (to sb)** delegar algo (en alguien); **to ~ sb to do sthg** delegar a alguien para hacer algo. ⬦ *vi* delegar responsabilidades.

delegation [ˌdelɪ'geɪʃn] *n* delegación *f*.

delete [dɪ'liːt] *vt* [gen & COMPUT] borrar, suprimir; [cross out] tachar.

deletion [dɪ'liːʃn] *n* supresión *f*.

Delhi ['delɪ] *n* Delhi.

deli ['delɪ] *n inf abbr of* **delicatessen**.

deliberate [*adj* dɪ'lɪbərət, *vb* dɪ'lɪbəreɪt] ⬦ *adj* **-1.** [intentional] deliberado(da) **-2.** [slow] pausado(da). ⬦ *vi fml* deliberar.

deliberately [dɪ'lɪbərətlɪ] *adv* **-1.** [on purpose] adrede, deliberadamente **-2.** [slowly] pausadamente.

deliberation [dɪˌlɪbə'reɪʃn] *n* **-1.** [careful consideration] deliberación *f* **-2.** [slowness] pausa *f*.
➡ **deliberations** *npl* deliberaciones *fpl*.

delicacy ['delɪkəsɪ] (*pl* **-ies**) *n* **-1.** [gracefulness, tact] delicadeza *f* **-2.** [food] exquisitez *f*, manjar *m*.

delicate ['delɪkət] *adj* **-1.** [gen] delicado(da) **-2.** [subtle - colour, taste] suave, sutil **-3.** [tactful] delicado(da), prudente; [instrument] sensible.

delicately ['delɪkətlɪ] *adv* **-1.** [gracefully, tactfully] con delicadeza **-2.** [subtly] suavemente, sutilmente.

delicatessen [ˌdelɪkəˈtesn] n ≃ charcutería f, ≃ (tienda f de) ultramarinos m inv.

delicious [dɪˈlɪʃəs] adj delicioso(sa).

delight [dɪˈlaɪt] ◇ n -1. [great pleasure] gozo m, regocijo m; **to our** ~ para gran alegría nuestra; **to take** ~ **in doing sthg** disfrutar haciendo algo -2. [thing, person] delicia f, placer m. ◇ vt encantar. ◇ vi: **to** ~ **in sthg/in doing sthg** disfrutar con algo/haciendo algo.

delighted [dɪˈlaɪtɪd] adj encantado(da), muy contento(ta); ~ **by** OR **with** encantado con; **to be** ~ **to do sthg/that** estar encantado de hacer algo/de que; **I'd be** ~ **(to come)** me encantaría (ir).

delightful [dɪˈlaɪtfʊl] adj [gen] encantador(ra); [meal] delicioso(sa); [view] muy agradable.

delightfully [dɪˈlaɪtfʊlɪ] adv maravillosamente.

delimit [diːˈlɪmɪt] vt fml delimitar.

delineate [dɪˈlɪnɪeɪt] vt fml concretar, precisar.

delinquency [dɪˈlɪŋkwənsɪ] n delincuencia f.

delinquent [dɪˈlɪŋkwənt] ◇ adj [behaviour] delictivo(va); [child] delincuente. ◇ n delincuente m y f.

delirious [dɪˈlɪrɪəs] adj [with fever] delirante; fig [ecstatic] enfervorizado(da).

delirium [dɪˈlɪrɪəm] n delirio m, desvarío m.

deliver [dɪˈlɪvəʳ] ◇ vt -1. [hand over] entregar; [distribute] repartir; **to** ~ **sthg to sb** entregar algo a alguien -2. [give - speech, verdict, lecture] pronunciar; [- message, warning, ultimatum] transmitir; [- blow, kick] asestar -3. [service] prestar -4. [baby] traer al mundo -5. fml [free] liberar, libertar -6. US POL [votes] captar. ◇ vi -1. [take to home, office] hacer reparto -2. [fulfil promise] cumplir (lo prometido).

deliverance [dɪˈlɪvərəns] n fml liberación f.

delivery [dɪˈlɪvərɪ] (pl -ies) n -1. [handing over] entrega f; [distribution] reparto m -2. [goods delivered] partida f -3. [way of speaking] (estilo m de) discurso m -4. [birth] parto m.

delivery note n albarán m.

delivery van UK, **delivery truck** US n furgoneta f de reparto.

delphinium [delˈfɪnɪəm] (pl -s) n espuela f de caballero.

delta [ˈdeltə] (pl -s) n [of river] delta m.

delude [dɪˈluːd] vt engañar; **to** ~ **o.s.** engañarse (a uno mismo/una misma).

deluge [ˈdeljuːdʒ] ◇ n [flood] diluvio m, aluvión m; fig [huge number] aluvión m. ◇ vt: **to be** ~**d with** verse inundado(da) por.

delusion [dɪˈluːʒn] n espejismo m, engaño m; ~**s of grandeur** delirios mpl de grandeza.

de luxe [dəˈlʌks] adj de lujo.

delve [delv] vi: **to** ~ **(into)** [bag, cupboard] hurgar (en); fig [mystery] ahondar (en), profundizar (en).

Dem. -1. abbr of Democrat -2. abbr of Democratic.

demagogue [ˈdeməgɒg] n demagogo m, -ga f.

demand [dɪˈmɑːnd] ◇ n -1. [claim, firm request] exigencia f, reclamación f; **on** ~ a petición; **wage** ~ demanda f OR reivindicación salarial -2. [need & ECON]: ~ **for** demanda f de; **in** ~ solicitado(da). ◇ vt [gen] exigir; [pay rise] reivindicar, demandar; **to** ~ **to do sthg** exigir hacer algo.

demanding [dɪˈmɑːndɪŋ] adj -1. [exhausting] que exige mucho esfuerzo -2. [not easily satisfied] exigente.

demarcation [ˌdiːmɑːˈkeɪʃn] n demarcación f.

demarcation dispute n conflicto entre sindicatos sobre las funciones laborales a realizar por sus miembros.

dematerialize, -ise [diːməˈtɪərɪəlaɪz] vi inmaterializarse.

demean [dɪˈmiːn] vt humillar, degradar; **to** ~ **o.s.** humillarse, rebajarse.

demeaning [dɪˈmiːnɪŋ] adj humillante, denigrante.

demeanour UK, **demeanor** US [dɪˈmiːnəʳ] n (U) fml comportamiento m.

demented [dɪˈmentɪd] adj demente.

dementia [dɪˈmenʃə] n demencia f.

demerara sugar [ˌdeməˈreərə-] n UK azúcar m moreno.

demigod [ˈdemɪgɒd] n semidiós m.

demijohn [ˈdemɪdʒɒn] n damajuana f.

demilitarized zone, demilitarised zone [ˌdiːˈmɪlɪtəraɪzd-] n zona f desmilitarizada.

demise [dɪˈmaɪz] n fml -1. [death] defunción f, fallecimiento m -2. [end] desaparición f.

demist [ˌdiːˈmɪst] vt UK desempañar.

demister [ˌdiːˈmɪstəʳ] n UK AUT dispositivo m antivaho, luneta f térmica.

demo [ˈdeməʊ] (abbr of demonstration) n inf -1. mani f -2. MUS maqueta f.

demobilize, -ise [ˌdiːˈməʊbɪlaɪz] vt desmovilizar.

democracy [dɪˈmɒkrəsɪ] (pl -ies) n democracia f.

democrat [ˈdeməkræt] n demócrata m y f.
➤ **Democrat** n US demócrata m y f.

democratic [deməˈkrætɪk] adj democrático(ca).
➤ **Democratic** adj US demócrata.

democratically [ˌdeməˈkrætɪklɪ] *adv* democráticamente.

Democratic Party *n US* Partido *m* Demócrata (de Estados Unidos).

democratize, -ise [dɪˈmɒkrətaɪz] *vt* democratizar.

demographic [ˌdeməˈgræfɪk] *adj* demográfico(ca).

demography [dɪˈmɒgrəfɪ] *n* -1. [science] demografía *f* -2. [composition] perfil *m* demográfico.

demolish [dɪˈmɒlɪʃ] *vt* -1. [building] demoler; [argument, myth] destrozar -2. [defeat] aplastar -3. *inf* [eat] zamparse.

demolition [ˌdeməˈlɪʃn] *n* [of building] demolición *f*; [of argument, myth] destrucción *f*.

demon [ˈdiːmən] <> *n* demonio *m*. <> *comp* *inf* fenomenal.

demonstrable [dɪˈmɒnstrəbl] *adj* demostrable.

demonstrably [dɪˈmɒnstrəblɪ] *adv* [better, different] manifiestamente.

demonstrate [ˈdemənstreɪt] <> *vt* -1. [prove] demostrar -2. [show] hacer una demostración de. <> *vi* manifestarse; **to ~ for/against sthg** manifestarse a favor/en contra de algo.

demonstration [demənˈstreɪʃn] *n* -1. [of machine, product] demostración *f* -2. [public meeting] manifestación *f*.

demonstrative [dɪˈmɒnstrətɪv] *adj* efusivo(va), expresivo(va).

demonstrator [ˈdemənstreɪtəʳ] *n* -1. [in march] manifestante *m y f* -2. [of machine, product] demostrador *m*, -ra *f* comercial.

demoralize, -ise [dɪˈmɒrəlaɪz] *vt* desmoralizar.

demoralized [dɪˈmɒrəlaɪzd] *adj* desmoralizado(da).

demote [ˌdiːˈməʊt] *vt* descender de categoría.

demotion [ˌdiːˈməʊʃn] *n* descenso *m* de categoría.

demotivate [ˌdiːˈməʊtɪveɪt] *vt* desmotivar.

demure [dɪˈmjʊəʳ] *adj* recatado(da).

demutualize [diːˈmjuːtjʊəlaɪz] *vi UK* [convert to plc] convertir en banco.

demystify [ˌdiːˈmɪstɪfaɪ] (*pt & pp* -ied) *vt* arrojar luz sobre.

den [den] *n* [lair] guarida *f*.

denationalization [ˈdiːˌnæʃnəlaɪˈzeɪʃn] *n* privatización *f*, desnacionalización *f*.

denationalize, -ise [ˌdiːˈnæʃnəlaɪz] *vt* privatizar, desnacionalizar.

denial [dɪˈnaɪəl] *n* -1. [refutation] negación *f*, rechazo *m* -2. [of rumour] desmentido *m* -3. [refusal] denegación *f*.

denier [ˈdenɪəʳ] *n* denier *m*.

denigrate [ˈdenɪgreɪt] *vt fml* desacreditar.

denim [ˈdenɪm] *n* tela *f* vaquera.
→ **denims** *npl* (pantalones *mpl*) vaqueros *mpl*.

denim jacket *n* cazadora *f* vaquera.

denizen [ˈdenɪzn] *n literary* OR *hum* morador *m*, -ra *f*.

Denmark [ˈdenmɑːk] *n* Dinamarca. *f*.

denomination [dɪˌnɒmɪˈneɪʃn] *n* -1. [religious group] confesión *f* -2. [of money] valor *m*.

denominator [dɪˈnɒmɪneɪtəʳ] *n* denominador *m*.

denote [dɪˈnəʊt] *vt fml* denotar.

denouement [diːˈnuːmɒn] *n* desenlace *m*.

denounce [dɪˈnaʊns] *vt* denunciar.

dense [dens] *adj* -1. [gen] denso(sa); [trees] tupido(da) -2. *inf* [stupid] bruto(ta).

densely [ˈdenslɪ] *adv* densamente; **~ packed** muy apretado(da).

density [ˈdensətɪ] (*pl* -ies) *n* densidad *f*.

dent [dent] <> *n* [on car] abolladura *f*. <> *vt* [car] abollar.

dental [ˈdentl] *adj* dental; **~ surgery** clínica *f* OR consultorio *m* dental.

dental floss *n* hilo *m* OR seda *f* dental.

dental plate *n* [dentures] dentadura *f* postiza.

dental surgeon *n* odontólogo *m*, -ga *f*.

dental treatment *n* tratamiento *f* dental.

dented [ˈdentɪd] *adj* [car] abollado(da).

dentist [ˈdentɪst] *n* dentista *m* OR *f*; **to go to the ~'s** ir al dentista.

dentistry [ˈdentɪstrɪ] *n* odontología *f*.

dentures [ˈdentʃəz] *npl* dentadura *f* postiza.

denunciation [dɪˌnʌnsɪˈeɪʃn] *n* denuncia *f*, condena *f*.

deny [dɪˈnaɪ] (*pt & pp* -ied) *vt* -1. [refute] negar, rechazar; **to ~ doing sthg** negar haber hecho algo -2. [rumour] desmentir -3. *fml* [refuse]: **to ~ sb sthg** denegar algo a alguien.

deodorant [diːˈəʊdərənt] *n* desodorante *m*.

depart [dɪˈpɑːt] *vi fml* -1. [leave]: **to ~ (from)** salir (de); **this train will ~ from Platform 2** este tren efectuará su salida por la vía 2 -2. [differ]: **to ~ from sthg** apartarse de algo.

department [dɪˈpɑːtmənt] *n* -1. [gen] departamento *m* -2. [in government] ministerio *m*.

departmental [ˌdiːpɑːtˈmentl] *adj* [gen] departamental; [head, secretary] del departamento.

department store *n* grandes almacenes *mpl*.

departure [dɪˈpɑːtʃəʳ] *n* -1. [of train, plane] salida *f*; [of person] marcha *f*, partida *f* -2. [change]: **~ (from)** abandono *m* (de); **a new ~** un nuevo enfoque.

departure lounge *n* [in airport] sala *f* de

embarque; [in coach station] vestíbulo *m* de salidas.

depend [dɪ'pend] *vi*: **to ~ on** depender de; **you can ~ on me** puedes confiar en mí; **it ~s** depende; **~ing on** según, dependiendo de.

dependable [dɪ'pendəbl] *adj* fiable.

dependant [dɪ'pendənt] *n*: **my ~s** las personas a mi cargo.

dependence [dɪ'pendəns] *n*: **~ (on)** dependencia *f* (de); **drug ~** drogodependencia *f*.

dependent [dɪ'pendənt] *adj* **-1.** [gen]: **to be ~ (on)** depender (de) **-2.** [addicted] adicto(ta).

depict [dɪ'pɪkt] *vt* **-1.** [in picture] representar, retratar **-2.** [describe]: **to ~ sthg/sb as sthg** describir algo/a alguien como algo.

depilatory [dɪ'pɪlətrɪ] *adj* depilador(ra), depilatorio(ria).

deplete [dɪ'pliːt] *vt* mermar, reducir.

depletion [dɪ'pliːʃn] *n* [gen] merma *f*, reducción *f*; [of ozone layer] degradación *f*.

deplorable [dɪ'plɔːrəbl] *adj* deplorable.

deplore [dɪ'plɔːʳ] *vt* deplorar.

deploy [dɪ'plɔɪ] *vt* desplegar.

deployment [dɪ'plɔɪmənt] *n* despliegue *m*.

depopulated [ˌdiː'pɒpjʊleɪtɪd] *adj* despoblado(da).

depopulation [diːˌpɒpjʊ'leɪʃn] *n* despoblación *f*.

deport [dɪ'pɔːt] *vt* deportar.

deportation [ˌdiːpɔː'teɪʃn] *n* deportación *f*.

deportation order *n* orden *f* de deportación.

depose [dɪ'pəʊz] *vt* deponer.

deposit [dɪ'pɒzɪt] <> *n* **-1.** GEOL yacimiento *m* **-2.** [sediment] poso *m*, sedimento *m* **-3.** [payment into bank] ingreso *m*, imposición *f*; **to make a ~** hacer un ingreso **-4.** [down payment - on house, car] entrada *f*; [- on hotel room] señal *f*, adelanto *m*; [- on hired goods] fianza *f*, enganche *m* *Méx*; [- on bottle] dinero *m* del envase OR casco. <> *vt* **-1.** [put down] depositar **-2.** [in bank] ingresar.

deposit account *n UK* cuenta *f* de ahorro a plazo fijo.

depositor [də'pɒzɪtəʳ] *n* impositor *m*, -ra *f*, depositante *m* OR *f*.

depot ['depəʊ] *n* **-1.** [storage facility] almacén *m*; [for arms] depósito *m*; [storage facility] almacén *m*; [for buses] cochera *f* **-2.** *US* [bus or train terminus] terminal *f*, estación *f*.

depraved [dɪ'preɪvd] *adj* depravado(da).

depravity [dɪ'prævətɪ] *n* depravación *f*.

deprecate ['deprɪkeɪt] *vt fml* censurar.

deprecating ['deprɪkeɪtɪŋ] *adj* desaprobatorio(ria).

depreciate [dɪ'priːʃɪeɪt] *vi* depreciarse.

depreciation [dɪˌpriːʃɪ'eɪʃn] *n* depreciación *f*.

depress [dɪ'pres] *vt* **-1.** [person] deprimir **-2.** [economy] desactivar **-3.** [price, share value] reducir.

depressant [dɪ'presənt] *n* depresor *m*.

depressed [dɪ'prest] *adj* deprimido(da).

depressing [dɪ'presɪŋ] *adj* deprimente.

depression [dɪ'preʃn] *n* **-1.** [gen & ECON] depresión *f*; **to suffer from ~** sufrir depresiones **-2.** *fml* [in pillow] hueco *m*.
➡ **Depression** *n ECON*: **the (Great) Depression** la Gran Depresión.

depressive [dɪ'presɪv] *adj* depresivo(va).

deprivation [ˌdeprɪ'veɪʃn] *n* **-1.** [poverty] miseria *f* **-2.** [lack] privación *f*.

deprive [dɪ'praɪv] *vt*: **to ~ sb of sthg** privar a alguien de algo.

deprived [dɪ'praɪvd] *adj* [children, childhood] necesitado(da); [area] desfavorecido(da).

dept. *abbr of* **department**.

depth [depθ] *n* profundidad *f*; **in ~** a fondo; **to be out of one's ~** [in water] no hacer pie; **he was out of his ~ with that job** ese trabajo le venía grande.
➡ **depths** *npl*: **the ~s** [of the sea] las profundidades; **in the ~s of winter** en pleno invierno; **to be in the ~s of despair** estar en un abismo de desesperación.

depth charge *n* carga *f* de profundidad.

deputation [ˌdepjʊ'teɪʃn] *n* delegación *f*.

deputize, -ise ['depjʊtaɪz] *vi*: **to ~ (for)** actuar en representación de.

deputy ['depjʊtɪ] (*pl* -ies) <> *adj*: **~ head** subdirector *m*, -ra *f*; **~ prime minister** vicepresidente *m*, -ta *f* del gobierno. <> *n* **-1.** [second-in-command] asistente *m* OR *f*, suplente *m* OR *f* **-2.** POL diputado *m*, -da *f* **-3.** *US* [deputy sheriff] ayudante *m* OR *f* del sheriff.

derail [dɪ'reɪl] *vt & vi* [train] descarrilar.

derailment [dɪ'reɪlmənt] *n* descarrilamiento *m*.

deranged [dɪ'reɪndʒd] *adj* perturbado(da), trastornado(da).

derby [*UK* 'dɑːbɪ, *US* 'dɜːbɪ] (*pl* -ies) *n* **-1.** [sports event] derby *m* (local) **-2.** *US* [hat] bombín *m*, sombrero *m* hongo.

deregulate [ˌdiː'regjʊleɪt] *vt* liberalizar.

deregulation [ˌdiːregjʊ'leɪʃn] *n* liberalización *f*.

derelict ['derəlɪkt] *adj* abandonado(da) y en ruinas.

deride [dɪ'raɪd] *vt* mofarse de.

derision [dɪ'rɪʒn] *n* mofa *f*, burla *f*.

derisive [dɪ'raɪsɪv] *adj* burlón(ona).

derisory [də'raɪzərɪ] *adj* **-1.** [puny, trivial] irrisorio(ria) **- 2.** [derisive] burlón(ona).

derivation [ˌderɪ'veɪʃn] *n* [of word] origen *m*.

derivative [dɪ'rɪvətɪv] <> *adj pej* carente de originalidad. <> *n* derivado *m*.

derive [dɪ'raɪv] <> *vt* **- 1.** [draw, gain]: **to ~ sthg from sthg** encontrar algo en algo **- 2.** [come]: **to be ~d from** derivar de. <> *vi*: **to ~ from** derivar de.

dermatitis [ˌdɜːmə'taɪtɪs] *n* dermatitis *f inv*.

dermatologist [ˌdɜːmə'tɒlədʒɪst] *n* dermatólogo *m*, -ga *f*.

dermatology [ˌdɜːmə'tɒlədʒɪ] *n* dermatología *f*.

derogatory [dɪ'rɒgətrɪ] *adj* despectivo(va).

derrick ['derɪk] *n* **- 1.** [crane] grúa *f* **- 2.** [over oil well] torre *f* de perforación.

derv [dɜːv] *n UK* gasóleo *m*, gasoil *m*.

desalination [diːˌsælɪ'neɪʃn] *n* desalinización *f*.

descale [diː'skeɪl] *vt* quitar el sarro a.

descant ['deskænt] *n* contrapunto *m*.

descend [dɪ'send] <> *vt fml* [go down] descender por. <> *vi* **- 1.** *fml* [go down] descender **- 2.** [subj: silence, gloom]: **to ~ (on sthg/sb)** invadir (algo/a alguien) **- 3.** [arrive]: **to ~ on sb** presentarse en casa de alguien **- 4.** [stoop]: **to ~ to sthg/to doing sthg** rebajarse a algo/a hacer algo.

descendant [dɪ'sendənt] *n* descendiente *m OR f*.

descended [dɪ'sendɪd] *adj*: **to be ~ from** ser descendiente de, descender de.

descending [dɪ'sendɪŋ] *adj*: **in ~ order** en orden descendente *OR* decreciente.

descent [dɪ'sent] *n* **- 1.** [downwards movement] descenso *m*, bajada *f* **- 2.** [origin] ascendencia *f*.

describe [dɪ'skraɪb] *vt* describir; **to ~ o.s. as** definirse como.

description [dɪ'skrɪpʃn] *n* **- 1.** [account] descripción *f* **- 2.** [type]: **of all ~s** de todo tipo.

descriptive [dɪ'skrɪptɪv] *adj* descriptivo(va).

desecrate ['desɪkreɪt] *vt* profanar.

desecration [ˌdesɪ'kreɪʃn] *n* profanación *f*.

desegregate [ˌdiː'segrɪgeɪt] *vt* abolir la segregación racial en.

desegregation [ˌdiːsegrɪ'geɪʃn] *n* abolición *f* de la segregación racial.

deselect [ˌdiːsɪ'lekt] *vt UK* no reelegir como candidato.

desensitize, -ise [diː'sensɪtaɪz] *vt* insensibilizar.

desert [*n* 'dezət, *vb & npl* dɪ'zɜːt] <> *n* **- 1.** *GEOGR* desierto *m* **- 2.** [boring place]: **(cultural) ~** páramo *m* cultural. <> *vt* abandonar. <> *vi MIL* desertar.

➡ **deserts** *npl*: **he got his just ~s** se llevó su merecido.

deserted [dɪ'zɜːtɪd] *adj* [place] desierto(ta).

deserter [dɪ'zɜːtə^r] *n* desertor *m*, -ra *f*.

desertion [dɪ'zɜːʃn] *n* **- 1.** [gen] abandono *m* **- 2.** *MIL* deserción *f*.

desert island ['dezət-] *n* isla *f* desierta.

deserve [dɪ'zɜːv] *vt* merecer, ameritar *Amér*; **to ~ to do sthg** merecer hacer algo; **they got what they ~d** se llevaron su merecido.

deserved [dɪ'zɜːvd] *adj* merecido(da).

deservedly [dɪ'zɜːvɪdlɪ] *adv* merecidamente.

deserving [dɪ'zɜːvɪŋ] *adj* meritorio(ria), encomiable; **~ of** *fml* merecedor(ra) de.

desiccated ['desɪkeɪtɪd] *adj* desecado(da); **~ coconut** *coco rallado y seco*.

design [dɪ'zaɪn] <> *n* **- 1.** [gen] diseño *m*; [of garment] corte *m* **- 2.** [pattern] dibujo *m* **- 3.** *fml* [intention] designio *m*, intención *f*; **by ~** adrede; **to have ~s on** tener las miras puestas en. <> *vt* **- 1.** [gen] diseñar **- 2.** [conceive, intend] concebir.

designate [*adj* 'dezɪgnət, *vb* 'dezɪgneɪt] <> *adj* designado(da). <> *vt* designar, nombrar; **to ~ sb as sthg/to do sthg** designar a alguien algo/para hacer algo.

designation [ˌdezɪg'neɪʃn] *n fml* [name] denominación *f*.

designer [dɪ'zaɪnə^r] <> *adj* [clothes, drugs] de diseño; [glasses] de marca. <> *n* [gen] diseñador *m*, -ra *f*; *THEATRE* escenógrafo *m*, -fa *f*.

desirable [dɪ'zaɪərəbl] *adj* **- 1.** *fml* [appropriate] deseable, conveniente **- 2.** [attractive] atractivo(va), apetecible.

desire [dɪ'zaɪə^r] <> *n*: **~ (for sthg/to do sthg)** deseo *m* (de algo/de hacer algo). <> *vt* desear; **it leaves a lot to be ~d** deja mucho que desear.

desirous [dɪ'zaɪərəs] *adj fml*: **~ of sthg/of doing sthg** deseoso(sa) de algo/de hacer algo.

desist [dɪ'zɪst] *vi fml*: **to ~ (from doing sthg)** desistir (de hacer algo).

desk [desk] *n* **- 1.** [gen] mesa *f*, escritorio *m*; [in school] pupitre *m*; **cash ~** caja *f* **- 2.** [service area]: **cash ~** caja *f*; **information ~** (mostrador *m* de) información *f*.

desk clerk *n US* recepcionista *m OR f*.

desk job *n* trabajo *m* de oficina.

desk lamp *n* flexo *m*, lámpara *f* de mesa.

desktop ['desk,tɒp] *adj COMPUT*: **~ (computer)** ordenador *m* de sobremesa.

desktop publishing *n COMPUT* autoedición *f*.

desolate ['desələt] *adj* [place, person] desolado(da); [feeling] desolador(ra).

desolation [ˌdesə'leɪʃn] *n* desolación *f*.

despair [dɪ'speə^r] <> n desesperación f; **to do sthg in** ~ hacer algo desesperadamente. <> vi desesperarse; **to** ~ **of sb** desesperarse con alguien; **to** ~ **of sthg/doing sthg** perder la esperanza de algo/hacer algo.

despairing [dɪ'speərɪŋ] adj [attempt] desesperado(da); [look, cry] de desesperación.

despairingly [dɪ'speərɪŋlɪ] adv con desesperación.

despatch [dɪ'spætʃ] = **dispatch**.

desperate ['despərət] adj desesperado(da); **to be** ~ **for sthg** necesitar desesperadamente algo.

desperately ['despərətlɪ] adv - **1.** [want, fight, love] desesperadamente - **2.** [ill] gravemente; [poor, unhappy, shy] tremendamente.

desperation [,despə'reɪʃn] n desesperación f; **in** ~ con desesperación.

despicable [dɪ'spɪkəbl] adj despreciable.

despise [dɪ'spaɪz] vt despreciar.

despite [dɪ'spaɪt] prep a pesar de, pese a.

despondent [dɪ'spɒndənt] adj descorazonado(da).

despot ['despɒt] n déspota m or f.

despotic [de'spɒtɪk] adj despótico(ca).

dessert [dɪ'zɜ:t] n postre m.

dessertspoon [dɪ'zɜ:tspu:n] n - **1.** [spoon] cuchara f de postre - **2.** [spoonful] cucharada f (de postre).

dessert wine n vino m dulce.

destabilize, -ise [,di:'steɪbɪlaɪz] vt desestabilizar.

destination [,destɪ'neɪʃn] n destino m.

destined ['destɪnd] adj - **1.** [fated, intended]: ~ **for sthg/to do sthg** destinado(da) a algo/a hacer algo - **2.** [bound]: ~ **for** con destino a.

destiny ['destɪnɪ] (pl -ies) n destino m.

destitute ['destɪtju:t] adj indigente, en la miseria.

destroy [dɪ'strɔɪ] vt - **1.** [ruin] destruir - **2.** [defeat] aplastar - **3.** [put down] matar, sacrificar.

destroyer [dɪ'strɔɪə^r] n - **1.** [ship] destructor m - **2.** [person or thing] destructor m, -ra f.

destruction [dɪ'strʌkʃn] n destrucción f.

destructive [dɪ'strʌktɪv] adj [gen] destructivo(va); [influence] pernicioso(sa).

destructively [dɪ'strʌktɪvlɪ] adv destructivamente.

desultory ['desəltrɪ] adj fml [conversation] sin interés; [attempt] sin convicción.

Det. abbr of **Detective.**

detach [dɪ'tætʃ] vt - **1.** [pull off]: **to** ~ **sthg (from)** quitar or separar algo (de) - **2.** [disassociate]: **to** ~ **o.s. from sthg** distanciarse de algo.

detachable [dɪ'tætʃəbl] adj [handle etc] de quita

y pon; [collar] postizo(za).

detached [dɪ'tætʃt] adj [objective] objetivo(va); [aloof] distante.

detached house n casa f or chalet m individual.

detachment [dɪ'tætʃmənt] n - **1.** [objectivity] objetividad f; [aloofness] distanciamiento m - **2.** MIL destacamento m.

detail ['di:teɪl] <> n - **1.** [small point] detalle m - **2.** (U) [facts, points] detalles mpl; **to go into** ~ entrar en detalles; **in** ~ detalladamente, con detalle - **3.** MIL destacamento m. <> vt [list] detallar.

◆ **details** npl [information] información f; [personal] datos mpl.

detailed ['di:teɪld] adj detallado(da).

detain [dɪ'teɪn] vt [gen] retener; [in police station] detener.

detainee [,di:teɪ'ni:] n [gen] detenido m, -da f; [political] preso político m, presa política f.

detect [dɪ'tekt] vt [gen] detectar; [difference] notar, percibir.

detection [dɪ'tekʃn] (U) n - **1.** [gen] detección f - **2.** [of crime] investigación f; [of drugs] descubrimiento m.

detective [dɪ'tektɪv] n [private] detective m or f; [policeman] agente m or f.

detective novel n novela f policíaca.

detector [dɪ'tektə^r] n detector m.

détente [deɪ'tɒnt] n POL distensión f.

detention [dɪ'tenʃn] n - **1.** [of suspect, criminal] detención f, arresto m; **in** ~ bajo arresto - **2.** [at school] castigo de permanecer en la escuela después de clase.

detention centre n UK - **1.** [for juvenile delinquents] centro m de internamiento de delincuentes juveniles - **2.** [for asylum seekers] centro de internamiento de inmigrantes que esperan recibir asilo político.

deter [dɪ'tɜ:^r] (pt & pp -red, cont -ring) vt: **to** ~ **sb (from doing sthg)** disuadir a alguien (de hacer algo).

detergent [dɪ'tɜ:dʒənt] n detergente m.

deteriorate [dɪ'tɪərɪəreɪt] vi [health, economy] deteriorarse; [weather] empeorar.

deterioration [dɪ,tɪərɪə'reɪʃn] n [of health, economy] deterioro m; [of weather] empeoramiento m.

determination [dɪ,tɜ:mɪ'neɪʃn] n determinación f.

determine [dɪ'tɜ:mɪn] vt determinar; **to** ~ **to do sthg** fml decidir or resolver hacer algo.

determined [dɪ'tɜ:mɪnd] adj decidido(da); ~ **to do sthg** decidido or resuelto a hacer algo.

deterrent [dɪ'terənt] <> adj disuasorio(ria).

◇ *n* elemento *m* de disuasión; **to serve as a ~** tener un efecto disuasorio; **nuclear ~** armas *fpl* nucleares disuasorias.

detest [dɪ'test] *vt* detestar.

detestable [dɪ'testəbl] *adj* detestable.

dethrone [dɪ'θrəʊn] *vt* destronar.

detonate ['detəneɪt] ◇ *vt* hacer detonar. ◇ *vi* detonar.

detonator ['detəneɪtəʳ] *n* detonador *m*.

detour ['diːˌtʊəʳ] *n* desvío *m*; **to make a ~** dar un rodeo.

detox ['diːtɒks] *n* desintoxicación *f*.

detract [dɪ'trækt] *vi*: **to ~ from sthg** [gen] mermar algo, aminorar algo; [achievement] restar importancia a algo.

detractor [dɪ'træktəʳ] *n* detractor *m*, -ra *f*.

detriment ['detrɪmənt] *n*: **to the ~ of** en detrimento de.

detrimental [ˌdetrɪ'mentl] *adj* perjudicial.

detritus [dɪ'traɪtəs] *n* (U) desperdicios *mpl*; GEOL detrito *m*, detritus *m inv*.

deuce [djuːs] *n* (U) TENNIS deuce *m*, cuarenta *f*.

Deutschmark ['dɔɪtʃˌmɑːk] *n* marco *m* alemán.

devaluation [ˌdiːvæljʊ'eɪʃn] *n* devaluación *f*.

devalue [ˌdiː'væljuː] *vt* **-1.** FIN devaluar **-2.** [person, achievement] menospreciar.

devastate ['devəsteɪt] *vt* [area, city] devastar, asolar; *fig* [person] desolar.

devastated ['devəsteɪtɪd] *adj* [area, city] devastado(da), asolado(da); *fig* [person] desolado(da).

devastating ['devəsteɪtɪŋ] *adj* **-1.** [destructive - hurricane etc] devastador(ra) **-2.** [effective - remark, argument] abrumador(ra) **-3.** [upsetting - news, experience] desolador(ra) **-4.** [attractive] imponente, irresistible.

devastation [ˌdevə'steɪʃn] *n* [destruction] devastación *f*.

develop [dɪ'veləp] ◇ *vt* **-1.** [idea, argument, product, method] desarrollar **-2.** [land] urbanizar; [region] desarrollar **-3.** [illness] contraer; [habit] adquirir; **to ~ a fault** estropearse **-4.** PHOT revelar. ◇ *vi* **-1.** [grow] desarrollarse; **to ~ into sthg** transformarse en algo **-2.** [appear] presentarse.

developed [dɪ'veləpt] *adj* [country, region] desarrollado(da).

developer [dɪ'veləpəʳ] *n* **-1.** [of land] promotor *m*, -ra *f* **-2.** [person]: **early/late ~** niño *m*, -ña *f* con desarrollo precoz/tardío **-3.** PHOT [chemical] líquido *m* de revelado, revelador *m*.

developing country [dɪ'veləpɪŋ-] *n* país *m* en vías de desarrollo.

development [dɪ'veləpmənt] (U) *n* **-1.** [growth] desarrollo *m* **-2.** [of design] elaboración *f*; [of product] desarrollo *m* **-3.** [developed land] urbanización *f* **-4.** [new event] (nuevo) acontecimiento *m*; **recent ~s** la evolución reciente **-5.** [advance - in science etc] avance *m* **-6.** [of illness] contracción *f*; [of fault] aparición *f*.

development aid *n* ≈ ayuda *f* al desarrollo.

development area *n UK* ≈ zona de urgente reindustrialización.

deviant ['diːvjənt] ◇ *adj* irregular, anómalo(la); [sexually] pervertido(da). ◇ *n* pervertido *m*, -da *f*.

deviate ['diːvɪeɪt] *vi*: **to ~ from sthg** desviarse de algo.

deviation [ˌdiːvɪ'eɪʃn] *n* desviación *f*.

device [dɪ'vaɪs] *n* **-1.** [gen] dispositivo *m*; **to leave sb to their own ~s** [with nothing to do] dejar a alguien a su aire; [without help] dejar a alguien que se las componga solo **-2.** COMPUT dispositivo *m* periférico.

devil ['devl] *n* diablo *m*, demonio *m*; **little ~** diablillo *m*; **poor ~** pobre diablo; **you lucky ~!** ¡vaya suerte que tienes!; **who/where/why the ~ ...?** ¿quién/dónde/por qué demonios ...?
➤ **Devil** *n* [Satan]: **the Devil** el Diablo, el Demonio.

devilish ['devlɪʃ] *adj* diabólico(ca).

devil-may-care *adj* irresponsable.

devil's advocate *n* abogado *m* del diablo.

devil's food cake *n US* pastel *m* de chocolate.

devious ['diːvjəs] *adj* **-1.** [person, scheme] retorcido(da); [means] enrevesado(da) **-2.** [route] sinuoso(sa), tortuoso(sa).

devise [dɪ'vaɪz] *vt* [instrument, system] diseñar; [plan] concebir.

devoid [dɪ'vɔɪd] *adj fml*: **~ of** desprovisto(ta) de.

devolution [ˌdiːvə'luːʃn] *n* POL ≈ autonomía *f*, ≈ traspaso *m* de competencias.

devolve [dɪ'vɒlv] ◇ *vt* transferir. ◇ *vi fml*: **to ~ on** OR **upon** recaer en.

devote [dɪ'vəʊt] *vt*: **to ~ sthg to** dedicar OR consagrar algo a; **to ~ o.s. to** dedicarse OR consagrarse a.

devoted [dɪ'vəʊtɪd] *adj* [lovers] unido(da); [follower, admirer] ferviente; **to be ~ to sb** tenerle mucho cariño a alguien.

devotee [ˌdevə'tiː] *n* [fan] devoto *m*, -ta *f*, admirador *m*, -ra *f*.

devotion [dɪ'vəʊʃn] (U) *n* **-1.** [commitment]: **~ (to)** dedicación *f* (a) **-2.** [to family, lover & RELIG] devoción *f*.

devour [dɪ'vaʊəʳ] *vt lit* & *fig* devorar.

devout [dɪ'vaʊt] *adj* RELIG devoto(ta), piadoso(sa).

dew [dju:l n rocío m.
dexterity [dek'steratıl n destreza f, habilidad f.
dexterous ['dekstrəsl adj diestro(tra).
dextrose ['dekstrəusl n dextrosa f.
dextrous ['dekstrəsl = dexterous.
DFE (abbr of Department for Education) n ministerio británico de educación.
dhal [dɑ:ll n potaje de legumbres indio muy especiado.
DHSS (abbr of Department of Health and Social Security) n antiguo ministerio británico de la seguridad social.
diabetes [,daıə'bi:ti:zl n diabetes f inv.
diabetic [,daıə'betıkl <> adj - 1. [person] diabético(ca) - 2. [jam, chocolate] para diabéticos. <> n diabético m, -ca f.
diabolic(al) [,daıə'bɒlık(l)l adj - 1. [evil] diabólico(ca) - 2. inf [very bad] pésimo(ma).
diaeresis UK (pl -eses [-ısi:zl), **dieresis** US (pl -eses) [daı'erısısl n diéresis f inv.
diagnose ['daıəgnəuzl vt MED diagnosticar; **she was ~d as having cancer** le diagnosticaron cáncer.
diagnosis [,daıəg'nəusısl (pl -oses [-əusi:zl) n MED [verdict] diagnóstico m; [science, activity] diagnosis f inv.
diagnostic [,daıəg'nɒstıkl adj MED diagnóstico(ca).
diagonal [daı'ægənll <> adj diagonal. <> n diagonal f.
diagonally [daı'ægənəlıl adv diagonalmente, en diagonal.
diagram ['daıəgræml n diagrama m.
diagrammatic [,daıəgrə'mætıkl adj gráfico(ca), esquemático(ca).
dial ['daıəll (UK pt & pp -led, cont -ling, US pt & pp -ed, cont -ing) <> n - 1. [of watch, clock] esfera f - 2. [of meter] cuadrante m - 3. [of telephone] disco m; [of radio] dial m. <> vt [number] marcar.
dialect ['daıəlektl n dialecto m.
dialling code ['daıəlıŋ-] n UK prefijo m (telefónico).
dialling tone UK ['daıəlıŋ-], **dial tone** US n señal f de llamada.
dialogue UK, **dialog** US ['daıəlɒgl n diálogo m.
dialogue box UK, **dialog box** US n COMPUT cuadro m dediálogo.
dial tone US = dialling tone.
dialysis [daı'ælısısl n diálisis f inv.
diameter [daı'æmıtə'l n diámetro m.
diametrically [,daıə'metrıklıl adv: ~ **opposed** diametralmente opuesto(ta).
diamond ['daıəməndl n - 1. [gem, playing card, in baseball] diamante m - 2. [shape] rombo m.
➤ **diamonds** npl diamantes mpl.

diamond wedding n bodas fpl de diamante.
diaper ['daıpə'l n US pañal m.
diaphanous [daı'æfənəsl adj diáfano(na).
diaphragm ['daıəfræml n diafragma m.
diarrh(o)ea [,daıə'rıəl n diarrea f.
diary ['daıərıl (pl -ies) n - 1. [appointment book] agenda f - 2. [journal] diario m.
diatribe ['daıətraıbl n diatriba f.
dice [daısl (pl inv) <> n dado m. <> npl: **to play ~** jugar a los dados; **no ~!** US inf ¡qué va! <> vt cortar en cuadraditos.
dicey ['daısıl (compar -ier, superl -iest) adj esp UK inf arriesgado(da).
dichotomy [daı'kɒtəmıl (pl -ies) n dicotomía f.
dick [dıkl n vulg [penis] polla f.
Dictaphone® ['dıktəfəunl n dictáfono m.
dictate [vb dık'teıt, n 'dıkteıtl <> vt: **to ~ sthg (to sb)** dictar algo a alguien). <> vi - 1. [read out]: **to ~ (to sb)** dictar (a alguien) - 2. [make demands]: **to ~ to sb** dar órdenes a alguien. <> n [of one's conscience] dictado m.
dictation [dık'teıʃnl n dictado m; **to take OR do ~** escribir al dictado.
dictator [dık'teıtə'l n dictador m, -ra f.
dictatorship [dık'teıtəʃıpl n dictadura f.
diction ['dıkʃnl n dicción f.
dictionary ['dıkʃənrıl (pl -ies) n diccionario m; **Japanese ~** diccionario de japonés.
did [dıdl pt ➤ do.
didactic [dı'dæktıkl adj didáctico(ca).
diddle ['dıdll vt inf timar.
didn't ['dıdntl = did not.
die [daıl (pl sense 2 only dice, pt & pp died, cont dying) <> vi - 1. [gen] morir; **to be dying** estar muriéndose; **to be dying for sthg/to do sthg** morirse por algo/por hacer algo - 2. literary [feeling, fire] extinguirse. <> n - 1. [for stamping metal] cuño m, troquel m; [for casting metal] troquel m - 2. esp US [dice] dado m.
➤ **die away** vi desvanecerse.
➤ **die down** vi [wind] amainar; [sound] apaciguarse; [fire] remitir; [excitement, fuss] calmarse.
➤ **die out** vi extinguirse.
diehard ['daıhɑ:dl n intransigente m OR f.
dieresis US = diaeresis.
diesel ['di:zll n - 1. [fuel] gasóleo m, gasoil m - 2. [vehicle] vehículo m diesel.
diesel engine n AUT motor m diesel; RAIL locomotora f diesel.
diesel fuel, diesel oil n gasóleo m, gasoil m.
diet ['daıətl <> n - 1. [eating pattern] dieta f - 2. [to lose weight] régimen m; **to be on a ~** estar a

régimen. ⟨⟩ *comp* [low-calorie] light *(inv)*, bajo(ja) en calorías. ⟨⟩ *vi* estar a régimen.

dietary ['daɪətrɪ] *adj* dietético(ca), alimenticio(cia).

dietary fibre *n (U)* fibra *f* (alimenticia).

dieter ['daɪətəʳ] *n* persona *f* a régimen.

dietician [ˌdaɪə'tɪʃn] *n* especialista *m* or *f* en dietética.

differ ['dɪfəʳ] *vi* -**1.** [be different] ser diferente; **to ~ from sthg** distinguirse or diferir de algo -**2.** [disagree]: **to ~ with sb (about sthg)** disentir or discrepar de alguien (en algo).

difference ['dɪfrəns] *n* diferencia *f*; **it didn't make any ~** [changed nothing] no cambió nada; **it doesn't make any ~** [it's all the same] da lo mismo; **to make all the ~** suponer una gran diferencia; **they settled their ~s** resolvieron sus diferencias.

different ['dɪfrənt] *adj*: **~ (from)** diferente or distinto(ta) (de); **she's a ~ person** es otra.

differential [ˌdɪfə'renʃl] ⟨⟩ *adj* diferencial. ⟨⟩ *n* -**1.** [between pay scales] diferencia *f* salarial -**2.** *TECH* diferencial *m*.

differentiate [ˌdɪfə'renʃɪeɪt] ⟨⟩ *vt*: **to ~ (sthg from sthg)** diferenciar or distinguir (algo de algo). ⟨⟩ *vi*: **to ~ between** diferenciar or distinguir entre.

differently ['dɪfrəntlɪ] *adv* de forma diferente, de otra forma; **~ abled** discapacitado(da).

difficult ['dɪfɪkəlt] *adj* difícil.

difficulty ['dɪfɪkəltɪ] *(pl* -**ies)** *n* dificultad *f*; **to have ~ in doing sthg** tener dificultad en or para hacer algo.

diffidence ['dɪfɪdəns] *n* retraimiento *m*.

diffident ['dɪfɪdənt] *adj* retraído(da).

diffuse [*adj* dɪ'fju:s , *vb* dɪ'fju:z] ⟨⟩ *adj* -**1.** [gen] difuso(sa) -**2.** [city, company] extenso(sa). ⟨⟩ *vt* difundir. ⟨⟩ *vi* difundirse.

diffusion [dɪ'fju:ʒn] *n* difusión *f*.

dig [dɪg] *(pt* & *pp* **dug**, *cont* **digging**) ⟨⟩ *vt* -**1.** [hole - with spade] cavar; [- with hands, paws] escarbar -**2.** [garden] cavar en; [mine] excavar -**3.** [press]: **to ~ sthg into** clavar or hundir algo en. ⟨⟩ *vi* -**1.** [with spade] cavar; [with hands, paws] escarbar -**2.** [press]: **to ~ into** clavarse or hundirse en. ⟨⟩ *n* -**1.** [unkind remark] pulla *f* -**2.** *ARCHEOL* excavación *f*.

➤ **dig out** *vt sep* -**1.** [rescue] desenterrar, sacar -**2.** *inf* [find - letter, object] rescatar, desempolvar; [- information] encontrar.

➤ **dig up** *vt sep* [body, treasure, information] desenterrar; [plant, tree] arrancar.

digest [*n* 'daɪdʒest, *vb* dɪ'dʒest] ⟨⟩ *n* compendio *m*. ⟨⟩ *vt lit* & *fig* digerir.

digestible [dɪ'dʒestəbl] *adj* digerible.

digestion [dɪ'dʒestʃn] *n* digestión *f*.

digestive [dɪ'dʒestɪv] *adj* digestivo(va); **~ system** aparato *m* digestivo.

digestive biscuit [dɪ'dʒestɪv-] *n UK* galleta *f* integral.

digit ['dɪdʒɪt] *n* -**1.** [figure] dígito *m* -**2.** [finger, toe] dedo *m*.

digital ['dɪdʒɪtl] *adj* digital.

digital camera *n* cámara *f* digital.

digital organizer *n* agenda *f* electrónica.

digital recording *n* grabación *f* digital.

digital television, digital TV *n* televisión *f* digital.

digital watch *n* reloj *m* digital.

digitize, ise ['dɪdʒɪtaɪz] *vt* digitalizar.

dignified ['dɪgnɪfaɪd] *adj* [gen] digno(na); [ceremonious] ceremonioso(sa).

dignify ['dɪgnɪfaɪ] *(pt* & *pp* -**ied)** *vt* dignificar.

dignitary ['dɪgnɪtrɪ] *(pl* -**ies)** *n* dignatario *m*, -ria *f*.

dignity ['dɪgnətɪ] *n* dignidad *f*.

digress [daɪ'gres] *vi* apartarse del tema; **to ~ from** apartarse or desviarse de.

digression [daɪ'greʃn] *n* digresión *f*.

digs [dɪgz] *npl UK inf* alojamiento *m*; **to live in ~** vivir en un cuarto de alquiler.

dike [daɪk] *n* -**1.** [wall, bank] dique *m* -**2.** *inf pej* [lesbian] tortillera *f*.

dilapidated [dɪ'læpɪdeɪtɪd] *adj* [building] derruido(da); [car] destartalado(da).

dilate [daɪ'leɪt] ⟨⟩ *vt* dilatar. ⟨⟩ *vi* dilatarse.

dilated [daɪ'leɪtɪd] *adj* dilatado(da).

dilemma [dɪ'lemə] *n* dilema *m*.

dilettante [ˌdɪlɪ'tæntɪ] *(pl* -**tes** or -**ti** [-tɪ]) *n* diletante *m* or *f*.

diligence ['dɪlɪdʒəns] *n* [hard work] diligencia *f*.

diligent ['dɪlɪdʒənt] *adj* diligente.

dill [dɪl] *n* eneldo *m*.

dillydally ['dɪlɪdælɪ] *(pt* & *pp* -**ied)** *vi inf* andar perdiendo el tiempo.

dilute [daɪ'lu:t] ⟨⟩ *adj* diluido(da). ⟨⟩ *vt* diluir.

dilution [daɪ'lu:ʃn] *n* dilución *f*.

dim [dɪm] *(compar* -**mer**, *superl* -**mest**, *pt* & *pp* -**med**, *cont* -**ming**) ⟨⟩ *adj* -**1.** [light] tenue; [room] sombrío(bría) -**2.** [outline, figure] borroso(sa) -**3.** [eyesight] débil -**4.** [memory] vago(ga) -**5.** *inf* [stupid] tonto(ta), torpe. ⟨⟩ *vt* atenuar. ⟨⟩ *vi* [light] atenuarse.

dime [daɪm] *n US moneda de diez centavos*; **they're a ~ a dozen** [common] los hay a porrillo or mansalva.

dimension [dɪ'menʃn] *n* dimensión *f*.

➤ **dimensions** *npl* dimensiones *fpl*.

-dimensional [dɪ'menʃənl] *suffix:* **one** ~ unidimensional; **two** ~ bidimensional.

diminish [dɪ'mɪnɪʃ] *vt* & *vi* disminuir.

diminished [dɪ'mɪnɪʃt] *adj* reducido(da).

diminished responsibility *n JUR* responsabilidad *f* atenuada (por enajenación mental).

diminishing returns [dɪ'mɪnɪʃɪŋ] *npl:* **the law of** ~ la ley del rendimiento decreciente.

diminutive [dɪ'mɪnjʊtɪv] *fml* <> *adj* diminuto(ta). <> *n GRAMM* diminutivo *m*.

dimly ['dɪmlɪ] *adv* -**1.** [see] indistintamente; [remember] vagamente -**2.: a** ~ **lit room** una habitación con luz tenue.

dimmer ['dɪmər], **dimmer switch** *n* potenciómetro *m*, regulador *m* de intensidad.

dimmers ['dɪməz] *npl US* [dipped headlights] luces *fpl* cortas *OR* de cruce; [parking lights] luces de posición *OR* situación.

dimmer switch = dimmer.

dimple ['dɪmpl] *n* hoyuelo *m*.

dimwit ['dɪmwɪt] *n inf* bobo *m*, -ba *f*.

dim-witted [-'wɪtɪd] *adj inf* lerdo(da), bobo(ba).

din [dɪn] *n inf* estrépito *m*, relajo *m Amér*.

dine [daɪn] *vi fml* cenar.

◆ **dine out** *vi* cenar fuera.

diner ['daɪnər] *n* -**1.** [person] comensal *m OR f* -**2.** *US* [restaurant - cheap] restaurante *m* barato; [- on the road] ≈ restaurante *m OR* parador *m* de carretera.

dingdong [,dɪŋ'dɒŋ] <> *adj inf* [battle, argument] reñido(da). <> *n* [of bell] din don *m*.

dinghy ['dɪŋgɪ] (*pl* -ies) *n* [sailing boat] bote *m*; [made of rubber] lancha *f* neumática.

dingo ['dɪŋgəʊ] (*pl* -es) *n* dingo *m*.

dingy ['dɪndʒɪ] (*compar* -ier, *superl* -iest) *adj* [room, street] lóbrego(ga); [clothes, carpet] deslustrado(da).

dining car ['daɪnɪŋ-] *n* vagón *m* restaurante, coche *m* comedor *Amér*.

dining room ['daɪnɪŋ-] *n* comedor *m*.

dining table ['daɪnɪŋ-] *n* mesa *f* grande (de comedor).

dinner ['dɪnər] *n* -**1.** [evening meal] cena *f*; [midday meal] comida *f*, almuerzo *m*; **to have** ~ [in the evening] cenar; [at lunchtime] comer, almorzar -**2.** [formal event] cena *f* de gala, banquete *m*.

dinner dance *n* cena *f* con baile.

dinner jacket *n* esmoquin *m*.

dinner party *n* cena *f (de amigos en casa)*.

dinner plate *n* plato *m* llano.

dinner service *n* vajilla *f*.

dinner table *n* mesa *f (para comer)*.

dinnertime ['dɪnətaɪm] *n* [in the evening] la hora

de la cena; [at midday] la hora del almuerzo *OR* de la comida.

dinosaur ['daɪnəsɔːʳ] *n* [reptile] dinosaurio *m*.

dint [dɪnt] *n fml:* **by** ~ **of** a base de.

diocese ['daɪəsɪs] *n* diócesis *f inv*.

diode ['daɪəʊd] *n* diodo *m*.

dioxin [daɪ'ɒksɪn] *n* dioxina *f*.

dip [dɪp] (*pt* & *pp* -ped, *cont* -ping) <> *n* -**1.** [in road, ground] pendiente *f* -**2.** [sauce] salsa *f* -**3.** [swim] chapuzón *m*; **to go for/take a** ~ ir a darse/darse un chapuzón. <> *vt* -**1.** [into liquid]: **to** ~ **sthg in** *OR* **into sthg** mojar algo en algo -**2.** *UK* [headlights]: **to** ~ **one's lights** poner las luces de cruce. <> *vi* descender suavemente.

Dip. *UK abbr of* diploma.

diphtheria [dɪf'θɪərɪə] *n* difteria *f*.

diphthong ['dɪfθɒŋ] *n* diptongo *m*.

diploma [dɪ'pləʊmə] (*pl* -s) *n* diploma *m*.

diplomacy [dɪ'pləʊməsɪ] *n* diplomacia *f*.

diplomat ['dɪpləmæt] *n* -**1.** [official] diplomático *m*, -ca *f* -**2.** [tactful person] persona *f* diplomática.

diplomatic [,dɪplə'mætɪk] *adj* diplomático(ca).

diplomatic bag *n* valija *f* diplomática.

diplomatic corps *n* cuerpo *m* diplomático.

diplomatic immunity *n* inmunidad *f* diplomática.

diplomatic relations *npl* relaciones *fpl* diplomáticas.

dipsomaniac [,dɪpsə'meɪnɪæk] *n* dipsomaníaco *m*, -ca *f*.

dipstick ['dɪpstɪk] *n AUT* varilla *f* (para medir el nivel) del aceite.

dipswitch ['dɪpswɪtʃ] *n UK AUT* interruptor *m* de luces de cruce.

dire ['daɪəʳ] *adj* -**1.** [consequences] grave; [warning] serio(ria); [need, poverty] extremo(ma) -**2.** *UK inf* [terrible] fatal.

direct [dɪ'rekt] <> *adj* directo(ta). <> *vt* -**1.** [gen]: **to** ~ **sthg at sb** dirigir algo a alguien -**2.** [person to place]: **to** ~ **sb (to)** indicar a alguien el camino (a) -**3.** [order]: **to** ~ **sb to do sthg** mandar a alguien hacer algo. <> *adv* directamente.

direct action *n* acción *f* directa.

direct current *n* corriente *f* continua.

direct debit *n UK* domiciliación *f* (de pago).

direct dialling [-'daɪəlɪŋ] *n* llamada *f* directa.

direct hit *n:* **to score a** ~ dar en el blanco.

direction [dɪ'rekʃn] *n* dirección *f*; **in all** ~**s** en todas direcciones; **sense of** ~ sentido *m* de la orientación; **under the** ~ **of** bajo la dirección de.

◆ **directions** *npl* -**1.** [instructions to place]

señas *fpl*, indicaciones *fpl* **- 2.** [instructions for use] instrucciones *fpl* (de uso), modo *m* de empleo.

directive [dɪˈrektɪv] *n* directiva *f*.

directly [dɪˈrektlɪ] *adv* **-1.** [gen] directamente **- 2.** [immediately] inmediatamente **- 3.** [very soon] pronto, en breve.

direct mail *n* propaganda *f* por correo.

director [dɪˈrektəʳ] *n* director *m*, -ra *f*.

directorate [dɪˈrektərət] *n* [board of directors] dirección *f*, (junta *f*) directiva *f*.

director-general (*pl* **directors-general** OR **director-generals**) *n* director general *m*, directora general *f*.

Director of Public Prosecutions *n* UK ≃ fiscal general *m* OR *f* del estado.

directorship [dɪˈrektəʃɪp] *n* dirección *f*.

directory [dɪˈrektərɪ] (*pl* **-ies**) *n* **-1.** [gen] guía *f* (alfabética) **- 2.** COMPUT directorio *m*.

directory assistance *n* US (servicio *m* de) información *f* telefónica.

directory enquiries *n* UK (servicio *m* de) información *f* telefónica.

direct rule *n* gobierno *m* directo.

direct selling *n* (U) venta *f* directa.

direct speech *n* estilo *m* directo.

direct taxation *n* (U) impuestos *mpl* directos.

dire straits *npl*: in ~ en serios aprietos.

dirge [dɜːdʒ] *n* canto *m* fúnebre.

dirt [dɜːt] *n* (U) **- 1.** [mud, dust] suciedad *f* **- 2.** [earth] tierra *f*.

dirt cheap *inf* ◇ *adj* tirado(da) de precio. ◇ *adv* a precio de ganga.

dirt track *n* camino *m* de tierra.

dirty [ˈdɜːtɪ] (*compar* **-ier**, *superl* **-iest**, *pt* & *pp* **-ied**) ◇ *adj* **-1.** [gen] sucio(cia); **to get** ~ ensuciarse **- 2.** [joke] verde; [film] pornográfico(ca); [book, language] obsceno(na); ~ **word** palabrota *f*. ◇ *vt* ensuciar.

disability [ˌdɪsəˈbɪlətɪ] (*pl* **-ies**) *n* minusvalía *f*, discapacidad *f*.

disable [dɪsˈeɪbl] *vt* **-1.** [person] dejar inválido(da) OR incapacitado(da) **- 2.** [tank, machinery] inutilizar.

disabled [dɪsˈeɪbld] ◇ *adj* [person] minusválido(da), discapacitado(da); ~ **toilet** servicio *m* para minusválidos. ◇ *npl*: **the** ~ los minusválidos, los discapacitados.

disablement [dɪsˈeɪblmənt] *n* discapacidad *f*.

disabuse [ˌdɪsəˈbjuːz] *vt fml*: **to** ~ **sb (of sthg)** desengañar a alguien (de algo).

disadvantage [ˌdɪsədˈvɑːntɪdʒ] *n* desventaja *f*; **to be at a** ~ estar en desventaja; **to be to one's** ~ ir en perjuicio de uno.

disadvantaged [ˌdɪsədˈvɑːntɪdʒd] *adj* desfavorecido(da).

disadvantageous [ˌdɪsædvɑːnˈteɪdʒəs] *adj* desventajoso(sa), desfavorable.

disaffected [ˌdɪsəˈfektɪd] *adj* desafecto(ta).

disaffection [ˌdɪsəˈfekʃn] *n* desafección *f*.

disagree [ˌdɪsəˈɡriː] *vi* **-1.** [have different opinions]: **to** ~ **(with)** no estar de acuerdo (con) **- 2.** [conflict] contradecirse, no concordar **- 3.** [subj: food, drink]: **to** ~ **with sb** sentar mal a alguien.

disagreeable [ˌdɪsəˈɡriːəbl] *adj* desagradable.

disagreement [ˌdɪsəˈɡriːmənt] *n* **-1.** [fact of disagreeing] desacuerdo *m* **- 2.** [argument] discusión *f* **- 3.** [dissimilarity] discrepancia *f*.

disallow [ˌdɪsəˈlaʊ] *vt* **-1.** *fml* [appeal, claim] rechazar **- 2.** [goal] anular.

disappear [ˌdɪsəˈpɪəʳ] *vi* desaparecer.

disappearance [ˌdɪsəˈpɪərəns] *n* desaparición *f*.

disappoint [ˌdɪsəˈpɔɪnt] *vt* [person] decepcionar, desilusionar; [expectations, hopes] defraudar.

disappointed [ˌdɪsəˈpɔɪntɪd] *adj* **-1.** [person]: ~ **(in** OR **with sthg)** decepcionado(da) (con algo) **- 2.** [expectations, hopes] defraudado(da).

disappointing [ˌdɪsəˈpɔɪntɪŋ] *adj* decepcionante.

disappointment [ˌdɪsəˈpɔɪntmənt] *n* decepción *f*, desilusión *f*; **to be a** ~ ser decepcionante.

disapproval [ˌdɪsəˈpruːvl] *n* desaprobación *f*.

disapprove [ˌdɪsəˈpruːv] *vi* estar en contra; **to** ~ **of sthg** desaprobar algo; **to** ~ **of sb** no ver con buenos ojos a alguien.

disapproving [ˌdɪsəˈpruːvɪŋ] *adj* desaprobatorio(ria).

disarm [dɪsˈɑːm] ◇ *vt lit* & *fig* desarmar. ◇ *vi* desarmarse.

disarmament [dɪsˈɑːməmənt] *n* desarme *m*.

disarming [dɪsˈɑːmɪŋ] *adj* arrebatador(ra).

disarray [ˌdɪsəˈreɪ] *n*: **in** ~ [clothes, hair] en desorden; [army, political party] sumido(da) en el desconcierto.

disassociate [ˌdɪsəˈsəʊʃɪeɪt] *vt*: **to** ~ **o.s. from** desasociarse OR disociarse de.

disaster [dɪˈzɑːstəʳ] *n* [gen] desastre *m*; [earthquake, eruption] catástrofe *f*.

disaster area *n* [after natural disaster] zona *f* catastrófica.

disastrous [dɪˈzɑːstrəs] *adj* desastroso(sa).

disastrously [dɪˈzɑːstrəslɪ] *adv* desastrosamente.

disband [dɪsˈbænd] ◇ *vt* disolver, disgregar. ◇ *vi* disolverse, disgregarse.

disbelief [ˌdɪsbɪˈliːf] *n*: **in** OR **with** ~ con incredulidad.

disbelieve [ˌdɪsbɪˈliːv] *vt* dudar de, no creer.

disc *UK*, **disk** *US* [dɪsk] *n* disco *m*.

discard [dɪˈskɑːd] *vt* [old clothes etc] desechar; [possibility] descartar.

discarded [dɪˈskɑːdɪd] *adj* desechado(da).

disc brake *n* freno *m* de disco.

discern [dɪˈsɜːn] *vt* **-1.** [gen] discernir; [improvement] percibir **-2.** [figure, outline] distinguir.

discernible [dɪˈsɜːnəbl] *adj* **-1.** [visible] distinguible **-2.** [noticeable] apreciable.

discerning [dɪˈsɜːnɪŋ] *adj* refinado(da); [audience] entendido(da).

discharge [*n* ˈdɪstʃɑːdʒ, *vb* dɪsˈtʃɑːdʒ] <> *n* **-1.** [of patient] alta *f*; [of prisoner, defendant] puesta *f* en libertad; [of soldier] licencia *f* **-2.** *fml* [of duty etc] cumplimiento *m* **-3.** [of gas, smoke] emisión *f*; [of sewage] vertido *m* **-4.** [of debt] liquidación *f* **-5.** [*MED* - from nose] mucosidad *f*; [- from wound] supuración *f* **-6.** *ELEC* descarga *f*. <> *vt* **-1.** [patient] dar de alta; [prisoner, defendant] poner en libertad; [soldier] licenciar **-2.** *fml* [duty etc] cumplir **-3.** [gas, smoke] emitir, despedir; [sewage] verter; [cargo] descargar **-4.** [debt] liquidar.

discharged bankrupt [dɪsˈtʃɑːdʒd-] *n* quebrado *m* rehabilitado.

disciple [dɪˈsaɪpl] *n* **-1.** [follower] discípulo *m*, -la *f* **-2.** *RELIG* discípulo *m*.

disciplinarian [ˌdɪsɪplɪˈneərɪən] *n* amante *m OR f* de la severa disciplina.

disciplinary [ˈdɪsɪplɪnərɪ] *adj* disciplinario (ria); ~ **action** medidas *fpl* disciplinarias.

discipline [ˈdɪsɪplɪn] <> *n* disciplina *f*. <> *vt* **-1.** [control] disciplinar **-2.** [punish] castigar.

disciplined [ˈdɪsɪplɪnd] *adj* disciplinado(da).

disc jockey *n* pinchadiscos *m OR f inv.*

disclaim [dɪsˈkleɪm] *vt fml* negar.

disclaimer [dɪsˈkleɪməʳ] *n* descargo *m* de responsabilidad.

disclose [dɪsˈkləʊz] *vt* revelar.

disclosure [dɪsˈkləʊʒəʳ] *n* revelación *f*.

disco [ˈdɪskəʊ] (*pl* -s) (*abbr of* **discotheque**) *n* **-1.** [place] discoteca *f*; [event] baile *m* **-2.** [type of music] música *f* disco.

discoloration [dɪsˌkʌləˈreɪʃn] *n* [fading, staining] descoloramiento *m*; [stain] mancha *f* descolorida.

discolour *UK*, **discolor** *US* [dɪsˈkʌləʳ] <> *vt* descolorir. <> *vi* descolorirse.

discoloured *UK*, **discolored** *US* [dɪsˈkʌləd] *adj* descolorido(da).

discomfort [dɪsˈkʌmfət] *n* **-1.** [uncomfortableness] incomodidad *f* **-2.** [pain] molestia *f*.

disconcert [ˌdɪskənˈsɜːt] *vt* desconcertar.

disconcerting [ˌdɪskənˈsɜːtɪŋ] *adj* [worrying] desconcertante; [embarrassing] enojoso(sa).

disconnect [ˌdɪskəˈnekt] <> *vt* **-1.** [detach] quitar, separar **-2.** [from gas, electricity - appliance] desconectar; [- house, subscriber] cortar el suministro a; [- supply] cortar **-3.** [on phone - person] cortar la línea a; [- phone] cortar. <> *vi* [from Internet] desconectarse.

disconnected [ˌdɪskəˈnektɪd] *adj* inconexo(xa).

disconsolate [dɪsˈkɒnsələt] *adj* desconsolado (da).

discontent [ˌdɪskənˈtent] *n*: ~ **(with)** descontento *m* (con).

discontented [ˌdɪskənˈtentɪd] *adj* descontento(ta).

discontentment [ˌdɪskənˈtentmənt] *n*: ~ **(with)** descontento *m* (con).

discontinue [ˌdɪskənˈtɪnjuː] *vt* interrumpir.

discontinued line [ˌdɪskənˈtɪnjuːd-] *n COMM* producto *m* que ya no se fabrica.

discord [ˈdɪskɔːd] *n* **-1.** [disagreement] discordia *f* **-2.** *MUS* disonancia *f*.

discordant [dɪˈskɔːdənt] *adj* **-1.** [unpleasant] discordante **-2.** *MUS* disonante.

discotheque [ˈdɪskəʊtek] *n* discoteca *f*.

discount [*n* ˈdɪskaʊnt, *vb UK* dɪsˈkaʊnt, *US* ˈdɪskaʊnt] <> *n* descuento *m*; **at a** ~ con descuento. <> *vt* [report, claim] descartar.

discount rate *n* tipo *m OR* tarifa *f* de descuento.

discount store *n* tienda *f* de saldos.

discourage [dɪˈskʌrɪdʒ] *vt* **-1.** [dispirit] desanimar **-2.** [crime, behaviour] impedir; [thieves, tourists] ahuyentar; **to** ~ **sb from doing sthg** disuadir a alguien de hacer algo.

discouraging [dɪˈskʌrɪdʒɪŋ] *adj* desalentador(ra).

discourse [ˈdɪskɔːs] *n fml*: ~ **(on)** discurso *m* (sobre).

discourteous [dɪsˈkɜːtjəs] *adj fml* descortés.

discourtesy [dɪsˈkɜːtɪsɪ] *n* descortesía *f*.

discover [dɪˈskʌvəʳ] *vt* descubrir.

discoverer [dɪˈskʌvərəʳ] *n* descubridor *m*, -ra *f*.

discovery [dɪˈskʌvərɪ] (*pl* -ies) *n* descubrimiento *m*.

discredit [dɪsˈkredɪt] <> *n* descrédito *m*, desprestigio *m*. <> *vt* **-1.** [person, organization] desacreditar, desprestigiar **-2.** [idea, report] refutar.

discredited [dɪsˈkredɪtɪd] *adj* desacreditado(da), desprestigiado(da).

discreet [dɪˈskriːt] *adj* discreto(ta).

discreetly [dɪˈskriːtlɪ] *adv* discretamente, con discreción.

discrepancy [dɪˈskrepənsɪ] (*pl* -ies) *n*: ~ **(in/ between)** discrepancia *f* (en/entre).

discrete [dɪsˈkriːt] *adj fml* diferente, independiente.

discretion [dɪˈskreʃn] *(U) n* -**1**. [tact] discreción *f* -**2**. [judgment] criterio *m*; **at the ~ of** a voluntad de.

discretionary [dɪˈskreʃənərɪ] *adj* discrecional.

discriminate [dɪˈskrɪmɪneɪt] *vi* -**1**. [distinguish]: **to ~ (between)** discriminar *OR* distinguir (entre) -**2**. [treat unfairly]: **to ~ against sb** discriminar a alguien.

discriminating [dɪˈskrɪmɪneɪtɪŋ] *adj* refinado(da); [audience] entendido(da).

discrimination [dɪˌskrɪmɪˈneɪʃn] *n* -**1**. [prejudice]: **~ (against)** discriminación *f* (hacia) -**2**. [judgment] (buen) gusto *m*.

discus [ˈdɪskəs] *(pl -es) n* [object] disco *m* *(en atletismo)*; **the ~** [competition] el lanzamiento de disco.

discuss [dɪˈskʌs] *vt* -**1**. [gen]: **to ~ sthg (with sb)** hablar de algo (con alguien) -**2**. [subj: book, lecture] tratar de.

discussion [dɪˈskʌʃn] *n* discusión *f*; **it's under ~** está siendo discutido.

disdain [dɪsˈdeɪn] *fml* <> *n*: **~ (for)** desdén *m* *OR* desprecio *m* (hacia). <> *vt* desdeñar, despreciar. <> *vi*: **to ~ to do sthg** no dignarse (a) hacer algo.

disdainful [dɪsˈdeɪnfʊl] *adj* desdeñoso(sa).

disease [dɪˈziːz] *n lit & fig* enfermedad *f*.

diseased [dɪˈziːzd] *adj lit & fig* enfermo(ma).

disembark [ˌdɪsɪmˈbɑːk] *vi* desembarcar.

disembarkation [ˌdɪsembɑːˈkeɪʃn] *n* [of people] desembarco *m*; [of goods] desembarque *m*.

disembodied [ˌdɪsɪmˈbɒdɪd] *adj* incorpóreo(a).

disembowel [ˌdɪsɪmˈbaʊəl] *(UK pt & pp -led, cont-ling, US pt & pp -ed, cont-ing) vt* destripar, achurar *RP*.

disenchanted [ˌdɪsɪnˈtʃɑːntɪd] *adj*: **~ (with)** desencantado(da) (con).

disenchantment [ˌdɪsɪnˈtʃɑːntmənt] *n* desencanto *m*.

disenfranchise [ˌdɪsɪnˈfræntʃaɪz] = **disfranchise**.

disengage [ˌdɪsɪnˈɡeɪdʒ] *vt* -**1**. [release]: **to ~ sthg (from)** soltar *OR* desenganchar algo (de); **to ~ o.s. (from)** soltarse *OR* desengancharse (de) -**2**. *TECH* [gears] quitar; [clutch] soltar; [mechanism] liberar.

disentangle [ˌdɪsɪnˈtæŋɡl] *vt*: **to ~ sthg (from)** desenredar algo (de); **to ~ o.s. from** [barbed wire etc] desenredarse de; *fig* [relationship] zafarse de, desembarazarse de.

disfavour *UK*, **disfavor** *US* [dɪsˈfeɪvəʳ] *n* -**1**. [disapproval] desaprobación *f* -**2**. [state of being disapproved of] desgracia *f*; **in ~ with** en desgracia con.

disfigure [dɪsˈfɪɡəʳ] *vt* desfigurar.

disfranchise [ˌdɪsˈfræntʃaɪz] *vt* privar del derecho al voto.

disgorge [dɪsˈɡɔːdʒ] *vt* expulsar.

disgrace [dɪsˈɡreɪs] <> *n* vergüenza *f*; **he's a ~ to his family** es una deshonra para su familia; **to be in ~** [minister, official] estar desprestigiado(da); [child, pet] estar castigado(da). <> *vt* deshonrar; **to ~ o.s.** desprestigiarse.

disgraceful [dɪsˈɡreɪsfʊl] *adj* vergonzoso(sa); **it's ~** es una vergüenza.

disgruntled [dɪsˈɡrʌntld] *adj* disgustado(da).

disguise [dɪsˈɡaɪz] <> *n* disfraz *m*; **in ~** [policeman, famous person] de incógnito. <> *vt* disfrazar; **to ~ o.s. as** disfrazarse de.

disgust [dɪsˈɡʌst] <> *n*: **~ (at)** [physical] asco *m* (hacia); [moral] indignación *f* (ante); **in ~** [physical] lleno de asco; [moral] lleno de indignación. <> *vt* [physically] repugnar; [morally] indignar; **the smell ~s me** el olor me da asco.

disgusting [dɪsˈɡʌstɪŋ] *adj* [physically] asqueroso(sa); [morally] indignante.

dish [dɪʃ] *n* -**1**. [container] fuente *f* -**2**. *US* [plate] plato *m* -**3**. [course] plato *m*.
◆ **dishes** *npl* platos *mpl*; **to do** *OR* **wash the ~ es** fregar (los platos).
◆ **dish out** *vt sep inf* repartir.
◆ **dish up** *vt sep inf* servir.

dish aerial *UK*, **dish antenna** *US n* (antena *f*) parabólica *f*.

disharmony [ˌdɪsˈhɑːmənɪ] *n* discordia *f*.

dishcloth [ˈdɪʃklɒθ] *n* [for washing, wiping] trapo *m* de fregar los platos; [for drying] paño *m* de cocina.

disheartened [dɪsˈhɑːtnd] *adj* descorazonado(da).

disheartening [dɪsˈhɑːtnɪŋ] *adj* descorazonador(ra).

dishevelled *UK*, **disheveled** *US* [dɪˈʃevəld] *adj* desaliñado(da); [hair] despeinado(da).

dishonest [dɪsˈɒnɪst] *adj* deshonesto(ta), nada honrado(da).

dishonesty [dɪsˈɒnɪstɪ] *n* falta *f* de honradez.

dishonor *etc US* = **dishonour** *etc*.

dishonour *UK*, **dishonor** *US* [dɪsˈɒnəʳ] *fml* <> *n* deshonra *f*, deshonor *m*. <> *vt* deshonrar.

dishonourable *UK*, **dishonorable** *US* [dɪsˈɒnərəbl] *adj* deshonroso(sa).

dish soap *n US* detergente *m* para vajillas.

dish towel *n US* paño *m* de cocina.

dishwasher [ˈdɪʃˌwɒʃəʳ] *n* -**1**. [machine] lavavajillas *m inv* -**2**. [person] lavaplatos *m OR f inv*.

dishwashing liquid *n US* lavavajillas *m inv.*

dishy ['dɪʃɪ] (*compar* -**ier**, *superl* -**iest**) *adj UK inf*: **to be** ~ estar buenísimo(ma).

disillusioned [ˌdɪsɪ'luːʒndl] *adj* desilusionado(-da); **to become** ~ **(with)** desilusionarse (con).

disillusionment [ˌdɪsɪ'luːʒnmənt] *n*: ~ **(with)** desilusión *f* (con).

disincentive [ˌdɪsɪn'sentɪv] *n* traba *f*.

disinclined [ˌdɪsɪn'klaɪnd] *adj*: **to be** ~ **to do sthg** no tener ganas de hacer algo.

disinfect [ˌdɪsɪn'fekt] *vt* desinfectar.

disinfectant [ˌdɪsɪn'fektənt] *n* desinfectante *m*.

disinformation [ˌdɪsɪnfə'meɪʃn] *n* desinformación *f*.

disingenuous [ˌdɪsɪn'dʒenjʊəs] *adj* falso(sa), poco honrado(da).

disinherit [ˌdɪsɪn'herɪt] *vt* desheredar.

disintegrate [dɪs'ɪntɪɡreɪt] *vi lit* & *fig* desintegrarse.

disintegration [dɪsˌɪntɪ'ɡreɪʃn] *n* desintegración *f.*

disinterested [ˌdɪs'ɪntrəstɪd] *adj* -**1.** [objective] desinteresado(da) -**2.** *inf* [uninterested]: ~ **(in)** indiferente (a).

disinvestment [ˌdɪsɪn'vestmənt] *n* desinversión *f.*

disjointed [dɪs'dʒɔɪntɪd] *adj* deslabazado(da).

disk [dɪsk] *n* -**1.** *COMPUT* disco *m*; [diskette] disquete *m* -**2.** *US* = **disc.**

disk drive *n COMPUT* disquetera *f*, unidad *f* de disco.

diskette [dɪsk'et] *n* disquete *m.*

disk operating system [-ɒpəreɪtɪŋ-] *n COMPUT* sistema *m* operativo de disco.

dislike [dɪs'laɪk] ⇔ *n* -**1.** [feeling]: ~ **(for)** [things] aversión *f* (a); [people] antipatía *f* (por); **to take a** ~ **to** cogerle manía a -**2.** [thing not liked]: **her likes and** ~**s** las cosas que le gustan y las que no le gustan. ⇔ *vt*: **I** ~ **her** no me gusta; **I** ~ **them** no me gustan.

dislocate ['dɪsləkeɪt] *vt* -**1.** *MED* dislocar; **to** ~ **one's shoulder** dislocarse el hombro -**2.** [disrupt] trastocar.

dislodge [dɪs'lɒdʒ] *vt*: **to** ~ **sthg/sb (from)** sacar algo/a alguien (de).

disloyal [ˌdɪs'lɔɪəl] *adj*: ~ **(to)** desleal (a).

dismal ['dɪzml] *adj* -**1.** [weather, future] oscuro(ra), sombrío(a); [place, atmosphere] deprimente -**2.** [attempt, failure] penoso(sa), lamentable.

dismantle [dɪs'mæntl] *vt* [machine] desmontar; [organization] desmantelar.

dismay [dɪs'meɪ] ⇔ *n* (U) consternación *f*; **to my/his** *etc* ~ para mi/su *etc* consternación. ⇔ *vt* consternar.

dismember [dɪs'membə^r] *vt* desmembrar.

dismiss [dɪs'mɪs] *vt* -**1.** [refuse to take seriously] desechar -**2.** [from job]: **to** ~ **sb (from)** despedir a alguien (de) -**3.** [allow to leave] dar permiso para irse a.

dismissal [dɪs'mɪsl] *n* -**1.** [from job] despido *m*, remoción *f Amér* -**2.** [refusal to take seriously] rechazo *m.*

dismissive [dɪs'mɪsɪv] *adj*: ~ **(of)** despreciativo(va) (hacia).

dismount [ˌdɪs'maʊnt] *vi*: **to** ~ **(from sthg)** desmontar (de algo).

disobedience [ˌdɪsə'biːdjəns] *n* desobediencia *f.*

disobedient [ˌdɪsə'biːdjənt] *adj*: ~ **(to)** desobediente (con).

disobey [ˌdɪsə'beɪ] *vt* & *vi* desobedecer.

disorder [dɪs'ɔːdə^r] *n* -**1.** [disarray]: **in** ~ en desorden -**2.** (U) [rioting] disturbios *mpl* -**3.** *MED* [physical] afección *f*, dolencia *f*; [mental] trastorno *m*, perturbación *f.*

disordered [dɪs'ɔːdəd] *adj* -**1.** [in disarray] desordenado(da) -**2.** *MED*: **mentally** ~ perturbado(da), con trastornos mentales.

disorderly [dɪs'ɔːdəlɪ] *adj* -**1.** [untidy] desordenado(da) -**2.** [unruly - behaviour] incontrolado(da); [- person] alborotador(ra).

disorderly conduct *n JUR* conducta *f* escandalosa.

disorganized, -ised [dɪs'ɔːɡənaɪzd] *adj* desorganizado(da).

disorientated *UK* [dɪs'ɔːrɪənteɪtɪd], **disoriented** *US* [dɪs'ɔːrɪəntɪd] *adj* desorientado(da).

disown [dɪs'əʊn] *vt* [gen] renegar de; [statement] no reconocer como propio(pia).

disparage [dɪ'spærɪdʒ] *vt* menospreciar.

disparaging [dɪ'spærɪdʒɪŋ] *adj* menospreciativo(va).

disparate ['dɪspərət] *adj fml* dispar.

disparity [dɪ'spærətɪ] (*pl* -**ies**) *n*: ~ **(between/in)** disparidad *f* (entre/en).

dispassionate [dɪ'spæʃnət] *adj* desapasionado(da).

dispatch [dɪ'spætʃ] ⇔ *n* -**1.** [message] despacho *m* -**2.** [sending] envío *m*. ⇔ *vt* [goods, parcel] expedir; [message, messenger, troops] enviar.

dispatch box *n UK POL zona donde dan sus discursos los parlamentarios más importantes en la Cámara de los Comunes.*

dispatch rider *n MIL* correo *m*; [courier] mensajero *m.*

dispel [dɪ'spel] (*pt* & *pp* -**led**, *cont* -**ling**) *vt* disipar.

dispensable [dɪ'spensəbl] *adj* prescindible.

dispensary [dɪˈspensərɪ] (*pl* **-ies**) *n* dispensario *m*.

dispensation [ˌdɪspenˈseɪʃn] *n* [permission] dispensa *f*.

dispense [dɪˈspens] *vt* **-1.** [advice] ofrecer; [justice] administrar **-2.** [drugs, medicine] despachar.

➡ **dispense with** *vt fus* prescindir de.

dispenser [dɪˈspensər] *n* [machine, container] máquina *f* expendedora.

dispensing chemist *UK*, **dispensing pharmacist** *US* [dɪˈspensɪŋ-] *n* farmacéutico *m*, -ca *f*.

dispersal [dɪˈspɜːsl] *n* dispersión *f*.

disperse [dɪˈspɜːs] ⬦ *vt* dispersar. ⬦ *vi* dispersarse.

dispirited [dɪˈspɪrɪtɪd] *adj* desanimado(da).

dispiriting [dɪˈspɪrɪtɪŋ] *adj* descorazonador(ra).

displace [dɪsˈpleɪs] *vt* [supplant] reemplazar, sustituir.

displaced person [dɪsˈpleɪst-] *n* desplazado *m*, -da *f*.

displacement [dɪsˈpleɪsmənt] *n* [of people] desplazamiento *m*.

display [dɪˈspleɪ] ⬦ *n* **-1.** [arrangement - in shop window] escaparate *m*; [- in museum] exposición *f*; [- on stall, pavement] muestrario *m*; **on ~** expuesto(ta) **-2.** [demonstration, public event] demostración *f* **-3.** [sporting] exhibición *f* **-4.** *COMPUT* pantalla *f*. ⬦ *vt* **-1.** [arrange] exponer **-2.** [show] demostrar **-3.** [on screen] mostrar.

display advertising *n* publicidad *f* a gran escala.

display cabinet *n* vitrina *f*.

displease [dɪsˈpliːz] *vt* [annoy] disgustar; [anger] enfadar.

displeasure [dɪsˈpleʒər] *n* [annoyance] disgusto *m*; [anger] enfado *m*.

disposable [dɪˈspəʊzəbl] *adj* desechable; **~ income** poder *m* adquisitivo.

disposal [dɪˈspəʊzl] *n* **-1.** [removal] eliminación *f* **-2.** *US* trituradora *f* de basuras **-3.** [availability]: **to have sthg at one's ~** disponer de algo.

dispose [dɪˈspəʊz] ➡ **dispose of** *vt fus* [rubbish] deshacerse de; [problem] quitarse de encima *OR* de en medio.

disposed [dɪˈspəʊzd] *adj* **-1.** [willing]: **to be ~ to do sthg** estar dispuesto(ta) a hacer algo **-2.** [friendly]: **to be well ~ to** *OR* **towards sb** tener buena disposición hacia alguien.

disposition [ˌdɪspəˈzɪʃn] *n* **-1.** [temperament] carácter *m* **-2.** [willingness, tendency]: **~ to do sthg** predisposición *f* a hacer algo.

dispossess [ˌdɪspəˈzes] *vt fml*: **to ~ sb of sthg** desposeer a alguien de algo.

disproportion [ˌdɪsprəˈpɔːʃn] *n* desproporción *f*.

disproportionate [ˌdɪsprəˈpɔːʃnət] *adj*: **~ (to)** desproporcionado(da) (a).

disprove [ˌdɪsˈpruːv] *vt* refutar.

dispute [dɪˈspjuːt] ⬦ *n* **-1.** [quarrel] disputa *f* **-2.** *(U)* [disagreement] conflicto *m*, desacuerdo *m*; **in ~** [people] en desacuerdo; [matter] en litigio, en entredicho · **-3.** *IND* conflicto *m* laboral. ⬦ *vt* cuestionar.

disqualification [dɪsˌkwɒlɪfɪˈkeɪʃn] *n* descalificación *f*.

disqualify [ˌdɪsˈkwɒlɪfaɪ] (*pt* & *pp* **-ied**) *vt* **-1.** [subj: authority, illness etc]: **to ~ sb (from doing sthg)** incapacitar a alguien (para hacer algo) **-2.** *SPORT* descalificar **-3.** *UK* [from driving] retirar el permiso de conducir a.

disquiet [dɪsˈkwaɪət] *n* inquietud *f*, desasosiego *m*.

disregard [ˌdɪsrɪˈgɑːd] ⬦ *n*: **~ (for)** indiferencia *f* (a), despreocupación *f* (por). ⬦ *vt* hacer caso omiso de.

disrepair [ˌdɪsrɪˈpeər] *n*: **in a state of ~** deteriorado(da).

disreputable [dɪsˈrepjʊtəbl] *adj* [person, company] de mala fama; [behaviour] vergonzante.

disrepute [ˌdɪsrɪˈpjuːt] *n*: **to bring sthg into ~** desprestigiar *OR* desacreditar algo; **to fall into ~** desprestigiarse, desacreditarse.

disrespectful [ˌdɪsrɪˈspektfʊl] *adj* irrespetuoso(sa).

disrupt [dɪsˈrʌpt] *vt* [meeting] interrumpir; [transport system] trastornar, perturbar; [class] revolucionar, enredar en.

disruption [dɪsˈrʌpʃn] *n* [of meeting] interrupción *f*; [of transport system] trastorno *m*.

disruptive [dɪsˈrʌptɪv] *adj* [effect] perjudicial; [child, behaviour] revoltoso(sa).

dissatisfaction [ˈdɪsˌsætɪsˈfækʃn] *n* descontento *m*.

dissatisfied [ˌdɪsˈsætɪsfaɪd] *adj*: **~ (with)** insatisfecho(cha) *OR* descontento(ta) (con).

dissect [dɪˈsekt] *vt* *MED* disecar; *fig* [study] analizar minuciosamente.

dissection [dɪˈsekʃn] *n* *MED* disección *f*; *fig* [study] análisis *m inv* minucioso.

disseminate [dɪˈsemɪneɪt] *vt* difundir, divulgar.

dissemination [dɪˌsemɪˈneɪʃn] *n* difusión *f*, divulgación *f*.

dissension [dɪˈsenʃn] *n* disensión *f*.

dissent [dɪˈsent] ⬦ *n* [gen] disconformidad *f*, disentimiento *m*; *SPORT*: **he was booked for ~** le amonestaron por protestar. ⬦ *vi*: **to ~**

(from) disentir (de).

dissenter [dɪˈsentəʳ] n disidente m OR f.

dissenting [dɪˈsentɪŋ] adj discrepante.

dissertation [ˌdɪsəˈteɪʃn] n -1. US [doctoral] tesis f -2. UK [lower degree] tesina f.

disservice [ˌdɪsˈsɜːvɪs] n: to do sb a ~ hacer un flaco servicio a alguien.

dissident [ˈdɪsɪdənt] n disidente m OR f.

dissimilar [ˌdɪˈsɪmɪləʳ] adj: ~ **(to)** distinto(ta) (de).

dissipate [ˈdɪsɪpeɪt] <> vt -1. [heat, fears] disipar -2. [efforts, money] desperdiciar, derrochar. <> vi disiparse.

dissipated [ˈdɪsɪpeɪtɪd] adj disoluto(ta).

dissociate [dɪˈsəʊʃɪeɪt] vt disociar, separar; to ~ o.s. from desvincularse de.

dissolute [ˈdɪsəluːt] adj disoluto(ta).

dissolution [ˌdɪsəˈluːʃn] n disolución f.

dissolve [dɪˈzɒlv] <> vt disolver. <> vi -1. [substance] disolverse -2. fig [disappear] desvanecerse, desaparecer.

➡ **dissolve in(to)** vt fus [tears] deshacerse en.

dissuade [dɪˈsweɪd] vt: to ~ sb **(from doing sthg)** disuadir a alguien (de hacer algo).

distance [ˈdɪstəns] <> n distancia f; at a ~ a distancia; from a ~ desde lejos; in the ~ a lo lejos. <> vt: to ~ o.s. from distanciarse de.

distance learning n educación f a distancia.

distant [ˈdɪstənt] adj -1. [place, time, relative] lejano(na); ~ **from** distante de -2. [person, manner] frío(a), distante.

distaste [dɪsˈteɪst] n: ~ **(for)** desagrado m (por).

distasteful [dɪsˈteɪstfʊl] adj desagradable.

Dist. Atty abbr of district attorney.

distemper [dɪˈstempəʳ] n -1. [paint] (pintura f al) temple m -2. [disease] moquillo m.

distended [dɪˈstendɪd] adj dilatado(da).

distil UK (pt & pp **-led**, cont **-ling**), **distill** US [dɪˈstɪl] vt -1. [liquid] destilar -2. [information] extraer.

distiller [dɪˈstɪləʳ] n destilador m, -ra f.

distillery [dɪˈstɪlərɪ] (pl **-ies**) n destilería f.

distinct [dɪˈstɪŋkt] adj -1. [different]: ~ **(from)** distinto(ta) (de); as ~ from a diferencia de -2. [clear - improvement] notable, visible; [- possibility] claro(ra).

distinction [dɪˈstɪŋkʃn] n -1. [difference, excellence] distinción f; to draw OR make a ~ between hacer una distinción entre -2. [in exam result] sobresaliente m.

distinctive [dɪˈstɪŋktɪv] adj característico(ca), particular.

distinctly [dɪˈstɪŋktlɪ] adv -1. [see, remember] claramente -2. [improve] notablemente -3. [very]: it is ~ possible that ... es muy posible que ...

distinguish [dɪˈstɪŋgwɪʃ] vt -1. [gen]: to ~ sthg **(from)** distinguir algo (de) -2. [perform well]: to ~ o.s. distinguirse.

distinguished [dɪˈstɪŋgwɪʃt] adj distinguido(da).

distinguishing [dɪˈstɪŋgwɪʃɪŋ] adj distintivo(va).

distort [dɪˈstɔːt] vt -1. [shape, face] deformar; [sound] distorsionar -2. [truth, facts] tergiversar.

distorted [dɪˈstɔːtɪd] adj -1. [shape, face] deformado(da); [sound] distorsionado(da) -2. [account, report] tergiversado(da).

distortion [dɪˈstɔːʃn] n -1. [of shape, face] deformación f; [of sound] distorsión f -2. [of truth, facts] tergiversación f.

distract [dɪˈstrækt] vt [person, attention]: to ~ sb **(from)** distraer a alguien (de).

distracted [dɪˈstræktɪd] adj ausente.

distraction [dɪˈstrækʃn] n -1. [interruption, diversion] distracción f -2. [state of mind] confusión f; to drive sb to ~ volver loco a alguien.

distraught [dɪˈstrɔːt] adj consternado(da).

distress [dɪˈstres] <> n -1. [anxiety] angustia f; [pain] dolor m -2. [danger, difficulty] peligro m. <> vt afligir, apenar.

distressed [dɪˈstrest] adj angustiado(da), afligido(da).

distressing [dɪˈstresɪŋ] adj angustioso(sa).

distress signal n señal f de socorro.

distribute [dɪˈstrɪbjuːt] vt distribuir, repartir.

distribution [ˌdɪstrɪˈbjuːʃn] n distribución f.

distributor [dɪˈstrɪbjʊtəʳ] n -1. COMM distribuidor m, -ra f -2. AUT delco® m, distribuidor m.

district [ˈdɪstrɪkt] n -1. [area - of country] zona f, región f; [- of town] barrio m -2. [administrative area] distrito m.

district attorney n US fiscal m OR f (del distrito).

district council n UK ADMIN ≃ municipio m.

district nurse n UK enfermera encargada de atender a domicilio a los pacientes de una zona.

District of Columbia n distrito m de Columbia.

distrust [dɪsˈtrʌst] <> n desconfianza f. <> vt desconfiar de.

distrustful [dɪsˈtrʌstfʊl] adj desconfiado(da).

disturb [dɪˈstɜːb] vt -1. [interrupt - person] molestar; [- concentration, sleep] perturbar -2. [upset, worry] inquietar -3. [alter - surface, arrangement] alterar; [- papers] desordenar.

disturbance [dɪ'stɜ:bəns] n -1. [fight] tumulto m, alboroto m; **there were a number of minor ~s throughout the night** se produjeron algunos disturbios durante la noche -2. JUR: ~ **of the peace** alteración f del orden público -3. [interruption] interrupción f- 4. [of mind, emotions] trastorno m.

disturbed [dɪ'stɜ:bd] adj -1. [upset, ill] trastornado(da) -2. [worried] inquieto(ta).

disturbing [dɪ'stɜ:bɪŋ] adj inquietante, preocupante.

disuse [,dɪs'ju:s] n: **to fall into ~** [regulation] caer en desuso; [building, mine] verse paulatinamente abandonado(da).

disused [,dɪs'ju:zd] adj abandonado(da).

ditch [dɪtʃ] <> n [gen] zanja f; [by road] cuneta f. <> vt inf -1. [end relationship with] romper con -2. [get rid of] deshacerse de.

dither ['dɪðəʳ] vi vacilar.

ditto ['dɪtəʊ] adv ídem.

diuretic [,daɪjʊ'retɪk] n diurético m.

diva ['di:və] (pl -s) n diva f.

divan [dɪ'væn] n diván m.

divan bed n cama f turca.

dive [daɪv] (UK pt & pp -d, US pt -d OR dove, pp -d) <> vi -1. [into water - person] zambullirse, tirarse al agua; [- submarine, bird, fish] sumergirse -2. [with breathing apparatus] bucear, clavarse Amér -3. [through air - person] lanzarse; [- plane] caer en picado -4. [into bag, cupboard]: **to ~ into** meter la mano en. <> n -1. [of person - into water] zambullida f -2. [of submarine] inmersión f -3. [of person - through air] salto m; [- SPORT] [by goalkeeper] estirada f; **it was a ~** se ha tirado -4. [of plane] picado m -5. inf pej [bar, restaurant] garito m, antro m.

dive-bomb vt bombardear (cayendo en picado).

diver ['daɪvəʳ] n [underwater] buceador m, -ra f; [professional] buzo m; [from diving board] saltador m, -ra f (de trampolín).

diverge [daɪ'vɜ:dʒ] vi -1. [gen]: **to ~ (from)** divergir (de) -2. [disagree] discrepar.

divergence [daɪ'vɜ:dʒəns] n divergencia f.

divergent [daɪ'vɜ:dʒənt] adj divergente.

diverse [daɪ'vɜ:s] adj diverso(sa).

diversification [daɪ,vɜ:sɪfɪ'keɪʃn] n diversificación f.

diversify [daɪ'vɜ:sɪfaɪ] (pt & pp -ied) <> vt diversificar. <> vi diversificarse.

diversion [daɪ'vɜ:ʃn] n -1. [of traffic, river, funds] desvío m -2. [distraction] distracción f.

diversionary [daɪ'vɜ:ʃnrɪ] adj (hecho(cha)) para despistar.

diversity [daɪ'vɜ:sətɪ] n diversidad f.

divert [daɪ'vɜ:t] vt -1. [traffic, river, funds] desviar -2. [person, attention] distraer.

divest [daɪ'vest] vt fml: **to ~ sb of sthg** despojar a alguien de algo; **to ~ o.s. of** despojarse OR deshacerse de.

divestment [daɪ'vestmənt] n desinversión f.

divide [dɪ'vaɪd] <> vt: **to ~ sthg (between OR among)** dividir algo (entre); **to ~ sthg into** dividir algo en; **to ~ sthg by** dividir algo entre OR por; ~ **3 into 89** divide 89 entre 3. <> vi -1. [river, road, wall] bifurcarse -2. [group] dividirse. <> n [difference] división f.
➡ **divide up** vt sep -1. [split up] dividir -2. [share out] repartir.

divided [dɪ'vaɪdɪd] adj dividido(da).

dividend ['dɪvɪdend] n FIN dividendo m; [profit] beneficio m; **to pay ~s** proporcionar beneficios.

dividers [dɪ'vaɪdəz] npl compás m de puntas.

dividing line [dɪ'vaɪdɪŋ-] n línea f divisoria.

divine [dɪ'vaɪn] <> adj divino(na). <> vt [guess] adivinar.

diving ['daɪvɪŋ] (U) n -1. [into water] salto m -2. [with breathing apparatus] buceo m; **to go ~** hacer submarinismo.

divingboard ['daɪvɪŋbɔ:d] n trampolín m.

diving suit n traje m de buceo, escafandra f.

divinity [dɪ'vɪnətɪ] (pl -ies) n -1. [godliness, deity] divinidad f -2. [study] teología f.

divisible [dɪ'vɪzəbl] adj: ~ **(by)** divisible (por).

division [dɪ'vɪʒn] n -1. [gen] división f -2. [of labour, responsibility] reparto m.

division sign n signo m de división.

divisive [dɪ'vaɪsɪv] adj divisivo(va).

divorce [dɪ'vɔ:s] <> n divorcio m. <> vt -1. [husband, wife] divorciarse de -2. [separate]: **to ~ sthg from** separar algo de. <> vi divorciarse.

divorced [dɪ'vɔ:st] adj divorciado(da).

divorcee [dɪvɔ:'si:] n divorciado m, -da f.

divulge [daɪ'vʌldʒ] vt divulgar, revelar.

DIY abbr of **do-it-yourself**.

dizziness ['dɪzɪnɪs] n [because of heights] vértigo m; [because of illness etc] mareo m.

dizzy ['dɪzɪ] (compar -ier, superl -iest) adj -1. [because of illness etc] mareado(da) -2. [because of heights]: **to feel ~** sentir vértigo -3. fig [heights] inimaginable, de vértigo.

DJ n -1. abbr of **disc jockey** -2. abbr of **dinner jacket**.

Djakarta [dʒə'kɑ:tə] = **Jakarta**.

Djibouti [dʒɪ'bu:tɪ] n Yibuti.

dl (abbr of **decilitre**) dl.

DLit(t) [,di:'lɪt] (abbr of **Doctor of Letters**) (titular *de un) doctorado de letras.*

dm (*abbr of* **decimetre**) dm.

DM (*abbr of* **Deutsch Mark**) DM *m.*

DMA (*abbr of* **direct memory access**) *n acceso directo a la memoria.*

DMus [ˌdiːˈmjuːz] (*abbr of* **Doctor of Music**) (*titular de un*) *doctorado de música.*

DMV *US* (*abbr of* **Department of Motor Vehicles**) *organismo que controla la matriculación de vehículos y emite permisos de conducir.*

DMZ *abbr of* **demilitarized zone**.

DNA (*abbr of* **deoxyribonucleic acid**) *n* ADN *m.*

D-notice *n UK petición oficial a la prensa de que cierta información no se haga pública por razones de seguridad nacional.*

DNS (*abbr of* **Domain Name System**) *n* COMPUT DNS *m.*

do [duː] (*pt* did, *pp* done, *pl* dos *OR* do's) ◇ *aux vb* **-1.** *(in negatives)*: **don't leave it there** no lo dejes ahí; **I didn't want to see him** no quería verlo **-2.** *(in questions)*: **what did he want?** ¿qué quería?; **~ you think she'll come?** ¿crees que vendrá? **-3.** *(referring back to previous verb)*: **~ you think so? - yes, I ~** ¿tú crees? - sí; **she reads more than I ~** lee más que yo; **so ~ I/they** yo/ellos también **-4.** *(in question tags)*: **you know her, don't you?** la conoces ¿no?; **I annoyed you, didn't I?** te molesté ¿verdad?; **so you think you can dance, ~ you?** así que te crees que sabes bailar ¿no? **-5.** *(for emphasis)*: **I did tell you but you've forgotten** sí que te lo dije, pero te has olvidado; **~ come in** ¡pase, por favor! ◇ *vt* **-1.** [gen] hacer; **she does aerobics/gymnastics** hace aerobic/gimnasia; **to ~ the cooking/cleaning** hacer la comida/limpieza; **to ~ one's hair** peinarse; **to ~ one's teeth** lavarse los dientes; **he did his duty** cumplió con su deber; **what can I ~ for you?** ¿en qué puedo servirle?; **they ~ cheap meals for students** dan *OR* hacen comidas baratas para estudiantes; **what can we ~?** ¿qué le vamos a hacer?; **we'll have to ~ something about that tree** tendremos que hacer algo con ese árbol **-2.** [have particular effect] causar, hacer; **to ~ more harm than good** hacer más mal que bien **-3.** [referring to job]: **what ~ you ~?** ¿a qué te dedicas? **-4.** [study] hacer; **I did physics at school** hice física en la escuela **-5.** [travel at a particular speed] ir a; **the car can ~ 110 mph** el coche alcanza las 110 millas por hora **-6.** [be good enough for]: **will that ~ you?** ¿te vale eso?; **that'll ~ me nicely** eso me viene estupendamente. ◇ *vi* **-1.** [gen] hacer; **~ as she says** haz lo que te dice; **they're ~ing really well** les va muy bien; **he could ~ better** lo podría hacer mejor; **how did you ~ in the**

exam? ¿qué tal te salió el examen?; **you would ~ well to reconsider** harías bien en volverlo a pensar **-2.** [be good enough, sufficient] servir, valer; **this kind of behaviour won't ~** ese tipo de comportamiento no es aceptable; **that will ~ (nicely)** con eso vale; **that will ~!** [showing annoyance] ¡basta ya! **-3.** *phr:* **how ~ you ~?** [greeting] ¿cómo está usted?; [answer] mucho gusto. ◇ *n* [party] fiesta *f.*

◆ **dos** *npl:* **~s and don'ts** normas *fpl* básicas.

◆ **do away with** *vt fus* [disease, poverty] acabar con; [law, reforms] suprimir.

◆ **do down** *vt sep inf:* **to ~ sb down** menospreciar a alguien; **to ~ o.s. down** menospreciarse.

◆ **do for** *vt fus inf:* **these kids will ~ for me** estos críos van a terminar conmigo; **I thought I was done for** me creí morir.

◆ **do in** *vt sep inf* [kill] cargarse, cepillarse; [beat up] inflar a palos.

◆ **do out of** *vt sep:* **to ~ sb out of sthg** estafar algo a alguien.

◆ **do over** *vt sep US* volver a hacer.

◆ **do up** *vt sep* **-1.** [fasten - shoelaces, tie] atar; [- coat, buttons] abrochar; **~ your shoes up** átate los zapatos; **~ your coat up** abróchate el abrigo **-2.** [decorate] renovar, redecorar; **to ~ o.s. up** arreglarse **-3.** [wrap up] envolver.

◆ **do with** *vt fus* **-1.** [need]: **I could ~ with a drink/new car** no me vendría mal una copa/un coche nuevo **-2.** [have connection with]: **that has nothing to ~ with it** eso no tiene nada que ver (con ello); **it's something to ~ with the way he speaks** tiene que ver con su forma de hablar.

◆ **do without** ◇ *vt fus* pasar sin; **I can ~ without your sarcasm** podrías ahorrarte tu sarcasmo. ◇ *vi* apañárselas.

DOA (*abbr of* **dead on arrival**) *adj:* **she was ~** ingresó cadáver.

doable [ˈduːəbl] *adj inf* realizable, factible.

dob *abbr of* **date of birth**.

Doberman [ˈdəʊbəmən] (*pl* -s) *n:* **~ (pinscher)** doberman *m.*

docile [*UK* ˈdəʊsaɪl, *US* ˈdɒsəl] *adj* dócil.

dock [dɒk] ◇ *n* **-1.** [in harbour] dársena *f*, muelle *m* **-2.** [in court] banquillo *m* (de los acusados). ◇ *vt* [wages] recortar; [money from wages] descontar. ◇ *vi* [ship] atracar; [spacecraft] acoplarse.

docker [ˈdɒkə^r] *n* estibador *m.*

docket [ˈdɒkɪt] *n* **-1.** *UK* marbete *m* **-2.** *US* JUR orden *m* del día.

docklands [ˈdɒkləndz] *npl UK* barrio *m* portuario.

dockworker [ˈdɒkwɜːkəʳ] = docker.

dockyard [ˈdɒkjɑːd] n astillero m.

doctor [ˈdɒktəʳ] ◇ n -1. [of medicine] médico m, -ca f; **to go to the** ∼'s ir al médico -2. [holder of PhD] doctor m, -ra f. ◇ vt -1. [results, text] amañar -2. UK [cat] castrar -3. [food, drink] adulterar.

doctorate [ˈdɒktərət], **doctor's degree** n doctorado m.

doctrinaire [ˌdɒktrɪˈneəʳ] adj doctrinario (ria).

doctrine [ˈdɒktrɪn] n doctrina f.

docudrama [ˌdɒkjuˈdrɑːmə] (pl -s) n TV docudrama m.

document [n ˈdɒkjumənt, vb dɒkjumentl] ◇ n [gen & COMPUT] documento m. ◇ vt documentar.

documentary [ˌdɒkjuˈmentərɪ] (pl -ies) ◇ adj documental. ◇ n documental m.

documentation [ˌdɒkjumenˈteɪʃn] n documentación f.

doddering [ˈdɒdərɪŋ], **doddery** [ˈdɒdərɪ] adj inf renqueante.

doddle [ˈdɒdl] n UK inf: **it's a** ∼ está tirado(da) OR chupado(da).

Dodecanese [ˌdəʊdɪkəˈniːz] npl: **the** ∼ el Dodecaneso.

dodge [dɒdʒ] ◇ n inf [fraud] artimaña f, truco m; **a tax** ∼ un truco para pagar menos impuestos. ◇ vt esquivar. ◇ vi echarse a un lado, apartarse bruscamente.

Dodgems® [ˈdɒdʒəmz] npl UK coches mpl de choque.

dodgy [ˈdɒdʒɪ] adj UK inf [business, plan] arriesgado(da); [brakes, weather, situation] chungo (ga).

doe [dəʊ] n -1. [female deer] gama f -2. [female rabbit] coneja f.

DOE n -1. (abbr of Department of the Environment) ministerio de medio ambiente británico -2. (abbr of Department of Energy) ministerio de energía estadounidense.

doer [ˈduːəʳ] n inf emprendedor m, -ra f, persona f práctica.

does [weak form dəz, strong form dʌz] v ⊳ do.

doesn't [ˈdʌznt] = does not.

dog [dɒg] (pt & pp -ged, cont -ging) ◇ n -1. [animal] perro m; **it's a** ∼'s **life** es una vida de perros; **to go to the** ∼s inf echarse a perder, irse al garete -2. US [hot dog] perrito m caliente. ◇ vt -1. [subj: person] seguir -2. [subj: problems, bad luck] perseguir.

dog biscuit n galleta f de perro.

dog collar n -1. [of dog] collar m de perro -2. [of priest] alzacuello m.

dog-eared [-ɪəd] adj manoseado(da), sobado(da).

dog-eat-dog adj de todos contra todos, muy competitivo(va).

dog-end n inf colilla f.

dogfight [ˈdɒgfaɪt] n -1. [between dogs] pelea f de perros -2. [between aircraft] combate m aéreo.

dog food n comida f para perros.

dogged [ˈdɒgɪd] adj tenaz, obstinado(da).

doggone [ˈdɒgɒn], **doggoned** [ˈdɒgɒnd] adj US inf puñetero(ra).

doggy [ˈdɒgɪ] (pl -ies) n perrito m.

doggy bag n bolsa que da el restaurante para llevarse las sobras a casa.

doghouse [ˈdɒghaʊs] n US [kennel] perrera f.

dogma [ˈdɒgmə] n dogma m.

dogmatic [dɒgˈmætɪk] adj dogmático(ca).

do-gooder [-ˈgʊdəʳ] n pej persona bien intencionada que sin querer resulta entrometida.

dog paddle n: **to do the** ∼ nadar como los perros.

dogsbody [ˈdɒgzˌbɒdɪ] (pl -ies) n UK inf último mono m, burro m de carga.

dog tag n placa f de identificación (de un soldado).

doing [ˈduːɪŋ] n: **this is all your** ∼ tú eres responsable por esto.
 ➡ **doings** npl actividades fpl.

do-it-yourself n bricolaje m.

doldrums [ˈdɒldrəmz] npl fig: **to be in the** ∼ [trade] estar estancado(da); [person] estar abatido(da).

dole [dəʊl] n [subsidio m de] paro m; **to be on the** ∼ estar parado(da).
 ➡ **dole out** vt sep distribuir, repartir.

doleful [ˈdəʊlfʊl] adj triste, lastimero(ra).

doll [dɒl] n [toy] muñeca f.

dollar [ˈdɒləʳ] n dólar m.

dolled up [dɒld-] adj inf [woman] emperifollada.

dollhouse US = doll's house.

dollop [ˈdɒləp] n inf cucharada f.

doll's house UK, **dollhouse** US [ˈdɒlhaʊs] n casa f de muñecas.

dolly [ˈdɒlɪ] (pl -ies) n -1. [doll] muñequita f -2. TECH [for TV or film camera] travelín m, plataforma f móvil.

Dolomites [ˈdɒləmaɪts] npl: **the** ∼ los Dolomitas.

dolphin [ˈdɒlfɪn] n delfín m.

domain [dəˈmeɪn] n -1. [sphere of interest] campo m, ámbito m -2. [land] dominios mpl.

domain name n COMPUT nombre m de dominio.

dome [dəʊm] n [roof] cúpula f; [ceiling] bóveda f.

domestic [də'mestɪk] ◇ adj -1. [internal - policy, flight] nacional -2. [chores, water supply, animal] doméstico(ca) -3. [home-loving] hogareño(ña), casero(ra). ◇ n -1. [servant] doméstico m, -ca f, criado m, -da f -2. [row] inf riña f.

domestic appliance n electrodoméstico m.

domesticated [də'mestɪkeɪtɪd] adj -1. [animal] domesticado(da) -2. hum [person] bien domesticado (da).

domesticity [,dəʊme'stɪsətɪ] n (U) vida f hogareña.

domestic science n UK economía f doméstica.

domestic violence n violencia f en el hogar.

domicile ['dɒmɪsaɪl] n fml domicilio m.

dominance ['dɒmɪnəns] n (U) -1. [control, power] dominación f, control m -2. [importance] predominancia f.

dominant ['dɒmɪnənt] adj dominante.

dominate ['dɒmɪneɪt] vt dominar.

dominating ['dɒmɪneɪtɪŋ] adj dominante.

domination [,dɒmɪ'neɪʃn] n -1. [control, power] dominación f -2. [importance] predominancia f.

domineering [,dɒmɪ'nɪərɪŋ] adj dominante.

Dominica [də'mɪnɪkə] n Dominica.

Dominican Republic [də'mɪnɪkən-] n: the ~ la República Dominicana.

dominion [də'mɪnjən] n -1. (U) [power] dominio m -2. [land] dominios mpl.

domino ['dɒmɪnəʊ] (pl -es) n dominó m.

➡ **dominoes** npl dominó m.

domino effect n efecto m dominó.

don [dɒn] (pt & pp -ned, cont -ning) ◇ n UK UNIV profesor m, -ra f de universidad. ◇ vt ponerse.

donate [də'neɪt] vt donar.

donation [də'neɪʃn] n -1. [act of donating] donación f -2. [sum] donativo m.

done [dʌn] ◇ pp ⊳ do. ◇ adj -1. [finished] listo(ta) -2. [cooked] hecho(cha); well-~ muy hecho -3. [socially acceptable]: it's not the ~ thing no se hace, está mal visto. ◇ adv [to conclude deal]: done! ¡(trato) hecho!

dongle ['dɒŋgl] n COMPUT llave f de hardware, mochila f.

donkey ['dɒŋkɪ] (pl donkeys) n burro m.

donkey jacket n chaqueta gruesa que suelen llevar los obreros.

donkeywork ['dɒŋkɪwɜːk] n UK inf parte f más pesada del trabajo.

donor ['dəʊnəʳ] n donante m OR f.

donor card n carné m de donante.

don't [dəʊnt] = do not.

donut ['dəʊnʌt] n US [with hole] dónut® m.

doodle ['duːdl] ◇ n garabato m. ◇ vi garabatear.

doom [duːm] n perdición f, fatalidad f.

doomed [duːmd] adj [plan, mission] condenado(da) al fracaso; to be ~ to sthg/to do sthg estar condenado a algo/a hacer algo.

door [dɔːʳ] n -1. [gen] puerta f; to open the ~ to fig abrir la puerta a -2. [doorway] entrada f.

doorbell ['dɔːbel] n timbre m (de la puerta).

doorhandle ['dɔːhændl] n [gen] tirador m (de la puerta); [of car] manija f.

doorknob ['dɔːnɒb] n pomo m.

doorknocker ['dɔːnɒkəʳ] n aldaba f.

doorman ['dɔːmən] (pl -men [-mən]) n portero m.

doormat ['dɔːmæt] n -1. [mat] felpudo m -2. fig [person]: he's a ~ se deja pisar por todo el mundo.

doorstep ['dɔːstep] n peldaño m de la puerta; to turn up on sb's ~ aparecer en la puerta de alguien.

doorstop ['dɔːstɒp] n tope m (de la puerta).

door-to-door adj a domicilio.

doorway ['dɔːweɪ] n entrada f.

dope [dəʊp] ◇ n inf -1. [cannabis] maría f -2. [for athlete, horse] estimulante m -3. [fool] bobo m, -ba f, tonto m, -ta f. ◇ vt drogar, dopar.

dope test n inf control m OR prueba f antidoping.

dopey ['dəʊpɪ] (compar -ier, superl -iest) adj inf -1. [groggy] atontado(da), grogui -2. [stupid] bobo(ba).

dork [dɔːk] n US inf petardo(da).

dormant ['dɔːmənt] adj -1. [volcano] inactivo(va) -2. [idea, law] (en estado) latente.

dormer (window) ['dɔːməʳ-] n claraboya f, buhardilla f.

dormice ['dɔːmaɪs] pl ⊳ dormouse.

dormitory ['dɔːmətrɪ] (pl -ies) n dormitorio m (colectivo).

Dormobile® ['dɔːmə,biːl] n combi m.

dormouse ['dɔːmaʊs] (pl -mice) n lirón m.

Dors (abbr of Dorset) condado inglés.

DOS [dɒs] (abbr of disk operating system) n DOS m.

dosage ['dəʊsɪdʒ] n dosis f inv.

dose [dəʊs] ◇ n lit & fig dosis f inv; a ~ of flu un ataque de gripe. ◇ vt: to ~ sb (with) medicar a alguien (con).

doss [dɒs] ➡ **doss down** vi UK inf echarse a dormir.

dosser ['dɒsəʳ] n UK inf gandul m, -la f, vago m, -ga f.

dosshouse ['dɒshaʊs, pl -haʊzɪz] n UK inf

pensión f de mala muerte.

dossier ['dɒsɪeɪ] n expediente m, dosier m.

dot [dɒt] (*pt* & *pp*-**ted**, *cont*-**ting**) ◇ n punto m; **on the** ~ en punto. ◇ *vt* salpicar.

DOT (*abbr of* **Department of Transportation**) n ministerio de transporte estadounidense.

dotage ['dəutɪdʒ] n: **to be in one's** ~ chochear.

dotcom ['dɒtkɒm] adj puntocom.

dote [dəut] ➡ **dote (up)on** vt fus adorar.

doting ['dəutɪŋ] adj complaciente.

dot-matrix printer n COMPUT impresora f matricial.

dotted line ['dɒtɪd-] n línea f de puntos; **to sign on the** ~ firmar.

dotty ['dɒtɪ] (*compar* -**ier**, *superl* -**iest**) adj inf chiflado(da).

double ['dʌbl] ◇ adj -**1.** [gen] doble -**2.** [repeated] repetido(da); **it's** ~ **the price** cuesta el doble; ~ **three eight two** treinta y tres, ochenta y dos; **written with a** ~ **'t'** con dos tes. ◇ adv -**1.** [twice] el doble; **to cost** ~ costar el doble; **to see** ~ ver doble -**2.** [in two - fold] en dos; **to bend** ~ doblarse, agacharse. ◇ n -**1.** [twice as much] el doble -**2.** [drink] doble m -**3.** [lookalike] doble m or f. ◇ vt doblar. ◇ vi -**1.** [increase twofold] doblarse, duplicarse -**2.** [have second purpose]: **to** ~ **as** hacer las veces de.
➡ **doubles** npl TENNIS dobles mpl; ~**s match** partido m de dobles.
➡ **double up** ◇ vt sep: **to be** ~**d up** doblarse; **to be** ~**d up with laughter** troncharse de risa. ◇ vi [bend over] doblarse.

double act n pareja f de humoristas.

double agent n agente m or f doble.

double-barrelled UK, **double-barreled** US [-'bærəld] adj -**1.** [shotgun] de dos cañones -**2.** [name] con dos apellidos unidos con guión.

double bass [-beɪs] n contrabajo m.

double bed n cama f de matrimonio.

double-breasted [-'brestɪd] adj cruzado(da).

double-check vt & vi verificar dos veces.

double chin n papada f.

double-click COMPUT ◇ n doble clic m. ◇ vt hacer doble clic en. ◇ vi hacer doble clic.

double cream n nata f enriquecida.

double-cross vt traicionar.

double-dealer n traicionero m, -ra f.

double-decker [-'dekə^r] n autobús m de dos pisos.

double-declutch vi UK AUT desembragar (*mediante doble embrague*).

double-density adj COMPUT de doble densidad.

double-dutch n UK hum: **to talk** ~ hablar

en chino; **it's** ~ **to me** me suena a chino.

double-edged adj lit & fig de doble filo.

double entendre [ˌduːblɒˈtɑːndr] n frase f ambigua, equívoco m.

double figures npl números mpl de dos cifras.

double-glazing [-'gleɪzɪŋ] n doble acristalamiento m.

double-jointed [-'dʒɔɪntɪd] adj con articulaciones muy flexibles.

double-park vi aparcar en doble fila.

double-quick inf ◇ adj rapidísimo(ma). ◇ adv rapidísimamente.

double room n habitación f doble.

double-sided adj COMPUT [disk] de dos caras.

double standards npl: **to have** ~ tener una doble moral.

double take n: **to do a** ~ quedarse atónito(ta) or con la boca abierta.

double-talk n (U) embustes mpl, engañifas fpl.

double time n paga f doble.

double vision n visión f doble.

double whammy [-'wæmɪ] n mazazo m por partida doble.

doubly ['dʌblɪ] adv doblemente.

doubt [daut] ◇ n duda f; **there is no** ~ **that** no hay or cabe duda de que; **without (a)** ~ sin duda (alguna); **beyond all** ~ fuera de toda duda; **to be in** ~ **about sthg** estar dudando acerca de algo; **to cast** ~ **on** poner en duda; **no** ~ sin duda. ◇ vt -**1.** [not trust] dudar de -**2.** [consider unlikely] dudar; **I** ~ **it** lo dudo; **to** ~ **whether** or **if** dudar que.

doubtful ['dautfʊl] adj -**1.** [gen] dudoso(sa) -**2.** [unsure] incierto(ta); **to be** ~ **about** or **of** tener dudas acerca de.

doubtless ['dautlɪs] adv sin duda.

dough [dəu] n (U) -**1.** [for baking] masa f, pasta f -**2.** v inf [money] pasta f, lana f Méx.

doughnut ['dəunʌt] n [without hole] buñuelo m; [with hole] dónut® m.

dour [duə^r] adj adusto(ta).

douse [daus] vt -**1.** [put out] apagar -**2.** [drench] mojar, empapar.

dove¹ [dʌv] n paloma f.

dove² [dəuv] US pt ⊳ **dive**.

dovecot(e) ['dʌvkɒt] n palomar m.

dovetail ['dʌvteɪl] vt & vi encajar.

dovetail joint n cola f de milano.

dowager ['dauədʒə^r] n literary viuda f rica.

dowdy ['daudɪ] (*compar*-**ier**, *superl*-**iest**) adj poco elegante.

Dow-Jones average [ˌdauˈdʒəunz-] n índice m Dow-Jones.

down [daʊn] <> *adv* -**1.** [downwards] (hacia) abajo; **to fall** ~ caer; **to bend** ~ agacharse; ~ **here/there** aquí/allí abajo -**2.** [along]: **I'm going** ~ **the pub** voy a acercarme al pub -**3.** [southwards] hacia el sur; **we're going** ~ **to Brighton** vamos a bajar a Brighton -**4.** [lower in amount]: **you must keep your weight** ~ debes mantenerte bajo de peso; **prices are coming** ~ van bajando los precios -**5.** [including]: ~ **to the last detail** hasta el último detalle -**6.** [as deposit]: **to pay £5** ~ pagar 5 libras ahora (y el resto después) -**7.** [in written form]: **to write sthg** ~ apuntar algo. <> *prep* -**1.** [downwards]: **they ran** ~ **the hill** corrieron cuesta abajo; **he walked** ~ **the stairs** bajó la escalera; **rain poured** ~ **the window** la lluvia resbalaba por la ventana -**2.** [along]: **she was walking** ~ **the street** iba andando por la calle. <> *adj* -**1.** [depressed] deprimido(da) -**2.** [behind]: **he's a minute** ~ **on the leader** va un minuto por detrás del líder; **we're three goals** ~ nos sacan tres goles -**3.** [written] por escrito -**4.** [not in operation]: **the computer is** ~ **again** el ordenador se ha estropeado otra vez -**5.** [lower in amount]: **prices are** ~ los precios han bajado -**6.** [ill]: **to be** ~ **with the flu** estar con gripe. <> *n* [feathers] plumón *m*; [hair] pelusa *f*, vello *m*; *US* [in American football] *cada uno de los cuatro intentos de avance que tiene el equipo atacante.* <> *vt* -**1.** [knock over] derribar -**2.** [swallow] beberse de un trago -**3.** *phr*: **to** ~ **tools** [go on strike] declararse en huelga.

➡ **downs** *npl UK montes, especialmente los del sur de Inglaterra.*

➡ **down with** *excl*: ~ **with the King!** ¡abajo el rey!

down-and-out <> *adj* vagabundo(da), <> *n* vagabundo m, -da *f*.

down-at-heel *adj esp UK* desastrado(da).

downbeat ['daʊnbi:t] *adj inf* pesimista.

downcast ['daʊnkɑːst] *adj fml* -**1.** [sad] alicaído(da), triste -**2.** [looking downwards] mirando al suelo.

downer ['daʊnəʳ] *n inf* -**1.** [drug] tranquilizante *m* -**2.** [depressing event or person]: **it's a real** ~ es muy deprimente; **to be on a** ~ estar con la depre.

downfall ['daʊnfɔːl] *n* [of person] ruina *f*; [of regime] caída *f*.

downgrade ['daʊngreɪd] *vt* degradar.

downhearted [ˌdaʊn'hɑːtɪd] *adj* desanimado(da).

downhill [ˌdaʊn'hɪl] <> *adj* cuesta abajo. <> *adv* -**1.** [downwards] cuesta abajo -**2.** [worse]: **to be going** ~ ir cuesta abajo. <> *n* [skiing] descenso *m*.

Downing Street ['daʊnɪŋ-] *n calle londinense donde se encuentran las residencias del Primer Ministro y el ministro de Finanzas; por extensión el gobierno británico.*

DOWNING STREET

En esta calle de Londres se encuentran las residencias oficiales del primer ministro, en el número 10, y del ministro de Finanzas, en el 11. Con frecuencia se utiliza esta expresión para referirse al gobierno británico.

download [ˌdaʊn'ləʊd] *COMPUT* <> *n* descarga *f*. <> *vt* descargar, bajar.

down-market *adj* barato(ta).

down payment *n* entrada *f*.

downplay ['daʊnpleɪ] *vt* minimizar.

downpour ['daʊnpɔːʳ] *n* chaparrón *m*, aguacero *m*.

downright ['daʊnraɪt] <> *adj* patente, manifiesto(ta). <> *adv* completamente.

downside ['daʊnsaɪd] *n* desventaja *f*, inconveniente *m*.

downsizing ['daʊnsaɪzɪŋ] *n* reajuste *m* de plantillas.

Down's syndrome *n* síndrome *m* de Down.

downstairs [ˌdaʊn'steəz] <> *adj* de abajo. <> *adv* abajo; **to come/go** ~ bajar (la escalera).

downstream [ˌdaʊn'striːm] *adv* río OR aguas abajo.

downtime ['daʊntaɪm] *n* tiempo *m* de inactividad, paro *m* técnico.

down-to-earth *adj* realista, práctico(ca).

downtown [ˌdaʊn'taʊn] *US* <> *adj* del centro (de la ciudad). <> *n* centro *m* (urbano). <> *adv* [live] en el centro; **he gave me a lift** ~ me llevó OR me dió un aventón *Cam, Méx, Perú* al centro ; [go] al centro.

downtrodden ['daʊnˌtrɒdn] *adj* oprimido(da).

downturn ['daʊntɜːn] *n* bajón *m*.

down under *adv* en/a Australia o Nueva Zelanda.

downward ['daʊnwəd] <> *adj* -**1.** [towards the ground] hacia abajo -**2.** [decreasing] descendente. <> *adv US* = **downwards**.

downwards ['daʊnwədz] *adv* -**1.** [gen] hacia abajo; **face** ~ boca abajo -**2.** [in hierarchy]: **everyone, from the president** ~ todos, empezando por el presidente.

downwind [ˌdaʊn'wɪnd] *adv* a favor del viento.

dowry ['daʊərɪ] (*pl* -**ies**) *n* dote *f*.

doz. (*abbr of* **dozen**) doc.

doze [dəʊz] ◇ *n* sueñecito *m*; **to have a ~** echar una cabezada. ◇ *vi* dormitar.

◆ **doze off** *vi* dormirse, quedarse adormilado(da).

dozen ['dʌzn] ◇ *num adj*: **a ~ eggs** una docena de huevos. ◇ *n* docena *f*; **50p a ~** 50 peniques la docena.

◆ **dozens** *npl inf*: **~s of** montones *mpl* de.

dozy ['dəʊzɪ] (*compar* **-ier**, *superl* **-iest**) *adj* **-1.** [sleepy] soñoliento(ta), amodorrado(da) **-2.** *UK inf* [stupid] tonto(ta).

DP (*abbr of* **data processing**) *n* informática *f*.

DPh, DPhil [ˌdiː'fɪl] (*abbr of* **Doctor of Philosophy**) *n* (*titular de un*) *doctorado en el campo de las humanidades.*

dpi (*abbr of* **dots per inch**) *n* COMPUT ppp.

DPP *n abbr of* **Director of Public Prosecutions**.

Dr. -1. (*abbr of* **Doctor**) Dr **-2.** (*abbr of* **Drive**) ≃ c/.

drab [dræb] (*compar* **-ber**, *superl* **-best**) *adj* [colour] apagado(da); [building, clothes] soso(sa); [lives] monótono(na).

draconian [drə'kəʊnjən] *adj fml* draconiano(na).

draft [drɑːft] ◇ *n* **-1.** [early version] borrador *m* **-2.** [money order] letra *f* de cambio, giro *m* **-3.** *US* MIL: **the ~** la llamada a filas **-4.** *US* = **draught**. ◇ *vt* **-1.** [write] redactar, hacer un borrador de **-2.** *US* MIL llamar a filas **-3.** [transfer - staff etc] transferir.

draft dodger [-dɒdʒər] *n US* prófugo *m*.

draftee [ˌdrɑːfˈtiː] *n US* recluta *m*.

draftsman *US* = **draughtsman**.

draftsmanship *US* = **draughtsmanship**.

drafty *US* = **draughty**.

drag [dræg] (*pt* & *pp* **-ged**, *cont* **-ging**) ◇ *vt* **-1.** [gen & COMPUT] arrastrar **-2.** [lake, river] dragar, rastrear. ◇ *vi* **-1.** [dress, coat] arrastrarse **-2.** [time, play] ir muy despacio. ◇ *n inf* **-1.** [boring - thing] lata *f*, rollo *m*; [- person] pesado *m*, -da *f* **-2.** [on cigarette] calada *f*, chupada *f*, pitada *f* *Amér* **-3.** [cross-dressing]: **in ~** vestido de mujer **-4.** [air resistance] resistencia *f* aerodinámica.

◆ **drag down** *vt sep* hundir, deprimir.

◆ **drag in to** *vt sep* [person] meter OR involucrar en.

◆ **drag on** *vi* ser interminable.

◆ **drag out** *vt sep* **-1.** [protract] prolongar **-2.** [extract - fact, information] sacar.

dragnet ['drægnet] *n* **-1.** [net] red *f* barredera **-2.** *fig* [to catch criminal] emboscada *f*.

dragon ['drægən] *n* **-1.** [beast] dragón *m* **-2.** *inf* [woman] bruja *f*.

dragonfly ['drægnflaɪ] (*pl* **-ies**) *n* libélula *f*.

dragoon [drə'guːn] ◇ *n* dragón *m*. ◇ *vt*: **to**

~ sb into forzar a alguien a.

drag racing *n* (*U*) carreras *fpl* de coches trucados OR modificados.

dragster ['drægstər] *n* coche *m* trucado OR modificado.

drain [dreɪn] ◇ *n* **-1.** [for water] desagüe *m*; [for sewage] alcantarilla *f*; [grating] sumidero *m*; **to go down the ~** echarse a perder **-2.** [depletion]: **it's a ~ on my energy** agota todas mis energías. ◇ *vt* **-1.** [marsh, field] drenar; [vegetables] escurrir **-2.** [energy, resources] agotar **-3.** [drink, glass] apurar. ◇ *vi* **-1.** [dishes] escurrirse **-2.** [colour, blood, tension] desaparecer poco a poco.

drainage ['dreɪnɪdʒ] *n* **-1.** [pipes, ditches] alcantarillado *m* **-2.** [of land] drenaje *m*.

draining board *UK* ['dreɪnɪŋ-], **drainboard** *US* ['dreɪmbɔːrd] *n* escurridero *m*.

drainpipe ['dreɪnpaɪp] *n* tubo *m* de desagüe.

drainpipes, drainpipe trousers *npl UK* pantalón *m* de pitillo.

drake [dreɪk] *n* pato *m* (macho).

dram [dræm] *n* chupito *m*.

drama ['drɑːmə] ◇ *n* **-1.** [gen] drama *m* **-2.** [subject] teatro *m* **-3.** [excitement] dramatismo *m*. ◇ *comp* de arte dramático.

dramatic [drə'mætɪk] *adj* **-1.** [concerned with theatre] dramático(ca) **-2.** [gesture, escape, improvement] espectacular.

dramatically [drə'mætɪklɪ] *adv* **-1.** [noticeably] espectacularmente **-2.** [theatrically] dramáticamente.

dramatist ['dræmətɪst] *n* dramaturgo *m*, -ga *f*.

dramatization [ˌdræmətaɪ'zeɪʃn] *n* dramatización *f*.

dramatize, -ise ['dræmətaɪz] *vt* **-1.** [rewrite as play] adaptar **-2.** *pej* [make exciting] dramatizar.

drank [dræŋk] *pt* ▷ **drink**.

drape [dreɪp] *vt*: **to ~ sthg over sthg** cubrir algo con algo; **~d with** OR **in** cubierto con.

◆ **drapes** *npl US* cortinas *fpl*.

draper ['dreɪpər] *n* pañero *m*, -ra *f*.

drastic ['dræstɪk] *adj* [extreme, urgent, noticeable] drástico(ca).

drastically ['dræstɪklɪ] *adv* [change, decline] drásticamente.

draught *UK*, **draft** *US* [drɑːft] *n* **-1.** [air current] corriente *f* de aire **-2.** [gulp] trago *m* **-3.**: **on ~** [beer] de barril.

◆ **draughts** *n UK* (*U*) damas *fpl*.

draught beer *n UK* cerveza *f* de barril.

draughtboard ['drɑːftbɔːd] *n UK* tablero *m* de damas.

draughtsman *UK*, **draftsman** *US* ['drɑːftsmən] (*pl* **-men** [-mən]) *n* delineante *m f*.

draughtsmanship *UK*, **draftsmanship** *US* [ˈdrɑːftsmənʃɪp] *n* -**1.** [technique] dibujo *m* lineal -**2.** [skill] ejecución *f* de un dibujo lineal.

draughty *UK* (*compar* -ier, *superl* -iest), **drafty** *US* (*compar* -ier, *superl* -iest) [ˈdrɑːftɪ] *adj* que tiene corrientes de aire; **it's** ~ hay corriente.

draw [drɔː] (*pt* drew, *pp* drawn) ⬦ *vt* -**1.** [sketch] dibujar; [line, circle] trazar; [a picture] hacer -**2.** [pull - cart etc] tirar de; **she drew the comb through her hair** se pasó el peine por el cabello; **he drew her towards him** la atrajo hacia él, tomándola en sus brazos -**3.** [curtains - open] descorrer; [- close] correr -**4.** [breathe]: **to** ~ **breath** respirar -**5.** [gun, sword] sacar -**6.** [pension, benefit] percibir -**7.** [cheque] librar -**8.** [conclusion] sacar, llegar a -**9.** [distinction, comparison] establecer -**10.** [attract - criticism, praise, person] atraer; **to** ~ **sb's attention to sthg** llamar la atención de alguien hacia algo; **to be** *OR* **feel drawn to** sentirse atraído a *OR* por. ⬦ *vi* -**1.** [sketch] dibujar -**2.** [move] moverse; **to** ~ **away** alejarse; **to** ~ **closer** acercarse; **to** ~ **to an end** *OR* **a close** llegar a su fin -**3.** *SPORT*: **to** ~ **(with)** empatar (con). ⬦ *n* -**1.** *SPORT* empate *m* -**2.** [lottery] sorteo *m* -**3.** [attraction] atracción *f*.

➡ **draw in** *vi* [days] acortarse.

➡ **draw into** *vt sep*: **to** ~ **sb into sthg** involucrar a alguien en algo.

➡ **draw on** *vt fus* -**1.** [reserves, experience] recurrir a; [statistics, facts] barajar -**2.** [cigarette] dar una calada a.

➡ **draw out** *vt sep* -**1.** [encourage to talk] hacer hablar -**2.** [prolong] prolongar -**3.** [money] sacar.

➡ **draw up** ⬦ *vt sep* [draft] preparar, redactar. ⬦ *vi* [stop] pararse.

➡ **draw upon** *vt fus* [reserves, experience] recurrir a; [statistics, facts] barajar.

drawback [ˈdrɔːbæk] *n* inconveniente *m*, desventaja *f*.

drawbridge [ˈdrɔːbrɪdʒ] *n* puente *m* levadizo.

drawer [drɔːʳ] *n* [in desk, chest] cajón *m*.

drawing [ˈdrɔːɪŋ] *n* dibujo *m*.

drawing board *n* tablero *m* de delineante; **back to the** ~! *inf* ¡a empezar de nuevo!

drawing pin *n UK* chincheta *f*.

drawing room *n* cuarto *m* de estar, salón *m*.

drawl [drɔːl] ⬦ *n* manera lenta y poco clara de hablar, alargando las vocales. ⬦ *vt* hablar de manera lenta y poco clara, alargando las vocales.

drawn [drɔːn] ⬦ *pp* ➣ **draw**. ⬦ *adj* -**1.** [curtain, blind] corrido(da), cerrado(da) -**2.** [tired, ill] cansado(da), ojeroso(sa).

drawn-out *adj* interminable.

drawstring [ˈdrɔːstrɪŋ] *n* cordón *m*.

dread [dred] ⬦ *n* terror *m*, pavor *m*. ⬦ *vt*: **to** ~ **(doing sthg)** temer (hacer algo); **I** ~ **to think** me horroriza (el) pensarlo.

dreaded [ˈdredɪd] *adj* terrible.

dreadful [ˈdredfʊl] *adj* -**1.** [very unpleasant - pain, weather] terrible, espantoso(sa) -**2.** [poor - play, English] horrible, fatal -**3.** [for emphasis - waste, bore] espantoso(sa).

dreadfully [ˈdredfʊlɪ] *adv* terriblemente.

dreadlocks [ˈdredlɒks] *npl* pelo *m* al estilo rastafari.

dream [driːm] (*pt* & *pp* -ed *OR* dreamt) ⬦ *n lit* & *fig* sueño *m*; **bad** ~ pesadilla *f*. ⬦ *adj* ideal. ⬦ *vt*: **to** ~ **(that)** soñar que; **I never** ~ **t this would happen** jamás creí *OR* imaginé que esto pudiera pasar. ⬦ *vi lit* & *fig*: **to** ~ **of doing sthg** soñar con hacer algo; **to** ~ **(of** *OR* **about)** soñar (con); **I wouldn't** ~ **of it** ¡ni hablar!, ¡de ninguna manera!

➡ **dream up** *vt sep* inventar, idear.

dreamer [ˈdriːməʳ] *n* soñador *m*, -ra *f*.

dreamily [ˈdriːmɪlɪ] *adv* distraídamente.

dreamlike [ˈdriːmlaɪk] *adj* de ensueño.

dreamt [dremt] *pp* ➣ **dream**.

dream world *n* mundo *m* de ensueño.

dreamy [ˈdriːmɪ] (*compar* -ier, *superl* -iest) *adj* -**1.** [distracted] soñador(ra) -**2.** [peaceful, dreamlike] de ensueño.

dreary [ˈdrɪərɪ] (*compar* -ier, *superl* -iest) *adj* -**1.** [weather, day] triste -**2.** [job, life] monótono(na); [persona] gris.

dredge [dredʒ] *vt* dragar.

➡ **dredge up** *vt sep* -**1.** [with dredger] extraer (del agua) con draga -**2.** *fig* [from past] sacar a (la) luz.

dredger [ˈdredʒəʳ] *n NAUT* draga *f*.

dregs [dregz] *npl* -**1.** [of liquid] posos *mpl* -**2.** *fig* [of society] escoria *f*.

drench [drentʃ] *vt* empapar; ~ed **to the skin** calado hasta los huesos; **to be** ~ed **in** *OR* **with** estar empapado en.

Dresden [ˈdrezdən] *n* Dresde.

dress [dres] ⬦ *n* -**1.** [woman's garment] vestido *m* -**2.** (*U*) [clothing] traje *m*. ⬦ *vt* -**1.** [clothe] vestir; **to be** ~ed **in** ir vestido de; **to be** ~ed estar vestido; **to get** ~ed vestirse -**2.** [bandage] vendar -**3.** *CULIN* aliñar, aderezar. ⬦ *vi* -**1.** [put on clothing] vestirse -**2.** [wear clothes] vestir; **to** ~ **well/badly** vestir bien/mal.

➡ **dress up** ⬦ *vt sep* disfrazar. ⬦ *vi* -**1.** [in costume] disfrazarse -**2.** [in best clothes] engalanarse.

dressage [ˈdresɑːʒ] *n* doma *f* de caballos.

dress circle *n* piso *m* principal.

dresser [ˈdresəʳ] *n* -**1.** [for dishes] aparador *m* -**2.**

US [chest of drawers] cómoda *f* **-3.** [person]: **he's a smart/sloppy** ~ es elegante/descuidado en el vestir.

dressing ['dresɪŋ] *n* **-1.** [bandage] vendaje *m* **-2.** [for salad] aliño *m* **-3.** *US* [for turkey etc] relleno *m*.

dressing gown *n* bata *f*.

dressing room *n* THEATRE camerino *m*; SPORT vestuario *m*.

dressing table *n* tocador *m*.

dressmaker ['dres,meɪkəʳ] *n* costurero *m*, -ra *f*, modisto *m*, -ta *f*.

dressmaking ['dres,meɪkɪŋ] *n* costura *f*.

dress rehearsal *n* ensayo *m* general.

dress shirt *n* camisa *f* de vestir.

dressy ['dresɪ] (*compar* **-ier**, *superl* **-iest**) *adj* elegante.

drew [dru:] *pt* ▷ **draw**.

dribble ['drɪbl] ◇ *n* **-1.** [saliva] baba *f* **-2.** [trickle] hilo *m*. ◇ *vt* **-1.** SPORT [ball] regatear **-2.** [liquid]: **to** ~ **saliva** babear. ◇ *vi* **-1.** [drool] babear **-2.** [spill] gotear, caer gota a gota.

dribs [drɪbz] *npl*: **in** ~ **and drabs** poco a poco.

dried [draɪd] ◇ *pp & pt* ▷ **dry**. ◇ *adj* [gen] seco(ca); [milk, eggs] en polvo.

dried fruit *n* (*U*) fruta *f* pasa.

dried-up *adj* seco(ca).

drier ['draɪəʳ] = **dryer**.

drift [drɪft] ◇ *n* **-1.** [trend, movement] movimiento *m*, tendencia *f*; [of current] flujo *m* **-2.** [meaning] sentido *m*; **I get your** ~ entiendo la idea **-3.** [mass - of snow] ventisquero *m*; [- of sand, leaves] montículo *m*. ◇ *vi* **-1.** [boat] ir a la deriva **-2.** [snow, sand, leaves] amontonarse **-3.** [person] ir sin rumbo; **to** ~ **into** [job, marriage] dejarse llevar a; **to** ~ **apart** tener cada vez menos en común.

▶ **drift off** *vi* [person] dormirse, quedarse dormido(da).

drifter ['drɪftəʳ] *n* [person] *persona que no permanece por mucho tiempo en un sitio o empleo.*

driftwood ['drɪftwʊd] *n* madera *f* de deriva.

drill [drɪl] ◇ *n* **-1.** [tool - gen] taladro *m*; [- bit] broca *f*; [- dentist's] fresa *f*; [- in mine, oilfield] perforadora *f* **-2.** [exercise - for fire, battle] simulacro *m*. ◇ *vt* **-1.** [tooth, wood, oil well] perforar **-2.** [instruct - people, pupils] adiestrar, entrenar; [- soldiers] instruir; **to** ~ **sthg into sb** inculcar algo en alguien. ◇ *vi*: **to** ~ **into/for** perforar en/en busca de.

drilling platform ['drɪlɪŋ-] *n* plataforma *f* de perforación.

drily ['draɪlɪ] = **dryly**.

drink [drɪŋk] (*pt* **drank**, *pp* **drunk**) ◇ *n* **-1.** [gen] bebida *f*; **a** ~ **of water** un trago de agua **-2.**

[alcoholic beverage] copa *f*; **would you like a** ~? ¿quieres tomar algo (de beber)?; **to have a** ~ tomar algo, tomar una copa. ◇ *vt* beber. ◇ *vi* beber; **to** ~ **to sb/sb's success** beber a la salud de alguien/por el éxito de alguien.

drinkable ['drɪŋkəbl] *adj* **-1.** [suitable for drinking] potable **-2.** [palatable]: **this wine is very** ~ este vino no está nada mal.

drink-driving *UK*, **drunk-driving** *US n* conducción *f* en estado de embriaguez.

drinker ['drɪŋkəʳ] *n* **-1.** [of alcohol] bebedor *m*, -ra *f* **-2.** [of tea, coffee]: **tea/coffee** ~ persona que bebe té/café.

drinking ['drɪŋkɪŋ] *n* (*U*) bebida *f*.

drinking chocolate *n* chocolate *m* (a la taza).

drinking fountain *n* fuente *f* (de agua potable).

drinking-up time *n UK inf* tiempo concedido en los bares para apurar el trago antes de cerrar.

drinking water ['drɪŋkɪŋ-] *n* agua *f* potable.

drip [drɪp] (*pt & pp* **-ped**, *cont* **-ping**) ◇ *n* **-1.** [drop] gota *f*; [drops] goteo *m* **-2.** MED gota a gota *m inv* **-3.** *inf* [wimp] soso *m*, -sa *f*. ◇ *vt* [sweat, blood] chorrear. ◇ *vi* **-1.** [liquid, tap, nose] gotear **-2.** [person]: **to be dripping with sthg** [sweat, blood] estar chorreando algo; [diamonds, furs] estar cubierto(ta) de algo.

drip-dry *adj* de lava y pon.

drip-feed *n* gota a gota *m inv*. ◇ *vt* alimentar gota a gota.

dripping ['drɪpɪŋ] ◇ *adj*: ~ **(wet)** chorreando, empapado(da). ◇ *n* grasa *f* (de carne), pringue *m f*.

drive [draɪv] (*pt* **drove**, *pp* **driven**) ◇ *n* **-1.** [outing] paseo *m* (en coche); **to go for a** ~ ir a dar una vuelta en coche **-2.** [journey] viaje *m* (en coche); **it's a two-hour** ~ **(away)** está a dos horas en coche **-3.** [urge] instinto *m* **-4.** [campaign] campaña *f* **-5.** [energy] vigor *m*, energía *f* **-6.** [road to house] camino *m* (de entrada) **-7.** [street] calle *f* **-8.** [in golf, tennis] drive *m* **-9.** COMPUT unidad *f* de disco. ◇ *vt* **-1.** [vehicle] conducir, manejar *Amér* **-2.** [passenger] llevar (en coche) **-3.** [fuel, power] impulsar **-4.** [force to move - gen] arrastrar; [- cattle] arrear; **it drove people from their homes** obligó a la gente a abandonar sus hogares **-5.** [motivate] motivar **-6.** [force]: **to** ~ **sb to do sthg** conducir *or* llevar a alguien a hacer algo; **to** ~ **sb to despair** hacer desesperar a alguien; **to** ~ **sb mad** *or* **crazy** volver loco a alguien **-7.** [hammer] clavar **-8.** SPORT [hit hard] golpear con fuerza. ◇ *vi* AUT conducir, manejar *Amér*; **I don't** ~ no sé conducir; **I**

drove there fui en coche.

➤ **drive at** *vt fus* insinuar, querer decir.

drive-in *esp US* ◇ *n* **-1.** [restaurant] *restaurante de comida rápida donde se sirve a la clientela en su coche* **-2.** CINEMA autocine *m*. ◇ *adj*: ~ **bank** banco en el que se puede realizar transacciones desde el coche.

drivel ['drɪvl] *n inf (U)* tonterías *fpl*.

driven ['drɪvn] *pp* ▷ **drive**.

driver ['draɪvə'] *n* **-1.** [gen] conductor *m*, -ra *f*; RAIL maquinista *m* OR *f*; [of racing car] piloto *m* OR *f* **-2.** COMPUT controlador *m*.

driver's license *US* = **driving licence**.

drive shaft *n* (eje *m* de) transmisión *f*.

driveway ['draɪvweɪ] *n* camino *m* de entrada.

driving ['draɪvɪŋ] ◇ *adj* [rain] torrencial; [wind] huracanado(da). ◇ *n (U)* conducción *f*, el conducir.

driving force *n* fuerza *f* motriz.

driving instructor *n* instructor *m*, -ra *f* de conducción.

driving lesson *n* clase *f* de conducir OR conducción.

driving licence UK, **driver's license** US *n* carné *m* OR permiso *m* de conducir.

driving mirror *n* retrovisor *m*.

driving school *n* autoescuela *f*.

driving test *n* examen *m* de conducir.

drizzle ['drɪzl] ◇ *n* llovizna *f*, garúa *f Andes & RP.* ◇ *v impers* lloviznar.

drizzly ['drɪzlɪ] (*compar* **-ier**, *superl* **-iest**) *adj* lloviznoso(sa).

droll [drəʊl] *adj* gracioso(sa).

dromedary ['drɒmədrɪ] (*pl* **-ies**) *n* dromedario *m*.

drone [drəʊn] ◇ *n* **-1.** [hum] zumbido *m* **-2.** [bee] zángano *m*. ◇ *vi* zumbar.

➤ **drone on** *vi*: to ~ **on (about)** soltar una perorata(sobre).

drool [druːl] *vi* **-1.** [dribble] babear **-2.** *fig* [admire]: **he was** ~ **ing over her** se le caía la baba con ella.

droop [druːp] *vi* **-1.** [shoulders] encorvarse; [eyelids] cerrarse; [head] inclinarse; [flower] marchitarse **-2.** [person]: **their spirits** ~ **ed** se desanimaron.

drop [drɒp] (*pt* & *pp* **-ped**, *cont* **-ping**) ◇ *n* **-1.** [of liquid, milk, whisky] gota *f* **-2.** [sweet] pastilla *f* **-3.** [decrease]: ~ **(in)** [price] caída *f* (de); [temperature] descenso *m* (de); [demand, income] disminución *f* (en) **-4.** [distance down] caída *f*. ◇ *vt* **-1.** [let fall - gen] dejar caer; [- bomb] lanzar; **I dropped the book** se me cayó el libro; **she dropped a stitch** se le escapó un punto **-2.** [decrease] reducir **-3.** [voice] bajar **-4.** [abandon -

subject, course] dejar; [- charges] retirar; [- person, lover] abandonar; [- player] excluir, no seleccionar **-5.** [utter - hint, remark] lanzar, soltar; **he's always dropping names** siempre se las está dando de conocer a gente importante **-6.** SPORT [game, set] perder **-7.** [write]: **to** ~ **sb a line** mandar unas líneas a alguien **-8.** [let out of car] dejar. ◇ *vi* **-1.** [fall down] caer; **it dropped onto the ground** se cayó al suelo; **to** ~ **to one's knees** arrodillarse; ~ **dead!** ¡vete a la porra!; **we walked until we dropped** estuvimos andando hasta no poder más **-2.** [fall away - ground] ceder **-3.** [decrease - temperature, price, voice] bajar; [- attendance, demand, unemployment] disminuir; [- wind] calmarse, amainar.

➤ **drops** *npl* MED gotas *fpl*.

➤ **drop by** *vi inf*: to ~ **by (at)** pasarse (por).

➤ **drop in** *vi inf*: to ~ **in on** pasarse por casa de.

➤ **drop off** ◇ *vt sep* [person, letter] dejar. ◇ *vi* **-1.** [fall asleep] quedarse dormido(da), dormirse **-2.** [grow less] disminuir, bajar.

➤ **drop out** *vi*: to ~ **out (of** OR **from)** [school, college] dejar de asistir (a); [competition] retirarse (de).

drop-in centre *n* centro patrocinado por los servicios sociales, iglesias etc, a donde la gente puede ir a pasar un rato.

droplet ['drɒplɪt] *n* gotita *f*.

dropout ['drɒpaʊt] *n* [from society] marginado *m*, -da *f*; [from university] persona *f* que ha dejado los estudios.

dropper ['drɒpə'] *n* cuentagotas *m inv*.

droppings ['drɒpɪŋz] *npl* excremento *m* (de animales).

drop shot *n* dejada *f*.

dross [drɒs] *n* [rubbish] *inf* basura *f*.

drought [draʊt] *n* sequía *f*.

drove [drəʊv] ◇ *pt* ▷ **drive**. ◇ *n* [of people] multitud *f*.

drown [draʊn] ◇ *vt* **-1.** [kill] ahogar **-2.** [sound]: **to** ~ **sb/sthg (out)** ahogar a alguien/algo. ◇ *vi* ahogarse.

drowsy ['draʊzɪ] (*compar* **-ier**, *superl* **-iest**) *adj* [person] somnoliento(ta).

drudge [drʌdʒ] *n* esclavo *m*, -va *f* del trabajo.

drudgery ['drʌdʒərɪ] *n* trabajo pesado y monótono.

drug [drʌg] (*pt* & *pp* **-ged**, *cont* **-ging**) ◇ *n* **-1.** [medicine] medicamento *m* **-2.** [narcotic] droga *f*; **to be on** OR **take** ~**s** drogarse. ◇ *vt* **-1.** [person] drogar **-2.** [food, drink] echar droga a.

drug abuse *n* consumo *m* de drogas.

drug addict *n* drogadicto *m*, -ta *f*, toxicómano *m*, -na *f*.

drug addiction n drogadicción f, toxicomanía f.

drug dealer n narcotraficante m OR f.

druggist ['drʌgɪst] n US farmacéutico m, -ca f.

drug pedlar n traficante m f de drogas al por menor.

drugs test n prueba f antidoping.

drugstore ['drʌgstɔ:ʳ] n US farmacia f (que también vende productos de perfumería, cosméticos, periódicos etc).

druid ['dru:ɪd] n druida m.

drum [drʌm] (pt & pp -med, cont -ming) ⋄ -1. [instrument, of machine] tambor m; ~s batería f -2. [container, cylinder] bidón m. ⋄ vt [fingers] tamborilear con. ⋄ vi [rain, hoofs] golpetear.
◆ **drum into** vt sep: **to ~ sthg into sb** inculcar algo a alguien.
◆ **drum up** vt sep intentar conseguir.

drumbeat ['drʌmbi:t] n toque m de tambor.

drum brake n freno m de tambor.

drum machine n caja f de ritmos.

drummer ['drʌmәʳ] n [in orchestra] tambor m OR f; [in pop group] batería m OR f.

drumming ['drʌmɪŋ] n -1. [of fingers, rain] tamborileo m -2. [playing drum] el tocar el tambor; **the ~ on the album is fantastic** la batería en el disco es sensacional.

drum roll n redoble m de tambor.

drumstick ['drʌmstɪk] n -1. [for drum] palillo m -2. [food] muslo m.

drunk [drʌŋk] ⋄ pp ▷ drink. ⋄ adj -1. [on alcohol] borracho(cha); **to get ~** emborracharse; **to be ~** estar borracho; **~ and disorderly** borracho y escandaloso -2. fig [excited, carried away]: **to be ~ with** OR on estar ebrio(bria) de. ⋄ n borracho m, -cha f.

drunkard ['drʌŋkәd] n borracho m, -cha f.

drunk-driving US = drink-driving.

drunken ['drʌŋkn] adj -1. [person] borracho(cha) -2. [talk, steps, stupor] de borracho(cha).

drunken driving = drink-driving.

drunkenness ['drʌŋkәnnɪs] n embriaguez f.

dry [draɪ] (compar -ier, superl -iest, pt & pp dried) ⋄ adj -1. [gen] seco(ca) -2. [day] sin lluvia -3. [earth, soil] árido(da) -4. [thirsty] sediento(ta); **to feel** OR **be ~** tener sed -5. [dull] aburrido(da) -6. [humour] lacónico(ca). ⋄ vt [gen] secar; [hands, hair] secarse; **to ~ o.s** secarse; **to ~ one's eyes** secarse las lágrimas. ⋄ vi secarse.
◆ **dry out** ⋄ vt sep secar. ⋄ vi secarse.
◆ **dry up** ⋄ vt sep secar. ⋄ vi -1. [river, well] secarse -2. [stop - supply] agotarse -3. [stop speaking] quedarse en blanco -4. [dry dishes] secar.

dry battery n pila f (seca).

dry-clean vt limpiar en seco.

dry cleaner n: **~'s (shop)** tintorería f.

dry-cleaning n limpieza f en seco.

dry dock n dique m seco.

dryer ['draɪәʳ] n [for clothes] secadora f.

dry ginger n ginger ale m.

dry goods npl -1. US [cloth products] artículos mpl de mercería -2. [tobacco, coffee, etc] áridos mpl.

dry goods store n US mercería f OR tienda f de confección.

dry ice n nieve f carbónica.

dry land n tierra f firme.

dryly ['draɪlɪ] adv [wryly] secamente.

dryness ['draɪnɪs] n -1. [gen] sequedad f -2. [of ground, lecture] aridez f -3. [of comment, humour] laconismo m.

dry rot n putrefacción f de la madera.

dry run n ensayo m.

dry ski slope n pista f de esquí artificial.

dry-stone wall n muro construido con piedras amontonadas y sin mortero.

DSS (abbr of Department of Social Security) n ministerio británico de la seguridad social.

DST (abbr of daylight saving time) hora de verano.

DT abbr of data transmission.

DTI (abbr of Department of Trade and Industry) n ministerio británico de comercio e industria.

DTP (abbr of desktop publishing) n autoed. f.

DT's [di:'ti:z] (abbr of delirium tremens) npl inf: **to have the ~** tener un delirium tremens.

dual ['dju:әl] adj doble.

dual carriageway n UK carretera de dos sentidos y doble vía separados, ≃ autovía f.

dual control n doble mando m.

dual nationality n doble nacionalidad f.

dual-purpose adj de doble uso.

Dubai [,du:'baɪ] n Dubai.

dubbed [dʌbd] adj -1. CINEMA doblado(da) -2. [nicknamed] apodado(da).

dubious ['dju:bjәs] adj -1. [questionable - person, deal, reasons] sospechoso(sa); [- honour, distinction] paradójico(ca) -2. [uncertain, undecided] dudoso(sa); **to feel** OR **be ~ (about)** tener dudas (sobre).

Dublin ['dʌblɪn] n Dublín.

Dubliner ['dʌblɪnәr] n dublinés m, -esa f.

duchess ['dʌtʃɪs] n duquesa f.

duchy ['dʌtʃɪ] (pl -ies) n ducado m.

duck [dʌk] ⋄ n -1. [bird] pato m, -ta f; **to take to sthg like a ~ to water** encontrarse en seguida en su salsa con algo -2. [food] pato m.

◇ *vt* **-1.** [lower] agachar, bajar **-2.** [try to avoid - duty] eludir, esquivar **-3.** [submerge] sumergir. ◇ *vi* **-1.** [lower head] agacharse **-2.** [dive]: **to ~ behind/into sthg** esconderse detrás de/en algo.

➡ **duck out** *vi*: **to ~ out (of sthg/of doing sthg)** esquivar (algo/hacer algo).

duckling ['dʌklɪŋ] *n* patito *m*.

duct [dʌkt] *n* conducto *m*.

dud [dʌd] ◇ *adj* [gen] falso(sa); [mine] que no estalla ; [cheque] sin fondos. ◇ *n persona o cosa inútil.*

dude [dju:d] *n US inf* [man] tipo *m*, tío *m Esp*; [term of address] colega *m Esp*, tío *m Esp*, mano *m Andes, CAm, Carib, Méx*, flaco *m RP*.

dude ranch *n US* rancho *m* para turistas.

due [dju:] ◇ *adj* **-1.** [expected] esperado(da); **it's ~ out in May** saldrá en mayo; **she's ~ back soon** tendría que volver dentro de poco; **the train's ~ in half an hour** el tren debe llegar dentro de media hora **-2.** [appropriate] debido(da); **with all ~ respect** sin ganas de ofender; **in ~ course** [at appropriate time] a su debido tiempo; [eventually] al final **-3.** [owed, owing] pagadero(ra); **I'm ~ a bit of luck** ya sería hora que tuviera un poco de suerte; **how much are you ~?** ¿cuánto te deben?; **to be ~ to** deberse a. ◇ *n* [deserts]: **to give sb their ~** hacer justicia a alguien. ◇ *adv*: **~ north/south** derecho hacia el norte/sur.

➡ **dues** *npl* cuota *f*.

➡ **due to** *prep* debido a.

due date *n* (fecha *f* de) vencimiento *m*.

duel ['dju:əl] (*Br pt* & *pp* -led, *cont* -ling, *Am pt* & *pp* -ed, *cont* -ing) ◇ *n* duelo *m*. ◇ *vi* batirse en duelo.

duet [dju:'et] *n* dúo *m*.

duff [dʌf] *adj UK inf* inútil.

➡ **duff up** *vt sep UK inf* dar una paliza a.

duffel bag ['dʌfl-] *n* morral *m*.

duffel coat ['dʌfl-] *n* trenca *f*, montgomery *m CSur*.

duffle bag ['dʌfl-] = **duffel bag**.

duffle coat ['dʌfl-] = **duffel coat**.

dug [dʌg] *pt* & *pp* ▷ **dig**.

dugout ['dʌgaʊt] *n* **-1.** [canoe] *canoa hecha de un tronco ahuecado* **-2.** *SPORT* foso *m*, banquillo *m*.

duke [dju:k] *n* duque *m*.

dull [dʌl] ◇ *adj* **-1.** [boring] aburrido(da) **-2.** [listless] torpe **-3.** [dim] apagado(da) **-4.** [cloudy] gris, triste **-5.** [thud, boom, pain] sordo(da). ◇ *vt* **-1.** [senses] embotar, entorpecer; [pain] aliviar; [pleasure, memory] enturbiar **-2.** [make less bright] deslustrar.

duly ['dju:lɪ] *adv* **-1.** [properly] debidamente **-2.** [as expected] como era de esperar.

dumb [dʌm] *adj* **-1.** [unable to speak] mudo(da); **to be struck ~** quedarse de una pieza **-2.** *esp US inf* [stupid] estúpido(da).

dumbbell ['dʌmbel] *n* [weight] pesa *f*.

dumbfound ['dʌm'faʊnd] *vt* dejar mudo (da) de asombro; **to be ~ed** quedar mudo de asombro.

dumbstruck ['dʌmstrʌk] *adj* mudo(da) de asombro.

dumbwaiter [ˌdʌm'weɪtəʳ] *n* [lift] montaplatos *m inv*.

dumdum (bullet) ['dʌmdʌm-] *n* (bala *f*) dumdum *f*.

dummy ['dʌmɪ] (*pl* -ies) ◇ *adj* falso(sa). ◇ *n* **-1.** [of ventriloquist] muñeco *m*; [in shop window] maniquí *m* **-2.** [copy] imitación *f* **-3.** *UK* [for baby] chupete *m*, chupón *m Méx* **-4.** *SPORT* amago *m* **-5.** [idiot] *inf* imbécil *m or f*. ◇ *vt SPORT* amagar.

dummy run *n* ensayo *m*, prueba *f*.

dump [dʌmp] ◇ *n* **-1.** [for rubbish] basurero *m*, vertedero *m* **-2.** [for ammunition] depósito *m* **-3.** *COMPUT* volcado *m* de memoria **-4.** *inf* [ugly place - house] casucha *f*; [- hotel] hotelucho *m*. ◇ *vt* **-1.** [put down - sand, load] descargar; [- bags, washing] dejar **-2.** [dispose of] deshacerse de **-3.** *COMPUT* volcar **-4.** *inf* [jilt] deshacerse de.

➡ **dumps** *npl*: **to be (down) in the ~s** tener murria, estar por los suelos.

dumper (truck) ['dʌmpəʳ-] *UK*, **dump truck** *US n* volquete *m*.

dumping ['dʌmpɪŋ] *n* [of rubbish] vertido *m*; **'no ~'** 'prohibido verter basura'.

dumping ground *n* vertedero *m*.

dumpling ['dʌmplɪŋ] *n* bola *f* de masa que se guisa al vapor con carne y verduras.

Dumpster® ['dʌmpstər] *n US* contenedor *m (de escombros)*.

dump truck *US* = **dumper (truck)**.

dumpy ['dʌmpɪ] (*compar* -ier, *superl* -iest) *adj inf* bajito y regordete (bajita y regordete).

dunce [dʌns] *n* zoquete *m or f*, burro *m*, -rra *f*.

dune [dju:n] *n* duna *f*.

dung [dʌŋ] *n* [of animal] excremento *m*; [used as manure] estiércol *m*.

dungarees [ˌdʌŋgə'ri:z] *npl* **-1.** *UK* [for work] mono *m*, overol *m Amér*; [fashion garment] pantalones *mpl* de peto, mameluco *m CSur* **-2.** *US* [heavy jeans] *vaqueros de tela gruesa utilizados para trabajar.*

dungeon ['dʌndʒən] *n* mazmorra *f*, calabozo *m*.

dunk [dʌŋk] *vt* mojar.

Dunkirk [dʌn'kɜ:k] *n* Dunkerque.

duo ['dju:əʊ] n dúo m.

duodenal ulcer ['dju:əʊ'di:nl-] n úlcera f de duodeno.

dupe [dju:p] <> n primo m, -ma f, inocente m OR f. <> vt: **to ~ sb (into doing sthg)** embaucar a alguien (a que haga algo).

duplex ['dju:pleks] n US -**1.** [apartment] dúplex m -**2.** [house] casa f adosada.

duplicate [adj & n 'dju:plɪkət, vb 'dju:plɪkeɪt] <> adj duplicado(da). <> n copia f, duplicado m; **in ~** por duplicado. <> vt -**1.** [copy] duplicar, hacer una copia de -**2.** [double, repeat] repetir.

duplication [ˌdju:plɪ'keɪʃn] (U) n -**1.** [copying] duplicación f -**2.** [doubling, repetition] repetición f.

duplicity [dju:'plɪsətɪ] n fml doblez f, duplicidad f.

Dur (abbr of **Durham**) condado inglés.

durability [ˌdjʊərə'bɪlətɪ] n durabilidad f.

durable ['djʊərəbl] adj duradero(ra).

duration [djʊ'reɪʃn] n duración f; **for the ~ of** durante.

duress [djʊ'res] n: **under ~** bajo coacción.

Durex® ['djʊəreks] n [condom] preservativo m, condón m.

during ['djʊərɪŋ] prep durante.

dusk [dʌsk] n crepúsculo m, anochecer m.

dusky ['dʌskɪ] (compar -**ier**, superl -**iest**) adj literary moreno(na).

dust [dʌst] <> n polvo m; **coal ~** cisco m; **to gather ~** [get dusty] cubrirse de polvo; fig [be ignored] quedar arrinconado. <> vt -**1.** [clean] quitar el polvo a, limpiar -**2.** [cover with powder]: **to ~ sthg (with)** espolvorear algo (con). <> vi quitar el polvo.
  ➤ **dust off** vt sep lit & fig desempolvar.

dustbin ['dʌstbɪn] n UK cubo m de la basura.

dustbowl ['dʌstbəʊl] n zona f semiárida (que sufre vendavales de polvo).

dustcart ['dʌstka:t] n UK camión m de la basura.

dustcloth ['dʌstklɒθ] n US trapo m del polvo.

dust cover = **dust jacket.**

duster ['dʌstə'] n -**1.** [cloth] bayeta f, trapo m (de quitar el polvo) -**2.** US [overall] guardapolvo m.

dust jacket n sobrecubierta f.

dustman ['dʌstmən] (pl -**men** [-mən]) n UK basurero m.

dustpan ['dʌstpæn] n recogedor m.

dustsheet ['dʌstʃi:t] n UK guardapolvo m (para muebles).

dust storm n vendaval m de polvo.

dustup ['dʌstʌp] n inf reyerta f, riña f.

dusty ['dʌstɪ] (compar -**ier**, superl -**iest**) adj [covered in dust] polvoriento(ta).

Dutch [dʌtʃ] <> adj holandés(esa). <> n [language] holandés m. <> npl: **the ~** los holandeses.

Dutch auction n UK subasta en la que se va reduciendo el precio de venta hasta encontrar comprador.

Dutch cap n UK diafragma m.

Dutch courage n valentía f causada por la embriaguez.

Dutch elm disease n hongo que ataca a los olmos.

Dutchman ['dʌtʃmən] (pl -**men** [-mən]) n holandés m.

Dutchwoman ['dʌtʃˌwʊmən] (pl -**women** [-ˌwɪmɪn]) n holandesa f.

dutiable ['dju:tjəbl] adj sujeto(ta) a derechos de aduana.

dutiful ['dju:tɪfʊl] adj obediente, sumiso(sa).

duty ['dju:tɪ] (pl -**ies**) n -**1.** (U) [moral, legal responsibility] deber m; **to do one's ~** cumplir uno con su deber -**2.** [work] servicio m; **to be on/off ~** estar/no estar de servicio -**3.** [tax] impuesto m; **customs ~** derechos mpl de aduana.
  ➤ **duties** npl tareas fpl.

duty bound adj: **to be ~ (to do sthg)** estar obligado(da) (a hacer algo).

duty-free <> adj libre de impuestos. <> n (U) inf artículos mpl libres de impuestos.

duty-free shop n tienda f libre de impuestos.

duty officer n oficial m OR f de guardia.

duvet ['du:veɪ] n UK edredón m.

duvet cover n UK funda f del edredón.

DVD (abbr of **Digital Versatile Disk**) n DVD m.

DVD player n reproductor m de DVD.

DVD ROM (abbr of **Digital Versatile Disk read only memory**) n DVD ROM m.

DVLA (abbr of **Driver and Vehicle Licensing Agency**) n organismo británico encargado de la matriculación de coches y la emisión de carnets de conducir, ≃ Dirección f General de Tráfico.

dwarf [dwɔ:f] (pl -**s** OR **dwarves** [dwɔ:vz]) <> adj enano(na). <> n enano m, -na f. <> vt achicar, empequeñecer.

dwell [dwel] (pt & pp -**ed** OR **dwelt**) vi literary morar, habitar.
  ➤ **dwell on** vt fus darle vueltas a.

-dweller ['dwelə'] suffix: **cave ~** habitante m OR f de las cavernas; **city ~** habitante m OR f de la ciudad.

dwelling ['dwelɪŋ] n literary morada f.

dwelt [dwelt] pt & pp ⊳ **dwell.**

dwindle ['dwɪndl] vi ir disminuyendo.

dwindling ['dwɪndlɪŋ] adj decreciente.

dye [daɪ] ◇ *n* tinte *m*, colorante *m*. ◇ *vt* teñir; **to ~ one's hair** teñirse el pelo.

dyed [daɪd] *adj* teñido(da).

dying ['daɪŋ] ◇ *cont* ▷ **die**. ◇ *adj* **-1.** [person, animal] moribundo(da) **-2.** [activity, practice] en vías de desaparición. ◇ *npl*: **the ~** los moribundos.

dyke [daɪk] = **dike**.

dynamic [daɪ'næmɪk] *adj* dinámico(ca).
◆ **dynamics** *npl* dinámica *f*.

dynamism ['daɪnəmɪzm] *n* dinamismo *m*.

dynamite ['daɪnəmaɪt] ◇ *n lit* & *fig* dinamita *f*. ◇ *vt* dinamitar.

dynamo ['daɪnəməʊl] (*pl* **-s**) *n* dinamo *f*.

dynasty [*UK* 'dɪnəstɪ, *US* 'daɪnəstɪ] (*pl* **-ies**) *n* dinastía *f*.

dysentery ['dɪsntrɪ] *n* disentería *f*.

dysfunctional [dɪs'fʌŋkʃənəl] *adj* disfuncional.

dyslexia [dɪs'leksɪə] *n* dislexia *f*.

dyslexic [dɪs'leksɪk] *adj* disléxico(ca).

dyspepsia [dɪs'pepsɪə] *n* dispepsia *f*.

dystrophy ['dɪstrəfɪ] ▷ **muscular dystrophy**.

e (*pl* **e's** *OR* **es**), **E** (*pl* **E's** *OR* **Es**) [i:] *n* [letter] e *f*, E *f*.
◆ **E** *n* **-1.** *MUS* mi *m* **-2.** *SCH* [mark] ≃ suspenso *m* **-3.** (*abbr of* **east**) E *m* **-4.** (*abbr of* **ecstasy**) *inf* [drug] extasis *m inv*.

ea. (*abbr of* **each**) c/u; **£3.00** ≃ 3 libras cada uno.

each [i:tʃ] ◇ *adj* cada. ◇ *pron* cada uno *m*, una *f*; **one ~** uno cada uno; **~ of us/the boys** cada uno de nosotros/los niños; **two of ~** dos de cada (uno); **~ other** el uno al otro; **they kissed ~ other** se besaron; **we know ~ other** nos conocemos.

eager ['i:gə'] *adj* [pupil] entusiasta; [smile, expression] de entusiasmo; **to be ~ for sthg/to do sthg** ansiar algo/hacer algo, desear vivamente algo/hacer algo.

eagerly ['i:gəlɪ] *adv* con entusiasmo; **~ awaited** largamente esperado(da).

eagle ['i:gl] *n* águila *f*.

eagle-eyed [-'aɪd] *adj* con ojos de lince.

eaglet ['i:glɪt] *n* aguilucho *m*.

E and OE (*abbr of* **errors and omissions excepted**) s.e.u.o.

ear [ɪə'] *n* **-1.** [outer part] oreja *f*; [inner part] oído *m*; **to go in one ~ and out the other** *inf* entrar por un oído y salir por el otro; **to have** *OR* **keep one's ~ to the ground** *inf* mantenerse al corriente **-2.** *fig* [attention] atención *f* **-3.** *fig* [talent]: **to have an ~ for** tener oído para **-4.** [of corn] espiga *f* **-5.** *MUS*: **by ~** de oído; **to play it by ~** *fig* obrar sobre la marcha.

earache ['ɪəreɪk] *n* dolor *m* de oídos.

eardrum ['ɪədrʌm] *n* tímpano *m*.

earl [ɜ:l] *n* conde *m*.

earlier ['ɜ:lɪə'] ◇ *adj* anterior. ◇ *adv* antes; **~ on** antes.

earliest ['ɜ:lɪəst] ◇ *adj* primero(ra). ◇ *n*: **at the ~** como muy pronto.

earlobe ['ɪələʊb] *n* lóbulo *m* (de la oreja).

early ['ɜ:lɪ] (*compar* **-ier**, *superl* **-iest**) ◇ *adj* **-1.** [before expected time, in day] temprano(na); **she was ~** llegó temprano; **I'll take an ~ lunch** almorzaré pronto *OR* temprano; **to get up ~** madrugar **-2.** [at beginning]: **~ morning** la madrugada; **the ~ chapters** los primeros capítulos; **her ~ life** los primeros años de su vida; **in the ~ 1950s** a principios de los años 50. ◇ *adv* **-1.** [before expected time] temprano, pronto; **we got up ~** nos levantamos temprano; **it arrived ten minutes ~** llegó con diez minutos de adelanto **-2.** [at beginning]: **as ~ as 1920** ya en 1920; **~ this morning** esta mañana temprano; **~ in the year** a principios de año; **~ in the book** al comienzo del libro; **~ on** temprano.

early retirement *n* prejubilación *f*, jubilación *f* anticipada.

early warning system *n* *MIL* sistema *m* de alerta precoz.

earmark ['ɪəmɑ:k] *vt*: **to be ~ed for** estar destinado(da)`a.

earn [ɜ:n] *vt* **-1.** [be paid] ganar **-2.** [generate - subj: business, product] generar **-3.** *fig* [gain - respect, praise] ganarse.

earned income [ɜ:nd-] *n* rentas *fpl* del trabajo.

earner ['ɜ:nə'] *n* fuente *f* de ingresos.

earnest ['ɜ:nɪst] *adj* [gen] serio(ria); [wish] sincero(ra).
◆ **in earnest** ◇ *adj* serio(ria). ◇ *adv* [seriously] en serio.

earnestly ['ɜ:nɪstlɪ] *adv* [talk] seriamente; [wish] sinceramente.

earnings ['ɜ:nɪŋz] *npl* [of person] ingresos *mpl*;

[of company] ganancias *fpl*.

earnings-related *adj* proporcional a los ingresos.

ear, nose and throat specialist *n* otorrinolaringólogo *m*, -ga *f*.

earphones ['ɪəfəʊnz] *npl* auriculares *mpl*.

earplugs ['ɪəplʌgz] *npl* tapones *mpl* para los oídos.

earring ['ɪərɪŋ] *n* pendiente *m*, arete *m Amér.*

earshot ['ɪəʃɒt] *n*: **within/out of** ~ al alcance/fuera del alcance del oído.

ear-splitting *adj* ensordecedor(ra).

earth [ɜ:θ] <> *n* -**1.** [gen] tierra *f*; **how/what/where/why on** ~ ...? ¿cómo/qué/dónde/por qué demonios ...?; **to cost the** ~ *UK* costar un dineral - **2.** [in electric plug, appliance] toma *f* de tierra. <> *vt UK*: **to be** ~**ed** estar conectado(da) a tierra.

earthenware ['ɜ:θnweə'] <> *adj* de loza, de barro. <> *n* loza *f*.

earthling ['ɜ:θlɪŋ] *n* terrícola *m or f*.

earthly ['ɜ:θlɪ] *adj* -**1.** [of material world] terrenal - **2.** *inf* [possible] posible; **what** ~ **reason could she have for doing it?** ¿a cuento de qué haría lo que hizo?

earthquake ['ɜ:θkweɪk] *n* terremoto *m*.

earthshattering ['ɜ:θˌʃætərɪŋ] *adj UK inf* extraordinario(ria).

earth tremor *n* temblor *m* de tierra.

earthward(s) ['ɜ:θwəd(z)] *adv* hacia la tierra.

earthworks ['ɜ:θwɜ:ks] *npl* ARCHEOL terraplén *m*.

earthworm ['ɜ:θwɜ:m] *n* lombriz *f* (de tierra).

earthy ['ɜ:θɪ] (*compar* -**ier**, *superl* -**iest**) *adj* -**1.** [rather crude] natural, desinhibido(da) - **2.** [of, like earth] terroso(sa).

earwax ['ɪəwæks] *n* cerumen *m*.

earwig ['ɪəwɪg] *n* tijereta *f*.

ease [i:z] <> *n (U)* -**1.** [lack of difficulty] facilidad *f*; **with** ~ con facilidad - **2.** [comfort] comodidad *f*; **at** ~ cómodo(da); **ill at** ~ incómodo(da). <> *vt* -**1.** [pain, grief] calmar, aliviar; [problems, tension] atenuar - **2.** [move carefully]: **to** ~ **sthg open** abrir algo con cuidado; **to** ~ **o.s. out of sthg** levantarse despacio de algo. <> *vi* [problem] atenuarse; [pain] calmarse; [rain, wind] amainar; [grip] relajarse, aflojarse.

➤ **ease off** *vi* [problem] atenuarse; [pain] calmarse; [rain, wind] amainar.

➤ **ease up** *vi* -**1.** *inf* [treat less severely]: **to** ~ **up on sb** no ser tan duro(ra) con alguien - **2.** [rain, wind] aflojar, amainar - **3.** [relax - person] tomarse las cosas con más calma.

easel ['i:zl] *n* caballete *m*.

easily ['i:zɪlɪ] *adv* -**1.** [without difficulty] fácilmente - **2.** [without doubt] sin lugar a dudas - **3.** [in a re-

laxed manner] tranquilamente, relajadamente.

easiness ['i:zɪnɪs] *n* [lack of difficulty] facilidad *f*.

east [i:st] <> *n* -**1.** [direction] este *m* - **2.** [region]: **the** ~ el este. <> *adj* oriental; [wind] del este. <> *adv*: ~ **(of)** al este (de).

➤ **East** *n*: **the East** *POL* el Este; [Asia] el Oriente.

eastbound ['i:stbaʊnd] *adj* con dirección este.

East End *n*: **the** ~ *el este de Londres*.

Easter ['i:stə'] *n* -**1.** [period] Semana *f* Santa - **2.** [festival] Pascua *f*.

Easter day *n* Domingo *m* de Resurrección.

Easter egg *n* huevo *m* de Pascua.

Easter Island *n* la isla de Pascua.

easterly ['i:stəlɪ] *adj* del este; **in an** ~ **direction** hacia el este.

eastern ['i:stən] *adj* del este, oriental.

➤ **Eastern** *adj* [gen & *POL*] del Este; [from Asia] oriental.

Eastern bloc [-'blɒk] *n*: **the** ~ el bloque del Este.

Easterner ['i:stənə'] *n* habitante del este de los E.E.U.U.

Eastern Europe *n* Europa *f* Oriental.

Easter Sunday *n* Domingo *m* de Resurrección.

East German <> *adj* de Alemania Oriental. <> *n* [person] alemán *m*, -ana *f* oriental.

East Germany *n*: **(the former)** ~ (la antigua) Alemania Oriental.

eastward ['i:stwəd] <> *adj* hacia el este. <> *adv* = **eastwards**.

eastwards ['i:stwədz] *adv* hacia el este.

easy ['i:zɪ] (*compar* -**ier**, *superl* -**iest**) <> *adj* -**1.** [not difficult] fácil - **2.** [life, time] cómodo(da) - **3.** [manner] natural, relajado(da). <> *adv*: **to go** ~ **on sb** *inf* no ser muy duro(ra) con alguien; **to go** ~ **on sthg** *inf* no pasarse con algo; **to take it** *OR* **things** ~ tomarse las cosas con calma.

easy-care *adj UK* no delicado(da).

easy chair *n* [armchair] sillón *m*, butaca *f*.

easygoing [ˌi:zɪ'gəʊɪŋ] *adj* [person] tolerante, tranquilo(la); [manner] relajado(da).

eat [i:t] (*pt* ate, *pp* eaten) *vt & vi* comer.

➤ **eat away, eat into** *vt sep* -**1.** [corrode] corroer - **2.** [deplete] mermar.

➤ **eat out** *vi* comer fuera.

➤ **eat up** *vt sep* -**1.** [food] comerse - **2.** [money, time] consumir un montón de.

eatable ['i:təbl] *adj* comible, comestible.

eaten ['i:tn] *pp* ⊳ **eat**.

eater ['i:tə'] *n*: **I'm not a great fruit** ~ no como mucha fruta.

eatery ['i:tərɪ] *n US* restaurante *m*.

eating apple ['i:tɪŋ-] n manzana f (para comer).

eau de cologne [ˌəʊdəkə'ləʊn] n (agua f de) colonia f.

eaves ['i:vz] npl alero m.

eavesdrop ['i:vzdrɒp] (pt & pp **-ped**, cont **-ping**) vi: **to ~ (on)** escuchar secretamente (a).

ebb [eb] <> n reflujo m; **the ~ and flow of** fig los altibajos de; **at a low ~** fig de capa caída. <> vi **-1.** [tide, sea] bajar **-2.** literary [strength, pain, feeling]: **to ~ (away)** decrecer, disminuir.

ebb tide n marea f baja, bajamar f.

ebony ['ebənɪ] <> adj literary [colour] de color ébano. <> n ébano m.

ebullient [ɪ'bʊljənt] adj [person] entusiasta; [wit, manner] exuberante.

e-business n **-1.** [company] empresa f electrónica **-2.** [electronic commerce] comercio m electrónico.

EC (abbr of European Community) n CE f.

ECB (abbr of European Central Bank) n BCE m.

eccentric [ɪk'sentrɪk] <> adj excéntrico(ca). <> n excéntrico m, -ca f.

eccentricity [ˌeksen'trɪsətɪ] (pl **-ies**) n excentricidad f.

ecclesiastic(al) [ɪˌkli:zɪ'æstɪk(l)] adj eclesiástico(ca).

ECG (abbr of electrocardiogram) n ECG m.

ECH (abbr of electric central heating) UK cal. cent. eléc.

echelon ['eʃəlɒn] n fml [level in organization] esfera f, rango m.

echo ['ekəʊ] (pl **-es**, pt & pp **-ed**, cont **-ing**) <> n lit & fig eco m. <> vt [words] repetir; [opinion] hacerse eco de. <> vi resonar.

éclair [eɪ'kleə'] n pastelillo rellenó de nata.

eclectic [ɪ'klektɪk] adj ecléctico(ca).

eclipse [ɪ'klɪps] <> n lit & fig eclipse m; **a total / partial ~** un eclipse total/parcial. <> vt fig eclipsar.

eco-friendly ['i:kəʊ'frendlɪ] adj ecológico(ca).

ecological [ˌi:kə'lɒdʒɪkl] adj **-1.** [pattern, balance, impact] ecológico(ca) **-2.** [group, movement, person] ecologista.

ecologically [ˌi:kə'lɒdʒɪklɪ] adv ecológicamente.

ecologist [ɪ'kɒlədʒɪst] n **-1.** [scientist] ecólogo m, -ga f **-2.** [conservationist] ecologista m or f.

ecology [ɪ'kɒlədʒɪ] n ecología f.

e-commerce n comercio m electrónico.

economic [ˌi:kə'nɒmɪk] adj **-1.** [of money, industry] económico(ca) **-2.** [profitable] rentable.

Economic and Monetary Union n Unión f Económica y Monetaria.

economical [ˌi:kə'nɒmɪkl] adj económico(ca); **to be ~ with the truth** no decir toda la verdad.

economics [ˌi:kə'nɒmɪks] <> n (U) economía f. <> npl [of plan, business] aspecto m económico.

economist [ɪ'kɒnəmɪst] n economista m or f.

economize, -ise [ɪ'kɒnəmaɪz] vi: **to ~ (on)** economizar (en).

economy [ɪ'kɒnəmɪ] (pl **-ies**) n economía f; **economies of scale** economías fpl de escala.

economy class n clase f turista.

economy drive n campaña f de ahorro.

economy-size(d) adj de tamaño económico.

ecosystem ['i:kəʊˌsɪstəm] n ecosistema m.

ecotax ['i:kəʊtæks] n ecotasa f.

ecotourism [ˌi:kəʊ'tʊərɪzm] n ecoturismo m.

ECSC (abbr of European Coal & Steel Community) n CECA f.

ecstasy ['ekstəsɪ] (pl **-ies**) n **-1.** [great happiness] éxtasis m inv; **to go into ecstasies about** extasiarse ante **-2.** [drug] éxtasis m inv.

ecstatic [ek'stætɪk] adj extático(ca).

ecstatically [ek'stætɪklɪ] adv eufóricamente.

ECT (abbr of electroconvulsive therapy) n terapia de electrochoque.

ectoplasm ['ektəplæzm] n ectoplasma m.

ECU, Ecu ['ekju:] (abbr of European Currency Unit) n ecu m.

Ecuador ['ekwədɔ:'] n (el) Ecuador.

Ecuadoran [ˌekwə'dɔ:rən], **Ecuadorian** [ˌekwə'dɔ:rɪən] <> adj ecuatoriano(na). <> n ecuatoriano m, -na f.

ecumenical [ˌi:kju'menɪkl] adj ecuménico(ca).

eczema ['eksɪmə] n eccema m, eczema m.

ed. -1. (abbr of edition) ed. **-2.** (abbr of editor) ed.

eddy ['edɪ] (pl **-ies**, pt & pp **-ied**) <> n remolino m. <> vi arremolinarse.

Eden ['i:dn] n: **(the Garden of) ~** (el jardín del) Edén m.

edge [edʒ] <> n **-1.** [of cliff, table, garden] borde m; **to be on the ~ of** estar al borde de **-2.** [of coin] canto m; [of knife] filo m **-3.** [advantage]: **to have an ~ over** or **the ~ on** llevar ventaja a **-4.** fig [sharpness - of voice] nota f de enfado, aspereza f. <> vi: **to ~ towards** ir poco a poco hacia; **to ~ away/closer** ir alejándose/ acercándose poco a poco.

◆ **on edge** adj con los nervios de punta.

edged [edʒd] adj: **~ with** [trees] bordeado(da) de; [lace, gold] ribeteado(da) de.

edgeways ['edʒweɪz], **edgewise** ['edʒwaɪz] adv de lado.

edging ['edʒɪŋ] n ribete m, orla f.

edgy ['edʒɪ] (compar -ier, superl -iest) adj nervioso(sa).

edible ['edɪbl] adj comestible.

edict ['i:dɪkt] n edicto m.

edifice ['edɪfɪs] n fml edificio m imponente.

edify ['edɪfaɪ] (pt & pp -ied) vt fml edificar.

edifying ['edɪfaɪɪŋ] adj fml edificante.

Edinburgh ['edɪnbrə] n Edimburgo.

edit ['edɪt] vt -1. [correct - text] corregir, revisar - 2. COMPUT editar - 3. [select material for - book] editar - 4. CINEMA, RADIO & TV montar - 5. [run - newspaper, magazine] dirigir.

➡ **edit out** vt sep eliminar.

edition [ɪ'dɪʃn] n edición f.

editor ['edɪtə'] n -1. [of newspaper, magazine] director m, -ra f - 2. [of section of newspaper, programme, text] redactor m, -ra f - 3. [compiler - of book] editor m, -ra f - 4. CINEMA, RADIO & TV montador m, -ra f - 5. COMPUT editor m.

editorial [,edɪ'tɔ:rɪəl] ⬦ adj editorial; ~ **staff** redacción f. ⬦ n editorial m.

EDP (abbr of **electronic data processing**) n TED m.

EDT (abbr of **Eastern Daylight Time**) n hora de verano de Nueva York.

educate ['edʒʊkeɪt] vt -1. [at school, college] educar - 2. [inform] informar.

educated ['edʒʊkeɪtɪd] adj -1. [person] culto (ta) - 2. [guess] bien fundado(da).

education [,edʒʊ'keɪʃn] n (U) -1. [activity, sector] enseñanza f - 2. [process or result of teaching] educación f.

educational [,edʒʊ'keɪʃənl] adj educativo (va); [establishment] docente.

educationalist [,edʒʊ'keɪʃnəlɪst] n pedagogo m, -ga f.

educative ['edʒʊkətɪv] adj fml educativo(va).

educator ['edʒʊkeɪtə'] n esp US fml educador m, educadora f.

edutainment [edʒʌ'teɪnmənt] n juegos mpl educativos.

Edwardian [ed'wɔːdɪən] adj eduardiano(na).

EEC (abbr of **European Economic Community**) n CEE f.

EEG (abbr of **electroencephalogram**) n EEG m.

eel [i:l] n anguila f.

EENT (abbr of **eye, ear, nose and throat**) n otorrinolaringología y ojos.

eerie ['ɪərɪ] adj espeluznante.

EET (abbr of **Eastern European Time**) n hora de Europa oriental.

efface [ɪ'feɪs] vt borrar.

effect [ɪ'fekt] ⬦ n efecto m; **to have an** ~ **on** tener OR surtir efecto en; **to do sthg for** ~ hacer algo para causar efecto; **to take** ~ [law,

rule] entrar en vigor; [drug] hacer efecto; **to put sthg into** ~ poner algo en práctica; **to the** ~ **that** en el sentido de que; **to that** ~ a tal efecto; **words to that** ~ palabras por el estilo. ⬦ vt efectuar, llevar a cabo.

➡ **effects** npl: **(special)** ~**s** efectos mpl especiales.

effective [ɪ'fektɪv] adj -1. [successful] eficaz - 2. [actual, real] efectivo(va) - 3. [law, ceasefire] operativo(va).

effectively [ɪ'fektɪvlɪ] adv -1. [well, successfully] eficazmente - 2. [in fact] de hecho.

effectiveness [ɪ'fektɪvnɪs] n eficacia f.

effeminate [ɪ'femɪnət] adj pej afeminado(da).

effervesce [,efə'ves] vi estar en efervescencia.

effervescent [,efə'vesnt] adj efervescente.

effete [ɪ'fiːt] adj pej [weak, effeminate] afeminado(da).

efficacious [efɪ'keɪʃəs] adj fml eficaz.

efficacy ['efɪkəsɪ] n eficacia f.

efficiency [ɪ'fɪʃənsɪ] n [gen] eficiencia f; [of machine] rendimiento m.

efficient [ɪ'fɪʃnt] adj [gen] eficiente; [machine] de buen rendimiento.

efficiently [ɪ'fɪʃəntlɪ] adv [competently] con eficiencia, eficientemente.

effigy ['efɪdʒɪ] (pl -ies) n efigie f.

effluent ['efluənt] n aguas fpl residuales.

effort ['efət] n -1. [gen] esfuerzo m; **to be worth the** ~ merecer la pena; **with** ~ con esfuerzo; **to make the** ~ **to do sthg** hacer el esfuerzo de hacer algo; **to make an/no** ~ **to do sthg** hacer un esfuerzo/no hacer ningún esfuerzo por hacer algo - 2. inf [result of trying] tentativa f.

effortless ['efətlɪs] adj fácil, sin gran esfuerzo.

effortlessly ['efətlɪslɪ] adv sin esfuerzo alguno, fácilmente.

effrontery [ɪ'frʌntərɪ] n descaro m.

effusive [ɪ'fjuːsɪv] adj efusivo(va).

effusively [ɪ'fjuːsɪvlɪ] adv efusivamente.

EFL ['efəl, ˌiːef'el] (abbr of **English as a foreign language**) n inglés para extranjeros.

EFTA ['eftə] (abbr of **European Free Trade Association**) n EFTA f.

e.g. (abbr of **exempli gratia**) adv p. ej.

EGA (abbr of **enhanced graphics adapter**) n COMPUT EGA f.

egalitarian [ɪ,gælɪ'teərɪən] adj igualitario (ria).

egg [eg] n -1. [gen] huevo m, blanquillo m Cam & Méx - 2. [ovum] óvulo m.

➡ **egg on** vt sep incitar.

eggcup ['egkʌp] n huevera f.

eggplant ['egplɑːnt] n US berenjena f.

eggshell ['egʃel] n cáscara f de huevo.

egg timer n reloj m de arena.

egg whisk n batidor m (de huevos), varilla f.

egg white n clara f (de huevo).

egg yolk [-jəʊk] n yema f (de huevo).

ego ['i:gəʊ] (pl -s) n - 1. [opinion of self] amor m propio - 2. [psych] ego m.

egocentric [ˌi:gəʊ'sentrɪk] adj egocéntrico(ca).

egoism ['i:gəʊɪzm] n egoísmo m.

egoist ['i:gəʊɪst] n egoísta m or f. •

egoistic [ˌi:gəʊ'ɪstɪk] adj egoísta.

egotism ['i:gətɪzm] n egotismo m.

egotist ['i:gətɪst] n egotista m or f.

egotistic(al) [ˌi:gə'tɪstɪk(l)] adj egotista.

ego trip n inf: to be on an ~ estar haciendo algo que hace a uno sentirse el ombligo del mundo.

Egypt ['i:dʒɪpt] n Egipto.

Egyptian [ɪ'dʒɪpʃn] <> adj egipcio(cia). <> n [person] egipcio m, -cia f.

eh [eɪ] excl UK inf - 1. [inviting reply, agreement] ¿no?, ¿verdad? - 2. [asking for repeat] ¿cómo?, ¿qué?

eiderdown ['aɪdədaʊn] n esp UK edredón m.

eight [eɪt] num ocho; see also six.

eighteen [ˌeɪ'ti:n] num dieciocho; see also six.

eighteenth [ˌeɪ'ti:nθ] num decimoctavo(va); see also sixth.

eighth [eɪtθ] num octavo(va); see also sixth.

eightieth ['eɪtɪɪθ] num octogésimo(ma); see also sixth.

eighty ['eɪtɪ] (pl -ies) num ochenta; see also sixty.

Eire ['eərə] n Eire.

either ['aɪðəʳ, 'i:ðəʳ] <> adj - 1. [one or the other] cualquiera de los dos; she couldn't find ~ jumper no podía encontrar ninguno de los dos jerseys; you can do it ~ way lo puedes hacer de cualquiera de las formas; I don't care ~ way me da igual - 2. [each] cada; on ~ side a ambos lados. <> pron: ~ (of them) cualquiera (de ellos (ellas)); I don't like ~ (of them) no me gusta ninguno de ellos (ninguna de ellas). <> adv (in negatives) tampoco; she can't and I can't ~ ella no puede y yo tampoco. <> conj: ~ ... or o ... o; ~ you or me o tú o yo; I don't like ~ him or his wife no me gusta ni él ni su mujer (tampoco).

ejaculate [ɪ'dʒækjʊleɪt] <> vt [exclaim] exclamar. <> vi [have orgasm] eyacular.

eject [ɪ'dʒekt] vt - 1. [object] expulsar - 2. [person]: to ~ sb (from) expulsar a alguien (de).

ejector seat UK [ɪ'dʒektəʳ-], **ejection seat** US [ɪ'dʒekʃn-] n asiento m eyectable.

eke [i:k] ◆ **eke out** <> vt sep [money, supply] estirar. <> vt fus: to ~ out a living ganarse la vida a duras penas.

EKG (abbr of electrocardiogram) n US ECG m.

elaborate [adj ɪ'læbrət, vb ɪ'læbəreɪt] <> adj [ceremony] complicado(da); [carving] trabajado(da); [explanation, plan] detallado(da). <> vi: to ~ on sthg ampliar algo, explicar algo con más detalle.

elaborately [ɪ'læbərətlɪ] adv [decorate] laboriosamente, profusamente; [plan] detalladamente.

elapse [ɪ'læps] vi transcurrir.

elastic [ɪ'læstɪk] <> adj - 1. [gen] elástico(ca) - 2. fig [flexible] flexible. <> n elástico m.

elastic band n UK gomita f, goma f (elástica).

elasticity [ˌelæ'stɪsətɪ] n [stretchiness] elasticidad f.

elated [ɪ'leɪtɪd] adj eufórico(ca).

elation [ɪ'leɪʃn] n euforia f, regocijo m.

elbow ['elbəʊ] <> n codo m. <> vt: to ~ sb aside apartar a alguien a codazos.

elbow grease n inf: he put a lot of ~ into polishing the silver hizo un gran esfuerzo físico limpiando la plata.

elbowroom ['elbəʊrʊm] n inf espacio m (libre), sitio m.

elder ['eldəʳ] <> adj mayor. <> n - 1. [older person] mayor m or f - 2. [of tribe, church] anciano m - 3.: ~ (tree) saúco m.

elderberry ['eldəˌberɪ] (pl -ies) n baya f de saúco.

elderly ['eldəlɪ] <> adj mayor, anciano(na). <> npl: the ~ los ancianos.

elder statesman n antiguo mandatario m.

eldest ['eldɪst] adj mayor.

elect [ɪ'lekt] <> adj electo(ta); the president ~ el presidente electo. <> vt - 1. [by voting] elegir; to ~ sb (as) sthg elegir a alguien (como) algo - 2. fml [choose]: to ~ to do sthg optar por or decidir hacer algo.

elected [ɪ'lektɪd] adj elegido(da).

election [ɪ'lekʃn] n elección f; to have or hold an ~ celebrar (unas) elecciones; local ~s elecciones fpl municipales.

ELECTION

Las elecciones presidenciales estadounidenses tienen lugar cada cuatro años. Por ley, el presidente no puede mantenerse en el cargo más de dos períodos consecutivos. Las elecciones generales británicas se celebran cada cinco años, pero el primer ministro puede convocar elecciones en cualquier momento de la legislatura. Tanto los británicos como los estadounidenses pueden abstenerse de votar si así lo deciden.

election campaign n campaña f electoral.
electioneering [ɪˌlekʃə'nɪərɪŋ] n usu pej electoralismo m.
elective [ɪ'lektɪv] n US & Scot SCH & UNIV materia f optativa.
elector [ɪ'lektəʳ] n elector m, -ra f.
electoral [ɪ'lektərəl] adj electoral.
electoral college n cuerpo de compromisarios de un colegio electoral.
electoral register, electoral roll n: the ~ el censo electoral.
electorate [ɪ'lektərət] n: the ~ el electorado.
electric [ɪ'lektrɪk] adj -1. [gen] eléctrico(ca) -2. fig [exciting] electrizante.
● **electrics** npl UK inf sistema m eléctrico.
electrical [ɪ'lektrɪkl] adj eléctrico(ca).
electrical engineer n ingeniero m, -ra f en electrónica.
electrical engineering n ingeniería f eléctrica, electrotecnia f.
electrically [ɪ'lektrɪklɪ] adv por electricidad.
electrical shock US = electric shock.
electric blanket n manta f eléctrica, frazada f eléctrica Amér, cobija f eléctrica Amér.
electric chair n: the ~ la silla eléctrica.
electric cooker n cocina f eléctrica.
electric current n corriente f eléctrica.
electric fire n estufa f eléctrica.
electric guitar n guitarra f eléctrica.
electrician [ˌɪlek'trɪʃn] n electricista m OR f.
electricity [ˌɪlek'trɪsətɪ] n electricidad f.
electricity bill n UK factura f de la luz.
electric light n luz f eléctrica.
electric shock UK, **electrical shock** US n descarga f eléctrica.
electric shock therapy n terapia f de electrochoque.
electric storm n tormenta f eléctrica.
electrify [ɪ'lektrɪfaɪ] (pt & pp -ied) vt -1. [rail line] electrificar -2. fig [excite] electrizar.
electrifying [ɪ'lektrɪfaɪŋ] adj electrizante.
electro- [ɪ'lektrəʊ] prefix electro-.
electrocardiograph [ɪˌlektrəʊ'ka:dɪəgra:f] n electrocardiógrafo m.
electrocute [ɪ'lektrəkju:t] vt electrocutar; **to ~ o.s., to be ~d** electrocutarse.
electrode [ɪ'lektrəʊd] n electrodo m.
electroencephalograph [ɪˌlektrəʊen-'sefələgra:f] n electroencefalógrafo m.
electrolysis [ˌɪlek'trɒləsɪs] n electrólisis f inv.
electrolyte [ɪ'lektrəʊlaɪt] n electrólito m.
electromagnetic [ɪˌlektrəʊmæg'netɪk] adj electromagnético(ca).
electron [ɪ'lektrɒn] n electrón m.

electronic [ˌɪlek'trɒnɪk] adj electrónico(ca).
● **electronics** ◇ n (U) [technology] electrónica f. ◇ npl [equipment] sistema m electrónico.
electronic banking n banca f electrónica.
electronic data processing n proceso m electrónico de datos.
electronic engineer n ingeniero m electrónico, -ra f electrónica.
electronic engineering n ingeniería f electrónica.
electronic mail n correo m electrónico.
electron microscope n microscopio m electrónico.
electronic organizer n agenda f electrónica.
electroplated [ɪ'lektrəʊˌpleɪtɪd] adj galvanizado(da).
elegance ['elɪgəns] n elegancia f.
elegant ['elɪgənt] adj elegante, elegantoso(sa) Amér.
elegantly ['elɪgəntlɪ] adv elegantemente, con elegancia.
elegy ['elɪdʒɪ] (pl -ies) n elegía f.
element ['elɪmənt] n -1. [gen] elemento m -2. [amount, proportion] toque m, matiz m -3. [in heater, kettle] resistencia f -4. phr: **to be in one's ~** estar uno en su elemento.
● **elements** npl -1. [basics] elementos mpl -2. [weather]: **the ~s** los elementos.
elementary [ˌelɪ'mentərɪ] adj elemental; ~ **education** enseñanza f primaria.
elementary school n US escuela f primaria.
elephant ['elɪfənt] (pl inv OR -s) n elefante m.
elevate ['elɪveɪt] vt: **to ~ sthg/sb (to** OR **into)** elevar algo/a alguien (a la categoría de).
elevated ['elɪveɪtɪd] adj fml elevado(da).
elevation [ˌelɪ'veɪʃn] n fml -1. [promotion] elevación f -2. [height] altura f, altitud f.
elevator ['elɪveɪtəʳ] n US ascensor m, elevador m Méx.
eleven [ɪ'levn] num once m; see also **six**.
elevenses [ɪ'levnzɪz] n (U) UK tentempié m que se toma sobre las once de la mañana.
eleventh [ɪ'levnθ] num undécimo(ma); see also **sixth**.
eleventh hour n fig: **at the ~** en el último momento.
elf [elf] (pl **elves**) n duende m, elfo m.
elicit [ɪ'lɪsɪt] vt fml -1. [response, reaction]: **to ~ sthg (from sb)** provocar algo (en alguien) -2. [information]: **to ~ sthg (from sb)** sacar algo (a alguien).
eligibility [ˌelɪdʒə'bɪlətɪ] n -1. [suitability] elegibi-

lidad f - **2.** *dated* [of bachelor] idoneidad f.

eligible ['elɪdʒəbl] *adj* - **1.** [suitable, qualified] elegible; **to be ~, for sthg/to do sthg** reunir los requisitos para algo/para hacer algo - **2.** *dated* [marriageable]: **to be ~** ser un buen partido.

eliminate [ɪ'lɪmɪneɪt] *vt* eliminar; **to be ~d from sthg** ser eliminado(da) de algo.

elimination [ɪ,lɪmɪ'neɪʃn] *n* eliminación f.

elite [ɪ'liːt] <> *adj* selecto(ta). <> *n* élite f.

elitism [ɪ'liːtɪzm] *n pej* elitismo m.

elitist [ɪ'liːtɪst] *pej* <> *adj* elitista. <> *n* elitista m OR f.

elixir [ɪ'lɪksər] *n literary lit* & *fig* elixir m.

Elizabethan [ɪ,lɪzə'biːθn] <> *adj* isabelino(na). <> *n* isabelino m, -na f.

elk [elk] (*pl inv* OR **-s**) *n* - **1.** [in Europe] alce m - **2.** [in North America] ciervo m canadiense.

ellipse [ɪ'lɪps] *n* elipse f.

elliptical [ɪ'lɪptɪkl] *adj* elíptico(ca).

elm [elm] *n*: **~ (tree)** olmo m.

elocution [,elə'kjuːʃn] *n* dicción f.

elongated [ɪ'lɒŋgeɪtɪd] *adj* alargado(da).

elope [ɪ'ləʊp] *vi*: **to ~ (with)** fugarse (con).

elopement [ɪ'ləʊpmənt] *n* fuga f.

eloquence ['eləkwəns] *n* elocuencia f.

eloquent ['eləkwənt] *adj* elocuente.

eloquently ['eləkwəntlɪ] *adv* elocuentemente.

El Salvador [,el'sælvədɔːr] *n* El Salvador.

else [els] *adv*: **anything ~?** ¿algo más?; **I don't need anything ~** no necesito nada más; **everyone ~** todos los demás (todas las demás); **everywhere ~** en/a todas las otras partes; **little ~** poco más; **nothing/nobody ~** nada/nadie más; **someone/something ~** otra persona/cosa; **somewhere ~** en/a otra parte; **who ~?** ¿quién si no?; **who ~ came?** ¿quién más vino?; **what ~?** ¿qué más?; **where ~?** ¿en/a qué otro sitio?
> or else *conj* - **1.** [or if not] si no, de lo contrario - **2.** [as threat]: **you had better watch it, or ~** ándate con cuidado, o verás.

elsewhere [els'weər] *adv* a/en otra parte.

ELT (*abbr of* **English language teaching**) *n* enseñanza del inglés.

elucidate [ɪ'luːsɪdeɪt] *fml* <> *vt* elucidar. <> *vi* aclararlo.

elude [ɪ'luːd] *vt* [gen] escaparse de, eludir a; [blow] esquivar; **his name ~s me** no consigo recordar su nombre.

elusive [ɪ'luːsɪv] *adj* [person, success] esquivo(va); [quality] difícil de encontrar.

elves [elvz] *pl* > **elf**.

'em [əm] *inf* = **them**.

emaciated [ɪ'meɪʃɪeɪtɪd] *adj* demacrado(da).

e-mail (*abbr of* **electronic mail**) COMPUT <> *n* correo m electrónico; **~ account** cuenta f de correo electrónico; **~ address** dirreción f electrónica; **~ phone** teléfono m con correo electrónico. <> *vt* - **1.** [document] enviar por correo electrónico - **2.** [person] enviar un correo electrónico a.

emanate ['emaneɪt] *fml* <> *vt* emanar. <> *vi*: **to ~ from** emanar de.

emancipate [ɪ'mænsɪpeɪt] *vt*: **to ~ sb (from)** emancipar a alguien (de).

emancipation [ɪ,mænsɪ'peɪʃn] *n*: **~ (from)** emancipación f (de).

emasculate [ɪ'mæskjʊleɪt] *vt fml* [weaken] debilitar, minar.

emasculation [ɪ,mæskjʊ'leɪʃn] *n fml* [weakening] debilitación f.

embalm [ɪm'bɑːm] *vt* embalsamar.

embankment [ɪm'bæŋkmənt] *n* - **1.** RAIL terraplén m - **2.** [of river] dique m.

embargo [em'bɑːgəʊ] (*pl* **-es**, *pt* & *pp* **-ed**, *cont* **-ing**) <> *n*: **~ (on)** embargo m OR prohibición f (de). <> *vt* prohibir.

embark [ɪm'bɑːk] *vi* embarcar; **to ~ on** *fig* embarcarse en.

embarkation [,embɑː'keɪʃn] *n* [gen] embarque m; [of troops] embarco m.

embarkation card *n UK* tarjeta f de embarque.

embarrass [ɪm'bærəs] *vt* - **1.** [gen] avergonzar; **it ~es me** me da vergüenza - **2.** [financially] poner en un aprieto.

embarrassed [ɪm'bærəst] *adj* [ashamed] avergonzado(da); [uneasy] violento(ta).

embarrassing [ɪm'bærəsɪŋ] *adj* embarazoso(sa), violento(ta); **how ~!** ¡qué vergüenza!

embarrassingly [ɪm'bærəsɪŋlɪ] *adv*: **it was ~ bad** era tan malo que daba vergüenza ajena.

embarrassment [ɪm'bærəsmənt] *n* - **1.** [feeling] vergüenza f, pena f *Andes, CAm, Carib, Méx* - **2.** [embarrassing person or thing]: **to be an ~ to sb** ser motivo de vergüenza para alguien.

embassy ['embəsɪ] (*pl* **-ies**) *n* embajada f.

embattled [ɪm'bætld] *adj* [troubled] asediado(da), acosado(da).

embedded [ɪm'bedɪd] *adj* - **1.** [buried & COMPUT]: **~ (in)** incrustado(da) (en) - **2.** [ingrained]: **~ (in)** arraigado(da) (en).

embellish [ɪm'belɪʃ] *vt*: **to ~ sthg (with)** adornar algo (con).

embers ['embəz] *npl* brasas fpl, rescoldos mpl.

embezzle [ɪm'bezl] *vt* malversar.

embezzlement [ɪm'bezlmənt] *n* malversación f.

embezzler [ɪm'bezlər] *n* malversador m, -ra f.

embittered [ɪm'bɪtəd] *adj* amargado(da), resentido(da).

emblazoned [ɪm'bleɪzndl] *adj* **-1.** [in heraldry]: ~ **(on/with)** blasonado(da) (en/con) **-2.** [shown prominently]: ~ **across** estampado(da) en.

emblem ['embləm] *n* emblema *m*.

embodiment [ɪm'bɒdɪmənt] *n* personificación *f*, encarnación *f*.

embody [ɪm'bɒdɪ] (*pt* & *pp* **-ied**) *vt* personificar, encarnar; **to be embodied in sthg** estar plasmado en algo.

embolism ['embəlɪzm] *n* embolia *f*.

embossed [ɪm'bɒst] *adj* **-1.** [heading, design]: ~ **(on)** [paper] estampado(da) (en); [leather, metal] repujado(da) (en) **-2.** [paper]: ~ **(with)** estampado(da) (con) **-3.** [leather, metal]: ~ **(with)** repujado(da) (con).

embrace [ɪm'breɪs] <> *n* abrazo *m*. <> *vt* **-1.** [hug] abrazar, dar un abrazo a **-2.** *fml* [convert to] convertirse a, abrazar **-3.** *fml* [include] abarcar. <> *vi* abrazarse.

embrocation [ˌembrə'keɪʃn] *n fml* linimento *m*.

embroider [ɪm'brɔɪdə'] <> *vt* **-1.** SEWING bordar **-2.** *pej* [embellish] adornar. <> *vi* SEWING bordar.

embroidered [ɪm'brɔɪdəd] *adj* SEWING bordado(da).

embroidery [ɪm'brɔɪdərɪ] *n (U)* bordado *m*.

embroil [ɪm'brɔɪl] *vt*: **to get/be** ~**ed (in)** enredarse/estar enredado (en).

embryo ['embrɪəʊ] (*pl* **-s**) *n* embrión *m*; **in** ~ *fig* en estado embrionario.

embryonic [ˌembrɪ'ɒnɪk] *adj fig* en estado embrionario.

emcee [ˌem'si:] (*abbr of* **master of ceremonies**) *n inf* presentador *m*, -ra *f*.

emend [ɪ'mend] *vt* enmendar, corregir.

emerald ['emərəld] <> *adj* [colour] esmeralda *m inv*; ~ **green** verde *m* esmeralda; **the Emerald Isle** Irlanda. <> *n* [stone] esmeralda *f*.

emerge [ɪ'mɜ:dʒ] <> *vi* **-1.** [gen]: **to** ~ **(from)** salir (de) **-2.** [come into existence, become known] surgir, emerger. <> *vt*: **it** ~**d that ...** resultó que ...

emergence [ɪ'mɜ:dʒəns] *n* surgimiento *m*, aparición *f*.

emergency [ɪ'mɜ:dʒənsɪ] (*pl* **-ies**) <> *adj* [case, exit] de emergencia; [ward, services] de urgencia; [supplies] de reserva; [meeting] extraordinario(ria). <> *n* emergencia *f*.

emergency brake *n US* freno *m* de mano.

emergency exit *n* salida *f* de emergencia.

emergency landing *n* aterrizaje *m* forzoso.

emergency room *n US* (sala *f* de) urgencias *fpl*.

emergency services *npl* servicios *mpl* de urgencia.

emergency stop *n* parada *f* en seco.

emergent [ɪ'mɜ:dʒənt] *adj* pujante, emergente.

emery board ['emərɪ-] *n* lima *f* de uñas.

emetic [ɪ'metɪk] <> *adj* emético(ca). <> *n* emético *m*.

emigrant ['emɪgrənt] *n* emigrante *m OR f*.

emigrate ['emɪgreɪt] *vi*: **to** ~ **(to/from)** emigrar (a/de).

emigration [ˌemɪ'greɪʃn] *n* emigración *f*.

émigré ['emɪgreɪ] *n fml* emigrado político *m*, emigrada política *f*.

eminence ['emɪnəns] *n (U)* [prominence] eminencia *f*.

eminent ['emɪnənt] *adj* eminente.

eminently ['emɪnəntlɪ] *adv fml* eminentemente, sumamente.

emir [e'mɪə'] *n* emir *m*.

emirate ['emərət] *n* emirato *m*.

emissary ['emɪsərɪ] (*pl* **-ies**) *n fml* emisario *m*, -ria *f*.

emission [ɪ'mɪʃn] *n* emisión *f*.

emit [ɪ'mɪt] (*pt* & *pp* **-ted**, *cont* **-ting**) *vt* [gen] emitir; [smell, smoke] despedir.

emollient [ɪ'mɒlɪənt] *n* MED emoliente *m*.

emolument [ɪ'mɒljʊmənt] *n fml* emolumento *m*.

emoticon [ɪ'məʊtɪkɒn] *n* COMPUT emoticono *m*.

emotion [ɪ'məʊʃn] *n* emoción *f*.

emotional [ɪ'məʊʃənl] *adj* **-1.** [gen] emotivo(va) **-2.** [needs, problems] emocional; **to get** ~ emocionarse.

emotionally [ɪ'məʊʃnəlɪ] *adv* **-1.** [with strong feeling] emotivamente **-2.** [psychologically] emocionalmente.

emotionless [ɪ'məʊʃnlɪs] *adj* desapasionado(da).

emotive [ɪ'məʊtɪv] *adj* emotivo(va); [issue] que despierta pasiones.

empathize, -ise ['empəθaɪz] *vi*: **to** ~ **(with)** identificarse (con).

empathy ['empəθɪ] *n*: ~ **(with)** empatía *f* (con).

emperor ['empərə'] *n* emperador *m*.

emphasis ['emfəsɪs] (*pl* **-ases** [-əsi:z]) *n*: ~ **(on)** énfasis *m inv* (en); **to lay** OR **place** ~ **on** poner énfasis en, hacer hincapié en.

emphasize, -ise ['emfəsaɪz] *vt* [word, syllable] acentuar; [point, fact, feature] subrayar, hacer hincapié en; **to** ~ **that ...** subrayar que ...

emphatic [ɪm'fætɪk] *adj* [denial] rotundo(da),

categórico(ca); [victory] convincente.

emphatically [ɪmˈfætɪklɪ] *adv* -**1.** [deny] rotundamente, enfáticamente; [win] convincentemente -**2.** [certainly] ciertamente.

emphysema [ˌemfɪˈsiːmə] *n* enfisema *m*.

empire [ˈempaɪəʳ] *n* imperio *m*.

empire building *n* construcción *f* de imperios económicos.

empirical [ɪmˈpɪrɪkl] *adj* empírico(ca).

empiricism [ɪmˈpɪrɪsɪzm] *n* empirismo *m*.

employ [ɪmˈplɔɪ] *vt* -**1.** [give work to] emplear; **to be ~ed as** estar empleado de -**2.** *fml* [use] utilizar, emplear; **to ~ sthg as sthg/to do sthg** utilizar algo de algo/para hacer algo.

employable [ɪmˈplɔɪəbl] *adj* empleable.

employee [ɪmˈplɔɪiː] *n* empleado *m*, -da *f*.

employer [ɪmˈplɔɪəʳ] *n* -**1.** [individual] patrono *m*, -na *f*, empresario *m*, -ria *f* -**2.** [company]: **one of the country's biggest ~s** una de las empresas que más trabajadores tiene en el país.

employment [ɪmˈplɔɪmənt] *n* empleo *m*; **to be in ~** tener trabajo.

employment agency *n* agencia *f* de trabajo.

employment office *n* oficina *f* de empleo.

emporium [emˈpɔːrɪəm] *n* [shop] almacenes *mpl*, tienda *f* grande.

empower [ɪmˈpaʊəʳ] *vt fml*: **to be ~ed to do sthg** estar autorizado(da) a *OR* para hacer algo.

empowerment [ɪmˈpaʊəmənt] *n* capacitación *f*.

empress [ˈemprɪs] *n* emperatriz *f*.

emptiness [ˈemptɪnɪs] *(U)* *n* -**1.** [of place] soledad *f*, vacuidad *f* -**2.** [feeling] vacío *m*.

empty [ˈemptɪ] *(compar* -**ier***, superl* -**iest***, pt & pp* -**ied***, pl* -**ies***)* *adj* -**1.** [gen] vacío(a); [town] desierto(ta) -**2.** *pej* [words, threat, promise] vano(na). *◇ vt* vaciar; **to ~ sthg into sthg** vaciar algo en algo; **to ~ the water out of the bottle** vaciar de agua la botella. *◇ vi* vaciarse. *◇ n inf* casco *m*.

empty-handed [-ˈhændɪd] *adv* con las manos vacías.

empty-headed [-ˈhedɪd] *adj pej* bobo(ba).

EMS *(abbr of* **European Monetary System)** *n* SME *m*.

EMU *(abbr of* **Economic and Monetary Union)** *n* UEM *f*.

emu [ˈiːmjuː] *(pl inv OR* -**s***)* *n* [bird] emú *m*.

emulate [ˈemjʊleɪt] *vt* emular.

emulsion [ɪˈmʌlʃn] *n* -**1.**: **~ (paint)** pintura *f* al agua -**2.** *PHOT* emulsión *f*.

enable [ɪˈneɪbl] *vt* -**1.** [allow]: **to ~ sb to do sthg** permitir a alguien hacer algo -**2.** *COMPUT* ejecutar.

enact [ɪˈnækt] *vt* -**1.** *JUR* promulgar -**2.** [act] representar.

enactment [ɪˈnæktmənt] *n* *JUR* promulgación *f*.

enamel [ɪˈnæml] *n* -**1.** [gen] esmalte *m* -**2.** [paint] pintura *f* de esmalte.

enamelled *UK*, **enameled** *US* [ɪˈnæmld] *adj* esmaltado(da).

enamel paint *n* pintura *f* de esmalte.

enamoured *UK*, **enamored** *US* [ɪˈnæməd] *adj*: **~ of** [thing] entusiasmado(da) con; [person] enamorado(da) de.

en bloc [ɑːˈblɒk] *adv fml* en bloque.

enc. *(abbr of* **enclosure**, **enclosed**) *adj*.

encampment [ɪnˈkæmpmənt] *n* campamento *m*.

encapsulate [ɪnˈkæpsjʊleɪt] *vt*: **to ~ sthg (in)** sintetizar algo (en).

encase [ɪnˈkeɪs] *vt*: **~d in** revestido(da) de.

encash [ɪnˈkæʃ] *vt UK fml* cobrar, hacer efectivo.

enchanted [ɪnˈtʃɑːntɪd] *adj*: **~ (by *OR* with)** encantado(da) (con).

enchanting [ɪnˈtʃɑːntɪŋ] *adj* encantador(ra).

encircle [ɪnˈsɜːkl] *vt* rodear.

enclave [ˈenkleɪv] *n* enclave *m*.

enclose [ɪnˈkləʊz] *vt* -**1.** [surround, contain] rodear; **~d by *OR* with** rodeado de; **an ~d space** un espacio cerrado -**2.** [put in envelope] adjuntar; **please find ~d ...** envío adjunto ...

enclosure [ɪnˈkləʊʒəʳ] *n* -**1.** [place] recinto *m* (vallado) -**2.** [in letter] anexo *m*, documento *m* adjunto.

encompass [ɪnˈkʌmpəs] *vt fml* -**1.** [include] abarcar -**2.** [surround] rodear.

encore [ˈɒŋkɔːʳ] *◇ n* bis *m*. *◇ excl* ¡otra!

encounter [ɪnˈkaʊntəʳ] *◇ n* encuentro *m*. *◇ vt fml* encontrarse con.

encourage [ɪnˈkʌrɪdʒ] *vt* -**1.** [give confidence to]: **to ~ sb (to do sthg)** animar a alguien (a hacer algo) -**2.** [foster] fomentar.

encouragement [ɪnˈkʌrɪdʒmənt] *n* [confidence boosting] ánimo *m*, aliento *m*; [fostering] fomento *m*.

encouraging [ɪnˈkʌrɪdʒɪŋ] *adj* alentador(ra), esperanzador(ra).

encroach [ɪnˈkrəʊtʃ] *vi*: **to ~ on *OR* upon** [rights, territory] usurpar; [privacy, time] invadir.

encrusted [ɪnˈkrʌstɪd] *adj*: **~ with** incrustado(da) de.

encrypt [ɪnˈkrɪpt] *vt* *COMPUT* encriptar.

encumber [ɪnˈkʌmbəʳ] *vt fml*: **to be ~ed with** tener que cargar con.

encyclop(a)edia [ɪnˌsaɪkləˈpiːdjə] *n* enciclopedia *f*.

encyclop(a)edic [ɪnˌsaɪklə'pi:dɪk] *adj* enci-
clopédico(ca).

end [end] ◇ *n* -**1**. [last part, finish] fin *m*, final *m*;
at the ~ of May/1992 a finales de mayo/1992;
at the ~ of the week al final de la semana; **my
patience is at an ~** se me está agotando la
paciencia; **to be at the ~ of one's tether** *UK OR*
rope *US* estar hasta la coronilla; **to bring sthg
to an ~** poner fin a algo; **to come to an ~**
llegar a su fin; **'the ~'** [in films] 'FIN'; **to put an
~ to sthg** poner fin a algo; **at the ~ of the day**
fig a fin de cuentas, al fin y al cabo; **in the ~** al
final -**2**. [of two-ended thing] extremo *m*; [of
pointed thing] punta *f*; [of stadium] fondo *m*; [of
phone line] lado *m*; **~ to ~** extremo con
extremo; **to turn sthg on its ~** poner algo
boca abajo; **cigarette ~** colilla *f* -**3**. *fml* [purpose]
fin *m*, objetivo *m*; **an ~ in itself** un fin en sí
mismo -**4**. *literary* [death] final *m*. ◇ *vt*
terminar; **to ~ sthg (with)** terminar algo
(con). ◇ *vi* [finish] acabarse, terminarse; **to ~
in/with** acabar en/con, terminar en/con.

➤ **no end** *adv inf*: **it cheered me up no ~** me
alegró un montón.

➤ **no end of** *prep inf* la mar de.

➤ **on end** *adv* -**1**. [upright - hair] de punta;
[- object] de pie -**2**. [continuously]: **for days on ~**
durante días y días.

➤ **end up** *vi* acabar, terminar; **to ~ up
doing sthg** acabar por hacer algo/haciendo
algo, terminar por hacer algo/haciendo algo;
to ~ up in ir a parar a.

endanger [ɪn'deɪndʒə^r] *vt* poner en peligro.

endangered species [ɪn'deɪndʒəd-] *n* especie *f* en peligro de extinción.

endear [ɪn'dɪə^r] *vt*: **to ~ sb to sb** hacer que
alguien congenie con alguien; **to ~ o.s. to sb**
hacerse querer por alguien.

endearing [ɪn'dɪərɪŋ] *adj* atrayente, simpáti-
co(ca).

endearment [ɪn'dɪəmənt] *n*: **term of ~** palabra *f* tierna *OR* cariñosa.

endeavour *UK*, **endeavor** *US* [ɪn'devə^r] *fml*
◇ *n* esfuerzo *m*. ◇ *vt*: **to ~ to do sthg**
procurar hacer algo.

endemic [en'demɪk] *adj lit* & *fig* endémi-
co(ca).

ending ['endɪŋ] *n* final *m*, desenlace *m*.

endive ['endaɪv] *n* -**1**. [curly lettuce] escarola *f* -**2**.
[chicory] endibia *f*, achicoria *f*.

endless ['endlɪs] *adj* [gen] interminable; [pa-
tience, resources] inagotable.

endlessly ['endlɪslɪ] *adv* interminablemente;
[patient, kind] infinitamente.

endorse [ɪn'dɔ:s] *vt* -**1**. [approve] apoyar, respaldar -**2**. [cheque] endosar -**3**. *UK AUT*: **to ~ sb's**
driving licence hacer constar una sanción en
el carnet de conducir de alguien.

endorsement [ɪn'dɔ:smənt] *n* -**1**. [approval]
apoyo *m*, respaldo *m* -**2**. [of cheque] endoso *m*
-**3**. *UK* [on driving licence] *nota de sanción que
consta en el carnet de conducir*.

endow [ɪn'daʊ] *vt* -**1**. *fml* [equip]: **to be ~ed
with** estar dotado(da) de -**2**. [donate money
to] donar fondos a.

endowment [ɪn'daʊmənt] *n* -**1**. *fml* [ability] dote
f -**2**. [gift of money] donación *f*.

endowment insurance *n* seguro *m* de
vida mixto.

endowment mortgage *n* hipoteca-inver-
sión *f*, *hipoteca mixta en la que se pagan los
plazos a un seguro de vida y los intereses al
acreedor*.

end product *n* producto *m* final.

end result *n* resultado *m* final.

endurable [ɪn'djʊərəbl] *adj* tolerable.

endurance [ɪn'djʊərəns] *n* resistencia *f*.

endurance test *n* prueba *f* de resistencia.

endure [ɪn'djʊə^r] *vt* soportar, aguantar.
◇ *vi fml* perdurar.

enduring [ɪn'djʊərɪŋ] *adj fml* perdurable.

end user *n* COMPUT usuario *m* final.

endways ['endweɪz] *adv* -**1**. [not sideways] de
frente -**2**. [with ends touching] extremo con
extremo.

enema ['enɪmə] *n* enema *m*.

enemy ['enɪmɪ] (*pl* -**ies**) ◇ *n* enemigo *m*, -ga *f*.
◇ *comp* enemigo(ga).

energetic [ˌenə'dʒetɪk] *adj* -**1**. [lively, physically tax-
ing] enérgico(ca) -**2**. [enthusiastic] activo(va),
vigoroso(sa).

energy ['enədʒɪ] (*pl* -**ies**) *n* energía *f*.

energy-saving *adj* ahorrador(ra) de energía.

enervate ['enəveɪt] *vt fml* enervar, debilitar.

enervating ['enəveɪtɪŋ] *adj fml* enervante.

enfold [ɪn'fəʊld] *vt literary*: **to ~ sthg/sb (in)**
envolver algo/a alguien (en).

enforce [ɪn'fɔ:s] *vt* [law] hacer cumplir, aplicar;
[standards] imponer.

enforceable [ɪn'fɔ:səbl] *adj* aplicable.

enforced [ɪn'fɔ:st] *adj* forzoso(sa).

enforcement [ɪn'fɔ:smənt] *n* aplicación *f*.

enfranchise [ɪn'fræntʃaɪz] *vt* -**1**. [give vote to]
conceder el derecho a votar a -**2**. [set free]
manumitir.

engage [ɪn'geɪdʒ] ◇ *vt* -**1**. [attract] atraer; **to
~ sb in conversation** entablar conversación
con alguien -**2**. [TECH - clutch] pisar; [- gear]
meter -**3**. *fml* [employ] contratar; **to be ~d in**
OR **on** dedicarse a, estar ocupado(da) en. ◇

vi [be involved]: **to ~ in** [gen] dedicarse a; [conversation] entablar.

engaged [ɪnˈgeɪdʒd] *adj* **-1.** [to be married]: **~ (to)** prometido(da) (con); **to get ~** prometerse **-2.** [busy, in use] ocupado(da); **~ in sthg** ocupado en algo **-3.** *TELEC* comunicando.

engaged tone *n UK* señal *f* de comunicando.

engagement [ɪnˈgeɪdʒmənt] *n* **-1.** [to be married] compromiso *m*; [period] noviazgo *m* **-2.** [appointment] cita *f*, compromiso *m*.

engagement ring *n* anillo *m* de compromiso.

engaging [ɪnˈgeɪdʒɪŋ] *adj* atractivo(va).

engender [ɪnˈdʒendəʳ] *vt fml* engendrar.

engine [ˈendʒɪn] *n* **-1.** [of vehicle] motor *m* **-2.** *RAIL* locomotora *f*, máquina *f*.

engine driver *n UK* maquinista *m OR f*.

engineer [ˌendʒɪˈnɪəʳ] *n* **-1.** [gen] ingeniero *m*, -ra *f* **-2.** *US* [engine driver] maquinista *m OR f*. ◇ *vt* **-1.** [construct] construir **-2.** [contrive] tramar.

engineering [ˌendʒɪˈnɪərɪŋ] *n* ingeniería *f*.

England [ˈɪŋglənd] *n* Inglaterra *f*.

English [ˈɪŋglɪʃ] ◇ *adj* inglés(esa). ◇ *n* [language] inglés *m*. ◇ *npl* [people]: **the ~** los ingleses.

English breakfast *n* desayuno *m* inglés.

ENGLISH BREAKFAST

El desayuno tradicional inglés consiste en un plato caliente (huevos con jamón, por ejemplo), cereales o *porridge* (especie de gachas de avena) y tostadas con mermelada de naranja, todo ello acompañado de café o té; actualmente se tiende a sustituirlo por algo más ligero.

English Channel *n*: **the ~** el canal de la Mancha.

Englishman [ˈɪŋglɪʃmən] (*pl* **-men** [-mən]) *n* inglés *m*.

English muffin *n US* ≃ bollo *m*.

Englishwoman [ˈɪŋglɪʃˌwʊmən] (*pl* **-women** [-ˌwɪmɪn]) *n* inglesa *f*.

engrave [ɪnˈgreɪv] *vt lit & fig*: **to ~ sthg (on)** grabar algo (en).

engraver [ɪnˈgreɪvəʳ] *n* grabador *m*, -ra *f*.

engraving [ɪnˈgreɪvɪŋ] *n* grabado *m*.

engrossed [ɪnˈgrəʊst] *adj*: **to be ~ (in)** estar absorto(ta) (en).

engrossing [ɪnˈgrəʊsɪŋ] *adj* absorbente.

engulf [ɪnˈgʌlf] *vt*: **to be ~ed in** [flames etc] verse devorado(da) por; [fear, despair] verse sumido(da) en.

enhance [ɪnˈhɑːns] *vt* [gen] aumentar, acre-

centar; [status, position] elevar; [beauty] realzar.

enhancement [ɪnˈhɑːnsmənt] *n* [gen] aumento *m*; [of status, position] elevación *f*; [of beauty] realce *m*.

enigma [ɪˈnɪgmə] *n* enigma *m*.

enigmatic [ˌenɪgˈmætɪk] *adj* enigmático(ca).

enjoy [ɪnˈdʒɔɪ] ◇ *vt* **-1.** [like] disfrutar de; **did you ~ the film/book?** ¿te gustó la película/el libro?; **she ~s reading** le gusta leer; **~ your meal!** ¡que aproveche!, ¡buen provecho!; **to ~ o.s.** pasarlo bien, divertirse **-2.** *fml* [possess] gozar *OR* disfrutar de. ◇ *vi US*: **~** ! [enjoy yourself] ¡que lo pases bien!; [before meal] ¡que aproveche!

enjoyable [ɪnˈdʒɔɪəbl] *adj* agradable.

enjoyment [ɪnˈdʒɔɪmənt] *n* **-1.** [pleasure] placer *m* **-2.** [possession] disfrute *m*, posesión *f*.

enlarge [ɪnˈlɑːdʒ] *vt* [gen, *PHOT* & *POL*] ampliar.

◆ **enlarge (up)on** *vt fus* ampliar, explicar con detalle.

enlargement [ɪnˈlɑːdʒmənt] *n* [gen, *PHOT* & *POL*] ampliación *f*.

enlighten [ɪnˈlaɪtn] *vt fml* aclarar, iluminar.

enlightened [ɪnˈlaɪtnd] *adj* amplio(plia) de miras.

enlightening [ɪnˈlaɪtnɪŋ] *adj* instructivo(va), informativo(va).

enlightenment [ɪnˈlaɪtnmənt] *n (U)* aclaración *f*.

◆ **Enlightenment** *n*: **the Enlightenment** la Ilustración.

enlist [ɪnˈlɪst] ◇ *vt* **-1.** [person] alistar, reclutar **-2.** [support] obtener. ◇ *vi MIL*: **to ~ (in)** alistarse (en).

enlisted man [ɪnˈlɪstɪd-] *n US* recluta *m*.

enliven [ɪnˈlaɪvn] *vt* avivar, animar.

en masse [ˌɒnˈmæs] *adv* en masa.

enmeshed [ɪnˈmeʃt] *adj*: **to be ~ in** estar enredado(da) en.

enmity [ˈenmətɪ] (*pl* **-ies**) *n* enemistad *f*.

ennoble [ɪˈnəʊbl] *vt* ennoblecer.

enormity [ɪˈnɔːmətɪ] *n* [extent] enormidad *f*.

enormous [ɪˈnɔːməs] *adj* enorme.

enormously [ɪˈnɔːməslɪ] *adv* enormemente.

enough [ɪˈnʌf] ◇ *adj* bastante, suficiente; **do you have ~ glasses?** ¿tienes suficientes vasos? ◇ *pron* bastante; **is this ~ ?** ¿basta con eso?; **more than ~** más que suficiente; **that's ~** [sufficient] ya está bien; **~ is ~** ya basta, ya está bien; **that's ~ (of that)!** ¡basta ya!; **to have had ~ (of)** [expressing annoyance] estar harto (de). ◇ *adv* bastante, suficientemente; **I was stupid ~ to believe him** fui lo bastante tonto como para creerle; **he was good ~ to lend me his car** *fml* tuvo la bondad de dejarme su coche;

strangely ~ curiosamente.

enquire [ɪnˈkwaɪəʳ] *vi* [ask for information] informarse, pedir información; **to ~ about sthg** informarse de algo; **to ~ when/how/whether ...** preguntar cuándo/cómo/si ...
➤ **enquire after** *vt fus* preguntar por.
➤ **enquire into** *vt fus* investigar.

enquiry [ɪnˈkwaɪərɪ] (*pl* -**ies**) *n* -**1.** [question] pregunta *f*; **'Enquiries'** 'Información' -**2.** [investigation] investigación *f*.

enraged [ɪnˈreɪdʒd] *adj* enfurecido(da).

enrich [ɪnˈrɪtʃ] *vt* enriquecer; [soil] fertilizar.

enrol *UK* (*pt & pp* -**led**, *cont* -**ling**), **enroll** *US* [ɪnˈrəʊl] <> *vt* matricular. <> *vi*: **to ~ (on)** matricularse (en).

enrolment *UK*, **enrollment** *US* [ɪnˈrəʊlmənt] *n* (*U*) matrícula *f*, inscripción *f*.

en route [ˌɒnˈruːt] *adv*: **~ (from/to)** en el camino (de/a).

ensconced [ɪnˈskɒnst] *adj fml*: **~ (in)** repantigado(da) *OR* arrellanado(da) (en).

enshrine [ɪnˈʃraɪn] *vt*: **to be ~d in sthg** estar amparado(da) *OR* salvaguardado(da) por algo.

ensign [ˈensaɪn] *n* -**1.** [flag] bandera *f*, enseña *f* -**2.** *US* [sailor] ≃ alférez *m* de fragata.

enslave [ɪnˈsleɪv] *vt* esclavizar.

ensue [ɪnˈsjuː] *vi fml* seguir; [war] sobrevenir.

ensuing [ɪnˈsjuːɪŋ] *adj fml* subsiguiente.

en suite [ɑ̃ˈswiːt] *adj*: **with an ~ bathroom** con cuarto de baño privado.

ensure [ɪnˈʃʊəʳ] *vt*: **to ~ (that)** asegurar que.

ENT (*abbr of* **Ear, Nose & Throat**) *n* otorrinolaringología *f*.

entail [ɪnˈteɪl] *vt* [involve] conllevar, suponer.

entangled [ɪnˈtæŋgld] *adj* -**1.** [gen]: **to be ~ (in)** estar enredado(da) (en) -**2.** [emotionally]: **to be ~ with sb** tener un lío con alguien.

entanglement [ɪnˈtæŋglmənt] *n* [emotional] lío *m*.

enter [ˈentəʳ] <> *vt* -**1.** [gen] entrar en -**2.** [join - profession, parliament] ingresar en; [- university] matricularse en; [- army, navy] alistarse en -**3.** [become involved in - politics etc] meterse en; [- race, examination etc] inscribirse en -**4.** [register]: **to ~ sthg/sb for sthg** inscribir algo/a alguien en algo -**5.** [write down] anotar, apuntar -**6.** [appear in] presentarse *OR* aparecer en -**7.** *COMPUT* introducir. <> *vi* -**1.** [come or go in] entrar -**2.** [participate]: **to ~ (for sthg)** inscribirse (en algo).
➤ **enter into** *vt fus* entrar en; [agreement] comprometerse a; [conversation, negotiations] entablar.

enteritis [ˌentəˈraɪtɪs] *n* enteritis *f inv*.

enter key *n COMPUT* tecla *f* enter.

enterprise [ˈentəpraɪz] *n* -**1.** [project, company] empresa *f* -**2.** [initiative] iniciativa *f*.

enterprise culture *n* cultura *f* empresarial.

enterprise zone *n* zona del Reino Unido donde se fomenta la actividad industrial y empresarial.

enterprising [ˈentəpraɪzɪŋ] *adj* emprendedor(ra).

entertain [ˌentəˈteɪn] <> *vt* -**1.** [amuse] divertir, entretener -**2.** [invite] recibir (en casa) -**3.** *fml* [idea, proposal] considerar -**4.** *fml* [hopes, ambitions] abrigar. <> *vi* -**1.** [amuse] divertir, entretener -**2.** [have guests] recibir.

entertainer [ˌentəˈteɪnəʳ] *n* artista *m OR f*.

entertaining [ˌentəˈteɪnɪŋ] <> *adj* divertido(da), entretenido(da). <> *n* (*U*): **she does a lot of ~** siempre tiene invitados en casa.

entertainment [ˌentəˈteɪnmənt] <> *n* -**1.** (*U*) [amusement] diversión *f*, entretenimiento *m*, entretención *f Amér* -**2.** [show] espectáculo *m*. <> *comp* del espectáculo.

entertainment allowance *n* gastos *mpl* de representación.

enthral (*pt & pp* -**led**, *cont* -**ling**), **enthrall** *US* [ɪnˈθrɔːl] *vt* cautivar, embelesar.

enthralling [ɪnˈθrɔːlɪŋ] *adj* cautivador(ra).

enthrone [ɪnˈθrəʊn] *vt fml* entronizar.

enthuse [ɪnˈθjuːz] *vi*: **to ~ (about)** entusiasmarse (por).

enthusiasm [ɪnˈθjuːzɪæzm] *n* -**1.** [passion, eagerness]: **~ (for)** entusiasmo *m* (por) -**2.** [interest] pasión *f*, interés *m*.

enthusiast [ɪnˈθjuːzɪæst] *n* entusiasta *m OR f*.

enthusiastic [ɪnˌθjuːzɪˈæstɪk] *adj* [person] entusiasta; [cry, response] entusiástico(ca).

enthusiastically [ɪnˌθjuːzɪˈæstɪklɪ] *adv* con entusiasmo.

entice [ɪnˈtaɪs] *vt* seducir, atraer; **nothing could ~ me to do that** no haría eso de ninguna manera.

enticing [ɪnˈtaɪsɪŋ] *adj* tentador(ra), atractivo(va).

entire [ɪnˈtaɪəʳ] *adj* entero(ra); **the ~ evening** toda la noche.

entirely [ɪnˈtaɪəlɪ] *adv* completamente; **I'm not ~ sure** no estoy del todo seguro.

entirety [ɪnˈtaɪrətɪ] *n fml*: **in its ~** en su totalidad.

entitle [ɪnˈtaɪtl] *vt* [allow]: **to ~ sb to sthg** dar a alguien derecho a algo; **to ~ sb to do sthg** autorizar a alguien a hacer algo.

entitled [ɪnˈtaɪtld] *adj* -**1.** [allowed]: **to be ~ to sthg/to do sthg** tener derecho a algo/a hacer algo -**2.** [book, song, film] titulado(da).

entitlement [ɪnˈtaɪtlmənt] *n* derecho *m*.

entity ['entətɪl (*pl* **-ies**) *n* entidad *f.*

entomology [,entə'mɒlədʒɪ] *n* entomología *f.*

entourage [,ɒntʊ'rɑ:ʒl *n* séquito *m.*

entrails ['entreɪlz] *npl* entrañas *fpl.*

entrance [*n* 'entrəns, *vb* ɪn'trɑ:ns] ⟨⟩ *n*: ~ (to) entrada *f* (a OR de); **to gain ~ to** *fml* [building] lograr acceso a; [society, university] lograr el ingreso en. ⟨⟩ *vt* encantar, hechizar.

entrance examination *n* examen *m* de ingreso.

entrance fee *n* [for museum] (precio *m* de) entrada *f.*

entrancing [ɪn'trɑ:nsɪŋl *adj* encantador(ra), cautivador(ra).

entrant ['entrəntl *n* participante *m* OR *f.*

entreat [ɪn'tri:tl *vt*: **to ~ sb (to do sthg)** suplicar OR rogar a alguien (que haga algo).

entreaty [ɪn'tri:tɪl (*pl* **-ies**) *n* ruego *m*, súplica *f.*

entreé ['ntreɪ] *n US* [main course] plato *m* principal.

entrepreneur [,ɒntrəprə'nɜ:ʳ] *n* empresario *m*, -ria *f.*

entrepreneurial [,ɒntrəprə'nɜ:rɪəll *adj* empresarial.

entrust [ɪn'trʌstl *vt*: **to ~ sthg to sb, to ~ sb with sthg** confiar algo a alguien.

entry ['entrɪl (*pl* **-ies**) *n* **-1.** [gen]: ~ (**into**) entrada *f* (en); **no ~** se prohíbe la entrada, prohibido el paso **-2.** *fig* [joining - of group, society] ingreso *m* **-3.** [in competition] participante *m* OR *f* **-4.** [in diary] anotación *f*; [in ledger] partida *f.*

entry fee *n* [for competition] cuota *f* de inscripción.

entry form *n* boleto *m* OR impreso *m* de inscripción.

entry phone *n UK* portero *m* automático.

entryway ['entrɪ,weɪl *n US* camino *m* de entrada.

entwine [ɪn'twaɪn] ⟨⟩ *vt* entrelazar. ⟨⟩ *vi* entrelazarse.

E number *n* número *m* E.

enumerate [ɪ'nju:məreɪtl *vt* enumerar.

enunciate [ɪ'nʌnsɪeɪtl ⟨⟩ *vt* **-1.** [word] pronunciar **-2.** [idea, plan] enunciar. ⟨⟩ *vi* vocalizar.

envelop [ɪn'veləpl *vt*: **to ~ sthg/sb in** envolver algo/a alguien en.

envelope ['envələʊpl *n* sobre *m.*

enviable ['envɪəbll *adj* envidiable.

envious ['envɪəsl *adj* [person] envidioso(sa); [look] de envidia; **to be ~ of** tener envidia de.

enviously ['envɪəslɪl *adv* con envidia.

environment [ɪn'vaɪərənməntl *n* **-1.** [natural world]: **the ~** el medio ambiente; **Department of the Environment** *UK* ministerio *m* del medio ambiente **-2.** [surroundings] entorno *m* **-3.** [atmosphere] ambiente *m* **-4.** *COMPUT* entorno *m.*

environmental [ɪn,vaɪərən'mentll *adj* **-1.** [gen] medioambiental, ambiental; ~ **pollution** contaminación *f* del medio ambiente **-2.** [group, campaigner] ecologista.

environmentalist [ɪn,vaɪərən'mentəlɪstl *n* ecologista *m* OR *f.*

environmentally [ɪn,vaɪərən'mentəlɪl *adv* ecológicamente; ~ **friendly** ecológico(ca), que no daña al medio ambiente.

Environmental Protection Agency *n US* agencia gubernamental de protección medioambiental.

environs [ɪn'vaɪərənzl *npl* alrededores *mpl.*

envisage [ɪn'vɪzɪdʒl, **envision** *US* [ɪn'vɪʒnl *vt* prever.

envoy ['envɔɪl *n* enviado *m*, -da *f.*

envy ['envɪl (*pt* & *pp* **-ied**) ⟨⟩ *n* envidia *f*; **to be the ~ of** ser la envidia de; **to be green with ~** estar muerto de envidia. ⟨⟩ *vt*: **to ~ (sb sthg)** envidiar (algo a alguien).

enzyme ['enzaɪml *n* enzima *f.*

EOC *n abbr of* **Equal Opportunities Commission.**

eon *US* = **aeon.**

EP (*abbr of* **extended-play**) *n MUS* EP *m.*

EPA *n abbr of* **Environmental Protection Agency.**

epaulet(te) ['epə'letl *n* charretera *f.*

ephemeral [ɪ'femərəll *adj* efímero(ra).

epic ['epɪkl ⟨⟩ *adj* épico(ca). ⟨⟩ *n* [poem, work] epopeya *f*; [film] película *f* épica.

epicentre *UK*, **epicenter** *US* ['epɪsentəʳl *n* epicentro *m.*

epidemic [,epɪ'demɪkl *n* epidemia *f.*

epidural [,epɪ'djʊərəll *n* epidural *f.*

epigram ['epɪgræml *n* epigrama *m.*

epilepsy ['epɪlepsɪl *n* epilepsia *f.*

epileptic [,epɪ'leptɪkl ⟨⟩ *adj* epiléptico(ca). ⟨⟩ *n* epiléptico *m*, -ca *f.*

epilogue *UK*, **epilog** *US* ['epɪlɒgl *n* epílogo *m.*

Epiphany [ɪ'pɪfənɪl *n* Epifanía *f.*

episcopal [ɪ'pɪskəpll *adj* [of bishop] episcopal.

episode ['epɪsəʊdl *n* **-1.** [event] episodio *m* **-2.** [of story, TV series] capítulo *m.*

episodic [,epɪ'sɒdɪkl *adj* episódico(ca).

epistle [ɪ'pɪsll *n* epístola *f.*

epitaph ['epɪtɑ:fl *n* epitafio *m.*

epithet ['epɪθetl *n* epíteto *m.*

epitome [ɪ'pɪtəmɪl *n*: **the ~ of** [person] la personificación de; [thing] el vivo ejemplo de.

epitomize, -ise [ɪ'pɪtəmaɪzl *vt* [subj: person] personificar; [subj: thing] representar el paradigma de.

epoch ['i:pɒk] *n* época *f*.

epoch-making *adj* histórico(ca), que hace época.

eponymous [ɪ'pɒnɪməs] *adj* epónimo(ma).

EPOS ['i:pɒs] (*abbr of* **electronic point of sale**) *n* punto de venta electrónica.

EPROM ['i:prɒm] (*abbr of* **erasable programmable read only memory**) *n* COMPUT eprom *f*.

equable ['ekwəbl] *adj* [calm, reasonable] ecuánime.

equal ['i:kwəl] (*UK pt* & *pp* **-led**, *cont* **-ling**, *US pt* & *pp* **-ed**, *cont* **-ing**) <> *adj* igual; ~ **to** [sum] igual a; ~ **rights** igualdad de derechos; **on** ~ **terms** en igualdad de condiciones; **to be** ~ **to** [task etc] estar a la altura de. <> *n* igual *m* OR *f*; **to treat sb as an** ~ tratar a alguien de igual a igual. <> *vt* **-1.** MATH ser igual a **-2.** [person, quality] igualar.

equality [i:'kwɒlətɪ] *n* igualdad *f*.

equalize, -ise ['i:kwəlaɪz] <> *vt* igualar. <> *vi* SPORT empatar.

equalizer ['i:kwəlaɪzə'] *n* SPORT gol *m* del empate.

equally ['i:kwəlɪ] *adv* **-1.** [gen] igualmente; ~ **important** igual de importante **-2.** [share, divide] a partes iguales, por igual **-3.** [just as likely] de igual modo.

equal opportunities *npl* igualdad *f* de oportunidades.

Equal Opportunities Commission *n* organismo gubernamental británico contra la discriminación sexual.

equal(s) sign *n* signo *m* de igualdad.

equanimity [ˌekwə'nɪmətɪ] *n* ecuanimidad *f*.

equate [ɪ'kweɪt] *vt*: **to** ~ **sthg with** equiparar algo con.

equation [ɪ'kweɪʒn] *n* ecuación *f*.

equator [ɪ'kweɪtə'] *n*: **the** ~ el ecuador.

equatorial [ˌekwə'tɔːrɪəl] *adj* ecuatorial.

Equatorial Guinea *n* Guinea Ecuatorial *f*.

equestrian [ɪ'kwestrɪən] *adj* ecuestre.

equidistant [ˌi:kwɪ'dɪstənt] *adj*: ~ **(from)** equidistante (de).

equilateral triangle [ˌi:kwɪ'lætərəl-] *n* triángulo *m* equilátero.

equilibrium [ˌi:kwɪ'lɪbrɪəm] *n* equilibrio *m*.

equine ['ekwaɪn] *adj* equino(na).

equinox ['i:kwɪnɒks] *n* equinoccio *m*.

equip [ɪ'kwɪp] (*pt* & *pp* **-ped**, *cont* **-ping**) *vt* **-1.** [provide with equipment]: **to** ~ **sthg (with)** equipar algo (con); **to** ~ **sb (with)** proveer a alguien (de) **-2.** [prepare]: **to be equipped for** estar preparado(da) para.

equipment [ɪ'kwɪpmənt] *n* (U) equipo *m*.

equitable ['ekwɪtəbl] *adj* equitativo(va).

equity ['ekwətɪ] *n* (U) FIN [of company] capital *m* social; [of shareholders] fondos *mpl* propios.
➤ **equities** *npl* ST EX acciones *fpl* ordinarias.

equivalent [ɪ'kwɪvələnt] <> *adj* equivalente; **to be** ~ **to** equivaler a. <> *n* equivalente *m*.

equivocal [ɪ'kwɪvəkl] *adj* equívoco(ca).

equivocate [ɪ'kwɪvəkeɪt] *vi* andarse con ambigüedades.

er [ɜː'] *excl* ¡ejem!

ER <> *n* US (*abbr of* **Emergency Room**) (*sala f* de) urgencias *fpl*. <> (*abbr of* **Elizabeth Regina**) emblema de la reina Isabel.

era ['ɪərə] (*pl* **-s**) *n* era *f*, época *f*.

ERA ['ɪərə] (*abbr of* **Equal Rights Amendment**) *n* ley estadounidense de igualdad de derechos para las mujeres.

eradicate [ɪ'rædɪkeɪt] *vt* erradicar.

eradication [ɪˌrædɪ'keɪʃn] *n* erradicación *f*.

erase [ɪ'reɪz] *vt* lit & fig borrar.

eraser [ɪ'reɪzə'] *n esp* US goma *f* de borrar.

erect [ɪ'rekt] <> *adj* **-1.** [person, posture] erguido(da) **-2.** [penis] erecto(ta). <> *vt* **-1.** [building, statue] erigir, levantar **-2.** [tent] montar.

erection [ɪ'rekʃn] *n* **-1.** (U) [of building, statue] construcción *f* **-2.** [erect penis] erección *f*.

ergonomic [ˌɜːgə'nɒmɪk] *adj* ergonómico(ca).

ergonomics [ˌɜːgə'nɒmɪks] *n* ergonomía *f*.

Eritrea [ˌerɪ'treɪə] *n* Eritrea.

Eritrean [ˌerɪ'treɪən] <> *adj* eritreo(a). <> *n* eritreo *m*, -a *f*.

ERM (*abbr of* **Exchange Rate Mechanism**) *n* mecanismo de tipos de cambio del SME.

ermine ['ɜːmɪn] *n* armiño *m*.

erode [ɪ'rəʊd] <> *vt* **-1.** [rock, soil] erosionar; [metal] desgastar **-2.** [confidence, rights] mermar. <> *vi* **-1.** [rock, soil] erosionarse; [metal] desgastarse **-2.** [confidence, rights] mermarse.

erogenous zone [ɪ'rɒdʒnəs-] *n* zona *f* erógena.

erosion [ɪ'rəʊʒn] *n* **-1.** [of rock, soil] erosión *f*; [of metal] desgaste *m* **-2.** [of confidence, rights] merma *f*.

erotic [ɪ'rɒtɪk] *adj* erótico(ca).

eroticism [ɪ'rɒtɪsɪzm] *n* erotismo *m*.

err [ɜː'] *vi* equivocarse, errar; **to** ~ **is human** errar es humano; **to** ~ **on the side of caution** pecar de prudente.

errand ['erənd] *n* recado *m*, mandado *m*; **to go on** OR **run an** ~ hacer un recado.

errand boy *n* recadero *m*, chico *m* de los recados, mandadero *m* RP, chico *m* de los mandados *Amér*, junior *m Chile*.

erratic [ɪ'rætɪk] *adj* irregular.

erroneous [ɪ'rəʊnjəs] *adj fml* erróneo(a).

error ['erə'] *n* error *m*; **to make an ~** cometer un error; **spelling ~** falta *f* de ortografía; **~ of judgment** error de cálculo; **in ~** por equivocación.

error message *n* COMPUT mensaje *m* de error.

erstwhile ['ɜːstwaɪl] *adj literary* antiguo(gua).

erudite ['eruːdaɪt] *adj* erudito(ta).

erupt [ɪ'rʌpt] *vi* [volcano] entrar en erupción; *fig* [violence, war] estallar.

eruption [ɪ'rʌpʃn] *n* **-1.** [of volcano] erupción *f* **-2.** [of violence, war] estallido *m*, explosión *f*.

ESA (*abbr of* **European Space Agency**) *n* ESA *f*.

escalate ['eskəleɪt] *vi* **-1.** [conflict] intensificarse **-2.** [costs] ascender, incrementarse.

escalation [,eskə'leɪʃn] *n* **-1.** [of conflict, violence] intensificación *f*, escalada *f* **-2.** [of costs] ascenso *m*, incremento *m*.

escalator ['eskəleɪtə'] *n* escalera *f* mecánica.

escapade [,eskə'peɪd] *n* aventura *f*.

escape [ɪ'skeɪp] ◇ *n* **-1.** [gen] fuga *f* **-2.** [leakage - of gas, water] escape *m*. ◇ *vt* **-1.** [avoid] escapar a, eludir; **to ~ notice** pasar inadvertido(da) **-2.** [subj: fact, name]: **her name ~s me right now** ahora mismo no caigo en su nombre. ◇ *vi* **-1.** [gen]: **to ~ (from)** escaparse (de) **-2.** [survive] escapar.

escape clause *n* cláusula *f* de escape.

escape key *n* COMPUT tecla *f* de escape.

escape route *n* **-1.** [from prison] vía *f* de escape **-2.** [from fire] salida *f* de emergencia.

escapism [ɪ'skeɪpɪzm] *n* (U) escapismo *m*, evasión *f*.

escapist [ɪ'skeɪpɪst] *adj* de evasión.

escapologist [,eskə'pɒlədʒɪst] *n* escapista *m* OR *f*.

escarpment [ɪ'skɑːpmənt] *n* escarpa *f*.

eschew [ɪs'tʃuː] *vt* fml evitar.

escort [*n* 'eskɔːt, *vb* ɪ'skɔːt] ◇ *n* **-1.** [guard] escolta *f*; **under ~** bajo escolta **-2.** [companion] acompañante *m* OR *f*. ◇ *vt* escoltar; **to ~ sb home** acompañar a alguien a casa.

escort agency *n* agencia *f* de acompañantes.

Eskimo ['eskɪməʊ] (*pl* -s) ◇ *adj* esquimal. ◇ *n* **-1.** [person] esquimal *m* OR *f* **-2.** [language] esquimal *m*.

ESL (*abbr of* **English as a Second Language**) *n* inglés como segunda lengua.

esophagus US = **oesophagus**.

esoteric [,esə'terɪk] *adj* esotérico(ca).

esp. (*abbr of* **especially**) esp.

ESP *n* **-1.** (*abbr of* **extrasensory perception**) percepción *f* extrasensorial **-2.** (*abbr of* **English for special purposes**) inglés especializado.

espadrille [,espə'drɪl] *n* alpargata *f*.

especially [ɪ'speʃəlɪ] *adv* **-1.** [more than usually, specifically] especialmente **-2.** [in particular] sobre todo.

Esperanto [,espə'ræntəʊ] *n* esperanto *m*.

espionage ['espɪə,nɑːʒ] *n* espionaje *m*.

esplanade [,esplə'neɪd] *n* paseo *m* marítimo.

espouse [ɪ'spaʊz] *vt* apoyar.

espresso [e'spresəʊ] (*pl* -s) *n* café *m* exprés.

Esq. (*abbr of* **esquire**) D.; **James Roberts, ~** D. James Roberts.

Esquire [ɪ'skwaɪə'] *n* Sr. Don; **B. Jones ~** Sr. Don B. Jones.

essay ['eseɪ] *n* **-1.** SCH redacción *f*, composición *f*; UNIV trabajo *m* **-2.** LITER ensayo *m*.

essayist ['eseɪɪst] *n* ensayista *m* OR *f*.

essence ['esns] *n* esencia *f*; **in ~** esencialmente.

essential [ɪ'senʃl] *adj* **-1.** [absolutely necessary]: **~ (to** OR **for)** esencial OR indispensable (para) **-2.** [basic] fundamental, esencial.

➤ **essentials** *npl* **-1.**: **the ~s** [basic commodities] lo indispensable **-2.** [most important elements] los elementos esenciales.

essential oil *n* aceite *m* esencial.

essentially [ɪ'senʃəlɪ] *adv* [basically] esencialmente.

est. -1. *abbr of* **established -2.** *abbr of* **estimated**.

EST (*abbr of* **Eastern Standard Time**) *n* hora oficial de la costa este de los EEUU.

establish [ɪ'stæblɪʃ] *vt* **-1.** [gen] establecer; **to ~ contact with** establecer contacto con; **to ~ o.s. (as)** establecerse (como) **-2.** [facts, cause] verificar.

established [ɪ'stæblɪʃt] *adj* **-1.** [custom] arraigado(da) **-2.** [company] establecido(da), consolidado(da).

establishment [ɪ'stæblɪʃmənt] *n* establecimiento *m*.

➤ **Establishment** *n*: **the Establishment** el sistema.

estate [ɪ'steɪt] *n* **-1.** [land, property] finca *f* **-2.**: **(housing) ~** urbanización *f* **-3.**: **(industrial) ~** polígono *m* industrial **-4.** JUR [inheritance] herencia *f*.

estate agency *n* UK agencia *f* inmobiliaria.

estate agent *n* UK agente inmobiliario *m*, agente inmobiliaria *f*.

estate car *n* UK ranchera *f*, coche *m* familiar.

estd., est'd. *abbr of* **established**.

esteem [ɪ'stiːm] ◇ *n* estima *f*; **to hold sthg/sb in high ~** tener en mucha estima algo/alguien. ◇ *vt* estimar, apreciar.

esthetic *etc* US = **aesthetic** *etc*.

estimate [*n* 'estɪmət, *vb* 'estɪmeɪt] ⬦ *n* **-1.** [calculation, judgment] cálculo *m*, estimación *f* **-2.** [written quote] presupuesto *m*. ⬦ *vt* estimar.

estimated ['estɪmeɪtɪd] *adj* estimado(da), calculado(da).

estimation [ˌestɪ'meɪʃn] *n* **-1.** [opinion] juicio *m*; **in my** ~ a mi juicio **-2.** [calculation] cálculo *m*.

Estonia [e'stəʊnɪə] *n* Estonia.

Estonian [e'stəʊnɪən] ⬦ *adj* estonio(nia). ⬦ *n* **-1.** [person] estonio *m*, -nia *f* **-2.** [language] estonio *m*.

estranged [ɪ'streɪndʒd] *adj* [from husband, wife] separado(da); **his** ~ **son** su hijo con el que no se habla.

estrogen *US* = **oestrogen**.

estuary ['estjʊərɪ] (*pl* **-ies**) *n* estuario *m*.

ETA (*abbr of* **estimated time of arrival**) *n hora prevista de llegada*.

e-tailer ['i:teɪləʳ] *n* tienda *f* electrónica.

et al. [ˌet'æl] (*abbr of* **et alii**) et al.

etc. (*abbr of* **etcetera**) etc.

etcetera [ɪt'setərə] *adv* etcétera.

etch [etʃ] *vt* [engrave] grabar al aguafuerte; *fig* [imprint]: **to be ~ed on sb's memory** estar grabado(da) en la memoria de alguien.

etching ['etʃɪŋ] *n* aguafuerte *m* OR *f*.

eternal [ɪ'tɜ:nl] *adj* [gen] eterno(na); *fig* [complaints, whining] perpetuo(tua), continuo (nua).

eternally [ɪ'tɜ:nəlɪ] *adv* [gen] eternamente; [complain, whine] continuamente.

eternity [ɪ'tɜ:nətɪ] *n* eternidad *f*.

eternity ring *n UK* alianza *f* del amor eterno.

ether ['i:θəʳ] *n* éter *m*.

ethereal [ɪ'θɪərɪəl] *adj* etéreo(a).

ethic ['eθɪk] *n* ética *f*.
 ➡ **ethics** ⬦ *n* (*U*) [study] ética *f*. ⬦ *npl* [morals] moralidad *f*.

ethical ['eθɪkl] *adj* ético(ca).

Ethiopia [ˌi:θɪ'əʊpɪə] *n* Etiopía.

Ethiopian [ˌi:θɪ'əʊpɪən] ⬦ *adj* etíope. ⬦ *n* etíope *m* OR *f*.

ethnic ['eθnɪk] *adj* **-1.** [traditions, groups, conflict] étnico(ca) **-2.** [food] *típico de una cultura distinta a la occidental*; ~ **music** música étnica.

ethnic cleansing [-'klensɪŋ] *n* limpieza *f* étnica.

ethnic minority *n* minoría *f* étnica.

ethnology [eθ'nɒlədʒɪ] *n* etnología *f*.

ethos ['i:θɒs] *n* ética *f*, código *m* de valores.

etiquette ['etɪket] *n* etiqueta *f*.

etymology [ˌetɪ'mɒlədʒɪ] (*pl* **-ies**) *n* etimología *f*.

EU (*abbr of* **European Union**) *n* UE *f*.

eucalyptus [ˌju:kə'lɪptəs] *n* eucalipto *m*.

eulogize, -ise ['ju:lədʒaɪz] *vt* elogiar.

eulogy ['ju:lədʒɪ] (*pl* **-ies**) *n* elogio *m*.

eunuch ['ju:nək] *n* eunuco *m*.

euphemism ['ju:fəmɪzm] *n* eufemismo *m*.

euphemistic [ˌju:fə'mɪstɪk] *adj* eufemístico(ca).

euphoria [ju:'fɔ:rɪə] *n* euforia *f*.

euphoric [ju:'fɒrɪk] *adj* eufórico(ca).

Eurasia [jʊə'reɪʒə] *n* Eurasia *f*.

Eurasian [jʊə'reɪʒn] ⬦ *adj* euroasiático(ca). ⬦ *n* euroasiático *m*, -ca *f*.

eureka [jʊə'ri:kə] *excl* ¡eureka!

euro ['jʊərəʊ] *n* [currency] euro *m*.

Euro- ['jʊərəʊ] *prefix* euro-.

Eurocheque ['jʊərəʊˌtʃek] *n* eurocheque *m*.

Eurocrat ['jʊərəˌkræt] *n* eurócrata *m* OR *f*.

Eurocurrency ['ju:rəʊˌkʌrənsɪ] (*pl* **-ies**) *n* eurodivisa *f*.

Eurodollar ['jʊərəʊˌdɒləʳ] *n* eurodólar *m*.

Euro MP *n* eurodiputado *m*, -da *f*.

Europe ['jʊərəp] *n* Europa *f*.

European [ˌjʊərə'pi:ən] ⬦ *adj* europeo(a). ⬦ *n* europeo *m*, -a *f*.

European Central Bank *n*: **the** ~ el Banco Central Europeo.

European Commission *n*: **the** ~ la Comisión Europea.

European Community *n*: **the** ~ la Comunidad Europea.

European Court of Human Rights *n*: **the** ~ el Tribunal Europeo de Derechos Humanos.

European Court of Justice *n*: **the** ~ el Tribunal de Justicia Europeo.

European Currency Unit *n* Unidad *f* Monetaria Europea, ecu *m*.

Europeanism [ˌjʊərə'pi:ənɪzm] *n* europeísmo *m*.

Europeanize, -ise [ˌjʊərə'pi:ənaɪz] *vt* europeizar.

European Monetary System *n*: **the** ~ el Sistema Monetario Europeo.

European Parliament *n*: **the** ~ el Parlamento Europeo.

European Union *n*: **the** ~ la Unión Europea.

Eurosceptic ['ʊərəʊˌskeptɪk] ⬦ *adj* euroescéptico(ca). ⬦ *n* euroescéptico *m*, -ca *f*.

Eurostar ['ʊərəʊstɑ:ʳ] *n* Euroestar *m*.

euthanasia [ˌju:θə'neɪʒə] *n* eutanasia *f*.

evacuate [ɪ'vækjʊeɪt] *vt* evacuar.

evacuation [ɪˌvækjʊ'eɪʃn] *n* evacuación *f*.

evacuee [ɪˌvækju'i:] *n* evacuado *m*, -da *f*.

evade [ɪˈveɪd] *vt* [gen] eludir; [taxes] evadir.

evaluate [ɪˈvæljʊeɪt] *vt* evaluar.

evaluation [ɪˌvæljʊˈeɪʃn] *n* evaluación *f*.

evangelical [ˌiːvænˈdʒelɪkl] *adj* evangélico(ca).

evangelism [ɪˈvændʒəlɪzml] *n* evangelismo *m*.

evangelist [ɪˈvændʒəlɪst] *n* evangelista *m or f*.

evangelize, -ise [ɪˈvændʒəlaɪz] *vt* evangelizar.

evaporate [ɪˈvæpəreɪt] *vi* [liquid] evaporarse; *fig* [feeling] desvanecerse.

evaporated milk [ɪˈvæpəreɪtɪd-] *n* leche *f* evaporada.

evaporation [ɪˌvæpəˈreɪʃn] *n* evaporación *f*.

evasion [ɪˈveɪʒn] *n* **-1.** [of responsibility, payment etc] evasión *f*-**2.** [lie] evasiva *f*.

evasive [ɪˈveɪsɪv] *adj* evasivo(va); **to take ~ action** quitarse de en medio.

evasiveness [ɪˈveɪsɪvnɪs] *n* actitud *f* evasiva.

eve [iːv] *n*: **on the ~ of** en la víspera de.

even [ˈiːvn] <> *adj* **-1.** [regular] uniforme, constante -**2.** [calm] sosegado(da) -**3.** [flat, level] llano(na), liso(sa) -**4.** [equal - contest, teams] igualado(da); [- chance] igual; **to get ~ with** ajustarle las cuentas a -**5.** [number] par. <> *adv* **-1.** [gen] incluso, hasta; **~ now/then** incluso ahora/entonces; **not ~** ni siquiera -**2.** [in comparisons] aun; **~ more** aun más.

→ even as *conj* incluso mientras.

→ even if *conj* aunque, aun cuando, así *Amér.*

→ even so *conj* aun así.

→ even though *conj* aunque.

→ even out <> *vt sep* igualar. <> *vi* igualarse.

even-handed [-ˈhændɪd] *adj* imparcial.

evening [ˈiːvnɪŋ] *n* **-1.** [end of day - early part] tarde *f*; [- later part] noche *f*; **in the ~** por la tarde/noche -**2.** [event, entertainment] velada *f*.

→ evenings *adv* [early] por la tarde; [late] por la noche.

evening class *n* clase *f* nocturna.

evening dress *n* **-1.** [worn by man] traje *m* de etiqueta -**2.** [worn by woman] traje *m* de noche.

evening star *n*: **the ~** el lucero de la tarde.

evenly [ˈiːvnlɪ] *adv* **-1.** [regularly] de modo uniforme -**2.** [equally] igualmente, equitativamente; **~ matched** muy igualados -**3.** [calmly] sosegadamente.

evenness [ˈiːvnnɪs] *n* **-1.** [regularity] uniformidad *f*-**2.** [equality] igualdad *f*.

evensong [ˈiːvnsɒŋ] *n* (U) vísperas *fpl*.

event [ɪˈvent] *n* **-1.** [happening] acontecimiento *m*, suceso *m*; **in the ~ of** en caso de; **in the ~ that it rains** (en) caso de que llueva -**2.** *SPORT* prueba *f*.

→ in any event *adv* en todo caso.

→ in the event *adv UK* al final, llegada la hora.

even-tempered [-ˈtempəd] *adj* apacible, ecuánime.

eventful [ɪˈventfʊl] *adj* accidentado(da).

eventide home [ˈiːvntaɪd-] *n UK euphemism* residencia *f* de ancianos.

eventing [ɪˈventɪŋ] *n UK SPORT*: **(three-day) ~** concurso hípico de tres días.

eventual [ɪˈventʃʊəl] *adj* final.

eventuality [ɪˌventʃʊˈælətɪ] (*pl* -**ies**) *n* eventualidad *f*.

eventually [ɪˈventʃʊəlɪ] *adv* finalmente.

ever [ˈevəʳ] *adv* **-1.** [at any time] alguna vez; **have you ~ done it?** ¿lo has hecho alguna vez?; **the best ~** el mejor de todos los tiempos; **hardly ~** casi nunca; **if ~** si acaso -**2.** [all the time] siempre; **all he ~ does is complain** no hace más que quejarse; **as ~** como siempre; **for ~** para siempre -**3.** [for emphasis]: **~ so big** muy grande; **~ such a mess** un lío tan grande; **we had ~ such a good time** lo pasamos verdaderamente en grande; **why/how ~ did you do it?** ¿por qué/cómo diablos lo hiciste?; **what ~ can it be?** ¿qué diablos puede ser?

→ ever since <> *adv* desde entonces. <> *conj* desde que. <> *prep* desde.

Everest [ˈevərɪst] *n* Everest.

Everglades [ˈevəˌgleɪdz] *npl*: **the ~** los Everglades.

evergreen [ˈevəgriːn] <> *adj* de hoja perenne. <> *n* árbol *m* de hoja perenne.

everlasting [ˌevəˈlɑːstɪŋ] *adj* eterno(na).

every [ˈevrɪ] *adj* cada; **~ day** cada día, todos los días; **~ week** todas las semanas; **there's ~ chance he'll win** tiene bastantes posibilidades de ganar.

→ every now and then, every so often *adv* de vez en cuando.

→ every other *adj*: **~ other day** un día sí y otro no, cada dos días.

→ every which way *adv US* en todas direcciones, sin orden ni concierto.

everybody [ˈevrɪˌbɒdɪ] = everyone.

everyday [ˈevrɪdeɪ] *adj* diario(ria), cotidiano(na).

everyone [ˈevrɪwʌn] *pron* todo el mundo, todos(das).

everyplace *US* = everywhere.

everything [ˈevrɪθɪŋ] *pron* todo; **money isn't ~** el dinero no lo es todo.

everywhere [ˈevrɪweəʳ], **everyplace** *US* [ˈevrɪˌpleɪs] *adv* en *or* por todas partes; [with verbs of motion] a todas partes; **~ you go**

dondequiera que vayas.

evict [ɪ'vɪkt] *vt* : to ~ sb from desahuciar a alguien de.

eviction [ɪ'vɪkʃn] *n* desahucio *m*.

eviction notice *n* notificación *f* de desahucio. .

evidence ['evɪdəns] *(U) n* -**1.** [proof] pruebas *fpl* -**2.** *JUR* [of witness] declaración *f*, testimonio *m*; to give ~ dar testimonio, prestar declaración.
➡ **in evidence** *adj* [noticeable]: **to be in** ~ hacerse notar.

evident ['evɪdənt] *adj* evidente, manifiesto(ta).

evidently ['evɪdəntlɪ] *adv* -**1.** [seemingly] por lo visto, al parecer -**2.** [obviously] evidentemente.

evil ['i:vl] <> *adj* [person] malo(la), malvado (da); [torture, practice] perverso(sa), vil. <> *n* -**1.** [evil quality] maldad *f* -**2.** [evil thing] mal *m*.

evil-minded [-'maɪndɪd] *adj* malintencionado(da).

evince [ɪ'vɪns] *vt fml* mostrar.

evocation [ˌevəʊ'keɪʃn] *n* evocación *f*.

evocative [ɪ'vɒkətɪv] *adj* evocador(ra), sugerente.

evoke [ɪ'vəʊk] *vt* -**1.** [memory, emotion] evocar -**2.** [response] producir.

evolution [ˌi:və'lu:ʃn] *n* -**1.** *BIOL* evolución *f* -**2.** [development] desarrollo *m*.

evolve [ɪ'vɒlv] <> *vt* desarrollar. <> *vi* -**1.** *BIOL*: to ~ **(into/from)** evolucionar (en/de) -**2.** [develop] desarrollarse.

ewe [ju:] *n* oveja *f*.

ex [eks] *n inf* [former spouse, lover, etc] ex *m OR f*.

ex- [eks] *prefix* ex-.

exacerbate [ɪg'zæsəbeɪt] *vt* exacerbar.

exact [ɪg'zækt] <> *adj* exacto(ta); **to be** ~ para ser exactos. <> *vt* : to ~ sthg **(from)** arrancar algo (a).

exacting [ɪg'zæktɪŋ] *adj* -**1.** [job, work] arduo (dua) -**2.** [standards] severo(ra); [person] exigente.

exactitude [ɪg'zæktɪtju:d] *n fml* exactitud *f*.

exactly [ɪg'zæktlɪ] <> *adv* [precisely] exactamente; **it's** ~ **ten o'clock** son las diez en punto; **not** ~ [not really] no precisamente; [as reply] no exactamente. <> *excl* ¡exacto!, ¡exactamente!

exaggerate [ɪg'zædʒəreɪt] *vt & vi* exagerar.

exaggerated [ɪg'zædʒəreɪtɪd] *adj* exagerado(da).

exaggeration [ɪgˌzædʒə'reɪʃn] *n* exageración *f*.

exalted [ɪg'zɔ:ltɪd] *adj* [person, position] elevado(da).

exam [ɪg'zæm] *(abbr of* **examination)** *n* examen

m; **to take** OR **sit an** ~ hacer un examen.

examination [ɪgˌzæmɪ'neɪʃn] *n* -**1.** = **exam** -**2.** [inspection] inspección *f*, examen *m* -**3.** *MED* reconocimiento *m* -**4.** [consideration] estudio *m*.

examination board *n* tribunal *m* examinador.

examination paper *n UK* papel *m* de examen.

examine [ɪg'zæmɪn] *vt* -**1.** [gen] examinar -**2.** *MED* reconocer -**3.** [consider - idea, proposal] estudiar -**4.** *JUR* interrogar.

examiner [ɪg'zæmɪnə^r] *n* examinador *m*, -ra *f*; **internal** ~ *examinador perteneciente al centro;* **external** ~ *examinador independiente o externo.*

example [ɪg'zɑ:mpl] *n* ejemplo *m*; **for** ~ por ejemplo; **to follow sb's** ~ seguir el ejemplo de alguien; **to make an** ~ **of sb** dar un castigo ejemplar a alguien.

exasperate [ɪg'zæspəreɪt] *vt* exasperar, sacar de quicio.

exasperating [ɪg'zæspəreɪtɪŋ] *adj* exasperante.

exasperation [ɪgˌzæspə'reɪʃn] *n* exasperación *f*.

excavate ['ekskəveɪt] *vt* excavar.

excavation [ˌekskə'veɪʃn] *n* excavación *f*.

excavator ['ekskəˌveɪtə^r] *n UK* [machine] excavadora *f*.

exceed [ɪk'si:d] *vt* -**1.** [amount, number] exceder, sobrepasar -**2.** [limit, expectations] rebasar.

exceedingly [ɪk'si:dɪŋlɪ] *adv* extremadamente.

excel [ɪk'sel] *(pt & pp* -led, *cont* -ling) <> *vi*: to ~ **(in** OR **at)** sobresalir (en). <> *vt* : to ~ o.s. *UK* lucirse.

excellence ['eksələns] *n* excelencia *f*.

Excellency ['eksələnsɪ] *(pl* -ies) *n*: **Your/His** ~ Su Excelencia.

excellent ['eksələnt] *adj* excelente.

except [ɪk'sept] <> *prep & conj*: ~ **(for)** excepto, salvo. <> *vt* : to ~ sb **(from)** exceptuar OR excluir a alguien (de).

excepted [ɪk'septɪd] *adj* exceptuando a, excepto.

excepting [ɪk'septɪŋ] = **except**.

exception [ɪk'sepʃn] *n* -**1.** [exclusion]: ~ **(to)** excepción *f* (a); **with the** ~ **of** a excepción de; **without** ~ sin excepción -**2.** [offence]: **to take** ~ **to** ofenderse por.

exceptional [ɪk'sepʃənl] *adj* excepcional.

exceptionally [ɪk'sepʃnəlɪ] *adv* excepcionalmente.

excerpt ['eksɜ:pt] *n*: ~ **(from)** extracto *m* (de).

excess [ɪk'ses, *before nouns* 'ekses] <> *adj*

excedente. ◇ *n* exceso *m*; **in ~ of** por encima de; **to ~** en exceso.

➡ **excesses** *npl* excesos *mpl*.

excess baggage *n* exceso *m* de equipaje.

excess fare *n* *UK* suplemento *m*.

excessive [ɪkˈsesɪv] *adj* excesivo(va).

excess luggage = **excess baggage**.

exchange [ɪksˈtʃeɪndʒ] ◇ *n* **-1.** [gen] intercambio *m*; **in ~ (for)** a cambio (de) **-2.** *FIN* cambio *m* **-3.** *TELEC* [telephone] **~** central *f* telefónica **-4.** *fml* [conversation]: **a heated ~** una acalorada discusión. ◇ *vt* [swap] intercambiar; [goods in shop] cambiar; **to ~ sthg for sthg** cambiar algo por algo; **to ~ sthg with sb** intercambiar algo con alguien.

exchange rate *n* *FIN* tipo *m* de cambio.

Exchequer [ɪksˈtʃekəʳ] *n* *UK*: **the ~** ≃ Hacienda.

excise [ˈeksaɪz] ◇ *n* (U) impuestos *mpl* sobre el consumo interior. ◇ *vt* *fml* extirpar.

excise duties *npl* derechos *mpl* arancelarios.

excitable [ɪkˈsaɪtəbl] *adj* excitable.

excite [ɪkˈsaɪt] *vt* **-1.** [person] emocionar; [sexually] excitar **-2.** [suspicion, interest] despertar, suscitar.

excited [ɪkˈsaɪtɪd] *adj* emocionado(da), entusiasmado(da).

excitement [ɪkˈsaɪtmənt] *n* emoción *f*.

exciting [ɪkˈsaɪtɪŋ] *adj* emocionante, apasionante.

excl. (*abbr of* **excluding**) sin incluir; **~ taxes** sin incluir impuestos.

exclaim [ɪkˈskleɪm] ◇ *vt* exclamar. ◇ *vi*: **to ~ (at)** exclamar (ante).

exclamation [ˌekskləˈmeɪʃn] *n* exclamación *f*.

exclamation mark *UK*, **exclamation point** *US* *n* signo *m* de admiración.

exclude [ɪkˈskluːd] *vt*: **to ~ sthg/sb (from)** excluir algo/a alguien (de).

excluding [ɪkˈskluːdɪŋ] *prep* sin incluir, con excepción de.

exclusion [ɪkˈskluːʒn] *n*: **~ (from)** exclusión *f* (de); **to the ~ of** haciendo caso omiso de.

exclusion clause *n* cláusula *f* de exclusión.

exclusive [ɪkˈskluːsɪv] ◇ *adj* **-1.** [sole] exclusivo(va) **-2.** [high-class] selecto(ta). ◇ *n* [news story] exclusiva *f*.

➡ **exclusive of** *prep* excluyendo.

exclusively [ɪkˈskluːsɪvlɪ] *adv* exclusivamente.

excommunicate [ˌekskəˈmjuːnɪkeɪt] *vt* excomulgar.

excommunication [ˈekskəˌmjuːnɪˈkeɪʃn] *n* excomunión *f*.

excrement [ˈekskrɪmənt] *n* excremento *m*.

excrete [ɪkˈskriːt] *vt* *fml* excretar.

excruciating [ɪkˈskruːʃɪeɪtɪŋ] *adj* insoportable.

excursion [ɪkˈskɜːʃn] *n* excursión *f*.

excusable [ɪkˈskjuːzəbl] *adj* perdonable.

excuse [*n* ɪkˈskjuːs, *vb* ɪkˈskjuːz] ◇ *n* excusa *f*; **to make an ~** dar una excusa, excusarse. ◇ *vt* **-1.** [gen]: **to ~ sb (for sthg/for doing sthg)** perdonar a alguien (por algo/por haber hecho algo); **to ~ o.s. (for doing sthg)** excusarse *OR* disculparse (por haber hecho algo) **-2.** [let off]: **to ~ sb (from)** dispensar a alguien (de) **-3.** *phr*: **~ me** [to attract attention] oiga (por favor); [when coming past] ¿me deja pasar?; [apologizing] perdone; *US* [pardon me?] ¿perdón?, ¿cómo?

ex-directory *adj* *UK* que no figura en la guía telefónica.

exec [ɪgˈzek] *abbr of* **executive**.

execrable [ˈeksɪkrəbl] *adj* *fml* execrable.

execute [ˈeksɪkjuːt] *vt* [gen & *COMPUT*] ejecutar.

execution [ˌeksɪˈkjuːʃn] *n* ejecución *f*.

executioner [ˌeksɪˈkjuːʃnəʳ] *n* verdugo *m*.

executive [ɪgˈzekjʊtɪv] ◇ *adj* **-1.** [decision-making] ejecutivo(va) **-2.** [for company executives] para *OR* de ejecutivos. ◇ *n* **-1.** [person] ejecutivo *m*, -va *f* **-2.** [committee] ejecutiva *f*, órgano *m* ejecutivo.

executive director *n* director ejecutivo *m*, directora ejecutiva *f*.

executive toy *n* juego *m* de concentración (para la oficina).

executor [ɪgˈzekjʊtəʳ] *n* albacea *m*.

exemplary [ɪgˈzemplərɪ] *adj* [perfect] ejemplar.

exemplify [ɪgˈzemplɪfaɪ] (*pt* & *pp* **-ied**) *vt* ejemplificar.

exempt [ɪgˈzempt] ◇ *adj*: **~ (from)** exento(ta) (de). ◇ *vt*: **to ~ sthg/sb (from)** eximir algo/a alguien (de).

exemption [ɪgˈzempʃn] *n* exención *f*.

exercise [ˈeksəsaɪz] ◇ *n* **-1.** [gen] ejercicio *m*; **an ~ in** un ejercicio de; **to take ~** hacer ejercicio **-2.** *MIL* maniobra *f*. ◇ *vt* **-1.** [dog] llevar de paseo; [horse] entrenar **-2.** *fml* [power, right] ejercer; [caution, restraint] mostrar **-3.** [trouble]: **to ~ sb's mind** preocupar a alguien. ◇ *vi* hacer ejercicio.

exercise bike *n* bicicleta *f* estática.

exercise book *n* cuaderno *m* de ejercicios.

exert [ɪgˈzɜːt] *vt* ejercer; **to ~ o.s.** esforzarse.

exertion [ɪgˈzɜːʃn] *n* esfuerzo *m*.

exfoliating cream [eksˈfəʊlɪeɪtɪŋ-] *n* crema *f* exfoliante.

ex gratia [eksˈgreɪʃə] *adj* *UK* ex gratia.

exhale [eksˈheɪl] ◇ *vt* exhalar, despedir. ◇ *vi* espirar.

exhaust [ɪgˈzɔːst] ◇ *n* (U) [fumes] gases *mpl* de

combustión; ~ **(pipe)** tubo *m* de escape. <> *vt* agotar.

exhausted [ɪɡ'zɔːstɪd] *adj* [person] agotado(da).

exhausting [ɪɡ'zɔːstɪŋ] *adj* agotador(ra).

exhaustion [ɪɡ'zɔːstʃn] *n* agotamiento *m*.

exhaustive [ɪɡ'zɔːstɪv] *adj* exhaustivo(va).

exhibit [ɪɡ'zɪbɪt] <> *n* **-1.** ART objeto *m* expuesto; *US* [exhibition] exposición *f* **-2.** JUR prueba *f* (instrumental). <> *vt* **-1.** *fml* [feeling] mostrar, manifestar **-2.** ART exponer. <> *vi* ART exponer.

exhibition [,eksɪ'bɪʃn] *n* **-1.** ART exposición *f* **-2.** [of feeling] manifestación *f*, demostración *f* **-3.** *phr*: **to make an ~ of o.s.** *UK* ponerse en evidencia, hacer el ridículo.

exhibitionist [,eksɪ'bɪʃnɪst] *n* exhibicionista *m* OR *f*.

exhibitor [ɪɡ'zɪbɪtə'] *n* expositor *m*, -ra *f*.

exhilarating [ɪɡ'zɪləreɪtɪŋ] *adj* estimulante.

exhort [ɪɡ'zɔːt] *vt fml*: **to ~ sb to do sthg** exhortar a alguien a hacer algo.

exhume [eks'hjuːm] *vt fml* exhumar.

exile ['eksaɪl] <> *n* **-1.** [condition] exilio *m*; **in ~** en el exilio **-2.** [person] exiliado *m*, -da *f*. <> *vt*: **to ~ sb (from/to)** exiliar a alguien (de/a).

exiled ['eksaɪld] *adj* exiliado(da).

exist [ɪɡ'zɪst] *vi* existir.

existence [ɪɡ'zɪstəns] *n* existencia *f*; **to be in ~** existir; **to come into ~** nacer.

existentialism [,eɡzɪ'stenʃəlɪzm] *n* existencialismo *m*.

existentialist [,eɡzɪ'stenʃəlɪst] <> *adj* existencialista. <> *n* existencialista *m* OR *f*.

existing [ɪɡ'zɪstɪŋ] *adj* existente, actual.

exit ['eksɪt] <> *n* salida *f*. <> *vi* [gen & COMPUT] salir; THEATRE hacer mutis.

exit poll *n* UK sondeo *m* electoral (*a la salida de los colegios electorales*).

exit ramp *n* US carril *m* de salida.

exit visa *n* visado *m* de salida, visa *f* de salida *Amér.*

exodus ['eksədəs] *n* éxodo *m*.

ex officio [eksə'fɪʃɪəʊ] *adj & adv fml* en virtud del cargo.

exonerate [ɪɡ'zɒnəreɪt] *vt*: **to ~ sb (from)** exonerar a alguien (de).

exorbitant [ɪɡ'zɔːbɪtənt] *adj* [cost] excesivo(va); [demand, price] exorbitante.

exorcist ['eksɔːsɪst] *n* exorcista *m* OR *f*.

exorcize, -ise ['eksɔːsaɪz] *vt* exorcizar.

exotic [ɪɡ'zɒtɪk] *adj* exótico(ca).

expand [ɪk'spænd] <> *vt* ampliar. <> *vi* extenderse, ampliarse; [materials, fluids] expandirse, dilatarse.

➡ **expand (up)on** *vt fus* desarrollar.

expanse [ɪk'spæns] *n* extensión *f*.

expansion [ɪk'spænʃn] *n* expansión *f*.

expansion card *n* COMPUT tarjeta *f* de expansión.

expansionist [ɪk'spænʃənɪst] *adj* expansionista.

expansion slot *n* COMPUT ranura *f* de expansión.

expansive [ɪk'spænsɪv] *adj* [relaxed, talkative] expansivo(va).

expat ['ekspæt] *n* UK *inf* emigrado *m*, -da *f*.

expatriate [eks'pætrɪət] <> *adj* expatriado(da). <> *n* expatriado *m*, -da *f*.

expect [ɪk'spekt] <> *vt* **-1.** [gen] esperar; **to ~ sb to do sthg** esperar que alguien haga algo; **to ~ sthg (from sb)** esperar algo (de alguien); **to ~ the worst** esperarse lo peor; **as ~ed** como era de esperar **-2.** [suppose] imaginarse, suponer; **I ~ so** supongo que sí. <> *vi* **-1.** [anticipate]: **to ~ to do sthg** esperar hacer algo **-2.** [be pregnant]: **to be ~ing** estar embarazada OR en estado.

expectancy > **life expectancy**.

expectant [ɪk'spektənt] *adj* expectante.

expectantly [ɪk'spektəntlɪ] *adv* con expectación.

expectant mother *n* futura madre *f*, mujer *f* embarazada.

expectation [,ekspek'teɪʃn] *n* esperanza *f*; **against all ~** OR **~s, contrary to all ~** OR **~s** contrariamente a lo que se esperaba; **to live up to/fall short of ~s** estar/no estar a la altura de lo esperado.

expectorant [ɪk'spektərənt] *n* expectorante *m*.

expedient [ɪk'spiːdjənt] *fml* <> *adj* conveniente, oportuno(na). <> *n* recurso *m*.

expedite ['ekspɪdaɪt] *vt fml* acelerar.

expedition [,ekspɪ'dɪʃn] *n* **-1.** [journey] expedición *f* **-2.** [outing] salida *f*.

expeditionary force [,ekspɪ'dɪʃnərɪ-] *n* cuerpo *m* expedicionario.

expel [ɪk'spel] (*pt & pp* **-led**, *cont* **-ling**) *vt* **-1.** [person]: **to ~ sb (from)** expulsar a alguien (de) **-2.** [gas, liquid]: **to ~ sthg (from)** expeler algo (de).

expend [ɪk'spend] *vt*: **to ~ sthg (on)** emplear algo (en).

expendable [ɪk'spendəbl] *adj* reemplazable.

expenditure [ɪk'spendɪtʃə'] *n* (U) gasto *m*.

expense [ɪk'spens] *n* (U) gasto *m*; **to go to great ~ (to do sthg)** incurrir en grandes gastos (para hacer algo); **at the ~ of** [sacrificing] a costa de; **at sb's ~** *lit & fig* a costa de alguien; **to spare no ~** no repararse en gastos.

➡ **expenses** *npl* COMM gastos *mpl*; **on ~s**

a cargo de la empresa.

expense account n cuenta f de gastos.

expensive [ɪk'spensɪv] adj caro(ra).

experience [ɪk'spɪərɪəns] <> n experiencia f. <> vt experimentar.

experienced [ɪk'spɪərɪənst] adj: ~ (at OR in) experimentado(da) (en).

experiment [ɪk'sperɪmənt] <> n experimento m; **to carry out an** ~ llevar a cabo un experimento. <> vi: **to ~ (with/on)** experimentar (con), hacer experimentos (con).

experimental [ɪkˌsperɪ'mentl] adj experimental.

expert ['eksp3:t] <> adj: ~ (at sthg/at doing sthg) experto(ta) (en algo/en hacer algo); ~ **advice** la opinión de un experto. <> n experto m, -ta f.

expertise [ˌeksp3:'ti:z] n (U) pericia f.

expertly ['eksp3:tlɪ] adv diestramente.

expert system n COMPUT sistema m experto.

expire [ɪk'spaɪəʳ] vi [licence, membership] caducar; [lease, deadline] vencer.

expiry [ɪk'spaɪərɪ] n [of licence, membership] caducación f; [of lease, deadline] vencimiento m.

expiry date n fecha f de caducidad.

explain [ɪk'spleɪn] <> vt: **to ~ sthg (to sb)** explicar algo (a alguien). <> vi explicar; **to ~ to sb about sthg** explicarle algo a alguien.

➡ **explain away** vt sep justificar.

explanation [ˌeksplə'neɪʃn] n: ~ **(for)** explicación f (de).

explanatory [ɪk'splænətrɪ] adj explicativo(va), aclaratorio(ria).

expletive [ɪk'spli:tɪv] n fml palabrota f.

explicit [ɪk'splɪsɪt] adj explícito(ta).

explode [ɪk'spləʊd] <> vt [bomb] hacer explotar; [building etc] volar; fig [theory] reventar. <> vi lit & fig estallar, explotar.

exploit [n 'eksplɔɪt, vb ɪk'splɔɪt] <> n proeza f, hazaña f. <> vt explotar.

exploitation [ˌeksplɔɪ'teɪʃn] n (U) explotación f.

exploration [ˌeksplə'reɪʃn] n exploración f.

exploratory [ɪk'splɒrətrɪ] adj [operation, examination] exploratorio(ria); [talks] preparatorio(ria).

explore [ɪk'splɔːʳ] vt & vi lit & fig explorar.

explorer [ɪk'splɔːrəʳ] n explorador m, -ra f.

explosion [ɪk'spləʊʒn] n explosión f.

explosive [ɪk'spləʊsɪv] <> adj explosivo(va). <> n explosivo m.

explosive device n artefacto m explosivo.

exponent [ɪk'spəʊnənt] n **-1.** [supporter] partidario m, -ria f **-2.** [expert] experto m, -ta f.

exponential [ˌekspə'nenʃl] adj fml [growth] vertiginoso(sa).

export [n & comp 'ekspɔ:t, vb ɪk'spɔ:t] <> n **-1.** [act] exportación f **-2.** [exported product] artículo m de exportación. <> comp de exportación. <> vt COMM & COMPUT exportar.

➡ **exports** npl exportaciones fpl.

exportable [ɪk'spɔ:təbl] adj exportable.

exportation [ˌekspɔ:'teɪʃn] n exportación f.

exporter [ek'spɔ:təʳ] n exportador m, -ra f.

export licence n UK licencia f de exportación.

expose [ɪk'spəʊz] vt **-1.** [to sunlight, danger, etc & PHOT] exponer; **to be ~d to sthg** estar OR verse expuesto a algo **-2.** [reveal, uncover] descubrir.

exposé [eks'pəʊzeɪ] n revelación f.

exposed [ɪk'spəʊzd] adj [land, house, position] expuesto(ta), al descubierto.

exposition [ˌekspə'zɪʃn] n **-1.** fml [explanation] explicación f **-2.** [exhibition] feria f.

exposure [ɪk'spəʊʒəʳ] n **-1.** [to light, radiation] exposición f **-2.** MED hipotermia f **-3.** [unmasking - of person] desenmascaramiento m; [- of corruption] revelación f **-4.** PHOT [time] (tiempo m de) exposición f; [photograph] fotografía f **-5.** [publicity] publicidad f.

exposure meter n fotómetro m.

expound [ɪk'spaʊnd] fml <> vt exponer. <> vi: **to ~ on sthg** hablar sobre algo.

express [ɪk'spres] <> adj **-1.** UK [letter, delivery] urgente **-2.** [train, coach] expreso(sa), rápido(da) **-3.** fml [specific] expreso(sa). <> adv urgente. <> n [train] expreso m. <> vt expresar; **to ~ o.s.** expresarse.

expression [ɪk'spreʃn] n expresión f.

expressionism [ɪk'spreʃənɪzm] n expresionismo m.

expressionist [ɪk'spreʃənɪst] <> adj expresionista. <> n expresionista m OR f.

expressionless [ɪk'spreʃənlɪs] adj inexpresivo(va).

expressive [ɪk'spresɪv] adj [full of feeling] expresivo(va).

expressively [ɪk'spresɪvlɪ] adv de manera expresiva.

expressly [ɪk'spreslɪ] adv [specifically] expresamente.

expressway [ɪk'spresweɪ] n US autopista f.

expropriate [eks'prəʊprɪeɪt] vt fml expropiar.

expropriation [eksˌprəʊprɪ'eɪʃn] n fml expropiación f.

expulsion [ɪk'spʌlʃn] n: ~ **(from)** expulsión f (de).

exquisite [ɪk'skwɪzɪt] adj exquisito(ta).

exquisitely [ɪk'skwɪzɪtlɪ] adv [beautifully] de forma exquisita.

ex-serviceman n UK excombatiente m.

ex-servicewoman n UK excombatiente f.

ext., extn. (abbr of **extension**) ext., extn.; ~ **4174** ext. 4174.

extant [ek'stænt] adj existente.

extemporize, -ise [ık'stempəraız] vi fml improvisar.

extend [ık'stend] <> vt -1. [gen] extender; [house] ampliar; [road, railway] prolongar; [visa, deadline] prorrogar -2. [offer - welcome, help] brindar; [- credit] conceder. <> vi -1. [become longer] extenderse -2. [include]: to ~ to sthg incluir algo -3. [from surface, object] sobresalir.

extendable [ık'stendəbl] adj -1. [deadline, visa] prorrogable -2. [ladder] extensible.

extended-play [ık'stendıd-] adj [record] EP (inv).

extension [ık'stenʃn] n -1. [gen & TELEC] extensión f -2. [to building] ampliación f -3. [of visit] prolongación f; [of deadline, visa] prórroga f -4. COMPUT: filename ~ extensión f del nombre de fichero -5. ELEC: ~ (lead) alargador m.

extension cable n alargador m.

extensive [ık'stensıv] adj [gen] extenso(sa); [changes] profundo(da); [negotiations] amplio(plia); to make ~ use of hacer (un) gran uso de.

extensively [ık'stensıvlı] adv [gen] extensamente; [change] profundamente; to use sthg ~ hacer (un) gran uso de algo.

extent [ık'stent] n -1. [size] extensión f -2. [of problem, damage] alcance m -3. [degree]: to what ~ ...? ¿hasta qué punto ...?; to the ~ that [in that, in so far as] en la medida en que; [to the point where] hasta tal punto que; to some/a certain ~ hasta cierto punto; to a large OR great ~ en gran medida.

extenuating circumstances [ık'stenjʊeıtıŋ-] npl circunstancias fpl atenuantes.

exterior [ık'stıərıəʳ] <> adj exterior. <> n exterior m.

exterminate [ık'stɜːmıneıt] vt exterminar.

extermination [ık,stɜːmı'neıʃn] n exterminio m.

external [ık'stɜːnl] adj externo(na).
 ↠ **externals** npl aspecto m exterior.

externally [ık'stɜːnəlı] adv por fuera; 'to be applied ~' 'de uso tópico'.

extinct [ık'stıŋkt] adj extinto(ta).

extinction [ık'stıŋkʃn] n [of species] extinción f.

extinguish [ık'stıŋgwıʃ] vt fml [gen] extinguir; [cigarette] apagar.

extinguisher [ık'stıŋgwıʃəʳ] n extintor m.

extn. = ext.

extol (pt & pp-**led**, cont-**ling**), **extoll** US [ık'stəʊl] vt [merits, values] ensalzar.

extort [ık'stɔːt] vt: to ~ sthg from sb [confession, promise] arrancar algo a alguien; [money] sacar algo a alguien.

extortion [ık'stɔːʃn] n extorsión f.

extortionate [ık'stɔːʃnət] adj desorbitado(da), exorbitante.

extra ['ekstrə] <> adj [additional] adicional; [spare] de más, de sobra; take ~ care pon sumo cuidado. <> n -1. [addition] extra m -2. [additional charge] suplemento m -3. CINEMA & THEATRE extra m OR f. <> adv extra; to pay/charge ~ pagar/cobrar un suplemento; be ~ careful pon sumo cuidado.

extra- ['ekstrə] prefix extra-.

extract [n 'ekstrækt, vb ık'strækt] <> n -1. [from book, piece of music] fragmento m -2. CHEM extracto m. <> vt: to ~ sthg (from) [gen] extraer algo (de); [confession] arrancar algo (de).

extraction [ık'strækʃn] n extracción f.

extractor (fan) [ık'stræktəʳ-] n UK extractor m (de humos).

extracurricular [,ekstrəkə'rıkjʊləʳ] adj SCH extraescolar.

extradite ['ekstrədaıt] vt: to ~ sb (from/to) extraditar a alguien (de/a).

extradition [,ekstrə'dıʃn] <> n extradición f. <> comp de extradición.

extramarital [,ekstrə'mærıtl] adj extramatrimonial.

extramural [,ekstrə'mjʊərəl] adj UNIV fuera de la universidad pero organizado por ella.

extraneous [ık'streınjəs] adj -1. [irrelevant] ajeno(na) -2. [outside] externo(na).

extraordinary [ık'strɔːdnrı] adj extraordinario(ria).

extraordinary general meeting n junta f (general) extraordinaria.

extrapolate [ık'stræpəleıt] <> vt -1. MATH: to ~ sthg (from) extrapolar algo (a partir de) -2. [deduce]: to ~ sthg (from) deducir algo (a partir de). <> vi -1. MATH: to ~ from extrapolar a partir de -2. [deduce]: to ~ from deducir a partir de.

extrasensory perception [,ekstrə'sensərı-] n percepción f extrasensorial.

extraterrestrial [,ekstrətə'restrıəl] <> adj extraterrestre. <> n extraterrestre m OR f.

extra time n UK FTBL prórroga f.

extravagance [ık'strævəgəns] n -1. (U) [excessive spending] derroche m, despilfarro m -2. [luxury] extravagancia f.

extravagant [ık'strævəgənt] adj -1. [wasteful] derrochador(ra) -2. [expensive] caro(ra) -3. [exaggerated] extravagante.

extravaganza [ɪkˌstrævə'gænzəl *n* fastos *mpl*, espectáculo público de enorme fastuosidad.

extreme [ɪk'stri:m] <> *adj* extremo(ma). <> *n* [furthest limit] extremo *m*; **to go to** ∼**s** llegar a grandes extremos; **in the** ∼ en grado sumo, en extremo.

extremely [ɪk'stri:mlɪ] *adv* [very] sumamente, extremadamente.

extreme sports *npl* deportes *mpl* extremos.

extremism [ɪk'stri:mɪzm] *n* extremismo *m*.

extremist [ɪk'stri:mɪst] <> *adj* extremista. <> *n* extremista *m OR f*.

extremity [ɪk'stremətɪl] (*pl*-ies) *n* -**1.** *fml* [extreme adversity] suma gravedad *f* -**2.** [extremeness] extremosidad *f*-**3.** *fml* [end] extremo *m*.
➡ **extremities** *npl* [of body] extremidades *fpl*.

extricate ['ekstrɪkeɪt] *vt*: **to** ∼ **sthg from** lograr sacar algo de; **to** ∼ **o.s. from** lograr salirse de.

extrovert ['ekstrəvɜ:t] <> *adj* extrovertido (da). <> *n* extrovertido *m*, -da *f*.

extruded [ɪk'stru:dɪd] *adj* [metal, plastic] extrudido(da).

exuberance [ɪg'zju:bərəns] *n* euforia *f*.

exuberant [ɪg'zju:bərənt] *adj* eufórico(ca).

exude [ɪg'zju:d] *vt lit & fig* rezumar.

exult [ɪg'zʌlt] *vi*: **to** ∼ **(at** *OR* **in)** regocijarse (por).

exultant [ɪg'zʌltənt] *adj* [person] jubiloso(sa); [cry] de júbilo.

eye [aɪ] (*cont* **eyeing** *OR* **eying**) <> *n* ojo *m*; **all** ∼**s will be on her** todas las miradas recaerán sobre ella; **before my** *etc* **(very)** ∼**s** ante mis *etc* propios ojos; **to cast** *OR* **run one's** ∼ **over sthg** echar un ojo *OR* un vistazo a algo; **to catch one's/sb's** ∼ llamar la atención de uno/ alguien; **to clap** *OR* **lay** *OR* **set** ∼**s on sb** poner la vista en alguien; **to cry one's** ∼**s out** llorar a moco tendido; **to feast one's** ∼**s on sthg** regalarse la vista con algo; **to have an** ∼ **for sthg** tener buen ojo para algo; **to have one's** ∼ **on sthg** tener el ojo echado a algo; **in my** *etc* ∼**s** a mi *etc* entender; **in the** ∼**s of the law a** (los) ojos de la ley; **to keep one's** ∼**s open for, to keep an** ∼ **out for** estar atento a; **to keep an** ∼ **on sthg** echar un ojo a algo, vigilar algo; **there is more to this than meets the** ∼ esto tiene más enjundia de lo que parece; **to open sb's** ∼**s (to sthg)** abrirle los ojos a alguien (sobre algo); **not to see** ∼ **to** ∼ **with sb** no ver las cosas de la misma forma que alguien; **to close** *OR* **shut one's** ∼**s to sthg** cerrar los ojos a algo; **to turn a blind** ∼ **(to sthg)** hacer la vista gorda (a algo); **to be up to one's** ∼**s in work** *UK* estar hasta arriba de trabajo. <> *vt* mirar.
➡ **eye up** *vt sep UK* comerse con los ojos a.

eyeball ['aɪbɔ:l] <> *n* globo *m* ocular. <> *vt inf* clavar los ojos en.

eyebath ['aɪbɑ:θ] *n* lavaojos *m inv*, baño *m* ocular.

eyebrow ['aɪbraʊ] *n* ceja *f*; **to raise one's** ∼**s** *fig* arquear las cejas.

eyebrow pencil *n* lápiz *m* de cejas.

eye-catching *adj* llamativo(va).

eye contact *n* contacto *m* visual.

eyedrops ['aɪdrɒps] *npl* colirio *m*.

eyeglasses ['aɪglɑ:sɪz] *n US* [spectacles] gafas *fpl Esp*, lentes *mpl Amér*.

eyelash ['aɪlæʃl *n* pestaña *f*.

eyelet ['aɪlɪt] *n* ojete *m*.

eye level *n*: **at** ∼ a la altura de los ojos.

eyelid ['aɪlɪd] *n* párpado *m*; **she didn't bat an** ∼ ni siquiera parpadeó.

eyeliner ['aɪˌlaɪnəʳ] *n* lápiz *m* de ojos.

eye-opener *n inf* [revelation] revelación *f*; [surprise] sorpresa *f*.

eyepatch ['aɪpætʃl *n* parche *m* (en el ojo).

eye piece *n* ocular *m*.

eye shadow *n* sombra *f* de ojos.

eyesight ['aɪsaɪt] *n* vista *f*; **to have good** ∼ tener buena vista.

eyesore ['aɪsɔ:ʳ] *n* horror *m*, monstruosidad *f*.

eyestrain ['aɪstreɪn] *n* vista *f* cansada.

eye test *n* revisión *f* ocular.

eyetooth ['aɪtu:θ] (*pl* -teeth) *n*: **to give one's eyeteeth for sthg/to do sthg** dar lo que fuera por algo/por hacer algo.

eyewash ['aɪwɒʃl *n (U) inf* [nonsense] disparates *mpl*, tonterías *fpl*.

eyewitness [ˌaɪ'wɪtnɪsl *n* testigo *m OR f* ocular.

eyrie ['ɪərɪ] *n* aguilera *f*.

e-zine ['i:zi:nl *n* fanzine *m* electrónico.

f (*pl* **f's** *OR* **fs**), **F** (*pl* **F's** *OR* **Fs**) [efl *n* [letter] f *f*, F *f*.
➡ **F** <> *n* -**1.** *MUS* fa *m* -**2.** *SCH* ≃ muy deficiente *m*. <> *adj* (*abbr of* **Fahrenheit**) F.

FA (*abbr of* **Football Association**) *n* federación inglesa de fútbol.

FAA (*abbr of* **Federal Aviation Administration**) *n* *dirección federal estadounidense de aviación civil.*

fable ['feɪbl] *n* [traditional story] fábula *f.*

fabled ['feɪbld] *adj* legendario(ria).

fabric ['fæbrɪk] *n* -**1.** [cloth] tela *f,* tejido *m* -**2.** [of building, society] estructura *f.*

fabricate ['fæbrɪkeɪt] *vt* -**1.** [invent - story] inventar; [- evidence] falsear -**2.** [manufacture] fabricar.

fabrication [,fæbrɪ'keɪʃn] *n* -**1.** [lying, lie] invención *f* -**2.** [manufacture] fabricación *f.*

fabulous ['fæbjʊləs] *adj inf* [excellent] fabuloso(sa).

fabulously ['fæbjʊləslɪ] *adv* fabulosamente, increíblemente.

facade [fə'sɑːd] *n* fachada *f.*

face [feɪs] *n* -**1.** [of person] cara *f,* rostro *m;* ~ **to** ~ cara a cara; **to fly in the** ~ **of sthg** oponerse a algo; **to look sb in the** ~ mirar a alguien a la cara; **to lose** ~ quedar mal; **to save** ~ salvar las apariencias; **to say sthg to sb's** ~ decir algo a alguien en su cara; **to show one's** ~ dejarse ver; ~ **time** *US* [meeting] tiempo *m* de contacto personal -**2.** [expression] semblante *m,* cara *f;* **to make** *OR* **pull a** ~ hacer muecas; **her** ~ **fell** puso cara larga -**3.** [person] cara *f;* **new** ~**s** caras nuevas -**4.** [of cliff, mountain, coin] cara *f;* [of building] fachada *f* -**5.** [of clock, watch] esfera *f* -**6.** [appearance, nature] aspecto *m* -**7.** [surface] superficie *f;* **the** ~ **of the earth** la faz de la tierra; **on the** ~ **of it** a primera vista. ◇ *vt* -**1.** [point towards] mirar a -**2.** [confront, accept, deal with] hacer frente a, enfrentarse a; **let's** ~ **it** no nos engañemos -**3.** *inf* [cope with] aguantar, soportar. ◇ *vi:* **to** ~ **forwards/south** mirar hacia delante/al sur.

→ **face down** *adv* boca abajo.

→ **face up** *adv* boca arriba.

→ **in the face of** *prep* [in spite of] ante.

→ **face up to** *vt fus* hacer frente a, enfrentarse a.

facecloth ['feɪsklɒθ] *n UK* toallita *f (para lavarse).*

face cream *n* crema *f* facial.

faceless ['feɪslɪs] *adj* anónimo(ma), sin rostro.

face-lift *n* [on face] lifting *m,* estiramiento *m* de piel; **to have a** ~ hacerse un lifting; *fig* [on building etc] lavado *m* de cara.

face pack *n* mascarilla *f* facial.

face painting *n* pintado *m* del rostro.

face powder *n (U)* polvos *mpl* para la cara.

face-saving [-'seɪvɪŋ] *adj* para salvar las apariencias.

facet ['fæsɪt] *n* faceta *f.*

facetious [fə'siːʃəs] *adj* guasón(ona).

face-to-face *adj* cara a cara.

face value *n* [of coin, stamp] valor *m* nominal; **to take sthg at** ~ tomarse algo literalmente.

facial ['feɪʃl] ◇ *adj* facial; [expression] de la cara. ◇ *n* limpieza *f* de cutis.

facile [*UK* 'fæsaɪl, *US* 'fæsl] *adj fml & pej* [remark, analysis] superficial; [reply, solution] facilón(ona).

facilitate [fə'sɪlɪteɪt] *vt fml* facilitar.

facility [fə'sɪlətɪ] *(pl* -**ies)** *n* -**1.** [ability]: **to have a** ~ **for sthg** tener facilidad para algo -**2.** [feature] prestación *f.*

→ **facilities** *npl* [amenities] instalaciones *fpl;* [services] servicios *mpl.*

facing ['feɪsɪŋ] *adj* opuesto(ta).

facsimile [fæk'sɪmɪlɪ] *n* facsímil *m.*

facsimile machine *fml* = **fax machine.**

fact [fækt] *n* -**1.** [piece of information] dato *m;* [established truth] hecho *m;* **the** ~ **is** el hecho es que; **the** ~ **remains that ...** no obstante ...; **to know sthg for a** ~ saber algo a ciencia cierta -**2.** *(U)* [truth] realidad *f.*

→ **in fact** *conj & adv* de hecho, en realidad.

fact-finding [-'faɪndɪŋ] *adj* de investigación.

faction ['fækʃn] *n* [group] facción *f.*

factional ['fækʃənl] *adj* [dispute] entre facciones.

fact of life *n:* **it's a** ~ es un hecho ineludible.

→ **facts of life** *npl euphemism:* **to tell sb (about) the facts of life** contar a alguien cómo nacen los niños.

factor ['fæktə'] *n* factor *m.*

factory ['fæktərɪ] *(pl* -**ies)** *n* fábrica *f.*

factory farming *n* cría *f* intensiva de animales de granja.

factory ship *n* buque *m* factoría.

factotum [fæk'təʊtəm] *(pl* -**s)** *n* factótum *m.*

fact sheet *n UK* hoja *f* informativa.

factual ['fæktʃʊəl] *adj* basado(da) en hechos reales.

faculty ['fækltɪ] *(pl* -**ies)** *n* -**1.** [gen] facultad *f* -**2.** *US* [in college]: **the** ~ el profesorado.

FA Cup *n* ≃ Copa *f* del Rey.

fad [fæd] *n* [of society] moda *f* pasajera; [of person] capricho *m.*

faddy ['fædɪ] *(compar* -**ier,** *superl* -**iest)** *adj inf pej* tiquismiquis *(inv).*

fade [feɪd] ◇ *vt* descolorar, desteñir. ◇ *vi* -**1.** [jeans, curtains, paint] descolorarse, desteñirse; [flower] marchitarse -**2.** [light, sound, smile] irse apagando -**3.** [memory, feeling, interest] desvanecerse.

→ **fade away** *vi* desvanecerse.

→ **fade out** ◇ *vt CINEMA* fundir en negro. ◇ *vi CINEMA* fundirse en negro; *MUS* apagarse.

faded ['feɪdɪd] *adj* descolorido(da), desteñido(da).

faeces *UK*, **feces** *US* ['fi:si:z] *npl* heces *fpl*.

Faeroe, Faroe ['feərəʊ] *n*: the ~ **Islands**, the ~**s** las islas Faroe.

faff [fæf] ◆ **faff about, faff around** *vi UK inf* enredar, perder el tiempo.

fag [fæg] *n inf* **-1.** *UK* [cigarette] pitillo *m* **-2.** *UK* [chore] lata *f* **-3.** rollo *m* **-4.** *US pej* [homosexual] marica *m*, maricón *m*, joto *m Méx*.

fag end *n UK inf* colilla *f*.

fagged out [fægd-] *adj UK inf* molido(da), hecho(cha) polvo.

faggot, fagot *US* ['fægət] *n* **-1.** *UK CULIN* tipo de albóndiga **-2.** *US inf pej* [homosexual] marica *m*, maricón *m*, joto *m Méx*.

Fahrenheit ['færənhaɪt] *adj* Fahrenheit *(inv)*.

fail [feɪl] ◇ *vt* **-1.** [exam, test, candidate] suspender **-2.** [not succeed]: **to ~ to do sthg** no lograr hacer algo **-3.** [neglect]: **to ~ to do sthg** no hacer algo **-4.** [let down] fallar. ◇ *vi* **-1.** [not succeed] fracasar; **if all else ~s** en último extremo **-2.** [not pass exam] suspender **-3.** [stop functioning] fallar **-4.** [weaken] debilitarse.

failed [feɪld] *adj* fracasado(da).

failing ['feɪlɪŋ] ◇ *n* [weakness] fallo *m*. ◇ *prep* a falta de; ~ **that** en su defecto.

fail-safe *adj* [device] protegido(da) en caso de fallos.

failure ['feɪljəʳ] *n* **-1.** [lack of success, unsuccessful thing] fracaso *m* **-2.** [person] fracasado *m*, -da *f* **-3.** [in exam] suspenso *m* **-4.** [act of neglecting]: **her ~ to do it** el que no lo hiciera **-5.** [breakdown, malfunction] avería *f*, fallo *m* **-6.** [of nerve, courage etc] pérdida *f*.

faint [feɪnt] ◇ *adj* **-1.** [weak, vague] débil, tenue; [outline] impreciso(sa); [memory, longing] vago(ga); [trace, hint, smell] ligero(ra), leve **-2.** [chance] reducido(da), remoto(ta) **-3.** [dizzy] mareado(da). ◇ *vi* desmayarse.

faintest ['feɪntəst] *adj*: **I haven't the ~ idea** no tengo ni la más remota idea.

faint-hearted [-'hɑːtɪd] *adj* pusilánime.

faintly ['feɪntlɪ] *adv* **-1.** [smile, shine] débilmente; [recall] vagamente **-2.** [ludicrous, pathetic] ligeramente.

faintness ['feɪntnɪs] *n (U)* **-1.** [dizziness] mareos *mpl* **-2.** [of image] imprecisión *f* **-3.** [of memory] vaguedad *f*; [of smell, sound] levedad *f*.

fair [feəʳ] ◇ *adj* **-1.** [just] justo(ta); **it's not ~!** ¡no hay derecho!; **to be ~ ...** para ser justos ... **-2.** [quite large] considerable **-3.** [quite good] bastante bueno(na); '~' *SCH* 'regular' **-4.** [hair] rubio(bia) **-5.** [skin, complexion] claro(ra) **-6.** [weather] bueno(na) **-7.** *literary* [beautiful] hermoso(sa). ◇ *n* **-1.** *UK* [funfair] feria *f* **-2.** [trade fair] feria *f*. ◇ *adv* [fairly] limpio.

◆ **fair enough** *adv UK inf* está bien, vale.

fair copy *n* copia *f* en limpio.

fair game *n*: **to be ~ (for)** ser un blanco *m* legítimo (para).

fairground ['feəgraʊnd] *n* feria *f*.

fair-haired [-'heəd] *adj* rubio(bia).

fairly ['feəlɪ] *adv* **-1.** [moderately] bastante **-2.** [justly] justamente, equitativamente.

fair-minded [-'maɪndɪd] *adj* justo(ta), equitativo(va).

fairness ['feənɪs] *n* [justness] justicia *f*; **in ~ (to)** para ser justos (con).

fair play *n* juego *m* limpio.

fair trade *n* comercio *m* justo.

fairway ['feəweɪ] *n* calle *f* (en golf).

fairy ['feərɪ] *(pl* -**ies**) *n* hada *f*.

fairy lights *npl UK* bombillas *fpl OR* luces *fpl* de colores.

fairy story, fairy tale *n* cuento *m* de hadas.

fait accompli [ˌfeɪtə'kɒmplɪ] *(pl* **faits accomplis** [ˌfeɪtə'kɒmplɪ]) *n* hecho *m* consumado.

faith [feɪθ] *n* fe *f*; **in good/bad ~** de buena/mala fe.

faithful ['feɪθfʊl] ◇ *adj* fiel. ◇ *npl RELIG*: **the ~** los fieles.

faithfully ['feɪθfʊlɪ] *adv* fielmente; **Yours ~** *UK* [in letter] le saluda atentamente.

faithfulness ['feɪθfʊlnɪs] *n* fidelidad *f*.

faith healer *n* persona *que cura enfermedades mediante la fe religiosa*.

faithless ['feɪθlɪs] *adj* [disloyal] desleal.

fake [feɪk] ◇ *adj* falso(sa). ◇ *n* **-1.** [object, painting] falsificación *f* **-2.** [person] impostor *m*, -ra *f*. ◇ *vt* **-1.** [results, signature] falsificar **-2.** [illness, emotions] fingir. ◇ *vi* [pretend] fingir.

falcon ['fɔːlkən] *n* halcón *m*.

Falkland Islands ['fɔːklənd-], **Falklands** ['fɔːkləndz] *npl*: **the ~** las (Islas) Malvinas.

fall [fɔːl] *(pt* **fell**, *pp* **fallen**) ◇ *vi* **-1.** [gen] caer; **he fell off the chair** se cayó de la silla; **she fell backwards** se cayó hacia atrás; **to ~ to bits OR pieces** hacerse pedazos; **to ~ flat** *fig* no causar el efecto deseado **-2.** [decrease] bajar, disminuir **-3.** [become]: **to ~ asleep** dormirse; **to ~ ill** ponerse enfermo(ma); **to ~ silent** quedarse en silencio; **to ~ vacant** quedar libre; **to ~ in love** enamorarse, encamotarse *Andes & CAm*; **to ~ open** caer abierto **-4.** [belong, be classed]: **to ~ into/under** pertenecer a **-5.** [MIL - city]: **to ~ (to)** caer (en manos de) **-6.** *UK POL* [constituency]: **to ~ to sb/sthg** ir a parar a alguien/algo **-7.** [cover]: **to ~ on OR across** [light] iluminar; [shadow] oscurecer. ◇ *n* **-1.** [gen]

caída *f* - **2.** [meteor]: **a ~ of snow** una nevada - **3.** [MIL - of city] caída *f* - **4.** [decrease]: **~ (in)** descenso *m* (de) - **5.** *US* [autumn] otoño *m*.

◆ **falls** *npl* cataratas *fpl*.

◆ **fall about** *vi UK inf*: **to ~ about (laughing)** partirse (de risa), troncharse.

◆ **fall apart** *vi* [book, chair] caerse a trozos, romperse; *fig* [country, person] desmoronarse.

◆ **fall away** *vi* - **1.** [land] descender - **2.** [plaster] desprenderse.

◆ **fall back** *vi* [person, crowd] echarse atrás, retroceder.

◆ **fall back on** *vt fus* [resort to] recurrir a.

◆ **fall behind** *vi* - **1.** [in race] quedarse atrás - **2.** [with rent, work] retrasarse.

◆ **fall down** *vi* - **1.** [to ground] caerse - **2.** [fail] fallar.

◆ **fall for** *vt fus* - **1.** *inf* [fall in love with] enamorarse de - **2.** [trick, lie] tragarse.

◆ **fall in** *vi* - **1.** [roof, ceiling] desplomarse, hundirse - **2.** *MIL* formar filas.

◆ **fall in with** *vt fus* [plan] aceptar; [crowd] juntarse con.

◆ **fall off** *vi* - **1.** [branch, handle] desprenderse - **2.** [demand, numbers] disminuir.

◆ **fall on** *vt fus* - **1.** [subj: eyes, gaze] posarse en - **2.** [attack] caer OR lanzarse sobre.

◆ **fall out** *vi* - **1.** [hair, tooth]: **his hair is ~ing out** se le está cayendo el pelo - **2.** [argue] pelearse, discutir - **3.** *MIL* romper filas.

◆ **fall over** <> *vt fus* tropezar con; **to be ~ing over o.s. to do sthg** *inf* desvivirse por hacer algo. <> *vi* [person, chair etc] caerse.

◆ **fall through** *vi* [plan, deal] fracasar.

◆ **fall to** *vt fus*: **it fell to me to do it** me tocó a mí hacerlo.

fallacious [fə'leɪʃəs] *adj fml* erróneo(a), falso(sa).

fallacy ['fæləsɪ] (*pl* -ies) *n* concepto *m* erróneo, falacia *f*.

fallen ['fɔːln] *pp* ⊳ **fall**.

fall guy *n US inf* [scapegoat] cabeza *f* de turco.

fallible ['fæləbl] *adj* falible.

falling ['fɔːlɪŋ] *adj* [decreasing] descendente, en descenso.

fallopian tube [fə'ləʊpɪən-] *n* trompa *f* de Falopio.

fallout ['fɔːlaʊt] *n* (*U*) - **1.** [radiation] lluvia *f* radiactiva - **2.** [consequences] secuelas *fpl*.

fallout shelter *n* refugio *m* atómico.

fallow ['fæləʊ] *adj* en barbecho; **to lie ~** quedar en barbecho.

false [fɔːls] *adj* [gen] falso(sa); [eyelashes, nose] postizo(za).

false alarm *n* falsa alarma *f*.

falsehood ['fɔːlshʊd] *n fml* falsedad *f*.

falsely ['fɔːlslɪ] *adv* falsamente.

false start *n* [in race] salida *f* nula; *fig* comienzo *m* en falso.

false teeth *npl* dentadura *f* postiza.

falsetto [fɔːl'setəʊ] (*pl* -s) <> *n* falsete *m*. <> *adv* con falsete.

falsify ['fɔːlsɪfaɪ] (*pt* & *pp* -ied) *vt* [facts, accounts] falsificar.

falter ['fɔːltəʳ] *vi* vacilar.

faltering ['fɔːltərɪŋ] *adj* [steps, voice] vacilante, titubeante.

fame [feɪm] *n* fama *f*.

familiar [fə'mɪljəʳ] *adj* - **1.** [known] familiar, conocido(da); **to be ~ to sb** serle familiar a alguien - **2.** [conversant]: **~ with** familiarizado(da) con; **to be on ~ terms with sb** tenerle confianza con alguien - **3.** *pej* [too informal - person] que se toma muchas confianzas; [- tone, manner] demasiado amistoso(sa).

familiarity [fə,mɪlɪ'ærətɪ] *n* (*U*) - **1.** [knowledge]: **~ with** conocimiento *m* de - **2.** [normality] familiaridad *f* - **3.** *pej* [excessive informality] familiaridades *fpl*, confianzas *fpl*.

familiarize, -ise [fə'mɪljəraɪz] *vt*: **to ~ o.s./sb with sthg** familiarizarse/familiarizar a alguien con algo.

family ['fæmlɪ] (*pl* -ies) <> *n* familia *f*. <> *comp* - **1.** [belonging to family] familiar - **2.** [suitable for all ages] para toda la familia.

family business *n* negocio *m* familiar.

family credit *n* (*U*) *UK* ≃ prestación *f* OR ayuda *f* familiar.

family doctor *n* médico *m* de cabecera.

family life *n* vida *f* familiar.

family man *n* hombre *m* de familia.

family planning *n* planificación *f* familiar.

family tree *n* árbol *m* genealógico.

famine ['fæmɪn] *n* hambruna *f*.

famished ['fæmɪʃt] *adj inf* [very hungry] muerto(ta) de hambre, famélico(ca).

famous ['feɪməs] *adj*: **~ (for)** famoso(sa) (por).

famously ['feɪməslɪ] *adv dated*: **to get on** OR **along ~ (with sb)** llevarse de maravilla (con alguien).

fan [fæn] (*pt* & *pp* -ned, *cont* -ning) <> *n* - **1.** [of paper, silk] abanico *m* - **2.** [electric or mechanical] ventilador *m* - **3.** [of musician, artist, etc] fan *m* OR *f*, admirador *m*, -ra *f*; [of music, art, etc] aficionado *m*, -da *f*; *FTBL* hincha *m* OR *f*. <> *vt* - **1.** [cool] abanicar; **to ~ o.s.** abanicarse - **2.** [stimulate - fire, feelings] avivar.

◆ **fan out** *vi* desplegarse en abanico.

fanatic [fə'nætɪk] *n* fanático *m*, -ca *f*.

fanatical [fə'nætɪkl] *adj* fanático(ca).

fanaticism [fə'nætɪsɪzm] *n* fanatismo *m*.

fan belt *n* correa *f* del ventilador.

fanciful [ˈfænsɪfʊl] *adj* **-1.** [odd] rocambolesco(ca) **-2.** [elaborate] extravagante.

fan club *n* club *m* de fans.

fancy [ˈfænsɪ] (*compar* -**ier**, *superl* -**iest**, *pl* -**ies**, *pt* & *pp* -**ied**) ⬦ *vt* **-1.** *inf* [feel like]: **I ~ a cup of tea/ going to the cinema** me apetece una taza de té/ir al cine **-2.** *inf* [desire]: **do you ~ her?** ¿te gusta?; **to ~ o.s.** tenérselo creído; **to ~ o.s. as sthg** dárselas de algo **-3.** [imagine]: **~ meeting you here!** ¡qué casualidad encontrarte por aquí!; **~ that!** ¡imagínate!, ¡mira por dónde! **-4.** *dated* [think] creer. ⬦ *n* **-1.** [desire, liking] capricho *m*; **to take a ~ to** encapricharse con **-2.** [fantasy] fantasía *f*. ⬦ *adj* **-1.** [elaborate] elaborado(da) **-2.** [expensive] de lujo, caro(ra); [prices] exorbitante.

fancy dress *n (U)* disfraz *m*.

fancy-dress party *n* fiesta *f* de disfraces.

fancy goods *npl* artículos *mpl* de fantasía.

fanfare [ˈfænfeəʳ] *n* fanfarria *f*.

fang [fæŋ] *n* colmillo *m*.

fan heater *n* convector *m*, estufa *f* de aire.

fanlight [ˈfænlaɪt] *n* UK montante *m* en abanico.

fan mail *n (U)* cartas *fpl* de fans.

fanny [ˈfænɪ] *n* US *inf* [buttocks] culo *m*.

fanny pack *n* US *inf* riñonera *f*, banano *m* Chile.

fantasize, -ise [ˈfæntəsaɪz] *vi* fantasear; **to ~ about sthg/about doing sthg** soñar con algo/ con hacer algo.

fantastic [fænˈtæstɪk] *adj* **-1.** [gen] fantástico (ca), chévere *Andes* & *Carib* **-2.** [exotic] exótico(ca).

fantastically [fænˈtæstɪklɪ] *adv* **-1.** [extremely] enormemente **-2.** [exotically] de manera exótica.

fantasy [ˈfæntəsɪ] (*pl* -**ies**) ⬦ *n* fantasía *f*. ⬦ *comp* de ensueño.

fantasy football *n (U)* ≃ la liga fantástica®.

fanzine [ˈfænziːn] *n* fanzine *m*.

fao (*abbr of* **for the attention of**) a/a.

FAO (*abbr of* **Food and Agriculture Organization**) *n* FAO *f*.

FAQ (*abbr of* **free alongside quay**) *muelle franco*. ⬦ *n* (*abbr of* **frequently asked questions**) *COMPUT* FAQ *m*.

far [fɑːʳ] (*compar* **farther** OR **further**, *superl* **farthest** OR **furthest**) ⬦ *adv* **-1.** [in distance, time] lejos; **is it ~?** ¿está lejos?; **how ~ is it?** ¿a qué distancia está?; **how ~ is it to Prague?** ¿cuánto hay de aquí a Praga?; **~ away** OR **off** [a long way away, a long time away] lejos; **as ~ back as 1900** ya en 1900; **so ~** por ahora, hasta ahora; **~ and wide** por todas partes; **from ~ and wide** de todas partes; **as ~ as** hasta **-2.** [in degree or extent]: **~ more/better/stronger** mucho más/mejor/más fuerte; **I wouldn't trust him very ~** no me fiaría mucho de él; **how ~ have you got?** ¿hasta dónde has llegado?; **he's not ~ wrong** OR **out** OR **off** no anda del todo descaminado; **as ~ as I know** que yo sepa; **as ~ as I'm concerned** por OR en lo que a mí respecta; **as ~ as possible** en (la medida de) lo posible; **it's all right as ~ as it goes** para lo que es, no está mal; **~ and away, by ~** con mucho; **~ from it** en absoluto, todo lo contrario; **so ~** [until now] hasta el momento; [to a certain extent] hasta un cierto punto; **so ~ so good** por OR hasta ahora todo va bien; **to go so ~ as to do sthg** llegar incluso a hacer algo; **to go too ~** ir demasiado lejos. ⬦ *adj* **-1.** [extreme] extremo(ma) **-2.** *literary* [remote] lejano(na).

faraway [ˈfɑːrəweɪ] *adj* **-1.** [land etc] lejano(na) **-2.** [look, expression] ausente.

farce [fɑːs] *n* lit & fig farsa *f*.

farcical [ˈfɑːsɪkl] *adj* absurdo(da), grotesco(ca).

fare [feəʳ] ⬦ *n* **-1.** [payment] (precio *m* del) billete *m*; [in taxi] tarifa *f*; [passenger] cliente *m* OR *f (de taxi)* **-2.** *(U) fml* [food] comida *f*. ⬦ *vi* [manage]: **she ~d well/badly** le fue bien/mal.

Far East *n*: **the ~** el Extremo Oriente.

fare stage *n* UK [of bus] zona *f* tarifaria.

farewell [ˌfeəˈwel] ⬦ *n* despedida *f*. ⬦ *excl literary* ¡vaya con Dios!

farfetched [ˌfɑːˈfetʃt] *adj* traído(da) por los pelos, inverosímil.

farm [fɑːm] ⬦ *n* [smaller] granja *f*, chacra *f* Amér, [larger] hacienda *f*. ⬦ *vt* [land] cultivar; [livestock] criar. ⬦ *vi* [grow crops] cultivar la tierra; [raise livestock] criar ganado.
↪ **farm out** *vt sep* subcontratar.

farmer [ˈfɑːməʳ] *n* [on smaller farm] granjero *m*, -ra *f*, chacarero *m*, -ra *f* Amér, [on larger farm] agricultor *m*, -ra *f*.

farmer's market *n* US *mercado en donde se venden verduras y frutas de cosecha local y normalmente orgánicas*.

farmhand [ˈfɑːmhænd] *n* peón *m*, labriego *m*, -ga *f*.

farmhouse [ˈfɑːmhaʊs, *pl* -haʊzɪz] *n* granja *f*, caserío *m*.

farming [ˈfɑːmɪŋ] *(U) n* **-1.** AGR & IND agricultura *f* **-2.** [act - of crops] cultivo *m*; [- of animals] cría *f*, crianza *f*.

farm labourer = **farmhand**.

farmland [ˈfɑːmlænd] *n (U)* tierras *fpl* de labranza.

farmstead [ˈfɑːmsted] *n* US granja *f*.

farm worker = farmhand.
farmyard ['fɑːmjɑːd] n corral m.
Faroe = Faeroe.
far-off adj lejano(na), remoto(ta).
far-reaching [-'riːtʃɪŋ] adj trascendental, de amplio alcance.
farrier ['færɪə'] n herrero m, -ra f.
farsighted [ˌfɑː'saɪtɪd] adj **-1.** [gen] con visión de futuro **-2.** US [long-sighted] présbita.
fart [fɑːt] v inf ◇ n **-1.** [flatulence] pedo m **-2.** [person] gilipuertas m OR f inv. ◇ vi tirarse un pedo.
farther ['fɑːðə'] compar ⊳ far.
farthest ['fɑːðəst] superl ⊳ far.
fascia ['feɪʃə] n **-1.** [on shop] rótulo m **-2.** AUT salpicadero m **-3.** [for mobile phone] carcasa f.
fascinate ['fæsɪneɪt] vt fascinar.
fascinating ['fæsɪneɪtɪŋ] adj fascinante.
fascination [ˌfæsɪ'neɪʃn] n fascinación f.
fascism ['fæʃɪzm] n fascismo m.
fascist ['fæʃɪst] ◇ adj fascista. ◇ n fascista m OR f.
fashion ['fæʃn] ◇ n **-1.** [clothing, style, vogue] moda f; **in/out of ~** de/pasado de moda **-2.** [manner] manera f; **after a ~** más o menos. ◇ vt fml **-1.** [make] elaborar **-2.** fig [mould] forjar.
fashionable ['fæʃnəbl] adj de moda.
fashion-conscious adj que sigue la moda.
fashion designer n diseñador m, -ra f de modas.
fashion show n pase m OR desfile m de modelos.
fast [fɑːst] ◇ adj **-1.** [rapid] rápido(da) **-2.** [clock, watch]: **her watch is two minutes ~** su reloj lleva dos minutos de adelanto **-3.** [dye, colour] sólido(da), que no destiñe. ◇ adv **-1.** [rapidly] rápido, rápidamente; **how ~ were they going?** ¿a qué velocidad conducían? **-2.** [firmly]: **stuck ~** bien pegado(da); **to hold ~ to sthg** [person, object] agarrarse fuerte a algo; [principles] mantenerse fiel a algo; **~ asleep** profundamente dormido. ◇ n ayuno m. ◇ vi ayunar.
fast breeder reactor n reactor m (reproductor) rápido.
fasten ['fɑːsn] ◇ vt **-1.** [gen] sujetar; [clothes, belt] abrochar; **he ~ed his coat** se abrochó el abrigo **-2.** [attach]: **to ~ sthg to sthg** fijar algo a algo **-3.** [hands, teeth] apretar. ◇ vi: **to ~ on to sb/sthg** aferrarse a alguien/algo.
fastener ['fɑːsnə'] n cierre m; [zip] cremallera f.
fastening ['fɑːsnɪŋ] n [of door, window] cerrojo m, pestillo m.

fast food n (U) comida f rápida.
fast-forward ◇ n avance m rápido. ◇ vt & vi correr hacia adelante.
fastidious [fə'stɪdɪəs] adj [fussy] quisquilloso(sa).
fast lane n [on motorway] carril m rápido; **to live life in the ~** fig llevar un frenético tren de vida.
fat [fæt] (compar-ter, superl-test) ◇ adj **-1.** [gen] gordo(da); **to get ~** engordar **-2.** [meat] con mucha grasa **-3.** [book, package] grueso(sa) **-4.** [profit, fee, cheque] jugoso(sa) **-5.** iro [small]: **a ~ lot of good** iro **use that was!** ¡pues sí que sirvió de mucho eso! ◇ n **-1.** [gen] grasa f **-2.** [for cooking] manteca f.
fatal ['feɪtl] adj **-1.** [mortal] mortal **-2.** [serious] fatal, funesto(ta).
fatalism ['feɪtəlɪzm] n fatalismo m.
fatalistic [ˌfeɪtə'lɪstɪk] adj fatalista.
fatality [fə'tælətɪ] (pl-ies) n **-1.** [accident victim] víctima f mortal **-2.** = fatalism.
fatally ['feɪtəlɪ] adv **-1.** [mortally] mortalmente **-2.** [seriously] gravemente.
fat cat executive n pej alto ejecutivo con un sueldo desproporcionado.
fate [feɪt] n **-1.** [destiny] destino m; **to tempt ~** tentar a la suerte **-2.** [result, end] final m, suerte f.
fated ['feɪtɪd] adj predestinado(da); **to be ~ to do sthg** estar predestinado a hacer algo.
fateful ['feɪtfʊl] adj fatídico(ca).
fat-free adj sin grasas.
father ['fɑːðə'] ◇ n lit & fig padre m. ◇ vt engendrar.
➡ **Father** n **-1.** [priest] padre m **-2.** [God] Padre m.
Father Christmas n UK Papá m Noel.
fatherhood ['fɑːðəhʊd] n paternidad f.
father-in-law (pl father-in-laws OR fathers-in-law) n suegro m.
fatherly ['fɑːðəlɪ] adj paternal.
Father's Day n día m del padre.
fathom ['fæðəm] ◇ n braza f. ◇ vt: **to ~ sthg/sb (out)** llegar a comprender algo/a alguien.
fatigue [fə'tiːg] ◇ n fatiga f. ◇ vt fatigar.
➡ **fatigues** npl traje m de faena.
fatness ['fætnɪs] n [of person] gordura f.
fatten ['fætn] vt engordar.
➡ **fatten up** vt sep engordar, cebar.
fattening ['fætnɪŋ] adj que engorda.
fatty ['fætɪ] (compar-ier, superl-iest, pl-ies) ◇ adj graso(sa). ◇ n inf pej gordinflón m, -ona f.
fatuous ['fætjʊəs] adj necio(cia).

fatwa ['fætwə] n fatwa f.

faucet ['fɔːsɪt] n US grifo m, llave f Amér, canilla f RP, paja f CAm, caño m Perú.

fault [fɔːlt] <> n -1. [responsibility] culpa f; it's my ~ es culpa mía; through no ~ of my own sin que la culpa sea mía; to be at ~ tener la culpa -2. [mistake, imperfection] defecto m; to find ~ with encontrar defectos a -3. GEOL falla f -4. [in tennis] falta f. <> vt: to ~ sb (on sthg) criticar a alguien (en algo).

faultless ['fɔːltlɪs] adj perfecto(ta), impecable.

faulty ['fɔːltɪ] (compar -ier, superl -iest) adj [machine, system] defectuoso(sa); [reasoning, logic] imperfecto(ta).

fauna ['fɔːnə] n fauna f.

faux pas [ˌfəʊ'pɑː] (pl inv) n metedura f de pata.

fava bean ['fɑːvəbiːn] n US haba f.

favour UK, **favor** US ['feɪvə'] <> n -1. [gen] favor m; in sb's ~ a favor de alguien; to be in/out of ~ (with) ser/dejar de ser popular (con); to do sb a ~ hacerle un favor a alguien; to curry ~ with sb tratar de congraciarse con alguien; to rule in sb's ~ decidir a favor de alguien -2. [favouritism] favoritismo m. <> vt -1. [prefer] decantarse por, preferir -2. [treat better, help] favorecer -3. iro [honour]: to ~ sb with sthg honrar a alguien con algo.

➥ **in favour** adv [in agreement] a favor.

➥ **in favour of** prep -1. [in preference to] en favor de -2. [in agreement with]: to be in ~ of sthg/of doing sthg estar a favor de algo/de hacer algo.

favourable UK, **favorable** US ['feɪvrəbl] adj [positive] favorable.

favourably UK, **favorably** US ['feɪvrəblɪ] adv favorablemente.

favoured UK, **favored** US ['feɪvəd] adj [with special advantages] privilegiado(da), favorecido(da).

favourite UK, **favorite** US ['feɪvrɪt] <> adj favorito(ta). <> n favorito m, -ta f.

favouritism UK, **favoritism** US ['feɪvrɪtɪzml] n favoritismo m.

fawn [fɔːn] <> adj beige (inv). <> n [animal] cervato m, cervatillo m. <> vi: to ~ on sb adular a alguien.

fax [fæks] <> n fax m. <> vt -1. [send fax to] mandar un fax a -2. [send by fax] enviar por fax.

fax machine n fax m.

fax number n número m de fax.

faze [feɪz] vt esp US inf desconcertar.

FBI (abbr of Federal Bureau of Investigation) n FBI m.

FD (abbr of Fire Department) n cuerpo de bomberos en Estados Unidos.

FDA (abbr of Food and Drug Administration) n organismo estadounidense para el control de medicamentos y productos alimentarios.

FE n abbr of Further Education.

fear [fɪə'] <> n -1. [gen] miedo m, temor m; for ~ of por miedo a -2. [risk] peligro m. <> vt -1. [be afraid of] temer -2. [anticipate] temerse; to ~ (that) ... temerse que ... <> vi [be afraid]: to ~ for sb/sthg temer por alguien/algo.

fearful ['fɪəfʊl] adj -1. fml [frightened] temeroso(sa) -2. [frightening] terrible, pavoroso(sa).

fearless ['fɪəlɪs] adj valiente, intrépido(da).

fearlessly ['fɪəlɪslɪ] adv sin miedo.

fearsome ['fɪəsəm] adj terrible, espantoso(sa).

feasibility [ˌfiːzə'bɪlətɪ] n viabilidad f.

feasibility study n estudio m de viabilidad.

feasible ['fiːzəbl] adj factible, viable.

feast [fiːst] <> n [meal] banquete m, festín m. <> vi: to ~ on OR off sthg darse un banquete a base de algo.

feat [fiːt] n hazaña f.

feather ['feðə'] n pluma f.

feather bed n colchón m de plumas.

featherbrained ['feðəbreɪnd] adj [person] atontolinado(da); [idea, scheme] disparatado(da).

featherweight ['feðəweɪt] n [boxer] peso m pluma.

feature ['fiːtʃə'] <> n -1. [characteristic] característica f -2. [of face] rasgo m -3. GEOGR accidente m geográfico -4. [article] artículo m de fondo -5. RADIO & TV [programme] programa m especial -6. CINEMA = feature film. <> vt [subj: film] tener como protagonista a; [subj: exhibition] tener como atracción principal a. <> vi: to ~ (in) aparecer OR figurar (en).

feature film n largometraje m.

featureless ['fiːtʃəlɪs] adj anodino(na).

Feb. [feb] (abbr of February) feb.

February ['februərɪ] n febrero m; see also September.

feces US = faeces.

feckless ['feklɪs] adj irresponsable.

fed [fed] pt & pp ▷ feed.

Fed [fed] <> n inf -1. (abbr of Federal Reserve Board) órgano de control del banco central estadounidense -2. US [FBI agent] agente m OR f del FBI. <> -1. abbr of federal -2. abbr of federation.

federal ['fedrəl] adj federal.

Federal Bureau of Investigation n FBI m.

federalism ['fedrəlɪzml] n federalismo m.

federation [ˌfedə'reɪʃn] n federación f.

fed up adj: ~ **(with)** harto(ta) (de).

fee [fi:] n [to lawyer, doctor etc] honorarios mpl; **membership** ~ cuota f de socio; **entrance** ~ entrada f; **school** ~s (precio m de) matrícula f.

feeble ['fi:bəl] adj **- 1.** [weak] débil **- 2.** [poor, silly] pobre, flojo(ja).

feebleminded [ˌfi:bəl'maɪndɪd] adj corto(ta) de entendederas.

feebleness ['fi:blnɪs] n (U) **- 1.** [weakness] debilidad f **- 2.** [of excuse, joke] flojedad f.

feebly ['fi:blɪ] adv **- 1.** [weakly] débilmente **- 2.** [ineffectively] de modo poco convincente.

feed [fi:d] (pt & pp **fed**) <> vt **- 1.** [gen] alimentar; [animal] dar de comer a **- 2.** [put, insert]: **to** ~ **sthg into sthg** introducir algo en algo. <> vi comer; **to** ~ **on** OR **off sthg** lit & fig alimentarse de algo. <> n **- 1.** [of baby] toma f **- 2.** [animal food] pienso m.

feedback ['fi:dbæk] n (U) **- 1.** [reaction] respuesta f, reacciones fpl **- 2.** COMPUT & ELEC realimentación f; [on guitar etc] feedback m.

feedbag ['fi:dbæg] n US morral m.

feeder ['fi:dəʳ] <> n [baby]: **he's a messy** ~ se ensucia mucho al comer. <> comp: ~ **road** carretera f secundaria.

feeding bottle ['fi:dɪŋ-] n UK biberón m.

feel [fi:l] (pt & pp **felt**) <> vt **- 1.** [touch] tocar **- 2.** [sense, notice, experience] sentir; **I felt myself blushing** noté que me ponía colorado **- 3.** [believe] creer; **to** ~ **(that)** creer OR pensar que **- 4.** phr: **not to** ~ **o.s.** no encontrarse bien. <> vi **- 1.** [have sensation]: **to** ~ **hot/cold/sleepy** tener calor/frío/sueño; **how do you** ~? ¿cómo te encuentras? **- 2.** [have emotion]: **to** ~ **safe/happy** sentirse seguro/feliz **- 3.** [seem] parecer (al tacto) **- 4.** [by touch]: **to** ~ **for sthg** buscar algo a tientas **- 5.** [be in mood]: **do you** ~ **like a drink/eating out?** ¿te apetece beber algo/comer fuera?, ¿te provoca beber algo/comer fuera? Andes & Méx. <> n **- 1.** [sensation, touch] tacto m, sensación f **- 2.** [atmosphere] atmósfera f **- 3.** phr: **to have a** ~ **for sthg** tener un don especial para algo.

feeler ['fi:ləʳ] n antena f.

feelgood movie ['fi:lgʊd-] n película f que levanta la moral.

feeling ['fi:lɪŋ] n **- 1.** [emotion] sentimiento m; **bad** ~ resentimiento m **- 2.** [sensation] sensación f **- 3.** [intuition] presentimiento m; **I have a** OR **get the** ~ **(that)** ... me da la sensación de que ... **- 4.** [opinion] opinión f **- 5.** [understanding] apreciación f, entendimiento m; **to have a** ~ **for sthg** saber apreciar algo.

➤ **feelings** npl sentimientos mpl; **to hurt**

sb's ~**s** herir los sentimientos de alguien; **no hard** ~**s?** ¿todo olvidado?

fee-paying [-ˌpeɪɪŋ] adj UK de pago.

feet [fi:t] pl ⊳ **foot**.

feign [feɪn] vt fml fingir, aparentar.

feint [feɪnt] <> n finta f. <> vi fintar.

feisty ['faɪstɪ] (compar -**ier**, superl -**iest**) adj esp US inf combativo(va).

felicitous [fɪ'lɪsɪtəs] adj fml afortunado(da).

feline ['fi:laɪn] <> adj felino(na). <> n fml felino m.

fell [fel] <> pt ⊳ **fall**. <> vt **- 1.** [tree] talar **- 2.** [person] derribar.

➤ **fells** npl GEOGR monte m.

fellow ['feləʊ] <> adj: ~ **students/prisoners** compañeros de clase/celda; ~ **citizens** conciudadanos. <> n **- 1.** dated [man] tipo m **- 2.** [comrade, peer] camarada m OR f, compañero m, -ra f **- 3.** [of a society] miembro m **- 4.** [of college] miembro m del claustro de profesores.

fellowship ['feləʊʃɪp] n **- 1.** [comradeship] camaradería f **- 2.** [society] asociación f **- 3.** [grant] beca f de investigación.

felony ['felənɪ] (pl -**ies**) n US JUR crimen m, delito m grave.

felt [felt] <> pt & pp ⊳ **feel**. <> n (U) fieltro m.

felt-tip pen [ˌfelttɪp-] n rotulador m.

female ['fi:meɪl] <> adj [animal, plant, connector] hembra; [figure, sex] femenino(na). <> n **- 1.** [female animal] hembra f **- 2.** [woman] mujer f.

feminine ['femɪnɪn] <> adj femenino(na). <> n GRAMM femenino m.

femininity [ˌfemɪ'nɪnətɪ] n femineidad f.

feminism ['femɪnɪzm] n feminismo m.

feminist ['femɪnɪst] n feminista m OR f.

fence [fens] <> n valla f; **to sit on the** ~ fig nadar entre dos aguas. <> vt [surround] vallar, cercar.

➤ **fence off** vt sep cerrar con una valla OR cerca.

fencing ['fensɪŋ] n **- 1.** SPORT esgrima f **- 2.** [material] material m para cercas.

fend [fend] vi: **to** ~ **for o.s.** valerse por sí mismo.

➤ **fend off** vt sep [blows] defenderse de, desviar; [questions, reporters] eludir.

fender ['fendəʳ] n **- 1.** [round fireplace] pantalla f, guardafuego m **- 2.** [on boat] defensa f **- 3.** US [on car] guardabarros m inv.

fennel ['fenl] n hinojo m.

fens [fenz] npl UK pantanal m, zona f pantanosa.

feral ['fɪərəl] adj asilvestrado(da).

ferment [n 'fɜ:ment, vb fə'ment] <> n [unrest] agitación f; **in** ~ en estado de agitación. <> vi fermentar.

fermentation [,fɜ:mən'teɪʃn] *n* fermentación *f*.

fermented [fə'mentɪd] *adj* fermentado(da).

fern [fɜ:n] *n* helecho *m*.

ferocious [fə'rəʊʃəs] *adj* feroz.

ferociously [fə'rəʊʃəslɪ] *adv* ferozmente.

ferocity [fə'rɒsɪtɪ] *n* ferocidad *f*.

ferret ['ferɪt] *n* hurón *m*.
- **ferret about, ferret around** *vi inf* rebuscar.
- **ferret out** *vt sep inf* conseguir, descubrir.

ferris wheel ['ferɪs-] *n esp US* noria *f*.

ferry ['ferɪ] ⬦ *n* [large, for cars] transbordador *m*, ferry *m*; [small] barca *f*. ⬦ *vt* llevar, transportar.

ferryboat ['ferɪbəʊt] = **ferry**.

ferryman ['ferɪmən] (*pl* -**men** [-mən]) *n* barquero *m*.

fertile ['fɜ:taɪl] *adj* fértil.

fertility [fə'tɪlətɪ] *n* fertilidad *f*.

fertility drug *n* medicamento *m* fertilizante.

fertilization [,fɜ:tɪlaɪ'zeɪʃn] *n* -**1.** AGR fertilización *f*, abono *m* -**2.** BIOL fecundación *f*.

fertilize, -ise ['fɜ:tɪlaɪz] *vt* -**1.** AGR fertilizar, abonar -**2.** BIOL fecundar.

fertilizer ['fɜ:tɪlaɪzə'] *n* fertilizante *m*, abono *m*.

fervent ['fɜ:vənt] *adj* ferviente.

fervour UK, **fervor** US ['fɜ:və'] *n* fervor *m*.

fester ['festə'] *vi lit* & *fig* enconarse.

festival ['festəvl] *n* -**1.** [event, celebration] festival *m* -**2.** [holiday] día *m* festivo.

festive ['festɪv] *adj* festivo(va).

festive season *n*: the ~ las Navidades.

festivities [fes'tɪvətɪz] *npl* festividades *fpl*.

festoon [fe'stu:n] *n* engalanar.

feta cheese ['fetə-] *n* queso *m* feta.

fetal ['fi:tl] US = **foetal**.

fetch [fetʃ] *vt* -**1.** [go and get] ir a buscar, traer -**2.** inf [raise - money] venderse por, alcanzar.

fetching ['fetʃɪŋ] *adj* atractivo(va).

fete, fête [feɪt] ⬦ *n* fiesta *f* benéfica. ⬦ *vt* festejar, agasajar.

fetid ['fetɪd] *adj* fétido(da).

fetish ['fetɪʃ] *n* -**1.** [object of sexual obsession] fetiche *m* -**2.** [mania] obsesión *f*, manía *f*.

fetishism ['fetɪʃɪzm] *n* fetichismo *m*.

fetlock ['fetlɒk] *n* espolón *m*.

fetter ['fetə'] *vt* encadenar, atar.
- **fetters** *npl* grilletes *mpl*.

fettle ['fetl] *n*: in fine ~ en plena forma.

fetus ['fi:təs] US = **foetus**.

feud [fju:d] ⬦ *n* disputa *f*, enfrentamiento *m* duradero. ⬦ *vi* pelearse.

feudal ['fju:dl] *adj* feudal.

fever ['fi:və'] *n lit* & *fig* fiebre *f*; to have a ~ tener fiebre.

fevered ['fi:vəd] *adj lit* & *fig* febril.

feverish ['fi:vərɪʃ] *adj lit* & *fig* febril.

fever pitch *n*: excitement was at ~ los ánimos estaban muy exaltados.

few [fju:] ⬦ *adj* pocos(cas); the next ~ weeks las próximas semanas; a ~ algunos(nas); a ~ more potatoes algunas patatas más; quite a ~, a good ~ bastantes; ~ and far between escasos, contados. ⬦ *pron* pocos *mpl*, -cas *fpl*; a ~ (of them) algunos *mpl*, -nas *fpl*; quite a ~ bastantes *mpl* OR *fpl*.

fewer ['fju:ə'] ⬦ *adj* menos; no ~ than nada menos que. ⬦ *pron* menos.

fewest ['fju:əst] *adj* menos; I made the ~ mistakes fui el que cometió menos errores.

FHA (*abbr of* **Federal Housing Administration**) *n organismo estadounidense para la gestión de viviendas sociales.*

fiancé [fɪ'ɒnseɪ] *n* prometido *m*.

fiancée [fɪ'ɒnseɪ] *n* prometida *f*.

fiasco [fɪ'æskəʊ] (*UK pl* -**s**, *US pl* -**es**) *n* fiasco *m*.

fib [fɪb] (*pt* & *pp* -**bed**, *cont* -**bing**) inf ⬦ *n* bola *f*, trola *f*. ⬦ *vi* decir bolas OR trolas.

fibber ['fɪbə'] *n inf* bolero *m*, -ra *f*, trolero *m*, -ra *f*.

fibre UK, **fiber** US ['faɪbə'] *n* fibra *f*.

fibreboard UK, **fiberboard** US ['faɪbəbɔːd] *n* (U) tablero *m* de fibras.

fibreglass UK, **fiberglass** US ['faɪbəɡlɑ:s] ⬦ *n* (U) fibra *f* de vidrio. ⬦ *comp* de fibra de vidrio.

fibre-optic ['faɪbə,ɒptɪk] *adj* de fibra óptica.

fibre optics *n* (U) fibra *f* óptica.

fibroid ['faɪbrɔɪd] *n* fibroma *m*.

fibrositis [,faɪbrə'saɪtɪs] *n* fibrositis *f inv*.

fickle ['fɪkl] *adj* voluble.

fiction ['fɪkʃn] *n* -**1.** [stories] (literatura *f* de) ficción *f*-**2.** [fabrication] ficción *f*.

fictional ['fɪkʃənl] *adj* -**1.** [literary] novelesco(ca) -**2.** [invented] ficticio(cia).

fictionalize, -ise ['fɪkʃənəlaɪz] *vt* novelar.

fictitious [fɪk'tɪʃəs] *adj* [false] ficticio(cia).

fiddle ['fɪdl] ⬦ *n* -**1.** [violin] violín *m*; (as) fit as a ~ sano como una manzana; to play second ~ (to) estar relegado(da) a un segundo plano (respecto a) -**2.** UK inf [fraud] timo *m*. ⬦ *vt UK inf* amañar. ⬦ *vi* [play around]: to ~ (with sthg) juguetear (con algo).
- **fiddle about, fiddle around** *vi* [play around]: to ~ about (with sthg) juguetear (con algo).

fiddler ['fɪdlə'] *n* violinista *m* OR *f*.

fiddly ['fɪdlɪ] (*compar* -**ier**, *superl* -**iest**) *adj UK* [job] delicado(da); [gadget] intrincado(da).

fidelity [fɪ'delətɪ] n fidelidad f.

fidget ['fɪdʒɪt] vi moverse sin parar, no estarse quieto(ta).

fidgety ['fɪdʒɪtɪ] adj inf nervioso(sa), inquieto(ta).

fiduciary [fɪ'duː:ʃjərɪ] (pl -ies) <> adj fiduciario(ria). <> n fiduciario m, -ria f.

field [fiːld] <> n [gen & COMPUT] campo m; **in the** ~ sobre el terreno; ~ **of vision** campo visual. <> vt -1. [team] alinear; [candidate] presentar -2. [ball] parar y devolver.

field day n: **to have a** ~ disfrutar de lo lindo.

fielder ['fiːldə'] n jardinero m, -ra f.

field event n prueba f atlética de salto/lanzamiento.

field glasses npl prismáticos mpl, gemelos mpl.

field hockey n US hockey m sobre hierba.

field marshal n mariscal m de campo.

field mouse n ratón m de campo.

field trip n excursión f para hacer trabajo de campo.

fieldwork ['fiːldwɜ:k] n (U) trabajo m de campo.

fieldworker ['fiːldwɜ:kə'] n investigador m, -ra f que hace trabajo de campo.

fiend [fiːnd] n -1. [cruel person] malvado m, -da f -2. inf [fanatic] fanático m, -ca f.

fiendish ['fiːndɪʃ] adj -1. [evil] malévolo(la), diabólico(ca) -2. inf [very difficult] endiablado(da).

fierce [fɪəs] adj [gen] feroz; [temper] endiablado(da); [loyalty] ferviente; [heat] asfixiante.

fiercely ['fɪəslɪ] adv -1. [aggressively, ferociously] ferozmente -2. [wildly] furiosamente -3. [intensely] encarnizadamente, intensamente.

fiery ['faɪərɪ] (compar -ier, superl -iest) adj -1. [burning] ardiente -2. [volatile - temper] endiablado(da); [- speech] encendido(da), fogoso(sa); [- person] apasionado(da) -3. [bright red] encendido(da).

FIFA ['fiː:fə] (abbr of Fédération Internationale de Football Association) n FIFA f.

fifteen [fɪf'tiː:n] num quince; see also **six**.

fifteenth [,fɪf'tiː:nθ] num decimoquinto(ta); see also **sixth**.

fifth [fɪfθ] num quinto(ta); see also **sixth**.

Fifth Amendment n: **the** ~ la quinta enmienda de la Constitución de los Estados Unidos que garantiza los derechos de las personas inculpadas por un delito.

fifth column n quinta columna f.

fiftieth ['fɪftɪəθ] num quincuagésimo(ma); see also **sixth**.

fifty ['fɪftɪ] num cincuenta; see also **sixty**.

fifty-fifty <> adj al cincuenta por ciento; a ~ **chance** unas posibilidades del cincuenta por ciento. <> adv: **to go** ~ ir a medias.

fig [fɪg] n higo m.

fight [faɪt] (pt & pp **fought**) <> n [physical, verbal] pelea f, fig [struggle] lucha f; **to have a** ~ **(with)** pelearse (con); **to put up a** ~ oponer resistencia. <> vt [gen] luchar contra; [in punch-up] pelearse con; [battle, campaign] librar; [war] luchar en. <> vi -1. [in punch-up] pelearse; [in war] luchar -2. fig [battle, struggle]: **to** ~ **(for/against)** luchar (por/contra) -3. [argue]: **to** ~ **(about OR over)** pelearse OR discutir (por).

◆ **fight back** <> vt fus [tears, feelings] reprimir, contener. <> vi defenderse.

◆ **fight off** vt sep -1. [deter] rechazar -2. [overcome] ahuyentar, sobreponerse a.

◆ **fight out** vt sep: **they are left** ~**ing it out for second place** van a tener que disputarse el segundo puesto.

fighter ['faɪtə'] n -1. [plane] caza m -2. [soldier] combatiente m OR f -3. [boxer] púgil m OR f -4. [combative person] luchador m, -ra f.

fighting ['faɪtɪŋ] n (U) [on streets, terraces] peleas fpl; [in war] combates mpl.

fighting chance n: **to have a** ~ **(of doing sthg)** tener posibilidades (de hacer algo).

figment ['fɪgmənt] n: **a** ~ **of sb's imagination** un producto de la imaginación de alguien.

figurative ['fɪgərətɪv] adj figurado(da).

figuratively ['fɪgərətɪvlɪ] adv figuradamente.

figure [UK 'fɪgə', US 'fɪgjər] <> n -1. [statistic, number] cifra f; **to put a** ~ **on sthg** dar un número exacto de algo; **to be in single/double** ~**s** no sobrepasar/sobrepasar la decena -2. [shape of person, personality] figura f -3. [diagram] figura f. <> vt esp US [suppose] figurarse, suponer. <> vi -1. [feature] figurar -2. inf [be logical]: **that** ~**s** es lógico.

◆ **figure out** vt sep [reason, motives] figurarse; [problem etc] resolver; [amount, quantity] calcular; **to** ~ **out how to do sthg** dar con la forma de hacer algo.

figurehead ['fɪgəhed] n -1. [on ship] mascarón m de proa -2. [leader without real power] testaferro m.

figure of eight UK, **figure eight** US n forma f de ocho.

figure of speech n forma f de hablar.

figure skating n patinaje m artístico.

figurine [UK 'fɪgəriː:n, US ,fɪgjə'riː:n] n estatuilla f.

Fiji ['fiː:dʒiː:] n Fiji.

Fijian [,fiː:'dʒiː:ən] <> adj fijiano(na). <> n fijiano m, -na f.

filament ['fɪləməntl] n [in lightbulb] filamento m.

filch [fɪltʃ] vt inf birlar, mangar.

file [faɪl] ◇ n -1. [folder] carpeta f; [box] archivador m -2. [report] expediente m, dossier m; **on ~**, **on the ~s** archivado -3. COMPUT archivo m -4. [tool] lima f -5. [line]: **in single ~** en fila india. ◇ vt -1. [put in file] archivar -2. JUR presentar -3. [shape, smoothe] limar. ◇ vi -1. [walk in single file] ir en fila -2. JUR: **to ~ for divorce** presentar una demanda de divorcio.

file manager n COMPUT administrador m de archivos.

filename ['faɪl‚neɪm] n COMPUT nombre m de archivo.

filet US = fillet.

filibuster ['fɪlɪbʌstə'] vi esp US POL pronunciar discursos obstruccionistas.

filigree ['fɪlɪgri:] ◇ adj de filigrana. ◇ n (U) filigrana f.

filing cabinet ['faɪlɪŋ-] n archivador m.

filing clerk ['faɪlɪŋ-] n UK archivero m, -ra f (de oficina).

Filipino [‚fɪlɪ'pi:nəʊ] (pl -s) ◇ adj filipino (na). ◇ n filipino m, -na f.

fill [fɪl] ◇ vt -1. [gen]: **to ~ sthg (with)** llenar algo (de) -2. [gap, hole, crack] rellenar; [tooth] empastar, calzar Col -3. [need, vacancy etc] cubrir; [time] ocupar. ◇ n: **to eat one's ~** comer hasta hartarse; **to have had one's ~ of sthg** estar hasta la coronilla de algo.
◆ **fill in** ◇ vt sep -1. [complete] rellenar -2. [inform]: **to ~ sb in (on)** poner a alguien al corriente (de). ◇ vt fus: **to be ~ing in time** estar matando el tiempo. ◇ vi [substitute]: **to ~ in (for sb)** sustituir (a alguien).
◆ **fill out** ◇ vt sep [complete] rellenar. ◇ vi [get fatter] engordar.
◆ **fill up** ◇ vt sep llenar (hasta arriba). ◇ vi -1. [gen] llenarse -2. [buy petrol] repostar.

filled [fɪld] adj -1. [roll] relleno(na) -2. [with emotion]: **~ with** lleno(na) de.

filler ['fɪlə'] n [for cracks] masilla f.

filler cap n UK tapón m del depósito de gasolina.

fillet UK, **filet** US ['fɪlɪt] ◇ n filete m. ◇ vt cortar en filetes.

fillet steak n filete m (de carne), bife m de lomo RP.

fill-in n inf [person] sustituto m, -ta f; [thing] sustitutivo m.

filling ['fɪlɪŋ] ◇ adj [satisfying] que llena mucho. ◇ n -1. [in tooth] empaste m Esp, calza f Col, tapadura f Chile, Méx, emplomadura f RP -2. [in cake, sandwich] relleno m.

filling station n estación f de servicio OR de

nafta RP, gasolinera f, bomba f Chile, Col, Ecuad, Ven, grifo m Perú.

fillip ['fɪlɪp] n estímulo m.

filly ['fɪlɪ] (pl -ies) n potranca f.

film [fɪlm] ◇ n -1. [gen] película f -2. (U) [art of cinema] cine m; **the ~ industry** la industria cinematográfica. ◇ vt & vi filmar, rodar.

film festival n festival m de cine.

filming ['fɪlmɪŋ] n (U) filmación f, rodaje m.

film star n estrella f de cine.

filmstrip ['fɪlm‚strɪp] n serie f de diapositivas.

film studio n estudio m cinematográfico.

Filofax® ['faɪləʊfæks] n agenda f de anillas.

filo pastry® ['fi:ləʊ-] n hojaldre m griego.

filter ['fɪltə'] ◇ n filtro m. ◇ vt [purify] filtrar. ◇ vi [people]: **to ~ in/out** ir entrando/ saliendo.
◆ **filter out** vt sep [remove by filtering] filtrar.
◆ **filter through** vi filtrarse.

filter coffee n café m de filtro.

filter lane n UK carril m de giro.

filter paper n [papel m de] filtro m.

filter-tipped [-'tɪpt] adj con filtro.

filth [fɪlθ] n (U) -1. [dirt] suciedad f, porquería f -2. [obscenity] obscenidades fpl.

filthy ['fɪlθɪ] (compar -ier, superl -iest) adj -1. [very dirty] mugriento(ta), sucísimo(ma) -2. [obscene] obsceno(na).

filtration plant [fɪl'treɪʃn-] n estación f depuradora.

fin [fɪn] n -1. [on fish] aleta f -2. US [on swimmer] aleta f.

final ['faɪnl] ◇ adj -1. [last] último(ma) -2. [at end] final -3. [definitive] definitivo(va). ◇ n final f.
◆ **finals** npl UNIV exámenes mpl finales.

final demand n último aviso m.

finale [fɪ'nɑ:lɪ] n final m.

finalist ['faɪnəlɪst] n finalista m OR f.

finalize, -ise ['faɪnəlaɪz] vt ultimar.

finally ['faɪnəlɪ] adv -1. [at last] por fin, finalmente -2. [lastly] finalmente, por último.

finance [n 'faɪnæns, vb faɪ'næns] ◇ n (U) -1. [money management] finanzas fpl -2. [money] fondos mpl. ◇ vt financiar.
◆ **finances** npl finanzas fpl.

financial [fɪ'nænʃl] adj financiero(ra).

financial adviser n asesor financiero m, asesora financiera f.

financially [fɪ'nænʃəlɪ] adv económicamente; **to be ~ independent** tener independencia económica.

financial services npl servicios mpl financieros.

financial year UK, **fiscal year** US n [for budgets] ejercicio *m*; [for tax purposes] año *m* fiscal.

financier [fɪ'nænsɪə'] *n UK* financiero *m*, -ra *f*, financista *m* OR *f* Amér.

finch [fɪntʃ] *n* pinzón *m*.

find [faɪnd] (*pt* & *pp* **found**) ◇ *vt* **-1.** [gen] encontrar; **to ~ one's way** encontrar el camino; **a species not found in Britain** una especie que no se encuentra en Gran Bretaña; **I found it easy** me resultó fácil; **how did you ~ the film?** ¿qué te pareció la película? **-2.** [realize - fact] darse cuenta de, descubrir **-3.** JUR: **to be found guilty/not guilty (of)** ser declarado(da) culpable/inocente (de). ◇ *n* hallazgo *m*, descubrimiento *m*.
 ➡ **find out** ◇ *vi* **-1.** [become aware] enterarse **-2.** [obtain information] informarse. ◇ *vt fus* [truth] descubrir; [fact] averiguar. ◇ *vt sep* [person] descubrir.

findings ['faɪndɪŋz] *npl* resultados *mpl*, conclusiones *fpl*.

fine [faɪn] ◇ *adj* **-1.** [excellent] magnífico(ca), excelente **-2.** [perfectly satisfactory]: **it's/that's ~** está bien; **how are you? - fine thanks** ¿qué tal? - muy bien **-3.** [weather] bueno(na); **it will be ~ tomorrow** mañana hará buen día **-4.** [thin, smooth, delicate] fino(na) **-5.** [minute - detail, distinction] sutil; [- adjustment, tuning] milimétrico(ca). ◇ *adv* [well] bien; [very well] muy bien. ◇ *n* multa *f*. ◇ *vt* multar.

fine arts *npl* bellas artes *fpl*.

finely ['faɪnlɪ] *adv* **-1.** [chopped] muy fino(na), en trocitos **-2.** [accurately] con precisión.

fineness ['faɪnnɪs] *n* **-1.** [quality] excelencia *f* **-2.** [thinness, smoothness, delicateness] finura *f* **-3.** [subtlety] sutileza *f*.

finery ['faɪnərɪ] *n (U)* galas *fpl*.

finesse [fɪ'nes] *n* finura *f*, delicadeza *f*.

fine-tooth comb ['faɪntuːθ] *n*: **to go over sthg with a ~** examinar algo minuciosamente.

fine-tune ['faɪntjuːn] *vt* poner a punto.

finger ['fɪŋgə'] ◇ *n* dedo *m*; **she didn't lay a ~ on him** no le tocó un pelo de la ropa; **he didn't lift a ~ to help** no movió un dedo para ayudar; **to keep one's ~s crossed** cruzar los dedos; **to point a** OR **the ~ at sb** señalar a alguien con el dedo; **to put one's ~ on sthg** acertar a identificar algo; **to twist sb round one's little ~** tener a alguien en el bote. ◇ *vt* acariciar con los dedos.

fingermark ['fɪŋgəmɑːk] *n* huella *f* (de dedo), dedada *f*.

fingernail ['fɪŋgəneɪl] *n* uña *f* (de las manos).

fingerprint ['fɪŋgəprɪnt] *n* huella *f* dactilar OR digital; **to take sb's ~s** tomar las huellas

dactilares OR digitales a alguien.

fingertip ['fɪŋgətɪp] *n* punta *f* del dedo; **at one's ~s** al alcance de la mano; **to have a subject at one's ~s** saber un tema al dedillo.

finicky ['fɪnɪkɪ] *adj pej* [person] melindroso(sa); [task] minucioso(sa), delicado(da).

finish ['fɪnɪʃ] ◇ *n* **-1.** [end] final *m*; [in race] meta *f* **-2.** [surface texture] acabado *m*. ◇ *vt*: **to ~ sthg/doing sthg** acabar algo/de hacer algo, terminar algo/de hacer algo. ◇ *vi* terminar; **to ~ second** terminar en segundo lugar.
 ➡ **finish off** *vt sep* [food, task] acabar OR terminar del todo.
 ➡ **finish up** *vi* acabar, terminar.
 ➡ **finish with** *vt fus* [boyfriend etc] romper con.

finished ['fɪnɪʃt] *adj* **-1.** [ready, over] acabado(da), terminado(da) **-2.** [no longer interested]: **to be ~ with sthg** no querer tener nada que ver con algo **-3.** *inf* [done for] acabado(da).

finishing line ['fɪnɪʃɪŋ-] *n* línea *f* de meta.

finishing school ['fɪnɪʃɪŋ-] *n* colegio privado donde se prepara a las alumnas de clase alta para entrar en sociedad.

finite ['faɪnaɪt] *adj* **-1.** [limited] finito(ta) **-2.** GRAMM conjugado(da).

Finland ['fɪnlənd] *n* Finlandia *f*.

Finn [fɪn] *n* [person] finlandés *m*, -esa *f*.

Finnish ['fɪnɪʃ] ◇ *adj* finlandés(esa). ◇ *n* [language] finlandés *m*.

fiord [fjɔːd] = **fjord**.

fir [fɜː'] *n* abeto *m*.

fire ['faɪə'] ◇ *n* **-1.** [gen] fuego *m*; **on ~** en llamas; **to catch ~** prender; **to open ~ (on sb)** abrir fuego (contra alguien); **to set ~ to** prender fuego a **-2.** [blaze] incendio *m* **-3.** *UK* [heater]: **(electric/gas) ~** estufa *f* (eléctrica/de gas). ◇ *vt* **-1.** [shoot] disparar; **to ~ a shot** disparar **-2.** [rap out]: **to ~ questions at sb** acribillar a preguntas a alguien **-3.** *esp US* [dismiss] despedir. ◇ *vi*: **to ~ (on** OR **at)** disparar (contra).

fire alarm *n* alarma *f* antiincendios.

firearm ['faɪərɑːm] *n* arma *f* de fuego.

fireball ['faɪəbɔːl] *n* bola *f* de fuego.

firebomb ['faɪəbɒm] ◇ *n* bomba *f* incendiaria. ◇ *vt* lanzar bombas incendiarias a.

firebreak ['faɪəbreɪk] *n* cortafuego *m*.

fire brigade *UK*, **fire department** *US n* cuerpo *m* de bomberos.

fire chief *US* = **fire master**.

firecracker ['faɪəˌkrækə'] *n* petardo *m*.

fire department *US* = **fire brigade**.

fire door *n* puerta *f* cortafuegos.

fire drill *n* simulacro *m* de incendio.
fire-eater *n* [performer] tragafuegos *m OR f inv.*
fire engine *n* coche *m* de bomberos.
fire escape *n* escalera *f* de incendios.
fire exit *n* salida *f* de incendios.
fire extinguisher *n* extintor *m* (de incendios).
fire fighter *n* bombero *m*, -ra *f.*
fireguard ['faɪəgɑːd] *n* pantalla *f* (de chimenea).
fire hazard *n* objeto *m* que supone peligro de incendio.
fire hydrant [-'haɪdrənt], **fireplug** ['faɪəplʌg] *n* boca *f* de incendio.
firelight ['faɪəlaɪt] *n* luz *f* del fuego.
firelighter ['faɪəlaɪtə^r] *n* pastilla *f* para encender el fuego.
fireman ['faɪəmən] (*pl* **-men** [-mən]) *n* bombero *m.*
fire master *UK*, **fire chief** *US n* jefe *m*, -fa *f* del cuerpo de bomberos.
fireplace ['faɪəpleɪs] *n* chimenea *f.*
fireplug *US* = **fire hydrant.**
firepower ['faɪə,paʊə^r] *n* potencia *f* de fuego.
fireproof ['faɪəpruːf] *adj* incombustible, ininflamable.
fire-raiser [-,reɪzə^r] *n UK* pirómano *m*, -na *f*, incendiario *m*, -ria *f.*
fire regulations *npl* normativa *f* sobre incendios.
fire service *n UK* cuerpo *m* de bomberos.
fireside ['faɪəsaɪd] *n*: **by the ~** al calor de la chimenea.
fire station *n* parque *m* de bomberos.
firewood ['faɪəwʊd] *n* leña *f.*
firework ['faɪəwɜːk] *n* fuego *m* de artificio.
- **fireworks** *npl* fuegos *mpl* artificiales.
firework display *n* espectáculo *m* pirotécnico.
firing ['faɪərɪŋ] *n (U)* MIL disparos *mpl.*
firing squad *n* pelotón *m* de ejecución OR fusilamiento.
firm [fɜːm] ◇ *adj* **-1.** [gen] firme; **to stand ~** mantenerse firme **-2.** FIN [steady] estable. ◇ *n* empresa *f.*
- **firm up** ◇ *vt sep* [arrangements] concretar. ◇ *vi* [prices] afianzarse.
firmly ['fɜːmlɪ] *adv* firmemente.
firmness ['fɜːmnɪs] *n* firmeza *f.*
firmware ['fɜːmweə^r] *n* COMPUT firmware *m.*
first [fɜːst] ◇ *adj* primero(ra); **the ~ day** el primer día; **for the ~ time** por primera vez; **~ thing (in the morning)** a primera hora (de la mañana); **~ things ~** lo primero es lo primero; **I don't know the ~ thing about it** no

tengo ni la más remota idea del asunto. ◇ *adv* **-1.** [gen] primero; **to come ~** quedar primero; **~ of all** en primer lugar **-2.** [for the first time] por primera vez. ◇ *n* **-1.** [person] primero *m*, -ra *f* **-2.** [unprecedented event] acontecimiento *m* sin precedentes **-3.** *UK* UNIV: sobresaliente *m.*
- **at first** *adv* al principio.
- **at first hand** *adv* de primera mano.
first aid *n (U)* [treatment] primeros auxilios *mpl*; [technique] socorrismo *m.*
first-aider [-'eɪdə^r] *n* socorrista *m OR f.*
first-aid kit *n* botiquín *m* de primeros auxilios.
first-class ◇ *adj* **-1.** [excellent] de primera, clase *Amér* **-2.** *UK* UNIV: **~ degree** ≃ sobresaliente *m* **-3.** [letter, ticket] de primera clase. ◇ *adv* [travel] en primera clase.
first-class mail *n servicio de correo más caro y rápido que el de segunda clase.*
first cousin *n* primo *m*, -ma *f* carnal.
first day cover *n sobre timbrado en el primer día de emisión de sus sellos.*
first-degree *adj* **-1.** MED: **~ burn** quemadura *f* de primer grado **-2.** *US* JUR: **~ murder** homicidio *m* en primer grado.
first floor *n* **-1.** *UK* [above ground level] primer piso *m* **-2.** *US* [at ground level] planta *f* baja.
firsthand [,fɜːst'hænd] ◇ *adj* de primera mano. ◇ *adv* directamente.
first lady *n* primera dama *f.*
first language *n* lengua *f* materna.
first lieutenant *n* ≃ teniente *m OR f.*
firstly ['fɜːstlɪ] *adv* en primer lugar.
first mate *n* segundo *m* de a bordo.
first name *n* nombre *m* de pila.
- **first-name** *adj*: **to be on first-name terms (with)** ≃ tutearse (con).
first night *n* noche *f* del estreno.
first offender *n* delincuente *m OR f* sin antecedentes penales.
first officer = **first mate.**
first-past-the-post system *n UK* sistema *m* de mayoría simple.
first-rate *adj* de primera.
first refusal *n* primera opción *f* de compra.
First World War *n*: **the ~** la Primera Guerra Mundial.
firtree ['fɜːtriː] = **fir.**
fiscal ['fɪskl] *adj* fiscal.
fiscal year *n US* año *m* fiscal.
fish [fɪʃ] (*pl inv*) ◇ *n* **-1.** [animal] pez *m* **-2.** *(U)* [food] pescado *m.* ◇ *vt* pescar en. ◇ *vi* **-1.** [for fish]: **to ~ (for sthg)** pescar (algo) **-2.** [for compliments etc]: **to ~ for sthg** buscar algo.

➤ **fish out** *vt sep inf* [bring out] sacar.

fish and chips *npl* pescado *m* frito con patatas fritas.

fish and chip shop *n UK* tienda *f* de pescado frito con patatas fritas.

fishbowl ['fɪʃbəʊl] *n* pecera *f*.

fishcake ['fɪʃkeɪk] *n* pastelillo *m* de pescado.

fisherman ['fɪʃəmən] (*pl* **-men** [-mən]) *n* pescador *m*.

fishery ['fɪʃərɪ] (*pl* **-ies**) *n* caladero *m*.

fish-eye lens *n* objetivo *m* de ojo de pez.

fish factory *n* fábrica *f* de pescado.

fish farm *n* piscifactoría *f*.

fish fingers *UK*, **fish sticks** *US npl* palitos *mpl* de pescado.

fishhook ['fɪʃhʊk] *n* anzuelo *m*.

fishing ['fɪʃɪŋ] *n* pesca *f*; **to go ~** ir de pesca.

fishing boat *n* barco *m* pesquero.

fishing line *n* sedal *m*.

fishing net *n* red *f* de pesca.

fishing rod *n* caña *f* de pescar.

fishmonger ['fɪʃˌmʌŋgəʳ] *n esp UK* pescadero *m*, -ra *f*; **~'s (shop)** pescadería *f*.

fishnet ['fɪʃnet] *n*: **~ tights** medias *fpl* de malla.

fish slice *n UK* paleta *f*, espátula *f*.

fish sticks *US* = **fish fingers**.

fishwife ['fɪʃwaɪf] (*pl* **-wives** [-waɪvz]) *n pej* verdulera *f*.

fishy ['fɪʃɪ] (*compar* **-ier**, *superl* **-iest**) *adj* **-1.** [smell, taste] a pescado **-2.** *inf* [suspicious] sospechoso(sa).

fission ['fɪʃn] *n* fisión *f*.

fissure ['fɪʃəʳ] *n* fisura *f*.

fist [fɪst] *n* puño *m*.

fit [fɪt] (*pt* & *pp* **-ted**, *cont* **-ting**) ◇ *adj* **-1.** [suitable]: **~ (for sthg/to do sthg)** apto(ta) (para algo/para hacer algo); **to see** *OR* **think ~ to do sthg** creer conveniente hacer algo; **do as you think ~** haz lo que te parezca conveniente **-2.** [healthy] en forma; **to keep ~** mantenerse en forma. ◇ *n* **-1.** [of clothes, shoes etc]: **it's a good ~** le/te *etc* sienta *OR* va bien; **it's a tight fit** le/te *etc* va justo **-2.** [bout, seizure] ataque *m*; **he had a ~** *lit* & *fig* le dio un ataque; **in ~s and starts** a trompicones. ◇ *vt* **-1.** [be correct size for] sentar bien a, ir bien a **-2.** [place]: **to ~ sthg into** encajar algo en **-3.** [provide]: **to ~ sthg with** equipar algo con; **to have an alarm fitted** poner una alarma **-4.** [be suitable for] adecuarse a, corresponder a **-5.** [for clothes]: **she was fitted for her dress** le tomaron las medidas para el vestido. ◇ *vi* **-1.** [clothes, shoes] estar bien de talla **-2.** [part - when assembling etc]: **this bit ~s in here** esta pieza encaja

aquí **-3.** [have enough room] caber.

➤ **fit in** ◇ *vt sep* [accommodate] hacer un hueco a. ◇ *vi* **-1.** [subj: person]: **to ~ in (with)** adaptarse (a) **-2.** [be compatible]: **it doesn't ~ in with our plans** no encaja con nuestros planes.

fitful ['fɪtfʊl] *adj* irregular, intermitente.

fitment ['fɪtmənt] *n* accesorio *m*.

fitness ['fɪtnɪs] (*U*) *n* **-1.** [health] buen estado *m* físico **-2.** [suitability]: **~ (for)** idoneidad *f* (para).

fitted ['fɪtəd] *adj* **-1.** [suited]: **~ (for** *OR* **to)** idóneo(a) (para); **to be ~ to do sthg** ser idóneo para hacer algo **-2.** [tailored] a medida **-3.** *UK* [built-in] empotrado(da).

fitted carpet ['fɪtəd-] *n* moqueta *f*.

fitted kitchen ['fɪtəd-] *n UK* cocina *f* amueblada a medida.

fitter ['fɪtəʳ] *n* [mechanic] (mecánico *m*) ajustador *m*.

fitting ['fɪtɪŋ] ◇ *adj fml* adecuado(da). ◇ *n* **-1.** [part] accesorio *m* **-2.** [for clothing] prueba *f*.

➤ **fittings** *npl* accesorios *mpl*.

fitting room *n* probador *m*.

five [faɪv] *num* cinco; *see also* **six**.

five-day week *n* semana *f* inglesa.

fiver ['faɪvəʳ] *n UK inf* (billete de) cinco libras.

five-star *adj* [hotel] de cinco estrellas; [treatment] de primera.

fix [fɪks] ◇ *vt* **-1.** [attach, decide on] fijar; **to ~ sthg (to)** fijar algo (a) **-2.** [repair] arreglar, refaccionar *Amér* **-3.** *inf* [rig] amañar **-4.** *esp US* [prepare - food, drink] preparar. ◇ *n* **-1.** *inf* [difficult situation]: **to be in a ~** estar en un aprieto **-2.** *drugs sl* dosis *f inv*.

➤ **fix up** *vt sep* **-1.** [provide]: **to ~ sb up with** proveer a alguien de **-2.** [arrange] organizar, preparar.

fixation [fɪk'seɪʃn] *n*: **~ (on** *OR* **about)** fijación *f* (con).

fixed [fɪkst] *adj* fijo(ja).

fixed assets *npl* activo *m* inmovilizado.

fixed-rate mortgage *n* hipoteca *f* a interés fijo.

fixed-term contract *n* contrato *m* temporal.

fixture ['fɪkstʃəʳ] *n* **-1.** [furniture] instalación *f* fija **-2.** [permanent feature] rasgo *m* característico **-3.** [sports event] encuentro *m*.

fizz [fɪz] ◇ *vi* burbujear. ◇ *n* [sound] burbujeo *m*.

fizzle ['fɪzl] ➤ **fizzle out** *vi* [firework, fire] apagarse; [enthusiasm] disiparse.

fizzy ['fɪzɪ] (*compar* **-ier**, *superl* **-iest**) *adj* [gen] gaseoso(sa); [water, soft drink] con gas.

fjord [fjɔːd] *n* fiordo *m*.

FL *abbr of* **Florida**.

flab [flæb] *n (U)* grasa *f*, michelines *mpl*.

flabbergasted [ˈflæbəgɑːstɪd] *adj* pasmado(da).

flabby [ˈflæbɪ] (*compar* -ier, *superl* -iest) *adj* fofo(fa).

flaccid [ˈflæsɪd] *adj* fláccido(da).

flag [flæg] (*pt & pp* -ged, *cont* -ging) ⇔ *n* [banner] bandera *f*. ⇔ *vi* decaer.
  → **flag down** *vt sep* [taxi] parar; **to ~ sb down** hacer señales a alguien para que se detenga.

Flag Day *n* [in the US] *14 de junio, día de la bandera en Estados Unidos*.

flag of convenience *n* pabellón *m* de conveniencia.

flagon [ˈflægən] *n* -**1.** [bottle] botellón *m* -**2.** [jug] jarro *m*.

flagpole [ˈflægpəʊl] *n* asta *f* (de bandera).

flagrant [ˈfleɪgrənt] *adj* flagrante.

flagship [ˈflægʃɪp] *n* -**1.** [ship] buque *m* insignia -**2.** [model] modelo *m* bandera.

flagstone [ˈflægstəʊn] *n* losa *f*.

flail [fleɪl] ⇔ *vt* sacudir, agitar con violencia. ⇔ *vi* agitarse con violencia.

flair [fleəʳ] *n* -**1.** [ability] don *m*; **to have a ~ for sthg** tener un don para algo -**2.** [style] estilo *m*.

flak [flæk] *n (U)* -**1.** [gunfire] fuego *m* antiaéreo -**2.** *inf* [criticism] críticas *fpl*.

flake [fleɪk] ⇔ *n* [of skin] escama *f*, [of snow] copo *m*; [of paint] desconchón *m*. ⇔ *vi* [skin] descamarse; [paint, plaster] desconcharse.
  → **flake out** *vi inf* caer rendido(da).

flaky [ˈfleɪkɪ] (*compar* -ier, *superl* -iest) *adj* -**1.** [skin] con escamas; [paintwork] desconchado(da) -**2.** *US inf* [person] raro(ra).

flaky pastry *n* hojaldre *m*.

flambé [ˈflɑːmbeɪ] (*pt & pp* -ed, *cont* -ing) ⇔ *adj* flameado(da). ⇔ *vt* flamear.

flamboyant [flæmˈbɔɪənt] *adj* -**1.** [person, behaviour] extravagante -**2.** [clothes, design] vistoso(sa), llamativo(va).

flame [fleɪm] ⇔ *n* llama *f*; **in ~s** en llamas; **to burst into ~s** estallar en llamas; **an old ~** un antiguo amor. ⇔ *vt* COMPUT lanzar llamaradas a. ⇔ *vi* [be on fire] llamear.

flameproof [ˈfleɪmpruːf] *adj* ignífugo(ga).

flame-retardant [-rɪˈtɑːdənt] *adj* resistente al fuego.

flame-thrower [-ˈθrəʊəʳ] *n* lanzallamas *m inv*.

flaming [ˈfleɪmɪŋ] *adj* -**1.** [fire-coloured] llameante -**2.** *UK* [row, argument] acalorado(da) -**3.** *UK*

inf [expressing annoyance] maldito(ta).

flamingo [fləˈmɪŋgəʊ] (*pl* -s OR -es) *n* flamenco *m*.

flammable [ˈflæməbl] *adj* inflamable.

flan [flæn] *n* tarta *f (de fruta etc)*.

Flanders [ˈflɑːndəz] *n* Flandes.

flange [flændʒ] *n* pestaña *f*, reborde *m*.

flank [flæŋk] ⇔ *n* -**1.** [of animal] costado *m*, ijada *f* -**2.** [of army] flanco *m*. ⇔ *vt*: **to be ~ ed by** estar flanqueado(da) por.

flannel [ˈflænl] *n* -**1.** [fabric] franela *f* -**2.** *UK* [face-cloth] toallita *f* (de baño para lavarse).
  → **flannels** *npl* pantalones *mpl* de franela.

flannelette [ˌflænəˈlet] *n* muletón *m*.

flap [flæp] (*pt & pp* -ped, *cont* -ping) ⇔ *n* -**1.** [of pocket, book, envelope] solapa *f*; [of skin] colgajo *m* -**2.** *inf* [panic]: **to be in a ~** estar histérico(ca). ⇔ *vt* agitar; [wings] batir. ⇔ *vi* [flag, skirt] ondear; [wings] aletear.

flapjack [ˈflæpdʒæk] *n* -**1.** *UK* [biscuit] galleta *f* de avena -**2.** *US* [pancake] torta *f*, crepe *f*.

flare [fleəʳ] ⇔ *n* [signal] bengala *f*. ⇔ *vi* -**1.** [burn brightly]: **to ~ (up)** llamear -**2.** [intensify]: **to ~ (up)** estallar -**3.** [widen] acampanarse.
  → **flares** *npl UK* pantalones *mpl* de campana.

flared [fleəd] *adj* acampanado(da).

flash [flæʃ] ⇔ *adj* -**1.** [photography] con flash -**2.** *inf* [expensive-looking] chulo(la); *pej* ostentoso(sa). ⇔ *n* -**1.** [of light] destello *m*; **a ~ of lightning** un relámpago, un refucilo *RP* -**2.** PHOT flash *m* -**3.** [of genius, inspiration etc] momento *m*; [of anger] acceso *m*; **in a ~** en un instante; **quick as a ~** como un relámpago. ⇔ *vt* -**1.** [shine in specified direction] dirigir; [switch on briefly] encender intermitentemente -**2.** [a smile, look] lanzar -**3.** [show - picture, image] mostrar; [- information, news] emitir. ⇔ *vi* -**1.** [light] destellar -**2.** [eyes] brillar -**3.** [rush]: **to ~ by** OR **past** pasar como un rayo -**4.** [appear] aparecer; **it ~ed across his mind that ...** de pronto se le ocurrió que ...

flashback [ˈflæʃbæk] *n* escena *f* retrospectiva, flashback *m*.

flashbulb [ˈflæʃbʌlb] *n* flash *m*.

flash card *n* tarjeta en la que aparece una palabra o dibujo y que se emplea como material didáctico.

flashcube [ˈflæʃkjuːb] *n* flash *m* (en forma) de cubo.

flasher [ˈflæʃəʳ] *n* -**1.** [light] indicador *m* -**2.** *UK inf* [man] exhibicionista *m*.

flash flood *n* riada *f*.

flashgun [ˈflæʃgʌn] *n* disparador *m* de flash.

flashlight [ˈflæʃlaɪt] *n US* [torch] linterna *f*.

flash point *n* -**1.** [moment] punto *m* álgido -**2.**

[place] punto *m* conflictivo.

flashy ['flæʃɪ] (*compar* **-ier**, *superl* **-iest**) *adj inf* chulo(la); *pej* ostentoso(sa).

flask [flɑːsk] *n* **-1.** [thermos flask] termo *m* **-2.** [used in chemistry] matraz *m* **-3.** [hip flask] petaca *f*.

flat [flæt] (*compar* **-ter**, *superl* **-test**) ◇ *adj* **-1.** [surface, ground] llano(na); [feet] plano **-2.** [shoes] bajo(ja), de piso *Méx* **-3.** [tyre] desinflado(da), ponchado(da) *Méx* **-4.** [refusal, denial] rotundo(da) **-5.** [business, trade] flojo(ja); [voice, tone] monótono(na); [colour] soso(sa); [performance, writing] desangelado(da) **-6.** *MÚS* [lower than correct note] desafinado(da); [lower than stated note] bemol *(inv)* **-7.** [fare, price] único(ca) **-8.** [beer, lemonade] muerto(ta), sin fuerza **-9.** [battery] descargado(da). ◇ *adv* **-1.** [level]: **to lie ~** estar totalmente extendido; **to fall ~ on one's face** [person] caerse de bruces **-2.** [absolutely]: **~ broke** sin un duro, quebrado, sin un centavo *Amér* **-3.** [of time]: **in five minutes ~** en cinco minutos justos **-4.** *MÚS*: **to sing/play ~** desafinar. ◇ *n* **-1.** *UK* [apartment] piso *m*, apartamento *m*, departamento *m* *Amér* **-2.** *US* [tyre] pinchazo *m* **-3.** *MÚS* bemol *m*.
➡ **flat out** *adv* a toda velocidad.

flatbed scanner ['flætbed] *n* escáner *m* plano.

flat cap *n UK* gorra *f* de tela.

flat-chested [-'tʃestɪd] *adj* de poco pecho, liso(sa).

flatfish ['flætfɪʃ] (*pl inv*) *n* pez *m* plano (*lenguado etc*).

flat-footed [-'fotɪd] *adj* [with flat feet] de pies planos.

flatly ['flætlɪ] *adv* **-1.** [refuse, deny] de plano, rotundamente **-2.** [speak, perform] monótonamente.

flatmate ['flætmeɪt] *n UK* compañero *m*, -ra *f* de piso.

flat racing *n (U)* carreras *fpl* de caballos sin obstáculos.

flat rate *n* tarifa *f* plana.

flatscreen television, flatscreen TV ['flæt,skriːn] *n* televisor *m* de pantalla plana.

flatten ['flætn] *vt* **-1.** [surface, paper, bumps] allanar, aplanar; [paper] alisar; **to ~ o.s. against sthg** pegarse a algo **-2.** [building, city] arrasar **-3.** *inf* [person, boxer] tumbar.
➡ **flatten out** ◇ *vi* allanarse, nivelarse. ◇ *vt sep* allanar.

flatter ['flætər] *vt* **-1.** [subj: person, report] adular, halagar; **to ~ o.s. (that)** congratularse de que, felicitarse de que **-2.** [subj: clothes, colour, photograph] favorecer.

flatterer ['flætərər] *n* adulador *m*, -ra *f*.

flattering ['flætərɪŋ] *adj* **-1.** [remark, interest] halagador(ra) **-2.** [clothes, colour, photograph] favorecedor(ra).

flattery ['flætərɪ] *n (U)* halagos *mpl*, adulación *f*.

flatulence ['flætjoləns] *n* flatulencia *f*.

flatware ['flætweər] *n (U) US* cubiertos *mpl*.

flaunt [flɔːnt] *vt* ostentar, hacer gala de.

flautist *UK* ['flɔːtɪst], **flutist** *US* ['fluːtɪst] *n* flautista *m* OR *f*.

flavour *UK*, **flavor** *US* ['fleɪvər] ◇ *n* **-1.** [taste] sabor *m* **-2.** *fig* [atmosphere] aire *m*, sabor *m*. ◇ *vt* condimentar.

flavouring *UK*, **flavoring** *US* ['fleɪvərɪŋ] *n (U)* condimento *m*; **artificial ~** aromatizante *m* artificial.

flaw [flɔː] *n* [fault] desperfecto *m*, imperfección *f*.

flawed [flɔːd] *adj* imperfecto(ta), defectuoso(sa).

flawless ['flɔːlɪs] *adj* impecable.

flax [flæks] *n* lino *m*.

flay [fleɪ] *vt lit* & *fig* desollar.

flea [fliː] *n* pulga *f*; **to send sb away with a ~ in his/her ear** echar una regañina a alguien.

flea market *n* rastro *m*.

fleck [flek] ◇ *n* mota *f*. ◇ *vt*: **~ed with** salpicado(da) de.

fled [fled] *pt* & *pp* ➩ **flee**.

fledg(e)ling ['fledʒlɪŋ] ◇ *adj* [person] novato(ta); [state] joven. ◇ *n* polluelo *m*.

flee [fliː] (*pt* & *pp* **fled**) ◇ *vt* huir de. ◇ *vi*: **to ~ (from/to)** huir (de/a).

fleece [fliːs] ◇ *n* **-1.** vellón *m* **-2.** [garment] forro *m* polar. ◇ *vt inf* [cheat] desplumar.

fleet [fliːt] *n* **-1.** [of ships] flota *f* **-2.** [of cars, buses] parque *m* (móvil).

fleeting ['fliːtɪŋ] *adj* fugaz.

Fleet Street *n* calle londinense que antiguamente fue el centro de la prensa inglesa y cuyo nombre todavía se utiliza para referirse a ésta.

FLEET STREET

Esta calle, que se encuentra en la City londinense, fue antiguamente el centro de la prensa inglesa. Aunque hoy día muchos periódicos se han trasladado a otros barrios, especialmente a los *docklands*, se sigue utilizando el nombre de esta calle para referirse a la prensa en general.

Fleming ['flemɪŋ] *n* flamenco *m*, -ca *f*.

Flemish ['flemɪʃ] ◇ *adj* flamenco(ca). ◇ *n* [language] flamenco *m*. ◇ *npl*: **the ~** los flamencos.

flesh [fleʃ] *n* **-1.** [of body] carne *f*; **to be one's**

(own) ~ **and blood** [family] ser de la misma (carne y) sangre que uno; **in the** ~ en persona **- 2.** [of fruit, vegetable] pulpa *f*.

◆ **flesh out** *vt sep* desarrollar.

flesh wound *n* herida *f* superficial.

fleshy ['fleʃɪ] (*compar* **-ier**, *superl* **-iest**) *adj* [fat] gordo(da).

flew [flu:] *pt* ⊳ **fly**.

flex [fleks] ⇔ *n* ELEC cable *m*, cordón *m*. ⇔ *vt* flexionar.

flexibility [ˌfleksə'bɪlətɪ] *n* flexibilidad *f*.

flexible ['fleksəbl] *adj* flexible.

flexitime ['fleksɪtaɪm] *n* (*U*) horario *m* flexible.

flick [flɪk] ⇔ *n* **- 1.** [of whip, towel] golpe *m* rápido **- 2.** [with finger] toba *f*. ⇔ *vt* **- 1.** [whip, towel] dar un golpe rápido con **- 2.** [with finger] dar una toba a **- 3.** [switch] apretar, pulsar.

◆ **flicks** *npl inf*: **the** ~ **s** el cine.

◆ **flick through** *vt fus* hojear.

flicker ['flɪkə'] ⇔ *n* parpadeo *m*; *fig*: **a** ~ **of hope** un rayo de esperanza; **a** ~ **of interest** un atisbo de interés. ⇔ *vi* [eyes, flame] parpadear.

flick knife *n UK* navaja *f* automática.

flier ['flaɪə'] *n* **- 1.** [pilot] aviador *m*, -ra *f* **- 2.** *esp US* [advertising leaflet] folleto *m* publicitario.

flight [flaɪt] *n* **- 1.** [gen] vuelo *m*; ~ **of fancy** OR **of the imagination** vuelo de la imaginación **- 2.** [of steps, stairs] tramo *m* **- 3.** [of birds] bandada *f* **- 4.** [escape] huida *f*, fuga *f*.

flight attendant *n* auxiliar *m* OR *f* de vuelo.

flight crew *n* tripulación *f* de vuelo.

flight deck *n* **- 1.** [of plane] cabina *f* del piloto **- 2.** [of aircraft carrier] cubierta *f* de vuelo.

flight path *n* ruta *f* de vuelo.

flight recorder *n* caja *f* negra.

flighty ['flaɪtɪ] (*compar* **-ier**, *superl* **-iest**) *adj* frívolo(la), veleidoso(sa).

flimsy ['flɪmzɪ] (*compar* **-ier**, *superl* **-iest**) *adj* **- 1.** [dress, material] muy ligero(ra) **- 2.** [structure] débil, poco sólido(da) **- 3.** [excuse] flojo(ja).

flinch [flɪntʃ] *vi* **- 1.** [shudder] estremecerse; **without** ~ **ing** sin pestañear **- 2.** [be reluctant]: **to** ~ **(from sthg/from doing sthg)** retroceder (ante algo/ante hacer algo); **without** ~ **ing** sin inmutarse.

fling [flɪŋ] (*pt* & *pp* **flung**) ⇔ *n* **- 1.** [affair] aventura *f* amorosa **- 2.** [irresponsible adventure]: **to have a** ~ echar una cana al aire. ⇔ *vt* arrojar; **he flung himself to the ground** se arrojó al suelo.

flint [flɪnt] *n* **- 1.** [rock] sílex *m* **- 2.** [in lighter] piedra *f*.

flip [flɪp] (*pt* & *pp* **-ped**, *cont* **-ping**) ⇔ *vt* **- 1.** [turn] dar la vuelta a; **to** ~ **sthg open** abrir

algo de golpe **- 2.** [switch] pulsar **- 3.** [coin] lanzar al aire. ⇔ *vi inf* **- 1.** [become angry] ponerse hecho(cha) una furia **- 2.** [go mad] volverse majara. ⇔ *n* [of coin] lanzamiento *m* al aire.

◆ **flip through** *vt fus* hojear.

flip chart *n* pizarra *f* de conferencia.

flip-flop *n* [shoe] chancleta *f*.

flippant ['flɪpənt] *adj* frívolo(la).

flippantly ['flɪpəntlɪ] *adv* frívolamente.

flipper ['flɪpə'] *n* aleta *f*.

flipping ['flɪpɪŋ] *UK inf* ⇔ *adj* condenado (da), maldito(ta). ⇔ *adv* condenadamente.

flip side *n* [of record] cara *f* B; [of situation] otra cara *f* de la moneda.

flirt [flɜ:t] ⇔ *n* coqueto *m*, -ta *f*. ⇔ *vi* **- 1.** [with person]: **to** ~ **(with)** flirtear OR coquetear (con) **- 2.** [with idea]: **to** ~ **with** acariciar, contemplar.

flirtation [flɜ:'teɪʃn] *n* **- 1.** [flirting] flirteo *m*, coqueteo *m* **- 2.** [love affair] amorío *m*, aventura *f* **- 3.** [brief interest]: **I had a brief** ~ **with the idea of going abroad** me pasó por la cabeza la idea de ir al extranjero.

flirtatious [flɜ:'teɪʃəs] *adj* coqueto(ta).

flit [flɪt] (*pt* & *pp* **-ted**, *cont* **-ting**) *vi* **- 1.** [bird] revolotear **- 2.** [expression, idea]: **to** ~ **through** pasar rápidamente por, cruzar.

float [fləʊt] ⇔ *n* **- 1.** [for fishing line] corcho *m* **- 2.** [for swimming] flotador *m* **- 3.** [in procession] carroza *f* **- 4.** [supply of change] cambio *m*. ⇔ *vt* **- 1.** [on water] hacer flotar **- 2.** [idea, project] plantear, lanzar **- 3.** [company] lanzar a bolsa. ⇔ *vi* flotar.

floating ['fləʊtɪŋ] *adj* flotante.

floating voter *n UK* votante indeciso *m*, votante indecisa *f*.

flock [flɒk] ⇔ *n* **- 1.** [of sheep] rebaño *m*; [of birds] bandada *f* **- 2.** *fig* [of people] multitud *f*, tropel *m* **- 3.** RELIG grey *f*. ⇔ *vi*: **to** ~ **to** acudir en masa OR tropel a.

floe [fləʊ] *n* témpano *m*.

flog [flɒg] (*pt* & *pp* **-ged**, *cont* **-ging**) *vt* **- 1.** [whip] azotar **- 2.** *UK inf* [sell] vender.

flood [flʌd] ⇔ *n* **- 1.** [of water] inundación *f* **- 2.** [of letters, people] aluvión *m*, riada *f*. ⇔ *vt lit* & *fig*: **to** ~ **sthg (with)** inundar algo (de). ⇔ *vi* **- 1.** [river] desbordarse **- 2.** [street, land] inundarse, anegarse **- 3.** [arrive in masses]: **to** ~ **in** [letters etc] llegar a montones; [people] entrar a raudales; **the memories came flooding back** los recuerdos le embargaron de pronto.

◆ **floods** *npl fig*: **to be in** ~ **s of tears** llorar a mares.

floodgates ['flʌdgeɪts] *npl*: **to open the** ~ **to** abrir paso a.

flooding [ˈflʌdɪŋ] *n (U)* inundación *f*.

floodlight [ˈflʌdlaɪt] *n* foco *m*.

floodlit [ˈflʌdlɪt] *adj* iluminado(da) con focos.

flood tide *n* pleamar *f*, marea *f* alta.

floor [flɔːʳ] <> *n* **-1.** [of room, forest] suelo *m*; [of club, disco] pista *f* **-2.** [of sea, valley] fondo *m* **-3.** [of building] piso *m*, planta *f* **-4.** [at meeting, debate]: **to give/have the** ~ dar/tener la palabra **-5.** [of stock exchange] patio *m*, parqué *m*. <> *vt* **-1.** [knock down] derribar **-2.** [baffle] desconcertar, dejar perplejo (ja).

floorboard [ˈflɔːbɔːd] *n* tabla *f* (del suelo).

floor cloth *n UK* trapo *m* del suelo.

flooring [ˈflɔːrɪŋ] *n* solería *f*, suelo *m*.

floor lamp *n US* lámpara *f* de pie.

floor show *n* espectáculo *m* de cabaret.

floorwalker [ˈflɔːˌwɔːkəʳ] *n esp US* jefe *m*, -fa *f* de sección (*en tiendas*).

floozy [ˈfluːzɪ] (*pl* -ies) *n dated & pej* pelandusca *f*.

flop [flɒp] (*pt & pp* -ped, *cont* -ping) *inf* <> *n* [failure] fracaso *m*. <> *vi* **-1.** [fail] fracasar **-2.** [fall] desplomarse.

floppy [ˈflɒpɪ] (*compar* -ier, *superl* -iest) *adj* caído(da), flojo(ja).

floppy (disk) *n* disquete *m*.

flora [ˈflɔːrə] *n* flora *f*; ~ **and fauna** flora y fauna.

floral [ˈflɔːrəl] *adj* **-1.** [made of flowers] floral **-2.** [patterned with flowers] de flores.

Florence [ˈflɒrəns] *n* Florencia.

floret [ˈflɒrɪt] *n* [of broccoli] cogollo *m*.

florid [ˈflɒrɪd] *adj* **-1.** [extravagant] florido(da) **-2.** [red] rojizo(za).

Florida [ˈflɒrɪdə] *n* Florida.

florist [ˈflɒrɪst] *n* florista *m OR f*; ~'s **(shop)** floristería *f*.

floss [flɒs] <> *n (U)* [dental floss] hilo *m* dental. <> *vt*: **to** ~ **one's teeth** limpiarse los dientes con hilo dental.

flotation [fləʊˈteɪʃn] *n COMM* [of shares] emisión *f*; [of company] salida *f* a bolsa.

flotation tank *n* cámara *f* de balneoterapia.

flotilla [fləˈtɪlə] *n* flotilla *f*.

flotsam [ˈflɒtsəm] *n (U)*: ~ **and jetsam** restos *mpl* de un naufragio; *fig* desechos *mpl* de la humanidad.

flounce [flaʊns] <> *n* **-1.** [movement] desplante *m*, bufido *m* **-2.** *SEWING* volante *m*. <> *vi* moverse con aire de indignación; **to** ~ **out** salir airadamente.

flounder [ˈflaʊndəʳ] (*pl inv OR* -s) <> *n* platija *f*. <> *vi* **-1.** [move with difficulty] debatirse, force-jear **-2.** [when speaking] titubear.

flour [ˈflaʊəʳ] *n* harina *f*.

flourish [ˈflʌrɪʃ] <> *vi* florecer. <> *vt* agitar. <> *n*: **to do sthg with a** ~ hacer algo con una floritura.

flourishing [ˈflʌrɪʃɪŋ] *adj* floreciente.

flout [flaʊt] *vt* desobedecer.

flow [fləʊ] <> *n* flujo *m*; **traffic** ~ circulación *f*. <> *vi* **-1.** [gen] fluir, correr **-2.** [tide] subir, crecer **-3.** [hair, clothes] ondear **-4.** [result]: **to** ~ **from** emanar de.

flow chart, flow diagram *n* organigrama *m*, cuadro *m* sinóptico.

flower [ˈflaʊəʳ] <> *n* lit *& fig* flor *f*. <> *comp* de flores. <> *vi* lit *& fig* florecer.

flowerbed [ˈflaʊəbed] *n* arriate *m*, parterre *m*, cantero *m* Cuba, RP.

flowering [ˈflaʊərɪŋ] <> *adj* floreciente. <> *n* florecimiento *m*.

flowerpot [ˈflaʊəpɒt] *n* maceta *f*, tiesto *m*.

flowery [ˈflaʊərɪ] (*compar* -ier, *superl* -iest) *adj* **-1.** [patterned] de flores, floreado(da) **-2.** *pej* [elaborate] florido(da).

flowing [ˈfləʊɪŋ] *adj* [movement, writing, style] fluido(da); [water] corriente; [hair, clothes] suelto(ta).

flown [fləʊn] *pp* ▷ **fly**.

fl. oz. *abbr of* **fluid ounce**.

flu [fluː] *n* gripe *f*, gripa *f Amér*; **to have** ~ tener la gripe.

fluctuate [ˈflʌktʃʊeɪt] *vi* fluctuar.

fluctuation [ˌflʌktʃʊˈeɪʃn] *n* fluctuación *f*.

flue [fluː] *n* [of chimney] tiro *m*.

fluency [ˈfluːənsɪ] *n* soltura *f*, fluidez *f*; ~ **in French** dominio *m* del francés.

fluent [ˈfluːənt] *adj* **-1.** [in foreign language]: **to be** ~ **in French, to speak** ~ **French** dominar el francés **-2.** [style] fluido(da).

fluently [ˈfluːəntlɪ] *adv* con soltura; **to speak French** ~ dominar el francés.

fluff [flʌf] <> *n* pelusa *f*. <> *vt inf* [action, task] hacer mal; [words, lines] decir mal.

▸ **fluff up** *vt sep* [cushion] mullir; [feathers] ahuecar.

fluffy [ˈflʌfɪ] (*compar* -ier, *superl* -iest) *adj* [jumper] de pelusa; [toy] de peluche.

fluid [ˈfluːɪd] <> *n* fluido *m*, líquido *m*. <> *adj* **-1.** [flowing] fluido(da) **-2.** [situation, opinion] incierto(ta).

fluid ounce *n* = 0,03 litre, onza *f* líquida.

fluke [fluːk] *n inf* chiripa *f*; **by a** ~ de chiripa.

flummox [ˈflʌməks] *vt UK inf* desconcertar.

flung [flʌŋ] *pt & pp* ▷ **fling**.

flunk [flʌŋk] *vt & vi esp US inf* catear.

▸ **flunk out** *vi US inf* ser expulsado(da).

fluorescent [fluəˈresnt] *adj* fluorescente.

fluorescent light n luz f fluorescente.
fluoride ['flʊəraɪd] n fluoruro m.
fluorine ['flʊəriːn] n flúor m.
flurry ['flʌrɪ] (pl -ies) n -1. [shower] ráfaga f -2. [burst] torbellino m.
flush [flʌʃ] ⇔ adj -1. [level]: ~ **with** nivelado(da) con -2. inf [with plenty of money]: **to be** ~ andar bien de dinero. ⇔ n -1. [lavatory mechanism] cadena f; **give the toilet a** ~ tira de la cadena -2. [blush] rubor m -3. [sudden feeling] arrebato m; **in the first** ~ **of youth** literary en la primera juventud. ⇔ vt -1. [toilet]: **to** ~ **the toilet** tirar de la cadena -2. [down toilet]: **to** ~ **sthg away** tirar algo al wáter -3. [force out of hiding]: **to** ~ **sb out** hacer salir a alguien. ⇔ vi [blush] ruborizarse.
flushed [flʌʃt] adj -1. [red-faced] encendido (da) -2. [excited]: ~ **(with)** enardecido(da) (por).
fluster ['flʌstə'] ⇔ n: **to get in a** ~ aturullarse. ⇔ vt aturullar.
flustered ['flʌstəd] adj aturullado(da).
flute [fluːt] n MÚS flauta f.
fluted ['fluːtɪd] adj acanalado(da).
flutist US = flautist.
flutter ['flʌtə'] ⇔ n -1. [of wings] aleteo m; [of eyelashes] pestañeo m -2. [of heart] palpitación f -3. inf [of excitement] arranque m. ⇔ vt agitar; **to** ~ **one's eyelashes** parpadear. ⇔ vi -1. [bird] aletear -2. [flag, dress] ondear -3. [heart] palpitar.
flux [flʌks] n [change]: **to be in a state of** ~ cambiar constantemente.
fly [flaɪ] (pt **flew**, pp **flown**, pl **flies**) ⇔ n -1. [insect] mosca f; **a** ~ **in the ointment** una pega -2. [of trousers] bragueta f. ⇔ vt -1. [plane] pilotar; [kite, model aircraft] hacer volar -2. [passengers, supplies] transportar en avión -3. [flag] ondear. ⇔ vi -1. [bird, plane] volar; **time flies** el tiempo vuela; **I must** ~! ¡me voy volando!; **to go** ~ inf [fall over] caer aparatosamente; **to send sthg/sb** ~**ing**, **to knock sthg/sb** ~**ing** inf mandar algo/a alguien por los aires -2. [travel by plane] ir en avión -3. [pilot a plane] pilotar -4. [rumours, stories] abundar -5. [attack]: **to** ~ **at sb** arremeter contra alguien -6. [flag] ondear.
➤ **fly away** vi irse volando.
➤ **fly in** ⇔ vt sep traer (en avión). ⇔ vi [person] llegar (en avión); [plane] aterrizar.
➤ **fly into** vt fus: **to** ~ **into a rage** OR **a temper** montar en cólera.
➤ **fly out** ⇔ vt sep llevarse (en avión). ⇔ vi irse (en avión).
flyby US = flypast.
fly-fishing n pesca f con mosca.

fly half n UK (medio m) apertura m.
flying ['flaɪɪŋ] ⇔ adj -1. [able to fly] volador(ra), volante -2. [running]: **a** ~ **leap** OR **jump** un salto con carrerilla. ⇔ n: **I hate/love** ~ odio/me encanta ir en avión; **her hobby is** ~ es aficionada a la aviación.
flying colours npl: **to pass (sthg) with** ~ salir airoso(sa) (de algo).
flying doctor n médico que utiliza el avión para visitar a sus pacientes en zonas muy alejadas.
flying officer n UK ≃ teniente m de aviación.
flying picket n piquete m volante.
flying saucer n platillo m volante.
flying squad n brigada f volante.
flying start n: **to get off to a** ~ empezar con muy buen pie.
flying visit n visita f relámpago.
flyleaf ['flaɪliːf] (pl -**leaves**) n (hoja f de) guarda f.
flyover ['flaɪ,əʊvə'] n UK paso m elevado.
flypast UK ['flaɪ,pɑːst], **flyby** US [ˈflaɪ,baɪ] n desfile m aéreo.
flysheet ['flaɪʃiːt] n doble techo m.
fly spray n matamoscas m inv (en aerosol).
flyweight ['flaɪweɪt] n peso m mosca.
flywheel ['flaɪwiːl] n volante m (de motor).
FM (abbr of **frequency modulation**) FM f.
FMCS (abbr of **Federal Mediation and Conciliation Services**) n organismo estadounidense de arbitraje en conflictos laborales, ≃ IMAC m.
FO n abbr of **Foreign Office**.
foal [fəʊl] n potro m.
foam [fəʊm] ⇔ n -1. [bubbles] espuma f -2.: ~ **(rubber)** gomaespuma f. ⇔ vi hacer espuma; **to** ~ **at the mouth** echar espuma por la boca.
foamy ['fəʊmɪ] (compar -**ier**, superl -**iest**) adj espumoso(sa).
fob [fɒb] (pt & pp -**bed**, cont -**bing**) ➤ **fob off** vt sep: **to** ~ **sb off (with sthg)** quitarse a alguien de encima (con algo); **to** ~ **sthg off on sb** endosar a alguien algo.
FOB, f.o.b. (abbr of **free on board**) f.a.b.
fob watch n reloj m de bolsillo.
focal ['fəʊkl] adj [important] clave (inv).
focal point ['fəʊkl-] n punto m focal OR central.
focus ['fəʊkəs] (pl -**cuses** OR -**ci** [-saɪ]) ⇔ n [gen] foco m; **in** ~ enfocado; **out of** ~ desenfocado; ~ **of attention** centro m de atención. ⇔ vt -1. [eyes, lens, rays] enfocar -2. [attention] fijar, centrar. ⇔ vi -1. [eyes, lens]: **to** ~ **(on sthg)** enfocar (algo) -2. [attention]: **to** ~ **on sthg** centrarse en algo.

fodder ['fɒdə'] n forraje m.

foe [fəʊ] n literary enemigo m, -ga f.

FOE n - **1.** (abbr of **Friends of the Earth**) AT mpl - **2.** (abbr of **Fraternal Order of Eagles**) organización benéfica estadounidense.

foetal ['fi:tl] adj fetal.

foetus ['fi:təs] n feto m.

fog [fɒg] n niebla f.

fogbound ['fɒgbaʊnd] adj inmovilizado(da) por la niebla.

fogey ['fəʊgɪ] = fogy.

foggiest ['fɒgɪəst] n inf: **I haven't the ~** no tengo la menor idea.

foggy ['fɒgɪ] (compar -ier, superl -iest) adj [day] de niebla; **it's ~** hay niebla.

foghorn ['fɒghɔ:n] n sirena f (de niebla).

fog lamp n faro m antiniebla.

fogy ['fəʊgɪ] (pl -ies) n inf carroza m or f, carca m or f.

foible ['fɔɪbl] n manía f.

foil [fɔɪl] ◇ n - **1.** (U) [metal sheet] papel m de aluminio or de plata - **2.** [contrast]: **to be a ~ to** or **for** complementar. ◇ vt frustrar.

foist [fɔɪst] vt: **to ~ sthg on sb** endosar algo a alguien.

fold [fəʊld] ◇ vt [sheet, blanket] doblar; [chair, pram] plegar; **to ~ one's arms** cruzar los brazos. ◇ vi - **1.** [table, chair etc] plegarse - **2.** inf [collapse] venirse abajo. ◇ n - **1.** [in material, paper] pliegue m - **2.** [for animals] redil m - **3.** fig [spiritual home]: **the ~** el redil.

➡ **fold up** ◇ vt sep - **1.** [bend] doblar - **2.** [close up] plegar. ◇ vi - **1.** [bend] doblarse - **2.** [close up] plegarse - **3.** [collapse] venirse abajo.

foldaway ['fəʊldə,weɪ] adj plegable.

folder ['fəʊldə'] n [gen & COMPUT] carpeta f.

folding ['fəʊldɪŋ] adj plegable; [ladder] de tijera.

foliage ['fəʊlɪdʒ] n follaje m.

folk [fəʊk] ◇ adj popular. ◇ npl [people] gente f. ◇ n = folk music.

➡ **folks** npl inf - **1.** [parents] padres mpl - **2.** [everyone] chicos mpl, -cas fpl.

folklore ['fəʊklɔ:'] n folklore m.

folk music n - **1.** [traditional] música f folklórica or popular - **2.** [contemporary] música f folk.

folk singer n - **1.** [traditional] cantante m or f de música popular - **2.** [contemporary] cantante m or f folk.

folk song n - **1.** [traditional] canción f popular - **2.** [contemporary] canción f folk.

folksy ['fəʊksɪ] (compar -ier, superl -iest) adj US inf [friendly] campechano(na).

follicle ['fɒlɪkl] n folículo m.

follow ['fɒləʊ] ◇ vt - **1.** [gen] seguir - **2.** [understand] comprender. ◇ vi - **1.** [gen] seguir; **the numbers are as ~s** los números son los siguientes - **2.** [be logical] ser lógico(ca); **it ~s that** se deduce que - **3.** [understand] comprender.

➡ **follow up** vt sep - **1.** [monitor] hacer un seguimiento de - **2.** [continue]: **to ~ sthg up with** proseguir algo con.

follower ['fɒləʊə'] n partidario m, -ria f, seguidor m, -ra f.

following ['fɒləʊɪŋ] ◇ adj siguiente. ◇ n partidarios mpl; [of team] afición f. ◇ prep tras.

follow-up ◇ adj de seguimiento. ◇ n - **1.** [service] seguimiento m - **2.** [continuation] continuación f.

folly ['fɒlɪ] n (U) [foolishness] locura f.

foment [fəʊ'ment] vt fml fomentar.

fond [fɒnd] adj - **1.** [affectionate] afectuoso(sa), cariñoso(sa) - **2.** [having a liking]: **to be ~ of sb** tener cariño a alguien; **to be ~ of sthg/of doing sthg** ser aficionado(da) a algo/a hacer algo - **3.** fml [naive, unrealistic] inocente.

fondle ['fɒndl] vt acariciar.

fondly ['fɒndlɪ] adv - **1.** [affectionately] afectuosamente, con cariño - **2.** [naively] inocentemente.

fondness ['fɒndnɪs] n - **1.** [affection]: **~ (for)** cariño m (a) - **2.** [liking]: **~ for** afición f a.

fondue ['fɒndju:] n fondue f.

font [fɒnt] n - **1.** [in church] pila f bautismal - **2.** COMPUT fuente f.

food [fu:d] n comida f; **~ for thought** materia f de reflexión.

food chain n cadena f alimentaria.

food mixer n batidora f eléctrica.

food poisoning [-,pɔɪznɪŋ] n intoxicación f alimenticia.

food processor [-,prəʊsesə'] n robot m de cocina.

food stamp n US cupón estatal canjeable por comida.

foodstuffs ['fu:dstʌfs] npl comestibles mpl.

fool [fu:l] ◇ n - **1.** [idiot] idiota m or f, imbécil m or f; **to make a ~ of sb/of o.s.** poner a alguien/ponerse en ridículo; **to act** or **play the ~** hacer el tonto - **2.** UK [dessert] mousse de fruta con nata. ◇ vt [deceive] engañar; **to ~ sb into doing sthg** embaucar a alguien para que haga algo. ◇ vi bromear.

➡ **fool about, fool around** vi - **1.** [behave foolishly]: **to ~ about (with sthg)** hacer el tonto (con algo) - **2.** [be unfaithful]: **to ~ about (with sb)** tontear (con alguien).

foolhardy ['fu:l,hɑ:dɪ] adj temerario(ria).

foolish ['fu:lɪʃ] adj tonto(ta), estúpido(da).

foolishly ['fu:lɪʃlɪ] *adv* tontamente, estúpidamente.

foolishness ['fu:lɪʃnɪs] *n (U)* necedad *f*.

foolproof ['fu:lpru:f] *adj* infalible.

foolscap ['fu:lzkæp] *n (U)* ≃ pliego *m*.

foosball ['fu:zbɔ:l] *n US* futbolín *m*, metegol *m Arg*.

foot [fʊt] (*pl sense 1* feet, *pl sense 2 inv or* feet) ⟨⟩ *n* -**1.** [gen] pie *m*; [of bird, animal] pata *f*; **to be on one's feet** estar de pie; **to get to one's feet** levantarse; **on** ~ **a** pie, andando; **to be back on one's feet** haberse recuperado; **to be rushed off one's feet** andar muy atareado; **to have itchy feet** tener ganas de viajar; **to put one's** ~ **down** [be firm] ponerse firme; [accelerate] pisar fuerte; **to put one's** ~ **in it** meter la pata; **to put one's feet up** descansar; **to set** ~ **in** poner los pies en; **to stand on one's own two feet** valerse por sí mismo -**2.** [unit of measurement] = 30,48 cm, pie *m*. ⟨⟩ *vt inf*: **to** ~ **the bill (for sthg)** pagar la cuenta (de algo).

footage ['fʊtɪdʒ] *n (U)* secuencias *fpl*.

foot-and-mouth disease *n* fiebre *f* aftosa.

football ['fʊtbɔ:l] *n* -**1.** [game - soccer] fútbol *m*; [- American football] fútbol *m* americano -**2.** [ball] balón *m*.

football club *n UK* club *m* de fútbol.

footballer ['fʊtbɔ:lə'] *n UK* futbolista *m or f*.

football field *n US* campo *m* de fútbol americano.

football game *n US* partido *m* de fútbol americano.

football ground *n UK* estadio *m* de fútbol.

football match *n UK* partido *m* de fútbol.

football pitch *n UK* campo *m* de fútbol.

football player = **footballer**.

football pools *npl UK* quinielas *fpl*.

football supporter *n UK* hincha *m or f*.

football team *n UK* equipo *m* de fútbol.

footbrake ['fʊtbreɪk] *n* freno *m* de pedal.

footbridge ['fʊtbrɪdʒ] *n* puente *m* peatonal, pasarela *f*.

footer ['fʊtə'] *n COMPUT* pie *m* de página.

foothills ['fʊthɪlz] *npl* estribaciones *fpl*.

foothold ['fʊthəʊld] *n* punto *m* de apoyo para el pie; **to get a** ~ [on mountain, rockface] encontrar un punto de apoyo; [in organization, company] afianzarse.

footing ['fʊtɪŋ] *n* -**1.** [foothold] equilibrio *m*; **to lose one's** ~ perder el equilibrio -**2.** [basis] base *f*; **on an equal** ~ **(with)** en pie de igualdad (con).

footlights ['fʊtlaɪts] *npl* candilejas *fpl*.

footman ['fʊtmən] (*pl* -**men** [-mən]) *n* lacayo *m*.

footmark ['fʊtmɑ:k] *n* pisada *f*.

footmen ['fʊtmən] *pl* ⟩**footman**.

footnote ['fʊtnəʊt] *n* nota *f* a pie de página.

footpath ['fʊtpɑ:θ, *pl* -pɑ:ðz] *n* senda *f*, camino *m*.

footprint ['fʊtprɪnt] *n* huella *f*, pisada *f*.

footsore ['fʊtsɔ:'] *adj* con los pies doloridos.

footstep ['fʊtstep] *n* -**1.** [sound] paso *m* -**2.** [footprint] pisada *f*; **to follow in sb's** ~**s** seguir los pasos de alguien.

footwear ['fʊtweə'] *n* calzado *m*.

footwork ['fʊtwɜ:k] *n (U)* juego *m* de piernas.

for [fɔ:'] ⟨⟩ *prep* -**1.** [indicating intention, destination, purpose] para; **this is** ~ **you** esto es para ti; **I'm going** ~ **the paper** voy (a) por el periódico; **the plane** ~ **Paris** el avión para *or* de París; **it's time** ~ **bed** es hora de irse a la cama; **we did it** ~ **a laugh** *or* ~ **fun** lo hicimos de broma *or* por divertirnos; **to wait** ~ **the bus** esperar al autobús; **to go** ~ **a walk** ir a dar un paseo; **what's it** ~? ¿para qué es *or* sirve? -**2.** [representing, on behalf of] por; **the MP** ~ **Barnsley** el diputado por Barnsley; **let me do it** ~ **you** deja que lo haga por ti; **he plays** ~ **England** juega en la selección inglesa; **to work** ~ trabajar para -**3.** [because of] por; ~ **various reasons** por varias razones; **a prize** ~ **bravery** un premio a la valentía; **to jump** ~ **joy** dar saltos de alegría; ~ **fear of failing** por miedo a fracasar -**4.** [with regard to] para; **to be ready** ~ **sthg** estar listo para algo; **it's not** ~ **me to say** no me toca a mí decidir; **he looks young** ~ **his age** parece más joven de lo que es; **to feel sorry/glad** ~ **sb** sentirlo/alegrarse por alguien -**5.** [indicating amount of time, space] para; **there's no time/room** ~ **it** no hay tiempo/sitio para eso -**6.** [indicating period of time - during] durante [- by, in time for] para; **she cried** ~ **two hours** estuvo llorando durante dos horas; **I've lived here** ~ **three years** llevo tres años viviendo aquí, he vivido aquí (durante) tres años; **I've worked here** ~ **years** trabajo aquí desde hace años; **I'll do it** ~ **tomorrow** lo tendré hecho para mañana -**7.** [indicating distance] en; **there were roadworks** ~ **50 miles** había obras en 50 millas; **we walked** ~ **miles** andamos millas y millas -**8.** [indicating particular occasion] para; **I got it** ~ **my birthday** me lo regalaron para *or* por mi cumpleaños; **it's scheduled** ~ **the 30th** está programado para el día 30; ~ **the first time** por vez primera -**9.** [indicating amount of money, price] por; **I bought/sold it** ~ **£10** lo compré/vendí por 10 libras; **they're 50p** ~ **ten** son a 50 peniques cada diez -**10.** [in favour of, in support of] a favor de; **is she** ~ **or against it?** ¿está a favor o en contra?; **to vote** ~ **sthg/sb** votar por algo/a alguien; **to be all** ~ **sthg** estar completamente a favor de algo **-11.** [in ratios] por **-12.** [indicating meaning]: **green is** ~ **go** el verde quiere decir adelante; **P** ~ **Peter** P de Pedro; **what's the Greek** ~ **'mother'?** ¿cómo se dice 'madre' en griego? <> *conj fml* [as, since] ya que.

◆ **for all** <> *prep* **-1.** [in spite of] a pesar de, pese a; ~ **all your moaning** a pesar de lo mucho que te quejas **-2.** [considering how little] para; ~ **all the good it has done me** para lo que me ha servido. <> *conj:* ~ **all he promised to do it, he never actually did** con todo lo que prometió que lo haría, al final nada; ~ **all I care, she could be dead** por mí, como si se muere; ~ **all I know** por lo que yo sé, que yo sepa; ~ **all I know, he could be dead** no tengo ni idea; podría hasta haber muerto.

forage ['fɒrɪdʒ] *vi* [search]: **to** ~ **(for sthg)** buscar (algo).

foray ['fɒreɪ] *n lit & fig*: ~ **(into)** incursión *f* (en).

forbad [fə'bæd], **forbade** [fə'beɪd] *pt* ⊳ **forbid**.

forbearing [fɔː'beərɪŋ] *adj* tolerante.

forbid [fə'bɪd] (*pt* **-bade** OR **-bad**, *pp* **forbid** OR **-bidden**, *cont* **-bidding**) *vt*: **to** ~ **sb (to do sthg)** prohibir a alguien (hacer algo); **God** OR **Heaven** ~! ¡no quiera Dios!

forbidden [fə'bɪdn] *adj* prohibido(da).

forbidding [fə'bɪdɪŋ] *adj* [building, landscape] inhóspito(ta); [person, expression] severo(ra), austero(ra).

force [fɔːs] <> *n* fuerza *f*; **a** ~ **to be reckoned with** alguien/algo a tener en cuenta; **a** ~ **for change** una fuerza impulsora del cambio; ~ **of habit** la fuerza de la costumbre; **sales** ~ personal *m* de ventas; **security** ~**s** fuerzas *fpl* de seguridad; **by** ~ a la fuerza; **to be in/come into** ~ estar/entrar en vigor; **in** ~ [in large numbers] en masa, en gran número. <> *vt* forzar; **to** ~ **sb to do sthg** [gen] forzar a alguien a hacer algo; [subj: event, circumstances] obligar a alguien a hacer algo; **to** ~ **sthg on sb** imponer algo a alguien; **to** ~ **sthg open** forzar algo, abrir algo a la fuerza; **to** ~ **one's way through/ into** abrirse paso a la fuerza a través de/para entrar en.

◆ **forces** *npl*: **the** ~**s** las fuerzas armadas; **to join** ~**s (with)** unirse (con).

◆ **by force of** *prep* a fuerza de.

◆ **force back** *vt sep* [crowd, enemy] hacer retroceder; [emotion, tears] contener, reprimir.

◆ **force down** *vt sep* **-1.** [food, drink] tragar a la fuerza **-2.** [aircraft] obligar a aterrizar.

forced [fɔːst] *adj* forzado(da).

forced landing *n* aterrizaje *m* forzoso.

force-feed *vt* alimentar a la fuerza.

forceful ['fɔːsfʊl] *adj* [person, impression] fuerte; [support, recommendation] enérgico(ca); [speech, idea, argument] contundente.

forcefully ['fɔːsfʊlɪ] *adv* enérgicamente.

forcemeat ['fɔːsmiːt] *n esp UK* (picadillo *m* de) relleno *m*.

forceps ['fɔːseps] *npl* fórceps *m inv*.

forcible ['fɔːsəbl] *adj* **-1.** [using physical force] por la fuerza **-2.** [reminder, example, argument] contundente.

forcibly ['fɔːsəblɪ] *adv* **-1.** [using physical force] por la fuerza **-2.** [remind] vivamente; [express, argue] convincentemente.

ford [fɔːd] <> *n* vado *m*. <> *vt* vadear.

fore [fɔː'] <> *adj* NAUT de proa. <> *n*: **to come to the** ~ empezar a destacar, emerger.

forearm ['fɔːrɑːm] *n* antebrazo *m*.

forebears ['fɔːbeəz] *npl fml* antepasados *mpl*.

foreboding [fɔː'bəʊdɪŋ] *n* **-1.** [presentiment] presagio *m* **-2.** [apprehension] desasosiego *m*.

forecast ['fɔːkɑːst] (*pt & pp* **forecast** OR **-ed**) <> *n* [prediction] predicción *f*, previsión *f*; [of weather] pronóstico *m*. <> *vt* [predict] predecir; [weather] pronosticar.

forecaster ['fɔːkɑːstə'] *n* [economic, political] analista *m* OR *f*; [of weather] meteorólogo *m*, -ga *f*.

foreclose [fɔː'kləʊz] <> *vi*: **to** ~ **on sb** privar a alguien del derecho a redimir su hipoteca. <> *vt* ejecutar.

foreclosure [fɔː'kləʊʒə'] *n* ejecución *f*.

forecourt ['fɔːkɔːt] *n* patio *m*.

forefathers ['fɔːˌfɑːðəz] *npl* = **forebears**.

forefinger ['fɔːˌfɪŋgə'] *n* (dedo *m*) índice *m*.

forefront ['fɔːfrʌnt] *n*: **in** OR **at the** ~ **of** en OR a la vanguardia de.

forego [fɔː'gəʊ] = **forgo**.

foregoing [fɔː'gəʊɪŋ] <> *adj* anterior, precedente. <> *n fml*: **the** ~ lo anteriormente dicho.

foregone conclusion ['fɔːgɒn-] *n*: **it's a** ~ es un resultado inevitable.

foreground ['fɔːgraʊnd] *n* primer plano *m*; **in the** ~ en primer plano.

forehand ['fɔːhænd] *n* [stroke] golpe *m* natural, drive *m*.

forehead ['fɔːhed] *n* frente *f*.

foreign ['fɒrən] *adj* **-1.** [from abroad] extranjero(ra) **-2.** [external - policy, trade] exterior; [- correspondent, holiday] en el extranjero **-3.** [unwanted, harmful] extraño(ña) **-4.** [alien, untypical]: ~ **(to sb/sthg)** ajeno(na) (a alguien/algo).

foreign affairs *npl* asuntos *mpl* exteriores.

foreign aid *n* [received] ayuda *f* extranjera;

[granted] ayuda *f* al exterior.

foreign body *n* cuerpo *m* extraño.

foreign currency *n (U)* divisa *f.*

foreign debt *n* deuda *f* externa.

foreigner ['fɒrənəʳ] *n* extranjero *m*, -ra *f.*

foreign exchange *(U) n* divisas *fpl*; ~ **markets/rates** mercados *mpl*/cambio *m* de divisas.

foreign investment *n (U)* inversión *f* extranjera.

foreign minister *n* ministro *m*, -tra *f* de asuntos exteriores.

Foreign Office *n UK*: **the** ~ el Ministerio de Asuntos Exteriores británico.

Foreign Secretary *n UK* Ministro *m*, -tra *f* de Asuntos Exteriores.

foreleg ['fɔːleg] *n* pata *f* delantera.

foreman ['fɔːmən] *(pl* **-men** [-mən]) *n* **-1.** [of workers] encargado *m* **-2.** [of jury] presidente *m.*

foremost ['fɔːməʊst] ◇ *adj* primero(ra). ◇ *adv*: **first and** ~ ante todo, por encima de todo.

forename ['fɔːneɪm] *n* nombre *m* (de pila).

forensic [fə'rensɪk] *adj* forense.

forensic medicine *n* medicina *f* forense.

forensic scientist *n* forense *m oR f.*

forerunner ['fɔːˌrʌnəʳ] *n* [precursor] precursor *m*, -ra *f.*

foresee [fɔː'siː] *(pt* **-saw** [-'sɔː], *pp* **-seen)** *vt* prever.

foreseeable [fɔː'siːəbl] *adj* previsible; **for/in the** ~ **future** en un futuro próximo.

foreseen [fɔː'siːn] *pp* ⊳ **foresee.**

foreshadow [fɔː'ʃædəʊ] *vt* presagiar.

foreshortened [fɔː'ʃɔːtnd] *adj* escorzado(da).

foresight ['fɔːsaɪt] *n (U)* previsión *f.*

foreskin ['fɔːskɪn] *n* prepucio *m.*

forest ['fɒrɪst] *n* bosque *m.*

forestall [fɔː'stɔːl] *vt* anticiparse a.

forest fire *n* incendio *m* forestal.

forest ranger *n US* guarda *mf* forestal, guardabosques *mf inv.*

forestry ['fɒrɪstrɪ] *n* silvicultura *f.*

Forestry Commission *n UK*: **the** ~ *la comisión británica del patrimonio forestal.*

foretaste ['fɔːteɪst] *n* anticipo *m*, adelanto *m.*

foretell [fɔː'tel] *(pt & pp* **-told)** *vt* predecir.

forethought ['fɔːθɔːt] *n* previsión *f.*

foretold [fɔː'təʊld] *pt & pp* ⊳ **foretell.**

forever [fə'revəʳ] *adv* **-1.** [eternally] para siempre **-2.** *inf* [incessantly] siempre, continuamente **-3.** *inf* [a long time]: **it took (us)** ~ nos llevó una eternidad.

forewarn [fɔː'wɔːn] *vt* prevenir, advertir.

foreword ['fɔːwɜːd] *n* prefacio *m.*

forfeit ['fɔːfɪt] ◇ *n* [penalty] precio *m*; [in game] prenda *f.* ◇ *vt* renunciar a, perder.

forgave [fə'geɪv] *pt* ⊳ **forgive.**

forge [fɔːdʒ] ◇ *n* fragua *f*, forja *f.* ◇ *vt* **-1.** [gen] forjar, fraguar **-2.** [falsify] falsificar.

→ **forge ahead** *vi* hacer grandes progresos.

forger ['fɔːdʒəʳ] *n* falsificador *m*, -ra *f.*

forgery ['fɔːdʒərɪ] *(pl* **-ies)** *n* falsificación *f.*

forget [fə'get] *(pt* **-got,** *pp* **-gotten,** *cont* **-getting)** ◇ *vt*: **to** ~ **(to do sthg)** olvidar (hacer algo); **I've forgotten it** se me ha olvidado; ~ **it!** [no way] ¡ni hablar!; **to** ~ **o.s.** dejarse llevar por un impulso. ◇ *vi*: **to** ~ **(about sthg)** olvidarse (de algo).

forgetful [fə'getfʊl] *adj* olvidadizo(za), desmemoriado(da).

forgetfulness [fə'getfʊlnɪs] *n* mala memoria *f.*

forget-me-not *n* nomeolvides *m inv.*

forgive [fə'gɪv] *(pt* **-gave,** *pp* **-given)** *vt*: **to** ~ **sb (for sthg/for doing sthg)** perdonar a alguien (algo/por haber hecho algo).

forgiveness [fə'gɪvnɪs] *n* perdón *m.*

forgiving [fə'gɪvɪŋ] *adj* indulgente.

forgo [fɔː'gəʊ] *(pt* **-went,** *pp* **-gone** [-'gɒn]) *vt* sacrificar, renunciar a.

forgot [fə'gɒt] *pt* ⊳ **forget.**

forgotten [fə'gɒtn] *pp* ⊳ **forget.**

fork [fɔːk] ◇ *n* **-1.** [for food] tenedor *m* **-2.** [for gardening] horca *f* **-3.** [in road etc] bifurcación *f.* ◇ *vi* bifurcarse.

→ **fork out** *inf* ◇ *vt fus*: **to** ~ **out money on** *oR* **for sthg** soltar pelas para algo. ◇ *vi*: **to** ~ **out for sthg** soltar pelas para algo.

forklift truck ['fɔːklɪft-] *n* carretilla *f* elevadora.

forlorn [fə'lɔːn] *adj* **-1.** [person, expression] consternado(da) **-2.** [place, landscape] desolado(da) **-3.** [hope, attempt] desesperado(da).

form [fɔːm] ◇ *n* **-1.** [shape, type] forma *f*; **in the** ~ **of** en forma de; **to take the** ~ **of** consistir en **-2.** [fitness]: **on** ~ *UK*, **in** ~ *US* en forma; **off** ~ en baja forma **-3.** [document] impreso *m*, formulario *m*, planilla *f Amér* **-4.** [figure - of person] figura *f* **-5.** *UK* [class] clase *f* **-6.** [usual behaviour]: **true to** ~ como era de esperar. ◇ *vt* formar; [plan] concebir; [impression, idea] formarse. ◇ *vi* formarse.

formal ['fɔːml] *adj* **-1.** [gen] formal; [education] convencional **-2.** [clothes, wedding, party] de etiqueta.

formality [fɔː'mælətɪ] *(pl* **-ies)** *n* formalidad *f.*

formalize, -ise ['fɔːməlaɪz] *vt* formalizar.

formally [ˈfɔːməlɪ] *adv* formalmente; [dressed] de etiqueta.

format [ˈfɔːmæt] (*pt* & *pp* -**ted**, *cont* -**ting**) <> *n* [gen & *COMPUT*] formato *m*; [of meeting] plan *m*. <> *vt COMPUT* formatear.

formation [fɔːˈmeɪʃn] *n* formación *f*.

formative [ˈfɔːmətɪv] *adj* formativo(va).

former [ˈfɔːməʳ] <> *adj* -**1**. [previous] antiguo(gua); **in ~ times** antiguamente -**2**. [first of two] primero(ra). <> *n*: **the ~** el primero (la primera)/los primeros (las primeras).

formerly [ˈfɔːməlɪ] *adv* antes, antiguamente.

form feed *n* avance *m* de página.

Formica® [fɔːˈmaɪkə] *n* formica® *f*.

formidable [ˈfɔːmɪdəbl] *adj* -**1**. [frightening] imponente, temible -**2**. [impressive] formidable.

formless [ˈfɔːmlɪs] *adj* sin forma, informe.

Formosa [fɔːˈməʊsə] *n* Formosa.

formula [ˈfɔːmjʊlə] (*pl* -**as** *OR* -**ae** [-iː]) *n* -**1**. [gen] fórmula *f* -**2**. [baby milk] leche *f* maternizada.

formulate [ˈfɔːmjʊleɪt] *vt* formular.

formulation [ˌfɔːmjʊˈleɪʃn] *n* formulación *f*.

fornicate [ˈfɔːnɪkeɪt] *vi fml* fornicar.

forsake [fəˈseɪk] (*pt* **forsook**, *pp* **forsaken**) *vt literary* abandonar.

forsaken [fəˈseɪkn] *adj* abandonado(da).

forsook [fəˈsʊk] *pt* ▷ **forsake**.

forsythia [fɔːˈsaɪθjə] *n* forsitia *f*.

fort [fɔːt] *n* fuerte *m*, fortaleza *f*; **to hold the ~ (for sb)** quedarse al cargo (en lugar de alguien).

forte [ˈfɔːtɪ] *n* fuerte *m*.

forth [fɔːθ] *adv literary* -**1**. [outwards, onwards] hacia adelante; **to go ~** partir -**2**. [into future]: **from that day ~** desde aquel día en adelante.

forthcoming [fɔːθˈkʌmɪŋ] *adj* -**1**. [election, events] próximo(ma); [book] de próxima aparición -**2**. [help, information, answer] disponible; **no reply was ~** no hubo respuesta -**3**. [person] abierto(ta).

forthright [ˈfɔːθraɪt] *adj* [person, manner, opinions] directo(ta), franco(ca); [opposition] rotundo(da).

forthwith [ˌfɔːθˈwɪθ] *adv fml* inmediatamente.

fortieth [ˈfɔːtɪɪθ] <> *num adj* cuadragésimo (ma). <> *num n* -**1**. [in order] cuadragésimo *m*, -ma *f* -**2**. [fraction] cuarentavo *m*; *see also* **sixth**.

fortification [ˌfɔːtɪfɪˈkeɪʃn] *n* fortificación *f*.

fortified wine [ˈfɔːtɪfaɪd-] *n* vino *m* licoroso.

fortify [ˈfɔːtɪfaɪ] (*pt* & *pp* -**ied**) *vt* -**1**. *MIL* fortificar -**2**. [person, resolve] fortalecer.

fortitude [ˈfɔːtɪtjuːd] *n* fortaleza *f*, valor *m*.

fortnight [ˈfɔːtnaɪt] *n* quincena *f*; **in a ~** en quince días.

fortnightly [ˈfɔːtˌnaɪtlɪ] <> *adj* quincenal. <> *adv* quincenalmente.

fortress [ˈfɔːtrɪs] *n* fortaleza *f*.

fortuitous [fɔːˈtjuːɪtəs] *adj fml* fortuito(ta), casual.

fortunate [ˈfɔːtʃnət] *adj* afortunado(da).

fortunately [ˈfɔːtʃnətlɪ] *adv* afortunadamente.

fortune [ˈfɔːtʃuːn] *n* -**1**. [money, luck] fortuna *f* -**2**. [future]: **to tell sb's ~** decir a alguien la buenaventura.

➤ **fortunes** *npl* [vicissitudes] vicisitudes *fpl*; [luck] suerte *f*.

fortune-teller [-ˌteləʳ] *n* adivino *m*, -na *f*.

forty [ˈfɔːtɪ] *num* cuarenta; *see also* **sixty**.

forum [ˈfɔːrəm] (*pl* -**s**) *n lit* & *fig* foro *m*.

forward [ˈfɔːwəd] <> *adj* -**1**. [towards front - movement] hacia adelante; [near front - position etc] delantero(ra) -**2**. [towards future]: **~ planning** planificación *f* de futuro -**3**. [advanced]: **we're (no) further ~** (no) hemos adelantado (nada) -**4**. [impudent] atrevido(da). <> *adv* -**1**. [ahead] hacia adelante; **to go** *OR* **move ~** avanzar -**2**. [in time]: **to bring sthg ~** adelantar algo; **to put a clock ~ (by 30 minutes)** adelantar un reloj (30 minutos). <> *n SPORT* delantero *m*, -ra *f*. <> *vt* -**1**. [letter, e-mail] remitir; **'please ~'** 'remítase al destinatario' -**2**. *fml* [further] promover.

forwarding address [ˈfɔːwədɪŋ-] *n* nueva dirección *f* para reenvío de correo.

forward-looking [-ˌlʊkɪŋ] *adj* progresista.

forwardness [ˈfɔːwədnɪs] *n* [boldness] atrevimiento *m*.

forwards [ˈfɔːwədz] = **forward**.

forward slash *n TYPO* barra *f* inclinada.

forwent [fɔːˈwent] *pt* ▷ **forgo**.

fossil [ˈfɒsl] *n* fósil *m*.

fossil fuel *n* combustible *m* fósil.

fossilized, -ised [ˈfɒsɪlaɪzd] *adj* fosilizado(da).

foster [ˈfɒstəʳ] <> *adj* [home] de acogida. <> *vt* -**1**. [child] acoger -**2**. [idea, arts, relations] promover. <> *vi* acoger a un niño dentro de la familia de uno.

foster child *n* menor *m OR f* en régimen de acogida.

foster parents *npl* familia *f* de acogida.

fought [fɔːt] *pt* & *pp* ▷ **fight**.

foul [faʊl] <> *adj* -**1**. [unclean - smell] fétido(da); [- taste] asqueroso(sa); [- water, language] sucio(cia) -**2**. [very unpleasant] horrible; **to fall ~ of sb** ponerse a mal con alguien. <> *n* falta *f*. <> *vt* -**1**. [make dirty] ensuciar -**2**. *SPORT* cometer una falta contra -**3**. [obstruct] enmarañarse en.

➤ **foul up** *vt sep inf* fastidiar, echar a perder.

foul-mouthed [-'maʊðd] *adj pej* malhablado(da).

foul play *n (U)* -**1.** SPORT juego *m* sucio -**2.** [criminal acts] actos *mpl* criminales.

found [faʊnd] ⬦ *pt & pp* ▷ **find**. ⬦ *vt* : **to ~ sthg (on)** fundar algo (en).

foundation [faʊn'deɪʃn] *n* -**1.** [organization, act of establishing] fundación *f* -**2.** [basis] fundamento *m*, base *f* -**3.** [make-up] : **~ (cream)** crema *f* base.

➡ **foundations** *npl* CONSTR & *fig* cimientos *mpl*.

foundation stone *n* primera piedra *f.*

founder ['faʊndə'] ⬦ *n* fundador *m*, -ra *f.* ⬦ *vi lit & fig* hundirse, irse a pique.

founder member *n* miembro fundador *m*, miembro fundadora *f.*

founding ['faʊndɪŋ] *n* fundación *f.*

founding father *n* fundador *m.*

foundry ['faʊndrɪ] (*pl* -ies) *n* fundición *f.*

fount [faʊnt] *n* [origin] fuente *f.*

fountain ['faʊntɪn] *n* -**1.** [structure] fuente *f* -**2.** [jet] chorro *m.*

fountain pen *n* (pluma *f*) estilográfica *f.*

four [fɔː'] *num* cuatro; **on all ~s** a gatas; *see also* **six**.

four-leaved clover [-liːvd-] *n* trébol *m* de cuatro hojas.

four-letter word *n* palabrota *f*, taco *m.*

four-poster (bed) *n* cama *f* de columnas.

foursome ['fɔːsəm] *n* grupo *m* de cuatro personas.

four-star *adj* [hotel] de cuatro estrellas.

fourteen [ˌfɔː'tiːn] *num* catorce; *see also* **six**.

fourteenth [ˌfɔː'tiːnθ] ⬦ *num adj* decimocuarto(ta). ⬦ *num n* -**1.** [in order] decimocuarto *m*, -ta *f* -**2.** [fraction] catorceavo *m*; *see also* **sixth**.

fourth [fɔːθ] *num* cuarto(ta); *see also* **sixth**.

Fourth of July *n* : **the ~** el cuatro de julio, día de la independencia estadounidense.

FOURTH OF JULY

El 4 de julio, también llamado *Día de la Independencia*, es una de las fiestas nacionales de mayor importancia en los Estados Unidos. Como parte de los festejos, en muchas ciudades de ese país se organizan desfiles en las calles y por la noche se encienden castillos de fuegos artificiales en los que predominan los colores rojo, blanco y azul. Los edificios son decorados con adornos de estos mismos colores o con banderas estadounidenses. Mucha gente sale de la ciudad, hace picnic con la familia y, siguiendo la tradición, come perritos calientes y sandía.

four-way stop *n* US cruce *m* (*de cuatro estops*).

four-wheel drive *n* [system] tracción *f* a las cuatro ruedas; [car] cuatro por cuatro *m.*

fowl [faʊl] (*pl inv* OR -s) *n* ave *f* de corral.

fox [fɒks] ⬦ *n* zorro *m.* ⬦ *vt* [perplex] dejar perplejo(ja).

foxglove ['fɒksɡlʌv] *n* digital *f*, dedalera *f.*

foxhole ['fɒkshəʊl] *n* hoyo *m* para atrincherarse.

foxhound ['fɒkshaʊnd] *n* perro *m* raposero OR zorrero.

foxhunt ['fɒkshʌnt] *n* cacería *f* de zorros.

foxhunting ['fɒks,hʌntɪŋ] *n* caza *f* de zorros.

foxy ['fɒksɪ] *adj inf* [sexy] cañón (*inv*), sexy.

foyer ['fɔɪeɪ] *n* vestíbulo *m.*

FP *n* (*abbr of* former pupil) AA *m* OR *f.*

fr. (*abbr of* franc) fr.

Fr. (*abbr of* father) P.

fracas ['fræka:, US 'freɪkəs] (*UK pl inv*, *US pl* fracases) *n fml* riña *f*, gresca *f.*

fraction ['frækʃn] *n* -**1.** MATH quebrado *m*, fracción *f* -**2.** [small part] fracción *f*; **can you lift it up a ~?** ¿puedes levantarlo un poquito?

fractionally ['frækʃnəlɪ] *adv* ligeramente.

fractious ['frækʃəs] *adj* desapacible, irritable.

fracture ['fræktʃə'] ⬦ *n* fractura *f.* ⬦ *vt* fracturar.

fragile ['frædʒaɪl] *adj* frágil.

fragility [frə'dʒɪlətɪ] *n* fragilidad *f.*

fragment [*n* 'frægmənt, *vb* fræg'ment] ⬦ *n* [of glass, text] fragmento *m*; [of paper, plastic] trozo *m.* ⬦ *vi* fragmentarse.

fragmentary ['frægməntrɪ] *adj* fragmentario(ria).

fragmented [fræg'mentɪd] *adj* fragmentado(da).

fragrance ['freɪgrəns] *n* fragancia *f.*

fragrant ['freɪgrənt] *adj* fragante.

frail [freɪl] *adj* frágil.

frailty ['freɪltɪ] (*pl* -ies) *n* -**1.** fragilidad *f* -**2.** [imperfection] flaqueza *f.*

frame [freɪm] ⬦ *n* -**1.** [of picture, door] marco *m*; [of glasses] montura *f*; [of chair, bed] armadura *f*; [of bicycle] cuadro *m*; [of boat] armazón *m* OR *f* -**2.** [physique] cuerpo *m.* ⬦ *vt* -**1.** [put in a frame] enmarcar -**2.** [express] formular, expresar -**3.** *inf* [set up] tender una trampa a, amañar la culpabilidad de.

frame of mind *n* estado *m* de ánimo, humor *m.*

framework ['freɪmwɜːk] *n* -**1.** [physical structure] armazón *m* OR *f*, esqueleto *m* -**2.** [basis] marco *m.*

franc [fræŋk] *n* franco *m.*

France [frɑːns] *n* Francia.

franchise ['fræntʃaɪz] *n* **-1.** POL sufragio *m*, derecho *m* de voto **-2.** COMM concesión *f*, licencia *f* exclusiva.

franchisee [ˌfræntʃaɪ'ziː] *n* concesionario *m*, -ria *f*.

frank [fræŋk] <> *adj* franco(ca). <> *vt* franquear.

Frankfurt ['fræŋkfət] *n*: ~ **(am Main)** Francfort (del Meno).

frankfurter ['fræŋkfɜːtə'] *n* salchicha *f* de Francfort.

frankincense ['fræŋkɪnsens] *n* incienso *m*.

franking machine ['fræŋkɪŋ-] *n* máquina *f* de franquear.

frankly ['fræŋklɪ] *adv* francamente.

frankness ['fræŋknɪs] *n* franqueza *f*.

frantic ['fræntɪk] *adj* frenético(ca).

frantically ['fræntɪklɪ] *adv* frenéticamente.

fraternal [frə'tɜːnl] *adj* fraternal, fraterno (na).

fraternity [frə'tɜːnətɪ] (*pl* **-ies**) *n* **-1.** *fml* [community] gremio *m*, cofradía *f* **-2.** US [in university] *asociación de estudiantes que suele funcionar como club social* **-3.** (U) *fml* [friendship] fraternidad *f*.

FRATERNITY

Los clubes de estudiantes, masculinos (*fraternities*) o femeninos (*sororities*), son un elemento sobresaliente de la vida social universitaria estadounidense. Muchos estudiantes se hacen socios desde el primer año y continúan siéndolo incluso después de haber finalizado sus estudios. Cada club posee su propio nombre, constituido por letras del alfabeto griego, y tiene su sede en el edificio donde residen la mayoría de sus miembros. Estos clubes realizan trabajos para instituciones de asistencia social, pero también son famosas sus juergas con alcohol y sus ceremonias secretas. Algunas universidades han decidido prohibirlos porque sus ceremonias de iniciación incluían novatadas crueles y peligrosas.

fraternize, -ise ['frætənaɪz] *vi*: to ~ (with) fraternizar (con).

fraud [frɔːd] *n* **-1.** (U) [deceit] fraude *m* **-2.** *pej* [impostor] farsante *m* OR *f*.

fraudulent ['frɔːdjʊlənt] *adj* fraudulento(ta).

fraught [frɔːt] *adj* **-1.** [full]: ~ with lleno(na) OR cargado(da) de **-2.** UK [frantic] tenso(sa).

fray [freɪ] <> *vt fig* [nerves] crispar, poner de punta. <> *vi* **-1.** [sleeve, cuff] deshilacharse **-2.** *fig* [temper, nerves] crisparse. <> *n literary*: to enter the ~ saltar a la palestra.

frayed [freɪd] *adj* [sleeve, cuff] deshilachado(da).

frazzled ['fræzld] *adj inf* rendido(da).

FRB (*abbr of* **Federal Reserve Board**) *n* órgano de control del banco central estadounidense.

FRCP (*abbr of* **Fellow of the Royal College of Physicians**) *miembro del colegio británico de médicos*.

FRCS (*abbr of* **Fellow of the Royal College of Surgeons**) *miembro del colegio británico de cirujanos*.

freak [friːk] <> *adj* inesperado(da). <> *n* **-1.** [strange creature - in appearance] fenómeno *m*, monstruo *m*; [- in behaviour] estrafalario *m*, -ria *f* **-2.** [unusual event] anormalidad *f*, caso *m* insólito **-3.** *inf* [fanatic]: **film/fitness** ~ fanático *m*, -ca *f* del cine/ejercicio.
    ➡ **freak out** *inf* <> *vi* flipar, alucinar. <> *vt sep* flipar, alucinar.

freaking ['friːkɪŋ] *adj* US *inf*: **where are those** ~ **kids?** ¿dónde están esos demonios de chicos?

freakish ['friːkɪʃ] *adj* anormal, extraño(ña).

freckle ['frekl] *n* peca *f*.

free [friː] (*compar* **freer**, *superl* **freest**, *pt* & *pp* **freed**) <> *adj* **-1.** [gen]: ~ (**from** OR **of**) libre (de); **to be** ~ **to do sthg** ser libre de hacer algo; **feel** ~! ¡adelante!, ¡cómo no!; **to set** ~ liberar **-2.** [not paid for] gratis (*inv*), gratuito(ta); ~ **of charge** gratis (*inv*) **-3.** [unattached] suelto(ta) **-4.** [generous]: **to be** ~ **with sthg** no regatear algo. <> *adv* **-1.** [without payment]: **(for)** ~ gratis **-2.** [run] libremente **-3.** [loose]: **to pull/cut sthg** ~ soltar algo tirando/cortando. <> *vt* **-1.** [release] liberar, libertar; **to** ~ **sb of sthg** librar a alguien de algo **-2.** [make available] dejar libre **-3.** [extricate - person] rescatar; [- one's arm, oneself] soltar.
    ➡ **free up** *vt sep* [space, funds] liberar; [time, person] dejar libre.

-free [friː] *suffix*: **lead** ~ sin plomo.

freebie ['friːbɪ] *n inf* regalito *m*.

freedom ['friːdəm] *n* libertad *f*; ~ **from** indemnidad *f* ante OR de.

freedom fighter *n* luchador *m*, -ra *f* por la libertad.

free enterprise *n* libre empresa *f*.

free-fall *n* (U) caída *f* libre.

Freefone® ['friːfəʊn] *n* (U) UK teléfono *m* OR número *m* gratuito.

free-for-all *n* refriega *f*.

free gift *n* obsequio *m*.

freehand ['friːhænd] *adj* & *adv* a pulso.

freehold ['friːhəʊld] <> *adv* en propiedad absoluta. <> *n* propiedad *f* absoluta.

freeholder ['friːhəʊldə'] *n* propietario absoluto *m*, propietaria absoluta *f*.

free house n pub no controlado por una compañía cervecera.

free kick n tiro m libre.

freelance ['fri:lɑ:ns] <> adj free-lance. <> adv como free-lance. <> n free-lance m OR f. <> vi trabajar como free-lance.

freelancer ['fri:lɑ:nsə'] n free-lance m OR f.

freeloader ['fri:ləudə'] n inf gorrón m, -ona f.

freely ['fri:lɪ] adv -1. [readily - admit, confess] sin reparos; [- available] fácilmente -2. [openly] abiertamente, francamente -3. [without restrictions] libremente -4. [generously] liberalmente.

freeman ['fri:mən] (pl -men) n ciudadano m honorífico, ciudadana f honorífica.

free-market economy n economía f de libre mercado.

Freemason ['fri:ˌmeɪsn] n francmasón m.

Freemasonry ['fri:ˌmeɪsnrɪ] n francmasonería f, masonería f.

freemen ['fri:mən] ⊳ freeman.

freephone ['fri:fəun] = Freefone.

Freepost® ['fri:pəust] n franqueo m pagado.

free-range adj de granja.

free sample n muestra f (gratuita).

freesia ['fri:zjə] n fresia f.

free speech n libertad f de expresión.

freestanding [ˌfri:'stændɪŋ] adj independiente.

freestyle ['fri:staɪl] n [in swimming] estilo m libre.

freethinker [ˌfri:'θɪŋkə'] n librepensador m, -ra f.

free trade n libre cambio m.

freeware ['fri:weə'] n COMPUT freeware m.

freeway ['fri:weɪ] n US autopista f.

freewheel [ˌfri:'wi:l] vi [on bicycle] andar sin pedalear; [in car] ir en punto muerto.

freewheeling [ˌfri:'wi:lɪŋ] adj inf informal.

free will n libre albedrío m; **to do sthg of one's own ~** hacer algo por voluntad propia.

free world n: **the ~** el mundo libre.

freeze [fri:z] (pt froze, pp frozen) <> vt -1. [gen] helar -2. [food, wages, prices] congelar -3. [assets] bloquear. <> vi -1. [gen] helarse -2. [food, wages, prices] congelarse. <> v impers METEOR helar. <> n -1. [cold weather] helada f -2. [of wages, prices] congelación f.

◆ **freeze over** vi helarse.

◆ **freeze up** vi helarse.

freeze-dried [-'draɪd] adj liofilizado(da).

freeze frame n -1. [photograph] fotograma m -2. [on video] imagen f congelada.

freezer ['fri:zə'] n congelador m.

freezing ['fri:zɪŋ] <> adj -1. [gen] helado(da) -2. [weather] muy frío(a); **it's ~ in here** hace un frío espantoso aquí. <> n = **freezing point**.

freezing point n punto m de congelación.

freight [freɪt] n (U) -1. [goods] mercancías fpl, flete m -2. [transport] transporte m.

freight train n (tren m de) mercancías m inv.

French [frentʃ] <> adj francés(esa). <> n [language] francés m. <> npl: **the ~** los franceses.

French bean n judía f verde, ejote m CAm, Méx, chaucha f RP, poroto m verde Chile, habichuela f Col, vainita f Ven.

French bread n (U) pan m de barra.

French Canadian <> adj francocanadiense. <> n francocanadiense m OR f.

French chalk n (U) jaboncillo m, jabón m de sastre.

French dressing n [vinaigrette] vinagreta f.

French fries npl esp US patatas fpl fritas.

Frenchman ['frentʃmən] (pl -men [-mən]) n francés m.

French polish n laca f.

French Riviera n: **the ~** la Riviera francesa.

French stick n UK barra f de pan.

French toast n esp US torrija f.

French windows npl puertaventanas fpl.

Frenchwoman ['frentʃˌwumən] (pl -women [-ˌwɪmɪn]) n francesa f.

frenetic [frə'netɪk] adj frenético(ca).

frenzied ['frenzɪd] adj [haste, activity] frenético(ca).

frenzy ['frenzɪ] (pl -ies) n frenesí m; **a ~ of activity** una actividad febril.

frequency ['fri:kwənsɪ] (pl -ies) n frecuencia f.

frequency modulation n RADIO frecuencia f modulada.

frequent [adj 'fri:kwənt, vb frɪ'kwent] <> adj frecuente. <> vt frecuentar.

frequently ['fri:kwəntlɪ] adv a menudo, con frecuencia.

fresco ['freskəu] (pl -es OR -s) n fresco m.

fresh [freʃ] <> adj -1. [gen] fresco(ca); [flavour, taste] refrescante; **~ from** recién salido(da) de -2. [bread] del día -3. [not canned] natural -4. [water] dulce -5. [pot of tea, fighting] nuevo(va); **to make a ~ start** empezar de nuevo. <> adv -1. recién; **to be ~ out of sthg** inf haberse quedado sin algo -2. [original] original.

freshen ['freʃn] <> vt [air] refrescar. <> vi [wind] soplar más fuerte.

◆ **freshen up** <> vt sep -1. [wash]: **to ~ o.s up** refrescarse -2. [smarten up] arreglar. <> vi [person] refrescarse.

fresher ['freʃə'] n UK estudiante m OR f de primer año.

freshly ['freʃlɪ] adv recién.

freshman ['freʃmən] (pl -men [-mən]) n estudiante *m* OR *f* de primer año.

freshness ['freʃnɪs] *n (U)* **-1.** [of food] frescura *f* **-2.** [originality] novedad *f*, originalidad *f* **-3.** [brightness] pulcritud *f* **-4.** [refreshing quality] frescor *m*.

freshwater ['freʃ,wɔːtəʳ] *adj* de agua dulce.

fret [fret] (*pt* & *pp* **-ted**, *cont* **-ting**) *vi* preocuparse.

fretful ['fretfʊl] *adj* [baby] quejoso(sa); [night, sleep] agitado(da), inquieto(ta).

fretsaw ['fretsɔː] *n* [manual] segueta *f*; [electrical] sierra *f* de calar.

Freudian slip ['frɔɪdɪən-] *n* desliz *m*, lapsus *m inv*.

FRG (*abbr of* **Federal Republic of Germany**) *n* RFA *f*.

Fri. (*abbr of* **Friday**) viern.

friar ['fraɪəʳ] *n* fraile *m*.

friction ['frɪkʃn] *n* fricción *f*.

Friday ['fraɪdɪ] *n* viernes *m inv*; *see also* **Saturday**.

fridge [frɪdʒ] *n esp UK* nevera *f*, refrigerador *m Amér*, heladera *f RP*, refrigeradora *f Col, Perú*.

fridge-freezer *n UK* combi *m*, nevera *f* congeladora.

fried [fraɪd] *adj* frito(ta).

friend [frend] *n* **-1.** [close acquaintance] amigo *m*, -ga *f*, cuate *m* OR *f inv CAm, Méx*; **to be** ~**s** ser amigos; **to be** ~**s with sb** ser amigo de alguien; **to make** ~**s (with)** hacerse amigo (de), trabar amistad (con) **-2.** [supporter - of cause] partidario *m*, -ria *f*; [- of country] aliado *m*, -da *f*.

friendless ['frendlɪs] *adj* sin amigos.

friendly ['frendlɪ] (*compar* **-ier**, *superl* **-iest**, *pl* **-ies**) *adj* **-1.** [person] amable, simpático (ca); [attitude, manner, welcome] amistoso(sa); **to be** ~ **with sb** ser amigo de alguien **-2.** [nation] amigo(ga), aliado(da) **-3.** [argument, game] amistoso(sa). *n esp UK* partido *m* amistoso.

friendly fire *n* fuego *m* amigo.

friendly society *n UK* mutua *f*, mutualidad *f*.

friendship ['frendʃɪp] *n* amistad *f*.

fries [fraɪz] = **French fries**.

Friesian (cow) ['friːzjən-] *n* vaca *f* frisona.

frieze [friːz] *n* friso *m*.

frigate ['frɪgət] *n* fragata *f*.

fright [fraɪt] *n* **-1.** [fear] miedo *m*; **to take** ~ espantarse, asustarse **-2.** [shock] susto *m*; **to give sb a** ~ darle un susto a alguien.

frighten ['fraɪtn] *vt* asustar; **to** ~ **sb into doing sthg** atemorizar a alguien para que haga algo.

➡ **frighten away, frighten off** *vt sep* espantar, ahuyentar.

frightened ['fraɪtnd] *adj* asustado(da); **to be** ~ **of sthg/of doing sthg** tener miedo a algo/a hacer algo.

frightening ['fraɪtnɪŋ] *adj* aterrador(ra), espantoso(sa).

frightful ['fraɪtfʊl] *adj dated* terrible, espantoso(sa).

frigid ['frɪdʒɪd] *adj* [sexually] frígido(da).

frill [frɪl] *n* **-1.** [decoration] volante *m* **-2.** *inf* [extra] adorno *m*.

frilly ['frɪlɪ] (*compar* **-ier**, *superl* **-iest**) *adj* con volantes.

fringe [frɪndʒ] (*cont* **fringeing**) *n* **-1.** [decoration] flecos *mpl* **-2.** *UK* [of hair] flequillo *m*, cerquillo *m Amér* **-3.** [edge] periferia *f* **-4.** [extreme] margen *m*. *vt* [edge] bordear.

fringe benefit *n* beneficio *m* complementario.

fringe group *n* grupo *m* marginal.

fringe theatre *n UK* teatro *m* experimental.

Frisbee® ['frɪzbɪ] *n* frisbee® *m*, plato *m* volador.

Frisian Islands ['frɪʒən-] *npl*: **the** ~ las islas Frisias.

frisk [frɪsk] *vt* cachear, registrar. *vi* retozar, brincar.

frisky ['frɪskɪ] (*compar* **-ier**, *superl* **-iest**) *adj inf* retozón(ona), juguetón(ona).

fritter ['frɪtəʳ] *n* buñuelo *m*.

➡ **fritter away** *vt sep*: **to** ~ **money/time away on sthg** malgastar dinero/tiempo en algo.

frivolity [frɪ'vɒlətɪ] (*pl* **-ies**) *n* frivolidad *f*.

frivolous ['frɪvələs] *adj* frívolo(la).

frizzy ['frɪzɪ] (*compar* **-ier**, *superl* **-iest**) *adj* crespo(pa), ensortijado(da).

fro [frəʊ] ▷ **to**.

frock [frɒk] *n dated* vestido *m*.

frog [frɒg] *n* [animal] rana *f*; **to have a** ~ **in one's throat** tener carraspera.

frogman ['frɒgmən] (*pl* **-men**) *n* hombre-rana *m*.

frogmarch ['frɒgmɑːtʃ] *vt* llevar por la fuerza.

frogmen ['frɒgmən] *pl* ▷ **frogman**.

frogspawn ['frɒgspɔːn] *n (U)* huevos *mpl* de rana.

frolic ['frɒlɪk] (*pt* & *pp* **-ked**, *cont* **-king**) *n* juego *m* alegre. *vi* retozar, triscar.

from [weak form frəm, strong form frɒm] *prep* **-1.** [indicating source, origin, removal] de; **where are you** ~ **?** ¿de dónde eres?; **I got a letter** ~ **her today** hoy me ha llegado una carta suya; **a flight** ~ **Paris** un vuelo de París; **to translate** ~ **Spanish into English** traducir del español al inglés; **he took a notebook** ~ **his pocket** sacó un cuaderno del bolsillo; **he's not back** ~ **work yet** aún no ha vuelto del trabajo; **to take sthg away ~ sb** quitarle algo a alguien **- 2.** [indicating a deduction]: **take 15 (away) ~ 19** quita 15 a 19; **to deduct sthg ~ sthg** deducir OR descontar algo de algo **- 3.** [indicating escape, separation] de; **he ran away ~ home** huyó de casa **- 4.** [indicating position] desde; **seen ~ above/below** visto desde arriba/abajo; **a light bulb hung ~ the ceiling** una bombilla colgaba del techo **- 5.** [indicating distance] de; **it's 60 km ~ here** está a 60 kms de aquí; **how far is London ~ here?** ¿a cuánto está Londres de aquí? **- 6.** [indicating material object is made out of] de; **it's made ~ wood/plastic** está hecho de madera/plástico **- 7.** [starting at a particular time] desde; **closed ~ 1 pm to 2 pm** cerrado de 13h a 14h; **~ birth** desde el nacimiento; **~ now on** de ahora en adelante; **~ the moment I saw him** desde el momento en que lo vi **- 8.** [indicating difference, change] de; **to be different ~** ser diferente de; **~ ... to** de ... a; **the price went up ~ £100 to £150** el precio subió de 100 a 150 libras **- 9.** [because of, as a result of] de; **to die ~ cold** morir de frío; **to suffer ~ cold/hunger** padecer frío/hambre **- 10.** [on the evidence of] por; **to speak ~ personal experience** hablar por propia experiencia; **I could see ~ her face she was angry** por la cara que tenía vi que estaba enfadada **- 11.** [indicating lowest amount]: **prices range ~ £5 to £500** los precios oscilan entre 5 y 500 libras; **prices start ~ £50** los precios empiezan desde 50 libras; **it could take anything ~ 15 to 20 weeks** podría llevar de 15 a 20 semanas.

frond [frɒnd] *n* fronda *f.*

front [frʌnt] ⬦ *n* **- 1.** [gen] parte *f* delantera; [of building] fachada *f*; [of queue] principio *m*; [of dress, shirt] parte *f* de delante **- 2.** METEOR, MIL & POL frente *m* **- 3.** [issue, area] terreno *m*; **on the domestic/employment ~** a nivel nacional/de empleo **- 4.** [on coast]: **(sea) ~** paseo *m* marítimo **- 5.** [outward appearance] fachada *f*; **to put on a ~** ponerse una máscara. ⬦ *adj* [gen] delantero(ra); [page] primero(ra). ⬦ *vt* [lead] dirigir; [rock band] liderar.

➡ **in front** *adv* **- 1.** [further forward] delante **- 2.** [winning] ganando.

➡ **in front of** *prep* delante de.

➡ **front onto** *vt fus* [be opposite] dar a.

frontage [ˈfrʌntɪdʒ] *n* fachada *f.*

frontal [ˈfrʌntl] *adj* frontal.

front bench [ˌfrʌntˈbentʃ] *n UK* en la *Cámara de los Comunes, cada una de las dos filas de escaños ocupadas respectivamente por los ministros del Gobierno y los principales líderes de la oposición mayoritaria.*

front desk *n* recepción *f.*

front door *n* puerta *f* principal.

frontier [ˈfrʌnˌtɪəʳ, *US* frʌnˈtɪərl] *n lit & fig* frontera *f.*

frontispiece [ˈfrʌntɪspiːsl] *n* frontispicio *m.*

front line *n*: **the ~** la primera línea.

front man *n* **- 1.** [of group] portavoz *m* OR *f* **- 2.** [of programme] presentador *m* **- 3.** [of rock band] líder *m.*

front-page *adj* de primera página OR plana.

front room *n* sala *f* de estar.

front-runner *n* favorito *m*, -ta *f.*

front-wheel drive *n* [vehicle] vehículo *m* de tracción delantera.

frost [frɒst] ⬦ *n* **- 1.** [layer of ice] escarcha *f* **- 2.** [weather] helada *f.* ⬦ *vi*: **to ~ over** OR **up** cubrirse de escarcha.

frostbite [ˈfrɒstbaɪtl] *n (U)* congelación *f* MED.

frostbitten [ˈfrɒstˌbɪtn] *adj* congelado(da).

frosted [ˈfrɒstɪdl] *adj* **- 1.** [glass] esmerilado(da) **- 2.** *US* CULIN escarchado(da).

frosting [ˈfrɒstɪŋ] *n US* glaseado *m*, betún *m* *Méx.*

frosty [ˈfrɒstl] (*compar* **-ier**, *superl* **-iest**) *adj* **- 1.** [very cold] de helada **- 2.** [covered with frost] escarchado(da) **- 3.** *fig* [unfriendly] glacial.

froth [frɒθ] ⬦ *n* espuma *f.* ⬦ *vi* hacer espuma.

frothy [ˈfrɒθl] (*compar* **-ier**, *superl* **-iest**) *adj* espumoso(sa).

frown [fraʊn] ⬦ *n*: **to give a ~** fruncir el ceño. ⬦ *vi* fruncir el ceño.

➡ **frown (up)on** *vt fus* desaprobar.

froze [frəʊz] *pt* ⊳ **freeze.**

frozen [ˈfrəʊzn] ⬦ *pp* ⊳ **freeze.** ⬦ *adj* **- 1.** [gen] helado(da) **- 2.** [foodstuffs] congelado(da) **- 3.** *fig* [rigid]: **~ (with)** tieso(sa) (de).

FRS *n* **- 1.** (*abbr of* **Fellow of the Royal Society**) *miembro de la Royal Society, organización británica para la investigación científica* **- 2.** (*abbr of* **Federal Reserve System**) *banco central estadounidense.*

frugal [ˈfruːgl] *adj* frugal.

fruit [fruːt] (*pl inv* OR **fruits**) ⬦ *n* **- 1.** [food] fruta *f* **- 2.** [result] fruto *m*; **to bear ~** dar fruto. ⬦ *comp* [made with fruit] de frutas; [producing fruit] frutal; **~ bowl** frutero *m.* ⬦ *vi* dar fruto.

fruitcake [ˈfruːkeɪk] *n* pastel *m* de frutas.

fruiterer [ˈfruːtərəʳ] *n UK* frutero *m*, -ra *f*; **~'s (shop)** frutería *f.*

fruitful [ˈfruːtfʊl] *adj* [successful] fructífero(ra).

fruition [fruːˈɪʃn] *n*: **to come to ~** [plan] realizarse; [hope] cumplirse.

fruit juice *n* zumo *m* de fruta.

fruitless [ˈfruːtlɪs] *adj* infructuoso(sa).

fruit machine *n UK* máquina *f* tragaperras.

fruit salad n macedonia f (de frutas).

frumpy [ˈfrʌmpɪ] (compar -ier, superl -iest) adj chapado(da) a la antigua en el vestir.

frustrate [frʌˈstreɪt] vt frustrar.

frustrated [frʌˈstreɪtɪd] adj frustrado(da).

frustrating [frʌˈstreɪtɪŋ] adj frustrante.

frustration [frʌˈstreɪʃn] n frustración f.

fry [fraɪ] (pt & pp fried) ◇ vt [food] freír. ◇ vi [food] freírse.

frying pan [ˈfraɪɪŋ-] n sartén f, paila f Andes, CAm; to jump out of the ~ into the fire salir de Guatemala y meterse en Guatepeor.

ft. abbr of foot, feet.

FT (abbr of Financial Times) n diario británico de información económica; the ~ index el índice bursátil del Financial Times.

FTC (abbr of Federal Trade Commission) n organismo estadounidense encargado de hacer respetar la legislación sobre monopolios.

FTP (abbr of file transfer protocol) n COMPUT FTP m.

fuchsia [ˈfjuːʃə] n fucsia f.

fuck [fʌk] vulg ◇ vt & vi joder, follar, chingar Méx. ◇ excl ¡joder!
 ➡ **fuck off** vi vulg: ~ off! ¡vete a tomar por culo!

fucking [ˈfʌkɪŋ] adj vulg -1. [to show anger]: you ~ idiot! ¡idiota de los cojones! -2. [for emphasis]: where are my ~ keys? ¿dónde coño están mis llaves?; you must be ~ stupid hay que ser gilipollas.

fuddled [ˈfʌdld] adj aturdido(da).

fuddy-duddy [ˈfʌdɪˌdʌdɪ] (pl fuddy-duddies) n inf carcamal m or f.

fudge [fʌdʒ] ◇ n (U) [sweet] dulce de azúcar, leche y mantequilla. ◇ vt inf esquivar, eludir.

fuel [fjʊəl] (UK pt & pp -led, cont -ling, US pt & pp -ed, cont -ing) ◇ n combustible m; to add ~ to the fire or the flames echar leña al fuego. ◇ vt -1. [supply with fuel] abastecer de combustible, alimentar -2. [increase] exacerbar, agravar.

fuel cell n pila f de combustible.

fuel consumption n consumo m de combustible.

fuel pump n bomba f de combustible.

fuel tank n depósito m de gasolina.

fugitive [ˈfjuːdʒətɪv] n fugitivo m, -va f.

fugue [fjuːg] n fuga f.

fulcrum [ˈfʊlkrəm] (pl -crums or -cra [-krə]) n fulcro m, punto m de apoyo.

fulfil (pt & pp -led, cont -ling), **fulfill** US [fʊlˈfɪl] vt [promise, duty, threat] cumplir; [hope, ambition] realizar; [obligation] cumplir con; [role] desempeñar; [requirement] satisfacer; to ~ o.s. realizarse.

fulfilling [fʊlˈfɪlɪŋ] adj gratificante.

fulfilment, fulfillment US [fʊlˈfɪlmənt] n -1. [satisfaction] satisfacción f, realización f (de uno mismo) -2. [of promise, duty, threat] cumplimiento m; [of hope, ambition] realización f; [of role] desempeño m; [of requirement] satisfacción f.

full [fʊl] ◇ adj -1. [filled]: ~ (of) lleno(na) (de); I'm ~! [after meal] ¡no puedo más! -2. [schedule] completo(ta) -3. [complete - recovery, employment, control] pleno(na); [- name, price, fare] completo(ta); [- explanation, information] detallado(da); [- member, professor] numerario(ria); three ~ weeks tres semanas enteras -4. [maximum - volume, power etc] máximo(ma); at ~ speed a toda velocidad -5. [flavour, sound] rico(ca) -6. [plump] grueso(sa) -7. [wide] holgado(da), amplio(plia). ◇ adv -1. [directly] justo, de lleno -2. [very]: to know sthg ~ well saber algo perfectamente -3. [at maximum] al máximo. ◇ n: to pay in ~ pagar el total; write your name in ~ escriba su nombre y apellidos; to the ~ al máximo, completamente; to live life to the ~ disfrutar de la vida al máximo.

fullback [ˈfʊlbæk] n (defensa m or f) lateral m or f.

full-blooded [-ˈblʌdɪd] adj -1. [pure-blooded] de pura raza -2. [strong, complete] vigoroso(sa).

full-blown [-ˈbləʊn] adj [gen] auténtico(ca); [AIDS]: to have ~ AIDS haber desarrollado el SIDA por completo.

full board n pensión f completa.

full-bodied [-ˈbɒdɪd] adj de mucho cuerpo.

full dress n (U) [of soldiers etc] uniforme m de gala.

full-face adj de frente.

full-fat milk n leche f entera.

full-fledged US = fully-fledged.

full-frontal adj: a ~ picture un desnudo frontal.

full-grown [-ˈgrəʊn] adj adulto(ta).

full house n -1. [at show, event] lleno m -2. [in bingo] cartón m completo -3. [at cards] full m.

full-length ◇ adj -1. [portrait, mirror] de cuerpo entero -2. [dress] largo(ga) -3. [novel] extenso(sa); [film] de largo metraje. ◇ adv [stretched out] a lo largo, completamente.

full moon n luna f llena.

fullness [ˈfʊlnɪs] n [of voice] riqueza f; [of life] plenitud f; in the ~ of time a su debido tiempo.

full-page adj a toda plana.

full-scale adj -1. [life-size] de tamaño natural -2. [complete] a gran escala.

full-size(d) *adj* **-1.** [life-size] de tamaño natural **-2.** [adult] adulto(ta) **-3.** *US AUT:* ~ car turismo *m*.

full stop ◇ *n* punto *m*. ◇ *adv UK* [and that's that] y punto.

full time *n UK SPORT* final *m* del (tiempo reglamentario del) partido.
→ **full-time** *adj* & *adv* a tiempo completa.

full up *adj* lleno(na).

fully ['fʊlɪ] *adv* **-1.** [completely] completamente **-2.** [thoroughly] detalladamente.

fully-fashioned *UK*, **full-fashioned** *US* [-'fæʃnd] *adj* ajustado(da).

fully-fledged *UK*, **full-fledged** *US* [-'fledʒd] *adj* *fig* hecho(cha) y derecho(cha); [member] de pleno derecho.

fulness ['fʊlnɪs] = **fullness**.

fulsome ['fʊlsəm] *adj* exagerado(da), excesivo(va); **to be** ~ **in one's praise (of sb/sthg)** colmar de elogios (a alguien/algo).

fumble ['fʌmbl] ◇ *vt* perder, no agarrar bien. ◇ *vi* hurgar; **to** ~ **for sthg** [for key, light switch] buscar algo a tientas; [for words] buscar algo titubeando.

fume [fjuːm] *vi* [with anger] echar humo, rabiar.
→ **fumes** *npl* humo *m*.

fumigate ['fjuːmɪgeɪt] *vt* fumigar.

fun [fʌn] ◇ *n (U)* **-1.** [pleasure, amusement] diversión *f*; **my uncle/parachuting is great** ~ mi tío/el paracaidismo es muy divertido; **to have** ~ divertirse; **have** ~**!** ¡que te diviertas!; **for** ~**, for the** ~ **of it** por diversión **-2.** [playfulness]: **he's full of** ~ le encanta todo lo que sea diversión **-3.** [at sb else's expense]: **to make** ~ **of sb, to poke** ~ **at sb** reírse *OR* burlarse de alguien. ◇ *adj inf* divertido(da).

function ['fʌŋkʃn] ◇ *n* **-1.** [gen & *MATH*] función *f* **-2.** [formal social event] acto *m*. ◇ *vi* funcionar; **to** ~ **as** hacer de.

functional ['fʌŋkʃnəl] *adj* **-1.** [practical] funcional **-2.** [operational] en funcionamiento.

functionary ['fʌŋkʃnərɪ] (*pl* -ies) *n* funcionario *m*, -ria *f*.

function key *n COMPUT* tecla *f* de función.

fund [fʌnd] ◇ *n* fondo *m*. ◇ *vt* financiar.
→ **funds** *npl* fondos *mpl*.

fundamental [ˌfʌndə'mentl] *adj*: ~ **(to)** fundamental (para).
→ **fundamentals** *npl* fundamentos *mpl*.

fundamentalism [ˌfʌndə'mentəlɪzm] *n* integrismo *m*, fundamentalismo *m*.

fundamentalist [ˌfʌndə'mentəlɪst] *n* integrista *m OR f*, fundamentalista *m OR f*.

fundamentally [ˌfʌndə'mentəlɪ] *adv* fundamentalmente.

funding ['fʌndɪŋ] *n* **-1.** [financing] financiación *f* **-2.** [funds] fondos *mpl*.

fund-raising [-ˌreɪzɪŋ] ◇ *n* recaudación *f* de fondos. ◇ *comp* de *OR* para recaudación de fondos.

funeral ['fjuːnərəl] *n* funeral *m*.

funeral director *n* director *m* de funeraria.

funeral parlour *n* funeraria *f*.

funeral service *n* honras *fpl* fúnebres, exequias *fpl*.

funereal [fjuː'nɪərɪəl] *adj* fúnebre.

funfair ['fʌnfeəʳ] *n* feria *f*.

fungus ['fʌŋgəs] (*pl* -gi [-gaɪ], -guses) *n* hongo *m*.

funk [fʌŋk] *n (U)* **-1.** *MUS* (música *f*) funky *m* **-2.** *dated* [fear] canguis *m inv*, miedítis *f inv*.

funky ['fʌŋkɪ] (*compar* -ier, *superl* -iest) *adj MUS* funky (*inv*).

funnel ['fʌnl] (*UK pt* & *pp* -led, *cont* -ling, *US pt* & *pp* -ed, *cont* -ing) ◇ *n* **-1.** [for pouring] embudo *m* **-2.** [on ship] chimenea *f*. ◇ *vt* [liquid] pasar por un embudo; [money, food] canalizar. ◇ *vi* pasar.

funnily ['fʌnɪlɪ] *adv* [strangely] de manera rara; ~ **enough** curiosamente.

funny ['fʌnɪ] (*compar* -ier, *superl* -iest) *adj* **-1.** [amusing] divertido(da); **I don't think that's** ~ no me hace gracia **-2.** [odd] raro(ra) **-3.** [ill] pachucho(cha).

funny bone *n* hueso *m* de la risa.

funny farm *n US inf hum* casa *f* de los locos.

fun run *n carrera atlética de fondo con fines benéficos*.

fur [fɜːʳ] *n* **-1.** [on animal] pelaje *m*, pelo *m* **-2.** [garment] (prenda *f* de) piel *f*.

fur coat *n* abrigo *m* de piel *OR* pieles.

furious ['fjʊərɪəs] *adj* **-1.** [very angry] furioso(sa) **-2.** [frantic] frenético(ca).

furiously ['fjʊərɪəslɪ] *adv* **-1.** [angrily] con furia **-2.** [frantically] frenéticamente.

furled [fɜːld] *adj* plegado(da).

furlong ['fɜːlɒŋ] *n* 201,17 metros.

furnace ['fɜːnɪs] *n* horno *m*.

furnish ['fɜːnɪʃ] *vt* **-1.** [fit out] amueblar **-2.** *fml* [provide - goods, explanation] proveer, suministrar; [- proof] aducir; **to** ~ **sb with sthg** proporcionar algo a alguien.

furnished ['fɜːnɪʃt] *adj* amueblado(da).

furnishings ['fɜːnɪʃɪŋz] *npl* mobiliario *m*.

furniture ['fɜːnɪtʃəʳ] *n (U)* muebles *mpl*, mobiliario *m*; **a piece of** ~ un mueble.

furniture polish *n* cera *f* para muebles.

furore *UK* [fjʊ'rɔːrɪ], **furor** *US* ['fjʊrɔːr] *n* escándalo *m*.

furrier ['fʌrɪəʳ] *n* peletero *m*, -ra *f*.

furrow ['fʌrəʊ] *n lit* & *fig* surco *m*.

furrowed [ˈfʌrəʊd] *adj* -1. [field, land] arado (da) -2. [brow] arrugado(da).

furry [ˈfɜːrɪ] (*compar* -ier, *superl* -iest) *adj* -1. [animal] peludo(da) -2. [toy] de peluche.

further [ˈfɜːðəʳ] <> *compar* ▷ **far**. <> *adv* -1. [in distance] más lejos; **how much ~ is it?** ¿cuánto queda (de camino)?; **~ on** más adelante -2. [to a more advanced point]: **they decided not to take the matter any ~** decidieron no seguir adelante con el asunto; **this mustn't go any ~** esto debe quedar entre nosotros -3. [in degree, extent, time] más; **~ on/ back** más adelante/atrás -4. [in addition] además. <> *adj* otro(tra); **until ~ notice** hasta nuevo aviso; **nothing ~** nada más. <> *vt* promover, fomentar.
➥ **further to** *prep fml* con relación a.

further education *n UK estudios postescolares no universitarios.*

furthermore [ˌfɜːðəˈmɔːʳ] *adv* lo que es más.

furthermost [ˈfɜːðəməʊst] *adj* más lejano(na).

furthest [ˈfɜːðɪst] <> *superl* ▷ **far**. <> *adj* -1. [in distance] más lejano(na) -2. [greatest - in degree, extent] extremo(ma). <> *adv* -1. [in distance] más lejos -2. [to greatest degree, extent] más.

furtive [ˈfɜːtɪv] *adj* furtivo(va).

furtively [ˈfɜːtɪvlɪ] *adv* furtivamente.

fury [ˈfjʊərɪ] *n* furia *f*; **in a ~** furioso(sa).

fuse *esp UK*, **fuze** *US* [fjuːz] <> *n* -1. ELEC fusible *m* -2. [of bomb] espoleta *f*; [of firework] mecha *f*. <> *vt* fundir. <> *vi* -1. [gen & ELEC] fundirse -2. [companies] fusionarse.

fuse-box *n* caja *f* de fusibles.

fused [fjuːzd] *adj* [fitted with a fuse] con fusible.

fuselage [ˈfjuːzəlɑːʒ] *n* fuselaje *m*.

fuse wire *n* alambre *m* de fusibles.

fusillade [ˌfjuːzəˈleɪd] *n* descarga *f* de fusilería.

fusion [ˈfjuːʒn] *n* fusión *f*.

fuss [fʌs] <> *n* (*U*) -1. [excitement, anxiety] jaleo *m*, alboroto *m*; **to make a ~** armar un escándalo -2. [complaints] protestas *fpl* -3. *phr*: **to make a ~ of sb** *UK* mimar a alguien. <> *vi* apurarse, angustiarse.
➥ **fuss over** *vt fus* mimar.

fusspot [ˈfʌspɒt] *n inf* quisquilloso *m*, -sa *f*.

fussy [ˈfʌsɪ] (*compar* -ier, *superl* -iest) *adj* -1. [fastidious] quisquilloso(sa); **I'm not ~** me da lo mismo -2. [over-decorated] recargado(da), aparatoso(sa).

fusty [ˈfʌstɪ] (*compar* -ier, *superl* -iest) *adj* -1. [not fresh] con olor a cerrado -2. [old-fashioned] anticuado(da), rancio(cia).

futile [ˈfjuːtaɪl] *adj* inútil, vano(na).

futility [fjuːˈtɪlətɪ] *n* inutilidad *f*.

futon [ˈfuːtɒn] *n* futón *m*.

future [ˈfjuːtʃəʳ] <> *n* futuro *m*; **in ~** de ahora en adelante; **in the ~** en el futuro; **in the not too distant ~** en un futuro próximo; **~ (tense)** futuro *m*. <> *adj* futuro(ra).
➥ **futures** *npl* FIN futuros *mpl*.

futuristic [ˌfjuːtʃəˈrɪstɪk] *adj* futurista.

fuzz [fʌz] *n* -1. [hair] vello *m* -2. *inf* [police]: **the ~** la poli.

fuzzy [ˈfʌzɪ] (*compar* -ier, *superl* -iest) *adj* -1. [hair] crespo(pa) -2. [photo, image] borroso(sa) -3. [thoughts, mind] confuso(sa).

fwd. *abbr of* forward.

FYI *abbr of* for your information.

G

g¹ (*pl* **g's** OR **gs**), **G** (*pl* **G's** OR **Gs**) [dʒiː] *n* [letter] g *f*, G *f*.
➥ **G** *n* -1. MUS sol *m* -2. (*abbr of* **good**) B. -3. *US* CINEMA (*abbr of* **general (audience)**) para todos los públicos.

g² *n* -1. (*abbr of* **gram**) g. *m* -2. (*abbr of* **gravity**) g. *f*.

GA *abbr of* Georgia.

gàb [gæb] ▷ **gift**.

gabardine [ˌgæbəˈdiːn] *n* gabardina *f*.

gabble [ˈgæbl] <> *vt & vi* farfullar, balbucir. <> *n* farfulleo *m*.

gable [ˈgeɪbl] *n* aguilón *m*.

Gabon [gæˈbɒn] *n* (el) Gabón.

Gabonese [ˌgæbəˈniːz] <> *adj* gabonés(esa). <> *n* gabonés *m*, -esa *f*. <> *npl*: **the ~** los gaboneses.

gad [gæd] (*pt & pp* -ded, *cont* -ding) ➥ **gad about** *vi inf* andar por ahí holgazaneando.

gadget [ˈgædʒɪt] *n* artilugio *m*, chisme *m*.

gadgetry [ˈgædʒɪtrɪ] *n* (*U*) artilugios *mpl*.

Gaelic [ˈgeɪlɪk] <> *adj* gaélico(ca). <> *n* [language] gaélico *m*.

gaffe [gæf] *n* metedura *f* de pata, patinazo *m*.

gaffer [ˈgæfəʳ] *n UK inf* [boss] mandamás *m*.

gag [gæg] (*pt & pp* -ged, *cont* -ging) <> *n* -1. [for mouth] mordaza *f* -2. *inf* [joke] chiste *m*.

vt amordazar. <> *vi* [retch] tener arcadas.

gaiety ['geɪətɪ] *n* alegría *f*, regocijo *m*.

gaily ['geɪlɪ] *adv* alegremente.

gain [geɪn] <> *n* **-1.** [profit] beneficio *m*, ganancia *f* **-2.** [improvement] mejora *f* **-3.** [increase] aumento *m*. <> *vt* **-1.** [gen] ganar **-2.** [speed] cobrar **-3.** [access] lograr **-4.** [subj: watch, clock] adelantarse. <> *vi* **-1.** [advance]: **to ~ in sthg** ganar algo **-2.** [benefit]: **to ~ (from** OR **by)** beneficiarse (de) **-3.** [watch, clock] adelantarse.
➥ **gain on** *vt fus* ganar terreno a.

gainful ['geɪnfʊl] *adj fml*: **~ employment** trabajo *m* remunerado.

gainfully ['geɪnfʊlɪ] *adv fml* provechosamente.

gainsay [ˌɡeɪn'seɪ] (*pt* & *pp* **-said**) *vt fml* negar, contradecir.

gait [geɪt] *n* andares *mpl*, forma *f* de andar.

gaiters ['geɪtəz] *npl* polainas *fpl*.

gal. *abbr of* **gallon**.

gala ['ɡɑːlə] <> *n* [celebration] fiesta *f*. <> *comp* de gala.

Galapagos Islands [ɡə'læpəɡəs-] *npl*: **the ~** las islas Galápagos.

galaxy ['ɡæləksɪ] (*pl* **-ies**) *n* galaxia *f*.

gale [ɡeɪl] *n* vendaval *m*.

Galicia [ɡə'lɪʃɪə] *n* Galicia *f*.

gall [ɡɔːl] <> *n* [nerve]: **to have the ~ to do sthg** tener el descaro de hacer algo. <> *vt* indignar.

gall. *abbr of* **gallon**.

gallant [*sense 1* 'ɡælənt, *sense 2* ɡə'lænt, 'ɡælənt] *adj* **-1.** [courageous] valiente, valeroso(sa) **-2.** [polite to women] galante.

gallantry ['ɡæləntrɪ] *n* **-1.** [courage] valentía *f*, heroísmo *m* **-2.** [politeness to women] galantería *f*.

gall bladder *n* vesícula *f* biliar.

galleon ['ɡælɪən] *n* galeón *m*.

gallery ['ɡælərɪ] (*pl* **-ies**) *n* **-1.** [for exhibiting art] museo *m*; [for selling art] galería *f* **-2.** [in courtroom, parliament] tribuna *f* **-3.** [in theatre] gallinero *m*, paraíso *m*.

galley ['ɡælɪ] (*pl* **galleys**) *n* **-1.** [ship] galera *f* **-2.** [kitchen] cocina *f*.

Gallic ['ɡælɪk] *adj* galo(la).

galling ['ɡɔːlɪŋ] *adj* indignante.

gallivant [ˌɡælɪ'vænt] *vi inf* andar por ahí holgazaneando.

gallon ['ɡælən] *n* **-1.** [en Gran Bretaña] = *4,546 litros*, galón *m* **-2.** [en Estados Unidos] = *3,785 litros*, galón *m*.

gallop ['ɡæləp] <> *n* galope *m*. <> *vi lit* & *fig* galopar.

galloping ['ɡæləpɪŋ] *adj* [soaring] galopante.

gallows ['ɡæləʊz] (*pl inv*) *n* horca *f*, patíbulo *m*.

gallstone ['ɡɔːlstəʊn] *n* cálculo *m* biliar.

Gallup poll ['ɡæləp-] *n UK* sondeo *m* de opinión.

galore [ɡə'lɔːʳ] *adj* en abundancia.

galoshes [ɡə'lɒʃɪz] *npl* chanclos *mpl*.

galvanize, -ise ['ɡælvənaɪz] *vt* **-1.** TECH galvanizar **-2.** [impel]: **to ~ sb into action** impulsar a alguien a la acción.

Gambia ['ɡæmbɪə] *n*: (**the**) **~** Gambia.

Gambian ['ɡæmbɪən] <> *adj* gambiano(na). <> *n* gambiano *m*, -na *f*.

gambit ['ɡæmbɪt] *n* táctica *f*.

gamble ['ɡæmbl] <> *n* [calculated risk] riesgo *m*; **to take a ~** arriesgarse. <> *vi* **-1.** [bet] jugar; **to ~ on** [race etc] apostar a; [stock exchange] jugar a **-2.** [take risk]: **to ~ on** contar de antemano con que.

gambler ['ɡæmbləʳ] *n* jugador *m*, -ra *f*.

gambling ['ɡæmblɪŋ] *n* (U) juego *m*.

gambol ['ɡæmbl] (*UK pt* & *pp* **-led**, *cont* **-ling**, *US pt* & *pp* **-ed**, *cont* **-ing**) *vi* triscar, retozar.

game [ɡeɪm] <> *n* **-1.** [gen] juego *m* **-2.** [of football, rugby etc] partido *m*; [of snooker, chess, cards] partida *f* **-3.** [hunted animals] caza *f* **-4.** *phr*: **to beat sb at their own ~** ganar a alguien la partida en su propio terreno; **the ~'s up** se acabó el juego; **to give the ~ away** desvelar el secreto. <> *adj* **-1.** [brave] valiente **-2.** [willing]: **~ (for sthg/to do sthg)** dispuesto(ta) (a algo/a hacer algo).
➥ **games** <> *n* (U) [at school] deportes *mpl*. <> *npl* [sporting contest] juegos *mpl*.

gamekeeper ['ɡeɪmˌkiːpəʳ] *n* guarda *m* de caza.

gamely ['ɡeɪmlɪ] *adv* **-1.** [bravely] con determinación **-2.** [willingly] de buena gana.

game reserve *n* coto *m* de caza.

gamesmanship ['ɡeɪmzmənʃɪp] *n* falta *f* de deportividad.

gamma rays ['ɡæmə-] *npl* rayos *mpl* gamma.

gammon ['ɡæmən] *n* jamón *m*; **~ steak** loncha *f* de jamón a la plancha.

gammy ['ɡæmɪ] (*compar* **-ier**, *superl* **-iest**) *adj UK inf* fastidiado(da).

gamut ['ɡæmət] *n* gama *f*; **to run the ~ of sthg** recorrer toda la gama de algo.

gander ['ɡændəʳ] *n* [male goose] ganso *m* (macho).

gang [ɡæŋ] *n* **-1.** [of criminals] banda *f* **-2.** [of young people] pandilla *f*.
➥ **gang up** *vi inf*: **to ~ up (on sb)** confabularse (contra alguien).

Ganges ['ɡændʒiːz] *n*: **the (River) ~** el (río) Ganges.

gangland ['gæŋlænd] *n (U)* mundo *m* del hampa.

gangling ['gæŋglɪŋ], **gangly** ['gæŋglɪ] (*compar* -ier, *superl* -iest) *adj* larguirucho(cha), desgarbado(da).

gangplank ['gæŋplæŋk] *n* pasarela *f*, plancha *f*.

gangrene ['gæŋgri:n] *n* gangrena *f*.

gangrenous ['gæŋgrɪnəs] *adj* gangrenoso(sa).

gangster ['gæŋstə'] *n* gángster *m*.

gangway ['gæŋweɪ] *n* -**1.** *UK* [aisle] pasillo *m* -**2.** = gangplank.

gannet ['gænɪt] (*pl inv OR* -s) *n* [bird] alcatraz *m*.

gantry ['gæntrɪ] (*pl* -ies) *n* pórtico *m (para grúas)*.

gaol [dʒeɪl] *UK* = jail.

gap [gæp] *n* -**1.** [empty space, in market] hueco *m*; [in traffic, trees, clouds] claro *m*; [in text] espacio *m* en blanco -**2.** [interval] intervalo *m* -**3.** *fig* [in knowledge, report] laguna *f* -**4.** *fig* [great difference] desfase *m*.

gape [geɪp] *vi* [person] mirar boquiabierto(ta).

gaping ['geɪpɪŋ] *adj* -**1.** [open-mouthed] boquiabierto(ta) -**2.** [wound] abierto(ta); [hole] enorme.

garage [*UK* 'gæra:ʒ, 'gærɪdʒ, *US* gə'ra:ʒ] *n* -**1.** [for keeping car] garaje *m* -**2.** *UK* [for fuel] gasolinera *f* -**3.** [for car repair] taller *m* -**4.** *UK* [for selling cars] concesionario *m* de automóviles.

garb [gɑ:b] *n fml* atuendo *m*.

garbage ['gɑ:bɪdʒ] *n esp US (U)* -**1.** [refuse] basura *f* -**2.** *inf* [nonsense] chorradas *fpl*, tonterías *fpl*.

garbage can *n US* cubo *m* de la basura.

garbage collector *n US* basurero *m*, -ra *f*.

garbage truck *n US* camión *m* de la basura.

garbled ['gɑ:bld] *adj* confuso(sa).

garden ['gɑ:dn] ◇ *n* jardín *m*. ◇ *comp* de jardín. ◇ *vi* trabajar en el jardín.
 ➤ **gardens** *npl* jardines *mpl*.

garden centre *n* centro *m* de jardinería.

garden city *n UK* ciudad *f* jardín.

gardener ['gɑ:dnə'] *n* jardinero *m*, -ra *f*.

gardenia [gɑ:'di:njə] *n* gardenia *f*.

gardening ['gɑ:dnɪŋ] ◇ *n* jardinería *f*; to do some ~ trabajar en el jardín. ◇ *comp* de jardinería.

garden party *n* recepción *f* al aire libre.

gargantuan [gɑ:'gæntjʊən] *adj* descomunal.

gargle ['gɑ:gl] *vi* hacer gárgaras.

gargoyle ['gɑ:gɔɪl] *n* gárgola *f*.

garish ['geərɪʃ] *adj* chillón(ona), llamativo(va).

garland ['gɑ:lənd] *n* guirnalda *f*.

garlic ['gɑ:lɪk] *n* ajo *m*.

garlic bread *n* pan *m* de ajo.

garlicky ['gɑ:lɪkɪ] *adj inf* [food] con mucho ajo; [breath] con olor a ajo.

garlic press *n* triturador *m* de ajos.

garment ['gɑ:mənt] *n* prenda *f* (de vestir).

garner ['gɑ:nə'] *vt fml* hacer acopio de.

garnet ['gɑ:nɪt] *n* granate *m*.

garnish ['gɑ:nɪʃ] ◇ *n* guarnición *f*. ◇ *vt* guarnecer.

garret ['gærət] *n* desván *m*, buhardilla *f*.

garrison ['gærɪsn] ◇ *n* guarnición *f*. ◇ *vt* -**1.** [town, fort] guarnecer, proteger -**2.** [troops] acuartelar.

garrulous ['gærələs] *adj* parlanchín(ina), gárrulo(la).

garter ['gɑ:tə'] *n* -**1.** [band round leg] liga *f* -**2.** *US* [suspender] portaligas *m inv*, liguero *m*.

gas [gæs] (*pl* -es *OR* -ses, *pt* & *pp* -sed, *cont* -sing) ◇ *n* -**1.** [gen] gas *m* -**2.** *US* [petrol] gasolina *f*, bencina *f Chile*, nafta *f RP*. ◇ *vt* asfixiar con gas.

gas chamber *n* cámara *f* de gas.

gas cooker *n UK* cocina *f* de gas, estufa *f* de gas *CAm, Col, Méx*.

gas cylinder *n* bombona *f* de gas, garrafa *f* de gas *RP*, balón *m* de gas *Chile*.

gas fire *n UK* estufa *f* de gas.

gas fitter *n* técnico *m*, -ca *f* (de la compañía de gas).

gas gauge *n US* indicador *m* del nivel de gasolina *OR* bencina *Chile OR* nafta *RP*.

gash [gæʃ] ◇ *n* raja *f*. ◇ *vt* rajar.

gasket ['gæskɪt] *n* junta *f*.

gasman ['gæsmæn] (*pl* -men [-men]) *n* hombre *m* del gas.

gas mask *n* máscara *f* antigás.

gas meter *n* contador *m* del gas, medidor *m* del gas *Amér*.

gasoline ['gæsəli:n] *n US* gasolina *f*.

gasometer [gæ'sɒmɪtə'] *n* gasómetro *m*.

gas oven *n* -**1.** [for cooking] horno *m* de gas -**2.** [gas chamber] cámara *f* de gas.

gasp [gɑ:sp] ◇ *n* -**1.** [pant] resuello *m*, jadeo *m* -**2.** [of shock, surprise] grito *m* ahogado. ◇ *vi* -**1.** [breathe quickly] resollar, jadear -**2.** [in shock, surprise] ahogar un grito.

gas pedal *n US* acelerador *m*.

gasping ['gɑ:spɪŋ] *adj UK inf*: to be ~ (for a drink) estar muerto(ta) de sed.

gas station *n US* gasolinera *f*, grifo *m Perú*, bomba *f Chile, Col, Ven*, estación *f* de nafta *RP*.

gas stove = gas cooker.

gassy ['gæsɪ] (*compar* -ier, *superl* -iest) *adj pej* con mucho gas.

gas tank *n US* depósito *m* de gasolina, tanque

m de gasolina **Perú** OR de bencina **Chile** OR de nafta **RP.**

gas tap *n* llave *f* del gas.

gastric ['gæstrɪk] *adj* gástrico(ca).

gastric ulcer *n* úlcera *f* gástrica.

gastritis [gæs'traɪtɪs] *n* gastritis *f inv.*

gastroenteritis ['gæstrəʊˌentə'raɪtɪs] *n (U)* gastroenteritis *f inv.*

gastronomic [ˌgæstrə'nɒmɪk] *adj* gastronómico(ca).

gastronomy [gæs'trɒnəmɪ] *n* gastronomía *f.*

gasworks ['gæswɜːks] (*pl inv*) *n* fábrica *f* de gas.

gate [geɪt] *n* **-1.** [gen] puerta *f*; [metal] verja *f* **-2.** SPORT [takings] taquilla *f*; [attendance] entrada *f.*

gâteau ['gætəʊ] (*pl* **-x** [-z]) *n* UK tarta *f* (con nata).

gatecrash ['geɪtkræʃ] *inf* ◇ *vt* colarse en. ◇ *vi* colarse.

gatecrasher ['geɪtˌkræʃə'] *n inf* intruso *m*, -sa *f.*

gatehouse ['geɪthaʊs, *pl* -haʊzɪz] *n* casa *f* del guarda/portero.

gatekeeper ['geɪtˌkiːpə'] *n* portero *m*, -ra *f.*

gatepost ['geɪtpəʊst] *n* poste *m.*

gateway ['geɪtweɪ] *n* **-1.** [entrance] puerta *f*, pórtico *m* **-2.** [means of access]: **the Pyrenees, ~ to the Iberian Peninsula** los Pirineos, antesala de la Península Ibérica **-3.** COMPUT pasarela *f.*

gather ['gæðə'] ◇ *vt* **-1.** [collect] recoger; **to ~ together** reunir **-2.** [dust] llenarse de **-3.** [increase - speed, strength] ganar, cobrar **-4.** [understand]: **to ~ (that)** deducir que **-5.** [cloth] fruncir. ◇ *vi* [people, animals] reunirse; [clouds] acumularse.

◆ **gather up** *vt sep* recoger.

gathering ['gæðərɪŋ] *n* [meeting] reunión *f.*

GATT [gæt] (*abbr of* General Agreement on Tariffs and Trade) *n* GATT *m.*

gauche [gəʊʃ] *adj* torpe.

gaudy ['gɔːdɪ] (*compar* **-ier**, *superl* **-iest**) *adj* chillón(ona), llamativo(va).

gauge, gage US [geɪdʒ] ◇ *n* **-1.** [for fuel, temperature] indicador *m*; [for width of tube, wire] calibrador *m* **-2.** [calibre] calibre *m* **-3.** RAIL ancho *m* de vía. ◇ *vt lit & fig* calibrar.

Gaul [gɔːl] *n* **-1.** [country] la Galia **-2.** [person] galo *m*, -la *f.*

gaunt [gɔːnt] *adj* **-1.** [person, face] demacrado(da) **-2.** [building, landscape] adusto(ta).

gauntlet ['gɔːntlɪt] *n* guante *m*; **to run the ~ of sthg** exponerse a algo; **to throw down the ~ (to sb)** arrojar el guante (a alguien).

gauze [gɔːz] *n* gasa *f.*

gave [geɪv] *pt* ▷ **give.**

gawky ['gɔːkɪ] (*compar* **-ier**, *superl* **-iest**) *adj* desgarbado(da).

gawp [gɔːp] *vi*: **to ~ (at sthg/sb)** mirar boquiabierto(ta) (algo/a alguien).

gay [geɪ] ◇ *adj* **-1.** [homosexual] gay, homosexual **-2.** [cheerful, lively, bright] alegre. ◇ *n* gay *m* OR *f.*

Gaza Strip ['gɑːzə-] *n*: **the ~** la franja de Gaza.

gaze [geɪz] ◇ *n* mirada *f* fija. ◇ *vi*: **to ~ (at sthg/sb)** mirar fijamente (algo/a alguien).

gazebo [gə'ziːbəʊ] (*pl* **-s**) *n* belvedere *m.*

gazelle [gə'zel] (*pl inv* OR **-s**) *n* gacela *f.*

gazette [gə'zet] *n* [newspaper] gaceta *f.*

gazetteer [ˌgæzɪ'tɪə'] *n* índice *m* geográfico.

gazump [gə'zʌmp] *vt* UK *inf*: **to ~ sb** acordar vender una casa a alguien y luego vendérsela a otro a un precio más alto.

GB *n* **-1.** (*abbr of* Great Britain) GB *f* **-2.** COMPUT (*abbr of* gigabyte) GB *m.*

GBH *n abbr of* grievous bodily harm.

GC (*abbr of* George Cross) *n* (*titular de la*) *segunda condecoración británica en importancia.*

GCE (*abbr of* General Certificate of Education) *n* **-1.** [O level] *antiguo examen final de enseñanza secundaria en Gran Bretaña para alumnos de buen rendimiento escolar* **-2.** = **A level.**

GCH UK (*abbr of* gas central heating) cal. cent. por gas.

GCHQ (*abbr of* Government Communications Headquarters) *n centro de recogida de información de los servicios secretos británicos.*

GCSE (*abbr of* General Certificate of Secondary Education) *n examen final de enseñanza secundaria en Gran Bretaña.*

Gdns. *abbr of* Gardens.

GDP (*abbr of* gross domestic product) *n* PIB *m.*

GDR (*abbr of* German Democratic Republic) *n* RDA *f.*

gear [gɪə'] ◇ *n* **-1.** [mechanism] engranaje *m* **-2.** [speed - of car, bicycle] marcha *f*; **in ~** con una marcha metida; **out of ~** en punto muerto; **to change ~** cambiar de marcha **-3.** (*U*) [equipment, clothes] equipo *m* **-4.** (*U*) *inf* [stuff, possessions] bártulos *mpl.* ◇ *vt*: **to ~ sthg to** orientar OR encaminar algo hacia.

◆ **gear up** *vi*: **to ~ up for sthg/to do sthg** hacer preparativos para algo/para hacer algo.

gearbox ['gɪəbɒks] *n* caja *f* de cambios.

gear lever, gear stick UK, **gear shift** US *n* palanca *f* de cambios.

gear wheel *n* rueda *f* dentada.

GED *n* US (*abbr of* General Equivalency Diploma) *diploma de estudios secundarios para* *aquellos que no siguieron la ruta tradicional del bachillerato.*

gee [dʒi:] *excl* - **1.** [to horse]: ~ **up!** ¡arre! - **2.** *US inf* [expressing surprise, excitement]: ~ **(whiz)!** ¡caramba!, ¡jolines!

geek [gi:k] *n esp US inf* lelo *m*, -la *f*, tontaina *mf*; **a computer** ~ un monstruo de la informática.

geese [gi:s] *pl* ➪ **goose**.

Geiger counter [ˈgaɪgəʳ-] *n* contador *m* Geiger.

geisha (girl) [ˈgeɪʃə-] *n* geisha *f*.

gel [dʒel] (*pt* & *pp* **-led**, *cont* **-ling**) ⬦ *n* [for shower] gel *m*; [for hair] gomina *f*. ⬦ *vi* - **1.** [thicken] aglutinarse - **2.** [plan] cuajar; [idea, thought] tomar forma.

gelatin [ˈdʒelətɪn], **gelatine** [ˌdʒeləˈtiːn] *n* gelatina *f*.

gelding [ˈgeldɪŋ] *n* caballo *m* castrado.

gelignite [ˈdʒelɪgnaɪt] *n* gelignita *f*.

gem [dʒem] *n* [precious stone] gema *f*; [jewel, special person, thing] joya *f*.

Gemini [ˈdʒemɪnaɪ] *n* Géminis *m inv*; **to be (a)** ~ ser Géminis.

gemstone [ˈdʒemstəʊn] *n* piedra *f* preciosa.

gen [dʒen] (*pt* & *pp* **-ned**, *cont* **-ning**) *n UK inf* (U) información *f*, detalles *mpl*.

➤ **gen up** *vi UK inf*: **to** ~ **up (on sthg)** informarse (sobre algo).

gen. - **1.** (*abbr of* **general**) gral - **2.** (*abbr of* **generally**) grlte.

Gen. (*abbr of* **General**) *rango militar*, ≃ Gen.

gender [ˈdʒendəʳ] *n* - **1.** *GRAMM* género *m* - **2.** [sex] sexo *m*.

gene [dʒiːn] *n* gen *m*.

genealogist [ˌdʒiːnɪˈælədʒɪst] *n* genealogista *m OR f*.

genealogy [ˌdʒiːnɪˈælədʒɪ] (*pl* **-ies**) *n* genealogía *f*.

genera [ˈdʒenərə] *pl* ➪ **genus**.

general [ˈdʒenərəl] ⬦ *adj* general. ⬦ *n* general *m*.

➤ **in general** *adv* - **1.** [as a whole] en general - **2.** [usually] por lo general.

general anaesthetic *n* anestesia *f* general.

general delivery *n US* lista *f* de correos.

general election *n* elecciones *fpl* generales.

generality [ˌdʒenəˈrælətɪ] (*pl* **-ies**) *n* generalidad *f*.

generalization [ˌdʒenərəlaɪˈzeɪʃn] *n* generalización *f*.

generalize, -ise [ˈdʒenərəlaɪz] *vi*: **to** ~ **(about)** generalizar (sobre).

general knowledge *n* cultura *f* general.

generally [ˈdʒenərəlɪ] *adv* en general.

general manager *n* director *m*, -ra *f* general.

general practice *n* - **1.** [work] medicina *f* general - **2.** [clinic] consulta *f*.

general practitioner *n* médico *m*, -ca *f* de cabecera.

general public *n*: **the** ~ el gran público.

general-purpose *adj* de uso general.

general strike *n* huelga *f* general.

generate [ˈdʒenəreɪt] *vt* generar.

generation [ˌdʒenəˈreɪʃn] *n* generación *f*; **first/second** ~ de primera/segunda generación.

generation gap *n* brecha *f* generacional.

generator [ˈdʒenəreɪtəʳ] *n* generador *m*.

generic [dʒɪˈnerɪk] *adj* genérico(ca).

generosity [ˌdʒenəˈrɒsətɪ] *n* generosidad *f*.

generous [ˈdʒenərəs] *adj* generoso(sa); [cut of clothes] amplio(plia).

generously [ˈdʒenərəslɪ] *adv* generosamente.

genesis [ˈdʒenəsɪs] (*pl* **-eses** [-əsiːz]) *n* génesis *f inv*.

genetic [dʒɪˈnetɪk] *adj* genético(ca).

➤ **genetics** *n* (U) genética *f*.

genetically modified [dʒɪˈnetɪkəlɪˈmɒdɪfaɪd] *adj* modificado(da) genéticamente, transgénico(ca).

genetic engineering *n* ingeniería *f* genética.

genetic fingerprinting [-ˈfɪŋgəprɪntɪŋ] *n* identificación *f* genética.

geneticist [dʒɪˈnetɪsɪst] *n* genetista *m OR f*.

Geneva [dʒɪˈniːvə] *n* Ginebra.

genial [ˈdʒiːnjəl] *adj* cordial, afable.

genie [ˈdʒiːnɪ] (*pl* **genies** OR **genii** [ˈdʒiːnɪaɪl]) *n* genio *m*, duende *m*.

genitals [ˈdʒenɪtlz] *npl* genitales *mpl*.

genius [ˈdʒiːnjəs] (*pl* **-es**) *n* genio *m*; ~ **for sthg/ for doing sthg** don *m* para algo/para hacer algo.

Genoa [ˈdʒenəʊə] *n* Génova.

genocide [ˈdʒenəsaɪd] *n* genocidio *m*.

genome [ˈdʒiːnəʊm] *n* genoma *m*.

genre [ˈʒɑːrə] *n* género *m*.

gent [dʒent] *n inf* caballero *m*.

➤ **gents** *n UK* [toilets] servicio *m* de caballeros.

genteel [dʒenˈtiːl] *adj* fino(na), refinado(da).

gentile [ˈdʒentaɪl] ⬦ *adj* gentil, no judío(a). ⬦ *n* gentil *m OR f*.

gentle [ˈdʒentl] *adj* - **1.** [kind] tierno(na), dulce - **2.** [breeze, movement, slope] suave - **3.** [scolding] ligero(ra); [hint] sutil.

gentleman ['dʒentlmən] (*pl* -**men** [-mən]) *n* -**1.** [well-behaved man] caballero *m*; ~ 's **agreement** pacto *m* de caballeros -**2.** [man] señor *m*, caballero *m*.

gentlemanly ['dʒentlmənlı] *adj* caballeroso(sa).

gentleness ['dʒentlnıs] *n* -**1.** [kindness] ternura *f*, dulzura *f*-**2.** [softness] suavidad *f*.

gently ['dʒentlı] *adv* -**1.** [kindly] tiernamente, dulcemente -**2.** [softly, smoothly] suavemente -**3.** [carefully] con cuidado.

gentry ['dʒentrı] *n* alta burguesía *f*.

genuflect ['dʒenju:flekt] *vi fml* hacer una genuflexión.

genuine ['dʒenjuın] *adj* -**1.** [real] auténtico(ca), genuino(na) -**2.** [sincere] sincero(ra).

genuinely ['dʒenjuınlı] *adv* -**1.** [really] auténticamente -**2.** [sincerely] sinceramente.

genus ['dʒi:nəs] (*pl* **genera**) *n* género *m*.

geographer [dʒɪ'ɒgrəfəʳ] *n* geógrafo *m*, -fa *f*.

geographical [,dʒɪə'græfɪkl] *adj* geográfico(ca).

geography [dʒɪ'ɒgrəfı] *n* geografía *f*.

geological [,dʒɪə'lɒdʒɪkl] *adj* geológico(ca).

geologist [dʒɪ'ɒlədʒɪst] *n* geólogo *m*, -ga *f*.

geology [dʒɪ'ɒlədʒı] *n* geología *f*.

geometric(al) [,dʒɪə'metrɪk(l)] *adj* geométrico(ca).

geometry [dʒɪ'ɒmətrı] *n* geometría *f*.

geophysics [,dʒi:əʊ'fɪzɪks] *n* (*U*) geofísica *f*.

Geordie ['dʒɔ:dı] <> *adj* de o relativo a *Tyneside*. <> *n* [person] *natural o habitante de Tyneside*.

George Cross ['dʒɔ:dʒ-] *n UK* ≃ medalla *f* al mérito civil.

Georgia ['dʒɔ:dʒə] *n* [in US, in Europe] Georgia.

Georgian ['dʒɔ:dʒən] <> *adj GEOGR & HIST* georgiano(na). <> *n* -**1.** [person] georgiano *m*, -na *f*-**2.** [language] georgiano *m*.

geranium [dʒɪ'reɪnjəm] (*pl* -**s**) *n* geranio *m*.

gerbil ['dʒɜ:bıl] *n* jerbo *m*, gerbo *m*.

geriatric [,dʒerɪ'ætrɪk] <> *adj* [of old people] geriátrico(ca). <> *n* -**1.** *MED* anciano *m*, -na *f*-**2.** [very old person] *inf* vejestorio *m*.

germ [dʒɜ:m] *n BIOL & fig* germen *m*; *MED* microbio *m*.

German ['dʒɜ:mən] <> *adj* alemán(ana). <> *n* -**1.** [person] alemán *m*, -ana *f*-**2.** [language] alemán *m*.

Germanic [dʒɜ:'mænɪk] *adj* germánico(ca).

German measles *n* rubéola *f*.

German shepherd (dog) *n* pastor *m* alemán.

Germany ['dʒɜ:mənı] (*pl* -**ies**) *n* Alemania *f*.

germicide ['dʒɜ:mısaıd] *n* germicida *m*.

germinate ['dʒɜ:mıneıt] *vt* & *vi lit* & *fig* germinar.

germination [,dʒɜ:mı'neıʃn] *n lit* & *fig* germinación *f*.

germ warfare *n* guerra *f* bacteriológica.

Gerona [dʒə'rəʊnə] *n* Gerona.

gerrymandering ['dʒerımændərıŋ] *n división de una zona electoral de forma que se da ventaja a un partido frente a otros.*

gerund ['dʒerənd] *n* gerundio *m*.

gestation [dʒe'steıʃn] *n* gestación *f*.

gestation period *n lit* & *fig* periodo *m* de gestación.

gesticulate [dʒes'tıkjʊleıt] *vi* gesticular.

gesticulation [dʒe,stıkjʊ'leıʃn] *n* gesticulación *f*.

gesture ['dʒestʃəʳ] <> *n* gesto *m*. <> *vi*: **to** ~ **to** *OR* **towards sb** hacer gestos a alguien.

get [get] (*UK pt* & *pp* **got**, *cont* -**ting**, *US pt* **got**, *pp* **gotten**, *cont* -**ting**) <> *vt* -**1.** [bring, fetch] traer; **can I** ~ **you something to eat/drink?** ¿te traigo algo de comer/beber?; **I'll** ~ **my coat** voy a por el abrigo; **could you** ~ **me the boss, please?** [when phoning] póngame con el jefe -**2.** [door, phone] contestar a -**3.** [obtain] conseguir; **she got top marks** sacó las mejores notas -**4.** [buy] comprar -**5.** [receive] recibir; **when did you** ~ **the news?** ¿cuándo recibiste la noticia?; **what did you** ~ **for your birthday?** ¿qué te regalaron para tu cumpleaños?; **she** ~**s a good salary** gana un buen sueldo; **we don't** ~ **much rain** no llueve mucho -**6.** [catch - bus, criminal, illness] coger, agarrar *Amér*; **I've got a cold** estoy resfriado; **he got cancer** contrajo cáncer -**7.** [cause to do]: **to** ~ **sb to do sthg** hacer que alguien haga algo; **I'll** ~ **my sister to help** le pediré a mi hermana que ayude -**8.** [cause to be done]: **to** ~ **sthg done** mandar hacer algo; **have you got the car fixed yet?** ¿te han arreglado ya el coche? -**9.** [cause to become]: **to** ~ **sthg ready** preparar algo; **to** ~ **sthg dirty** ensuciar algo; **to** ~ **sb pregnant** dejar a alguien preñada; **to** ~ **things going** poner las cosas en marcha -**10.** [cause to move]: **can you** ~ **it through the gap?** ¿puedes meterlo por el hueco?; **to** ~ **sthg/sb out of sthg** conseguir sacar algo/a alguien de algo -**11.** [experience - a sensation]: **do you** ~ **the feeling he doesn't like us?** ¿no te da la sensación de que no le gustamos?; **I** ~ **a thrill out of driving fast** encuentro emocionante lo de conducir deprisa -**12.** [understand] entender; **I don't** ~ **it** *inf* no me aclaro, no lo entiendo; **he didn't seem to** ~ **the point** no pareció captar el sentido

-13. *inf* [annoy] poner negro(gra); **what really ~s me is his smugness** lo que me pone negro es lo engreído que es **-14.** [find]: **you ~ a lot of artists here** hay mucho artista por aquí; *see also* **have.** <> *vi* **-1.** [become] ponerse; **to ~ angry/pale** ponerse furioso/pálido; **to ~ ready** prepararse; **to ~ dressed** vestirse; **I'm getting cold/bored** me estoy enfriando/aburriendo; **it's getting late** se está haciendo tarde **-2.** [arrive] llegar; **how do I ~ there?** ¿cómo se llega (allí)?; **to ~ home** llegar a casa; **I only got back yesterday** regresé justo ayer **-3.** [eventually succeed]: **to ~ to do sthg** llegar a hacer algo; **I never got to know him/visit Moscow** nunca llegué a conocerle/visitar Moscú; **she got to enjoy the classes** llegaron a gustarle las clases; **did you ~ to see him?** ¿conseguiste verlo? **-4.** [progress] llegar; **how far have you got?** ¿cuánto llevas?, ¿hasta dónde has llegado?; **we only got as far as buying the paint** no llegamos más que a comprar la pintura; **I got to the point where I didn't care any more** llegó un punto en el que ya nada me importaba; **now we're getting somewhere** ahora sí que vamos por buen camino; **we're getting nowhere** así no llegamos a ninguna parte. <> *aux vb*: **to ~ excited** emocionarse; **someone could ~ hurt** alguien podría resultar herido; **I got beaten up** me zurraron; **let's ~ going** OR **moving** vamos a ponernos en marcha.

◆ get about, get around *vi* **-1.** [move from place to place] salir a menudo **-2.** [circulate - news etc] difundirse; *see also* **get around**.

◆ get across *vt sep*: **to ~ sthg across to sb** hacerle comprender algo a alguien; **to ~ a message across** transmitir un mensaje.

◆ get ahead *vi* [in life] abrirse camino.

◆ get along *vi* **-1.** [manage] arreglárselas, apañárselas **-2.** [progress]: **how are you getting along?** ¿cómo te va? **-3.** [have a good relationship]: **to ~ along (with sb)** llevarse bien (con alguien).

◆ get around, get round <> *vt fus* [overcome - problem] evitar; [- obstacle] sortear. <> *vi* **-1.** [circulate - news etc] difundirse **-2.** [eventually do]: **to ~ around to (doing) sthg** sacar tiempo para (hacer) algo; *see also* **get about**.

◆ get at *vt fus* **-1.** [reach] llegar a, alcanzar; **he's determined to ~ at the truth** está decidido a descubrir la verdad **-2.** [imply] referirse a; **what are you getting at?** ¿qué quieres decir con eso? **-3.** *inf* [criticize]: **stop getting at me!** ¡deja ya de meterte conmigo!

◆ get away *vi* **-1.** [leave] salir, irse **-2.** [go on holiday]: **I really need to ~ away** necesito unas buenas vacaciones; **to ~ away from it all**

escaparse de todo **-3.** [escape] escaparse.

◆ get away with *vt fus* salir impune de; **she lets him ~ away with everything** ella se lo consiente todo.

◆ get back <> *vt sep* [recover, regain] recuperar; **they got their money back** les devolvieron el dinero. <> *vi* **-1.** [move away] echarse atrás, apartarse **-2.** [return] volver.

◆ get back to *vt fus* **-1.** [return to previous state, activity] volver a; **to ~ back to sleep/normal** volver a dormirse/a la normalidad; **to ~ back to work** volver a trabajar OR al trabajo **-2.** *esp US inf* [phone back]: **I'll ~ back to you later** te llamo de vuelta más tarde.

◆ get by *vi* apañárselas.

◆ get down *vt sep* **-1.** [depress] deprimir **-2.** [fetch from higher level] bajar **-3.** [write down] anotar.

◆ get down to *vt fus*: **to ~ down to doing sthg** ponerse a hacer algo; **to ~ down to work** ponerse manos a la obra.

◆ get in <> *vi* **-1.** [enter] entrar **-2.** [arrive] llegar **-3.** [be elected] salir elegido(da). <> *vt sep* **-1.** [bring in - washing] meter dentro; [- harvest] recoger; [- provisions] aprovisionarse de **-2.** [interject]: **to ~ a word in** decir algo.

◆ get in on *vt fus* apuntarse a.

◆ get into *vt fus* **-1.** [car] subir a **-2.** [become involved in] meterse en; **to ~ into an argument (with)** meterse en una discusión (con) **-3.** [enter into a particular situation, state]: **to ~ into a panic** OR **state** ponerse nerviosísimo; **to ~ into trouble** meterse en líos; **to ~ into the habit of doing sthg** adquirir el hábito OR coger la costumbre de hacer algo **-4.** [be accepted as a student at]: **she managed to ~ into Oxford** consiguió entrar en Oxford **-5.** *inf* [affect]: **what's got into you?** ¿qué mosca te ha picado?

◆ get off <> *vt sep* **-1.** [remove] quitar **-2.** [prevent from being punished] librar. <> *vt fus* **-1.** [go away from] irse OR salirse de; **~ off my land!** ¡fuera de mis tierras! **-2.** [train, bus, table] bajarse de. <> *vi* **-1.** [leave bus, train] bajarse, desembarcarse *Amér* **-2.** [escape punishment] escaparse; **he got off lightly** salió bien librado **-3.** [depart] irse, salir.

◆ get off with *vt fus UK inf* ligar con.

◆ get on <> *vt sep* [put on] ponerse. <> *vt fus* [bus, train, horse] subirse a. <> *vi* **-1.** [enter bus, train] subirse, montarse **-2.** [have good relationship] llevarse bien **-3.** [progress]: **how are you getting on?** ¿cómo te va? **-4.** [proceed]: **to ~ on with sthg** seguir OR continuar con algo **-5.** [be successful professionally] triunfar **-6.** [grow old]: **he's getting on a**

bit se está haciendo mayor.

◆ **get on for** *vt fus inf* [be approximately]**: it's getting on for five o'clock** casi son las cinco; **she's getting on for 65** ronda los 65.

◆ **get on to** *vt fus* **-1.** [begin talking about] ponerse a hablar de **-2.** [contact] ponerse en contacto con.

◆ **get out** ◇ *vt sep* [remove - object, prisoner] sacar; [- stain etc] quitar; **she got a pen out of her bag** sacó un bolígrafo del bolso. ◇ *vi* **-1.** [leave] salir; ~ **out!** ¡vete de aquí! **-2.** [leave car, bus, train] bajarse **-3.** [become known - news] difundirse, filtrarse.

◆ **get out of** ◇ *vt fus* **-1.** [car, bus, train] bajar de; [bed] levantarse de **-2.** [escape from] escapar *OR* huir de **-3.** [avoid] librarse de, eludir; **to** ~ **out of (doing) sthg** librarse de (hacer) algo. ◇ *vt sep* [cause to escape from]**: to** ~ **sb out of jail** ayudar a alguien a escapar de la cárcel.

◆ **get over** ◇ *vt fus* **-1.** [recover from] recuperarse de; **you'll** ~ **over it** ya se te pasará **-2.** [overcome] superar. ◇ *vt sep* [communicate] hacer comprender.

◆ **get over with** *vt sep*: **to** ~ **sthg over with** terminar con algo.

◆ **get round** = get around.

◆ **get through** ◇ *vt fus* **-1.** [job, task] terminar, acabar **-2.** [exam] aprobar **-3.** [food, drink] consumir **-4.** [unpleasant situation] sobrevivir a, aguantar. ◇ *vi* **-1.** [make oneself understood]**: to** ~ **through (to sb)** hacerse comprender (por alguien) **-2.** *TELEC* conseguir comunicar.

◆ **get to** ◇ *vt fus inf* [annoy] fastidiar, molestar. ◇ *vi* [end up] ir a parar.

◆ **get together** ◇ *vt sep* [organize - project, demonstration] organizar, montar; [- team] juntar; [- report] preparar. ◇ *vi* juntarse, reunirse.

◆ **get up** ◇ *vi* levantarse. ◇ *vt fus* [organize - petition etc] preparar, organizar.

◆ **get up to** *vt fus inf* hacer, montar; **I wonder what they're getting up to** me pregunto qué demonios estarán haciendo.

getaway ['getəweɪ] *n* fuga *f*, huida *f*; **to make one's** ~ darse a la fuga.

getaway car *n coche en que huyen los criminales de la escena del crimen.*

get-together *n inf* reunión *f*.

getup ['getʌp] *n inf* indumentaria *f*, atuendo *m*.

get-up-and-go *n inf* dinamismo *m*.

get-well card *n tarjeta que se envía a una persona enferma deseándole que se mejore pronto.*

geyser ['giːzəʳ] *n* **-1.** [hot spring] géiser *m* **-2.** *UK* [water heater] calentador *m* de agua.

Ghana ['gɑːnə] *n* Ghana.

Ghanaian [gɑːˈneɪən] ◇ *adj* ghanés(esa). ◇ *n* ghanés *m*, -esa *f*.

ghastly ['gɑːstlɪ] (*compar* -ier, *superl* -iest) *adj* **-1.** *inf* [very bad, unpleasant] horrible, espantoso(sa) **-2.** [horrifying] horripilante **-3.** [ill] fatal.

gherkin ['gɜːkɪn] *n* pepinillo *m*.

ghetto ['getəʊ] (*pl* -s *OR* -es) *n* gueto *m*.

ghetto blaster [-ˈblɑːstəʳ] *n inf radiocasete portátil de gran tamaño y potencia.*

ghost [gəʊst] ◇ *n* [spirit] fantasma *m*; **he doesn't have a** ~ **of a chance** no tiene ni la más remota posibilidad. ◇ *vt* = ghostwrite.

ghostly ['gəʊstlɪ] (*compar* -ier, *superl* -iest) *adj* fantasmal.

ghost town *n* pueblo *m* fantasma.

ghostwrite ['gəʊstraɪt] (*pt* -wrote, *pp* -written) *vt escribir anónimamente para otras personas.*

ghostwriter ['gəʊstˌraɪtəʳ] *n escritor anónimo que escribe un libro en lugar de su autor oficial.*

ghostwritten ['gəʊstˌrɪtn] *pp* ⊳ ghostwrite.

ghostwrote ['gəʊstrəʊt] *pp* ⊳ ghostwrite.

ghoul [guːl] *n* **-1.** [spirit] espíritu *m* del mal **-2.** *pej* [ghoulish person] persona *f* macabra.

ghoulish ['guːlɪʃ] *adj* macabro(bra).

GHQ (*abbr of* general headquarters) *n cuartel general.*

GI (*abbr of* government issue) *n US* soldado *m* raso.

giant ['dʒaɪənt] ◇ *adj* gigantesco(ca). ◇ *n* gigante *m*.

giant-size(d) *adj* de tamaño gigante.

gibber ['dʒɪbəʳ] *vi* farfullar.

gibberish ['dʒɪbərɪʃ] *n* galimatías *m inv*.

gibbon ['gɪbən] *n* gibón *m*.

gibe [dʒaɪb] ◇ *n* pulla *f*. ◇ *vi*: **to** ~ **(at)** mofarse (de).

giblets ['dʒɪblɪts] *npl* menudillos *mpl*.

Gibraltar [dʒɪˈbrɔːltəʳ] *n* Gibraltar; **the Rock of** ~ el Peñón.

giddy ['gɪdɪ] (*compar* -ier, *superl* -iest) *adj* mareado(da); **to be** ~ [have vertigo] tener vértigo.

gift [gɪft] *n* **-1.** [present] regalo *m*, obsequio *m* **-2.** [talent] don *m*; **to have a** ~ **for sthg/for doing sthg** tener un don especial para algo/para hacer algo; **to have the** ~ **of the gab** tener un pico de oro.

gift certificate *US* = gift token.

gifted ['gɪftɪd] *adj* **-1.** [talented] dotado(da), de talento **-2.** [extremely intelligent] superdotado(da).

gift token, gift voucher *n UK* vale *m OR* cupón *m* para regalo.

gift-wrapped [-ræpt] *adj* envuelto(ta) para regalo.

gig [gɪg] *n inf* [concert] actuación *f*, concierto *m*.

gigabyte ['gaɪgəbaɪt] *n COMPUT* gigabyte *m*.

gigantic [dʒaɪ'gæntɪk] *adj* gigantesco(ca).

giggle ['gɪgl] ◇ *n* -**1.** [laugh] risita *f*, risa *f* tonta -**2.** *UK inf* [fun]: **it's a real** ~ es la mar de divertido; **to do sthg for a** ~ hacer algo por puro cachondeo. ◇ *vi* [laugh] soltar risitas.

giggly ['gɪglɪ] (*compar* -**ier**, *superl* -**iest**) *adj* con la risa tonta.

GIGO ['gaɪgəʊ] (*abbr of* **garbage in, garbage out**) *información errónea genera resultados erróneos.*

gigolo ['ʒɪgələʊ] (*pl* -**s**) *n pej* gigoló *m*.

gigot ['ʒi:gəʊ] *n* pierna *f* de cordero.

gilded ['gɪldɪd] = **gilt**.

gill [dʒɪl] *n* [unit of measurement] = *0,142 litros.*

gills [gɪlz] *npl* [of fish] agallas *fpl*.

gilt [gɪlt] ◇ *adj* dorado(da). ◇ *n* dorado *m*.
➤ **gilts** *npl FIN* valores *mpl* de máxima garantía.

gilt-edged *adj FIN* de máxima garantía.

gimme ['gɪmɪ] *inf* = **give me**.

gimmick ['gɪmɪk] *n pej* artilugio *m* innecesario; **advertising** ~ reclamo *m* publicitario.

gin [dʒɪn] *n* ginebra *f*; ~ **and tonic** gin-tonic *m*.

ginger ['dʒɪndʒəʳ] ◇ *adj UK* -**1.** [hair] bermejo(ja); **to have** ~ **hair** ser pelirrojo(ja) -**2.** [cat] de color bermejo. ◇ *n* jengibre *m*.

ginger ale *n* [mixer] ginger-ale *m*.

ginger beer *n* [slightly alcoholic] refresco *m* de jengibre.

gingerbread ['dʒɪndʒəbred] *n* -**1.** [cake] pan *m* de jengibre -**2.** [biscuit] galleta *f* de jengibre.

ginger-haired [-'heəd] *adj* pelirrojo(ja).

gingerly ['dʒɪndʒəlɪ] *adv* con mucho tiento.

gingham ['gɪŋəm] *n* guinga *f*.

gingivitis [,dʒɪndʒɪ'vaɪtɪs] *n* gingivitis *f inv*.

ginseng ['dʒɪnseŋ] *n* ginseng *m*.

gipsy ['dʒɪpsɪ] (*pl* -**ies**) ◇ *adj* gitano(na). ◇ *n UK* gitano *m*, -na *f*.

giraffe [dʒɪ'rɑːf] (*pl inv OR* -**s**) *n* jirafa *f*.

gird [gɜːd] ⊳ **loin**.

girder ['gɜːdəʳ] *n* viga *f*.

girdle ['gɜːdl] *n* [corset] faja *f*.

girl [gɜːl] *n* -**1.** [child] niña *f* -**2.** [young woman] chica *f* -**3.** [daughter] niña *f*, chica *f* -**4.** *inf* [female friend]: **the** ~**s** las amigas, las chicas.

girl Friday *n* secretaria *f*.

girlfriend ['gɜːlfrend] *n* -**1.** [female lover] novia *f* -**2.** [female friend] amiga *f*.

girl guide *UK*, **girl scout** *US n* [individual] exploradora *f*.
➤ **Girl Guides** *n* [organization]: **the Girl Guides** las exploradoras.

girlie magazine ['gɜːlɪ-] *n inf* revista *f* porno.

girlish ['gɜːlɪʃ] *adj* de niña.

girl scout *US* = **girl guide**.

giro ['dʒaɪrəʊ] (*pl* -**s**) *n UK* -**1.** (*U*) [system] giro *m* -**2.**: ~ (**cheque**) cheque *m* para giro bancario.

girth [gɜːθ] *n* -**1.** [circumference] circunferencia *f* -**2.** [of horse] cincha *f*.

GIS (*abbr of* **geographic information system**) *n sistema de información geográfica*.

gist [dʒɪst] *n*: **the** ~ **of** lo esencial de; **to get the** ~ (**of sthg**) entender el sentido (de algo).

give [gɪv] (*pt* **gave**, *pp* **given**) ◇ *vt* -**1.** [gen] dar; [time, effort] dedicar; [attention] prestar; **to** ~ **sb/ sthg sthg, to** ~ **sthg to sb/sthg** dar algo a alguien/algo; **he was** ~**n twenty years** [sentenced to] le cayeron veinte años; **to** ~ **a shrug** encogerse de hombros; **to** ~ **sb a look** lanzar una mirada a alguien -**2.** [as present]: **to** ~ **sb sthg, to** ~ **sthg to sb** regalar algo a alguien -**3.** [hand over]: **to** ~ **sb sthg, to** ~ **sthg to sb** entregar *OR* dar algo a alguien -**4.** *inf* [pay]: **to** ~ **sthg (for sthg)** dar *OR* pagar algo (por algo) -**5.** *phr*: **to** ~ **sb to believe** *OR* **understand that** ... *fml* tengo entendido que ...; **I'd** ~ **anything** *OR* **my right arm to do that** daría cualquier cosa por hacer eso. ◇ *vi* [collapse, break] romperse, ceder; [stretch] dar de sí. ◇ *n* [elasticity] elasticidad *f*.
➤ **give or take** *prep* más o menos; **in half an hour** ~ **or take five minutes** en media hora, cinco minutos más o menos.
➤ **give away** *vt sep* -**1.** [as present] regalar -**2.** [reveal] revelar, descubrir -**3.** [bride] llevar al altar.
➤ **give back** *vt sep* [return] devolver, regresar *Méx*.
➤ **give in** *vi* -**1.** [admit defeat] rendirse, darse por vencido(da), transar *Amér* -**2.** [agree unwillingly]: **to** ~ **in to sthg** ceder ante algo.
➤ **give off** *vt fus* [produce, emit] despedir.
➤ **give out** ◇ *vt sep* [distribute] repartir, distribuir. ◇ *vi* [supply, strength] agotarse, acabarse; [legs, machine] fallar.
➤ **give over** ◇ *vt sep* [dedicate]: **to be given over to sthg** dedicarse a algo. ◇ *vi UK inf* [stop]: ~ **over!** ¡ basta *OR* vale ya!
➤ **give up** ◇ *vt sep* -**1.** [stop] abandonar; **to** ~ **up chocolate** dejar de comer chocolate -**2.** [job] dejar -**3.** [surrender]: **to** ~ **o.s. up (to sb)** entregarse (a alguien). ◇ *vi* rendirse, darse por vencido(da).

give up on vt fus [abandon] dejar por imposible.

give-and-take n toma y daca m.

giveaway ['gɪvə,weɪ] <> adj **-1.** [tell-tale] revelador(ra) **-2.** [very cheap] de regalo. <> n [tell-tale sign] indicio m, signo m revelador.

given ['gɪvn] <> pp ⊳ **give**. <> adj **-1.** [set, fixed] dado(da); **at any ~ time** en cualquier momento **-2.** [prone]: **to be ~ to sthg/to doing sthg** ser dado(da) a algo/a hacer algo. <> prep [taking into account] dado(da); **~ that** dado que.

given name n esp US nombre m de pila.

giver ['gɪvə^r] n donante m OR f.

glacé cherry ['glæseɪ-] n cereza f escarchada OR confitada.

glacial ['gleɪsjəl] adj lit & fig glacial.

glacier ['glæsjə^r] n glaciar m.

glad [glæd] (compar -der, superl -dest) adj **-1.** [happy, pleased] alegre, contento(ta); **to be ~ about/that** alegrarse de/de que **-2.** [willing]: **to be ~ to do sthg** tener gusto en hacer algo **-3.** [grateful]: **to be ~ of sthg** agradecer algo.

gladden ['glædn] vt literary regocijar, llenar de gozo.

glade [gleɪd] n literary claro m.

gladiator ['glædɪeɪtə^r] n gladiador m.

gladioli [,glædɪ'əʊlaɪ] npl gladiolos mpl.

gladly ['glædlɪ] adv **-1.** [happily, eagerly] alegremente **-2.** [willingly] con mucho gusto.

glamor US = **glamour**.

glamorize, -ise ['glæməraɪz] vt hacer más atractivo(va).

glamorous ['glæmərəs] adj atractivo(va), lleno(na) de encanto.

glamour UK, **glamor** US ['glæmə^r] n encanto m, atractivo m.

glance [glɑːns] <> n [quick look] mirada f, vistazo m; **to cast** OR **take a ~ at sthg** echar un vistazo a algo; **at a ~** de un vistazo; **at first ~** a primera vista. <> vi [look quickly]: **to ~ at sb** lanzar una mirada a alguien; **to ~ at sthg** echar una ojeada OR un vistazo a algo; **to ~ at** OR **through sthg** hojear algo.

glance off vt fus rebotar en.

glancing ['glɑːnsɪŋ] adj de refilón.

gland [glænd] n glándula f.

glandular fever ['glændjʊlə^r-] n mononucleosis f inv infecciosa.

glare [gleə^r] <> n **-1.** [scowl] mirada f asesina **-2.** [blaze, dazzle] resplandor m, deslumbramiento m **-3.** (U) fig [of publicity] foco m. <> vi **-1.** [scowl]: **to ~ (at sthg/sb)** mirar con furia (algo/a alguien) **-2.** [blaze, dazzle] brillar.

glaring ['gleərɪŋ] adj **-1.** [very obvious] flagrante

-2. [blazing, dazzling] deslumbrante.

glasnost ['glæznɒstl] n glasnost f.

glass [glɑːsl] <> n **-1.** [material] vidrio m, cristal m **-2.** [drinking vessel, glassful] vaso m; [with stem] copa f **-3.** (U) [glassware] cristalería f. <> comp de vidrio, de cristal.

glasses npl [spectacles] gafas fpl.

glassblowing ['glɑːs,bləʊɪŋ] n soplado m de vidrio.

glass fibre n (U) UK fibra f de vidrio.

glasshouse ['glɑːshaʊs, pl -haʊzɪz] n UK [greenhouse] invernadero m.

glassware ['glɑːsweə^r] n (U) cristalería f.

glassy ['glɑːsɪ] (compar -ier, superl -iest) adj **-1.** [smooth, shiny] cristalino(na) **-2.** [blank, lifeless] vidrioso(sa).

Glaswegian [glæz'wiːdʒjən] <> adj de o relativo a Glasgow. <> n [person] natural o habitante de Glasgow.

glaucoma [glɔːˈkəʊmə] n glaucoma m.

glaze [gleɪz] <> n [on pottery] vidriado m; [on food] glaseado m. <> vt **-1.** [pottery] vidriar; [food] glasear **-2.** [window] acristalar.

glaze over vi [eyes] velarse.

glazed [gleɪzd] adj **-1.** [dull, bored] vidrioso(sa) **-2.** [pottery] vidriado(da); [food] glaseado(da) **-3.** [door, window] acristalado(da).

glazier ['gleɪzjə^r] n vidriero m, -ra f.

GLC (abbr of Greater London Council) n antiguo ayuntamiento de Londres.

gleam [gliːm] <> n destello m; [of hope] rayo m. <> vi relucir.

gleaming ['gliːmɪŋ] adj reluciente.

glean [gliːn] vt [gather] recoger; [information] extraer.

glee [gliː] n (U) [joy, delight] alegría f, regocijo m.

gleeful ['gliːfʊl] adj alegre, jubiloso(sa).

glen [glen] n Scot cañada f.

glib [glɪb] (compar -ber, superl -best) adj pej de mucha labia.

glibly ['glɪblɪ] adv pej con mucha labia.

glide [glaɪd] vi **-1.** [move smoothly] deslizarse **-2.** [fly] planear.

glider ['glaɪdə^r] n [plane] planeador m.

gliding ['glaɪdɪŋ] n [sport] vuelo m sin motor.

glimmer ['glɪmə^r] <> n **-1.** [faint light] luz f tenue **-2.** fig [trace, sign] atisbo m; [of hope] rayo m. <> vi brillar tenuemente.

glimpse [glɪmps] <> n **-1.** [look, sight] vislumbre f; **to catch a ~ of sthg/sb** entrever algo/a alguien **-2.** [idea, perception] asomo m, atisbo m. <> vt entrever, vislumbrar.

glint [glɪnt] <> n **-1.** [flash] destello m **-2.** [in eyes] brillo m. <> vi destellar.

glisten ['glɪsn] vi relucir, brillar.

glitch [glɪtʃl] *n inf* pequeño fallo *m* técnico.

glitter ['glɪtə'] <> *n* -1. [shine] brillo *m* -2. [for decoration] purpurina *f.* <> *vi* relucir, brillar.

glittering ['glɪtərɪŋ] *adj* brillante, reluciente.

glitzy ['glɪtsɪ] (*compar* -ier, *superl* -iest) *adj inf* [glamorous] deslumbrante.

gloat [gləʊt] *vi*: to ~ (over sthg) regodearse (con algo).

global ['gləʊbl] *adj* [worldwide] mundial, global; the ~ village la aldea global.

globalization [,gləʊbəlaɪ'zeɪʃn] *n* globalización *f.*

globally ['gləʊbəlɪ] *adv* -1. [overall] en términos globales -2. [worldwide] mundialmente.

global warming [-'wɔːmɪŋ] *n* calentamiento *m* global, cambio *m* climático.

globe [gləʊb] *n* -1. [gen] globo *m* -2. [spherical map] globo *m* (terráqueo).

globetrotter ['gləʊb,trɒtə'] *n inf* trotamundos *m* OR *f inv.*

globule ['glɒbjuːl] *n* gota *f.*

gloom [gluːm] *n (U)* -1. [darkness] penumbra *f* -2. [unhappiness] pesimismo *m*, melancolía *f.*

gloomy ['gluːmɪ] (*compar* -ier, *superl* -iest) *adj* -1. [dark, cloudy] oscuro(ra) -2. [unhappy] triste, melancólico(ca) -3. [without hope - report, forecast] pesimista; [- situation, prospects] desalentador(ra).

glorification [,glɔːrɪfɪ'keɪʃn] *n* glorificación *f.*

glorified ['glɔːrɪfaɪd] *adj pej* [jumped-up] con pretensiones.

glorify ['glɔːrɪfaɪ] (*pt* & *pp* -ied) *vt* [overpraise] ensalzar.

glorious ['glɔːrɪəs] *adj* magnífico(ca), espléndido(da).

glory ['glɔːrɪ] (*pl* -ies) *n* -1. [gen] gloria *f* -2. [beauty, splendour] esplendor *m.*
- **glories** *npl* [triumphs] éxitos *mpl*, triunfos *mpl.*
- **glory in** *vt fus* [relish] disfrutar de, regocijarse con.

Glos (*abbr of* **Gloucestershire**) *condado inglés.*

gloss [glɒs] *n* -1. [shine] lustre *m*, brillo *m* -2.: ~ (paint) pintura *f* esmalte.
- **gloss over** *vt fus* tocar muy por encima.

glossary ['glɒsərɪ] (*pl* -ies) *n* glosario *m.*

glossy ['glɒsɪ] (*compar* -ier, *superl* -iest) *adj* -1. [smooth, shiny] brillante, lustroso(sa) -2. [on shiny paper] de papel satinado.

glossy magazine *n* revista *f* lujosa a todo color.

glove [glʌv] *n* guante *m.*

glove compartment *n* guantera *f.*

glove puppet *n UK* guiñol *m (marioneta).*

glow [gləʊ] <> *n* -1. [light] brillo *m*, fulgor *m* -2. [flush] rubor *m* -3. [feeling] calor *m*, ardor *m.* <> *vi* -1. [gen] brillar -2. [flush]: to ~ (with) [embarrassment] sonrojarse (de); [happiness, pleasure etc] estar rebosante (de).

glower ['glaʊə'] *vi*: to ~ (at sthg/sb) mirar con furia (algo/a alguien).

glowing ['gləʊɪŋ] *adj* [very favourable] entusiasta.

glow-worm *n* luciérnaga *f.*

glucose ['gluːkəʊs] *n* glucosa *f.*

glue [gluː] (*cont* glueing *OR* gluing) <> *n* [paste] pegamento *m*; [for glueing wood, metal etc] cola *f.* <> *vt* [paste] pegar (con pegamento); [wood, metal etc] encolar; **to be ~d to sthg** [absorbed by] estar pegado a algo.

glue-sniffing [-,snɪfɪŋ] *n* inhalación *f* de pegamento.

glum [glʌm] (*compar* -mer, *superl* -mest) *adj* [unhappy] sombrío(a).

glut [glʌt] *n* exceso *m*, superabundancia *f.*

gluten ['gluːtən] *n* gluten *m.*

glutinous ['gluːtɪnəs] *adj* pegajoso(sa), glutinoso(sa).

glutton ['glʌtn] *n* [greedy person] glotón *m*, -ona *f*; **to be a ~ for punishment** ser un masoquista.

gluttony ['glʌtənɪ] *n* glotonería *f*, gula *f.*

glycerin ['glɪsərɪn], **glycerine** ['glɪsəriːn] *n* glicerina *f.*

gm (*abbr of* **gram**) gr.

GMB *n* importante sindicato de obreros británicos.

GM foods *npl* alimentos *mpl* transgénicos.

GMO (*abbr of* **genetically modified organism**) <> *adj* transgénico(ca). <> *n* OMG *m.*

GMT (*abbr of* **Greenwich MeanTime**) *hora GMT del meridiano de Greenwich.*

gnarled [nɑːld] *adj* nudoso(sa).

gnash [næʃ] *vt*: to ~ one's teeth hacer rechinar los dientes.

gnat [næt] *n* mosquito *m.*

gnaw [nɔː] *vt* [chew] roer; **to ~ (away) at sb** corroer a alguien.

gnome [nəʊm] *n* gnomo *m.*

GNP (*abbr of* **gross national product**) *n* PNB *m.*

gnu [nuː] (*pl inv OR* -s) *n* ñu *m.*

GNVQ (*abbr of* **General National Vocational Qualification**) *n EDUC curso de formación profesional de dos años de duración para los mayores de 16 años en Inglaterra y Gales.*

go [gəʊ] (*pt* went, *pp* gone, *pl* goes) <> *vi* -1. [move, travel, attend] ir; **where are you ~ing?** ¿dónde vas?; **he's gone to Portugal** se ha ido a Portugal; **we went by bus/train** fuimos en autobús/tren; **to ~ and do sthg** ir a hacer algo; **where does this path ~?** ¿a dónde lleva este camino?; **to ~ right/left** girar a la derecha/izquierda; **to ~ swimming/shopping** ir a nadar/de compras; **to ~ for a walk/run** ir a dar un paseo/a correr; **to ~ to church/school** ir a misa/la escuela; **to ~ to work** ir a trabajar; **where do we ~ from here?** ¿y ahora qué? **-2.** [depart - person] irse, marcharse; [- bus] irse, salir; **I must ~, I have to ~** tengo que irme; **what time does the bus ~?** ¿a qué hora sale OR se va el autobús?; **it's time we went** es hora de irse OR marcharse; **let's ~!** ¡vámonos! **-3.** [pass - time] pasar; **the time went slowly/quickly** el tiempo pasaba lentamente/rápido **-4.** [progress] ir; **to ~ well/badly** ir bien/mal; **how's it ~ing?** inf [how are you?] ¿qué tal? **-5.** [belong, fit] ir; **the plates ~ in the cupboard** los platos van en el armario; **it won't ~ into the suitcase** no cabe en la maleta **-6.** [become] ponerse; **to ~ grey** ponerse gris; **to ~ mad** volverse loco; **to ~ blind** quedarse ciego **-7.** [be or remain in a particular state]: **to ~ naked** andar desnudo; **to ~ hungry** pasar hambre; **we went in fear of our lives** temíamos por nuestras vidas; **to ~ unpunished** salir impune **-8.** [indicating intention, certainty, expectation]: **to be ~ing to do sthg** ir a hacer algo; **what are you ~ing to do now?** ¿qué vas a hacer ahora?; **he said he was ~ing to be late** dijo que llegaría tarde; **it's ~ing to rain/snow** va a llover/nevar; **I feel like I'm ~ing to be sick** me parece que voy a devolver; **she's ~ing to have a baby** va a tener un niño **-9.** [match, be compatible]: **to ~ (with)** ir bien (con); **this blouse goes well with the skirt** esta blusa va muy bien OR hace juego con la falda; **those colours don't really ~** la verdad es que esos colores no combinan bien **-10.** [function, work] funcionar; **is the tape recorder still ~ing?** [still in working order] ¿funciona todavía el casete?; [still on] ¿está todavía encendido el casete? **-11.** [bell, alarm] sonar **-12.** [start] empezar; **ready to ~** listo para empezar **-13.** [when referring to saying, story or song] decir; **as the saying goes** como dice el refrán; **how does that song ~?** ¿cómo es OR dice esa canción? **-14.** [stop working] estropearse; **the fuse must have gone** se ha debido fundir el fusible **-15.** [deteriorate]: **her sight/hearing is ~ing** está perdiendo la vista/el oído **-16.** [be spent]: **to ~ on** ir a parar a, gastarse en; **all my money goes on food and rent** todo el dinero se me va en comida y alquiler **-17.** [be given]: **the prize/contract went to B. Jones** el premio/contrato le fue concedido a B. Jones **-18.** [be disposed of]: **he'll have to ~** habrá que despedirle; **every-**

thing must ~! ¡gran liquidación! **-19.** inf [with negative - in giving advice]: **now, don't ~ catching cold** y cuidado no cojas frío ¿eh? **-20.** inf [expressing irritation, surprise]: **now what's he gone and done?** ¿qué leches ha hecho ahora?; **she's gone and bought a new car!** ¡ha ido y se ha comprado un coche nuevo!; **you've gone and done it now!** ¡ya la has liado! **-21.** [in division]: **three into two won't ~** dos entre tres no cabe **-22.** phr: **it just goes to show (that) ...** eso demuestra OR prueba que ... ◇ vt **-1.** [make noise of] hacer; **the dog went 'woof'** el perro hizo '¡guau!' **-2.** inf [say] decir. ◇ n **-1.** [turn] turno m; **it's my ~** me toca a mí **-2.** inf [attempt]: **to have a ~ at sthg** intentar OR probar algo; **have a ~!** ¡prueba!, ¡inténtalo! **-3.** inf [success]: **to make a ~ of sthg** tener éxito con OR en algo **-4.** phr: **to have a ~ at sb** inf echar una bronca a alguien; **to be on the ~** inf no parar, estar muy liado.

◆ **to go** adv **-1.** [remaining]: **there are only three days to ~** sólo quedan tres días **-2.** [to take away] para llevar.

◆ **go about** ◇ vt fus **-1.** [perform] hacer, realizar; **to ~ about one's business** ocuparse uno de sus asuntos **-2.** [tackle]: **to ~ about doing sthg** apañárselas para hacer algo; **how do you intend ~ing about it?** ¿cómo piensas hacerlo? ◇ vi = **go around.**

◆ **go after** vt fus ir a por OR detrás de.

◆ **go against** vt fus **-1.** [conflict with, be unfavourable to] ir en contra de **-2.** [act contrary to] actuar en contra de.

◆ **go ahead** vi **-1.** [begin]: **to ~ ahead (with sthg)** seguir adelante (con algo); **~ ahead!** ¡adelante! **-2.** [take place] celebrarse **-3.** [in match, contest] ponerse por delante.

◆ **go along** vi [proceed]: **as you ~ along** a medida que lo vayas haciendo; **he made it up as he went along** se lo inventaba sobre la marcha.

◆ **go along with** vt fus estar de acuerdo con; **he agreed to ~ along with our ideas** aceptó nuestras ideas sin demasiado entusiasmo.

◆ **go around** vi **-1.** inf [behave in a certain way]: **to ~ around doing sthg** ir por ahí haciendo algo **-2.** [associate]: **to ~ around with sb** juntarse con alguien **-3.** [joke, illness, story] correr (por ahí); **there's a rumour ~ing around about her** corren rumores acerca de ella.

◆ **go away** vi **-1.** [person, animal] irse; **~ away!** ¡vete! **-2.** [pain] desaparecer.

◆ **go back** vi **-1.** [return] volver **-2.** [clocks] atrasarse.

go back on vt fus [one's word, promise] faltar a.

go back to vt fus **-1.** [return to activity] continuar OR seguir con; **to ~ back to sleep** volver a dormir **-2.** [return to previous topic] volver a **-3.** [date from] datar de, remontarse a.

go before vi [precede] preceder; **we wanted to forget what had gone before** queríamos olvidar lo ocurrido.

go by <> vi [time, people, vehicles] pasar. <> vt fus **-1.** [be guided by] guiarse por **-2.** [judge from]: **~ing by her voice, I'd say she was French** a juzgar por su voz yo diría que es francesa.

go down <> vi **-1.** [descend] bajar **-2.** [get lower - prices, temperature, swelling] bajar **-3.** [be accepted]: **to ~ down well/badly** tener una buena/mala acogida **-4.** [sun] ponerse **-5.** [tyre, balloon] deshincharse **-6.** [be relegated] descender. <> vt fus bajar.

go down with vt fus inf [illness] coger, pillar, agarrar Amér.

go for vt fus **-1.** [choose] decidirse por, escoger **-2.** [be attracted to]: **I don't really ~ for men like him** no me gustan mucho los hombres como él **-3.** [attack] lanzarse sobre, atacar **-4.** [try to obtain - record, job] ir a por **-5.** [be valid] valer para; **does that ~ for me too?** ¿eso va por mí también?

go forward vi [clocks] adelantarse.

go in vi entrar.

go in for vt fus **-1.** [competition, exam] presentarse a **-2.** [take up as a profession] dedicarse a **-3.** inf [enjoy]: **he goes in for sports in a big way** hace un montón de deporte; **I don't really ~ in for classical music** no me va la música clásica.

go into vt fus **-1.** [enter] entrar en **-2.** [discuss, describe in detail] entrar en; **to ~ into detail** entrar en detalle **-3.** [investigate] investigar **-4.** [take up as a profession] dedicarse a **-5.** [be put into - subj: effort, money] invertirse; [- subj: work]: **a lot of hard work went into that book** se dedicó mucho trabajo a ese libro **-6.** [begin]: **to ~ into a rage** ponerse frenético; **to ~ into a dive** empezar a caer en picado.

go off <> vi **-1.** [leave] irse **-2.** [explode - bomb] estallar; [- gun] dispararse **-3.** [alarm] saltar, sonar **-4.** [go bad - food] echarse a perder, estropearse; [- milk] cortarse **-5.** [lights, heating] apagarse **-6.** [happen]: **to ~ off (well/badly)** salir (bien/mal). <> vt fus inf [lose interest in] perder el gusto a OR el interés en.

go off with vt fus inf: **he went off with his best friend's wife** se largó con la mujer de su mejor amigo.

go on <> vi **-1.** [take place] pasar, ocurrir **-2.** [continue]: **to ~ on (doing sthg)** seguir (haciendo algo); **I can't ~ on!** ¡no puedo más!; **shall I tell you? - ~ on** ¿te lo cuento? - vale **-3.** [proceed to further activity]: **to ~ on to sthg/to do sthg** pasar a algo/a hacer algo **-4.** [proceed to another place]: **we went on to a nightclub afterwards** después nos fuimos a una discoteca **-5.** [pass - time] pasar **-6.** [go in advance]: **you ~ on, I'll wait here** tú continúa, yo te espero aquí **-7.** [heating etc] encenderse **-8.** [talk for too long]: **to ~ on (about)** no parar de hablar (de); **don't ~ on about it** déjalo ya, no sigas con eso. <> vt fus **-1.** [be guided by] guiarse por **-2.** [start]: **to ~ on a diet** ponerse a dieta. <> excl ¡venga!, ¡vamos!; **~ on, treat yourself** ¡venga, hombre! ¡date el gusto!

go on at vt fus [nag] dar la lata a.

go out vi **-1.** [leave house] salir; **to ~ out for a meal** cenar fuera **-2.** [as friends or lovers]: **to ~ out (with sb)** salir (con alguien), pololear (con alguien) Chile **-3.** [tide] bajar **-4.** [light, fire, cigarette] apagarse **-5.** [stop being fashionable] pasarse de moda.

go over vt fus **-1.** [examine] repasar **-2.** [repeat] repetir.

go over to vt fus **-1.** [change to] cambiar OR pasar a **-2.** [change sides to] pasarse a; **to ~ over to the other side** pasarse al otro bando **-3.** RADIO & TV conectar con.

go round vi **-1.** [be enough for everyone]: **there's just enough to ~ round** hay lo justo para que alcance para todos **-2.** [revolve] girar, dar vueltas; see also **go around**.

go through <> vt fus **-1.** [penetrate] atravesar **-2.** [experience] pasar por, experimentar **-3.** [spend] gastarse **-4.** [study, search through] registrar; **she went through his pockets** le miró en los bolsillos **-5.** [read] examinar leyendo; [say out loud] enumerar, decir en alto; **I'll ~ through it again** lo voy a repetir. <> vi **-1.** [enter] pasar **-2.** [in competition] clasificarse **-3.** [bill, divorce etc] aprobarse.

go through with vt fus llevar a cabo.

go towards vt fus contribuir a.

go under vi lit & fig hundirse.

go up <> vi **-1.** [rise - person, prices, temperature, balloon] subir **-2.** [be built] levantarse, construirse **-3.** [be promoted] subir **-4.** [explode] explotar, saltar por los aires **-5.** [burst into flames]: **to ~ up (in flames)** ser pasto de las llamas **-6.** [be uttered]: **a shout went up from amongst the crowd** unos gritos surgieron de entre la multitud. <> vt fus subir; **we went up the Eiffel Tower** subimos a la torre Eiffel.

go up to vt fus [approach] acercarse a.

go with vt fus [be included with] ir con.

go without ◇ vt fus prescindir de. ◇ vi apañárselas.

goad [gəʊd] vt [provoke] aguijonear, incitar; **to ~ sb into doing sthg** incitar a alguien a hacer algo.

go-ahead ◇ adj [dynamic] emprendedor(ra), dinámico(ca). ◇ n (U) [permission] luz f verde; **to give sb the ~ (for)** darle a alguien luz verde (para).

goal [gəʊl] n - 1. SPORT [point scored] gol m; [area between goalposts] portería f, meta f, arco m Amér; **to score a ~** marcar un gol - 2. [aim] objetivo m, meta f.

goalie ['gəʊlɪ] n inf portero m, -ra f, guardameta m OR f, arquero m, -ra f Amér.

goalkeeper ['gəʊl,ki:pəʳ] n portero m, -ra f, guardameta m OR f, arquero m, -ra f Amér.

goal kick n saque m de puerta.

goalless ['gəʊllɪs] adj: **~ draw** empate m a cero.

goalmouth ['gəʊlmaʊθ, pl -maʊðz] n portería f, meta f, arco m Amér.

goalpost ['gəʊlpəʊst] n poste m (de la portería).

goat [gəʊt] n [animal] cabra f.

goatee [gəʊ'ti:] n perilla f.

gob [gɒb] (pt & pp -bed, cont -bing) ◇ v inf ◇ n UK [mouth] pico m. ◇ vi [spit] escupir.

gobble ['gɒbl] vt [food] engullir, tragar.

gobble down, gobble up vt sep engullir, tragar.

gobbledygook ['gɒbldɪgu:k] n (U) - 1. [incomprehensible language] jerga f incomprensible, jerigonza f - 2. inf [nonsense] tonterías fpl.

go-between n intermediario m, -ria f.

Gobi ['gəʊbɪ] n: **the ~ Desert** el desierto de Gobi.

goblet ['gɒblɪt] n copa f.

goblin ['gɒblɪn] n duende m.

gobsmacked ['gɒbsmækt] adj UK inf alucinado(da), flipado(da).

go-cart = go-kart.

god [gɒd] n dios m.

God ◇ n Dios m; **God knows** sabe Dios; **for God's sake** ¡por el amor de Dios!; **thank God** ¡gracias a Dios! ◇ excl: **(my) God!** ¡Dios (mío)!

gods npl UK inf: **the ~s** THEATRE el gallinero.

godchild ['gɒdtʃaɪld] (pl -children [-,tʃɪldrən]) n ahijado m, -da f.

goddam(n) ['gɒdæm] esp US ◇ adj maldito(ta). ◇ excl ¡maldita sea!

goddaughter ['gɒd,dɔ:təʳ] n ahijada f.

goddess ['gɒdɪs] n diosa f.

godfather ['gɒd,fɑ:ðəʳ] n padrino m.

godforsaken ['gɒdfə,seɪkn] adj dejado(da) de la mano de Dios.

godmother ['gɒd,mʌðəʳ] n madrina f.

godparents ['gɒd,peərənts] npl padrinos mpl.

godsend ['gɒdsend] n: **to be a ~** venir como agua de mayo.

godson ['gɒdsʌn] n ahijado m.

goes [gəʊz] ▷ go.

gofer ['gəʊfəʳ] n US inf recadero m, -ra f.

go-getter [-'getəʳ] n persona f emprendedora y ambiciosa.

goggle ['gɒgl] vi: **to ~ (at sthg/sb)** mirar con ojos desorbitados (algo/a alguien).

goggles ['gɒglz] npl [for swimming] gafas fpl submarinas; [for skiing] gafas de esquí; [for welding] gafas de protección.

go-go dancer n (chica f) gogó f.

going ['gəʊɪŋ] ◇ adj - 1. UK [available] disponible; **is there any beer ~?** ¿no habrá una cervecita para mí?; **you have a lot ~ for you** inf tienes mucho futuro - 2. [rate] actual. ◇ n (U) - 1. [rate of advance] marcha f; **that's OR that was good ~** ¡qué rápido! - 2. [conditions] condiciones fpl; **to be rough OR heavy ~** hacerse pesado; **to be easy ~** ser fácil.

going concern n empresa f rentable y en marcha.

goings-on npl inf tejemanejes mpl.

go-kart [-kɑ:t] n kart m.

Golan Heights ['gəʊ,læn] npl: **the ~** los altos del Golán.

gold [gəʊld] ◇ adj [gold-coloured] dorado(da). ◇ n - 1. [gen] oro m; **to be as good as ~** ser más bueno que el pan - 2. [medal] medalla f de oro. ◇ comp [made of gold] de oro.

golden ['gəʊldən] adj - 1. [made of gold] de oro - 2. [gold-coloured] dorado(da).

golden age n edad f de oro.

Golden Age n [in Spanish history] Siglo m de Oro.

golden eagle n águila f real.

golden handshake n gratificación cuantiosa al jubilarse.

golden opportunity n ocasión f de oro.

golden retriever n golden retriever m.

golden rule n regla f de oro.

golden wedding n bodas fpl de oro.

goldfish ['gəʊldfɪʃ] (pl inv) n pez m de colores.

goldfish bowl n pecera f.

gold leaf n pan m de oro.

gold medal n medalla f de oro.

goldmine ['gəʊldmaɪn] n lit & fig mina f de oro.

gold-plated [-'pleɪtɪd] *adj* chapado(da) en oro.

goldsmith ['gəʊldsmɪθ] *n* orfebre *m* OR *f.*

gold standard *n*: the ~ el patrón oro.

golf [gɒlf] *n* golf *m.*

golf ball *n* pelota *f* de golf.

golf club *n* - **1.** [society, place] club *m* de golf - **2.** [stick] palo *m* de golf.

golf course *n* campo *m* de golf.

golfer ['gɒlfə'] *n* golfista *m* OR *f.*

golly ['gɒlɪ] *excl inf dated* ¡caray!, ¡cáspita!

gondola ['gɒndələ] *n* [boat] góndola *f.*

gondolier [,gɒndə'lɪə'] *n* gondolero *m*, -ra *f.*

gone [gɒn] <> *pp* > **go.** <> *adj*: those days are ~ esos tiempos ya pasaron. <> *prep* [past]: it was ~ six already ya eran las seis pasadas.

gong [gɒŋ] *n* gong *m.*

gonna ['gɒnə] *inf* = **going to.**

gonorrh(o)ea [,gɒnə'rɪə] *n* gonorrea *f.*

goo [gu:] *n inf* pringue *m.*

good [gʊd] (*compar* **better,** *superl* **best**) <> *adj* - **1.** [gen] bueno(na); it's ~ to see you me alegro de verte; **she's ~ at it** se le da bien; **he's a very ~ singer** canta muy bien; **to be ~ with** saber manejárselas con; **she's ~ with her hands** es muy mañosa; **it's ~ for you** es bueno, es beneficioso; **to feel ~** sentirse fenomenal; **that feels ~!** ¡qué gusto!; **it's ~ that ...** está bien que ...; **to look ~** [attractive] estar muy guapo; [appetizing, promising] tener buena pinta; **it looks ~ on you** te queda bien; **~ looks** atractivo *m*; **be ~!** ¡sé bueno!, ¡pórtate bien!; **~!** ¡muy bien!, ¡estupendo! - **2.** [kind] amable; **to be ~ to sb** ser amable con alguien; **to be ~ enough to do sthg** ser tan amable de hacer algo; **that was very ~ of him** fue muy amable de su parte - **3.** *phr*: **it's a ~ job** OR **thing (that) ...** menos mal que ...; **~ for you!** ¡muy bien!, ¡bien hecho!; **to give as ~ as one gets** devolver todos los golpes; **to make sthg ~** reparar OR enmendar algo. <> *n* - **1.** (U) [benefit] bien *m*; **for the ~ of** por el bien de; **for your own ~** por tu propio bien; **it will do him ~** le hará bien - **2.** [use] beneficio *m*, provecho *m*; **what's the ~ of ...?** ¿de OR para qué sirve ...?; **it's no ~** no sirve para nada; **will this be any ~?** ¿servirá esto para algo? - **3.** [morally correct behaviour] el bien; **to be up to no ~** estar tramando algo malo. <> *adv* - **1.** [expresses approval] estupendo - **2.** US *inf* [well] bien.

 goods *npl* - **1.** [COMM - for sale] productos *mpl*, artículos *mpl*; [- when transported] mercancías *fpl*; **to come up with** OR **deliver the ~s** UK *inf* cumplir (lo prometido) - **2.** ECON bienes *mpl.*

 as good as *adv* casi, prácticamente; **it's as ~ as new** está como nuevo.

 for good *adv* [forever] para siempre.

 good afternoon *excl* ¡buenas tardes!

 good day *excl dated, Austr* ¡buenas!, ¡buenos días!

 good evening *excl* [in the evening] ¡buenas tardes!; [at night] ¡buenas noches!

 good morning *excl* ¡buenos días!, ¡buen día! *Amér.*

 good night *excl* ¡buenas noches!

goodbye [,gʊd'baɪ] <> *excl* ¡adiós!; **to say ~** despedirse. <> *n* adiós *m.*

good-for-nothing <> *adj* inútil. <> *n* inútil *m* OR *f.*

Good Friday *n* Viernes *m* Santo.

good-humoured [-'hju:məd] *adj* jovial.

good-looking [-'lʊkɪŋ] *adj* [person] guapo(pa).

good-natured [-'neɪtʃəd] *adj* bondadoso(sa).

goodness ['gʊdnɪs] <> *n* (U) - **1.** [kindness] bondad *f* - **2.** [nutritive quality] alimento *m.* <> *excl*: **(my) ~!** ¡Dios mío!; **for ~' sake!** ¡por Dios!; **thank ~** ¡gracias a Dios!

goods train [gʊdz-] *n* UK mercancías *m inv.*

good-tempered [-'tempəd] *adj* afable.

good turn *n*: **to do sb a ~** hacer un favor a alguien.

goodwill [,gʊd'wɪl] *n* - **1.** [kind feelings] buena voluntad *f* - **2.** COMM fondo *m* de comercio.

goody ['gʊdɪ] (*pl* -ies) *inf* <> *n* [person] bueno *m*, -na *f.* <> *excl* ¡qué chupi!

 goodies *npl inf* - **1.** [delicious food] golosinas *fpl* - **2.** [desirable objects] cosas *fpl* apetecibles.

gooey ['gu:ɪ] (*compar* **gooier,** *superl* **gooiest**) *adj inf* [sticky] pegajoso(sa); [cake, dessert, film] empalagoso(sa).

goof [gu:f] US *inf* <> *n* [mistake] metedura *f* de pata. <> *vi* meter la pata.

 goof off *vi* US *inf* escaquearse.

goofy ['gu:fɪ] (*compar* -**ier,** *superl* -**iest**) *adj inf* [silly] bobo(ba), tonto(ta).

goose [gu:s] (*pl* **geese**) *n* [bird] ganso *m*, oca *f.*

gooseberry ['gʊzbərɪ] (*pl* -ies) *n* - **1.** [fruit] grosella *f* silvestre, uva *f* espina - **2.** *esp* UK *inf* [third person]: **to play ~** hacer de carabina.

gooseflesh ['gu:sfleʃ], *n* **goose pimples** UK, **goosebumps** US ['gu:sbʌmps] *npl* carne *f* de gallina.

goosestep ['gu:s,step] (*pt* & *pp* -**ped,** *cont* -**ping**) <> *n* paso *m* de ganso. <> *vi* marchar a paso de ganso.

GOP (*abbr of* **Grand Old Party**) *n* US *partido republicano estadounidense.*

gopher ['gəʊfə'] n taltuza f.

gore [gɔː'] ◇ n literary [blood] sangre f (derramada). ◇ vt dar una cornada a, cornear.

gorge [gɔːdʒ] ◇ n cañón m, garganta f. ◇ vt: to ~ o.s. on OR with atracarse de. ◇ vi hartarse, saciarse.

gorgeous ['gɔːdʒəs] adj -1. [lovely] magnífico(ca), espléndido(da) -2. inf [good-looking]: to be ~ estar como un tren.

gorilla [gə'rɪlə] n gorila m OR f.

gormless ['gɔːmlɪs] adj UK inf memo(ma), lerdo(da).

gorse [gɔːs] n (U) tojo m.

gory ['gɔːrɪ] (compar -ier, superl -iest) adj [death, scene] sangriento(ta); [details, film] escabroso(sa).

gosh [gɒʃ] excl inf ¡joroba!, ¡caray!

go-slow n UK huelga f de celo.

gospel ['gɒspl] ◇ n -1. [doctrine] evangelio m -2.: ~ (truth) la pura verdad. ◇ comp MÚS espiritual negro, gospel (inv).
➡ **Gospel** n [in Bible] Evangelio m.

gossamer ['gɒsəmə'] n (U) -1. [spider's thread] telaraña f -2. [material] gasa f.

gossip ['gɒsɪp] ◇ n -1. [conversation] cotilleo m -2. [person] cotilla m OR f, chismoso m, -sa f. ◇ vi cotillear.

gossip column n ecos mpl de sociedad.

got [gɒt] pt & pp ⊏> get.

Gothic ['gɒθɪk] adj gótico(ca).

gotta ['gɒtə] inf = got to.

gotten ['gɒtn] pp US ⊏> get.

gouge [gaʊdʒ]
➡ **gouge out** vt sep [hole] excavar; [eyes] arrancar.

goulash ['guːlæʃ] n gulasch m.

gourd [gʊəd] n calabaza f.

gourmet ['gʊəmeɪ] ◇ n gastrónomo m, -ma f, gourmet m OR f. ◇ comp para/de gastrónomos.

gout [gaʊt] n gota f.

govern ['gʌvən] ◇ vt -1. POL gobernar -2. [control] dictar, guiar. ◇ vi POL gobernar.

governess ['gʌvənɪs] n institutriz f.

governing ['gʌvənɪŋ] adj gobernante.

governing body n organismo m rector.

government ['gʌvnmənt] ◇ n gobierno m. ◇ comp gubernamental.

governmental [ˌgʌvn'mentl] adj gubernamental.

governor ['gʌvənə'] n -1. US POL gobernador m, -ra f -2. [of school, bank, prison] director m, -ra f.

governor-general (pl **governor-generals** OR **governors-general**) n gobernador m, -ra f general.

govt (abbr of government) gob.

gown [gaʊn] n -1. [dress] vestido m, traje m -2. [of judge etc] toga f.

GP (abbr of general practitioner) n médico de cabecera.

GPO (abbr of General Post Office) n -1. [in UK] antiguo servicio de correos británico -2. [in US] servicio de correos estadounidense.

gr. abbr of gross.

grab [græb] (pt & pp -bed, cont -bing) ◇ vt -1. [snatch away] arrebatar; to ~ sthg off sb arrebatar algo a alguien -2. [grip] agarrar, asir -3. inf [sandwich, lunch] pillar, coger -4. inf [appeal to] seducir. ◇ vi: to ~ at sthg intentar agarrar algo. ◇ n: to make a ~ at OR for sthg intentar arrebatar/agarrar algo.

grace [greɪs] ◇ n -1. (U) [elegance] elegancia f, gracia f -2. [graciousness]: to do sthg with good ~ hacer algo de buena gana; to have the ~ to do sthg tener la delicadeza de hacer algo -3. (U) [delay] prórroga f -4. [prayer] bendición f de la mesa; to say ~ bendecir la mesa. ◇ vt fml -1. [honour] honrar -2. [decorate] adornar, embellecer.

graceful ['greɪsfʊl] adj -1. [beautiful] elegante -2. [gracious] cortés.

graceless ['greɪslɪs] adj -1. [ugly] desagradable, feo(a) -2. [ill-mannered] descortés.

gracious ['greɪʃəs] ◇ adj -1. [polite] cortés -2. [elegant] elegante. ◇ excl: (good) ~! ¡Dios mío!

graciously ['greɪʃəslɪ] adv -1. [politely] cortésmente -2. [elegantly] elegantemente.

gradation [grə'deɪʃn] n gradación f.

grade [greɪd] ◇ n -1. [level, quality] clase f, calidad f; to make the ~ dar la talla -2. US [class] curso m, clase f -3. [mark] nota f. ◇ vt -1. [classify] clasificar -2. [mark, assess] calificar.

grade crossing n US paso m a nivel.

grade school n US escuela f primaria.

gradient ['greɪdjənt] n pendiente f.

grad school n US escuela f de posgrado.

gradual ['grædʒʊəl] adj gradual.

gradually ['grædʒʊəlɪ] adv gradualmente.

graduate [n 'grædʒʊət, vb 'grædʒʊeɪt] ◇ n -1. [person with a degree] licenciado m, -da f, egresado m, -da f Amér -2. US [of high school] ≃ bachiller m OR f. ◇ comp US [postgraduate] de posgrado. ◇ vi -1. [with a degree]: to ~ (from) licenciarse (por), licensiarse (en) Amér, egresar (de) Amér -2. US [from high school]: to ~ (from) ≃ obtener el título de bachiller (en) -3. [progress]: to ~ from sthg (to) pasar de algo (a).

graduated ['grædjʊeɪtɪd] adj graduado(da).

graduate school n US departamento f de posgraduados.

graduation [ˌgrædʒʊˈeɪʃn] n graduación f, egreso m Amér.

graffiti [grəˈfiːtɪl] n (U) pintadas fpl.

graft [grɑːft] ⬦ n -1. MED & BOT injerto m -2. UK inf [hard work] curro m muy duro -3. US inf [corruption] chanchullos mpl, corruptelas fpl. ⬦ vt -1. MED & BOT: to ~ sthg (onto sthg) injertar algo (en algo) -2. [idea, system]: to ~ sthg (onto sthg) implantar algo (en algo).

grain [greɪn] n -1. [seed, granule] grano m -2. (U) [crop] cereales mpl -3. fig [small amount] pizca f -4. [pattern] veta f; **to go against the** ~ ir contra natura.

gram [græm] n gramo m.

grammar [ˈgræməʳ] n gramática f.

grammar school n [in UK] colegio subvencionado para mayores de once años con un programa de asignaturas tradicional; [in US] escuela f primaria.

grammatical [grəˈmætɪkl] adj -1. [of grammar] gramatical -2. [correct] (gramaticalmente) correcto(ta).

gramme [græm] UK = gram.

gramophone [ˈgræməfəʊn] dated ⬦ n gramófono m. ⬦ comp de gramófono.

gran [græn] n UK inf abuelita f, yaya f, mamá f grande Méx.

Granada [grəˈnɑːdə] n Granada.

granary [ˈgrænərɪ] (pl -ies) n granero m.

grand [grænd] ⬦ adj -1. [impressive] grandioso(sa) -2. [ambitious] ambicioso(sa) -3. [important] distinguido(da) -4. inf dated [excellent] fenomenal. ⬦ n inf [thousand pounds or dollars]: **a** ~ mil libras/dólares; **five** ~ cinco mil libras/dólares.

Grand Canyon n: the ~ el Gran Cañón.

grandchild [ˈgræntʃaɪld] (pl -children [-ˌtʃɪldrən]) n nieto m, -ta f.

grand(d)ad [ˈgrændæd] n inf abuelito m, yayo m, papá m grande Méx.

granddaughter [ˈgrænˌdɔːtəʳ] n nieta f.

grand duke n gran duque m.

grandeur [ˈgrændʒəʳ] n -1. [splendour] grandiosidad f -2. [status] grandeza f.

grandfather [ˈgrændˌfɑːðəʳ] n abuelo m.

grandfather clock n reloj m de caja, reloj m de pie.

grandiose [ˈgrændɪəʊz] adj pej [building, design] fastuoso(sa), ostentoso(sa); [plan] ambicioso(sa).

grand jury n US jurado m de acusación.

grandma [ˈgrænmɑː] n inf abuelita f, yaya f.

grand master n gran maestro m.

grandmother [ˈgrænˌmʌðəʳ] n abuela f.

Grand National n: the ~ importante carrera anual de caballos que se celebra en Aintree.

grandpa [ˈgrænpɑː] n inf abuelito m, yayo m.

grandparents [ˈgrænˌpeərənts] npl abuelos mpl.

grand piano n piano m de cola.

grand prix [ˌgrɒnˈpriː] (pl **grands prix** [ˌgrɒnˈpriː]) n gran premio m, grand prix m.

grand slam n SPORT gran slam m.

grandson [ˈgrænsʌn] n nieto m.

grandstand [ˈgrænstænd] n tribuna f.

grand total n [total number] cantidad f total; [total sum, cost] importe m total.

granite [ˈgrænɪt] n granito m.

granny [ˈgrænɪ] (pl -ies) n inf abuelita f, yaya f, mamá f grande Méx.

granny flat n UK alojamiento independiente que forma parte de una vivienda (concebido para un familiar anciano).

granola [grəˈnəʊlə] n US muesli m de avena.

grant [grɑːnt] ⬦ n subvención f; [for study] beca f. ⬦ vt fml -1. [gen] conceder; **to take sthg/sb for** ~ **ed** no apreciar algo/a alguien en lo que vale; **it is taken for** ~ **ed that ...** se da por sentado que ... -2. [admit - truth, logic] admitir, aceptar; **I** ~ **(that) ...** admito que ...

granulated sugar [ˈgrænjʊleɪtɪd-] n azúcar m granulado.

granule [ˈgrænjuːl] n gránulo m.

grape [greɪp] n uva f; **a bunch of** ~s un racimo de uvas.

grapefruit [ˈgreɪpfruːt] (pl inv OR -s) n pomelo m, toronja f Amér.

grape picking [-ˌpɪkɪŋ] n (U) vendimia f.

grapevine [ˈgreɪpvaɪn] n -1. [plant] vid f; [against wall] parra f -2. [information channel]: **I heard on the** ~ **that ...** me ha dicho un pajarito que ...

graph [grɑːf] n gráfico m, gráfica f.

graphic [ˈgræfɪk] adj lit & fig gráfico(ca).
➥ **graphics** npl -1. [pictures] ilustraciones fpl -2. COMPUT gráficos mpl.

graphic design n diseño m gráfico.

graphic designer n grafista m OR f, diseñador gráfico m, diseñadora gráfica f.

graphic equalizer n ecualizador m gráfico.

graphics card n COMPUT tarjeta f gráfica.

graphite [ˈgræfaɪt] n grafito m.

graphology [græˈfɒlədʒɪ] n grafología f.

graph paper n (U) papel m cuadriculado.

grapple [ˈgræpl]
➥ **grapple with** vt fus -1. [person] forcejear con -2. [problem] esforzarse por resolver.

grappling iron [ˈgræplɪŋ-] n rezón m.

grasp [grɑːsp] ◇ *n* **-1.** [grip] agarre *m*, asimiento *m* **-2.** [power to achieve]: **in** *OR* **within sb's** ~ al alcance de alguien **-3.** [understanding] comprensión *f*; **to have a good** ~ **of sthg** dominar algo. ◇ *vt* **-1.** [grip, seize] agarrar, asir **-2.** [understand] comprender **-3.** [opportunity] aprovechar.

grasping [ˈgrɑːspɪŋ] *adj pej* avaro(ra), codicioso(sa).

grass [grɑːs] ◇ *n* **-1.** [plant] hierba *f*, pasto *m* *Amér*, zacate *f Méx*; [lawn] césped *m*; [pasture] pasto *m*, grama *f CAm, Ven*; '**keep off the** ~' 'prohibido pisar el césped' **-2.** *inf* [marijuana] hierba *f*, maría *f*. ◇ *vi UK inf*: **to** ~ **(on sb)** chivarse (de alguien) *Esp*, delatar (a alguien) *Amér*.

grass court *n* pista *f* de hierba.

grasshopper [ˈgrɑːsˌhɒpəʳ] *n* saltamontes *m inv*.

grassland [ˈgrɑːslænd] *n* pastos *mpl*, pastizal *m*.

grass roots ◇ *npl* bases *fpl*. ◇ *comp* de base.

grass snake *n* culebra *f*.

grassy [ˈgrɑːsɪ] (*compar* **-ier**, *superl* **-iest**) *adj* cubierto(ta) de hierba.

grate [greɪt] ◇ *n* parrilla *f*, rejilla *f*. ◇ *vt* rallar. ◇ *vi* rechinar, chirriar; **to** ~ **on sb's nerves** poner a alguien los nervios de punta.

grateful [ˈgreɪtfʊl] *adj* [gen] agradecido(da); [smile, letter] de agradecimiento; **to be** ~ **to sb (for sthg)** estar agradecido a alguien (por algo); **I'm very** ~ **to you** te lo agradezco mucho; **I'd be** ~ **if you could do it by tomorrow** te agradecería que lo hicieras para mañana.

gratefully [ˈgreɪtfʊlɪ] *adv* con agradecimiento.

grater [ˈgreɪtəʳ] *n* rallador *m*.

gratification [ˌgrætɪfɪˈkeɪʃn] *n* satisfacción *f*.

gratify [ˈgrætɪfaɪ] (*pt & pp* **-ied**) *vt* **-1.** [please - person]: **to be gratified** estar satisfecho **-2.** [satisfy - wish] satisfacer.

gratifying [ˈgrætɪfaɪŋ] *adj* satisfactorio(ria), gratificante.

grating [ˈgreɪtɪŋ] ◇ *adj* chirriante. ◇ *n* [grille] reja *f*, enrejado *m*.

gratitude [ˈgrætɪtjuːd] *n (U)*: ~ **(to sb for)** agradecimiento *m OR* gratitud *f* (a alguien por).

gratuitous [grəˈtjuːɪtəs] *adj fml* gratuito(ta).

gratuity [grəˈtjuːɪtɪ] (*pl* **-ies**) *n fml* [tip] propina *f*.

grave [greɪv] ◇ *adj* grave. ◇ *n* sepultura *f*, tumba *f*; **he must be turning in his** ~! ¡si levantara la cabeza!

grave accent [grɑːv-] *n* acento *m* grave.

gravedigger [ˈgreɪvˌdɪgəʳ] *n* sepulturero *m*, -ra *f*.

gravel [ˈgrævl] ◇ *n* grava *f*, gravilla *f*. ◇ *comp* de grava *OR* gravilla.

gravelled *UK*, **graveled** *US* [ˈgrævld] *adj* cubierto(ta) de grava *OR* gravilla.

gravestone [ˈgreɪvstəʊn] *n* lápida *f* (sepulcral).

graveyard [ˈgreɪvjɑːd] *n* cementerio *m*.

gravitate [ˈgrævɪteɪt] *vi*: **to** ~ **towards** [be attracted] verse atraído(da) por.

gravity [ˈgrævətɪ] *n* gravedad *f*.

gravy [ˈgreɪvɪ] *n* **-1.** *(U)* [meat juice] salsa *f OR* jugo *m* de carne **-2.** *US v inf* [easy money] pasta *f* fácil.

gravy boat *n* salsera *f*.

gravy train *n inf*: **the** ~ el chollo del siglo.

gray *US* = **grey**.

graze [greɪz] ◇ *vt* **-1.** [feed on] pacer *OR* pastar en **-2.** [cause to feed] apacentar **-3.** [skin, knee etc] rasguñar **-4.** [touch lightly] rozar. ◇ *vi* pacer, pastar. ◇ *n* rasguño *m*.

grease [griːs] ◇ *n* grasa *f*. ◇ *vt* engrasar.

grease gun *n* pistola *f* engrasadora.

greasepaint [ˈgriːspeɪnt] *n* maquillaje *m* (de actores).

greaseproof paper [ˌgriːspruːf-] *n (U) UK* papel *m* de cera (para envolver).

greasy [ˈgriːzɪ] (*compar* **-ier**, *superl* **-iest**) *adj* grasiento(ta); [inherently] graso(sa).

great [greɪt] ◇ *adj* **-1.** [gen] grande; [heat] intenso(sa); **with** ~ **care** con mucho cuidado; **a** ~ **deal of ...** un montón de ... **-2.** *inf* [splendid] estupendo(da), fenomenal, chévere *Andes, Carib*; **we had a** ~ **time** lo pasamos en grande; ~! ¡estupendo! ◇ *adv*: ~ **big** enorme; **you** ~ **big coward!** ¡pero qué cobardica eres! ◇ *n* grande *m OR f*.

Great Barrier Reef *n*: **the** ~ la Gran Barrera de Coral.

Great Bear *n*: **the** ~ la Osa Mayor.

Great Britain *n* Gran Bretaña.

greatcoat [ˈgreɪtkəʊt] *n* gabán *m*.

Great Dane *n* gran danés *m*.

Greater [ˈgreɪtəʳ] *adj*: ~ **London/Manchester** el área metropolitana de Londres/Manchester.

great-grandchild *n* bisnieto *m*, -ta *f*.

great-grandfather *n* bisabuelo *m*.

great-grandmother *n* bisabuela *f*.

Great Lakes *npl*: **the** ~ los grandes Lagos.

greatly [ˈgreɪtlɪ] *adv* enormemente.

greatness [ˈgreɪtnɪs] *n* grandeza *f*.

Great Wall of China *n*: **the** ~ la Muralla China.

Great War *n*: **the** ~ la Gran Guerra, la

Primera Guerra Mundial.

Grecian ['gri:ʃn] *adj* griego(ga).

Greece [gri:s] *n* Grecia.

greed [gri:d] *n (U):* ~ **(for)** [food] glotonería *f* (con); [money] codicia *f* (de); [power] ambición *f* (de).

greedily ['gri:dɪlɪ] *adv* con avidez.

greedy ['gri:dɪ] (*compar* -ier, *superl* -iest) *adj* -1. [for food] glotón(ona) -2. [for money, power]: ~ **for** codicioso(sa) *OR* ávido(da) de.

Greek [gri:k] <> *adj* griego(ga); **the ~ Islands** las islas griegas. <> *n* -1. [person] griego *m*, -ga *f* -2. [language] griego *m*.

green [gri:n] <> *adj* -1. [gen] verde -2. [environmentalist] verde, ecologista -3. *inf* [inexperienced] novato(ta) -4. *inf* [jealous]: ~ **(with envy)** muerto(ta) de envidia -5. *inf* [ill, pale] pálido(da). <> *n* -1. [colour] verde *m*; **in ~ de** verde -2. [in village] parque *m* comunal -3. [in golf] green *m*.

➡ **Green** *n POL* verde *m OR f*, ecologista *m OR f*; **the Greens** los verdes.

➡ **greens** *npl* [vegetables] verdura *f*.

greenback ['gri:nbæk] *n US inf billete de banco americano.*

green bean *n* judía *f* verde, ejote *m CAm, Méx*, chauta *f RP*, vainita *f Ven*, poroto *m* verde *Chile*, habichuela *f Col*.

green belt *n UK* cinturón *m* verde.

Green Beret *n US inf*: **the ~s** las boinas verdes.

green card *n* -1. *UK* [for vehicle] *seguro que cubre a conductores en el extranjero* -2. *US* [work permit] permiso *m* de trabajo *(en Estados Unidos)*.

GREEN CARD ▬

A pesar de que ya no es verde, así se denomina aún el documento que permite a un ciudadano de otro país vivir y trabajar en los Estados Unidos. El proceso de adquirir una *green card* es largo y complicado. Las personas interesadas deben tener un pariente cercano que sea ciudadano estadounidense, ser empleado de una compañía de este país o poder invertir en él una ingente cantidad de dinero.

Green Cross Code *n* en *Gran Bretaña, código de seguridad vial básica para niños.*

greenery ['gri:nərɪ] *n* follaje *m*, vegetación *f*.

greenfield site ['gri:n,fi:ld-] *n* terreno *m* en zona de baja intensidad industrial.

greenfinch ['gri:nfɪntʃ] *n* verderón *m*.

green fingers *npl UK*: **to have ~** tener dotes para la jardinería.

greenfly ['gri:nflaɪ] (*pl inv OR* -ies) *n* pulgón *m*.

greengage ['gri:ngeɪdʒ] *n* ciruela *f* claudia.

greengrocer ['gri:n,grəʊsə'] *n* verdulero *m*, -ra *f*; ~'**s (shop)** verdulería *f*.

greenhorn ['gri:nhɔ:n] *n US* -1. [newcomer] recién llegado *m*, recién llegada *f* -2. [novice] novato *m*, -ta *f*.

greenhouse ['gri:nhaʊs, *pl* -haʊzɪz] *n* invernadero *m*.

greenhouse effect *n*: **the ~** el efecto invernadero.

greenhouse gas *n* gas *m* invernadero.

greenish ['gri:nɪʃ] *adj* verdoso(sa).

greenkeeper ['gri:n,ki:pə'] *n* persona encargada del cuidado de un campo de golf.

Greenland ['gri:nlənd] *n* Groenlandia.

Greenlander ['gri:nləndə'] *n* groenlandés *m*, -esa *f*.

green light *n fig*: **to give sb the ~** dar a alguien luz verde.

green paper *n POL* libro *m* verde.

Green Party *n*: **the ~** los verdes, el partido verde.

green salad *n* ensalada *f* verde.

green thumb *n US*: **to have a ~** tener dotes para la jardinería.

greet [gri:t] *vt* -1. [say hello to] saludar -2. [receive] recibir -3. [subj: sight, smell]: **he was ~ed by total chaos** se encontró con un auténtico caos.

greeting ['gri:tɪŋ] *n* saludo *m*.

➡ **greetings** *npl*: **Christmas/birthday ~s!** ¡feliz navidad/cumpleaños!; **~s from ...** recuerdos de ...

greetings card *UK* ['gri:tɪŋz-], **greeting card** *US n* tarjeta *f* de felicitación.

gregarious [grɪ'geərɪəs] *adj* [person] sociable; [animal] gregario(ria).

gremlin ['gremlɪn] *n inf* duende *m*.

Grenada [grə'neɪdə] *n* Granada.

grenade [grə'neɪd] *n*: **(hand) ~** granada *f* (de mano).

Grenadian [grə'neɪdjən] <> *adj* granadino(na). <> *n* granadino *m*, -na *f*.

grenadier [,grenə'dɪə'] *n* granadero *m*.

grenadine ['grenədi:n] *n* granadina *f*.

grew [gru:] *pt* ➣ **grow.**

grey *UK*, **gray** *US* [greɪ] <> *adj lit* & *fig* gris; **a ~ hair** una cana; **to go ~** [grey-haired] echar canas, encanecer. <> *n* gris *m*; **in ~ de** gris.

grey area *n* tema *m* oscuro, área *f* difusa.

grey-haired [-'heəd] *adj* canoso(sa).

greyhound ['greɪhaʊnd] *n* galgo *m*.

Greyhound (bus)® *n* autobús *m* de largo recorrido.

greying *UK*, **graying** *US* ['greɪɪŋ] *adj* canoso(sa).

grey matter *n (U)* **- 1.** *MED* materia *f* gris **- 2.** *inf* [brain power] cerebro *m*.

greyscale *UK*, **grayscale** *US* ['greɪskeɪl] *n* *COMPUT* escala *f* de grises.

grey squirrel *n* ardilla *f* gris.

grid [grɪd] *n* **- 1.** [grating] reja *f*, enrejado *m* **- 2.** [system of squares] cuadrícula *f*.

griddle ['grɪdl] *n* plancha *f*.

gridiron ['grɪd,aɪən] *n* **- 1.** [in cooking] parrilla *f* **- 2.** *US* [game] fútbol *m* americano; [field] *campo m de fútbol americano*.

gridlock ['grɪdlɒk] *n* *US* embotellamiento *m*, atasco *m*.

grief [gri:f] *n (U)* **- 1.** [sorrow] dolor *m*, pesar *m* **- 2.** *inf* [trouble] problemas *mpl* **- 3.** *phr*: **to come to ~** [person] sufrir un percance; [plans] irse al traste; **good ~!** ¡madre mía!

grief-stricken *adj* desconsolado(da), apesadumbrado(da).

grievance ['gri:vns] *n* (motivo *m* de) queja *f*.

grieve [gri:v] ◇ *vt*: **it ~s me to say it** *fml* me apena decirlo. ◇ *vi*: **to ~ (for)** llorar (por).

grieving ['gri:vɪŋ] *n (U)* aflicción *f*.

grievous ['gri:vəs] *adj fml* grave.

grievous bodily harm *n (U)* lesiones *fpl* graves.

grievously ['gri:vəslɪ] *adv fml* gravemente.

grill [grɪl] ◇ *n* **- 1.** [on cooker] grill *m*; [for barbecue] parrilla *f* **- 2.** [food] parrillada *f*. ◇ *vt* **- 1.** [on cooker] asar al grill; [on barbecue] asar a la parrilla **- 2.** *inf* [interrogate] someter a un duro interrogatorio.

grille [grɪl] *n* [on radiator, machine] rejilla *f*; [on window, door] reja *f*.

grim [grɪm] (*compar* **-mer**, *superl* **-mest**) *adj* **- 1.** [expression] adusto(ta); [determination] inexorable **- 2.** [place, facts, prospect] desolador(ra).

grimace [grɪ'meɪs] ◇ *n* mueca *f*. ◇ *vi* hacer una mueca.

grime [graɪm] *n* mugre *f*.

grimly ['grɪmlɪ] *adv* **- 1.** [resolutely] con determinación **- 2.** [mirthlessly] lúgubremente.

grimy ['graɪmɪ] (*compar* **-ier**, *superl* **-iest**) *adj* mugriento(ta).

grin [grɪn] (*pt* & *pp* **-ned**, *cont* **-ning**) ◇ *n* sonrisa *f* (abierta). ◇ *vi*: **to ~ (at)** sonreír (a); **to ~ and bear it** poner al mal tiempo buena cara.

grind [graɪnd] (*pt* & *pp* **ground**) ◇ *vt* **- 1.** [crush] moler **- 2.** [press]: **to ~ sthg into sthg** aplastar algo contra algo. ◇ *vi* [scrape] rechinar, chirriar. ◇ *n* **- 1.** [hard, boring work] rutina *f*; **what a ~!** ¡qué lata! **- 2.** *US inf* [hard worker] currante *m* OR *f*.

➡ **grind down** *vt sep* [oppress] oprimir, acogotar.

➡ **grind up** *vt sep* pulverizar, hacer polvo.

grinder ['graɪndə'] *n* molinillo *m*.

grinding ['graɪndɪŋ] *adj* **- 1.** [unbearable] insoportable **- 2.** [poverty] absoluto(ta).

grip [grɪp] (*pt* & *pp* **-ped**, *cont* **-ping**) ◇ *n* **- 1.** [grasp, hold]: **to have a ~ (on sthg/sb)** tener (algo/a alguien) bien agarrado **- 2.** [control, domination]: **~ on** control *m* de, dominio *m* de; **in the ~ of sthg** en las garras de algo, dominado por algo; **to get to ~s with** llegar a controlar; **to get a ~ on o.s.** calmarse, controlarse; **to lose one's ~** *fig* perder el control **- 3.** [adhesion] sujeción *f*, adherencia *f* **- 4.** [handle] asidero *m* **- 5.** [bag] bolsa *f* de viaje. ◇ *vt* **- 1.** [grasp] agarrar, asir; [hand] apretar; [weapon] empuñar **- 2.** [seize] apoderarse de. ◇ *vi* adherirse.

gripe [graɪp] *inf* ◇ *n* [complaint] queja *f*. ◇ *vi*: **to ~ (about)** quejarse (de).

gripping ['grɪpɪŋ] *adj* apasionante.

grisly ['grɪzlɪ] (*compar* **-ier**, *superl* **-iest**) *adj* [horrible, macabre] espeluznante, horripilante.

grist [grɪst] *n*: **it's all ~ to the mill** todo vale OR sirve.

gristle ['grɪsl] *n* cartílago *m*, ternilla *f*.

gristly ['grɪslɪ] (*compar* **-ier**, *superl* **-iest**) *adj* cartilaginoso(sa).

grit [grɪt] (*pt* & *pp* **-ted**, *cont* **-ting**) ◇ *n* **- 1.** [stones] grava *f*; [sand, dust] arena *f* **- 2.** *inf* [courage] valor *m*. ◇ *vt* echar arena en (*las calles*).

➡ **grits** *npl* *US* granos *mpl* de maíz molidos.

gritter ['grɪtə'] *n* vehículo *que esparce arena o gravilla por las carreteras en tiempos de heladas*.

gritty ['grɪtɪ] (*compar* **-ier**, *superl* **-iest**) *adj* **- 1.** [stony] arenoso(sa) **- 2.** *inf* [brave] valiente.

grizzled ['grɪzld] *adj* canoso(sa).

grizzly ['grɪzlɪ] (*pl* **-ies**) *n*: **~ (bear)** oso *m* pardo.

groan [grəʊn] ◇ *n* gemido *m*, quejido *m*. ◇ *vi* **- 1.** [moan] gemir **- 2.** [creak] crujir.

grocer ['grəʊsə'] *n* tendero *m*, -ra *f*, abarrotero *m*, -ra *f* *Amér*; **~'s (shop)** tienda *f* de comestibles OR ultramarinos, abarrotería *f* *CAm*.

groceries ['grəʊsərɪz] *npl* [foods] comestibles *mpl*, abarrotes *mpl* *Amér*.

grocery ['grəʊsərɪ] (*pl* **-ies**) *n* *US* [shop] tienda *f* de comestibles OR ultramarinos, supermercado *m*, abarrotería *f* *Amér*.

groggy ['grɒgɪ] (*compar* **-ier**, *superl* **-iest**) *adj* atontado(da).

groin [grɔɪn] *n* ingle *f*.

groom [gru:ml] ◇ *n* **- 1.** [of horses] mozo *m* de

cuadra **-2.** [bridegroom] novio *m.* ⬦ *vt* **-1.** [brush] cepillar, almohazar **-2.** [prepare]: **to ~ sb (for sthg)** preparar a alguien (para algo).

groove [gru:v] *n* [deep line] ranura *f*; [in record] surco *m.*

grope [grəʊp] ⬦ *vt* **-1.** [try to find]: **to ~ one's way** andar a tientas **-2.** [fondle] toquetear, meter mano a. ⬦ *vi*: **to ~ (about) for sthg** [object] buscar algo a tientas; [solution, remedy] buscar algo a ciegas.

gross [grəʊs] (*pl inv* OR **-es**) ⬦ *adj* **-1.** [total] bruto(ta) **-2.** *fml* [serious, inexcusable] grave, intolerable **-3.** [coarse, vulgar] basto(ta), vulgar **-4.** *inf* [obese] obeso(sa) **-5.** *inf* [revolting] asqueroso(sa). ⬦ *n* gruesa *f.* ⬦ *vt* ganar en bruto.

gross domestic product *n* producto *m* interior bruto.

grossly [ˈgrəʊslɪ] *adv* [seriously] enormemente.

gross national product *n* producto *m* nacional bruto.

gross profit *n* beneficio *m* bruto.

grotesque [grəʊˈtesk] *adj* grotesco(ca).

grotto [ˈgrɒtəʊ] (*pl* **-es** OR **-s**) *n* gruta *f.*

grotty [ˈgrɒtɪ] (*compar* **-ier**, *superl* **-iest**) *adj* UK *inf* asqueroso(sa), cochambroso(sa).

grouchy [ˈgraʊtʃɪ] (*compar* **-ier**, *superl* **-iest**) *adj* *inf* refunfuñón(ona).

ground [graʊnd] ⬦ *pt* & *pp* ⬦ **grind**. ⬦ *n* **-1.** [surface of earth] suelo *m*; [soil] tierra *f*; **above/below ~** sobre/bajo tierra; **on the ~** en el suelo; **to be thin on the ~** ser escaso; **to get sthg off the ~** *fig* poner algo en marcha **-2.** [area of land] terreno *m*; SPORT campo *m* **-3.** [subject area] terreno *m*; **to be on familiar ~** pisar terreno conocido; **to break fresh** OR **new ~**, abrir nuevas fronteras **-4.** [advantage]: **to gain/lose ~** ganar/perder terreno **-5.** *phr*: **to cut the ~ from under sb's feet** pisar el terreno a alguien adelantándosele; **to go to ~** esconderse, refugiarse; **to run sthg/sb to ~** encontrar algo/a alguien (finalmente); **to stand one's ~** mantenerse firme. ⬦ *vt* **-1.** [base]: **to be ~ed on** OR **in sthg** basarse en algo **-2.** [aircraft, pilot] hacer permanecer en tierra **-3.** US *inf* [child] castigar sin salir **-4.** US ELEC: **to be ~ed** estar conectado(da) a tierra.
◆ **grounds** *npl* **-1.** [reason]: **~s (for sthg/for doing sthg)** motivos *mpl* (para algo/para hacer algo); **on the ~s of** por motivos de; **on the ~s that** aduciendo que, debido a que **-2.** [around house] jardines *mpl*; [of public building] terrenos *mpl* **-3.** [of coffee] posos *mpl* **-4.** [area] zona *f.*

ground beef *n* US carne *f* picada.

groundbreaking [ˈgraʊndˌbreɪkɪŋ] *adj* pionero(ra).

ground control *n* control *m* de tierra.

ground cover *n* maleza *f.*

ground crew *n* personal *m* de tierra.

ground floor *n* planta *f* baja; **~ flat** (piso *m*) bajo *m.*

grounding [ˈgraʊndɪŋ] *n*: **~ (in)** base *f* (de), conocimientos *mpl* básicos (de).

groundless [ˈgraʊndlɪs] *adj* infundado(da), sin fundamento.

ground level *n*: **at ~** a nivel del suelo.

groundnut [ˈgraʊndnʌt] *n* cacahuete *m.*

ground plan *n* [of building] planta *f.*

ground rent *n* alquiler pagado al propietario de un terreno durante largo tiempo con el fin de edificar.

ground rules *npl* reglas *fpl* básicas.

groundsheet [ˈgraʊndʃiːt] *n* lona *f* impermeable *(para camping etc).*

groundsman [ˈgraʊndzmən] (*pl* **-men** [-mən]) *n* UK cuidador *m* del campo OR terreno de juego.

ground staff *n* **-1.** [at sports ground] personal *m* al cargo de las instalaciones **-2.** UK = ground crew.

groundswell [ˈgraʊndswel] *n* [of opinion etc] oleada *f*, ola *f.*

groundwork [ˈgraʊndwɜːk] *n (U)* trabajo *m* preliminar.

group [gru:p] ⬦ *n* grupo *m.* ⬦ *vt* agrupar. ⬦ *vi*: **to ~ (together)** agruparse.

groupie [ˈgru:pɪ] *n* *inf* groupie *mf.*

group practice *n* gabinete *m* médico.

group therapy *n* terapia *f* de grupo.

grouse [graʊs] (*pl inv* OR **-s**) ⬦ *n* **-1.** [bird] urogallo *m* **-2.** *inf* [complaint] queja *f.* ⬦ *vi* *inf* quejarse.

grove [grəʊv] *n* [of trees] arboleda *f*; **lemon ~** limonar *m.*
◆ **Grove** *n* [in street names] *nombre de ciertas calles británicas.*

grovel [ˈgrɒvl] (*UK pt* & *pp* **-led**, *cont* **-ling**, *US pt* & *pp* **-ed**, *cont* **-ing**) *vi* *lit* & *fig*: **to ~ (to)** arrastrarse (ante).

grow [grəʊ] (*pt* **grew**, *pp* **grown**) ⬦ *vi* **-1.** [gen] crecer **-2.** [become] volverse, ponerse; **to ~ dark** oscurecer; **to ~ old** envejecer **-3.** [come]: **to ~ to do sthg** llegar a hacer algo. ⬦ *vt* **-1.** [plants] cultivar **-2.** [hair, beard] dejarse crecer.
◆ **grow apart** *vi* distanciarse.
◆ **grow into** *vt fus* **-1.** [clothes, shoes] crecer lo suficiente para poder llevar **-2.** [become, turn into] convertirse en.
◆ **grow on** *vt fus* *inf*: **it's ~ing on me** me gusta cada vez más.
◆ **grow out** *vi* [perm, dye] irse, desaparecer.

➤ **grow out of** vt fus -**1.** [become too big for]: **he has grown out of his clothes** se le ha quedado pequeña la ropa - **2.** [lose - habit] perder; **he'll ~ out of it** ya se le pasará.

➤ **grow up** vi crecer; **when I ~ up** cuando sea mayor; **I grew up in Ireland** me crié en Irlanda; **~ up!** ¡no seas niño!

grower ['grəʊəʳ] n cultivador m, -ra f.

growl [graʊl] ◇ n [of dog, person] gruñido m; [of engine] rugido m. ◇ vi [dog, person] gruñir; [liengine] rugir.

grown [grəʊn] ◇ pp ▷ **grow**. ◇ adj adulto(ta).

grown-up ◇ adj [mature] maduro(ra). ◇ n persona f mayor.

growth [grəʊθ] n -**1.** [gen]: **~ (of** OR **in)** crecimiento m (de) - **2.** MED tumor m.

growth rate n tasa f de crecimiento.

grub [grʌb] n -**1.** [insect] larva f, gusano m - **2.** inf [food] manduca f, papeo m.

grubby ['grʌbɪ] (compar -ier, superl -iest) adj sucio(cia), mugriento(ta).

grudge [grʌdʒ] ◇ n rencor m; **to bear sb a ~**, **to bear a ~ against sb** guardar rencor a alguien. ◇ vt: **to ~ sb sthg** conceder algo a alguien a regañadientes; **to ~ doing sthg** hacer algo a regañadientes.

grudging ['grʌdʒɪŋ] adj concedido(da) a regañadientes.

grudgingly ['grʌdʒɪŋlɪ] adv a regañadientes, de mala gana.

gruelling UK, **grueling** US ['grʊəlɪŋ] adj agotador(ra).

gruesome ['gru:səm] adj espantoso(sa), horripilante.

gruff [grʌf] adj -**1.** [hoarse] bronco(ca) - **2.** [rough, unfriendly] hosco(ca), brusco(ca).

grumble ['grʌmbl] ◇ n -**1.** [complaint] queja f - **2.** [of stomach] gruñido m (de tripas). ◇ vi -**1.** [complain] quejarse, refunfuñar; **to ~ about sthg** quejarse de algo, refunfuñar por algo - **2.** [stomach] gruñir, hacer ruido.

grumbling ['grʌmblɪŋ] n (U) -**1.** [complaining] refunfuñeo m, quejas fpl - **2.** [of stomach] gruñidos mpl (de las tripas).

grumpy ['grʌmpɪ] (compar -ier, superl -iest) adj inf gruñón(ona).

grunge [grʌndʒ] n MUS grunge m.

grunt [grʌnt] ◇ n gruñido m. ◇ vi gruñir.

G-string n taparrabos m inv, tanga m.

GU abbr of Guam.

Guadeloupe [ˌgwɑ:dəˈlu:p] n Guadalupe.

guarantee [ˌgærənˈti:] ◇ n garantía f; **under ~** en periodo de garantía. ◇ vt garantizar.

guarantor [ˌgærənˈtɔːʳ] n garante m OR f.

guard [gɑ:d] ◇ n -**1.** [person] guardia m OR f; [in prison] carcelero m, -ra f - **2.** [group of guards, operation] guardia f; **to be on/stand ~** estar de/ hacer guardia; **to be on (one's) ~ (against)** estar en guardia OR alerta (contra); **to catch sb off ~** coger a alguien desprevenido - **3.** UK RAIL jefe m de tren - **4.** [protective device - for body] protector m; [- for machine] cubierta f protectora. ◇ vt -**1.** [protect, hide] guardar - **2.** [prevent from escaping] vigilar.

➤ **guard against** vt fus evitar.

guard dog n perro m guardián.

guarded ['gɑ:dɪd] adj cauteloso(sa).

guardian ['gɑ:djən] n -**1.** [of child] tutor m, -ra f - **2.** [protector] guardián m, -ana f, protector m, -ra f.

guardian angel n ángel m de la guarda, ángel m custodio.

guardianship ['gɑ:djənʃɪp] n tutela f.

guardrail ['gɑ:dreɪl] n US [on road] barrera f de protección.

guardsman ['gɑ:dzmən] (pl -men [-mən]) n [in UK] guardia m (de la guardia real).

guard's van n UK furgón m de cola.

Guatemala [ˌgwɑ:təˈmɑ:lə] n Guatemala.

Guatemalan [ˌgwɑ:təˈmɑ:lən] ◇ adj guatemalteco(ca). ◇ n guatemalteco m, -ca f.

guava ['gwɑ:və] n guayaba f.

guerilla [gəˈrɪlə] = **guerrilla**.

Guernsey ['gɜ:nzɪ] n -**1.** [place] Guernsey - **2.** [sweater] jersey m grueso de lana - **3.** [cow] vaca f de Guernsey.

guerrilla [gəˈrɪlə] n guerrillero m, -ra f; **urban ~** guerrillero de ciudad.

guerrilla warfare n (U) guerra f de guerrillas.

guess [ges] ◇ n suposición f, conjetura f; **to take a ~** intentar adivinar; **it's anybody's ~** vete a saber, ¿quién sabe? ◇ vt adivinar; **~ what?** ¿sabes qué? ◇ vi -**1.** [conjecture] adivinar; **to ~ at sthg** tratar de adivinar algo; **to ~ right** acertar; **to ~ wrong** equivocarse; **to keep sb ~ing** tener a alguien en la incertidumbre - **2.** [suppose]: **I ~ (so)** supongo OR me imagino que sí.

guesstimate ['gestɪmət] n inf cálculo m a bulto.

guesswork ['geswɜ:k] n (U) conjeturas fpl, suposiciones fpl.

guest [gest] n -**1.** [at home, on programme] invitado m, -da f - **2.** [at hotel] huésped m OR f - **3.** phr: **be my ~!** ¡pues claro!

guesthouse ['gesthaʊs, pl -haʊzɪz] n casa f de huéspedes.

guest of honour n invitado m, -da f de honor.

guestroom ['gestrʊm] n cuarto m de los huéspedes.

guest star n estrella f invitada.

guffaw [gʌ'fɔ:] ◇ n risotada f, carcajada f. ◇ vi reírse a carcajadas.

Guiana [gar'ænə] n (la) Guayana.

guidance ['gaɪdəns] n (U) -1. [help] orientación f, consejos mpl -2. [leadership] dirección f; under the ~ of bajo la dirección de.

guide [gaɪd] ◇ n -1. [person] guía m OR f -2. [book] guía f. ◇ vt -1. [show by leading] guiar -2. [control] conducir, dirigir -3. [influence]: to be ~d by guiarse por.
◆ **Guide** = Girl Guide.

guide book n guía f.

guided missile ['gaɪdɪd-] n misil m teledirigido.

guide dog n perro m lazarillo.

guidelines ['gaɪdlaɪnz] npl directrices fpl.

guiding ['gaɪdɪŋ] adj [principle] rector(ra).

guild [gɪld] n -1. HIST gremio m -2. [association] corporación f.

guildhall ['gɪldhɔ:l] n sede de un gremio.

guile [gaɪl] n (U) astucia f.

guileless ['gaɪllɪs] adj literary inocente, candoroso(sa).

guillemot ['gɪlɪmɒt] n arao m común.

guillotine ['gɪlə,ti:n] ◇ n -1. [gen] guillotina f -2. UK POL estipulación de un tiempo determinado para debatir un proyecto de ley. ◇ vt guillotinar.

guilt [gɪlt] n -1. [remorse] culpa f -2. JUR culpabilidad f.

guiltily ['gɪltɪlɪ] adv con aire de culpabilidad.

guilty ['gɪltɪ] (compar -ier, superl -iest) adj -1. [gen]: ~ (of) culpable (de); to be found ~ / not ~ ser declarado culpable/inocente; to have a ~ conscience tener remordimientos de conciencia -2. [secret, thought] que causa remordimiento.

guinea ['gɪnɪ] n guinea f.

Guinea ['gɪnɪ] n Guinea.

Guinea-Bissau [-bɪ'saʊ] n Guinea-Bissau.

guinea fowl n gallina f de Guinea.

guinea pig n lit & fig conejillo m de Indias.

guise [gaɪz] n fml apariencia f.

guitar [gɪ'tɑ:r] n guitarra f.

guitarist [gɪ'tɑ:rɪst] n guitarrista m OR f.

gulch [gʌltʃ] n US barranco m.

gulf [gʌlf] n -1. [sea] golfo m -2. [chasm] sima f, abismo m -3. [big difference]: ~ (between) abismo m (entre).
◆ **Gulf** n: the Gulf el Golfo.

Gulf States npl: the ~ los países del Golfo.

Gulf Stream n: the ~ la corriente del Golfo.

Gulf War n: the ~ la guerra del Golfo.

gull [gʌl] n gaviota f.

gullet ['gʌlɪt] n esófago m.

gullible ['gʌləbl] adj crédulo(la).

gully ['gʌlɪ] (pl -ies) n barranco m.

gulp [gʌlp] ◇ n trago m. ◇ vt [liquid] tragarse; [food] engullir. ◇ vi tragar saliva.
◆ **gulp down** vt sep [liquid] tragarse; [food] engullir.

gum [gʌm] (pt & pp -med, cont -ming) ◇ n -1. [chewing gum] chicle m -2. [adhesive] pegamento m -3. ANAT encía f. ◇ vt pegar, engomar.

gumboil ['gʌmbɔɪl] n flemón m.

gumboots ['gʌmbu:ts] npl UK botas fpl de agua OR de goma.

gumption ['gʌmpʃn] n (U) inf -1. [common sense] seso m, sentido m común -2. [determination] agallas fpl, coraje m.

gumshoe ['gʌmʃu:] n US crime sl sabueso m, polizonte m OR f.

gun [gʌn] (pt & pp -ned, cont -ning) n -1. [pistol] pistola f; [rifle] escopeta f, fusil m; [artillery] cañón m; to stick to one's ~s mantenerse en sus trece; to jump the ~ adelantarse a los acontecimientos -2. [tool] pistola f.
◆ **gun down** vt sep abatir (a tiros).

gunboat ['gʌnbəʊt] n lancha f cañonera, cañonero m.

gundog ['gʌndɒg] n perro m de caza.

gunfire ['gʌnfaɪər] n (U) disparos mpl, tiroteo m.

gunge [gʌndʒ] n (U) UK inf porquería f.

gung-ho [,gʌŋ'həʊ] adj UK inf -1. [overenthusiastic] demasiado entusiasta -2. [jingoistic] belicoso(sa).

gunk [gʌŋk] n inf porquería f.

gunman ['gʌnmən] (pl -men [-mən]) n pistolero m.

gunner ['gʌnər] n artillero m.

gunpoint ['gʌnpɔɪnt] n: at ~ a punta de pistola.

gunpowder ['gʌn,paʊdər] n pólvora f.

gunrunning ['gʌn,rʌnɪŋ] n tráfico m de armas.

gunshot ['gʌnʃɒt] n tiro m, disparo m.

gunsmith ['gʌnsmɪθ] n armero m.

gurgle ['gɜ:gl] ◇ vi -1. [water] gorgotear -2. [baby] gorjear. ◇ n -1. [of water] gorgoteo m -2. [of baby] gorjeo m.

guru ['gʊru:] n lit & fig gurú m.

gush [gʌʃ] ◇ n chorro m. ◇ vt chorrear. ◇ vi -1. [flow out] chorrear, manar -2. pej [enthuse] ser muy efusivo(va).

gushing ['gʌʃɪŋ] adj pej efusivo(va).

gusset ['gʌsɪt] *n* escudete *m*.

gust [gʌst] ◇ *n* ráfaga *f*, racha *f*. ◇ *vi* [wind] soplar racheado(da).

gusto ['gʌstəʊ] *n*: **with** ~ con deleite.

gusty ['gʌstɪ] (*compar* -**ier**, *superl* -**iest**) *adj* [day] ventoso(sa); [wind] racheado(da).

gut [gʌt] (*pt* & *pp* -**ted**, *cont* -**ting**) ◇ *n* -**1.** MED intestino *m* -**2.** [strong thread] sedal *m*. ◇ *vt* -**1.** [animal] destripar; [fish] limpiar -**2.** [subj: fire] destruir el interior de.

➡ **guts** *npl inf* -**1.** [intestines] tripas *fpl*; **to hate sb's** ~**s** odiar a alguien a muerte -**2.** [courage] agallas *fpl*.

gut reaction *n* primer impulso *m*.

gutsy ['gʌtsɪ] *adj* con agallas.

gutter ['gʌtəʳ] *n* -**1.** [ditch] cuneta *f* -**2.** [on roof] canalón *m*.

guttering ['gʌtərɪŋ] *n* (*U*) canalones *mpl*.

gutter press *n pej* prensa *f* amarilla OR sensacionalista.

guttural ['gʌtərəl] *adj* gutural.

guv [gʌv] *n UK inf* jefe *m*.

guy [gaɪ] *n* -**1.** *inf* [man] tipo *m*, tío *m*, chavo *m Méx* -**2.** *UK* [dummy] *muñeco que se quema en Gran Bretaña la noche de Guy Fawkes.*

Guyana [gaɪˈænə] *n* Guyana.

Guy Fawkes' Night *n fiesta que se celebra el 5 de noviembre en Gran Bretaña en que se encienden hogueras y se lanzan fuegos artificiales.*

GUY FAWKES' NIGHT

Se trata de un festejo británico que se celebra la noche del 5 de noviembre y que conmemora el complot católico encabezado por Guy Fawkes en 1605 para volar las casas del Parlamento. En esta noche se encienden hogueras en las que se quema una efigie de Guy Fawkes y se lanzan fuegos artificiales; por ello esta noche también se llama *Fireworks Night* o *Bonfire Night*.

guy rope *n* viento *m*, cuerda *f (de tienda de campaña).*

guzzle ['gʌzl] ◇ *vt* zamparse. ◇ *vi* zampar.

gym [dʒɪm] *n inf* -**1.** [gymnasium] gimnasio *m* -**2.** [exercises] gimnasia *f*.

gymkhana [dʒɪmˈkɑːnə] *n* gincana *f*.

gymnasium [dʒɪmˈneɪzjəm] (*pl* -**siums** OR -**sia** [-zjə]) *n* gimnasio *m*.

gymnast ['dʒɪmnæst] *n* gimnasta *m* OR *f*.

gymnastics [dʒɪmˈnæstɪks] *n* (*U*) gimnasia *f*.

gym shoes *npl* zapatillas *fpl* de gimnasia.

gymslip ['dʒɪmˌslɪp] *n UK* bata *f* de colegio.

gynaecological *UK*, **gynecological** *US* [ˌgaɪnəkəˈlɒdʒɪkl] *adj* ginecológico(ca).

gynaecologist *UK*, **gynecologist** *US* [ˌgaɪnəˈkɒlədʒɪst] *n* ginecólogo *m*, -ga *f*.

gynaecology *UK*, **gynecology** *US* [ˌgaɪnəˈkɒlədʒɪ] *n* ginecología *f*.

gyp [dʒɪp] ◇ *vt US* timar, estafar. ◇ *n UK*: **my knee has been giving me** ~ tengo la rodilla fastidiada.

gypsy ['dʒɪpsɪ] (*pl* -**ies**) = **gipsy**.

gyrate [dʒaɪˈreɪt] *vi* girar.

gyration [dʒaɪˈreɪʃn] *n* giro *m*, rotación *f*.

gyroscope ['dʒaɪrəskəʊp] *n* giroscopio *m*.

H

h (*pl* **h's** OR **hs**), **H** (*pl* **H's** OR **Hs**) [eɪtʃ] *n* [letter] h *f*, H *f*.

ha [hɑː] *excl* ¡ah!

habeas corpus [ˌheɪbjəsˈkɔːpəs] *n* hábeas corpus *m*.

haberdashery ['hæbədæʃərɪ] (*pl* -**ies**) *n* -**1.** *UK* [selling sewing materials] mercería *f* -**2.** *US* [selling men's clothing] tienda *f* de ropa para caballeros.

habit ['hæbɪt] *n* -**1.** [custom] costumbre *f*, hábito *m*; **to be in the** ~ **of doing sthg** tener la costumbre de hacer algo; **to make a** ~ **of sthg** tomar algo por costumbre; **to make a** ~ **of doing sthg** tener por costumbre hacer algo; **to have a drug** ~ ser drogadicto -**2.** [garment] hábito *m*.

habitable ['hæbɪtəbl] *adj* habitable.

habitat ['hæbɪtæt] *n* hábitat *m*.

habitation [hæbɪˈteɪʃn] *n* -**1.** [occupation] ocupación *f*, habitación *f* -**2.** [house] morada *f*.

habit-forming [-ˌfɔːmɪŋ] *adj* que crea hábito.

habitual [həˈbɪtʃʊəl] *adj* -**1.** [usual] habitual, acostumbrado(da) -**2.** [smoker, gambler] empedernido(da).

habitually [həˈbɪtʃʊəlɪ] *adv* por costumbre, habitualmente.

hack [hæk] ◇ *n* -**1.** *pej* [writer] escritorzuelo *m*, -la *f*; [journalist] gacetillero *m*, -ra *f* -**2.** *US inf* [taxi] taxi *m*. ◇ *vt* -**1.** [cut] cortar en tajos, acuchillar **- 2.** *COMPUT* piratear. ⬦ *vi* [cut] dar tajos *OR* hachazos.

➤ **hack into** *vt fus* piratear.

➤ **hack through** *vt fus* [cut]: **to ~ (one's way) through** sthg abrirse paso por algo a hachazos.

hacker ['hækə'] *n*: **(computer)** ~ pirata *m OR f* informático.

hacking ['hækɪŋ] *n COMPUT* piratería *f (informática)*.

hacking cough *n* tos *f* seca.

hackles ['hæklz] *npl* pelo o plumas del cuello de un animal; **to make sb's ~ rise** poner negro a alguien.

hackney cab, hackney carriage ['hæknɪ-] *n fml* [taxi] taxi *m*.

hackneyed ['hæknɪd] *adj pej* trillado(da), gastado(da).

hacksaw ['hæksɔ:] *n* sierra *f* para metales.

had [weak form həd, strong form hæd] *pt & pp* ⊳ have.

haddock ['hædək] *(pl inv) n* eglefino *m*.

hadn't ['hædnt] = had not.

haematology [,hi:mə'tɒlədʒɪ] = hematology.

haemoglobin [,hi:mə'gləʊbɪn] = hemoglobin.

haemophilia [,hi:mə'fɪlɪə] = hemophilia.

haemophiliac [,hi:mə'fɪlɪæk] = hemophiliac.

haemorrhage ['hemərɪdʒ] = hemorrhage.

haemorrhoids ['hemərɔɪdz] = hemorrhoids.

hag [hæg] *n pej* bruja *f*, arpía *f*.

haggard ['hægəd] *adj* ojeroso(sa).

haggis ['hægɪs] *n* plato típico escocés hecho con las asaduras del cordero.

haggle ['hægl] *vi*: **to ~ (with sb over OR about sthg)** regatear (algo con alguien).

haggling ['hæglɪŋ] *n* regateo *m*.

Hague [heɪg] *n*: **The ~** La Haya.

hail [heɪl] ⬦ *n* **-1.** *METEOR* granizo *m*, pedrisco *m* **- 2.** *fig* [large number] lluvia *f*. ⬦ *vt* **-1.** [call] llamar; [taxi] parar **- 2.** [acclaim]: **to ~ sb as sthg** aclamar a alguien algo; **to ~ sthg as sthg** ensalzar algo catalogándolo de algo. ⬦ *v impers*: **it's ~ing** está granizando.

hailstone ['heɪlstəʊn] *n* granizo *m*, piedra *f*.

hair [heə'] *n* **-1.** *(U)* [gen] pelo *m*; **to have short ~** tener el pelo corto; **to do one's ~** arreglarse el pelo; **to let one's ~ down** [fig] soltarse el pelo; **to make sb's ~ stand on end** ponerle a alguien los pelos de punta; **to split ~s** hilar muy fino, rizar el rizo **- 2.** [on person's skin] vello *m*.

hairbrush ['heəbrʌʃ] *n* cepillo *m* para el pelo.

haircut ['heəkʌt] *n* corte *m* de pelo; **to have a ~** cortarse el pelo.

hairdo ['heədu:] *(pl -s) n inf* peinado *m*.

hairdresser ['heə,dresə'] *n* peluquero *m*, -ra *f*;

~**'s (salon)** peluquería *f*.

hairdressing ['heə,dresɪŋ] ⬦ *n* peluquería *f*. ⬦ *comp* de peluquería.

hairdryer ['heə,draɪə'] *n* secador *m* (de pelo).

hair gel *n* gomina *f*.

hairgrip ['heəgrɪp] *n UK* horquilla *f*.

hairline ['heəlaɪn] *n* nacimiento *m* del pelo.

hairline fracture *n* fractura *f* muy fina.

hairnet ['heənet] *n* redecilla *f*.

hairpiece ['heəpi:s] *n* peluquín *m*, postizo *m*.

hairpin ['heəpɪn] *n* horquilla *f* de moño.

hairpin bend *n* curva *f* muy cerrada.

hair-raising [-,reɪzɪŋ] *adj* espeluznante.

hair remover [-rɪ,mu:və'] *n* crema *f* depilatoria, depilatorio *m*.

hair-restorer *n* crecepelo *m*, loción *f* capilar.

hair's breadth *n*: **by a ~** por un pelo; **within a ~ of** al borde de.

hair slide *n UK* pasador *m*.

hair-splitting *n (U) pej* sutilezas *fpl*.

hairspray ['heəspreɪ] *n* laca *f* (para el pelo).

hairstyle ['heəstaɪl] *n* peinado *m*.

hairstylist ['heə,staɪlɪst] *n* peluquero *m*, -ra *f*.

hairy ['heərɪ] *(compar -ier, superl -iest) adj* **-1.** [covered in hair] peludo(da) **- 2.** *inf* [scary] espeluznante, espantoso(sa).

Haiti ['heɪtɪ] *n* Haití.

Haitian ['heɪʃn] ⬦ *adj* haitiano(na). ⬦ *n* haitiano *m*, -na *f*.

hake [heɪk] *(pl inv OR -s) n* merluza *f*.

halal [hə'lɑ:l] ⬦ *adj* [meat] *que ha sido matado de acuerdo con la ley musulmana*. ⬦ *n* carne de animal matado de acuerdo con la ley musulmana.

halcyon days ['hælsɪən-] *npl literary* días *mpl* idílicos.

hale [heɪl] *adj*: **~ and hearty** sano y fuerte (sana y fuerte).

half [UK hɑ:f, US hæf] *(pl senses 1 and 3 halves, pl senses 2 and 4 halves OR halfs)* ⬦ *adj* medio(dia); **~ a dozen/mile** media docena/milla; **~ an hour** media hora. ⬦ *adv* **-1.** [gen]: **~ naked/Spanish** medio desnudo/español; **~ full/open** medio lleno/abierto; **~ and ~** mitad y mitad; **not ~ !** *UK inf* ¡y cómo! **- 2.** [by half]: **~ as big (as)** la mitad de grande (que) **-3.** [in telling the time]: **~ past nine, ~ after nine** *US* las nueve y media; **it's ~ past** son y media. ⬦ *n* **-1.** [one of two parts] mitad *f*; **one ~ of the group** una mitad del grupo; **a pound/mile and a ~** una libra/milla y media; **by ~** en un cincuenta por ciento; **in ~** por la mitad, en dos; **he doesn't do things by halves** no hace las cosas a medias; **to be too clever by ~** pasarse de listo; **to go halves (with sb)** ir a medias (con alguien) **-2.** [fraction, halfback, child's ticket] medio *m* **-3.** [of sports match] tiempo *m*, mitad *f* **-4.** [of beer] media pinta *f.* ◇ *pron* la mitad; ~ **of it/them** la mitad.

half-and-half *n US* [in coffee] leche *f* con nata *Esp OR* crema *Amér.*

halfback ['hɑːfbæk] *n* [in rugby] medio *m.*

half-baked [-'beɪkt] *adj* descabalado(da).

half board *n* media pensión *f.*

half-breed ◇ *adj* mestizo(za). ◇ *n* mestizo *m*, -za *f (atención: el término 'half-breed' se considera racista).*

half-brother *n* hermanastro *m.*

half-caste [-kɑːst] ◇ *adj* mestizo(za). ◇ *n* mestizo *m*, -za *f (atención: el término 'half-caste' se considera racista).*

half cock *n*: **to go off (at)** ~ fracasar por falta de preparación.

half-day *n* media jornada *f.*

half-hearted [-'hɑːtɪd] *adj* poco entusiasta.

half-heartedly [-'hɑːtɪdlɪ] *adv* sin entusiasmo.

half hour *n* media hora *f.*
 half-hour = **half-hourly**.

half-hourly *adj* [update, check] cada media hora; [intervals] de media hora.

half-length *adj* de medio cuerpo.

half-light *n* media luz *f.*

half-mast *n*: **at** ~ [flag] a media asta.

half measures *npl* medias tintas *fpl.*

half moon *n* media luna *f.*

half note *n US MUS* blanca *f.*

halfpenny ['heɪpnɪ] (*pl* **-pennies** *OR* **-pence**) *n* medio penique *m.*

half-price *adj* a mitad de precio.
 half price *adv* a mitad de precio.

half-sister *n* hermanastra *f.*

half step *n US MUS* semitono *m.*

half term *n UK* breves vacaciones escolares a mitad de trimestre.

half time *n* (*U*) descanso *m.*

half tone *n US MUS* semitono *m.*

half-truth *n* verdad *f* a medias.

halfway [hɑːf'weɪ] ◇ *adj* intermedio(dia). ◇ *adv* **-1.** [in space]: **I was** ~ **down the street** llevaba la mitad de la calle andada **-2.** [in time]: **the film was** ~ **through** la película iba por la mitad **-3.** *phr*: **to meet sb** ~ llegar a un acuerdo con alguien *(cediendo ambas partes).*

half-wit *n* imbécil *m OR f.*

half-yearly *adj* semestral.
 half yearly *adv* semestralmente.

halibut ['hælɪbət] (*pl inv OR* **-s**) *n* halibut *m*, fletán *m.*

halitosis [ˌhælɪ'təʊsɪs] *n* halitosis *f inv.*

hall [hɔːl] *n* **-1.** [entrance to house] vestíbulo *m*; [corridor] pasillo *m* **-2.** [public building, large space] sala *f* **-3.** *UK UNIV* residencia *f* universitaria, colegio *m* mayor; **to live in** ~**s** vivir en una residencia universitaria **-4.** [country house] mansión *f*, casa *f* solariega.

halleluja [ˌhælɪ'luːjə] *excl* ¡aleluya!

hallmark ['hɔːlmɑːk] *n* **-1.** [typical feature] sello *m* distintivo **-2.** [on metal] contraste *m.*

hallo [hə'ləʊ] = **hello.**

hall of residence (*pl* **halls of residence**) *n UK* residencia *f* universitaria, colegio *m* mayor.

hallowed ['hæləʊd] *adj* [respected] santificado(da), sagrado(da).

Hallowe'en [ˌhæləʊ'iːn] *n fiesta celebrada la noche del 31 de octubre.*

HALLOWE'EN

En esta fiesta, que se celebra en los Estados Unidos y en Gran Bretaña la noche del 31 de octubre, los niños, disfrazados de brujas, fantasmas, etc., van de puerta en puerta pidiendo golosinas a cambio de no asustar a la gente. El elemento más característico de esta fiesta son las calabazas huecas e iluminadas en su interior con una vela.

---

hallucinate [hə'luːsɪneɪt] *vi* alucinar.

hallucination [ˌhəluːsɪ'neɪʃn] *n* alucinación *f.*

hallucinogenic [hə,luːsɪnə'dʒenɪk] *adj* alucinógeno(na).

hallway ['hɔːlweɪ] *n* [entrance to house] vestíbulo *m*; [corridor] pasillo *m.*

halo ['heɪləʊ] (*pl* **-es** *OR* **-s**) *n* halo *m*, aureola *f.*

halogen ['hælədʒen] ◇ *n* halógeno *m.* ◇ *comp* halógeno(na).

halt [hɔːlt] ◇ *n* [stop]: **to come to a** ~ [vehicle] pararse; [activity] interrumpirse; **to grind to a** ~ [vehicle] ir parando lentamente; [process] paralizarse; **to call a** ~ **to** poner fin a. ◇ *vt* [person] parar, detener; [development, activity] interrumpir. ◇ *vi* [person, train] pararse, detenerse; [development, activity] interrumpirse.

halter ['hɔːltər] *n* [for horse] ronzal *m*, cabestro *m*, bozal *m Amér.*

halterneck ['hɔːltənek] *adj* escotado(da) por detrás.

halting ['hɔːltɪŋ] *adj* vacilante.

halve [*UK* hɑːv, *US* hæv] *vt* **-1.** [reduce by half] reducir a la mitad **-2.** [divide] partir en dos, partir por la mitad.

halves [*UK* hɑːvz, *US* hævz] *pl* ▷ **half.**

ham [hæm] (*pt & pp* **-med**, *cont* **-ming**) ◇ *n* **-1.** [meat] jamón *m* **-2.** *pej* [actor] histrión *m*, comicastro *m* **-3.** [radio fanatic]: **(radio)** ~ radioaficionado *m*, -da *f.* ◇ *comp* de jamón.

◇ *vt* : **to ~ it up** sobreactuar.

Hamburg [ˈhæmbɜːg] *n* Hamburgo.

hamburger [ˈhæmbɜːgəʳ] *n* **-1.** [burger] hamburguesa *f* **-2.** (*U*) *US* [mince] carne *f* picada.

ham-fisted [-ˈfɪstɪd] *adj* torpe, desmañado(da).

hamlet [ˈhæmlɪt] *n* aldea *f*.

hammer [ˈhæməʳ] ◇ *n* [gen & *SPORT*] martillo *m*. ◇ *vt* **-1.** [with tool] martillear **-2.** [with fist] aporrear **-3.** *inf* [defeat] dar una paliza a. ◇ *vi* **-1.** [with tool] martillear **-2.** [with fist]: **to ~ (on sthg)** aporrear (algo) **-3.** *phr*: **to ~ away at sthg** [task] trabajar con ahínco en algo; [demand, subject] machacar algo.

➡ **hammer in** *vt sep*: **to ~ sthg into sb** meter algo en la cabeza a alguien.

➡ **hammer out** ◇ *vt fus* [solution, agreement] alcanzar con esfuerzo. ◇ *vt sep* [dent] quitar a martillo.

hammock [ˈhæmək] *n* hamaca *f*, chinchorro *m Méx*.

hammy [ˈhæmɪ] (*compar* **-ier**, *superl* **-iest**) *adj inf* histriónico(ca), exagerado(da).

hamper [ˈhæmpəʳ] ◇ *n* **-1.** [for food] cesta *f*, canasta *f* **-2.** *US* [for laundry] cesto *m* de la ropa sucia. ◇ *vt* obstaculizar.

hamster [ˈhæmstəʳ] *n* hámster *m*.

hamstring [ˈhæmstrɪŋ] (*pt* & *pp* **-strung** [-strʌŋ]) ◇ *n* tendón *m* de la corva. ◇ *vt* paralizar.

hand [hænd] ◇ *n* **-1.** [gen] mano *f*; **~s up!** ¡manos arriba!; **to hold ~s** ir cogidos de la mano; **~ in ~** [people] (cogidos) de la mano; **by ~** a mano; **at the ~s of** a manos de; **in ~** [problem, situation] bajo control; **to have two games in ~** haber jugado dos partidos menos; **in the ~s of** en manos de; **to have sthg on one's ~s** tener uno algo en sus manos; **to change ~s** cambiar de manos *OR* de dueño; **to force sb's ~** apretarle las tuercas a alguien; **to get** *OR* **lay one's ~s on sthg** hacerse con algo; **to get** *OR* **lay one's ~s on sb** pillar a alguien; **to get out of ~** [situation] hacerse incontrolable; [person] desmandarse; **to give sb a free ~** dar carta blanca a alguien; **to give** *OR* **lend sb a ~ (with)** echar una mano a alguien (con); **to go ~ in ~** [things] ir de la mano; **to have one's ~s full** estar muy ocupado; **to have time in ~** tener tiempo de sobra; **to overplay one's ~** *fig* extralimitarse; **to take sb in ~** hacerse cargo *OR* ocuparse de alguien; **to try one's ~ at sthg** intentar hacer algo; **to wait on sb ~ and foot** traérselo todo en bandeja a alguien; **to wash one's ~s of sthg** lavarse las manos con respecto a algo; **with his bare ~s** con sus propias manos **-2.** [influence] intervención *f*,

influencia *f*; **to have a ~ in sthg / in doing sthg** intervenir en algo/al hacer algo **-3.** [worker - on farm] bracero *m*, peón *m*; [- on ship] tripulante *m* **-4.** [of clock, watch] manecilla *f*, aguja *f* **-5.** [handwriting] letra *f* **-6.** [applause]: **a big ~** un gran aplauso. ◇ *vt*: **to ~ sthg to sb, to ~ sb sthg** dar *OR* entregar algo a alguien.

➡ **(close) at hand** *adv* cerca.

➡ **on hand** *adv* al alcance de la mano.

➡ **on the other hand** *conj* por otra parte.

➡ **out of hand** *adv* [completely] terminantemente.

➡ **to hand** *adv* a mano.

➡ **hand back** *vt sep* devolver.

➡ **hand down** *vt sep* [heirloom] pasar en herencia; [knowledge] transmitir.

➡ **hand in** *vt sep* [essay, application] entregar; [resignation] presentar.

➡ **hand on** *vt sep* pasar, hacer circular.

➡ **hand out** *vt sep* repartir, distribuir.

➡ **hand over** ◇ *vt sep* **-1.** [baton, money] entregar **-2.** [responsibility, power] ceder. ◇ *vi*: **to ~ over (to)** dar paso (a).

handbag [ˈhændbæg] *n* bolso *m*, bolsa *f Méx*, cartera *f Andes, CSur*.

hand baggage *n* equipaje *m* de mano.

handball [ˈhændbɔːl] *n* balonmano *m*.

handbill [ˈhændbɪl] *n* panfleto *m*.

handbook [ˈhændbʊk] *n* manual *m*.

handbrake [ˈhændbreɪk] *n* freno *m* de mano.

handclap [ˈhændklæp] *n*: **slow ~** aplauso lento y rítmico de protesta.

handcrafted [ˈhænd krɑːftɪd] *adj* hecho(cha) a mano, de artesanía.

handcuff [ˈhændkʌf] *vt* esposar.

handcuffs [ˈhændkʌfs] *npl* esposas *fpl*.

handful [ˈhændfʊl] *n* **-1.** [gen] puñado *m* **-2.** *inf* [uncontrollable person]: **to be a ~** ser un demonio.

hand grenade *n* granada *f* de mano.

handgun [ˈhændgʌn] *n* pistola *f*.

handheld PC [ˈhændheld-] *n* ordenador *m* de bolsillo, asistente *m* personal.

handicap [ˈhændɪkæp] (*pt* & *pp* **-ped**, *cont* **-ping**) ◇ *n* **-1.** [disability] discapacidad *f*, minusvalía *f* **-2.** [disadvantage] desventaja *f*, obstáculo *m* **-3.** *SPORT* hándicap *m*. ◇ *vt* estorbar, obstaculizar.

handicapped [ˈhændɪkæpt] ◇ *adj* minusválido(da). ◇ *npl*: **the ~** los minusválidos.

handicraft [ˈhændɪkrɑːft] *n* [skill] artesanía *f*.

handiwork [ˈhændɪwɜːk] *n* (*U*) [doing, work] obra *f*.

handkerchief [ˈhæŋkətʃɪf] (*pl* **-chiefs** *OR* **-chieves** [-tʃiːvz]) *n* pañuelo *m*.

handle ['hændl] <> n [of tool, broom, knife] mango m; [of door, window] manilla f; [of suitcase, cup, jug] asa f; [of racket] empuñadura f; **to fly off the** ~ perder los estribos. <> vt [gen] manejar; [order, complaint, application] encargarse de; [negotiations, takeover] conducir; [people] tratar.

handlebars ['hændlbɑːz] npl manillar m, manubrio m *Amér.*

handler ['hændlə'] n **-1.** [of animal] adiestrador m, -ra f **-2.** [at airport]: **(baggage)** ~ mozo m de equipajes.

handling charges ['hændlɪŋ-] npl [at bank] gastos mpl de tramitación.

hand lotion n loción f para las manos.

hand luggage n *UK* equipaje m de mano.

handmade [,hænd'meɪd] adj hecho(cha) a mano.

hand-me-down n inf prenda f heredada.

handout ['hændaʊt] n **-1.** [gift] donativo m **-2.** [leaflet] hoja f (informativa); [in class] notas fpl.

handover ['hændəʊvə'] n [of power] cesión f, transferencia f; [of prisoners, baton] entrega f.

handpicked [,hænd'pɪkt] adj cuidadosamente escogido(da).

handrail ['hændreɪl] n pasamano m, barandilla f.

hands-down adj *US* [winner, favourite] indiscutible.

handset ['hændset] n auricular m *(de teléfono)*; **to lift/replace the** ~ descolgar/colgar (el teléfono).

handshake ['hændʃeɪk] n apretón m de manos.

hands-off adj de no intervención.

handsome ['hænsəm] adj **-1.** [man] guapo, atractivo **-2.** [literary] [woman] bella **-3.** [reward, profit] considerable.

handsomely ['hænsəmlɪ] adv [generously] generosamente.

hands-on adj práctico(ca).

handstand ['hændstænd] n pino m.

hand-to-mouth adj precario(ria).
➧ **hand to mouth** adv precariamente.

handwriting ['hænd,raɪtɪŋ] n letra f, caligrafía f.

handwritten ['hænd,rɪtn] adj escrito(ta) a mano.

handy ['hændɪ] *(compar -ier, superl -iest)* adj **-1.** [useful] práctico(ca); **to come in** ~ venir bien **-2.** [skilful] mañoso(sa) **-3.** [near] a mano, cerca; **to keep sthg** ~ tener algo a mano.

handyman ['hændɪmæn] *(pl -men [-men])* n: **a good** ~ un manitas.

hang [hæŋ] *(pt & pp sense 1 hung, pt & pp sense 2 hung OR hanged)* <> vt **-1.** [fasten] colgar; [washing] tender; [wallpaper] poner **-2.** [execute] ahorcar; **to** ~ **o.s.** ahorcarse. <> vi **-1.** [be fastened] colgar, pender **-2.** [be executed] ser ahorcado(da) **-3.** *US* inf: **I'm going to** ~ **with my friends tonight** voy a andar por ahí con los amigos esta noche. <> n: **to get the** ~ **of** sthg inf coger el tranquillo a algo.
➧ **hang about, hang around** vi **-1.** [spend time] pasar el rato; **they didn't** ~ **about** se pusieron en marcha los minutos un minuto **-2.** [wait] esperar; ~ **about!** ¡un momento!
➧ **hang on** <> vt fus [depend on] depender de. <> vi **-1.** [keep hold]: **to** ~ **on (to)** agarrarse (a) **-2.** inf [continue waiting] esperar, aguardar **-3.** [persevere] resistir.
➧ **hang onto** vt fus **-1.** [keep hold of] agarrarse a **-2.** [keep] quedarse con; [power] aferrarse a.
➧ **hang out** <> vt sep [washing] tender. <> vi inf [spend time] pasar el rato.
➧ **hang round** = hang about.
➧ **hang together** vi [alibi, argument] sostenerse, tenerse en pie.
➧ **hang up** <> vt sep colgar. <> vi colgar.
➧ **hang up on** vt fus: **to** ~ **up on sb** colgarle a alguien.

hangar ['hæŋə'] n hangar m.

hangdog ['hæŋdɒg] adj avergonzado(da).

hanger ['hæŋə'] n percha f.

hanger-on *(pl hangers-on)* n lapa f, parásito m.

hang glider n [apparatus] ala f delta.

hang gliding n vuelo m con ala delta.

hanging ['hæŋɪŋ] n **-1.** *(U)* [form of punishment] la horca **-2.** [execution] ahorcamiento m **-3.** [drapery] colgadura f.

hangman ['hæŋmən] *(pl -men [-mən])* n verdugo m.

hangover ['hæŋ,əʊvə'] n **-1.** [from drinking] resaca f **-2.** [from past]: ~ **(from)** vestigio m(de).

hang-up n inf complejo m.

hanker ['hæŋkə'] ➧ **hanker after, hanker for** vt fus anhelar.

hankering ['hæŋkərɪŋ] n: ~ **after** OR **for** anhelo m de.

hankie, hanky ['hæŋkɪ] *(pl -ies) (abbr of handkerchief)* n inf pañuelo m.

Hanoi [hæ'nɔɪl] n Hanoi.

Hansard ['hænsɑːd] n actas oficiales de los debates del parlamento británico.

Hants [hænts] *(abbr of Hampshire)* condado inglés.

haphazard [,hæp'hæzəd] adj [arrangement] desordenado(da), caótico(ca); [decision] arbitrario(ria).

haphazardly [ˌhæpˈhæzədlɪ] *adv* [arranged] desordenadamente, de cualquier manera.

hapless [ˈhæplɪs] *adj literary* desventurado(da).

happen [ˈhæpən] *vi* -**1.** [occur] pasar, ocurrir; **to ~ to sb** pasarle *OR* sucederle a alguien -**2.** [chance]: **I ~ ed to be looking out of the window ...** dio la casualidad de que estaba mirando por la ventana ...; **do you ~ to have a pen on you?** ¿no tendrás un boli acaso *OR* por casualidad?; **as it ~s ...** da la casualidad de que ...

happening [ˈhæpənɪŋ] *n* suceso *m*, acontecimiento *m*.

happily [ˈhæpɪlɪ] *adv* -**1.** [with pleasure] alegremente, felizmente -**2.** [willingly] con mucho gusto -**3.** [fortunately] afortunadamente.

happiness [ˈhæpɪnɪs] *n* [state] felicidad *f*; [feeling] alegría *f*.

happy [ˈhæpɪ] (*compar* -**ier**, *superl* -**iest**) *adj* -**1.** [generally contented] feliz; [pleased] contento(ta); [cheerful] alegre; **~ Christmas/birthday!** ¡Feliz Navidad/cumpleaños!; **to be ~ with/about sthg** estar contento con algo -**2.** [causing contentment] feliz, alegre -**3.** [fortunate] feliz, oportuno(na) -**4.** [willing]: **to be ~ to do sthg** estar más que dispuesto(ta) a hacer algo; **I'd be ~ to do it** yo lo haría con gusto.

happy event *n*: **when's the ~?** ¿cuándo nacerá el niño?

happy-go-lucky *adj* despreocupado(da).

happy hour *n inf espacio de tiempo durante el cual se venden las bebidas a precio reducido en un bar.*

happy medium *n* término *m* medio.

harangue [həˈræŋ] ◇ *n* arenga *f*. ◇ *vt* arengar.

Harare [həˈrɑːrɪ] *n* Harare.

harass [ˈhærəs] *vt* acosar.

harassed [ˈhærəst] *adj* agobiado(da).

harassment [ˈhærəsmənt] *n* acoso *m*.

harbinger [ˈhɑːbɪndʒəʳ] *n literary* precursor *m*, heraldo *m*.

harbour *UK*, **harbor** *US* [ˈhɑːbəʳ] ◇ *n* puerto *m*. ◇ *vt* -**1.** [feeling] abrigar -**2.** [person] dar refugio a, encubrir.

harbour master *n* capitán *m* de puerto.

hard [hɑːd] ◇ *adj* -**1.** [gen] duro(ra); [frost] fuerte; **to go ~** endurecerse; **to be ~ on sb/ sthg** [subj: person] ser duro con alguien/algo; [subj: work, strain] perjudicar a alguien/algo; [subj: result] ser inmerecido para alguien/algo -**2.** [difficult] difícil; **~ of hearing** duro de oído

-**3.** [forceful - push, kick etc] fuerte -**4.** [fact, news] concreto(ta) -**5.** *UK* [extreme]: **~ left/right** extrema izquierda/derecha. ◇ *adv* -**1.** [try, rain] mucho; [work] duro; [listen] atentamente; [think] detenidamente -**2.** [push, kick] fuerte, con fuerza -**3.** *phr*: **to be ~ pushed** *OR* **put** *OR* **pressed to do sthg** vérselas y deseárselas para hacer algo; **to feel ~ done by** sentirse tratado injustamente.

hard-and-fast *adj* fijo(ja).

hardback [ˈhɑːdbæk] ◇ *adj* de pasta dura. ◇ *n* edición *f* en pasta dura.

hardball [ˈhɑːdbɔːl] *n US* béisbol *m*; **to play ~ (with sb)** ponerse duro(ra) (con alguien), adoptar una línea dura (con alguien).

hard-bitten *adj* duro(ra), curtido(da).

hardboard [ˈhɑːdbɔːd] *n* madera *f* conglomerada.

hard-boiled *adj lit & fig* duro(ra).

hard cash *n* dinero *m* contante y sonante.

hard cider *n US* sidra *f*.

hard copy *n COMPUT* copia *f* impresa.

hard-core *adj* -**1.** [support] acérrimo(ma) -**2.** [pornography] duro(ra).

➡ **hard core** *n* [of group] núcleo *m*.

hard court *n* pista *f* de cemento, pista de superficie dura.

hard currency *n* divisa *f* fuerte.

hard disk *n COMPUT* disco *m* duro.

hard drive *n COMPUT* unidad *f* de disco duro.

hard drugs *npl* drogas *fpl* duras.

harden [ˈhɑːdn] ◇ *vt* -**1.** [gen] endurecer -**2.** [resolve, opinion] reforzar. ◇ *vi* -**1.** [gen] endurecerse -**2.** [resolve, opinion] reforzarse.

hardened [ˈhɑːdnd] *adj* [criminal] habitual.

hardening [ˈhɑːdnɪŋ] *n* endurecimiento *m*.

hard hat *n* casco *m* (de protección).

hard-headed [-ˈhedɪd] *adj* práctico(ca), realista.

hard-hearted [-ˈhɑːtɪd] *adj* insensible, sin corazón.

hard-hitting [-ˈhɪtɪŋ] *adj* impactante.

hard labour *n (U)* trabajos *mpl* forzados.

hard line *n*: **to take a ~ on sthg** seguir una tendencia de mano dura con algo.

➡ **hard-line** *adj* de línea dura.

➡ **hard lines** *npl UK*: **~s!** ¡mala suerte!

hard-liner *n* partidario *m*, -ria *f* de la línea dura.

hardly [ˈhɑːdlɪ] *adv* apenas; **~ ever/anything** casi nunca/nada; **that's ~ fair** eso no es justo; **I'm ~ a communist, am I?** ¡pues sí que tengo yo mucho que ver con el comunismo!

hardness [ˈhɑːdnɪs] *n* -**1.** [firmness] dureza *f* -**2.** [difficulty] dificultad *f*.

hard-nosed [-'nəʊzd] adj contundente, decidido(da).

hard sell n venta f agresiva.

hardship ['hɑ:dʃɪp] n **-1.** (U) [difficult conditions] privaciones fpl, penurias fpl **-2.** [difficult circumstance] infortunio m.

hard shoulder n UK AUT arcén m, acotamiento m Méx, berma f Andes, banquina f RP, hombrillo m Ven.

hard up adj inf: to be ~ andar mal de dinero; to be ~ for sthg andar escaso de algo.

hardware ['hɑ:dweə'] (U) n **-1.** [tools, equipment] artículos mpl de ferretería **-2.** COMPUT hardware m, soporte m físico.

hardware store n US ferretería f.

hardwearing [,hɑ:d'weərɪŋ] adj UK resistente.

hardwood ['hɑ:dwʊd] n madera f noble.

hardworking [,hɑ:d'wɜ:kɪŋ] adj trabajador(ra).

hardy ['hɑ:dɪ] (compar -ier, superl -iest) adj **-1.** [person, animal] fuerte, robusto(ta) **-2.** [plant] resistente.

hare [heə'] <> n liebre f. <> vi UK inf: to ~ off echar a correr a toda pastilla.

harebrained ['heə,breɪnd] adj inf atolondrado(da).

harelip [,heə'lɪp] n labio m leporino.

harem [UK hɑ:'ri:m, US 'hærəm] n harén m.

haricot (bean) ['hærɪkəʊ-] n judía f, alubia f, frijol m Amér, poroto m Andes, CSur, caraota f Ven.

hark [hɑ:k]
➡ **hark back** vi [subj: person]: to ~ back to sthg volver a OR rememorar algo.

harlequin ['hɑ:ləkwɪn] n arlequín m.

Harley Street ['hɑ:lɪ-] n calle londinense famosa por sus médicos especialistas.

harm [hɑ:m] <> n daño m; to do ~ to sthg/sb, to do sthg/sb ~ [physically] hacer daño a algo/alguien; fig perjudicar algo/a alguien; to mean no ~ (by sthg) no tener mala intención (al hacer algo); there's no ~ in it no hay nada malo en ello; there's no ~ in trying/asking no pasa nada por intentarlo/preguntar; to be out of ~'s way estar a salvo; to come to no ~ [person] salir sano y salvo; [thing] no dañarse. <> vt [gen] hacer daño a, dañar; [reputation, chances, interests] dañar.

harmful ['hɑ:mfʊl] adj: ~ (to) perjudicial OR dañino(na) (para); [substance] nocivo(va) (para).

harmless ['hɑ:mlɪs] adj inofensivo(va).

harmlessly ['hɑ:mlɪslɪ] adv sin causar daño.

harmonic [hɑ:'mɒnɪk] adj armónico(ca).

harmonica [hɑ:'mɒnɪkə] n armónica f.

harmonious [hɑ:'məʊnjəs] adj armonioso(sa).

harmonium [hɑ:'məʊnjəm] (pl -s) n armonio m.

harmonize, -ise ['hɑ:mənaɪz] <> vi: to ~ (with) armonizar (con). <> vt armonizar.

harmony ['hɑ:mənɪ] (pl -ies) n armonía f; in ~ with en armonía con.

harness ['hɑ:nɪs] <> n **-1.** [for horse] arreos mpl, guarniciones fpl **-2.** [for child] andadores mpl; [for climbing etc] correaje m. <> vt **-1.** [horse] enjaezar, poner los arreos a **-2.** [use] aprovechar.

harp [hɑ:p] n arpa f.
➡ **harp on** vi: to ~ on (about sthg) dar la matraca (con algo).

harpist ['hɑ:pɪst] n arpista m OR f.

harpoon [hɑ:'pu:n] <> n arpón m. <> vt arponear.

harpsichord ['hɑ:psɪkɔ:d] n clavicémbalo m.

harrowing ['hærəʊɪŋ] adj horroroso(sa), pavoroso(sa).

harry ['hærɪ] (pt & pp -ied) vt **-1.** [badger]: to ~ sb (for sthg) acosar a alguien (para obtener algo) **-2.** MIL hostigar.

harsh [hɑ:ʃ] adj **-1.** [life, conditions, winter] duro(ra) **-2.** [punishment, decision, person] severo(ra) **-3.** [texture, taste, voice] áspero(ra); [light, sound] violento(ta).

harshly ['hɑ:ʃlɪ] adv **-1.** [punish, criticize, treat] severamente, duramente **-2.** [grate] ásperamente; [shine] violentamente.

harshness ['hɑ:ʃnɪs] n **-1.** [of life, conditions, winter] dureza f **-2.** [of punishment, decision, person] severidad f **-3.** [of texture, taste, voice] aspereza f; [of light, sound] violencia f.

harvest ['hɑ:vɪst] <> n [gen] cosecha f, pizca f Méx; [of grapes] vendimia f. <> vt cosechar.

harvest festival n festividad religiosa para celebrar la recogida de la cosecha.

has [weak form həz, strong form hæz] 3rd person sg ⊳ have.

has-been n inf pej vieja gloria f.

hash [hæʃ] n **-1.** [meat] picadillo m (de carne) **-2.** inf [mess]: to make a ~ of sthg hacer algo fatal **-3.** inf [hashish] hachís m, chocolate m.
➡ **hash up** vt sep UK inf [make a mess of] fastidiar.

hash browns npl US patatas cortadas en cuadraditos, fritas y servidas en forma de croqueta.

hashish ['hæʃi:ʃ] n hachís m.

hasn't ['hæznt] = has not.

hassle ['hæsl] inf <> n (U) [annoyance] rollo m, lío m; it's a real ~ es una lata. <> vt dar la lata a.

haste [heɪst] *n* prisa *f*; **to do sthg in ~** hacer algo de prisa y corriendo; **to make ~** *dated* darse prisa, apresurarse.

hasten ['heɪsn] *fml* <> *vt* acelerar. <> *vi*: **to ~ (to do sthg)** apresurarse (a hacer algo).

hastily ['heɪstɪlɪ] *adv* **-1.** [quickly] de prisa, precipitadamente **-2.** [rashly] a la ligera, sin reflexionar.

hasty ['heɪstɪ] (*compar* **-ier**, *superl* **-iest**) *adj* **-1.** [quick] apresurado(da), precipitado(da) **-2.** [rash] irreflexivo(va).

hat [hæt] *n* sombrero *m*; **keep it under your ~** de esto ni palabra a nadie; **to be talking through one's ~** no decir más que pamplinas; **that's old ~** eso está más visto que el tebeo.

hatbox ['hæt,bɒks] *n* sombrerera *f*.

hatch [hætʃ] <> *vi* [chick] romper el cascarón, salir del huevo; **when the eggs ~** cuando los polluelos rompen el cascarón. <> *vt* **-1.** [chick, egg] empollar, incubar **-2.** *fig* [scheme, plot] tramar. <> *n* [for serving food] ventanilla *f*.

hatchback ['hætʃ,bæk] *n* coche *m* con puerta trasera; **a four-door ~** un cinco puertas.

hatchet ['hætʃɪt] *n* hacha *f*; **to bury the ~** hacer las paces.

hatchet job *n inf*: **to do a ~ on sb** despellejar a alguien.

hatchway ['hætʃ,weɪ] *n* escotilla *f*.

hate [heɪt] <> *n* odio *m*. <> *vt* odiar; **to ~ doing sthg** odiar hacer algo; **I ~ to admit it** me cuesta admitirlo; **I ~ to seem pernickety, but ...** no es que quiera ser quisquillosa, pero ...

hateful ['heɪtfʊl] *adj* odioso(sa).

hatred ['heɪtrɪd] *n* odio *m*.

hat trick *n SPORT* tres tantos marcados por un jugador en el mismo partido.

haughty ['hɔːtɪ] (*compar* **-ier**, *superl* **-iest**) *adj* altanero(ra), altivo(va).

haul [hɔːl] <> *n* **-1.** [of stolen goods] botín *m*; [of drugs] alijo *m* **-2.** [distance]: **long ~** largo camino *m*, largo trayecto *m*. <> *vt* **-1.** [pull] tirar, arrastrar **-2.** [by lorry] transportar.

haulage ['hɔːlɪdʒ] *n* transporte *m*.

haulage contractor *n* transportista *m OR f*, contratista *m OR f* de transportes.

haulier UK ['hɔːlɪəʳ], **hauler** US ['hɔːlər] *n* transportista *m OR f*, contratista *m OR f* de transportes.

haunch [hɔːntʃ] *n* **-1.** [of person] asentaderas *fpl*; **to squat on one's ~es** ponerse en cuclillas **-2.** [of animal] pernil *m*.

haunt [hɔːnt] <> *n* sitio *m* favorito, lugar *m* predilecto. <> *vt* **-1.** [subj: ghost - house] aparecer en; [- person] aparecerse a **-2.** [subj: memory, fear, problem] atormentar, obsesionar.

haunted ['hɔːntɪd] *adj* **-1.** [house, castle] encantado(da) **-2.** [look] atormentado(da).

haunting ['hɔːntɪŋ] *adj* fascinante e inquietante.

Havana [həˈvænə] *n* La Habana.

have [hæv] (*pt & pp* had) <> *aux vb* (*to form perfect tenses*) haber; **to ~ eaten** haber comido; **I've been on holiday** he estado de vacaciones; **we've never met before** no nos conocemos; **he hasn't gone yet, has he?** no se habrá ido ya ¿no?; **I've finished - have you?** he terminado - ¿ah sí?; **no, he hasn't (done it)** no, no lo ha hecho; **yes, he has (done it)** sí, lo ha hecho; **I was out of breath, having run all the way** estaba sin aliento después de haber corrido todo el camino. <> *vt* **-1.** [possess, receive]: **to ~ (got)** tener; **I ~ no money, I haven't got any money** no tengo dinero; **he has big hands** tiene las manos grandes; **I've got things to do** tengo cosas que hacer; **I had a letter from her** tuve carta de ella; **she's got loads of imagination** tiene mucha imaginación; **do you ~ a car?, ~ you got a car?** ¿tienes coche? **-2.** [experience, suffer] tener; **I had an accident** tuve un accidente; **I had a nasty surprise** me llevé una desagradable sorpresa; **to ~ a cold** tener un resfriado; **to ~ a good time** pasarlo bien **-3.** (*referring to an action, instead of another verb*): **it will ~ no effect** no tendrá ningún efecto; **to ~ a look** mirar, echar una mirada; **to ~ a walk** dar un paseo; **to ~ a swim** darse un baño, nadar; **to ~ breakfast** desayunar; **to ~ lunch** comer; **to ~ dinner** cenar; **to ~ a cigarette** fumarse un cigarro; **to ~ an operation** operarse **-4.** [give birth to]: **to ~ a baby** tener un niño **-5.** [cause to be done]: **to ~ sb do sthg** hacer que alguien haga algo; **she had me clean my teeth again** me hizo lavarme los dientes otra vez; **to ~ sthg done** hacer que se haga algo; **I'm having the house decorated** voy a contratar a alguien para que me decore la casa; **to ~ one's hair cut** (ir a) cortarse el pelo **-6.** [be treated in a certain way]: **I had my car stolen** me robaron el coche **-7.** *inf* [cheat]: **you've been had** te han timado **-8.** *phr*: **to ~ it in for sb** tenerla tomada con alguien; **to ~ had it** [car, machine] estar para el arrastre; **these clothes ~ had it** esta ropa está para tirarla; **I've had it!** [expressing exhaustion] ¡no puedo más! <> *modal vb* [be obliged]: **to ~ (got) to do sthg** tener que hacer algo; **do you ~ to go?, ~ you got to go?** ¿tienes que irte?; **I've got to go to work** tengo que ir a trabajar.

➤ **haves** *npl*: **the ~s and ~ nots** los privilegiados y los desposeídos.

➤ **have off** *vt sep* [as holiday] tener libre.

◆ have on *vt sep* -**1.** [be wearing] llevar (puesto); **to ~ nothing on** no llevar nada encima OR puesto -**2.** [tease] vacilar, tomar el pelo a -**3.** [have to do]: **to ~ (got) a lot on** tener mucho que hacer; **~ you got anything on on Friday?** ¿estás libre OR haces algo el viernes?

◆ have out *vt sep* -**1.** [have removed]: **to ~ one's tonsils out** operarse de las amígdalas; **she had a tooth out** le sacaron una muela -**2.** [discuss frankly]: **to ~ it out with sb** poner las cuentas claras con alguien.

◆ have up *vt sep inf UK*: **to ~ sb up for sthg** llevar al juzgado a alguien por algo.

haven ['heɪvn] *n fig* refugio *m*, asilo *m*.

haven't ['hævnt] = **have not**.

haversack ['hævəsæk] *n* mochila *f*, zurrón *m*.

havoc ['hævək] *n (U)* estragos *mpl*; **to play ~ with sthg** causar estragos en algo.

Hawaii [hə'waɪi:] *n* Hawai.

Hawaiian [hə'waɪjən] ◇ *adj* hawaiano(na). ◇ *n* hawaiano *m*, -na *f*.

hawk [hɔ:k] ◇ *n lit & fig* halcón *m*; **to watch sb like a ~** observar a alguien con ojos de lince. ◇ *vt* vender por las calles.

hawker ['hɔ:kər] *n* vendedor *m*, -ra *f* ambulante, abonero *m*, -ra *f* Méx.

hawthorn ['hɔ:θɔ:n] *n* majuelo *m*, espino *m*.

hay [heɪ] *n* heno *m*.

hay fever *n (U)* fiebre *f* del heno.

haystack ['heɪstæk] *n* almiar *m*.

haywire ['heɪwaɪər] *adj inf*: **to go ~** [person] volverse majara; [plan] liarse, embrollarse; [computer, TV etc] changarse.

hazard ['hæzəd] ◇ *n* riesgo *m*, peligro *m*. ◇ *vt* [guess, suggestion] aventurar, atreverse a hacer.

hazardous ['hæzədəs] *adj* peligroso(sa).

hazard warning lights *npl UK* luces *fpl* de emergencia.

haze [heɪz] *n* neblina *f*.

hazel ['heɪzl] ◇ *adj* color avellana *(inv)*. ◇ *n* [tree] avellano *m*.

hazelnut ['heɪzl,nʌt] *n* avellana *f*.

hazy ['heɪzɪ] *(compar* -**ier**, *superl* -**iest**) *adj* -**1.** [misty] neblinoso(sa) -**2.** [vague] vago(ga), confuso(sa).

H-bomb *n* bomba *f* H.

h & c *(abbr of* **hot and cold (water))** c & f.

he [hi:] ◇ *pers pron* él; **~'s tall/happy** es alto/feliz; **~ loves fish** le encanta el pescado; **HE can't do it** ÉL no puede hacerlo; **there ~ is** allí está; **~ who** *fml* aquel que, el que. ◇ *n inf*: **it's a ~** [animal] es macho; [baby] es (un) niño. ◇ *comp*: **~-goat** macho cabrío *m*; **~-bear** oso *m* macho.

HE *(abbr of* **His/Her Excellency)** S. Exc., S.E.

head [hed] ◇ *n* -**1.** ANAT & COMPUT cabeza *f*; **a OR per ~** por persona, por cabeza; **it never entered my ~** nunca se me pasó por la cabeza; **off the top of one's ~** así de repente; **I couldn't make ~ nor tail of it** aquello no tenía ni pies ni cabeza; **on your own ~ be it** tú verás lo que haces, la responsabilidad es tuya; **to be banging one's ~ against a brick wall** predicar en el desierto; **to be soft in the ~** estar mal de la sesera; **to bite OR snap sb's ~ off** soltar un bufido a alguien sin motivo; **to be off one's ~ UK, to be out of one's ~ US** estar como una cabra; **it was over my ~** no me enteré de nada; **we put our ~s together** tratamos de resolverlo juntos; **it went to her ~** se le subió a la cabeza; **to keep/lose one's ~** no perder/perder la cabeza; **to laugh one's ~ off** reír a mandíbula batiente; **to sing/shout one's ~ off** cantar/gritar a todo pulmón -**2.** [mind, brain] talento *m*, aptitud *f*; **she has a ~ for figures** se le dan bien las cuentas -**3.** [top - person] cabeza *f*; [- of bed] cabecera *f* -**4.** [of flower] cabezuela *f*; [of cabbage] cogollo *m* -**5.** [on beer] espuma *f* -**6.** [leader] jefe *m*, -fa *f* -**7.** [head teacher] director *m*, -ra *f* (de colegio) -**8.** *phr*: **to come to a ~** llegar a un punto crítico. ◇ *vt* -**1.** [procession, convoy, list, page] encabezar -**2.** [organization, delegation] dirigir -**3.** FTBL cabecear. ◇ *vi*: **to ~ north/for home** dirigirse hacia el norte/a casa.

◆ heads *npl* [on coin] cara *f*; **~s or tails?** ¿cara o cruz?

◆ head for *vt fus* -**1.** [place] dirigirse a -**2.** *fig* [trouble, disaster] ir camino de.

◆ head off ◇ *vt sep* -**1.** [intercept] interceptar -**2.** *fig* [forestall] anticiparse a. ◇ *vi* [go] marcharse.

headache ['hedeɪk] *n* -**1.** MED dolor *m* de cabeza; **I have a ~** me duele la cabeza -**2.** *fig* [problem] quebradero *m* de cabeza.

headband ['hedbænd] *n* cinta *f*, banda *f* (para el pelo).

headboard ['hed,bɔ:d] *n* cabecero *m*.

head boy *n UK* [at school] *alumno delegado principal que suele representar a sus condiscípulos en actos escolares*.

head cold *n resfriado que provoca dolor de cabeza pero no tos*.

head count *n* recuento *m* (de los asistentes).

headdress ['hed,dres] *n* tocado *m*.

header ['hedər] *n* -**1.** FTBL cabezazo *m* -**2.** TYPO encabezamiento *m*.

headfirst [,hed'fɜ:st] *adv* de cabeza.

headgear ['hed,gɪər] *n (U)* tocado *m*.

head girl *n UK* [in school] *alumna delegada principal que suele representar a sus con-*

discípulas en actos escolares.

headhunt ['hedhʌnt] *vt* contratar *(nuevos talentos).*

headhunter ['hed,hʌntə'] *n* cazatalentos *m* OR *f inv.*

heading ['hedɪŋ] *n* encabezamiento *m.*

headlamp ['hedlæmp] *n UK* faro *m.*

headland ['hedlənd] *n* cabo *m*, promontorio *m.*

headlight ['hedlaɪt] *n* faro *m.*

headline ['hedlaɪn] *n* titular *m.*

headlong ['hedlɒŋ] <> *adv* **-1.** [headfirst] de cabeza **-2.** [quickly, unthinkingly] precipitadamente. <> *adj* [unthinking] precipitado(da).

headmaster [,hed'mɑ:stə'] *n* director *m* (de colegio).

headmistress [,hed'mɪstrɪs] *n* directora *f* (de colegio).

head office *n* oficina *f* central.

head of state *n* jefe *m* de Estado.

head-on <> *adj* de frente, frontal. <> *adv* de frente.

headphones ['hedfəʊnz] *npl* auriculares *mpl.*

headquarters [,hed'kwɔ:təz] *npl* (oficina *f*) central *f*, sede *f*; MIL cuartel *m* general.

headrest ['hedrest] *n* reposacabezas *m inv.*

headroom ['hedrʊm] *n (U)* [in car] espacio *m* entre la cabeza y el techo; [below bridge] altura *f* libre, gálibo *m.*

headscarf ['hedskɑ:f] (*pl* **-scarves** [-skɑ:vz], **-scarfs**) *n* pañuelo *m* (para la cabeza).

headset ['hedset] *n* auriculares *mpl* con micrófono.

headship ['hedʃɪp] *n* EDUC dirección *f* (de colegio).

headstand ['hedstænd] *n*: **to do a ~** hacer el pino *(con la cabeza tocando el suelo).*

head start *n*: **~ (on** OR **over)** ventaja *f* (con respecto a).

headstone ['hedstəʊn] *n* lápida *f* mortuoria.

headstrong ['hedstrɒŋ] *adj* obstinado(da).

head teacher *n* director *m*, -ra *f* (de colegio).

head waiter *n* maître *m*, capitán *m* de meseros *Méx.*

headway ['hedweɪ] *n*: **to make ~** avanzar, hacer progresos.

headwind ['hedwɪnd] *n* viento *m* de proa.

heady ['hedɪ] (*compar* **-ier**, *superl* **-iest**) *adj* **-1.** [exciting] excitante, emocionante **-2.** [causing giddiness] embriagador(ra).

heal [hi:l] <> *vt* **-1.** [person] curar; [wound] cicatrizar **-2.** *fig* [troubles, discord] remediar. <> *vi* [wound] cicatrizar.
 heal up *vi* cicatrizarse.

healing ['hi:lɪŋ] <> *adj* curativo(va). <> *n* curación *f.*

health [helθ] *n* **-1.** [gen] salud *f*; **to be in good/poor ~** estar bien/mal de salud; **to drink (to) sb's ~** brindar por alguien **-2.** *fig* [of country, organization] buen estado *m.*

health care *n* asistencia *f* sanitaria.

health centre *n* ambulatorio *m*, centro *m* sanitario.

health-conscious *adj* consciente de los problemas relacionados con la salud.

health farm *n* clínica *f* de adelgazamiento.

health food *n* comida *f* dietética.

health food shop *n* tienda *f* de dietética.

health hazard *n* peligro *m* para la salud.

health service *n* servicio *m* sanitario de la Seguridad Social, ≃ INSALUD *m.*

health visitor *n UK* enfermero *m*, -ra *f* visitante.

healthy ['helθɪ] (*compar* **-ier**, *superl* **-iest**) *adj* **-1.** [gen] sano(na), saludable **-2.** [profit] pingüe **-3.** [attitude, respect] natural, sano(na).

heap [hi:p] <> *n* montón *m*, pila *f*, ruma *f Amér*; **a ~** amontonado. <> *vt* **-1.** [pile up]: **to ~ sthg (on** OR **onto sthg)** amontonar algo (sobre algo) **-2.** [give]: **to ~ sthg on sb** colmar a alguien de algo.
 heaps *npl inf* montones *fpl*, mogollón *m.*

heaping ['hi:pɪŋ] *adj US* [spoonful] colmado(da).

hear [hɪə'] (*pt* & *pp* **heard** [hɜ:d]) <> *vt* **-1.** [gen] oír; **I ~ (that ...)** me dicen que ... **-2.** JUR ver. <> *vi* **-1.** [gen] oír; **did you ~ about her husband?** ¿te enteraste de lo de su marido?; **have you heard about that job yet?** ¿sabes algo del trabajo ese?; **to ~ from sb** tener noticias de alguien **-2.** *phr*: **to have heard of** haber oído hablar de; **I won't ~ of it!** ¡de eso ni hablar!
 hear out *vt sep* escuchar (sin interrumpir).

hearing ['hɪərɪŋ] *n* **-1.** [sense] oído *m*; **in** OR **within sb's ~** al alcance del oído de alguien; **hard of ~** duro de oído **-2.** JUR vista *f*; **to give sb a fair ~** *fig* dar a alguien la oportunidad de que se exprese.

hearing aid *n* audífono *m.*

hearsay ['hɪəseɪ] *n (U)* habladurías *fpl.*

hearse [hɜ:s] *n* coche *m* fúnebre.

heart [hɑ:t] *n* **-1.** [gen] corazón *m*; **from the ~** con toda sinceridad; **my ~ leapt** me dio un vuelco el corazón; **my ~ sank** se me cayó el alma a los pies; **it's a subject close to my ~** es un tema que me apasiona; **from the bottom of my ~** de (todo) corazón; **his ~ isn't in it** no pone el corazón en ello; **in my ~ of ~s** en lo más profundo de mi corazón; **to do sthg to**

one's ~'s content hacer algo cuanto uno quiera; **to break sb's ~** romper OR partir el corazón a alguien; **to set one's ~ on sthg/on doing sthg** estar muy ilusionado con algo/con hacer algo; **to take sthg to ~** tomarse algo a pecho; **to have a ~ of gold** tener un corazón de oro - **2.** [courage]: **I didn't have the ~ to tell her** no tuve valor para decírselo; **to lose ~** descorazonarse - **3.** [centre - of issue, problem] quid m; [- of city etc] centro m; [- of lettuce] cogollo m.

➤ **hearts** npl corazones mpl; **the six of ~s** el seis de corazones.

➤ **at heart** adv en el fondo.

➤ **by heart** adv de memoria.

heartache ['hɑːteɪk] n dolor m.

heart attack n infarto m.

heartbeat ['hɑːtbiːt] n latido m.

heartbreaking ['hɑːtˌbreɪkɪŋ] adj desolador(ra).

heartbroken ['hɑːtˌbrəʊkn] adj desolado(da), abatido(da).

heartburn ['hɑːtbɜːn] n ardor m de estómago.

heart disease n enfermedades fpl cardíacas OR del corazón.

heartening ['hɑːtnɪŋ] adj alentador(ra).

heart failure n paro m cardíaco.

heartfelt ['hɑːtfelt] adj sincero(ra), de todo corazón.

hearth [hɑːθ] n hogar m.

heartland ['hɑːtlænd] n fig núcleo m, corazón m.

heartless ['hɑːtlɪs] adj cruel, inhumano(na).

heartrending ['hɑːtˌrendɪŋ] adj desgarrador(ra).

heart-searching n (U) examen m de conciencia.

heartthrob ['hɑːtθrɒb] n ídolo m.

heart-to-heart ⟨⟩ n charla f íntima. ⟨⟩ adj íntimo(ma).

heart transplant n transplante m de corazón.

heartwarming ['hɑːtˌwɔːmɪŋ] adj gratificante, grato(ta).

hearty ['hɑːtɪ] (compar -ier, superl -iest) adj - **1.** [laughter] bonachón(ona); [welcome, congratulations, thanks] cordial; [person] fuertote(ta) - **2.** [meal] abundante; [appetite] bueno(na) - **3.** [dislike, distrust] profundo(da).

heat [hiːt] ⟨⟩ n - **1.** [gen] calor m - **2.** [specific temperature] temperatura f - **3.** fig [pressure] tensión f; **in the ~ of the moment** en el calor del momento - **4.** [eliminating round] serie f, prueba f eliminatoria - **5.** ZOOL: **on** UK OR **in ~** en celo. ⟨⟩ vt calentar.

➤ **heat up** ⟨⟩ vt sep calentar. ⟨⟩ vi calentarse.

heated ['hiːtɪd] adj - **1.** [swimming pool] climatizado(da) - **2.** [debate, argument] acalorado(da).

heater ['hiːtə⁰] n calentador m, estufa f.

heath [hiːθ] n [place] brezal m.

heathen ['hiːðn] ⟨⟩ adj pagano(na). ⟨⟩ n pagano m, -na f.

heather ['heðə⁰] n brezo m.

heating ['hiːtɪŋ] n calefacción f.

heat rash n sarpullido m (por el calor).

heat-resistant adj refractario(ria), resistente al calor.

heat-seeking [-ˌsiːkɪŋ] adj termodirigido(da).

heatstroke ['hiːtstrəʊk] n (U) insolación f.

heat wave n ola f de calor.

heave [hiːv] ⟨⟩ vt - **1.** [pull] tirar de, arrastrar; [push] empujar - **2.** inf [throw] tirar, lanzar. ⟨⟩ vi - **1.** [pull] tirar - **2.** [rise and fall - waves] ondular; [- chest] palpitar - **3.** [retch]: **my stomach ~d** tuve náuseas. ⟨⟩ n [pull] tirón m; [push] empujón m.

heaven ['hevn] n [Paradise] cielo m; ~ **(alone) knows!** ¡sabe Dios!; **for ~'s sake!** ¡por el amor de Dios!; **thank ~!** ¡gracias a Dios!; **it was ~** [delightful] fue divino.

➤ **heavens** npl: **the ~s** literary los cielos; **(good) ~s!** ¡cielos!

heavenly ['hevnlɪ] adj - **1.** inf dated [delightful] divino(na) - **2.** literary [of the skies] celestial.

heavily ['hevɪlɪ] adv - **1.** [smoke, drink] mucho; [rain] con fuerza; ~ **in debt** con muchas deudas - **2.** [solidly]: ~ **built** corpulento(ta) - **3.** [breathe, sigh] profundamente - **4.** [sit, move, fall] pesadamente - **5.** [speak] pesarosamente.

heaviness ['hevɪnɪs] n - **1.** [of fighting, traffic] intensidad f; [of casualties] gran número m - **2.** [of soil, mixture] densidad f - **3.** [of movement, breathing] pesadez f; [of blow] dureza f.

heavy ['hevɪ] (compar -ier, superl -iest) adj - **1.** [gen] pesado(da); [solid] sólido(da); **how ~ is it?** ¿cuánto pesa?; ~ **build** corpulencia f - **2.** [traffic, rain, fighting] intenso(sa); **a ~ cold** un fuerte resfriado; **to be a ~ sleeper** tener el sueño muy profundo; **to be a ~ smoker/drinker** ser un fumador/bebedor empedernido - **3.** [losses, responsibility] grande - **4.** [soil, mixture] denso(sa) - **5.** [blow] duro(ra); [fine, defeat] duro(ra) - **6.** [busy - schedule, day] apretado(da) - **7.** [work] duro(ra) - **8.** [weather, air, day] cargado(da) - **9.** [sad]: **with a ~ heart** con pesar - **10.** [laden]: ~ **with** literary cargado(da) de.

heavy cream n US nata f para montar.

heavy-duty adj [materials] resistente; [machinery] sólido(da), para grandes cargas.

heavy goods vehicle *n UK* vehículo *m* (de transporte) pesado.

heavy-handed [-'hændɪd] *adj* torpe, poco sutil.

heavy industry *n* industria *f* pesada.

heavy metal *n* MUS música *f* heavy, heavy metal *m*.

heavyweight ['hevɪweɪt] *SPORT* ◇ *adj* de los pesos pesados. ◇ *n* peso *m* pesado.

Hebrew ['hi:bru:] ◇ *adj* hebreo(a). ◇ *n* **-1.** [person] hebreo *m*, -a *f* - **2.** [language] hebreo *m*.

Hebrides ['hebrɪdi:z] *npl:* **the ~** las Hébridas.

heck [hek] *excl:* **what/where/why the ~ ...?** ¿qué/dónde/por qué demonios ...?; **a ~ of a lot of** la mar de.

heckle ['hekl] *vt & vi* interrumpir con exabruptos.

heckler ['heklə'] *n persona que interrumpe a un orador, cómico etc.*

hectare ['hekteə'] *n* hectárea *f*.

hectic ['hektɪk] *adj* muy agitado(da), ajetreado(da).

hector ['hektə'] *vt* intimidar.

he'd [hi:d] **= he had, he would.**

hedge [hedʒ] ◇ *n* seto *m*. ◇ *vi* [prevaricate] contestar con evasivas.

hedgehog ['hedʒhɒg] *n* erizo *m*.

hedgerow ['hedʒrəʊ] *n* seto *m* (en el campo).

hedonism ['hi:dənɪzm] *n* hedonismo *m*.

hedonist ['hi:dənɪst] *n* hedonista *m or f*.

heed [hi:d] ◇ *n:* **to pay ~ to sb** hacer caso a alguien; **to take ~ of sthg** tener algo en cuenta. ◇ *vt fml* tener en cuenta.

heedless ['hi:dlɪs] *adj:* **to be ~ of sthg** no hacer caso de algo.

heel [hi:l] *n* - **1.** [of foot] talón *m*; **to dig one's ~s in** plantarse, mantenerse en sus trece; **to follow hard on the ~s (of)** ir inmediatamente a continuación (de); **to take to one's ~s** poner pies en polvorosa; **to turn on one's ~** dar media vuelta - **2.** [of shoe] tacón *m*, taco *m* Amér.

hefty ['heftɪ] *(compar* -**ier**, *superl* -**iest**) *adj inf* - **1.** [person] fornido(da) - **2.** [salary, fee, fine] considerable, importante.

heifer ['hefə'] *n* vaquilla *f*.

height [haɪt] *n* - **1.** [gen] altura *f;* [of person] estatura *f;* **5 metres in ~** 5 metros de altura; **what ~ is it/are you?** ¿cuánto mide/mides?; **to gain/lose ~** ganar/perder altura - **2.** [zenith]: **the ~ of** [gen] el punto álgido de; [ignorance, bad taste] el colmo de.

➡ **heights** *npl* [high places] alturas *fpl;* **to be afraid of ~s** tener vértigo.

heighten ['haɪtn] ◇ *vt* intensificar, au-

mentar. ◇ *vi* intensificarse, aumentar.

heinous ['heɪnəs] *adj fml* execrable, atroz.

heir [eə'] *n* heredero *m*.

heir apparent *(pl* **heirs apparent)** *n* heredero *m* forzoso.

heiress ['eərɪs] *n* heredera *f*.

heirloom ['eəlu:m] *n* reliquia *f* de familia.

heist [haɪst] *n inf* golpe *m*, robo *m*.

held [held] *pt & pp* ▷ **hold**.

helices ['helɪsi:z] *pl* ▷ **helix**.

helicopter ['helɪkɒptə'] *n* helicóptero *m*.

heliport ['helɪpɔ:t] *n* helipuerto *m*.

helium ['hi:lɪəm] *n* helio *m*.

helix ['hi:lɪks] *(pl* -**es** *OR* **helices**) *n* [spiral] hélice *f*.

hell [hel] ◇ *n* infierno *m*; **what/where/why the ~ ...?** *inf* ¿qué/dónde/por qué demonios ...?; **one *OR* a ~ of a lot** *inf* muchísimo; **one *OR* a ~ of a mess** *inf* un lío de mil demonios; **one *OR* a ~ of a nice guy** *inf* un tipo estupendo; **like ~** [a lot] una barbaridad; [not at all so] ¡qué va!; **to run like ~** *inf* correr como un loco; **to get the ~ out (of)** *inf* salir echando leches (de); **all ~ broke loose** *inf* se armó la gorda; **to do sthg for the ~ of it** *inf* hacer algo porque sí; **to give sb ~** *inf* hacérselas pasar canutas a alguien; **go to ~!** *v inf* ¡vete al infierno!; **to play ~ with sthg** *inf* causar estragos en algo; **to ~ with ...** *inf* ¡a la porra (con) ...! ◇ *excl inf* ¡hostias!

he'll [hi:l] **= he will.**

hell-bent *adj:* **to be ~ on sthg/on doing sthg** estar totalmente decidido(da) a hacer algo.

hellish ['helɪʃ] *adj inf* diabólico(ca), infernal.

hello [hə'ləʊ] *excl* - **1.** [as greeting] ¡hola!; [on phone - when answering] ¡diga!, ¡bueno! *Méx*, ¡holá! *RP*, ¡aló! *Andes, Carib;* [- when calling] ¡oiga!, ¡holá! *RP*, ¡aló! *Andes, Carib;* **to say ~ to sb** saludar a' alguien - **2.** [to attract attention] ¡oiga!

helm [helm] *n lit & fig* timón *m;* **at the ~** al timón.

helmet ['helmɪt] *n* casco *m*.

helmsman ['helmzmən] *(pl* -**men** [-mən]) *n NAUT* timonel *m*.

help [help] ◇ *n* - **1.** [gen & COMPUT] ayuda *f;* **with the ~ of** con la ayuda de; **to be a ~** ser una ayuda; **to be of ~** ayudar - **2.** (*U*) [emergency aid] socorro *m*, ayuda *f.* ◇ *vt* - **1.** [assist]: **to ~ sb (to) do sthg/with sthg** ayudar a alguien (a hacer algo/con algo); **can I ~ you?** [in shop, bank] ¿en qué puedo servirle? - **2.** [avoid]: **I can't ~ it/feeling sad** no puedo evitarlo/ evitar que me dé pena; **it can't be ~ed** ¿qué se le va a hacer? - **3.** [with food, drink]: **to ~ o.s. (to sthg)** servirse (algo). ◇ *vi:* **to ~ (with)** ayudar (con). ◇ *excl* ¡socorro!, ¡auxilio!

➡ **help out** ◇ *vt sep* echar una mano a.

◇ *vi* echar una mano.

helper ['helpə^r] *n* **-1.** [gen] ayudante *m OR f* **-2.** US [to do housework] mujer *f OR* señora *f* de la limpieza.

helpful ['helpful] *adj* **-1.** [willing to help] servicial, atento(ta) **-2.** [providing assistance] útil.

helping ['helpɪŋ] *n* ración *f*; **would you like a second ∼?** ¿quiere repetir?

helping hand *n*: **to lend a ∼** ayudar.

helpless ['helplɪs] *adj* [child] indefenso(sa); [look, gesture] impotente.

helplessly ['helplɪslɪ] *adv* **-1.** [unable to stop] sin poder parar **-2.** [in a helpless manner] impotentemente.

helpline ['helplaɪn] *n* servicio *m* telefónico de ayuda.

help menu *n COMPUT* menú *m* de ayuda.

Helsinki ['helsɪŋkɪ] *n* Helsinki.

helter-skelter [,heltə'skeltə^r] UK ◇ *n* tobogán *m* gigante. ◇ *adv* atropelladamente.

hem [hem] (*pt & pp* -med, *cont* -ming) ◇ *n* dobladillo *m*. ◇ *vt* hacerle el dobladillo a.
◆ **hem in** *vt sep* rodear, cercar.

he-man *n inf hum* tiarrón *m*.

hematology [,hi:mə'tɒlədʒɪ] *n* hematología *f*.

hemisphere ['hemɪ,sfɪə^r] *n* [of earth & ANAT] hemisferio *m*.

hemline ['hemlaɪn] *n* bajo *m (de falda etc)*.

hemoglobin [,hi:mə'gləʊbɪn] *n* hemoglobina *f*.

hemophilia [,hi:mə'fɪlɪə] *n* hemofilia *f*.

hemophiliac [,hi:mə'fɪlɪæk] *n* hemofílico *m*, -ca *f*.

hemorrhage ['hemərɪdʒ] ◇ *n* hemorragia *f*. ◇ *vi* tener una hemorragia.

hemorrhoids ['hemərɔɪdz] *npl* hemorroides *fpl*.

hemp [hemp] *n* cáñamo *m*.

hen [hen] *n* **-1.** [female chicken] gallina *f* **-2.** [female bird] hembra *f*.

hence [hens] *adv fml* **-1.** [therefore] por lo tanto, así pues **-2.** [from now]: **five years ∼** de aquí a cinco años.

henceforth [,hens'fɔ:θ] *adv fml* de ahora en adelante, en lo sucesivo.

henchman ['hentʃmən] (*pl* -men [-mən]) *n pej* esbirro *m*.

henna ['henə] ◇ *n* henna *f*. ◇ *vt* teñir con henna.

hen party, hen night *n inf* despedida *f* de soltera.

henpecked ['henpekt] *adj pej*: **a ∼ husband** un calzonazos.

hepatitis [,hepə'taɪtɪs] *n* hepatitis *f inv*.

her [hɜ:^r] ◇ *pers pron* **-1.** (*direct - unstressed*) la;

(*- stressed*) ella; [referring to ship, car etc] lo; **I know ∼** la conozco; **I like ∼** me gusta; **it's ∼** es ella; **if I were** OR **was ∼** si (yo) fuera ella; **you can't expect HER to do it** no esperarás que *ELLA* lo haga; **fill ∼ up!** AUT ¡llénemelo!, ¡lleno, por favor! **-2.** (*indirect - gen*) le; (*- with other third person pronouns*) se; **he sent ∼ a letter** le mandó una carta; **we spoke to ∼** hablamos con ella; **I gave it to ∼** se lo di **-3.** (*after prep, in comparisons etc*) ella; **I'm shorter than ∼** yo soy más bajo que ella. ◇ *poss adj* su, sus (*pl*); **∼ coat** su abrigo; **∼ children** sus niños; **∼ name is Sarah** se llama Sarah; **it wasn't HER fault** no fue culpa suya OR su culpa; **she washed ∼ hair** se lavó el pelo.

herald ['herəld] ◇ *vt fml* **-1.** [signify, usher in] anunciar **-2.** [proclaim] proclamar. ◇ *n* **-1.** [messenger] heraldo *m* **-2.** [sign] anuncio *m*.

heraldry ['herəldrɪ] *n* heráldica *f*.

herb [UK hɜ:b, US ɜ:b] *n* hierba *f (aromática o medicinal)*.

herbaceous [hɜ:'beɪʃəs] *adj* herbáceo(a).

herbal [UK 'hɜ:bl, US ɜ:bl] *adj* [remedy, medicine] a base de hierbas.

herbalist ['hɜ:blɪst] *n* herbolario *m*, -ria *f*.

herbal tea *n* infusión *f*.

herbivore ['hɜ:bɪvɔ:^r] *n* herbívoro *m*, -ra *f*.

herd [hɜ:d] ◇ *n* [of cattle, goats] rebaño *m*; [of elephants] manada *f*. ◇ *vt* **-1.** [drive] llevar en rebaño **-2.** *fig* [push] conducir (en grupo) bruscamente.

herdsman ['hɜ:dzmən] (*pl* -men [-mən]) *n* [of cattle] vaquero *m*.

here [hɪə^r] *adv* aquí; **∼ he is/they are** aquí está/ están; **∼ it is** aquí está; **∼ is the book** aquí tienes el libro; **∼ are the keys** aquí tienes las llaves; **∼ you are** [when giving] aquí tienes; **∼ and there** aquí y allá; **∼'s to** [in toast] brindemos por.

hereabouts UK ['hɪərə,baʊts], **hereabout** US [,hɪərə'baʊt] *adv* por aquí.

hereafter [,hɪər'ɑ:ftə^r] ◇ *adv fml* [from now on] a partir de ahora, de ahora en adelante; [later on] más tarde. ◇ *n*: **the ∼** el más allá, la otra vida.

hereby [,hɪə'baɪ] *adv fml* **-1.** [in documents] por la presente **-2.** [when speaking]: **I ∼ declare you the winner** desde este momento te declaro vencedor.

hereditary [hɪ'redɪtrɪ] *adj* hereditario(ria).

heredity [hɪ'redətɪ] *n* herencia *f*.

heresy ['herəsɪ] (*pl* -ies) *n RELIG & fig* herejía *f*.

heretic ['herətɪk] *n RELIG* hereje *m OR f*.

herewith [,hɪə'wɪð] *adv fml* [with letter]: **please find ∼ ...** le mando adjunto ...

heritage ['herɪtɪdʒ] *n* patrimonio *m*.

heritage centre *n edificio o museo en un lugar de interés histórico.*

hermaphrodite [hɜːˈmæfrədaɪt] *ZOOL* <> *adj* hermafrodita. <> *n* hermafrodita *m* OR *f*.

hermetic [hɜːˈmetɪk] *adj* hermético(ca).

hermetically [hɜːˈmetɪklɪ] *adv*: ~ **sealed** cerrado(da) herméticamente.

hermit ['hɜːmɪt] *n* ermitaño *m*, -ña *f*.

hernia ['hɜːnjə] *n* hernia *f*.

hero ['hɪərəʊ] (*pl* -es) *n* -**1.** [gen] héroe *m* -**2.** [idol] ídolo *m* -**3.** *US* [sandwich] *sandwich hecho con una barra de pan larga y estrecha, relleno de varios ingredientes.*

heroic [hɪˈrəʊɪk] *adj* heroico(ca).

heroin ['herəʊɪn] *n* heroína *f(droga)*; ~ **addict** heroinómano *m*, -na *f*.

heroine ['herəʊɪn] *n* heroína *f*.

heroism ['herəʊɪzm] *n* heroísmo *m*.

heron ['herən] (*pl inv* OR -s) *n* garza *f* real.

hero worship *n* veneración *f*.

herpes ['hɜːpiːz] *n* herpes *m inv*.

herring ['herɪŋ] (*pl inv* OR -s) *n* arenque *m*.

herringbone ['herɪŋbəʊn] *n* [pattern] espiga *f*, espiguilla *f*.

hers [hɜːz] *poss pron* suyo (suya); **that money is** ~ ese dinero es suyo; **those keys are** ~ esas llaves son suyas; **it wasn't his fault, it was HERS** no fue culpa de él sino de ella; **a friend of** ~ un amigo suyo, un amigo de ella; **mine is good, but** ~ **is bad** el mío es bueno pero el suyo es malo.

herself [hɜːˈself] *pron* -**1.** *(reflexive)* se; *(after prep)* sí misma; **with** ~ consigo misma -**2.** *(for emphasis)* ella misma; **she did it** ~ lo hizo ella sola.

Herts. [hɑːts] *(abbr of* **Hertfordshire***) condado inglés.*

he's [hiːz] = **he is, he has**.

hesitant ['hezɪtənt] *adj* -**1.** [unsure of oneself] indeciso(sa), inseguro(ra) -**2.** [faltering, slow to appear] vacilante.

hesitate ['hezɪteɪt] *vi* vacilar, dudar; **to** ~ **to do sthg** dudar en hacer algo.

hesitation [ˌhezɪˈteɪʃn] *n* vacilación *f*; **without** ~ sin vacilar; **to have no** ~ **in doing sthg** no dudar en hacer algo.

hessian ['hesɪən] *n UK* arpillera *f*.

heterogeneous [ˌhetərəˈdʒiːnjəs] *adj fml* heterogéneo(a).

heterosexual [ˌhetərəʊˈsekʃʊəl] <> *adj* heterosexual. <> *n* heterosexual *m* OR *f*.

het up [het-] *adj inf* -**1.** [nervous] nervioso(sa) -**2.** [annoyed] mosqueado(da).

hew [hjuː] (*pt* -ed, *pp* -ed OR -n) *vt literary* [tree, branch] talar; [figure, statue] tallar.

hex [heks] *n* [curse] maleficio *m*, maldición *f*.

hexagon ['heksəgən] *n* hexágono *m*.

hexagonal [hekˈsægənl] *adj* hexagonal.

hey [heɪ] *excl* ¡eh!, ¡oye!, ¡che! *Amér.*

heyday ['heɪdeɪ] *n* apogeo *m*, auge *m*.

hey presto [-ˈprestəʊ] *excl* ¡tachaaán!

HF *(abbr of* **high frequency***) AF f.*

HGV *n abbr of* **heavy goods vehicle**; **an** ~ **licence** un carnet de vehículo de gran tonelaje.

hi [haɪ] *excl inf* [hello] ¡hola!

HI *abbr of* **Hawaii**.

hiatus [haɪˈeɪtəs] (*pl* -es) *n fml* [pause] interrupción *f*.

hiatus hernia *n* hernia *f* de hiato.

hibernate ['haɪbəneɪt] *vi* hibernar.

hibernation [ˌhaɪbəˈneɪʃn] *n* hibernación *f*.

hiccough, hiccup ['hɪkʌp] (*pt* & *pp* -**ped**, *cont* -**ping**) *n* -**1.** [caused by wind] hipo *m*; **to have (the)** ~**s** tener hipo -**2.** *fig* [difficulty] contratiempo *m*. <> *vi* hipar.

hick [hɪk] *n esp US inf pej* paleto *m*, -ta *f*, palurdo *m*, -da *f*.

hickey [hɪkɪ] *n esp US inf* [lovebite] marca *f* de un beso, chupetón *m*.

hid [hɪd] *pt* ⊳ **hide**.

hidden ['hɪdn] <> *pp* ⊳ **hide**. <> *adj* oculto(ta).

hide [haɪd] (*pt* **hid**, *pp* **hidden**) <> *vt* -**1.** [conceal] esconder, ocultar; **to** ~ **sthg (from sb)** esconder OR ocultar algo (a alguien) -**2.** [cover] tapar, ocultar. <> *vi* esconderse. <> *n* -**1.** [animal skin] piel *f* -**2.** [for watching birds, animals] puesto *m*.

hide-and-seek *n* escondite *m*.

hideaway ['haɪdəweɪ] *n inf* escondite *m*.

hidebound ['haɪdbaʊnd] *adj pej* de miras estrechas.

hideous ['hɪdɪəs] *adj* horrible, espantoso(sa).

hideout ['haɪdaʊt] *n* guarida *f*, escondrijo *m*.

hiding ['haɪdɪŋ] *n* -**1.** [concealment]: **in** ~ escondido(da) -**2.** *inf* [beating]: **to give sb/get a (good)** ~ darle a alguien/recibir una (buena) paliza.

hiding place *n* escondite *m*.

hierarchical [ˌhaɪəˈrɑːkɪkl] *adj* jerárquico(ca).

hierarchy ['haɪərɑːkɪ] (*pl* -ies) *n* jerarquía *f*.

hieroglyphics [ˌhaɪərəˈglɪfɪks] *npl* jeroglíficos *mpl*.

hi-fi ['haɪfaɪ] <> *adj* de alta fidelidad. <> *n* equipo *m* de alta fidelidad.

higgledy-piggledy [ˌhɪgldɪˈpɪgldɪ] *inf* <> *adj* desordenado(da). <> *adv* de cualquier manera, a la buena de Dios.

high [haɪ] ◇ adj **-1.** [gen] alto(ta); [altitude] grande; **it's 6 metres** ~ tiene 6 metros de alto OR altura; **how** ~ **is it?** ¿cuánto mide?; **temperatures in the** ~ **30s** temperaturas cercanas a los 30 grados; **at** ~ **speed** a gran velocidad; **to have a** ~ **opinion of** tener muy buen concepto de **-2.** [wind] fuerte **-3.** [risk, quality] grande **-4.** [ideals, principles, tone] elevado(da) **-5.** [high-pitched] agudo(da) **-6.** inf colocado(da). ◇ adv alto; **he threw the ball** ~ **in the air** lanzó la bola muy alto. ◇ n **-1.** [highest point] punto m álgido; **to reach a new** ~ alcanzar un nuevo récord **-2.** [weather front] anticiclón m; [top temperature] máxima f.

highball ['haɪbɔːl] n US highball m.

highbrow ['haɪbraʊ] adj culto(ta), intelectual.

high chair n trona f.

high-class adj [superior] de (alta) categoría.

high command n alto mando m.

high commissioner n alto comisario m, alta comisaria f.

High Court n UK tribunal m supremo.

high-density adj COMPUT de alta densidad.

high-end adj de gama alta.

higher ['haɪər] adj [exam, qualification] superior.
➡ **Higher** n: **Higher (Grade)** en Escocia, examen realizado al final de la enseñanza secundaria.

higher education n enseñanza f superior.

high explosive n explosivo m de gran potencia.

high-fidelity adj de alta fidelidad.

high-flier n persona ambiciosa y con un prometedor futuro.

high-flying adj [ambitious] ambicioso y prometedor (ambiciosa y prometedora).

high-handed [-'hændɪd] adj despótico(ca).

high-heeled [-'hiːld] adj de tacón alto.

high horse n inf: **to get on one's** ~ echar un sermón.

high jump n salto m de altura; **you're** OR **you'll be for the** ~ UK inf te la vas a cargar.

Highland Games ['haɪlənd-] npl fiesta de deportes escoceses.

Highlands ['haɪləndz] npl: **the** ~ [of Scotland] las Tierras Altas de Escocia.

high-level adj de alto nivel.

high life n: **the** ~ la buena vida.

highlight ['haɪlaɪt] ◇ n [of event, occasion] punto m culminante. ◇ vt **-1.** [visually] resaltar, marcar **-2.** [emphasize] destacar, resaltar. ➡ **highlights** npl **-1.** [in hair] reflejos mpl **-2.** [of match] mejores momentos mpl.

highlighter (pen) ['haɪlaɪtər-] n rotulador m,

marcador m.

highly ['haɪlɪ] adv **-1.** [very, extremely] muy; ~ **paid** bien pagado **-2.** [favourably]: **to speak** ~ **of sb** hablar muy bien de alguien; **to think** ~ **of sb** tener a alguien en mucha estima.

highly-strung adj muy nervioso(sa).

high mass n misa f mayor.

high-minded [-'maɪndɪd] adj de moral elevada.

Highness ['haɪnɪs] n: **His/Her/Your (Royal)** ~ Su Alteza f (Real); **their (Royal)** ~**es** Sus Altezas (Reales).

high-octane adj de alto octanaje.

high-pitched [-'pɪtʃt] adj agudo(da).

high point n [of occasion] momento m OR punto m culminante.

high-powered [-'paʊəd] adj **-1.** [powerful] de gran potencia **-2.** [prestigious - activity, place] prestigioso(sa); [- person] de altos vuelos.

high-pressure adj **-1.** [cylinder, gas etc] a alta presión **-2.** METEOR [zone, area] de altas presiones **-3.** [tactics, approach] agresivo(va).

high priest n RELIG sumo sacerdote m.

high-ranking [-'ræŋkɪŋ] adj [in army etc] de alta graduación; [in government]: ~ **official** alto cargo m.

high resolution adj COMPUT de alta resolución.

high-rise adj: ~ **building** torre f.

high-risk adj de alto riesgo.

high school n ≃ instituto m de bachillerato.

high seas npl: **the** ~ alta mar.

high season n temporada f alta.

high-speed adj de alta velocidad.

high-spirited adj [person] animado(da).

high spot n punto m culminante.

high street ◇ adj UK [bank] comercial. ◇ n calle f mayor OR principal.

high-strung adj US muy nervioso(sa).

hightail ['haɪteɪl] vt esp US inf: **to** ~ **it** pirárselas.

high tea n UK merienda f cena.

high tech [-'tek] adj de alta tecnología.

high technology n alta tecnología f.

high-tension adj de alta tensión.

high tide n [of sea] marea f alta.

high treason n alta traición f.

high water n (U) marea f alta.

highway ['haɪweɪ] n **-1.** US [main road between cities] autopista f **-2.** UK [any main road] carretera f.

Highway Code n UK: **the** ~ el código de la circulación.

high wire n alambre m, cuerda f floja.

hijack ['haɪdʒæk] ◇ n [of aircraft] secuestro m aéreo. ◇ vt [aircraft] secuestrar.

hijacker ['haɪdʒækəʳ] n secuestrador m, -ra f (de un avión).

hijacking ['haɪdʒækɪŋ] n secuestro m (de un avión).

hike [haɪk] ◇ n **-1.** [long walk] excursión f, caminata f; **to go for** OR **on a** ~ ir de excursión **-2.** [increase] subida f. ◇ vi [go for walk] ir de excursión.

hiker ['haɪkəʳ] n excursionista m OR f.

hiking ['haɪkɪŋ] n excursionismo m; **to go** ~ ir de excursión.

hilarious [hɪ'leərɪəs] adj desternillante.

hilarity [hɪ'lærətɪ] n fml hilaridad f.

hill [hɪl] n **-1.** [mound] colina f **-2.** [slope] cuesta f.

hillbilly ['hɪl,bɪlɪ] (pl -ies) n US pej palurdo m, -da f de las montañas.

hillock ['hɪlək] n altozano m, collado m.

hillside ['hɪlsaɪd] n ladera f.

hill start n AUT arranque m en una cuesta.

hilltop ['hɪltɒp] n cumbre f de una colina.

hilly ['hɪlɪ] (compar -ier, superl -iest) adj montañoso(sa).

hilt [hɪlt] n puño m, empuñadura f; **to support/ defend sb to the** ~ apoyar/defender a alguien sin reservas; **to be mortgaged to the** ~ tener una hipoteca enorme.

him [hɪm] pers pron **-1.** (direct - unstressed) lo, le; (- stressed) él; **I know** ~ lo OR le conozco; **I like** ~ me gusta; **it's** ~ es él; **if I were** OR **was** ~ si (yo) fuera él; **you can't expect** HIM **to do it** no esperarás que ÉL lo haga **-2.** (indirect - gen) le; (- with other third person pronouns) se; **she sent** ~ **a letter** le mandó una carta; **we spoke to** ~ hablamos con él; **I gave it to** ~ se lo di **-3.** (after prep, in comparisons etc) él; **I'm shorter than** ~ yo soy más bajo que él.

Himalayan [,hɪmə'leɪən] adj himalayo(ya).

Himalayas [,hɪmə'leɪəz] npl: **the** ~ el Himalaya.

himself [hɪm'self] pron **-1.** (reflexive) se; (after prep) sí mismo; **with** ~ consigo mismo **-2.** (for emphasis) él mismo; **he did it** ~ lo hizo él solo.

hind [haɪnd] (pl inv OR -s) ◇ adj trasero(ra). ◇ n cierva f.

hinder ['hɪndəʳ] vt [gen] estorbar; [progress, talks, attempts] entorpecer, dificultar.

Hindi ['hɪndɪ] n [language] hindi m.

hindmost ['haɪndməʊst] adj postrero(ra).

hindquarters ['haɪndkwɔːtəz] npl cuartos mpl traseros.

hindrance ['hɪndrəns] n [obstacle] obstáculo m, impedimento m; [person] estorbo m.

hindsight ['haɪndsaɪt] n: **with the benefit of** ~ ahora que se sabe lo que pasó.

Hindu ['hɪnduː] (pl -s) ◇ adj hindú. ◇ n hindú m OR f.

Hinduism ['hɪnduːɪzm] n hinduismo m.

hinge [hɪndʒ] (cont hingeing) n [on door, window] bisagra f.
➤ **hinge (up)on** vt fus [depend on] depender de.

hint [hɪnt] ◇ n **-1.** [indication] indirecta f; **to drop a** ~ lanzar una indirecta; **to take the** ~ darse por aludido(da) **-2.** [piece of advice] consejo m **-3.** [small amount, suggestion] atisbo m, asomo m; [of colour] pizca f. ◇ vi: **to** ~ **at sthg** insinuar algo. ◇ vt: **to** ~ **that** insinuar que.

hinterland ['hɪntəlænd] n [area around coast, river] interior m.

hip [hɪp] ◇ n ANAT cadera f. ◇ adj inf moderno(na).

hipbath ['hɪpbɑːθ] n baño m de asiento.

hipbone ['hɪpbəʊn] n hueso m de la cadera.

hip flask n petaca f.

hip-hop n MUS hip hop m.

hippie ['hɪpɪ] n hippy m OR f.

hippo ['hɪpəʊ] (pl -s) n inf hipopótamo m.

hippopotamus [,hɪpə'pɒtəməs] (pl -muses OR -mi [-maɪ]) n hipopótamo m.

hippy ['hɪpɪ] (pl -ies) = hippie.

hire ['haɪəʳ] ◇ n (U) [of car, equipment] alquiler m; **for** ~ [taxi] libre; **boats for** ~ se alquilan barcos; **on** ~ de alquiler. ◇ vt **-1.** [rent] alquilar **-2.** [employ] contratar.
➤ **hire out** vt sep [car, equipment] alquilar; [one's services] ofrecer.

hire car n UK coche m de alquiler.

hire purchase n (U) UK compra f a plazos; **to buy sthg on** ~ comprar algo a plazos.

his [hɪz] ◇ poss adj su, sus (pl); ~ **house** su casa; ~ **children** sus niños; ~ **name is Joe** se llama Joe; **it wasn't HIS fault** no fue culpa suya OR su culpa; **he washed** ~ **hair** se lavó el pelo. ◇ poss pron suyo (suya); **that money is** ~ ese dinero es suyo; **those keys are** ~ esas llaves son suyas; **it wasn't her fault, it was HIS** no fue culpa de ella sino de él; **a friend of** ~ un amigo suyo, un amigo de él; **mine is good, but** ~ **is bad** el mío es bueno pero el suyo es malo.

Hispanic [hɪ'spænɪk] ◇ adj hispánico(ca). ◇ n esp US hispano m, -na f.

hiss [hɪs] ◇ n **-1.** [of person] bisbiseo m, siseo m **-2.** [of steam, gas, snake] silbido m. ◇ vt [performance] ≃ silbar, ≃ pitar. ◇ vi **-1.** [person] bisbisear, sisear; [to express disapproval] ≃ silbar, ≃ pitar **-2.** [steam, gas, snake] silbar.

histogram ['hɪstəgræm] n histograma m.

historian [hɪ'stɔːrɪən] *n* historiador *m*, -ra *f*.

historic [hɪ'stɒrɪk] *adj* [significant] histórico(ca).

historical [hɪ'stɒrɪkəl] *adj* histórico(ca).

history ['hɪstərɪ] (*pl* -ies) ⬦ *n* -**1.** [gen] historia *f*; **to go down in** ~ pasar a la historia; **to make** ~ hacer historia -**2.** [past record] historial *m*. ⬦ *comp* [book, teacher, programme] de historia.

histrionics [ˌhɪstrɪ'ɒnɪks] *npl pej* teatro *m*, teatralidad *f*.

hit [hɪt] (*pt* & *pp* hit, *cont* -ting) ⬦ *n* -**1.** [blow] golpe *m* -**2.** [successful strike] impacto *m*; **to score a direct** ~ dar de lleno en el blanco -**3.** [success, record] éxito *m* -**4.** COMPUT visita *f*. ⬦ *comp* de éxito. ⬦ *vt* -**1.** [subj: person] pegar, golpear -**2.** [crash into] chocar contra *or* con -**3.** [reach] alcanzar; [bull's-eye] dar en -**4.** [affect badly] afectar -**5.** [occur to]: **the solution** ~ **me** se me ocurrió la solución -**6.** *phr*: **to** ~ **it off (with sb)** hacer buenas migas (con alguien).

➥ **hit back** *vi*: **to** ~ **back (at sb)** devolver la pelota (a alguien); **to** ~ **back (at sthg)** responder (a algo).

➥ **hit on** *vt fus* -**1.** = hit upon -**2.** *US inf* [chat up] ligar con.

➥ **hit out** *vi*: **to** ~ **out at** [physically] tratar de golpear; [criticize] condenar.

➥ **hit upon** *vt fus* [think of] dar con.

hit-and-miss = hit-or-miss.

hit-and-run *adj* [driver] que se da a la fuga después de causar un accidente; [accident] en que el conductor se da a la fuga.

hitch [hɪtʃ] ⬦ *n* [problem, snag] problema *m*, pega *f*. ⬦ *vt* -**1.** [catch]: **to** ~ **a lift** conseguir que le lleven en coche a uno -**2.** [fasten]: **to** ~ **sthg on** *or* **onto sthg** enganchar algo a algo. ⬦ *vi* [hitchhike] hacer autoestop.

➥ **hitch up** *vt sep* [clothes] subirse.

hitchhike ['hɪtʃhaɪk] *vi* hacer autoestop.

hitchhiker ['hɪtʃhaɪkəʳ] *n* autoestopista *m or f*.

hi-tech [ˌhaɪ'tek] = high tech.

hither ['hɪðəʳ] *adv literary* hasta aquí, acá; ~ **and thither** acá y acullá.

hitherto [ˌhɪðə'tuː] *adv fml* hasta ahora.

hit list *n* lista *f* negra, lista *f* de futuras víctimas.

hit man *n* asesino *m* a sueldo.

hit-or-miss *adj* azaroso(sa), a la buena de Dios.

hit parade *n dated* lista *f* de éxitos.

HIV (*abbr of* **human immunodeficiency virus**) *n* VIH *m*; **to be** ~ **-positive** ser seropositivo.

hive [haɪv] *n* [for bees] colmena *f*; **a** ~ **of activity** un enjambre, un centro de actividad.

➥ **hive off** *vt sep* [separate] transferir.

HM (*abbr of* **His** (or **Her**) **Majesty**) SM.

HMG (*abbr of* **His** (or **Her**) **Majesty's** Government) *expresión utilizada en documentos oficiales en Gran Bretaña.*

HMI (*abbr of* **His** (or **Her**) **Majesty's Inspector**) *n inspector de enseñanza en Gran Bretaña.*

HMO (*abbr of* **health maintenance organization**) *n US organización para el mantenimiento de la salud.*

HMS (*abbr of* **His** (or **Her**) **Majesty's Ship**) *buque de guerra británico.*

HMSO (*abbr of* **His** (or **Her**) **Majesty's Stationery** Office) *n servicio oficial de publicaciones en Gran Bretaña,* ≃ Imprenta *f* Nacional.

HNC (*abbr of* **Higher National Certificate**) *n diploma técnico en Gran Bretaña.*

HND (*abbr of* **Higher National Diploma**) *n diploma técnico superior en Gran Bretaña.*

hoard [hɔːd] ⬦ *n* [store] acumulación *f*, acopio *m*. ⬦ *vt* [collect, save] acumular; [food] acaparar.

hoarding ['hɔːdɪŋ] *n UK* [for advertisements, posters] valla *f* publicitaria.

hoarfrost ['hɔːfrɒst] *n* escarcha *f*.

hoarse [hɔːs] *adj* -**1.** [voice] ronco(ca) -**2.** [person] afónico(ca).

hoax [həʊks] *n* engaño *m*; ~ **call** falsa alarma telefónica.

hoaxer ['həʊksəʳ] *n* bromista *m or f*.

hob [hɒb] *n UK* [on cooker] encimera *f*.

hobble ['hɒbl] *vi* [limp] cojear.

hobby ['hɒbɪ] (*pl* -ies) *n* [leisure activity] hobby *m*, afición *f*.

hobbyhorse ['hɒbɪhɔːs] *n* -**1.** [toy] caballo *m* de juguete -**2.** [favourite topic] caballo *m* de batalla, tema *m* favorito.

hobnob ['hɒbnɒb] (*pt* & *pp* -bed, *cont* -bing) *vi*: **to** ~ **with sb** codearse con alguien.

hobo ['həʊbəʊ] (*pl* -es *or* -s) *n US* [tramp] vagabundo *m*, -da *f*.

Ho Chi Minh City ['həʊ,tʃiː'mɪn-] *n* Ho Chi Minh.

hock [hɒk] *n* [wine] vino *m* blanco del Rin.

hockey ['hɒkɪ] *n* -**1.** [on grass] hockey *m* sobre hierba -**2.** *US* [ice hockey] hockey *m* sobre hielo.

hocus-pocus [ˌhəʊkəs'pəʊkəs] *n (U)* [trickery] camelo *m*, engaño *m*.

hod [hɒd] *n* [for bricks] artesa *f*, gaveta *f*.

hodgepodge *US* = hotchpotch.

hoe [həʊ] ⬦ *n* azada *f*, azadón *m*. ⬦ *vt* azadonar.

hog [hɒg] (*pt* & *pp* -ged, *cont* -ging) ⬦ *n US* [pig] cerdo *m*, puerco *m*; **to go the whole** ~ *fig* tirar la casa por la ventana. ⬦ *vt inf* [monopolize] acaparar.

Hogmanay ['hɒgməneɪ] *n denominación es-*

cocesa de la Nochevieja.

hoist [hɔɪst] ◇ *n* [pulley, crane] grúa *f*; [lift] montacargas *m inv*. ◇ *vt* izar.

hokum ['həʊkəm] *n US inf* palabrería *f*.

hold [həʊld] (*pt* & *pp* **held**) ◇ *vt* **-1.** [have hold of] tener cogido(da) **-2.** [keep in position] sujetar **-3.** [sustain, support] sostener, aguantar **-4.** [embrace] abrazar **-5.** [as prisoner] detener; **to ~ sb prisoner/hostage** tener a alguien como prisionero/rehén **-6.** [keep] guardar **-7.** [maintain - interest etc] mantener **-8.** [have, possess] poseer **-9.** [contain - gen] contener; [- number of people] tener cabida para; [- fears, promise etc] guardar **-10.** [conduct, stage - event] celebrar; [- conversation] mantener; [- inquiry] realizar **-11.** *fml* [consider] considerar; **to ~ (that)** mantener OR sostener que; **to ~ sb responsible for sthg** considerar a alguien responsable de algo; **to ~ sthg dear** apreciar mucho algo **-12.** [on telephone]: **please ~ the line** no cuelgue por favor **-13.** MIL ocupar, tener **-14.** *phr:* **~ it** OR **everything!** ¡para!, ¡espera!; **to ~ one's own** defenderse. ◇ *vi* **-1.** [luck, weather] continuar así; [promise, offer] seguir en pie; **to ~ still** OR **steady** estarse quieto **-2.** [on phone] esperar. ◇ *n* **-1.** [grasp, grip]: **to have a firm ~ on sthg** tener algo bien agarrado; **to take** OR **lay ~ of sthg** agarrar algo; **to get ~ of sthg** [obtain] hacerse con algo; **to get ~ of sb** [find] localizar a alguien **-2.** [of ship, aircraft] bodega *f* **-3.** [control, influence] dominio *m*, control *m*; **to take ~** [fire] extenderse.

➡ **on hold** *adv* : **to put sthg on ~** suspender algo temporalmente; **to put sb on ~** [on phone] poner a alguien a la espera.

➡ **hold against** *vt sep*: **to ~ sthg against sb** *fig* tomarle a alguien algo en cuenta.

➡ **hold back** ◇ *vi* [hesitate] vacilar; **to ~ back from doing sthg** abstenerse de hacer algo. ◇ *vt sep* **-1.** [tears, anger] contener, reprimir **-2.** [secret] ocultar, no revelar **-3.** [person]: **to ~ sb back from doing sthg** impedir a alguien hacer algo.

➡ **hold down** *vt sep* [job] conservar.

➡ **hold off** ◇ *vt sep* [fend off] rechazar. ◇ *vi* no producirse; **the rain held off** no llovió.

➡ **hold on** *vi* **-1.** [wait] esperar; [on phone] no colgar **-2.** [grip]: **to ~ on (to sthg)** agarrarse (a algo).

➡ **hold onto** *vt fus* [keep] retener.

➡ **hold out** ◇ *vt sep* [hand] tender; [arms] extender. ◇ *vi* **-1.** [last] durar **-2.** [resist]: **to ~ out (against sthg/sb)** resistir (ante algo/a alguien).

➡ **hold out for** *vt fus* insistir en.

➡ **hold up** ◇ *vt sep* **-1.** [raise] levantar;

alzar **-2.** [delay] retrasar **-3.** *inf* [rob] atracar, asaltar. ◇ *vi* [theory, facts] tenerse en pie.

➡ **hold with** *vt fus* [approve of] estar de acuerdo con.

holdall ['həʊldɔːl] *n UK* bolsa *f* de viaje.

holder ['həʊldə^r] *n* **-1.** [container] soporte *m*; [for candle] candelero *m*; [for cigarette] boquilla *f* **-2.** [owner] titular *m* OR *f*; [of ticket, record, title] poseedor *m*, -ra *f*.

holding ['həʊldɪŋ] ◇ *n* **-1.** [investment] participación *f* **-2.** [farm] propiedad *f*, terreno *m* de cultivo. ◇ *adj* [action, operation] de mantenimiento.

holding company *n* holding *m*.

holding pattern *n* vuelo *m* de espera antes de aterrizar.

holdup ['həʊldʌp] *n* **-1.** [delay] retraso *m* **-2.** [robbery] atraco *m* a mano armada.

hole [həʊl] *n* **-1.** [gen] agujero *m*; [in ground, road etc] hoyo *m*; [of animal] madriguera *f*; **to pick ~ in sthg** [criticize] encontrar defectos en algo **-2.** [in golf] hoyo *m*; **~ in one** hoyo en uno **-3.** [horrible place] cuchitril *m* **-4.** *inf* [predicament] apuro *m*, aprieto *m*.

➡ **hole up** *vi* [hide, take shelter] esconderse, refugiarse.

hole in the wall *n UK inf* cajero *m* automático.

holiday ['hɒlɪdeɪ] *n* **-1.** [vacation] vacaciones *fpl*; **to be/go on ~** estar/ir de vacaciones **-2.** [public holiday] fiesta *f*, día *m* festivo.

➡ **holidays** *n US*: **the ~s** las fiestas OR vacaciones (de Navidad); **happy ~s!** ¡felices fiestas!

holiday camp *n UK* colonia *f* veraniega.

holiday home *n UK* casa *f* para las vacaciones.

holidaymaker ['hɒlɪdeɪˌmeɪkə^r] *n UK* turista *m* OR *f*.

holiday resort *n UK* lugar *m* de veraneo.

holiday season *n* temporada *f* turística OR de vacaciones.

holiness ['həʊlɪnɪs] *n* santidad *f*.

➡ **Holiness** *n* [in titles]: **His/Your Holiness** Su Santidad.

holistic [həʊ'lɪstɪk] *adj* holístico(ca).

Holland ['hɒlənd] *n* Holanda.

hollandaise sauce [ˌhɒlən'deɪz-] *n* salsa *f* holandesa.

holler ['hɒlə^r] *vt* & *vi inf esp US* gritar.

hollow ['hɒləʊ] ◇ *adj* **-1.** [not solid] hueco(ca) **-2.** [cheeks, eyes] hundido(da) **-3.** [resonant] sonoro(ra), resonante **-4.** [false, meaningless] vano(na); [laugh] falso(sa). ◇ *n* hueco *m*; [in ground] depresión *f*, hondonada *f*.

➤ **hollow out** *vt sep* **-1.** [make hollow] dejar hueco **-2.** [make by hollowing] hacer ahuecando.

holly ['hɒlɪ] *n* acebo *m*.

Hollywood ['hɒlɪwʊd] <> *n* [film industry] Hollywood *m*. <> *comp* de Hollywood.

holocaust ['hɒləkɔːst] *n* holocausto *m*.

➤ **Holocaust** *n*: **the Holocaust** el Holocausto.

hologram ['hɒləgræm] *n* holograma *m*.

hols [hɒlz] (*abbr of* **holidays**) *npl UK inf* vacas *fpl*, vacaciones *fpl*.

holster ['həʊlstə^r] *n* pistolera *f*, funda *f* (de pistola).

holy ['həʊlɪ] (*compar* **-ier**, *superl* **-iest**) *adj* **-1.** [sacred] sagrado(da); [water] bendito(ta) **-2.** [pure and good] santo(ta).

Holy Communion *n* Sagrada Comunión *f*.

Holy Ghost *n*: **the ~** el Espíritu Santo.

Holy Grail [-'greɪl] *n*: **the ~** el Santo Grial.

Holy Land *n*: **the ~** Tierra Santa.

holy orders *npl* sagradas órdenes *fpl*; **to take ~** ordenarse (sacerdote).

Holy See *n*: **the ~** la Santa Sede.

Holy Spirit *n*: **the ~** el Espíritu Santo.

holy war *n* guerra *f* santa.

homage ['hɒmɪdʒ] *n* (U) *fml* homenaje *m*; **to pay ~ to** rendir homenaje a.

home [həʊm] <> *n* **-1.** [house, flat] casa *f*; **away from ~** [not in & *SPORT*] fuera de casa; **to make one's ~ somewhere** establecerse en algún sitio; **to work from ~** *UK* trabajar desde casa; **it's a ~ from ~** *UK OR* **~ away from ~** *US* para mí es como mi propia casa **-2.** [own country] tierra *f*; [own city] ciudad *f* natal **-3.** [family] hogar *m*; **to leave ~** independizarse, irse de casa **-4.** [place of origin] cuna *f* **-5.** [institution] residencia *f*. <> *adj* **-1.** [not foreign] nacional **-2.** [in one's own home - cooking] casero(ra); [- life] familiar; [- improvements] en la casa; [- delivery] a domicilio **-3.** *SPORT* de casa. <> *adv* **-1.** [to one's house] a casa; [at one's house] en casa **-2.** *phr*: **to bring sthg ~ to sb** hacer que alguien se dé cuenta de algo; **to drive** *OR* **hammer sthg ~ to sb** hacer que alguien se dé perfecta cuenta de algo.

➤ **at home** *adv* **-1.** [in one's house, flat] en casa **-2.** [comfortable]: **at ~ (with)** a gusto (con); **to make o.s. at ~** acomodarse; **make yourself at ~** estás en tu casa **-3.** [in one's own country] en mi país **-4.** *SPORT*: **to play at ~** jugar en casa.

➤ **home in** *vi*: **to ~ in on sthg** dirigirse hacia algo; *fig* centrarse en algo.

home address *n* domicilio *m* particular.

home banking *n* (U) telebanco *m*.

homeboy ['həʊmbɔɪ] *n US* [friend] amiguete *m*.

home brew *n* [beer] cerveza *f* casera.

homecoming ['həʊm,kʌmɪŋ] *n* **-1.** [return] regreso *m* a casa **-2.** *US SCH & UNIV* recepción *f* para ex-alumnos.

homecoming queen *n US* reina *de las fiestas durante una reunión de alumnos*.

home computer *n* ordenador *m* doméstico.

Home Counties *npl*: **the ~** *los condados de los alrededores de Londres*.

home economics *n* (U) economía *f* doméstica.

home ground *n* **-1.** [familiar place]: **to be on ~** estar en territorio conocido **-2.** [familiar subject]: **to be on ~** estar en su terreno **-3.** *SPORT* campo *m* propio.

homegrown [,həʊm'grəʊn] *adj* [grown in one's garden] de cosecha propia; [not imported] de la tierra, local.

home help *n UK asistente empleado por el ayuntamiento para ayudar en las tareas domésticas a enfermos y ancianos*.

homeland ['həʊmlænd] *n* **-1.** [country of birth] tierra *f* natal, patria *f* **-2.** [in South Africa] homeland *m*, *territorio donde se confinaba a la población negra*.

homeless ['həʊmlɪs] <> *adj* sin hogar. <> *npl*: **the ~** las personas sin hogar.

homelessness ['həʊmlɪsnəs] *n* (fenómeno *m* de la) carencia *f* de hogar.

home loan *n* crédito *m* para reforma de vivienda.

homely ['həʊmlɪ] *adj* **-1.** [simple] sencillo(lla) **-2.** [unattractive] feúcho(cha) **-3.** *US* [ugly] feúcho(cha).

homemade [,həʊm'meɪd] *adj* [food] casero(ra); [clothes] de fabricación casera.

homemaker ['həʊm,meɪkə^r] *n US* ama *f* de casa.

homeroom ['həʊmruːm] *n US aula donde cada alumno debe presentarse todas las mañanas*.

home movie *n* película *f* casera.

Home Office *n UK*: **the ~** el Ministerio del Interior británico.

homeopathic [,həʊmɪəʊ'pæθɪk] *adj* homeopático(ca).

homeopathy [,həʊmɪ'ɒpəθɪ] *n* homeopatía *f*.

homeowner ['həʊm,əʊnə^r] *n* propietario *m*, -ria *f* de vivienda.

home page *n* [on Internet] página *f* inicial *OR* de inicio.

home rule *n* autonomía *f*.

home run *n US inf* home run *m*.

home school *vt US* educar en casa.

Home Secretary *n UK*: **the** ~ el Ministro del Interior británico.

home shopping *n* telecompra *f*.

homesick ['həʊmsɪk] *adj* nostálgico(ca); **to be** ~ tener morriña.

homesickness ['həʊmˌsɪknɪs] *n* morriña *f*.

homespun ['həʊmspʌn] *adj fig* [unsophisticated] popular.

homestead ['həʊmsted] *n* granja *f*.

home straight *n*: **the** ~ la recta final.

hometown ['həʊmtaʊn] *n* pueblo *m*/ciudad *f* natal.

home truth *n*: **to tell sb a few** ~**s** soltarle a alguien cuatro verdades.

homeward ['həʊmwəd] <> *adj* de regreso OR vuelta (a casa). <> *adv* = **homewards**.

homewards ['həʊmwədz] *adv* hacia casa.

homework ['həʊmwɜːk] *n* (U) *lit* & *fig* deberes *mpl*.

homey, homy ['həʊmɪ] *US* <> *adj* confortable, agradable. <> *n inf* [friend] amiguete *m*, -ta *f*.

homicidal ['hɒmɪsaɪdl] *adj* homicida.

homicide ['hɒmɪsaɪd] *n* homicidio *m*.

homily ['hɒmɪlɪ] (*pl* -ies) *n* [lecture] sermón *m*.

homing ['həʊmɪŋ] *adj*: ~ **instinct** querencia *f*; ~ **device** [on missile] sistema *m* de guiado pasivo.

homing pigeon *n* paloma *f* mensajera.

homogeneous [ˌhɒmə'dʒiːnjəs] *adj* homogéneo(a).

homogenize, -ise [hə'mɒdʒənaɪz] *vt UK* homogeneizar.

homophobic ['həʊməʊ'fəʊbɪk] *adj* homofóbico(ca).

homosexual [ˌhɒmə'sekʃʊəl] <> *adj* homosexual. <> *n* homosexual *m* OR *f*.

homosexuality [ˌhɒməˌsekʃʊ'ælətɪ] *n* homosexualidad *f*.

homy = **homey**.

Hon. - **1.** *abbr of* **Honourable** - **2.** *abbr of* **Honorary**.

Honduran [hɒn'djʊərən] <> *adj* hondureño(ña). <> *n* hondureño *m*, -ña *f*.

Honduras [hɒn'djʊərəs] *n* Honduras.

hone [həʊn] *vt* - **1.** [sharpen] afilar - **2.** [develop, refine] afinar.

honest ['ɒnɪst] <> *adj* - **1.** [trustworthy, legal] honrado(da) - **2.** [frank] franco(ca), sincero(ra); **to be** ~ ... si he de serte franco ... <> *adv inf* = **honestly 2**.

honestly ['ɒnɪstlɪ] <> *adv* - **1.** [truthfully] honradamente - **2.** [expressing sincerity] de verdad, en serio. <> *excl* [expressing impatience, disapproval] ¡será posible!

honesty ['ɒnɪstɪ] *n* - **1.** [trustworthiness] honradez *f* - **2.** [frankness] sinceridad *f*; **in all** ~ ... si he de serte franco ...

honey ['hʌnɪ] *n* - **1.** [food] miel *f* - **2.** *esp US* [form of address] cielo *m*, mi vida *f*.

honeybee ['hʌnɪbiː] *n* abeja *f* (obrera).

honeycomb ['hʌnɪkəʊm] *n* panal *m*.

honeymoon ['hʌnɪmuːn] <> *n* luna *f* de miel; *fig* periodo *m* idílico. <> *vi* pasar la luna de miel.

honeysuckle ['hʌnɪˌsʌkl] *n* madreselva *f*.

Hong Kong [ˌhɒŋ'kɒŋ] *n* Hong Kong.

honk [hɒŋk] <> *vi* - **1.** [motorist] tocar el claxon - **2.** [goose] graznar. <> *vt* tocar. <> *n* - **1.** [of horn] bocinazo *m* - **2.** [of goose] graznido *m*.

honky ['hɒŋkɪ] (*pl* -ies) *n* *US* *v inf* término peyorativo que designa a un blanco.

Honolulu [ˌhɒnə'luːluː] *n* Honolulú.

honor *etc US* = **honour** *etc*.

honorary [*UK* 'ɒnərərɪ, *US* ɒnə'reərɪ] *adj* - **1.** [given as an honour] honorario(ria) - **2.** [unpaid] honorífico(ca).

honor roll *n* *US* lista *f* de honor.

honour *UK*, **honor** *US* ['ɒnəʳ] <> *n* - **1.** [gen] honor *m*, honra *f*; **in** ~ **of** en honor de - **2.** [source of pride - person] honra *f*. <> *vt* - **1.** [promise, agreement] cumplir; [debt] satisfacer; [cheque] pagar, aceptar - **2.** *fml* [bring honour to] honrar.

➤ **Honour** *n* [in titles]: **His/Her/Your Honour** Su Señoría.

➤ **honours** *npl* - **1.** [tokens of respect] honores *mpl* - **2.** *UK UNIV*: ~**s degree** licenciatura de cuatro años necesaria para acceder a un máster - **3.** *phr*: **to do the** ~**s** hacer los honores de la casa.

honourable *UK*, **honorable** *US* ['ɒnrəbl] *adj* - **1.** [proper] honroso(sa) - **2.** [morally upright] honorable.

➤ **Honourable** *adj* [in titles] Honorable; **the Honourable gentleman/lady** Su Señoría el señor diputado/la señora diputada.

honourably *UK*, **honorably** *US* ['ɒnərəblɪ] *adv* [properly] honrosamente.

honour bound *adj*: **to be** ~ **to do sthg** estar obligado(da) moralmente a hacer algo.

honours list *n* *UK* lista de personas que reciben un título nobiliario de manos de la corona británica.

Hons. *abbr of* **honours degree**.

hooch [huːtʃ] *n* *US inf* alcohol *m* (destilado clandestinamente).

hood [hʊd] *n* - **1.** [on cloak, jacket] capucha *f* - **2.** [of pram, convertible car] capota *f*; [of cooker] campana *f* - **3.** *US* [car bonnet] capó *m*.

hooded ['hʊdɪd] adj -**1.** [wearing a hood] encapuchado(da) -**2.** [eyes] de grandes párpados.

hoodlum ['hu:dləm] n US inf matón m.

hoodwink ['hʊdwɪŋk] vt engañar.

hooey ['hu:ɪ] n (U) US inf tonterías fpl, bobadas fpl.

hoof [hu:f, hʊf] (pl -s OR **hooves**) n [of horse] casco m; [of cow etc] pezuña f.

hook [hʊk] <> n -**1.** [gen] gancho m; **off the ~** [phone] descolgado(da) -**2.** [for catching fish] anzuelo m -**3.** [fastener] corchete m -**4.** phr: **to get sb off the ~** sacar a alguien del apuro. <> vt -**1.** [attach with hook] enganchar -**2.** [fish] pescar, coger -**3.** [arm, leg]: **he ~ed his leg around the chair** enganchó la silla con el pie.
 ➡ **hook up** vt sep: **to ~ sthg up to sthg** conectar algo a algo; **to ~ with sb** reunirse OR juntarse con alguien, ligar con alguien.

hook and eye (pl **hooks and eyes**) n corchete m.

hooked [hʊkt] adj -**1.** [nose] aguileño(ña), ganchudo(da) -**2.** inf [addicted]: **to be ~ (on)** estar enganchado(da) (a).

hooker ['hʊkə^r] n US inf puta f.

hook(e)y ['hʊkɪ] n US inf: **to play ~** hacer novillos.

hooligan ['hu:lɪgən] n gamberro m.

hooliganism ['hu:lɪgənɪzm] n gamberrismo m.

hoop [hu:p] n aro m.

hoop-la ['hu:plɑː] n (U) [game] juego de feria en que se intentan colar aros en los premios.

hooray [hʊ'reɪ] = **hurray**.

hoot [hu:t] <> n -**1.** [of owl] grito m, ululato m; [of horn] bocinazo m; **a ~ of laughter** una carcajada -**2.** UK inf [amusing thing or person]: **she's/it was a ~** es/fue la monda. <> vi [owl] ulular; [horn] sonar; **to ~ with laughter** reírse a carcajadas. <> vt tocar.

hooter ['hu:tə^r] n -**1.** [horn] claxon m, bocina f -**2.** UK inf [nose] napias fpl.

Hoover® ['hu:və^r] n UK aspiradora f.
 ➡ **hoover** <> vt pasar la aspiradora por. <> vi pasar la aspiradora.

hooves [hu:vz] pl ▷ **hoof**.

hop [hɒp] (pt & pp -**ped**, cont -**ping**) <> n -**1.** [of person] salto m a la pata coja -**2.** [of bird etc] saltito m -**3.** inf [air trip] vuelo m corto. <> vi -**1.** [person] saltar a la pata coja -**2.** [bird etc] dar saltitos -**3.** [move nimbly] ponerse de un brinco. <> vt US inf [bus, train] subirse a.
 ➡ **hops** npl lúpulo m.

hope [hʊp] <> vi: **to ~ (for sthg)** esperar (algo); **I ~ so/not** espero que sí/no; **to ~ for the best** esperar que todo vaya bien. <> vt: **to ~ (that)** esperar que; **to ~ to do sthg** esperar hacer algo. <> n esperanza f; **to be beyond ~** ser un caso desesperado; **in the ~ of** con la esperanza de; **to pin one's ~s on sthg** poner uno todas sus esperanzas en algo; **I don't hold out much ~** no tengo muchas esperanzas; **to raise sb's ~s** dar esperanzas a alguien.

hope chest n US ajuar m.

hopeful ['hʊpfʊl] <> adj -**1.** [optimistic] optimista; **to be ~ of sthg/of doing sthg** tener esperanzas de algo/hacer algo -**2.** [promising] prometedor(ra), esperanzador(ra). <> n aspirante m OR f.

hopefully ['hʊpfʊlɪ] adv -**1.** [in a hopeful way] esperanzadamente -**2.** [with luck] con suerte; **~ not** espero que no.

hopeless ['hʊplɪs] adj -**1.** [despairing] desesperado(da) -**2.** [impossible] imposible -**3.** inf [useless] inútil.

hopelessly ['hʊplɪslɪ] adv -**1.** [despairingly] desesperadamente -**2.** [completely] totalmente.

hopper ['hɒpə^r] n [funnel] tolva f.

hopping ['hɒpɪŋ] adv: **to be ~ mad** estar echando chispas.

hopscotch ['hɒpskɒtʃ] n tejo m, rayuela f Amér.

horde [hɔːd] n horda f.
 ➡ **hordes** npl fig una multitud.

horizon [hə'raɪzn] n [of sky] horizonte m; **on the ~** en el horizonte; fig a la vuelta de la esquina.
 ➡ **horizons** npl horizontes mpl.

horizontal [ˌhɒrɪ'zɒntl] <> adj horizontal. <> n: **the ~** la horizontal.

hormone ['hɔːməʊn] n hormona f.

hormone replacement therapy n terapia f de sustitución hormonal.

horn [hɔːn] n -**1.** [of animal] cuerno m, cacho m Amér -**2.** MUS [instrument] trompa f -**3.** [on car] claxon m, bocina f; [on ship] sirena f -**4.** US inf [telephone] teléfono m.

hornet ['hɔːnɪt] n avispón m.

horn-rimmed [-'rɪmd] adj con montura de concha.

horny ['hɔːnɪ] (compar -**ier**, superl -**iest**) adj -**1.** [scale, body, armour] córneo(a); [hand] calloso (sa) -**2.** v inf [sexually excited] cachondo(da), caliente.

horoscope ['hɒrəskəʊp] n horóscopo m.

horrendous [hɒ'rendəs] adj horrendo(da).

horrible ['hɒrəbl] adj -**1.** [gen] horrible -**2.** [nasty, mean] malo(la).

horribly ['hɒrəblɪ] adv -**1.** [horrifically] horriblemente -**2.** inf [very] terriblemente, tremendamente.

horrid ['hɒrɪd] *adj esp UK* [person] antipáti-co(ca); [idea, place] horroroso(sa).

horrific [hɒ'rɪfɪk] *adj* horrendo(da).

horrify ['hɒrɪfaɪ] (*pt & pp* -ied) *vt* horrorizar.

horrifying ['hɒrɪfaɪŋ] *adj* horroroso(sa), ho-rripilante.

horror ['hɒrəʳ] *n* horror *m*; **to my/his** ~ para mi/su horror; **to have a** ~ **of sthg** tener horror a algo.

horror film *n* película *f* de terror OR de miedo.

horror-struck *adj* horrorizado(da).

hors d'oeuvre [ɔː'dɜːvr] (*pl* **hors d'oeuvres** [ɔː'dɜːvr]) *n* entremeses *mpl*.

horse [hɔːs] *n* [animal] caballo *m*.

horseback ['hɔːsbæk] <> *adj*: ~ **riding** equi-tación *f*. <> *n*: **on** ~ a caballo.

horsebox *UK* ['hɔːsbɒks], **horsecar** *US* ['hɔːskɑːʳ] *n* remolque *m* para el transporte de caballos.

horse chestnut *n* [nut] castaña *f* de Indias; ~ **(tree)** castaño *m* de Indias.

horse-drawn *adj* tirado(da) por caballos.

horsefly ['hɔːsflaɪ] (*pl* -flies) *n* tábano *m*.

horsehair ['hɔːsheəʳ] *n* crin *f*.

horseman ['hɔːsmən] (*pl* -men [-mən]) *n* jine-te *m*.

horse opera *n US hum* western *m*, película *f* del oeste.

horseplay ['hɔːspleɪ] *n (U)* pelea *f* en broma.

horsepower ['hɔːsˌpaʊəʳ] *n (U)* caballos *mpl* de vapor.

horse racing *n (U)* carreras *fpl* de caballos.

horseradish ['hɔːsˌrædɪʃ] *n* rábano *m* silvestre.

horse riding *n* equitación *f*; **to go** ~ montar a caballo.

horseshoe ['hɔːsʃuː] *n* herradura *f*.

horse show *n* concurso *m* hípico.

horse-trading *n fig & pej* regateo *m*.

horse trials *npl* concurso *m* hípico.

horsewhip ['hɔːswɪp] (*pt & pp* -ped, *cont* -ping) *vt* azotar.

horsewoman ['hɔːsˌwʊmən] (*pl* -women [-ˌwɪmɪn]) *n* amazona *f*.

horticultural [ˌhɔːtɪ'kʌltʃərəl] *adj* hortícola.

horticulture ['hɔːtɪkʌltʃəʳ] *n* horticultura *f*.

hose [həʊz] <> *n* [hosepipe]. manguera *f*. <> *vt* [irrigate] regar con manguera; [wash] limpiar con manguera.
 ◆ **hose down** *vt sep* limpiar con manguera.

hosepipe ['həʊzpaɪp] = **hose**.

hosiery ['həʊzɪərɪ] *n (U)* medias *fpl* y calcetines.

hospice ['hɒspɪs] *n* hospital *m* para enfermos terminales.

hospitable [hɒ'spɪtəbl] *adj* hospitalario(ria).

hospital ['hɒspɪtl] *n* hospital *m*, nosocomio *m Amér*.

hospitality [ˌhɒspɪ'tælətɪ] *n* hospitalidad *f*.

hospitality suite *n* bar *m* con barra libre (*en conferencias etc*).

hospitalize, -ise ['hɒspɪtəlaɪz] *vt* hospitalizar.

host [həʊst] <> *n* -1. [person, place, organization] anfitrión *m*, -ona *f*; ~ **country** país *m* anfitrión OR organizador -2. [compere] presentador *m*, -ra *f* -3. *literary* [large number]: **a** ~ **of** una multitud de -4. *RELIG* hostia *f* -5. *COMPUT* host *m*, sistema *m* central. <> *vt* [show] presentar; [event] ser el anfitrión de.

hostage ['hɒstɪdʒ] *n* rehén *m*; **to be taken/held** ~ ser cogido(da)/mantenido(da) como rehén.

hostel ['hɒstl] *n* albergue *m*.

hostelry ['hɒstəlrɪ] (*pl* -ries) *n hum* [pub] bar *m*.

hostess ['həʊstes] *n* -1. [at party] anfitriona *f* -2. [in club etc] chica *f* de alterne.

hostile [*UK* 'hɒstaɪl, *US* 'hɒstl] *adj* -1. [antagonis-tic, enemy]: ~ **(to)** hostil (hacia) -2. [unfavourable] adverso(sa), desfavorable.

hostility [hɒ'stɪlətɪ] *n* [antagonism] hostilidad *f*.
 ◆ **hostilities** *npl* hostilidades *fpl*.

hot [hɒt] (*compar* -ter, *superl* -test, *pt & pp* -ted, *cont* -ting) *adj* -1. [gen] caliente; **I'm** ~ tengo calor -2. [weather, climate] caluroso(sa); **it's (very)** ~ hace (mucho) calor -3. [spicy] pican-te, picoso(sa) *Méx* -4. *inf* [expert]: ~ **on** OR **at** experto(ta) en -5. [recent] caliente, último(ma) -6. [temper] vivo(va).
 ◆ **hot up** *vi inf* animarse, calentarse.

hot-air balloon *n* aeróstato *m*, globo *m*.

hotbed ['hɒtbed] *n* semillero *m*.

hotchpotch *UK* ['hɒtʃpɒtʃ], **hodgepodge** *US* ['hɒdʒpɒdʒ] *n inf* revoltijo *m*, batiburrillo *m*.

hot-cross bun *n* bollo a base de especias y pasas con una cruz dibujada en una cara que se come en Semana Santa.

hot dog *n* perrito *m* caliente.

hotel [həʊ'tel] <> *n* hotel *m*. <> *comp* [gen] de hotel; *IND* hotelero(ra).

hotelier [həʊ'telɪəʳ] *n* hotelero *m*, -ra *f*.

hot flush *UK*, **hot flash** *US* *n* sofoco *m*.

hotheaded [ˌhɒt'hedɪd] *adj* irreflexivo(va).

hothouse ['hɒthaʊs, *pl* -haʊzɪz] <> *n* [green-house] invernadero *m*. <> *comp* de inver-nadero.

hot line *n* -1. [for information, help, etc] línea *f* directa -2. [for politician] teléfono *m* rojo.

hotly ['hɒtlɪ] *adv* -1. [passionately] acalorada-men-te -2. [closely]: **we were** ~ **pursued** nos pisaban los talones.

hotplate [ˈhɒtpleɪt] *n* -**1.** [for cooking] placa *f* -**2.** [for keeping food warm] calientaplatos *m inv.*

hotpot [ˈhɒtpɒt] *n UK estofado de cabrito típico de Lancashire.*

hot potato *n inf fig* tema *m* espinoso.

hot rod *n AUT* coche *m* trucado.

hot seat *n inf*: **to be in the** ~ ser quien tiene que sacar las castañas del fuego.

hot spot *n* -**1.** [exciting place] lugar *m* de moda -**2.** *POL* zona *f* conflictiva, polvorín *m.*

hot-tempered *adj* iracundo(da).

hottie [ˈhɒtɪ] *n US inf* bombón *m.*

hot water *n fig*: **to get into/be in** ~ meterse/ estar en un berenjenal.

hot-water bottle *n* bolsa *f* de agua caliente.

hot-wire *vt inf*: **to** ~ **a car** poner un coche en marcha haciendo un puente.

hound [haʊnd] ◇ *n* [dog] perro *m* de caza, sabueso *m.* ◇ *vt* -**1.** [persecute] acosar -**2.** [drive]: **to** ~ **sb out (of somewhere)** conseguir echar a alguien (de algún sitio) acosándolo.

hour [ˈaʊəʳ] *n* -**1.** [gen] hora *f*; **half an** ~ media hora; **70 miles per** *OR* **an** ~ 70 millas por hora; **to pay by the** ~ pagar por horas; **on the** ~ a la hora en punto cada hora; **in the small** ~s a altas horas de la madrugada -**2.** *literary* [important time] momento *m.*
◆ **hours** *npl* -**1.** [of business] horas *fpl*; **after** ~s fuera de horas -**2.** [of person - routine]: **to keep late** ~s acostarse siempre tarde.

hourly [ˈaʊəlɪ] *adj & adv* -**1.** [every hour] cada hora -**2.** [per hour] por hora.

house [*n & adj* haʊs, *pl* ˈhaʊzɪz, *vb* haʊz] ◇ *n* -**1.** [gen] casa *f*; **it's on the** ~ la casa invita, es cortesía de la casa; **to put** *OR* **set one's** ~ **in order** poner las cosas en orden -**2.** *POL* cámara *f* -**3.** [in theatre] audiencia *f*; **to bring the** ~ **down** *inf* ser un exitazo, ser muy aplaudido. ◇ *vt* [person, family] alojar; [department, library, office] albergar. ◇ *adj* -**1.** [within business] de la empresa -**2.** [wine] de la casa.

house arrest *n*: **under** ~ bajo arresto domiciliario.

houseboat [ˈhaʊsbəʊt] *n* casa *f* flotante.

housebound [ˈhaʊsbaʊnd] *adj* confinado(da) en casa.

housebreaking [ˈhaʊsˌbreɪkɪŋ] *n* allanamiento *m* de morada.

housebroken [ˈhaʊsˌbrəʊkn] *adj US* [pet] bien enseñado(da).

housecoat [ˈhaʊskəʊt] *n* bata *f.*

household [ˈhaʊshəʊld] ◇ *adj* -**1.** [domestic] doméstico(ca), de la casa -**2.** [word, name] conocido(da) por todos. ◇ *n* hogar *m.*

householder [ˈhaʊsˌhəʊldəʳ] *n* [owner] dueño *m*, -ña *f*; [tenant] inquilino *m*, -na *f.*

househunting [ˈhaʊsˌhʌntɪŋ] *n* búsqueda *f* de vivienda.

house husband *n hombre encargado de las tareas domésticas.*

housekeeper [ˈhaʊsˌkiːpəʳ] *n* ama *f* de llaves.

housekeeping [ˈhaʊsˌkiːpɪŋ] *n (U)* -**1.** [work] quehaceres *mpl* domésticos, tareas *fpl* domésticas -**2.**: ~ **(money)** dinero *m* para los gastos de la casa.

houseman [ˈhaʊsmən] (*pl* -**men** [-mən]) *n UK* interno *m*, -na *f.*

house music *n* música *f* house.

House of Commons *n UK*: **the** ~ la Cámara de los Comunes.

HOUSE OF COMMONS

En Gran Bretaña, la Cámara de los Comunes está compuesta por 650 diputados, elegidos para un período de 5 años, que se reúnen unos 175 días al año.

House of Lords *n UK*: **the** ~ la Cámara de los Lores.

HOUSE OF LORDS

La Cámara de los Lores está compuesta por personas con título nobiliario y clérigos. Algunos de sus miembros son elegidos ahora por el gran público. Es el tribunal de última instancia para toda Gran Bretaña excepto Escocia. La Cámara de los Lores puede enmendar determinados proyectos de ley aprobados por la Cámara de los Comunes.

House of Representatives *n US*: **the** ~ la Cámara de los Representantes.

HOUSE OF REPRESENTATIVES

Junto con el Senado, la Cámara de Representantes constituye el cuerpo legislativo de los Estados Unidos. Los diputados son elegidos a través de un sistema proporcional basado en la población de cada estado.

house-owner *n* propietario *m*, -ria *f* (de vivienda).

houseplant [ˈhaʊsplɑːnt] *n* planta *f* interior.

house-proud *adj* muy ama de su casa.

Houses of Parliament *n*: **the** ~ el Parlamento británico.

house-to-house *adj* de casa en casa.

house-train *vt UK* enseñar dónde hacer sus necesidades a *(perro, gato).*

housewarming (party) [ˈhaʊsˌwɔːmɪŋ-] *n* fiesta *f* de inauguración de una casa.

housewife ['haʊswaɪf] (pl -wives [-waɪvz]) n ama f de casa.

housework ['haʊswɜːk] n (U) quehaceres mpl domésticos.

housing ['haʊzɪŋ] ◇ n -1. [houses] vivienda f; [act of accommodating] alojamiento m -2. [covering] cubierta f protectora; AUT cárter m. ◇ comp de la vivienda.

housing association n UK cooperativa f de viviendas.

housing benefit n (U) subsidio estatal para ayudar con el pago del alquiler y otros gastos.

housing development n urbanización f.

housing estate UK, **housing project** US n urbanización generalmente de protección oficial, ≃ fraccionamiento m **Méx**.

HOV (abbr of High Occupancy Vehicle) n: ~ lane carril para vehículos de alta ocupación.

hovel ['hɒvl] n casucha f, tugurio m.

hover ['hɒvəʳ] vi -1. [fly] cernerse -2. [linger] merodear -3. [hesitate] debatirse.

hovercraft ['hɒvəkrɑːft] (pl inv OR -s) n aerodeslizador m.

hoverport ['hɒvəpɔːt] n puerto m para aerodeslizadores.

how [haʊ] adv -1. [gen] cómo; ~ do you do it? ¿cómo se hace?; I found out ~ he did it averigüé cómo lo hizo; ~ are you? ¿cómo estás?; ~ do you do? mucho gusto -2. [referring to degree, amount]: ~ high is it? ¿cuánto mide de alto OR de altura?; he asked ~ high it was preguntó cuánto medía de alto; ~ expensive is it? ¿cómo de caro es?, ¿es muy caro?; ~ far is it to Paris? ¿a cuánto está París de aquí?; ~ long have you been waiting? ¿cuánto llevas esperando?; ~ many people came? ¿cuánta gente vino?; ~ old are you? ¿qué edad OR cuántos años tienes? -3. [in exclamations] qué; ~ nice/awful! ¡qué bonito/ horrible!; ~ I hate doing it! ¡cómo OR cuánto odio tener que hacerlo!; ~ can you say that? ¿cómo puedes decir eso?

◆ **how about** adv: ~ about a drink? ¿qué tal una copa?; ~ about you? ¿qué te parece?, ¿y tú?

◆ **how much** ◇ pron cuánto(ta); ~ much does it cost? ¿cuánto cuesta? ◇ adj cuánto(ta); ~ much bread? ¿cuánto pan?

howdy ['haʊdɪ] excl US inf ¡hola!

however [haʊ'evəʳ] ◇ adv -1. [nevertheless] sin embargo, no obstante -2. [no matter how]: ~ difficult it may be por (muy) difícil que sea; ~ many times I told her por mucho que se lo dijera -3. [how] cómo; ~ did you know? ¿cómo lo sabías? ◇ conj comoquiera que; ~

you want como quieras.

howl [haʊl] ◇ n -1. [of animal] aullido m -2. [of person - in pain, anger] alarido m, grito m; a ~ of laughter una carcajada. ◇ vi -1. [animal] aullar -2. [person - in pain, anger] gritar; to ~ with laughter reírse a carcajadas -3. [wind] bramar.

howler ['haʊləʳ] n inf error m garrafal.

howling ['haʊlɪŋ] adj inf [success] clamoroso(sa).

hp (abbr of horsepower) CV m, cv m.

HP n -1. UK (abbr of hire purchase); to buy sthg on ~ comprar algo a plazos -2. = hp.

HQ n abbr of headquarters.

hr (abbr of hour) h.

HRH (abbr of His/Her Royal Highness) S.A.R. m or f.

HRT n abbr of hormone replacement therapy.

HS (abbr of high school) Inst. m.

HST (abbr of Hawaiian Standard Time) hora oficial de Hawai.

ht abbr of height.

HT (abbr of high tension) AT f.

HTML (abbr of hypertext markup language) n COMPUT HTML m.

HTTP (abbr of hypertext transfer protocol) n COMPUT HTTP m.

hub [hʌb] n -1. [of wheel] cubo m -2. [of activity] centro m, eje m.

hub airport n US aeropuerto m principal.

hubbub ['hʌbʌb] n alboroto m, barullo m.

hubcap ['hʌbkæp] n tapacubos m inv.

huddle ['hʌdl] ◇ vi -1. [crouch, curl up] acurrucarse -2. [cluster] apretarse unos contra otros, apiñarse. ◇ n piña f, grupo m.

hue [hjuː] n -1. [shade] tono m, matiz m -2. [colour] color m.

huff [hʌf] ◇ n: in a ~ mosqueado(da). ◇ vi: to ~ and puff bufar, resoplar.

huffy ['hʌfɪ] (compar -ier, superl -iest) adj inf -1. [offended] mosqueado(da) -2. [touchy] susceptible, enfadadizo(za).

hug [hʌg] (pt & pp -ged, cont -ging) ◇ n abrazo m; to give sb a ~ abrazar a alguien, dar un abrazo a alguien. ◇ vt -1. [embrace, hold] abrazar; to ~ sthg to o.s. abrazar algo fuertemente -2. [stay close to] ceñirse OR ir pegado a.

huge [hjuːdʒ] adj enorme.

huh [hʌ] excl -1. [after questions] ¿eh? -2. [expressing surprise, asking to repeat] ¿eh?, ¿qué? -3. [expressing scorn] ¡ja!

hulk [hʌlk] n -1. [of ship] casco m abandonado -2. [person] tiarrón m, -ona f.

hulking ['hʌlkɪŋ] adj gigantesco(ca).

hull [hʌl] *n* casco *m*.
hullabaloo [ˌhʌləbəˈluː] *n inf* conmoción *f*, alboroto *m*.
hullo [həˈləʊ] = hello.
hum [hʌm] (*pt* & *pp* -med, *cont* -ming) <> *vi* -1. [buzz] zumbar -2. [sing] canturrear, tararear -3. [be busy] bullir, hervir -4. *phr*: to ~ and haw titubear, vacilar. <> *vt* tararear, canturrear. <> *n (U)* zumbido *m*; [of conversation] murmullo *m*.
human [ˈhjuːmən] <> *adj* humano(na). <> *n*: ~ (being) (ser *m*) humano *m*.
humane [hjuːˈmeɪn] *adj* humano(na).
humanely [hjuːˈmeɪnlɪ] *adv* humanamente.
human error *n* error *m* humano.
humanist [ˈhjuːmənɪst] *n* humanista *m* OR *f*.
humanitarian [hjuːˌmænɪˈteərɪən] <> *adj* humanitario(ria). <> *n* luchador *m*, -ra *f* por la justicia social.
humanity [hjuːˈmænətɪ] *n* humanidad *f*.
➤ **humanities** *npl*: **the humanities** las humanidades.
humankind [ˈhjuːməkaɪnd] *n (U)* el género humano.
humanly [ˈhjuːmənlɪ] *adv*: ~ **possible** humanamente posible.
human nature *n* la naturaleza humana.
human race *n*: the ~ la raza humana.
human resources *npl* recursos *mpl* humanos.
human rights *npl* derechos *mpl* humanos.
humble [ˈhʌmbl] <> *adj* humilde. <> *vt fml* humillar; to ~ o.s. humillarse.
humbly [ˈhʌmblɪ] *adv* humildemente.
humbug [ˈhʌmbʌg] *n* -1. *(U) dated* [hypocrisy] farsa *f*, hipocresía *f* -2. *UK* [sweet] caramelo *m* de menta.
humdrum [ˈhʌmdrʌm] *adj* rutinario(ria), aburrido(da).
humid [ˈhjuːmɪd] *adj* húmedo(da).
humidity [hjuːˈmɪdətɪ] *n* humedad *f*.
humiliate [hjuːˈmɪlɪeɪt] *vt* humillar.
humiliating [hjuːˈmɪlɪeɪtɪŋ] *adj* humillante.
humiliation [hjuːˌmɪlɪˈeɪʃn] *n* humillación *f*.
humility [hjuːˈmɪlətɪ] *n* humildad *f*.
hummingbird [ˈhʌmɪŋbɜːd] *n* colibrí *m*.
humor *US* = humour.
humorist [ˈhjuːmərɪst] *n* humorista *m* OR *f*.
humorous [ˈhjuːmərəs] *adj* -1. [remark, situation] gracioso(sa) -2. [play, publication] humorístico(ca).
humour *UK*, **humor** *US* [ˈhjuːməʳ] <> *n* -1. [sense of fun, mood] humor *m*; in good/bad ~ *fml* de buen/mal humor -2. [funny side] gracia *f*. <> *vt* complacer, seguir la corriente a.

hump [hʌmp] <> *n* -1. [hill] montículo *m* -2. [on back] joroba *f*, giba *f*, curca *f Amér*. <> *vt inf* [carry] acarrear, cargar con.
humpbacked bridge [ˈhʌmpbækt-] *n* puente *m* peraltado.
humus [ˈhjuːməs] *n* humus *m inv*.
hunch [hʌntʃ] <> *n inf* presentimiento *m*, corazonada *f*. <> *vt* encorvar. <> *vi* encorvarse.
hunchback [ˈhʌntʃbæk] *n* jorobado *m*, -da *f*.
hunched [hʌntʃt] *adj* encorvado(da).
hundred [ˈhʌndrəd] *num* cien; **a** OR **one** ~ cien; **a** OR **one** ~ **and eighty** ciento ochenta; **three** ~ trescientos; **five** ~ quinientos; *see also* **six**.
➤ **hundreds** *npl* cientos *mpl*, centenares *mpl*.
hundredth [ˈhʌndrətθ] <> *num adj* centésimo(ma). <> *num n* [fraction] centésimo *m*; **a** ~ **of a second** una centésima; *see also* **sixth**.
hundredweight [ˈhʌndrədweɪt] *n* [in UK] = 50,8 *kg*; [in US] = 45,3 *kg*.
hung [hʌŋ] <> *pt* & *pp* ⊳ **hang**. <> *adj* POL sin mayoría.
Hungarian [hʌŋˈgeərɪən] <> *adj* húngaro(ra). <> *n* -1. [person] húngaro *m*, -ra *f* -2. [language] húngaro *m*.
Hungary [ˈhʌŋgərɪ] *n* Hungría *f*.
hunger [ˈhʌŋgəʳ] *n* -1. [for food] hambre *f* -2. *literary* [for change, knowledge etc] sed *f*.
➤ **hunger after, hunger for** *vt fus literary* anhelar, ansiar.
hunger strike *n* huelga *f* de hambre.
hung over *adj inf*: to be ~ tener resaca.
hungry [ˈhʌŋgrɪ] (*compar* -ier, *superl* -iest) *adj* -1. [for food] hambriento(ta); to be/go ~ tener/pasar hambre -2. [eager]: to be ~ for estar ávido(da) de.
hung up *adj inf* acomplejado(da).
hunk [hʌŋk] *n* -1. [large piece] pedazo *m*, trozo *m* -2. *inf* [attractive man] tío *m* bueno, macizo *m*.
hunky-dory [ˌhʌŋkɪˈdɔːrɪ] *adj inf*: to be ~ ir de perlas.
hunt [hʌnt] <> *n* -1. [of animals, birds] caza *f*; *UK* [foxhunting party] partida *f* de caza -2. [for person, clue etc] busca *f*, búsqueda *f*. <> *vi* -1. [for animals, birds] cazar -2. [for person, clue etc]: to ~ (for sthg) buscar (algo). <> *vt* -1. [animals, birds] cazar -2. [person] perseguir.
➤ **hunt down** *vt sep* atrapar.
hunter [ˈhʌntəʳ] *n* -1. [of animals, birds] cazador *m*, -ra *f* -2. [of things]: **bargain/autograph** ~ *persona que anda a la caza de gangas/autógrafos*.
hunting [ˈhʌntɪŋ] <> *n* -1. [of animals] caza *f*; to go ~ ir de caza OR cacería -2. *UK* [of foxes]

caza *f* del zorro. <> *comp* de caza.

huntsman ['hʌntsmən] (*pl* -men [-mən]) *n* cazador *m*.

hurdle ['hɜːdl] <> *n* -1. [in race] valla *f* - 2. [obstacle] obstáculo *m*. <> *vt* saltar.

hurl [hɜːl] *vt* -1. [throw] lanzar, arrojar - 2. [shout] proferir, soltar.

hurrah [hʊˈrɑː] *excl dated* ¡hurra!

hurray [hʊˈreɪ] *excl* ¡hurra!

hurricane ['hʌrɪkən] *n* huracán *m*.

hurried ['hʌrɪd] *adj* [hasty] apresurado(da).

hurriedly ['hʌrɪdlɪ] *adv* apresuradamente.

hurry ['hʌrɪ] (*pt* & *pp* -ied) <> *n* prisa *f*; **to be in a ~** tener prisa; **to do sthg in a ~** hacer algo de prisa *OR* apresuradamente; **to be in no ~ to do sthg** [unwilling] no tener ningunas ganas de hacer algo. <> *vt* [person] meter prisa a; [work, speech] apresurar. <> *vi*: **to ~ (to do sthg)** apresurarse (a hacer algo), darse prisa (en hacer algo).
    ➡ **hurry up** <> *vi* darse prisa. <> *vt sep* meter prisa a.

hurt [hɜːt] (*pt* & *pp* hurt) <> *vt* -1. [physically - person] hacer daño a; [- one's leg, arm] hacerse daño en; **nobody was ~** nadie resultó herido; **to ~ o.s.** hacerse daño - 2. [emotionally] herir - 3. [harm] perjudicar. <> *vi* -1. [gen] doler; **my head ~s** me duele la cabeza - 2. [cause physical pain, do harm] hacer daño. <> *adj* -1. [injured] herido(da) - 2. [offended] dolido(da), ofendido(da); [feelings] herido(da). <> *n (U)* [emotional pain] dolor *m*.

hurtful ['hɜːtfʊl] *adj* hiriente.

hurtle ['hɜːtl] *vi*: **to ~ past** pasar como un rayo; **to ~ over** precipitarse por.

husband ['hʌzbənd] *n* marido *m*.

husbandry ['hʌzbəndrɪ] *n fml* [of animals] cría *f*.

hush [hʌʃ] <> *n* silencio *m*. <> *excl* ¡silencio!, ¡a callar!
    ➡ **hush up** *vt* echar tierra a.

hush money *n (U) inf* soborno *m OR* coima *f* *(para pagar el silencio de alguien)* **Andes**, **RP**.

hushpuppy ['hʌʃˌpʌpɪ] *n US masa de harina de maíz frita en forma de bolita.*

husk [hʌsk] *n* [of seed, grain] cáscara *f*, cascarilla *f*.

husky ['hʌskɪ] (*compar* -ier, *superl* -iest) <> *adj* [hoarse] ronco(ca). <> *n* husky *m*, perro *m* esquimal.

hustings ['hʌstɪŋz] *npl UK* campaña *f* electoral.

hustle ['hʌsl] <> *vt* -1. [hurry] meter prisa a - 2. *US* [persuade]: **to ~ sb into doing sthg** presionar a alguien para que haga algo. <> *n*: **~ (and bustle)** bullicio *m*, ajetreo *m*.

hut [hʌt] *n* -1. [rough house] cabaña *f*, choza *f*, jacal *m Guat*, **Méx**, **Ven** - 2. [shed] cobertizo *m*.

hutch [hʌtʃ] *n* conejera *f*.

hyacinth ['haɪəsɪnθ] *n* jacinto *m*.

hybrid ['haɪbrɪd] <> *adj* híbrido(da). <> *n* híbrido *m*.

hydrangea [haɪˈdreɪndʒəl] *n* hortensia *f*.

hydrant ['haɪdrənt] *n* boca *f* de riego; [for fire] boca *f* de incendio.

hydraulic [haɪˈdrɔːlɪk] *adj* hidráulico(ca).
    ➡ **hydraulics** *n (U)* hidráulica *f*.

hydrocarbon [ˌhaɪdrəˈkɑːbən] *n* hidrocarburo *m*.

hydrochloric acid [ˌhaɪdrəˈklɔːrɪk-] *n* ácido *m* clorhídrico.

hydroelectric [ˌhaɪdrəʊɪˈlektrɪk] *adj* hidroeléctrico(ca).

hydroelectricity [ˌhaɪdrəʊɪlekˈtrɪsətɪ] *n* hidroelectricidad *f*.

hydrofoil ['haɪdrəfɔɪl] *n* embarcación *f* con hidroala.

hydrogen ['haɪdrədʒən] *n* hidrógeno *m*.

hydrogen bomb *n* bomba *f* de hidrógeno.

hydrophobia [ˌhaɪdrəˈfəʊbjə] *n fml* [rabies] hidrofobia *f*.

hydroplane ['haɪdrəpleɪn] *n* -1. [speedboat] hidroplano *m* - 2. [hydrofoil] embarcación *f* con hidroala.

hyena [haɪˈiːnə] *n* hiena *f*.

hygiene ['haɪdʒiːn] *n* higiene *f*.

hygienic [haɪˈdʒiːnɪk] *adj* higiénico(ca).

hygienist [haɪˈdʒiːnɪst] *n* higienista *m OR f* dental.

hymn [hɪm] *n* himno *m*.

hymn book *n* himnario *m*.

hype [haɪp] *inf* <> *n* bombo *m*, publicidad *f* exagerada. <> *vt* dar mucho bombo a.

hyped up [haɪpd-] *adj inf* [nervous] hecho(cha) un manojo de nervios.

hyper ['haɪpəʳ] *adj inf* nervioso(sa), excitable.

hyperactive [ˌhaɪpərˈæktɪv] *adj* hiperactivo(va).

hyperbole [haɪˈpɜːbəlɪ] *n* hipérbole *f*.

hyperlink ['haɪpəˌlɪŋk] *n COMPUT* hiperenlace *m*.

hypermarket ['haɪpəˌmɑːkɪt] *n* hipermercado *m*.

hypersensitive [ˌhaɪpəˈsensɪtɪv] *adj* hipersensible.

hypertension [ˌhaɪpəˈtenʃn] *n MED* hipertensión *f*.

hypertext ['haɪpətekst] *COMPUT* <> *n* hipertexto *m*. <> *comp*: **~ link** enlace *m* hipertextual/de hipertexto.

hyperventilate [ˌhaɪpəˈventɪleɪt] *vi* hiperventilar.

hyphen ['haɪfn] n guión m.
hyphenate ['haɪfəneɪt] vt escribir con guión.
hypnosis [hɪp'nəʊsɪs] n hipnosis f inv; **under** ~ bajo los efectos de la hipnosis.
hypnotic [hɪp'nɒtɪk] adj hipnótico(ca).
hypnotism ['hɪpnətɪzm] n hipnotismo m.
hypnotist ['hɪpnətɪst] n hipnotizador m, -ra f.
hypnotize, -ise ['hɪpnətaɪz] vt hipnotizar.
hypoallergenic ['haɪpəʊˌælə'dʒenɪk] adj hipoalergénico(ca).
hypochondriac [ˌhaɪpə'kɒndrɪæk] n hipocondríaco m, -ca f.
hypocrisy [hɪ'pɒkrəsɪ] n hipocresía f.
hypocrite ['hɪpəkrɪt] n hipócrita m or f.
hypocritical [ˌhɪpə'krɪtɪkl] adj hipócrita.
hypodermic needle [ˌhaɪpə'dɜːmɪk-] n aguja f hipodérmica.
hypodermic syringe [ˌhaɪpə'dɜːmɪk-] n jeringuilla f hipodérmica.
hypothermia [ˌhaɪpə'θɜːmɪə] n hipotermia f.
hypothesis [haɪ'pɒθɪsɪs] (pl -theses [-θɪsiːz]) n hipótesis f inv.
hypothesize, -ise [haɪ'pɒθɪsaɪz] <> vt plantear como hipótesis. <> vi hacer hipótesis.
hypothetical [ˌhaɪpə'θetɪkl] adj hipotético(ca).
hysterectomy [ˌhɪstə'rektəmɪ] (pl -ies) n histerectomía f.
hysteria [hɪs'tɪərɪə] n histeria f.
hysterical [hɪs'terɪkl] adj **-1.** [frantic] histérico(ca) **-2.** inf [very funny] tronchante, desternillante.
hysterics [hɪs'terɪks] npl **-1.** [panic, excitement] histeria f, histerismo m **-2.** inf [fits of laughter]: **to be in** ~ troncharse or partirse de risa.
Hz (abbr of **hertz**) Hz.

i (pl **i's** or **is**), **I** (pl **I's** or **Is**) [aɪ] n [letter] i f, I f.
I¹ [aɪ] pers pron yo; **I'm happy** soy feliz; **I'm leaving** me voy; **she and I were at college together** ella y yo fuimos juntos a la universidad; **it is I** fml soy yo; **I can't do that** yo no puedo hacer eso.

I² abbr of **Island, Isle**.
IA abbr of **Iowa**.
IAEA (abbr of **International Atomic Energy Agency**) n AIEA f.
IBA (abbr of **Independent Broadcasting Authority**) n organismo británico de regulación de las cadenas privadas de radio y televisión.
Iberian [aɪ'bɪrɪən] <> adj ibérico(ca). <> n ibero m, -ra f.
Iberian peninsula n: **the** ~ la Península Ibérica.
ibid (abbr of **ibidem**) ibid.
IBRD (abbr of **International Bank for Reconstruction and Development**) n BIRD m.
i/c abbr of **in charge**.
ICBM (abbr of **intercontinental ballistic missile**) n ICBM m.
ICC n (abbr of **Interstate Commerce Commission**) comité federal regulador del comercio interestatal en Estados Unidos.
ice [aɪs] <> n **-1.** [frozen water] hielo m; **to break the** ~ fig romper el hielo **-2.** UK [ice cream] helado m. <> vt CULIN glasear, alcorzar.
⬥ **ice over, ice up** vi helarse.
ice age n era f glaciar.
iceberg ['aɪsbɜːg] n iceberg m.
iceberg lettuce n lechuga f iceberg.
icebox ['aɪsbɒks] n **-1.** UK [in refrigerator] congelador m **-2.** US [refrigerator] refrigerador m.
icebreaker ['aɪsˌbreɪkəʳ] n [ship] rompehielos m inv.
ice bucket n cubo m del hielo.
ice cap n casquete m polar.
ice-cold adj helado(da).
ice cream n helado m.
ice cream van n UK furgoneta de venta de helados.
ice cube n cubito m de hielo.
iced [aɪst] adj **-1.** [cooled with ice] con hielo **-2.** [covered in icing] glaseado(da).
ice floe n témpano m de hielo.
ice hockey n hockey m sobre hielo.
Iceland ['aɪslənd] n Islandia.
Icelander ['aɪsləndəʳ] n islandés m, -esa f.
Icelandic [aɪs'lændɪk] <> adj islandés(esa). <> n [language] islandés m.
ice lolly n UK polo m.
ice pick n pico m para el hielo.
ice rink n pista f de (patinaje sobre) hielo.
ice skate n patín m de cuchilla.
⬥ **ice-skate** vi patinar sobre hielo.
ice-skater n patinador m, -ra f sobre hielo.
ice-skating n patinaje m sobre hielo.

icicle ['aɪsɪkl] n carámbano m.

icily ['aɪsɪlɪ] adv [in unfriendly way] glacialmente, con mucha frialdad.

icing ['aɪsɪŋ] n glaseado m; **the ~ on the cake** fig la guinda.

icing sugar n UK azúcar m glas.

ICJ (abbr of International Court of Justice) n TIJ m.

icon ['aɪkɒn] n COMPUT & RELIG icono m.

iconoclast [aɪ'kɒnəklæst] n iconoclasta m OR f.

ICU (abbr of intensive care unit) n UCI f.

icy ['aɪsɪ] (compar -ier, superl -iest) adj -1. [gen] helado(da) -2. fig [unfriendly] glacial.

id [ɪd] n ello m, id m.

I'd [aɪd] = I would, I had.

ID -1. abbr of identification. -2. abbr of Idaho.

Idaho ['aɪdə,həʊ] n Idaho.

ID card = identity card.

IDD (abbr of international direct dialling) sistema de llamadas telefónicas internacionales directas.

idea [aɪ'dɪə] n -1. [gen] idea f; **to have an ~ of sthg** tener (alguna) idea de algo; **to have no ~** no tener ni idea; **to get the ~** inf captar la idea, hacerse una idea; **to get the ~ (that) ...** tener la impresión de que ...; **the ~ is to ...** la idea es ... -2. [intuition, feeling] sensación f, impresión f; **to have an ~ (that) ...** tener la sensación de que ...

ideal [aɪ'dɪəl] <> adj: **~ (for)** ideal (para). <> n ideal m.

idealism [aɪ'dɪəlɪzm] n idealismo m.

idealist [aɪ'dɪəlɪst] n idealista m OR f.

idealize, -ise [aɪ'dɪəlaɪz] vt idealizar.

ideally [aɪ'dɪəlɪ] adv -1. [perfectly] idealmente; [suited] perfectamente -2. [preferably] preferiblemente, a ser posible.

identical [aɪ'dentɪkl] adj idéntico(ca).

identical twins npl gemelos mpl idénticos.

identifiable [aɪ'dentɪfaɪəbl] adj identificable.

identification [aɪ,dentɪfɪ'keɪʃn] n -1. [gen]: **~ (with)** identificación f (con) -2. [documentation] documentación f.

identify [aɪ'dentɪfaɪ] (pt & pp -ied) <> vt identificar; **to ~ sb with sthg** relacionar a alguien con algo. <> vi: **to ~ with sb/sthg** identificarse con alguien/algo.

Identikit picture® [aɪ'dentɪkɪt-] n fotorrobot f.

identity [aɪ'dentətɪ] (pl -ies) n identidad f.

identity card n carné m OR documento m de identidad, cédula f de identidad Amér.

identity parade n rueda f de identificación.

ideological [,aɪdɪə'lɒdʒɪkl] adj ideológico(ca).

ideology [,aɪdɪ'ɒlədʒɪ] (pl -ies) n ideología f.

idiom ['ɪdɪəm] n -1. [phrase] locución f, modismo m -2. fml [style] lenguaje m.

idiomatic [,ɪdɪə'mætɪk] adj natural.

idiosyncrasy [,ɪdɪə'sɪŋkrəsɪ] (pl -ies) n rareza f, manía f.

idiot ['ɪdɪət] n [fool] idiota m OR f.

idiotic [,ɪdɪ'ɒtɪk] adj idiota.

idle ['aɪdl] <> adj -1. [lazy] perezoso(sa), vago(ga) -2. [not working - machine, factory] parado(da); [- person] desocupado(da), sin trabajo -3. [rumour] infundado(da); [threat, boast] vano(na); [curiosity] que no viene a cuento. <> vi estar en punto muerto.

➡ **idle away** vt sep perder, desperdiciar.

idleness ['aɪdlnɪs] n [laziness] pereza f, holgazanería f.

idler ['aɪdlər] n vago m, -ga f, holgazán m, -ana f.

idly ['aɪdlɪ] adv -1. [lazily] sin hacer nada, haciendo el vago -2. [without purpose] distraídamente.

idol ['aɪdl] n ídolo m.

idolize, -ise ['aɪdəlaɪz] vt idolatrar.

idyl(l) ['ɪdɪl] n idilio m.

idyllic [ɪ'dɪlɪk] adj idílico(ca).

i.e. (abbr of id est) i.e.

if [ɪf] <> conj -1. [gen] si; **~ I were you** yo que tú, yo en tu lugar -2. [though] aunque; **he's clever, ~ a little arrogant** es listo, aunque algo arrogante. <> n: **~s and buts** peros mpl, pegas fpl.

➡ **if not** conj -1. [otherwise] si no, de lo contrario -2. [not to say] por no decir; **it was cheeky, ~ not downright rude of him** fue mucha caradura de su parte, por no decir grosería.

➡ **if only** <> conj -1. [naming a reason] aunque sólo sea; **at least he got me a present, ~ only a little one** por lo menos me compraron un regalo, aunque sea pequeño -2. [expressing regret] si; **~ only I'd been quicker!** ¡ojalá hubiera sido más rápido! <> excl ¡ojalá!

iffy ['ɪfɪ] (compar -ier, superl -iest) adj inf dudoso(sa).

igloo ['ɪglu:] (pl -s) n iglú m.

ignite [ɪg'naɪt] <> vt encender. <> vi encenderse.

ignition [ɪg'nɪʃn] n -1. [act of igniting] ignición f -2. [in car] encendido m; **to switch on the ~** arrancar (el motor).

ignition key n llave f de contacto.

ignoble [ɪg'nəʊbl] adj fml innoble.

ignominious [,ɪgnə'mɪnɪəs] adj fml ignominioso(sa).

ignominy ['ıgnəmınıl] *n (U) fml* ignominia *f*.

ignoramus [,ıgnə'reıməs] *(pl* -es) *n* ignorante *m or f*.

ignorance ['ıgnərəns] *n* ignorancia *f*.

ignorant ['ıgnərənt] *adj* -1. [uneducated, rude] ignorante -2. *fml* [unaware]: **to be ~ of** sthg ignorar algo.

ignore [ıg'nɔ:'] *vt* [thing] no hacer caso de, ignorar; [person] no hacer caso a, ignorar.

iguana [ı'gwɑ:nə] *(pl inv or* -s) *n* iguana *f*.

ikon ['aıkɒn] = **icon**.

IL *abbr of* Illinois.

ileum ['ılıəm] *(pl* ilea ['ılıəl] *n* íleon *m*.

ilk [ılk] *n*: **of that ~** [of that sort] de ese tipo.

ill [ıl] <> *adj* -1. [unwell] enfermo(ma); **to feel ~** encontrarse mal; **to be taken** *or* **to fall ~** caer *or* ponerse enfermo -2. [bad] malo (la). <> *adv* -1. [badly] mal -2. *fml* [unfavourably]: **to speak/think ~ of** sb hablar/pensar mal de alguien.

➤ **ills** *npl* desgracias *fpl*, infortunios *mpl*.

ill. *abbr of* illustration.

I'll [aıl] = **I will**, **I shall**.

ill-advised [-əd'vaızd] *adj* [action] poco aconsejable; [person] imprudente; **you would be ~ to** do that harías mal en hacer eso.

ill at ease *adj* incómodo(da).

ill-bred *adj* maleducado(da).

ill-considered *adj* poco meditado(da).

ill-disposed *adj*: **to be ~ towards** tener una actitud poco propicia hacia.

illegal [ı'li:gl] *adj* ilegal.

illegal immigrant *n* inmigrante *m or f* ilegal.

illegally [ı'li:gəlı] *adv* ilegalmente.

illegible [ı'ledʒəbl] *adj* ilegible.

illegitimate [,ılı'dʒıtımət] *adj* ilegítimo(ma).

ill-equipped [-ı'kwıpt] *adj*: **to be ~ to** do sthg estar mal preparado(da) para hacer algo.

ill-fated [-'feıtıd] *adj* infausto(ta).

ill feeling *n* resentimiento *m*.

ill-founded [-'faʊndıd] *adj* sin fundamento, infundado(da).

ill-gotten gains [-'gɒtən-] *npl fml* ganancias *fpl* ilícitas.

ill health *n* mala salud *f*.

illicit [ı'lısıt] *adj* ilícito(ta).

illicitly [ı'lısıtlı] *adv* de manera ilícita.

ill-informed *adj* mal informado(da).

Illinois *n* Illinois.

illiteracy [ı'lıtərəsı] *n* analfabetismo *m*.

illiterate [ı'lıtərət] <> *adj* analfabeto(ta). <> *n* analfabeto *m*, -ta *f*.

ill-mannered *adj* grosero(ra), descortés.

illness ['ılnıs] *n* enfermedad *f*.

illogical [ı'lɒdʒıkl] *adj* ilógico(ca).

ill-suited *adj*: **~ (for)** poco adecuado(da) (para).

ill-tempered *adj* malhumorado(da).

ill-timed [-'taımd] *adj* inoportuno(na).

ill-treat *vt* maltratar.

ill-treatment *n (U)* malos tratos *mpl*.

illuminate [ı'lu:mıneıt] *vt* -1. [light up] iluminar -2. [explain] ilustrar, aclarar.

illuminated [ı'lu:mıneıtıd] *adj* iluminado(da).

illuminating [ı'lu:mıneıtıŋ] *adj* esclarecedor(ra).

illumination [ı,lu:mı'neıʃn] *n* [lighting] alumbrado *m*, iluminación *f*.

➤ **illuminations** *npl UK* iluminaciones *fpl*, alumbrado *m* decorativo.

illusion [ı'lu:ʒn] *n* -1. [gen] ilusión *f*; **to have no ~s about** no hacerse ilusiones sobre; **to be under the ~ that** creer equivocadamente que -2. [magic trick] truco *m* de ilusionismo.

illusionist [ı'lu:ʒənıst] *n* ilusionista *m or f*.

illusory [ı'lu:sərı] *adj fml* ilusorio(ria).

illustrate ['ıləstreıt] *vt* ilustrar.

illustration [,ılə'streıʃn] *n* ilustración *f*.

illustrator ['ıləstreıtə'] *n* ilustrador *m*, -ra *f*.

illustrious [ı'lʌstrıəs] *adj fml* ilustre.

ill will *n* rencor *m*, animadversión *f*; **to bear** sb **~** guardarle rencor a alguien.

ill wind [-wınd] *n*: **it's an ~ (that blows nobody any good)** *proverb* no hay mal que por bien no venga *proverb*.

ILO (*abbr of* International Labour Organization) *n* OIT *f*.

I'm [aım] = **I am**.

image ['ımıdʒ] *n* imagen *f*; **to be the ~ of** sb [exactly like] ser el vivo retrato de alguien.

image processing *n COMPUT* tratamiento *m* de imagen.

imagery ['ımıdʒrı] *n (U)* imágenes *fpl*.

imaginable [ı'mædʒınəbl] *adj* imaginable.

imaginary [ı'mædʒınrı] *adj* imaginario(ria).

imagination [ı,mædʒı'neıʃn] *n* imaginación *f*; **use your ~!** ¡imagínatelo!

imaginative [ı'mædʒınətıv] *adj* imaginativo(va).

imagine [ı'mædʒın] *vt* -1. [gen] imaginar; **~ never having to work!** ¡imagina que nunca tuvieras que trabajar!; **~ (that)!** ¡imagínate!; I **can't ~ what he means** no tengo ni idea de qué quiere decir -2. [suppose]: **to ~ (that)** imaginarse que.

imaginings [ı'mædʒınıŋz] *npl* imaginaciones *fpl*.

imbalance [ˌɪmˈbæləns] *n* desequilibrio *m*.
imbecile [ˈɪmbɪsiːl] *n* imbécil *m* OR *f*.
imbue [ɪmˈbjuː] *vt*: **to be** ~**d with** estar imbuido(da) de.
IMF (*abbr of* **International Monetary Fund**) *n* FMI *m*.
imitate [ˈɪmɪteɪt] *vt* imitar.
imitation [ˌɪmɪˈteɪʃn] <> *n* imitación *f*. <> *adj* de imitación; ~ **jewellery** bisutería *f*.
imitator [ˈɪmɪteɪtəʳ] *n* imitador *m*, -ra *f*.
immaculate [ɪˈmækjʊlət] *adj* **-1.** [clean and tidy] inmaculado(da); [taste] exquisito(ta) **-2.** [performance, timing] impecable, perfecto(ta).
immaculately [ɪˈmækjʊlətlɪ] *adv* **-1.** [cleanly, tidily] de manera inmaculada **-2.** [performed, timed] impecablemente, a la perfección.
immaterial [ˌɪməˈtɪərɪəl] *adj* [irrelevant, unimportant] irrelevante.
immature [ˌɪməˈtjʊəʳ] *adj* inmaduro(ra); [animal] joven.
immaturity [ˌɪməˈtjʊərətɪ] *n* **-1.** [lack of judgment] inmadurez *f* **-2.** [youth] juventud *f*.
immeasurable [ɪˈmeʒrəbl] *adj* inmenso(sa), inconmensurable.
immediacy [ɪˈmiːdjəsɪ] *n* inmediatez *f*.
immediate [ɪˈmiːdjət] *adj* **-1.** [gen] inmediato(ta); **in the** ~ **future** en el futuro más cercano **-2.** [family] más cercano(na).
immediately [ɪˈmiːdjətlɪ] <> *adv* **-1.** [at once] inmediatamente **-2.** [directly] directamente. <> *conj* en cuanto, tan pronto como.
immemorial [ˌɪmɪˈmɔːrɪəl] *adj* inmemorial; **from time** ~ desde tiempos inmemoriales.
immense [ɪˈmens] *adj* inmenso(sa).
immensely [ɪˈmenslɪ] *adv* [gen] inmensamente; [enjoyable, difficult] enormemente.
immensity [ɪˈmensətɪ] *n* inmensidad *f*.
immerse [ɪˈmɜːs] *vt* **-1.** [plunge]: **to** ~ **sthg in sthg** sumergir algo en algo **-2.** [involve]: **to** ~ **o.s. in sthg** enfrascarse en algo.
immersion heater [ɪˈmɜːʃn-] *n* calentador *m* de inmersión.
immigrant [ˈɪmɪgrənt] <> *n* inmigrante *m* OR *f*. <> *comp* inmigrante.
immigration [ˌɪmɪˈgreɪʃn] <> *n* inmigración *f*. <> *comp* de inmigración.
imminence [ˈɪmɪnəns] *n* inminencia *f*.
imminent [ˈɪmɪnənt] *adj* inminente.
immobile [ɪˈməʊbaɪl] *adj* inmóvil.
immobilization [ɪˌməʊbɪlaɪˈzeɪʃn] *n* inmovilización *f*.
immobilize, -ise [ɪˈməʊbɪlaɪz] *vt* inmovilizar.
immodest [ɪˈmɒdɪst] *adj* **-1.** [vain] vanidoso

(sa), inmodesto(ta) **-2.** [indecent] indecente, indecoroso(sa).
immoral [ɪˈmɒrəl] *adj* inmoral.
immorality [ˌɪməˈrælətɪ] *n* inmoralidad *f*.
immortal [ɪˈmɔːtl] <> *adj* inmortal. <> *n* **-1.** [god] dios *m* OR divinidad *f* inmortal **-2.** [hero] inmortal *m* OR *f*.
immortality [ˌɪmɔːˈtælətɪ] *n* inmortalidad *f*.
immortalize, -ise [ɪˈmɔːtəlaɪz] *vt* inmortalizar.
immovable [ɪˈmuːvəbl] *adj* **-1.** [fixed] fijo(ja), inamovible **-2.** [determined, decided] inconmovible, inflexible.
immune [ɪˈmjuːn] *adj* **-1.** [gen & MED]: ~ **(to)** inmune (a) **-2.** [exempt]: ~ **(from)** exento(ta) (de).
immune system *n* sistema *m* inmunológico.
immunity [ɪˈmjuːnətɪ] *n* **-1.** [gen & MED]: ~ **(to)** inmunidad *f* (a) **-2.** [exemption]: ~ **(from)** exención *f* (de).
immunization [ˌɪmjuːnaɪˈzeɪʃn] *n* inmunización *f*.
immunize, -ise [ˈɪmjuːnaɪz] *vt*: **to** ~ **sb (against sthg)** inmunizar a alguien (contra algo).
immunodeficiency [ˌɪmjuːnəʊdɪˈfɪʃənsɪ] *n* inmunodeficiencia *f*.
immunology [ˌɪmjuːnˈɒlədʒɪ] *n* inmunología *f*.
immutable [ɪˈmjuːtəbl] *adj fml* inmutable.
imp [ɪmp] *n* **-1.** [creature] duendecillo *m* **-2.** [naughty child] diablillo *m*.
impact [*n* ˈɪmpækt, *vb* ɪmˈpækt] <> *n* impacto *m*; **on** ~ en el momento del impacto; **to make an** ~ **on** OR **upon** causar impacto en. <> *vt* **-1.** [collide with] chocar con **-2.** [influence] influenciar.
impair [ɪmˈpeəʳ] *vt* [sight, hearing] dañar, debilitar; [movement] entorpecer; [ability, efficiency] mermar; [prospects] perjudicar.
impaired [ɪmˈpeəd] *adj* defectuoso(sa).
impale [ɪmˈpeɪl] *vt*: **to be** ~**d on sthg** quedar atravesado(da) en algo.
impart [ɪmˈpɑːt] *vt fml* **-1.** [information]: **to** ~ **sthg (to sb)** comunicar algo (a alguien) **-2.** [feeling, quality]: **to** ~ **sthg (to sthg)** conferir algo (a algo).
impartial [ɪmˈpɑːʃl] *adj* imparcial.
impartiality [ɪmˌpɑːʃɪˈælətɪ] *n* imparcialidad *f*.
impassable [ɪmˈpɑːsəbl] *adj* intransitable, impracticable.
impasse [æmˈpɑːs] *n* impasse *m*, callejón *m* sin salida.
impassioned [ɪmˈpæʃnd] *adj* apasionado(da).

impassive [ɪm'pæsɪv] *adj* impasible.
impatience [ɪm'peɪʃns] *n* impaciencia *f.*
impatient [ɪm'peɪʃnt] *adj* impaciente; **to be ~ to do sthg** estar impaciente por hacer algo; **to be ~ for sthg** esperar algo con impaciencia; **to get ~** impacientarse.
impatiently [ɪm'peɪʃntlɪ] *adv* impacientemente, con impaciencia.
impeach [ɪm'piːtʃ] *vt US* [president, official] iniciar un proceso de destitución contra.
impeachment [ɪm'piːtʃmənt] *n US* [of president, official] proceso *m* de destitución.
impeccable [ɪm'pekəbl] *adj* impecable.
impeccably [ɪm'pekəblɪ] *adv* impecablemente.
impecunious [ˌɪmpɪ'kjuːnjəs] *adj fml* indigente, menesteroso(sa).
impede [ɪm'piːd] *vt* dificultar, entorpecer.
impediment [ɪm'pedɪmənt] *n* **-1.** [obstacle] impedimento *m*, obstáculo *m* **-2.** [disability] defecto *m.*
impel [ɪm'pell] (*pt* & *pp* -led, *cont* -ling) *vt*: **to ~ sb to do sthg** impulsar a alguien a hacer algo.
impending [ɪm'pendɪŋ] *adj* inminente.
impenetrable [ɪm'penɪtrəbl] *adj* **-1.** [impossible to penetrate] impenetrable **-2.** [impossible to understand] incomprensible.
imperative [ɪm'perətɪv] <> *adj* [need] apremiante, imperativo(va); **it is ~ that ...** es imprescindible que ... <> *n* imperativo *m.*
imperceptible [ˌɪmpə'septəbl] *adj* imperceptible.
imperfect [ɪm'pɜːfɪkt] <> *adj* [not perfect] imperfecto(ta). <> *n GRAMM*: **~ (tense)** (pretérito *m*) imperfecto *m.*
imperfection [ˌɪmpə'fekʃn] *n* imperfección *f.*
imperial [ɪm'pɪərɪəl] *adj* **-1.** [of an empire or emperor] imperial **-2.** [system of measurement]: **~ system** sistema anglosajón de medidas.
imperialist [ɪm'pɪərɪəlɪzm] *n* imperialismo *m.*
imperialist [ɪm'pɪərɪəlɪst] <> *adj* imperialista. <> *n* imperialista *m OR f.*
imperil [ɪm'perɪl] (*UK pt* & *pp* -led, *cont* -ling, *US pt* & *pp* -ed, *cont* -ing) *vt fml* poner en peligro.
imperious [ɪm'pɪərɪəs] *adj* imperioso(sa).
impersonal [ɪm'pɜːsnl] *adj* impersonal.
impersonate [ɪm'pɜːsəneɪt] *vt* [try to pass as] hacerse pasar por; [do impression of] imitar.
impersonation [ɪmˌpɜːsə'neɪʃn] *n* **-1.** [pretending to be]: **charged with ~ of a policeman** acusado de hacerse pasar por policía **-2.** [impression] imitación *f*; **to do ~s (of)** imitar (a), hacer imitaciones (de).
impersonator [ɪm'pɜːsəneɪtəʳ] *n* imitador *m*, -ra *f.*

impertinence [ɪm'pɜːtɪnəns] *n (U)* impertinencia *f*, insolencia *f.*
impertinent [ɪm'pɜːtɪnənt] *adj* impertinente, insolente.
imperturbable [ˌɪmpə'tɜːbəbl] *adj* imperturbable.
impervious [ɪm'pɜːvjəs] *adj* [not influenced]: **~ to** insensible a.
impetuous [ɪm'petʃʊəs] *adj* impetuoso(sa).
impetus ['ɪmpɪtəs] *n (U)* **-1.** [momentum] ímpetu *m* **-2.** [stimulus] impulso *m.*
impinge [ɪm'pɪndʒ] *vi*: **to ~ on sthg/sb** afectar algo/a alguien.
impish ['ɪmpɪʃ] *adj* travieso(sa).
implacable [ɪm'plækəbl] *adj* implacable.
implant [*n* 'ɪmplɑːnt, *vb* ɪm'plɑːnt] <> *n* implante *m.* <> *vt* **-1.** [fix - idea etc]: **to ~ sthg in** OR **into** inculcar algo en **-2.** *MED*: **to ~ sthg in** OR **into** implantar algo en.
implausible [ɪm'plɔːzəbl] *adj* inverosímil.
implement [*n* 'ɪmplɪmənt, *vt* 'ɪmplɪment] <> *n* herramienta *f.* <> *vt* llevar a cabo, poner en práctica.
implementation [ˌɪmplɪmen'teɪʃn] *n* puesta *f* en práctica.
implicate ['ɪmplɪkeɪt] *vt*: **to ~ sb in** implicar OR involucrar a alguien en.
implication [ˌɪmplɪ'keɪʃn] *n* **-1.** [involvement] implicación *f*, complicidad *f* **-2.** [inference] consecuencia *f*; **by ~** de forma indirecta.
implicit [ɪm'plɪsɪt] *adj* **-1.** [gen]: **~ (in)** implícito(ta) (en) **-2.** [complete - belief] absoluto(ta); [- faith] incondicional.
implicitly [ɪm'plɪsɪtlɪ] *adv* **-1.** [by inference] implícitamente **-2.** [completely] incondicionalmente, ciegamente.
implied [ɪm'plaɪd] *adj* implícito(ta).
implode [ɪm'pləʊd] *vi* **-1.** [star, building] implosionar **-2.** [government, organization] estallar.
implore [ɪm'plɔːʳ] *vt*: **to ~ sb (to do sthg)** suplicar a alguien (que haga algo).
imploring [ɪm'plɔːrɪŋ] *adj* suplicante.
imply [ɪm'plaɪ] (*pt* & *pp* -ied) *vt* **-1.** [suggest] insinuar, dar a entender **-2.** [involve] implicar, suponer.
impolite [ˌɪmpə'laɪt] *adj* maleducado(da), descortés.
imponderable [ɪm'pɒndrəbl] *adj* imponderable, inestimable.
　◆ **imponderables** *npl* imponderables *mpl.*
import [*n* 'ɪmpɔːt, *vt* ɪm'pɔːt] <> *n* **-1.** [act of importing, product] importación *f* **-2.** *fml* [meaning] sentido *m*, significado *m* **-3.** *fml* [importance] trascendencia *f*, importancia *f.* <> *vt* [gen & *COMPUT*] importar.

importance [ɪmˈpɔːtns] *n* importancia *f*.

important [ɪmˈpɔːtnt] *adj*: ~ **(to)** importante (para); **it's not** ~ no importa.

importantly [ɪmˈpɔːtntlɪ] *adv*: **more** ~ lo que es aún más importante.

importation [ˌɪmpɔːˈteɪʃn] *n* importación *f*.

imported [ɪmˈpɔːtɪd] *adj* importado(da), de importación.

importer [ɪmˈpɔːtəʳ] *n* importador *m*, -ra *f*.

impose [ɪmˈpəʊz] <> *vt*: **to** ~ **sthg (on)** imponer algo (a). <> *vi*: **to** ~ **(on)** abusar (de), molestar (a).

imposing [ɪmˈpəʊzɪŋ] *adj* imponente, impresionante.

imposition [ˌɪmpəˈzɪʃn] *n* **-1.** [enforcement] imposición *f*. **-2.** [cause of trouble] molestia *f*.

impossibility [ɪmˌpɒsəˈbɪlətɪ] (*pl* **-ies**) *n* imposibilidad *f*.

impossible [ɪmˈpɒsəbl] <> *adj* **-1.** [gen] imposible **-2.** [person, behaviour] inaguantable, insufrible. <> *n*: **to do the** ~ hacer lo imposible.

impossibly [ɪmˈpɒsəblɪ] *adv* [very] increíblemente.

impostor, imposter *US* [ɪmˈpɒstəʳ] *n* impostor *m*, -ra *f*.

impotence [ˈɪmpətəns] *n* impotencia *f*.

impotent [ˈɪmpətənt] *adj* impotente.

impound [ɪmˈpaʊnd] *vt* confiscar, incautarse.

impoverished [ɪmˈpɒvərɪʃt] *adj* [country, people, imagination] empobrecido(da).

impracticable [ɪmˈpræktɪkəbl] *adj* impracticable, irrealizable.

impractical [ɪmˈpræktɪkl] *adj* poco práctico(ca).

imprecation [ˌɪmprɪˈkeɪʃn] *n* *fml* imprecación *f*.

imprecise [ˌɪmprɪˈsaɪs] *adj* impreciso(sa).

impregnable [ɪmˈpregnəbl] *adj* *lit* & *fig* incontestable.

impregnate [ˈɪmpregneɪt] *vt* **-1.** [introduce substance into]: **to** ~ **sthg (with)** impregnar *or* empapar algo (de) **-2.** *fml* [fertilize] fecundar.

impresario [ˌɪmprɪˈsɑːrɪəʊ] (*pl* **-s**) *n* empresario *m*, -ria *f* de espectáculos.

impress [ɪmˈpres] <> *vt* **-1.** [produce admiration in] impresionar; **I was favourably** ~**ed** me causó buena impresión **-2.** [stress]: **to** ~ **sthg on sb** hacer comprender a alguien la importancia de algo. <> *vi* [create good impression] causar buena impresión; [show off] impresionar.

impression [ɪmˈpreʃn] *n* **-1.** [gen] impresión *f*; **to make an** ~ impresionar; **to make a good/ bad** ~ causar una buena/mala impresión; **to be under the** ~ **that** tener la impresión de que

-2. [imitation] imitación *f*.

impressionable [ɪmˈpreʃnəbl] *adj* impresionable.

impressionism [ɪmˈpreʃənɪzml] *n* impresionismo *m*.

impressionist [ɪmˈpreʃənɪst] <> *adj* ART impresionista. <> *n* **-1.** [imitator] imitador *m*, -ra *f* **-2.** ART impresionista *m* OR *f*.

impressive [ɪmˈpresɪv] *adj* impresionante.

imprint [ˈɪmprɪnt] *n* **-1.** [mark] huella *f*, impresión *f* **-2.** [publisher's name] pie *m* de imprenta.

imprinted [ɪmˈprɪntɪd] *adj* **-1.** [marked] marcado(da) **-2.** *fig* [on mind, memory]: ~ **on** impreso(sa) OR grabado(da) en.

imprison [ɪmˈprɪzn] *vt* encarcelar.

imprisonment [ɪmˈprɪznmənt] *n* encarcelamiento *m*.

improbable [ɪmˈprɒbəbl] *adj* [event] improbable; [story, excuse] inverosímil; [clothes, hat] estrafalario(ria); [contraption] extraño(ña).

impromptu [ɪmˈprɒmptjuː] *adj* improvisado(da).

improper [ɪmˈprɒpəʳ] *adj* **-1.** [unsuitable] impropio(pia) **-2.** [incorrect, illegal] indebido(da) **-3.** [rude] indecente, indecoroso(sa).

impropriety [ˌɪmprəˈpraɪətɪ] *n* **-1.** [unsuitability] impropiedad *f* **-2.** [rudeness] indecencia *f*.

improve [ɪmˈpruːv] <> *vi* mejorar; **to** ~ **on** OR **upon sthg** mejorar algo. <> *vt* mejorar.

improved [ɪmˈpruːvd] *adj* mejorado(da).

improvement [ɪmˈpruːvmənt] *n* **-1.** [gen]: ~ **(in/on)** mejora *f* (en/con respecto a); **to be an** ~ **on sthg** ser mejor que algo **-2.** [in health] mejoría *f* **-3.** [to home] reforma *f*.

improvisation [ˌɪmprəvaɪˈzeɪʃn] *n* improvisación *f*.

improvise [ˈɪmprəvaɪz] *vt* & *vi* improvisar.

imprudent [ɪmˈpruːdənt] *adj* imprudente.

impudent [ˈɪmpjʊdənt] *adj* insolente, descarado(da).

impugn [ɪmˈpjuːn] *vt* *fml* impugnar.

impulse [ˈɪmpʌls] *n* impulso *m*; **on** ~ sin pensar.

impulse buying [-ˈbaɪɪŋ] *n* (*U*) compra *f* impulsiva.

impulsive [ɪmˈpʌlsɪv] *adj* impulsivo(va).

impunity [ɪmˈpjuːnətɪ] *n*: **with** ~ impunemente.

impure [ɪmˈpjʊəʳ] *adj* *lit* & *fig* impuro(ra).

impurity [ɪmˈpjʊərətɪ] (*pl* **-ies**) *n* impureza *f*.

IMRO [ˈɪmrəʊ] (*abbr of* **Investment Management Regulatory Organization**) *n organismo regulador de inversiones*.

in [ɪn] <> *prep* **-1.** [indicating place, position] en; ~ **a box/the garden/the lake** en una caja/el jar-

dín/el lago; ~ **Paris/Belgium/the country** en
París/Bélgica/el campo; **that coat** ~ **the window** el abrigo del escaparate; **to be** ~ **hospi-
tal/prison** estar en el hospital/la cárcel; ~
here/there aquí/allí dentro **- 2.** [wearing]: **she
was still** ~ **her nightclothes** todavía llevaba
su vestido de noche; **he was dressed** ~ **a suit**
llevaba un traje; **the woman** ~ **the skirt** la
mujer de la falda **- 3.** [appearing in, included in]
en; **there's a mistake** ~ **this paragraph** hay un
error en este párrafo; **she's** ~ **today's paper**
sale en el periódico de hoy **- 4.** [at a particular
time]: **at four o'clock** ~ **the morning/after-
noon** a las cuatro de la mañana/tarde; ~
the morning/afternoon por la mañana/tarde;
~ **1992/May/the spring** en 1992/mayo/prima-
vera **- 5.** [within] en; **he learned to type** ~ **two
weeks** aprendió a escribir a máquina en dos
semanas; **I'll be ready** ~ **five minutes** estoy
listo en cinco minutos **- 6.** [during] desde hace:
it's my first decent meal ~ **weeks** es lo primero
decente que como desde hace *or* en semanas
- 7. [indicating situation, circumstances]: ~ **these
circumstances** en estas circunstancias; **to
live/die** ~ **poverty** vivir/morir en la pobreza;
~ **danger/difficulty** en peligro/dificultades;
~ **the sun** al sol; ~ **the rain** bajo la lluvia;
don't go out ~ **this weather** no salgas con
este tiempo; **a rise** ~ **prices** un aumento de los
precios **- 8.** [indicating manner, condition] en; ~ **a
loud/soft voice** en voz alta/baja; ~ **pencil/
ink** a lápiz/bolígrafo; ~ **this way** de este
modo **- 9.** [indicating emotional state] con; ~ **an-
ger/joy** con enfado/alegría; ~ **my excitement
I forgot the keys** con la emoción se me
olvidaron las llaves **-10.** [specifying area of activ-
ity]: **advances** ~ **medicine** avances en la
medicina; **he's** ~ **computers** se dedica a
informática **-11.** [with numbers - showing quantity,
age]: ~ **large/small quantities** en grandes/
pequeñas cantidades; ~ **(their) thousands** a
or por millares; **she's** ~ **her sixties** anda por
los sesenta **-12.** [describing arrangement]: ~ **a
line/circle** en línea/círculo; **to stand** ~ **twos**
estar en pares *or* parejas **-13.** [as regards] en;
~ **these matters** en estos temas; **two metres**
~ **length/width** dos metros de largo/ancho;
a change ~ **direction** un cambio de dirección
-14. [in ratios]: **one** ~ **ten** uno de cada diez; **five
pence** ~ **the pound** cinco peniques por libra
-15. *(after superl)* de; **the best** ~ **the world** el
mejor del mundo **-16.** *(+ present participle)*: ~
doing sthg al hacer algo **-17.** *phr:* **there's
nothing** ~ **it for us** no tiene ninguna ventaja
para nosotros. ◇ *adv* **-1.** [inside] dentro; **put
the clothes** ~ mete la ropa (dentro); **to jump**

~ saltar adentro; **do come** ~ pasa por favor
- 2. [at home, work]: **is Judith** ~**?** ¿está Judith?;
I'm staying ~ **tonight** esta noche no salgo **-3.**
[of train, boat, plane]: **is the train** ~ **yet?** ¿ha
llegado el tren? **- 4.** [of tide]: **the tide's** ~ la
marea está alta **- 5.** *phr:* **you're** ~ **for a surprise** te vas a llevar una sorpresa; **we're** ~
for some bad weather nos espera mal tiem-
po; **you're** ~ **for it** *inf* te vas a enterar de lo que
vale un peine; **to be** ~ **on it** estar en el ajo; **to
have it** ~ **for sb** tenerla tomada con alguien.
◇ *adj inf* de moda; **short skirts are** ~ **this
year** las faldas cortas se llevan este año.
➤ **ins** *npl:* **the** ~**s and outs** los detalles, los
pormenores.
➤ **in that** *conj* en el sentido de que.

in. *abbr of* **inch.**

IN *abbr of* **Indiana.**

inability [ˌɪnəˈbɪlətɪ] *n:* ~ **(to do sthg)** incapacidad *f* (de hacer algo).

inaccessible [ˌɪnəkˈsesəbl] *adj* inaccesible.

inaccuracy [ɪnˈækjʊrəsɪ] *(pl* -ies) *n* **-1.** *(U)* [quality
of being inaccurate] inexactitud *f* **- 2.** [imprecise
statement] incorrección *f*, error *m.*

inaccurate [ɪnˈækjʊrət] *adj* inexacto(ta).

inaction [ɪnˈækʃn] *n* pasividad *f*, inacción *f.*

inactive [ɪnˈæktɪv] *adj* inactivo(va).

inactivity [ˌɪnækˈtɪvətɪ] *n* inactividad *f.*

inadequacy [ɪnˈædɪkwəsɪ] *(pl* -ies) *n* [of thing,
system] insuficiencia *f*; [of person] incapacidad *f.*

inadequate [ɪnˈædɪkwət] *adj* **-1.** [insufficient]
insuficiente **- 2.** [person] incapaz.

inadmissible [ˌɪnədˈmɪsəbl] *adj* inadmisible.

inadvertent [ˌɪnədˈvɜːtnt] *adj* accidental, for-
tuito(ta).

inadvertently [ˌɪnədˈvɜːtəntlɪ] *adv* sin querer,
accidentalmente.

inadvisable [ˌɪnədˈvaɪzəbl] *adj* desaconsejable,
poco aconsejable.

inalienable [ɪnˈeɪljənəbl] *adj fml* inalienable.

inane [ɪˈneɪn] *adj* necio(cia).

inanely [ɪˈneɪnlɪ] *adv* neciamente.

inanimate [ɪnˈænɪmət] *adj* inanimado(da).

inanity [ɪˈnænətɪ] *n* necedad *f.*

inapplicable [ˌɪnəˈplɪkəbl] *adj* inaplicable.

inappropriate [ˌɪnəˈprəʊprɪət] *adj* [remark,
clothing] impropio(pia); [time] inoportuno(na).

inarticulate [ˌɪnɑːˈtɪkjʊlət] *adj* [person] que no
se expresa bien; [speech] mal pronunciado(da)
or expresado(da).

inasmuch [ˌɪnəzˈmʌtʃ]
➤ **inasmuch as** *conj* en la medida en que.

inattention [ˌɪnəˈtenʃn] *n:* ~ **(to)** falta *f* de
atención (a).

inattentive [ˌɪnəˈtentɪv] *adj*: ~ **(to)** desaten-to(ta) (a).

inaudible [ɪˈnɔːdɪbl] *adj* inaudible.

inaugural [ɪˈnɔːgjʊrəl] *adj* [gen] inaugural; [ceremony] de investidura.

inaugurate [ɪˈnɔːgjʊreɪtl] *vt* **- 1.** [leader, president] investir **- 2.** [building, system] inaugurar.

inauguration [ɪˌnɔːgjʊˈreɪʃn] *n* **- 1.** [of leader, president] investidura *f* **- 2.** [of building, system] inauguración *f*.

inauspicious [ˌɪnɔːˈspɪʃəs] *adj* [circumstances] desfavorable; [beginning, time] poco propicio(cia).

in-between *adj* intermedio(dia).

inborn [ˌɪnˈbɔːn] *adj* innato(ta).

inbound [ˈɪnbaʊnd] *adj* de llegada.

in-box *n* [for e-mail] buzón *m* de entrada.

inbred [ˌɪnˈbred] *adj* **- 1.** [closely related] consanguíneo(a), endogámico(ca) **- 2.** [inborn] innato(ta).

inbreeding [ˈɪnˌbriːdɪŋ] *n* endogamia *f*.

inbuilt [ˌɪnˈbɪlt] *adj* [in person] innato(ta); [in thing] inherente.

inc. (*abbr of* **inclusive**) inclus.; **12th-15th April** ~ 12-15 de abril inclus.

Inc. [ɪŋk] *US* (*abbr of* **incorporated**) ≃ S.A.

Inca [ˈɪŋkə] *n* inca *m OR f*.

incalculable [ɪnˈkælkjʊləbl] *adj* [very great] incalculable.

incandescent [ˌɪnkænˈdesnt] *adj* incandescente.

incantation [ˌɪnkænˈteɪʃn] *n* conjuro *m*, ensalmo *m*.

incapable [ɪnˈkeɪpəbl] *adj* **- 1.** [unable]: **to be ~ of sthg/of doing sthg** ser incapaz de algo/de hacer algo **- 2.** [useless] incompetente.

incapacitate [ˌɪnkəˈpæsɪteɪt] *vt* incapacitar.

incapacitated [ˌɪnkəˈpæsɪteɪtɪd] *adj* incapacitado(da).

incapacity [ˌɪnkəˈpæsətɪ] *n*: ~ **(for)** incapacidad *f* (para).

incarcerate [ɪnˈkɑːsəreɪt] *vt fml* encarcelar.

incarceration [ɪnˌkɑːsəˈreɪʃn] *n fml* encarcelamiento *m*.

incarnate [ɪnˈkɑːneɪt] *adj*: **she's generosity ~** es la generosidad personificada.

incarnation [ˌɪnkɑːˈneɪʃn] *n* **- 1.** [personification] personificación *f* **- 2.** [existence] encarnación *f*.

incendiary device [ɪnˈsendjərɪ-] *n* artefacto *m* incendiario.

incense [*n* ˈɪnsens, *vt* ɪnˈsens] <> *n* incienso *m*. <> *vt* enfurecer, indignar.

incentive [ɪnˈsentɪv] *n* incentivo *m*.

incentive scheme *n* plan *m* de incentivos.

inception [ɪnˈsepʃn] *n fml* inicio *m*, origen *m*.

incessant [ɪnˈsesnt] *adj* incesante, constante.

incessantly [ɪnˈsesntlɪ] *adv* incesantemente, constantemente.

incest [ˈɪnsest] *n* incesto *m*.

incestuous [ɪnˈsestjʊəs] *adj* **- 1.** [sexually] incestuoso(sa) **- 2.** *fig* [too close] cerrado en sí mismo, cerrada en sí misma.

inch [ɪntʃ] <> *n* = 2,54 *cm*, pulgada *f*; **to be within an ~ of doing sthg** estar en un tris de hacer algo. <> *vi*: **to ~ forward** avanzar poco a poco.

incidence [ˈɪnsɪdəns] *n* [of disease, theft] índice *m*.

incident [ˈɪnsɪdənt] *n* incidente *m*, suceso *m*.

incidental [ˌɪnsɪˈdentl] *adj* accesorio(ria), secundario(ria).

incidentally [ˌɪnsɪˈdentəlɪ] *adv* por cierto, a propósito.

incidental music *n* música *f* de acompañamiento.

incinerate [ɪnˈsɪnəreɪt] *vt* incinerar, quemar.

incinerator [ɪnˈsɪnəreɪtər] *n* incinerador *m*.

incipient [ɪnˈsɪpɪənt] *adj fml* incipiente.

incision [ɪnˈsɪʒn] *n* incisión *f*.

incisive [ɪnˈsaɪsɪv] *adj* [comment, person] incisivo(va); [mind] penetrante.

incisor [ɪnˈsaɪzər] *n* incisivo *m*.

incite [ɪnˈsaɪt] *vt* incitar; **to ~ sb to do sthg** incitar a alguien a que haga algo.

incitement [ɪnˈsaɪtmənt] *n (U)*: ~ **(to sthg/to do sthg)** instigación *f* (a algo/a hacer algo).

incl. *abbr of* **including, inclusive**.

inclement [ɪnˈklemənt] *adj fml* inclemente.

inclination [ˌɪnklɪˈneɪʃn] *n* **- 1.** *(U)* [liking, preference] inclinación *f*, propensión *f* **- 2.** [tendency]: ~ **to do sthg** tendencia *f* a hacer algo.

incline [*n* ˈɪnklaɪn, *vb* ɪnˈklaɪn] <> *n* pendiente *f*, cuesta *f*. <> *vt* [head] inclinar, ladear.

inclined [ɪnˈklaɪnd] *adj* **- 1.** [tending]: **to be ~ to sthg** ser propenso *OR* tener tendencia a algo; **to be ~ to do sthg** tener tendencia a hacer algo; **I'm ~ to agree** creo que estoy de acuerdo **- 2.** *fml* [wanting]: **to be ~ to do sthg** estar dispuesto a hacer algo **- 3.** [sloping] inclinado(da).

include [ɪnˈkluːd] *vt* **- 1.** [gen] incluir **- 2.** [with letter] adjuntar.

included [ɪnˈkluːdɪd] *adj* incluido(da).

including [ɪnˈkluːdɪŋ] *prep* incluyendo; **six died, ~ a child** murieron seis personas, incluyendo un niño.

inclusion [ɪnˈkluːʒn] *n* inclusión *f*.

inclusive [ɪnˈkluːsɪv] *adj* **- 1.** [including everything] inclusivo(va); **one to nine ~** uno a nueve inclusive **- 2.** [including all costs]: ~ **of VAT** con el IVA incluido; **£150 ~** 150 libras todo incluido.

incognito [ˌɪnkɒgˈniːtəʊl *adv* de incógnito.
incoherent [ˌɪnkəʊˈhɪərəntl *adj* incoherente.
income [ˈɪŋkʌm] *n (U)* [gen] ingresos *mpl*; [from property] renta *f*; [from investment] réditos *mpl*.
incomes policy *n UK* política *f* de rentas.
income support *n (U) UK subsidio para personas con muy bajos ingresos o desempleados sin derecho a subsidio de paro,* ≃ salario *m* social.
income tax *n* impuesto *m* sobre la renta.
incoming [ˈɪnˌkʌmɪŋ] *adj* -**1.** [tide] ascendente · -**2.** [flight] de llegada -**3.** [government, president] entrante -**4.** [mail, report] recibido(da); ~ **phone call** llamada de fuera *OR* del exterior.
incommunicado [ˌɪnkəmjuːˈnɪˈkɑːdəʊ] *adv* en aislamiento, incomunicado(da).
incomparable [ɪnˈkɒmpərəbl] *adj* incomparable, sin par.
incompatible [ˌɪnkəmˈpætɪbl] *adj* [gen & COMPUT]: ~ **(with)** incompatible (con).
incompetence [ɪnˈkɒmpɪtəns] *n* incompetencia *f*, incapacidad *f*.
incompetent [ɪnˈkɒmpɪtənt] *adj* incompetente, incapaz.
incomplete [ˌɪnkəmˈpliːt] *adj* incompleto(ta).
incomprehensible [ɪnˌkɒmprɪˈhensəbl] *adj* incomprensible.
inconceivable [ˌɪnkənˈsiːvəbl] *adj* inconcebible.
inconclusive [ˌɪnkənˈkluːsɪv] *adj* [evidence, argument] poco convincente; [meeting, outcome] sin conclusión clara.
incongruous [ɪnˈkɒŋgrʊəs] *adj* incongruente.
inconsequential [ˌɪnkɒnsɪˈkwenʃl] *adj* intrascendente, de poca importancia.
inconsiderable [ˌɪnkənˈsɪdərəbl] *adj*: **not** ~ nada insignificante *OR* despreciable.
inconsiderate [ˌɪnkənˈsɪdərət] *adj* desconsiderado(da).
inconsistency [ˌɪnkənˈsɪstənsɪ] *(pl* -**ies)** *n* -**1.** [between theory and practice] inconsecuencia *f*; [between statements etc] falta *f* de correspondencia -**2.** [contradictory point] contradicción *f*.
inconsistent [ˌɪnkənˈsɪstənt] *adj* -**1.** [translation, statement]: ~ **(with)** falto(ta) de correspondencia (con) -**2.** [group, government, person] inconsecuente -**3.** [erratic] irregular, desigual.
inconsolable [ˌɪnkənˈsəʊləbl] *adj* inconsolable.
inconspicuous [ˌɪnkənˈspɪkjʊəs] *adj* discreto(ta).
incontinence [ɪnˈkɒntɪnəns] *n* incontinencia *f*.
incontinent [ɪnˈkɒntɪnənt] *adj* incontinente.
incontrovertible [ˌɪnkɒntrəˈvɜːtəbl] *adj* incontrovertible.

inconvenience [ˌɪnkənˈviːnjəns] ⟨⟩ *n* -**1.** [difficulty, discomfort] molestia *f*, incomodidad *f*; **we apologize for any** ~ **caused** disculpen las molestias -**2.** [inconvenient thing] inconveniente *m*. ⟨⟩ *vt* causar molestias a.
inconvenient [ˌɪnkənˈviːnjənt] *adj* [time] inoportuno(na); [location] incómodo(da); **that date is** ~ esa fecha no me viene bien.
incorporate [ɪnˈkɔːpəreɪt] *vt* -**1.** [integrate]: **to** ~ **sthg/sb (in), to** ~ **sthg/sb (into)** incorporar algo/a alguien (en) -**2.** [include] incluir, comprender.
incorporated [ɪnˈkɔːpəreɪtɪd] *adj COMM*: ~ **company** sociedad *f* anónima.
incorporation [ɪnˌkɔːpəˈreɪʃn] *n* -**1.** [integration] incorporación *f* -**2.** *COMM* [of company] constitución *f* en sociedad anónima.
incorrect [ˌɪnkəˈrekt] *adj* incorrecto(ta), erróneo(a).
incorrigible [ɪnˈkɒrɪdʒəbl] *adj* incorregible.
incorruptible [ˌɪnkəˈrʌptəbl] *adj* incorruptible.
increase [*n* ˈɪnkriːs, *vb* ɪnˈkriːs] ⟨⟩ *n*: ~ **(in)** [gen] aumento *m* (de); [in price, temperature] subida *f* (de); **to be on the** ~ ir en aumento. ⟨⟩ *vt* -**1.** [gen] aumentar, incrementar -**2.** [price] subir. ⟨⟩ *vi* [gen] aumentar; [price, temperature] subir.
increased [ɪnˈkriːst] *adj* mayor.
increasing [ɪnˈkriːsɪŋ] *adj* creciente.
increasingly [ɪnˈkriːsɪŋlɪ] *adv* cada vez más.
incredible [ɪnˈkredəbl] *adj* increíble.
incredibly [ɪnˈkredəblɪ] *adv* increíblemente.
incredulous [ɪnˈkredjʊləs] *adj* incrédulo(la).
increment [ˈɪnkrɪmənt] *n* incremento *m*.
incriminate [ɪnˈkrɪmɪneɪt] *vt* incriminar; **to** ~ **o.s.** incriminarse a sí mismo.
incriminating [ɪnˈkrɪmɪneɪtɪŋ] *adj* comprometedor(ra).
incrust [ɪnˈkrʌst] = **encrust**.
incubate [ˈɪnkjʊbeɪt] ⟨⟩ *vt* [egg] incubar, empollar. ⟨⟩ *vi* -**1.** [egg] incubarse -**2.** [infection] incubar.
incubation [ˌɪnkjʊˈbeɪʃn] *n* incubación *f*.
incubator [ˈɪnkjʊbeɪtə⁹] *n* [for baby] incubadora *f*.
inculcate [ˈɪnkʌlkeɪt] *vt fml*: **to** ~ **sthg in** *OR* **into** inculcar algo en.
incumbent [ɪnˈkʌmbənt] *fml* ⟨⟩ *adj*: **to be** ~ **on** *OR* **upon sb to do sthg** incumbir a alguien hacer algo. ⟨⟩ *n* titular *m OR f*.
incur [ɪnˈkɜː⁹] *(pt & pp* -**red,** *cont* -**ring)** *vt* [wrath, criticism] incurrir en, atraerse; [debt] contraer; [expenses] incurrir en.
incurable [ɪnˈkjʊərəbl] *adj lit* & *fig* incurable.

incursion [UK ɪnˈkɜːʃn, US ɪnˈkɜːʒn] n incursión f.

indebted [ɪnˈdetɪd] adj **-1.** [grateful]: ~ **(to)** en deuda (con) **-2.** [owing money]: ~ **(to)** endeudado(da) (con).

indecency [ɪnˈdiːsnsɪ] n indecencia f.

indecent [ɪnˈdiːsnt] adj **-1.** [improper] indecente **-2.** [unreasonable, excessive] desmedido(da).

indecent assault n abusos mpl deshonestos.

indecent exposure n exhibicionismo m.

indecipherable [ˌɪndɪˈsaɪfərəbl] adj indescifrable.

indecision [ˌɪndɪˈsɪʒn] n indecisión f.

indecisive [ˌɪndɪˈsaɪsɪv] adj **-1.** [person] indeciso(sa) **-2.** [result] no decisivo(va).

indeed [ɪnˈdiːd] adv **-1.** [certainly] ciertamente; **are you coming? - ~ I am** ¿vienes tú? - por supuesto que sí **-2.** [in fact] de hecho **-3.** [for emphasis] realmente; **very big** ~ grandísimo; **very few** ~ poquísimos **-4.** [to express surprise, disbelief]: ~**?** ¿ah sí? **-5.** [what is more] es más.

indefatigable [ˌɪndɪˈfætɪɡəbl] adj infatigable, incansable.

indefensible [ˌɪndɪˈfensəbl] adj [position, view] insostenible, indefendible; [behaviour] inexcusable.

indefinable [ˌɪndɪˈfaɪnəbl] adj indefinible.

indefinite [ɪnˈdefɪnɪt] adj **-1.** [time, number] indefinido(da) **-2.** [answer, opinion] impreciso(sa) **-3.** GRAMM indeterminado(da), indefinido(da).

indefinitely [ɪnˈdefɪnətlɪ] adv **-1.** [for unfixed period] indefinidamente **-2.** [imprecisely] de forma imprecisa.

indelible [ɪnˈdeləbl] adj indeleble.

indelicate [ɪnˈdelɪkət] adj poco delicado(da).

indemnify [ɪnˈdemnɪfaɪ] (pt & pp -ied) vt: to ~ sb for indemnizar a alguien por; to ~ sb against asegurar a alguien contra.

indemnity [ɪnˈdemnətɪ] n **-1.** [insurance] indemnidad f **-2.** [compensation] indemnización f.

indent [ɪnˈdent] <> n [in text] sangrado m. <> vt **-1.** [dent] mellar **-2.** [text] sangrar.

indentation [ˌɪndenˈteɪʃn] n **-1.** [dent] mella f, muesca f **-2.** [in text] sangrado m.

indenture [ɪnˈdentʃəʳ] n contrato m de aprendizaje.

independence [ˌɪndɪˈpendəns] n independencia f; to gain ~ independizarse.

Independence Day n el Día de la Independencia.

independent [ˌɪndɪˈpendənt] adj: ~ **(of)** independiente (de).

independently [ˌɪndɪˈpendəntlɪ] adv independientemente; ~ **of** aparte de.

independent school n UK colegio m privado.

in-depth adj a fondo, exhaustivo(va).

indescribable [ˌɪndɪˈskraɪbəbl] adj indescriptible.

indestructible [ˌɪndɪˈstrʌktəbl] adj indestructible.

indeterminate [ˌɪndɪˈtɜːmɪnət] adj indeterminado(da).

index [ˈɪndeks] (pl -es OR indices) <> n índice m. <> vt [book] poner un índice a.

index card n ficha f.

index finger n (dedo m) índice m.

index-linked [-lɪŋkt] adj indexado(da).

India [ˈɪndjə] n (la) India.

India ink US = **Indian ink**.

Indian [ˈɪndjən] <> adj **-1.** [from India] indio (dia), hindú **-2.** [from the Americas] indio(dia). <> n **-1.** [from India] indio m, -dia f, hindú m OR f **-2.** [from the Americas] indio m, -dia f.

Indiana [ˌɪndɪˈænə] n Indiana.

Indian ink UK, **India ink** US n tinta f china.

Indian Ocean n: the ~ el océano Índico.

Indian summer n veranillo m de San Martín.

india rubber n [material] caucho m; [eraser] goma f de borrar.

indicate [ˈɪndɪkeɪt] <> vt indicar. <> vi [when driving]: to ~ **left/right** indicar a la izquierda/derecha.

indication [ˌɪndɪˈkeɪʃn] n **-1.** [suggestion, idea] indicación f **-2.** [sign] indicio m, señal f.

indicative [ɪnˈdɪkətɪv] <> adj: ~ **of sthg** indicativo(va) de algo. <> n GRAMM indicativo m.

indicator [ˈɪndɪkeɪtəʳ] n **-1.** [sign, criterion] indicador m **-2.** [on car] intermitente m.

indices [ˈɪndɪsiːz] pl ⊳ **index**.

indict [ɪnˈdaɪt] vt: to ~ sb (for) acusar a alguien.

indictable [ɪnˈdaɪtəbl] adj procesable.

indictment [ɪnˈdaɪtmənt] n **-1.** JUR acusación f **-2.** [criticism] crítica f severa.

indie [ˈɪndɪ] adj UK inf independiente.

indifference [ɪnˈdɪfrəns] n indiferencia f.

indifferent [ɪnˈdɪfrənt] adj **-1.** [uninterested]: ~ **(to)** indiferente (a) **-2.** [mediocre] mediocre.

indigenous [ɪnˈdɪdʒɪnəs] adj indígena.

indigestible [ˌɪndɪˈdʒestəbl] adj lit & fig indigesto(ta).

indigestion [ˌɪndɪˈdʒestʃn] n (U) indigestión f.

indignant [ɪnˈdɪɡnənt] adj: ~ **(at)** indignado(da) (por).

indignantly [ɪnˈdɪɡnəntlɪ] adv con indignación.

indignation [ˌɪndɪgˈneɪʃn] *n* indignación *f*.

indignity [ɪnˈdɪgnətɪ] (*pl* **-ies**) *n* indignidad *f*.

indigo [ˈɪndɪgəʊ] ◇ *adj* (color) añil. ◇ *n* añil *m*.

indirect [ˌɪndɪˈrekt] *adj* indirecto(ta).

indirect costs *npl* gastos *mpl* indirectos.

indirect lighting *n* iluminación *f* indirecta.

indirectly [ˌɪndɪˈrektlɪ] *adv* indirectamente.

indirect speech *n* estilo *m* indirecto.

indirect taxation *n* (*U*) impuestos *mpl* indirectos.

indiscipline [ˌɪnˈdɪsɪplɪn] *n* indisciplina *f*.

indiscreet [ˌɪndɪˈskriːt] *adj* indiscreto(ta).

indiscretion [ˌɪndɪˈskreʃn] *n* indiscreción *f*.

indiscriminate [ˌɪndɪˈskrɪmɪnət] *adj* indiscriminado(da).

indiscriminately [ˌɪndɪˈskrɪmɪnətlɪ] *adv* indiscriminadamente.

indispensable [ˌɪndɪˈspensəbl] *adj* indispensable, imprescindible.

indisposed [ˌɪndɪˈspəʊzd] *adj fml* [unwell] indispuesto(ta).

indisputable [ˌɪndɪˈspjuːtəbl] *adj* incuestionable.

indistinct [ˌɪndɪˈstɪŋkt] *adj* [memory] confuso(sa); [words] imperceptible, indistinto(ta); [picture, marking] borroso(sa), indistinto(ta).

indistinguishable [ˌɪndɪˈstɪŋgwɪʃəbl] *adj*: ~ (**from**) indistinguible (de).

individual [ˌɪndɪˈvɪdʒʊəl] ◇ *adj* **-1.** [gen] individual **- 2.** [tuition] particular **- 3.** [approach, style] personal. ◇ *n* individuo *m*.

individualist [ˌɪndɪˈvɪdʒʊəlɪst] *n* individualista *m OR f*.

individualistic [ˈɪndɪˌvɪdʒʊəˈlɪstɪk] *adj* individualista.

individuality [ˈɪndɪˌvɪdʒʊˈælətɪ] *n* individualidad *f*.

individually [ˌɪndɪˈvɪdʒʊəlɪ] *adv* [separately] individualmente, por separado.

indivisible [ˌɪndɪˈvɪzəbl] *adj* indivisible.

Indochina [ˌɪndəʊˈtʃaɪnə] *n* Indochina.

indoctrinate [ɪnˈdɒktrɪneɪt] *vt* adoctrinar.

indoctrination [ɪnˌdɒktrɪˈneɪʃn] *n* adoctrinamiento *m*.

indolent [ˈɪndələnt] *adj* indolente.

indomitable [ɪnˈdɒmɪtəbl] *adj* indómito(ta), indomable.

Indonesia [ˌɪndəˈniːzjə] *n* Indonesia.

Indonesian [ˌɪndəˈniːzjən] ◇ *adj* indonesio(sia). ◇ *n* **-1.** [person] indonesio *m*, -sia *f* **- 2.** [language] indonesio *m*.

indoor [ˈɪndɔːʳ] *adj* [gen] interior; [shoes] de andar por casa; [plant] de interior; [sports] en

pista cubierta; ~ **swimming pool** piscina *f* cubierta.

indoors [ˌɪnˈdɔːz] *adv* [gen] dentro; [at home] en casa.

indubitably [ɪnˈdjuːbɪtəblɪ] *adv fml* indudablemente, sin duda.

induce [ɪnˈdjuːs] *vt* **-1.** [persuade]: **to** ~ **sb to do sthg** inducir *OR* persuadir a alguien a que haga algo **- 2.** [labour, sleep, anger] provocar.

inducement [ɪnˈdjuːsmənt] *n* [incentive] incentivo *m*, aliciente *m*.

induction [ɪnˈdʌkʃn] *n* **-1.** [into official position]: ~ **into** introducción *f OR* inducción *f* a **- 2.** ELEC & MED inducción *f* **- 3.** [introduction to job] introducción *f*.

induction course *n* cursillo *m* introductorio, curso *m* de iniciación.

indulge [ɪnˈdʌldʒ] ◇ *vt* **-1.** [whim, passion] satisfacer **- 2.** [child, person] consentir; **to** ~ **o.s.** darse un gusto, permitirse un lujo. ◇ *vi*: **to** ~ **in sthg** permitirse algo.

indulgence [ɪnˈdʌldʒəns] *n* **-1.** [act of indulging] indulgencia *f* **- 2.** [special treat] capricho *m*.

indulgent [ɪnˈdʌldʒənt] *adj* indulgente.

industrial [ɪnˈdʌstrɪəl] *adj* industrial.

industrial accident *n* accidente *m* laboral.

industrial action *n* huelga *f*; **to take** ~ declararse en huelga.

industrial disease *n* enfermedad *f* laboral.

industrial estate UK, **industrial park** US *n* polígono *m* industrial.

industrial injury *n* lesión *f* laboral.

industrialist [ɪnˈdʌstrɪəlɪst] *n* industrial *m OR f*.

industrialization [ɪnˌdʌstrɪəlaɪˈzeɪʃn] *n* industrialización *f*.

industrialize, -ise [ɪnˈdʌstrɪəlaɪz] ◇ *vt* industrializar. ◇ *vi* industrializarse.

industrial park US = **industrial estate**.

industrial relations *npl* relaciones *fpl* laborales.

industrial revolution *n* revolución *f* industrial.

industrial tribunal *n* magistratura *f* de trabajo.

industrious [ɪnˈdʌstrɪəs] *adj* diligente, trabajador(ra).

industry [ˈɪndəstrɪ] (*pl* **-ies**) *n* **-1.** [gen] industria *f*; **the tourist** ~ el sector turístico **- 2.** *fml* [hard work] laboriosidad *f*.

inebriated [ɪˈniːbrɪeɪtɪd] *adj fml* ebrio (ebria).

inedible [ɪnˈedɪbl] *adj* **-1.** [that cannot be eaten] no comestible **- 2.** [bad-tasting] incomible.

ineffective [ˌɪnɪˈfektɪv] *adj* ineficaz, inútil.

ineffectual [ˌɪnɪˈfektʃʊəl] *adj* inútil.

inefficiency [ˌɪnɪˈfɪʃnsɪ] *n* ineficiencia *f*.

inefficient [ˌɪnɪˈfɪʃnt] *adj* ineficiente.

inelegant [ɪnˈelɪɡənt] *adj* poco elegante.

ineligible [ɪnˈelɪdʒəbl] *adj* inelegible; **to be ~ for** no tener derecho a.

inept [ɪˈnept] *adj* inepto(ta); **~ at** incapaz para.

ineptitude [ɪˈneptɪtjuːd] *n* ineptitud *f*.

inequality [ˌɪnɪˈkwɒlətɪ] (*pl* -ies) *n* desigualdad *f*.

inequitable [ɪnˈekwɪtəbl] *adj fml* injusto(ta).

inert [ɪˈnɜːt] *adj* inerte.

inertia [ɪˈnɜːʃə] *n* inercia *f*.

inertia-reel seat belt *n* cinturón *m* de seguridad autotensable OR con retensor.

inescapable [ˌɪnɪˈskeɪpəbl] *adj* ineludible.

inessential [ˌɪnɪˈsenʃl] *adj*: **~ (to)** innecesario(ria) (para).

inestimable [ɪnˈestɪməbl] *adj fml* inestimable.

inevitable [ɪnˈevɪtəbl] ◇ *adj* inevitable. ◇ *n*: **the ~** lo inevitable.

inevitably [ɪnˈevɪtəblɪ] *adv* inevitablemente.

inexact [ˌɪnɪɡˈzækt] *adj* inexacto(ta).

inexcusable [ˌɪnɪkˈskjuːzəbl] *adj* inexcusable, imperdonable.

inexhaustible [ˌɪnɪɡˈzɔːstəbl] *adj* inagotable.

inexorable [ɪnˈeksərəbl] *adj* [unpreventable] inexorable.

inexorably [ɪnˈeksərəblɪ] *adv* inexorablemente.

inexpensive [ˌɪnɪkˈspensɪv] *adj* barato(ta), económico(ca).

inexperience [ˌɪnɪkˈspɪərɪəns] *n* inexperiencia *f*.

inexperienced [ˌɪnɪkˈspɪərɪənst] *adj* inexperto(ta); **to be ~ at sthg** no tener experiencia en algo.

inexpert [ɪnˈekspɜːt] *adj* inexperto(ta).

inexplicable [ˌɪnɪkˈsplɪkəbl] *adj* inexplicable.

inexplicably [ˌɪnɪkˈsplɪkəblɪ] *adv* inexplicablemente.

inextricably [ˌɪnɪkˈstrɪkəblɪ] *adv* indisolublemente, inseparablemente.

infallible [ɪnˈfæləbl] *adj* infalible.

infamous [ˈɪnfəməs] *adj* infame.

infancy [ˈɪnfənsɪ] *n* primera infancia *f*; **to be in its ~** *fig* dar sus primeros pasos.

infant [ˈɪnfənt] *n* -**1.** [baby] bebé *m* -**2.** [young child] niño pequeño *m*, niña pequeña *f*.

infantile [ˈɪnfəntaɪl] *adj* infantil.

infant mortality *n* mortalidad *f* infantil.

infantry [ˈɪnfəntrɪ] *n* infantería *f*.

infantryman [ˈɪnfəntrɪmən] (*pl* -men [-mən]) *n* soldado *m* de infantería.

infant school *n* UK colegio *m* preescolar (*para niños de entre 4 y 7 años*).

infatuated [ɪnˈfætjʊeɪtɪd] *adj*: **~ (with)** encaprichado(da) (con).

infatuation [ɪnˌfætjʊˈeɪʃn] *n*: **~ (with)** encaprichamiento *m* (con).

infect [ɪnˈfekt] *vt* -**1.** [wound] infectar; [person]: **to ~ sb (with sthg)** contagiar a alguien (algo) -**2.** *fig* [spread to] contagiar.

infected [ɪnˈfektɪd] *adj*: **~ (with)** [wound] infectado(da) (de); [patient] contagiado(da) (de).

infection [ɪnˈfekʃn] *n* -**1.** [disease] infección *f* -**2.** [spreading of germs] contagio *m*.

infectious [ɪnˈfekʃəs] *adj* -**1.** [disease] infeccioso(sa) -**2.** [laugh, attitude] contagioso(sa).

infer [ɪnˈfɜː] (*pt* & *pp* -red, *cont* -ring) *vt* -**1.** [deduce]: **to ~ (that)** deducir OR inferir que; **to ~ sthg (from sthg)** deducir OR inferir algo (de algo) -**2.** *inf* [imply] insinuar.

inference [ˈɪnfərəns] *n* -**1.** [conclusion] conclusión *f* -**2.** [deduction]: **by ~** por deducción.

inferior [ɪnˈfɪərɪə] ◇ *adj*: **~ (to)** inferior (a). ◇ *n* [in status] inferior *m* OR *f*.

inferiority [ɪnˌfɪərɪˈɒrətɪ] *n* inferioridad *f*.

inferiority complex *n* complejo *m* de inferioridad.

inferno [ɪnˈfɜːnəʊ] (*pl* -s) *n* [hell] infierno *m*; **the building was an ~** el edificio sufría un pavoroso incendio.

infertile [ɪnˈfɜːtaɪl] *adj* estéril.

infertility [ˌɪnfəˈtɪlətɪ] *n* esterilidad *f*.

infestation [ˌɪnfeˈsteɪʃn] *n* plaga *f*.

infested [ɪnˈfestɪd] *adj*: **~ with** infestado(da) de.

infidelity [ˌɪnfɪˈdelətɪ] *n* [of partner] infidelidad *f*.

infighting [ˈɪnˌfaɪtɪŋ] *n (U)* disputas *fpl* internas.

infiltrate [ˈɪnfɪltreɪt] ◇ *vt* infiltrar. ◇ *vi*: **to ~ into sthg** infiltrarse en algo.

infinite [ˈɪnfɪnət] *adj* infinito(ta).

infinitely [ˈɪnfɪnətlɪ] *adv* infinitamente.

infinitesimal [ˌɪnfɪnɪˈtesɪml] *adj* infinitesimal.

infinitive [ɪnˈfɪnɪtɪv] *n* infinitivo *m*; **in the ~** en infinitivo.

infinity [ɪnˈfɪnətɪ] *n* -**1.** MATH infinito *m* -**2.** [incalculable number]: **an ~ (of)** infinidad *f* (de).

infirm [ɪnˈfɜːm] ◇ *adj* achacoso(sa). ◇ *npl*: **the ~** los enfermos.

infirmary [ɪnˈfɜːmərɪ] (*pl* -ies) *n* -**1.** [hospital] hospital *m* -**2.** [room] enfermería *f*.

infirmity [ɪnˈfɜːmətɪ] (*pl* -ies) *n* -**1.** [illness] dolencia *f* -**2.** [state] enfermedad *f*.

inflamed [ɪnˈfleɪmd] *adj* MED inflamado(da).

inflammable [ɪnˈflæməbl] *adj* [burning easily] inflamable.

inflammation [ˌɪnfləˈmeɪʃn] *n* MED inflamación *f*.

inflammatory [ɪnˈflæmətrɪ] *adj* incendiario(ria).

inflatable [ɪnˈfleɪtəbl] *adj* inflable, hinchable.

inflate [ɪnˈfleɪt] <> *vt* -**1.** [gen] inflar, hinchar -**2.** [prices] inflar, aumentar. <> *vi* inflarse, hincharse.

inflated [ɪnˈfleɪtɪd] *adj* -**1.** [gen] inflado(da), hinchado(da) -**2.** [prices] desorbitado(da).

inflation [ɪnˈfleɪʃn] *n ECON* inflación *f*.

inflationary [ɪnˈfleɪʃnrɪ] *adj ECON* inflacionista.

inflation-proof *adj* que no se ve afectado(da) por la inflación.

inflexible [ɪnˈfleksəbl] *adj* -**1.** [material, person, attitude] inflexible -**2.** [decision, arrangement] fijo(ja).

inflict [ɪnˈflɪkt] *vt*: **to** ~ **sthg on sb** infligir algo a alguien.

in-flight *adj* durante el vuelo.

inflow [ˈɪnfləʊ] *n* afluencia *f*.

influence [ˈɪnfluəns] <> *n*: ~ **(on** OR **over sb)** influencia *f* (sobre alguien); ~ **(on sthg)** influencia (en algo); **to be a bad** ~ **on sb** tener una mala influencia en alguien; **under the** ~ **of** [person, group] bajo la influencia de; [alcohol, drugs] bajo los efectos de. <> *vt* influenciar.

influential [ˌɪnfluˈenʃl] *adj* influyente.

influenza [ˌɪnfluˈenzə] *n fml* gripe *f*.

influx [ˈɪnflʌks] *n* afluencia *f*.

info [ˈɪnfəʊ] *n (U) inf* información *f*.

inform [ɪnˈfɔːm] *vt*: **to** ~ **sb (of/about sthg)** informar a alguien (de/sobre algo).
➤ **inform on** *vt fus* delatar.

informal [ɪnˈfɔːml] *adj* informal; [language] familiar.

informally [ɪnˈfɔːməlɪ] *adv* de manera informal.

informant [ɪnˈfɔːmənt] *n* -**1.** [informer] confidente *m* OR *f*, delator *m*, -ra *f* -**2.** [of researcher] informante *m* OR *f*.

information [ˌɪnfəˈmeɪʃn] *n (U)*: ~ **(on** OR **about)** información *f* OR datos *mpl* (sobre); **a piece of** ~ un dato; **for your** ~ para tu información.

information desk *n* (mostrador *m* de) información *f*.

information office *n* oficina *f* de información.

information processing *n* proceso *m* de datos.

information retrieval *n* recuperación *f* de información.

information society *n* sociedad *f* de la información.

information technology *n* informática *f*.

informative [ɪnˈfɔːmətɪv] *adj* informativo(va).

informed [ɪnˈfɔːmd] *adj* informado(da); ~ **guess** conjetura *f* bien fundada.

informer [ɪnˈfɔːməʳ] *n* confidente *m* OR *f*, delator *m*, -ra *f*.

infrared [ˌɪnfrəˈred] *adj* infrarrojo(ja).

infrastructure [ˈɪnfrəˌstrʌktʃəʳ] *n* infraestructura *f*.

infrequent [ɪnˈfriːkwənt] *adj* infrecuente.

infringe [ɪnˈfrɪndʒ] (*cont* **infringing**) <> *vt* -**1.** [rule] infringir -**2.** [right] vulnerar. <> *vi*: **to** ~ **on sthg** vulnerar algo.

infringement [ɪnˈfrɪndʒmənt] *n* -**1.** [of rule] infracción *f* -**2.** [of right] violación *f*.

infuriate [ɪnˈfjʊərɪeɪt] *vt* enfurecer, exasperar.

infuriating [ɪnˈfjʊərɪeɪtɪŋ] *adj* exasperante.

infuse [ɪnˈfjuːz] <> *vt*: **to** ~ **sb with sthg** infundir algo a alguien. <> *vi* reposar *(una infusión)*.

infusion [ɪnˈfjuːʒn] *n* infusión *f*.

ingenious [ɪnˈdʒiːnjəs] *adj* ingenioso(sa).

ingenuity [ˌɪndʒɪˈnjuːətɪ] *n* ingenio *m*, inventiva *f*.

ingenuous [ɪnˈdʒenjʊəs] *adj fml* ingenuo(nua).

ingest [ɪnˈdʒest] *vt fml* ingerir.

ingot [ˈɪŋɡət] *n* lingote *m*.

ingrained [ˌɪnˈɡreɪnd] *adj* -**1.** [ground in] incrustado(da) -**2.** [deeply rooted] arraigado(da).

ingratiate [ɪnˈɡreɪʃɪeɪt] *vt*: **to** ~ **o.s. with sb** congraciarse con alguien.

ingratiating [ɪnˈɡreɪʃɪeɪtɪŋ] *adj* obsequioso(sa), lisonjero(ra).

ingratitude [ɪnˈɡrætɪtjuːd] *n* ingratitud *f*.

ingredient [ɪnˈɡriːdjənt] *n* ingrediente *m*.

ingrowing [ˈɪnˌɡrəʊɪŋ], **ingrown** [ˈɪnˌɡrəʊn] *adj* encarnado(da).

inhabit [ɪnˈhæbɪt] *vt* habitar.

inhabitant [ɪnˈhæbɪtənt] *n* habitante *m* OR *f*.

inhalation [ˌɪnhəˈleɪʃn] *n* inhalación *f*.

inhale [ɪnˈheɪl] <> *vt* inhalar. <> *vi* [gen] inspirar; [smoker] tragarse el humo.

inhaler [ɪnˈheɪləʳ] *n MED* inhalador *m*.

inherent [ɪnˈhɪərənt, ɪnˈherənt] *adj*: ~ **(in)** inherente (a).

inherently [ɪnˈhɪərəntlɪ, ɪnˈherəntlɪ] *adv* intrínsecamente.

inherit [ɪnˈherɪt] *vt*: **to** ~ **sthg (from sb)** heredar algo (de alguien).

inheritance [ɪnˈherɪtəns] *n* herencia *f*.

inheritor [ɪnˈherɪtəʳ] *n* heredero *m*, -ra *f*.

inhibit [ɪnˈhɪbɪt] *vt* -**1.** [restrict] impedir -**2.** [person] cohibir.

inhibited [ɪnˈhɪbɪtɪd] *adj* [repressed, reserved] cohibido(da), inhibido(da).

inhibition [ˌɪnhɪˈbɪʃn] *n* inhibición *f*.

inhospitable [ˌɪnhɒˈspɪtəbl] *adj* **-1.** [unwelcoming] inhospitalario(ria) **-2.** [harsh] inhóspito(ta).

in-house <> *adj* [journal, report] de circulación interna; [worker] de plantilla; [training] en el lugar de trabajo. <> *adv* en la misma empresa.

inhuman [ɪnˈhjuːmən] *adj* **-1.** [cruel] inhumano(na) **-2.** [not human] infrahumano(na).

inhumane [ˌɪnhjuːˈmeɪn] *adj* inhumano(na).

inimitable [ɪˈnɪmɪtəbl] *adj* inimitable.

iniquitous [ɪˈnɪkwɪtəs] *adj fml* inicuo(cua).

iniquity [ɪˈnɪkwətɪ] (*pl* **-ies**) *n* iniquidad *f*.

initial [ɪˈnɪʃl] (*UK pt* & *pp* **-led**, *cont* **-ling**, *US pt* & *pp* **-ed**, *cont* **-ing**) <> *adj* inicial. <> *vt* poner las iniciales a.
➡ **initials** *npl* [of person] iniciales *fpl*.

initialize, -ise [ɪˈnɪʃəlaɪz] *vt COMPUT* inicializar.

initially [ɪˈnɪʃəlɪ] *adv* inicialmente.

initiate [ɪˈnɪʃɪeɪt] <> *vt* iniciar; **to ~ sb into sthg** iniciar a alguien en algo. <> *n* iniciado *m*, -da *f*.

initiation [ɪˌnɪʃɪˈeɪʃn] *n* iniciación *f*.

initiative [ɪˈnɪʃətɪv] *n* iniciativa *f*; **to have/take the ~** llevar/tomar la iniciativa; **to use one's ~** hacer (uno) uso de su propia iniciativa; **on one's own ~** por iniciativa propia.

inject [ɪnˈdʒekt] *vt* **-1.** *MED*: **to ~ sb with sthg**, **to ~ sthg into sb** inyectarle algo a alguien **-2.** [life, excitement etc]: **to ~ sthg into sthg** infundir algo a algo **-3.** [funds, capital]: **to ~ sthg into sthg** inyectar algo en *OR* a algo.

injection [ɪnˈdʒekʃn] *n* inyección *f*.

injudicious [ˌɪndʒuːˈdɪʃəs] *adj fml* imprudente, poco juicioso(sa).

injunction [ɪnˈdʒʌŋkʃn] *n* requerimiento *m* judicial.

injure [ˈɪndʒər] *vt* [gen] herir; *SPORT* lesionar; [reputation] dañar; [chances] perjudicar; **to ~ o.s.** lesionarse, hacerse daño.

injured [ˈɪndʒəd] <> *adj* [gen] herido(da); *SPORT* lesionado(da); [reputation] dañado(da). <> *npl*: **the ~** los heridos.

injurious [ɪnˈdʒʊərɪəs] *adj fml*: **~ (to)** pernicioso(sa) (para).

injury [ˈɪndʒərɪ] (*pl* **-ies**) *n* **-1.** [wound] herida *f*; [to muscle, broken bone] lesión *f*; **to do o.s. an ~** hacerse daño **-2.** (*U*) [physical harm] lesiones *fpl*.

injury time *n* (tiempo *m* de) descuento *m*.

injustice [ɪnˈdʒʌstɪs] *n* injusticia *f*; **to do sb an ~** ser injusto(ta) con alguien.

ink [ɪŋk] <> *n* tinta *f*. <> *comp* de tinta.

➡ **ink in** *vt sep* repasar con tinta.

ink-jet printer *n COMPUT* impresora *f* de chorro de tinta.

inkling [ˈɪŋklɪŋ] *n*: **to have an ~ of sthg** tener una vaga idea de algo; **to have an ~ that** tener la vaga idea de que.

inkpad [ˈɪŋkpæd] *n* tampón *m*, almohadilla *f*.

inkwell [ˈɪŋkwel] *n* tintero *m*.

inlaid [ˌɪnˈleɪd] *adj* incrustado(da); **~ with** [jewels] con incrustaciones de.

inland [*adj* ˈɪnlənd, *adv* ɪnˈlænd] <> *adj* interior. <> *adv* [go] hacia el interior; [remain] en el interior.

Inland Revenue *n UK*: **the ~** ≃ Hacienda *f*.

in-laws *npl* suegros *mpl*.

inlet [ˈɪnlet] *n* **-1.** [stretch of water] entrante *m* **-2.** [way in] entrada *f*, admisión *f*.

inmate [ˈɪnmeɪt] *n* [of prison] preso *m*, -sa *f*; [of mental hospital] interno *m*, -na *f*.

inmost [ˈɪnməʊst] *adj literary* [deepest] más íntimo(ma), más profundo(da).

inn [ɪn] *n* fonda *f*; [pub] *pub decorado a la vieja usanza*.

innards [ˈɪnədz] *npl* tripas *fpl*.

innate [ˌɪˈneɪt] *adj* innato(ta).

inner [ˈɪnər] *adj* **-1.** [gen] interior **-2.** [feelings] íntimo(ma); [fears, doubts, meaning] interno(na).

inner city <> *n* núcleo *m* urbano deprimido. <> *comp* de los núcleos urbanos deprimidos.

innermost [ˈɪnəməʊst] = **inmost**.

inner tube *n* cámara *f* (de aire).

inning [ˈɪnɪŋ] *n* [in baseball] entrada *f*, inning *m*.

innings [ˈɪnɪŋz] (*pl inv*) *n* [in cricket] entrada *f*, turno *m*; **to have had a good ~** *fig* haber tenido una vida larga y provechosa.

innocence [ˈɪnəsəns] *n* inocencia *f*.

innocent [ˈɪnəsənt] <> *adj*: **~ (of)** inocente (de). <> *n* [naive person] inocente *m OR f*.

innocuous [ɪˈnɒkjʊəs] *adj* inocuo(cua), inofensivo(va).

innovation [ˌɪnəˈveɪʃn] *n* innovación *f*.

innovative [ˈɪnəvətɪv] *adj* innovador(ra).

innovator [ˈɪnəveɪtər] *n* innovador *m*, -ra *f*.

innuendo [ˌɪnjuːˈendəʊ] (*pl* **-es** *OR* **-s**) *n* **-1.** [individual remark] insinuación *f*, indirecta *f* **-2.** (*U*) [style of speaking] insinuaciones *fpl*, indirectas *fpl*; **sexual ~** juegos *mpl* de palabras sobre sexo.

innumerable [ɪˈnjuːmərəbl] *adj* innumerable.

inoculate [ɪˈnɒkjʊleɪt] *vt*: **to ~ sb (against sthg)** inocular a alguien (contra algo); **to ~ sb with sthg** inocular algo a alguien.

inoculation [ɪˌnɒkjʊˈleɪʃn] *n* inoculación *f*.

inoffensive [ˌɪnəˈfensɪv] *adj* inofensivo(va).

inoperable [ɪnˈɒprəbl] *adj* **-1.** *MED* inoperable

- 2. *fml* [unworkable] impracticable.

inoperative [ɪn'ɒprətɪv] *adj* **-1.** [rule, tax etc] en suspenso **- 2.** [machine]: **to be** ~ no funcionar.

inopportune [ɪn'ɒpətjuːn] *adj fml* inoportuno(na).

inordinate [ɪ'nɔːdɪnət] *adj fml* desmesurado(da).

inordinately [ɪ'nɔːdɪnətlɪ] *adv fml* desmesuradamente.

inorganic [ˌɪnɔː'gænɪk] *adj* inorgánico(ca).

in-patient *n* paciente interno *m*, paciente interna *f*.

input ['ɪmpʊt] (*pt* & *pp* input OR **-ted**, *cont* **-ting**) ◇ *n* **-1.** [contribution] aportación *f*, contribución *f* **-2.** COMPUT & ELEC entrada *f*. ◇ *vt* COMPUT introducir.

input/output *n* COMPUT entrada/salida *f*.

inquest ['ɪnkwest] *n* investigación *f* judicial.

inquire [ɪn'kwaɪəʳ] ◇ *vi* [ask for information] informarse, preguntar; **to** ~ **about sthg** informarse de algo. ◇ *vt*: **to** ~ **when/if/how ...** preguntar cuándo/si/cómo ...

   ➠ **inquire after** *vt fus* preguntar por.

   ➠ **inquire into** *vt fus* investigar.

inquiring [ɪn'kwaɪərɪŋ] *adj* **-1.** [mind] inquieto(ta), lleno(na) de curiosidad **-2.** [look, tone] inquisitivo(va).

inquiry [ɪn'kwaɪərɪ] (*pl* **-ies**) *n* **-1.** [question] consulta *f*, pregunta *f*; **'Inquiries'** 'Información' **-2.** [investigation] investigación *f*; **to hold an** ~ **(into)** emprender una investigación (sobre).

inquiry desk *n* (mostrador *m* de) información *f*.

inquisition [ˌɪnkwɪ'zɪʃn] *n* interrogatorio *m*.

   ➠ **Inquisition** *n*: **the Inquisition** la Inquisición.

inquisitive [ɪn'kwɪzətɪv] *adj* curioso(sa).

inroads ['ɪnrəʊdz] *npl*: **to make** ~ **into** [savings, supplies] mermar; [market, enemy territory] abrirse paso en.

insane [ɪn'seɪn] ◇ *adj* [mad] demente; *fig* [jealousy, person] loco(ca); **to drive sb** ~ volver loco a alguien. ◇ *npl*: **the** ~ los enfermos mentales.

insanitary [ɪn'sænɪtrɪ] *adj* antihigiénico(ca).

insanity [ɪn'sænətɪ] *n* MED demencia *f*; [craziness] locura *f*.

insatiable [ɪn'seɪʃəbl] *adj* insaciable.

inscribe [ɪn'skraɪb] *vt* **-1.** [engrave]: **to** ~ **sthg (on sthg)** inscribir algo (en algo) **-2.** [write]: **to** ~ **sthg in sthg** escribir algo en algo a modo de dedicatoria.

inscription [ɪn'skrɪpʃn] *n* **-1.** [engraved] inscripción *f* **-2.** [written] dedicatoria *f*.

inscrutable [ɪn'skruːtəbl] *adj* inescrutable.

insect ['ɪnsekt] *n* insecto *m*.

insect bite *n* picadura *f* de insecto.

insecticide [ɪn'sektɪsaɪd] *n* insecticida *m*.

insect repellent *n* loción *f* antiinsectos.

insecure [ˌɪnsɪ'kjʊəʳ] *adj* **-1.** [not confident] inseguro(ra) **- 2.** [not safe] poco seguro(ra).

insecurity [ˌɪnsɪ'kjʊərətɪ] *n* inseguridad *f*.

insensible [ɪn'sensəbl] *adj fml* **-1.** [unconscious] inconsciente **- 2.** [unaware]: **to be** ~ **of sthg** no ser consciente de algo **- 3.** [unable to feel]: **to be** ~ **to sthg** ser insensible a algo.

insensitive [ɪn'sensɪtɪv] *adj*: ~ **(to)** insensible (a).

insensitivity [ɪnˌsensə'tɪvətɪ] *n*: ~ **(to)** insensibilidad *f*(a).

inseparable [ɪn'seprəbl] *adj*: ~ **(from)** inseparable (de).

insert [*vb* ɪn'sɜːt, *n* 'ɪnsɜːt] ◇ *vt*: **to** ~ **sthg (in** OR **into)** [hole] introducir algo (en); [text] insertar algo (en). ◇ *n* PRESS encarte *m*.

insertion [ɪn'sɜːʃn] *n* inserción *f*.

in-service training *n* UK formación *f* continua.

inset ['ɪnset] *n* recuadro *m* (*insertado en la esquina de otro de mayor tamaño*).

inshore [*adj* 'ɪnʃɔːʳ, *adv* ɪn'ʃɔːʳ] ◇ *adj* costero(ra). ◇ *adv* hacia la orilla OR la costa.

inside [ɪn'saɪd] ◇ *prep* dentro de; ~ **three months** en menos de tres meses. ◇ *adv* **-1.** [be, remain] dentro; [go, move, look] adentro; **come** ~ ! ¡metéos dentro! **- 2.** *fig* [feel, hurt etc] por dentro **- 3.** *inf* [in prison] en chirona. ◇ *adj* interior; ~ **leg measurement** medida *f* de la entrepierna. ◇ *n* interior *m*; **from the** ~ desde dentro; **to overtake on the** ~ [of road] adelantar por dentro; ~ **out** [wrong way] al revés; **to turn sthg** ~ **out** [clothing] dar la vuelta a algo; **to know sthg** ~ **out** conocer algo de arriba abajo OR al dedillo.

   ➠ **insides** *npl inf* tripas *fpl*.

   ➠ **inside of** *prep* US [building, object] dentro de.

inside information *n* (U) información *f* confidencial.

inside job *n* *inf* robo cometido con la ayuda de un empleado de la empresa o local allanados.

inside lane *n* AUT carril *m* de dentro; SPORT calle *f* de dentro.

insider [ˌɪn'saɪdəʳ] *n* persona *f* con información confidencial (*dentro de una organización*).

insider dealing, insider trading *n* (U) en bolsa, uso indebido de información privilegiada.

inside story *n* historia *f* real.

insidious [ɪnˈsɪdɪəs] *adj* insidioso(sa).

insight [ˈɪnsaɪt] *n* **-1.** (U) [power of understanding] perspicacia *f*, capacidad *f* de penetración **-2.** [understanding] idea *f*.

insignia [ɪnˈsɪgnɪə] (*pl inv*) *n* insignias *fpl*.

insignificance [ˌɪnsɪgˈnɪfɪkəns] *n* insignificancia *f*.

insignificant [ˌɪnsɪgˈnɪfɪkənt] *adj* insignificante.

insincere [ˌɪnsɪnˈsɪəʳ] *adj* insincero(ra).

insincerity [ˌɪnsɪnˈserɪtɪ] *n* insinceridad *f*.

insinuate [ɪnˈsɪnjʊeɪt] *vt pej*: to ~ (that) insinuar (que).

insinuation [ɪnˌsɪnjʊˈeɪʃn] *n pej* insinuación *f*.

insipid [ɪnˈsɪpɪd] *adj pej* soso(sa), insípido(da).

insist [ɪnˈsɪst] ◇ *vt*: to ~ that insistir en que. ◇ *vi*: to ~ on sthg exigir algo; to ~ (on doing sthg) insistir (en hacer algo).

insistence [ɪnˈsɪstəns] *n* insistencia *f*; ~ on sthg/on doing sthg empeño *m* en algo/en hacer algo.

insistent [ɪnˈsɪstənt] *adj* **-1.** [determined] insistente; to be ~ on sthg insistir en algo **-2.** [continual] persistente.

in situ [ˌɪnˈsɪtjuː] *adv* in situ.

insofar [ˌɪnsəʊˈfɑːʳ]

➡ **insofar as** *conj* en la medida en que.

insole [ˈɪnsəʊl] *n* plantilla *f*.

insolence [ˈɪnsələns] *n* insolencia *f*.

insolent [ˈɪnsələnt] *adj* insolente.

insoluble *UK* [ɪnˈsɒljʊbl], **insolvable** *US* [ɪnˈsɒlvəbl] *adj* insoluble.

insolvency [ɪnˈsɒlvənsɪ] *n* insolvencia *f*.

insolvent [ɪnˈsɒlvənt] *adj* insolvente.

insomnia [ɪnˈsɒmnɪə] *n* insomnio *m*.

insomniac [ɪnˈsɒmnɪæk] *n* insomne *m OR f*.

insomuch [ˌɪnsəʊˈmʌtʃ]

➡ **insomuch as** *conj* en la medida en que.

inspect [ɪnˈspekt] *vt* inspeccionar; [troops] pasar revista a.

inspection [ɪnˈspekʃn] *n* inspección *f*; [of troops] revista *f*; on closer ~ tras un examen más detallado.

inspector [ɪnˈspektəʳ] *n* inspector *m*, -ra *f*; [on bus, train] revisor *m*, -ra *f*.

inspector of taxes *n* ≃ inspector *m*, -ra *f* de Hacienda.

inspiration [ˌɪnspəˈreɪʃn] *n* **-1.** [gen] inspiración *f* **-2.** [source of inspiration]: ~ (for) fuente *f* de inspiración (para).

inspirational [ˌɪnspəˈreɪʃnl] *adj* inspirador(ra).

inspire [ɪnˈspaɪəʳ] *vt* **-1.** [stimulate, encourage]: to ~ sb (to do sthg) alentar OR animar a alguien (a hacer algo) **-2.** [fill]: to ~ sb with sthg, to ~

sthg in sb inspirar algo a alguien.

inspired [ɪnˈspaɪəd] *adj* inspirado(da).

inspiring [ɪnˈspaɪərɪŋ] *adj* [stimulating, exciting] inspirador(ra).

inst. [ɪnst] (*abbr of* instant) cte.; on the 4th ~ el 4 del cte.

instability [ˌɪnstəˈbɪlətɪ] *n* inestabilidad *f*.

install *UK*, **instal** *US* [ɪnˈstɔːl] *vt* **-1.** [gen & COMPUT] instalar **-2.** [appoint]: to ~ sb (as) investir a alguien (con el cargo de) **-3.** [settle]: to ~ o.s. in front of the fire instalarse frente al fuego.

installation [ˌɪnstəˈleɪʃn] *n* [gen & COMPUT] instalación *f*.

installment *US* = instalment.

installment plan *n US* compra *f* a plazos.

instalment *UK*, **installment** *US* [ɪnˈstɔːlmənt] *n* **-1.** [payment] plazo *m*, abono *m Méx*; in ~s a plazos **-2.** TV & RADIO episodio *m*; [of novel] entrega *f*.

instance [ˈɪnstəns] *n* [example, case] ejemplo *m*; for ~ por ejemplo; in the first ~ *fml* en primer lugar; in this ~ en este caso.

instant [ˈɪnstənt] ◇ *adj* instantáneo(a). ◇ *n* [moment] instante *m*; at that OR the same ~ en aquel mismo instante; the ~ (that) ... en cuanto ...; this ~ ahora mismo.

instantaneous [ˌɪnstənˈteɪnɪəs] *adj* instantáneo(a).

instantly [ˈɪnstəntlɪ] *adv* en el acto.

instead [ɪnˈsted] *adv* en cambio; I came ~ yo vine en su lugar; if you haven't got any sugar, you can use honey ~ si no tieen azúcar, utilice miel en su lugar.

➡ **instead of** *prep* en lugar de, 'en vez de; I came ~ of her yo vine en su lugar.

instep [ˈɪnstep] *n* [of foot] empeine *m*.

instigate [ˈɪnstɪgeɪt] *vt* iniciar; to ~ sb to do sthg instigar a alguien a hacer algo.

instigation [ˌɪnstɪˈgeɪʃn] *n*: at the ~ of a instancias de.

instigator [ˈɪnstɪgeɪtəʳ] *n* instigador *m*, -ra *f*.

instil *UK* (*pt* & *pp* -led, *cont* -ling), **instill** *US* (*pt* & *pp* -ed, *cont* -ing) [ɪnˈstɪl] *vt*: to ~ sthg in OR into sb inculcar algo a alguien.

instinct [ˈɪnstɪŋkt] *n* instinto *m*; my first ~ was ... mi primer impulso fue ...

instinctive [ɪnˈstɪŋktɪv] *adj* instintivo(va).

instinctively [ɪnˈstɪŋktɪvlɪ] *adv* instintivamente.

institute [ˈɪnstɪtjuːt] ◇ *n* instituto *m*. ◇ *vt* [proceedings] iniciar, entablar; [system] instituir.

institution [ˌɪnstɪˈtjuːʃn] *n* **-1.** [gen] institución *f* **-2.** [home - for children, old people] asilo *m*; [- for mentally-handicapped] hospital *m* psiquiátrico.

institutional [ˌɪnstɪˈtjuːʃənl] *adj* **-1.** [of organization] institucional **-2.** [food, life etc] *típico de un hospital, una cárcel, etc.*

institutionalized, -ised [ˌɪnstɪˈtjuːʃnəˈlaɪzd] *adj* **-1.** *pej* [influenced by institutional life] *acostumbrado a la vida hospitalaria, carcelaria etc* **-2.** [established] institucionalizado(da).

instruct [ɪnˈstrʌkt] *vt* **-1.** [tell, order]: **to ~ sb to do sthg** mandar OR ordenar a alguien que haga algo **-2.** [teach]: **to ~ sb (in sthg)** instruir a alguien (en algo).

instruction [ɪnˈstrʌkʃn] *n* [gen & COMPUT] instrucción *f.*
➡ **instructions** *npl* [for use] instrucciones *fpl.*

instruction manual *n* manual *m* de instrucciones.

instructive [ɪnˈstrʌktɪv] *adj* instructivo(va).

instructor [ɪnˈstrʌktəʳ] *n* **-1.** [gen] instructor *m* **-2.** [in skiing] monitor *m* **-3.** [in driving] profesor *m* **-4.** US [at college] profesor *m*, -ra *f.*

instructress [ɪnˈstrʌktrɪs] *n* instructora *f*; [in skiing] monitora *f*; [in driving] profesora *f.*

instrument [ˈɪnstrʊmənt] *n* instrumento *m.*

instrumental [ˌɪnstrʊˈmentl] <> *adj* **-1.** [important, helpful]: **to be ~ in sthg** jugar un papel fundamental en algo **-2.** MUS instrumental. <> *n* pieza *f* instrumental.

instrumentalist [ˌɪnstrʊˈmentəlɪst] *n* instrumentista *m* OR *f.*

instrument panel *n* tablero *m* de instrumentos.

insubordinate [ˌɪnsəˈbɔːdɪnət] *adj* insubordinado(da).

insubordination [ˈɪnsəˌbɔːdɪˈneɪʃn] *n* insubordinación *f.*

insubstantial [ˌɪnsəbˈstænʃl] *adj* [frame, structure] endeble; [meal] poco sustancioso(sa).

insufferable [ɪnˈsʌfərəbl] *adj* insufrible.

insufficient [ˌɪnsəˈfɪʃnt] *adj*: **~ (for)** insuficiente (para).

insular [ˈɪnsjʊləʳ] *adj* [narrow-minded] estrecho(cha) de miras.

insulate [ˈɪnsjʊleɪt] *vt* aislar; **to ~ sb against** OR **from sthg** aislar a alguien de algo.

insulating tape [ˈɪnsjʊleɪtɪŋ-] *n* UK cinta *f* aislante.

insulation [ˌɪnsjʊˈleɪʃn] *n* [electrical] aislamiento *m*; [against the cold] aislamiento *m* térmico.

insulin [ˈɪnsjʊlɪn] *n* insulina *f.*

insult [vt ɪnˈsʌlt, n ˈɪnsʌlt] <> *vt* [with words] insultar; [with actions] ofender. <> *n* [remark] insulto *m*; [action] ofensa *f*; **to add ~ to injury** para colmo, para más inri.

insulting [ɪnˈsʌltɪŋ] *adj* [remark] insultante; [behaviour] ofensivo(va), insultante.

insuperable [ɪnˈsuːprəbl] *adj fml* insalvable, insuperable.

insurance [ɪnˈʃʊərəns] <> *n* **-1.** [against fire, accident, theft]: **~ (against)** seguro *m* (contra) **-2.** *fig* [safeguard, protection]: **~ (against)** prevención *f* (contra). <> *comp* de seguros; **~ company** compañía *f* de seguros.

insurance broker *n* agente *m* OR *f* de seguros.

insurance policy *n* póliza *f* de seguros.

insurance premium *n* prima *f* (del seguro).

insure [ɪnˈʃʊəʳ] <> *vt* **-1.** [against fire, accident, theft]: **to ~ sthg/sb (against)** asegurar algo/a alguien (contra) **-2.** US [make certain] asegurar. <> *vi* [prevent]: **to ~ (against)** prevenir OR prevenirse (contra).

insured [ɪnˈʃɔːd] <> *adj* **-1.** [against fire, accident, theft]: **~ (against** OR **for)** asegurado(da) (contra) **-2.** US [certain] asegurado(da). <> *n*: **the ~** el asegurado (la asegurada).

insurer [ɪnˈʃʊərəʳ] *n* asegurador *m*, -ra *f.*

insurgent [ɪnˈsɜːdʒənt] *n* insurgente *m* OR *f.*

insurmountable [ˌɪnsəˈmaʊntəbl] *adj fml* infranqueable, insuperable.

insurrection [ˌɪnsəˈrekʃn] *n* insurrección *f.*

intact [ɪnˈtækt] *adj* intacto(ta).

intake [ˈɪnteɪk] *n* **-1.** [of food, drink] ingestión *f*; [of air] inspiración *f* **-2.** [in army] reclutamiento *m*; [in organization] número *m* de ingresos **-3.** TECH [inlet] toma *f.*

intangible [ɪnˈtændʒəbl] *adj* intangible; **~ assets** bienes *mpl* inmateriales.

integral [ˈɪntɪɡrəl] *adj* integrante, intrínseco(ca); **to be ~ to** ser parte integrante de.

integrate [ˈɪntɪɡreɪt] <> *vi*: **to ~ (with** OR **into)** integrarse (en). <> *vt*: **to ~ sthg/sb with sthg, to ~ sthg/sb into sthg** integrar algo/a alguien en algo.

integrated [ˈɪntɪɡreɪtɪd] *adj* [gen & COMPUT] integrado(da).

integrated circuit *n* circuito *m* integrado.

integration [ˌɪntɪˈɡreɪʃn] *n*: **~ (with** OR **into)** integración *f* (en).

integrity [ɪnˈteɡrətɪ] *n* integridad *f.*

intellect [ˈɪntəlekt] *n* [mind, cleverness] intelecto *m*, inteligencia *f.*

intellectual [ˌɪntəˈlektjʊəl] <> *adj* intelectual. <> *n* intelectual *m* OR *f.*

intellectualize, -ise [ˌɪntəˈlektjʊəlaɪz] *vt* intelectualizar, dar tono intelectual a.

intelligence [ɪnˈtelɪdʒəns] *n* (U) **-1.** [ability to think] inteligencia *f* **-2.** [information] información *f* secreta **-3.** [information service] servicio *m* secreto OR de espionaje.

intelligence quotient *n* coeficiente *m* de inteligencia.

intelligence test *n* test *m* de inteligencia.

intelligent [ɪnˈtelɪdʒəntl] *adj* [gen & COMPUT] inteligente.

intelligently [ɪnˈtelɪdʒəntlɪ] *adv* inteligentemente.

intelligentsia [ɪnˌtelɪˈdʒentsɪə] *n*: **the ~** la intelectualidad.

intelligible [ɪnˈtelɪdʒəbl] *adj* inteligible.

intemperate [ɪnˈtempərət] *adj fml* [remarks, climate] destemplado(da); [behaviour] inmoderado(da).

intend [ɪnˈtend] *vt* pretender; **to ~ doing** OR **to do sthg** tener la intención de hacer algo; **what do you ~ to do?** ¿qué piensas hacer?; **later than I had ~ed** más tarde de lo que había pensado; **to be ~ed for/as sthg** [project, book] estar pensado para/como algo; **the flowers were ~ed for you** las flores eran para ti.

intended [ɪnˈtendɪd] *adj* [effect, result] pretendido(da).

intense [ɪnˈtens] *adj* **-1.** [extreme, profound] intenso(sa) **-2.** [serious - person] muy serio(ria).

intensely [ɪnˈtenslɪ] *adv* **-1.** [very - boring, irritating] enormemente **-2.** [very much - suffer] intensamente; [- dislike] profundamente.

intensify [ɪnˈtensɪfaɪ] (*pt & pp* **-ied**) <> *vt* intensificar. <> *vi* intensificarse.

intensity [ɪnˈtensətɪ] *n* intensidad *f*.

intensive [ɪnˈtensɪv] *adj* [concentrated] intensivo(va).

intensive care *n (U)*: **(in) ~** (bajo) cuidados *mpl* intensivos.

intensive care unit *n* unidad *f* de cuidados intensivos OR de vigilancia intensiva.

intent [ɪnˈtent] <> *adj* **-1.** [absorbed] atento(ta) **-2.** [determined]: **to be ~ on** OR **upon doing sthg** estar empeñado(da) en hacer algo. <> *n fml* intención *f*; **to all ~s and purposes** para todos los efectos.

intention [ɪnˈtenʃn] *n* intención *f*; **to have no ~ of** no tener la menor intención de.

intentional [ɪnˈtenʃənl] *adj* deliberado(da), intencionado(da); **it wasn't ~** fue sin querer.

intentionally [ɪnˈtenʃənəlɪ] *adv* deliberadamente, intencionadamente.

intently [ɪnˈtentlɪ] *adv* atentamente.

inter [ɪnˈtɜːʳ] (*pt & pp* **-red**, *cont* **-ring**) *vt fml* sepultar.

interact [ˌɪntərˈækt] *vi* **-1.** [communicate, work together]: **to ~ (with sb)** relacionarse (con alguien) **-2.** [react]: **to ~ (with sthg)** interaccionar (con algo).

interaction [ˌɪntərˈækʃn] *n* interacción *f*.

interactive [ˌɪntərˈæktɪv] *adj* COMPUT interactivo(va).

intercede [ˌɪntəˈsiːd] *vi fml*: **to ~ (with/for)** interceder (ante/por).

intercept [ˌɪntəˈsept] *vt* interceptar.

interception [ˌɪntəˈsepʃn] *n* interceptación *f*.

interchange [*n* ˈɪntətʃeɪndʒ, *vb* ˌɪntəˈtʃeɪndʒ] <> *n* **-1.** [exchange] intercambio *m* **-2.** [on motorway] enlace *m*. <> *vt* intercambiar.

interchangeable [ˌɪntəˈtʃeɪndʒəbl] *adj*: **~ (with)** intercambiable (con).

intercity [ˌɪntəˈsɪtɪ] <> *adj* UK interurbano(na), intercity. <> *n* [train] tren *m* interurbano.

intercom [ˈɪntəkɒm] *n* [for block of flats] portero *m* automático; [within a building] interfono *m*.

interconnect [ˌɪntəkəˈnekt] <> *vt* interconectar. <> *vi*: **to ~ (with)** relacionarse (con).

interconnection [ˌɪntəkəˈnekʃn] *n* interconexión *f*.

intercontinental [ˈɪntəˌkɒntɪˈnentl] *adj* intercontinental.

intercontinental ballistic missile *n* misil *m* balístico intercontinental.

intercourse [ˈɪntəkɔːs] *n (U)*: **sexual ~** relaciones *fpl* sexuales, coito *m*.

interdenominational [ˈɪntədɪˌnɒmɪˈneɪʃənl] *adj* interconfesional.

interdepartmental [ˈɪntəˌdiːpɑːtˈmentl] *adj* interdepartamental.

interdependent [ˌɪntədɪˈpendənt] *adj* interdependiente.

interdict [ˈɪntədɪkt] *n* JUR & RELIG interdicto *m*.

interest [ˈɪntrəst] <> *n* **-1.** [gen]: **~ (in)** interés *m* (en OR por); **that's of no ~** eso no tiene interés; **in the ~** OR **~s of** [in order to benefit] en interés de; [in order to achieve] en pro de; **to take an ~ in sthg** interesarse por algo **-2.** FIN interés *m*; **to pay the ~ of a loan** pagar los intereses de un préstamo **-3.** [hobby] afición *f*. <> *vt* interesar; **to ~ sb in sthg/in doing sthg** interesar a alguien en algo/en hacer algo.

interested [ˈɪntrəstɪd] *adj* interesado(da); **I'm not ~** no me interesa; **to be ~ in sthg/in doing sthg** estar interesado en algo/en hacer algo; **I'm ~ in that subject** me interesa el tema.

interest-free *adj* sin interés.

interest group *n* grupo *m* con intereses comunes.

interesting [ˈɪntrəstɪŋ] *adj* interesante.

interest rate *n* tipo *m* de interés.

interface [*n* ˈɪntəfeɪs, *vb* ɪntəˈfeɪs] <> *n* **-1.** COMPUT interfaz *f*, interface *m* **-2.** [junction, boundary] zona *f* de interacción. <> *vt* COMPUT conectar mediante interfaz.

interfere [ˌɪntəˈfɪəʳ] *vi* **-1.** [meddle]: **to ~ (with**

OR **in sthg)** entrometerse OR interferir (en algo) **-2.** [damage] interferir; **to ~ with sthg** [career, routine] interferir en algo; [work, performance] interrumpir algo.

interference [ˌɪntəˈfɪərəns] n (U) **-1.** [meddling]: **~ (with** OR **in)** intromisión f OR interferencia f (en) **-2.** [on radio, TV, telephone] interferencia f.

interfering [ˌɪntəˈfɪərɪŋ] adj pej entrometido(da).

interim [ˈɪntərɪm] <> adj [report] parcial; [measure] provisional; [government] interino(na). <> n: **in the ~** entre tanto.

interior [ɪnˈtɪərɪəʳ] <> adj **-1.** [inner] interior **-2.** POL [minister, department] del Interior. <> n interior m.

interior decorator, interior designer n interiorista m OR f.

interject [ˌɪntəˈdʒekt] vt fml interponer.

interjection [ˌɪntəˈdʒekʃn] n **-1.** [remark] exclamación f **-2.** GRAMM interjección f.

interleave [ˌɪntəˈliːv] vt: **to ~ sthg (with)** interfoliar algo (con).

interlock [ˌɪntəˈlɒk] <> vi [fingers] entrelazarse; [cogs] engranar. <> vt: **to ~ sthg (with)** [fingers] entrelazar algo (con); [cogs] engranar algo (con).

interloper [ˈɪntələʊpəʳ] n intruso m, -sa f.

interlude [ˈɪntəluːd] n **-1.** [pause] intervalo m **-2.** [interval] descanso m, intermedio m.

intermarry [ˌɪntəˈmærɪ] (pt & pp **-ied**) vi: **to ~ (with)** casarse (con) (parientes o personas de distinta raza, religión etc).

intermediary [ˌɪntəˈmiːdjərɪ] (pl **-ies**) n intermediario m, -ria f, mediador m, -ra f.

intermediate [ˌɪntəˈmiːdjət] adj intermedio(dia).

interminable [ɪnˈtɜːmɪnəbl] adj interminable.

intermingle [ˌɪntəˈmɪŋgl] vi: **to ~ (with)** entremezclarse (con).

intermission [ˌɪntəˈmɪʃn] n [of film] descanso m; [of play, opera, ballet] entreacto m.

intermittent [ˌɪntəˈmɪtənt] adj intermitente.

intern [vb ɪnˈtɜːn, n ˈɪntɜːn] <> vt recluir, internar. <> n esp US médico m interno residente.

internal [ɪnˈtɜːnl] adj **-1.** [gen] interno(na) **-2.** [within a country] interior, nacional; **~ flight** vuelo m nacional.

internal combustion engine n motor m de combustión interna.

internally [ɪnˈtɜːnəlɪ] adv **-1.** [gen] internamente **-2.** [within a country] a nivel nacional.

Internal Revenue Service n US: **the ~** ≃ la Agencia Triburaria Esp, ≃ la Dirección General Impositiva Amér.

international [ˌɪntəˈnæʃənl] <> adj internacional. <> n UK SPORT **-1.** [match] encuentro m internacional **-2.** [player] internacional m OR f.

international date line n: **the ~** la línea de cambio de fecha.

internationally [ˌɪntəˈnæʃnəlɪ] adv internacionalmente.

International Monetary Fund n: **the ~** el Fondo Monetario Internacional.

international relations npl relaciones fpl internacionales.

internecine [UK ˌɪntəˈniːsaɪn, US ˌɪntərˈniːsn] adj fml intestino(na).

internee [ˌɪntɜːˈniː] n recluso m, -sa f, internado m, -da f.

Internet [ˈɪntənet] n: **the ~** Internet f; **on the ~** en Internet.

Internet access n acceso m a Internet.

Internet access provider n proveedor m de acceso a Internet.

Internet café n cibercafé m.

Internet connection n conexión f a Internet.

Internet Service Provider n proveedor m de servicios Internet.

Internet start-up company n empresa f electrónica aparecida con Internet.

Internet television, Internet TV n televisión f por Internet.

internment [ɪnˈtɜːnmənt] n reclusión f, internamiento m.

interpersonal [ˌɪntəˈpɜːsənl] adj interpersonal.

interplay [ˈɪntəpleɪ] n (U): **~ (of/between)** interacción f (de/entre).

Interpol [ˈɪntəpɒl] n Interpol f.

interpolate [ɪnˈtɜːpəleɪt] vt fml: **to ~ sthg (into)** interpolar algo (en).

interpose [ˌɪntəˈpəʊz] vt fml interponer; **to ~ o.s.** interponerse.

interpret [ɪnˈtɜːprɪt] <> vt interpretar. <> vi hacer de intérprete.

interpretation [ɪnˌtɜːprɪˈteɪʃn] n interpretación f.

interpreter [ɪnˈtɜːprɪtəʳ] n [person] intérprete m OR f.

interpreting [ɪnˈtɜːprɪtɪŋ] n [occupation] interpretación f.

interracial [ˌɪntəˈreɪʃl] adj interracial.

interrelate [ˌɪntərɪˈleɪt] <> vt interrelacionar. <> vi: **to ~ (with)** interrelacionarse (con).

interrogate [ɪnˈterəgeɪt] vt [gen & COMPUT] interrogar.

interrogation [ɪnˌterəˈgeɪʃn] n interrogatorio m.

interrogation mark *n US* signo *m* de interrogación.

interrogative [ˌɪntəˈrɒɡətɪv] *GRAMM* <> *adj* interrogativo(va). <> *n* **-1.** [form] **the** ~ la forma interrogativa **-2.** [word] interrogativo *m*.

interrogator [ɪnˈterəɡeɪtə^r] *n* interrogador *m*, -ra *f*.

interrupt [ˌɪntəˈrʌpt] *vt & vi* interrumpir.

interruption [ˌɪntəˈrʌpʃn] *n* interrupción *f*.

intersect [ˌɪntəˈsekt] <> *vi* cruzarse. <> *vt* cruzar.

intersection [ˌɪntəˈsekʃn] *n US* [of roads] cruce *m*, intersección *f*.

intersperse [ˌɪntəˈspɜːs] *vt*: **to be ~d with** *OR* **by** estar entremezclado con.

interstate [ˈɪntəsteɪt] *n US* autopista *f* interestatal.

interval [ˈɪntəvl] *n* **-1.** [gen & *MUS*]: ~ **(between)** intervalo *m* (entre); **at** ~**s** [now and again] a ratos; **at regular** ~**s** a intervalos regulares; **at monthly/yearly** ~**s** a intervalos de un mes/un año **-2.** *UK* [at play, concert] intermedio *m*, descanso *m*.

intervene [ˌɪntəˈviːn] *vi* **-1.** [gen]: **to** ~ **(in)** intervenir (en) **-2.** [prevent thing from happening] interponerse; **the war** ~**d** sobrevino la guerra **-3.** [pass] transcurrir.

intervening [ˌɪntəˈviːnɪŋ] *adj* [time] transcurrido(da); [space] intermedio(dia); **the** ~ **period** el ínterin.

intervention [ˌɪntəˈvenʃn] *n* intervención *f*.

interventionist [ˌɪntəˈvenʃənɪst] <> *adj* intervencionista. <> *n* intervencionista *m OR f*.

interview [ˈɪntəvjuː] <> *n* [gen] entrevista *f*; [with police] interrogatorio *m*. <> *vt* [gen] entrevistar; [subj: policeman] interrogar.

interviewee [ˌɪntəvjuːˈiː] *n* entrevistado *m*, -da *f*.

interviewer [ˈɪntəvjuːə^r] *n* entrevistador *m*, -ra *f*.

interweave [ˌɪntəˈwiːv] (*pt* **-wove**, *pp* **-woven**) *fig* <> *vt* entretejer. <> *vi* entretejerse.

intestate [ɪnˈtesteɪt] *adj*: **to die** ~ morir intestado(da).

intestine [ɪnˈtestɪn] *n* intestino *m*.
  ➡ **intestines** *npl* intestinos *mpl*.

intimacy [ˈɪntɪməsɪ] (*pl* **-ies**) *n*: ~ **(between/ with)** intimidad *f* (entre/con).

intimate [*adj & n* ˈɪntɪmət, *vb* ˈɪntɪmeɪt] <> *adj* **-1.** [gen] íntimo(ma) **-2.** *fml* [sexually]: **to be** ~ **with sb** tener relaciones íntimas con alguien **-3.** [knowledge] profundo(da). <> *n fml* amigo íntimo *m*, amiga íntima *f*. <> *vt fml*: **to** ~ **(that)** dar a entender (que).

intimately [ˈɪntɪmətlɪ] *adv* **-1.** [very closely] íntimamente **-2.** [acquainted] en la intimidad **-3.** [in detail] a fondo.

intimation [ˌɪntɪˈmeɪʃn] *n fml* señal *f*, indicio *m*.

intimidate [ɪnˈtɪmɪdeɪt] *vt* intimidar.

intimidation [ɪnˌtɪmɪˈdeɪʃn] *n* intimidación *f*.

into [ˈɪntʊ] *prep* **-1.** [inside] en; **to go** ~ **a room** entrar en una habitación; **to put sthg** ~ **sthg** meter algo en algo; **to get** ~ **a car** subir a un coche **-2.** [against] con; **to bump/crash** ~ tropezar/chocar con **-3.** [referring to change in condition etc]: **to turn** *OR* **develop** ~ convertirse en; **to translate sthg** ~ **Spanish** traducir algo al español **-4.** [concerning] en relación con; **research** ~ **electronics** investigación en torno a la electrónica **-5.** [in expressions of time]: **fifteen minutes** ~ **the game** a los quince minutos de empezar el partido; **well** ~ **the spring** hasta bien entrada la primavera **-6.** *MATH*: **to divide 4** ~ **8** dividir 8 entre 4 **-7.** *inf* [interested in]: **I'm** ~ **classical music** me va *OR* me mola la música clásica.

intolerable [ɪnˈtɒlrəbl] *adj fml* [position, conditions] intolerable; [boredom, pain] inaguantable.

intolerance [ɪnˈtɒlərəns] *n* intolerancia *f*.

intolerant [ɪnˈtɒlərənt] *adj* intolerante; **to be** ~ **of** ser intolerante con.

intonation [ˌɪntəˈneɪʃn] *n* entonación *f*.

intoxicated [ɪnˈtɒksɪkeɪtɪd] *adj* **-1.** [drunk] embriagado(da), ebrio (ebria) **-2.** *fig* [excited]: ~ **(by** *OR* **with)** ebrio (ebria) (de).

intoxicating [ɪnˈtɒksɪkeɪtɪŋ] *adj* embriagador(ra); ~ **liquor** bebida *f* alcohólica.

intoxication [ɪnˌtɒksɪˈkeɪʃn] *n* embriaguez *f*.

intractable [ɪnˈtræktəbl] *adj fml* **-1.** [stubborn] intratable **-2.** [insoluble] inextricable, insoluble.

intranet [ˈɪntrənet] *n COMPUT* intranet *f*.

intransigent [ɪnˈtrænzɪdʒənt] *adj* intransigente.

intransitive [ɪnˈtrænzətɪv] *adj* intransitivo (va).

intrauterine device [ˌɪntrəˈjuːtəraɪn-] *n* dispositivo *m* intrauterino.

intravenous [ˌɪntrəˈviːnəs] *adj* intravenoso (sa).

in-tray *n* bandeja *f* de entrada.

intrepid [ɪnˈtrepɪd] *adj literary* intrépido(da).

intricacy [ˈɪntrɪkəsɪ] (*pl* **-ies**) *n* **-1.** [complexity] complejidad *f* **-2.** [detail] entresijo *m*.

intricate [ˈɪntrɪkət] *adj* intrincado(da), enrevesado(da).

intrigue [ɪnˈtriːɡ] <> *n* intriga *f*. <> *vt* intrigar. <> *vi*: **to** ~ **(against sb)** intrigar (contra alguien).

intriguing [ɪnˈtriːgɪŋ] *adj* intrigante.
intrinsic [ɪnˈtrɪnsɪk] *adj* intrínseco(ca).
intro [ˈɪntrəʊ] (*pl* **-s**) *n inf* [of song] entrada *f*.
introduce [ˌɪntrəˈdjuːs] *vt* **-1.** [present - person, programme] presentar; **to ~ sb (to sb)** presentar a alguien (a alguien); **to ~ o.s.** presentarse **-2.** [bring in]: **to ~ sthg (to** OR **into)** introducir algo (en) **-3.** [show for first time]: **to ~ sb to sthg** iniciar a alguien en algo **-4.** [signal beginning of] preludiar.
introduction [ˌɪntrəˈdʌkʃn] *n* **-1.** [gen]: **~ (to sthg)** introducción *f* (a algo) **-2.** [of people]: **~ (to sb)** presentación *f* (a alguien).
introductory [ˌɪntrəˈdʌktrɪ] *adj* [chapter] introductorio(ria); [remarks] preliminar; [price, offer] de lanzamiento.
introspective [ˌɪntrəˈspektɪv] *adj* introspectivo(va).
introvert [ˈɪntrəvɜːt] *n* introvertido *m*, -da *f*.
introverted [ˈɪntrəvɜːtɪd] *adj* introvertido(da).
intrude [ɪnˈtruːd] *vi* [interfere]: **to ~ (on** OR **upon sb)** inmiscuirse (en los asuntos de alguien); **to ~ (on** OR **upon sthg)** inmiscuirse (en algo); [disturb] molestar.
intruder [ɪnˈtruːdəʳ] *n* intruso *m*, -sa *f*.
intrusion [ɪnˈtruːʒn] *n* [into sb's business] intromisión *f*; [into a place] intrusión *f*.
intrusive [ɪnˈtruːsɪv] *adj* [interfering] entrometido(da); [unwanted] indeseado(da).
intuition [ˌɪntjuːˈɪʃn] *n* intuición *f*.
intuitive [ɪnˈtjuːɪtɪv] *adj* intuitivo(va).
Inuit [ˈɪnuɪt] *adj* inuit *(inv)*. *n* inuit *m* OR *f inv*.
inundate [ˈɪnʌndeɪt] *vt* **-1.** *fml* [flood] inundar **-2.** [overwhelm] desbordar; **to be ~d with** verse desbordado por.
inured [ɪˈnjʊəd] *adj fml*: **to be/become ~ to sthg** estar habituado(da)/habituarse a algo.
invade [ɪnˈveɪd] *vt* invadir.
invader [ɪnˈveɪdəʳ] *n* invasor *m*, -ra *f*.
invalid [*adj* ɪnˈvælɪd, *n & vb* ˈɪnvəlɪd] *adj* **-1.** [marriage, vote, ticket] nulo(la) **-2.** [argument, result] que no es válido(da). *n* inválido *m*, -da *f*.
➡ **invalid out** *vt sep*: **to be ~ed out (of)** ser licenciado(da) por invalidez (de).
invalidate [ɪnˈvælɪdeɪt] *vt* [theory] refutar; [rule] invalidar; [marriage, election] anular, invalidar.
invaluable [ɪnˈvæljʊəbl] *adj*: **~ (to)** [information, advice] inestimable (para); [person] valiosísimo(ma) (para).
invariable [ɪnˈveərɪəbl] *adj* invariable.
invariably [ɪnˈveərɪəblɪ] *adv* siempre, invariablemente.
invasion [ɪnˈveɪʒn] *n* invasión *f*.

invective [ɪnˈvektɪv] *n (U) fml* invectivas *fpl*.
inveigle [ɪnˈveɪgl] *vt*: **to ~ sb into doing sthg** embaucar a alguien para que haga algo.
invent [ɪnˈvent] *vt* inventar.
invention [ɪnˈvenʃn] *n* **-1.** [gen] invención *f* **-2.** [ability to invent] inventiva *f*.
inventive [ɪnˈventɪv] *adj* [person, mind] inventivo(va); [solution] ingenioso(sa).
inventor [ɪnˈventəʳ] *n* inventor *m*, -ra *f*.
inventory [ˈɪnventrɪ] (*pl* **-ies**) *n* **-1.** [list] inventario *m* **-2.** [goods] existencias *fpl*.
inventory control *n* control *m* de inventario.
inverse [ɪnˈvɜːs] *adj* [proportion, relation] inverso(sa). *n fml*: **the ~** lo contrario.
invert [ɪnˈvɜːt] *vt* invertir.
invertebrate [ɪnˈvɜːtɪbreɪt] *n* invertebrado *m*.
inverted commas [ɪnˈvɜːtɪd-] *npl UK* comillas *fpl*; **in ~** entre comillas.
inverted snob [ɪnˈvɜːtɪd-] *n* persona que finge que no le gustan las cosas caras o de buena calidad.
invest [ɪnˈvest] *vt* **-1.** [money, time, energy]: **to ~ sthg (in)** invertir algo (en) **-2.** *fml* [endow]: **to ~ sb with** investir a alguien de. *vi lit & fig*: **to ~ (in)** invertir (en).
investigate [ɪnˈvestɪgeɪt] *vt & vi* investigar.
investigation [ɪnˌvestɪˈgeɪʃn] *n* [enquiry, examination]: **~ (into)** investigación *f* (en).
investigative [ɪnˈvestɪgətɪv] *adj* de investigación.
investigator [ɪnˈvestɪgeɪtəʳ] *n* investigador *m*, -ra *f*.
investiture [ɪnˈvestɪtʃəʳ] *n* investidura *f*.
investment [ɪnˈvestmənt] *n* inversión *f*.
investment account *n* cuenta *f* de inversiones.
investment analyst *n* analista financiero *m*, analista financiera *f*.
investment bank *n* banco *m* de inversiones.
investment trust *n* fondo *m* de inversiones.
investor [ɪnˈvestəʳ] *n* inversor *m*, -ra *f*.
inveterate [ɪnˈvetərət] *adj* [liar] incorregible; [reader, smoker] empedernido(da).
invidious [ɪnˈvɪdɪəs] *adj* [task, role] desagradable; [comparison] odioso(sa).
invigilate [ɪnˈvɪdʒɪleɪt] *vt & vi UK* vigilar *(en un examen)*.
invigilator [ɪnˈvɪdʒɪleɪtəʳ] *n UK* vigilante *m* OR *f (en un examen)*.
invigorating [ɪnˈvɪgəreɪtɪŋ] *adj* [bath, walk] vigorizante; [experience] estimulante.
invincible [ɪnˈvɪnsɪbl] *adj* **-1.** [unbeatable] inven-

cible **-2.** [determination] inalterable, inamovible.

invisible [ɪnˈvɪzɪbl] *adj* invisible.

invisible assets *npl* activo *m* inmaterial.

invisible earnings *npl* ingresos *mpl* invisibles.

invisible ink *n* tinta *f* simpática.

invitation [ˌɪnvɪˈteɪʃn] *n* invitación *f*; **an ~ to sthg/to do sthg** una invitación a algo/a hacer algo.

invite [ɪnˈvaɪt] *vt* **-1.** [gen]: **to ~ sb (to sthg/to do sthg)** invitar a alguien (a algo/a hacer algo) **-2.** [ask for, provoke] buscarse.

inviting [ɪnˈvaɪtɪŋ] *adj* tentador(ra).

in vitro fertilization [ˌɪnˈviːtrəʊ-] *n* fertilización *f* in vitro.

invoice [ˈɪnvɔɪs] <> *n* factura *f*. <> *vt* **-1.** [send invoice to] mandar la factura a **-2.** [prepare invoice for] facturar.

invoke [ɪnˈvəʊk] *vt* **-1.** *fml* [quote as justification] invocar, acogerse a **-2.** [cause] suscitar.

involuntary [ɪnˈvɒləntrɪ] *adj* involuntario(ria).

involve [ɪnˈvɒlv] *vt* **-1.** [entail, require]: **to ~ sthg/doing sthg** conllevar algo/hacer algo; **it ~s working weekends** supone *or* implica trabajar los fines de semana **-2.** [concern, affect] afectar a; **to be ~d in sthg** [accident, crash] verse envuelto en algo **-3.** [make part of sthg]: **to ~ sb (in)** involucrar a alguien (en); **to ~ o.s. in** meterse en.

involved [ɪnˈvɒlvd] *adj* **-1.** [complex] enrevesado(da), complicado(da) **-2.** [participating]: **to be ~ in** estar metido(da) en; **he didn't want to get ~** no quería tener nada que ver **-3.** [in a relationship]: **to be/get ~ with sb** estar liado(da)/liarse con alguien.

involvement [ɪnˈvɒlvmənt] *n* **-1.**: **~ (in)** [crime] implicación *f*(en); [running sthg] participación *f* (en) **-2.** [concern, enthusiasm]: **~ (in)** compromiso *m* (con) **-3.** [relationship] (U) relación *f* sentimental.

invulnerable [ɪnˈvʌlnərəbl] *adj*: **to be ~ (to)** ser invulnerable (a).

inward [ˈɪnwəd] <> *adj* **-1.** [inner] interno(na) **-2.** [towards the inside] hacia el interior. <> *adv US* = **inwards**.

inwardly [ˈɪnwədlɪ] *adv* por dentro.

inwards [ˈɪnwədz] *adv* hacia dentro.

in-your-face *adj inf* impactante.

IOC (*abbr of* **International Olympic Committee**) *n* COI *m*.

iodine [*UK* ˈaɪədiːn, *US* ˈaɪədaɪn] *n* yodo *m*.

IOM *abbr of* **Isle of Man**.

ion [ˈaɪən] *n* ión *m*.

Ionian Sea [aɪˈəʊnjən-] *n*: **the ~** el mar Jónico.

iota [aɪˈəʊtə] *n* pizca *f*, ápice *m*.

IOU (*abbr of* **I owe you**) *n* pagaré *m*.

IOW *abbr of* **Isle of Wight**.

Iowa [ˈaɪəʊə] *n* Iowa.

IPA (*abbr of* **International Phonetic Alphabet**) *n* AFI *m*.

IQ (*abbr of* **intelligence quotient**) *n* C.I. *m*.

IRA <> *n* (*abbr of* **Irish Republican Army**) IRA *m*. <> *n US* (*abbr of* **Individual Retirement Account**) cuenta *f* de retiro *or* jubilación individual.

Iran [ɪˈrɑːn] *n* (el) Irán.

Iranian [ɪˈreɪnjən] <> *adj* iraní. <> *n* [person] iraní *m or f*.

Iraq [ɪˈrɑːk] *n* (el) Irak.

Iraqi [ɪˈrɑːkɪ] <> *adj* iraquí. <> *n* [person] iraquí *m or f*.

irascible [ɪˈræsəbl] *adj* irascible.

irate [aɪˈreɪt] *adj* iracundo(da), airado(da).

IRC *n* (*abbr of* **Internet Relay Chat**) IRC *m*.

Ireland [ˈaɪələnd] *n* Irlanda; **the Republic of ~** la República de Irlanda.

iridescent [ˌɪrɪˈdesnt] *adj* iridiscente.

iris [ˈaɪərɪs] (*pl* **-es**) *n* **-1.** [flower] lirio *m* **-2.** [of eye] iris *m inv*.

Irish [ˈaɪrɪʃ] <> *adj* irlandés(esa). <> *n* [language] irlandés *m*. <> *npl* [people]: **the ~** los irlandeses.

Irish coffee *n* café *m* irlandés.

Irishman [ˈaɪrɪʃmən] (*pl* **-men** [-mən]) *n* irlandés *m*.

Irish Sea *n*: **the ~** el mar de Irlanda.

Irish stew *n* estofado de carne, patatas y verdura.

Irishwoman [ˈaɪrɪʃˌwʊmən] (*pl* **-women** [-ˌwɪmɪn]) *n* irlandesa *f*.

irk [ɜːk] *vt* fastidiar.

irksome [ˈɜːksəm] *adj* fastidioso(sa).

IRN (*abbr of* **Independent Radio News**) *n* agencia británica de noticias para emisoras de radio privadas.

iron [ˈaɪən] <> *adj lit* & *fig* de hierro. <> *n* **-1.** [metal, nutrient] hierro *m* **-2.** [for clothes] plancha *f* **-3.** [golf club] hierro *m*. <> *vt* & *vi* planchar. ◆ **iron out** *vt sep fig* [overcome] resolver.

Iron Age <> *n*: **the ~** la Edad del Hierro. <> *comp* de la Edad del Hierro.

Iron Curtain *n*: **the ~** el telón de acero.

ironic(al) [aɪˈrɒnɪk(l)] *adj* irónico(ca); **how ~!** ¡qué ironía!

ironically [aɪˈrɒnɪklɪ] *adv* irónicamente.

ironing [ˈaɪənɪŋ] *n* **-1.** [work] planchado *m*; **to do the ~** planchar la ropa **-2.** [clothes to be ironed] ropa *f* para planchar.

ironing board n tabla f de planchar.

iron lung n pulmón m de acero OR artificial.

ironmonger ['aɪən,mʌŋgəʳ] n UK ferretero m, -ra f; ~'s (shop) ferretería f, tlapalería f Méx.

ironworks ['aɪənwɜːks] (pl inv) n [where iron is smelted] fundición f; [where iron is cast] herrería f.

irony ['aɪrənɪ] (pl -ies) n ironía f; the ~ of it is that ... lo curioso del caso es que ...

irradiate [ɪ'reɪdɪeɪt] vt irradiar.

irrational [ɪ'ræʃənl] adj irracional.

irreconcilable [ɪ,rekən'saɪləbl] adj [completely different] irreconciliable.

irredeemable [,ɪrɪ'diːməbl] adj fml -1. [hopeless] irreparable, insalvable -2. FIN no amortizable.

irrefutable [,ɪrɪ'fjuːtəbl] adj fml irrefutable.

irregular [ɪ'regjʊləʳ] adj [gen & GRAMM] irregular.

irregularity [ɪ,regjʊ'lærətɪ] (pl -ies) n irregularidad f.

irregularly [ɪ'regjʊləlɪ] adv [at uneven intervals] de forma irregular.

irrelevance [ɪ'reləvəns], **irrelevancy** [ɪ'reləvənsɪ] (pl -ies) n -1. [state of being irrelevant] irrelevancia f, falta f de pertinencia -2. [something irrelevant]: **to be an** ~ ser algo sin importancia.

irrelevant [ɪ'reləvənt] adj irrelevante, que no viene al caso; **that's** ~ eso no viene al caso.

irreligious [,ɪrɪ'lɪdʒəs] adj irreligioso(sa).

irremediable [,ɪrɪ'miːdjəbl] adj fml irremediable, irreparable.

irreparable [ɪ'repərəbl] adj irreparable, irremediable.

irreplaceable [,ɪrɪ'pleɪsəbl] adj irreemplazable, insustituible.

irrepressible [,ɪrɪ'presəbl] adj [enthusiasm] irreprimible; [person] imparable.

irreproachable [,ɪrɪ'prəʊtʃəbl] adj irreprochable.

irresistible [,ɪrɪ'zɪstəbl] adj irresistible.

irresolute [ɪ'rezəluːt] adj fml irresoluto(ta).

irrespective [,ɪrɪ'spektɪv]
➡ **irrespective of** prep independientemente de.

irresponsible [,ɪrɪ'spɒnsəbl] adj irresponsable.

irretrievable [,ɪrɪ'triːvəbl] adj -1. [damage, situation] irreparable -2. [lost thing] irrecuperable.

irreverent [ɪ'revərənt] adj irreverente, irrespetuoso(sa).

irreversible [,ɪrɪ'vɜːsəbl] adj [judgment] irrevocable; [change] irreversible.

irrevocable [ɪ'revəkəbl] adj irrevocable.

irrigate ['ɪrɪgeɪt] vt regar, irrigar.

irrigation [,ɪrɪ'geɪʃn] ◇ n riego m, irrigación f. ◇ comp de riego; ~ **channel** acequia f.

irritable ['ɪrɪtəbl] adj [person] irritable; [answer, tone] irritado(da).

irritable bowel syndrome n colon m irritable.

irritant ['ɪrɪtənt] n -1. [irritating situation] motivo m de irritación -2. [substance] sustancia f irritante.

irritate ['ɪrɪteɪt] vt irritar.

irritating ['ɪrɪteɪtɪŋ] adj irritante.

irritation [ɪrɪ'teɪʃn] n -1. [anger, soreness] irritación f -2. [cause of anger] motivo m de irritación.

IRS (abbr of Internal Revenue Service) n US: the ~ ≃ Hacienda f.

is [ɪz] 3rd person sg ▷ be.

ISBN (abbr of International Standard Book Number) n ISBN m.

ISDN (abbr of Integrated Services Delivery Network) n COMPUT RDSI f.

Islam ['ɪzlɑːm] n [religion] islam m, islamismo m.

Islamabad [ɪz'lɑːməbæd] n Islamabad.

Islamic [ɪz'læmɪk] adj islámico(ca).

island ['aɪlənd] n -1. [in water] isla f -2. [in traffic] isleta f, refugio m.

islander ['aɪləndəʳ] n isleño m, -ña f.

isle [aɪl] n [as part of name] isla f; literary [island] ínsula f.

Isle of Man n: the ~ la isla de Man.

Isle of Wight [-waɪt] n: the ~ la isla de Wight.

isn't ['ɪznt] = is not.

ISO (abbr of International Standards Organization) n ISO f, organización internacional de normalización.

isobar ['aɪsəbɑːʳ] n isobara f.

isolate ['aɪsəleɪt] vt -1.: **to** ~ **sb (from)** [physically] aislar a alguien (de); [socially] marginar a alguien (de) -2. MED: **to** ~ **sb** poner a alguien en cuarentena -3. CHEM & ELEC: **to** ~ **sthg (from)** aislar algo (de).

isolated ['aɪsəleɪtɪd] adj aislado(da).

isolation [aɪsə'leɪʃn] n [solitariness] aislamiento m; **in** ~ [alone] en soledad; [separately] aisladamente.

isolationism [,aɪsə'leɪʃənɪzm] n aislacionismo m.

isosceles triangle [aɪ'sɒsɪliːz-] n triángulo m isósceles.

isotope ['aɪsətəʊp] n isótopo m.

ISP (abbr of Internet Service Provider) n PSI m.

Israel ['ɪzreɪəl] n Israel.

Israeli [ɪz'reɪlɪ] ◇ adj israelí. ◇ n israelí m OR f.

Israelite [ˈɪzrəlaɪt] ◇ *adj* israelita. ◇ *n* israelita *m OR f*.

issue [ˈɪʃuː] ◇ *n* -**1.** [important subject] cuestión *f*, tema *m*; **at** ~ en cuestión; **to avoid the** ~ evitar el tema; **to make an** ~ **of sthg** darle demasiada importancia a algo -**2.** [of newspaper, magazine] número *m* -**3.** [of stamps, shares, banknotes] emisión *f*. ◇ *vt* -**1.** [statement, warning] hacer público(ca); [decree] promulgar -**2.** [stamps, shares, banknotes] emitir, poner en circulación -**3.** [give]: **to** ~ **sthg to sb**, **to** ~ **sb with sthg** [passport, document] expedir algo a alguien; [ticket] proporcionar algo a alguien. ◇ *vi fml*: **to** ~ **(from)** surgir (de).

Istanbul [ˌɪstænˈbʊl] *n* Estambul.

isthmus [ˈɪsməs] *n* istmo *m*.

it [ɪt] *pron* -**1.** [referring to specific thing or person - subj] él *m*, ella *f*; [- direct object] lo *m*, la *f*; [- indirect object] le; ~ **is in my hand** está en mi mano; ~ **broke** se rompió; **did you find** ~? ¿lo encontraste?; **give** ~ **to me** dámelo; **I like** ~ me gusta; **he gave** ~ **a kick** le dio una patada -**2.** *(with prepositions)* él *m*, ella *f*; [meaning 'this matter' etc] ello; **as if his life depended on** ~ como si le fuera la vida en ello; **in** ~ dentro; **give this bone to** ~ dale este hueso; **have you been to** ~ **before?** ¿has estado antes?; **he's good at** ~ se le da bien; **on** ~ encima; **to talk about** ~ hablar de él/ella/ello; **under/beneath** ~ debajo; **beside** ~ al lado; **from/of** ~ de él/ella/ello; **over** ~ por encima -**3.** *(impersonal use)*: ~ **was raining** llovía; ~ **is cold today** hace frío hoy; ~'**s two o'clock** son las dos; **who is** ~? - **it's Mary/me** ¿quién es? - soy Mary/yo; **what day is** ~? ¿a qué (día) estamos hoy?; ~'**s Monday** es lunes; ~ **says here that ...** aquí dice que ...; ~'**s the children who worry me most** son los niños lo que más me preocupa.

IT *n abbr of* **information technology**.

Italian [ɪˈtæljən] ◇ *adj* italiano(na). ◇ *n* -**1.** [person] italiano *m*, -na *f*-**2.** [language] italiano *m*.

italic [ɪˈtælɪk] *adj* cursiva.
➥ **italics** *npl* cursiva *f*.

Italy [ˈɪtəlɪ] *n* Italia.

itch [ɪtʃ] ◇ *n* picor *m*, picazón *f*. ◇ *vi* -**1.** [be itchy - person] tener picazón; [- arm, leg etc] picar; **my arm is** ~**ing** me pica el brazo -**2.** *fig* [be impatient]: **to be** ~**ing to do sthg** estar deseando hacer algo.

itchy [ˈɪtʃɪ] *(compar* -**ier**, *superl* -**iest)** *adj* [garment, material] que pica; **I've got an** ~ **arm** me pica el brazo.

it'd [ˈɪtəd] = **it would**, **it had**.

item [ˈaɪtəm] *n* -**1.** [in collection] artículo *m*; [on list, agenda] punto *m* -**2.** [article in newspaper] artículo

m; **news** ~ noticia *f*.

itemize, -ise [ˈaɪtəmaɪz] *vt* detallar.

itemized bill [ˈaɪtəmaɪzd-] *n* factura *f* detallada.

itinerant [ɪˈtɪnərənt] *adj* itinerante, ambulante.

itinerary [aɪˈtɪnərərɪ] *(pl* -**ies)** *n* itinerario *m*.

it'll [ɪtl] = **it will**.

ITN *(abbr of* **Independent Television News)** *n agencia de noticias para los canales de la Independent Broadcasting Authority.*

its [ɪts] *poss adj* su, sus *(pl)*; **the dog broke** ~ **leg** el perro se rompió la pata.

it's [ɪts] = **it is**, **it has**.

itself [ɪtˈself] *pron* -**1.** *(reflexive)* se; *(after prep)* sí mismo(ma); **with** ~ consigo mismo(ma) -**2.** *(for emphasis)*: **the town** ~ **is lovely** el pueblo en sí es muy bonito; **in** ~ en sí; **it's simplicity** ~ es la sencillez misma.

ITV *(abbr of* **Independent Television)** *n* ITV *f*, *canal privado de televisión en Gran Bretaña.*

IUCD *(abbr of* **intrauterine contraceptive device)** *n* DIU *m*.

IUD *(abbr of* **intrauterine device)** *n* DIU *m*.

I've [aɪv] = **I have**.

IVF *(abbr of* **in vitro fertilization)** *n fertilización in vitro.*

ivory [ˈaɪvərɪ] ◇ *adj* [ivory-coloured] de color marfil, marfileño(ña). ◇ *n* marfil *m*. ◇ *comp* de marfil.

Ivory Coast *n*: **the** ~ la Costa de Marfil.

ivory tower *n* torre *f* de marfil.

ivy [ˈaɪvɪ] *n* hiedra *f*.

Ivy League *n US* grupo de ocho prestigiosas universidades del este de los EE.UU.

j *(pl* **j's** *OR* **js)**, **J** *(pl* **J's** *OR* **Js)** [dʒeɪ] *n* [letter] j *f*, J *f*.

jab [dʒæb] *(pt* & *pp* -**bed**, *cont* -**bing)** ◇ *n* -**1.** [with elbow] codazo *m*; [in boxing] golpe *m* corto -**2.** *UK inf* [injection] pinchazo *m*. ◇ *vt*: **to** ~ **sthg into** clavar algo en; **to** ~ **sthg at** apuntarle algo a. ◇ *vi*: **to** ~ **at sthg/sb** intentar golpear algo/a alguien.

jabber ['dʒæbə'] ⬦ vt farfullar. ⬦ vi charlotear.

jack [dʒæk] n -1. [device] gato m -2. ELEC [plug] clavija f; [socket] clavijero m -3. [French deck playing card] ≃ jota f; [Spanish deck playing card] ≃ sota f.

➤ **jack in** vt sep UK inf mandar a paseo, dejar.

➤ **jack up** vt sep -1. [lift with a jack] levantar con gato -2. [force up] subir.

jackal ['dʒækəl] n chacal m.

jackdaw ['dʒækdɔ:] n grajilla f.

jacket ['dʒækɪt] n -1. [garment] chaqueta f, americana f, saco m Amér -2. [potato skin] piel f -3. [book cover] sobrecubierta f -4. US [of record] cubierta f.

jacket potato n patata f asada con piel.

jackhammer ['dʒæk,hæmə'] n US martillo m neumático.

jack-in-the-box n caja f sorpresa.

jack knife n navaja f.

➤ **jack-knife** vi: the lorry ~d derrapó la parte delantera del camión.

jack-of-all-trades (pl jacks-of-all-trades) n persona que sabe un poco de todo.

jack plug n clavija f.

jackpot ['dʒækpɒt] n (premio m) gordo m.

Jacobean [,dʒækə'bɪən] adj de la época de Jacobo I.

Jacobite ['dʒækəbaɪt] ⬦ adj jacobita. ⬦ n jacobita m OR f.

Jacuzzi® [dʒə'ku:zɪ] n jacuzzi® m.

jade [dʒeɪd] ⬦ adj [jade-coloured] jade (inv). ⬦ comp de jade. ⬦ n -1. [stone] jade m -2. [colour] color m jade.

jaded ['dʒeɪdɪd] adj [tired] agotado(da); [bored] hastiado(da).

jagged ['dʒægɪd] adj dentado(da).

jaguar ['dʒægjʊə'] n jaguar m.

jail [dʒeɪl] ⬦ n cárcel f; in ~ en la cárcel. ⬦ vt encarcelar.

jailbird ['dʒeɪlbɜ:d] n inf preso m, -sa f reincidente.

jailbreak ['dʒeɪlbreɪk] n fuga f, evasión f.

jailer ['dʒeɪlə'] n carcelero m, -ra f.

Jakarta [dʒə'kɑ:tə] n Yakarta.

jam [dʒæm] (pt & pp -med, cont -ming) ⬦ n -1. [preserve] mermelada f -2. [of traffic] embotellamiento m, atasco m -3. MUS jam session f, sesión improvisada de jazz o rock -4. inf [difficult situation]: to get into/be in a ~ meterse/estar en un apuro. ⬦ vt -1. [place roughly] meter a la fuerza -2. [fix] sujetar; ~ the door shut atranca la puerta -3. [pack tightly] apiñar -4. [fill] abarrotar, atestar -5. TELEC bloquear -6.

[cause to stick] atascar; it's ~med se ha atascado -7. RADIO interferir. ⬦ vi -1. [stick] atascarse -2. MUS improvisar.

Jamaica [dʒə'meɪkə] n Jamaica.

Jamaican [dʒə'meɪkn] ⬦ adj jamaicano(na). ⬦ n jamaicano m, -na f.

jamb [dʒæm] n jamba f.

jamboree [,dʒæmbə'ri:] n -1. [celebration] juerga f -2. [gathering of scouts] reunión f de niños exploradores.

jam jar n tarro m de mermelada.

jamming ['dʒæmɪŋ] n RADIO interferencia f.

jam-packed [-'pækt] adj inf a tope, atestado(da).

jam session n jam session f, sesión improvisada de jazz o rock.

jam tart n pastel de confitura relleno de mermelada de fresa o frambuesa.

Jan. [dʒæn] (abbr of January) ene. m.

Jane Doe n US [unidentified woman] nombre con el que se hace referencia a una desconocida.

jangle ['dʒæŋgl] ⬦ n tintineo m. ⬦ vt hacer tintinear. ⬦ vi tintinear.

janitor ['dʒænɪtə'] n US & Scot conserje m, portero m.

January ['dʒænjʊərɪ] n enero m; see also September.

Japan [dʒə'pæn] n (el) Japón.

Japanese [,dʒæpə'ni:z] (pl inv) ⬦ adj japonés(esa). ⬦ n [language] japonés m. ⬦ npl: the ~ los japoneses.

jape [dʒeɪp] n dated broma f.

jar [dʒɑ:'] (pt & pp -red, cont -ring) ⬦ n tarro m. ⬦ vt [shake] sacudir. ⬦ vi -1. [upset]: to ~ (on sb) poner los nervios de punta (a alguien) -2. [clash - opinions] discordar; [- colours] desentonar.

jargon ['dʒɑ:gən] n jerga f.

jarring ['dʒɑ:rɪŋ] adj -1. [upsetting] crispante -2. [blow] contundente -3. [clashing - opinions] discordante; [- colours] que desentonan.

jasmine ['dʒæzmɪn] n jazmín m.

jaundice ['dʒɔ:ndɪs] n ictericia f.

jaundiced ['dʒɔ:ndɪst] adj fig [attitude, view] desencantado(da).

jaunt [dʒɔ:nt] n excursión f.

jaunty ['dʒɔ:ntɪ] (compar -ier, superl -iest) adj [hat, wave] airoso(sa); [person] vivaz, desenvuelto(ta).

Java ['dʒɑ:və] n -1. Java -2. US inf [coffee] café m.

javelin ['dʒævlɪn] n jabalina f.

jaw [dʒɔ:] ⬦ n [of person, animal] mandíbula f. ⬦ vi inf cotorrear.

jawbone ['dʒɔ:bəʊn] n [of person, animal]

mandíbula f, maxilar m.

jay [dʒeɪ] n arrendajo m.

jaywalk ['dʒeɪwɔ:k] vi cruzar la calle descuidadamente.

jaywalker ['dʒeɪwɔ:kə'] n peatón m imprudente.

jazz [dʒæz] n -1. MUS jazz m -2. inf [insincere talk] palabrería f; **and all that** ~ y todo el rollo.
➡ **jazz up** vt sep inf alegrar, avivar.

jazz band n conjunto m OR banda f de jazz.

jazz singer n cantante m OR f de jazz.

jazzy ['dʒæzɪ] (compar -ier, superl -iest) adj [bright] llamativo(va).

JCB® n ≃ pala f excavadora.

JCR (abbr of junior common room) n cuarto de estudiantes.

JD (abbr of Justice Department) n ministerio de justicia estadounidense.

jealous ['dʒeləs] adj -1. [envious]: **to be** ~ **(of)** tener celos OR estar celoso(sa) (de) -2. [possessive]: **to be** ~ **(of)** ser celoso(sa) (de).

jealously ['dʒeləslɪ] adv celosamente.

jealousy ['dʒeləsɪ] n (U) celos mpl.

jeans [dʒi:nz] npl vaqueros mpl, bluyínes mpl Amér.

Jedda ['dʒedə] n Yedda.

jeep [dʒi:p] n jeep m, campero m Amér.

jeer [dʒɪə'] ⟨⟩ vt [boo] abuchear; [mock] mofarse de. ⟨⟩ vi: **to** ~ **(at sb)** [boo] abuchear (a alguien); [mock] mofarse de (alguien).
➡ **jeers** npl [booing] abucheo m; [mocking] burlas fpl.

jeering ['dʒɪərɪŋ] adj burlón(ona).

Jehovah's Witness [dʒɪ'həʊvəz-] n testigo m OR f de Jehová.

Jell-O® ['dʒeləʊ] n US jalea f, gelatina f.

jelly ['dʒelɪ] (pl -ies) n -1. [dessert] jalea f, gelatina f -2. [jam] mermelada f.

jelly baby n UK gominola en forma de muñeco.

jelly bean n gominola f, caramelo m de goma Amér, gomita f Chile.

jellyfish ['dʒelɪfɪʃ] (pl inv OR -es) n medusa f.

jelly roll n US brazo m de gitano.

jemmy UK ['dʒemɪ], **jimmy** US ['dʒɪmɪ] (pl -ies) n palanqueta f.

jeopardize, -ise ['dʒepədaɪz] vt poner en peligro, arriesgar.

jeopardy ['dʒepədɪ] n: **in** ~ en peligro.

jerk [dʒɜːk] ⟨⟩ n -1. [of head] movimiento m brusco; [of arm] tirón m; [of vehicle] sacudida f -2. v inf [fool] idiota m OR f, majadero m, -ra f. ⟨⟩ vt tirar bruscamente de; **he** ~**ed his head round** giró la cabeza bruscamente. ⟨⟩ vi [person] saltar; [vehicle] dar sacudidas.

jerkily ['dʒɜːkɪlɪ] adv [person] a trompicones; [vehicle] a tirones, a sacudidas.

jerkin ['dʒɜːkɪn] n -1. HIST jubón m -2. [modern garment] chaqueta f sin mangas.

jerky ['dʒɜːkɪ] (compar -ier, superl -iest) ⟨⟩ adj brusco(ca), espasmódico(ca). ⟨⟩ n US tasajo m, cecina f.

jerry-built ['dʒerɪ-] adj mal construido(da).

jersey ['dʒɜːzɪ] (pl jerseys) n -1. [sweater] jersey m -2. [in cycling] maillot m -3. [cloth] tejido m de punto.

Jersey ['dʒɜːzɪ] n Jersey.

Jerusalem [dʒə'ru:sələm] n Jerusalén.

jest [dʒest] n: **in** ~ en broma.

jester ['dʒestə'] n bufón m.

Jesuit ['dʒezjʊɪt] ⟨⟩ adj jesuita. ⟨⟩ n jesuita m.

Jesus (Christ) ['dʒi:zəs-] ⟨⟩ n Jesús m, Jesucristo m. ⟨⟩ excl inf ¡Santo Dios!

jet [dʒet] (pt & pp -ted, cont -ting) ⟨⟩ n -1. [aircraft] reactor m -2. [stream] chorro m -3. [nozzle, outlet] boca f, boquilla f. ⟨⟩ vi [travel by plane] viajar en avión.

jet-black adj negro(gra) azabache.

jet engine n reactor m.

jetfoil ['dʒetfɔɪl] n hidroplano m.

jet lag n desfase m horario.

jet-propelled [-prə'peld] adj a reacción.

jetsam ['dʒetsəm] ⟹ flotsam.

jet set n: **the** ~ la jet-set.

jet ski n moto f acuática.

jettison ['dʒetɪsən] vt [cargo] deshacerse de; fig [ideas] desechar.

jetty ['dʒetɪ] (pl -ies) n embarcadero m, malecón m.

Jew [dʒu:] n judío m, -a f.

jewel ['dʒu:əl] n -1. [gemstone] piedra f preciosa -2. [jewellery] joya f -3. [in watch] rubí m.

jeweller UK, **jeweler** US ['dʒu:ələ'] n joyero m, -ra f; ~**'s (shop)** joyería f.

jewellery UK, **jewelry** US ['dʒu:əlrɪ] n (U) joyas fpl, alhajas fpl.

Jewess ['dʒu:ɪs] n judía f.

Jewish ['dʒu:ɪʃ] adj judío(a).

JFK abbr of John Fitzgerald Kennedy International Airport.

jib [dʒɪb] (pt & pp -bed, cont -bing) ⟨⟩ n -1. [beam] aguilón m -2. [sail] foque m. ⟨⟩ vi: **to** ~ **at doing sthg** vacilar en hacer algo.

jibe [dʒaɪb] n pulla f, burla f.

jiffy ['dʒɪfɪ] n inf: **in a** ~ en un segundo.

Jiffy bag® n sobre m acolchado.

jig [dʒɪg] (pt & pp -ged, cont -ging) ⟨⟩ n giga f. ⟨⟩ vi danzar dando brincos.

jiggle ['dʒɪgl] *vt* menear.

jigsaw (puzzle) ['dʒɪgsɔ:-l] *n* rompecabezas *m inv*, puzzle *m*.

jihad [dʒɪ'hɑːd] *n* yihad *f*, guerra *f* santa.

jilt [dʒɪlt] *vt* dejar plantado(da).

jimmy *US* = **jemmy**.

jingle ['dʒɪŋgl] ◇ *n* -**1**. [sound] tintineo *m* -**2**. [song] sintonía *f (de anuncio publicitario)*. ◇ *vi* tintinear.

jingoism ['dʒɪŋgəʊɪzm] *n* patriotería *f*.

jinx [dʒɪŋks] *n* gafe *m*.

jinxed ['dʒɪŋkst] *adj* gafado(da).

jitters ['dʒɪtəz] *npl inf*: **to have the ~** estar como un flan.

jittery ['dʒɪtərɪ] *adj inf*: **to be ~** estar como un flan.

jive [dʒaɪv] ◇ *n* -**1**. [dance] swing *m* -**2**. *US inf* [glib talk] palabrería *f*. ◇ *vi* bailar el swing.

job [dʒɒb] *n* -**1**. [paid employment] trabajo *m*, empleo *m*; **out of a ~** sin trabajo; **to learn on the ~** aprender con la práctica -**2**. [task & COMPUT] tarea *f*; **to do a good ~** hacerlo bien; **to make a good ~ of sthg** hacer un buen trabajo con algo -**3**. [difficult task]: **we had a ~ doing it** nos costó mucho hacerlo -**4**. [function] cometido *m*, deber *m* -**5**. *inf* [plastic surgery]: **she's had a nose ~** se ha hecho la cirugía en la nariz -**6**. *UK phr*: **it's a good ~ that ...** *inf* menos mal que ...; **that's just the ~** *inf* eso me viene de perilla.

jobbing ['dʒɒbɪŋ] *adj UK* (que trabaja) a destajo.

Jobcentre *n UK* oficina *f* de empleo.

job creation scheme *n* proyecto *m* de creación de empleo.

job cuts *npl* despidos *mpl*.

job description *n* descripción *f* de trabajo.

jobless ['dʒɒblɪs] ◇ *adj* desempleado(da). ◇ *npl*: **the ~** los desempleados.

job lot *n* lote *m* de saldos.

job satisfaction *n* satisfacción *f* en el trabajo.

job security *n* seguridad *f* en el trabajo.

job seeker *n* demandante *m* OR *f* de empleo.

Job Seekers Allowance *n UK* subsidio *m* de desempleo.

jobsharing ['dʒɒbʃeərɪŋ] *n (U)* empleo *m* compartido.

Joburg ['dʒəʊbɜːg] *n inf* Johanesburgo.

jockey ['dʒɒkɪ] *(pl* -s) ◇ *n* jockey *m*, jinete *m*. ◇ *vi*: **to ~ for position** competir por colocarse en mejor posición.

Jockey shorts® *n US* calzoncillos *mpl*.

jockstrap ['dʒɒkstræp] *n* suspensorio *m*.

jocular ['dʒɒkjʊlə'] *adj* -**1**. [cheerful] bromista -**2**. [funny] jocoso(sa).

jodhpurs ['dʒɒdpəz] *npl* pantalón *m* de montar.

Joe Public [dʒəʊ-] *n UK* el hombre de la calle.

jog [dʒɒg] *(pt & pp* -ged, *cont* -ging) ◇ *n* trote *m*; **to go for a ~** hacer footing. ◇ *vt* golpear ligeramente; **to ~ sb's memory** refrescar la memoria a alguien. ◇ *vi* hacer footing.

jogger ['dʒɒgə'] *n* persona *f* que hace footing.

jogging ['dʒɒgɪŋ] *n* footing *m*.

joggle ['dʒɒgl] *vt* menear.

Johannesburg [dʒəʊ'hænɪsbɜːg] *n* Johanesburgo.

john [dʒɒn] *n US inf* [toilet] wáter *m*.

John Doe *n US* [unidentified man] *nombre con el que se hace referencia a un desconocido*.

John Hancock [-'hænkɒk] *n US inf* [signature] firma *f*.

join [dʒɔɪn] ◇ *n* juntura *f*. ◇ *vt* -**1**. [unite] unir, juntar, empatar *Amér* -**2**. [get together with] reunirse con; **I'll ~ you for lunch** os acompaño a almorzar; **may I ~ you?** ¿te importa si me siento aquí? -**3**. [become a member of - political party, trade union] afiliarse a; [- club] hacerse socio de; [- army] alistarse en -**4**. [take part in] unirse a; **to ~ the queue** *UK*, **to ~ the line** *US* meterse en la cola. ◇ *vi* -**1**. [rivers] confluir; [edges, pieces] unirse, juntarse -**2**. [become a member - of political party, trade union] afiliarse; [- of club] hacerse socio; [- of army] alistarse.

➡ **join in** ◇ *vt fus* participar en, tomar parte en. ◇ *vi* participar, tomar parte.

➡ **join up** *vi* MIL alistarse.

joiner ['dʒɔɪnə'] *n* carpintero *m*.

joinery ['dʒɔɪnərɪ] *n* carpintería *f*.

joint [dʒɔɪnt] ◇ *adj* [responsibility] compartido(da); [effort] conjunto(ta); **~ owner** copropietario *m*, -ria *f*. ◇ *n* -**1**. ANAT articulación *f* -**2**. [place where things are joined] juntura *f*, junta *f*, empate *m Amér* -**3**. *UK* [of meat - uncooked] corte *m* para asar; [- cooked] asado *m* -**4**. *inf pej* [place] antro *m*, garito *m* -**5**. *inf* [cannabis cigarette] porro *m*.

joint account *n* cuenta *f* conjunta.

jointed ['dʒɔɪntɪd] *adj* articulado(da).

joint leader *n* colíder *m* OR *f*.

jointly ['dʒɔɪntlɪ] *adv* conjuntamente.

joint ownership *n* copropiedad *f*.

joint-stock company *n* ≃ sociedad *f* anónima.

joint venture *n* empresa *f* conjunta.

joist [dʒɔɪst] *n* vigueta *f*.

jojoba [hə'həʊbəl *n* jojoba *f*.

joke [dʒəʊk] ◇ *n* [funny story] chiste *m*; [funny action] broma *f*; **to do sthg for a ~** hacer algo en broma; **to go beyond a ~** pasarse de castaño oscuro; **to play a ~ on sb** gastarle una broma a alguien; **to be a ~** [person] ser un inútil; [situation] ser una tomadura de pelo; **it's no ~** [not easy] no es (nada) fácil. <> *vi* bromear; **you're joking** estás de broma; **I'm not joking** hablo en serio; **to ~ about sthg/with sb** bromear acerca de algo/con alguien.

joker ['dʒəʊkəʳ] *n* **-1.** [funny person] bromista *m* OR *f* **-2.** [useless person] inútil *m* OR *f* **-3.** [playing card] comodín *m*.

jollity ['dʒɒlətɪ] *n* alegría *f*.

jolly ['dʒɒlɪ] (*compar* **-ier,** *superl* **-iest**) <> *adj* [person, laugh] alegre; [time] divertido(da). <> *adv UK inf* muy; **~ good!** ¡genial!

jolt [dʒəʊlt] <> *n* **-1.** *lit* sacudida *f* **-2.** *fig* susto *m*. <> *vt* **-1.** [jerk] sacudir, zarandear **-2.** [shock] sacudir; **to ~ sb into doing sthg** acabar convenciendo a alguien de hacer algo. <> *vi* traquetear.

jones [dʒəʊnz] *n* US *inf* [craving]: **a sugar ~** ganas de comer cosas dulces.

Joneses ['dʒəʊnzɪz] *npl*: **to keep up with the ~** no ser menos que el vecino.

Jordan ['dʒɔːdn] *n* Jordania; **the (River) ~** el (río) Jordán.

Jordanian [dʒɔː'deɪnjən] <> *adj* jordano(na). <> *n* jordano *m*, -na *f*.

joss stick [dʒɒs-] *n* varita *f* de incienso.

jostle ['dʒɒsl] <> *vt* empujar, dar empujones a. <> *vi* empujar, dar empujones.

jot [dʒɒt] (*pt* & *pp* **-ted,** *cont* **-ting**) *n* pizca *f*; **I don't care a ~** no me importa en lo más mínimo.

➤ **jot down** *vt sep* apuntar, anotar.

jotter ['dʒɒtəʳ] *n* bloc *m*.

jottings ['dʒɒtɪŋz] *npl* apuntes *mpl*, notas *fpl*.

journal ['dʒɜːnl] *n* **-1.** [magazine] revista *f*, boletín *m* **-2.** [diary] diario *m*.

journalese [,dʒɜːnə'liːz] *n pej* jerga *f* periodística.

journalism ['dʒɜːnəlɪzm] *n* periodismo *m*.

journalist ['dʒɜːnəlɪst] *n* periodista *m* OR *f*.

journey ['dʒɜːnɪ] (*pl* **-s**) <> *n* viaje *m*. <> *vi* viajar.

joust [dʒaʊst] *vi* justar.

jovial ['dʒəʊvjəl] *adj* jovial.

jowls [dʒaʊlz] *npl* carrillos *mpl*.

joy [dʒɔɪ] *n* **-1.** [happiness] alegría *f*, regocijo *m* **-2.** [cause of joy] placer *m*, deleite *m*.

joyful ['dʒɔɪfʊl] *adj* alegre.

joyfully ['dʒɔɪfʊlɪ] *adv* alegremente.

joyous ['dʒɔɪəs] *adj* jubiloso(sa).

joyously ['dʒɔɪəslɪ] *adv* jubilosamente.

joyride ['dʒɔɪraɪd] (*pt* **-rode,** *pp* **-ridden**) <> *n*

vuelta *f* en un coche robado. <> *vi* darse una vuelta en un coche robado.

joyrider ['dʒɔɪraɪdəʳ] *n persona que se da una vuelta en un coche robado.*

joystick ['dʒɔɪstɪk] *n* [of aircraft] palanca *f* de mando; [for video games, computers] joystick *m*.

JP *n abbr of* Justice of the Peace.

Jr. *US* (*abbr of* Junior) jr; **Mark Andrews ~** Mark Andrews, hijo.

jubilant ['dʒuːbɪlənt] *adj* [person] jubiloso(sa); [shout] alborozado(da).

jubilation [,dʒuːbɪ'leɪʃn] *n* júbilo *m*, alborozo *m*.

jubilee ['dʒuːbɪliː] *n* aniversario *m*.

Judaism ['dʒuːdeɪɪzm] *n* judaísmo *m*.

judder ['dʒʌdəʳ] *vi UK* vibrar; **to ~ to a halt** pararse con una sacudida.

judge [dʒʌdʒ] <> *n* [gen & JUR] juez *m* OR *f*; **to be a good ~ of character** tener buen ojo para la gente. <> *vt* **-1.** [gen & JUR] juzgar **-2.** [age, distance] calcular. <> *vi* juzgar; **to ~ from** OR **by, judging from** OR **by** a juzgar por.

judg(e)ment ['dʒʌdʒmənt] *n* **-1.** JUR fallo *m*, sentencia *f*; **to pass ~ (on sb)** pronunciar sentencia (sobre alguien) **-2.** [opinion] juicio *m*; **to pass ~ on sb/sthg** pronunciarse (sobre alguien/algo); **to reserve ~** reservarse la opinión **-3.** [ability to form opinion] juicio *m*; **against my better ~** en contra de lo que me dicta el juicio **-4.** [punishment] castigo *m*.

judg(e)mental [dʒʌdʒ'mentl] *adj pej*: **to be ~** emitir juicios.

judicial [dʒuː'dɪʃl] *adj* judicial.

judiciary [dʒuː'dɪʃərɪ] *n*: **the ~** [part of government] el poder judicial; [judges] la judicatura.

judicious [dʒuː'dɪʃəs] *adj* juicioso(sa).

judo ['dʒuːdəʊ] *n* judo *m*.

jug [dʒʌg] *n* jarra *f*.

juggernaut ['dʒʌgənɔːt] *n* camión *m* grande.

juggle ['dʒʌgl] <> *vt* **-1.** [throw] hacer juegos malabares con **-2.** [rearrange] jugar con. <> *vi* hacer juegos malabares.

juggler ['dʒʌgləʳ] *n* malabarista *m* OR *f*.

jugular (vein) ['dʒʌgjʊləʳ-] *n* yugular *f*.

juice [dʒuːs] *n* **-1.** [from fruit, vegetables] zumo *m* **-2.** [from meat] jugo *m*.

juicer ['dʒuːsəʳ] *n* exprimidor *m*.

juicy ['dʒuːsɪ] (*compar* **-ier,** *superl* **-iest**) *adj* **-1.** [gen] jugoso(sa) **-2.** *inf* [scandalous] sabroso(sa), picante.

jujitsu [dʒuː'dʒɪtsuː] *n* jiu-jitsu *m*.

jukebox ['dʒuːkbɒks] *n* máquina *f* de discos.

Jul. (*abbr of* July) jul.

July [dʒuː'laɪ] *n* julio *m*; *see also* September.

jumble ['dʒʌmbl] <> *n* [mixture] revoltijo *m*. <>

vt: **to ~ (up)** revolver.
jumble sale *n UK* rastrillo *m* benéfico.
jumbo jet ['dʒʌmbəʊ-] *n* jumbo *m*.
jumbo-sized ['dʒʌmbəʊsaɪzd] *adj* gigante, de tamaño familiar.
jump [dʒʌmp] ⟨⟩ *n* **-1.** [act of jumping] salto *m* **-2.** [start, surprised movement] sobresalto *m* **-3.** [fence in horsejumping] obstáculo *m* **-4.** [rapid increase] incremento *m*, salto *m* **-5.** *phr*: **to keep one ~ ahead of sb** mantener la delantera con respecto a alguien. ⟨⟩ *vt* **-1.** [cross by jumping] saltar **-2.** [attack] asaltar **-3.** [miss out] saltarse **-4.** *US* [train, bus] colarse en. ⟨⟩ *vi* **-1.** [spring] saltar; **to ~ across sthg** cruzar algo de un salto; **to ~ out of the window** tirarse por la ventana **-2.** [make a sudden movement] sobresaltarse; **his heart ~ed** le dio un vuelco el corazón **-3.** [increase rapidly] dar un salto, aumentar de golpe.
➡ **jump at** *vt fus* no dejar escapar.
jumped-up ['dʒʌmpt-] *adj UK inf pej* creído (da), presuntuoso(sa).
jumper ['dʒʌmpə'] *n* **-1.** *UK* [pullover] jersey *m*, chomba *f RP*, chompa *f Andes* **-2.** *US* [dress] pichi *m*.
jumper cables *npl US* cables *mpl* de empalme *(de batería)*.
jump jet *n* avión *m* de despegue vertical.
jump leads *npl* cables *mpl* de empalme *(de batería)*.
jump-start *vt* [by pushing] arrancar empujando; [using jump leads] arrancar haciendo un puente.
jumpsuit ['dʒʌmpsuːt] *n* mono *m*.
jumpy ['dʒʌmpɪ] (*compar* -ier, *superl* -iest) *adj* inquieto(ta).
Jun, Jun. *abbr of* June jun.
Jun., Junr *US* (*abbr of* Junior) jr.
junction ['dʒʌŋkʃn] *n* [of roads] cruce *m*; *UK* [on motorway] salida *f*; [of railway lines] empalme *m*.
junction box *n* caja *f* de empalmes.
juncture ['dʒʌŋktʃə'] *n fml*: **at this ~** en esta coyuntura.
June [dʒuːn] *n* junio *m*; *see also* **September**.
jungle ['dʒʌŋgl] *n lit* & *fig* selva *f*.
jungle gym *n US* barras de metal para que trepen los niños.
junior ['dʒuːnjə'] ⟨⟩ *adj* **-1.** [partner, member] de menor antigüedad, júnior *(inv)*; [officer] subalterno(na) **-2.** [after name]: **Mark Andrews ~** Mark Andrews, hijo. ⟨⟩ *n* **-1.** [person of lower rank] subalterno *m*, -na *f* **-2.** [younger person]: **he's my ~** soy mayor que él **-3.** *US SCH* & *UNIV* alumno de penúltimo año.
junior college *n US* colegio universitario

para los dos primeros años.
junior doctor *n* médico que lleva poco ejerciendo.
junior high school *n US* ≃ instituto *m* de bachillerato *(13-15 años)*.
junior minister *n UK* subsecretario *m*, -ria *f*.
junior school *n UK* ≃ escuela *f* primaria.
juniper ['dʒuːnɪpə'] *n* enebro *m*.
junk [dʒʌŋk] *inf* ⟨⟩ *n* (*U*) [unwanted things] trastos *mpl*. ⟨⟩ *vt* tirar a la basura.
junket ['dʒʌŋkɪt] *n* **-1.** [pudding] dulce *m* de leche cuajada **-2.** *inf pej* [trip] viaje lujoso pagado con dinero del estado.
junk food *n pej* comida *f* basura.
junkie ['dʒʌŋkɪ] *n inf* yonqui *m* OR *f*.
junk mail *n* (*U*) *pej* propaganda *f* *(por correo)*.
junk shop *n* tienda *f* de objetos usados, cambalache *m RP*.
junta [*UK* 'dʒʌntə, *US* 'hʊntəl] *n* junta *f* militar.
Jupiter ['dʒuːpɪtə'] *n* Júpiter *m*.
jurisdiction [,dʒʊərɪs'dɪkʃn] *n* jurisdicción *f*.
jurisprudence [,dʒʊərɪs'pruːdəns] *n* jurisprudencia *f*.
juror ['dʒʊərə'] *n* jurado *m*.
jury ['dʒʊərɪ] (*pl* -ies) *n* jurado *m*; **the ~ is still out on that** eso está por ver.
jury box *n* tribuna *f* del jurado.
jury service *n* servicio realizado como miembro de un jurado.
just [dʒʌst] ⟨⟩ *adv* **-1.** [recently]: **he has ~ left/moved** acaba de salir/mudarse **-2.** [at that moment]: **we were ~ leaving when ...** justo íbamos a salir cuando ...; **I'm ~ about to do it** voy a hacerlo ahora; **I couldn't do it ~ then** no lo podía hacer en aquel momento; **~ as I was leaving** justo en el momento en que salía; **~ recently** hace muy poco; **~ yesterday** ayer mismo **-3.** [only, simply] sólo, solamente; **he's ~ a child** no es más que un niño; **~ add water** simplemente añada un poco de agua; **if you need help, ~ ask** si necesitas ayuda, no tienes más que pedirla; **~ a minute** OR **moment** OR **second** un momento **-4.** [almost not] apenas; **I (only) ~ did it** conseguí hacerlo por muy poco **-5.** [for emphasis]: **I ~ know it!** ¡estoy seguro!; **~ imagine!** ¡imagínate!; **~ look what you've done!** ¡mira lo que has hecho! **-6.** [exactly, precisely] exactamente, precisamente; **~ what I need** justo lo que necesito; **~ here/there** aquí/allí mismo **-7.** [in requests]: **could you ~ open your mouth?** ¿podrías abrir la boca un momento, por favor? ⟨⟩ *adj* justo(ta).
➡ **just about** *adv* **-1.** [nearly] casi **-2.** [more or less] más o menos.

just as adv : ~ as ... as tan ... como, igual de ... que.

just now adv - **1.** [a short time ago] hace un momento - **2.** [at this moment] justo ahora, ahora mismo.

justice ['dʒʌstɪs] n justicia f; **to bring sb to** ~ llevar a alguien ante los tribunales; **to do** ~ **to sthg** [to a job] estar a la altura de algo; [to a meal] hacerle los honores a algo.

Justice of the Peace (pl **Justices of the Peace**) n juez m OR f de paz.

justifiable ['dʒʌstɪfaɪəbl] adj justificable.

justifiable homicide n ≃ homocidio m con eximente de defensa propia.

justifiably ['dʒʌstɪfaɪəblɪ] adv justificadamente.

justification [,dʒʌstɪfɪ'keɪʃn] n justificación f.

justify ['dʒʌstɪfaɪ] (pt & pp -ied) vt - **1.** [explain]: **to** ~ **(sthg/doing sthg)** justificar (algo/el haber hecho algo) - **2.** TYPO justificar.

justly ['dʒʌstlɪ] adv justamente.

jut [dʒʌt] (pt & pp -ted, cont -ting) vi: **to** ~ **(out)** sobresalir.

jute [dʒuːt] n yute m.

juvenile ['dʒuːvənaɪl] <> adj - **1.** JUR juvenil - **2.** pej [childish] infantil. <> n JUR menor m OR f (de edad).

juvenile court n tribunal m (tutelar) de menores.

juvenile delinquent n delincuente m OR f juvenil.

juxtapose [,dʒʌkstə'pəʊz] vt: **to** ~ **sthg (with)** yuxtaponer algo (a).

juxtaposition [,dʒʌkstəpə'zɪʃn] n yuxtaposición f.

K

k (pl **k's** OR **ks**), **K** (pl **K's** OR **Ks**) [keɪ] n [letter] k f, K f.

K - **1.** (abbr of **kilobyte(s)**) K - **2.** abbr of **Knight** - **3.** abbr of **thousand**; **40** ~ cuarenta mil.

Kabul ['kɑːbʊl] n Kabul.

kaftan ['kæftæn] n caftán m.

Kalahari Desert [,kælə'hɑːrɪ-] n: **the** ~ el desierto de Kalahari.

kale [keɪl] n col f rizada.

kaleidoscope [kə'laɪdəskəʊp] n lit & fig caleidoscopio m, calidoscopio m.

kamikaze [,kæmɪ'kɑːzɪ] n kamikaze m.

Kampala [kæm'pɑːlə] n Kampala.

Kampuchea [,kæmpʊ'tʃɪə] n Kampuchea.

kangaroo [,kæŋgə'ruː] n canguro m.

Kansas ['kænzəs] n Kansas.

kaolin ['keɪəlɪn] n caolín m.

kaput [kə'pʊt] adj inf escacharrado(da).

karaoke [kɑːrə'əʊkɪ] n karaoke m.

karat ['kærət] n US quilate m.

karate [kə'rɑːtɪ] n kárate m.

karting ['kɑːtɪŋ] n karting m.

Kashmir [kæʃ'mɪə] n Cachemira.

Kashmiri [kæʃ'mɪrɪ] <> adj de o relativo a Cachemira. <> n natural o habitante de Cachemira.

Katar = Qatar.

Katmandu [,kætmæn'duː] n Katmandú.

kayak ['kaɪæk] n kayac m.

Kazakhstan [,kæzæk'stɑːn] n (el) Kazajstán.

Kb n [comput] Kb.

KC (abbr of **King's Counsel**) abogado del Estado.

kcal (abbr of **kilocalorie**) kcal.

kebab [kɪ'bæb] n pincho m moruno, brocheta f.

kedgeree ['kedʒəriː] n UK (U) plato de arroz, pescado y huevo duro.

keel [kiːl] n quilla f; **on an even** ~ en equilibrio estable.

keel over vi [ship] zozobrar; [person] desplomarse.

keen [kiːn] adj - **1.** [enthusiastic] entusiasta; **to be** ~ **on sthg** ser aficionado(da) a algo; **she is** ~ **on you** tú le gustas; **I'm not** ~ **on the idea** no me entusiasma la idea; **to be** ~ **to do** OR **on doing sthg** tener ganas de hacer algo - **2.** [intense - interest, desire] profundo(da); [- competition] reñido(da) - **3.** [sharp - sense of smell, hearing, vision] agudo(da); [- eye, ear] fino(na); [- mind] agudo, penetrante.

keenly ['kiːnlɪ] adv - **1.** [intensely - interested] vivamente; [- contested] reñidamente - **2.** [intently] atentamente.

keenness ['kiːnnɪs] n - **1.** [enthusiasm] entusiasmo m - **2.** [of interest] intensidad f, viveza f; [of competition] ferocidad f - **3.** [sharpness] agudeza f.

keep [kiːp] (pt & pp **kept**) <> vt - **1.** [maintain in a particular place or state or position] mantener; **to** ~ **sb waiting/awake** tener a alguien esperando/despierto; **to** ~ **sb talking** darle conversación a alguien - **2.** [retain] quedarse con; ~ **the**

change quédese con la vuelta -**3.** [put aside, store] guardar; **to ~ sthg for sb** guardar algo para alguien -**4.** [prevent]: **to ~ sb/sthg from doing sthg** impedir a alguien/algo hacer algo -**5.** [detain] detener; **what kept you?** ¿por qué llegas tan tarde? -**6.** [fulfil, observe - appointment] acudir a; [- promise, vow] cumplir -**7.** [not disclose]: **to ~ sthg from sb** ocultar algo a alguien; **to ~ sthg to o.s.** no contarle algo a nadie -**8.** [in writing - record, account] llevar; [- diary] escribir; [- note] tomar -**9.** [own - animals, shop] tener -**10.** *phr*: **they ~ themselves to themselves** no tienen mucho trato con nadie. ◇ *vi* -**1.** [remain] mantenerse; **to ~ quiet** callarse; **to ~ still** estarse quieto -**2.** [continue]: **to ~ doing sthg** [repeatedly] no dejar de hacer algo; [without stopping] continuar OR seguir haciendo algo; **to ~ going** seguir adelante -**3.** [continue in a particular direction] continuar, seguir; **to ~ left/right** circular por la izquierda/derecha; **to ~ north/south** seguir hacia el norte/el sur -**4.** [food] conservarse -**5.** *UK* [be in a particular state of health] estar, andar; **how are you ~ing?** ¿qué tal estás? ◇ *n* -**1.** [food, board etc] manutención *f*, sustento *m*; **to earn one's ~** ganarse el pan -**2.** [of castle] torre *f* del homenaje.

◆ **keeps** *n*: **for ~s** para siempre.
◆ **keep at** *vt fus*: **to ~ at it** perseverar.
◆ **keep back** ◇ *vt sep* [information] ocultar; [money, salary] retener. ◇ *vi* no acercarse.
◆ **keep down** *vt sep* -**1.** [repress] contener -**2.** [food]: **she can't ~ anything down** lo vomita todo.
◆ **keep off** *vt fus* [subject] evitar; **~ off the grass** no pisar la hierba.
◆ **keep on** ◇ *vi* -**1.** [continue]: **to ~ on doing sthg** [continue to do] continuar OR seguir haciendo algo; [do repeatedly] no dejar de hacer algo -**2.** [talk incessantly]: **to ~ on (about)** seguir dale que te pego (con). ◇ *vt sep* [not sack] mantener en el puesto.
◆ **keep on at** *vt fus UK* dar la lata a.
◆ **keep out** ◇ *vt sep* no dejar pasar. ◇ *vi*: **'~ out'** 'prohibida la entrada'.
◆ **keep to** ◇ *vt fus* -**1.** [follow] ceñirse a -**2.** [fulfil, meet] cumplir. ◇ *vt sep* [limit] limitar a.
◆ **keep up** ◇ *vt sep* mantener; **to ~ up appearances** guardar las apariencias; **~ up the good work!** ¡sigue así! ◇ *vi* -**1.** [maintain pace, level etc] mantener el ritmo; **to ~ up with sb/sthg** seguir el ritmo de alguien/algo -**2.** [stay in contact]: **to ~ up with sb** mantener contacto con alguien.

keeper ['ki:pə'] *n* -**1.** [of park, zoo] guarda *m* OR *f* -**2.** *UK* [goalkeeper] guardameta *m*.

keep-fit *UK* ◇ *n* (U) ejercicios *mpl* de mantenimiento. ◇ *comp* [class, exercises] de mantenimiento; [enthusiast] de ejercicios de mantenimiento.

keeping ['ki:pɪŋ] *n* -**1.** [care]: **in sb's ~** al cuidado de alguien; **in safe ~** en lugar seguro -**2.** [conformity, harmony]: **in/out of ~ (with)** de acuerdo/en desacuerdo (con).

keepsake ['ki:pseɪk] *n* recuerdo *m*.

keg [keg] *n* barrilete *m*.

kelp [kelp] *n* varec *m*, alga *f* marina.

ken [ken] *n*: **to be beyond one's ~** resultar del todo incomprensible para uno.

kennel ['kenl] *n* -**1.** [for dog] caseta *f* del perro -**2.** *US* = kennels.
◆ **kennels** *npl UK* residencia *f* para perros.

Kentucky [ken'tʌkɪ] *n* Kentucky.

Kenya ['kenjə] *n* Kenia.

Kenyan ['kenjən] ◇ *adj* keniano(na). ◇ *n* keniano *m*, -na *f*.

kept [kept] *pt & pp* ▷ keep.

kerb [kɜ:b] *n UK* bordillo *m*, cordón *m* de la vereda *RP*, cuneta *f Chile*, bordo *m* de la banqueta *Méx*, sardinel *m Col*.

kerb crawler [-ˌkrɔːləʳ] *n UK* conductor que busca prostitutas desde el coche.

kerbstone ['kɜ:bstəʊn] *n UK* piedra *f* de bordillo.

kerfuffle [kə'fʌfl] *n UK inf* follón *m*.

kernel ['kɜ:nl] *n* [of nut, fruit] pepita *f*.

kerosene ['kerəsi:n] *n* queroseno *m*.

kestrel ['kestrəl] *n* cernícalo *m*.

ketchup ['ketʃəp] *n* ketchup *m*, catsup *m*.

kettle ['ketl] *n* tetera *f* para hervir, hervidor *m*; **to put the ~ on** poner el agua a hervir.

kettledrum ['ketldrʌm] *n* timbal *m*.

key [ki:] ◇ *n* -**1.** [for lock] llave *f* -**2.** [of typewriter, computer, piano] tecla *f* -**3.** [explanatory list] clave *f* -**4.** [solution, answer]: **the ~ (to)** la clave (de) -**5.** *MUS* [scale of notes] tono *m*; **off ~** desafinado(da). ◇ *adj* clave *(inv)*.
◆ **key in** *vt sep* teclear.

keyboard ['ki:bɔ:d] *n* teclado *m*.

keyboarder ['ki:bɔ:dəʳ] *n* teclista *m* OR *f*.

keyed up [ki:d-] *adj* nervioso(sa).

keyhole ['ki:həʊl] *n* ojo *m* de la cerradura.

keyhole surgery *n* cirugía *f* endoscópica.

keynote ['ki:nəʊt] ◇ *n* núcleo *m* fundamental. ◇ *comp*: **~ speech** discurso *m* principal.

keypad ['ki:pæd] *n* teclado *m* numérico.

keypunch ['ki:pʌntʃ] *n* perforadora *f*.

key ring *n* llavero *m*.

keystone ['ki:stəʊn] *n* -**1.** [stone] clave *f* -**2.** [essential idea] piedra *f* angular.

keystroke ['ki:strəʊk] *n* pulsación *f* (de tecla).

kg (*abbr of* **kilogram**) kg *m*.
KGB *n* KGB *m*.
khaki ['kɑːkɪ] <> *adj* caqui. <> *n* caqui *m*.
→ **khakis** *npl US* pantalones *mpl* de soldado.
Khmer [kə'meəʳ] <> *adj* jemer. <> *n* -**1**. [person] jemer *m* OR f; **the ~ Rouge** los Jemeres Rojos -**2**. [language] jemer *m*.
kibbutz [kɪ'bʊts] (*pl* **kibbutzim** [ˌkɪbʊt'siːm], **-es**) *n* kibutz *m*.
kick [kɪk] <> *n* -**1**. [from person] patada *f*, puntapié *m*; [from animal] coz *f* -**2**. *inf* [excitement]: **to do sthg for ~s** hacer algo para divertirse; **to get a ~ from sthg** disfrutar con algo -**3**. *inf* [of drink]: **to have a ~** estar cantidad de fuerte. <> *vt* -**1**. [hit once with foot] dar una patada OR un puntapié a; [hit repeatedly with foot] dar patadas OR puntapiés a; **he ~ed the ball back to them** les devolvió la pelota de un puntapié -**2**. *fig* [be angry with]: **I could have ~ed myself** estaba que me tiraba de los pelos -**3**. *inf* [give up] dejar. <> *vi* [person] dar patadas; [animal] dar coces, cocear.
→ **kick about, kick around** *vi UK inf* andar rondando por ahí.
→ **kick back** *vi US* [relax] relajarse.
→ **kick in** *vi* -**1**. [drug] surtir efecto -**2**. [start] empezar.
→ **kick off** *vi* -**1**. [football] hacer el saque inicial -**2**. *inf* [start activity] empezar.
→ **kick out** *vt sep inf* echar, poner de patitas en la calle.
→ **kick up** *vt fus inf* [a fuss, racket] armar.
kickoff ['kɪkɒf] *n* saque *m* inicial.
kick-start *vt* [bike] arrancar (*dando una patada al pedal*); [economy] reactivar.
kid [kɪd] (*pt & pp* **-ded**, *cont* **-ding**) <> *n* -**1**. *inf* [child] crío *m*, -a *f*; [young person] chico *m*, -ca *f*, chaval *m*, -la *f*, pibe *m*, -ba *f Amér* -**3**. [young goat] cabrito *m* -**4**. [leather] cabritilla *f*. <> *comp inf* [brother, sister] menor, pequeño(ña). <> *vt inf* -**1**. [tease] tomar el pelo a -**2**. [delude]: **to ~ o.s.** hacerse ilusiones. <> *vi inf*: **to be kidding** estar de broma; **no kidding!** [honestly] ¡en serio!; [really] ¡no me digas!
kiddie, kiddy ['kɪdɪ] (*pl* **-ies**) *n inf* crío *m*, -a *f*.
kid gloves *npl*: **to treat** OR **handle sb with ~** tratar a alguien con mucho tacto.
kidnap ['kɪdnæp] (*UK pt & pp* **-ped**, *cont* **-ping**, *US pt & pp* **-ed**, *cont* **-ing**) *vt* secuestrar, raptar, plagiar *Amér*.
kidnapper *UK*, **kidnaper** *US* ['kɪdnæpəʳ] *n* secuestrador *m*, -ra *f*, raptor *m*, -ra *f*, plagiario *m*, -ria *f Amér*.
kidnapping *UK*, **kidnaping** *US* ['kɪdnæpɪŋ] *n*

secuestro *m*, rapto *m*, plagio *m Amér*.
kidney ['kɪdnɪ] (*pl* **kidneys**) *n* ANAT & CULIN riñón *m*.
kidney bean *n* judía *f* pinta, frijol *m Amér* OR poroto *m Andes*, *CSur* rojo (*con forma de riñón*), caraota *f* roja (*con forma de riñón*) *Ven*.
kidney machine *n* riñón *m* artificial.
Kilimanjaro [ˌkɪlɪmənˈdʒɑːrəʊ] *n* Kilimanjaro *m*.
kill [kɪl] <> *vt* -**1**. [gen] matar; **he was ~ed in an accident** murió en un accidente; **my feet are ~ing me!** ¡cómo me duelen los pies! -**2**. *fig* [cause to end, fail] poner fin a -**3**. [occupy]: **to ~ time** matar el tiempo. <> *vi* matar. <> *n* -**1**. [killing]: **we watched the wolves move in for the ~** vimos cómo los lobos se preparaban para caer sobre su presa -**2**. [dead animal] presa *f*.
→ **kill off** *vt sep* -**1**. [cause death of] acabar con -**2**. *fig* [cause to end] poner fin a.
killer ['kɪləʳ] *n* -**1**. [person, animal] asesino *m*, -na *f* -**2**. [disease] enfermedad *f* mortal.
killer whale *n* orca *f*.
killing ['kɪlɪŋ] <> *adj inf* [very funny] desternillante. <> *n* asesinato *m*; **to make a ~** *inf* hacer su agosto, forrarse.
killjoy ['kɪldʒɔɪ] *n* aguafiestas *m y f inv*.
kiln [kɪln] *n* horno *m*.
kilo ['kiːləʊ] (*pl* **-s**) (*abbr of* **kilogram**) *n* kilo *m*.
kilo- ['kɪlə] *prefix* kilo-.
kilobyte ['kɪləbaɪt] *n* kilobyte *m*.
kilocalorie ['kɪləˌkælərɪ] *n* kilocaloría *f*.
kilogram(me) ['kɪləgræm] *n* kilogramo *m*.
kilohertz ['kɪləhɜːtz] (*pl inv*) *n* kilohercio *m*.
kilojoule ['kɪlədʒuːl] *n* kilojulio *m*.
kilometre *UK* ['kɪləˌmiːtəʳ], **kilometer** *US* [kɪˈlɒmɪtəʳ] *n* kilómetro *m*.
kilowatt ['kɪləwɒt] *n* kilovatio *m*.
kilt [kɪlt] *n* falda *f* escocesa.
kimono [kɪˈməʊnəʊ] (*pl* **-s**) *n* kimono *m*.
kin [kɪn] ⊳ **kith**.
kind [kaɪnd] <> *adj* [person, gesture] amable; [thought] considerado(da); **to be ~ to sb** ser amable con alguien; **would you be so ~ as to ...?** ¿sería usted tan amable de ...? <> *n* tipo *m*, clase *f*; **a ~ of** una especie de; **all ~s of** todo tipo de; **~ of** *Esp US inf* bastante; **nothing of the ~** nada por el estilo; **coffee of a ~** una especie de café; **they're two of a ~** son tal para cual; **in ~** [payment] en especie.
kindergarten ['kɪndəˌgɑːtn] *n* jardín *m* de infancia.
kind-hearted [-'hɑːtɪd] *adj* bondadoso(sa).
kindle ['kɪndl] *vt* -**1**. [fire] encender -**2**. *fig* [idea, feeling] despertar.

kindling ['kɪndlɪŋ] n (U) leña f menuda, astillas fpl.

kindly ['kaɪndlɪ] (compar -ier, superl -iest) <> adj amable, bondadoso(sa). <> adv -1. [gently, favourably] amablemente; **to look ~ on sthg/sb** mirar algo/a alguien con buenos ojos -2. [please]: **will you ~ ...?** ¿sería tan amable de ...? -3. phr: **not to take ~ to sthg** no tomarse algo bien.

kindness ['kaɪndnɪs] n -1. [gentleness] amabilidad f -2. [helpful act] favor m.

kindred ['kɪndrɪd] adj [similar] afín; **~ spirit** alma f gemela.

kinetic [kɪ'netɪk] adj cinético(ca).

kinfolk(s) ['kɪnfəʊk(s)] npl US = kinsfolk.

king [kɪŋ] n rey m.

kingdom ['kɪŋdəm] n reino m.

kingfisher ['kɪŋ,fɪʃəʳ] n martín m pescador.

kingpin ['kɪŋpɪn] n fig [person] persona f clave.

king-size(d) [-saɪz(d)] adj [cigarette] extralargo; [pack] gigante; [bed] extragrande.

kink [kɪŋk] n [in rope] retorcimiento m; [in hair] rizo m.

kinky ['kɪŋkɪ] (compar -ier, superl -iest) adj inf morboso(sa), pervertido(da).

kinsfolk ['kɪnzfəʊk] parientes mpl.

kinship ['kɪnʃɪp] n -1. [family relationship] parentesco m -2. [closeness] afinidad f.

kiosk ['kiːɒsk] n -1. [small shop] quiosco m -2. UK [telephone box] cabina f telefónica.

kip [kɪp] (pt & pp -ped, cont -ping) UK inf <> n cabezadita f, sueñecito m. <> vi sobar.

kipper ['kɪpəʳ] n arenque m ahumado.

Kirk [kɜːk] n Scot: **the ~** la Iglesia de Escocia.

kirsch [kɪəʃ] n kirsch m.

kiss [kɪs] <> n beso m. <> vt besar; **to ~ sb goodbye** dar un beso de despedida a alguien. <> vi besarse.

kiss curl n UK caracol m (rizo).

kiss of life n [to resuscitate sb]: **the ~** la respiración boca a boca.

kissogram ['kɪsəgræm] n forma de felicitar a alguien contratando a una persona para que le bese.

kit [kɪt] (pt & pp -ted, cont -ting) n -1. [set of implements] equipo m -2. UK [clothes] equipo m -3. [to be assembled] modelo m para armar, kit m.
 ◆ **kit out** vt sep UK equipar.

kit bag n macuto m, petate m.

kitchen ['kɪtʃɪn] n cocina f.

kitchenette [,kɪtʃɪ'net] n cocina f pequeña.

kitchen garden n huerto m.

kitchen knife n cuchillo m de cocina.

kitchen roll n papel m de cocina.

kitchen sink n fregadero m.

kitchen unit n módulo m de cocina.

kitchenware ['kɪtʃɪnweəʳ] n (U) artículos mpl de cocina.

kite [kaɪt] n -1. [toy] cometa f, papalote m CAm, Méx, volantín m Chile, barrilete m RP, papagayo m Ven -2. [bird] milano m.

Kite mark n UK marchamo oficial de calidad.

kith [kɪθ] n: **~ and kin** parientes mpl y amigos.

kitsch [kɪtʃ] n kitsch m.

kitten ['kɪtn] n gatito m.

kitty ['kɪtɪ] (pl -ies) n [for bills, drinks] fondo m común; [in card games] bote m, puesta f.

kitty-corner adj US inf en diagonal, diagonalmente.

kiwi ['kiːwiː] n -1. [bird] kiwi m -2. inf [New Zealander] neocelandés m, -esa f.

kiwi (fruit) n kiwi m.

KKK abbr of Ku Klux Klan.

klaxon ['klæksn] n bocina f, claxon m.

Kleenex® ['kliːneks] n kleenex® m, pañuelo m de papel.

kleptomaniac [,kleptə'meɪnɪæk] n cleptómano m, -na f.

km (abbr of kilometre) km.

km/h (abbr of kilometres per hour) km/h.

knack [næk] n: **it's easy once you've got the ~** es fácil cuando le coges el tranquillo; **he has the ~ of appearing at the right moment** tiene el don de aparecer en el momento adecuado.

knacker ['nækəʳ] UK <> n [horse slaughterer] matarife m. <> vt inf -1. [exhaust] dejar hecho(cha) polvo a -2. [break] cascar.

knackered ['nækəd] adj UK inf -1. [exhausted] hecho(cha) polvo -2. [broken] cascado(da).

knapsack ['næpsæk] n mochila f.

knave [neɪv] n [playing card - in British pack] jota f; [- in Spanish pack] sota f.

knead [niːd] vt amasar.

knee [niː] <> n rodilla f; **to be on one's ~s** [kneeling] estar de rodillas; **to bring sb to their ~s** fig hacer hincar la rodilla a alguien. <> vt dar un rodillazo a.

kneecap ['niːkæp] n rótula f.

knee-deep adj [snow, water]: **the snow was ~** la nieve llegaba hasta las rodillas; [person]: **~ in water** con el agua hasta las rodillas.

knee-high adj que llega hasta las rodillas.

kneel [niːl] (UK pt & pp knelt, US pt & pp -ed OR knelt) vi [go down on knees] arrodillarse; [be on knees] estar de rodillas.
 ◆ **kneel down** vi arrodillarse.

knee-length adj hasta las rodillas.

knees-up n UK inf jolgorio m, juerga f.

knell [nel] n toque m de difuntos.

knelt [nelt] *pt* & *pp* ⊳ **kneel**.

knew [nju:] *pt* ⊳ **know**.

knickers ['nɪkəz] *npl* -**1.** *UK* [underwear] bragas *fpl*, calzones *mpl Amér*, pantaletas *fpl CAm, Carib, Méx*, bombacha *f RP*, blúmer *m CAm, Carib* -**2.** *US* [knickerbockers] bombachos *mpl*.

knick-knack ['nɪknæk] *n* chuchería *f*, baratija *f*.

knife [naɪf] (*pl* **knives**) ⟨⟩ *n* cuchillo *m*. ⟨⟩ *vt* acuchillar.

knife-edge *n*: **to be on a ~** pender de un hilo.

knight [naɪt] ⟨⟩ *n* -**1.** *HIST* caballero *m* -**2.** [knighted man] hombre con el título de 'Sir' -**3.** [in chess] caballo *m*. ⟨⟩ *vt* conceder el título de 'Sir' a.

knighthood ['naɪthʊd] *n* -**1.** [present-day title] título *m* de 'Sir' -**2.** *HIST* título *m* de caballero.

knit [nɪt] (*pt* & *pp* **knit** *OR* **-ted**, *cont* **-ting**) ⟨⟩ *adj*: **closely** *OR* **tightly ~** muy unido(da). ⟨⟩ *vt* [make with wool] tejer, tricotar. ⟨⟩ *vi* -**1.** [with wool] hacer punto -**2.** [join] soldarse.

knitted ['nɪtɪd] *adj* de punto.

knitting ['nɪtɪŋ] *n* (*U*) -**1.** [activity] labor *f* de punto -**2.** [work produced] punto *m*, calceta *f*.

knitting machine *n* máquina *f* de tricotar, tricotosa *f*.

knitting needle *n* aguja *f* de hacer punto.

knitwear ['nɪtweəʳ] *n* (*U*) género *m OR* ropa *f* de punto.

knives [naɪvz] *pl* ⊳ **knife**.

knob [nɒb] *n* -**1.** [on door, drawer, bedstead] pomo *m* -**2.** [onTV, radio etc] botón *m*.

knobbly *UK* ['nɒblɪ] (*compar* **-ier**, *superl* **-iest**), **knobby** *US* ['nɒbɪ] (*compar* **-ier**, *superl* **-iest**) *adj* [gen] nudoso(sa); [knees] huesudo(da).

knock [nɒk] ⟨⟩ *n* -**1.** [hit] golpe *m* -**2.** *inf* [piece of bad luck] revés *m*. ⟨⟩ *vt* -**1.** [hit hard] golpear; **to ~ a nail into a wall** clavar un clavo en una pared; **to ~ one's head** darse en la cabeza; **to ~ sb over** [gen] hacer caer a alguien; *AUT* atropellar a alguien; **to ~ sthg over** tirar *OR* volcar algo, voltear algo *Amér* -**2.** [make by hitting] hacer, abrir; **to ~ a hole in a wall** abrir un agujero en una pared -**3.** *inf* [criticize] cargarse, poner por los suelos. ⟨⟩ *vi* -**1.** [on door]: **to ~ (at** *OR* **on)** llamar (a) -**2.** [car engine] golpetear.

⟨⟩ **knock about, knock around** *inf* ⟨⟩ *vt sep* [beat up] pegar. ⟨⟩ *vi* -**1.** [travel a lot] rodar -**2.** [spend time]: **to ~ about with sb** andar con alguien.

⟨⟩ **knock back** *vt sep inf* pimplarse.

⟨⟩ **knock down** *vt sep* -**1.** [subj: car, driver] atropellar -**2.** [building] derribar -**3.** [price] rebajar.

⟨⟩ **knock off** ⟨⟩ *vt sep* -**1.** [lower price by]: **I'll ~ £5 off it** lo rebajaré en cinco libras -**2.** *inf* [do quickly] despachar. ⟨⟩ *vi inf* [stop working] parar de currar.

⟨⟩ **knock out** *vt sep* -**1.** [subj: person, punch] dejar sin conocimiento; [subj: boxer] dejar fuera de combate; [subj: drug] dejar dormido a -**2.** [eliminate from competition] eliminar.

⟨⟩ **knock up** ⟨⟩ *vt sep* [make hurriedly] hacer de prisa. ⟨⟩ *vi TENNIS* pelotear.

knocker ['nɒkəʳ] *n* [on door] aldaba *f*.

knocking ['nɒkɪŋ] *n* -**1.** (*U*) [on door etc] golpes *mpl* -**2.** *inf* [criticism] palos *mpl*, críticas (*b*a*l*).

knock-kneed [-'ni:d] *adj* patizambo(ba).

knock-on effect *n UK* reacción *f* en cadena; **to have a ~ on sthg** repercutir en algo.

knockout ['nɒkaʊt] *n* K.O. *m*.

knockout competition *n UK* competición *f* por el sistema de eliminación.

knock-up *n TENNIS* peloteo *m*.

knot [nɒt] (*pt* & *pp* **-ted**, *cont* **-ting**) ⟨⟩ *n* -**1.** [gen] nudo *m*; **to tie/untie a ~** hacer/deshacer un nudo; **to tie the ~** *inf* [marry] casarse -**2.** [of people] corrillo *m*. ⟨⟩ *vt* anudar.

knotty ['nɒtɪ] (*compar* **-ier**, *superl* **-iest**) *adj* intrincado(da).

know [nəʊ] (*pt* **knew**, *pp* **known**) ⟨⟩ *vt* -**1.** [gen]: **to ~ (that)** saber (que); [language] saber hablar; **to ~ how to do sthg** saber hacer algo; **to ~ sthg backwards** saberse algo al dedillo; **to get to ~ sthg** enterarse de algo; **to let sb ~ (about)** avisar a alguien (de) -**2.** [be familiar with - person, place] conocer; **to get to ~ sb** llegar a conocer a alguien. ⟨⟩ *vi* -**1.** [have knowledge] saber; **to ~ of** *OR* **about sthg** saber algo, estar enterado(da) de algo; **he's not her brother - I ~** no es su hermano - ya lo sé; **I don't ~** no lo sé; **you ~** [to emphasize] ¿sabes?; [to remind] ¡ya sabes!, ¡sí hombre!; **as far as I ~** saber algo; **God** *OR* **Heaven ~s!** ¡sabe Dios!; **there is no ~ing** ... no hay modo de saber ...; **I ~ better** a mí no me engaña -**2.** [be knowledgeable]: **to ~ about sthg** saber de algo. ⟨⟩ *n*: **to be in the ~** estar enterado(da).

know-all *n UK* sabelotodo *m OR f*, sabihondo *m*, -da *f*.

know-how *n* conocimientos *mpl*, know-how *m*.

knowing ['nəʊɪŋ] *adj* cómplice.

knowingly ['nəʊɪŋlɪ] *adv* -**1.** [in knowing manner] con complicidad -**2.** [intentionally] a sabiendas.

know-it-all = **know-all**.

knowledge ['nɒlɪdʒ] *n* (*U*) -**1.** [awareness] conocimiento *m*; **it's common ~ that** es de dominio común que; **to my ~** que yo sepa, según tengo entendido; **to the best of my** ~ por lo que yo sé **- 2.** [facts known by individual] conocimientos *mpl.*

knowledgeable [ˈnɒlɪdʒəbl] *adj* entendido(da).

known [nəʊn] ⟨⟩ *pp* ⟩ **know.** ⟨⟩ *adj* conocido(da).

knuckle [ˈnʌkl] *n* **- 1.** [on hand] nudillo *m* **- 2.** [of pork] codillo *m.*

➡ **knuckle down** *vi* ponerse seriamente a trabajar; **to** ~ **down to sthg/to doing sthg** dedicarse seriamente a algo/a hacer algo.

➡ **knuckle under** *vi* pasar por el aro.

KO (*abbr of* **knock-out**) K.O. *m.*

koala (bear) [kəʊˈɑːlə-] *n* koala *m.*

kook [kuːk] *n US inf* majara *m or* f, majareta *m or* f.

kooky [ˈkuːkɪ] (*compar* **-ier**, *superl* **-iest**) *adj US inf* majara, majareta.

Koran [kɒˈrɑːn] *n:* **the** ~ el Corán.

Korea [kəˈrɪə] *n* Corea.

Korean [kəˈrɪən] ⟨⟩ *adj* coreano(na). ⟨⟩ *n* **- 1.** [person] coreano *m*, -na *f* **- 2.** [language] coreano *m.*

kosher [ˈkəʊʃə^r] *adj* **- 1.** [meat] kosher, permitido(da) por la religión judía **- 2.** *inf* [reputable] limpio(pia), legal.

kowtow [ˌkaʊˈtaʊ] *vi:* **to** ~ **(to)** arrastrarse *or* rebajarse (ante).

Krakow [ˈkrækaʊ] = **Crakow.**

Kremlin [ˈkremlɪn] *n:* **the** ~ el Kremlin.

KS *abbr of* **Kansas.**

KT *abbr of* **Knight.**

Kuala Lumpur [ˌkwɑːləˈlʊmpə^r] *n* Kuala Lumpur.

kudos [ˈkjuːdɒs] *n* prestigio *m.*

Ku Klux Klan [kuːklʌksˈklæn] *n:* **the** ~ el Ku-Klux-Klan.

kumquat [ˈkʌmkwɒt] *n* naranjita *f* china.

kung fu [ˌkʌŋˈfuː] *n* kung-fu *m.*

Kurd [kɜːd] *n* kurdo *m*, -da *f.*

Kurdish [ˈkɜːdɪʃ] *adj* kurdo(da).

Kurdistan [ˌkɜːdɪˈstɑːn] *n* (el) Kurdistán.

Kuwait [kʊˈweɪt] *n* Kuwait.

Kuwaiti [kʊˈweɪtɪ] ⟨⟩ *adj* kuwaití. ⟨⟩ *n* kuwaití *m or* f.

kW (*abbr of* **kilowatt**) kW.

Kwanza *n US festival afroamericano que tiene una semana de duración, del 26 de diciembre al 1 de enero.*

KY *abbr of* **Kentucky.**

l¹ (*pl* **l's** *or* **ls**), **L** (*pl* **L's** *or* **Ls**) [el] *n* [letter] l *f*, L *f.*

➡ **L - 1.** *abbr of* **lake - 2.** (*abbr of* **large**) G **- 3.** (*abbr of* **left**) izq. **- 4.** (*abbr of* **learner**) L.

L

En Gran Bretaña, la letra 'L' pegada en la parte trasera de un vehículo indica que el conductor todavía no tiene carné de conducir pero que va acompañado por alguien que sí lo tiene.

---

l² (*abbr of* **litre**) l.

la [lɑː] *n MUS* la *m.*

La *abbr of* **Louisiana.**

LA - 1. *abbr of* **Los Angeles - 2.** *abbr of* **Louisiana.**

lab [læb] *inf* = **laboratory.**

label [ˈleɪbl] (*UK pt* & *pp* **-led**, *cont* **-ling**, *US pt* & *pp* **-ed**, *cont* **-ing**) ⟨⟩ *n* **- 1.** [identification] etiqueta *f* **- 2.** [of record] sello *m* discográfico, casa *f* discográfica. ⟨⟩ *vt* **- 1.** [fix label to] etiquetar **- 2.** *usu pej* [describe]: **to** ~ **sb (as)** calificar *or* etiquetar a alguien (de).

labor *etc US* = **labour** *etc.*

laboratory [*UK* ləˈbɒrətrɪ, *US* ˈlæbrəˌtɔːrɪ] (*pl* **-ies**) ⟨⟩ *n* laboratorio *m.* ⟨⟩ *comp* de laboratorio.

Labor Day *n US* Día *m* del Trabajador (*el primer lunes de septiembre*).

laborious [ləˈbɔːrɪəs] *adj* laborioso(sa).

labor union *n US* sindicato *m.*

labour *UK*, **labor** *US* [ˈleɪbə^r] ⟨⟩ *n* **- 1.** [work] trabajo *m* **- 2.** [piece of work] esfuerzo *m* **- 3.** [workers] mano *f* de obra **- 4.** [giving birth] parto *m*; **in** ~ **de parto.** ⟨⟩ *vt* insistir sobre. ⟨⟩ *vi* **- 1.** [work] trabajar **- 2.** [work with difficulty]: **to** ~ **at** *or* **over** trabajar afanosamente en **- 3.** [persist]: **to** ~ **under a delusion** ser víctima de una ilusión.

➡ **Labour** *POL* ⟨⟩ *adj* laborista. ⟨⟩ *n UK* (U) los laboristas.

labour camp *n* campo *m* de trabajo.

labour costs *npl* coste *m* de mano de obra.

laboured *UK*, **labored** *US* ['leɪbəd] *adj* [style] trabajoso(sa); [gait, breathing] penoso(sa), fatigoso(sa).

labourer *UK*, **laborer** *US* ['leɪbərəʳ] *n* obrero *m*, -ra *f*.

labour force *n* mano *f* de obra.

labour-intensive *adj* que emplea mucha mano de obra.

labour market *n* mercado *m* de trabajo.

labour of love *n* trabajo *m* hecho por amor al arte.

labour pains *npl* dolores *mpl* del parto.

Labour Party *n UK*: **the** ~ el partido Laborista.

labour relations *npl* relaciones *fpl* laborales.

laboursaving *UK*, **laborsaving** *US* ['leɪbə-ˌseɪvɪŋ] *adj* que ahorra trabajo.

Labrador ['læbrədɔːʳ] *n* -**1.** [dog] labrador *m* -**2.** *GEOGR* Labrador.

labyrinth ['læbərɪnθ] *n* laberinto *m*.

lace [leɪs] <> *n* -**1.** [fabric] encaje *m* -**2.** [shoelace] cordón *m*. <> *comp* de encaje. <> *vt* -**1.** [shoe, boot] atar -**2.** [drink, food]: **coffee** ~**d with brandy** café con unas gotas de coñac.

 lace up *vt sep* atar.

lacemaking ['leɪsˌmeɪkɪŋ] *n* labor *f* de encaje.

laceration [ˌlæsə'reɪʃn] *n fml* laceración *f*.

lace-up <> *adj* de cordón. <> *n UK* zapato *m* de cordón.

lack [læk] <> *n* falta *f*, carencia *f*; **for** *OR* **through** ~ **of** por falta de; **there was no** ~ **of excitement** no falto emoción. <> *vt* carecer de. <> *vi*: **to be** ~**ing in** carecer de; **to be** ~**ing** faltar.

lackadaisical [ˌlækə'deɪzɪkl] *adj pej* apático(ca).

lackey ['lækɪ] (*pl* **lackeys**) *n pej* lacayo *m*.

lacklustre *UK*, **lackluster** *US* ['lækˌlʌstəʳ] *adj pej* soso(sa), apagado(da).

laconic [lə'kɒnɪk] *adj* lacónico(ca).

lacquer ['lækəʳ] <> *n* laca *f*. <> *vt* -**1.** [wood, metal] laquear -**2.** [hair] poner laca en.

lacrosse [lə'krɒs] *n* lacrosse *m*.

lactic acid ['læktɪk-] *n* ácido *m* láctico.

lacy ['leɪsɪ] (*compar* -**ier**, *superl* -**iest**) *adj* de encaje.

lad [læd] *n inf* [boy] chaval *m*, chavalo *m Amér*; **come on** ~**s!** ¡vamos chicos!

ladder ['lædəʳ] <> *n* -**1.** [for climbing] escalera *f* -**2.** *UK* [in tights] carrera *f*. <> *vt UK* [tights] hacerse una carrera en. <> *vi UK* [tights] hacerse una carrera.

laden ['leɪdn] *adj*: ~ **(with)** cargado(da) (de).

la-di-da [ˌlɑːdɪ'dɑː] *adj inf pej* cursi, afectado(da).

ladies *UK* ['leɪdɪz], **ladies' room** *US* *n* lavabo *m* de señoras.

lading ['leɪdɪŋ] ⊳ **bill**.

ladle ['leɪdl] <> *n* cucharón *m*. <> *vt* servir con cucharón.

lady ['leɪdɪ] (*pl* -**ies**) <> *n* -**1.** [woman] señora *f* -**2.** [woman of high status] dama *f* -**3.** *US inf* [to address woman] señora *f*. <> *comp* mujer; ~ **doctor** doctora *f*.

 Lady *n* -**1.** [woman of noble rank] lady *f* -**2.** *RELIG*: **Our Lady** Nuestra Señora *f*.

ladybird *UK* ['leɪdɪbɜːd], **ladybug** *US* ['leɪdɪbʌg] *n* mariquita *f*.

lady-in-waiting [-'weɪtɪŋ] (*pl* **ladies-in-waiting**) *n* dama *f* de honor.

lady-killer *n inf* tenorio *m*, castigador *m*.

ladylike ['leɪdɪlaɪk] *adj* elegante, propio(pia) de una señora.

Ladyship ['leɪdɪʃɪp] *n*: **her/your** ~ su señoría *f*.

lag [læg] (*pt* & *pp* -**ged**, *cont* -**ging**) <> *vi* -**1.** [move more slowly]: **to** ~ **(behind)** rezagarse -**2.** [develop more slowly]: **to** ~ **(behind)** andar a la zaga. <> *vt* [pipes] revestir. <> *n* [delay] retraso *m*, demora *f*.

lager ['lɑːgəʳ] *n* cerveza *f* rubia.

lager lout *n UK* ≃ gamberro *m* de litrona.

lagging ['lægɪŋ] *n* revestimiento *m*.

lagoon [lə'guːn] *n* laguna *f*.

Lagos ['leɪgɒs] *n* Lagos.

lah-di-dah [ˌlɑːdɪ'dɑː] = **la-di-da**.

laid [leɪd] *pt* & *pp* ⊳ **lay**.

laid-back *adj inf* relajado(da), cachazudo(da).

lain [leɪn] *pp* ⊳ **lie**.

lair [leəʳ] *n* guarida *f*.

laissez-faire [ˌleɪseɪ'feəʳ] <> *adj* no intervencionista. <> *n* política *f* económica de no intervencionismo.

laity ['leɪətɪ] *n RELIG*: **the** ~ los seglares, los legos.

lake [leɪk] *n* lago *m*.

Lake District *n*: **the** ~ *el Distrito de los Lagos al no* *е* *te de Inglaterra.*

Lake Geneva *n* lago *m* Leman.

lakeside ['leɪksaɪd] adj a orillas del lago.

lamb [læm] n cordero m.

lambast [læm'bæst], **lambaste** [læm'beɪst] vt vapulear.

lamb chop n chuleta f de cordero.

lambing ['læmɪŋ] n época f del parto de las ovejas.

lambskin ['læmskɪn] n piel f de cordero.

lambswool ['læmzwʊl] <> n lana f de cordero. <> comp de lana de cordero.

lame [leɪm] adj -1. [person, horse] cojo(ja) -2. [excuse, argument] pobre.

lamé ['lɑːmeɪ] n lamé m.

lame duck n -1. fig [person] inútil m or f; [business] fracaso m -2. US [President] presidente m saliente.

lamely ['leɪmlɪ] adv poco convincentemente.

lament [lə'ment] <> n lamento m. <> vt lamentar.

lamentable ['læməntəbl] adj lamentable.

laminated ['læmɪneɪtɪd] adj -1. [gen] laminado(da) -2. [ID card] plastificado(da).

lamp [læmp] n lámpara f.

lamplight ['læmplaɪt] n luz f de la lámpara.

lampoon [læm'puːn] <> n pasquín m, sátira f. <> vt satirizar.

lamppost ['læmppəʊst] n farola f, farol m.

lampshade ['læmpʃeɪd] n pantalla f (de lámpara).

lance [lɑːns] <> n lanza f. <> vt abrir con lanceta.

lance corporal n soldado m de primera.

lancet ['lɑːnsɪt] n lanceta f.

Lancs. (abbr of Lancashire) condado inglés.

land [lænd] <> n -1. [gen] tierra f -2. [property] tierras fpl, finca f. <> vt -1. [unload] desembarcar -2. [plane] hacer aterrizar -3. [catch - fish] pescar -4. inf [obtain] conseguir, pillar -5. inf [place]: to ~ sb in sthg meter a alguien en algo; to ~ sb with sb/sthg cargar a alguien con alguien/algo. <> vi -1. [by plane] aterrizar, tomar tierra -2. [from ship] desembarcar -3. [fall] caer -4. [end up] ir a parar.

➡ **land up** vi inf: to ~ up (in) ir a parar (a).

landed gentry ['lændɪd-] npl: the ~ la aristocracia terrateniente.

landfill site ['lændfɪl-] n vertedero m de basuras.

landing ['lændɪŋ] n -1. [of stairs] rellano m, descansillo m -2. [of aeroplane] aterrizaje m -3. [of person] desembarque m, desembarco m.

landing card n tarjeta f de desembarque.

landing craft n lancha f de desembarco.

landing gear n (U) tren m de aterrizaje.

landing stage n desembarcadero m.

landing strip n pista f de aterrizaje.

landlady ['lænd,leɪdɪ] (pl -ies) n -1. [of rented room or building] casera f -2. [of hotel, pub] patrona f.

landlocked ['lændlɒkt] adj sin acceso al mar.

landlord ['lændlɔːd] n -1. [of rented room or building] dueño m, casero m -2. [of pub] patrón m.

landmark ['lændmɑːk] n -1. [prominent feature] punto m de referencia -2. fig [in history] hito m.

landmine ['lændmaɪn] n mina f de tierra.

landowner ['lænd,əʊnəʳ] n terrateniente m or f.

landscape ['lændskeɪp] <> n paisaje m. <> vt ajardinar.

landscape gardener n (jardinero m) paisajista m, (jardinera f) paisajista.

landslide ['lændslaɪd] n -1. [of earth, rocks] desprendimiento m de tierras -2. POL victoria f arrolladora or aplastante.

landslip ['lændslɪp] n pequeño desprendimiento m de tierras.

lane [leɪn] n -1. [road in country] camino m -2. [road in town] callejuela f, callejón m -3. [for traffic] carril m; 'keep in ~' cartel que prohíbe el cambio de carril -4. [in swimming pool, race track] calle f -5. [for shipping, aircraft] ruta f.

language ['læŋgwɪdʒ] n -1. [gen] idioma m, lengua f -2. [faculty or style of communication & COMPUT] lenguaje m.

language laboratory n laboratorio m de idiomas.

languid ['læŋgwɪd] adj lánguido(da).

languish ['læŋgwɪʃ] vi [in misery] languidecer; [in prison] pudrirse.

languorous ['læŋgərəs] adj literary lánguido(da).

lank [læŋk] adj lacio(cia).

lanky ['læŋkɪ] (compar -ier, superl -iest) adj larguirucho(cha).

lanolin(e) ['lænəlɪn] n lanolina f.

lantern ['læntən] n farol m.

Laos [laʊs] n Laos.

Laotian ['laʊʃən] <> adj laosiano(na). <> n -1. [person] laosiano m, -na f -2. [language] laosiano m.

lap [læp] (pt & pp -ped, cont -ping) <> n -1. [of person] regazo m -2. [of race] vuelta f. <> vt -1. [subj: animal] beber a lengüetadas -2. [overtake in race] doblar. <> vi [water, waves] romper con suavidad.

➡ **lap up** vt sep -1. [drink] beber a lengüetadas -2. fig [compliments, lies] tragarse; [information] asimilar con avidez.

laparoscopy [,læpə'rɒskəpɪ] (pl -ies) n laparoscopia f.

La Paz [læˈpæz] *n* La Paz.
lapdog [ˈlæpdɒg] *n* [dog] perro *m* faldero.
lapel [ləˈpel] *n* solapa *f*.
Lapland [ˈlæplænd] *n* Laponia.
Lapp [læp] ◇ *adj* lapón(ona). ◇ *n* **-1.** [person] lapón *m*, -ona *f* **-2.** [language] lapón *m*.
lapse [læps] ◇ *n* **-1.** [slip-up] fallo *m*, lapsus *m inv* **-2.** [in behaviour] desliz *m* **-3.** [of time] lapso *m*, periodo *m*. ◇ *vi* **-1.** [membership] caducar; [treatment, agreement] cumplir, expirar **-2.** [standards, quality] bajar momentáneamente; [tradition] extinguirse, desaparecer **-3.** [subj: person]: **to ~ into** terminar cayendo en.
lapsed [læpst] *adj* no practicante.
lap-top (computer) *n* COMPUT ordenador *m* portátil.
larceny [ˈlɑːsənɪ] *n* (U) hurto *m*, latrocinio *m*.
larch [lɑːtʃ] *n* alerce *m*.
lard [lɑːd] *n* manteca *f* de cerdo.
larder [ˈlɑːdəʳ] *n* despensa *f*.
large [lɑːdʒ] *adj* [gen] grande; [family] numeroso(sa); [sum] importante.
◆ **at large** *adv* **-1.** [as a whole] en general **-2.** [escaped prisoner, animal] suelto(ta).
◆ **by and large** *adv* en general.
largely [ˈlɑːdʒlɪ] *adv* [mostly] en gran parte; [chiefly] principalmente.
larger-than-life [ˈlɑːdʒəʳ-] *adj* exageradamente arquetípico(ca).
large-scale *adj* a gran escala.
largesse, largess US [lɑːˈdʒes] *n* generosidad *f*.
lark [lɑːk] *n* **-1.** [bird] alondra *f* **-2.** *inf* [joke] broma *f*; **for a ~** para divertirse.
◆ **lark about** *vi* hacer el tonto.
larva [ˈlɑːvə] (*pl* **-vae** [-viː]) *n* larva *f*.
laryngitis [ˌlærɪnˈdʒaɪtɪs] *n* (U) laringitis *f inv*.
larynx [ˈlærɪŋks] *n* laringe *f*.
lasagna, lasagne [ləˈzænjə] *n* (U) lasaña *f*.
lascivious [ləˈsɪvɪəs] *adj* lascivo(va), lujurioso(sa).
laser [ˈleɪzəʳ] *n* láser *m*.
laser beam *n* rayo *m* láser.
laser printer *n* COMPUT impresora *f* láser.
laser show *n* juego *m* de luces láser.
lash [læʃ] ◇ *n* **-1.** [eyelash] pestaña *f* **-2.** [blow with whip] latigazo *m*. ◇ *vt* **-1.** *lit & fig* [whip] azotar **-2.** [tie]: **to ~ sthg (to)** amarrar algo (a).
◆ **lash out** *vi* **-1.** [attack]: **to ~ out at sb** [physically] soltar un golpe a alguien; [verbally] arremeter contra alguien **-2.** *UK inf* [spend money]: **to ~ out (on sthg)** tirar la casa por la ventana (con algo).
lass [læs] *n* chavala *f*, muchacha *f*.

lasso [læˈsuː] (*pl* **-s**, *pt & pp* **-ed**, *cont* **-ing**) ◇ *n* lazo *m*. ◇ *vt* coger con lazo, lazar.
last [lɑːst] ◇ *adj* último(ma); **~ month/Tuesday** el mes/martes pasado; **~ March** en marzo del año pasado; **~ but one** penúltimo(ma); **~ but two** antepenúltimo(ma); **~ night** anoche; **down to the ~ detail** hasta el último detalle. ◇ *adv* **-1.** [most recently] por última vez; **when I ~ called him** la última vez que lo llamé **-2.** [finally, in final position] en último lugar; **he arrived ~** llegó el último; **~ but not least** por último, pero no por ello menos importante. ◇ *pron*: **the year/Saturday before ~** no el año/sábado pasado, sino el anterior; **the ~ but one** el penúltimo (la penúltima); **the night before ~** anteanoche; **the time before ~** la vez anterior a la pasada; **to leave sthg till ~** dejar algo para el final. ◇ *n*: **the ~ I saw/heard of him** la última vez que lo vi/que oí de él. ◇ *vi* durar; [food] conservarse.
◆ **at (long) last** *adv* por fin.
last-ditch *adj* último(ma), desesperado(da).
lasting [ˈlɑːstɪŋ] *adj* [peace, effect] duradero(ra).
lastly [ˈlɑːstlɪ] *adv* **-1.** [to conclude] por último **-2.** [at the end] al final.
last-minute *adj* de última hora.
last name *n* apellido *m*.
last post *n UK* **-1.** [postal collection] última recogida *f* **-2.** MIL [toque *m* de] retreta *f*.
last rites *npl* últimos sacramentos *mpl*.
last straw *n*: **it was the ~** fue la gota que colmó el vaso.
Last Supper *n*: **the ~** la Última Cena.
last word *n*: **to have the ~** tener la última palabra.
latch [lætʃ] *n* pestillo *m*; **the door is on the ~** la puerta sólo tiene el pestillo echado.
◆ **latch onto** *vt fus inf* [person] pegarse OR engancharse a; [idea] pillar.
latchkey [ˈlætʃkiː] (*pl* **latchkeys**) *n* llave *f* (de la casa).
late [leɪt] ◇ *adj* **-1.** [not on time] con retraso; **to be ~ (for)** llegar tarde (a); **the flight is twenty minutes ~** el vuelo lleva veinte minutos de retraso; **the bus was an hour ~** el autobús llegó con una hora de retraso **-2.** [near end of]: **in the ~ afternoon** al final de la tarde; **in ~ December** a finales de diciembre; **it's getting ~** se está haciendo tarde **-3.** [later than normal] tardío(a); **we had a ~ breakfast** desayunamos tarde **-4.** [former]: **the ~ president** el expresidente **-5.** [dead] difunto(ta). ◇ *adv* **-1.** [gen] tarde; **they are open ~** abren hasta tarde

- 2. [near end of period]: ~ **in the day** al final del
día; ~ **in August** a finales de agosto.

➡ **of late** adv últimamente, recientemente.

latecomer ['leɪt,kʌmə'] n persona f que llega
tarde.

lately ['leɪtlɪ] adv últimamente, recientemente.

lateness ['leɪtnɪs] n (U) retraso m.

late-night adj [late evening] nocturno(na), de
noche; [after midnight] de madrugada; ~
chemist's farmacia f de guardia.

latent ['leɪtənt] adj latente.

later ['leɪtə'] ◇ adj **-1.** [date, edition] posterior
- 2. [near end of]: **in** ~ **life** en la madurez; **in the**
~ **15th century** a finales del siglo XV. ◇ adv
[at a later time]: ~ **(on)** más tarde; **no** ~ **than**
Friday el viernes como muy tarde.

lateral ['lætərəl] adj lateral.

latest ['leɪtɪst] ◇ adj [most recent] último(ma).
◇ n: **at the** ~ a más tardar, como muy
tarde.

latex ['leɪteks] ◇ n látex m. ◇ comp de látex.

lath [lɑːθ] n listón m.

lathe [leɪð] n torno m.

lather ['lɑːðə'] ◇ n espuma f (de jabón). ◇
vt enjabonar.

Latin ['lætɪn] ◇ adj **-1.** [temperament, blood]
latino(na) **- 2.** [studies] de latín. ◇ n [language]
latín m.

Latin America n Latinoamérica f, América f
Latina.

Latin American ◇ adj latinoamerica-
no(na). ◇ n [person] latinoamericano m,
-na f.

latitude ['lætɪtjuːd] n **-1.** GEOGR latitud f **- 2.** fml
[freedom] libertad f.

latrine [lə'triːn] n letrina f.

latter ['lætə'] ◇ adj **-1.** [near to end] último(ma)
- 2. [second] segundo(da). ◇ n: **the** ~ éste m,
-ta f.

latter-day adj moderno(na).

latterly ['lætəlɪ] adv últimamente, recientemente.

lattice ['lætɪs] n enrejado m, celosía f.

lattice window n ventana f de celosía.

Latvia ['lætvɪə] n Letonia f.

Latvian ['lætvɪən] ◇ adj letón(ona). ◇ n **-1.**
[person] letón m, -ona f **- 2.** [language] letón m.

laudable ['lɔːdəbl] adj loable.

laugh [lɑːf] ◇ n **-1.** [sound] risa f; **to have the**
last ~ ser el último en reírse **- 2.** inf [fun, joke]:
to have a ~ divertirse; **he's a good** ~ es un
cachondo; **to do sthg for** ~**s** OR **a** ~ hacer
algo para divertirse OR en cachondeo. ◇ vi
reírse.

➡ **laugh at** vt fus [mock] reírse de.

➡ **laugh off** vt sep [dismiss] tomarse a
risa.

laughable ['lɑːfəbl] adj pej [absurd] ridículo(la),
risible.

laughing gas ['lɑːfɪŋ-] n gas m hilarante.

laughing stock ['lɑːfɪŋ-] n hazmerreír m.

laughter ['lɑːftə'] n (U) risa f.

launch [lɔːntʃ] ◇ n **-1.** [of boat, ship] botadura f
- 2. [of rocket, missile, product] lanzamiento m **-3.**
[boat] lancha f. ◇ vt **-1.** [boat, ship] botar **-2.**
[missile, attack, product & COMPUT] lanzar **-3.**
[company] fundar.

➡ **launch into** vt fus [attack] emprender;
[lecture, explanation] enfrascarse en.

launching ['lɔːntʃɪŋ] n **-1.** [of boat, ship] botadura
f **-2.** [of rocket, missile, product] lanzamiento m.

launch(ing) pad ['lɔːntʃ(ɪŋ)-] n plataforma f
de lanzamiento.

launder ['lɔːndə'] vt **-1.** [wash] lavar **-2.** inf
[money] blanquear.

laund(e)rette [lɔːn'dret], **Laundromat**® US
['lɔːndrəmæt] n lavandería f (automática).

laundry ['lɔːndrɪ] (pl **-ies**) n **-1.** [clothes - about to
be washed] colada f, ropa f sucia; [- newly
washed] ropa f limpia; **to do the** ~ hacer la
colada **-2.** [business, room] lavandería f.

laundry basket n cesto m de la ropa sucia.

laureate ['lɔːrɪət] ▷ **poet laureate**.

laurels ['lɒrəlz] npl: **to rest on one's** ~ dormirse
en los laureles.

lava ['lɑːvə] n lava f.

lavatory ['lævətrɪ] (pl **-ies**) n **-1.** [receptacle] wáter
m **-2.** [room] servicio m; **to go to the** ~ ir al
baño.

lavatory paper n UK papel m higiénico.

lavender ['lævəndə'] ◇ adj [colour] de color
lavanda. ◇ n **-1.** [plant] lavanda f, espliego m
-2. [colour] color m lavanda.

lavish ['lævɪʃ] ◇ adj **-1.** [person] pródigo(ga);
[gifts, portions] muy generoso(sa); **to be** ~ **with**
[praise, attention] ser pródigo en; [money] ser
desprendido(da) con **-2.** [sumptuous] espléndi-
do(da), suntuoso(sa). ◇ vt: **to** ~ **sthg on**
[praise, care] prodigar algo a; [time, money] gastar
algo en.

lavishly ['lævɪʃlɪ] adv **-1.** [generously] generosamente **-2.** [sumptuously] suntuosamente.

law [lɔː] ◇ n **-1.** [gen] ley f; **against the** ~
ilegal; **to break the** ~ infringir OR violar la ley;
~ **and order** el orden público; **the** ~ **of the**
jungle la ley de la selva **-2.** [set of rules, study,
profession] derecho m **-3.** inf [police]: **the** ~ la
poli **-4.** phr: **to lay down the** ~ imponer OR
dictar la ley. ◇ comp [degree] en derecho;
[student] de derecho; [firm] jurídico(ca).

law-abiding [-əˌbaɪdɪŋ] *adj* observante de la ley.

law-breaker *n* infractor *m*, -ra *f* de la ley.

law court *n* tribunal *m* de justicia.

law enforcement officer *n* agente *m* OR *f* de policía.

law firm *n* bufete *m* de abogados.

lawful ['lɔːfʊl] *adj fml* legal, lícito(ta).

lawfully ['lɔːfʊlɪ] *adv fml* legalmente, lícitamente.

lawless ['lɔːlɪs] *adj* [without laws] anárquico(ca).

Law Lords *npl UK* JUR: **the ~** los miembros de la Cámara de los Lores que forman el Tribunal Supremo.

lawmaker ['lɔːˌmeɪkə'] *n* legislador *m*, -ra *f*.

lawn [lɔːn] *n* [grass] césped *m*, pasto *m* Amér, grama *f* CAm, Ven.

lawnmower ['lɔːnˌməʊə'] *n* cortacésped *m* OR *f*.

lawn party *n US* recepción *f* al aire libre.

lawn tennis *n* tenis *m* sobre hierba.

law school *n* facultad *f* de derecho; **he went to ~** estudió derecho.

lawsuit ['lɔːsuːt] *n* pleito *m*.

lawyer ['lɔːjə'] *n* abogado *m*, -da *f*.

lax [læks] *adj* [discipline, morals] relajado(da); [person] negligente; [security] poco riguroso(sa).

laxative ['læksətɪv] *n* laxante *m*.

laxity ['læksətɪ], **laxness** ['læksnɪs] *n* [of discipline] relajamiento *m*, relajación *f*; [of person] negligencia *f*; [of security] falta *f* de rigor.

lay [leɪ] (*pt* & *pp* laid) <> *pt* ▷ **lie**. <> *vt* **-1.** [put, place] colocar, poner; **to ~ o.s. open to sthg** exponerse a algo **-2.** [prepare - plans] hacer **- 3.** [put in position - bricks] poner; [- cable, trap] tender; [- foundations] echar; **to ~ the table** poner la mesa **-4.** [egg] poner **-5.** [blame, curse]: **to ~ sthg on sb** echar algo a alguien. <> *adj* **-1.** [not clerical] laico(ca) **-2.** [untrained, unqualified] profano(na), lego(ga).
  ◆ **lay aside** *vt sep* **-1.** [store for future - food] guardar; [- money] ahorrar **-2.** [prejudices, reservations] dejar a un lado.
  ◆ **lay before** *vt sep* [present] exponer, presentar.
  ◆ **lay down** *vt sep* **-1.** [set out] imponer, establecer **-2.** [put down - arms] deponer, entregar; [- tools] dejar.
  ◆ **lay into** *vt fus inf* arremeter contra.
  ◆ **lay off** <> *vt sep* [make redundant] despedir. <> *vt fus inf* [stop, give up]: **to ~ off (doing sthg)** dejar (de hacer algo). <> *vi inf*: **~ off!** ¡déjame en paz!
  ◆ **lay on** *vt sep* [transport, entertainment]

organizar; [food] preparar.
  ◆ **lay out** *vt sep* **-1.** [arrange, spread out] disponer **-2.** [plan, design] diseñar el trazado de.
  ◆ **lay over** *vi US* hacer noche.

layabout ['leɪəbaʊt] *n UK inf* holgazán *m*, -ana *f*, gandul *m*, -la *f*, atorrante *m* OR *f* Amér.

lay-by (*pl* lay-bys) *n UK* área *f* de descanso.

layer ['leɪə'] <> *n* **-1.** [of substance, material] capa *f* **-2.** *fig* [level] nivel *m*. <> *vt* [hair] cortar a capas.

layette [leɪ'et] *n* ajuar *m* (del bebé).

layman ['leɪmən] (*pl* -men [-mən]) *n* **-1.** [untrained, unqualified person] profano *m*, -na *f*, lego *m*, -ga *f* **-2.** RELIG laico *m*, -ca *f*.

lay-off *n* [redundancy] despido *m*.

layout ['leɪaʊt] *n* [of building, garden] trazado *m*, diseño *m*; [of text] presentación *f*, composición *f*; [of page & COMPUT] diseño *m*.

layover ['leɪəʊvə'] *n US* [gen] parada *f*; [of plane] escala *f*.

laze [leɪz] *vi*: **to ~ (about** OR **around)** gandulear, holgazanear.

lazily ['leɪzɪlɪ] *adv* perezosamente.

laziness ['leɪzɪnɪs] *n* [idleness] pereza *f*.

lazy ['leɪzɪ] (*compar* -ier, *superl* -iest) *adj* **-1.** [person] perezoso(sa), vago(ga), atorrante *RP* **-2.** [stroll, gesture] lento(ta); [afternoon] ocioso(sa).

lazybones ['leɪzɪbəʊnz] (*pl inv*) *n inf* gandul *m*, -la *f*, holgazán *m*, -ana *f*.

lb (*abbr of* pound) lb.

LB *abbr of* Labrador.

lbw (*abbr of* leg before wicket) *protección ilegal de los palos con la pierna en cricket.*

lc (*abbr of* lower case) cb.

LC (*abbr of* Library of Congress) *n* biblioteca del Congreso de Estados Unidos.

L/C *abbr of* letter of credit.

LCD *n abbr of* liquid crystal display.

Ld *abbr of* Lord.

L-driver *n UK conductor que lleva la L.*

LEA (*abbr of* local education authority) *n organismo responsable de educación en un área determinada de Gran Bretaña.*

lead[1] [liːd] (*pt* & *pp* led) <> *n* **-1.** [winning position] delantera *f*; **to be in** OR **have the ~** llevar la delantera, ir en cabeza; **to take the ~** ponerse a la cabeza **-2.** [amount ahead]: **to have a ~ of ...** llevar una ventaja de ... **-3.** [initiative, example] ejemplo *m*; **to take the ~** [do sthg first] tomar la delantera **-4.** THEATRE: **(to play) the ~** (hacer) el papel principal **-5.** [clue] pista *f* **-6.** [for dog] correa *f* **-7.** [wire, cable] cable *m*. <> *adj* [singer, actor] principal; [guitar, guitarist] solista; [story in newspaper] más destacado(da). <> *vt* **-1.** [be in front of] encabezar; **to ~**

sb by ten minutes llevar a alguien diez minutos de ventaja; **they are ~ing France three-nil** van ganando a Francia por tres goles a cero **- 2.** [take, guide, direct] conducir; **to ~ the way** enseñar el camino **- 3.** [be in charge of, take the lead in] dirigir; [debate] moderar **- 4.** [life] llevar **- 5.** [cause]: **to ~ sb to do sthg** llevar a alguien a hacer algo; **we were led to believe that ...** nos dieron a entender que ... ⬦ *vi* **-1.** [go]: **to ~ (to)** conducir OR llevar (a) **- 2.** [give access to]: **to ~ (to OR into)** dar (a) **- 3.** [be winning] ir en cabeza **- 4.** [result in]: **to ~ to** conducir a **- 5.** [in cards] salir.

➤ **lead away** *vt sep*: **to ~ sb away** llevarse a alguien.

➤ **lead off** *vi* [road, corridor]: **to ~ off (from)** salir (de); [in card game, discussion] empezar.

➤ **lead on** *vt sep* [pretend to be attracted to] dar esperanzas a.

➤ **lead up to** *vt fus* **-1.** [build up to] conducir a, preceder **- 2.** [plan to introduce] apuntar a.

lead² [led] ⬦ *n* **-1.** [metal] plomo *m* **- 2.** [in pencil] mina *f*. ⬦ *comp* [made of or with lead] de plomo.

leaded ['ledɪd] *adj* **-1.** [petrol] con plomo **- 2.** [window] emplomado(da).

leaden ['lednl] *adj literary* **-1.** [dark grey] plomizo(za) **- 2.** [heavy] pesado(da).

leader ['li:dəʳ] *n* **-1.** [of party etc, in competition] líder *m* OR *f* **- 2.** *UK* [in newspaper] editorial *m*, artículo *m* de fondo.

leadership ['li:dəʃɪp] *n (U)* **-1.** [people in charge]: **the ~** los líderes, los dirigentes **- 2.** [position of leader] liderazgo *m* **- 3.** [qualities of leader] autoridad *f*, dotes *fpl* de líder.

lead-free [led-] *adj* sin plomo.

leading ['li:dɪŋ] *adj* **-1.** [major - athlete, writer] destacado(da); [- company] principal **- 2.** [main - role, part] principal **- 3.** [at front] que va en cabeza.

leading article *n UK* editorial *m*, artículo *m* de fondo.

leading lady *n* primera actriz *f*.

leading light *n* figura *f* destacada.

leading man *n* primer actor *m*.

leading question *n* pregunta *formulada de tal manera que sugiere una respuesta determinada*.

lead pencil [led-] *n* lápiz *m* de mina.

lead poisoning [led-] *n* saturnismo *m*.

lead time [li:d-] *n COMM* tiempo *m* de entrega.

leaf [li:f] (*pl* leaves) *n* **-1.** [of tree, book] hoja *f* **- 2.** [of table] hoja *f* abatible.

➤ **leaf through** *vt fus* hojear.

leaflet ['li:flɪt] ⬦ *n* [small brochure] folleto *m*;

[piece of paper] octavilla *f*. ⬦ *vt* repartir folletos en.

leafy ['li:fɪ] (*compar* -ier, *superl* -iest) *adj* frondoso(sa).

league [li:g] *n* [gen & SPORT] liga *f*; **to be in ~ with** [work with] estar confabulado con.

league table *n* clasificación *f*.

leak [li:k] ⬦ *n* **-1.** [hole - in tank, bucket] agujero *m*; [- in roof] gotera *f* **- 2.** [escape] escape *m*, fuga *f* **- 3.** [of information] filtración *f*. ⬦ *vt* [information] filtrar. ⬦ *vi* **-1.** [bucket] tener un agujero; [roof] tener goteras; [boot] calar **- 2.** [water, gas] salirse, escaparse; **to ~ (out) from** salirse de.

➤ **leak out** *vi* **-1.** [liquid] salirse, escaparse **- 2.** [secret, information] filtrarse.

leakage ['li:kɪdʒ] *n* fuga *f*, escape *m*.

leaky ['li:kɪ] (*compar* -ier, *superl* -iest) *adj* [tank, bucket] con agujeros; [roof] con goteras; [tap] que gotea.

lean [li:n] (*pt* & *pp* leant OR -ed) ⬦ *adj* **-1.** [person] delgado(da) **- 2.** [meat] magro(gra) **- 3.** [winter, year] de escasez. ⬦ *vt* [support, prop]: **to ~ sthg against** apoyar algo contra. ⬦ *vi* **-1.** [bend, slope] inclinarse; **to ~ out of the window** asomarse a la ventana **- 2.** [rest]: **to ~ on/against** apoyarse en/contra.

leaning ['li:nɪŋ] *n*: **~ (towards)** inclinación *f* (hacia OR por).

leant [lent] *pt* & *pp* ⊳ **lean**.

lean-to (*pl* lean-tos) *n* cobertizo *m*.

leap [li:p] (*pt* & *pp* leapt OR -ed) ⬦ *n* salto *m*. ⬦ *vi* [gen] saltar; [prices] dispararse.

➤ **leap at** *vt fus* [opportunity] no dejar escapar.

leapfrog ['li:pfrɒg] (*pt* & *pp* -ged, *cont* -ging) ⬦ *n* pídola *f*, rango *m RP*. ⬦ *vt* saltar.

leapt [lept] *pt* & *pp* ⊳ **leap**.

leap year *n* año *m* bisiesto.

learn [lɜ:n] (*pt* & *pp* -ed OR learnt) ⬦ *vt* **-1.** [acquire knowledge of, memorize] aprender; **to ~ (how) to do sthg** aprender a hacer algo **- 2.** [hear]: **to ~ (that)** enterarse de (que). ⬦ *vi* **-1.** [acquire knowledge] aprender **- 2.** [hear]: **to ~ (of OR about)** enterarse (de).

learned ['lɜ:nɪd] *adj* erudito(ta).

learner ['lɜ:nəʳ] *n* [beginner] principiante *m* OR *f*; [student] estudiante *m* OR *f*.

learner (driver) *n* conductor *m* principiante OR en prácticas.

learner's permit *n US* carné *m* de conducir provisional.

learning ['lɜ:nɪŋ] *n* saber *m*, erudición *f*.

learning curve *n* ritmo *m* de aprendizaje.

learnt [lɜ:nt] *pt* & *pp* ⊳ **learn**.

lease [li:s] ⬦ *n JUR* contrato *m* de arrendamiento, arriendo *m*; **to give sb a new ~ of life** *UK OR* **on life** *US* darle nueva vida a alguien. <> *vt* arrendar; **to ~ sthg from/to sb** arrendar algo de/a alguien.

leaseback ['li:sbæk] *n* retroarriendo *m*.

leasehold ['li:shəʊld] <> *adj* arrendado(da). <> *adv* en arriendo.

leaseholder ['li:s‚həʊldə'] *n* arrendatario *m*, -ria *f*.

leash [li:ʃ] *n* [for dog] correa *f*.

least [li:st] (*superl of* **little**) <> *adj* [smallest in amount, degree] menor; **he earns the ~ money** es el que menos dinero gana. <> *pron* [smallest amount]: **the ~** lo menos; **it's the ~ (that) he can do** es lo menos que puede hacer; **not in the ~** en absoluto; **to say the ~** por no decir otra cosa. <> *adv* [to the smallest amount, degree] menos.
  ◆ **at least** *adv* por lo menos, al menos.
  ◆ **least of all** *adv* y menos (todavía).
  ◆ **not least** *adv* sobre todo.

leather ['leðə'] <> *n* piel *f*, cuero *m*. <> *comp* [jacket, trousers] de cuero; [shoes, bag] de piel.

leatherette [‚leðə'ret] *n* polipiel *f*, skay *m*.

leave [li:v] (*pt & pp* **left**) <> *vt* **-1.** [gen] dejar; **he left it to her to decide** dejó que ella decidiera; **to ~ sb alone** dejar a alguien en paz; **it ~s me cold** me da igual, me trae al fresco **-2.** [go away from - place] irse de; [- house, room, work] salir de; [- wife] abandonar; **to ~ home** irse de casa **-3.** [do not take, forget] dejarse **-4.** [bequeath]: **to ~ sb sthg**, **to ~ sthg to sb** dejarle algo a alguien. <> *vi* [bus, train, plane] salir; [person] irse, marcharse. <> *n* [time off, permission] permiso *m*; **to be on ~** estar de permiso.
  ◆ **leave behind** *vt sep* **-1.** [abandon] dejar **-2.** [forget] dejarse **-3.** [walking, in race]: **to get left behind** quedarse atrás.
  ◆ **leave off** <> *vt sep* [omit] no incluir en. <> *vt fus* [stop]: **to ~ off (doing sthg)** dejar (de hacer algo). <> *vi*: **to carry on from where one left off** continuar desde donde uno lo había dejado.
  ◆ **leave out** *vt sep* **-1.** [omit] omitir **-2.** [exclude] excluir; **to feel left out** sentirse excluido(da).
  ◆ **leave over** *vt sep*: **to be left over** sobrar.

leave of absence *n* excedencia *f*.

leaves [li:vz] *pl* ⊳ **leaf**.

Lebanese [‚lebə'ni:z] (*pl inv*) <> *adj* libanés(esa). <> *n* [person] libanés *m*, -esa *f*.

Lebanon ['lebənən] *n*: **(the) ~** (el) Líbano.

lecherous ['letʃərəs] *adj* lascivo(va), lujurioso(sa).

lechery ['letʃəri] *n* lascivia *f*, lujuria *f*.

lectern ['lektən] *n* atril *m*.

lecture ['lektʃə'] <> *n* **-1.** [talk - at university] clase *f*; [- at conference] conferencia *f*; **to give a ~ (on)** [at university] dar una clase (sobre); [at conference] dar una conferencia (sobre) **-2.** [criticism, reprimand] sermón *m*. <> *vt* [scold] echar un sermón a. <> *vi* [give talk]: **to ~ (on/in)** [at university] dar clases (de/en); [at conference] dar una conferencia (sobre/en).

lecture hall *n* [at university] aula *f*; [in conference centre] sala *f* de conferencias.

lecturer ['lektʃərə'] *n* [at university] profesor *m*, -ra *f* de universidad.

lectureship ['lektʃəʃɪp] *n* [at university] puesto *m* de profesor de universidad.

lecture theatre *n* [at university] aula *f*; [in conference centre] sala *f* de conferencias.

led [led] *pt & pp* ⊳ **lead** [1].

LED (*abbr of* **light-emitting diode**) *n* LED *m*.

ledge [ledʒ] *n* **-1.** [of window] alféizar *m*, antepecho *m* **-2.** [of mountain] saliente *m*.

ledger ['ledʒə'] *n* libro *m* mayor.

lee [li:] *n* [shelter]: **in the ~ of** al abrigo de.

leech [li:tʃ] *n lit & fig* sanguijuela *f*.

leek [li:k] *n* puerro *m*.

leer [lɪə'] <> *n* mirada *f* lasciva. <> *vi*: **to ~ at sb** mirar lascivamente a alguien.

Leeward Islands ['li:wəd-] *npl*: **the ~** las islas de Sotavento.

leeway ['li:weɪ] *n* [room to manoeuvre] libertad *f* (de acción *OR* movimientos).

left [left] <> *adj* **-1.** [remaining]: **to be ~** quedar; **there's no wine ~** no queda vino **-2.** [not right] izquierdo(da). <> *adv* a la izquierda. <> *n* izquierda *f*; **on** *OR* **to the ~** a la izquierda; **keep to the ~!** [on road signs] ¡circulen por la izquierda!
  ◆ **Left** *n POL*: **the Left** la izquierda.

left-hand *adj* de la izquierda, izquierdo(da); **the ~ side** el lado izquierdo, la izquierda.

left-hand drive *n* vehículo *m* que tiene el volante a la izquierda.

left-handed [-'hændɪd] <> *adj* **-1.** [person] zurdo(da) **-2.** [implement] para zurdos **-3.** *US* [compliment] con doble sentido. <> *adv* con la (mano) izquierda.

left-hander [-'hændə'] *n* zurdo *m*, -da *f*.

Leftist *POL* <> *adj* izquierdista, de izquierdas. <> *n* izquierdista *m* or *f*.

left luggage (office) *n UK* consigna *f*.

leftover ['leftəʊvə'] *adj* sobrante.
  ◆ **leftovers** *npl* sobras *fpl*.

left wing *POL n* izquierda *f*.

➡ **left-wing** *adj* de izquierdas, izquierdista.

left-winger *n POL* izquierdista *m OR f*.

lefty ['leftɪ] (*pl* -ies) *n* -1. *UK inf pej* & *POL* izquierdoso *m*, -sa *f* -2. *US* [left-handed person] zurdo *m*, -da *f*.

leg [leg] *n* -1. [of person] pierna *f*; **to be on one's last** ~s estar en las últimas; **you don't have a** ~ **to stand on** no tienes en qué basarte; **to pull sb's** ~ tomarle el pelo a alguien -2. [of animal] pata *f* -3. [of trousers] pernera *f*, pierna *f* -4. *CULIN* [of lamb, pork] pierna *f*; [of chicken] muslo *m* -5. [of furniture] pata *f* -6. [of journey] etapa *f*; [of cup tie] partido *m*.

legacy ['legəsɪ] (*pl* -ies) *n lit* & *fig* legado *m*.

legal ['li:gl] *adj* -1. [lawful] legal -2. [concerning the law] jurídico(ca), legal.

legal action *n* pleito *m*, demanda *f*; **to take** ~ **against sb** presentar una demanda contra alguien.

legal aid *n* asistencia *f* de un abogado de oficio.

legality [li:'gælətɪ] *n* legalidad *f*.

legalize, -ise ['li:gəlaɪz] *vt* legalizar.

legally ['li:gəlɪ] *adv* legalmente; ~ **responsible** responsable ante la ley; ~ **binding** con fuerza de ley.

legal tender *n* moneda *f* de curso legal.

legation [lɪ'geɪʃn] *n* legación *f*.

legend ['ledʒənd] *n lit* & *fig* leyenda *f*.

legendary ['ledʒəndrɪ] *adj* legendario(ria).

leggings ['legɪŋz] *npl* mallas *fpl*.

leggy ['legɪ] (*compar* -ier, *superl* -iest) *adj* de largas y bonitas piernas.

legible ['ledʒəbl] *adj* legible.

legibly ['ledʒəblɪ] *adv* de manera legible.

legion ['li:dʒən] ◇ *n lit* & *fig* legión *f*. ◇ *adj fml*: **to be** ~ ser innumerables.

legionnaire's disease [ˌli:dʒə'neəz-] *n* legionella *f*.

legislate ['ledʒɪsleɪt] *vi* legislar; **to** ~ **for/against** dictar una ley a favor de/en contra de.

legislation [ˌledʒɪs'leɪʃn] *n* legislación *f*.

legislative ['ledʒɪslətɪv] *adj* legislativo(va).

legislator ['ledʒɪsleɪtə'] *n* legislador *m*, -ra *f*.

legislature ['ledʒɪsleɪtʃə'] *n* asamblea *f* legislativa.

legitimacy [lɪ'dʒɪtɪməsɪ] *n* legitimidad *f*.

legitimate [lɪ'dʒɪtɪmət] *adj* legítimo(ma).

legitimately [lɪ'dʒɪtɪmətlɪ] *adv* legítimamente.

legitimize, -ise [lɪ'dʒɪtəmaɪz] *vt* legitimar.

legless ['leglɪs] *adj UK inf* [drunk] trompa, como una cuba.

legroom ['legrʊm] *n (U)* espacio *m* para las piernas.

leg-warmers [-ˌwɔ:məz] *npl* calentadores *mpl*.

legwork ['legwɜ:k] *n (U)*: **to do the** ~ encargarse del trabajo de campo.

Leics (*abbr of* Leicestershire) *condado inglés*.

leisure [*UK* 'leʒə', *US* 'li:ʒər] *n* ocio *m*; **do it at your** ~ hazlo cuando tengas tiempo.

leisure centre *n* centro *m* deportivo y cultural.

leisurely [*UK* 'leʒəlɪ, *US* 'li:ʒərlɪ] *adj* lento(ta).

leisure time *n* tiempo *m* libre.

lemming ['lemɪŋ] *n* [animal] lemming *m*.

lemon ['lemən] *n* [fruit] limón *m*.

lemonade [ˌlemə'neɪd] *n* -1. *UK* [fizzy drink] gaseosa *f* -2. [made with fresh lemons] limonada *f*.

lemon curd *n UK* crema *f OR* cuajada *f* de limón.

lemon juice *n* zumo *m* de limón.

lemon sole *n* mendo *m* limón.

lemon squash *n UK* refresco *m* de limón.

lemon squeezer [-ˌskwi:zə'] *n* exprimidor *m*, exprimelimones *m inv*.

lemon tea *n* té *m* con limón.

lend [lend] (*pt* & *pp* lent) *vt* -1. [loan] prestar, dejar; **to** ~ **sb sthg, to** ~ **sthg to sb** prestarle algo a alguien -2. [offer]: **to** ~ **sthg (to sb)** prestar algo (a alguien); **to** ~ **sb a hand** echar una mano a alguien; **to** ~ **itself to sthg** prestarse a algo -3. [add]: **to** ~ **sthg to** prestar algo a.

lender ['lendə'] *n* prestamista *m OR f*.

lending library ['lendɪŋ-] *n* biblioteca *f* pública.

lending rate ['lendɪŋ-] *n* tipo *m* de interés (en un crédito).

length [leŋθ] *n* -1. [measurement] longitud *f*, largo *m*; **what** ~ **is it?** ¿cuánto mide de largo?; **it's a metre in** ~ tiene un metro de largo -2. [whole distance, size] extensión *f*; **throughout the** ~ **and breadth of** a lo largo y ancho de -3. [duration] duración *f* -4. [of swimming pool] largo *m* -5. [piece - of string, wood] trozo *m*; [- of cloth] largo *m* -6. *phr*: **to go to great** ~s **to do sthg** hacer todo lo posible para hacer algo.

➡ **at length** *adv* -1. [eventually] por fin -2. [in detail - speak] largo y tendido; [- discuss] con detenimiento.

lengthen ['leŋθən] ◇ *vt* alargar. ◇ *vi* alargarse.

lengthways ['leŋθweɪz] *adv* a lo largo.

lengthy ['leŋθɪ] (*compar* -ier, *superl* -iest) *adj* [stay, visit] extenso(sa); [discussions, speech] prolijo(ja), prolongado(da).

leniency ['li:njənsɪ] *n* indulgencia *f*.

lenient ['li:njənt] *adj* indulgente.

Leningrad ['lenɪŋgræd] *n* Leningrado.

Leninism ['lenɪnɪzml] *n* leninismo *m*.

lens [lenz] *n* **-1.** [in glasses] lente *f*; [in camera] objetivo *m* **-2.** [contact lens] lentilla *f*, lente *f* de contacto.

lent [lent] *pt & pp* ⊳ **lend**.

Lent [lent] *n* Cuaresma *f*.

lentil ['lentɪl] *n* lenteja *f*.

Leo ['li:əʊ] *n* Leo *m*; **to be (a)** ~ ser Leo.

leopard ['lepəd] *n* leopardo *m*.

leopardess ['lepədɪs] *n* leopardo *m* hembra.

leotard ['li:ətɑːd] *n* malla *f*.

leper ['lepə'] *n* leproso *m*, -sa *f*.

leprechaun ['leprəkɔːn] *n duende de las leyendas irlandesas*.

leprosy ['leprəsɪ] *n* lepra *f*.

lesbian ['lezbɪən] ⟨⟩ *adj* lesbiano(na). ⟨⟩ *n* lesbiana *f*.

lesbianism ['lezbɪənɪzml] *n* lesbianismo *m*.

lesion ['li:ʒn] *n* lesión *f*.

Lesotho [lə'səʊtəʊ] *n* Lesoto *f*.

less [les] *(compar of little)* ⟨⟩ *adj* menos; ~ ... than menos ... que; ~ **and** ~ cada vez menos ... ⟨⟩ *pron* menos; **the** ~ **you work, the** ~ **you earn** cuanto menos trabajas, menos ganas; **it costs** ~ **than you think** cuesta menos de lo que piensas; **no** ~ **than** nada menos que. ⟨⟩ *adv* menos; ~ **than five** menos de cinco; ~ **often** menos; ~ **and** ~ cada vez menos. ⟨⟩ *prep* [minus] menos.

lessee [le'si:] *n fml* [of land, business premises] arrendatario *m*, -ria *f*; [of house, flat] inquilino *m*, -na *f*.

lessen ['lesn] ⟨⟩ *vt* aminorar, reducir. ⟨⟩ *vi* aminorarse, reducirse.

lesser ['lesə'] *adj* menor; **to a** ~ **extent** OR **degree** en menor grado.

lesson ['lesn] *n* **-1.** [class] clase *f*; **to give/take** ~**s (in)** dar/recibir clases (de) **-2.** [warning experience] lección *f*; **to teach sb a** ~ darle una buena lección a alguien.

lessor [le'sɔ:'] *n fml* arrendador *m*, -ra *f*.

lest [lest] *conj fml* para que no; ~ **we forget** no sea que nos olvidemos.

let [let] *(pt & pp* **let,** *cont* **-ting)** *vt* **-1.** [allow]: **to** ~ **sb do sthg** dejar a alguien hacer algo; **to** ~ **sthg happen** dejar que algo ocurra; **she** ~ **her hair grow** se dejó crecer el pelo; **to** ~ **sb know sthg** avisar a alguien de algo; **to** ~ **go of sthg/sb** soltar algo/a alguien; **to** ~ **sthg/sb go** [release] liberar a algo/alguien, soltar a algo/alguien; **to** ~ **o.s. go** [relax] soltarse el pelo; [become slovenly] abandonarse **-2.** [in verb forms]: ~'**s go!** ¡vamos!; ~'**s see** veamos; ~ **him wait!**

¡déjale que espere! **-3.** [rent out - house, room] alquilar; [- land] arrendar; '**to** ~' 'se alquila'.

◆ **let alone** *adv* ni mucho menos.

◆ **let down** *vt sep* **-1.** [deflate] desinflar **-2.** [disappoint] fallar, defraudar.

◆ **let in** *vt sep* **-1.** [admit] dejar entrar; **he** ~ **himself in** entró con su llave **-2.** [leak] dejar pasar.

◆ **let in for** *vt sep*: **to** ~ **o.s. in for sthg** meterse en algo.

◆ **let in on** *vt sep*: **to** ~ **sb in on sthg** confiar OR revelar a alguien algo.

◆ **let off** *vt sep* **-1.** [excuse]: **to** ~ **sb off sthg** eximir a alguien de algo **-2.** [not punish] perdonar **-3.** [cause to explode - bomb] hacer estallar; [- gun] disparar **-4.** [gas] despedir.

◆ **let on** *vi*: **don't** ~ **on!** ¡no cuentes nada!

◆ **let out** *vt sep* **-1.** [allow to go out] dejar salir **-2.** [emit - sound] soltar.

◆ **let up** *vi* **-1.** [heat, rain] amainar **-2.** [person] parar.

letdown ['letdaʊn] *n inf* chasco *m*, decepción *f*.

lethal ['li:θl] *adj* letal, mortífero(ra).

lethargic [lə'θɑːdʒɪk] *adj* **-1.** [mood] letárgico(ca); [person] aletargado(da) **-2.** [apathetic] apático(ca).

lethargy ['leθədʒɪ] *n* **-1.** [drowsiness] letargo *m* **-2.** [apathy] apatía *f*.

let's [lets] = **let us**.

letter ['letə'] *n* **-1.** [written message] carta *f* **-2.** [of alphabet] letra *f*; **to the** ~ *fig* al pie de la letra.

letter bomb *n* carta *f* bomba.

letterbox ['letəbɒks] *n UK* buzón *m*.

letter carrier *n US* [postman] cartero *m*, -ra *f*.

letterhead ['letəhed] *n* membrete *m*.

lettering ['letərɪŋ] *n (U)* [writing] letra *f*.

letter of credit *n* carta *f* de crédito.

letter opener *n* abrecartas *m inv*.

letter-perfect *adj US* impecable.

letters patent *npl* patente *f*.

lettuce ['letɪs] *n* lechuga *f*.

letup ['letʌp] *n* tregua *f*, respiro *m*.

leuk(a)emia [luː'kiːmɪəl] *n* leucemia *f*.

levee ['levɪ] *n* [embankment] dique *m*.

level ['levl] *(UK pt & pp* **-led,** *cont* **-ling,** *US pt & pp* **-ed,** *cont* **-ing)** ⟨⟩ *adj* **-1.** [equal in speed, score] igualado(da); **they are** ~ van igualados; [equal in height] nivelado(da); **to be** ~ **(with sthg)** estar al mismo nivel (que algo) **-2.** [flat - floor, surface] liso(sa), llano(na); [- spoonful] raso(sa). ⟨⟩ *adv*: ~ **(with)** al mismo nivel OR altura (que); **to fly** ~ **with the ground** volar a ras de suelo; **to draw** ~ **with sb** llegar a la altura de alguien. ⟨⟩ *n* **-1.** [gen] nivel *m*; **to be on a** ~ **(with)** estar al mismo nivel (que) **-2.** *phr*: **to be**

on the ~ *inf* ser de fiar - **3.** [storey] piso *m* - **4.** *US* [spirit level] nivel *m* de burbuja de aire. <> *vt* - **1.** [make flat] allanar - **2.** [demolish - building] derribar; [- forest] arrasar - **3.** [weapon]: **to** ~ **sthg at** apuntar (con) algo a - **4.** [accusation, criticism]: **to** ~ **sthg at** *OR* **against sb** dirigir algo a alguien.

◆ **level off, level out** *vi* - **1.** [stabilize, slow down] estabilizarse - **2.** [ground] nivelarse; [plane] enderezarse.

◆ **level with** *vt fus inf* ser sincero(ra) con.

level crossing *n UK* paso *m* a nivel.

level-headed [-'hedɪd] *adj* sensato(ta), equilibrado(da).

level pegging [-'pegɪŋ] *adj UK*: **to be** ~ estar igualado(da).

lever [*UK* 'li:vəʳ, *US* 'levər] *n* - **1.** [handle, bar] palanca *f* - **2.** *fig* [tactic] resorte *m*.

leverage [*UK* 'li:vərɪdʒ, *US* 'levərɪdʒ] *n (U)* - **1.** [force] fuerza *f* de apalanque - **2.** *fig* [influence] influencia *f*.

leviathan [lɪ'vaɪəθn] *n* [huge thing or person] gigante *m*.

levitation [ˌlevɪ'teɪʃn] *n* levitación *f*.

levity ['levətɪ] *n* ligereza *f*.

levy ['levɪ] (*pt* & *pp* -**ied**) <> *n*: ~ **(on)** [financial contribution] contribución *f* (a *OR* para); [tax] tasa *f OR* impuesto *m* (sobre). <> *vt* - **1.** [impose] imponer - **2.** [collect] recaudar.

lewd [lju:d] *adj* [person, look] lascivo(va); [behaviour, song] obsceno(na); [joke] verde.

lexical ['leksɪkl] *adj* léxico(ca).

LI *abbr of* Long Island.

liability [ˌlaɪə'bɪlətɪ] (*pl* -**ies**) *n* - **1.** [legal responsibility]: ~ **(for)** responsabilidad *f* (de *OR* por) - **2.** [hindrance] estorbo *m*.

◆ **liabilities** *npl FIN* pasivo *m*, deudas *fpl*.

liable ['laɪəbl] *adj* - **1.** [likely]: **that's** ~ **to happen** eso pueda que ocurra - **2.** [prone]: **to be** ~ **to** ser propenso(sa) a - **3.** [legally responsible]: **to be** ~ **(for)** ser responsable (de).

liaise [lɪ'eɪz] *vi*: **to** ~ **(with)** estar en contacto (con); **to** ~ **(between)** servir de enlace (entre).

liaison [lɪ'eɪzɒn] *n* - **1.** [contact, co-operation]: ~ **(with/between)** coordinación *f* (con/entre), enlace *m* (con/entre) - **2.** [affair, relationship]: ~ **(with/between)** amorío *m* (con/entre).

liar ['laɪəʳ] *n* mentiroso *m*, -sa *f*.

Lib. *abbr of* Liberal.

Lib-Dem [lɪb'dem] *abbr of* Liberal Democrat.

libel ['laɪbl] (*UK pt* & *pp* -**led**, *cont* -**ling**, *US pt* & *pp* -**ed**, *cont* -**ing**) <> *n* libelo *m*. <> *vt* calumniar.

libellous *UK*, **libelous** *US* ['laɪbələs] *adj* difamatorio(ria).

liberal ['lɪbərəl] <> *adj* - **1.** [tolerant] liberal - **2.** [generous, abundant] generoso(sa). <> *n* liberal *m OR f*.

◆ **Liberal** *POL* <> *adj* liberal. <> *n* liberal *m OR f*.

liberal arts *npl esp US* letras *fpl*.

Liberal Democrat *UK* <> *adj* demócrata liberal. <> *n* demócrata liberal *m OR f*.

liberalize, -ise ['lɪbərəlaɪz] *vt* liberalizar.

liberal-minded [-'maɪndɪd] *adj* liberal.

liberate ['lɪbəreɪt] *vt* liberar.

liberation [ˌlɪbə'reɪʃn] *n* liberación *f*.

liberator ['lɪbəreɪtəʳ] *n* libertador *m*, -ra *f*.

Liberia [laɪ'bɪərɪə] *n* Liberia.

Liberian [laɪ'bɪərɪən] <> *adj* liberiano(na). <> *n* liberiano *m*, -na *f*.

libertine ['lɪbəti:n] *n* libertino *m*, -na *f*.

liberty ['lɪbətɪ] (*pl* -**ies**) *n* libertad *f*; **at** ~ en libertad; **to be at** ~ **to do sthg** ser libre de hacer algo; **to take liberties (with sb)** tomarse demasiadas libertades (con alguien).

libido [lɪ'bi:dəʊ] (*pl* -**s**) *n* libido *f*.

Libra ['li:brə] *n* Libra *f*; **to be (a)** ~ ser Libra.

librarian [laɪ'breərɪən] *n* bibliotecario *m*, -ria *f*.

librarianship [laɪ'breərɪənʃɪp] *n* biblioteconomía *f*.

library ['laɪbrərɪ] (*pl* -**ies**) *n* - **1.** [public institution] biblioteca *f* - **2.** [private collection] colección *f*.

library book *n* libro *m* de biblioteca.

libretto [lɪ'bretəʊ] (*pl* -**s**) *n* libreto *m*.

Libya ['lɪbɪə] *n* Libia.

Libyan ['lɪbɪən] <> *adj* libio(bia). <> *n* libio *m*, -bia *f*.

lice [laɪs] *pl* ▷ **louse**.

licence ['laɪsəns] <> *n* - **1.** [gen] permiso *m*, licencia *f*; **under** ~ con autorización *OR* permiso oficial - **2.** *AUT* carné *m OR* permiso *m* de conducir. <> *vt US* = **license**.

licence fee *n UK TV* impuesto anual que tienen que pagar todos los hogares con un televisor y que se usa para financiar la televisión pública.

licence number *n AUT* matrícula *f*.

license ['laɪsəns] <> *vt* [person, organization] dar licencia a; [activity] autorizar. <> *n US* = **licence**.

licensed ['laɪsənst] *adj* - **1.** [person]: **to be** ~ **to do sthg** estar autorizado(da) para hacer algo - **2.** [object] registrado(da), con licencia - **3.** *UK* [premises] autorizado(da) a vender alcohol.

licensee [ˌlaɪsən'si:] *n* concesionario *m*, -ria *f*.

license plate *n US* (placa *f* de) matrícula *f*.

licensing hours ['laɪsənsɪŋ-] *npl UK* horas en que un pub está autorizado a servir alcohol.

Tradicionalmente, los horarios comerciales de los pubs en Gran Bretaña han estado sujetos a una reglamentación muy estricta (ligada a la legislación sobre la venta de bebidas alcohólicas), aunque ésta se volvió más flexible a partir de 1988. En lugar de abrir únicamente de 11.30 a 14.30 h y de 18 a 23 h, desde ese año los pubs pueden hacer un horario de 11 a 23 h, excepto el domingo (de 11 a 15 h y de 19 a 22.30 h). En Escocia, esta reglamentación no es tan estricta.

licensing laws ['laɪsənsɪŋ-] npl UK leyes que controlan la venta de bebidas alcohólicas.

licentious [laɪ'senʃəs] adj fml & pej licencioso(sa).

lichen ['laɪkən] n liquen m.

lick [lɪk] <> n **-1.** [act of licking] lametón m, lametada f **-2.** inf [small amount]: **a ~ of paint** una mano de pintura. <> vt **-1.** lit & fig lamer, lamber Amér; **to ~ one's lips** relamerse (los labios) **-2.** inf [defeat] dar una paliza a.

licorice ['lɪkərɪs] = **liquorice**.

lid [lɪd] n **-1.** [cover] tapa f **-2.** [eyelid] párpado m.

lido ['liːdəʊ] (pl -es) n **-1.** UK [swimming pool] piscina f (al aire libre) **-2.** [resort] balneario m.

lie [laɪ] (pt sense 1 lied, pt senses 2-5 lay, pp sense 1 lied, pp senses 2-5 lain, cont all senses lying) <> n mentira f; **to tell ~s** contar mentiras, mentir. <> vi **-1.** [tell lie] mentir; **to ~ to sb** mentirle a alguien **-2.** [lie down] tumbarse, echarse; [be buried] yacer; **to be lying** estar tumbado(da) **-3.** [be situated] hallarse; **there is snow lying on the ground** hay nieve en el suelo; **he is lying in fourth place** se encuentra en cuarto lugar **-4.** [be - solution, attraction] hallarse, encontrarse **-5.** phr: **to ~ low** permanecer escondido(da).

➤ **lie about, lie around** vi estar or andar tirado(da).

➤ **lie down** vi tumbarse, echarse; **not to take sthg lying down** no quedarse cruzado de brazos ante algo.

➤ **lie in** vi UK quedarse en la cama hasta tarde.

Liechtenstein ['lɪktən,staɪn] n Liechtenstein.

lie detector n detector m de mentiras.

lie-down n UK: **to have a ~** echarse un rato.

lie-in n UK: **to have a ~** quedarse en la cama hasta tarde.

lieu [ljuː, luː]
➤ **in lieu** adv a cambio; **in ~ of** en lugar de.

Lieut. (abbr of lieutenant) ≃ Tte.

lieutenant [UK lef'tenənt, US luː'tenənt] n **-1.** MIL teniente m **-2.** [deputy] lugarteniente m or f **-3.** US [police officer] oficial m or f de policía.

lieutenant colonel n teniente m coronel.

life [laɪf] (pl lives) <> n **-1.** [gen] vida f; **that's ~!** ¡así es la vida!; **for ~** de por vida, para toda la vida; **for the ~ of me** inf por mucho que lo intento; **not on your ~!** inf ¡ni en broma!; **to breathe ~ into sthg** infundir una nueva vida a algo; **to come to ~** [thing] cobrar vida; [person] reanimarse de pronto; **how's ~?** inf ¿qué tal?; **to lay down one's ~** dar (uno) su vida; **to risk ~ and limb** jugarse el pellejo; **to scare the ~ out of sb** pegarle a alguien un susto de muerte; **to take sb's ~** acabar con la vida de alguien; **to take one's own ~** quitarse la vida **-2.** inf [life imprisonment] cadena f perpetua. <> comp [member etc] vitalicio(cia).

life-and-death adj [situation] de vida o muerte; [struggle] a vida o muerte.

life annuity n renta f or pensión f anual vitalicia.

life assurance = **life insurance**.

life belt n flotador m, salvavidas m inv.

lifeblood ['laɪfblʌd] n [source of strength] alma f, sustento m.

lifeboat ['laɪfbəʊt] n [on a ship] bote m salvavidas; [on shore] lancha f de salvamento.

life buoy n flotador m, salvavidas m inv.

life cycle n ciclo m vital.

life expectancy n expectativa f de vida.

lifeguard ['laɪfgɑːd] n socorrista m or f.

life imprisonment [-ɪm'prɪznmənt] n cadena f perpetua.

life insurance n (U) seguro m de vida.

life jacket n chaleco m salvavidas.

lifeless ['laɪflɪs] adj **-1.** [dead] sin vida **-2.** [listless] insulso(sa).

lifelike ['laɪflaɪk] adj realista, natural.

lifeline ['laɪflaɪn] n **-1.** [rope] cuerda f or cable m (de salvamento) **-2.** [something vital for survival] cordón m umbilical.

lifelong ['laɪflɒŋ] adj de toda la vida.

life peer n UK noble británico con título no hereditario.

life preserver [-prɪ,zɜːvəʳ] n US **-1.** [life jacket] chaleco m salvavidas **-2.** [life belt] flotador m, salvavidas m inv.

life raft n balsa f salvavidas.

lifesaver ['laɪf,seɪvəʳ] n **-1.** [person] socorrista m or f **-2.** fig [relief, help]: **it was a real ~** me salvó la vida, me sacó de un gran apuro.

life sentence n (condena f a) cadena f perpetua.

life-size(d) [-saɪz(d)] adj (de) tamaño natural.

lifespan ['laɪfspæn] n vida f.

lifestyle ['laɪfstaɪl] n estilo m or modo m de vida.

life-support system n aparato m de respiración artificial.

lifetime ['laiftaim] n vida f.

lift [lift] ◇ n -1. [ride - in car etc]: **to give sb a ~ (somewhere)** acercar OR llevar a alguien (a algún sitio), dar (un) aventón a alguien (a algún sitio) Col, Méx -2. UK [elevator] ascensor m, elevador m Méx. ◇ vt -1. [gen] levantar; **to ~ sthg down** bajar algo; **to ~ sthg out of sthg** sacar algo de algo -2. [plagiarize] copiar. ◇ vi -1. [rise] levantarse, alzarse -2. [disappear - mist] disiparse.

lift-off n despegue m.

ligament ['ligəmənt] n ligamento m.

light [lait] (pt & pp **lit** OR **-ed**) ◇ adj -1. [gen] ligero(ra); [rain] fino(na); [traffic] ligero(ra) -2. [not strenuous - duties, responsibilities] simple; [- work] suave; [- punishment] leve -3. [low-calorie, low-alcohol] light -4. [bright] luminoso(sa), lleno(na) de luz; **it's growing ~** se hace de día -5. [pale - colour] claro(ra). ◇ n -1. [brightness, source of light] luz f -2. [for cigarette, pipe] fuego m, lumbre f; **have you got a ~?** ¿tienes fuego? -3. [perspective]: **in the ~ of** UK, **in ~ of** US a la luz de; **to see sthg/sb in a different ~** ver algo/a alguien de otra manera distinta -4. literary [look in eyes] brillo m -5. phr: **to bring sthg to ~** sacar algo a la luz; **to come to ~** salir a la luz (pública); **to set ~** to prender fuego a; **to see the ~** verlo claro; **to throw** OR **cast** OR **shed ~ on** arrojar luz sobre. ◇ vt -1. [ignite] encender -2. [illuminate] iluminar. ◇ vi prenderse. ◇ adv [travel] con poco equipaje.
◆ **light up** ◇ vt sep -1. [illuminate] iluminar -2. [start smoking] encender. ◇ vi -1. [look happy] iluminarse, encenderse -2. inf [start smoking] encender un cigarrillo.

light aircraft (pl inv) n avioneta f.

light ale n UK tipo suave de cerveza rubia.

light bulb n bombilla f, foco m Méx, bombillo m CAm, Carib, Col, bombita f RP, bujía f CAm, ampolleta f Chile.

light cream n US nata f líquida.

lighted ['laitid] adj [illuminated] iluminado(da).

light-emitting diode [-ɪ'mɪtɪŋ-] n diodo m emisor de luz.

lighten ['laitn] ◇ vt -1. [make brighter - room] iluminar; [- hair] aclarar -2. [make less heavy] aligerar. ◇ vi -1. [brighten] aclararse -2. [become happier, more relaxed] alegrarse.

light entertainment n (U) espectáculos mpl de entretenimiento.

lighter ['laitə'] n [cigarette lighter] encendedor m, mechero m.

light-fingered [-'fɪŋgəd] adj inf largo(ga) de uñas.

light-headed [-'hedid] adj [dizzy] mareado(da); [emotionally] exaltado(da).

light-hearted [-'hɑːtɪd] adj -1. [cheerful] alegre -2. [amusing] frívolo(la).

lighthouse ['laithaʊs, pl -haʊzɪz] n faro m.

light industry n industria f ligera.

lighting ['laitɪŋ] n iluminación f; **street ~** alumbrado m público.

lighting-up time n hora f de encendida del alumbrado público.

lightly ['laitlɪ] adv -1. [gently] suavemente -2. [slightly] ligeramente -3. [frivolously] a la ligera.

light meter n fotómetro m.

lightning ['laitnɪŋ] n (U): **a flash of ~** un relámpago; **a bolt of ~** un rayo; **it was struck by ~** lo alcanzó un rayo.

lightning conductor UK, **lightning rod** US n pararrayos m inv.

lightning strike n UK huelga f salvaje.

lightning visit n visita f relámpago.

light opera n opereta f.

light pen n lápiz m óptico.

light railway n tren m ligero.

lights-out n hora en que se apagan las luces.

lightweight ['laitweit] ◇ adj -1. [object] ligero(ra) -2. fig [person] de poca monta. ◇ n -1. [boxer] peso m ligero -2. fig [person] figura f menor.

light year n año m luz.

likable ['laikəbl] adj simpático(ca).

like [laik] ◇ prep -1. [gen] como; (in questions or indirect questions) cómo; **what did it taste ~?** ¿a qué sabía?; **what did it look ~?** ¿cómo era?; **tell me what it's ~** dime cómo es; **something ~ £100** algo así como cien libras; **something ~ that** algo así, algo por el estilo -2. [in the same way as] como, igual que; **~ this/that** así -3. [typical of] propio(pia) OR típico(ca) de; **it's not ~ them** no es su estilo. ◇ vt -1. [find pleasant, approve of]: **I ~ cheese** me gusta el queso; **I ~ it/them** me gusta/gustan; **I don't ~ it/them** no me gusta/gustan; **he ~s doing** OR **to do sthg** (a él) le gusta hacer algo -2. [want] querer; **would you ~ some more?** ¿quieres un poco más?; **I'd ~ to come tomorrow** querría OR me gustaría venir mañana; **I'd ~ you to come to dinner** me gustaría que vinieras a cenar; **whenever you ~** cuando quieras; **I don't ~ to bother her** no quiero molestarla; [in shops, restaurants]: **I'd ~ a kilo of apples/the soup** póngame un kilo de manzanas/la sopa. ◇ vi querer; **if you ~** si quieres. ◇ adj [similar] semejante; [the same] igual. ◇ n: **the ~ of sb/ sthg** alguien/algo del estilo; **and the ~** y

similares, y cosas por el estilo; **I've never seen the ~ (of it)** nunca he visto nada igual.
◆ **likes** *npl* [things one likes] gustos *mpl*, preferencias *fpl*.
likeable ['laɪkəbl] = likable.
likelihood ['laɪklɪhʊd] *n* probabilidad *f*; **in all ~** con toda probabilidad.
likely ['laɪklɪ] <> *adj* -**1.** [probable] probable; **rain is ~** es probable que llueva; **he's ~ to come** es probable que venga; **a ~ story!** *iron* ¡puro cuento! -**2.** [suitable] indicado(da). <> *adv*: **most ~** muy probablemente.
like-minded [-'maɪndɪd] *adj* de ideas afines.
liken ['laɪkn] *vt*: **to ~ sthg/sb to** comparar algo/a alguien con.
likeness ['laɪknɪs] *n* -**1.** [resemblance]: **~ (to)** parecido *m* (con) -**2.** [portrait] retrato *m*.
likewise ['laɪkwaɪz] *adv* [similarly] de la misma forma; **to do ~** hacer lo mismo.
liking ['laɪkɪŋ] *n*: **to have a ~ for sthg** tener afición *f* por *OR* a algo; **to take a ~ to sb** tomar *OR* coger cariño *m* a alguien; **to be to sb's ~** ser del gusto de alguien; **for my/his ~** *etc* para mi/su gusto *etc*.
lilac ['laɪlək] <> *adj* [colour] lila. <> *n* -**1.** [tree, flower] lila *f* -**2.** [colour] lila *m*.
Lilo® ['laɪləʊ] (*pl* -s) *n UK* colchoneta *f*, colchón *m* hinchable.
lilt [lɪlt] *n* entonación *f*, deje *m*.
lilting ['lɪltɪŋ] *adj* melodioso(sa).
lily ['lɪlɪ] (*pl* -ies) *n* lirio *m*, azucena *f*.
lily of the valley (*pl* lilies of the valley) *n* lirio *m* de los valles.
Lima ['liːmə] *n* Lima.
limb [lɪm] *n* -**1.** [of body] miembro *m* -**2.** [of tree] rama *f* -**3.** *phr*: **to be out on a ~** estar aislado(da).
limber ['lɪmbə']
◆ **limber up** *vi* calentar, desentumecerse.
limbo ['lɪmbəʊ] (*pl* -s) *n* -**1.** (*U*) [uncertain state]: **to be in ~** estar en un estado de incertidumbre -**2.** [dance]: **the ~** el limbo.
lime [laɪm] *n* -**1.** [fruit] lima *f* -**2.** [drink]: **~ (juice)** lima *f* -**3.** [linden tree] tilo *m* -**4.** *CHEM* cal *f*.
lime cordial *n* refresco *m* de lima.
lime-green *adj* (de color) verde lima.
limelight ['laɪmlaɪt] *n*: **in the ~** en (el) candelero.
limerick ['lɪmərɪk] *n copla humorística de cinco versos*.
limestone ['laɪmstəʊn] *n* (*U*) (piedra *f*) caliza *f*.
limey ['laɪmɪ] (*pl* limeys) *n US inf término peyorativo que designa a un inglés*.
limit ['lɪmɪt] <> *n* -**1.** [gen] límite *m* -**2.** [test of patience]: **you're the ~!** *inf* ¡eres el colmo! -**3.**

phr: **off ~s** en zona prohibida; **within ~s** dentro de un límite. <> *vt* limitar; **to ~ o.s. to** limitarse a.
limitation [ˌlɪmɪ'teɪʃn] *n* limitación *f*.
limited ['lɪmɪtɪd] *adj* [restricted] limitado(da); **to be ~ to** estar limitado a.
limited edition *n* edición *f* limitada.
limited (liability) company *n* sociedad *f* limitada.
limitless ['lɪmɪtlɪs] *adj* ilimitado(da).
limo ['lɪməʊ] *n inf abbr of* limousine.
limousine ['lɪməziːn] *n* limusina *f*.
limp [lɪmp] <> *adj* flojo(ja). <> *n* cojera *f*; **to have a ~** cojear. <> *vi* cojear.
limpet ['lɪmpɪt] *n* lapa *f*.
limply ['lɪmplɪ] *adv* lánguidamente.
linchpin ['lɪntʃpɪn] *n fig* eje *m*.
Lincs. [lɪŋks] (*abbr of* Lincolnshire) *condado inglés*.
linctus ['lɪŋktəs] *n UK* jarabe *m* para la tos.
line [laɪn] <> *n* -**1.** [gen & *MIL*] línea *f* -**2.** [row] fila *f*; **in a ~** en fila -**3.** *esp US* [queue] cola *f*; **to stand** *OR* **wait in ~** hacer cola -**4.** [course - direction] línea *f*; [- of action] camino *m*; **to walk in a straight ~** andar en línea recta; **what's his ~ of business?** ¿a qué negocios se dedica?; **to follow the party ~** seguir las directrices del partido; **along the same ~s** por el estilo -**5.** [length - of rope, for washing] cuerda *f*; [- for fishing] sedal *m*; [- of wire] hilo *m*, cable *m* -**6.** *TELEC*: **(telephone) ~** línea *f* (telefónica); **hold the ~, please** no cuelgue, por favor; **the ~ is busy** está comunicando; **it's a bad ~** hay interferencias; **your wife is on the ~ for you** su mujer al teléfono -**7.** [on page] línea *f*, renglón *m*; [of poem, song] verso *m*; [letter]: **to drop sb a ~** *inf* mandar unas letras a alguien -**8.** [system of transport]: **(railway) ~** [track] vía *f* (férrea); [route] línea *f* (férrea); **shipping ~** [company] compañía *f* naviera; [route] ruta *f* marítima -**9.** [wrinkle] arruga *f* -**10.** [alignment]: **in ~** alineado(da); **to be in ~ for promotion** estar camino de un ascenso -**11.** [succession of kings etc] línea *f*; **a long ~ of mistakes** una larga serie de errores -**12.** [borderline] límite *m*, frontera *f* -**13.** *COMM* línea *f*; **~ of credit** línea *f* de crédito -**14.** *phr*: **to be on the right ~s** estar en el buen camino; **along similar ~s** de manera parecida; **to draw the ~ at sthg** no pasar por algo, negarse a algo; **to read between the ~s** leer entre líneas; **to step out of ~** saltarse las reglas. <> *vt* -**1.** [form rows along] alinearse a lo largo de; **crowds ~d the street** la gente se apiñaba a los lados de la calle -**2.** [coat, curtains] forrar; [drawer] cubrir el interior de.

➤ **lines** *npl* -**1.** *SCH castigo consistente en escribir la misma frase gran número de veces* -**2.** *THEATRE* papel *m.*

➤ **on the line** *adv*: **to be on the** ~ estar en juego.

➤ **out of line** *adv*: **to be out of** ~ estar fuera de lugar.

➤ **line up** ⬦ *vt sep* -**1.** [make into a row or queue] alinear -**2.** [arrange] programar, organizar. ⬦ *vi* [form a queue] alinearse, ponerse en fila.

lineage [ˈlɪnɪɪdʒ] *n fml* linaje *m.*

linear [ˈlɪnɪəʳ] *adj* lineal.

lined [laɪnd] *adj* -**1.** [of paper] reglado(da), de rayos -**2.** [wrinkled] arrugado(da).

line drawing *n* dibujo *m* lineal.

line feed *n* avance *m* de línea.

linen [ˈlɪnɪn] ⬦ *n* -**1.** [cloth] lino *m* -**2.** [tablecloths, sheets] ropa *f* blanca *OR* de hilo; **bed** ~ ropa *f* de cama. ⬦ *comp* -**1.** [suit, napkins] de hilo -**2.** [cupboard, drawer] de la ropa.

linen basket *n* cesta *f* de la ropa (sucia).

line-out *n* [in rugby] saque *m* de banda.

line printer *n* impresora *f* de línea.

liner [ˈlaɪnəʳ] *n* [ship] transatlántico *m.*

linesman [ˈlaɪnzmən] (*pl* -**men** [-mən]) *n* juez *m* de línea.

lineup [ˈlaɪnʌp] *n* -**1.** [of players, competitors] alineación *f* -**2.** *US* [identification parade] rueda *f* de identificación.

linger [ˈlɪŋgəʳ] *vi* -**1.** [remain - over activity] entretenerse; [- in a place] rezagarse -**2.** [persist] persistir.

lingerie [ˈlænʒərɪ] *n* ropa *f* interior femenina.

lingering [ˈlɪŋgrɪŋ] *adj* [illness, hopes] persistente; [death] lento(ta); [kiss] largo(ga).

lingo [ˈlɪŋgəʊ] (*pl* -**es**) *n inf* [foreign language] idioma *m*; [jargon] jerga *f.*

linguist [ˈlɪŋgwɪst] *n* -**1.** [someone good at languages]: **he's a good** ~ tiene facilidad para las lenguas -**2.** [student or teacher of linguistics] lingüista *m OR f.*

linguistic [lɪŋˈgwɪstɪk] *adj* lingüístico(ca).

linguistics [lɪŋˈgwɪstɪks] *n (U)* lingüística *f.*

liniment [ˈlɪnɪmənt] *n* linimento *m.*

lining [ˈlaɪnɪŋ] *n* -**1.** [gen & *AUT*] forro *m* -**2.** [of stomach, nose] paredes *fpl* interiores.

link [lɪŋk] ⬦ *n* -**1.** [of chain] eslabón *m*; **the weakest** ~ el punto más débil -**2.** [connection] conexión *f*, enlace *m*; **rail** ~ enlace ferroviario; **telephone** ~ conexión *or* línea *f* telefónica; ~**s (between/with)** lazos *mpl* (entre/con), vínculos *mpl* (entre/con). ⬦ *vt* -**1.** [connect - cities] comunicar, enlazar; [- computers] conectar; [- facts] relacionar, asociar; **to** ~

sthg with *OR* **to** relacionar *OR* asociar algo con -**2.** [join - arms] enlazar.

➤ **link up** *vt sep*: **to** ~ **sthg up (with)** conectar algo (con).

linkage [ˈlɪŋkɪdʒ] *n (U)* [relationships] conexión *f.*

linked [lɪŋkt] *n* -**1.** [connected - cities] unido(da); [- computers] conectado(da); [- facts] relacionado(da) -**2.** [joined - arms] enlazado(da).

links [lɪŋks] (*pl inv*) *n* campo *m* de golf (*cerca del mar*).

linkup [ˈlɪŋkʌp] *n* [of TV channels] conexión *f*; [of spaceships] acoplamiento *m.*

lino [ˈlaɪnəʊ], **linoleum** [lɪˈnəʊljəm] *n* linóleo *m.*

linseed oil [ˈlɪnsi:d-] *n* aceite *m* de linaza.

lint [lɪnt] *n (U)* -**1.** [dressing] hilas *fpl* -**2.** *US* [fluff] pelusa *f.*

lintel [ˈlɪntl] *n* dintel *m.*

lion [ˈlaɪən] *n* león *m.*

lion cub *n* cachorro *m* de león.

lioness [ˈlaɪənes] *n* leona *f.*

lionize, -ise [ˈlaɪənaɪz] *vt* encumbrar.

lip [lɪp] *n* -**1.** [of mouth] labio *m*; **my** ~**s are sealed** soy una tumba; **to keep a stiff upper** ~ mantener el tipo -**2.** [of cup] borde *m*; [of jug] pico *m.*

liposuction [ˈlɪpəʊˌsʌkʃən] *n* liposucción *f.*

lip-read *vi* leer los labios.

lip-reading *n* lectura *f* de labios.

lip salve [-sælv] *n UK* vaselina® *f*, cacao *m.*

lip service *n*: **to pay** ~ **to sthg** hablar en favor de algo sin hacer nada al respeto.

lipstick [ˈlɪpstɪk] *n* -**1.** [container] lápiz *m OR* barra *f* de labios -**2.** [substance] carmín *m.*

liquefy [ˈlɪkwɪfaɪ] (*pt* & *pp* -**ied**) ⬦ *vt* licuar. ⬦ *vi* licuarse.

liqueur [lɪˈkjʊəʳ] *n* licor *m.*

liquid [ˈlɪkwɪd] ⬦ *adj* líquido(da). ⬦ *n* líquido *m.*

liquid assets *npl* activo *m* disponible.

liquidate [ˈlɪkwɪdeɪt] *vt* liquidar.

liquidation [ˌlɪkwɪˈdeɪʃn] *n* liquidación *f*; **to go into** ~ ir a la quiebra.

liquidator [ˈlɪkwɪdeɪtəʳ] *n* liquidador *m*, -ra *f.*

liquid crystal display *n* pantalla *f* de cristal líquido.

liquidity [lɪˈkwɪdətɪ] *n* [having money] liquidez *f.*

liquidize, -ise [ˈlɪkwɪdaɪz] *vt UK* licuar.

liquidizer [ˈlɪkwɪdaɪzəʳ] *n UK* licuadora *f.*

liquor [ˈlɪkəʳ] *n (U) esp US* alcohol *m*, bebida *f* alcohólica.

liquorice [ˈlɪkərɪʃ, ˈlɪkərɪs] *n (U)* regaliz *m.*

liquor store *n US tienda donde se venden bebidas alcohólicas para llevar.*

lira [ˈlɪərəl] *n* lira *f.*

Lisbon ['lɪzbən] *n* Lisboa.

lisp [lɪsp] <> *n* ceceo *m*. <> *vi* cecear.

lissom(e) ['lɪsəm] *adj literary* grácil, esbelto(ta).

list [lɪst] <> *n* lista *f*. <> *vt* -1. [in writing] hacer una lista de -2. [in speech] enumerar. <> *vi* NAUT escorar.

listed building [,lɪstɪd-] *n UK edificio declarado de interés histórico y artístico*.

listed company [,lɪstɪd-] *n UK* sociedad *f* que se cotiza en bolsa.

listen ['lɪsn] *vi* -1. [give attention]: **to ~ (to sthg/sb)** escuchar (algo/a alguien); **to ~ for** estar atento a -2. [heed advice]: **to ~ (to sb/sthg)** hacer caso (a alguien/de algo); **to ~ to reason** atender a razones.
◆ **listen in** *vi* -1. RADIO: **to ~ in (to a programme)** escuchar OR sintonizar (un programa en) una emisora -2. [eavesdrop]: **to ~ in (on sthg)** escuchar (algo) a hurtadillas.
◆ **listen up** *vi US inf* escuchar.

listener ['lɪsnər] *n* -1. [person listening]: **she's a good ~** sabe escuchar -2. [to radio] radioyente *m* OR *f*.

listeria [lɪsˈtiːəriə] *n* -1. [illness] listeriosis *f inv* -2. [bacteria] listeria *f*.

listing ['lɪstɪŋ] *n* listado *m*.
◆ **listings** *npl* cartelera *f*.

listless ['lɪstlɪs] *adj* apático(ca).

list price *n* precio *m* de catálogo.

lit [lɪt] *pt & pp* > **light**.

litany ['lɪtənɪ] (*pl* -ies) *n lit & fig* letanía *f*.

liter US = **litre**.

literacy ['lɪtərəsɪ] *n* alfabetización *f*.

literal ['lɪtərəl] *adj* literal.

literally ['lɪtərəlɪ] *adv* literalmente; **to take sthg ~** tomarse algo al pie de la letra.

literary ['lɪtərərɪ] *adj* [gen] literario(ria).

literate ['lɪtərət] *adj* -1. [able to read and write] alfabetizado(da) -2. [well-read] culto(ta), instruido(da).

literature ['lɪtrətʃər] *n* -1. [novels, plays, poetry] literatura *f* -2. [books on a particular subject] publicaciones *fpl*, bibliografía *f* -3. [printed information] documentación *f*.

lithe [laɪð] *adj* ágil.

lithium ['lɪθɪəm] *n* litio *m*.

lithograph ['lɪθəgrɑːf] *n* litografía *f*.

Lithuania [,lɪθjʊˈeɪnɪə] *n* Lituania.

Lithuanian [,lɪθjʊˈeɪnjən] <> *adj* lituano(na). <> *n* -1. [person] lituano *m*, -na *f* -2. [language] lituano *m*.

litigant ['lɪtɪgənt] *n fml* litigante *m* OR *f*, pleiteante *m* OR *f*.

litigate ['lɪtɪgeɪt] *vi fml* litigar, pleitear.

litigation [,lɪtɪˈgeɪʃn] *n fml* litigio *m*, pleito *m*.

litmus paper ['lɪtməs-] *n* papel *m* de tornasol.

litmus test ['lɪtməs-] *n fig* prueba *f* de fuego.

litre UK, **liter** US ['liːtər] *n* litro *m*.

litter ['lɪtər] <> *n* -1. [waste material] basura *f* -2. [newborn animals] camada *f*. <> *vt*: **to ~ sthg (with)** ensuciar algo (de); **papers ~ed the floor** había papeles esparcidos por el suelo.

litterbin ['lɪtə,bɪn] *n UK* papelera *f*.

litterlout UK ['lɪtəlaʊt], **litterbug** ['lɪtəbʌg] *n persona que ensucia la vía pública*.

litter tray *n* bandeja para la arena del gato.

little ['lɪtl] (*compar sense 3* **less**, *superl sense 3* **least**) <> *adj* -1. [small in size, younger] pequeño(ña); **a ~ dog** un perrito; **you poor ~ thing!** ¡pobrecillo! -2. [short in length] corto(ta); **a ~ while** un ratito -3. [not much] poco(ca); **a ~ bit** un poco; **he speaks ~ English** habla poco inglés; **he speaks a ~ English** habla un poco de inglés. <> *pron*: **I understood very ~** entendí muy poco; **a ~** un poco; **a ~ under half** algo menos de la mitad. <> *adv* poco; **~ by ~** poco a poco.

little finger *n* dedo *m* meñique.

little-known *adj* poco conocido(da).

little toe *n* meñique *m* del pie.

liturgy ['lɪtədʒɪ] (*pl* -ies) *n* [form of worship] liturgia *f*.

live¹ [lɪv] <> *vi* -1. [gen] vivir; **the greatest that ever ~d** el mejor de todos los tiempos -2. [continue to be alive] seguir viviendo, vivir; **long ~ the Queen!** ¡viva la reina! <> *vt* vivir; **to ~ a quiet life** llevar una vida tranquila; **to ~ it up** *inf* pegarse la gran vida.
◆ **live down** *vt sep* lograr hacer olvidar.
◆ **live for** *vt fus* vivir para.
◆ **live in** *vi* [student] ser interno(na); [servant, nanny] residir OR vivir en la casa.
◆ **live off** *vt fus* [savings, land] vivir de; [people] vivir a costa de.
◆ **live on** <> *vt fus* -1. [survive on] vivir con OR de; **it wasn't enough to ~ on** no daba para vivir -2. [eat] vivir de, alimentarse de. <> *vi* [memory, feeling] permanecer, perdurar.
◆ **live out** *vt fus* -1. [life] acabar; **he won't ~ out the month** no va a vivir hasta finales de mes -2. [dream, fantasy] realizar.
◆ **live together** *vi* vivir juntos.
◆ **live up to** *vt fus* estar a la altura de.
◆ **live with** *vt fus* -1. [live in same house as] vivir con -2. [accept - situation, problem] aceptar.

live² [laɪv] <> *adj* -1. [living] vivo(va) -2. [coals] encendido(da) -3. [bomb] sin explotar; [ammunition] real -4. ELEC cargado(da) -5. [broadcast, performance] en directo. <> *adv* [broadcast, perform] en directo, en vivo.

live-in [lɪv-] *adj inf* [housekeeper] residente; Jane's ~ lover el amante de Jane instalado en su casa.

livelihood ['laɪvlɪhʊd] *n* sustento *m*, medio *m* de vida.

liveliness ['laɪvlɪnɪs] *n* [of person] vivacidad *f*, viveza *f*; [of mind] sagacidad *f*, agudeza *f*; [of debate] animación *f*.

lively ['laɪvlɪ] (*compar* -ier, *superl* -iest) *adj* -1. [person, debate, time] animado(da) -2. [mind] agudo(da), perspicaz -3. [colours] vivo(va).

liven ['laɪvn]
➡ **liven up** ⬦ *vt sep* animar. ⬦ *vi* animarse.

liver ['lɪvəʳ] *n* hígado *m*.

Liverpudlian [ˌlɪvəˈpʌdlɪən] ⬦ *adj de o relativo a* Liverpool. ⬦ *n natural o habitante de* Liverpool.

liver sausage *UK*, **liverwurst** *US* ['lɪvəwɜːst] *n* paté *m* de hígado en embutido.

livery ['lɪvərɪ] (*pl* -ies) *n* [of servant] librea *f*; [of company] uniforme *m*.

lives [laɪvz] *pl* ⬐ life.

livestock ['laɪvstɒk] *n* ganado *m*.

live wire [laɪv-] *n* -1. [wire] cable *m* cargado *OR* con corriente -2. *inf* [person] persona *f* llena de vida.

livid ['lɪvɪd] *adj* -1. [angry] furioso(sa) -2. [blue-grey] lívido(da).

living ['lɪvɪŋ] ⬦ *adj* [relatives, language] vivo(va); [artist etc] contemporáneo(a). ⬦ *n* -1. [means of earning money] medio *m* de vida; **what do you do for a ~?** ¿cómo te ganas la vida?; **to earn a ~** ganarse la vida -2. [lifestyle] vida *f*.

living conditions *npl* condiciones *fpl* de vida.

living expenses *npl* gastos *mpl* de mantenimiento.

living room *n* sala *f* de estar, salón *m*.

living standards *npl* nivel *m* de vida.

lizard ['lɪzəd] *n* [small] lagartija *f*; [big] lagarto *m*.

llama ['lɑːmə] (*pl inv OR* -s) *n* llama *f*.

lo [ləʊ] *excl*: ~ **and behold** ¡he aquí!

load [ləʊd] ⬦ *n* -1. [thing carried] carga *f* -2. [amount of work]: **a heavy/light ~** mucho/poco trabajo -3. [large amount]: **~s/a load of** *inf* montones *OR* un montón de; **it was a ~ of rubbish** *inf* fue una porquería. ⬦ *vt* -1. [gen *OR* *COMPUT*]: **to ~ sthg/sb (with)** cargar algo/a alguien (de) -2. [camera, video recorder]: **he ~ed the camera with a film** cargó la cámara con una película.
➡ **load up** *vt sep* & *vi* cargar.

loaded ['ləʊdɪd] *adj* -1. [dice] trucado(da); [question, statement] con doble sentido *OR* intención -2. *inf* [rich] forrado(da).

loading bay ['ləʊdɪŋ-] *n* zona *f* de carga y descarga.

loaf [ləʊf] (*pl* loaves) *n* [of bread] pan *m*; **a ~ of bread** un pan.

loafer ['ləʊfəʳ] *n* [shoe] mocasín *m*.

loam [ləʊm] *n* marga *f*.

loan [ləʊn] ⬦ *n* préstamo *m*; **on ~** prestado(da). ⬦ *vt* prestar; **to ~ sthg to sb, to ~ sb sthg** prestar algo a alguien.

loan account *n* cuenta *f* de crédito.

loan capital *n* capital *m* en préstamo.

loan shark *n inf pej* usurero *m*, -ra *f*.

loath [ləʊθ] *adj*: **to be ~ to do sthg** ser reacio(cia) a hacer algo.

loathe [ləʊð] *vt*: **to ~ (doing sthg)** aborrecer *OR* detestar (hacer algo).

loathing ['ləʊðɪŋ] *n* aborrecimiento *m*, odio *m*.

loathsome ['ləʊðsəm] *adj* [person, behaviour] odioso(sa), detestable; [smell] repugnante.

loaves [ləʊvz] *pl* ⬐ loaf.

lob [lɒb] (*pt* & *pp* -bed, *cont* -bing) ⬦ *n TENNIS* lob *m*. ⬦ *vt* -1. [throw] lanzar -2. *TENNIS* [ball] hacer un lob con, bombear; [opponent] hacer un lob a.

lobby ['lɒbɪ] (*pl* -ies, *pt* & *pp* -ied) ⬦ *n* -1. [hall] vestíbulo *m* -2. [pressure group] grupo *m* de presión, lobby *m*. ⬦ *vt* ejercer presión (política) sobre.

lobbyist ['lɒbɪɪst] *n* miembro *m OR* *f* de un lobby.

lobe [ləʊb] *n* lóbulo *m*.

lobelia [ləˈbiːljə] *n* lobelia *f*.

lobotomy [ləˈbɒtəmɪ] (*pl* -ies) *n* lobotomía *f*.

lobster ['lɒbstəʳ] *n* langosta *f*.

local ['ləʊkl] ⬦ *adj* local. ⬦ *n inf* -1. [person]: **the ~s** [in village] los lugareños; [in town] los vecinos del lugar -2. *UK* [pub] bar *m* del barrio -3. *US* [bus, train] ómnibus *m*.

local anaesthetic *n* anestesia *f* local.

local area network *n COMPUT* red *f* de área local.

local authority *n UK* autoridad *f* local.

local call *n* llamada *f* local.

local colour *n* ambientación *f*.

local derby *n UK* partido *m* entre dos equipos locales.

locale [ləʊˈkɑːl] *n fml* lugar *m*, emplazamiento *m*.

local government *n* gobierno *m* municipal.

locality [ləʊˈkælətɪ] (*pl* -ies) *n* localidad *f*.

localized, -ised ['ləʊkəlaɪzd] *adj* localizado(da).

locally ['ləʊkəlɪ] *adv* -1. [on local basis] localmente, en el lugar **- 2.** [nearby] cerca, por la zona.

local time *n* hora *f* local.

locate [*UK* ləʊˈkeɪt, *US* ˈləʊkeɪt] ◇ *vt* **- 1.** [find] localizar **- 2.** [situate] ubicar. ◇ *vi US* [settle] establecerse.

location [ləʊˈkeɪʃn] *n* **- 1.** [place] ubicación *f*, situación *f* **- 2.** [finding] localización *f* **- 3.** CINEMA: **on** ∼ en exteriores.

loc. cit. (*abbr of* loco citato) loc. cit.

loch [lɒk] *n Scot* lago *m*.

lock [lɒk] ◇ *n* **- 1.** [of door] cerradura *f*, chapa *f Amér*, [of bicycle] candado *m*; **under** ∼ **and key** bajo siete llaves **- 2.** [on canal] esclusa *f* **- 3.** AUT [steering lock] ángulo *m* de giro **- 4.** *literary* [of hair] mechón *m* **- 5.** *phr*: ∼, **stock and barrel** por completo. ◇ *vt* **- 1.** [with key] cerrar con llave; [with padlock] cerrar con candado **- 2.** [keep safely] poner bajo llave **- 3.** [immobilize] bloquear **- 4.** [hold firmly]: **to be** ∼**ed in an embrace** estar abrazados(das) fuertemente; **to be** ∼**ed in combat** estar enzarzados(das) en una lucha. ◇ *vi* **- 1.** [with key, padlock] cerrarse **- 2.** [become immobilized] bloquearse.

➤ **locks** *npl literary* [hair] cabellos *mpl*.
➤ **lock in** *vt sep* encerrar.
➤ **lock out** *vt sep* **- 1.** [accidentally] dejar fuera al cerrar accidentalmente la puerta; **to** ∼ **o.s. out** quedarse fuera (*por olvidarse la llave dentro*) **- 2.** [deliberately] dejar fuera a.
➤ **lock up** ◇ *vt sep* **- 1.** [person - in prison], encerrar; [- in asylum] internar **- 2.** [house] cerrar (con llave) **- 3.** [valuables] guardar bajo llave. ◇ *vi* cerrar (con llave).

lockable [ˈlɒkəbl] *adj* bloqueable.
locker [ˈlɒkəʳ] *n* taquilla *f*, armario *m*.
locker room *n US* vestuario *m* con taquillas.
locket [ˈlɒkɪt] *n* guardapelo *m*.
lockout [ˈlɒkaʊt] *n* cierre *m* patronal.
locksmith [ˈlɒksmɪθ] *n* cerrajero *m*, -ra *f*.
lockup [ˈlɒkʌp] *n* **- 1.** [prison] calabozo *m*, prisión *f* **- 2.** *UK* [garage] garaje *m*.
loco [ˈləʊkəʊ] (*pl* **-s**) *inf* ◇ *adj US* loco(ca). ◇ *n UK* [locomotive] locomotora *f*.
locomotive [ˌləʊkəˈməʊtɪv] *n* locomotora *f*.
locum [ˈləʊkəm] (*pl* **-s**) *n* interino *m*, -na *f*.
locust [ˈləʊkəst] *n* langosta *f* (*insecto*).
lodge [lɒdʒ] ◇ *n* **- 1.** [caretaker's etc room] portería *f* **- 2.** [of manor house] casa *f* del guarda **- 3.** [for hunting] refugio *m* **- 4.** [of freemasons] logia *f*. ◇ *vi* **- 1.** [stay]: **to** ∼ **(with sb)** alojarse (con alguien) **- 2.** [become stuck] alojarse **- 3.** *fig* [in mind] grabarse. ◇ *vt fml* [appeal, complaint] presentar.
lodger [ˈlɒdʒəʳ] *n* huésped *m* OR *f*.

lodging [ˈlɒdʒɪŋ] ➤ **board**.
➤ **lodgings** *npl* habitación *f* (alquilada).
loft [lɒft] *n* [in house] desván *m*, entretecho *m Chile, Col*; [for hay] pajar *m*; *US* [warehouse apartment] *almacén reformado y convertido en apartamento*.
lofty [ˈlɒftɪ] (*compar* **-ier**, *superl* **-iest**) *adj* **- 1.** [noble] noble, elevado(da) **- 2.** *pej* [haughty] arrogante, altanero(ra) **- 3.** *literary* [high] elevado(da), alto(ta).
log [lɒg] (*pt* & *pp* **-ged**, *cont* **-ging**) ◇ *n* **- 1.** [of wood] tronco *m*; [for fire] leño *m* **- 2.** [written record - of ship] diario *m* de a bordo; [- COMPUT] registro *m*. ◇ *vt* registrar.
➤ **log in** *vi* COMPUT entrar.
➤ **log off** *vi* COMPUT salir.
➤ **log on** *vi* COMPUT entrar.
➤ **log out** *vi* COMPUT salir.
loganberry [ˈləʊgənbərɪ] (*pl* **-ies**) *n* zarza *f* frambuesa.
logarithm [ˈlɒgərɪðm] *n* logaritmo *m*.
logbook [ˈlɒgbʊk] *n* **- 1.** [of ship] diario *m* de a bordo; [of plane] diario *m* de vuelo **- 2.** [of car] documentación *f*.
log cabin *n* cabaña *f*.
log fire *n* fuego *m* (de leña).
loggerheads [ˈlɒgəhedz] *n*: **to be at** ∼ estar a matar.
logging [ˈlɒgɪŋ] *n* tala *f* de árboles.
logic [ˈlɒdʒɪk] *n* lógica *f*.
logical [ˈlɒdʒɪkl] *adj* lógico(ca).
logically [ˈlɒdʒɪklɪ] *adv* **- 1.** [gen] lógicamente **- 2.** [reasonably, sensibly] razonablemente, sensatamente.
logistical [ləˈdʒɪstɪkl] *adj* logístico(ca).
logistics [ləˈdʒɪstɪks] ◇ *n* (U) logística *f*. ◇ *npl* logística *f*.
logjam [ˈlɒgdʒæm] *n* atolladero *m*.
logo [ˈləʊgəʊ] (*pl* **-s**) *n* logo *m*, logotipo *m*.
logrolling [ˈlɒgrəʊlɪŋ] *n* (U) *US* acción de *alabar o respaldar el trabajo de alguien para recibir después el mismo trato*.
loin [lɔɪn] *n* lomo *m*.
➤ **loins** *npl* ijada *f*; **to gird one's** ∼**s** prepararse para la batalla.
loincloth [ˈlɔɪnklɒθ] *n* taparrabos *m inv*.
loiter [ˈlɔɪtəʳ] *vi* [for bad purpose] merodear; [hang around] vagar.
loll [lɒl] *vi* **- 1.** [sit, lie about] repantigarse **- 2.** [hang down] colgar; **his head was** ∼**ing** cabeceaba.
lollipop [ˈlɒlɪpɒp] *n* pirulí *m*.
lollipop lady *n UK mujer encargada de parar el tráfico en un paso de cebra para que crucen los niños*.
lollipop man *n UK hombre encargado de*

parar el tráfico en un paso de cebra para que crucen los niños.

lolly ['lɒlɪ] (*pl* -**ies**) *n inf* - **1.** [lollipop] pirulí *m* - **2.** *UK* [ice lolly] polo *m* - **3.** *UK* [money] pasta *f*.

London ['lʌndən] *n* Londres.

Londoner ['lʌndənəʳ] *n* londinense *m* OR *f*.

lone [ləʊn] *adj* solitario(ria).

loneliness ['ləʊnlɪnɪs] *n* soledad *f*.

lonely ['ləʊnlɪ] (*compar* -**ier**, *superl* -**iest**) *adj* - **1.** [person] solo(la) - **2.** [time, childhood, place] solitario(ria).

lone parent *n UK* [man] padre *m* soltero; [woman] madre *f* soltera.

loner ['ləʊnəʳ] *n* solitario *m*, -ria *f*.

lonesome ['ləʊnsəm] *adj US inf* - **1.** [person] solo(la) - **2.** [place] solitario(ria).

long [lɒŋ] *adj* largo(ga); **the table is 5m** ~ la mesa mide OR tiene 5m de largo; **two days** ~ de dos días de duración; **the journey is 50km** ~ el viaje es de 50 km; **the book is 500 pages** ~ el libro tiene 500 páginas; **a** ~ **time** mucho tiempo; **a** ~ **way from** muy lejos de. *adv* mucho tiempo; **how** ~ **will it take?** ¿cuánto se tarda?; **how** ~ **will you be?** ¿cuánto tardarás?; **how** ~ **have you been waiting?** ¿cuánto tiempo llevas esperando?; **how** ~ **have you known them?** ¿cuánto hace que los conoces?; **how** ~ **is the journey?** ¿cuánto hay de viaje?; **I'm no** ~ **er young** ya no soy joven; **I can't wait any** ~ **er** no puedo esperar más; **as** ~ **as a week** hasta una semana; **so** ~ *inf* hasta luego OR pronto; **before** ~ pronto; **for** ~ mucho tiempo. *n*: **the** ~ **and the short of it is that ...** en pocas palabras lo que pasa es que ... *vt*: **to** ~ **to do sthg** desear ardientemente hacer algo.

▪ **as long as, so long as** *conj* mientras; **as** ~ **as you do it, so will I** siempre y cuando tú lo hagas, yo también lo haré.

▪ **long for** *vt fus* desear ardientemente.

long. (*abbr of* **longitude**) long.

long-awaited [-ə'weɪtɪd] *adj* tan esperado (tan esperada).

long-distance *adj* [runner] de fondo; [lorry driver] para distancias grandes.

long-distance call *n* conferencia *f* (telefónica) *Esp*, llamada *f* de larga distancia.

long division *n* división *f* no abreviada.

long-drawn-out *adj* interminable.

long drink *n* [without alcohol] refresco *m*; [with alcohol] combinado *m*.

longevity [lɒn'dʒevətɪ] *n* longevidad *f*.

longhaired [ˌlɒŋ'heəd] *adj* de pelo largo.

longhand ['lɒŋhænd] *n* escritura *f* a mano.

long-haul *adj* de larga distancia.

longing ['lɒŋɪŋ] *adj* anhelante. *n* - **1.** [desire] anhelo *m*, deseo *m*; [nostalgia] nostalgia *f*, añoranza *f* - **2.** [strong wish]: **(a)** ~ **(for)** (un) ansia *f* (de).

longingly ['lɒŋɪŋlɪ] *adv* de manera anhelante.

Long Island *n* Long Island.

longitude ['lɒndʒɪtjuːd] *n* longitud *f*.

long johns *npl* calzones *mpl* largos.

long jump *n* salto *m* de longitud.

long-lasting *adj* duradero(ra).

long-life *adj* de larga duración.

long-lost *adj* desaparecido(da) hace tiempo.

long-playing record [-'pleɪɪŋ-] *n* elepé *m*.

long-range *adj* - **1.** [missile, bomber] de largo alcance - **2.** [plan, forecast] a largo plazo.

long-running *adj* [TV programme] en antena mucho tiempo; [play] en cartelera mucho tiempo; [dispute] que dura desde tiempo inmemorial.

longshoreman ['lɒŋʃɔːmən] (*pl* -**men** [-mən]) *n US* estibador *m*.

long shot *n* posibilidad *f* remota.

longsighted [ˌlɒŋ'saɪtɪd] *adj* présbita.

long-standing *adj* antiguo(gua).

long-stay *adj* [car park] para estacionamiento prolongado.

longsuffering [ˌlɒŋ'sʌfərɪŋ] *adj* sufrido(da).

long term *n*: **in the** ~ a largo plazo.

▪ **long-term** *adj* [gen] a largo plazo; [unemployed] de larga duración.

long vacation *n UK* vacaciones *fpl* de verano.

long wave *n (U)* onda *f* larga.

longways ['lɒŋweɪz] *adv* a lo largo, longitudinalmente.

longwearing [ˌlɒŋ'weərɪŋ] *adj US* resistente.

long weekend *n* fin *m* de semana largo, puente *m*.

longwinded [ˌlɒŋ'wɪndɪd] *adj* prolijo(ja).

loo [luː] (*pl* -**s**) *n UK inf* retrete *m*, wáter *m*.

loofa(h) ['luːfə] *n* esponja *f* vegetal.

look [lʊk] *n* - **1.** [with eyes] mirada *f*; **to give sb a** ~ mirar a alguien; **to take** OR **have a** ~ **(at sthg)** mirar algo; **let her have a** ~ déjale ver; **to have a** ~ **through sthg** ojear algo - **2.** [search]: **to have a** ~ **(for sthg)** buscar algo - **3.** [appearance] aspecto *m*; **his new** ~ su nuevo look; **I don't like the** ~ **of it** no me gusta nada; **by the** ~ OR ~**s of it**, it has been here for ages parece que hace años que está aquí. *vi* - **1.** [with eyes]: **to** ~ **(at sthg/sb)** mirar (algo/a alguien) - **2.** [search]: **to** ~ **(for sthg/sb)** buscar (algo/a alguien) - **3.** [building, window]: **to** ~ **(out) onto** dar a - **4.** [have stated appearance] verse; [seem] parecer; **what does it** ~ **like?**

¿cómo es?; **it ~s good on you** te queda bien; **he ~s as if he hasn't slept** tiene pinta de no haber dormido; **it ~s like rain** OR **as if it will rain** parece que va a llover; **she ~s like her mother** se parece a su madre. ◇ vt **- 1.** [look at] mirar **- 2.** [appear]: **to ~ one's age** representar la edad que se tiene; **to ~ one's best** vestir elegantemente. ◇ excl: **~!, ~ here!** ¡mira!

◆ **looks** npl belleza f.

◆ **look after** vt fus **- 1.** [take care of] cuidar **- 2.** [be responsible for] encargarse de.

◆ **look at** vt fus **- 1.** [see, glance at] mirar, aguaitar **Amér**, [examine] examinar; [check over] echar un vistazo a **- 2.** [judge, evaluate] ver.

◆ **look back** vi [reminisce]: **to ~ back on sthg** recordar algo; **she's never ~ed back** no ha dejado de prosperar.

◆ **look down on** vt fus [condescend to] despreciar.

◆ **look for** vt fus buscar.

◆ **look forward to** vt fus esperar (con ilusión); **I'm ~ing forward to the trip** creo que la excursión va a ser buenísima; **to be ~ ing forward to doing sthg** estar deseando hacer algo.

◆ **look into** vt fus [problem, possibility] estudiar; [issue] investigar.

◆ **look on** ◇ vt fus = **look upon**. ◇ vi mirar, observar.

◆ **look out** vi [be careful] tener cuidado; **~ out!** ¡cuidado!

◆ **look out for** vt fus estar atento(ta) a.

◆ **look over** vt sep mirar por encima.

◆ **look round** ◇ vt fus [shop] echar un vistazo a; [castle, town] visitar. ◇ vi **- 1.** [turn head] volver la cabeza **- 2.** [in shop] mirar.

◆ **look through** vt fus **- 1.** [look at briefly - book, paper] hojear; [- collection, pile] echar un vistazo a **- 2.** [check] revisar.

◆ **look to** vt fus **- 1.** [turn to] recurrir a **- 2.** [think about] pensar en.

◆ **look up** ◇ vt sep **- 1.** [in book] buscar **- 2.** [visit - person] ir a ver OR visitar. ◇ vi [improve] mejorar.

◆ **look upon** vt fus: **to ~ upon sthg/sb as** considerar algo/a alguien como.

◆ **look up to** vt fus respetar, admirar.

look-alike n sosia m.

look-in n UK inf: **to get a ~** [chance to win] tener la posibilidad (de ganar); [chance to participate] tener la oportunidad (de participar).

lookout ['lʊkaʊt] n **- 1.** [place] puesto m de observación, atalaya f **- 2.** [person] guardia m OR f, centinela m OR f **- 3.** [search]: **to be on the ~** for

estar al acecho de.

loom [lu:m] ◇ n telar m. ◇ vi **- 1.** [rise up] surgir OR aparecer amenazante **- 2.** fig [be imminent] cernerse; **to ~ large** [be worrying] ser agobiante.

◆ **loom up** vi divisarse sombríamente.

LOOM (abbr of **Loyal Order of the Moose**) n organización benéfica estadounidense.

looming ['lu:mɪŋ] adj inminente.

loony ['lu:nɪ] (compar **-ier**, superl **-iest**, pl **-ies**) inf ◇ adj majara, chiflado(da). ◇ n majara m OR f, chiflado m, -da f.

loop [lu:p] ◇ n **- 1.** [shape] lazo m **- 2.** COMPUT bucle m **- 3.** [contraceptive] esterilete m **- 4.**: **to be out of the ~** US no estar al corriente. ◇ vt: **to ~ sthg round sthg** pasar algo alrededor de algo. ◇ vi hacer un lazo.

loophole ['lu:phəʊl] n laguna f.

loo roll n UK inf rollo m de papel higiénico.

loose [lu:s] ◇ adj **- 1.** [not firmly fixed] flojo(ja); **to come ~** aflojarse **- 2.** [unattached - paper, sweets, hair, knot] suelto(ta) **- 3.** [clothes, fit] holgado(da) **- 4.** dated [promiscuous] promiscuo(cua) **- 5.** [inexact - translation] poco exacto (poco exacta), impreciso(sa) **- 6.** [association] no muy estrecho (no muy estrecha) **- 7.** US inf [relaxed]: **to stay ~** estar tranqui. ◇ n (U): **to be on the ~** andar suelto(ta).

loose change n (dinero m) suelto m, sencillo m **Andes**, feria f **Méx**, menudo m **Col**.

loose end n cabo m suelto; **to be at a ~** UK, **to be at ~s** US no tener nada que hacer.

loose-fitting adj amplio(plia), holgado(da).

loose-leaf binder n carpeta f de hojas sueltas.

loosely ['lu:slɪ] adv **- 1.** [not firmly] holgadamente, sin apretar **- 2.** [inexactly] vagamente.

loosen ['lu:sn] ◇ vt aflojar. ◇ vi aflojarse.

◆ **loosen up** vi **- 1.** [before game, race] desentumecerse **- 2.** inf [relax] relajarse.

loot [lu:t] ◇ n botín m. ◇ vt saquear.

looter ['lu:tə'] n saqueador m, -ra f.

looting ['lu:tɪŋ] n saqueo m.

lop [lɒp] (pt & pp **-ped**, cont **-ping**) vt podar.

◆ **lop off** vt sep cortar.

lope [ləʊp] vi andar con paso largo y ligero.

lop-sided [-'saɪdɪd] adj **- 1.** [uneven] ladeado(da), torcido(da) **- 2.** fig [biased] desequilibrado(da).

lord [lɔ:d] n UK [man of noble rank] noble m.

◆ **Lord** n **- 1.** RELIG: **the Lord** [God] el Señor; **good Lord!** UK ¡Dios mío! **- 2.** [in titles] lord m; [as form of address]: **my Lord** [bishop] su Ilustrísima; [judge] su Señoría.

➤ **Lords** *npl UK* POL: **the Lords** la Cámara de los Lores.

Lord Chancellor *n UK presidente de la Cámara de los Lores y responsable de Justicia en Inglaterra y Gales.*

lordly ['lɔːdlɪ] (*compar* -**ier,** *superl* -**iest**) *adj* -**1.** [noble] señorial, noble -**2.** *pej* [arrogant] arrogante, altivo(va).

Lord Mayor *n UK* alcalde *m.*

Lordship ['lɔːdʃɪp] *n*: **your/his** ~ su Señoría *f.*

Lord's Prayer *n*: **the** ~ el Padrenuestro.

lore [lɔːʳ] *n (U)* saber *m* OR tradición *f* popular.

lorry ['lɒrɪ] (*pl* -**ies**) *n UK* camión *m.*

lorry driver *n UK* camionero *m,* -ra *f.*

lose [luːz] (*pt & pp* **lost**) <> *vt* perder; **to** ~ **one's way** perderse; **my watch has lost ten minutes** mi reloj se ha atrasado diez minutos; **to** ~ **o.s. in sthg** *fig* quedarse absorto(ta) en algo; **to** ~ **sight of sthg/sb** *lit & fig* perder de vista algo/a alguien. <> *vi* -**1.** [fail to win] perder -**2.** [clock, watch] atrasarse.

➤ **lose out** *vi* salir perdiendo; **to** ~ **out on sthg** salir perdiendo en algo.

loser ['luːzəʳ] *n* -**1.** [of competition] perdedor *m,* -ra *f*; **to be a good/bad** ~ saber/no saber perder -**2.** *inf pej* [unsuccessful person] desgraciado *m,* -da *f.*

losing ['luːzɪŋ] *adj* vencido(da), derrotado(da).

loss [lɒs] *n* -**1.** [gen] pérdida *f*; ~ **of life** muertes *fpl*; **to make a** ~ sufrir pérdidas -**2.** [failure to win] derrota *f* -**3.:** **a dead** ~ *inf* una birria -**4.** *phr*: **to be at a** ~ **to explain sthg** no saber cómo explicar algo; **to cut one's** ~ **es** ahorrarse problemas cortando por lo sano.

loss adjuster [-ə'dʒʌstəʳ] *n* perito *m* tasador de seguros.

loss leader *n* COMM artículo *m* de reclamo.

lost [lɒst] <> *pt & pp* ▷ **lose.** <> *adj* -**1.** [unable to find way] perdido(da); **to get** ~ perderse; **get** ~ **!** *inf* ¡vete a la porra! -**2.** [that cannot be found] extraviado(da), perdido(da) -**3.** [ineffective]: **to be** ~ **on sb** no surtir efecto en alguien -**4.** [opportunity] desaprovechado(da).

lost-and-found office *n US* oficina *f* de objetos perdidos.

lost cause *n* causa *f* perdida.

lost property *n (U)* objetos *mpl* perdidos.

lost property office *n UK* oficina *f* de objetos perdidos.

lot [lɒt] *n* -**1.** [large amount]: **a** ~ **of,** ~**s of** mucho(cha); **a** ~ **of people** mucha gente, muchas personas; **a** ~ **of problems** muchos problemas; **the** ~ todo -**2.** [group, set] lote *m* -**3.** *inf* [group of people] panda *f,* pandilla *f* -**4.**

[destiny] destino *m,* suerte *f* -**5.** *US* [of land] terreno *m*; [car park] aparcamiento *m* -**6.** [at auction] partida *f,* lote *m* -**7.** *phr*: **to draw** ~**s** echar a suerte.

➤ **a lot** *adv* mucho; **quite a** ~ bastante; **such a** ~ tanto.

loth [ləʊθ] = **loath.**

lotion ['ləʊʃn] *n* loción *f.*

lottery ['lɒtərɪ] (*pl* -**ies**) *n* lotería *f.*

lottery ticket *n* billete *m* de lotería.

lotus position ['ləʊtəs-] *n* posición *f* de loto.

loud [laʊd] <> *adj* -**1.** [voice, music] alto(ta); [bang, noise] fuerte; [person] ruidoso(sa) -**2.** [emphatic]: **to be** ~ **in one's criticism of** ser enérgico(ca) en la crítica de -**3.** [too bright] chillón(ona), llamativo(va). <> *adv* alto, fuerte; ~ **and clear** alto y claro; **out** ~ en voz alta.

loudhailer [ˌlaʊd'heɪləʳ] *n UK* megáfono *m.*

loudly ['laʊdlɪ] *adv* -**1.** [shout] a voz en grito; [talk] en voz alta -**2.** [gaudily] con colores chillones OR llamativos.

loudmouth ['laʊdmaʊθ, *pl* -maʊðz] *n inf* bocazas *m or f inv.*

loudness ['laʊdnɪs] *n* fuerza *f,* intensidad *f.*

loudspeaker [ˌlaʊd'spiːkəʳ] *n* altavoz *m,* altoparlante *m Amér.*

Louisiana [luːˌiːzɪ'ænə] *n* Luisiana.

lounge [laʊndʒ] (*cont* **lounging**) <> *n* -**1.** [in house] salón *m* -**2.** [in airport] sala *f* de espera -**3.** *UK* [lounge bar] salón-bar *m.* <> *vi* repantigarse.

➤ **lounge about, lounge around** *vi* holgazanear.

lounge bar *n UK* salón-bar *m.*

lounge suit *n UK* traje *m.*

louse [laʊs] (*pl sense 1* **lice,** *pl sense 2* -**s**) *n* -**1.** [insect] piojo *m* -**2.** *inf pej* [person] canalla *m* OR *f.*

➤ **louse up** *US vt sep v inf* jorobar, fastidiar.

lousy ['laʊzɪ] (*compar* -**ier,** *superl* -**iest**) *adj inf* -**1.** [poor quality] fatal, pésimo(ma) -**2.** [ill]: **to feel** ~ sentirse fatal.

lout [laʊt] *n* gamberro *m.*

louvre *UK,* **louver** *US* ['luːvəʳ] *n* persiana *f.*

lovable ['lʌvəbl] *adj* encantador(ra), adorable.

love [lʌv] <> *n* -**1.** [gen] amor *m*; **give her my** ~ dale un abrazo de mi parte; **she sends her** ~ te manda recuerdos; ~ **from** [at end of letter] un abrazo de; **a** ~**-hate relationship** una relación de amor y odio; **to be in** ~ **(with)** estar enamorado(da) (de); **to fall in** ~ **with sb** enamorarse de alguien; **to make** ~ hacer el amor -**2.** [liking, interest] pasión *f*; **a** ~ **of** OR **for** una pasión por -**3.** *inf* [form of address] cariño *m* OR *f* -**4.** TENNIS: **30** ~ **30** a nada. <> *vt* -**1.** [sexually, sentimentally] amar, querer -**2.** [son, daughter, parents, friend] querer - **3**. [like]: **I ~ football** me encanta el fútbol; **I ~ going to** OR **to go to the theatre** me encanta ir al teatro.

love affair n aventura f amorosa.

lovebite ['lʌvbaɪt] n chupetón m.

loveless ['lʌvlɪs] adj sin amor.

love letter n carta f de amor.

love life n vida f amorosa.

lovely ['lʌvlɪ] (compar -ier, superl -iest) adj - **1**. [beautiful - person] encantador(ra); [- dress, place] precioso(sa) - **2**. [pleasant] estupendo(da).

lovemaking ['lʌv‚meɪkɪŋ] n (U) relaciones fpl sexuales.

lover ['lʌvəʳ] n - **1**. [sexual partner] amante m OR f - **2**. [enthusiast] amante m OR f, aficionado m, -da f.

love seat n US [small sofa] confidente m.

lovesick ['lʌvsɪk] adj enfermo(ma) de amor (no correspondido).

love song n canción f de amor.

love story n historia f de amor.

loving ['lʌvɪŋ] adj cariñoso(sa), afectuoso(sa).

lovingly ['lʌvɪŋlɪ] adv cariñosamente, afectuosamente.

low [ləʊl] ◇ adj - **1**. [gen] bajo(ja); **cook on a ~ heat** cocinar a fuego lento; **in the ~ twenties** 20 y algo; **a ~ trick** una mala jugada - **2**. [little remaining] escaso(sa); **to be ~ on sthg** andar escaso de algo; **the batteries are ~** se me están acabando las pilas - **3**. [unfavourable - opinion] malo(la); [- esteem] poco(ca) - **4**. [dim] tenue - **5**. [dress, neckline] escotado(da) - **6**. [depressed] deprimido(da). ◇ adv - **1**. [gen] bajo; **the batteries are running ~** las pilas están acabándose; **morale is running very ~** la moral está por los suelos; **~ paid** mal pagado - **2**. [speak] en voz baja. ◇ n - **1**. [low point] punto m más bajo - **2**. METEOR [low pressure area] área f de bajas presiones; [lowest temperature] mínima f.

low-alcohol adj bajo(ja) en alcohol.

lowbrow ['ləʊbraʊ] adj PRESS & TV para las masas.

low-budget adj de bajo presupuesto.

low-calorie adj light (inv), bajo(ja) en calorías.

Low Church n corriente f evangélica de la iglesia anglicana.

low-cost adj económico(ca).

Low Countries npl: **the ~** los Países Bajos.

low-cut adj escotado(da).

low-down inf ◇ adj bajo(ja), sucio (cia). ◇ n: **to give sb the ~ (on sthg)** dar los detalles concretos (sobre algo) a alguien.

lower¹ ['ləʊəʳ] ◇ adj inferior. ◇ vt - **1**. [gen]

bajar; [flag] arriar; **to ~ o.s. to do sthg** rebajarse a hacer algo; **to ~ one's eyes** bajar la mirada - **2**. [reduce] reducir.

lower² ['laʊəʳ] vi - **1**. [be dark] estar oscuro(ra) - **2**. [frown]: **to ~ at sb** fruncir el ceño a alguien.

Lower Chamber [‚ləʊəʳ-] n POL Cámara f Baja.

lower class [‚ləʊəʳ-] n: **the ~** OR **~es** las clases bajas.

  ◆ **lower-class** adj de clase baja.

Lower House [‚ləʊəʳ-] n Cámara f Baja.

lowest common denominator ['ləʊɪst-] n mínimo común denominador m.

low-fat adj bajo(ja) en grasas.

low-flying adj de vuelo bajo OR rasante.

low frequency n baja frecuencia f.

low gear n: **in ~** en primera o segunda.

low-key adj discreto(ta).

Lowlands ['ləʊləndz] npl: **the ~** [of Scotland] las Tierras Bajas (de Escocia).

low-level adj [talks] de bajo nivel; COMPUT: **~ language** lenguaje m de bajo nivel.

lowly ['ləʊlɪ] (compar -ier, superl -iest) adj humilde.

low-lying adj bajo(ja).

Low Mass n misa f hablada.

low-necked [-'nekt] adj escotado(da).

low-paid adj mal pagado (mal pagada).

low-rise adj bajo(ja), de poca altura.

low season n temporada f baja.

low-tech [-'tek] adj [industry] de baja tecnología; [solution] rudimentario(ria).

low tide n marea f baja.

loyal ['lɔɪəl] adj leal, fiel.

loyalist ['lɔɪəlɪst] n [gen] leal m OR f; [in Northern Ireland] lealista m OR f.

loyalty ['lɔɪəltɪ] (pl -ies) n lealtad f, fidelidad f.

loyalty card n tarjeta f de fidelización.

lozenge ['lɒzɪndʒ] n - **1**. [tablet] pastilla f - **2**. [shape] rombo m.

LP (abbr of **long-playing record**) n LP m.

L-plate n UK placa f L (de prácticas).

LSD (abbr of **lysergic acid diethylamide**) n LSD m.

LSE (abbr of **London School of Economics**) n escuela londinense de ciencias políticas y económicas.

LSO (abbr of **London Symphony Orchestra**) n Orquesta Sinfónica de Londres.

Lt. (abbr of **lieutenant**) ≃ Tte.

LT (abbr of **low tension**) n BT.

Ltd, ltd (abbr of **limited**) S.L.

lubricant ['lu:brɪkənt] n lubricante m.

lubricate ['lu:brɪkeɪt] vt lubricar.

lubrication [ˌluːbrɪˈkeɪʃn] n lubricación f.

lucid [ˈluːsɪd] adj **-1.** [clear] claro(ra) **-2.** [not confused] lúcido(da).

lucidly [ˈluːsɪdlɪ] adv claramente, lúcidamente.

luck [lʌk] n suerte f; **good/bad** ~ [good, bad fortune] buena/mala suerte; **good** ~! [said to express best wishes] ¡suerte!; **bad** OR **hard** ~! ¡mala suerte!; **to be in** ~ estar de suerte; **to try one's** ~ **at sthg** probar suerte a OR con algo; **with (any)** ~ con un poco de suerte.
 ◆ **luck out** vi US inf tener potra.

luckily [ˈlʌkɪlɪ] adv afortunadamente.

luckless [ˈlʌklɪs] adj desafortunado(da).

lucky [ˈlʌkɪ] (compar -ier, superl -iest) adj **-1.** [fortunate - person] afortunado(da); [- event] oportuno(na); **to be** ~ [person] tener suerte; **it's** ~ **he came** fue una suerte que llegara **-2.** [bringing good luck] que trae buena suerte; ~ **number** número m de la suerte.

lucky dip n UK caja f de las sorpresas.

lucrative [ˈluːkrətɪv] adj lucrativo(va).

ludicrous [ˈluːdɪkrəs] adj absurdo(da), ridículo(la).

ludo [ˈluːdəʊ] n UK parchís m.

lug [lʌg] (pt & pp -ged, cont -ging) vt inf arrastrar.

luggage [ˈlʌgɪdʒ] n UK equipaje m.

luggage rack n UK [of car] baca f; [in train] portaequipajes m inv.

luggage van n UK furgón m de equipajes.

lugubrious [luːˈguːbrɪəs] adj fml lúgubre.

lukewarm [ˈluːkwɔːm] adj **-1.** [tepid] tibio(bia), templado(da) **-2.** [unenthusiastic] indiferente.

lull [lʌl] ◇ n: ~ **(in)** [activity] respiro m (en); [conversation] pausa f (en); [fighting] tregua f (en); **the** ~ **before the storm** fig la calma antes de la tormenta. ◇ vt: **to** ~ **sb into a false sense of security** infundir una sensación de falsa seguridad a alguien; **to** ~ **sb to sleep** adormecer OR hacer dormir a alguien.

lullaby [ˈlʌləbaɪ] (pl -ies) n nana f, canción f de cuna.

lumbago [lʌmˈbeɪgəʊ] n (U) lumbago m.

lumber [ˈlʌmbər] ◇ n (U) **-1.** US [timber] maderas mpl **-2.** UK [bric-a-brac] trastos mpl. ◇ vi moverse pesadamente.
 ◆ **lumber with** vt sep UK inf: **to** ~ **sb with sthg** cargar a alguien con algo.

lumbering [ˈlʌmbərɪŋ] adj torpe, pesado(da).

lumberjack [ˈlʌmbədʒæk] n leñador m, -ra f.

lumbermill [ˈlʌmbəˌmɪl] n US aserradero m, serrería f.

lumber-room n UK cuarto m trastero.

lumberyard [ˈlʌmbəjɑːd] n almacén m de madera.

luminous [ˈluːmɪnəs] adj luminoso(sa).

lump [lʌmp] ◇ n **-1.** [of coal, earth] trozo m; [of sugar] terrón m; [in sauce] grumo m **-2.** [on body] bulto m **-3.** fig [in throat] nudo m. ◇ vt: **to** ~ **sthg together** [things] amontonar algo; [people, beliefs] agrupar OR juntar algo; **you can** ~ **it!** inf ¡te aguantas!

lumpectomy [ˌlʌmˈpektəmɪ] (pl -ies) n extirpación f de un tumor de pecho.

lump sum n suma f OR cantidad f global.

lumpy [ˈlʌmpɪ] (compar -ier, superl -iest) adj [sauce] grumoso(sa); [mattress] lleno(na) de bultos.

lunacy [ˈluːnəsɪ] n locura f.

lunar [ˈluːnər] adj lunar.

lunatic [ˈluːnətɪk] ◇ adj pej demencial. ◇ n **-1.** pej [fool] idiota m OR f **-2.** [insane person] loco m, -ca f.

lunatic asylum n manicomio m.

lunatic fringe n sector m extremista.

lunch [lʌntʃ] ◇ n comida f, almuerzo m; **to have** ~ almorzar, comer; **why don't we do** ~ **some time?** ¿por qué no almorzamos juntos algún día de estos? ◇ vi almorzar, comer.

lunch box n fiambrera f.

luncheon [ˈlʌntʃən] n comida f, almuerzo m.

luncheon meat n carne de cerdo en lata troceada.

luncheon voucher n UK vale m del almuerzo.

lunch hour n hora f del almuerzo.

lunchtime [ˈlʌntʃtaɪm] n hora f del almuerzo.

lung [lʌŋ] n pulmón m.

lung cancer n cáncer m de pulmón.

lunge [lʌndʒ] (cont lunging) vi lanzarse; **to** ~ **at sb** arremeter contra alguien.

lupin UK [ˈluːpɪn], **lupine** US [ˈluːpaɪn] n altramuz m, lupino m.

lurch [lɜːtʃ] ◇ n [of boat] bandazo m; [of person] tumbo m; **to leave sb in the** ~ dejar a alguien en la estacada. ◇ vi [boat] dar bandazos; [person] tambalearse.

lure [ljʊər] ◇ n fascinación f, atracción f. ◇ vt atraer.

lurid [ˈljʊərɪd] adj **-1.** [brightly coloured] chillón(ona) **-2.** [shockingly unpleasant] espeluznante **-3.** [sensational] escabroso(sa).

lurk [lɜːk] vi **-1.** [person] estar al acecho **-2.** [memory, danger, fear] ocultarse.

lurking [ˈlɜːkɪŋ] adj [suspicion] que sigue rondando.

Lusaka [luːˈsɑːkə] n Lusaka.

luscious [ˈlʌʃəs] adj lit & fig apetitoso(sa).

lush [lʌʃ] ◇ adj **-1.** [luxuriant] exuberante **-2.** inf

[rich] lujoso(sa). ⟨⟩ *n US inf* [drunkard] borracho *m*, -cha *f*.

lust [lʌst] *n* **-1.** [sexual desire] lujuria *f* **-2.** [strong desire]: ~ **for sthg** ansia *f* de algo.
   ◆ **lust after, lust for** *vt fus* **-1.** [desire - wealth, success] codiciar **-2.** [desire sexually] desear.

luster *US* = **lustre**.

lustful ['lʌstful] *adj* lascivo(va).

lustre *UK*, **luster** *US* ['lʌstə'] *n* [brightness] lustre *m*.

lusty ['lʌstɪ] (*compar* **-ier**, *superl* **-iest**) *adj* vigoroso(sa).

lute [luːt] *n* laúd *m*.

luv [lʌv] *n UK inf* rey *m*, reina *f*; **what do you want,** ~? ¿qué quieres, rey?

luvvie ['lʌvɪ] *n inf* actor *m*, -triz *f* pedante.

Luxembourg ['lʌksəm,bɜːg] *n* Luxemburgo.

luxuriant [lʌg'ʒʊərɪənt] *adj* exuberante, abundante.

luxuriate [lʌg'ʒʊərɪeɪt] *vi*: to ~ (in) deleitarse (con).

luxurious [lʌg'ʒʊərɪəs] *adj* [gen] lujoso(sa); [lifestyle] de lujo.

luxury ['lʌkʃərɪ] (*pl* **-ies**) ⟨⟩ *n* lujo *m*. ⟨⟩ *comp* de lujo.

luxury goods *npl* artículos *mpl* de lujo.

LV *abbr of* luncheon voucher.

LW (*abbr of* long wave) *n* OL *f*.

lychee [,laɪ'tʃiː] *n* lichi *m*.

Lycra® ['laɪkrə] ⟨⟩ *n* lycra® *f*. ⟨⟩ *comp* de lycra®.

lying ['laɪɪŋ] ⟨⟩ *adj* mentiroso(sa). ⟨⟩ *n (U)* mentiras *fpl*.

lymph gland [lɪmf-] *n* glándula *f* linfática.

lynch [lɪntʃ] *vt* linchar.

lynx [lɪŋks] (*pl inv or* **-es**) *n* lince *m*.

lyre ['laɪə'] *n* lira *f*.

lyric ['lɪrɪk] *adj* lírico(ca).

lyrical ['lɪrɪkl] *adj* **-1.** [poetic] lírico(ca) **-2.** [enthusiastic] entusiasmado(da).

lyrics ['lɪrɪks] *npl* letra *f*.

m¹ (*pl* m's *or* ms), **M** (*pl* M's *or* Ms) [em] *n* [letter] m *f*, M *f*.
   ◆ **M -1.** *abbr of* **motorway -2.** (*abbr of* **medium**) M.

m² -1. (*abbr of* metre) m **-2.** (*abbr of* million) m **-3.** *abbr of* mile.

ma [mɑː] *n esp US inf* mamá *f*.

MA ⟨⟩ *n abbr of* **Master of Arts**. ⟨⟩ *abbr of* **Massachusetts**.

ma'am [mæm] *n* señora *f*.

mac [mæk] (*abbr of* mackintosh) *n UK inf* [coat] impermeable *m*.

macabre [mə'kɑːbrə] *adj* macabro(bra).

macadamia nut [,mækə'deɪmɪə-] *n* nuez *f* de macadamia.

Macao [mə'kaʊ] *n* Macao.

macaroni [,mækə'rəʊnɪ] *n (U)* macarrones *mpl*.

macaroni cheese *n (U)* macarrones *mpl* al gratén.

macaroon [,mækə'ruːn] *n* mostachón *m*, macarrón *m*.

mace [meɪs] *n* **-1.** [ornamental rod] maza *f* **-2.** [spice] macis *f inv*.

Macedonia [,mæsɪ'dəʊnɪə] *n* Macedonia.

Macedonian [,mæsɪ'dəʊnɪən] ⟨⟩ *adj* macedonio(nia). ⟨⟩ *n* **-1.** [person] macedonio *m*, -nia *f* **-2.** [language] macedonio *m*.

machete [mə'ʃetɪ] *n* machete *m*.

Machiavellian [,mækɪə'velɪən] *adj* maquiavélico(ca).

machinations [,mækɪ'neɪʃnz] *npl* maquinaciones *fpl*.

machine [mə'ʃiːn] ⟨⟩ *n* **-1.** [power-driven device] máquina *f* **-2.** [organization] aparato *m*. ⟨⟩ *vt* **-1.** *sewing* coser a máquina **-2.** *tech* producir a máquina.

machine code *n comput* código *m* máquina.

machinegun [məˈʃiːŋɡʌn] (*pt* & *pp* -ned, *cont* -ning) <> *n* [with tripod] ametralladora *f*; [hand-held] metralleta *f*. <> *vt* ametrallar.

machine language *n* COMPUT lenguaje *m* máquina.

machine-readable *adj* COMPUT legible para el ordenador.

machinery [məˈʃiːnərɪ] *n lit* & *fig* maquinaria *f*.

machine shop *n* taller *m* de máquinas.

machine tool *n* máquina *f* herramienta.

machine-washable *adj* lavable a máquina.

machinist [məˈʃiːnɪst] *n* operario *m*, -ria *f* (de máquina).

machismo [məˈtʃɪzməʊ] *n* machismo *m*.

macho [ˈmætʃəʊ] *adj inf* macho.

mackerel [ˈmækrəl] (*pl inv or* -s) *n* caballa *f*.

mackintosh [ˈmækɪntɒʃ] *n UK* impermeable *m*.

macramé [məˈkrɑːmɪ] *n* macramé *m*.

macro [ˈmækrəʊ] (*abbr of* **macroinstruction**) *n* COMPUT macro *f*.

macrobiotic [ˌmækrəʊbaɪˈɒtɪk] *adj* macrobiótico(ca).

macrocosm [ˈmækrəʊkɒzml] *n* macrocosmo *m*.

macroeconomic [ˈmækrəʊˌiːkəˈnɒmɪk] *adj* macroeconómico(ca).

macroeconomics [ˈmækrəʊˌiːkəˈnɒmɪks] *n (U)* macroeconomía *f*.

mad [mæd] (*compar* -der, *superl* -dest) *adj* -1. [gen] loco(ca); [attempt, idea] disparatado (da), descabellado(da); **to be ~ about sb/sthg** estar loco(ca) por alguien/algo; **to go ~** volverse loco -2. [furious] furioso(sa) -3. [hectic] desenfrenado(da); **like ~** como loco.

Madagascan [ˌmædəˈɡæskən] <> *adj* malgache. <> *n* -1. [person] malgache *m or f* -2. [language] malgache *m*.

Madagascar [ˌmædəˈɡæskəʳ] *n* Madagascar.

madam [ˈmædəm] *n* -1. [woman] señora *f* -2. [in brothel] madam *f*.

madcap [ˈmædkæp] *adj* descabellado(da), disparatado(da).

mad cow disease *n* el mal de las vacas locas.

madden [ˈmædn] *vt* volver loco(ca), exasperar.

maddening [ˈmædnɪŋ] *adj* enloquecedor(ra).

made [meɪd] *pt* & *pp* [> **make**.

-made [meɪd] *suffix*: **French ~** fabricado(da) en Francia.

Madeira [məˈdɪərə] *n* -1. [wine] madeira *m*, madera *m* -2. GEOGR Madeira.

made-to-measure *adj* hecho(cha) a la medida.

made-up *adj* -1. [with make-up - face, person] maquillado(da); [- lips, eyes] pintado(da) -2.

[prepared] (ya) preparado(da) -3. [invented] inventado(da).

madhouse [ˈmædhaʊs, *pl* -haʊzɪz] *n* manicomio *m*.

madly [ˈmædlɪ] *adv* [frantically] enloquecidamente; **~ in love** locamente enamorado.

madman [ˈmædmən] (*pl* -men [-mən]) *n* loco *m*.

madness [ˈmædnɪs] *n* locura *f*; **it's ~** es una locura.

Madonna [məˈdɒnə] *n* -1. RELIG: **the ~** la Virgen -2. ART madona *f*.

Madrid [məˈdrɪd] *n* Madrid.

madrigal [ˈmædrɪɡl] *n* madrigal *m*.

madwoman [ˈmædˌwʊmən] (*pl* -women [-ˌwɪmɪn]) *n* loca *f*.

maestro [ˈmaɪstrəʊ] (*pl* -tros *or* -tri [-trɪ]) *n* maestro *m*.

MAFF (*abbr of* **Ministry of Agriculture, Fisheries and Food**) *n UK* ministerio *de agricultura, pesca y alimentación*.

Mafia [ˈmæfɪə] *n*: **the ~** la mafia.

mag [mæg] (*abbr of* **magazine**) *n inf* revista *f*.

magazine [ˌmæɡəˈziːn] *n* -1. [periodical] revista *f* -2. [news programme] magazín *m* -3. [on a gun] recámara *f*.

magenta [məˈdʒentə] <> *adj* magenta. <> *n* magenta *m*.

maggot [ˈmæɡət] *n* gusano *m*, larva *f*.

Maghreb [ˈmʌɡreb] *n*: **the ~** el Magreb.

magic [ˈmædʒɪk] <> *adj* -1. [gen] mágico(ca); **~ spell** hechizo *m* -2. [referring to conjuring] de magia -3. [very good] *inf* genial. <> *n* magia *f*; **as if by ~** como por arte de magia.

magical [ˈmædʒɪkl] *adj lit* & *fig* mágico(ca).

magic carpet *n* alfombra *f* mágica.

magic eye *n UK* célula *f* fotoeléctrica.

magician [məˈdʒɪʃn] *n* -1. [conjuror] mago *m*, -ga *f*, prestidigitador *m*, -ra *f* -2. [wizard] mago *m*.

magic wand *n* varita *f* mágica.

magisterial [ˌmædʒɪˈstɪərɪəl] *adj fml* [authoritative] magistral.

magistrate [ˈmædʒɪstreɪt] *n* juez *m or f* de primera instancia.

magistrates' court *n UK* juzgado *m* de primera instancia.

Magna Carta [ˌmæɡnəˈkɑːtə] *n*: **the ~** la Carta Magna.

magna cum laude [ˌmæɡnəkʌmˈlaʊdeɪ] *n*: **to graduate ~** licenciarse magna cum laude.

magnanimous [mæɡˈnænɪməs] *adj* magnánimo(ma).

magnate [ˈmæɡneɪt] *n* magnate *m or f*.

magnesium [mæɡˈniːzɪəm] *n* magnesio *m*.

magnet ['mægnɪt] *n* imán *m*.
magnetic [mæg'netɪk] *adj* **-1.** [attracting iron] magnético(ca) **-2.** *fig* [appealingly forceful] carismático(ca).
magnetic disk *n* disco *m* magnético.
magnetic field *n* campo *m* magnético.
magnetic tape *n* cinta *f* magnética.
magnetism ['mægnɪtɪzm] *n lit & fig* magnetismo *m*.
magneto-optical [mæg'ni:təʊ'ɒptɪkl] *adj* COMPUT magneto-óptico(ca).
magnification [,mægnɪfɪ'keɪʃn] *n* **-1.** [process] ampliación *f* **-2.** [degree of enlargement] aumento *m*.
magnificence [mæg'nɪfɪsəns] *n* grandiosidad *f*, esplendor *m*.
magnificent [mæg'nɪfɪsənt] *adj* [building, splendour] grandioso(sa); [idea, book, game] magnífico(ca).
magnify ['mægnɪfaɪ] (*pt & pp* **-ied**) *vt* **-1.** [in vision] aumentar, ampliar **-2.** [in the mind] exagerar.
magnifying glass ['mægnɪfaɪɪŋ-] *n* lupa *f*, lente *f* de aumento.
magnitude ['mægnɪtju:d] *n* magnitud *f*.
magnolia [mæg'nəʊljə] *n* **-1.** [tree] magnolio *m* **-2.** [flower] magnolia *f*.
magnum ['mægnəm] (*pl* **-s**) *n* botella de champán o vino de 1,5 litros de capacidad.
magpie ['mægpaɪ] *n* urraca *f*.
maharaja(h) [,mɑ:hə'rɑ:dʒə] *n* maharajá *m*.
mahogany [mə'hɒgənɪ] *n* **-1.** [wood] caoba *f* **-2.** [colour] caoba *m*.
maid [meɪd] *n* [in hotel] camarera *f*, recamarera *f CAm, Méx*; [domestic] criada *f*, china *f Amér*.
maiden ['meɪdn] ⬦ *adj* inaugural. ⬦ *n literary* doncella *f*.
maiden aunt *n* tía *f* soltera.
maiden name *n* nombre *m* de soltera.
maiden speech *n* POL primer discurso *m* como parlamentario.
mail [meɪl] ⬦ *n* **-1.** [system] correo *m*; **by ~** por correo **-2.** [letters, parcels received] correspondencia *f*. ⬦ *vt esp US* [send] mandar por correo; [put in mail box] echar al buzón.
mailbag ['meɪlbæg] *n* saca *f* de correspondencia.
mailbox ['meɪlbɒks] *n* **-1.** *US* [letterbox] buzón *m* **-2.** COMPUT buzón *m*.
mailing list ['meɪlɪŋ-] *n* [for mailshots] lista *f* de distribución de publicidad OR información; COMPUT lista *f* de correo.
mailman ['meɪlmən] (*pl* **-men** [-mən]) *n US* cartero *m*.
mail order *n* venta *f* por correo.

mailshot ['meɪlʃɒt] *n* folleto *m* de publicidad (por correo).
mail train *n* tren *m* correo.
mail van *n UK* **-1.** AUT furgoneta *f* postal **-2.** RAIL vagón *m* postal.
maim [meɪm] *vt* mutilar.
main [meɪn] ⬦ *adj* principal. ⬦ *n* [pipe] tubería *f* principal; [wire] cable *m* principal.
➡ **mains** *npl*: **the ~s** [gas, water] la tubería principal; [electricity] la red eléctrica.
➡ **in the main** *adv* por lo general.
main course *n* plato *m* fuerte.
Maine [meɪn] *n* Maine.
mainframe (computer) ['meɪnfreɪm-] *n* unidad *f* central, procesador *m* central.
mainland ['meɪnlənd] ⬦ *adj* continental; **~ Spain** la Península. ⬦ *n*: **on the ~** en tierra firme.
main line *n* RAIL línea *f* principal.
➡ **mainline** ⬦ *adj* [station] de una línea principal. ⬦ *vt & vi drugs sl* chutarse.
mainly ['meɪnlɪ] *adv* principalmente.
main road *n* carretera *f* principal.
mainsail ['meɪnseɪl, 'meɪnsəl] *n* vela *f* mayor.
mainstay ['meɪnsteɪ] *n* fundamento *m*, base *f*.
mainstream ['meɪnstri:m] ⬦ *adj* [gen] predominante; [taste] corriente; [political party] convencional. ⬦ *n*: **the ~** la tendencia general.
maintain [meɪn'teɪn] *vt* **-1.** [gen] mantener **-2.** [support, provide for] sostener, sustentar **-3.** [assert]: **to ~ (that)** sostener que.
maintenance ['meɪntənəns] *n* **-1.** [gen] mantenimiento *m* **-2.** [money] pensión *f* alimenticia.
maintenance order *n UK* JUR orden *m* de pensión alimenticia.
maisonette [,meɪzə'net] *n US* dúplex *m inv*.
maître d' [,metrə'di:] *n* maître *m* OR *f* (d'hotel), capitán *m* OR *f* (de meseros).
maize [meɪz] *n* maíz *m*.
Maj. (*abbr of* **Major**) ≃ Cte.
majestic [mə'dʒestɪk] *adj* majestuoso(sa).
majestically [mə'dʒestɪklɪ] *adv* majestuosamente.
majesty ['mædʒəstɪ] (*pl* **-ies**) *n* [grandeur] majestad *f*.
➡ **Majesty** *n*: **His/Her/Your Majesty** Su Majestad.
major ['meɪdʒə'] ⬦ *adj* **-1.** [important] importante; [main] principal; **of ~ importance** de gran importancia **-2.** MUS mayor. ⬦ *n* MIL comandante *m*; *US* [subject] especialidad *f*. ⬦ *vi*: **to ~ in** *US* [subject] especializarse en.
Majorca [mə'jɔ:kə, mə'dʒɔ:kə] *n* Mallorca.
Majorcan [mə'jɔ:kən, mə'dʒɔ:kən] ⬦ *adj* mallorquín(ina). ⬦ *n* mallorquín *m*, -ina *f*.

majorette [ˌmeɪdʒəˈret] n majorette f.

major general n general m de división.

majority [məˈdʒɒrətɪ] (pl -ies) n mayoría f; **in a** OR **the** ~ en una OR la mayoría.

majority·shareholder n accionista m OR f principal.

make [meɪk] (pt & pp made) <> vt - **1.** [produce] hacer; **it made a lot of noise** hizo mucho ruido; **she** ~**s her own clothes** se hace su propia ropa - **2.** [perform - action] hacer; **to** ~ **a speech** pronunciar OR dar un discurso; **to** ~ **a decision** tomar una decisión; **to** ~ **a mistake** cometer un error; **to** ~ **a payment** efectuar un pago - **3.** [cause to be, cause to do] hacer; **it** ~**s me seem fatter** me hace parecer más gordo; **it** ~**s me sick** me pone enfermo; **it** ~**s me want to ...** me da ganas de ...; **it made him angry** hizo que se enfadara; **you made me jump!** ¡vaya susto que me has dado!; **we were made to wait in the hall** nos hicieron esperar en el vestíbulo; **to** ~ **sb happy** hacer a alguien feliz; **to** ~ **sb sad** entristecer a alguien; **to** ~ **sb nervous** poner nervioso a alguien; **to** ~ **o.s. heard** hacerse oír; **don't** ~ **me laugh!** ¡no me hagas reír! - **4.** [force]: **to** ~ **sb do sthg** hacer que alguien haga algo, obligar a alguien a hacer algo; **they made the hostages lie on the ground** hicieron tumbarse en el suelo a los rehenes - **5.** [construct]: **to be made of sthg** estar hecho(cha) de algo; **it's made of wood/ metal** está hecho de madera/metal; **made in Spain** fabricado en España; **what's it made of?** ¿de qué está hecho? - **6.** [add up to] hacer, ser; **2 and 2** ~ **4** 2 y 2 hacen OR son 4 - **7.** [calculate] calcular; **I** ~ **it 50/six o'clock** calculo que serán 50/las seis; **what time do you** ~ **it?** ¿qué hora tienes? - **8.** [earn] ganar; **she** ~**s £20,000 a year** gana 20.000 libras al año; **to** ~ **a profit** obtener beneficios; **to** ~ **a loss** sufrir pérdidas - **9.** [have the right qualities for] ser; **she'd** ~ **a good doctor** seguro que sería una buena doctora; **books** ~ **excellent presents** los libros son un regalo excelente - **10.** [reach] llegar a - **11.** [cause to be a success]: **she really** ~**s the play** ella es la que de verdad levanta la obra - **12.** [gain - friend, enemy] hacer; **to** ~ **friends with sb** hacerse amigo de alguien - **13.** phr: **to** ~ **it** [arrive in time] conseguir llegar a tiempo; [be a success] alcanzar el éxito; [be able to attend] venir/ir; [survive] vivir; **to have it made** tenerlo hecho, tener el éxito asegurado; **to** ~ **do with sthg** apañarse OR arreglarse con algo; ~ **a right/left** US da la vuelta a la derecha/izquierda. <> n - **1.** [brand] marca f; **what** ~ **is your car?** ¿de qué marca es tu coche? - **2.** v inf pej: **to be on the** ~ [act dishonestly, selfishly] barrer

siempre para dentro.

➤ **make for** vt fus - **1.** [move towards] dirigirse a OR hacia - **2.** [contribute to] posibilitar, contribuir a.

➤ **make into** vt sep: **to** ~ **sth into sth** convertir algo en algo.

➤ **make of** vt sep - **1.** [understand] entender; **what do you** ~ **of this word?** ¿qué entiendes tú por esta palabra? - **2.** [have opinion of] opinar de.

➤ **make off** vi darse a la fuga.

➤ **make off with** vt fus inf largarse con.

➤ **make out** <> vt sep - **1.** inf [see] distinguir; [hear] entender, oír - **2.** inf [understand - word, number] descifrar; [- person, attitude] comprender - **3.** [fill out - form] rellenar, cumplimentar; [- cheque, receipt] extender; [- list] hacer - **4.** US inf [sexually] darse el lote, fajar Méx - **5.** inf [pretend]: **to** ~ **o.s. out to be sth** dárselas de algo. <> vt fus inf [pretend] fingir, pretender; **she** ~**s out she's tough** se las da de dura.

➤ **make up** <> vt sep - **1.** [compose, constitute] componer, constituir - **2.** [invent] inventar - **3.** [apply cosmetics to] maquillar; **to** ~ **o.s. up** maquillarse - **4.** [prepare - parcel, prescription, bed] preparar, hacer - **5.** [make complete - amount] completar; [- difference] cubrir; [- deficit, lost time] recuperar - **6.** [resolve - quarrel]: **to** ~ **it up (with sb)** hacer las paces (con alguien). <> vi [become friends again]: **to** ~ **up (with sb)** hacer las paces (con alguien). <> n US [test] examen que se realiza más tarde si no se pude hacer en su día.

➤ **make up for** vt fus compensar; **to** ~ **up for lost time** recuperar el tiempo perdido.

➤ **make up to** vt sep: **to** ~ **it up to sb (for sthg)** recompensar a alguien (por algo).

make-believe n (U) fantasías fpl.

makeover [ˈmeɪkəʊvəʳ] n [of person] cambio m de imagen; [of home, garden] reforma f completa.

maker [ˈmeɪkəʳ] n [of film, programme] creador m, -ra f; [of product] fabricante m OR f.

makeshift [ˈmeɪkʃɪft] adj [temporary] provisional; [improvized] improvisado(da).

make-up n - **1.** [cosmetics] maquillaje m; ~ **bag** neceser m; ~ **remover** loción f OR leche f desmaquilladora - **2.** [person's character] carácter m - **3.** [structure] estructura f; [of team] composición f.

making [ˈmeɪkɪŋ] n [of product] fabricación f; [of film] rodaje m; [of decision] toma f; **this is history in the** ~ esto pasará a la historia; **your problems are of your own** ~ tus problemas te los has buscado tú mismo; **to be the** ~ **of sb/ sthg** ser la causa del éxito de alguien/algo; **to**

have the ~s of tener madera de.

maladjusted [ˌmælə'dʒʌstɪd] *adj* inadaptado(da).

malaise [mə'leɪz] *n fml* malestar *m*.

malaria [mə'leərɪə] *n* malaria *f*.

Malawi [mə'lɑːwɪ] *n* Malaui.

Malawian [mə'lɑːwɪən] ◇ *adj* malauita. ◇ *n* malauita *m* or *f*.

Malay [mə'leɪ] ◇ *adj* malayo(ya). ◇ *n* **-1.** [person] malayo *m*, -ya *f* **-2.** [language] malayo *m*.

Malaya [mə'leɪə] *n* Malaya.

Malayan [mə'leɪən] ◇ *adj* malayo(ya). ◇ *n* malayo *m*, -ya *f*.

Malaysia [mə'leɪzɪə] *n* Malaisia.

Malaysian [mə'leɪzɪən] ◇ *adj* malaisio(sia). ◇ *n* malaisio *m*, -sia *f*.

Maldives ['mɔːldaɪvz] *npl*: **the** ~ las Maldivas.

male [meɪl] ◇ *adj* **-1.** [animal] macho **-2.** [human] masculino(na), varón **-3.** [concerning men] masculino(na), del hombre. ◇ *n* **-1.** [animal] macho *m* **-2.** [human] varón *m*.

male chauvinist (pig) *n* machista *m*.

male nurse *n* enfermero *m*.

malevolent [mə'levələnt] *adj* malévolo(la).

malformed [mæl'fɔːmd] *adj* malformado(da).

malfunction [mæl'fʌŋkʃn] ◇ *n* fallo *m*. ◇ *vi* averiarse.

Mali ['mɑːlɪ] *n* Malí.

malice ['mælɪs] *n* malicia *f*.

malicious [mə'lɪʃəs] *adj* malicioso(sa).

malign [mə'laɪn] ◇ *adj* maligno(na), perjudicial. ◇ *vt fml* difamar.

malignant [mə'lɪgnənt] *adj* **-1.** MED maligno(na) **-2.** *fml* [full of hate] malvado(da).

malinger [mə'lɪŋgəʳ] *vi pej* fingirse enfermo(ma).

malingerer [mə'lɪŋgərəʳ] *n pej* enfermo fingido *m*, enferma fingida *f*.

mall [mɔːl] *n esp US*: **(shopping)** ~ centro *m* comercial peatonal.

malleable ['mælɪəbl] *adj lit* & *fig* maleable.

mallet ['mælɪt] *n* mazo *m*.

malnourished [ˌmæl'nʌrɪʃt] *adj* malnutrido(da).

malnutrition [ˌmælnju:'trɪʃn] *n* malnutrición *f*.

malpractice [ˌmæl'præktɪs] *n (U)* JUR negligencia *f*.

malt [mɔːlt] *n* **-1.** [grain] malta *f* **-2.** [whisky] whisky *m* de malta **-3.** *US leche malteada con helado*.

Malta ['mɔːltə] *n* Malta.

Maltese [ˌmɔːl'tiːz] *(pl inv)* ◇ *adj* maltés

(esa). ◇ *n* **-1.** [person] maltés *m*, -esa *f* **-2.** [language] maltés *m*.

maltreat [ˌmæl'triːt] *vt* maltratar.

maltreatment [ˌmæl'triːtmənt] *n* malos tratos *mpl*.

malt whisky *n* whisky *m* de malta.

mammal ['mæml] *n* mamífero *m*.

mammoth ['mæməθ] ◇ *adj* descomunal, gigante. ◇ *n* mamut *m*.

man [mæn] *(pl* men, *pt* & *pp* -ned, *cont* -ning) ◇ *n* **-1.** [gen] hombre *m*; **the** ~ **in the street** el hombre de la calle, el ciudadano de a pie; **to talk** ~ **to** ~ hablar de hombre a hombre; **to be** ~ **enough to do sthg** ser lo suficientemente hombre para hacer algo **-2.** [humankind] el hombre. ◇ *vt* [gen] manejar; [ship, plane] tripular; **manned 24 hours a day** [telephone] en servicio las 24 horas del día.

manacles ['mænəklz] *npl* esposas *fpl*, grilletes *mpl*.

manage ['mænɪdʒ] ◇ *vi* **-1.** [cope] poder **-2.** [survive] apañárselas. ◇ *vt* **-1.** [succeed]: **to** ~ **to do sthg** conseguir hacer algo **-2.** [company] dirigir, llevar; [money] administrar, manejar; [pop star] representar; [time] organizar **-3.** [be available for]: **I can only** ~ **an hour tonight** sólo dispongo de una hora esta noche **-4.** [cope with] poder con; **can you** ~ **that box?** ¿puedes con la caja?

manageable ['mænɪdʒəbl] *adj* [task] factible, posible; [children] dominable; [inflation, rate] controlable.

management ['mænɪdʒmənt] *n* **-1.** [control, running] gestión *f* **-2.** [people in control] dirección *f*.

management consultant *n* asesor *m*, -ra *f* en gestión de empresas.

manager ['mænɪdʒəʳ] *n* **-1.** [of company] director *m*, -ra *f*; [of shop] jefe *m*, -fa *f*; [of pop star] manager *m* OR *f* **-2.** SPORT ≃ entrenador *m*, -ra *f*.

manageress [ˌmænɪdʒə'res] *n UK* [of company] directora *f*; [of shop] jefa *f*.

managerial [ˌmænɪ'dʒɪərɪəl] *adj* directivo(va).

managing director ['mænɪdʒɪŋ-] *n* director *m*, -ra *f* gerente.

Managua [mə'nægwə] *n* Managua.

Mancunian [mæŋ'kjuːnjən] ◇ *adj* de o relativo a *Manchester*. ◇ *n* natural o habitante de *Manchester*.

mandarin ['mændərɪn] *n* **-1.** [fruit] mandarina *f* **-2.** [civil servant] mandarín *m*, -ina *f*, alto burócrata *m*.

mandate ['mændeɪt] *n* **-1.** [elected right or authority] mandato *m*; **to have a** ~ **to do sthg** tener autoridad para hacer algo **-2.** [task] misión *f*.

mandatory ['mændətrɪ] *adj* obligatorio(ria).
mandolin [mændə'lɪn] *n* mandolina *f*.
mane [meɪn] *n* [of horse] crin *f*; [of lion] melena *f*.
man-eating [-ˌiːtɪŋ] *adj* que come carne humana.
maneuver *US* = manoeuvre.
manfully ['mænfʊlɪ] *adv* valientemente.
mange [meɪndʒ] *n* sarna *f*.
manger ['meɪndʒəʳ] *n* pesebre *m*.
mangetout (pea) [ˌmɑːʒ'tuː-] *n UK* guisante *m* mollar, tirabeque *m*, arveja *f* china *Andes, Col, CSur,Ven*, chícharo *m* chino *CAm, Méx*.
mangle ['mæŋgl] *vt* [crush] aplastar; [tear to pieces] despedazar.
mango ['mæŋgəʊ] (*pl* -es *OR* -s) *n* mango *m*.
mangrove ['mæŋgrəʊv] *n* mangle *m*; ~ swamp manglar *m*.
mangy ['meɪndʒɪ] (*compar* -ier, *superl* -iest) *adj* sarnoso(sa).
manhandle ['mænˌhændl] *vt* [person]: they ~ed her into the van la metieron en el camión a empujones.
manhole ['mænhəʊl] *n* boca *f* (del alcantarillado).
manhood ['mænhʊd] *n* -1. [state] virilidad *f*-2. [time] edad *f* adulta.
manhour ['mænˌaʊəʳ] *n* hora *f* hombre.
manhunt ['mænhʌnt] *n* búsqueda *f* (de un delincuente).
mania ['meɪnjə] *n* -1. [excessive liking]: ~ (for) pasión *f*(por) -2. *PSYCH* manía *f*.
maniac ['meɪnɪæk] *n* -1. [madman] maníaco *m*, -ca *f*-2. [fanatic] fanático *m*, -ca *f*.
manic ['mænɪk] *adj* maníaco(ca).
manic-depressive <> *adj* maníacodepresivo(va). <> *n* maníacodepresivo *m*, -va *f*.
manicure ['mænɪˌkjʊəʳ] <> *n* manicura *f*. <> *vt*: to ~ sb hacerle la manicura a alguien; to ~ one's nails arreglarse las uñas.
manifest ['mænɪfest] *fml* <> *adj* manifiesto(ta), evidente. <> *vt* manifestar.
manifestation [ˌmænɪfes'teɪʃn] *n fml* manifestación *f*.
manifestly ['mænɪfestlɪ] *adv fml* evidentemente.
manifesto [ˌmænɪ'festəʊ] (*pl* -s *OR* -es) *n* manifiesto *m*.
manifold ['mænɪfəʊld] <> *adj literary* múltiple. <> *n AUT* colector *m*.
manil(l)a [mə'nɪlə] *adj* manila *(inv)*.
Manila [mə'nɪlə] *n* Manila.
manipulate [mə'nɪpjʊleɪt] *vt* -1. [control for personal benefit] manipular -2. [controls, lever] manejar.
manipulation [məˌnɪpjʊ'leɪʃn] *n* -1. [control for personal benefit] manipulación *f*-2. [of controls, lever] manejo *m*.
manipulative [mə'nɪpjʊlətɪv] *adj* manipulador(ra).
Manitoba [ˌmænɪ'təʊbəl] *n* Manitoba.
mankind [mæn'kaɪnd] *n* la humanidad.
manly ['mænlɪ] (*compar* -ier, *superl* -iest) *adj* varonil, viril.
man-made *adj* [environment, problem, disaster] producido(da) por el hombre; [fibre, lake, goods] artificial.
manna ['mænə] *n* maná *m*.
manned [mænd] *adj* tripulado(da).
mannequin ['mænɪkɪn] *n dated* maniquí *m OR f*.
manner ['mænəʳ] *n* -1. [method] manera *f*, forma *f*; in a ~ of speaking por así decirlo -2. [bearing, attitude] actitud *f* -3. *esp literary* [type, sort] tipo *m*, clase *f*; all ~ of toda clase *OR* todo tipo de.
➡ **manners** *npl* modales *mpl*; it's good/bad ~s to do sthg es de buena/mala educación hacer algo.
mannered ['mænəd] *adj fml* afectado(da), amanerado(da).
mannerism ['mænərɪzm] *n* costumbre *f* (típica de uno).
mannish ['mænɪʃ] *adj* [woman] hombruno(na).
manoeuvrable *UK*, **maneuverable** *US* [mə'nuːvrəbl] *adj* manejable.
manoeuvre *UK*, **maneuver** *US* [mə'nuːvəʳ] <> *n lit & fig* maniobra *f*. <> *vt* maniobrar, manejar. <> *vi* maniobrar.
➡ **manoeuvres** *npl MIL* maniobras *fpl*.
manor ['mænəʳ] *n* [house] casa *f* solariega.
manpower ['mænˌpaʊəʳ] *n* [manual workers] mano *f* de obra; [white-collar workers] personal *m*.
manservant ['mænsɜːvənt] (*pl* menservants) *n dated* criado *m*, sirviente *m*, mucamo *m Amér*.
mansion ['mænʃn] *n* [manor] casa *f* solariega; [big house] casa grande.
man-size(d) *adj* de tamaño extralargo.
manslaughter ['mænˌslɔːtəʳ] *n* homicidio *m* involuntario.
mantelpiece ['mæntlpiːs] *n* repisa *f* (de la chimenea).
mantle ['mæntl] *n* -1. [layer, covering] capa *f*-2. [of leadership, high office] manto *m*.
man-to-man *adj* de hombre a hombre.
manual ['mænjʊəl] <> *adj* manual. <> *n* manual *m*.
manually ['mænjʊəlɪ] *adv* manualmente, a mano.
manual worker *n* obrero *m*, -ra *f*.

manufacture [ˌmænjʊˈfæktʃəʳ] ◇ n manufactura f, fabricación f. ◇ vt -1. [make] manufacturar, fabricar - 2. [invent] inventar.

manufacturer [ˌmænjʊˈfæktʃərəʳ] n fabricante m OR f.

manufacturing [ˌmænjʊˈfæktʃərɪŋ] n manufactura f, fabricación f.

manufacturing industries npl industrias fpl manufactureras.

manure [məˈnjʊəʳ] n estiércol m, abono m.

manuscript [ˈmænjʊskrɪpt] n -1. [gen] manuscrito m - 2. [in exam] hoja f de examen.

Manx [mæŋks] ◇ adj de o relativo a la Isla de Man. ◇ n [language] lengua de la Isla de Man.

many [ˈmenɪ] (compar more, superl most) ◇ adj muchos(chas); ~ people muchas personas, mucha gente; how ~? ¿cuántos(tas)?; I wonder how ~ people went me pregunto cuánta gente fue; too ~ demasiados(das); there weren't too ~ students no había muchos estudiantes; as ~ ... as tantos(tas) ... como; they have three times as ~ soldiers as us tienen el triple de soldados que nosotros; so ~ tantos(tas); I've never seen so ~ people nunca había visto tanta gente; a good OR great ~ muchísimos(mas). ◇ pron muchos(chas); twice as ~ el doble; four times as ~ cuatro veces esa cantidad.

Maori [ˈmaʊrɪ] ◇ adj maorí. ◇ n maorí m OR f.

map [mæp] (pt & pp -ped, cont -ping) n mapa m.
➡ **map out** vt sep planear, planificar.

maple [ˈmeɪpl] n arce m.

maple leaf n hoja f de arce.

maple syrup n jarabe m de arce.

Maputo [məˈpuːtəʊ] n Maputo.

mar [maːʳ] (pt & pp -red, cont -ring) vt deslucir.

Mar. (abbr of March) mar.

marathon [ˈmærəθɒn] ◇ adj maratoniano(na). ◇ n maratón m.

marathon runner n corredor m, -ra f de maratón.

marauder [məˈrɔːdəʳ] n merodeador m, -ra f.

marauding [məˈrɔːdɪŋ] adj -1. [human] merodeador(ra) - 2. [animal] en busca de su presa.

marble [ˈmaːbl] n -1. [stone] mármol m - 2. [for game] canica f.
➡ **marbles** n (U) [game] canicas fpl, bolitas fpl RP.

march [maːtʃ] ◇ n -1. MIL marcha f - 2. [of demonstrators] marcha f (de protesta) - 3. [steady progress] avance m. ◇ vi -1. [in formation, in protest] marchar - 2. [speedily]: to ~ out salir enfadado(da); to ~ up to sb abordar a alguien

decididamente. ◇ vt llevar por la fuerza.

March [maːtʃ] n marzo m; see also **September**.

marcher [ˈmaːtʃəʳ] n [protester] manifestante m OR f.

marching orders [ˈmaːtʃɪŋ-] npl: **to give sb his/her** ~ expulsar a alguien.

marchioness [ˈmaːʃənes] n marquesa f.

march-past n desfile m.

Mardi Gras [ˌmaːdɪˈgraː] n martes m inv de Carnaval.

mare [meəʳ] n yegua f.

margarine [ˌmaːdʒəˈriːn, ˌmaːɡəˈriːn] n margarina f.

marge [maːdʒ] n inf margarina f.

margin [ˈmaːdʒɪn] n -1. [gen] margen m - 2. [of desert, forest] límite m, lindero m.

marginal [ˈmaːdʒɪnl] adj -1. [unimportant] marginal - 2. UK POL: ~ seat OR constituency escaño vulnerable a ser perdido en las elecciones por tener una mayoría escasa.

marginally [ˈmaːdʒɪnəlɪ] adv ligeramente.

marigold [ˈmærɪɡəʊld] n caléndula f.

marihuana, marijuana [ˌmærɪˈwaːnə] n marihuana f.

marina [məˈriːnə] n puerto m deportivo.

marinade [ˌmærɪˈneɪd] ◇ n [of fish] marinada f; [of meat] adobo m. ◇ vt & vi [fish] marinar.

marinate [ˈmærɪneɪt] vt & vi [fish] marinar; [meat] adobar.

marine [məˈriːn] ◇ adj marino(na). ◇ n soldado m de infantería de marina.

marionette [ˌmærɪəˈnet] n marioneta f, títere m.

marital [ˈmærɪtl] adj marital, matrimonial.

marital status n estado m civil.

maritime [ˈmærɪtaɪm] adj marítimo(ma).

Maritime Provinces, Maritimes npl: **the** ~ las Provincias Marítimas.

marjoram [ˈmaːdʒərəm] n mejorana f.

mark [maːk] ◇ n -1. [stain] mancha f; [scratch] marca f - 2. [written symbol - on paper] marca f; [- in the sand] señal f - 3. [in exam] nota f; [point] punto m; **to get good** ~s sacar buenas notas - 4. [stage, level]: **once past the halfway** ~ una vez llegado a medio camino; **above the billion** ~ por encima del billón - 5. [sign - of respect] señal f; [- of illness, old age] huella f - 6. SPORT: **on your** ~s, **get set**, **go!** preparados, listos, ¡ya! - 7. [currency] marco m - 8. phr: **to make one's** ~ dejar huella, distinguirse; **to be quick/slow off the** ~ reaccionar rápido/tarde; **wide of the** ~ lejos de la verdad. ◇ vt -1. [stain] manchar; [scratch] marcar - 2. [label - with initials etc] señalar - 3. [exam, essay] puntuar, calificar - 4. [identify - place] señalar; [- beginning, end] marcar - 5. [commemorate] conmemorar - **6.** [characterize] caracterizar - **7.** *SPORT* marcar.

➤ **mark down** *vt sep* - **1.** *COMM* [price] rebajar; [goods] bajar el precio de - **2.** [downgrade] bajar la nota a.

➤ **mark off** *vt sep* [cross off] poner una marca en.

➤ **mark up** *vt sep* - **1.** *COMM* [price] subir; [goods] subir el precio de - **2.** [give higher grade] subir la nota a.

marked [mɑːkt] *adj* [improvement] notable; [difference] marcado(da), acusado(da).

markedly ['mɑːkɪdlɪ] *adv* [better] sensiblemente; [worse] acusadamente; [different] marcadamente.

marker ['mɑːkəʳ] *n* - **1.** [sign] señal *f* - **2.** *SPORT* marcador *m*, -ora *f*.

marker pen *n* rotulador *m*.

market ['mɑːkɪt] ◇ *n* mercado *m*; **on the** ~ a la venta. ◇ *vt* comercializar.

marketable ['mɑːkɪtəbl] *adj* vendible, comercializable.

market analyst *n* analista *m* OR *f* de mercados.

market day *n* (día *m* de) mercado *m*.

market economy *n* economía *f* de mercado.

market forces *npl* fuerzas *fpl* del mercado.

market garden *n esp UK* [small] huerto *m*; [large] huerta *f*.

marketing ['mɑːkɪtɪŋ] *n* [subject] marketing *m*; [selling] comercialización *f*.

market leader *n* líder *m* OR *f* del mercado.

marketplace ['mɑːkɪtpleɪs] *n lit* & *fig* mercado *m*.

market price *n* precio *m* de mercado.

market research *n* estudio *m* de mercados.

market town *n* población *f* con mercado.

market value *n* valor *m* actual OR en venta.

marking ['mɑːkɪŋ] *n* - **1.** [of exams etc] corrección *f* - **2.** *SPORT* marcaje *m*.

➤ **markings** *npl* [of flower, animal] pintas *fpl*, manchas *fpl*; [on road] señales *fpl*.

marksman ['mɑːksmən] (*pl* -**men** [-mən]) *n* tirador *m*.

marksmanship ['mɑːksmənʃɪp] *n* puntería *f*.

markup ['mɑːkʌp] *n* recargo *m*.

marmalade ['mɑːməleɪd] *n* mermelada *f (de cítricos)*.

maroon [mə'ruːn] *adj* granate.

marooned [mə'ruːnd] *adj* incomunicado(da), aislado(da).

marquee [mɑː'kiː] *n* carpa *f*, toldo *m* grande; *US* [of building] marquesina *f*.

marquess ['mɑːkwɪs] marquesa *f*.

marquis ['mɑːkwɪs] *n* marqués *m*.

marriage ['mærɪdʒ] *n* - **1.** [act] boda *f* - **2.** [state, institution] matrimonio *m*.

marriage bureau *n UK* agencia *f* matrimonial.

marriage certificate *n* certificado *m* de matrimonio.

marriage guidance *n* asesoría *f* matrimonial.

marriage guidance counsellor *n* consejero *m*, -ra *f* matrimonial.

married ['mærɪd] *adj* - **1.** [person] casado(da); **a** ~ **couple** un matrimonio - **2.** [life] matrimonial, de casado(da).

marrow ['mærəʊ] *n* - **1.** *UK* [vegetable] calabacín *m* grande - **2.** [in bones] médula *f*.

marry ['mærɪ] (*pt* & *pp* -**ied**) ◇ *vt* - **1.** [take as husband or wife] casarse con; **to get married** casarse - **2.** [sanction marriage of] casar. ◇ *vi* casarse.

Mars [mɑːz] *n* Marte *m*.

Marseilles [mɑː'seɪlz] *n* Marsella.

marsh [mɑːʃ] *n* - **1.** [area of land] zona *f* pantanosa - **2.** [type of land] pantano *m*.

marshal ['mɑːʃl] (*UK pt* & *pp* -**led**, *cont* -**ling**, *US pt* & *pp* -**ed**, *cont* -**ing**) ◇ *n* - **1.** *MIL* mariscal *m* - **2.** [steward] oficial *m* OR *f*, miembro *m* OR *f* del servicio de orden - **3.** *US* [officer] jefe *m*, -fa *f* de policía. ◇ *vt* [people] dirigir, conducir; [thoughts] ordenar.

marshalling yard ['mɑːʃlɪŋ-] *n* estación *f* de clasificación de trenes.

marshland ['mɑːʃlænd] *n* tierra *f* pantanosa.

marshmallow [*UK* ˌmɑːʃ'mæləʊ, *US* 'mɑːrʃˌmeləʊ] *n* - **1.** [sweet] esponja *f*, *golosina de merengue blando* - **2.** [substance] malvavisco *m*.

marshy ['mɑːʃɪ] (*compar* -**ier**, *superl* -**iest**) *adj* pantanoso(sa).

marsupial [mɑː'suːpjəl] *n* marsupial *m*.

martial ['mɑːʃl] *adj* [music, discipline] militar.

martial arts [ˌmɑːʃl-] *npl* artes *fpl* marciales.

martial law [ˌmɑːʃl-] *n* ley *f* marcial.

Martian ['mɑːʃn] ◇ *adj* marciano(na). ◇ *n* marciano *m*, -na *f*.

martin ['mɑːtɪn] *n* avión *m*.

martini [mɑː'tiːnɪ] *n* martini *m*.

Martinique [ˌmɑːtɪ'niːk] *n* (la) Martinica.

martyr ['mɑːtəʳ] *n* mártir *m* OR *f*.

martyrdom ['mɑːtədəm] *n* martirio *m*.

martyred ['mɑːtəd] *adj* [expression] de mártir.

marvel ['mɑːvl] (*UK pt* & *pp* -**led**, *cont* -**ling**, *US pt* & *pp* -**ed**, *cont* -**ing**) ◇ *n* maravilla *f*; **it's a** ~ **he managed** es un milagro que haya podido.

◇ *vi*: **to ~ (at)** maravillarse OR asombrarse (ante).

marvellous UK, **marvelous** US ['mɑ:vələs] *adj* maravilloso(sa).

Marxism ['mɑ:ksɪzm] *n* marxismo *m*.

Marxist ['mɑ:ksɪst] ◇ *adj* marxista. ◇ *n* marxista *m* OR *f*.

Maryland ['meərɪlænd] *n* Maryland.

marzipan ['mɑ:zɪpæn] *n* mazapán *m*.

mascara [mæs'kɑ:rə] *n* rímel *m*.

mascot ['mæskət] *n* mascota *f*.

masculine ['mæskjolɪn] *adj* [gen] masculino(na); [woman, appearance] hombruno(na).

masculinity [ˌmæskjo'lɪnətɪ] *n* masculinidad *f*.

mash [mæʃ] ◇ *n inf* puré *m* de patatas. ◇ *vt* hacer puré.

MASH [mæʃ] (*abbr of* **mobile army surgical hospital**) *n hospital militar estadounidense de campaña*.

mashed potatoes [mæʃt-] *npl* puré *m* de patatas.

mask [mɑ:sk] ◇ *n lit* & *fig* máscara *f*. ◇ *vt* **-1.** [to hide] enmascarar **-2.** [cover up] ocultar, disfrazar.

masked [mɑ:skt] *adj* enmascarado(da).

masking tape ['mɑ:skɪŋ-] *n* cinta *f* adhesiva de pintor.

masochism ['mæsəkɪzm] *n* masoquismo *m*.

masochist ['mæsəkɪst] *n* masoquista *m* OR *f*.

masochistic [ˌmæsə'kɪstɪk] *adj* masoquista.

mason ['meɪsn] *n* **-1.** [stonemason] cantero *m* **-2.** [freemason] masón *m*.

masonic [mə'sɒnɪk] *adj* masónico(ca).

masonry ['meɪsnrɪ] *n* [stones] albañilería *f*.

masquerade [ˌmæskə'reɪd] *vi*: **to ~ as** hacerse pasar por; **he ~d under the name of ...** se identificó bajo el nombre de ...

mass [mæs] ◇ *n* **-1.** [gen] masa *f* **-2.** [large amount] montón *m* **-3.** [religious ceremony] misa *f*. ◇ *adj* [unemployment] masivo(va); [communication] de masas. ◇ *vt* agrupar, concentrar. ◇ *vi* agruparse, concentrarse.

➡ **masses** *npl* **-1.** *inf* [lots] montones *mpl* **-2.** [workers]: **the ~ es** las masas.

Massachusetts [ˌmæsə'tʃu:sɪts] *n* Massachusetts.

massacre ['mæsəkə'] ◇ *n* matanza *f*, masacre *f*. ◇ *vt* masacrar.

massage [UK 'mæsɑ:ʒ, US mə'sɑ:ʒ] ◇ *n* masaje *m*. ◇ *vt* dar un masaje a.

massage parlour *n* **-1.** [for massage] salón *m* de masajes **-2.** *euphemism* [brothel] burdel *m*.

masseur [mæ'sɜ:r] *n* masajista *m*.

masseuse [mæ'sɜ:z] *n* masajista *f*.

mass grave *n* fosa *f* común.

massive ['mæsɪv] *adj* [gen] enorme; [majority] aplastante.

massively ['mæsɪvlɪ] *adv* enormemente.

mass-market *adj* para un mercado masivo.

mass media *n* & *npl*: **the ~** los medios de comunicación de masas.

mass murderer *n* asesino *m*, -na *f* múltiple.

mass-produce *vt* producir OR fabricar en serie.

mass production *n* producción *f* OR fabricación *f* en serie.

mast [mɑ:st] *n* **-1.** [on boat] mástil *m* **-2.** RADIO & TV poste *m*, torre *f*.

master ['mɑ:stə'] ◇ *n* **-1.** [of people, animals] amo *m*, dueño *m*; [of house] señor *m* **-2.** *fig* [of situation] dueño *m*, -ña *f* **-3.** UK [teacher - primary school] maestro *m*; [- secondary school] profesor *m* **-4.** [of recording] original *m*. ◇ *adj* maestro(tra). ◇ *vt* **-1.** [situation] dominar, controlar; [difficulty] vencer, superar **-2.** [technique etc] dominar.

master bedroom *n* dormitorio *m* principal.

master class *n* clase *f* magistral.

master disk *n* COMPUT disco *m* maestro.

masterful ['mɑ:stəfʊl] *adj* autoritario(ria).

master key *n* llave *f* maestra.

masterly ['mɑ:stəlɪ] *adj* magistral.

mastermind ['mɑ:stəmaɪnd] ◇ *n* cerebro *m*. ◇ *vt* ser el cerebro de, dirigir.

Master of Arts (*pl* **Masters of Arts**) *n* **-1.** [degree] máster *m* en Letras **-2.** [person] licenciado *m*, -da *f* con máster en Letras.

master of ceremonies (*pl* **masters of ceremonies**) *n* maestro *m* de ceremonias.

Master of Science (*pl* **Masters of Science**) *n* **-1.** [degree] máster *m* en Ciencias **-2.** [person] licenciado *m*, -da *f* con máster en Ciencias.

masterpiece ['mɑ:stəpi:s] *n lit* & *fig* obra *f* maestra.

master plan *n* plan *m* maestro.

master's degree *n* máster *m*.

masterstroke ['mɑ:stəstrəʊk] *n* golpe *m* maestro.

master switch *n* interruptor *m* general.

masterwork ['mɑ:stəwɜ:k] *n* obra *f* maestra.

mastery ['mɑ:stərɪ] *n* dominio *m*.

mastic ['mæstɪk] *n* masilla *f*.

masticate ['mæstɪkeɪt] *vt* & *vi fml* masticar.

mastiff ['mæstɪf] *n* mastín *m*.

masturbate ['mæstəbeɪt] *vi* masturbarse.

masturbation [ˌmæstə'beɪʃn] *n* masturbación *f*.

mat [mæt] *n* **-1.** [rug] alfombrilla *f*; [beer mat] posavasos *m inv*; [tablemat] salvamanteles *m inv* **-2.** [doormat] felpudo *m*.

matador [ˈmætədɔːʳ] *n* matador *m*.

match [mætʃ] ⟨⟩ *n* **-1.** [game] partido *m* **-2.** [for lighting] cerilla *f*, cerillo *m CAm, Méx*, fósforo *m Amér* **-3.** [equal]: **to be a** ~ **for** estar a la altura de; **to be no** ~ **for** no poder competir con. ⟨⟩ *vt* **-1.** [be the same as] coincidir con **-2.** [pair off]: **to** ~ **sthg (to)** emparejar algo (con) **-3.** [be equal with] competir con, llegar a la altura de **-4.** [go well with] hacer juego con. ⟨⟩ *vi* **-1.** [be the same] coincidir **-2.** [go together well] hacer juego, combinar.

matchbox [ˈmætʃbɒks] *n* caja *f* de cerillas.

matched [mætʃt] *adj*: **to be well** ~ [well suited] hacer buena pareja; [equal in strength] estar igualados(das).

matching [ˈmætʃɪŋ] *adj* a juego.

matchless [ˈmætʃlɪs] *adj literary* sin par.

matchmaker [ˈmætʃˌmeɪkəʳ] *n* casamentero *m*, -ra *f*, celestina *f*.

match play *n GOLF* matchplay *m*, juego *m* por hoyos.

match point *n TENNIS* pelota *f OR* punto *m* de partido.

matchstick [ˈmætʃstɪk] *n* cerilla *f*, cerillo *m Andes, Méx*.

mate [meɪt] ⟨⟩ *n* **-1.** *inf* [friend] amigo *m*, -ga *f*, compañero *m*, -ra *f*, compa *m OR f Amér* **-2.** *US* [spouse] esposo *m*, -sa *f* **-3.** *UK inf* [term of address] colega *m* **-4.** [of animal] macho *m*, hembra *f* **-5.** *NAUT*: **(first)** ~ **(primer)** oficial *m*. ⟨⟩ *vi* [animals]: **to** ~ **(with)** aparearse (con).

material [məˈtɪərɪəl] ⟨⟩ *adj* **-1.** [physical] material **-2.** [important] sustancial. ⟨⟩ *n* **-1.** [substance] material *m* **-2.** [type of substance] materia *f* **-3.** [fabric] tela *f*, tejido *m* **-4.** [type of fabric] tejido *m* **-5.** *(U)* [ideas, information] información *f*, documentación *f*.
◆ **materials** *npl*: **building** ~s materiales *mpl* de construcción; **writing** ~s objetos *mpl* de escritorio; **cleaning** ~s productos *mpl* de limpieza.

materialism [məˈtɪərɪəlɪzm] *n* materialismo *m*.

materialist [məˈtɪərɪəlɪst] *n* materialista *m OR f*.

materialistic [məˌtɪərɪəˈlɪstɪk] *adj* materialista.

materialize, -ise [məˈtɪərɪəlaɪz] *vi* **-1.** [happen] materializarse, producirse **-2.** [appear] aparecer.

materially [məˈtɪərɪəlɪ] *adv* **-1.** [physically] materialmente **-2.** [significantly, importantly] sustancialmente.

maternal [məˈtɜːnl] *adj* [gen] maternal; [grandparent] materno(na).

maternity [məˈtɜːnətɪ] *n* maternidad *f*.

maternity dress *n* vestido *m* premamá.

maternity hospital *n* hospital *m* de maternidad.

maternity leave *n* baja *f* por maternidad.

maternity ward *n* pabellón *m* de maternidad.

math *US* = **maths**.

mathematical [ˌmæθəˈmætɪkl] *adj* matemático(ca).

mathematician [ˌmæθəməˈtɪʃn] *n* matemático *m*, -ca *f*.

mathematics [ˌmæθəˈmætɪks] *n (U)* matemáticas *fpl*.

maths *UK* [mæθs], **math** *US* [mæθ] (*abbr of* **mathematics**) *inf* ⟨⟩ *n (U)* mates *fpl*. ⟨⟩ *comp* de matemáticas.

maths coprocessor [-ˌkəʊˈprəʊsesəʳ] *n COMPUT* coprocesador *m* matemático.

matinée [ˈmætɪneɪ] *n* [at cinema] primera sesión *f*; [at theatre] función *f* de tarde, vermú *f Amér*.

mating call [ˈmeɪtɪŋ-] *n* llamada *f* nupcial.

mating season [ˈmeɪtɪŋ-] *n* época *f* de celo.

matriarch [ˈmeɪtrɪɑːk] *n* matriarca *f*.

matrices [ˈmeɪtrɪsiːz] *pl* ▷ **matrix**.

matriculate [məˈtrɪkjʊleɪt] *vi* matricularse.

matriculation [məˌtrɪkjʊˈleɪʃn] *n* matrícula *f*.

matrimonial [ˌmætrɪˈməʊnjəl] *adj* matrimonial.

matrimony [ˈmætrɪmənɪ] *n (U)* matrimonio *m*.

matrix [ˈmeɪtrɪks] (*pl* **matrices** *OR* **-es**) *n* matriz *f*.

matron [ˈmeɪtrən] *n* **-1.** *UK* [in hospital] enfermera *f* jefa **-2.** [in school] *mujer a cargo de la enfermería* **-3.** *US* [in prison] funcionaria *f* de prisiones, carcelera *f*.

matronly [ˈmeɪtrənlɪ] *adj euphemism* [figure] corpulenta y de edad madura.

matt *UK*, **matte** *US* [mæt] *adj* mate.

matted [ˈmætɪd] *adj* enmarañado(da).

matter [ˈmætəʳ] ⟨⟩ *n* **-1.** [question, situation] asunto *m*; **a** ~ **of life and death** un asunto de vida o muerte; **the fact** *OR* **truth of the** ~ **is (that)** ... la verdad es que ...; **that's another** *OR* **a different** ~ es otra cuestión *OR* cosa; **as a** ~ **of course** automáticamente; **to make** ~s **worse** para colmo de desgracias; **as a** ~ **of principle** por principio; **within a** ~ **of hours** en cuestión de horas; **a** ~ **of opinion** una cuestión de opiniones; **it's a** ~ **of time** es cuestión de tiempo **-2.** [trouble, cause of pain]: **what's the** ~ **(with it/her)?** ¿qué (le) pasa?; **is anything the** ~? ¿pasa algo?; **something's the** ~ **with my car** algo le pasa a mi coche **-3.** *PHYS* materia *f* **-4.** *(U)* [material] material *m*; **printed** ~ impresos *mpl*. ⟨⟩ *vi* [be important] importar; **it doesn't** ~ no importa.
◆ **as a matter of fact** *adv* en realidad.

➡ **for that matter** *adv* de hecho.

➡ **no matter** *adv* : **no ~ how hard I try** por mucho que lo intente; **no ~ what he does** haga lo que haga; **we must win, no ~ what** tenemos que ganar como sea.

Matterhorn ['mætə,hɔ:n] *n* : **the ~** el monte Cervino.

matter-of-fact *adj* pragmático(ca).

matting ['mætɪŋ] *n* estera *f*.

mattress ['mætrɪs] *n* colchón *m*.

mature [mə'tjʊəʳ] <> *adj* [person, wine] maduro(ra); [cheese] curado(da). <> *vi* **-1.** [gen] madurar **- 2.** [wine] envejecer.

mature student *n UK UNIV* estudiante *m OR f* adulto, -ta.

maturity [mə'tjʊərətɪ] *n* **-1.** [gen] madurez *f* **- 2.** *FIN* vencimiento *m*.

maudlin ['mɔːdlɪn] *adj* [tearful] llorón(ona); [sentimental] sensiblero(ra).

maul [mɔːl] *vt* [savage] herir gravemente.

Mauritania [,mɒrɪ'teɪnɪə] *n* Mauritania.

Mauritanian [,mɒrɪ'teɪnɪən] <> *adj* mauritano(na). <> *n* mauritano *m*, -na *f*.

Mauritian [mə'rɪʃən] <> *adj* mauriciano(na). <> *n* mauriciano *m*, -na *f*.

Mauritius [mə'rɪʃəs] *n* (la) isla Mauricio.

mausoleum [,mɔːsə'lɪəm] (*pl* -s) *n* mausoleo *m*.

mauve [məʊv] <> *adj* malva. <> *n* malva *m*.

maverick ['mævərɪk] *n* inconformista *m OR f*.

mawkish ['mɔːkɪʃ] *adj* sensiblero(ra).

max. [mæks] (*abbr of* **maximum**) máx.

maxim ['mæksɪm] (*pl* -s) *n* máxima *f*.

maxima ['mæksɪmə] *pl* ▷ **maximum**.

maximize, -ise ['mæksɪmaɪz] *vt* maximizar.

maximum ['mæksɪməm] (*pl* **maxima** OR -s) <> *adj* máximo(ma). <> *n* máximo *m*; **at the ~** como máximo.

may [meɪ] *modal vb* poder; **the coast ~ be seen** se puede ver la costa; **you ~ like it** puede OR es posible que te guste; **I ~ come, I ~ not** puede que venga, puede que no; **will you do it? - I ~ do** ¿lo harás? - puede que sí; **it ~ be done in two different ways** puede hacerse de dos maneras (distintas); **~ I come in?** ¿se puede (pasar)?; **~ I?** ¿me permite?; **if I ~** si me permite; **it ~ be cheap, but it's good** puede que sea barato, pero es bueno; **~ all your dreams come true!** ¡que todos tus sueños se hagan realidad!; **be that as it ~** aunque así sea; **come what ~** pase lo que pase; *see also* **might**.

May [meɪ] *n* mayo *m*; *see also* **September**.

Maya ['maɪə] *n* : **the ~** los mayas.

Mayan ['maɪən] *adj* maya.

maybe ['meɪbi:] *adv* **-1.** [perhaps] quizás, tal vez;

~ she'll come tal vez venga **- 2.** [approximately] más o menos.

mayday ['meɪdeɪ] *n* s.o.s. *m*, señal *f* de socorro.

May Day *n* Primero *m* de Mayo.

mayfly ['meɪflaɪ] (*pl* -flies) *n* cachipolla *f*, efímera *f*.

mayhem ['meɪhem] *n* alboroto *m*, jaleo *m*.

mayonnaise [,meɪə'neɪz] *n* mayonesa *f*.

mayor [meəʳ] *n* alcalde *m*, -esa *f*.

mayoress ['meərɪs] *n* alcaldesa *f*.

maypole ['meɪpəʊl] *n* mayo *m*.

maze [meɪz] *n lit* & *fig* laberinto *m*.

MB -1. (*abbr of* **megabyte**) MB *m* **- 2.** *abbr of* **Manitoba**.

MBA (*abbr of* **Master of Business Administration**) *n* (*titular de un*) *título postuniversitario de empresariales de unos dos años de duración*.

MBE (*abbr of* **Member of the Order of the British Empire**) *n* (*titular de*) *distinción honorífica británica*.

MBO (*abbr of* **management buyout**) *n COMM adquisición f por directivos*.

MC *n abbr of* **master of ceremonies**.

MCAT (*abbr of* **Medical College Admissions Test**) *n examen de acceso a los estudios de medicina en Estados Unidos*.

McCarthyism [mə'kɑːθɪɪzəml] *n* macartismo *m*.

McCoy [mə'kɔɪ] *n inf* : **it's the real ~** es auténtico(ca).

MCP *n inf abbr of* **male chauvinist pig**.

MD <> *n* **-1.** *abbr of* **Doctor of Medicine** **- 2.** *abbr of* **managing director**. <> *abbr of* **Maryland**.

MDT (*abbr of* **Mountain Daylight Time**) *hora de verano de los Estados de las montañas Rocosas*.

me [mi:] *pers pron* **-1.** (*direct, indirect*) me; **can you see/hear ~ ?** ¿me ves/oyes?; **it's ~** soy yo; **they spoke to ~** hablaron conmigo; **she gave it to ~** me lo dio; **give it to ~!** ¡dámelo! **- 2.** (*stressed*): **you can't expect ME to do it** no esperarás que *yo* lo haga **- 3.** (*after prep*) mí; **they went with/without ~** fueron conmigo/sin mí **- 4.** (*in comparisons*) yo; **she's shorter than ~** (ella) es más baja que yo.

ME <> *n* **-1.** (*abbr of* **myalgic encephalomyelitis**) *encefalomielitis miálgica* **- 2.** (*abbr of* **medical examiner**) *médico forense*. <> *abbr of* **Maine**.

meadow ['medəʊ] *n* prado *m*, pradera *f*.

meagre *UK*, **meager** *US* ['miːgəʳ] *adj* miserable, escaso(sa).

meal [miːl] *n* comida *f*; **to make a ~ of sthg** *UK fig* & *pej* recrearse en algo.

meals on wheels *npl UK servicio domiciliario de comidas preparadas para ancianos y necesitados.*

mealtime ['mi:ltaɪm] *n* hora *f* de la comida; **at ~s** en la hora de la comida.

mealy-mouthed [ˌmi:lɪ'maʊðd] *adj pej* evasivo(va).

mean [mi:n] (*pt* & *pp* **meant**) ◇ *vt* **-1.** [signify] significar, querer decir; **what does that word ~?** ¿qué quiere decir esa palabra?; **it ~s nothing to me** no significa nada para mí **-2.** [have in mind] querer decir, referirse a; **what do you ~?** ¿qué quieres decir?; **do you know what I ~?** ¿sabes?; **to ~ to do sthg** tener la intención de OR querer hacer algo; **I meant to phone you earlier** iba a llamarte antes; **to be meant for** estar destinado(da) a; **they were meant for each other** estaban hechos el uno para el otro; **to be meant to do sthg** deber hacer algo; **that's not meant to be there** eso no debería estar allí; **it was meant to be a surprise** se suponía que era una sorpresa; **it was meant to be a joke** era solamente una broma; **to ~ well** tener buenas intenciones **-3.** [be serious about]: **I ~ it** lo digo en serio **-4.** [be important, matter] significar; **it ~s a lot to us** significa mucho para nosotros **-5.** [entail] suponer, implicar **-6.** *phr:* **I ~** quiero decir, o sea. ◇ *adj* **-1.** [miserly] tacaño(ña), amarrete *(inv)* Chile, RP; **to be ~ with** ser tacaño con **-2.** [unkind] mezquino(na), malo(la); **to be ~ to sb** ser malo con alguien **-3.** [average] medio(dia) **-4.:** **he's no ~ singer** [excellent] es un cantante de primera; **it's no ~ task** [difficult, challenging] es una tarea muy difícil. ◇ *n* [average] promedio *m*, media *f*; *see also* **means**.

meander [mɪ'ændəʳ] *vi* **-1.** [river, road] serpentear **-2.** [walk aimlessly] vagar; [write, speak aimlessly] divagar.

meaning ['mi:nɪŋ] *n* **-1.** [sense - of a word etc] significado *m* **-2.** [significance] intención *f*, sentido *m* **-3.** [purpose, point] propósito *m*, razón *f* de ser.

meaningful ['mi:nɪŋfʊl] *adj* **-1.** [expressive] significativo(va) **-2.** [profound] profundo(da).

meaningless ['mi:nɪŋlɪs] *adj* **-1.** [without meaning, purpose] sin sentido **-2.** [irrelevant, unimportant] irrelevante.

meanness ['mi:nnɪs] *n* **-1.** [stinginess] tacañería *f* **-2.** [unkindness] mezquindad *f*.

means [mi:nz] ◇ *n* [method, way] medio *m*; **we have no ~ of doing it** no tenemos manera de hacerlo; **a ~ to an end** un medio para alcanzar un objetivo; **by ~ of** por medio de; **by legal ~** legalmente. ◇ *npl* [money] recursos *mpl*, medios *mpl*.

➤ **by all means** *adv* por supuesto.

➤ **by no means** *adv* en absoluto, de ningún modo.

means test *n esp UK* evaluación *f* sobre los ingresos económicos.

meant [ment] *pt* & *pp* ▷ **mean**.

meantime ['mi:n,taɪm] *n:* **in the ~** mientras tanto.

meanwhile ['mi:n,waɪl] *adv* mientras tanto.

measles ['mi:zlz] *n:* **(the) ~** sarampión *m*.

measly ['mi:zlɪ] (*compar* -ier, *superl* -iest) *adj inf* raquítico(ca).

measurable ['meʒərəbl] *adj* [significant] notable, sensible.

measurably ['meʒərəblɪ] *adv* notablemente, sensiblemente.

measure ['meʒəʳ] ◇ *n* **-1.** [step, action] medida *f* **-2.** [degree]: **a ~ of** cierto grado de; **and for good ~** y encima, y además **-3.** [of alcohol] medida *f* **-4.** [indication, sign]: **a ~ of** una muestra de **-5.** US MUS compás *m*. ◇ *vt* [object] medir; [damage, impact etc] determinar, evaluar. ◇ *vi* medir.

➤ **measure up** *vi* dar la talla; **to ~ up to** estar a la altura de.

measured ['meʒəd] *adj* [tone] moderado(da); [step] pausado(da).

measurement ['meʒəmənt] *n* medida *f*.

measuring jug ['meʒərɪŋ-] *n* jarra *f* graduada.

measuring tape ['meʒərɪŋ-] *n* cinta *f* métrica.

meat [mi:t] *n* **-1.** [foodstuff] carne *f*; **cold ~** fiambre *m* **-2.** [substance, content] sustancia *f*.

meatball ['mi:tbɔ:l] *n* albóndiga *f*.

meat loaf *n pastel de carne picada.*

meat pie *n UK* empanada *f* de carne.

meaty ['mi:tɪ] (*compar* -ier, *superl* -iest) *adj fig* sustancioso(sa).

Mecca ['mekə] *n* GEOGR La Meca; *fig* meca *f*.

mechanic [mɪ'kænɪk] *n* mecánico *m*, -ca *f*.

➤ **mechanics** ◇ *n* (U) [study] mecánica *f*. ◇ *npl fig* mecanismos *mpl*.

mechanical [mɪ'kænɪkl] *adj* [worked by machinery, routine] mecánico(ca).

mechanical engineering *n* ingeniería *f* mecánica, mecánica *f* industrial.

mechanism ['mekənɪzm] *n lit* & *fig* mecanismo *m*.

mechanize, -ise ['mekənaɪz] *vt* mecanizar.

MEd [ˌem'ed] (*abbr of* Master of Education) *n* (titular de un) título postuniversitario de pedagogía de unos dos años de duración.

medal ['medl] *n* medalla *f*.

medallion [mɪˈdæljən] *n* medallón *m*.

medallist *UK*, **medalist** *US* [ˈmedəlɪst] *n* ganador *m*, -ra *f* de una medalla.

meddle [ˈmedl] *vi*: **to ~ (in)** entrometerse (en); **to ~ with sthg** manosear algo.

meddlesome [ˈmedlsəm] *adj* entrometido (da), meterete *RP*.

media [ˈmiːdjə] ⟨⟩ *pl* ⊳ **medium**. ⟨⟩ *n &* *npl*: **the ~** los medios de comunicación.

mediaeval [ˌmedɪˈiːvl] = **medieval**.

media event *n* montaje de los medios de difusión.

median [ˈmiːdjən] ⟨⟩ *adj* mediano(na). ⟨⟩ *n US* [of road] mediana *f*.

media studies *npl* ciencias *fpl* de la información.

mediate [ˈmiːdɪeɪt] ⟨⟩ *vt* negociar. ⟨⟩ *vi*: **to ~ (for/between)** mediar (por/entre).

mediation [ˌmiːdɪˈeɪʃn] *n* mediación *f*.

mediator [ˈmiːdɪeɪtər] *n* mediador *m*, -ra *f*.

medic [ˈmedɪk] *n inf* **-1.** [medical student] estudiante *m OR f* de medicina **- 2.** [doctor] médico *m*, -ca *f*.

Medicaid [ˈmedɪkeɪd] *n US* sistema estatal de ayuda médica.

medical [ˈmedɪkl] ⟨⟩ *adj* médico(ca). ⟨⟩ *n* reconocimiento *m* médico, chequeo *m*.

medical certificate *n* **-1.** [result of medical exam] certificado *m* médico **- 2.** [for sickness] parte *m OR* notificación *f* de baja médica.

medical certificate *n* **-1.** [result of medical exam] certificado *m* médico **- 2.** [for sickness] parte *m OR* notificación *f* de baja médica.

medical examiner *n US* forense *m OR f*.

medical student *n* estudiante *m OR f* de medicina.

Medicare [ˈmedɪkeər] *n US* ayuda médica estatal para ancianos.

medicated [ˈmedɪkeɪtɪd] *adj* medicinal.

medication [ˌmedɪˈkeɪʃn] *n* medicación *f*; **to**

be on **~** tomar medicación.

medicinal [meˈdɪsɪnl] *adj* medicinal.

medicine [ˈmedsɪn] *n* **-1.** [treatment of illness] medicina *f*; **Doctor of Medicine** *UNIV* doctor *m*, -ra *f* en medicina **- 2.** [substance] medicina *f*, medicamento *m*.

medicine man *n* chamán *m*, hechicero *m*.

medieval [ˌmedɪˈiːvl] *adj* medieval.

mediocre [ˌmiːdɪˈəʊkər] *adj* mediocre.

mediocrity [ˌmiːdɪˈɒkrətɪ] *n* mediocridad *f*.

meditate [ˈmedɪteɪt] *vi*: **to ~ (on OR upon)** meditar (sobre).

meditation [ˌmedɪˈteɪʃn] *n* meditación *f*.

Mediterranean [ˌmedɪtəˈreɪnjən] ⟨⟩ *n* **-1.** [sea]: **the ~ (Sea)** el (mar) Mediterráneo **- 2.** [person] mediterráneo *m*, -a *f*. ⟨⟩ *adj* mediterráneo(a).

medium [ˈmiːdjəm] (*pl sense 1* **media**, *pl sense 2* **mediums**) ⟨⟩ *adj* mediano(na). ⟨⟩ *n* **-1.** [way of communicating] medio *m* **- 2.** [spiritualist] médium *m OR f*.

medium-dry *adj* semiseco(ca).

medium-sized [-saɪzd] *adj* de tamaño mediano.

medium wave *n* onda *f* media.

medley [ˈmedlɪ] (*pl* **medleys**) *n* **-1.** [mixture] mezcla *f*, amalgama *f* **- 2.** [selection of music] popurrí *m*.

meek [miːk] *adj* sumiso(sa), dócil.

meekly [ˈmiːklɪ] *adv* sumisamente, dócilmente.

meet [miːt] (*pt & pp* **met**) ⟨⟩ *vt* **-1.** [by chance] encontrarse con; [for first time, come across] conocer; [by arrangement, for a purpose] reunirse con **- 2.** [go to meet - person] ir/venir a buscar; [- train, bus]: **I met the eight o'clock train to pick up my son** fui a buscar a mi hijo en el tren de las ocho **-3.** [need, demand, condition] satisfacer; [target] cumplir con; [deadline] cumplir **- 4.** [deal with - problem, challenge] hacer frente a **- 5.** [costs, debts] pagar **- 6.** [experience - problem, situation] encontrarse con **-7.** [hit, touch] darse *OR* chocar contra **-8.** [face]: **her eyes met his** sus ojos se encontraron con los de él **- 9.** [join] juntarse *OR* unirse con **-10.** [play against] enfrentarse con. ⟨⟩ *vi* **-1.** [by chance] encontrarse; [by arrangement] verse; [for a purpose] reunirse **- 2.** [get to know sb] conocerse; **shall we ~ at eight?** ¿quedamos a las ocho? **-3.** [hit in collision] chocar; [touch] tocar **- 4.** [eyes]: **their eyes met** sus miradas se cruzaron **-5.** [join - roads etc] juntarse **- 6.** [play each other] enfrentarse. ⟨⟩ *n US* [meeting] encuentro *m*.

➤ **meet up** *vi*: **to ~ up (with sb)** quedar (con alguien); **we're ~ing up for lunch** hemos quedado para comer.

◆ **meet with** *vt fus* **-1.** [problems, resistance]: ~ **with refusal** ser rechazado(da); **to** ~ **with success** tener éxito; **to** ~ **with failure** fracasar **-2.** *US* [by arrangement] reunirse con.

meeting ['mi:tɪŋ] *n* **-1.** [for discussions, business] reunión *f* **-2.** [by chance, in sport] encuentro *m*; [by arrangement] cita *f*; [formal] entrevista *f* **-3.** [people at meeting]: **the** ~ la asamblea.

meeting place *n* lugar *m* de encuentro.

mega- [megə] *prefix* **-1.** [in measurements] mega- **-2.** *inf* [very big] super-.

megabyte ['megəbaɪt] *n* COMPUT megabyte *m*, mega *m*.

megahertz ['megəhɜːts] *n* megahercio *m*.

megalomania [ˌmegələ'meɪnjəl *n* megalomanía *f*.

megalomaniac [ˌmegələ'meɪnɪæk] *n* megalómano *m*, -na *f*.

megaphone ['megəfəun] *n* megáfono *m*.

megastore ['megəstɔːʳ] *n* macrotienda *f*.

megaton ['megətʌn] *n* megatón *m*.

megawatt ['megəwɒt] *n* megavatio *m*.

melamine ['meləmi:n] *n* melamina *f*.

melancholy ['melənkəlɪ] <> *adj* melancólico(ca). <> *n* melancolía *f*.

mellow ['meləu] <> *adj* **-1.** [sound, colour, light] suave; [wine] añejo(ja) **-2.** [fruit] maduro(ra). <> *vt*: **to be** ~ **ed by** [age] estar apaciguado (da) por; [alcohol] sentirse relajado(da) por. <> *vi* [sound, light] suavizarse; [person] ablandarse.

melodic [mɪ'lɒdɪk] *adj* melódico(ca).

melodious [mɪ'ləudjəs] *adj* melodioso(sa).

melodrama ['melədrɑːmə] *n* melodrama *m*.

melodramatic [ˌmelədrə'mætɪk] *adj* melodramático(ca).

melody ['melədɪ] (*pl* **-ies**) *n* melodía *f*.

melon ['melən] *n* melón *m*.

melt [melt] <> *vt* **-1.** [make liquid] derretir **-2.** *fig* [soften] ablandar. <> *vi* **-1.** [become liquid] derretirse **-2.** *fig* [soften] ablandarse **-3.** [disappear]: **to** ~ **into the crowd** desaparecer entre la multitud; **to** ~ **away** [savings] esfumarse; [anger] desvanecerse.

◆ **melt down** *vt sep* fundir.

meltdown ['meltdaun] *n* **-1.** [act of melting] fusión *f* **-2.** [incident] fuga *f* radiactiva.

melting point ['meltɪŋ-] *n* punto *m* de fusión.

melting pot ['meltɪŋ-] *n fig* crisol *m*.

member ['membəʳ] <> *n* **-1.** [of social group] miembro *m* OR *f* **-2.** [of party, union] afiliado *m*, -da *f*; [of organization, club] socio *m*, -cia *f* **-3.** [limb, penis] miembro *m*. <> *comp* miembro.

Member of Congress (*pl* **Members of Congress**) *n* miembro *m* OR *f* del Congreso (*de los Estados Unidos*).

Member of Parliament (*pl* **Members of Parliament**) *n* *UK* diputado *m*, -da *f* (*del parlamento británico*).

membership ['membəʃɪp] *n* **-1.** [of party, union] afiliación *f*; [of club] calidad *f* de socio **-2.** [number of members - of party, union] número *m* de afiliados; [- of club] número *m* socios **-3.** [people themselves]: **the** ~ [of organization] los miembros; [of party, union] los afiliados; [of club] los socios.

membership card *n* [of party, union] carnet *m* de afiliado, -da *f*; [of club] carnet *m* de socio, -cia *f*.

membrane ['membreɪn] *n* membrana *f*.

memento [mɪ'mentəul (*pl* **-s**) *n* recuerdo *m*.

memo ['meməul (*pl* **-s**) *n* memorándum *m*.

memoirs ['memwɑːz] *npl* memorias *fpl*.

memo pad *n* bloc *m* de notas.

memorabilia [ˌmemərə'bɪlɪəl *npl* objetos personales de una celebridad.

memorable ['memərəbll *adj* memorable.

memorandum [ˌmemə'rændəm] (*pl* **-da** [-dəl OR **-dums**) *n fml* memorándum *m*.

memorial [mɪ'mɔːrɪəl] <> *adj* conmemorativo(va). <> *n* monumento *m* conmemorativo.

memorize, -ise ['meməraɪz] *vt* memorizar, aprender de memoria.

memory ['memərɪ] (*pl* **-ies**) *n* **-1.** [faculty, of computer] memoria *f* **-2.** [thing or things remembered] recuerdo *m*; **from** ~ de memoria; **within living** ~ que se recuerda; **to have no** ~ **of sthg** no recordar algo; **to lose one's** ~ perder la memoria; **to keep sb's** ~ **alive** mantener vivo el recuerdo de alguien; **to search one's** ~ intentar recordar; **in** ~ **of** en memoria de.

memory card *n* COMPUT tarjeta *f* de expansión de memoria.

men [men] *pl* ⊳ **man**.

menace ['menəs] <> *n* **-1.** [threat] amenaza *f*; [danger] peligro *m* **-2.** [threatening quality]: **with** ~ de modo amenazador **-3.** *inf* [nuisance, pest] pesadez *f*, lata *f*. <> *vt* amenazar.

menacing ['menəsɪŋ] *adj* amenazador(ra).

menacingly ['menəsɪŋlɪl *adv* amenazadoramente.

menagerie [mɪ'nædʒərɪl *n* colección *f* particular de animales.

mend [mend] <> *n inf*: **to be on the** ~ ir recuperándose. <> *vt* [shoes, toy] arreglar; [socks] zurcir; [clothes] remendar; **to** ~ **one's ways** enmendarse.

mending ['mendɪŋ] *n*: **to do the** ~ zurcir OR remendar la ropa.

menfolk ['menfəuk] *npl* hombres *mpl*.

menial ['miːnjəl] *adj* servil, de baja categoría.

meningitis [ˌmenɪn'dʒaɪtɪs] *n (U)* meningitis *f inv.*

menopause ['menəpɔːz] *n*: **the ~** la menopausia.

menservants ['mensɜːvənts] *pl* ⊳ **manservant.**

men's room *n US*: **the ~** los servicios de caballeros.

menstrual ['menstruəl] *adj* menstrual.

menstruate ['menstrueɪt] *vi* menstruar, tener la menstruación.

menstruation [ˌmenstru'eɪʃn] *n* menstruación *f.*

menswear ['menzweə'] *n* ropa *f* de caballeros.

mental ['mentl] *adj* mental.

mental age *n* edad *f* mental.

mental block *n*: to have a **~** about tener bloqueo mental respecto a.

mental hospital *n* hospital *m* psiquiátrico.

mentality [men'tælətɪ] *n* mentalidad *f.*

mentally ['mentəlɪ] *adv* mentalmente; **to be ~ ill/retarded** ser un enfermo/retrasado mental.

mentally handicapped *npl*: **the ~** los disminuidos psíquicos.

  ➡ **mentally-handicapped** *adj* disminuido psíquico (disminuida psíquica).

mental note *n*: to make a **~** to do sthg tomar nota mentalmente de hacer algo.

menthol ['menθɒl] *n* mentol *m.*

mentholated ['menθəleɪtɪd] *adj* mentolado (da).

mention ['menʃn] ⟨⟩ *vt*: to **~** sthg (to) mencionar algo (a); **not to ~** sin mencionar, además de; **don't ~** it! ¡de nada!, ¡no hay de qué! ⟨⟩ *n* mención *f.*

mentor ['mentɔː'] *n fml* mentor *m,* -ra *f.*

menu ['menjuː] *n* **-1.** [in restaurant] carta *f* **-2.** COMPUT menú *m.*

menu bar *n* COMPUT barra *f* de menú.

menu-driven *adj* COMPUT a base de menús.

meow *US* = miaow.

MEP (*abbr of* Member of the European Parliament) *n* eurodiputado *m,* -da *f.*

mercantile ['mɜːkəntaɪl] *adj* mercantil.

mercenary ['mɜːsɪnrɪ] (*pl* -ies) ⟨⟩ *adj* mercenario(ria). ⟨⟩ *n* mercenario *m,* -ria *f.*

merchandise ['mɜːtʃəndaɪz] *n (U)* mercancías *fpl,* géneros *mpl.*

merchant ['mɜːtʃənt] ⟨⟩ *adj* [seaman, ship] mercante. ⟨⟩ *n* comerciante *m* OR *f.*

merchant bank *n UK* banco *m* mercantil.

merchant navy *UK,* **merchant marine** *US n* marina *f* mercante.

merciful ['mɜːsɪfʊl] *adj* **-1.** [showing mercy] compasivo(va) **-2.** [fortunate] afortunado(da).

mercifully ['mɜːsɪfʊlɪ] *adv* [fortunately] afortunadamente.

merciless ['mɜːsɪlɪs] *adj* implacable, despiadado(da).

mercilessly ['mɜːsɪlɪslɪ] *adv* implacablemente, despiadadamente.

mercurial [mɜːˈkjʊərɪəl] *adj* voluble.

mercury ['mɜːkjʊrɪ] *n* mercurio *m.*

Mercury ['mɜːkjʊrɪ] *n* Mercurio *m.*

mercy ['mɜːsɪ] (*pl* -ies) *n* **-1.** [kindness, pity] compasión *f*; **to have ~ on** apiadarse de; **to beg for ~** pedir clemencia; **at the ~ of** *fig* a merced de **-2.** [blessing] suerte *f.*

mercy killing *n* eutanasia *f.*

mere [mɪə'] *adj* simple, mero(ra); **she's a ~ child** no es más que una niña.

merely ['mɪəlɪ] *adv* simplemente, sólo.

merge [mɜːdʒ] ⟨⟩ *vt* **-1.** [gen] mezclar **-2.** COMM & COMPUT fusionar. ⟨⟩ *vi* **-1.** [join, combine]: **to ~ (with)** [company] fusionarse (con); [roads, branches] unirse OR convergir (con) **-2.** [blend - colours] fundirse, mezclarse; **to ~ into** confundirse con. ⟨⟩ *n* COMPUT fusión *f.*

merger ['mɜːdʒə'] *n* COMM fusión *f.*

meridian [mə'rɪdɪən] *n* meridiano *m.*

meringue [mə'ræŋ] *n* merengue *m.*

merino [mə'riːnəʊ] *adj* [wool] merino(na); [jumper, scarf] de lana merina.

merit ['merɪt] ⟨⟩ *n* mérito *m.* ⟨⟩ *vt* merecer, ser digno(na) de.

  ➡ **merits** *npl* ventajas *fpl*; **to consider the ~s of** sopesar las ventajas de; **to judge sthg on its ~s** evaluar OR juzgar algo según sus méritos.

meritocracy [ˌmerɪ'tɒkrəsɪ] (*pl* -ies) *n* meritocracia *f.*

mermaid ['mɜːmeɪd] *n* sirena *f.*

merrily ['merɪlɪ] *adv* **-1.** [gen] alegremente **-2.** [burn, sparkle] resplandeciente.

merriment ['merɪmənt] *n literary* alegría *f,* diversión *f.*

merry ['merɪ] (*compar* -ier, *superl* -iest) *adj* **-1.** [gen] alegre **-2.** [party] animado(da); **Merry Christmas!** ¡feliz Navidad! **-3.** *inf* [tipsy] alegre, achispado(da).

merry-go-round *n* tiovivo *m,* calesitas *fpl RP.*

merrymaking ['merɪˌmeɪkɪŋ] *n (U) literary* diversión *f,* juerga *f.*

mesh [meʃ] ⟨⟩ *n* malla *f.* ⟨⟩ *vi fig* encajar.

mesmerize, -ise ['mezməraɪz] *vt*: **to be ~d (by)** estar fascinado(da) (por).

mess [mes] *n* **-1.** [untidy state] desorden *m,*

entrevero *m RP*; **to be a** ~ estar revuelto (ta); **to make a** ~ **of sthg** hacer algo muy mal **-2.** [muddle, problematic situation] lío *m* **-3.** MIL [room] comedor *m*; [food] rancho *m*.

➠ **mess about, mess around** *inf* <> *vt sep* vacilar. <> *vi* **-1.** [waste time] pasar el rato; [fool around] hacer el tonto **-2.** [interfere]: **to** ~ **about with sthg** manosear algo.

➠ **mess up** *vt sep inf* **-1.** [clothes] ensuciar; [room] desordenar **-2.** [plan, evening] echar a perder.

➠ **mess with** *vt fus inf* meterse con.

message ['mesɪdʒ] *n* **-1.** [piece of information] mensaje *m*, recado *m* **-2.** [of book etc] mensaje *m* **-3.** *phr*: **to get the** ~ *inf* entender.

message board *n* [gen & COMPUT] tablón *m* de anuncios.

messenger ['mesɪndʒə^r] *n* mensajero *m*, -ra *f*; **by** ~ por mensajero.

Messiah [mɪ'saɪə] *n*: **the** ~ el Mesías.

Messrs, Messrs. ['mesəz] (*abbr of* **messieurs**) Sres.

messy ['mesɪ] (*compar* **-ier**, *superl* **-iest**) *adj* **-1.** [dirty] sucio(cia); [untidy] desordenado(da) **-2.** *inf* [complicated, confused] complicado(da), enredado(da).

met [met] *pt & pp* ⤳ **meet**.

Met [met] *n* **-1.** (*abbr of* **Metropolitan Opera**): **the** ~ el (teatro de la ópera) Metropolitan de Nueva York **-2.** *UK* (*abbr of* **Metropolitan Police**): **the** ~ la policía de Londres.

metabolism [mə'tæbəlɪzm] *n* metabolismo *m*.

metal ['metl] <> *n* metal *m*. <> *comp* de metal, metálico(ca).

metal detector *n* detector *m* de metales.

metallic [mɪ'tælɪk] *adj* **-1.** [gen] metálico(ca) **-2.** [paint, finish] metalizado(da).

metallurgy [mə'tælədʒɪ] *n* metalurgia *f*.

metalwork ['metəlwɜːk] *n* [craft] metalistería *f*.

metalworker ['metəl,wɜːkə^r] *n* metalista *m*.

metamorphose [,metə'mɔːfəʊz] *vi fml*: **to** ~ **(into)** transformarse (en).

metamorphosis [,metə'mɔːfəsɪs, ,metəmɔː'fəʊsɪs] (*pl* **-phoses** [-siːz]) *n lit & fig* metamorfosis *f inv*.

metaphor ['metəfə^r] *n* metáfora *f*.

metaphorical [,metə'fɒrɪkl] *adj* metafórico(ca).

metaphysical [,metə'fɪzɪkl] *adj* metafísico(ca).

metaphysics [,metə'fɪzɪks] *n* metafísica *f*.

mete [miːt]

➠ **mete out** *vt sep*: **to** ~ **sthg out to sb** imponer algo a alguien.

meteor ['miːtɪə^r] *n* bólido *m*.

meteoric [,miːtɪ'ɒrɪk] *adj fig* meteórico(ca), vertiginoso(sa).

meteorite ['miːtjəraɪt] *n* meteorito *m*.

meteorological [,miːtjərə'lɒdʒɪkl] *adj* meteorológico(ca).

meteorologist [,miːtjə'rɒlədʒɪst] *n* meteorólogo(ga).

meteorology [,miːtjə'rɒlədʒɪ] *n* meteorología *f*.

meter ['miːtə^r] <> *n* **-1.** [device] contador *m* **-2.** *US* = **metre**. <> *vt* [measure] medir.

methadone ['meθədəʊn] *n* metadona *f*.

methane ['miːθeɪn] *n* metano *m*.

method ['meθəd] *n* método *m*.

methodical [mɪ'θɒdɪkl] *adj* metódico(ca).

methodically [mɪ'θɒdɪklɪ] *adv* metódicamente.

Methodist ['meθədɪst] <> *adj* metodista. <> *n* metodista *m OR f*.

methodology [,meθə'dɒlədʒɪ] (*pl* **-ies**) *n* metodología *f*.

meths [meθs] *n UK inf* alcohol *m* metilado OR desnaturalizado.

methylated spirits ['meθɪleɪtɪd-] *n* alcohol *m* metilado OR desnaturalizado.

meticulous [mɪ'tɪkjʊləs] *adj* meticuloso(sa), minucioso(sa).

meticulously [mɪ'tɪkjʊləslɪ] *adv* meticulosamente, minuciosamente.

Met Office (*abbr of* **Meteorological Office**) *n* instituto británico de meteorología.

metre *UK*, **meter** *US* ['miːtə^r] *n* metro *m*.

metric ['metrɪk] *adj* métrico(ca).

metrication [,metrɪ'keɪʃn] *n UK* adopción *f* del sistema métrico decimal.

metric system *n*: **the** ~ el sistema métrico.

metric ton *n* tonelada *f* métrica.

metro ['metrəʊ] (*pl* **-s**) *n* metro *m*.

metronome ['metrənəʊm] *n* metrónomo *m*.

metropolis [mɪ'trɒpəlɪs] (*pl* **-es**) *n* metrópoli *f*.

metropolitan [,metrə'pɒlɪtn] *adj* [of a metropolis] metropolitano(na).

Metropolitan Police *npl* policía de Londres.

mettle ['metl] *n*: **to be on one's** ~ estar dispuesto(ta) a hacer lo mejor posible; **he showed** OR **proved his** ~ mostró su valor.

mew [mjuː] = **miaow**.

mews [mjuːz] (*pl inv*) *n UK* callejuela de antiguas caballerizas convertidas en viviendas de lujo.

Mexican ['meksɪkn] <> *adj* mexicano(na), mejicano(na). <> *n* mexicano *m*, -na *f*, mejicano *m*, -na *f*.

Mexico ['meksɪkəʊ] *n* México, Méjico.

Mexico City n México DF, Ciudad f de México.

mezzanine ['metsəni:n] n -**1.** [floor] entresuelo m -**2.** US [in theatre] primer palco m OR piso m.

mfr abbr of **manufacturer**.

mg (abbr of **milligram**) mg m.

Mgr -1. (abbr of **Monseigneur, Monsignor**) Mons. -**2.** abbr of **manager**.

MHR n abbr of **Member of the House of Representatives**.

MHz (abbr of **megahertz**) MHz.

MI adj abbr of **Michigan**.

MI5 (abbr of **Military Intelligence 5**) n organismo británico de contraespionaje.

MI6 (abbr of **Military Intelligence 6**) n organismo británico de espionaje.

MIA (abbr of **missing in action**) desaparecido en combate.

miaow UK [mi:'aʊ], **meow** US [mɪ'aʊ] <> n maullido m. <> vi maullar.

mice [maɪs] pl ▷ **mouse**.

Mich. abbr of **Michigan**.

Michigan ['mɪʃɪgən] n Michigan.

mickey ['mɪkɪ] n UK inf: **to take the ~ out of sb** tomar el pelo a alguien; **to take the ~ out of sthg** burlarse de algo.

micro ['maɪkrəʊ] (pl -s) n microordenador m, microcomputadora f Amér.

micro- ['maɪkrəʊ] prefix micro-.

microbe ['maɪkrəʊb] n microbio m.

microbiologist [ˌmaɪkrəʊbaɪ'ɒlədʒɪst] n microbiólogo m, -ga f.

microbiology [ˌmaɪkrəʊbaɪ'ɒlədʒɪ] n microbiología f.

microchip ['maɪkrəʊtʃɪp] n COMPUT microchip m.

microcircuit ['maɪkrəʊˌsɜ:kɪt] n microcircuito m.

microcomputer [ˌmaɪkrəʊkəm'pju:təʳ] n microordenador m, microcomputadora f Amér.

microcosm ['maɪkrəkɒzm] n microcosmos m inv.

microfiche ['maɪkrəʊfi:ʃ] (pl inv OR -s) n microficha f.

microfilm ['maɪkrəʊfɪlm] n microfilm m.

microlight ['maɪkrəlaɪt] n ultraligero m.

micromesh ['maɪkrəʊmeʃ] n malla f extrafina (para medias).

micron ['maɪkrɒn] n micra f, micrón m.

microorganism [ˌmaɪkrəʊ'ɔ:gənɪzml] n microorganismo m.

microphone ['maɪkrəfəʊn] n micrófono m.

microprocessor ['maɪkrəʊˌprəʊsesəʳ] n COMPUT microprocesador m.

micro scooter n patinete m.

microscope ['maɪkrəskəʊp] n microscopio m.

microscopic [ˌmaɪkrə'skɒpɪk] adj lit & fig microscópico(ca).

microsurgery [ˌmaɪkrə'sɜ:dʒərɪ] n microcirugía f.

microwave ['maɪkrəweɪv] <> n: ~ (**oven**) microondas m inv. <> vt cocinar en el microondas.

mid- [mɪd] prefix medio(dia); (**in**) ~**morning** a media mañana; (**in**) ~**August** a mediados de agosto; (**in**) ~**winter** en pleno invierno; **she's in her ~ twenties** tiene unos 25 años.

midair [mɪd'eəʳ] <> adj en el aire. <> n: **in ~** en el aire.

midday ['mɪddeɪ] n mediodía m.

middle ['mɪdl] <> adj -**1.** [gen] del medio -**2.** [in time]: **she's in her ~ twenties** tiene unos 25 años. <> n -**1.** [of room, town etc] medio m, centro m; **in the ~ (of)** en el medio OR centro (de); **the one in the ~** el del medio; **in the ~ of the month/the 19th century** a mediados del mes/del siglo XIX; **in the ~ of the week** a mitad de semana; **to be in the ~ of doing sthg** estar haciendo algo; **in the ~ of the night** en plena noche; **in the ~ of nowhere** en el quinto pino -**2.** [waist] cintura f.

middle age n madurez f.

middle-aged adj de mediana edad.

Middle Ages npl: **the ~** la Edad Media.

middle-class adj de clase media.

middle classes npl: **the ~** la clase media.

middle distance n: **in the ~** en segundo plano OR término.

➡ **middle-distance** adj [race] de medio fondo.

Middle East n: **the ~** el Oriente Medio.

Middle Eastern adj del Oriente Medio.

middleman ['mɪdlmæn] (pl -**men** [-men]) n intermediario m.

middle management n (U) cuadros mpl OR mandos mpl intermedios.

middle name n segundo nombre m (en un nombre compuesto).

middle-of-the-road adj -**1.** [music] convencional -**2.** POL moderado(da).

middle school n UK escuela para niños de 8 a 12 años.

middleweight ['mɪdlweɪt] n peso m medio.

middling ['mɪdlɪŋ] adj regular.

Middx (abbr of **Middlesex**) antiguo condado inglés.

midfield [ˌmɪd'fi:ld] n FTBL centro m del campo.

midfielder [ˌmɪd'fi:ldəʳ] n FTBL centrocampista m OR f.

midge [mɪdʒ] n (tipo m de) mosquito m.

midget ['mɪdʒɪt] *n* enano *m*, -na *f*.

midi system ['mɪdɪ-] *n* minicadena *f*.

Midlands ['mɪdləndz] *npl*: **the** ~ *la región central de Inglaterra*.

midnight ['mɪdnaɪt] <> *n* medianoche *f*. <> *comp* de medianoche.

midriff ['mɪdrɪf] *n* diafragma *m*.

midst [mɪdst] *n*: **in the** ~ **of** en medio de; **in our** ~ entre nosotros.

midstream [mɪd'striːm] *n* **-1.** [of river]: **in** ~ en medio de la corriente **-2.** *fig* [when talking]: **in** ~ en medio de la conversación.

midsummer ['mɪd,sʌməʳ] *n* pleno verano *m*.

Midsummer's Day *n* Día *m* de San Juan (*24 de junio*).

midterms ['mɪd'tɜːmz] *n US* exámenes *mpl* de mitad de semestre.

midway [,mɪd'weɪ] *adv* **-1.** [in space]: ~ **(between)** a medio camino (entre) **-2.** [in time]: ~ **(through)** a la mitad (de).

midweek [*adj* mɪd'wiːk, *adv* 'mɪdwiːk] <> *adj* de entre semana. <> *adv* entre semana.

Midwest [,mɪd'west] *n*: **the** ~ *la llanura central de los Estados Unidos*.

Midwestern [,mɪd'westən] *adj de o relativo a la llanura central de los Estados Unidos*.

midwife ['mɪdwaɪf] (*pl* -**wives** [-waɪvz]) *n* comadrona *f*.

midwifery ['mɪd,wɪfərɪ] *n* obstetricia *f*.

miffed [mɪft] *adj inf* mosqueado(da), fastidiado(da).

might [maɪt] <> *modal vb* **-1.** [expressing possibility]: **he** ~ **be armed** podría estar armado; **I** ~ **do it** puede que *OR* quizás lo haga; **I** ~ **come, I** ~ **not** puede que venga, puede que no; **will you do it? - I** ~ **do** ¿lo harás? - puede que sí; **we** ~ **have been killed, had we not been careful** si no hubiéramos tenido cuidado, podríamos haber muerto; **will you tell them? - I** ~ **as well** ¿se lo dirás? - ¿por qué no? **-2.** [expressing suggestion]: **you** ~ **have told me!** ¡podrías habérmelo dicho!; **it** ~ **be better to wait** quizás sea mejor esperar **-3.** *fml* [asking permission]: **he asked if he** ~ **leave the room** pidió permiso para salir **-4.** [expressing concession]: **you** ~ **well be right, but ...** puede que tengas razón, pero ... **-5.** *phr*: **I** ~ **have known** *OR* **guessed** podría haberlo sospechado. <> *n* (*U*) fuerza *f*, poder *m*.

mightn't ['maɪtənt] = **might not**.

might've ['maɪtəv] = **might have**.

mighty ['maɪtɪ] (*compar* -**ier**, *superl* -**iest**) <> *adj* **-1.** [strong] fuerte; [powerful] poderoso(sa) **-2.** [very large] enorme. <> *adv esp US* muy.

migraine ['miːgreɪn, 'maɪgreɪn] *n* jaqueca *f*, migraña *f*.

migrant ['maɪgrənt] <> *adj* **-1.** [bird, animal] migratorio(ria) **-2.** [workers] inmigrante. <> *n* **-1.** [bird] ave *f* migratoria **-2.** [person] emigrante *m OR f*.

migrate [UK maɪ'greɪt, US 'maɪgreɪt] *vi* emigrar.

migration [maɪ'greɪʃn] *n* emigración *f*.

migratory ['maɪgrətrɪ] *adj* migratorio(ria).

mike [maɪk] (*abbr of* microphone) *n inf* micro *m*.

mild [maɪld] <> *adj* **-1.** [taste, disinfectant, wind] suave; [effect, surprise, illness, punishment] leve **-2.** [person, nature] apacible; [tone of voice] sosegado(da), sereno(na) **-3.** [climate] templado(da). <> *n* tipo de cerveza ligera.

mildew ['mɪldjuː] *n* [gen] moho *m*; [on plants] añublo *m*.

mildly ['maɪldlɪ] *adv* **-1.** [gen] ligeramente, levemente; **to put it** ~ por no decir más **-2.** [talk] suavemente.

mild-mannered *adj* apacible, sosegado(da).

mildness ['maɪldnɪs] *n* [of voice, manner, person] suavidad *f*, serenidad *f*; [of reproach, illness, punishment] levedad *f*.

mile [maɪl] *n* milla *f*; **we could see for** ~**s** la vista nos alcanzaba a ver mucho; **we had walked for** ~**s** habíamos andado muchísimo; **this is** ~**s better** esto es muchísimo mejor; **it's** ~**s away** [place] está muy lejos; **to be** ~**s away** *fig* estar en la luna.

mileage ['maɪlɪdʒ] *n* distancia *f* en millas.

mileage allowance *n* pago *m* por millas recorridas, ≃ kilometraje *m*.

mileometer [maɪ'lɒmɪtəʳ] *n* cuentamillas *m inv*, ≃ cuentakilómetros *m inv*.

milestone ['maɪlstəʊn] *n* **-1.** [marker stone] mojón *m*, hito *m* **-2.** *fig* [event] hito *m*.

milieu [UK 'miːljɜː, US miː'ljuː] (*pl* -**s** *OR* -**x**) *n* entorno *m*, (medio) ambiente *m*.

militant ['mɪlɪtənt] <> *adj* militante. <> *n* militante *m OR f*.

militarism ['mɪlɪtərɪzm] *n* militarismo *m*.

militarist ['mɪlɪtərɪst] *n* militarista *m OR f*.

militarized zone, militarised zone ['mɪlɪtəraɪzd-] *n* zona *f* militar.

military ['mɪlɪtrɪ] <> *adj* militar. <> *n*: **the** ~ los militares, las fuerzas armadas.

military police *n* policía *f* militar.

military service *n* servicio *m* militar.

militate ['mɪlɪteɪt] *vi fml*: **to** ~ **against sthg** militar en contra de algo.

militia [mɪ'lɪʃə] *n* milicia *f*.

milk [mɪlk] <> *n* leche *f*. <> *vt* **-1.** [cow etc]

ordeñar **- 2.** [use to own ends] sacar todo el jugo a; **they ~ed him for every penny he had** le chuparon hasta el último centavo.

milk chocolate ⟨⟩ *n* chocolate *m* con leche. ⟨⟩ *comp* de chocolate con leche.

milk float *UK*, **milk truck** *US n vehículo eléctrico distribuidor de leche.*

milking ['mɪlkɪŋ] *n* ordeño *m*.

milkman ['mɪlkmən] (*pl* **-men** [-mən]) *n* lechero *m*.

milk round *n UK* [by milkman] recorrido *m* del lechero.

milk shake *n* batido *m*.

milk tooth *n* diente *m* de leche.

milk truck *US* = **milk float**.

milky ['mɪlkɪ] (*compar* **-ier**, *superl* **-iest**) *adj* **-1.** *UK* [with milk] con mucha leche **- 2.** [pale white] lechoso(sa), pálido(da).

Milky Way *n*: **the ~** la Vía Láctea.

mill [mɪl] ⟨⟩ *n* **-1.** [flour-mill] molino *m* **- 2.** [factory] fábrica *f* **- 3.** [grinder] molinillo *m*. ⟨⟩ *vt* moler.

➤ **mill about, mill around** *vi* arremolinarse.

millennium [mɪ'lenɪəm] (*pl* **-nnia** [-nɪə]) *n* milenio *m*.

millennium bug *n COMPUT*: **the ~** el efecto 2000.

miller ['mɪlə'] *n* molinero *m*, **-ra** *f*.

millet ['mɪlɪt] *n* mijo *m*.

milli- ['mɪlɪ] *prefix* mili-.

millibar ['mɪlɪbɑ:'] *n* milibar *m*.

milligram(me) ['mɪlɪɡræm] *n* miligramo *m*.

millilitre *UK*, **milliliter** *US* ['mɪlɪ,li:tə'] *n* mililitro *m*.

millimetre *UK*, **millimeter** *US* ['mɪlɪ,mi:tə'] *n* milímetro *m*.

millinery ['mɪlɪnrɪ] *n* sombrerería *f* (de señoras).

million ['mɪljən] *n* millón *m*; **four ~ dollars** cuatro millones de dólares; **a ~**, **~s of** *fig* millones de.

millionaire [,mɪljə'neə'] *n* millonario *m*.

millionairess [,mɪljə'neərɪs] *n* millonaria *f*.

millipede ['mɪlɪpi:d] *n* milpiés *m inv*.

millisecond ['mɪlɪ,sekənd] *n* milésima *f* de segundo.

millstone ['mɪlstəʊn] *n* piedra *f* de molino, muela *f*; **a ~ round one's neck** una cruz.

millwheel ['mɪlwi:l] *n* rueda *f* de molino.

milometer [maɪ'lɒmɪtə'] = **mileometer**.

mime [maɪm] ⟨⟩ *n* **-1.** [acting] mímica *f*, pantomima *f* **- 2.** [act] imitación *f* a base de gestos. ⟨⟩ *vt* describir con gestos. ⟨⟩ *vi* hacer mímica.

mimic ['mɪmɪk] (*pt* & *pp* **-ked**, *cont* **-king**) ⟨⟩ *n* imitador *m*, **-ra** *f*. ⟨⟩ *vt* imitar.

mimicry ['mɪmɪkrɪ] *n* imitación *f*.

mimosa [mɪ'məʊzə] *n* mimosa *f*.

min. [mɪn] **-1.** (*abbr of* **minute**) min **- 2.** (*abbr of* **minimum**) mín.

Min. *abbr of* **ministry**.

mince [mɪns] ⟨⟩ *n UK* carne *f* picada. ⟨⟩ *vt* picar. ⟨⟩ *vi* andar con afectación.

mincemeat ['mɪnsmi:t] *n* [fruit] *mezcla de fruta confitada y especias*.

mince pie *n* [sweet cake] *pastellllo navideño de fruta confitada y frutos secos*.

mincer ['mɪnsə'] *n* máquina *f* de picar carne.

mind [maɪnd] ⟨⟩ *n* **-1.** [gen] mente *f*; **state of ~** estado *m* de ánimo; **to calculate sthg in one's ~** calcular algo mentalmente; **to come into** *OR* **to cross sb's ~** pasársele a alguien por la cabeza; **the first thing that came into my ~** lo primero que me vino a la mente; **to have sthg on one's ~** estar preocupado por algo; **to keep an open ~** tener una actitud abierta; **to put** *OR* **set sb's ~ at rest** tranquilizar a alguien; **it slipped my ~** se me olvidó; **to take sb's ~ off sthg** hacer olvidar algo a alguien; **that was a load** *OR* **weight off my ~** me quité un peso de encima; **are you out of your ~?** ¿estás loco?; **great ~s think alike!** ¡ves! ahí estamos de acuerdo; **to broaden one's ~** ampliar los horizontes de uno; **to make one's ~ up** decidirse **- 2.** [attention] atención *f*; **to concentrate one's ~** hacer que uno se concentre; **to put one's ~ to sthg** poner empeño en algo **- 3.** [opinion]: **to change one's ~** cambiar de opinión; **to my ~** en mi opinión; **to be in two ~s about sthg** no estar seguro(ra) de algo; **to speak one's ~** hablar sin rodeos **- 4.** [memory] memoria *f*; **to bear sthg in ~** tener presente algo; **to call sthg to ~** recordar algo; **to cast one's ~ back** echar la mente *OR* mirada atrás **- 5.** [intention]: **to have sthg in ~** tener algo en mente; **to have a ~ to do sthg** estar pensando en hacer algo; **nothing could be further from my ~** nada más lejos de mis intenciones. ⟨⟩ *vi* **-1.** [be bothered]: **do you ~?** ¿te importa?; **I don't ~ ...** no me importa ...; **which do you want? - I don't ~** ¿cuál prefieres? - me da igual; **never ~** [don't worry] no te preocupes; [it's not important] no importa **- 2.** [be careful]: **~ out!** *UK* ¡cuidado! ⟨⟩ *vt* **- 1.** [be bothered about, dislike]: **do you ~ if I leave?** ¿te molesta si me voy?; **I don't ~ waiting** no me importa esperar; **I wouldn't ~ a ...** no me vendría mal un ... **- 2.** [pay attention to] tener cuidado con; **~ you don't fall** ten cuidado no te vayas a caer **- 3.** [take care of] cuidar **- 4.** [concentrate

on]: ~ **your own business!** ¡métete en tus
asuntos!

➤ **mind you** *adv*: he's a bit deaf; ~ you, he
is old está un poco sordo; te advierto que es
ya mayor.

mind-boggling [-'bɒglɪŋ] *adj inf* alucinante.

minder ['maɪndəʳ] *n UK inf* [bodyguard] guardaespaldas *m or f inv.*

mindful ['maɪndfʊl] *adj*: ~ **of** consciente de.

mindless ['maɪndlɪs] *adj* **-1.** [stupid] absur-
do(da), sin sentido **-2.** [not requiring thought]
aburrido(da).

mind reader *n* adivinador *m*, -ora *f* del
pensamiento.

mindset ['maɪndset] *n* mentalidad *f.*

mind's eye *n*: in one's ~ en la mente (de
uno).

mine¹ [maɪn] *poss pron* mío (mía); **that money
is** ~ ese dinero es mío; **his car hit** ~ su coche
chocó contra el mío; **it wasn't your fault, it was
MINE** la culpa no fue tuya sino *MÍA*; **a friend of**
~ un amigo mío.

mine² [maɪn] ◇ *n* mina *f*; **a** ~ **of information**
una mina de información. ◇ *vt* **-1.** [excavate -
coal] extraer **-2.** [lay mines in] minar.

mine detector *n* detector *m* de minas.

minefield ['maɪnfiːld] *n lit* & *fig* campo *m* de
minas.

minelayer ['maɪnˌleɪəʳ] *n* minador *m.*

miner ['maɪnəʳ] *n* minero *m*, -ra *f.*

mineral ['mɪnərəl] ◇ *adj* mineral. ◇ *n*
mineral *m.*

mineralogy [ˌmɪnə'rælədʒɪ] *n* mineralogía *f.*

mineral water *n* agua *f* mineral.

minestrone [ˌmɪnɪ'strəʊnɪ] *n* (sopa *f*) minestrone *f.*

minesweeper ['maɪnˌswiːpəʳ] *n* dragaminas
m inv.

mingle ['mɪŋgl] ◇ *vt*: **to** ~ **sthg with**
mezclar algo con. ◇ *vi* **-1.** [combine]: **to** ~
(with) mezclarse (con) **-2.** [socially]: **to** ~
(with) alternar (con).

mini ['mɪnɪ] *n* minifalda *f.*

miniature ['mɪnətʃəʳ] ◇ *adj* en miniatura.
◇ *n* **-1.** [painting] miniatura *f* **-2.** [of alcohol]
botellín *f* de licor en miniatura **-3.** [small scale]:
in ~ en miniatura.

minibus ['mɪnɪbʌs] (*pl* **-es**) *n* microbús *m*, micro
m, buseta *f* **Col, CRica, Ecuad, Ven**, pesero *m Méx*,
liebre *f Chile.*

minicab ['mɪnɪkæb] *n UK taxi que se puede
pedir por teléfono, pero no se puede parar
en la calle.*

minicomputer [ˌmɪnɪkəm'pjuːtəʳ] *n* miniorde-
nador *m*, minicomputadora *f Amér.*

MiniDisc® ['mɪnɪdɪsk] *n* MiniDisc® *m.*

MiniDisc player® *n* reproductor *m* de
MiniDisc®.

minidish ['mɪnɪdɪʃ] *n* miniparabólica *f.*

minim ['mɪnɪm] *n* blanca *f.*

minima ['mɪnɪmə] *pl* ➤ **minimum.**

minimal [-məl] *adj* mínimo(ma).

minimize, -ise ['mɪnɪˌmaɪz] *vt* minimizar.

minimum ['mɪnɪməm] (*pl* **-mums** *OR* **-ma**)
◇ *adj* mínimo(ma). ◇ *n* mínimo *m.*

minimum lending rate [-'lendɪŋ-] *n* tipo *m*
de descuento oficial.

minimum wage *n* salario *m* mínimo.

mining ['maɪnɪŋ] ◇ *n* minería *f.* ◇ *adj*
minero(ra); ~ **engineer** ingeniero *m*, -ra *f* de
minas.

minion ['mɪnjən] *n hum or pej* lacayo *m.*

miniseries ['mɪnɪsɪərɪz] (*pl inv*) *n* miniserie *f.*

miniskirt ['mɪnɪskɜːt] *n* minifalda *f.*

minister ['mɪnɪstəʳ] *n* **-1.** *POL*: ~ **(for)** ministro
m, -tra *f* (de) **-2.** *RELIG* pastor *m*, -ra *f.*

➤ **minister to** *vt fus* [needs] atender a.

ministerial [ˌmɪnɪ'stɪərɪəl] *adj* ministerial.

minister of state *n*: ~ **(for)** secretario *m*,
-ria *f* de estado (para).

ministry ['mɪnɪstrɪ] (*pl* **-ies**) *n* **-1.** *POL* ministerio
m; **Ministry of Defence** Ministerio de Defensa
-2. *RELIG*: **the** ~ el clero, el sacerdocio.

mink [mɪŋk] (*pl inv*) *n* visón *m.*

mink coat *n* abrigo *m* de visón.

Minnesota [ˌmɪnɪ'səʊtə] *n* Minnesota.

minnow ['mɪnəʊ] *n* **-1.** [fish] pececillo *m* (de
agua dulce) **-2.** [team] comparsa *f.*

minor ['maɪnəʳ] ◇ *adj* [gen] menor; [injury] leve;
of ~ **importance** de poca importancia. ◇ *n*
menor *m or f* (de edad); *US* [subject] subespecialidad *f.* ◇ *vi US* [subject] estudiar una
subespecialidad.

Minorca [mɪ'nɔːkə] *n* Menorca.

minority [maɪ'nɒrətɪl] (*pl* **-ies**) *n* minoría *f*; **to be
in a** *OR* **the** ~ estar en la minoría, ser minoría.

minority government *n* gobierno *m* minoritario.

minster ['mɪnstəʳ] *n* catedral *f.*

minstrel ['mɪnstrəl] *n* juglar *m.*

mint [mɪnt] ◇ *n* **-1.** [herb] menta *f*, hierbabuena *f* **-2.** [peppermint] pastilla *f* de menta **-3.**
[for coins]: **the** ~ la Casa de la Moneda; **in** ~
condition en perfecto estado, como nuevo(va).
◇ *vt* acuñar.

mint sauce *n* salsa *f* de menta.

mint tea *n* poleo *m.*

minuet [ˌmɪnjʊ'et] *n* minué *m.*

minus ['maɪnəs] (*pl* **-es**) ◇ *prep* **-1.** *MATH* [less]:
4 ~ **2 is 3** 4 menos 2 es 2 **-2.** [in temperatures]:

it's ~ 5°C estamos a 5 grados bajo cero. <> *adj* MATH [less than zero] negativo(va). <> *n* **-1.** MATH signo *m* (de) menos **-2.** [disadvantage] desventaja *f*.

minuscule ['mɪnəskjuːl] *adj* minúsculo(la).

minus sign *n* signo *m* (de) menos.

minute¹ ['mɪnɪt] *n* minuto *m*; **at any ~** en cualquier momento; **at the ~** en este momento; **at the last ~** en el último momento; **just a ~** un momento; **this ~** ahora mismo; **up to the ~** [news] de última hora; [technology] punta *(inv)*; **wait a ~** espera un momento.
  ◆ minutes *npl* acta *f*; **to take (the) ~ s** levantar OR tomar acta.

minute² [maɪ'njuːt] *adj* [very small] diminuto(ta).

minutiae [maɪ'njuːʃɪaɪ] *npl* minucias *fpl*.

miracle ['mɪrəkl] *n lit & fig* milagro *m*.

miraculous [mɪ'rækjʊləs] *adj* milagroso(sa).

miraculously [mɪ'rækjʊləslɪ] *adv* milagrosamente.

mirage [mɪ'rɑːʒ] *n lit & fig* espejismo *m*.

mire [maɪəʳ] *n* fango *m*, lodo *m*.

mirror ['mɪrəʳ] <> *n* espejo *m*. <> *vt* reflejar.

mirror image *n* reflejo *m* a la inversa.

mirth [mɜːθ] *n* risa *f*.

misadventure [ˌmɪsəd'ventʃəʳ] *n* desgracia *f*, desventura *f*; **death by ~** JUR muerte *f* accidental.

misanthropist [mɪs'ænθrəpɪst] *n* misántropo *m*, -pa *f*.

misapprehension ['mɪsˌæprɪ'henʃn] *n* **-1.** [misunderstanding] malentendido *m* **-2.** [mistaken belief] creencia *f* errónea.

misappropriate [ˌmɪsə'prəʊprɪeɪt] *vt* malversar.

misappropriation ['mɪsəˌprəʊprɪ'eɪʃn] *n*: **~ (of)** malversación *f* (de).

misbehave [ˌmɪsbɪ'heɪv] *vi* portarse mal.

misbehaviour UK, **misbehavior** US [ˌmɪsbɪ'heɪvjəʳ] *n* mal comportamiento *m*, mala conducta *f*.

misc *abbr of* miscellaneous.

miscalculate [ˌmɪs'kælkjʊleɪt] *vt & vi* calcular mal.

miscalculation [ˌmɪskælkjʊ'leɪʃn] *n* **-1.** *(U)* [poor judgment] cálculos *mpl* erróneos **-2.** [mistake] error *m* de cálculo.

miscarriage [ˌmɪs'kærɪdʒ] *n* [at birth] aborto *m* (natural).

miscarriage of justice *n* error *m* judicial.

miscarry [ˌmɪs'kærɪ] *(pt & pp* -ied) *vi* **-1.** [woman] tener un aborto (natural) **-2.** [plan] fracasar.

miscellaneous [ˌmɪsə'leɪnjəs] *adj* diverso (sa).

miscellany [UK mɪ'selənɪ, US 'mɪsəleɪnɪl (*pl* -ies) *n* miscelánea *f*.

mischance [ˌmɪs'tʃɑːns] *n* **-1.** [piece of bad luck] infortunio *m*, desgracia *f* **-2.** [bad luck] mala suerte *f*; **by ~** por desgracia.

mischief ['mɪstʃɪf] *n (U)* **-1.** [playfulness] picardía *f* **-2.** [naughty behaviour] travesuras *fpl*, diabluras *fpl* **-3.** [harm] daño *m*.

mischievous ['mɪstʃɪvəs] *adj* **-1.** [playful] lleno(na) de picardía **-2.** [naughty] travieso(sa).

misconceived [ˌmɪskən'siːvd] *adj* mal concebido(da).

misconception [ˌmɪskən'sepʃn] *n* concepto *m* erróneo, idea *f* falsa.

misconduct [ˌmɪs'kɒndʌkt] *n* mala conducta *f*.

misconstrue [ˌmɪskən'struː] *vt fml* malinterpretar.

miscount [ˌmɪs'kaʊnt] *vt & vi* contar mal.

misdeed [ˌmɪs'diːd] *n literary* fechoría *f*.

misdemeanour UK, **misdemeanor** US [ˌmɪsdɪ'miːnəʳ] *n fml* delito *m* menor, falta *f*.

misdirected [ˌmɪsdɪ'rektɪd] *adj* [efforts] mal encaminado(da); [letter] con la dirección equivocada.

miser ['maɪzəʳ] *n* avaro *m*, -ra *f*.

miserable ['mɪzrəbl] *adj* **-1.** [unhappy] infeliz, triste **-2.** [wretched, poor] miserable **-3.** [weather] horrible **-4.** [pathetic] lamentable.

miserably ['mɪzrəblɪ] *adv* **-1.** [unhappily] tristemente **-2.** [wretchedly, poorly] miserablemente **-3.** [pathetically] lamentablemente.

miserly ['maɪzəlɪ] *adj* miserable, mezquino(na).

misery ['mɪzərɪ] *(pl* -ies) *n* **-1.** [unhappiness] desdicha *f*, tristeza *f* **-2.** [suffering] sufrimiento *m*.

misfire [ˌmɪs'faɪəʳ] *vi* **-1.** [gun] encasquillarse **-2.** [car engine] no arrancar **-3.** [plan] fracasar.

misfit ['mɪsfɪt] *n* inadaptado *m*, -da *f*.

misfortune [mɪs'fɔːtʃuːn] *n* **-1.** [bad luck] mala suerte *f* **-2.** [piece of bad luck] desgracia *f*.

misgivings [mɪs'gɪvɪŋz] *npl* recelo *m*, recelos *mpl*.

misguided [ˌmɪs'gaɪdɪd] *adj* [person] descaminado(da); [attempt] equivocado(da).

mishandle [ˌmɪs'hændl] *vt* **-1.** [person, animal] maltratar **-2.** [affair] llevar mal.

mishap ['mɪshæp] *n* percance *m*, contratiempo *m*; **without ~** sin problemas.

mishear [ˌmɪs'hɪəʳ] *(pt & pp* -heard [-'hɜːd]) *vt & vi* oír mal.

mishmash ['mɪʃmæʃ] *n inf* batiburrillo *m*.

misinform [ˌmɪsɪn'fɔːm] *vt* informar mal.

misinformation [ˌmɪsɪnfə'meɪʃn] *n* información *f* errónea.

misinterpret [ˌmɪsɪn'tɜːprɪt] *vt* malinterpretar.

misjudge [ˌmɪs'dʒʌdʒ] *vt* **-1.** [guess wrongly] calcular mal **-2.** [appraise wrongly] juzgar mal.

misjudg(e)ment [ˌmɪs'dʒʌdʒmənt] *n* **-1.** [poor judgment] estimación *f* equivocada **-2.** [error of judgment] error *m* de juicio.

mislay [ˌmɪs'leɪ] (*pt* & *pp* **-laid**) *vt* extraviar, perder.

mislead [ˌmɪs'liːd] (*pt* & *pp* **-led**) *vt* engañar.

misleading [ˌmɪs'liːdɪŋ] *adj* engañoso(sa).

misled [ˌmɪs'led] *pt* & *pp* ⇨ **mislead**.

mismanage [ˌmɪs'mænɪdʒ] *vt* [company] gestionar mal; [situation] llevar mal.

mismanagement [ˌmɪs'mænɪdʒmənt] *n* mala administración *f*.

mismatch [ˌmɪs'mætʃ] *vt*: **to be ~ed** emparejar mal.

misnomer [ˌmɪs'nəʊməʳ] *n* término *m* equivocado.

misogynist [mɪ'sɒdʒɪnɪst] *n* misógino *m*.

misplace [ˌmɪs'pleɪs] *vt* extraviar, perder.

misplaced [ˌmɪs'pleɪst] *adj* [trust] mal encaminado(da), fuera de lugar.

misprint ['mɪsprɪnt] *n* errata *f*, error *m* de imprenta.

mispronounce [ˌmɪsprə'naʊns] *vt* pronunciar mal.

misquote [ˌmɪs'kwəʊt] *vt* citar incorrectamente.

misread [ˌmɪs'riːd] (*pt* & *pp* **-read**) *vt* **-1.** [read wrongly] leer mal **-2.** [misinterpret] malinterpretar.

misrepresent ['mɪsˌreprɪ'zent] *vt* [person] dar una imagen equivocada de; [words] tergiversar.

misrepresentation ['mɪsˌreprɪzen'teɪʃn] *n* **-1.** (*U*) [wrong interpretation] mala interpretación *f* **-2.** [false account] tergiversación *f*.

misrule [ˌmɪs'ruːl] *n* mal gobierno *m*.

miss [mɪs] ⇨ *vt* **-1.** [fail to see - TV programme, film] perderse; [- error, person in crowd] no ver **-2.** [fail to hear] no oír **-3.** [omit] saltarse **-4.** [shot] fallar; [ball] no dar a; **to ~ the target** no dar en el blanco **-5.** [feel absence of] echar de menos *OR* en falta; **I ~ you** te echo de menos **-6.** [opportunity] perder, dejar pasar; [turning] pasarse **-7.** [train, bus] perder **-8.** [appointment] faltar a, no asistir a; [deadline] no cumplir **-9.** [avoid] evitar; **I just ~ed being run over** no me atropellaron por muy poco. ⇨ *vi* fallar. ⇨ *n* fallo *m*; **to give sthg a ~** inf pasar de algo.

➡ **miss out** ⇨ *vt sep* pasar por alto. ⇨ *vi*: **to ~ out (on sthg)** perderse (algo).

Miss [mɪs] *n* señorita *f*; **~ Brown** la señorita Brown.

misshapen [ˌmɪs'ʃeɪpn] *adj* deforme.

missile [*UK* 'mɪsaɪl, *US* 'mɪsəl] *n* **-1.** [weapon] misil *m* **-2.** [thrown object] proyectil *m*.

missile launcher [-ˌlɔːntʃəʳ] *n* lanzamisiles *m inv*.

missing ['mɪsɪŋ] *adj* **-1.** [lost] perdido(da), extraviado(da) **-2.** [not present] ausente; **to be ~** faltar.

missing link *n* eslabón *m* perdido.

missing person *n* desaparecido *m*, -da *f*.

mission ['mɪʃn] *n* misión *f*.

missionary ['mɪʃənrɪ] (*pl* **-ies**) *n* misionero *m*, -ra *f*.

Mississippi [ˌmɪsɪ'sɪpɪ] *n* **-1.** [river]: **the ~ (River)** el (río) Misisipí **-2.** [state] Misisipí.

missive ['mɪsɪv] *n fml* misiva *f*.

Missouri [mɪ'zʊərɪ] *n* Misuri.

misspell [ˌmɪs'spel] (*pt* & *pp* **-spelt** *OR* **-spelled**) *vt* escribir mal.

misspelling [ˌmɪs'spelɪŋ] *n* falta *f* de ortografía.

misspelt [ˌmɪs'spelt] *pt* & *pp* ⇨ **misspell**.

misspent [ˌmɪs'spent] *adj* malgastado(da).

mist [mɪst] *n* [gen] neblina *f*; [at sea] bruma *f*.

➡ **mist over, mist up** *vi* [windows, spectacles] empañarse; [eyes] llenarse de lágrimas.

mistake [mɪ'steɪk] (*pt* **-took**, *pp* **-taken**) ⇨ *n* error *m*; **to make a ~** equivocarse, cometer un error; **by ~** por error. ⇨ *vt* **-1.** [misunderstand] entender mal **-2.** [fail to recognize]: **to ~ sthg/sb for** confundir algo/a alguien con; **there's no mistaking it** es inconfundible.

mistaken [mɪ'steɪkn] ⇨ *pp* ⇨ **mistake**. ⇨ *adj* equivocado(da); **to be ~ about sb/sthg** estar equivocado respecto a alguien/algo.

mistaken identity *n*: **a case of ~** un caso de identificación errónea.

mistakenly [mɪ'steɪknlɪ] *adv* equivocadamente.

mister ['mɪstəʳ] *n inf* amigo *m*.

➡ **Mister** *n* señor *m*; **~ Brown** el señor Brown.

mistime [ˌmɪs'taɪm] *vt* hacer a destiempo, calcular mal.

mistletoe ['mɪsltəʊ] *n* muérdago *m*.

mistook [mɪ'stʊk] *pt* ⇨ **mistake**.

mistranslation [ˌmɪstræns'leɪʃn] *n* traducción *f* equivocada.

mistreat [ˌmɪs'triːt] *vt* maltratar.

mistreatment [ˌmɪs'triːtmənt] *n* (*U*) malos tratos *mpl*.

mistress ['mɪstrɪs] *n* **-1.** [female lover] amante *f*, querida *f* **- 2.** *UK* [school teacher - primary] maestra *f*, señorita *f*; [- secondary] profesora *f* **- 3.** [woman in control] señora *f*; ~ **of the situation** dueña *f* de la situación.

mistrial [ˈmɪstraɪəl] *n* juicio *m* nulo.

mistrust [ˌmɪsˈtrʌst] ◇ *n* desconfianza *f*, recelo *m*. ◇ *vt* desconfiar de.

mistrustful [ˌmɪsˈtrʌstfʊl] *adj* desconfiado(da), receloso(sa); **to be** ~ **of** desconfiar de.

misty [ˈmɪstɪ] (*compar* **-ier**, *superl* **-iest**) *adj* [gen] neblinoso(sa); [at sea] brumoso(sa).

misunderstand [ˌmɪsʌndəˈstænd] (*pt* & *pp* **-stood**) *vt* & *vi* entender mal.

misunderstanding [ˌmɪsʌndəˈstændɪŋ] *n* malentendido *m*.

misunderstood [ˌmɪsʌndəˈstʊd] *pt* & *pp* ▷ **misunderstand**.

misuse [*n* ˌmɪsˈjuːs, *vb* ˌmɪsˈjuːz] ◇ *n* uso *m* indebido. ◇ *vt* hacer uso indebido de.

MIT (*abbr of* **Massachusetts Institute of Technology**) *n* principal instituto de investigación tecnológica en Estados Unidos.

mite [maɪt] *n* **- 1.** [insect] ácaro *m*, insecto *m* diminuto **- 2.** *inf* [small amount]: **a** ~ un pelín, una pizca **- 3.** [small child] criatura *f*.

miter *US* = **mitre**.

mitigate [ˈmɪtɪgeɪt] *vt fml* mitigar, atenuar.

mitigating [ˈmɪtɪgeɪtɪŋ] *adj fml*: ~ **circumstances** circunstancias *fpl* atenuantes.

mitigation [ˌmɪtɪˈgeɪʃn] *n* [circumstance] *fml* descargo *m*, atenuante *m*.

mitre *UK*, **miter** *US* [ˈmaɪtə^r] *n* **- 1.** [hat] mitra *f* **- 2.** [joint] inglete *m*.

mitt [mɪt] *n* manopla *f*; *US* [for baseball] guante *m*.

mitten [ˈmɪtn] *n* manopla *f*.

mix [mɪks] ◇ *vt*: **to** ~ **sthg (with)** mezclar algo (con). ◇ *vi* **- 1.** [substances] mezclarse; [activities] ir bien juntos(tas) **- 2.** [socially]: **to** ~ **with** alternar con. ◇ *n* mezcla *f*.
➨ **mix up** *vt sep* **- 1.** [confuse] confundir **- 2.** [disorder] mezclar.

mixed [mɪkst] *adj* **- 1.** [of different kinds] surtido(da), variado(da); **to have** ~ **feelings about** tener sentimientos encontrados acerca de; ~ **salad** ensalada *f* mixta **- 2.** [of different sexes] mixto(ta).

mixed-ability *adj UK* [class, group] con alumnos de varios niveles.

mixed blessing *n*: **it is a** ~ tiene su lado bueno y su lado malo.

mixed doubles *n* (*U*) dobles *mpl* mixtos.

mixed economy *n* economía *f* mixta.

mixed grill *n* parrillada *f* mixta.

mixed marriage *n* matrimonio *m* mixto.

mixed up *adj* **- 1.** [confused] confuso(sa); **to get** ~ confundirse **- 2.** [involved]: ~ **in** [fight, crime] involucrado(da) en.

mixer [ˈmɪksə^r] *n* **- 1.** [for food] batidora *f*; [for cement] hormigonera *f* **- 2.** [for music] mesa *f* de mezclas **- 3.** [non-alcoholic drink] *bebida no alcohólica para mezclar con bebidas alcohólicas*.

mixer tap *n UK* monomando *m*, grifo *OR* caño *m* **Perú** único *OR* llave *f* **Amér** *OR* paja *f* **CAm** *OR* canilla *f* **RP** única (*para agua fría y caliente*), caño *m* único (*para agua fría y caliente*) **Perú**.

mixing bowl [ˈmɪksɪŋ-] *n* cuenco *m* (para mezclar).

mixture [ˈmɪkstʃə^r] *n* [gen] mezcla *f*; [of sweets] surtido *m*.

mix-up *n inf* confusión *f*.

MK, mk *abbr of* **mark**.

ml (*abbr of* **millilitre**) ml.

MLitt [ˌemˈlɪt] (*abbr of* **Master of Literature, Master of Letters**) *n* (*titular de un*) *título postuniversitario de unos dos años de duración en el campo de las humanidades*.

MLR *n abbr of* **minimum lending rate**.

mm (*abbr of* **millimetre**) mm.

MN *abbr of* **Minnesota**.

mnemonic [nɪˈmɒnɪk] *n* frase *f* mnemotécnica.

m.o. *abbr of* **money order**.

MO ◇ *n* **- 1.** (*abbr of* **medical officer**) oficial médico **- 2.** (*abbr of* **modus operandi**) *modus operandi*. ◇ *abbr of* **Missouri**.

moan [məʊn] ◇ *n* **- 1.** [of pain, sadness] gemido *m* **- 2.** *inf* [complaint] queja *f*. ◇ *vi* **- 1.** [in pain, sadness] gemir **- 2.** *inf* [complain]: **to** ~ **(about)** quejarse (de).

moaning [ˈməʊnɪŋ] *n* (*U*) [complaining] quejas *fpl*.

moat [məʊt] *n* foso *m*.

mob [mɒb] (*pt* & *pp* **-bed**, *cont* **-bing**) ◇ *n* muchedumbre *f*, turba *f*. ◇ *vt* agolparse en torno de, asediar.

mobile [ˈməʊbaɪl] ◇ *adj* **- 1.** [able to move] móvil **- 2.** [able to travel]: **to be** ~ poder viajar. ◇ *n* móvil *m*.

mobile home *n* caravana *f*.

mobile library *n* bibliobús *m*.

mobile phone *n* teléfono *m* móvil.

mobility [məˈbɪlətɪ] *n* movilidad *f*.

mobility allowance *n UK* *ayuda económica que reciben los minusválidos para poder viajar*.

mobilization [ˌməʊbɪlaɪˈzeɪʃn] *n* movilización *f*.

mobilize, -ise [ˈməʊbɪlaɪz] ◇ *vt* movilizar. ◇ *vi* movilizarse.

mobster ['mɒbstə^r] *n US* gángster *m*.
moccasin ['mɒkəsɪn] *n* mocasín *m*.
mock [mɒk] ◇ *adj* fingido(da); **~ (exam)** simulacro *m* de examen. ◇ *vt* burlarse de. ◇ *vi* burlarse.
mockery ['mɒkərɪ] *n* burlas *fpl*; **to make a ~ of sthg** poner en ridículo algo.
mocking ['mɒkɪŋ] *adj* burlón(ona).
mockingbird ['mɒkɪŋbɜ:d] *n* sinsonte *m*.
mock-up *n* maqueta *f* de tamaño natural.
mod [mɒd] *n UK* mod *m OR f*, aficionado *a la música soul inglesa de los años 60*.
MOD *n abbr of* Ministry of Defence.
mod cons [,mɒd-] (*abbr of* **modern conveniences**) *npl UK inf*: **all ~** con todas las comodidades.
mode [məʊd] *n* modo *m*.
model ['mɒdl] (*UK pt* & *pp* **-led**, *cont* **-ling**, *US pt* & *pp* **-ed**, *cont* **-ing**) ◇ *n* **-1.** [gen] modelo *m* **-2.** [small copy] maqueta *f* **-3.** [for painter, in fashion] modelo *m OR f*. ◇ *adj* **-1.** [exemplary] modelo (*inv*) **-2.** [reduced-scale] en miniatura. ◇ *vt* **-1.** [shape] modelar **-2.** [wear] lucir (*en pase de modelos*) **-3.** [copy]: **to ~ o.s. on sb** tener a alguien como modelo **-4.** *COMPUT* simular por ordenador. ◇ *vi* trabajar de modelo.
model aircraft *n* aeromodelo *m*.
modem ['məʊdem] *n COMPUT* módem *m*.
moderate [*adj* & *n* 'mɒdərət, *vb* 'mɒdəreɪt] ◇ *adj* moderado(da). ◇ *n POL* moderado *m*, -da *f*. ◇ *vt* moderar. ◇ *vi* [in debate] hacer de moderador.
moderately ['mɒdərətlɪ] *adv* moderadamente.
moderation [,mɒdə'reɪʃn] *n* moderación *f*; **in ~** con moderación.
moderator ['mɒdəreɪtə^r] *n* [of exam] moderador *m*, -ra *f*.
modern ['mɒdən] *adj* moderno(na).
modern-day *adj* de nuestros días.
modernism ['mɒdənɪzml] *n* modernismo *m*.
modernization [,mɒdənaɪ'zeɪʃn] *n* modernización *f*.
modernize, -ise ['mɒdənaɪz] ◇ *vt* modernizar. ◇ *vi* modernizarse.
modern languages *npl* lenguas *fpl* modernas.
modest ['mɒdɪst] *adj* **-1.** [gen] modesto(ta) **-2.** [improvement] ligero(ra); [price] módico(ca).
modestly ['mɒdɪstlɪ] *adv* [gen] modestamente; [improve] ligeramente.
modesty ['mɒdɪstɪ] *n* modestia *f*.
modicum ['mɒdɪkəml] *n fml*: **a ~ of** un mínimo de.
modification [,mɒdɪfɪ'keɪʃn] *n* modificación *f*.

modify ['mɒdɪfaɪ] (*pt* & *pp* **-ied**) *vt* modificar.
modular ['mɒdjʊlə^r] *adj* modular.
modulated ['mɒdjʊleɪtɪd] *adj* modulado(da).
modulation [,mɒdjʊ'leɪʃn] *n* modulación *f*.
module ['mɒdju:ll] *n* módulo *m*.
Mogadishu [,mɒgə'dɪʃu:] *n* Mogadiscio.
moggy ['mɒgɪ] (*pl* **-ies**) *n UK inf* minino *m*.
mogul ['məʊgll] *n* magnate *m OR f*.
mohair ['məʊheə^r] ◇ *n* mohair *m*. ◇ *comp* de mohair.
Mohammedan [mə'hæmɪdnl] ◇ *adj* mahometano(na). ◇ *n* mahometano *m*, -na *f*.
Mohican [məʊ'hi:kən] *n* **-1.** [person] mohicano *m*, -na *f* **-2.** [hairstyle] cresta *f*.
moist [mɔɪst] *adj* húmedo(da).
moisten ['mɔɪsn] *vt* humedecer.
moisture ['mɔɪstʃə^r] *n* humedad *f*.
moisturize, -ise ['mɔɪstʃəraɪz] *vt* hidratar.
moisturizer ['mɔɪstʃəraɪzə^r] *n* (crema *f*) hidratante *m*.
molar ['məʊlə^r] *n* muela *f*.
molasses [mə'læsɪz] *n (U)* melaza *f*.
mold *US* = **mould**.
Moldavia [mɒl'deɪvɪə] *n* Moldavia.
mole [məʊl] *n* **-1.** [animal, spy] topo *m* **-2.** [spot] lunar *m*.
molecular [mə'lekjʊlə^r] *adj* molecular.
molecule ['mɒlɪkju:ll] *n* molécula *f*.
molehill ['məʊlhɪll] *n* topera *f*.
molest [mə'lest] *vt* **-1.** [sexually] abusar sexualmente de **-2.** [annoy] molestar.
molester [mə'lestə^r] *n*: **child ~** pervertidor *m*, -ra *f* de menores.
mollify ['mɒlɪfaɪ] (*pt* & *pp* **-ied**) *vt fml* apaciguar.
mollusc, mollusk *US* ['mɒləsk] *n* molusco *m*.
mollycoddle ['mɒlɪ,kɒdll] *vt inf* mimar.
Molotov cocktail ['mɒlətɒf-] *n* cóctel *m* molotov.
molt *US* = **moult**.
molten ['məʊltnl] *adj* fundido(da).
mom [mɒml] *n US inf* mamá *f*.
moment ['məʊmənt] *n* momento *m*; **~ of truth** momento de la verdad; **at any ~** de un momento a otro; **at the ~** en este momento; **at the last ~** en el último momento; **for the ~** de momento; **for one ~** por un momento; **in a ~** enseguida; **just a ~** un momento.
momentarily ['məʊməntərɪlɪ] *adv* **-1.** [for a short time] momentáneamente **-2.** *US* [soon] pronto, de un momento a otro.
momentary ['məʊməntrɪ] *adj* momentáneo(a).
momentous [mə'mentəs] *adj* trascendental.
momentum [mə'mentəml] *n (U)* **-1.** *PHYS* mo-

mento *m* **- 2.** *fig* [speed, force] ímpetu *m*, impulso *m*; **to gather** ~ cobrar intensidad.

momma ['mɒmə], **mommy** ['mɒmɪ] *n US* mamá *f*.

Mon. (*abbr of* **Monday**) lun.

Monaco ['mɒnəkəʊ] *n* Mónaco.

monarch ['mɒnək] *n* monarca *m oR f*.

monarchist ['mɒnəkɪst] *n* monárquico *m*, -ca *f*.

monarchy ['mɒnəkɪ] (*pl* **-ies**) *n* **- 1.** [gen] monarquía *f* **- 2.** [royal family]: **the** ~ la familia real.

monastery ['mɒnəstrɪ] (*pl* **-ies**) *n* monasterio *m*.

monastic [mə'næstɪk] *adj* monástico(ca).

Monday ['mʌndɪ] *n* lunes *m inv*; *see also* **Saturday**.

monetarism ['mʌnɪtərɪzm] *n* monetarismo *m*.

monetarist ['mʌnɪtərɪst] *n* monetarista *m oR f*.

monetary ['mʌnɪtrɪ] *adj* monetario(ria).

money ['mʌnɪ] *n* dinero *m*, plata *f Andes, Col, CSur, Ven*; **to make** ~ hacer dinero; **we got our** ~**'s worth** sacamos provecho a nuestro dinero; **for my** ~ en mi opinión.

money belt *n* cinturón *m* monedero.

moneybox ['mʌnɪbɒks] *n* hucha *f*.

money laundering *n* blanqueo *m* de dinero.

moneylender ['mʌnɪˌlendə^r] *n* prestamista *m oR f*.

moneymaker ['mʌnɪˌmeɪkə^r] *n* mina *f* (de dinero).

moneymaking ['mʌnɪˌmeɪkɪŋ] *adj* [scheme] para hacer dinero.

money market *n* mercado *m* monetario.

money order *n* giro *m* postal.

money-spinner [-ˌspɪnə^r] *n esp UK inf* mina *f* (de dinero).

money supply *n* oferta *f* monetaria.

mongol ['mɒŋgəl] *dated* & *offensive* <> *adj* mongólico(ca). <> *n* mongólico *m*, -ca *f*.

➨ **Mongol** = **Mongolian**.

Mongolia [mɒŋ'gəʊlɪə] *n* Mongolia.

Mongolian [mɒŋ'gəʊlɪən] <> *adj* mongol(la). <> *n* **- 1.** [person] mongol *m*, -la *f* **- 2.** [language] mongol *m*.

mongoose ['mɒŋguːs] (*pl* **-s**) *n* mangosta *f*.

mongrel ['mʌŋɡrəl] *n* perro *m* cruzado.

monitor ['mɒnɪtə^r] <> *n* [gen & *COMPUT*] monitor *m*. <> *vt* **- 1.** [check] controlar, hacer un seguimiento de **- 2.** [listen to] escuchar.

monk [mʌŋk] *n* monje *m*.

monkey ['mʌŋkɪ] (*pl* **monkeys**) *n* mono *m*.

monkey nut *n* cacahuete *m*.

monkey wrench *n* llave *f* inglesa.

mono ['mɒnəʊ] <> *adj* monoaural, mono *(inv)*. <> *n* **- 1.** [sound] *inf*: **in** ~ en mono **- 2.** *US inf* [glandular fever] mononucleosis *f inv* infecciosa.

monochrome ['mɒnəkrəʊm] *adj* monocromo(ma).

monocle ['mɒnəkl] *n* monóculo *m*.

monogamous [mɒ'nɒɡəməs] *adj* monógamo(ma).

monogamy [mɒ'nɒɡəmɪ] *n* monogamia *f*.

monogrammed ['mɒnəɡræmd] *adj* bordado(da) con iniciales.

monolingual [ˌmɒnə'lɪŋɡwəl] *adj* monolingüe.

monolithic [ˌmɒnə'lɪθɪk] *adj* monolítico(ca).

monologue, monolog *US* ['mɒnəlɒɡ] *n* monólogo *m*.

mononucleosis ['mɒnəʊˌnjuːklɪ'əʊsɪs] *n* mononucleosis *f inv* infecciosa.

monoplane ['mɒnəpleɪn] *n* monoplano *m*.

monopolize, -ise [mə'nɒpəlaɪz] *vt* monopolizar.

monopoly [mə'nɒpəlɪ] (*pl* **-ies**) *n*: ~ **(on** *oR* **of)** monopolio *m* (de); **Monopolies and Mergers Commission** *comisión antimonopolios británica*.

monorail ['mɒnəreɪl] *n* monorraíl *m*.

monosodium glutamate [ˌmɒnə'səʊdjəm'ɡluːtəmeɪt] *n* glutamato *m* monosódico.

monosyllabic [ˌmɒnəsɪ'læbɪk] *adj* [word] monosilábico(ca).

monosyllable ['mɒnəˌsɪləbl] *n* monosílabo *m*.

monotone ['mɒnətəʊn] *n*: **in a** ~ con voz monótona.

monotonous [mə'nɒtənəs] *adj* monótono(na).

monotonously [mə'nɒtənəslɪ] *adv* de forma monótona.

monotony [mə'nɒtənɪ] *n* monotonía *f*.

monoxide [mɒ'nɒksaɪd] *n* monóxido *m*.

Monrovia [mɒn'rəʊvɪə] *n* Monrovia.

Monsignor [ˌmɒn'siːnjə^r] *n* monseñor *m*.

monsoon [mɒn'suːn] *n* monzón *m*.

monster ['mɒnstə^r] <> *n* **- 1.** [imaginary creature, cruel person] monstruo *m* **- 2.** [very large thing] mastodonte *m*. <> *adj* gigantesco(ca), enorme.

monstrosity [mɒn'strɒsətɪ] (*pl* **-ies**) *n* monstruosidad *f*.

monstrous ['mɒnstrəs] *adj* **- 1.** [very unfair, frightening, ugly] monstruoso(sa) **- 2.** [very large] gigantesco(ca).

montage ['mɒntɑːʒ] *n* montaje *m*.

Montana [mɒn'tænə] *n* Montana.

Mont Blanc [mɒnt] *n* Mont Blanc.

Montenegro [ˌmɒntɪ'niːɡrəʊ] *n* Montenegro.

Montevideo [ˌmɒntɪvɪ'deɪəʊ] *n* Montevideo.

month [mʌnθ] *n* mes *m*.
monthly ['mʌnθlɪ] (*pl* **-ies**) ◇ *adj* mensual.
◇ *adv* mensualmente. ◇ *n* revista *f* mensual.
Montreal [mɒntrɪ'ɔːl] *n* Montreal.
monument ['mɒnjʊmənt] *n* monumento *m*.
monumental [ˌmɒnjʊ'mentl] *adj* **-1.** [gen] monumental **-2.** [error] descomunal.
moo [muː] (*pl* **-s**) ◇ *n* mugido *m*. ◇ *vi* mugir.
mooch [muːtʃ]
　➤ **mooch about, mooch around** *vi inf* deambular.
mood [muːd] *n* [of individual] humor *m*; [of public, voters] disposición *f*; **in a (bad)** ~ de mal humor; **in a good** ~ de buen humor; **not to be in the** ~ **for sthg** no estar de humor para algo.
moody ['muːdɪ] (*compar* **-ier**, *superl* **-iest**) *adj pej* **-1.** [changeable] de humor variable **-2.** [bad-tempered] malhumorado(da), irritable.
moon [muːn] *n* luna *f*; **to be over the** ~ *inf* estar dando saltos de alegría.
moonbeam ['muːnbiːm] *n* rayo *m* de luna.
moonlight ['muːnlaɪt] (*pt* & *pp* **-ed**) ◇ *n* luz *f* de la luna; **by** ~ a la luz de la luna. ◇ *vi inf* estar pluriempleado(da).
moonlighting ['muːnlaɪtɪŋ] *n* pluriempleo *m*.
moonlit ['muːnlɪt] *adj* [night] de luna; [landscape] iluminado(da) por la luna.
moonscape ['muːnskeɪp] *n* paisaje *m* lunar.
moonshine ['muːnʃaɪn] *n* alcohol *m* destilado ilegalmente.
moonstruck ['muːnstrʌk] *adj inf* chiflado(da), chalado(da).
moor [mɔː] ◇ *n esp UK* páramo *m*, brezal *m*. ◇ *vt* amarrar. ◇ *vi* echar las amarras.
Moor [mɔː] *n* moro *m*, -ra *f*.
moorings ['mɔːrɪŋz] *npl* [ropes, chains] amarras *fpl*; [place] amarradero *m*.
Moorish ['mɔːrɪʃ] *adj* moro(ra), morisco(ca).
moorland ['mɔːlənd] *n esp UK* páramo *m*, brezal *m*.
moose [muːs] (*pl inv*) *n* [North American] alce *m*.
moot [muːt] *vt* proponer.
moot point *n*: **it's a** ~ es discutible.
mop [mɒp] (*pt* & *pp* **-ped**, *cont* **-ping**) ◇ *n* **-1.** [for cleaning] fregona *f* **-2.** *inf* [of hair] pelambrera *f*, chasca *f Andes*. ◇ *vt* **-1.** [clean with mop] fregar, pasar la fregona por **-2.** [dry with cloth - sweat] enjugar.
　➤ **mop up** *vt sep* [clean up] limpiar.
mope [məʊp] *vi pej* estar deprimido(da).
　➤ **mope about, mope around** *vi pej* vagar como un alma en pena.
moped ['məʊped] *n* ciclomotor *m*, motoneta *f Amér*.

moral ['mɒrəl] ◇ *adj* moral; ~ **support** apoyo *m* moral. ◇ *n* [lesson] moraleja *f*.
　➤ **morals** *npl* [principles] moral *f*.
morale [mə'rɑːl] *n (U)* moral *f*.
moralistic [ˌmɒrə'lɪstɪk] *adj pej* moralista.
morality [mə'rælətɪ] (*pl* **-ies**) *n* **-1.** [gen] moralidad *f* **-2.** [system of principles] moral *f*.
moralize, -ise ['mɒrəlaɪz] *vi pej*: **to** ~ **(about** *OR* **on)** moralizar (sobre).
morally ['mɒrəlɪ] *adv* moralmente.
Moral Majority *n* grupo de presión ultraconservador apoyado por las iglesias fundamentalistas en Estados Unidos.
morass [mə'ræs] *n* cenagal *m*.
moratorium [ˌmɒrə'tɔːrɪəm] (*pl* **-ria** [-rɪə]) *n fml*: ~ **(on)** moratoria *f* (para).
morbid ['mɔːbɪd] *adj* morboso(sa).
more [mɔː] ◇ *adv* **-1.** *(with adjectives and adverbs)* más; ~ **important (than)** más importante (que); ~ **quickly/often (than)** más rápido/a menudo (que) **-2.** [to a greater degree] más; **she's** ~ **like a mother to me than a sister** para mí ella es más una madre que una hermana; **we were** ~ **hurt than angry** más que enfadados estábamos heridos; **I couldn't agree** ~ estoy completamente de acuerdo **-3.** [another time]: **once/twice** ~ una vez/dos veces más. ◇ *adj* más; **there are** ~ **trains in the morning** hay más trenes por la mañana; ~ **food than drink** más comida que bebida; ~ **than 70 people died** más de 70 personas murieron; **have some** ~ **tea** toma un poco más de té; **I finished two** ~ **chapters today** acabé otros dos capítulos hoy. ◇ *pron* más; ~ **than five** más de cinco; **he's got** ~ **than I have** él tiene más que yo; **there's** ~ **if you want it** hay más si quieres; **I don't want any** ~ no quiero más; **there's no** ~ **(left)** no queda nada (más); **what** ~ **do you want?** ¿qué más quieres?; **(and) what's** ~ (y lo que) es más.
　➤ **any more** *adv*: **not ... any** ~ ya no ...; **she doesn't live here any** ~ ya no vive aquí.
　➤ **more and more** *adv, adj* & *pron* cada vez más.
　➤ **more or less** *adv* más o menos; **she** ~ **or less suggested I had stolen it** lo que vino a decir es que yo lo había robado.
moreover [mɔː'rəʊvə] *adv fml* además, es más.
morgue [mɔːg] *n* depósito *m* de cadáveres.
MORI ['mɔːrɪ] (*abbr of* **Market & Opinion Research Institute**) *n* empresa británica especializada en encuestas de opinión.
moribund ['mɒrɪbʌnd] *adj fml* agonizante *fig*.
Mormon ['mɔːmən] *n* mormón *m*, -ona *f*.

morning ['mɔːnɪŋ] *n* -1. [first part of day] mañana *f*; **in the** ~ por la mañana; **six o'clock in the** ~ las seis de la mañana; **on Monday** ~ el lunes por la mañana -2. [between midnight and dawn] madrugada *f* -3. [tomorrow morning]: **in the** ~ mañana por la mañana.
↪ **mornings** *adv US* por la mañana.

morning-after pill *n* píldora *f* del día siguiente.

morning dress *n esp UK* traje *m* de etiqueta.

morning sickness *n (U)* náuseas *fpl* del embarazo.

Moroccan [mə'rɒkən] ⬦ *adj* marroquí. ⬦ *n* marroquí *m OR f*.

Morocco [mə'rɒkəʊ] *n* Marruecos.

moron ['mɔːrɒn] *n inf* imbécil *m OR f*.

moronic [mə'rɒnɪk] *adj* imbécil.

morose [mə'rəʊs] *adj* malhumorado(da).

morphine ['mɔːfiːn] *n* morfina *f*.

morris dancing ['mɒrɪs-] *n (U)* baile regional inglés cuyos bailarines llevan campanillas cosidas a la ropa.

Morse (code) [mɔːs-] *n* (código *m*) morse *m*.

morsel ['mɔːsl] *n* bocado *m*.

mortal ['mɔːtl] ⬦ *adj* -1. [gen] mortal -2. [fear] espantoso(sa). ⬦ *n* mortal *m OR f*.

mortality [mɔː'tælətɪ] *n* mortalidad *f*.

mortality rate *n* tasa *f* de mortalidad.

mortally ['mɔːtəlɪ] *adv* -1. [wounded] mortalmente, de muerte -2. [offended] profundamente.

mortar ['mɔːtə'] *n* -1. [cement mixture] argamasa *f* -2. [gun, bowl] mortero *m*.

mortarboard ['mɔːtəbɔːd] *n* sombrero en forma de cuadrado negro del cual cuelga una borla, típico de las graduaciones.

mortgage ['mɔːgɪdʒ] ⬦ *n* hipoteca *f*. ⬦ *vt* hipotecar.

mortgagee [,mɔːgɪ'dʒiː] *n* acreedor hipotecario *m*, acreedora hipotecaria *f*.

mortgage rate *n* tipo *m* de interés hipotecario.

mortgagor [,mɔːgɪ'dʒɔː'] *n* deudor hipotecario *m*, deudora hipotecaria *f*.

mortician [mɔː'tɪʃn] *n US* director *m*, -ra *f* de funeraria.

mortified ['mɔːtɪfaɪd] *adj* muerto(ta) de vergüenza.

mortise lock ['mɔːtɪs-] *n* cerradura *f* embutida.

mortuary ['mɔːtʃʊərɪ] *(pl* -ies) *n* depósito *m* de cadáveres, tanatorio *m*.

mosaic [mə'zeɪɪk] *n* mosaico *m*.

Moscow ['mɒskəʊ] *n* Moscú.

Moslem ['mɒzləm] = Muslim.

mosque [mɒsk] *n* mezquita *f*.

mosquito [mə'skiːtəʊ] *(pl* -es *OR* -s) *n* mosquito *m*, zancudo *m Amér*.

mosquito net *n* mosquitera *f*.

moss [mɒs] *n* musgo *m*.

mossy ['mɒsɪ] *(compar* -ier, *superl* -iest) *adj* cubierto(ta) de musgo.

most [məʊst] *(superl of* **many**) ⬦ *adj* -1. [the majority of] la mayoría de; ~ **people** la mayoría de la gente -2. [largest amount of]: **(the)** ~ más; **who has got (the)** ~ **money?** ¿quién es el que tiene más dinero? ⬦ *pron* -1. [the majority]: ~ **(of)** la mayoría (de); ~ **are women** la mayoría son mujeres; ~ **of the time** la mayor parte del tiempo -2. [largest amount]: **I earn (the)** ~ soy el que más dinero gana; **the** ~ **I've ever won** lo máximo que he ganado; ~ **of the time** la mayor parte del tiempo; **at** ~ como mucho -3. *phr*: **to make the** ~ **of sthg** sacarle el mayor partido a algo. ⬦ *adv* -1. [to the greatest extent]: **(the)** ~ el/la/lo más; **the** ~ **handsome man** el hombre más guapo; **what I like** ~ lo que más me gusta; ~ **often** más a menudo -2. *fml* [very] muy; ~ **certainly** con toda seguridad -3. *US* [almost] casi.

mostly ['məʊstlɪ] *adv* [in the main part] principalmente; [usually] normalmente.

MOT *(abbr of* **Ministry of Transport test)** *n* ≃ ITV *f*; **to have one's car** ~'**d** ≃ pasar la ITV.

motel [məʊ'tel] *n* motel *m*.

moth [mɒθ] *n* polilla *f*.

mothball ['mɒθbɔːl] *n* bola *f* de naftalina.

moth-eaten *adj* apolillado(da).

mother ['mʌðə'] ⬦ *n* madre *f*. ⬦ *vt usu pej* [spoil] mimar.

motherboard ['mʌðə,bɔːd] *n COMPUT* placa *f* madre.

motherhood ['mʌðəhʊd] *n* maternidad *f*.

Mothering Sunday ['mʌðərɪŋ-] *n* el día de la madre.

mother-in-law *(pl* **mothers-in-law** *OR* **mother-in-laws)** *n* suegra *f*.

motherland ['mʌðəlænd] *n* madre *f* patria.

motherless ['mʌðəlɪs] *adj* sin madre, huérfano(na) de madre.

motherly ['mʌðəlɪ] *adj* maternal.

Mother Nature *n* la madre naturaleza.

mother-of-pearl ⬦ *n* nácar *m*. ⬦ *comp* de nácar.

Mother's Day *n* el día de la madre.

mother superior *n* madre *f* superiora.

mother-to-be *(pl* **mothers-to-be)** *n* futura madre *f*.

mother tongue *n* lengua *f* materna.

motif [məʊ'tiːf] *n ART & MUS* motivo *m*.

motion ['məʊʃn] ◇ n -**1.** [gen] movimiento m; **to set sthg in** ~ poner algo en marcha; **to go through the** ~**s (of doing sthg)** (hacer algo para) cubrir el expediente -**2.** [proposal] moción f. ◇ vt : **to** ~ **sb to do sthg** indicar a alguien con un gesto que haga algo. ◇ vi : **to** ~ **to sb** hacer una señal (con la mano) a alguien.

motionless ['məʊʃənlɪs] adj inmóvil.

motion picture n US película f.

motivate ['məʊtɪveɪt] vt motivar.

motivated ['məʊtɪveɪtɪd] adj motivado(da).

motivation [ˌməʊtɪ'veɪʃn] n motivación f.

motive ['məʊtɪv] n [gen] motivo m; [for crime] móvil m.

motley ['mɒtlɪ] adj pej variopinto(ta), abigarrado(da).

motocross ['məʊtəkrɒs] n motocross m.

motor ['məʊtə'] ◇ adj UK [industry, accident] automovilístico(ca); [mechanic] de automóviles. ◇ n -**1.** [engine] motor m -**2.** UK inf [car] coche m. ◇ vi [go fast] inf ir a toda pastilla.

Motorail® ['məʊtəreɪl] n UK servicio m ferroviario de transporte de coches.

motorbike ['məʊtəbaɪk] n moto f.

motorboat ['məʊtəbəʊt] n lancha f motora.

motorcade ['məʊtəkeɪd] n caravana f de coches.

motorcar ['məʊtəkɑ:'] n automóvil m.

motorcycle ['məʊtəˌsaɪkl] n motocicleta f.

motorcyclist ['məʊtəˌsaɪklɪst] n motociclista m OR f.

motoring ['məʊtərɪŋ] ◇ adj UK automovilístico(ca); ~ **offence** infracción f de tráfico. ◇ n automovilismo m.

motorist ['məʊtərɪst] n automovilista m OR f, conductor m, -ra f.

motorize, -ise ['məʊtəraɪz] vt motorizar.

motor lodge n US motel m.

motor racing n (U) carreras fpl de coches, automovilismo m deportivo.

motor scooter n Vespa® f, escúter m.

motor show n salón m del automóvil.

motor vehicle n vehículo m de motor.

motorway ['məʊtəweɪ] UK ◇ n autopista f. ◇ comp de autopista.

mottled ['mɒtld] adj con manchas, moteado(da).

motto ['mɒtəʊ] (pl -s OR -es) n lema m.

mould, mold US [məʊld] ◇ n -**1.** [growth] moho m -**2.** [shape] molde m. ◇ vt lit & fig moldear.

moulding, molding US ['məʊldɪŋ] n [decoration] moldura f.

mouldy (compar -ier, superl -iest), **moldy** US

(compar -ier, superl -iest) ['məʊldɪ] adj mohoso(sa).

moult, molt US [məʊlt] ◇ vt mudar. ◇ vi [bird] mudar la pluma; [dog] mudar el pelo.

mound [maʊnd] n -**1.** [small hill] montículo m -**2.** [untidy pile] montón m.

mount [maʊnt] ◇ n -**1.** [gen] montura f; [for photograph] marco m; [for jewel] engaste m -**2.** [mountain] monte m. ◇ vt -**1.** [horse, bike] subirse a, montar en -**2.** fml [hill, steps] subir -**3.** [attack] lanzar; **to** ~ **guard over sthg/sb** montar guardia para vigilar algo/a alguien -**4.** [exhibition] montar -**5.** [jewel] engastar; [photograph] enmarcar. ◇ vi -**1.** [increase] aumentar -**2.** [climb on horse] montar.

mountain ['maʊntɪn] n lit & fig montaña f; **to make a** ~ **out of a molehill** hacer una montaña de un grano de arena.

mountain bike n bicicleta f de montaña.

mountain climbing n montañismo m, andinismo m Amér.

mountaineer [ˌmaʊntɪ'nɪə'] n montañero m, -ra f, andinista m OR f Amér.

mountaineering [ˌmaʊntɪ'nɪərɪŋ] n montañismo m, andinismo m Amér.

mountainous ['maʊntɪnəs] adj montañoso(sa).

mountain range n cordillera f, cadena f montañosa.

mountain rescue n rescate m de montaña.

mounted ['maʊntɪd] adj montado(da).

Mountie ['maʊntɪ] n inf agente de la policía montada del Canadá.

mourn [mɔ:n] ◇ vt [person] llorar por; [thing] lamentarse de. ◇ vi : **to** ~ **for sb** llorar la muerte de alguien.

mourner ['mɔ:nə'] n doliente m OR f.

mournful ['mɔ:nfʊl] adj [face, voice] afligido(da), lúgubre; [sound] lastimero(ra).

mourning ['mɔ:nɪŋ] n luto m; **in** ~ de luto.

mouse [maʊs] (pl mice) n ZOOL & COMPUT ratón m.

mouse mat n COMPUT alfombrilla f.

mousetrap ['maʊstræp] n ratonera f.

moussaka [mu:'sɑ:kə] n musaka f.

mousse [mu:s] n -**1.** [food] mousse m -**2.** [for hair] espuma f.

moustache UK [mə'stɑ:ʃ], **mustache** US ['mʌstæʃ] n bigote m.

mouth [n maʊθ, vt maʊð] ◇ n [gen] boca f; [of river] desembocadura f; **to keep one's** ~ **shut** inf callarse, no abrir la boca. ◇ vt articular con los labios (sin hablar).

mouthful ['maʊθfʊl] n -**1.** [of food] bocado m; [of drink] trago m -**2.** inf [difficult word] trabalenguas m inv.

mouthorgan ['maʊθ,ɔ:gən] n armónica f, rondín m *Amér*.

mouthpiece ['maʊθpi:s] n -1. [of telephone] micrófono m -2. [of musical instrument] boquilla f -3. [spokesperson] portavoz m OR f.

mouth-to-mouth adj: ~ resuscitation (respiración f) boca a boca m.

mouthwash ['maʊθwɒʃ] n elixir m bucal.

mouth-watering [-,wɔ:tərɪŋ] adj muy apetitoso(sa).

movable ['mu:vəbl] adj movible.

move [mu:v] <> n -1. [movement] movimiento m; a ~ towards un paso hacia; a ~ away from un alejamiento de; on the ~ [travelling around] viajando; [beginning to move] en marcha; to get a ~ on *inf* espabilarse, darse prisa -2. [change - of house] mudanza f; [- of job] cambio m -3. [in board game] jugada f; it's your ~ mueves tú -4. [course of action] medida f. <> vt -1. [shift] mover; to ~ sthg closer acercar algo -2. [change - house] mudar de; [- job] cambiar de -3. [transfer, postpone] trasladar -4. [affect] conmover -5. [in debate - motion] proponer -6. [cause]: to ~ sb to do sthg mover OR llevar a alguien a hacer algo. <> vi -1. [gen] moverse; [events] cambiar; ~ closer acércate; -2. [change house] mudarse; [change job] cambiar de trabajo.

◆ **move about** vi -1. [fidget] ir de aquí para allá -2. [travel] viajar.

◆ **move along** <> vt sep dispersar. <> vi -1. [move towards front or back] hacerse a un lado, correrse -2. [move away - crowd, car] circular.

◆ **move around** = move about.

◆ **move away** vi -1. [walk away] apartarse -2. [go to live elsewhere] marcharse.

◆ **move in** <> vt sep [troops] mandar. <> vi -1. [to new house] instalarse; to ~ in with sb irse a vivir con alguien -2. [take control, attack] intervenir.

◆ **move off** vi [vehicle, procession] ponerse en marcha.

◆ **move on** <> vt sep dispersar. <> vi -1. [go away] marcharse -2. [progress] avanzar, cambiar; to ~ on (to a different subject) pasar a otro tema.

◆ **move out** <> vt sep [troops] retirar. <> vi mudarse; my girlfriend ~ed out yesterday mi novia se fue a vivir a otra casa ayer.

◆ **move over** vi hacer sitio, correrse.

◆ **move up** vi [on bench etc] hacer sitio, correrse.

moveable = movable.

movement ['mu:vmənt] n [gen] movimiento m; the free ~ of goods la libre circulación

de mercancías.

movie ['mu:vɪ] n *esp US* película f; to go to the ~s ir al cine.

movie camera n cámara f cinematográfica.

moviegoer ['mu:vɪ,gəʊəʳ] n *US* persona f que va mucho al cine.

movie star n *US* estrella f de cine.

movie theater n *US* cine m.

moving ['mu:vɪŋ] adj -1. [touching] conmovedor(ra) -2. [not fixed] móvil.

moving staircase n escalera f mecánica.

mow [məʊ] (pt -ed, pp -ed OR mown) vt [grass, lawn] cortar; [corn] segar.

◆ **mow down** vt sep acribillar.

mower ['məʊəʳ] n cortacésped m OR f.

mown [məʊn] pp ▷ mow.

Mozambican [,məʊzəm'bi:kən] <> adj mozambiqueño(ña). <> n mozambiqueño m, -ña f.

Mozambique [,məʊzəm'bi:k] n Mozambique.

mozzarella [,mɒtsə'relə] n mozzarella f.

MP n -1. (*abbr of* Military Police) PM f -2. *UK abbr of* Member of Parliament -3. (*abbr of* Mounted Police) la policía montada del Canadá.

MP3 (*abbr of* MPEG-1 Audio Layer-3) n COMPUT MP3 m.

MPEG (*abbr of* Moving Pictures Expert Group) n COMPUT MPEG m.

mpg (*abbr of* miles per gallon) millas/galón; it does 35 ~ consume 35 millas/galón.

mph (*abbr of* miles per hour) mph.

MPhil [,em'fil] (*abbr of* Master of Philosophy) n (titular de un) título postuniversitario de unos dos años de duración en el campo de las humanidades.

Mr ['mɪstəʳ] n Sr.; ~ Jones el Sr. Jones.

MRC (*abbr of* Medical Research Council) n principal organismo gubernamental para la investigación en el campo de la medicina.

MRI (*abbr of* magnetic resonance imaging) n RM f.

MRP (*abbr of* manufacturer's recommended price) n PVP m recomendado.

Mrs ['mɪsɪz] n Sra.; ~ Jones la Sra. Jones.

ms. (*abbr of* manuscript) n ms.

Ms [mɪz] n abreviatura utilizada delante de un apellido de mujer cuando no se quiere especificar si está casada o no.

MS¹ <> n -1. (*abbr of* manuscript) ms. -2. (*abbr of* Master of Science) (titular de un) título postuniversitario de unos dos años de duración en el campo de las ciencias. <> abbr of Mississippi.

MS², **ms** n abbr of multiple sclerosis.

MSc (*abbr of* **Master of Science**) *n* (titular *m* OR *f* de un) máster *m* en Ciencias.

MSF (*abbr of* **Manufacturing, Science and Finance Union**) *n antiguo sindicato británico*.

MSG *n abbr of* **monosodium glutamate**.

Msgr (*abbr of* **Monsignor**) Msr.

MST (*abbr of* **Mountain Standard Time**) *hora oficial de los Estados de las montañas Rocosas*.

Mt (*abbr of* **mount**) mte.

MT *abbr of* **Montana**.

much [mʌtʃ] (*compar* **more**, *superl* **most**) ◇ *adj* mucho(cha); **there isn't** ~ **rice left** no queda mucho arroz; **after** ~ **thought** tras mucho reflexionar; **as** ~ **time as ...** tanto tiempo como ...; **twice as** ~ **flour** el doble de harina; **how** ~ **...?** ¿cuánto(ta) ...?; **how** ~ **time?** ¿cuánto tiempo?; **so** ~ tanto(ta); **too** ~ demasiado(da). ◇ *pron* mucho; **have you got** ~ **?** ¿tienes mucho?; **I don't see** ~ **of him** no lo veo mucho; ~ **of the time** una buena parte del tiempo; **I don't think** ~ **of it** no me parece gran cosa; **this isn't** ~ **of a party** esta fiesta no es nada del otro mundo; **as** ~ **as** tanto como; **twice as** ~ el doble; **I thought as** ~ ya me lo imaginaba; **how** ~? ¿cuánto?; **so** ~ **for** tanto con; **too** ~ demasiado; **it's not up to** ~ *inf* no es precisamente una maravilla. ◇ *adv* mucho; **I don't go out** ~ no salgo mucho; ~ **too cold** demasiado frío; **they are** ~ **the same** son muy parecidos; **thank you very** ~ muchas gracias; **as** ~ **as** tanto como; **so** ~ tanto; **he is not so** ~ **stupid as lazy** más que tonto es vago; **without so** ~ **as ...** sin siquiera ...; **too** ~ demasiado.
➤ **much as** *conj*: ~ **as** (**I like him**) por mucho OR más que (me guste).

muchness [ˈmʌtʃnɪs] *n*: **to be much of a** ~ venir a ser lo mismo.

muck [mʌk] *inf n (U)* **-1.** [dirt] mugre *f*, porquería *f* **-2.** [manure] estiércol *m*.
➤ **muck about, muck around** *UK inf* ◇ *vt sep* hacer perder el tiempo. ◇ *vi* hacer el indio OR tonto.
➤ **muck in** *vi UK inf* arrimar el hombro.
➤ **muck out** *vt sep* limpiar.
➤ **muck up** *vt sep inf UK* fastidiar.

muckraking [ˈmʌkreɪkɪŋ] *fig n* sensacionalismo *m*, periodismo *m* del cotilleo.

mucky [ˈmʌkɪ] (*compar* **-ier**, *superl* **-iest**) *adj* mugriento(ta).

mucus [ˈmjuːkəs] *n* mucosidad *f*.

mud [mʌd] *n* barro *m*, lodo *m*.

muddle [ˈmʌdl] ◇ *n* **-1.** [disorder] desorden *m*; **to be in a** ~ estar en desorden **-2.** [confusion] lío *m*, confusión *f*; **to be in a** ~ estar hecho un

lío; **to get into a** ~ hacerse un lío. ◇ *vt* **-1.** [put into disorder] desordenar **-2.** [confuse] liar, confundir.
➤ **muddle along** *vi* apañárselas más o menos.
➤ **muddle through** *vi* arreglárselas.
➤ **muddle up** *vt sep* [put into disorder] desordenar; [confuse] liar, confundir.

muddle-headed [-ˌhedɪd] *adj* [plan] confuso (sa); [person] incapaz de pensar con claridad.

muddy [ˈmʌdɪ] (*compar* **-ier**, *superl* **-iest**, *pt* & *pp* **-ied**) ◇ *adj* **-1.** [gen] embarrado(da), lleno(na) de barro; [river] cenagoso(sa) **-2.** [in colour] marrón. ◇ *vt fig* embrollar.

mudflap [ˈmʌdflæp] *n* alfombra *f* salpicadero.

mudflat [ˈmʌdflæt] *n* marisma *f*.

mudguard [ˈmʌdɡɑːd] *n* guardabarros *m inv*, tapabarro *m Andes*.

mudpack [ˈmʌdpæk] *n* mascarilla *f* facial (de barro).

mudslinging [ˈmʌdˌslɪŋɪŋ] *n (U) fig* insultos *mpl*, improperios *mpl*.

muesli [ˈmjuːzlɪ] *n UK* muesli *m*.

muff [mʌf] ◇ *n* manguito *m*. ◇ *vt inf* [catch] fallar; [chance] dejar escapar.

muffin [ˈmʌfɪn] *n* **-1.** *UK* [eaten with butter] *especie de bollo de pan que se come caliente* **-2.** *US* [cake] *especie de magdalena que se come caliente*.

muffle [ˈmʌfl] *vt* [sound] amortiguar.

muffled [ˈmʌfld] *adj* **-1.** [sound] apagado(da) **-2.** [wrapped up warmly]: ~ (**up**) abrigado(da), tapado(da).

muffler [ˈmʌflə[r]] *n US* [for car] silenciador *m*.

mug [mʌɡ] (*pt* & *pp* **-ged**, *cont* **-ging**) ◇ *n* **-1.** [cup] taza *f* (alta) **-2.** *inf* [fool] primo *m*, -ma *f* **-3.** *inf* [face] jeta *f*. ◇ *vt* asaltar, atracar.

mugger [ˈmʌɡə[r]] *n* atracador *m*, -ra *f*.

mugging [ˈmʌɡɪŋ] *n* [attack] atraco *m*.

muggy [ˈmʌɡɪ] (*compar* **-ier**, *superl* **-iest**) *adj* bochornoso(sa).

mugshot [ˈmʌɡʃɒt] *n inf* foto *f* (hecha por la policía).

mujaheddin [ˌmuːdʒəheˈdiːn] *npl* muyahidín *mpl*.

mulatto [mjuːˈlætəʊ] (*pl* **-s** OR **-es**) *n* mulato *m*, -ta *f*.

mulberry [ˈmʌlbərɪ] (*pl* **-ies**) *n* **-1.** [tree] morera *f*, moral *m* **-2.** [fruit] mora *f*.

mule [mjuːl] *n* mula *f*.

mull [mʌl] ➤ **mull over** *vt sep* reflexionar sobre.

mullah [ˈmʌlə] *n* mulá *m*.

mulled [mʌld] *adj*: ~ **wine** *vino caliente con azúcar y especias*.

mullet ['mʌlɪt] (*pl inv* OR **-s**) *n*: grey ~ mújol *m*; red ~ salmonete *m*.

mulligatawny [ˌmʌlɪgə'tɔːnɪ] *n* sopa *de carne con especias*.

multi- ['mʌltɪ] *prefix* multi-.

multicoloured UK, **multicolored** US [ˌmʌltɪ'kʌləd] *adj* multicolor.

multicultural [ˌmʌltɪ'kʌltʃərəl] *adj* multicultural.

multidisciplinary [ˌmʌltɪ'dɪsɪplɪnərɪ] *adj* multidisciplinar.

multifaceted [ˌmʌltɪ'fæsɪtɪd] *adj* con múltiples aspectos.

multifarious [ˌmʌltɪ'feərɪəs] *adj* múltiple.

multigym [mʌltɪ'dʒɪm] *n* multiestación *f* (de musculación).

multilateral [ˌmʌltɪ'lætərəl] *adj* multilateral.

multimedia [ˌmʌltɪ'miːdjə] *adj* COMPUT multimedia *(inv)*.

multimillionaire ['mʌltɪˌmɪljə'neə'] *n* multimillonario *m*, -ria *f*.

multinational [ˌmʌltɪ'næʃənl] <> *adj* multinacional. <> *n* multinacional *f*.

multiple ['mʌltɪpl] <> *adj* múltiple. <> *n* múltiplo *m*.

multiple-choice *adj* tipo test *(inv)*.

multiple crash *n* colisión *f* múltiple OR en cadena.

multiple injuries *npl* heridas *fpl* múltiples.

multiple sclerosis [-sklɪ'rəʊsɪs] *n* esclerosis *f inv* múltiple.

multiplex cinema ['mʌltɪpleks-] *n* (cine *m*) multisalas *m inv*.

multiplication [ˌmʌltɪplɪ'keɪʃn] *n* multiplicación *f*.

multiplication sign *n* signo *m* de multiplicación.

multiplication table *n* tabla *f* de multiplicar.

multiplicity [ˌmʌltɪ'plɪsətɪ] *n* multiplicidad *f*.

multiply ['mʌltɪplaɪ] (*pt* & *pp* **-ied**) <> *vt* multiplicar. <> *vi* **-1.** MATH multiplicar **-2.** [increase, breed] multiplicarse.

multipurpose [ˌmʌltɪ'pɜːpəs] *adj* multiuso *(inv)*.

multiracial [ˌmʌltɪ'reɪʃl] *adj* multirracial.

multistorey UK, **multistory** US [ˌmʌltɪ'stɔːrɪ] <> *adj* de varias plantas. <> *n* aparcamiento *m* de varias plantas.

multitude ['mʌltɪtjuːd] *n* multitud *f*.

multi-user *adj* COMPUT multiusuario.

mum [mʌm] UK inf <> *n* mamá *f*. <> *adj*: **to keep** ~ no decir ni pío, mantener la boca cerrada.

mumble ['mʌmbl] <> *vt* mascullar, decir

entre dientes. <> *vi* musitar, hablar entre dientes.

mumbo jumbo ['mʌmbəʊ'dʒʌmbəʊ] *n pej* galimatías *m inv*.

mummify ['mʌmɪfaɪ] (*pt* & *pp* **-ied**) *vt* momificar.

mummy ['mʌmɪ] (*pl* **-ies**) *n* **-1.** UK inf [mother] mamá *f*. **-2.** [preserved body] momia *f*.

mumps [mʌmps] *n* (U) paperas *fpl*.

munch [mʌntʃ] *vt* & *vi* masticar.

mundane [mʌn'deɪn] *adj* prosaico(ca).

mung bean [mʌŋ-] *n tipo de legumbre procedente de Asia*.

municipal [mjuː'nɪsɪpl] *adj* municipal.

municipality [mjuːˌnɪsɪ'pælətɪ] (*pl* **-ies**) *n* municipio *m*.

munificent [mjuː'nɪfɪsənt] *adj fml* munífico(ca), dadivoso(sa).

munitions [mjuː'nɪʃnz] *npl* municiones *fpl*.

mural ['mjuːərəl] *n* mural *m*.

murder ['mɜːdə'] <> *n* asesinato *m*; **to get away with** ~ hacer lo que a uno le viene en gana. <> *vt* **-1.** [kill] asesinar **-2.** *inf* [defeat] dar una paliza a.

murderer ['mɜːdərə'] *n* asesino *m*.

murderess ['mɜːdərɪs] *n* asesina *f*.

murderous ['mɜːdərəs] *adj* asesino(na), homicida.

murky ['mɜːkɪ] (*compar* **-ier**, *superl* **-iest**) *adj* **-1.** [water, past] turbio(bia) **-2.** [night, street] sombrío(a), lúgubre.

murmur ['mɜːmə'] <> *n* **-1.** [low sound] murmullo *m* **-2.** MED [of heart] soplo *m*. <> *vt* & *vi* murmurar.

muscle ['mʌsl] *n* **-1.** MED músculo *m* **-2.** *fig* [power] poder *m*.
→ **muscle in** *vi* entrometerse.

muscleman ['mʌslmən] (*pl* **-men** [-mən]) *n* forzudo *m*.

Muscovite ['mʌskəvaɪt] <> *adj* moscovita. <> *n* moscovita *m* OR *f*.

muscular ['mʌskjʊlə'] *adj* **-1.** [of muscles] muscular **-2.** [strong] musculoso(sa).

muscular dystrophy [-'dɪstrəfɪ] *n* distrofia *f* muscular.

muse [mjuːz] <> *n* musa *f*. <> *vi* meditar, reflexionar.

museum [mjuː'ziːəm] *n* museo *m*.

mush [mʌʃ] *n inf* (U) **-1.** [gunge] pasta *f*, masa *f* blandengue **-2.** [drivel] sensiblerías *fpl*.

mushroom ['mʌʃrʊm] <> *n* [button] champiñón *m*; [field] seta *f*; BOT hongo *m*, callampa *f* Chile. <> *vi* extenderse rápidamente.

mushroom cloud *n* hongo *m* nuclear.

mushy ['mʌʃɪ] (*compar* **-ier**, *superl* **-iest**) *adj* **-1.**

[very soft] blandengue **- 2.** [over-sentimental] sensiblero(ra).

music ['mju:zɪk] n música f.

musical ['mju:zɪkl] <> adj **-1.** [gen] musical **- 2.** [talented in music] con talento para la música. <> n musical m.

musical box UK, **music box** US n caja f de música.

musical chairs n (U) el juego de las sillas.

musical instrument n instrumento m musical.

music box US = musical box.

music centre n cadena f (musical), equipo m (de música).

music hall n UK [building] teatro m de variedades OR de revista; [genre] music-hall m.

musician [mju:'zɪʃn] n músico m, -ca f.

music stand n atril m.

musk [mʌsk] n almizcle m.

musket ['mʌskɪt] n mosquete m.

muskrat ['mʌskræt] n rata f almizclada.

Muslim ['muzlɪm] <> adj musulmán(ana). <> n musulmán m, -ana f.

muslin ['mʌzlɪn] n muselina f.

musquash ['mʌskwɒʃ] n **-1.** [animal] rata f almizclada **- 2.** [fur] piel f de rata almizclada.

muss [mʌs] vt US: **to ~ sthg (up)** [hair] despeinar; [clothes] arrugar.

mussel ['mʌsl] n mejillón m, choro m Andes.

must [mʌst] <> aux vb **- 1.** [have to, intend to] deber, tener que; **I ~ go** tengo que OR debo irme; **if I ~** si no hay más remedio **- 2.** [as suggestion] tener que; **you ~ come and see us** tienes que venir a vernos **- 3.** [to express likelihood] deber (de); **it ~ be true** debe (de) ser verdad; **they ~ have known** deben de haberlo sabido. <> n inf: **binoculars are a ~** unos prismáticos son imprescindibles; **the film is a ~** no puedes perderte esta película.

mustache US = moustache.

mustard ['mʌstəd] n mostaza f; **~ and cress** UK brotes mpl de mostaza y berro.

mustard gas n gas m mostaza.

muster ['mʌstəʳ] <> vt reunir; **to ~ the courage to do sthg** armarse de valor para hacer algo. <> vi reunirse.

◆ **muster up** vt fus [strength, support] reunir; [courage] armarse de.

mustn't ['mʌsnt] = must not.

must've ['mʌstəv] = must have.

musty ['mʌstɪ] (compar **-ier**, superl **-iest**) adj [room] que huele a cerrado; [book] que huele a viejo.

mutant ['mju:tənt] <> adj mutante. <> n mutante m OR f.

mutate [mju:'teɪt] vi: **to ~ (into)** mutarse (en).

mutation [mju:'teɪʃn] n mutación f.

mute [mju:t] <> adj mudo(da). <> n [person] mudo m, -da f. <> vt amortiguar.

muted ['mju:tɪd] adj **-1.** [not bright] apagado(da) **- 2.** [subdued] contenido(da).

mutilate ['mju:tɪleɪt] vt mutilar.

mutilation [ˌmju:tɪ'leɪʃn] n mutilación f.

mutineer [ˌmju:tɪ'nɪəʳ] n amotinado m, -da f.

mutinous ['mju:tɪnəs] adj rebelde.

mutiny ['mju:tɪnɪ] (pl **-ies**, pt & pp **-ied**) <> n motín m. <> vi amotinarse.

mutt [mʌt] n inf **-1.** [fool] bobo m, -ba f **- 2.** esp US [dog] chucho m.

mutter ['mʌtəʳ] <> vt musitar, mascullar. <> vi murmurar; **to ~ to sb** gruñirle a alguien; **to ~ to o.s.** refunfuñar.

muttering ['mʌtərɪŋ] n (U) murmullos mpl.

mutton ['mʌtn] n (carne f de) carnero m; **~ dressed as lamb** UK lobo m con piel de cordero, mujer madura vestida de jovencita.

mutual ['mju:tʃʊəl] adj **-1.** [reciprocal] mutuo(tua) **- 2.** [common] común.

mutual fund n US fondo m de inversión colectiva.

mutually ['mju:tʃʊəlɪ] adv mutuamente; **~ exclusive** que se excluyen mutuamente.

Muzak® ['mju:zæk] n ≃ hilo m musical®.

muzzle ['mʌzl] <> n **- 1.** [animal's nose and jaws] hocico m, morro m **- 2.** [wire guard] bozal m **- 3.** [of gun] boca f. <> vt **-1.** [put muzzle on] poner bozal a **- 2.** fig [silence] amordazar, silenciar.

muzzy ['mʌzɪ] (compar **-ier**, superl **-iest**) adj [head] embotado(da); [memory] borroso(sa).

MVP (abbr of **most valuable player**) jugador más valioso.

MW (abbr of **medium wave**) OM f.

my [maɪ] poss adj **-1.** [gen] mi, mis (pl); **~ house/sister** mi casa/hermana; **~ children** mis hijos; **~ name is Sarah** me llamo Sarah; **it wasn't MY fault** no fue culpa mía OR mi culpa; **I washed ~ hair** me lavé el pelo **- 2.** [in titles]: **~ Lord** milord; **~ Lady** milady.

myopic [maɪ'ɒpɪk] adj **-1.** MED miope **- 2.** [attitude, policy] corto(ta) de miras.

myriad ['mɪrɪəd] literary <> adj innumerables. <> n miríada f.

myrrh [mɜ:ʳ] n mirra f.

myrtle ['mɜ:tl] n mirto m, arrayán m.

myself [maɪ'self] pron **-1.** (reflexive) me; (after prep) mí mismo(ma); **with ~** conmigo mismo **- 2.** (for emphasis) yo mismo(ma); **I did it ~** lo hice yo solo(la).

mysterious [mɪ'stɪərɪəs] adj misterioso(sa); **to be ~ about sthg** andarse con misterios sobre algo.

mysteriously [mɪˈstɪərɪəslɪ] *adv* misteriosamente.

mystery [ˈmɪstərɪ] (*pl*-ies) ⬦ *adj* sorpresa. ⬦ *n* misterio *m.*

mystery story *n* novela *f* de intriga.

mystery tour *n* viaje *m* sorpresa.

mystic [ˈmɪstɪk] ⬦ *adj* místico(ca). ⬦ *n* místico *m*, -ca *f.*

mystical [ˈmɪstɪkl] *adj* místico(ca).

mysticism [ˈmɪstɪsɪzm] *n* misticismo *m.*

mystified [ˈmɪstɪfaɪd] *adj* desconcertado(da), perplejo(ja).

mystifying [ˈmɪstɪfaɪɪŋ] *adj* desconcertante.

mystique [mɪˈstiːk] *n* misterio *m.*

myth [mɪθ] *n* mito *m.*

mythic [ˈmɪθɪk] *adj* [like a myth] mítico(ca).

mythical [ˈmɪθɪkl] *adj* -1. [imaginary] mítico(ca) -2. [untrue] falso(sa).

mythological [ˌmɪθəˈlɒdʒɪkl] *adj* mitológico(ca).

mythology [mɪˈθɒlədʒɪ] (*pl*-ies) *n* -1. [collection of myths] mitología *f*-2. [set of false beliefs] mito *m.*

myxomatosis [ˌmɪksəməˈtəʊsɪs] *n* mixomatosis *f inv.*

n (*pl* n's *OR* ns), **N** (*pl* N's *OR* Ns) [en] *n* [letter] n *f*, N *f.*
◆ **N** (*abbr of* north) N.

n/a, N/A (*abbr of* not applicable) *no corresponde.*

NA (*abbr of* Narcotics Anonymous) *n organización estadounidense de ayuda a los toxicómanos.*

NAACP (*abbr of* National Association for the Advancement of Colored People) *n organización estadounidense de ayuda a la gente de color.*

NAAFI [ˈnæfɪ] (*abbr of* Navy, Army & Air Force Institute) *n organización gubernamental encargada del aprovisionamiento de las fuerzas armadas británicas.*

nab [næb] (*pt* & *pp* -bed, *cont* -bing) *vt inf*-1. [arrest] pillar -2. [get quickly] coger.

nadir [ˈneɪˌdɪəʳ] *n* -1. *ASTRON* nadir *m* -2. *fig* [low point] punto *m* más bajo.

naff [næf] *adj UK inf* [film, story] hortera; [behaviour] de mal gusto.

NAFTA (*abbr of* North American Free Trade Agreement) *n* NAFTA *f*, TLC *m.*

nag [næg] (*pt* & *pp* -ged, *cont* -ging) ⬦ *vt* [subj: person] dar la lata a. ⬦ *vi* -1. [person]: to ~ (at sb) dar la lata (a alguien) -2. [thought, doubt]: to ~ at sb consumir *OR* corroer a alguien. ⬦ *n inf*-1. [person] pesado *m*, -da *f*-2. [horse] jamelgo *m*, rocín *m.*

nagging [ˈnægɪŋ] *adj* -1. [thought, doubt] persistente -2. [person] gruñón(ona).

nail [neɪl] ⬦ *n* -1. [for fastening] clavo *m*; to hit the ~ on the head dar en el clavo -2. [of finger, toe] uña *f.* ⬦ *vt*: to ~ sthg to sthg clavar algo en *OR* a algo.
◆ **nail down** *vt sep* -1. [fasten] clavar -2. [person]: I couldn't ~ him down no pude hacerle concretar.

nail-biting *adj* emocionantísimo(ma), lleno(na) de suspense.

nailbrush [ˈneɪlbrʌʃ] *n* cepillo *m* de uñas.

nail file *n* lima *f* de uñas.

nail polish *n* esmalte *m* para las uñas.

nail scissors *npl* tijeras *fpl* para las uñas.

nail varnish *n* esmalte *m* para las uñas.

nail varnish remover [-rɪˈmuːvəʳ] *n* quitaesmaltes *m inv.*

Nairobi [naɪˈrəʊbɪ] *n* Nairobi.

naive, naïve [naɪˈiːv] *adj* ingenuo(nua).

naivety, naïvety [naɪˈiːvtɪ] *n* ingenuidad *f.*

naked [ˈneɪkɪd] *adj* -1. [gen] desnudo(da); ~ flame llama *f* sin protección -2. [blatant - hostility, greed] abierto(ta); [- facts] sin tapujos -3. [unaided]: with the ~ eye a simple vista.

NALGO [ˈnælgəʊ] (*abbr of* National and Local Government Officers' Association) *n antiguo sindicato de funcionarios británicos.*

Nam [næm] (*abbr of* Vietnam) *n US inf* Vietnam *m.*

NAM (*abbr of* National Association of Manufacturers) *n organización de empresarios estadounidenses.*

name [neɪm] ⬦ *n* [gen] nombre *m*; [surname] apellido *m*; what's your ~? ¿cómo te llamas?; my ~ is John me llamo John; by ~ por el nombre; is there anyone by the ~ of ...? ¿hay alguien que se llame ...?; it's in my wife's ~ está a nombre de mi mujer; in the ~ of en nombre de; in ~ only sólo de nombre; to call sb ~s llamar de todo a alguien; to have a good ~ tener buena fama; to make a ~ for o.s. hacerse un nombre. ⬦ *vt* -1. [christen] poner nombre a; **we ~ d him Jim** le llamamos Jim; **to ~ sb after sb** UK, **to ~ sb for sb** US poner a alguien el nombre de alguien **- 2.** [identify] nombrar **- 3.** [date, price] poner, decir **- 4.** [appoint] nombrar.

namedropping ['neɪmdrɒpɪŋ] n: **he loves ~** le encanta alardear mencionando nombres de gente que conoce o a la que ha leído.

nameless ['neɪmlɪs] adj **- 1.** [unknown - person, author] anónimo(ma) **- 2.** [indescribable] indescriptible.

namely ['neɪmlɪ] adv a saber.

nameplate ['neɪmpleɪt] n placa f con el nombre.

namesake ['neɪmseɪk] n tocayo m, -ya f.

Namibia [nɑːˈmɪbɪə] n Namibia.

Namibian [nɑːˈmɪbɪən] <> adj namibio(bia). <> n namibio m, -bia f.

nan(a) [næn(ə)] n inf UK yaya f, abuelita f.

nan bread [næn-] n (U) pan indio sin levadura.

nanny ['nænɪ] (pl -ies) n niñera f.

nanny goat n cabra f.

nap [næp] (pt & pp -ped, cont -ping) <> n siesta f; **to take** OR **have a ~** echar una siesta. <> vi echar una siesta; **we were caught napping** inf nos pillaron desprevenidos.

napalm ['neɪpɑːm] n napalm m.

nape [neɪp] n: **~ of the neck** nuca f.

napkin ['næpkɪn] n servilleta f.

nappy ['næpɪ] (pl -ies) n UK pañal m.

nappy liner n parte desechable de un pañal de gasa.

narcissi [nɑːˈsɪsaɪ] pl ⯈ **narcissus.**

narcissism ['nɑːsɪsɪzm] n narcisismo m.

narcissistic [ˌnɑːsɪˈsɪstɪk] adj narcisista.

narcissus [nɑːˈsɪsəs] (pl -cissuses OR -cissi) n narciso m.

narcotic [nɑːˈkɒtɪk] <> adj narcótico(ca). <> n narcótico m.

nark [nɑːk] UK inf <> n [police informer] soplón m, -ona f. <> vt cabrear.

narky ['nɑːkɪ] (compar -ier, superl -iest) adj UK inf de mala uva.

narrate [UK nəˈreɪt, US ˈnæreɪt] vt narrar.

narration [UK nəˈreɪʃn, US næˈreɪʃn] n narración f.

narrative ['nærətɪv] <> adj narrativo(va). <> n **- 1.** [account] narración f **- 2.** [art of narrating] narrativa f.

narrator [UK nəˈreɪtər, US ˈnæreɪtər] n narrador m, -ra f.

narrow ['nærəʊ] <> adj **- 1.** [not wide] estrecho(cha) **- 2.** [limited] estrecho(cha) de miras **- 3.** [victory, defeat] por un estrecho margen; [majority] escaso(sa); [escape, miss] por muy poco, por los pelos. <> vt **- 1.** [eyes] entornar **- 2.** [gap, choice] reducir. <> vi **- 1.** [become less wide] estrecharse **- 2.** [eyes] entornarse **- 3.** [gap] acortarse, reducirse.

⯈ **narrow down** vt sep reducir.

narrow-gauge adj RAIL de vía estrecha.

narrowly ['nærəʊlɪ] adv [barely] por muy poco.

narrow-minded [-ˈmaɪndɪd] adj estrecho(cha) de miras.

NASA ['næsə] (abbr of National Aeronautics and Space Administration) n la NASA.

nasal ['neɪzl] adj nasal.

nascent ['neɪsənt] adj fml naciente.

nastily ['nɑːstɪlɪ] adv **- 1.** [unkindly] con mala intención **- 2.** [painfully]: **he fell ~** tuvo una caída muy mala.

nastiness ['nɑːstɪnɪs] n [unkindness] mala intención f.

nasturtium [nəsˈtɜːʃəm] (pl -s) n capuchina f.

nasty ['nɑːstɪ] (compar -ier, superl -iest) adj **- 1.** [unkind] malintencionado(da); **to be ~ to sb** ser malo(la) con alguien **- 2.** [smell, taste, feeling] desagradable; [weather] horrible; **cheap and ~** barato(ta) y de mal gusto **- 3.** [problem, decision] peliagudo(da) **- 4.** [injury, disease] doloroso(sa); [accident] grave; [fall] malo(la).

NAS/UWT (abbr of National Association of Schoolmasters/Union of Women Teachers) n sindicato británico de profesores.

Natal [nəˈtæl] n Natal.

nation ['neɪʃn] n nación f.

national ['næʃənl] <> adj nacional. <> n súbdito m, -ta f.

national anthem n himno m nacional.

National Curriculum n programa de estudios oficial en Inglaterra y Gales.

national debt n deuda f pública.

national dress n traje m típico (de un país).

National Front n: **the ~** partido político minoritario de extrema derecha en Gran Bretaña.

national grid n UK red eléctrica nacional.

National Guard n US: **the ~** la Guardia Nacional estadounidense.

National Health Service n UK: **the ~** organismo gestor de la salud pública, ≃ el Insalud.

National Insurance n UK ≃ Seguridad f Social.

nationalism ['næʃnəlɪzm] n nacionalismo m.

nationalist ['næʃnəlɪst] <> adj nacionalista. <> n nacionalista m OR f.

nationality [ˌnæʃəˈnælətɪ] (pl -ies) n nacionalidad f.

nationalization [ˌnæʃnəlaɪˈzeɪʃn] n nacionalización f.

nationalize, -ise [ˈnæʃnəlaɪz] vt nacionalizar.

nationalized [ˈnæʃnəlaɪzd] adj nacionalizado(da).

National Lottery n lotería nacional británica.

national park n parque m nacional.

national service n UK MIL servicio m militar.

National Trust n UK: the ~ organización británica encargada de la preservación de edificios históricos y lugares de interés, ≃ el Patrimonio Nacional.

nation state n estado m nación.

nationwide [ˈneɪʃənwaɪd] <> adj de ámbito nacional. <> adv [travel] por todo el país; [be broadcast] a todo el país.

native [ˈneɪtɪv] <> adj -1. [country, area] natal -2. [speaker] nativo(va); ~ **language** lengua f materna -3. [plant, animal]: ~ **(to)** originario(ria) (de). <> n [of country, area] natural m OR f, nativo m, -va f.

Native American n indio americano m, india americana f.

NATIVE AMERICAN

Las tribus de aborígenes americanos que poblaban los Estados Unidos antes de la llegada de los europeos poseían sus propias lenguas y modos de vida. Entre los siglos XVII y XIX se vieron obligadas a defender sus tierras de los colonos europeos, a menudo luchando. Muchos indios murieron en combate o tras contraer alguna de las enfermedades que los europeos llevaron a América. Otros muchos fueron obligados a vivir en reservas, territorios apartados especialmente para ellos. A lo largo del siglo XX, el gobierno estadounidense ha procurado conceder más derechos a los grupos étnicos nativos del país, y ha ido mostrando cada vez mayor interés por su historia y su cultura tradicional.

Nativity [nəˈtɪvətɪ] n: the ~ la Natividad.

nativity play n obra teatral sobre la Natividad.

NATO [ˈneɪtəʊ] (abbr of North Atlantic Treaty Organization) n la OTAN.

natter [ˈnætər] UK inf <> n: to have a ~ charlar. <> vi charlar.

natty [ˈnætɪ] (compar -ier, superl -iest) adj inf [smart] chulo(la), elegante.

natural [ˈnætʃrəl] <> adj -1. [gen] natural -2. [comedian, musician] nato(ta); **to die of** ~ **causes** morir por causas naturales. <> n: to be a ~ tener talento natural.

natural childbirth n parto m natural.

natural gas n gas m natural.

natural history n historia f natural.

naturalist [ˈnætʃrəlɪst] n naturalista m OR f.

naturalize, -ise [ˈnætʃrəlaɪz] vt naturalizar; **to be** ~ **d** naturalizarse.

naturally [ˈnætʃrəlɪ] adv -1. [as expected, understandably] naturalmente -2. [unaffectedly] con naturalidad -3. [instinctively] por naturaleza; **to come** ~ **to** sb ser innato en alguien -4. [in nature] de forma natural, en la naturaleza.

natural mother n madre f biológica.

naturalness [ˈnætʃrəlnɪs] n naturalidad f.

natural resources npl recursos mpl naturales.

natural science n ciencias fpl naturales.

natural selection n selección f natural.

natural wastage n (U) reducción de plantilla por jubilación escalonada.

nature [ˈneɪtʃər] n -1. [gen] naturaleza f; **matters of this** ~ asuntos de esta índole -2. [disposition] modo m de ser, carácter m; **by** ~ por naturaleza.

nature reserve n reserva f natural.

nature trail n sendero m natural.

naturist [ˈneɪtʃərɪst] n naturista m OR f.

naughty [ˈnɔːtɪ] (compar -ier, superl -iest) adj -1. [badly behaved] travieso(sa), malo(la) -2. [rude] verde, atrevido(da).

nausea [ˈnɔːsjə] n náuseas fpl.

nauseam [ˈnɔːzɪæm] ▷ **ad nauseam**.

nauseate [ˈnɔːsɪeɪt] vt lit & fig dar náuseas a.

nauseating [ˈnɔːsɪeɪtɪŋ] adj lit & fig nauseabundo(da).

nauseous [ˈnɔːsjəs] adj -1. [sick]: **to feel** ~ sentir náuseas -2. fig [revolting] nauseabundo(da).

nautical [ˈnɔːtɪkl] adj náutico(ca), marítimo(ma).

nautical mile n milla f marina.

naval [ˈneɪvl] adj naval.

naval officer n oficial m OR f de marina.

Navarre [nəˈvɑːr] n Navarra.

nave [neɪv] n nave f.

navel [ˈneɪvl] n ombligo m.

navigable [ˈnævɪɡəbl] adj navegable.

navigate [ˈnævɪɡeɪt] <> vt -1. [steer] pilotar, gobernar -2. [travel safely across] surcar, navegar por. <> vi [in plane, ship] dirigir, gobernar; [in car] dar direcciones.

navigation [ˌnævɪˈɡeɪʃn] n navegación f.

navigator [ˈnævɪɡeɪtər] n oficial m OR f de navegación, navegante m OR f.

navvy [ˈnævɪ] (pl -ies) n UK inf peón m caminero.

navy [ˈneɪvɪ] (pl -ies) <> n armada f. <> adj [in

colour] azul marino *(inv)*.

navy blue ⬦ *adj* azul marino *(inv)*. ⬦ *n* azul *m* marino.

Nazi ['nɑːtsɪ] *(pl* **-s***)* ⬦ *adj* nazi. ⬦ *n* nazi *m* OR f.

NB **-1.** *(abbr of* **nota bene***)* N.B. **-2.** *abbr of* **New Brunswick**.

NBA *n* **-1.** *(abbr of* **National Basketball Association***)* NBA *f* **-2.** *(abbr of* **National Boxing Association***)* *federación de boxeo estadounidense*.

NBC *(abbr of* **National Broadcasting Company***)* *n* NBC *f*, *cadena de televisión estadounidense*.

NC **-1.** *(abbr of* **no charge***)* gratis **-2.** *abbr of* **North Carolina**.

NCC *(abbr of* **Nature Conservancy Council***)* *n* *instituto británico para la conservación de la naturaleza*, ≃ Icona *m*.

NCCL *(abbr of* **National Council for Civil Liberties***)* *n* *organización independiente británica para la defensa de los derechos del ciudadano*.

NCO *n abbr of* **noncommissioned officer**.

ND *abbr of* **North Dakota**.

NE **-1.** *abbr of* **Nebraska** **-2.** *abbr of* **New England** **-3.** *(abbr of* **north-east***)* NE.

Neanderthal [nɪˈændətɑːl] ⬦ *adj* de Neanderthal. ⬦ *n* (hombre *m* de) Neanderthal *m*.

neap tide [niːp-] *n* marea *f* muerta.

near [nɪəʳ] ⬦ *adj* **-1.** [close in distance, time] cercano(na); **the ~ side** el lado más cercano; **in the ~ future** en un futuro próximo **-2.** [related] cercano(na), próximo(ma); **the ~ est thing to ...** lo más parecido a ... **-3.** [almost happened]: **it was ~ chaos** faltó poco para el caos; **it was a ~ thing** poco le faltó. ⬦ *adv* **-1.** [close in distance, time] cerca; **nowhere ~** ni de lejos, ni mucho menos; **to draw** OR **come ~** acercarse **-2.** [almost] casi. ⬦ *prep* **-1.** [close in position]: **~ (to)** cerca de; **to go ~ sthg** acercarse a algo **-2.** [close in time]: **it's getting ~ (to)** Christmas ya estamos casi en Navidades; **~ the end** casi al final; **~ er the time** cuando se acerque la fecha **-3.** [on the point of]: **~ (to)** al borde de **-4.** [similar to]: **~ (to)** cerca de; **it's ~ (to) the truth** se acerca a la verdad. ⬦ *vt* acercarse OR aproximarse a. ⬦ *vi* acercarse, aproximarse.

nearby [nɪəˈbaɪ] ⬦ *adj* cercano(na). ⬦ *adv* cerca.

Near East *n*: **the ~** el Oriente Próximo.

nearly ['nɪəlɪ] *adv* casi; **I ~ fell** por poco me caigo; **not ~** ni con mucho, ni mucho menos.

near miss *n* **-1.** [nearly a hit]: **it was a ~** falló por poco **-2.** [nearly a collision] incidente *m* aéreo (sin colisión).

nearness ['nɪənɪs] *n* proximidad *f*, cercanía *f*.

nearside ['nɪəsaɪd] ⬦ *adj* [right-hand drive] del lado izquierdo; [left-hand drive] del lado derecho. ⬦ *n* [right-hand drive] lado *m* izquierdo; [left-hand drive] lado derecho.

nearsighted [ˌnɪəˈsaɪtɪd] *adj* US miope, corto(ta) de vista.

neat [niːt] *adj* **-1.** [tidy, precise - gen] pulcro(cra); [- room, house] arreglado(da); [- handwriting] esmerado(da) **-2.** [smart] arreglado(da), pulcro(cra) **-3.** [skilful] hábil **-4.** [undiluted] solo(la) **-5.** US inf [very good] guay.

neatly ['niːtlɪ] *adv* **-1.** [tidily, smartly] con pulcritud; [write] con esmero **-2.** [skilfully] hábilmente.

neatness ['niːtnɪs] *n* [gen] pulcritud *f*; [of handwriting] esmero *m*; [skilfulness] habilidad *f*.

Nebraska [nɪˈbræskə] *n* Nebraska.

nebula ['nebjʊlə] *n* nebulosa *f*.

nebulous ['nebjʊləs] *adj fml* nebuloso(sa).

NEC *(abbr of* **National Exhibition Centre***)* *n gran complejo para ferias y exposiciones de Birmingham, Gran Bretaña*.

necessarily ['nesəsrəlɪ, ˌnesəˈserəlɪ] *adv* necesariamente, por fuerza; **not ~** no necesariamente.

necessary ['nesəsrɪ] *adj* **-1.** [required] necesario(ria) **-2.** [inevitable] inevitable.

necessitate [nɪˈsesɪteɪt] *vt fml* requerir, exigir.

necessity [nɪˈsesətɪ] *n (pl* **-ies***)* *n* necesidad *f*; **of ~** por fuerza, por necesidad.

◆ **necessities** *npl* artículos *mpl* de primera necesidad.

neck [nek] ⬦ *n* [of person, bottle, dress] cuello *m*; [of animal] pescuezo *m*, cuello; **to be up to one's ~ (in sthg)** estar hasta el cuello (de algo); **to breathe down sb's ~** estar encima de alguien; **to stick one's ~ out** arriesgarse. ⬦ *vi inf* pegarse el lote.

neckerchief ['nekətʃɪf] *(pl* **-chiefs** OR **-chieves** [-tʃiːvz]*)* *n* pañuelo *m* de cuello.

necklace ['neklɪs] *n* collar *m*.

neckline ['neklaɪn] *n* escote *m*.

necktie ['nektaɪ] *n* US corbata *f*.

nectar ['nektəʳ] *n* néctar *m*.

nectarine ['nektərɪn] *n* nectarina *f*.

née [neɪ] *adj* de soltera.

need [niːd] ⬦ *n*: **~ (for sthg/to do sthg)** necesidad *f* (de algo/de hacer algo); **to be in** OR **to have ~ of sthg** necesitar algo; **he was in ~ of rest** le hacía falta descansar; **to have no ~ of** no necesitar; **there's no ~ for you to cry** no hace falta que llores; **if ~ be** si hace falta; **in ~** necesitado(da). ⬦ *vt* **-1.** [require] necesitar; **I ~ a haircut** me hace falta un corte de pelo; **the floor ~s cleaning** hay que limpiar el

suelo; **that's all we ~!** ¡sólo nos faltaba eso! **- 2.** [be obliged]: **to ~ to do sthg** tener que hacer algo. <> *modal vb*: **to ~ to do sthg** necesitar hacer algo; **~ we go?** ¿tenemos que irnos?; **it ~ not happen** no tiene por qué ser así.
➤ **needs** *adv*: **if ~s must** si es menester.

needle ['niːdl] <> *n* aguja *f*; **it's like looking for a ~ in a haystack** es como buscar una aguja en un pajar. <> *vt inf* pinchar.

needlecord ['niːdlkɔːd] *n* pana *f* fina.

needlepoint ['niːdlpɔɪnt] *n* bordado *m*.

needless ['niːdlɪs] *adj* innecesario(ria); **~ to say ...** está de más decir que ...

needlessly ['niːdlɪslɪ] *adv* innecesariamente.

needlework ['niːdlwɜːk] *n* **- 1.** [embroidery] bordado *m* **- 2.** *(U)* [activity] costura *f*.

needn't ['niːdnt] = **need not.**

need-to-know *adj*: **you will be given information on a ~ basis** sólo les proporcionaremos la información que necesiten.

needy ['niːdɪ] (*compar* **-ier**, *superl* **-iest**) <> *adj* necesitado(da). <> *npl*: **the ~** los necesitados.

nefarious [nɪˈfeərɪəs] *adj fml* execrable, infame.

negate [nɪˈgeɪt] *vt fml* anular, invalidar.

negation [nɪˈgeɪʃn] *n fml* invalidación *f*, anulación *f*.

negative ['negətɪv] <> *adj* negativo(va). <> *n* **- 1.** PHOT negativo *m* **- 2.** LING partícula *f* negativa, negación *f*; **to answer in the ~** decir que no.

negative equity *n* depreciación del valor de mercado de una vivienda por debajo de su valor hipotecado.

neglect [nɪˈglekt] <> *n* [of garden, work] descuido *m*, desatención *f*; [of duty] incumplimiento *m*; **a state of ~** un estado de abandono. <> *vt* **- 1.** [ignore] desatender **- 2.** [duty, work] no cumplir con; **to ~ to do sthg** dejar de hacer algo.

neglected [nɪˈglektɪd] *adj* desatendido(da).

neglectful [nɪˈglektfʊl] *adj* descuidado(da), negligente; **to be ~ of sthg/sb** desatender algo/a alguien.

negligee ['neglɪʒeɪ] *n* salto *m* de cama.

negligence ['neglɪdʒəns] *n* negligencia *f*.

negligent ['neglɪdʒənt] *adj* negligente.

negligently ['neglɪdʒəntlɪ] *adv* con negligencia.

negligible ['neglɪdʒəbl] *adj* insignificante.

negotiable [nɪˈgəʊʃjəbl] *adj* negociable.

negotiate [nɪˈgəʊʃɪeɪt] <> *vt* **- 1.** [obtain through negotiation] negociar **- 2.** [obstacle] salvar, franquear; [bend] remontar, tomar. <> *vi*: **to ~ (with sb for sthg)** negociar (con alguien algo).

negotiation [nɪˌgəʊʃɪˈeɪʃn] *n* negociación *f*.
➤ **negotiations** *npl* negociaciones *fpl*.

negotiator [nɪˈgəʊʃɪeɪtəʳ] *n* negociador *m*, -ra *f*.

Negress ['niːgrɪs] *n* negra *f*.

Negro ['niːgrəʊ] (*pl* **-es**) <> *adj* negro(gra). <> *n* negro *m*, -gra *f*.

neigh [neɪ] *vi* relinchar.

neighbour UK, **neighbor** US ['neɪbəʳ] *n* vecino *m*, -na *f*.

neighbourhood UK, **neighborhood** US ['neɪbəhʊd] *n* **- 1.** [of town] barrio *m*, vecindad *f*; **in the ~ (of)** en la zona (de) **- 2.** [approximate figure]: **in the ~ of** alrededor de.

neighbourhood watch *n* UK vigilancia *f* de vecinos.

neighbouring UK, **neighboring** US ['neɪbərɪŋ] *adj* vecino(na).

neighbourly UK, **neighborly** US ['neɪbəlɪ] *adj* [advice] de buen vecino; **to be ~** ser un buen vecino.

neither ['naɪðəʳ, 'niːðəʳ] <> *adv*: **I don't drink - me ~** no bebo - yo tampoco; **the food was ~ good nor bad** la comida no era ni buena ni mala; **to be ~ here nor there** no tener nada que ver. <> *pron* ninguno(na); **~ of us/them** ninguno de nosotros/ellos. <> *adj*: **~ cup is blue** ninguna de las dos tazas es azul. <> *conj*: **~ ... nor ...** ni ... ni ...; **she could ~ eat nor sleep** no podía ni comer ni dormir.

neo- ['niːəʊ] *prefix* neo-.

neoclassical [ˌniːəʊˈklæsɪkl] *adj* neoclásico(ca).

neoliberal [ˌniːəʊˈlɪbərəl] <> *adj* neoliberal. <> *n* neoliberal *m or f*.

neolithic [ˌniːəʊˈlɪθɪk] *adj* neolítico(ca).

neologism [niːˈɒlədʒɪzm] *n* neologismo *m*.

neon ['niːɒn] *n* neón *m*.

Neo-Nazi <> *adj* neonazi. <> *n* neonazi *m or f*.

neon light *n* luz *f* de neón.

neon sign *n* letrero *m* de neón.

Nepal [nɪˈpɔːl] *n* (el) Nepal.

Nepalese [ˌnepəˈliːz] (*pl inv*) <> *adj* nepalés(esa). <> *n* [person] nepalés *m*, -esa *f*.

Nepali [nɪˈpɔːlɪ] *n* [language] nepalés *m*, nepalí *m*.

nephew ['nefjuː] *n* sobrino *m*.

nepotism ['nepətɪzm] *n* nepotismo *m*.

Neptune ['neptjuːn] *n* Neptuno *m*.

nerve [nɜːv] *n* **- 1.** ANAT nervio *m* **- 2.** [courage] valor *m*; **to keep one's ~** mantener la calma, no perder los nervios; **to lose one's ~** echarse atrás, perder el valor **- 3.** [cheek] cara *f*; **to have the ~ to do sthg** tener la cara de hacer algo.

nerves *npl* nervios *mpl*; **to get on sb's ~s** sacar de quicio a alguien.

nerve cell *n ANAT* neurona *f.*

nerve centre *n fig* [headquarters] punto *m OR* centro *m* neurálgico.

nerve gas *n* gas *m* nervioso.

nerve-racking [-ˌrækɪŋ] *adj* crispante, angustioso(sa).

nervous ['nɜːvəs] *adj* **-1.** *ANAT & PSYCH* nervioso(sa) **-2.** [apprehensive] inquieto(ta), aprensivo(va); **to be ~ of sthg/of doing sthg** tener miedo a algo/a hacer algo; **to be ~ about sthg** estar inquieto por algo.

nervous breakdown *n* crisis *f inv* nerviosa.

nervously ['nɜːvəslɪ] *adv* con nerviosismo, nerviosamente.

nervousness ['nɜːvəsnɪs] *n* nerviosismo *m.*

nervous system *n* sistema *m* nervioso.

nervous wreck *n* manojo *m* de nervios.

nervy ['nɜːvɪ] (*compar* -**ier**, *superl* -**iest**) *adj* **-1.** *inf* [nervous] nervioso(sa) **-2.** *US* [cheeky] descarado(da).

nest [nest] <> *n* nido *m*; **ant's ~** hormiguero *m*; **wasps' ~** avispero *m*; **~ of tables** mesas *fpl* nido. <> *vi* anidar.

nest egg *n* ahorros *mpl.*

nestle ['nesl] *vi* **-1.** [settle snugly - in chair] arrellanarse; [- in bed] acurrucarse **-2.** [be situated] estar situado(da) *OR* emplazado (da).

nestling ['neslɪŋ] *n* polluelo *m.*

net [net] (*pt* & *pp* -**ted**, *cont* -**ting**) <> *adj* **-1.** [weight, price, loss] neto(ta) **-2.** [result, effect] final. <> *n* red *f.* <> *vt* **-1.** [catch] coger con red **-2.** [acquire] embolsarse **-3.** [gain as profit - subj: person] obtener un beneficio neto de; [- subj: deal] reportar un beneficio neto de.

Net [net] *n COMPUT*: **the ~** la Red; **to surf the ~** navegar por la Red.

netball ['netbɔːl] *n deporte parecido al baloncesto femenino.*

net curtains *npl* visillos *mpl.*

Netherlands ['neðələndz] *npl*: **the ~** los Países Bajos.

nethermost ['neðəməʊst] *adj literary* más bajo (más baja).

netiquette ['netɪket] *n COMPUT* netiqueta *f.*

net profit *n* beneficio *m* neto.

net revenue *n US* facturación *f.*

netting ['netɪŋ] *n* red *f*, malla *f.*

nettle ['netl] <> *n* ortiga *f.* <> *vt* irritar, molestar.

network ['netwɜːk] <> *n* **-1.** [gen & *COMPUT*] red *f* **-2.** *RADIO & TV* [station] cadena *f.* <> *vt* **-1.** *RADIO & TV* [broadcast] emitir en toda la cadena **-2.** *COMPUT* conectar a la red.

networking ['netwɜːkɪŋ] *n* establecimiento *m* de contactos.

neuralgia [njʊəˈrældʒə] *n* neuralgia *f.*

neurological [ˌnjʊərəˈlɒdʒɪkl] *adj* neurológico(ca).

neurologist [ˌnjʊəˈrɒlədʒɪst] *n* neurólogo *m*, -ga *f.*

neurology [ˌnjʊəˈrɒlədʒɪ] *n* neurología *f.*

neurosis [ˌnjʊəˈrəʊsɪs] (*pl* -**ses** [-siːz]) *n* neurosis *f inv.*

neurosurgery [ˌnjʊərəʊˈsɜːdʒərɪ] *n* neurocirugía *f.*

neurotic [ˌnjʊəˈrɒtɪk] <> *adj* neurótico(ca). <> *n* neurótico *m*, -ca *f.*

neuter ['njuːtəʳ] <> *adj* neutro(tra). <> *vt* castrar.

neutral ['njuːtrəl] <> *adj* **-1.** [gen] neutro(tra) **-2.** [non-allied] neutral **-3.** [unexpressive] inexpresivo(va) **-4.** [shoe cream] incoloro(ra). <> *n* **-1.** *AUT* punto *m* muerto **-2.** [country] país *m* neutral; [person] persona *f* neutral.

neutrality [njuːˈtrælətɪ] *n* neutralidad *f.*

neutralize, -ise ['njuːtrəlaɪz] *vt* neutralizar.

neutron ['njuːtrɒn] *n* neutrón *m.*

neutron bomb *n* bomba *f* de neutrones.

Nevada [nɪˈvɑːdə] *n* Nevada.

never ['nevəʳ] *adv* **-1.** [at no time] nunca, jamás; **I've ~ done it** no lo he hecho nunca; **~ again** nunca más; **~ ever** nunca jamás, nunca en la vida; **well I ~!** ¡vaya!, ¡caramba! **-2.** *inf* [as negative] no; **I ~ knew** no lo sabía; **you ~ did!** ¡no (me digas)!

never-ending *adj* interminable, inacabable.

never-never *n UK inf*: **on the ~** a plazos *mpl.*

nevertheless [ˌnevəðəˈles] *adv* sin embargo, no obstante.

new [njuː] *adj* nuevo(va); [baby] recién nacido (recién nacida); **we'll have to buy a ~ one** tendremos que comprar otro; **to be ~ to sthg** ser nuevo(va) en algo; **as good as ~** como nuevo.

news *n (U)* noticias *fpl*; **a piece of ~s** una noticia; **the ~s** [gen] las noticias; [on TV] el telediario; **that's ~s to me** me coge de nuevas; **to break the ~s to sb** dar la noticia a alguien.

New Age *n* new age *m*, *movimiento que gira en torno a las ciencias ocultas, medicinas alternativas, religiones orientales etc.*

new arrival *n* recién llegado *m*, recién llegada *f.*

new blood *n fig* sangre *f OR* savia *f* nueva.

newborn ['njuːbɔːn] *adj* recién nacido (recién nacida).

New Brunswick [-ˈbrʌnzwɪk] *n* New Brunswick.

New Caledonia [-ˌkælɪ'dəʊnjəl] *n* Nueva Caledonia.

New Caledonian [-ˌkælɪ'dəʊnjən] <> *adj* neocaledonio(nia). <> *n* neocaledonio *m*, -nia *f*.

newcomer ['njuːˌkʌməʳ] *n*: ~ **(to)** recién llegado *m*, recién llegada *f*(a).

New Delhi *n* Nueva Delhi.

New England *n* Nueva Inglaterra.

newfangled [ˌnjuː'fæŋgld] *adj inf pej* moderno(na).

new-found *adj* [gen] recién descubierto (recién descubierta); [friend] reciente.

Newfoundland ['njuːfəndlənd] *n* Terranova.

New Guinea *n* Nueva Guinea.

New Hampshire [-'hæmpʃəʳ] *n* New Hampshire.

New Hebrides *npl*: the ~ las Nuevas Hébridas.

New Jersey *n* Nueva Jersey.

newly ['njuːlɪ] *adv* recién.

newlyweds ['njuːlɪwedz] *npl* recién casados *mpl*.

New Mexico *n* Nuevo Méjico.

new moon *n* luna *f* nueva.

New Orleans [-'ɔːlɪənz] *n* Nueva Orleans.

new potato *n* patata *f* nueva.

news agency *n* agencia *f* de noticias.

newsagent *UK* ['njuːzeɪdʒənt], **newsdealer** *US* ['njuːzdiːlər] *n* [person] vendedor *m*, -ra *f* de periódicos; ~'s **(shop)** *tienda en la que se vende prensa así como tabaco y chucherías*.

news bulletin *n* boletín *m* de noticias.

newscast ['njuːzkɑːst] *n TV* telediario *m*; *RADIO* noticiario *m*.

newscaster ['njuːzkɑːstəʳ] *n* presentador *m*, -ra *f*, locutor *m*, -ra *f*.

news conference *n* rueda *f* de prensa.

New South Wales *n* Nueva Gales del Sur.

newsdealer *US* = newsagent.

newsflash ['njuːzflæʃ] *n* noticia *f* de última hora.

newsgroup ['njuːzgruːp] *n COMPUT* grupo *m* (de noticias).

newshound ['njuːzhaʊnd] *n* sabueso *m* de la prensa.

newsletter ['njuːzˌletəʳ] *n* boletín *m*.

newsman ['njuːzmæn] (*pl* **-men** [-men]) *n* periodista *m*, reportero *m*.

newspaper ['njuːzˌpeɪpəʳ] *n* **-1.** [publication, company] periódico *m*; [daily] diario *m* **-2.** [paper] papel *m* de periódico.

newspaperman ['njuːzˌpeɪpəmæn] (*pl* **-men** [-men]) *n* periodista *m OR f*.

newsprint ['njuːzprɪnt] *n* papel *m* de periódico.

newsreader ['njuːzˌriːdəʳ] *n* presentador *m*, -ra *f*, locutor *m*, -ra *f*.

newsreel ['njuːzriːl] *n* noticiario *m* cinematográfico.

newsroom ['njuːzrʊm] *n* (sala *f* de) redacción *f*.

newssheet ['njuːzˌʃiːt] *n* hoja *f* informativa.

newsstand ['njuːzstænd] *n US* quiosco *m* de periódicos.

newsworthy ['njuːzˌwɜːðɪ] *adj* de interés periodístico.

newt [njuːt] *n* tritón *m*.

new technology *n* nueva tecnología *f*.

New Testament *n*: the ~ el Nuevo Testamento.

new town *n UK ciudad nueva construida por el gobierno.*

new wave *n* nueva ola *f*.

New World *n*: the ~ el Nuevo Mundo.

New Year *n* Año *m* Nuevo; **Happy** ~! ¡Feliz Año Nuevo!

New Year's Day *n* el día de Año Nuevo.

New Year's Eve *n* Nochevieja *f*.

New York [-'jɔːk] *n* **-1.** [city]: ~ **(City)** Nueva York **-2.** [state]: ~ **(State)** (el estado de) Nueva York.

New Yorker [-'jɔːkəʳ] *n* neoyorquino *m*, -na *f*.

New Zealand [-'ziːlənd] *n* Nueva Zelanda.

New Zealander [-'ziːləndəʳ] *n* neozelandés *m*, -esa *f*.

next [nekst] <> *adj* **-1.** [in time] próximo(ma); the ~ **day** el día siguiente; ~ **Tuesday/year** el martes/el año que viene; ~ **week** la semana próxima *OR* que viene; the ~ **week** los próximos siete días **-2.** [in space - page etc] siguiente; [- room, house] de al lado. <> *pron* el siguiente (la siguiente); who's ~? ¿quién es el siguiente?; ~, **please!** ¡el siguiente, por favor!; **the day after** ~ pasado mañana; **the week after** ~ la semana que viene no, la otra. <> *adv* **-1.** [afterwards] después; **what should I do** ~? ¿qué hago ahora?; **it's my go** ~ ahora me toca a mí **-2.** [again] de nuevo; **when do they** ~ **play?** ¿cuándo vuelven a jugar? **-3.** [with superlatives]: ~ **best/biggest** *etc* el segundo mejor/más grande etc. <> *prep US* al lado de, junto a.
  ◆ **next to** *prep* al lado de, junto a; ~ **to nothing** casi nada; **in** ~ **to no time** en un abrir y cerrar de ojos.

next door *adv* (en la casa de) al lado.
  ◆ **next-door** *adj*: next-door neighbour vecino *m*, -na *f* de al lado.

next of kin *n* pariente más cercano *m*, pariente más cercana *f*.

NF ◇ *n abbr of* **National Front**. ◇ *abbr of* **Newfoundland**.

NFL (*abbr of* **National Football League**) *n federación estadounidense de fútbol americano*.

NFU (*abbr of* **National Farmers' Union**) *n asociación británica de agricultores*.

NG *abbr of* **National Guard**.

NGO (*abbr of* **non-governmental organization**) *n* ONG *f*.

NH *abbr of* **New Hampshire**.

NHL (*abbr of* **National Hockey League**) *n federación estadounidense de hockey sobre hielo*.

NHS *n abbr of* **National Health Service**.

NI ◇ *n abbr of* **National Insurance**. ◇ *abbr of* **Northern Ireland**.

Niagara [naɪˈægrəl] *n*: ~ **Falls** las cataratas del Niágara.

nib [nɪb] *n* plumilla *f*.

nibble [ˈnɪbl] ◇ *n* mordisquito *m*. ◇ *vt* mordisquear. ◇ *vi*: **to** ~ **at sthg** mordisquear algo.

Nicaragua [ˌnɪkəˈrægjʊəl] *n* Nicaragua.

Nicaraguan [ˌnɪkəˈrægjʊən] ◇ *adj* nicaragüense. ◇ *n* nicaragüense *m OR f*.

nice [naɪs] *adj* **-1.** [attractive] bonito(ta); **you look** ~ estás guapa; [good] bueno(na); **it smells** ~ huele bien **-2.** [kind] amable; [friendly] agradable, simpático(ca), dije *Amér*; **that was** ~ **of you** fue muy amable de tu parte; **to be** ~ **to sb** ser bueno con alguien **-3.** [pleasant] agradable; **to have a** ~ **time** pasarlo bien.

nice-looking [-ˈlʊkɪŋ] *adj* [person] atractivo(va), guapo(pa); [car, room] bonito(ta).

nicely [ˈnaɪslɪ] *adv* **-1.** [well, attractively] bien **-2.** [politely] educadamente, con educación **-3.** [satisfactorily] bien; **that will do** ~ esto irá de perlas.

nicety [ˈnaɪsətɪ] (*pl* **-ies**) *n* detalle *m*.

niche [niːʃ] *n* **-1.** [in wall] nicho *m*, hornacina *f* **-2.** [in life] hueco *m* **-3.** *COMM* nicho *m*.

nick [nɪk] ◇ *n* **-1.** [cut] cortecito *m*; [notch] muesca *f* **-2.** *UK inf* [jail]: **the** ~ el trullo, la trena **-3.** [condition]: **in good/bad** ~ *UK inf* en buenas/malas condiciones **-4.** *phr*: **in the** ~ **of time** justo a tiempo. ◇ *vt* **-1.** [cut] cortar; [make notch in] mellar **-2.** *UK inf* [steal] birlar, mangar **-3.** *UK inf* [arrest] trincar, pillar.

nickel [ˈnɪkl] *n* **-1.** [metal] níquel *m* **-2.** *US* [coin] moneda *f* de cinco centavos.

nickname [ˈnɪkneɪm] ◇ *n* apodo *m*. ◇ *vt* apodar.

Nicosia [ˌnɪkəˈsiːə] *n* Nicosia.

nicotine [ˈnɪkətiːn] *n* nicotina *f*.

niece [niːs] *n* sobrina *f*.

nifty [ˈnɪftɪ] (*compar* **-ier**, *superl* **-iest**) *adj inf* [clever] apañado(da).

Niger [ˈnaɪdʒər] *n* **-1.** [country] Níger **-2.** [river]: **the (River)** ~ el (río) Níger.

Nigeria [naɪˈdʒɪərɪə] *n* Nigeria.

Nigerian [naɪˈdʒɪərɪən] ◇ *adj* nigeriano(na). ◇ *n* nigeriano *m*, -na *f*.

Nigerien [naɪˈdʒɪərɪən] ◇ *adj* nigerino(na). ◇ *n* nigerino *m*, -na *f*.

niggardly [ˈnɪgədlɪ] *adj* [person] avaro(ra), tacaño(ña); [gift, amount] miserable.

niggle [ˈnɪgl] ◇ *n* [worry] duda *f* (insignificante). ◇ *vt UK* **-1.** [worry] inquietar **-2.** [criticize] meterse con. ◇ *vi* **-1.** [worry]: **it** ~ **d at me all day** le di vueltas todo el día **-2.** [criticize] criticar, quejarse.

nigh [naɪ] *adv literary* [near] cerca; **well** ~ [almost] casi.

night [naɪt] ◇ *adj* nocturno(na). ◇ *n* noche *f*; [evening] tarde *f*; **last** ~ anoche, ayer por la noche; **tomorrow** ~ mañana por la noche; **on Monday** ~ el lunes por la noche; **at** ~ por la noche, de noche; ~ **and day, day and** ~ noche y día, día y noche; **to have an early/a late** ~ irse a dormir pronto/tarde.
➤ **nights** *adv* **-1.** *US* [at night] por las noches **-2.** *UK* [nightshift]: **to work** ~**s** hacer el turno de noche.

nightcap [ˈnaɪtkæp] *n* **-1.** [drink] *bebida que se toma antes de ir a dormir* **-2.** [hat] gorro *m* de dormir.

nightclothes [ˈnaɪtkləʊðz] *npl* ropa *f* de dormir.

nightclub [ˈnaɪtklʌb] *n* club *m* nocturno.

nightdress [ˈnaɪtdres] *n* camisón *m*, dormilona *f Ven*.

nightfall [ˈnaɪtfɔːl] *n* anochecer *m*.

nightgown [ˈnaɪtgaʊn] *n* camisón *m*, dormilona *f Amér*.

nightie [ˈnaɪtɪ] *n inf* camisón *m*.

nightingale [ˈnaɪtɪŋgeɪl] *n* ruiseñor *m*.

nightlife [ˈnaɪtlaɪf] *n* vida *f* nocturna.

nightlight [ˈnaɪtlaɪt] *n* lucecita *f (que se deja encendida durante la noche)*.

nightly [ˈnaɪtlɪ] ◇ *adj* nocturno(na), de cada noche. ◇ *adv* cada noche, todas las noches.

nightmare [ˈnaɪtmeər] *n lit & fig* pesadilla *f*.

nightmarish [ˈnaɪtmeərɪʃ] *adj* de pesadilla.

night owl *n fig* noctámbulo *m*, -la *f*.

night porter *n* recepcionista *m OR f* del turno de noche.

night safe *n* cajero *m* nocturno.

night school *n* (*U*) escuela *f* nocturna.

night shift *n* turno *m* de noche.

nightshirt [ˈnaɪtʃɜːt] n camisa f de dormir (masculina).

nightspot [ˈnaɪtspɒt] n club m nocturno.

nightstick [ˈnaɪtstɪk] n US porra f.

nighttime [ˈnaɪttaɪm] n noche f.

night watchman n vigilante m nocturno, nochero m Chile, Urug.

nihilism [ˈnaɪəlɪzm] n nihilismo m.

nil [nɪl] n - 1. [nothing] nada f - 2. UK SPORT cero m; **five ~ cinco** a cero.

Nile [naɪl] n: **the ~** el Nilo.

nimble [ˈnɪmbl] adj - 1. [person, fingers] ágil - 2. [mind] rápido(da).

nimbly [ˈnɪmblɪ] adv con agilidad.

nine [naɪn] num nueve; see also **six**.

nineteen [ˌnaɪnˈtiːn] num diecinueve; see also six.

nineteenth [ˌnaɪnˈtiːnθ] num decimonoveno(na).

ninetieth [ˈnaɪntɪəθ] ⬦ num adj nonagésimo(ma). ⬦ num n [fraction] noventa m; see also sixth.

ninety [ˈnaɪntɪ] num noventa; see also sixty.

ninth [naɪnθ] num noveno(na); see also sixth.

nip [nɪp] (pt & pp -ped, cont -ping) ⬦ n - 1. [pinch] pellizco m; [bite] mordisco m - 2. [of drink] trago m. ⬦ vt [pinch] pellizcar; [bite] mordisquear. ⬦ vi inf [dash]: **to ~ out** salir un momento.

nipper [ˈnɪpəʳ] n UK inf chiquillo m, chaval m, chigüín m CAm.

nipple [ˈnɪpl] n - 1. [of woman] pezón m - 2. [of baby's bottle, man] tetilla f.

nippy [ˈnɪpɪ] (compar -ier, superl -iest) adj - 1. [cold] fresco(ca); **it's a bit ~ this morning** hace fresquito esta mañana - 2. [quick] rápido(da).

nit [nɪt] n - 1. [in hair] liendre f - 2. UK inf [idiot] imbécil m OR f.

nitpicking [ˈnɪtpɪkɪŋ] inf ⬦ adj puñetero(ra). ⬦ n (U): **that's just ~** no son más que nimiedades.

nitrate [ˈnaɪtreɪt] n nitrato m.

nitric acid [ˈnaɪtrɪk-] n ácido m nítrico.

nitrogen [ˈnaɪtrədʒən] n nitrógeno m.

nitroglycerin(e) [ˌnaɪtrəʊˈɡlɪsəriːn] n nitroglicerina f.

nitty-gritty [ˌnɪtɪˈɡrɪtɪ] n inf: **to get down to the ~** ir al grano.

nitwit [ˈnɪtwɪt] n inf imbécil m OR f.

nix [nɪks] US ⬦ n [nothing] nada f. ⬦ adv no. ⬦ vt [say no to] decir (que) no a.

NJ abbr of New Jersey.

NLQ (abbr of near letter quality) de calidad correspondencia.

NLRB (abbr of National Labor Relations Board) n organismo estadounidense para arbitraje laboral, ≃ IMAC m.

NM abbr of New Mexico.

no [nəʊ] (pl -es) ⬦ adv [gen] no; **to say ~** decir que no; **you're ~ better than me** tú no eres mejor que yo. ⬦ adj no; **I have ~ time** no tengo tiempo; **there are ~ taxis** no hay taxis; **a woman with ~ money** una mujer sin dinero; **that's ~ excuse** esa no es excusa que valga; **he's ~ fool** no es ningún tonto; **she's ~ friend of mine** no es amiga mía; **' ~ smoking/parking/ cameras'** 'prohibido fumar/aparcar/hacer fotos'. ⬦ n no m; **he/she won't take ~ for an answer** no acepta una respuesta negativa.

No., no. (abbr of number) nº.

Noah's ark [ˈnəʊəz-] n el arca f de Noé.

nobble [ˈnɒbl] vt UK inf - 1. [racehorse] drogar - 2. [bribe] sobornar - 3. [detain - person] coger por banda y dar la lata a.

Nobel prize [nəʊˈbel-] n premio m Nobel; **~ winner** premio m OR f Nobel.

nobility [nəˈbɪlətɪ] n nobleza f.

noble [ˈnəʊbl] ⬦ adj noble. ⬦ n noble m OR f.

nobleman [ˈnəʊblmən] (pl -men [-mən]) n noble m.

noblewoman [ˈnəʊblˌwʊmən] (pl -women [-ˌwɪmɪn]) n noble f.

nobly [ˈnəʊblɪ] adv noblemente, con generosidad.

nobody [ˈnəʊbədɪ] (pl -ies) ⬦ pron nadie. ⬦ n pej don nadie m.

no-brainer [ˈnəʊˈbreɪnəʳ] n US inf: **it's a ~** es pan comido.

no-claims bonus n bonificación f por ausencia de siniestralidad.

nocturnal [nɒkˈtɜːnl] adj nocturno(na).

nod [nɒd] (pt & pp -ded, cont -ding) ⬦ n inclinación f de cabeza. ⬦ vt: **to ~ one's head** [in agreement] asentir con la cabeza; [to indicate sthg] indicar con la cabeza; [as greeting] saludar con la cabeza. ⬦ vi - 1. [in agreement] asentir con la cabeza - 2. [to indicate sthg] indicar con la cabeza - 3. [as greeting] saludar con la cabeza.

➡ **nod off** vi quedarse dormido(da).

node [nəʊd] n nodo m.

nodule [ˈnɒdjuːl] n nódulo m.

no-frills [ˈnəʊˌfrɪlz] adj sencillo(lla).

no-go area n UK zona f (de entrada) prohibida.

noise [nɔɪz] n ruido m; **to make a ~** hacer ruido.

noiseless [ˈnɔɪzlɪs] adj silencioso(sa).

noiselessly [ˈnɔɪzlɪslɪ] adv silenciosamente.

noisily [ˈnɔɪzɪlɪ] adv ruidosamente.

noisy ['nɔɪzɪ] (*compar* -**ier**, *superl* -**iest**) *adj* ruidoso(sa); **it was very** ~ había mucho ruido.

nomad ['nəʊmæd] *n* nómada *m* OR *f*.

nomadic [nə'mædɪk] *adj* nómada.

no-man's-land *n* tierra *f* de nadie.

nominal ['nɒmɪnl] *adj* nominal.

nominally ['nɒmɪnəlɪ] *adv* nominalmente.

nominate ['nɒmɪneɪt] *vt* -**1.** [propose]: **to** ~ **sb (for** OR **as)** proponer a alguien (por OR como) -**2.** [appoint]: **to** ~ **sb (to sthg)** nombrar a alguien (algo).

nomination [,nɒmɪ'neɪʃn] *n* -**1.** [proposal] nominación *f* -**2.** [appointment]: ~ **(to sthg)** nombramiento *m* (a algo).

nominee [,nɒmɪ'ni:] *n* candidato *m*, -ta *f*.

non- [nɒn] *prefix* no.

nonaddictive [,nɒnə'dɪktɪv] *adj* que no crea adicción.

nonaggression [,nɒnə'greʃn] *n* no agresión *f*.

nonalcoholic [,nɒnælkə'hɒlɪk] *adj* sin alcohol.

nonaligned [,nɒnə'laɪnd] *adj* no alineado(da).

nonbeliever [,nɒnbɪ'li:vəʳ] *n* no creyente *m* OR *f*.

nonchalant [UK 'nɒnʃələnt, US ,nɒnʃə'lɑ:nt] *adj* despreocupado(da).

nonchalantly [UK 'nɒnʃələntlɪ, US ,nɒnʃə'lɑ:ntlɪ] *adv* con despreocupación.

noncombatant [,nɒn'kɒmbətənt, US ,nɒnkəm'bætəntl] *n* no combatiente *m* OR *f*.

noncommissioned officer [,nɒnkə-'mɪʃənd-] *n* suboficial *m* OR *f*.

noncommittal [,nɒnkə'mɪtl] *adj* evasivo(va).

noncompetitive [,nɒnkəm'petɪtɪv] *adj* no competitivo(va).

non compos mentis [-,kɒmpəs'mentɪs] *adj* que no está en posesión de sus facultades mentales.

nonconformist [,nɒnkən'fɔ:mɪst] <> *adj* inconformista. <> *n* inconformista *m* OR *f*.

noncontributory [,nɒnkən'trɪbjʊtərɪ] *adj* no contributivo (no contributiva).

noncooperation [,nɒnkəʊ,ɒpə'reɪʃn] *n* no cooperación *f*.

nondescript [UK 'nɒndɪskrɪpt, US ,nɒndɪ'skrɪpt] *adj* anodino(na), soso(sa).

nondrinker [,nɒn'drɪŋkəʳ] *n* persona *f* que no bebe (alcohol).

nondrip [,nɒn'drɪp] *adj* que no gotea.

nondriver [,nɒn'draɪvəʳ] *n* persona *f* que no sabe conducir.

none [nʌn] <> *pron* -**1.** [not any] nada; **there is** ~ **left** no queda nada; **it's** ~ **of your business** no es asunto tuyo; **I'll have** ~ **of your nonsense** no voy a aguantar tus tonterías -**2.** [not one - object, person] ninguno(na); ~ **of us/the books** ninguno de nosotros/de los libros; **I had** ~ no tenía ninguno. <> *adv*: **I'm** ~ **the worse/better** no me ha perjudicado/ayudado en nada; **I'm** ~ **the wiser** no me ha aclarado nada.

➡ **none too** *adv* no demasiado; ~ **too soon** justo a tiempo.

nonentity [nɒ'nentətɪ] (*pl* -**ies**) *n* cero *m* a la izquierda.

nonessential [,nɒnɪ'senʃl] *adj* no esencial.

nonetheless [,nʌnðə'les] *adv* sin embargo, no obstante.

non-event *n* chasco *m*.

nonexecutive director [,nɒn-ɪgsekjətɪv-] *n* director no ejecutivo *m*, directora no ejecutiva *f*.

nonexistent [,nɒnɪg'zɪstənt] *adj* inexistente.

non-fat *adj* sin grasa.

nonfiction [,nɒn'fɪkʃn] *n* no ficción *f*.

nonflammable [,nɒn'flæməbl] *adj* ininflamable.

noninfectious [,nɒnɪn'fekʃəs] *adj* no infeccioso(sa).

noninflammable [,nɒnɪn'flæməbl] *adj* ininflamable.

noninterference [,nɒnɪntə'fɪərəns], **nonintervention** [,nɒnɪntə'venʃn] *n* no intervención *f*.

non-invasive *adj* no invasivo (no invasiva).

non-iron *adj* que no necesita plancha.

nonmalignant [,nɒnmə'lɪgnənt] *adj* no maligno (no maligna).

non-member *n* no socio *m*.

non-negotiable *adj* no negociable.

no-no *n* *inf*: **it's a** ~ eso no se hace.

no-nonsense *adj* práctico(ca).

nonparticipation [,nɒnpɑ:tɪsə'peɪʃən] *n* no participación *f*.

nonpayment [,nɒn'peɪmənt] *n* impago *m*.

nonplussed, nonplused US [,nɒn'plʌst] *adj* perplejo(ja).

non-profit-making UK, **non-profit** US *adj* sin fines lucrativos.

nonproliferation ['nɒnprə,lɪfə'reɪʃn] *n* no proliferación *f*.

nonrenewable [,nɒnrɪ'nju:əbl] *adj* [natural resources] no renovable; [contract] no prorrogable.

nonresident [,nɒn'rezɪdənt] *n* -**1.** [of country] no residente *m* OR *f*-**2.** [of hotel]: **open to** ~**s** abierto al público.

nonreturnable [,nɒnrɪ'tɜ:nəbl] *adj* no retornable, sin retorno.

nonsense ['nɒnsəns] <> *n* (U) -**1.** [gen] tonterías *fpl*; **it is** ~ **to suggest that ...** es absurdo sugerir que ...; **stop this** ~ **at once!** ¡dejaros de tonterías ahora mismo!; **to make (a)** ~ **of sthg**

dar al traste con algo **- 2.** [incomprehensible words] galimatías *m inv*; **it's ~ to me** me es incomprensible. ⟨⟩ *excl* ¡tonterías!

nonsensical [nɒn'sensɪkl] *adj* disparatado(da), absurdo(da). •

non sequitur [-'sekwɪtəʳ] *n* incoherencia *f*, incongruencia *f*.

nonshrink [ˌnɒn'ʃrɪŋk] *adj* que no encoge.

nonslip [ˌnɒn'slɪp] *adj* antideslizante.

nonsmoker [ˌnɒn'sməʊkəʳ] *n* no fumador *m*, no fumadora *f*.

nonstarter [ˌnɒn'stɑːtəʳ] *n UK* **- 1.** [plan]: **to be a ~** *inf* estar condenado(da) al fracaso **- 2.** [in race] *caballo participante en una carrera que no toma la salida.*

nonstick [ˌnɒn'stɪk] *adj* antiadherente.

nonstop [ˌnɒn'stɒp] ⟨⟩ *adj* [activity, rain] continuo(nua), incesante; [flight] sin escalas. ⟨⟩ *adv* sin parar.

nontoxic [ˌnɒn'tɒksɪk] *adj* no tóxico(ca).

nontransferable [ˌnɒntrænz'fɜːrəbl] *adj* intransferible.

non-union *adj* [employee] no sindicado(da).

nonviolence [ˌnɒn'vaɪələns] *n* no violencia *f*.

nonvoter [ˌnɒn'vəʊtəʳ] *n* persona *f* que no vota.

nonvoting [ˌnɒn'vəʊtɪŋ] *adj* **- 1.** [person] sin voto **- 2.** *FIN* [shares] sin derecho a voto.

nonwhite [ˌnɒn'waɪt] ⟨⟩ *adj* que no es de raza blanca. ⟨⟩ *n* persona *f* que no es de raza blanca.

noodles ['nuːdlz] *npl* tallarines *mpl* chinos.

nook [nʊk] *n* [of room] rincón *m*, recoveco *m*; **every ~ and cranny** todos los recovecos.

noon [nuːn] *n* mediodía *m*.

noonday ['nuːndeɪ] *comp* de mediodía.

no one *pron* = **nobody.**

noose [nuːs] *n* [loop] nudo *m* corredizo; [for hanging] soga *f*.

no-place *US* = **nowhere.**

nor [nɔːʳ] *conj* **- 1.** ⟼ **neither - 2.** [and not] ni; **I don't smoke – ~ do I** no fumo – yo tampoco; **I don't know, ~ do I care** ni lo sé, ni me importa.

Nordic ['nɔːdɪk] *adj* nórdico(ca).

Norf (*abbr of* **Norfolk**) *condado inglés.*

norm [nɔːm] *n* norma *f*; **the ~** lo normal.

normal ['nɔːml] ⟨⟩ *adj* normal. ⟨⟩ *n*: **above ~** por encima de lo normal; **to return to ~** volver a la normalidad.

normality [nɔː'mælɪtɪ], **normalcy** *US* ['nɔːmlsɪ] *n* normalidad *f*.

normalize, -ise ['nɔːməlaɪz] ⟨⟩ *vt* normalizar. ⟨⟩ *vi* normalizarse.

normally ['nɔːməlɪ] *adv* normalmente.

Normandy ['nɔːməndɪ] *n* Normandía.

Norse [nɔːs] *adj* nórdico(ca).

north [nɔːθ] ⟨⟩ *n* **- 1.** [direction] norte *m* **- 2.** [region]: **the North** el norte. ⟨⟩ *adj* del norte; **North London** el norte de Londres. ⟨⟩ *adv* **: ~ (of)** al norte (de).

North Africa *n* África del Norte.

North America *n* Norteamérica.

North American ⟨⟩ *adj* norteamericano(na). ⟨⟩ *n* norteamericano *m*, -na *f*.

Northants [nɔː'θænts] (*abbr of* **Northamptonshire**) *condado inglés.*

northbound ['nɔːθbaʊnd] *adj* (con) dirección (al) norte.

North Carolina [-ˌkærə'laɪnə] *n* Carolina del Norte.

Northd (*abbr of* **Northumberland**) *condado inglés.*

North Dakota [-də'kəʊtə] *n* Dakota del Norte.

northeast [ˌnɔːθ'iːst] ⟨⟩ *n* **- 1.** [direction] nordeste *m* **- 2.** [region]: **the Northeast** el nordeste. ⟨⟩ *adj* del nordeste. ⟨⟩ *adv*: **~ (of)** al nordeste (de).

northeasterly [ˌnɔːθ'iːstəlɪ] *adj* del nordeste; **in a ~ direction** hacia el nordeste.

northerly ['nɔːðəlɪ] *adj* del norte; **in a ~ direction** hacia el norte.

northern ['nɔːðən] *adj* del norte, norteño(ña); **~ France** el norte de Francia.

Northerner ['nɔːðənəʳ] *n* norteño *m*, -ña *f*.

Northern Ireland *n* Irlanda del Norte.

Northern Lights *npl*: **the ~** la aurora boreal.

northernmost ['nɔːðənməʊst] *adj* más septentrional *OR* al norte.

Northern Territory *n* (el) Territorio del Norte.

North Korea *n* Corea del Norte.

North Korean ⟨⟩ *adj* norcoreano(na). ⟨⟩ *n* norcoreano *m*, -na *f*.

North Pole *n*: **the ~** el Polo Norte.

North Sea ⟨⟩ *n*: **the ~** el Mar del Norte. ⟨⟩ *comp* [fishing] en el Mar del Norte; [oil, oilrig] del Mar del Norte.

North Star *n*: **the ~** la estrella Polar.

North Vietnam *n* Vietnam del Norte.

North Vietnamese ⟨⟩ *adj* norvietnamita. ⟨⟩ *n* norvietnamita *m OR f*.

northward ['nɔːθwəd] ⟨⟩ *adj* hacia el norte. ⟨⟩ *adv* = **northwards.**

northwards ['nɔːθwədz] *adv* hacia el norte.

northwest [ˌnɔːθ'west] ⟨⟩ *n* **- 1.** [direction] noroeste *m* **- 2.** [region]: **the Northwest** el noroeste. ⟨⟩ *adj* del noroeste. ⟨⟩ *adv*: **~ (of)** al noroeste (de).

northwesterly [ˌnɔːθ'westəlɪ] *adj* del noroeste; **in a** ~ **direction** hacia el noroeste.

Northwest Territories *npl Can:* **the** ~ los territorios del Noroeste.

North Yemen *n* (el) Yemen del Norte.

Norway ['nɔːweɪ] *n* Noruega.

Norwegian [nɔːˈwiːdʒən] <> *adj* noruego(ga). <> *n* **-1.** [person] noruego *m*, -ga *f* **-2.** [language] noruego *m*.

Nos., nos. (*abbr of numbers*) n°ˢ.

nose [nəʊz] *n* [of person] nariz *f*; [of animal] hocico *m*; [of plane, car] morro *m*; **under one's** ~ delante de las narices de uno; **to cut off one's** ~ **to spite one's face** *salir uno perjudicado al intentar perjudicar a otro*; **to have a** ~ **for sthg** tener olfato para algo; **he gets up my** ~ *inf* me saca de quicio; **to keep one's** ~ **out of sthg** no meter las narices en algo; **to look down one's** ~ **at sb/sthg** mirar por encima del hombro a alguien/algo; **to pay through the** ~ pagar un dineral; **to poke** OR **stick one's** ~ **in** *inf* meter las narices; **to turn up one's** ~ **at sthg** hacerle ascos a algo.

➤ **nose about, nose around** *vi* curiosear.

nosebag ['nəʊzbæg] *n* morral *m*.

nosebleed ['nəʊzbliːd] *n* hemorragia *f* nasal.

nosecone ['nəʊzkəʊn] *n* morro *m*.

nosedive ['nəʊzdaɪv] <> *n* [of plane] picado *m*. <> *vi lit & fig* bajar en picado.

nose ring *n* pendiente *m* en la nariz (*en forma de aro*).

nose stud *n* pendiente *m* en la nariz (*en forma de joya*).

nosey ['nəʊzɪ] = **nosy**.

nosh [nɒʃ] *n UK inf* papeo *m*.

nosh-up *n UK inf* comilona *f*.

no-smoking *adj* [area, carriage] para no fumadores; [flight] de no fumadores.

nostalgia [nɒˈstældʒə] *n:* ~ **(for)** nostalgia *f* (de).

nostalgic [nɒˈstældʒɪk] *adj* nostálgico(ca).

nostril ['nɒstrəl] *n* ventana *f* de la nariz.

nosy ['nəʊzɪ] (*compar* -**ier**, *superl* -**iest**) *adj* fisgón(ona), entrometido(da).

not [nɒt] *adv* no; **this is** ~ **the first time** no es la primera vez; **it's green, isn't it?** es verde, ¿no?; ~ **me** yo no; **I hope/think** ~ espero/creo que no; ~ **a chance** de ninguna manera; ~ **even a** ... ni siquiera un (una) ...; ~ **all** OR **every** no todos(das); ~ **always** no siempre; ~ **that** ... no es que ...; ~ **at all** [no] en absoluto; [to acknowledge thanks] de nada.

notable ['nəʊtəbl] <> *adj* notable; **to be** ~ **for sthg** destacar por algo. <> *n* notable *m* OR *f*, personaje *m*.

notably ['nəʊtəblɪ] *adv* **-1.** [in particular] especial-

mente **-2.** [noticeably] notablemente, marcadamente.

notarize ['nəʊtəraɪz] *vt US* [document] autenticar, legalizar.

notary ['nəʊtərɪ] (*pl* -**ies**) *n:* ~ **(public)** notario *m*, -ria *f*.

notation [nəʊˈteɪʃn] *n* notación *f*.

notch [nɒtʃ] *n* **-1.** [cut] muesca *f* **-2.** *fig* [on scale] punto *m*.

➤ **notch up** *vt fus* apuntarse.

note [nəʊt] <> *n* **-1.** [gen] nota *f*; **to make a** ~ **of sthg** tomar nota de algo; **to take** ~ **of sthg** tener algo presente; **to compare** ~**s** cambiar impresiones **-2.** [paper money] billete *m* **-3.** [tone] tono *m* **-4.** [importance]**: of** ~ de importancia, notable. <> *vt* **-1.** [observe] notar; **please** ~ **that** ... tenga en cuenta que ... **-2.** [mention] mencionar.

➤ **notes** *npl* [written record] apuntes *mpl*; **to take** ~**s** tomar apuntes; [in book] notas *fpl*.

➤ **note down** *vt sep* anotar, apuntar.

notebook ['nəʊtbʊk] *n* **-1.** [for taking notes] libreta *f*, cuaderno *m* **-2.** COMPUT: ~ **(computer)** ordenador *m* portátil.

noted ['nəʊtɪd] *adj* destacado(da); **to be** ~ **for** distinguirse por.

notepad ['nəʊtpæd] *n* bloc *m* de notas.

notepaper ['nəʊtpeɪpə'] *n* papel *m* de escribir OR de cartas.

noteworthy ['nəʊtˌwɜːðɪ] (*compar* -**ier**, *superl* -**iest**) *adj* digno(na) de mención, significativo(va).

nothing ['nʌθɪŋ] <> *pron* nada; **I've got** ~ **to do** no tengo nada que hacer; **there's** ~ **complicated** about it no tiene nada de complicado; **there's** ~ **in it** [it's untrue] es falso; **there's** ~ **to it** es facilísimo; **for** ~ [free] gratis; [for no purpose] en vano, en balde; **he's** ~ **if not generous** otra cosa no será pero desde luego generoso sí que es; ~ **but** tan sólo; **there's** ~ **for it (but to do sthg)** *UK* no hay más remedio (que hacer algo); ~ **much** no mucho. <> *adv:* **to be** ~ **like sb/sthg** no parecerse en nada a alguien/algo; **I'm** ~ **like finished** no he terminado ni mucho menos.

nothingness ['nʌθɪŋnɪs] *n* nada *f*.

notice ['nəʊtɪs] <> *n* **-1.** [on wall, door] cartel *m*; [in newspaper] anuncio *m* **-2.** [attention] atención *f*; **to come to one's** ~ llegar al conocimiento de uno; **to escape one's** ~ pasarle inadvertido OR escapársele a uno; **to take** ~ **(of)** hacer caso (de), prestar atención (a); **to take no** ~ **(of)** no hacer caso (de); **he/she didn't take a blind bit of** ~ no hizo ni el más mínimo caso **-3.** [warning] aviso *m*; **at short** ~ casi sin previo aviso; **until further** ~ hasta nuevo aviso; **with-**

out ~ sin previo aviso - **4.** [at work]: **to be given one's** ~ ser despedido(da); **to hand in one's** ~ presentar la dimisión. ◇ *vt* -**1.** [sense, smell] notar; [see] fijarse en, ver; **to** ~ **sb doing sthg** fijarse en alguien que está haciendo algo - **2.** [realize] darse cuenta de. ◇ *vi* darse cuenta.

noticeable ['nəʊtɪsəbl] *adj* notable.

noticeably ['nəʊtɪsəblɪ] *adv* notablemente.

notice board *n* tablón *m* de anuncios.

notification [,nəʊtɪfɪ'keɪʃn] *n* notificación *f*.

notify ['nəʊtɪfaɪ] (*pt* & *pp* **-ied**) *vt*: **to** ~ **sb (of sthg)** notificar OR comunicar (algo) a alguien.

notion ['nəʊʃn] *n* noción *f*.

➤ **notions** *npl US* artículos *mpl* de mercería.

notional ['nəʊʃənl] *adj* hipotético(ca).

notoriety [,nəʊtə'raɪətɪ] *n* mala fama *f*.

notorious [nəʊ'tɔːrɪəs] *adj* famoso(sa), célebre; **to be** ~ **for sthg** ser muy conocido(da) por algo.

notoriously [nəʊ'tɔːrɪəslɪ] *adv*: **it is** ~ **difficult** es conocido por lo difícil que es.

Notts [nɒts] (*abbr of* **Nottinghamshire**) *condado inglés*.

notwithstanding [,nɒtwɪθ'stændɪŋ] *fml* ◇ *prep* a pesar de. ◇ *adv* sin embargo, no obstante.

nougat ['nuːgɑː] *n* dulce hecho a base de nueces y frutas.

nought [nɔːt] *num* cero; ~**s and crosses** tres en raya.

noun [naʊn] *n* nombre *m*, sustantivo *m*.

nourish ['nʌrɪʃ] *vt* -**1.** [feed] nutrir, alimentar - **2.** [entertain] alimentar, albergar.

nourishing ['nʌrɪʃɪŋ] *adj* nutritivo(va), rico(ca).

nourishment ['nʌrɪʃmənt] *n* alimento *m*, sustento *m*.

Nov. (*abbr of* **November**) nov.

Nova Scotia [,nəʊvə'skəʊʃə] *n* Nueva Escocia.

Nova Scotian [,nəʊvə'skəʊʃn] ◇ *adj* neoescocés(esa). ◇ *n* neoescocés *m*, -esa *f*.

novel ['nɒvl] ◇ *adj* original. ◇ *n* novela *f*.

novelist ['nɒvəlɪst] *n* novelista *m* OR *f*.

novelty ['nɒvltɪ] (*pl* -**ies**) *n* -**1.** [gen] novedad *f* - **2.** [cheap object] baratija *f* (poco útil).

November [nə'vembə^r] *n* noviembre *m*; *see also* September.

novice ['nɒvɪs] *n* -**1.** [inexperienced person] principiante *m* OR *f* - **2.** RELIG novicio *m*, -cia *f*.

Novocaine® ['nəʊvəkeɪn] *n* novocaína® *f*.

now [naʊ] ◇ *adv* -**1.** [at this time, at once] ahora; **do it** ~ hazlo ahora; **he's been away for two weeks** ~ lleva dos semanas fuera; **any day**

~ cualquier día de éstos; **any time** ~ en cualquier momento; **for** ~ por ahora, por el momento; ~ **and then** OR **again** de vez en cuando - **2.** [nowadays] hoy día - **3.** [at a particular time in the past] entonces - **4.** [to introduce statement] vamos a ver. ◇ *conj*: ~ **(that)** ahora que, ya que. ◇ *n* ahora; **five days from** ~ de aquí a cinco días; **from** ~ **on** a partir de ahora; **they should be here by** ~ ya deberían estar aquí; **up until** ~ hasta ahora.

NOW [naʊ] (*abbr of* **National Organization for Women**) *n principal organización estadounidense contra la discriminación sexual*.

nowadays ['naʊədeɪz] *adv* hoy en día, actualmente.

nowhere *UK* ['nəʊweə^r], **no-place** *US* ◇ *adv* [be] en ninguna parte; [go] a ninguna parte; ~ **else** en ninguna otra parte; **to appear out of** OR **from** ~ salir de la nada; **to be getting** ~ no estar avanzando nada, no ir a ninguna parte; **(to be)** ~ **near (as ... as ...)** (no ser) ni mucho menos (tan ... como ...); **this is getting us** ~ esto no nos lleva a nada. ◇ *n*: **we have** ~ **to hide** no tenemos dónde escondernos.

no-win situation *n* situación en la que se haga lo que se haga se sale perdiendo.

noxious ['nɒkʃəs] *adj* nocivo(va).

nozzle ['nɒzl] *n* boquilla *f*.

NP *n abbr of* **notary public**.

NS *abbr of* **Nova Scotia**.

NSC (*abbr of* **National Security Council**) *n consejo federal estadounidense para la coordinación de la política exterior y de defensa*.

NSPCC (*abbr of* **National Society for the Prevention of Cruelty to Children**) *n organización benéfica británica para la prevención de malos tratos a los niños*.

NSW *n abbr of* **New South Wales**.

NT *n* -**1.** (*abbr of* **New Testament**) N.T. *m* - **2.** *abbr of* **National Trust**.

nth [enθ] *adj inf*: **to the** ~ **degree** al máximo; **for the** ~ **time** por enésima vez.

nuance [njuː'ɑːns] *n* matiz *m*.

nub [nʌb] *n*: **the** ~ el quid.

nubile [*UK* 'njuːbaɪl, *US* 'nuːbəl] *adj fml* OR *hum* núbil.

nuclear ['njuːklɪə^r] *adj* nuclear.

nuclear bomb *n* bomba *f* atómica.

nuclear disarmament *n* desarme *m* nuclear.

nuclear energy *n* energía *f* nuclear.

nuclear family *n* familia *f* nuclear.

nuclear fission *n* fisión *f* nuclear.

nuclear-free zone *n* zona *f* desnuclearizada.

nuclear fusion *n* fusión *f* nuclear.
nuclear physics *n* física *f* nuclear.
nuclear power *n* energía *f* nuclear.
nuclear power station *n* central *f* nuclear.
nuclear reactor *n* reactor *m* nuclear.
nuclear war *n* guerra *f* nuclear.
nuclear warfare *n* (U) guerra *f* nuclear.
nuclear warhead *n* cabeza *f* nuclear.
nuclear waste *n* (U) residuos *mpl* nucleares.
nuclear weapon *n* arma *f* nuclear.
nuclear winter *n* invierno *m* nuclear.
nucleus ['nju:klɪəs] (*pl* -**lei** [-lɪaɪ]) *n lit* & *fig* núcleo *m*.
nude [nju:d] <> *adj* desnudo(da). <> *n* ART desnudo *m*; **in the** ~ desnudo(da).
nudge [nʌdʒ] <> *n* -**1.** [with elbow] codazo *m* -**2.** *fig* [to encourage] empujón *m*. <> *vt* -**1.** [with elbow] dar un codazo a -**2.** *fig* [to encourage] empujar.
nudist ['nju:dɪst] <> *adj* nudista. <> *n* nudista *m* OR *f*.
nudity ['nju:dətɪ] *n* desnudez *f*.
nugget ['nʌgɪt] *n* -**1.** [of gold] pepita *f* -**2.** *fig* [valuable piece]: ~**s of wisdom** gotas *fpl* de sabiduría.
nuisance ['nju:sns] *n* [thing] fastidio *m*, molestia *f*; [person] pesado *m*; **to make a** ~ **of o.s.** dar la lata.
NUJ (*abbr of* **National Union of Journalists**) *n* sindicato británico de periodistas.
nuke [nju:k] *inf* <> *n* bomba *f* atómica. <> *vt* -**1.** MIL atacar con arma nuclear -**2.** [cook in microwave] cocinar en el microondas.
null [nʌl] *adj*: ~ **and void** nulo(la) y sin efecto.
nullify ['nʌlɪfaɪ] (*pt* & *pp* -**ied**) *vt* anular.
NUM (*abbr of* **National Union of Mineworkers**) *n* sindicato británico de mineros.
numb [nʌm] <> *adj* entumecido(da); **to be** ~ **with cold** estar helado(da) de frío; **to be** ~ **with fear** estar paralizado(da) de miedo. <> *vt* entumecer.
number ['nʌmbə'] <> *n* -**1.** [gen] número *m*; **a** ~ **of** varios(rias); **a large** ~ **of** gran número de; **large** ~**s of** grandes cantidades de; **any** ~ **of** la mar de -**2.** [of car] matrícula *f*. <> *vt* -**1.** [amount to] ascender a -**2.** [give a number to] numerar -**3.** [include]: **to be** ~**ed among** figurar entre.
number-crunching [-ˌkrʌntʃɪŋ] *n inf* cálculo *m* a gran escala.
numberless ['nʌmbəlɪs] *adj* incontables, innumerables.
number one <> *adj* principal, número uno. <> *n inf* [oneself] uno mismo (una misma).

numberplate ['nʌmbəpleɪt] *n* matrícula *f* (de vehículo).
Number Ten *n* el número 10 de Downing Street, residencia oficial del primer ministro británico.
numbness ['nʌmnɪs] *n* -**1.** [with cold] entumecimiento *m* -**2.** *fig* [with shock, fear] parálisis *f inv.*
numbskull ['nʌmskʌl] *n* = **numskull**.
numeracy ['nju:mərəsɪ] *n UK* conocimiento *m* básico de aritmética.
numeral ['nju:mərəl] *n* número *m*, cifra *f*.
numerate ['nju:mərət] *adj UK* competente en aritmética.
numerical [nju:'merɪkl] *adj* numérico(ca).
numeric keypad [nju:'merɪk-] *n* COMPUT teclado *m* numérico.
numerous ['nju:mərəs] *adj* numeroso(sa).
numskull ['nʌmskʌl] *n inf* imbécil *m* OR *f*, mentecato *m*, -ta *f*.
nun [nʌn] *n* monja *f*.
nuptial ['nʌpʃl] *adj fml* nupcial.
nurse [nɜ:s] <> *n* MED enfermero *m*, -ra *f*; [nanny] niñera *f*. <> *vt* -**1.** [care for] cuidar, atender -**2.** [try to cure - a cold] curarse -**3.** *fig* [nourish] abrigar -**4.** [subj: mother] criar, amamantar.
nursemaid ['nɜ:smeɪd] *n* niñera *f*.
nursery ['nɜ:sərɪ] (*pl* -**ies**) <> *adj* [education] preescolar. <> *n* -**1.** [at home] cuarto *m* de los niños; [away from home] guardería *f* -**2.** [for plants] semillero *m*, vivero *m*.
nursery nurse *n UK* [at school] niñera *f*; [in hospital] enfermera *f* puericultora.
nursery rhyme *n* poema *m* OR canción *f* infantil.
nursery school *n* parvulario *m*, escuela *f* de párvulos.
nursery slopes *npl* pista *f* para principiantes.
nursing ['nɜ:sɪŋ] *n* [profession] profesión *f* de enfermera; [of patient] asistencia *f*, cuidado *m*.
nursing home *n* [for old people] clínica *f* de reposo (privada); [for childbirth] clínica *f* (privada) de maternidad.
nurture ['nɜ:tʃə'] *vt* -**1.** [child, plant] criar -**2.** [plan, feelings] alimentar.
NUS (*abbr of* **National Union of Students**) *n* sindicato nacional de estudiantes en Gran Bretaña.
nut [nʌt] *n* -**1.** [to eat] nuez *f* -**2.** [of metal] tuerca *f*; **the** ~**s and bolts** *fig* lo esencial, lo básico -**3.** *inf* [mad person] chiflado *m*, -da *f* -**4.** *inf* [enthusiast] maniático *m*, -ca *f* -**5.** *inf* [head]: **she's off her** ~ *UK* está mal del coco.
➡ **nuts** *inf* <> *adj*: **to be** ~**s** estar chala-

do(da). <> *excl US* ¡maldita sea!

NUT (*abbr of* National Union of Teachers) *n* sindicato británico de profesores.

nutcase ['nʌtkeɪs] *n inf* pirado *m*, -da *f*.

nutcrackers ['nʌt,krækəz] *npl* cascanueces *m inv*.

nutmeg ['nʌtmeg] *n* nuez *f* moscada.

nutrient ['njuː'trɪənt] *n* sustancia *f* nutritiva.

nutrition [nju:'trɪʃn] *n* nutrición *f*, alimentación *f*.

nutritional [nju:'trɪʃənl] *adj* nutritivo(va).

nutritionist [nju:'trɪʃənɪst] *n* dietista *m or f*.

nutritious [nju:'trɪʃəs] *adj* nutritivo(va).

nutshell ['nʌtʃel] *n*: in a ~ en una palabra.

nutter ['nʌtə'] *n UK inf* chiflado *m*, -da *f*.

nuzzle ['nʌzl] <> *vt* rozar con el hocico. <> *vi*: to ~ (up) against arrimarse a.

NV *abbr of* Nevada.

NVQ (*abbr of* National Vocational Qualification) *n* título de formación profesional en Inglaterra y Gales.

NW (*abbr of* north-west) NO.

NWT *abbr of* Northwest Territories.

NY *abbr of* New York.

NYC *abbr of* New York City.

nylon ['naɪlɒn] <> *n* nylon *m*. <> *comp* de nylon.

➤ **nylons** *npl dated* medias *fpl* de nylon.

nymph [nɪmf] *n* ninfa *f*.

nymphomaniac [,nɪmfə'meɪnɪæk] *n* ninfómana *f*.

NYSE (*abbr of* New York Stock Exchange) *n* la Bolsa de Nueva York.

NZ *abbr of* New Zealand.

o (*pl* o's *or* os), **O** (*pl* O's *or* Os) [əʊ] *n* -**1.** [letter] o *f*, O *f* -**2.** [zero] cero *m*.

oaf [əʊf] *n* zoquete *m or f*, lerdo *m*, -da *f*.

oak [əʊk] <> *n* roble *m*. <> *comp* de roble.

OAP *n abbr of* old age pensioner.

oar [ɔː'] *n* remo *m*; to put *or* stick one's ~ in entrometerse.

oarlock ['ɔ:lɒk] *n US* [rowlock] escálamo *m*, tolete *m*.

oarsman ['ɔ:zmən] (*pl* -men [-mən]) *n* remero *m*.

oarswoman ['ɔ:z,wʊmən] (*pl* -women [-,wɪm-ɪn]) *n* remera *f*.

OAS (*abbr of* Organization of American States) *n* OEA *f*.

oasis [əʊ'eɪsɪs] (*pl* oases [əʊ'eɪsi:z]) *n lit & fig* oasis *m inv*.

oatcake ['əʊtkeɪk] *n* galleta *f* de avena.

oath [əʊθ] *n* -**1.** [promise] juramento *m*; **on** *or* **under** ~ bajo juramento -**2.** [swearword] palabrota *f*.

oatmeal ['əʊtmi:l] *US* <> *n* [flakes] copos *mpl* de avena; [porridge] avena *f*. <> *comp* de avena.

oats [əʊts] *npl* [grain] avena *f*.

OAU (*abbr of* Organization of African Unity) *n* OUA *f*.

obdurate ['ɒbdjʊrət] *adj fml* obstinado(da).

OBE (*abbr of* Order of the British Empire) *n* (titular de) distinción honorífica británica.

obedience [ə'bi:djəns] *n*: ~ (to sb) obediencia *f* (a alguien).

obedient [ə'bi:djənt] *adj* obediente.

obediently [ə'bi:djəntlɪ] *adv* obedientemente.

obelisk ['ɒbəlɪsk] *n* obelisco *m*.

obese [əʊ'bi:s] *adj fml* obeso(sa).

obesity [əʊ'bi:sətɪ] *n* obesidad *f*.

obey [ə'beɪ] *vt & vi* obedecer.

obfuscate ['ɒbfʌskeɪt] *vt fml* oscurecer.

obituary [ə'bɪtjʊərɪ] (*pl* -ies) *n* nota *f* necrológica, necrología *f*.

object [*n* 'ɒbdʒɪkt, *vb* əb'dʒekt] <> *n* -**1.** [gen & COMPUT] objeto *m* -**2.** [aim] objeto *m*, propósito *m* -**3.** GRAMM complemento *m*. <> *vt* objetar. <> *vi*: to ~ (to sthg/to doing sthg) oponerse (a algo/a hacer algo); I ~ to that comment me parece muy mal ese comentario.

objection [əb'dʒekʃn] *n* objeción *f*, reparo *m*; to have no ~ (to sthg/to doing sthg) no tener inconveniente (en algo/en hacer algo).

objectionable [əb'dʒekʃənəbl] *adj* [person] desagradable; [behaviour] censurable.

objective [əb'dʒektɪv] <> *adj* objetivo(va). <> *n* objetivo *m*.

objectively [əb'dʒektɪvlɪ] *adv* objetivamente.

objectivity [,ɒbdʒek'tɪvətɪ] *n* objetividad *f*.

object lesson ['ɒbdʒɪkt-] *n*: an ~ in sthg un perfecto ejemplo de algo.

objector [əb'dʒektə'] *n* oponente *mf*.

obligate ['ɒblɪgeɪt] *vt fml*: to ~ sb to do sthg obligar a alguien a hacer algo.

obligation [,ɒblɪ'geɪʃn] *n* -**1.** [compulsion] obligación *f*; to be under an ~ to do sthg tener la

obligación de hacer algo - **2.** [duty] deber *m*.
obligatory [ə'blɪgətrɪ] *adj* obligatorio(ria).
oblige [ə'blaɪdʒ] <> *vt* -**1.** [force]: **to ~ sb to do sthg** obligar a alguien a hacer algo - **2.** *fml* [do a favour to] hacer un favor a; **I would be much ~ d if ...** le estaría muy agradecido si ... <> *vi* hacer el favor.
obliging [ə'blaɪdʒɪŋ] *adj* servicial, atento(ta).
oblique [ə'bli:k] <> *adj* -**1.** [indirect - reference] indirecto(ta) - **2.** [slanting] oblicuo(cua). <> *n* TYPO barra *f*.
obliquely [ə'bli:klɪ] *adv* [indirectly] indirectamente.
obliterate [ə'blɪtəreɪt] *vt* arrasar.
obliteration [ə,blɪtə'reɪʃn] *n* arrasamiento *m*.
oblivion [ə'blɪvɪən] *n* olvido *m*.
oblivious [ə'blɪvɪəs] *adj* inconsciente; **to be ~ to** OR **of sthg** no ser consciente de algo.
oblong ['ɒblɒŋ] <> *adj* rectangular, oblongo(ga). <> *n* rectángulo *m*.
obnoxious [əb'nɒkʃəs] *adj* repugnante, detestable.
oboe ['əʊbəʊ] *n* oboe *m*.
oboist ['əʊbəʊɪst] *n* oboe *m* OR *f*, oboísta *m* OR *f*.
obscene [əb'si:n] *adj* obsceno(na), indecente.
obscenity [əb'senətɪ] (*pl* -ies) *n* obscenidad *f*.
obscure [əb'skjʊəʳ] <> *adj lit* & *fig* oscuro(ra). <> *vt* -**1.** [make difficult to understand] oscurecer - **2.** [hide] esconder.
obscurity [əb'skjʊərətɪ] *n lit* & *fig* oscuridad *f*.
obsequious [əb'si:kwɪəs] *adj fml* & *pej* servil.
observable [əb'zɜ:vəbl] *adj* visible, observable.
observably [əb'zɜ:vəblɪ] *adv* visiblemente.
observance [əb'zɜ:vns] *n* observancia *f*, cumplimiento *m*.
observant [əb'zɜ:vnt] *adj* observador(ra).
observation [,ɒbzə'veɪʃn] *n* -**1.** [by police] vigilancia *f*; [by doctor] observación *f*- **2.** [comment] observación *f*, comentario *m*.
observation post *n* puesto *m* de observación.
observatory [əb'zɜ:vətrɪ] (*pl* -ies) *n* observatorio *m*.
observe [əb'zɜ:v] *vt* -**1.** [gen] observar - **2.** [obey] cumplir con, observar.
observer [əb'zɜ:vəʳ] *n* observador *m*, -ra *f*.
obsess [əb'ses] *vt* obsesionar; **to be ~ ed by** OR **with** estar obsesionado con.
obsession [əb'seʃn] *n* obsesión *f*.
obsessional [əb'seʃənl] *adj* obsesivo(va).
obsessive [əb'sesɪv] *adj* obsesivo(va).
obsolescence [,ɒbsə'lesns] *n* obsolescencia *f*.
obsolescent [,ɒbsə'lesnt] *adj* obsolescente,

que está cayendo en desuso.
obsolete ['ɒbsəli:t] *adj* obsoleto(ta).
obstacle ['ɒbstəkl] *n* -**1.** [object] obstáculo *m* - **2.** [difficulty] estorbo *m*, impedimento *m*.
obstacle race *n* carrera *f* de obstáculos.
obstetrician [,ɒbstə'trɪʃn] *n* tocólogo *m*, -ga *f*, obstetra *m* OR *f*.
obstetrics [ɒb'stetrɪks] *n* obstetricia *f*.
obstinacy ['ɒbstɪnəsɪ] *n* terquedad *f*, obstinación *f*.
obstinate ['ɒbstənət] *adj* -**1.** [stubborn] obstinado(da), terco(ca) - **2.** [persistent] tenaz.
obstinately ['ɒbstənətlɪ] *adv* obstinadamente, tercamente.
obstreperous [əb'strepərəs] *adj fml* OR *hum* [unruly] desmandado(da).
obstruct [əb'strʌkt] *vt* -**1.** [block] obstruir, bloquear - **2.** [hinder] estorbar, entorpecer.
obstruction [əb'strʌkʃn] *n* [gen & SPORT] obstrucción *f*; [blockage] atasco *m*.
obstructive [əb'strʌktɪv] *adj* obstructor(ra).
obtain [əb'teɪn] *vt* obtener, conseguir.
obtainable [əb'teɪnəbl] *adj* que se puede conseguir, disponible.
obtrusive [əb'tru:sɪv] *adj* [smell] penetrante; [colour] chillón(ona); [person] entrometido(da).
obtrusively [əb'tru:sɪvlɪ] *adv* indiscretamente.
obtuse [əb'tju:s] *adj lit* & *fig* obtuso(sa).
obverse ['ɒbvɜ:s] *n* -**1.** [front side] anverso *m* - **2.** [opposite]: **the ~ of** la otra cara de.
obviate ['ɒbvɪeɪt] *vt fml* evitar, obviar.
obvious ['ɒbvɪəs] <> *adj* obvio(via), evidente. <> *n*: **to state the ~** afirmar lo obvio OR lo evidente.
obviously ['ɒbvɪəslɪ] *adv* -**1.** [of course] evidentemente, obviamente; **~ not** claro que no - **2.** [clearly] claramente, obviamente; **he's ~ lying** está claro que miente.
obviousness ['ɒbvɪəsnɪs] *n* obviedad *f*, lo evidente.
OCAS (*abbr of* **Organization of Central American States**) *n* ODECA *f*.
occasion [ə'keɪʒn] <> *n* -**1.** [time] vez *f*, ocasión *f*; **on one ~** una vez, en una ocasión; **on several ~s** varias veces, en varias ocasiones; **on ~** *fml* de vez en cuando - **2.** [important event] acontecimiento *m*; **to rise to the ~** ponerse a la altura de las circunstancias - **3.** *fml* [opportunity] ocasión *f*. <> *vt fml* [cause] ocasionar, causar.
occasional [ə'keɪʒənl] *adj* [trip, drink] esporádico(ca); [showers] ocasional.
occasionally [ə'keɪʒnəlɪ] *adv* de vez en cuando.
occasional table *n* mesita *f* (auxiliar).

occult [ɒ'kʌlt] <> adj oculto(ta). <> n: the ~ lo oculto.

occupancy ['ɒkjʊpənsɪl n ocupación f.

occupant ['ɒkjʊpəntl n -1. [of building, room] inquilino m, -na f - 2. [of chair, vehicle] ocupante m OR f.

occupation [ˌɒkjʊ'peɪʃn] n -1. [job] empleo m, ocupación f - 2. [pastime] pasatiempo m - 3. MIL [of country, building] ocupación f.

occupational [ˌɒkju:'peɪʃənl] adj laboral, profesional.

occupational disease n enfermedad f profesional.

occupational hazard n: ~s gajes mpl del oficio.

occupational therapist n terapeuta m OR f ocupacional.

occupational therapy n terapia f ocupacional.

occupied ['ɒkjʊpaɪd] adj ocupado(da).

occupier ['ɒkjʊpaɪəʳ] n inquilino m, -na f.

occupy ['ɒkjʊpaɪ] (pt & pp -ied) vt -1. [gen] ocupar - 2. [live in] habitar - 3. [entertain]: to ~ o.s. entretenerse.

occur [ə'kɜ:ʳ] (pt & pp -red, cont -ring) vi -1. [happen] ocurrir, suceder - 2. [be present] encontrarse - 3. [thought, idea]: to ~ to sb ocurrírsele a alguien; it ~s to me that ... se me ocurre que ...

occurrence [ə'kʌrəns] n -1. [event] acontecimiento m - 2. [coming about] aparición f.

ocean ['əʊʃn] n océano m.

oceangoing ['əʊʃn,gəʊɪŋ] adj marítimo(ma).

Oceania [ˌəʊʃɪ'ɑ:nɪə] n Oceanía.

Oceanian [ˌəʊʃɪ'ɑ:nɪən] <> adj oceánico(ca). <> n oceánico m, -ca f.

ochre UK, **ocher** US ['əʊkəʳ] adj ocre.

o'clock [ə'klɒk] adv: it's one ~ es la una; it's two/three ~ son las dos/las tres; at one/two ~ a la una/las dos.

OCR n COMPUT - 1. (abbr of optical character reader) LOC m - 2. (abbr of optical character recognition) ROC m.

Oct. (abbr of October) oct.

octagon ['ɒktəgən] n octágono m.

octagonal [ɒk'tægənl] adj octagonal.

octane ['ɒkteɪn] n octano m.

octane number, octane rating n octanaje m.

octave ['ɒktɪv] n octava f.

octet [ɒk'tet] n octeto m.

October [ɒk'təʊbəʳ] n octubre m; see also **September.**

octogenarian [ˌɒktəʊdʒɪ'neərɪən] n octogenario m, -ria f.

octopus ['ɒktəpəs] (pl -puses OR -pi [-paɪ]) n pulpo m.

OD -1. abbr of **overdose** - **2.** abbr of **overdrawn.**

odd [ɒd] adj -1. [strange] raro(ra), extraño(ña) - 2. [not part of pair] sin pareja, suelto(ta) - 3. [number] impar - 4. inf [leftover] sobrante - 5. inf [occasional]: I play the ~ game juego alguna que otra vez - 6. inf [approximately]: **30 ~ years** 30 y tantos OR y pico años.

➡ **odds** npl -1.: the ~s [probability] las probabilidades; [in betting] las apuestas; **the ~s are that ...** lo más probable es que ...; **against all ~s** contra viento y marea; **against the ~s** contra (todo) pronóstico - **2.** [bits]: ~s **and ends** chismes mpl, cosillas fpl - **3.** phr: to be at ~s with sthg no concordar con algo; to be at ~s with sb estar reñido con alguien.

oddball ['ɒdbɔ:l] n inf excéntrico m, -ca f.

oddity ['ɒdɪtɪ] (pl -ies) n rareza f.

odd-job man UK, **odd jobber** US n hombre m que hace chapuzas.

odd jobs npl chapuzas fpl.

oddly ['ɒdlɪ] adv extrañamente; ~ **enough** aunque parezca mentira.

oddments ['ɒdmənts] npl retales mpl.

odds-on ['ɒdz-] adj inf: the ~ **favourite** el favorito indiscutible; it's ~ **that ...** fijo que ...

ode [əʊd] n oda f.

odious ['əʊdjəs] adj odioso(sa), detestable.

odometer [əʊ'dɒmɪtəʳ] n US cuentakilómetros m inv.

odorless US adj = **odourless.**

odour UK, **odor** US ['əʊdəʳ] n [gen] olor m; [of perfume] fragancia f.

odourless UK, **odorless** US ['əʊdəlɪs] adj inodoro(ra).

odyssey ['ɒdɪsɪ] (pl odysseys) n literary odisea f.

OECD (abbr of **Organization for Economic Cooperation and Development**) n OCDE f.

oesophagus UK, **esophagus** US [ɪ'sɒfəgəs] n esófago m.

oestrogen UK, **estrogen** US [i:strədʒən] n estrógeno m.

of [unstressed əv, stressed ɒv] prep -1. [gen] de; **the cover ~ a book** la portada de un libro; **the King ~ England** el rey de Inglaterra; **a cousin ~ mine** un primo mío; **both ~ us** nosotros dos, los dos; **the worst ~ them** el peor de ellos; **to die ~ sthg** morir de algo - 2. [expressing quantity, referring to container] de; **thousands ~ people** miles de personas; **there are three ~ us** somos tres; **a litre ~ petrol** un litro de gasolina; **a cup ~ coffee** un café, una taza de café - **3.** [indicating amount, age, time] de; **a child ~ five** un niño de cinco (años); **at the age ~**

five a los cinco años; **an increase** ~ **6%** un incremento del 6% **the 12th** ~ **February** el 12 de febrero; **the night** ~ **the disaster** la noche del desastre **- 4.** [made from] de; **a dress** ~ **silk** un vestido de seda; **to be made** ~ **sthg** estar hecho de algo **- 5.** [with emotions, opinions]: **fear** ~ **ghosts** miedo a los fantasmas; **love** ~ **good food** amor por la buena mesa; **it was very kind** ~ **you** fue muy amable de *or* por tu parte.

off [ɒfl] <> *adv* **- 1.** [away]: **to drive** ~ alejarse conduciendo; **to turn** ~ salir de la carretera; **I'm** ~! ¡me voy! **- 2.** [at a distance - in time]: **it's two days** ~ quedan dos días; **that's a long time** ~ aún queda mucho para eso; [- in space]: **it's ten miles** ~ está a diez millas; **far** ~ lejos **- 3.** [so as to remove]: **to take sthg** ~ [gen] quitar algo; [one's clothes] quitarse algo; **to cut sthg** ~ cortar algo; **could you help me** ~ **with my coat?** ¿me ayudas a quitarme el abrigo? **- 4.** [so as to complete]: **to finish** ~ terminar, acabar; **to kill** ~ rematar **- 5.** [not at work] libre; **a day** ~ un día libre; **time** ~ tiempo *m* libre **- 6.** [so as to separate]: **to fence** ~ vallar; **to wall** ~ tapiar **- 7.** [so as to stop working]: **to turn** ~ [light, radio] apagar; [water, tap] cerrar **- 8.** [discounted]: **£10** ~ 10 libras de descuento **- 9.** [having money]: **to be well/badly** ~ andar bien/mal de dinero. <> *prep* **- 1.** [away from]: **to get** ~ **sthg** bajarse de algo; **to keep** ~ **sthg** mantenerse alejado de algo; **'keep** ~ **the grass'** 'prohibido pisar el césped' **- 2.** [close to]: **just** ~ **the coast** muy cerca de la costa; **it's** ~ **Oxford Street** está al lado de Oxford Street **- 3.** [removed from]: **to cut a slice** ~ **sthg** cortar un pedazo de algo; **take your hands** ~ **me!** ¡quítame las manos de encima! **- 4.** [not attending]: **to be** ~ **work/duty** no estar trabajando/de servicio; **a day** ~ **work** un día de vacaciones **- 5.** *inf* [no longer liking]: **she's** ~ **coffee/her food** no le apetece café/comer **- 6.** [deducted from]: **there's 10%** ~ **the price** hay un 10% de rebaja sobre el precio **- 7.** *inf* [from]: **I bought it** ~ **him** se lo compré a él. <> *adj* **- 1.** [gone bad - meat, cheese] pasado(da), estropeado(da); [- milk] cortado(da) **- 2.** [light, radio, device] apagado(da); [water, electricity] desconectado(da); [tap] cerrado(da) **- 3.** [cancelled] suspendido(da); **the wedding's** ~ se ha cancelado la boda **- 4.** [not being served]: **the ice cream's** ~ **today** no hay helado hoy **- 5.** *inf* [offhand] brusco(ca), descortés.

offal [ˈɒfl] *n (U)* asaduras *fpl*.

off-balance *adv* **- 1.** [not standing firmly] en equilibrio precario; **to throw** *or* **push sb** ~ hacer perder el equilibrio a alguien **- 2.** [unprepared] desprevenido(da).

offbeat [ˈɒfbiːt] *adj inf* original, poco convencional.

off-centre <> *adj* descentrado(da). <> *adv* a un lado.

off-chance *n*: **on the** ~ por si acaso.

off colour *adj* indispuesto(ta).

offcut [ˈɒfkʌt] *n* [of fabric] retazo *m*; [of wood] trozo *m* suelto.

off-day *n* mal día *m*.

off duty *adj* [policeman] fuera de servicio; [soldier] de permiso.

offence *UK*, **offense** *US* [əˈfens] *n* **- 1.** [crime] delito *m* **- 2.** [cause of upset] ofensa *f*; **to cause sb** ~ ofender a alguien; **to take** ~ ofenderse.

offend [əˈfend] <> *vt* ofender. <> *vi* **- 1.** [contravene]: **to** ~ **against sthg** infringir algo **- 2.** [commit a crime] cometer un delito.

offended [əˈfendɪd] *adj* ofendido(da).

offender [əˈfendər] *n* **- 1.** [criminal] delincuente *m or f* **- 2.** [culprit] culpable *m or f*.

offending [əˈfendɪŋ] *adj* [object] enojoso(sa); [word, statement] ofensivo(va).

offense *US* [sense 2 ˈɒfens] *n* **- 1.** = offence **- 2.** *SPORT* ataque *m*.

offensive [əˈfensɪv] <> *adj* **- 1.** [remark, behaviour] ofensivo(va); [smell] repugnante **- 2.** [aggressive] atacante. <> *n* **- 1.** *MIL* ofensiva *f* **- 2.** *fig* [attack]: **to go on** *or* **take the** ~ tomar la ofensiva.

offensiveness [əˈfensɪvnɪs] *n*: **the** ~ **of** lo ofensivo de.

offer [ˈɒfər] <> *n* oferta *f*; **on** ~ [available] disponible; [at a special price] en oferta. <> *vt* ofrecer; **to** ~ **sthg to sb**, **to** ~ **sb sthg** ofrecer algo a alguien; [be willing]: **to** ~ **to do sthg** ofrecerse a hacer algo. <> *vi* [volunteer] ofrecerse.

OFFER [ˈɒfər] (*abbr of* **Office of Electricity Regulation**) *n* organismo británico regulador de las compañías regionales de electricidad.

offering [ˈɒfərɪŋ] *n* **- 1.** [thing offered] ofrecimiento *m*; [gift] regalo *m* **- 2.** [sacrifice] ofrenda *f*.

off-guard *adj* desprevenido(da).

offhand [ˌɒfˈhænd] <> *adj* frío(a), indiferente. <> *adv* de improviso.

office [ˈɒfis] *n* **- 1.** [gen] oficina *f* **- 2.** [room] despacho *m*, oficina *f* **- 3.** *US* [of doctor, dentist] consulta *f*, consultorio *m* **- 4.** [position of authority] cargo *m*; **in** ~ [political party] en el poder; [person] en el cargo; **to take** ~ [political party] subir al poder; [person] asumir el cargo.

office automation *n* ofimática *f*.

office block *n* bloque *m* de oficinas.

office boy *n* chico *m* de los recados.

officeholder [ˈɒfɪsˌhəʊldəʳ] *n* alto cargo *m* gubernamental.

office hours *npl* horas *fpl* de oficina.

office junior *n UK* subalterno *m*, -na *f*, cadete *m RP.*

Office of Fair Trading *n* organismo gubernamental regulador de la competencia en Gran Bretaña.

officer [ˈɒfɪsəʳ] *n* -1. MIL oficial *m OR f* -2. [in organization, trade union] delegado *m*, -da *f* -3. [in police force] agente *m OR f*.

office work *n* trabajo *m* de oficina.

office worker *n* oficinista *m OR f*.

official [əˈfɪʃl] ◇ *adj* oficial. ◇ *n* [of government] funcionario *m*, -ria *f*; [of trade union] representante *m OR f*.

officialdom [əˈfɪʃəldəm] *n* burocracia *f*.

officially [əˈfɪʃəlɪ] *adv* oficialmente.

official receiver *n* síndico *m*, depositario *m*, -ria *f* judicial.

officiate [əˈfɪʃɪeɪt] *vi*: to ~ (at) oficiar (en).

officious [əˈfɪʃəs] *adj pej* que se excede en cumplir su deber.

offing [ˈɒfɪŋ] *n*: to be in the ~ estar al caer OR a la vista.

off-key ◇ *adj* desafinado(da). ◇ *adv* desafinadamente.

off-licence *n UK* tienda donde se venden bebidas alcohólicas para llevar.

off limits *adj esp US* prohibido(da).

off-line ◇ *adj* -1. [printer] desconectado(da) -2. [operation] fuera de línea. ◇ *adv*: to go ~ desconectarse.

offload [ˌɒfˈləʊd] *vt inf*: to ~ sthg onto sb echarle a alguien algo encima.

off-peak ◇ *adj* [electricity, phone call, travel] de tarifa reducida; [period] económico(ca). ◇ *adv* en las horas de tarifa reducida.

off-putting [-ˌpʊtɪŋ] *adj* -1. [unpleasant] repelente, chocante -2. [distracting]: it's very ~ me distrae mucho.

off-ramp *n US* carril *m* de deceleración OR de salida.

off sales *npl UK* venta de bebidas alcohólicas para llevar.

off season *n*: the ~ la temporada baja.
➡ **off-season** *adj* de temporada baja.

offset [ˈɒfset] (*pt* & *pp* offset, *cont* -ting) *vt* compensar, contrarrestar.

offshoot [ˈɒfʃuːt] *n* vástago *m*, retoño *m*.

offshore [ˈɒfʃɔːʳ] ◇ *adj* [wind] costero(ra); [fishing] de bajura; [oil rig] marítimo(ma); [banking] en bancos extranjeros. ◇ *adv* mar adentro, cerca de la costa; two miles ~ a dos millas de la costa.

offside [*adj* & *adv* ˌɒfˈsaɪd, *n* ˈɒfsaɪd] ◇ *adj* -1. [part of vehicle - right-hand drive] izquierdo(da); [- left-hand drive] derecho(cha) -2. SPORT fuera de juego. ◇ *adv* SPORT fuera de juego. ◇ *n* [of vehicle - right-hand drive] lado *m* izquierdo; [- left-hand drive] lado *m* derecho.

offspring [ˈɒfsprɪŋ] (*pl inv*) *n* -1. [of people - child] *fml or hum* descendiente *m OR f*; [- children] descendencia *f*, prole *f* -2. [of animals] crías *fpl*.

offstage [ˌɒfˈsteɪdʒ] *adj* & *adv* entre bastidores.

off-the-cuff ◇ *adj* improvisado(da). ◇ *adv* improvisadamente.

off-the-peg *adj UK* confeccionado(da).

off-the-record ◇ *adj* extraoficial, oficioso(sa). ◇ *adv* extraoficialmente, oficiosamente.

off-the-wall *adj* descabellado(da), extravagante.

off-white *adj* blancuzco(ca).

OFGAS [ˈɒfgæs] (*abbr of* Office of Gas Supply) *n* organismo británico regulador del suministro de gas.

OFLOT [ˈɒflɒt] (*abbr of* Office of the National Lottery) *n* organismo británico regulador de la lotería nacional.

OFT *n abbr of* Office of Fair Trading.

OFTEL [ˈɒftel] (*abbr of* Office of Telecommunications) *n* organismo gubernamental británico para la supervisión de los servicios de telecomunicaciones.

often [ˈɒfn, ˈɒftn] *adv* [many times] a menudo; how ~ do you go? ¿cada cuánto OR con qué frecuencia vas?; I don't ~ see him no lo veo mucho; I don't go it as ~ as I used to no lo hago tanto como antes.
➡ **all too often** *adv* con demasiada frecuencia.
➡ **as often as not** *adv* con frecuencia, muchas veces.
➡ **every so often** *adv* cada cierto tiempo.
➡ **more often than not** *adv* la mayoría de las veces.

OFWAT [ˈɒfwɒt] (*abbr of* Office of Water Supply) *n* organismo gubernamental británico para la supervisión del suministro de agua.

ogle [ˈəʊgl] *vt pej* comerse con los ojos.

ogre [ˈəʊgəʳ] *n* [in fairy tales] ogro *m*.

oh [əʊ] *excl* -1. [to introduce comment] ¡ah!; ~ really? ¿de verdad? -2. [expressing hesitation] mmm ... -3. [expressing joy, surprise, fear] ¡oh!; ~ no! ¡no!

OH *abbr of* Ohio.

Ohio [əʊˈhaɪəʊ] *n* Ohio.

ohm [əʊm] *n* ohmio *m*.

OHMS (*abbr of* On His/Her Majesty's Service)

expresión que indica el carácter oficial de un documento en Gran Bretaña.

oil [ɔɪl] ◇ n -1. [gen] aceite m -2. [petroleum] petróleo m. ◇ vt engrasar, lubricar.
◆ **oils** npl ART: **to paint in ~s** pintar al óleo.

oilcan ['ɔɪlkæn] n aceitera f.

oil change n cambio m de aceite.

oilcloth ['ɔɪlklɒθ] n hule m.

oil company n compañía f petrolera.

oilfield ['ɔɪlfi:ld] n yacimiento m petrolífero.

oil filter n filtro m del aceite.

oil-fired [-ˌfaɪəd] adj de fuel-oil.

oil industry n: **the ~** la industria petrolífera.

oilman ['ɔɪlmən] (pl -men [-mən]) n [businessman] magnate m del petróleo; [worker] trabajador m (del sector) petrolero.

oil paint n pintura f al óleo.

oil painting n (pintura f al) óleo m.

oil pipeline n oleoducto m.

oilrig ['ɔɪlrɪg] n plataforma f petrolífera.

oilskins ['ɔɪlskɪnz] npl [coat] impermeable m, chubasquero m.

oil slick n marea f negra.

oil tanker n -1. [ship] petrolero m -2. [lorry] camión m cisterna.

oil well n pozo m petrolífero OR de petróleo.

oily ['ɔɪlɪ] (compar -ier, superl -iest) adj -1. [food] aceitoso(sa); [rag, cloth] grasiento(ta); [skin, hair] graso(sa) -2. pej [smarmy] empalagoso(sa).

ointment ['ɔɪntmənt] n pomada f, ungüento m.

OK¹ (pl OKs, pt & pp OKed, cont OKing), **okay** [ˌəʊ'keɪ] inf ◇ adj: **I'm ~** estoy bien; **the food was ~** la comida no estuvo mal; **is it ~ with you?** ¿te parece bien? ◇ n: **to give (sb) the ~** dar el visto bueno (a alguien). ◇ adv bastante bien. ◇ excl -1. [gen] vale, de acuerdo -2. [to introduce new topic] bien, vale. ◇ vt aprobar, dar el visto bueno a.

OK² abbr of **Oklahoma**.

Oklahoma [ˌəʊkləˈhəʊmə] n Oklahoma.

okra ['əʊkrə] n quingombó m.

old [əʊld] ◇ adj -1. [gen] viejo(ja); **how ~ are you?** ¿cuántos años tienes?, ¿qué edad tienes?; **I'm 20 years ~** tengo 20 años; **an ~ woman** una vieja; **~ people** las personas mayores; **when I'm ~er** cuando sea mayor -2. [former] antiguo(gua); **in the ~ days** antiguamente, en el pasado -3. inf [as intensifier]: **any ~ thing** cualquier cosa. ◇ npl: **the ~** los ancianos.

old age n la vejez.

old age pension n UK jubilación f, pensión f.

old age pensioner n UK pensionista m OR f, jubilado m, -da f.

Old Bailey [-'beɪlɪ] n: **the ~** el juzgado criminal central de Inglaterra.

old boy n [former pupil] antiguo alumno m.

olden ['əʊldn] adj: **in the ~ days** antaño.

old-fashioned [-'fæʃnd] adj -1. [outmoded] pasado(da) de moda, anticuado(da) -2. [traditional] antiguo(gua), tradicional.

old flame n antiguo amor m.

old hat adj inf pej: **to be ~** estar muy visto(ta).

old maid n pej [spinster] vieja solterona f.

old master n -1. [painter] antiguo maestro m de la pintura -2. [painting] antigua obra f maestra de la pintura.

old people's home n residencia f OR hogar m de ancianos.

Old Testament n: **the ~** el Antiguo Testamento.

old-time adj de antaño, antiguo(gua).

old-timer n -1. [veteran] veterano m, -na f -2. esp US [old man] viejo m, -ja f.

old wives' tale n cuento m de viejas.

Old World n: **the ~** el Viejo Mundo.

O level n UK examen y calificación sobre una asignatura concreta que se pasaba a los 16 años.

oligarchy ['ɒlɪgɑ:kɪ] (pl -ies) n oligarquía f.

olive ['ɒlɪv] ◇ adj: **~ (green)** verde oliva. ◇ n [fruit] aceituna f, oliva f; **~ (tree)** olivo m.

olive oil n aceite m de oliva.

Olympic [ə'lɪmpɪk] adj olímpico(ca).
◆ **Olympics** npl: **the ~s** los Juegos Olímpicos.

Olympic Games npl: **the ~** los Juegos Olímpicos.

OM (abbr of **Order of Merit**) n (titular de) distinción honorífica británica.

Oman [əʊ'mɑːn] n Omán.

OMB (abbr of **Office of Management and Budget**) n organismo estadounidense de asesoramiento al presidente en materia presupuestaria.

ombudsman ['ɒmbʊdzmən] (pl -men [-mən]) n ≃ defensor m del pueblo.

omelet(te) ['ɒmlɪt] n tortilla f.

omen ['əʊmen] n presagio m.

ominous ['ɒmɪnəs] adj siniestro(tra), de mal agüero.

ominously ['ɒmɪnəslɪ] adv siniestramente, amenazadoramente.

omission [ə'mɪʃn] n omisión f.

omit [ə'mɪt] (pt & pp -ted, cont -ting) vt omitir; [name - from list] pasar por alto; **to ~ to do sthg**

no hacer algo.

omnibus [ˈɒmnɪbəs] n -**1.** [book] antología f -**2.** UK RADIO & TV programa que emite todos los capítulos de la semana seguidos.

omnipotence [ɒmˈnɪpətəns] n fml omnipotencia f.

omnipotent [ɒmˈnɪpətənt] adj fml omnipotente.

omnipresent [ˌɒmnɪˈprezənt] adj fml omnipresente.

omniscient [ɒmˈnɪsɪənt] adj fml omnisciente.

omnivorous [ɒmˈnɪvərəs] adj omnívoro(ra).

on [ɒn] <> prep -**1.** [indicating position - gen] en; [- on top of] sobre, en; ~ **a chair** en OR sobre una silla; ~ **the wall/ground** en la pared/el suelo; **to stand** ~ **one leg** ponerse a la pata coja; **he was lying** ~ **his side/back** estaba tumbado de costado/de espaldas; **she had a strange look** ~ **her face** su rostro tenía un extraño aspecto; ~ **the left/right** a la izquierda/derecha; **I haven't got any money** ~ **me** no llevo nada de dinero encima -**2.** [indicating means]: **it runs** ~ **diesel** funciona con diesel; ~ **TV/the radio** en la tele/la radio; **she's** ~ **the telephone** está al teléfono; **he lives** ~ **fruit** vive (a base) de fruta; **to hurt o.s.** ~ **sthg** hacerse daño con algo -**3.** [indicating mode of transport]: **to travel** ~ **a bus/train/ship** viajar en autobús/tren/barco; **I was** ~ **the bus** iba en el autobús; **to get** ~ **a bus/train/ship** subirse a un autobús/tren/barco; ~ **foot** a pie; ~ **horseback** a caballo -**4.** [indicating time, activity]: ~ **Thursday** el jueves; ~ **Thursdays** los jueves; ~ **my birthday** el día de mi cumpleaños; ~ **the 10th of February** el 10 de febrero; ~ **the 10th** el día 10; ~ **my return**, ~ **returning** al volver; ~ **business/holiday** de negocios/vacaciones -**5.** [concerning] sobre, acerca de; **a book** ~ **astronomy** un libro acerca de OR sobre astronomía -**6.** [indicating membership]: **to be** ~ **a committee** estar en un comité -**7.** [indicating influence] en, sobre; **the impact** ~ **the environment** el impacto en OR sobre el medio ambiente -**8.** [using, supported by]: **to be** ~ **social security** cobrar dinero de la seguridad social; **he's** ~ **tranquillizers** está tomando tranquilizantes; **to be** ~ **drugs** [addicted] drogarse -**9.** [earning]: **she's** ~ **£25,000 a year** gana 25.000 libras al año; **to be** ~ **a low income** tener bajos ingresos -**10.** [obtained from]: **interest** ~ **investments** intereses de OR por inversiones; **a tax** ~ **alcohol** un impuesto sobre el alcohol -**11.** [referring to musical instrument] con; ~ **the violin** con el violín; ~ **the piano** al piano -**12.** inf [paid by]: **the drinks are** ~ **me** yo pago las copas, a las copas invito yo. <> adv -**1.** [in-dicating covering, clothing]: **put the lid** ~ pon la tapa; **what did she have** ~? ¿qué llevaba encima OR puesto?; **put your coat** ~ ponte el abrigo -**2.** [taking place]: **when the war was** ~ cuando la guerra -**3.** [being shown]: **what's** ~ **at the cinema?** ¿qué echan OR ponen en el cine? -**4.** [working - machine] funcionando; [- radio, TV, light] encendido(da); [- tap] abierto(ta); [- brakes] puesto(ta); **turn** ~ **the power** pulse el botón de encendido -**5.** [indicating continuing action]: **we talked/worked** ~ **into the night** seguimos hablando/trabajando hasta bien entrada la noche; **he kept** ~ **walking** siguió caminando -**6.** [forward]: **send my mail** ~ **(to me)** reenvíame el correo; **later** ~ más tarde, después; **earlier** ~ antes -**7.** [of transport]: **the train stopped and we all got** ~ paró el tren y todos nos subimos -**8.** inf [referring to be-haviour]: **it's just not** ~! ¡es una pasada! -**9.** inf : **to be** OR **go** ~ **at sb (to do sthg)** darle la tabarra a alguien (para que haga algo).
 ➤ **from ... on** adv : **from now** ~ de ahora en adelante; **from that moment/time** ~ desde aquel momento.
 ➤ **on about** adv inf : **to go** ~ **about sthg** dar la tabarra con algo.
 ➤ **on and on** adv : **to go** ~ **and** ~ seguir sin parar; **she chattered** ~ **and** ~ no paraba de charlar.
 ➤ **on and off** adv de vez en cuando.
 ➤ **on to, onto** prep (only written as **onto** for senses 4 and 5) -**1.** [to a position on top of] encima de, sobre; **she jumped** ~ **to the chair** salto encima de OR sobre la silla -**2.** [to a position on a vehicle]: **to get** ~ **to a bus/train/plane** subirse a un autobús/tren/avión -**3.** [to a position at-tached to] a; **stick the photo** ~ **to the page** pega la foto a la hoja -**4.** [aware of wrongdoing]: **to be onto sb** andar detrás de alguien -**5.** [into contact with]: **get onto the factory** ponte en contacto con la fábrica.

ON abbr of **Ontario**.

ONC (abbr of **Ordinary National Certificate**) n titulación técnica de enseñanza secundaria en Gran Bretaña.

once [wʌns] <> adv -**1.** [on one occasion] una vez; ~ **a week** una vez a la semana; ~ **again** OR **more** otra vez; **for** ~ por una vez; **more than** ~ más de una vez; ~ **and for all** de una vez por todas; ~ **or twice** alguna que otra vez; ~ **in a while** de vez en cuando -**2.** [previously] en otro tiempo, antiguamente; ~ **upon a time** érase una vez. <> conj una vez que; ~ **you have done it** una vez que lo hayas hecho.
 ➤ **at once** adv -**1.** [immediately] en seguida, inmediatamente -**2.** [at the same time] a la vez,

al mismo tiempo; **all at ~** de repente, de golpe.

once-over *n inf*: **to give sthg the ~** echar un vistazo a algo.

oncoming [ˈɒnˌkʌmɪŋ] *adj* [traffic] que viene en dirección contraria.

OND (*abbr of* **Ordinary National Diploma**) *n* titulación superior que se obtiene tras dos años de formación técnica en Gran Bretaña.

one [wʌn] <> *num* [the number 1] un (una); **I only want ~** sólo quiero uno; **~ hundred** cien; **~ thousand** mil; **~ fifth** un quinto, una quinta parte; **~ hundred** cien; **~ of my friends** uno de mis amigos; **on page a hundred and ~** en la página ciento uno; **(number) ~** el uno; **to arrive in ~s and twos** llegar poco a poco *or* con cuentagotas. <> *adj* **-1.** [only] único(ca); **it's her ~ ambition** es su única ambición **-2.** [indefinite]: **~ day we went to Athens** un día fuimos a Atenas; **~ of these days** un día de éstos **-3.** *inf* [a]: **~ hell of a bang/racket** una explosión/un jaleo de la leche. <> *pron* **-1.** [referring to a particular thing or person] uno (una); **I want the red ~** yo quiero el rojo; **the ~ with the blond hair** la del pelo rubio; **which ~ do you want?** ¿cuál quieres?; **this ~** éste (ésta); **that ~** ése (ésa); **another ~** otro (otra); **she's the ~ I told you about** es (ésa) de la que te hablé; **I'm not** *or* **I've never been ~ to gossip, but ...** yo no soy de ésos que van por ahí cotilleando, pero ... **-2.** *fml* [you, anyone] uno (una); **to do ~'s duty** cumplir uno con su deber **-3.** *inf* [blow] tortazo *m*, galleta *f*; **she really thumped him ~** le dio un galletón que no veas.

➡ **at one** *adv*: **to be at ~ with** estar completamente de acuerdo con.

➡ **for one** *adv* por lo menos, por mi/tu *etc* parte; **I for ~ remain unconvinced** yo, por lo menos *or* por mi parte, sigo poco convencido.

➡ **one up on** *adv*: **to be** *or* **have ~ up on sb** aventajar a alguien.

one-armed bandit *n* (máquina *f*) tragaperras *f inv*.

one-liner *n* golpe *m*.

one-man *adj* individual, en solitario.

one-man band *n* **-1.** [musician] hombre *m* orquesta **-2.** [business, operation] aventura *f* en solitario.

one-night stand *n* **-1.** [performance] representación *f* única **-2.** *inf* [sexual relationship] ligue *m* de una noche.

one-off *inf* <> *adj* excepcional. <> *n* caso *m* excepcional.

one-on-one *US* = **one-to-one.**

one-parent family *n* familia *f* monoparental.

one-piece *adj* de una pieza.

onerous [ˈɔʊnərəs] *adj* oneroso(sa), pesado(da).

oneself [wʌnˈself] *pron* **-1.** (*reflexive, after prep*) uno mismo (una misma); **to buy presents for ~** hacerse regalos a sí mismo; **to take care of ~** cuidarse **-2.** (*for emphasis*): **by ~** [without help] solo(la).

one-sided [-ˈsaɪdɪd] *adj* **-1.** [unequal] desigual **-2.** [biased] parcial.

onetime [ˈwʌntaɪm] *adj* [former] antiguo(gua).

one-to-one *UK*, **one-on-one** *US adj* [relationship] entre dos; [discussion] cara a cara; [tuition] individual.

one-touch dialling *UK*, **one-touch dialing** *US n* marcación *f* automática.

one-upmanship [ˌwʌnˈʌpmənʃɪp] *n habilidad para colocarse en una situación de ventaja.*

one-way *adj* **-1.** [street] de dirección única, de sentido único **-2.** [ticket] de ida.

ongoing [ˈɒnˌgəʊɪŋ] *adj* [gen] en curso; [problem, situation] pendiente.

onion [ˈʌnjən] *n* cebolla *f*.

online [ˈɒnlaɪn] <> *adj* COMPUT en línea; **to be ~** estar conectado a Internet. <> *adv* en línea; **to go ~** conectarse a Internet.

online banking *n* banca *f* en línea.

online shopping *n* compras *fpl* en línea.

onlooker [ˈɒnˌlʊkəʳ] *n* espectador *m*, -ra *f*.

only [ˈəʊnlɪ] <> *adj* único(ca); **to be an ~ child** ser hijo único. <> *adv* [exclusively] sólo, solamente; **I was ~ too willing to help** estaba encantado de poder ayudar; **I ~ wish I could!** ¡ojalá pudiera!; **it's ~ natural** es completamente normal; **it's ~ to be expected** no es de sorprender; **not ~ ... but** no sólo ... sino; **~ just** apenas. <> *conj* sólo que; **I would go, ~ I'm too tired** iría, lo que pasa es que estoy muy cansado.

o.n.o., ono (*abbr of* **or near(est) offer**): **£50 ~** 50 libras negociables.

on-ramp *n US* carril *m* de aceleración *or* de incorporación.

onrush [ˈɒnrʌʃ] *n* avalancha *f*.

on-screen *adj & adv* COMPUT en pantalla.

onset [ˈɒnset] *n* comienzo *m*.

onshore [ˈɒnˈʃɔːʳ] <> *adj* [wind] procedente del mar; [oil production] en tierra firme. <> *adv* [blow] hacia la tierra; [produce oil] en tierra firme.

onside [ɒnˈsaɪd] *adj & adv* SPORT en posición

legal OR correcta.

onslaught ['ɒnslɔːt] n lit & fig acometida f, embestida f.

Ont. abbr of **Ontario**.

Ontario [ɒn'teərɪəʊ] n Ontario.

on-the-job adj en el trabajo, práctico(ca).

on-the-spot adj en el acto.

onto [unstressed before consonant 'ɒntə, unstressed before vowel 'ɒntʊ, stressed 'ɒntuː] = **on to**.

onus ['əʊnəs] n responsabilidad f; **the ~ is on you** en tí recae la responsabilidad.

onward ['ɒnwəd] <> adj [in space] hacia delante; [in time] progresivo(va). <> adv = **onwards**.

onwards ['ɒnwədz] adv [in space] adelante, hacia delante; [in time]: **from now/then ~** de ahora/allí en adelante.

onyx ['ɒnɪks] n ónice m.

oodles ['uːdlz] npl inf montones mpl.

ooh [uː] excl inf ¡oh!

oops [ʊps, uːps] excl inf ¡uy!, ¡ay!

ooze [uːz] <> vt fig rebosar. <> vi: **to ~ (from** OR **out of)** rezumar (de); **to ~ with sthg** fig rebosar OR irradiar algo. <> n cieno m.

opacity [ə'pæsətɪ] n -**1.** [non-transparency] opacidad f - **2.** fig [obscurity] obscuridad f.

opal ['əʊpl] n ópalo m.

opaque [əʊ'peɪk] adj -**1.** [not transparent] opaco(ca) - **2.** fig [obscure] oscuro(ra).

op cit (abbr of **opere citato**) op. cit.

OPEC ['əʊpek] (abbr of **Organization of Petroleum Exporting Countries**) n OPEP f.

open ['əʊpn] <> adj -**1.** [gen] abierto(ta); [curtains] descorrido(da); [view, road] despejado(da) - **2.** [receptive]: **to be ~ to** [ideas, suggestions] estar abierto a; [blame, criticism, question] prestarse a; **to lay o.s. ~ to criticism** quedar expuesto a las críticas -**3.** [frank] sincero(ra), franco(ca) - **4.** [uncovered - car] descubierto(ta); **~ fire** chimenea f -**5.** [available - subj: choice, chance]: **to be ~ to sb** estar disponible para alguien. <> n -**1.: in the ~** [fresh air] al aire libre; **to bring sthg out into the ~** sacar a luz algo - **2.** SPORT open m, abierto m. <> vt -**1.** [gen] abrir; **to ~ fire** abrir fuego - **2.** [curtains] correr - **3.** [inaugurate - public area, event] inaugurar - **4.** [negotiations] entablar. <> vi -**1.** [door, flower] abrirse - **2.** [shop, office] abrir -**3.** [event, play] dar comienzo.

⬦ **open on to** vt fus dar a.

⬦ **open out** vi extenderse.

⬦ **open up** <> vt sep abrir. <> vi -**1.** [become available] surgir - **2.** [unlock door] abrir.

open-air adj al aire libre.

open-and-shut adj claro(ra).

opencast ['əʊpnkɑːst] adj a cielo abierto.

open day n jornada f de puertas abiertas.

open-ended [-'endɪd] adj abierto(ta).

opener ['əʊpnəʳ] n [gen] abridor m; [for tins] abrelatas m inv; [for bottles] abrebotellas m inv.

open-handed [-'hændɪd] adj generoso(sa).

openhearted [ˌəʊpn'hɑːtɪd] adj franco(ca), sincero(ra).

open-heart surgery n cirugía f a corazón abierto.

opening ['əʊpnɪŋ] <> adj inicial. <> n -**1.** [beginning] comienzo m, principio m - **2.** [gap - in fence] abertura f; [- in clouds] claro m -**3.** [opportunity] oportunidad f; **~ for** oportunidad para - **4.** [job vacancy] puesto m vacante.

opening hours npl horario m (de apertura).

opening night n noche f del estreno.

opening time n UK hora f de abrir.

open letter n carta f abierta.

openly ['əʊpnlɪ] adv abiertamente.

open market n mercado m abierto.

open marriage n matrimonio m abierto.

open-minded [-'maɪndɪd] adj sin prejuicios.

open-mouthed [-'maʊðd] <> adj boquiabierto(ta). <> adv: **to stare ~** mirar boquiabierto(ta).

open-necked [-'nekt] adj con el cuello abierto.

openness ['əʊpnnɪs] n [frankness] franqueza f.

open-plan adj de planta abierta.

open prison n cárcel f de régimen abierto.

open sandwich n bocadillo con sólo un trozo de pan.

open season n temporada f (de caza).

open ticket n billete f abierto.

Open University n UK: **the ~** ≃ la Universidad Nacional de Educación a Distancia.

open verdict n JUR fallo en que no se da la causa de la muerte.

opera ['ɒpərə] n ópera f.

opera glasses npl gemelos mpl (de teatro).

opera house n teatro m de la ópera.

opera singer n cantante m OR f de ópera.

operate ['ɒpəreɪt] <> vt -**1.** [machine] hacer funcionar - **2.** [business, system] dirigir; [service] proporcionar. <> vi -**1.** [carry out trade, business] operar, actuar - **2.** [function] funcionar -**3.** MED: **to ~ (on sb/sthg)** operar (a alguien/de algo).

operatic [ˌɒpə'rætɪk] adj operístico(ca).

operating profit ['ɒpəreɪtɪŋ-] n beneficio m de explotación.

operating room ['ɒpəreɪtɪŋ-] n US = **operating theatre**.

operating system [ˈɒpəreɪtɪŋ-] n COMPUT sistema m operativo.

operating theatre UK, **operating room** US [ˈɒpəreɪtɪŋ-] n quirófano m.

operation [ˌɒpəˈreɪʃn] n **-1.** [planned activity - police, rescue, business] operación f; [- military] maniobra f **-2.** [running - of business] administración f **-3.** [functioning - of machine] funcionamiento m; **to be in** ~ [machine] estar funcionando; [law, system] estar en vigor **-4.** MED operación f, intervención f quirúrgica; **to have an** ~ **(for/on)** operarse (de).

operational [ˌɒpəˈreɪʃənl] adj **-1.** [ready for use] en funcionamiento **-2.** [concerning an operation] de operaciones.

operative [ˈɒprətɪv] <> adj en vigor, vigente. <> n [worker] operario m, -ria f; [spy] agente m OR f.

operator [ˈɒpəreɪtəʳ] n **-1.** TELEC operador m, -ra f, telefonista m OR f **-2.** [worker] operario m, -ria f **-3.** [company] operadora f.

operetta [ˌɒpəˈretə] n opereta f.

ophthalmic optician [ɒfˈθælmɪk-] n óptico m, -ca f.

ophthalmologist [ˌɒfθælˈmɒlədʒɪst] n oftalmólogo m, -ga f.

opinion [əˈpɪnjən] n opinión f; **to be of the** ~ **that** opinar OR creer que; **in my** ~ a mi juicio, en mi opinión; **what is her** ~ **of ...?** ¿qué opina de ...?

opinionated [əˈpɪnjəneɪtɪd] adj pej dogmático(ca).

opinion poll n sondeo m, encuesta f.

opium [ˈəʊpjəm] n opio m.

opponent [əˈpəʊnənt] n **-1.** POL adversario m, -ria f; [of system, approach] opositor m, -ora f **-2.** SPORT contrincante m OR f, adversario m, -ria f.

opportune [ˈɒpətjuːn] adj oportuno(na).

opportunism [ˌɒpəˈtjuːnɪzm] n oportunismo m.

opportunist [ˌɒpəˈtjuːnɪst] n oportunista m OR f.

opportunity [ˌɒpəˈtjuːnətɪ] (pl **-ies**) n oportunidad f, ocasión f, chance f Amér; **to take the** ~ **to do** OR **of doing sthg** aprovechar la ocasión de OR para hacer algo.

oppose [əˈpəʊz] vt oponerse a.

opposed [əˈpəʊzd] adj opuesto(ta); **to be** ~ **to** oponerse a; **as** ~ **to** en vez de, en lugar de; **I like beer as** ~ **to wine** me gusta la cerveza y no el vino.

opposing [əˈpəʊzɪŋ] adj opuesto(ta), contrario(ria).

opposite [ˈɒpəzɪt] <> adj **-1.** [facing - side, house] de enfrente; [- end] opuesto(ta) **-2.** [very different]: ~ **(to)** opuesto(ta) OR contrario(ria) (a). <> adv enfrente. <> prep enfrente de. <> n contrario m; **the** ~ lo contrario; **Janet and John are complete** ~s Janet y John son totalmente diferentes.

opposite number n homólogo m, -ga f.

opposite sex n: **the** ~ el sexo opuesto.

opposition [ˌɒpəˈzɪʃn] n **-1.** [gen] oposición f **-2.** [opposing team]: **the** ~ los contrincantes.
  ➻ **Opposition** n UK POL: **the Opposition** la oposición.

oppress [əˈpres] vt **-1.** [persecute] oprimir **-2.** [depress] agobiar.

oppressed [əˈprest] <> adj oprimido(da). <> npl: **the** ~ los oprimidos.

oppression [əˈpreʃn] n opresión f.

oppressive [əˈpresɪv] adj **-1.** [unjust] tiránico(ca), opresivo(va) **-2.** [stifling] agobiante, sofocante **-3.** [causing unease] opresivo(va), agobiante.

oppressor [əˈpresəʳ] n opresor m, -ra f.

opprobrium [əˈprəʊbrɪəm] n fml oprobio m.

opt [ɒpt] <> vt: **to** ~ **to do sthg** optar por OR elegir hacer algo. <> vi: **to** ~ **for sthg** optar por OR elegir algo.
  ➻ **opt in** vi: **to** ~ **in (to sthg)** decidir participar (en algo).
  ➻ **opt out** vi: **to** ~ **out (of sthg)** decidir no participar (en algo).

optic [ˈɒptɪk] adj óptico(ca).

optical [ˈɒptɪkl] adj óptico(ca).

optical character reader n COMPUT lector m óptico de caracteres.

optical character recognition n COMPUT reconocimiento m óptico de caracteres.

optical fibre n fibra f óptica.

optical illusion n ilusión f óptica.

optician [ɒpˈtɪʃn] n óptico m, -ca f; **the** ~**'s (shop)** la óptica.

optics [ˈɒptɪks] n (U) óptica f.

optimal [ˈɒptɪml] adj óptimo(ma).

optimism [ˈɒptɪmɪzm] n optimismo m.

optimist [ˈɒptɪmɪst] n optimista m OR f.

optimistic [ˌɒptɪˈmɪstɪk] adj optimista; **to be** ~ **about** ser optimista respecto a.

optimize, -ise [ˈɒptɪmaɪz] vt optimizar.

optimum [ˈɒptɪməm] adj óptimo(ma).

option [ˈɒpʃn] n opción f; **to have the** ~ **to do** OR **of doing sthg** tener la opción OR la posibilidad de hacer algo; **to have no** ~ no tener otra opción.

optional [ˈɒpʃənl] adj facultativo(va), optativo(va); ~ **extra** extra m opcional.

opulence [ˈɒpjʊləns] n opulencia f.

opulent [ˈɒpjʊlənt] adj opulento(ta).

opus ['əʊpəs] (pl -es OR **opera**) n MUS opus m inv.

or [ɔːˡ] conj - **1.** [gen] o; (before 'o' or 'ho') u; ~ **(else)** de lo contrario, si no; **he must be okay** ~ **he wouldn't be eating** debe estar bien, si no no comería - **2.** (after negative): **he cannot read** ~ **write** no sabe ni leer ni escribir.

OR abbr of Oregon.

oracle ['ɒrəkl] n oráculo m.

oral ['ɔːrəl] <> adj - **1.** [spoken] oral - **2.** [relating to the mouth] bucal. <> n examen m oral.

orally ['ɔːrəlɪ] adv - **1.** [in spoken form] oralmente - **2.** [via the mouth] por vía oral.

orange ['ɒrɪndʒ] <> adj naranja (inv). <> n - **1.** [fruit] naranja f; ~ **tree** naranjo m - **2.** [colour] color m naranja.

orangeade [,ɒrɪndʒ'eɪd] n naranjada f.

orange blossom n (U) azahar m.

orange juice n zumo m de naranja.

Orangeman ['ɒrɪndʒmən] (pl -men [-mən]) n UK orangista m.

orangutang [ɔː,ræŋu:'tæŋ] n orangután m.

oration [ɔː'reɪʃn] n fml discurso m.

orator ['ɒrətəˡ] n orador m, -ra f.

oratorio [,ɒrə'tɔːrɪəʊ] (pl -s) n oratorio m.

oratory ['ɒrətrɪ] n oratoria f.

orb [ɔːb] n esfera f.

orbit ['ɔːbɪt] <> n órbita f; **to be in/go into** ~ **(around)** estar/entrar en órbita (alrededor de); **to put sthg into** ~ **(around)** poner algo en órbita (alrededor de). <> vt girar alrededor de.

orbital ['ɔːbɪtl] n UK carretera f de circunvalación.

orchard ['ɔːtʃəd] n huerto m.

orchestra ['ɔːkɪstrə] n - **1.** orquesta f - **2.** [in theatre] platea f OR patio m de butacas.

orchestral [ɔː'kestrəl] adj orquestal.

orchestra pit n foso m (de la orquesta).

orchestrate ['ɔːkɪstreɪt] vt MUS & fig orquestar.

orchestration [,ɔːke'streɪʃn] n MUS & fig orquestación f.

orchid ['ɔːkɪd] n orquídea f.

ordain [ɔː'deɪn] vt - **1.** fml [decree] decretar - **2.** RELIG: **to be** ~**ed** ordenarse (sacerdote).

ordeal [ɔː'diːl] n calvario m.

order ['ɔːdəˡ] <> n - **1.** [instruction] orden f; **to be under** ~**s to do sthg** tener órdenes de hacer algo - **2.** COMM [request] pedido m; **to be on** ~ estar pedido; **to** ~ por encargo - **3.** [in restaurant] ración f; **can I take your** ~ **now?** ¿ya ha decidido lo que va a tomar? - **4.** [sequence, discipline, system] orden m; **in** ~ en orden; **out of** ~ desordenado(da); **in** ~ **of importance** por orden de importancia; **to keep** ~ mantener el orden - **5.** [fitness for use]: **in working** ~ en

funcionamiento; **'out of** ~' 'no funciona'; **to be out of** ~ [not working] estar estropeado(da); [incorrect behaviour] ser improcedente; **in** ~ [correct] en regla - **6.** RELIG orden f. <> vt - **1.** [command]: **to** ~ **sb (to do sthg)** ordenar a alguien (que haga algo); **to** ~ **that** ordenar que - **2.** [request - drink, taxi] pedir - **3.** COMM pedir, encargar - **4.** [put in order] ordenar. <> vi pedir.

→ **orders** npl RELIG: **(holy)** ~**s** órdenes fpl sagradas.

→ **in the order of** UK, **on the order of** US prep del orden de.

→ **in order that** conj para que.

→ **in order to** conj para.

→ **order about, order around** vt sep mangonear.

order book n libro m de pedidos.

order form n hoja f de pedido.

orderly ['ɔːdəlɪ] (pl -ies) <> adj [person, crowd] disciplinado(da), pacífico(ca); [room] ordenado(da). <> n - **1.** [in hospital] auxiliar m OR f sanitario - **2.** [in army] ordenanza m OR f.

order number n número m de pedido.

ordinal ['ɔːdɪnl] <> adj ordinal. <> n ordinal m.

ordinarily ['ɔːdənrəlɪ] adv generalmente.

ordinary ['ɔːdənrɪ] <> adj - **1.** [normal] corriente, normal - **2.** pej [unexceptional] mediocre, ordinario(ria). <> n: **out of the** ~ fuera de lo común.

ordinary level n UK examen y calificación sobre una asignatura concreta que se pasaba a los 16 años.

ordinary shares npl UK FIN acciones fpl ordinarias.

ordination [,ɔːdɪ'neɪʃn] n ordenación f.

ordnance ['ɔːdnəns] n (U) - **1.** [military supplies] pertrechos mpl de guerra - **2.** [artillery] artillería f.

Ordnance Survey n UK: **the** ~ servicio oficial de topografía y cartografía.

ore [ɔːˡ] n mineral m.

oregano [,ɒrɪ'gɑːnəʊ] n orégano m.

Oregon ['ɒrɪgən] n Oregón m.

organ ['ɔːgən] n [gen, ANAT & MUS] órgano m.

organic [ɔː'gænɪk] adj - **1.** [gen] orgánico(ca) - **2.** [food] ecológico(ca), orgánico(ca).

organic farming n agricultura f ecológica.

organically [ɔː'gænɪklɪ] adv orgánicamente.

organic chemistry n química f orgánica.

organism ['ɔːgənɪzm] n organismo m.

organist ['ɔːgənɪst] n organista m OR f.

organization [,ɔːgənaɪ'zeɪʃn] n organización f.

organizational [ˌɔːgənaɪˈzeɪʃnl] *adj* organizativo(va).

organize, -ise [ˈɔːgənaɪz] ◇ *vt* organizar. ◇ *vi* organizarse, sindicarse.

organized [ˈɔːgənaɪzd] *adj* organizado(da).

organized crime *n* crimen *m* organizado.

organizer [ˈɔːgənaɪzəʳ] *n* organizador *m*, -ra *f*.

organza [ɔːˈgænzə] *n* organza *f*.

orgasm [ˈɔːgæzml] *n* orgasmo *m*.

orgy [ˈɔːdʒɪl] (*pl* -ies) *n lit & fig* orgía *f*.

orient [ˈɔːrɪənt] *vt esp US* = orientate.

Orient [ˈɔːrɪənt] *n*: the ~ el Oriente.

oriental [ˌɔːrɪˈentl] ◇ *adj* oriental. ◇ *n* oriental *m* OR *f* (*atención: el término 'oriental' se considera racista*).

orientate [ˈɔːrɪenteɪt] *vt* orientar; to ~ o.s. orientarse.

orientation [ˌɔːrɪenˈteɪʃn] *n* orientación *f*.

orienteering [ˌɔːrɪənˈtɪərɪŋ] *n* deporte *m* de orientación.

orifice [ˈɒrɪfɪs] *n* orificio *m*.

origami [ˌɒrɪˈgɑːmɪ] *n* papiroflexia *f*.

origin [ˈɒrɪdʒɪn] *n* origen *m*; **country of** ~ país *m* de origen.

◆ **origins** *npl* origen *m*.

original [əˈrɪdʒənl] ◇ *adj* original; **the** ~ **owner** el primer propietario. ◇ *n* original *m*.

originality [əˌrɪdʒəˈnælətɪ] *n* originalidad *f*.

originally [əˈrɪdʒənəlɪ] *adv* [at first] originariamente; [with originality] originalmente.

original sin *n* pecado *m* original.

originate [əˈrɪdʒəneɪt] ◇ *vt* originar, producir. ◇ *vi*: to ~ (in) nacer OR surgir (de); to ~ from nacer OR surgir de.

originator [əˈrɪdʒəneɪtəʳ] *n* autor *m*, -ra *f*, inventor *m*, -ra *f*.

Orinoco [ˌɒrɪˈnəʊkəʊ] *n*: the (River) ~ el (río) Orinoco.

Orkney Islands [ˈɔːknɪ-], **Orkneys** [ˈɔːknɪz] *npl*: the ~ las Orcadas.

ornament [ˈɔːnəmənt] *n* adorno *m*.

ornamental [ˌɔːnəˈmentl] *adj* ornamental, decorativo(va).

ornamentation [ˌɔːnəmenˈteɪʃn] *n* ornamentación *f*, adorno *m*.

ornate [ɔːˈneɪt] *adj* [style] recargado(da); [decoration, vase] muy vistoso(sa).

ornately [ɔːˈneɪtlɪ] *adv* vistosamente.

ornery [ˈɔːnərɪ] *adj US inf* borde.

ornithologist [ˌɔːnɪˈθɒlədʒɪst] *n* ornitólogo *m*, -ga *f*.

ornithology [ˌɔːnɪˈθɒlədʒɪ] *n* ornitología *f*.

orphan [ˈɔːfn] ◇ *n* huérfano *m*, -na *f*. ◇ *vt*: to be ~ed quedarse huérfano.

orphanage [ˈɔːfənɪdʒ] *n* orfanato *m*.

orthodontist [ˌɔːθəˈdɒntɪst] *n* ortodontista *m* OR *f*.

orthodox [ˈɔːθədɒks] *adj* ortodoxo(xa).

Orthodox Church *n*: the ~ la Iglesia Ortodoxa.

orthodoxy [ˈɔːθədɒksɪ] *n* ortodoxia *f*.

orthopaedic [ˌɔːθəˈpiːdɪk] *adj* ortopédico(ca).

orthopaedics [ˌɔːθəˈpiːdɪks] *n* (U) ortopedia *f*.

orthopaedist [ˌɔːθəˈpiːdɪst] *n* ortopedista *m* OR *f*.

orthopedic [ˌɔːθəˈpiːdɪk] *etc* = orthopaedic *etc*.

OS *n* -**1.** *abbr of* **Ordnance Survey** -**2.** *abbr of* **operating system**.

Oscar [ˈɒskəʳ] *n CINEMA* Oscar *m*.

oscillate [ˈɒsɪleɪt] *vi lit & fig*: to ~ (between) oscilar (entre).

oscilloscope [ɒˈsɪləskəʊp] *n* osciloscopio *m*.

OSD (*abbr of* **optical scanning device**) *n* LO *m*.

OSHA (*abbr of* **Occupational Safety and Health Administration**) *n* organismo estadounidense de seguridad e higiene laborales.

Oslo [ˈɒzləʊ] *n* Oslo.

osmosis [ɒzˈməʊsɪs] *n* ósmosis *f inv*.

osprey [ˈɒspri] (*pl* **ospreys**) *n* águila *f* pescadora.

Ostend [ɒsˈtend] *n* Ostende.

ostensible [ɒˈstensəbl] *adj* aparente.

ostensibly [ɒˈstensəblɪ] *adv* aparentemente.

ostentation [ˌɒstənˈteɪʃn] *n* ostentación *f*.

ostentatious [ˌɒstənˈteɪʃəs] *adj* ostentoso(sa).

osteoarthritis [ˌɒstɪəʊɑːˈθraɪtɪs] *n* osteoartritis *f inv*.

osteopath [ˈɒstɪəpæθ] *n* osteópata *m* OR *f*.

osteopathy [ˌɒstɪˈɒpəθɪ] *n* osteopatía *f*.

ostracize, -ise [ˈɒstrəsaɪz] *vt* [colleague etc] marginar, hacer el vacío a; *POL* condenar al ostracismo.

ostrich [ˈɒstrɪtʃ] *n* avestruz *m*.

OT *n* -**1.** (*abbr of* **Old Testament**) A.T. *m* -**2.** *abbr of* **occupational therapy**.

OTC (*abbr of* **Officer Training Corps**) *n* unidad de formación de oficiales del ejército británico.

other [ˈʌðəʳ] ◇ *adj* otro (otra); **the** ~ **one** el otro (la otra); **the** ~ **three** los otros tres; **the** ~ **day** el otro día; **the** ~ **week** hace unas semanas. ◇ *pron* -**1.** [different one]: ~s otros (otras) -**2.** [remaining, alternative one]: **the** ~ el otro (la otra); **the** ~s los otros (las otras), los demás (las demás); **one after the** ~ uno tras otro; **one or** ~ uno u otro; **to be none** ~ **than** no ser otro sino.

◆ **something or other** *pron* una cosa u otra.

➡ **somehow or other** *adv* de una u otra forma.

➡ **other than** *conj* excepto, salvo; ~ **that** por lo demás.

otherwise [ˈʌðəwaɪz] ⬦ *adv* - **1.** [or else] si no - **2.** [apart from that] por lo demás - **3.** [differently] de otra manera; **deliberately or** ~ adrede o no. ⬦ *conj* si no, de lo contrario.

other world *n*: **the** ~ el otro mundo, el más allá.

otherworldly [ˌʌðəˈwɜːldlɪ] *adj* espiritual, poco realista.

OTT (*abbr of* **over the top**) *adj* UK *inf*: **it's a bit** ~ eso es pasarse un poco de la raya.

Ottawa [ˈɒtəwə] *n* Ottawa.

otter [ˈɒtəʳ] *n* nutria *f*.

OU *n abbr of* **Open University**.

ouch [aʊtʃ] *excl* ¡ay!

ought [ɔːt] *aux vb* deber; **you** ~ **to go/to be nicer** deberías irte/ser más amable; **she** ~ **to pass the exam** debería aprobar el examen; **it** ~ **to be fun** promete ser divertido.

oughtn't [ɔːtnt] = **ought not**.

Ouija board® [ˈwiːdʒə-] *n* tablero *m* de ouija.

ounce [aʊns] *n* - **1.** [unit of measurement] = 28,35g, ≃ onza *f* - **2.** *fig* [small amount] pizca *f*.

our [aʊəʳ] *poss adj* nuestro(tra), nuestros(tras) *(pl)*; ~ **money** nuestro dinero; ~ **house** nuestra casa; ~ **children** nuestros hijos; **it wasn't OUR fault** no fue culpa nuestra OR nuestra culpa; **we washed** ~ **hair** nos lavamos el pelo.

ours [aʊəz] *poss pron* nuestro(tra); **that money is** ~ ese dinero es nuestro; **those keys are** ~ esas llaves son nuestras; **it wasn't their fault, it was OURS** no fue culpa de ellos sino de nosotros; **a friend of** ~ un amigo nuestro; **their car hit** ~ suyo coche chocó contra el nuestro.

ourselves [aʊəˈselvz] *pron pl* - **1.** *(reflexive)* nos *mpl* OR *fpl*; *(after prep)* nosotros *mpl*, nosotras *fpl* - **2.** *(for emphasis)* nosotros mismos *mpl*, nosotras mismas *fpl*; **we did it by** ~ lo hicimos nosotros solos.

oust [aʊst] *vt fml*: **to** ~ **sb (from)** [job] desbancar a alguien (de); [land] desalojar a alguien (de).

ouster [ˈaʊstəʳ] *n* US [from country] expulsión *f*; [from office] destitución *f*.

out [aʊt] *adv* - **1.** [not inside, out of doors] fuera; **we all went** ~ todos salimos fuera; **I'm going** ~ **for a walk** voy a salir a dar un paseo; **they ran** ~ salieron corriendo; **he poured the water** ~ sirvió el agua; ~ **here/there** aquí/allí fuera; ~ **you go!** ¡hala, afuera! - **2.** [away from home, office] fuera; **John's** ~ **at the moment** John está

fuera ahora mismo; **don't stay** ~ **too late** no estés fuera hasta muy tarde; **an afternoon** ~ una tarde fuera - **3.** [extinguished] apagado(da); **the fire went** ~ el fuego se apagó - **4.** [of tides]: **the tide had gone** ~ la marea estaba baja - **5.** [out of fashion] pasado(da) de moda - **6.** [published, released - book] publicado(da); **they've a new record** ~ han sacado un nuevo disco - **7.** [in flower] en flor; **the blossom's** ~ **already** ya ha florecido - **8.** [visible]: **the moon's** ~ ha salido la luna - **9.** *inf* [on strike] en huelga - **10.** [not possible]: **sorry, that's** ~ lo siento, pero eso no se puede hacer - **11.** [determined]: **to be** ~ **to do sthg** estar decidido(da) a hacer algo.

➡ **out of** *prep* - **1.** [away from, outside] fuera de; **I was** ~ **of the country** estaba fuera del país; **to go** ~ **of the room** salir de la habitación - **2.** [indicating cause] por; ~ **of spite/love** por rencor/amor - **3.** [indicating origin, source] de; **a page** ~ **of a book** una página de un libro; **to drink** ~ **of a glass** beber del vaso; **to get information** ~ **of sb** sacar información a alguien - **4.** [without] sin; **we're** ~ **of sugar** estamos sin azúcar, se nos ha acabado el azúcar - **5.** [made from] de; **it's made** ~ **of plastic** está hecho de plástico - **6.** [using] de; **we can pay for it** ~ **of petty cash** podemos pagarlo con el dinero para gastos - **7.** [sheltered from] a resguardo de; **we're** ~ **of the wind here** aquí estamos resguardados del viento - **8.** [to indicate proportion]: **one** ~ **of ten people** una de cada diez personas; **ten** ~ **of ten** [mark] diez de OR sobre diez.

out-and-out *adj* [disgrace, lie] infame; [liar, crook] redomado(da).

outback [ˈaʊtbæk] *n*: **the** ~ los llanos del interior de Australia.

outbid [ˌaʊtˈbɪd] (*pt & pp* **outbid**, *cont* -**ding**) *vt*: **to** ~ **sb (for)** pujar más alto que alguien (por).

outboard (motor) [ˈaʊtbɔːd-] *n* (motor *m*) fueraborda *m*.

outbound [ˈaʊtbaʊnd] *adj* [train, flight] de ida; [traffic] de salida.

outbreak [ˈaʊtbreɪk] *n* [of war] comienzo *m*; [of crime] ola *f*; [of illness] oleada *f*, epidemia *f*; [of spots] erupción *f*.

outbuildings [ˈaʊtbɪldɪŋz] *npl* dependencias *fpl*.

outburst [ˈaʊtbɜːst] *n* - **1.** [sudden expression of emotion] explosión *f*, arranque *m* - **2.** [sudden occurrence] estallido *m*.

outcast [ˈaʊtkɑːst] *n* marginado *m*, -da *f*, paria *m* OR *f*.

outclass [ˌaʊtˈklɑːs] *vt* aventajar en OR con mucho.

outcome ['aʊtkʌm] *n* resultado *m*.

outcrop ['aʊtkrɒp] *n* afloramiento *m*.

outcry ['aʊtkraɪ] (*pl* -ies) *n* protestas *fpl*.

outdated [ˌaʊt'deɪtɪd] *adj* anticuado(da), pasado(da) de moda.

outdid [ˌaʊt'dɪd] *pt* ⊳ **outdo**.

outdistance [ˌaʊt'dɪstəns] *vt lit* & *fig* dejar atrás.

outdo [ˌaʊt'duː] (*pt* -did, *pp* -done [-dʌn]) *vt* aventajar, superar.

outdoor ['aʊtdɔːʳ] *adj* [life, swimming pool] al aire libre; [clothes] de calle.

outdoors [aʊt'dɔːz] *adv* al aire libre; **let's eat ~** vamos a comer fuera.

outer ['aʊtəʳ] *adj* exterior, externo(na); **Outer London** las afueras de Londres.

Outer Mongolia *n* Mongolia Exterior.

outermost ['aʊtəməʊst] *adj* [layer] más exterior; [place, planet] más remoto(ta).

outer space *n* espacio *m* exterior.

outfit ['aʊtfɪt] *n* **- 1.** [clothes] conjunto *m*, traje *m* **- 2.** *inf* [organization] grupo *m*, equipo *m*.

outfitters ['aʊtˌfɪtəz] *n dated* tienda *f* de confección.

outflank [ˌaʊt'flæŋk] *vt* **- 1.** *MIL* sorprender por la retaguardia **- 2.** *fig* [in argument, business] superar.

outgoing ['aʊtˌgəʊɪŋ] *adj* **- 1.** [chairman] saliente **- 2.** [train] de salida **- 3.** [sociable] extrovertido(da), abierto(ta).

➡ **outgoings** *npl UK* gastos *mpl*.

outgrow [ˌaʊt'grəʊ] (*pt* -grew, *pp* -grown) *vt* **- 1.** [grow too big for]: **he has ~n his shirts** las camisas se le han quedado pequeñas **- 2.** [grow too old for] ser demasiado mayor para.

outhouse ['aʊthaʊs, *pl* -haʊzɪz] *n* dependencia *f*.

outing ['aʊtɪŋ] *n* **- 1.** [trip] excursión *f* **- 2.** [of homosexuals] *revelación de la condición homosexual de un personaje célebre*.

outlandish [aʊt'lændɪʃ] *adj* extravagante, estrafalario(ria).

outlast [ˌaʊt'lɑːst] *vt* sobrevivir a, durar más tiempo que.

outlaw ['aʊtlɔː] ⟨⟩ *n* proscrito *m*, -ta *f*. ⟨⟩ *vt* **- 1.** [make illegal] ilegalizar **- 2.** [declare an outlaw] proscribir, declarar fuera de la ley.

outlay ['aʊtleɪ] *n* desembolso *m*, inversión *f*.

outlet ['aʊtlet] *n* **- 1.** [for emotions] salida *f*, desahogo *m* **- 2.** [for water] desagüe *m*; [for gas] salida *f* **- 3.** [shop] punto *m* de venta **- 4.** *US ELEC* toma *f* de corriente.

outline ['aʊtlaɪn] ⟨⟩ *n* **- 1.** [brief description] esbozo *m*, resumen *m*; **in ~** en líneas generales **- 2.** [silhouette] contorno *m*. ⟨⟩ *vt* **- 1.** [de-scribe briefly] esbozar, resumir **- 2.** [silhouette]: **to be ~d against** perfilarse contra.

outlive [ˌaʊt'lɪv] *vt* **- 1.** [subj: person] sobrevivir a **- 2.** [subj: idea, object] durar más tiempo que.

outlook ['aʊtlʊk] *n* **- 1.** [attitude, disposition] enfoque *m*, actitud *f* **- 2.** [prospect] perspectiva *f* (de futuro).

outlying ['aʊtˌlaɪŋ] *adj* [remote] lejano(na), remoto(ta); [on edge of town] periférico(ca).

outmanoeuvre *UK*, **outmaneuver** *US* [ˌaʊtmə'nuːvəʳ] *vt* superar estratégicamente.

outmoded [ˌaʊt'məʊdɪd] *adj* anticuado(da), pasado(da) de moda.

outnumber [ˌaʊt'nʌmbəʳ] *vt* exceder en número.

out-of-date *adj* **- 1.** [clothes, belief] anticuado(da), anticuado(da), pasado(da) de moda **- 2.** [passport, season ticket] caducado(da).

out of doors *adv* al aire libre.

out-of-the-way *adj* [far away] remoto(ta), aislado(da); [unusual] poco común.

outpace [ˌaʊt'peɪs] *vt lit* & *fig* dejar atrás.

outpatient ['aʊtˌpeɪʃnt] *n* paciente externo *m*, paciente externa *f*.

outplay [ˌaʊt'pleɪ] *vt* superar, jugar mejor que.

outpost ['aʊtpəʊst] *n* puesto *m* avanzado.

outpouring ['aʊtˌpɔːrɪŋ] *n literary* efusión *f*.

output ['aʊtpʊt] ⟨⟩ *n* **- 1.** [production] producción *f*, rendimiento *m* **- 2.** [COMPUT - printing out] salida *f*; [- printout] impresión *f*. ⟨⟩ *vt COMPUT* imprimir.

outrage ['aʊtreɪdʒ] ⟨⟩ *n* **- 1.** [anger] indignación *f* **- 2.** [atrocity] atrocidad *f*, escándalo *m*. ⟨⟩ *vt* ultrajar, atropellar.

outraged ['aʊtreɪdʒd] *adj* indignado(da).

outrageous [aʊt'reɪdʒəs] *adj* **- 1.** [offensive, shocking] indignante, escandaloso(sa) **- 2.** [very unusual] extravagante.

outran [ˌaʊt'ræn] *pt* ⊳ **outrun**.

outrank [ˌaʊt'ræŋk] *vt* ser de categoría superior a.

outrider ['aʊtˌraɪdəʳ] *n* [on motorcyle] escolta *m* en moto; [on horse] escolta a caballo.

outright [*adj* 'aʊtraɪt, *adv* ˌaʊt'raɪt] ⟨⟩ *adj* **- 1.** [categoric] categórico(ca) **- 2.** [total - disaster] completo(ta); [- victory, winner] indiscutible. ⟨⟩ *adv* **- 1.** [ask] abiertamente; [deny] francamente, categóricamente **- 2.** [win, ban] totalmente; [be killed] completamente, en el acto.

outrun [ˌaʊt'rʌn] (*pt* -ran, *pp* -run, *cont* -ning) *vt* correr más que.

outsell [ˌaʊt'sel] (*pt* & *pp* -sold) *vt* vender más que.

outset ['aʊtset] *n*: **at the ~** al principio; **from the ~** desde el principio.

outshine [,aʊt'ʃaɪn] (pt & pp -shone [-'ʃɒn]) vt
fig eclipsar.

outside [adv ,aʊt'saɪd, adj, prep & n 'aʊtsaɪd] <>
adj **-1.** [gen] exterior **-2.** [opinion, criticism]
independiente **-3.** [chance] remoto(ta). <>
adv fuera; **to go/run/look ~** ir/correr/mirar
fuera. <> prep fuera de; **we live half an hour
~ London** vivimos a media hora de Londres.
<> n **-1.** [exterior] exterior m **-2.** [limit]: **at the ~**
a lo sumo.
➡ **outside of** prep US [apart from] aparte de.

outside broadcast n UK RADIO & TV emisión f
desde exteriores.

outside lane n carril m de adelantamiento.

outside line n línea f exterior.

outsider [,aʊt'saɪdə'] n **-1.** [stranger] forastero
m, -ra f, desconocido m, -da f **-2.** [in horse race]
caballo que no es uno de los favoritos.

outsize ['aʊtsaɪz] adj **-1.** [bigger than usual]
enorme **-2.** [clothes] de talla muy grande.

outsized ['aʊtsaɪzd] adj enorme.

outskirts ['aʊtskɜːts] npl: **the ~** las afueras.

outsmart [,aʊt'smɑːt] vt ser más listo(ta) que.

outsold [,aʊt'səʊld] pt & pp ▷ outsell.

outspoken [,aʊt'spəʊkn] adj abierto(ta), fran-
co(ca).

outspread [,aʊt'spred] adj extendido(da), des-
plegado(da).

outstanding [,aʊt'stændɪŋ] adj **-1.** [excellent]
destacado(da) **-2.** [not paid, unfinished] pendiente.

outstay [,aʊt'steɪ] vt: **to ~ one's welcome**
quedarse más tiempo de lo debido.

outstretched [,aʊt'stretʃt] adj extendido(da).

outstrip [,aʊt'strɪp] (pt & pp -ped, cont -ping) vt
lit & fig aventajar, dejar atrás.

out-take n CINEMA & TV descarte m.

out-tray n cubeta o bandeja de asuntos ya
resueltos.

outvote [,aʊt'vəʊt] vt: **to be ~d** perder en
una votación.

outward ['aʊtwəd] <> adj **-1.** [journey] de ida
-2. [composure, sympathy] aparente **-3.** [sign,
proof] visible, exterior. <> adv US = outwards.

outwardly ['aʊtwədlɪ] adv [apparently] aparentemente, de cara al exterior.

outwards UK ['aʊtwədz], **outward** US adv
hacia fuera.

outweigh [,aʊt'weɪ] vt pesar más que.

outwit [,aʊt'wɪt] (pt & pp -ted, cont -ting) vt ser
más listo(ta) que.

outworker ['aʊt,wɜːkə'] n colaborador externo m, colaboradora externa f.

oval ['əʊvl] <> adj oval, ovalado(da). <> n
óvalo m.

Oval Office n: **the ~** el Despacho Oval,
oficina que tiene el presidente de Estados
Unidos en la Casa Blanca.

ovarian [əʊ'veərɪən] adj [gen] ovárico(ca); [can-
cer] de ovario.

ovary ['əʊvərɪ] (pl -ies) n ovario m.

ovation [əʊ'veɪʃn] n ovación f; **a standing ~**
una ovación de gala (con el público en pie).

oven ['ʌvn] n horno m.

oven glove n guante m para el horno.

ovenproof ['ʌvnpruːf] adj refractario(ria).

oven-ready adj listo(ta) para meter al horno.

ovenware ['ʌvnweə'] n (U) utensilios mpl para
el horno.

over ['əʊvə'] <> prep **-1.** [directly above, on top of]
encima de; **a fog hung ~ the river** una espesa
niebla flotaba sobre el río; **put your coat ~ the
chair** pon el abrigo encima de la silla **-2.** [to
cover] sobre; **she wore a veil ~ her face** un velo
le cubría el rostro **-3.** [on other side of] al otro
lado de; **he lives ~ the road** vive enfrente **-4.**
[across surface of] por encima de; **they sailed ~
the ocean** cruzaron el océano en barco **-5.**
[more than] más de; **~ and above** además de
-6. [senior to] por encima de **-7.** [with regard to]
por; **a fight ~ a woman** una pelea por una
mujer **-8.** [during] durante; **~ the weekend** (en)
el fin de semana. <> adv **-1.** [short distance
away]: **~ here** aquí; **~ there** allí **-2.** [across]:
to cross ~ cruzar; **to go ~** ir **-3.** [down]: **to
fall ~** caerse; **to push ~** empujar, tirar **-4.**
[round]: **to turn sthg ~** dar la vuelta a algo;
to roll ~ darse la vuelta **-5.** [more] más **-6.** [re-
maining]: **to be (left) ~** quedar, sobrar **-7.** [at
sb's house]: **~ at Mum's** en casa de mamá; **invite them ~** invítalos a casa **-8.** RADIO: **~ (and
out)!** ¡cambio (y cierro)! **-9.** [involving repeti-
tions]: **(all) ~ again** otra vez desde el principio; **~ and ~ (again)** una y otra vez. <> adj
[finished] terminado(da). <> n en críquet,
serie de seis lanzamientos de un mismo
jugador.
➡ **all over** <> prep por todo(da). <> adv
[everywhere] por todas partes. <> adj [finished]
terminado(da), acabado(da).

over- ['əʊvə'] prefix sobre-, super-.

overabundance [,əʊvərə'bʌndəns] n superabundancia f.

overact [,əʊvər'ækt] vi pej [in play] sobreactuar,
exagerar.

overactive [,əʊvər'æktɪv] adj demasiado acti-
vo(va).

overall [adj & n 'əʊvərɔːl, adv ,əʊvər'ɔːl] <> adj
[general] global, total. <> adv en conjunto, en
general. <> n **-1.** [gen] guardapolvo m, bata f
-2. US [for work] mono m.

➡ **overalls** *npl* -**1.** [for work] mono *m* -**2.** *US* [dungarees] pantalones *mpl* de peto.

overambitious [ˌəʊvəræm'bɪʃəs] *adj* demasiado ambicioso(sa).

overanxious [ˌəʊvər'æŋkʃəs] *adj* demasiado preocupado(da).

overarm ['əʊvərɑːm] *adj & adv* por encima del hombro.

overate [ˌəʊvər'eɪt] *pt* ▷ **overeat**.

overawe [ˌəʊvər'ɔː] *vt* intimidar.

overbalance [ˌəʊvə'bæləns] *vi* perder el equilibrio.

overbearing [ˌəʊvə'beərɪŋ] *adj pej* despótico(ca).

overblown [ˌəʊvə'bləʊn] *adj pej* exagerado(da).

overboard ['əʊvəbɔːd] *adv*: **to fall** ~ caer al agua *OR* por la borda; **to go** ~ **(about sb/sthg)** *inf* [be over-enthusiastic about] ponerse como loco(ca) (con alguien/algo).

overbook [ˌəʊvə'bʊk] *vi* hacer overbooking.

overburden [ˌəʊvə'bɜːdn] *vt*: **to be** ~**ed with sthg** estar sobrecargado(da) de algo.

overcame [ˌəʊvə'keɪm] *pt* ▷ **overcome**.

overcapitalize, -ise [ˌəʊvə'kæpɪtəlaɪz] *FIN vt & vi* sobrecapitalizar.

overcast ['əʊvəkɑːst] *adj* cubierto(ta), nublado(da).

overcharge [ˌəʊvə'tʃɑːdʒ] ◇ *vt*: **to** ~ **sb (for sthg)** cobrar a alguien en exceso (por algo). ◇ *vi*: **to** ~ **(for sthg)** cobrar en exceso (por algo).

overcoat ['əʊvəkəʊt] *n* abrigo *m*.

overcome [ˌəʊvə'kʌm] (*pt* -**came**, *pp* -**come**) *vt* -**1.** [deal with] vencer, superar -**2.** [overwhelm]: **to be** ~ **(by** *OR* **with)** [fear, grief, emotion] estar abrumado(da) (por); [smoke, fumes] estar asfixiado(da) (por).

overcompensate [ˌəʊvə'kɒmpənseɪt] *vi*: **to** ~ **(for sthg)** compensar en exceso (por algo).

overconfident [ˌəʊvə'kɒnfɪdənt] *adj* demasiado confiado(da).

overcook [ˌəʊvə'kʊk] *vt* hacer demasiado.

overcrowded [ˌəʊvə'kraʊdɪd] *adj* [room] atestado(da) de gente; [country] superpoblado(da).

overcrowding [ˌəʊvə'kraʊdɪŋ] *n* [of country] superpoblación *f*; [of prison] hacinamiento *m*.

overdeveloped [ˌəʊvədə'veləpt] *adj* -**1.** *PHOT* sobreprocesado(da) -**2.** [too high, too big] excesivo(va).

overdo [ˌəʊvə'duː] (*pt*-**did** [-dɪd], *pp*-**done**) *vt*-**1.** *pej* [exaggerate] exagerar -**2.** [do too much]: **to** ~ **one's work/the walking** trabajar/andar demasiado; **to** ~ **it** pasarse -**3.** [overcook] hacer demasiado.

overdone [ˌəʊvə'dʌn] ◇ *pp* ▷ **overdo**. ◇ *adj* muy hecho(cha).

overdose [*n* 'əʊvədəʊs, *vb* əʊvə'dəʊs] ◇ *n* sobredosis *f inv*. ◇ *vi*: **to** ~ **on** tomar una sobredosis de.

overdraft ['əʊvədrɑːft] *n* [sum owed] saldo *m* deudor; [loan arranged] (giro *m* *OR* crédito *m* en) descubierto *m*.

overdrawn [ˌəʊvə'drɔːn] *adj*: **to be** ~ tener un saldo deudor.

overdress [ˌəʊvə'dres] *vi* trajearse.

overdrive ['əʊvədraɪv] *n fig*: **to go into** ~ ir a marchas forzadas.

overdue [ˌəʊvə'djuː] *adj* -**1.** [late]: **to be** ~ [train] ir con retraso; [library book] estar con el plazo de préstamo caducado; **I'm** ~ **(for) a bit of luck** va siendo hora de tener un poco de suerte -**2.** [awaited]: **(long)** ~ **(largamente)** esperado(da), ansiado(da) -**3.** [unpaid] vencido(da) y sin pagar.

overeager [ˌəʊvər'iːgəʳ] *adj* demasiado ansioso(sa).

overeat [ˌəʊvər'iːt] (*pt*-**ate**, *pp*-**eaten**) *vi* comer con exceso, atracarse.

overemphasize, -ise [ˌəʊvər'emfəsaɪz] *vt* poner demasiado énfasis en.

overenthusiastic ['əʊvərɪnˌθjuːzɪ'æstɪk] *adj* demasiado entusiasta.

overestimate [ˌəʊvər'estɪmeɪt] *vt* sobreestimar.

overexcited [ˌəʊvərɪk'saɪtɪd] *adj* sobreexcitado(da).

overexpose [ˌəʊvərɪk'spəʊz] *vt PHOT* sobreexponer.

overfeed [ˌəʊvə'fiːd] (*pt & pp*-**fed** [-fed]) *vt* sobrealimentar.

overfill [ˌəʊvə'fɪl] *vt* llenar demasiado.

overflow [*vb* ˌəʊvə'fləʊ, *n* 'əʊvəfləʊ] ◇ *vi* -**1.** [spill over] rebosar; [river] desbordarse -**2.** [go beyond limits]: **to** ~ **(into)** rebosar (hacia) -**3.** [be very full]: **to be** ~**ing (with)** rebosar (de); **full to** ~**ing** lleno a rebosar. ◇ *vt* desbordarse de, salir de. ◇ *n* [pipe] cañería *f* de desagüe.

overgrown [ˌəʊvə'grəʊn] *adj* cubierto(ta) de matojos.

overhang [*n* 'əʊvəhæŋ, *vb* ˌəʊvə'hæŋ] (*pt & pp* -**hung**) ◇ *n* saliente *m*. ◇ *vt* sobresalir por encima de. ◇ *vi* sobresalir.

overhaul [*n* 'əʊvəhɔːl, *vb* ˌəʊvə'hɔːl] ◇ *n* -**1.** [of car, machine] revisión *f* -**2.** [of method, system] repaso *m* general. ◇ *vt* revisar.

overhead [*adv* ˌəʊvə'hed, *adj & n* 'əʊvəhedl] ◇ *adj* aéreo(a). ◇ *adv* por lo alto, por encima. ◇ *n US* (U) gastos *mpl* generales.
➡ **overheads** *npl* gastos *mpl* generales.

overhead projector *n* retroproyector *m*.

overhear [ˌəʊvəˈhɪəˈ] (*pt* & *pp* -**heard** [-hɜːd]) *vt* oír por casualidad.

overheat [ˌəʊvəˈhiːt] <> *vt* recalentar. <> *vi* recalentarse.

overhung [ˌəʊvəˈhʌŋ] *pt* & *pp* ▷ **overhang**.

overindulge [ˌəʊvərɪnˈdʌldʒ] <> *vt* mimar excesivamente. <> *vi*: **to ~ (in sthg)** abusar (de algo).

overjoyed [ˌəʊvəˈdʒɔɪd] *adj*: **to be ~ (at sthg)** estar encantado(da) (con algo).

overkill [ˈəʊvəkɪl] *n* exageración *f*, exceso *m*.

overladen [ˌəʊvəˈleɪdn] <> *pp* ▷ **overload**. <> *adj* sobrecargado(da).

overlaid [ˌəʊvəˈleɪd] *pt* & *pp* ▷ **overlay**.

overland [ˈəʊvəlænd] <> *adj* terrestre. <> *adv* por tierra.

overlap [*n* ˈəʊvəlæp, *vb* ˌəʊvəˈlæp] (*pt* & *pp* -**ped**, *cont* -**ping**) <> *n* -**1.** [similarity] coincidencia *f* -**2.** [overlapping part, amount] superposición *f*. <> *vt* -**1.** [cover] superponerse a -**2.** [be similar to] coincidir en parte con. <> *vi* -**1.** [cover each other] superponerse -**2.** [be similar]: **to ~ (with sthg)** coincidir en parte (en algo).

overlay [ˌəʊvəˈleɪ] (*pt* & *pp* -**laid**) *vt*: **to be overlaid with** estar revestido(da) de.

overleaf [ˌəʊvəˈliːf] *adv* al dorso, a la vuelta.

overload [ˌəʊvəˈləʊd] (*pp* -**loaded** *OR* -**laden**) *vt* sobrecargar; **to be ~ed (with sthg)** estar sobrecargado (de algo).

overlong [ˌəʊvəˈlɒŋ] <> *adj* demasiado largo(ga). <> *adv* demasiado tiempo.

overlook [ˌəʊvəˈlʊk] *vt* -**1.** [look over] mirar *OR* dar a -**2.** [disregard, miss] pasar por alto, no considerar -**3.** [forgive] perdonar.

overlord [ˈəʊvəlɔːd] *n fml* señor *m*.

overly [ˈəʊvəlɪ] *adv* demasiado.

overmanning [ˌəʊvəˈmænɪŋ] *n* exceso *m* de mano de obra.

overnight [*adj* ˈəʊvənaɪt, *adv* ˌəʊvəˈnaɪt] <> *adj* -**1.** [for all of night] de noche, nocturno(na) -**2.** [for a night's stay - clothes] para una noche; **~ bag** bolso *m* de viaje -**3.** [very sudden] súbito(ta), de la noche a la mañana. <> *adv* -**1.** [for all of night] durante la noche -**2.** [very suddenly] de la noche a la mañana.

overpaid [ˌəʊvəˈpeɪd] <> *pt* & *pp* ▷ **overpay**. <> *adj* pagado(da) en exceso.

overpass [ˈəʊvəpɑːs] *n US* paso *m* elevado.

overpay [ˌəʊvəˈpeɪ] (*pt* & *pp* -**paid**) *vt* pagar en exceso.

overplay [ˌəʊvəˈpleɪ] *vt* exagerar.

overpopulated [ˌəʊvəˈpɒpjʊleɪtɪd] *adj* superpoblado(da).

overpower [ˌəʊvəˈpaʊəˈ] *vt* -**1.** [in fight] vencer,

subyugar -**2.** *fig* [overwhelm] sobreponerse a, vencer.

overpowering [ˌəʊvəˈpaʊərɪŋ] *adj* arrollador(ra), abrumador(ra).

overpriced [ˌəʊvəˈpraɪst] *adj* de precio excesivo.

overproduction [ˌəʊvəprəˈdʌkʃn] *n* exceso *m* de producción, superproducción *f*.

overprotective [ˌəʊvəprəˈtektɪv] *adj* que protege excesivamente.

overran [ˌəʊvəˈræn] *pt* ▷ **overrun**.

overrated [ˌəʊvəˈreɪtɪd] *adj* sobreestimado(da).

overreach [ˌəʊvəˈriːtʃ] *vt*: **to ~ o.s.** extralimitarse, ir demasiado lejos.

overreact [ˌəʊvərɪˈækt] *vi*: **to ~ (to sthg)** reaccionar demasiado (a algo).

override [ˌəʊvəˈraɪd] (*pt* -**rode**, *pp* -**ridden**) *vt* -**1.** [be more important than] predominar sobre -**2.** [overrule] desautorizar.

overriding [ˌəʊvəˈraɪdɪŋ] *adj* predominante.

overripe [ˌəʊvəˈraɪp] *adj* pasado(da), demasiado maduro(ra).

overrode [ˌəʊvəˈrəʊd] *pt* ▷ **override**.

overrule [ˌəʊvəˈruːl] *vt* [person] desautorizar; [decision] anular; [request] denegar.

overrun [ˌəʊvəˈrʌn] (*pt* -**ran**, *pp* -**run**, *cont* -**running**) <> *vt* -**1.** MIL [enemy, army] apabullar, arrasar; [country] ocupar, invadir -**2.** *fig* [cover]: **to be ~ with** estar invadido(da) de. <> *vi* rebasar el tiempo previsto.

oversaw [ˌəʊvəˈsɔː] *pt* ▷ **oversee**.

overseas [*adj* ˈəʊvəsiːz, *adv* ˌəʊvəˈsiːz] <> *adj* -**1.** [in or to foreign countries - market] exterior; [- sales, aid] al extranjero; [- network, branches] en el extranjero -**2.** [from abroad] extranjero(ra). <> *adv* [go, travel] al extranjero; [study, live] en el extranjero.

oversee [ˌəʊvəˈsiː] (*pt* -**saw**, *pp* -**seen** [-ˈsiːn]) *vt* supervisar.

overseer [ˈəʊvəˌsiːəˈ] *n* supervisor *m*, -ra *f*.

overshadow [ˌəʊvəˈʃædəʊ] *vt* -**1.** [be taller than] ensombrecer, eclipsar -**2.** [be more important than]: **to be ~ed by** ser eclipsado(da) por -**3.** [mar]: **to be ~ed by sthg** ser ensombrecido(da) por algo.

overshoot [ˌəʊvəˈʃuːt] (*pt* & *pp* -**shot**) *vt* [go past] pasarse.

oversight [ˈəʊvəsaɪt] *n* descuido *m*.

oversimplification [ˈəʊvəˌsɪmplɪfɪˈkeɪʃn] *n* simplificación *f* excesiva.

oversimplify [ˌəʊvəˈsɪmplɪfaɪ] (*pt* & *pp* -**ied**) *vt* & *vi* simplificar demasiado.

oversleep [ˌəʊvəˈsliːp] (*pt* & *pp* -**slept** [-ˈslept]) *vi* no despertarse a tiempo, quedarse dormido(da).

overspend [ˌəʊvə'spend] (pt & pp **-spent** [-'spent]) vi gastar más de la cuenta.

overspill ['əʊvəspɪl] n exceso m de población.

overstaffed [ˌəʊvə'stɑ:ft] adj con exceso de empleados.

overstate [ˌəʊvə'steɪt] vt exagerar.

overstay [ˌəʊvə'steɪ] vt: to ~ one's welcome quedarse más tiempo de lo debido.

overstep [ˌəʊvə'step] (pt & pp **-ped**, cont **-ping**) vt pasar de; to ~ the mark pasarse de la raya.

overstock [ˌəʊvə'stɒk] vt abarrotar.

overstrike ['əʊvəstraɪk] (pt & pp **-struck**) COMPUT ◇ n superposición f. ◇ vt superponer.

oversubscribed [ˌəʊvəsʌb'skraɪbd] adj suscrito(ta) en exceso.

overt ['əʊvɜ:t] adj abierto(ta), evidente.

overtake [ˌəʊvə'teɪk] (pt **-took**, pp **-taken** [-'teɪkn]) ◇ vt **-1.** AUT adelantar **-2.** [subj: event] sorprender, coger de improviso **-3.** [subj: emotion] abrumar, apabullar. ◇ vi AUT adelantar.

overtaking [ˌəʊvə'teɪkɪŋ] n adelantamiento m; 'no ~' prohibido adelantar'.

overthrow [n 'əʊvəθrəʊ, vb ˌəʊvə'θrəʊl] (pt **-threw**, pp **-thrown**) ◇ n [of government] derrocamiento m, derrumbamiento m. ◇ vt **-1.** [oust] derrocar **-2.** [idea, standard] echar abajo.

overtime ['əʊvətaɪm] ◇ n (U) **-1.** [extra work] horas fpl extra **-2.** US SPORT (tiempo m de) descuento m. ◇ adv: to work ~ trabajar horas extra.

overtly ['əʊvɜ:tlɪ] adv abiertamente, públicamente.

overtones ['əʊvətəʊnz] npl tono m, matiz m.

overtook [ˌəʊvə'tʊk] pt ⊳ **overtake**.

overture ['əʊvəˌtjʊəʳ] n MUS obertura f.
➥ **overtures** npl: to make ~s to sb hacer una propuesta a alguien.

overturn [ˌəʊvə'tɜ:n] ◇ vt **-1.** [turn over] volcar **-2.** [overrule] rechazar **-3.** [overthrow] derrocar, derrumbar. ◇ vi [vehicle] volcar; [boat] zozobrar.

overuse [ˌəʊvə'ju:z] vt usar demasiado.

overview ['əʊvəvju:] n visión f general OR de conjunto.

overweening [ˌəʊvə'wi:nɪŋ] adj desmesurado(da).

overweight [ˌəʊvə'weɪt] adj grueso(sa), gordo(da).

overwhelm [ˌəʊvə'welm] vt **-1.** [make helpless] abrumar **-2.** [defeat] aplastar, arrollar.

overwhelming [ˌəʊvə'welmɪŋ] adj **-1.** [despair, kindness] abrumador(ra) **-2.** [defeat, majority] contundente, aplastante.

overwhelmingly [ˌəʊvə'welmɪŋlɪ] adv abrumadoramente.

overwork [ˌəʊvə'wɜ:k] ◇ n trabajo m excesivo. ◇ vt **-1.** [give too much work to] hacer trabajar demasiado **-2.** [overuse] usar demasiado. ◇ vi trabajar demasiado.

overwrought [ˌəʊvə'rɔ:t] adj fml nerviosísimo(ma), sobreexcitado(da).

ovulate ['ɒvjʊleɪt] vi ovular.

ovulation [ˌɒvjʊ'leɪʃn] n ovulación f.

ow [aʊ] excl ¡ay!

owe [əʊ] vt: to ~ sthg to sb, to ~ sb sthg deber algo a alguien.

owing ['əʊɪŋ] adj que se debe.
➥ **owing to** prep debido a, por causa de.

owl [aʊl] n búho m, lechuza f, tecolote m Cam & Méx.

own [əʊn] ◇ adj: my/your/his etc ~ car mi/tu/su etc propio coche. ◇ pron: my ~ el mío (la mía); his/her ~ el suyo (la suya); a house of my/his ~ mi/su propia casa; on one's ~ solo(la); to get one's ~ back inf tomarse la revancha, desquitarse. ◇ vt poseer, tener.
➥ **own up** vi: to ~ up (to sthg) confesar (algo).

own brand n COMM marca f propia (del comerciante).

owner ['əʊnəʳ] n propietario m, -ria f.

owner-occupier n esp UK persona que ha comprado la vivienda en la que habita.

ownership ['əʊnəʃɪp] n propiedad f.

own goal n esp UK **-1.** FTBL gol m en propia meta, autogol m **-2.** UK fig [foolish mistake] metedura f de pata, metida f de pata Amér.

ox [ɒks] (pl **oxen**) n buey m.

Oxbridge ['ɒksbrɪdʒ] n (U) las universidades de Oxford y Cambridge.

oxen ['ɒksn] pl ⊳ **ox**.

Oxfam ['ɒksfæm] n sociedad benéfica de ayuda a países subdesarrollados.

oxide ['ɒksaɪd] n óxido m.

oxidize, -ise ['ɒksɪdaɪz] vi oxidarse.

Oxon (abbr of **Oxfordshire**) condado inglés.

Oxon. (abbr of **Oxoniensis**) de o relativo a Oxford, esp su universidad.

oxtail soup ['ɒksteɪl-] n sopa f de rabo de buey.

ox tongue n lengua f de buey.

oxyacetylene [ˌɒksɪə'setɪli:n] ◇ n oxiacetileno m. ◇ comp oxiacetilénico(ca).

oxygen ['ɒksɪdʒən] n oxígeno m.

oxygenate ['ɒksɪdʒəneɪt] vt oxigenar.

oxygen mask n máscara f de oxígeno.

oxygen tent n tienda f de oxígeno.

oyster ['ɔɪstəʳ] n ostra f.

oz. *abbr of* ounce.

ozone [ˈəʊzəʊn] *n* ozono *m*.

ozone-friendly *adj* que no daña a la capa de ozono.

ozone layer *n* capa *f* de ozono.

P

p¹ (*pl* p's *OR* ps), **P** (*pl* P's *OR* Ps) [piː] *n* [letter] p *f*, P *f*.

p² -**1.** (*abbr of* page) p., pág. -**2.** *UK abbr of* **penny, pence**.

pa [pɑː] *n inf esp US* papá *m*.

p.a. (*abbr of* per annum) p.a.

PA ⟨⟩ *n* -**1.** *UK abbr of* **personal assistant** -**2.** *abbr of* **public-address system**. ⟨⟩ *abbr of* **Pennsylvania**.

PAC (*abbr of* political action committee) *n* comité estadounidense de acción política.

pace [peɪs] ⟨⟩ *n* paso *m*, ritmo *m*; **she did it at her own ~** lo hizo a su ritmo; **to keep ~ (with sthg)** [change, events] mantenerse al corriente (de algo); **to keep ~ (with sb)** seguir el ritmo (a alguien). ⟨⟩ *vi* pasearse por. ⟨⟩ *vi*: **to ~ (up and down)** pasearse de un lado a otro.

pacemaker [ˈpeɪsˌmeɪkəʳ] *n* -**1.** *MED* marcapasos *m inv* -**2.** [in race] liebre *f*.

pacesetter [ˈpeɪsˌsetəʳ] *n US* [in race] liebre *f*.

pachyderm [ˈpækɪdɜːm] *n* paquidermo *m*.

Pacific [pəˈsɪfɪk] ⟨⟩ *adj* del Pacífico. ⟨⟩ *n*: **the ~ (Ocean)** el (océano) Pacífico.

pacification [ˌpæsɪfɪˈkeɪʃn] *n fml* -**1.** [calming] apaciguamiento *m* -**2.** [bringing of peace] pacificación *f*.

pacifier [ˈpæsɪfaɪəʳ] *n US* [for child] chupete *m*.

pacifism [ˈpæsɪfɪzm] *n* pacifismo *m*.

pacifist [ˈpæsɪfɪst] *n* pacifista *m OR f*.

pacify [ˈpæsɪfaɪ] (*pt & pp* -ied) *vt* -**1.** [person, mob] calmar, apaciguar -**2.** [country, area] pacificar.

pack [pæk] ⟨⟩ *n* -**1.** [bundle] lío *m*, fardo *m*; [rucksack] mochila *f* -**2.** *esp US* [packet] paquete *m* -**3.** [of cards] baraja *f* -**4.** [of dogs] jauría *f*; [of wolves] manada *f*; *pej* [of people] banda *f*; **a ~ of lies** una sarta de mentira -**5.** [of cyclists, runners] pelotón *m* -**6.** *RUGBY* delanteros *mpl*. ⟨⟩ *vt*

-**1.** [for journey - bags, suitcase] hacer; [- clothes, etc] meter (en la maleta) -**2.** [put in parcel] empaquetar; [put in container] envasar -**3.** [fill] llenar, abarrotar; **to be ~ ed into sthg** estar apretujados dentro de algo. ⟨⟩ *vi* hacer las maletas, hacer el equipaje.

◆ **pack in** *inf* ⟨⟩ *vt sep UK* [stop] dejar; **~ it in!** ¡déjalo!, ¡ya basta! ⟨⟩ *vi* [break down] escacharrarse.

◆ **pack off** *vt sep inf* enviar, mandar.

◆ **pack up** ⟨⟩ *vt sep* -**1.** [for journey] meter en la maleta -**2.** *UK inf* [stop] dejar. ⟨⟩ *vi* -**1.** [for journey] hacer las maletas -**2.** *inf* [finish work] terminar de currar -**3.** *UK inf* [break down] escacharrarse -**4.** *inf* [stop] parar.

package [ˈpækɪdʒ] ⟨⟩ *n* [gen & *COMPUT*] paquete *m*. ⟨⟩ *vt* [wrap up] envasar.

package deal *n* convenio *m OR* acuerdo *m* global.

package holiday *n UK* paquete *m* turístico.

packager [ˈpækɪdʒəʳ] *n* -**1.** [person packaging] empaquetador *m*, -ra *f* -**2.** *COMM* productora *f* independiente.

package tour *n* paquete *m* turístico.

packaging [ˈpækɪdʒɪŋ] *n* [wrapping] envasado *m*.

packed [pækt] *adj*: **~ (with)** repleto(ta) (de).

packed lunch *n UK* almuerzo preparado de antemano que se lleva uno al colegio, la oficina etc.

packed-out *adj UK inf* a tope, de bote en bote.

packet [ˈpækɪt] *n* -**1.** [gen] paquete *m*; [of crisps, sweets] bolsa *f* -**2.** *UK inf* [lot of money] dineral *m*; **to cost a ~** costar un dineral; **to earn or make a ~** ganar una fortuna.

pack ice *n* (*U*) banco *m* de hielo.

packing [ˈpækɪŋ] *n* -**1.** [protective material] embalaje *m* -**2.** [for journey]: **to do the ~** hacer el equipaje.

packing case *n* cajón *m* de embalaje.

pact [pækt] *n* pacto *m*.

pad [pæd] (*pt & pp* -ded, *cont* -ding) ⟨⟩ *n* -**1.** [of material] almohadilla *f*; **shin ~** espinillera *f*; **shoulder ~** hombrera *f* -**2.** [of cotton wool] tampón *m* -**3.** [of paper] bloc *m* -**4.** *SPACE*: **(launch) ~** plataforma *f* (de lanzamiento) -**5.** *US* [sanitary napkin] compresa *f*, toalla *f* higiénica *Amér* -**6.** *UK* [of cat, dog] almohadilla *f* -**7.** *inf dated* [home] casa *f*. ⟨⟩ *vt* acolchar, rellenar. ⟨⟩ *vi* [walk softly] andar con suavidad.

◆ **pad out** *vt sep* [fill out] meter paja en.

padded [ˈpædɪd] *adj* [shoulders] con hombreras; [chair] acolchado(da).

padded cell *n* celda *f* acolchada.

padding ['pædɪŋ] *n (U)* **-1.** [in jacket, chair] relleno *m* **-2.** [in speech] paja *f*.

paddle ['pædl] ◇ *n* **-1.** [for canoe, dinghy] pala *f*, canalete *m*; *US* [for table tennis] pala *f* **-2.** [walk in sea] paseo *m* por la orilla. ◇ *vt UK* remar en. ◇ *vi* **-1.** [in canoe] remar **-2.** [duck] chapotear **-3.** [person - in sea] pasear por la orilla.

paddle boat, paddle steamer *n* vapor *m* de paletas OR ruedas.

paddling pool ['pædlɪŋ-] *n UK* **-1.** [inflatable] piscina *f* inflable **-2.** [in park] piscina *f* infantil.

paddock ['pædək] *n* **-1.** [small field] potrero *m*, corral *m* **-2.** [at racecourse] paddock *m*.

paddy field ['pædɪ-] *n* arrozal *m*.

paddy wagon ['pædɪ-] *n US* [Black Maria] coche *m* celular, furgón *m* policial.

padlock ['pædlɒk] ◇ *n* candado *m*. ◇ *vt* cerrar con candado.

paederast ['pedəræst] *n UK* = **pederast**.

paediatric [,pi:dɪ'ætrɪk] *adj UK* = **pediatric**.

paediatrician [,pi:dɪə'trɪʃn] *n UK* = **pediatrician**.

paediatrics [,pi:dɪ'ætrɪks] *UK* = **pediatrics**.

paedophile ['pi:dəfaɪl] *n UK* = **pedophile**.

paella [paɪ'elə] *n* paella *f*.

paeony ['pi:ənɪ] *n UK* = **peony**.

pagan ['peɪgən] ◇ *adj* pagano(na). ◇ *n* pagano *m*, -na *f*.

paganism ['peɪgənɪzml] *n* paganismo *m*.

page [peɪdʒ] ◇ *n* [of book, newspaper] página *f*; **on** ~ **ten** en la página diez. ◇ *vt* [in hotel, airport] llamar por megafonía.

pageant ['pædʒəntl] *n* procesión *f*, desfile *m*.

pageantry ['pædʒəntrɪ] *n* boato *m*, pompa *f*.

page boy *n* **-1.** *UK* [at wedding] paje *m* **-2.** [hairstyle] peinado *m* estilo paje.

pager ['peɪdʒər] *n* busca *m*, buscapersonas *m inv*.

pagination [,pædʒɪ'neɪʃn] *n* paginación *f*.

pagoda [pə'gəʊdə] *n* pagoda *f*.

paid [peɪd] ◇ *pt & pp* ▷ **pay**. ◇ *adj* [holiday, leave] pagado(da); [work, staff] remunerado(da); **badly/well** ~ mal/bien pagado.

paid-up *adj UK*: **a** ~ **member** un afiliado.

pail [peɪl] *n* cubo *m*.

pain [peɪn] ◇ *n* **-1.** [ache] dolor *m*; **to be in** ~ sufrir dolor **-2.** [mental suffering] pena *f*, sufrimiento *m* **-3.** *inf* [annoyance - person] pesado *m*, -da *f*; [- thing] pesadez *f*; **a** ~ **in the neck** [person] un pesado (una pesada); [thing] una lata, un latazo. ◇ *vt fml*: **to** ~ **sb (to do sthg)** dolerle a alguien (hacer algo).

◆ **pains** *npl* [effort, care] esfuerzos *mpl*; **to be at** ~**s to do sthg** afanarse por hacer algo; **to take** ~**s to do sthg** esforzarse en hacer algo;

he got absolutely nothing for his ~**s** tantas molestias y no obtuvo nada de nada.

pained [peɪnd] *adj* apenado(da).

painful ['peɪnfʊl] *adj* [back, eyes] dolorido(da); [injury, exercise, memory] doloroso(sa); **my shoes are** ~ los zapatos me hacen daño; **that's** ~ eso me duele.

painfully ['peɪnfʊlɪ] *adv* **-1.** [causing pain] dolorosamente **-2.** [extremely] terriblemente.

painkiller ['peɪn,kɪlər] *n* analgésico *m*.

painless ['peɪnlɪs] *adj* **-1.** [physically] indoloro(ra) **-2.** [emotionally] sencillo(lla), sin complicaciones.

painlessly ['peɪnlɪslɪ] *adv* **-1.** [without physical pain] sin dolor **-2.** [without emotional pain] sin complicaciones.

painstaking ['peɪnz,teɪkɪŋ] *adj* meticuloso(sa), minucioso(sa).

painstakingly ['peɪnz,teɪkɪŋlɪ] *adv* meticulosamente, minuciosamente.

paint [peɪntl] ◇ *n* pintura *f*. ◇ *vt* pintar; **to** ~ **the ceiling white** pintar el techo de blanco; **to** ~ **one's lips/nails** pintarse los labios/las uñas. ◇ *vi* pintar.

paintball ['peɪntbɔːl] *n juego bélico en el que los participantes se disparan pintura con armas de aire comprimido*.

paintbox ['peɪntbɒks] *n ART* caja *f* de acuarelas.

paintbrush ['peɪntbrʌʃ] *n* **-1.** *ART* pincel *m* **-2.** [of decorator] brocha *f*.

painted ['peɪntɪd] *adj* pintado(da).

painter ['peɪntər] *n* pintor *m*, -ra *f*; ~ **and decorator** pintor *m*, -ra *f* y decorador, -ra *f*.

painting ['peɪntɪŋ] *n* **-1.** [picture] cuadro *m*, pintura *f* **-2.** *(U)* [art form, trade] pintura *f*.

paint stripper *n* quitapinturas *f inv*.

paintwork ['peɪntwɜːk] *n (U)* pintura *f*.

pair [peər] *n* **-1.** [of shoes, socks, wings] par *m*; [of aces] pareja *f* **-2.** [two-part object]: **a** ~ **of scissors** unas tijeras; **a** ~ **of trousers** unos pantalones; **a** ~ **of compasses** un compás **-3.** [couple - of people] pareja *f*.

◆ **pair off** ◇ *vt sep* emparejar. ◇ *vi* emparejarse.

paisley (pattern) ['peɪzlɪ-] ◇ *n (U)* cachemira *f (dibujo de una tela)*. ◇ *comp* de cachemira.

pajamas [pə'dʒɑːməz] *esp US* = **pyjamas**.

Paki ['pækɪ] *n UK v inf término racista que designa a un paquistaní*.

Pakistan [*UK* ,pɑːkɪ'stɑːn, *US* ,pækɪ'stæn] *n* (el) Paquistán.

Pakistani [*UK* ,pɑːkɪ'stɑːnɪ, *US* ,pækɪ'stænɪ] ◇ *adj* paquistaní. ◇ *n* paquistaní *m* OR *f*.

pakora [pə'kɔːrə] *n bola de verdura rebozada*

típica de la comida india.

pal [pæl] *n inf* - **1.** [friend] amiguete *m*, -ta *f*, colega *m* OR *f* - **2.** [as term of address] tío *m*, -a *f*.

palace ['pælɪs] *n* palacio *m*.

palaeontology *UK*, **paleontology** *US* [‚pælɪɒn'tɒlədʒɪ] *n* paleontología *f*.

palatable ['pælətəbl] *adj* - **1.** [pleasant to taste] sabroso(sa) - **2.** [acceptable] aceptable, admisible.

palate ['pælət] *n* paladar *m*.

palatial [pə'leɪʃl] *adj* señorial, fastuoso(sa).

palaver [pə'lɑ:vəʳ] *n UK inf* [fuss] lío *m*, follón *m*.

pale [peɪl] <> *adj* - **1.** [colour, clothes, paint] claro(ra); [light] tenue - **2.** [person, skin] pálido(da); **to turn ~** palidecer. <> *vi* palidecer.

pale ale *n tipo de cerveza rubia y amarga.*

paleness ['peɪlnɪs] *n* [lack of brightness] palidez *f*.

Palestine ['pælɪ‚staɪn] *n* Palestina.

Palestinian [‚pælə'stɪnɪən] <> *adj* palestino(na). <> *n* [person] palestino *m*, -na *f*.

palette ['pælət] *n* paleta *f*.

palette knife *n* espátula *f*.

palimony ['pælɪmənɪ] *n pensión alimenticia pagada al ex-amante.*

palings ['peɪlɪŋz] *npl* cerca *f*, empalizada *f*.

pall [pɔ:l] <> *n* - **1.** [of smoke] nube *f*, cortina *f* - **2.** *US* [coffin] féretro *m*. <> *vi* cansar, hacerse pesado(da).

pallbearer ['pɔ:l‚beərəʳ] *n* portador *m*, -ra *f* del féretro.

pallet ['pælɪt] *n* palet *m*.

palliative ['pælɪətɪv] *n fml* paliativo *m*.

pallid ['pælɪd] *adj literary* pálido(da).

pallor ['pæləʳ] *n literary* palidez *f*.

palm [pɑ:m] *n* - **1.** [tree] palmera *f* - **2.** [of hand] palma *f*; **to read sb's ~** leerle la mano a alguien.

➡ **palm off** *vt sep inf*: **to ~ sthg off on sb** endosar OR encasquetar algo a alguien; **to ~ sb off with** despachar a alguien con; **to ~ sthg off as** hacer pasar algo por.

palmistry ['pɑ:mɪstrɪ] *n* quiromancia *f*.

palm leaf *n* palma *f*.

palm oil *n* aceite *m* de palma.

Palm Sunday *n* Domingo *m* de Ramos.

palmtop ['pɑ:mtɒp] *n COMPUT* palmtop *m*.

palm tree *n* palmera *f*.

palomino [‚pælə'mi:nəʊ] (*pl* -s) *n* palomino *m*.

palpable ['pælpəbl] *adj* palpable.

palpably ['pælpəblɪ] *adv* evidentemente.

palpitate ['pælpɪteɪt] *vi* - **1.** [beat quickly] palpitar - **2.** *fml* [tremble]: **to ~ (with)** estremecerse (de).

palpitations [‚pælpɪ'teɪʃənz] *npl* palpitaciones *fpl*.

paltry ['pɔ:ltrɪ] (*compar* -ier, *superl* -iest) *adj* mísero(ra).

pampas ['pæmpəz] *n*: **the ~** la Pampa.

pampas grass *n* cortadera *f*.

pamper ['pæmpəʳ] *vt* mimar.

pamphlet ['pæmflɪt] <> *n* [publicity, information] folleto *m*; [political] panfleto *m*. <> *vi* repartir panfletos.

pamphleteer [‚pæmflə'tɪəʳ] *n POL* panfletista *m* OR *f*.

pan [pæn] (*pt & pp* -ned, *cont* -ning) <> *n* - **1.** [saucepan] cazuela *f*, cacerola *f*; [frying pan] sartén *f* - **2.** *US* [for bread, cakes etc] molde *m*. <> *vt inf* [criticize] poner por los suelos. <> *vi* - **1.** [for gold] extraer - **2.** *CINEMA*: **the camera ~s right/left** la cámara se mueve hacia la derecha/la izquierda.

➡ **pan out** *vi inf* [happen succesfully] resultar, salir.

panacea [‚pænə'sɪə] *n*: **a ~ (for)** la panacea (de).

panache [pə'næʃ] *n* garbo *m*, donaire *m*.

Panama ['pænə‚mɑ:] *n* Panamá.

Panama Canal *n*: **the ~** el canal de Panamá.

Panama City *n* Ciudad de Panamá.

panama (hat) *n* panamá *m*.

Panamanian [‚pænə'meɪnɪən] <> *adj* panameño(ña). <> *n* panameño *m*, -ña *f*.

pan-American *adj* panamericano(na).

pancake ['pænkeɪk] *n* torta *f*, crepe *f*, panqueque *m CSur*, panqué *m CAm, Col*, crepa *f Méx*, panqueca *f Ven*.

Pancake Day *n UK* ≃ Martes *m inv* de Carnaval.

Pancake Tuesday *n* = Pancake Day.

pancreas ['pæŋkrɪəs] *n* páncreas *m inv*.

panda ['pændə] (*pl inv* OR -s) *n* panda *m*.

Panda car *n UK* coche *m* patrulla, auto *m* patrulla *Cam, Méx, Chile*, patrullero *m CSur*, patrulla *f Col, Méx*.

pandemonium [‚pændɪ'məʊnjəm] *n* pandemónium *m*, jaleo *m*; **it was ~** fue un auténtico pandemónium.

pander ['pændəʳ] *vi*: **to ~ to** complacer a.

pane [peɪn] *n* (hoja *f* de) cristal *m*.

panel ['pænl] *n* - **1.** [group of people] equipo *m*; [in debates] mesa *f* - **2.** [of wood, metal] panel *m* - **3.** [of a machine] tablero *m*, panel *m*.

panel game *n UK* programa *m* concurso de equipos.

panelling *UK*, **paneling** *US* ['pænəlɪŋ] *n (U)* [on a ceiling] artesonado *m*; [on a wall] paneles *mpl*.

panellist *UK*, **panelist** *US* ['pænəlɪst] *n* participante *m or* f.

pang [pæŋ] *n* punzada *f*.

panhandle [ˈpænˌhændl] *vi US* mendingar.

panic [ˈpænɪk] (*pt* & *pp* **-ked**, *cont* **-king**) ◇ *n* pánico *m*; **to be in a ~ about sthg** ponerse muy nervioso por algo. ◇ *vi* aterrarse, aterrorizarse; **don't ~** que no cunda el pánico.

panicky [ˈpænɪkɪ] *adj*: **he feels ~** tiene pánico; **she got ~** le entró el pánico.

panic stations *n UK inf*: **it was ~** cundió el pánico.

panic-stricken *adj* preso(sa) *or* víctima del pánico.

pannier [ˈpænɪəʳ] *n* [on horse, bicycle] alforja *f*.

panoply [ˈpænəplɪ] *n fml* pompa *f*.

panorama [ˌpænəˈrɑːmə] *n* panorama *m*.

panoramic [ˌpænəˈræmɪk] *adj* panorámico(ca).

panpipes [ˈpænpaɪps] *n* zampoña *f*.

pant [pænt] *vi* jadear.

panther [ˈpænθəʳ] (*pl inv or* **-s**) *n* pantera *f*.

panties [ˈpæntɪz] *npl US* bragas *fpl*, calzones *mpl Amér*, pantaletas *fpl CAm, Carib, Méx*, bombacha *f RP*, blúmer *m CAm, Carib*.

pantihose [ˈpæntɪhəʊz] = **panty hose**.

panto [ˈpæntəʊ] (*pl* **-s**) *n UK inf* = **pantomime**.

pantomime [ˈpæntəmaɪm] *n* **-1.** *UK obra musical humorística para niños celebrada en Navidad* **-2.** [mime] *pantomima f*.

PANTOMIME ▬▬▬▬▬▬▬▬▬

El género teatral típicamente británico de la *pantomime* posee una serie de convenciones, tales como personajes-tipo (*pantomime dame, principal boy*) y frases concretas ('Look behind you!', 'Oh, yes, he is!', 'Oh, no, he isn't!'), que se repiten en todas las obras. Estas obras, que se representan durante las fiestas navideñas, se inspiran generalmente en los cuentos de hadas.

pantry [ˈpæntrɪ] (*pl* **-ies**) *n* despensa *f*.

pants [pænts] ◇ *npl* **-1.** *UK* [underpants] calzoncillos *mpl* **-2.** *US* [trousers] pantalones *mpl*. ◇ *adj UK inf* [bad]: **to be ~** ser un churro.

pantsuit [ˈpæntsuːt] *n* traje *m* pantalón.

panty hose [ˈpæntɪ-] *npl US* medias *fpl*.

papa [*UK* pəˈpɑː, *US* ˈpæpə] *n* papá *m*.

papadum [ˈpæpədəm] *n* = **popadum**.

papal [ˈpeɪpl] *adj* papal, pontificio(cia).

paparazzi [ˌpæpəˈrætsɪ] *npl usu pej* paparazzi *mpl*.

papaya [pəˈpaɪə] *n* papaya *f*.

paper [ˈpeɪpəʳ] ◇ *n* **-1.** (*U*) [material] papel *m*; **piece of ~** [sheet] hoja *f* de papel; [scrap] trozo *m* de papel; **on ~** [written down] por escrito; [in

theory] sobre el papel **-2.** [newspaper] periódico *m* **-3.** *UK* [in exam] examen *m* **-4.** [essay - gen] estudio *m*, ensayo *m*; [- for conference] ponencia *f*. ◇ *adj* [made of paper] de papel. ◇ *vt* empapelar.

◆ **papers** *npl* **-1.** [official documents] documentación *f* **-2.** [collected information] documentos *mpl*.

◆ **paper over** *vt fus fig* disimular.

paperback [ˈpeɪpəbæk] ◇ *n* libro *m* en rústica; **in ~** en rústica. ◇ *comp*: **~ book** libro *m* en rústica.

paperboy [ˈpeɪpəbɔɪ] *n* repartidor *m* de periódicos.

paper clip *n* clip *m*.

papergirl [ˈpeɪpəgɜːl] *n* repartidora *f* de periódicos.

paper handkerchief *n* pañuelo *m* de papel, klínex® *m inv*.

paper knife *n* abrecartas *m inv*, cortapapeles *m inv*.

paper money *n* (*U*) papel *m* moneda.

paper shop *n UK* quiosco *m* de periódicos.

paper towel *n* toallita *f* de papel.

paperweight [ˈpeɪpəweɪt] *n* pisapapeles *m inv*.

paperwork [ˈpeɪpəwɜːk] *n* papeleo *m*.

papier-mâché [ˌpæpjeɪˈmæʃeɪ] ◇ *n* cartón *m* piedra. ◇ *comp* de cartón piedra.

papist [ˈpeɪpɪst] *n pej* papista *m or* f.

paprika [ˈpæprɪkə] *n* pimentón *m*.

Pap smear, Pap test *n US* citología *f*.

Papuan [ˈpæpjʊən] ◇ *adj* papú, papúa. ◇ *n* papú *m or* f, papúa *m or* f.

Papua New Guinea *n* Papúa Nueva Guinea.

par [pɑːʳ] *n* **-1.** [parity]: **on a ~ with** al mismo nivel que **-2.** *GOLF* par *m*; **under/over ~** bajo/sobre par **-3.** [good health]: **to be below *or* under ~** estar un poco enfermo.

para [ˈpærə] *n UK* paracaidista *m or* f (*del ejército*).

parable [ˈpærəbl] *n* parábola *f*.

parabola [pəˈræbələ] *n* parábola *f*.

paracetamol [ˌpærəˈsiːtəmɒl] *n UK* paracetamol *m*.

parachute [ˈpærəʃuːt] ◇ *n* paracaídas *m inv*. ◇ *vi* saltar en paracaídas.

parade [pəˈreɪd] ◇ *n* **-1.** [procession] desfile *m*; **on ~** *MIL* pasando revista **-2.** *UK* [street of shops] *calle de tiendas*. ◇ *vt* **-1.** [soldiers] hacer desfilar; [criminals, captives] pasear **-2.** [trophy, medal] pasear **-3.** *fig* [flaunt] exhibir, hacer alarde de. ◇ *vi* desfilar.

parade ground *n* plaza *f* de armas.

paradigm [ˈpærədaɪm] *n* paradigma *m*.

paradise ['pærədaɪs] *n fig* paraíso *m*.
➤ **Paradise** *n* [Heaven] el Paraíso.
paradox ['pærədɒks] *n* paradoja *f*.
paradoxical [,pærə'dɒksɪkl] *adj* paradójico(ca).
paradoxically [,pærə'dɒksɪklɪ] *adv* paradójicamente.
paraffin ['pærəfɪn] *n* parafina *f*.
paraffin wax *n* parafina *f*.
paragliding ['pærə,glaɪdɪŋ] *n* parapente *m*.
paragraph ['pærəgrɑːf] *n* párrafo *m*, acápite *m* *Amér.*
Paraguay ['pærəgwaɪ] *n* (el) Paraguay.
Paraguayan [,pærə'gwaɪən] ◇ *adj* paraguayo(ya). ◇ *n* paraguayo *m*, -ya *f*.
parakeet ['pærəkiːt] *n* periquito *m*.
paralegal [,pærə'liːgl] *n US ayudante de un abogado.*
parallel ['pærəlel] ◇ *adj*: ~ (to *OR* with) paralelo(la) (a). ◇ *n* -1. [parallel line, surface] paralela *f* -2. [something, someone similar]: **to have no** ~ no tener precedente -3. [similarity] semejanza *f*, paralelo *m* -4. *GEOGR* paralelo *m*. ◇ *vt* ser equiparable a.
parallel bars *npl* paralelas *fpl*.
parallel port *npl COMPUT* puerto *m* paralelo.
Paralympics [,pærə'lɪmpɪks] *n*: **the** ~ los parolímpicos.
paralyse *UK*, **paralyze** *US* ['pærəlaɪz] *vt lit & fig* paralizar.
paralysed *UK*, **paralyzed** *US* ['pærəlaɪzd] *adj lit & fig* paralizado(da).
paralysis [pə'rælɪsɪs] (*pl* -lyses [-lɪsiːz]) *n* parálisis *f inv*.
paralytic [,pærə'lɪtɪk] *adj* -1. *MED* paralítico(ca) -2. *UK inf* [drunk]: **to be** ~ estar como una cuba.
paramedic [,pærə'medɪk] *n esp US* auxiliar sanitario *m*, auxiliar sanitaria *f*.
paramedical [,pærə'medɪkl] *adj esp US* de auxiliar sanitario.
parameter [pə'ræmɪtə'] *n* parámetro *m*.
paramilitary [,pærə'mɪlɪtrɪ] *adj* paramilitar.
paramount ['pærəmaʊnt] *adj* vital, fundamental; **of** ~ **importance** de suma importancia.
paranoia [,pærə'nɔɪə] *n* paranoia *f*.
paranoiac [,pærə'nɔɪæk] ◇ *adj* paranoico(ca). ◇ *n* paranoico *m*, -ca *f*.
paranoid ['pærənɔɪd] *adj* paranoico(ca).
paranormal [,pærə'nɔːml] *adj* paranormal.
parapet ['pærəpɪt] *n* parapeto *m*.
paraphernalia [,pærəfə'neɪljə] *n* parafernalia *f*.
paraphrase ['pærəfreɪz] ◇ *n* paráfrasis *f inv*. ◇ *vt* parafrasear.
paraplegic [,pærə'pliːdʒɪk] ◇ *adj* parapléjico(ca). ◇ *n* parapléjico *m*, -ca *f*.

parapsychology [,pærəsaɪ'kɒlədʒɪ] *n* parapsicología *f*.
parascending® [,pærə'sendɪŋ] *n* parapente *m* *(a remolque de lancha motora)*.
parasite ['pærəsaɪt] *n* parásito *m*, -ta *f*.
parasitic [,pærə'sɪtɪk] *adj* parásito(ta).
parasol ['pærəsɒl] *n* sombrilla *f*.
paratrooper ['pærətruːpə'] *n* paracaidista *m OR f (del ejército)*.
parboil ['pɑːbɔɪl] *vt* cocer a medias.
parcel ['pɑːsl] (*UK pt & pp* -led, *cont* -ling, *US pt & pp* -ed, *cont* -ing) *n* paquete *m*, encomienda *f Amér.*
➤ **parcel up** *vt sep UK* empaquetar.
parcel bomb *n* paquete *m* bomba.
parcel post *n* (servicio *m* de) paquete *m* postal.
parched [pɑːtʃt] *adj* -1. [land] abrasado(da); [plant] agostado(da) -2. [throat, mouth] muy seco(ca); [lips] quemado(da) -3. *inf* [very thirsty] seco(ca).
parchment ['pɑːtʃmənt] *n* [paper] pergamino *m*.
pardon ['pɑːdn] ◇ *n* -1. *JUR* perdón *m*, indulto *m* -2. [forgiveness] perdón *m*; **I beg your** ~**?** [showing surprise, asking for repetition] ¿perdón?, ¿cómo (dice)?; **I beg your** ~ [to apologize] le ruego me disculpe, perdón. ◇ *vt* [forgive]: **to** ~ **sb (for sthg)** perdonar a alguien (por algo); **pardon?** ¿perdón?, ¿cómo (dice)?; ~ **me** [touching sb accidentally, belching] discúlpeme, perdón; [excuse me] con permiso -2. *JUR* indultar.
pardonable ['pɑːdnəbl] *adj* perdonable.
pare [peə'] *vt* [apple] pelar; [fingernails] cortar.
➤ **pare down** *vt sep* recortar.
parent ['peərənt] *n* [father] padre *m*; [mother] madre *f*.
➤ **parents** *npl* padres *mpl*.
parentage ['peərəntɪdʒ] *n (U)* origen *m*, ascendencia *f*.
parental [pə'rentl] *adj* de los padres.
parent company *n* compañía *f OR* casa *f* matriz.
parenthesis [pə'renθɪsɪs] (*pl* -theses [-θɪsiːz]) *n* paréntesis *m inv*; **in** ~ entre paréntesis.
parenthood ['peərənthʊd] *n* [fatherhood] paternidad *f*; [motherhood] maternidad *f*.
parenting ['peərəntɪŋ] *n*: **to learn** ~ **skills** aprender a ser buenos padres.
parent-teacher association *n* asociación de padres y maestros.
par excellence *adj* por excelencia.
pariah [pə'raɪə] *n pej* paria *m OR f*.
Paris ['pærɪs] *n* París.

parish ['pærɪʃ] n -**1.** [of church] parroquia f -**2.** UK [area of local government] ≃ municipio m.

parish council n UK ≃ consejo m parroquial OR municipal.

parishioner [pə'rɪʃənə^r] n parroquiano m, -na f.

Parisian [pə'rɪzjən] ◇ adj parisino(na). ◇ n parisino m, -na f.

parity ['pærətɪ] n: ~ (with/between) igualdad f (con/entre).

park [pɑːk] ◇ n parque m. ◇ vt & vi aparcar, estacionar Amér, parquear Amér.

parka ['pɑːkə] n parka f.

park-and-ride n aparcamiento m disuasorio Esp.

parking ['pɑːkɪŋ] n aparcamiento m Esp, estacionamiento m Amér; 'no ~' 'prohibido aparcar'.

parking brake n US freno m de mano.

parking garage n US aparcamiento OR estacionamiento Amér m (en edificio).

parking light n US luz f de estacionamiento.

parking lot n US aparcamiento m (al aire libre).

parking meter n parquímetro m.

parking place, parking space n aparcamiento m.

parking ticket n multa f por aparcamiento indebido, multa f por estacionamiento indebido Amér.

Parkinson's (disease) ['pɑːkɪnsnz-] n enfermedad f de Parkinson.

park keeper n UK guarda m OR f del parque.

parkland ['pɑːklænd] n (U) zonas fpl verdes.

parkway ['pɑːkweɪ] n US avenida f.

parky ['pɑːkɪ] (compar -ier, superl -iest) adj UK inf: 'it's ~' 'hace fresquito'.

parlance ['pɑːləns] n: in common/legal ~ en el habla común/legal, en el lenguaje común/legal.

parliament ['pɑːləmənt] n -**1.** [assembly, institution] parlamento m -**2.** [session] legislatura f.

parliamentarian [,pɑːləmen'teərɪən] n parlamentario m, -ria f.

parliamentary [,pɑːlə'mentərɪ] adj parlamentario(ria).

parlour UK, **parlor** US ['pɑːlə^r] n dated salón m.

parlour game n juego m de salón.

parlous ['pɑːləs] adj fml precario(ria).

Parmesan (cheese) [,pɑːmɪ'zæn-] n (queso m) parmesano m.

parochial [pə'rəʊkjəl] adj -**1.** pej de miras estrechas -**2.**: ~ **school** US colegio m privado religioso.

parody ['pærədɪ] (pl -ies, pt & pp -ied) ◇ n parodia f. ◇ vt parodiar.

parole [pə'rəʊl] ◇ n libertad f condicional (bajo palabra); **on** ~ en libertad condicional. ◇ vt poner en libertad condicional.

paroxysm ['pærəksɪzm] n [of anger, laughter] acceso m.

parquet ['pɑːkeɪ] n parqué m.

parrot ['pærət] n loro m.

parrot fashion adv UK como un loro.

parry ['pærɪ] (pt & pp -ied) vt -**1.** [blow] parar; [attack] desviar -**2.** [question] eludir.

parsimonious [,pɑːsɪ'məʊnjəs] adj fml & pej mezquino(na), tacaño(ña).

parsley ['pɑːslɪ] n perejil m.

parsnip ['pɑːsnɪp] n chirivía f, pastinaca f.

parson ['pɑːsn] n párroco m.

parson's nose n UK rabadilla f (del pollo).

part [pɑːt] ◇ n -**1.** [gen] parte f; **in** ~ en parte; **the best** OR **better** ~ **of** la mayor parte de; **for the most** ~ en su mayoría; ~ **and parcel of** parte integrante de -**2.** [component] pieza f -**3.** THEATRE papel m -**4.** [involvement]: ~ **(in)** participación f (en); **to play an important** ~ **(in)** desempeñar OR jugar un papel importante (en); **to take** ~ **(in)** tomar parte (en); **to want no** ~ **in** no querer tener nada que ver con; **for my/his** ~ por mi/su parte; **on my/his** ~ por mi/su parte -**5.** US [hair parting] raya f. ◇ adv: it's ~ **living room,** ~ **office** es mitad salón, mitad oficina. ◇ vt -**1.** [lips, curtains] abrir -**2.** [hair] peinar con raya. ◇ vi -**1.** [leave another] separarse -**2.** [separate - lips, curtains] abrirse.

➤ **parts** npl [place]: **in these** ~ por estas tierras.

➤ **part with** vt fus desprenderse de, separarse de.

partake [pɑː'teɪk] (pt -took, pp -taken) vi fml: to ~ **of** [wine] beber; [food] comer.

part exchange n UK sistema de pagar parte de algo con un artículo usado; **in** ~ como parte del pago.

partial ['pɑːʃl] adj -**1.** [incomplete, biased] parcial -**2.** [fond]: ~ **to** amigo(ga) de, aficionado(da) a.

partiality [,pɑːʃɪ'ælətɪ] n -**1.** [bias] parcialidad f -**2.** [fondness]: ~ **for** afición f a.

partially ['pɑːʃəlɪ] adv parcialmente.

participant [pɑː'tɪsɪpənt] n participante m OR f.

participate [pɑː'tɪsɪpeɪt] vi: to ~ **(in)** participar (en).

participation [pɑː,tɪsɪ'peɪʃn] n participación f.

participle ['pɑːtɪsɪpl] n participio m.

particle ['pɑːtɪkl] n partícula f.

particular [pə'tɪkjʊlə^r] adj -**1.** [specific, unique] en

particular OR especial; **did you want any ~ colour?** ¿quería algún color en particular? - **2.**
[extra, greater] especial - **3.** [difficult] exigente.
  ◆ **particulars** npl [of person] datos mpl; [of
thing] detalles mpl.
  ◆ **in particular** adv en particular, en especial.

particularly [pə'tɪkjʊləlɪ] adv especialmente.

parting ['pɑːtɪŋ] n - **1.** [separation] despedida f
- **2.** UK [in hair] raya f.

parting shot n: **to deliver a ~** lanzar un
último comentario hiriente antes de marcharse.

partisan [ˌpɑːtɪ'zæn] ◇ adj partidista. ◇ n
[freedom fighter] partisano m, -na f.

partition [pɑː'tɪʃn] ◇ n - **1.** [wall] tabique m;
[screen] separación f - **2.** COMPUT partición f. ◇
vt - **1.** [room] dividir con tabiques - **2.** [country]
dividir - **3.** COMPUT crear particiones en.

partly ['pɑːtlɪ] adv en parte.

partner ['pɑːtnəʳ] ◇ n - **1.** [spouse, lover] pareja
f - **2.** [in an activity] compañero m, -ra f - **3.** [in a
business] socio m, -cia f - **4.** [ally] colega m OR f.
◇ vt ir de pareja de OR con.

partnership ['pɑːtnəʃɪp] n - **1.** [relationship] asociación f; **to go into ~ (with)** asociarse (con)
- **2.** [business] sociedad f.

part of speech n categoría f gramatical.

partook [pɑː'tʊk] pt ▷ **partake**.

partridge ['pɑːtrɪdʒ] n perdiz f.

part-time ◇ adj a tiempo parcial. ◇ adv a
tiempo parcial.

part-timer n trabajador m, -ra f a tiempo
parcial.

party ['pɑːtɪ] (pl -ies) ◇ n - **1.** POL partido m - **2.**
[social gathering] fiesta f - **3.** [group] grupo m - **4.** JUR
parte f - **5.** [involved person]: **to be a ~ to**
participar en. ◇ vi inf estar de juerga.

party animal n: **to be a ~** ser un(una)
fiestero(ra).

party line n - **1.** POL línea f (política) del
partido - **2.** TELEC línea f (telefónica) compartida.

party piece n UK inf número favorito que
alguien suele ejecutar siempre para entretener a la gente en fiestas etc.

party political broadcast n UK espacio m
electoral.

party politics n (U) política f del partidismo.

party wall n pared f medianera.

pass [pɑːs] ◇ n - **1.** [in football, rugby, hockey] pase
m; [in tennis] passing-shot m - **2.** [document, per-
mit] pase m; **travel ~** tarjeta f OR abono m de
transportes - **3.** UK [successful result] aprobado
m - **4.** [route between mountains] puerto m - **5.** phr:

to make a ~ at sb intentar ligar con alguien.
◇ vt - **1.** [gen] pasar; **to ~ sthg (to sb), to ~
(sb) sthg** pasar OR pasarle algo (a alguien); **~
the string through the hole** pase la cuerda
por el agujero - **2.** [move past - thing] pasar por
(delante de); [- person] pasar delante de; **to ~
sb in the street** cruzarse con alguien - **3.** AUT
adelantar - **4.** [exceed] sobrepasar - **5.** [exam,
candidate, law] aprobar; **to ~ sthg fit (for)** dar
algo por bueno (para) - **6.** [opinion, judgement]
formular; [sentence] dictar. ◇ vi - **1.** [gen] pasar
- **2.** AUT adelantar - **3.** [in exam] aprobar - **4.** [oc-
cur] transcurrir; **to ~ unnoticed** pasar desapercibido.
  ◆ **pass around** vt sep = **pass round**.
  ◆ **pass as** vt fus pasar por.
  ◆ **pass away** vi fallecer, pasar a mejor
vida.
  ◆ **pass by** ◇ vt sep [subj: people] hacer caso
omiso de; [subj: events, life] pasar desapercibi-
do(da) a; **he felt as life was passing him by**
sentía que la vida se le estaba escurriendo
de las manos. ◇ vi pasar cerca.
  ◆ **pass for** vt fus = **pass as**.
  ◆ **pass off** vt sep: **to ~ sthg/sb off as sthg**
hacer pasar algo/a alguien por algo.
  ◆ **pass on** ◇ vt sep: **to ~ sthg on (to)**
pasar algo (a). ◇ vi - **1.** [move on] continuar;
to ~ on to the next subject pasar al siguiente
tema - **2.** = **pass away**.
  ◆ **pass out** vi - **1.** [faint] desmayarse - **2.** UK
MIL graduarse.
  ◆ **pass over** vt fus hacer caso omiso de,
pasar por alto.
  ◆ **pass round** vt sep UK ir pasando, pasar.
  ◆ **pass to** vt fus [be left to] pasar a.
  ◆ **pass up** vt sep dejar pasar OR escapar.

passable ['pɑːsəbl] adj - **1.** [satisfactory] pasable,
aceptable - **2.** [not blocked] transitable.

passably ['pɑːsəblɪ] adv aceptablemente.

passage ['pæsɪdʒ] n - **1.** [corridor - between houses]
pasadizo m, pasaje m; [- between rooms] pasillo
m - **2.** [of music, speech] pasaje m - **3.** fml [of vehicle,
person, time] paso m - **4.** [sea journey] travesía f.

passageway ['pæsɪdʒweɪ] n [between houses]
pasadizo m, pasaje m; [between rooms] pasillo
m.

passbook ['pɑːsbʊk] n ≃ cartilla f OR libreta f
de banco.

passenger ['pæsɪndʒəʳ] n pasajero m, -ra f.

passerby [ˌpɑːsə'baɪ] (pl **passersby** [ˌpɑːsəz'baɪ])
n transeúnte m OR f.

passing ['pɑːsɪŋ] ◇ adj [fad] pasajero(ra); [re-
mark] de pasada. ◇ n paso m, transcurso m.
  ◆ **in passing** adv de pasada.

passion ['pæʃn] n: **~ (for)** pasión f (por).

Passion *n*: the Passion la Pasión.
passionate ['pæʃənət] *adj* apasionado(da).
passionately ['pæʃənətlɪ] *adv* apasionadamente.
passionfruit ['pæʃənfruːt] *n* granadilla *f*.
passive ['pæsɪv] ◇ *adj* pasivo(va). ◇ *n*: the ~ la pasiva.
passively ['pæsɪvlɪ] *adv* con pasividad.
passive resistance *n* resistencia *f* pasiva.
passive smoker *n* fumador *m* pasivo.
passkey ['pɑːskiː] *n* -1. [particular] llave *f* -2. [universal] llave *f* maestra.
Passover ['pɑːsˌəʊvəʳ] *n*: (the) ~ (la) Pascua judía.
passport ['pɑːspɔːt] *n* pasaporte *m*; ~ to sthg *fig* pasaporte a algo.
passport control *n UK* control *m* de pasaportes.
password ['pɑːswɜːd] *n* [gen & *COMPUT*] contraseña *f*.
past [pɑːst] ◇ *adj* -1. [former] anterior -2. [most recent] último(ma); **over the ~ week** durante la última semana -3. [finished] terminado(da); **our problems are ~** se han acabado nuestros problemas. ◇ *adv* -1. [telling the time]: **it's ten ~** son y diez -2. [beyond, in front] por delante; **to walk/run ~** pasar andando/corriendo. ◇ *n* -1. [time]: **the ~**, el pasado -2. [personal history] pasado *m*. ◇ *prep* -1. [telling the time]: **it's five/half/a quarter ~** ten son las diez y cinco/media/cuarto -2. [alongside, in front of] por delante de; **to walk/run ~ sthg** pasar algo andando/corriendo -3. [beyond] más allá de; **it's ~ the bank** está pasado el banco; **to be ~ it** *inf* estar para el arrastre; **I wouldn't put it ~ him** *inf* tratándose de él no me extrañaría un pelo.
pasta ['pæstə] *n (U)* pasta *f*.
paste [peɪst] ◇ *n* -1. [smooth mixture] pasta *f* -2. [food] paté *m* -3. [glue] engrudo *m*. ◇ *vt* [labels, stamps] pegar; [surface] engomar, engrudar; *COMPUT* pegar.
pastel ['pæstl] ◇ *adj* pastel *(inv)*. ◇ *n* -1. [colour] color *m* pastel -2. *ART* [crayon] pastel *m*.
pasteurize, -ise ['pɑːstʃəraɪz] *vt* pasteurizar.
pastiche [pæ'stiːʃ] *n* -1. [imitation] imitación *f* -2. [mixture] pastiche *m*.
pastille ['pæstɪl] *n UK* pastilla *f*.
pastime ['pɑːstaɪm] *n* pasatiempo *m*, afición *f*.
pasting ['peɪstɪŋ] *n inf* paliza *f*.
pastor ['pɑːstəʳ] *n RELIG* pastor *m*.
pastoral ['pɑːstərəl] *adj* -1. *RELIG* pastoral -2. [of the country] pastoril, bucólico(ca).
past participle *n* participio *m* pasado.

pastrami [pə'strɑːmɪ] *n* embutido *de ternera ahumada*.
pastry ['peɪstrɪ] *(pl -ies)* *n* -1. [mixture] pasta *f*, masa *f* -2. [cake] pastel *m*.
past tense *n*: the ~ el pasado.
pasture ['pɑːstʃəʳ] *n* pasto *m*.
pasty¹ ['peɪstɪ] *(compar -ier, superl -iest)* *adj* pálido(da).
pasty² ['pæstɪ] *(pl -ies)* *n UK* empanada *f*.
pasty-faced ['peɪstɪ-] *adj* pálido(da).
pat [pæt] *(compar -ter, superl -test, pt & pp -ted, cont -ting)* ◇ *adj* preparado(da), ensayado(da). ◇ *n* -1. [gen] golpecito *m*; [to dog] caricia *f*; [on back, hand] palmadita *f* -2. [of butter etc] porción *f*. ◇ *vt* [gen] golpear ligeramente; [dog] acariciar; **to ~ sb on the back/hand** darle a alguien una palmadita en la espalda/la mano.
Patagonia [ˌpætə'gəʊnɪə] *n* (la) Patagonia.
patch [pætʃ] ◇ *n* -1. [for mending] remiendo *m*; [on elbow] codera *f*; [to cover eye] parche *m* -2. [part of surface] área *f* -3. [area of land] bancal *m*, parcela *f* -4. [period of time] periodo *m* -5. *COMPUT* parche *m* -6. *phr UK*: **not to be a ~ on** *inf* no igualar ni con mucho a. ◇ *vt* remendar.
 patch together *vt sep* [government, team] formar a duras penas; [agreement, solution] alcanzar a duras penas.
 patch up *vt sep* -1. [mend] reparar -2. [resolve - relationship] salvar; **we have patched things up** hemos hecho las paces.
patchwork ['pætʃwɜːk] ◇ *adj de trozos de distintos colores y formas*. ◇ *n fig* [of fields] mosaico *m*.
patchy ['pætʃɪ] *(compar -ier, superl -iest)* *adj* -1. [uneven - fog, sunshine] irregular; [- colour] desigual -2. [incomplete] deficiente, incompleto(ta) -3. [good in parts] irregular.
pâté ['pæteɪ] *n* paté *m*.
patent [*UK* 'peɪtənt, *US* 'pætəntl] ◇ *adj* [obvious] patente, evidente. ◇ *n* patente *f*. ◇ *vt* patentar.
patented [*UK* 'peɪtəntɪd, *US* 'pætəntɪd] *adj* patentado(da).
patentee [*UK* ˌpeɪtən'tiː, *US* ˌpætən'tiː] *n* poseedor *m*, -ra *f* de una patente.
patent leather *n* charol *m*.
patently [*UK* 'peɪtəntlɪ, *US* 'pætəntlɪ] *adv* evidentemente, patentemente.
paternal [pə'tɜːnl] *adj* [love, attitude] paterno; [grandmother, grandfather] paterno(na).
paternalistic [pəˌtɜːnə'lɪstɪk] *adj pej* paternalista.
paternity [pə'tɜːnətɪ] *n* paternidad *f*.

paternity leave *n* permiso *m* por paternidad.

paternity suit *n* litigio *m* de paternidad.

path [pɑːθ, *pl* pɑːðz] *n* -1. [track, way ahead] camino *m*; **our ~s had crossed before** nuestros caminos se habían cruzado anteriormente -2. COMPUT camino *m* -3. [trajectory - of bullet] trayectoria *f*; [- of flight] rumbo *m* -4. [course of action] curso *m*.

pathetic [pəˈθetɪk] *adj* -1. [causing pity] patético(ca), lastimoso(sa) -2. [attempt, person] inútil, infeliz; [actor, film] malísimo(ma).

pathetically [pəˈθetɪklɪ] *adv* -1. [causing pity] patéticamente -2. [uselessly] lastimosamente.

pathological [ˌpæθəˈlɒdʒɪkl] *adj* patológico(ca).

pathologist [pəˈθɒlədʒɪst] *n* forense *mf*.

pathology [pəˈθɒlədʒɪ] *n* patología *f*.

pathos [ˈpeɪθɒs] *n* patetismo *m*.

pathway [ˈpɑːθweɪ] *n* camino *m*, sendero *m*.

patience [ˈpeɪʃns] *n* -1. [quality] paciencia *f*; **to try sb's ~** poner a prueba la paciencia de alguien -2. UK [card game] solitario *m*. ·

patient [ˈpeɪʃnt] <> *adj* paciente. <> *n* paciente *m* OR *f*.

patiently [ˈpeɪʃntlɪ] *adv* pacientemente.

patina [ˈpætɪnə] *n* pátina *f*.

patio [ˈpætɪəʊ] (*pl* -s) *n* [paved] *área pavimentada al lado de una casa utilizada para el esparcimiento.*

patio doors *npl puertas de cristal que dan a un patio.*

patisserie [pəˈtiːsərɪ] *n* pastelería *f*.

patois [ˈpætwɑː] (*pl inv*) *n* dialecto *m*.

patriarch [ˈpeɪtrɪɑːk] *n* [head of family] patriarca *m*.

patriarchy [ˈpeɪtrɪɑːkɪ] (*pl* -ies) *n* patriarcado *m*.

patrimony [UK ˈpætrɪmənɪ, US ˈpætrɪməʊnɪ] *n fml* patrimonio *m*.

patriot [UK ˈpætrɪət, US ˈpeɪtrɪət] *n* patriota *m* OR *f*.

patriotic [UK ˌpætrɪˈɒtɪk, US ˌpeɪtrɪˈɒtɪk] *adj* patriótico(ca).

patriotism [UK ˈpætrɪətɪzm, US ˈpeɪtrɪətɪzml] *n* patriotismo *m*.

patrol [pəˈtrəʊl] (*pt* & *pp* -led, *cont* -ling) <> *n* patrulla *f*; **on ~** de patrulla. <> *vt* patrullar.

patrol car *n* coche *m* patrulla, auto *m* patrulla CAm, Méx, Chile, patrullero *m* CSur, patrulla *f* Col, Méx.

patrolman [pəˈtrəʊlmən] (*pl* -men [-mən]) *n* US policía *m*, guardia *m*.

patrol wagon *n* US coche *m* celular.

patrolwoman [pəˈtrəʊlˌwʊmən] (*pl* -women

[-ˌwɪmɪn]) *n* (mujer *f*) policía *f*, guardia *f*.

patron [ˈpeɪtrən] *n* -1. [of arts] mecenas *m y f inv* -2. UK [of charity, campaign] patrocinador *m*, -ra *f* -3. *fml* [customer] cliente *m* OR *f*.

patronize, -ise [ˈpætrənaɪz] *vt* -1. *pej* [talk down to] tratar con aire paternalista OR condescendiente -2. *fml* [back financially] patrocinar.

patronizing [ˈpætrənaɪzɪŋ] *adj pej* paternalista, condescendiente.

patron saint *n* santo patrón *m*, santa patrona *f*.

patter [ˈpætə] <> *n* -1. [of raindrops] repiqueteo *m*; [of feet] golpeteo *m*, pasitos *mpl* -2. [sales talk] charlatanería *f*. <> *vi* [dog, feet] corretear; [rain] repiquetear.

pattern [ˈpætən] *n* -1. [design] dibujo *m*, diseño *m* -2. [of life, work] estructura *f*; [of illness, events] desarrollo *m*, evolución *f* -3. [for sewing, knitting] patrón *m* -4. [model] modelo *m*.

patterned [ˈpætənd] *adj* estampado(da).

patty [ˈpætɪ] (*pl* -ies) *n* -1. [pie] empanada *f* -2. US [burger] hamburguesa *f*.

paucity [ˈpɔːsɪtɪ] *n fml* escasez *f*.

paunch [pɔːntʃ] *n* barriga *f*, panza *f*.

paunchy [ˈpɔːntʃɪ] (*compar* -ier, *superl* -iest) *adj* barrigón(ona).

pauper [ˈpɔːpəʳ] *n* indigente *m* OR *f*.

pause [pɔːz] <> *n* pausa *f*. <> *vi* -1. [stop speaking] hacer una pausa -2. [stop moving, doing sthg] detenerse. ·

pave [peɪv] *vt* pavimentar; **to ~ the way for** preparar el terreno para.

paved [peɪvd] *adj* pavimentado(da).

pavement [ˈpeɪvmənt] *n* -1. UK [at side of road] acera *f*, andén *m* CAm, Col, vereda *f* CSur, Perú, banqueta *f* CAm, Méx -2. US [roadway] calzada *f*.

pavement artist *n* UK *artista callejero que dibuja en las aceras.*

pavilion [pəˈvɪljən] *n* -1. UK [at sports field] vestuarios *mpl* -2. [at exhibition] pabellón *m*.

paving [ˈpeɪvɪŋ] *n* (U) pavimento *m*.

paving stone *n* losa *f*.

paw [pɔː] <> *n* [of dog] pata *f*; [of lion, cat] zarpa *f*, garra *f*. <> *vt* -1. [subj: animal] dar zarpazos a; **to ~ the ground** piafar -2. *pej* [subj: person] manosear, sobar.

pawn [pɔːn] <> *n* -1. [chesspiece] peón *m* -2. [unimportant person] marioneta *f*. <> *vt* empeñar.

pawnbroker [ˈpɔːnˌbrəʊkəʳ] *n* prestamista *m* OR *f*.

pawnshop [ˈpɔːnʃɒp] *n* casa *f* de empeños.

pay [peɪ] (*pt* & *pp* paid) <> *vt* -1. [gen] pagar; **to ~ sb for sthg** pagar a alguien por algo; **he paid £20 for it** pagó 20 libras por ello; **to ~ one's way** costearse sus propios gastos -2. UK [put into bank account]: **to ~ sthg into** ingresar algo en; **he paid in his wages** ingresó su sueldo **- 3.** [be advantageous to] ser provechoso(sa) a; **it will ~ you not to say anything** más te vale no decir nada **- 4.** [compliment, visit] hacer; [respects] ofrecer; [attention] prestar; [homage] rendir. ⬦ *vi* **-1.** [gen] pagar; **to ~ by credit card** pagar con tarjeta de crédito; **it pays well** está bien pagado; **to ~ dearly for sthg** pagar caro (por) algo **- 2.** [be profitable] ser rentable. ⬦ *n* sueldo *m*, paga *f*.

➥ **pay back** *vt sep* **-1.** [money] devolver, reembolsar; [person] devolver el dinero a **- 2.** [revenge oneself]: **to ~ sb back (for sthg)** hacer pagar a alguien (por algo).

➥ **pay for** *vt fus* pagar.

➥ **pay off** ⬦ *vt sep* **-1.** [repay - debt] liquidar, saldar **- 2.** [dismiss] despedir con indemnización **- 3.** [bribe] comprar, pagar. ⬦ *vi* [efforts] dar fruto.

➥ **pay out** ⬦ *vt sep* **-1.** [spend] pagar, desembolsar **- 2.** [rope] ir soltando. ⬦ *vi* [spend money] pagar.

➥ **pay up** *vi* pagar.

payable [ˈpeɪəbl] *adj* **-1.** [to be paid] pagadero(ra) **- 2.** [on cheque]: **~** a favor de.

paybed [ˈpeɪbed] *n UK cama utilizada por un paciente de pago en un hospital público.*

paycheck [ˈpeɪtʃek] *n US* paga *f.*

payday [ˈpeɪdeɪ] *n* día *m* de paga.

PAYE (*abbr of* **pay as you earn**) *n en el Reino Unido, sistema de retención fiscal de parte del sueldo del trabajador por la empresa.*

payee [peɪˈiː] *n* beneficiario *m*, -ria *f.*

pay envelope *n US* sobre *m* de paga.

payer [ˈpeɪəʳ] *n* pagador *m*, -ra *f.*

paying guest [ˈpeɪɪŋ-] *n* huésped *m* OR *f* de pago.

paying-in [ˈpeɪɪŋ-] *adj*: *UK* **~ slip** hoja *f* de ingreso.

payload [ˈpeɪləʊd] *n* **-1.** [gen] carga *f* útil **- 2.** [explosive in missile] carga *f* explosiva.

paymaster [ˈpeɪˌmɑːstəʳ] *n* (oficial *m*) pagador *m.*

payment [ˈpeɪmənt] *n* pago *m.*

payoff [ˈpeɪɒf] *n* **-1.** [result] resultado *m* **- 2.** [redundancy payment] indemnización *f* (por despido).

payola [peɪˈəʊlə] *n inf esp US* soborno *m*, propina *f.*

payout [ˈpeɪaʊt] *n inf* reparto *m* de dinero.

pay packet *n UK* **-1.** [envelope] sobre *m* de paga **- 2.** [wages] paga *f.*

pay-per-view *n* pago *m* por visión.

pay phone *n* teléfono *m* público.

pay rise *n* aumento *m* de sueldo.

payroll [ˈpeɪrəʊl] *n* nómina *f.*

payslip [ˈpeɪslɪp] *n UK* hoja *f* de paga.

pay station *US* = **pay phone.**

pay TV *n* televisión *f* de pago.

PBS (*abbr of* **Public Broadcasting Service**) *n organización americana que produce y transmite programas de televisión de contenido cultural y educativo.*

pc ⬦ *abbr of* **postcard.** ⬦ (*abbr of* **per cent**) p.c.

PC ⬦ *n* **-1.** (*abbr of* **personal computer**) PC *m* **- 2.** *UK abbr of* **police constable.** ⬦ *adj abbr of* **politically correct.**

PCB (*abbr of* **printed circuit board**) *n* PCB *m.*

PCI (*abbr of* **peripheral component interconnect**) *n*: **~ card** tarjeta PCI.

pd *abbr of* **paid.**

PD *abbr of* **police department.**

pdq (*abbr of* **pretty damn quick**) *adv inf* superrápido.

PDT (*abbr of* **Pacific Daylight Time**) *hora de verano de la costa oeste de Estados Unidos.*

PE (*abbr of* **physical education**) *n* educación *f* física.

pea [piː] *n* guisante *m*, arveja *f Andes, Col, CSur, Ven*, chícharo *m CAm, Méx*, petipuá *m Ven.*

peace [piːs] *n* **-1.** [gen] paz *f*; **to be at ~ (with)** estar en paz (con) **- 2.** [quiet] calma *f*, tranquilidad *f*; **~ of mind** tranquilidad de espíritu **- 3.** [freedom from disagreement] orden *m*; **to make (one's) ~ (with)** hacer las paces (con).

peaceable [ˈpiːsəbl] *adj* [not aggressive] pacífico(ca).

Peace Corps *n organización estadounidense para la cooperación con los países en vías de desarrollo.*

peaceful [ˈpiːsful] *adj* **-1.** [quiet, calm] tranquilo(la) **- 2.** [not aggressive] pacífico(ca).

peacefully [ˈpiːsfuli] *adv* **-1.** [quietly, calmly] tranquilamente **- 2.** [without aggression] pacíficamente.

peacekeeping force [ˈpiːsˌkiːpɪŋ-] *n* fuerzas *fpl* de pacificación.

peacekeepers [ˈpiːsˌkiːpəz] *npl*: **UN ~** fuerzas *fpl* de pacificación de la ONU.

peace offering *n inf* ofrenda *f* de paz.

peacetime [ˈpiːstaɪm] *n (U)* tiempos *mpl* de paz.

peach [piːtʃ] ⬦ *adj* [in colour] de color melocotón OR durazno *Amér.* ⬦ *n* **-1.** [fruit] melocotón *m*, durazno *m Amér* **- 2.** [colour] color *m* melocotón OR durazno *Amér.* ⬦ *comp* de melocotón OR durazno *Amér.*

Peach Melba [-ˈmelbə] *n* melocotón *servido*

con helado y zumo de frambuesa.

pea coat *n US* chaquetón *m.*

peacock ['pi:kɒk] *n* pavo *m* real.

peahen ['pi:hen] *n* pava *f* real.

peak [pi:k] ◇ *n* **-1.** [mountain top] pico *m*, cima *f* **-2.** [highest point] apogeo *m* **-3.** [of cap] visera *f.* ◇ *adj* [season] alto(ta); [condition] perfecto(ta). ◇ *vi* alcanzar el máximo.

peaked [pi:kt] *adj* con visera.

peak hour *n UK* [of traffic] hora *f* punta.

peak period *n UK* [of electricity etc] periodo *m* de tarifa máxima; [of traffic] horas *fpl* punta.

peak rate *n* tarifa *f* máxima.

peaky ['pi:kɪ] (*compar* **-ier**, *superl* **-iest**) *adj UK inf* pachucho(cha).

peal [pi:l] ◇ *n* [of bells] repique *m*; ~ **(of laughter)** carcajada *f*; ~ **(of thunder)** trueno *m.* ◇ *vi* repicar.

peanut ['pi:nʌt] *n* cacahuete *m*, maní *m Amér*, cacahuate *m Méx.*

peanut brittle *n US* dulce de caramelo con *cacahuetes.*

peanut butter *n* manteca *f* de cacahuete OR de maní *RP*, mantequilla *f* de maní *Amér* OR de cacahuate *Méx.*

pear [peə^r] *n* pera *f.*

pearl [pɜ:l] *n* perla *f.*

pear-shaped *adj*: to go ~ irse a paseo.

peasant ['peznt] *n* **-1.** [in countryside] campesino *m*, -na *f*, guajiro *m*, -ra *f Cuba* **-2.** *pej* [ignorant person] paleto *m*, palurdo *m.*

peasantry ['pezntrɪ] *n*: the ~ los campesinos.

peashooter ['pi:ˌʃu:tə^r] *n* cerbatana *f.*

peat [pi:t] *n* turba *f.*

peaty ['pi:tɪ] (*compar* **-ier**, *superl* **-iest**) *adj* [taste] a turba; [whisky] con sabor a turba.

pebble ['pebl] *n* guijarro *m.*

pebbledash ['pebl,dæʃ] *n UK* enguijarrado *m.*

pecan (nut) [pɪ'kæn-] *n* pacana *f.*

peck [pek] ◇ *n* **-1.** [with beak] picotazo *m* **-2.** [kiss] besito *m.* ◇ *vt* **-1.** [with beak] picotear **-2.** [kiss] dar un besito a. ◇ *vi* picotear.

pecking order ['pekɪŋ-] *n* jerarquía *f.*

peckish ['pekɪʃ] *adj UK inf*: to feel ~ estar algo hambriento(ta).

pecs [peks] *npl inf* pectorales *mpl.*

pectin ['pektɪn] *n* pectina *f.*

peculiar [pɪ'kju:ljə^r] *adj* **-1.** [odd] singular, extraño(ña) **-2.** *UK* [slightly ill] raro(ra), indispuesto(ta) **-3.** [characteristic]: to be ~ to ser propio(pia) de.

peculiarity [pɪˌkju:lɪ'ærətɪ] (*pl* **-ies**) *n* **-1.** [eccentricity] extravagancia *f* **-2.** [characteristic] peculiaridad *f* **-3.** [oddness] rareza *f.*

peculiarly [pɪ'kju:ljəlɪ] *adv* **-1.** [especially] parti-

cularmente **-2.** [oddly] de una manera extraña.

pedagogic [ˌpedə'gɒ:dʒɪk] *adj* pedagógico(ca).

pedal ['pedl] (*UK pt* & *pp* **-led**, *cont* **-ling**, *US pt* & *pp* **-ed**, *cont* **-ing**) ◇ *n* pedal *m.* ◇ *vi* pedalear.

pedal bin *n UK* cubo *m* de basura con pedal.

pedalo ['pedələʊ] *n UK* patín *m.*

pedant ['pedəntl] *n pej* puntilloso *m*, -sa *f.*

pedantic [pɪ'dæntɪk] *adj pej* puntilloso(sa).

peddle ['pedl] *vt* **-1.** [drugs] traficar con; [wares] vender de puerta en puerta **-2.** [rumours] divulgar, difundir.

peddler ['pedlə^r] *n* **-1.** [drug dealer] traficante *m* OR *f* (de drogas) **-2.** *US* = **pedlar.**

pederast ['pedəræst] *n* pederasta *m.*

pedestal ['pedɪstl] *n* pedestal *m*; to put sb on a ~ poner a alguien en un pedestal.

pedestrian [pɪ'destrɪən] ◇ *adj pej* pedestre. ◇ *n* peatón *m.*

pedestrian crossing *n UK* paso *m* de peatones.

pedestrianize, -ise [pɪ'destrɪənaɪz] *vt* peatonizar, convertir en zona peatonal.

pedestrian precinct *UK*, **pedestrian mall** *US n* zona *f* peatonal.

pediatric [ˌpi:dɪ'ætrɪk] *adj* pediátrico(ca).

pediatrician [ˌpi:dɪə'trɪʃn] *n* pediatra *m* OR *f.*

pediatrics [ˌpedɪ'ætrɪks] *n* pediatría *f.*

pedicure ['pedɪˌkjʊə^r] *n* pedicura *f.*

pedigree ['pedɪgri:] ◇ *adj* de raza. ◇ *n* **-1.** [of animal] pedigrí *m* **-2.** [of person] linaje *m.*

pedlar *UK*, **peddler** *US* ['pedlə^r] *n* vendedor *m*, -ra *f* ambulante.

pedophile ['pi:dəfaɪl] *n* pedófilo *m*, -la *f.*

pee [pi:] *inf* ◇ *n* pis *m*; to go for a ~ ir a hacer pis. ◇ *vi* mear, hacer pis.

peek [pi:k] *inf* ◇ *n* mirada *f*, ojeada *f.* ◇ *vi* mirar a hurtadillas.

peel [pi:l] ◇ *n* [gen] piel *f*; [of orange, lemon] corteza *f*; [once removed] mondaduras *fpl.* ◇ *vt* pelar. ◇ *vi* [walls, paint] desconcharse; [wallpaper] despegarse; [skin, nose] pelarse.

➤ **peel off** *vt sep* **-1.** [label] despegar; [cover] quitar **-2.** [clothes] quitarse.

peeler ['pi:lə^r] *n* mondador *m.*

peelings ['pi:lɪŋz] *npl* peladuras *fpl.*

peep [pi:p] ◇ *n* **-1.** [look] mirada *f*, ojeada *f* **-2.** *inf* [sound] pío *m.* ◇ *vi* [look] mirar furtivamente.

➤ **peep out** *vi* asomar.

peephole ['pi:phəʊl] *n* mirilla *f.*

peeping Tom [ˌpi:pɪŋ'tɒm] *n* mirón *m.*

peep show *n* mundonuevo *m*, cosmorama *m.*

peer [pɪə^r] ◇ *n* **-1.** [noble] par *m* **-2.** [equal] igual *m.* ⟩ *vi* mirar con atención.

peerage ['pɪərɪdʒ] *n* **-1.** [rank] rango *m* de par **-2.** [group]: **the** ~ la nobleza.

peeress ['pɪərɪs] *n* paresa *f.*

peer group *n* grupo generacional o social.

peer pressure *n* presión ejercida por el grupo generacional o social al que uno pertenece.

peeved [piːvd] *adj inf* fastidiado(da), disgustado(da).

peevish ['piːvɪʃ] *adj* malhumorado(da).

peg [peg] (*pt* & *pp* **-ged**, *cont* **-ging**) ⟩ *n* **-1.** *UK* [for washing line] pinza *f* **-2.** [on tent] estaca *f* **-3.** [hook] gancho *m.* ⟩ *vt* **-1.** [prices] fijar, estabilizar **-2.** *US* [person]: **to** ~**sb as sthg** identificar a alguien como algo.

➤ **peg out** *vi UK inf* estirar la pata.

pegboard ['pegbɔːd] *n* tablero vertical con agujeros donde se depositan clavijas.

pejorative [pɪ'dʒɒrətɪv] *adj* peyorativo(va), despectivo(va).

Peking [piː'kɪŋ] *n* Pekín.

pekingese *n* = pekinese.

pelican ['pelɪkən] (*pl inv or* **-s**) *n* pelícano *m.*

pelican crossing *n UK* paso de peatones con semáforo accionado por el usuario.

pellet ['pelɪt] *n* **-1.** [small ball] bolita *f* **-2.** [for gun] perdigón *m.*

pell-mell [,pel'mel] *adv* atropelladamente.

pelmet ['pelmɪt] *n UK* galería *f (de cortinas).*

pelt [pelt] ⟩ *n* **-1.** [animal skin] piel *f* **-2.** [speed]: **(at) full** ~ a toda pastilla, a todo meter. ⟩ *vt*: **to** ~ **sb with sthg** acribillar a alguien con algo, arrojar algo a alguien. ⟩ *vi* **-1.** [rain]: **it was pelting down** *or* **with rain** llovía a cántaros **-2.** [run very fast] correr a toda pastilla.

pelvic ['pelvɪk] *adj* pélvico(ca).

pelvis ['pelvɪs] (*pl* **-vises** *or* **-ves** [-viːz]) *n* pelvis *f.*

pen [pen] (*pt* & *pp* **-ned**, *cont* **-ning**) ⟩ *n* **-1.** [ballpoint] bolígrafo *m*, lapicera *f RP* & *Chile*; [fountain pen] pluma *f*; [felt-tip] rotulador *m* **-2.** [enclosure] redil *m*, corral *m.* ⟩ *vt* **-1.** *literary* [write] escribir **-2.** [enclose] encerrar.

➤ **pen in** *vt sep* encerrar.

penal ['piːnl] *adj* penal.

penalize, ise ['piːnəlaɪz] *vt* **-1.** [gen] penalizar; *sport* penalizar, castigar **-2.** [put at a disadvantage] perjudicar.

penal settlement *n* colonia *f* penal.

penalty ['penltɪ] (*pl* **-ies**) *n* **-1.** [punishment] pena *f*; **to pay the** ~ **(for sthg)** *fig* pagar las consecuencias (de algo) **-2.** [fine] multa *f* **-3.** *sport* penalty *m*; ~ **(kick)** *FTBL* penalty *m*; *RUGBY* golpe *m* de castigo.

penalty area *n FTBL* área *f* de castigo.

penalty box *n* **-1.** *FTBL* área *f* de castigo **-2.** [en hockey] banquillo *m* de castigo.

penalty clause *n* cláusula *f* penal.

penalty goal *n RUGBY* gol *m* de castigo.

penalty kick ⟩ **penalty.**

penalty spot *n FTBL* punto *m* de penalty.

penance ['penəns] *n* penitencia *f.*

pen-and-ink *adj* a pluma.

pence [pens] *UK pl* ⟩ **penny.**

penchant [*UK* pɑ̃ʃɑ̃ː, *US* 'pentʃənt] *n*: **to have a** ~ **for sthg** tener debilidad por algo; **to have a** ~ **for doing sthg** tener propensión a hacer algo.

pencil ['pensl] (*UK pt* & *pp* **-led**, *cont* **-ling**, *US pt* & *pp* **-ed**, *cont* **-ing**) ⟩ *n* lápiz *m*; **in** ~ a lápiz. ⟩ *vt* escribir a lápiz.

➤ **pencil in** *vt sep* [date, appointment] apuntar provisionalmente.

pencil case *n* estuche *m*, plumero *m Esp.*

pencil sharpener *n* sacapuntas *m inv.*

pendant ['pendənt] *n* [jewel on chain] colgante *m.*

pending ['pendɪŋ] *fml* ⟩ *adj* **-1.** [waiting to be dealt with] pendiente **-2.** [about to happen] inminente. ⟩ *prep* a la espera de.

pending tray *n UK* bandeja *f or* cajón *m* de asuntos pendientes.

pendulum ['pendjʊləm] (*pl* **-s**) *n* [of clock] péndulo *m.*

penetrate ['penɪtreɪt] ⟩ *vt* **-1.** [barrier] salvar, atravesar; [jungle, crowd] adentrarse en, introducirse en; [subj: wind, rain, sharp object] penetrar en **-2.** [infiltrate - organization] infiltrarse en. ⟩ *vi inf* [be understood] hacer mella.

penetrating ['penɪtreɪtɪŋ] *adj* penetrante.

penetration [,penɪ'treɪʃn] *n* **-1.** [act of penetrating] penetración *f* **-2.** *fml* [insight] agudeza *f*, perspicacia *f.*

pen friend *n UK* amigo *m*, -ga *f* por correspondencia.

penguin ['peŋgwɪn] *n* pingüino *m.*

penicillin [,penɪ'sɪlɪn] *n* penicilina *f.*

peninsula [pə'nɪnsjʊlə] (*pl* **-s**) *n* península *f*; **the Iberian Peninsula** la Península Ibérica.

penis ['piːnɪs] (*pl* **penises** ['piːnɪsɪz]) *n* pene *m.*

penitent ['penɪtənt] *adj fml* arrepentido(da).

penitentiary [,penɪ'tenʃərɪ] (*pl* **-ies**) *n US* penitenciaría *f.*

penknife ['pennaɪf] (*pl* **-knives** [-naɪvz]) *n* navaja *f*, chaveta *f Andes.*

pen name *n* seudónimo *m.*

pennant ['penənt] *n* banderín *m.*

penniless ['penɪlɪs] *adj*: **to be** ~ estar sin un centavo.

Pennines ['penaɪnz] *npl*: **the** ~ los Peninos.

Pennsylvania [ˌpensɪl'veɪnɪə] *n* Pensilvania.

penny ['penɪ] (*pl sense 1* -ies, *pl sense 2* pence) *n* -1. [coin] *UK* penique *m*; *US* centavo *m* -2. *UK* [value] penique *m*; it was worth every ~ valía realmente la pena -3. *phr*: a ~ for your thoughts ¿en qué estás pensando?; as I listened, the ~ dropped *UK inf* mientras le escuchaba, caí en la cuenta; to spend a ~ *UK inf* ir al váter; they're two OR ten a ~ *UK inf* los haya porrillo.

penny-pinching [-ˌpɪntʃɪŋ] <> *adj* tacaño(ña), mezquino(na). <> *n* tacañería *f*, miseria *f*.

pen pal *n inf* amigo *m*, -ga *f* por correspondencia.

pension ['penʃn] *n* -1. [gen] pensión *f* -2. [disability pension] subsidio *m*.
 • **pension off** *vt sep* jubilar.

pensionable ['penʃənəbl] *adj*: of ~ age en edad de jubilación.

pension book *n UK* libreta *f* de pensiones.

pensioner ['penʃənəʳ] *n*: (old-age) ~ pensionista *m* or *f*.

pension fund *n* fondo *m* de pensiones.

pension plan, pension scheme *n* plan *m* de pensiones.

pensive ['pensɪv] *adj* pensativo(va).

pentagon ['pentəgən] *n* pentágono *m*.
 • **Pentagon** *n US*: the Pentagon el Pentágono, *sede del ministerio de Defensa estadounidense.*

pentathlon [pen'tæθlən] (*pl* -s) *n* pentatlón *m*.

Pentecost ['pentɪkɒst] *n* Pentecostés *m*.

penthouse ['penthaʊs, *pl* -haʊzɪz] *n* ático *m*; ~ suite suite en el ático.

pent up ['pent-] *adj* reprimido(da).

penultimate [pe'nʌltɪmət] *adj* penúltimo(ma).

penury ['penjʊrɪ] *n fml* miseria *f*, pobreza *f*.

peony ['pɪənɪ] (*pl* -ies) *n* peonía *f*.

people ['pi:pl] <> *n* [nation, race] pueblo *m*. <> *npl* -1. [gen] gente *f*; [individuals] personas *fpl*; a table for eight ~ una mesa para ocho personas; ~ say that ... dice la gente que ...; young ~ los jóvenes -2. [inhabitants] habitantes *mpl* -3. POL: the ~ el pueblo. <> *vt*: to be ~d by OR with estar poblado(da) de.

pep [pep] (*pt & pp* -ped, *cont* -ping) *n inf* vitalidad *f*.
 • **pep up** *vt sep* [person] animar; [food] alegrar.

PEP (*abbr of* personal equity plan) *n UK plan personal de inversión.*

pepper ['pepəʳ] *n* -1. [spice] pimienta *f*; black/white ~ pimienta negra/blanca -2. [vegetable] pimiento *m*; red/green ~ pimiento rojo/verde.

peppercorn ['pepəkɔ:n] *n* grano *m* de pimienta.

peppered ['pepəd] *adj* -1. [with mistakes, statistics]: ~ with salpicado(da) de -2. [with bullets]: ~ with acribillado(da) de.

pepper mill *n* molinillo *m* de pimienta.

peppermint ['pepəmɪnt] *n* -1. [sweet] pastilla *f* de menta -2. [herb] menta *f*.

pepperoni [ˌpepə'rəʊnɪ] *n* pepperoni *m*.

pepper pot *UK*, **peppershaker** *US n* pimentero *m*.

peppery ['pepərɪ] *adj* [spicy] picante.

pep talk *n inf* palabras *fpl* de ánimo.

peptic ulcer ['peptɪk-] *n* úlcera *f* estomacal.

per [pɜ:ʳ] *prep* [expressing rate, ratio] por; ~ hour/kilo/person por hora/kilo/persona; ~ day al día; as ~ instructions de acuerdo con OR según las instrucciones; as ~ usual como de costumbre.

per annum *adv* al OR por año.

per capita [pə'kæpɪtə] <> *adj* per cápita. <> *adv* por cabeza.

perceive [pə'si:v] *vt* -1. [notice] percibir, apreciar -2. [understand, realize] advertir, apreciar -3. [see]: to ~ sthg/sb as ver algo/a alguien como.

per cent *adv* por ciento; fifty ~ of the population el cincuenta por ciento de la población.

percentage [pə'sentɪdʒ] *n* porcentaje *m*.

perceptible [pə'septəbl] *adj* perceptible, apreciable.

perception [pə'sepʃn] *n* -1. [noticing] percepción *f* -2. [insight] perspicacia *f* -3. [opinion] idea *f*.

perceptive [pə'septɪv] *adj* perspicaz.

perceptively [pə'septɪvlɪ] *adv* perspicazmente.

perch [pɜ:tʃ] (*pl sense 3 only inv* OR -es) <> *n* -1. [for bird] percha *f*, vara *f* -2. [high position] posición *f* elevada -3. [fish] perca *f*. <> *vi*: to ~ (on) [bird] posarse (en); [person] sentarse (en).

percolate ['pɜ:kəleɪt] *vi lit & fig* filtrarse.

percolator ['pɜ:kəleɪtəʳ] *n* cafetera *f* eléctrica.

percussion [pə'kʌʃn] *n* MUS percusión *f*; the ~ la percusión.

percussionist [pə'kʌʃənɪst] *n* percusionista *m* OR *f.*

peregrine (falcon) ['perəgrən] *n* halcón *m* peregrino.

peremptory [pə'remptərɪ] *adj* perentorio(ria).

perennial [pə'renjəl] <> *adj* [gen & BOT] perenne. <> *n* BOT planta *f* perenne.

perfect [*adj* & *n* 'pɜːfɪkt, *vb* pə'fekt] <> *adj* perfecto(ta); **he's a ~ stranger to me** me es completamente desconocido; **it makes ~ sense** es totalmente lógico. <> *n* GRAMM: **the ~ (tense)** el perfecto. <> *vt* perfeccionar.

perfection [pə'fekʃn] *n* perfección *f*; **to ~ a** la perfección.

perfectionist [pə'fekʃənɪst] *n* perfeccionista *m* OR *f.*

perfectly ['pɜːfɪktlɪ] *adv* **-1.** [for emphasis] absolutamente; **~ well** perfectamente bien **-2.** [to perfection] perfectamente.

perforate ['pɜːfəreɪt] *vt* perforar.

perforation [,pɜːfə'reɪʃn] *n* [in paper] perforación *f.*

perform [pə'fɔːm] <> *vt* **-1.** [carry out] llevar a cabo, realizar; [duty] cumplir **-2.** [music, dance] interpretar; [play] representar. <> *vi* **-1.** [function - car, machine] funcionar; [- person, team] desenvolverse **-2.** [actor] actuar; [singer, dance] interpretar.

performance [pə'fɔːməns] *n* **-1.** [carrying out] realización *f*, ejecución *f*; [of duty] cumplimiento *m* **-2.** [show] representación *f* **-3.** [of actor, singer etc] interpretación *f*, actuación *f* **-4.** [of car, engine] rendimiento *m.*

performance art *n* arte *m* interpretativo.

performance car *n* coche *m* de altas prestaciones.

performer [pə'fɔːməʳ] *n* [actor, singer etc] intérprete *m* OR *f.*

performing arts [pə'fɔːmɪŋ-] *npl*: **the ~** las artes interpretativas.

perfume ['pɜːfjuːm] *n* perfume *m.*

perfumed [*UK* 'pɜːfjuːmd, *US* pər'fjuːmd] *adj* perfumado(da).

perfunctory [pə'fʌŋktərɪ] *adj* superficial.

perhaps [pə'hæps] *adv* **-1.** [maybe] quizás, quizá; **~ she'll do it** quizás ella lo haga; **~ so/not** tal vez sí/no **-2.** [in polite requests, suggestions, remarks]: **~ you could help?** ¿te importaría ayudar?; **~ you should start again** ¿por qué no empiezas de nuevo? **-3.** [approximately] aproximadamente.

peril ['perɪl] *n literary* peligro *m*; **at one's ~ a** su propio riesgo.

perilous ['perələs] *adj literary* peligroso(sa).

perilously ['perələslɪ] *adv* peligrosamente.

perimeter [pə'rɪmɪtəʳ] *n* perímetro *m*; **~ fence** OR **wall** cerca *f.*

period ['pɪərɪəd] <> *n* **-1.** [of time] período *m*, periodo *m* **-2.** HIST época *f* **-3.** SCH clase *f*, hora *f* **-4.** [menstruation] período *m*; **to be on one's ~** tener el período **-5.** *US* [full stop] punto *m* **-6.** SPORT tiempo *m.* <> *comp* de época.

periodic [,pɪərɪ'ɒdɪk] *adj* periódico(ca).

periodical [,pɪərɪ'ɒdɪkl] <> *adj* = **periodic.** <> *n* [magazine] revista *f*, publicación *f* periódica.

periodic table *n* tabla *f* periódica.

period pains *npl* dolores *mpl* menstruales.

period piece *n* obra *f* de época.

peripatetic [,perɪpə'tetɪk] *adj* ambulante, itinerante.

peripheral [pə'rɪfərəl] <> *adj* **-1.** [of little importance] marginal **-2.** [at edge] periférico(ca). <> *n* COMPUT periférico *m.*

periphery [pə'rɪfərɪ] (*pl* **-ies**) *n* **-1.** [edge] periferia *f* **-2.** [unimportant area] márgenes *mpl.*

periscope ['perɪskəʊp] *n* periscopio *m.*

perish ['perɪʃ] *vi* **-1.** [die] perecer **-2.** [decay] deteriorarse.

perishable ['perɪʃəbl] *adj* perecedero(ra).

➤ **perishables** *npl* productos *mpl* perecederos.

perishing ['perɪʃɪŋ] *adj UK inf* **-1.** [cold]: **it's ~ (cold)** hace un frío que pela **-2.** [damn] condenado(da).

peritonitis [,perɪtə'naɪtɪs] *n (U)* peritonitis *f inv.*

perjure ['pɜːdʒəʳ] *vt* JUR: **to ~ o.s.** perjurarse.

perjury ['pɜːdʒərɪ] *n* JUR perjurio *m.*

perk [pɜːk] *n inf* extra *m*, beneficio *m* adicional.

➤ **perk up** *vi* animarse.

perky ['pɜːkɪ] (*compar* **-ier**, *superl* **-iest**) *adj inf* alegre, animado(da).

perm [pɜːm] <> *n* permanente *f.* <> *vt*: **to have one's hair ~ed** hacerse la permanente.

permanence ['pɜːmənəns] *n* permanencia *f.*

permanent ['pɜːmənənt] <> *adj* **-1.** [gen] permanente; [job, address] fijo(ja) **-2.** [continuous, constant] constante. <> *n US* [perm] permanente *f.*

permanently ['pɜːmənəntlɪ] *adv* permanentemente.

permeable ['pɜːmjəbl] *adj* permeable.

permeate ['pɜːmɪeɪt] *vt* impregnar.

permissible [pə'mɪsəbl] *adj* permisible.

permission [pə'mɪʃn] *n*: **~ (to do sthg)** permiso *m* (para hacer algo).

permissive [pə'mɪsɪv] *adj* permisivo(va).

permissiveness [pə'mɪsɪvnɪs] *n* permisividad *f.*

permit [*vb* pə'mɪt, *n* 'pɜːmɪt] (*pt* & *pp* **-ted**, *cont* **-ting**) <> *vt* permitir; **to ~ sb sthg/to do sthg**

permitir a alguien algo/hacer algo. <> *vi*: **if time** ~s si hay tiempo; **weather permitting** si el tiempo lo permite. <> *n* permiso *m*.

permutation [ˌpɜːmjuːˈteɪʃn] *n* permutación *f*.

pernicious [pəˈnɪʃəs] *adj fml* pernicioso(sa).

pernickety [pəˈnɪkətɪ] *adj inf* quisquilloso(sa).

peroxide [pəˈrɒksaɪd] *n* peróxido *m*.

peroxide blonde *n* rubia *f* oxigenada.

perpendicular [ˌpɜːpənˈdɪkjʊləʳ] <> *adj* -**1.** *MATH*: ~ **(to)** perpendicular (a) -**2.** [upright] vertical. <> *n MATH* perpendicular *f*.

perpetrate [ˈpɜːpɪtreɪt] *vt fml* perpetrar.

perpetration [ˌpɜːpɪˈtreɪʃn] *n fml* perpetración *f*.

perpetrator [ˈpɜːpɪtreɪtəʳ] *n fml* perpetrador *m*, -ra *f*, autor *m*, -ra *f*.

perpetual [pəˈpetʃʊəl] *adj* -**1.** *pej* [constant] constante -**2.** [everlasting] perpetuo(tua).

perpetually [pəˈpetʃʊəlɪ] *adv* -**1.** *pej* [constantly] continuamente, constantemente -**2.** [for ever] perpetuamente.

perpetuate [pəˈpetʃʊeɪt] *vt* perpetuar.

perpetuation [pəˌpetʃʊˈeɪʃn] *n* perpetuación *f*.

perpetuity [ˌpɜːpɪˈtjuːətɪ] *n*: **in** ~ *fml* a perpetuidad.

perplex [pəˈpleks] *vt* confundir, dejar perplejo(ja).

perplexed [pəˈplekst] *adj* perplejo(ja).

perplexing [pəˈpleksɪŋ] *adj* desconcertante.

perplexity [pəˈpleksətɪ] *n* perplejidad *f*.

perquisite [ˈpɜːkwɪzɪt] *n fml* beneficio *m* adicional.

per se [pɜːˈseɪ] *adv* en sí.

persecute [ˈpɜːsɪkjuːt] *vt* perseguir.

persecution [ˌpɜːsɪˈkjuːʃn] *n* persecución *f*.

persecutor [ˈpɜːsɪkjuːtəʳ] *n* perseguidor *m*, -ra *f*.

perseverance [ˌpɜːsɪˈvɪərəns] *n* perseverancia *f*.

persevere [ˌpɜːsɪˈvɪəʳ] *vi*: **to** ~ **(with sthg/in doing sthg)** perseverar (en algo/en hacer algo).

Persia [ˈpɜːʃə] *n* Persia.

Persian [ˈpɜːʃn] <> *adj* persa. <> *n* [language] persa *m*.

Persian cat *n* gato *m* persa.

Persian Gulf *n*: **the** ~ el Golfo Pérsico.

persist [pəˈsɪst] *vi* -**1.** [problem, rain] persistir -**2.** [person]: **to** ~ **in doing sthg** empeñarse en hacer algo.

persistence [pəˈsɪstəns] *n* -**1.** [continuation] persistencia *f* -**2.** [determination] perseverancia *f*.

persistent [pəˈsɪstənt] *adj* -**1.** [constant] continuo(nua) -**2.** [determined] persistente.

persistently [pəˈsɪstəntlɪ] *adv* -**1.** [constantly] continuamente -**2.** [determinedly] con persistencia -**3.** [repeatedly] repetidamente.

persnickety [pəˈsnɪkɪtɪ] *adj US* quisquilloso(sa).

person [ˈpɜːsn] *(pl* **people** *OR* **persons** *fml)* *n* -**1.** [man, woman] persona *f*; **in** ~ en persona -**2.** [body]: **to have sthg about one's** ~ llevar algo encima -**3.** *GRAMM* persona *f*; **in the first** ~ en primera persona.

persona [pəˈsəʊnə] *(pl* -**s** *OR* -**ae** [-iːl]*)* *n* imagen *f*.

personable [ˈpɜːsnəbl] *adj* agradable.

personage [ˈpɜːsənɪdʒ] *n fml* personaje *m*.

personal [ˈpɜːsənl] <> *adj* -**1.** [gen] personal -**2.** [private - life, problem] privado(da) -**3.** *pej* [rude] ofensivo(va); **to be** ~ hacer alusiones personales. <> *n US* anuncio *m* personal (por palabras).

personal account *n* cuenta *f* personal.

personal ad *n* anuncio *m* personal (por palabras).

personal allowance *n* [regular payment] renta *f* personal; [in tax] desgravación *f* personal.

personal assistant *n* secretario *m*, -ria *f* personal.

personal call *n* llamada *f* personal.

personal column *n* sección *f* de asuntos personales.

personal computer *n* ordenador *m* personal.

personal foul *n* falta *f* personal.

personal hygiene *n* higiene *f* personal.

personality [ˌpɜːsəˈnælətɪ] *(pl* -**ies***)* *n* personalidad *f*.

personalize, -ise [ˈpɜːsənəlaɪz] *vt* personalizar.

personalized [ˈpɜːsənəlaɪzd] *adj* personalizado(da).

personally [ˈpɜːsnəlɪ] *adv* -**1.** [gen] personalmente; **to take sthg** ~ tomarse algo como algo personal -**2.** [in person] en persona.

personal loan *n* crédito *m* personal.

personal organizer *n* agenda *f* (personal).

personal pension plan *n* plan *m* de jubilación personalizado.

personal pronoun *n* pronombre *m* personal.

personal property *n (U)* bienes *mpl* muebles.

personal stereo *n* walkman® *m inv*.

persona non grata [-ˈgrɑːtə] *(pl* **personae non gratae** [-ˈgrɑːtiːl]*)* *n* persona *f* no grata.

personify [pəˈsɒnɪfaɪ] *(pt & pp* -**ied***)* *vt* personificar.

personnel [ˌpɜːsəˈnel] <> *n (U)* [department]

departamento *m* de personal. <> *npl* [staff] personal *m*.

personnel department *n* departamento *m* de personal.

personnel manager *n* jefe *m*, -fa *f* de personal.

person-to-person *adj esp US* de persona a persona.

perspective [pə'spektɪv] *n* perspectiva *f*; **to get sthg in** ~ *fig* poner algo en perspectiva.

Perspex® ['pɜ:speks] *n UK* ≃ plexiglás® *m*.

perspicacious [,pɜ:spɪ'keɪʃəs] *adj fml* perspicaz.

perspiration [,pɜ:spə'reɪʃn] *n* transpiración *f*.

perspire [pə'spaɪə'] *vi* transpirar.

persuade [pə'sweɪd] *vt*: **to** ~ **sb (of sthg/to do sthg)** persuadir a alguien (de algo/a hacer algo); **to** ~ **sb that** convencer a alguien (de) que.

persuasion [pə'sweɪʒn] *n* **-1.** [act of persuading] persuasión *f*. **-2.** [belief] creencia *f*.

persuasive [pə'sweɪsɪv] *adj* persuasivo(va).

persuasively [pə'sweɪsɪvlɪ] *adv* de modo persuasivo.

pert [pɜ:t] *adj* **-1.** [person] vivaracho(cha). **-2.** [part of body] respingón(ona).

pertain [pə'teɪn] *vi fml*: ~**ing to** relacionado(da) con.

pertinence ['pɜ:tɪnəns] *n* pertinencia *f*.

pertinent ['pɜ:tɪnənt] *adj* pertinente.

perturb [pə'tɜ:b] *vt fml* perturbar, inquietar.

perturbed [pə'tɜ:bd] *adj fml* perturbado(da), inquieto(ta).

Peru [pə'ru:] *n* (el) Perú.

perusal [pə'ru:zl] *n* [careful reading] lectura *f* detenida; [brief reading] lectura por encima.

peruse [pə'ru:z] *vt* [read carefully] leer detenidamente; [browse through] leer por encima.

Peruvian [pə'ru:vjən] <> *adj* peruano(na). <> *n* [person] peruano *m*, -na *f*.

pervade [pə'veɪd] *vt* impregnar.

pervasive [pə'veɪsɪv] *adj* **-1.** [smell] penetrante **-2.** [influence] dominante.

perverse [pə'vɜ:s] *adj* [delight, enjoyment] perverso(sa); [contrary] puñetero(ra).

perversely [pə'vɜ:slɪ] *adv* **-1.** [ironically] paradójicamente **-2.** [contrarily] contra toda lógica.

perversion [*UK* pə'vɜ:ʃn, *US* pə'vɜ:rʒn] *n* **-1.** [sexual deviation] perversión *f* **-2.** [of justice, truth] tergiversación *f*.

perversity [pə'vɜ:sətɪ] *n* [contrariness] puñetería *f*.

pervert [*n* 'pɜ:vɜ:t, *vb* pə'vɜ:t] <> *n* pervertido *m*, -da *f*. <> *vt* **-1.** [course of justice] tergiversar **-2.** [corrupt sexually] pervertir.

perverted [pə'vɜ:tɪd] *adj* **-1.** [sexually deviant] pervertido(da). **-2.** [twisted] torcido(da).

peseta [pə'seɪtə] *n* peseta *f*.

peso ['peɪsəʊ] (*pl* **-s**) *n* peso *m*.

pessary ['pesərɪ] (*pl* **-ies**) *n* pesario *m*.

pessimism ['pesɪmɪzm] *n* pesimismo *m*.

pessimist ['pesɪmɪst] *n* pesimista *m or f*.

pessimistic [,pesɪ'mɪstɪk] *adj* pesimista.

pest [pest] *n* **-1.** [insect] insecto *m* nocivo; [animal] animal *m* nocivo **-2.** *inf* [annoying person] pesado *m*, -da *f*; [annoying thing] lata *f*.

pester ['pestə'] *vt* dar la lata a, cargosear *Amér*.

pesticide ['pestɪsaɪd] *n* pesticida *m*.

pestle ['pesl] *n* mano *f* (de mortero).

pet [pet] (*pt & pp* **-ted**, *cont* **-ting**) <> *adj* [subject, theory] preferido(da); ~ **hate** gran fobia *f*. <> *n* **-1.** [domestic animal] animal *m* doméstico **-2.** [favourite person] preferido *m*, -da *f*, favorito *m*, -ta *f*. <> *vt* acariciar. <> *vi* pegarse el lote.

petal ['petl] *n* pétalo *m*.

peter ['pi:tə'] ◆ **peter out** *vi* [supplies, interest] agotarse; [path] desaparecer.

petit bourgeois [pə,ti:'bʊəʒwɑ:] (*pl* **petits bourgeois** [pə,ti:'bʊəʒwɑ:]) <> *adj* pequeño burgués (pequeña burguesa). <> *n* pequeño burgués *m*, pequeña burguesa *f*.

petite [pə'ti:t] *adj* [woman] chiquita.

petit four [,peti-] (*pl* **petits fours** [,peti-]) *n* dulce de bizcocho cubierto de alcorza.

petition [pɪ'tɪʃn] <> *n* petición *f*. <> *vt* presentar una petición a. <> *vi* **-1.** [campaign]: **to** ~ **for sthg** solicitar algo; **to** ~ **against sthg** presentar una petición contra algo **-2.** *JUR*: **to** ~ **for divorce** pedir el divorcio.

petitioner [pɪ'tɪʃənə'] *n* solicitante *m or f*.

pet name *n* nombre *m* cariñoso.

petrified ['petrɪfaɪd] *adj* [terrified] petrificado(da).

petrify ['petrɪfaɪ] (*pt & pp* **-ied**) *vt* [terrify] petrificar.

petrochemical [,petrəʊ'kemɪkl] *adj* petroquímico(ca).

petrodollar ['petrəʊ,dɒlə'] *n* petrodólar *m*.

petrol ['petrəl] *n UK* gasolina *f*, nafta *f RP*, bencina *f Chile*.

petrol bomb *n UK* bomba *f* de gasolina.

petrol can *n UK* lata *f* de gasolina *or* de nafta *RP or* de bencina *Chile*.

petroleum [pɪ'trəʊljəm] *n* petróleo *m*.

petroleum jelly *n* vaselina *f*.

petrol pump *n UK* surtidor *m* de gasolina *or* de nafta *RP or* de bencina *Chile*, bomba *f Chile, Col, Ven*.

petrol station *n UK* gasolinera *f*, grifo *m Perú*, bomba *f Chile, Col, Ven*, estación *f* de nafta *RP*.

petrol tank *n UK* depósito *m* de gasolina, tanque *m* de gasolina *Amér OR* de bencina *Chile OR* de nafta *RP.*

pet shop *n* pajarería *f.*

petticoat ['petɪkəʊt] *n* [underskirt] enaguas *fpl,* enagua *f,* fustán *m Amér;* [full-length] combinación *f.*

pettiness ['petɪnɪs] *n* [small-mindedness] mezquindad *f.*

petting zoo ['petɪŋ'zuː] *n US parque zoológico en el que los niños pueden acariciar y dar de comer a los animales.*

petty ['petɪ] (*compar* **-ier,** *superl* **-iest**) *adj* **-1.** [small-minded] mezquino(na) **-2.** [trivial] insignificante.

petty cash *n* dinero *m* para gastos menores.

petty officer *n* sargento *m* de la marina.

petty thief *n* ladronzuelo *m,* -la *f.*

petulant ['petjʊlənt] *adj* cascarrabias *(inv).*

pew [pjuː] *n* banco *m.*

pewter ['pjuːtə'] *n* peltre *m.*

PG (*abbr of* **parental guidance**) para menores acompañados.

PGA (*abbr of* **Professional Golfers' Association**) *n* PGA *f.*

p & h (*abbr of* **postage and handling**) *n US* gastos *mpl* de envío.

pH *n* (*abbr of* **potential of hydrogen**) pH *m.*

phallic ['fælɪk] *adj* fálico(ca); **~ symbol** símbolo *m* fálico.

phallus ['fæləs] (*pl* **-es** OR **phalli** ['fælaɪ]) *n* falo *m.*

phantom ['fæntəm] ◇ *adj* ilusorio(ria). ◇ *n* [ghost] fantasma *m.*

phantom pregnancy *n* embarazo *m* psicológico.

pharaoh ['feərəʊ] *n* faraón *m.*

Pharisee ['færɪsiː] *n* fariseo *m,* -a *f.*

pharmaceutical [ˌfɑːmə'sjuːtɪkl] *adj* farmacéutico(ca).
➡ **pharmaceuticals** *npl* productos *mpl* farmacéuticos.

pharmacist ['fɑːməsɪst] *n* farmacéutico *m,* -ca *f.*

pharmacology [ˌfɑːmə'kɒlədʒɪ] *n* farmacología *f.*

pharmacy ['fɑːməsɪ] (*pl* **-ies**) *n* [shop] farmacia *f.*

phase [feɪz] ◇ *n* fase *f.* ◇ *vt* escalonar.
➡ **phase in** *vt sep* introducir progresivamente.
➡ **phase out** *vt sep* retirar progresivamente.

PhD (*abbr of* **Doctor of Philosophy**) *n* **-1.** [qualification] doctorado *m* **-2.** [person] doctor *m,* -ra *f.*

pheasant ['feznt] (*pl inv* OR **-s**) *n* faisán *m.*

phenobarbitone UK [ˌfiːnəʊ'bɑːbɪtəʊn],

phenobarbitol US [ˌfiːnəʊ'bɑːbɪtl] *n* fenobarbital *m.*

phenomena [fɪ'nɒmɪnə] *pl* ➪ **phenomenon.**

phenomenal [fɪ'nɒmɪnl] *adj* extraordinario(ria).

phenomenon [fɪ'nɒmɪnən] (*pl* **-mena**) *n lit* & *fig* fenómeno *m.*

phew [fjuː] *excl* ¡puf!

phial ['faɪəl] *n* frasco *m* (pequeño).

Philadelphia [ˌfɪlə'delfɪə] *n* Filadelfia.

philanderer [fɪ'lændərə'] *n* tenorio *m.*

philanthropic [ˌfɪlən'θrɒpɪk] *adj* filantrópico(ca).

philanthropist [fɪ'lænθrəpɪst] *n* filántropo *m,* -pa *f.*

philately [fɪ'lætəlɪ] *n* filatelia *f.*

philharmonic [ˌfɪlɑː'mɒnɪk] *adj* filarmónico(ca).

Philippine ['fɪlɪpiːn] *adj* filipino(na); **the ~ Islands** las Filipinas.
➡ **Philippines** *npl*: **the ~s** las Filipinas.

philistine [UK 'fɪlɪstaɪn, US 'fɪlɪstiːn] *n fig* inculto *m,* -ta *f.*

Phillips® ['fɪlɪps] *comp*: **~ screw** tornillo *m* de cabeza en cruz; **~ screwdriver** destornillador *m* de cabeza en cruz.

philosopher [fɪ'lɒsəfə'] *n* filósofo *m,* -fa *f.*

philosophical [ˌfɪlə'sɒfɪkl] *adj* filosófico(ca).

philosophize, -ise [fɪ'lɒsəfaɪz] *vi* filosofar.

philosophy [fɪ'lɒsəfɪ] (*pl* **-ies**) *n* filosofía *f.*

phlegm [flem] *n* [mucus, composure] flema *f.*

phlegmatic [fleg'mætɪk] *adj* flemático(ca).

Phnom Penh [ˌnɒm'pen] *n* Phnom Penh.

phobia ['fəʊbjə] *n* fobia *f;* **to have a ~ about sthg** tener fobia a algo.

phoenix ['fiːnɪks] *n* fénix *m inv.*

phone [fəʊn] ◇ *n* teléfono *m;* **to be on the ~** [speaking] estar al teléfono; *UK* [connected to network] tener teléfono; **to talk about sthg on the ~** discutir algo por teléfono. ◇ *comp* telefónico(ca). ◇ *vt* & *vi* llamar, telefonear.
➡ **phone in** *vi* llamar.
➡ **phone up** *vt sep* & *vi* llamar.

phone bill *n* factura *f* del teléfono.

phone book *n* guía *f* telefónica.

phone booth *n* teléfono *m* público.

phone box *n UK* cabina *f* telefónica.

phone call *n* llamada *f* telefónica; **to make a ~** hacer una llamada.

phonecard ['fəʊnkɑːd] *n* tarjeta *f* telefónica.

phone-in *n RADIO* & *TV programa con llamadas de los oyentes.*

phone line *n* **-1.** [wire] cable *m* de teléfonos **-2.** [connection] línea *f* telefónica.

phone number n número m de teléfono.
phone-tapping [-,tæpɪŋ] n interceptación f telefónica.
phonetics [fə'netɪks] n (U) fonética f.
phoney UK, **phony** US ['fəʊnɪ] (compar **-ier**, superl **-iest**, pl **-ies**) <> adj inf falso(sa). <> n farsante m OR f.
phoney war n estado de guerra sin confrontación armada.
phony US adj = phoney.
phosphate ['fɒsfeɪt] n fosfato m.
phosphorus ['fɒsfərəs] n fósforo m.
photo ['fəʊtəʊ] n foto f; **to take a ~ (of)** sacar una foto (de).
photocall ['fəʊtəʊkɔ:l] n cita de una persona famosa con la prensa para que le saquen fotos.
photocopier ['fəʊtəʊ,kɒpɪəʳ] n fotocopiadora f.
photocopy ['fəʊtəʊ,kɒpɪ] (pl **-ies**, pt & pp **-ied**) <> n fotocopia f. <> vt fotocopiar.
photoelectric cell [,fəʊtəʊɪ'lektrɪk-] n célula f fotoeléctrica.
photo finish n SPORT foto-finish f.
Photofit® ['fəʊtəʊfɪt] n: **~ (picture)** fotorrobot f.
photogenic [,fəʊtəʊ'dʒenɪk] adj fotogénico(ca).
photograph ['fəʊtəgrɑ:f] <> n fotografía f; **to take a ~ (of)** sacar una fotografía (de). <> vt fotografiar.
photographer [fə'tɒɡrəfəʳ] n fotógrafo m, -fa f.
photographic [,fəʊtə'ɡræfɪk] adj fotográfico(ca).
photographic memory n memoria f fotográfica.
photography [fə'tɒɡrəfɪ] n (U) fotografía f.
photojournalism [,fəʊtəʊ'dʒɜ:nəlɪzm] n periodismo m gráfico.
photon ['fəʊtɒn] n fotón m.
photo opportunity n oportunidad de ofrecer una imagen favorable mediante una foto.
photosensitive [,fəʊtəʊ'sensɪtɪv] adj fotosensible.
Photostat® ['fəʊtəstæt] (pt & pp **-ted**, cont **-ting**) n fotostato m.
→ **photostat** vt fotocopiar.
photosynthesis [,fəʊtəʊ'sɪnθəsɪs] n fotosíntesis f inv.
photovoltaic cell [,fəʊtəʊvɒl'teɪk-] n célula f fotovoltaica.
phrasal verb ['freɪzl-] n verbo m con preposición.

phrase [freɪz] <> n **-1.** [group of words] locución f, frase f **-2.** [expression] expresión f. <> vt [apology, refusal] expresar; [letter] redactar.
phrasebook ['freɪzbʊk] n guía f de conversación.
physical ['fɪzɪkl] <> adj físico(ca). <> n [examination] examen m médico.
physical chemistry n fisicoquímica f.
physical education n educación f física.
physical examination n examen m médico.
physical geography n geografía f física.
physical jerks npl UK hum gimnasia f, ejercicios mpl físicos.
physically ['fɪzɪklɪ] adv físicamente.
physically handicapped <> adj discapacitado físico (discapacitada física). <> npl: **the ~** los discapacitados físicos.
physical science n (U) ciencias fpl físicas.
physical training n preparación f física.
physician [fɪ'zɪʃn] n médico m OR f.
physicist ['fɪzɪsɪst] n físico m, -ca f.
physics ['fɪzɪks] n (U) física f.
physio ['fɪzɪəʊ] (pl **-s**) n UK inf **-1.** (abbr of **physiotherapist**) fisioterapeuta m OR f **-2.** (abbr of **physiotherapy**) fisioterapia f.
physiognomy [,fɪzɪ'ɒnəmɪ] (pl **-ies**) n fml fisionomía f.
physiological [,fɪzɪə'lɒdʒɪkl] n fisiológico(ca).
physiology [,fɪzɪ'ɒlədʒɪ] n fisiología f.
physiotherapist [,fɪzɪəʊ'θerəpɪst] n fisioterapeuta m OR f.
physiotherapy [,fɪzɪəʊ'θerəpɪ] n fisioterapia f.
physique [fɪ'zi:k] n físico m.
PI n (abbr of **private investigator**) US investigador m, -dora f privado, -da f.
pianist ['pɪənɪst] n pianista m OR f.
piano [pɪ'ænəʊ] (pl **-s**) n [instrument] piano m.
piano accordion n acordeón-piano m.
piccalilli [,pɪkə'lɪlɪ] n salsa amarilla picante con coliflor y mostaza.
piccolo ['pɪkələʊ] (pl **-s**) n flautín m.
pick [pɪk] <> n **-1.** [tool] piqueta f **-2.** [for guitar] púa f **-3.** [selection]: **take your ~** escoge el que quieras **-4.** [best]: **the ~ of** lo mejor de. <> vt **-1.** [team, winner] seleccionar; [time, book, dress] elegir; **to ~ one's way across** OR **through** andar con tiento por **-2.** [fruit, flowers] coger **-3.** [remove - hairs etc]: **to ~ sthg off sthg** quitar algo de algo **-4.** [nose] hurgarse; [teeth] mondarse; [scab, spot] arrancarse **-5.** [provoke]: **to ~ a fight/quarrel (with)** buscar pelea/bronca (con) **-6.** [open - lock] forzar (con ganzúa). <> vi: **he can afford to ~ and choose** puede permitirse el lujo de ser exigente.

➡ **pick at** vt fus **- 1.** [food] picar, picotear **- 2.** [scab, spot] rascarse.

➡ **pick on** vt fus meterse con.

➡ **pick out** vt sep **- 1.** [recognize] reconocer **- 2.** [identify] identificar **- 3.** [select] escoger, elegir.

➡ **pick up** ◇ vt sep **- 1.** [gen] recoger; **she's ~ ing us up at seven** pasará a buscarnos a las siete; **to ~ up the pieces** fig volver a la normalidad **- 2.** [lift up] levantar; [the phone] descolgar **- 3.** [buy, acquire] adquirir; **to ~ up speed** cobrar velocidad **- 4.** [illness, bug] contraer **- 5.** [learn - tips, language] aprender; [- habit] adquirir **- 6.** [subj: police]: **to ~ sb up for sthg** coger a alguien por algo **- 7.** inf [find partner] ligar con **- 8.** RADIO & TELEC captar, recibir **- 9.** [start again] reanudar. ◇ vi **- 1.** [improve] mejorar **- 2.** [start again] seguir **- 3.** [wind] aumentar.

pickaxe UK, **pickax** US ['pɪkæks] n piqueta f.

picker ['pɪkə^r] n recolector m, -ra f.

picket ['pɪkɪt] ◇ n piquete m. ◇ vt formar piquetes en.

picketing ['pɪkətɪŋ] n (U) piquetes mpl.

picket line n piquete m (de huelga).

pickings ['pɪkɪŋz] npl: **easy/rich ~** dinero m fácil/a raudales.

pickle ['pɪkl] ◇ n **- 1.** [vinegar preserve] encurtido m; [sweet vegetable sauce] salsa espesa agridulce con trozos de cebolla etc; US [cucumber] pepinillos mpl en vinagre **- 2.** inf [difficult situation]: **to be in a ~** estar en un lío. ◇ vt encurtir.

pickled ['pɪkld] adj **- 1.** [food] encurtido(da) **- 2.** inf [drunk] bebido(da).

pickled onion n cebolla f en vinagre.

pick-me-up n inf tónico m, reconstituyente m.

pickpocket ['pɪk,pɒkɪt] n carterista m OR f.

pick-up n **- 1.** [of record player] fonocaptor m **- 2.** [truck] camioneta f, furgoneta f.

pick-up truck n camioneta f, furgoneta f.

picky ['pɪkɪ] (compar -ier, superl -iest) adj quisquilloso(sa).

picnic ['pɪknɪk] (pt & pp -ked, cont -king) ◇ n comida f campestre, picnic m. ◇ vi ir de merienda al campo.

picnicker ['pɪknɪkə^r] n excursionista m OR f.

Pict [pɪkt] n: **the ~s** los Pictos.

pictorial [pɪk'tɔːrɪəl] adj ilustrado(da).

picture ['pɪktʃə^r] ◇ n **- 1.** [painting] cuadro m; [drawing] dibujo m **- 2.** [photograph] foto f; [illustration] ilustración f **- 3.** [on TV] imagen f **- 4.** [cinema film] película f **- 5.** [in mind] idea f, imagen f **- 6.** [situation] situación f **- 7.** [epitome]: **the ~ of** la

imagen de **- 8.** phr: **to get the ~** inf entenderlo; **to put sb in the ~** poner a alguien al corriente; **to be in/out of the ~** estar/no estar en el ajo. ◇ vt **- 1.** [in mind] imaginarse **- 2.** [in media]: **to be ~d** aparecer en la foto **- 3.** [in painting] pintar; [in drawing] dibujar.

➡ **pictures** npl UK: **the ~s** el cine.

picture book n libro m ilustrado.

picture rail n moldura f para colgar cuadros.

picturesque [,pɪktʃə'resk] adj pintoresco(ca).

picture window n ventanal m.

piddling ['pɪdlɪŋ] adj inf pej de poca monta.

pidgin ['pɪdʒɪn] ◇ n lengua f híbrida. ◇ comp híbrido(da).

pie [paɪ] n [sweet] tarta f (cubierta de hojaldre); [savoury] empanada f, pastel m; **~ in the sky** castillos en el aire.

piebald ['paɪbɔːld] adj pío(a).

piece [piːs] n **- 1.** [individual part or portion] trozo m, pedazo m; **to come to ~s** deshacerse; **to be smashed to ~s** ser destrozado; **to take sthg to ~s** desmontar algo; **to tear sthg to ~s** hacer trizas algo; **in ~s** en pedazos; **in one ~** [intact] intacto(ta); [unharmed] sano y salvo (sana y salva); **to go to ~s** fig venirse abajo **- 2.** (with uncountable noun) [individual object]: **~ of furniture** mueble m; **~ of clothing** prenda f de vestir; **~ of fruit** fruta f; **~ of luggage** bulto m de equipaje; **~ of advice** consejo m; **~ of news** noticia f; **a ~ of information** una información; **~ of luck** golpe m de suerte; **~ of work** [object] pieza f; [nasty person] inf elemento m **- 3.** [in board game] pieza f; [in draughts] ficha f **- 4.** [valuable or interesting object, composition, play] pieza f **- 5.** [of journalism] artículo m **- 6.** [coin] moneda f.

➡ **piece together** vt sep [discover] componer.

pièce de résistance [,pjesdərezɪs'tɑːs] (pl **pièces de résistance** [,pjesdərezɪs'tɑːs]) n plato m principal.

piecemeal ['piːsmiːl] ◇ adj poco sistemático(ca). ◇ adv [gradually] gradualmente, por etapas.

piecework ['piːswɜːk] n (U) trabajo m a destajo.

pie chart n gráfico m de sectores.

pied-a-terre [,pɪeɪdæ'teə^r] (pl **pieds-a-terre** [,pɪeɪdæ'teə^r]) n apeadero m (casa).

pier [pɪə^r] n **- 1.** [at seaside] paseo marítimo en un malecón **- 2.** [for landing boat] embarcadero m.

pierce [pɪəs] vt **- 1.** [subj: bullet, needle] perforar; **to have one's ears ~d** hacerse agujeros en las orejas **- 2.** [subj: voice, scream] romper.

pierced [pɪəst] *adj* perforado(da).

piercing ['pɪəsɪŋ] *adj* **-1.** [scream] desgarrador(ra); [sound, voice] agudo(da) **-2.** [wind] cortante **-3.** [look, eyes] penetrante.

piety ['paɪətɪ] *n* piedad *f*.

piffle ['pɪfl] *n (U) inf* tonterías *fpl*.

piffling ['pɪflɪŋ] *adj inf* ridículo(la).

pig [pɪg] (*pt & pp* **-ged**, *cont* **-ging**) *n* **-1.** [animal] cerdo *m*, puerco *m*, chancho *m Amér* **-2.** *inf pej* [greedy eater] tragón *m*, -ona *f*, comilón *m*, -ona *f*; **to make a ~ of o.s.** darse un atracón **-3.** *inf pej* [unkind person] cerdo *m*, -da *f*, chancho *m*, -cha *f Amér* **-4.** *inf pej* [policeman] madero *m*; **the ~s** la madera.

➡ **pig out** *vi inf* darse un atracón.

pigeon ['pɪdʒɪn] (*pl inv OR* **-s**) *n* paloma *f*.

pigeon-chested [-ˌtʃestɪd] *adj* de pecho estrecho y salido.

pigeonhole ['pɪdʒɪnhəʊl] ◇ *n* [compartment] casilla *f*. ◇ *vt* [classify] encasillar.

pigeon-toed [-ˌtəʊd] *adj*: **he is ~** tiene las puntas de los pies hacia dentro.

piggish ['pɪgɪʃ] *adj inf* [dirty] cochino(na); [eating too much] cerdo(da).

piggy ['pɪgɪ] (*compar* **-ier**, *superl* **-iest**, *pl* **-ies**) ◇ *adj* [eyes] de cerdito. ◇ *n inf* cerdito *m*.

piggyback ['pɪgɪbæk] *n*: **to give sb a ~** llevar a alguien a cuestas.

piggybank ['pɪgɪbæŋk] *n* hucha *f* con forma de cerdito.

pigheaded [ˌpɪg'hedɪd] *adj* cabezota.

piglet ['pɪglɪt] *n* cerdito *m*, cochinillo *m*.

pigment ['pɪgmənt] *n* pigmento *m*.

pigmentation [ˌpɪgmən'teɪʃn] *n* pigmentación *f*.

pigmy *adj & n* = **pygmy**.

pigpen *US* = **pigsty**.

pigskin ['pɪgskɪn] ◇ *n* piel *f* de cerdo. ◇ *comp* de piel de cerdo.

pigsty ['pɪgstaɪ] (*pl* **-ies**), **pigpen** *US* ['pɪgpen] *n lit & fig* pocilga *f*.

pigswill ['pɪgswɪl] *n* bazofia *f*.

pigtail ['pɪgteɪl] *n* [girl's] trenza *f*; [Chinese, bullfighter's] coleta *f*.

pike [paɪk] (*pl sense 1 only inv OR* **-s**) *n* **-1.** [fish] lucio *m* **-2.** [weapon] pica *f*.

pilaster [pɪ'læstəʳ] *n* pilastra *f*.

pilchard ['pɪltʃəd] *n* sardina *f*.

pile [paɪl] ◇ *n* **-1.** [heap] montón *m*, ruma *f Andes*; **a ~ OR ~s of** [a lot] un montón de **-2.** [neat stack] pila *f* **-3.** [of carpet, fabric] pelo *m*. ◇ *vt* apilar, amontonar; **a plate ~d with food** un plato colmado de comida.

➡ **piles** *npl MED* almorranas *fpl*.

➡ **pile in** *vi inf* entrar en tropel.

➡ **pile into** *vt fus inf* meterse atropelladamente en.

➡ **pile out** *vi inf*: **to ~ out (of)** salir en tropel (de).

➡ **pile up** ◇ *vt sep* apilar, amontonar. ◇ *vi* **-1.** [form a heap] apilarse, amontonarse **-2.** [mount up] acumularse.

pile driver *n* martinete *m*.

pileup ['paɪlʌp] *n* accidente *m* en cadena.

pilfer ['pɪlfəʳ] ◇ *vt* sisar. ◇ *vi*: **to ~ (from)** sisar (de).

pilgrim ['pɪlgrɪm] *n* peregrino *m*, -na *f*.

pilgrimage ['pɪlgrɪmɪdʒ] *n* peregrinación *f*.

pill [pɪl] *n* **-1.** *MED* píldora *f*, pastilla *f* **-2.** [contraceptive]: **the ~** la píldora (anticonceptiva); **to be on the ~** tomar la píldora.

pillage ['pɪlɪdʒ] ◇ *n* pillaje *m*, saqueo *m*. ◇ *vt* saquear.

pillar ['pɪləʳ] *n lit & fig* pilar *m*; **to be a ~ of strength** mostrar gran fortaleza.

pillar box *n UK* buzón *m*.

pillbox ['pɪlbɒks] *n* **-1.** [box for pills] cajita *f* para pastillas **-2.** *MIL* fortín *m*.

pillion ['pɪljən] *n* asiento *m* trasero; **to ride ~** ir en el asiento trasero *(de una moto)*.

pillock ['pɪlək] *n UK inf* gilipollas *m y f inv*.

pillory ['pɪlərɪ] (*pl* **-ies**, *pt & pp* **-ied**) ◇ *n* picota *f*. ◇ *vt* poner en la picota.

pillow ['pɪləʊ] *n* **-1.** [for bed] almohada *f* **-2.** *US* [on sofa, chair] cojín *m*.

pillowcase ['pɪləʊkeɪs], **pillowslip** ['pɪləʊslɪp] *n* funda *f* de almohada.

pilot ['paɪlət] ◇ *n* **-1.** *AERON & NAUT* piloto *m* **-2.** *TV* programa *m* piloto. ◇ *comp* [project, study] piloto *(inv)*, de prueba. ◇ *vt* **-1.** *AERON & NAUT* pilotar **-2.** [test] poner a prueba.

pilot burner, **pilot light** *n* piloto *m*, luz *f* indicadora.

pilot scheme *n* proyecto *m* piloto.

pilot study *n* estudio *m* piloto.

pimento [pɪ'mentəʊ] (*pl inv OR* **-s**) *n* pimiento *m* morrón.

pimp [pɪmp] *n inf* chulo *m*, padrote *m Méx*.

pimple ['pɪmpl] *n* grano *m*.

pimply ['pɪmplɪ] (*compar* **-ier**, *superl* **-iest**) *adj* cubierto(ta) de granos.

pin [pɪn] (*pt & pp* **-ned**, *cont* **-ning**) ◇ *n* **-1.** [for sewing] alfiler *m*; **~s and needles** hormigueo *m* **-2.** [drawing pin] chincheta *f* **-3.** [safety pin] imperdible *m* **-4.** [of plug] clavija *f*; *COMPUT* pin *m* **-5.** *TECH* clavija *f* **-6.** [in grenade] seguro *m*. ◇ *vt* **-1.** [fasten]: **to ~ sthg to OR on** [sheet of paper] clavar con alfileres algo en; [medal, piece of cloth] prender algo en **-2.** [trap]: **to ~ sb against OR to** inmovilizar a alguien contra **-3.** [apportion]:

to ~ sthg on OR upon sb cargar algo a alguien.

➤ **pin down** vt sep **-1.** [identify] determinar, identificar **-2.** [force to make a decision]: **to ~ sb down (to)** obligar a alguien a comprometerse (a).

➤ **pin up** vt sep **-1.** [fasten with pins] clavar **-2.** [hem] prender con alfileres; [hair] recoger.

PIN [pɪn] (abbr of **personal identification number**) n PIN m.

pinafore ['pɪnəfɔː'] n **-1.** [apron] delantal m **-2.** UK [dress] pichi m.

pinball ['pɪnbɔːl] n millón m, flípper m.

pinball machine n máquina f de millón OR flípper.

pincer movement ['pɪnsə-] n movimiento m de tenazas.

pincers ['pɪnsəz] npl **-1.** [tool] tenazas fpl **-2.** [front claws] pinzas fpl.

pinch [pɪntʃ] ◇ n **-1.** [nip] pellizco m; **to feel the ~** tener que apretarse el cinturón **-2.** [small quantity] pizca f. ◇ vt **-1.** [nip] pellizcar; [subj: shoes] apretar **-2.** inf [steal] mangar. ◇ vi [shoes] apretar.

➤ **at a pinch** UK, **in a pinch** US adv si no hay más remedio.

pinched [pɪntʃt] adj [thin, pale] demacrado(da); **~ with** [cold] aterido(da) de; [hunger] muerto(ta) de; **~ for** [time, money] escaso(sa) de.

pinch hit vi US **-1.** [in baseball] sustituir a un bateador en un momento decisivo del partido **-2.** fig [substitute] sustituir a alguien (en una emergencia).

pincushion ['pɪn,kuʃn] n acerico m.

pine [paɪn] ◇ n pino m. ◇ comp de pino. ◇ vi: **to ~ for** suspirar por.

➤ **pine away** vi morirse de pena.

pineapple ['paɪnæpl] n piña f, ananá m RP.

pinecone ['paɪnkəʊn] n piña f.

pine kernel n piñón m.

pine needle n aguja f de pino.

pine nut n piñón m.

pinetree ['paɪntriː] n pino m.

pinewood ['paɪnwʊd] n **-1.** [forest] pinar m **-2.** [material] madera f de pino.

ping [pɪŋ] ◇ n [of metal] sonido m metálico. ◇ vi producir un sonido metálico.

Ping-Pong® [-pɒŋ] n ping-pong® m.

pinhole ['pɪnhəʊl] n agujero m de alfiler.

pinion ['pɪnjən] ◇ n TECH piñón m. ◇ vt [hold down] inmovilizar.

pink [pɪŋk] ◇ adj rosa. ◇ n **-1.** [colour] rosa m **-2.** [flower] clavel m.

pink gin n UK ginebra f con angostura.

pinkie ['pɪŋkɪ] n US & Scot dedo m meñique.

pinking scissors, pinking shears npl tijeras fpl dentadas.

pink pound UK, **pink dollar** US n: **the ~** el poder adquisitivo de los homosexuales.

pin money n dinero adicional para gastos menores.

pinnacle ['pɪnəkl] n **-1.** [high point] cumbre f, cúspide f **-2.** [mountain peak] cima f; [spire] pináculo m.

pinny ['pɪnɪ] (pl -ies) n UK inf delantal m.

pinpoint ['pɪnpɔɪnt] vt determinar, identificar.

pinprick ['pɪnprɪk] n **-1.** [mark, hole] marca f de pinchazo **-2.** [slight irritation] pequeña molestia f.

pin-striped [-,straɪpt] adj a rayas.

pint [paɪnt] n **-1.** [unit of measurement] UK = 0,568 litros; US = 0,473 litros, ≃ pinta f **-2.** UK [beer]: **to go for a ~** salir a tomar una caña.

pinto ['pɪntəʊ] (pl -s OR -es) US ◇ adj pinto(ta). ◇ n caballo m pinto.

pint-size(d) adj inf enano(na), muy pequeño(ña).

pinup ['pɪnʌp] n [of model] (póster de) mujer medio desnuda; [of film star etc] (póster de) una atractiva estrella del pop, del cine etc.

pinwheel ['pɪnwiːl] n US [toy windmill] molinillo m.

pioneer [,paɪə'nɪə'] ◇ n pionero m, -ra f. ◇ vt iniciar, introducir.

pioneering [,paɪə'nɪərɪŋ] adj pionero(ra).

pious ['paɪəs] adj **-1.** [religious] piadoso(sa) **-2.** pej [sanctimonious] mojigato(ta).

piously ['paɪəslɪ] adv pej piadosamente.

pip [pɪp] n **-1.** [seed] pepita f **-2.** UK [bleep] señal f.

pipe [paɪp] ◇ n **-1.** [for gas, water] tubería f **-2.** [for smoking] pipa f ◇ vt **-1.** [transport via pipes] conducir por tuberías **-2.** [say] decir con voz de pito.

➤ **pipes** npl MUS gaita f.

➤ **pipe down** vi inf cerrar la boca.

➤ **pipe up** vi inf: **to ~ up with a suggestion** saltar con una sugerencia.

pipe cleaner n limpiapipas m inv.

piped music [paɪpt-] n UK hilo m musical®.

pipe dream n sueño m imposible, castillos mpl en al aire.

pipeline ['paɪplaɪn] n tubería f; [for gas] gasoducto m; [for oil] oleoducto m ... **is in the ~** hay planes para ...

piper ['paɪpə'] n gaitero m, -ra f.

piping hot ['paɪpɪŋ-] adj humeante, calentito(ta).

piquant ['piːkənt] adj **-1.** [food] picante **-2.** [story] intrigante; [situation] que suscita un placer mordaz.

pique [pi:k] ◇ n resentimiento m; **a fit of ~** un arrebato de despecho. ◇ vt **-1.** [upset] ofender **-2.** [arouse] despertar.

piracy ['paɪrəsɪ] n **-1.** [at sea] piratería f **-2.** [illegal copying] piratería f.

piranha [pɪ'rɑːnə] n piraña f.

pirate ['paɪrət] ◇ adj [gen & *COMPUT*] pirata. ◇ n **-1.** [sailor] pirata m OR f **-2.** [illegal copy] edición f pirata. ◇ vt piratear.

pirate radio n UK radio f pirata.

pirouette [ˌpɪrʊ'et] ◇ n pirueta f. ◇ vi hacer piruetas.

Pisces ['paɪsiːz] n Piscis m inv; **to be (a) ~** ser Piscis.

piss [pɪs] v inf ◇ n **-1.** [urine] meada f; **to take the ~ out of** vacilar a **-2.** [urination]: **to have a ~** mear. ◇ vi mear.

◆ **piss about, piss around** UK v inf ◇ vt sep vacilar. ◇ vi [waste time] tocarse los huevos; [fool around] hacer el gilipollas.

◆ **piss down** vi UK llover a cántaros.

◆ **piss off** ◇ vt sep cabrear. ◇ vi UK irse a la mierda; **~ off!** ¡vete a la mierda!

pissed [pɪst] adj vulg **-1.** UK [drunk] pedo (inv), cocido(da) **-2.** US [annoyed] cabreado(da).

pissed off adj vulg: **to be** OR **to feel ~** estar cabreado(da).

pistachio [pɪ'stɑːʃɪəʊ] (pl -s) n pistacho m.

piste [piːst] n pista f de esquí.

pistol ['pɪstl] n pistola f.

pistol-whip vt golpear con la culata de una pistola.

piston ['pɪstən] n pistón m, émbolo m.

pit [pɪt] (pt & pp -ted, cont -ting) ◇ n **-1.** [large hole] hoyo m **-2.** [small hole - in metal, glass] señal f, marca f; [- on face] picadura f, piquete m Méx **-3.** [for orchestra] foso m de la orquesta **-4.** [mine] mina f **-5.** [quarry] cantera f **-6.** US [of fruit] hueso m, cuesco m, carozo m RP, pepa f Col **-7.** phr: **the ~ of one's stomach** las entrañas. ◇ vt: **to be pitted against** ser enfrentado(da) con; **to ~ one's wits against** medirse con.

◆ **pits** npl **-1.** [in motor racing]: **the ~s** el box **-2.** inf [awful]: **it's the ~s** está fatal.

pit bull terrier n pitbull terrier m.

pitch [pɪtʃ] ◇ n **-1.** *SPORT* campo m **-2.** *MUS* tono m **-3.** [level, degree] grado m, punto m **-4.** UK [selling place] puesto m **-5.** inf [sales talk] labia f de comerciante **-6.** [motion - of ship, plane] tumbo m, bandazo m. ◇ vt **-1.** [throw] lanzar, arrojar; **to be ~ed into a situation** encontrarse de la noche a la mañana en una situación **-2.** [design]: **to be ~ed in order to do sthg** estar diseñado para hacer algo **-3.** [speech] dar un tono a **-4.** [tent] montar, poner. ◇ vi **-1.** [ball]

tocar el suelo; **to ~ forwards** [person] precipitarse hacia delante **-2.** [ship, plane] dar un bandazo.

◆ **pitch in** vi ponerse manos a la obra.

pitch-black adj negro(gra) como boca de lobo.

pitched [pɪtʃt] adj [sloping] inclinado(da), pendiente.

pitched battle [ˌpɪtʃt-] n HIST batalla f campal; fig [bitter struggle] lucha f encarnizada.

pitcher ['pɪtʃər] n **-1.** [jug] cántaro m, jarro m **-2.** US [in baseball] lanzador m, pitcher m.

pitchfork ['pɪtʃfɔːk] n horca f.

piteous ['pɪtɪəs] adj lastimero(ra).

piteously ['pɪtɪəslɪ] adv lastimeramente.

pitfall ['pɪtfɔːl] n peligro m, escollo m.

pith [pɪθ] n piel f blanca.

pithead ['pɪthed] n bocamina f.

pith helmet n salacot m.

pithy ['pɪθɪ] (compar -ier, superl -iest) adj conciso(sa) y contundente.

pitiable ['pɪtɪəbl] adj lastimoso(sa).

pitiful ['pɪtɪfʊl] adj [condition, excuse, effort] lamentable; [person, appearance] lastimoso(sa).

pitifully ['pɪtɪfʊlɪ] adv: **she looks ~ thin** está tan delgada que da pena; **a ~ poor excuse** una excusa lamentable.

pitiless ['pɪtɪlɪs] adj [person] despiadado(da).

pitman ['pɪtmən] (pl -men [-mən]) n minero m.

pit pony n UK tipo de poni que antiguamente hacía de animal de carga en las minas británicas.

pit stop n [in motor racing] parada f en boxes.

pitta bread ['pɪtə-] n tipo de pan sin levadura en el que se pone carne, ensalada etc.

pittance ['pɪtəns] n miseria f.

pitted ['pɪtɪd] adj **-1.** [marked]: **~ with** picado(da) de **-2.** [olive] sin hueso.

pitter-patter ['pɪtəˌpætər] n golpeteo m.

pituitary [pɪ'tjuːɪtrɪ] (pl -ies) n: **~ (gland)** glándula f pituitaria.

pity ['pɪtɪ] (pt & pp -ied) ◇ n [compassion] compasión f; [shame] pena f, lástima f; **what a ~!** ¡qué pena!; **to take** OR **have ~ on** compadecerse de. ◇ vt compadecerse de, sentir pena por.

pitying ['pɪtɪɪŋ] adj compasivo(va).

pivot ['pɪvət] ◇ n **-1.** *TECH* pivote m, eje m **-2.** fig [person] eje m. ◇ vi: **to ~ (on)** girar (sobre).

pivotal ['pɪvətl] adj clave.

pixel ['pɪksl] n *COMPUT & TV* pixel m.

pixie, pixy ['pɪksɪ] (pl -ies) n duendecillo m.

pizza ['piːtsə] n pizza f.

pizza parlour n pizzería f.

pizzazz [pɪ'zæz] *n inf* vitalidad *f*, energía *f*.

pizzeria [ˌpɪtsə'rɪə] *n* pizzería *f*.

Pl. (*abbr of* Place).

P & L (*abbr of* profit and loss) *n* ganancias y pérdidas *fpl*.

placard ['plækɑːd] *n* pancarta *f*.

placate [plə'keɪt] *vt* aplacar, apaciguar.

placatory [plə'keɪtərɪ] *adj* apaciguador(ra).

place [pleɪs] ◇ *n* -**1.** [gen] lugar *m*, sitio *m*; ~ **of birth** lugar de nacimiento; **it's good in** ~**s** tiene algunas partes buenas -**2.** [proper position] sitio *m*; **to fall into** ~ encajar; **to put sb in their** ~ poner a alguien en su sitio -**3.** [suitable occasion, time] momento *m* -**4.** [home] casa *f* -**5.** [specific seat] asiento *m*; [in queue] sitio *m*; THEATRE localidad *f* -**6.** [setting at table] cubierto *m* -**7.** [on course, at university] plaza *f* -**8.** [on committee, in team] puesto *m* -**9.** [role, function] papel *m*; **to have an important** ~ **in** desempeñar un papel importante en; **it's not my** ~ **to question it** no es de mi incumbencia cuestionarlo; **put yourself in my** ~ ponte en mi lugar -**10.** [position, rank] lugar *m*, posición *f* -**11.** [in book] página *f*; [in speech]: **to lose one's** ~ no saber (uno) dónde estaba -**12.** MATH: **decimal** ~ punto *m* decimal -**13.** [instance]: **in the first** ~ [from the start] desde el principio; **in the first** ~ **... and in the second** ~ **...** [firstly, secondly] en primer lugar ... y en segundo lugar ... -**14.** *phr*: **to take** ~ tener lugar; **to take the** ~ **of** sustituir a. ◇ *vt* -**1.** [position, put] colocar, poner; **to be well** ~**d to do sthg** estar en buena posición para hacer algo -**2.** [lay, apportion]: **to** ~ **the blame on** echar la culpa a; **to** ~ **emphasis on** poner énfasis en; **to** ~ **pressure on** ejercer presión sobre -**3.** [identify]: **I recognize the face, but I can't** ~ **her** me suena su cara, pero no sé de qué -**4.** [bet, order etc] hacer -**5.** [in horse racing]: **to be** ~**d** llegar entre los tres primeros.

➥ **all over the place** *adv* por todas partes.

➥ **in place** *adv* -**1.** [in proper position] en su sitio -**2.** [established, set up] en marcha OR funcionamiento; **everything is now in** ~ los preparativos ya están finalizados.

➥ **in place of** *prep* en lugar de.

➥ **out of place** *adv* -**1.** [in wrong position]: **to be out of** ~ no estar en su sitio -**2.** [inappropriate, unsuitable] fuera de lugar.

placebo [plə'siːbəʊ] (*pl* -**s** OR -**es**) *n* placebo *m*.

place card *n* tarjeta *f* (de colocación de los invitados).

placed [pleɪst] *adj* situado(da).

place kick *n* RUGBY puntapié *m* colocado.

place mat *n* mantel *m* individual.

placement ['pleɪsmənt] *n* colocación *f*.

placement test *n* examen *m* de nivel.

placenta [plə'sentə] (*pl* -**s** OR -**tae** [-tiː]) *n* placenta *f*.

place of worship *n* templo *m*.

place setting *n* cubierto *m*.

placid ['plæsɪd] *adj* -**1.** [even-tempered] apacible -**2.** [peaceful] tranquilo(la).

placidly ['plæsɪdlɪ] *adv* apaciblemente.

plagiarism ['pleɪdʒərɪzm] *n* plagio *m*.

plagiarist ['pleɪdʒərɪst] *n* plagiario *m*, -ria *f*.

plagiarize, -ise ['pleɪdʒəraɪz] *vt* plagiar.

plague [pleɪg] ◇ *n* -**1.** [attack of disease] peste *f* -**2.** [disease]: (**the**) ~ la peste; **to avoid sb/sthg like the** ~ huir de alguien/algo como de la peste -**3.** [of rats, insects] plaga *f*. ◇ *vt*: **to** ~ **sb with** [complaints, requests] acosar a alguien con; [questions] acribillar a alguien a; **to be** ~**d by** [ill health] estar acosado de; [doubts] estar atormentado de.

plaice [pleɪs] (*pl inv*) *n* platija *f*.

plaid [plæd] *n* tejido *m* escocés.

Plaid Cymru [ˌplaɪd'kʌmrɪ] *n* UK POL partido nacionalista galés.

plain [pleɪn] ◇ *adj* -**1.** [not patterned] liso(sa) -**2.** [simple - gen] sencillo(lla); [- yoghurt] natural -**3.** [clear] evidente, claro(ra); **to make sthg** ~ **to sb** dejar algo bien claro a alguien -**4.** [speaking, statement] franco(ca) -**5.** [absolute - madness etc] auténtico(ca) -**6.** [not pretty] sin atractivo. ◇ *adv inf* completamente. ◇ *n* GEOGR llanura *f*, planicie *f*.

plain chocolate *n* UK chocolate *m* amargo.

plain-clothes *adj* vestido(da) de paisano.

plain flour *n* UK harina *f* (sin levadura).

plainly ['pleɪnlɪ] *adv* -**1.** [upset, angry] evidentemente -**2.** [visible, audible] claramente -**3.** [frankly] francamente -**4.** [simply] sencillamente.

plain sailing *n*: **it's** ~ es coser y cantar.

plainspoken [ˌpleɪn'spəʊkən] *adj* franco(ca).

plaintiff ['pleɪntɪf] *n* demandante *m* OR *f*.

plaintive ['pleɪntɪv] *adj* quejumbroso(sa), lastimero(ra).

plait [plæt] ◇ *n* trenza *f*. ◇ *vt* trenzar.

plan [plæn] (*pt & pp* -**ned**, *cont* -**ning**) ◇ *n* -**1.** [strategy] plan *m*; **to go according to** ~ salir según lo previsto -**2.** [of story, essay] esquema *m* -**3.** [of building etc] plano *m*. ◇ *vt* -**1.** [organize] planear -**2.** [career, future, economy] planificar; **to** ~ **to do sthg** tener la intención de hacer algo; **it wasn't planned** no estaba previsto -**3.** [design, devise] trazar un esquema OR boceto de. ◇ *vi* hacer planes; **we hadn't** ~**ned for that** no lo habíamos previsto.

➥ **plans** *npl* planes *mpl*; **to have** ~**s for** tener planes para.

plan on *vt fus*: **to ~ on doing sthg** pensar hacer algo.

plan out *vt sep* planear.

plane [pleɪn] <> *adj* plano(na). <> *n* **-1.** [aircraft] avión *m* **-2.** GEOM [flat surface] plano *m* **-3.** *fig* [level - intellectual] nivel *m*, plano *m* **-4.** [tool] cepillo *m* **-5.** [tree] plátano *m*. <> *vt* cepillar.

planet ['plænɪt] *n* planeta *m*.

planetarium [,plænɪ'teərɪəm] (*pl* **-riums** OR **-ria** [-rɪəl) *n* planetario *m*.

planetary ['plænɪtrɪ] *adj* planetario(ria).

plane tree *n* plátano *m*.

plank [plæŋk] *n* **-1.** [piece of wood] tablón *m*, tabla *f* **-2.** POL [main policy] punto *m* fundamental.

plankton ['plæŋktən] *n* plancton *m*.

planned [plænd] *adj* [crime] planeado(da); [economy] planificado(da).

planner ['plænə^r] *n* planificador *m*, -ra *f*; **town ~** urbanista *m* OR *f*.

planning ['plænɪŋ] *n* [gen] planificación *f*; **town ~** urbanismo *m*.

planning permission *n* permiso *m* de construcción OR de obras.

plan of action *n* plan *m* de acción.

plant [plɑ:nt] <> *n* **-1.** BOT planta *f* **-2.** [factory] planta *f*, fábrica *f* **-3.** [heavy machinery] maquinaria *f*. <> *vt* **-1.** [seed, tree, vegetable]: **to ~ sthg (in)** plantar algo (en) **-2.** [field, garden]: **to ~ sthg with** sembrar algo de **-3.** [kiss, chair] colocar **-4.** [bomb, bug] colocar secretamente; **to ~ sthg on sb** [drugs, weapon] endosar algo a alguien.

plant out *vt sep* trasplantar.

plantain ['plæntɪn] *n* llantén *m*.

plantation [plæn'teɪʃn] *n* plantación *f*.

planter ['plɑ:ntə^r] *n* **-1.** [farmer] plantador *m*, -ra *f* **-2.** [container] macetero *m*.

plant pot *n* maceta *f*, tiesto *m*.

plaque [plɑ:k] *n* [gen & MED] placa *f*.

plasma ['plæzmə] *n* plasma *m*; **~ display** pantalla *f* de plasma.

plaster ['plɑ:stə^r] <> *n* **-1.** [for wall, ceiling] yeso *m* **-2.** [for broken bones] escayola *f*; **in ~** escayolado(da) **-3.** *UK* [bandage] tirita® *f*. <> *vt* **-1.** [put plaster on] enyesar **-2.** [cover]: **to ~ sthg (with)** cubrir algo (de).

plasterboard ['plɑ:stəbɔ:d] *n* cartón *m* yeso.

plaster cast *n* **-1.** [for broken bones] escayola *f* **-2.** [model, statue] vaciado *m* en yeso.

plastered ['plɑ:stəd] *adj inf* [drunk] cocido(da).

plasterer ['plɑ:stərə^r] *n* yesero *m*, -ra *f*.

plastering ['plɑ:stərɪŋ] *n* enyesado *m*.

plaster of Paris *n* yeso *m* mate.

plastic ['plæstɪk] <> *adj* [made from plastic] de plástico. <> *n* plástico *m*.

plastic bag *n* bolsa *f* de plástico.

plastic bullet *n* bala *f* de goma.

plastic explosive *n* (explosivo *m*) plástico *m*.

Plasticine® ['plæstɪsi:n] *n* UK plastilina® *f*.

plastic money *n* (U) plástico *m*.

plastic surgeon *n* cirujano plástico *m*, cirujana plástica *f*.

plastic surgery *n* cirugía *f* plástica.

plastic wrap *n* US [clingfilm] plástico *m* transparente (*para envolver alimentos*).

plate [pleɪt] <> *n* **-1.** [dish, plateful] plato *m*; **to have a lot on one's ~** [be busy] estar hasta el cuello de trabajo; **to hand sthg on a ~ to sb** ponerle algo a alguien en bandeja de plata **-2.** [on machinery, wall, door] placa *f* **-3.** *(U)* [metal covering]: **gold/silver ~** chapa *f* de oro/plata **-4.** [photograph] lámina *f* **-5.** [in dentistry] dentadura *f* postiza. <> *vt*: **to be ~d (with)** estar chapado(da) (en OR de).

Plate [pleɪt] *n*: **the River ~** el río de la Plata.

plateau ['plætəʊ] (*pl* **-s** OR **-x** [-z]) *n* **-1.** [high, flat land] meseta *f* **-2.** *fig* [steady level]: **to reach a ~** estancarse.

plateful ['pleɪtfʊl] *n* plato *m*.

plate glass *n* vidrio *m* cilindrado.

plate rack *n* escurreplatos *m inv*.

platform ['plætfɔ:m] *n* **-1.** [gen & COMPUT] plataforma *f* **-2.** [stage] estrado *m*; [at meeting] tribuna *f* **-2.** RAIL andén *m*; **~ 12** la vía 12 **-3.** POL programa *m* electoral.

plating ['pleɪtɪŋ] *n* chapeado *m*.

platinum ['plætɪnəm] <> *adj* [colour] platino *(inv)*. <> *n* platino *m*. <> *comp* [made of platinum] de platino.

platinum blonde *n* rubia *f* platino.

platitude ['plætɪtju:d] *n* tópico *m*, cliché *m*.

platonic [plə'tɒnɪk] *adj* platónico(ca).

platoon [plə'tu:n] *n* pelotón *m*.

platter ['plætə^r] *n* [dish] fuente *f*.

platypus ['plætɪpəs] (*pl* **-es**) *n* ornitorrinco *m*.

plaudits ['plɔ:dɪts] *npl* aplausos *mpl*.

plausible ['plɔ:zəbl] *adj* plausible, admisible.

plausibly ['plɔ:zəblɪ] *adv* plausiblemente.

play [pleɪ] <> *n* **-1.** *(U)* [amusement] juego *m*; **at ~** jugando **-2.** [piece of drama] obra *f* **-3.** SPORT: **in ~** en juego; **out of ~** fuera del campo **-4.** [consideration]: **to come into ~** entrar en juego **-5.** [game]: **~ on words** juego *m* de palabras **-6.** TECH juego *m*. <> *vt* **-1.** [game, sport] jugar a; [match] jugar; [in specific position] jugar de **-2.** [play game against]: **to ~ sb (at sthg)** jugar contra alguien (a algo) **-3.** [perform for amusement]: **to ~ a joke on** gastar una broma a; **to ~ a dirty trick on** jugar una mala pasada a **-4.** [act - part, character] representar; **to ~ a part**

OR **role in** *fig* desempeñar un papel en; **to ~ the fool** hacer el tonto **- 5.** [instrument, tune] tocar; [record, cassette] poner **- 6.** *phr*: **to ~ it safe** actuar sobre seguro; **to ~ it cool** comportarse con calma. ⬦ *vi* **- 1.** [gen]: **to ~ (with/against)** jugar (con/contra); **to ~ for sb/a team** jugar para alguien/con un equipo **- 2.** [act]: **to ~ in sthg** actuar en algo **- 3.** [be performed, shown - play] representarse; [- film] exhibirse **- 4.** [*MUS* - person] tocar; [- music] sonar.

➤ **play along** *vi*: **to ~ along (with)** seguir la corriente (a).

➤ **play at** *vt fus* jugar a.

➤ **play back** *vt sep* volver a poner.

➤ **play down** *vt sep* quitar importancia a.

➤ **play off** ⬦ *vt sep*: **to ~ sthg/sb off against** oponer algo/a alguien contra.. ⬦ *vi* jugar un partido de desempate.

➤ **play (up)on** *vt fus* aprovecharse de.

➤ **play up** ⬦ *vt sep* [emphasize] hacer resaltar, realzar. ⬦ *vi* [machine, part of body, child] dar guerra.

playable ['pleɪəbl] *adj* en condiciones para que se juegue (un partido).

play-act *vi* fingir, hacer comedia.

playback ['pleɪbæk] *n* reproducción *f*.

playbill ['pleɪbɪl] *n* cartel *m* anunciador.

playboy ['pleɪbɔɪ] *n* playboy *m*, fifí *m Amér*.

player ['pleɪəʳ] *n* **- 1.** [of sport, game] jugador *m*, -ra *f* **- 2.** *MUS* intérprete *m OR f* **- 3.** *THEATRE* actor *m*, actriz *f* **- 4.** [important person or organization] protagonista *m OR f*.

playfellow ['pleɪˌfeləʊ] *n* compañero *m*, -ra *f* de juego.

playful ['pleɪfʊl] *adj* juguetón(ona).

playfully ['pleɪfʊlɪ] *adv* de manera juguetona.

playground ['pleɪgraʊnd] *n* **- 1.** [at school] patio *m* de recreo **- 2.** [in park] zona *f* de juegos.

playgroup ['pleɪgru:p] *n* jardín *m* de infancia, guardería *f*.

playhouse ['pleɪhaʊs, *pl* -haʊzɪz] *n US* casita de juguete del tamaño de un niño.

playing card ['pleɪɪŋ-] *n* naipe *m*, carta *f*.

playing field ['pleɪɪŋ-] *n* campo *m* de juego.

playlist ['pleɪlɪst] *n UK* lista de éxitos que pone un disc-jockey en la radio.

playmate ['pleɪmeɪt] *n* compañero *m*, -ra *f* de juego.

play-off *n* partido *m* de desempate.

playpen ['pleɪpen] *n* parque *m* (de niños) *(tipo cuna)*.

playroom ['pleɪrʊm] *n* cuarto *m* de los juguetes.

playschool ['pleɪsku:l] *n* jardín *m* de infancia, guardería *f*.

plaything ['pleɪθɪŋ] *n lit & fig* juguete *m*.

playtime ['pleɪtaɪm] *n* recreo *m*.

playwright ['pleɪraɪt] *n* autor *m*, -ra *f* de teatro, dramaturgo *m*, -ga *f*.

plaza ['plɑːzə] *n* [for shopping] centro *m* comercial.

plc *abbr of* **public limited company**.

plea [pli:] *n* **- 1.** [appeal] súplica *f*, petición *f* **- 2.** *JUR* declaración por parte del acusado de culpabilidad o inocencia.

plea bargaining *n* negociación extrajudicial entre el abogado y el fiscal por la que el acusado acepta su culpabilidad en cierto grado a cambio de no ser juzgado o un delito más grave.

plead [pli:d] (*pt & pp* -ed *OR* pled) ⬦ *vt* **- 1.** *JUR* [one's cause] defender; **to ~ guilty/not guilty** declararse culpable/inocente; **to ~ insanity** alegar desequilibrio mental **- 2.** [give as excuse] pretender. ⬦ *vi* **- 1.** [beg]: **to ~ (with sb to do sthg)** rogar *OR* implorar (a alguien que haga algo); **to ~ for sthg** pedir algo **- 2.** *JUR* declarar.

pleading ['pli:dɪŋ] ⬦ *adj* de súplica, implorante. ⬦ *n (U)* súplicas *fpl*.

pleasant ['pleznt] *adj* **- 1.** [smell, taste, view] agradable; [surprise, news] grato(ta) **- 2.** [person, smile, face] simpático(ca), dije *Chile*.

pleasantly ['plezntlɪ] *adv* [smile, say] agradablemente; [be surprised] gratamente.

pleasantry ['plezntrɪ] (*pl* -ies) *n*: **to exchange pleasantries** intercambiar cumplidos.

please [pli:z] ⬦ *vt* complacer, agradar; **he always ~s himself** él siempre hace lo que le da la gana; **~ yourself!** ¡como quieras! ⬦ *vi* **- 1.** [give satisfaction] satisfacer, agradar **- 2.** [think appropriate]: **to do as one ~s** hacer como a uno le parezca; **if you ~** si no le importa. ⬦ *adv* por favor.

pleased [pli:zd] *adj*: **to be ~ (about/with)** estar contento(ta) (por/con); **to be ~ for sb** alegrarse por alguien; **to be very ~ with o.s.** estar muy satisfecho de sí mismo; **~ to meet you!** ¡encantado(da) de conocerle!, ¡mucho gusto!

pleasing ['pli:zɪŋ] *adj* agradable, grato(ta).

pleasingly ['pli:zɪŋlɪ] *adv* agradablemente.

pleasurable ['pleʒərəbl] *adj* agradable, grato(ta).

pleasure ['pleʒəʳ] *n* **- 1.** [feeling of happiness] gusto *m*; **to take ~ in doing sthg** disfrutar haciendo algo; **with ~** con gusto **- 2.** [enjoyment] diversión *f* **- 3.** [delight] placer *m*; **it's a ~ to talk to him** da gusto hablar con él; **it's a ~**, **my ~** no hay de qué.

pleat [pli:t] ◇ n pliegue m. ◇ vt plisar.
pleated ['pli:tɪd] adj plisado(da).
plebiscite ['plebɪsaɪt] n plebiscito m.
plectrum ['plektrəm] (pl -s) n púa f, plectro m.
pled [pled] pt & pp ⊳ **plead**.
pledge [pledʒ] ◇ n -**1.** [promise] promesa f -**2.** [token] señal f, prenda f. ◇ vt -**1.** [promise] prometer -**2.** [commit]: **to ~ sb to sthg** hacer jurar a alguien algo; **to ~ o.s. to** comprometerse a -**3.** [pawn] empeñar.

PLEDGE OF ALLEGIANCE

El juramento de fidelidad, *Pledge of Allegiance*, es un voto de lealtad a la bandera de los Estados Unidos. Hasta hace poco, los escolares estadounidenses lo pronunciaban todas las mañanas antes de comenzar las clases. El texto del juramento dice así 'Juro fidelidad a la bandera de los Estados Unidos de Norteamérica y a la república que representa, una nación en Dios, indivisible, con libertad y justicia para todos'.

plenary session ['pli:nərɪ-] n sesión f plenaria.
plentiful ['plentɪfʊl] adj abundante.
plenty ['plentɪ] ◇ n (U) abundancia f. ◇ pron: **we've got ~** tenemos de sobra; **that's ~** es más que suficiente; **~ of** mucho(cha); **~ of reasons** muchas razones; **~ of time** tiempo de sobra. ◇ adv US [very] muy; [a lot] mucho.
plethora ['pleθərə] n plétora f.
pleurisy ['plʊərəsɪ] n pleuresía f.
Plexiglas® ['pleksɪglɑ:s] n US plexiglás® m.
pliable ['plaɪəbl], **pliant** ['plaɪənt] adj flexible.
pliers ['plaɪəz] npl tenazas fpl, alicates mpl.
plight [plaɪt] n grave situación f.
plimsoll ['plɪmsəl] n UK playera f, zapato m de tenis.
plinth [plɪnθ] n [for statue] peana f; [for pillar] plinto m.
PLO (abbr of **Palestine Liberation Organization**) n OLP f.
plod [plɒd] (pt & pp -**ded**, cont -**ding**) vi -**1.** [walk slowly] caminar con paso cansino -**2.** [work steadily]: **to ~ away at sthg** trabajar pacientemente en algo.
plodder ['plɒdə'] n pej persona f mediocre pero voluntariosa (en el trabajo).
plonk [plɒŋk] n (U) UK inf [wine] vino m peleón.
➤ **plonk down** vt sep inf dejar caer.
plop [plɒp] (pt & pp -**ped**, cont -**ping**) ◇ n glup m. ◇ vi hacer glup.
plot [plɒt] (pt & pp -**ted**, cont -**ting**) ◇ n -**1.** [plan] complot m, conspiración f -**2.** [story] argumento m, trama f -**3.** [of land] parcela f -**4.** US [house plan] plano m básico, plano m inicial.

◇ vt -**1.** [plan] tramar, urdir -**2.** [on map, graph] trazar. ◇ vi: **to ~ (to do sthg)** tramar (hacer algo); **to ~ against** conspirar contra.
plotter ['plɒtə'] n -**1.** [schemer] conspirador m, -ra f -**2.** COMPUT plotter m.
plough UK, **plow** US [plaʊ] ◇ n arado m. ◇ vt arar.
➤ **plough into** ◇ vt sep [invest] invertir. ◇ vt fus [hit] chocar contra.
➤ **plough on** vi continuar trabajosamente.
➤ **plough up** vt sep -**1.** AGR arar -**2.** fig [fill with ruts] llenar de surcos.
ploughman's ['plaʊmənz] (pl inv) n UK: **~ (lunch)** queso, cebolletas y ensalada con pan.
ploughshare UK, **plowshare** US ['plaʊʃeə'] n reja f del arado.
plow etc US = plough etc.
ploy [plɔɪ] n táctica f, estratagema f.
pluck [plʌk] ◇ vt -**1.** [fruit, flower] coger -**2.** [pull sharply] arrancar -**3.** [bird] desplumar -**4.** [eyebrows] depilar -**5.** [instrument] puntear. ◇ n dated valor m, ánimo m.
➤ **pluck up** vt fus: **to ~ up the courage to do sthg** armarse de valor para hacer algo.
plucky ['plʌkɪ] (compar -ier, superl -iest) adj dated valiente.
plug [plʌg] (pt & pp -**ged**, cont -**ging**) ◇ n -**1.** ELEC enchufe m -**2.** [for bath or sink] tapón m -**3.** inf [favourable mention] publicidad f. ◇ vt -**1.** [hole, leak] tapar, taponar -**2.** inf [mention favourably] dar publicidad a.
➤ **plug in** vt sep enchufar.
plughole ['plʌghəʊl] n desagüe m.
plug-in n COMPUT plug-in m.
plum [plʌm] ◇ adj -**1.** [colour] de color ciruela -**2.** [choice]: **~ job** chollo m. ◇ n [fruit] ciruela f.
plumage ['plu:mɪdʒ] n plumaje m.
plumb [plʌm] ◇ adv -**1.** UK [exactly]: **~ in the middle** justo en medio -**2.** US [completely] completamente. ◇ vt: **to ~ the depths of** alcanzar las cotas más bajas de.
➤ **plumb in** vt sep UK instalar.
plumber ['plʌmə'] n fontanero m, -ra f Esp, plomero m, -ra f Amér, gásfiter mf Chile, gásfitero m, -ra f Perú.
plumbing ['plʌmɪŋ] n (U) -**1.** [fittings] tuberías fpl -**2.** [work] fontanería f, plomería f Amér.
plumb line n (hilo m de) plomada f.
plume [plu:m] n -**1.** [feather] pluma f -**2.** [decoration, of smoke] penacho m.
plummet ['plʌmɪt] vi caer en picado.
plummy ['plʌmɪ] (compar -ier, superl -iest) adj UK inf pej [posh] afectado(da).

plump [plʌmp] *adj* regordete(ta), rollizo(za).
◆ **plump for** *vt fus* optar OR decidirse por.
◆ **plump up** *vt sep* ahuecar.

plumpness ['plʌmpnɪs] *n* rechonchez *f*.

plum pudding *n* budín *navideño con pasas*.

plunder ['plʌndə^r] <> *n* **-1.** [stealing, raiding] saqueo *m*, pillaje *m* **-2.** [stolen goods] botín *m*. <> *vt* saquear.

plunge [plʌndʒ] <> *n* **-1.** [dive] zambullida *f*; **to take the ~** [get married] dar el paso decisivo; [take risk] lanzarse **-2.** [decrease] caída *f* vertiginosa. <> *vt* **-1.** [knife etc]: **to ~ sthg into** hundir algo en **-2.** [into darkness, water]: **to ~ sthg into** sumergir algo en. <> *vi* **-1.** [dive] zambullirse **-2.** [decrease] bajar vertiginosamente.

plunger ['plʌndʒə^r] *n* [for blocked pipes] desatascador *m*.

plunging ['plʌndʒɪŋ] *adj*: **~ neckline** escote *m* pronunciado.

pluperfect [,plu:'pɜːfɪkt] *n*: **~ (tense)** (pretérito *m*) pluscuamperfecto *m*.

plural ['plʊərəl] <> *adj* [gen] plural. <> *n* plural *m*; **in the ~** en plural.

pluralistic [,plʊərə'lɪstɪk] *adj* pluralista.

plurality [plʊ'rælətɪ] *n* **-1.** [large number] pluralidad *f* **-2.** US [majority] mayoría *f*.

plus [plʌs] (*pl* **-es** OR **-ses**) <> *adj* **-1.** [or more]: **35-~ 35** o más **-2.** [in marks]: **B-~** ≃ notable *m* alto. <> *n* **-1.** MATH [sign] signo *m* más **-2.** [bonus] ventaja *f*. <> *prep* más. <> *conj* además.

plus fours *npl* (pantalones *mpl*) bombachos *mpl*.

plush [plʌʃ] *adj* lujoso(sa).

plus sign *n* signo *m* más.

Pluto ['plu:təʊ] *n* [planet] Plutón *m*.

plutocrat ['plu:təkræt] *n* plutócrata *m* OR *f*.

plutonium [plu:'təʊnɪəm] *n* plutonio *m*.

ply [plaɪ] (*pt & pp* **plied**) <> *n* [of wood] número *m* de capas; [of wool, rope] número *m* de cabos. <> *vt* **-1.** [trade] ejercer **-2.** [supply, provide]: **to ~ sb with sthg** [questions] acosar a alguien con algo; [food, drink] no parar de ofrecer a alguien algo. <> *vi* navegar.

plywood ['plaɪwʊd] *n* contrachapado *m*.

p.m., pm (*abbr of* **post meridiem**): **at 3 ~** a las tres de la tarde.

PM *n abbr of* **prime minister**.

PMT, PMS (*abbr of* **premenstrual tension, premenstrual syndrome**) *n* tensión *f* premenstrual.

pneumatic [nju:'mætɪk] *adj* **-1.** [pump, lift] de aire comprimido **-2.** [tyre, chair] neumático(ca).

pneumatic drill *n* martillo *m* neumático.

pneumonia [nju:'məʊnjə] *n (U)* pulmonía *f*.

PO *n abbr of* **Post Office**.

PO, po *n abbr of* **postal order**.

poach [pəʊtʃ] <> *vt* **-1.** [game] cazar furtivamente; [fish] pescar furtivamente **-2.** [copy] plagiar **-3.** CULIN [salmon] cocer; [egg] escalfar. <> *vi* [for game] cazar furtivamente; [for fish] pescar furtivamente.

poacher ['pəʊtʃə^r] *n* [hunter] cazador furtivo *m*, cazadora furtiva *f*; [fisherman] pescador furtivo *m*, pescadora furtiva *f*.

poaching ['pəʊtʃɪŋ] *n* [for game] caza *f* furtiva; [for fish] pesca *f* furtiva.

PO Box (*abbr of* **Post Office Box**) *n* apdo. *m*, casilla *f* (de correos) *Andes, CSur*.

pocket ['pɒkɪt] <> *n* **-1.** [in clothes] bolsillo *m*; **to live in each other's ~s** vivir continuamente pegado el uno al otro; **to be £10 out of ~** salir perdiendo 10 libras; **to pick sb's ~** vaciar a alguien el bolsillo **-2.** [in car door etc] bolsa *f*, bolsillo *m* **-3.** [of resistance] foco *m*; [of air] bolsa *f*; [on pool, snooker table] tronera *f*. <> *vt* **-1.** [place in pocket] meterse en el bolsillo **-2.** [steal] birlar. <> *adj* de bolsillo.

pocketbook ['pɒkɪtbʊk] *n* **-1.** [notebook] libreta *f* **-2.** US [handbag] bolso *m*; [wallet] cartera *f*.

pocket calculator *n* calculadora *f* de bolsillo.

pocketful ['pɒkɪtfʊl] *n* bolsillo *m*.

pocket handkerchief *n* pañuelo *m*.

pocketknife ['pɒkɪtnaɪf] (*pl* **-knives** [-naɪvz]) *n* navaja *f* (de bolsillo).

pocket money *n* **-1.** [from parents] propina *f* **-2.** [for minor expenses] dinero *m* para gastar.

pocket-sized *adj* de bolsillo.

pockmark ['pɒkmɑːk] *n* marca *f*, señal *f*.

pod [pɒd] *n* **-1.** [of plants] vaina *f* **-2.** [of spacecraft] módulo *m* espacial.

podgy ['pɒdʒɪ] (*compar* **-ier**, *superl* **-iest**) *adj inf* gordinflón(ona).

podiatrist [pə'daɪətrɪst] *n* US podólogo *m*, -ga *f*, pedicuro *m*, -ra *f*.

podium ['pəʊdɪəm] (*pl* **-diums** OR **-dia** [-dɪə]) *n* podio *m*.

poem ['pəʊɪm] *n* poema *m*, poesía *f*.

poet ['pəʊɪt] *n* poeta *m* OR *f*.

poetic [pəʊ'etɪk] *adj* poético(ca).

poetic justice *n*: **it was ~ that he was sacked too** se llevó su merecido con el despido.

poet laureate *n* poeta de la corte británica *que escribe poemas para ocasiones oficiales*.

poetry ['pəʊɪtrɪ] *n* poesía *f*.

pogo stick *n palo provisto de un muelle para dar saltos.*

pogrom ['pɒgrəm] *n* pogromo *m.*

poignancy ['pɔɪnjənsɪ] *n* patetismo *m.*

poignant ['pɔɪnjənt] *adj* patético(ca), conmovedor(ra).

poinsettia [pɔɪn'setɪə] *n* flor *f* de Pascua.

point [pɔɪnt] ◇ *n* **-1.** [gen] punto *m*; **~ of no return** punto de no retorno; **a sore ~** *fig* un asunto espinoso *OR* delicado **- 2.** [in time] momento *m*; **at that ~** en ese momento **- 3.** [tip] punta *f* **- 4.** [detail, argument]: **to make a ~** hacer una observación; **to make one's ~** explicar la postura de uno; **it proves my ~** prueba lo que digo; **to have a ~** tener razón; **~ taken!** ¡tienes razón! **- 5.** [main idea]: **the ~ is ...** lo fundamental es ...; **that's the whole ~** de eso se trata; **to miss the ~ of** no coger la idea de; **to get** *OR* **come to the ~** ir al grano; **it's beside the ~** no viene al caso; **to be to the ~** venir al caso **- 6.** [feature] aspecto *m*; **weak / strong ~** punto *m* débil/fuerte **- 7.** [purpose] sentido *m*; **what's the ~?** ¿para qué?; **there's no ~ in it** no tiene sentido **- 8.** [decimal point] coma *f*; **two ~ six** dos coma seis **- 9.** *UK ELEC* toma *f* de corriente **-10.** *GEOGR* punta *f* **-11.** *phr*: **to make a ~ of doing sthg** preocuparse de hacer algo. ◇ *vt*: **to ~ a gun at sthg/sb** apuntar a algo/alguien con una pistola; **to ~ one's finger at sthg/sb** señalar algo/a alguien con el dedo. ◇ *vi* **-1.** [indicate with finger]: **to ~ at sthg/sb, to ~ to sthg/sb** señalar algo/a alguien con el dedo **- 2.** [hands of clock etc]: **to ~ north/to ten o'clock** indicar el norte/las diez **- 3.** *fig* [suggest]: **everything ~s to her guilt** todo indica que ella es la culpable.

➡ **points** *npl* **-1.** *UK RAIL* agujas *fpl* **- 2.** *AUT* platinos *mpl*.

➡ **up to a point** *adv* hasta cierto punto.

➡ **on the point of** *prep*: **to be on the ~ of doing sthg** estar a punto de hacer algo.

➡ **point out** *vt sep* [person, object, fact] señalar, indicar; [mistake] hacer notar.

point-blank ◇ *adj* **-1.** [refusal etc] categórico(ca) **- 2.** [close]: **at ~ range** a quemarropa. ◇ *adv* **-1.** [refuse, deny] categóricamente **- 2.** [at close range] a quemarropa.

point duty *n UK* control *m* de tráfico en un cruce.

pointed ['pɔɪntɪd] *adj* **-1.** [sharp, angular] en punta, puntiagudo(da) **- 2.** [cutting, incisive] intencionado(da).

pointedly ['pɔɪntɪdlɪ] *adv* intencionadamente.

pointer ['pɔɪntər] *n* **-1.** [piece of advice] consejo *m* **- 2.** [needle] aguja *f* **- 3.** [for map, blackboard] puntero

m **- 4.** *COMPUT* puntero *m.*

pointing ['pɔɪntɪŋ] *n* [on wall] rejuntado *m.*

pointless ['pɔɪntlɪs] *adj* sin sentido, inútil; **it's ~** no tiene sentido.

point of order (*pl* points of order) *n*: **to raise a ~** hacer una moción sobre el acatamiento de las normas.

point of sale (*pl* points of sale) *n* punto *m* de venta.

point of view (*pl* points of view) *n* **-1.** [opinion] punto *m* de vista **- 2.** [aspect, perspective] perspectiva *f.*

point-to-point *n UK carrera de caballos por el campo señalizada con banderines.*

poise [pɔɪz] *n* [self-assurance] aplomo *m*, serenidad *f*; [elegance] elegancia *f.*

poised [pɔɪzd] *adj* **-1.** [ready]: **to be ~ to do sthg** estar listo(ta) para hacer algo; **to be ~ for sthg** estar preparado(da) para algo **- 2.** [calm and dignified] sereno(na).

poison ['pɔɪzn] ◇ *n* veneno *m.* ◇ *vt* **-1.** [gen - intentionally] envenenar; [- unintentionally] intoxicar **- 2.** [environment] contaminar **- 3.** *fig* [spoil, corrupt] corromper.

poisoning ['pɔɪznɪŋ] *n* **-1.** [intentional] envenenamiento *m*; [unintentional] intoxicación *f* **- 2.** [of environment] contaminación *f.*

poisonous ['pɔɪznəs] *adj* **-1.** [substance, gas] tóxico(ca) **- 2.** [snake] venenoso(sa) **- 3.** *fig* [influence] pernicioso(sa); [rumours] malintencionado(da).

poison-pen letter *n* anónimo *m* ofensivo.

poke [pəʊk] ◇ *n* [blow] golpe *m*; [push] empujón *m*; [with elbow] codazo *m.* ◇ *vt* **-1.** [with finger, stick] empujar; [with elbow] dar un codazo a; [fire] atizar; **to ~ sb in the eye** meter el dedo en el ojo de alguien **- 2.** [push, stuff]: **to ~ sthg into** meter algo en **- 3.** [stretch]: **he ~d his head round the door** asomó la cabeza por la puerta. ◇ *vi* **-1.** [protrude]: **to ~ out of sthg** sobresalir por algo **- 2.** [prod]: **his elbow was poking into my back** me estaba clavando el codo en la espalda.

➡ **poke about, poke around** *vi inf* fisgonear, hurgar.

➡ **poke at** *vt fus* dar golpecitos a.

poker ['pəʊkər] *n* **-1.** [game] póker *m* **- 2.** [for fire] atizador *m.*

poker-faced [-ˌfeɪst] *adj* con cara inexpresiva.

poky ['pəʊkɪ] (*comp* -ier, *superl* -iest) *adj pej*: **a ~ little room** un cuartucho.

Poland ['pəʊlənd] *n* Polonia.

polar ['pəʊlər] *adj* polar.

polar bear *n* oso *m* polar.

polarity [pəʊ'lærətɪ] *n* polaridad *f.*

polarization [ˌpəʊləraɪˈzeɪʃn] *n* polarización *f*.

polarize, -ise [ˈpəʊləraɪz] *vt* polarizar.

Polaroid® [ˈpəʊlərɔɪd] *n* **-1.** [camera] polaroid® *f* **-2.** [photograph] fotografía *f* polaroid.

Polaroids® [ˈpəʊlərɔɪdz] *npl* gafas *fpl* de sol (de polaroid).

pole [pəʊl] *n* **-1.** [rod, post] poste *m*; [for tent, flag] mástil *m*; **telegraph ~** poste *m* telegráfico **-2.** *ELEC & GEOGR* polo *m*; **to be ~s apart** *fig* ser polos opuestos.

Pole [pəʊl] *n* polaco *m*, -ca *f*.

poleaxed [ˈpəʊlækst] *adj* atolondrado(da).

polecat [ˈpəʊlkæt] *n* turón *m*.

polemic [pəˈlemɪk] *n fml* [controversy] polémica *f*.

polenta [pəʊˈlentə] *n* polenta *f*.

pole position *n* pole-position *f*.

Pole Star *n*: **the ~** la estrella polar.

pole vault *n*: **the ~** el salto con pértiga.

➤ **pole-vault** *vi* saltar con pértiga.

pole-vaulter [-ˌvɔːltəʳ] *n* saltador *m*, -ra *f* con pértiga.

police [pəˈliːs] ◇ *npl* **-1.** [police force]: **the ~** la policía **-2.** [policemen, policewomen] policías *mpl OR fpl*. ◇ *vt* mantener el orden en, vigilar.

police car *n* coche *m* patrulla, auto *m* patrulla *CAm, Chile, Méx*, patrullero *m CSur*, patrulla *f Col, Méx*.

police constable *n UK* policía *m OR f*.

police department *n US* jefatura *f* de policía.

police dog *n* perro *m* policía.

police force *n* cuerpo *m* de policía.

policeman [pəˈliːsmən] (*pl* **-men** [-mən]) *n* policía *m*.

police officer *n* agente *m OR f* de policía.

police record *n*: **(to have a) ~** (tener) antecedentes *mpl* policiales.

police state *n* estado *m* policial.

police station *n* comisaría *f* (de policía).

policewoman [pəˈliːsˌwʊmən] (*pl* **-women** [-ˌwɪmɪn]) *n* (mujer *f*) policía *f*.

policy [ˈpɒləsɪ] (*pl* **-ies**) *n* **-1.** [plan, practice] política *f*; **it's not our usual ~ to do this** no tenemos por norma hacer esto **-2.** [document, agreement] póliza *f*.

policy-holder *n* asegurado *m*, -da *f*.

polio [ˈpəʊlɪəʊ] *n* polio *f*.

polish [ˈpɒlɪʃ] ◇ *n* **-1.** [for floor, furniture] cera *f*; [for shoes] betún *m*; [for metal] abrillantador *m*; [for nails] esmalte *m* **-2.** [shine] brillo *m*, lustre *m* **-3.** *fig* [refinement] refinamiento *m*. ◇ *vt* [stone, wood] pulir; [floor] encerar; [shoes, car] limpiar; [cutlery, silver, glasses] sacar brillo a.

➤ **polish off** *vt sep inf* [food] zamparse; [job] despachar.

Polish [ˈpəʊlɪʃ] ◇ *adj* polaco(ca). ◇ *n* [language] polaco *m*. ◇ *npl*: **the ~** los polacos.

polished [ˈpɒlɪʃt] *adj* **-1.** [person, manner] refinado(da) **-2.** [performance, speech] esmerado(da).

polite [pəˈlaɪt] *adj* educado(da), cortés; **it is ~ to ...** es de buena educación ...; **~ society** gente *f* educada.

politely [pəˈlaɪtlɪ] *adv* educadamente, con cortesía.

politeness [pəˈlaɪtnɪs] *n* educación *f*, cortesía *f*.

politic [ˈpɒlətɪk] *adj fml* oportuno(na), conveniente.

political [pəˈlɪtɪkl] *adj* **-1.** [concerning politics] político(ca) **-2.** [interested in politics] interesado(da) en política.

political asylum *n* asilo *m* político.

political correctness *n* corrección *f* política.

political geography *n* geografía *f* política.

politically [pəˈlɪtɪklɪ] *adv* políticamente.

politically correct [pəˌlɪtɪklɪ-] *adj* políticamente correcto(ta).

POLITICALLY CORRECT

Se aplica el término *politically correct* ('políticamente correcto') a personas, actitudes y términos nacidos de un movimiento, principalmente americano, llamado *PC*, que intenta sustituir términos que pueden resultar insultantes (racistas, sexistas, etc.) por otros considerados aceptables. Por ejemplo *American Indian* por *native American*, o *disabled* por *differently abled*.

political prisoner *n* preso político *m*, presa política *f*.

political science *n (U)* ciencias *fpl* políticas.

politician [ˌpɒlɪˈtɪʃn] *n* político *m*, -ca *f*.

politicize, -ise [pəˈlɪtɪsaɪz] *vt* politizar.

politics [ˈpɒlətɪks] ◇ *n (U)* política *f*. ◇ *npl* **-1.** [personal beliefs] ideas *fpl* políticas **-2.** [of a group, area] política *f*.

polka [ˈpɒlkə] *n* polca *f*.

polka dot *n* lunar *m* (en un vestido).

poll [pəʊl] ◇ *n* [vote] votación *f*; [of opinion] encuesta *f*. ◇ *vt* **-1.** [people] sondear **-2.** [votes] obtener.

➤ **polls** *npl*: **the ~s** las elecciones, los comicios; **to go to the ~s** acudir a las urnas.

pollen [ˈpɒlən] *n* polen *m*.

pollen count *n* índice *m* de polen en el aire.

pollinate [ˈpɒləneɪt] *vt* polinizar.

pollination [ˌpɒlɪˈneɪʃn] *n* polinización *f*.

polling ['pəʊlɪŋ] n (U) [votes] votación f.

polling booth ['pəʊlɪŋ-] n cabina f electoral.

polling day ['pəʊlɪŋ-] n UK día m de las elecciones.

polling station ['pəʊlɪŋ-] n colegio m OR centro m electoral.

pollster ['pəʊlstəʳ] n encuestador m, -ra f.

poll tax n impuesto sobre las personas adultas.
➡ Poll Tax n UK: the Poll Tax ≃ la contribución urbana.

pollutant [pə'luːtnt] n contaminante m.

pollute [pə'luːt] vt contaminar.

pollution [pə'luːʃn] n (U) -1. [process of polluting] contaminación f -2. [impurities] sustancias fpl contaminantes.

polo ['pəʊləʊ] n polo m.

polo neck UK n -1. [neck] cuello m alto -2. [jumper] jersey m de cuello alto.
➡ polo-neck adj de cuello alto.

poltergeist ['pɒltəgaɪst] n poltergeist m, espíritu que habita una casa, produciendo ruidos y moviendo objetos.

poly ['pɒlɪ] (pl polys) n UK inf abbr of polytechnic.

polyanthus [ˌpɒlɪ'ænθəs] (pl -thuses OR -thi [-θaɪ]) n prímula f.

poly bag n UK inf bolsa f de plástico.

polyester [ˌpɒlɪ'estəʳ] n poliéster m.

polyethylene US = polythene.

polygamous [pə'lɪgəməs] adj polígamo(ma).

polygamy [pə'lɪgəmɪ] n poligamia f.

polygon ['pɒlɪgɒn] n polígono m.

polymer ['pɒlɪməʳ] n polímero m.

Polynesia [ˌpɒlɪ'niːʒə] n Polinesia.

Polynesian [ˌpɒlɪ'niːʒən] ◇ adj polinesio(sia). ◇ n -1. [person] polinesio m, -sia f -2. [language] polinesio m.

polyp ['pɒlɪp] n MED pólipo m.

polyphony [pə'lɪfənɪ] n polifonía f.

polystyrene [ˌpɒlɪ'staɪriːn] n poliestireno m.

polytechnic [ˌpɒlɪ'teknɪk] n UK escuela f politécnica.

polythene UK ['pɒlɪθiːn], **polyethylene** US ['pɒlɪ'eθɪliːn] n polietileno m, politeno m.

polythene bag n UK bolsa f de plástico.

polyunsaturated [ˌpɒlɪʌn'sætʃəreɪtɪd] adj poliinsaturado(da).

polyurethane [ˌpɒlɪ'jʊərəθeɪn] n poliuretano m.

pom [pɒm] n Austr inf término a veces peyorativo que designa a un británico.

pomander [pə'mændəʳ] n bola f de loza perfumada.

pomegranate ['pɒmɪˌgrænɪt] n granada f.

pommel ['pɒmll] n -1. [on saddle] perilla f -2. [on sword] pomo m.

pomp [pɒmp] n pompa f.

pompom ['pɒmpɒm] n borla f, pompón m.

pompous ['pɒmpəs] adj -1. [self-important] presumido(da), pretencioso(sa) -2. [style] pomposo(sa); [building] ostentoso(sa).

ponce [pɒns] n UK v inf pej -1. [effeminate man] afeminado m, maricón m -2. [pimp] chulo m.

poncho ['pɒntʃəʊ] (pl -s) n poncho m, ruana f Andes.

pond [pɒnd] n estanque m.

ponder ['pɒndəʳ] ◇ vt considerar. ◇ vi: to ~ (on OR over) reflexionar OR meditar (sobre).

ponderous ['pɒndərəs] adj -1. [speech, book] pesado(da) -2. [action, walk] lento(ta) y torpe -3. [progress] muy lento(ta).

pong [pɒŋ] UK inf ◇ n (olor m a) peste f. ◇ vi apestar.

pontiff ['pɒntɪf] n pontífice m.

pontificate [pɒn'tɪfɪkeɪt] vi pej: to ~ (about OR on) pontificar (sobre).

pontoon [pɒn'tuːn] n -1. [bridge] pontón m -2. UK [game] veintiuna f.

pony ['pəʊnɪ] (pl -ies) n poni m.

ponytail ['pəʊnɪteɪl] n coleta f (de caballo).

pony-trekking [-ˌtrekɪŋ] n (U): to go ~ hacer una excursión en poni.

poodle ['puːdl] n caniche m.

poof [puf] n UK v inf pej maricón m.

pooh [puː] excl [said in scorn] ¡bah!; [said in disgust] ¡puaj!

pooh-pooh vt inf despreciar, desdeñar.

pool [puːl] ◇ n -1. [of water, blood, ink] charco m; [pond] estanque m -2. [swimming pool] piscina f -3. [of light] foco m -4. COMM [fund] fondo m común -5. [of people, things]: **typing** ~ servicio m de mecanografía; **car** ~ parque m móvil -6. [game] billar m americano. ◇ vt [resources, funds] juntar; [knowledge] poner en común.
➡ pools npl UK: the ~s las quinielas.

pooped [puːpt] adj US hecho(cha) migas OR polvo.

poor [pɔːʳ] ◇ adj -1. [gen] pobre; ~ **old John!** ¡el pobre de John!; **you** ~ **thing!** ¡pobrecito! -2. [quality, result] malo(la); **to be in** ~ **health** estar mal de salud -3. [prospects, chances] escaso(sa). ◇ npl: the ~ los pobres.

poorhouse ['pɔːhaʊs, pl -haʊzɪz] n asilo m para pobres.

poorly ['pɔːlɪ] ◇ adj UK pachucho(cha). ◇ adv mal; ~ **off** pobre.

poor relation n fig pariente m pobre.

pop [pɒp] (pt & pp -ped, cont -ping) ◇ n -1.

[music] (música f) pop m - **2.** *(U) inf* [fizzy drink] gaseosa f - **3.** *esp US inf* [father] papá m - **4.** [sound] pequeña explosión f. <> vt - **1.** [balloon, bubble] pinchar - **2.** [put quickly]: **to ~ sthg into** meter algo en; **he popped his head round the door** asomó la cabeza por la puerta. <> vi - **1.** [balloon] explotar, reventar; [cork, button] saltar - **2.** [eyes] salirse de las órbitas - **3.** [ears]: **her ears ~ped** se le destaparon los oídos - **4.** [go quickly]: **I'm just popping round to the shop** voy un momento a la tienda.

➡ **pop in** vi entrar un momento.

➡ **pop up** vi aparecer de repente.

popadum ['pɒpədəm] n *tipo de pan indio muy delgado y frito en aceite.*

pop art n pop art m.

pop concert n concierto m de música pop.

popcorn ['pɒpkɔ:n] n palomitas fpl (de maíz).

pope [pəʊp] n papa m.

pop group n grupo m (de música) pop.

poplar ['pɒplə'] n álamo m.

poplin ['pɒplɪn] n popelina f.

pop music n música f pop.

popper ['pɒpə'] n *UK* [on clothes] corchete m.

poppy ['pɒpɪ] (pl -ies) n amapola f.

poppycock ['pɒpɪkɒk] n *(U) inf pej* bobadas fpl.

Poppy Day n *UK día en conmemoración de los caídos de las guerras mundiales.*

Popsicle® ['pɒpsɪkl] n *US* polo m.

pop singer n cantante m OR f pop.

pop song n canción f pop.

populace ['pɒpjʊləs] n: **the ~** [masses] el populacho; [people] el pueblo.

popular ['pɒpjʊlə'] adj - **1.** [gen] popular; [person] estimado(da) - **2.** [belief, attitude, discontent] generalizado(da), común - **3.** [newspaper, politics] para las masas.

popularity [ˌpɒpjʊ'lærətɪ] n popularidad f.

popularize, -ise ['pɒpjʊləraɪz] vt - **1.** [make popular] popularizar - **2.** [simplify] vulgarizar.

popularly ['pɒpjʊləlɪ] adv - **1.** [unofficially]: **~ known as** conocido(da) popularmente como - **2.** [believed] generalmente.

populate ['pɒpjʊleɪt] vt poblar.

populated ['pɒpjʊleɪtɪd] adj poblado(da).

population [ˌpɒpjʊ'leɪʃn] n población f.

population explosion n explosión f demográfica.

populist ['pɒpjʊlɪst] n populista m OR f.

pop-up adj - **1.** [toaster] automático(ca) - **2.** [book & *COMPUT*] desplegable.

porcelain ['pɔ:səlɪn] n porcelana f.

porch [pɔ:tʃ] n - **1.** [entrance] porche m, pórtico m - **2.** *US* [verandah] porche m.

porcupine ['pɔ:kjʊpaɪn] n puerco m espín.

pore [pɔ:'] n poro m.

➡ **pore over** vt fus estudiar esmeradamente.

pork [pɔ:k] n carne f de cerdo.

pork chop n chuleta f de cerdo.

pork pie n empanada f de carne de cerdo.

porn [pɔ:n] (*abbr of* **pornography**) n *inf* porno m; **hard/soft ~** porno duro/blando.

pornographic [ˌpɔ:nə'græfɪk] adj pornográfico(ca).

pornography [pɔ:'nɒgrəfɪ] n pornografía f.

porous ['pɔ:rəs] adj poroso(sa).

porpoise ['pɔ:pəs] n marsopa f.

porridge ['pɒrɪdʒ] n papilla f OR gachas fpl de avena.

port [pɔ:t] <> n - **1.** [coastal town, harbour] puerto m - **2.** *NAUT* [left-hand side] babor m; **to ~ a** babor - **3.** [drink] oporto m - **4.** *COMPUT* puerto m. <> comp - **1.** [relating to a port] portuario(ria) - **2.** *NAUT* [right-hand] a babor.

portable ['pɔ:təbl] adj portátil.

Portacrib® ['pɔ:tə,krɪb] n *US* moisés m, cuco m.

portal ['pɔ:tl] n - **1.** *COMPUT* portal m - **2.** *literary* pórtico m.

Port-au-Prince [ˌpɔ:təʊ'prɪns] n Puerto Príncipe.

portcullis [ˌpɔ:t'kʌlɪs] n rastrillo m.

portend [pɔ:'tend] vt *literary* presagiar, augurar.

portent ['pɔ:tənt] n *literary* presagio m, augurio m.

porter ['pɔ:tə'] n - **1.** *UK* [in block of flats] portero m, -ra f; [in public building, hotel] conserje m OR f - **2.** [for luggage] mozo m - **3.** *US* [on train] empleado m, -da f de coche cama.

portfolio [ˌpɔ:t'fəʊljəʊ] (pl -s) n - **1.** *ART, FIN & POL* cartera f - **2.** [sample of work] carpeta f.

porthole ['pɔ:thəʊl] n portilla f.

portion ['pɔ:ʃn] n - **1.** [part, section] porción f - **2.** [of chips, vegetables etc] ración f.

portly ['pɔ:tlɪ] (*compar* -ier, *superl* -iest) adj corpulento(ta).

port of call n - **1.** *NAUT* puerto m de escala - **2.** *fig* [on journey] escala f, parada f.

Port of Spain n Puerto España.

portrait ['pɔ:trɪt] n - **1.** [picture] retrato m - **2.**

COMPUT formato *m* vertical.

portraitist ['pɔ:tɪtɪst] *n* retratista *m OR f*.

portray [pɔ:'treɪ] *vt* **-1.** [represent - in a play, film] representar **-2.** [describe] describir **-3.** [paint] retratar.

portrayal [pɔ:'treɪəl] *n* **-1.** [representation - in a play, film] representación *f* **-2.** [painting, photograph] retrato *m* **-3.** [description] descripción *f*.

Portugal ['pɔ:tʃʊgl] *n* Portugal.

Portuguese [ˌpɔ:tʃʊ'gi:z] <> *adj* portugués(esa). <> *n* [language] portugués *m*. <> *npl*: **the** ~ los portugueses.

Portuguese man-of-war *n* medusa *f* venenosa.

POS *n abbr of* **point of sale**.

pose [pəʊz] <> *n* **-1.** [position, stance] postura *f* **-2.** *pej* [pretence, affectation] pose *f*. <> *vt* **-1.** [problem, threat] presentar **-2.** [question] formular. <> *vi* **-1.** [model] posar **-2.** *pej* [behave affectedly] adoptar poses **-3.** [pretend to be]: **to** ~ **as sb/sthg** fingir ser alguien/algo.

poser ['pəʊzə'] *n* **-1.** *pej* [person] presumido *m*, -da *f* **-2.** *inf* [hard question] pregunta *f* difícil.

poseur [pəʊ'zɜ:'] *n pej* presumido *m*, -da *f*.

posh [pɒʃ] *adj inf* **-1.** [hotel, area etc] de lujo, elegante **-2.** *UK* [person, accent] afectado(da).

posit ['pɒzɪt] *vt fml* proponer.

position [pə'zɪʃn] <> *n* **-1.** [gen] posición *f* **-2.** [right place] sitio *m*, lugar *m*; **in** ~ en su sitio **-3.** [status] rango *m* **-4.** [job] puesto *m* **-5.** [in a race, competition] lugar *m* **-6.** [state, situation] situación *f*; **to be in a/no** ~ **to do sthg** estar/no estar en condiciones de hacer algo **-7.** [stance, opinion]: ~ **on** postura *f* respecto a. <> *vt* colocar; **to** ~ **o.s.** colocarse.

positive ['pɒzətɪv] *adj* **-1.** [gen] positivo(va); **the test was** ~ la prueba dio positivo **-2.** [sure]: **to be** ~ **(about)** estar seguro(ra) (de) **-3.** [optimistic, confident]: **to be** ~ **(about)** ser optimista (respecto a) **-4.** [definite - action] decisivo(va); [- decision] categórico(ca) **-5.** [irrefutable - evidence, fact] irrefutable, evidente; [- proof] concluyente **-6.** [for emphasis - delight, nuisance] auténtico(ca), total.

positive discrimination *n* discriminación *f* positiva.

positively ['pɒzətɪvlɪ] *adv* **-1.** [optimistically - think etc] positivamente **-2.** [definitely - act] decisivamente **-3.** [favourably - react, reply] favorablemente **-4.** [irrefutably - prove] irrefutablemente **-5.** [for emphasis - rude, unbearable] realmente.

positive vetting *n UK investigación completa a la que es sometido un aspirante a un cargo público relacionado con la seguridad nacional.*

positivism ['pɒzɪtɪvɪzm] *n* positivismo *m*.

posse ['pɒsɪ] *n US* **-1.** [to pursue criminal] grupo *m* de hombres a caballo **-2.** [group] grupo *m*.

possess [pə'zes] *vt* **-1.** [gen] poseer **-2.** [subj: emotion] adueñarse de; **what** ~ **ed him to do it?** ¿qué le empujó a hacerlo?

possessed [pə'zest] *adj* [mad] poseso(sa), poseído(da).

possession [pə'zeʃn] *n* posesión *f*; **to have sthg in one's** ~, **to be in** ~ **of sthg** tener (posesión de) algo.
➡ **possessions** *npl* bienes *mpl*.

possessive [pə'zesɪv] <> *adj* **-1.** [gen] posesivo(va) **-2.** *pej* [selfish] egoísta. <> *n GRAMM* posesivo *m*.

possessor [pə'zesə'] *n fml* poseedor *m*, -ra *f*.

possibility [ˌpɒsə'bɪlətɪ] (*pl* **-ies**) *n* posibilidad *f*; **there's a** ~ **that ...** es posible que ...

possible ['pɒsəbl] <> *adj* **-1.** [gen] posible; **as soon as** ~ cuanto antes; **as much as** ~ [quantity] todo lo posible; [to the greatest possible extent] en la medida de lo posible; **I go as often as** ~ voy siempre que puedo; **it's** ~ **that she'll come** es posible que venga **-2.** [viable - plan etc] viable, factible. <> *n* candidato *m*, -ta *f*.

possibly ['pɒsəblɪ] *adv* **-1.** [perhaps] posiblemente, quizás **-2.** [within one's power]: **I'll do all I** ~ **can** haré todo lo que pueda; **could you** ~ **help me?** ¿te importaría ayudarme? **-3.** [to show surprise]: **how could he** ~ **do that?** ¿cómo demonios pudo hacer eso? **-4.** [for emphasis]: **I can't** ~ **do it** no puedo hacerlo de ninguna manera.

possum ['pɒsəm] (*pl inv OR* **-s**) *n US* zarigüeya *f*.

post [pəʊst] <> *n* **-1.** [service]: **the** ~ el correo; **by** ~ por correo; **in the** ~ en el correo **-2.** *(U)* [letters etc] cartas *fpl* **-3.** [delivery] reparto *m* **-4.** *UK* [collection] colecta *f* **-5.** [pole] poste *m* **-6.** [position, job] puesto *m* **-7.** *MIL* puesto *m* **-8.** *phr*: **to pip sb at the** ~ ganar a alguien por los pelos. <> *vt* **-1.** [put in letterbox] echar al correo; [send by mail] mandar por correo **-2.** [transfer] enviar, destinar **-3.** *COMPUT* [message, query] enviar **-4.** *phr*: **to keep sb** ~ **ed** mantener a alguien al tanto.

post- [pəʊst] *prefix* pos-.

postage ['pəʊstɪdʒ] *n* franqueo *m*, porte *m*; ~ **and packing** gastos *mpl* de envío.

postage stamp *n fml* sello *m*, estampilla *f Amér*, timbre *m Méx*.

postal ['pəʊstl] *adj* postal.

postal order *n* giro *m* postal.

postal vote *n* voto *m* por correo.

postbag ['pəʊstbæg] *n* **-1.** *UK* [bag] saco *m* postal **-2.** *inf* [letters received] cartas *fpl*.

postbox ['pəʊstbɒks] n UK buzón m.

postcard ['pəʊstkɑːd] n postal f.

postcode ['pəʊstkəʊd] n UK código m postal.

postdate [ˌpəʊst'deɪt] vt poner posfecha en; **a ~d cheque** extender un cheque con fecha posterior.

poster ['pəʊstə^r] n cartel m, póster m.

poste restante [ˌpəʊst'restɑːnt] n esp UK lista f de correos.

posterior [pɒ'stɪərɪə^r] ◇ adj posterior, trasero(ra). ◇ n hum trasero m.

posterity [pɒ'sterətɪ] n posteridad f.

poster paint n aguada f.

post-free adj esp UK libre de gastos de envío, porte pagado (inv).

postgraduate [ˌpəʊst'grædʒʊət] ◇ adj posgraduado(da). ◇ n posgraduado m, -da f.

posthaste [ˌpəʊst'heɪst] adv dated rápidamente, a toda prisa.

posthumous ['pɒstjʊməs] adj póstumo(ma).

posthumously ['pɒstjʊməslɪ] adv póstumamente.

post-industrial adj postindustrial.

posting ['pəʊstɪŋ] n destino m.

postman ['pəʊstmən] (pl -men [-mən]) n cartero m.

postmark ['pəʊstmɑːk] ◇ n matasellos m inv. ◇ vt matasellar.

postmortem [ˌpəʊst'mɔːtəm] n - 1. [autopsy] autopsia f - 2. fig [analysis] reflexión f autocrítica retrospectiva.

postnatal [ˌpəʊst'neɪtl] adj posnatal, posparto.

post office n - 1. [organization]: **the Post Office** ≃ Correos m inv - 2. [building] oficina f de correos.

post office box n apartado m de correos, casilla f de correos Andes & RP.

postoperative [ˌpəʊst'ɒpərətɪv] adj postoperatorio(ria).

postpaid [ˌpəʊst'peɪd] adj libre de gastos de envío, porte pagado (inv).

postpone [ˌpəʊst'pəʊn] vt posponer.

postponement [ˌpəʊst'pəʊnmənt] n aplazamiento m.

postscript ['pəʊstskrɪpt] n [additional message] posdata f, fig [additional information] postdata f, nota f final.

postulate [n 'pɒstjʊlət, vb 'pɒstjʊleɪt] fml ◇ n postulado m. ◇ vt postular.

posture ['pɒstʃə^r] ◇ n lit & fig postura f; **~ on** sthg postura hacia algo. ◇ vi adoptar poses.

postwar [ˌpəʊst'wɔː^r] adj de (la) posguerra.

posy ['pəʊzɪ] (pl -ies) n ramillete m.

pot [pɒt] (pt & pp -ted, cont -ting) ◇ n - 1. [for cooking] olla f - 2. [for tea] tetera f; [for coffee]

cafetera f - 3. [for paint] bote m; [for jam] tarro m - 4. [flowerpot] tiesto m, maceta f - 5. (U) inf [cannabis] maría f, hierba f - 6. phr: **to go to ~** ir al traste. ◇ vt plantar (en un tiesto).

potash ['pɒtæʃ] n potasa f.

potassium [pə'tæsɪəm] n potasio m.

potato [pə'teɪtəʊ] (pl -es) n patata f.

potato crisps UK, **potato chips** US n patatas fpl fritas (de bolsa).

potato peeler [-ˌpiːlə^r] n pelapatatas m inv Esp, pelapapas m inv Amér.

pot-bellied [-ˌbelɪd] adj - 1. [from overeating] barrigudo(da), guatón(ona) Chile - 2. [from malnutrition] con el vientre hinchado.

potboiler ['pɒtˌbɔɪlə^r] n obra f con fin comercial (de escaso valor artístico).

potbound ['pɒtbaʊnd] adj con muchas raíces.

potency ['pəʊtənsɪ] n [gen] potencia f; [of argument] fuerza f.

potent ['pəʊtənt] adj - 1. [powerful, influential] poderoso(sa) - 2. [drink, drug] fuerte - 3. [sexually capable] potente.

potentate ['pəʊtənteɪt] n potentado m, -da f.

potential [pə'tenʃl] ◇ adj potencial, posible. ◇ n (U) potencial m; **to have ~** tener posibilidades, prometer.

potentially [pə'tenʃəlɪ] adv en potencia.

pothole ['pɒthəʊl] n - 1. [in road] bache m - 2. [underground] cueva f.

potholer ['pɒtˌhəʊlə^r] n UK espeleólogo m, -ga f.

potholing ['pɒtˌhəʊlɪŋ] n UK espeleología f.

potion ['pəʊʃn] n poción f.

potluck ['pɒt'lʌk] n: **to take ~** [gen] elegir a ojo; [at meal] conformarse con lo que haya.

potpie ['pɒtpaɪ] n US pastel asado con carne o pollo troceados y verduras.

pot plant n planta f de interior.

potpourri [ˌpəʊ'pʊərɪ] n (U) [dried flowers] popurrí m (aromático).

pot roast n estofado m de carne.

potshot ['pɒtˌʃɒt] n: **to take a ~** (at sthg/sb) disparar (a algo/alguien) sin apuntar.

potted ['pɒtɪd] adj - 1. [plant] en tiesto - 2. [meat, fish] en conserva - 3. UK fig [biography, history] resumido(da).

potter ['pɒtə^r] n alfarero m, -ra f, ceramista m OR f.

➡ **potter about, potter around** vi UK entretenerse.

Potteries ['pɒtərɪz] npl: **the ~** parte de Staffordshire conocida por su industria alfarera.

potter's wheel n torno m de alfarero.

pottery ['pɒtərɪ] (pl -ies) n - 1. [gen] cerámica f,

alfarería *f* **- 2.** [factory] fábrica *f* de cerámica.

potting compost [ˈpɒtɪŋ-] *n* abono *m* para plantas interiores.

potty [ˈpɒtɪ] (*compar* **-ier**, *superl* **-iest**, *pl* **-ies**) *UK inf* ◇ *adj* [person] chalado(da); **to be ~ about** estar chalado por. ◇ *n* orinal *m*.

potty-trained [-ˌtreɪnd] *adj* que ya no lleva pañales.

pouch [paʊtʃ] *n* **- 1.** [small bag] bolsa *f* pequeña; [for tobacco] petaca *f* **- 2.** [on animal's body] bolsa *f* (abdominal).

pouffe [puːf] *n UK* [seat] puf *m*.

poultice [ˈpəʊltɪs] *n* cataplasma *f*, emplasto *m*.

poultry [ˈpəʊltrɪ] ◇ *n* [meat] carne *f* de pollería. ◇ *npl* [birds] aves *fpl* de corral.

pounce [paʊns] *vi* **- 1.** [leap]: **to ~** (**on** OR **upon**) abalanzarse (sobre) **- 2.** *fig* [comment immediately]: **he's quick to ~ on** OR **upon the slightest error** siempre está a la que salta con el más mínimo error.

pound [paʊnd] ◇ *n* **- 1.** [unit of money, weight] libra *f*; **the ~** la libra (esterlina) **- 2.** [for cars] depósito *m* (de coches); [for dogs] perrera *f*. ◇ *vt* **- 1.** [hammer on] golpear, aporrear **- 2.** [pulverize] machacar. ◇ *vi* **- 1.** [hammer]: **to ~ on sthg** golpear OR aporrear algo **- 2.** [beat, throb] palpitar; **her heart was ~ing** le palpitaba el corazón.

pounding [ˈpaʊndɪŋ] *n* **- 1.** *(U)* [hammering] golpes *mpl*, aporreamiento *m* **- 2.** *(U)* [beating, throbbing] palpitación *f* **- 3.** *fig*: **to get** OR **take a ~** [team] recibir una soberana paliza; [city] verse sometido a un feroz bombardeo.

pound sterling *n* libra *f* esterlina.

pour [pɔːʳ] ◇ *vt* **- 1.** [cause to flow]: **to ~ sthg** (**into**) echar OR verter algo (en); **to ~ sthg down the sink** tirar algo por el fregadero; **to ~ sb a drink**, **to ~ a drink for sb** servirle una copa a alguien; **can I ~ you a cup of tea?** ¿quieres que te sirva una taza de té? **- 2.** *fig*: **to ~ money into sthg** invertir mucho dinero en algo. ◇ *vi* [liquid] chorrear; [smoke] salir a borbotones. ◇ *v impers* [rain hard] llover a cántaros; **it's ~ing** (**down**) está lloviendo a cántaros.

◆ **pour in** *vi* llegar a raudales.

◆ **pour out** ◇ *vt sep* **- 1.** [empty] echar, vaciar **- 2.** [serve] servir **- 3.** *fig* [reveal]: **to ~ out one's feelings** OR **heart** (**to sb**) desahogarse (con alguien). ◇ *vi* [rush out] salir en manada.

pouring [ˈpɔːrɪŋ] *adj* [rain] torrencial.

pout [paʊt] ◇ *n* [showing displeasure] puchero *m*, mohín *m*; [being provocative] gesto *m* provocador (de los labios). ◇ *vi* [showing displeasure] hacer pucheros; [being provocative] hacer un gesto provocador con los labios.

poverty [ˈpɒvətɪ] *n lit* & *fig* pobreza *f*.

poverty line *n* umbral *m* de pobreza.

poverty-stricken *adj* necesitado(da).

poverty trap *n UK* situación del que gana menos trabajando que en el paro, porque sus ingresos superan por poco el nivel mínimo de contribución fiscal.

pow [paʊ] *excl inf* ¡pum!, ¡pumba!

POW *n abbr of* prisoner of war.

powder [ˈpaʊdəʳ] ◇ *n* polvo *m*; [make-up] polvos *mpl*. ◇ *vt* poner polvos en; **to ~ o.s.** darse polvos, empolvarse.

powder compact *n* polvera *f*.

powdered [ˈpaʊdəd] *adj* **- 1.** [in powder form] en polvo **- 2.** [covered in powder] empolvado(da).

powdered sugar *n US* azúcar *m* glas.

powder puff *n* borla *f*.

powder room *n* servicios *mpl* de señoras, tocador *m*.

powdery [ˈpaʊdərɪ] *adj* [snow] en polvo; [cake etc] harinoso(sa).

power [ˈpaʊəʳ] ◇ *n* **- 1.** *(U)* [authority, control] poder *m*; **to have ~ over sb** tener poder sobre alguien; **to come to/take ~** llegar al/ hacerse con el poder; **to be in ~** estar en el poder **- 2.** [ability] facultad *f*; **it isn't within my ~ to do it** no está dentro de mis posibilidades hacerlo; **I'll do everything in my ~ to help** haré todo lo que pueda por ayudar **- 3.** [legal authority] autoridad *f*, competencia *f*; **to have the ~ to do sthg** tener autoridad para hacer algo **- 4.** [physical strength] fuerza *f* **- 5.** [energy - solar, steam etc] energía *f* **- 6.** [electricity] corriente *f*; **to turn the ~ on/off** dar/cortar la corriente **- 7.** [powerful nation, person, group] potencia *f*; **the ~s that be** el orden establecido **- 8.** [phr]: **to do sb a ~ of good** sentar de maravilla a alguien. ◇ *vt* propulsar, impulsar.

powerboat [ˈpaʊəbəʊt] *n* motora *f*.

power cut *n* apagón *m*, corte *m* de corriente.

power failure *n* corte *m* de corriente.

powerful [ˈpaʊəfʊl] *adj* **- 1.** [gen] poderoso(sa) **- 2.** [blow, voice, drug] potente **- 3.** [speech, film] conmovedor(ra).

powerhouse [ˈpaʊəhaʊs, *pl* -haʊzɪz] *n fig* fuente *f* generadora.

powerless [ˈpaʊəlɪs] *adj* **- 1.** [helpless] impotente **- 2.** [unable]: **to be ~ to do sthg** no poder hacer algo.

power line *n* cable *m* del tendido eléctrico.

power of attorney *n* poder *m*, procuración *f*.

power plant *n* central *f* eléctrica.

power point *n UK* toma *f* (de corriente).

power station *n* central *f* eléctrica.

power steering n dirección f asistida.
pp (abbr of per procurationem) p.p.
p & p abbr of postage and packing.
PPS <> n <> (abbr of post postscriptum) PPD.
PR n -1. abbr of proportional representation
-2. abbr of public relations.
practicable ['præktɪkəbl] adj viable, factible.
practical ['præktɪkl] <> adj -1. [gen] prácti-
co(ca) -2. [skilled with hands] hábil, mañoso(sa).
<> n práctica f.
practicality [,præktɪ'kælətɪ] n viabilidad f.
➤ **practicalities** npl aspectos mpl prácticos.
practical joke n broma f pesada.
practically ['præktɪklɪ] adv -1. [in a practical way]
de manera práctica -2. [almost] prácticamen-
te, casi.
practice ['præktɪs] n -1. [training, training session]
práctica f; sport entrenamiento m; mus ensayo
m; **I'm out of** ~ me falta práctica; ~ **makes
perfect** se aprende a base de práctica -2.
[reality]: **to put sthg into** ~ llevar algo a la
práctica; **in** ~ [in fact] en la práctica -3. [habit,
regular activity] costumbre f -4. [of profession]
ejercicio m -5. [business - of doctor] consulta f;
[- of lawyer] bufete m, despacho m.
practiced n US = practised.
practicing US = practising.
practise, practice US ['præktɪs] <> vt -1.
sport entrenar; mus & theatre ensayar -2. [reli-
gion, economy, safe sex] practicar; **to** ~ **what
one preaches** predicar con el ejemplo -3.
[medicine, law] ejercer. <> vi -1. [train - gen]
practicar; [- sport] entrenarse -2. [as doctor]
practicar; [as lawyer] ejercer.
practised, practiced US ['præktɪst] adj ex-
perto(ta); **to be** ~ **at doing sthg** ser un
experto en hacer algo.
practising, practicing US ['præktɪsɪŋ] adj -1.
[Catholic, Jew etc] practicante -2. [doctor, lawyer]
en ejercicio -3. [homosexual] activo(va).
practitioner [præk'tɪʃnə'] n: **general** ~ médico m, -ca f de cabecera; **medical** ~ médico m,
-ca f.
pragmatic [præg'mætɪk] adj pragmático(ca).
pragmatism ['prægmətɪzm] n pragmatismo
m.
pragmatist ['prægmətɪst] n pragmatista m or f.
Prague [prɑːg] n Praga.
prairie ['preərɪ] n pradera f, prado m.
praise [preɪz] <> n (U) elogio m, alabanza f; **to
sing sb's** ~s cantar alabanzas de alguien. <>
vt elogiar, alabar.
praiseworthy ['preɪz,wɜːðɪ] adj digno(na) de
elogio, encomiable.
pram [præm] n cochecito m de niño.

prance [prɑːns] vi -1. [person] ir dando brincos
-2. [horse] hacer cabriolas.
prank [præŋk] n diablura f, travesura f; **to play
a** ~ **on sb** gastarle una broma pesada a
alguien.
prat [præt] n UK inf gilipuertas m or f inv.
prattle ['prætl] pej <> n cháchara f. <> vi
estar de cháchara; **to** ~ **on about sthg** rajar
sobre algo.
prawn [prɔːn] n gamba f.
prawn cocktail n cóctel m de gambas.
prawn cracker n corteza f de gambas.
pray [preɪ] vi rezar, orar; **to** ~ **to sb** rogar a
alguien; **to** ~ **for sthg/for sthg to happen** lit &
fig rogar algo/que pase algo.
prayer [preə'] n -1. relig oración f; **to say one's**
~s decir uno sus oraciones -2. fig [strong
hope] ruego m, súplica f.
prayer book n devocionario m, misal m.
prayer meeting n reunión de fieles para
rezar.
pre- [priː] prefix pre-.
preach [priːtʃ] <> vt [gen] predicar; [sermon]
dar. <> vi -1. relig: **to** ~ **(to)** predicar (a) -2.
pej [pontificate]: **to** ~ **(at)** sermonear (a).
preacher ['priːtʃə'] n -1. predicador m, -ra f -2.
US [minister] pastor m, -ra f.
preamble [priː'æmbl] n preámbulo m.
prearrange [,priːə'reɪndʒ] vt organizar de
antemano.
precarious [prɪ'keərɪəs] adj precario(ria).
precariously [prɪ'keərɪəslɪ] adv precariamente.
precast [,priː'kɑːst] adj: ~ **concrete** hormigón
m en bloques.
precaution [prɪ'kɔːʃn] n precaución f; **as a** ~
(against) como precaución (contra).
precautionary [prɪ'kɔːʃənərɪ] adj preventi-
vo(va).
precede [prɪ'siːd] vt preceder.
precedence ['presɪdəns] n: **to take** ~ **over**
tener prioridad sobre.
precedent ['presɪdənt] n precedente m.
preceding [prɪ'siːdɪŋ] adj anterior, precedente.
precept ['priːsept] n precepto m.
precinct ['priːsɪŋkt] n -1. UK [shopping area] zona
f comercial -2. US [district] distrito m.
➤ **precincts** npl recinto m.
precious ['preʃəs] adj -1. [gen] precioso(sa); ~
little muy poco -2. [memories, possessions]
preciado(da) -3. [affected] afectado(da) -4. iron:
I've heard enough about your ~ **dog!** ¡ya
estoy cansado de tu dichoso perro!
precious metal n metal m precioso.

precious stone n piedra f preciosa.
precipice ['presɪpɪs] n lit & fig precipicio m.
precipitate [adj prɪ'sɪpɪtət, vb prɪ'sɪpɪteɪt] <> adj fml precipitado(da). <> vt precipitar.
precipitation [prɪ,sɪpɪ'teɪʃn] n precipitación f.
precipitous [prɪ'sɪpɪtəs] adj -1. [very steep] escarpado(da) -2. [hasty] precipitado(da).
précis [UK 'preɪsiː, US 'preɪsiː] n resumen m.
precise [prɪ'saɪs] adj preciso(sa), exacto(ta); **to be ~** para ser preciso.
precisely [prɪ'saɪslɪ] adv -1. [with accuracy] exactamente -2. [exactly, literally] precisamente -3. [as confirmation]: **precisely!** ¡eso es!, ¡exactamente!
precision [prɪ'sɪʒn] <> n precisión f. <> comp de precisión.
preclude [prɪ'kluːd] vt fml evitar, impedir; [possibility] excluir; **to ~ sthg/sb from doing sthg** impedir que algo/alguien haga algo.
precocious [prɪ'kəʊʃəs] adj precoz.
precocity [prɪ'kɒsətɪ] n precocidad f.
precognition [,priːkɒg'nɪʃn] n precognición f.
preconceived [,priːkən'siːvd] adj preconcebido(da).
preconception [,priːkən'sepʃn] n idea f preconcebida.
precondition [,priːkən'dɪʃn] n fml: **~ (for)** requisito m previo (para).
precooked [priː'kʊkt] adj precocinado(da).
precursor [,priː'kɜːsə'] n fml precursor m, -ra f; **to be a ~ of** OR **to sthg** ser el precursor de algo.
predate [priː'deɪt] vt preceder.
predator ['predətə'] n depredador m, -ra f; fig buitre m OR f.
predatory ['predətrɪ] adj depredador(ra); fig rapaz, rapiñero(ra).
predecessor ['priːdɪsesə'] n antecesor m, -ra f.
predestination [priː,destɪ'neɪʃn] n predestinación f.
predestine [,priː'destɪn] vt: **to be ~d to sthg/to do sthg** estar predestinado(da) a algo/a hacer algo.
predetermine [,priːdɪ'tɜːmɪn] vt predeterminar.
predetermined [,priːdɪ'tɜːmɪnd] adj predeterminado(da).
predicament [prɪ'dɪkəmənt] n apuro m, aprieto m.
predict [prɪ'dɪkt] vt predecir, pronosticar.
predictable [prɪ'dɪktəbl] adj -1. [result etc] previsible -2. [film, book, person] poco original.
predictably [prɪ'dɪktəblɪ] adv como era de esperar.

prediction [prɪ'dɪkʃn] n predicción f, pronóstico m.
predilection [,priːdɪ'lekʃn] n: **~ (for)** predilección f (por).
predispose [,priːdɪs'pəʊz] vt: **to be ~d to sthg/to do sthg** [by nature] estar predispuesto(ta) a algo/a hacer algo.
predisposition ['priː,dɪspə'zɪʃn] n: **~ to** OR **towards sthg** predisposición f hacia OR propensión f a algo; **~ to do sthg** tendencia f a hacer algo.
predominance [prɪ'dɒmɪnəns] n predominio m.
predominant [prɪ'dɒmɪnənt] adj predominante.
predominantly [prɪ'dɒmɪnəntlɪ] adv fundamentalmente.
predominate [prɪ'dɒmɪneɪt] vi predominar.
preeminent [priː'emɪnənt] adj preeminente.
preempt [,priː'empt] vt -1. [make ineffective] adelantarse a -2. [acquire] apropiarse de.
preemptive [,priː'emptɪv] adj preventivo(va).
preemptive strike n ataque m preventivo.
preen [priːn] vt -1. [subj: bird] arreglar (con el pico); **to ~ itself** atusarse las plumas -2. fig [subj: person]: **to ~ o.s.** acicalarse.
prefab ['priːfæb] n inf casa f prefabricada.
prefabricate [,priː'fæbrɪkeɪt] vt prefabricar.
preface ['prefɪs] <> n: **~ (to)** prólogo m OR prefacio m (a). <> vt: **to ~ sthg with sthg/ by doing sthg** introducir algo con algo/ haciendo algo.
prefect ['priːfekt] n UK [pupil] delegado m, -da f de curso.
prefer [prɪ'fɜː'] (pt & pp -red, cont -ring) vt: **to ~ sthg (to)** preferir algo (a); **to ~ to do sthg** preferir hacer algo.
preferable ['prefrəbl] adj: **to be ~ (to)** ser preferible (a).
preferably ['prefrəblɪ] adv preferentemente.
preference ['prefərəns] n: **~ (for)** preferencia f (por); **to give sb ~, to give ~ to sb** dar preferencia a alguien.
preference shares UK npl, **preferred stock** US n (U) acciones fpl preferentes.
preferential [,prefə'renʃl] adj preferente; **to give sb ~ treatment** dar tratamiento preferencial a alguien.
preferred [prɪ'fɜːd] adj preferido(da).
preferred stock n US = preference shares.
prefix ['priːfɪks] n prefijo m.
pregnancy ['pregnənsɪ] (pl -ies) n embarazo m.
pregnancy test n prueba f del embarazo.
pregnant ['pregnənt] adj -1. [woman] embarazada -2. [animal] preñada -3. fig [significant]

significativo(va); ~ **with** cargado de.

preheated [ˌpriːˈhiːtɪd] adj precalentado(da).

prehistoric [ˌpriːhɪˈstɒrɪk] adj prehistórico(ca).

prehistory [ˌpriːˈhɪstərɪ] n prehistoria f.

pre-industrial adj preindustrial.

prejudge [ˌpriːˈdʒʌdʒ] vt prejuzgar, juzgar de antemano.

prejudice [ˈpredʒʊdɪs] <> n: ~ **(against)** prejuicio m (contra); ~ **in favour of** predisposición f a favor de. <> vt -**1.** [bias]: **to ~ sb (in favour of/against)** predisponer a alguien (a favor de/en contra de) -**2.** [harm] perjudicar.

prejudiced [ˈpredʒʊdɪst] adj parcial; **to be ~ in favour of/against** estar predispuesto a favor de/en contra de.

prelate [ˈprelɪt] n prelado m.

preliminary [prɪˈlɪmɪnərɪ] (pl -**ies**) adj preliminar.

➡ **preliminaries** npl preliminares mpl.

prelims [ˈpriːlɪmz] npl UK [exams] exámenes mpl preliminares.

prelude [ˈpreljuːd] n [event]: ~ **(to)** preludio m (a).

premarital [ˌpriːˈmærɪtl] adj prematrimonial.

premature [ˈpremətjʊəʳ] adj prematuro(ra).

prematurely [ˌpreməˈtjʊəlɪ] advantes de tiempo.

premeditated [ˌpriːˈmedɪteɪtɪd] adj premeditado(da).

premenstrual syndrome, premenstrual tension [priːˈmenstrʊəl-] n síndrome m premenstrual.

premier [ˈpremjəʳ] <> adj primero(ra). <> n primer ministro m, primera ministra f.

premiere [ˈpremɪeəʳ] n estreno m.

Premier League n UK FTBL en Inglaterra, máxima división futbolística administrativamente independiente de las demás.

premiership [ˈpremɪəʃɪp] n presidencia f del gobierno.

premise [ˈpremɪs] n premisa f; **on the ~ that** con la idea de que.

➡ **premises** npl local m; **on the ~s** en el local.

premium [ˈpriːmjəm] n prima f; **at a ~** [above usual value] por encima de su valor; [in great demand] muy solicitado(da); **to put** OR **place a high ~ on sthg** dar gran importancia a algo.

premium bond n UK boleto numerado emitido por el Estado que autoriza a participar en sorteos mensuales de dinero hasta su amortización.

premonition [ˌpreməˈnɪʃn] n premonición f.

prenatal [ˌpriːˈneɪtl] adj US prenatal.

preoccupation [priːˌɒkjʊˈpeɪʃn] n: ~ **(with)** preocupación f (por).

preoccupied [priːˈɒkjʊpaɪd] adj: ~ **(with)** preocupado(da) (por).

preoccupy [priːˈɒkjʊpaɪ] (pt & pp -**ied**) vt preocupar.

preordain [ˌpriːɔːˈdeɪn] vt predeterminar; **to be ~ed to do sthg** estar predestinado a hacer algo.

prep [prep] (abbr of **preparation**) n (U) UK inf tarea f, deberes mpl; **to do one's ~** hacer los deberes.

prepacked [ˌpriːˈpækt] adj empaquetado(da).

prepaid [ˈpriːpeɪd] adj [post paid] porte pagado.

preparation [ˌprepəˈreɪʃn] n -**1.** [act of preparing] preparación f; **in ~ for** en preparación para -**2.** [prepared mixture] preparado m.

➡ **preparations** npl preparativos mpl; **to make ~s for** hacer los preparativos para.

preparatory [prɪˈpærətrɪ] adj preparatorio(ria), preliminar.

prep(aratory) school n [in UK] colegio de pago para niños de 7 a 12 años; [in US] escuela privada de enseñanza secundaria y preparación para estudios superiores.

prepare [prɪˈpeəʳ] <> vt preparar. <> vi: **to ~ for sthg/to do sthg** prepararse para algo/para hacer algo.

prepared [prɪˈpeəd] adj -**1.** [gen] preparado(da); **to be ~ for sthg** estar preparado para algo -**2.** [willing]: **to be ~ to do sthg** estar dispuesto(ta) a hacer algo.

preponderance [prɪˈpɒndərəns] n predominio m.

preponderantly [prɪˈpɒndərəntlɪ] adv mayoritariamente.

preposition [ˌprepəˈzɪʃn] n preposición f.

prepossessing [ˌpriːpəˈzesɪŋ] adj fml atractivo(va), agradable.

preposterous [prɪˈpɒstərəs] adj absurdo(da).

preppy [ˈprepɪ] (pl -**ies**) US inf <> adj pijo(ja). <> n niño m, -ña f bien.

prep school n inf abbr of **preparatory school**.

Pre-Raphaelite [ˌpriːˈræfəlaɪt] <> adj prerrafaelista. <> n prerrafaelista m OR f.

prerecorded [ˌpriːrɪˈkɔːdɪd] adj pregrabado(da).

prerequisite [ˌpriːˈrekwɪzɪt] n: ~ **(for)** requisito m (para).

prerogative [prɪˈrɒgətɪv] n prerrogativa f.

presage [ˈpresɪdʒ] vt fml presagiar.

Presbyterian [ˌprezbɪˈtɪərɪən] <> adj presbiteriano(na). <> n presbiteriano m, -na f.

presbytery [ˈprezbɪtrɪ] n [residence] presbiterio m.

preschool [ˈpriːˌskuːl] adj preescolar. <>

n US parvulario *m*, escuela *f* de párvulos.

prescribe [prɪˈskraɪb] *vt* - **1.** *MED* recetar - **2.** [order] ordenar, mandar.

prescription [prɪˈskrɪpʃn] *n* receta *f*; **on** ~ con receta médica.

prescription charge *n UK precio fijo por el coste de los medicamentos recetados por médicos de la seguridad social.*

prescriptive [prɪˈskrɪptɪv] *adj* preceptivo(va).

presence [ˈprezns] *n* presencia *f*; **to be in sb's** ~ OR **in the** ~ **of sb** estar en presencia de alguien; **to have** ~ tener presencia; **to make one's** ~ **felt** hacer sentir la presencia de uno.

presence of mind *n* presencia *f* de ánimo, aplomo *m*.

present [*adj* & *n* ˈpreznt, *vb* prɪˈzent] <> *adj* - **1.** [current] actual; **at the** ~ **time** actualmente - **2.** [in attendance] presente; **to be** ~ **at sthg** asistir a algo, estar presente en algo. <> *n* - **1.** [current time]: **the** ~ el presente; **at** ~ actualmente; **for the** ~ de momento, por ahora - **2.** *LING:* ~ **(tense)** (tiempo *m*) presente *m* - **3.** [gift] regalo *m*; **to give sb a** ~ dar un regalo a alguien. <> *vt* - **1.** [gen] presentar; **to** ~ **sb with sthg, to** ~ **sthg to sb** [challenge, opportunity] representar algo para alguien; **to** ~ **sb to sb** presentar a alguien a alguien; **to** ~ **o.s.** [arrive] presentarse - **2.** [give]: **to** ~ **sb with sthg, to** ~ **sthg to sb** [as present] obsequiar algo a alguien; [at ceremony] entregar algo a alguien - **3.** [play etc] representar.

presentable [prɪˈzentəbl] *adj* presentable; **to look** ~ tener un aspecto presentable; **to make o.s.** ~ arreglarse.

presentation [ˌprezn̩ˈteɪʃn] *n* - **1.** [gen] presentación *f* - **2.** [ceremony] entrega *f* - **3.** [performance] representación *f*.

presentation copy *n* ejemplar *m* gratuito.

present day *n*: **the** ~ el presente.

➡ **present-day** *adj* actual, de hoy en día.

presenter [prɪˈzentəʳ] *n UK* presentador *m*, -ra *f*.

presentiment [prɪˈzentɪmənt] *n fml* presentimiento *m*.

presently [ˈprezntlɪ] *adv* - **1.** [soon] dentro de poco - **2.** [now] actualmente, ahora.

preservation [ˌprezəˈveɪʃn] *n* preservación *f*, conservación *f*.

preservation order *n esp UK* orden *f* de protección.

preservative [prɪˈzɜːvətɪv] *n* conservante *m*.

preserve [prɪˈzɜːv] <> *vt* conservar. <> *n* [jam] mermelada *f*.

➡ **preserves** *npl* [jam] confituras *fpl*; [vegeta-

bles] conserva *f*.

preserved [prɪˈzɜːvd] *adj* conservado(da).

preset [ˌpriːˈset] (*pt* & *pp* **preset**, *cont* **-ting**) *vt* programar.

preshrunk [ˌpriːˈʃrʌŋk] *adj* lavado(da) de antemano.

preside [prɪˈzaɪd] *vi*: **to** ~ **(over** OR **at sthg)** presidir (algo).

presidency [ˈprezɪdənsɪ] (*pl* **-ies**) *n* presidencia *f*.

president [ˈprezɪdənt] *n* presidente *m*, -ta *f*.

President-elect *n* el presidente electo (la presidenta electa).

presidential [ˌprezɪˈdenʃl] *adj* presidencial.

press [pres] <> *n* - **1.** [push]: **to give sthg a** ~ apretar algo - **2.** [newspapers, reporters]: **the** ~ la prensa; **to get a good/bad** ~ tener buena/mala prensa - **3.** [machine] prensa *f*; **to go to** ~ entrar en prensa - **4.** [with iron] planchado *m*; **to give sthg a** ~ dar un planchado a algo. <> *vt* - **1.** [gen] apretar; **to** ~ **sthg against sthg** apretar algo contra algo - **2.** [grapes, flowers] prensar - **3.** [iron] planchar - **4.** [urge]: **to** ~ **sb (to do sthg** OR **into doing sthg)** presionar a alguien (para que haga algo); **to** ~ **sb for sthg** presionar a alguien en busca de algo - **5.** [force]: **to** ~ **sthg on** OR **upon sb** obligar a alguien a aceptar algo - **6.** [pursue - claim] insistir en; **to** ~ **charges against sb** [- *JUR*] demandar a alguien. <> *vi* - **1.** [gen]: **to** ~ **(on sthg)** apretar (algo) - **2.** [crowd]: **to** ~ **forward** empujar hacia adelante.

➡ **press for** *vt fus* exigir, reclamar.

➡ **press on** *vi* [continue] proseguir, continuar; **to** ~ **on (with)** seguir adelante (con).

press agency *n* agencia *f* de prensa.

press agent *n* agente *m* OR *f* de prensa.

press conference *n* rueda *f* de prensa.

press corps *n US:* **the** ~ la prensa.

press cutting *n UK* recorte *m* de prensa.

pressed [prest] *adj*: **to be** ~ **(for time/money)** andar escaso(sa) (de tiempo/de dinero).

pressing [ˈpresɪŋ] *adj* apremiante, urgente.

pressman [ˈpresmæn] (*pl* **-men** [-men]) *n UK* periodista *m*.

press officer *n* jefe *m*, -fa *f* de prensa.

press photographer *n* fotógrafo *m*, -fa *f* de prensa.

press release *n* comunicado *m* de prensa.

press-stud *n UK* automático *m*.

press-up *n UK* flexión *f*.

pressure [ˈpreʃəʳ] <> *n* presión *f*; **to put** ~ **on sb (to do sthg)** presionar a alguien (para que haga algo); **to be under** ~ estar OR verse presionado. <> *vt*: **to** ~ **sb to do** OR **into**

doing sthg presionar a alguien para que haga algo.

pressure cooker *n* olla *f* a presión.

pressure gauge *n* manómetro *m*.

pressure group *n* grupo *m* de presión.

pressurize, -ise ['prefərаız] *vt* **-1.** *TECH* presurizar **-2.** *UK* [force]: **to ~ sb to do** *OR* **into doing sthg** presionar a alguien para que haga algo.

prestige [pre'sti:ʒ] *n* prestigio *m*.

prestigious [pre'stıdʒəs] *adj* prestigioso(sa).

prestressed concrete [ˌpri:'strest-] *n* hormigón *m* pretensado.

presumably [prı'zju:məblı] *adv*: **~ you've read it** supongo que los has leído.

presume [prı'zju:m] *vt* suponer; **he is ~d dead** se supone que está muerto; **to ~ that** suponer que, imaginar que.

presumption [prı'zʌmpʃn] *n* **-1.** [assumption] suposición *f*; [of innocence] presunción *f* **-2.** *(U)* [audacity] presunción *f*, osadía *f*.

presumptuous [prı'zʌmptʃʊəs] *adj* presuntuoso(sa).

presuppose [ˌpri:sə'pəʊz] *vt* presuponer.

pretax [ˌpri:'tæks] *adj* bruto(ta).

pretence, pretense *US* [prı'tens] *n* fingimiento *m*, simulación *f*; **to make a ~ of doing sthg** fingir hacer algo; **under false ~s** con engaños, con falsos pretextos.

pretend [prı'tend] *◇ vt*: **to ~ to do sthg** fingir hacer algo; **she ~ed not to notice** hizo como si no se hubiese dado cuenta; **don't ~ you didn't know!** ¡no finjas que no lo sabías! *◇ vi* fingir, simular. *◇ adj* [] *inf* de mentira.

pretense *US* = pretence.

pretension [prı'tenʃn] *n* pretensión *f*; **to have ~s to sthg** tener pretensiones de algo.

pretentious [prı'tenʃəs] *adj* pretencioso(sa).

pretentiously [prı'tenʃəslı] *adv* de forma pretenciosa.

pretentiousness [prı'tenʃəsnıs] *n* pretenciosidad *f*.

preterite ['pretərət] *n* pretérito *m*.

pretext ['pri:tekst] *n* pretexto *m*; **on** *OR* **under the ~ that .../of doing sthg** con el pretexto de que .../de hacer algo.

prettify ['prıtıfaı] (*pt* & *pp* -ied) *vt* embellecer.

prettily ['prıtılı] *adv* de una forma bonita.

prettiness ['prıtınıs] *n* belleza *f*.

pretty ['prıtı] (*compar* -ier, *superl* -iest) *◇ adj* bonito(ta). *◇ adv* bastante; **~ much** más o menos; **~ well** [almost] casi.

pretzel ['pretsl] *n* galleta *f* salada.

prevail [prı'veıl] *vi* **-1.** [be widespread] predominar, imperar **-2.** [triumph]: **to ~ (over)** prevalecer (sobre) **-3.** [persuade]: **to ~ on** *OR* **upon sb**

to do sthg persuadir a alguien para que haga algo.

prevailing [prı'veılıŋ] *adj* predominante.

prevalence ['prevələns] *n* predominio *m*.

prevalent ['prevələnt] *adj* predominante, imperante.

prevaricate [prı'værıkeıt] *vi* andarse con evasivas.

prevent [prı'vent] *vt* impedir; [event, illness, accident] evitar; **to ~ sthg (from) happening** impedir *OR* evitar que algo pase ; **to ~ sb (from) doing sthg** impedir a alguien que haga algo.

preventable [prı'ventəbl] *adj* evitable.

preventative [prı'ventətıv] *adj* = preventive.

prevention [prı'venʃn] *n* prevención *f*.

preventive [prı'ventıv] *adj* preventivo(va).

preview ['pri:vju:] *n* **-1.** [film] avance *m* **-2.** [exhibition] preestreno *m*.

previous ['pri:vjəs] *adj* previo(via), anterior; **the ~ week/president** la semana/el presidente anterior; **~ convictions** antecedentes *mpl* penales.

previously ['pri:vjəslı] *adv* **-1.** [formerly] anteriormente **-2.** [before]: **two years ~** dos años antes.

prewar [ˌpri:'wɔːʳ] *adj* de preguerra.

prey [preı] *n* presa *f*, víctima *f*; **to fall ~ to** ser víctima de.

 ➤ **prey on** *vt fus* **-1.** [live off] cazar, alimentarse de **-2.** [trouble]: **to ~ on sb's mind** atormentar a alguien.

price [praıs] *◇ n lit* & *fig* precio *m*; **to go up/down in ~** subir/bajar de precio; **you can't put a ~ on health** la salud no tiene precio; **to pay the ~ for sthg** pagar el precio de algo; **at any ~** a toda costa, a cualquier precio; **at a ~** a un alto precio; **to pay a high ~ for sthg** pagar algo caro. *◇ vt* poner precio a; **to be wrongly ~d** tener el precio equivocado; **to ~ o.s. out of the market** salirse del mercado por vender demasiado caro.

price-cutting *n* *(U)* reducción *f* de precios.

price-fixing [-ˌfıksıŋ] *n* *(U)* fijación *f* de precios.

priceless ['praıslıs] *adj lit* & *fig* que no tiene precio, inestimable.

price list *n* lista *f* *OR* tarifa *f* de precios.

price range *n* escala *f* de precios; **to be within sb's ~** estar al alcance de alguien; **to be out of sb's ~** no estar al alcance de alguien.

price tag *n* [label] etiqueta *f* (del precio).

price war *n* guerra *f* de precios.

pricey ['praısı] (*compar* -ier, *superl* -iest) *adj* caro(ra).

prick [prɪk] ◇ n **-1.** [wound] pinchazo m **- 2.** **vulg** [penis] polla f, pinga f Andes & Méx **- 3. vulg** [stupid person] gilipollas m y f inv. ◇ vt **- 1.** [gen] pinchar **- 2.** [sting] picar.
➤ **prick up** vt fus: **to ~ up one's ears** [subj: animal] levantar las orejas; [subj: person] aguzar el oído.

prickle ['prɪkl] ◇ n **-1.** [thorn] espina f, pincho m **- 2.** [sensation] comezón f. ◇ vi picar.

prickly ['prɪklɪ] (compar -ier, superl -iest) adj **-1.** [thorny] espinoso(sa) **- 2.** fig [touchy] susceptible, enojadizo(za).

prickly heat n (U) sarpullido por causa del calor.

pride [praɪd] ◇ n orgullo m; **to take ~ in sthg/in doing sthg** enorgullecerse de algo/de hacer algo; **to be sb's ~ and joy** ser el orgullo de alguien; **to have ~ of place** ocupar el lugar de honor; **to swallow one's ~** tragarse el orgullo. ◇ vt: **to ~ o.s. on sthg** enorgullecerse de algo.

priest [priːst] n sacerdote m.

priestess ['priːstɪs] n sacerdotisa f.

priesthood ['priːsthʊd] n **-1.** [position, office]: **the ~** el sacerdocio **- 2.** [priests collectively]: **the ~** el clero.

prig [prɪg] n mojigato m, -ta f.

prim [prɪm] (compar -mer, superl -mest) adj remilgado(da) ; **~ and proper** remilgado(da).

primacy ['praɪməsɪ] n primacía f.

prima donna [ˌpriːmə'dɒnə] (pl -s) n **-1.** [female singer] prima donna f **- 2.** pej [self-important person]: **to be a ~** ir de estrella.

primaeval [praɪ'miːvəl] adj = **primeval**.

prima facie [ˌpraɪmə'feɪʃiː] adj a primera vista.

primal ['praɪml] adj **-1.** [original] primario(ria) **- 2.** [most important] primordial.

primarily ['praɪmərɪlɪ] adv principalmente.

primary ['praɪmərɪ] (pl -ies) ◇ adj **-1.** [main] principal **- 2.** SCH primario(ria). ◇ n US POL primaria f.

primary colour n color m primario.

primary election n US primaria f.

primary school n escuela f primaria.

primate ['praɪmeɪt] n ZOOL primate m.

prime [praɪm] ◇ adj **-1.** [main] primero(ra), principal **- 2.** [excellent] excelente; [quality] pri-mero(ra). ◇ n: **to be in one's ~** estar en la flor de la vida. ◇ vt **-1.** [inform]: **to ~ sb about sthg** preparar a alguien a fondo para algo **- 2.** [surface] preparar **- 3.** [gun, pump] cebar.

prime minister n primer ministro m, primera ministra f.

prime mover [-'muːvə^r] n fuerza f motriz.

prime number n número m primo.

primer ['praɪmə^r] n **-1.** [paint] imprimación f **- 2.** [textbook] cartilla f.

prime time n (U) hora f de mayor audiencia.
➤ **prime-time** adj de mayor audiencia.

primeval [praɪ'miːvl] adj [ancient] primitivo(va); **~ forest** bosque m virgen.

primitive ['prɪmɪtɪv] adj [tribe, species etc] primitivo(va); [accommodation, sense of humour] rudimentario(ria).

primordial [praɪ'mɔːdjəl] adj fml primordial.

primrose ['prɪmrəʊz] n primavera f, prímula f.

Primus stove® ['praɪməs-] n hornillo m de camping.

prince [prɪns] n príncipe m.
➤ **Prince** n: **Prince of Wales** Príncipe de Gales.

Prince Charming n hum príncipe m azul.

princely ['prɪnslɪ] (compar -ier, superl -iest) adj **-1.** [of a prince] principesco(ca) **- 2.** [magnificent] magnífico(ca).

princess [prɪn'ses] n princesa f.
➤ **Princess** n: **Princess Royal** Princesa Real.

principal ['prɪnsəpl] ◇ adj principal. ◇ n SCH director m, -ra f.

principality [ˌprɪnsɪ'pælətɪ] (pl -ies) n principado m.

principally ['prɪnsəplɪ] adv principalmente, sobre todo.

principle ['prɪnsəpl] n **-1.** [gen] principio m; **to be against sb's ~s** ir contra los principios de alguien **- 2.** (U) [integrity] principios mpl; **on ~**, **as a matter of ~** por principio.
➤ **in principle** adv en principio.

principled ['prɪnsəpld] adj de principios.

print [prɪnt] ◇ n **-1.** (U) [type] caracteres mpl (de imprenta); **in ~** [available] disponible; [in printed characters] en letra impresa; **to be out of ~** estar agotado **- 2.** [piece of artwork] grabado m **- 3.** [reproduction] reproducción f **- 4.** [photograph] fotografía f **- 5.** [fabric] estampado m **- 6.** [mark - of foot etc] huella f. ◇ vt **-1.** TYPO imprimir **- 2.** [produce by printing - book, newspaper] tirar **- 3.** [publish] publicar **- 4.** [decorate - cloth etc] estampar **- 5.** [write in block letters] escribir con letra de imprenta. ◇ vi imprimir.

print out vt sep COMPUT imprimir.
printed circuit ['prɪntɪd-] n circuito m impreso.
printed matter ['prɪntɪd-] n (U) impresos mpl.
printer ['prɪntə'] n -1. [person] impresor m, -ra f; [firm] imprenta f -2. [machine] impresora f.
printing ['prɪntɪŋ] n -1. (U) [act of printing] impresión f -2. [trade] imprenta f.
printing press n prensa f (máquina).
printout ['prɪntaʊt] n COMPUT salida f de impresora.
prior ['praɪə'] ◇ adj [previous] previo(via); without ~ notice sin previo aviso; to have ~ commitments tener compromisos previos; to have a ~ engagement tener un compromiso previo. ◇ n [monk] prior m.
prior to prep antes de; ~ to doing sthg con anterioridad a hacer algo.
prioritize, -ise [praɪ'ɒrɪtaɪz] vt dar prioridad a.
priority [praɪ'ɒrətɪ] (pl -ies) ◇ adj prioritario(ria). ◇ n prioridad f; to have OR take ~ (over) tener prioridad (sobre).
priorities npl prioridades fpl; to get one's priorities right darse uno cuenta de lo que realmente es importante.
priory ['praɪərɪ] (pl -ies) n priorato m.
prise [praɪz] vt: to ~ sthg open/away abrir/separar algo haciendo palanca.
prism ['prɪzm] n prisma m.
prison ['prɪzn] ◇ n cárcel f, prisión f; to be in ~ estar en la cárcel; to be sentenced to 5 years in ~ ser condenado a cinco años de cárcel. ◇ comp: to be given a ~ sentence ser condenado a una pena de cárcel; a ~ officer un funcionario de prisiones.
prison camp n campamento m de prisioneros.
prisoner ['prɪznə'] n -1. [convict] preso m, -sa f -2. [captive] prisionero m, -ra f; to be taken ~ ser hecho prisionero.
prisoner of war (pl prisoners of war) n prisionero m, -ra f de guerra.
prissy ['prɪsɪ] (compar -ier, superl -iest) adj remilgado(da).
pristine ['prɪstiːn] adj prístino(na).
privacy [UK 'prɪvəsɪ, US 'praɪvəsɪ] n intimidad f.
private ['praɪvɪt] ◇ adj -1. [gen] privado(da); [class] particular; [telephone call, belongings] personal -2. [thoughts, plans] secreto(ta); a ~ joke un chiste que entienden unos pocos -3. [secluded] retirado(da) -4. [unsociable - person] reservado(da). ◇ n -1. [soldier] soldado m

raso -2.: (to do sthg) in ~ [in secret] (hacer algo) en privado.
privates npl inf partes fpl (pudendas).
private company n empresa f privada.
private detective n detective privado m, -da f.
private enterprise n (U) empresa f privada.
private eye n detective privado m, -da f.
private income n UK renta f personal.
private investigator n detective privado m, -da f.
privately ['praɪvɪtlɪ] adv -1. [not by the state] de forma privada; ~ owned de propiedad privada -2. [confidentially] en privado -3. [secretly] en el fuero interno de uno.
private parts npl inf partes fpl (íntimas).
private practice n UK ejercicio m privado de la medicina.
private property n propiedad f privada.
private school n escuela f privada, colegio m privado.
private sector n: the ~ el sector privado.
privation [praɪ'veɪʃn] n privación f.
privatization [ˌpraɪvɪtaɪ'zeɪʃn] n privatización f.
privatize, -ise ['praɪvɪtaɪz] vt privatizar.
privet ['prɪvɪt] n alheña f.
privilege ['prɪvɪlɪdʒ] n privilegio m.
privileged ['prɪvɪlɪdʒd] adj privilegiado(da).
privy ['prɪvɪ] adj: to be ~ to sthg estar enterado(da) de algo.
Privy Council n UK: the ~ en Gran Bretaña, consejo privado que asesora al monarca.
prize [praɪz] ◇ adj de primera. ◇ n premio m. ◇ vt: to be ~d ser apreciado(da).
prizefight ['praɪzfaɪt] n combate m de boxeo profesional.
prize-giving [-ˌgɪvɪŋ] n UK entrega f de premios.
prizewinner ['praɪzˌwɪnə'] n premiado m, -da f.
pro [prəʊ] (pl -s) n -1. inf [professional] profesional m OR f -2. [advantage]: the ~s and cons los pros y los contras.
pro- [prəʊ] prefix pro-.
PRO (abbr of public relations officer) n jefe de relaciones públicas.
probability [ˌprɒbə'bɪlətɪ] (pl -ies) n probabilidad f; in all ~ they'll win es muy probable que ganen.
probable ['prɒbəbl] adj probable; it is not very ~ that it will happen no es muy probable que ocurra.
probably ['prɒbəblɪ] adv probablemente.

probate ['prəʊbeɪtl] ◇ *n JUR* legalización *f* de un testamento. ◇ *vt US* legalizar *(un testamento)*.

probation [prə'beɪʃn] *n* -**1**. [of prisoner] libertad *f* condicional; **to put sb on** ~ poner a alguien en libertad condicional -**2**. [trial period] periodo *m* de prueba; **to be on** ~ estar en periodo de prueba.

probationary [prə'beɪʃnrɪ] *adj* -**1**. [teacher, nurse] en periodo de prueba -**2**. [period] de prueba.

probationer [prə'beɪʃnəʳ] *n* -**1**. [employee] empleado *m*, -da *f* a prueba -**2**. [offender] persona *f* en libertad condicional.

probation officer *n* encargado *de vigilar a los que están en libertad condicional*.

probe [prəʊb] ◇ *n* -**1**. [investigation]: ~ **(into)** investigación *f* (sobre) -**2**. *MED & SPACE* sonda *f*. ◇ *vt* -**1**. [investigate] investigar -**2**. [with tool] sondar; [with finger, stick] hurgar en. ◇ *vi*: **to** ~ **for sthg** investigar para encontrar algo; **to** ~ **into sthg** explorar algo.

probing ['prəʊbɪŋ] *adj* inquisitivo(va).

probity ['prəʊbətɪ] *n fml* probidad *f*.

problem ['prɒbləm] ◇ *n* problema *m*; **no** ~ ! *inf* ¡por supuesto!, ¡desde luego! ◇ *comp* problemático(ca), difícil.

problematic(al) [ˌprɒblə'mætɪk(l)] *adj* problemático(ca), difícil.

procedural [prə'si:dʒərəl] *adj* de procedimiento.

procedure [prə'si:dʒəʳ] *n* procedimiento *m*.

proceed [*vb* prə'si:d, *npl* 'prəʊsi:dz] *vi* -**1**. [do subsequently]: **to** ~ **to do sthg** proceder a hacer algo -**2**. [continue]: **to** ~ **(with sthg)** proseguir (con algo) -**3**. *fml* [advance] avanzar.
➡ **proceeds** *npl* ganancias *fpl*, beneficios *mpl*.

proceedings [prə'si:dɪŋz] *npl* -**1**. [series of events] acto *m* -**2**. [legal action] proceso *m*; **to start** ~ **against sb** entablar proceso contra alguien.

process ['prəʊses] ◇ *n* proceso *m*; **in the** ~ en el intento; **to be in the** ~ **of doing sthg** estar en vías de hacer algo. ◇ *vt* -**1**. [gen & *COMPUT*] procesar -**2**. [application] tramitar.

processed cheese ['prəʊsest-] *n* queso *m* fundido.

processing ['prəʊsesɪŋ] *n* -**1**. [gen & *COMPUT*] procesamiento *m* -**2**. [of applications etc] tramitación *f*.

procession [prə'seʃn] *n* desfile *m*; [religious] procesión *f*.

processor ['prəʊsesəʳ] *n* -**1**. *COMPUT* unidad *f* central (de procesamiento) -**2**. *CULIN*

procesador *m*.

pro-choice *adj* en favor del derecho de la mujer a decidir en materia de aborto.

proclaim [prə'kleɪm] *vt* [gen] proclamar; [law] promulgar.

proclamation [ˌprɒklə'meɪʃn] *n* [gen] proclamación *f*; [of law] promulgación *f*.

proclivity [prə'klɪvətɪ] *(pl* -**ies)** *n fml*: ~ **(to** *OR* **towards)** propensión *f OR* tendencia *f*(a).

procrastinate [prə'kræstɪneɪt] *vi* andarse con dilaciones.

procrastination [prəˌkræstɪ'neɪʃn] *n (U)* dilaciones *fpl*.

procreate ['prəʊkrɪeɪt] *vi* procrear.

procreation [ˌprəʊkrɪ'eɪʃn] *n* procreación *f*.

procurator fiscal ['prɒkjʊreɪtəʳ-] *n Scot* ≃ fiscal *m OR f*.

procure [prə'kjʊəʳ] *vt* [obtain] obtener, conseguir.

procurement [prə'kjʊəmənt] *n* obtención *f*.

prod [prɒd] *(pt & pp* -**ded**, *cont* -**ding**) ◇ *n* -**1**. [push, poke] empujoncito *m* -**2**. *fig* [reminder] toque *m*, aviso *m*. ◇ *vt* -**1**. [push, poke] dar empujoncitos a -**2**. [remind, prompt]: **to** ~ **sb (into doing sthg)** darle un toque a alguien (para que haga algo).

prodigal ['prɒdɪgl] *adj* [son, daughter] pródigo(ga).

prodigious [prə'dɪdʒəs] *adj* prodigioso(sa).

prodigy ['prɒdɪdʒɪ] *(pl* -**ies**) *n* [person] prodigio *m*; **a child** ~ un niño prodigio.

produce [*n* 'prɒdju:s, *vb* prə'dju:s] ◇ *n (U)* productos *mpl* agrícolas ; '~ **of France'** 'producto de Francia'. ◇ *vt* -**1**. [gen] producir; [offspring, flowers] engendrar -**2**. [evidence, argument] presentar -**3**. [bring out] mostrar, enseñar -**4**. *THEATRE* poner en escena.

producer [prə'dju:səʳ] *n* -**1**. [gen] productor *m*, -ra *f* -**2**. *THEATRE* director *m*, -ra *f* de escena.

product ['prɒdʌkt] *n* producto *m*; **to be a** ~ **of** ser el resultado *OR* producto de.

production [prə'dʌkʃn] *n* -**1**. [gen] producción *f*; **to put/go into** ~ empezar a fabricar/fabricarse -**2**. *(U) THEATRE* puesta *f* en escena.

production line *n* cadena *f* de producción.

production manager *n* -**1**. *THEATRE* director *m*, -ra *f* de producción -**2**. [in factory] jefe *m*, -fa *f* de producción.

productive [prə'dʌktɪv] *adj* -**1**. [efficient] productivo(va) -**2**. [rewarding] provechoso(sa).

productively [prə'dʌktɪvlɪ] *adv* -**1**. [efficiently] de manera productiva -**2**. [rewardingly] de manera provechosa.

productivity [ˌprɒdʌk'tɪvətɪ] *n* productividad *f*.

productivity bonus *n* plus *m* de productividad.

productivity deal *n* acuerdo *m* sobre la productividad.

Prof. [prɒf] (*abbr of* **Professor**) Catedr.

profane [prə'feɪn] *adj* [disrespectful] obsceno(na).

profanity [prə'fænətɪ] (*pl* **-ies**) *n* -**1.** [of language, behaviour] obscenidad *f*, indecencia *f* -**2.** [word] palabrota *f*, taco *m*.

profess [prə'fes] *vt* -**1.** [claim]: **to ~ (to do sthg)** pretender (hacer algo) -**2.** [declare] declarar.

professed [prə'fest] *adj* -**1.** [avowed] declarado(da) -**2.** [supposed] pretendido(da).

profession [prə'feʃn] *n* profesión *f*; **by ~** de profesión.

professional [prə'feʃənl] <> *adj* profesional. <> *n* profesional *m or f*, profesionista *mf Méx*.

professional foul *n* falta *f* profesional.

professionalism [prə'feʃnəlɪzm] *n* profesionalismo *m*.

professionally [prə'feʃnəlɪ] *adv* -**1.** [for a profession]: **to be ~ trained/qualified** tener una formación/un título profesional -**2.** [not as amateur] profesionalmente -**3.** [skilfully] de manera profesional.

professor [prə'fesə'] *n* -**1.** *UK* [head of department] catedrático *m*, -ca *f* -**2.** *US & Can* [lecturer] profesor *m*, -ra *f* (de universidad).

professorship [prə'fesəʃɪp] *n* -**1.** *UK* [position of head of department] cátedra *f* -**2.** *US & Can* [lectureship] *cargo de profesor de universidad.*

proffer ['prɒfə'] *vt*: **to ~ sthg (to)** ofrecer algo (a).

proficiency [prə'fiʃənsɪ] *n*: **~ (in)** competencia *f* (en).

proficient [prə'fiʃənt] *adj*: **~ (in *or* at)** competente (en).

profile ['prəʊfaɪl] *n* perfil *m*; **high ~** notoriedad *f*; **in ~** de perfil; **to keep a low ~** mantenerse en segundo plano.

profit ['prɒfɪt] <> *n* -**1.** [financial gain] beneficio *m*, ganancia *f*; **to make a ~** sacar un beneficio; **to sell sthg at a ~** vender algo con beneficios -**2.** [advantage] provecho *m*. <> *vi*: **to ~ (from** *or* **by)** sacar provecho (de).

profitability [ˌprɒfɪtə'bɪlətɪ] *n* rentabilidad *f*.

profitable ['prɒfɪtəbl] *adj* -**1.** [making a profit] rentable -**2.** [beneficial] provechoso(sa).

profitably ['prɒfɪtəblɪ] *adv* -**1.** [at a profit] con beneficios -**2.** [spend time] de manera provechosa.

profiteering [ˌprɒfɪ'tɪərɪŋ] *n* especulación *f*.

profit-making <> *adj* con fines lucrativos. <> *n* obtención *f* de beneficios.

profit margin *n* margen *m* de beneficios.

profit sharing [-ˌʃeərɪŋ] *n* participación *f* en los beneficios.

profligate ['prɒflɪgɪt] *adj* -**1.** [extravagant] derrochador(ra) -**2.** [immoral] libertino(na).

pro forma [-'fɔːmə] *adj* proforma.

profound [prə'faʊnd] *adj* profundo(da).

profoundly [prə'faʊndlɪ] *adv* profundamente.

profuse [prə'fjuːs] *adj* profuso(sa).

profusely [prə'fjuːslɪ] *adv* profusamente; **to apologise ~** pedir disculpas cumplidamente.

profusion [prə'fjuːʒn] *n* profusión *f*.

progeny ['prɒdʒənɪ] (*pl* **-ies**) *n* progenie *f*.

progesterone [prə'dʒestərəʊn] *n* progesterona *f*.

prognosis [prɒg'nəʊsɪs] (*pl* **-noses** [-'nəʊsiːz]) *n* pronóstico *m*.

program ['prəʊgræm] (*pt & pp* **-med** *or* **-ed**, *cont* **-ming** *or* **-ing**) <> *n* -**1.** *COMPUT* programa *m* -**2.** *US* = **programme**. <> *vt* -**1.** *COMPUT* programar -**2.** *US* = **programme**. <> *vi* *COMPUT* programar.

programer *US* = **programmer**.

programmable [prəʊ'græməbl] *adj* programable.

programme *UK*, **program** *US* ['prəʊgræm] <> *n* programa *m*. <> *vt*: **to ~ sthg (to do sthg)** programar algo (para que haga algo).

programmer *UK*, **programer** *US* ['prəʊgræmə'] *n* *COMPUT* programador *m*, -ra *f*.

programming ['prəʊgræmɪŋ] *n* programación *f*.

programming language *n* lenguaje *m* de programación.

progress [*n* 'prəʊgres, *vb* prə'gres] <> *n* -**1.** [gen] progreso *m*; **in ~** en curso; **to make ~** hacer progresos -**2.** [forward movement] avance *m*. <> *vi* -**1.** [gen] progresar; **as the year ~ed** conforme avanzaba el año; [pupil etc] hacer progresos -**2.** [move forward] avanzar -**3.** [move on]: **to ~ to sthg** pasar a algo.

progression [prə'greʃn] *n* -**1.** [development] evolución *f* -**2.** [series] sucesión *f*.

progressive [prə'gresɪv] *adj* -**1.** [enlightened] progresista -**2.** [gradual] progresivo(va).

progressively [prə'gresɪvlɪ] *adv* progresivamente.

progress report *n* [on work, project] informe *m* sobre el desarrollo del trabajo.

prohibit [prə'hɪbɪt] *vt* prohibir; **to ~ sb from doing sthg** prohibirle a alguien hacer algo; **fishing is ~ed** prohibido pescar.

prohibition [ˌprəʊɪ'bɪʃn] *n* prohibición *f*.

prohibitive [prə'hɪbɪtɪv] *adj* prohibitivo(va).

project [*n* 'prɒdʒekt, *vb* prə'dʒekt] <> *n* -**1.** [plan, idea] proyecto *m* -**2.** *SCH*: **~ (on)** estudio *m*

OR trabajo *m* (sobre) **- 3.** *US*: the ～s urbaniza-ción con viviendas de protección oficial. ◇ *vt-***1.** [gen] proyectar **- 2.** [estimate - statistic, costs] estimar **- 3.** [company, person] dar una imagen de; [image] proyectar. ◇ *vi* proyectarse.

projectile [prəˈdʒektaɪl] *n* proyectil *m*.

projection [prəˈdʒekʃn] *n* **- 1.** [gen] proyección *f-***2.** [protrusion] saliente *m*.

projectionist [prəˈdʒekʃənɪst] *n* operador *m*, -ra *f*, proyeccionista *m* OR *f*.

projection room *n* cabina *f* de proyeccio-nes.

projector [prəˈdʒektə'] *n* proyector *m*.

proletarian [ˌprəʊlɪˈteərɪən] *adj* proletario(ria).

proletariat [ˌprəʊlɪˈteərɪət] *n* proletariado *m*.

pro-life *adj* pro-vida.

proliferate [prəˈlɪfəreɪt] *vi* proliferar.

prolific [prəˈlɪfɪk] *adj* prolífico(ca).

prologue, prolog *US* [ˈprəʊlɒg] *n* prólogo *m*; **to be the** OR **a ～ to sthg** *fig* ser el prólogo a algo.

prolong [prəˈlɒŋ] *vt* prolongar.

prom [prɒm] *n* **- 1.** *abbr of* **promenade concert - 2.** (*abbr of* **promenade**) *UK inf* [road by sea] paseo *m* marítimo **- 3.** *US* [ball] baile *m* de gala (en la escuela).

promenade [ˌprɒməˈnɑːd] *n* *UK* [by sea] paseo *m* marítimo.

promenade concert *n* *UK* concierto sinfó-nico en donde parte del público está de pie.

prominence [ˈprɒmɪnəns] *n* **- 1.** [importance] importancia *f-***2.** [conspicuousness] prominencia *f*.

prominent [ˈprɒmɪnənt] *adj* **- 1.** [important] des-tacado(da), importante **- 2.** [noticeable] promi-nente.

prominently [ˈprɒmɪnəntlɪ] *adv* de forma destacada; **to figure ～ in sthg** destacar en algo; **to be ～ displayed** ocupar un lugar destacado.

promiscuity [ˌprɒmɪsˈkjuːətɪ] *n* promiscuidad *f*.

promiscuous [prɒˈmɪskjʊəs] *adj* . promis-cuo(cua).

promise [ˈprɒmɪs] ◇ *n* promesa *f*; **to make (sb) a ～** hacer una promesa (a alguien); **to show ～** prometer, ser prometedor. ◇ *vt* : **to ～ (to do sthg)** prometer (hacer algo); **to ～ sb sthg** prometer a alguien algo. ◇ *vi*: **I ～ te** lo prometo.

promising [ˈprɒmɪsɪŋ] *adj* prometedor(ra).

promissory note [ˈprɒmɪsərɪ-] *n* pagaré *m*.

promo [ˈprəʊməʊl] (*pl* -s) (*abbr of* **promotion**) *n* *inf* film *m* promocional.

promontory [ˈprɒməntrɪ] (*pl* -ies) *n* promon-torio *m*.

promote [prəˈməʊt] *vt* **- 1.** [foster] fomentar, promover **- 2.** [push, advertise] promocionar **- 3.** [in job]: **to ～ sb (to sthg)** ascender a alguien (a algo) **- 4.** *SPORT*: **to be ～d** subir.

promoter [prəˈməʊtə'] *n* **- 1.** [organizer] organi-zador *m*, -ra *f-***2.** [supporter] promotor *m*, -ra *f*.

promotion [prəˈməʊʃn] *n* **- 1.** [in job] ascenso *m*; **to get** OR **be given ～** conseguir un ascenso **- 2.** [advertising] promoción *f-***3.** [campaign] cam-paña *f* de promoción.

prompt [prɒmpt] ◇ *adj* rápido(da), inmedia-to(ta); **the injury requires ～ treatment** las heridas requieren un tratamiento inmediato; **to be ～ in doing sthg** hacer algo con prontitud. ◇ *adv* en punto; **at 2 o'clock ～** a las dos en punto. ◇ *vt* **- 1.** [motivate]: **to ～ sb (to do sthg)** inducir OR impulsar a alguien (a hacer algo) **- 2.** [encourage]: **to ～ sb (to do sthg)** animar a alguien (a hacer algo) **- 3.** *THEATRE* apuntar. ◇ *n* *THEATRE* [line] apunte *m*.

prompter [ˈprɒmptə'] *n* apuntador *m*, -ra *f*.

promptly [ˈprɒmptlɪ] *adv* **- 1.** [reply, react, pay] inmediatamente, rápidamente **- 2.** [arrive, leave] puntualmente.

promptness [ˈprɒmptnɪs] *n* **- 1.** [of reply, reac-tion, payment] rapidez *f-***2.** [of arrival, departure] puntualidad *f*.

promulgate [ˈprɒmlgeɪt] *vt* promulgar.

prone [prəʊn] *adj* **- 1.** [susceptible]: **to be ～ to sthg/to do sthg** ser propenso(sa) a algo/a hacer algo **- 2.** [lying flat] boca abajo.

prong [prɒŋ] *n* diente *m*, punta *f*.

pronoun [ˈprəʊnaʊn] *n* pronombre *m*.

pronounce [prəˈnaʊns] ◇ *vt* **- 1.** [gen] pro-nunciar **- 2.** [declare] declarar. ◇ *vi*: **to ～ on sthg** pronunciarse sobre algo.

pronounced [prəˈnaʊnst] *adj* pronuncia-do(da), marcado(da).

pronouncement [prəˈnaʊnsmənt] *n* declara-ción *f*.

pronunciation [prəˌnʌnsɪˈeɪʃn] *n* pronuncia-ción *f*.

proof [pruːf] ◇ *n* **- 1.** [gen & *TYPO*] prueba *f-***2.** [of alcohol]: **to be 10% ～** tener 10 grados. ◇ *adj* [secure]: **～ against** a prueba de.

proofread [ˈpruːfriːd] (*pt* & *pp* -read [-redl]) *vt* corregir las pruebas (de imprenta) de.

proofreader [ˈpruːfˌriːdə'] *n* corrector *m*, -ra *f* de pruebas.

prop [prɒp] (*pt* & *pp* -ped, *cont* -ping) ◇ *n* **- 1.** [physical support] puntal *m*, apoyo *m* **- 2.** *fig* [sup-porting thing, person] sostén *m*. ◇ *vt* : **to ～ sthg on** OR **against sthg** apoyar algo contra algo.

➨ **props** npl accesorios mpl.

➨ **prop up** vt sep **-1.** [physically support] apuntalar **-2.** fig [sustain] apoyar, sostener.

propaganda [ˌprɒpə'gændə] n propaganda f.

propagate ['prɒpəgeɪt] <> vt propagar. <> vi propagarse.

propagation [ˌprɒpə'geɪʃn] n propagación f.

propane ['prəʊpeɪn] n propano m.

propel [prə'pel] (pt & pp **-led**, cont **-ling**) vt propulsar, impulsar.

propeller [prə'pelə'] n hélice f.

propelling pencil [prə'pelɪŋ-] n UK portaminas m inv.

propensity [prə'pensətɪ] (pl **-ies**) n fml: ~ (for OR to sthg) propensión f(a algo); to have a ~ to do sthg tener propensión a hacer algo.

proper ['prɒpə'] adj **-1.** [real] de verdad **-2.** [correct - gen] correcto(ta) ; [- time, place, equipment] adecuado(da) **-3.** [as emphasis]: a ~ idiot inf un perfecto idiota.

properly ['prɒpəlɪ] adv **-1.** [satisfactorily, correctly] bien **-2.** [decently] correctamente.

proper noun n nombre m propio.

property ['prɒpətɪ] (pl **-ies**) n **-1.** [gen] propiedad f **-2.** [estate] finca f **-3.** fml [house] inmueble m.

property developer n empresa f constructora.

property owner n propietario m, -ria f de un inmueble.

property tax n impuesto m sobre los bienes raíces.

prophecy ['prɒfɪsɪ] (pl **-ies**) n profecía f.

prophesy ['prɒfɪsaɪ] (pt & pp **-ied**) vt profetizar.

prophet ['prɒfɪt] n profeta m or f.

prophetic [prə'fetɪk] adj profético(ca).

propitious [prə'pɪʃəs] adj fml propicio(cia).

proponent [prə'pəʊnənt] n partidario m, -ria f, defensor m, -ra f.

proportion [prə'pɔːʃn] n **-1.** [part] parte f **-2.** [ratio, comparison] proporción f; in ~ to en proporción a; out of all ~ (to) totalmente desproporcionado (con relación a) **-3.** [correct relationship]: in ~ en proporción; out of ~ desproporcionado(da); to get things out of ~ fig sacar las cosas fuera de quicio; to keep things in ~ fig no exagerar; sense of ~ fig sentido m de la medida.

proportional [prə'pɔːʃənl] adj: ~ (to) proporcional (a), en proporción (a).

proportional representation n representación f proporcional.

proportionate [prə'pɔːʃnət] adj: ~ (to) proporcional (a).

proposal [prə'pəʊzl] n **-1.** [plan, suggestion]

propuesta f **-2.** [offer of marriage] proposición f.

propose [prə'pəʊz] <> vt **-1.** [suggest] proponer; [motion] presentar; to ~ doing sthg proponer hacer algo **-2.** [intend]: to ~ doing OR to do sthg tener la intención de hacer algo. <> vi [make offer of marriage] declararse; to ~ to sb pedir la mano de alguien.

proposed [prə'pəʊzd] adj propuesto(ta).

proposition [ˌprɒpə'zɪʃn] n **-1.** [statement of theory] proposición f **-2.** [suggestion] propuesta f; to make sb a ~ hacer una propuesta a alguien. <> vt fml hacer proposiciones a.

propound [prə'paʊnd] vt fml exponer, plantear.

proprietary [prə'praɪətrɪ] adj fml [brand name] registrado(da).

proprietor [prə'praɪətə'] n propietario m, -ria f.

propriety [prə'praɪətɪ] n (U) fml **-1.** [moral correctness] propiedad f **-2.** [rightness] conveniencia f, oportunidad f.

propulsion [prə'pʌlʃn] n propulsión f.

pro rata [-'rɑːtə] adj & adv a prorrata.

prosaic [prəʊ'zeɪk] adj prosaico(ca).

Pros. Atty abbr of prosecuting attorney.

proscenium [prə'siːnjəm] (pl **-nia** [njə], **-niums**) n: ~ (arch) proscenio m.

proscribe [prəʊ'skraɪb] vt fml proscribir.

prose [prəʊz] n **-1.** (U) LITER prosa f **-2.** SCH traducción f inversa.

prosecute ['prɒsɪkjuːt] <> vt procesar, enjuiciar; to be ~d for ser procesado(da) por. <> vi **-1.** [bring a charge] entablar una acción judicial **-2.** [represent in court] representar al demandante.

prosecution [ˌprɒsɪ'kjuːʃn] n **-1.** [gen] procesamiento m **-2.** [lawyers]: the ~ la acusación.

prosecutor ['prɒsɪkjuːtə'] n esp US fiscal m or f.

prospect [n 'prɒspekt, vb prə'spekt] <> n **-1.** [gen] perspectiva f; it was a pleasant ~ era una perspectiva agradable; they were faced with the ~ of losing their jobs tenían que hacer frente a la perspectiva de perder sus trabajos **-2.** [possibility] posibilidad f; there's little ~ of that happening hay pocas posibilidades de que eso ocurra. <> vi: to ~ (for) hacer prospecciones (de).

➨ **prospects** npl: ~s (for) perspectivas fpl (de); job ~s perspectivas laborales.

prospecting [prə'spektɪŋ] n (U) prospecciones fpl.

prospective [prə'spektɪv] adj posible.

prospector [prə'spektə'] n prospector m, -ra f.

prospectus [prə'spektəs] (pl **-es**) n prospecto m, folleto m informativo.

prosper ['prɒspə^r] *vi* prosperar.

prosperity [prɒ'sperətɪ] *n* prosperidad *f*.

prosperous ['prɒspərəs] *adj* próspero(ra).

prostate (gland) ['prɒsteɪt-] *n* próstata *f*.

prosthesis [prɒs'θi:sɪs] (*pl* **-theses** ['θi:si:z]) *n* prótesis *f inv.*

prostitute ['prɒstɪtju:t] *n* prostituta *f*; **male** ~ prostituto *m*.

prostitution [,prɒstɪ'tju:ʃn] *n* prostitución *f*.

prostrate [*adj* 'prɒstreɪt, *vb* prɒ'streɪt] <> *adj* postrado(da). <> *vt*: **to** ~ **o.s. (before sb)** postrarse (ante alguien).

protagonist [prə'tægənɪst] *n* **-1.** *fml* [supporter] partidario *m*, -ria *f*, defensor *m*, -ra *f* **-2.** [main character] protagonista *m or f*.

protect [prə'tekt] *vt*: **to** ~ **sthg/sb (against/from)** proteger algo/a alguien (contra/de).

protection [prə'tekʃn] *n*: ~ **(against/from)** protección *f*(contra/de).

protectionism [prə'tekʃənɪzm] *n* proteccionismo *m*.

protectionist [prə'tekʃənɪst] *adj* proteccionista.

protection money *n* dinero *m* pagado a cambio de protección.

protective [prə'tektɪv] *adj* protector(ra); **to feel** ~ **towards sb** tener sentimientos protectores hacia alguien.

protective custody *n* detención *f* cautelar; **to be in** ~ estar detenido(da) cautelarmente.

protectiveness [prə'tektɪvnɪs] *n* sentimiento *m* protector.

protector [prə'tektə^r] *n* protector *m*, -ra *f*.

protectorate [prə'tektərət] *n* protectorado *m*.

protégé ['prɒteʒeɪ] *n* protegido *m*.

protégée ['prɒteʒeɪ] *n* protegida *f*.

protein ['prəʊti:n] *n* proteína *f*.

protest [*n* 'prəʊtest, *vb* prə'test] <> *n* protesta *f*; **under** ~ bajo protesta; **without** ~ sin protestar. <> *vt* **-1.** [complain]: **to** ~ **that** quejarse de **-2.** [state] manifestar, aseverar; **he** ~ **ed his innocence** declaró su inocencia **-3.** *US* [oppose] protestar en contra de. <> *vi*: **to** ~ **(about/against/at)** protestar (por/en contra de/por).

Protestant ['prɒtɪstənt] <> *adj* protestante. <> *n* protestante *m or f*.

Protestantism ['prɒtɪstəntɪzm] *n* protestantismo *m*.

protestation [,prɒte'steɪʃn] *n* *fml* proclamación *f*.

protester [prə'testə^r] *n* manifestante *m or f*.

protest march *n* manifestación *f*.

protocol ['prəʊtəkɒl] *n* protocolo *m*.

proton ['prəʊtɒn] *n* protón *m*.

prototype ['prəʊtətaɪp] *n* prototipo *m*.

protracted [prə'træktɪd] *adj* prolongado(da).

protractor [prə'træktə^r] *n* transportador *m*.

protrude [prə'tru:d] *vi*: **to** ~ **(from)** sobresalir (de).

protruding [prə'tru:dɪŋ] *adj* [chin] prominente; [teeth] salido(da); [eyes] saltón(ona).

protrusion [prə'tru:ʒn] *n* saliente *m*.

protuberance [prə'tju:bərəns] *n* protuberancia *f*.

proud [praʊd] <> *adj* **-1.** [gen] orgulloso(sa); **to be** ~ **of** estar orgulloso(sa) de; **that's nothing to be** ~ **of!** ¡yo no estaría orgulloso de eso!; **to be** ~ **of o.s.** estar orgulloso de uno mismo; **to be** ~ **to do sthg** tener el honor de hacer algo **-2.** *pej* [arrogant] soberbio(bia), arrogante. <> *adv*: **to do sb** ~ tratar muy bien a alguien.

proudly ['praʊdlɪ] *adv* **-1.** [with satisfaction] orgullosamente **-2.** *pej* [arrogantly] arrogantemente.

provable ['pru:vəbl] *adj* demostrable.

prove [pru:v] (*pp* **-d** *or* **proven**) <> *vt* **-1.** [show to be true] probar, demostrar; **events** ~ **d her right** los acontecimientos le dieron la razón **-2.** [show oneself to be]: **to** ~ **(to be) sthg** demostrar ser algo; **to** ~ **o.s. to be sthg** resultar ser algo; **to** ~ **o.s.** demostrar (uno) sus cualidades. <> *vi* resultar; **to** ~ **(to be) interesting/difficult** resultar interesante/difícil.

proven ['pru:vn, 'prəʊvn] <> *pp* ⊳ **prove**. <> *adj* probado(da).

Provençal [,prɒvɒn'sɑ:l] *adj* provenzal.

Provence [prɒ'vɒns] *n* Provenza.

proverb ['prɒvɜ:b] *n* refrán *m*, proverbio *m*.

proverbial [prə'vɜ:bjəl] *adj* proverbial.

provide [prə'vaɪd] *vt* proporcionar, proveer; **to** ~ **sb with sthg** proporcionar a alguien algo; **to** ~ **sthg for sb** ofrecer algo a alguien.

➡ **provide for** *vt fus* **-1.** [support] mantener **-2.** *fml* [make arrangements for] tomar medidas para.

provided [prə'vaɪdɪd] ➡ **provided (that)** *conj* con tal (de) que, a condición de que; **you should pass,** ~ **you work hard** aprobarás, con tal de que trabajes duro.

providence ['prɒvɪdəns] *n* providencia *f*.

providential [,prɒvɪ'denʃl] *adj* *fml* providencial.

provider [prə'vaɪdə^r] *n* proveedor *m*, -ra *f*.

providing [prə'vaɪdɪŋ] ➡ **providing (that)** *conj* = **provided**.

province ['prɒvɪns] *n* **-1.** [part of country] provincia *f* **-2.** [speciality] campo *m*, competencia *f*.

➡ **provinces** *npl*: **in the** ~ **s** en provincias.

provincial [prə'vɪnʃl] *adj* **-1.** [of a province]

provincial **-2.** *pej* [narrow-minded] provinciano(na).

provision [prəˈvɪʒn] *n* **-1.** [gen] suministro *m* **-2.** *(U)* [arrangement]: **to make ~ for** [eventuality, future] tomar medidas para; [one's family] asegurar el porvenir de **-3.** [in agreement, law] disposición *f.*
➡ **provisions** *npl* [supplies] provisiones *fpl*, víveres *mpl.*

provisional [prəˈvɪʒənl] *adj* provisional.

Provisional IRA *n*: **the ~** el IRA Provisional.

provisional licence *n UK* carné *m* de conducir provisional.

provisionally [prəˈvɪʒnəlɪ] *adv* provisionalmente.

proviso [prəˈvaɪzəʊ] *(pl* **-s)** *n* condición *f*; **with the ~ that ...** con la condición de que ...

Provo [ˈprəʊvəʊ] *(pl* **-s)** *(abbr of* **Provisional)** *n inf*: **the ~s** los provisionales del IRA.

provocation [ˌprɒvəˈkeɪʃn] *n* provocación *f.*

provocative [prəˈvɒkətɪv] *adj* **-1.** [controversial] provocador(ra) **-2.** [sexy] provocativo(va).

provocatively [prəˈvɒkətɪvlɪ] *adv* **-1.** [controversially] provocadoramente **-2.** [sexily] provocativamente.

provoke [prəˈvəʊk] *vt* provocar; **to ~ sb to do sthg** *OR* **into doing sthg** provocar a alguien a que haga algo.

provoking [prəˈvəʊkɪŋ] *adj* provocador(ra).

prow [praʊ] *n* proa *f.*

prowess [ˈpraʊɪs] *n fml* proezas *fpl.*

prowl [praʊl] <> *n*: **on the ~** merodeando. <> *vt* merodear por. <> *vi* merodear.

prowler [ˈpraʊləʳ] *n* merodeador *m*, -ra *f.*

proximity [prɒkˈsɪmətɪ] *n fml* proximidad *f*; **in close ~ to** muy cerca de; **in the ~ of** en las proximidades de.

proxy [ˈprɒksɪ] *(pl* **-ies)** *n*: **by ~** por poderes.

prude [pruːd] *n* mojigato *m*, -ta *f.*

prudence [ˈpruːdns] *n fml* prudencia *f.*

prudent [ˈpruːdnt] *adj* prudente.

prudently [ˈpruːdntlɪ] *adv* prudentemente.

prudish [ˈpruːdɪʃ] *adj* mojigato(ta).

prune [pruːn] <> *n* [fruit] ciruela *f* pasa. <> *vt* podar.

prurient [ˈprʊərɪənt] *adj fml* lascivo(va).

Prussian [ˈprʌʃn] <> *adj* prusiano(na). <> *n* prusiano *m*, -na *f.*

pry [praɪ] *(pt & pp* **pried)** *vi* fisgonear, curiosear; **to ~ into sthg** entrometerse en algo.

PS *(abbr of* **postscript)** *n* P.D.

psalm [sɑːm] *n* salmo *m.*

pseud [sjuːd] *n UK inf* intelectualoide *m OR f.*

pseudo- [ˈsjuːdəʊ] *prefix* pseudo-, seudo-.

pseudonym [ˈsjuːdənɪm] *n* seudónimo *m.*

psoriasis [sɒˈraɪəsɪs] *n* soriasis *f inv.*

psst [pst] *excl* ¡pss!

PST *(abbr of* **Pacific Standard Time)** *hora oficial de la costa del Pacífico en EEUU.*

psych [saɪk] ➡ **psych up** *vt sep inf* mentalizar; **to ~ o.s. up** mentalizarse.

psyche [ˈsaɪkɪ] *n* psique *f.*

psychedelic [ˌsaɪkɪˈdelɪk] *adj* psicodélico(ca).

psychiatric [ˌsaɪkɪˈætrɪk] *adj* psiquiátrico(ca).

psychiatric nurse *n* enfermero psiquiátrico *m*, enfermera psiquiátrica *f.*

psychiatrist [saɪˈkaɪətrɪst] *n* psiquiatra *m OR f.*

psychiatry [saɪˈkaɪətrɪ] *n* psiquiatría *f.*

psychic [ˈsaɪkɪk] <> *adj* **-1.** [clairvoyant] clarividente **-2.** [mental] psíquico(ca). <> *n* médium *m OR f.*

psychoanalyse, -yze *US* [ˌsaɪkəʊˈænəlaɪz] *vt* psicoanalizar.

psychoanalysis [ˌsaɪkəʊəˈnæləsɪs] *n* psicoanálisis *m inv.*

psychoanalyst [ˌsaɪkəʊˈænəlɪst] *n* psicoanalista *m OR f.*

psychological [ˌsaɪkəˈlɒdʒɪkl] *adj* psicológico(ca).

psychological warfare *n (U)* guerra *f* psicológica.

psychologist [saɪˈkɒlədʒɪst] *n* psicólogo *m*, -ga *f.*

psychology [saɪˈkɒlədʒɪ] *n* psicología *f.*

psychopath [ˈsaɪkəpæθ] *n* psicópata *m OR f.*

psychosis [saɪˈkəʊsɪs] *(pl* **-choses** [ˈkəʊsiːz]) *n* psicosis *f inv.*

psychosomatic [ˌsaɪkəʊsəˈmætɪk] *adj* psicosomático(ca).

psychotherapy [ˌsaɪkəʊˈθerəpɪ] *n* psicoterapia *f.*

psychotic [saɪˈkɒtɪk] <> *adj* psicótico(ca). <> *n* psicótico *m*, -ca *f.*

pt -1. *abbr of* **pint -2.** *abbr of* **point.**

Pt. *(abbr of* **Point)** [on map] Pta.

PT *n abbr of* **physical training.**

PTA *(abbr of* **parent-teacher association)** *n* ≃ APA *f.*

Pte. *abbr of* **Private.**

PTO <> *n US (abbr of* **parent-teacher organization)** ≃ APA. <> *(abbr of* **please turn over)** sigue.

PTV -1. *(abbr of* **pay television)** *televisión de pago*, **-2.** *(abbr of* **public television)** *televisión pública.*

pub [pʌb] *(abbr of* **public house)** *n* pub *m* (británico).

PUB

En toda Gran Bretaña, el pub es uno de los grandes centros de vida local, pero su importancia varia según las zonas (Inglaterra, Escocia, Irlanda del Norte, Gales) y según se encuentre en una ciudad o un pueblo. Estos establecimientos – de acceso prohibido para los menores de 16 años que no vayan acompañados – eran conocidos por sus estrictos horarios, aunque desde hace poco éstos son mucho más flexibles (ver **licensing hours**). Los pubs suelen ofrecer una amplia gama de cervezas y los licores se sirven de acuerdo con estrictas medidas. Tradicionalmente, en los pubs lo típico era comer patatas fritas (o papas fritas) de bolsa pero hoy en día muchos sirven comidas ligeras también.

pub. *abbr of* **published**.
pub-crawl *n UK*: **to go on a ~** ir de bar en bar.
puberty ['pju:bətɪ] *n* pubertad *f*.
pubescent [pju:'besnt] *adj* pubescente.
pubic ['pju:bɪk] *adj* púbico(ca).
public ['pʌblɪk] <> *adj* público(ca); **to be ~ knowledge** ser del dominio público; **to make sthg ~** hacer público algo; **to go ~** *COMM* constituirse en sociedad anónima (con cotización en Bolsa). <> *n* público *m*; **in ~** en público; **the ~** el gran público.
public-address system *n* sistema *m* de megafonía.
publican ['pʌblɪkən] *n UK* patrón *m*, -ona *f* de un 'pub'.
publication [,pʌblɪ'keɪʃn] *n* publicación *f*.
public bar *n UK* en ciertos pubs y hoteles, bar de sencilla decoración con precios más bajos que los del 'saloon bar'.
public company *n* sociedad *f* anónima (con cotización en Bolsa).
public convenience *n UK* aseos *mpl* públicos.
public domain software *n* software *m* de gran consumo.
public holiday *n* fiesta *f* nacional, (dia *m*) feriado *m Amér.*
public house *n UK fml* pub *m* (británico).
publicist ['pʌblɪsɪst] *n* publicista *m or f.*
publicity [pʌb'lɪsɪtɪ] <> *n* publicidad *f.* <> *comp* publicitario(ria).
publicity stunt *n* truco *m* publicitario.
publicize, -ise ['pʌblɪsaɪz] *vt* divulgar.
public limited company *n* sociedad *f* anónima (con cotización en Bolsa).
publicly ['pʌblɪklɪ] *adv* públicamente.
public office *n* cargo *m* público.
public opinion *n (U)* opinión *f* pública.

public ownership *n* propiedad *f* del estado.
public prosecutor *n* fiscal *m or f* del Estado.
public relations <> *n (U)* relaciones *fpl* públicas. <> *npl* relaciones *fpl* públicas.
public relations officer *n* agente *m or f* de relaciones públicas.
public school *n* **-1.** *UK* [private school] colegio *m* privado **-2.** *US* [state school] escuela *f* pública.

PUBLIC SCHOOL

En Inglaterra y Gales, una *public school* es una escuela privada tradicional. Algunas de estas escuelas (Eton y Harrow, por ejemplo) gozan de gran fama y están muy solicitadas. Se considera que las *public schools* forman a la élite de la nación. En los Estados Unidos, y a veces en Escocia, el término designa las escuelas públicas.

public sector *n* sector *m* estatal.
public servant *n* funcionario *m*, -ria *f.*
public service vehicle *n UK* vehículo *m* de servicio público.
public-spirited *adj* con sentido cívico.
public transport *n* transporte *m* público.
public utility *n* servicio *m* público.
public works *npl* obras *fpl* públicas.
publish ['pʌblɪʃ] <> *vt* **-1.** [gen] publicar **-2.** [make known] hacer público(ca). <> *vi* publicar.
publisher ['pʌblɪʃəʳ] *n* [person] editor *m*, -ra *f;* [firm] editorial *f.*
publishing ['pʌblɪʃɪŋ] *n (U)* industria *f* editorial.
publishing company, publishing house *n* (casa *f*) editorial *f.*
pub lunch *n* almuerzo servido en un 'pub'.
puce [pju:s] *adj* de color morado oscuro.
puck [pʌk] *n* disco *m* (en hockey sobre hielo).
pucker ['pʌkəʳ] <> *vt* fruncir. <> *vi* fruncirse.
pudding ['pʊdɪŋ] *n* **-1.** [sweet] pudín *m*; [savoury] pastel *m* **-2.** *(U) UK* [course] postre *m.*
puddle ['pʌdl] *n* charco *m.*
pudgy ['pʌdʒɪ] *adj* = **podgy**.
puerile ['pjʊəraɪl] *adj fml* pueril.
Puerto Rican [,pwɜ:təʊ'ri:kən] <> *adj* puertorriqueño(ña). <> *n* puertorriqueño *m*, -ña *f.*
Puerto Rico [,pwɜ:təʊ'ri:kəʊ] *n* Puerto Rico.
puff [pʌf] <> *n* **-1.** [of cigarette, pipe] calada *f*, pitada *f Amér* **-2.** [gasp] jadeo *m* **-3.** [of air] soplo *m;* [of smoke] bocanada *f.* <> *vt* echar. <> *vi* **-1.** [smoke]: **to ~ at** *or* **on** dar caladas a **-2.** [pant] jadear, resoplar.
➤ **puff out** *vt sep* **-1.** [cheeks, chest] hinchar;

[feathers] ahuecar **-2.** [smoke] echar.
- **puff up** *vi* hincharse.
puffed [pʌft] *adj* **-1.** [swollen]: ~ **(up)** hinchado(da) **-2.** *UK inf* [out of breath]: ~ **(out)** jadeante.
puffed sleeve *n* manga *f* ablusada.
puffin [ˈpʌfɪn] *n* frailecillo *m*.
puffiness [ˈpʌfɪnɪs] *n* hinchazón *f*.
puff pastry, puff paste *US n* hojaldre *m*.
puffy [ˈpʌfɪ] (*compar* **-ier**, *superl* **-iest**) *adj* hinchado(da).
pug [pʌg] *n* doguillo *m*.
pugnacious [pʌgˈneɪʃəs] *adj fml* pugnaz, belicoso(sa).
puke [pjuːk] *vi v inf* devolver, echar la papilla.
pull [pʊl] ⧫ *vt* **-1.** [gen] tirar de; [trigger] apretar **-2.** [tooth, cork] sacar, extraer **-3.** [muscle] sufrir un tirón en **-4.** [attract] atraer **-5.** [gun] sacar y apuntar **-6.** [phr]: to ~ sthg to bits OR pieces hacer pedazos algo. ⧫ *vi* tirar. ⧫ *n* **-1.** [tug with hand] tirón *m* **-2.** (U) [influence] influencia *f*.
- **pull ahead** *vi*: to ~ ahead (of) adelantar (a).
- **pull apart** *vt sep* **-1.** [machine etc] desmontar **-2.** [toy, book etc] hacer pedazos.
- **pull at** *vt fus* dar tirones de.
- **pull away** *vi* **-1.** [from roadside] alejarse (de la acera) **-2.** [in race] despegarse.
- **pull back** *vi* retroceder, retirarse.
- **pull down** *vt sep* [building] derribar.
- **pull in** *vi* [train] pararse (en el andén).
- **pull off** *vt sep* **-1.** [clothes] quitarse rápidamente **-2.** [succeed in] conseguir llevar a cabo.
- **pull on** *vt sep* [clothes] ponerse rápidamente.
- **pull out** ⧫ *vt sep* **-1.** [troops] retirar **-2.** [tooth] sacar. ⧫ *vi* **-1.** [vehicle] alejarse (de la acera) **-2.** [withdraw] retirarse.
- **pull over** *vi* AUT hacerse a un lado.
- **pull through** ⧫ *vi* recobrarse, reponerse. ⧫ *vt sep* ayudar a salir de.
- **pull together** ⧫ *vt sep*: to ~ o.s. together calmarse, serenarse. ⧫ *vi fig* cooperar, aunar fuerzas.
- **pull up** ⧫ *vt sep* **-1.** [move closer] acercar **-2.** [stop]: to ~ sb up short parar a alguien en seco. ⧫ *vi* parar, detenerse.
pull-down menu *n* COMPUT menú *m* desplegable.
pulley [ˈpʊlɪ] (*pl* **pulleys**) *n* polea *f*.
pullout [ˈpʊlaʊt] *n* suplemento *m*.
pullover [ˈpʊlˌəʊvəʳ] *n* jersey *m*.
pulp [pʌlp] ⧫ *adj* [novel etc] de pacotilla. ⧫ *n* **-1.** [soft mass] papilla *f*; to beat sb to a ~ hacer papilla a alguien **-2.** [of fruit] pulpa *f* **-3.** [of

wood] pasta *f* de papel.
pulpit [ˈpʊlpɪt] *n* púlpito *m*.
pulsar [ˈpʌlsɑːʳ] *n* púlsar *m*.
pulsate [pʌlˈseɪt] *vi* palpitar.
pulse [pʌls] ⧫ *n* **-1.** [in body] pulso *m*; to take sb's ~ tomarle el pulso a alguien **-2.** TECH impulso *m*. ⧫ *vi* latir.
- **pulses** *npl* [food] legumbres *fpl*.
pulverize, -ise [ˈpʌlvəraɪz] *vt lit* & *fig* pulverizar.
puma [ˈpjuːmə] (*pl inv* OR **-s**) *n* puma *m*.
pumice (stone) [ˈpʌmɪs-] *n* piedra *f* pómez.
pummel [ˈpʌml] (*UK pt* & *pp* **-led**, *cont* **-ling**, *US pt* & *pp* **-ed**, *cont* **-ing**) *vt* aporrear.
pump [pʌmp] ⧫ *n* **-1.** [machine] bomba *f* **-2.** [for petrol] surtidor *m*. ⧫ *vt* **-1.** [convey by pumping] bombear **-2.** *inf* [invest]: to ~ sthg into sthg inyectar algo en algo **-3.** *inf* [interrogate] sonsacar; to ~ sb for information sonsacar a alguien. ⧫ *vi* latir.
- **pumps** *npl* [shoes] zapatillas *fpl* de tenis.
- **pump up** *vt* [inflate] inflar.
pumpernickel [ˈpʌmpənɪkl] *n* pan *m* integral de centeno.
pumpkin [ˈpʌmpkɪn] *n* calabaza *f*, zapallo *m* CSur, Perú, auyama *f* Carib, Col.
pumpkin pie *n pastel de calabaza que constituye el postre tradicional de la cena de acción de gracias en Estados Unidos.*
pun [pʌn] *n* juego *m* de palabras.
punch [pʌntʃ] ⧫ *n* **-1.** [blow] puñetazo *m* **-2.** [tool - for leather etc] punzón *m*; [- for tickets] máquina *f* para picar billetes **-3.** [drink] ponche *m*. ⧫ *vt* **-1.** [hit] dar un puñetazo a, trompear *Amér* **-2.** [ticket] picar **-3.** [hole] perforar.
- **punch in** *vi US* fichar (a la entrada).
- **punch out** *vi US* fichar (a la salida).
Punch-and-Judy show [-ˈdʒuːdɪ-] *n teatro de guiñol para niños con personajes arquetípicos y representado normalmente en la playa.*
punch bag, punch ball, punching bag *US* [ˈpʌntʃɪŋ-] *n* punching ball *m*.
punch bowl *n* ponchera *f*.
punch-drunk *adj* grogui, aturdido(da).
punch(ed) card [pʌntʃ(t)-] *n* tarjeta *f* perforada.
punching bag *n US* = punch bag.
punch line *n* remate *m* (de un chiste).
punch-up *n UK inf* pelea *f*.
punchy [ˈpʌntʃɪ] (*compar* **-ier**, *superl* **-iest**) *adj inf* efectista, resultón(ona).
punctilious [pʌŋkˈtɪlɪəs] *adj fml* puntilloso(sa).
punctual [ˈpʌŋktʃʊəl] *adj* puntual.

punctually [ˈpʌŋktʃʊəlɪ] *adv* puntualmente.

punctuate [ˈpʌŋktʃʊətl] *vt* **-1.** GRAMM puntuar **-2.** [interrupt]: **to be ~d by** OR **with** ser interrumpido(da) por.

punctuation [ˌpʌŋktʃʊˈeɪʃn] *n* puntuación *f*.

punctuation mark *n* signo *m* de puntuación.

puncture [ˈpʌŋktʃəʳ] ⬦ *n* pinchazo *m*; **to have a ~** pinchar; [in skin] punción *f*. ⬦ *vt* pinchar, ponchar *Guat* & *Méx*.

pundit [ˈpʌndɪt] *n* lumbrera *f*, experto *m*, -ta *f*.

pungent [ˈpʌndʒənt] *adj* **-1.** [strong-smelling] penetrante, fuerte **-2.** *fig* [biting] mordaz.

punish [ˈpʌnɪʃ] *vt*: **to ~ sb (for sthg/for doing sthg)** castigar a alguien (por algo/por haber hecho algo).

punishable [ˈpʌnɪʃəbl] *adj* castigable, sancionable; **~ by death** castigado(da) con la pena de muerte.

punishing [ˈpʌnɪʃɪŋ] *adj* trabajoso(sa), penoso(sa).

punishment [ˈpʌnɪʃmənt] *n* **-1.** [for crime] castigo *m* **-2.** [severe treatment]: **to take a lot of ~** sufrir estragos.

punitive [ˈpjuːnətɪv] *adj* punitivo(va).

punk [pʌŋk] ⬦ *adj* punk. ⬦ *n* **-1.** [music]: **~ (rock)** punk *m* **-2.** [person]: **~ (rocker)** punki *m* OR *f* **-3.** US *inf* [lout] gamberro *m*.

punnet [ˈpʌnɪt] *n* UK cajita *f* (*para fresas etc*).

punt [pʌnt] ⬦ *n* batea *f*. ⬦ *vi* navegar en batea.

punter [ˈpʌntəʳ] *n* UK **-1.** [gambler] apostante *m* OR *f* **-2.** *inf* [customer] cliente *m*, -ta *f*.

puny [ˈpjuːnɪ] (*compar* -ier, *superl* -iest) *adj* [person, limbs] enclenque, raquítico(ca); [effort] penoso(sa), lamentable.

pup [pʌp] *n* **-1.** [young dog] cachorro *m* **-2.** [young seal, otter] cría *f*.

pupil [ˈpjuːpl] *n* **-1.** [student] alumno *m*, -na *f* **-2.** [follower] pupilo *m*, -la *f* **-3.** [of eye] pupila *f*.

puppet [ˈpʌpɪt] *n* *lit* & *fig* títere *m*.

puppet government *n* gobierno *m* títere.

puppet show *n* teatro *m* de títeres.

puppy [ˈpʌpɪ] (*pl* -ies) *n* cachorro *m*, perrito *m*.

puppy fat *n* *inf* gordura *f* infantil.

purchase [ˈpɜːtʃəs] *fml* ⬦ *n* compra *f*, adquisición *f*. ⬦ *vt* comprar, adquirir.

purchase order *n* orden *f* de compra.

purchase price *n* precio *m* de compra.

purchaser [ˈpɜːtʃəsəʳ] *n* comprador *m*, -ra *f*.

purchase tax *n* UK impuesto *m* sobre la venta.

purchasing power [ˈpɜːtʃəsɪŋ-] *n* poder *m* adquisitivo.

pure [pjʊəʳ] *adj* puro(ra).

purebred [ˈpjʊəbred] *adj* de pura sangre.

puree [ˈpjʊəreɪ] *n* puré *m*; **tomato ~** concentrado *m* de tomate.

purely [ˈpjʊəlɪ] *adv* puramente; **~ and simply** pura y simplemente.

pureness [ˈpjʊənɪs] *n* pureza *f*.

purgative [ˈpɜːgətɪv] *n* purgante *m*.

purgatory [ˈpɜːgətrɪ] *n* (*U*) *hum* [suffering] purgatorio *m*.

➤ **Purgatory** *n* [place] Purgatorio *m*.

purge [pɜːdʒ] ⬦ *n* POL purga *f*. ⬦ *vt*: **to ~ sthg (of)** purgar algo (de).

purification [ˌpjʊərɪfɪˈkeɪʃn] *n* purificación *f*.

purifier [ˈpjʊərɪfaɪəʳ] *n* depurador *m*.

purify [ˈpjʊərɪfaɪ] (*pt* & *pp* -ied) *vt* purificar.

purist [ˈpjʊərɪst] *n* purista *m* OR *f*.

puritan [ˈpjʊərɪtən] ⬦ *adj* puritano(na). ⬦ *n* puritano *m*, -na *f*.

puritanical [ˌpjʊərɪˈtænɪkl] *adj* *pej* puritano(na).

purity [ˈpjʊərətɪ] *n* pureza *f*.

purl [pɜːl] ⬦ *n* (*U*) punto *m* del revés. ⬦ *vt* & *vi* tejer con punto del revés.

purloin [pɜːˈlɔɪn] *vt* *fml* & *hum* hurtar.

purple [ˈpɜːpl] ⬦ *adj* morado(da). ⬦ *n* (color *m*) morado *m*.

purport [pəˈpɔːt] *vi* *fml*: **to ~ to do/be sthg** pretender hacer/ser algo.

purpose [ˈpɜːpəs] *n* **-1.** [gen] propósito *m*; **what is the ~ of your visit?** ¿cuál es el objeto de tu visita?; **for tax ~s** a efectos fiscales; **for one's own ~s** por su propio interés; **it serves no ~** carece de sentido; **it has served its ~** ha servido; **to no ~** en vano **-2.** [determination] resolución *f*.

➤ **on purpose** *adv* a propósito, adrede.

purpose-built *adj* especialmente construido(da).

purposeful [ˈpɜːpəsfʊl] *adj* resuelto(ta).

purposely [ˈpɜːpəslɪ] *adv* adrede, a propósito.

purr [pɜːʳ] ⬦ *n* **-1.** [of cat] ronroneo *m* **-2.** [of engine] zumbido *m*. ⬦ *vi* **-1.** [cat, person] ronronear **-2.** [engine, machine] zumbar.

purse [pɜːs] ⬦ *n* **-1.** [for money] monedero *m* **-2.** US [handbag] bolso *m*, bolsa *f* *Méx*, cartera *f* *Andes*, *CSur*. ⬦ *vt* fruncir (con desagrado); **she ~d her lips** frunció los labios.

purser [ˈpɜːsəʳ] *n* contador *m*, -ra *f*.

purse snatcher [-ˌsnætʃəʳ] *n* US ladrón *m* que roba dando el tirón.

purse strings *npl*: **to hold the ~** administrar el dinero.

pursue [pəˈsjuː] *vt* **-1.** [follow] perseguir **-2.** *fml* [policy] llevar a cabo; [aim, pleasure etc] ir en pos de, buscar; [topic, question] profundizar en;

[hobby, studies] dedicarse a.

pursuer [pəˈsjuːəʳ] n perseguidor m, -ra f.

pursuit [pəˈsjuːt] n -1. (U) fml [attempt to achieve] búsqueda f - 2. [chase, in cycling] persecución f; **in** ~ **of** en persecución de; **in hot** ~ **(of)** pisando los talones (a) - 3. [occupation, activity] ocupación f; **leisure** ~ pasatiempo m.

purveyor [pəˈveɪəʳ] n fml proveedor m, -ra f.

pus [pʌs] n pus m.

push [pʊʃ] ⋄ vt - 1. [shove] empujar; **to** ~ **sthg into sthg** meter algo en algo; **to** ~ **sthg open/shut** abrir/cerrar algo empujándolo - 2. [press - button] apretar, pulsar - 3. [encourage]: **to** ~ **sb (to do sthg)** empujar a alguien (a hacer algo) - 4. [force]: **to** ~ **sb (into doing sthg)** obligar a alguien (a hacer algo) - 5. inf [promote] promocionar - 6. drugs sl pasar, vender. ⋄ vi - 1. [press forward] empujar; [on button] apretar, pulsar - 2. [move past]: **to** ~ **through** abrirse paso (a empujones) entre. ⋄ n lit & fig empujón m; **at the** ~ **of a button** con sólo apretar un botón; **to give sb the** ~ inf [end relationship] dar calabazas a alguien; [from job] dar la patada a alguien; **at a** ~ apurando mucho.

◆ **push ahead** vi: **to** ~ **ahead (with sthg)** seguir adelante sin parar (con algo).

◆ **push around** vt sep inf mandonear.

◆ **push for** vt fus [demand] reclamar.

◆ **push in** vi [in queue] colarse.

◆ **push off** vi inf largarse.

◆ **push on** vi seguir adelante sin parar.

◆ **push over** vt sep volcar.

◆ **push through** vt sep [law etc] conseguir que se apruebe.

pushbike [ˈpʊʃbaɪk] n UK inf bici f.

push-button adj de botón.

pushcart [ˈpʊʃkɑːt] n carrito m.

pushchair [ˈpʊʃtʃeəʳ] n UK silla f (de paseo).

pushed [pʊʃt] adj inf: **to be** ~ **for sthg** andar corto(ta) de algo; **to be hard** ~ **to do sthg** tenerlo difícil para hacer algo.

pusher [ˈpʊʃəʳ] n inf camello m.

pushing [ˈpʊʃɪŋ] prep inf alrededor de; **he's** ~ **50** ronda los cincuenta.

pushover [ˈpʊʃˌəʊvəʳ] n inf: **it's a** ~ está chupado.

pushpin [ˈpʊʃpɪn] n US chincheta f.

push-start vt arrancar empujando.

push-up n esp US flexión f.

pushy [ˈpʊʃɪ] (compar -ier, superl -iest) adj pej agresivo(va), insistente.

puss [pʊs], **pussy (cat)** [ˈpʊsɪ-] n inf gatito m, minino m.

pussy willow [ˈpʊsɪ-] n sauce m blanco.

put [pʊt] (pt & pp put, cont -ting) vt - 1. [gen] poner; **to** ~ **sthg into sthg** meter algo en algo - 2. [place exactly] colocar - 3. [send - to prison etc] meter; **to** ~ **the children to bed** acostar a los niños - 4. [express] expresar, formular; **to** ~ **it bluntly** hablando claro - 5. [ask - question] hacer; [- proposal] presentar; **to** ~ **it to sb that ...** sugerir a alguien que ... - 6. [estimate]: **to** ~ **sthg at** calcular algo en - 7. [invest]: **to** ~ **money into a project** invertir dinero en un proyecto; **to** ~ **money into an account** ingresar dinero en una cuenta; **to** ~ **a lot of effort into sthg** esforzarse mucho con algo - 8. [apply]: **to** ~ **pressure on** presionar a; **that** ~ **s a great responsibility on us** eso nos supone una gran responsabilidad.

◆ **put across** vt sep transmitir; **to** ~ **o.s. across** hacerse entender.

◆ **put aside** vt sep - 1. [money] ahorrar - 2. [book, work, differences] dejar a un lado.

◆ **put away** vt sep - 1. [tidy away] poner en su sitio, guardar - 2. inf [lock up] encerrar - 3. inf [consume] tragarse.

◆ **put back** vt sep - 1. [replace] devolver a su sitio - 2. [postpone] aplazar; [schedule] retrasar - 3. [clock, watch] atrasar.

◆ **put by** vt sep ahorrar.

◆ **put down** vt sep - 1. [lay down] dejar - 2. [phone] colgar - 3. [quell] sofocar, reprimir - 4. inf [criticize]: **to** ~ **sb down** poner mal a alguien; **to** ~ **o.s. down** menospreciarse - 5. UK [animal] sacrificar - 6. [write down] apuntar.

◆ **put down to** vt sep achacar a.

◆ **put forward** vt sep - 1. [plan, theory, name] proponer, presentar; [proposal] presentar - 2. [clock, meeting, event] adelantar.

◆ **put in** vt sep - 1. [spend - time] dedicar - 2. [submit] presentar - 3. [install] instalar.

◆ **put off** vt sep - 1. [postpone] posponer, aplazar - 2. [cause to wait] hacer esperar - 3. [distract] distraer - 4. [discourage] disuadir, desanimar - 5. [cause to dislike]: **to** ~ **sb off sthg** quitarle a alguien las ganas de algo.

◆ **put on** vt sep - 1. [wear] ponerse - 2. [show, play] representar; [exhibition] hacer; [transport] organizar - 3. [gain]: **to** ~ **on weight** engordar; **I've** ~ **on 10 kilos** he engordado 10 kilos - 4. [radio, light] poner, encender; **to** ~ **on the brakes** frenar - 5. [record, tape] poner - 6. [start cooking] empezar a hacer or cocinar; **to** ~ **the kettle on** poner el agua a hervir - 7. [bet] apostar por - 8. [add] añadir - 9. [feign - air, accent] fingir - 10. US inf [tease]: **to** ~ **sb on** tomar el pelo a alguien.

◆ **put onto** vt sep [tell about]: **to** ~ **sb onto sthg/sb** dirigir a alguien a algo/alguien.

◆ **put out** vt sep - 1. [place outside] sacar - 2.

[issue - statement] hacer público **-3.** [extinguish, switch off] apagar **- 4.** [prepare for use - clothes] sacar **- 5.** [extend - hand, leg] extender; [- tongue] sacar **- 6.** *inf* [injure] dislocarse **-7.** [upset]: **to be ~ out** estar disgustado(da) **- 8.** [inconvenience] causar molestias a; **to ~ o.s. out** molestarse.

➡ **put over** *vt sep* = **put across.**

➡ **put through** *vt sep* **- 1.** *TELEC* [call] poner; **to ~ sb through to sb** poner a alguien con alguien **- 2.** [cause to suffer]: **to ~ sb through sthg** hacer pasar a alguien por algo.

➡ **put together** *vt sep* **-1.** [machine, tool] ensamblar; [team] reunir; [report, strategy] elaborar **- 2.** [combine] mezclar **- 3.** [organize - event] organizar.

➡ **put up** <> *vt sep* **- 1.** [build] construir; [tent] montar **- 2.** [umbrella] abrir; [flag] izar **- 3.** [raise - hand] levantar **- 4.** [poster] fijar; [painting] pegar, colgar **- 5.** [provide - money] poner **- 6.** [propose - candidate] proponer **-7.** [increase] subir, aumentar **- 8.** [provide accommodation for] alojar. <> *vt fus* [resistance] ofrecer; **to ~ up a fight** ofrecer resistencia.

➡ **put up to** *vt sep*: **to ~ sb up to sthg** incitar a alguien a hacer algo.

➡ **put up with** *vt fus* aguantar, soportar.

putative ['pju:tətɪv] *adj fml* supuesto(ta).

put-down *n inf* desaire *m*, corte *m*.

putrefaction [ˌpju:trɪ'fækʃn] *n* putrefacción *f*.

putrefy ['pju:trɪfaɪ] (*pt* & *pp* -ied) *vi fml* pudrirse.

putrid ['pju:trɪd] *adj fml* putrefacto(ta).

putsch [pʊtʃ] *n* golpe *m* de estado.

putt [pʌt] <> *n* putt *m*. <> *vt* & *vi* tirar al hoyo.

putter ['pʌtəʳ] *n* [club] putter *m*.

➡ **putter about, putter around** *vi insep US* entretenerse.

putting green ['pʌtɪŋ-] *n* césped abierto al público en el que se puede jugar a golf con el putter.

putty ['pʌtɪ] *n* masilla *f*.

put-up job *n inf* amaño *m*.

put-upon *adj*: **to feel ~** sentirse utilizado(da).

puzzle ['pʌzl] <> *n* **-1.** [toy, game] rompecabezas *m inv* **-2.** [mystery] misterio *m*, enigma *m*. <> *vt* dejar perplejo, desconcertar. <> *vi*: **to ~ over sthg** romperse la cabeza con algo.

➡ **puzzle out** *vt sep* descifrar, resolver.

puzzled ['pʌzld] *adj* desconcertado(da), perplejo(ja).

puzzling ['pʌzlɪŋ] *adj* desconcertante.

PVC (*abbr of* **polyvinyl chloride**) *n* PVC *m*.

pw (*abbr of* **per week**) *a la semana.*

PX (*abbr of* **post exchange**) *n US economato militar.*

pygmy ['pɪgmɪ] (*pl* -ies) <> *adj* pigmeo(a). <> *n* pigmeo *m*, -a *f*.

pyjamas [pə'dʒɑ:məz] *npl* pijama *m*; **a pair of ~** un pijama.

pylon ['paɪlən] *n* torre *f* (*de conducción eléctrica*).

pyramid ['pɪrəmɪd] *n* pirámide *f*.

pyramid selling *n* venta *f* piramidal.

pyre ['paɪəʳ] *n* pira *f*.

Pyrenean [ˌpɪrə'ni:ən] *adj* pirenaico(ca).

Pyrenees [ˌpɪrə'ni:z] *npl*: **the ~** los Pirineos.

Pyrex® ['paɪreks] <> *n* pírex® *m*. <> *comp* de pírex.

pyromaniac [ˌpaɪrə'meɪnɪæk] *n* pirómano *m*, -na *f*.

pyrotechnics [ˌpaɪrəʊ'teknɪks] *npl* **-1.** [show] fuegos *mpl* artificiales **- 2.** [skill] demostración *f* de habilidad extraordinaria.

python ['paɪθn] (*pl inv OR* -s) *n* pitón *m*.

q (*pl* q's *OR* qs), **Q** (*pl* Q's *OR* Qs) [kju:] *n* [letter] q *f*, f.

Qatar [kæ'tɑ:ʳ] *n* Qatar.

QC *n abbr of* **Queen's Counsel.**

QED (*abbr of* **quod erat demonstrandum**) Q.E.D.

QM *n abbr of* **quartermaster.**

q.t., QT (*abbr of* **quiet**) *inf*: **I did it on the ~** lo hice en secreto.

Q-tip® *n US* hisopo *m* de algodón.

qty (*abbr of* **quantity**) cdad.

quack [kwæk] <> *n* **-1.** [noise] graznido *m* (*de pato*) **- 2.** *inf* [doctor] matasanos *m inv*. <> *vi* graznar (*el pato*).

quad [kwɒd] *n abbr of* **quadrangle.**

quadrangle ['kwɒdræŋgl] *n* **-1.** [figure] cuadrángulo *m* **-2.** [courtyard] patio *m*.

quadrant ['kwɒdrənt] *n* cuadrante *m*.

quadraphonic [ˌkwɒdrə'fɒnɪk] *adj* cuadrafónico(ca).

quadrilateral [ˌkwɒdrɪˈlætərəl] <> adj cuadri-
látero(ra). <> n cuadrilátero m.

quadriplegic [ˌkwɒdrɪˈpliːdʒɪk] <> adj tetra-
pléjico(ca). <> n tetrapléjico m, -ca f.

quadruped [ˈkwɒdrʊped] n cuadrúpedo m.

quadruple [kwɒˈdruːpl] <> adj cuatro veces
mayor. <> vt cuadruplicar. <> vi cuadrupli-
carse.

quadruplets [ˈkwɒdrʊplɪts] npl cuatrillizos
mpl, -zas fpl.

quads [kwɒdz] npl inf cuatrillizos mpl, -zas fpl.

quaff [kwɒf] vt dated echarse al coleto.

quagmire [ˈkwægmaɪəʳ] n lodazal m, cenagal
m.

quail [kweɪl] (pl inv OR -s) <> n codorniz f. <> vi
literary amedrentarse.

quaint [kweɪnt] adj **-1.** [picturesque] pintores-
co(ca) **-2.** [odd] singular.

quake [kweɪk] <> n inf terremoto m. <> vi
temblar, estremecerse.

Quaker [ˈkweɪkəʳ] n cuáquero m, -ra f.

qualification [ˌkwɒlɪfɪˈkeɪʃn] n **-1.** [examination,
certificate] título m **-2.** [ability, skill] aptitud f **-3.** [be-
coming qualified] obtención f del título **-4.** SPORT
clasificación f **-5.** [qualifying statement] condición
f.

qualified [ˈkwɒlɪfaɪd] adj **-1.** [trained] cualifica-
do(da); to be ~ to do sthg estar cualificado
para hacer algo **-2.** [limited] limitado(da).

qualify [ˈkwɒlɪfaɪ] (pt & pp -ied) <> vt **-1.** [mod-
ify] matizar **-2.** [entitle]: to ~ sb to do sthg
capacitar a alguien para hacer algo. <> vi
-1. [pass exams] sacar el título **-2.** [be entitled]:
to ~ (for) tener derecho (a) **-3.** SPORT clasificarse.

qualifying [ˈkwɒlɪfaɪŋ] adj **-1.** [modifying] califi-
cativo(va) **-2.** [in sport, exam] eliminatorio(ria);
~ round eliminatoria f.

qualitative [ˈkwɒlɪtətɪv] adj cualitativo(va).

quality [ˈkwɒlətɪ] (pl -ies) <> n **-1.** [standard]
calidad f **-2.** [characteristic] cualidad f. <> comp
de calidad.

quality control n control m de calidad.

quality press n UK: the ~ la prensa de
calidad.

qualms [kwɑːmz] npl remordimientos mpl,
escrúpulos mpl.

quandary [ˈkwɒndərɪ] (pl -ies) n: to be in a ~
about OR over sthg estar en un dilema sobre
algo.

quango [ˈkwæŋgəʊl] (pl -s) (abbr of quasiautono-
mous non-governmental organization) n UK usu
pej organismo semiindependiente de la
Administración.

quantifiable [kwɒntɪˈfaɪəbl] adj cuantificable.

quantify [ˈkwɒntɪfaɪ] (pt & pp -ied) vt cuantificar.

quantitative [ˈkwɒntɪtətɪv] adj cuantitati-
vo(va).

quantity [ˈkwɒntɪtɪ] (pl -ies) n cantidad f; in ~
en cantidad; unknown ~ incógnita f.

quantity surveyor n aparejador m, -ra f.

quantum leap [ˈkwɒntəm-] n enorme salto m
adelante.

quantum mechanics n (U) mecánica f
cuántica.

quantum theory [ˈkwɒntəm-] n la (teoría)
cuántica.

quarantine [ˈkwɒrəntiːn] <> n cuarentena f;
to be in ~ estar en cuarentena. <> vt poner
en cuarentena.

quark [kwɑːk] n **-1.** PHYS cuark m **-2.** CULIN tipo de
queso blando bajo en grasas.

quarrel [ˈkwɒrəl] (UK pt & pp -led, cont -ling, US
pt & pp -ed, cont -ing) <> n pelea f; to have no
~ with sb/sthg no tener nada en contra de
alguien/algo. <> vi pelearse; to ~ with sb
pelearse con alguien; to ~ with sthg no estar
de acuerdo con algo.

quarrelsome [ˈkwɒrəlsəm] adj pendencie-
ro(ra).

quarry [ˈkwɒrɪ] (pl -ies, pt & pp -ied) <> n **-1.**
[place] cantera f **-2.** [prey] presa f. <> vt extraer.

quart [kwɔːt] n cuarto m de galón.

quarter [ˈkwɔːtəʳ] n **-1.** [fraction] cuarto m **-2.** [in
telling time]: a ~ past two UK, ~ after two US las
dos y cuarto; a ~ to two UK, ~ of two US las
dos menos cuarto; a ~ of an hour un cuarto
de hora **-3.** [of year] trimestre m **-4.** US [coin]
cuarto m de dólar, moneda f de 25 centavos
-5. [four ounces] cuatro onzas fpl, cuarto m de
libra **-6.** [area in town] barrio m **-7.** [group of peo-
ple] lugar m, parte f; in some ~s this is seen as
lying algunos ven eso como una mentira.
➤ **quarters** npl [rooms] residencia f, alojamiento m.
➤ **at close quarters** adv muy de cerca.

quarterback [ˈkwɔːtəbæk] n US quarterback
m, jugador de fútbol americano que lanza la
pelota en las jugadas ofensivas.

quarterdeck [ˈkwɔːtədek] n alcázar m.

quarterfinal [ˌkwɔːtəˈfaɪnl] n cuarto m de
final.

quarter light n UK AUT ventanilla f triangular
(para ventilación).

quarterly [ˈkwɔːtəlɪ] (pl -ies) <> adj trimestral.
<> adv trimestralmente. <> n trimestral f.

quartermaster [ˈkwɔːtəˌmɑːstəʳ] n oficial m de
intendencia.

quarter note n US MUS negra f.

quarter sessions *npl* audiencia *f* trimestral.

quartet [kwɔː'tet] *n* cuarteto *m*.

quarto ['kwɔːtəʊl] (*pl* **-s**) *n* cuarto *m*.

quartz [kwɔːts] *n* cuarzo *m*.

quartz watch *n* reloj *m* de cuarzo.

quasar ['kweɪzɑːʳ] *n* quasar *m*.

quash [kwɒʃ] *vt* **-1.** [reject] anular, invalidar **-2.** [quell] reprimir, sofocar.

quasi- ['kweɪzaɪ] *prefix* cuasi-.

quaver ['kweɪvəʳ] <> *n* **-1.** *MUS* corchea *f* **-2.** [in voice] trémolo *m*. <> *vi* temblar.

quavering ['kweɪvərɪŋ] *adj* trémulo(la).

quay [kiː] *n* muelle *m*.

quayside ['kiːsaɪd] *n* muelle *m*.

queasy ['kwiːzɪ] (*compar* **-ier**, *superl* **-iest**) *adj* mareado(da).

Quebec [kwɪ'bek] *n* Quebec.

Quebecer, Quebecker [kwɪ'bekəʳ] *n* quebequés *m*, -esa *f*.

queen [kwiːn] *n* **-1.** [gen] reina *f* **-2.** [playing card] dama *f*.

Queen Mother *n*: the ~ la reina madre.

Queen's Counsel *n UK* abogado *m* inglés de alto rango.

Queen's English *n UK*: the ~ el inglés hablado con mayor corrección en Gran Bretaña.

queen's evidence *n UK*: to turn ~ testificar *un delincuente ante un tribunal en contra de otros a cambio de una reducción de condena*.

queer [kwɪəʳ] <> *adj* **-1.** [odd] raro(ra), extraño(ña) **-2.** *inf pej* [homosexual] marica, maricón. <> *n inf pej* marica *m*, maricón *m*, joto *m Méx*.

quell [kwel] *vt* **-1.** [rebellion] sofocar, reprimir **-2.** [feelings] dominar, contener.

quench [kwentʃ] *vt* apagar.

querulous ['kwerʊləs] *adj fml* quejumbroso(sa).

query ['kwɪərɪ] (*pl* **-ies**, *pt* & *pp* **-ied**) <> *n* pregunta *f*, duda *f*. <> *vt* poner en duda.

quest [kwest] *n literary*: ~ **(for)** búsqueda *f* (de).

question ['kwestʃn] <> *n* **-1.** [query, problem in exam] pregunta *f*; **to ask (sb) a** ~ hacer una pregunta (a alguien) **-2.** [doubt] duda *f*; **to bring sthg into** ~ hacer reflexionar sobre algo; **to call sthg into** ~ poner algo en duda; **without** ~ sin duda; **beyond** ~ fuera de toda duda; **open to** ~ debatible **-3.** [issue, matter] cuestión *f*, asunto *m* **-4.** *phr*: **it is a** ~ **of staying calm** se trata de mantener la calma; **there's no** ~ **of ...** es imposible que ... <> *vt* **-1.** [ask questions to] preguntar; [interrogate] interrogar **-2.** [express doubt about] cuestionar.

→ **in question** *adv*: the matter in ~ el asunto en cuestión.

→ **out of the question** *adv* imposible; that's out of the ~ ! ¡ni hablar!

questionable ['kwestʃənəbl] *adj* [gen] cuestionable; [taste] dudoso(sa).

questioner ['kwestʃənəʳ] *n* interrogador *m*, -ra *f*.

questioning ['kwestʃənɪŋ] <> *adj* de interrogación, interrogativo(va). <> *n* interrogatorio *m*.

question mark *n* (signo *m* de) interrogación *f*.

question master *esp UK*, **quizmaster** ['kwɪz,mɑːstəʳ] *esp US n* presentador *m*, -ra *f* de un concurso.

questionnaire [ˌkwestʃə'neəʳ] *n* cuestionario *m*.

question time *n UK* *POL* sesión de control parlamentario en la que los diputados realizan preguntas a los miembros del gobierno.

queue [kjuː] *UK* <> *n* cola *f*; **to jump the** ~ colarse. <> *vi*: **to** ~ **(up for sthg)** hacer cola (para algo).

queue-jump *vi UK* colarse.

quibble ['kwɪbl] *pej* <> *n* queja *f OR* pega *f* insignificante. <> *vi* quejarse por tonterías; **to** ~ **over** *OR* **about** quejarse tontamente por *OR* de.

quiche [kiːʃ] *n* quiche *f*.

quick [kwɪk] <> *adj* **-1.** [gen] rápido(da); **be** ~ ! ¡date prisa!; **could we have a** ~ **word?** ¿podríamos hablar un momento? **-2.** [clever - person] espabilado(da); [- wit] agudo(da) **-3.** [irritable]: **a** ~ **temper** un genio vivo; **to be** ~ **to take offence** ofenderse por nada. <> *adv* rápidamente.

quicken ['kwɪkn] <> *vt* [one's pace] apretar, acelerar. <> *vi* acelerarse.

quickfire ['kwɪkfaɪəʳ] *adj* rápido(da).

quickly ['kwɪklɪ] *adv* **-1.** [rapidly] rápidamente, de prisa **-2.** [without delay] rápidamente, en seguida.

quickness ['kwɪknɪs] *n* **-1.** [gen] rapidez *f* **-2.** [cleverness - of person] inteligencia *f* viva; [- of wit] agudeza *f* **-3.** [of temper] viveza *f*.

quicksand ['kwɪksænd] *n* arenas *fpl* movedizas.

quicksilver ['kwɪk,sɪlvəʳ] *n* azogue *m*.

quickstep ['kwɪkstep] *n*: the ~ baile de salón de pasos rápidos.

quick-tempered *adj* de genio vivo.

quick-witted [-'wɪtɪd] *adj* agudo(da).

quid [kwɪd] (*pl inv*) *n UK inf* libra *f* (esterlina).

quid pro quo [-'kwəʊl] (*pl* quid pro quos) *n* compensación *f*.

quiescent [kwar'esnt] *adj fml* inactivo(va), en reposo.

quiet ['kwaɪət] <> *adj* **-1.** [silent - gen] silencioso(sa); [- room, place] tranquilo(la); **to be ~** [make no noise] no hacer ruido; **be ~!** ¡cállate!; **in a ~ voice** en voz baja; **to keep ~ about sthg** guardar silencio sobre algo **-2.** [not talkative] callado(da); **to go ~** callarse **-3.** [tranquil, uneventful] tranquilo(la); **business is ~** el negocio está un poco apagado **-4.** [unpublicized - wedding etc] privado(da), íntimo(ma) **-5.** [colours] apagado(da). <> *n* tranquilidad *f*, silencio *m*; **on the ~** a escondidas. <> *vt US* tranquilizar, calmar.

◆ **quiet down** <> *vt sep* tranquilizar, calmar. <> *vi* tranquilizarse, calmarse.

quieten ['kwaɪətn] *vt* tranquilizar, calmar.

◆ **quieten down** <> *vt sep* tranquilizar, calmar. <> *vi* tranquilizarse, calmarse.

quietly ['kwaɪətlɪ] *adv* **-1.** [without noise] silenciosamente, sin hacer ruido; **to speak ~** hablar en voz baja **-2.** [without moving] sin moverse **-3.** [without excitement] tranquilamente **-4.** [without fuss] discretamente.

quietness ['kwaɪətnɪs] *n* **-1.** [lack of noise] silencio *m* **-2.** [lack of movement] quietud *f*, tranquilidad *f*.

quiff [kwɪf] *n UK* copete *m*, tupé *m*.

quill (pen) [kwɪl-] *n* pluma *f*.

quilt [kwɪlt] *n* edredón *m*.

quilted ['kwɪltɪd] *adj* acolchado(da).

quince [kwɪns] *n* membrillo *m*.

quinine [kwɪ'niːn] *n* quinina *f*.

quins *UK* [kwɪnz], **quints** *US* [kwɪnts] *npl inf* quintillizos *mpl*, -zas *fpl*.

quintessential [kwɪntə'senʃl] *adj* arquetípico(ca).

quintet [kwɪn'tet] *n* quinteto *m*.

quints *US* = quins.

quintuplets [kwɪn'tjuːplɪts] *npl* quintillizos *mpl*, -zas *fpl*.

quip [kwɪp] (*pt* & *pp* -ped, *cont* -ping) <> *n* ocurrencia *f*, salida *f*. <> *vi* bromear.

quirk [kwɜːk] *n* **-1.** [habit] manía *f*, rareza *f* **-2.** [strange event] extraña coincidencia *f*; **~ of fate** capricho del destino.

quirky [kwɜːkɪ] (*compar* -ier, *superl* -iest) *adj* peculiar, idiosincrásico(ca).

quit [kwɪt] (*UK pt* & *pp* quit *OR* -ted, *cont* -ting, *US pt* & *pp* quit, *cont* -ting) <> *vt* **-1.** [resign from] dejar, abandonar **-2.** [stop]: **to ~ doing sthg** dejar de hacer algo **-3.** *COMPUT* salir de. <> *vi* **-1.** [resign] dimitir **-2.** *COMPUT* salir.

quite [kwaɪt] *adv* **-1.** [completely] totalmente, completamente **-2.** [fairly] bastante; **~ a lot of people** bastante gente **-3.** [after negative]: **it's not ~ big enough** no es todo lo grande que tendría que ser; **I'm not ~ sure** no estoy del todo seguro; **I don't ~ understand/know** no entiendo/sé muy bien **-4.** [to emphasize]: **~ a ... todo un (toda una) ...; ~ the opposite** todo lo contrario **-5.** [to express agreement]: **~ (so)!** ¡efectivamente!, ¡desde luego!

Quito ['kiːtəʊl] *n* Quito.

quits [kwɪts] *adj inf*: **to be ~ (with sb)** estar en paz (con alguien); **to call it ~** dejarlo así.

quitter ['kwɪtə'] *n inf pej*: **she's not a ~** no es de las que abandonan.

quiver ['kwɪvə'] <> *n* **-1.** [shiver] temblor *m*, estremecimiento *m* **-2.** [for arrows] carcaj *m*, aljaba *f*. <> *vi* temblar, estremecerse.

quivering ['kwɪvərɪŋ] *adj* tembloroso(sa).

quixotic [kwɪk'sɒtɪk] *adj literary* quijotesco(ca).

quiz [kwɪz] (*pl* -zes, *pt* & *pp* -zed, *cont* -zing) <> *n* **-1.** [gen] concurso *m* **-2.** *US SCH* control *m*. <> *comp*: **~ programme** concurso *m*. <> *vt*: **to ~ sb (about)** interrogar a alguien (sobre).

quizmaster *n esp US* = question master.

quizzical ['kwɪzɪkl] *adj* burlón(ona).

quoits [kwɔɪts] *n* el juego de los aros.

Quonset hut ['kwɒnsɪt-] *n US* refugio *m* militar.

quorate ['kwɔːreɪt] *adj UK*: **we are ~** hay quórum.

quorum ['kwɔːrəm] *n* quórum *m*.

quota ['kwəʊtə] *n* cuota *f*.

quotation [kwəʊ'teɪʃn] *n* **-1.** [citation] cita *f* **-2.** *COMM* presupuesto *m*.

quotation marks *npl* comillas *fpl*.

quote [kwəʊt] <> *n* **-1.** [citation] cita *f* **-2.** *COMM* presupuesto *m*. <> *vt* **-1.** [cite] citar **-2.** [figures, example, price] dar; **he ~d £100** fijó un precio de 100 libras. <> *vi* **-1.** [cite]: **to ~ (from)** citar (de) **-2.** *COMM*: **to ~ for** dar un presupuesto por.

◆ **quotes** *npl inf* comillas *fpl*.

quoted company ['kwəʊtɪd-] *n UK* compañía *f* cotizada en la Bolsa.

quotient ['kwəʊʃnt] *n* cociente *m*.

qv (*abbr of* quod vide) *v*.

qwerty keyboard ['kwɜːtɪ-] *n UK* teclado *m* qwerty.

r (*pl* **r's** OR **rs**), **R** (*pl* **R's** OR **Rs**) [ɑːʳ] *n* [letter] r *f*, R *f*.
 ◆ **R -1.** (*abbr of* **right**) dcha. **-2.** *abbr of* **River**
-3. *US* (*abbr of* **restricted**) no recomendada
para menores **-4.** *US abbr of* **Republican**.

RA (*abbr of* **Royal Academy**) *n academia británica de bellas artes*.

Rabat [rə'bɑːt] *n* Rabat.

rabbi ['ræbaɪ] *n* rabino *m*.

rabbit ['ræbɪt] *n* conejo *m*.

rabbit hole *n* madriguera *f* de conejos.

rabbit hutch *n* conejera *f*.

rabbit warren *n* madriguera *f* de conejos.

rabble ['ræbl] *n* chusma *f*, populacho *m*.

rabble-rousing *adj* que agita a las masas.

rabid ['ræbɪd, 'reɪbɪd] *adj* **-1.** [infected with rabies]
rabioso(sa) **-2.** *pej* [fanatical] fanático(ca).

rabies ['reɪbiːz] *n* rabia *f*.

RAC (*abbr of* **Royal Automobile Club**) *n asociación británica del automóvil*, ≃ RACE *m*.

raccoon [rə'kuːn] *n* mapache *m*.

race [reɪs] ◇ *n* **-1.** *lit & fig* [competition] carrera *f*
-2. [people, descent] raza *f*. ◇ *vt* **-1.** [compete
against] competir con (*corriendo*); **they ~d**
each other to the door echaron una carrera
hasta la puerta **-2.** [cars, pigeons] hacer carreras de; [horses] hacer correr. ◇ *vi* **-1.** [rush]
ir corriendo **-2.** [beat fast] acelerarse.

race car *US* = **racing car**.

racecourse ['reɪskɔːs] *n* hipódromo *m*.

race driver *US* = **racing driver**.

racehorse ['reɪshɔːs] *n* caballo *m* de carreras.

race meeting *n* concurso *m* de carreras de
caballos.

race relations *npl* relaciones *fpl* raciales.

race riot *n* disturbio *m* racial.

racetrack ['reɪstræk] *n* [for horses] hipódromo *m*;
[for cars] autódromo *m*; [for runners] pista *f* (de
carreras).

racial ['reɪʃl] *adj* racial.

racial discrimination *n* discriminación *f*
racial.

racialism *etc* ['reɪʃəlɪzm] *n* = **racism** *etc*.

racing ['reɪsɪŋ] *n* carreras *fpl*; **motor ~** carreras de coches.

racing car *UK*, **race car** *US n* coche *m* de
carreras, auto *m* de carrera *CSur*.

racing driver *UK*, **race driver** *US n* piloto *m*
OR *f* de carreras.

racism ['reɪsɪzm] *n* racismo *m*.

racist ['reɪsɪst] ◇ *adj* racista. ◇ *n* racista *m* OR
f.

rack [ræk] ◇ *n* **-1.** [for magazines] revistero *m*;
[for bottles] botellero *m*; [for plates] escurreplatos *m inv*; [for clothes] percha *f* **-2.** [for luggage]
portaequipajes *m inv*. ◇ *vt*: **to be ~ed by** OR
with *literary* estar transido(da) de; **to ~ one's**
brains *UK* devanarse los sesos.

racket ['rækɪt] *n* **-1.** *SPORT* raqueta *f* **-2.** [noise]
jaleo *m*, alboroto *m*, guachafita *f Col & Ven* **-3.**
[swindle] timo *m* **-4.** [illegal activity] negocio *m*
sucio.

racketeering [ˌrækə'tɪərɪŋ] *n* (*U*) *pej* estafa *f*,
timo *m*.

raconteur [ˌrækɒn'tɜːʳ] *n persona que sabe
contar anécdotas*.

racquet ['rækɪt] *n SPORT* = **racket**.

racy ['reɪsɪ] (*compar* **-ier**, *superl* **-iest**) *adj* entre-
tenido(da) y picante.

RADA ['rɑːdə] (*abbr of* **Royal Academy of Dramatic Art**) *n academia británica de arte
dramático*.

radar ['reɪdɑːʳ] *n* radar *m*.

radar trap *n* control *m* de velocidad por
radar.

radial (tyre) ['reɪdjəl-] *n* neumático *m* radial.

radian ['reɪdjən] *n* radián *m*.

radiance ['reɪdjəns] *n* **-1.** [of face, smile] lo
radiante **-2.** *literary* [brilliance] resplandor *m*.

radiant ['reɪdjənt] *adj* **-1.** [happy] radiante **-2.** *literary* [brilliant] resplandeciente.

radiate ['reɪdɪeɪt] ◇ *vt lit & fig* irradiar. ◇ *vi*
-1. [be emitted] ser irradiado(da) **-2.** [spread from
centre] salir, extenderse.

radiation [ˌreɪdɪ'eɪʃn] *n* radiación *f*.

radiation sickness *n* enfermedad *f* causada por la radiación.

radiator ['reɪdɪeɪtəʳ] *n* radiador *m*.

radiator grille *n* rejilla *f* del radiador.

radical ['rædɪkl] ◇ *adj* radical. ◇ *n POL*
radical *m* OR *f*.

radically ['rædɪklɪ] *adv* radicalmente.

radii ['reɪdɪaɪ] *pl* ▻ **radius**.

radio ['reɪdɪəʊ] (*pl* **-s**) ◇ *n* radio *f*, radio *m*

Amér. ◇ *comp* de radio, radiofónico(ca). ◇ *vt* [person] mandar un mensaje por radio a; [message] transmitir por radio.

radioactive [ˌreɪdɪəʊ'æktɪv] *adj* radiactivo(va).

radioactive waste *n* (U) residuos *mpl* radiactivos.

radioactivity [ˌreɪdɪəʊæk'tɪvətɪ] *n* radiactividad *f*.

radio alarm *n* radiodespertador *m*.

radio-controlled [-kən'trəʊld] *adj* teledirigido(da).

radio frequency *n* radiofrecuencia *f*.

radiogram ['reɪdɪəʊˌgræm] *n* [apparatus] radiogramola *f*.

radiographer [ˌreɪdɪ'ɒgrəfə'] *n* radiógrafo *m*, -fa *f*.

radiography [ˌreɪdɪ'ɒgrəfɪ] *n* radiografía *f*.

radiology [ˌreɪdɪ'ɒlədʒɪ] *n* radiología *f*.

radiopaging ['reɪdɪəʊˌpeɪdʒɪŋ] *n* localización *f* por busca.

radio station *n* emisora *f* de radio.

radiotelephone [ˌreɪdɪəʊ'telɪfəʊn] *n* radioteléfono *m*.

radiotherapist [ˌreɪdɪəʊ'θerəpɪst] *n* radioterapeuta *m OR f*.

radiotherapy [ˌreɪdɪəʊ'θerəpɪ] *n* radioterapia *f*.

radish ['rædɪʃ] *n* rábano *m*.

radium ['reɪdɪəm] *n* radio *m*.

radius ['reɪdɪəs] (*pl* radii) *n* [gen & ANAT] radio *m*.

radon ['reɪdɒn] *n* radón *m*.

RAF [ɑːreɪ'ef, ræf] *n abbr of* Royal Air Force.

raffia ['ræfɪə] *n* rafia *f*.

raffish ['ræfɪʃ] *adj* disoluto(ta) pero con encanto.

raffle ['ræfl] ◇ *n* rifa *f*, sorteo *m*. ◇ *comp*: ~ ticket boleto *m*. ◇ *vt* rifar, sortear.

raft [rɑːft] *n* -1. [craft] balsa *f* -2. [large number]: a ~ of policies POL un montón de disposiciones.

rafter ['rɑːftə'] *n* viga *f* (de armadura de tejado).

rag [ræg] *n* -1. [piece of cloth] trapo *m*; it was like a red ~ to a bull era una provocación total -2. *pej* [newspaper] periodicucho *m*.
→ **rags** *npl* [clothes] trapos *mpl*; from ~s to riches de la pobreza a la riqueza.

ragamuffin ['rægəˌmʌfɪn] *n* golfillo *m*, galopín *m*.

rag-and-bone man *n* trapero *m*.

ragbag ['rægbæg] *n pej* batiburrillo *m*.

rag doll *n* muñeca *f* de trapo.

rage [reɪdʒ] ◇ *n* -1. [fury] rabia *f*, ira *f*; to fly into a ~ montar en cólera -2. *inf* [fashion]: the ~ la moda; it's all the ~ es la última moda. ◇ *vi* -1. [behave angrily] estar furioso(sa) -2.

[subj: storm, sea] enfurecerse; [subj: disease] hacer estragos; [subj: argument, controversy] continuar con violencia.

ragga ['rægə] *n* MUS ragga *m*.

ragged ['rægɪd] *adj* -1. [wearing torn clothes] andrajoso(sa), harapiento(ta) -2. [torn] hecho(-cha) jirones -3. [uneven, poor-quality] desigual.

raging ['reɪdʒɪŋ] *adj* terrible.

ragout ['ræguː] *n* ragú *m*.

ragtime ['rægtaɪm] *n* ragtime *m*.

rag trade *n inf*: the ~ la industria del vestir.

rag week *n UK semana en que los universitarios organizan actividades divertidas con fines benéficos.*

raid [reɪd] ◇ *n* -1. [attack] incursión *f* -2. [forced entry - by robbers] asalto *m*; [- by police] redada *f*. ◇ *vt* -1. [attack] atacar por sorpresa -2. [subj: robbers] asaltar; [subj: police] hacer una redada en.

raider ['reɪdə'] *n* -1. [attacker] invasor *m*, -ra *f* -2. [thief] asaltante *m OR f*.

rail [reɪl] ◇ *n* -1. [on staircase] baranda *f*, barandilla *f* -2. [bar] barra *f*; towel ~ toallero *m* -3. (U) [form of transport] ferrocarril *m*; by ~ por ferrocarril -4. [of railway line] carril *m*, riel *m*. ◇ *comp* ferroviario(ria).

railcard ['reɪlkɑːd] *n UK tarjeta que permite algunos descuentos al viajar en tren.*

railing ['reɪlɪŋ] *n* reja *f*.

railway *UK* ['reɪlweɪ], **railroad** *US* ['reɪlrəʊd] *n* -1. [company] ferrocarril *m* -2. [route] línea *f* de ferrocarril.

railway engine *n* locomotora *f*.

railway line *n* [route] línea *f* de ferrocarril; [track] vía *f* férrea.

railwayman ['reɪlweɪmən] (*pl* -men [-mən]) *n UK* ferroviario *m*.

railway station *n* estación *f* de ferrocarril.

railway track *n* vía *f* férrea.

rain [reɪn] ◇ *n* lluvia *f*; in the ~ bajo la lluvia. ◇ *v impers* METEOR llover. ◇ *vi* caer.
→ **rain down** *vi* llover.
→ **rain off** *UK*, **rain out** *US* *vt sep*: to be ~ed off suspenderse a causa de la lluvia.

rainbow ['reɪnbəʊ] *n* arco *m* iris.

rainbow nation *n*: the ~ Sudáfrica.

rain check *n esp US*: I'll take a ~ (on that) no lo quiero ahora, pero igual me apunto la próxima vez.

raincoat ['reɪnkəʊt] *n* impermeable *m*.

raindrop ['reɪndrɒp] *n* gota *f* de lluvia.

rainfall ['reɪnfɔːl] *n* pluviosidad *f*.

rain forest *n* bosque *m* tropical.

rain gauge *n* pluviómetro *m*.

rainproof ['reɪnpruːf] *adj* impermeable.

rainstorm ['reɪnstɔːm] *n* temporal *m* de lluvia.
rainwater ['reɪnˌwɔːtə^r] *n* agua *f* de lluvia.
rainy ['reɪnɪ] (*compar* -**ier**, *superl* -**iest**) *adj* lluvioso(sa).
raise [reɪz] ◇ *vt* -**1.** [lift up] levantar; [flag] izar -**2.** [increase - level] aumentar; **to ~ one's voice** levantar la voz -**3.** [improve] elevar -**4.** [obtain - from donations] recaudar; [- by selling, borrowing] conseguir -**5.** [memory, thoughts] traer, evocar; [doubts, fears] levantar -**6.** [bring up, breed] criar -**7.** [crops] cultivar -**8.** [mention] plantear -**9.** [build] construir, erigir. ◇ *n US* aumento *m*, subida *f*.
raisin ['reɪzn] *n* pasa *f*.
Raj [rɑːdʒ] *n*: **the ~** el imperio británico en la India (*antes de 1947*).
rajah ['rɑːdʒə] *n* rajá *m*.
rake [reɪk] ◇ *n* -**1.** [implement] rastrillo *m* -**2.** *dated* & *literary* [immoral man] calavera *m*. ◇ *vt* -**1.** [smooth] rastrillar -**2.** [gather] recoger con el rastrillo.
◆ **rake in** *vt sep inf* amasar.
◆ **rake up** *vt sep* [sb's past] sacar a relucir.
rake-off *n inf* tajada *f*.
rakish ['reɪkɪʃ] *adj* -**1.** [dissolute] libertino(na), disoluto(ta) -**2.** [jaunty] ladeado(da).
rally ['rælɪ] (*pl* -**ies**, *pt* & *pp* -**ied**) ◇ *n* -**1.** [meeting] mitin *m* -**2.** [car race] rally *m* -**3.** [in tennis etc] peloteo *m*. ◇ *vt* reunir. ◇ *vi* -**1.** [come together] reunirse -**2.** [recover] recuperarse.
◆ **rally round** ◇ *vt fus* formar una piña con. ◇ *vi inf* formar una piña.
rallycross ['rælɪkrɒs] *n* autocross *m inv.*
rallying ['rælɪŋ] *n* rally *m*.
rallying cry *n* grito *m* de guerra.
rallying point *n* punto *m* de encuentro.
ram [ræm] (*pt* & *pp* -**med**, *cont* -**ming**) ◇ *n* carnero *m*. ◇ *vt* -**1.** [crash into] embestir -**2.** [force] embutir -**3.** *phr*: **to ~ sthg home** dejar algo bien claro.
RAM [ræm] (*abbr of* **random access memory**) *n* COMPUT RAM *f*.
Ramadan [ˌræmə'dæn] *n* ramadán *m*.
ramble ['ræmbl] ◇ *n* paseo *m* por el campo. ◇ *vi* -**1.** [walk] pasear -**2.** [talk] divagar.
◆ **ramble on** *vi* divagar sin parar.
rambler ['ræmblə^r] *n* [walker] excursionista *m OR f*.
rambling ['ræmblɪŋ] *adj* -**1.** [building, house] laberíntico(ca) -**2.** [speech, writing] incoherente.
RAMC (*abbr of* **Royal Army Medical Corps**) *n cuerpo médico de las fuerzas armadas británicas.*
ramekin ['ræmɪkɪn] *n* recipiente *m* individual para el horno.

ramification [ˌræmɪfɪ'keɪʃn] *n* ramificación *f*.
ramp [ræmp] *n* -**1.** [slope] rampa *f* -**2.** AUT [in road] rompecoches *m inv.*
rampage [ræm'peɪdʒ] ◇ *n*: **to go on the ~** desbandarse. ◇ *vi* desbandarse.
rampant ['ræmpənt] *adj* desenfrenado(da).
ramparts ['ræmpɑːts] *npl* murallas *fpl.*
ramshackle ['ræmˌʃækl] *adj* destartalado(da).
ran [ræn] *pt* ▷ **run**.
ranch [rɑːntʃ] *n* rancho *m*.
rancher ['rɑːntʃə^r] *n* ranchero *m*, -ra *f*.
ranch house *n US* -**1.** [house on ranch] hacienda *f*, estancia *f* -**2.** [ranch-style house] rancho *m*.
rancid ['rænsɪd] *adj* rancio(cia).
rancour UK, **rancor** US ['ræŋkə^r] *n* rencor *m*.
random ['rændəm] ◇ *adj* -**1.** [arbitrary] hecho(cha) al azar -**2.** TECH aleatorio(ria). ◇ *n*: **at ~** al azar.
random access memory *n* COMPUT memoria *f* de acceso aleatorio.
randomly ['rændəmlɪ] *adv* al azar.
R and R (*abbr of* **rest and recreation**) *n US permiso militar.*
randy ['rændɪ] (*compar* -**ier**, *superl* -**iest**) *adj inf* cachondo(da), caliente.
rang [ræŋ] *pt* ▷ **ring**.
range [reɪndʒ] (*cont* **rangeing**) ◇ *n* -**1.** [of missile, telescope] alcance *m*; [of ship, plane] autonomía *f*; **to be out of/within ~** estar fuera del/al alcance; **at close ~** de cerca -**2.** [variety] gama *f* -**3.** [of prices, salaries] escala *f* -**4.** [of mountains] cordillera *f* -**5.** [shooting area] campo *m* de tiro -**6.** [of voice] registro *m*. ◇ *vt* alinear. ◇ *vi* -**1.** [vary]: **to ~ from ... to ...**, **to ~ between ... and ...** oscilar OR fluctuar entre ... y ...; **prices ~ing from $20 to $100** precios que van desde veinte hasta cien dólares -**2.** [deal with, include]: **to ~ over sthg** comprender algo.
ranger ['reɪndʒə^r] *n* guardabosques *m y f inv.*
Rangoon [ræŋ'guːn] *n* Rangún *n*.
rangy ['reɪndʒɪ] (*compar* -**ier**, *superl* -**iest**) *adj* zancudo(da).
rank [ræŋk] ◇ *adj* -**1.** [utter, absolute - bad luck, outsider] absoluto(ta); [- disgrace, injustice] flagrante -**2.** [foul] pestilente. ◇ *n* -**1.** [position, grade] grado *m*, rango *m*; **to pull ~** abusar de su autoridad -**2.** [social class] clase *f*, categoría *f*; **the ~ and file** las bases -**3.** [row] fila *f*, hilera *f*; **to close ~s** cerrar filas. ◇ *vt* -**1.** [class]: **to be ~ed** estar clasificado(da) -**2.** *US* [outrank] ser de más alta graduación que. ◇ *vi*: **to ~ as** estar considerado(da) (como); **to ~ among** encontrarse entre.
◆ **ranks** *npl* -**1.** MIL: **the ~s** los soldados rasos -**2.** *fig* [members] filas *fpl.*

ranking ['ræŋkɪŋ] <> n clasificación f. <> adj US de alta graduación.

rankle ['ræŋkl] vi doler.

ransack ['rænsæk] vt [search] registrar a fondo; [plunder] saquear.

ransom ['rænsəm] n rescate m; **to hold sb to ~** fig hacer chantaje a alguien.

rant [rænt] vi despotricar.

ranting ['ræntɪŋ] n despotrique m.

rap [ræp] <> (pt & pp **-ped**, cont **-ping**) <> n **-1.** [knock] golpecito m **-2.** [type of music] rap m **-3.** US [legal charge] acusación f; **~ sheet** antecedentes mpl penales **-4.** phr: **to take the ~** pagar el pato. <> vt dar un golpecito en. <> vi **-1.** [knock]: **to ~ on sthg** dar golpecitos en algo **-2.** [sing rap music] cantar rap.

rapacious [rə'peɪʃəs] adj fml [greedy] rapaz.

rape [reɪp] <> n **-1.** [crime] violación f **-2.** [of countryside etc] destrucción f **-3.** BOT colza f. <> vt **-1.** [person] violar **-2.** [countryside etc] destruir.

rapeseed oil ['reɪpsi:d-] n aceite m de colza.

rapid ['ræpɪd] adj rápido(da).
➧ **rapids** npl rápidos mpl.

rapid-fire adj **-1.** MIL [gun] de tiro rápido **-2.** fig [spoken quickly] lanzado uno tras otro (lanzada una tras otra).

rapidity [rə'pɪdətɪ] n rapidez f.

rapidly ['ræpɪdlɪ] adv rápidamente.

rapist ['reɪpɪst] n violador m, -ra f.

rapper ['ræpə'] n rapero m, -ra f.

rapport [ræ'pɔ:'] n compenetración f; **to have a ~ with sb** compenetrarse con alguien.

rapprochement [ræ'prɒʃmɑ̃] n acercamiento m.

rapt [ræpt] adj absorto(ta), ensimismado(da).

rapture ['ræptʃə'] n arrebato m, arrobamiento m; **to go into ~s over** OR **about** deshacerse en elogios a.

rapturous ['ræptʃərəs] adj muy entusiasta.

rare [reə'] adj **-1.** [scarce] poco común, raro(ra) **-2.** [infrequent] poco frecuente, raro(ra) **-3.** [exceptional] raro(ra), excepcional **-4.** CULIN poco hecho(cha).

rarefied ['reərɪfaɪd] adj **-1.** [exalted] exclusivo(va), elevado(da) **-2.** [lacking in oxygen] enrarecido(da).

rarely ['reəlɪ] adv raras veces.

rareness ['reənɪs] n **-1.** [scarcity] rareza f **-2.** [infrequency] infrecuencia f.

raring ['reərɪŋ] adj: **to be ~ to go** estar ansioso(sa) por empezar.

rarity ['reərətɪ] (pl **-ies**) n rareza f.

rascal ['rɑ:skl] n pícaro m, -ra f.

rash [ræʃ] <> adj precipitado(da). <> n **-1.** MED

erupción f (cutánea), sarpullido m, jiote m Méx **-2.** [spate] aluvión m.

rasher ['ræʃə'] n loncha f.

rashly ['ræʃlɪ] adv precipitadamente.

rashness ['ræʃnɪs] n precipitación f, impetuosidad f.

rasp [rɑ:sp] <> n **-1.** [harsh sound] chirrido m **-2.** [tool] lima f gruesa. <> vi [subj: person] hablar con voz áspera y estridente; [subj: voice] tener un sonido áspero y estridente.

raspberry ['rɑ:zbərɪ] (pl **-ies**) n **-1.** [fruit] frambuesa f **-2.** [rude sound] pedorreta f.

rasping ['rɑ:spɪŋ] adj áspero(ra) y estridente.

rasta ['ræstə] n inf rasta m OR f.

rastafarian [,ræstə'feərɪən] n rastafari m OR f.

rat [ræt] n **-1.** [animal] rata f; **I smell a ~** aquí hay gato encerrado **-2.** pej [person] canalla m OR f.

ratatouille [,rætə'twi:] n ≃ pisto m.

ratbag ['rætbæg] n UK pej granuja m OR f.

ratchet ['rætʃɪt] n trinquete m.

rate [reɪt] <> n **-1.** [speed] ritmo m; **at this ~** a este paso **-2.** [of birth, death] índice m; [of unemployment, inflation] tasa f **-3.** [price] precio m, tarifa f; [of interest] tipo m. <> vt **-1.** [consider]: **to ~ sthg/sb (as/among)** considerar algo/a alguien (como/entre); **to ~ sthg/sb highly** tener una buena opinión de algo/alguien **-2.** UK inf [have good opinion of] valorar mucho **-3.** [deserve] merecer.
➧ **rates** npl UK ≃ contribución f urbana.
➧ **at any rate** adv **-1.** [at least] al menos **-2.** [anyway] de todos modos.

rateable value ['reɪtəbl-] n UK valor m catastral.

rate of exchange n (tipo m de) cambio m.

ratepayer ['reɪt,peɪə'] n UK contribuyente m OR f.

rather ['rɑ:ðə'] adv **-1.** [to quite a large extent] bastante; **I ~ thought so** eso es lo que pensaba **-2.** [to a great extent] muy; **it's ~ good** está buenísimo **-3.** [to a limited extent] algo; **he's ~ like you** se parece (en) algo a ti **-4.** [as preference]: **I would ~ wait** preferiría esperar; **I'd ~ not stay** prefiero no quedarme; **would you like to come? – I'd ~ not** ¿quieres venir? – mejor no **-5.** [more exactly]: **or ~ ...** o más bien ..., o mejor dicho ... **-6.** [on the contrary]: **(but) ~ ...** (sino) más bien OR por el contrario ...
➧ **rather than** conj en vez de.

ratification [,rætɪfɪ'keɪʃn] n ratificación f.

ratify ['rætɪfaɪ] (pt & pp **-ied**) vt ratificar.

rating ['reɪtɪŋ] n **-1.** [standing] clasificación f **-2.** UK [sailor] marinero m.
➧ **ratings** npl índices mpl de audiencia.

ratio ['reɪʃɪəʊ] (pl **-s**) n proporción f, relación f.

ration ['ræʃn] <> n ración f. <> vt racionar.
➡ **rations** npl [supplies] víveres mpl.

rational ['ræʃənl] adj racional.

rationale [ˌræʃə'nɑːl] n lógica f, razones fpl.

rationalization [ˌræʃənəlaɪ'zeɪʃn] n racionalización f.

rationalize, -ise ['ræʃənəlaɪz] vt racionalizar.

rationing ['ræʃəniŋ] n racionamiento m.

rat race n mundo despiadadamente competitivo de los negocios.

rattle ['rætl] <> n -**1.** [of engine, metal] traqueteo m; [of chains] crujido m; [of glass] tintineo m; [of typewriter] repiqueteo m -**2.** [for baby] sonajero m. <> vt -**1.** [make rattle] hacer sonar -**2.** [unsettle] desconcertar. <> vi golpetear; [chains] crujir; [glass] tintinear.
➡ **rattle off** vt sep decir de corrido.
➡ **rattle on** vi: to ~ on (about) hablar sin parar (sobre).
➡ **rattle through** vt fus acabar en un santiamén.

rattlesnake ['rætlsneɪk], **rattler** US ['rætlə'] n serpiente f de cascabel.

ratty ['rætɪ] (compar -ier, superl -iest) adj inf -**1.** UK [in bad mood] picajoso(sa), irritable -**2.** US [in bad condition - person] desastrado(da); [- thing] destartalado(da).

raucous ['rɔːkəs] adj ronco(ca) y estridente.

raunchy ['rɔːntʃɪ] (compar -ier, superl -iest) adj sexy (inv).

ravage ['rævɪdʒ] vt estragar, asolar.
➡ **ravages** npl estragos mpl.

rave [reɪv] <> adj muy entusiasta. <> n [party] macrofiesta f tecno. <> vi -**1.** [talk angrily]: to ~ at sb increpar a alguien; to ~ against sb/sthg despotricar contra alguien/algo -**2.** [talk enthusiastically]: to ~ about sthg deshacerse en alabanzas sobre algo.

raven ['reɪvn] <> adj negro azabache. <> n cuervo m.

ravenous ['rævənəs] adj [person, animal] famélico(ca), hambriento(ta); [appetite] voraz.

raver ['reɪvə'] n -**1.** [person at a rave] aficionado m, -da f al bakalao -**2.** UK inf [person who is always partying] juerguista m or f.

rave-up n UK inf juerga f.

ravine [rə'viːn] n barranco m.

raving ['reɪvɪŋ] adj [lunatic] de atar; [fantasy] delirante.
➡ **ravings** npl desvaríos mpl.

ravioli [ˌrævɪ'əʊlɪ] n (U) raviolis mpl.

ravish ['rævɪʃ] vt [enchant] embelesar.

ravishing ['rævɪʃɪŋ] adj [sight, beauty] de ensueño; [person] bellísimo(ma).

raw [rɔː] adj -**1.** [uncooked] crudo(da) -**2.** [untreated - silk] crudo(da); [- sewage] sin tratar; [- cane sugar] sin refinar -**3.** [painful - wound] en carne viva -**4.** [inexperienced] novato(ta) -**5.** [cold] crudo(da), frío(a).

raw deal n: to get a ~ recibir un trato injusto.

raw material n materia f prima.

ray [reɪ] n rayo m; ~ of hope resquicio m de esperanza.

rayon ['reɪɒn] n rayón m.

raze [reɪz] vt destruir por completo, arrasar.

razor ['reɪzə'] n [wet shaver] navaja f; [electric machine] maquinilla f de afeitar.

razor blade n hoja f de afeitar.

razor-sharp adj -**1.** [very sharp] muy afilado(da) -**2.** fig [very quick] muy agudo(da).

razor-shell n [mollusc] navaja f.

razzle ['ræzl] n UK inf: to go on the ~ irse de juerga.

razzmatazz ['ræzəmətæz] n inf revuelo m.

R & B n abbr of rhythm and blues.

RC abbr of Roman Catholic.

RCAF (abbr of Royal Canadian Air Force) n fuerzas aéreas canadienses.

RCMP (abbr of Royal Canadian Mounted Police) n policía montada de Canadá.

RCN n -**1.** (abbr of Royal College of Nursing) sindicato británico de enfermeras -**2.** (abbr of Royal Canadian Navy) armada canadiense.

Rd abbr of road.

R & D (abbr of research and development) n I + D f.

RDA (abbr of recommended daily allowance) n cantidad diaria recomendada.

re [riː] prep Ref.

RE n (abbr of religious education) religión f.

reach [riːtʃ] <> n alcance m; he has a long ~ tiene los brazos largos; within (sb's) ~ [easily touched] al alcance (de alguien); [easily travelled to] a poco distancia (de alguien); out of or beyond sb's ~ fuera del alcance de alguien. <> vt -**1.** [gen] alcanzar, llegar a; to ~ an agreement/a decision llegar a un acuerdo/una decisión; to ~ an objective alcanzar un objetivo -**2.** [arrive at - place etc] llegar a -**3.** [get by stretching - object, shelf] alcanzar -**4.** [contact] localizar, contactar con. <> vi: I can't ~ no llego; to ~ out/across alargar la mano; to ~ down agacharse.
➡ **reaches** npl [of river]: upper lower ~es parte f alta/baja.

reachable ['riːtʃəbl] adj -**1.** [place] accesible -**2.** [person, organization] localizable; he's ~ by phone se le puede contactar por teléfono.

react [rɪ'ækt] vi -1. [respond]: **to ~ (to)** reaccionar (a OR ante) -2. [rebel]: **to ~ against** reaccionar en contra de -3. CHEM: **to ~ with** reaccionar con -4. MED: **to ~ to sthg** sufrir una reacción por algo.

reaction [rɪ'ækʃn] n: **~ (to/against)** reacción f (a/contra).

reactionary [rɪ'ækʃənrɪ] <> adj reaccionario(ria). <> n reaccionario m, -ria f.

reactivate [rɪ'æktɪveɪt] vt reactivar.

reactor [rɪ'æktər] n reactor m.

read [ri:d] (pt & pp read [red]) <> vt -1. [gen & COMPUT] leer; **she can't ~ my writing** no entiende mi letra -2. [subj: sign, words] poner, decir -3. [subj: thermometer, meter etc] marcar -4. [interpret] interpretar -5. UK UNIV estudiar. <> vi -1. [person] leer -2. [read aloud]: **to ~ to sb** leerle a alguien -3. [piece of writing]: **to ~ well** estar bien escrito. <> n: **to be a good ~** ser una lectura amena; **to give sthg a ~** leer algo.
➤ **read into** vt sep: **I wouldn't ~ too much into it** no le des demasiada importancia.
➤ **read out** vt sep leer en voz alta.
➤ **read through** vt sep leer.
➤ **read up on** vt fus leer OR documentarse sobre.

readable ['ri:dəbl] adj ameno(na).

readdress [ˌri:ə'dres] vt reexpedir.

reader ['ri:dər] n -1. [person who reads] lector m, -ra f -2. COMPUT lector m.

readership ['ri:dəʃɪp] n [total number of readers] lectores mpl.

readily ['redɪlɪ] adv -1. [willingly] de buena gana -2. [easily] fácilmente.

readiness ['redɪnɪs] n -1. [preparation]: **to be in a state of ~** estar preparado(da) -2. [willingness]: **~ (to do sthg)** buena disposición f (para hacer algo).

reading ['ri:dɪŋ] n -1. [gen] lectura f -2. [recital] recital m.

reading lamp n flexo m.

reading material n lectura f.

reading room n sala f de lectura.

readjust [ˌri:ə'dʒʌst] <> vt reajustar. <> vi: **to ~ (to)** volverse a adaptar (a).

readmit [ˌri:əd'mɪt] vt readmitir.

readout ['ri:daʊt] n COMPUT visualización f.

read-through [ri:d-] n: **to give sthg a ~** leer algo.

ready ['redɪ] (pt & pp -ied) <> adj -1. [prepared] listo(ta), preparado(da); **to be ~ for sthg/to do sthg** estar listo para algo/para hacer algo; **to get ~** [prepare] prepararse; [for going out] arreglarse -2. [willing]: **to be ~ to do sthg** estar dispuesto(ta) a hacer algo -3. [in need

of]: **to be ~ for sthg** necesitar algo -4. [likely]: **to be ~ to do sthg** estar a punto de hacer algo -5. [smile] pronto(ta). <> vt preparar; **to ~ o.s. for sthg** prepararse para algo.

ready cash n dinero m contante.

ready-made adj -1. [products] hecho(cha); [clothes] confeccionado(da) -2. fig [excuse etc] a la medida.

ready money n dinero m contante.

ready-to-wear adj confeccionado(da).

reaffirm [ˌri:ə'fɜ:m] vt reafirmar.

reafforest [ˌri:ə'fɒrɪst] vt repoblar con árboles.

reafforestation ['ri:əˌfɒrɪ'steɪʃn] n repoblación f forestal.

real ['rɪəl] <> adj -1. [not imagined, actual] real; **the ~ thing** lo auténtico; **this isn't a joke, it's the ~ thing** esto no va en broma, va en serio; **for ~** de verdad; **in ~ terms** en términos reales -2. [genuine, proper] auténtico(ca); **a ~ friend** un amigo de verdad. <> adv US muy.

real ale n UK cerveza f hecha a la manera tradicional.

real estate n propiedad f inmobiliaria.

real estate agent n US agente inmobiliario m, agente inmobiliaria f.

realign [ˌri:ə'laɪn] vt volver a alinear.

realignment [ˌri:ə'laɪnmənt] n nueva alineación f.

realism ['rɪəlɪzm] n realismo m.

realist ['rɪəlɪst] n realista m OR f.

realistic [ˌrɪə'lɪstɪk] adj realista; **to be ~ about** ser realista acerca de.

realistically [ˌrɪə'lɪstɪklɪ] adv -1. [pragmatically speaking] para ser realistas -2. [accurately] con realismo.

reality [rɪ'ælətɪ] (pl -ies) n realidad f; **in ~** en realidad.

reality TV n (U) reality shows mpl.

realization [ˌrɪəlaɪ'zeɪʃn] n -1. [recognition] comprensión f -2. [achievement] consecución f.

realize, -ise ['rɪəlaɪz] vt -1. [become aware of] darse cuenta de; **I ~ it isn't easy** ya sé que no es fácil -2. [produce, achieve, make profit of] realizar.

reallocate [ˌri:'æləkeɪt] vt redistribuir.

really ['rɪəlɪ] <> adv -1. [for emphasis] de verdad; **~ good** buenísimo; **~ bad** malísimo; **did you like it? – not ~** ¿te gustó? – la verdad es que no -2. [actually, honestly] realmente, en realidad -3. [to sound less negative] en realidad. <> excl -1. [expressing doubt]: **~?** [in affirmatives] ¿ah sí?; [in negatives] ¿ah no? -2. [expressing surprise, disbelief]: **really?** ¿de verdad?, ¿seguro? -3. [expressing anger]: **really!** ¡hay que ver!

realm [relm] n -1. [field] campo m, esfera f -2.

[kingdom] reino *m*.

real-time *adj COMPUT* en tiempo real.

realtor ['rɪəltər] *n US* agente inmobiliario *m*, agente inmobiliaria *f*.

ream [riːm] *n* resma *f*.
➤ **reams** *npl* montones *mpl*.

reamer ['riːmə'] *n US* exprimidor de cítricos hecho de madera.

reap [riːp] *vt lit & fig* cosechar.

reappear [ˌriːə'pɪə'] *vi* reaparecer.

reappearance [ˌriːə'pɪərəns] *n* reaparición *f*.

reapply [ˌriːə'plaɪ] (*pt & pp* -ied) *vi*: to ~ (for) volver a presentar una solicitud (para).

reappraisal [ˌriːə'preɪzl] *n* revaluación *f*.

reappraise [ˌriːə'preɪz] *vt* replantear, reexaminar.

rear [rɪə'] ⬦ *adj* trasero(ra), de atrás. ⬦ *n* **-1.** [back] parte *f* de atrás; **to be at the** ~ estar al final; **to bring up the** ~ cerrar la marcha **-2.** *inf* [bottom] trasero *m*. ⬦ *vt* criar. ⬦ *vi*: to ~ (up) encabritarse.

rear admiral *n* contraalmirante *m*.

rear-end *vt US* chocar contra la parte trasera de.

rearguard action ['rɪəgɑːd-] *n*: **to fight a** ~ *MIL* atacar desde la retaguardia; *fig* emprender una última tentativa.

rear light *n* luz *f* trasera, calaveras *fpl Méx*.

rearm [riː'ɑːm] ⬦ *vt* rearmar. ⬦ *vi* rearmarse.

rearmament [riː'ɑːməmənt] *n* rearme *m*.

rearmost ['rɪəməʊst] *adj* último(ma).

rearrange [ˌriːə'reɪndʒ] *vt* **-1.** [room, furniture] colocar de otro modo; [system, plans] reorganizar **-2.** [meeting] volver a concertar.

rearrangement [ˌriːə'reɪndʒmənt] *n* [reorganization] reorganización *f*.

rearview mirror ['rɪəvjuː-] *n* (espejo *m*) retrovisor *m*.

reason ['riːzn] ⬦ *n* **-1.** [cause]: ~ (for) razón *f* (de); **I don't know the** ~ **why** no sé por qué; **by** ~ **of** *fml* a causa de; **for some** ~ por alguna razón **-2.** [justification]: **to have** ~ **to do sthg** tener motivos para hacer algo **-3.** [rationality] razón *f*; **it stands to** ~ es lógico; **to listen to** ~ avenirse a razones. ⬦ *vt & vi* razonar.
➤ **reason with** *vt fus* razonar con.

reasonable ['riːznəbl] *adj* razonable.

reasonably ['riːznəblɪ] *adv* razonablemente.

reasoned ['riːznd] *adj* razonado(da).

reasoning ['riːznɪŋ] *n* razonamiento *m*.

reassemble [ˌriːə'sembl] ⬦ *vt* **-1.** [reconstruct] volver a montar **-2.** [regroup] reagrupar. ⬦ *vi* reagruparse.

reassess [ˌriːə'ses] *vt* revaluar, reconsiderar.

reassessment [ˌriːə'sesmənt] *n* revaluación *f*.

reassurance [ˌriːə'ʃɔːrəns] *n* **-1.** *(U)* [comfort] palabras *fpl* tranquilizadoras **-2.** [promise] promesa *f*.

reassure [ˌriːə'ʃɔː'] *vt* tranquilizar.

reassuring [ˌriːə'ʃɔːrɪŋ] *adj* tranquilizador(ra).

reawaken [ˌriːə'weɪkn] *vt* volver a despertar.

rebate ['riːbeɪt] *n* **-1.** [refund] devolución *f* **-2.** [discount] bonificación *f*.

rebel [*n* 'rebl, *vb* rɪ'bell] (*pt & pp* -led, *cont* -ling) ⬦ *n* rebelde *m or f*. ⬦ *vi*: **to** ~ (against) rebelarse (contra), alebrestarse (contra) *Col*, *Méx & Ven*.

rebellion [rɪ'beljən] *n* rebelión *f*.

rebellious [rɪ'beljəs] *adj* rebelde.

rebirth [ˌriː'bɜːθ] *n* renacimiento *m*.

reboot [ˌriː'buːt] *vt COMPUT* reinicializar.

rebound [*n* 'riːbaʊnd, *vb* ˌriː'baʊnd] ⬦ *n*: **on the** ~ [ball] de rebote *m*; **to marry on the** ~ casarse por despecho. ⬦ *vi* **-1.** [bounce back] rebotar **-2.** [harm]: **to** ~ **on** *OR* **upon sb** volverse contra alguien.

rebuff [rɪ'bʌf] ⬦ *n* [slight] desaire *m*; [refusal] negativa *f*. ⬦ *vt* [slight] desairar; [reject] rechazar.

rebuild [ˌriː'bɪld] (*pt & pp* -built) *vt* reconstruir.

rebuke [rɪ'bjuːk] ⬦ *n* reprimenda *f*. ⬦ *vt*: **to** ~ **sb (for)** reprender a alguien (por).

rebut [riː'bʌt] (*pt & pp* -ted, *cont* -ting) *vt* rebatir, refutar.

rebuttal [riː'bʌtl] *n* refutación *f*.

rec. *abbr of* **received**.

recalcitrant [rɪ'kælsɪtrənt] *adj* recalcitrante.

recall [rɪ'kɔːl] ⬦ *n* **-1.** [memory] memoria *f* **-2.** [change]: **beyond** ~ inalterable. ⬦ *vt* **-1.** [remember] recordar, acordarse de **-2.** [ambassador] retirar; [goods] retirar del mercado.

recant [rɪ'kænt] ⬦ *vt* [statement, opinion] retractarse de. ⬦ *vi* [deny statement] retractarse; [deny religion] renegar de la fe.

recap ['riːkæp] (*pt & pp* -ped, *cont* -ping) *inf* ⬦ *n* resumen *m*, recapitulación *f*. ⬦ *vt* **-1.** [summarize] recapitular, resumir **-2.** *US* [tyre] recauchutar. ⬦ *vi* recapitular, resumir.

recapitulate [ˌriːkə'pɪtjʊleɪt] *vt & vi* recapitular, resumir.

recapture [ˌriː'kæptʃə'] ⬦ *n* reconquista *f*. ⬦ *vt* **-1.** [experience again] revivir, volver a experimentar **-2.** *MIL* [regain] reconquistar, volver a tomar **-3.** [criminal] volver a detener.

recd, rec'd (*abbr of* **received**) rbdo.

recede [riː'siːd] *vi* **-1.** [person, car] alejarse; [coastline] retroceder **-2.** *fig* [disappear] esfumarse **-3.** [hair]: **his hair is receding** empieza a tener entradas.

receding [rɪ'si:dɪŋ] *adj* [chin, forehead] hundida; **to have a ~ hairline** tener entradas.

receipt [rɪ'si:t] *n* recibo *m*; **to acknowledge ~** acusar recibo.

➡ **receipts** *npl* recaudación *f*.

receivable [rɪ'si:vəbl] *adj* **-1.** [able to be received] admisible **-2.** [liable for payment] por cobrar.

receive [rɪ'si:v] <> *vt* **-1.** [gen] recibir; **I ~d a fine** me pusieron una multa **-2.** [reaction] tener; [injury, setback] sufrir **-3.** [greet]: **to be well/badly ~d** tener una buena/mala acogida. <> *vi* [in tennis etc] restar.

receiver [rɪ'si:və'] *n* **-1.** [of telephone] auricular *m* **-2.** [radio, TV set] receptor *m* **-3.** [criminal] perista *m* OR *f*, receptador *m*, -ra *f* **-4.** FIN síndico *m*, -ca *f*.

receivership [rɪ'si:vəʃɪp] *n* bancarrota *f*.

receiving end [rɪ'si:vɪŋ-] *n*: **to be on the ~ (of)** ser la víctima (de).

recent ['ri:snt] *adj* reciente.

recently ['ri:sntlɪ] *adv* recientemente.

receptacle [rɪ'septəkl] *n* receptáculo *m*.

reception [rɪ'sepʃn] *n* **-1.** [gen] recepción *f* **-2.** [welcome] recibimiento *m*.

reception centre *n* centro *m* de acogida.

reception class *n* UK primer curso *m* de primaria.

reception desk *n* recepción *f*.

receptionist [rɪ'sepʃənɪst] *n* recepcionista *m* OR *f*.

reception room *n* salón *m*.

receptive [rɪ'septɪv] *adj* receptivo(va); **to be ~ to sthg** estar abierto a algo.

recess ['ri:ses, UK rɪ'ses] *n* **-1.** [vacation] periodo *m* vacacional; **to be in ~** estar clausurado(da); **to go into ~** suspender las sesiones **-2.** [alcove] nicho *m*, hueco *m* **-3.** US SCH recreo *m*.

➡ **recesses** *npl* [of mind, heart] recovecos *mpl*; [of building] escondrijos *mpl*.

recessed ['ri:sest, UK rɪ'sest] *adj* empotrado(da).

recession [rɪ'seʃn] *n* recesión *f*.

recessionary [rɪ'seʃənrɪ] *adj* recesivo(va).

recessive [rɪ'sesɪv] *adj* BIOL recesivo(va).

recharge [ˌri:'tʃɑ:dʒ] *vt* recargar.

rechargeable [ˌri:'tʃɑ:dʒəbl] *adj* recargable.

recipe ['resɪpɪ] *n* CULIN & *fig* receta *f*.

recipient [rɪ'sɪpɪənt] *n* [of letter, cheque] destinatario *m*, -ria *f*.

reciprocal [rɪ'sɪprəkl] *adj* recíproco(ca).

reciprocate [rɪ'sɪprəkeɪt] <> *vt* corresponder a. <> *vi* corresponder.

recital [rɪ'saɪtl] *n* recital *m*.

recitation [ˌresɪ'teɪʃn] *n* recitación *f*.

recite [rɪ'saɪt] *vt* **-1.** [poem] recitar **-2.** [list] enumerar.

reckless ['reklɪs] *adj* [gen] imprudente; [driver, driving] temerario(ria).

recklessness ['reklɪsnɪs] *n* imprudencia *f*.

reckon ['rekn] *vt* **-1.** *inf* [think]: **to ~ (that)** pensar que **-2.** [consider, judge]: **to be ~ed to be sthg** ser considerado(da) algo **-3.** [expect]: **to ~ to do sthg** esperar hacer algo **-4.** [calculate] calcular.

➡ **reckon on** *vt fus* contar con.

➡ **reckon with** *vt fus* **-1.** [expect] contar con **-2.** [face, deal with]: **he/she *etc* is a force to be ~ed with** es alguien a tener muy en cuenta.

➡ **reckon without** *vt fus* no contar con.

reckoning ['rekənɪŋ] *n* [calculation] cálculo *m*; **by my ~** según mis cálculos.

reclaim [rɪ'kleɪm] *vt* **-1.** [claim back] reclamar **-2.** [recover] recuperar; **to ~ land from the sea** ganarle tierra al mar.

reclamation [ˌreklə'meɪʃn] *n* [of land] conversión *f* en terreno utilizable.

recline [rɪ'klaɪn] *vi* reclinarse.

reclining [rɪ'klaɪnɪŋ] *adj* [seat] reclinable.

recluse [rɪ'klu:s] *n* solitario *m*, -ria *f*.

reclusive [rɪ'klu:sɪv] *adj* solitario(ria), retraído(da).

recognition [ˌrekəg'nɪʃn] *n* reconocimiento *m*; **to have changed beyond** OR **out of all ~** estar irreconocible; **in ~ of** en reconocimiento a.

recognizable ['rekəgnaɪzəbl] *adj* reconocible.

recognize, -ise ['rekəgnaɪz] *vt* reconocer.

recoil [*vb* rɪ'kɔɪl, *n* 'ri:kɔɪl] <> *vi* **-1.** [draw back] retroceder, echarse atrás **-2.** *fig* [shrink from]: **to ~ from** OR **at sthg** [truth, bad news] esquivar OR rehuir algo; [idea, suggestion] estremecerse ante algo. <> *n* [of gun] retroceso *m*.

recollect [ˌrekə'lekt] *vt* & *vi* recordar.

recollection [ˌrekə'lekʃn] *n* recuerdo *m*; **I have no ~ of it** no lo recuerdo.

recommence [ˌri:kə'mens] *vt* & *vi* recomenzar.

recommend [ˌrekə'mend] *vt* recomendar.

recommendation [ˌrekəmen'deɪʃn] *n* recomendación *f*.

recommended retail price [ˌrekə'mendɪd-] *n* precio *m* recomendado.

recompense ['rekəmpens] <> *n*: **~ (for)** compensación *f* OR indemnización *f* (por). <> *vt*: **to ~ sb (for)** recompensar a alguien (por).

reconcile ['rekənsaɪl] *vt* **-1.** [find agreement between] conciliar; **to ~ sthg with** hacer compatible algo con **-2.** [make friendly again] reconciliar; **to be ~d with sb** reconciliarse con alguien **- 3.** [accept]: **to ~ o.s.** to resignarse a.

reconciliation [ˌrekənsɪlɪ'eɪʃn] n **-1.** [accommodation] conciliación f **- 2.** [forgiveness] reconciliación f.

recondite ['rekəndaɪt] adj fml abstruso(sa).

reconditioned [ˌriːkən'dɪʃnd] adj reparado(da).

reconnaissance [rɪ'kɒnɪsəns] n reconocimiento m.

reconnect [ˌriːkə'nekt] vt volver a conectar.

reconnoitre UK, **reconnoiter** US [ˌrekə'nɔɪtəʳ] <> vt reconocer. <> vi hacer un reconocimiento.

reconsider [ˌriːkən'sɪdəʳ] vt & vi reconsiderar.

reconstitute [ˌriː'kɒnstɪtjuːt] vt **- 1.** [re-form] reconstituir **- 2.** [dried food] rehidratar.

reconstruct [ˌriːkən'strʌkt] vt **-1.** [building, crime] reconstruir **- 2.** [system, policy] rehacer.

reconstruction [ˌriːkən'strʌkʃn] n reconstrucción f.

reconvene [ˌriːkən'viːn] <> vt convocar de nuevo. <> vi volver a reunirse.

record [n & adj 'rekɔːd, vb rɪ'kɔːd] <> n **-1.** [of event, piece of information & COMPUT] registro m; [of meeting] actas fpl; **on ~** [on file] archivado; [ever recorded] de que se tiene constancia; **to go/be on ~ as saying that ...** declarar/haber declarado públicamente que ...; **off the ~** confidencial **- 2.** [vinyl disc] disco m **- 3.** [best achievement] récord m **- 4.** [past results] resultados mpl **- 5.** HIST historial m; **criminal ~** antecedentes mpl penales; **school ~** expediente m académico **- 6.** phr: **to set** OR **put the ~ straight** dejar las cosas bien claras. <> vt **-1.** [write down] anotar **- 2.** [document] documentar **- 3.** [put on tape] grabar. <> vi grabar. <> adj récord (inv).

record-breaking adj que rompe todos los récords.

record company n compañía f discográfica.

recorded delivery [rɪ'kɔːdɪd-] n correo m certificado.

recorder [rɪ'kɔːdəʳ] n **-1.** [machine] grabadora f **- 2.** [musical instrument] flauta f.

record holder n plusmarquista m OR f.

recording [rɪ'kɔːdɪŋ] n grabación f.

recording studio n estudio m de grabación.

record library n fonoteca f.

record player n tocadiscos m inv.

recount [n 'riːkaʊnt, vt sense 1 rɪ'kaʊnt, sense 2 ˌriː'kaʊnt] <> n segundo recuento m. <> vt **-1.** [narrate] narrar **- 2.** [count again] volver a contar.

recoup [rɪ'kuːp] vt recuperar.

recourse [rɪ'kɔːs] n fml: **to have ~ to** recurrir a.

recover [rɪ'kʌvəʳ] <> vt **-1.** [retrieve, recoup] recuperar **- 2.** [regain - calm etc] recobrar; **to ~ o.s.** reponerse. <> vi: **to ~ (from)** recuperarse (de).

recoverable [rɪ'kʌvrəbl] adj FIN recuperable.

recovery [rɪ'kʌvərɪ] (pl -ies) n recuperación f.

recovery vehicle n UK grúa f.

recreate [ˌriːkrɪ'eɪt] vt [reproduce] recrear.

recreation [ˌrekrɪ'eɪʃn] n [leisure] esparcimiento m, recreo m.

recreational [ˌrekrɪ'eɪʃənl] adj de recreo.

recreational drugs npl drogas de consumo ocasional y por placer.

recreation ground n UK campo m de deportes.

recrimination [rɪˌkrɪmɪ'neɪʃn] n recriminación f.

recruit [rɪ'kruːt] <> n recluta m OR f. <> vt **-1.** [gen] reclutar; **to ~ sb (for sthg/to do sthg)** reclutar a alguien (para algo/para hacer algo) **- 2.** [find, employ] contratar. <> vi buscar empleados nuevos.

recruitment [rɪ'kruːtmənt] n [gen] reclutamiento m; [of staff] contratación f.

rectangle ['rek,tæŋgl] n rectángulo m.

rectangular [rek'tæŋgjʊləʳ] adj rectangular.

rectification [ˌrektɪfɪ'keɪʃn] n fml rectificación f.

rectify ['rektɪfaɪ] (pt & pp -ied) vt rectificar.

rectitude ['rektɪtjuːd] n fml rectitud f.

rector ['rektəʳ] n **-1.** [priest] párroco m **- 2.** Scot [head - of school] director m, -ra f; [- of college, university] rector m, -ra f.

rectory ['rektərɪ] (pl -ies) n rectoría f.

rectum ['rektəm] (pl -s) n recto m.

recuperate [rɪ'kuːpəreɪt] <> vt recuperar. <> vi: **to ~ (from)** recuperarse (de).

recuperation [rɪˌkuːpə'reɪʃn] n recuperación f.

recur [rɪ'kɜːʳ] (pt & pp -red, cont -ring) vi repetirse, volver a producirse.

recurrence [rɪ'kʌrəns] n repetición f.

recurrent [rɪ'kʌrənt] adj que se repite, periódico(ca).

recurring [rɪ'kɜːrɪŋ] adj **-1.** [often repeated] que se repite, periódico(ca) **- 2.** MATH: **3.3 ~** 3,3 periódico.

recyclable [ˌriː'saɪkləbl] adj reciclable.

recycle [ˌriː'saɪkl] vt reciclar.

recycle bin n COMPUT papelera f.

red [red] (compar -der, superl -dest) <> adj rojo(ja); **to have ~ hair** ser pelirrojo(ja); **to**

go ~ [with embarrassment] ponerse colorado(da). ◇ *n* [colour] rojo *m*; **to be in the ~** *inf* estar en números rojos; **to see ~** ponerse hecho(cha) una furia.
 ➤ **Red** *pej* & *POL* ◇ *adj* rojo(ja). ◇ *n* rojo *m*, -ja *f*.

red alert *n*: **(to be on)** ~ (estar en) alerta *f* roja.

red blood cell *n* glóbulo *m* rojo.

red-blooded [-'blʌdɪd] *adj hum* viril.

red-brick *UK adj* [building] de ladrillo rojo.
 ➤ **redbrick** *adj UK UNIV*: **the redbrick universities** *las universidades británicas de provincias construidas a finales del siglo XIX.*

red cabbage *n* lombarda *f*.

red card *n FTBL*: **to show sb the ~** mostrarle a alguien (la) tarjeta roja.

red carpet *n*: **to roll out the ~ for sb** recibir a alguien con todos los honores.
 ➤ **red-carpet** *adj*: **to give sb the red-carpet treatment** dispensar a alguien un gran recibimiento.

Red Crescent *n*: **the ~** la Media Luna Roja.

Red Cross *n*: **the ~** la Cruz Roja.

redcurrant ['redkʌrənt] *n* **-1.** [fruit] grosella *f* **-2.** [bush] grosellero *m*.

red deer *n* ciervo *m*.

redden ['redn] ◇ *vt* [make red] teñir de rojo. ◇ *vi* [flush] enrojecer.

redecorate [,riː'dekəreɪt] *vt* & *vi* volver a pintar *(o empapelar)*.

redeem [rɪ'diːm] *vt* **-1.** [save, rescue] salvar, rescatar; **he ~ed himself for his mistake** reparó su error **-2.** *RELIG* redimir **-3.** *fml* [at pawnbroker's] desempeñar.

redeeming [rɪ'diːmɪŋ] *adj*: **his only ~ feature** lo único que le salva.

redefine [,riː'dɪfaɪn] *vt* redefinir.

redemption [rɪ'dempʃn] *n RELIG* redención *f*; **to be beyond** *OR* **past ~** *fig* no tener remedio.

redeploy [,riː'dɪ'plɔɪ] *vt* reorganizar.

redeployment [,riː'dɪ'plɔɪmənt] *n* reorganización *f*, redistribución *f*.

redesign [,riː'dɪ'zaɪn] *vt* **-1.** [replan, redraw] rediseñar **-2.** [rethink] elaborar de nuevo.

redevelop [,riː'dɪ'veləp] *vt* reurbanizar.

redevelopment [,riː'dɪ'veləpmənt] *n* reurbanización *f*.

red-faced [-'feɪst] *adj* **-1.** [flushed] rojo(ja), colorado(da) **-2.** [with embarrassment] rojo(ja) de vergüenza.

red-haired [-'heəd] *adj* pelirrojo(ja).

red-handed [-'hændɪd] *adj*: **to catch sb ~** coger a alguien con las manos en la masa.

redhead ['redhed] *n* pelirrojo *m*, -ja *f*.

red herring *n fig* [unhelpful clue] pista *f* falsa; [means of distracting attention] ardid *m* para distraer la atención.

red-hot *adj* [metal, person, passion] al rojo (vivo).

redid [,riː'dɪd] *pt* ▷ **redo**.

Red Indian ◇ *adj* piel roja. ◇ *n* piel roja *m OR f (atención: el término 'Red Indian' se considera racista).*

redirect [,riː.dɪ'rekt] *vt* **-1.** [retarget] redirigir **-2.** [divert] desviar **-3.** [forward] reexpedir.

rediscover [,riː.dɪs'kʌvəᵣ] *vt* **-1.** [re-experience] volver a descubrir **-2.** [make popular, famous again]: **to be ~ed** ser descubierto(ta) de nuevo.

redistribute [,riː.dɪs'trɪbjuːt] *vt* redistribuir.

red-letter day *n* día *m* memorable.

red light *n* [traffic signal] semáforo *m* rojo.

red-light district *n* barrio *m* chino.

red meat *n* carne *f* roja.

redneck ['rednek] *n US pej sureño racista y reaccionario, de baja extracción social.*

redo [,riː'duː] *(pt* **-did,** *pp* **-done)** *vt* **-1.** [do again] volver a hacer **2.** *inf* [redecorate] volver a pintar *(o empapelar)*.

redolent ['redələnt] *adj literary* **-1.** [reminiscent]: **to be ~ of sthg** evocar algo **-2.** [smelling]: **to be ~ of sthg** oler a algo.

redouble [,riː'dʌbl] *vt*: **to ~ one's efforts (to do sthg)** redoblar esfuerzos (para hacer algo).

redoubtable [rɪ'daʊtəbl] *adj fml* imponente.

redraft [,riː'drɑːft] *vt* volver a redactar.

redraw [,riː'drɔː] *(pt* **-drew,** *pp* **-drawn** [-'drɔːn] *vt* volver a dibujar; *COMPUT* redibujar.

redress [rɪ'dres] *fml* ◇ *n (U)* reparación *f*. ◇ *vt*: **to ~ the balance (between)** equilibrar la balanza (entre).

redrew [,riː'druː] *pt* ▷ **redraw**.

Red Sea *n*: **the ~** el mar Rojo.

Red Square *n* la plaza Roja.

red squirrel *n* ardilla *f* roja.

red tape *n fig* papeleo *m*.

reduce [rɪ'djuːs] ◇ *vt* reducir; **to be ~d to doing sthg** verse rebajado *OR* forzado a hacer algo; **it ~d me to tears** me hizo llorar. ◇ *vi US* [diet] (intentar) adelgazar.

reduced [rɪ'djuːst] *adj* **-1.** [smaller] reducido(da) **-2.** [poorer]: **in ~ circumstances** venido(da) a menos.

reduction [rɪ'dʌkʃn] *n* **-1.** [gen]: **~ (in)** reducción *f* (de) **-2.** *COMM*: **~ (of)** descuento *m* (de).

redundancy [rɪ'dʌndənsɪ] *(pl* **-ies)** *n UK* [job loss] despido *m*.

redundancy pay *n UK* indemnización *f* (por despido).

redundant [rɪ'dʌndənt] *adj* **-1.** *UK* [jobless]: **to be made ~** perder el empleo; **to make sb ~** despedir a alguien **-2.** [not required - equipment, factory] innecesario(ria); [- comment] redundante.

redwood ['redwʊd] *n*: **~ (tree)** secoya *f*.

reed [riːd] ⇔ *n* **-1.** [plant] carrizo *m*, cañavera *f* **-2.** [of musical instrument] lengüeta *f*. ⇔ *comp* de carrizo.

reeducate [,riː'edjʊkeɪt] *vt* reeducar.

reedy ['riːdɪ] (*compar* **-ier**, *superl* **-iest**) *adj* [voice] agudo(da), chillón(ona).

reef [riːf] *n* arrecife *m*.

reek [riːk] ⇔ *n* hedor *m*. ⇔ *vi*: **to ~ (of)** apestar (a).

reel [riːl] ⇔ *n* **-1.** [of cotton, on fishing rod] carrete *m* **-2.** [of film] rollo *m*. ⇔ *vi* **-1.** [stagger] tambalearse **-2.** [whirl - mind] dar vueltas **-3.** [be stunned]: **to ~ from sthg** quedarse atónito(ta) por algo.
➤ **reel in** *vt sep* sacar enrollando el carrete (*en pesca*).
➤ **reel off** *vt sep* recitar al corrido.

reelect [,riːɪ'lekt] *vt*: **to ~ sb (as)** reelegir a alguien (como).

reelection [,riːɪ'lekʃn] *n* reelección *f*.

reemphasize [,riː'emfəsaɪz] *vt* recalcar *OR* subrayar de nuevo.

reenact [,riːɪn'ækt] *vt* representar de nuevo.

reenter [,riː'entəʳ] *vt* volver a entrar en.

reentry [,riː'entrɪ] *n* reingreso *m*.

reexamine [,riːɪg'zæmɪn] *vt* reexaminar.

reexport [,riː'ekspɔːt] *COMM* ⇔ *n* [act of exporting] reexportación *f*. ⇔ *vt* reexportar.

ref [ref] *n* **-1.** (*abbr of* **referee**) *inf SPORT* árbitro *m* **-2.** (*abbr of* **reference**) *ADMIN* ref.

refectory [rɪ'fektərɪ] (*pl* **-ies**) *n* refectorio *m*.

refer [rɪ'fɜːʳ] (*pt & pp* **-red**, *cont* **-ring**) *vt* **-1.** [send, direct]: **to ~ sb to** [to place] enviar a alguien a; [to source of information] remitir a alguien a **-2.** [report, submit]: **to ~ sthg to** remitir algo a.
➤ **refer to** *vt fus* **-1.** [mention, speak about] referirse a **-2.** [consult] consultar.

referee [,refə'riː] ⇔ *n* **-1.** *SPORT* árbitro *m* **-2.** *UK* [for job application] *persona que proporciona referencias de alguien para un trabajo.* ⇔ *vt & vi SPORT* arbitrar.

reference ['refrəns] *n* **-1.** [mention, reference number]: **to make ~ to** hacer referencia a; **with ~ to** *fml* con referencia a **-2.** (*U*) [for advice, information]: **~ (to)** consulta *f* (a); **for future ~** para consultas futuras **-3.** [for job - letter] referencia *f*; [- person] *persona que propor-*

ciona referencias de alguien para un trabajo.

reference book *n* libro *m* de consulta.

reference library *n* biblioteca *f* de consulta.

reference number *n* número *m* de referencia.

referendum [,refə'rendəm] (*pl* **-s** *OR* **-da** [-də]) *n* referéndum *m*.

referral [rɪ'fɜːrəl] *n*: **ask for a ~ to a specialist** pide que te manden a un especialista; **this patient is a ~ from cardiology** a este paciente lo han mandado de cardiología.

refill [*n* 'riːfɪl, *vb* ,riː'fɪl] ⇔ *n* [for pen] recambio *m*; [of drink] *inf*: **would you like a ~?** ¿te apetece otra copa? ⇔ *vt* volver a llenar.

refillable [,riː'fɪləbl] *adj* [bottle] rellenable; [pen] recargable.

refine [rɪ'faɪn] *vt* **-1.** [oil, food] refinar **-2.** [plan, speech] pulir.

refined [rɪ'faɪnd] *adj* **-1.** [oil, food, person] refinado(da) **-2.** [equipment, theory] perfeccionado(da).

refinement [rɪ'faɪnmənt] *n* **-1.** [improvement]: **~ (on)** mejora *f* (de) **-2.** (*U*) [gentility] refinamiento *m*.

refinery [rɪ'faɪnərɪ] (*pl* **-ies**) *n* refinería *f*.

refit [*n* 'riːfɪt, *vb* ,riː'fɪt] (*pt & pp* **-ted**, *cont* **-ting**) ⇔ *n* [of ship] reacondicionamiento *m*. ⇔ *vt* [ship] reacondicionar.

reflate [,riː'fleɪt] *ECON vt* reflacionar.

reflation [,riː'fleɪʃn] *n ECON* reflación *f*.

reflationary [riː'fleɪʃənrɪ] *adj ECON* reflacionario(ria).

reflect [rɪ'flekt] ⇔ *vt* **-1.** [gen] reflejar; **to be ~ed in** reflejarse en **-2.** [think, consider]: **to ~ that ...** considerar que ... ⇔ *vi*: **to ~ (on** *OR* **upon)** reflexionar (sobre).

reflection [rɪ'flekʃn] *n* **-1.** [gen] reflejo *m* **-2.** [criticism]: **~ on** crítica *f* de **-3.** [thinking] reflexión *f*; **on ~** pensándolo bien **-4.** [thought]: **~s (on)** reflexiones *fpl* (sobre).

reflective [rɪ'flektɪv] *adj* **-1.** [thoughtful] reflexivo(va) **-2.** [shiny] reflectante.

reflector [rɪ'flektəʳ] *n* reflector *m*.

reflex ['riːfleks] *n*: **~ (action)** (acto *m*) reflejo *m*.
➤ **reflexes** *npl* reflejos *mpl*.

reflex camera *n* cámara *f* réflex.

reflexive [rɪ'fleksɪv] *adj GRAMM* reflexivo(va).

reflexology [,riːflek'splədʒɪ] *n* reflexoterapia *f*.

reforest *esp US* [,riː'fɒrɪst] *vt* = **reafforest**.

reforestation [riː,fɒrɪ'steɪʃn] = **reafforestation**.

reform [rɪ'fɔːm] ⇔ *n* reforma *f*. ⇔ *vt* reformar. ⇔ *vi* reformarse.

reformat [,riː'fɔːmæt] (*pt & pp* **-ted**, *cont* **-ting**) *vt COMPUT* formatear de nuevo.

Reformation [ˌrefəˈmeɪʃn] *n*: **the** ~ la Reforma.

reformatory [rɪˈfɔːmətrɪ] *n US* reformatorio *m*.

reformed [rɪˈfɔːmd] *adj* [better behaved] reformado(da).

reformer [rɪˈfɔːməʳ] *n* reformador *m*, -ra *f*.

reformist [rɪˈfɔːmɪst] <> *adj* reformista. <> *n* reformista *m OR f*.

refract [rɪˈfrækt] <> *vt* refractar. <> *vi* refractarse.

refrain [rɪˈfreɪn] <> *n* [chorus] estribillo *m*. <> *vi fml*: **to** ~ **from doing sthg** abstenerse de hacer algo.

refresh [rɪˈfreʃ] *vt* [gen & COMPUT] refrescar; **to** ~ **sb's memory** refrescarle la memoria a alguien.

refreshed [rɪˈfreʃt] *adj* descansado(da), vigorizado(da).

refresher course [rɪˈfreʃəʳ-] *n* cursillo *m* de reciclaje *(en el mismo trabajo).*

refreshing [rɪˈfreʃɪŋ] *adj* [change, honesty, drink] refrescante; [sleep] vigorizante.

refreshments [rɪˈfreʃmənts] *npl* refrigerio *m*.

refrigerate [rɪˈfrɪdʒəreɪt] *vt* refrigerar.

refrigeration [rɪˌfrɪdʒəˈreɪʃn] *n* refrigeración *f*.

refrigerator [rɪˈfrɪdʒəreɪtəʳ] *n* nevera *f*, refrigerador *m Amér*, heladera *f RP*, refrigeradora *f Col, Perú*.

refuel [ˌriːˈfjʊəl] (*UK pt* & *pp* **-led**, *cont* **-ling**, *US pt* & *pp* **-ed**, *cont* **-ing**) <> *vt* llenar de carburante. <> *vi* repostar.

refuge [ˈrefjuːdʒ] *n* refugio *m*; **to seek OR take** ~ **(in)** *fig* buscar refugio (en).

refugee [ˌrefjʊˈdʒiː] *n* refugiado *m*, -da *f*.

refugee camp *n* campamento *m* de refugiados.

refund [*n* ˈriːfʌnd, *vb* rɪˈfʌnd] <> *n* reembolso *m*. <> *vt*: **to** ~ **sthg to sb, to** ~ **sb sthg** reembolsar algo a alguien.

refurbish [ˌriːˈfɜːbɪʃ] *vt* [building] restaurar; [office, shop] renovar.

refurbishment [ˌriːˈfɜːbɪʃmənt] *n* [of building] restauración *f*; [of office, shop] renovación *f*.

refurnish [ˌriːˈfɜːnɪʃ] *vt* volver a amueblar.

refusal [rɪˈfjuːzl] *n* **-1.** [disagreement, saying no]: ~ **(to do sthg)** negativa *f* (a hacer algo) **-2.** [withholding, denial] denegación *f* **-3.** [non-acceptance]: **to meet with** ~ ser rechazado(da).

refuse[1] [rɪˈfjuːz] <> *vt* **-1.** [withhold, deny]: **to** ~ **sb sthg, to** ~ **sthg to sb** denegar a alguien algo **-2.** [decline, reject] rechazar **-3.** [not agree, be completely unwilling]: **to** ~ **to do sthg** negarse a hacer algo. <> *vi* negarse.

refuse[2] [ˈrefjuːs] *n* [rubbish] basura *f*.

refuse collection [ˈrefjuːs-] *n* recogida *f* de basuras.

refuse collector [ˈrefjuːs-] *n* basurero *m*, -ra *f*.

refuse dump [ˈrefjuːs-] *n* vertedero *m* (de basuras).

refute [rɪˈfjuːt] *vt fml* refutar.

reg., regd. (*abbr of* registered): ~ **trademark** marca *f* registrada.

regain [rɪˈgeɪn] *vt* [leadership, first place] recuperar; [health, composure] recobrar.

regal [ˈriːgl] *adj* regio(gia).

regale [rɪˈgeɪl] *vt*: **to** ~ **sb with** entretener a alguien con.

regalia [rɪˈgeɪljə] *n (U)* ropaje *m*, vestiduras *fpl*.

regard [rɪˈgɑːd] <> *n* **-1.** *fml* [respect, esteem]: ~ **(for)** estima *f OR* respeto *m* (por); **to hold sthg/sb in high** ~ tener algo/a alguien en gran estima **-2.** [aspect]: **in this/that** ~ a este/ese respecto **-3.** [consideration]: **with no** ~ **for** sin ninguna consideración por. <> *vt* **-1.** [consider]: **to** ~ **o.s. as sthg** considerarse algo; **to** ~ **sthg/sb as** considerar algo/a alguien como **-2.** [look at, view]: **to** ~ **sb/sthg with** ver a alguien/algo con; **to be highly** ~**ed** estar muy bien considerado.

➤ **regards** *npl* [in greetings] recuerdos *mpl*; **give them my** ~**s** salúdales de mi parte.

➤ **as regards** *prep* en cuanto a, por lo que se refiere a.

➤ **in regard to, with regard to** *prep* respecto a, en cuanto a.

regarding [rɪˈgɑːdɪŋ] *prep* respecto a, en cuanto a.

regardless [rɪˈgɑːdlɪs] *adv* a pesar de todo.

➤ **regardless of** *prep* sin tener en cuenta; ~ **of the cost** cueste lo que cueste.

regatta [rɪˈgætə] *n* regata *f*.

Regency [ˈriːdʒənsɪ] *adj* del estilo regencia.

regenerate [rɪˈdʒenəreɪt] *vt* regenerar.

regeneration [rɪˌdʒenəˈreɪʃn] *n* regeneración *f*.

regent [ˈriːdʒənt] <> *adj* regente. <> *n* regente *m OR f*.

reggae [ˈregeɪ] *n* reggae *m*.

regime [reɪˈʒiːm] *n* régimen *m*.

regiment [ˈredʒɪmənt] *n MIL* regimiento *m*.

regimental [ˌredʒɪˈmentl] *adj MIL* del regimiento.

regimented [ˈredʒɪmentɪd] *adj pej* [life, workers] estrictamente controlado(da); [garden, rows] ordenado(da) en filas.

region [ˈriːdʒən] *n* región *f*; **in the** ~ **of** alrededor de.

regional [ˈriːdʒənl] *adj* regional.

register ['redʒɪstə^r] ⟨⟩ n [gen] registro m; [at school] lista f. ⟨⟩ vt **-1.** [record - gen] registrar; [- car] matricular **-2.** [express] mostrar, reflejar. ⟨⟩ vi **-1.** [be put on official list]: **to ~ (as/for)** inscribirse (como/para) **-2.** [book in - at hotel] registrarse; [- at conference] inscribirse **-3.** inf [be noticed]: **I told him but it didn't seem to ~** se lo dije, pero no pareció que lo captara.

registered ['redʒɪstəd] adj **-1.** [officially listed] inscrito(ta) oficialmente **-2.** [letter, parcel] certificado(da).

registered nurse n enfermera f diplomada.

registered post UK, **registered mail** US n correo m certificado.

registered trademark n marca f registrada.

registrar [ˌredʒɪ'strɑː^r] n **-1.** [keeper of records] registrador m, -ra f oficial **-2.** UNIV secretario m, -ria f general **-3.** [doctor] médico m, -ca f de hospital.

registration [ˌredʒɪ'streɪʃn] n **-1.** [gen] registro m **-2.** AUT = **registration number**.

registration document n documentos mpl de matriculación.

registration number n AUT número m de matrícula; COMPUT número m de registro.

registry ['redʒɪstrɪ] (pl -ies) n registro m.

registry office n registro m civil.

regress [rɪ'gres] vi fml: **to ~ (to)** sufrir un retroceso (a).

regression [rɪ'greʃn] n fml regresión f.

regressive [rɪ'gresɪv] adj fml regresivo(va).

regret [rɪ'gret] (pt & pp -ted, cont -ting) ⟨⟩ n **-1.** fml [sorrow] pesar m **-2.** [sad feeling]: **I've no ~s about it** no lo lamento en absoluto; **he sends his ~s** manda sus excusas. ⟨⟩ vt [be sorry about]: **to ~ sthg/doing sthg** lamentar algo/haber hecho algo; **we ~ to announce ...** lamentamos comunicar ...

regretful [rɪ'gretfʊl] adj [person] pesaroso(sa); [smile, look] de arrepentimiento.

regretfully [rɪ'gretfʊlɪ] adv con pesar; **~, we have to announce ...** lamentamos tener que anunciar ...

regrettable [rɪ'gretəbl] adj lamentable.

regrettably [rɪ'gretəblɪ] adv lamentablemente.

regroup [ˌriː'gruːp] vi reagruparse.

regt (abbr of **regiment**) regto.

regular ['regjʊlə^r] ⟨⟩ adj **-1.** [gen] regular **-2.** [customer] habitual **-3.** [time, place] acostumbrado(da); [problem] usual, normal **-4.** US [size] normal, mediano(na) **-5.** US [pleasant] legal. ⟨⟩ n cliente m habitual.

regular army n ejército m profesional.

regularity [ˌregjʊ'lærətɪ] n regularidad f.

regularly ['regjʊləlɪ] adv **-1.** [gen] con regularidad **-2.** [equally spaced] de manera uniforme.

regulate ['regjʊleɪt] vt regular.

regulation [ˌregjʊ'leɪʃn] ⟨⟩ adj [standard] reglamentario(ria). ⟨⟩ n **-1.** [rule] regla f, norma f **-2.** (U) [control] regulación f.

regurgitate [rɪ'gɜːdʒɪteɪt] vt **-1.** [bring up] regurgitar **-2.** fig & pej [repeat] repetir maquinalmente.

rehabilitate [ˌriːə'bɪlɪteɪt] vt rehabilitar.

rehabilitation ['riːəˌbɪlɪ'teɪʃn] n rehabilitación f.

rehash [ˌriː'hæʃ] vt inf pej hacer un refrito de.

rehearsal [rɪ'hɜːsl] n ensayo m.

rehearse [rɪ'hɜːs] ⟨⟩ vt ensayar. ⟨⟩ vi: **to ~ (for)** ensayar (para).

rehouse [ˌriː'haʊz] vt realojar.

reign [reɪn] lit & fig ⟨⟩ n reinado m. ⟨⟩ vi: **to ~ (over)** reinar (sobre).

reigning ['reɪnɪŋ] adj [champion] actual.

reimburse [ˌriːɪm'bɜːs] vt: **to ~ sb (for sthg)** reembolsar a alguien (algo).

reimbursement [ˌriːɪm'bɜːsmənt] n fml: **~ (for)** reembolso m (de OR por).

rein [reɪn] n fig: **to give (a) free ~ to sb, to give sb free ~** dar rienda suelta a alguien; **to keep a tight ~ on sb/sthg** tener muy controlado(da) a alguien/algo.
  ➡ **reins** npl **-1.** [for horse] riendas fpl **-2.** [for child] andadores mpl.
  ➡ **rein in** vt sep refrenar.

reincarnation [ˌriːɪnkɑː'neɪʃn] n reencarnación f.

reindeer ['reɪnˌdɪə^r] (pl inv) n reno m.

reinforce [ˌriːɪn'fɔːs] vt reforzar.

reinforced concrete [ˌriːɪn'fɔːst-] n cemento m OR hormigón m armado.

reinforcement [ˌriːɪn'fɔːsmənt] n refuerzo m.
  ➡ **reinforcements** npl refuerzos mpl.

reinstate [ˌriːɪn'steɪt] vt **-1.** [give job back to] restituir OR reintegrar en su puesto a **-2.** [bring back] restablecer.

reinstatement [ˌriːɪn'steɪtmənt] n [of worker] rehabilitación f (laboral).

reinterpret [ˌriːɪn'tɜːprɪt] vt reinterpretar.

reintroduce ['riːˌɪntrə'djuːs] vt reintroducir.

reintroduction [riːˌɪntrə'dʌkʃn] n reintroducción f.

reissue [riː'ɪʃuː] ⟨⟩ n reedición f. ⟨⟩ vt [gen] reeditar; [film] reestrenar, reponer.

reiterate [riː'ɪtəreɪt] vt fml reiterar.

reiteration [riːˌɪtə'reɪʃn] n fml reiteración f.

reject [n 'riːdʒekt, vb rɪ'dʒekt] ⟨⟩ n **-1.** [thing]:

~s artículos *mpl* defectuosos **-2.** *inf* [person] desecho *m*. <> *vt* rechazar.

rejection [rɪ'dʒekʃn] *n* rechazo *m*.

rejig [ˌriː'dʒɪg] (*pt* & *pp* **-ged**, *cont* **-ging**) *vt UK inf* modificar un poco.

rejoice [rɪ'dʒɔɪs] *vi*: **to ~ (at** *or* **in)** alegrarse *or* regocijarse (con).

rejoicing [rɪ'dʒɔɪsɪŋ] *n*: **~ (at** *or* **over)** regocijo *m* (por).

rejoin[1] [ˌriː'dʒɔɪn] *vt* **-1.** [go back to] volver (a encontrarse) con **-2.** [club] volver a hacerse socio(cia) de; [army] volver a alistarse en.

rejoin[2] [rɪ'dʒɔɪn] *vt literary* [reply] replicar.

rejoinder [rɪ'dʒɔɪndə'] *n literary* réplica *f*.

rejuvenate [rɪ'dʒuːvəneɪt] *vt* rejuvenecer.

rejuvenation [rɪˌdʒuːvə'neɪʃn] *n* renovación *f*.

rekindle [ˌriː'kɪndl] *vt* reavivar.

relapse [rɪ'læps] <> *n* recaída *f*. <> *vi*: **to ~ into** volver a caer en.

relate [rɪ'leɪt] <> *vt* **-1.** [connect]: **to ~ sthg (to)** relacionar algo (con) **-2.** [tell] contar, relatar. <> *vi* **-1.** [be connected]: **to ~ to** estar relacionado(da) con **-2.** [concern]: **to ~ to** referirse a **-3.** [empathize]: **to ~ (to sb)** tener mucho en común (con alguien).
➡ **relating to** *prep* concerniente *or* referente a.

related [rɪ'leɪtɪd] *adj* **-1.** [in same family] emparentado(da); **to be ~ to sb** ser pariente de alguien **-2.** [connected] relacionado(da).

relation [rɪ'leɪʃn] *n* **-1.** [connection]: **~ (to/between)** relación *f* (con/entre); **to bear no ~ to** no tener nada que ver con; **in ~ to** [state, size] en relación a; [position] respecto a **-2.** [family member] pariente *m or f*, familiar *m or f*.
➡ **relations** *npl* [family, race, industrial] relaciones *fpl*.

relational database *n COMPUT* base *f* de datos relacional.

relationship [rɪ'leɪʃnʃɪp] *n* **-1.** [gen] relación *f*; **a good ~** buenas relaciones **-2.** [to family member] parentesco *m*.

relative ['relətɪv] <> *adj* relativo(va). <> *n* pariente *m or f*, familiar *m or f*.
➡ **relative to** *prep fml* con relación a.

relatively ['relətɪvlɪ] *adv* relativamente.

relativity [ˌrelə'tɪvətɪ] *n* relatividad *f*.

relax [rɪ'læks] <> *vt* **-1.** [gen] relajar **-2.** [loosen - grip] aflojar. <> *vi* **-1.** [gen] relajarse **-2.** [loosen] aflojarse.

relaxation [ˌriːlæk'seɪʃn] *n* **-1.** [recreation] relajación *f*, esparcimiento *m* **-2.** [slackening - of discipline] relajación *f*, relajamiento *m*.

relaxed [rɪ'lækst] *adj* relajado(da).

relaxing [rɪ'læksɪŋ] *adj* relajante.

relay ['riːleɪ] (*pt* & *pp* *senses 1* & *2* **-ed**, *pt* & *pp* *sense 3* **relaid**) <> *n* **-1.** *SPORT*: **~ (race)** carrera *f* de relevos; **in ~s** *fig* por turnos **-2.** *RADIO* & *TV* retransmisión *f*. <> *vt* **-1.** [broadcast] retransmitir **-2.** [repeat]: **to ~ sthg (to)** transmitir algo (a) **-3.** [lay again] volver a poner.

release [rɪ'liːs] <> *n* **-1.** [setting free] puesta *f* en libertad, liberación *f* **-2.** [relief] alivio *m* **-3.** [statement] comunicado *m* **-4.** [emitting - of gas] escape *m*; [- of heat, pressure] emisión *f* **-5.** [thing issued - of film] estreno *m*; [- of record] publicación *f*; **on ~** en pantalla; **new ~s** novedades. <> *vt* **-1.** [set free]: **to ~ sb (from)** liberar a alguien (de); **to be ~d** ser puesto en libertad **-2.** [lift restriction on]: **to ~ sb from** liberar a alguien de **-3.** [make available - funds, resources] entregar **-4.** [let go - rope, reins, brake, person] soltar; [- grip] aflojar; [- mechanism, trigger] disparar **-5.** [emit - gas, heat] despedir, emitir **-6.** [issue - film] estrenar; [- record] sacar; [- statement] hacer público.

relegate ['relɪgeɪt] *vt* **-1.** [demote]: **to ~ sthg/sb (to)** relegar algo/a alguien (a) **-2.** *UK FTBL*: **to be ~d** descender (*a una división inferior*).

relegation [ˌrelɪ'geɪʃn] *n* **-1.** [demotion]: **~ (to)** relegación *f* (a) **-2.** *UK FTBL*: **~ (to)** descenso *m* (a).

relent [rɪ'lent] *vi* [person] ablandarse; [wind, storm] remitir, aminorar.

relentless [rɪ'lentlɪs] *adj* implacable.

relentlessly [rɪ'lentlɪslɪ] *adv* implacablemente.

relevance ['reləvəns] *n* pertinencia *f*.

relevant ['reləvənt] *adj* **-1.** [connected]: **~ (to)** pertinente (a) **-2.** [important]: **~ (to)** importante *or* relevante (para) **-3.** [appropriate] pertinente, oportuno(na).

reliability [rɪˌlaɪə'bɪlətɪ] *n* fiabilidad *f*.

reliable [rɪ'laɪəbl] *adj* **-1.** [dependable] fiable **-2.** [information] fidedigno(na).

reliably [rɪ'laɪəblɪ] *adv* **-1.** [dependably] sin fallar **-2.** [correctly]: **to be ~ informed about sthg** saber algo de fuentes fidedignas.

reliance [rɪ'laɪəns] *n*: **~ (on)** dependencia *f* (de *or* respecto de).

reliant [rɪ'laɪənt] *adj*: **to be ~ on sb/sthg** depender de alguien/de algo.

relic ['relɪk] *n* **-1.** [gen] reliquia *f* **-2.** [custom still in use] vestigio *m*.

relief [rɪ'liːf] *n* **-1.** [comfort] alivio *m*; **she sighed with ~** suspiró aliviada **-2.** [for poor, refugees] ayuda *f* **-3.** (*U*) *US* [social security] subsidio *m*.

relief agency *n* organización *f* de ayuda humanitaria.

relief map *n* mapa *m* en relieve.

relief road *n esp UK* desvío *m*.

relieve [rɪ'li:v] vt **- 1.** [ease, lessen] aliviar **- 2.** [take away from]: **to ~ sb of sthg** liberar a alguien de algo.

relieved [rɪ'li:vd] adj aliviado(da).

religion [rɪ'lɪdʒn] n religión f.

religious [rɪ'lɪdʒəs] adj religioso(sa).

reline [ˌri:'laɪn] vt [cupboard, skirt] volver a forrar; [brakes] cambiar el forro de.

relinquish [rɪ'lɪŋkwɪʃ] vt [power, claim] renunciar a; **to ~ one's hold on sthg** soltar algo.

relish ['relɪʃ] <> n **- 1.** [enjoyment]: **with (great) ~** con (gran) deleite **- 2.** [pickle] salsa rojiza agridulce con pepinillo etc. <> vt disfrutar con; **to ~ the thought** OR **idea** OR **prospect of doing sthg** disfrutar de antemano con la idea de hacer algo.

relive [ˌri:'lɪv] vt revivir.

relocate [ˌri:ləʊ'keɪt] <> vt trasladar. <> vi trasladarse.

relocation [ˌri:ləʊ'keɪʃn] n traslado m.

relocation expenses npl gastos mpl de traslado.

reluctance [rɪ'lʌktəns] n reticencia f; **with ~** de mala gana.

reluctant [rɪ'lʌktənt] adj reacio(cia); **to be ~ to do sthg** estar poco dispuesto a hacer algo.

reluctantly [rɪ'lʌktəntlɪ] adv con desgana.

rely [rɪ'laɪ] (pt & pp **-ied**) ◆ **rely on** vt fus **-1.** [count on] contar con; **to be able to ~ on sb/sthg to do sthg** poder estar seguro de que alguien/algo hará algo **- 2.** [be dependent on]: **to ~ on sb/sthg for sthg** depender de alguien/algo para algo.

REM (abbr of rapid eye movement) n REM m.

remain [rɪ'meɪn] <> vt continuar como; **to ~ the same** continuar siendo igual. <> vi **-1.** [stay] quedarse, permanecer **- 2.** [survive - custom, problem] quedar, continuar **- 3.** [be left]: **to ~ to be done/proved** quedar por hacer/probar; **it ~s to be seen** queda por ver.
◆ **remains** npl restos mpl.

remainder [rɪ'meɪndə^r] n **-1.** [rest]: **the ~** el resto **- 2.** MATH resto m.

remaining [rɪ'meɪnɪŋ] adj que queda, restante.

remake [n 'ri:meɪk, vb ˌri:'meɪk] CINEMA <> n nueva versión f. <> vt hacer una nueva versión de.

remand [rɪ'mɑ:nd] JUR <> n: **on ~** detenido(da) en espera de juicio. <> vt: **to be ~ed in custody** estar bajo custodia.

remand centre n UK centro m de prisión preventiva.

remark [rɪ'mɑ:k] <> n [comment] comentario m. <> vt: **to ~ (that)** comentar que. <> vi: **to ~ on** hacer una observación sobre.

remarkable [rɪ'mɑ:kəbl] adj **-1.** [fantastic] extraordinario(ria) **- 2.** [surprising] sorprendente.

remarkably [rɪ'mɑ:kəblɪ] adv [extremely] extraordinariamente; [surprisingly] sorprendentemente.

remarry [ˌri:'mærɪ] (pt & pp **-ied**) vi volver a casarse.

remedial [rɪ'mi:djəl] adj **-1.** SCH [class, teacher] de refuerzo; [pupil] atrasado(da) **- 2.** [corrective] correctivo(va).

remedy ['remədɪ] (pl **-ies**, pt & pp **-ied**) <> n lit & fig: **~ (for)** remedio m (para). <> vt remediar, poner remedio a.

remember [rɪ'membə^r] <> vt **-1.** [gen] recordar, acordarse de; **~ that his eyesight is poor** ten presente que tiene la vista mal; **to ~ to do sthg** acordarse de hacer algo; **to ~ doing sthg** recordar OR acordarse de haber hecho algo; **he ~ed me in his will** me dejó algo en su testamento **- 2.** [as greeting]: **to ~ sb to sb** dar recuerdos a alguien de parte de alguien. <> vi **-1.** [gen] recordar, acordarse **- 2.** [not forget] acordarse.

remembrance [rɪ'membrəns] n fml: **in ~ of** en conmemoración de.

Remembrance Day n en Gran Bretaña, día en conmemoración de los caídos en las dos guerras mundiales.

remind [rɪ'maɪnd] vt: **to ~ sb (about sthg/to do sthg)** recordar a alguien (algo/que haga algo); **she ~s me of my sister** me recuerda a mi hermana.

reminder [rɪ'maɪndə^r] n **-1.** [to jog memory] recordatorio m, recuerdo m **- 2.** [letter, note] notificación f, aviso m.

reminisce [ˌremɪ'nɪs] vi: **to ~ (about sthg)** rememorar (algo).

reminiscences [ˌremɪ'nɪsənsɪz] npl reminiscencias fpl.

reminiscent [ˌremɪ'nɪsnt] adj [similar to]: **to be ~ of** evocar, recordar a.

remiss [rɪ'mɪs] adj negligente, remiso(sa); **it was ~ of me** fue una negligencia por mi parte.

remission [rɪ'mɪʃn] n (U) **-1.** JUR reducción f de condena **- 2.** MED remisión f.

remit¹ [rɪ'mɪt] (pt & pp **-ted**, cont **-ting**) vt [money] remitir.

remit² ['ri:mɪt] n [responsibility] misión f.

remittance [rɪ'mɪtns] n giro m.

remix ['ri:mɪks] n remezcla f.

remnant ['remnənt] n **-1.** [remaining part] resto m **- 2.** [of cloth] retal m.

remodel [ˌri:'mɒdl] (UK pt & pp **-led**, cont **-ling**,

US *pt* & *pp* **-ed**, *cont* **-ing**) *vt* remodelar, reformar.

remold *n* & *vt US* = **remould**.

remonstrate [ˈremənstreɪt] *vi fml*: **to ∼ (with sb about sthg)** reprochar (a alguien algo).

remorse [rɪˈmɔːs] *n (U)* remordimientos *mpl*.

remorseful [rɪˈmɔːsfʊl] *adj* lleno(na) de remordimientos.

remorseless [rɪˈmɔːslɪs] *adj* **-1.** [pitiless] despiadado(da) **-2.** [unstoppable] implacable.

remorselessly [rɪˈmɔːslɪslɪ] *adv* **-1.** [pitilessly] de forma despiadada **-2.** [unstoppably] implacablemente.

remote [rɪˈməʊt] *adj* **-1.** [place, time possibility] remoto(ta) **-2.** [from reality etc]: **∼ (from)** apartado(da) *or* alejado(da) (de).

remote control *n* telemando *m*, mando *m* a distancia.

remote-controlled [-kənˈtrəʊld] *adj* teledirigido(da).

remotely [rɪˈməʊtlɪ] *adv* **-1.** [in the slightest]: **not ∼** ni remotamente, en lo más mínimo **-2.** [far off] muy lejos.

remoteness [rɪˈməʊtnɪs] *n* **-1.** [of place] lejanía *f* **-2.** [of person] distanciamiento *m*.

remould *UK*, **remold** *US* [ˈriːməʊld] *n* neumático *m* recauchutado.

removable [rɪˈmuːvəbl] *adj* **-1.** [stain] que se puede quitar **-2.** [detachable] separable **-3.** [hard disk] extraíble.

removal [rɪˈmuːvl] *n* **-1.** *(U)* [act of removing] separación *f*, extracción *f*; [of threat, clause] supresión *f* **-2.** *UK* [change of house] mudanza *f*.

removal man *n UK* encargado *m* de mudanzas.

removal van *n UK* camión *m* de mudanzas.

remove [rɪˈmuːv] *vt* **-1.** [take away, clean away]: **to ∼ sthg (from)** quitar algo (de) **-2.** [clothing, shoes] quitarse **-3.** [from a job, post]: **to ∼ sb (from)** destituir a alguien (de) **-4.** [problem, controls] eliminar; [suspicion] disipar.

removed [rɪˈmuːvd] *adj*: **to be far ∼ from** estar bien lejos de.

remover [rɪˈmuːvəʳ] *n*: **stain ∼** quitamanchas *m inv*; **paint ∼** quitapinturas *m inv*.

remuneration [rɪˌmjuːnəˈreɪʃn] *n fml* remuneración *f*.

Renaissance [rəˈneɪsəns] <> *n*: **the ∼** el Renacimiento. <> *comp* renacentista.

rename [ˌriːˈneɪm] *vt* poner un nombre nuevo a.

rend [rend] *(pt* & *pp* **rent**) *vt literary* desgarrar.

render [ˈrendəʳ] *vt* **-1.** [make]: **to ∼ sthg useless** hacer *or* volver algo inútil; **to ∼ sb speechless**

dejar a alguien boquiabierto **-2.** [give - help, service] prestar.

rendering [ˈrendərɪŋ] *n* **-1.** [rendition] interpretación *f* **-2.** [of carcass] transformación *f*.

rendezvous [ˈrɒndɪvuː] *(pl inv)* *n* **-1.** [meeting] cita *f* **-2.** [place] lugar *m* de encuentro.

rendition [renˈdɪʃn] *n* interpretación *f*.

renegade [ˈrenɪgeɪd] <> *adj* renegado(da). <> *n* renegado *m*, -da *f*.

renege [rɪˈniːg] *vi fml*: **to ∼ on sthg** incumplir algo.

renegotiate [ˌriːnɪˈgəʊʃɪeɪt] *vt* renegociar.

renew [rɪˈnjuː] *vt* **-1.** [attempt, attack] reemprender **-2.** [relationship] reanudar **-3.** [licence, contract, passport] renovar **-4.** [strength, interest] reavivar.

renewable [rɪˈnjuːəbl] *adj* renovable.

renewal [rɪˈnjuːəl] *n* **-1.** [of activity] reanudación *f* **-2.** [of contract, licence, passport] renovación *f*.

rennet [ˈrenɪt] *n* cuajo *m*.

renounce [rɪˈnaʊns] *vt* renunciar a.

renovate [ˈrenəveɪt] *vt* reformar, renovar.

renovation [ˌrenəˈveɪʃn] *n* reforma *f*, renovación *f*.

renown [rɪˈnaʊn] *n* renombre *m*.

renowned [rɪˈnaʊnd] *adj*: **∼ (for)** célebre (por).

rent [rent] <> *pt* & *pp* ▷ **rend**. <> *n* alquiler *m*. <> *vt* alquilar, rentar *Méx*. <> *vi US* [property] alquilarse; **this apartment ∼s for $300 a month** este departamento se alquila por 300 dólares al mes.

➤ rent out *vt sep* alquilar, rentar *Méx*.

rental [ˈrentl] <> *adj* de alquiler. <> *n* alquiler *m*.

rent book *n* libro que registra la fecha y el pago de alquiler por parte de un inquilino.

rent boy *n UK inf* chapero *m*.

rented [ˈrentɪd] *adj* alquilado(da).

rent-free <> *adj* exento(ta) de alquiler. <> *adv* sin pagar alquiler.

renunciation [rɪˌnʌnsɪˈeɪʃn] *n* renuncia *f*.

reopen [ˌriːˈəʊpn] <> *vt* **-1.** [gen] volver a abrir **-2.** [court case] rever. <> *vi* **-1.** [gen] volver a abrir **-2.** [start again] volver a iniciarse **-3.** [wound] volver a abrirse.

reorder [ˌriːˈɔːdəʳ] *vt COMM* volver a pedir.

reorganization [ˈriːˌɔːgənaɪˈzeɪʃn] *n* reorganización *f*.

reorganize, -ise [ˌriːˈɔːgənaɪz] <> *vt* reorganizar. <> *vi* reorganizarse.

rep [rep] *n* **-1.** *abbr of* **representative -2.** *abbr of* **repertory -3.** *abbr of* **repertory company**.

Rep. *US* **-1.** *abbr of* **Representative -2.** *abbr of* **Republican**.

repaid [riːˈpeɪd] *pt* & *pp* ⊳**repay**.

repaint [ˌriːˈpeɪnt] *vt* repintar.

repair [rɪˈpeəʳ] ◇ *n* reparación *f*, refacción *f* *Amér*; **in good/bad** ~ en buen/mal estado; **it's beyond** ~ no tiene arreglo. ◇ *vt* reparar, refaccionar *Amér*.

repair kit *n* *caja de herramientas de una bicicleta*.

repaper [ˌriːˈpeɪpəʳ] *vt* volver a empapelar.

reparations [ˌrepəˈreɪʃnz] *npl* indemnizaciones *fpl*.

repartee [ˌrepɑːˈtiː] *n* intercambio *m* de réplicas ingeniosas.

repatriate [ˌriːˈpætrɪeɪt] *vt* repatriar.

repay [riːˈpeɪ] (*pt* & *pp* **repaid**) *vt* -**1.** [money] devolver; [debt, person] pagar; **to** ~ **sb sthg, to** ~ **sthg to sb** devolver a alguien algo -**2.** [thank] devolver el favor a.

repayment [riːˈpeɪmənt] *n* -**1.** [act of paying back] devolución *f* -**2.** [sum] pago *m*.

repeal [rɪˈpiːl] ◇ *n* revocación *f*, abrogación *f*. ◇ *vt* revocar, abrogar.

repeat [rɪˈpiːt] ◇ *vt* -**1.** [gen] repetir; **to** ~ **o.s.** repetirse -**2.** [TV, radio programme] volver a emitir. ◇ *n* -**1.** [recurrence] repetición *f* -**2.** [of programme] reposición *f*.

repeated [rɪˈpiːtɪd] *adj* repetido(da).

repeatedly [rɪˈpiːtɪdlɪ] *adv* repetidamente.

repel [rɪˈpel] (*pt* & *pp* **-led**, *cont* **-ling**) *vt* repeler.

repellent [rɪˈpelənt] ◇ *adj* repelente. ◇ *n* espray *m* antiinsectos.

repent [rɪˈpent] ◇ *vt* arrepentirse de. ◇ *vi*: **to** ~ **of** arrepentirse de.

repentance [rɪˈpentəns] *n* arrepentimiento *m*.

repentant [rɪˈpentənt] *adj* [person] arrepentido(da); [smile] de arrepentimiento.

repercussions [ˌriːpəˈkʌʃnz] *npl* repercusiones *fpl*.

repertoire [ˈrepətwɑːʳ] *n* repertorio *m*.

repertory [ˈrepətrɪ] *n* repertorio *m*.

repertory company *n* compañía *f* de repertorio.

repetition [ˌrepɪˈtɪʃn] *n* repetición *f*.

repetitious [ˌrepɪˈtɪʃəs], **repetitive** [rɪˈpetɪtɪv] *adj* repetitivo(va).

repetitive strain injury *n* (*U*) lesión *f* por movimiento repetitivo.

rephrase [ˌriːˈfreɪz] *vt* reformular.

replace [rɪˈpleɪs] *vt* -**1.** [take the place of] sustituir -**2.** [change for something else]: **to** ~ **sthg (with)** cambiar algo (por) -**3.** [change for somebody else]: **to** ~ **sb (with)** sustituir a alguien (por) -**4.** [supply another]: **they** ~**d it** me dieron otro -**5.** [put back] poner en su sitio.

replacement [rɪˈpleɪsmənt] *n* -**1.** [act of substi-

tuting] sustitución *f* -**2.** [something new]: ~ **(for)** sustituto *m*, -ta *f* (para) -**3.** [somebody new]: ~ **(for)** sustituto *m*, -ta *f OR* suplente *m OR f* (de) -**4.** [another one]: **they gave me a** ~ me dieron otro.

replacement part *n* pieza *f* de recambio.

replay [*n* ˈriːpleɪ, *vb* ˌriːˈpleɪ] ◇ *n* repetición *f*. ◇ *vt* -**1.** [match, game] volver a jugar -**2.** [film, tape] volver a poner.

replenish [rɪˈplenɪʃ] *vt*: **to** ~ **sthg (with)** reaprovisionar *OR* reponer algo (de).

replete [rɪˈpliːt] *adj fml* repleto(ta).

replica [ˈreplɪkə] *n* réplica *f*.

replicate [ˈreplɪkeɪt] *vt* reproducir exactamente.

replication [ˌreplɪˈkeɪʃn] *n* -**1.** [process] reproducción *f* exacta -**2.** [copy] réplica *f*.

reply [rɪˈplaɪ] (*pl* -**ies**, *pt* & *pp* -**ied**) ◇ *n*: ~ **(to)** respuesta *f*(a); **in** ~ **(to)** en respuesta (a). ◇ *vt* responder, contestar. ◇ *vi*: **to** ~ **(to sb/ sthg)** responder (a alguien/algo).

reply coupon *n* cupón *m* de respuesta.

reply-paid *adj* con porte pagado.

report [rɪˈpɔːt] ◇ *n* -**1.** [gen] informe *m*, reporte *m Cam* & *Méx*; *PRESS* & *TV* reportaje *m*; [shorter] información *f* -**2.** *UK SCH* boletín *m* de evaluación, boletín *m* de calificaciones *OR* notas. ◇ *vt* -**1.** [say, make known]: **to** ~ **that** informar que, reportar que *Amér*; **to** ~ **sthg (to)** informar de algo (a), reportar algo (a) *Amér* -**2.** [losses] anunciar -**3.** [complain about] denunciar; **to** ~ **sb (to sb for sthg)** denunciar a alguien (a alguien por algo), reportar a alguien (a alguien por algo) *Amér*. ◇ *vi* -**1.** [give account]: **to** ~ **on** informar sobre -**2.** [present oneself]: **to** ~ **to sb/for sthg** presentarse a alguien/para algo, reportarse a alguien/ para algo *Amér*.

➥ **report back** *vi*: **to** ~ **back (to sb)** presentar un informe (a alguien).

reportage [ˌrepɔːˈtɑːʒ] *n* (*U*) reportaje *m*.

report card *n* *US* boletín *m* de evaluación, boletín *m* de calificaciones *OR* notas.

reportedly [rɪˈpɔːtɪdlɪ] *adv* según se afirma.

reported speech [rɪˈpɔːtɪd-] *n* estilo *m* indirecto.

reporter [rɪˈpɔːtəʳ] *n* reportero *m*, -ra *f*.

repose [rɪˈpəʊz] *n* *literary* reposo *m*.

repository [rɪˈpɒzɪtrɪ] (*pl* -**ies**) *n* [store] depósito *m*, almacén *m*.

repossess [ˌriːpəˈzes] *vt* requisar la posesión de.

repossession [ˌriːpəˈzeʃn] *n* recuperación *f*.

repossession order *n* orden *f* de requisición.

reprehensible [ˌreprɪˈhensəbl] *adj fml* reprensible.

represent [ˌreprɪˈzent] *vt* **-1.** [gen] representar; [person, country] representar a; **to be well** OR **strongly ~ed** estar bien representado(da) **-2.** [describe]: **to ~ sthg/sb as** describir algo/a alguien como.

representation [ˌreprɪzenˈteɪʃn] *n* representación *f*.
➡ **representations** *npl fml*: **to make ~s to** presentar una queja a.

representative [ˌreprɪˈzentətɪv] ◇ *adj*: **~ (of)** representativo(va) (de). ◇ *n* representante *m* OR *f*.

repress [rɪˈpres] *vt* reprimir.

repressed [rɪˈprest] *adj* reprimido(da).

repression [rɪˈpreʃn] *n* represión *f*.

repressive [rɪˈpresɪv] *adj* represivo(va).

reprieve [rɪˈpriːv] ◇ *n* **-1.** [delay] tregua *f* **-2.** [of death sentence] indulto *m*. ◇ *vt* [prisoner] indultar.

reprimand [ˈreprɪmɑːnd] ◇ *n* reprensión *f*. ◇ *vt* reprender.

reprint [*n* ˈriːprɪnt, *vb* ˌriːˈprɪnt] ◇ *n* reimpresión *f*. ◇ *vt* reimprimir.

reprisal [rɪˈpraɪzl] *n* represalia *f*.

reproach [rɪˈprəʊtʃ] ◇ *n* reproche *m*. ◇ *vt*: **to ~ sb (for** OR **with sthg)** reprochar a alguien (algo).

reproachful [rɪˈprəʊtʃfʊl] *adj* de reproche.

reprobate [ˈreprəbeɪt] *n hum* libertino *m*, -na *f*.

reproduce [ˌriːprəˈdjuːs] ◇ *vt* reproducir. ◇ *vi* BIOL reproducirse.

reproduction [ˌriːprəˈdʌkʃn] *n* reproducción *f*.

reproductive [ˌriːprəˈdʌktɪv] *adj* reproductor(ra).

reprogram [ˌriːˈprəʊɡræm] (*pt* & *pp* **-ed** OR **-med**, *cont* **-ing** OR **-ming**) *vt* volver a programar.

reproof [rɪˈpruːf] *n fml* **-1.** [words of blame] reprobación *f* **-2.** [disapproval] reproche *m*.

reproving [rɪˈpruːvɪŋ] *adj* de reprobación, reprobatorio(ria).

reptile [ˈreptaɪl] *n* reptil *m*.

Repub. US *abbr of* **Republican**.

republic [rɪˈpʌblɪk] *n* república *f*.

republican [rɪˈpʌblɪkən] ◇ *adj* republicano(na). ◇ *n* republicano *m*, -na *f*.
➡ **Republican** ◇ *adj* [in US, Northern Ireland] republicano(na); **the Republican Party** [in US] el partido republicano. ◇ *n* [in US, Northern Ireland] republicano *m*, -na *f*.

repudiate [rɪˈpjuːdɪeɪt] *vt fml* [person, violence] repudiar; [accusation] rechazar.

repudiation [rɪˌpjuːdɪˈeɪʃn] *n fml* [of person, violence] repulsa *f*; [of accusation] rechazo *m*.

repugnant [rɪˈpʌɡnənt] *adj* repugnante; **to be ~ (to sb)** repugnar (a alguien).

repulse [rɪˈpʌls] *vt* rechazar.

repulsion [rɪˈpʌlʃn] *n* repulsión *f*.

repulsive [rɪˈpʌlsɪv] *adj* repulsivo(va).

reputable [ˈrepjʊtəbl] *adj* de buena fama OR reputación.

reputation [ˌrepjʊˈteɪʃn] *n* reputación *f*; **to have a ~ for sthg/for being sthg** tener fama de algo/de ser algo.

repute [rɪˈpjuːt] *n fml*: **of good/ill ~** de buena/mala fama; **of ~** de reputación.

reputed [rɪˈpjuːtɪd] *adj* supuesto(ta); **to be ~ to be/do sthg** tener fama de ser/hacer algo.

reputedly [rɪˈpjuːtɪdlɪ] *adv* según se dice.

reqd *abbr of* **required**.

request [rɪˈkwest] ◇ *n*: **~ (for)** petición *f* (de); **on ~** a petición del interesado; **at sb's ~** a petición de alguien. ◇ *vt* solicitar, pedir; **to ~ sb to do sthg** rogar a alguien que haga algo.

request stop *n* UK parada *f* discrecional.

requiem (mass) [ˈrekwɪəm-] *n* (misa *f* de) réquiem *m*.

require [rɪˈkwaɪəʳ] *vt* **-1.** [need] necesitar, requerir **-2.** [demand] requerir; **to ~ sb to do sthg** exigir a alguien que haga algo.

required [rɪˈkwaɪəd] *adj* necesario(ria); **if ~d** es necesario; **you are ~ to ...** es obligatorio ...

requirement [rɪˈkwaɪəmənt] *n* requisito *m*.

requisite [ˈrekwɪzɪt] *adj fml* preciso(sa).

requisition [ˌrekwɪˈzɪʃn] *vt* requisar.

reran [ˌriːˈræn] *pt* **rerun**.

reread [ˌriːˈriːd] (*pt* & *pp* **reread** [ˌriːˈred]) *vt* releer.

rerecord [ˌriːrɪˈkɔːd] *vt* volver a grabar.

reroof [ˌriːˈruːf] *vt* poner un nuevo techo a.

reroute [ˌriːˈruːt] *vt* desviar.

rerun [*n* ˈriːˌrʌn, *vb* ˌriːˈrʌn] (*pt* **-ran**, *pp* **-run**, *cont* **-ning**) ◇ *n* **-1.** [film, programme] reposición *f* **-2.** [repeated situation] repetición *f*. ◇ *vt* **-1.** [race] volver a correr **-2.** [film, programme] reponer **-3.** [tape] volver a poner.

resale price maintenance [ˈriːseɪl-] *n* UK FIN mantenimiento *m* del precio de reventa.

resat [ˌriːˈsæt] *pt* & *pp* **resit**.

reschedule [UK ˌriːˈʃedjʊl, US ˌriːˈskedʒʊl] *vt* **-1.** [event] cambiar la fecha de **-2.** [debt] renegociar.

rescind [rɪˈsɪnd] *vt* JUR [contract] rescindir; [law] revocar.

rescue [ˈreskjuː] ◇ *n* rescate *m*; **to go** OR **come to sb's ~** ir OR acudir al rescate de alguien. ◇ vt: to ~ sb/sthg (from) rescatar a alguien/algo (de).

rescue operation n operación f de rescate.

rescuer ['reskjʊəʳ] n rescatador m, -ra f.

reseal [ˌriː'siːl] vt volver a cerrar.

resealable [ˌriː'siːləbl] adj que se puede volver a cerrar.

research [rɪ'sɜːtʃ] ◇ n (U): ~ (on OR into) investigación f (de OR sobre); ~ **and development** investigación y desarrollo. ◇ vt investigar. ◇ vi: to ~ (into) hacer una investigación (sobre).

researcher [rɪ'sɜːtʃəʳ] n investigador m, -ra f.

research work n (U) investigaciones fpl, trabajos mpl de investigación.

resell [ˌriː'sel] (pt & pp resold) vt revender.

resemblance [rɪ'zembləns] n parecido m, semejanza f; **to bear a strong ~ to** tener un gran parecido con.

resemble [rɪ'zembl] vt parecerse a.

resent [rɪ'zent] vt: **I ~ it** me molesta; **to ~ sb** tener celos de alguien.

resentful [rɪ'zentfʊl] adj [person] resentido(da); [look] de resentimiento.

resentfully [rɪ'zentfʊlɪ] adv con resentimiento.

resentment [rɪ'zentmənt] n resentimiento m.

reservation [ˌrezə'veɪʃn] n -1. [booking] reserva f -2. [uncertainty]: **without ~** sin reserva -3. US [for Native Americans] reserva f.

➧ **reservations** npl [doubts] reservas fpl.

reserve [rɪ'zɜːv] ◇ n -1. [gen] reserva f; **in ~** en reserva -2. SPORT reserva m OR f, suplente m OR f. ◇ vt -1. [save, book] reservar -2. [retain]: **to ~ the right to do sthg** reservarse el derecho a hacer algo.

reserve bank n banco de reserva federal estadounidense.

reserve currency n (U) divisas fpl de reserva.

reserved [rɪ'zɜːvd] adj reservado(da).

reserve price n UK precio m mínimo.

reserve team n UK equipo m de reserva.

reservist [rɪ'zɜːvɪst] n reservista m OR f.

reservoir ['rezəvwɑːʳ] n -1. [lake] pantano m, embalse m -2. [large supply] cantera f.

reset [ˌriː'set] (pt & pp reset, cont -ting) vt -1. [clock] poner en hora; [meter, controls, computer] reinicializar -2. [bone] (volver a) encajar.

resettle [ˌriː'setl] ◇ vt reasentar. ◇ vi reasentarse.

resettlement [ˌriː'setlmənt] n -1. [of land] repoblación f, nueva colonización f -2. [of people] reasentamiento m.

reshape [ˌriː'ʃeɪp] vt [policy, thinking] reformar, rehacer.

reshuffle [ˌriː'ʃʌfl] ◇ n remodelación f; **cabinet ~** remodelación del gabinete. ◇ vt remodelar.

reside [rɪ'zaɪd] vi fml -1. [live] residir -2. [be found]: **to ~ in** residir en.

residence ['rezɪdəns] n -1. fml [house] residencia f -2. [state of residing]: **to be in ~ (at)** residir (a); **to take up ~** instalarse.

residence permit n permiso m de residencia.

residency ['rezɪdənsɪ] n MED periodo de especialización después de los cinco años de residencia.

resident ['rezɪdənt] ◇ adj -1. [settled, living] residente -2. [on-site, live-in] que vive en su lugar de trabajo. ◇ n residente m OR f.

residential [ˌrezɪ'denʃl] adj [live-in] en régimen de internado.

residential area n zona f residencial.

residents' association n ≃ asociación f de vecinos.

residual [rɪ'zɪdjʊəl] adj residual.

residue ['rezɪdjuː] n residuo m.

resign [rɪ'zaɪn] ◇ vt -1. [give up] dimitir de, renunciar a -2. [accept calmly]: **to ~ o.s. to sthg** resignarse a algo. ◇ vi [quit]: **to ~ (from)** dimitir (de).

resignation [ˌrezɪg'neɪʃn] n -1. [from job] dimisión f -2. [calm acceptance] resignación f.

resigned [rɪ'zaɪnd] adj: ~ **(to)** resignado(da) (a).

resilience [rɪ'zɪlɪəns] n capacidad f de recuperación.

resilient [rɪ'zɪlɪənt] adj [person] resistente, fuerte; [rubber] elástico(ca).

resin ['rezɪn] n resina f.

resist [rɪ'zɪst] vt -1. [refuse to give in to - temptation] resistir -2. [refuse to accept] resistir, oponerse a -3. [fight against] resistir a.

resistance [rɪ'zɪstəns] n: ~ **(to)** resistencia f (a).

resistant [rɪ'zɪstənt] adj -1. [opposed]: **to be ~ to sthg** resistirse a algo -2. [immune]: ~ **(to sthg)** resistente (a algo).

resistor [rɪ'zɪstəʳ] n ELEC resistencia f.

resit [n 'riːsɪt, vb ˌriː'sɪt] (pt & pp -sat, cont -ting) UK ◇ n (examen m de) repesca f. ◇ vt volver a presentarse a.

resold [ˌriː'səʊld] pt & pp ▷ resell.

resolute ['rezəluːt] adj resuelto(ta), determinado(da).

resolutely ['rezəluːtlɪ] adv con resolución, resueltamente.

resolution [ˌrezə'luːʃn] n -1. [gen] resolución f -2. [vow, promise] propósito m.

resolve [rɪ'zɒlv] <> n (U) resolución f. <> vt -1. [vow, promise]: **to ~ that** resolver que; **to ~ to do sthg** resolver hacer algo -2. [solve] resolver.

resonance ['rezənəns] n resonancia f.

resonant ['rezənənt] adj resonante.

resonate ['rezəneɪt] vi resonar.

resort [rɪ'zɔːt] n -1. [for holidays] lugar m de vacaciones -2. [solution]: **as a** OR **in the last ~** como último recurso.
◆ resort to vt fus recurrir a.

resound [rɪ'zaʊnd] vi -1. [noise] resonar, retumbar -2. [place]: **the room ~ed with laughter** la risa resonaba por la habitación.

resounding [rɪ'zaʊndɪŋ] adj -1. [loud - noise, knock] retumbante; [- crash] estruendoso(sa) -2. [very great] clamoroso(sa).

resource [rɪ'sɔːs] n recurso m.

resourceful [rɪ'sɔːsfʊl] adj [person] de recursos; [solution] ingenioso(sa).

resourcefulness [rɪ'sɔːsfʊlnɪs] n (U) recursos mpl, inventiva f.

respect [rɪ'spekt] <> n -1. [gen]: **~ (for)** respeto m (por); **with ~** con respeto -2. [aspect] aspecto m; **in this ~** a este respecto; **in that ~** en cuanto a eso. <> vt [admire] respetar; **to ~ sb for sthg** respetar a alguien por algo.
◆ respects npl: **to pay one's ~s (to)** presentar uno sus respetos (a); **to pay one's last ~s (to)** rendir el último homenaje (a).
◆ with respect to prep con respecto a.

respectability [rɪˌspektə'bɪlətɪ] n respetabilidad f.

respectable [rɪ'spektəbl] adj respetable.

respectably [rɪ'spektəblɪ] adv [correctly] de manera respetable.

respectful [rɪ'spektfʊl] adj respetuoso(sa).

respectfully [rɪ'spektfʊlɪ] adv respetuosamente.

respective [rɪ'spektɪv] adj respectivo(va).

respectively [rɪ'spektɪvlɪ] adv respectivamente.

respiration [ˌrespə'reɪʃn] n respiración f.

respirator ['respəreɪtə'] n MED respirador m.

respiratory [UK rɪ'spɪrətrɪ, US 'respərətɔːrɪ] adj respiratorio(ria).

respire [rɪ'spaɪə'] vi respirar.

respite ['respaɪt] n -1. [lull] respiro m -2. [delay] aplazamiento m.

resplendent [rɪ'splendənt] adj resplandeciente.

respond [rɪ'spɒnd] <> vt responder. <> vi: **to**
~ (to) responder (a); **to ~ by doing sthg** responder haciendo algo.

response [rɪ'spɒns] n respuesta f; **in ~** en respuesta.

responsibility [rɪˌspɒnsə'bɪlətɪ] (pl -ies) n: **~ (for)** responsabilidad f (de); **to have a ~ to sb** ser responsable ante alguien; **to claim ~ for sthg** reivindicar algo.

responsible [rɪ'spɒnsəbl] adj -1. [gen] responsable; **~ (for)** responsable (de) -2. [answerable]: **~ to sb** responsable ante alguien -3. [job, position] de responsabilidad.

responsibly [rɪ'spɒnsəblɪ] adv de manera responsable.

responsive [rɪ'spɒnsɪv] adj -1. [quick to react]: **to be ~** responder muy bien -2. [aware]: **~ (to)** sensible OR perceptivo(va) (a).

respray [n 'riːspreɪ, vb ˌriː'spreɪ] <> n: **to give sthg a ~** volver a pintar algo. <> vt volver a pintar (con pistola).

rest [rest] <> n -1. [remainder]: **the ~ (of)** el resto (de); **the ~ of us** los demás -2. [relaxation, break] descanso m; **to have a ~** descansar -3. [support - for feet] descanso m; [- for head] respaldo m; [- for snooker cue] soporte m -4. phr: **to come to ~** pararse. <> vt -1. [relax - eyes, feet] descansar -2. [support] apoyar, descansar. <> vi -1. [relax, be still] descansar -2. [depend]: **to ~ on** OR **upon** depender de -3. [duty, responsibility]: **to ~ with sb** pesar sobre alguien -4. [be supported] apoyarse, descansar -5. literary [eyes]: **to ~ on** pararse OR clavarse en -6. phr: **~ assured that ...** tenga la seguridad de que ...

rest area n US & Austr área f de descanso (en la autopista).

restart [n 'riːstɑːt, vb ˌriː'stɑːt] <> n reanudación f. <> vt -1. [vehicle] (volver a) poner en marcha -2. [computer] reiniciar. <> vi -1. [play, film] empezar de nuevo -2. [vehicle] (volver a) arrancar.

restate [ˌriː'steɪt] vt -1. [intentions, position] reafirmar -2. [problem] replantear.

restaurant ['restərɒnt] n restaurante m.

restaurant car n UK coche m OR vagón m restaurante, coche m comedor.

rest cure n cura f de reposo.

rested ['restɪd] adj descansado(da).

restful ['restfʊl] adj tranquilo(la), apacible.

rest home n [for the elderly] asilo m de ancianos; [for the sick] casa f de reposo.

resting place ['restɪŋ-] n última morada f.

restitution [ˌrestɪ'tjuːʃn] n fml restitución f.

restive ['restɪv] adj intranquilo(la), inquieto(ta).

restless ['restlɪs] adj -1. [bored, dissatisfied] impaciente, desasosegado(da) **-2.** [fidgety] inquieto(ta), agitado(da) **-3.** [sleepless] agitado(da).

restlessly ['restlıslı] *adv* con impaciencia, con desasosiego.

restock [ˌriːˈstɒk] <> *vt* [shop, cupboard] reabastecer, reaprovisionar; [lake, river] repoblar. <> *vi* reponer las existencias.

restoration [ˌrestəˈreɪʃn] *n* restauración *f*.

restorative [rɪˈstɒrətɪv] *adj* reconstituyente.

restore [rɪˈstɔːʳ] *vt* **-1.** [reestablish] restablecer **-2.** [to a previous position or condition]**: to ~ sb to sthg** restaurar a alguien en algo; **to ~ sthg to sthg** volver a poner algo en algo **-3.** [renovate] restaurar **-4.** [give back] devolver.

restorer [rɪˈstɔːrəʳ] *n* **-1.** [person] restaurador *m*, -ra *f* **-2.** [substance]**: hair ~** crecepelo *m*.

restrain [rɪˈstreɪn] *vt* controlar; **to ~ o.s. from doing sthg** contenerse para no hacer algo.

restrained [rɪˈstreɪnd] *adj* comedido(da).

restraint [rɪˈstreɪnt] *n* **-1.** [rule, check] restricción *f*, limitación *f* **-2.** [control] control *m*.

restrict [rɪˈstrɪkt] *vt* [limit] restringir, limitar; **to ~ sthg/sb to** restringir algo/a alguien a; **to ~ o.s. to sthg** limitarse a algo.

restricted [rɪˈstrɪktɪd] *adj* **-1.** [limited, small] restringido(da), limitado(da); **~ area** zona *f* de acceso restringido **-2.** [classified, not public] secreto(ta).

restriction [rɪˈstrɪkʃn] *n* restricción *f*; **~s on** restricciones en *OR* de.

restrictive [rɪˈstrɪktɪv] *adj* restrictivo(va).

restrictive practices *npl* prácticas *fpl* restrictivas.

rest room *n US* servicios *mpl*, aseos *mpl*.

restructure [ˌriːˈstrʌktʃəʳ] *vt* reestructurar.

result [rɪˈzʌlt] <> *n* resultado *m*; **as a ~** como resultado. <> *vi* **-1.** [cause]**: to ~ (in sthg)** tener como resultado (algo) **-2.** [be caused]**: to ~ (from)** resultar (de).

resultant [rɪˈzʌltənt] *adj fml* resultante.

resume [rɪˈzjuːm] <> *vt* **-1.** [start again] reanudar **-2.** *fml* [return to] volver a. <> *vi* volver a empezar, continuar.

résumé ['rezjuːmeɪ] *n* **-1.** [summary] resumen *m* **-2.** *US* [of career, qualifications] currículum *m* (vitae).

resumption [rɪˈzʌmpʃn] *n* reanudación *f*.

resurface [ˌriːˈsɜːfɪs] <> *vt* pavimentar de nuevo. <> *vi* **-1.** [in water] volver a salir en la superficie **-2.** [reappear] reaparecer.

resurgence [rɪˈsɜːdʒəns] *n* resurgimiento *m*.

resurrect [ˌrezəˈrekt] *vt* resucitar.

resurrection [ˌrezəˈrekʃn] *n* resurrección *f*.
➡ **Resurrection** *n*: **the Resurrection** la Resurrección.

resuscitate [rɪˈsʌsɪteɪt] *vt* resucitar, revivir.

resuscitation [rɪˌsʌsɪˈteɪʃn] *n* resucitación *f*.

retail ['riːteɪl] <> *n* venta *f* al por menor *OR* al detalle. <> *vt* vender al por menor. <> *vi*: **to ~ for** tener un precio de venta al público de. <> *adv* al por menor, al detalle.

retailer ['riːteɪləʳ] *n* minorista *m OR f*, detallista *m OR f*.

retail outlet *n* punto *m* de venta.

retail price *n* precio *m* de venta al público.

retail price index *n UK* índice *m* de precios al consumo.

retain [rɪˈteɪn] *vt* retener.

retainer [rɪˈteɪnəʳ] *n* **-1.** [fee] anticipo *m* **-2.** [servant] criado *m*, -da *f* (con muchos años de servicio en una familia).

retaining wall [rɪˈteɪnɪŋ-] *n* muro *m* de contención.

retaliate [rɪˈtælɪeɪt] *vi* **-1.** [react] responder **-2.** [take reprisals] tomar represalias.

retaliation [rɪˌtælɪˈeɪʃn] *n (U)* represalias *fpl*.

retarded [rɪˈtɑːdɪd] *adj* retrasado(da).

retch [retʃ] *vi* tener arcadas.

retention [rɪˈtenʃn] *n* retención *f*.

retentive [rɪˈtentɪv] *adj* retentivo(va).

rethink [*n* ˈriːθɪŋk, *vb* ˌriːˈθɪŋk] (*pt* & *pp* **-thought** [-ˈθɔːtl]) <> *n*: **to have a ~** volver a pensar, reconsiderar. <> *vt* & *vi* volver a pensar, reconsiderar.

reticence ['retɪsəns] *n* reticencia *f*.

reticent ['retɪsənt] *adj* reservado(da).

retina ['retɪnə] (*pl* **-nas** *OR* **-nae** [-niː]) *n* retina *f*.

retinue ['retɪnjuː] *n* séquito *m*, comitiva *f*.

retire [rɪˈtaɪəʳ] *vi* **-1.** [from work] jubilarse **-2.** *fml* [to another place, to bed] retirarse.

retired [rɪˈtaɪəd] *adj* jubilado(da).

retirement [rɪˈtaɪəmənt] *n* [act] jubilación *f*; [time] retiro *m*.

retirement age *n* edad *f* de jubilación.

retirement pension *n* pensión *f* de jubilación.

retiring [rɪˈtaɪərɪŋ] *adj* **-1.** [shy] retraído(da), tímido(da) **-2.** [about to retire from work] que está a punto de jubilarse.

retort [rɪˈtɔːt] <> *n* [sharp reply] réplica *f*. <> *vt*: **to ~ (that)** replicar (que).

retouch [ˌriːˈtʌtʃ] *vt* retocar.

retrace [rɪˈtreɪs] *vt*: **to ~ one's steps** desandar lo andado.

retract [rɪˈtrækt] <> *vt* **-1.** [withdraw, take back] retractarse de **-2.** [pull in - claws] meter, retraer. <> *vi* [subj: claws] meterse, retraerse; [subj: wheels] replegarse.

retractable [rɪˈtræktəbl] *adj* [pencil] retráctil; [wheels] replegable.

retraction [rɪ'trækʃn] *n* [of statement] retractación *f*.

retrain [ˌriː'treɪn] <> *vt* reciclar. <> *vi* reciclarse.

retraining [ˌriː'treɪnɪŋ] *n* reciclaje *m*.

retread ['riːtred] *n* neumático *m* recauchutado.

retreat [rɪ'triːt] <> *n* -**1.** MIL: ~ **(from)** retirada *f* (de); **to beat a (hasty)** ~ marcharse a toda prisa -**2.** [backing down]: ~ **(from)** abandono *m* (de) -**3.** [peaceful place] refugio *m*. <> *vi* [move away]: **to** ~ **(from)** [gen] retirarse (de); [from a person] apartarse (de).

retrenchment [rɪ'trentʃmənt] *n fml* reducción *f* de gastos.

retrial [ˌriː'traɪəl] *n* nuevo juicio *m*.

retribution [ˌretrɪ'bjuːʃn] *n* (U) castigo *m* merecido.

retrieval [rɪ'triːvl] *n* [gen & COMPUT] recuperación *f*.

retrieve [rɪ'triːv] *vt* -**1.** [get back] recobrar -**2.** COMPUT recuperar -**3.** [rescue - situation] salvar.

retriever [rɪ'triːvər] *n* perro *m* cobrador.

retro ['retrəʊ] *adj* retro.

retroactive [ˌretrəʊ'æktɪv] *adj fml* retroactivo(va).

retrograde ['retrəɡreɪd] *adj fml* [gen] retrógrado(da); [step] hacia atrás.

retrospect ['retrəspekt] *n*: **in** ~ retrospectivamente, mirando hacia atrás.

retrospective [ˌretrə'spektɪv] <> *adj* -**1.** [gen] retrospectivo(va) -**2.** [law, pay rise] con efecto retroactivo. <> *n* exposición *f* retrospectiva.

retrospectively [ˌretrə'spektɪvlɪ] *adv* -**1.** [gen] retrospectivamente -**2.** [introduce law, pay rise] de forma retroactiva.

return [rɪ'tɜːn] <> *n* -**1.** (U) [arrival back] vuelta *f*, regreso *m*; ~ **to** vuelta a -**2.** [giving back, article given back] devolución *f* -**3.** [in tennis] resto *m* -**4.** UK [ticket] billete *m* de ida y vuelta -**5.** [profit] ganancia *f*, rendimiento *m*. <> *comp* [journey] de vuelta, de regreso. <> *vt* -**1.** [book, visit, compliment, call] devolver -**2.** [reciprocate] corresponder a -**3.** [replace] devolver a su sitio -**4.** JUR [verdict] pronunciar -**5.** POL [candidate] elegir. <> *vi*: **to** ~ **(from/to)** volver (de/a).
    ➡ **returns** *npl* -**1.** COMM rendimiento *m*, réditos *mpl* -**2.** *phr*: **many happy** ~**s (of the day)!** ¡feliz cumpleaños!
    ➡ **in return** *adv* a cambio.
    ➡ **in return for** *prep* a cambio de.

returnable [rɪ'tɜːnəbl] *adj* retornable.

returning officer [rɪ'tɜːnɪŋ-] *n* UK oficial encargado de organizar las elecciones al Parlamento en su distrito electoral y que anuncia oficialmente los resultados de éstas.

return (key) *n* COMPUT tecla *f* de retorno.

return match *n* partido *m* de vuelta.

return ticket *n* UK billete *m* de ida y vuelta *Esp*, boleto *m* de ida y vuelta *Amér*, boleto *m* redondo *Méx*.

reunification [ˌriːjuːnɪfɪ'keɪʃn] *n* reunificación *f*.

reunion [ˌriː'juːnjən] *n* reunión *f*.

Reunion [ˌriː'juːnjən] *n*: ~ **(Island)** isla *f* Reunión.

reunite [ˌriːjuː'naɪt] *vt* [people]: **to be** ~**d with** volver a encontrarse con; [factions, parts] reunir.

reupholster [ˌriːʌp'həʊlstər] *vt* tapizar de nuevo.

reusable [riː'juːzəbl] *adj* reutilizable.

reuse [*n* ˌriː'juːs, *vb* ˌriː'juːz] <> *n* reutilización *f*. <> *vt* reutilizar.

rev [rev] (*pt & pp* -**ved**, *cont* -**ving**) *inf* <> *n* (*abbr of* **revolution**) revolución *f* (motriz). <> *vt*: **to** ~ **sthg (up)** acelerar algo. <> *vi* [subj: person]: **to** ~ **(up)** acelerar el motor.

Rev [rev] (*abbr of* **Reverend**) *n* R., Revdo.

revalue [ˌriː'væljuː] *vt* -**1.** [currency] revalorizar -**2.** [property] revaluar.

revamp [ˌriː'væmp] *vt inf* renovar.

rev counter *n* contador *m* de revoluciones.

Revd (*abbr of* **Reverend**) *n* R., Revdo.

reveal [rɪ'viːl] *vt* revelar.

revealing [rɪ'viːlɪŋ] *adj* -**1.** [comment, silence] revelador(ra) -**2.** [garment] atrevido(da).

reveille [UK rɪ'væli, US 'revəli] *n* toque *m* de diana.

revel ['revl] (UK *pt & pp* -**led**, *cont* -**ling**, US *pt & pp* -**ed**, *cont* -**ing**) *vi*: **to** ~ **in** deleitarse en.

revelation [ˌrevə'leɪʃn] *n* revelación *f*.

reveller UK, **reveler** US ['revələr] *n* juergista *m or f*.

revelry ['revlrɪ] *n* (U) juerga *f*.

revenge [rɪ'vendʒ] <> *n* venganza *f*; **to take** ~ **(on sb)** vengarse (de alguien). <> *comp* por venganza. <> *vt* vengar; **to** ~ **o.s. on sb/ sthg** vengarse de alguien/en algo.

revenue ['revənjuː] *n* ingresos *mpl*.

reverberate [rɪ'vɜːbəreɪt] *vi* -**1.** [reecho] resonar -**2.** [have repercussions] repercutir.

reverberations [rɪˌvɜːbə'reɪʃnz] *npl* -**1.** [echoes] reverberaciones *fpl* -**2.** [repercussions] repercusiones *fpl*.

revere [rɪ'vɪər] *vt* venerar, reverenciar.

reverence ['revərəns] *n* reverencia *f*.

Reverend ['revərənd] *n* reverendo *m*.

Reverend Mother *n* reverenda madre *f*.

reverent ['revərəntl] *adj* reverente.
reverential [ˌrevə'renʃl] *adj* reverencial.
reverie ['revərɪ] *n* ensueño *m*.
reversal [rɪ'vɜːsl] *n* **-1.** [turning around] cambio *m* total **-2.** [ill fortune] contratiempo *m*, revés *m*.
reverse [rɪ'vɜːs] <> *adj* inverso(sa). <> *n* **-1.** *AUT:* ~ **(gear)** marcha *f* atrás; **to be in** ~ tener puesta la marcha atrás; **to go into** ~ meter la marcha atrás **-2.** [opposite]: **the** ~ lo contrario **-3.** [opposite side, back]: **the** ~ [gen] el revés; [of coin] el reverso; [of piece of paper] el dorso. <> *vt* **-1.** *AUT* dar marcha atrás a **-2.** [change usual order] invertir **-3.** [change to opposite] cambiar completamente **-4.** *UK TELEC:* **to** ~ **the charges** llamar a cobro revertido. <> *vi AUT* dar marcha atrás.
reverse-charge call *n UK* llamada *f* a cobro revertido, llamada *f* por cobrar *Chile, Méx*.
reversible [rɪ'vɜːsəbl] *adj* reversible.
reversing light [rɪ'vɜːsɪŋ-] *n UK* luz *f* de marcha atrás.
reversion [rɪ'vɜːʃn] *n* vuelta *f*.
revert [rɪ'vɜːt] *vi*: **to** ~ **to** volver a.
review [rɪ'vjuː] <> *n* **-1.** [examination] revisión *f*; **to come under** ~ ser revisado; **under** ~ bajo revisión **-2.** [critique] reseña *f*. <> *vt* **-1.** [re-examine] revisar **-2.** [consider] reconsiderar **-3.** [write an article on] reseñar **-4.** *US* [study again] repasar.
reviewer [rɪ'vjuːər] *n* crítico *m*, -ca *f*, reseñador *m*, -ra *f*.
revile [rɪ'vaɪl] *vt literary* injuriar.
revise [rɪ'vaɪz] <> *vt* **-1.** [reconsider] revisar **-2.** [rewrite] modificar, corregir **-3.** *UK* [study] repasar. <> *vi UK*: **to** ~ **(for sthg)** repasar (para algo).
revised [rɪ'vaɪzd] *adj* revisado(da).
revision [rɪ'vɪʒn] *n* **-1.** [alteration] corrección *f*, modificación *f* **-2.** *UK* [study] repaso *m*.
revisionist [rɪ'vɪʒnɪst] <> *adj* revisionista. <> *n* revisionista *m* OR *f*.
revisit [ˌriː'vɪzɪt] *vt* volver a visitar.
revitalize, -ise [ˌriː'vaɪtəlaɪz] *vt* revivificar.
revival [rɪ'vaɪvl] *n* **-1.** [of person] resucitación *f*; [of economy] reactivación *f* **-2.** [of play] reposición *f*.
revive [rɪ'vaɪv] <> *vt* **-1.** [person, plant, hopes] resucitar; [economy] reactivar **-2.** [tradition, memories] restablecer; [play] reponer. <> *vi* reponerse.
revoke [rɪ'vəʊk] *vt fml* revocar.
revolt [rɪ'vəʊlt] <> *n* rebelión *f*, sublevación *f*. <> *vt* repugnar. <> *vi*: **to** ~ **(against)** rebelarse OR sublevarse (contra).

revolting [rɪ'vəʊltɪŋ] *adj* repugnante, asqueroso(sa).
revolution [ˌrevə'luːʃn] *n* revolución *f*; ~ **in** sthg revolución en OR de algo.
revolutionary [revə'luːʃnərɪ] (*pl* **-ies**) <> *adj* revolucionario(ria). <> *n* revolucionario *m*, -ria *f*.
revolutionize, -ise [ˌrevə'luːʃənaɪz] *vt* revolucionar.
revolve [rɪ'vɒlv] *vi* [go round] girar; **to** ~ **around** OR **round** *lit* & *fig* girar en torno a.
revolver [rɪ'vɒlvər] *n* revólver *m*.
revolving [rɪ'vɒlvɪŋ] *adj* giratorio(ria).
revolving door *n* puerta *f* giratoria.
revue [rɪ'vjuː] *n* revista *f* (teatral).
revulsion [rɪ'vʌlʃn] *n* asco *m*, repugnancia *f*.
reward [rɪ'wɔːd] <> *n* recompensa *f*. <> *vt*: **to** ~ **sb (for/with)** recompensar a alguien (por/con).
rewarding [rɪ'wɔːdɪŋ] *adj* gratificador(ra).
rewind [ˌriː'waɪnd] (*pt* & *pp* **rewound**) *vt* rebobinar.
rewire [ˌriː'waɪər] *vt* cambiar la instalación eléctrica de.
reword [ˌriː'wɜːd] *vt* expresar de otra forma.
rework [ˌriː'wɜːk] *vt* rehacer.
rewound [ˌriː'waʊnd] *pt* & *pp* ▷ **rewind**.
rewritable [ˌriː'raɪtəbll] *adj* COMPUT regrabable.
rewrite [ˌriː'raɪt] (*pt* **rewrote** [ˌriː'rəʊt], *pp* **rewritten** [ˌriː'rɪtn]) *vt* volver a escribir, rehacer.
Reykjavik ['rekjəvɪk] *n* Reikiavik.
RFC (*abbr of* **Rugby Football Club**) *n* club de rugby.
RGN (*abbr of* **registered general nurse**) *n UK* enfermero diplomado *m*, enfermera diplomada *f*.
Rh (*abbr of* **rhesus**) Rh.
rhapsody ['ræpsədɪ] (*pl* **-ies**) *n* **-1.** MUS rapsodia *f* **-2.** [strong approval]: **to go into rhapsodies over** deshacerse en elogios sobre.
Rhesus ['riːsəs] *n*: ~ **positive/negative** Rhesus positivo/negativo.
rhetoric ['retərɪk] *n* retórica *f*.
rhetorical question [rɪ'tɒrɪkl-] *n* pregunta *f* retórica (*a la que no se espera contestación*).
rheumatic [ruː'mætɪk] *adj* reumático(ca).
rheumatism ['ruːmətɪzm] *n* reumatismo *m*.
rheumatoid arthritis ['ruːmətɔɪd-] *n* reuma *m* articular.
Rhine [raɪn] *n*: **the** ~ el Rin.
Rhineland ['raɪnlænd] *n* Renania.
rhinestone ['raɪnstəʊn] *n* diamante *m* falso.
rhino ['raɪnəʊ] (*pl inv* OR **-s**), **rhinoceros**

[raɪˈnɒsərəs] (*pl* **rhinoceros** *OR* **-es**) *n* rinoceronte *m*.

Rhode Island [rəʊd-] *n* Rhode Island.

Rhodes [rəʊdz] *n* Rodas.

Rhodesia [rəʊˈdiːʃə] *n* Rodesia.

Rhodesian [rəʊˈdiːʃn] ⟨⟩ *adj* rodesio(sia). ⟨⟩ *n* rodesio *m*, -sia *f*.

rhododendron [ˌrəʊdəˈdendrən] *n* rododendro *m*.

Rhône [rəʊn] *n*: **the (River)** ~ el (río) Ródano.

rhubarb [ˈruːbɑːb] *n* ruibarbo *m*.

rhyme [raɪm] ⟨⟩ *n* **-1.** [gen] rima *f* **-2.** [poem] poesía *f*, versos *mpl*; **in** ~ en verso. ⟨⟩ *vi*: **to** ~ **(with)** rimar (con).

rhyming slang [ˈraɪmɪŋ-] *n UK* rasgo del argot del este de Londres, que consiste en rimar dos palabras que dan el significado de una tercera.

rhythm [ˈrɪðm] *n* ritmo *m*.

rhythm and blues *n* rhythm *m* and blues.

rhythmic(al) [ˈrɪðmɪk(l)] *adj* rítmico(ca).

RI ⟨⟩ *n* (*abbr of* **religious instruction**) religión *f*. ⟨⟩ *abbr of* **Rhode Island**.

rib [rɪb] *n* **-1.** *ANAT* costilla *f* **-2.** [of umbrella] varilla *f*.

ribald [ˈrɪbəld] *adj* escabroso(sa), verde.

ribbed [rɪbd] *adj* [sweater] de canalé.

ribbon [ˈrɪbən] *n* cinta *f*.

rib cage *n* caja *f* torácica.

rice [raɪs] *n* arroz *m*.

rice field *n* arrozal *m*.

rice paper *n* papel *m* de arroz.

rice pudding *n* arroz *m* con leche.

ricer [ˈraɪsəʳ] *n US* pasapuré *m*.

rich [rɪtʃ] ⟨⟩ *adj* **-1.** [gen] rico(ca) **-2.** [full]: **to be** ~ **in** abundar en **-3.** [fertile] fértil **-4.** [indigestible] pesado(da) **-5.** [vibrant - sound, voice] sonoro(ra); [- smell, colour] intenso(sa) **-6.** [sumptuous] suntuoso(sa). ⟨⟩ *npl*: **the** ~ los ricos.
  ◆ **riches** *npl* **-1.** [natural resources] riquezas *fpl* **-2.** [wealth] riqueza *f*.

richly [ˈrɪtʃlɪ] *adv* **-1.** [rewarded] muy generosamente; ~ **deserved** bien merecido **-2.** [plentifully] copiosamente, abundantemente **-3.** [sumptuously] suntuosamente.

richness [ˈrɪtʃnɪs] *n* **-1.** [gen] riqueza *f* **-2.** [fertility] fertilidad *f* **-3.** [indigestibility] pesadez *f* **-4.** [vibrancy - of sound, voice] sonoridad *f*; [- of smell, colour] intensidad *f* **-5.** [sumptuousness] suntuosidad *f*.

Richter scale [ˈrɪktəʳ-] *n*: **the** ~ la escala Richter.

rickets [ˈrɪkɪts] *n* (U) raquitismo *m*.

rickety [ˈrɪkətɪ] *adj* tambaleante, desvencijado(da).

rickshaw [ˈrɪkʃɔː] *n* jinrikisha *f*.

ricochet [ˈrɪkəʃeɪ] (*pt & pp* **-ed** *OR* **-ted**, *cont* **-ing** *OR* **-ting**) ⟨⟩ *n* rebote *m*. ⟨⟩ *vi*: **to** ~ **(off)** rebotar (de).

rid [rɪd] (*pt* **rid** *OR* **-ded**, *pp* **rid**, *cont* **-ding**) ⟨⟩ *adj*: **to be** ~ **of** estar libre de. ⟨⟩ *vt*: **to** ~ **sthg/sb of** librar algo/a alguien de; **to** ~ **o.s. of** librarse de; **to get** ~ **of** deshacerse de.

riddance [ˈrɪdəns] *n inf*: **good** ~! ¡adiós y viento fresco!

ridden [ˈrɪdn] *pp* ⊳ **ride**.

riddle [ˈrɪdl] *n* **-1.** [verbal puzzle] acertijo *m*, adivinanza *f* **-2.** [mystery] enigma *m*.

riddled [ˈrɪdld] *adj*: **to be** ~ **with** [mistakes] estar plagado(da) de.

ride [raɪd] (*pt* **rode**, *pp* **ridden**) ⟨⟩ *n* **-1.** [gen] paseo *m*; **to go for a** ~ [on horseback] darse un paseo a caballo; [on bike] darse un paseo en bicicleta; [in car] darse una vuelta en coche; **to take sb for a** ~ *inf fig* embaucar a alguien **-2.** [journey] viaje *m*; **it's a short car** ~ **away** está a poca distancia en coche **-3.** [at fair] atracción *f*. ⟨⟩ *vt* **-1.** [horse] montar a **-2.** [bicycle, motorbike] montar en; **he rode his bike to the station** fue a la estación en bici **-3.** *US* [bus, train] ir en; [elevator] subir/bajar en **-4.** [distance] recorrer. ⟨⟩ *vi* **-1.** [on horseback] montar a caballo; **she rode over to see me** vino a verme a caballo **-2.** [on bicycle] ir en bici; [on motorbike] ir en moto **-3.** [in car]: **we rode to London in a jeep** fuimos a Londres en jeep.
  ◆ **ride out** *vt sep* aguantar.
  ◆ **ride up** *vi* subirse.

rider [ˈraɪdəʳ] *n* **-1.** [on horseback] jinete *m*, amazona *f* **-2.** [on bicycle] ciclista *m OR f*; [on motorbike] motorista *m OR f*.

ridge [rɪdʒ] *n* **-1.** [on mountain] cresta *f* **-2.** [on flat surface] rugosidad *f*.

ridicule [ˈrɪdɪkjuːl] ⟨⟩ *n* (U) burlas *fpl*. ⟨⟩ *vt* burlarse de.

ridiculous [rɪˈdɪkjʊləs] *adj* ridículo(la).

ridiculously [rɪˈdɪkjʊləslɪ] *adv* **-1.** [dress, act] de forma ridícula **-2.** [extremely] absurdamente.

riding [ˈraɪdɪŋ] ⟨⟩ *n* equitación *f*; **to go** ~ ir a montar a caballo. ⟨⟩ *comp* de equitación.

riding crop *n* fusta *f*.

riding school *n* escuela *f* de equitación.

rife [raɪf] *adj* extendido(da); **to be** ~ **with** estar lleno de.

riffraff [ˈrɪfræf] *n* gentuza *f*.

rifle [ˈraɪfl] ⟨⟩ *n* fusil *m*, rifle *m*. ⟨⟩ *vt* desvalijar.
  ◆ **rifle through** *vt fus* revolver.

rifle range *n* campo *m* de tiro.

rift [rɪft] n -**1.** GEOL hendidura f, grieta f -**2.** [quarrel] desavenencia f -**3.** POL: ~ **between/in** escisión f entre/en.

Rift Valley n: **the** ~ el Rift Valley.

rig [rɪg] (pt & pp -**ged**, cont -**ging**) ◇ n -**1.**: (oil) ~ [onshore] torre f de perforación; [offshore] plataforma f petrolífera -**2.** US [truck] camión m. ◇ vt [falsify] amañar, falsificar.

➤ **rig up** vt sep construir, armar.

rigging ['rɪgɪŋ] n cordaje m.

right [raɪt] ◇ adj -**1.** [correct] correcto(ta); **have you got the** ~ **time?** ¿tienes la hora buena?; **to be** ~ **(about)** tener razón (respecto a); **he never gets anything** ~ nunca le salen las cosas bien; **that's** ~ sí; **to get sthg** ~ acertar en algo -**2.** [morally correct, satisfactory, well] bien; **to be** ~ **to do sthg** hacer bien en hacer algo; **something isn't** ~ **with it** le pasa algo -**3.** [appropriate] apropiado(da); **it's just** ~ es perfecto; **the** ~ **moment** el momento oportuno -**4.** [uppermost]: ~ **side** cara f anterior OR de arriba -**5.** [on right-hand side] derecho(cha) -**6.** UK inf [complete - mess, idiot] auténtico(ca). ◇ n -**1.** (U) [moral correctness] el bien; **to be in the** ~ tener razón -**2.** [entitlement, claim] derecho m; **by** ~s en justicia; **in one's own** ~ por propio derecho -**3.** [righthand side] derecha f; **on the** ~ a la derecha. ◇ adv -**1.** [correctly] bien, correctamente -**2.** [to right-hand side] a la derecha -**3.** [emphatic use]: ~ **here** aquí mismo; ~ **at the top** arriba del todo; ~ **in the middle** justo en el medio; **she crashed** ~ **into the tree** chocó de frente contra el árbol -**4.** [completely] completamente -**5.** [immediately]: **I'll be** ~ **back** ahora mismo vuelvo; ~ **before/after (sthg)** justo antes/ después (de) sthg; ~ **now** ahora mismo, ahorita Cam & Méx; ~ **away** en seguida, luego Amér. ◇ vt -**1.** [correct] corregir, rectificar -**2.** [make upright] enderezar. ◇ excl ¡bien!

➤ **Right** n POL: **the Right** la derecha.

right angle n ángulo m recto; **at** ~s **(to)** en ángulo recto (con).

righteous ['raɪtʃəs] adj [anger] justo(ta); [person] honrado(da).

righteousness ['raɪtʃəsnɪs] n honradez f, rectitud f.

rightful ['raɪtfʊl] adj justo(ta), legítimo(ma).

rightfully ['raɪtfʊlɪ] adv legítimamente, justamente.

right-hand adj derecho(cha); **the** ~ **side** el lado derecho, la derecha.

right-hand drive n vehículo f con el volante a la derecha.

right-handed [-'hændɪd] adj diestro(tra).

right-hand man n brazo m derecho.

rightly ['raɪtlɪ] adv -**1.** [correctly] correctamente -**2.** [appropriately] debidamente, bien -**3.** [morally] justamente, con razón.

right-minded [-'maɪndɪd] adj honrado(da).

righto ['raɪtəʊ] excl inf ¡vale!

right of way n -**1.** AUT prioridad f -**2.** [access] derecho m de paso.

right-on adj inf progre.

rights issue n emisión f de derechos de suscripción.

right wing n: **the** ~ la derecha.

➤ **right-wing** adj de derechas, derechista.

right-winger n derechista m OR f.

rigid ['rɪdʒɪd] adj -**1.** [stiff] rígido(da) -**2.** [harsh, unbending] inflexible.

rigidity [rɪ'dʒɪdətɪ] n -**1.** [stiffness] rigidez f -**2.** [harshness] inflexibilidad f.

rigidly ['rɪdʒɪdlɪ] adv -**1.** [without moving] rígidamente -**2.** [inflexibly] inflexiblemente.

rigmarole ['rɪgmərəʊl] n inf pej -**1.** [process] ritual m -**2.** [story] galimatías m inv.

rigor US = rigour.

rigor mortis [-'mɔːtɪs] n rigor m mortis.

rigorous ['rɪgərəs] adj riguroso(sa).

rigorously ['rɪgərəslɪ] adv rigurosamente.

rigour UK, **rigor** US ['rɪgəʳ] n [firmness] rigor m.

➤ **rigours** npl [severe conditions] dureza f, rigor m.

rig-out n UK inf atuendo m.

rile [raɪl] vt irritar, sacar de quicio.

rim [rɪm] n -**1.** [of container] borde m -**2.** [of spectacles] montura f.

rind [raɪnd] n [of bacon, cheese] corteza f; [of orange, lemon] cáscara f.

ring [rɪŋ] (pt **rang**, pp vt senses 1 & 2 & vi **rung**, pt & pp **ringed** vt senses 3 & 4 only) ◇ n -**1.** [telephone call]: **to give sb a** ~ llamar a alguien (por teléfono) -**2.** [sound of doorbell] timbrazo m -**3.** [quality]: **it has a familiar** ~ me suena (familiar) -**4.** [on finger, around planet] anillo m -**5.** [metal hoop] aro m; [for curtains, drinks can] anilla f -**6.** [circle - of trees] círculo m; [- of people] corro m -**7.** [for boxing] cuadrilátero m; [at circus] pista f -**8.** [illegal group] red f. ◇ vt -**1.** UK [phone] llamar por teléfono, telefonear -**2.** [bell] tocar -**3.** [draw a circle round] señalar con un círculo -**4.** [surround] cercar, rodear; **to be** ~**ed with** estar rodeado de. ◇ vi -**1.** UK [phone] llamar por teléfono, telefonear -**2.** [bell] sonar -**3.** [to attract attention]: **to** ~ **(for)** llamar (para) -**4.** [resound]: **to** ~ **with** resonar con -**5.** phr: **to** ~ **true** sonar a ser cierto.

➤ **ring back** vt sep & vi UK llamar más tarde.

➤ **ring off** vi UK colgar.

➤ **ring out** *vi* -1. [sound] sonar -2. *UK TELEC* llamar.

➤ **ring up** *vt sep UK* [telec] llamar (por teléfono).

ring binder *n* carpeta *f* de anillas.

ringer ['rɪŋəʳ] *n*: **to be a dead ~ for sb** ser el vivo retrato de alguien.

ring finger *n* (dedo *m*) anular *m*.

ringing ['rɪŋɪŋ] <> *adj* resonante, sonoro(ra). <> *n* [of bell] repique *m*, tañido *m*; [in ears] zumbido *m*.

ringing tone *n* tono *m* de llamada.

ringleader ['rɪŋˌliːdəʳ] *n* cabecilla *m OR f*.

ringlet ['rɪŋlɪt] *n* rizo *m*, tirabuzón *m*.

ringmaster ['rɪŋˌmɑːstəʳ] *n* director *m* de circo, jefe *m* de pista.

ring-pull *n* anilla *f*.

ring road *n UK* carretera *f* de circunvalación.

ringside ['rɪŋsaɪd] <> *n*: **the ~** *espacio inmediato al cuadrilátero o a la pista de circo*. <> *comp* de primera fila.

ring tone *n* [for mobile phone] melodía *f*.

ringway ['rɪŋweɪ] *n UK* carretera *f* de circunvalación.

ringworm ['rɪŋwɜːm] *n* tiña *f*.

rink [rɪŋk] *n* pista *f*.

rinse [rɪns] <> *n* [of dishes, vegetables] enjuague *m*; [of clothes] aclarado *m*. <> *vt* -1. [dishes, vegetables] enjuagar; [clothes] aclarar -2. [wash out]: **to ~ one's mouth out** enjuagarse la boca.

Rio (de Janeiro) [ˌriːəʊ(dədʒəˈnɪərəʊ)] *n* Río (de Janeiro).

Rio Grande [ˌriːəʊˈɡrændɪ] *n*: **the ~** el río Bravo.

riot ['raɪət] <> *n* disturbio *m*; **to run ~** desbocarse. <> *vi* amotinarse.

rioter ['raɪətəʳ] *n* amotinado *m*, -da *f*.

rioting ['raɪətɪŋ] *n (U)* disturbios *mpl*.

riotous ['raɪətəs] *adj* desenfrenado(da).

riot police *npl* brigada *f* antidisturbios.

riot shield *n* escudo *m* antidisturbios.

rip [rɪp] (*pt & pp* -**ped**, *cont* -**ping**) <> *n* rasgón *m*. <> *vt* -1. [tear] rasgar, desgarrar -2. [remove violently] quitar de un tirón. <> *vi* rasgarse, romperse.

➤ **rip off** *vt sep inf* -1. [person] clavar -2. [product, idea] copiar.

➤ **rip up** *vt sep* hacer pedazos.

RIP (*abbr of* rest in peace) RIP.

ripcord ['rɪpkɔːd] *n* cable *m* de apertura manual.

ripe [raɪp] *adj* maduro(ra); **to be ~ (for sthg)** estar listo (para algo).

ripen ['raɪpn] *vt & vi* madurar.

ripeness ['raɪpnɪs] *n* madurez *f*.

rip-off *n inf* estafa *f*.

ripple ['rɪpl] <> *n* -1. [in water] onda *f*, rizo *m* -2. [of laughter, applause] murmullo *m*. <> *vt* rizar.

rip-roaring *adj inf* [party] bullicioso(sa); [success] apoteósico(ca).

rise [raɪz] (*pt* rose, *pp* risen ['rɪzn]) <> *n* -1. [increase, slope] subida *f* -2. *UK* [increase in salary] aumento *m* -3. [to fame, power, of practice] ascenso *m* -4. *phr*: **to give ~ to sthg** dar origen a algo. <> *vi* -1. [gen] elevarse -2. [price, wage, temperature] subir -3. [sun, moon] salir -4. [stand up, get out of bed] levantarse -5. [street, ground] subir -6. [respond]: **to ~ to** reaccionar ante; **to ~ to the challenge** estar a la altura de las circunstancias -7. [rebel] sublevarse -8. [move up in status] ascender; **to ~ to power/fame** ascender al poder/a la gloria.

➤ **rise above** *vt fus* -1. [handicap, difficulty] superar -2. [jealousy, resentment] estar por encima de.

riser ['raɪzəʳ] *n*: **early ~** madrugador *m*, -ra *f*; **late ~** persona que se levanta tarde.

risible ['rɪzəbl] *adj fml* risible.

rising ['raɪzɪŋ] <> *adj* -1. [sloping upwards] ascendente -2. [number, rate] creciente; [temperature, prices] en aumento -3. [increasingly successful] en alza. <> *n* rebelión *f*.

rising damp *n* humedad *f*.

risk [rɪsk] <> *n* [gen] riesgo *m*; [danger] peligro *m*; **a health ~** un peligro para la salud; **to run the ~ of sthg/of doing sthg** correr el riesgo de algo/de hacer algo; **to take a ~** arriesgarse; **at your own ~** bajo tu cuenta y riesgo; **at ~** en peligro; **at the ~ of** a riesgo de. <> *vt* -1. [put in danger] arriesgar -2. [take the chance of]: **to ~ doing sthg** correr el riesgo de hacer algo.

risk capital *n* capital *m* de riesgo.

risk-taking *n* toma *f* de riesgos.

risky ['rɪskɪ] (*compar* -**ier**, *superl* -**iest**) *adj* peligroso(sa), arriesgado(da).

risotto [rɪˈzɒtəʊ] (*pl* -**s**) *n* risotto *m*, *arroz guisado con pollo o verduras etc*.

risqué ['riːskeɪ] *adj* subido(da) de tono.

rissole ['rɪsəʊl] *n UK especie de albóndiga de carne o verduras*.

rite [raɪt] *n* rito *m*.

ritual ['rɪtʃʊəl] <> *adj* ritual. <> *n* ritual *m*.

rival ['raɪvl] (*UK pt & pp* -**led**, *cont* -**ling**, *US pt & pp* -**ed**, *cont* -**ing**) <> *adj* rival. <> *n* rival *m OR f*. <> *vt* rivalizar con.

rivalry ['raɪvlrɪ] *n* rivalidad *f*.

river ['rɪvəʳ] *n* río *m*.

river bank *n* orilla *f OR* margen *f* del río.

river basin *n* cuenca *f* fluvial.
riverbed ['rɪvəbed] *n* cauce *m* OR lecho *m* del río.
riverside ['rɪvəsaɪd] *n*: **the ~** la ribera OR orilla del río.
rivet ['rɪvɪt] <> *n* remache *m*. <> *vt* **-1.** [fasten] remachar **- 2.** *fig* [fascinate]: **to be ~ed by sthg** estar fascinado(da) con algo.
riveting ['rɪvɪtɪŋ] *adj* fascinante.
Riviera [ˌrɪvɪ'eərə] *n*: **the French ~** la Riviera francesa; **the Italian ~** la Riviera italiana.
rivulet ['rɪvjʊlɪt] *n* [trickle] hilo *m*.
Riyadh ['riːæd] *n* Riad.
RMT (*abbr of* **National Union of Rail, Maritime and Transport Workers**) *n sindicato británico de trabajadores del sector de transportes.*
RN *n* **- 1.** *abbr of* **Royal Navy - 2.** *abbr of* **registered nurse.**
RNA (*abbr of* **ribonucleic acid**) *n* ARN *m*.
RNLI (*abbr of* **Royal National Lifeboat Institution**) *n organización de voluntarios que ofrece un servicio de rescate marítimo en Gran Bretaña e Irlanda.*
roach [rəʊtʃ] *n US* [cockroach] cucaracha *f*.
road [rəʊd] *n* [major] carretera *f*; [street] calle *f*; [path, minor thoroughfare] camino *m*; **to be on the ~ to recovery** estar en vías de recuperación; **on the ~** [car] en circulación; [person] viajando; [rock band] de gira.
road accident *n* accidente *m* de carretera.
road atlas *n* guía *f* de carreteras.
roadblock ['rəʊdblɒk] *n* control *m*.
road-fund licence *n UK* ≃ impuesto *m* de circulación.
road hog *n inf pej* conductor rápido y negligente.
roadholding ['rəʊdˌhəʊldɪŋ] *n* agarre *m*.
roadie ['rəʊdɪ] *n inf* encargado del transporte y montaje de un equipo musical en gira.
road map *n* mapa *m* de carreteras.
road movie *n* película que se desarrolla durante el transcurso de un viaje por carretera.
road rage *n* violencia *f* en carretera.
road roller *n* apisonadora *f*.
road safety *n* seguridad *f* en carretera.
road sense *n* buen instinto *m* en la carretera.
roadshow ['rəʊdʃəʊ] *n* programa radiofónico transmitido en directo desde un lugar de veraneo por un disc-jockey en gira.
roadside ['rəʊdsaɪd] <> *n*: **the ~** el borde de la carretera. <> *comp* al borde de la carretera.
road sign *n* señal *f* de tráfico.
roadsweeper ['rəʊdˌswiːpəʳ] *n* [vehicle] camión

m limpiacarreteras.
road tax *n* impuesto *m* de circulación.
road test *n* prueba *f* en carretera.
➡ **road-test** *vt* probar en carretera.
road transport *n* transporte *m* por carretera.
roadtrip ['rəʊdtrɪp] *n US* viaje *m* hecho en automóvil.
roadway ['rəʊdweɪ] *n* calzada *f*.
road works *npl* obras *fpl*.
roadworthy ['rəʊdˌwɜːðɪ] *adj* apto(ta) para circular.
roam [rəʊm] <> *vt* vagar por. <> *vi* vagar.
roar [rɔːʳ] <> *vi* [make a loud noise] rugir; **to ~ with laughter** reírse a carcajadas. <> *vt* rugir, decir a voces. <> *n* **- 1.** [of traffic] fragor *m*, estruendo *m* **- 2.** [of lion, person] rugido *m*.
roaring ['rɔːrɪŋ] *adj* **- 1.** [loud] clamoroso(sa), fragoroso(sa) **- 2.** [fire] muy vivo **- 3.** [as emphasis]: **a ~ success** un éxito clamoroso; **to do a ~ trade in sthg** vender algo como rosquillas.
roast [rəʊst] <> *adj* asado(da). <> *n* asado *m*. <> *vt* **- 1.** [potatoes, meat] asar **- 2.** [nuts, coffee beans] tostar.
roast beef *n* rosbif *m*.
roasting ['rəʊstɪŋ] *inf* <> *adj* achicharrante. <> *adv*: **it's ~ hot** hace un calor que achicharra.
roasting tin *n* bandeja *f* de asar.
rob [rɒb] (*pt* & *pp* **-bed**, *cont* **-bing**) *vt* robar; [bank] atracar; **to ~ sb of sthg** *lit* & *fig* robar a alguien algo.
robber ['rɒbəʳ] *n* ladrón *m*, -ona *f*; [of bank] atracador *m*, -ra *f*.
robbery ['rɒbərɪ] (*pl* **-ies**) *n* robo *m*; [of bank] atraco *m*.
robe [rəʊb] *n* **- 1.** [towelling] albornoz *m* **- 2.** [of student] toga *f* **- 3.** [of priest] sotana *f* **- 4.** *US* [dressing gown] bata *f*.
robin ['rɒbɪn] *n* petirrojo *m*.
robot ['rəʊbɒt] *n* robot *m*.
robotics [rəʊ'bɒtɪks] *n* (U) robótica *f*.
robust [rəʊ'bʌst] *adj* robusto(ta), fuerte.
robustly [rəʊ'bʌstlɪ] *adv* robustamente, fuertemente.
rock [rɒk] <> *n* **- 1.** (U) [substance, boulder] roca *f* **- 2.** [stone] piedra *f* **- 3.** [crag] peñasco *m* **- 4.** [music] rock *m* **- 5.** *UK* [sweet] palo *m* de caramelo. <> *comp* [concert, group, singer] de rock. <> *vt* **- 1.** [cause to move] mecer, balancear **- 2.** [shock] sacudir. <> *vi* mecerse, balancearse.
➡ **Rock** *n inf* [Gibraltar]: **the Rock** el Peñón.
➡ **on the rocks** *adv* **- 1.** [drink] con hielo **- 2.** [marriage, relationship] que va mal.
rock and roll *n* rock and roll *m*.

rock bottom n: to hit ~ tocar fondo.

➤ **rock-bottom** adj: **rock-bottom prices** precios muy bajos.

rock cake n UK bizcocho con frutos secos.

rock climber n escalador m, -ra f (de rocas).

rock-climbing n escalada f (de rocas).

rock dash n US enguijarrado m.

rocker ['rɒkəʳ] n [chair] mecedora f; **he's off his ~** inf le falta un tornillo.

rockery ['rɒkərɪ] (pl -ies) n jardín m de rocas.

rocket ['rɒkɪt] <> n -**1.** [vehicle, weapon, firework] cohete m -**2.** [plant] roqueta f. <> vi subir rápidamente.

rocket launcher [-ˌlɔːntʃəʳ] n lanzacohetes m inv.

rock face n pared f de roca.

rockfall ['rɒkfɔːll] n deslizamiento m de montaña.

rock-hard adj duro(ra) como una piedra.

Rockies ['rɒkɪz] npl: **the ~** las Rocosas.

rocking chair ['rɒkɪŋ-] n mecedora f.

rocking horse ['rɒkɪŋ-] n caballo m de balancín.

rock music n música f rock.

rock'n'roll [ˌrɒkən'rəʊl] = **rock and roll**.

rock pool n charca f entre las rocas en la playa.

rock salt n sal f gema.

rocky ['rɒkɪ] (compar -ier, superl -iest) adj -**1.** [full of rocks] rocoso(sa) -**2.** [unsteady] inestable.

Rocky Mountains npl: **the ~** las montañas Rocosas.

rococo [rəˈkəʊkəʊl] adj rococó.

rod [rɒd] n [wooden] vara f; [metal] barra f; [for fishing] caña f.

rode [rəʊd] pt ▷ **ride**.

rodent ['rəʊdəntl] n roedor m.

rodeo ['rəʊdɪəʊl] (pl -s) n rodeo m.

roe [rəʊ] n hueva f; **hard ~** hueva f; **soft ~** lecha f.

roe deer n corzo m.

rogue [rəʊg] <> adj -**1.** [animal] solitario y peligroso (solitaria y peligrosa) -**2.** fig [person] rebelde. <> n -**1.** [likeable rascal] picaruelo m, -la f -**2.** dated [dishonest person] bellaco m, -ca f.

roguish ['rəʊgɪʃ] adj picaruelo(la), travieso(sa).

role [rəʊl] n THEATRE & fig papel m; **to play an important ~ in sthg** fig desempeñar un papel importante en algo.

role model n modelo m a seguir.

roll [rəʊl] <> n -**1.** [gen] rollo m; [of paper, banknotes] fajo m; [of cloth] pieza f -**2.** [of bread] panecillo m -**3.** [list] lista f; [payroll] nómina f -**4.** [of drums] redoble m; [of thunder] retumbo m. <> vt -**1.** [turn over] hacer rodar; **to ~ one's**

eyes poner los ojos en blanco -**2.** [roll up] enrollar; **~ed into one** todo en uno -**3.** [cigarette] liar. <> vi -**1.** [ball, barrel] rodar -**2.** [vehicle] ir, avanzar -**3.** [ship] balancearse -**4.** [thunder] retumbar; [drum] redoblar.

➤ **roll about, roll around** vi: **to ~ about** OR **around (on)** rodar (por).

➤ **roll back** vt sep US [prices] bajar.

➤ **roll in** vi inf llegar a raudales.

➤ **roll over** vi darse la vuelta.

➤ **roll up** <> vt sep -**1.** [make into roll] enrollar -**2.** [sleeves] remangarse. <> vi -**1.** [vehicle] llegar -**2.** inf [person] presentarse, aparecer.

roll call n: **to take a ~** pasar lista.

rolled gold [rəʊld-] n oro m laminado.

roller ['rəʊləʳ] n -**1.** [cylinder] rodillo m -**2.** [curler] rulo m.

Rollerblades® ['rəʊləˌbleɪdz] npl patines mpl en línea.

rollerblading ['rəʊləˌbleɪdɪŋ] n patinaje m (con patines en línea); **to go ~** ir a patinar (con patines en línea).

roller blind n persiana f enrollable.

roller coaster n montaña f rusa.

roller skate n patín m de ruedas.

➤ **roller-skate** vi ir en patines.

rolling ['rəʊlɪŋ] adj -**1.** [undulating] ondulante -**2.** phr: **to be ~ in it** inf nadar en la abundancia.

rolling mill n taller m de laminación.

rolling pin n rodillo m (de cocina).

rolling stock n material m rodante.

rollneck ['rəʊlnek] adj de cuello de cisne.

roll of honour n lista f de honor.

roll-on adj [deodorant etc] de bola.

roll-on roll-off adj UK de carga OR transbordo horizontal.

ROM [rɒm] (abbr of **read only memory**) n ROM f.

romaine lettuce [rəʊˈmeɪn-] n US lechuga f (de hoja larga).

Roman ['rəʊmən] <> adj romano(na). <> n romano m, -na f.

Roman candle n tipo de fuego artificial.

Roman Catholic <> adj católico (romano) (católica). <> n católico (romano) m, católica f.

romance [rəʊˈmæns] <> n -**1.** [romantic quality] lo romántico -**2.** [love affair] amorío m -**3.** [in fiction - modern] novela f romántica. <> adj: **Romance Languages** lenguas fpl romance.

Romanesque [ˌrəʊməˈnesk] adj románico(ca).

Romania [ruːˈmeɪnjəl] n Rumanía f.

Romanian [ruːˈmeɪnjən] <> adj rumano(na). <> n -**1.** [person] rumano m, -na f -**2.** [language] rumano m.

Roman numerals *npl* números *mpl* romanos.

romantic [rəʊ'mæntɪk] *adj* romántico(ca).

romanticism [rəʊ'mæntɪsɪzm] *n* romanticismo *m*.

romanticize, -ise [rəʊ'mæntɪsaɪz] <> *vt* poner una nota romántica en. <> *vi* soñar despierto, fantasear.

Romany ['rəʊmənɪ] (*pl* -ies) <> *adj* gitano(na), romaní. <> *n* -1. [person] romaní *m or f*, gitano *m*, -na *f* -2. [language - gen] lengua *f* gitana; [- in Spain] caló *m*.

Rome [rəʊm] *n* Roma.

romp [rɒmp] <> *n* retozo *m*, jugueteo *m*. <> *vi* retozar, juguetear.

rompers ['rɒmpəz] *npl*, **romper suit** ['rɒmpəʳ-] *n* pelele *m*.

roof [ruːf] *n* -1. [of building] tejado *m*; [of vehicle] techo *m*; **under the same** ~ bajo el mismo techo; **under one's** ~ en la casa de uno; **to have a** ~ **over one's head** tener cobijo; **to go through** *or* **hit the** ~ [person] subirse por las paredes -2. [of mouth] paladar *m*.

roof garden *n* azotea o terraza con flores y plantas.

roofing ['ruːfɪŋ] *n* materiales *mpl* para techar, techumbre *f*.

roof rack *n* baca *f*, portaequipajes *m inv*, parrilla *f Amér*.

rooftop ['ruːftɒp] *n* tejado *m*.

rook [rʊk] *n* -1. [bird] grajo *m* -2. [chess piece] torre *f*.

rookie ['rʊkɪ] *n* -1. *US inf* [novice] novato *m*, -ta *f* -2. *US inf* [military recruit] novato *m*, -ta *f*.

room [ruːm, rʊm] <> *n* -1. [in house, building] habitación *f* -2. [for conferences etc] sala *f* -3. [bedroom] habitación *f*, cuarto *m*, ambiente *m Andes & RP* -4. (U) [space] sitio *m*, espacio *m* -5. [opportunity, possibility]: ~ **for improvement** posibilidad de mejora; ~ **to** *or* **for manoeuvre** espacio para maniobrar. <> *vi sep US*: ~ **with** compartir alojamiento con.

rooming house ['ruːmɪŋ-] *n US* casa *f* de huéspedes, pensión *f*.

roommate ['ruːmmeɪt] *n* compañero *m*, -ra *f* de habitación.

room service *n* servicio *m* de habitación.

room temperature *n* temperatura *f* ambiente.

roomy ['ruːmɪ] (*compar* -ier, *superl* -iest) *adj* espacioso(sa), amplio(plia).

roost [ruːst] <> *n* percha *f*, palo *m*; **to rule the** ~ llevar el cotarro. <> *vi* dormir (en una percha).

rooster ['ruːstəʳ] *n* gallo *m*.

root [ruːt] <> *adj* [fundamental] de raíz. <> *n lit & fig* raíz *f*; **to take** ~ *lit & fig* arraigar; **to put down** ~**s** [person] echar raíces, radicarse. <> *vi* [pig etc] hozar; [person] hurgar, escarbar.

➡ **roots** *npl* [origins] raíces *fpl*.

➡ **root for** *vt fus US inf* apoyar a.

➡ **root out** *vt sep* [eradicate] desarraigar, arrancar de raíz.

root beer *n US* cerveza sin alcohol hecha de raíces.

root crop *n* tubérculos *mpl*.

rooted ['ruːtɪd] *adj*: **to be** ~ **to the spot** quedar inmóvil.

rootless ['ruːtlɪs] *adj* desarraigado(da).

root vegetable *n* tubérculo *m*.

rope [rəʊp] <> *n* [thin] cuerda *f*; [thick] cabuya *f Cam, Col & Ven*, soga *f*, *NAUT* maroma *f*, cable *m*; **to know the** ~**s** saber de qué va el asunto; **to show sb the** ~**s** poner a alguien al tanto. <> *vt* atar con cuerda.

➡ **rope in** *vt sep inf* arrastrar *OR* enganchar a; **to rope sb in to do sthg** liar a alguien para hacer algo.

➡ **rope off** *vt sep* acordonar.

rop(e)y ['rəʊpɪ] (*compar* -ier, *superl* -iest) *adj UK inf* -1. [poor-quality] malo(la) -2. [unwell] malucho(cha).

rosary ['rəʊzərɪ] (*pl* -ies) *n* rosario *m*.

rose [rəʊz] <> *pt* ▷ **rise**. <> *adj* [pink] rosa, color de rosa. <> *n* [flower] rosa *f*.

rosé ['rəʊzeɪ] *n* rosado *m*.

rosebed ['rəʊzbed] *n* rosaleda *f*.

rosebud ['rəʊzbʌd] *n* capullo *m* de rosa.

rose bush *n* rosal *m*.

rose hip *n* escaramujo *m*.

rosemary ['rəʊzmərɪ] *n* romero *m*.

rosette [rəʊ'zet] *n* [badge] escarapela *f*.

rosewater ['rəʊz,wɔːtəʳ] *n* agua *f* de rosas.

rosewood ['rəʊzwʊd] *n* palisandro *m*.

roster ['rɒstəʳ] *n* lista *f*.

rostrum ['rɒstrəm] (*pl* -trums *OR* -tra [-trə]) *n* tribuna *f*.

rosy ['rəʊzɪ] (*compar* -ier, *superl* -iest) *adj* -1. [pink] sonrosado(da) -2. [hopeful] prometedor(ra).

rot [rɒt] (*pt & pp* -ted, *cont* -ting) <> *n* (U) -1. [of wood, food] podredumbre *f*; [in society, organization] putrefacción *f*, decadencia *f* -2. *UK dated* [nonsense] tonterías *fpl*, bobadas *fpl*. <> *vt* pudrir, corromper. <> *vi* pudrirse, corromperse.

rota ['rəʊtə] *n* lista *f* (de turnos).

rotary ['rəʊtərɪ] <> *adj* giratorio(ria), rotativo(va). <> *n US* [roundabout] glorieta *f*, cruce *m* de circulación giratoria.

Rotary Club *n*: **the** ~ la Sociedad Rotaria.

rotate [rəʊ'teɪt] ⟨⟩ vt -**1.** [turn] hacer girar, dar vueltas a - **2.** [jobs] alternar; [crops] cultivar en rotación. ⟨⟩ vi -**1.** [turn] girar, dar vueltas - **2.** [jobs] alternarse; [crops] cultivarse en rotación.

rotation [rəʊ'teɪʃn] n -**1.** [gen] rotación f -**2.** [of jobs] turno m; **in** ~ por turno OR turnos.

rote [rəʊt] n: **by** ~ de memoria.

rote learning n aprendizaje m de memoria.

rotor ['rəʊtəʳ] n rotor m.

rotten ['rɒtn] adj -**1.** [decayed] podrido(da) - **2.** inf [poor-quality] malísimo(ma), fatal - **3.** inf [unpleasant] despreciable - **4.** inf [unwell]: **to feel** ~ sentirse fatal OR muy mal - **5.** [unhappy]: **to feel** ~ **(about)** sentirse mal (por).

rotund [rəʊ'tʌnd] adj fml orondo(da).

rouble ['ru:bl] n rublo m.

rouge [ru:ʒ] n colorete m.

rough [rʌf] ⟨⟩ adj -**1.** [not smooth - surface, skin] áspero(ra); [- ground, road] desigual - **2.** [not gentle] bruto(ta) - **3.** [crude, not refined - person, manner] grosero(ra), tosco(ca); [- shelter] precario(ria); [- living conditions] duro(ra) - **4.** [approximate - plan, sketch] a grandes rasgos; [- estimate, translation] aproximado(da); **to write a rough draft of sthg** escribir un borrador de algo - **5.** [unpleasant] duro(ra), difícil - **6.** [wind] violento(ta); [sea] picado(da); [weather, day] embravecido(da), tormentoso(sa), borrascoso(sa) - **7.** [harsh - wine, voice] áspero(ra) - **8.** [violent - area] peligroso(sa); [- person] violento(ta) - **9.** [tired, ill]: **to look/feel** ~ tener un aspecto/sentirse fatal. ⟨⟩ adv: **to sleep** ~ dormir al raso. ⟨⟩ n -**1.** GOLF: **the** ~ el rough - **2.** [undetailed form]: **in** ~ en borrador. ⟨⟩ vt phr: **to** ~ **it** vivir sin comodidades.

roughage ['rʌfɪdʒ] n (U) fibra f.

rough and ready adj tosco(ca).

rough-and-tumble n (U) riña f.

rough diamond n UK fig diamante m en bruto.

roughen ['rʌfn] vt poner áspero(ra).

rough justice n injusticia f; **it was pretty rough justice** fue un caso de justicia sumaria.

roughly ['rʌflɪ] adv -**1.** [approximately] más o menos - **2.** [not gently] brutalmente - **3.** [crudely] toscamente.

roughneck ['rʌfnek] n -**1.** [oilworker] trabajador en una explotación petrolífera - **2.** US inf [ruffian] matón m, duro m.

roughness ['rʌfnɪs] n -**1.** [lack of smoothness] aspereza f -**2.** [lack of gentleness] brutalidad f.

roughshod ['rʌfʃɒd] adv: **to ride** ~ **over sthg/sb** tratar algo/a alguien sin contemplaciones.

roulette [ru:'let] n ruleta f.

round [raʊnd] ⟨⟩ adj redondo(da). ⟨⟩ prep -**1.** [surrounding] alrededor de; **the reeds** ~ **the pond** las cañas alrededor del estanque; **she put her arm** ~ **his shoulder** le puso el brazo al hombro - **2.** [near] cerca de; ~ **here** por aquí - **3.** [all over - the world etc] por todo(da); **we went** ~ **the museum** dimos una vuelta por el museo - **4.** [in circular movement]: ~ **(and ~)** alrededor de - **5.** [in measurements]: **she's 30 inches** ~ **the waist** mide 30 pulgadas de cintura - **6.** [at or to the other side of]: **they were waiting** ~ **the corner** esperaban a la vuelta de la esquina; **to drive** ~ **the corner** doblar la esquina; **we went** ~ **the lake** rodeamos el lago - **7.** [so as to avoid]: **he drove** ~ **the pothole** condujo esquivando el bache. ⟨⟩ adv -**1.** [on all sides]: **all** ~ por todos lados; **to sit** ~ **in a circle** sentarse formando un círculo - **2.** [near]: ~ **about** alrededor, en las proximidades - **3.** [all over]: **to travel** ~ viajar por ahí - **4.** [in circular movement]: **she passed** ~ **a plate of biscuits** pasó un plato de galletas; ~ **(and ~)** en redondo; **to go** OR **spin** ~ girar - **5.** [to the other side] al otro lado; **we went** ~ **to the back of the house** dimos una vuelta hasta la parte de atrás de la casa - **6.** [at or to nearby place]: **he came** ~ **to see us** vino a vernos; **I'm going** ~ **to the shop** voy un momento a la tienda. ⟨⟩ n -**1.** [of talks, drinks, sandwiches] ronda f; **a** ~ **of toast** una tostada; **a** ~ **of applause** una salva de aplausos - **2.** [in championship] vuelta f -**3.** [of doctor] visitas fpl; [of milkman, postman] recorrido m - **4.** [of ammunition] cartucho m - **5.** [in boxing] asalto m - **6.** [in golf] vuelta f, round m. ⟨⟩ vt doblar.

➤ **rounds** npl [of doctor] visitas fpl; **he's out on his** ~ está visitando pacientes; [of postman] recorrido m; **to do** OR **go the** ~**s** [joke, rumour] divulgarse; [illness] estar rodando.

➤ **round off** vt sep terminar.

➤ **round up** vt sep -**1.** [sheep] recoger; [people] reunir - **2.** MATH redondear al alza.

roundabout ['raʊndəbaʊt] ⟨⟩ adj indirecto(ta); **in a** ~ **way** después de un largo preámbulo. ⟨⟩ n UK -**1.** [on road] glorieta f, rotonda f -**2.** [at fairground] tiovivo m, caballitos mpl -**3.** [at playground] plataforma giratoria para que los niños la empujen y monten en ella.

rounded ['raʊndɪd] adj redondeado(da).

rounders ['raʊndəz] n UK juego parecido al béisbol.

Roundhead ['raʊndhed] n seguidor de Oliver Cromwell en la guerra civil inglesa del siglo XVII.

roundly ['raʊndlɪ] adv rotundamente.

round-shouldered [-'ʃəʊldəd] adj carga-

do(da) de espaldas.
round table *n* mesa *f* redonda.
round-table *adj* en igualdad de condiciones.
round the clock *adv* (durante) las 24 horas
del día.
➡ **round-the-clock** *adj* continuo(nua), 24
horas al día.
round trip ◇ *adj US* de ida y vuelta. ◇ *n*
viaje *m* de ida y vuelta.
roundup ['raʊndʌp] *n* **-1.** [summary] resumen
m; **news** ~ resumen *m* informativo **-2.** [of
criminals] redada *f.*
rouse [raʊz] *vt* **-1.** *fml* [wake up] despertar **-2.**
[impel]: **to** ~ **sb/o.s. to do sthg** animar a
alguien/animarse a hacer algo **-3.** [excite]
excitar; **it** ~**d his interest** le despertó el
interés **- 4.** [give rise to] suscitar.
rousing ['raʊzɪŋ] *adj* [speech] conmovedor(ra);
[cheer] entusiasta.
rout [raʊt] ◇ *n* derrota *f* aplastante. ◇ *vt*
derrotar, aplastar.
route [ruːt] ◇ *n* [gen] ruta *f*; [of bus] línea *f*,
recorrido *m*; [of ship] rumbo *m*; [for deliveries]
recorrido *m*, itinerario *m*; [main road] carretera
f principal. ◇ *vt* [gen] dirigir; [goods] enviar.
route map *n* plano *m* (del camino).
routine [ruː'tiːn] ◇ *adj* rutinario(ria); **(to
have) a** ~ **checkup** (hacerse) un reconocimiento médico rutinario. ◇ *n* rutina *f.*
routinely [ruː'tiːnlɪ] *adv* rutinariamente.
rove [raʊv] *literary* ◇ *vt* vagar por. ◇ *vi*: **to** ~
around vagar.
roving ['raʊvɪŋ] *adj* itinerante; **a** ~ **reporter** un
periodista ambulante.
row¹ [raʊ] ◇ *n* **-1.** [line] fila *f*, hilera *f* **-2.** [suc-
cession] serie *f*; **three in a** ~ tres seguidos. ◇
vt **-1.** [boat] remar **-2.** [people, things] llevar en
bote. ◇ *vi* remar.
row² [raʊ] ◇ *n* **-1.** [quarrel] pelea *f*, bronca *f* **-2.**
inf [noise] estruendo *m*, ruido *m*. ◇ *vi* [quarrel]
reñir, pelearse.
rowboat ['raʊbaʊt] *n US* bote *m* de remos.
rowdiness ['raʊdɪnɪs] *n* alboroto *m*, ruido *m*.
rowdy ['raʊdɪ] (*compar*-ier, *superl*-iest) *adj* [noisy]
ruidoso(sa); [quarrelsome] pendenciero(ra).
rower ['raʊəʳ] *n* remero *m*, -ra *f.*
row house [raʊ-] *n US* casa *f* adosada.
rowing ['raʊɪŋ] *n* remo *m*.
rowing boat *n UK* bote *m* de remo.
rowing machine *n* máquina *f* de remar.
rowlock ['rɒlək] *n UK* escálamo *m*, tolete *m*.
royal ['rɔɪəl] ◇ *adj* real. ◇ *n inf* miembro *m*
de la familia real; **the Royals** la realeza.
Royal Air Force *n*: **the** ~ las Fuerzas Aéreas
de Gran Bretaña.

royal blue *adj* azul marino.
royal family *n* familia *f* real.
royalist ['rɔɪəlɪst] *n* monárquico *m*, -ca *f.*
royal jelly *n* jalea *f* real.
Royal Mail *n UK*: **the** ~ ≃ Correos *m*.
Royal Marines *npl UK*: **the** ~ la Infantería
de Marina de Gran Bretaña.
Royal Navy *n*: **the** ~ la Armada de Gran
Bretaña.
royalty ['rɔɪəltɪ] *n* realeza *f.*
➡ **royalties** *npl* derechos *mpl* de autor,
royalties *mpl.*
RP (*abbr of* **received pronunciation**) *n* pronunciación estándar del inglés.
RPI (*abbr of* **retail price index**) *n* IPC *m.*
rpm (*abbr of* **revolutions per minute**) r.p.m. *fpl.*
RRP *n abbr of* **recommended retail price**.
RSA (*abbr of* **Royal Society of Arts**) *n sociedad
británica para el fomento de las artes, la
producción industrial y el comercio.*
RSC (*abbr of* **Royal Shakespeare Company**) *n
compañía de teatro británica.*
RSI (*abbr of* **repetitive strain injury**) *n lesión
muscular producida por ejemplo por el
trabajo continuado tecleando en un ordenador.*
RSPB (*abbr of* **Royal Society for the Protection of
Birds**) *n sociedad británica para la protección de las aves en su medio ambiente
natural.*
RSPCA (*abbr of* **Royal Society for the Prevention
of Cruelty to Animals**) *n sociedad británica
protectora de animales,* ≃ SPA *f.*
RST (*abbr of* **Royal Shakespeare Theatre**) *n teatro
británico especializado en la obra de
Shakespeare.*
RSVP (*abbr of* **répondez s'il vous plaît**) s.r.c.
Rt Hon (*abbr of* **Right Honourable**) su Sría.
Rt Rev (*abbr of* **Right Reverend**) muy Rdo.
rub [rʌb] (*pt* & *pp* **-bed**, *cont* **-bing**) ◇ *vt*: **to** ~
sthg (against OR **on)** frotar algo (en OR contra);
to ~ **sthg on** OR **onto** frotar algo en; **to** ~ **sthg
in** OR **into** frotar algo en; **to** ~ **it in** *inf* insistir,
machacar; **to** ~ **sb up the wrong way** *UK*, **to** ~
sb the wrong way *US* sacar a alguien de quicio.
◇ *vi*: **to** ~ **(against sthg)** rozar (algo); **to** ~
(together) rozarse.
➡ **rub off on** *vt fus* [subj: quality] influir en.
➡ **rub out** *vt sep* [erase] borrar.
rubber ['rʌbəʳ] ◇ *adj* de goma, de caucho, de
hule *Amér.* ◇ *n* **-1.** [substance] goma *f*, caucho
m **-2.** *UK* [eraser] goma *f* de borrar **-3.** *US inf* [con-
dom] goma *f* **-4.** [in bridge] partida *f* **-5.** *US* [over-
shoe] chanclo *m*.
rubber band *n US* goma *f* elástica.

rubber plant n ficus m inv.
rubber boot n US bota f de agua.
rubber dinghy n lancha f neumática.
rubberize, -ise ['rʌbəraɪz] vt encauchar.
rubberneck ['rʌbənek] vi US inf curiosear.
rubber ring n flotador m.
rubber stamp n estampilla f Esp, sello m de goma, timbre m de goma Chile.
➡ **rubber-stamp** vt aprobar oficialmente.
rubber tree n árbol m de caucho, árbol gomero.
rubbery ['rʌbəri] adj elástico(ca), que parece de goma.
rubbing ['rʌbɪŋ] n dibujo o impresión que se obtiene al frotar un papel, que cubre una superficie labrada, con carbón, ceras etc.
rubbish ['rʌbɪʃ] <> n (U) -1. [refuse] basura f. inf fig [worthless matter] porquería f; it was ~ fue una porquería -2. inf [nonsense] tonterías fpl, babosadas fpl Cam & Méx; don't talk ~ no digas tonterías. <> vt inf poner por los suelos.
rubbish bin n UK cubo m de la basura.
rubbish dump n UK vertedero m, basurero m.
rubbishy ['rʌbɪʃɪ] adj inf de mala calidad.
rubble ['rʌbl] n (U) escombros mpl.
rubella [ru:'belə] n rubéola f.
ruby ['ru:bɪ] (pl -ies) n rubí m.
RUC (abbr of **Royal Ulster Constabulary**) n fuerzas de seguridad del gobierno británico en Irlanda del Norte.
ruched [ru:ʃt] adj fruncido(da).
rucksack ['rʌksæk] n mochila f.
ructions ['rʌkʃnz] npl inf bronca f, lío m.
rudder ['rʌdə'] n timón m.
ruddy ['rʌdɪ] (compar -ier, superl -iest) adj [reddish] rojizo(za).
rude [ru:d] adj -1. [impolite - person, manners, word] grosero(ra), liso(sa) Arg & Perú; [- joke] verde -2. [shocking] violento(ta), brusco(ca).
rudely ['ru:dlɪ] adv -1. [impolitely] groseramente -2. [shockingly] bruscamente, violentamente.
rudeness ['ru:dnɪs] n grosería f.
rudimentary [,ru:dɪ'mentərɪ] adj rudimentario(ria).
rudiments ['ru:dɪmənts] npl rudimentos mpl, nociones fpl básicas.
rue [ru:] vt lamentar, arrepentirse de.
rueful ['ru:fʊl] adj arrepentido(da).
ruff [rʌf] n [on clothes] gola f.
ruffian ['rʌfjən] n rufián m.
ruffle ['rʌfl] vt -1. [hair] revolver, despeinar; [water] perturbar, agitar; [feathers] encrespar -2. [composure, nerves] enervar, encrespar -3. [person] poner nervioso(sa) a.

rug [rʌg] n -1. [carpet] alfombra f -2. [blanket] manta f de viaje.
rugby ['rʌgbɪ] n rugby m.
Rugby League n tipo de rugby con equipos de 13 jugadores profesionales.
Rugby Union n tipo de rugby con equipos de 15 jugadores aficionados.
rugged ['rʌgɪd] adj -1. [wild, inhospitable] escabroso(sa), accidentado(da) -2. [sturdy] fuerte -3. [roughly handsome] duro y atractivo (dura y atractiva); his ~ good looks sus rasgos recios.
ruggedness ['rʌgɪdnɪs] n escabrosidad f.
rugger ['rʌgə'] n UK inf rugby m.
ruin ['ru:ɪn] <> n ruina f. <> vt -1. [destroy] estropear -2. [spoil] arruinar -3. [bankrupt] arruinar.
➡ **in ruin(s)** adv en ruinas.
ruination [ru:ɪ'neɪʃn] n ruina f.
ruinous ['ru:ɪnəs] adj [expensive] ruinoso(sa).
rule [ru:l] <> n -1. [regulation, guideline] regla f, norma f; to bend the ~s hacer una pequeña excepción (con las normas); to break the ~s violar las normas; to obey the ~s obedecer las normas -2. [norm]: the ~ la regla, la norma; as a ~ por regla general -3. [government] dominio m; to be under Roman ~ estar bajo dominio romano -4. [ruler] regla f. <> vt -1. fml [control] regir -2. [govern] gobernar -3. [decide]: to ~ that decidir OR ordenar que. <> vi -1. [give decision] decidir, fallar -2. fml [be paramount] regir, ser primordial -3. [govern] gobernar.
➡ **rule out** vt sep descartar.
rulebook ['ru:lbʊk] n [set of rules]: the ~ el libro de reglamento.
ruled [ru:ld] adj rayado(da).
ruler ['ru:lə'] n -1. [for measurement] regla f -2. [monarch] soberano m, -na f.
ruling ['ru:lɪŋ] <> adj en el poder. <> n fallo m, decisión f.
rum [rʌm] (compar -mer, superl -mest) <> n ron m. <> adj UK dated extraño(ña), raro(ra).
Rumania [ru:'meɪnjə] = **Romania**.
Rumanian [ru:'meɪnjən] = **Romanian**.
rumba ['rʌmbə] n rumba f.
rumble ['rʌmbl] <> n -1. [gen] estruendo m; [of stomach] ruido m -2. US inf [fight] riña f callejera. <> vt UK inf dated calar. <> vi [gen] retumbar; [stomach] hacer ruido.
rumbustious [rʌm'bʌstʃəs] adj UK bullicioso(sa).
ruminate ['ru:mɪneɪt] vi fml: to ~ (about OR on sthg) rumiar (algo).
rummage ['rʌmɪdʒ] vi hurgar, rebuscar; to ~

around in sthg revolver en algo.

rummage sale n US venta de objetos usados con fines benéficos.

rummy ['rʌmɪ] n rum m.

rumour UK, **rumor** US ['ru:məʳ] n rumor m; **there's a ~ going around that ...** se rumorea que ...

rumoured UK, **rumored** US ['ru:məd] adj: **to be ~** rumorearse; **she is ~ to be very rich** se rumorea que es muy rica.

rump [rʌmp] n **-1.** [of animal] grupa f, ancas fpl **-2.** inf [of person] trasero m, culo m.

rumple ['rʌmpl] vt [clothes] arrugar; [hair] desordenar.

rump steak n filete m de lomo, churrasco m de cuadril RP.

rumpus ['rʌmpəs] n inf lío m, jaleo m, despiole m Arg.

rumpus room n US cuarto m de juegos.

run [rʌn] (pt ran, pp run, cont -ning) <> n **-1.** [on foot] carrera f; **to go for a ~** ir a correr; **on the ~** en fuga; **to make a ~ for it** tratar de fugarse **-2.** [journey - in car] paseo m OR vuelta f (en coche); **to go for a ~** ir a dar una vuelta; [- in plane, ship] viaje m **-3.** [series - of wins, disasters] serie f; [- of luck] racha f **-4.** THEATRE: **the play had a 6-week ~** la obra estuvo en cartelera 6 semanas **-5.** [great demand]: **a ~ on sthg** una gran demanda de algo **-6.** [in tights] carrera f **-7.** [in cricket, baseball] carrera f **-8.** [for skiing etc] pista f **-9.** [term]: **in the short /long ~** a corto/largo plazo. <> vt **-1.** [on foot] correr **-2.** [manage - business] dirigir, administrar; [- life, event] organizar **-3.** [operate - computer program, machine, film] poner; [- experiment] montar **-4.** [have and use - car etc] hacer funcionar; **it's cheap to ~** es barato de mantener; **it ~s on diesel/off the mains** funciona con diesel/electricidad **-5.** [open - tap] abrir; **to ~ a bath** llenar la bañera **-6.** [publish] publicar **-7.** inf [transport by car] llevar; **shall I ~ you to school?** ¿te llevo al colegio? **-8.** [move]: **to ~ sthg along** OR **over** pasar algo por. <> vi **-1.** [on foot] correr; **to ~ for it** echar a correr **-2.** [follow a direction]: **the road ~s paralell to the river** la carretera discurre paralela al río **-3.** esp US [in election]: **to ~ (for)** presentarse como candidato(ta) (a); **he's ~ning for president** se presenta a la presidencia **-4.** [factory, machine] funcionar; [engine] estar encendido(da); **to ~ on** OR **off sthg** funcionar con algo; **to ~ smoothly** ir bien **-5.** [bus, train] ir **-6.** [flow] correr; **to ~ dry** secarse, quedarse sin agua **-7.** [tap] gotear; **somebody has left the tap ~ning** alguien se ha dejado el grifo abierto; [nose] moquear; **my nose is ~ning** me moquea la nariz; [eyes]

llorar **-8.** [colour] desteñir **-9.** phr: **feelings were ~ning high** la gente estaba indignada; **to be ~ning late** ir con retraso.

  ➤ **run across** vt fus [meet] encontrarse con.

  ➤ **run along** vi dated: **~ along now!** ¡vete!, ¡anda ya!

  ➤ **run away** vi **-1.** [flee]: **to ~ away (from)** huir OR fugarse (de) **-2.** fig [avoid]: **to ~ away from** [responsibility, subject] evadir; [thought] evitar.

  ➤ **run away with** vt fus: **he lets his enthusiasm ~ away with him** se deja llevar por el entusiasmo.

  ➤ **run down** <> vt sep **-1.** [run over] atropellar **-2.** [criticize] hablar mal de. <> vi [battery] acabarse; [clock] pararse; [project, business] debilitarse, perder energía.

  ➤ **run into** vt fus **-1.** [problem] encontrar; [person] tropezarse con; **to ~ into debt** endeudarse **-2.** [in vehicle] chocar con **-3.** [blend with]: **to ~ into each other** mezclarse **-4.** [amount to] ascender a.

  ➤ **run off** <> vt sep [copies, photocopies] sacar. <> vi: **to ~ off (with)** fugarse (con).

  ➤ **run on** vi [continue] continuar.

  ➤ **run out** vi **-1.** [become used up] acabarse **-2.** [expire] caducar.

  ➤ **run out of** vt fus quedarse sin; **we've ~ out of food** se nos ha acabado la comida.

  ➤ **run over** vt sep atropellar.

  ➤ **run through** vt fus **-1.** [be present in] recorrer, atravesar; **the vein of humour which ran through her work** el tono de humor que está presente en su trabajo **-2.** [practise] ensayar, practicar **-3.** [read through] echar un vistazo a.

  ➤ **run to** vt fus **-1.** [amount to] ascender a; **the bill ran to thousands** la cuenta subía a varios miles **-2.** [afford] permitirse; **I can't ~ to a new car** no me puedo permitir un nuevo coche.

  ➤ **run up** vt fus [amass] incurrir en, contraer; **he ran up a huge bill** acumuló una factura enorme.

  ➤ **run up against** vt fus tropezar con.

run-around n inf: **to give sb the ~** traerle a alguien al retortero.

runaway ['rʌnəweɪ] <> adj **-1.** [gen] fugitivo(va); [horse] desbocado(da); [train] fuera de control; [inflation] desenfrenado(da) **-2.** [victory] fácil. <> n fugitivo m, -va f.

rundown ['rʌndaʊn] n **-1.** [report] informe m, resumen m; **to give sb a ~ on sthg** poner a alguien al tanto de algo **-2.** [decline] desmantelamiento m gradual.

  ➤ **run-down** adj **-1.** [dilapidated] en ruinas,

en decadencia **-2.** [tired] agotado(da); **to feel ~** sentirse débil.

rung [rʌŋ] ◇ *pp* ▷ **ring.** ◇ *n lit & fig* peldaño *m*.

run-in *n inf* altercado *m*, disputa *f*.

runner ['rʌnəʳ] *n* **-1.** [athlete] corredor *m*, -ra *f* **-2.** [smuggler] traficante *m OR f*, contrabandista *m OR f* **-3.** [on sledge] carril *m*; [of drawer, sliding seat] carro *m*.

runner bean *n UK* judía *f* verde, chaucha *f RP*, vainita *f Ven*, ejote *m CAm, Méx*, poroto *m* verde *Chile*.

runner-up (*pl* **runners-up**) *n* subcampeón *m*, -ona *f*.

running ['rʌnɪŋ] ◇ *adj* **-1.** [continuous] continuo(nua) **-2.** [consecutive] seguidos(das); **four days ~** cuatro días consecutivos **-3.** [water] corriente. ◇ *n* **-1.** [act of running] el correr; **to go ~** hacer footing **-2.** *SPORT* carreras *fpl* **-3.** [management] dirección *f*, organización *f* **-4.** [operation] funcionamiento *m* **-5.** *phr:* **to make the ~** ir en cabeza; **to be in/out of the ~ (for sthg)** tener/no tener posibilidades (de algo). ◇ *comp:* **~ shoes** zapatillas *fpl* deportivas.

running commentary *n* comentario *m* en directo; *fig* **there's no need to give us a ~!** ¡no hace falta que nos hagas un comentario en directo!

running costs *npl* gastos *mpl* corrientes (de mantenimiento).

running mate *n US* candidato *m*, -ta *f* a vicepresidente.

running repairs *npl* reparación *f* temporal.

runny ['rʌnɪ] (*compar* **-ier**, *superl* **-iest**) *adj* **-1.** [sauce, gravy] derretido(da) **-2.** [nose] que moquea; [eyes] llorosos(as).

run-of-the-mill *adj* normal y corriente.

runt [rʌnt] *n* **-1.** [animal] cría *f* más pequeña y débil **-2.** *pej* [person] renacuajo *m*.

run-through *n* ensayo *m*.

run-up *n* **-1.** [preceding time] periodo *m* previo; **the ~ to the elections** el periodo previo a las elecciones **-2.** *SPORT* carrerilla *f*.

runway ['rʌnweɪ] *n* pista *f*.

rupture ['rʌptʃəʳ] ◇ *n* **-1.** *MED* hernia *f* **-2.** [of relationship] ruptura *f*. ◇ *vt* romper.

rural ['rʊərəl] *adj* rural.

ruse [ru:z] *n* ardid *m*.

rush [rʌʃ] ◇ *n* **-1.** [hurry] prisa *f*; **to be in a ~** tener prisa; **there's no ~** no hay prisa **-2.** [burst of activity]: **~ (for OR on sthg)** avalancha *f* (en busca de algo); **there was a ~ to stock up on sugar** hubo una fiebre repentina por almacenar azúcar **-3.** [busy period] hora *f* punta **-4.** [surge - of air] ráfaga *f*; [- of water]

torrente *m*; [- mental] arrebato *m*; **to make a ~ for sthg** ir en desbandada hacia algo; **there was a ~ for the exit** la gente salió apresuradamente. ◇ *vt* **-1.** [hurry] acelerar, apresurar; **don't ~ me!** ¡no me metas prisa!; **to ~ sb into doing sthg** apresurar a alguien para que haga algo **-2.** [send quickly] llevar rápidamente; **he was ~ed to hospital** lo llevaron al hospital a toda prisa **-3.** [attack suddenly] atacar repentinamente. ◇ *vi* **-1.** [hurry] ir de prisa, correr; **to ~ into sthg** meterse de cabeza en algo; **there's no need to ~** no hay ninguna prisa; **he ~ed to help her** corrió a ayudarla **-2.** [surge] correr, precipitarse.

➤ **rushes** *npl* **-1.** *BOT* juncos *mpl* **-2.** *CINEMA* primeras pruebas *fpl*.

rushed [rʌʃt] *adj* atareado(da).

rush hour *n* hora *f* punta, hora *f* pico *Amér*, hora *f* peack *Chile*.

rush job *n* trabajo *m* precipitado.

rusk [rʌsk] *n* galleta que se da a los niños pequeños para que se acostumbran a masticar.

russet ['rʌsɪt] *adj* rojizo(za).

Russia ['rʌʃə] *n* Rusia.

Russian ['rʌʃn] ◇ *adj* ruso(sa). ◇ *n* **-1.** [person] ruso *m*, -sa *f* **-2.** [language] ruso *m*.

Russian roulette *n* ruleta *f* rusa.

rust [rʌst] ◇ *n* óxido *m*. ◇ *vi* oxidarse.

rustic ['rʌstɪk] *adj* rústico(ca).

rustle ['rʌsl] ◇ *n* **-1.** [of wind, leaves] susurro *m*; [of paper] crujido *m* **-2.** [of silk] roce *m*. ◇ *vt* **-1.** [paper] hacer crujir **-2.** *US* [cattle] robar. ◇ *vi* [wind, leaves] susurrar; [paper] crujir.

rustling *n* : **cattle ~** robo *m* de ganado.

rustproof ['rʌstpru:f] *adj* inoxidable.

rusty ['rʌstɪ] (*compar* **-ier**, *superl* **-iest**) *adj lit & fig* oxidado(da); **my French is a bit ~** hace mucho que no practico el francés.

rut [rʌt] *n* [track] rodada *f*; **to get into/be in a ~** *fig* caer/estar metido en una rutina; **to get out of a ~** salir de la rutina.

rutabaga [ˌru:təˈbeɪgə] *n US* nabo *m* sueco.

ruthless ['ru:θlɪs] *adj* despiadado(da).

ruthlessly ['ru:θlɪslɪ] *adv* despiadadamente.

ruthlessness ['ru:θlɪsnɪs] *n* crueldad *f*.

RV *n* **-1.** (*abbr of* **revised version**) traducción al inglés de la Biblia de finales del siglo XIX **-2.** *US* (*abbr of* **recreational vehicle**) casa-remolque *f*.

Rwanda [rʊˈændə] *n* Ruanda.

Rwandan [rʊˈændən] ◇ *adj* ruandés(esa). ◇ *n* ruandés *m*, -esa *f*.

rye [raɪ] *n* **-1.** [grain] centeno *m* **-2.** [bread] pan *m*

de centeno.
rye bread *n* pan *m* de centeno.
rye whiskey *n* whisky *m* de centeno.

S

s (*pl* ss *OR* s's), **S** (*pl* Ss *OR* S's) [es] *n* [letter] s *f*, S *f*.
➡ **S** (*abbr of* south) S.
SA -1. *abbr of* **South Africa** - 2. *abbr of* **South America**.
Sabbath ['sæbəθ] *n*: the ~ [for Christians] el domingo; [for Jews] el sábado.
sabbatical [sə'bætɪkl] *n* sabático *m*; on ~ de sabático.
saber *US* = **sabre**.
sabotage ['sæbətɑ:ʒ] ◇ *n* sabotaje *m*. ◇ *vt* sabotear.
saboteur [ˌsæbə'tɜ:ʳ] *n* saboteador *m*, -ra *f*.
sabre *UK*, **saber** *US* ['seɪbəʳ] *n* sable *m*.
saccharin(e) ['sækərɪn] *n* sacarina *f*.
sachet ['sæʃeɪ] *n* bolsita *f*.
sack [sæk] ◇ *n* -1. [bag] saco *m* - 2. *UK inf* [dismissal]: to get *OR* be given the ~ ser despedido(da); to give sb the ~ despedir a alguien. ◇ *vt UK inf* despedir, remover *Amér*.
sackful ['sækfʊl] *n* saco *m*.
sacking ['sækɪŋ] *n* -1. [fabric] harpillera *f* - 2. [dismissal] despido *m*.
sacrament ['sækrəmənt] *n* sacramento *m*.
sacred ['seɪkrɪd] *adj lit* & *fig* sagrado(da).
sacrifice ['sækrɪfaɪs] *RELIG* & *fig* ◇ *n* sacrificio *m*; to make ~s sacrificarse. ◇ *vt* sacrificar.
sacrilege ['sækrɪlɪdʒ] *n RELIG* & *fig* sacrilegio *m*.
sacrilegious [ˌsækrɪ'lɪdʒəs] *adj* sacrílego(ga).
sacrosanct ['sækrəʊsæŋkt] *adj* sacrosanto(ta).
sad [sæd] (*compar* -**der**, *superl* -**dest**) *adj* triste.
sadden ['sædn] *vt* entristecer.
saddle ['sædl] ◇ *n* -1. [for horse] silla *f* (de montar) - 2. [of bicycle, motorcycle] sillín *m*, asiento *m*. ◇ *vt* -1. [horse] ensillar - 2. *fig* [burden]: to ~ sb with sthg cargar a alguien con algo; she was ~d with an elderly patient le encajaron un pariente anciano.
➡ **saddle up** *vt fus* & *vi* ensillar.

saddlebag ['sædlbæg] *n* alforja *f*.
saddler ['sædləʳ] *n* talabartero *m*, -ra *f*.
sadism ['seɪdɪzml] *n* sadismo *m*.
sadist ['seɪdɪst] *n* sádico *m*, -ca *f*.
sadistic [sə'dɪstɪk] *adj* sádico(ca).
sadly ['sædlɪ] *adv* tristemente.
sadness ['sædnɪs] *n* tristeza *f*.
sadomasochism [ˌseɪdəʊ'mæsəˌkɪzəml] *n* sadomasoquismo *m*.
s.a.e., sae *n abbr of* **stamped addressed envelope**.
safari [sə'fɑ:rɪ] *n* safari *m*; to go on ~ ir de safari.
safari park *n* safari *m*, reserva *f* de animales.
safe [seɪf] ◇ *adj* -1. [gen] seguro(ra); a ~ place un lugar seguro; is this ladder ~? ¿es segura esta escalera?; you're ~ now ahora estás seguro; ~ and sound sano y salvo (sana y salva) - 2. [without harm] sano y salvo (sana y salva) - 3. [not causing disagreement]: it's ~ to say that ... se puede afirmar con seguridad que ...; to be on the ~ side por mayor seguridad - 4. [reliable] digno(na) de confianza; in ~ hands en buenas manos. ◇ *n* caja *f* (de caudales).
safebreaker ['seɪfˌbreɪkəʳ] *n* ladrón *m*, -ona *f* de cajas.
safe-conduct *n* salvoconducto *m*.
safe-deposit box *n* caja *f* de seguridad.
safeguard ['seɪfgɑ:d] ◇ *n* salvaguardia *f*, protección *f*; as a ~ como protección; a ~ against sthg una protección contra algo. ◇ *vt*: to ~ sthg/sb (against sthg) salvaguardar *OR* proteger algo/a alguien (contra algo).
safe house *n* piso *m* franco.
safekeeping [ˌseɪf'ki:pɪŋ] *n*: she gave me the letter for ~ me dio la carta para que se la guardara en un lugar seguro.
safely ['seɪflɪ] *adv* -1. [with no danger] sin peligro, con seguridad - 2. [not in danger] seguramente - 3. [unharmed] sano y salvo (sana y salva) - 4. [for certain]: I can ~ say that ... puedo decir con toda confianza que ...
safe sex *n* sexo *m* sin riesgo.
safety ['seɪftɪ] ◇ *n* seguridad *f*. ◇ *comp* de seguridad; ~ regulations normas *fpl* de seguridad.
safety belt *n* cinturón *m* de seguridad.
safety catch *n* seguro *m*.
safety curtain *n* telón *m* de seguridad.
safety-deposit box *n* = **safe-deposit box**.
safety island *n US* refugio *m*.
safety match *n* cerilla *f* de seguridad, fósforo *m* de seguridad *Amér*, cerillo *m* de seguridad *CAm, Méx, Ecuad*.
safety net *n* -1. [in circus] red *f* de seguridad

-2. *fig* [means of protection] protección *f*.

safety pin *n* imperdible *m*, seguro *m Méx*.

safety valve *n* **-1.** *TECH* válvula *f* de seguridad **-2.** *fig* [for emotions] válvula *f* de escape.

saffron ['sæfrən] *n* **-1.** [spice] azafrán *m* **-2.** [colour] color *m* azafrán.

sag [sæg] (*pt & pp* **-ged**, *cont* **-ging**) *vi* **-1.** [sink downwards] hundirse, combarse **-2.** *fig* [lessen] decaer.

saga ['sɑːgə] *n* **-1.** *LITERATURE* saga *f* **-2.** *pej* [drawn-out account] historia *f*.

sage [seɪdʒ] ◇ *adj* sabio(bia). ◇ *n* **-1.** [herb] salvia *f* **-2.** [wise man] sabio *m*.

saggy ['sægɪ] (*compar* **-gier**, *superl* **-giest**) *adj* [bed] hundido(da); [breasts] caído(da).

Sagittarius [ˌsædʒɪ'teərɪəs] *n* Sagitario *m*; **to be (a)** ~ ser Sagitario.

Sahara [sə'hɑːrə] *n*: **the** ~ **(Desert)** el (desierto del) Sáhara.

Saharan [sə'hɑːrən] ◇ *n* saharaui *m OR f*. ◇ *adj* saharaui, sahariano(na).

said [sed] *pt & pp* ▷ **say**.

sail [seɪl] ◇ *n* **-1.** [of boat] vela *f*; **to set** ~ zarpar **-2.** [journey by boat] paseo *m* en barco de vela; **to go for a** ~ salir a hacer una excursión en barco de vela. ◇ *vt* **-1.** [boat, ship] gobernar **-2.** [sea] cruzar. ◇ *vi* **-1.** [travel by boat] navegar **-2.** [move - boat]: **the ship** ~**ed across the ocean** el barco cruzó el océano **-3.** [leave by boat] zarpar; **we sail at 10 am** zarpamos a las 10 am **-4.** [move]: **she** ~**ed into the room** entró en la habitación con aire de elegancia.

◆ **sail through** *vt fus* hacer con facilidad.

sailboard ['seɪlbɔːd] *n* tabla *f* de windsurf.

sailboat *US* = **sailing boat**.

sailcloth ['seɪlklɒθ] *n* lona *f*.

sailing ['seɪlɪŋ] *n* **-1.** (*U*) *SPORT* vela *f*; **to be plain** ~ ser coser y cantar **-2.** [trip by ship] travesía *f*.

sailing boat *UK*, **sailboat** *US* ['seɪlbəʊt] *n* barco *m* de vela.

sailing ship *n* (buque *m*) velero *m*.

sailor ['seɪləʳ] *n* marinero *m*, -ra *f*, marino *m*, -na *f*; **to be a good** ~ no marearse.

saint [seɪnt] *n RELIG & fig* santo *m*, -ta *f*; **he's no** ~ no es ningún santo; **to have the patience of a** ~ tener más paciencia que un santo.

Saint Lucia [-'luːʃə] *n* Santa Lucía.

saintly ['seɪntlɪ] (*compar* **-ier**, *superl* **-iest**) *adj* santo(ta), piadoso(sa).

sake [seɪk] *n*: **for the** ~ **of** por (el bien de); **to argue for its own** ~ discutir por discutir; **for God's** *OR* **heaven's** ~ ¡por el amor de Dios!

salad ['sæləd] *n* ensalada *f*.

salad bowl *n* ensaladera *f*.

salad cream *n UK salsa parecida a la* *mahonesa para aderezar la ensalada*.

salad dressing *n* aliño *m* (para la ensalada).

salamander ['sæləˌmændəʳ] *n* salamandra *f*.

salami [sə'lɑːmɪ] *n* salami *m*.

salaried ['sælərɪd] *adj* [person] asalariado(da); [job] de sueldo fijo.

salary ['sælərɪ] (*pl* **-ies**) *n* sueldo *m*.

salary scale *n* banda *f* salarial.

sale [seɪl] *n* **-1.** [gen] venta *f*; **on** ~ en venta; **(up) for** ~ en venta; **'for** ~ ' 'se vende' **-2.** [at reduced prices] liquidación *f*, saldo *m*.

◆ **sales** ◇ *npl* **-1.** *ECON* ventas *fpl* **-2.** [at reduced prices]: **the** ~**s** las rebajas. ◇ *comp* de ventas.

saleroom *UK* ['seɪlrʊm], **salesroom** *US* ['seɪlzrʊm] *n* sala *f* de subastas.

sales assistant ['seɪlz-], **salesclerk** *US* ['seɪlzklɜːrk] *n* dependiente *m*, -ta *f*.

sales conference *n* conferencia *f* de ventas.

sales drive *n* promoción *f* de ventas.

sales force *n* personal *m* de ventas.

salesman ['seɪlzmən] (*pl* **-men** [-mən]) *n* [in shop] dependiente *m*, vendedor *m*; [travelling] viajante *m*.

sales pitch *n* cháchara *f* publicitaria.

sales rep *n inf* representante *m OR f*.

sales representative *n* representante *m OR f*.

salesroom *US* = **saleroom**.

sales slip *n US* [receipt] recibo *m*.

sales tax *n* impuesto *m* de venta.

sales team *n* personal *m* de ventas.

saleswoman ['seɪlzˌwʊmən] (*pl* **-women** [-ˌwɪmɪn]) *n* [in shop] dependienta *f*, vendedora *f*; [travelling] viajante *f*.

salient ['seɪlɪənt] *adj fml* sobresaliente.

saline ['seɪlaɪn] *adj* salino(na).

saliva [sə'laɪvə] *n* saliva *f*.

salivate ['sælɪveɪt] *vi* salivar.

sallow ['sæləʊ] *adj* cetrino(na), amarillento(ta).

sally ['sælɪ] (*pl* **-ies**, *pt & pp* **-ied**) *n* [clever remark] salida *f*.

◆ **sally forth** *vi hum or literary* salir resueltamente.

salmon ['sæmən] (*pl inv OR* **-s**) *n* salmón *m*.

salmonella [ˌsælmə'nelə] *n* salmonelosis *f inv*.

salmon pink ◇ *adj* rosa salmón. ◇ *n* color *m* rosa salmón.

salon ['sælɒn] *n* salón *m*.

saloon [sə'luːn] *n* **-1.** *UK* [car] (coche *m*) utilitario *m* **-2.** *US* [bar] bar *m* **-3.** *UK* [in pub]: ~ **(bar)** *en ciertos pubs y hoteles, bar elegante con precios más altos que los del 'public bar'* **-4.** [in ship] salón *m*.

salopettes [ˌsælə'petsl *npl* pantalones *mpl* de peto para esquiar.

salt [sɔ:lt,sɒlt] <> *n* sal *f*; **the ~ of the earth** la sal de la tierra; **to rub ~ into the wounds, he said ...** por si fuera poco, encima dijo ...; **to take sthg with a pinch of** ~ considerar algo con cierta reserva. <> *comp* salado(da); **~ fish** pescado *m* salado. <> *vt* [food] salar; [roads] echar sal en *(las carreteras etc para evitar que se hielen)*.

➡ **salt away** *vt sep inf* ahorrar, guardar.

SALT [sɔ:lt] *(abbr of Strategic Arms Limitation Talks/Treaty)* *n* SALT *fpl*.

salt cellar *UK*, **salt shaker** *US* [-ˌʃeɪkəʳ] *n* salero *m*.

salted ['sɔ:ltɪd] *adj* salado(da), con sal.

saltpetre *UK*, **saltpeter** *US* [ˌsɔ:lt'pi:təʳ] *n* salitre *m*.

salt shaker *US* = salt cellar.

saltwater ['sɔ:lt,wɔ:təʳ] <> *n* agua *f* de mar, agua salada. <> *adj* de agua salada.

salty ['sɔ:ltɪ] *(compar* -ier, *superl* -iest) *adj* salado(da), salobre.

salubrious [sə'lu:brɪəs] *adj* salubre, sano(na).

salutary ['sæljʊtrɪ] *adj* saludable.

salute [sə'lu:t] <> *n* **-1.** [with hand] saludo *m* **-2.** MIL [firing of guns] salva *f*, saludo *m* **-3.** [formal acknowledgement] homenaje *m*. <> *vt* **-1.** MIL [with hand] saludar **-2.** [acknowledge formally] reconocer. <> *vi* saludar.

Salvadorean, Salvadorian [ˌsælvə'dɔ:rɪən] <> *adj* salvadoreño(ña). <> *n* salvadoreño *m*, -ña *f*.

salvage ['sælvɪdʒ] <> *n (U)* **-1.** [rescue of ship] salvamento *m* **-2.** [property rescued] objetos *mpl* recuperados OR rescatados. <> *vt lit & fig*: **to ~ sthg (from)** salvar algo (de).

salvage vessel *n* nave *f* de salvamento.

salvation [sæl'veɪʃn] *n* salvación *f*.

Salvation Army *n*: **the ~** el Ejército de Salvación.

salve [sælv] <> *vt*: **to ~ one's conscience (by doing sthg)** apaciguar a la conciencia (haciendo algo). <> *n* [ointment] bálsamo *m*.

salver ['sælvəʳ] *n* bandeja *f* (metálica).

salvo ['sælvəʊ] *(pl* -s OR -es) *n* [of guns, missiles] salva *f*.

Samaritan [sə'mærɪtn] *n*: **good ~** buen alma *f*, buena persona *f*.

samba ['sæmbə] *n* samba *f*.

same [seɪm] <> *adj* mismo(ma); **the ~ colour as his** el mismo color que el suyo; **at the ~ time** [simultaneously] al mismo tiempo; [yet] aún así; **one and the ~** el mismo (la misma). <> *pron*: **the ~** el mismo (la misma); **she did the**

~ **hizo lo mismo; the ingredients are the ~** los ingredientes son los mismos OR iguales; **his car is the ~ as yours** su coche es el mismo que el tuyo; **I'll have the ~ (again)** tomaré lo mismo (que antes); **all** OR **just the ~** [nevertheless, anyway] de todos modos; **it's all the ~ to me** me da igual; **it's not the ~** no es lo mismo; **happy Christmas! – the ~ to you!** ¡feliz Navidad! – ¡igualmente! <> *adv*: **the ~** lo mismo.

sameness ['seɪmnɪs] *n* uniformidad *f*.

samosa [sə'məʊsə] *n especie de empanadilla rellena de carne, verdura etc típica de la cocina india.*

sample ['sɑ:mpl] <> *n* muestra *f*; **a free ~** una muestra gratuita. <> *vt* [food, wine, attractions] probar.

sanatorium *(pl* -riums OR -ria [-rɪəl), **sanitorium** *US (pl* -riums OR -ria [-rɪəl) [ˌsænə'tɔ:rɪəm] *n* sanatorio *m*.

sanctify ['sæŋktɪfaɪ] *(pt & pp* -ied) *vt* **-1.** RELIG santificar **-2.** [approve] aprobar.

sanctimonious [ˌsæŋktɪ'məʊnjəs] *adj pej* santurrón(ona).

sanction ['sæŋkʃn] <> *n* sanción *f*. <> *vt* sancionar.

➡ **sanctions** *npl* sanciones *fpl*; **economic ~s** sanciones económicas; **to impose ~s on a country** imponer sanciones a un país.

sanctity ['sæŋktɪtɪ] *n* santidad *f*.

sanctuary ['sæŋktʃʊərɪ] *(pl* -ies) *n* **-1.** [for wildlife] reserva *f*; **a bird ~** una reserva de aves **-2.** [refuge] refugio *m* **-3.** [holy place] santuario *m*.

sanctum ['sæŋktəm] *(pl* -s) *n* [private place] lugar *m* sagrado, espacio *m* privado; **the inner ~** el sanctasanctórum.

sand [sænd] <> *n* arena *f*. <> *vt* lijar; **to ~ down a surface** lijar una superficie.

➡ **sands** *npl* arenas *fpl*.

sandal ['sændl] *n* sandalia *f*; **a pair of ~s** unas sandalias.

sandalwood ['sændlwʊd] *n* sándalo *m*.

sandbag ['sændbæg] *n* saco *m* de arena.

sandbank ['sændbæŋk] *n* banco *m* de arena.

sandblast ['sændblɑ:st] *vt* limpiar con chorro de arena.

sandbox *US* = sandpit.

sandcastle ['sænd,kɑ:sl] *n* castillo *m* de arena.

sand dune *n* duna *f*.

sander ['sændəʳ] *n* lijadora *f*.

sandpaper ['sænd,peɪpəʳ] <> *n (U)* papel *m* de lija. <> *vt* lijar.

sandpit *UK* ['sændpɪt], **sandbox** *US* ['sændbɒks] *n* cuadro *m* de arena.

sandstone ['sændstəʊn] *n* piedra *f* arenisca.

sandstorm ['sændstɔːm] *n* tormenta *f* de arena.

sand trap *n US* GOLF bunker *m*.

sandwich ['sænwɪdʒ] <> *n* [made with roll etc] bocadillo *m*; [made with sliced bread] sandwich *m* frío; **a cheese** ~ un sandwich de queso. <> *vt fig* apretujar; **she was ~ed between two businessmen** quedó atrapada entre dos hombres de negocios.

sandwich board *n* cartelón *m* (de hombreanuncio).

sandwich box *n* fiambrera *f*, vianda *f* Amér.

sandwich course *n UK* curso universitario que incluye un cierto tiempo de experiencia profesional.

sandy ['sændɪ] (*compar* -ier, *superl* -iest) *adj* -**1.** [covered in sand] arenoso(sa) - **2.** [sand-coloured] rojizo(za).

sane [seɪn] *adj* -**1.** [not mad] cuerdo(da) - **2.** [sensible] prudente, sensato(ta).

sang [sæŋ] *pt* > **sing**.

sanguine ['sæŋgwɪn] *adj* optimista.

sanitary ['sænɪtrɪ] *adj* -**1.** [connected with health] sanitario(ria) - **2.** [clean, hygienic] higiénico(ca).

sanitary towel, sanitary napkin *US n* [disposable] compresa *f*, toalla *f* higiénica Amér.

sanitation [ˌsænɪ'teɪʃn] *n* sanidad *f*, higiene *f*.

sanitation worker *n US* basurero *m*, -ra *f*.

sanitize, -ise ['sænɪtaɪz] *vt* -**1.** [disinfect] desinfectar - **2.** *fig* descafeinar.

sanitorium *US* = **sanatorium**.

sanity ['sænɪtɪ] *n* -**1.** [saneness] cordura *f* - **2.** [good sense] sensatez *f*, prudencia *f*.

sank [sæŋk] *pt* > **sink**.

Sanskrit ['sænskrɪt] *n* sánscrito *m*.

Santa (Claus) ['sæntə(ˌklɔːz)] *n* Papá *m* Noel.

sap [sæp] (*pt & pp* -ped, *cont* -ping) <> *n* -**1.** [of plant] savia *f* - **2.** *US inf* [gullible person] primo *m*, -ma *f*. <> *vt* [weaken] minar, agotar.

sapling ['sæplɪŋ] *n* árbol *m* nuevo, arbolito *m*.

sapphire ['sæfaɪə^r] *n* zafiro *m*.

Saragossa [ˌsærə'gɒsə] *n* Zaragoza.

Saran wrap® [sə'ræn-] *n US* plástico *m* transparente *(para envolver alimentos)*.

sarcasm ['sɑːkæzm] *n* sarcasmo *m*.

sarcastic [sɑː'kæstɪk] *adj* sarcástico(ca).

sarcophagus [sɑː'kɒfəgəs] (*pl* -gi [-gaɪ], -es) *n* sarcófago *m*.

sardine [sɑː'diːn] *n* sardina *f*; **to be packed in like ~s** ir como sardinas en lata.

Sardinia [sɑː'dɪnjə] *n* Cerdeña.

sardonic [sɑː'dɒnɪk] *adj* sardónico(ca).

Sargasso Sea [sɑː'gæsəʊ-] *n*: **the ~** el mar de los Sargazos.

sari ['sɑːrɪ] *n* sari *m*.

sarong [sə'rɒŋ] *n* prenda de vestir malaya que se lleva como falda anudada a la cintura o bajo los brazos.

sarsaparilla [ˌsɑːspə'rɪlə] *n* zarzaparrilla *f*.

sartorial [sɑː'tɔːrɪəl] *adj fml* en el vestir.

SAS (*abbr of* **Special Air Service**) *n* unidad especial del ejército británico encargada de operaciones de sabotaje.

SASE *n US abbr of* **self-addressed stamped envelope**.

sash [sæʃ] *n* faja *f*.

sash window *n* ventana *f* de guillotina.

sassy ['sæsɪ] *adj US inf* descarado(da), fresco(ca).

sat [sæt] *pt & pp* > **sit**.

Sat. (*abbr of* **Saturday**) sáb.

SAT [sæt] *n* -**1.** (*abbr of* **Standard Assessment Test**) *examen de aptitud que se realiza a los siete, once y catorce años en Inglaterra y Gales* - **2.** (*abbr of* **Scholastic Aptitude Test**) *examen de ingreso a la universidad en Estados Unidos*.

SAT

Examen de conocimientos generales que se administra en todo el ámbito estadounidense a los jóvenes que desean asistir a la universidad. El examen se lleva a cabo en ciertas fechas fijas a lo largo del año escolar, y se puede realizar más de una vez, si es necesario, para obtener un buen resultado. Aunque es una parte importante de la solicitud universitaria, el SAT no es el único criterio de admisión; también se toman en consideración las calificaciones y actividades del estudiante.

Satan ['seɪtn] *n* Satanás *m*, Satán *m*.

satanic [sə'tænɪk] *adj* satánico(ca).

satchel ['sætʃəl] *n* cartera *f*.

sated ['seɪtɪd] *adj fml*: ~ **(with)** saciado(da) (de).

satellite ['sætəlaɪt] <> *n lit & fig* satélite *m*. <> *comp* -**1.** [link, broadcast] por satélite; ~ **dish** [for TV] antena *f* parabólica - **2.** [dependent] satélite.

satellite TV *n* televisión *f* por satélite.

satiate ['seɪʃɪeɪt] *vt fml* saciar, hartar.

satin ['sætɪn] <> *n* satén *m*, raso *m*. <> *comp* de satén, de raso.

satire ['sætaɪə^r] *n* sátira *f*.

satirical [sə'tɪrɪkl] *adj* satírico(ca).

satirist ['sætərɪst] *n* escritor satírico *m*, escritora satírica *f*.

satirize, -ise ['sætəraɪz] *vt* satirizar.

satisfaction [ˌsætɪs'fækʃn] *n* satisfacción *f*; **to do sthg to sb's** ~ hacer algo a la satisfacción OR al gusto de alguien.

satisfactory [ˌsætɪs'fæktərɪ] *adj* satisfactorio(ria).

satisfied ['sætɪsfaɪd] *adj* satisfecho(cha); **you're never ~!** ¡nunca te conformas con nada!; **a ~smile** una sonrisa de satisfacción; **to be ~ with sthg** estar satisfecho con algo; **to be ~ that** estar convencido (de) que.

satisfy ['sætɪsfaɪ] (*pt* & *pp* **-ied**) *vt* **-1.** [gen] satisfacer **-2.** [convince] convencer; **to ~ sb that** convencer a alguien (de) que; **to ~ o.s. that** convencerse (de) que **-3.** [requirements] cumplir, satisfacer.

satisfying ['sætɪsfaɪɪŋ] *adj* **-1.** [pleasant] satisfactorio(ria) **-2.** [filling] sustancioso(sa); **a ~ meal** una comida sustanciosa.

satsuma [ˌsæt'suːmə] *n* satsuma *f, tipo de mandarina.*

saturate ['sætʃəreɪt] *vt* **-1.** [drench]: **to ~ sthg (with)** empapar algo (de); **he was ~d with sweat** estaba empapado de sudor **-2.** [fill completely] saturar; **to ~ sthg (with)** saturar algo (de).

saturated fat ['sætʃəreɪtɪd-] *n* grasa *f* saturada.

saturation [ˌsætʃə'reɪʃn] <> *n* saturación *f.* <> *comp* [bombing] por saturación; *TV*: **~ coverage** cobertura exhaustiva.

saturation point *n*: **to reach ~** llegar al punto de saturación.

Saturday ['sætədɪ] <> *n* sábado *m*; **what day is it? – it's ~** ¿a qué estamos hoy? – estamos a sábado; **on ~** el sábado; **are you going ~?** *inf* ¿te vas el sábado?; **see you ~!** *inf* ¡hasta el sábado!; **on ~s** los sábados; **last ~** el sábado pasado; **this ~** este sábado, el sábado que viene; **next ~** el sábado de la semana que viene; **every ~** todos los sábados; **every other ~** cada dos sábados, un sábado sí y otro no; **the ~ before** el sábado anterior; **the ~ after next** no este sábado sino el siguiente; **the ~ before last** hace dos sábados; **~ week, a week on ~** del sábado en ocho días; **to work ~s** trabajar los sábados. <> *comp* del sábado; **~ morning/night** la mañana/noche del sábado; **~/afternoon/evening** la/tarde del sábado; **a ~ job** un trabajo los sábados.

Saturn ['sætən] *n* Saturno *m.*

sauce [sɔːs] *n* **-1.** *CULIN* salsa *f* **-2.** *UK inf* [cheek] frescura *f*, descaro *m.*

sauce boat *n* salsera *f.*

saucepan ['sɔːspən] *n* [with two handles] cacerola *f*; [with one long handle] cazo *m.*

saucer ['sɔːsə'] *n* platillo *m.*

saucy ['sɔːsɪ] (*compar* **-ier**, *superl* **-iest**) *adj inf* descarado(da), fresco(ca).

Saudi Arabia [ˌsaʊdɪə'reɪbjə] *n* Arabia Saudí.

Saudi (Arabian) ['saʊdɪ-] <> *adj* saudí,

saudita. <> *n* [person] saudí *m* OR *f*, saudita *m* OR *f.*

sauna ['sɔːnə] *n* sauna *f.*

saunter ['sɔːntə'] *vi* pasearse (tranquilamente); **he ~ed into the room** entró desenfadadamente en la habitación.

sausage ['sɒsɪdʒ] *n* salchicha *f.*

sausage roll *n* *UK* salchicha envuelta en masa como de empanadilla.

sauté [*UK* 'səʊteɪ, *US* sɔː'teɪ] (*pt* & *pp* **sautéed** OR **sautéd**) <> *adj* salteado(da). <> *vt* saltear.

savage ['sævɪdʒ] <> *adj* [cruel, fierce] feroz, salvaje. <> *n pej* salvaje *m* OR *f.* <> *vt* **-1.** [subj: animal] embestir, atacar **-2.** [subj: person] atacar con ferocidad.

savageness ['sævɪdʒnɪs], **savagery** ['sævɪdʒrɪ] *n* salvajismo *m*, ferocidad *f.*

savanna(h) [sə'vænə] *n* sabana *f.*

save [seɪv] <> *vt* **-1.** [rescue] salvar, rescatar; **to ~ sb from sthg** salvar a alguien de algo **-2.** [prevent waste of - time, money, energy] ahorrar **-3.** [set aside - money] ahorrar; [- food, strength] guardar; **why don't you ~some of your sweets for later?** ¿por qué no te guardas algunos caramelos para más tarde?; **will you ~ me some soup?** ¿me guardarás algo de sopa?; **~your strength for later** ahorra fuerzas para más tarde **-4.** [avoid] evitar; **it ~s having to go to the bank** ahorra tener que ir al banco; **to ~ sb from doing sthg** evitar a alguien (el) hacer algo **-5.** *SPORT* parar **-6.** *COMPUT* guardar **-7.** *phr*: **to ~face** salvar las apariencias. <> *vi* ahorrar. <> *n SPORT* parada *f.* <> *prep fml*: **~ (for)** excepto.

◆ **save up** *vi* ahorrar.

save-as-you-earn *n* *UK* forma de ahorro en que la contribución mensual origina rédito libre de impuestos.

saveloy ['sævələɪ] *n* *UK* salchicha ahumada muy sazonada.

saver ['seɪvə'] *n* **-1.** [thing that prevents wastage]: **a time ~** algo que ahorra tiempo **-2.** *FIN* ahorrador *m*, -ra *f.*

saving grace ['seɪvɪŋ-] *n* lo único positivo.

savings ['seɪvɪŋz] *npl* ahorros *mpl.*

savings account *n* cuenta *f* de ahorros.

savings bank *n* ≃ caja *f* de ahorros.

saviour *UK*, **savior** *US* ['seɪvjə'] *n* salvador *m*, -ra *f.*

◆ **Saviour** *n*: **the Saviour** el Salvador.

savoir-faire [ˌsævwɑː'feə'] *n* tacto *m*, don *m* de gentes.

savour *UK*, **savor** *US* ['seɪvə'] *vt lit* & *fig* saborear.

savoury *UK* (*pl* **-ies**), **savory** (*pl* **-ies**) *US* ['seɪvərɪ]

◇ *adj* **-1.** [not sweet] salado(da) **-2.** *US* [tasty] sabroso(sa) **-3.** [respectable, pleasant] respetable, agradable; **not a very ~ character** un personaje no muy honesto. ◇ *n* comida *f* de aperitivo.

saw [sɔ:] (*UK pt* **-ed,** *pp* **sawn,** *US pt* & *pp* **-ed**) ◇ *pt* ⊳ **see.** ◇ *n* sierra *f.* ◇ *vt* serrar.

sawdust ['sɔ:dʌst] *n* serrín *m.*

sawed-off shotgun *US* = **sawn-off shotgun.**

sawmill ['sɔ:mɪl] *n* aserradero *m.*

sawn [sɔ:n] *pp UK* ⊳ **saw.**

sawn-off shotgun *UK*, **sawed-off shotgun** *US* [sɔ:d-] *n* arma *f* de cañones recortados.

sax [sæks] *n inf* saxo *m.*

Saxon ['sæksn] ◇ *adj* sajón(ona). ◇ *n* sajón *m,* -ona *f.*

saxophone ['sæksəfəʊn] *n* saxofón *m.*

saxophonist [*UK* ˌsæks'ɒfənɪst, *US* 'sæksəfəʊnɪst] *n* saxofón *m* OR *f.*

say [seɪ] (*pt* & *pp* **said**) ◇ *vt* **-1.** [gen] decir; **she said that ...** dijo que ...; **you should have said so!** ¡haberlo dicho!; **to ~ sthg again** repetir algo; **you can ~ that again!** ¡ya lo creo!; **to ~ to o.s.** decirse a uno mismo; **to ~ yes** decir que sí; **he's said to be good** se dice que es bueno; **let's ~ you were to win** pongamos que ganaras; **shall we ~ 9.30?** ¿qué tal a las 9.30?; **to ~ nothing of** sin mencionar; **that goes without ~ing** ni que decir tiene; **to ~ the least** por no decir otra cosa; **I'll ~ this for him/her ...** hay que decir OR admitir que él/ella ...; **it has a lot to be said for it** tiene muy buenos puntos en su favor; **she didn't have much to ~ for herself** *inf* era muy reservada **-2.** [indicate - clock, meter] marcar. ◇ *n:* **to have a/no ~ in sthg** tener/no tener voz y voto en algo; **let me have my ~** déjame decir lo que pienso.

◆ **that is to say** *adv* es decir.

SAYE *n abbr of* **save as you earn.**

saying ['seɪɪŋ] *n* dicho *m.*

say-so *n inf* **-1.** [unproven statement]: **it's only ~** es algo que se dice, solamente **-2.** [permission] aprobación *f.*

SBA (*abbr of* **Small Business Administration**) *n organismo gubernamental estadounidense de ayuda a la pequeña empresa.*

s/c *abbr of* **self-contained.**

scab [skæb] *n* **-1.** *MED* costra *f* **-2.** *pej* [non-striker] esquirol *m.*

scabby ['skæbɪ] (*compar* **-ier,** *superl* **-iest**) *adj* costroso(sa).

scabies ['skeɪbiːz] *n (U)* sarna *f.*

scaffold ['skæfəʊld] *n* **-1.** [around building] anda-

mio *m* **-2.** [for execution] cadalso *m,* patíbulo *m.*

scaffolding ['skæfəldɪŋ] *n (U)* andamios *mpl,* andamiaje *m.*

scalawag *US* = **scallywag.**

scald [skɔ:ld] ◇ *n* escaldadura *f.* ◇ *vt* escaldar.

scalding ['skɔ:ldɪŋ] *adj* hirviendo.

scale [skeɪl] ◇ *n* **-1.** [of map] escala *f;* **to ~** a escala; **not drawn to ~** no hecho(cha) a escala **-2.** [size, extent] tamaño *m,* escala *f;* **on a large ~** a gran escala **-3.** [on measuring equipment] escala *f* **-4.** [music] escala *f* **-5.** [of fish, snake] escama *f* **-6.** *US* = **scales.** ◇ *vt* **-1.** [climb] escalar **-2.** [remove scales from] escamar.

◆ **scales** *npl* **-1.** [for weighing food] balanza *f* **-2.** [for weighing person] báscula *f;* **bathroom ~s** báscula de baño.

◆ **scale down** *vt fus* reducir.

scale diagram *n* diagrama *m* en escala.

scale model *n* maqueta *f.*

scallion ['skæljən] *n US* cebolleta *f.*

scallop ['skɒləp] ◇ *n* ZOOL vieira *f.* ◇ *vt* [decorate edge of] festonear.

scalp [skælp] ◇ *n* cuero *m* cabelludo. ◇ *vt* cortar la cabellera a.

scalpel ['skælpəl] *n* bisturí *m.*

scaly ['skeɪlɪ] *adj* [skin] escamoso(sa).

scam [skæm] *n inf* estratagema *f.*

scamp [skæmp] *n inf* bribón *m,* -ona *f,* tunante *m,* -ta *f.*

scamper ['skæmpə'] *vi* corretear.

scampi ['skæmpɪ] *n (U):* **(breaded) ~** gambas *fpl* a la gabardina.

scan [skæn] (*pt* & *pp* **-ned,** *cont* **-ning**) ◇ *n* exploración *f* ultrasónica. ◇ *vt* **-1.** [examine carefully] examinar **-2.** [glance at] dar un vistazo a **-3.** *ELECTRON* & *TV* registrar **-4.** *COMPUT* hacer un escáner de. ◇ *vi* **-1.** *LITERATURE* estar bien medido(da) **-2.** *COMPUT* hacer un escáner.

scandal ['skændl] *n* **-1.** [scandalous event, outrage] escándalo *m* **-2.** [scandalous talk] habladurías *fpl.*

scandalize, ise ['skændəlaɪz] *vt* escandalizar.

scandalous ['skændələs] *adj* escandaloso(sa).

Scandinavia [ˌskændɪ'neɪvjə] *n* Escandinavia.

Scandinavian [ˌskændɪ'neɪvjən] ◇ *adj* escandinavo(va). ◇ *n* [person] escandinavo *m,* -va *f.*

scanner ['skænə'] *n* COMPUT & MED escáner *m.*

scant [skænt] *adj* escaso(sa).

scanty ['skæntɪ] (*compar* **-ier,** *superl* **-iest**) *adj* [amount, resources] escaso(sa); [dress] ligero(ra); [meal] insuficiente.

scapegoat ['skeɪpgəʊt] *n* cabeza *f* de turco.

scar [skɑ:'] (*pt* & *pp* **-red,** *cont* **-ring**) ◇ *n* **-1.** [physical] cicatriz *f* **-2.** *fig* [mental] señal *f.* ◇ *vt* **-1.** [physically] dejar una cicatriz en; **he was**

~**red for life** quedó marcado(da) de por vida **- 2.** *fig* [mentally] marcar.

scarce ['skeəs] *adj* escaso(sa); **to make o.s. ~** esfumarse, quitarse de en medio.

scarcely ['skeəslɪ] *adv* apenas; **~ anyone/ever** casi nadie/nunca.

scarcity ['skeəsətɪ] *n* escasez *f*; **it has ~ value** tiene un gran valor debido a su rareza.

scare [skeəʳ] <> *n* **-1.** [sudden fear] susto *m*, sobresalto *m* **- 2.** [public fear] temor *m* **- 3.** [panic] **there was a bomb ~** hubo una amenaza de bomba. <> *vt* asustar, sobresaltar.

➨ **scare away, scare off** *vt sep* ahuyentar.

scarecrow ['skeəkrəʊl] *n* espantapájaros *m inv.*

scared ['skeəd] *adj* **-1.** [frightened] asustado(da); **don't be ~** no te asustes; **to be ~ stiff** *OR* **to death** estar muerto de miedo **- 2.** [worried]: **to be ~ that** tener miedo que.

scarey ['skeərɪ] = **scary.**

scarf [skɑːf] (*pl* **-s** *OR* **scarves**) <> *n* [for neck] bufanda *f*; [for head] pañuelo *m* de cabeza. <> *vt US* [eat]: **~ (down)** zamparse.

scarlet ['skɑːlət] <> *adj* color escarlata. <> *n* escarlata *f*.

scarlet fever *n* escarlatina *f*.

scarves [skɑːvz] *pl* ⊏> **scarf.**

scary ['skeərɪ] (*compar* **-ier**, *superl* **-iest**) *adj inf* espeluznante.

scathing ['skeɪðɪŋ] *adj* mordaz; **to be ~ about** sthg/sb criticar duramente algo/a alguien.

scatter ['skætəʳ] <> *vt* esparcir, desparramar. <> *vi* dispersarse.

scatterbrained ['skætəbreɪnd] *adj inf* atolondrado(da).

scattered ['skætəd] *adj* disperso(sa).

scattering ['skætərɪŋ] *n*: **a ~ of snow** un poco de nieve.

scatty ['skætɪ] (*compar* **-ier**, *superl* **-iest**) *adj UK inf* atolondrado(da).

scavenge ['skævɪndʒ] <> *vt* **-1.** [subj: animal]: **to ~ food** buscar carroña **- 2.** [subj: person] rebuscar entre las basuras. <> *vi* **-1.** [animal]: **to ~ for food** buscar carroña **- 2.** [person]: **to ~ for sthg** rebuscar algo.

scavenger ['skævɪndʒəʳ] *n* **-1.** [animal] carroñero *m*, -ra *f* **- 2.** [person] persona *f* que rebusca en las basuras.

SCE (*abbr of* **Scottish Certificate of Education**) *n* *título de enseñanza secundaria en Escocia.*

scenario [sɪ'nɑːrɪəʊ] (*pl* **-s**) *n* **-1.** [possible situation] situación *f* hipotética **- 2.** [of film, play] resumen *m* del argumento.

scene [siːn] *n* **-1.** [gen, theatre] escena *f*; **behind the ~s** entre bastidores; *fig* **and then she appeared on the ~** y entonces apareció en

escena **- 2.** [painting of place] panorama *m*, paisaje *m* **- 3.** [location] sitio *m*; **on the ~** en el sitio; **the ~ of the crime** la escena del crimen; **a change of ~** un cambio de ambiente *OR* de aires; **it's not my ~** no es lo mío **- 4.** [show of emotion] jaleo *m*, escándalo *m*; **to make a ~** montar una escena **- 5.** *phr*: **to set the ~** [for person] describir la escena; [for event] crear el ambiente propicio.

scenery ['siːnərɪ] *n (U)* **-1.** [of countryside] paisaje *m* **- 2.** *THEATRE* decorado *m*.

scenic ['siːnɪk] *adj* [view] pintoresco(ca); [tour] turístico(ca).

scenic route *n* ruta *f* turística.

scent [sent] <> *n* **-1.** [smell - of flowers] fragancia *f*; [- of animal] rastro *m* **- 2.** *fig* [track] pista *f*; **to lose the ~** perder la pista; **to throw sb off the ~** burlar a alguien **- 3.** [perfume] perfume *m*. <> *vt* **-1.** [subj: animal] olfatear, husmear **- 2.** *fig* [subj: person] percibir.

scented ['sentɪd] *adj* perfumado(da).

scepter *US* = **sceptre.**

sceptic *UK*, **skeptic** *US* ['skeptɪk] *n* escéptico *m*, -ca *f*.

sceptical *UK*, **skeptical** *US* ['skeptɪkl] *adj* escéptico(ca); **to be ~ about** tener muchas dudas acerca de.

scepticism *UK*, **skepticism** *US* ['skeptɪsɪzm] *n* escepticismo *m*.

sceptre *UK*, **scepter** *US* ['septəʳ] *n* cetro *m*.

schedule [*UK* 'ʃedjuːl, *US* 'skedʒʊl] <> *n* **-1.** [plan] programa *m*, plan *m*; **(according) to ~** según lo previsto; **on ~** sin retraso; **ahead of ~** con adelanto; **behind ~** con retraso **- 2.** [of prices, contents] lista *f*; [of times] horario *m*. <> *vt*: **to ~ sthg (for)** fijar algo (para).

scheduled flight [*UK* 'ʃedjuːld-, *US* 'skedʒʊld-] *n* vuelo *m* regular.

schematic [skɪ'mætɪk] *adj* esquemático(ca).

scheme [skiːm] <> *n* **-1.** [plan] plano *m*, proyecto *m*; **pension ~** plan *m* de pensiones **- 2.** *pej* [dishonest plan] intriga *f*, treta *f* **- 3.** [arrangement, decoration - of room] disposición *f*; **colour ~** combinación *f* de colores **- 4.** *phr*: **the ~ of things** el orden de las cosas. <> *vi pej*: **to ~ (to do sthg)** intrigar (para hacer algo).

scheming ['skiːmɪŋ] *adj* intrigante.

schism ['sɪzm, 'skɪzm] *n* cisma *f*.

schizophrenia [ˌskɪtsə'friːnjəl] *n* esquizofrenia *f*.

schizophrenic [ˌskɪtsə'frenɪk] <> *adj* esquizofrénico(ca). <> *n* esquizofrénico *m*, -ca *f*.

schlock [ʃlɒk] *n US* [worthless things] porquerías *fpl*.

schmal(t)z [ʃmɔːlts] *n inf* sensiblería *f*.

486

schmuck [ʃmʌk] *n US inf* tonto *m*, -ta *f*.

scholar ['skɒlə^r] *n* **-1.** [expert] erudito *m*, -ta *f* **-2.** *dated* [student] alumno *m*, -na *f* **-3.** [holder of scholarship] becario *m*, -ria *f*.

scholarship ['skɒləʃɪp] *n* **-1.** [grant] beca *f* **-2.** [learning] erudición *f*.

scholastic [skə'læstɪk] *adj fml* escolar.

school [sku:l] *n* **-1.** [for children] colegio *m*, escuela *f*; **to go to** ~ ir al colegio, ir a la escuela; **the children are at** ~ los niños están en el colegio; **art** ~ escuela *f* de arte; **driving** ~ autoescuela *f*; **law/medical** ~ facultad *f* de derecho/medicina **-2.** *US* [university] universidad *f* **-3.** [group of fish, dolphins] banco *m*.

school age *n* edad *f* escolar.

schoolbook ['sku:lbʊk] *n* libro *m* de texto.

schoolboy ['sku:lbɔɪ] *n* colegial *m*, escolar *m*.

schoolchild ['sku:ltʃaɪld] (*pl* **-children** [-tʃɪldrən]) *n* colegial *m*, -la *f*, escolar *mf*.

schooldays ['sku:ldeɪz] *npl* años *mpl* de colegio.

school dinner *n* comida *f* del colegio.

school friend *n* amigo *m*, -ga *f* de colegio.

schoolgirl ['sku:lgɜ:l] *n* colegiala *f*, escolar *f*.

schooling ['sku:lɪŋ] *n* educación *f* escolar.

schoolkid ['sku:lkɪd] *n inf* colegial *m*, -la *f*, alumno *m*, -na *f*.

school-leaver [-,li:və^r] *n UK* joven que ha terminado la enseñanza.

school-leaving age [-'li:vɪŋ-] *n* edad de finalización de la enseñanza obligatoria.

schoolmaster ['sku:l,mɑ:stə^r] *n dated* [at primary school] maestro *m*; [at secondary school] profesor *m*.

schoolmistress ['sku:l,mɪstrɪs] *n dated* [at primary school] maestra *f*; [at secondary school] profesora *f*.

school of thought *n* corriente *f* de opinión.

school report *n* informe *m* escolar.

schoolroom ['sku:lrʊm] *n dated* clase *f*, aula *f*.

schoolteacher ['sku:l,ti:tʃə^r] *n* [primary] maestro *m*, -tra *f*; [secondary] profesor *m*, -ra *f*.

school uniform *n* uniforme *m* escolar.

schoolwork ['sku:lwɜ:k] *n (U)* trabajo *m* escolar.

school year *n* año *m* escolar.

schooner ['sku:nə^r] *n* **-1.** [ship] goleta *f* **-2.** *UK* [sherry glass] copa *f* larga (para jerez).

sciatica [saɪ'ætɪkə] *n* ciática *f*.

science ['saɪəns] <> *n* ciencia *f*; **his best subject is** ~ su mejor asignatura son las ciencias. <> *comp* de ciencias; ~**lab** laboratorio de ciencias.

science fiction *n* ciencia *f* ficción.

scientific [,saɪən'tɪfɪk] *adj* científico(ca).

scientist ['saɪəntɪst] *n* científico *m*, -ca *f*.

sci-fi ['saɪ'faɪ] (*abbr of* **science fiction**) *n inf* ciencia *f* ficción.

Scilly Isles ['sɪlɪ-], **Scillies** ['sɪlɪz] *npl*: **the** ~ las islas Sorlinga.

scintillating ['sɪntɪleɪtɪŋ] *adj* brillante, chispeante.

scissors ['sɪzəz] *npl* tijeras *fpl*; **a pair of** ~ unas tijeras.

sclerosis ▷ **multiple sclerosis**.

scoff [skɒf] <> *vt UK inf* zamparse, tragarse. <> *vi*: **to** ~ **(at sb/sthg)** mofarse OR burlarse (de alguien/de algo).

scold [skəʊld] *vt* regañar, reñir.

scone [skɒn] *n* bollo tomado con té a la hora de la merienda.

scoop [sku:p] <> *n* **-1.** [utensil - for sugar] cucharita *f* plana; [- for ice cream] pinzas *fpl* (de helado); [- for flour] paleta *f* **-2.** [amount - of sugar] cucharilla *f*; [- of ice cream] bola *f* **-3.** *PRESS* exclusiva *f*; **to make a** ~ conseguir una exclusiva. <> *vt* **-1.** [with hands] recoger **-2.** [with utensil] recoger con cucharilla.

◆ **scoop out** *vt sep* sacar con cuchara.

scoot [sku:t] *vi inf* ir pitando; **go on,** ~**!** vamos, ¡lárgate!

scooter ['sku:tə^r] *n* **-1.** [toy] patinete *m* **-2.** [motorcycle] escúter *m*, Vespa® *f*, motoneta *f Amér*.

scope [skəʊp] *n (U)* **-1.** [opportunity] posibilidades *fpl*; **there is** ~ **for improvement** se puede mejorar **-2.** [range] alcance *m*.

scorch [skɔ:tʃ] <> *vt* [dress, fabric, grass] chamuscar; [face, skin] quemar. <> *vi* [burn - dress, material] chamuscarse; [face, skin] quemarse.

scorched earth policy [skɔ:tʃt-] *n* política *f* de tierra quemada.

scorcher ['skɔ:tʃə^r] *n inf* día *m* abrasador.

scorching ['skɔ:tʃɪŋ] *adj inf* abrasador(ra).

score [skɔ:^r] <> *n* **-1.** [in test] calificación *f*, nota *f*; [in competition, game] puntuación *f*; **are you keeping (the)** ~**?** ¿llevas el tanteo? **-2.** *SPORT* resultado *m*; **what's the** ~**?** ¿cómo van?; **the final** ~ **was 2 all** el resultado final fue empate a dos **-3.** *dated* [twenty] veintena *f* **-4.** *MUS* partitura *f* **-5.** [subject]: **on that** ~ a ese respecto, por lo que se refiere a eso **-6.** *phr* **to have a** ~ **to settle with sb** tener una cuenta que saldar con alguien; **to know the** ~ conocer el percal. <> *vt* **-1.** *SPORT* marcar **-2.** [achieve - success, victory] obtener **-3.** [cut] grabar. <> *vi* **-1.** *SPORT* marcar **-2.** [in test etc] obtener una puntuación; **you** ~**d well in part one** obtuviste una buena puntuación en la primera parte **-3.** [win in an argument]: **to ~ over sb** aventajar a alguien.

◆ **scores** *npl* [large number]: **~s (of)** montones *mpl* (de).

◆ **score out** *vt sep UK* tachar.

scoreboard ['skɔːbɔːd] *n* tanteador *m*, marcador *m*.

scorer ['skɔːrəʳ] *n* **-1.** [official] tanteador *m*, -ra *f* **-2.** [player- in football] goleador *m*, -ra *f*; [- in other sports] marcador *m*, -ra *f*.

scorn [skɔːn] ◇ *n* menosprecio *m*, desdén *m*; **to pour ~ on sthg/sb** despreciar algo/a alguien. ◇ *vt* menospreciar, desdeñar.

scornful ['skɔːnfʊl] *adj* despectivo(va), de desdén; **to be ~ of sthg** desdeñar algo.

scornfully ['skɔːnfʊlɪ] *adv* con desdén.

Scorpio ['skɔːpɪəʊ] (*pl* -s) *n* Escorpión *m*; **to be (a) ~** ser Escorpión.

scorpion ['skɔːpjən] *n* escorpión *m*, alacrán *m*.

Scot [skɒt] *n* escocés *m*, -esa *f*.

scotch [skɒtʃ] *vt* [rumour] poner fin a, desmentir; [idea] desechar.

Scotch [skɒtʃ] *n* whisky *m* escocés.

Scotch egg *n UK bola de fiambre de salchicha rebozada y con huevo duro en el centro.*

Scotch tape® *n US* ≃ celo® *m*, cinta *f* Scotch® *Amér.*, ≃ durex® *m* **Arg, Bol, Méx**, ≃ Scotch® *m* **Andes.**

scot-free *adj inf*: **to get off ~** salir impune.

Scotland ['skɒtlənd] *n* Escocia.

Scotland Yard *n sede central de la policía londinense. Por extensión, ésta última.*

Scots [skɒts] ◇ *adj* escocés(esa). ◇ *n* [dialect] escocés *m*.

Scotsman ['skɒtsmən] (*pl* -men [-mən]) *n* escocés *m*.

Scotswoman ['skɒtswʊmən] (*pl* -women [-ˌwɪmɪn]) *n* escocesa *f*.

Scottish ['skɒtɪʃ] *adj* escocés(esa).

Scottish National Party *n*: **the ~** el Partido Nacionalista Escocés.

scoundrel ['skaʊndrəl] *n dated* sinvergüenza *m*, canalla *m*.

scour [skaʊəʳ] *vt* **-1.** [clean] fregar, restregar **-2.** [search] registrar, batir; **they ~ed the countryside looking for the little girl** peinaron el campo en busca de la niña.

scourer ['skaʊrəʳ] *n* estropajo *m*.

scourge [skɜːdʒ] *n* [cause of suffering] azote *m*.

scout [skaʊt] *n* **MIL** explorador *m*.

◆ **Scout** *n* [boy scout] explorador *m*.

◆ **scout around** *vi*: **to ~ around (for)** explorar el terreno (en busca de).

scowl [skaʊl] ◇ *n* ceño *m* fruncido. ◇ *vi*

fruncir el ceño; **to ~ at sb** mirar con ceño a alguien.

scrabble ['skræbl] *vi* **-1.** [scramble, scrape] escarbar; **to ~ up/down** subir/bajar escarbando **-2.** [feel around] palpar en busca de algo; **to ~ around for sthg** hurgar en busca de algo.

Scrabble® ['skræbl] *n* Scrabble® *m*.

scraggy ['skrægɪ] (*compar* -ier, *superl* -iest) *adj inf* flaco(ca).

scram [skræm] (*pt* & *pp* -med, *cont* -ming) *vi inf* largarse; **scram!** ¡lárgate!

scramble ['skræmbl] ◇ *n* [rush] pelea *f*; **he got hurt in the ~ for the door** resultó herido en la desbandada que hubo hacia la puerta. ◇ *vi* **-1.** [climb] trepar **-2.** [move clumsily]: **to ~ to one's feet** levantarse rápidamente y tambaleándose; **to ~ out of the way** apartarse atropelladamente.

scrambled eggs ['skræmbld-] *npl* huevos *mpl* revueltos.

scrambler ['skræmbləʳ] *n* **COMPUT** distorsionador *m* (de frecuencias).

scrambling ['skræmblɪŋ] *n* motocross *m*; **to go ~** hacer motocross.

scrap [skræp] (*pt* & *pp* -ped, *cont* -ping) ◇ *n* **-1.** [small piece] trozo *m*, pedazo *m*; **it won't make a ~ of difference** no lo cambiará en lo más mínimo **-2.** (U) [metal] chatarra *f*; **he sold it for ~** lo vendió para chatarra **-3.** *inf* [fight, quarrel] pelotera *f*; **to have a ~** pelearse. ◇ *vt* desechar, descartar.

◆ **scraps** *npl* [food] sobras *fpl.*

scrapbook ['skræpbʊk] *n* álbum *m* de recortes.

scrap dealer *n* chatarrero *m*, -ra *f*.

scrape [skreɪp] ◇ *n* **-1.** [noise] chirrido *m* **-2.** *dated* [difficult situation] apuro *m*, lío *m*. ◇ *vt* **-1.** [remove]: **to ~ sthg off sthg** raspar algo de algo **-2.** [vegetables] raspar **-3.** [car, bumper, glass] rayar; [knee, elbow, skin] rasguñar, arañar. ◇ *vi* [rub]: **to ~ against/on sthg** rozar contra/en algo.

◆ **scrape through** *vt fus* [exam] aprobar por los pelos.

◆ **scrape together, scrape up** *vt sep* juntar (a duras penas).

scraper ['skreɪpəʳ] *n* raspador *m*.

scrap heap *n* montón *m* de chatarra; **to end up on the ~** [idea, plan] ir a parar al cubo de basura; [person] quedar arrinconado(da); **to throw sthg on the ~** descartar algo.

scrapings ['skreɪpɪŋz] *npl* raspaduras *fpl.*

scrap merchant *n UK* chatarrero *m*, -ra *f*.

scrap metal *n* chatarra *f*.

scrap paper *UK*, **scratch paper** *US n* (U)

papel *m* usado.

scrappy ['skræpɪ] (*compar* -ier, *superl* -iest) *adj pej*
deshilvanado(da), fragmentario(ria).

scrapyard ['skræpjɑːd] *n* [gen] depósito *m* de
chatarra; [for cars] cementerio *m* de coches.

scratch [skrætʃ] ◇ *n* -1. [wound] arañazo *m*,
rasguño *m* -2. [mark] raya *f*, surco *m* -3. *phr*: **to
do sthg from** ~ hacer algo partiendo desde
el principio; **to be up to** ~ estar a la altura
requerida. ◇ *vt* -1. [wound] arañar, rasguñar
-2. [mark] rayar -3. [rub - head, leg] rascar; **to** ~
o.s. rascarse; **he~ed his head** se rascó la
cabeza. ◇ *vi* -1. [make mark]: **to** ~ **at/against
sthg** arañar algo -2. [rub] rascarse.

scratch card *n* tarjeta con una zona que
hay que rascar para ver si contiene premio.

scratchpad ['skrætʃpæd] *n US* bloc *m* de notas.

scratch paper *US* = scrap paper.

scratchy ['skrætʃɪ] (*compar* -ier, *superl* -iest) *adj*
-1. [record] rayado(da); [sound] que chirría -2.
[material] áspero(ra); [pen] que raspea.

scrawl [skrɔːl] ◇ *n* garabatos *mpl*. ◇ *vt*
garabatear.

scrawny ['skrɔːnɪ] (*compar* -ier, *superl* -iest) *adj*
flaco(ca).

scream [skriːm] ◇ *n* -1. [cry, shout] grito *m*,
chillido *m*; ~**s of laughter** carcajadas *fpl* -2.
[noise] chirrido *m* -3. *inf* [funny person]: **she's a** ~
ella es la monda. ◇ *vt* vociferar. ◇ *vi* -1.
[person] gritar, chillar; **to** ~ **at sb** gritar a
alguien -2. [tyres] chirriar; [jet] silbar.

scree [skriː] *n* montón de piedras desprendi-
das de la ladera de una montaña.

screech [skriːtʃ] ◇ *n* -1. [of person] chillido *m*;
[of bird] chirrido *m* -2. [of car, tyres] chirrido *m*,
rechinar *m*. ◇ *vt* gritar. ◇ *vi* -1. [person, bird]
chillar -2. [car, tyres] chirriar, rechinar.

screen [skriːn] ◇ *n* -1. TV, CINEMA & COMPUT
pantalla *f* -2. [panel] biombo *m*. ◇ *vt* -1. [show
in cinema] proyectar -2. [broadcast on TV] emitir
-3. [shield]: **to** ~ **sthg/sb (from)** proteger algo/
a alguien (de) -4. [candidate, patient] examinar;
to ~ **sb for sthg** hacer un chequeo a alguien
para algo.

➤ **screen off** *vt sep* separar mediante un
biombo.

screen door *n* puerta *f* de tela metálica.

screening ['skriːnɪŋ] *n* -1. [of film] proyección *f*
-2. [of TV programme] emisión *f* -3. [for security]
examen *m*, investigación *f* -4. MED [examination]
chequeo *m*.

screen memory *n* COMPUT memoria *f* en
pantalla.

screenplay ['skriːnpleɪ] *n* guión *m*.

screen saver *n* COMPUT salvapantallas *m inv*.

screen test *n* prueba *f* cinematográfica.

screenwriter ['skriːnˌraɪtə'] *n* guionista *m OR f*.

screw [skruː] ◇ *n* [for fastening] tornillo *m*. ◇
vt -1. [fix]: **to** ~ **sthg to** atornillar algo a -2.
[twist] enroscar; **to** ~ **a lid on** poner la tapa de
rosca -3. *vulg* [woman] follar, coger *Amér*. ◇
vi: **the lid** ~**s on/off** la tapa se abre/cierra
enroscándola.

➤ **screw up** *vt sep* -1. [sheet of paper etc]
arrugar -2. [eyes] entornar; [face] arrugar -3. *v
inf* [ruin] jorobar.

screwball ['skruːbɔːl] *n US* [person] cabeza *m OR f*
loca; ~ **comedy** *US* comedia *f* disparatada.

screwdriver ['skruːˌdraɪvə'] *n* destornillador
m, desarmador *m Méx*.

screwtop jar ['skruːtɒp-] *n* tarro *m* con tapa
de rosca.

screwy ['skruːɪ] *adj US inf* pirado(da).

scribble ['skrɪbl] ◇ *n* garabato *m*. ◇ *vt & vi*
garabatear.

scribe [skraɪb] *n fml* amanuense *m OR f*, scriba *f*.

scrimp [skrɪmp] *vi*: **to** ~ **and save (to do sthg)**
apretarse el cinturón (para hacer algo).

script [skrɪpt] *n* -1. [of play, film etc] guión *m* -2.
[system of writing] escritura *f* -3. [handwriting] letra
f.

scripted ['skrɪptɪd] *adj* con guión.

Scriptures ['skrɪptʃəz] *npl*: **the** ~ las Sagradas
Escrituras.

scriptwriter ['skrɪptˌraɪtə'] *n* guionista *m OR f*.

scroll [skrəʊl] ◇ *n* rollo *m* de pergamino/
papel. ◇ *vt* COMPUT desplazar.

➤ **scroll down** *vi* COMPUT desplazarse hacia
abajo.

➤ **scroll up** *vi* COMPUT desplazarse hacia
arriba.

scroll bar *n* COMPUT barra *f* de desplazamiento.

scrooge [skruːdʒ] *n inf pej* ruin *m OR f*, tacaño *m*,
-ña *f*.

scrotum ['skrəʊtəm] (*pl* -ta [-tə], -tums) *n*
escroto *m*.

scrounge [skraʊndʒ] *inf* ◇ *vt* gorrear, gorronear. ◇ *vi*: **to** ~ **(off sb)** *UK* gorrear OR
gorronear (de alguien).

scrounger ['skraʊndʒə'] *n inf* gorrón *m*, -ona *f*.

scrub [skrʌb] (*pt & pp* -bed, *cont* -bing) ◇ *n* -1.
[rub] restregón *m*, fregado *m*; **give it a good** ~
dale un buen fregado -2. [undergrowth] maleza *f*. ◇ *vt* restregar.

scrubbing brush *UK* ['skrʌbɪŋ-], **scrub
brush** *US n* cepillo *m* de fregar.

scruff [skrʌf] *n*: **by the** ~ **of the neck** por el
pescuezo.

scruffy ['skrʌfɪ] (*compar* -ier, *superl* -iest) *adj* [person] dejado(da); [clothes] andrajoso(sa); [room] desordenado(da).

scrum(mage) ['skrʌm(ɪdʒ)] n *RUGBY* melé f.

scrumptious ['skrʌmpʃəs] adj inf riquísimo(ma).

scrunch [skrʌntʃ] inf ◇ vt estrujar. ◇ vi crujir.

scruples ['skru:plz] npl escrúpulos mpl.

scrupulous ['skru:pjʊləs] adj escrupuloso(sa).

scrupulously ['skru:pjʊləslɪ] adv **-1.** [fairly] escrupulosamente **-2.** [thoroughly] completamente, totalmente; ~ **clean** impecable.

scrutinize, -ise ['skru:tɪnaɪz] vt escudriñar.

scrutiny ['skru:tɪnɪ] n (U) escrutinio m, examen m; **to be open to public** ~ estar expuesto(ta) al examen del público; **to come under the** ~ **of** ser cuidadosamente examinado(da) por.

scuba diving ['sku:bə-] n buceo m con botellas de oxígeno.

scud [skʌd] (pt & pp **-ded**, cont **-ding**) vi literary deslizarse rápidamente.

scuff [skʌf] vt **-1.** [drag] arrastrar **-2.** [damage - shoes] pelar; [- furniture, floor] rayar.

scuffle ['skʌfl] ◇ n refriega f, reyerta f; **there were** ~ **s between the police and demonstrators** hubo enfrentamientos entre la policía y los manifestantes. ◇ vi: **to** ~ **(with sb)** pelearse (con alguien).

scull [skʌl] ◇ n [oar] remo m. ◇ vi remar.

scullery ['skʌlərɪ] (pl **-ies**) n trascocina f, fregadero m.

sculpt [skʌlpt] vt esculpir.

sculptor ['skʌlptə^r] n escultor m, -ra f.

sculpture ['skʌlptʃə^r] ◇ n escultura f. ◇ vt esculpir.

scum [skʌm] n (U) **-1.** [froth] espuma f **-2.** v inf pej [worthless people] escoria f; **to be the** ~ **of the earth** ser la escoria de la sociedad.

scupper ['skʌpə^r] vt *NAUT* & fig hundir.

scurf [skɜ:f] n caspa f.

scurrilous ['skʌrələs] adj fml injurioso(sa), difamatorio(ria).

scurry ['skʌrɪ] (pt & pp **-ied**) vi: **to** ~ **off** OR **away** escabullirse.

scurvy ['skɜ:vɪ] n escorbuto m.

scuttle ['skʌtl] ◇ n cubo m del carbón, carbonera f. ◇ vi [rush]: **to** ~ **off** OR **away** escabullirse.

scythe [saɪð] ◇ n guadaña f. ◇ vt guadañar, segar.

SDI (abbr of **Strategic Defense Initiative**) n IDE f.

SDLP (abbr of **Social Democratic and Labour Party**) n partido político norirlandés que defiende la integración pacífica en la república de Irlanda.

SDP (abbr of **Social Democratic Party**) n partido político británico formado como escisión centrista del partido laborista.

SE (abbr of **south-east**) SE.

sea [si:] n **-1.** [not land] mar m OR f; **at** ~ en el mar; **by** ~ en barco; **by the** ~ a orillas del mar; **out to** ~ [away from shore] mar adentro; [across the water] hacia el mar **-2.** [not ocean] mar m **-3.** fig [large number] mar m; **a** ~ **of faces** un mar de caras **-4.** phr: **to be all at** ~ estar totalmente perdido(da).
    → **seas** npl: **the** ~**s** los mares; **to sail the** ~**s** surcar los mares.

sea air n aire m del mar.

sea anemone n anémona f de mar.

seabed ['si:bed] n: **the** ~ el lecho marino.

seabird ['si:bɜ:d] n ave f marina.

seaboard ['si:bɔ:d] n fml litoral m.

sea breeze n brisa f marina.

seafaring ['si:ˌfeərɪŋ] adj marinero(ra).

seafood ['si:fu:d] n (U) mariscos mpl.

seafront ['si:frʌnt] n paseo m marítimo.

seagoing ['si:ˌgəʊɪŋ] adj de alta mar.

seagull ['si:gʌl] n gaviota f.

seahorse ['si:hɔ:s] n caballo m de mar.

seal [si:l] (pl inv OR **-s**) ◇ n **-1.** [animal] foca f **-2.** [official mark] sello m; ~ **of approval** aprobación f, visto m bueno; **she has given it her** ~ **of approval** le ha dado el visto bueno; **to put** OR **set the** ~ **on sthg** sellar algo **-3.** [on bottle, meter] precinto m; [on letter] sello m **-4.** *TECH* sello m. ◇ vt **-1.** [envelope] sellar, cerrar **-2.** [opening, tube, crack] tapar, cerrar; **that decision has** ~**ed his** OR **fate** OR **doom** la decisión ha determinado su destino.
    → **seal off** vt sep [entrance, exit] cerrar; [area] acordonar.

sealable ['si:ləbl] adj precintable.

sea lane n ruta f marítima.

sealant ['si:lənt] n [of document, bottle] sello m; [for leaks, wood] aislante m.

sea level n nivel m del mar.

sealing wax ['si:lɪŋ-] n lacre m.

sea lion (pl inv OR **-s**) n león m marítimo.

sealskin ['si:lskɪn] n piel f de foca.

seam [si:m] n **-1.** *SEWING* costura f; **to be bursting at the** ~**s** estar a tope **-2.** [of coal] veta f.

seaman ['si:mən] (pl **-men** [-mən]) n marinero m.

seamanship ['si:mənʃɪp] n náutica f.

sea mist n bruma f.

seamless ['si:mlɪs] adj *SEWING* sin costura f.

seamstress ['semstrɪs] n costurera f.

seamy ['si:mɪ] (compar **-ier**, superl **-iest**) adj sórdido(da).

séance ['seɪɒns] n sesión f de espiritismo.

seaplane ['si:pleɪn] n hidroavión m.

seaport ['si:pɔːt] n puerto m de mar.

search [sɜːtʃ] ◇ n [gen] búsqueda f; [of room, drawer] registro m; [of person] cacheo m; ~ for sthg búsqueda de algo; in ~ of en busca de. ◇ vt [gen] registrar; [one's mind] escudriñar; to ~ sthg for sthg buscar algo en algo. ◇ vi: to ~ (for sthg/sb) buscar (algo/a alguien); he was ~ed at the airport lo registraron en el aeropuerto.

➤ **search out** vt sep encontrar, descubrir.

search engine n COMPUT motor m de búsqueda.

searcher ['sɜːtʃə'] n buscador m, -ra f.

searching ['sɜːtʃɪŋ] adj [question] agudo(da); [look] penetrante.

searchlight ['sɜːtʃlaɪt] n reflector m, proyector m.

search party n equipo m de búsqueda.

search warrant n mandamiento m de registro.

searing ['sɪərɪŋ] adj -1. [pain] punzante; [heat] abrasador(ra) -2. [criticism] acerado(da).

sea salt n sal f marina.

seashell ['si:ʃel] n concha f (marina).

seashore ['si:ʃɔː'] n: the ~ la orilla del mar.

seasick ['si:sɪk] adj mareado(da); to be/feel ~ estar/sentirse mareado(da).

seaside ['si:saɪd] n: the ~ la playa.

seaside resort n lugar m de veraneo (en la playa).

season ['si:zn] ◇ n -1. [of year] estación f; the four ~s las cuatro estaciones -2. [particular period] época f, período m; the planting ~ la época de plantar; the football ~ la temporada futbolística; the holiday ~ la temporada de vacaciones; to book a holiday out of ~ reservar unas vacaciones fuera de temporada -3. [of fruit etc]: out of/in ~ fuera de/en sazón; plums are in ~ las ciruelas están en temporada -4. [of talks, films] temporada f -5. [zool] to be in ~ estar en celo. ◇ vt sazonar, condimentar; ~ to taste sazonar a gusto; ~ with salt and pepper salpimentar.

seasonal ['si:zənl] adj [work] temporal; [change] estacional.

seasoned ['si:znd] adj [experienced] veterano(na); to be a ~ traveller ser un viajero experimentado.

seasoning ['si:znɪŋ] n condimento m.

season ticket n abono m.

seat [si:t] ◇ n -1. [in room, on train] asiento m; is this ~ taken? ¿está ocupado este asiento?; take a ~, please siéntese, por favor; there only are a few ~s left sólo quedan unos pocos asientos -2. [of trousers, skirt] trasero m -3. POL [in parliament] escaño m -4. [centre] sede f; the ~ of government la sede del gobierno. ◇ vt -1. [sit down] sentar; be ~ed! ¡siéntese!; to ~ o.s. sentarse -2. [subj: building, vehicle] tener cabida para.

seat belt n cinturón m de seguridad.

seated ['si:tɪd] adj sentado(da).

-seater ['si:tə'] suffix: a two~ car un coche de dos plazas.

seating ['si:tɪŋ] ◇ n (U) [capacity] asientos mpl. ◇ comp: ~ capacity cabida f; ~ plan distribución f de asientos.

SEATO ['si:təʊ] (abbr of Southeast Asia Treaty Organization) n OTSEA f.

sea urchin n erizo m de mar.

seawall ['si:'wɔːl] n dique m.

seawater ['si:ˌwɔːtə'] n agua f de mar.

seaweed ['si:wi:d] n (U) alga f marina, huiro m Chile.

seaworthy ['si:ˌwɜːðɪ] adj en condiciones de navegar.

sebaceous [sɪ'beɪʃəs] adj sebáceo(a).

sec. (abbr of second) seg.

SEC (abbr of Securities and Exchange Commission) n organismo gubernamental estadounidense que regula las transacciones bursátiles.

secateurs [ˌsekə'tɜːz] npl UK podadera f.

secede [sɪ'si:d] vi fml: to ~ (from sthg) separarse (de algo).

secession [sɪ'seʃn] n fml secesión f.

secluded [sɪ'klu:dɪd] adj apartado(da).

seclusion [sɪ'klu:ʒn] n aislamiento m; to live in ~ vivir aislado(da).

second ['sekənd] ◇ n -1. [of time] segundo m; can you wait a ~? ¿podrías esperar un momento?; [second gear] segunda f -2. UK UNIV ≃ licenciatura f con notable. ◇ num segundo(da); to ask for a ~ chance/opinion pedir una segunda oportunidad/opinión; ~ only to después de; Elizabeth the Second Isabel II; see also sixth. ◇ vt secundar.

➤ **seconds** npl -1. COMM artículos mpl defectuosos -2. [of food]: to have ~s repetir (en una comida); are there any ~s? ¿se puede repetir?

second [sɪ'kɒnd] vt UK [employee] trasladar temporalmente.

secondary ['sekəndrɪ] adj -1. [SCH - school] secundario(ria); [- education] medio(dia); [- teacher] de enseñanza media -2. [less important]: to be ~ to ser secundario(ria) a.

secondary school *n* escuela *f* de enseñanza media.

second best ['sekənd-] *adj* segundo(da) (mejor).

second-class ['sekənd-] <> *adj* **-1.** [gen] de segunda clase; **to be a ~ citizen** ser un ciudadano de segunda (clase); **~ mail** *servicio postal más barato y lento que el de primera clase* **-2.** *UK* UNIV: **~ degree** *nota global de licenciatura equivalente a un notable o un aprobado alto.* <> *adv*: **to travel ~** viajar en segunda; **to send a letter ~** *enviar una carta utilizando el correo de segunda clase.*

second cousin ['sekənd-] *n* primo segundo *m*, prima segunda *f*.

second-degree burn ['sekənd-] *n* quemadura *f* de segundo grado.

seconder ['sekəndə'] *n* persona *f* que secunda una moción.

second floor ['sekənd-] *n* UK segundo piso *m*; US primer piso *m*.

second-guess ['sekənd-] *vt esp US inf* juzgar a posteriori.

second hand ['sekənd-] *n* [of clock] segundero *m*.

second-hand ['sekənd-] <> *adj* **-1.** [goods, information] de segunda mano **-2.** [shop] de artículos de segunda mano. <> *adv* **-1.** [not new] de segunda mano **-2.** *fig* [indirectly]: **to hear sthg ~** oír algo de segunda mano.

second-in-command ['sekənd-] *n* segundo *m* en jefe.

secondly ['sekəndlı] *adv* en segundo lugar.

secondment [sɪ'kɒndmənt] *n* UK traslado *m* temporal.

second nature ['sekənd-] *n* (U) hábito muy arraigado en una persona; **it's ~ to him** es algo natural en él.

second-rate ['sekənd-] *adj pej* de segunda categoría, mediocre.

second thought ['sekənd-] *n*: **to have ~s about sthg** tener dudas acerca de algo; **on ~s** UK, **on ~** US pensándolo bien.

secrecy ['si:krəsı] *n* (U) secreto *m*; **to be shrouded in ~** estar rodeado de un gran secreto.

secret ['si:krɪt] <> *adj* secreto(ta). <> *n* secreto *m*; **in ~** en secreto; **to keep a ~** guardar un secreto; **to tell sb a ~** contar a alguien un secreto; **to make no ~ of sth** no ocultar algo; **the ~ of happiness** la clave de la felicidad.

secret agent *n* agente secreto *m*, agente secreta *f*.

secretarial [ˌsekrə'teərıəl] *adj* [course, training] de

secretariado; [staff] de secretaría, administrativo(va).

secretariat [ˌsekrə'teərıət] *n* secretariado *m*.

secretary [UK 'sekrətrı, US 'sekrəˌterı] (*pl* -ies) *n* **-1.** [gen] secretario *m*, -ria *f* **-2.** POL [minister] ministro *m*.

secretary-general (*pl* secretaries-general) *n* secretario *m*, -ria *f* general.

Secretary of State *n* **-1.** UK: **~ (for)** ministro *m* (de) **-2.** US ministro *m* estadounidense de Asuntos Exteriores.

secrete [sɪ'kri:t] *vt* **-1.** [produce] secretar, segregar **-2.** *fml* [hide] esconder, ocultar.

secretion [sɪ'kri:ʃn] *n* secreción *f*.

secretive ['si:krətıv] *adj* [person] reservado(da), [organization] secreto(ta).

secretly ['si:krıtlı] *adv* [hope, think] secretamente; [tell] en secreto; **she was ~ pleased** aunque no lo expresara, estaba contenta.

secret police *n* policía *f* secreta.

secret service *n* [in UK] servicio *m* secreto; [in US] *departamento del gobierno de Estados Unidos que se encarga de la protección del presidente y vicepresidente del país y de sus familias.*

sect [sekt] *n* secta *f*.

sectarian [sek'teərıən] *adj* sectario(ria).

section ['sekʃn] <> *n* sección *f*. <> *vt* seccionar.

sector ['sektə'] *n* sector *m*.

secular ['sekjʊlə'] *adj* [education, life] laico(ca), secular; [music] profano(na).

secure [sɪ'kjʊə'] <> *adj* **-1.** [gen] seguro(ra) **-2.** [house, building] protegido(da), seguro(ra). <> *vt* **-1.** [obtain] conseguir, obtener **-2.** [make safe] proteger **-3.** [fasten] cerrar bien.

securely [sɪ'kjʊəlı] *adv* [fixed, locked] firmemente.

security [sɪ'kjʊərətı] (*pl* -ies) <> *n* **-1.** seguridad *f* **-2.** [legal protection]: **~ of tenure** cargo *m* vitalicio **-3.** [for loan] garantía *f*. <> *comp* de seguridad.

  ➤ **securities** *npl* FIN valores *mpl*, títulos *mpl*.

security blanket *n* manta u otro objeto con el cual un niño se siente protegido.

Security Council *n*: **the ~** el Consejo de Seguridad.

security forces *npl* fuerzas *fpl* de seguridad.

security guard *n* guardia *m* jurado OR de seguridad.

security risk *n* persona *f* de dudosa lealtad.

secy (*abbr of* secretary) sec.

sedan [sɪ'dæn] *n* US (coche *m*) utilitario *m*.

sedan chair *n* silla *f* de manos.

sedate [sɪ'deɪt] ◇ *adj* sosegado(da). ◇ *vt* sedar.

sedation [sɪ'deɪʃn] *n (U)* sedación *f*; **to be under** ~ estar sedado(da).

sedative ['sedətɪv] ◇ *adj* sedante. ◇ *n* sedante *m*, calmante *m*.

sedentary ['sedntrɪ] *adj* sedentario(ria).

sediment ['sedɪmənt] *n* sedimento *m*.

sedition [sɪ'dɪʃn] *n* sedición *f*.

seditious [sɪ'dɪʃəs] *adj* sedicioso(sa).

seduce [sɪ'dju:s] *vt*: **to** ~ **sb (into doing sthg)** seducir a alguien (a hacer algo).

seduction [sɪ'dʌkʃn] *n* seducción *f*.

seductive [sɪ'dʌktɪv] *adj* seductor(ra).

see [si:] (*pt* **saw**, *pp* **seen**) ◇ *vt* -**1.** [gen] ver -**2.** [visit - friend, doctor] ir a ver, visitar; ~ **you soon/ later/tomorrow!** ¡hasta pronto/luego/mañana!; ~ **you!** ¡hasta luego!, ¡chau! *RP*: **as I** ~ **it** tal y como yo lo veo; ~ **below/p 10** véase más abajo/pág. 10 -**3.** [accompany]: **to** ~ **sb to the door** acompañar a alguien a la puerta -**4.** [make sure]: **to** ~ **(to it) that ...** encargarse de que ... ◇ *vi* [gen] ver; [understand] entender; **I can't** ~ no veo; **to** ~ **if one can do sthg** ver si uno puede hacer algo; **let's** ~, **let me** ~ vamos a ver, veamos; **you** ~ ... verás, es que ...; **I** ~ ya veo.

➤ **seeing as, seeing that** *conj inf* como.

➤ **see about** *vt fus* -**1.** [arrange] encargarse de -**2.** [consider further]: **we'll** ~ **about that** ya veremos.

➤ **see off** *vt sep* -**1.** [say goodbye to] despedir -**2.** *UK* [chase away] ahuyentar.

➤ **see through** *vt fus* [person] ver claramente las intenciones de; **I can** ~ **right through her** veo claramente sus intenciones.

➤ **see to** *vt fus* ocuparse de.

seed [si:d] *n* [of plant] semilla *f*; *fig* **to go to** ~ venirse abajo.

➤ **seeds** *npl fig* [of doubt] semilla *f*; [of idea] germen *m*.

seedless ['si:dlɪs] *adj* sin pepitas.

seedling ['si:dlɪŋ] *n* plantón *m*.

seedy ['si:dɪ] (*compar* **-ier**, *superl* **-iest**) *adj* [room, area] sórdido(da); [person] desaliñado(da).

seek [si:k] (*pt* & *pp* **sought**) *fml* ◇ *vt* -**1.** [look for, try to obtain] buscar -**2.** [ask for] solicitar -**3.** [try]: **to** ~ **to do sthg** procurar hacer algo. ◇ *vi* -**1.** [look for]: **to** ~ **for sthg** buscar algo -**2.** [ask for]: **to** ~ **for sthg** solicitar algo.

➤ **seek out** *vt sep* buscar.

seem [si:m] ◇ *vi* parecer; **it** ~**s (to be) good** parece (que es) bueno; **I can't** ~ **to do it** no puedo hacerlo (por mucho que lo intente); **I**

~ **to remember that ...** creo recordar que ... ◇ *v impers*: **it** ~**s (that)** parece que; **it** ~**s to me that** me parece que.

seeming ['si:mɪŋ] *adj fml* aparente.

seemingly ['si:mɪŋlɪ] *adv* aparentemente.

seen [si:n] *pp* ⊳ **see**.

seep [si:p] *vi* rezumar, filtrarse.

seersucker ['sɪə,sʌkər] *n* sirsaca *f*; **a** ~ **dress** un vestido de sirsaca.

seesaw ['si:sɔ:] *n* balancín *m*, subibaja *m*.

seethe [si:ð] *vi* -**1.** [person] rabiar -**2.** [place]: **to be seething with** estar a rebosar de.

seething ['si:ðɪŋ] *adj* rabioso(sa).

see-through *adj* transparente.

segment ['segmənt] *n* -**1.** [proportion, section] segmento *m* -**2.** [of fruit] gajo *m*.

segregate ['segrɪgeɪt] *vt* segregar.

segregation [,segrɪ'geɪʃn] *n* segregación *f*.

Seine [seɪn] *n*: **the (River)** ~ el (río) Sena.

seismic ['saɪzmɪk] *adj* sísmico(ca).

seize [si:z] *vt* -**1.** [grab] agarrar, coger -**2.** [capture - control, power, town] tomar, hacerse con -**3.** [arrest] detener -**4.** [take advantage of] aprovechar.

➤ **seize (up)on** *vt fus* valerse de.

➤ **seize up** *vi* agarrotarse.

seizure ['si:ʒər] *n* -**1.** *MED* ataque *m* -**2.** [taking, capturing] toma *f*.

seldom ['seldəm] *adv* raramente.

select [sɪ'lekt] ◇ *adj* selecto(ta). ◇ *vt* [gen] elegir, escoger; [team] seleccionar.

select committee *n* comité *m* de investigación.

selected [sɪ'lektɪd] *adj* escogido(da).

selection [sɪ'lekʃn] *n* -**1.** [gen] selección *f* -**2.** [fact of being selected] elección *f* -**3.** [in shop] surtido *m*; **we have a wide** ~ **of ties** tenemos una amplia selección de corbatas.

selective [sɪ'lektɪv] *adj* selectivo(va).

selector [sɪ'lektər] *n* seleccionador *m*, -ra *f*.

self [self] (*pl* **selves**) *n* uno mismo *m*, una misma *f*; **he's his old** ~ **again** vuelve a ser el mismo de antes; **she's not her usual** ~ no estaba como de costumbre; **the** ~ el yo.

self- [self] *prefix* auto-.

self-addressed envelope [-ə'drest-] *n* sobre con la dirección de uno mismo.

self-addressed stamped envelope [-ə,drest'stæmpt-] *n US* sobre con sus señas y franqueo.

self-adhesive *adj* autoadhesivo(va).

self-appointed [-ə'pɔɪntɪd] *adj pej* por nombramiento propio.

self-assertive *adj* que se impone ante los demás.

self-assurance n confianza f en sí mismo (sí misma).

self-assured adj seguro de sí mismo (segura de sí misma).

self-catering adj sin pensión; **a ~ holiday/chalet** unas vacaciones/un chalet sin servicio de comidas.

self-centred [-'sentəd] adj egocéntrico(ca).

self-cleaning adj autolimpiable.

self-confessed [-kən'fest] adj confeso(sa).

self-confidence n confianza f en sí mismo, -ma.

self-confident adj [person] seguro de sí mismo (segura de sí misma); [attitude, remark] lleno(na) de seguridad.

self-conscious adj cohibido(da).

self-contained [-kən'teɪnd] adj independiente; **a ~ flat** un apartamento independiente.

self-control n control m de sí mismo/misma.

self-controlled adj sereno(na).

self-defence n defensa f propia, autodefensa f; **in ~** en defensa propia.

self-denial n abnegación f.

self-destruct [-dɪs'trʌkt] <> adj autodestructor(ra). <> vi autodestruirse.

self-determination n autodeterminación f.

self-discipline n autodisciplina f.

self-doubt n inseguridad f, falta f de confianza en uno mismo (una misma).

self-drive adj UK alquilado(da) sin chófer.

self-educated adj autodidacta.

self-effacing [-ɪ'feɪsɪŋ] adj humilde.

self-employed [-ɪm'plɔɪd] adj autónomo(ma), que trabaja por cuenta propia.

self-esteem n amor m propio.

self-evident adj evidente, patente.

self-explanatory adj evidente, que queda muy claro(ra).

self-expression n autoexpresión f.

self-focusing [-'fəʊkəsɪŋ] adj con enfoque automático.

self-government n autogobierno m.

self-help n (U) ayuda f propia.

self-important adj pej engreído(da).

self-imposed [-ɪm'pəʊzd] adj auto-impuesto(ta).

self-indulgent adj pej: **a ~ person** una persona autocomplaciente; **to be ~** ser autocomplaciente.

self-inflicted [-ɪn'flɪktɪd] adj autoinfligido(da).

self-interest n pej (U) interés m propio.

selfish ['selfɪʃ] adj egoísta.

selfishness ['selfɪʃnɪs] n egoísmo m.

selfless ['selflɪs] adj desinteresado(da).

self-locking [-'lɒkɪŋ] adj de cierre automático.

self-made adj: **a ~ man** un hombre hecho a sí mismo.

self-opinionated adj pej que siempre tiene que decir la suya.

self-perpetuating [-pə'petʃʊeɪtɪŋ] adj que se perpetúa a sí mismo (sí misma).

self-pity n pej lástima f de uno mismo/una misma.

self-portrait n autorretrato m.

self-possessed [-pə'zest] adj dueño de sí mismo (dueña de sí misma).

self-proclaimed [-prə'kleɪmd] adj pej autodenominado(da), supuesto(ta).

self-raising flour UK [-,reɪzɪŋ-], **self-rising flour** US n harina f con levadura.

self-regard n (U) **- 1.** pej [self-interest] interés m propio **- 2.** [self-respect] propia estima f.

self-regulating [-'regjʊleɪtɪŋ] adj autorregulador(ra).

self-reliant adj independiente.

self-respect n amor m propio.

self-respecting [-rɪs'pektɪŋ] adj que se precie, digno(na); **no ~ person would eat this rubbish** nadie con un mínimo de dignidad se comería esa basura.

self-restraint n dominio m de sí mismo/misma.

self-righteous adj pej santurrón(ona).

self-rising flour US = self-raising flour.

self-rule n autogobierno m.

self-sacrifice n abnegación f.

selfsame ['selfseɪm] adj mismísimo(ma); **I said the ~ thing** yo dije exactamente lo mismo.

self-satisfied adj pej [person] satisfecho de sí mismo (satisfecha de sí misma); [smile] lleno(na) de suficiencia.

self-sealing [-'si:lɪŋ] adj [envelope] autoadhesivo(va).

self-seeking [-'si:kɪŋ] pej <> adj interesado(da), egoísta. <> n propio interés m, egoísmo m.

self-service <> n autoservicio m. <> comp de autoservicio; **a ~ restaurant** un autoservicio.

self-starter n **- 1.** AUT arranque m automático **- 2.** [person] emprendedor m, -ra f.

self-styled [-'staɪld] adj pej autodenominado(da), supuesto(ta).

self-sufficient adj: **~ (in)** autosuficiente (en).

self-supporting [-sə'pɔ:tɪŋ] adj [business, industry] económicamente independiente.

self-taught *adj* autodidacta.

self-test *n* COMPUTautotest *m*.

self-will *n* pej obstinación *f*.

sell [sell] (*pt* & *pp* **sold**) <> *vt* - **1.** [gen] vender; **to ~ sthg to sb**, **to ~ sb sthg** vender algo a alguien; **to ~ sthg for** vender algo por - **2.** *fig* [make acceptable, desirable]: **I'm not really sold on it** no estoy convencido de ello; **to ~ o.s.** venderse. <> *vi* - **1.** [subj: businessman, firm] vender - **2.** [subj: merchandise] venderse; **this model ~s well** este modelo se vende muy bien; **to ~ (for OR at)** venderse (a).

◆ **sell off** *vt sep* liquidar.

◆ **sell out** <> *vt sep* [performance]: **to have sold out** estar agotado(da). <> *vi* - **1.** [shop]: **to ~ out (of sthg)** agotar las existencias (de algo) - **2.** [be disloyal, unprincipled] venderse.

◆ **sell up** *vi* venderlo todo.

sell-by date *n* UK fecha *f* de caducidad; **to be past its ~** haber caducado.

seller ['selə'] *n* vendedor *m*, -ra *f*.

seller's market *n* mercado *m* de demanda OR favorable al vendedor.

selling ['selɪŋ] *n* (U) venta *f*.

selling price ['selɪŋ-] *n* precio *m* de venta.

Sellotape® ['seləteɪp] *n* UK celo® *m*, cinta *f* Scotch® *Amér*, ≃ durex® *m* Arg, Bol, Méx, ≃ Scotch® *m Andes*.

◆ **sellotape** *vt* pegar con celo *etc*.

sell-out *n* [performance, match] lleno *m*.

selves [selvz] *pl* ⊳ **self**.

semantic [sɪ'mæntɪk] *adj* semántico(ca).

semantics [sɪ'mæntɪks] *n* (U) semántica *f*.

semaphore ['seməfɔ:'] *n* (U) semáforo *m*.

semblance ['sembləns] *n* fml apariencia *f*.

semen ['si:men] *n* semen *m*.

semester [sɪ'mestə'] *n* semestre *m*.

semi ['semɪ] *n* - **1.** UK inf (abbr of **semidetached house**) casa *f* adosada (a otra) - **2.** US abbr of **semitrailer**.

semi- ['semɪ] *prefix* semi-.

semiautomatic [ˌsemɪˌɔ:tə'mætɪk] *adj* semiautomático(ca).

semicircle ['semɪˌsɜ:kl] *n* semicírculo *m*; **arranged in a ~** poner en semicírculo.

semicircular [ˌsemɪ'sɜ:kjʊlə'] *adj* semicircular.

semicolon [ˌsemɪ'kəʊlən] *n* punto *m* y coma.

semiconscious [ˌsemɪ'kɒnʃəs] *adj* semiconsciente.

semidetached [ˌsemɪdɪ'tætʃt] <> *adj* adosado(da). <> *n* UK casa *f* adosada (a otra).

semifinal [ˌsemɪ'faɪnl] *n* semifinal *f*.

semifinalist [ˌsemɪ'faɪnəlɪst] *n* semifinalista *m* OR *f*.

seminar ['semɪnɑ:'] *n* seminario *m*.

seminary ['semɪnərɪ] (*pl* **-ies**) *n* RELIG seminario *m*.

semiprecious [ˌsemɪ'preʃəs] *adj* semiprecioso(sa).

semiskilled [ˌsemɪ'skɪld] *adj* semicualificado(da).

semi-skimmed [-'skɪmd] *adj* semidesnatado(da).

semitrailer [ˌsemɪ'treɪlə'] *n* - **1.** [trailer] remolque *m* - **2.** US [lorry] camión *m* articulado.

semolina [ˌsemə'li:nə] *n* sémola *f*.

Sen. - **1.** *abbr of* senator - **2.** *abbr of* Senior.

SEN (abbr of **State Enrolled Nurse**) *n* enfermero diplomado.

Senate ['senɪt] *n* POL: **the (United States) ~** el Senado (de los Estados Unidos).

SENATE

El Senado forma, junto con la Cámara de Representantes, el cuerpo legislativo estadounidense. Formado por 100 miembros (dos por estado), tiene la prerrogativa del derecho de *impeachment*.

senator ['senətə'] *n* senador *m*, -ra *f*.

send [send] (*pt* & *pp* **sent**) *vt* - **1.** [gen] mandar; **to ~ sb sthg**, **to ~ sthg to sb** mandar a alguien algo; **~ me a postcard!** ¡mándame una postal!; **~ them my best wishes** envíales saludos - **2.** [tell to go] enviar, mandar; **she sent her son to the shop for a newspaper** envió a su hijo a comprar un periódico en la tienda; **he was sent to prison** fue encarcelado - **3.** [subj: explosion, blow]: **to ~ sthg/sb flying** mandar algo/a alguien por los aires; **to ~ sb to sleep** dar sueño a alguien.

◆ **send down** *vt sep* [send to prison] encarcelar.

◆ **send for** *vt fus* - **1.** [person] mandar llamar a - **2.** [goods, information] pedir, encargar.

◆ **send in** *vt sep* mandar, enviar.

◆ **send off** *vt sep* - **1.** [by post] mandar (por correo) - **2.** SPORT expulsar.

◆ **send off for** *vt fus* [goods, information] pedir, encargar.

◆ **send up** *vt sep* - **1.** UK inf [imitate] parodiar, satirizar - **2.** US [send to prison] encarcelar.

sender ['sendə'] *n* remitente *m* OR *f*.

send-off *n* despedida *f*; **to give sb a good ~** dar una buena despedida a alguien.

send-up *n* UK inf parodia *f*, sátira *f*.

Senegal [ˌsenɪ'gɔ:l] *n* (el) Senegal.

Senegalese [ˌsenɪgə'li:z] <> *adj* senegalés (esa). <> *npl*: **the ~** los senegaleses.

senile ['si:naɪl] *adj* senil.

senile dementia *n* demencia *f* senil.

senility [sɪ'nɪlətɪl] *n* senilidad *f*.

senior ['si:njəʳ] <> *adj* **-1.** [highest-ranking] superior, de rango superior **-2.** [higher-ranking]: ~ **to sb** superior a alguien **-3.** *SCH* [pupil] mayor; [class, common room] de los mayores; ~ **year** *US* último curso de la enseñanza secundaria y de la universidad en Estados Unidos. <> *n* **-1.** [older person]: **I'm five years his** ~ le llevo cinco años; **she's my** ~ es mayor que yo **-2.** *SCH* mayor *m* OR *f*.

senior citizen *n* ciudadano *m*, -na *f* de la tercera edad.

senior high school *n US* ≃ instituto *m* de bachillerato (16-18 años).

seniority [ˌsi:nɪ'ɒrətɪ] *n* [degree of importance] categoría *f*.

sensation [sen'seɪʃn] *n* sensación *f*; **to cause a** ~ causar sensación.

sensational [sen'seɪʃənl] *adj* **-1.** [gen] sensacional **-2.** [sensationalist] sensacionalista.

sensationalist [sen'seɪʃnəlɪst] *adj pej* sensacionalista.

sense [sens] <> *n* **-1.** [faculty, meaning] sentido *m*; **to make** ~ [have meaning] tener sentido; **to make** ~ **of sthg** entender algo; **I can't make any** ~ **of this** no entiendo esto **-2.** [feeling - of guilt, terror] sentimiento *m*; [- of urgency] sensación *f*; [- of honour, duty] sentido *m* **-3.** [natural ability]: **business** ~ talento *m* para los negocios; **dress** ~ gusto *m* en el vestir; ~ **of humour/style** sentido *m* del humor/estilo **-4.** [wisdom, reason] juicio *m*, sentido *m* común; **to make** ~ [be sensible] ser sensato; **to talk** ~ hablar con sentido común; **there's no** OR **little** ~ **in arguing** no tiene sentido discutir **-5.** *phr*: **to come to one's** ~**s** [see reason] entrar en razón. <> *vt* sentir, percibir; **to** ~ **(that)** percibir OR sentir que.

⬥ **in a sense** *adv* en cierto sentido.

senseless ['senslɪs] *adj* **-1.** [stupid] sin sentido **-2.** [unconscious] inconsciente; **the blow knocked him** ~ el golpe lo dejó inconsciente.

sensibilities [ˌsensɪ'bɪlətɪz] *npl* [delicate feelings] sensibilidad *f*; **to offend** ˌsb's ~ herir la sensibilidad de alguien.

sensible ['sensəbl] *adj* [person, decision] sensato (ta), razonable; [clothes] práctico(ca).

sensibly ['sensəblɪ] *adv* sensatamente.

sensitive ['sensɪtɪv] *adj* **-1.** [understanding]: ~ **(to)** comprensivo(va) (hacia) **-2.** [easily hurt, touchy]: ~ **(to/about)** susceptible (a/acerca de) **-3.** [controversial] delicado(da) **-4.** [easily damaged, tender] sensible; **to have** ~ **skin** tener la piel sensible; ~ **to heat/light** sensible al calor/la luz **-5.** [responsive - instrument] sensible.

sensitivity [ˌsensɪ'tɪvətɪ] *n* **-1.** [understanding]

comprensión *f* **-2.** [tenderness - of eyes, skin] sensibilidad *f*.

sensor ['sensəʳ] *n* sensor *m*.

sensual ['sensjʊəl] *adj* sensual.

sensuous ['sensjʊəs] *adj* sensual.

sent [sent] *pt & pp* ⊳ **send**.

sentence ['sentəns] <> *n* **-1.** [group of words] frase *f*, oración *f* **-2.** *JUR* sentencia *f*; **a prison** ~ una condena de cárcel. <> *vt*: **to** ~ **sb (to)** condenar a alguien (a); **he was** ~**d to death/3 years** lo condenaron a muerte/tres años de cárcel.

sententious [sen'tenʃəs] *adj pej* sentencioso (sa).

sentiment ['sentɪmənt] *n* **-1.** [feeling] sentimiento *m* **-2.** [opinion] opinión *f* **-3.** (U) *pej* [emotion, tenderness] sentimentalismo *m*.

sentimental [ˌsentɪ'mentl] *adj* sentimental.

sentimentality [ˌsentɪmen'tælətɪ] *n pej* sentimentalismo *m*.

sentinel ['sentɪnl] *n HISTORY* centinela *m*.

sentry ['sentrɪ] (*pl* **-ies**) *n* centinela *m*.

Seoul [səʊl] *n* Seúl *f*.

separable ['sepróbl] *adj*: ~ **(from)** separable (de).

separate [*adj & n* 'seprət, *vb* 'sepəreɪt] <> *adj* **-1.** [not joined, apart]: ~ **(from)** separado(da) (de) **-2.** [individual, distinct] distinto(ta). <> *vt* **-1.** [keep or move apart]: **to** ~ **sthg/sb (from)** separar algo/a alguien (de) **-2.** [distinguish]: **to** ~ **sthg/sb from** diferenciar algo/a alguien de **-3.** [divide]: **to** ~ **sthg/sb into** dividir algo/a alguien en. <> *vi* **-1.** [gen]: **to** ~ **(from)** separarse (de) **-2.** [divide]: **to** ~ **(into)** dividirse (en).

⬥ **separates** *npl UK* piezas *fpl (de vestir que combinan)*.

separated ['sepəreɪtɪd] *adj* separado(da); **her parents are** ~ sus padres están separados; **she's** ~ **from him** está separada de él.

separately ['seprətlɪ] *adv* **-1.** [on one's own] independientemente **-2.** [one by one] separadamente, por separado.

separation [ˌsepə'reɪʃn] *n* separación *f*.

separatist ['seprətɪst] *n* separatista *m* OR *f*.

sepia ['si:pjə] *adj* sepia, de color sepia.

Sept. (*abbr of* **September**) sep.

September [sep'tembəʳ] *n* septiembre *m*, setiembre *m*; **when are you going?** – ~ ¿cuándo te vas? – en septiembre; **one of the hottest** ~**s on record** uno de los septiembres más calurosos que se recuerdan; **1** ~ **1992** [in letters etc] 1 de septiembre de 1992; **by/in** ~ para/en septiembre; **last/this/next** ~ en septiembre del año pasado/de este año/del año que viene; **every** ~ todos los años en septiembre;

during ~ en septiembre, durante el mes de septiembre; **at the beginning/end of** ~ a principios/finales de septiembre; **in the middle of** ~ a mediados de septiembre.

septic ['septɪk] *adj* séptico(ca); **to go** ~ infectarse.

septicaemia *UK*, **septicemia** *US* [‚septɪ'siːmɪə] *n* septicemia *f*.

septic tank *n* fosa *f* séptica.

sepulchre *UK* ['sepəlkə'], **sepulcher** *US* ['sepʌlkər] *n literary* sepulcro *m*.

sequel ['siːkwəl] *n* -1. [book, film]: ~ (to) continuación *f* (de) -2. [consequence]: ~ (to) secuela *f* (de).

sequence ['siːkwəns] *n* -1. [series] sucesión *f* -2. [order, of film] secuencia *f*; **in** ~ en secuencia.

sequin ['siːkwɪn] *n* lentejuela *f*.

sera ['sɪərə] *pl* ➪ serum.

Serb = Serbian.

Serbia ['sɜːbjə] *n* Serbia *f*.

Serbian ['sɜːbjən], **Serb** [sɜːb] ◇ *adj* serbio(bia). ◇ *n* -1. [person] serbio *m*, -bia *f* -2. [dialect] serbio *m*.

Serbo-Croat [‚sɜːbəʊ'krəʊæt], **Serbo-Croatian** [‚sɜːbəʊkrəʊ'eɪʃn] ◇ *adj* serbocroata. ◇ *n* [language] serbocroata *m*.

serenade [‚serə'neɪd] ◇ *n* serenata *f*. ◇ *vt* dar una serenata a.

serene [sɪ'riːn] *adj* sereno(na).

serenely [sɪ'riːnlɪ] *adv* serenamente.

serenity [sɪ'renətɪ] *n* serenidad *f*.

serf [sɜːf] *n HISTORY* siervo *m*, -va *f*.

serge [sɜːdʒ] *n* sarga *f*.

sergeant ['sɑːdʒənt] *n* -1. *MIL* sargento *m* -2. [in police] ≃ subinspector *m* de policía.

sergeant major *n* sargento *m* mayor.

serial ['sɪərɪəl] *n* serial *m*.

serialize, -ise ['sɪərɪəlaɪz] *vt* publicar por entregas.

serial killer *n* asesino que asesina en serie.

serial number *n* número *m* de serie.

series ['sɪəriːz] (*pl inv*) *n* serie *f*; **a** ~ **of disasters** una serie de catástrofes; **a TV** ~ una serie televisiva.

serious ['sɪərɪəs] *adj* -1. [gen] serio(ria); **are you** ~ ? ¿hablas en serio? -2. [very bad] grave.

seriously ['sɪərɪəslɪ] *adv* -1. [honestly] en serio -2. [very badly] gravemente; **to be** ~ **ill** estar gravemente enfermo -3. [in a considered, earnest, solemn manner] seriamente -4. *phr:* **to take sthg/sb** ~ tomar algo/a alguien en serio.

seriousness ['sɪərɪəsnɪs] *n* -1. [gravity] gravedad *f* -2. [honesty]: **in all** ~ seriamente -3. [solemnity] seriedad *f*.

sermon ['sɜːmən] *n RELIG & pej* sermón *m*.

serpent ['sɜːpənt] *n literary* serpiente *f*, sierpe *f*.

serrated [sɪ'reɪtɪd] *adj* serrado(da), dentado(da).

serum ['sɪərəm] (*pl* serums *OR* sera) *n* suero *m*.

servant ['sɜːvənt] *n* sirviente *m*, -ta *f*.

serve [sɜːv] ◇ *vt* -1. [work for] servir -2. [have effect]: **to** ~ **to do sthg** servir para hacer algo -3. [fulfil]: **to** ~ **a purpose** cumplir un propósito -4. [provide for] abastecer; **the town is** ~**d by three motorways** la ciudad tiene tres autopistas -5. [food, drink]: **to** ~ **sthg to sb, to** ~ **sb sthg** servir algo a alguien; **dinner will be** ~**d at 8** la cena será servida a las 8 -6. [customer] despachar, servir; **are you being** ~**d?** ¿le atienden? -7. *JUR:* **to** ~ **sb with sthg, to** ~ **sthg on sb** entregar a alguien algo -8. [prison sentence] cumplir; [apprenticeship] hacer; [term of office] ejercer -9. *SPORT* servir, sacar -10. *phr:* **that** ~**s you right!** ¡bien merecido lo tienes! ◇ *vi* -1. [work, give food or drink] servir -2. [function]: **to** ~ **as** servir de -3. [in shop, bar etc] despachar -4. *SPORT* sacar. ◇ *n* saque *m*.

➤ **serve out, serve up** *vt sep* servir.

server ['sɜːvə'] *n COMPUT* servidor *m*.

service ['sɜːvɪs] ◇ *n* -1. [gen] servicio *m*; **in** ~ en funcionamiento; **out of** ~ fuera de servicio; **bus/train** ~ servicio de autobús/tren -2. [mechanical check] revisión *f* -3. *RELIG* oficio *m*, servicio *m*; **to hold a** ~ celebrar un oficio -4. [set - of plates etc] servicio *m*, juego *m*; **dinner** ~ servicio de mesa -5. *SPORT* saque *m* -6. [use]: **to be of** ~ **(to sb)** servir (a alguien); **to do sb a** ~ hacer un favor a alguien. ◇ *vt* [car, machine] revisar.

➤ **services** *npl* -1. [on motorway] área *f* de servicios -2. [armed forces]: **the** ~**s** las fuerzas armadas -3. [efforts, work] servicios *mpl*.

serviceable ['sɜːvɪsəbl] *adj* útil, práctico(ca).

service area *n* área *f* de servicios.

service charge *n* servicio *m*.

service industries *npl* industrias *fpl* de servicios.

serviceman ['sɜːvɪsmən] (*pl* -men [-mən]) *n* militar *m*.

service station *n* estación *f* de servicio.

serviette [‚sɜːvɪ'et] *n* servilleta *f*.

servile ['sɜːvaɪl] *adj* servil.

servility [sɜː'vɪlətɪ] *n* servilismo *m*.

serving ['sɜːvɪŋ] *n* porción *f*.

serving dish *n* fuente *f*.

serving spoon *n* cuchara *f* de servir.

sesame ['sesəmɪ] *n* sésamo *m*.

session ['seʃn] *n* -1. [gen] sesión *f*; **in** ~ en sesión -2. *US* [school term] trimestre *m*.

set [set] (*pt & pp* set, *cont* -ting) ◇ *adj* -1. [fixed -

expression, amount] fijo(ja); [- pattern, method] establecido(da); **~ phrase** frase hecha **- 2.** *UK SCH* [text etc] asignado(da) **- 3.** [ready, prepared]: **~ (for sthg/to do sthg)** listo(ta) (para algo/para hacer algo) **- 4.** [determined]: **to be ~ on sthg/ doing sthg** estar empeñado(da) en algo/ hacer algo **- 5.** *phr:* **to be ~ in one's ways** tener costumbres muy arraigadas. `<>` *n* **-1.** [collection - gen] juego *m*; [- of stamps] serie *f*- **2.** [TV, radio] aparato *m* **- 3.** *THEATRE* decorado *m*; *CINEMA* plató *m* **- 4.** *TENNIS* set *m* **- 5.** [hairdressing] marcado *m.* `<>` *vt* **-1.** [position, place] poner, colocar **- 2.** [fix, insert]: **to ~ sthg in** *OR* **into** montar algo en **- 3.** [cause to be or start]: **to ~ free** poner en libertad; **to ~ fire to** prender fuego a; **to ~ sthg in motion** poner algo en marcha; **to ~ sb's mind at rest** tranquilizar a alguien; **to ~ sb thinking** hacer pensar a alguien **- 4.** [trap, table, essay] poner **- 5.** [alarm, meter] poner **- 6.** [time, wage] fijar **- 7.** [example] dar; **to~a good example** dar ejemplo; [precedent] sentar; [trend] imponer, dictar **- 8.** [target] fijar **- 9.** *MED* [bones, leg] componer **-10.** [arrange]: **to ~ sthg to music** poner música a algo **-11.** [book, play, film] situar, ambientar; **the series is ~ in London** la serie está ambientada en Londres. `<>` *vi* **-1.** [sun] ponerse **- 2.** [jelly] cuajarse; [glue, cement] secarse, solidificarse.

◆ **set about** *vt fus* [start - task] comenzar; [- problem] atacar; **to ~ about doing sthg** ponerse a hacer algo.

◆ **set against** *vt sep* **-1.** [lessen effect of] contrarrestar con; **the advantages must be ~ against the cost** hay que comparar las ventajas con el costo **- 2.** [cause to oppose]: enemistar con; **she~them against each other** los enemistó.

◆ **set ahead** *vt sep US* [clock] adelantar.

◆ **set apart** *vt sep:* **to ~ sthg/sb apart from** distinguir algo/a alguien de.

◆ **set aside** *vt sep* **-1.** [keep, save] reservar **- 2.** [dismiss - enmity, differences] dejar de lado.

◆ **set back** *vt sep* **-1.** [delay] retrasar **- 2.** *inf* [cost]: **this book ~ me back £10** este libro me costó 10 libras.

◆ **set down** *vt sep* **-1.** [write down] poner por escrito **- 2.** [drop off] dejar.

◆ **set in** *vi* [depression] afianzarse; [winter, infection] comenzar.

◆ **set off** `<>` *vt sep* **-1.** [initiate, cause] provocar **- 2.** [ignite - bomb] hacer estallar. `<>` *vi* ponerse en camino.

◆ **set on** *vt sep* arremeter contra.

◆ **set out** `<>` *vt sep* **-1.** [arrange] disponer **- 2.** [explain] exponer. `<>` *vi* **-1.** [on journey] ponerse en camino **- 2.** [intend]: **to ~ out to do sthg**

proponerse a hacer algo.

◆ **set up** `<>` *vt sep* **-1.** [business] poner, montar; [committee, organization] crear; [procedure] establecer; [interview, meeting] organizar; **to ~ sb up in business** montar un negocio a alguien; **to ~ o.s. up** establecerse; **to ~ up house** *OR* **home** instalarse **- 2.** [statue, roadblock] levantar **- 3.** [cause, produce] provocar **- 4.** [prepare for use] preparar **- 5.** *inf* [frame] tender una trampa a. `<>` *vi* [establish o.s.] establecerse.

setback ['setbæk] *n* revés *m*, contratiempo *m.*

set menu *n* menú *m* del día.

set piece *n* *ART* & *LITERATURE* obra *f* de tema clásico.

setsquare ['setskweə^r] *n* *UK* escuadra *f*, cartabón *m.*

settee [se'ti:] *n* sofá *m.*

setter ['setə^r] *n* [dog] setter *m.*

setting ['setɪŋ] *n* **-1.** [surroundings] escenario *m* **- 2.** [of dial, control] posición *f.*

settle ['setl] `<>` *vt* **-1.** [conclude, decide] resolver; **that ~s it, she can move out!** ¡no se hable más, que se vaya! **- 2.** [pay] ajustar, saldar **- 3.** [make oneself comfortable]: **to ~ o.s.** acomodarse, sentarse cómodamente **- 4.** [calm - nerves] tranquilizar; **this should ~ your stomach** esto te asentará el estómago. `<>` *vi* **-1.** [stop travelling] instalarse **- 2.** [make o.s. comfortable] acomodarse **- 3.** [dust, sediment] depositarse, posarse; **the snow has ~d** la nieve ha cuajado **- 4.** [calm down - person] calmarse **- 5.** [bird etc]: **to ~ on** posarse en.

◆ **settle down** *vi* **-1.** [concentrate on]: **to ~ down to doing sthg** ponerse a hacer algo; **to ~ down to sthg** concentrarse en algo; **to ~ down (for sthg)** prepararse (para algo) **-2.** [become respectable] sentar la cabeza **-3.** [calm oneself] calmarse.

◆ **settle for** *vt fus* conformarse con.

◆ **settle in** *vi* [in new home] instalarse; [in new job] adaptarse.

◆ **settle on** *vt fus* [choose] decidirse por.

◆ **settle up** *vi:* **to ~ up (with sb)** ajustar las cuentas (con alguien).

settled ['setld] *adj* [unchanging] estable.

settlement ['setlmənt] *n* **-1.** [agreement] acuerdo *m* **- 2.** [village] poblado *m.*

settler ['setlə^r] *n* colono *m.*

set-up *n inf* **-1.** [system, organization] sistema *m* **- 2.** [frame, trap] trampa *f*, lazo *m.*

seven ['sevn] *num* siete; *see also* **six.**

seventeen [,sevn'ti:n] *num* diecisiete; *see also* **six.**

seventeenth [,sevn'ti:nθ] *num* decimoséptimo(ma); *see also* **sixth.**

seventh ['sevnθl] *num* séptimo(ma); *see also* sixth.

seventh heaven *n*: **to be in (one's)** ~ estar en el séptimo cielo.

seventieth ['sevntjəθl] *num* septuagésimo(ma); *see also* sixth.

seventy ['sevntɪ] *num* setenta; *see also* sixty.

sever ['sevəʳ] *vt* - **1.** [cut through] cortar - **2.** [finish completely] romper.

several ['sevrəll] <> *adj* varios(rias). <> *pron* varios *mpl*, -rias *fpl*.

severance ['sevrəns] *n fml* ruptura *f*.

severance pay *n* despido *m*.

severe [sɪ'vɪəʳ] *adj* [gen] severo(ra); [pain] fuerte, agudo(da).

severely [sɪ'vɪəlɪ] *adv* - **1.** [badly] gravemente - **2.** [sternly] severamente, con severidad.

severity [sɪ'verətɪ] *n* [gen] gravedad *f*; [of shortage, problem] severidad *f*.

Seville [sə'vɪll] *n* Sevilla.

sew [səʊ] (*UK pp* sewn, *US pp* sewed *OR* sewn) *vt & vi* coser.

  ➡ **sew up** *vt sep* - **1.** [cloth] coser - **2.** *inf* [arrange, fix]: **to have sthg sewn up** [deal, election etc] tener algo atado y bien atado.

sewage ['suːɪdʒ] *n (U)* aguas *fpl* residuales.

sewage farm *n* estación *f* depuradora.

sewer ['sʊəʳ] *n* alcantarilla *f*, cloaca *f*.

sewerage ['sʊərɪdʒ] *n* alcantarillado *m*.

sewing ['səʊɪŋ] *n (U)* - **1.** [activity] labor *f* de costura - **2.** [items] costura *f*.

sewing machine *n* máquina *f* de coser.

sewn [səʊn] *pp* ➡ sew.

sex [seks] *n* sexo *m*; **to have** ~ tener relaciones sexuales.

sex appeal *n* atractivo *m*, sex appeal *m*.

sex education *n* educación *f* sexual.

sexism ['seksɪzm] *n* sexismo *m*.

sexist ['seksɪst] <> *adj* sexista. <> *n* sexista *m OR f*.

sex life *n* vida *f* sexual.

sex shop *n* sex shop *m*.

sextet [seks'tet] *n* sexteto *m*.

sextuplet [seks'tjuːplɪt] *n* sextillizo *m*, -za *f*.

sexual ['sekʃʊəl] *adj* sexual.

sexual assault *n* atentado *m* sexual.

sexual harassment *n* acoso *m* sexual.

sexual intercourse *n (U)* relaciones *fpl* sexuales.

sexuality [ˌsekʃʊ'ælətɪ] *n* sexualidad *f*.

sexy ['seksɪ] (*compar* -ier, *superl* -iest) *adj inf* sexi (*inv*).

Seychelles [seɪ'ʃelz] *npl*: **the** ~ las islas Seychelles.

SF, sf *n abbr of* science fiction.

SG (*abbr of* Surgeon General) *n* responsable de sanidad pública en Estados Unidos.

Sgt (*abbr of* sergeant) ≃ sarg.

sh [ʃ] *excl* ¡chis!, ¡chitón!

shabby ['ʃæbɪ] (*compar* -ier, *superl* -iest) *adj* - **1.** [clothes, briefcase] desastrado(da); [street] de aspecto abandonado - **2.** [person] andrajoso(sa) - **3.** [treatment etc] mezquino(na).

shack [ʃæk] *n* chabola *f*.

shackle ['ʃækl] *vt* - **1.** [enchain] poner grilletes a - **2.** *literary* [restrict] restringir.

  ➡ **shackles** *npl* - **1.** [metal rings] grilletes *mpl*, grillos *mpl* - **2.** *literary* [restrictions] trabas *fpl*.

shade [ʃeɪd] <> *n* - **1.** *(U)* [shadow] sombra *f*; **in the** ~ a la sombra - **2.** [lampshade] pantalla *f* - **3.** [of colour, meaning] matiz *m* - **4.** *US* [blind] persiana *f* - **5.** [little bit]: **a** ~ **too big** un poquito grande. <> *vt* [from light] sombrear, dar sombra a; **to** ~ **one's eyes** protegerse del sol con la mano; **the car was** ~**d from the sun** el coche estaba protegido del sol.

  ➡ **shades** *npl inf* [sunglasses] gafas *fpl* de sol.

shading ['ʃeɪdɪŋ] *n* sombreado *m*.

shadow ['ʃædəʊ] <> *n* - **1.** [dark shape, form] sombra *f* - **2.** [darkness] oscuridad *f* - **3.** *phr*: **to be a** ~ **of one's former self** ser una sombra de lo que uno era; **there's not a** *OR* **the** ~ **of a doubt** no hay la menor duda; **to be scared of your own** ~ tener miedo hasta de su propia sombra. <> *vt* [subj: detective] seguir.

shadow cabinet *n* gobierno *m* en la sombra, *directiva del principal partido de la oposición en Gran Bretaña*.

shadowy ['ʃædəʊɪ] *adj* - **1.** [dark] sombrío(a) - **2.** [hard to see] vago(ga) - **3.** [unknown, sinister] oscuro(ra).

shady ['ʃeɪdɪ] (*compar* -ier, *superl* -iest) *adj* - **1.** [sheltered from sun] sombreado(da) - **2.** [providing shade] que da sombra - **3.** *inf* [dishonest - businessman] dudoso(sa), sospechoso(sa); [- deal] turbio(bia).

shaft [ʃɑːft] *n* - **1.** [vertical passage] pozo *m* - **2.** [of lift] hueco *m* - **3.** [tech - rod] eje *m* - **4.** [of light] rayo *m* - **5.** [of spear] asta *f*.

shaggy ['ʃægɪ] (*compar* -ier, *superl* -iest) *adj* [dog] peludo(da).

shaggy-dog story *n* chiste largo y pesado.

shake [ʃeɪk] (*pt* shook, *pp* shaken ['ʃeɪkn]) <> *vt* - **1.** [move vigorously] sacudir, remecer *Méx*; **to** ~ **sb's hand** dar *OR* estrechar la mano a alguien; **to** ~ **hands** darse *OR* estrecharse la mano; **he shook hands with her** le dio la mano; **to** ~ **one's head** [in refusal] negar con la cabeza;

[in disbelief] mover la cabeza mostrando incredulidad; **he shook his fist at them** amenazar a alguien con el puño **- 2.** [bottle, aerosol] agitar; ~ **well before using** agitar antes de usar **- 3.** [shock] trastornar, conmocionar; **the disaster which shook the city** el desastre que sacudió la ciudad **- 4.** [undermine] quebrantar, hacer flaquear; **it shook her confidence** quebrantó su confianza. ◇ *vi* **-1.** [tremble] temblar; **to** ~ **with fear** temblar de miedo **- 2.** *inf* [shake hands]: **let's** ~ **on it** venga esa mano. ◇ *n* [of bottle etc] sacudida *f*; [of head in disbelief] movimiento *m* de la cabeza mostrando incredulidad; [of head in disagreement] negación *f* con la cabeza.

  ➡ **shake off** *vt sep* [pursuer] deshacerse de; [cold] quitarse de encima; [illness] superar.

  ➡ **shake up** *vt sep* [contents of bottle etc] agitar; [organisation] restructurar, reorganizar; [person]: **she wasn't hurt, just a bit** ~**n up** no resultó herida, sólo un poco conmocionada.

shaken [ˈʃeɪkn] *pp* ▷ **shake**.

Shakespearean [ʃeɪkˈspɪərɪən] *adj* shakesperiano(na).

shake-up *n inf* restructuración *f*, reorganización *f*.

shaky [ˈʃeɪkɪ] (*compar* -ier, *superl* -iest) *adj* **-1.** [weak, nervous] tembloroso(sa); **to feel** ~ encontrarse nervioso **- 2.** [unconfident, insecure - start] incierto(ta); [- argument] poco sólido(da); [- finances] precario(ria) **- 3.** [wobbly - chair, table] inestable; [- handwriting] tembloroso(sa).

shale [ʃeɪl] *n* esquisto *m*.

shall [weak form ʃəl, strong form ʃæl] *aux vb* **-1.** *(1st person sg, 1st person pl)* [to express future tense]: **we** ~ **be there tomorrow** mañana estaremos ahí; **I shan't be home till ten** no estaré en casa hasta las diez **- 2.** *(esp 1st person sg, 1st person pl)* [in questions]: ~ **we go for a walk?** ¿vamos a dar una vuelta?; ~ **I give her a ring?** ¿la llamo?; **I'll do that,** ~ **I?** hago esto, ¿vale? **- 3.** [will definitely]: **we** ~ **overcome!** ¡venceremos! **- 4.** [in orders]: **you** ~ **do as I tell you!** ¡harás lo que yo te diga!; **no one** ~ **leave until I say so** que nadie salga hasta que yo lo diga.

shallot [ʃəˈlɒt] *n* chalote *m*.

shallow [ˈʃæləʊ] *adj* **-1.** [in size] poco profundo(da) **- 2.** *pej* [superficial] superficial.

  ➡ **shallows** *npl* bajío *m*, bajos *mpl*.

sham [ʃæm] (*pt & pp* -med, *cont* -ming) ◇ *adj* fingido(da), simulado(da). ◇ *n* farsa *f*. ◇ *vi* fingir, simular.

shambles [ˈʃæmblz] *n* desbarajuste *m*, follón *m*; **in a** ~ patas arriba.

shame [ʃeɪm] ◇ *n* **-1.** *(U)* [remorse] vergüenza *f*, pena *f Andes, CAm, Carib, Méx* **- 2.** [dishonour]: **to**

bring ~ **on** OR **upon sb** deshonrar a alguien **- 3.** [pity]: **what a** ~ ! ¡qué pena OR lástima!; **it's a** ~ es una pena OR lástima. ◇ *vt* **-1.** [fill with shame] avergonzar, apenar *Andes, CAm, Carib, Méx* **- 2.** [force by making ashamed]: **to** ~ **sb into doing sthg** conseguir que alguien haga algo avergonzándole OR avergonzándolo *Amér*.

shamefaced [ˌʃeɪmˈfeɪst] *adj* avergonzado(da).

shameful [ˈʃeɪmfʊl] *adj* vergonzoso(sa).

shameless [ˈʃeɪmlɪs] *adj* desvergonzado(da).

shammy [ˈʃæmɪ] (*pl* -ies) *n inf* gamuza *f*.

shampoo [ʃæmˈpuː] (*pl* -s, *pt & pp* -ed, *cont* -ing) ◇ *n* **-1.** [liquid] champú *m* **- 2.** [act of shampooing] lavado *m* (con champú). ◇ *vt* lavar (con champú).

shamrock [ˈʃæmrɒk] *n* trébol *m*.

shandy [ˈʃændɪ] (*pl* -ies) *n* cerveza *f* con gaseosa, clara *f*.

shan't [ʃɑːnt] = **shall not**.

shantytown [ˈʃæntɪtaʊn] *n* barrio *m* de chabolas, cantegril *m Amér*.

shape [ʃeɪp] ◇ *n* **-1.** [form] forma *f*; **it's oval in** ~ tenía forma ovalada; **biscuits in the** ~ **of stars** galletas con forma de estrellas **- 2.** [silhouette] figura *f* **- 3.** [structure] configuración *f*; **to take** ~ tomar forma **- 4.** [guise]: **in the** ~ **of** en forma de; **in any** ~ **or form** de ningún tipo **- 5.** [form, health]: **to be in good/bad** ~ [person] estar/no estar en forma; [business etc] estar en buen/mal estado; **to get back in** ~ ponerse en forma; **to lick** OR **knock sb into** ~ poner a alguien a punto. ◇ *vt* **-1.** [mould]: **to** ~ **sthg (into)** dar a algo forma (de) **- 2.** [cause to develop] desarrollar.

  ➡ **shape up** *vi* [develop] desarrollarse.

SHAPE [ʃeɪp] (*abbr of* **Supreme Headquarters Allied Powers, Europe**) *n cuartel general de las potencias aliadas en Europa*.

-shaped [ˈʃeɪpt] *suffix*: **egg/star** ~ en forma de huevo/estrella.

shapeless [ˈʃeɪplɪs] *adj* sin forma.

shapely [ˈʃeɪplɪ] (*compar* -ier, *superl* -iest) *adj* bien hecho(cha).

shard [ʃɑːd] *n* [of glass] esquirla *f*; [of cup, vase] fragmento *m*.

share [ʃeəʳ] ◇ *n* **-1.** [portion]: ~ **(of** OR **in)** parte *f* (de) **- 2.** [contribution, quota]: **to have/do one's** ~ **of sthg** tener/hacer la parte que a uno le toca de algo. ◇ *vt* **-1.** [gen]: **to** ~ **sthg (with)** compartir algo (con); **we** ~ **a love of opera** nos une la pasión por la ópera **- 2.** [reveal]: **to** ~ **sthg (with)** revelar algo (a). ◇ *vi* compartir.

  ➡ **shares** *npl* acciones *fpl*.

  ➡ **share out** *vt sep* repartir, distribuir.

share capital n capital m social.

share certificate n certificado m de acciones.

shareholder ['ʃeə‚həʊldə^r] n accionista m or f.

share index n índice m de cotización.

share-out n reparto m.

shareware ['ʃeə‚weə^r] n COMPUT shareware m.

shark [ʃɑːk] (pl inv OR -s) n tiburón m; fig estafador m, -ra f.

sharp [ʃɑːp] ◇ adj -1. [not blunt] afilado(da) -2. [well-defined - outline] definido(da); [- photograph] nítido(da); [- contrast] marcado(da) -3. [intelligent, keen - person] listo(ta), filoso(sa) Amér; [- eyesight] penetrante; [- hearing] fino(na); [- intelligence] vivo(va) -4. [abrupt, sudden] brusco(ca), repentino(na) -5. [quick, firm - blow] seco(ca) -6. [angry, severe] cortante -7. [piercing, acute - sound, cry, pain] agudo(da); [- cold, wind] penetrante -8. [acid] ácido(da) -9. MUS en tono demasiado alto, desafinado(da); F~ fa m sostenido. ◇ adv -1. [punctually]: **at seven o'clock ~** a las siete en punto -2. [quickly, suddenly] bruscamente -3. MUS demasiado alto, desafinadamente. ◇ n MUS sostenido m.

sharpen ['ʃɑːpn] ◇ vt -1. [make sharp] afilar; [pencil] sacar punta a -2. [make keener, quicker, greater] agudizar -3. [make angrier - voice]: **to ~ one's voice** hablar con tono de enfado. ◇ vi -1. [gen] agudizarse -2. [become angrier]: **his voice ~ed** se le notaba el enfado en la voz.

sharpener ['ʃɑːpnə^r] n [for pencils] sacapuntas m inv; [for knives] afilador m.

sharp-eyed [-'aɪd] adj perspicaz.

sharply ['ʃɑːplɪ] adv -1. [distinctly] claramente -2. [suddenly] repentinamente -3. [harshly] duramente.

sharpness ['ʃɑːpnɪs] n -1. [of point, edge] lo afilado, agudeza f -2. [fine definition] nitidez f -3. [of intelligence, eyesight, hearing] agudeza f -4. [harshness, severity] dureza f, aspereza f -5. [loudness, painfulness] agudeza f -6. [of pain, cold] intensidad f -7. [of lemon, pickle] acritud f.

sharp-witted [-'wɪtɪd] adj agudo(da).

shat [ʃæt] pt & pp ▷ **shit**.

shatter ['ʃætə^r] ◇ vt -1. [smash] hacer añicos -2. [hopes etc] destruir, echar por tierra -3. [shock, upset]: **to be ~ed (by)** quedar destrozado(da) (por). ◇ vi hacerse añicos, romperse en pedazos.

shattered ['ʃætəd] adj -1. [shocked, upset] destrozado(da) -2. UK inf [very tired] hecho(cha) polvo.

shattering ['ʃætərɪŋ] adj -1. [shocking, upsetting] terrible -2. UK [tiring] agotador(ra).

shatterproof ['ʃætəpruːf] adj inastillable.

shave [ʃeɪv] ◇ n afeitado m; **to have a ~** afeitarse; **it was a close ~** nos salvamos por los pelos. ◇ vt -1. [face, body] afeitar -2. [cut pieces off] raspar. ◇ vi afeitarse.

➡ **shave off** vt sep afeitar.

shaven ['ʃeɪvn] adj rapado(da).

shaver ['ʃeɪvə^r] n maquinilla f (de afeitar) eléctrica.

shaving brush ['ʃeɪvɪŋ-] n brocha f de afeitar.

shaving cream ['ʃeɪvɪŋ-] n crema f de afeitar.

shaving foam ['ʃeɪvɪŋ-] n espuma f de afeitar.

shavings ['ʃeɪvɪŋz] npl virutas fpl.

shaving soap ['ʃeɪvɪŋ-] n jabón m de afeitar.

shawl [ʃɔːl] n chal m.

she [ʃiː] ◇ pers pron -1. [referring to woman, girl, animal] ella; **~'s tall** es alta; **~ loves fish** le encanta el pescado; **I don't like it, but ~ does** no me gusta, pero a ella sí; SHE **can't do it** ella no puede hacerlo; **there ~ is** allí está -2. [referring to boat, car, country]: **~'s a fine ship** es un buen barco. ◇ n: **it's a ~** [animal] es hembra; [baby] es (una) niña. ◇ comp: **~-elephant** elefanta f; **~ bear** osa f.

sheaf [ʃiːf] (pl sheaves) n -1. [of papers, letters] fajo m -2. [of corn, grain] gavilla f.

shear [ʃɪə^r] (pt -ed, pp -ed OR shorn) vt [sheep] esquilar.

➡ **shears** npl -1. [for garden] tijeras fpl de podar -2. [for dressmaking] tijeras fpl.

➡ **shear off** ◇ vt fus romper. ◇ vi romperse.

sheath [ʃiːθ] (pl -s) n -1. [covering for knife] funda f, vaina f -2. UK [condom] preservativo m, condón m.

sheathe [ʃiːð] vt -1. [put away] envainar, enfundar -2. [cover]: **to ~ sthg in** envolver algo en.

sheath knife n cuchillo m de monte.

sheaves [ʃiːvz] pl ▷ **sheaf**.

shed [ʃed] (pt & pp shed, cont -ding) ◇ n cobertizo m, galpón m Andes, Nic & RP. ◇ vt -1. [skin] mudar de; [leaves] despojarse de -2. [discard] deshacerse de -3. [accidentally lose]: **a lorry has ~ its load on the M1** un camión ha perdido su carga en la M1 -4. [tears, blood] derramar; **to ~ blood** derramar sangre.

she'd [weak form ʃɪd, strong form ʃiːd] = **she had**, **she would**.

sheen [ʃiːn] n brillo m, lustre m.

sheep [ʃiːp] (pl inv) n [animal] oveja f.

sheepdog ['ʃiːpdɒg] n perro m pastor.

sheepish ['ʃiːpɪʃ] adj avergonzado(da).

sheepishly ['ʃiːpɪʃlɪ] adv tímidamente.

sheepskin ['ʃiːpskɪn] n piel f de carnero.

sheepskin jacket n zamarra f, pelliza f.

sheer [ʃɪə^r] adj -1. [absolute] puro(ra) -2. [very steep - cliff] escarpado(da); [- drop] vertical **-3.** [tights] transparente.

sheet [ʃiːt] *n* **-1.** [for bed] sábana *f*; **a double/ fitted** ~ una sábana doble/ajustable; **as white as a** ~ blanco como el papel **-2.** [of paper] hoja *f*-**3.** [of glass, metal, wood] lámina *f*.

sheet feed *n* COMPUT alimentador *m* automático de papel.

sheeting [ʃiːtɪŋ] *n (U)* chapas· *fpl*.

sheet lightning *n (U)* fucilazo *m*, relámpago *m*.

sheet metal *n (U)* chapa *f* de metal.

sheet music *n (U)* partituras *fpl* sueltas.

sheik(h) [ʃeɪk] *n* jeque *m*.

shelf [ʃelf] (*pl* **shelves**) *n* estante *m*; **it's on the top** ~ está en el estante de arriba.

shelf life *n* periodo *m* de conservación.

shell [ʃel] ◇ *n* **-1.** [of egg, nut] cáscara *f*-**2.** [of tortoise, crab] caparazón *m*; [of snail, mussels] concha *f*-**3.** [on beach] concha *f*-**4.** [of building] esqueleto *m*; [of boat] casco *m*; [of car] armazón *m*, chasis *m inv*-**5.** MIL [missile] proyectil *m*. ◇ *vt* **-1.** [peas] desvainar; [nuts, eggs] quitar la cáscara a **-2.** MIL [fire shells at] bombardear.

➤ **shell out** *inf* ◇ *vt sep* aflojar, soltar. ◇ *vi*: **to** ~ **out for** aflojar la pasta para.

she'll [ʃiːl] = she will, she shall.

shellfish [ʃelfɪʃ] (*pl inv*) *n* **-1.** [creature] crustáceo *m* **-2.** *(U)* [food] mariscos *mpl*.

shelling [ʃelɪŋ] *n* MIL bombardeo *m*.

shellshock [ʃelʃɒk] *n (U)* trauma *m* de guerra.

shell suit *n* UK chandal *m* (de nailon).

shelter [ʃeltəʳ] ◇ *n* **-1.** [building, protection] refugio *m*; **to seek** ~ buscar refugio; **to take** ~ **(from)** refugiarse (de); **to run for** ~ correr a refugiarse; **nuclear** ~ refugio nuclear; **bus** ~ marquesina *f*-**2.** [place to live] techo *m*; **their greatest needs are food and** ~ lo que más necesitan es comida y refugio. ◇ *vt* -**1.** [protect]: **to be** ~**ed by/from** estar protegido(da) por/de **-2.** [provide place to live for] dar asilo OR cobijo a **-3.** [hide] proteger, esconder. ◇ *vi*: **to** ~ **from/in** resguardarse de/en, protegerse de/en.

sheltered [ʃeltəd] *adj* **-1.** [place, existence] protegido(da) **-2.** [accommodation, housing]: ~ **housing** *conjunto de viviendas especialmente diseñado para ancianos o minusválidos.*

shelve [ʃelv] *vt* dar carpetazo a.

shelves [ʃelvz] *pl* ⊳ **shelf**.

shelving [ʃelvɪŋ] *n (U)* estantería *f*.

shepherd [ʃepəd] ◇ *n* pastor *m*. ◇ *vt fig* acompañar

shepherd's pie [ʃepədz-] *n carne picada cubierta de puré de patatas.*

sherbet [ʃɜːbət] *n* -**1.** *UK* [sweet powder] sidral *m* **-2.** *US* [sorbet] sorbete *m*.

sheriff [ʃerɪf] *n* sheriff *m*.

sherry [ʃerɪ] (*pl* -ries) *n* jerez *m*.

she's [ʃiːz] = she is, she has.

Shetland [ʃetlənd] *n*: **(the)** ~ **(Islands)** las islas Shetland.

sh(h) [ʃ] *excl* ¡chis!, ¡chitón!

shield [ʃiːld] ◇ *n* -**1.** [armour, sports trophy] escudo *m*-**2.** [protection]: ~ **against** protección *f* contra. ◇ *vt*: **to** ~ **sb (from)** proteger a alguien (de); **to** ~ **o.s. (from)** protegerse (de).

shift [ʃɪft] ◇ *n* -**1.** [slight change] cambio *m*; **a** ~ **in sthg** un cambio en algo -**2.** [period of work, workers] turno *m*; **the night** ~ el turno de noche. ◇ *vt* -**1.** [furniture etc] cambiar de sitio, mover -**2.** [attitude, belief] cambiar de -**3.** [transfer]: **to** ~ **the blame (on to sb)** echar la culpa (a alguien). ◇ *vi* -**1.** [person] moverse; [wind, opinion] cambiar -**2.** *US* AUT cambiar de marcha.

shift key *n* tecla *f* de mayúsculas.

shiftless [ʃɪftlɪs] *adj* vago(ga), remolón(ona).

shift work *n* trabajo *m* por turnos; **to do** ~ trabajar por turnos.

shifty [ʃɪftɪ] (*compar* -ier, *superl* -iest) *adj inf* [person] con pinta deshonesta; [behaviour] sospechoso(sa); [look] huidizo(za).

Shiite [ʃiːaɪt] ◇ *adj* chiíta. ◇ *n* chiíta *m* OR *f*.

shilling [ʃɪlɪŋ] *n* chelín *m*.

shilly-shally [ʃɪlɪˌʃælɪ] (*pt* & *pp* -ied) *vi* titubear, vacilar.

shimmer [ʃɪməʳ] ◇ *n* resplandor *m* trémulo. ◇ *vi* rielar, brillar con luz trémula.

shin [ʃɪn] (*pt* & *pp* -ned, *cont* -ning) *n* espinilla *f*.

➤ **shin down** *UK*, **shinny down** *US vt fus* bajar de.

➤ **shin up** *UK*, **shinny up** *US vt fus* trepar.

shinbone [ʃɪnbəʊn] *n* espinilla *f*.

shine [ʃaɪn] (*pt* & *pp* **shone**) ◇ *n* brillo *m*. ◇ *vt* [torch, lamp] dirigir; **she shone a torch into his eyes** la enfocó en los ojos con una linterna. ◇ *vi* -**1.** [gen] brillar -**2.** [excel]: **to** ~ **at** despuntar en.

shingle [ʃɪŋgl] *n* -**1.** *(U)* [on beach] guijarros *mpl* -**2.** *US* [nameplate] placa *f* con el nombre; **to hang out one's** ~ abrir un despacho/consultorio.

➤ **shingles** *n (U)* herpes *m inv*.

shining [ʃaɪnɪŋ] *adj* -**1.** [gleaming] brillante, brilloso(sa) *Amér*-**2.** [outstanding] excepcional.

shinny [ʃɪnɪ] *US*

➤ **shinny down** = shin down.

➤ **shinny up** = shin up.

shin pad *n* espinillera *f*.

shiny ['ʃaɪnɪ] (*compar* **-ier**, *superl* **-iest**) *adj* brillante.

ship [ʃɪp] (*pt* & *pp* **-ped**, *cont* **-ping**) ⇔ *n* barco *m*, buque *m*. ⇔ *vt* enviar por barco.

shipbuilder ['ʃɪp,bɪldəʳ] *n* constructor *m*, -ra *f* de naves.

shipbuilding ['ʃɪp,bɪldɪŋ] *n* construcción *f* naval.

shipment ['ʃɪpmənt] *n* envío *m*.

shipper ['ʃɪpəʳ] *n* compañía *f* naviera.

shipping ['ʃɪpɪŋ] *n* (*U*) **-1.** [transport] envío *m*, transporte *m* **-2.** [ships] barcos *mpl*, buques *mpl*.

shipping agent *n* agente marítimo *m*, agente marítima *f*.

shipping company *n* compañía *f* naviera.

shipping forecast *n* predicción *f* del estado de la mar.

shipping lane *n* ruta *f* marítima.

shipshape ['ʃɪpʃeɪp] *adj* en orden.

shipwreck ['ʃɪprek] ⇔ *n* **-1.** [destruction of ship] naufragio *m* **-2.** [wrecked ship] barco *m* náufrago. ⇔ *vt*: to be ~ed naufragar.

shipwrecked ['ʃɪprekt] *adj* náufrago(ga).

shipyard ['ʃɪpjɑːd] *n* astillero *m*.

shire [ʃaɪəʳ] *n* [county] condado *m*.

➤ **Shire** *n*: the Shires *los condados centrales de Inglaterra*.

shire horse *n* percherón *m*, caballo *m* de tiro.

shirk [ʃɜːk] *vt* eludir.

shirker ['ʃɜːkəʳ] *n* vago *m*, -ga *f*.

shirt [ʃɜːt] *n* camisa *f*.

shirtsleeves ['ʃɜːtsliːvz] *npl*: to be in (one's) ~ ir en mangas de camisa.

shirttail ['ʃɜːteɪl] *n* faldón *m*.

shirty ['ʃɜːtɪ] (*compar* **-ier**, *superl* **-iest**) *adj* UK inf de mala uva; to get ~ mosquearse.

shit [ʃɪt] (*pt* & *pp* **shit** OR **-ted** OR **shat**, *cont* **-ting**) *vulg* ⇔ *n* **-1.** [excrement] mierda *f* **-2.** (*U*) [nonsense] gilipolleces *fpl* **-3.** [person] hijo *m*, -ja *f* de puta. ⇔ *vi* cagar. ⇔ *excl* ¡mierda!

shiver ['ʃɪvəʳ] ⇔ *n* escalofrío *m*, estremecimiento *m*; to give sb the ~s dar escalofríos a alguien; it sent ~s down her spine le puso los pelos de punta. ⇔ *vi*: to ~ (with) [fear] temblar OR estremecerse (de); [cold] tiritar (de).

shoal [ʃəʊl] *n* banco *m*.

shock [ʃɒk] ⇔ *n* **-1.** [unpleasant surprise, reaction, emotional state] susto *m*; I got a real ~ me dio un vuelco de corazón; it came as a ~ fue un duro golpe **-2.** (*U*) MED: to be suffering from ~, to be in ~ estar en un estado de choque **-3.** [impact] choque *m* **-4.** [electric shock] descarga *f* OR sacudida *f* (eléctrica); to get a ~ from sthg recibir una descarga de algo **-5.** [thick mass]

mata *f*; a ~ of hair una mata de pelo. ⇔ *vt* **-1.** [upset] conmocionar **-2.** [offend] escandalizar.

shock absorber [-əb,zɔːbəʳ] *n* amortiguador *m*.

shocked [ʃɒkt] *adj* **-1.** [upset] horrorizado(da) **-2.** [offended] escandalizado(da), ofendido(da).

shocking ['ʃɒkɪŋ] *adj* **-1.** [very bad] pésimo(ma) **-2.** [behaviour, film] escandaloso(sa); [price] de escándalo.

shockproof ['ʃɒkpruːf] *adj* a prueba de choques.

shock tactics *npl* MIL & *fig* táctica *f* de choque.

shock therapy, shock treatment *n* tratamiento *m* a base de electrochoques.

shock troops *npl* tropas *fpl* de asalto.

shock wave *n* [intense heat, pressure] onda *f* expansiva; *fig* oleada *f* de turbación.

shod [ʃɒd] ⇔ *pt* & *pp* ⊳ **shoe**. ⇔ *adj* calzado(da).

shoddy ['ʃɒdɪ] (*compar* **-ier**, *superl* **-iest**) *adj* [work] chapucero(ra); [goods] de pacotilla; *fig* [treatment] vil, despreciable.

shoe [ʃuː] (*pt* & *pp* **shod** OR **shoed**, *cont* **shoeing**) ⇔ *n* zapato *m*. ⇔ *vt* herrar.

shoebrush ['ʃuːbrʌʃ] *n* cepillo *m* para los zapatos.

shoehorn ['ʃuːhɔːn] *n* calzador *m*.

shoelace ['ʃuːleɪs] *n* cordón *m* del zapato, pasador *m* *Amér*.

shoemaker ['ʃuː,meɪkəʳ] *n* zapatero *m*, -ra *f*.

shoe polish *n* betún *m*.

shoe shop *n* zapatería *f*.

shoestring ['ʃuːstrɪŋ] ⇔ *adj* muy reducido(da). ⇔ *n* *fig*: on a ~ con cuatro cuartos, con muy poco dinero.

shoetree ['ʃuːtriː] *n* horma *f*.

shone [ʃɒn] *pt* & *pp* ⊳ **shine**.

shoo [ʃuː] ⇔ *vt* [animal] espantar, ahuyentar; he ~ed the cat away echó al gato; [person] mandar a otra parte. ⇔ *excl* ¡fuera!

shook [ʃʊk] *pt* ⊳ **shake**.

shoot [ʃuːt] (*pt* & *pp* **shot**) ⇔ *n* **-1.** UK [hunting expedition] cacería *f* **-2.** [new growth] brote *m*, retoño *m*. ⇔ *vt* **-1.** [fire gun at] disparar contra, abalear *Andes*, *Cam* & *Ven*; [injure] herir a tiros; [kill] matar a tiros; to ~ o.s. pegarse un tiro; he was shot in the leg le dispararon en la pierna; to ~ the breeze US estar de cháchara **-2.** UK [hunt] cazar **-3.** [arrow] disparar **-4.** [direct - glance] lanzar, echar; she shot him an inquisitive glance le lanzó una mirada de curiosidad; [- question] disparar **-5.** CINEMA rodar, filmar **-6.** US [play]: to ~ pool jugar al billar americano. ⇔

vi **-1.** [fire gun]**: to ~ (at)** disparar (contra); **don't~!** ¡no dispare! **-2.** *UK* [hunt] cazar **-3.** [move quickly]**: to ~ in/out/past** entrar/salir/pasar disparado(a) **-4.** *CINEMA* rodar, filmar **-5.** *SPORT* chutar; **he shot at goal** chutó a puerta. ◇ *excl US inf* **-1.** [go ahead] ¡venga!, ¡vamos! **-2.** [damn] ¡ostras!

◆ **shoot down** *vt sep* **-1.** [plane] derribar **-2.** [person] matar a tiros.

◆ **shoot up** *vi* **-1.** [child, plant] crecer rápidamente **-2.** [prices] dispararse **-3.** *drugs sl* [take drugs] chutarse.

shooting ['ʃuːtɪŋ] *n* **-1.** [killing] asesinato *m (a tiros)* **-2.** *(U)* [hunting] caza *f*, cacería *f*.

shooting range *n* campo *m* de tiro.

shooting star *n* estrella *f* fugaz.

shoot-out *n* tiroteo *m*.

shop [ʃɒp] (*pt & pp* -ped, *cont* -ping) ◇ *n* [store] tienda *f*; **to talk ~** hablar del trabajo. ◇ *vi* comprar; **to go shopping** ir de compras.

◆ **shop around** *vi* comparar precios.

shop assistant *n UK* dependiente *m*, -ta *f*.

shop floor *n*: **the ~** el personal, los obreros.

shopkeeper ['ʃɒp,kiːpə'] *n* tendero *m*, -ra *f*.

shoplifter ['ʃɒp,lɪftə'] *n* ladrón *m*, -ona *f* en una tienda.

shoplifting ['ʃɒp,lɪftɪŋ] *n (U)* robo *m* en una tienda.

shopper ['ʃɒpə'] *n* comprador *m*, -ra *f*.

shopping ['ʃɒpɪŋ] *n (U)* **-1.** [purchases] compras *fpl* **-2.** [act of shopping] compra *f*; **to do some/the ~** hacer algunas compras/la compra.

shopping bag *n* bolsa *f* de la compra.

shopping basket *n UK* **-1.** [in supermarket] cesta *f* **-2.** [for online shopping] cesta *f* de la compra.

shopping cart *n US* **-1.** [in supermarket] carrito *m* de la compra **-2.** [for online shopping] cesta *f* de la compra.

shopping centre *UK*, **shopping mall** *US*, **shopping plaza** *US* [-,plɑːzə] *n* centro *m* comercial.

shopping list *n* lista *f* de la compra.

shopping mall *US*, **shopping plaza** *US* = **shopping centre**.

shopsoiled *UK* ['ʃɒpsɔɪld], **shopworn** *US* ['ʃɒpwɔːn] *adj* deteriorado(da).

shop steward *n* enlace *m* *or f* sindical.

shopwindow [,ʃɒp'wɪndəʊ] *n* escaparate *m*.

shopworn *US* = **shopsoiled**.

shore [ʃɔː'] *n* **-1.** [of sea, lake, river] orilla *f* **-2.** [land]**: on ~** en tierra.

◆ **shore up** *vt sep* apuntalar.

shore leave *n* permiso *m* para bajar a tierra.

shoreline ['ʃɔːlaɪn] *n* orilla *f*.

shorn [ʃɔːn] ◇ *pp* ▷ **shear**. ◇ *adj* [grass, hair] corto(ta); [head] rapado(da).

short [ʃɔːt] ◇ *adj* **-1.** [gen] corto(ta); **a ~ time ago** hace poco **-2.** [not tall] bajo(ja) **-3.** [curt]**: to be ~ (with sb)** ser seco(ca) (con alguien); **to have a ~ temper** tener mal genio **-4.** [lacking] escaso(sa); **to be ~ on sthg** no andar sobrado de algo; **to be ~ of** estar *or* andar mal de; **we're a chair/pound ~** nos falta una silla/libra; **to be ~ of breath** estar sin aliento **-5.** [be shorter form]**: to be ~ for** ser el diminutivo de. ◇ *adv* **-1.** [out of]**: we are running ~ of water** se nos está acabando el agua **-2.** [suddenly, abruptly]**: to cut sthg ~** interrumpir algo; **we had to cut ~ our trip to Cyprus** tuvimos que interrumpir nuestro viaje a Chipre; **to stop ~** parar en seco *or* de repente; **to bring** *or* **pull sb up ~** hacer a alguien parar en seco. ◇ *n* **-1.** *UK* [alcoholic drink] chupito *m* **-2.** [film] cortometraje *m*.

◆ **shorts** *npl* **-1.** [gen] pantalones *mpl* cortos, shorts *mpl* **-2.** *US* [underwear] calzoncillos *mpl*.

◆ **for short** *adv* para abreviar.

◆ **in short** *adv* en resumen, en pocas palabras.

◆ **nothing short of** *prep*: **it was nothing ~ of madness/a disgrace** fue una auténtica locura/vergüenza.

◆ **short of** *prep* **-1.** [just before] cerca de; **just ~ of the cliff** casi al borde del precipicio **-2.** [without]**: ~ of asking, I can't see how you'll find out** salvo que preguntes, no sé cómo lo vas a averiguar.

shortage ['ʃɔːtɪdʒ] *n* falta *f*, escasez *f*; **there was a paper ~** había falta *or* escasez de papel.

short back and sides *n UK* pelo *m* corto a los lados y en la nuca.

shortbread ['ʃɔːtbred] *n* especie de torta hecha de azúcar, harina y mantequilla.

shortcake ['ʃɔːtkeɪk] *n US* bizcocho que se sirve relleno con fruta y crema batida.

short-change *vt* [in shop] dar mal el cambio a; *fig* [reward unfairly] estafar, engañar.

short circuit *n* cortocircuito *m*.

◆ **short-circuit** ◇ *vt* provocar un cortocircuito en. ◇ *vi* tener un cortocircuito.

shortcomings ['ʃɔːt,kʌmɪŋz] *npl* defectos *mpl*.

shortcrust pastry ['ʃɔːtkrʌst-] *n* pasta *f* quebrada.

short cut *n* **-1.** [quick way] atajo *m*; **to take a ~** tomar un atajo **-2.** [quick method] método *m* rápido.

shorten ['ʃɔːtn] ◇ *vt* acortar. ◇ *vi* acortarse.

shortening ['ʃɔːtnɪŋ] *n CULIN* grasa *vegetal o*

animal utilizada para hacer masas pasteleras.

shortfall ['ʃɔːtfɔːl] *n*: ~ (in *or* of) déficit *m* (de).

shorthand ['ʃɔːthænd] *n* -1. [writing system] taquigrafía *f*-2. [short form]: ~ (for) una forma breve (de decir).

shorthanded [ˌʃɔːt'hændɪd] *adj*: to be ~ estar falto(ta) de personal.

shorthand typist *n UK* taquimecanógrafo *m*, -fa *f*.

short-haul *adj* [flight] que cubre distancias cortas.

short list *n UK* [for job] lista *f* de candidatos seleccionados.

➡ **short-list** *vt*: to be short-listed (for) [job] estar entre los candidatos (para).

short-lived [-'lɪvd] *adj* efímero(ra).

shortly ['ʃɔːtlɪ] *adv* -1. [soon] dentro de poco; ~ before/after poco antes/después de -2. [curtly] secamente, bruscamente.

shortness ['ʃɔːtnɪs] *n* -1. [in time] brevedad *f*-2. [in height] baja estatura *f*; [in length] cortedad *f*.

short-range *adj* [aircraft] de corto radio de acción; [missile] de corto alcance.

short shrift [-'ʃrɪft] *n*: to give sb ~ prestar poca atención a alguien.

shortsighted [ˌʃɔːt'saɪtɪd] *adj* [myopic] miope, corto(ta) de vista; *fig* [lacking foresight] corto de miras.

short-staffed [-'stɑːft] *adj*: to be ~ estar falto(ta) de personal.

shortstop ['ʃɔːtstɒp] *n US* [baseball] *jugador que intenta interceptar bolas entre la segunda y tercera base.*

short story *n* cuento *m*.

short-tempered [-'tempəd] *adj* de mal genio, de genio vivo.

short-term *adj* a corto plazo.

short wave *n* (U) onda *f* corta.

shot [ʃɒt] ◇ *pt & pp* ▷ **shoot.** ◇ *n* -1. [gunshot] tiro *m*, disparo *m*; **he fired two ~s** disparó dos tiros; **like a ~** [quickly] disparado(da) -2. [marksman] tirador *m*, -ra *f*; to be a **good ~** ser un buen tirador -3. [in football] chut *m*, tiro *m*; [in golf, tennis] golpe *m*; **good ~!** ¡buen golpe! -4. [photograph] foto *f* -5. *CINEMA* plano *m*, toma *f*-6. *inf* [try, go] intento *m*; **go on, have a ~** venga, inténtalo; **to have a ~ at (doing) sthg** intentar (hacer) algo -7. [injection] inyección *f*-8. [of alcohol] trago *m*.

shotgun ['ʃɒtgʌn] *n* escopeta *f*.

shot put *n*: the ~ el lanzamiento de peso.

should [ʃʊd] *aux vb* -1. [be desirable]: **we ~ leave now** deberíamos irnos ya *or* ahora -2. [seeking advice, permission]: ~ **I go too?** ¿voy yo tam-

bién? -3. [as suggestion]: **I ~ deny everything** yo lo negaría todo -4. [indicating probability]: **she ~ be home soon** tiene que llegar a casa pronto -5. [have been expected]: **they ~ have won the match** tendrían que *or* deberían haber ganado el partido -6. [indicating intention, wish]: **I ~ like to come with you** me gustaría ir contigo -7. (*as* conditional): **if you ~ see Mary, could you ask her to phone me?** si vieras a Mary, ¿le podrías pedir que me llamara?; ~ **you decide to accept the job ...** si decide aceptar el trabajo ... -8. (*in 'that' clauses*): **we decided that you ~ do it** decidimos que lo hicieras tú -9. [expressing uncertain opinion]: **I ~ think he's about 50 (years old)** yo diría que tiene unos 50 (años) -10. [expressing indignation] **he tidied up afterwards - so he ~!** después lo limpió - ¡era lo menos que podía hacer!; **I ~ hope so!** ¡eso espero!; **I ~ think so, too!** ¡es lo mínimo que podía hacer!

shoulder ['ʃəʊldə'] ◇ *n* -1. [part of body, clothing] hombro *m*; **to look over one's ~** mirar hacia atrás; **a ~ to cry on** un paño de lágrimas; **to cry on sb's ~** llorar en el hombro de nadie; **to rub ~s with** codearse con -2. *CULIN* espaldilla *f*, paleta *f Amér.* ◇ *vt* -1. [carry - load] echarse al hombro -2. [accept - responsibility] cargar con; **to ~ the blame** asumir la responsabilidad.

shoulder bag *n* bolso *m* de bandolera *Esp*, bolso *m or* bolsa *f Méx or* cartera *f CSur* con correa para colgar del hombro.

shoulder blade *n* omóplato *m*.

shoulder-length *adj* que llega hasta los hombros.

shoulder strap *n* -1. [on dress] tirante *m*, bretel *m CSur*-2. [on bag] correa *f*, bandolera *f*.

shouldn't ['ʃʊdnt] = should not.

should've ['ʃʊdəv] = should have.

shout [ʃaʊt] ◇ *n* grito *m*; **to let out a ~** lanzar un grito. ◇ *vt* gritar. ◇ *vi*: **to ~ (at)** gritar (a).

➡ **shout down** *vt sep* acallar a gritos.

➡ **shout out** *vt sep* gritar.

shouting ['ʃaʊtɪŋ] *n* (U) gritos *mpl*.

shove [ʃʌv] ◇ *n*: (to give sthg/sb) a ~ (dar a algo/a alguien) un empujón. ◇ *vt* empujar; **to ~ sthg/sb** meter algo/a alguien a empujones; **to ~ sthg/sb out** sacar algo/a alguien a empujones; **to ~ sthg/sb about** empujar algo/a alguien.

➡ **shove off** *vi* -1. [in boat] alejarse del muelle, la orilla etc -2. [go away] *inf* largarse.

shovel ['ʃʌvl] (*UK pt & pp* -led, *cont* -ling, *US pt & pp* -ed, *cont* -ing) ◇ *n* pala *f*. ◇ *vt* remover con la pala *or* a paletadas; **to ~ food into**

one's mouth *fig* zamparse la comida.

show [ʃəʊ] (*pt* -ed, *pp* shown *OR* -ed) ⋄ *n* -1. [display, demonstration] demostración *f*; **a ~ of strength** una demostración de fuerte -2. [piece of entertainment - at theatre] espectáculo *m*; [- on radio, TV] programa *m* -3. [performance] función *f* -4. [of dogs, flowers, art] exposición *f*; **on ~ expuesto**; **for ~** para impresionar. ⋄ *vt* -1. [gen] mostrar; **to ~ sb sthg, to ~ sthg to sb** enseñar *OR* mostrar a alguien algo; **to ~ sb how to do sthg** enseñar *OR* mostrar a alguien cómo hacer algo; **he has nothing to ~ for all his efforts** todos sus esfuerzos han sido en balde -2. [escort]: **to ~ sb to the door** llevar *OR* acompañar a alguien hasta algo; **he ~ed us to our seats** nos llevó a nuestros asientos -3. [make visible, reveal] dejar ver; **white clothes ~ the dirt** la ropa blanca deja ver la suciedad; **to ~ o.s.** dejarse ver; **come on, ~ yourself!** venga, ¡déjate ver! -4. [indicate - increase, profit, loss] arrojar, registrar; **it just goes to ~ that ...** viene a demostrar que ... -5. [broadcast - film] poner; [- TV programme] poner, emitir. ⋄ *vi* -1. [indicate, make clear] indicar, mostrar -2. [be visible] verse, notarse; **does it ~?** ¿se ve? -3. [film]: **it is ~ing at the Odeon** lo ponen en el Odeon.

➡ **show around** = **show round**.

➡ **show off** ⋄ *vt sep* lucir, presumir de. ⋄ *vi* presumir.

➡ **show out** *vt sep* acompañar hasta la puerta; **~ the gentlemen out, please** acompañe a los caballeros hasta la puerta, por favor.

➡ **show round** *vt sep*: **to ~ sb round a flat** enseñarle a alguien un piso.

➡ **show up** ⋄ *vt sep* poner en evidencia. ⋄ *vi* -1. [stand out] resaltar -2. [turn up] aparecer.

show-and-tell *n US* *ejercicio escolar en que un alumno lleva a la clase un objeto de su elección y habla sobre él.*

showbiz [ʃəʊbɪz] = **show business**.

show business *n* (*U*) mundo *m* del espectáculo.

showcase [ʃəʊkeɪs] *n* -1. [glass case] vitrina *f* -2. *fig* [advantageous setting] escaparate *m*, plataforma *f*.

showdown [ʃəʊdaʊn] *n*: **to have a ~ with** enfrentarse abiertamente a *OR* con.

shower [ʃaʊəʳ] ⋄ *n* -1. [device] ducha *f*, regadera *f* Col, Méx, Ven - 2. [wash]: **to have** *OR* **take a ~** ducharse -3. [of rain] chubasco *m*, chaparrón *m* -4. *US* [party] *fiesta con regalos organizada en honor a una mujer por sus amigas.* ⋄ *vt* -1. [sprinkle] rociar -2. [bestow]: **to ~ sb with sthg, to ~ sthg on** *OR* **upon sb**

[presents, compliments] colmar a alguien de algo; [insults] acribillar a alguien a algo. ⋄ *vi* [wash] ducharse.

shower cap *n* gorro *m* de ducha.

showerproof [ʃaʊəpruːf] *adj* impermeable.

showery [ʃaʊərɪ] *adj* lluvioso(sa).

showing [ʃəʊɪŋ] *n* [of film] pase *m*, proyección *f*; [of paintings] exposición *f*.

show jumping [-,dʒʌmpɪŋ] *n* concurso *m* hípico de salto.

showman [ʃəʊmən] (*pl* -men [-mən]) *n* -1. [at fair, circus] empresario *m* -2. *fig* [publicity-seeker] showman *m*.

showmanship [ʃəʊmənʃɪp] *n* teatralidad *f*, talento *m* teatral.

shown [ʃəʊn] *pp* ⊳ **show**.

show-off *n inf* presumido *m*, -da *f*.

show of hands *n*: **to have a ~** votar a mano alzada.

showpiece [ʃəʊpiːs] *n* pieza *f* de mayor interés.

showroom [ʃəʊrʊm] *n* salón *m OR* sala *f* de exposición.

showy [ʃəʊɪ] (*compar* -ier, *superl* -iest) *adj* [person] ostentoso(sa); [clothes, colour] llamativo(va).

shrank [ʃræŋk] *pt* ⊳ **shrink**.

shrapnel [ʃræpnl] *n* metralla *f*.

shred [ʃred] (*pt* & *pp* -ded, *cont* -ding) ⋄ *n* [small piece - of material] jirón *m*; [- of paper] trocito *m*, pedacito *m*; *fig* [scrap] ápice *m*, pizca *f*; **there isn't a ~ of truth in what he says** no hay una pizca de verdad en lo que dice; **to be in ~s** *lit* & *fig* estar hecho (cha) pedazos. ⋄ *vt* [paper] hacer trizas; [food] rallar.

shredder [ʃredəʳ] *n* [for paper] destructora *f*; [for food] rallador *m*.

shrew [ʃruː] *n zool* musaraña *f*.

shrewd [ʃruːd] *adj* astuto(ta), abusado(da) *Méx*.

shrewdness [ʃruːdnɪs] *n* astucia *f*.

shriek [ʃriːk] ⋄ *n* chillido *m*, grito *m*. ⋄ *vt* chillar, gritar. ⋄ *vi*: **to ~ (with** *OR* **in)** chillar (de).

shrill [ʃrɪl] *adj* [high-pitched] estridente, agudo(da).

shrimp [ʃrɪmp] *n US* gamba *f*, camarón *m Amér*.

shrine [ʃraɪn] *n* santuario *m*.

shrink [ʃrɪŋk] (*pt* shrank, *pp* shrunk) ⋄ *vt* encoger. ⋄ *vi* -1. [become smaller] encoger -2. *fig* [contract, diminish] disminuir -3. [recoil]: **to ~ away from** retroceder *OR* arredrarse ante -4. [be reluctant]: **to ~ from sthg** eludir algo.

shrinkage [ʃrɪŋkɪdʒ] *n* [loss in size] encogimiento *m*; *fig* [contraction] reducción *f*.

shrink-wrap *vt* precintar *o* envasar con plástico termoretráctil.

shrivel [ˈʃrɪvl] (*UK pt & pp* -**led**, *cont* -**ling**, *US pt & pp* -**ed**, *cont* -**ing**) ◇ *vt*: **to ~ (up)** secar, marchitar. ◇ *vi*: **to ~ (up)** secarse, marchitarse.

shroud [ʃraʊd] ◇ *n* [cloth] mortaja *f*, sudario *m*. ◇ *vt*: **to be ~ed in sthg** estar envuelto(ta) en algo.

Shrove Tuesday [ˈʃrəʊv-] *n* martes *m inv* de carnaval.

shrub [ʃrʌb] *n* arbusto *m*.

shrubbery [ˈʃrʌbərɪ] *n* (zona *f* de) arbustos *mpl*.

shrug [ʃrʌg] (*pt & pp* -**ged**, *cont* -**ging**) ◇ *n* encogimiento *m* de hombros. ◇ *vt*: **to ~ one's shoulders** encogerse de hombros. ◇ *vi* encogerse de hombros.

➣ **shrug off** *vt sep* quitar importancia a.

shrunk [ʃrʌŋk] *pp* ▷ **shrink**.

shrunken [ˈʃrʌŋkn] *adj* [person] encogido(da).

shucks [ʃʌks] *excl US inf* -**1.** [it was nothing] ¡no es nada! -**2.** [damn] ¡ostras!

shudder [ˈʃʌdəʳ] ◇ *n* escalofrío *m*, estremecimiento *m*. ◇ *vi* -**1.** [tremble]: **to ~ (with)** estremecerse (de); **I ~ to think** me entran escalofríos sólo con pensar -**2.** [shake] temblar, dar sacudidas.

shuffle [ˈʃʌfl] ◇ *n* -**1.** [of feet]: **to walk with a ~** andar arrastrando los pies -**2.** [of cards]: **to give the cards a ~** barajar las cartas. ◇ *vt* -**1.** [feet] arrastrar -**2.** [cards] barajar -**3.** [sheets of paper] revolver. ◇ *vi* -**1.** [walk by dragging feet]: **to ~ in/out/along** entrar/salir/andar arrastrando los pies -**2.** [fidget] moverse nerviosamente.

shun [ʃʌn] (*pt & pp* -**ned**, *cont* -**ning**) *vt* rehuir, esquivar.

shunt [ʃʌnt] *vt RAIL* cambiar de vía; *fig* [move] llevar (de un sitio a otro).

shush [ʃʊʃ] *excl* ¡chis!, ¡chitón!

shut [ʃʌt] (*pt & pp* **shut**, *cont* -**ting**) ◇ *adj* cerrado(da). ◇ *vt* cerrar; **~ your mouth OR face!** *v inf* ¡cierra el pico! ◇ *vi* -**1.** [close] cerrarse -**2.** [close for business] cerrar.

➣ **shut away** *vt sep* guardar bajo llave; **to ~ o.s. away** encerrarse.

➣ **shut down** *vt sep & vi* cerrar.

➣ **shut in** *vt sep* encerrar; **to ~ o.s. in** encerrarse.

➣ **shut out** *vt sep* -**1.** [person, cat] dejar fuera a; [light, noise] no dejar entrar -**2.** [thought, feeling] bloquear.

➣ **shut up** *inf* ◇ *vt sep* [silence] hacer callar. ◇ *vi* callarse; **~up!** ¡cállate!

shutdown [ˈʃʌtdaʊn] *n* cierre *m*.

shutter [ˈʃʌtəʳ] *n* -**1.** [on window] postigo *m*, contraventana *f* -**2.** [in camera] obturador *m*.

shuttle [ˈʃʌtl] ◇ *adj*: **~ service** [of planes] puente *m* aéreo; [of buses, trains] servicio *m* regular. ◇ *n* [plane] avión *m* (de puente aéreo). ◇ *vi* ir y venir.

shuttlecock [ˈʃʌtlkɒk] *n* volante *m*.

shy [ʃaɪ] (*pt & pp* **shied**) ◇ *adj* -**1.** [timid] tímido(da) -**2.** [wary]: **to be ~ of doing sthg** no atreverse a hacer algo. ◇ *vi* asustarse, espantarse.

➣ **shy away from** *vt fus*: **to ~ away from sthg** huir de algo; **to ~ away from doing sthg** negarse a hacer algo.

shyly [ˈʃaɪlɪ] *adv* tímidamente, con timidez.

shyness [ˈʃaɪnɪs] *n* timidez *f*.

Siamese [ˌsaɪəˈmiːz] (*pl inv*) ◇ *adj* siamés(esa). ◇ *n ZOOL*: **~ (cat)** (gato *m*) siamés *m*.

Siamese twins *npl* hermanos *mpl* siameses.

Siberia [saɪˈbɪərɪə] *n* Siberia.

Siberian [saɪˈbɪərɪən] ◇ *adj* siberiano(na). ◇ *n* siberiano *m*, -na *f*.

sibling [ˈsɪblɪŋ] *n* hermano *m*, -na *f*.

Sicilian [sɪˈsɪljən] ◇ *adj* siciliano(na). ◇ *n* [person] siciliano *m*, -na *f*.

Sicily [ˈsɪsɪlɪ] *n* Sicilia.

sick [sɪk] *adj* -**1.** [ill] enfermo(ma) -**2.** [nauseous]: **to feel ~** marearse -**3.** [vomiting]: **to be ~** *UK* devolver, vomitar -**4.** [fed up]: **to be ~ of sthg/of doing sthg** estar harto(ta) de algo/de hacer algo; **to be ~ and tired of (doing) sthg** estar hasta la coronilla de (hacer) algo -**5.** [angry, disgusted]: **to make sb ~** *fig* poner enfermo(ma) a alguien -**6.** [joke] de mal gusto.

sickbay [ˈsɪkbeɪ] *n* enfermería *f*.

sickbed [ˈsɪkbed] *n* cama *f* (donde yace un enfermo).

sicken [ˈsɪkn] ◇ *vt* poner enfermo(ma), asquear. ◇ *vi UK*: **to be ~ing for sthg** estar cogiendo algo.

sickening [ˈsɪknɪŋ] *adj* -**1.** [disgusting] asqueroso(sa), repugnante -**2.** [infuriating] exasperante.

sickle [ˈsɪkl] *n* hoz *f*.

sick leave *n* (*U*) baja *f* por enfermedad.

sickly [ˈsɪklɪ] (*compar* -**ier**, *superl* -**iest**) *adj* -**1.** [unhealthy] enfermizo(za) -**2.** [unpleasant] nauseabundo(da).

sickness [ˈsɪknɪs] *n* -**1.** [illness] enfermedad *f* -**2.** *UK* (*U*) [nausea, vomiting] mareo *m*.

sickness benefit *n* (*U*) subsidio *m* por enfermedad.

sick pay *n* (*U*) paga *f* por enfermedad.

sickroom ['sɪkrʊm] *n* habitación *f* de un enfermo.

side [saɪd] ◇ *n* **-1.** [gen] lado *m*; **at** *OR* **by one's ~** al lado de uno; **on every ~, on all ~s** por todos los lados; **from ~ to ~** de un lado a otro; **~ by ~** juntos, uno al lado de otro; **to put sthg** *OR* **on one ~** poner algo a un lado **-2.** [of person] costado *m*; [of animal] ijada *f* **-3.** [edge] lado *m*, borde *m* **-4.** [of hill, valley] falda *f*, ladera *f* **-5.** [bank] orilla *f* **-6.** [page] cara *f* **-7.** [participant - in war, game] lado *m*, bando *m*; [- in sports match] equipo *m* **-8.** [viewpoint] punto *m* de vista; **you should try to see both ~s** deberías considerar las dos caras de la situación; **to take sb's ~** ponerse del lado *OR* de parte de alguien; **to take ~s** tomar partido; **to be on sb's ~** estar del lado *OR* de parte de alguien; **whose ~ are you on?** ¿de parte de quién estás? **-9.** [line of parentage]: **on my father's ~** por parte de mi padre **-10.** [aspect] aspecto *m*; **it does have its comical ~** tiene su lado cómico; **to be on the safe ~** para estar seguro **-11.** *phr*: **on the large/small ~** algo grande/pequeño; **to do sthg on the ~** hacer algo para sacarse un dinero extra; **to keep** *OR* **stay on the right ~ of sb** no llevarle la contraria a alguien. ◇ *adj* lateral.
 side with *vt fus* ponerse de parte de.

sideboard ['saɪdbɔːd] *n* aparador *m*.

sideboards *UK* ['saɪdbɔːdz], **sideburns** *US* ['saɪdbɜːnz] *npl* patillas *fpl*.

sidecar ['saɪdkaːʳ] *n* sidecar *m*.

side dish *n* acompañamiento *m*, guarnición *f*.

side effect *n MED* & *fig* efecto *m* secundario.

sidekick ['saɪdkɪk] *n inf* compinche *m OR f*, secuaz *m OR f*.

sidelight ['saɪdlaɪt] *n* luz *f* lateral.

sideline ['saɪdlaɪn] *n* **-1.** [extra business] negocio *m* suplementario **-2.** [on tennis court] línea *f* lateral; [on football pitch] línea de banda **-3.** [periphery]: **on the ~s** al margen.

sidelong ['saɪdlɒŋ] *adj* & *adv* de reojo *OR* soslayo; **to give sb a ~ glance** mirar a alguien de reojo *OR* soslayo.

side-on ◇ *adj* lateral. ◇ *adv* de lado.

side plate *n* platillo *m* de pan.

side road *n* calle *f* lateral.

sidesaddle ['saɪd,sædl] *adv*: **to ride ~** montar a sentadillas *OR* mujeriegas.

sideshow ['saɪdʃəʊ] *n* barraca *f OR* caseta *f* de feria.

sidestep ['saɪdstep] (*pt* & *pp* **-ped**, *cont* **-ping**) *vt* **-1.** [in football, rugby] regatear **-2.** *fig* [problem, question] esquivar.

side street *n* calle *f* lateral.

sidetrack ['saɪdtræk] *vt*: **to be ~ed** desviarse *OR* salirse del tema; **I keep getting ~ed** me distraigo continuamente.

sidewalk ['saɪdwɔːk] *n US* acera *f*, andén *m CAm, Col*, vereda *f CSur, Perú*, banqueta *f Méx*.

sideways ['saɪdweɪz] ◇ *adj* [movement] de lado, hacia un lado; [glance] de soslayo. ◇ *adv* [move] de lado; [look] de reojo.

siding ['saɪdɪŋ] *n* apartadero *m*, vía *f* muerta.

sidle ['saɪdl] ◆ **sidle up** *vi*: **to ~ up to** acercarse furtivamente a.

siege [siːdʒ] *n* **-1.** [by army] sitio *m*, cerco *m* **-2.** [by police] cerco *m* policial.

Sierra Leone [sɪ'erəl:'əʊn] *n* Sierra Leona.

sieve [sɪv] ◇ *n* [utensil] colador *m*; **to have a head** *OR* **memory like a ~** tener muy mala memoria. ◇ *vt* [soup] colar; [flour, sugar] tamizar, cerner.

sift [sɪft] ◇ *vt* **-1.** [sieve] tamizar, cerner **-2.** *fig* [examine carefully] examinar cuidadosamente. ◇ *vi*: **to ~ through sthg** examinar cuidadosamente algo.

sigh [saɪ] ◇ *n* suspiro *m*; **to heave a ~ of relief** respirar aliviado. ◇ *vi* suspirar.

sight [saɪt] ◇ *n* **-1.** [vision] vista *f* **-2.** [act of seeing]: **her first ~ of the sea** la primera vez que vio el mar; **in ~** a la vista; **to disappear out of ~** perderse de vista; **to catch ~ of sthg/sb** alcanzar a ver algo/a alguien; **to know sb by ~** conocer a alguien de vista; **to lose ~ of** *lit* & *fig* perder de vista; **to shoot on ~** disparar sin esperar; **at first ~** a primera vista; **it was love at first ~** fue un flechazo **-3.** [something seen] espectáculo *m*; **a beautiful ~** una vista preciosa **-4.** [on gun] mira *f*; **to set one's ~s on sthg** echarle el ojo a algo; **it's not a pretty ~** no es muy agradable de ver **-5.** [small amount]: **a ~ better/worse** mucho mejor/peor. ◇ *vt* divisar, avistar.
 sights *npl* atracciones *fpl* turísticas; **to see the ~s** ir a ver la ciudad.

sighting ['saɪtɪŋ] *n*: **there had been only two ~s of the bird** el pájaro sólo se había visto dos veces.

sightseeing ['saɪt,siːɪŋ] *n (U)* recorrido *m* turístico; **to go ~** hacer turismo.

sightseer ['saɪt,siːəʳ] *n* turista *m OR f*.

sign [saɪn] ◇ *n* **-1.** [written symbol] signo *m* **-2.** [horoscope]: **~ of the zodiac** signo del zodiaco **-3.** [gesture] señal *f* **-4.** [of pub, shop] letrero *m*; [on road] señal *f*; [notice] cartel *m* **-5.** [indication] señal *f*, indicio *m*; **it's a good ~** es una buena señal; **there's no ~ of him** no se le ve por ninguna parte. ◇ *vi* firmar.
 sign away *vt sep* ceder.
 sign for *vt fus* **-1.** [sign receipt for] firmar

acusando recibo de **- 2.** [sign contract for - football team] fichar por.

➡ **sign in** *vi* firmar en el registro.

➡ **sign on** *vi* **- 1.** [enrol, register]: **to ~ on (for)** [army] alistarse (en); [job] firmar el contrato (de); [course] matricularse (en) **- 2.** [register as unemployed] firmar para cobrar el paro.

➡ **sign out** *vi* firmar al marcharse (de un hotel o club).

➡ **sign up** ◇ *vt sep* [employee] contratar; [recruit] alistar. ◇ *vi*: **to ~ up (for)** [army] alistarse (en); [job] firmar el contrato (de); [course] matricularse (en).

signal ['sɪgnl] (*UK pp* & *pt* -led, *cont* -ling, *US pp* & *pt* -ed, *cont* -ing) ◇ *n* señal *f.* ◇ *vt* **- 1.** [indicate] indicar **- 2.** [tell]: **to ~ sb (to do sthg)** hacer señas a alguien (para que haga algo) **- 3.** *fig* [change, event] señalar. ◇ *adj fml* [triumph] señalado(da); [failure] estrepitoso(sa). ◇ *vi* **- 1.** *AUT* señalizar **- 2.** [indicate]: **to ~ to sb (to do sthg)** hacer señas a alguien (para que haga algo); **to ~ for sthg** pedir algo por señas.

signal box *UK*, **signal tower** *US n* puesto *m* de mando.

signally ['sɪgnəlɪ] *adv fml* [fail] estrepitosamente.

signalman ['sɪgnlmən] (*pl* -men [-mən]) *n RAIL* guardavía *m.*

signal tower *US* = signal box.

signatory ['sɪgnətrɪ] (*pl* -ies) *n* signatario *m,* -ria *f,* firmante *m OR f.*

signature ['sɪgnətʃəʳ] *n* firma *f.*

signature tune *n* sintonía *f.*

signet ring ['sɪgnɪt-] *n* (anillo *m* de) sello *m.*

significance [sɪg'nɪfɪkəns] *n* trascendencia *f,* importancia *f;* **to attach ~ to sthg** atribuir importancia a algo; **to be of little/great/no ~** ser de poca/mucha/ninguna importancia.

significant [sɪg'nɪfɪkənt] *adj* **- 1.** [considerable, meaningful] significativo(va); **to give sb a ~ look** mirar a alguien expresivamente **- 2.** [important] trascendente.

significantly [sɪg'nɪfɪkəntlɪ] *adv* **- 1.** [considerably, meaningfully] de manera significativa **- 2.** [importantly]: **~, he was absent** fue significativo el hecho de su ausencia.

signify ['sɪgnɪfaɪ] (*pt* & *pp* -ied) *vt* significar.

signing ['saɪnɪŋ] *n UK SPORT* fichaje *m.*

sign language *n* lenguaje *m* por señas.

signpost ['saɪnpəʊst] *n* letrero *m* indicador.

Sikh [siːk] ◇ *adj* sij. ◇ *n* [person] sij *m OR f.*

silage ['saɪlɪdʒ] *n* ensilaje *m.*

silence ['saɪləns] ◇ *n* silencio *m;* **to do sthg in ~** hacer algo en silencio. ◇ *vt* [person, critic] acallar; [gun] hacer callar, silenciar.

silencer ['saɪlənsəʳ] *n* silenciador *m.*

silent ['saɪləntl] *adj* **- 1.** [gen] silencioso(sa) **- 2.** [not revealing anything]: **to be ~ about** quedar en silencio respecto a; **to remain ~** permanecer callado(da) **- 3.** *CINEMA* & *LING* mudo(da); **a ~ movie** una película muda; **a ~ b** una b muda.

silently ['saɪləntlɪ] *adv* **- 1.** [without speaking] en silencio **- 2.** [noiselessly] silenciosamente.

silent partner *n US* socio comanditario *m,* socia comanditaria *f.*

silhouette [ˌsɪluː'et] ◇ *n* silueta *f.* ◇ *vt*: **to be ~d against** perfilarse *OR* destacarse sobre.

silicon ['sɪlɪkən] *n* silicio *m.*

silicon chip [ˌsɪlɪkən-] *n* chip *m* de silicio.

silicone ['sɪlɪkəʊn] *n* silicona *f.*

Silicon Valley *pr n* zona industrial californiana en la que se concentra la producción electrónica estadounidense.

silk [sɪlk] ◇ *n* seda *f.* ◇ *comp* de seda; **a ~ blouse** una blusa de seda.

silk screen printing *n* serigrafía *f.*

silkworm ['sɪlkwɜːm] *n* gusano *m* de seda.

silky ['sɪlkɪ] (*compar* -ier, *superl* -iest) *adj* [hair, dress, skin] sedoso(sa); [voice] aterciopelado (da).

sill [sɪl] *n* [of window] alféizar *m.*

silliness ['sɪlɪnɪs] *n* (*U*) estupidez *f.*

silly ['sɪlɪ] (*compar* -ier, *superl* -iest) *adj* estúpido(da), sonso(sa) *Amér;* **that was a ~ thing to say** qué tontería has dicho.

silo ['saɪləʊ] (*pl* -s) *n* silo *m.*

silt [sɪlt] *n* cieno *m,* légamo *m.*

➡ **silt up** *vi* cegarse.

silver ['sɪlvəʳ] ◇ *adj* **- 1.** [in colour] plateado(da) **- 2.** [made of silver] de plata. ◇ *n* (*U*) **- 1.** [metal, silverware] plata *f* **- 2.** [coins] monedas *fpl* plateadas.

silver foil, silver paper *n* (*U*) papel *m* de plata.

silver-plated [-'pleɪtɪd] *adj* bañado(da) de plata, plateado(da).

silver screen *n inf*: **the ~** el cine, las películas.

silversmith ['sɪlvəsmɪθ] *n* platero *m,* -ra *f.*

silverware ['sɪlvəweəʳ] *n* (*U*) **- 1.** [dishes etc] plata *f* **- 2.** *US* [cutlery] cubertería *f* de plata.

silver wedding *n* bodas *fpl* de plata.

similar ['sɪmɪləʳ] *adj*: **~ (to)** parecido(da) *OR* similar (a).

similarity [ˌsɪmɪ'lærətɪ] (*pl* -ies) *n*: **~ (between/ to)** parecido *m* (entre/con), semejanza *f* (entre/con).

similarly ['sɪmɪləlɪ] *adv* [likewise] asimismo; [equally] igualmente.

simile ['sɪmɪlɪ] *n* símil *m.*

simmer ['sɪməʳ] *vt* & *vi* hervir a fuego lento.

➡ **simmer down** *vi inf* calmarse.

simper ['sɪmpə'] ⟨⟩ n sonrisa f boba. ⟨⟩ vi sonreír con cara de tonto(ta).

simpering ['sɪmpərɪŋ] adj [person] que sonríe con cara de tonto(ta); [smile] bobo(ba).

simple ['sɪmpl] adj -1. [gen] sencillo(lla) -2. dated [mentally retarded] simple -3. [plain - fact] mero(ra); [- truth] puro(ra).

simple-minded [-'maɪndɪd] adj simple.

simpleton ['sɪmpltən] n dated simplón m, -ona f.

simplicity [sɪm'plɪsətɪ] n sencillez f.

simplification [,sɪmplɪfɪ'keɪʃn] n simplificación f.

simplify ['sɪmplɪfaɪ] (pt & pp -ied) vt simplificar.

simplistic [sɪm'plɪstɪk] adj simplista.

simply ['sɪmplɪ] adv -1. [merely] sencillamente, simplemente -2. [for emphasis]: **you ~ must go and see it!** ¡no puedes perdértelo!; **~ dreadful/wonderful** francamente terrible/maravilloso; **I ~ can't believe it!** ¡no me lo puedo creer! -3. [in a simple way] de manera sencilla.

simulate ['sɪmjʊleɪt] vt simular.

simulation [,sɪmjʊ'leɪʃn] n -1. [gen & COMPUT] simulación f -2. [feigning] simulacro m.

simulator ['sɪmjʊleɪtə'] n simulador m.

simultaneous [UK ,sɪmʊl'teɪnjəs, US ,saɪməl-'teɪnjəs] adj simultáneo(a).

simultaneously [UK ,sɪmʊl'teɪnjəslɪ, US ,saɪməl'teɪnjəslɪ] adv simultáneamente.

sin [sɪn] (pt & pp -ned, cont -ning) ⟨⟩ n pecado m; **to live in ~** vivir en pecado. ⟨⟩ vi: **to ~ (against)** pecar (contra).

since [sɪns] ⟨⟩ adv desde entonces; **we haven't been there ~** no hemos vuelto allí desde entonces; **long ~** hace mucho tiempo. ⟨⟩ prep desde; **~ last Tuesday** desde el último martes; **~ then** desde entonces; **he has worked here ~ 1975** trabaja aquí desde 1975. ⟨⟩ conj -1. [in time] desde que; **she's been miserable ever ~ she married him** desde que se casó con él ha sido desdichada; **it's ages ~ I saw you** hace siglos que no te veo -2. [because] ya que, puesto que.

sincere [sɪn'sɪə'] adj sincero(ra).

sincerely [sɪn'sɪəlɪ] adv sinceramente; **Yours ~** [at end of letter] atentamente.

sincerity [sɪn'serətɪ] n sinceridad f.

sinecure ['saɪnɪˌkjʊə'] n sinecura f.

sinew ['sɪnjuː] n tendón m.

sinewy ['sɪnjuːɪ] adj: **a ~ man** un hombre que es pura fibra.

sinful ['sɪnfʊl] adj -1. [person] pecador(ra) -2. [thought, act] pecaminoso(sa).

sing [sɪŋ] (pt sang, pp sung) vt & vi cantar; **to ~ along with sb** cantar a coro con alguien.

Singapore [,sɪŋə'pɔː'] n Singapur.

singe [sɪndʒ] (cont singeing) ⟨⟩ n chamusco m. ⟨⟩ vt chamuscar.

singer ['sɪŋə'] n cantante m OR f; **she's a good ~** canta muy bien.

Singhalese [,sɪŋə'liːz] ⟨⟩ adj cingalés(esa). ⟨⟩ n [language] cingalés m.

singing ['sɪŋɪŋ] ⟨⟩ adj de canto; **she has a good ~ voice** tiene una excelente voz. ⟨⟩ n (U) canto m.

single ['sɪŋgl] ⟨⟩ adj -1. [only one] solo(la); **not a ~ person was there** no había ni una sola persona; **not one ~ time** ni una sola vez -2. [individual]: **every ~ penny** todos y cada uno de los peniques -3. [unmarried] soltero(ra); **he's ~** está soltero -4. UK [one-way] de ida. ⟨⟩ n -1. UK [one-way ticket] billete m de ida -2. MUS [record] sencillo m, single m.
➡ **singles** npl TENNIS (partido m) individual m.
➡ **single out** vt sep: **to ~ sb out (for)** escoger a alguien (para).

single bed n cama f individual.

single-breasted [-'brestɪd] adj recto(ta), sin cruzar.

single cream n UK crema f de leche, nata f líquida.

Single European Market n: **the ~** el Mercado Único Europeo.

single file n: **in ~** en fila india.

single-handed [-'hændɪd] adv sin ayuda.

single-minded [-'maɪndɪd] adj resuelto(ta); **to be ~ about** tener un objetivo muy claro respecto a.

single parent n padre m soltero, madre f soltera; **he's a ~** es padre soltero.

single-parent family n familia f monoparental.

single room n habitación f individual.

singles bar n bar de encuentro para solteros.

singlet ['sɪŋglɪt] n UK camiseta f sin mangas.

single ticket n UK billete m de ida.

singsong ['sɪŋsɒŋ] inf ⟨⟩ adj cantarín(ina). ⟨⟩ n UK: **to have a ~** ponerse a cantar.

singular ['sɪŋgjʊlə'] ⟨⟩ adj singular. ⟨⟩ n singular m; **in the ~** en singular.

singularly ['sɪŋgjʊləlɪ] adv singularmente.

Sinhalese [sɪnhəliːz] = Singhalese.

sinister ['sɪnɪstə'] adj siniestro(tra).

sink [sɪŋk] (pt sank, pp sunk) ⟨⟩ n -1. [in kitchen] fregadero m -2. [in bathroom] lavabo m. ⟨⟩ vt -1. [cause to go under water] hundir -2. [cause to penetrate]: **to ~ sthg into** [knife, claws] clavar algo en; [teeth] hincar algo en; **he sank his**

teeth into the steak le hincó los dientes al filete. <> *vi* -**1.** [go down - ship, sun] hundirse -**2.** [slump - person] hundirse; **she sank into a chair** se desplomó en una silla; **to ~ to one's knees** caer de rodillas -**3.** [decrease] bajar -**4.** [become quieter]: **her voice sank** bajó la voz -**5.** *fig* [into poverty, despair]: **to ~ into** hundirse en -**6.** [become depressed]: **his heart** OR **spirits sank** se le cayó el alma a los pies.

➤ **sink in** *vi* hacer mella; **it hasn't sunk in yet** todavía no lo tiene asumido.

sink board *n US* escurridero *m*.

sinking ['sɪŋkɪŋ] *n* hundimiento *m*; **to have a ~ feeling that** comenzar a preocuparse porque.

sinking fund *n* fondo *m* de amortización.

sink unit *n* fregadero *m* (con mueble debajo).

sinner ['sɪnə^r] *n* pecador *m*, -ra *f*.

Sinn Féin [ˌʃɪn'feɪn] *n* Sinn Fein *m*, *rama política del IRA.*

sinuous ['sɪnjʊəs] *adj* sinuoso(sa).

sinus ['saɪnəs] (*pl* -**es**) *n* seno *m*.

sip [sɪp] (*pt* & *pp* -**ped**, *cont* -**ping**) <> *n* sorbo *m*. <> *vt* beber a sorbos.

siphon ['saɪfn] <> *n* sifón *m*. <> *vt* -**1.** [liquid] sacar con sifón -**2.** *fig* [funds] desviar.

➤ **siphon off** *vt sep* -**1.** [liquid] sacar con sifón -**2.** *fig* [funds] desviar.

sir [sɜ:^r] *n* -**1.** [form of address] señor *m*; **thank you,** ~ gracias, señor; [in letter] **Dear ~,** Estimado Señor -**2.** [in titles]: **Sir Philip Holden** Sir Philip Holden.

siren ['saɪərən] *n* [alarm] sirena *f*.

sirloin (steak) ['sɜ:lɔɪn] *n* solomillo *m*, (filete *m*) de lomo *m Andes, Col, CSur, Ven.*

sissy ['sɪsɪ] (*pl* -**ies**) *n inf* mariquita *m*.

sister ['sɪstə^r] <> *adj* [organization, newspaper] hermano(na); [ship] gemelo(la). <> *n* -**1.** [gen] hermana *f* -**2.** *UK* [senior nurse] enfermera *f* jefe.

sisterhood ['sɪstəhʊd] *n* hermandad *f* (entre mujeres).

sister-in-law (*pl* **sisters-in-law** OR **sister-in-laws**) *n* cuñada *f*.

sisterly ['sɪstəlɪ] *adj* de buena hermana.

sit [sɪt] (*pt* & *pp* **sat**, *cont* -**ting**) <> *vi* -**1.** [be seated, sit down] sentarse -**2.** [be member]: **to ~ on** ser miembro de -**3.** [be in session] reunirse, celebrar sesión -**4.** [be situated] estar emplazado(da) -**5.** *phr*: **to ~ tight** quedarse quieto(ta). <> *vt UK* [exam] presentarse a.

➤ **sit about, sit around** *vi* estar sentado(da) sin hacer nada.

➤ **sit back** *vi* cruzarse de brazos; **to ~ and do nothing** quedarse de brazos cruzados y no hacer nada.

➤ **sit down** <> *vt sep* sentar. <> *vi* sentarse; ~, **please** siéntese, por favor; **she was sitting down** estaba sentada.

➤ **sit in on** *vt fus* estar presente en *(sin tomar parte).*

➤ **sit out** *vt sep* -**1.** [tolerate] aguantar (hasta el final) -**2.** [not participate in game, discussion] no tomar parte en; **I think I'll ~ this one out** [dance] creo que voy a saltarme ésta.

➤ **sit through** *vt fus* aguantar (hasta el final).

➤ **sit up** *vi* -**1.** [sit upright] incorporarse; **~straight!** siéntate derecho -**2.** [stay up] quedarse levantado(da); **we sat up until midnight** nos quedamos levantados hasta la medianoche.

sitcom ['sɪtkɒm] *n inf* comedia *f* de situación.

sit-down <> *adj* [meal] con los comensales sentados a la mesa; **~ strike** huelga *f* de brazos caídos. <> *n UK*: **to have a ~** sentarse un rato.

site [saɪt] <> *n* [place] sitio *m*, lugar *m*; [of construction work] obra *f*. <> *vt* situar.

sit-in *n* sentada *f*; **to stage a ~** protagonizar una sentada.

sitter ['sɪtə^r] *n* -**1.** ART modelo *m* OR *f* -**2.** [babysitter] canguro *m* OR *f*.

sitting ['sɪtɪŋ] *n* -**1.** [serving of meal] turno *m* (para comer) -**2.** [session] sesión *f*.

sitting duck *n inf* blanco *m* fácil.

sitting room *n* sala *f* de estar.

sitting tenant *n UK* inquilino *m*, -na *f* legal.

situate ['sɪtjʊeɪt] *vt* [locate] situar, emplazar.

situated ['sɪtjʊeɪtɪd] *adj* [located]: **to be ~** estar situado(da).

situation [ˌsɪtjʊ'eɪʃn] *n* -**1.** [gen] situación *f* -**2.** [job]: **'Situations Vacant'** *UK* 'Ofertas de trabajo'.

situation comedy *n* comedia *f* de situación.

sit-up *n* abdominal *m*.

six [sɪks] <> *num adj* seis (*inv*); **she's ~ (years old)** tiene seis años. <> *num n* -**1.** [the number six] seis *m inv*; **two hundred and ~** doscientos seis; **~ comes before seven** el seis va antes que el siete; **my favourite number is ~** mi número favorito es el seis -**2.** [in times]: **it's ~ (thirty)** son las seis (y media); **we arrived at ~** llegamos a las seis -**3.** [in temperatures]: **it's ~ below** hace seis grados bajo cero -**4.** [in addresses]: **~ Peyton Place** Peyton Place número seis, el seis de Peyton Place -**5.** [referring to group of six] seis *m inv*; **we sell them in ~es** se venden de seis en seis; **we need one more to make a ~** necesitamos uno más para ser seis; **to form into ~es** formar en grupos de (a) seis -**6.** [in scores]: **~-nil** seis a cero -**7.** [in cards] seis *m*; **to lay** OR **play a** ~ jugar un seis. ◇ *num pron* seis *m* OR *f*; **I want** ~ quiero seis; ~ **of us** seis de nosotros; **there are** ~ **of us** somos seis; **groups of** ~ grupos de seis.

six-shooter [-'ʃuːtəʳ] *n US* revólver *m* de seis tiros.

sixteen [sɪks'tiːn] *num* dieciséis; *see also* **six**.

sixteenth [sɪks'tiːnθ] *num* decimosexto(ta); *see also* **sixth**.

sixth [sɪksθ] ◇ *num adj* sexto(ta). ◇ *num adv* sexto(ta). ◇ *num pron* sexto *m*, -ta *f*. ◇ *n* **-1**. [fraction]: **a** ~ OR **one** ~ **of** un sexto de, la sexta parte de **- 2**. [in dates]: **the** ~ el (día) seis; **the** ~ **of September** el seis de septiembre.

sixth form *n UK* SCH *curso optativo de dos años de enseñanza secundaria con vistas al examen de ingreso a la universidad,* ≃ COU *m*.

sixth form college *n UK centro público para alumnos de 16 a 18 años donde se preparan para los 'A levels' o para exámenes de formación profesional.*

sixth sense *n* sexto sentido *m*.

sixtieth ['sɪkstɪəθ] *num* sexagésimo(ma); *see also* **sixth**.

sixty ['sɪkstɪ] (*pl* -ies) *num* sesenta; *see also* **six**.

  ➡ **sixties** *npl* **- 1**. [decade]: **the sixties** los años sesenta **- 2**. [in ages]: **to be in one's sixties** estar en los sesenta **- 3**. [in temperatures]: **the temperature was in the sixties** hacía más de sesenta grados (Fahrenheit).

size [saɪz] *n* **- 1**. [gen] tamaño *m*; **what** ~ **do you take?** ¿cuál es su talla?; **what** ~ **shoes do you take?** ¿qué número calza? **- 2**. [of clothes] talla *f*; [of shoes] número *m* **- 3**. *phr*: **to cut sb down to** ~ bajarle los humos a alguien.

  ➡ **size up** *vt sep* [situation] evaluar; [person] calar.

sizeable ['saɪzəbl] *adj* considerable.

-sized [saɪzd] *suffix*: ... ~ de tamaño ...

sizzle ['sɪzl] *vi* chisporrotear.

skate [skeɪt] (*pl sense 2 only inv* OR **-s**) ◇ *n* **- 1**. [ice skate, roller skate] patín *m* **- 2**. [fish] raya *f*. ◇ *vi* [on skates] patinar.

  ➡ **skate over, skate round** *vt fus* [problem] eludir.

skateboard ['skeɪtbɔːd] *n* monopatín *m*.

skater ['skeɪtəʳ] *n* patinador *m*, -ra *f*.

skating ['skeɪtɪŋ] *n* patinaje *m*.

skating rink *n* pista *f* de patinaje.

skein [skeɪn] *n* madeja *f*.

skeletal ['skelɪtl] *adj* [emaciated] esquelético(ca).

skeleton ['skelɪtn] *n* ANAT esqueleto *m*; **to have a**

~ **in the cupboard** *fig* guardar un secreto vergonzante.

skeleton key *n* llave *f* maestra.

skeleton staff *n* personal *m* mínimo.

skeptic *etc US* = **sceptic** *etc*.

sketch [sketʃ] ◇ *n* **- 1**. [drawing, brief outline] esbozo *m*, bosquejo *m* **- 2**. [humorous scene] sketch *m*. ◇ *vt* esbozar. ◇ *vi* hacer esbozos OR bosquejos.

  ➡ **sketch in** *vt sep* dar una idea rápida de.

sketchbook ['sketʃbʊk] *n* cuaderno *m* de dibujo.

sketchpad ['sketʃpæd] *n* bloc *m* de dibujo.

sketchy ['sketʃɪ] (*compar* -ier, *superl* -iest) *adj* incompleto(ta), poco detallado(da).

skewer ['skjʊəʳ] ◇ *n* brocheta *f*, broqueta *f*. ◇ *vt* ensartar en una brocheta.

skew-whiff [,skjuː'wɪf] *adj UK inf* torcido(da).

ski [skiː] (*pt & pp* skied, *cont* skiing) ◇ *n* esquí *m*. ◇ *vi* esquiar.

ski boots *npl* botas *fpl* de esquí.

skid [skɪd] (*pt & pp* -ded, *cont* -ding) ◇ *n* patinazo *m*, derrape *m*. ◇ *vi* patinar, derrapar.

skid mark *n* huella *f* de un derrape.

skid row [-rəʊ] *n US inf* barrio *m* bajo.

skier ['skiːəʳ] *n* esquiador *m*, -ra *f*.

skies [skaɪz] *pl* ⊳ **sky**.

skiing ['skiːɪŋ] ◇ *n* (U) esquí *m*; **to go** ~ ir a esquiar. ◇ *comp* [holiday, accident] de esquí; [enthusiast] del esquí.

ski instructor *n* monitor *m*, -ra *f* de esquí.

ski jump *n* **- 1**. [slope] pista *f* para saltos de esquí **- 2**. [event] saltos *mpl* de esquí.

skilful, skillful *US* ['skɪlfʊl] *adj* hábil.

skilfully, skillfully *US* ['skɪlfʊlɪ] *adv* hábilmente, con habilidad.

ski lift *n* telesilla *m*.

skill [skɪl] *n* **- 1**. (U) [expertise] habilidad *f*, destreza *f* **- 2**. [craft, technique] técnica *f*.

skilled [skɪld] *adj* **- 1**. [skilful] habilidoso(sa); **to be** ~ **(in** OR **at doing sthg)** ser experto(ta) (en hacer algo) **- 2**. [trained] cualificado(da), especializado(da).

skillet ['skɪlɪt] *n US* sartén *f*.

skillful *etc US* = **skilful** *etc*.

skim [skɪm] (*pt & pp* -med, *cont* -ming) ◇ *vt* **- 1**. [remove - cream] desnatar, sacar la nata a; [- grease] espumar **- 2**. [fly above] volar rozando **- 3**. [glance through] hojear, leer por encima. ◇ *vi*: **to** ~ **through sthg** hojear algo, leer algo por encima.

skimmed milk [skɪm(d)-mɪlk] *n* leche *f* desnatada.

skimp [skɪmp] ◇ *vt* [gen] escatimar; [work]

hacer de prisa y corriendo. ◇ *vi*: **to ~ on sthg** [gen] escatimar algo; [work] hacer algo de prisa y corriendo.

skimpy ['skɪmpɪ] (*compar* **-ier**, *superl* **-iest**) *adj* [clothes] muy corto y estrecho (muy corta y estrecha); [meal, facts] escaso(sa).

skin [skɪn] (*pt* & *pp* **-ned**, *cont* **-ning**) ◇ *n* **-1.** [gen] piel *f*; [on face] cutis *m*; **to have thick~** *fig* tener mucho aguante; **to do sthg by the ~ of one's teeth** hacerse algo por los pelos; **to jump out of one's ~** *UK* llevarse un susto de muerte; **it makes my ~ crawl** me da escalofríos; **to save** *OR* **protect one's own ~** salvar el pellejo **-2.** [on milk, pudding] nata *f*; [on paint] capa *f*, película *f*. ◇ *vt* **-1.** [animal] despellejar, desollar **-2.** [knee, elbow etc] rasguñarse.

skin-deep *adj* superficial.

skin diver *n* submarinista *m OR f*.

skin diving *n* buceo *m*, submarinismo *m* (sin traje ni escafandra).

skinflint ['skɪnflɪnt] *n* agarrado *m*, -da *f*, roñoso *m*, -sa *f*.

skin graft *n* injerto *m* de piel.

skinhead ['skɪnhed] *n UK* cabeza *m* rapada, skinhead *m*.

skinny ['skɪnɪ] (*compar* **-ier**, *superl* **-iest**) ◇ *adj inf* flaco(ca). ◇ *n US*: **the ~** información *f* confidencial.

skint [skɪnt] *adj UK v inf* pelado(da), sin un duro; **to be~** estar pelado(da) *OR* sin un duro.

skin test *n* cutirreacción *f*, dermorreacción *f*.

skin-tight *adj* muy ajustado(da).

skip [skɪp] (*pt* & *pp* **-ped**, *cont* **-ping**) ◇ *n* **-1.** [little jump] brinco *m*, saltito *m* **-2.** *UK* [large container] contenedor *m*, container *m*. ◇ *vt* [miss out] saltarse. ◇ *vi* **-1.** [move in little jumps] ir dando brincos **-2.** *UK* [jump over rope] saltar a la comba.

ski pants *npl* pantalones *mpl* de esquí.

ski pole *n* bastón *m* para esquiar.

skipper ['skɪpər] *n NAUT & SPORT* capitán *m*, -ana *f*.

skipping ['skɪpɪŋ] *n UK* el saltar a la comba.

skipping rope ['skɪpɪŋ-] *n UK* comba *f*, cuerda *f* de saltar.

ski resort *n* estación *f* de esquí.

skirmish ['skɜːmɪʃ] ◇ *n lit* & *fig* escaramuza *f*. ◇ *vi MIL* sostener una escaramuza.

skirt [skɜːt] ◇ *n* **-1.** falda *f*, pollera *f CSur* **-2.** *US*: **(bed) ~** volante *m*. ◇ *vt* **-1.** [border] rodear, bordear **-2.** [go round - obstacle] sortear; [- person, group] esquivar **-3.** [avoid dealing with] evitar, eludir.

➤ **skirt round** *vt fus* **-1.** [obstacle] sortear **-2.** [issue, problem] evitar, eludir.

skirting board ['skɜːtɪŋ-] *n UK* zócalo *m*, rodapié *m*.

ski stick *n* bastón *m* para esquiar.

skit [skɪt] *n*: **~ (on)** parodia *f* (de).

skittish ['skɪtɪʃ] *adj* **-1.** [person] frívolo(la) **-2.** [animal] asustadizo(za).

skittle ['skɪtl] *n UK* bolo *m*.

➤ **skittles** *n (U)* bolos *mpl*.

skive [skaɪv] *vi UK inf*: **to ~ (off)** escaquearse.

skivvy ['skɪvɪ] (*pl* **-ies**) *UK inf n* fregona *f*.

skulduggery [skʌl'dʌgərɪ] *n (U)* chanchullos *mpl*.

skulk [skʌlk] *vi* esconderse.

skull [skʌl] *n* [gen] calavera *f*; *ANAT* cráneo *m*.

skullcap ['skʌlkæp] *n* [of priest] solideo *m*; [of Jew] casquete *m*.

skunk [skʌŋk] *n* mofeta *f*.

sky [skaɪ] (*pl* **skies**) *n* cielo *m*.

skydiver ['skaɪˌdaɪvər] *n* paracaidista *m OR f* de estilo.

skydiving ['skaɪˌdaɪvɪŋ] *n* paracaidismo *m* de estilo.

sky-high *inf* ◇ *adj* por las nubes. ◇ *adv*: **to blow sthg ~** [blow up] volar algo; [destroy] echar por tierra algo; **to go ~** ponerse por las nubes.

skylark ['skaɪlɑːk] *n* alondra *f*.

skylight ['skaɪlaɪt] *n* claraboya *f*.

skyline ['skaɪlaɪn] *n* perfil *m* de la ciudad.

sky marshal *n US* policía destinado en un avión para evitar secuestros.

skyscraper ['skaɪˌskreɪpər] *n* rascacielos *m inv*.

slab [slæb] *n* [of stone] losa *f*; [of cheese] trozo *m*, pedazo *m*; [of chocolate] tableta *f*.

slack [slæk] ◇ *adj* **-1.** [rope, cable] flojo(ja) **-2.** [business] inactivo(va) **-3.** [person - careless] descuidado(da). ◇ *n* [in rope] parte *f* floja; **to take up the~** tensar la cuerda.

➤ **slacks** *npl dated* pantalones *mpl* (de esport).

slacken ['slækn] ◇ *vt* [speed, pace] reducir; [rope] aflojar. ◇ *vi* [speed, pace] reducirse.

slag [slæg] *n* [waste material] escoria *f*.

slagheap ['slæghiːp] *n* escorial *m*.

slain [sleɪn] *pp* ▷ **slay**.

slalom ['slɑːləm] *n* eslálom *m*.

slam [slæm] (*pt* & *pp* **-med**, *cont* **-ming**) ◇ *vt* **-1.** [shut] cerrar de golpe; **she ~med the door** dio un portazo **-2.** [criticize] vapulear, descuerar *Chile* **-3.** [place with force]: **to ~ sthg on** *OR* **onto sthg** dar un golpe con algo contra algo violentamente; **he ~med his fist on the desk** dio un puñetazo en la mesa. ◇ *vi* [shut] cerrarse de golpe.

slander ['slɑːndər] ◇ *n* calumnia *f*, difamación f. ⬦ vt calumniar, difamar.

slanderous ['slɑ:ndrəs] adj calumnioso(sa), difamatorio(ria).

slang [slæŋ] ⬦ adj de argot. ⬦ n argot m, jerga f.

slant [slɑ:nt] ⬦ n -**1.** [diagonal angle] inclinación f; **on** OR **at a ~** inclinado(da), ladeado(da) -**2.** [perspective] enfoque m. ⬦ vt [bias] dar un enfoque a. ⬦ vi inclinarse.

slanting ['slɑ:ntɪŋ] adj inclinado(da).

slap [slæp] (pt & pp -**ped**, cont -**ping**) ⬦ n [in face] bofetada f; [on back] palmada f; **it was a ~ in the face** fig fue una bofetada; **he gave him a ~ on the back** le dio una palmadita en la espalda. ⬦ vt -**1.** [person, face] abofetear; **she ~ped him round the face** lo abofeteó, le dio una bofetada; [back] dar una palmada a -**2.** [place with force]: **he ~ped the folder on the desk** dejó la carpeta en la mesa dando un golpetazo; **she ~ped some paste on the wallpaper** embadurnó el papel pintado con cola. ⬦ adv inf [directly] de narices; **he walked ~ into a lamp post** se dio de lleno con una farola; **~ in the middle of ...** justo en medio de ...

slapdash ['slæpdæʃ], **slaphappy** ['slæp,hæpɪ] adj inf chapucero(ra).

slapstick ['slæpstɪk] n (U) payasadas fpl; **~ comedy** astracanada f.

slap-up adj UK inf: **~ meal** comilona f.

slash [slæʃ] ⬦ n -**1.** [long cut] raja f, tajo m -**2.** esp US [oblique stroke] barra f oblicua; **forward ~** barra inclinada. ⬦ vt -**1.** [material, tyre] rasgar; **she ~ed her wrists** se cortó las venas -**2.** inf [prices etc] recortar drásticamente.

slat [slæt] n tablilla f.

slate [sleɪt] ⬦ n pizarra f. ⬦ vt [criticize] poner por los suelos.

slaughter ['slɔ:tə**r**] ⬦ n lit & fig matanza f. ⬦ vt matar, carnear Andes & RP.

slaughterhouse ['slɔ:təhaʊs, pl -haʊzɪz] n matadero m.

Slav [slɑ:v] ⬦ adj eslavo(va). ⬦ n eslavo m, -va f.

slave [sleɪv] ⬦ n esclavo m, -va f; **to be a ~ to** fig ser un esclavo de. ⬦ vi [work hard] trabajar como un negro; **to ~ over a hot stove** hum pasarse el día bregando en la cocina.

slaver ['sleɪvə**r**] vi [salivate] babear.

slavery ['sleɪvərɪ] n lit & fig esclavitud f.

slave trade n: **the ~** el comercio OR tráfico de esclavos.

slavish ['sleɪvɪʃ] adj pej [imitation, person] servil; [obedience, devotion] ciego(ga).

Slavonic [slə'vɒnɪk] n = **Slavic**.

slaw [slɔ:] n US inf ensalada de repollo y

zanahoria con mayonesa.

slay [sleɪ] (pt **slew**, pp **slain**) vt literary asesinar, matar.

sleazy ['sli:zɪ] (compar -**ier**, superl -**iest**) adj [disreputable] de mala muerte.

sledge [sledʒ], **sled** US [sled] n trineo m.

sledgehammer ['sledʒ,hæmə**r**] n almádena f.

sleek [sli:k] adj -**1.** [hair] suave y brillante; [fur] lustroso(sa) -**2.** [shape] de línea depurada.

sleep [sli:p] (pt & pp **slept**) ⬦ n sueño m; **to go to ~** [doze off] dormirse; **my foot has gone to ~** [become numb] se me ha dormido el pie; **to put to ~** [animal] matar (a un animal que es viejo o está enfermo). ⬦ vi dormir.

➡ **sleep around** vi inf pej acostarse con medio mundo.

➡ **sleep in** vi dormir hasta tarde, levantarse tarde.

➡ **sleep off** vt sep: **to ~ off a hangover** dormir la borrachera.

➡ **sleep through** vt fus [alarm] no despertarse con.

➡ **sleep together** vi acostarse, tener relaciones sexuales.

➡ **sleep with** vt fus euphemism acostarse con.

sleeper ['sli:pə**r**] n -**1.** [person]: **to be a heavy/light ~** tener el sueño profundo/ligero -**2.** [sleeping compartment] coche-cama m -**3.** [train] tren m nocturno (con literas) -**4.** UK [on railway track] traviesa f.

sleepily ['sli:pɪlɪ] adv soñolientamente.

sleeping bag ['sli:pɪŋ-] n saco m de dormir, bolsa f RP.

sleeping car ['sli:pɪŋ-] n coche-cama m, coche m dormitorio CSur.

sleeping partner ['sli:pɪŋ-] n UK socio comanditario m, socia comanditaria f.

sleeping pill ['sli:pɪŋ-] n pastilla f para dormir.

sleeping policeman ['sli:pɪŋ-] n UK inf rompecoches m inv.

sleeping tablet ['sli:pɪŋ-] n pastilla f para dormir.

sleepless ['sli:plɪs] adj [night] en blanco, sin dormir.

sleeplessness ['sli:plɪsnɪs] n insomnio m.

sleepover ['sli:p,əʊvə**r**] n US fiesta infantil en la que los niños pasan la noche en casa de otro niño.

sleepwalk ['sli:pwɔ:k] vi [be a sleepwalker] ser somnámbulo(la); [walk in one's sleep] andar mientras uno duerme.

sleepy ['sli:pɪ] (compar -**ier**, superl -**iest**) adj -**1.** [person] soñoliento(ta) -**2.** [place] muerto(ta), poco animado(da).

sleet [sli:t] ◇ *n* aguanieve *f.* ◇ *v impers*: **it's** ~**ing** cae aguanieve.

sleeve [sli:v] *n* **-1.** [of garment] manga *f*; **to have sthg up one's** ~ guardar una carta en la manga **-2.** [for record] cubierta *f.*

sleeveless [sli:vlıs] *adj* sin mangas.

sleigh [sleı] *n* trineo *m.*

sleight of hand [ˌslaıt-] *n (U) lit* & *fig* juego *m* de manos.

slender [slendə'] *adj* **-1.** [thin] esbelto(ta) **-2.** [scarce] escaso(sa).

slept [slept] *pt* & *pp* ▷ **sleep**.

sleuth [slu:θ] *n inf hum* sabueso *m*, detective *m* OR *f.*

slew [slu:] ◇ *pt* ▷ **slay**. ◇ *vi* girar bruscamente.

slice [slaıs] ◇ *n* **-1.** [of bread] rebanada *f*; [of cheese] loncha *f*; [of sausage] raja *f*; [of lemon] rodaja *f*; [of meat] tajada *f* **-2.** [of market, glory] parte *f* **-3.** TENNIS golpe *m* con efecto bajo. ◇ *vt* [gen] cortar; [bread] rebanar. ◇ *vi*: **to** ~ **through** OR **into** sthg cortar algo.

sliced bread [slaıst-] *n (U)* pan *m* de molde rebanado.

slick [slık] *adj* **-1.** [smooth, skilful] logrado(da) **-2.** *pej* [superficial - talk] aparentemente brillante; [- person] de labia fácil.

slide [slaıd] (*pt* & *pp* slid [slıd]) ◇ *n* **-1.** [decline] descenso *m* **-2.** PHOT diapositiva *f* **-3.** [in playground] tobogán *m* **-4.** [for microscope] portaobjeto *m* **-5.** UK [for hair] pasador *m.* ◇ *vt* deslizar. ◇ *vi* **-1.** [slip] resbalar **-2.** [glide] deslizarse **-3.** [decline gradually] caer; **to let things** ~ dejar que las cosas empeoren.

slide projector *n* proyector *m* de diapositivas.

slide rule *n* regla *f* de cálculo.

sliding door [ˌslaıdıŋ-] *n* puerta *f* corredera.

sliding scale [ˌslaıdıŋ-] *n* escala *f* móvil.

slight [slaıt] ◇ *adj* **-1.** [improvement, hesitation etc] ligero(ra); [wound] superficial; **not in the** ~**est** *fml* en absoluto **-2.** [slender] menudo(da), de aspecto frágil. ◇ *n* desaire *m.* ◇ *vt* menospreciar, desairar.

slightly [slaıtlı] *adv* **-1.** [to small extent] ligeramente **-2.** [slenderly]: ~ **built** menudo(da).

slim [slım] (*compar* -mer, *superl* -mest, *pt* & *pp* -med, *cont* -ming) ◇ *adj* **-1.** [person, object] delgado(da) **-2.** [chance, possibility] remoto(ta). ◇ *vi* (intentar) adelgazar.

slime [slaım] *n* [in pond etc] lodo *m*, cieno *m*; [of snail, slug] baba *f.*

slimmer [slımə'] *n* persona *f* que intenta adelgazar.

slimming [slımıŋ] *n* adelgazamiento *m.*

slimming pill *n* pastilla *f* para adelgazar.

slimness [slımnıs] *n* delgadez *f*, esbeltez *f.*

slimy [slaımı] (*compar* -ier, *superl* -iest) *adj* **-1.** [pond etc] fangoso(sa); [snail] baboso(sa) **-2.** *pej* [servile] empalagoso(sa), zalamero(ra).

sling [slıŋ] (*pt* & *pp* slung) ◇ *n* **-1.** [for injured arm] cabestrillo *m* **-2.** [for carrying things] braga *f*, honda *f.* ◇ *vt* **-1.** [hang roughly] colgar descuidadamente **-2.** *inf* [throw] tirar **-3.** [hang by both ends] colgar.

slingback [slıŋbæk] *n* zapato abierto en la parte del tacón.

slingshot [slıŋʃɒt] *n* US tirachinas *m inv.*

slink [slıŋk] (*pt* & *pp* slunk) *vi*: **to** ~ (**away** OR **off**) escabullirse.

slip [slıp] (*pt* & *pp* -ped, *cont* -ping) ◇ *n* **-1.** [mistake] descuido *m*, desliz *m*; **a** ~ **of the pen/tongue** un lapsus **-2.** [of paper - gen] papelito *m*; [- form] hoja *f* **-3.** [underskirt] enaguas *fpl* **-4.** *phr*: **to give sb the** ~ *inf* dar esquinazo a alguien. ◇ *vt*: **to** ~ **sthg into** meter algo rápidamente en; **to** ~ **into sthg, to** ~ **sthg on** [clothes] ponerse rápidamente algo. ◇ *vi* **-1.** [lose one's balance] resbalar, patinar **-2.** [slide] escurrirse, resbalar **-3.** [decline] empeorar; **to let things** ~ dejar que las cosas empeoren **-4.** *phr*: **to let sthg** ~ decir algo sin querer.

➤ **slip up** *vi* cometer un error (poco importante).

slip-on *adj* sin cordones.

➤ **slip-ons** *npl* zapatos *mpl* sin cordones.

slipcover [slıpˌkʌvə'] *n* US [for furniture] funda *f.*

slipped disc [ˌslıpt-] *n* hernia *f* discal.

slipper [slıpə'] *n* zapatilla *f.*

slippery [slıpərı] *adj* resbaladizo(za).

slip road *n* UK [for joining motorway] acceso *m*; [for leaving motorway] salida *f.*

slipshod [slıpʃɒd] *adj* descuidado(da), chapucero(ra).

slipstream [slıpstri:m] *n* estela *f.*

slip-up *n inf* desliz *m*; **to make a** ~ cometer un desliz.

slipway [slıpweı] *n* grada *f.*

slit [slıt] (*pt* & *pp* slit, *cont* -ting) ◇ *n* ranura *f*, hendidura *f.* ◇ *vt* abrir, cortar (a lo largo).

slither [slıðə'] *vi* deslizarse; **it** ~**ed away** se marchó deslizándose.

sliver [slıvə'] *n* [of glass] esquirla *f*; [of wood] astilla *f*; [of cheese, ham] tajada *f* muy fina.

slob [slɒb] *n inf* guarro *m*, -rra *f.*

slobber [slɒbə'] *vi* babear.

slog [slɒg] (*pt* & *pp* -ged, *cont* -ging) *inf* ◇ *n* **-1.** [work] curro *m*, trabajo *m* pesado **-2.** [journey] viaje *m* pesado. ◇ *vi* **-1.** [work]: **to** ~ (**away**)

at trabajar sin descanso en **-2.** [move] caminar con dificultad.

slogan ['sləʊgən] n eslogan m.

slop [slɒp] (pt & pp **-ped,** cont **-ping**) ◇ vt derramar. ◇ vi derramarse.

➡ **slops** npl bazofia f.

slope [sləʊp] ◇ n cuesta f, pendiente f; **to be on the slippery ~** ir cuesta abajo. ◇ vi inclinarse; **the road ~s down to the beach** la carretera desciende hasta la playa.

sloping ['sləʊpɪŋ] adj [gen] inclinado(da); [ground] en pendiente.

sloppy ['slɒpɪ] (compar **-ier,** superl **-iest**) adj **-1.** [person] descuidado(da); [work] chapucero(ra); [appearance] dejado(da) **-2.** inf [sentimental] sensiblero(ra).

slosh [slɒʃ] ◇ vt echar. ◇ vi chapotear; **the paste ~ed around in the bucket** la cola se agitaba ruidosamente en el cubo.

sloshed [slɒʃt] adj inf: **to be ~** estar como una cuba; **to get ~** ponerse como una cuba.

slot [slɒt] (pt & pp **-ted,** cont **-ting**) n **-1.** [opening] ranura f **-2.** [groove] muesca f **-3.** [place in schedule] espacio m.

➡ **slot in** ◇ vt sep [into slot] introducir en la ranura; [into timetable etc] hacer un hueco a; **I can ~ you in at 1.00** te puedo encajar a la 1. ◇ vi [fit neatly] encajar.

sloth [sləʊθ] n **-1.** [animal] perezoso m **-2.** literary [laziness] pereza f.

slot machine n **-1.** [vending machine] máquina f automática (de bebidas, cigarrillos etc) **-2.** [arcade machine] máquina f tragaperras.

slot meter n UK contador m que funciona con monedas.

slouch [slaʊtʃ] ◇ n: **to walk with a ~** andar con los hombros caídos. ◇ vi ir con los hombros caídos.

slough [slʌf] ➡ **slough off** vt sep [shed] mudar; fig [get rid of] deshacerse de.

Slovak ['sləʊvæk] ◇ adj eslovaco(ca). ◇ n **-1.** [person] eslovaco m, -ca f **-2.** [language] eslovaco m.

Slovakia [slə'vækɪə] n Eslovaquia.

Slovakian [slə'vækɪən] ◇ adj eslovaco(ca). ◇ n eslovaco m, -ca f.

Slovenia [slə'viːnjə] n Eslovenia.

Slovenian [slə'viːnjən] ◇ adj esloveno(na). ◇ n esloveno m, -na f.

slovenly ['slʌvnlɪ] adj [unkempt] desaliñado(da); [careless] descuidado(da).

slow [sləʊ] ◇ adj **-1.** [not fast] lento(ta); **to be a ~ reader** leer despacio **-2.** [not prompt]: **to be ~ to do sthg** tardar en hacer algo; **to be ~ to anger** tarda en enfadarse **-3.** [clock etc] atra-

sado(da); **my watch is a few minutes ~** mi reloj va atrasado unos cuantos minutos **-4.** [not busy - business] flojo(ja); [- place] poco activo(va) **-5.** [not intelligent] corto(ta) (de alcances) **- 6.** [not hot]: **bake in a ~ oven** cocinar a horno moderado. ◇ vt aminorar, ralentizar. ◇ vi ir más despacio.

➡ **slow down, slow up** ◇ vt sep [growth] retrasar; [car] reducir la velocidad de. ◇ vi **-1.** [walker] ir más despacio; [car] reducir la velocidad **-2.** [take it easy] tomarse las cosas con calma.

slow-acting adj de efectos retardados.

slowcoach ['sləʊkəʊtʃ], **slow-poke** US n inf cachazudo m, -da f.

slowdown ['sləʊdaʊn] n **-1.** [slackening off] ralentización f **-2.** [go-slow] US huelga f de celo.

slow handclap n aplauso lento y rítmico de protesta.

slowly ['sləʊlɪ] adv despacio, lentamente; **~ but surely** lento pero seguro.

slow motion n: **in ~** a cámara lenta.

➡ **slow-motion** adj a cámara lenta.

slow-poke US = slowcoach.

sludge [slʌdʒ] n (U) [mud] fango m, lodo m; [sewage] aguas fpl residuales.

slug [slʌg] (pt & pp **-ged,** cont **-ging**) ◇ n **-1.** [insect] babosa f **-2.** inf [of alcohol] lingotazo m **-3.** US inf [bullet] bala f. ◇ vt inf pegar un puñetazo a.

sluggish ['slʌgɪʃ] adj [movement, activity] lento(ta); [feeling] aturdido(da).

sluice [sluːs] ◇ n [passage] canal m de desagüe; [gate] compuerta f. ◇ vt [rinse]: **to ~ sthg down** OR **out** lavar algo con mucha agua.

slum [slʌm] (pt & pp **-med,** cont **-ming**) ◇ n [area] barrio m bajo. ◇ vt: **to ~ it** inf instalarse de cualquier manera provisionalmente.

slumber ['slʌmbə'] literary ◇ n sueño m; **~ party** US fiesta de adolescentes en que se quedan a dormir en casa de quien la organiza. ◇ vi dormir.

slump [slʌmp] ◇ n **-1.** [decline]: **~ (in)** bajón m (en) **-2.** ECON crisis f económica. ◇ vi **-1.** [fall in value] dar un bajón **-2.** [fall heavily - person] desplomarse, dejarse caer; **they found him ~ed on the floor** lo encontraron desplomado en el suelo.

slung [slʌŋ] pt & pp ▷ sling.

slunk [slʌŋk] pt & pp ▷ slink.

slur [slɜː'] (pt & pp **-red,** cont **-ring**) ◇ n [insult] agravio m, afrenta f; **to cast a ~ on sb** manchar la reputación de alguien. ◇ vt mascullar.

slurp [slɜːp] vt sorber ruidosamente.

slurred [slɜːd] *adj* indistinto(ta).

slush [slʌʃ] *n* nieve *f* medio derretida.

slush fund, slush money US *n* fondos *utilizados para actividades corruptas.*

slut [slʌt] *n* -**1.** *inf* [dirty or untidy woman] marrana *f* -**2.** *v inf* [sexually immoral woman] ramera *f*.

sly [slaɪ] (*compar* slyer OR slier, *superl* slyest OR sliest) <> *adj* -**1.** [look, smile] furtivo(va) -**2.** [person] astuto(tà), ladino(na). <> *n*: **on the ~** a escondidas.

slyness [ˈslaɪnɪs] *n (U)* [of person] astucia *f*.

S & M (*abbr of* **sadism and masochism**) *n* sadomaso *m*.

smack [smæk] <> *n* -**1.** [slap] cachete *m*, cachetada *f* Amér -**2.** [impact] golpe *m*. <> *vt* -**1.** [slap] pegar, dar un cachete a -**2.** [place violently] tirar de golpe -**3.** *phr*: **to ~ one's lips** relamerse. <> *vi*: **to ~ of sth** oler a algo. <> *adv inf* [directly]: **~ in the middle** justo en medio.

small [smɔːl] <> *adj* [gen] pequeño(ña); [person] bajo(ja); [matter, attention] de poca importancia; [importance] poco(ca); **in a ~ way** a pequeña escala; **to make sb feel ~** hacer que alguien se sienta muy poca cosa; **to get ~er** empequeñecer. <> *n*: **the ~ of the back** la zona lumbar.
→ **smalls** *npl* UK *inf dated* paños *mpl* menores.

small ads [-ædz] *npl* UK anuncios *mpl* clasificados.

small arms *npl* armas *fpl* portátiles OR de mano.

small change *n* cambio *m*, suelto *m*, calderilla *f* Esp, sencillo *m* Andes, feria *f* Méx, menudo *m* Col.

small fry *n* gente *f* de poca monta.

smallholder [ˈsmɔːlˌhəʊldəʳ] *n* UK minifundista *m* OR *f*.

smallholding [ˈsmɔːlˌhəʊldɪŋ] *n* minifundio *m*.

small hours *npl* primeras horas *fpl* de la madrugada; **in the ~** en la madrugada.

smallness [ˈsmɔːlnɪs] *n* [gen] pequeñez *f*; [of rise, amount] escasez *f*.

smallpox [ˈsmɔːlpɒks] *n* viruela *f*.

small print *n*: **the ~** la letra pequeña.

small-scale *adj* en pequeña escala.

small talk *n (U)* conversación *f* trivial.

small-time *adj* de poca monta.

smarmy [ˈsmɑːmɪ] (*compar* -ier, *superl* -iest) *adj* cobista.

smart [smɑːt] <> *adj* -**1.** [neat, stylish] elegante -**2.** *esp* US [clever] inteligente -**3.** [fashionable, exclusive] distinguido(da), elegante -**4.** [quick, sharp] rápido(da). <> *vi* -**1.** [eyes, wound]

escocer -**2.** [person] sentir resquemor.
→ **smarts** *n* US [intelligence] mollera *f*.

smart card *n* tarjeta *f* inteligente, tarjeta *f* con chip.

smarten [ˈsmɑːtn] → **smarten up** *vt sep* arreglar; **to ~ o.s. up** arreglarse.

smash [smæʃ] <> *n* -**1.** [sound] estrépito *m* -**2.** *inf* [car crash] accidente *m* -**3.** *inf* [success] éxito *m* -**4.** TENNIS mate *m*, smash *m*. <> *vt* -**1.** [break into pieces] romper, hacer pedazos -**2.** [hit, crash]: **to ~ one's fist into sthg** dar un puñetazo en algo -**3.** *fig* [defeat] aplastar. <> *vi* -**1.** [break into pieces] romperse, hacerse pedazos -**2.** [crash, collide]: **to ~ through sthg** romper algo atravesándolo; **to ~ into sthg** chocar violentamente con algo.
→ **smash up** *vt sep* romper, hacer pedazos.

smash-and-grab (raid) UK *n* robo rápido *después de romper un escaparate.*

smashed [smæʃt] *adj inf* [drunk] cocido(da), trompa.

smash hit *n* gran éxito *m*.

smashing [ˈsmæʃɪŋ] *adj inf* fenomenal, estupendo(da).

smash-up *n* choque *m* violento, colisión *f*.

smattering [ˈsmætərɪŋ] *n* nociones *fpl*; **he has a ~ of Spanish** tiene nociones de español.

SME (*abbr of* **small and medium-sized enterprise**) *n* PYME *f*.

smear [smɪəʳ] <> *n* -**1.** [dirty mark] mancha *f* -**2.** ~ **test** citología *f*, Papanicolau *m* Amér -**3.** [slander] calumnia *f*, difamación *f*. <> *vt* -**1.** [smudge] manchar -**2.** [spread]: **to ~ sthg onto sthg** untar algo con algo; **the screen was ~ed with grease** la pantalla estaba embadurnada de grasa -**3.** [slander] calumniar, difamar.

smear campaign *n* campaña *f* difamatoria.

smear test *n* citología *f*, Papanicolau *m* Amér.

smell [smel] (*pt & pp* -ed OR smelt) <> *n* -**1.** [odour] olor *m* -**2.** [sense of smell] olfato *m*. <> *vt* lit & fig oler. <> *vi* -**1.** [gen] oler; **to ~ of/like** oler a/como; **to ~ good/bad** oler bien/mal -**2.** [smell unpleasantly] apestar.

smelly [ˈsmelɪ] (*compar* -ier, *superl* -iest) *adj* maloliente, apestoso(sa).

smelt [smelt] <> *pt & pp* → smell. <> *vt* fundir.

smile [smaɪl] <> *n* sonrisa *f*. <> *vi* sonreír; **to smile ~ at sb** sonreírle a algn. <> *vt* mostrar con una sonrisa; **he ~d his approval** mostró su aprobación con una sonrisa.

smiling [ˈsmaɪlɪŋ] *adj* sonriente.

smirk [smɜːk] <> *n* sonrisa *f* desdeñosa. <> *vi* sonreír desdeñosamente.

smith [smɪθ] *n* herrero *m*, -ra *f*.

smithereens [ˌsmɪðəˈriːnz] *npl inf*: to be smashed to ~ hacerse añicos; **to smash sthg to**~ hacer algo añicos.

smithy [ˈsmɪðɪ] (*pl* **-ies**) *n* herrería *f*.

smitten [ˈsmɪtn] *adj inf hum*: to be ~ (**with sb**) estar colado(da) (por alguien); **to be ~ (with sthg)** estar entusiasmado(da) (con algo).

smock [smɒk] *n* blusón *m*.

smog [smɒg] *n* niebla *f* baja, smog *m*.

smoke [sməʊk] ◇ *n* **-1.** [gen] humo *m*; **to go up in** ~ ser consumido(da) por las llamas **-2.** [act of smoking]: **to have a ~** fumar. ◇ *vt* **-1.** [cigarette, cigar] fumar; **to ~ a pipe** fumar en pipa **-2.** [fish, meat, cheese] ahumar. ◇ *vi* **-1.** [smoke tobacco] fumar; **I don't ~** no fumo **-2.** [give off smoke] echar humo.

smoked [sməʊkt] *adj* ahumado(da).

smokeless fuel [ˈsməʊklɪs-] *n* combustible *m* que no hecha humo.

smokeless zone [ˈsməʊklɪs-] *n* zona en la que se prohibe el uso de combustible que eche humo.

smoker [ˈsməʊkəʳ] *n* **-1.** [person] fumador *m*, -ra *f* **-2.** *RAIL* [compartment] compartimiento *m* de fumadores.

smokescreen [ˈsməʊkskriːn] *n fig* cortina *f* de humo.

smoke shop *n US* estanco *m*.

smoke signal *n* señal *f* de humo.

smoking [ˈsməʊkɪŋ] *n*: ~ **is bad for you** fumar es malo; **to give up**~ dejar de fumar; **'no ~'** 'prohibido fumar'.

smoking compartment *UK*, **smoking car** *US n* compartimiento *m* de fumadores.

smoky [ˈsməʊkɪ] (*compar* **-ier**, *superl* **-iest**) *adj* **-1.** [full of smoke] lleno(na) de humo **-2.** [taste, colour] ahumado(da).

smolder *US* = smoulder.

smooch [smuːtʃ] *vi inf* besuquearse.

smooth [smuːð] ◇ *adj* **-1.** [surface] liso(sa); [skin] terso(sa) **-2.** [mixture, gravy] sin grumos **-3.** [movement, taste] suave **-4.** [flight, ride] tranquilo(la) **-5.** *pej* [person, manner] meloso(sa) **-6.** [trouble-free] sin problemas. ◇ *vt* alisar; **to ~ the way** allanar el camino.

➡ **smooth out** *vt sep* **-1.** [table cloth, crease] alisar **-2.** [difficulties] allanar.

➡ **smooth over** *vt fus*: **to ~ things over** limar asperezas.

smoothly [ˈsmuːðlɪ] *adv* **-1.** [evenly] suavemente **-2.** [suavely] sin alterarse **-3.** [without problems] sin problemas; **everything went**~ todo transcurrió sin contratiempos.

smoothness [ˈsmuːðnɪs] *n* **-1.** [of surface] lisura *f* **-2.** [of movement, mixture] suavidad *f* **-3.** *pej* [of person] melosidad *f*.

smooth-talking *adj* que tiene mucha labia.

smother [ˈsmʌðəʳ] *vt* **-1.** [cover thickly]: **to ~ sthg in** *OR* **with** cubrir algo de **-2.** [kill] asfixiar **-3.** [extinguish] sofocar, apagar **-4.** *fig* [control] controlar, contener; **to**~**a yawn** contener un bostezo **-5.** [suffocate with love] abrumar de afecto.

smoulder *UK*, **smolder** *US* [ˈsməʊldəʳ] *vi* **-1.** [fire] arder sin llama **-2.** *fig* [person, feelings] arder.

SMS (*abbr of* short message service) *n COMPUT* servicio *m* de mensajes cortos.

smudge [smʌdʒ] ◇ *n* [dirty mark] mancha *f*; [ink blot] borrón *m*. ◇ *vt* [by blurring] emborronar; [by dirtying] manchar.

smug [smʌg] (*compar* **-ger**, *superl* **-gest**) *adj pej* pagado(da) *OR* satisfecho(cha) de sí mismo(ma).

smuggle [ˈsmʌgl] *vt* **-1.** [across frontiers] pasar de contrabando **-2.** [against rules]: **to ~ sthg in/out** pasar/sacar algo.

smuggler [ˈsmʌgləʳ] *n* contrabandista *m OR f*.

smuggling [ˈsmʌglɪŋ] *n* (*U*) contrabando *m*.

smugness [ˈsmʌgnɪs] *n pej* presunción *f*.

smut [smʌt] *n* **-1.** [dirty mark] tiznón *m*, tiznadura *f* **-2.** (*U*) *inf pej* [lewd matter] guarrerías *fpl*.

smutty [ˈsmʌtɪ] (*compar* **-ier**, *superl* **-iest**) *adj inf pej* guarro(rra).

snack [snæk] ◇ *n* bocado *m*, piscolabis *m inv*, botana *f Guat*, *Méx* & *Ven*. ◇ *vi US* picar.

snack bar *n* bar *m*, cafetería *f*.

snag [snæg] (*pt* & *pp* **-ged**, *cont* **-ging**) ◇ *n* [problem] pega *f*. ◇ *vt* engancharse. ◇ *vi*: **to ~ (on)** engancharse (en).

snail [sneɪl] *n* caracol *m*; **at a**~**'s pace** a paso de tortuga.

snail mail *n* correo *m* caracol.

snake [sneɪk] ◇ *n* [large] serpiente *f*; [small] culebra *f*. ◇ *vi* serpentear.

snap [snæp] (*pt* & *pp* **-ped**, *cont* **-ping**) ◇ *adj* repentino(na); **a**~**decision** una decisión repentina. ◇ *n* **-1.** [act or sound] crujido *m*, chasquido *m* **-2.** *inf* [photograph] foto *f* **-3.** [card game] ≃ guerrilla *f* **-4.** *US* [fastener] broche *m* de presión. ◇ *vt* **-1.** [break] partir (en dos) **-2.** [move with a snap]: **to ~ sthg open** abrir algo de golpe **-3.** [speak sharply] decir bruscamente *OR* de mala manera. ◇ *vi* **-1.** [break] partirse (en dos) **-2.** [move with a snap]: **to ~ into place** colocarse con un golpe seco **-3.** [attempt to bite]: **to ~ at sthg/sb** intentar morder algo/a alguien **-4.** [speak sharply]: **to ~ (at sb)** contestar bruscamente *OR* de mala manera a alguien **- 5.** *phr*: **to ~ out of it** animarse de repente.

➤ **snap up** *vt sep* no dejar escapar.

snappish ['snæpɪʃ] *adj* irritable.

snappy ['snæpɪ] (*compar* -ier, *superl* -iest) *adj inf* **- 1.** [stylish] con estilo **- 2.** [quick] rápido(da); **make it ~!** ¡date prisa! **- 3.** [irritable] arisco(ca).

snapshot ['snæpʃɒt] *n* foto *f*.

snare [sneəʳ] ⟨⟩ *n* trampa *f*. ⟨⟩ *vt* [animal] cazar con trampa; [person] hacer caer en la trampa.

snarl [snɑːl] ⟨⟩ *n* gruñido *m*. ⟨⟩ *vi* gruñir.

snarl-up *n* [gen] embrollo *m*; [of traffic] atasco *m*.

snatch [snætʃ] ⟨⟩ *n* [of conversation, song] fragmento *m*. ⟨⟩ *vt* **- 1.** [grab] agarrar; **to ~ sthg from sb** arrancarle OR arrebatarle algo a alguien **- 2.** [take as time allows]: **to ~ some sleep** sacar tiempo para dormir; **to ~ an opportunity/a few moments** aprovechar una oportunidad/unos minutos. ⟨⟩ *vi*: **to ~ at sthg** intentar agarrar algo; **don't ~!** ¡las cosas no se quitan de las manos!

snazzy ['snæzɪ] (*compar* -ier, *superl* -iest) *adj inf* [stylish] chulo(la); [showy] llamativo(va).

sneak [sniːk] (*US pt* snuck) ⟨⟩ *n UK inf* acusica *m* OR *f*, chivato *m*, -ta *f*. ⟨⟩ *vt* pasar a escondidas; **she tried to ~ the cakes out of the cupboard** intentó sacar los pasteles del armario a hurtadillas; **she ~ed him into her bedroom** lo coló en su dormitorio; **to ~ a look at** echar una mirada furtiva a. ⟨⟩ *vi*: **to ~ in/ out** entrar/salir a escondidas; **he ~ed in without paying** se coló sin pagar; **don't try and ~ off!** ¡no intentes escabullirte!

➤ **sneak up on** *vt sep* acercarse sigilosamente a.

sneakers ['sniːkəz] *npl US* zapatos *mpl* de lona.

sneaking ['sniːkɪŋ] *adj* secreto(ta); **I have a ~ feeling that ...** tengo la sensación de que ...

sneak preview *n* pase *m* privado (*de una película aún no estrenada*).

sneaky ['sniːkɪ] (*compar* -ier, *superl* -iest) *adj inf* solapado(da).

sneer [snɪəʳ] ⟨⟩ *n* mueca *f* de desprecio. ⟨⟩ *vi* **- 1.** [smile unpleasantly] sonreír con desprecio **- 2.** [ridicule]: **to ~ (at)** burlarse (de).

sneeze [sniːz] ⟨⟩ *n* estornudo *m*. ⟨⟩ *vi* estornudar; **it's not to be ~d at** *inf* no es de despreciar.

snicker ['snɪkəʳ] *vi US* reírse por lo bajo.

snide [snaɪd] *adj* sarcástico(ca).

sniff [snɪf] ⟨⟩ *n*: **to give a ~** sorber por la nariz. ⟨⟩ *vt* **- 1.** [smell] oler **- 2.** [drug] esnifar.

⟨⟩ *vi* **- 1.** [to clear nose] sorber por la nariz **- 2.** [to show disapproval]: **to ~ at sthg** desdeñar algo.

➤ **sniff out** *vt sep* **- 1.** [detect by sniffing] olfatear **- 2.** *inf* [seek out] descubrir.

sniffer dog ['snɪfəʳ-] *n* perro entrenado para descubrir drogas o explosivos.

sniffle ['snɪfl] *vi* [during a cold] sorberse los mocos; [when crying] sorberse las lágrimas.

snigger ['snɪɡəʳ] ⟨⟩ *n* risa *f* disimulada. ⟨⟩ *vi* reírse por lo bajo.

snip [snɪp] (*pt & pp* -ped, *cont* -ping) ⟨⟩ *n inf* [bargain] ganga *f*. ⟨⟩ *vt* cortar con tijeras.

snipe [snaɪp] *vi* **- 1.** [shoot]: **to ~ (at)** disparar (sobre) **- 2.** [criticize]: **to ~ at sb** criticar a alguien.

sniper ['snaɪpəʳ] *n* francotirador *m*, -ra *f*.

snippet ['snɪpɪt] *n* retazo *m*, fragmento *m*; **~ of information** un dato aislado.

snivel ['snɪvl] (*UK pt & pp* -led, *cont* -ling, *US pt & pp* -ed, *cont* -ing) *vi* lloriquear.

snob [snɒb] *n* esnob *m* OR *f*.

snobbery ['snɒbərɪ] *n* esnobismo *m*.

snobbish ['snɒbɪʃ], **snobby** ['snɒbɪ] (*compar* -ier, *superl* -iest) *adj* esnob.

snooker ['snuːkəʳ] ⟨⟩ *n* snooker *m*, juego parecido al billar. ⟨⟩ *vt UK inf*: **to be ~ed** estar con las manos atadas.

snoop [snuːp] *vi inf*: **to ~ (around)** fisgonear.

snooper ['snuːpəʳ] *n inf* fisgón *m*, -ona *f*.

snooty ['snuːtɪ] (*compar* -ier, *superl* -iest) *adj* engreído(da).

snooze [snuːz] ⟨⟩ *n* cabezada *f*; **to have a ~** echar una cabezada. ⟨⟩ *vi* dormitar.

snore [snɔːʳ] ⟨⟩ *n* ronquido *m*. ⟨⟩ *vi* roncar.

snoring ['snɔːrɪŋ] *n (U)* ronquidos *mpl*.

snorkel ['snɔːkl] *n* tubo *m* respiratorio.

snorkelling *UK*, **snorkeling** *US* ['snɔːklɪŋ] *n* buceo *m* con tubo; **to go ~** bucear con tubo.

snort [snɔːt] ⟨⟩ *n* resoplido *m*. ⟨⟩ *vi* resoplar. ⟨⟩ *vt drugs sl* esnifar.

snotty ['snɒtɪ] (*compar* -ier, *superl* -iest) *adj inf* [snooty] altivo(va).

snout [snaʊt] *n* hocico *m*.

snow [snəʊ] ⟨⟩ *n* nieve *f*. ⟨⟩ *v impers* nevar; **it's ~ing** está nevando.

➤ **snow in** *vt sep*: **to be ~ed in** estar bloqueado(da) por la nieve.

➤ **snow under** *vt sep*: **to be ~ed under (with)** estar inundado(da) (de).

snowball ['snəʊbɔːl] ⟨⟩ *n* bola *f* de nieve. ⟨⟩ *vi fig* aumentar rápidamente.

snow blindness *n* ceguera *f* de la nieve.

snowboard ['snəʊbɔːd] *n* snowboard *m*.

snowboarding ['snəʊbɔːdɪŋ] *n* snowboard *m*;

to go ~ hacer snowboard.

snowbound ['snəʊbaʊnd] *adj* bloquea-do(da) por la nieve.

snow-capped [-,kæpt] *adj* con el pico cubierto de nieve.

snowdrift ['snəʊdrɪft] *n* montón *m* de nieve.

snowdrop ['snəʊdrɒp] *n* campanilla *f* blanca.

snowfall ['snəʊfɔːl] *n* nevada *f*.

snowflake ['snəʊfleɪk] *n* copo *m* de nieve.

snowman ['snəʊmæn] (*pl* **-men** [-men]) *n* muñeco *m* de nieve.

snow pea *n US* guisante *m* mollar *Esp*, tirabeque *m*, arveja *f* china *Andes, Col, CSur, Ven*, chícharo *m* chino *CAm, Méx*.

snowplough *UK*, **snowplow** *US* ['snəʊplaʊ] *n* quitanieves *m inv*.

snowshoe ['snəʊʃuː] *n* raqueta *f* de nieve.

snowstorm ['snəʊstɔːm] *n* tormenta *f* de nieve.

snowy ['snəʊɪ] (*compar* **-ier**, *superl* **-iest**) *adj* de mucha nieve.

SNP *n abbr of* **Scottish National Party**.

Snr, snr (*abbr of* **senior**) sén.

snub [snʌb] (*pt* & *pp* **-bed**, *cont* **-bing**) ◇ *n* desaire *m*. ◇ *vt* desairar.

snuck [snʌk] *US pt* ▷ **sneak**.

snuff [snʌf] *n* [tobacco] rapé *m*.

snuffle ['snʌfl] *vi* [during a cold] sorberse los mocos; [when crying] sorberse las lágrimas.

snug [snʌg] (*compar* **-ger**, *superl* **-gest**) *adj* **-1.** [person] cómodo y calentito (cómoda y calentita); [feeling] de bienestar **-2.** [place] acogedor (ra) **-3.** [close-fitting] ajustado(da), ceñido(da).

snuggle ['snʌgl] *vi*: **to** ~ **up to sb** arrimarse a alguien acurrucándose; **to** ~ **down** acurrucarse.

so [səʊ] ◇ *adv* **-1.** [to such a degree] tan; ~ **difficult (that)** tan difícil (que); **don't be** ~ **stupid!** ¡no seas bobo!; **I wish he wouldn't talk** ~ **much** ojalá no hablara tanto; **I've never seen** ~ **much money/many cars** en mi vida he visto tanto dinero/tantos coches; **thank you** ~ **much** muchísimas gracias; **he's not** ~ **stupid as he looks** no es tan bobo como parece; **we're** ~ **glad you could come** estamos tan contentos de que pudieras venir; **it's about** ~ **high** es así de alto **-2.** [in referring back to previous statement, event etc]: ~ **what's the point then?** entonces ¿qué sentido tiene?; ~ **you knew already?** ¿así que ya lo sabías?; **I don't think** ~ no creo, me parece que no; **I'm afraid** ~ me temo que sí; **if** ~ si es así, de ser así; **is that** ~? ¿es cierto?, ¿es así? **-3.** [also] también; ~ **can I** y yo (también puedo); ~ **do I** y yo (también); **she speaks French and** ~ **does her husband** ella

habla francés y su marido también; **as with children** ~ **with adults** igual que con los niños, también con los adultos; **just as some people like family holidays** ~ **others prefer to holiday alone** igual que hay gente a la que le gustan las vacaciones familiares, otros las prefieren pasar solos **-4.** [in such a way]: **(like)** ~ así, de esta forma; **it was** ~ **arranged as to look impressive** estaba dispuesto de tal manera que pareciera impresionante **-5.** [in expressing agreement]: ~ **there is!** ¡pues (sí que) es verdad!, ¡sí que lo hay, sí!; ~ **I see** ya lo veo **-6.** [unspecified amount, limit]: **they pay us** ~ **much a week** nos pagan tanto a la semana; **it's not** ~ **much the money as the time involved** no es tanto el dinero como el tiempo que conlleva; **they didn't** ~ **much as say thank you** ni siquiera dieron las gracias; **or** ~ o así; **a year/week or** ~ **ago** hace un año/una semana o así. ◇ *conj* **-1.** [with the result that, therefore] así que, por lo tanto; **he said yes and** ~ **we got married** dijo que sí, así que nos casamos **-2.** [to introduce a statement] (bueno) pues; ~ **what have you been up to?** bueno, ¿y qué has estado haciendo?; ~ **that's who she is!** ¡anda! ¡o sea que ella!; ~ **what?** *inf* ¿y qué?; ~ **there** *inf* ¡(y si no te gusta,) te chinchas!

➥ **and so on, and so forth** *adv* y cosas por el estilo.

➥ **so as** *conj* para; **we didn't knock** ~ **as not to disturb them** no llamamos para no molestarlos.

➥ **so far** *conj* [up to now] hasta ahora; ~ **far, so good** por ahora todo bien.

➥ **so that** *conj* para que; **he lied** ~ **that she would go free** mintió para que ella saliera en libertad.

SO *abbr of* **standing order**.

soak [səʊk] ◇ *vt* **-1.** [leave immersed] poner en remojo **-2.** [wet thoroughly] empapar, ensopar *Amér*; **to be** ~ **ed with** estar empapado de. ◇ *vi* **-1.** [become thoroughly wet]: **to leave sthg to** ~, **to let sthg** ~ dejar algo en remojo **-2.** [spread]: **to** ~ **into** *OR* **through sthg** calar algo.

➥ **soak up** *vt sep* [liquid] empapar, absorber.

soaked [səʊkt] *adj* empapado(da); **to be** ~ **through** *OR* **to the skin** estar empapado hasta los huesos.

soaking ['səʊkɪŋ] *adj* empapado(da); **to be** ~ **wet** estar empapado.

so-and-so *n inf* **-1.** [to replace a name] fulano *m*, -na *f* de tal **-2.** [annoying person] hijo *m*, -ja *f* de tal.

soap [səʊp] ◇ *n* **-1.** (*U*) [for washing] jabón *m* **-2.** *TV* culebrón *m*. ◇ *vt* enjabonar.

soap dish *n* jabonera *f*.

soap flakes *npl* escamas *fpl* de jabón.
soap opera *n* culebrón *m*.
soap powder *n* jabón *m* en polvo.
soapsuds ['səupsʌdz] *npl* espuma *f* de jabón, jabonaduras *fpl*.
soapy ['səupɪ] (*compar* -ier, *superl* -iest) *adj* - **1.** [full of soap] jabonoso(sa) - **2.** [taste] a jabón; [texture] de jabón.
soar [sɔːʳ] *vi* - **1.** [bird] remontar el vuelo - **2.** [rise into the sky] elevarse - **3.** [increase rapidly] alcanzar cotas muy altas - **4.** *literary* [be impressively high] elevarse.
soaring ['sɔːrɪŋ] *adj* - **1.** [rapidly increasing, rising] cada vez más alto(ta) - **2.** [impressively high] altísimo(ma).
sob [sɒb] (*pt & pp* -bed, *cont* -bing) ⬦ *n* sollozo *m*. ⬦ *vt* decir sollozando. ⬦ *vi* sollozar.
sobbing ['sɒbɪŋ] *n* (U) sollozos *mpl*.
sober ['səubəʳ] *adj* - **1.** [gen] sobrio(bria) - **2.** [serious] serio(ria).

➡ **sober up** *vi* pasársele a uno la borrachera.

sobering ['səubərɪŋ] *adj* que hace reflexionar; it was a ～ **thought** dio mucho que pensar.
sobriety [səu'braɪətɪ] *n fml* sobriedad *f*.
Soc. *abbr of* Society.
so-called [-kɔːld] *adj* - **1.** [expressing scepticism] mal llamado(da), supuesto(ta) - **2.** [widely known as] así llamado(da).
soccer ['sɒkəʳ] *n* (U) fútbol *m*.
sociable ['səuʃəbl] *adj* sociable.
social ['səuʃl] *adj* social.
social climber *n pej* arribista *m OR f*.
social club *n* club *m* social.
social conscience *n* conciencia *f* social.
social democracy *n* socialdemocracia *f*.
Social Democrat *n* socialdemócrata *mf*.
social fund *n* en *Gran Bretaña, fondo de prestaciones en casos de extrema necesidad.*
socialism ['səuʃəlɪzml] *n* socialismo *m*.
socialist ['səuʃəlɪst] ⬦ *adj* socialista. ⬦ *n* socialista *m OR f*.
socialite ['səuʃəlaɪt] *n* persona *f* que frecuenta fiestas de sociedad.
socialize, -ise ['səuʃəlaɪz] *vi*: to ～ **(with)** alternar (con).
social life *n* vida *f* social.
socially ['səuʃəlɪ] *adv* - **1.** [relating to society] socialmente - **2.** [outside business] fuera del trabajo; we don't meet ～ no tenemos relación fuera del trabajo.
social order *n* orden *m* social.
social science *n* - **1.** (U) [in general] ciencias *fpl* sociales - **2.** [individual science] ciencia *f* social.

social security *n* seguridad *f* social.
social services *npl* servicios *mpl* sociales.
social studies *n* estudios *mpl* sociales.
social work *n* (U) trabajo *m* social.
social worker *n* asistente *m*, -ta *f* social.
society [sə'saɪətɪ] (*pl* -ies) *n* - **1.** [gen] sociedad *f* - **2.** [club, organization] sociedad *f*, asociación *f*.
socioeconomic ['səusɪəu͵iːkə'nɒmɪk] *adj* socioeconómico(ca).
sociological [͵səusjə'lɒdʒɪkl] *adj* sociológico(ca).
sociologist [͵səusɪ'ɒlədʒɪst] *n* sociólogo *m*, -ga *f*.
sociology [͵səusɪ'ɒlədʒɪ] *n* sociología *f*.
sock [sɒk] *n* calcetín *m*, media *f Amér*; **to pull one's ～s up** *inf* hacer un esfuerzo.
socket ['sɒkɪt] *n* - **1.** *ELEC* enchufe *m* - **2.** [of eye] cuenca *f*; [of joint] glena *f*.
sod [sɒd] *n* - **1.** [of turf] tepe *m* - **2.** *v inf* [person] cabroncete *m*.
soda ['səudə] *n* - **1.** [gen] soda *f* - **2.** *US* [fizzy drink] gaseosa *f*.
soda syphon *n* sifón *m*.
soda water *n* soda *f*.
sodden ['sɒdn] *adj* empapado(da).
sodium ['səudɪəm] *n* sodio *m*.
sodium bicarbonate *n* bicarbonato *m* de sodio.
sodium chloride *n* cloruro *m* de sodio.
sofa ['səufə] *n* sofá *m*.
sofa bed *n* sofá cama *m*.
Sofia ['səufjə] *n* Sofía.
soft [sɒft] *adj* - **1.** [pliable, not stiff, not strict] blando(da); **to go ～** ablandarse - **2.** [smooth, gentle, not bright] suave - **3.** [caring - person] de buen corazón.
soft-boiled *adj* pasado(da) por agua.
soft drink *n* refresco *m*.
soft drugs *npl* drogas *fpl* blandas.
soften ['sɒfn] ⬦ *vt* suavizar. ⬦ *vi* - **1.** [substance] ablandarse - **2.** [expression] suavizarse, dulcificarse.

➡ **soften up** *vt sep inf* ablandar.

softener ['sɒfnəʳ] *n* suavizante *m*.
soft focus *n*: in ～ en difuminado.
soft furnishings *UK*, **soft goods** *US npl* *artículos del tipo cortinas, cojines, alfombras.*
softhearted [͵sɒft'hɑːtɪd] *adj* de buen corazón.
softly ['sɒftlɪ] *adv* - **1.** [gently] con delicadeza - **2.** [quietly, not brightly] suavemente - **3.** [leniently] con indulgencia.
softness ['sɒftnɪs] *n* - **1.** [gen] suavidad *f* - **2.** [plia-

bility] blandura f - **3.** [lenience] indulgencia f.

soft sell n inf sistema de venta en el que no se presiona al posible comprador.

soft-spoken adj de voz suave.

soft toy n muñeco m de peluche.

software ['sɒftweəʳ] n COMPUT software m.

software package n COMPUT paquete m de software.

soft water n agua f blanda.

softy ['sɒftɪ] (pl -ies) n inf - **1.** pej [weak person] blandengue m OR f - **2.** [sensitive person] blando m, -da f.

soggy ['sɒgɪ] (compar -ier, superl -iest) adj inf empapado(da).

soil [sɔɪl] <> n - **1.** [earth] tierra f, suelo m - **2.** fig [territory] territorio m; **on British** ~ en territorio británico. <> vt ensuciar.

soiled [sɔɪld] adj sucio(cia).

solace ['sɒləs] n literary consuelo m.

solar ['səʊləʳ] adj solar; ~ **eclipse** eclipse de sol.

solarium [sə'leərɪəm] (pl -riums OR -ria [-rɪəl) n solarium m.

solar panel n panel m solar.

solar plexus [-'pleksəs] n: **the** ~ el plexo solar.

solar power n energía f solar.

solar system n: **the Solar System** el sistema solar.

sold [səʊld] pt & pp ⊳ sell.

solder ['səʊldəʳ] <> n (U) soldadura f. <> vt soldar.

soldering iron ['səʊldərɪŋ-] n soldador m.

soldier ['səʊldʒəʳ] n soldado m.
  ➤ **soldier on** vi UK seguir adelante a pesar de las dificultades.

sold out adj agotado(da); **the theatre was** ~ se agotaron las localidades; **all the shops were** ~ **of lemons** se habían agotado los limones en todas las tiendas.

sole [səʊl] (pl sense 2 only inv OR -s) <> adj - **1.** [only] único(ca) - **2.** [exclusive] exclusivo(va). <> n - **1.** [of foot] planta f; [of shoe] suela f - **2.** [fish] lenguado m.

solely ['səʊllɪ] adv únicamente.

solemn ['sɒləm] adj solemne.

solemnly ['sɒləmlɪ] adv solemnemente, con solemnidad.

sole trader n UK comercio m individual.

solicit [sə'lɪsɪt] <> vt fml [request] solicitar. <> vi [prostitute] ofrecer sus servicios.

solicitor [sə'lɪsɪtəʳ] n UK JUR abogado que lleva casos administrativos y legales, pero que no acude a los tribunales superiores.

solicitous [sə'lɪsɪtəs] adj fml solícito(ta); ~ **about** OR **of** OR **for** preocupado(da) por.

solid ['sɒlɪd] <> adj - **1.** [gen] sólido(da) - **2.** [rock, wood, gold] macizo(za) - **3.** [reliable, respectable] serio(ria), formal - **4.** [without interruption] sin interrupción; **it rained for two ~ weeks** llovió sin parar durante dos semanas. <> n sólido m; **to be on ~s** [subj: baby] estar tomando alimentos sólidos.

solidarity [ˌsɒlɪ'dærətɪ] n solidaridad f.

solid fuel n combustible m sólido.

solidify [sə'lɪdɪfaɪ] (pt & pp -ied) vi solidificarse.

solidly ['sɒlɪdlɪ] adv - **1.** [sturdily] sólidamente; ~ **built** de construcción sólida - **2.** [completely, definitely] enteramente - **3.** [without interruption] sin interrupción.

soliloquy [sə'lɪləkwɪ] (pl -ies) n soliloquio m.

solitaire [ˌsɒlɪ'teəʳ] n - **1.** [jewel, board game] solitario m - **2.** US [card game] solitario m.

solitary ['sɒlɪtrɪ] adj solitario(ria).

solitary confinement n: **to be in** ~ estar incomunicado(da) (en la cárcel).

solitude ['sɒlɪtjuːd] n soledad f.

solo ['səʊləʊ] (pl -s) <> adj & adv a solas. <> n solo m.

soloist ['səʊləʊɪst] n soloista m OR f.

Solomon Islands ['sɒləmən-] npl: **the** ~ las islas Salomón.

solstice ['sɒlstɪs] n solsticio m.

soluble ['sɒljʊbl] adj soluble.

solution [sə'luːʃn] n: ~ **(to)** solución f (a).

solve [sɒlv] vt resolver.

solvency ['sɒlvənsɪ] n FIN solvencia f.

solvent ['sɒlvənt] <> adj FIN solvente. <> n disolvente m.

solvent abuse [-ə'bjuːs] n aspiración por la nariz de gomas o colas.

Somali [sə'mɑːlɪ] <> adj somalí. <> n - **1.** [person] somalí m OR f - **2.** [language] somalí m.

Somalia [sə'mɑːlɪə] n Somalia.

sombre UK, **somber** US ['sɒmbəʳ] adj sombrío(a).

some [sʌm] <> adj - **1.** [a certain amount, number of]: **would you like** ~ **coffee?** ¿quieres café?; **give me** ~ **money** dame algo de dinero; **there are** ~ **good articles in it** tiene algunos artículos buenos; **I bought** ~ **socks** [one pair] me compré unos calcetines; [more than one pair] me compré calcetines - **2.** [fairly large number or quantity of]: **I've known him for** ~ **years** lo conozco desde hace bastantes años; **we still have** ~ **way to go** nos queda un buen trecho todavía; **I had** ~ **difficulty getting here** me costó lo mío llegar aquí - **3.** (contrastive use) [certain] algunos(as); **jobs are better paid than others** algunos trabajos están mejor pagados que otros; ~ **people say that ...** los hay que dicen que ...; **in**

~ ways en cierto modo **- 4.** [in imprecise statements] algún(una); **there must be ~ mistake** debe haber un or algún error; **she married ~ writer or other** se casó con no sé qué escritor; **~ day** algún día **- 5.** inf [very good] menudo(da); **that's ~ car he's got** ¡menudo coche tiene!; **~ help you are!** iro [not very good] ¡menuda or valiente ayuda me das! <> pron **-1.** [a certain amount]: **can I have ~?** [money, milk, coffee etc] ¿puedo coger un poco?; **I've already had ~** ya he tomado; **~ of** parte de **- 2.** [a certain number] algunos(as); **can I have ~?** [books, potatoes etc] ¿puedo coger algunos?; **~ (of them) left early** algunos se fueron temprano; **~ say he lied** hay quien dice que mintió. <> adv **-1.** unos(as); **there were ~ 7,000 people there** habría unas 7.000 personas **- 2.** US [slightly] algo, un poco; **shall I turn it up ~?** ¿lo subo algo or un poco?

somebody ['sʌmbədɪ] <> pron alguien; **~ or other** alguien. <> n: **he thinks he's ~** se cree que es alguien.

someday ['sʌmdeɪ] adv algún día.

somehow ['sʌmhaʊ], **someway** US ['sʌmweɪ] adv **-1.** [by some action] de alguna manera; **~ or other** de un modo u otro **- 2.** [for some reason] por alguna razón.

someone ['sʌmwʌn] pron alguien; **~ or other** alguien, no sé quien.

someplace US = somewhere.

somersault ['sʌməsɔ:lt] <> n [in air] salto m mortal; [on ground] voltereta f. <> vi [in air] dar un salto mortal; [on ground] dar una voltereta.

something ['sʌmθɪŋ] <> pron algo; **or ~** inf o algo así; **that's ~ (at least)** ya es algo; **to be really ~** ser de lo que no hay, ser increíble; **she's ~ of a poet** ella es un poco poeta; **it came as ~ of a surprise to me** me pilló un poco por sorpresa; **~ or other** alguna cosa. <> adv: **~ like, ~ in the region of** algo así como.

sometime ['sʌmtaɪm] <> adj antiguo(gua). <> adv en algún momento; **~ or other** en algún momento; **~ next week** durante la semana que viene.

sometimes ['sʌmtaɪmz] adv a veces.

someway US = somehow.

somewhat ['sʌmwɒt] adv fml algo.

somewhere UK ['sʌmweəʳ], **someplace** US ['sʌmpleɪs] adv **-1.** [unknown place - with verbs of position] en alguna parte; [- with verbs of movement] a alguna parte; **it's ~ else** está en otra parte; **it's ~ in the kitchen** está en alguna parte de la cocina; **shall we go ~ else?** ¿nos vamos a otra parte?; **I need ~ to spend the night** necesito un lugar donde pasar la noche

- 2. [in approximations]: **~ between five and ten** entre cinco y diez; **~ around 20** alrededor de 20; **he's ~ in his fifties** tiene cincuenta años y pico **- 3.** phr: **to be getting ~** avanzar, ir a alguna parte; **now we're getting ~!** ¡parece que las cosas empiezan a funcionar!

son [sʌn] n hijo m.

sonar ['səʊnɑːʳ] n sonar m.

sonata [sə'nɑːtə] n sonata f.

song [sɒŋ] n **-1.** [gen] canción f; **they burst into ~** se pusieron a cantar; **to make a ~ and dance about sthg** inf armar la de Dios es Cristo sobre algo **- 2.** [of bird] canto m **-3.** phr: **for a ~** inf [cheaply] por cuatro cuartos.

songbook ['sɒŋbʊk] n cancionero m.

sonic ['sɒnɪk] adj sónico(ca).

sonic boom n estampido m or boom m sónico.

son-in-law (pl **sons-in-law** or **son-in-laws**) n yerno m.

sonnet ['sɒnɪt] n soneto m.

sonny ['sʌnɪ] (pl -ies) n inf hijo m, chico m.

soon [su:n] adv pronto; **how ~ will it be ready?** ¿para cuándo estará listo?; **~ after** poco después; **as ~ as** tan pronto como; **as ~ as possible** cuanto antes; **see you ~** hasta pronto; **I'd just as ~ ...** igual me daría ..., no me importaría ...

sooner ['su:nəʳ] adv **-1.** [in time] antes; **no ~ did he arrive than ...** apenas había llegado cuando ...; **no ~ said than done** dicho y hecho; **~ or later** (más) tarde o (más) temprano; **the ~ the better** cuanto antes mejor **- 2.** [expressing preference]: **I'd ~ (not) ...** preferiría (no) ...

soot [sʊt] n hollín m.

soothe [su:ð] vt **-1.** [pain] aliviar **-2.** [nerves etc] calmar.

soothing ['su:ðɪŋ] adj **-1.** [pain-relieving] calmante **-2.** [calming] sedante, relajante.

sooty ['sʊtɪ] (compar -ier, superl -iest) adj cubierto(ta) de hollín.

sophisticated [sə'fɪstɪkeɪtɪd] adj **-1.** [gen] sofisticado(da) **- 2.** [intelligent] inteligente.

sophistication [sə,fɪstɪ'keɪʃn] n **-1.** [gen] sofisticación f **- 2.** [intelligence] inteligencia f.

sophomore ['sɒfəmɔːʳ] n US estudiante m or f del segundo curso.

sophomoric ['sɒfəmɒrɪk] adj US immaduro(ra) y repipi.

soporific [,sɒpə'rɪk] adj soporífico(ca).

sopping ['sɒpɪŋ] adj: **~ (wet)** chorreando.

soppy ['sɒpɪ] (compar -ier, superl -iest) adj inf pej sentimentaloide.

soprano [sə'prɑːnəʊ] (pl -s) n soprano f.

sorbet ['sɔːbeɪ] n sorbete m; **lemon ~** sorbete

de limón.

sorcerer ['sɔːsərəʳ] n mago m, -ga f, brujo m, -ja f.

sordid ['sɔːdɪd] adj **-1.** [immoral] obsceno(na) **-2.** [dirty, unpleasant] sórdido(da).

sore [sɔːʳ] ◇ adj **-1.** [painful] dolorido(da); **to have a ~ throat** tener dolor de garganta **-2.** US [upset] enfadado(da); **to get ~** enfadarse. ◇ n llaga f, úlcera f.

sorely ['sɔːlɪ] adv literary enormemente.

sorority [səˈrɒrətɪ] n US club de estudiantes universitarias.

sorrel ['sɒrəl] n acedera f.

sorrow ['sɒrəʊ] n pesar m, pena f.

sorrowful ['sɒrəfʊl] adj apesadumbrado(da), apenado(da).

sorry ['sɒrɪ] (compar -ier, superl -iest) ◇ adj **-1.** [expressing apology]: **to be ~ about sthg** sentir OR lamentar algo; **I'm ~ for what I did** siento lo que hice; **I'm ~** lo siento; **I'm ~ if I'm disturbing you** OR **to disturb you** siento molestarte **-2.** [expressing shame, disappointment]: **to be ~ that** sentir que; **we were ~ about his resignation** sentimos que dimitiera; **to be ~ for** arrepentirse de; **we're ~ to see you go** sentimos que te vayas **-3.** [expressing regret]: **I'm ~ to have to say that ...** siento tener que decir que ... **-4.** [expressing pity]: **to be** OR **feel ~ for sb** sentir lástima por alguien; **to be** OR **feel ~ for o.s.** sentir lástima de uno mismo (una misma) **-5.** [expressing polite disagreement]: **I'm ~, but ...** perdón, pero ... **-6.** [poor, pitiable] lamentable, penoso(sa); **it was a ~ sight** tenía un aspecto horrible. ◇ excl **-1.** [I apologise]: **sorry!** ¡perdón! **-2.** [pardon]: **sorry?** ¿perdón? **-3.** [to correct oneself]: **a girl, ~, a woman** una chica, perdón, una mujer.

sort [sɔːt] ◇ n tipo m, clase f; **what ~ of computer have you got?** ¿qué tipo de ordenador tienes?; **all ~s of** todo tipo de; **~ of** más o menos, así así; **a ~ of** una especie de; **she did nothing of the ~** no hizo nada por el estilo. ◇ vt clasificar.
➡ **sorts** npl: **a lawyer of ~s** una especie de abogado; **to be out of ~s** estar bajo(ja) de tono.
➡ **sort out** vt sep **-1.** [classify] clasificar **-2.** [solve] solucionar, resolver.

sortie ['sɔːtiː] n salida f; **to make a ~** hacer una salida.

sorting office ['sɔːtɪŋ-] n oficina de clasificación del correo.

sort-out n UK inf limpieza f general; **to have a ~** hacer limpieza general.

SOS (abbr of save our souls) n SOS m; **to send an ~** lanzar un SOS.

so-so adj & adv inf así así.

soufflé ['suːfleɪ] n suflé m; **a cheese ~** un suflé de queso.

sought [sɔːt] pt & pp ➤ **seek**.

sought-after adj solicitado(da), buscado(da).

soul [səʊl] n **-1.** [gen] alma f; **she's a good ~** es buena persona; **poor ~!** ¡pobrecito! **-2.** [of nation etc] espíritu m **-3.** [music] música f soul.

soul-destroying [-dɪˌstrɔɪɪŋ] adj desmoralizador(ra).

soulful ['səʊlfʊl] adj lleno(na) de sentimiento.

soulless ['səʊllɪs] adj desangelado(da).

soul mate n alma f gemela.

soul music n música f soul.

soul-searching n (U) examen f de conciencia; **to do a lot of ~** realizar un profundo examen de conciencia.

sound [saʊnd] ◇ adj **-1.** [healthy] sano(na) **-2.** [sturdy] sólido(da) **-3.** [reliable] fiable, seguro(ra). ◇ adv: **to be ~ asleep** estar profundamente dormido(da). ◇ n **-1.** [gen] sonido m **-2.** [particular noise] ruido m **-3.** [impression]: **I don't like the ~ of it** no me gusta nada; **by the ~ of it** por lo que parece. ◇ vt [bell etc] hacer sonar, tocar. ◇ vi **-1.** [gen] sonar **-2.** [give impression]: **it ~s interesting** parece interesante; **it ~s like fun** suena divertido; **he ~s like a nice man** parece un hombre simpático.
➡ **sound out** vt sep: **to ~ sb out (on** OR **about)** sondear a alguien (sobre).

sound barrier n barrera f del sonido.

sound card n COMPUT tarjeta f de sonido.

sound effects npl efectos mpl sonoros.

sounding ['saʊndɪŋ] n NAUT sondeo m marino.

sounding board n lit & fig caja f de resonancia.

soundly ['saʊndlɪ] adv **-1.** [severely - beat] totalmente **-2.** [deeply] profundamente.

soundness ['saʊndnɪs] n [reliability] solidez f.

soundproof ['saʊndpruːf] adj insonorizado(da).

soundtrack ['saʊndtræk] n banda f sonora.

sound wave n onda f sonora.

soup [suːp] n [thick] sopa f; [clear] caldo m, consomé m.
➡ **soup up** vt sep inf **-1.** [car] trucar **-2.** [book etc] emperifollar.

soup kitchen n comedor m de beneficiencia.

soup plate n plato m hondo OR sopero.

soup spoon n cuchara f sopera.

sour [saʊəʳ] ◇ adj **-1.** [acidic] ácido(da) **-2.** [milk, person, reply] agrio(gria) **-3.** phr: **to go** OR **turn ~** fig [evening, plans] irse al traste; [relationship] agriarse. ◇ vt agriar. ◇ vi agriarse.

source [sɔ:s] *n* -**1.** [gen] fuente *f* -**2.** [cause] origen *m* -**3.** [of river] nacimiento *m*.

sour cream *n* nata *f* agria.

sourdough (bread) ['saʊə'dəʊl *n US* pan *m* hecho de masa fermentada.

sour grapes *n (U) inf*: it's ~! ¡están verdes!

sourness ['saʊənɪs] *n* -**1.** [acidity] acidez *f* -**2.** [of milk] agrura *f* -**3.** [of person, relations] acritud *f*.

south [saʊθ] ◇ *n* -**1.** [direction] sur *m* -**2.** [region]: **the South** el sur. ◇ *adj* del sur. ◇ *adv*: ~ (of) al sur (de).

South Africa *n*: (the Republic of) ~ (la república de) Suráfrica.

South African ◇ *adj* surafricano(na). ◇ *n* [person] surafricano *m*, -na *f*.

South America *n* Sudamérica.

South American ◇ *adj* sudamericano(na). ◇ *n* [person] sudamericano *m*, -na *f*.

southbound ['saʊθbaʊnd] *adj* con rumbo al sur.

southeast [ˌsaʊθ'i:st] ◇ *n* -**1.** [direction] sudeste *m* -**2.** [region]: **the Southeast** el sudeste. ◇ *adj* del sudeste. ◇ *adv*: ~ (of) hacia el sudeste (de).

Southeast Asia *n* el sureste asiático.

southeasterly [ˌsaʊθ'i:stəlɪ] *adj* del sudeste; **in a ~ direction** hacia el sudeste.

southeastern [ˌsaʊθ'i:stən] *adj* del sudeste.

southerly ['sʌðəlɪ] *adj* del sur; **in a ~ direction** hacia el sur.

southern ['sʌðən] *adj* del sur, sureño(ña); **the ~ hemisphere** el hemisferio sur.

Southerner ['sʌðənəʳ] *n* sureño *m*, -ña *f*.

South Korea *n* Corea del Sur.

South Pole *n*: **the ~** el polo Sur.

South Vietnam *n* (el) Vietnam del Sur.

southward ['saʊθwəd] ◇ *adj* sur. ◇ *adv* = southwards.

southwards ['saʊθwədz] *adv* hacia el sur.

southwest [ˌsaʊθ'west] ◇ *n* -**1.** [direction] suroeste *m* -**2.** [region]: **the Southwest** el suroeste. ◇ *adj* del suroeste. ◇ *adv*: ~ (of) hacia el suroeste (de).

southwesterly [ˌsaʊθ'westəlɪ] *adj* del suroeste; **in a ~ direction** hacia el suroeste.

southwestern [ˌsaʊθ'westən] *adj* del suroeste.

souvenir [ˌsu:və'nɪəʳ] *n* recuerdo *m*.

sou'wester [saʊ'westəʳ] *n* [hat] sueste *m*.

sovereign ['sɒvrɪn] ◇ *adj* soberano(na). ◇ *n* -**1.** [ruler] soberano *m*, -na *f* -**2.** [coin] soberano *m*.

sovereignty ['sɒvrɪntɪ] *n* soberanía *f*.

Soviet ['səʊvɪət] ◇ *adj* soviético(ca). ◇ *n* [person] soviético *m*, -ca *f*.

Soviet Union *n*: the (former) ~ la (antigua) Unión Soviética.

sow¹ [səʊ] (*pt* -ed, *pp* sown OR -ed) *vt lit & fig* sembrar.

sow² [saʊ] *n* cerda *f*, puerca *f*, chancha *f Amér*.

sown [səʊn] *pp* ▷ sow¹.

soya ['sɔɪə] *n* soja *f*.

soy(a) bean ['sɔɪ(ə)-] *n esp US* semilla *f* de soja, frijol *m* de soja *Amér*, poroto *m* de soja *Andes, CSur*.

soy sauce [sɔɪ-] *n esp US* salsa *f* de soja.

sozzled ['sɒzld] *adj UK inf* trompa, mamado(da).

spa [spɑ:] *n* balneario *m*.

space [speɪs] ◇ *n* espacio *m*; **to stare into ~** tener la mirada perdida; **there isn't enough ~ for it** no hay suficiente espacio para ello; **in the ~ of 30 minutes** en el espacio de 30 minutos. ◇ *vt* espaciar.

➤ **space out** *vt sep* [arrange with spaces between] espaciar.

space age *n*: **the ~** la era espacial.

➤ **space-age** *adj inf* de la era espacial.

space bar *n* [typo] barra *f* espaciadora.

space capsule *n* cápsula *f* espacial.

spacecraft ['speɪskrɑ:ft] (*pl inv*) *n* nave *f* espacial, astronave *f*.

spaceman ['speɪsmæn] (*pl* -men [-men]) *n inf* astronauta *m*.

space probe *n* sonda *f* espacial.

spaceship ['speɪsʃɪp] *n* nave *f* espacial, astronave *f*.

space shuttle *n* transbordador *m* espacial.

space station *n* estación *f* espacial.

spacesuit ['speɪssu:t] *n* traje *m* espacial.

spacewoman ['speɪsˌwʊmən] (*pl* -women [-ˌwɪmɪn]) *n* astronauta *f*.

spacing ['speɪsɪŋ] *n TYPO* espacio *m*; **double ~** doble espacio.

spacious ['speɪʃəs] *adj* espacioso(sa).

spade [speɪd] *n* -**1.** [tool] pala *f* -**2.** [playing card] pica *f*.

➤ **spades** *npl* picas *fpl*; **the six of ~s** el seis de picas.

spadework ['speɪdwɜ:k] *n inf* trabajo *m* previo.

spaghetti [spə'getɪ] *n (U)* espaguetis *mpl*.

Spain [speɪn] *n* España *f*.

spam [spæm] (*pt & pp* -med, *cont* -ming) COMPUT ◇ *n* correo *m* basura. ◇ *vt* enviar correo basura a.

span [spæn] (*pt & pp* -ned, *cont* -ning) ◇ *pt* ▷ spin. ◇ *n* -**1.** [in time] lapso *m*, periodo *m* -**2.** [range] gama *f* -**3.** [of wings] envergadura *f* -**4.** [of bridge, arch] ojo *m*. ◇ *vt* -**1.** [in time] abarcar

- 2. [subj: bridge etc] cruzar, atravesar.

spangled ['spæŋgld] *adj literary*: ~ **(with)** adornado(da) (con).

Spaniard ['spænjəd] *n* español *m*, -la *f*.

spaniel ['spænjəl] *n* perro *m* de aguas.

Spanish ['spænɪʃ] <> *adj* español(la). <> *n* [language] español *m*, castellano *m*. <> *npl* [people]: **the** ~ los españoles.

Spanish America *n* Hispanoamérica.

Spanish American <> *adj* **-1.** [in US] hispano(na) **- 2.** [in Latin America] hispanoamericano(na). <> *n* **-1.** [in US] hispano *m*, -na *f* **- 2.** [in Latin America] hispanoamericano *m*, -na *f*.

spank [spæŋk] <> *n* azote *m*. <> *vt* dar unos azotes a.

spanner ['spænə'] *n* llave *f* inglesa.

spar [spɑːʳ] (*pt* & *pp* **-red**, *cont* **-ring**) <> *n* palo *m*, verga *f*. <> *vi* **-1.** *BOXING*: **to** ~ **(with)** entrenarse (con) **- 2.** [verbally]: **to** ~ **(with)** discutir amistosamente (con).

spare [speəʳ] <> *adj* **-1.** [surplus] de sobra **- 2.** [free - chair, time] libre; **I've got a ~ pen you can borrow** tengo un bolígrafo de sobra que te puedo prestar; **have you got a ~ minute?** ¿tienes un minuto?; **there's one going ~** sobra uno **- 3.** *inf* [crazy] **to go ~** volverse loco(ca). <> *n* **-1.** [extra one] **I always carry a ~** siempre llevo uno de sobra **- 2.** *inf* [tyre] neumático *m* de recambio **- 3.** *inf* [part] pieza *f* de recambio OR repuesto, refacción *f Chile & Méx*. <> *vt* **-1.** [time] conceder; [money] dejar; **we can't ~ any time/money** no tenemos tiempo/dinero; **to ~ de sobra - 2.** [not harm - person, city] perdonar; **they ~d his life** le perdonaron la vida; [- company, city] salvar **- 3.** [not use, not take]: **to ~ no expense/effort** no escatimar gastos/esfuerzos **- 4.** [save from]: **to ~ sb sthg** ahorrarle a alguien algo; **you've ~d me the trouble** me has ahorrado la molestia.

spare part *n* AUT pieza *f* de recambio OR repuesto, refacción *f Chile & Méx*.

spare room *n* habitación *f* de invitados.

spare time *n* tiempo *m* libre.

spare tyre *UK*, **spare tire** *US* *n* **-1.** AUT neumático *m* de recambio **- 2.** *hum* [fat waist] michelines *mpl*.

spare wheel *n* rueda *f* de recambio.

sparing ['speərɪŋ] *adj*: **to be ~ with** OR **of** ser parco(ca) en.

sparingly ['speərɪŋlɪ] *adv* con moderación.

spark [spɑːk] <> *n lit* & *fig* chispa *f*. <> *vt* provocar; **to ~ sthg off** provocar algo.

sparking plug ['spɑːkɪŋ-] *UK* = spark plug.

sparkle ['spɑːkl] <> *n* (*U*) [of diamond] destello *m*; [of eyes] brillo *m*. <> *vi* [star, jewels] cente-

llear; [eyes] brillar.

sparkler ['spɑːklə'] *n* [firework] bengala *f*.

sparkling wine ['spɑːklɪŋ-] *n* vino *m* espumoso.

spark plug *n* bujía *f*.

sparrow ['spærəʊ] *n* gorrión *m*.

sparse [spɑːs] *adj* escaso(sa).

spartan ['spɑːtn] *adj* espartano(na).

spasm ['spæzml] *n* **-1.** MED [state] espasmo *m* **- 2.** MED [attack] acceso *m* **- 3.** [of emotion] ataque *m*.

spasmodic [spæz'mɒdɪk] *adj* espasmódico(ca).

spastic ['spæstɪk] MED <> *adj* espástico(ca). <> *n* espástico *m*, -ca *f*.

spat [spæt] *pt* & *pp* ⊳ **spit**.

spate [speɪt] *n* cadena *f*, serie *f*.

spatial ['speɪʃl] *adj fml* espacial.

spatter ['spætə'] <> *vt* salpicar. <> *vi*: **to ~ on sthg** salpicar algo.

spatula ['spætjʊlə] *n* espátula *f*.

spawn [spɔːn] <> *n* (*U*) huevas *fpl*. <> *vt fig* engendrar. <> *vi* desovar, frezar.

spay [speɪ] *vt* sacar los ovarios a *(un animal)*.

SPCA (*abbr of* **Society for the Prevention of Cruelty to Animals**) *n* sociedad estadounidense protectora de animales, ≃ SPA *f*.

SPCC (*abbr of* **Society for the Prevention of Cruelty to Children**) *n* organización estadounidense para la prevención de malos tratos a los niños.

speak [spiːk] (*pt* spoke, *pp* spoken) <> *vt* **-1.** [say] decir; **to ~ ill of** hablar mal de; **to ~ one's mind** decir lo que se piensa **- 2.** [language] hablar; **can you ~ French?** ¿hablas francés? <> *vi* hablar; **to ~ to** OR **with** hablar con (en); **to ~ to sb (about)** hablar con alguien (de); **to ~ about** hablar de; **to ~ to sb (on sthg)** [give speech] hablar ante alguien (sobre algo); **to ~ well** OR **highly of** hablar bien de; **nobody/ nothing to ~ of** nadie/nada especial; **we aren't ~ing** [we aren't friends] no nos hablamos; **is that Mrs Jones? – ~ing!** ¿la señora Jones? – sí, soy yo.

➤ **so to speak** *adv* como quien dice, por así decirlo.

➤ **speak for** *vt fus* [represent] hablar en nombre de; ~ **for yourself!** ¡eso lo dirás tú!; **it ~s for itself** es evidente.

➤ **speak out** *vi*: **to ~ out (against/in favour of)** hablar claro (en contra de/a favor de).

➤ **speak up** *vi* **-1.** [speak out]: **to ~ up for** salir en defensa de **- 2.** [speak louder] hablar más alto.

speaker ['spiːkə'] *n* **-1.** [person talking] persona *f* que habla **-2.** [person making a speech - at meal etc] orador *m*, -ra *f*; [- at conference] conferenciante *m* OR *f* **-3.** [of a language] hablante *m* OR *f*; **English ~s** angloparlantes **-4.** [of radio] altavoz *m*.

speaking [ˈspiːkɪŋ] ◇ *adv*: **generally ~** en general; **legally ~** desde una perspectiva legal; **~ as** [in the position of] hablando como; **~ of** [on the subject of] hablando de. ◇ *n* oratoria *f*. ◇ *adj*: **we are not on ~ terms** no nos dirigimos la palabra.

spear [spɪəʳ] ◇ *n* [gen] lanza *f*; [for hunting] jabalina *f*. ◇ *vt* [animal] atravesar; [piece of food] pinchar.

spearhead [ˈspɪəhed] ◇ *n* punta *f* de lanza, abanderado *m*, -da *f*. ◇ *vt* encabezar.

spec [spek] *n* UK inf: **to buy on ~** comprar sin garantías; **to go on ~** ir sin haber reservado con anterioridad.

special [ˈspeʃl] ◇ *adj* **-1.** [gen] especial **-2.** [particular, individual] particular. ◇ *n* **-1.** [on menu]: **today's ~** plato *m* del día **-2.** [TV programme] programa *m* especial.

special agent *n* agente *m* OR *f* especial.

special correspondent *n* enviado *m*, -da *f* especial.

special delivery *n* correo *m* urgente.

special effects *npl* efectos *mpl* especiales.

specialist [ˈspeʃəlɪst] ◇ *adj* [doctor] especialista; [literature] especializado(da). ◇ *n* especialista *m* OR *f*.

speciality [ˌspeʃɪˈælətɪ] (*pl* -**ies**), **specialty** US [ˈspeʃltɪ] (*pl* -**ies**) *n* especialidad *f*.

specialize, -ise [ˈspeʃəlaɪz] *vi*: **to ~ (in)** especializarse (en).

specially [ˈspeʃəlɪ] *adv* especialmente.

special needs *npl* **~ children** niños con necesidades especiales.

special offer *n* oferta *f* especial.

special school *n* escuela *f* especial *(para disminuidos físicos o psíquicos)*.

specialty US = **speciality**.

species [ˈspiːʃiːz] (*pl inv*) *n* especie *f*.

specific [spəˈsɪfɪk] *adj* **-1.** [particular] determinado(da) **-2.** [precise] específico(ca) **-3.** [unique]: **~ to** específico(ca) de.
  ➡ **specifics** *npl* datos *mpl* específicos.

specifically [spəˈsɪfɪklɪ] *adv* **-1.** [particularly] expresamente **-2.** [precisely] específicamente.

specification [ˌspesɪfɪˈkeɪʃn] *n* [plan] especificación *f*.
  ➡ **specifications** *npl* [of machine etc] datos *mpl* técnicos, descripción *f* técnica.

specify [ˈspesɪfaɪ] (*pt* & *pp* -**ied**) *vt*: **to ~ (that)** especificar (que).

specimen [ˈspesɪmən] *n* **-1.** [example] espécimen *m*, ejemplar *m* **-2.** [sample] muestra *f*.

specimen copy *n* ejemplar *m* de muestra.

specimen signature *n* muestra *f* de firma.

speck [spek] *n* **-1.** [small stain] manchita *f* **-2.** [small particle] mota *f*.

speckled [ˈspekld] *adj*: **~ (with)** moteado(da) (de), con manchas (de).

specs [speks] *npl* UK inf [glasses] gafas *fpl*.

spectacle [ˈspektəkl] *n* [sight] espectáculo *m*; **to make a ~ of o.s.** dar el espectáculo.
  ➡ **spectacles** *npl* UK gafas *fpl*.

spectacular [spekˈtækjʊləʳ] ◇ *adj* espectacular. ◇ *n* espectáculo *m*.

spectate [spekˈteɪt] *vi* asistir como espectador.

spectator [spekˈteɪtəʳ] *n* espectador *m*, -ra *f*.

spectator sport *n* deporte *m* de masas.

spectre UK, **specter** US [ˈspektəʳ] *n* lit & fig fantasma *m*.

spectrum [ˈspektrəm] (*pl* -**tra** [-trə]) *n* **-1.** [gen] espectro *m* **-2.** fig [variety] gama *f*, abanico *m*.

speculate [ˈspekjʊleɪt] *vi* especular.

speculation [ˌspekjʊˈleɪʃn] *n* especulación *f*.

speculative [ˈspekjʊlətɪv] *adj* especulativo(va).

speculator [ˈspekjʊleɪtəʳ] *n* FIN especulador *m*, -ra *f*.

sped [sped] *pt* & *pp* ▷ **speed**.

speech [spiːtʃ] *n* **-1.** [gen] habla *f* **-2.** [formal talk] discurso *m*; **to give** OR **make a ~ (on sthg to sb)** pronunciar un discurso (sobre algo a alguien) **-3.** [manner of speaking] manera *f* de hablar **-4.** [dialect] dialecto *m*, habla *f*.

speech day *n* UK día *m* de la entrega de premios.

speech impediment *n* defecto *m* en el habla.

speechless [ˈspiːtʃlɪs] *adj*: **to be ~ (with)** enmudecer (de).

speech therapist *n* logopeda *m* OR *f*.

speech therapy *n* logopedia *f*.

speed [spiːd] (*pt* & *pp* -**ed** OR **sped**) ◇ *n* **-1.** [rate of movement] velocidad *f*; **at ~** a gran velocidad; **at top ~** a toda velocidad; **at a ~ of 30 mph** a una velocidad de 30 millas por hora **-2.** [rapidity] rapidez *f* **-3.** [gear] marcha *f*. ◇ *vi* **-1.** [move fast]: **to ~ (along/away/by)** ir/alejarse/pasar a toda velocidad; **to ~ by** [subj: hours, years] pasar volando **-2.** AUT [go too fast] conducir con exceso de velocidad.
  ➡ **speed up** ◇ *vt sep* [gen] acelerar; [person] meter prisa a. ◇ *vi* [gen] acelerarse; [person] darse prisa.

speedboat [ˈspiːdbəʊt] *n* lancha *f* motora.

speed-dial button *n* [on phone, fax] botón *m*

de marcado abreviado.

speeding [ˈspiːdɪŋ] n (U) exceso m de velocidad.

speed limit n límite m de velocidad.

speedometer [spɪˈdɒmɪtəʳ] n velocímetro m.

speed trap n control m policial de velocidad.

speedway [ˈspiːdweɪ] n -**1.** (U) SPORT carreras fpl de moto -**2.** US [road] autopista f.

speedy [ˈspiːdɪ] (compar -ier, superl -iest) adj rápido(da).

speleology [ˌspiːlɪˈɒlədʒɪ] n fml espeleología f.

spell [spell] (UK pt & pp **spelt** OR -**ed**, US pt & pp -**ed**) <> n -**1.** [of time] temporada f; [of weather] racha f; **sunny** ~**s** intervalos de sol; **to go through a good/bad** ~ pasar una buena/mala racha -**2.** [enchantment] hechizo m; **to cast** OR **put a** ~ **on sb** hechizar a alguien -**3.** [magic words] conjuro m. <> vt -**1.** [form by writing] deletrear; **how do you** ~ **that?** ¿cómo se escribe eso? -**2.** fig [signify] significar; **to** ~ **trouble** augurar problemas. <> vi escribir correctamente; **I can't** ~ cometo muchas faltas de ortografía.

➥ **spell out** vt sep -**1.** [read aloud] deletrear -**2.** [explain]: **to** ~ **sthg out (for** OR **to sb)** decir algo por las claras (a alguien).

spellbinding adj fascinante.

spellbound [ˈspelbaʊnd] adj hechizado(da), embelesado(da); **to hold sb** ~ tener hechizado(da) a alguien.

spellcheck [ˈspeltʃek] vt COMPUT pasar el corrector ortográfico a.

spellchecker [ˈspeltʃekəʳ] n COMPUT corrector m ortográfico.

spelling [ˈspelɪŋ] n ortografía f; **the right/ wrong** ~ la grafía correcta/incorrecta; **to be good at** ~ tener buena ortografía; ~ **mistake** falta f de ortografía.

spelt [spelt] UK pt & pp ⯈ **spell**.

spend [spend] (pt & pp **spent**) vt -**1.** [gen] gastar; **to** ~ **sthg on** gastar algo en -**2.** [time, life] pasar; **to** ~ **one's time doing sth** pasar el tiempo haciendo algo.

spender [ˈspendəʳ] n gastador m, -ra f; **to be a big** ~ gastar mucho.

spending [ˈspendɪŋ] n (U) gasto m.

spending money n dinero m para pequeños gastos.

spending power n poder m adquisitivo.

spendthrift [ˈspendθrɪft] n derrochador m, -ra f, despilfarrador m, -ra f.

spent [spent] <> pt & pp ⯈ **spend**. <> adj [matches, ammunition] usado(da); [patience] agotado(da).

sperm [spɜːm] (pl inv OR -**s**) n esperma m.

spermicidal cream [ˌspɜːmɪˈsaɪdl-] n crema f espermicida.

sperm whale n cachalote m.

spew [spjuː] <> vt arrojar, escupir. <> vi: **flames** ~**ed out of the volcano** el volcán arrojaba llamas.

sphere [sfɪəʳ] n -**1.** [gen] esfera f -**2.** [of people] círculo m.

spherical [ˈsferɪkl] adj esférico(ca).

sphincter [ˈsfɪŋktəʳ] n esfínter m.

sphinx [sfɪŋks] (pl -**es**) n esfinge f.

spice [spaɪs] <> n -**1.** CULIN especia f -**2.** fig [excitement] sabor m. <> vt -**1.** CULIN: **to** ~ **sthg (with)** condimentar algo (con) -**2.** fig [add excitement to]: **to** ~ **sthg (up)** dar sabor a algo.

spick-and-span [ˌspɪkənˈspæn] adj inmaculado(da).

spicy [ˈspaɪsɪ] (compar -ier, superl -iest) adj [hot and peppery] fig picante; [with spices] con muchas especias.

spider [ˈspaɪdəʳ] n araña f.

spider's web, spiderweb US [ˈspaɪdəweb] n telaraña f.

spidery [ˈspaɪdərɪ] adj [handwriting] de rasgos largos y finos.

spiel [ʃpiːl] n rollo m.

spiffy [ˈspɪfɪ] adj US con estilo.

spike [spaɪk] n -**1.** [on railing etc] punta f; [on wall] clavo m -**2.** [on plant] pincho m; [of hair] pelo m de punta.

➥ **spikes** npl UK zapatillas fpl con clavos.

spiky [ˈspaɪkɪ] (compar -ier, superl -iest) adj puntiagudo(da); [hair] erizado(da), en punta.

spill [spɪl] (UK pt & pp **spilt** OR -**ed**, US pt & pp -**ed**) <> vt derramar, verter. <> vi -**1.** [flow] derramarse, verterse -**2.** [flood out]: **to** ~ **out of** salir en masa de.

spillage [ˈspɪlɪdʒ] n derrame m.

spilt [spɪlt] UK pt & pp ⯈ **spill**.

spin [spɪn] (pt **span** OR **spun**, pp **spun**, cont **spinning**) <> n -**1.** [turn] vuelta f -**2.** AERON barrena f -**3.** inf [in car] vuelta f; **to go for a** ~ ir a dar una vuelta. <> vt -**1.** [cause to rotate] girar, dar vueltas a -**2.** [clothes, washing] centrifugar -**3.** [wool, yarn] hilar. <> vi -**1.** [rotate] girar, dar vueltas; **to** ~ **out of control** [subj: vehicle] comenzar a dar trompos -**2.** [feel dizzy]: **my head is spinning** me da vueltas la cabeza -**3.** [make thread, wool, cloth] hilar.

➥ **spin out** vt sep [story] alargar, prolongar; [money] estirar.

spina bifida [ˌspaɪnəˈbɪfɪdə] n espina f bífida.

spinach [ˈspɪnɪdʒ] n (U) espinacas fpl.

spinal column [ˈspaɪnl-] n columna f vertebral.

spinal cord *n* médula *f* espinal.

spinal tap *n US* punción *f* lumbar.

spindle ['spɪndl] *n* -**1.** [machine rod] eje *m* -**2.** [for spinning] huso *m*.

spindly ['spɪndlɪ] (*compar* -ier, *superl* -iest) *adj* larguirucho(cha).

spin doctor *n pej persona encargada de las relaciones con la prensa y de manipular y filtrar la información que se le proporciona.*

spin-dry *vt UK* centrifugar.

spin-dryer *n UK* centrifugadora *f*.

spine [spaɪn] *n* -**1.** *ANAT* espina *f* dorsal -**2.** [of book] lomo *m* -**3.** [spike, prickle] espina *f*, púa *f*.

spine-chilling *adj* escalofriante, espeluznante.

spineless ['spaɪnlɪs] *adj* [feeble] pobre de espíritu.

spinner ['spɪnəʳ] *n* -**1.** [person] hilandera *f* -**2.** [machine] centrifugadora *f*.

spinning ['spɪnɪŋ] *n* hilado *m*.

spinning top *n* peonza *f*.

spin-off *n* [by-product] resultado *m OR* efecto *m* indirecto.

spinster ['spɪnstəʳ] *n* soltera *f*.

spiral ['spaɪərəl] (*UK pt* & *pp* -led, *cont* -ling, *US pt* & *pp* -ed, *cont* -ing) ◇ *adj* en espiral. ◇ *n* -**1.** [curve] espiral *f* -**2.** [increase] escalada *f* -**3.** [decrease] descenso *m* rápido. ◇ *vi* -**1.** [move in spiral curve] moverse en espiral -**2.** [increase rapidly] subir vertiginosamente -**3.** [decrease rapidly]: **to ~ downwards** bajar vertiginosamente.

spiral staircase *n* escalera *f* de caracol.

spire [spaɪəʳ] *n* aguja *f*.

spirit ['spɪrɪt] ◇ *n* -**1.** [gen] espíritu *m*; **to enter into the ~ of** entrar *OR* meterse en el ambiente de -**2.** [vigour] vigor *m*, valor *m*. ◇ *vt*: **to ~ sb in/out** meter/sacar a alguien a escondidas.

➡ **spirits** *npl* -**1.** [mood] humor *m*; **to be in high/low ~s** estar exultante/alicaído -**2.** [alcohol] licores *mpl*.

spirited ['spɪrɪtɪd] *adj* animado(da), enérgico(ca).

spirit level *n* nivel *m* de burbuja de aire.

spiritual ['spɪrɪtʃʊəl] *adj* espiritual.

spiritualism ['spɪrɪtʃʊəlɪzm] *n* espiritismo *m*.

spiritualist ['spɪrɪtʃʊəlɪst] *n* espiritista *m OR f*.

spit [spɪt] (*UK pt* & *pp* spat, *cont* -ting, *US pt* & *pp* spit, *cont* -ting) ◇ *n* -**1.** [saliva] saliva *f* -**2.** [skewer] asador *m*. ◇ *vi* escupir. ◇ *v impers UK* [rain lightly]: **it's spitting** está chispeando.

➡ **spit out** *vt sep lit* & *fig* escupir; **come on, ~ it out!** *fig* venga, ¡suéltalo!

spite [spaɪt] ◇ *n* rencor *m*; **to do sthg out of**

OR **from ~** hacer algo por despecho. ◇ *vt* fastidiar, molestar.

➡ **in spite of** *prep* a pesar de; **I did it in ~ of myself** [unintentionally] lo hice muy a pesar mío.

spiteful ['spaɪtfʊl] *adj* [person, behaviour] rencoroso(sa); [action, remark] malintencionado(da).

spitting image ['spɪtɪŋ-] *n*: **to be the ~ of** ser el vivo retrato de.

spittle ['spɪtl] *n* saliva *f*.

splash [splæʃ] ◇ *n* -**1.** [sound] chapoteo *m* -**2.** [small quantity]: **a ~ of lemonade** un chorrito de limonada -**3.** [of colour, light] mancha *f*. ◇ *vt* salpicar. ◇ *vi* -**1.** [person]: **to ~ about** *OR* **around** chapotear -**2.** [water, liquid]: **to ~ on** *OR* **against sthg** salpicar algo.

➡ **splash out** *vt sep*: **to ~ sthg out on** gastar algo en. ◇ *vi inf*: **to ~ out (on sthg)** gastar un dineral (en algo).

splashdown ['splæʃdaʊn] *n* amerizaje *m*.

splashguard ['splæʃɡɑ:d] *n US* alfombra *f* salpicadero.

splay [spleɪ] ◇ *vt* extender, estirar. ◇ *vi*: **to ~ (out)** extenderse, estirarse.

spleen [spli:n] *n ANAT* bazo *m*; *fig* [anger] cólera *f*.

splendid ['splendɪd] *adj* -**1.** [marvellous] espléndido(da) -**2.** [magnificent, beautiful] magnífico(ca).

splendidly ['splendɪdlɪ] *adv* -**1.** [marvellously] maravillosamente -**2.** [magnificently] magníficamente.

splendour *UK*, **splendor** *US* ['splendəʳ] *n* esplendor *m*.

splice [splaɪs] *vt* [rope] empalmar; [tape, film] montar.

splint [splɪnt] *n* tablilla *f*.

splinter ['splɪntəʳ] ◇ *n* [of wood] astilla *f*; [of glass, metal] fragmento *m*. ◇ *vt*: **to be ~ed** [wood] estar astillado(da); [glass, metal] estar fragmentado(da). ◇ *vi* astillarse.

splinter group *n* grupo *m* disidente.

split [splɪt] (*pt* & *pp* split, *cont* -ting) ◇ *n* -**1.** [crack - in wood] grieta *f*; [- in garment] desgarrón *m* -**2.** [division]: **~ (in)** escisión *f* (en) -**3.** [difference]: **~ (between)** diferencia *f* (entre). ◇ *vt* -**1.** [tear] desgarrar, rasgar; [crack] agrietar -**2.** [break in two] partir, romper -**3.** [party, organization] escindir -**4.** [share] repartir, dividir; **to ~ the difference** partir la diferencia. ◇ *vi* -**1.** [break up - road] bifurcarse; [- object] partirse, romperse -**2.** [party, organization] escindirse -**3.** [wood] partirse, agrietarse; [fabric] desgarrarse, rasgarse -**4.** *US inf* [leave] largarse.

➡ **splits** *npl*: **to do the ~s** hacer el spagat, *caer al suelo con las piernas abiertas.*

➡ **split off** ◇ *vt sep* [break off]: **to ~ sthg**

off (from) separar algo (de). ◇ vi [break off]: to ~ off (from) desprenderse (de).

◆ split up ◇ vt sep: to ~ sthg up (into) dividir algo (en). ◇ vi separarse.

split ends npl puntas fpl rotas.

split-level adj de dos niveles.

split pea n guisante m seco, arveja f seca Amér, chícharo m seco CAm, Méx.

split personality n desdoblamiento m de personalidad.

split screen n COMPUT pantalla f partida.

split second n fracción f de segundo; for a ~ por una fracción de segundo.

split-second timing n precisión f milimétrica.

splitting ['splɪtɪŋ] adj [headache] insoportable.

splutter ['splʌtə'] ◇ n [of person] balbuceo m. ◇ vi -1. [person] balbucear, farfullar -2. [fire, oil] chisporrotear.

spoil [spɔɪl] (pt & pp -ed OR spoilt) vt -1. [ruin] estropear, echar a perder -2. [child etc] mimar, regalonear RP & Chile; to ~ o.s. darse un capricho.

◆ spoils npl botín m.

spoiled [spɔɪld] = spoilt.

spoiler ['spɔɪlə'] n COMPUT mensaje que contiene información sobre el contenido de una serie o película no estrenada todavía.

spoilsport ['spɔɪlspɔːt] n aguafiestas m OR f inv.

spoilt [spɔɪlt] ◇ pt & pp ▷ spoil. ◇ adj mimado(da), consentido(da), regalón(ona) RP & Chile.

spoke [spəʊk] ◇ pt ▷ speak. ◇ n radio m.

spoken ['spəʊkn] pp ▷ speak.

spokesman ['spəʊksmən] (pl -men [-mən]) n portavoz m.

spokesperson ['spəʊks,pɜːsn] n portavoz m OR f.

spokeswoman ['spəʊks,wʊmən] (pl -women [-,wɪmɪn]) n portavoz f.

sponge [spʌndʒ] (UK cont spongeing, US cont sponging) ◇ n -1. [for cleaning, washing] esponja f -2. [cake] bizcocho m. ◇ vt limpiar con una esponja. ◇ vi inf: to ~ off vivir a costa de.

sponge bag n UK neceser m.

sponge cake n bizcocho m, bizcochuelo m CSur, Ven.

sponge pudding n UK pudín de bizcocho hecho al baño maría.

sponger ['spʌndʒə'] n inf pej gorrón m, -ona f.

spongy ['spʌndʒɪ] (compar -ier, superl -iest) adj esponjoso(sa).

sponsor ['spɒnsə'] ◇ n patrocinador m, -ra f. ◇ vt -1. [gen] patrocinar -2. [support] respaldar.

sponsored walk [,spɒnsəd-] n marcha f benéfica.

sponsorship ['spɒnsəʃɪp] n patrocinio m.

spontaneity [,spɒntə'neɪətɪ] n espontaneidad f.

spontaneous [spɒn'teɪnjəs] adj espontáneo(a).

spontaneously [spɒn'teɪnjəslɪ] adv espontáneamente.

spoof [spuːf] n: ~ (of OR on) parodia f (de).

spook [spuːk] vt US asustar.

spooky ['spuːkɪ] (compar -ier, superl -iest) adj inf escalofriante, estremecedor(ra).

spool [spuːl] n [gen & COMPUT] bobina f.

spoon [spuːn] ◇ n -1. [piece of cutlery] cuchara f -2. [spoonful] cucharada f. ◇ vt: to ~ sthg onto OR into poner una cucharada de algo en.

spoon-feed vt -1. [feed with spoon] dar de comer con cuchara a -2. fig [present in simple form] dar masticado.

spoonful ['spuːnfʊl] (pl -s OR spoonsful ['spuːnzfʊl]) n cucharada f.

sporadic [spə'rædɪk] adj esporádico(ca).

sport [spɔːt] ◇ n [game] deporte m. ◇ vt lucir, llevar.

◆ sports comp deportivo(va).

sporting ['spɔːtɪŋ] adj lit & fig deportivo(va); to give sb a ~ chance dar a alguien la oportunidad de ganar.

sports car ['spɔːts-] n coche m deportivo, auto m sport CSur, carro m sport Amér.

sports day n UK día m dedicado a los deportes.

sports jacket ['spɔːts-] n chaqueta f de esport.

sportsman ['spɔːtsmən] (pl -men [-mən]) n deportista m.

sportsmanship ['spɔːtsmənʃɪp] n deportividad f.

sports pages npl sección f OR páginas fpl de deportes.

sportswear ['spɔːtsweə'] n ropa f deportiva.

sportswoman ['spɔːts,wʊmən] (pl -women [-,wɪmɪn]) n deportista f.

sports utility vehicle n US todoterreno m utilitario.

sporty ['spɔːtɪ] (compar -ier, superl -iest) adj inf -1. [fond of sports] aficionado(da) a los deportes -2. [flashy] llamativo(va).

spot [spɒt] (pt & pp -ted, cont -ting) ◇ n -1. [stain] mancha f, mota f; [dot] punto m -2. [pimple] grano m -3. [drop] gota f -4. inf [bit, small amount] pizca f, miaja f -5. [place] lugar m; on the ~ en el lugar; to do sthg on the ~ hacer algo en el acto **- 6.** *RADIO & TV* espacio *m* **- 7.** *phr:* **to have a soft ~ for sb** tener debilidad por alguien; **to put sb on the ~** poner a alguien en un aprieto *OR* contra las cuerdas. ◇ *vt* [notice] notar, ver.

spot check *n* control *m* aleatorio.

spotless ['spɒtlɪs] *adj* [thing] inmaculado(da); [reputation] intachable.

spotlight ['spɒtlaɪt] *n* [of car] faro *m* auxiliar; [in theatre, home] foco *m*, reflector *m* de luz; **to be in the ~** *fig* ser el centro de atención.

spot-on *adj UK inf* exacto(ta), preciso(sa).

spotted ['spɒtɪd] *adj* de lunares, moteado(da).

spotty ['spɒtɪ] (*compar* -ier, *superl* -iest) *adj* **- 1.** *UK* [skin] con granos **- 2.** *US* [patchy] irregular.

spouse [spaʊs] *n* cónyuge *m OR f.*

spout [spaʊt] ◇ *n* [of teapot] pitorro *m*; [of jug] pico *m.* ◇ *vt pej* [churn out] soltar. ◇ *vi:* **to ~ from** *OR* **out of** [liquid] salir a chorros de; [smoke, flames] salir incesantemente de.

sprain [spreɪn] ◇ *n* torcedura *f.* ◇ *vt* torcerse.

sprang [spræŋ] *pt* ⊳ **spring.**

sprat [spræt] *n* espadín *m.*

sprawl [sprɔːl] ◇ *n (U):* **urban ~** desorganización *f* urbana. ◇ *vi* **- 1.** [sit] repantigarse, arrellanarse; [lie] echarse, tumbarse **- 2.** [cover large area] extenderse.

sprawling ['sprɔːlɪŋ] *adj* [city] de urbanización caótica.

spray [spreɪ] ◇ *n* **- 1.** [small drops - of liquid] rociada *f*; [- of sea] espuma *f*; [- of aerosol] pulverización *f* **- 2.** [pressurized liquid] espray *m* **- 3.** [can, container - gen] atomizador *m*; [- for garden] pulverizador *m* **- 4.** [of flowers] ramo *m.* ◇ *vt* rociar, vaporizar. ◇ *vi:* **water ~ed all over the room** el agua salpicó toda la habitación.

spray can *n* aerosol *m*, espray *m.*

spray paint *n* pintura *f* en aerosol.

spread [spred] (*pt & pp* **spread**) ◇ *n* **- 1.** [soft food]: **cheese ~** queso *m* para untar **- 2.** [of fire, disease] propagación *f* **- 3.** [range of products] gama *f*, surtido *m* **- 4.** *PRESS:* **two-page ~** doble página *f.* ◇ *vt* **- 1.** [rug, tablecloth] extender; [map] desplegar **- 2.** [legs, fingers etc] estirar **- 3.** [butter, jam] untar; [glue] repartir; **to ~ sthg over sthg** extender algo por algo **- 4.** [disease] propagar; [news] difundir, diseminar **- 5.** [in time]: **to be ~ over** tener una duración de **- 6.** [wealth, work] repartir equitativamente. ◇ *vi* **- 1.** [disease, fire, news] extenderse, propagarse **- 2.** [gas, cloud] esparcirse.

➧ **spread out** ◇ *vt sep* **- 1.:** **to be ~ out** [far apart] estar diseminado(da); [sprawling] exten-

derse **- 2.** [rug, tablecloth, legs] extender; [map] desplegar. ◇ *vi* diseminarse, dispersarse.

spread-eagled [-ˌiːgld] *adj* despatarrado(da).

spreadsheet ['spredʃiːt] *n COMPUT* hoja *f* de cálculo electrónica.

spree [spriː] *n:* **a killing ~** una matanza; **to go on a shopping ~** salir a comprar a lo loco.

sprig [sprɪg] *n* ramita *f.*

sprightly ['spraɪtlɪ] (*compar* -ier, *superl* -iest) *adj* ágil, activo(va).

spring [sprɪŋ] (*pt* **sprang**, *pp* **sprung**) ◇ *n* **- 1.** [season] primavera *f*; **in ~** en primavera **- 2.** [coil] muelle *m* **- 3.** [jump] salto *m* **- 4.** [water source] manantial *m*, vertiente *f RP.* ◇ *vt* **- 1.** [make known suddenly]: **to ~ sthg on sb** soltar *OR* decir de repente algo a alguien **- 2.** [develop]: **to ~ a leak** empezar a hacer agua. ◇ *vi* **- 1.** [jump] saltar **- 2.** [move suddenly] moverse de repente; **she sprang to her feet** se levantó de un salto; **to ~ into action** *OR* **to life** entrar inmediatamente en acción **- 3.** [originate]: **to ~ from** derivar de.

➧ **spring up** *vi* surgir de repente.

springboard ['sprɪŋbɔːd] *n lit & fig* trampolín *m.*

spring-clean ◇ *vt* limpiar a fondo. ◇ *vi* hacer una limpieza general.

spring-cleaning *n* limpieza *f* a fondo.

spring onion *n UK* cebolleta *f.*

spring roll *n UK* rollito *m* de primavera.

spring tide *n* marea *f* viva.

springtime ['sprɪŋtaɪm] *n:* **in (the) ~** en primavera.

springy ['sprɪŋɪ] (*compar* -ier, *superl* -iest) *adj* [carpet, mattress, grass] mullido(da); [rubber] elástico(ca).

sprinkle ['sprɪŋkl] *vt* rociar, salpicar; **to ~ sthg over** *OR* **on sthg, to ~ sthg with sthg** rociar algo sobre algo.

sprinkler ['sprɪŋklə'] *n* aspersor *m.*

sprinkling ['sprɪŋklɪŋ] *n* [of water, sand] pizca *f*; **a ~ of people** unas cuantas personas.

sprint [sprɪnt] ◇ *n* **- 1.** *SPORT* esprint *m* **- 2.** [fast run] carrera *f.* ◇ *vi SPORT* esprintar; [run fast] correr a toda velocidad.

sprinter ['sprɪntə'] *n* corredor *m*, -ra *f* de velocidad, esprínter *m OR f.*

spritzer ['sprɪtsə'] *n* vino *m* con gaseosa.

sprocket ['sprɒkɪt] *n* rueda *f* dentada.

sprout [spraʊt] ◇ *n* **- 1.:** *CULIN* **(Brussels) ~s** coles *fpl* de Bruselas **- 2.** [shoot] brote *m*, retoño *m.* ◇ *vt* **- 1.** [subj: plant] echar **- 2.** [subj: person, animal]: **he has ~ed a beard** le ha salido barba. ◇ *vi* **- 1.** [plants, vegetables] crecer **- 2.**

[leaves, shoots] brotar **- 3.** [hairs, feathers, horns] salir **- 4.** [appear]: **to ~ (up)** aparecer rápidamente.

spruce [spru:s] <> adj pulcro(cra). <> n picea f.

➤ **spruce up** vt sep arreglar; **to ~ o.s. up** arreglarse.

sprung [sprʌŋ] pp ▷ spring.

spry [spraɪ] (compar -ier, superl -iest) adj ágil, activo(va).

spud [spʌd] n inf papa f, patata f.

spun [spʌn] pt & pp ▷ spin.

spunk [spʌŋk] n (U) inf [courage] agallas fpl.

spur [spɜːʳ] (pt & pp -red, cont -ring) <> n **- 1.** [incentive]: **~ (to sthg)** estímulo m (para conseguir algo) **- 2.** [on rider's boot] espuela f. <> vt [encourage]: **to ~ sb to do sthg** animar a alguien a hacer algo.

➤ **on the spur of the moment** adv sin pensarlo dos veces.

➤ **spur on** vt sep: **to ~ sb on** animar a alguien.

spurious ['spʊərɪəs] adj falso(sa).

spurn [spɜːn] vt rechazar.

spurt [spɜːt] <> n **- 1.** [of water] chorro m; [of flame] llamarada f **- 2.** [of activity, effort] arranque m **- 3.** [of speed] acelerón m; **to put on a ~** acelerar. <> vi **- 1.** [gush]: **to ~ (out of** or **from)** [liquid] salir a chorros de; [flame] salir incesantemente de **- 2.** [run] acelerar.

sputter ['spʌtəʳ] vi [engine] renquear; [fire, oil] chisporrotear.

spy [spaɪ] (pl spies, pt & pp -ied) <> n espía m or f. <> vt inf divisar. <> vi: **to ~ (on)** espiar (a), aguaitar (a) *Amér.*

spying ['spaɪɪŋ] n espionaje m.

Sq., sq. abbr of **square.**

squabble ['skwɒbl] <> n riña f. <> vi: **to ~ (about** or **over)** reñir (por).

squad [skwɒd] n **- 1.** [of police] brigada f **- 2.** MIL pelotón m **- 3.** [SPORT- of club] plantilla f, equipo m completo; [- of national team] seleccionado m; **the England ~** el equipo inglés.

squad car n US coche m patrulla, auto m patrulla *CAm, Méx, Chile,* patrullero m *CSur,* patrulla f *Col, Méx.*

squadron ['skwɒdrən] n [of planes] escuadrilla f; [of warships] escuadra f; [of soldiers] escuadrón m.

squadron leader n UK ≃ comandante m de aviación.

squalid ['skwɒlɪd] adj **- 1.** [filthy] miserable, sórdido(da) **- 2.** [sordid] sórdido(da).

squall [skwɔːl] n [storm] turbión m.

squalor ['skwɒləʳ] n (U) miseria f.

squander ['skwɒndəʳ] vt [opportunity] desaprovechar; [money] despilfarrar; [resources] malgastar.

square [skweəʳ] <> adj **- 1.** [gen] cuadrado(da); **4 ~ metres** 4 metros cuadrados; **the kitchen is 4 metres ~** la cocina mide 4 metros por 4 **- 2.** [not owing money]: **we're ~ now** ya estamos en paz. <> n **- 1.** [shape] cuadrado m **- 2.** [in town, city] plaza f **- 3.** inf [unfashionable person] carroza m or f **- 4.** phr: **to be back to ~ one** haber vuelto al punto de partida. <> vt **- 1.** MATH elevar al cuadrado **- 2.** [balance, reconcile]: **how can you ~ that with your principles?** ¿cómo encajas esto con tus principios?; **it doesn't ~ with the facts** no cuadra con los hechos.

➤ **square up** vi **- 1.** [settle up]: **to ~ up with** saldar cuentas con **- 2.**: **to ~ up to** [confront] hacer frente a.

squared [skweəd] adj cuadriculado(da).

square dance n baile m de figuras.

square deal n trato m justo; **to give sb a ~** dar a alguien un trato justo.

squarely ['skweəlɪ] adv **- 1.** [directly] justo, exactamente **- 2.** [honestly] abiertamente, honradamente.

square meal n comida f satisfactoria.

square root n raíz f cuadrada.

squash [skwɒʃ] <> n **- 1.** [game] squash m **- 2.** UK [drink] zumo m **- 3.** US [vegetable] cucurbitácea f. <> vt [squeeze, flatten] aplastar.

squat [skwɒt] (compar -ter, superl -test, pt & pp -ted, cont -ting) <> adj achaparrado(da). <> n UK [building] vivienda f ocupada. <> vi **- 1.** [crouch]: **to ~ (down)** agacharse, ponerse en cuclillas **- 2.** [be a squatter] vivir en una casa ocupada.

squatter ['skwɒtəʳ] n UK ocupante m or f ilegal, squatter m or f.

squawk [skwɔːk] <> n [of bird] graznido m, chillido m. <> vi [bird] graznar, chillar.

squeak [skwiːk] <> n **- 1.** [of animal] chillido m **- 2.** [of hinge] chirrido m. <> vi **- 1.** [animal] chillar **- 2.** [hinge] chirriar **- 3.** [shoes] crujir.

squeaky ['skwiːkɪ] (compar -ier, superl -iest) adj [voice] chillón(ona); [hinge] chirriante.

squeaky clean adj [hair] impoluto(ta).

squeal [skwiːl] <> n **- 1.** [of person, animal] chillido m, grito m **- 2.** [of brakes, tyres] chirrido m. <> vi **- 1.** [person, animal] chillar, gritar **- 2.** [brakes] chirriar.

squeamish ['skwiːmɪʃ] adj aprensivo(va).

squeeze [skwiːz] <> n **- 1.** [pressure] apretón m **- 2.** inf [squash]: **it was a real ~** estábamos totalmente apiñados. <> vt **- 1.** [press firmly] apretar **-2.** [force out - toothpaste] sacar (estrujando); [- juice] exprimir **-3.** [cram]: **to ~ sthg into sthg** [into place] conseguir meter algo en algo; [into time] arreglárselas para hacer algo en algo **-4. fig: to ~ sthg out of sb** [extract] arrancar algo a alguien. <> **vi: to ~ into/ through** conseguir meterse en/por.

squeezer ['skwi:zə^r] n exprimidor m.

squelch [skwelt∫] vi: **to ~ through mud** cruzar el barro chapoteando.

squib [skwɪb] n [firework] petardo m; **to be a damp ~ fig** ser un chasco.

squid [skwɪd] (pl inv OR **-s**) n **-1.** ZOOL calamar m **-2.** (U) [food] calamares mpl.

squiggle ['skwɪgl] n garabato m.

squint [skwɪnt] <> n estrabismo m, bizquera f. <> vi: **to ~ at** mirar con los ojos entrecerrados.

squire ['skwaɪə^r] n [landowner] terrateniente m OR f.

squirm [skwɜ:m] vi **-1.** [wriggle] retorcerse **-2.** [wince]: **to ~ (with)** sentirse violento(ta) (por).

squirrel [UK 'skwɪrəl, US 'skwɜ:rəl] n ardilla f.

squirt [skwɜ:t] <> vt **-1.** [force out] sacar a chorro de **-2.** [cover with liquid]: **you've ~ed me with ketchup, you've ~ed ketchup over me** me has echado un chorro de ketchup. <> vi: **to ~ out of** salir a chorro.

Sr -1. abbr of **senior -2.** abbr of **sister.**

Sri Lanka [ˌsri:'læŋkə] n Sri Lanka.

SRN (abbr of **State Registered Nurse**) n UK enfermero diplomado m, enfermera diplomada f.

SS (abbr of **steamship**) barco de vapor.

SSA (abbr of **Social Security Administration**) n organismo estadounidense de la seguridad social.

ssh [∫] excl ¡chis!

St -1. (abbr of **saint**) Sto. (Sta.) **-2.** (abbr of **Street**) c/.

ST (abbr of **Standard Time**) hora oficial.

stab [stæb] (pt & pp **-bed**, cont **-bing**) <> n **-1.** [with knife] puñalada f **-2. inf** [attempt]: **to have a ~ (at sthg)** probar (a hacer algo) **-3.** [twinge] punzada f. <> vt **-1.** [with knife] apuñalar **-2.** [jab] pinchar. <> vi: **to ~ at sthg** [with finger] señalar algo con movimientos bruscos del dedo índice.

stabbing ['stæbɪŋ] <> adj punzante. <> n apuñalamiento m.

stability [stə'bɪlətɪ] n estabilidad f.

stabilize, -ise ['steɪbəlaɪz] <> vt estabilizar. <> vi estabilizarse.

stabilizer ['steɪbəlaɪzə^r] n estabilizador m.

stable ['steɪbl] <> adj **-1.** [unchanging] estable

-2. [not moving] fijo(ja) **-3.** MED [condition] estacionario(ria); [mental health] equilibrado(da). <> n [building] cuadra f.

stable lad n mozo m de cuadra.

staccato [stə'kɑ:təʊ] adj entrecortado(da).

stack [stæk] <> n **-1.** [pile] pila m **-2. inf** [a lot, lots]: **~s** OR **a ~ of** montones OR un montón de. <> vt **-1.** [pile up] apilar **-2.** [fill]: **to be ~ed with** estar amontonado(da) de.

stadium ['steɪdjəm] (pl **-diums** OR **-dia** [-djə]) n estadio m.

staff [stɑ:f] <> n [employees] empleados mpl, personal m. <> vt: **the shop is ~ed by women** la tienda está llevada por una plantilla de mujeres.

staffing ['stɑ:fɪŋ] n contratación f de personal.

staff nurse n UK enfermero titulado m, enfermera titulada f.

staff room n sala f de profesores.

Staffs [stæfs] (abbr of **Staffordshire**) condado inglés.

stag [stæg] (pl inv OR **-s**) n ciervo m, venado m.

stage [steɪdʒ] <> n **-1.** [part of process, phase] etapa f; **to do sthg in ~s** hacer algo por etapas **-2.** [in theatre, hall] escenario m, escena f; **on ~** en escena; **to set the ~ for** preparar el terreno para **-3.** [acting profession]: **the ~** el teatro. <> vt **-1.** THEATRE representar **-2.** [event, strike] organizar.

stagecoach ['steɪdʒkəʊt∫] n diligencia f.

stage door n entrada f de artistas.

stage fright n miedo m al público.

stagehand ['steɪdʒhænd] n tramoyista m OR f.

stage-manage vt **-1.** THEATRE dirigir **-2. fig** [orchestrate] urdir, maquinar.

stage name n nombre m artístico.

stagger ['stægə^r] <> vt **-1.** [astound] dejar atónito(ta); **to be ~ed by sthg** quedarse pasmado(da) por algo **-2.** [arrange at different times] escalonar. <> vi tambalearse.

staggering ['stægərɪŋ] adj asombroso(sa).

staging ['steɪdʒɪŋ] n **-1.** THEATRE puesta f en escena **-2.** [of event] organización f.

stagnant ['stægnənt] adj lit & fig estancado(da).

stagnate [stæg'neɪt] vi estancarse.

stagnation [stæg'neɪ∫n] n estancamiento m.

stag party n despedida f de soltero.

staid [steɪd] adj recatado y conservador (recatada y conservadora).

stain [steɪn] <> n mancha f. <> vt manchar.

stained [steɪnd] adj **-1.** [marked] manchado(da) **-2.** [coloured - wood] teñido(da).

stained glass [ˌsteɪnd-] n (U) vidrio m de color; **~ window** vidriera f.

stainless steel [ˌsteɪnlɪs-] *n* acero *m* inoxidable.

stain remover [-rɪˌmuːvəʳ] *n* quitamanchas *m inv.*

stair [steəʳ] *n* peldaño *m*, escalón *m*.

➡ **stairs** *npl* escaleras *fpl*, escalera *f*.

staircase [ˈsteəkeɪs] *n* escalera *f*.

stairway [ˈsteəweɪ] *n* escalera *f*.

stairwell [ˈsteəwell] *n* hueco *m* OR caja *f* de la escalera.

stake [steɪk] ◇ *n* **-1.** [share]: **to have a ~ in** tener intereses en **-2.** [wooden post] estaca *f* **-3.** [in gambling] apuesta *f*. ◇ *vt* **-1.** [risk]: **to ~ sthg (on** OR **upon)** arriesgar OR jugarse algo (en) **-2.** [in gambling] apostar **-3.** [state]: **to ~ a claim to sthg** reivindicar algo.

➡ **stakes** *npl* **-1.** [prize] premio *m* **-2.** [contest] contienda *f.*

➡ **at stake** *adv*: **to be at ~** estar en juego.

stakeout [ˈsteɪkaʊt] *n* esp US [police surveillance] vigilancia *f.*

stalactite [ˈstæləktaɪt] *n* estalactita *f.*

stalagmite [ˈstæləgmaɪt] *n* estalagmita *f.*

stale [steɪl] *adj* **-1.** [bread] duro(ra); [food] rancio(cia), pasado(da); [air] viciado(da) **-2.** [athlete] agotado(da); [artist etc] falto(ta) de ideas.

stalemate [ˈsteɪlmeɪt] *n* **-1.** [deadlock] punto *m* muerto **-2.** CHESS tablas *fpl.*

staleness [ˈsteɪlnɪs] *n* [of bread] dureza *f*; [of food] rancidez *f*, deterioro *m*; [of air] lo viciado.

stalk [stɔːk] ◇ *n* **-1.** [of flower, plant] tallo *m* **-2.** [of leaf, fruit] pecíolo *m*, rabillo *m*. ◇ *vt* [hunt] acechar, seguir sigilosamente. ◇ *vi*: **to ~ in/out** entrar/salir con paso airado.

stall [stɔːl] ◇ *n* [in market, at exhibition] puesto *m*, caseta *f*. ◇ *vt* **-1.** AUT calar **-2.** [delay - person] retener. ◇ *vi* **-1.** AUT calarse **-2.** [delay] andar con evasivas.

➡ **stalls** *npl* UK platea *f.*

stallholder [ˈstɔːlˌhəʊldəʳ] *n* UK propietario *m*, -ria *f* de un puesto (en un mercado).

stallion [ˈstæljən] *n* semental *m*.

stalwart [ˈstɔːlwət] ◇ *adj* [loyal] leal, incondicional. ◇ *n* partidario *m*, -ria *f* incondicional.

stamen [ˈsteɪmən] *n* estambre *m*.

stamina [ˈstæmɪnə] *n* resistencia *f.*

stammer [ˈstæməʳ] ◇ *n* tartamudeo *m*. ◇ *vi* tartamudear.

stamp [stæmp] ◇ *n* **-1.** [gen] sello *m*, estampilla *f* Amér, timbre *m* Méx **-2.** [tool] tampón *m*. ◇ *vt* **-1.** [mark by stamping] timbrar, sellar **-2.** [stomp]: **to ~ one's feet** patear **-3.** [stick stamp on] sellar, poner un sello en, franquear, estampillar Amér, timbrar Méx **-4.** fig [identify, mark]: **to ~ sthg/sb as** identificar algo/a

alguien como. ◇ *vi* **-1.** [stomp] patalear, dar patadas **-2.** [tread heavily]: **to ~ on sthg** pisotear OR pisar algo.

➡ **stamp out** *vt sep* [custom] erradicar; [fire, revolution] sofocar.

stamp album *n* álbum *m* de sellos OR de estampillas Amér OR de timbres Méx.

stamp collecting [-kəˌlektɪŋ] *n* filatelia *f.*

stamp collector *n* coleccionista *m* OR *f* de sellos OR de estampillas Amér OR de timbres Méx.

stamp duty *n* UK póliza *f*, impuesto *m* del timbre.

stamped addressed envelope [ˈstæmptəˌdrest-] *n* UK sobre con sus señas y franqueo.

stampede [stæmˈpiːd] ◇ *n* lit & fig estampida *f*, desbandada *f*. ◇ *vi* salir de estampida.

stamp machine *n* máquina *f* expendedora de sellos OR de estampillas Amér OR de timbres Méx.

stance [stæns] *n* **-1.** [way of standing] postura *f* **-2.** [attitude]: **~ (on)** postura *f* (ante).

stand [stænd] (*pt & pp* **stood**) ◇ *n* **-1.** [stall] puesto *m*; [selling newspapers] quiosco *m* **-2.** [supporting object] soporte *m*; **coat ~** perchero *m*; **music ~** atril *m* **-3.** SPORT tribuna *f*; **the ~s** las gradas **-4.** [act of defence]: **to make a ~** resistir al enemigo **-5.** [publicly stated view] postura *f*; **to take a ~ on sthg** adoptar una postura ante OR hacia algo **-6.** US JUR estrado *m*; **to take the ~** subir al estrado. ◇ *vt* **-1.** [place upright] colocar (verticalmente) **-2.** [withstand, tolerate] soportar; **I can't ~ that woman** no soporto a esa mujer; **he can't ~ being beaten** odia perder **-3.** [treat]: **to ~ sb sthg** invitar a alguien a algo **-4.** JUR: **to ~ trial** ser procesado(da). ◇ *vi* **-1.** [be upright - person] estar de pie; [- object] estar (*en posición vertical*); **try to ~ still** procura no moverte; **he doesn't let anything ~ in his way** no deja que nada se interponga en su camino **-2.** [get to one's feet] ponerse de pie, levantarse **-3.** [liquid] reposar **-4.** [still be valid] seguir vigente OR en pie **-5.** [be in particular state]: **unemployment ~s at three million** la cifra de desempleados es de tres millones; **as things ~** tal como están las cosas **-6.** [have attitude]: **where do you ~ on ...?** ¿cúal es tu postura ante ...? **-7.** [be likely]: **I ~ to win/ lose** es probable que gane/pierda **-8.** UK POL [be a candidate] presentarse; **to ~ for Parliament** presentarse para las elecciones al Parlamento **-9.** US AUT: 'no ~ing' 'prohibido aparcar'.

➡ **stand aside** *vi* hacerse a un lado.

➡ **stand back** *vi* echarse para atrás.

➡ **stand by** ⬦ *vt fus* **-1.** [person] seguir al lado de **-2.** [promise, decision] mantener. ⬦ *vi* **-1.** [in readiness]: **to ~ by (for sthg/to do sthg)** estar preparado(da) (para algo/para hacer algo) **-2.** [remain inactive] quedarse sin hacer nada.

➡ **stand down** *vi* [resign] retirarse.

➡ **stand for** *vt fus* **-1.** [signify] significar; **PTO ~s for 'please turn over'** PTO quiere decir 'sigue' **-2.** [support - policy, ideas] defender **-3.** [tolerate] aguantar, tolerar; **I won't ~ for it!** ¡no pienso aguantarlo!

➡ **stand in** *vi*: **to ~ in for sb** sustituir a alguien.

➡ **stand out** *vi* sobresalir, destacarse.

➡ **stand up** ⬦ *vt sep inf* [boyfriend etc] dejar plantado(da). ⬦ *vi* **-1.** [rise from seat] levantarse, pararse *Amér* **-2.** [claim, evidence] ser convincente; **it won't ~ up in court** no servirá como prueba en un juicio.

➡ **stand up for** *vt fus* salir en defensa de.

➡ **stand up to** *vt fus* **-1.** [weather, heat etc] resistir **-2.** [person] hacer frente a.

standard ['stændəd] ⬦ *adj* **-1.** [normal] corriente, estándar **-2.** [accepted] establecido(da) **-3.** [basic] clave, fundamental. ⬦ *n* **-1.** [acceptable level] nivel *m*; **to be of a high ~** ser de un excelente nivel; **it's below ~** está por debajo del nivel exigido **-2.** [point of reference - moral] criterio *m*; [- technical] norma *f* **-3.** [flag] bandera *f*, estandarte *m*.

➡ **standards** *npl* [principles] valores *mpl* morales.

standard-bearer *n fig* portaestandarte *m OR f*, abanderado *m*, -da *f*.

standardize, -ise ['stændədaız] *vt* normalizar, estandarizar.

standard lamp *n UK* lámpara *f* de pie.

standard of living (*pl* **standards of living**) *n* nivel *m* de vida.

standard time *n* hora *f* oficial.

standby ['stændbaı] (*pl* **standbys**) ⬦ *n* recurso *m*; **to be on ~** estar preparado(da). ⬦ *comp*: **~ ticket** billete *m* en lista de espera.

stand-in *n* [stuntman] doble *m OR f*; [temporary replacement] sustituto *m*, -ta *f*.

standing ['stændıŋ] ⬦ *adj* [permanent] permanente; **a ~ joke** la broma de siempre; **~ invitation** invitación abierta. ⬦ *n* **-1.** [reputation] reputación *f* **-2.** [duration] duración *f*; **friends of 20 years' ~** amigos desde hace 20 años.

standing committee *n* comité *m* permanente.

standing order *n* domiciliación *f* de pago *Esp*, débito *m* bancario *Amér*.

standing ovation *n* ovación *f* calurosa en pie; **she was given a ~** la ovacionaron de pie.

standing room *n (U)* [on bus] sitio *m* para estar de pie, sitio *m* para ir parado *Amér*; [at theatre, sports ground] localidades *fpl* de pie.

stand-off *n US SPORT* [tie] empate *m*.

standoffish [ˌstænd'ɒfıʃ] *adj* distante.

standpoint ['stændpɔınt] *n* punto *m* de vista.

standstill ['stændstıl] *n*: **at a ~** [not moving] parado(da); *fig* [not active] en un punto muerto, estancado(da); **to come to a ~** [stop moving] pararse; *fig* [cease] llegar a un punto muerto, estancarse.

stand-up *adj US* [decent, honest]: **a ~ guy** un tipo decente.

stank [stæŋk] *pt* ⮕ **stink**.

stanza ['stænzə] *n* estrofa *f*.

staple ['steıpl] ⬦ *adj* [principal] básico(ca), de primera necesidad. ⬦ *n* **-1.** [item of stationery] grapa *f*, corchete *m Chile* **-2.** [principal commodity] producto *m* básico *OR* de primera necesidad. ⬦ *vt* grapar, corchetear *Chile*.

staple diet *n* dieta *f* básica.

staple gun *n* grapadora *f* industrial.

stapler ['steıplə'] *n* grapadora *f*, corchetera *f Chile*.

star [stɑː'] (*pt & pp* **-red**, *cont* **-ring**) ⬦ *n* **-1.** [gen] estrella *f* **-2.** [asterisk] asterisco *m*. ⬦ *comp* estelar. ⬦ *vt*: **the film ~s Kevin Costner** la película está protagonizada por Kevin Costner. ⬦ *vi*: **to ~ (in)** hacer de protagonista en.

➡ **stars** *npl* horóscopo *m*.

star attraction *n* atracción *f* principal.

starboard ['stɑːbəd] ⬦ *adj* de estribor. ⬦ *n*: **to ~ a** estribor.

starch [stɑːtʃ] *n* **-1.** [gen] almidón *m* **-2.** [in potatoes etc] fécula *f*.

starched [stɑːtʃt] *adj* almidonado(da).

starchy ['stɑːtʃı] (*compar* **-ier**, *superl* **-iest**) *adj* [foods] feculento(ta).

stardom ['stɑːdəm] *n* estrellato *m*.

stare [steə'] ⬦ *n* mirada *f* fija. ⬦ *vi*: **to ~ (at sthg/sb)** mirar fijamente (algo/a alguien).

starfish ['stɑːfıʃ] (*pl inv OR* **-es**) *n* estrella *f* de mar.

stark [stɑːk] ⬦ *adj* **-1.** [landscape, decoration, room] austero(ra) **-2.** [harsh - reality] crudo(da); [- fact] sin tapujos. ⬦ *adv*: **~ naked** en cueros.

starlight ['stɑːlaıt] *n* luz *f* de las estrellas.

starling ['stɑːlıŋ] *n* estornino *m*.

starlit ['stɑːlıt] *adj* iluminado(da) por las estrellas.

starry ['stɑːrı] (*compar* **-ier**, *superl* **-iest**) *adj* estrellado(da), lleno(na) de estrellas.

starry-eyed [-'aɪd] *adj* [optimism etc] iluso(sa); [lovers] encandilado(da).

Stars and Stripes *n*: the ~ la bandera de las barras y estrellas.

star sign *n* signo *m* del horóscopo.

star-studded *adj*: ~ cast reparto *m* estelar.

start [stɑːt] ◇ *n* **-1.** [beginning] principio *m*, comienzo *m*; **at the ~ of the year** a principios de año; **to make a good/bad ~** tener un buen/mal comienzo; **for a ~** para empezar **- 2.** [jerk, jump] sobresalto *m*, susto *m* **-3.** [starting place] salida *f* **- 4.** [time advantage] ventaja *f*; **to have a ~ on sb** llevar ventaja a alguien. ◇ *vt* **-1.** [begin] empezar, comenzar; **to ~ doing** OR **to do sthg** empezar a hacer algo **- 2.** [turn on - machine, engine] poner en marcha; [- vehicle] arrancar **-3.** [set up] formar, crear; [business] montar. ◇ *vi* **-1.** [begin] empezar, comenzar; **to ~ with sb/sthg** empezar por alguien/algo; **don't ~!** *inf* ¡no empieces! **- 2.** [machine, tape] ponerse en marcha; [vehicle] arrancar **-3.** [begin journey] salir, ponerse en camino **- 4.** [jerk, jump] asustarse, sobresaltarse.

◆ **start off** ◇ *vt sep* [discussion, rumour] desencadenar; [meeting] empezar; [person]: **this should be enough to ~ you off** con esto tienes suficiente para empezar. ◇ *vi* **-1.** [begin] empezar, comenzar; **to ~ off by doing sthg** empezar por hacer algo; **I ~ed off as a clerk** empecé de oficinista **- 2.** [leave on journey] salir, ponerse en camino.

◆ **start on** *vt fus* empezar con.

◆ **start out** *vi* **-1.** [originally be] empezar, comenzar; **she ~ed out as a journalist** empezó como periodista **- 2.** [leave on journey] salir ponerse en camino.

◆ **start up** ◇ *vt sep* **-1.** [business] montar; [shop] establecer, poner; [association] crear, formar **- 2.** [car, engine] arrancar, poner en marcha. ◇ *vi* **-1.** [begin] empezar **- 2.** [car, engine] arrancar, ponerse en marcha.

starter ['stɑːtə'] *n* **-1.** *UK* [of meal] primer plato *m*, entrada *f* **- 2.** AUT (motor *m* de) arranque *m* **-3.** [person participating in race] participante *m* OR *f*, competidor *m*, -ra *f*.

starter motor *n* (motor *m* de) arranque *m*.

starter pack *n* paquete *m* de iniciación.

starting block ['stɑːtɪŋ-] *n* puesto *m* de salida, bloque *m* de salida *Amér*.

starting point ['stɑːtɪŋ-] *n lit* & *fig* punto *m* de partida.

startle ['stɑːtl] *vt* asustar.

startling ['stɑːtlɪŋ] *adj* sorprendente, asombroso(sa).

starvation [stɑːˈveɪʃn] *n* hambre *f*, inanición *f*.

starve [stɑːv] ◇ *vt* **-1.** [deprive of food] privar de comida, no dar de comer a **- 2.** [deprive]: **to ~ sb of sthg** privar a alguien de algo. ◇ *vi* **-1.** [have no food] pasar hambre; **to ~ to death** morirse de hambre **- 2.** *inf* [be hungry]: **I'm starving!** ¡me muero de hambre!

state [steɪt] ◇ *n* estado *m*; **not to be in a fit ~ to do sthg** no estar en condiciones de hacer algo; **to be in a ~** [nervous] tener los nervios de punta; [untidy] estar hecho un asco. ◇ *comp* [ceremony] oficial, de Estado; [control, ownership] estatal. ◇ *vt* **-1.** [gen] indicar; [reason, policy] plantear; [case] exponer **- 2.** [time, date, amount] fijar.

◆ **State** *n*: the State el Estado.

◆ **States** *npl*: the States los Estados Unidos.

state-controlled *adj* controlado(da) por el Estado.

State Department *n US* ≃ Ministerio *m* de Asuntos Exteriores.

state education *n UK* enseñanza *f* pública.

stately ['steɪtlɪ] (*compar* -ier, *superl* -iest) *adj* majestuoso(sa).

stately home *n UK* casa *f* solariega.

statement ['steɪtmənt] *n* **-1.** [gen] declaración *f* **-2.** [from bank] extracto *m* OR estado *m* de cuenta.

state of affairs *n* situación *f*.

state of emergency *n* estado *m* de emergencia.

state of mind (*pl* states of mind) *n* estado *m* de ánimo.

state-of-the-art *adj* vanguardista.

state-owned [-'əʊnd] *adj* estatal.

state school *n* escuela *f* pública.

state secret *n* secreto *m* de estado.

stateside ['steɪtsaɪd] *US* ◇ *adj* estadounidense. ◇ *adv* [travel] hacia Estados Unidos; [live] en Estados Unidos.

statesman ['steɪtsmən] (*pl* -men [-mən]) *n* estadista *m*, hombre *m* de Estado.

statesmanship ['steɪtsmənʃɪp] *n* arte *m* OR habilidad *f* de gobernar.

static ['stætɪk] ◇ *adj* estático(ca). ◇ *n* (*U*) interferencias *fpl*, parásitos *mpl*.

static electricity *n* electricidad *f* estática.

station ['steɪʃn] ◇ *n* **-1.** [gen] estación *f* **- 2.** RADIO emisora *f* **-3.** [centre of activity] centro *m*, puesto *m* **- 4.** *fml* [rank] rango *m*. ◇ *vt* **-1.** [position] situar, colocar **- 2.** MIL estacionar, apostar.

stationary ['steɪʃnərɪ] *adj* inmóvil.

stationer's (shop) ['steɪʃnəʳz] *n* papelería *f*.

stationery ['steɪʃnərɪ] *n* (*U*) objetos *mpl* de escritorio.

station house *n US* comisaría *f* (de policía).

stationmaster ['steɪʃn,mɑːstə'] *n* jefe *m* de estación.

station wagon *n US* ranchera *f.*

statistic [stə'tɪstɪk] *n* estadística *f.*
➤ **statistics** *n (U)* estadística *f.*

statistical [stə'tɪstɪkl] *adj* estadístico(ca).

statistician [,stætɪ'stɪʃn] *n* estadístico *m*, -ca *f.*

statue ['stætʃuː] *n* estatua *f.*

statuesque [,stætjʊ'esk] *adj* escultural.

statuette [,stætjʊ'et] *n* figurilla *f.*

stature ['stætʃə'] *n* -1. [height] estatura *f*, talla *f* -2. [importance] talla *f*, categoría *f.*

status ['steɪtəs] *n (U)* -1. [position, condition] condición *f*, estado *m* -2. [prestige] prestigio *m*, estatus *m inv.*

status bar *n COMPUT* barra *f* de estado.

status quo [-'kwəʊ] *n:* **the ~** el statu quo.

status symbol *n* símbolo *m* de posición social.

statute ['stætjuːt] *n* estatuto *m.*

statute book *n:* **the ~** el código de leyes.

statutory ['stætjʊtrɪ] *adj* reglamentario(ria).

staunch [stɔːntʃ] ◇ *adj* fiel, leal. ◇ *vt* restañar.

stave [steɪv] *(pt & pp* **-d** *OR* **stove)** *n MUS* pentagrama *m.*
➤ **stave off** *vt sep* [disaster, defeat] retrasar; [hunger, illness] aplacar temporalmente.

stay [steɪ] ◇ *vi* -1. [not move away] quedarse, permanecer; **to ~ put** permanecer en el mismo sitio; **~ put!** ¡no te muevas! -2. [as visitor] alojarse, estar -3. [continue, remain] permanecer; **to ~ away from sb/somewhere** no acercarse a alguien/algún sitio; **to ~ out of sthg** mantenerse al margen de algo -4. *Scot* [reside] vivir. ◇ *n* estancia *f*, permanencia *f.*
➤ **stay in** *vi* quedarse en casa.
➤ **stay on** *vi* permanecer, quedarse.
➤ **stay out** *vi* -1. [from home] quedarse fuera, no volver a casa -2. [strikers] permanecer en huelga.
➤ **stay up** *vi* quedarse levantado(da).

staying power ['steɪŋ-] *n* resistencia *f.*

St Bernard [*UK* -'bɜːnəd, *US* -bər'nɑːrd] *n* (perro *m*) San Bernardo *m.*

STD *n* -1. (*abbr of* **subscriber trunk dialling**) *sistema de llamadas telefónicas directas de larga distancia* -2. (*abbr of* **sexually transmitted disease**) ETS *f.*

stead [sted] *n:* **to stand sb in good ~** servir de mucho a alguien.

steadfast ['stedfɑːst] *adj* [supporter] fiel, leal; [gaze] fijo(ja), imperturbable; [resolve] inquebrantable.

steadily ['stedɪlɪ] *adv* -1. [gradually] constante-

mente -2. [regularly - breathe, move] normalmente -3. [calmly - look] fijamente; [- speak] con tranquilidad.

steady ['stedɪ] (*compar* **-ier**, *superl* **-iest**, *pt & pp* **-ied**) ◇ *adj* -1. [gradual] gradual -2. [regular, constant] constante, continuo(nua) -3. [not shaking] firme -4. [voice] sereno(na); [stare] fijo(ja) -5. [relationship] estable, serio(ria); [boyfriend, girlfriend] formal; **a ~ job** un trabajo fijo -6. [reliable, sensible] sensato(ta). ◇ *vt* -1. [stop from shaking] mantener firme; **he steadied his hand** dejó de temblar; **to ~ o.s.** dejar de temblar -2. [nerves, voice] dominar, controlar; **to ~ o.s.** controlar los nervios.

steak [steɪk] *n* -1. *(U)* [meat] bistec *m*, filete *m*, bife *m Andes, RP* -2. [piece of meat, fish] filete *m.*

steakhouse ['steɪkhaʊs, *pl* -haʊzɪz] *n* restaurante *m* especializado en bistecs.

steal [stiːl] (*pt* **stole**, *pp* **stolen**) ◇ *vt* [gen] robar; [idea] apropiarse de; **to ~ sthg from sb** robar algo a alguien; **to ~ a glance at** echar una mirada furtiva a. ◇ *vi* -1. [take illegally] robar, hurtar -2. [move secretly] moverse sigilosamente; **he stole into the bedroom** entró sigilosamente en el dormitorio.

stealing ['stiːlɪŋ] *n (U)* robo *m.*

stealth [stelθ] *n* cautela *f*, sigilo *m.*

stealthy ['stelθɪ] (*compar* **-ier**, *superl* **-iest**) *adj* cauteloso(sa), sigiloso(sa).

steam [stiːm] ◇ *n (U)* vapor *m*, vaho *m*; **to let off ~** desfogarse; **to run out of ~** quemarse, quedarse sin fuerzas. ◇ *vt CULIN* cocer al vapor. ◇ *vi* [water, food] echar vapor.
➤ **steam up** ◇ *vt sep* -1. [mist up] empañar -2. *fig* [get angry]: **to get ~ed up about sthg** mosquearse por algo. ◇ *vi* empañarse.

steamboat ['stiːmbəʊt] *n* buque *m* de vapor.

steam engine *n* máquina *f* de vapor.

steamer ['stiːmə'] *n* -1. [ship] buque *m* de vapor -2. *CULIN* tipo de colador para hacer verduras etc al vapor.

steam iron *n* plancha *f* de vapor.

steamroller ['stiːm,rəʊlə'] *n* apisonadora *f.*

steamy ['stiːmɪ] (*compar* **-ier**, *superl* **-iest**) *adj* -1. [full of steam] lleno(na) de vaho -2. *inf* [erotic] caliente, erótico(ca).

steel [stiːl] ◇ *n* acero *m.* ◇ *vt:* **to ~ o.s. (for sthg)** armarse de valor (para algo).

steel industry *n* industria *f* del acero.

steel wool *n* estropajo *m* de acero.

steelworker ['stiːl,wɜːkə'] *n* obrero *m*, -ra *f* de la siderurgia.

steelworks ['stiːlwɜːks] (*pl inv*) *n* fundición *f* de acero.

steely ['stiːlɪ] (*compar* **-ier**, *superl* **-iest**) *adj* -1.

[steel-coloured] acerado(da) **- 2.** [strong, determined] inflexible, duro(ra).

steep [sti:p] ◇ adj **-1.** [hill, road] empinado(da) **- 2.** [considerable - increase, fall] importante, considerable **- 3.** inf [expensive] muy caro(ra), abusivo(va). ◇ vt remojar.

steeped [sti:pt] adj fig: ~ in sthg empapado(da) OR sumido(da) en algo.

steeple ['sti:pl] n aguja f (de un campanario).

steeplechase ['sti:pltʃeɪs] n carrera f de obstáculos.

steeply ['sti:plɪ] adv lit & fig vertiginosamente.

steer ['stɪəʳ] ◇ n buey m. ◇ vt **-1.** [vehicle] conducir **- 2.** [person, discussion etc] dirigir. ◇ vi: the car ~s well el coche se conduce bien; to ~ clear of sthg/sb evitar algo/a alguien.

steering ['stɪərɪŋ] n (U) dirección f.

steering column n columna f de dirección.

steering committee n comité m de dirección.

steering wheel n volante m, timón m Andes.

stellar ['steləʳ] adj estelar.

stem [stem] (pt & pp -med, cont -ming) ◇ n **-1.** [of plant] tallo m **- 2.** [of glass] pie m **- 3.** GRAMM raíz f. ◇ vt [flow] contener; [blood] detener, restañar.

◆ **stem from** vt fus derivarse de, ser el resultado de.

stench [stentʃ] n hedor m.

stencil ['stensl] (UK pt & pp -led, cont -ling, US pt & pp -ed, cont -ing) ◇ n plantilla f. ◇ vt estarcir.

stenographer [stə'nɒgrəfəʳ] n US taquígrafo m, -fa f.

stenography [stə'nɒgrəfɪ] n US taquigrafía f.

step [step] (pt & pp -ped, cont -ping) ◇ n **-1.** [gen] paso m; ~ by ~ paso a paso; to be in/ out of ~ llevar/no llevar el paso; fig estar/ no estar al tanto; to watch one's ~ mirar por donde pisa uno; fig andarse con cuidado **- 2.** [action] medida f; to take ~s to do sthg tomar medidas para hacer algo **- 3.** [stair, rung] peldaño m. ◇ vi **-1.** [move foot] dar un paso; watch where you ~! ¡mira dónde pisas!; he stepped off the bus se bajó del autobús **- 2.** [tread]: to ~ on sthg pisar algo; to ~ in sthg meter el pie en algo.

◆ **steps** npl **-1.** escaleras fpl **- 2.** UK [stepladder] escalera f de tijera.

◆ **step aside** vi apartarse, hacerse a un lado.

◆ **step back** vi **-1.** [move backwards] dar un paso atrás **- 2.** [detach o.s.]: to ~ back and think detenerse a pensar.

◆ **step down** vi [leave job] renunciar.
◆ **step in** vi intervenir.
◆ **step up** vt sep aumentar.

stepbrother ['step.brʌðəʳ] n hermanastro m.

stepchild ['steptʃaɪld] (pl -children [-.tʃɪldrən]) n hijastro m, -tra f.

stepdaughter ['step.dɔ:təʳ] n hijastra f.

stepfather ['step.fɑ:ðəʳ] n padrastro m.

stepladder ['step.lædəʳ] n escalera f de tijera.

stepmother ['step.mʌðəʳ] n madrastra f.

stepping-stone ['stepɪŋ-] n **-1.** [in river] pasadera f **- 2.** fig [to success] trampolín m.

stepsister ['step.sɪstəʳ] n hermanastra f.

stepson ['stepsʌn] n hijastro m.

stereo ['sterɪəʊ] (pl -s) ◇ adj estéreo (inv). ◇ n **-1.** [record player] equipo m estereofónico **- 2.** [stereo sound] estéreo m.

stereotype ['sterɪətaɪp] ◇ n estereotipo m. ◇ vt estereotipar.

sterile ['steraɪl] adj **-1.** [germ-free] esterilizado(da) **- 2.** [unable to produce offspring] estéril **- 3.** pej [unimaginative] improductivo(va).

sterility [ste'rɪlətɪ] n [gen] esterilidad f.

sterilization [.sterəlaɪ'zeɪʃn] n esterilización f.

sterilize, -ise ['sterəlaɪz] vt esterilizar.

sterilized milk ['sterəlaɪzd-] n leche f esterilizada.

sterling ['stɜ:lɪŋ] ◇ adj **-1.** FIN esterlina **- 2.** [excellent] excelente. ◇ n (U) libra f esterlina.

sterling silver n plata f de ley.

stern [stɜ:n] ◇ adj severo(ra). ◇ n popa f.

sternly ['stɜ:nlɪ] adv severamente.

steroid ['stɪərɔɪd] n esteroide m.

stethoscope ['steθəskəʊp] n estetoscopio m.

stetson ['stetsn] n sombrero m de vaquero.

stevedore ['sti:vədɔ:ʳ] n esp US estibador m, -ra f.

stew [stju:] ◇ n estofado m, guisado m. ◇ vt [meat, vegetables] estofar, guisar; [fruit] hacer una compota de. ◇ vi: to let sb ~ fig hacer sufrir a alguien.

steward ['stjuəd] n [on plane] auxiliar m de vuelo; [on ship, train] camarero m.

stewardess ['stjuədɪs] n auxiliar f de vuelo, azafata f.

stewing steak UK ['stju:ɪŋ-], **stewbeef** US ['stju:bi:f] n carne f para guisar OR estofar.

stick [stɪk] (pt & pp stuck) ◇ n **-1.** [of wood, for playing sport] palo m **- 2.** [of dynamite] cartucho m; [of rock] barra f **- 3.** [walking stick] bastón m **- 4.** phr: to get the wrong end of the ~ entender al revés. ◇ vt **-1.** [push]: to ~ sthg in OR into sthg [knife, pin] clavar algo en algo; [finger] meter algo en algo; to ~ sthg through sthg atravesar algo con algo **- 2.** [make adhere]: to ~

sthg (on OR to sthg) pegar algo (en algo) - **3.** *inf*
[put] meter - **4.** *UK inf* [tolerate] soportar,
aguantar; **to ~ it** aguantarlo, soportarlo. ◇
vi - **1.** [adhere]: **to ~ (to)** pegarse (a) - **2.** [jam]
atrancarse - **3.** [remain]: **to ~ in one's mind**
permanecer en la mente de uno.

◆ **stick around** *vi inf* quedarse.

◆ **stick at** *vt fus* perseverar en.

◆ **stick by** *vt fus* [person] ser fiel a; [what one
has said] reafirmarse en.

◆ **stick out** ◇ *vt sep* - **1.** [make protrude]
sacar; **to ~ one's tongue out** sacar la lengua
- **2.** [endure] aguantar. ◇ *vi* - **1.** [protrude]
sobresalir - **2.** *inf* [be noticeable] llamar la
atención, cantar.

◆ **stick out for** *vt fus UK* insistir hasta
conseguir.

◆ **stick to** *vt fus* - **1.** [follow closely] seguir - **2.**
[principles] ser fiel a; [promise, agreement] cumplir
con; [decision] atenerse a; **if I were you, I'd ~ to
French** yo que tú, me limitaría al francés.

◆ **stick together** *vi* [friends etc] apoyarse
mutuamente.

◆ **stick up** ◇ *vt sep* [attach] pegar OR poner
en la pared. ◇ *vi* salir, sobresalir.

◆ **stick up for** *vt fus* defender.

◆ **stick with** *vt fus* - **1.** [not change from]
seguir con - **2.** [follow closely] seguir.

stickball ['stɪkbɔːl] *n US* béisbol *m* callejero.

sticker ['stɪkə^r] *n* [piece of paper] pegatina *f*.

sticking plaster ['stɪkɪŋ-] *n* - **1.** [individual]
curita® *f*, tirita® *f* - **2.** [tape] esparadrapo *m*
Amér, tela *f* emplástica *CSur*.

stick insect *n* insecto *m* palo.

stick-in-the-mud *n inf* carroza *m* OR *f*.

stickleback ['stɪklbæk] *n* espinoso *m*.

stickler ['stɪklə^r] *n*: **~ for sthg** maniático *m*,
-ca *f* de algo.

stick-on *adj* adhesivo(va).

stick shift *n US* palanca *f* de cambios.

stick-up *n inf* atraco *m* a mano armada.

sticky ['stɪkɪ] (*compar* -ier, *superl* -iest) *adj* - **1.**
[tacky] pegajoso(sa) - **2.** [adhesive] adhesivo(va)
- **3.** *inf* [awkward] engorroso(sa) - **4.** [humid] bo-
chornoso(sa).

stiff [stɪf] ◇ *adj* - **1.** [inflexible] rígido(da) - **2.**
[door, drawer] atascado(da) - **3.** [aching] agarrota-
do(da); **to have a ~ neck** tener tortícolis; **to be
~ tener** agujetas - **4.** [formal - person, manner]
estirado(da); [- smile] rígido(da) - **5.** [severe, in-
tense] severo(ra) - **6.** [difficult - task] duro(ra) - **7.**
inf [strong in alcohol] cargado(da) - **8.** [breeze]
fuerte. ◇ *adv inf*: **bored/frozen ~** muer-
to(ta) de aburrimiento/frío.

stiffen ['stɪfn] ◇ *vt* - **1.** [make inflexible - gen]
poner rígido(da); [- clothes] almidonar - **2.**

[make more severe, intense] reforzar, intensificar.
◇ *vi* - **1.** [become inflexible] endurecerse - **2.**
[bones] entumecerse; [muscles] agarrotarse - **3.**
[become more severe, intense] intensificarse,
endurecerse - **4.** [wind] volverse más fuerte.

stiffener ['stɪfnə^r] *n* contrafuerte *m*.

stiffness ['stɪfnɪs] *n (U)* - **1.** [inflexibility - of material,
person] rigidez *f* - **2.** [inability to move freely] atasco
m - **3.** [aching] entumecimiento *m* - **4.** [severeness,
intensity] endurecimiento *m* - **5.** [difficulty] dureza
f, dificultad *f*.

stifle ['staɪfl] ◇ *vt* - **1.** [prevent from breathing]
ahogar, sofocar - **2.** [yawn etc] reprimir. ◇ *vi*
ahogarse, sofocarse.

stifling ['staɪflɪŋ] *adj* agobiante, sofocante.

stigma ['stɪgmə] *n* estigma *m*.

stigmatize, -ise ['stɪgmətaɪz] *vt* estigmatizar.

stile [staɪl] *n* escalones *mpl* para pasar una
valla.

stiletto heel [stɪ'letəʊ-] *n UK* tacón *m* fino OR de
aguja.

still [stɪl] ◇ *adv* - **1.** [up to now, up to then, even
now] todavía - **2.** [to emphasize remaining amount]
aún; **I've ~ got two left** aún me quedan dos
- **3.** [nevertheless, however] sin embargo, no
obstante - **4.** [with comparatives] aún; **~ bigger**
aún más grande - **5.** [motionless] sin moverse;
sit ~! ¡siéntate y no te muevas! ◇ *adj* - **1.** [not
moving] inmóvil - **2.** [calm, quiet] tranquilo(la),
sosegado(da) - **3.** [not windy] apacible - **4.** [not
fizzy] sin gas. ◇ *n* - **1.** *PHOT* vista *f* fija - **2.** [for
making alcohol] alambique *m*.

stillborn ['stɪlbɔːn] *adj* nacido muerto (nacida
muerta).

still life (*pl* -s) *n* bodegón *m*, naturaleza *f*
muerta.

stillness ['stɪlnɪs] *n* quietud *f*.

stilted ['stɪltɪd] *adj* forzado(da).

stilts [stɪlts] *npl* - **1.** [for person] zancos *mpl* - **2.** [for
building] pilotes *mpl*.

stimulant ['stɪmjʊlənt] *n* estimulante *m*.

stimulate ['stɪmjʊleɪt] *vt* [gen] estimular; [inter-
est] excitar.

stimulating ['stɪmjʊleɪtɪŋ] *adj* [physically] estimulante; [mentally] interesante.

stimulation [ˌstɪmjʊ'leɪʃn] *n* estímulo *m*.

stimulus ['stɪmjʊləs] (*pl* -li [-laɪ]) *n* estímulo *m*.

sting [stɪŋ] (*pt & pp* stung) ◇ *n* - **1.** [by bee]
picadura *f* - **2.** [of bee] aguijón *m* - **3.** [sharp pain]
escozor *m*; **to take the ~ out of sthg** suavizar
algo. ◇ *vt* - **1.** [subj: bee, nettle] picar - **2.** [cause
sharp pain to] escocer - **3.** *fig* [subj: criticism] herir.
◇ *vi* picar.

stinging nettle ['stɪŋɪŋ-] *n UK* ortiga *f*.

stingray ['stɪŋreɪ] *n* pastinaca *f*.

stingy ['stɪndʒɪl (*compar* **-ier**, *superl* **-iest**) *adj inf* tacaño(ña), roñoso(sa).

stink [stɪŋk] (*pt* **stank** OR **stunk**, *pp* **stunk**) <> *n* peste *f*, hedor *m*. <> *vi* **-1.** [have unpleasant smell] apestar, heder **-2.** *inf fig*: it ~**s** da asco.

stink-bomb *n* bomba *f* fétida.

stinking ['stɪŋkɪŋ] *inf fig* <> *adj* asqueroso(sa). <> *adv*: **to have a** ~ **cold** tener un resfriado horrible; **they're** ~ **rich** están podridos de dinero.

stint [stɪntl <> *n* periodo *m*. <> *vi*: **to** ~ **on sthg** escatimar algo.

stipend ['staɪpendl *n* estipendio *m*.

stipulate ['stɪpjʊleɪtl *vt* estipular.

stipulation [ˌstɪpjʊ'leɪʃn] *n* **-1.** [stating of conditions] estipulación *f* **-2.** [condition] condición *f*.

stir [stɜː'] (*pt* & *pp* **-red**, *cont* **-ring**) <> *n* **-1.** [act of stirring]: **to give sthg a** ~ remover algo **-2.** [public excitement] revuelo *m*, sensación *f*; **to cause a** ~ causar revuelo. <> *vt* **-1.** [mix] remover **-2.** [move gently] agitar, mover **-3.** [move emotionally] impresionar, conmover **-4.** [move]: **to** ~ **o.s.** moverse. <> *vi* **-1.** [move gently] moverse, agitarse **-2.** [feeling, idea] despertar el interés.

▸ **stir up** *vt sep* **-1.** [water, sediment] levantar **-2.** [cause] [excitement, hatred etc] provocar.

stir-fry *vt freír rápidamente en aceite muy caliente y removiendo constantemente.*

stirring ['stɜːrɪŋ] *adj* conmovedor(ra).

stirrup ['stɪrəpl *n* estribo *m*.

stitch [stɪtʃl <> *n* **-1.** SEWING puntada *f* **-2.** [in knitting] punto *m* **-3.** MED punto *m* (de sutura) **-4.** [stomach pain]: **to have a** ~ sentir pinchazos (en el estómago) **-5.** *phr*: **to be in** ~**es** partirse de risa. <> *vt* **-1.** SEWING coser **-2.** MED suturar, poner puntos.

stitching ['stɪtʃɪŋ] *n* costura *f*.

stoat [stəʊtl *n* armiño *m*.

stock [stɒkl <> *n* **-1.** [supply] reserva *f* **-2.** (U) COMM [reserves] existencias *fpl*; [selection] surtido *m*; **in** ~ en existencia, en almacén; **out of** ~ agotado(da) **-3.** FIN [of company] capital *m*; **government** ~ papel *m* del estado; ~**s and shares** acciones *fpl*, valores *mpl* **-4.** [ancestry] linaje *m*, estirpe *f* **-5.** CULIN caldo *m* **-6.** [livestock] ganado *m*, ganadería *f* **-7.** *phr*: **to take** ~ **(of sthg)** evaluar (algo). <> *adj* estereotipado(da). <> *vt* **-1.** COMM abastecer de, tener en el almacén **-2.** [shelves] llenar; [lake] repoblar.

▸ **stock up** *vi*: **to** ~ **up (with)** abastecerse (de).

stockade [stɒ'keɪdl *n* estacada *f*, empalizada *f*.

stockbroker ['stɒkˌbrəʊkə'] *n* corredor *m*, -ra *f* de bolsa.

stockbroking ['stɒkˌbrəʊkɪŋ] *n* corretaje *m* de bolsa.

stock company *n US* ≃ sociedad *f* anónima.

stock cube *n UK* pastilla *f* de caldo.

stock exchange *n* bolsa *f*.

stockholder ['stɒkˌhəʊldə'] *n US* accionista *m* OR *f*.

Stockholm ['stɒkhəʊm] *n* Estocolmo.

stocking ['stɒkɪŋ] *n* [for woman] media *f*.

stock-in-trade *n* **-1.** [thing important for work] *cosa o cualidad indispensable para el trabajo* **-2.** [speciality] *fig* especialidad *f*.

stockist ['stɒkɪstl *n UK* distribuidor *m*, -ra *f*.

stock market *n* bolsa *f*, mercado *m* de valores.

stock phrase *n* frase *f* estereotipada.

stockpile ['stɒkpaɪll <> *n* reservas *fpl*. <> *vt* almacenar, acumular.

stockroom ['stɒkrʊml *n* almacén *m*.

stock-still *adv* inmóvil.

stocktaking ['stɒkˌteɪkɪŋ] *n (U)* inventario *m*, balance *m*.

stocky ['stɒkɪl (*compar* **-ier**, *superl* **-iest**) *adj* corpulento(ta), robusto(ta).

stodgy ['stɒdʒɪl (*compar* **-ier**, *superl* **-iest**) *adj* [indigestible] indigesto(ta).

stoic ['stəʊɪkl <> *adj* estoico(ca). <> *n* estoico *m*, -ca *f*.

stoical ['stəʊɪkll *adj* estoico(ca).

stoicism ['stəʊɪsɪzml *n* estoicismo *m*.

stoke [stəʊkl *vt* [fire] avivar, alimentar.

stole [stəʊll <> *pt* ▸ **steal.** <> *n* estola *f*.

stolen ['stəʊlnl *pp* ▸ **steal.**

stolid ['stɒlɪdl *adj* impasible, imperturbable.

stomach ['stʌmək] <> *n* **-1.** [organ] estómago *m*; **to do sthg on an empty** ~ hacer algo con el estómago vacío **-2.** [abdomen] vientre *m*. <> *vt* tragar, aguantar; **I can't** ~ **him** no lo trago.

stomachache ['stʌməkeɪkl *n* dolor *m* de estómago.

stomach pump *n* bomba *f* estomacal.

stomach ulcer *n* úlcera *f* de estómago.

stomach upset [-ˈʌpsetl *n* trastorno *m* gástrico.

stomp [stɒmpl *vi*: **to** ~ **in/out** entrar/salir pisando fuerte.

stone [stəʊnl (*pl sense 4 only inv* OR **-s**) <> *n* **-1.** [mineral] piedra *f*; **a** ~**'s throw from** a tiro de piedra de **-2.** [jewel] piedra *f* preciosa **-3.** [seed] hueso *m*, carozo *m RP*, cuesco *m*, pepa *f Col* **-4.** *UK* [unit of measurement] = *6,35 kilos.* <> *vt* apedrear.

Stone Age *n*: **the** ~ la Edad de Piedra.

stone-cold *adj* helado(da).

stoned [stəʊnd] *adj v inf* **-1.** [drunk] mamado(da) **-2.** [affected by drugs] colocado(da), puesto(ta).

stonemason ['stəʊnˌmeɪsn] *n* abañil *m*.

stonewall [ˌstəʊn'wɔːl] *vi* andarse con evasivas.

stonewashed ['stəʊnwɒʃt] *adj* lavado(da) a la piedra.

stonework ['stəʊnwɜːk] *n* mampostería *f*.

stony ['stəʊnɪ] (*compar* **-ier**, *superl* **-iest**) *adj* **-1.** [covered with stones] pedregoso(sa) **-2.** [unfriendly] muy frío(a), glacial.

stood [stʊd] *pt & pp* ▷ **stand**.

stooge [stuːdʒ] *n* **-1.** *inf* [manipulated person] monigote *m* OR *f* **-2.** [in comedy act] comparsa *f*.

stool [stuːl] *n* [seat] taburete *m*.

stoop [stuːp] ◇ *n* **-1.** [bent back]: **to walk with a ∼** caminar encorvado(da) **-2.** *US* [of house] umbral *m* con escaleras. ◇ *vi* **-1.** [bend] inclinarse, agacharse **-2.** [hunch shoulders] encorvarse **-3.** *fig* [debase oneself]: **to ∼ to sthg** rebajarse a algo; **I wouldn't ∼ so low as to do that** no caería tan bajo como eso.

stop [stɒp] (*pt & pp* **-ped**, *cont* **-ping**) ◇ *n* [gen] parada *f*; **to come to a ∼** pararse; *fig* detenerse, paralizarse; **to put a ∼ to sthg** poner fin a algo. ◇ *vt* **-1.** [gen] parar; **to ∼ doing sthg** dejar de hacer algo **-2.** [prevent] impedir; **to ∼ sb/sthg from doing sthg** impedir que alguien/algo haga algo **-3.** [cause to stop moving] detener **-4.** [not pay - wages] suspender; [- cheque] anular, invalidar **-5.** [block - pipe] tapar, taponar. ◇ *vi* [gen] pararse; [rain, music] cesar; **to ∼ at nothing (to do sthg)** no reparar en nada (para hacer algo).

➤ **stop off** *vi* hacer una parada.

➤ **stop over** *vi* pasar la noche.

➤ **stop up** ◇ *vt sep* [block] taponar, tapar. ◇ *vi UK inf* quedarse levantado(da).

stopcock ['stɒpkɒk] *n* llave *f* de paso.

stopgap ['stɒpgæp] *n* [thing] recurso *m* provisional; [person] sustituto *m*, -ta *f*.

stoplight ['stɒplaɪt] *n US* [traffic light] semáforo *m*.

stopover ['stɒpˌəʊvəʳ] *n* [gen] parada *f*; [of plane] escala *f*.

stoppage ['stɒpɪdʒ] *n* **-1.** [strike] paro *m*, huelga *f* **-2.** *UK* [deduction] retención *f*.

stopper ['stɒpəʳ] *n* tapón *m*.

stop press *n* noticias *fpl* de última hora.

stopwatch ['stɒpwɒtʃ] *n* cronómetro *m*.

storage ['stɔːrɪdʒ] *n* almacenamiento *m*.

storage heater *n UK* calentador por almacenamiento térmico.

store [stɔːʳ] ◇ *n* **-1.** *esp US* [shop] tienda *f* **-2.**

[supply] provisión *f*, reserva *f* **-3.** [place of storage] almacén *m* **-4.** *phr*: **to set great ∼ by** OR **on sthg** valorar mucho algo. ◇ *vt* **-1.** [gen & COMPUT] almacenar **-2.** [keep] guardar.

➤ **in store** *adv*: **there's a surprise in ∼ for you** te espera una sorpresa.

➤ **store up** *vt sep* [provisions, goods] almacenar; [information] acumular.

store card *n* tarjeta *f* de cliente.

store detective *n* guardia *m* OR *f* de seguridad.

storehouse ['stɔːhaʊs, *pl* -haʊzɪz] *n esp US* [warehouse] almacén *m*, depósito *m*.

storekeeper ['stɔːˌkiːpəʳ] *n US* tendero *m*, -ra *f*.

storeroom ['stɔːrʊm] *n* [gen] almacén *m*; [for food] despensa *f*.

storey *UK* (*pl* **storeys**), **story** *US* (*pl* **-ies**) ['stɔːrɪ] *n* planta *f*.

stork [stɔːk] *n* cigüeña *f*.

storm [stɔːm] ◇ *n* **-1.** [bad weather] tormenta *f*; **a ∼ in a teacup** una tormenta en un vaso de agua **-2.** [violent reaction] torrente *m*. ◇ *vt MIL* asaltar. ◇ *vi* **-1.** [go angrily]: **to ∼ out** salir echando pestes **-2.** [say angrily] vociferar.

storm cellar *n US* refugio *m* para ciclones.

storm cloud *n lit* nubarrón *m*.

stormy ['stɔːmɪ] (*compar* **-ier**, *superl* **-iest**) *adj* **-1.** [weather] tormentoso(sa) **-2.** [meeting] acalorado(da); [relationship] tempestuoso(sa).

story ['stɔːrɪ] (*pl* **-ies**) *n* **-1.** [tale] cuento *m*, relato *m*; **it's the (same) old ∼** es la misma historia de siempre; **to cut a long ∼ short** en resumidas cuentas, para abreviar **-2.** [history] historia *f* **-3.** [news article] artículo *m* **-4.** *euphemism* [lie] cuento *m* **-5.** *US* = **storey**.

storybook ['stɔːrɪbʊk] *adj* de novela, de cuento.

storyteller ['stɔːrɪˌteləʳ] *n* **-1.** [teller of story] narrador *m*, -ra *f*, cuentista *m* OR *f* **-2.** *euphemism* [liar] cuentista *m* OR *f*.

stout [staʊt] ◇ *adj* **-1.** [rather fat] corpulento (ta), gordo(da) **-2.** [strong, solid] fuerte, sólido(da) **-3.** [resolute] firme. ◇ *n* (*U*) cerveza *f* negra.

stoutness ['staʊtnɪs] *n* [portliness] corpulencia *f*.

stove [stəʊv] ◇ *pt & pp* ▷ **stave**. ◇ *n* [for heating] estufa *f*; [for cooking] cocina *f*.

stow [stəʊ] *vt*: **to ∼ sthg (away)** guardar algo.

➤ **stow away** *vi* viajar de polizón.

stowaway ['stəʊəweɪ] *n* polizón *m*.

straddle ['strædl] *vt* **-1.** [subj: person] sentarse a horcajadas sobre **-2.** [subj: bridge, town] atravesar, cruzar.

straggle ['strægl] *vi* **-1.** [sprawl] desparramarse **-2.** [dawdle] rezagarse.

straggler ['stræglɔʳ] *n* rezagado *m*, -da *f*.

straggly ['strægl1] (*compar* -ier, *superl* -iest) *adj* desordenado(da).

straight [streit] ⟨⟩ *adj* -1. [not bent] recto(ta); **sit up ~!** ¡siéntate derecho! -2. [hair] liso(sa) -3. [honest, frank] franco(ca), sincero(ra) -4. [tidy] arreglado(da) -5. [choice, swap] simple, fácil -6. [alcoholic drink] solo(la), sin mezclar -7. *inf* [conventional] ordinario(ria) -8. *gay sl* [heterosexual] heterosexual. ⟨⟩ *adv* -1. [in a straight line - horizontally] directamente; [- vertically] recto(ta); **~ ahead** todo recto; **it was heading ~ for me** venía directo hacia mí; **I couldn't see ~** no veía bien -2. [directly] directamente; [immediately] inmediatamente; **come ~ home** ven directamente a casa -3. [frankly] francamente -4. [tidy] en orden -5. [undiluted] solo(la) -6. *phr*: **let's get things ~** vamos a aclarar las cosas; **to go ~** [criminal] dejar la mala vida. ⟨⟩ *n* [of race track]: **the ~** la recta final.

➡ **straight off** *adv* en el acto.

➡ **straight out** *adv* sin tapujos.

straight away [,streitə'wei] *adv* en seguida.

straighten ['streitn] ⟨⟩ *vt* -1. [tidy - room] ordenar; [- hair, dress] poner bien -2. [make straight - horizontally] poner recto(ta); [- vertically] enderezar. ⟨⟩ *vi*: **to ~ (up)** enderezarse, ponerse recto(ta).

➡ **straighten out** *vt sep* [mess] arreglar; [problem] resolver.

straight face *n*: **to keep a ~** aguantar la risa.

straightforward [,streit'fɔːwəd] *adj* -1. [easy] sencillo(lla) -2. [frank - answer] directo(ta); [- person] abierto(ta), sincero(ra).

strain [strein] ⟨⟩ *n* -1. [weight] peso *m*; [pressure] presión *f* -2. [mental stress] tensión *f* nerviosa; **to be under a lot of ~** estar muy agobiado(da) -3. [physical injury] distensión *f*, torcedura *f*; **eye ~** vista *f* cansada -4. [variety] tipo *m*, variedad *f*. ⟨⟩ *vt* -1. [overtax - budget] estirar; [- ceiling] forzar -2. [use hard]: **to ~ one's eyes/ears** aguzar la vista/el oído -3. [injure - eyes] cansar; [- muscle, back] distender, torcerse -4. [drain] colar. ⟨⟩ *vi*: **to ~ to do sthg** esforzarse por hacer algo.

➡ **strains** *npl literary* [of music] acordes *mpl*, compases *mpl*.

strained [streind] *adj* -1. [worried] preocupado(da) -2. [unfriendly] tirante, tenso(sa) -3. [insincere] forzado(da).

strainer ['streinə'] *n* colador *m*.

strait [streit] *n* estrecho *m*.

➡ **straits** *npl*: **in dire** *OR* **desperate ~s** en un serio aprieto.

straitened ['streitnd] *adj fml*: **in ~ circumstances** en circunstancias apuradas.

straitjacket ['streit,dʒækit] *n* [garment] camisa *f*

de fuerza.

straitlaced [,streit'leist] *adj pej* mojigato(ta), estrecho(cha).

Strait of Gibraltar *n*: **the ~** el estrecho de Gibraltar.

strand [strænd] *n* -1. [thin piece] hebra *f*; **a ~ of hair** un pelo del cabello -2. [theme, element] cabo *m*.

stranded ['strændid] *adj* [ship] varado(da), encallado(da); [person] colgado(da).

strange [streindʒ] *adj* -1. [unusual] raro(ra), extraño(ña) -2. [unfamiliar] desconocido(da).

strangely ['streindʒli] *adv* -1. [in an odd manner] de manera extraña -2. [unexpectedly] inesperadamente -3. [surprisingly]: **~ (enough)** aunque parezca extraño.

stranger ['streindʒə'] *n* -1. [unfamiliar person] extraño *m*, -ña *f*, desconocido *m*, -da *f*; **to be a/no ~ to sthg** no estar/estar familiarizado con algo -2. [outsider] forastero *m*, -ra *f*.

strangle ['stræŋgl] *vt* -1. [kill] estrangular -2. *fig* [stifle] ahogar, reprimir.

stranglehold ['stræŋglhəʊld] *n* -1. [round neck] collar *m* de fuerza -2. *fig* [strong influence] dominio *m* absoluto.

strangulation [,stræŋgjʊ'leiʃn] *n* estrangulamiento *m*.

strap [stræp] (*pt* & *pp* -ped, *cont* -ping) ⟨⟩ *n* [of handbag, watch, case] correa *f*; [of dress, bra] tirante *m*, bretel *m CSur*. ⟨⟩ *vt* [fasten] atar con correa.

strapless ['stræplis] *adj* sin tirantes.

strapping ['stræpiŋ] *adj* robusto(ta).

Strasbourg ['stræzbɜːg] *n* Estrasburgo.

strata ['strɑːtə] *pl* ⊳ **stratum**.

stratagem ['strætədʒəm] *n* estratagema *f*.

strategic [strə'tiːdʒik] *adj* estratégico(ca).

strategist ['strætidʒist] *n* estratega *m OR f*.

strategy ['strætidʒi] (*pl* -ies) *n* estrategia *f*.

stratified ['strætifaid] *adj* estratificado(da).

stratosphere ['strætə,sfiə'] *n*: **the ~** la estratosfera.

stratum ['strɑːtəm] (*pl* -ta) *n* estrato *m*.

straw [strɔː] *n* -1. *AGR* paja *f* -2. [for drinking] pajita *f*, paja *f*, pitillo *m Col*, popote *m Méx* -3. *phr*: **to clutch at ~s** agarrarse a un clavo ardiendo; **the last ~** el colmo.

strawberry ['strɔːbəri] (*pl* -ies) ⟨⟩ *n* fresa *f*, frutilla *f Bol, CSur, Ecuad, Andes, RP*. ⟨⟩ *comp* de fresa, de frutilla *f Bol, CSur, Ecuad, Andes, RP*.

stray [strei] ⟨⟩ *adj* -1. [animal - without owner] callejero(ra); [- lost] extraviado(da) -2. [bullet] perdido(da). ⟨⟩ *n* [animal] animal *m* callejero. ⟨⟩ *vi* -1. [from path] desviarse; [from group] extraviarse -2. [thoughts, mind] perderse; **to**

~ **from the point** desviarse del tema, divagar.

streak [stri:k] <> *n* **-1.** [of hair] mechón *m*; **to have** ~**s in one's hair** tener un mechón en el pelo; [of lightning] rayo *m* **-2.** [in character] vena *f* **-3.** [period]: **a lucky** ~ una racha de (buena) suerte. <> *vi* [move quickly] ir como un rayo.

streaked [stri:kt] *adj*: ~ **with** [colour] veteado(da) de; [dirt] manchado(da) de.

streaky ['stri:kı] (*compar* **-ier**, *superl* **-iest**) *adj* rayado(da), veteado(da).

streaky bacon *n UK* bacon *m* entreverado.

stream [stri:m] <> *n* **-1.** [small river] riachuelo *m*, quebrada *f Amér-*2. [of liquid, smoke] chorro *m*; [of light] raudal *m* **-3.** [current] corriente *f-* **4.** [of people, cars] torrente *m* **-5.** [continuous series] sarta *f*, serie *f* **-6.** *UK SCH* grupo *m*. <> *vi* **-1.** [liquid, smoke, light]: **to ~ into** entrar a raudales en; **to ~ out of** brotar de **-2.** [people, cars]: **to ~ into** entrar atropelladamente en; **to ~ out of** salir atropelladamente de **-3.** [phr] **to have a ~ing cold** tener un resfriado horrible. <> *vt UK SCH* agrupar de acuerdo con el rendimiento escolar.

streamer ['stri:mə^r] *n* [for party] serpentina *f*.

streamline ['stri:mlaın] *vt* **-1.** [make aerodynamic] dar línea aerodinámica a **-2.** [make efficient] racionalizar.

streamlined ['stri:mlaınd] *adj* **-1.** [aerodynamic] aerodinámico(ca) **-2.** [efficient] racional.

street [stri:t] *n* calle *f*, jirón *m Perú*; **to be right up one's ~** *UK inf* ser justo lo que a uno le interesa; **to be ~s ahead of sb** *UK* estar muy por delante de alguien; **to be on the ~s** estar en la calle.

streetcar ['stri:tka:^r] *n US* tranvía *m*.

street-credibility *n (U) inf* imagen *f*, aceptación *f (entre la gente joven)*.

street lamp, street light *n* farola *f*.

street lighting *n* alumbrado *m* público.

street map *n* plano *m* (de la ciudad).

street market *n* mercado *m* al aire libre.

street plan *n* plano *m* (de la ciudad).

street value *n* precio *m OR* valor *m* en la calle.

streetwise ['stri:twaız] *adj inf* espabilado(da).

strength [strenθ] *n* **-1.** [physical or mental power] fuerza *f-*2. [power, influence] poder *m*; **to go from ~ to ~** tener cada vez más éxito, prosperar **-3.** [quality] punto *m* fuerte **-4.** [solidity - of material structure] solidez *f-* **5.** [intensity - of feeling, smell, wind] intensidad *f*; [- of accent, wine] fuerza *f*; [- of drug] potencia *f-* **6.** [credibility, weight] peso *m*, fuerza *f*; **on the ~ of** a partir de, en base a **-7.** *(U)* [in numbers - gen] número *m*; [- army] efectivos *mpl*; **in ~** en gran número;

to be at/below full ~ estar/no estar al completo **-8.** [of currency] valor *m*.

strengthen ['strenθn] <> *vt* **-1.** [gen] fortalecer **-2.** [reinforce - argument, bridge] reforzar **-3.** [intensify] acentuar, intensificar **-4.** [make closer] estrechar. <> *vi* **-1.** [improve - sales, currency] fortalecerse **-2.** [intensify] acentuarse, intensificarse **-3.** [become closer] estrecharse.

strenuous ['strenjʊəs] *adj* agotador(ra), extenuante.

stress [stres] <> *n* **-1.** [emphasis]: ~ **(on)** hincapié *m OR* énfasis *m inv* (en) **-2.** [tension, anxiety] estrés *m*, tensión *f* nerviosa; **to be under** ~ estar estresado **-3.** [physical pressure]: ~ **(on)** presión *f* (en) **-4.** *LING* [on word, syllable] acento *m*. <> *vt* **-1.** [emphasize] recalcar, subrayar **-2.** *LING* [word, syllable] acentuar.

stressed [strest] *adj* [anxious] estresado(da).

stressful ['stresfʊl] *adj* estresante.

stretch [stretʃ] <> *adj* elástico(ca). <> *n* **-1.** [of land, water] extensión *f*; [of road, river] tramo *m*, trecho *m* **-2.** [of time] periodo *m* **-3.** [effort]: **by no ~ of the imagination** ni por asomo **-4.** [to move one's body] **to have a ~** estirarse. <> *vt* **-1.** [gen] estirar; **I'm going to ~ my legs** voy a estirar las piernas **-2.** [overtax - person] extender **-3.** [challenge] hacer rendir al máximo. <> *vi* **-1.** [area]: **to ~ over/from ... to** extenderse por/desde ... hasta **-2.** [person, animal] estirarse **-3.** [subj: clothing] dar de sí.

➡ **at a stretch** *adv* de un tirón, sin interrupción.

➡ **stretch out** <> *vt sep* [foot, leg] estirar; [hand, arm] alargar. <> *vi* **-1.** [lie down] tumbarse **-2.** [reach out] estirarse.

stretcher ['stretʃə^r] *n* camilla *f*.

stretch limo ['stretʃ'lıməʊ] *n inf* limusina *f* ampliada.

stretchmarks ['stretʃmɑ:ks] *npl* estrías *fpl*.

stretchy ['stretʃı] (*compar* **-ier**, *superl* **-iest**) *adj* elástico(ca).

strew [stru:] (*pt* **-ed**, *pp* **strewn** [stru:n], **-ed**) *vt*: **to be strewn on/over** estar esparcido(da) sobre/por; **to be strewn with** estar cubierto(ta) de.

stricken ['strıkn] *adj*: **to be ~ by** *OR* **with** [illness] estar aquejado(da) de; [drought, famine] estar asolado(da) por; [grief] estar afligido(da) por; [doubts, horror] estar atenazado (da) por; **she was ~ with remorse** le remordía la conciencia.

strict [strıkt] *adj* **-1.** [gen] estricto(ta) **-2.** [precise] exacto(ta), estricto(ta) **-3.** [faithful, disciplined] riguroso(sa).

strictly ['strıktlı] *adv* **-1.** [severely] severamente **-2.** [absolutely - prohibited] terminantemente; [-

confidential] absolutamente, totalmente - **3.** [exactly] exactamente; ~ **speaking** en el sentido estricto de la palabra - **4.** [exclusively] exclusivamente; **this is ~ between you and me** esto debe quedar exclusivamente entre tú y yo.

strictness ['strɪktnɪs] n [severity, rigidity] severidad f.

stride [straɪd] (pt **strode**, pp **stridden** ['strɪdn]) ⬦ n zancada f; **to take sthg in one's ~** tomarse algo con calma. ⬦ vi: **to ~ along** andar a zancadas; **he strode off down the road** marchó calle abajo dando grandes zancadas.

➤ **strides** npl: **to make ~s** hacer progresos.

strident ['straɪdnt] adj - **1.** [harsh] estridente - **2.** [vociferous] exaltado(da).

strife [straɪf] n (U) fml conflictos mpl.

strike [straɪk] (pt & pp **struck**) ⬦ n - **1.** [refusal to work etc] huelga f; **to be (out) on ~** estar en huelga; **to go on ~** declararse en huelga - **2.** MIL ataque m - **3.** [find] descubrimiento m. ⬦ vt - **1.** fml [hit - deliberately] golpear, pegar; [- accidentally] chocar contra - **2.** [subj: disaster, earthquake] asolar; [subj: lightning] fulminar, alcanzar; **she was struck by lightning** le alcanzó un rayo - **3.** [subj: thought, idea] ocurrírsele a - **4.** [give impression]: **to ~ sb as sthg** parecer a alguien algo - **5.** [impress]: **to be struck by** OR **with sthg** estar impresionado(da) por OR ante algo - **6.** [deal, bargain] cerrar - **7.** [match] encender - **8.** [find] encontrar; **to ~ a balance (between)** llegar a un punto medio (entre); **to ~ a serious note** tener un tono de seriedad - **9.** phr: **to be struck blind/dumb** quedarse ciego(ga)/mudo(da); **to ~ fear** OR **terror into sb** infundir temor en alguien; **to ~ (it) lucky** tener suerte; **to ~ it rich** hacerse rico(ca). ⬦ vi - **1.** [stop working] estar en huelga - **2.** fml [hit accidentally]: **to ~ against** chocar contra - **3.** [hurricane, disaster] sobrevenir; [lightning] caer - **4.** fml [attack] atacar - **5.** [chime] dar la hora; **the clock struck six** el reloj dio las seis.

➤ **strike back** vi devolver el golpe.

➤ **strike down** vt sep fulminar; **to be struck down with sthg** estar sufriendo de algo.

➤ **strike off** vt sep: **to be struck off** ser inhabilitado(da).

➤ **strike out** ⬦ vt sep tachar. ⬦ vi [do something different] hacer algo diferente; **to ~ out on one's own** establecerse uno por su cuenta.

➤ **strike up** ⬦ vt fus - **1.** [friendship] trabar; [conversation] entablar - **2.** [tune] empezar a tocar. ⬦ vi empezar a tocar.

strikebound ['straɪkbaʊnd] adj paralizado(da) por la huelga.

strikebreaker ['straɪkˌbreɪkəʳ] n esquirol m OR f.

strike pay n (U) subsidio m de huelga.

striker ['straɪkəʳ] n - **1.** [person on strike] huelguista m OR f - **2.** FTBL delantero m, -ra f.

striking ['straɪkɪŋ] adj - **1.** [noticeable, unusual] chocante, sorprendente - **2.** [attractive] llamativo(va), atractivo(va).

striking distance n: **to be within ~ (of)** estar a corta distancia (de).

string [strɪŋ] (pt & pp **strung**) n - **1.** [thin rope] cuerda f, piolín m Amér; **a (piece of) ~** un cordón; **(with) no ~s attached** sin ninguna condición OR ningún compromiso; **to pull ~s** utilizar uno sus influencias - **2.** [of beads, pearls] sarta f - **3.** [series] serie f, sucesión f - **4.** [of musical instrument] cuerda f.

➤ **strings** npl MUS: **the ~s** los instrumentos de cuerda.

➤ **string along** vt sep inf [deceive] dar falsas esperanzas a.

➤ **string out** vt fus: **to be strung out** alinearse.

➤ **string together** vt sep [words] encadenar.

string bean n judía f verde, chaucha f RP, vainita f Ven, poroto m verde Chile, habichuela f Col.

stringed instrument ['strɪŋd-] n instrumento m de cuerda.

stringent ['strɪndʒənt] adj estricto(ta), severo(ra).

string quartet n cuarteto m de cuerda.

strip [strɪp] (pt & pp **-ped**, cont **-ping**) ⬦ n - **1.** [narrow piece] tira f; **to tear a ~ off sb, to tear sb off a ~** UK echarle una bronca a alguien - **2.** [narrow area] franja f - **3.** UK SPORT camiseta f, colores mpl. ⬦ vt - **1.** [undress] desnudar - **2.** [paint, wallpaper] quitar - **3.** [take away from]: **to ~ sb of sthg** despojar a alguien de algo. ⬦ vi - **1.** [undress] desnudarse - **2.** [do a striptease] hacer un striptease.

➤ **strip off** ⬦ vt sep quitarse. ⬦ vi desnudarse.

strip cartoon n UK historieta f, tira f cómica.

stripe [straɪp] n - **1.** [band of colour] raya f, franja f - **2.** [sign of rank] galón m.

striped [straɪpt] adj a rayas.

strip lighting n alumbrado m fluorescente.

stripper ['strɪpəʳ] n - **1.** [performer of striptease] artista m OR f de striptease - **2.** [for paint] disolvente m.

strip-search vt registrar a alguien haciéndole desnudarse.

striptease ['strɪptiːz] n striptease m.

stripy ['straɪpɪ] (*compar* -ier, *superl* -iest) *adj* a rayas, de rayas.

strive [straɪv] (*pt* strove, *pp* striven ['strɪvn]) *vi fml*: to ~ for sthg luchar por algo; to ~ to do sthg esforzarse por hacer algo.

strobe (light) ['strəʊb-] *n* luz *f* de discoteca, luz estroboscópica.

strode [strəʊd] *pt* ▷ stride.

stroke [strəʊk] ⟨⟩ *n* -1. MED apoplejía *f*, derrame *m* cerebral -2. [of pen] trazo *m*; [of brush] pincelada *f* -3. [in swimming] brazada *f*; [in rowing] palada *f* -4. [style of swimming] estilo *m* -5. [in tennis, golf etc] golpe *m* -6. [of clock] campanada *f* -7. UK TYPO [oblique] barra *f* -8. [piece]: a ~ of genius una genialidad; a ~ of luck un golpe de suerte; not to do a ~ of work no dar (ni) golpe; at a ~ de una vez, de golpe. ⟨⟩ *vt* acariciar.

stroll [strəʊl] ⟨⟩ *n* paseo *m*; to go for a ~ dar un paseo. ⟨⟩ *vi* pasear.

stroller ['strəʊləʳ] *n* US [for baby] sillita *f* (de niño).

strong [strɒŋ] *adj* -1. [gen] fuerte; to be still going ~ [person] conservarse bien; [group] seguir en la brecha; [object] estar todavía en forma -2. [material, structure] sólido(da), resistente -3. [feeling, belief] profundo(da); [opposition, denial] firme; [support] acérrimo(ma); [accent] marcado(da) -4. [discipline, policy] estricto(ta) -5. [argument] convincente -6. [in numbers]: the crowd was 2,000 ~ la multitud constaba de 2.000 personas -7. [good, gifted]: I've never been ~ at sums las sumas nunca han sido mi fuerte; one's ~ point el punto fuerte de uno -8. [concentrated] concentrado(da).

strongarm ['strɒŋɑːm] *adj*: to use ~ tactics recurrir a la mano dura.

strongbox ['strɒŋbɒks] *n* caja *f* fuerte.

stronghold ['strɒŋhəʊld] *n* fig [bastion] bastión *m*, baluarte *m*.

strong language *n* (U) euphemism lenguaje *m* fuerte.

strongly ['strɒŋlɪ] *adv* -1. [sturdily] fuertemente -2. [in degree] intensamente -3. [fervently]: to support/oppose sthg ~ apoyar/oponerse a algo totalmente; I feel very ~ about that eso me preocupa muchísimo.

strong man *n* forzudo *m*, hércules *m inv*.

strong-minded [-'maɪndɪd] *adj* firme, decidido(da).

strong room *n* cámara *f* acorazada.

strong-willed [-'wɪld] *adj* tozudo(da).

stroppy ['strɒpɪ] (*compar*-ier, *superl*-iest) *adj* UK *inf* con mala uva; to get ~ cabrearse.

strove [strəʊv] *pt* ▷ strive.

struck [strʌk] *pt & pp* ▷ strike.

structural ['strʌktʃərəl] *adj* estructural.

structurally ['strʌktʃərəlɪ] *adv* estructuralmente; the house is ~ sound la estructura de la casa está bien.

structure ['strʌktʃəʳ] ⟨⟩ *n* -1. [arrangement] estructura *f* -2. [building] construcción *f*. ⟨⟩ *vt* estructurar.

struggle ['strʌgl] ⟨⟩ *n* -1. [great effort]: ~ (for sthg/to do sthg) lucha *f* (por algo/por hacer algo) -2. [fight, tussle] forcejeo *m* -3. [difficult task]: it will be a ~ to do it hacerlo supondrá un gran esfuerzo. ⟨⟩ *vi* -1. [make great effort]: to ~ (for sthg/to do sthg) luchar (por algo/por hacer algo) -2. [to free o.s.]: to ~ free forcejear para soltarse -3. [fight]: to ~ (with sb) pelearse (con alguien) -4. [move with difficulty]: to ~ with sthg llevar algo con dificultad; to ~ to one's feet lograr levantarse a duras penas.
◆ **struggle on** *vi*: to ~ on (with sthg) continuar a duras penas (con algo).

struggling ['strʌglɪŋ] *adj* [likely to lose, fail] con dificultades.

strum [strʌm] (*pt & pp* -med, *cont* -ming) *vt & vi* rasguear.

strung [strʌŋ] *pt & pp* ▷ string.

strut [strʌt] (*pt & pp* -ted, *cont* -ting) ⟨⟩ *n* -1. CONSTR puntal *m* -2. AERON montante *m*. ⟨⟩ *vi* andar pavoneándose.

strychnine ['strɪkniːn] *n* estricnina *f*.

stub [stʌb] (*pt & pp* -bed, *cont* -bing) ⟨⟩ *n* -1. [of cigarette] colilla *f*; [of pencil] cabo *m* -2. [of ticket] resguardo *m*; [of cheque] matriz *f*. ⟨⟩ *vt*: to ~ one's toe on darse con el pie en.
◆ **stub out** *vt sep* apagar.

stubble ['stʌbl] *n* -1. (U) [in field] rastrojo *m* -2. [on chin] barba *f* incipiente or de tres días.

stubborn ['stʌbən] *adj* -1. [person] terco(ca), testarudo(da) -2. [stain] rebelde, difícil.

stubbornly ['stʌbənlɪ] *adv* tercamente, obstinadamente.

stubby ['stʌbɪ] (*compar* -ier, *superl* -iest) *adj* rechoncho(cha).

stucco ['stʌkəʊ] *n* estuco *m*.

stuck [stʌk] ⟨⟩ *pt & pp* ▷ stick. ⟨⟩ *adj* -1. [jammed - lid, window] atascado(da); [- finger] pillado(da) -2. [unable to progress] atascado(da) -3. [stranded] colgado(da) -4. [in a meeting, at home] encerrado(da).

stuck-up *adj inf pej* engreído(da), que se lo tiene creído.

stud [stʌd] *n* -1. [metal decoration] tachón *m* -2. [earring] pendiente *m* -3. UK [on boot, shoe] taco *m* **- 4.** [horse] semental *m*; **to be put out to ~** ser utilizado como semental.

studded ['stʌdɪd] *adj*: **~ (with)** tachonado(da) (con).

student ['stju:dnt] <> *n* **- 1.** [at college, university] estudiante *m OR f* **- 2.** [scholar] estudioso *m*, -sa *f*. <> *comp* estudiantil.

students' union *n* **- 1.** [organization] sindicato *m* de estudiantes **- 2.** [building] *lugar donde se reúnen los estudiantes.*

stud farm *n* cuadra *f*.

studied ['stʌdɪd] *adj* [look, smile] estudiado(da); [answer] premeditado(da).

studio ['stju:dɪəʊ] (*pl* -s) *n* estudio *m*.

studio apartment *US* = studio flat.

studio audience *n* público *m* invitado (al estudio).

studio flat *UK*, **studio apartment** *US n* estudio *m*.

studious ['stju:djəs] *adj* estudioso(sa).

studiously ['stju:djəslɪ] *adv* cuidadosamente.

study ['stʌdɪ] (*pl* -ies, *pt & pp* -ied) <> *n* estudio *m*. <> *vt* **- 1.** [learn] estudiar; **to ~ for sth** estudiar para algo **- 2.** [examine - report, sb's face] examinar, estudiar. <> *vi* estudiar.

➤ **studies** *npl* estudios *mpl*.

study hall *n US* **- 1.** [room] sala *f* de estudio **- 2.** [period] hora *f* de estudio.

stuff [stʌf] <> *n* (U) *inf* **- 1.** [things, belongings] cosas *fpl*; **to know one's ~** saber uno lo que se hace; **and all that ~** y todo eso **- 2.** [substance]: **what's that ~ in your pocket?** ¿qué es eso que llevas en el bolsillo?; **this whisky is good ~** este whisky es del bueno. <> *vt* **- 1.** [push, put] meter **- 2.** [fill, cram]: **to ~ sthg (with)** [box, room] llenar algo (de); [pillow, doll] rellenar algo (de) **- 3.** [with food]: **to ~ o.s. (with** *OR* **on)** *inf* atiborrarse *OR* hartarse (de) **- 4.** *CULIN* rellenar.

stuffed [stʌft] *adj* **- 1.** [filled, crammed]: **~ with** atestado(da) de **- 2.** *inf* [subj: person - with food] lleno(na), inflado(da) **- 3.** *CULIN* relleno(na) **- 4.** [preserved - animal] disecado(da) **- 5.** *phr*: **get ~!** *UK v inf* ¡vete al cuerno!

stuffing ['stʌfɪŋ] *n* (U) relleno *m*.

stuffy ['stʌfɪ] (*compar* -ier, *superl* -iest) *adj* **- 1.** [atmosphere] cargado(da); [room] mal ventilado(da) **- 2.** [old-fashioned] retrógrado(da), carca.

stumble ['stʌmbl] *vi* **- 1.** [trip] tropezar **- 2.** [make mistake in speech] equivocarse; **to ~ at** *OR* **over sthg** trabársele la lengua con algo; **to ~ through sthg** decir algo sin parar de equivocarse.

➤ **stumble across, stumble on** *vt fus* [thing] dar con; [person] encontrarse con.

stumbling block ['stʌmblɪŋ-] *n* obstáculo *m*, escollo *m*.

stump [stʌmp] <> *n* [of tree] tocón *m*; [of limb] muñón *m*. <> *vt* **- 1.** [subj: question, problem] dejar perplejo(ja); **I'm ~ed** no tengo ni idea; **he was ~ed for an answer** no sabía qué contestar **- 2.** *US POL* [constituency, state] recorrer en campaña electoral.

➤ **stump up** *vt fus UK inf* apoquinar.

stun [stʌn] (*pt & pp* -ned, *cont* -ning) *vt lit & fig* aturdir.

stung [stʌŋ] *pt & pp* ⊳ sting.

stunk [stʌŋk] *pt & pp* ⊳ stink.

stunning ['stʌnɪŋ] *adj* **- 1.** [very beautiful] imponente **- 2.** [shocking] pasmoso(sa).

stunt [stʌnt] <> *n* **- 1.** [for publicity] truco *m* publicitario **- 2.** *CINEMA* escena *f* arriesgada *OR* peligrosa. <> *vt* atrofiar.

stunted ['stʌntɪd] *adj* esmirriado(da).

stunt man *n* especialista *m*, doble *m*.

stupefy ['stju:pɪfaɪ] (*pt & pp* -ied) *vt* **- 1.** [tire, bore] aturdir, atontar **- 2.** [surprise] dejar estupefacto(ta).

stupendous [stju:'pendəs] *adj inf* [wonderful] estupendo(da); [very large] enorme.

stupid ['stju:pɪd] *adj* **- 1.** [foolish] estúpido(da), baboso(sa) *Amér* **- 2.** *inf* [annoying] puñetero(ra).

stupidity [stju:'pɪdətɪ] *n* (U) estupidez *f*.

stupidly ['stju:pɪdlɪ] *adv* estúpidamente.

stupor ['stju:pəʳ] *n* estupor *m*, atontamiento *m*.

sturdy ['stɜ:dɪ] (*compar* -ier, *superl* -iest) *adj* [person, shoulders] fuerte; [furniture, bridge] firme, sólido(da).

sturgeon ['stɜ:dʒən] (*pl inv*) *n* esturión *m*.

stutter ['stʌtəʳ] <> *n* tartamudeo *m*. <> *vi* tartamudear. <> *vt* decir tartamudeando.

sty [staɪ] (*pl* sties) *n* [pigsty] pocilga *f*.

stye [staɪ] *n* orzuelo *m*.

style [staɪl] <> *n* **- 1.** [characteristic manner] estilo *m*; **in the ~ of** al estilo de **- 2.** (U) [smartness, elegance] clase *f* **- 3.** [design] modelo *m*. <> *vt* [hair] peinar.

stylish ['staɪlɪʃ] *adj* elegante, con estilo.

stylist ['staɪlɪst] *n* [hairdresser] peluquero *m*, -ra *f*.

stylized, -ised ['staɪlaɪzd] *adj* estilizado(da).

stylus ['staɪləs] (*pl* -es) *n* [on record player] aguja *f*.

stymie ['staɪmɪ] *vt inf* [plan] fastidiar; [person] desconcertar.

styrofoam® ['staɪrəfəʊm] *n US* poliestireno *m*.

suave [swɑ:v] *adj* [well-mannered] afable, amable; [obsequious] zalamero(ra).

sub [sʌb] *n inf* **- 1.** *SPORT* (*abbr of* **substitute**) reserva *m OR f* **- 2.** (*abbr of* **submarine**) submarino *m* **- 3.** *UK* (*abbr of* **subscription**) subscripción *f*.

sub- [sʌb] *prefix* sub-.

subcommittee ['sʌbkə‚mɪtɪl] n [gen] subcomité m; POL subcomisión f.

subconscious [‚sʌb'kɒnʃəs] <> adj subconsciente. <> n: **the ~** el subconsciente.

subconsciously [‚sʌb'kɒnʃəslɪ] adv de forma subconsciente.

subcontinent [‚sʌb'kɒntɪnənt] n subcontinente m.

subcontract [‚sʌbkən'trækt] vt subcontratar.

subculture ['sʌb‚kʌltʃəʳ] n subcultura f.

subdivide [‚sʌbdɪ'vaɪd] vt subdividir.

subdue [səb'djuː] vt **-1.** [enemy, nation] someter, sojuzgar **-2.** [feelings] contener, dominar **-3.** [light, colour] atenuar, suavizar.

subdued [səb'djuːd] adj **-1.** [person] apagado(da) **-2.** [emotion] ligero(ra) **-3.** [colour, light] tenue.

subeditor [‚sʌb'edɪtəʳ] n redactor m, -ra f.

subgroup ['sʌbgruːp] n subgrupo m.

subheading ['sʌb‚hedɪŋ] n subtítulo m.

subhuman [‚sʌb'hjuːmən] adj pej infrahumano(na).

subject [adj, n & prep 'sʌbdʒekt, vt səb'dʒekt] <> adj **-1.** [not independent] subyugado(da) **-2.** [affected]: **~ to** [taxes, changes, law] sujeto(ta) a; [illness] proclive a. <> n **-1.** [topic] tema m; **don't change the ~** no cambies de tema **-2.** GRAMM sujeto m **-3.** SCH & UNIV asignatura f **-4.** [citizen] súbdito m, -ta f. <> vt **-1.** [bring under control] someter, dominar **-2.** [force to experience]: **to ~ sb to sthg** someter a alguien a algo.
➡ **subject to** prep dependiendo de; **~ to approval** previa aprobación.

subjection [səb'dʒekʃn] n sometimiento m, dominación f.

subjective [səb'dʒektɪv] adj subjetivo(va).

subjectively [səb'dʒektɪvlɪ] adv de forma subjetiva.

subject matter ['sʌbdʒekt-] n (U) tema m, contenido m.

subjugate ['sʌbdʒʊgeɪt] vt fml **-1.** [conquer] subyugar, sojuzgar **-2.** [treat as less important] supeditar.

subjunctive [səb'dʒʌŋktɪv] n GRAMM: **~ (mood)** (modo m) subjuntivo m.

sublet [‚sʌb'let] (pt & pp **sublet**, cont **-ting**) vt & vi subarrendar.

sublime [sə'blaɪm] adj [wonderful] sublime; **from the ~ to the ridiculous** de lo sublime a lo ridículo.

sublimely [sə'blaɪmlɪ] adv absolutamente, completamente.

subliminal [‚sʌb'lɪmɪnl] adj subliminal.

submachine gun [‚sʌbmə'ʃiːn-] n metralleta f, ametralladora f.

submarine [‚sʌbmə'riːn] n **-1.** submarino m **-2.** US [sandwich] bocadillo OR sandwich hecho con una barra de pan larga y estrecha.

submerge [səb'mɜːdʒ] <> vt **-1.** [in water] sumergir **-2.** fig [in activity]: **to ~ o.s. in sthg** dedicarse de lleno a algo. <> vi sumergirse.

submission [səb'mɪʃn] n **-1.** [capitulation] sumisión f **-2.** [presentation] presentación f.

submissive [səb'mɪsɪv] adj sumiso(sa).

submit [səb'mɪt] (pt & pp **-ted**, cont **-ting**) <> vt presentar. <> vi: **to ~ (to sb)** rendirse (a alguien); **to ~ (to sthg)** someterse (a algo).

subnormal [‚sʌb'nɔːml] adj subnormal.

subordinate [adj & n sə'bɔːdɪnət, vt sə'bɔːdɪneɪt] <> adj fml [less important]: **~ (to)** subordinado(da) (a). <> n subordinado m, -da f. <> vt fml subordinar.

subordinate clause [sə'bɔːdɪnət-] n oración f subordinada.

subordination [sə‚bɔːdɪ'neɪʃn] n: **~ (of sthg to sthg)** subordinación f (de algo a algo).

subpoena [sə'piːnə] (pt & pp **-ed**) JUR <> n citación f. <> vt citar.

sub-post office n UK estafeta de correos semiprivada.

subroutine ['sʌbruː‚tiːn] n COMPUT subrutina f.

subscribe [səb'skraɪb] vi **-1.** [to magazine, newspaper]: **to ~ (to)** suscribirse (a) **-2.** [to belief]: **to ~ to** estar de acuerdo con.

subscriber [səb'skraɪbəʳ] n **-1.** [to magazine, newspaper] suscriptor m, -ra f **-2.** [to service] abonado m, -da f **-3.** [to charity] donante m OR f.

subscription [səb'skrɪpʃn] n [to magazine] suscripción f; [to service] abono m; [to society, club] cuota f; **to take out a ~ to sthg** suscribirse a algo.

subsection ['sʌb‚sekʃn] n apartado m.

subsequent ['sʌbsɪkwənt] adj subsiguiente, posterior; **~ to this** con posterioridad a esto.

subsequently ['sʌbsɪkwəntlɪ] adv posteriormente.

subservient [səb'sɜːvjənt] adj **-1.** [servile]: **~ (to sb)** servil (ante alguien) **-2.** [less important]: **~ (to sthg)** subordinado(da) (a algo).

subside [səb'saɪd] vi **-1.** [anger] apaciguarse; [pain] calmarse; [grief] pasarse; [storm, wind] amainar **-2.** [noise] apagarse **-3.** [river] bajar, descender; [building, ground] hundirse.

subsidence [səb'saɪdns, 'sʌbsɪdns] n CONSTR hundimiento m.

subsidiarity [səbsɪdɪ'ærɪtɪ] n subsidiariedad f.

subsidiary [səb'sɪdjərɪ] (pl **-ies**) <> adj secundario(ria). <> n: **~ (company)** filial f.

subsidize, -ise ['sʌbsɪdaɪz] vt subvencionar.

subsidy ['sʌbsɪdɪ] (pl **-ies**) n subvención f.

subsist [səb'sɪst] *vi*: **to ~ (on sthg)** subsistir (a base de algo).

subsistence [səb'sɪstəns] *n* subsistencia *f*.

subsistence farming *n* agricultura *f* de autoabastecimiento.

subsistence level *n* nivel *m* mínimo de subsistencia.

substance ['sʌbstəns] *n* - **1.** [gen] sustancia *f* - **2.** [essence] esencia *f*.

substandard [ˌsʌb'stændəd] *adj* deficiente.

substantial [səb'stænʃl] *adj* - **1.** [large, considerable] sustancial, considerable; [meal] abundante - **2.** [solid] sólido(da).

substantially [səb'stænʃəlɪ] *adv* - **1.** [quite a lot] sustancialmente, considerablemente - **2.** [fundamentally] esencialmente; [for the most part] en gran parte.

substantiate [səb'stænʃɪeɪt] *vt fml* justificar.

substitute ['sʌbstɪtjuːt] <> *n* - **1.** [replacement]: **~ (for)** sustituto *m*, -ta *f* (de); **to be no ~ (for)** ser un pobre remedio (de) - **2.** *SPORT* suplente *m or f*, reserva *m or f*. <> *vt*: **to ~ sthg/sb for** sustituir algo/a alguien por. <> *vi*: **to ~ for sb/sthg** sustituir a alguien/algo.

substitute teacher *n US* profesor *m*, -ra *f* suplente.

substitution [ˌsʌbstɪ'tjuːʃn] *n* sustitución *f*.

subterfuge ['sʌbtəfjuːdʒ] *n* - **1.** [art of deception] engaño *m* - **2.** [trick] subterfugio *m*.

subterranean [ˌsʌbtə'reɪnjən] *adj* subterráneo(a).

subtitle ['sʌbˌtaɪtl] *n* subtítulo *m*.

subtle ['sʌtl] *adj* - **1.** [gen] sutil; [taste, smell] delicado(da) - **2.** [plan, behaviour] ingenioso(sa).

subtlety ['sʌtltɪ] *n* - **1.** [gen] sutileza *f*; [of taste, smell] delicadeza *f* - **2.** [of plan, behaviour] ingenio *m*.

subtly ['sʌtlɪ] *adv* - **1.** [not obviously] sútilmente - **2.** [cleverly] ingeniosamente.

subtotal ['sʌbˌtəʊtl] *n* subtotal *m*.

subtract [səb'trækt] *vt*: **to ~ sthg (from)** restar algo (de).

subtraction [səb'trækʃn] *n* resta *f*.

subtropical [ˌsʌb'trɒpɪkl] *adj* subtropical.

suburb ['sʌbɜːb] *n* barrio *m* residencial.
  ➡ **suburbs** *npl*: **the ~s** las afueras.

suburban [sə'bɜːbn] *adj* - **1.** [of suburbs] de los barrios residenciales - **2.** *pej* [boring] convencional, burgués(esa).

suburbia [sə'bɜːbɪə] *n* (U) barrios *mpl* residenciales.

subversion [səb'vɜːʃn] *n* subversión *f*.

subversive [səb'vɜːsɪv] <> *adj* subversivo(va). <> *n* subversivo *m*, -va *f*.

subvert [səb'vɜːt] *vt* subvertir.

subway ['sʌbweɪ] *n* - **1.** *UK* [underground walkway] paso *m* subterráneo - **2.** *US* [underground railway] metro *m*, subte(rráneo) *m RP*.

sub-zero *adj* bajo cero; **~ temperatures** temperaturas bajo cero.

succeed [sək'siːd] <> *vt* suceder a; **to ~ sb to the throne** suceder a alguien en el trono. <> *vi* - **1.** [gen] tener éxito - **2.** [achieve desired result]: **to ~ in sthg/in doing sthg** conseguir algo/hacer algo - **3.** [plan, tactic] dar (buen) resultado, salir bien - **4.** [go far in life] triunfar.

succeeding [sək'siːdɪŋ] *adj fml* siguiente.

success [sək'ses] *n* - **1.** [gen] éxito *m*; **to be a ~** tener éxito - **2.** [in career, life] triunfo *m*.

successful [sək'sesfʊl] *adj* [gen] de éxito; [attempt] logrado(da); **to be ~ in sthg** tener éxito en algo.

successfully [sək'sesfʊlɪ] *adv* con éxito.

succession [sək'seʃn] *n* sucesión *f*; **to follow in quick OR close ~** sucederse rápidamente.

successive [sək'sesɪv] *adj* sucesivo(va), consecutivo(va); **he won on 3 ~ years** ganó durante tres años consecutivos.

successor [sək'sesər] *n* sucesor *m*, -ra *f*.

success story *n* éxito *m*.

succinct [sək'sɪŋkt] *adj* sucinto(ta).

succinctly [sək'sɪŋktlɪ] *adv* sucintamente.

succour *UK*, **succor** *US* ['sʌkər] *n literary* socorro *m*, auxilio *m*.

succulent ['sʌkjʊlənt] *adj* suculento(ta).

succumb [sə'kʌm] *vi*: **to ~ (to)** sucumbir (a).

such [sʌtʃ] <> *adj* - **1.** [like that] semejante, tal; **~ stupidity** tal *or* semejante estupidez; **there's no ~ thing** no existe nada semejante - **2.** [like this]: **have you got ~ a thing as a tin opener?** ¿tendrías acaso un abrelatas?; **~ words as 'duty' and 'honour'** palabras (tales) como 'deber' y 'honor' - **3.** [whatever]: **I've spent ~ money as I had** he gastado el poco dinero que tenía - **4.** [so great, so serious]: **there are ~ differences that ...** las diferencias son tales que ...; **~ ... that** tal ... que. <> *adv* tan; **~ a lot of books** tantos libros; **~ nice people** una gente tan amable; **~ a good car** un coche tan bueno; **~ a long time** tanto tiempo. <> *pron*: **and ~ (like)** y otros similares *or* por el estilo; **this is my car, ~ as it is** este es mi coche, aunque no sea gran cosa; **have some wine, ~ as there is** sírvete vino, si es que aún queda.
  ➡ **as such** *pron* propiamente dicho(cha).
  ➡ **such and such** *adj*: **at ~ and ~ a time** a tal hora.

suchlike ['sʌtʃlaɪk] *pron* [things] cosas por el estilo; [people] gente de este tipo.

suck [sʌk] <> *vt* - **1.** [by mouth] chupar - **2.** [subj:

machine] aspirar **-3.** *fig* [involve]: **to be** ~**ed into sthg** verse envuelto(ta) en algo. ◇ *vi US v inf* [be bad] [book, film]: **that really** ~**s!** ¡es una mierda!

➤ **suck up** *vi inf*: **to** ~ **up (to)** hacer la pelota (a).

sucker ['sʌkəʳ] *n* **-1.** [of animal] ventosa *f* **-2.** *inf* [gullible person] primo *m*, -ma *f*, ingenuo *m*, -nua *f*; **to be a** ~ **for punishment** ser un masoquista.

suckle ['sʌkl] ◇ *vt* amamantar. ◇ *vi* mamar.

sucrose ['su:krəʊz] *n* sacarosa *f*.

suction ['sʌkʃn] *n* [gen] succión *f*; [by machine] aspiración *f*.

suction pump *n* bomba *f* de aspiración.

Sudan [suː'dɑːn] *n* (el) Sudán.

Sudanese [ˌsuːdə'niːz] ◇ *adj* sudanés(esa). ◇ *n* sudanés *m*, -esa *f*. ◇ *npl*: **the** ~ los sudaneses.

sudden ['sʌdn] *adj* [quick] repentino(na); [unforeseen] inesperado(da); **all of a** ~ de repente.

sudden death *n* *SPORT* muerte *f* súbita.

suddenly ['sʌdnlɪ] *adv* de repente, de pronto.

suddenness ['sʌdnnɪs] *n* [quickness] lo repentino; [unexpectedness] lo inesperado.

suds [sʌdz] *npl* espuma *f* del jabón.

sue [su:] *vt*: **to** ~ **sb (for)** demandar a alguien (por).

suede [sweɪd] ◇ *n* [for jacket, shoes] ante *m*; [for gloves] cabritilla *f*. ◇ *comp* [jacket, shoes] de ante; [gloves] de cabritilla.

suet ['suɪt] *n* sebo *m*.

Suez ['suːɪz] *n* Suez.

Suez Canal *n*: **the** ~ el canal de Suez.

suffer ['sʌfəʳ] ◇ *vt* sufrir. ◇ *vi* **-1.** [gen] sufrir **-2.** [experience negative effects] salir perjudicado(da) **-3.** *MED*: **to** ~ **from** [illness] sufrir *OR* padecer de.

sufferance ['sʌfrəns] *n*: **he was staying with us on** ~ se quedó con nosotros porque se lo toleramos.

sufferer ['sʌfrəʳ] *n* enfermo *m*, -ma *f*; **cancer** ~ enfermo de cáncer; **hay fever** ~ persona que padece fiebre del heno.

suffering ['sʌfrɪŋ] *n* [gen] sufrimiento *m*; [pain] dolor *m*.

suffice [sə'faɪs] *vi fml* ser suficiente, bastar.

sufficient [sə'fɪʃnt] *adj fml* suficiente, bastante.

sufficiently [sə'fɪʃntlɪ] *adv fml* suficientemente, bastante.

suffix ['sʌfɪks] *n* sufijo *m*.

suffocate ['sʌfəkeɪt] ◇ *vt* asfixiar, ahogar. ◇ *vi* asfixiarse, ahogarse.

suffocation [ˌsʌfə'keɪʃn] *n* asfixia *f*, ahogo *m*.

suffrage ['sʌfrɪdʒ] *n* sufragio *m*.

suffuse [sə'fjuːz] *vt*: ~**d with** bañado de.

sugar ['ʃʊgəʳ] ◇ *n* azúcar *m OR f*. ◇ *vt* echar azúcar a.

sugar beet *n* remolacha *f* (azucarera).

sugar bowl *n* azucarero *m*.

sugarcane ['ʃʊgəkeɪn] *n* (U) caña *f* de azúcar.

sugar-coated [-'kəʊtɪd] *adj* [sweets] cubierto(ta) de azúcar; [almonds] garrapiñado(da).

sugared ['ʃʊgəd] *adj* azucarado(da), con azúcar.

sugar lump *n* terrón *m* de azúcar.

sugar refinery *n* refinería *f* de azúcar.

sugary ['ʃʊgərɪ] *adj* **-1.** [high in sugar] azucarado(da), dulce **-2.** *pej* [sentimental] sensiblero(ra).

suggest [sə'dʒest] *vt* **-1.** [propose] sugerir, proponer; **to** ~ **doing sthg** sugerir hacer algo; **to** ~ **that sb do sthg** sugerir que alguien haga algo **-2.** [imply] insinuar; **his work** ~**s a lack of care** su trabajo hace pensar que no se preocupa lo suficiente.

suggestion [sə'dʒestʃn] *n* **-1.** [proposal] sugerencia *f* **-2.** [implication] insinuación *f*; **there was no** ~ **of murder** no había nada que indicara que fue un asesinato **-3.** *PSYCH* sugestión *f*.

suggestive [sə'dʒestɪv] *adj* **-1.** [implying sexual connotation] provocativo(va), insinuante **-2.** [implying a certain conclusion]: ~ **(of)** indicativo(va) (de) **-3.** [reminiscent]: ~ **of** evocador(ra) (de).

suicidal [ˌsʊɪ'saɪdl] *adj lit & fig* suicida.

suicide ['suːɪsaɪd] *n lit & fig* suicidio *m*; **to commit** ~ suicidarse.

suicide attempt *n* intento *m* de suicidio.

suit [suːt] ◇ *n* **-1.** [clothes - for men] traje *m*, tenida *f Chile*; [- for women] traje de chaqueta **-2.** [in cards] palo *m* **-3.** *JUR* pleito *m* **-4.** *phr*: **to follow** ~ *fig* seguir el ejemplo, hacer lo mismo. ◇ *vt* **-1.** [look attractive on] favorecer, sentar bien a, embonar *Andes, Cuba & Méx*; **it** ~**s you** te favorece, te sienta bien **-2.** [be convenient or agreeable to] convenir, venir bien a; **that** ~**s me fine** por mí, estupendo; ~ **yourself!** ¡como quieras! **-3.** [be appropriate to] ser adecuado(da) para; **that job** ~**s you perfectly** ese trabajo te va de perlas.

suitability [ˌsuːtə'bɪlətɪ] *n* [aptness] idoneidad *f*; [convenience] conveniencia *f*.

suitable ['suːtəbl] *adj* adecuado(da); **the most** ~ **person** la persona más indicada; **to be** ~ **for sthg** ser adecuado(da) para algo.

suitably ['suːtəblɪ] *adv* adecuadamente; **I was** ~ **impressed** como era de esperar, estaba impresionado.

suitcase ['su:tkeɪs] *n* maleta *f*, petaca *f Méx*, valija *f RP*.

suite [swi:t] *n* **-1.** [of rooms] suite *f* **-2.** [of furniture] juego *m*; **dining-room** ~ comedor *m*.

suited ['su:tɪd] *adj*: ~ **to/for** adecuado(da) para; **the couple are ideally** ~ forman una pareja perfecta.

suitor ['su:tə^r] *n dated* pretendiente *m*.

sulfate *US* = **sulphate**.

sulfur *US* = **sulphur**.

sulfuric acid *US* = **sulphuric acid**.

sulk [sʌlk] <> *n*: **he went into a** ~ le entró un arrebato de mal humor. <> *vi* estar de mal humor, enfurruñarse.

sulky ['sʌlkɪ] (*compar* **-ier**, *superl* **-iest**) *adj* malhumorado(da).

sullen ['sʌlən] *adj* hosco(ca), antipático(ca).

sulphate *UK*, **sulfate** *US* ['sʌlfeɪt] *n* sulfato *m*.

sulphur *UK*, **sulfur** *US* ['sʌlfə^r] *n* azufre *m*.

sulphuric acid *UK*, **sulfuric acid** *US* [sʌl'fjʊərɪk-] *n* ácido *m* sulfúrico.

sultan ['sʌltən] *n* sultán *m*.

sultana [səl'tɑ:nə] *n UK* [dried grape] pasa *f* de Esmirna.

sultry ['sʌltrɪ] (*compar* **-ier**, *superl* **-iest**) *adj* **-1.** [hot] bochornoso(sa), sofocante **-2.** [sexual] sensual.

sum [sʌm] (*pt* & *pp* **-med**, *cont* **-ming**) *n* suma *f*.
➤ **sum up** *vt sep* & *vi* [summarize] resumir.

summarily ['sʌmərəlɪ] *adv* sumariamente.

summa cum laude ['sʊmɑːkʊm'laʊdeɪ] *adv US*: **to graduate** ~ licenciarse con la nota más alta en la escala de calificaciones.

summarize, -ise ['sʌmərαɪz] *vt* & *vi* resumir.

summary ['sʌmərɪ] (*pl* **-ies**) <> *adj fml* sumario(ria). <> *n* resumen *m*.

summation [sʌ'meɪʃn] *n* [sum] suma *f*; [summary] resumen *m*.

summer ['sʌmə^r] <> *n* verano *m*; **in** ~ en verano. <> *comp* de verano.

summer camp *n US* colonia *f* de verano.

summerhouse ['sʌməhaʊs, *pl* -haʊzɪz] *n* cenador *m*.

summer school *n* escuela *f* de verano.

summertime ['sʌmətaɪm] *n*: **(the)** ~ (el) verano.

Summer Time *n UK* hora *f* de verano.

summery ['sʌmərɪ] *adj* veraniego(ga), estival.

summing-up [ˌsʌmɪŋ-] (*pl* **summings-up**) *n JUR* resumen *m*.

summit ['sʌmɪt] *n* **-1.** [mountain-top] cima *f*, cumbre *f* **-2.** [meeting] cumbre *f*.

summon ['sʌmən] *vt* [person] llamar; [meeting] convocar.
➤ **summon up** *vt sep* [courage] armarse de;

to ~ **up the courage to do sthg** armarse de valor para hacer algo; **to** ~ **up the strength to do sthg** reunir fuerzas para hacer algo.

summons ['sʌmənz] (*pl* **summonses**) *JUR* <> *n* citación *f*. <> *vt* citar.

sumo (wrestling) ['su:məʊ-] *n* sumo *m*.

sump [sʌmp] *n* cárter *m*.

sumptuous ['sʌmptʃʊəs] *adj* suntuoso(sa).

sum total *n* suma *f* total.

sun [sʌn] (*pt* & *pp* **-ned**, *cont* **-ning**) <> *n* sol *m*; **in the** ~ al sol; **everything under the** ~ todo lo habido y por haber. <> *vt*: **to** ~ **o.s.** tomar el sol.

Sun. (*abbr of* **Sunday**) dom.

sunbathe ['sʌnbeɪð] *vi* tomar el sol.

sunbather ['sʌnbeɪðə^r] *n* persona *f* que toma el sol.

sunbeam ['sʌnbi:m] *n* rayo *m* de sol.

sunbed ['sʌnbed] *n* camilla *f* de rayos ultravioletas.

sunburn ['sʌnbɜ:n] *n* (U) quemadura *f* de sol.

sunburned ['sʌnbɜ:nd], **sunburnt** ['sʌnbɜ:nt] *adj* quemado(da) por el sol.

sundae ['sʌndeɪ] *n* helado con fruta y nueces.

Sunday ['sʌndɪ] *n* domingo *m*; ~ **lunch** comida del domingo que generalmente consiste en carne asada, patatas asadas etc; *see also* **Saturday**.

Sunday paper *n UK* (periódico *m*) dominical *m*.

Sunday school *n* catequesis *f inv*.

sundial ['sʌndaɪəl] *n* reloj *m* de sol.

sundown ['sʌndaʊn] *n* anochecer *m*.

sundries ['sʌndrɪz] *npl fml* [gen] artículos *mpl* diversos; *FIN* gastos *mpl* diversos.

sundry ['sʌndrɪ] *adj fml* diversos(sas); **all and** ~ todos sin excepción.

sunflower ['sʌnˌflaʊə^r] *n* girasol *m*.

sunflower seed pipa *f* de girasol.

sung [sʌŋ] *pp* ▷ **sing**.

sunglasses ['sʌnˌglɑ:sɪz] *npl* gafas *fpl* de sol.

sunhat ['sʌnhæt] *n* pamela *f*.

sunk [sʌŋk] *pp* ▷ **sink**.

sunken ['sʌŋkən] *adj* hundido(da).

sunlamp ['sʌnlæmp] *n* lámpara *f* de rayos ultravioletas.

sunlight ['sʌnlaɪt] *n* luz *f* del sol; **in direct** ~ a la luz directa del sol.

sunlit ['sʌnlɪt] *adj* iluminado(da) por el sol.

Sunni ['sʊnɪ] (*pl* **-s**) *n* [doctrine] sunna *f*.

sunny ['sʌnɪ] (*compar* **-ier**, *superl* **-iest**) *adj* **-1.** [day] de sol; [room] soleado(da) **-2.** [cheerful] alegre **-3.** *phr*: ~ **side up** *US* [egg] frito.

sunrise ['sʌnraız] *n* -**1.** *(U)* [time of day] amanecer *m* -**2.** [event] salida *f* del sol.

sunroof ['sʌnruːf] *n* [on car] techo *m* corredizo; [on building] azotea *f*.

sunset ['sʌnset] *n* -**1.** *(U)* [time of day] anochecer *m* -**2.** [event] puesta *f* del sol.

sunshade ['sʌnʃeıd] *n* sombrilla *f*.

sunshine ['sʌnʃaın] *n* (luz *f* del) sol *m*.

sunspot ['sʌnspɒt] *n* ASTRON mancha *f* solar.

sunstroke ['sʌnstrəʊk] *n* *(U)* insolación *f*; **to get ~** coger una insolación.

suntan ['sʌntæn] <> *n* bronceado *m*; **to have a ~** estar bronceado(da); **to get a ~** broncearse. <> *comp* [lotion, cream] bronceador(ra).

suntanned ['sʌntænd] *adj* bronceado(da).

suntrap ['sʌntræp] *n* lugar *m* muy soleado.

sunup ['sʌnʌp] *n (U)* US inf salida *f* del sol.

super ['suːpə'] <> *adj* -**1.** inf [wonderful] estupendo(da), fenomenal -**2.** [better than normal - size etc] superior. <> *n* US inf [of apartment building] portero(ra).

superabundance [ˌsuːpərə'bʌndəns] *n* superabundancia *f*.

superannuation ['suːpəˌrænjʊ'eıʃn] *n (U)* jubilación *f*, pensión *f*.

superb [suː'pɜːb] *adj* excelente, magnífico (ca).

superbly [suː'pɜːblı] *adv* de manera excelente.

Super Bowl *n* US: **the ~** la final del campeonato estadounidense de fútbol americano.

supercilious [ˌsuːpə'sılıəs] *adj* altanero(ra).

superficial [ˌsuːpə'fıʃl] *adj* superficial.

superfluous [suː'pɜːflʊəs] *adj* superfluo(flua).

superglue ['suːpəgluː] *n* cola *f* de contacto.

superhuman [ˌsuːpə'hjuːmən] *adj* sobrehumano(na).

superimpose [ˌsuːpərım'pəʊz] *vt*: **to ~ sthg on** superponer OR sobreponer algo a.

superintend [ˌsuːpərın'tend] *vt* supervisar.

superintendent [ˌsuːpərın'tendənt] *n* -**1.** UK [of police] ≃ subjefe *m*, -fa *f* (de policía) -**2.** fml [of department] supervisor *m*, -ra *f* -**3.** US inf [of apartment building] portero *m*, -ra *f*.

superior [suː'pıərıə'] <> *adj* -**1.** [gen]: **~ (to)** superior (a) -**2.** pej [arrogant] altanero(ra), arrogante. <> *n* superior *m* OR *f*.

superiority [suːˌpıərı'ɒrətı] *n* -**1.** [gen] superioridad *f* -**2.** pej [arrogance] altanería *f*, arrogancia *f*.

superlative [suː'pɜːlətıv] <> *adj* [of the highest quality] supremo(ma). <> *n* GRAMM superlativo *m*.

supermarket ['suːpəˌmɑːkıt] *n* supermercado *m*.

supernatural [ˌsuːpə'nætʃrəl] <> *adj* sobrenatural. <> *n*: **the ~** lo sobrenatural.

superpower ['suːpəˌpaʊə'] *n* superpotencia *f*.

supersede [ˌsuːpə'siːd] *vt* suplantar.

supersonic [ˌsuːpə'sɒnık] *adj* supersónico(ca).

superstar ['suːpəstɑː'] *n* superestrella *f*.

superstition [ˌsuːpə'stıʃn] *n* superstición *f*.

superstitious [ˌsuːpə'stıʃəs] *adj* supersticioso(sa).

superstore ['suːpəstɔː'] *n* hipermercado *m*.

superstructure ['suːpəˌstrʌktʃə'] *n* superestructura *f*.

supertanker ['suːpəˌtæŋkə'] *n* superpetrolero *m*.

supertax ['suːpətæks] *n* impuesto *m* adicional.

supervise ['suːpəvaız] *vt* [person] vigilar; [activity] supervisar.

supervision [ˌsuːpə'vıʒn] *n* supervisión *f*; **under ~** bajo supervisión.

supervisor ['suːpəvaızə'] *n* [gen] supervisor *m*, -ra *f*; [of thesis] director *m*, -ra *f*.

supper ['sʌpə'] *n* -**1.** [evening meal] cena *f* -**2.** [before bedtime] *tentempié tomado antes de acostarse.*

supplant [sə'plɑːnt] *vt* fml suplantar.

supple ['sʌpl] *adj* flexible.

supplement [*n* 'sʌplımənt, *vb* 'sʌplıment] <> *n* suplemento *m*. <> *vt* complementar.

supplementary [ˌsʌplı'mentərı] *adj* suplementario(ria).

supplier [sə'plaıə'] *n* proveedor *m*, -ra *f*, suministrador *m*, -ra *f*.

supply [sə'plaı] <> *n* -**1.** [gen] suministro *m*; [of jokes etc] surtido *m*; **water/electricity ~** suministro de agua/electricidad; **to be in short ~** escasear -**2.** *(U)* ECON oferta *f*; **~ and demand** la oferta y la demanda. <> *vt*: **to ~ sthg (to)** suministrar OR proveer algo (a); **to ~ sb (with)** proveer a alguien (de); **to ~ sthg with sthg** suministrar a algo de algo.

➤ **supplies** *npl* MIL pertrechos *mpl*; [food] provisiones *fpl*; [for office etc] material *m*.

supply teacher *n* UK profesor *m*, -ra *f* suplente.

support [sə'pɔːt] <> *n* -**1.** *(U)* [physical, moral, emotional] apoyo *m*; **in ~ of** en apoyo de -**2.** *(U)* [financial] ayuda *f* -**3.** *(U)* [intellectual] respaldo *m* -**4.** TECH soporte *m*. <> *vt* -**1.** [physically] sostener -**2.** [emotionally, morally, intellectually] apoyar -**3.** [financially - oneself, one's family] mantener; [- company, organization] financiar; **to ~ o.s.** ganarse la vida -**4.** SPORT seguir.

supporter [səˈpɔːtəʳ] n **-1.** [gen] partidario m, -ria f **-2.** SPORT hincha m OR f, seguidor m, -ra f.

supportive [səˈpɔːtɪv] adj comprensivo(va); **she has been very ~ to her** la ha ayudado mucho.

suppose [səˈpəʊz] ◇ vt suponer; **I don't ~ you could help me** [in polite request] ¿crees que podrías ayudarme, por favor?; **you don't ~ she's ill, do you?** [asking opinion] no estará enferma, ¿verdad? ◇ vi suponer; **I ~ (so)** supongo (que sí); **I ~ not** supongo que no; **I ~ you're right** supongo que tienes razón. ◇ conj si; **~ your father found out?** ¿y si se entera tu padre?

supposed [səˈpəʊzd] adj **-1.** [doubtful] supuesto(ta) **-2.** [intended]: **he was ~ to be here at eight** debería haber estado aquí a las ocho **-3.** [reputed]: **it's ~ to be very good** se supone OR se dice que es muy bueno.

supposedly [səˈpəʊzɪdlɪ] adv según cabe suponer.

supposing [səˈpəʊzɪŋ] conj: **~ your father found out?** ¿y si se entera tu padre?

supposition [ˌsʌpəˈzɪʃn] n suposición f.

suppository [səˈpɒzɪtrɪ] (pl -ies) n supositorio m.

suppress [səˈpres] vt **-1.** [uprising] reprimir **-2.** [information] ocultar **-3.** [emotions] contener.

suppression [səˈpreʃn] n **-1.** [gen] represión f **-2.** [of information] ocultación f.

supremacy [sʊˈpreməsɪ] n supremacía f.

supreme [sʊˈpriːm] adj supremo(ma).

Supreme Court n: **the ~** [in US] el Tribunal Supremo (de los Estados Unidos).

SUPREME COURT

El Tribunal Supremo es el máximo órgano de la administración de justicia en los Estados Unidos. Este tribunal, formado por miembros nombrados por el Presidente, tiene el poder de decisión final, así como el derecho a interpretar la Constitución.

supremely [sʊˈpriːmlɪ] adv sumamente.

supremo [sʊˈpriːməʊ] (pl -s) n UK inf jefe supremo m, jefa suprema f.

Supt. abbr of **superintendent**.

surcharge [ˈsɜːtʃɑːdʒ] ◇ n: **~ (on)** recargo m (en). ◇ vt: **to ~ sb (on)** cobrar un recargo a alguien (en).

sure [ʃʊəʳ] ◇ adj **-1.** [gen] seguro(ra); **I'm ~ I know him** estoy seguro de que lo conozco; **I'm not ~ why he said that** no estoy seguro de por qué dijo eso **-2.** [certain - of outcome]: **to be ~ of** poder estar seguro(ra) de; **it's ~ to happen** (es) seguro que pasará; **make ~ (that) you do it** asegúrate de que lo haces **-3.** [confident]: **to be ~ of o.s.** estar seguro(ra) de uno mismo **-4.** phr: **be ~ to lock the door!** ¡no te olvides de cerrar la puerta! ◇ adv **-1.** esp US inf [yes] por supuesto, pues claro **-2.** US [really] realmente.

➡ **for sure** adv con seguridad, a ciencia cierta; **I don't know for ~** no lo sé con total seguridad.

➡ **sure enough** adv efectivamente.

surefire [ˈʃʊəfaɪəʳ] adj inf seguro(ra).

surefooted [ˌʃʊəˈfʊtɪd] adj [steady on one's feet] de pie firme.

surely [ˈʃʊəlɪ] adv sin duda; **~ you remember him?** ¡no me digas que no te acuerdas de él!; **~ not!** ¡no puede ser!

sure thing excl US inf por supuesto, claro.

surety [ˈʃʊərətɪ] n (U) fianza f.

surf [sɜːf] ◇ n espuma f (de las olas). ◇ vt COMPUT: **to ~ the Net** navegar por Internet. ◇ vi hacer surf.

surface [ˈsɜːfɪs] ◇ n **-1.** [gen] superficie f **-2.** fig [immediately visible part]: **on the ~** a primera vista; **below** OR **beneath the ~** debajo de las apariencias **-3.** phr: **to scratch the ~ of sthg** tocar algo por encima. ◇ vi **-1.** [gen] salir a la superficie **-2.** inf hum [person] aparecer.

surface mail n correo m por vía terrestre/marítima.

surface-to-air adj tierra-aire (inv).

surfboard [ˈsɜːfbɔːd] n plancha f OR tabla f de surf.

surfeit [ˈsɜːfɪt] n fml exceso m.

surfer [ˈsɜːfəʳ] n surfista m OR f.

surfing [ˈsɜːfɪŋ] n surf m.

surge [sɜːdʒ] ◇ n **-1.** [of waves, people] oleada f; [of electricity] sobrecarga f momentánea **-2.** [of emotion] arranque m, arrebato m **-3.** [of interest, support, sales] aumento m súbito. ◇ vi **-1.** [people, vehicles] avanzar en masa; [sea] encresparse; **the blood ~d to his head** la sangre se le subió a la cabeza; **the angry mob ~d forward** la multitud encolerizada avanzó en tropel **-2.** [emotion]: **anger ~d inside him** la rabia se apoderó de él **-3.** [prices, current] aumentar súbitamente.

surgeon [ˈsɜːdʒən] n cirujano m, -na f.

surgery [ˈsɜːdʒərɪ] (pl -ies) n **-1.** (U) MED [performing operations] cirugía f **-2.** UK MED [place] consultorio m; [consulting period] consulta f **-3.** UK POL consultorio de un diputado para atender los problemas de los vecinos.

surgical [ˈsɜːdʒɪkl] adj **-1.** [gen] quirúrgico(ca) **-2.** [stocking, boot etc] ortopédico(ca).

surgical spirit n UK alcohol m de 90°.

surly ['sɜːlɪ] (*compar* -ier, *superl* -iest) *adj* hosco(ca), malhumorado(da).

surmise [sɜːˈmaɪz] *vt fml* conjeturar.

surmount [sɜːˈmaʊnt] *vt* - **1.** [overcome] superar, vencer - **2.** *fml* [top] coronar.

surname ['sɜːneɪm] *n* apellido *m*.

surpass [səˈpɑːs] *vt fml* [exceed] superar, sobrepasar.

surplus ['sɜːpləs] <> *adj* excedente, sobrante; **you are ~ to requirements** ya no requerimos tus servicios. <> *n* [gen] excedente *m*, sobrante *m*; [in budget] superávit *m*.

surprise [səˈpraɪz] <> *n* sorpresa *f*; **to take sb by ~** coger a alguien desprevenido. <> *vt* sorprender.

surprised [səˈpraɪzd] *adj* [person, expression] asombrado(da); **we were really ~** nos quedamos sorprendidos; **I'm ~ you're still here** me sorprende que todavía estés aquí; **she was ~ to find the house empty** se sorprendió al encontrar la casa vacía; **I wouldn't be ~ if she came** no me extrañaría que viniera.

surprising [səˈpraɪzɪŋ] *adj* sorprendente.

surprisingly [səˈpraɪzɪŋlɪ] *adv* sorprendentemente.

surreal [səˈrɪəl] *adj* surrealista.

surrealism [səˈrɪəlɪzm] *n* surrealismo *m*.

surrealist [səˈrɪəlɪst] <> *adj* surrealista. <> *n* surrealista *m OR f*.

surrender [səˈrendəʳ] <> *n* rendición *f*. <> *vt fml* [weapons, passport] rendir, entregar; [claim, right] renunciar a. <> *vi lit & fig*: **to ~ (to)** rendirse *OR* entregarse (a).

surreptitious [ˌsʌrəpˈtɪʃəs] *adj* subrepticio(cia).

surrogate ['sʌrəgeɪt] <> *adj* sustitutorio(ria). <> *n* sustituto *m*, -ta *f*.

surrogate mother *n* madre *f* de alquiler.

surround [səˈraʊnd] <> *n* borde *m*. <> *vt lit & fig* rodear; **to be ~ed by** estar rodeado(da) de.

surrounding [səˈraʊndɪŋ] *adj* - **1.** [area, countryside] circundante - **2.** [controversy, debate] relacionado(da).

surroundings [səˈraʊndɪŋz] *npl* [physical] alrededores *mpl*; [social] entorno *m*.

surtax ['sɜːtæks] *n* recargo *m (en los impuestos)*.

surveillance [sɜːˈveɪləns] *n* vigilancia *f*.

survey [*n* 'sɜːveɪ, *vb* səˈveɪ] <> *n* - **1.** [of public opinion, population] encuesta *f*, estudio *m* - **2.** [of land] medición *f*; [of building] inspección *f*, reconocimiento *m*. <> *vt* - **1.** [contemplate] contemplar - **2.** [investigate statistically] hacer un estudio de - **3.** [examine - land] medir; [- building] inspeccionar.

surveyor [səˈveɪəʳ] *n* [of property] perito *m* tasador de la propiedad; [of land] agrimensor *m*, -ra *f*.

survival [səˈvaɪvl] *n* - **1.** [gen] supervivencia *f* - **2.** [relic] reliquia *f*, vestigio *m*.

survive [səˈvaɪv] <> *vt* sobrevivir a. <> *vi* - **1.** [person] sobrevivir; **how are you? ~ surviving** ¿cómo estás? - voy tirando - **2.** [custom, project] perdurar - **3.** *inf* [cope successfully]: **how will you ~?** ¿cómo te las arreglarás?
  ◆ survive on *vt fus* ir tirando con.

survivor [səˈvaɪvəʳ] *n* - **1.** [person who escapes death] superviviente *m OR f*; **there were no ~s** no hubo supervivientes - **2.** [resilient person] persona *f* que siempre sale adelante.

susceptible [səˈseptəbl] *adj* - **1.** [to pressure, flattery]: **~ (to)** sensible (a) - **2.** *MED*: **~ (to)** propenso(sa) (a).

suspect [*adj & n* 'sʌspekt, *vb* səˈspekt] <> *adj* sospechoso(sa). <> *n* sospechoso *m*, -sa *f*. <> *vt* - **1.** [distrust] sospechar - **2.** [think likely] imaginar; **I ~ he's right** imagino que tiene razón - **3.** [consider guilty]: **to ~ sb (of)** considerar a alguien sospechoso(sa) (de).
  ◆ suspected *pp*: **to have a ~ed heart attack** haber sufrido un posible infarto; **the ~ed culprits** los presuntos culpables.

suspend [səˈspend] *vt* [gen] suspender; [payments, work] interrumpir; [schoolchild] expulsar temporalmente.

suspended animation [səˈspendɪd-] *n* muerte *f* aparente.

suspended sentence [səˈspendɪd-] *n* condena *f* condicional.

suspender belt [səˈspendəʳ-] *n UK* liguero *m*.

suspenders [səˈspendəz] *npl* - **1.** *UK* [for stockings] ligas *fpl* - **2.** *US* [for trousers] tirantes *mpl*, tiradores *mpl Bol & RP*, suspensores *mpl Andes & Arg*.

suspense [səˈspens] *n* [gen] incertidumbre *f*; *CINEMA* suspense *m*; **to keep sb in ~** mantener a alguien en vilo.

suspension [səˈspenʃn] *n* - **1.** [gen & *AUT*] suspensión *f* - **2.** [from job, school] expulsión *f* temporal.

suspension bridge *n* puente *m* colgante.

suspicion [səˈspɪʃn] *n* - **1.** [gen] sospecha *f*; [distrust] recelo *m*; **on ~ of** bajo sospecha de; **to be under ~** estar bajo sospecha; **to arouse ~** levantar sospechas - **2.** [small amount] pizca *f*.

suspicious [səˈspɪʃəs] *adj* - **1.** [having suspicions] receloso(sa) - **2.** [causing suspicion] sospechoso(sa).

suspiciously [səˈspɪʃəslɪ] *adv* - **1.** [behave] sospechosamente - **2.** [ask, look at] con recelo.

suss [sʌs] ◆ **suss out** *UK inf vt sep* [person] calar; [thing] pillar el tranquillo a; **to ~ out how to do sthg** descubrir cómo hacer algo.

sustain [sə'steɪn] *vt* -**1.** [gen] sostener -**2.** [subj: food, drink] sustentar -**3.** *fml* [injury, damage] sufrir.

sustenance ['sʌstɪnəns] *n* (*U*) *fml* sustento *m*.

suture ['su:tʃəʳ] *n* sutura *f*.

SUV *n* (*abbr of* Sport Utility Vehicle) todoterreno *m* utilitario.

svelte [sveltl] *adj* esbelto(ta).

SW -**1.** (*abbr of* short wave) OC -**2.** (*abbr of* south-west) SO.

swab [swɒb] *n* (trozo *m* de) algodón *m*.

swagger ['swægəʳ] ◇ *n* pavoneo *m*. ◇ *vi* pavonearse.

Swahili [swɑː'hiːlɪ] *n* suahili *m*.

swallow ['swɒləʊ] ◇ *n* -**1.** [bird] golondrina *f* -**2.** [of food] bocado *m*; [of drink] trago *m*. ◇ *vt* -**1.** [food, drink] tragar -**2.** *fig* [accept, hold back] tragarse; **I find that a bit hard to ~** me cuesta tragarme eso. ◇ *vi* tragar.
◆ **swallow up** *vt sep* [salary, time] tragarse.

swam [swæm] *pt* ▷ **swim.**

swamp [swɒmp] ◇ *n* pantano *m*, ciénaga *f*. ◇ *vt* -**1.** [flood - boat] hundir; [- land] inundar -**2.** [overwhelm]: **to ~ sthg (with)** [office] inundar algo (de); **to ~ sb (with)** agobiar a alguien (con); **we were ~ed with applications** nos vimos inundados de solicitudes.

swan [swɒn] *n* cisne *m*.

swap [swɒp] (*pt & pp* -**ped**, *cont* -**ping**) ◇ *n* cambio *m*, intercambio *m*. ◇ *vt* -**1.** [of one thing]: **to ~ sthg (for/with)** cambiar algo (por/con) -**2.** [of two things]: **to ~ sthg (over** *or* **round)** [hats, chairs] cambiarse algo -**3.** *fig* [stories, experiences] intercambiar; **to ~ places** cambiarse de sitio. ◇ *vi* hacer un intercambio.

SWAPO ['swɑːpəʊ] (*abbr of* South West Africa People's Organization) *n* SWAPO *f*.

swarm [swɔːm] ◇ *n* [of bees] enjambre *m*; *fig* [of people] multitud *f*, tropel *m*. ◇ *vi* -**1.** [bees] enjambrar -**2.** *fig* [people] ir en tropel -**3.** *fig* [place]: **to be ~ing (with)** estar abarrotado(da) (de).

swarthy ['swɔːðɪ] (*compar* -**ier**, *superl* -**iest**) *adj* moreno(na).

swashbuckling ['swɒʃˌbʌklɪŋ] *adj* [person] intrépido(da); [film] de aventuras.

swastika ['swɒstɪkə] *n* esvástica *f*, cruz *f* gamada.

swat [swɒt] (*pt & pp* -**ted**, *cont* -**ting**) *vt* aplastar.

swatch [swɒtʃ] *n* muestra *f*.

swathe [sweɪð] *vt esp literary* [gen] envolver; [in bandages] vendar.

swathed [sweɪðd] *adj esp literary*: **~ (in)** envuelto(ta) (en).

SWAT (team) *n* (*abbr of* Special Weapons and Tactics) *unidad armada de la policía estadounidense especializada en intervenciones peligrosas.*

swatter ['swɒtəʳ] *n* matamoscas *m inv.*

sway [sweɪ] ◇ *vt* -**1.** [cause to sway] balancear -**2.** [influence] convencer, persuadir. ◇ *vi* balancearse. ◇ *n fml*: **to hold ~ (over sthg/sb)** dominar (algo/a alguien); **to come under the ~ of** estar bajo el dominio de.

Swaziland ['swɑːzɪlænd] *n* Suazilandia.

swear [sweəʳ] (*pt* swore, *pp* sworn) ◇ *vt*: **to ~ (to do sthg)** jurar (hacer algo); **to ~ an oath** prestar juramento; **I could have sworn I saw him** juraría que lo vi. ◇ *vi* -**1.** [state emphatically] jurar; **I couldn't ~ to it** no me atrevería a jurarlo -**2.** [use swearwords] decir tacos, jurar; **to ~ at sb** insultar a alguien.
◆ **swear by** *vt fus inf* [method, remedy] confiar totalmente en.
◆ **swear in** *vt sep* JUR tomar juramento a.

swearword ['sweəwɜːd] *n* palabrota *f*, taco *m*.

sweat [swet] ◇ *n* -**1.** [perspiration] sudor *m* -**2.** (*U*) *inf* [hard work] trabajo *m* duro -**3.** *inf* [state of anxiety]: **to be in a ~ about sthg** tener una neura con algo; **to be in a cold ~** sentir un sudor frío. ◇ *vi* -**1.** [perspire] sudar -**2.** *inf* [worry] estar aneurado(da). ◇ *vt* -**1.** MED: **to ~ out a cold** quitarse un resfriado sudando -**2.** [in difficult situation]: **to ~ it out** aguantar.

sweatband ['swetbænd] *n* [for head] banda *f*; [for wrist] muñequera *f*.

sweater ['swetəʳ] *n* suéter *m*, jersey *m*, chompa *f Andes*, chomba *f RP.*

sweatshirt ['wetʃɜːt] *n* sudadera *f*.

sweatshop ['swetʃɒp] *n fábrica donde se explota al obrero.*

sweatsuit ['swetsuːt] *n US* chándal *m Esp*, buzo *m RP*, pants *m Méx.*

sweaty ['swetɪ] (*compar* -**ier**, *superl* -**iest**) *adj* -**1.** [skin] sudoroso(sa); [clothes] sudado(da) -**2.** [room, atmosphere] cargado(da); [activity] agotador(ra).

swede [swiːd] *n UK* nabo *m* sueco.

Swede [swiːd] *n* sueco *m*, -ca *f*.

Sweden ['swiːdn] *n* Suecia.

Swedish ['swiːdɪʃ] ◇ *adj* sueco(ca). ◇ *n* [language] sueco *m*. ◇ *npl*: **the ~** los suecos.

sweep [swiːp] (*pt & pp* swept) ◇ *n* -**1.** [movement - of broom] barrido *m*; [- of arm, hand] movimiento *m* OR gesto *m* amplio -**2.** [by police] redada *f*. ◇ *vt* -**1.** [with brush] barrer -**2.** [with light-beam] rastrear; [with eyes] recorrer **-3.** [move rapidly through - subj: ideas, disease] extenderse rápidamente por **-4.** [for bugs or bombs] registrar **-5.** [subj: sea, wave] arrastrar **-6.** [push]: **she swept the papers off her desk** apartó los papeles de su escritorio. <> *vi* **-1.** [wind, rain]: **to ~ over** OR **across sthg** azotar algo **-2.** [vehicle]: **to ~ along** ir a toda marcha **-3.** [emotion, laughter, rumour]: **to ~ through sthg** extenderse por algo; **the fire is ~ing through the country** el fuego se está propagando por el país **-4.** [person]: **to ~ past** pasar como un rayo.

 sweep aside *vt sep* [objections] rechazar.
 sweep away *vt sep* [destroy] destruir completamente.
 sweep up *vt sep* & *vi* barrer.

sweeper ['swi:pə^r] *n* FTBL líbero *m*.

sweeping ['swi:pɪŋ] *adj* **-1.** [effect, change] radical **-2.** [statement] demasiado general **-3.** [curve] amplio(plia) **-4.** [gesture] amplio(plia).

sweepstake ['swi:psteɪk] *n* lotería basada en carreras de caballos.

sweet [swi:t] <> *adj* **-1.** [gen] dulce; [sugary] azucarado(da) **-2.** [smell - of flowers, air] fragante, perfumado(da) **-3.** [sound] melodioso(sa) **-4.** [character, person] amable **-5.** US inf genial. <> *n* UK **-1.** [candy] caramelo *m*, golosina *f* **-2.** [dessert] postre *m*. <> *excl* US inf genial.

sweet-and-sour *adj* agridulce.

sweet corn *n* maíz *m*.

sweeten ['swi:tn] *vt* endulzar.

sweetener ['swi:tnə^r] *n* **-1.** [substance] edulcorante *m* **-2.** inf [bribe] especie *f* de soborno.

sweetheart ['swi:thɑːt] *n* **-1.** [term of endearment] cariño *m* **-2.** [boyfriend or girlfriend] amor *m*, novio *m*, -via *f*.

sweetness ['swi:tnɪs] *n* **-1.** [gen] dulzura *f* **-2.** [of taste] dulzor *m* **-3.** [of smell] fragancia *f* **-4.** [of sound] melodía *f*.

sweet pea *n* guisante *m* de olor, alverjilla *f* Andes, Col, CSur, Ven, chícharo *m* de olor CAm, Méx, arvejilla *f* RP, clarín *m* Chile.

sweet potato *n* batata *f*, camote *m* Andes, CAm, Méx.

sweet shop *n* UK confitería *f*.

sweet tooth *n* inf: **to have a ~** ser goloso(sa).

swell [swel] (*pt* -ed, *pp* swollen OR -ed) <> *vi* **-1.** [become larger]: **to ~ (up)** hincharse **-2.** [balloon, sails] inflarse **-3.** [population, sound] aumentar. <> *vt* [numbers etc] aumentar. <> *n* [of sea] oleaje *m*. <> *adj* US inf estupendo(da), fenomenal.

swelling ['swelɪŋ] *n* hinchazón *f*; **the ~ has**

gone down ha bajado la hinchazón.

sweltering ['sweltərɪŋ] *adj* **-1.** [weather] abrasador(ra), sofocante **-2.** [person] achicharrado(da).

swept [swept] *pt* & *pp* ▷ sweep.

swerve [swɜːv] *vi* virar bruscamente.

swift [swɪft] <> *adj* **-1.** [fast] rápido(da) **-2.** [prompt] pronto(ta). <> *n* [bird] vencejo *m*.

swiftly ['swɪftlɪ] *adv* **-1.** [quickly] rápidamente **-2.** [promptly] prontamente, con prontitud.

swiftness ['swɪftnɪs] *n* **-1.** [quickness] rapidez *f*, ligereza *f* **-2.** [promptness] prontitud *f*.

swig [swɪg] (*pt* & *pp* -ged, *cont* -ging) inf <> *vt* beber a grandes tragos. <> *n* trago *m*; **to take a ~ of sthg** tomar un trago de algo.

swill [swɪl] <> *n* [pig food] bazofia *f*. <> *vt* UK [wash] enjuagar.

swim [swɪm] (*pt* swam, *pp* swum, *cont* -ming) <> *n* baño *m*; **to go for a ~** ir a nadar OR a darse un baño. <> *vi* **-1.** [in water] nadar **-2.** [subj: head, room] dar vueltas. <> *vt*: **to ~ the English Channel** cruzar el canal de la Mancha a nado; **I swam 20 lengths** nadé veinte largos.

swimmer ['swɪmə^r] *n* nadador *m*, -ra *f*; **she's a good ~** nada bien.

swimming ['swɪmɪŋ] <> *n* natación *f*; **to go ~** ir a nadar. <> *comp* [club, lesson] de natación.

swimming baths *npl* UK piscina *f* municipal.

swimming cap *n* gorro *m* de baño.

swimming costume *n* UK bañador *m*, traje *m* de baño.

swimming pool *n* piscina *f*, alberca *f* Méx, pileta *f* RP.

swimming trunks *npl* bañador *m*.

swimsuit ['swɪmsuːt] *n* bañador *m* Esp, traje *m* de baño, malla *f* RP, vestido *m* de baño Col.

swindle ['swɪndl] <> *n* estafa *f*, timo *m*, calote *m* Amér. <> *vt* estafar, timar; **to ~ sb out of sthg** estafar a alguien algo.

swine [swaɪn] *n* inf pej [person] cerdo *m*, -da *f*, canalla *m* OR *f*.

swing [swɪŋ] (*pt* & *pp* swung) <> *n* **-1.** [child's toy] columpio *m* **-2.** [change] viraje *m*, cambio *m* brusco; **a ~ towards the Conservatives** un giro hacia los conservadores **-3.** [sway] meneo *m*, balanceo *m* **-4.** inf [blow]: **to take a ~ at sb** intentar golpear a alguien **-5.** phr: **to be in full ~** estar en plena marcha; **to get into the ~ of** cogerle la marcha a. <> *vt* **-1.** [move back and forth] balancear **-2.** [move in a curve - car etc] hacer virar bruscamente. <> *vi* **-1.** [move back and forth] balancearse, oscilar **-2.** [move in a curve] girar; **to ~ open** abrirse **-3.** [turn]: **to**

~ **(round)** volverse, girarse - **4.** [hit out]: **to ~ at sb** intentar golpear a alguien - **5.** [change] virar, cambiar.

swing bridge *n* puente *m* giratorio.

swing door *n* puerta *f* oscilante.

swingeing ['swɪndʒɪŋ] *adj esp UK* severo(ra).

swinging ['swɪŋɪŋ] *adj inf* - **1.** [lively] alegre - **2.** [uninhibited] liberal.

swipe [swaɪp] <> *n*: **to take a ~ at sthg** intentar golpear algo. <> *vt inf* [steal] birlar. <> *vi*: **to ~ at sthg** intentar golpear algo.

swirl [swɜ:l] <> *n* remolino *m*. <> *vt* dar vueltas a. <> *vi* arremolinarse.

swish [swɪʃ] <> *n* [of curtains, dress] frufrú *m*, crujido *m*; [of tail] meneo *m*; [of whip] chasquido *m*. <> *vt* [tail] agitar, menear. <> *vi* [curtains, dress] crujir; [whip] dar un chasquido.

Swiss [swɪs] <> *adj* suizo(za). <> *n* [person] suizo *m*, -za *f*. <> *npl*: **the ~** los suizos.

swiss roll *n UK* brazo *m* de gitano.

switch [swɪtʃ] <> *n* - **1.** [control device] interruptor *m*, suiche *m* Amér - **2.** [change] cambio *m* completo, viraje *m* - **3.** *US RAIL* aguja *f*. <> *vt* - **1.** [change] cambiar de; **to ~ one's attention to sthg** dirigir la atención a OR hacia algo - **2.** [swap] intercambiar. <> *vi*: **to ~ (to/from)** cambiar (a/de).

◆ **switch off** <> *vt sep* [light, radio etc] apagar; [engine] parar. <> *vi inf* desconectar, dejar de prestar atención.

◆ **switch on** *vt sep* [light, radio etc] encender; [engine] poner en marcha.

Switch® [swɪtʃ] *n UK* tarjeta *f* de débito Switch.

switchblade ['swɪtʃbleɪd] *n US* navaja *f* automática.

switchboard ['swɪtʃbɔ:d] *n* centralita *f*, conmutador *m* Amér.

switchboard operator *n* telefonista *m* OR *f*.

Switzerland ['swɪtsələnd] *n* Suiza.

swivel ['swɪvl] (*UK pt* & *pp* -**led**, *cont* -**ling**, *US pt* & *pp* -**ed**, *cont* -**ing**) <> *vt* hacer girar. <> *vi* girar.

swivel chair *n* silla *f* giratoria.

swollen ['swəʊln] <> *pp* ▷ **swell**. <> *adj* - **1.** [ankle, leg etc] hinchado(da); **my eyes were ~** tenía los ojos hinchados; **to be ~ with pride** *fig* estar henchido de orgullo - **2.** [river] crecido(da).

swoon [swu:n] *vi literary or hum* deshacerse.

swoop [swu:p] <> *n* - **1.** [of bird] calada *f*; [of plane] descenso *m* en picado; **in one fell ~** de un golpe - **2.** [raid] redada *f*; **a ~ on a flat** una redada en un apartamento. <> *vi* - **1.** [move downwards] caer en picado - **2.** [move quickly] atacar por sorpresa.

swop [swɒp] = **swap**.

sword [sɔ:d] *n* espada *f*; **to cross ~s (with)** habérselas (con).

swordfish ['sɔ:dfɪʃ] (*pl inv OR* -**es**) *n* pez *m* espada.

swordsman ['sɔ:dzmən] (*pl* -**men** [-mən]) *n* espadachín *m*.

swore [swɔ:ʳ] *pt* ▷ **swear**.

sworn [swɔ:n] <> *pp* ▷ **swear**. <> *adj* - **1.** [committed]: **to be ~ enemies** ser enemigos implacables - **2.** *JUR* jurado(da).

swot [swɒt] (*pt* & *pp* -**ted**, *cont* -**ting**) *UK inf* <> *n pej* empollón *m*, -ona *f*. <> *vi*: **to ~ (for)** empollar (para).

◆ **swot up** *inf* <> *vt sep* empollar. <> *vi*: **to ~ up (on sthg)** empollar (algo).

swum [swʌm] *pp* ▷ **swim**.

swung [swʌŋ] *pt* & *pp* ▷ **swing**.

sycamore ['sɪkəmɔ:ʳ] *n* - **1.** sicomoro *m* - **2.** *US* [plane tree] plátano *m*.

sycophant ['sɪkəfænt] *n* adulador *m*, -ra *f*.

Sydney ['sɪdnɪ] *n* Sidney.

syllable ['sɪləbl] *n* sílaba *f*.

syllabub ['sɪləbʌb] *n* postre de nata o leche y claras de huevo.

syllabus ['sɪləbəs] (*pl* -**buses** OR -**bi** [-baɪ]) *n* programa *m* (de estudios).

symbol ['sɪmbl] *n* símbolo *m*.

symbolic [sɪm'bɒlɪk] *adj* simbólico(ca); **to be ~ of** ser un símbolo de.

symbolism ['sɪmbəlɪzm] *n* simbolismo *m*.

symbolize, -ise ['sɪmbəlaɪz] *vt* simbolizar.

symmetrical [sɪ'metrɪkl] *adj* simétrico(ca).

symmetry ['sɪmətrɪ] *n* simetría *f*.

sympathetic [ˌsɪmpə'θetɪk] *adj* - **1.** [understanding] comprensivo(va) - **2.** [willing to support] favorable; **~ to** bien dispuesto(ta) hacia - **3.** [likable] agradable.

sympathize, -ise ['sɪmpəθaɪz] *vi* - **1.** [feel sorry]: **to ~ (with)** compadecerse (de) - **2.** [understand]: **to ~ (with sthg)** comprender (algo) - **3.** [support]: **to ~ with sthg** apoyar algo.

sympathizer, -iser ['sɪmpəθaɪzəʳ] *n* simpatizante *m* OR *f*.

sympathy ['sɪmpəθɪ] *n* - **1.** [understanding]: **~ (for)** comprensión *f* (hacia); [compassion] compasión *f* (por) - **2.** [agreement] solidaridad *f*; **in ~ (with)** de acuerdo (con) - **3.** [support]: **in ~ (with)** en solidaridad (con).

◆ **sympathies** *npl* - **1.** [support] simpatías *fpl* - **2.** [to bereaved person] pésame *m*.

symphonic [sɪm'fɒnɪk] *adj* sinfónico(ca).

symphony ['sɪmfənɪ] (*pl* -**ies**) *n* sinfonía *f*.

symphony orchestra *n* orquesta *f* sinfónica.

symposium [sɪm'pəʊzjəm] (*pl* **-siums** *OR* **-sia** [-zjəl]) *n fml* simposio *m*.

symptom ['sɪmptəm] *n lit* & *fig* síntoma *m*.

symptomatic [,sɪmptə'mætɪk] *adj fml*: ~ **of** sthg sintomático(ca) de algo.

synagogue ['sɪnəgɒg] *n* sinagoga *f*.

sync [sɪŋk] *n inf*: **out of** ~ desincronizado(da); **in** ~ sincronizado(da).

synchronize, -ise ['sɪŋkrənaɪz] <> *vt*: **to** ~ sthg (**with**) sincronizar algo (con). <> *vi* ser sincrónico. .

synchronized swimming ['sɪŋkrənaɪzd-] *n* ballet *m* acuático.

syncopated ['sɪŋkəpeɪtɪd] *adj* sincopado(da).

syncopation [,sɪŋkə'peɪʃn] *n* síncopa *f*.

syndicate [*n* 'sɪndɪkət, *vb* 'sɪndɪkeɪt] <> *n* sindicato *m*. <> *vt* sindicar.

syndrome ['sɪndrəʊm] *n* síndrome *m*.

synonym ['sɪnənɪm] *n*: ~ (**for** *OR* **of**) sinónimo *m* (de).

synonymous [sɪ'nɒnɪməs] *adj*: ~ (**with**) sinónimo(ma) (de).

synopsis [sɪ'nɒpsɪs] (*pl* **-ses** [-si:z]) *n* sinopsis *f inv*.

syntax ['sɪntæks] *n* sintaxis *f inv*.

synthesis ['sɪnθəsɪs] (*pl* **-ses** [-si:z]) *n* síntesis *f inv*.

synthesize, -ise ['sɪnθəsaɪz] *vt* sintetizar.

synthesizer ['sɪnθəsaɪzə^r] *n* sintetizador *m*.

synthetic [sɪn'θetɪk] *adj* **-1.** [man-made] sintético(ca) **-2.** *pej* [insincere] artificial.

syphilis ['sɪfɪlɪs] *n* sífilis *f inv*.

syphon ['saɪfn] = **siphon**.

Syria ['sɪrɪə] *n* Siria.

Syrian ['sɪrɪən] <> *adj* sirio(ria). <> *n* [person] sirio *m*, -ria *f*.

syringe [sɪ'rɪndʒ] (*cont* **syringeing**) <> *n* jeringa *f*, jeringuilla *f*. <> *vt* jeringar.

syrup ['sɪrəp] *n* (*U*) **-1.** *CULIN* almíbar *m* **-2.** *MED* jarabe *m*; **cough** ~ jarabe para la tos.

system ['sɪstəm] *n* [gen] sistema *m*; [of central heating etc] instalación *f*; **digestive** ~ aparato *m* digestivo; **transport** ~ red *f* de transportes; **to get sthg out of one's** ~ *inf* sacarse algo de encima.

systematic [,sɪstə'mætɪk] *adj* sistemático (ca).

systematize, -ise ['sɪstəmətaɪz] *vt* sistematizar.

system disk *n COMPUT* disco *m* del sistema.

systems analyst ['sɪstəmz-] *n COMPUT* analista *m OR f* de sistemas.

systems engineer ['sɪstəmz-] *n COMPUT* ingeniero *m*, -ra *f* de sistemas.

system software *n COMPUT* software *m* del sistema.

t (*pl* **t's** *OR* **ts**), **T** (*pl* **T's** *OR* **Ts**) [ti:] *n* [letter] t *f*, T *f*.

ta [tɑ:] *excl UK inf* ¡gracias!

TA *n abbr of* **Territorial Army**.

tab [tæb] *n* **-1.** [of cloth] etiqueta *f* **-2.** [of metal, card etc] lengüeta *f* **-3.** *US* [bill] cuenta *f*; **to pick up the** ~ *inf* pagar la cuenta **-4.** *COMPUT* (*abbr of* **tabulator**) tab **-5.** *phr*: **to keep** ~**s on sb** vigilar de cerca a alguien.

tabby ['tæbɪ] (*pl* **-ies**) *n*: ~ (**cat**) gato *m* atigrado.

tabernacle ['tæbənækl] *n* tabernáculo *m*.

tab key *n COMPUT* (tecla *f* del) tabulador *m*.

table ['teɪbl] <> *n* **-1.** [piece of furniture] mesa *f*; [small] mesilla *f* **-2.** [diagram] tabla *f* **-3.** *phr*: **to turn the** ~**s on** volver las tornas a. <> *vt* **-1.** *UK* [propose] presentar **-2.** *US* [postpone] aplazar, posponer.

tableau ['tæbləʊ] (*pl* **-x** ['tæbləʊz], **-s**) *n* cuadro *m* vivente.

tablecloth ['teɪblklɒθ] *n* mantel *m*.

table-hop *vi US* ir de mesa en mesa.

table d'hôte ['tɑ:bl,dəʊt] *n*: **the** ~ el menú.

table lamp *n* lámpara *f* de mesa.

table linen *n* mantelería *f*.

table manners *npl* modales *mpl* en la mesa.

tablemat ['teɪblmæt] *n* salvamanteles *m inv*.

table salt *n* sal *f* de mesa.

tablespoon ['teɪblspu:n] *n* **-1.** [spoon] cuchara *f* grande **-2.** [spoonful] cucharada *f* (grande).

tablet ['tæblɪt] *n* **-1.** [pill, piece of soap] pastilla *f* **-2.** [piece of stone] lápida *f*.

table tennis *n* tenis *m* de mesa.

table wine *n* vino *m* de mesa.

tabloid ['tæblɔɪd] *n*: **the** ~**s** los periódicos sensacionalistas; ~ (**newspaper**) tabloide *m*.

TABLOID

En los países anglosajones, el formato pequeño es característico de la prensa sensacionalista. Los periódicos británicos de este tipo son *Daily Express, Daily Mail, Daily Mirror, The Star* y *The Sun.* En los Estados Unidos también existe este tipo de periódico, aunque por lo general se publican semanalmente. Los más conocidos son *The National Enquirer, The Star* y *The Globe.*

taboo [tə'buːl] (*pl* **-s**) <> *adj* tabú. <> *n* tabú *m*.

tabulate ['tæbjʊleɪt] *vt* tabular.

tachograph ['tækəgrɑːf] *n* tacógrafo *m*.

tachometer [tæ'kɒmɪtəʳ] *n* tacómetro *m*.

tacit ['tæsɪt] *adj fml* tácito(ta).

taciturn ['tæsɪtɜːn] *adj fml* taciturno(na).

tack [tæk] <> *n* **-1.** [nail] tachuela *f* **-2.** NAUT bordada *f* **-3.** *fig* [course of action] táctica *f*; **to change** ~ cambiar de táctica. <> *vt* **-1.** [fasten with nail] fijar con tachuelas **-2.** [in sewing] hilvanar. <> *vi* NAUT virar.

 tack on *vt sep inf* añadir.

tackle ['tækl] <> *n* **-1.** FTBL entrada *f* **-2.** RUGBY placaje *m* **-3.** (*U*) [equipment] equipo *m*, aparejos *mpl* **-4.** [for lifting] aparejo *m*. <> *vt* **-1.** [deal with - job] emprender; [- problem] abordar **-2.** FTBL entrar, hacer una entrada a **-3.** RUGBY placar **-4.** [attack] atacar, arremeter **-5.** [talk to]: **to** ~ **sb about** OR **on sthg** discutir algo con alguien.

tacky ['tækɪ (*compar* **-ier,** *superl* **-iest**) *adj* **-1.** *inf* [cheap and nasty] cutre; [ostentatious and vulgar] hortera **-2.** [sticky] pegajoso(sa).

taco ['tækəʊl (*pl* **-s**) *n* taco *m*.

tact [tækt] *n* (*U*) tacto *m*, discreción *f*.

tactful ['tæktfʊl] *adj* discreto(ta).

tactfully ['tæktfʊlɪ] *adv* discretamente.

tactic ['tæktɪk] *n* táctica *f*.

 tactics *n* (*U*) MIL táctica *f*.

tactical ['tæktɪkl] *adj* estratégico(ca); [weapons] táctico(ca).

tactical voting *n* UK votación *f* táctica.

tactless ['tæktlɪs] *adj* indiscreto(ta), falto(ta) de tacto.

tactlessly ['tæktlɪslɪ] *adv* indiscretamente.

tadpole ['tædpəʊl] *n* renacuajo *m*.

Tadzhikistan [tɑːˌdʒɪkɪ'stɑːn] *n* (el) Tayikistán.

taffeta ['tæfɪtə] *n* tafetán *m*.

taffy ['tæfɪ] (*pl* **-ies**) *n* US caramelo *m* de melaza.

tag [tæg] (*pt & pp* **-ged,** *cont* **-ging**) <> *n* **-1.** [of cloth, paper] etiqueta *f*; **price** ~ etiqueta del precio **-2.** [game] pillapilla *m* **-3.** COMPUT código *m*, etiqueta *f*. <> *vt* etiquetar.

 tag question *n* cláusula *f* final interrogativa.

 tag along *vi inf*: **to** ~ **along (with)**

pegarse (a), engancharse (a).

tag line *n* US frase *f* característica.

Tahiti [tɑː'hiːtɪ] *n* Tahití.

tail [teɪl] <> *n* [gen] cola *f*; [of coat, shirt] faldón *m*; **with one's** ~ **between one's legs** [person] con el rabo entre las piernas. <> *vt inf* [follow] seguir de cerca.

 tails *npl* **-1.** [formal dress] frac *m* **-2.** [side of coin] cruz *f*.

 tail off *vi* **-1.** [voice] ir debilitándose; [sound] ir disminuyendo **-2.** [interest, sales etc] ir descendiendo.

tailback ['teɪlbæk] *n* UK cola *f*.

tailcoat ['teɪlˌkəʊt] *n* frac *m*.

tail end *n* parte *f* final.

tailgate ['teɪlgeɪt] <> *n* US [of car] puerta *f* trasera de un vehículo. <> *vt conducir pegado a, pisar los talones a.*

tailgate party *n* US *fiesta en un acontecimiento deportivo en la que la gente coloca comida y bebida en la puerta trasera de un vehículo.*

taillight ['teɪllaɪt] *n* luz *f* trasera, piloto *m*.

tailor ['teɪləʳ] <> *n* sastre *m*. <> *vt* adaptar; **it can be** ~**ed to your needs** se puede adaptar a sus necesidades.

tailored ['teɪləd] *adj* entallado(da).

tailor-made *adj* (hecho(cha)) a la medida.

tail pipe *n* US tubo *m* de escape.

tailplane ['teɪlpleɪn] *n* plano *m* fijo de cola.

tailwind ['teɪlwɪnd] *n* viento *m* de cola.

taint [teɪnt] *fml* <> *n* mancha *f*. <> *vt* viciar.

tainted ['teɪntɪd] *adj* **-1.** [reputation] manchado(da) **-2.** US [food] estropeado(da).

Taiwan [ˌtaɪ'wɑːn] *n* Taiwán.

Taiwanese [ˌtaɪwə'niːz] <> *adj* taiwanés(esa). <> *n* taiwanés *m*, -esa *f*.

take [teɪk] (*pt* **took,** *pp* **taken**) <> *vt* **-1.** [gen] tomar; **do you** ~ **sugar?** ¿tomas azúcar?; ~ **a seat!** ¡siéntate!; **to** ~ **control/command** tomar control/el mando; **to** ~ **a photo** hacer OR tomar una foto; **to** ~ **a walk** dar un paseo; **to** ~ **a bath** bañarse; **to** ~ **a test** hacer un examen; **to** ~ **sthg seriously/badly/personally** tomarse algo en serio/a mal/personalmente; **to** ~ **pity on sb** compadecerse de alguien; **to** ~ **offence** ofenderse; '**to be** ~**n ill** ponerse enfermo; ~ **the second turning on the right** toma el segundo giro a la derecha **-2.** [bring, carry, accompany] llevar **-3.** [steal] quitar, robar **-4.** [buy] coger, quedarse con; [rent] alquilar; **I'll** ~ **the red one** me quedo con el rojo **-5.** [take hold of] coger; **let me** ~ **your coat** déjeme que le coja el abrigo; **to** ~ **sb prisoner** capturar a alguien **-6.** [accept - offer, cheque, criticism] aceptar; [- advice] seguir; [- responsibility, blame] asumir; **the machine only ~s 50p pieces** la máquina sólo admite monedas de 50 peniques; **~ my word for it** OR **~ it from me** créeme **- 7.** [have room for - passengers, goods] tener cabida para **- 8.** [bear - pain etc] soportar, aguantar; **some people can't ~ a joke** hay gente que no sabe aguantar una broma **- 9.** [require - time, courage] requerir; [- money] costar; **it will ~ a week/three hours** llevará una semana/tres horas; **it only took me 5 minutes** sólo me llevó cinco minutos; **it ~s guts to do that** hay que tener agallas para hacer eso; **it took 5 people to move the piano** hicieron falta 5 personas para mover el piano **-10.** [travel by - means of transport, route] tomar, coger **- 11.** [wear - shoes] calzar; [- clothes] usar **-12.** [consider] considerar; **now, ~ John for instance ...** tomemos a John, por ejemplo ...; **to ~ sb for a fool/a policeman** tomar a alguien por tonto/por un policía **-13.** [assume]: **I ~ it (that) ...** supongo que ... ◇ *vi* [dye] coger; [vaccine, fire, cutting] prender. ◇ *n* CINEMA toma *f*.

➤ **take aback** *vt fus* dejar atónito(ta); **to be taken aback** estar atónito.

➤ **take after** *vt fus* parecerse a.

➤ **take apart** *vt sep* [dismantle] desmontar.

➤ **take away** *vt sep* **-1.** [remove] quitar **-2.** [deduct] restar, sustraer.

➤ **take back** *vt sep* **-1.** [return] devolver **-2.** [accept - faulty goods] aceptar la devolución de **-3.** [admit as wrong] retirar **- 4.** [in memories]: **it ~s me back to when I was a teenager** me hace volver a mi adolescencia.

➤ **take down** *vt sep* **-1.** [dismantle] desmontar **-2.** [write down] escribir, tomar nota de **-3.** [lower - trousers] bajarse; [- picture] bajar.

➤ **take in** *vt sep* **-1.** [deceive] engañar; **to be ~n in by sb** ser engañado por alguien **-2.** [understand] comprender, asimilar; **I can't ~ it all in** no consigo asimilarlo todo **-3.** [include] incluir, abarcar **- 4.** [provide accommodation for] acoger.

➤ **take off** ◇ *vt sep* **-1.** [clothes, glasses] quitarse **-2.** [have as holiday] tomarse; **to ~ time off** tomarse tiempo libre **-3.** UK *inf* [imitate] imitar **- 4.** *inf* [go away suddenly]: **to ~ o.s. off** irse, marcharse, ◇ *vi* **-1.** [plane] despegar, decolar *Andes* **-2.** [go away suddenly] irse, marcharse **-3.** [career] consolidarse; [idea, fashion] cuajar.

➤ **take on** ◇ *vt sep* **-1.** [accept - work, job] aceptar; [- responsibility] asumir **-2.** [employ] emplear, coger **-3.** [confront] desafiar. ◇ *vt fus* [assume] tomar.

➤ **take out** *vt sep* **-1.** [from container, pocket]

sacar **-2.** [delete] suprimir **-3.** [go out with]: **to ~ sb out** invitar a salir a alguien; **to ~ it** OR **a lot out of one** *inf* agotar a uno.

➤ **take out on** *vt sep* [feelings, anger] descargar contra; **don't ~ it out on me** ¡no la tomes conmigo!

➤ **take over** ◇ *vt sep* **-1.** [company, business] absorber, adquirir; [country, government] apoderarse de **-2.** [job] tomar, asumir. ◇ *vi* **-1.** [take control] tomar el poder **-2.** [in job] entrar en funciones.

➤ **take to** *vt fus* **-1.** [feel a liking for - person] coger cariño a; [- activity] aficionarse a **-2.** [begin]: **to ~ to doing sthg** empezar a hacer algo.

➤ **take up** *vt sep* **-1.** [begin]: **to ~ up singing** dedicarse a cantar; [job] aceptar, tomar **-2.** [continue] reanudar **-3.** [discuss] discutir **- 4.** [use up - time, space] ocupar; [- effort] requerir.

➤ **take upon** *vt sep*: **to ~ it upon o.s. to do sthg** permitirse hacer algo.

➤ **take up on** *vt sep* **-1.** [accept]: **to ~ sb up on an offer** aceptar una oferta de alguien **-2.** [ask to explain]: **to ~ sb up on sthg** pedir que alguien se explique acerca de algo.

takeaway UK ['teɪkə,weɪ], **takeout** US ['teɪkaʊt] *n* **-1.** [shop] *establecimiento donde se vende comida preparada para llevar* **-2.** [food] comida *f* para llevar.

take-home pay *n* sueldo *m* neto.

taken ['teɪkn] ◇ *pp* ▷ **take**. ◇ *adj*: **~ with** atraído(da) por.

takeoff ['teɪkɒf] *n* [of plane] despegue *m*, decolaje *m* *Amér.*

takeout US = **takeaway**.

takeover ['teɪk,əʊvə'] *n* **-1.** [of company] adquisición *f* **-2.** [of government] toma *f* del poder.

takeover bid *n* OPA *f*, oferta *f* pública de adquisición de acciones.

taker ['teɪkə'] *n* persona *f* interesada *(en comprar algo etc)*; **there were no ~s** nadie aceptó la oferta.

takeup ['teɪkʌp] *n* grado *m* de aceptación, respuesta *f*.

takings *npl* [of shop] venta *f*; [of show] recaudación *f*.

talc [tælk], **talcum (powder)** ['tælkəm-] *n* talco *m*.

tale [teɪl] *n* **-1.** [fictional story] cuento *m* **-2.** [anecdote] anécdota *f*.

talent ['tælənt] *n*: **~ (for sthg)** talento *m* (para algo).

talented ['tæləntɪd] *adj* con talento.

talent scout *n* cazatalentos *m y f inv.*

talisman ['tælɪzmən] *(pl* -s*) n* talismán *m*.

talk [tɔːk] ⬦ *n* **-1.** [conversation] conversación *f*, plática *f CAm, Méx*; **to have a** ∼ conversar **-2.** *(U)* [gossip] habladurías *fpl* **-3.** [lecture] charla *f*, conferencia *f*, plática *f CAm, Méx*; **to give a** ∼ **on sthg** dar una charla sobre algo. ⬦ *vi* **-1.** [gen] hablar; **to** ∼ **to/of** hablar OR platicar *CAm, Méx* con/de; ∼**ing of Sarah, I met her mum yesterday** hablando de Sarah, ayer me encontré a su madre; **to** ∼ **on** OR **about** hablar OR platicar *CAm, Méx* acerca de OR sobre; **they aren't** ∼**ing to each other** no se hablan; **to** ∼ **big** fanfarronear, farolear *Esp* **-2.** [gossip] chismorrear. ⬦ *vt* hablar de.
➧ **talks** *npl* conversaciones *fpl*.
➧ **talk down to** *vt fus* hablar con aires de suficiencia a.
➧ **talk into** *vt sep*: **to** ∼ **sb into doing sthg** convencer a alguien para que haga algo.
➧ **talk out of** *vt sep*: **to** ∼ **sb out of doing sthg** disuadir a alguien de que haga algo.
➧ **talk over** *vt sep* discutir, hablar de.

talkative [ˈtɔːkətɪv] *adj* hablador(ra).

talker [ˈtɔːkəʳ] *n* hablador *m*, -ra *f*.

talking point [ˈtɔːkɪŋ-] *n* tema *m* de conversación.

talking-to [ˈtɔːkɪŋ-] *n inf* bronca *f*; **to give sb a (good)** ∼ echar una bronca a alguien.

talk show *US* ⬦ *n* programa *m* de entrevistas. ⬦ *comp* de programa de entrevistas.

talk time *n (U)* [on mobile phone] tiempo *m* de conversación.

tall [tɔːl] *adj* alto(ta). **she's 2 metres** ∼ mide 2 metros; **how** ∼ **is he?** ¿cuánto mide?

tallboy [ˈtɔːlbɔɪ] *n* cómoda *f* alta.

tall order *n*: **it's a** ∼ es mucho pedir.

tall story *n* cuento *m* (increíble).

tally [ˈtælɪ] *(pl* **-ies**, *pt & pp* **-ied)** ⬦ *n* cuenta *f*; **to keep a** ∼ llevar la cuenta. ⬦ *vi* concordar, casar.

talon [ˈtælən] *n* garra *f*.

tambourine [ˌtæmbəˈriːn] *n* pandereta *f*.

tame [teɪm] ⬦ *adj* **-1.** [domesticated] doméstico(ca) **-2.** *pej* [obedient] dócil **-3.** *pej* [unexciting] soso(sa), aburrido(da). ⬦ *vt* **-1.** [domesticate] domesticar **-2.** [bring under control] dominar.

tamely [ˈteɪmlɪ] *adv* dócilmente, sumisamente.

tamer [ˈteɪməʳ] *n* domador *m*, -ra *f*.

Tamil [ˈtæmɪl] ⬦ *adj* tamil. ⬦ *n* **-1.** [person] tamil *m* OR *f* **-2.** [language] tamil *m*.

tamper [ˈtæmpəʳ] ➧ **tamper with** *vt fus* [lock] intentar forzar; [records, file] falsear; [machine] manipular.

tampon [ˈtæmpɒn] *n* tampón *m*.

tan [tæn] *(pt & pp* **-ned**, *cont* **-ning)** ⬦ *adj* de color marrón claro. ⬦ *n* bronceado *m*; **to get**

a ∼ broncearse. ⬦ *vi* broncearse.

tandem [ˈtændəm] *n* [bicycle] tándem *m*; **in** ∼ conjuntamente, en colaboración.

tandoori [tænˈdʊərɪ] *n* [cooking method] *método indio de asar la carne en un horno de barro*.

tang [tæŋ] *n* [smell] olor *m* fuerte; [taste] sabor *m* fuerte.

tangent [ˈtændʒənt] *n* GEOM tangente *f*; **to go off at a** ∼ salirse por la tangente.

tangerine [ˌtændʒəˈriːn] *n* mandarina *f*.

tangible [ˈtændʒəbl] *adj* tangible.

Tangier [tænˈdʒɪəʳ] *n* Tánger.

tangle [ˈtæŋgl] ⬦ *n* [mass] maraña *f*; *fig* [mess] enredo *m*, embrollo *m*, entrevero *m RP*. ⬦ *vi* enredarse, enmarañarse; **to get** ∼**d (up)** enredarse.
➧ **tangle with** *vt fus inf* meterse con.

tangled [ˈtæŋgld] *adj lit & fig* enredado(da).

tango [ˈtæŋgəʊ] *(pl* **-es**) *n* tango *m*.

tangy [ˈtæŋɪ] *(compar* **-ier**, *superl* **-iest**) *adj* fuerte.

tank [tæŋk] *n* **-1.** [container] depósito *m*, tanque *m* **-2.** MIL tanque *m*, carro *m* de combate.

tankard [ˈtæŋkəd] *n* bock *m*.

tanker [ˈtæŋkəʳ] *n* **-1.** [ship - gen] barco *m* cisterna, tanque *m*; [- for oil] petrolero *m* **-2.** [truck] camión *m* cisterna.

tankful [ˈtæŋkfʊl] *n* depósito *m* lleno.

tanned [tænd] *adj* bronceado(da).

tannin [ˈtænɪn] *n* tanino *m*.

Tannoy® [ˈtænɔɪ] *n* (sistema *m* de) altavoces *mpl*; **his name was called out over the** ∼ su nombre sonó por megafonía.

tantalize, -ise [ˈtæntəlaɪz] *vt* atormentar.

tantalizing [ˈtæntəlaɪzɪŋ] *adj* tentador(ra).

tantamount [ˈtæntəmaʊnt] *adj*: ∼ **to** equivalente a.

tantrum [ˈtæntrəm] *(pl* **-s**) *n* rabieta *f*; **to throw a** ∼ coger una rabieta.

Tanzania [ˌtænzəˈnɪə] *n* Tanzania.

Tanzanian [ˌtænzəˈnɪən] ⬦ *adj* tanzano(na). ⬦ *n* tanzano *m*, -na *f*.

tap [tæp] *(pt & pp* **-ped**, *cont* **-ping)** ⬦ *n* **-1.** [device] grifo *m*, llave *f Amér*, canilla *f RP*, paja *f CAm*, caño *f Perú* **-2.** [light blow] golpecito *m* **-3.** [phr]: **to be on** ∼ [beer, water] ser de barril; **to have sthg on** ∼ *fig* tener algo a mano. ⬦ *vt* **-1.** [hit] golpear ligeramente; **he tapped his fingers on the table** golpeaba ligeramente la mesa con los dedos **-2.** [strength, resources] utilizar, usar **-3.** [phone] intervenir. ⬦ *vi* dar un golpecito; **he** ∼**ped on the window** dio unos golpecitos en la ventana.
➧ **taps** *n US* MIL [at funeral] toque *m* de difuntos.

tap dancer *n* bailarín *m*, -ina *f* de claqué.

tap dancing n claqué m.
tape [teɪp] ◇ n -**1.** [cassette, magnetic tape, strip of cloth] cinta f -**2.** SPORT [at finishing line] cinta f de llegada -**3.** [adhesive plastic] cinta f adhesiva. ◇ vt -**1.** [on tape recorder, video recorder] grabar -**2.** [with adhesive tape] pegar con cinta adhesiva -**3.** US [bandage] vendar.
tape deck n pletina f del magnetófono.
tape measure n cinta f métrica.
taper ['teɪpər] ◇ n [candle] vela f. ◇ vi afilarse.
➤ **taper off** vi ir disminuyendo.
tape-record [-rɪˌkɔːd] vt grabar (en cinta).
tape recorder n magnetófono m.
tape recording n grabación f en cinta.
tapered ['teɪpəd] adj ahusado(da).
tapestry ['tæpɪstrɪ] (pl -ies) n -**1.** [piece of work] tapiz m -**2.** [craft] tapicería f.
tapeworm ['teɪpwɜːm] n tenia f, solitaria f.
tapioca [ˌtæpɪ'əʊkə] n tapioca f.
tapir ['teɪpər] (pl inv or -s) n tapir m.
tar [tɑːr] n alquitrán m.
tarantula [tə'ræntjʊlə] n tarántula f.
target ['tɑːgɪt] ◇ n -**1.** [of missile, goal, aim] objetivo m -**2.** [in archery, shooting, of criticism] blanco m; **to be on ~ to do sthg** llevar el ritmo adecuado para hacer algo. ◇ vt -**1.** [aim weapon at] apuntar a -**2.** [channel]: **to ~ funds on** destinar fondos a.
tariff ['tærɪf] n tarifa f.
Tarmac® ['tɑːmæk] n [material] alquitrán m.
➤ **tarmac** n AERON: **the tarmac** la pista.
tarnish ['tɑːnɪʃ] ◇ vt [make dull] deslustrar; fig [damage] empañar, manchar. ◇ vi [become dull] deslustrarse.
tarnished ['tɑːnɪʃt] adj [dull] deslustrado(da); fig [damaged] manchado(da), empañado(da).
tarot ['tærəʊ] n: **the ~** el tarot.
tarot card n carta f de tarot.
tarpaulin [tɑː'pɔːlɪn] n lona f alquitranada.
tarragon ['tærəgən] n estragón m.
tart [tɑːt] ◇ adj -**1.** [bitter] agrio (agria) -**2.** [sarcastic] mordaz. ◇ n -**1.** [sweet pastry] tarta f -**2.** v inf [prostitute] furcia f, fulana f.
➤ **tart up** vt sep UK inf pej emperejilar; **to ~ o.s. up** emperifollarse.
tartan ['tɑːtn] ◇ n tartán m. ◇ comp de tartán.
tartar(e) sauce ['tɑːtər-] n salsa f tártara.
tartness ['tɑːtnɪs] n -**1.** [of taste] acidez f -**2.** [of comment] mordacidad f, acritud f.
task [tɑːsk] n tarea f.
task force n MIL destacamento m de fuerzas.

taskmaster ['tɑːskˌmɑːstər] n: **a hard ~** un tirano.
Tasmania [tæz'meɪnjə] n Tasmania.
Tasmanian [tæz'meɪnjən] ◇ adj tasmanio(nia). ◇ n tasmanio m, -nia f.
tassel ['tæsl] n borla f.
taste [teɪst] ◇ n -**1.** [physical sense, discernment] gusto m; **in bad/good ~** de mal/buen gusto -**2.** [flavour] sabor m -**3.** [try]: **have a ~** pruébalo -**4.** fig [for success, fast cars etc]: **~ (for)** afición f (a), gusto m (por) -**5.** fig [experience] experiencia f. ◇ vt -**1.** [notice flavour of] notar un sabor a; **I can't ~ the lemon in it** no noto el sabor a limón -**2.** [test, try] probar -**3.** fig [experience] conocer. ◇ vi saber; **to ~ of** or **like** saber a.
taste bud n papila f gustativa.
tasteful ['teɪstfʊl] adj elegante, de buen gusto.
tastefully ['teɪstfʊlɪ] adv elegantemente, con gusto.
tasteless ['teɪstlɪs] adj -**1.** [offensive, cheap and unattractive] de mal gusto -**2.** [without flavour] insípido(da), soso(sa).
taster ['teɪstər] n catador m, -ra f.
tasty ['teɪstɪ] (compar -ier, superl -iest) adj sabroso(sa).
tat [tæt] n (U) UK inf pej baratijas fpl.
tattered ['tætəd] adj [clothes] andrajoso(sa); [paper] desgastado(da).
tatters ['tætəz] npl: **in ~** [clothes] andrajoso(sa); fig [confidence, reputation] por los suelos.
tattoo [tə'tuː] (pl -s) ◇ n -**1.** [design] tatuaje m -**2.** UK [military display] desfile m militar. ◇ vt tatuar.
tattooist [tə'tuːɪst] n tatuador m, -ra f.
tatty ['tætɪ] (compar -ier, superl -iest) adj UK inf pej desastrado(da).
taught [tɔːt] pt & pp ▷ teach.
taunt [tɔːnt] ◇ vt zaherir a. ◇ n pulla f.
Taurus ['tɔːrəs] n Tauro m; **to be (a) ~** ser Tauro.
taut [tɔːt] adj tenso(sa).
tauten ['tɔːtn] ◇ vt tensar. ◇ vi tensarse.
tautology [tɔː'tɒlədʒɪ] n tautología f.
tavern ['tævn] n dated taberna f.
tawdry ['tɔːdrɪ] (compar -ier, superl -iest) adj pej de oropel.
tawny ['tɔːnɪ] adj leonado(da).
tax [tæks] ◇ n impuesto m, contribución f; **pay before** or **after ~** salario antes/después de impuestos. ◇ vt -**1.** [goods, profits] gravar -**2.** [business, person] imponer contribuciones a -**3.** [strain, test] poner a prueba.
taxable ['tæksəbl] adj imponible.
tax allowance n desgravación f fiscal.
taxation [tæk'seɪʃn] n (U) -**1.** [system] sistema m

tributario **-2.** [amount] impuestos *mpl*, contribuciones *fpl*.

tax avoidance [-ə'vɔɪdəns] *n* evasión *f* fiscal.

tax collector *n* recaudador *m*, -ra *f* de impuestos.

tax cut *n* reducción *f* tributaria.

tax-deductible [-dɪ'dʌktəbl] *adj* desgravable.

tax disc *n UK* pegatina *del impuesto de circulación*.

tax evasion *n* fraude *m* fiscal, evasión *f* de impuestos.

tax-exempt *US* = tax-free.

tax exemption *n* exención *f* de impuestos.

tax exile *n UK* [person] *persona que vive en el extranjero, para evitar los impuestos*.

tax-free *UK*, **tax-exempt** *US adj* exento(ta) de impuestos.

tax haven *n* paraíso *m* fiscal.

taxi ['tæksɪ] <> *n* taxi *m*. <> *vi* [plane] rodar por la pista.

taxicab ['tæksɪkæb] *n* taxi *m*.

taxidermist ['tæksɪdɜːmɪst] *n* taxidermista *m OR f*.

taxi driver *n* taxista *m OR f*.

taxing ['tæksɪŋ] *adj* [gen] agotador(ra); [problem, exam] abrumador(ra).

tax inspector *n* ≃ inspector *m*, -ra *f* de Hacienda.

taxi rank *UK*, **taxi stand** *n* parada *f* de taxis.

taxman ['tæksmæn] (*pl* -men [-men]) *n* -**1.** [tax collector] recaudador *m*, -ra *f* de impuestos -**2.** *inf* [tax office]: **the ~** ≃ Hacienda *f*, ≃ el Fisco.

taxpayer ['tæks,peɪər] *n* contribuyente *m OR f*.

tax relief *n (U)* desgravación *f* fiscal.

tax return *n* declaración *f* de renta.

tax year *n* año *m* fiscal.

TB *n abbr of* **tuberculosis**.

T-bone steak *n bistec con hueso en forma de T*.

tbs., tbsp. (*abbr of* **tablespoon(ful)**) *cucharada grande*.

tea [tiː] *n* -**1.** [drink, leaves] té *m* -**2.** *UK* [afternoon snack] té *m*, merienda *f* -**3.** *UK* [evening meal] merienda cena *f*.

teabag ['tiːbæg] *n* bolsita *f* de té.

tea break *n UK* descanso *m (durante la jornada laboral)*.

tea caddy [-,kædɪ] *n* bote *m* del té.

teacake ['tiːkeɪk] *n UK* bollito *m*.

teach [tiːtʃ] (*pt & pp* **taught**) <> *vt* -**1.** [give lessons to] [student] dar clases a; **to ~ sb sthg** enseñar algo a alguien; **to ~ sb to do sthg** enseñar a alguien a hacer algo; **to ~ (sb) that** inculcar a alguien que; **that will ~ you a lesson!** ¡eso te enseñará! -**2.** [give lessons in] [sub-

ject] dar clases de **-3.** [advocate, state] preconizar; **to ~ sb sthg, to ~ sthg to sb** predicar a alguien algo. <> *vi* ser profesor(ra), dar clases.

teacher ['tiːtʃər] *n* [at primary school] maestro *m*, -tra *f*; [at secondary school] profesor *m*, -ra *f*; **~'s pet** *pej* enchufado *m*, -da *f* de la clase.

teacher training college *UK*, **teachers college** *US n* escuela *f* normal.

teaching ['tiːtʃɪŋ] *n* enseñanza *f*; **I've got ten hours of ~** tengo diez horas de clases.

teaching aids *npl* materiales *mpl* pedagógicos.

teaching practice *n (U)* prácticas *fpl* de magisterio.

teaching staff *npl* personal *m* docente, profesorado *m*.

tea cloth *n UK* [tea towel] paño *m* de cocina.

tea cosy *UK*, **tea cozy** *US n* cubretetera *f*.

teacup ['tiːkʌp] *n* taza *f* de té.

teak [tiːk] <> *n* teca *f*. <> *comp* de teca.

tea leaves *npl* hojas *fpl* de té.

team [tiːm] *n* equipo *m*.

➡ **team up** *vi*: **to ~ up (with)** formar equipo (con).

team games *npl* juegos *mpl* de equipos.

teammate ['tiːmmeɪt] *n* compañero *m*, -ra *f* de equipo.

team spirit *n* espíritu *m* de equipo.

teamster ['tiːmstər] *n US* camionero *m*.

teamwork ['tiːmwɜːk] *n (U)* trabajo *m* en equipo.

tea party *n* reunión *f* para tomar el té.

teapot ['tiːpɒt] *n* tetera *f*.

tear¹ [tɪər] *n* lágrima *f*; **in ~s** llorando.

tear² [teər] (*pt* **tore**, *pp* **torn**) <> *vt* -**1.** [rip] rasgar, romper; **to ~ sthg open** abrir algo rasgándolo; **to ~ sthg to pieces** *fig* poner algo por los suelos -**2.** [remove roughly] arrancar; **she tore a page out of her exercise book** arrancó una página de su libro de ejercicios -**3.** *phr*: **to be torn between** vacilar entre. <> *vi* -**1.** [rip] romperse, rasgarse -**2.** *inf* [move quickly]: **he tore out of the house** salió de la casa a toda pastilla; **they were ~ing along** iban a toda pastilla -**3.** *phr*: **to ~ loose** soltarse de un tirón. <> *n* rasgón *m*, desgarrón *m*.

➡ **tear apart** *vt sep* -**1.** [rip up] despedazar -**2.** *fig* [disrupt greatly] desintegrar -**3.** [upset greatly] desgarrar.

➡ **tear at** *vt fus* tirar de.

➡ **tear away** *vt sep*: **to ~ o.s. away from** separarse de.

➡ **tear down** *vt sep* [building, statue] echar abajo.

→ **tear off** *vt sep* [clothes] quitarse precipitadamente.

→ **tear up** *vt sep* hacer pedazos.

tearaway ['teərə,weɪ] *n UK inf* alborotador *m*, -ra *f*.

teardrop ['tɪədrɒp] *n* lágrima *f*.

tearful ['tɪəfʊl] *adj* **-1.** [person] lloroso(sa) **-2.** [event] lacrimoso(sa).

tear gas [tɪə'-] *n (U)* gas *m* lacrimógeno.

tearing ['teərɪŋ] *adj inf*: **to be in a ~ hurry** tener mucha prisa.

tearjerker ['tɪə,dʒɜːkə'] *n hum* dramón *m*.

tearoom ['tiːrʊm] *n* salón *m* de té.

tease [tiːz] ◇ *n inf* puñetero *m*, -ra *f*. ◇ *vt* **-1.** [mock]: **to ~ sb (about)** tomar el pelo a alguien (acerca de) **-2.** *US* [hair] cardarse.

tea service, tea set *n* servicio *m* OR juego *m* de té.

tea shop *n* salón *m* de té.

teasing ['tiːzɪŋ] *adj* guasón(ona), burlón(ona).

Teasmaid® ['tiːzmeɪd] *n UK máquina de hacer el té automática.*

teaspoon ['tiːspuːn] *n* **-1.** [utensil] cucharilla *f* **-2.** [amount] cucharadita *f*.

tea strainer *n* colador *m* de té.

teat [tiːt] *n* **-1.** [of animal] tetilla *f* **-2.** [of bottle] tetina *f*.

teatime ['tiːtaɪm] *n UK* hora *f* del té.

tea towel *n* paño *m* de cocina, repasador *m RP.*

tea urn *n cilindro o barril con grifo para servir té en grandes cantidades.*

technical ['teknɪkl] *adj* técnico(ca).

technical college *n UK* ≃ centro *m* de formación profesional.

technical drawing *n (U)* dibujo *m* técnico.

technicality [,teknɪ'kælətɪ] (*pl* -ies) *n* detalle *m* técnico.

technically ['teknɪklɪ] *adv* **-1.** [gen] técnicamente **-2.** [theoretically] teóricamente, en teoría.

technician [tek'nɪʃn] *n* técnico *m*, -ca *f*.

Technicolor® ['teknɪ,kʌlə'] *n* tecnicolor® *m*.

technique [tek'niːk] *n* técnica *f*.

techno ['teknəʊ] *n MUS* tecno *m*.

technological [,teknə'lɒdʒɪkl] *adj* tecnológico(ca).

technologist [tek'nɒlədʒɪst] *n* tecnólogo *m*, -ga *f*.

technology [tek'nɒlədʒɪ] (*pl* -ies) *n* tecnología *f*.

teddy ['tedɪ] (*pl* -ies) *n*: **~ (bear)** oso *m* de peluche.

tedious ['tiːdjəs] *adj* tedioso(sa).

tedium ['tiːdjəm] *n fml* tedio *m*.

tee [tiː] *n* tee *m*.

→ **tee off** *vi* GOLF golpear desde el tee.

teem [tiːm] *vi* **-1.** [rain] llover a cántaros **-2.** [be busy]: **to be ~ing with** estar inundado(da) de.

teen [tiːn] *adj inf* adolescente.

teenage ['tiːneɪdʒ] *adj* adolescente.

teenager ['tiːn,eɪdʒə'] *n* adolescente *m* OR *f*, quinceañero *m*, -ra *f*.

teens [tiːnz] *npl* adolescencia *f*; **he's in his ~** es adolescente.

teeny (weeny) [,tiːnɪ('wiːnɪ)], **teensy (weensy)** [,tiːnzɪ('wiːnzɪ)] *adj inf* pequeñito(ta), chiquitín(ina).

tee-shirt *n* camiseta *f*.

teeter ['tiːtə'] *vi lit & fig* tambalearse.

teeter-totter *n US* balancín *m*, subibaja *m*.

teeth [tiːθ] *npl* **-1.** ⯈ **tooth** **-2.** *fig* [power] poder *m*.

teethe [tiːð] *vi* echar los dientes.

teething ring ['tiːðɪŋ-] *n* chupador *m*.

teething troubles ['tiːðɪŋ-] *npl fig* problemas *mpl* iniciales.

teetotal [tiː'təʊtl] *adj* abstemio(mia).

teetotaller *UK*, **teetotaler** *US* [tiː'təʊtlə'] *n* abstemio *m*, -mia *f*.

TEFL ['tefl] (*abbr of* teaching of English as a foreign language) *n enseñanza de inglés para extranjeros.*

Teflon® ['teflɒn] ◇ *n* teflón® *m*. ◇ *comp* de teflón®.

Tehran, Teheran [,teə'rɑːn] *n* Teherán.

tel. (*abbr of* telephone) tfno.

Tel-Aviv [,telə'viːv] *n* Tel Aviv.

tele- ['telɪ] *prefix* tele-.

telecast ['telɪkɑːst] *n* emisión *f* televisiva.

telecom ['telɪkɒm] *n*, **telecoms** ['telɪkɒmz] *npl UK inf* telecomunicaciones *fpl*.

telecommunications ['telɪkə,mjuːnɪ'keɪʃnz] *npl* telecomunicaciones *fpl*.

telegram ['telɪgræm] *n* telegrama *m*.

telegraph ['telɪgrɑːf] ◇ *n* telégrafo *m*. ◇ *vt* telegrafiar.

telegraph pole, telegraph post *UK n* poste *m* de telégrafos.

telepathic [,telɪ'pæθɪk] *adj* telepático(ca).

telepathy [tɪ'lepəθɪ] *n* telepatía *f*.

telephone ['telɪfəʊn] ◇ *n* teléfono *m*; **to be on the ~** *UK* [connected to network] tener teléfono; [speaking] estar al teléfono. ◇ *vt* & *vi* telefonear.

telephone banking *n* banca *f* telefónica.

telephone book *n* guía *f* telefónica.

telephone booth *n* teléfono *m* público.

telephone box *n UK* cabina *f* (telefónica).

telephone call *n* llamada *f* telefónica, llamado *m* telefónico *Amér.*

telephone directory *n* guía *f* telefónica.

telephone exchange *n* central *f* telefónica.

telephone number *n* número *m* de teléfono.

telephone operator *n* operador *m*, -ra *f*, telefonista *m* OR *f*.

telephonist [tɪ'lefənɪst] *n UK* telefonista *m* OR *f*.

telephoto lens [ˌtelɪ'fəʊtəʊ-] *n* teleobjetivo *m*.

teleprinter ['telɪˌprɪntə^r], **teletypewriter** *US* [ˌtelɪ'taɪpˌraɪtə^r] *n* teletipo *m*, teleimpresor *m*.

Teleprompter® [ˌtelɪ'prɒmptə^r] *n* teleapuntador *m*.

telesales ['telɪseɪlz] *npl* ventas *fpl* por teléfono.

telescope ['telɪskəʊp] *n* telescopio *m*.

telescopic [ˌtelɪ'skɒpɪk] *adj* -**1.** [magnifying] telescópico(ca) - **2.** [contracting] plegable.

teletext ['telɪtekst] *n* teletexto *m*.

telethon ['telɪθɒn] *n* programa televisivo de larga duración destinado a recaudar fondos para una obra benéfica.

teletypewriter *US* = **teleprinter.**

televideo [telɪ'vɪdɪəʊ] *n* televídeo *m*.

televise ['telɪvaɪz] *vt* televisar.

television ['telɪˌvɪʒn] *n* televisión *f*; **on** ~ en televisión; **to watch** ~ ver la televisión.

television licence *n UK* documento que prueba el pago del impuesto que da derecho al uso de un televisor.

television programme *n* programa *m* de televisión.

television set *n* televisor *m*, (aparato *m* de) televisión *f*.

teleworker ['telɪwɜːkə^r] *n* teletrabajador *m*, -ra *f*.

telex ['teleks] <> *n* télex *m*. <> *vt* [message] transmitir por télex; [person] mandar un télex a.

tell [tel] (*pt* & *pp* **told**) <> *vt* -**1.** [gen] decir; **to** ~ **sb (that)** decir a alguien que; **to** ~ **sb sthg, to** ~ **sthg to sb** decir a alguien algo; **to** ~ **sb to do sthg** decir a alguien que haga algo; **I told you so!** ¡ya te lo dije! - **2.** [joke, story] contar - **3.** [judge, recognize]: **to** ~ **what sb is thinking** saber en qué está pensando alguien; **to** ~ **the time** decir la hora; **there's no telling ...** es imposible saber ... - **4.** [differentiate]: **to** ~ **the difference between A and B** distinguir entre A y B; **it's hard to** ~ **one from another** son difíciles de distinguir. <> *vi* [have effect] surtir efecto.

➡ **tell apart** *vt sep* distinguir, diferenciar; **I**

can't ~ **them apart** no consigo distinguirlos.

➡ **tell off** *vt sep esp US* reñir, reprender.

teller ['telə^r] *n* -**1.** [of votes] escrutador *m*, -ra *f* - **2.** *esp US* [in bank] cajero *m*, -ra *f*.

telling ['telɪŋ] *adj* [remark, incident] revelador(ra).

telling-off (*pl* **tellings-off**) *n* bronca *f*; **to give sb a (good)** ~ echar una bronca a alguien.

telltale ['telteɪl] <> *adj* revelador(ra). <> *n* chivato *m*, -ta *f*, acusica *m* OR *f*.

telly ['telɪ] (*pl* **-ies**) (*abbr of* **television**) *n UK inf* tele *f*; **on** ~ en la tele.

temerity [tɪ'merətɪ] *n fml* temeridad *f*.

temp [temp] <> *n inf UK* (*abbr of* **temporary (employee)**) trabajador *m*, -ra *f* temporal. <> *vi*: **she's** ~**ing** tiene un trabajo temporal.

temp. (*abbr of* **temperature**) temp.

temper ['tempə^r] <> *n* -**1.** [state of mind, mood] humor *m*; **to keep one's** ~ mantener la calma; **to lose one's** ~ enfadarse, perder la paciencia; **to have a short** ~ tener genio - **2.** [angry state]: **to be in a** ~ estar de mal humor - **3.** [temperament] temperamento *m*. <> *vt fml* templar, suavizar.

temperament ['temprəmənt] *n* temperamento *m*.

temperamental [ˌtemprə'mentl] *adj* [volatile] temperamental.

temperance ['temprəns] *n* templanza *f*.

temperate ['temprət] *adj* templado(da).

temperature ['temprətʃə^r] *n* temperatura *f*; **to take sb's** ~ tomarle a alguien la temperatura; **to have a** ~ tener fiebre.

tempered ['tempəd] *adj* templado(da).

tempest ['tempɪst] *n literary* tempestad *f*.

tempestuous [tem'pestjʊəs] *adj lit* & *fig* tempestuoso(sa).

tempi ['tempiː] *pl* ⊳ **tempo.**

template ['templɪt] *n* plantilla *f*.

temple ['templ] *n* -**1.** *RELIG* templo *m* - **2.** *ANAT* sien *f*.

tempo ['tempəʊ] (*pl* **-pos** OR **-pi**) *n* -**1.** *MUS* ritmo *m* - **2.** [of an event] tempo *m*.

temporarily [ˌtempə'rerəlɪ] *adv* temporalmente, provisionalmente.

temporary ['tempərərɪ] *adj* [gen] temporal, temporarico *Amér*, provisional, provisorio *Andes, Col, CSur, Ven*; [improvement, problem] pasajero(ra).

tempt [tempt] *vt* [entice]: **to** ~ **sb (to do sthg)** tentar a alguien (a hacer algo); **to be** OR **feel** ~**ed to do sthg** estar OR sentirse tentado de hacer algo.

temptation [temp'teɪʃn] *n* tentación *f*.

tempting ['temptɪŋ] *adj* tentador(ra).

ten [ten] *num* diez; *see also* **six.**

tenable ['tenəbl] *adj* **-1.** [reasonable, credible] sostenible **-2.** [job, post]: **the post is ~ for one year** el puesto tendrá una duración de un año.

tenacious [tɪ'neɪʃəs] *adj* tenaz.

tenacity [tɪ'næsɪtɪ] *n* tenacidad *f.*

tenancy ['tenənsɪ] (*pl* **-ies**) *n* **-1.** [period - of house] alquiler *m*; [- of land] arrendamiento *m* **-2.** [possession] ocupación *f.*

tenant ['tenənt] *n* [of house] inquilino *m*, -na *f*; [of pub] arrendatario *m*, -ria *f.*

Ten Commandments *npl*: **the ~** los Diez Mandamientos.

tend [tend] *vt* **-1.** [have tendency]: **to ~ to do sthg** soler hacer algo, tender a hacer algo; **I ~ to think ...** me inclino a pensar ... **-2.** [look after] cuidar **-3.** *US*: **to ~ bar** atender en el bar.

tendency ['tendənsɪ] (*pl* **-ies**) *n* **-1.** [trend]: **~ (for sb/sthg to do sthg)** tendencia *f* (de alguien/algo a hacer algo); **~ towards** tendencia hacia **-2.** [leaning, inclination] inclinación *f.*

tender ['tendə^r] <> *adj* [gen] tierno(na); [sore] dolorido(da); **at a ~ age** a una edad tierna. <> *n* **-1.** *COMM* propuesta *f*, oferta *f* **-2.**: **(legal) ~** moneda *f* de curso legal. <> *vt fml* [resignation] presentar.

tenderize, -ise ['tendəraɪz] *vt* ablandar.

tenderly ['tendəlɪ] *adv* [caringly] tiernamente, cariñosamente.

tenderness ['tendənɪs] *n (U)* **-1.** [care, compassion] ternura *f*, dulzura *f* **-2.** [soreness] sensibilidad *f.*

tendon ['tendən] *n* tendón *m.*

tendril ['tendrəl] *n* zarcillo *m.*

tenement ['tenəmənt] *n bloque de viviendas modestas.*

tenet ['tenɪt] *n fml* principio *m*, dogma *m.*

tenner ['tenə^r] *n UK inf* **-1.** [amount] diez libras *fpl* **-2.** [note] billete *m* de diez libras.

tennis ['tenɪs] *n* tenis *m.*

tennis ball *n* pelota *f* de tenis.

tennis court *n* pista *f* de tenis.

tennis match *n* partido *m* de tenis.

tennis player *n* tenista *m OR f.*

tennis racket *n* raqueta *f* de tenis.

tenor ['tenə^r] <> *adj* de tenor. <> *n* **-1.** [singer] tenor *m* **-2.** *fml* [meaning, mood] tono *m.*

tenpin bowling *UK* ['tenpɪn-], **tenpins** *US* ['tenpɪnz] *n (U)* bolos *mpl.*

tense [tens] <> *adj* tenso(sa). <> *n* tiempo *m.* <> *vt* tensar. <> *vi* tensarse, ponerse tenso(sa).

tensed up [tenst-] *adj* tenso(sa), nervioso(sa).

tension ['tenʃn] *n* tensión *f.*

ten-spot *n US* billete *m* de diez dólares.

tent [tent] *n* tienda *f* (de campaña), carpa *f Amér.*

tentacle ['tentəkl] *n* tentáculo *m.*

tentative ['tentətɪv] *adj* **-1.** [person] indeciso(sa); [step, handshake] vacilante **-2.** [suggestion, conclusion etc] provisional.

tentatively ['tentətɪvlɪ] *adv* **-1.** [hesitantly] con vacilación **-2.** [not finally] provisionalmente.

tenterhooks ['tentəhʊks] *npl*: **to be on ~** estar sobre ascuas.

tenth [tenθ] *num* décimo(ma); *see also* **sixth.**

tent peg *n* estaca *f.*

tent pole *n* mástil *m* de tienda.

tenuous ['tenjʊəs] *adj* [argument] flojo(ja), poco convincente; [evidence, connection] débil, insignificante; [hold] ligero(ra).

tenuously ['tenjʊəslɪ] *adv* ligeramente.

tenure ['tenjə^r] *(U) fml n* **-1.** [of property] arrendamiento *m* **-2.** [of job] ocupación *f*, ejercicio *m.*

tepee ['tiːpiː] *n* tipi *m*, tienda *f* india.

tepid ['tepɪd] *adj* **-1.** [liquid] tibio(bia) **-2.** *pej* [welcome] poco caluroso(sa); [performance, speech] poco vehemente.

tequila [tɪ'kiːlə] *n* tequila *m.*

Ter., Terr. *abbr of* **Terrace.**

term [tɜːm] <> *n* **-1.** [word, expression] término *m* **-2.** *SCH & UNIV* trimestre *m* **-3.** *POL* mandato *m*; **~ of office** mandato *f* **-4.** [period of time] periodo *m*; **in the long/short ~** a largo/corto plazo. <> *vt*: **to ~ sthg sthg** calificar algo de algo.

◆ **terms** *npl* **-1.** [of contract, agreement] condiciones *fpl* **-2.** [basis]: **in international/real ~s** en términos internacionales/reales; **on equal** *OR* **the same ~s** en condiciones de igualdad; **to be on good ~s (with sb)** mantener buenas relaciones (con alguien); **to be on speaking ~s (with sb)** hablarse (con alguien); **to come to ~s with sthg** aceptar algo **-3.** *phr*: **to think in ~s of doing sthg** pensar hacer algo.

◆ **in terms of** *prep* por lo que se refiere a.

terminal ['tɜːmɪnl] <> *adj MED* incurable, terminal. <> *n* **-1.** [transport] terminal *f* **-2.** *COMPUT* terminal *m.*

terminally ['tɜːmɪnəlɪ] *adv*: **to be ~ ill** ser enfermo terminal.

terminate ['tɜːmɪneɪt] <> *vt fml* [gen] poner fin a; [pregnancy] interrumpir. <> *vi* **-1.** [bus, train] finalizar el trayecto **-2.** [contract] terminarse.

termination [ˌtɜːmɪ'neɪʃn] *n* **-1.** *fml* [ending] terminación *f* **-2.** [abortion]: **~ (of pregnancy)** interrupción *f* del embarazo.

termini ['tɜːmɪnaɪ] *pl* ⊏▷ **terminus.**

terminology [ˌtɜːmɪ'nɒlədʒɪl] *n* terminología *f*.
terminus ['tɜːmɪnəs] (*pl* **-ni** OR **-nuses**) *n* (estación *f*) terminal *f*.
termite ['tɜːmaɪt] *n* termita *f*.
Terr. = Ter.
terrace ['terəs] *n* **-1.** [gen] terraza *f* **-2.** UK [of houses] hilera *f* de casas adosadas.
➡ **terraces** *npl* FTBL: **the ~s** las gradas.
terraced ['terəst] *adj* **-1.** [hillside] a terrazas **-2.** [house, housing] adosado(da).
terraced house *n* UK casa *f* adosada.
terracotta [ˌterə'kɒtə] *n* terracota *f*.
terrain [te'reɪn] *n* terreno *m*.
terrapin ['terəpɪn] (*pl inv* OR **-s**) *n* tortuga *f* acuática.
terrestrial [tə'restrɪəl] *adj fml* terrestre.
terrible ['terəbl] *adj* **-1.** [crash, mess, shame] terrible, espantoso(sa) **-2.** [unwell, unhappy, very bad] fatal.
terribly ['terəblɪ] *adv* [sing, play, write] malísimamente; [injured, sorry, expensive] horriblemente, terriblemente.
terrier ['terɪəʳ] *n* terrier *m*.
terrific [tə'rɪfɪk] *adj* **-1.** [wonderful] fabuloso(sa), estupendo(da) **-2.** [enormous] enorme, tremendo(da).
terrified ['terɪfaɪd] *adj* aterrorizado(da); **to be ~ (of)** tener terror a.
terrify ['terɪfaɪ] (*pt* & *pp* **-ied**) *vt* aterrorizar.
terrifying ['terɪfaɪɪŋ] *adj* aterrador(ra), espantoso(sa).
terrine [te'riːn] *n* [paté] tarrina *f*.
territorial [ˌterɪ'tɔːrɪəl] *adj* territorial.
Territorial Army *n* UK: **the ~** el ejército voluntario de Gran Bretaña.
territorial waters *npl* aguas *fpl* territoriales, aguas jurisdiccionales.
territory ['terətrɪ] (*pl* **-ies**) *n* **-1.** [political area] territorio *m* **-2.** [terrain] terreno *m* **-3.** [area of knowledge] esfera *f*, campo *m*.
terror ['terəʳ] *n* **-1.** [fear] terror *m*; **to live in ~** vivir aterrorizado(da); **they ran out of the house in ~** salieron de la casa aterrorizados **-2.** *inf* [rascal] demonio *m*.
terrorism ['terərɪzml] *n* terrorismo *m*.
terrorist ['terərɪst] *n* terrorista *m* OR *f*.
terrorize, -ise ['terəraɪz] *vt* aterrorizar, aterrar.
terror-stricken *adj* aterrorizado(da), aterrado(da).
terse [tɜːs] *adj* seco(ca).
tersely ['tɜːslɪ] *adv* secamente.
tertiary ['tɜːʃərɪ] *adj fml* terciario(ria).
tertiary education *n* (U) estudios *mpl* superiores.

Terylene® ['terəliːn] *n* terylene® *m*.
TESL ['tesl] (*abbr of* **teaching of English as a second language**) *n* enseñanza de inglés para extranjeros.
TESSA ['tesə] (*abbr of* **tax-exempt special savings account**) *n* plan de ahorro que ofrece exención de impuestos sobre el interés del capital depositado a plazo fijo.
test [test] ◇ *n* **-1.** [trial] prueba *f*; **to put sthg to the ~** poner algo a prueba **-2.** [examination] examen *m*, prueba *f* **-3.** MED [of blood, urine] análisis *m inv*; [of eyes] revisión *f*. ◇ *vt* **-1.** [try out] probar, poner a prueba **-2.** [examine] examinar; **to ~ sb on** examinar a alguien de.
testament ['testəmənt] *n* **-1.** [will] testamento *m* **-2.** [proof]: **~ to** testimonio *m* de.
test ban *n* suspensión *f* de pruebas nucleares.
test case *n* JUR juicio *m* que sienta jurisprudencia.
test-drive *vt* someter a prueba de carretera.
tester ['testəʳ] *n* **-1.** [person testing] probador *m*, -ra *f* **-2.** [sample] muestra *f* (de perfume etc).
test flight *n* vuelo *m* de prueba.
testicles ['testɪklz] *npl* testículos *mpl*.
testify ['testɪfaɪ] (*pt* & *pp* **-ied**) ◇ *vi* **-1.** JUR prestar declaración **-2.** [be proof]: **to ~ to sthg** dar fe de OR atestiguar algo. ◇ *vt*: **to ~ that** declarar que.
testimonial [ˌtestɪ'məʊnjəl] *n* [letter] carta *f* de recomendación.
testimony [UK 'testɪmənɪ, US 'testəməʊnɪl] *n* **-1.** JUR testimonio *m*, declaración *f* **-2.** [proof, demonstration]: **~ to** testimonio *m* de.
testing ['testɪŋ] *adj* duro(ra).
testing ground *n* zona *f* de pruebas.
test match *n* UK SPORT partido *m* internacional.
test paper *n* SCH examen *m*, test *m*.
test pilot *n* piloto *m* OR *f* de pruebas.
test tube *n* probeta *f*.
test-tube baby *n* bebé *m* OR *f* probeta.
testy ['testɪ] (*compar* **-ier**, *superl* **-iest**) *adj* **-1.** [person] irritable, irascible **-2.** [remark, comment] acre, agresivo(va).
tetanus ['tetənəs] *n* tétanos *m inv*.
tetchy ['tetʃɪ] (*compar* **-ier**, *superl* **-iest**) *adj* irritable.
tête-à-tête [ˌteɪtɑː'teɪt] *n* conversación *f* confidencial (entre dos personas).
tether ['teðəʳ] ◇ *vt* atar. ◇ *n*: **to be at the end of one's ~** estar uno que ya no puede más.
Texan ['teksn] ◇ *n* & *adj* tejano(na). ◇ *n* tejano *m*, -na *f*.

Texas ['teksəs] n Tejas.

text [tekst] n **-1.** [gen] texto m **-2.** [textbook] libro m de texto.

textbook ['tekstbʊk] n libro m de texto.

textile ['tekstaɪl] <> n textil m, tejido m. <> comp textil.

→ **textiles** npl industria f textil.

texting ['tekstɪŋ] n inf mensajes fpl de texto.

text message n [on mobile phone] mensaje m de texto.

text messaging [-'mesɪdʒɪŋ] n [on mobile phone] mensajería f de texto.

texture ['tekstʃəʳ] n textura f.

TGWU (abbr of **Transport and General Workers' Union**) n sindicato británico de mayor afiliación que acoge a trabajadores de diversos sectores industriales.

Thai [taɪ] <> adj tailandés(esa). <> n **-1.** [person] tailandés m, -esa f **-2.** [language] tailandés m.

Thailand ['taɪlænd] n Tailandia.

thalidomide [θə'lɪdəmaɪd] n talidomida f.

Thames [temz] n: **the** ~ el Támesis.

than [weak form ðən, strong form ðæn] <> prep que; **you're older** ~ **me** eres mayor que yo; **you're older** ~ **I thought** eres mayor de lo que pensaba. <> conj que; **I'd sooner read** ~ **sleep** prefiero leer que dormir; **no sooner did he arrive** ~ **she left** tan pronto llegó él, ella se fue; **more** ~ **three/once** más de tres/de una vez; **rather** ~ **stay, he chose to go** en vez de quedarse, prefirió irse.

thank [θæŋk] vt: **to** ~ **sb (for sthg)** dar las gracias a alguien (por algo), agradecer a alguien (algo); ~ **God** OR **goodness** OR **heavens!** ¡gracias a Dios!, ¡menos mal!

→ **thanks** <> npl agradecimiento m; **they left without a word of** ~ se marcharon sin dar las gracias. <> excl ¡gracias!; ~ **a lot** muchas gracias; **would you like a biscuit?** – **no** ~ ¿quieres una galleta? – no, gracias; ~ **for** gracias por.

→ **thanks to** prep gracias a.

thankful ['θæŋkfʊl] adj **-1.** [relieved] aliviado(da) **-2.** [grateful]: ~ **(for)** agradecido(da) (por).

thankfully ['θæŋkfʊlɪ] adv **-1.** [with gratitude] con agradecimiento **-2.** [thank goodness] gracias a Dios.

thankless ['θæŋklɪs] adj ingrato(ta).

Thanksgiving ['θæŋks,gɪvɪŋ] n US Día m de Acción de Gracias (el cuarto Jueves de noviembre).

THANKSGIVING

En los Estados Unidos, la fiesta de Acción de Gracias, el cuarto jueves de noviembre, conmemora el establecimiento de los primeros colonos en América. La cena en familia que generalmente se celebra ese día consiste en pavo con arándanos, con una guarnición de batatas, y, para terminar, pastel de calabaza. En Canadá se celebra una fiesta similar el primero de octubre.

thank you excl ¡gracias!; ~ **very much** muchas gracias; ~ **for** gracias por; **to say** ~ **(for sthg)** dar gracias (por algo); **tea? – no** ~ **té?** – no, gracias.

→ **thankyou** n agradecimiento m; **they left without so much as a** ~ se marcharon sin ni siquiera dar las gracias; **a** ~ **letter** una carta de agradecimiento.

that [ðæt, weak form of pron and conj ðət] (pl **those**) <> pron **-1.** (demonstrative use: pl 'those') ése m, ésa f, ésos mpl, ésas fpl; (indefinite) eso; **sounds familiar** eso me resulta familiar; **who's** ~? [who is it?] ¿quién es?; **what's** ~? ¿qué es eso?; ~'**s a shame** es una pena; **is** ~ **Maureen?** [asking someone else] ¿es ésa Maureen?; [asking person in question] ¿eres Maureen?; **like** ~ así; **do you like these or those?** ¿te gustan éstos o ésos? **-2.** [further away in distance, time] aquél m, aquélla f, aquéllos mpl, aquéllas fpl; (indefinite) aquello; ~ **was the life!** ¡aquello sí que era vida!; **all those who helped me** todos aquellos que me ayudaron **-3.** (to introduce relative clauses) que; **a path** ~ **led into the woods** un sendero que conducía al bosque; **everything** ~ **I have done** todo lo que he hecho; **the room** ~ **I sleep in** el cuarto donde OR en (el) que duermo; **the day** ~ **he arrived** el día en que llegó; **the firm** ~ **he's applying to** la empresa a la que solicita trabajo. <> adj (demonstrative: pl 'those') ese (esa), esos (esas) (pl); [further away in distance, time] aquel (aquella), aquellos (aquellas) (pl); **those chocolates are delicious** esos bombones están exquisitos; **I'll have** ~ **book at the back** yo cogeré aquel libro del fondo; **later** ~ **day** más tarde ese/aquel mismo día. <> adv tan; **it wasn't** ~ **bad** no estuvo tan mal; **it doesn't cost** ~ **much** no cuesta tanto; **it was** ~ **big** fue así de grande. <> conj que; **he recommended** ~ **I phone you** aconsejó que te telefoneara; **it's time** ~ **we were leaving** deberíamos irnos ya, ya va siendo hora de irse.

→ **at that** prep **-1.** [too]: **she's an artist, and a good one at** ~ es artista, y además de las buenas **-2.** [on saying/doing that]: **and at** ~, **he left** y en ese momento, se fue.

→ **that is** adv es decir.

➡ **that's it** adv : ~'s it, there's no more ¡ya está!, ¡ya no quedan más!; ~'s it, I'm leaving! ¡se acabó!, ¡me marcho!

➡ **that's that** adv punto, se acabó.

thatched [θætʃt] adj con techo de paja.

Thatcherism ['θætʃərɪzm] n thatcherismo m.

that's [ðæts] = that is.

thaw [θɔː] ◇ vt [snow, ice] derretir; [frozen food] descongelar. ◇ vi [snow, ice] derretirse; [frozen food] descongelarse; fig [people, relations] distenderse. ◇ n deshielo m.

the [weak form ðə, before vowel ðɪ, strong form ðiː] def art -**1.** [gen] el (la); (pl) los (las); (before feminine nouns beginning with stressed 'a' or 'ha' = **el**; 'a' + 'el' = **al**; 'de' + 'el' = **del**): ~ **boat** el barco; ~ **Queen** la reina; ~ **men** los hombres; ~ **women** las mujeres; ~ **water** el agua; **to** ~ **end of** ~ **world** al fin del mundo; ~ **highest mountain in** ~ **world** la montaña más alta del mundo; ~ **monkey is a primate** el mono es un primate; **to play** ~ **piano** tocar el piano; ~ **Joneses are coming to supper** los Jones vienen a cenar; **you're not THE John Major, are you?** ¿no será usted THE John Major el político, verdad?; **it's THE place to go to in Paris** es EL sitio al que hay que ir en París -**2.** (with an adjective to form a noun): ~ **old/young** los viejos/jóvenes; ~ **impossible** lo imposible -**3.** [in dates]: ~ **twelfth of May** el doce de mayo; ~ **forties** los cuarenta -**4.** (in comparisons): ~ **more I see her,** ~ **less I like her** cuanto más la veo, menos me gusta; ~ **sooner** ~ **better** cuanto antes mejor -**5.** [in titles]: **Catherine** ~ **Great** Catalina la Grande; **George** ~ **First** Jorge Primero.

theatre, theater US ['θɪətəʳ] n -**1.** [for plays etc] teatro m -**2.** UK [in hospital] quirófano m, sala f de operaciones -**3.** US [cinema] cine m.

theatregoer, theatergoer US ['θɪətəˌgəʊəʳ] n aficionado m, -da f al teatro.

theatrical [θɪ'ætrɪkl] adj lit & fig teatral.

theft [θeft] n [more serious] robo m; [less serious] hurto m.

their [ðeəʳ] poss adj su, sus (pl); ~ **children** sus hijos; **it wasn't THEIR fault** no fue culpa suya OR su culpa; **they washed** ~ **hair** se lavaron el pelo.

theirs [ðeəz] poss pron suyo (suya); **that money is** ~ ese dinero es suyo; **our car hit** ~ nuestro coche chocó contra el suyo; **it wasn't our fault, it was THEIRS** no fue culpa nuestra sino suya OR de ellos; **a friend of** ~ un amigo suyo OR de ellos.

them [weak form ðəm, strong form ðem] pers pron pl -**1.** (direct) los mpl, las fpl; **I know** ~ los conozco; **I like** ~ me gustan; **if I were** OR **was** ~ si (yo) fuera ellos -**2.** (indirect - gen) les mpl y fpl;

(- with other third person prons) se mpl OR fpl; **she sent** ~ **a letter** les mandó una carta; **we spoke to** ~ hablamos con ellos; **I gave it to** ~ se lo di (a ellos) -**3.** (stressed, after prep, in comparisons etc) ellos mpl, ellas fpl; **you can't expect THEM to do it** no esperarás que ELLOS lo hagan; **with/without** ~ con/sin ellos; **a few of** ~ unos pocos; **some of** ~ algunos; **all of** ~ todos ellos; **we're not as wealthy as** ~ no somos tan ricos como ellos.

thematic [θɪ'mætɪk] adj temático(ca).

theme [θiːm] n -**1.** [gen] tema m -**2.** [signature tune] sintonía f.

theme park n parque de atracciones que gira alrededor de un tema.

theme song n tema m musical.

theme tune n tema m musical.

themselves [ðem'selvz] pron -**1.** (reflexive) se; (after preposition) sí; **they enjoyed** ~ se divirtieron; **they were talking amongst** ~ hablaban entre ellos -**2.** (for emphasis) ellos mismos mpl, ellas mismas fpl; **they did it** ~ lo hicieron ellos mismos -**3.** [alone] solos(las); **they organized it (by)** ~ lo organizaron ellas solas -**4.** [their usual selves]: **the boys aren't** ~ **today** hoy los chicos no se están portando como de costumbre.

then [ðen] ◇ adv -**1.** [not now] entonces; 'it starts at 8' 'I'll see you ~' 'empieza a las 8' 'hasta las 8, entonces'; **up until** ~ **he had always trusted her** hasta entonces siempre había confiado en ella; **from** ~ **on** desde entonces -**2.** [next, afterwards] luego, después -**3.** [in that case] entonces; **I'll do it straight away** ~ entonces lo voy a hacer ahora mismo; **all right** ~ de acuerdo, pues -**4.** [therefore] entonces, por lo tanto; ~ **it must have been her!** ¡entonces tiene que haber sido ella! -**5.** [furthermore, also] además. ◇ adj entonces; **the** ~ **headmistress** la entonces directora.

➡ **then again** loc conj pero por otra parte.

thence [ðens] adv dated [from that place] desde allí.

theologian [θɪə'ləʊdʒən] n teólogo m, -ga f.

theology [θɪ'ɒlədʒɪ] n teología f.

theorem ['θɪərəm] n teorema m.

theoretical [θɪə'retɪkl] adj teórico(ca).

theoretically [θɪə'retɪklɪ] adv en teoría.

theorist ['θɪərɪst] n teórico m, -ca f.

theorize, -ise ['θɪəraɪz] vi: **to** ~ **(about sthg)** teorizar (sobre algo).

theory ['θɪərɪ] (pl -ies) n teoría f; **in** ~ en teoría.

therapeutic [ˌθerə'pjuːtɪk] adj terapéutico(ca).

therapist ['θerəpɪst] n terapeuta m OR f.

therapy ['θerəpɪ] *n* terapia *f*.

there [ðeə'] ◇ *pron* -**1.** [indicating existence]: ~ **is/are** hay; ~**'s someone at the door** hay alguien en la puerta; ~ **must be some mistake** debe (de) haber un error; ~ **are five of us** somos cinco -**2.** *fml* (*with vb*): ~ **followed an ominous silence** a continuación hubo un silencio amenazador. ◇ *adv* -**1.** [referring to place - near speaker] ahí; [- further away] allí, allá; **I'm going** ~ **next week** voy para allá OR allí la semana que viene; ~ **it is** ahí está; **over** ~ por allí; **it's six miles** ~ **and back** hay seis millas entre ir y volver; **we're nearly** ~ ya casi hemos llegado -**2.** [in existence, available] ahí; **is anybody** ~? ¿hay alguien ahí?; **is John** ~, **please?** [when telephoning] ¿está John? -**3.** [point - in conversation, activity] ahí; **I can't agree with you** ~ ahí no estoy de acuerdo contigo; **we're getting** ~ estamos ya casi -**4.** *inf phr*: **all/not all** ~ bien/no muy bien de la cabeza. ◇ *excl*: ~, **I knew he'd turn up** ¡mira!, sabía que aparecería; ~, ~ (**don't cry**) ¡venga, venga (no llores)!
➡ **there and then**, **then and there** *adv* en el acto.
➡ **there you are** *adv* -**1.** [handing over something] ahí tienes/tenéis etc -**2.** [emphasizing that one is right] ahí está, ahí lo tienes; ~ **you are, what did I tell you!** ahí lo tienes, ¿qué te dije? -**3.** [expressing reluctant acceptance]: **it's not ideal, but** ~ **you are** no es lo ideal, pero ¿qué le vamos a hacer?

thereabouts [ˌðeərə'baʊts], **thereabout** US [ˌðeərə'baʊt] *adv*: **or** ~ o por ahí.

thereafter [ˌðeər'ɑːftə'] *adv fml* después, a partir de entonces.

thereby [ˌðeər'baɪ] *adv fml* de ese modo.

therefore ['ðeəfɔː'] *adv* por lo tanto, por consiguiente.

therein [ˌðeər'ɪn] *adv fml* -**1.** [in that place] allí dentro -**2.** [in that matter]: ~ **lies the problem** ahí radica el problema.

there's [ðeəz] = **there is**.

thereupon [ˌðeərə'pɒn] *adv fml* acto seguido.

thermal ['θɜːml] *adj* térmico(ca).

thermal reactor *n* reactor *m* térmico.

thermal underwear *n* ropa *f* interior térmica.

thermodynamics [ˌθɜːməʊdaɪ'næmɪks] *n* (*U*) termodinámica *f*.

thermometer [θə'mɒmɪtə'] *n* termómetro *m*.

thermonuclear [ˌθɜːməʊ'njuːklɪə'] *adj* termonuclear.

Thermos (flask)® ['θɜːməs-] *n* termo *m*.

thermostat ['θɜːməstæt] *n* termostato *m*.

thesaurus [θɪ'sɔːrəs] (*pl* -es) *n* diccionario *m* de

sinónimos y voces afines.

these [ðiːz] *pl* ▷ **this**.

thesis ['θiːsɪs] (*pl* **theses** ['θiːsiːz]) *n* tesis *f inv*.

they [ðeɪ] *pers pron pl* -**1.** [gen] ellos *mpl*, ellas *fpl*; ~**'re pleased** (ellos) están satisfechos; ~**'re pretty earrings** son unos pendientes bonitos; ~ **love fish** les encanta el pescado; **THEY can't do it** ELLOS no pueden hacerlo; **there** ~ **are** allí están -**2.** [unspecified people]: ~ **say it's going to snow** dicen que va a nevar; ~**'re going to put petrol up** van a subir la gasolina.

they'd [ðeɪd] = **they had**, **they would**.

they'll [ðeɪl] = **they shall**, **they will**.

they're [ðeə'] = **they are**.

they've [ðeɪv] = **they have**.

thick [θɪk] ◇ *adj* -**1.** [not thin] grueso(sa); **it's 3 cm** ~ tiene 3 cm de grueso; **how** ~ **is it?** ¿qué espesor tiene? -**2.** [dense - hair, liquid, fog] espeso(sa) -**3.** *inf* [stupid] corto(ta), necio(cia) -**4.** [indistinct]: **a voice** ~ **with emotion** una voz velada por la emoción -**5.** [full, covered]: **to be** ~ **with** estar lleno(na) de. ◇ *n*: **to be in the** ~ **of** estar en el centro OR meollo de.
➡ **thick and fast** *adv*: **questions came** ~ **and fast** llovían preguntas de todos los lados.
➡ **through thick and thin** *adv* a las duras y a las maduras.

thicken ['θɪkn] ◇ *vt* espesar. ◇ *vi* -**1.** [gen] espesarse -**2.** [forest, crowd] hacerse más denso(sa) -**3.** *phr*: **the plot** ~**s** la cosa se complica.

thickening ['θɪknɪŋ] *n* espesante *m*.

thicket ['θɪkɪt] *n* matorral *m*.

thickly ['θɪklɪ] *adv* -**1.** [cut bread] a rebanadas gruesas; [spread]: **he spread the butter** ~ untó una buena capa de mantequilla -**2.** [densely] densamente -**3.** [indistinctly] con voz poco clara.

thickness ['θɪknɪs] *n* espesor *m*.

thickset [ˌθɪk'set] *adj* fornido(da), robusto(ta).

thick-skinned [-'skɪnd] *adj* insensible.

thief [θiːf] (*pl* **thieves**) *n* ladrón *m*, -ona *f*.

thieve [θiːv] *vt* & *vi* robar, hurtar.

thieves [θiːvz] *pl* ▷ **thief**.

thieving ['θiːvɪŋ] ◇ *adj* ladrón(ona). ◇ *n* (*U*) robo *m*, hurto *m*.

thigh [θaɪ] *n* muslo *m*.

thighbone ['θaɪbəʊn] *n* fémur *m*.

thimble ['θɪmbl] *n* dedal *m*.

thin [θɪn] (*compar* -**ner**, *superl* -**nest**, *pt* & *pp* -**ned**, *cont* -**ning**) ◇ *adj* -**1.** [not thick] delgado(da), fino(na) -**2.** [skinny] delgado(da), flaco(ca) -**3.** [watery] claro(ra), aguado(da) -**4.** [sparse - crowd, vegetation, mist] poco denso (poco densa); [- hair] ralo(la); **to be ~ on top** estar quedándose calvo. ◇ *adv* : **to be wearing ~** [joke, story] estar perdiendo interés; **my patience is wearing ~** se me está acabando la paciencia. ◇ *vi* : **his hair is thinning** se le está empezando a caer el pelo.

◆ **thin down** *vt sep* [liquid] aclarar.

thin air *n* : **to appear out of ~** aparecer de la nada; **to disappear into ~** esfumarse.

thing [θɪŋ] *n* **-1.** [gen] cosa *f*; **the next ~ on the list** lo siguiente de la lista; **the (best) ~ to do would be ...** lo mejor sería ...; **first ~ in the morning** a primer hora de la mañana; **last ~ at night** a última hora de la noche; **the main ~** lo principal; **the whole ~ is a shambles** es un auténtico desastre; **it's a good ~ you were there** menos mal que estabas allí; **I thought the same ~** lo mismo pensé yo; **for one ~** en primer lugar; **(what) with one ~ and another** entre unas cosas y otras; **the ~ is ...** el caso es que ...; **it's just one of those ~s** *inf* son cosas que pasan; **I have a ~ about ...** *inf* [like] me gusta muchísimo ...; [dislike] no puedo sufrir ...; **to make a ~ (out) of sthg** *inf* exagerar algo **-2.** [anything]: **not a ~** nada; **I didn't do a ~** no hice nada **-3.** [person]: **poor ~!** ¡pobrecito *m*, -ta *f*! **-4.** *inf* [fashion]: **the ~** lo último, lo que está de moda.

◆ **things** *npl* **-1.** [clothes, possessions] cosas *fpl*, corotos *mpl Carib*; **~s aren't what they used to be** las cosas ya no son lo que eran **-2.** *inf* [life]: **how are ~s?** ¿qué tal (van las cosas)?

thingamabob [ˈθɪŋəməˌbɒb], **thingamajig** [ˈθɪŋəmədʒɪg], **thingummy(jig)** *UK* [ˈθɪŋəmɪ-], **thingy** *UK* [ˈθɪŋɪ] *n* [thing] chisme *m*; [person] ése *m*, ésa *f*, fulano *m*, -na *f*.

think [θɪŋk] (*pt* & *pp* **thought**) ◇ *vt* **-1.** [believe]: **to ~ (that)** creer *OR* pensar que; **I ~ so** creo que sí; **I don't ~ so** creo que no **-2.** [have in mind] pensar; **what are you ~ing?** ¿en qué piensas?; **I didn't ~ to ask her** no se me ocurrió preguntárselo **-3.** [imagine] entender, hacerse una idea de; **I can't ~ what might have happened to them** no quiero ni pensar lo que les podría haber ocurrido; **I thought so** ya me lo imaginaba **-4.** [remember] recordar; **try to ~ where you saw them last** intentar recordar cuándo los viste por última vez **-5.** [in polite requests] creer; **do you ~ you could help me?** ¿cree que podría ayudarme? ◇ *vi* **-1.** [use mind] pensar; **let me ~** vamos a ver; **to ~ aloud** pensar en voz alta **-2.** [have stated opinion]: **what do you ~ of** *OR* **about his new film?** ¿qué piensas de su nueva película?; **to ~ a lot of sthg/sb** tener en mucha estima

algo/a alguien; **to ~ well of sb** tener una buena opinión de alguien **-3.** *phr* : **to ~ better of sthg/doing sthg** pensarse mejor algo/lo de hacer algo; **he ~s nothing of doing it** para él es pan comido hacerlo; **to ~ twice** pensárselo dos veces. ◇ *n inf* : **to have a ~ (about sthg)** pensarse (algo).

◆ **think about** *vt fus* pensar en; **I'll have to ~ about it** tendré que pensarlo; **to ~ about doing sthg** pensar en hacer algo.

◆ **think back** *vi* volver la mente atrás; **~ back to your childhood** vuelve la mente a tu infancia.

◆ **think of** *vt fus* **-1.** [consider]: **to ~ of doing sthg** pensar en hacer algo **-2.** [remember] acordarse de **-3.** [conceive] pensar en; **how did you ~ of (doing) that?** ¿cómo se te ocurrió (hacer) esto? **-4.** [show consideration for]: **it was kind of you to ~ of me** fue muy amable de tu parte que te acordaras de mí.

◆ **think out, think through** *vt sep* [plan] elaborar; [problem] examinar.

◆ **think over** *vt sep* pensarse, meditar.

◆ **think up** *vt sep* idear.

thinker [ˈθɪŋkəʳ] *n* pensador *m*, -ra *f*.

thinking [ˈθɪŋkɪŋ] ◇ *adj* : **the ~ man** el hombre que piensa. ◇ *n* (*U*) opinión *f*; **I'll have to do some ~** tendré que pensármelo; **to my way of ~** en mi opinión.

think tank *n* grupo de expertos convocados por una organización para aconsejar sobre un tema determinado.

thinly [ˈθɪnlɪ] *adv* **-1.** [slice food] a rebanadas finas; [spread]: **he spread the butter ~** untó una ligera capa de mantequilla **-2.** [sparsely-forested] escasamente; [- populated] poco.

thinner [ˈθɪnəʳ] *n* disolvente *m*.

thinness [ˈθɪnnɪs] *n* delgadez *f*.

thin-skinned [-ˈskɪnd] *adj* susceptible.

third [θɜːd] ◇ *num adj* tercer(ra). ◇ *num n* **-1.** [fraction] tercio *m* **-2.** [in order] tercero *m*, -ra *f* **-3.** *UNIV* ≃ aprobado *m* (*en un título universitario*); *see also* **sixth**.

third-class *adj UK UNIV* ≃ aprobado(da).

third-degree burns *npl* quemaduras *fpl* de tercer grado.

thirdly [ˈθɜːdlɪ] *adv* en tercer lugar.

third party *n* tercero *m*.

third party insurance *n* seguro *m* a terceros.

third-rate *adj pej* de poca categoría.

Third World *n* : **the ~** el Tercer Mundo.

thirst [θɜːst] *n lit* & *fig* : **~ (for)** sed *f* (de).

thirsty [ˈθɜːstɪ] (*compar* **-ier**, *superl* **-iest**) *adj* **-1.** [parched]: **to be** *OR* **feel ~** tener sed **-2.** [causing thirst] que da sed.

thirteen [ˌθɜːˈtiːn] *num* trece; *see also* **six**.

thirteenth [ˌθɜːˈtiːnθ] ⟨> *num adj* decimotercero(ra). ⟨> *num n* -**1.** [fraction] treceavo *m* -**2.** [in order] decimotercero *m*, -ra *f*; *see also* **sixth**.

thirtieth [ˈθɜːtɪəθ] *num* trigésimo(ma); *see also* sixth.

thirty [ˈθɜːtɪ] (*pl* -ies) *num* treinta; *see also* **sixty**.

thirty-something *adj* típico de ciertas *personas que sobrepasan la treintena y viven desahogadamente.*

this [ðɪs] (*pl* these) ⟨> *pron* [gen] éste *m*, ésta *f*, éstos *mpl*, éstas *fpl*; (indefinite) esto; ~ **is/these are for you** esto es/éstos son para tí; ~ **can't be true** esto no puede ser cierto; **do you prefer these or those?** ¿prefieres éstos o aquéllos?; ~ **is Daphne Logan** [introducing another person] ésta es *or* te presento a Daphne Logan; [introducing oneself on phone] soy Daphne Logan; **what's** ~**?** ¿qué es eso?; ~ **and that** esto y lo otro. ⟨> *adj* -**1.** [gen] este (esta), estos (estas) (*pl*); ~ **country** este país; **these thoughts** estos pensamientos; **I prefer** ~ **one** prefiero éste; ~ **morning/week** esta mañana/semana; ~ **Sunday/summer** este domingo/verano -**2.** inf [a certain] un (una); **there's** ~ **woman I know** hay una tía que conozco. ⟨> *adv*: **it was** ~ **big** era así de grande; **you'll need about** ~ **much** te hará falta un tanto así.

thistle [ˈθɪsl] *n* cardo *m*.

thither [ˈðɪðəʳ] ⊳ **hither**.

tho' [ðəʊ] *inf* = **though**.

thong [θɒŋ] *n* -**1.** [of leather] correa *f* -**2.** *US* [flip-flop] chancleta *f* -**3.** [underwear] tanga *f*.

thorn [θɔːn] *n* -**1.** [prickle] espina *f*; **to be a** ~ **in one's flesh** *or* **side** ser un engorro para alguien -**2.** [bush, tree] espino *m*.

thorny [ˈθɔːnɪ] (*compar* -ier, *superl* -iest) *adj lit* & *fig* espinoso(sa).

thorough [ˈθʌrə] *adj* -**1.** [investigation etc] exhaustivo(va), completo(ta) -**2.** [person, work] minucioso(sa), concienzudo(da) -**3.** [idiot, waste] completo(ta).

thoroughbred [ˈθʌrəbred] *n* pura sangre *m* *or f*.

thoroughfare [ˈθʌrəfeəʳ] *n fml* calle *f* mayor, avenida *f* principal.

thoroughly [ˈθʌrəlɪ] *adv* -**1.** [fully, in detail] a fondo, exhaustivamente -**2.** [completely, utterly] completamente, totalmente.

thoroughness [ˈθʌrənɪs] (*U*) *n* -**1.** [exhaustiveness] exhaustividad *f* -**2.** [meticulousness] minuciosidad *f*.

those [ðəʊz] *pl* ⊳ **that**.

though [ðəʊ] ⟨> *conj* aunque; **difficult** ~ **it**

may be aunque sea difícil; **even** ~ aunque; **as** ~ como si. ⟨> *adv* sin embargo; **she still likes him** ~ y sin embargo le sigue gustando.

thought [θɔːt] ⟨> *pt* & *pp* ⊳ **think**. ⟨> *n* -**1.** [notion, idea] idea *f* -**2.** [act of thinking]: **after much** ~ después de pensarlo mucho -**3.** [philosophy, thinking] pensamiento *m* -**4.** [gesture] detalle *m*; **that was a nice** ~ fue un detalle bonito.

⟶ **thoughts** *npl* -**1.** [reflections] reflexiones *fpl*; **she keeps her** ~**s to herself** no expresa lo que piensa; **to collect one's** ~**s** orientarse, concentrarse -**2.** [views] ideas *fpl*, opiniones *fpl*; **what are your** ~**s on the subject?** ¿qué piensas sobre el tema?

thoughtful [ˈθɔːtfʊl] *adj* -**1.** [pensive] pensativo(va) -**2.** [considerate] considerado(da), atento (ta); **that was** ~ **of her** fue muy considerada.

thoughtfulness [ˈθɔːtfʊlnɪs] *n* (*U*) -**1.** [pensiveness] aire *m* pensativo -**2.** [considerateness] consideración *f*.

thoughtless [ˈθɔːtlɪs] *adj* desconsiderado(da).

thoughtlessness [ˈθɔːtlɪsnɪs] *n* desconsideración *f*.

thousand [ˈθaʊznd] *num* mil; **a** *or* **one** ~ mil; **two** ~ dos mil; ~**s of** miles de; **they came in their** ~**s** vinieron miles de ellos; *see also* **six**.

thousandth [ˈθaʊzntθ] ⟨> *num adj* milésimo(ma). ⟨> *num n* [fraction] milésima *f*; *see also* sixth.

thrash [θræʃ] *vt lit* & *fig* dar una paliza a.

⟶ **thrash about, thrash around** *vi* agitarse violentamente.

⟶ **thrash out** *vt sep* darle vueltas a, discutir.

thrashing [ˈθræʃɪŋ] *n lit* & *fig* paliza *f*; **to give sb a** ~ darle una paliza a alguien.

thread [θred] ⟨> *n* -**1.** [of cotton, argument] hilo *m* -**2.** [of screw] rosca *f*, filete *m*. ⟨> *vt* -**1.** [needle] enhebrar -**2.** [move]: **to** ~ **one's way through** colarse por entre.

threadbare [ˈθredbeəʳ] *adj* raído(da), gastado(da).

threat [θret] *n*: ~ **(to/of)** amenaza *f* (para/de); **they were just empty** ~**s** no eran más que amenazas vanas.

threaten [ˈθretn] ⟨> *vt* amenazar; **to** ~ **sb (with)** amenazar a alguien (con); **to** ~ **to do sthg** amenazar con hacer algo. ⟨> *vi* amenazar.

threatening [ˈθretnɪŋ] *adj* amenazador(ra).

three [θriː] *num* tres; *see also* **six**.

three-D *adj* tridimensional.

three-dimensional [-dɪˈmenʃənl] *adj* tridimensional.

threefold ['θriːfəʊld] <> *adj* triple. <> *adv* tres veces; **to increase** ~ triplicarse.

three-legged race [-'legɪd-] *n carrera por parejas en la que cada corredor tiene una pierna atada a la de su compañero.*

three-piece *adj* de tres piezas; ~ **suite** tresillo *m*.

three-ply *adj* [wood] de tres capas; [rope, wool] de tres hebras.

three-point turn *n* UK AUT: **to do a** ~ hacer la ele.

three-quarter length *adj*: ~ **jacket** tres cuartos *m*.

three-quarters *npl* tres cuartos *mpl*, tres cuartas partes *fpl*.

threesome ['θriːsəm] *n* trío *m*.

three-star *adj* de tres estrellas.

three-wheeler [-'wiːlə'] *n* coche *m* de tres ruedas.

thresh [θreʃ] *vt* trillar.

threshing machine ['θreʃɪŋ-] *n* trilladora *f*.

threshold ['θreʃhəʊld] *n* **-1.** [doorway] umbral *m* **-2.** [level] límite *m*; **the pain** ~ el umbral del dolor **-3.** *fig* [verge]: **to be on the** ~ **of** estar en los umbrales OR a las puertas de.

threshold agreement *n acuerdo concertado para compensar una subida inesperada de la inflación.*

threw [θruː] *pt* ⊳ **throw**.

thrift [θrɪft] *n* [gen] (U) frugalidad *f*, economía *f*.

thrift shop *n* US *tienda de una entidad benéfica en la que se venden productos de segunda mano donados por simpatizantes.*

thrifty ['θrɪftɪ] (*compar* **-ier**, *superl* **-iest**) *adj* [person] ahorrativo(va); [meal] frugal.

thrill [θrɪl] <> *n* **-1.** [sudden feeling] estremecimiento *m* **-2.** [exciting experience]: **it was a** ~ **to see it** fue emocionante verlo. <> *vt* entusiasmar. <> *vi*: **to** ~ **to** entusiasmarse con.

thrilled [θrɪld] *adj*: ~ **(with sthg/to do sthg)** encantado(da) (de algo/de hacer algo).

thriller ['θrɪlə'] *n* novela *f*/película *f*/obra *f* de suspense.

thrilling ['θrɪlɪŋ] *adj* emocionante.

thrive [θraɪv] (*pt* **-d** OR **throve**, *pp* **-d**) *vi* [plant] crecer mucho; [person] rebosar de salud; [business] prosperar.

thriving ['θraɪvɪŋ] *adj* [plant] que crece bien.

throat [θrəʊt] *n* garganta *f*; **to have a sore** ~ tener dolor de garganta; **to ram** OR **force sthg down sb's** ~ *fig* hacerle tragar algo a alguien; **to stick in sb's** ~ *fig* atragantársele a alguien; **to be at each other's** ~**s** tirarse los platos a la cabeza.

throaty ['θrəʊtɪ] (*compar* **-ier**, *superl* **-iest**) *adj* ronco(ca).

throb [θrɒb] (*pt* & *pp* **-bed**, *cont* **-bing**) <> *n* [of heart] latido *m*; [of pulse] palpitación *f*; [of engine, music] vibración *f*. <> *vi* **-1.** [heart, pulse] latir; [head] palpitar **-2.** [engine, music] vibrar, resonar.

throes [θrəʊz] *npl*: **to be in the** ~ **of** estar en medio de.

thrombosis [θrɒm'bəʊsɪs] (*pl* **-boses** [-siːz]) *n* trombosis *f inv*.

throne [θrəʊn] *n* trono *m*; **the** ~ el trono; **to be on the** ~ ocupar el trono.

throng [θrɒŋ] <> *n* multitud *f*. <> *vt* llegar en tropel a. <> *vi* llegar en tropel.

throttle ['θrɒtl] <> *n* válvula *f* reguladora. <> *vt* [strangle] estrangular.

through [θruː] <> *adj* [finished]: **to be** ~ **with sthg** haber terminado algo. <> *adv* **-1.** [in place] de parte a parte, de un lado a otro; **they let us** ~ nos dejaron pasar; **I read it** ~ lo leí hasta el final **-2.** [in time] hasta el final; **we stayed** ~ **till Friday** nos quedamos hasta el viernes. <> *prep* **-1.** [relating to place, position] a través de; **to cut/travel** ~ **sthg** cortar/viajar por algo **-2.** [during] durante; **all** ~ **the night** durante toda la noche; **to go** ~ **an experience** pasar por una experiencia **-3.** [because of] a causa de, por **-4.** [by means of] gracias a, por medio de; **I got it** ~ **a friend** lo conseguí a través de un amigo **-5.** US [up to and including]: **Monday** ~ **Friday** de lunes a viernes.
   ⬥ **through and through** *adv* de pies a cabeza; **to know sthg** ~ **and** ~ conocer algo de arriba abajo.

throughout [θruː'aʊt] <> *prep* **-1.** [during] a lo largo de, durante todo (durante toda) **-2.** [everywhere in] por todo(da). <> *adv* **-1.** [all the time] todo el tiempo **-2.** [everywhere] por todas partes.

throve [θrəʊv] *pt* ⊳ **thrive**.

throw [θrəʊ] (*pt* **threw**, *pp* **thrown**) <> *vt* **-1.** [gen] tirar; [ball, hammer, javelin] aventar *Andes, Cam* & *Méx*, lanzar; **to** ~ **one's arms around sb** abrazarse a alguien; **to** ~ **o.s.** tirarse, echarse; **to** ~ **o.s. into sthg** *fig* meterse de lleno en algo **-2.** [subj: horse] derribar, desmontar **-3.** *fig* [put]: **we were thrown into confusion** quedamos desconcertados; **they threw him into the job at short notice** le cargaron con el trabajo sin apenas avisarle **-4.** [cast - light, shadow]: **to** ~ **sthg on** proyectar algo sobre **-5.** [have suddenly]: **to** ~ **a tantrum/fit** tener una rabieta/un ataque **-6.** *fig* [confuse] desconcertar. <> *n* lanzamiento *m*, tiro *m*.
   ⬥ **throw away** *vt sep* [discard] tirar; *fig*

[waste] botar *Amér*, desperdiciar.

➤ **throw in** *vt sep* [extra item] incluir.

➤ **throw out** *vt sep* **-1.** [discard] tirar **-2.** *fig* [reject] rechazar **-3.** [force to leave] echar.

➤ **throw up** ◇ *vt sep* [dust] levantar. ◇ *vi inf* [vomit] vomitar, arrojar.

throwaway ['θrəʊə‚weɪ] *adj* **-1.** [bottle, product] desechable **-2.** [remark, gesture] hecho(cha) como quien no quiere la cosa.

throwback ['θrəʊbæk] *n*: ~ **(to)** retroceso *m* (a).

throw-in *n UK FTBL* saque *m* de banda.

thrown [θrəʊn] *pp* ▷ **throw**.

thru [θruː] *US inf* = **through**.

thrush [θrʌʃ] *n* **-1.** [bird] tordo *m* **-2.** *MED* [vaginal] candidiasis *f*.

thrust [θrʌst] (*pt & pp* **thrust**) ◇ *n* **-1.** [of sword] estocada *f*; [of knife] cuchillada *f*; [of troops] arremetida *f* **-2.** *TECH* (fuerza *f* de) propulsión *f* **-3.** [main meaning] esencia *f*. ◇ *vt* **-1.** [shove]: **he ~ the knife into his enemy** hundió el cuchillo en el cuerpo de su enemigo; **he ~ the book at me** me dio el libro con un movimiento brusco **-2.** [jostle]: **to ~ one's way** abrirse paso a empujones.

➤ **thrust upon** *vt sep*: **to ~ sthg upon sb** imponer algo a alguien.

thrusting ['θrʌstɪŋ] *adj* [aggressive] agresivo(va).

thruway ['θruːweɪ] *n US* autopista *f*.

thud [θʌd] (*pt & pp* **-ded**, *cont* **-ding**) ◇ *n* ruido *m* sordo; **it landed with a ~** cayó haciendo un ruido sordo. ◇ *vi* dar un golpe seco.

thug [θʌg] *n* matón *m*.

thumb [θʌm] ◇ *n* [of hand] pulgar *m*; **to twiddle one's ~s** dar vueltas a los dedos pulgares; *fig* tocarse *OR* rascarse la barriga. ◇ *vt inf* [hitch]: **to ~ a lift** hacer dedo.

➤ **thumb through** *vt fus* hojear.

thumb index *n* uñeros *mpl* (de libro).

thumbnail ['θʌmneɪl] *n* uña *f* del pulgar.

thumbnail sketch *n* descripción *f* breve.

thumbs down [‚θʌmz-] *n*: **to get** *OR* **be given the ~** [plan] ser rechazado(da); [play] ser recibido(da) con descontento.

thumbs up [‚θʌmz-] *n*: **we got** *OR* **were given the ~** nos dieron luz verde *OR* el visto bueno.

thumbtack ['θʌmtæk] *n US* chincheta *f*.

thump [θʌmp] ◇ *n* **-1.** [blow] puñetazo *m*, porrazo *m* **-2.** [thud] golpe *m* seco. ◇ *vt* **-1.** [punch] dar un puñetazo a **-2.** [place heavily]: **he ~ed the books down on the table** dio un golpe contundente con el libro sobre la mesa. ◇ *vi* **-1.** [person]: **to ~ in/out** entrar/salir con pasos pesados **-2.** [heart, head] latir con fuerza.

thunder ['θʌndə'] ◇ *n* (*U*) **-1.** *METEOR* truenos *mpl* **-2.** *fig* [loud sound] estruendo *m*, estrépito *m*. ◇ *vt* vociferar. ◇ *v impers METEOR* tronar. ◇ *vi* [make loud sound] retumbar.

thunderbolt ['θʌndəbəʊlt] *n* rayo *m*.

thunderclap ['θʌndəklæp] *n* trueno *m*.

thundercloud ['θʌndəklaʊd] *n* nube *f* de tormenta.

thunderous ['θʌndərəs] *adj* atronador(ra), ensordecedor(ra).

thunderstorm ['θʌndəstɔːm] *n* tormenta *f*, tempestad *f*.

thunderstruck ['θʌndəstrʌk] *adj fig* atónito(ta).

thundery ['θʌndərɪ] *adj* tormentoso(sa).

Thur, Thurs (*abbr of* **Thursday**) juev.

Thursday ['θɜːzdɪ] *n* jueves *m inv*; *see also* **Saturday**.

thus [ðʌs] *adv fml* **-1.** [therefore] por consiguiente, así que **-2.** [in this way] así, de esta manera.

thwart [θwɔːt] *vt* frustrar.

thyme [taɪm] *n* tomillo *m*.

thyroid ['θaɪrɔɪd] *n* tiroides *m inv*.

tiara [tɪ'ɑːrə] *n* tiara *f*.

Tiber ['taɪbə'] *n*: **the (River) ~** el (río) Tíber.

Tibet [tɪ'bet] *n* (el) Tíbet.

Tibetan [tɪ'betn] ◇ *adj* tibetano(na). ◇ *n* **-1.** [person] tibetano *m*, -na *f* **-2.** [language] tibetano *m*.

tibia ['tɪbɪə] (*pl* **-biae** [-bɪː, -s]) *n* tibia *f*.

tic [tɪk] *n* tic *m*.

tick [tɪk] ◇ *n* **-1.** [written mark] marca *f OR* señal *f* de visto bueno **-2.** [sound] tictac *m* **-3.** *inf* [credit]: **on ~** a crédito. ◇ *vt* marcar (con una señal). ◇ *vi* **-1.** [make ticking sound] hacer tictac **-2.** *fig* [behave in a certain way]: **what makes her ~?** ¿qué es lo que le mueve?

➤ **tick away, tick by** *vi* pasar.

➤ **tick off** *vt sep* **-1.** [mark off] marcar (con una señal de visto bueno) **-2.** [tell off]: **to ~ sb off (for sthg)** echar una bronca a alguien (por algo) **-3.** *US inf* [irritate] fastidiar.

➤ **tick over** *vi* funcionar al ralentí.

ticked [tɪkd] *adj US* enfadado(da), afectado(da).

tickertape ['tɪkəteɪp] *n* (*U*) cinta *f* de papel que lleva impresa información bursátil.

ticket ['tɪkɪt] *n* **-1.** [for bus, train etc] billete *m*, boleto *m Amér*; [for cinema, football match] entrada *f* **-2.** [for traffic offence] multa *f*, parte *m Chile* **-3.** *POL* lista *f* de candidatos.

ticket agency *n* agencia de venta de entradas o billetes de tren, avión etc.

ticket collector *n UK* revisor *m*, -ra *f*.

ticket holder *n* poseedor *m*, -ra *f* de billete

OR de entrada *OR* de boleto *Amér.*

ticket inspector *n UK* revisor *m,* -ra *f.*

ticket machine *n* máquina *f* automática para la venta de billetes *OR* boletos *Amér.*

ticket office *n* taquilla *f,* boletería *f Amér.*

ticking off ['tɪkɪŋ-] (*pl* **tickings off**) *n:* **to give sb a ~** echar una bronca a alguien; **to get a ~ (from sb)** recibir una bronca (de alguien).

tickle ['tɪkl] <> *vt* **-1.** [touch lightly] hacer cosquillas a **-2.** *fig* [amuse] divertir. <> *vi:* **my feet are tickling** tengo cosquillas en los pies.

ticklish ['tɪklɪʃ] *adj* **-1.** [sensitive to touch]: **to be ~** tener cosquillas **-2.** *fig* [delicate] delicado(da), peliagudo(da).

tick-tack-toe *n US* tres *fpl* en raya.

tidal ['taɪdl] *adj* de la marea.

tidal wave *n* maremoto *m.*

tidbit *US* = titbit.

tiddler ['tɪdlə'] *n UK* [fish] pececillo *m.*

tiddly ['tɪdlɪ] (*compar* -ier, *superl* -iest) *adj UK inf* **-1.** [tipsy] piripi **-2.** [tiny] pequeñito(ta).

tiddlywinks ['tɪdlɪwɪŋks], **tiddledywinks** *US* ['tɪdldɪwɪŋks] *n* juego *m* de la pulga.

tide [taɪd] *n* **-1.** [of sea] marea *f;* **high/low ~** marea alta/baja; **the ~ is in/out** ha subido/bajado la marea; **the ~ is coming in/going out** la marea está subiendo/bajando **-2.** *fig* [of opinion, history] corriente *f* **-3.** *fig* [of protest, feeling] oleada *f;* **the rising ~ of crime** la creciente oleada de crímenes.

➤ **tide over** *vt sep* sacar del bache *OR* de un apuro.

tidily ['taɪdɪlɪ] *adv* ordenadamente.

tidiness ['taɪdɪnɪs] *n (U)* [of room, desk] orden *m;* [of appearance] pulcritud *f.*

tidings ['taɪdɪŋz] *npl literary* noticias *fpl.*

tidy ['taɪdɪ] (*compar* -ier, *superl* -iest, *pt* & *pp* -ied) <> *adj* **-1.** [room, desk etc] ordenado(da) **-2.** [person, dress, hair] arreglado(da) **-3.** *inf* [sum] considerable. <> *vt* ordenar, arreglar.

➤ **tidy away** *vt sep* poner en su sitio.

➤ **tidy up** <> *vt sep* ordenar, arreglar. <> *vi* ordenar las cosas, recoger.

tie [taɪ] (*pt* & *pp* **tied**, *cont* **tying**) <> *n* **-1.** [necktie] corbata *f* **-2.** [string, cord] atadura *f* **-3.** [bond, link] vínculo *m,* lazo *m* **-4.** *SPORT* [draw] empate *m* **-5.** *US RAIL* traviesa *f.* <> *vt* **-1.** [attach, fasten]: **to ~ sthg (to** *OR* **onto sthg)** atar algo (a algo); **to ~ sthg round/with sthg** atar algo a/con algo **-2.** [do up - shoelaces] atar; [- knot] hacer **-3.** *fig* [link]: **to be ~d to** estar ligado(da) a **-4.** *fig* [limited, restricted]: **to be ~d to** estar atado(da) a. <> *vi* [draw]: **to ~ (with)** empatar (con).

➤ **tie down** *vt sep fig* atar.

➤ **tie in with** *vt fus* concordar con.

➤ **tie up** *vt sep* **-1.** [gen] atar **-2.** *fig* [money, resources] inmovilizar **-3.** *fig* [link]: **to be ~d up with** estar ligado(da) a.

tiebreak(er) ['taɪbreɪk(ə')] *n* **-1.** *TENNIS* muerte *f* súbita, tiebreak *m* **-2.** [in game, competition] *pregunta adicional para romper un empate.*

tied [taɪd] *adj SPORT* [drawn] empatado(da).

tied up *adj* [busy] ocupado(da).

tie-dye *vt hacerle nudos a una prenda antes de teñirla para lograr un reparto desigual del color.*

tiepin ['taɪpɪn] *n* alfiler *m* de corbata.

tier [tɪə'] *n* [of seats] hilera *f;* [of cake] piso *m.*

tiff [tɪf] *n* pelea *f (de poca importancia).*

tiger ['taɪgə'] *n* tigre *m.*

tiger cub *n* cachorro *m* de tigre.

tight [taɪt] <> *adj* **-1.** [gen] apretado(da); [shoes] estrecho(cha); **it's a ~ fit** queda muy justo **-2.** [string, skin] tirante **-3.** [painful]: **my chest feels ~** siento una opresión en el pecho **-4.** [budget, schedule] ajustado(da) **-5.** [rules, restrictions] riguroso(sa) **-6.** [corner, bend] cerrado(da) **-7.** [match, finish] reñido(da) **-8.** *inf* [drunk] cocido(da) **-9.** *inf* [miserly] agarrado(da). <> *adv* **-1.** [hold, squeeze] con fuerza; **to hold ~** agarrarse (fuerte); **to shut** *OR* **close sthg ~** cerrar algo bien **-2.** [pull, stretch] de modo tirante.

➤ **tights** *npl* medias *fpl.*

tighten ['taɪtn] <> *vt* **-1.** [hold, grip]: **to ~ one's hold** *OR* **grip on sthg** coger con más fuerza algo **-2.** [rope, chain] tensar **-3.** [knot] apretar; [belt] apretarse **-4.** [rules, system] intensificar. <> *vi* [rope, chain] tensarse.

➤ **tighten up** *vt sep* **-1.** [screw, fastening] apretar; [belt] apretarse **-2.** [rules, system, security] intensificar.

tightfisted [ˌtaɪt'fɪstɪd] *adj inf pej* agarrado(da).

tightknit [ˌtaɪt'nɪt] *adj* muy unido (muy unida).

tight-lipped [-'lɪpt] *adj* **-1.** [with lips pressed together] con los labios apretados **-2.** [silent] callado(da).

tightly ['taɪtlɪ] *adv* **-1.** [fit]: **the dress fitted her ~** el vestido le iba muy apretado **-2.** [hold, squeeze] con fuerza; [fasten] bien **-3.** [pull, stretch] de modo tirante **-4.** [pack] apretadamente.

tightness ['taɪtnɪs] *n* **-1.** [gen] estrechez *f* **-2.** [of budget] lo ajustado **-3.** [of chest, stomach] opresión *f* **-4.** [of rules, system] rigor *m.*

tightrope ['taɪtrəʊp] *n* cuerda *f* floja, alambre *m;* **to be on** *OR* **walking a ~** andar *OR* bailar en la cuerda floja.

tightrope walker *n* funámbulo *m*, -la *f*.

tigress ['taɪgrɪs] *n* tigresa *f*.

tilde ['tɪldə] *n* tilde *f*.

tile [taɪl] *n* -**1.** [on roof] teja *f* -**2.** [on floor] baldosa *f*; [on wall] azulejo *m*, baldosín *m*.

tiled [taɪld] *adj* [roof] tejado(da); [floor] embaldosado(da); [wall] alicatado(da).

tiling ['taɪlɪŋ] *n* -**1.** [act of tiling] colocación *f* de tejas/baldosas/azulejos -**2.** [tiled surface - of roof] tejas *fpl*; [- of floor] baldosas *fpl*; [- of wall] azulejos *mpl*, baldosines *mpl*.

till [tɪl] ◇ *prep* hasta; ~ **now/then** hasta ahora/entonces. ◇ *conj* hasta que; **wait** ~ **he arrives** espera hasta que llegue. ◇ *n* caja *f* (registradora).

tiller ['tɪlə^r] *n* NAUT caña *f* del timón.

tilt [tɪlt] ◇ *n* inclinación *f*, ladeo *m*. ◇ *vt* inclinar, ladear. ◇ *vi* inclinarse, ladearse.

timber ['tɪmbə^r] *n* -**1.** (U) [wood] madera *f (para la construcción)* -**2.** [beam - of ship] cuaderna *f*; [- of house] viga *f*.

timbered ['tɪmbəd] *adj* enmaderado(da).

timberland ['tɪmbəlænd] *n* US bosques *mpl* madereros.

time [taɪm] ◇ *n* -**1.** [gen] tiempo *m*; **a good** ~ **to go** un buen momento de irnos; **ahead of** ~ temprano; **in good** ~ con tiempo; **on** ~ puntualmente; **to take** ~ llevar tiempo; **it's (about)** ~ **to ...** ya es hora de ...; **to get the** ~ **to do sthg** coger el tiempo para hacer algo; **it's high** ~ **...** ya va siendo hora de ...; **to get** ~ **and a half** recibir el pago establecido más la mitad de éste; **to have no** ~ **for** no poder con, no aguantar; **to make good** ~ ir bien de tiempo; **to pass the** ~ pasar el rato; **to play for** ~ intentar ganar tiempo; **to take one's** ~ **(doing sthg)** tomarse uno mucho tiempo (para hacer algo); **take your** ~! ¡tómatelo con calma! -**2.** [as measured by clock] hora *f*; **what** ~ **is it?, what's the** ~? ¿qué hora es?; **the** ~ **is three o'clock** son las tres; **in a week's/year's** ~ dentro de una semana/un año; **to keep** ~ ir a la hora; **to lose** ~ atrasar -**3.** [length of time] rato *m*; **it was a long** ~ **before he came** pasó mucho tiempo antes de que viniera; **for a** ~ durante un tiempo -**4.** [point in time in past, era] época *f*; **at that** ~ en aquella época; **in ancient** ~**s** en la antigüedad; **to be ahead of one's** ~ adelantarse a su tiempo -**5.** [occasion] vez *f*; **three** ~**s a week** tres veces a la semana; **from** ~ **to** ~ de vez en cuando; ~ **after** ~, ~ **and again** una y otra vez; **I don't like children at the best of** ~**s** ya de entrada no me gustan los niños -**6.** [experience]: **we had a good/bad** ~ lo pasamos bien/mal; **I had a hard** ~ **making myself understood** me costó mucho hacer

que me entendieran -**7.** MUS compás *m*; **to keep** ~ llevar el compás. ◇ *vt* -**1.** [schedule] programar -**2.** [race, runner] cronometrar -**3.** [arrival, remark] elegir el momento oportuno para.

◆ **times** ◇ *n*: **four** ~**s as much as me** cuatro veces más que yo. ◇ *prep* MATH: **4** ~**s 5** 4 por 5.

◆ **about time** *adv*: **it's about** ~ ya va siendo hora.

◆ **at a time** *adv*: **for months at a** ~ durante meses seguidos; **one at a** ~ de uno en uno.

◆ **at (any) one time** *adv* en cualquier momento.

◆ **at times** *adv* a veces.

◆ **at the same time** *adv* al mismo tiempo.

◆ **for the time being** *adv* de momento.

◆ **in time** *adv* -**1.** [not late]: **in** ~ **(for)** a tiempo (para) -**2.** [eventually] con el tiempo.

time-and-motion study *n* estudio de métodos para mejorar el rendimiento laboral.

time bomb *n* [bomb] bomba *f* de relojería; **fig** [dangerous situation] bomba *f*.

time-consuming [-kən‚sju:mɪŋ] *adj* que requiere mucho tiempo.

timed [taɪmd] *adj* cronometrado(da); **well-**~ oportuno(na); **badly-**~ poco oportuno.

time difference *n* diferencia *f* horaria.

time-honoured *adj* consagrado(da).

timekeeping ['taɪm‚ki:pɪŋ] *n* [punctuality] puntualidad *f*; **good/poor** ~ mucha/poca puntualidad.

time lag *n* intervalo *m*.

timeless ['taɪmlɪs] *adj* eterno(na).

time limit *n* límite *m* de tiempo, plazo *m*.

timely ['taɪmlɪ] *(compar* -**ier**, *superl* -**iest***)** *adj* oportuno(na).

time machine *n* máquina *f* del tiempo.

time off *n* tiempo *m* libre; **I'm owed** ~ **(from) work** me deben algunos días en el trabajo.

time out *n* -**1.** US SPORT tiempo *m* muerto -**2.** [break]: **to take** ~ **to do sthg** tomarse tiempo libre para hacer algo.

timepiece ['taɪmpi:s] *n dated* reloj *m*.

timer ['taɪmə^r] *n* temporizador *m*.

timesaving ['taɪm‚seɪvɪŋ] *adj* para ahorrar tiempo.

time scale *n* tiempo *m* de ejecución.

time-share *n* UK multipropiedad *f*.

time sheet *n* ficha *f* (de asistencia al trabajo).

time signal *n* señal *f* horaria.

time switch *n* interruptor *m* de reloj.

timetable ['taɪm‚teɪbl] *n* -**1.** [of buses, trains,

school] horario *m* - **2.** [schedule of events] programa *m*.

time zone *n* huso *m* horario.

timid ['tɪmɪd] *adj* tímido(da).

timidly ['tɪmɪdlɪ] *adv* tímidamente.

timing ['taɪmɪŋ] *n (U)* - **1.** [judgment]: **she made her comment with perfect** ~ su comentario fue hecho en el momento más oportuno - **2.** [scheduling]: **the** ~ **of the election is crucial** es crucial que las elecciones se celebren en el momento oportuno - **3.** [measuring] cronometraje *m*.

timpani ['tɪmpənɪ] *npl* timbales *mpl*, tímpanos *mpl*.

tin [tɪn] *n* - **1.** [metal] estaño *m*; ~ **plate** hojalata *f* - **2.** *UK* [can, container] lata *f*.

tin can *n* lata *f*.

tinfoil ['tɪnfɔɪl] *n (U)* papel *m* de aluminio.

tinge [tɪndʒ] *n* - **1.** [of colour] matiz *m*, toque *m* - **2.** [of feeling] ligera sensación *f*.

tinged [tɪndʒd] *adj*: ~ **with** con un toque de.

tingle ['tɪŋgl] *vi*: **my feet are tingling** siento hormigueo en los pies; **to** ~ **with** estremecerse en.

tingling ['tɪŋglɪŋ] *n* cosquilleo *m*, hormigueo *m*.

tinker ['tɪŋkəʳ] *vi* hacer chapuzas; **to** ~ **with** enredar con.

tinkle ['tɪŋkl] <> *n* - **1.** [sound] tintineo *m* - **2.** *UK inf* [phone call]: **to give sb a** ~ llamar a alguien (por teléfono). <> *vi* [ring] tintinear.

tin mine *n* mina *f* de estaño.

tinned [tɪnd] *adj UK* enlatado(da), en conserva.

tinnitus [tɪ'naɪtəs] *n (U)* zumbidos *mpl* (en los oídos).

tinny ['tɪnɪ] (*compar* -**ier**, *superl* -**iest**) *adj* - **1.** [sound] metálico(ca) - **2.** *inf pej* [badly made] poco sólido (poco sólida).

tin opener *n UK* abrelatas *m inv*.

tin-pot *adj UK pej* [country] de mala muerte; [politician, general] de pacotilla.

tinsel ['tɪnsl] *n (U)* oropel *m*.

tint [tɪnt] <> *n* tinte *m*, matiz *m*. <> *vt* [hair] teñir; [windows, glass] ahumar.

tinted ['tɪntɪd] *adj* [glasses, windows] tintado(da), ahumado(da).

tiny ['taɪnɪ] (*compar* -**ier**, *superl* -**iest**) *adj* diminuto(ta), pequeñito(ta).

tip [tɪp] (*pt* & *pp* -**ped**, *cont* -**ping**) <> *n* - **1.** [end] punta *f*; **it's on the** ~ **of my tongue** lo tengo en la punta de la lengua - **2.** *UK* [dump] vertedero *m* - **3.** [gratuity] propina *f* - **4.** [piece of advice] consejo *m*. <> *vt* - **1.** [tilt] inclinar, ladear - **2.** [spill, pour] vaciar, verter - **3.** [give a gratuity to] dar una propina a. <> *vi* - **1.** [tilt] inclinarse,

ladearse - **2.** [spill] derramarse - **3.** [give a gratuity] dar propina.

➡ **tip off** *vt sep* informar (confidencialmente).

➡ **tip over** <> *vt sep* volcar. <> *vi* volcarse.

tip-off *n* información *f* (confidencial).

tipped [tɪpt] *adj* - **1.** [cigarette] con filtro, emboquillado - **2.** [spear etc]: ~ **with stone/gold** con punta de piedra/oro.

Tipp-Ex® ['tɪpeks] *UK* <> *n* Tipp-Ex® *m*. <> *vt* corregir con Tipp-Ex®.

tipple ['tɪpl] *n inf* copa *f*, bebida *f* alcohólica.

tipsy ['tɪpsɪ] (*compar* -**ier**, *superl* -**iest**) *adj inf dated* piripi.

tiptoe ['tɪptəʊ] <> *n*: **on** ~ de puntillas. <> *vi* ir de puntillas.

tip-top *adj inf dated* de primera.

tirade [taɪ'reɪd] *n* diatriba *f*.

tire ['taɪəʳ] <> *n US* = **tyre**. <> *vt* cansar. <> *vi*: **to** ~ (**of**) cansarse (de).

➡ **tire out** *vt sep* agotar.

tired ['taɪəd] *adj*: ~ (**of sthg/of doing sthg**) cansado(da) (de algo/de hacer algo).

tiredness ['taɪədnɪs] *n* cansancio *m*.

tireless ['taɪəlɪs] *adj* incansable.

tiresome ['taɪəsəm] *adj* pesado(da).

tiring ['taɪərɪŋ] *adj* cansado(da).

tissue ['tɪʃuː] *n* - **1.** [paper handkerchief] pañuelo *m* de papel - **2.** *(U) BIOL* tejido *m* - **3.** [paper] papel *m* de seda - **4.** *phr*: **a** ~ **of lies** una sarta de mentiras.

tissue paper *n (U)* papel *m* de seda.

tit [tɪt] *n* - **1.** [bird] herrerillo *m* - **2.** *vulg* [breast] teta *f*.

titbit *UK* ['tɪtbɪt], **tidbit** *US* ['tɪdbɪt] *n* - **1.** [of food] golosina *f* - **2.** *fig* [of news] noticia *f* breve e interesante.

tit for tat [-'tæt] *n*: **it's** ~ donde las dan las toman.

titillate ['tɪtɪleɪt] *vt* & *vi* excitar.

titivate ['tɪtɪveɪt] *vt*: **to** ~ **o.s.** emperifollarse, ponerse guapo(pa).

title ['taɪtl] *n* título *m*.

titled ['taɪtld] *adj* con título de nobleza.

title deed *n* título *m* de propiedad.

titleholder ['taɪtl,həʊldəʳ] *n SPORT* campeón *m*, -ona *f*.

title page *n* portada *f*.

title role *n* papel *m* principal.

titter ['tɪtəʳ] *vi* reírse por lo bajo.

tittle-tattle ['tɪtl,tætl] *n (U) inf pej* cotilleo *m*, chismes *mpl*.

titular ['tɪtjʊləʳ] *adj* nominal.

T-junction *n* bifurcación *f* en forma de T.

TM *abbr of* **trademark**.

TNT (*abbr of* **trinitrotoluene**) *n* TNT *m*.

to [*unstressed before consonant* tə, *unstressed before vowel* tʊ, *stressed* tuː] ⟨⟩ *prep* **-1.** [indicating place, direction] a; **to go ~ Liverpool/Spain/school** ir a Liverpool/España/la escuela; **to go ~ the doctor's/John's** ir al médico/a casa de John; **the road ~ Glasgow** la carretera de Glasgow; **~ the left/right** a la izquierda/derecha; **~ the east/west** hacia el este/oeste **-2.** (*to express indirect object*) a; **to give sthg ~ sb** darle algo a alguien; **to talk ~ sb** hablar con alguien; **a threat ~ sb** una amenaza para alguien; **we were listening ~ the radio** escuchábamos la radio **-3.** [as far as] hasta, a; **to count ~ ten** contar hasta diez; **we work from nine ~ five** trabajamos de nueve a cinco **-4.** [in expressions of time]: **it's ten/a quarter ~ three** son las tres menos diez/cuarto **-5.** [per] por; **40 miles ~ the gallon** un galón (por) cada 40 millas **-6.** [of] de; **the key ~ the car** la llave del coche **-7.** [for] para; **a letter ~ my daughter** una carta para *OR* a mi hija **-8.** [indicating reaction, effect]: **~ my surprise** para sorpresa mía; **to be ~ one's advantage** ir en beneficio de uno; **to be ~ sb's liking** ser del gusto de alguien **-9.** [in stating opinion]: **~ me, he's lying** para mí que miente; **it seemed quite unnecessary ~ me/him** *etc* para mí/él *etc* aquello parecía del todo innecesario **-10.** [indicating state, process]: **to drive sb ~ drink** llevar a alguien a la bebida; **to shoot ~ fame** verse catapultado a la fama; **to lead ~ trouble** traer problemas **-11.** [accompanied by]: **we danced ~ the sound of guitars** bailábamos al son de las guitarras. ⟨⟩ *adv* [shut]: **push the door ~** cierra la puerta. ⟨⟩ *with infinitive* **-1.** (*forming simple infinitive*): **~ walk** andar **-2.** (*following another verb*): **to begin ~ do sthg** empezar a hacer algo; **to try/want ~ do sthg** intentar/querer hacer algo; **to hate ~ do sthg** odiar tener que hacer algo **-3.** (*following an adjective*): **difficult ~ do** difícil de hacer; **ready ~ go** listos para marchar **-4.** (*indicating purpose*) para; **I'm doing it ~ help you** lo hago para ayudarte; **he came ~ see me** vino a verme **-5.** (*substituting for a relative clause*): **I have a lot ~ do** tengo mucho que hacer; **he told me ~ leave** me dijo que me fuera **-6.** (*to avoid repetition of infinitive*): **I meant to call him but I forgot ~** tenía intención de llamarle pero se me olvidó **-7.** [in comments]: **~ be honest ...** para ser honesto ...; **~ sum up ...** para resumir ..., resumiendo ... ➡ **to and fro** *adv* de un lado para otro, de aquí para allá.

toad [təʊd] *n* sapo *m*.

toadstool ['təʊdstuːl] *n* seta *f* venenosa.

toady ['təʊdɪ] (*pl* -ies, *pt* & *pp* -ied) *pej* ⟨⟩ *n* pelota *m OR f*, cobista *m OR f*. ⟨⟩ *vi*: **to ~ (to)** hacer la pelota *OR* dar coba (a).

toast [təʊst] ⟨⟩ *n* **-1.** (U) [bread] pan *m* tostado; **a slice of ~** una tostada **-2.** [drink] brindis *m*; **to drink a ~** to hacer un brindis por **-3.** [person]: **the ~ of the town** el héroe de la ciudad. ⟨⟩ *vt* **-1.** [bread] tostar **-2.** [person] brindar por.

toasted sandwich [ˌtəʊstɪd-] *n* sándwich *m* tostado.

toaster ['təʊstə*r*] *n* tostador *m*, -ra *f*.

toast rack *n* soporte *m* para tostadas.

tobacco [tə'bækəʊ] *n* tabaco *m*.

tobacconist's (shop) [tə'bækənɪsts (ʃɒp)] *n* estanco *m*.

Tobago [tə'beɪgəʊ] ▷ **Trinidad and Tobago**.

toboggan [tə'bɒgən] ⟨⟩ *n* tobogán *m*, trineo *m*. ⟨⟩ *vi* deslizarse en tobogán.

today [tə'deɪ] ⟨⟩ *n* **-1.** [this day] hoy *m*; **~'s date** la fecha de hoy; **what is ~'s date?** ¿qué día es hoy?; **~'s paper** el periódico de hoy; **as from ~** a partir de hoy **-2.** [nowadays] hoy (en día). ⟨⟩ *adv* **-1.** [this day] hoy; **what's the date ~?**, **what date is it ~** ¿qué fecha es hoy?; **~ is the 6th of January** hoy es 6 de enero; **what day is it ~** ¿qué día es hoy?; **it's Sunday ~** hoy es domingo; **a week ago ~** hoy hace una semana; **a week (from) ~** de aquí a una semana **-2.** [nowadays] hoy (en día).

toddle ['tɒdl] *vi* caminar con paso inseguro.

toddler ['tɒdlə*r*] *n* niño pequeño *m*, niña pequeña *f* (que empieza a andar).

toddy ['tɒdɪ] (*pl* -ies) *n* ponche *m*.

to-do (*pl* -s) *n* inf jaleo *m*, follón *m*.

toe [təʊ] ⟨⟩ *n* **-1.** [of foot] dedo *m* (del pie) **-2.** [of sock] punta *f*; [of shoe] puntera *f*. ⟨⟩ *vt*: **to ~ the line** acatar las normas.

toehold ['təʊhəʊld] *n* [in rock] punto *m* de apoyo; *fig* [in market]: **to gain a ~ in** ganarse un hueco en.

toenail ['təʊneɪl] *n* uña *f* del dedo del pie.

toffee ['tɒfɪ] *n* caramelo *m*.

toffee apple *n UK* manzana *f* acaramelada.

tofu ['təʊfuː] *n* tofu *m*.

toga ['təʊgə] *n* toga *f*.

together [tə'geðə*r*] ⟨⟩ *adv* **-1.** [gen] juntos (tas); **all ~** todos juntos; **to stick ~** pegar; **to join ~** unir; **to go (well) ~** combinar bien **-2.** [at the same time] a la vez, juntos(tas). ⟨⟩ *adj inf* organizado(da). ➡ **together with** *prep* junto con.

togetherness [tə'geðənɪs] *n* (U) unión *f*, camaradería *f*.

toggle ['tɒgl] *n* botón *m* de una trenca.

toggle switch n *COMPUT & ELECTRON* conmutador m de palanca.

Togo ['təʊɡəʊ] n Togo.

togs [tɒɡz] npl *inf* ropa f.

toil [tɔɪl] *fml* <> n trabajo m duro. <> vi trabajar sin descanso.

> **toil away** vi: to ~ away (at) trabajar sin descanso (en).

toilet ['tɔɪlɪt] n [at home] wáter m, lavabo m; [in public place] servicios mpl, lavabo m; **to go to the** ~ ir al wáter.

toilet bag n neceser m.

toilet paper n (U) papel m higiénico.

toiletries ['tɔɪlɪtrɪz] npl artículos mpl de tocador.

toilet roll n -1. [paper] papel m higiénico -2. [roll] rollo m de papel higiénico.

toilet soap n jabón m de tocador.

toilet-trained [-ˌtreɪnd] adj [child] *que sabe ir solo al wáter.*

toilet water n (agua f de) colonia f.

to-ing and fro-ing [ˌtuːɪŋənˈfrəʊɪŋ] (pl to-ings and fro-ings) n (U) idas fpl y venidas.

token ['təʊkn] <> adj simbólico(ca). <> n -1. [voucher] vale m; [disk] ficha f -2. [symbol] muestra f, símbolo m; **as a** ~ **of our appreciation** como muestra de nuestro agradecimiento.

> **by the same token** adv del mismo modo.

Tokyo ['təʊkjəʊ] n Tokio.

told [təʊld] pt & pp ⊳ tell.

tolerable ['tɒlərəbl] adj tolerable, pasable.

tolerably ['tɒlərəblɪ] adv medio.

tolerance ['tɒlərəns] n tolerancia f.

tolerant ['tɒlərənt] adj tolerante.

tolerate ['tɒləreɪt] vt -1. [put up with] soportar, tolerar -2. [permit] tolerar.

toleration [ˌtɒləˈreɪʃn] n (U) tolerancia f.

toll [təʊl] <> n -1. [number]: **death** ~ número m de víctimas -2. [fee] peaje m -3. phr: **to take its** ~ hacer mella. <> vt tañer, tocar. <> vi tocar, doblar.

tollbooth ['təʊlbuːθ] n cabina donde se paga el peaje.

toll bridge n puente m de peaje.

toll-free US <> adj gratuito(ta). <> adv: **to call a number** ~ llamar a un número gratis.

tomato [UK təˈmɑːtəʊ, US təˈmeɪtəʊ] (pl -es) n tomate m, jitomate m *CAm, Méx.*

tomb [tuːm] n tumba f, sepulcro m.

tombola [tɒmˈbəʊlə] n *esp UK* tómbola f.

tomboy ['tɒmbɔɪ] n niña f poco feminina.

tombstone ['tuːmstəʊn] n lápida f.

tomcat ['tɒmkæt] n gato m (macho).

tomfoolery [tɒmˈfuːlərɪ] n comportamiento m tonto.

tomorrow [təˈmɒrəʊ] <> n lit & fig mañana f; ~ **is Sunday** mañana es domingo; **the day after** ~ pasado mañana; ~ **night** mañana por la noche; **he was drinking like there was no** ~ bebía como si se fuera a acabar el mundo; ~**'s world** el futuro. <> adv mañana; **see you** ~ hasta mañana; **a week (from)** ~ dentro de una semana a partir de mañana; **it happened a year ago** ~ mañana hará un año que ocurrió.

ton [tʌn] (pl inv OR -s) n -1. [imperial] UK = 1016 kg; US = 907,2 kg, ≃ tonelada f -2. [metric] = 1000 kg, tonelada f -3. phr: **to weigh a** ~ inf pesar una tonelada; **to come down on sb like a** ~ **of bricks** [speak angrily] echar la gran bronca a alguien; [punish severely] dar un buen escarmiento a alguien.

> **tons** npl inf: ~**s (of)** un montón (de).

tonal ['təʊnl] adj tonal.

tone [təʊn] n -1. [gen] tono m -2. [on phone] señal f -3. phr: **to lower the** ~ **of** dar mal tono a.

> **tone down** vt sep suavizar, moderar.

> **tone in** vi: to ~ in (with) ir bien OR armonizar (con).

> **tone up** vt sep poner en forma.

tone-deaf adj que no tiene (buen) oído.

toner ['təʊnə^{r}] n -1. [for photocopier, printer] virador m -2. [cosmetic] tónico m.

tongs [tɒŋz] npl [for coal] tenazas fpl; [for sugar] pinzas fpl, tenacillas fpl.

tongue [tʌŋ] n -1. [gen] lengua f; **to have one's** ~ **in one's cheek** inf no ir en serio; **to hold one's** ~ fig quedarse callado(da); ~**s will wag** seguro que la gente murmurará -2. [of shoe] lengüeta f.

tongue-in-cheek adj: **it was only** ~ no iba en serio.

tongue-tied [-ˌtaɪd] adj incapaz de hablar (por timidez o nervios).

tongue twister [-ˌtwɪstə^{r}] n trabalenguas m inv.

tonic ['tɒnɪk] n -1. [gen] tónico m -2. [tonic water] tónica f.

tonic water n agua f tónica.

tonight [təˈnaɪt] <> n esta noche f. <> adv esta noche.

tonnage ['tʌnɪdʒ] n tonelaje m.

tonne [tʌn] (pl inv OR -s) n tonelada f métrica.

tonsil ['tɒnsl] n amígdala f; **to have one's** ~**s out** operarse de las amígdalas.

tonsil(l)itis [ˌtɒnsɪˈlaɪtɪs] n (U) amigdalitis f inv.

too [tuː] adv -1. [also] también; **me** ~ yo también -2. [excessively] demasiado; ~ **much** demasiado; ~ **many things** demasiadas cosas; **it finished all** OR **only** ~ **soon** terminó demasiado pronto; **I'd be only** ~ **happy to help** me encantaría ayudarte; **not** ~ **...** no muy ...

took [tʊk] *pt* ▷ **take**.

tool [tu:l] *n* **-1.** [implement] herramienta *f*; **garden** ~**s** útiles *mpl* del jardín; **to down** ~**s** *UK* dejar de trabajar como protesta **-2.** *fig* [means] instrumento *m*; **the** ~**s of one's trade** los instrumentos de trabajo de uno.

tool bar *n* COMPUT barra *f* de herramientas.

tool box *n* caja *f* de herramientas.

tool kit *n* juego *m* de herramientas.

toot [tu:t] ⬦ *n* bocinazo *m*. ⬦ *vt* tocar. ⬦ *vi* tocar la bocina.

tooth [tu:θ] (*pl* **teeth**) *n* **-1.** [in mouth, of saw, gear wheel] diente *m*; **to brush one's teeth** cepillarse OR lavarse los dientes; **he had a** ~ **out** le sacaron un diente; **to be (a bit) long in the** ~ **for sthg** *UK pej* ser ya (un poco) mayorcito para algo; **to be fed up to the back teeth with sthg** *UK inf* estar hasta la coronilla de algo; **to grit one's teeth** apretar los dientes; **to lie through one's teeth** mentir como un bellaco **-2.** [of comb] púa *f*.

toothache ['tu:θeɪk] *n* dolor *m* de muelas.

toothbrush ['tu:θbrʌʃ] *n* cepillo *m* de dientes.

toothless ['tu:θlɪs] *adj* desdentado(da).

toothpaste ['tu:θpeɪst] *n* pasta *f* de dientes.

toothpick ['tu:θpɪk] *n* palillo *m*.

tooth powder *n* polvos *mpl* dentífricos.

tootle ['tu:tl] *vi inf* [move unhurriedly]: **to** ~ **off** irse sin prisas.

top [tɒp] (*pt* & *pp* **-ped**, *cont* **-ping**) ⬦ *adj* **-1.** [highest - step, floor] de arriba; [- object on pile] de encima **-2.** [most important, successful] importante; **to be a** ~ **model** ser top model; **she got the** ~ **mark** sacó la mejor nota **-3.** [maximum] máximo(ma); **at** ~ **speed** a máxima velocidad; **to be** ~ **secret** ser altamente confidencial. ⬦ *n* **-1.** [highest point] parte *f* superior OR de arriba; [of list] cabeza *f*, principio *m*; [of tree] copa *f*; [of hill, mountain] cumbre *f*, cima *f*; **at the** ~ **of the stairs** en lo alto de la escalera; **from** ~ **to bottom** de pies a cabeza; **on** ~ encima; **to go over the** ~ *UK* pasarse (de la raya); **at the** ~ **of one's voice** a voz en grito **-2.** [lid, cap - of jar, box] tapa *f*; [- of bottle, tube] tapón *m*; [- of pen] capuchón *m* **-3.** [upper side] superficie *f* **-4.** [blouse] blusa *f*; [T-shirt] camiseta *f*; [of pyjamas] parte *f* de arriba **-5.** [toy] peonza *f* **-6.** [most important level] cúpula *f* **-7.** [of league, table, scale] cabeza *f*. ⬦ *vt* **-1.** [be first in] estar a la cabeza de **-2.** [better] superar **-3.** [exceed] exceder.

➤ **on top of** *prep* **-1.** [in space] encima de; **to**

be feeling on ~ of the world estar en la gloria **-2.** [in addition to] además de; **on** ~ **of that** por si fuera poco **-3.** [in control of]: **to be on** ~ **of sthg** tener algo bajo control **-4.** *phr*: **to get on** ~ **of sb** abrumar a alguien.

➤ **top up** *UK*, **top off** *US vt sep* volver a llenar.

topaz ['təʊpæz] *n* topacio *m*.

top brass *n* (*U*) *inf*: **the** ~ los altos cargos, los mandamases.

topcoat ['tɒpkəʊt] *n* **-1.** [item of clothing] abrigo *m* **-2.** [paint] última mano *f* (de pintura).

top dog *n inf* mandamás *m* OR *f*.

top-flight *adj inf* de altos vuelos.

top floor *n* último piso *m*.

top gear *n* directa *f*.

top hat *n* chistera *f*, sombrero *m* de copa.

top-heavy *adj* demasiado pesado(da) en la parte de arriba.

topic ['tɒpɪk] *n* tema *m*, asunto *m*.

topical ['tɒpɪkl] *adj* de actualidad, actual.

topknot ['tɒpnɒt] *n* [in hair] moño *m*.

topless ['tɒplɪs] *adj* en topless.

top-level *adj* de alto nivel.

topmost ['tɒpməʊst] *adj* más alto(ta).

top-notch *adj inf* de primera.

top-of-the-line *adj US* de gama alta.

topography [tə'pɒgrəfɪ] *n* topografía *f*.

topped [tɒpt] *adj*: ~ **by** OR **with sthg** con algo encima.

topping ['tɒpɪŋ] *n* capa *f*; **with a** ~ **of cream** cubierto de nata.

topple ['tɒpl] ⬦ *vt* [government, pile] derribar; [president] derrocar. ⬦ *vi* venirse abajo.

➤ **topple over** *vi* venirse abajo.

top-ranking [-'ræŋkɪŋ] *adj* de alto nivel.

TOPS [tɒps] (*abbr of* **Training Opportunities Scheme**) *n programa de formación profesional del gobierno británico*.

top-secret *adj* sumamente secreto (sumamente secreta).

top-security *adj* de máxima seguridad.

topsoil ['tɒpsɔɪl] *n* capa *f* superficial del suelo.

topsy-turvy [ˌtɒpsɪ'tɜːvɪ] ⬦ *adj* **-1.** [messy] patas arriba (*inv*) **-2.** [haywire] loco(ca). ⬦ *adv* [messily] en desorden, de cualquier manera.

top-up *n*: **can I give you a** ~? ¿quieres que te ponga más?

top-up card *n* [for mobile phone] tarjeta *f* de recarga.

torch [tɔːtʃ] *n* **-1.** *UK* [electric] linterna *f* **-2.** [burning] antorcha *f*.

tore [tɔːʳ] *pt* ▷ **tear²**.

torment [*n* 'tɔːment, *vb* tɔː'ment] ⬦ *n* tormento *m*; **she waited in** ~ esperaba atormentada.

◇ *vt* -**1.** [worry greatly] atormentar -**2.** [annoy] fastidiar.

tormentor [tɔːˈmentəʳ] *n* hostigador *m*, -ra *f.*

torn [tɔːn] *pp* ⊳ tear.

tornado [tɔːˈneɪdəʊ] (*pl* -es *or* -s) *n* tornado *m.*

torpedo [tɔːˈpiːdəʊ] (*pl* -es) ◇ *n* torpedo *m.* ◇ *vt* torpedear.

torpor [ˈtɔːpəʳ] *n* apatía *f.*

torque [tɔːk] *n* par *m* de torsión.

torrent [ˈtɒrənt] *n* torrente *m.*

torrential [təˈrenʃl] *adj* torrencial.

torrid [ˈtɒrɪd] *adj* [hot] tórrido(da); *fig* [passionate] apasionado(da).

torso [ˈtɔːsəʊ] (*pl* -s) *n* torso *m.*

tortoise [ˈtɔːtəs] *n* tortuga *f* (de tierra).

tortoiseshell [ˈtɔːtəʃell] ◇ *adj*: ~ **cat** gato *m* pardo atigrado. ◇ *n* (*U*) [material] carey *m*, concha *f.* ◇ *comp* de carey *or* concha.

tortuous [ˈtɔːtʃʊəs] *adj* -**1.** [twisting] tortuoso(sa) -**2.** [over-complicated] enrevesado(da), retorcido(da).

torture [ˈtɔːtʃəʳ] ◇ *n* tortura *f.* ◇ *vt* torturar.

torturer [ˈtɔːtʃərəʳ] *n* torturador *m*, -ra *f.*

Tory [ˈtɔːrɪ] (*pl* -ies) ◇ *adj* tory, del partido conservador (británico). ◇ *n* tory *m or f*, miembro *m* del partido conservador (británico).

toss [tɒs] ◇ *vt* -**1.** [throw carelessly] tirar -**2.** [move from side to side - head, boat] sacudir -**3.** [salad] remover; [pancake] dar la vuelta en el aire -**4.** [coin]: **to ~ a coin** echar a cara o cruz. ◇ *vi* -**1.** [with coin] echar a cara o cruz -**2.** [move rapidly]: **to ~ and turn** dar vueltas (en la cama). ◇ *n* -**1.** [of coin] tirada *f*; **to win/lose the ~** ganar/perder en el sorteo -**2.** [of head] sacudida *f.*
➡ **toss up** *vi* jugar a cara o cruz.

toss-up *n inf*: it's a ~ whether they win or lose igual ganan que pierden.

tot [tɒt] (*pt* & *pp* -ted, *cont* -ting) *n* -**1.** *inf* [small child] nene *m*, nena *f* -**2.** [of drink] trago *m.*
➡ **tot up** *vt sep inf* sumar.

total [ˈtəʊtl] (*UK pt* & *pp* -led, *cont* -ling, *US pt* & *pp* -ed, *cont* -ing) ◇ *adj* total. ◇ *n* total *m*; **in ~** en total. ◇ *vt* -**1.** [add up] sumar -**2.** *US inf* [wreck] dejar hecho una ruina. ◇ *vi* [amount to] ascender a.

totalitarian [ˌtəʊtælɪˈteərɪən] *adj* totalitario(ria).

totality [təʊˈtælətɪ] *n* totalidad *f.*

totally [ˈtəʊtəlɪ] *adv* [entirely] totalmente.

tote bag [təʊt-] *n US* bolsa *f* (de la compra).

totem pole [ˈtəʊtəm-] *n* tótem *m.*

toto [ˈtəʊtəʊ] ➡ **in toto** *adv fml* totalmente.

totter [ˈtɒtəʳ] *vi lit* & *fig* tambalearse.

toucan [ˈtuːkən] *n* tucán *m.*

touch [tʌtʃ] ◇ *n* -**1.** [sense, act of feeling] tacto *m* -**2.** [detail, skill, knack] toque *m*; **to put the finishing ~es to sthg** dar el último toque a algo -**3.** [contact]: **to get/keep in ~ (with)** ponerse/mantenerse en contacto (con); **to lose ~ (with)** perder el contacto (con); **to be out of ~ with** no estar al tanto de -**4.** *SPORT*: **in ~** fuera de banda -**5.** [small amount]: **a ~ (of)** un poquito (de) -**6.** *phr*: **to be ~ and go** ser dudoso *or* poco seguro; **to be a soft ~** no saber decir que no. ◇ *vt* -**1.** [gen] tocar; **you haven't ~ed your food** no has tocado la comida -**2.** [emotionally] conmover -**3.** [equal] igualar; **nobody can ~ her for professionalism** nadie la iguala en profesionalismo. ◇ *vi* -**1.** [with fingers etc] tocar; **don't ~!** ¡no lo toques! -**2.** [be in contact] tocarse.
➡ **a touch** *adv* [rather] un poco.
➡ **touch down** *vi* [plane] aterrizar, tomar tierra.
➡ **touch on** *vt fus* tocar, tratar por encima.

touch-and-go *adj* dudoso(sa), poco seguro (poco segura).

touchdown [ˈtʌtʃdaʊn] *n* -**1.** [of plane] aterrizaje *m* -**2.** [in American football] ensayo *m.*

touched [tʌtʃt] *adj* -**1.** [grateful] emocionado(da) -**2.** *inf* [slightly mad] tocado(da).

touching [ˈtʌtʃɪŋ] *adj* conmovedor(ra).

touchline [ˈtʌtʃlaɪn] *n* línea *f* de banda.

touchpaper [ˈtʌtʃˌpeɪpəʳ] *n* mecha *f* (de fuego artificial).

touchscreen [ˈtʌtʃskriːn] *n* pantalla *f* táctil.

touch-type *vi* mecanografiar al tacto.

touchy [ˈtʌtʃɪ] (*compar* -ier, *superl* -iest) *adj* -**1.** [person]: ~ **(about)** susceptible (con) -**2.** [subject, question] delicado(da).

tough [tʌf] *adj* -**1.** [resilient] fuerte -**2.** [hard-wearing] resistente -**3.** [meat, regulations, policies] duro(ra); **to get ~ with sb** ponerse duro(ra) con alguien -**4.** [difficult to deal with] difícil -**5.** [rough - area] peligroso(sa) -**6.** *inf* [unfortunate] injusto(ta); ~ **luck** mala suerte.

toughen [ˈtʌfn] *vt* endurecer.

toughened [ˈtʌfnd] *adj* endurecido(da).

toughness [ˈtʌfnɪs] *n* (*U*) -**1.** [of character, material] resistencia *f* -**2.** [of meat, regulations, policies] dureza *f* -**3.** [of problem, decision] dificultad *f.*

toupee [ˈtuːpeɪ] *n* peluquín *m.*

tour [tʊəʳ] ◇ *n* -**1.** [long journey] viaje *m* largo; **to go on a ~ of Germany** hacer un recorrido por Alemania -**2.** [of pop group etc] gira *f* -**3.** [for sightseeing] recorrido *m*, visita *f.* ◇ *vt* [museum] visitar; [country] recorrer, viajar por. ◇ *vi* estar de gira; **to ~ round sthg** viajar por OR recorrer algo.

tourer ['tʊərəᶠ] n coche m grande descapotable.

touring ['tʊərɪŋ] <> adj [exhibition] itinerante; [theatre, music group] que va de gira. <> n viajes mpl turísticos; **to go ~** hacer turismo.

tourism ['tʊərɪzml] n turismo m.

tourist ['tʊərɪst] n turista m OR f.

tourist class n clase f turista.

tourist (information) office n oficina f de turismo.

touristy ['tʊərɪstɪ] adj pej demasiado turístico(ca).

tournament ['tɔːnəmənt] n torneo m.

tourniquet ['tʊənɪkeɪ] n torniquete m.

tour operator n touroperador m, operador m turístico.

tousled ['taʊzl] adj despeinado(da), alborotado(da).

tout [taʊt] <> n revendedor m, -ra f. <> vt revender. <> vi: **to ~ for sthg** solicitar algo; **to ~ for business** tratar de captar clientes.

tow [təʊ] <> n: **to give sb a ~** remolcar a alguien; **on ~** UK [car] a remolque; **in ~ with sb** acompañado de alguien. <> vt remolcar.

towards UK [tə'wɔːdz], **toward** US [tə'wɔːd] prep **-1.** [gen] hacia; **~ 6 o'clock/the end of the month** hacia las seis/final de mes **-2.** [for the purpose or benefit of] para; **efforts ~ peace** esfuerzos encaminados hacia la paz; **£20 ~ the blind** 20 libras para los ciegos.

towaway zone ['təʊəweɪ-] n US ≃ zona f de estacionamiento prohibido.

towbar ['təʊbɑː] n barra f de remolque.

towel ['taʊəl] n toalla f.

towelling UK, **toweling** US ['taʊəlɪŋ] <> n (U) [tejido m de] toalla f. <> comp de toalla.

towel rail n toallero m.

tower ['taʊəᶠ] <> n torre f; **a ~ of strength** UK un firme apoyo OR pilar. <> vi: **to ~ (over sthg)** elevarse (por encima de algo); **to ~ over sb** ser mucho más alto(ta) que alguien.

tower block n UK bloque m (de pisos u oficinas).

towering ['taʊərɪŋ] adj altísimo(ma).

town [taʊn] n **-1.** [gen] ciudad f; [smaller] pueblo m **-2.** [centre of town, city] centro m de la ciudad; **to go out on the ~** irse de juerga; **to go to ~** fig [to put in a lot of effort] emplearse a fondo; [spend a lot of money] tirar la casa por la ventana.

town centre n centro m (de la ciudad).

town clerk n secretario del ayuntamiento m, secretaria del ayuntamiento f.

town council n ayuntamiento m.

town hall n ayuntamiento m.

town house n [fashionable house] casa f lujosa (de un barrio alto).

town plan n plano m de la ciudad.

town planner n urbanista m OR f.

town planning n **-1.** [study] urbanismo m **-2.** [practice] planificación f urbanística.

townsfolk ['taʊnzfəʊk], **townspeople** ['taʊnz,piːpl] npl: **the ~** los habitantes (de una ciudad), los ciudadanos.

township ['taʊnʃɪp] n **-1.** [in South Africa] zona f urbana asignada por el gobierno para la población negra **-2.** [in US] ≃ municipio m.

towpath ['təʊpɑːθ, pl -pɑːðz] n camino m de sirga.

towrope ['təʊrəʊp] n cable m de remolque.

tow truck n US (coche m) grúa f.

toxic ['tɒksɪk] adj tóxico(ca).

toxin ['tɒksɪn] n toxina f.

toy [tɔɪ] n juguete m.

➦ **toy with** vt fus [idea] acariciar; [food, coin etc] jugetear con.

toy boy n inf joven amante de una mujer mucho mayor que él.

toy shop n juguetería f.

trace [treɪs] <> n **-1.** [evidence, remains] rastro m, huella f; **there's no ~ of her** no hay rastro de ella; **without ~** sin dejar rastro **-2.** [small amount] pizca f. <> vt **-1.** [find] localizar, encontrar **-2.** [follow progress of] describir **-3.** [on paper] calcar.

trace element n CHEM oligoelemento m.

tracer bullet ['treɪsəᶠ-] n bala f trazadora.

tracing ['treɪsɪŋ] n [on paper] calco m.

tracing paper ['treɪsɪŋ-] n (U) papel m de calcar.

track [træk] <> n **-1.** [path] sendero m; **off the beaten ~** apartado(da), aislado(da) **-2.** SPORT pista f **-3.** RAIL vía f **-4.** [mark, trace] rastro m, huella f; **to hide OR cover one's ~s** no dejar rastro; **to stop dead in one's ~s** pararse en seco **-5.** [on record, tape] canción f **-6.** phr: **to keep/lose ~ of sb** no perder/perder la pista a alguien; **to lose/keep ~ of events** perder el hilo de/seguir los acontecimientos; **I've lost ~ of how many times I've told you** ya he perdido la cuenta de las veces que te lo he dicho; **to be on the right/wrong ~** ir por el buen/mal camino. <> vt **-1.** [follow tracks of] rastrear, seguir la pista de **-2.** [with radar] seguir la trayectoria de.

➦ **track down** vt sep localizar.

trackball ['trækbɔːl] n COMPUT trackball m, esfera f de arrastre/desplazamiento.

tracker dog ['trækəᶠ-] n perro m rastreador.

track event n prueba f de atletismo (en pista).

tracking station ['trækɪŋ-] n estación f de seguimiento.

track record n historial m; **to have a good ~** tener un buen historial.

track shoes npl zapatillas fpl de atletismo.

tracksuit ['træksu:t] UK n chandal m, equipo m de deportes, buzo m Chile, Perú, pants mpl Méx, sudadera f Col, jogging m RP.

tract [trækt] n -1. [pamphlet] artículo m breve -2. [of land, forest] extensión f -3. MED: **digestive ~** aparato m digestivo.

tract house n US casa en una urbanización en la que todas las casas son iguales.

traction ['trækʃn] n tracción f; **to have one's leg in ~** tener la pierna escayolada en alto.

traction engine n locomotora f de tracción.

tractor ['træktə'] n tractor m.

tractor-trailer n US camión m articulado.

trade [treɪd] ◇ n -1. (U) [commerce] comercio m -2. [job] oficio m; **by ~** de oficio. ◇ vt [exchange]: **to ~ sthg (for)** cambiar algo (por). ◇ vi -1. COMM: **to ~ (with)** comerciar (con) -2. US [shop]: **to ~ at** OR **with** hacer sus compras en.

➡ **trade in** vt sep [exchange] dar como entrada.

trade barrier n barrera f comercial.

trade deficit n déficit m (en la balanza) comercial.

trade discount n descuento m comercial.

trade fair n feria f de muestras.

trade-in n artículo usado que se entrega como entrada al comprar un artículo nuevo.

trademark ['treɪdmɑːk] n -1. COMM marca f comercial -2. fig [characteristic] rasgo m característico.

trade name n COMM nombre m comercial.

trade-off n equilibrio m.

trade price n precio m al por mayor.

trader ['treɪdə'] n comerciante m OR f.

trade route n ruta f comercial.

trade secret n secreto m comercial.

tradesman ['treɪdzmən] (pl **-men** [-mən]) n [trader] comerciante m; [shopkeeper] tendero m.

tradespeople ['treɪdz,piːpl] npl comerciantes mpl OR fpl.

trade(s) union n UK sindicato m.

trade(s) unionist n UK sindicalista m OR f.

trade wind n NAUT viento m alisio.

trading ['treɪdɪŋ] n (U) comercio m.

trading estate n UK polígono m industrial.

trading stamp n cupón m del ahorro.

tradition [trə'dɪʃn] n tradición f.

traditional [trə'dɪʃənl] adj tradicional.

traditionally [trə'dɪʃnəlɪ] adv tradicionalmente.

traffic ['træfɪk] (pt & pp **-ked**, cont **-king**) ◇ n -1. [vehicles] tráfico m -2. [illegal trade]: **~ (in)** tráfico m (de). ◇ vi: **to ~ in** traficar con.

traffic circle n US glorieta f.

traffic island n refugio m.

traffic jam n embotellamiento m, atasco m.

trafficker ['træfɪkə'] n: **~ (in)** traficante m OR f (de).

traffic lights npl semáforos mpl.

traffic offence UK, **traffic violation** US n infracción f de tráfico.

traffic warden n UK ≃ guardia m OR f de tráfico.

tragedy ['trædʒədɪ] (pl **-ies**) n tragedia f.

tragic ['trædʒɪk] adj trágico(ca).

tragically ['trædʒɪklɪ] adv trágicamente.

trail [treɪl] ◇ n -1. [path] sendero m, camino m; **to blaze a ~** fig marcar la pauta -2. [trace, track] rastro m, huellas fpl; **a ~ of smoke** un rastro de humo; **they left a ~ of clues** dejaron un rastro de pistas; **to be on the ~ of sb/sthg** seguir la pista de alguien/algo; **they are hot on his ~** le están pisando los talones. ◇ vt -1. [drag] arrastrar -2. [lose to] ir por detrás de. ◇ vi -1. [drag] arrastrarse -2. [move slowly] andar con desgana -3. [lose] ir perdiendo.

➡ **trail away, trail off** vi apagarse.

trailblazing ['treɪl,bleɪzɪŋ] adj pionero(ra).

trailer ['treɪlə'] n -1. [vehicle for luggage] remolque m -2. esp US [for living in] roulotte m, caravana f -3. CINEMA tráiler m.

trailer park n US camping m para roulottes OR caravanas.

train [treɪn] ◇ n -1. RAIL tren m; **to go by ~** ir en tren -2. [of dress] cola f. ◇ vt -1. [teach]: **to ~ sb (to do sthg)** enseñar a alguien (a hacer algo); **to ~ sb in sthg** preparar a alguien para algo -2. [for job]: **to ~ sb (as sthg)** formar OR preparar a alguien (como algo) -3. [animal] amaestrar -4. SPORT: **to ~ sb (for)** entrenar a alguien (para) -5. [direct growth of] guiar -6. [aim - gun] apuntar; [- camera] enfocar; **to ~ a camera on sb** enfocar a alguien con una cámara. ◇ vi -1. [for job] estudiar, prepararse; **to ~ as** formarse OR prepararse como; **to ~ as a doctor** estudiar medicina; **to ~ to be a teacher** estudiar para ser profesor -2. SPORT: **to ~ (for)** entrenarse (para).

trained [treɪnd] adj cualificado(da).

trainee [treɪ'niː] ◇ adj en período de prácticas. ◇ n aprendiz m, -za f, persona f que está en período de prácticas.

trainer ['treɪnə^r] n -**1.** [of animals] amaestrador m, -ra f -**2.** SPORT entrenador m, -ra f.
➥ **trainers** npl UK zapatillas fpl de deporte.

training ['treɪnɪŋ] n (U) -**1.** [for job]: ~ **(in)** formación f OR preparación f (para) -**2.** SPORT entrenamiento m; **to be in** ~ **(for sthg)** estar entrenando para algo.

training college n UK [gen] centro m de formación especializada; [for teachers] escuela f normal.

training course n cursillo m de formación.

training shoes npl UK zapatillas fpl de deporte.

train of thought n hilo m del razonamiento.

train set n tren m eléctrico de juguete.

train spotter [-ˌspɒtə^r] n aficionado a los trenes que en una estación apunta el número de las locomotoras al pasar.

train station n US estación f de ferrocarril.

traipse [treɪps] vi andar con desgana.

trait [treɪt] n rasgo m, característica f.

traitor ['treɪtə^r] n: ~ **(to)** traidor m, -ra f(a).

trajectory [trə'dʒektərɪ] (pl -ies) n trayectoria f.

tram [træm], **tramcar** ['træmkɑː^r] n UK tranvía m.

tramlines ['træmlaɪnz] npl UK -**1.** [for trams] vías fpl de tranvía -**2.** TENNIS líneas fpl de banda.

tramp [træmp] ◇ n -**1.** [homeless person] vagabundo m, -da f -**2.** US inf [woman] fulana^r f. ◇ vi andar pesadamente.

trample ['træmpl] ◇ vt pisar, pisotear; **to be ~d underfoot** ser pisoteado(da). ◇ vi -**1.** [tread]: **to** ~ **on sthg** pisar algo -**2.** fig [act cruelly]: **to** ~ **on sb** pisar OR pisotear a alguien.

trampoline ['træmpəliːn] n cama f elástica.

trance [trɑːns] n trance m; **in a** ~ en trance; **to go into a** ~ entrar en trance.

tranquil ['træŋkwɪl] adj literary tranquilo(la), apacible.

tranquility US = tranquillity.

tranquilize US = tranquillize.

tranquillity UK, **tranquility** US [træŋ'kwɪlətɪ] n tranquilidad f.

tranquillize, -ise UK, **tranquilize** US ['træŋkwɪlaɪz] vt tranquilizar.

tranquillizer UK, **tranquilizer** US ['træŋkw-ˌɪlaɪzə^r] n tranquilizante m.

transact [træn'zækt] vt fml hacer, llevar a cabo.

transaction [træn'zækʃn] n transacción f; **money ~s** transacciones de dinero.

transatlantic [ˌtrænzət'læntɪk] adj transatlántico(ca).

transceiver [træn'siːvə^r] n transmisor-receptor m de radio.

transcend [træn'send] vt fml ir más allá de, superar.

transcendental meditation [ˌtrænsen-'dentl-] n meditación f transcendental.

transcribe [træn'skraɪb] vt transcribir.

transcript ['trænskrɪpt] n US expediente m académico.

transept ['trænsept] n crucero m.

transfer [n 'trænsfɜː^r, vb træns'fɜːr] (pt & pp -**red**, cont -**ring**) ◇ n -**1.** [gen] transferencia f -**2.** [for job] traslado m -**3.** SPORT traspaso m -**4.** [design] calcomanía f -**5.** US [ticket] billete válido para transbordar a otro autobús, tren etc. ◇ vt -**1.** [from one place to another] trasladar -**2.** [from one person to another] transferir -**3.** SPORT traspasar. ◇ vi -**1.** [to different job etc]: **he transferred to a different department** lo trasladaron a otro departamento -**2.** SPORT: **he transferred to Spurs** fichó por el Spurs.

transferable [træns'fɜːrəbl] adj transferible; **not** ~ intransferible.

transference ['trænsfərəns] n fml transferencia f.

transfer fee n UK SPORT traspaso m.

transfigure [træns'fɪgə^r] vt literary transfigurar.

transfix [træns'fɪks] vt [immobilize] paralizar; ~**ed with** paralizado(da) por.

transform [træns'fɔːm] vt: **to** ~ **sthg/sb (into)** transformar algo/a alguien (en).

transformation [ˌtrænsfə'meɪʃn] n transformación f.

transformer [træns'fɔːmə^r] n ELEC transformador m.

transfusion [træns'fjuːʒn] n transfusión f.

transgress [træns'gres] fml ◇ vt [limit] traspasar; [law, rules] transgredir. ◇ vi cometer una transgresión.

transgression [træns'greʃn] n fml transgresión f.

transient ['trænzɪənt] ◇ adj fml [fleeting] transitorio(ria), pasajero(ra). ◇ n US [person] viajero m, -ra f de paso.

transistor [træn'zɪstə^r] n transistor m.

transistor radio n dated transistor m.

transit ['trænsɪt] n US transporte m; **in** ~ en tránsito.

transit camp n campamento m provisional.

transition [træn'zɪʃn] n: ~ **(from sthg to sthg)** transición f (de algo a algo); **in** ~ en transición.

transitional [træn'zɪʃənl] adj de transición.

transitive ['trænzɪtɪv] adj GRAMM transitivo (va).

transitory ['trænzɪtrɪ] *adj* transitorio(ria).

translate [træns'leɪt] <> *vt* **-1.** [languages] traducir **-2.** [transform]: **to ~ sthg into** convertir *or* transformar algo en. <> *vi*: **it doesn't ~** no se puede traducir; **to ~ from sthg into** traducir de algo a.

translation [træns'leɪʃn] *n* traducción *f*.

translator [træns'leɪtə'] *n* traductor *m*, -ra *f*.

translucent [trænz'luːsnt] *adj literary* translúcido(da).

transmission [trænz'mɪʃn] *n* transmisión *f*.

transmit [trænz'mɪt] (*pt* & *pp* **-ted**, *cont* **-ting**) *vt* transmitir.

transmitter [trænz'mɪtə'] *n ELECTRON* transmisor *m*.

transparency [trans'pærənsɪ] (*pl* **-ies**) *n* **-1.** [quality] transparencia *f* **-2.** [slide] diapositiva *f*.

transparent [træns'pærənt] *adj* **-1.** [see-through] transparente **-2.** [obvious] claro(ra); **that's a ~ excuse** es claramente una excusa.

transpire [træn'spaɪə'] *fml* <> *vt*: **it ~s that ...** resulta que ... <> *vi* [happen] ocurrir, pasar.

transplant [*n* 'trænspluːnt, *vb* træns'pluːnt] <> *n* trasplante *m*; **he had a heart ~** le hicieron un transplante de corazón. <> *vt* [organ, seedlings] trasplantar.

transport [*n* 'trænspɔːt, *vb* træn'spɔːt] <> *n* transporte *m*. <> *vt* transportar.

transportable [træn'spɔːtəbl] *adj* transportable.

transportation [ˌtrænspɔː'teɪʃn] *n esp US* transporte *m*.

transport cafe ['trænspɔːt-] *n UK* bar *m* de camioneros.

transporter [træn'spɔːtə'] *n* camión *m* para el transporte de vehículos.

transpose [træns'pəʊz] *vt* [change round] invertir.

transsexual [træns'sekʃʊəl] *n* transexual *m or f*.

transvestite [trænz'vestaɪt] *n* travestido *m*, -da *f*, travestí *m or f*.

trap [træp] (*pt* & *pp* **-ped**, *cont* **-ping**) <> *n* trampa *f*; **to lay a ~ (for)** tender una trampa (a). <> *vt* **-1.** [catch - animals, birds] coger con trampa **-2.** [trick] atrapar, engañar **-3.** [in place, unpleasant situation]: **to be trapped in** estar atrapado(da) en **-4.** [energy, heat] almacenar **-5.** [finger]: **she ~ped her fingers in the door** se pilló los dedos en la puerta.

trapdoor [ˌtræp'dɔː'] *n* [gen] trampilla *f*, trampa; *THEATRE* escotillón *m*.

trapeze [trə'piːz] *n* trapecio *m*.

trapper ['træpə'] *n* trampero *m*, -ra *f*.

trappings ['træpɪŋz] *npl* atributos *mpl*.

trash [træʃ] *n US lit* & *fig* basura *f*.

trashcan ['træʃkæn] *n US* cubo *m* de la basura.

trashy ['træʃɪ] (*compar* **-ier**, *superl* **-iest**) *adj inf* malísimo(ma), infame.

trauma ['trɔːmə] *n* trauma *m*.

traumatic [trɔː'mætɪk] *adj* traumático(ca).

traumatize, -ise ['trɔːmətaɪz] *vt* [shock] traumatizar.

travel ['trævl] (*UK pt* & *pp* **-led**, *cont* **-ling**, *US pt* & *pp* **-ed**, *cont* **-ing**) <> *n* (*U*) viajes *mpl*; **I'm keen on ~** me gusta viajar. <> *vt* [place] viajar por; [distance] recorrer. <> *vi* viajar.
➤ **travels** *npl* viajes *mpl*.

travel agency *n* agencia *f* de viajes.

travel agent *n* empleado *m*, -da *f* de una agencia de viajes; **~'s** agencia *f* de viajes.

travel brochure *n* catálogo *m* turístico.

traveler *etc US* = traveller *etc*.

travelled *UK*, **traveled** *US* ['trævldl] *adj* **-1.** [person] que ha viajado mucho **-2.** [road, route] muy recorrido (muy recorrida).

traveller *UK*, **traveler** *US* ['trævlə'] *n* **-1.** [person on journey] viajero *m*, -ra *f* **-2.** [sales representative] viajante *m or f* (de comercio).

traveller's cheque *n* cheque *m* de viajero.

travelling *UK*, **traveling** *US* ['trævlɪŋ] *adj* **-1.** [theatre, showman] ambulante **-2.** [clock, time, allowance] de viaje.

travelling expenses *npl* gastos *mpl or* dietas *fpl* de viaje.

travelling salesman *n* viajante *m or f* (de comercio).

travelogue, travelog *US* ['trævəlɒg] *n* **-1.** [talk] conferencia *f* sobre un viaje **-2.** [film] documental *m* sobre viajes.

travelsick ['trævlsɪk] *adj* que se marea al viajar; **to be** *or* **feel ~** estar mareado(da).

traverse ['trævəs, ˌtræ'vɜːs] *vt fml* atravesar.

travesty ['trævəstɪ] (*pl* **-ies**) *n* burda parodia *f*.

trawl [trɔːl] <> *n* [fishing net] red *f* barredera. <> *vt*: **to ~ sthg (for)** [fish] rastrear algo (en busca de). <> *vi*: **to ~ for** [fish] pescar al arrastre en busca de.

trawler ['trɔːlə'] *n* trainera *f*.

tray [treɪ] *n* bandeja *f*, charola *f Bol, CAm, Méx, Perú*, charol *m Col, Perú*.

treacherous ['tretʃərəs] *adj* **-1.** [plan, action] traicionero(ra); [person] traidor(ra) **-2.** [dangerous] peligroso(sa).

treachery ['tretʃərɪ] *n* traición *f*.

treacle ['triːkl] *n UK* melaza *f*.

tread [tred] (*pt* trod, *pp* trodden) <> *n* **-1.** [on tyre, shoe] banda *f* **-2.** [sound of walking] pasos *mpl*. <> *vt* [crush]: **to ~ sthg into** pisotear algo en; **to ~ water** flotar moviendo las piernas. <> *vi* **-1.** [step]: **to ~ on sthg** pisar algo **-2.** [walk]

andar; **to ~ carefully** *fig* andar con pies de plomo.

treadle ['tredll] *n* pedal *m*.

treadmill ['tredmɪl] *n* **-1.** [wheel] rueda *f* de molino **- 2.** *fig* [dull routine] rutina *f*.

treason ['triːzn] *n* traición *f*.

treasure ['treʒəʳ] ◇ *n lit* & *fig* tesoro *m*. ◇ *vt* guardar como oro en paño.

treasure hunt *n* juego *m* de la caza del tesoro.

treasurer ['treʒərəʳ] *n* tesorero *m*, -ra *f*.

treasure trove *n* *JUR* tesoro *m* escondido *OR* oculto.

treasury ['treʒərɪ] (*pl* **-ies**) *n* [room] *habitación donde se guarda el tesoro de un castillo, de una catedral etc*.

  ➡ **Treasury** *n*: **the Treasury** ≃ el Ministerio de Hacienda.

treasury bill *n* bono *m* del Tesoro.

treat [triːt] ◇ *vt* **-1.** [gen] tratar; **to ~ sb well/badly** tratar bien/mal a alguien; **to ~ sb as/like** tratar a alguien como; **to ~ sthg as a joke** tomarse algo como si fuera broma; **to ~ sb for sthg** *MED* tratar a alguien de algo **- 2.** [give sthg special]: **to ~ sb (to)** invitar a alguien (a). ◇ *n* [something special] regalo *m*; **he took me out to dinner as a ~** me invitó a cenar.

treatise ['triːtɪs] *n fml*: **~ (on)** tratado *m* (sobre).

treatment ['triːtmənt] *n* **-1.** *MED*: **~ (for)** tratamiento *m* (para) **- 2.** [manner of dealing] trato *m*.

treaty ['triːtɪ] (*pl* **-ies**) *n* tratado *m*.

treble ['trebl] ◇ *adj* **-1.** *MUS* de tiple **- 2.** [with numbers] triple. ◇ *vt* triplicar. ◇ *vi* triplicarse.

treble clef *n* clave *f* de sol.

tree [triː] *n* *BOT* & *COMPUT* árbol *m*; **to be barking up the wrong ~** equivocarse de medio a medio.

tree-lined *adj* bordeado(da) de árboles.

tree surgeon *n especialista en el cuidado de los árboles*.

treetop ['triːtɒp] *n* copa *f* (de árbol).

tree-trunk *n* tronco *m* (de árbol).

trek [trek] (*pt* & *pp* **-ked**, *cont* **-king**) ◇ *n* viaje *m* largo y difícil; **it's quite a ~** es toda una caminata. ◇ *vi*: **we trekked round the museums** nos pateamos los museos.

trellis ['trelɪs] *n* enrejado *m*, espaldera *f*.

tremble ['trembl] *vi* temblar; **to ~ with cold/fear** temblar de frío/miedo.

tremendous [trɪˈmendəs] *adj* **-1.** [impressive, large] enorme, tremendo(da) **- 2.** *inf* [really good] estupendo(da), magnífico(ca).

tremendously [trɪˈmendəslɪ] *adv* [impressively, hugely] enormemente.

tremor ['treməʳ] *n* **-1.** [of person, body, voice] estremecimiento *m* **- 2.** [small earthquake] temblor *m*, remezón *m Andes* & *RP*.

tremulous ['tremjʊləs] *adj literary* [voice] trémulo(la); [smile] tímido(da).

trench [trentʃ] *n* **-1.** [narrow channel] zanja *f* **- 2.** *MIL* trinchera *f*.

trenchant ['trentʃənt] *adj fml* mordaz.

trench coat *n* trinchera *f*, gabardina *f*, impermeable *m*.

trench warfare *n* (*U*) guerra *f* de trincheras.

trend [trend] *n* [tendency] tendencia *f*; [fashion] moda *f*; **to set a ~** establecer una moda.

trendsetter ['trend,setəʳ] *n* iniciador *m*, -ra *f* de modas.

trendy ['trendɪ] (*compar* **-ier**, *superl* **-iest**, *pl* **-ies**) *inf* ◇ *adj* [person] moderno(na); [clothes] de moda. ◇ *n* moderno *m*, -na *f*.

trepidation [,trepɪˈdeɪʃn] *n fml*: **in** *OR* **with ~** con ansiedad *OR* agitación.

trespass ['trespas] *vi* entrar ilegalmente; **to ~ on** entrar ilegalmente en; **'no ~ing'** 'prohibido el paso'.

trespasser ['trespasəʳ] *n* intruso *m*, -sa *f*; **'~s will be prosecuted'** 'los intrusos serán sancionados por la ley'.

trestle ['tresl] *n* caballete *m*.

trestle table *n* mesa *f* de caballete.

trial ['traɪəl] *n* **-1.** *JUR* juicio *m*, proceso *m*; **to be on ~ (for)** ser procesado(da) (por); **to be brought to ~** ser llevado(da) a juicio **- 2.** [test, experiment] prueba *f*; **on ~** de prueba; **by ~ and error** a base de probar **- 3.** [unpleasant experience] suplicio *m*, fastidio *m*; **~s and tribulations** tribulaciones *fpl*.

trial basis *n*: **on a ~** en período de prueba.

trial period *n* período *m* de prueba.

trial run *n* ensayo *m*.

trial-size(d) *adj* en tamaño de muestra.

triangle ['traɪæŋgl] *n* **-1.** *GEOM* & *MUS* triángulo *m* **- 2.** *US* [set square] escuadra *f*, cartabón *m*.

triangular [traɪˈæŋgjʊləʳ] *adj* triangular.

triathlon [traɪˈæθlɒn] (*pl* **-s**) *n* triatlón *m*.

tribal ['traɪbl] *adj* tribal.

tribe [traɪb] *n* tribu *f*.

tribulation [,trɪbjʊˈleɪʃn] ▷ **trial**.

tribunal [traɪˈbjuːnl] *n* tribunal *m*.

tribune ['trɪbjuːn] *n* tribuno *m*.

tributary ['trɪbjʊtrɪ] (*pl* **-ies**) *n* afluente *m*.

tribute ['trɪbjuːt] *n* **-1.** [credit] tributo *m*; **to be a ~ to** hacer honor a; **to pay a ~ (to)** hacer un homenaje (a) **- 2.** (*U*) [respect, admiration]: **to pay ~ (to)** rendir homenaje (a).

trice [traɪs] *n*: **in a ~** en un dos por tres.

triceps ['traɪseps] (*pl inv* OR **-cepses**) *n* tríceps *m*.

trick [trɪk] ◇ *n* **-1.** [to deceive] truco *m*; [to trap] trampa *f*; [joke] broma *f*; **to play a ~ on sb** gastarle una broma a alguien **-2.** [in magic] juego *m* (de manos) **-3.** [knack] truco *m*; **that should do the ~** eso es lo que necesitamos. ◇ *vt* engañar, timar; **to ~ sb into doing sthg** engañar a alguien para que haga algo. ◇ *comp* [joke] de broma.

trickery ['trɪkərɪ] *n* (U) engaño *m*, fraude *m*.

trickle ['trɪkl] ◇ *n* **-1.** [of liquid] hilo *m* **-2.** [of people, things] sarta *f*, rosario *m*. ◇ *vi* **-1.** [liquid] resbalar *(formando un hilo)* **-2.** [people, things]: **to ~ in/out** llegar/salir poco a poco.

trick question *n* pega *f*, pregunta *f* capciosa.

tricky ['trɪkɪ] (*compar* **-ier**, *superl* **-iest**) *adj* [difficult] difícil, embromado(da) *Amér*.

tricycle ['traɪsɪkl] *n* triciclo *m*.

trident ['traɪdnt] *n* tridente *m*.

tried [traɪd] ◇ *pt & pp* ⊳**try**. ◇ *adj*: **~ and tested** probado(da).

trier ['traɪəʳ] *n*: **she's a ~** se esfuerza al máximo.

trifle ['traɪfl] *n* **-1.** UK CULIN postre de bizcocho *con gelatina, crema, frutas y nata* **-2.** [unimportant thing] pequeñez *f*, nadería *f*.
➡ **a trifle** *adv fml* un poco, ligeramente.
➡ **trifle with** *vt fus* tratar sin respeto.

trifling ['traɪflɪŋ] *adj pej* trivial, insignificante.

trigger ['trɪgəʳ] ◇ *n* [on gun] gatillo *m*. ◇ *vt* desencadenar, provocar.
➡ **trigger off** *vt sep* desencadenar, provocar.

trigonometry [ˌtrɪgə'nɒmətrɪ] *n* trigonometría *f*.

trilby ['trɪlbɪ] (*pl* **-ies**) *n* UK sombrero *m* flexible OR de fieltro.

trill [trɪl] ◇ *n* trino *m*. ◇ *vi* [bird] trinar, gorjear; [woman] decir con voz cantarina.

trillions ['trɪljənz] *npl inf*: **~ (of)** montones *mpl* (de).

trilogy ['trɪlədʒɪ] (*pl* **-ies**) *n* trilogía *f*.

trim [trɪm] (*compar* **-mer**, *superl* **-mest**, *pt & pp* **-med**, *cont* **-ming**) ◇ *adj* **-1.** [neat and tidy] limpio y arreglado (limpia y arreglada) **-2.** [slim] esbelto(ta). ◇ *n* **-1.** [of hair] recorte *m*; [of hedge] poda *f* **-2.** [decoration] adorno *m*. ◇ *vt* **-1.** [nails, moustache] recortar, cortar **-2.** [decorate]: **to ~ sthg (with)** adornar algo (con).
➡ **trim away, trim off** *vt sep* cortar.

trimmed [trɪmd] *adj*: **~ with** adornado(da) con.

trimmings ['trɪmɪŋz] *npl* **-1.** [on clothing] adornos *mpl* **-2.** [with food] guarnición *f*.

Trinidad and Tobago ['trɪnɪdæd-] *n* Trinidad y Tobago.

Trinity ['trɪnətɪ] *n* RELIG: **the ~** la Trinidad.

trinket ['trɪŋkɪt] *n* baratija *f*.

trio ['triːəʊ] (*pl* **-s**) *n* trío *m*.

trip [trɪp] (*pt & pp* **-ped**, *cont* **-ping**) ◇ *n* [gen] *drugs sl* viaje *m*; [to be (away) on a ~] estar de viaje; **a ~ to London/the seaside** un viaje a Londres/la costa. ◇ *vt* [make stumble] hacer la zancadilla a. ◇ *vi* [stumble] tropezar, dar un tropezón; **to ~ over sthg** tropezar con algo.
➡ **trip up** *vt sep* **-1.** [make stumble] hacer tropezar, hacer la zancadilla a **-2.** [catch out] coger a, pillar a.

tripartite [ˌtraɪ'pɑːtaɪt] *adj fml* tripartito(ta).

tripe [traɪp] (U) *n* **-1.** CULIN callos *mpl* **-2.** *inf* [nonsense] tonterías *fpl*, idioteces *fpl*.

triple ['trɪpl] ◇ *adj* triple. ◇ *adv*: **~ the quantity** el triple. ◇ *vt* triplicar. ◇ *vi* triplicarse.

triple jump *n*: **the ~** el triple salto.

triplets ['trɪplɪts] *npl* trillizos *mpl*, -zas *fpl*, triates *mpl Amér*.

triplicate ['trɪplɪkət] *n*: **in ~** por triplicado.

tripod ['traɪpɒd] *n* trípode *m*.

Tripoli ['trɪpəlɪ] *n* Trípoli.

tripper ['trɪpəʳ] *n* UK excursionista *m* OR *f*.

tripwire ['trɪpwaɪəʳ] *n* cable *m* trampa.

trite [traɪt] *adj pej* trillado(da), manido(da).

triumph ['traɪʌmf] ◇ *n* triunfo *m*. ◇ *vi*: **to ~ (over)** triunfar (sobre).

triumphal [traɪ'ʌmfl] *adj fml* triunfal.

triumphant [traɪ'ʌmfənt] *adj* [exultant] triunfante.

triumphantly [traɪ'ʌmfəntlɪ] *adv* triunfalmente.

trivia ['trɪvɪə] *n* (U) trivialidades *fpl*.

trivial ['trɪvɪəl] *adj pej* trivial.

triviality [ˌtrɪvɪ'ælətɪ] (*pl* **-ies**) *n* trivialidad *f*.

trivialize, -ise ['trɪvɪəlaɪz] *vt* trivializar.

trod [trɒd] *pt* ⊳**tread**.

trodden ['trɒdn] *pp* ⊳**tread**.

Trojan ['trəʊdʒən] ◇ *adj* HISTORY troyano(na). ◇ *n* HISTORY troyano *m*, -na *f*; **to work like a ~** *fig* trabajar como un negro.

troll [trəʊl] *n* gnomo *m*, duende *m*.

trolley ['trɒlɪ] (*pl* **trolleys**) *n* **-1.** UK [for shopping, food, drinks] carrito *m* **-2.** US [tram] tranvía *m*.

trolleybus ['trɒlɪbʌs] *n* trolebús *m*.

trolley case *n* maleta *f* tipo carrito.

trombone [trɒm'bəʊn] *n* trombón *m*.

troop [truːp] ◇ *n* [of people] grupo *m*, bandada *f*. ◇ *vi* ir en grupo.
➡ **troops** *npl* tropas *fpl*.

➤ **troop in** *vi* entrar en tropel.
➤ **troop out** *vi* salir en tropel.

trooper ['tru:pə'] *n* **-1.** *MIL* soldado *m* de caballería **-2.** *US* [policeman] *miembro de la policía estatal.*

troopship ['tru:pʃɪp] *n* buque *m* de transporte militar.

trophy ['trəʊfɪ] (*pl* **-ies**) *n SPORT* trofeo *m.*

tropical ['trɒpɪkl] *adj* tropical.

Tropic of Cancer ['trɒpɪk-] *n*: **the** ~ el trópico de Cáncer.

Tropic of Capricorn ['trɒpɪk-] *n*: **the** ~ el trópico de Capricornio.

tropics ['trɒpɪks] *npl*: **the** ~ el trópico.

trot [trɒt] (*pt & pp* **-ted**, *cont* **-ting**) ◇ *n* **-1.** [of horse] trote *m* **-2.** [of person] paso *m* rápido. ◇ *vi* **-1.** [horse] trotar **-2.** [person] andar con pasos rápidos.
➤ **on the trot** *adv inf*: **three times on the** ~ tres veces seguidas.
➤ **trot out** *vt sep pej*: **he trotted out the same old excuses** repitió las mismas excusas manidas.

Trotskyism ['trɒtskɪɪzm] *n* trotskismo *m.*

trotter ['trɒtə'] *n* [pig's foot] pie *m* de cerdo.

trouble ['trʌbl] ◇ *n* (*U*) **-1.** [bother] molestia *f*; [difficulty, main problem] problema *m*; **to tell sb one's** ~**s** contarle a alguien sus problemas; **would it be too much** ~ **to ask you to ...?** ¿tendría inconveniente en ...?; **to be in** ~ tener problemas; **to have** ~ **doing sthg** tener problemas haciendo algo; **to take the** ~ **to do sthg, to go to the** ~ **of doing sthg** tomarse la molestia de hacer algo; **the** ~ **with sb/sthg is ...** lo malo de alguien/algo es ...; **to be asking for** ~ estar buscándose problemas; **what seems to be the** ~? ¿cuál es el problema? **-2.** (*U*) [pain] dolor *m*; [illness] enfermedad *f*; **heart** ~ problemas cardiacos; **back** ~ problemas de espalda; **I'm having** ~ **with my leg** me está molestando la pierna **-3.** (*U*) [violence, unpleasantness] problemas *mpl.* ◇ *vt* **-1.** [worry, upset] preocupar **-2.** [disturb, give pain to] molestar.
➤ **troubles** *npl* **-1.** [problems, worries] problemas *mpl*, preocupaciones *fpl* **-2.** *POL* conflicto *m.*

troubled ['trʌbld] *adj* **-1.** [worried, upset] preocupado(da) **-2.** [disturbed, problematic] agitado(da), turbulento(ta).

trouble-free *adj* sin problemas.

troublemaker ['trʌbl,meɪkə'] *n* alborotador *m*, -ra *f.*

troubleshooter ['trʌbl,ʃu:tə'] *n* [in organizations] *persona contratada para resolver problemas.*

troublesome ['trʌblsəm] *adj* molesto(ta), fregado(da) *Amér.*

trouble spot *n* lugar *m OR* punto *m* conflictivo.

trough [trɒf] *n* **-1.** [for drinking] abrevadero *m*; [for eating] comedero *m* **-2.** [low point] punto *m* más bajo.

trounce [traʊns] *vt inf* dar una paliza a.

troupe [tru:p] *n* compañía *f.*

trouser press ['traʊzə'-] *n* prensa *f* para pantalones.

trousers ['traʊzəz] *npl* pantalones *mpl.*

trouser suit ['traʊzə'-] *n UK* traje *m* pantalón.

trousseau ['tru:səʊ] (*pl* **-x** [-z], **-s**) *n* ajuar *m.*

trout [traʊt] (*pl inv OR* **-s**) *n* trucha *f.*

trove [trəʊv] ▷ **treasure trove.**

trowel ['traʊəl] *n* **-1.** [for the garden] desplantador *m* **-2.** [for cement, plaster] paleta *f*, palustre *m.*

truancy ['tru:ənsɪ] *n* el hacer novillos.

truant ['tru:ənt] *n* [child] alumno *m*, -na *f* que hace novillos; **to play** ~ hacer novillos.

truce [tru:s] *n*: ~ **(between)** tregua *f* (entre).

truck [trʌk] ◇ *n* **-1.** [lorry] camión *m* **-2.** *RAIL* vagón *m* de mercancías. ◇ *vt US* transportar en camión.

truck driver *n esp US* camionero *m*, -ra *f.*

trucker ['trʌkə'] *n US* camionero *m*, -ra *f.*

truck farm *n US* puesto de verduras y frutas *para la venta.*

trucking ['trʌkɪŋ] *n US* transporte *m* por camión.

truck stop *n US* restaurante *m* de carretera.

truculent ['trʌkjʊlənt] *adj* agresivo(va), pendenciero(ra).

trudge [trʌdʒ] ◇ *n* caminata *f* pesada. ◇ *vi* caminar con dificultad.

true [tru:] *adj* **-1.** [gen] verdadero(ra); **it's** ~ es verdad; **to come** ~ hacerse realidad **-2.** [genuine] auténtico(ca); [friend] de verdad **-3.** [exact] exacto(ta) **-4.** [*TECH* - wheel] centrado(da); [- window-frame] nivelado(da).

true-life *adj* basado(da) en la realidad.

truffle ['trʌfl] *n* trufa *f.*

truism ['tru:ɪzm] *n* truismo *m.*

truly ['tru:lɪ] *adv* verdaderamente; **yours** ~ le saluda atentamente.

trump [trʌmp] ◇ *n* triunfo *m (en cartas).* ◇ *vt* fallar.

trump card *n fig* baza *f.*

trumped-up ['trʌmpt-] *adj pej* inventado(da).

trumpet ['trʌmpɪt] ◇ *n* trompeta *f.* ◇ *vi* [elephant] barritar.

trumpeter ['trʌmpɪtə'] *n* trompetista *m OR f.*

truncated [trʌŋˈkeɪtɪd] *adj fml* truncado(da).

truncheon [ˈtrʌntʃən] *n* porra *f*.

trundle [ˈtrʌndl] ◇ *vt* empujar lentamente. ◇ *vi* rodar lentamente; **he ~d along to the post office** se arrastró lentamente hasta correos.

trunk [trʌŋk] *n* **-1.** [of tree, person] tronco *m* **-2.** [of elephant] trompa *f* **-3.** [box] baúl *m* **-4.** *US* [of car] maletero *m*, portaequipaje *m*, cajuela *f Méx*, baúl *m Col, RP*, maletera *f Perú*.

➤ **trunks** *npl* bañador *m* (de hombre) *Esp*, traje *m* de baño (de hombre).

trunk call *n UK* conferencia *f Esp*, llamada *f* interurbana.

trunk road *n* ≃ carretera *f* nacional.

truss [trʌs] ◇ *n* **-1.** *MED* braguero *m* **-2.** *CONSTR* armazón *m OR f*. ◇ *vt*: **to ~ (up)** atar.

trust [trʌst] ◇ *vt* **-1.** [believe in] confiar en **-2.** [have confidence in]: **to ~ sb to do sthg** confiar en alguien para que haga algo **-3.** [entrust]: **to ~ sb with sthg** confiar algo a alguien **-4.** *fml* [hope] esperar; **I ~ you slept well** espero que hayas dormido bien **-5.** [accept as safe, reliable] fiarse de. ◇ *n* **-1.** *(U)* [faith, responsibility]: **~ (in)** confianza *f* (en); **to take sthg on ~** creer algo sin cuestionarlo; **to put OR place one's ~ in** confiar en **-2.** *FIN* trust *m*; **in ~** en fideicomiso.

trust company *n* banco *m* fideicomisario.

trusted [ˈtrʌstɪd] *adj* de confianza.

trustee [trʌsˈtiː] *n FIN & JUR* fideicomisario *m*, -ria *f*.

trusteeship [ˌtrʌsˈtiːʃɪp] *n* fideicomiso *m*, administración *f* fiduciaria.

trust fund *n* fondo *m* de fideicomiso.

trusting [ˈtrʌstɪŋ] *adj* confiado(da).

trustworthy [ˈtrʌstˌwɜːðɪ] *adj* digno(na) de confianza.

trusty [ˈtrʌstɪ] (*compar* **-ier**, *superl* **-iest**) *adj hum* fiel.

truth [truːθ] *n* verdad *f*; **the ~** la verdad; **in (all) ~** en verdad, verdaderamente.

truth drug *n* suero *m* de la verdad.

truthful [ˈtruːθfʊl] *adj* **-1.** [person] sincero(ra), honesto(ta) **-2.** [story] verídico(ca).

try [traɪ] (*pt & pp* **-ied**, *pl* **-ies**) ◇ *vt* **-1.** [attempt] intentar; **to ~ to do sthg** tratar de *OR* intentar hacer algo **-2.** [sample, test] probar **-3.** *JUR* [case] ver; [criminal] juzgar, procesar **-4.** [put to the test - person] acabar con la paciencia de; [- patience] acabar con. ◇ *vi* intentar; **to ~ for sthg** tratar de conseguir algo. ◇ *n* **-1.** [attempt] intento *m*, tentativa *f*; **to have a ~ at sthg** intentar hacer algo **-2.** [sample, test]: **to give sthg a ~** probar algo **-3.** *RUGBY* ensayo *m*.

➤ **try on** *vt sep* probarse.

➤ **try out** *vt sep* [car, machine] probar; [plan] poner a prueba; **to ~ sthg out on sb** probar algo con alguien; **to ~ out for** *US* presentarse a una prueba de selección para.

trying [ˈtraɪɪŋ] *adj* difícil, pesado(da).

tsar [zɑːʳ] *n* zar *m*.

T-shirt *n* camiseta *f*, remera *f RP*, playera *f Méx*, polera *f Chile*.

tsp. *abbr of* **teaspoon**.

T-square *n* escuadra *f* en forma de T.

tub [tʌb] *n* **-1.** [container - small] bote *m*; [- large] tina *f* **-2.** *inf* [bath] bañera *f*.

tuba [ˈtjuːbə] *n* tuba *f*.

tubby [ˈtʌbɪ] (*compar* **-ier**, *superl* **-iest**) *adj inf* regordete(ta), rechoncho(cha).

tube [tjuːb] *n* **-1.** [cylinder, container] tubo *m* **-2.** *ANAT* conducto *m* **-3.** *UK inf RAIL* metro *m*, subte *m CSur*; **by ~** en metro.

tubeless [ˈtjuːblɪs] *adj* sin cámara.

tuber [ˈtjuːbəʳ] *n* tubérculo *m*.

tuberculosis [tjuːˌbɜːkjʊˈləʊsɪs] *n* tuberculosis *f*.

tube station *n UK inf* estación *f* de metro.

tubing [ˈtjuːbɪŋ] *n* *(U)* tubos *mpl*.

tubular [ˈtjuːbjʊləʳ] *adj* tubular.

TUC *n abbr of* **Trades Union Congress**.

tuck [tʌk] ◇ *n SEWING* pliegue *m*. ◇ *vt* [place neatly] meter.

➤ **tuck away** *vt sep* **-1.** [money etc] guardar **-2.** [village, house]: **to be ~ed away** estar escondido(da).

➤ **tuck in** ◇ *vt sep* **-1.** [person - in bed] arropar **-2.** [clothes] meterse. ◇ *vi inf* comer con apetito.

➤ **tuck up** *vt sep* arropar; **to ~ sb up in bed** arropar a alguien en la cama.

tuck shop *n UK* confitería *f* (*emplazada cerca de un colegio*).

Tudor [ˈtjuːdəʳ] ◇ *adj* **-1.** *HISTORY* de la dinastía Tudor **-2.** *ARCHIT* de estilo Tudor. ◇ *n* Tudor *m OR f*.

Tue., Tues. (*abbr of* **Tuesday**) mart.

Tuesday [ˈtjuːzdɪ] *n* martes *m inv*; *see also* **Saturday**.

tuft [tʌft] *n* [of hair] mechón *m*; [of grass] manojo *m*.

tug [tʌg] (*pt & pp* **-ged**, *cont* **-ging**) ◇ *n* **-1.** [pull] tirón *m* **-2.** [boat] remolcador *m*. ◇ *vt* tirar de, dar un tirón a. ◇ *vi*: **to ~ (at)** tirar (de).

tugboat [ˈtʌgbəʊt] *n* remolcador *m*.

tug-of-love *n UK inf* lucha por la custodia de un niño.

tug-of-war *n* juego *m* de la cuerda (*en el que dos equipos compiten tirando de ella*).

tuition [tjuːˈɪʃn] *n* enseñanza *f*; **private ~**

clases *fpl* particulares.
tulip ['tju:lɪp] *n* tulipán *m*.
tumble ['tʌmbl] <> *vi* **-1.** [person] caerse (rodando) **-2.** [water] caer a borbotones **-3.** *fig* [prices] caer en picado. <> *n* caída *f*.
➤ **tumble to** *vt fus UK inf* caerse en la cuenta de, percatarse de.
tumbledown ['tʌmbldaʊn] *adj* ruinoso(sa).
tumble-dry *vt* secar en secadora.
tumble-dryer [-,draɪə'] *n* secadora *f*.
tumbler ['tʌmblə'] *n* [glass] vaso *m*.
tummy ['tʌmɪ] (*pl* -**ies**) *n inf* barriga *f*.
tumour *UK*, **tumor** *US* ['tju:mə'] *n* tumor *m*.
tumult ['tju:mʌlt] *n fml* tumulto *m*.
tumultuous ['tju:mʌltjʊəs] *adj fml* tumultuoso(sa).
tuna [*UK* 'tju:nə, *US* 'tu:nə] (*pl inv or* -**s**) *n* atún *m*.
tundra ['tʌndrə] *n* tundra *f*.
tune [tju:n] <> *n* -**1.** [song, melody] melodía *f*-**2.** [harmony]: **in** ~ *MUS* afinado(da); **out of** ~ *MUS* desafinado(da); **to be out of/in** ~ **(with sb/ sthg)** *fig* no avenirse/avenirse (con alguien/ algo); **to the** ~ **of** *fig* por la friolera de; **to change one's** ~ *inf* cambiar de opinión. <> *vt* -**1.** *MUS* afinar -**2.** *RADIO & TV* sintonizar; ~ **theTV to BBC1** pon la BBC1 (en la tele) -**3.** [engine] poner a punto. <> *vi RADIO & TV:* **to** ~ **to sthg** sintonizar algo.
➤ **tune in** *vi RADIO & TV:* **to** ~ **in (to sthg)** sintonizar (algo).
➤ **tune up** *vi MUS* concertar *OR* afinar los instrumentos.
tuneful ['tju:nfʊl] *adj* melodioso(sa).
tuneless ['tju:nlɪs] *adj* poco melodioso(sa).
tuner ['tju:nə'] *n* -**1.** *RADIO & TV* sintonizador *m* -**2.** *MUS* afinador *m*, -ra *f*.
tungsten ['tʌŋstən] *n* tungsteno *m*.
tunic ['tju:nɪk] *n* túnica *f*.
tuning fork ['tju:nɪŋ-] *n* diapasón *m*.
Tunis ['tju:nɪs] *n* Túnez (*capital*).
Tunisia [tju:'nɪzɪə] *n* Túnez.
Tunisian [tju:'nɪzɪən] <> *adj* tunecino(na). <> *n* [person] tunecino *m*, -na *f*.
tunnel ['tʌnl] (*UK pt* & *pp* -**led**, *cont* -**ling**, *US pt* & *pp* -**ed**, *cont* -**ing**) <> *n* túnel *m*. <> *vi* hacer un túnel.
tunnel vision *n MED* visión *f* de túnel; *fig* & *pej* [narrow-mindedness] estrechez *f* de miras.
tunny ['tʌnɪ] (*pl inv or* -**ies**) *n* [fish] atún *m*.
turban ['tɜ:bən] *n* turbante *m*.
turbid ['tɜ:bɪd] *adj* [water] turbio(bia).
turbine ['tɜ:baɪn] *n* turbina *f*.
turbo ['tɜ:bəʊ] (*pl* -**s**) *n* turbina *f*.
turbocharged ['tɜ:bəʊʃɑ:dʒd] *adj* provisto(ta) de turbina; [car] turbo (*inv*).

turbojet [,tɜ:bəʊ'dʒet] *n* turborreactor *m*.
turbot ['tɜ:bət] (*pl inv or* -**s**) *n* rodaballo *m*.
turbulence ['tɜ:bjʊləns] *n (U) lit* & *fig* turbulencia *f*.
turbulent ['tɜ:bjʊlənt] *adj lit* & *fig* turbulento(ta).
tureen [tə'ri:n] *n* sopera *f*.
turf [tɜ:f] (*pl* -**s** *or* **turves**) <> *n* -**1.** [grass surface] césped *m* -**2.** [clod] tepe *m*. <> *vt* encespedar, cubrir con césped.
➤ **turf out** *vt sep UK inf* [person] dar la patada a, echar; [old clothes] tirar.
turf accountant *n UK fml* corredor *m*, -ra *f* de apuestas.
turgid ['tɜ:dʒɪd] *adj fml* [over-solemn] ampuloso(sa).
Turk [tɜ:k] *n* turco *m*, -ca *f*.
Turkestan, Turkistan [,tɜ:kɪ'stɑ:n] *n* (el) Turquestán.
turkey ['tɜ:kɪ] (*pl* **turkeys**) *n* pavo *m*.
Turkey ['tɜ:kɪ] *n* Turquía.
Turkish ['tɜ:kɪʃ] <> *adj* turco(ca). <> *n* [language] turco *m*. <> *npl* [people]: **the** ~ los turcos.
Turkish bath *n* baño *m* turco.
Turkish delight *n* rahat lokum *m*, *dulce de una sustancia gelatinosa, cubierto de azúcar glas.*
Turkistan = Turkestan.
Turkmenistan [,tɜ:kmenɪ'stɑ:n] *n* Turkmenistán.
turmeric ['tɜ:mərɪk] *n* cúrcuma *f*.
turmoil ['tɜ:mɔɪl] *n* confusión *f*, alboroto *m*; **the country was in** ~ reinaba la confusión en el país.
turn [tɜ:n] <> *n* -**1.** [in road, river] curva *f*-**2.** [of knob, wheel] vuelta *f*-**3.** [change] cambio *m*; **to take a** ~ **for the worse** empeorar -**4.** [in game] turno *m*; **it's my** ~ me toca a mí; **in** ~ sucesivamente, uno tras otro; **to take (it in) ~s (to do sthg)** turnarse (en hacer algo) -**5.** [of year, decade etc] fin *m*; **at the** ~ **of the century** a finales de siglo -**6.** [performance] número *m* -**7.** *MED* ataque *m* -**8.** *phr:* **to do sb a good** ~ hacerle un favor a alguien. <> *vt* -**1.** [chair, page, omelette] dar la vuelta a -**2.** [knob, wheel] girar -**3.** [corner] doblar -**4.** [thoughts, attention]: **to** ~ **sthg to** dirigir algo hacia -**5.** [change]: **to** ~ **sthg into** convertir *OR* transformar algo en -**6.** [cause to become]: **the cold** ~**ed his fingers blue** se le pusieron los dedos azules por el frío; **to** ~ **sthg inside out** volver algo del revés -**7.** [milk] cortar, agriar. <> *vi* -**1.** [car] girar; [road] torcer; [person] volverse, darse la vuelta -**2.** [wheel] dar vueltas -**3.** [turn page over]: ~ **to**

page two pasen a la página dos **- 4.** [thoughts, attention]: **to ~ to** dirigirse hacia **- 5.** [seek consolation]: **to ~ to sb/stg** buscar consuelo en alguien/algo; **she has nobody to ~ to** no tiene a quien acudir **- 6.** [change]: **to ~ into** convertirse OR transformarse en **- 7.** [become]: **it ~ed black** se volvió negro; **the demonstration ~ed nasty** la manifestación se puso violenta **- 8.** [go sour] cortarse, agriarse.

➤ **turn against** vt fus poner en contra de.

➤ **turn around** = turn round.

➤ **turn away** vt sep [refuse entry to] no dejar entrar.

➤ **turn back** ◇ vt sep [person, vehicle] hacer volver. ◇ vi volver, volverse.

➤ **turn down** vt sep **- 1.** [offer, person] rechazar **- 2.** [volume, heating] bajar.

➤ **turn in** vi inf [go to bed] irse a dormir.

➤ **turn off** ◇ vt fus [road, path] desviarse de, salir de. ◇ vt sep [radio, heater] apagar; [engine] parar; [gas, tap] cerrar. ◇ vi [leave road] desviarse, salir.

➤ **turn on** ◇ vt sep **- 1.** [radio, TV, engine] encender; [gas, tap] abrir **- 2.** inf [excite sexually] poner cachondo(da), excitar. ◇ vt fus [attack] atacar.

➤ **turn out** ◇ vt sep **- 1.** [extinguish] apagar **- 2.** inf [produce] producir **- 3.** [eject] echar **- 4.** [empty - pockets, bag] vaciar. ◇ vt fus: **to ~ out to be** resultar ser; **it ~s out that ...** resulta que ... ◇ vi **- 1.** [end up] salir **- 2.** [arrive]: **to ~ out (for)** venir OR presentarse (a).

➤ **turn over** ◇ vt sep **- 1.** [turn upside down] dar la vuelta a; [page] volver **- 2.** [consider] darle vueltas a **- 3.** UK RADIO & TV cambiar **- 4.** [hand over]: **to ~ stg/sb over (to)** entregar algo/a alguien (a). ◇ vi [roll over] darse la vuelta.

➤ **turn round** ◇ vt sep **- 1.** [gen] dar la vuelta a **- 2.** [knob, key] hacer girar. ◇ vi [person] darse la vuelta, volverse.

➤ **turn up** ◇ vt sep [volume, heating] subir. ◇ vi inf aparecer.

turnabout ['tɜːnəbaʊt] n cambio m radical.

turnaround US = turnround.

turncoat ['tɜːnkəʊt] n pej chaquetero m, -ra f.

turning ['tɜːnɪŋ] n [in road] bocacalle f.

turning point n momento m decisivo.

turnip ['tɜːnɪp] n nabo m.

turnout ['tɜːnaʊt] n número m de asistentes, asistencia f.

turnover ['tɜːnˌəʊvə'] n (U) **- 1.** [of personnel] movimiento m de personal **- 2.** UK FIN volumen m de ventas, facturación f.

turnpike ['tɜːnpaɪk] n US autopista f de peaje.

turnround UK ['tɜːnraʊnd], **turnaround** US ['tɜːnəraʊnd] n **- 1.** COMM tiempo m de carga y

descarga *(de un barco, avión etc)* **- 2.** [change] cambio m radical.

turnstile ['tɜːnstaɪl] n torno m, torniquete m.

turntable ['tɜːnˌteɪbl] n plato m giratorio.

turn-up n UK [on trousers] vuelta f; **a ~ for the books** inf una auténtica sorpresa.

turpentine ['tɜːpəntaɪn] n trementina f.

turps [tɜːps] (abbr of **turpentine**) n UK inf trementina f.

turquoise ['tɜːkwɔɪz] ◇ adj turquesa. ◇ n **- 1.** [mineral, gem] turquesa f **- 2.** [colour] turquesa m.

turret ['tʌrɪt] n torreta f, torrecilla f.

turtle ['tɜːtl] (pl inv OR **-s**) n tortuga f (marina).

turtledove ['tɜːtldʌv] n tórtola f.

turtleneck ['tɜːtlnek] n cuello m (de) cisne.

turves [tɜːvz] UK pl ⊳ turf.

tusk [tʌsk] n colmillo m.

tussle ['tʌsl] ◇ n lucha f, pelea f. ◇ vi: **to ~ (over)** pelearse (por).

tut [tʌt] excl ¡vaya!

tutor ['tjuːtə'] ◇ n **- 1.** [private] profesor particular m, profesora particular f, tutor m, -ra f **- 2.** UNIV profesor universitario m, profesora universitaria f *(de un grupo pequeño).* ◇ vt: **to ~ sb in stg** dar clases particulares de algo a alguien. ◇ vi dar clases particulares.

tutorial [tjuːˈtɔːrɪəl] ◇ adj: **~ group** grupo *reducido de estudiantes que asiste a una clase.* ◇ n tutoría f, clase f con grupo reducido.

tutu ['tuːtuː] n tutú m.

tux [tʌks] (abbr of **tuxedo**) n inf esmoquin m.

tuxedo [tʌkˈsiːdəʊ] (pl **-s**) n esmoquin m.

TV (abbr of **television**) ◇ n televisión f; **on ~** en la televisión. ◇ comp de televisión.

TV dinner n comida completa precocinada y lista para el horno.

twaddle ['twɒdl] n (U) inf pej tonterías fpl.

twang [twæŋ] ◇ n **- 1.** [of guitar] tañido m; [of string, elastic] sonido m vibrante **- 2.** [accent] gangueo m, acento m nasal. ◇ vt [guitar] tañer; [wire, string] hacer vibrar (tirando y soltando). ◇ vi producir un sonido vibrante.

tweak [twiːk] vt inf [nose, ear] pellizcar, dar un tironcito a.

twee [twiː] adj UK pej cursi, siútico(ca) Amér.

tweed [twiːd] n tweed m.

tweet [twiːt] vi inf piar, hacer pío pío.

tweezers ['twiːzəz] npl pinzas fpl.

twelfth [twelfθ] num duodécimo(ma); see also sixth.

Twelfth Night n Noche f de Reyes.

twelve [twelv] num doce; see also six.

twentieth [ˈtwentɪəθ] *num* vigésimo(ma); *see also* sixth.

twenty [ˈtwentɪ] (*pl* -ies) *num* veinte; *see also* sixty.

twenty-one [twentɪˈwʌn] *n US* [game] veintiuna f.

twenty-twenty vision *n* vista f perfecta.

twerp [twɜːp] *n inf* imbécil *m* or f.

twice [twaɪs] *num adv* dos veces; ~ **a week** dos veces por semana; **it costs** ~ **as much** cuesta el doble; ~ **as big** el doble de grande; **he's** ~ **her age** le dobla en edad; **think** ~ piénsalo dos veces.

twiddle [ˈtwɪdl] ◇ *vt* dar vueltas a; **to** ~ **one's thumbs** *fig* holgazanear. ◇ *vi*: **to** ~ **with** juguetear con.

twig [twɪg] *n* ramita f.

twilight [ˈtwaɪlaɪt] *n* crepúsculo *m*, ocaso *m*.

twill [twɪl] *n* sarga f.

twin [twɪn] ◇ *adj* gemelo(la), morocho(cha) *Andes & RP.* ◇ *n* gemelo *m*, -la f, morocho *m*, -cha f *Ven.*

twin-bedded [-ˈbedɪd] *adj* de dos camas.

twin carburettor *n* motor *m* de dos carburadores.

twine [twaɪn] ◇ *n (U)* bramante *m*. ◇ *vt*: **to** ~ **sthg round sthg** enrollar algo en algo.

twin-engined [-ˈendʒɪnd] *adj* bimotor.

twinge [twɪndʒ] *n* [of pain] punzada f; [of guilt] remordimiento *m*.

twinkle [ˈtwɪŋkl] ◇ *n* brillo *m*. ◇ *vi* -**1.** [star] centellear, parpadear -**2.** [eyes] brillar.

twin room *n* habitación f con dos camas.

twin set *n UK* conjunto *m* de jersey y rebeca.

twin town *n* ciudad f hermanada.

twin tub *n* lavadora f de doble tambor.

twirl [twɜːl] ◇ *vt* dar vueltas a. ◇ *vi* dar vueltas rápidamente.

twist [twɪst] ◇ *n* -**1.** [in road] vuelta f, recodo *m*; [in river] meandro *m* -**2.** [of head, lid, knob] giro *m* -**3.** [shape] espiral f -**4.** *fig* [in plot] giro *m* imprevisto. ◇ *vt* -**1.** [cloth, rope] retorcer; [hair] enroscar -**2.** [face etc] torcer -**3.** [dial, lid] dar vueltas a; [head] volver -**4.** [ankle, knee etc] torcerse -**5.** [misquote] tergiversar. ◇ *vi* -**1.** [person] retorcerse; [road, river] contorsionarse, serpentear, dar vueltas -**2.** [face] contorsionarse; [frame, rail] torcerse -**3.** [turn - head, hand] volverse.

twisted [ˈtwɪstɪd] *adj pej* retorcido(da).

twister [ˈtwɪstər] *n US inf* tornado *m*.

twisty [ˈtwɪstɪ] (*compar* -ier, *superl* -iest) *adj inf* lleno(na) de curvas.

twit [twɪt] *n UK inf* imbécil *m* or f, gil *m Amér*, gila f *RP*.

twitch [twɪtʃ] ◇ *n* contorsión f; **nervous** ~ **tic** *m* (nervioso). ◇ *vi* contorsionarse.

twitter [ˈtwɪtər] *vi* -**1.** [bird] gorjear -**2.** *pej* [person] parlotear, cotorrear.

two [tuː] *num* dos; **to break in** ~ partirse en dos; **to do sthg in** ~**s** hacer algo en pares; **to put** ~ **and** ~ **together** atar cabos; *see also* six.

two-bit *adj US pej* de tres al cuarto.

two-dimensional *adj* en dos dimensiones.

two-door *adj* [car] de dos puertas.

twofaced [ˌtuːˈfeɪst] *adj pej* hipócrita.

twofold [ˈtuːfəʊld] ◇ *adj* doble; **a** ~ **increase** un incremento del doble. ◇ *adv*: **to increase** ~ duplicarse.

two-handed [-ˈhændɪd] *adj* [sword, axe] que se usa con las dos manos; [backhand] de dos manos.

two-piece *adj* [suit] de dos piezas.

two-ply *adj* de dos capas.

two-seater [-ˈsiːtər] *n* biplaza *m*.

twosome [ˈtuːsəm] *n inf* pareja f.

two-stroke ◇ *adj* [engine] de dos tiempos. ◇ *n* motor *m* de dos tiempos.

two-time *vt inf* engañar, poner los cuernos a.

two-tone *adj* bicolor.

two-way *adj* -**1.** [traffic] en ambas direcciones; [agreement, cooperation] mutuo(tua) -**2.** *TELEC*: ~ **radio** aparato *m* emisor y receptor.

tycoon [taɪˈkuːn] *n* magnate *m*; **an oil** ~ un magnate del petróleo.

tyke [taɪk] *n US inf* [naughty child] pilluelo *m*.

type [taɪp] ◇ *n* -**1.** [gen] tipo *m*; **he's/she's not my** ~ *inf* no es mi tipo -**2.** *(U) TYPO* tipo *m*, letra f; **in bold/italic** ~ en negrita/cursiva. ◇ *vt* -**1.** [on typewriter] escribir a máquina, mecanografiar -**2.** [on computer] escribir en el ordenador; **to** ~ **sthg into sthg** entrar algo en algo. ◇ *vi* escribir a máquina.

➤ **type up** *vt sep* escribir a máquina, mecanografiar.

typecast [ˈtaɪpkɑːst] (*pt & pp* **typecast**) *vt*: **to** ~ **sb (as)** encasillar a alguien (como).

typeface [ˈtaɪpfeɪs] *n* tipo *m*, letra f.

typescript [ˈtaɪpskrɪpt] *n* copia f mecanografiada.

typeset [ˈtaɪpset] (*pt & pp* **typeset**, *cont* -**ting**) *vt* componer.

typewriter [ˈtaɪpˌraɪtər] *n* máquina f de escribir.

typhoid (fever) [ˈtaɪfɔɪd-] *n* fiebre f tifoidea.

typhoon [taɪˈfuːn] *n* tifón *m*.

typhus [ˈtaɪfəs] *n* tifus *m*.

typical [ˈtɪpɪkl] *adj*: ~ **(of)** típico(ca) (de).

typically [ˈtɪpɪklɪ] *adv* -**1.** [usually] normalmente -**2.** [characteristically] típicamente.

typify ['tɪpɪfaɪl (*pt* & *pp* **-ied**) *vt* tipificar.

typing ['taɪpɪŋ] *n* mecanografía *f*.

typing error *n* error *m* mecanográfico.

typing pool *n* servicio *m* de mecanografía *(en una empresa)*.

typist ['taɪpɪst] *n* mecanógrafo *m*, -fa *f*.

typo ['taɪpəʊl *n inf* error *m* tipográfico.

typographic(al) error [ˌtaɪpə'græfɪk(l)-] *n* error *m* tipográfico.

typography [taɪ'pɒɡrəfɪl *n* **-1.** [process, job] tipografía *f*.**-2.** [format] composición *f* tipográfica.

tyrannical [tɪ'rænɪkl] *adj* tiránico(ca).

tyranny ['tɪrənɪl *n* tiranía *f*.

tyrant ['taɪrənt] *n* tirano *m*, -na *f*.

tyre *UK*, **tire** *US* ['taɪəʳ] *n* neumático *m*.

tyre pressure *n* presión *f* de los neumáticos.

Tyrol, Tirol [tɪ'rəʊl] *n*: **the** ~ el Tirol.

Tyrolean [tɪrə'li:ən], **Tyrolese** [ˌtɪrə'li:z] <> *adj* tirolés(esa). <> *n* tirolés *m*, -esa *f*.

Tyrrhenian Sea [tɪ'ri:nɪən-] *n*: **the** ~ el mar Tirreno.

tzar [zɑ:ʳ] = **tsar.**

u (*pl* **u's** *OR* **us**), **U** (*pl* **U's** *OR* **Us**) [ju:] *n* [letter] u *f*, U *f*.
◆ **U** *adj* (*abbr of* **universal**) *UK* CINEMA para todos los públicos.

U-bend *n* sifón *m*.

ubiquitous [ju:'bɪkwɪtəsl *adj fml* omnipresente, ubicuo(cua).

UDA (*abbr of* **Ulster Defence Association**) *n* organización paramilitar protestante que defiende la permanencia de Irlanda del Norte en el Reino Unido.

udder ['ʌdəʳ] *n* ubre *f*.

UDI (*abbr of* **unilateral declaration of independence**) *n* declaración unilateral de independencia.

UDR (*abbr of* **Ulster Defence Regiment**) *n* fuerzas de seguridad de Irlanda del Norte.

UEFA [ju:'eɪfə] (*abbr of* **Union of European Football Associations**) *n* UEFA *f*.

UFO (*abbr of* **unidentified flying object**) *n* OVNI *m*.

Uganda [ju:'gændəl *n* Uganda.

Ugandan [ju:'gændən] <> *adj* ugandés(esa). <> *n* [person] ugandés *m*, -esa *f*.

ugh [ʌgl *excl* ¡puf!

ugliness ['ʌglɪnɪs] *n* (*U*) **-1.** [unattractiveness] fealdad *f*.**-2.** *fig* [unpleasantness] lo desagradable.

ugly ['ʌglɪ (*compar* **-ier**, *superl* **-iest**) *adj* **-1.** [unattractive] feo(a) **-2.** *fig* [unpleasant] desagradable.

UHF (*abbr of* **ultra-high frequency**) UHF.

UHT (*abbr of* **ultra-heat treated**) UHT; ~ **milk** leche uperisada.

UK (*abbr of* **United Kingdom**) *n* RU *m*; **the** ~ el Reino Unido.

Ukraine [ju:'kreɪn] *n*: **the** ~ Ucrania.

Ukrainian [ju:'kreɪnjən] <> *adj* ucraniano(na). <> *n* **-1.** [person] ucraniano *m*, -na *f* **-2.** [language] ucraniano *m*.

ulcer ['ʌlsəʳ] *n* úlcera *f*.

ulcerated ['ʌlsəreɪtɪd] *adj* ulceroso(sa).

Ulster ['ʌlstəʳ] *n* (el) Úlster.

Ulster Unionist Party *n* partido político norirlandés que defiende la permanencia de Irlanda del Norte en el Reino Unido.

ulterior [ʌl'tɪərɪəʳ] *adj*: ~ **motive** motivo *m* oculto.

ultimata [ˌʌltɪ'meɪtə] *pl* ▷ **ultimatum**.

ultimate ['ʌltɪmət] <> *adj* **-1.** [final, long-term] final, definitivo(va) **-2.** [most powerful] máximo(ma). <> *n*: **the** ~ **in** el colmo de.

ultimately ['ʌltɪmətlɪ] *adv* finalmente, a la larga.

ultimatum [ˌʌltɪ'meɪtəm] (*pl* **-s** *OR* **-ta**) *n* ultimátum *m*; **to issue an** ~ **to sb** dar un ultimátum a alguien.

ultra- ['ʌltrəl *prefix* ultra-.

ultramarine [ˌʌltrəmə'ri:n] *adj* azul de ultramar *OR* ultramarino *(inv)*.

ultrasonic [ˌʌltrə'sɒnɪk] *adj* ultrasónico(ca).

ultrasound ['ʌltrəsaʊnd] *n* ultrasonido *m*.

ultraviolet [ˌʌltrə'vaɪələt] *adj* ultravioleta.

um [ʌm] *excl* [expressing hesitation] ¡humm!, ¡mm!

umbilical cord [ʌm'bɪlɪkl-] *n* cordón *m* umbilical.

umbrage ['ʌmbrɪdʒ] *n*: **to take** ~ **(at)** ofenderse (por).

umbrella [ʌm'brelə] <> *n* **-1.** [for rain] paraguas *m inv* **-2.** [on beach] parasol *m* **-3.**: **under the** ~ **of** *fig* bajo la protección de. <> *adj* que engloba a otros (otras).

umpire ['ʌmpaɪəʳ] <> *n* árbitro *m*. <> *vt* & *vi* arbitrar.

umpteen [ˌʌmp'ti:n] *num adj inf*: ~ **times** la tira de veces.

umpteenth [ˌʌmp'tiːnθ] *num adj inf* enésimo(ma); **for the ~ time** por enésima vez.

UN (*abbr of* United Nations) *n*: **the ~** la ONU.

unabashed [ˌʌnə'bæʃt] *adj* imperturbable; **to be ~** no avergonzarse.

unabated [ˌʌnə'beɪtɪd] *adj* incesante; **to continue ~** continuar sin cesaar.

unable [ʌn'eɪbl] *adj*: **to be ~ to do sthg** no poder hacer algo.

unabridged [ˌʌnə'brɪdʒd] *adj* íntegro(gra).

unacceptable [ˌʌnək'septəbl] *adj* inaceptable.

unaccompanied [ˌʌnə'kʌmpənɪd] *adj* **-1.** [child] solo(la), que no va acompañado(da); [luggage] desatendido(da) **- 2.** [song] sin acompañamiento.

unaccountable [ˌʌnə'kaʊntəbl] *adj* **-1.** [inexplicable] inexplicable **- 2.** [not responsible]: **~ (for/to)** que no es responsable (de/ante).

unaccountably [ˌʌnə'kaʊntəblɪ] *adv* inexplicablemente.

unaccounted [ˌʌnə'kaʊntɪd] *adj*: **12 people are ~ for** hay 12 personas aún sin localizar; **£30 are ~ for** hay 30 libras que no aparecen.

unaccustomed [ˌʌnə'kʌstəmd] *adj* **-1.** [unused]: **to be ~ to** no estar acostumbrado(da) a **- 2.** *fml* [not usual] desacostumbrado(da), inusual.

unacquainted [ˌʌnə'kweɪntɪd] *adj*: **to be ~ with sthg** no conocer algo.

unadulterated [ˌʌnə'dʌltəreɪtɪd] *adj* **-1.** [unspoilt] sin adulterar **- 2.** [absolute] completo(ta), absoluto(ta).

unadventurous [ˌʌnəd'ventʃərəs] *adj* poco atrevido(da).

unaffected [ˌʌnə'fektɪd] *adj* **-1.** [unchanged]: **to be ~ (by)** no verse afectado(da) (por) **- 2.** [natural] nada afectado(da), natural.

unafraid [ˌʌnə'freɪd] *adj* sin miedo.

unaided [ʌn'eɪdɪd] *adj & adv* sin ayuda.

unambiguous [ˌʌnæm'bɪgjʊəs] *adj* inequívoco(ca).

un-American ['ʌn-] *adj* antiamericano(na).

unanimity [ˌjuːnə'nɪmətɪ] *n fml* unanimidad *f*.

unanimous [juː'nænɪməs] *adj* unánime.

unanimously [juː'nænɪməslɪ] *adv* unánimemente.

unannounced [ˌʌnə'naʊnst] <> *adj* no anunciado(da). <> *adv* sin anunciarlo.

unanswered [ˌʌn'ɑːnsəd] *adj* sin contestar.

unappealing [ˌʌnə'piːlɪŋ] *adj* desagradable.

unappetizing, -ising [ˌʌn'æpɪtaɪzɪŋ] *adj* poco apetitoso(sa).

unappreciated [ˌʌnə'priːʃieɪtɪd] *adj* poco apreciado(da).

unappreciative [ˌʌnə'priːʃɪətɪv] *adj* poco

apreciativo(va); **to be ~ of sthg** no apreciar algo.

unapproachable [ˌʌnə'prəʊtʃəbl] *adj* inaccesible.

unarmed [ˌʌn'ɑːmd] <> *adj* desarmado(da). <> *adv* a brazo partido.

unarmed combat *n* lucha *f* OR combate *m* a brazo partido.

unashamed [ˌʌnə'ʃeɪmd] *adj* descarado(da).

unassisted [ˌʌnə'sɪstɪd] *adj* sin ayuda.

unassuming [ˌʌnə'sjuːmɪŋ] *adj* sin pretensiones.

unattached [ˌʌnə'tætʃt] *adj* **-1.** [not fastened, linked] independiente; **~ to** que no está ligado a **- 2.** [without partner] libre, sin compromiso.

unattainable [ˌʌnə'teɪnəbl] *adj* inalcanzable, inasequible.

unattended [ˌʌnə'tendɪd] *adj* desatendido(da); **to leave sthg ~** dejar algo desatendido.

unattractive [ˌʌnə'træktɪv] *adj* poco atractivo(va).

unauthorized, -ised [ˌʌn'ɔːθəraɪzd] *adj* no autorizado(da).

unavailable [ˌʌnə'veɪləbl] *adj*: **to be ~** no estar disponible; **he was ~ for comment** no quiso hacer ningún comentario.

unavoidable [ˌʌnə'vɔɪdəbl] *adj* inevitable, ineludible; **~ delays** retrasos inevitables.

unavoidably [ˌʌnə'vɔɪdəblɪ] *adv* inevitablemente, ineludiblemente.

unaware [ˌʌnə'weə'l] *adj* inconsciente; **to be ~ of** no ser consciente de.

unawares [ˌʌnə'weəz] *adv*: **to catch** OR **take sb ~** coger a alguien desprevenido(da).

unbalanced [ˌʌn'bælənst] *adj* desequilibrado(da).

unbearable [ʌn'beərəbl] *adj* insoportable, inaguantable.

unbearably [ʌn'beərəblɪ] *adv* insoportablemente, inaguantablemente.

unbeatable [ˌʌn'biːtəbl] *adj* [gen] insuperable; [prices, value] inmejorable.

unbecoming [ˌʌnbɪ'kʌmɪŋ] *adj fml* [unattractive] poco favorecedor(ra).

unbeknown(st) [ˌʌnbɪ'nəʊn(st)] *adv*: **~ to** sin conocimiento de.

unbelievable [ˌʌnbɪ'liːvəbl] *adj* increíble.

unbelievably [ˌʌnbɪ'liːvəblɪ] *adv* [extremely] increíblemente.

unbend [ˌʌn'bend] (*pt & pp* **unbent**) *vi* [relax] relajarse.

unbending [ˌʌn'bendɪŋ] *adj* resoluto(ta).

unbent [ˌʌn'bent] *pt & pp* ▷ **unbend**.

unbia(s)sed [ˌʌn'baɪəst] *adj* imparcial.

unblemished [ˌʌnˈblemɪʃt] *adj fig* intachable, impecable.

unblock [ˌʌnˈblɒk] *vt* [pipe] desobstruir, desatascar; [road, tunnel] desbloquear, abrir.

unbolt [ˌʌnˈbəʊlt] *vt* [door] abrir el cerrojo de.

unborn [ˌʌnˈbɔːn] *adj* [child] no nacido(da) aún.

unbreakable [ˌʌnˈbreɪkəbl] *adj* irrompible.

unbridled [ˌʌnˈbraɪdld] *adj* desmesurado(da), desenfrenado(da).

unbuckle [ˌʌnˈbʌkl] *vt* deshebillar.

unburden [ʌnˈbɜːdn] *vt* : **to** ~ **o.s.** desahogarse.

unbutton [ˌʌnˈbʌtn] *vt* desabrochar, desabotonar.

uncalled-for [ˌʌnˈkɔːld-] *adj* injusto(ta), inmerecido(da).

uncanny [ʌnˈkænɪ] (*compar* **-ier**, *superl* **-iest**) *adj* extraño(ña).

uncared-for [ˌʌnˈkeəd-] *adj* abandonado(da), desamparado(da).

uncaring [ˌʌnˈkeərɪŋ] *adj* insensible, falto(ta) de sentimientos.

unceasing [ˌʌnˈsiːsɪŋ] *adj fml* incesante.

unceremonious [ˈʌnˌserɪˈməʊnjəs] *adj* **-1.** [curt] brusco(ca) **-2.** [informal] poco ceremonioso(sa).

unceremoniously [ˈʌnˌserɪˈməʊnjəslɪ] *adj* sin contemplaciones, sin ceremonias.

uncertain [ʌnˈsɜːtn] *adj* [gen] incierto(ta); [undecided, hesitant] indeciso(sa); **it's** ~ **whether they will accept the proposals** no se sabe si aceptarán las propuestas; **in no** ~ **terms** de forma vehemente.

unchain [ˌʌnˈtʃeɪn] *vt* quitar la cadena a, desencadenar.

unchallenged [ˌʌnˈtʃælɪndʒd] *adj* sin cuestionar.

unchanged [ˌʌnˈtʃeɪndʒd] *adj* sin alterar.

unchanging [ˌʌnˈtʃeɪndʒɪŋ] *adj* imutable, inalterable.

uncharacteristic [ˈʌnˌkærəktəˈrɪstɪk] *adj* inusual, insólito(ta).

uncharitable [ˌʌnˈtʃærɪtəbl] *adj* mezquino(na).

uncharted [ˌʌnˈtʃɑːtɪd] *adj lit* & *fig* desconocido(da).

unchecked [ˌʌnˈtʃekt] <> *adj* [unrestrained] desenfrenado(da). <> *adv* [unrestrained] libremente, sin restricciones.

uncivilized, -ised [ˌʌnˈsɪvɪlaɪzd] *adj* [society] incivilizado(da); [person] inculto(ta).

unclassified [ˌʌnˈklæsɪfaɪd] *adj* no confidencial.

uncle [ˈʌŋkl] *n* tío *m.*

unclean [ˌʌnˈkliːn] *adj* **-1.** [dirty] sucio(cia) **-2.** *RELIG* impuro(ra).

unclear [ˌʌnˈklɪəʳ] *adj* poco claro(ra); **to be** ~ **about sthg** no tener claro algo.

unclothed [ˌʌnˈkləʊðd] *adj fml* desnudo(da).

uncomfortable [ˌʌnˈkʌmftəbl] *adj* **-1.** [gen] incómodo(da) **-2.** *fig* [fact, truth] inquietante, desagradable.

uncomfortably [ˌʌnˈkʌmftəblɪ] *adv* **-1.** [in physical discomfort] incómodamente; **to be** ~ **hot** [person] sentir un calor desagradable **-2.** *fig* [uneasily] inquietantemente.

uncommitted [ˌʌnkəˈmɪtɪd] *adj* no comprometido(da).

uncommon [ʌnˈkɒmən] *adj* **-1.** [rare] poco común, raro(ra) **-2.** *fml* [extreme] sumo(ma).

uncommonly [ʌnˈkɒmənlɪ] *adv fml* extraordinariamente.

uncommunicative [ˌʌnkəˈmjuːnɪkətɪv] *adj* poco comunicativo(va), reservado(da).

uncomplicated [ˌʌnˈkɒmplɪkeɪtɪd] *adj* sencillo(lla), sin complicaciones.

uncomprehending [ˈʌnˌkɒmprɪˈhendɪŋ] *adj* incomprensivo(va).

uncompromising [ˌʌnˈkɒmprəmaɪzɪŋ] *adj* inflexible, intransigente.

unconcerned [ˌʌnkənˈsɜːnd] *adj* [not anxious] indiferente.

unconditional [ˌʌnkənˈdɪʃənl] *adj* incondicional.

uncongenial [ˌʌnkənˈdʒiːnjəl] *adj fml* [place] desagradable; [person] antipático(ca).

unconnected [ˌʌnkəˈnektɪd] *adj* inconexo(xa), sin relación.

unconquered [ˌʌnˈkɒŋkəd] *adj* [area, country] no conquistado(da); [people] invicto(ta).

unconscious [ʌnˈkɒnʃəs] <> *adj* inconsciente; **to be** ~ **of sthg** ser inconsciente de OR ignorar algo; **he was knocked** ~ **by a falling brick** un ladrillo que caía lo dejó inconsciente. <> *n* inconsciente *m.*

unconsciously [ʌnˈkɒnʃəslɪ] *adv* inconscientemente.

unconstitutional [ˈʌnˌkɒnstɪˈtjuːʃənl] *adj* inconstitucional.

uncontested [ˌʌnkənˈtestɪd] *adj* [decision, judgment] incontestado(da); [seat, election] ganado(da) sin oposición.

uncontrollable [ˌʌnkənˈtrəʊləbl] *adj* [gen] incontrolable; [desire, hatred] irrefrenable; [laughter] incontenible.

uncontrolled [ˌʌnkənˈtrəʊld] *adj* [emotion] desenfrenado(da); [trend] incontrolado(da).

unconventional [ˌʌnkənˈvenʃənl] *adj* poco convencional.

unconvinced [ˌʌnkən'vɪnst] *adj*: **to remain** ~ seguir sin convencerse.

unconvincing [ˌʌnkən'vɪnsɪŋ] *adj* poco convincente.

uncooked [ˌʌn'kʊkt] *adj* crudo(da).

uncooperative [ˌʌnkəʊ'ɒpərətɪv] *adj* nada servicial, no dispuesto(ta) a ayudar.

uncork [ˌʌn'kɔːk] *vt* descorchar.

uncorroborated [ˌʌnkə'rɒbəreɪtɪd] *adj* sin corroborar.

uncouth [ʌn'kuːθ] *adj* grosero(ra).

uncover [ʌn'kʌvəʳ] *vt* [gen] descubrir; [jar, tin etc] destapar.

uncurl [ˌʌn'kɜːl] *vi* -1. [hair] desrizarse; [wire] desenrollarse -2. [animal] desovillarse, desenroscarse.

uncut [ˌʌn'kʌt] *adj* -1. [film] sin cortes -2. [jewel] sin tallar, en bruto.

undamaged [ˌʌn'dæmɪdʒd] *adj* [gen] intacto(ta); [goods] sin disperfectos.

undaunted [ˌʌn'dɔːntɪd] *adj* impávido(da), impertérrito(ta).

undecided [ˌʌndɪ'saɪdɪd] *adj* -1. [person] indeciso(sa) -2. [issue] pendiente, sin resolver.

undemanding [ˌʌndɪ'mɑːndɪŋ] *adj* -1. [task] poco absorbente, que requiere poco esfuerzo -2. [person] poco exigente.

undemonstrative [ˌʌndɪ'mɒnstrətɪv] *adj* poco expresivo(va), reservado(da).

undeniable [ˌʌndɪ'naɪəbl] *adj* innegable.

under ['ʌndəʳ] <> *prep* -1. [beneath] debajo de, abajo de *Amér-* 2. [with movement] bajo; **put it** ~ **the table** ponlo debajo de *OR* bajo la mesa; **they walked** ~ **the bridge** pasaron bajo *OR* por debajo del puente -3. [subject to, undergoing, controlled by] bajo; ~ **the circumstances** dadas las circunstancias; ~ **discussion** en proceso de discusión; **he has 20 men** ~ **him** tiene 20 hombres a su cargo -4. [less than] menos de; **children** ~ **the age of 14** niños menores de 14 años -5. [according to] según, conforme a -6. [in headings, classifications]: **he filed it** ~ **'D'** lo archivó en la 'D' -7. [name, title]: ~ **an alias** bajo nombre supuesto. <> *adv* -1. [gen] debajo; **to go** ~ [business] irse a pique -2. [less]: **children of 12 years and** ~ niños menores de 13 años; **£5 or** ~ cinco libras o menos -3. [under water] bajo el agua.

under- ['ʌndəʳ] *prefix* -1. [beneath] inferior, bajo -2. [lower in rank] sub-, segundo(da) -3. [insufficiently] insuficientemente.

underachiever [ˌʌndərə'tʃiːvəʳ] *n estudiante que no rinde todo lo que puede.*

underage [ˌʌndər'eɪdʒ] *adj* [person] menor de edad; [sex, drinking] en menores de edad.

underarm ['ʌndərɑːm] <> *adj* [deodorant] corporal, para las axilas. <> *adv* por debajo del hombro.

underbrush ['ʌndəbrʌʃ] *n* (U) *US* maleza *f*, monte *m* bajo.

undercarriage ['ʌndəˌkærɪdʒ] *n* tren *m* de aterrizaje.

undercharge [ˌʌndə'tʃɑːdʒ] *vt* cobrar menos del precio estipulado a.

underclothes ['ʌndəkləʊðz] *npl* ropa *f* interior.

undercoat ['ʌndəkəʊt] *n* [of paint] primera mano *f OR* capa *f*.

undercook [ˌʌndə'kʊk] *vt* no guisar suficientemente.

undercover ['ʌndəˌkʌvəʳ] <> *adj* secreto(ta). <> *adv* en la clandestinidad; **to go** ~ pasar a la clandestinidad.

undercurrent ['ʌndəˌkʌrənt] *n fig* sentimiento *m* oculto.

undercut [ˌʌndə'kʌt] (*pt & pp* **undercut**, *cont* -**ting**) *vt* [in price] vender más barato que.

underdeveloped [ˌʌndədɪ'veləpt] *adj* subdesarrollado(da).

underdog ['ʌndədɒg] *n*: **the** ~ el que lleva las de perder.

underdone [ˌʌndə'dʌn] *adj* poco hecho(cha).

underemployment [ˌʌndərɪm'plɔɪmənt] *n* subempleo *m*.

underestimate [*n* ˌʌndər'estɪmət, *vb* ˌʌndər'estɪmeɪt] <> *n* infravaloración *f*. <> *vt* subestimar, infravalorar.

underexposed [ˌʌndərɪk'spəʊzd] *adj PHOT* subexpuesto(ta).

underfed [ˌʌndə'fed] *adj* desnutrido(da).

underfinanced [ˌʌndə'faɪnænst] *adj* insuficientemente financiado(da).

underfoot [ˌʌndə'fʊt] *adv* debajo de los pies; **it's wet** ~ el suelo está mojado.

undergo [ˌʌndə'gəʊ] (*pt* -**went**, *pp* -**gone**) *vt* [pain, change, difficulties] sufrir, experimentar; [operation, examination] someterse a.

undergraduate [ˌʌndə'grædʒʊət] <> *adj* [course, studies] de licenciatura; [gown, prospectus] para estudiantes no licenciados. <> *n* estudiante universitario no licenciado *m*, estudiante universitaria no licenciada *f*.

underground [*adj & n* 'ʌndəgraʊnd, *adv* ˌʌndə'graʊnd] <> *adj* -1. [below the ground] subterráneo(a) -2. *fig* [secret, illegal] clandestino(na). <> *adv*: **to go** ~ pasar a la clandestinidad; **to be forced** ~ tener que pasar a la clandestinidad. <> *n* -1. *UK* [railway system] metro *m*, subte(rráneo) *m RP* -2. [activist movement] resistencia *f*, movimiento *m* clandestino.

undergrowth ['ʌndəgrəʊθ] *n (U)* maleza *f*, monte *m* bajo.

underhand [ˌʌndə'hænd] *adj* turbio(bia), poco limpio(pia).

underinsured [ˌʌndərɪn'ʃʊəd] *adj* que no está asegurado por una cantidad suficiente.

underlay ['ʌndəleɪ] *n* refuerzo *m*.

underline [ˌʌndə'laɪn] *vt* subrayar.

underlying [ˌʌndə'laɪɪŋ] *adj* subyacente.

undermanned [ˌʌndə'mænd] *adj* sin suficiente personal.

undermentioned [ˌʌndə'menʃnd] *adj fml* abajo citado(da).

undermine [ˌʌndə'maɪn] *vt fig* minar, socavar; **to ~ sb's confidence/authority** minar la confianza/autoridad de alguien.

underneath [ˌʌndə'ni:θ] <> *prep* -**1.** [beneath] debajo de -**2.** [with movement] bajo. <> *adv* -**1.** [under, below] debajo -**2.** *fig* [fundamentally] por dentro, en el fondo. <> *adj inf* inferior, de abajo. <> *n* -**1.** [underside]: **the ~** la superficie inferior -**2.** *fig* [true personality]: **on the ~** en el fondo.

undernourished [ˌʌndə'nʌrɪʃt] *adj* desnutrido(da).

underpaid [*pt & pp* ˌʌndə'peɪd, *adj* 'ʌndəpeɪd] <> *pt & pp* ▷ **underpay.** <> *adj* mal pagado(da).

underpants ['ʌndəpænts] *npl* calzoncillos *mpl*.

underpass ['ʌndəpɑːs] *n* paso *m* subterráneo.

underpay [ˌʌndə'peɪ] (*pt & pp* -**paid**) *vt* pagar mal.

underpin [ˌʌndə'pɪn] (*pt & pp* -**ned**, *cont* -**ning**) *vt* apoyar, sostener.

underplay [ˌʌndə'pleɪ] *vt* [minimize the importance of] minimizar.

underprice [ˌʌndə'praɪs] *vt* marcar con un precio muy por debajo del valor real.

underprivileged [ˌʌndə'prɪvɪlɪdʒd] *adj* desvalido(da), desamparado(da).

underproduction [ˌʌndəprə'dʌkʃn] *n* producción *f* insuficiente.

underrated [ˌʌndə'reɪtɪd] *adj* subestimado(da), infravalorado(da).

underscore [ˌʌndə'skɔː'] *vt lit & fig* subrayar.

undersea ['ʌndəsiː] *adj* submarino(na).

undersecretary [ˌʌndə'sekrətərɪ] (*pl* -**ies**) *n* subsecretario *m*, -ria *f*.

undersell [ˌʌndə'sell] (*pt & pp* -**sold**) *vt* [sell at lower prices than] vender a precio más bajo que; **we are never knowingly undersold** vendemos más barato que nadie.

undershirt ['ʌndəʃɜːt] *n US* camiseta *f*.

underside ['ʌndəsaɪd] *n*: **the ~** la superficie inferior.

undersigned ['ʌndəsaɪnd] *n fml*: **the ~** el/la abajo firmante; **we, the ~ ...** nosotros, los abajo afirmantes,...

undersize(d) [ˌʌndə'saɪz(d)] *adj* más pequeño(ña) de lo normal.

underskirt ['ʌndəskɜːt] *n* enaguas *fpl*.

undersold [ˌʌndə'səʊld] *pt & pp* ▷ **undersell.**

understaffed [ˌʌndə'stɑːft] *adj*: **to be ~** no tener suficiente personal.

understand [ˌʌndə'stænd] (*pt & pp* -**stood**) <> *vt* -**1.** [gen] comprender, entender; **do you ~ French?** ¿entiendes francés?; **to make o.s. understood** hacerse entender; **is that understood?** ¿queda claro? -**2.** [know all about] entender de -**3.** *fml* [be informed]: **to ~ that** tener entendido que -**4.** [assume]: **it is understood that ...** se entiende que ... <> *vi* comprender, entender.

understandable [ˌʌndə'stændəbl] *adj* comprensible.

understandably [ˌʌndə'stændəblɪ] *adv* naturalmente, comprensiblemente; **she was ~ upset** como es lógico estaba disgustada.

understanding [ˌʌndə'stændɪŋ] <> *n* -**1.** [knowledge] entendimiento *m*, comprensión *f* -**2.** [sympathy] comprensión *f* mutua -**3.** [interpretation]: **it is my ~ that** tengo la impresión de que -**4.** [informal agreement] acuerdo *m*, arreglo *m*; **on the ~ that** a condición de que; **we have a little ~** tenemos un pequeño acuerdo. <> *adj* comprensivo(va).

understate [ˌʌndə'steɪt] *vt* minimizar, atenuar.

understatement [ˌʌndə'steɪtmənt] *n* -**1.** [inadequate statement] atenuación *f*; **it's an ~ to say he's fat** decir que es gordo es quedarse corto -**2.** (*U*) [quality of understating]: **he's a master of ~** puede quitarle importancia a cualquier cosa.

understood [ˌʌndə'stʊd] *pt & pp* ▷ **understand.**

understudy ['ʌndəˌstʌdɪ] (*pl* -**ies**) *n* suplente *m* OR *f*.

undertake [ˌʌndə'teɪk] (*pt* -**took**, *pp* -**taken**) *vt* -**1.** [task] emprender; [responsibility, control] asumir, tomar -**2.** [promise]: **to ~ to do sthg** comprometerse a hacer algo.

undertaker ['ʌndəˌteɪkə'] *n* director *m*, -ra *f* de pompas fúnebres.

undertaking [ˌʌndə'teɪkɪŋ] *n* -**1.** [task] tarea *f*, empresa *f* -**2.** [promise] promesa *f*.

undertone ['ʌndətəʊn] *n* -**1.** [quiet voice] voz *f*

baja; **in an** ~ en voz baja - **2.** [vague feeling] matiz *m*.

undertook [ˌʌndəˈtʊk] *pt* ▷ **undertake**.

undertow [ˈʌndətəʊ] *n* resaca *f* (marítima).

undervalue [ˌʌndəˈvælju:] *vt* [person] subestimar, menospreciar; [house] subvalorar.

underwater [ˌʌndəˈwɔ:təʳ] ◇ *adj* submarino(na). ◇ *adv* bajo el agua.

underwear [ˈʌndəweəʳ] *n* ropa *f* interior.

underweight [ˌʌndəˈweɪt] *adj* flaco(ca), que no pesa lo suficiente.

underwent [ˌʌndəˈwent] *pt* ▷ **undergo**.

underworld [ˈʌndəˌwɜ:ld] *n* [criminal society]: **the** ~ el hampa, los bajos fondos.

underwrite [ˈʌndəraɪt] (*pt* **-wrote**, *pp* **-written**) *vt* - **1.** *fml* [guarantee] suscribir - **2.** [in insurance] asegurar.

underwriter [ˈʌndəˌraɪtəʳ] *n* asegurador *m*, -ra *f*.

underwritten [ˈʌndəˌrɪtn] *pp* ▷ **underwrite**.

underwrote [ˈʌndərəʊt] *pt* ▷ **underwrite**.

undeserved [ˌʌndɪˈzɜ:vd] *adj* inmerecido(da).

undeserving [ˌʌndɪˈzɜ:vɪŋ] *adj* [person]: **to be** ~ **of sthg** no merecer algo.

undesirable [ˌʌndɪˈzaɪərəbl] *adj* indeseable.

undeveloped [ˌʌndɪˈveləpt] *adj* [country] subdesarrollado(da).

undid [ˌʌnˈdɪd] *pt* ▷ **undo**.

undies [ˈʌndɪz] *npl inf* paños *mpl* menores.

undignified [ʌnˈdɪgnɪfaɪd] *adj* indecoroso(sa).

undiluted [ˌʌndaɪˈlju:tɪd] *adj* - **1.** [joy etc] puro(ra) - **2.** [liquid] sin diluir.

undiplomatic [ˌʌndɪpləˈmætɪk] *adj* poco diplomático(ca), indiscreto(ta).

undischarged [ˌʌndɪsˈtʃɑ:dʒd] *adj* - **1.** [debt] sin liquidar - **2.** [person]: ~ **bankrupt** *persona en quiebra no rehabilitada*.

undisciplined [ʌnˈdɪsɪplɪnd] *adj* indisciplinado(da).

undiscovered [ˌʌndɪsˈkʌvəd] *adj* no descubierto(ta); **it remained** ~ **for years** permaneció sin descubrir durante años.

undisputed [ˌʌndɪˈspju:tɪd] *adj* indiscutible.

undistinguished [ˌʌndɪˈstɪŋgwɪʃt] *adj* mediocre.

undivided [ˌʌndɪˈvaɪdɪd] *adj* entero(ra), íntegro(gra); **you have my** ~ **attention** tienes toda mi atención.

undo [ˌʌnˈdu:] (*pt* **-did**, *pp* **-done**) *vt* - **1.** [unfasten - knot] deshacer, desanudar; [- button, clasp] desabrochar; [- parcel] abrir - **2.** [nullify] anular, deshacer.

undoing [ˌʌnˈdu:ɪŋ] *n (U) fml* ruina *f*, perdición

f; **it was his** ~ fue su perdición.

undone [ˌʌnˈdʌn] ◇ *pp* ▷ **undo**. ◇ *adj* - **1.** [coat] desabrochado(da); [shoes] desatado(da); **to come** ~ desatarse - **2.** *fml* [not done] por hacer.

undoubted [ʌnˈdaʊtɪd] *adj* indudable.

undoubtedly [ʌnˈdaʊtɪdlɪ] *adv fml* indudablemente, sin duda (alguna).

undreamed-of [ʌnˈdri:mdɒv], **undreamt-of** [ʌnˈdremtɒv] *adj* inimaginable.

undress [ˌʌnˈdres] ◇ *vt* desnudar. ◇ *vi* desnudarse.

undressed [ˌʌnˈdrest] *adj* desnudo(da); **to get** ~ desnudarse.

undrinkable [ˌʌnˈdrɪŋkəbl] *adj* - **1.** [unfit to drink] no potable - **2.** [disgusting] imbebible.

undue [ˌʌnˈdju:] *adj fml* indebido(da), excesivo(va).

undulate [ˈʌndjʊleɪt] *vi fml* ondular.

unduly [ˌʌnˈdju:lɪ] *adv fml* indebidamente, excesivamente.

undying [ʌnˈdaɪɪŋ] *adj literary* imperecedero(ra).

unearned income [ˌʌnˈɜ:nd-] *n (U)* renta *f* (no salarial).

unearth [ˌʌnˈɜ:θ] *vt* [dig up] desenterrar; *fig* [discover] descubrir.

unearthly [ʌnˈɜ:θlɪ] *adj* - **1.** [ghostly] sobrenatural, misterioso(sa) - **2.** *inf* [hour] intempestivo(va).

unease [ʌnˈi:z] *n* malestar *m*.

uneasy [ʌnˈi:zɪ] (*compar* **-ier**, *superl* **-iest**) *adj* - **1.** [person, feeling] intranquilo(la) - **2.** [peace] inseguro(ra).

uneatable [ʌnˈi:təbl] *adj* incomible.

uneaten [ʌnˈi:tn] *adj* sin comer.

uneconomic [ˈʌnˌi:kəˈnɒmɪk] *adj* poco rentable.

uneducated [ʌnˈedjʊkeɪtɪd] *adj* ignorante, inculto(ta).

unemotional [ˌʌnɪˈməʊʃənl] *adj* [person, voice] impasible; [statement, report] objetivo(va).

unemployable [ˌʌnɪmˈplɔɪəbl] *adj* que difícilmente puede encontrar trabajo.

unemployed [ˌʌnɪmˈplɔɪd] ◇ *adj* parado(da), desempleado(da). ◇ *npl*: **the** ~ los parados.

unemployment [ˌʌnɪmˈplɔɪmənt] *n* desempleo *m*, paro *m*.

unemployment benefit *UK*, **unemployment compensation** *US n* subsidio *m* de desempleo *OR* paro.

unenviable [ʌnˈenvɪəbl] *adj* poco envidiable.

unequal [ˌʌnˈi:kwəl] *adj* desigual.

unequalled *UK*, **unequaled** *US* [ˌʌnˈi:kwəld]

adj sin par, inigualado(da).

unequivocal [ˌʌnɪ'kwɪvəkl] *adj fml* inequívoco(ca).

unerring [ˌʌn'ɜːrɪŋ] *adj* infalible.

UNESCO [juː'neskəʊ] (*abbr of* United Nations Educational, Scientific and Cultural Organization) *n* UNESCO *f*.

unethical [ʌn'eθɪkl] *adj* poco ético(ca).

uneven [ˌʌn'iːvnl] *adj* - **1.** [not flat - road] lleno(na) de baches; [- land] escabroso(sa) - **2.** [inconsistent, unfair] desigual.

uneventful [ˌʌnɪ'ventfʊl] *adj* tranquilo(la), sin incidentes.

unexceptional [ˌʌnɪk'sepʃənl] *adj* normal, corriente.

unexpected [ˌʌnɪk'spektɪd] *adj* inesperado(da).

unexpectedly [ˌʌnɪk'spektɪdlɪ] *adv* inesperadamente.

unexplained [ˌʌnɪk'spleɪnd] *adj* inexplicado(da).

unexploded [ˌʌnɪk'spləʊdɪd] *adj* [bomb] sin explotar.

unexpurgated [ˌʌn'ekspəgeɪtɪd] *adj* sin expurgar, íntegro(gra).

unfailing [ʌn'feɪlɪŋ] *adj* indefectible.

unfair [ˌʌn'feəʳ] *adj* injusto(ta).

unfair dismissal *n* despido *m* improcedente.

unfairness [ˌʌn'feənɪs] *n* injusticia *f*.

unfaithful [ˌʌn'feɪθfʊl] *adj* [sexually] infiel.

unfamiliar [ˌʌnfə'mɪljəʳ] *adj* - **1.** [not well-known] desconocido(da), nuevo(va) - **2.** [not acquainted]: **to be ~ with sthg/sb** desconocer algo/a alguien.

unfashionable [ˌʌn'fæʃnəbl] *adj* [clothes, ideas] pasado(da) de moda; [area of town] poco popular.

unfasten [ˌʌn'fɑːsn] *vt* [garment, buttons] desabrochar; [rope, tie] desatar, soltar; [door] abrir.

unfavourable *UK*, **unfavorable** *US* [ˌʌn'feɪvrəbl] *adj* desfavorable.

unfeeling [ʌn'fiːlɪŋ] *adj* insensible.

unfinished [ˌʌn'fmɪʃt] *adj* sin terminar.

unfit [ˌʌn'fɪt] *adj* - **1.** [injured] lesionado(da); [in poor shape] que no está en forma - **2.** [not suitable - thing] impropio(pia); [- person]: **~ to** incapaz de; **~ for** no apto para.

unflagging [ˌʌn'flæɡɪŋ] *adj* incansable.

unflappable [ˌʌn'flæpəbl] *adj esp UK* imperturbable.

unflattering [ˌʌn'flætərɪŋ] *adj* poco favorecedor(ra).

unflinching [ʌn'flɪntʃɪŋ] *adj* impávido(da).

unfold [ʌn'fəʊld] ⬦ *vt* - **1.** [open out] desplegar,

desdoblar - **2.** [explain] exponer, revelar. ⬦ *vi* [become clear] revelarse.

unforeseeable [ˌʌnfɔː'siːəbl] *adj* imprevisible.

unforeseen [ˌʌnfɔː'siːn] *adj* imprevisto(ta).

unforgettable [ˌʌnfə'ɡetəbl] *adj* inolvidable.

unforgivable [ˌʌnfə'ɡɪvəbl] *adj* imperdonable.

unformatted [ˌʌn'fɔːmætɪd] *adj COMPUT* sin formato.

unfortunate [ʌn'fɔːtʃnət] *adj* - **1.** [unlucky] desgraciado(da), desdichado(da), salado(da) *Amér* - **2.** [regrettable] inoportuno(na).

unfortunately [ʌn'fɔːtʃnətlɪ] *adv* desgraciadamente, desafortunadamente.

unfounded [ˌʌn'faʊndɪd] *adj* infundado(da).

unfriendly [ˌʌn'frendlɪ] (*compar* -**ier**, *superl* -**iest**) *adj* poco amistoso(sa).

unfulfilled [ˌʌnfʊl'fɪld] *adj* - **1.** [not yet realized] incumplido(da), sin realizar - **2.** [unsatisfied] insatisfecho(cha).

unfurl [ʌn'fɜːl] *vt* desplegar.

unfurnished [ˌʌn'fɜːnɪʃt] *adj* sin muebles, desamueblado(da).

ungainly [ʌn'ɡeɪnlɪ] *adj* torpe, desgarbado (da).

ungenerous [ˌʌn'dʒenərəs] *adj* - **1.** [parsimonious - person] poco generoso(sa); [- amount] miserable - **2.** [uncharitable] poco caritativo(va).

ungodly [ˌʌn'ɡɒdlɪ] *adj* - **1.** [irreligious] impío(a) - **2.** *inf* [hour] intempestivo(va); **at an ~ hour** a una hora intempestiva.

ungrateful [ʌn'ɡreɪtfʊl] *adj* desagradecido (da), ingrato(ta).

ungratefulness [ʌn'ɡreɪtfʊlnɪs] *n* ingratitud *f*.

unguarded [ˌʌn'ɡɑːdɪd] *adj* - **1.** [not guarded] sin protección - **2.** [careless]: **in an ~ moment** en un momento de descuido.

unhappily [ʌn'hæpɪlɪ] *adv* - **1.** [sadly] tristemente - **2.** *fml* [unfortunately] lamentablemente, desafortunadamente.

unhappiness [ʌn'hæpɪnɪs] *n* (U) tristeza *f*, desdicha *f*.

unhappy [ʌn'hæpɪ] (*compar* -**ier**, *superl* -**iest**) *adj* - **1.** [sad] triste; [wretched] desdichado(da), infeliz - **2.** [uneasy]: **to be ~ (with** OR **about)** estar inquieto(ta) (por) - **3.** *fml* [unfortunate] desafortunado(da).

unharmed [ˌʌn'hɑːmd] *adj* [person] ileso(sa); [thing] indemne; **he escaped ~** salió ileso.

UNHCR (*abbr of* United Nations High Commission for Refugees) *n* ACNUR *m*.

unhealthy [ʌn'helθɪ] (*compar* -**ier**, *superl* -**iest**) *adj* - **1.** [in bad health] enfermizo(za) - **2.** [causing bad health] insalubre - **3.** *fig* [interest etc] morboso(sa).

unheard [ˌʌn'hɜːd] *adj*: **to be** OR **go** ~ pasar sin ser oído(da).

unheard-of [ʌn'hɜːd-] *adj* **-1.** [unknown, completely absent] inaudito(ta) **-2.** [unprecedented] sin precedente.

unheeded [ˌʌn'hiːdɪd] *adj*: **her warning went** ~ nadie hizo caso de su advertencia.

unhelpful [ˌʌn'helpfʊl] *adj* **-1.** [unwilling to help] poco servicial **-2.** [not useful] inútil.

unhindered [ʌn'hɪndəd] *adj*: ~ **(by)** no estorbado(da) (por).

unhook [ˌʌn'hʊk] *vt* **-1.** [unfasten hooks of] desabrochar **-2.** [remove from hook] descolgar, desenganchar.

unhurt [ˌʌn'hɜːt] *adj* ileso(sa).

unhygienic [ˌʌnhar'dʒiːnɪk] *adj* antihigiénico(ca).

UNICEF ['juːnɪˌsef] (*abbr of* **United Nations International Children's Emergency Fund**) *n* UNICEF f.

unicorn ['juːnɪkɔːn] *n* unicornio *m*.

unicycle ['juːnɪsaɪkl] *n* monociclo *m*.

unidentified [ˌʌnar'dentɪfaɪd] *adj* sin identificar, no identificado(da).

unidentified flying object *n* objeto *m* volador no identificado.

unification [ˌjuːnɪfɪ'keɪʃn] *n* unificación f.

uniform ['juːnɪfɔːm] <> *adj* uniforme, constante. <> *n* uniforme *m*.

uniformity [ˌjuːnɪ'fɔːmətɪ] *n* uniformidad f.

uniformly ['juːnɪfɔːmlɪ] *adv* de modo uniforme.

unify ['juːnɪfaɪ] (*pt* & *pp* **-ied**) *vt* unificar, unir.

unifying ['juːnɪfaɪɪŋ] *adj* unificador(ra).

unilateral [ˌjuːnɪ'lætərəl] *adj* unilateral.

unimaginable [ˌʌnɪ'mædʒɪnəbl] *adj* inimaginable, inconcebible.

unimaginative [ˌʌnɪ'mædʒɪnətɪv] *adj* poco imaginativo(va).

unimpaired [ˌʌnɪm'peəd] *adj* [gen] intacto(ta); [health] inalterado(da).

unimpeded [ˌʌnɪm'piːdɪd] *adj* sin estorbos, libre.

unimportant [ˌʌnɪm'pɔːtənt] *adj* sin importancia, insignificante.

unimpressed [ˌʌnɪm'prest] *adj* no impresionado(da); **he was** ~ **by her performance** no le impresionó su actuación.

uninhabited [ˌʌnɪn'hæbɪtɪd] *adj* deshabitado(da), desierto(ta).

uninhibited [ˌʌnɪn'hɪbɪtɪd] *adj* desinhibido(da).

uninitiated [ˌʌnɪ'nɪʃɪeɪtɪd] *npl*: **the** ~ los no iniciados.

uninjured [ˌʌn'ɪndʒəd] *adj* ileso(sa).

uninspiring [ˌʌnɪn'spaɪrɪŋ] *adj* nada inspirador(ra).

unintelligent [ˌʌnɪn'telɪdʒənt] *adj* poco inteligente.

unintentional [ˌʌnɪn'tenʃənl] *adj* involuntario(ria).

uninterested [ˌʌn'ɪntrəstɪd] *adj* no interesado(da).

uninterrupted ['ʌnˌɪntə'rʌptɪd] *adj* ininterrumpido(da); **to continue** ~ continuar sin interrupción.

uninvited [ˌʌnɪn'vaɪtɪd] *adj* no invitado(da); **they turned up** ~ llegaron sin haber sido invitados.

union ['juːnjən] <> *n* **-1.** [trade union] sindicato *m* **-2.** [alliance] unión f, alianza f. <> *comp* sindical.

Unionist ['juːnjənɪst] *n* UK POL unionista *m* OR f *(partidario de que Irlanda del Norte siga siendo parte del Reino Unido)*.

unionize, -ise ['juːnjənaɪz] *vt* sindicar.

Union Jack *n*: **the** ~ *la bandera del Reino Unido*.

union shop *n* US *taller, fábrica etc donde todos los empleados tienen que pertenecer a un sindicato*.

unique [juː'niːk] *adj* **-1.** [gen] único(ca) **-2.** *fml* [peculiar, exclusive]: ~ **to** peculiar de.

uniquely [juː'niːklɪ] *adv* **-1.** *fml* [exclusively] exclusivamente **-2.** [exceptionally] excepcionalmente.

unisex ['juːnɪseks] *adj* unisex *(inv)*.

unison ['juːnɪzn] *n* unísono *m*; **in** ~ [simultaneously] al unísono.

UNISON ['juːnɪzn] *n sindicato grande que acoge a la gran mayoría de los funcionarios británicos*.

unit ['juːnɪt] *n* **-1.** [gen] unidad f **-2.** [piece of furniture] módulo *m*, elemento *m*.

unit cost *n* costo *m* unitario.

unite [juː'naɪt] <> *vt* [gen] unir; [country] unificar. <> *vi* unirse, juntarse.

united [juː'naɪtɪd] *adj* unido(da); **to be** ~ **in** estar todos(das) de acuerdo en.

United Arab Emirates *npl*: **the** ~ los Emiratos Árabes Unidos.

united front *n*: **to present a** ~ **(on)** hacer frente común (ante).

United Kingdom *n*: **the** ~ el Reino Unido.

United Nations *n*: **the** ~ las Naciones Unidas.

United States *n*: **the** ~ **(of America)** los Estados Unidos (de América).

unit price *n* precio *m* unitario.

unit trust *n UK* fondo *m* de inversión mobiliaria.

unity ['ju:nətɪ] *n (U)* unidad *f*, unión *f*.

Univ. *abbr of* **University**.

universal [ˌju:nɪ'vɜ:sll] *adj* universal.

universe ['ju:nɪvɜ:s] *n*: **the** ~ el universo.

university [ˌju:nɪ'vɜ:sətɪ] *(pl* **-ies)** <> *n* universidad *f*. <> *comp* universitario(ria); ~ **student** (estudiante) universitario *m*, universitaria *f*.

unjust [ˌʌn'dʒʌstl] *adj* injusto(ta).

unjustifiable [ʌn'dʒʌstɪˌfaɪəbll] *adj* injustificable.

unjustified [ʌn'dʒʌstɪfaɪd] *adj* injustificado(da).

unkempt [ˌʌn'kempt] *adj* [person] desaseado(da); [hair] despeinado(da); [clothes] descuidado(da).

unkind [ʌn'kaɪnd] *adj* **-1.** [uncharitable] poco amable, cruel **-2.** *fig* [inhospitable] riguroso(sa).

unkindly [ʌn'kaɪndlɪ] *adv* cruelmente.

unknown [ˌʌn'nəʊn] <> *adj* desconocido(da); ~ **to him** sin que él lo supiera. <> *n* **-1.** [thing]: **the** ~ lo desconocido **-2.** [person] desconocido *m*, -da *f*.

unlace [ˌʌn'leɪs] *vt* [clothes] desenlazar; [shoes] desatar los cordones de.

unladen [ˌʌn'leɪdn] *adj* vacío(a), sin carga.

unlawful [ˌʌn'lɔ:fʊl] *adj* ilegal, ilícito(ta).

unleaded [ˌʌn'ledɪd] *adj* sin plomo.

unleash [ˌʌn'li:ʃ] *vt literary* desatar, desencadenar.

unleavened [ˌʌn'levnd] *adj* ázimo, sin levadura.

unless [ən'les] *conj* a menos que; ~ **I say so** a menos que yo lo diga; ~ **I'm mistaken** si no me equivoco.

unlicensed, unlicenced *US* [ˌʌn'laɪsənst] *adj* **-1.** [without a licence - person, vehicle] sin permiso; [- activity] sin licencia **-2.** [not licensed to sell alcohol] no autorizado(da).

unlike [ˌʌn'laɪk] *prep* **-1.** [different from] distinto(ta) a, diferente a **-2.** [differently from] a diferencia de **-3.** [not typical of] impropio(pia) de, poco característico(ca) de; **that's** ~ **him** no es propio de él.

unlikely [ʌn'laɪklɪ] *adj* **-1.** [not probable] improbable, poco probable; **it's** ~ **that he'll come now, he's** ~ **to come now** ahora es poco probable que venga; **to be highly** ~ ser muy poco probable **-2.** [bizarre] inverosímil.

unlimited [ʌn'lɪmɪtɪd] *adj* ilimitado(da), sin límites.

unlisted [ʌn'lɪstɪd] *adj US* [phone number] que no figura en la guía telefónica.

unlit [ˌʌn'lɪt] *adj* **-1.** [not burning] sin encender **-2.** [dark] no iluminado(da).

unload [ˌʌn'ləʊd] *vt* **-1.** [goods, car] descargar **-2.** *fig* [unburden]: **to** ~ **sthg on** *OR* **onto sb** descargar algo en alguien.

unlock [ˌʌn'lɒk] *vt* abrir (con llave).

unloved [ˌʌn'lʌvd] *adj*: **to be/feel** ~ no ser/sentirse amado(da) por nadie.

unluckily [ʌn'lʌkɪlɪ] *adv* desgraciadamente.

unlucky [ʌn'lʌkɪ] *(compar* **-ier**, *superl* **-iest)** *adj* **-1.** [unfortunate] desgraciado(da); **to be** ~ tener mala suerte **-2.** [number, colour etc] de la mala suerte; **to be** ~ traer mala suerte.

unmanageable [ʌn'mænɪdʒəbll] *adj* [vehicle, parcel] difícil de manejar; [situation] muy difícil, incontrolable.

unmanly [ʌn'mænlɪ] *(compar* **-ier**, *superl* **-iest)** *adj* cobarde.

unmanned [ˌʌn'mænd] *adj* no tripulado(da).

unmarked [ˌʌn'mɑ:ktl] *adj* **-1.** [uninjured] ileso(sa), sin un rasguño **-2.** [unidentified - box, suitcase] sin marcar; ~ **police car** coche camuflado de la policía.

unmarried [ˌʌn'mærɪd] *adj* que no se ha casado.

unmask [ˌʌn'mɑ:sk] *vt* [gen] desenmascarar; *fig* [truth etc] descubrir, exponer.

unmatched [ˌʌn'mætʃtl] *adj* incomparable, sin par.

unmentionable [ʌn'menʃnəbll] *adj* que no se puede mencionar.

unmistakable [ˌʌnmɪ'steɪkəbll] *adj* inconfundible.

unmitigated [ʌn'mɪtɪgeɪtɪd] *adj* absoluto(ta).

unmoved [ˌʌn'mu:vd] *adj*: **to be** ~ **by** permanecer impasible ante.

unnamed [ˌʌn'neɪmd] *adj* anónimo(ma).

unnatural [ʌn'nætʃrəl] *adj* **-1.** [unusual, strange] anormal **-2.** [affected] afectado(da).

unnecessary [ʌn'nesəsərɪ] *adj* innecesario(ria).

unnerving [ˌʌn'nɜ:vɪŋ] *adj* desconcertante.

unnoticed [ˌʌn'nəʊtɪst] *adj* inadvertido(da), desapercibido(da); **to go** ~ pasar desapercibido(da).

UNO *(abbr of* **United Nations Organization)** *n* ONU *f*.

unobserved [ˌʌnəb'zɜ:vd] *adj* inadvertido(da), desapercibido(da).

unobtainable [ˌʌnəb'teɪnəbll] *adj* inasequible.

unobtrusive [ˌʌnəb'tru:sɪv] *adj* discreto(ta).

unoccupied [ˌʌn'ɒkjʊpaɪd] *adj* **-1.** [place, seat] libre; [area] despoblado(da); [house] deshabitado(da) **-2.** [person] desocupado(da).

unofficial [ˌʌnəˈfɪʃl] *adj* extraoficial, oficioso(sa).

unopened [ˌʌnˈəʊpənd] *adj* sin abrir.

unorthodox [ˌʌnˈɔːθədɒks] *adj* poco convencional, poco ortodoxo(xa).

unpack [ˌʌnˈpæk] <> *vt* **-1.** [box] desempaquetar, desembalar; [suitcases] deshacer **-2.** [clothes] sacar (de la maleta). <> *vi* deshacer las maletas.

unpaid [ˌʌnˈpeɪd] *adj* **-1.** [person, job, leave] no retribuido(da) **-2.** [not yet paid] por pagar.

unpalatable [ʌnˈpælətəbl] *adj* [food] incomible; [drink] imbebible; *fig* [difficult to accept] desagradable.

unparalleled [ʌnˈpærəleld] *adj* incomparable, sin precedente.

unpatriotic [ˌʌnˌpætrɪˈɒtɪk] *adj* antipatriótico(ca).

unpick [ˌʌnˈpɪk] *vt* descoser.

unpin [ˌʌnˈpɪn] (*pt* & *pp* -ned, *cont* -ning) *vt* [sewing] quitar los alfileres de; [clothes] desabrochar; [hair] quitar las horquillas de.

unplanned [ˌʌnˈplænd] *adj* **-1.** [event] imprevisto(ta) **-2.** [pregnancy] no planeado(da).

unpleasant [ʌnˈpleznt] *adj* **-1.** [disagreeable] desagradable **-2.** [unfriendly, rude - person] antipático(ca); [- remark] mezquino(na).

unpleasantness [ʌnˈplezntnɪs] *n* **-1.** [disagreeableness] lo desagradable **-2.** [rudeness - of person] antipatía *f*; [- of remark] mezquindad *f*.

unplug [ʌnˈplʌg] (*pt* & *pp* -ged, *cont* -ging) *vt* desenchufar, desconectar.

unpolished [ˌʌnˈpɒlɪʃt] *adj* **-1.** [furniture] sin encerar; [shoes] sin lustrar **-2.** [style etc] tosco(ca).

unpolluted [ˌʌnpəˈluːtɪd] *adj* sin contaminar.

unpopular [ˌʌnˈpɒpjʊləʳ] *adj* impopular, poco popular; **she was ~ with the other girls** las otras chicas no le tenían mucho aprecio.

unprecedented [ʌnˈpresɪdəntɪd] *adj* sin precedentes, inaudito(ta).

unpredictable [ˌʌnprɪˈdɪktəbl] *adj* imprevisible.

unprejudiced [ˌʌnˈpredʒʊdɪst] *adj* imparcial.

unprepared [ˌʌnprɪˈpeəd] *adj*: **to be ~ (for)** no estar preparado(da) (para).

unprepossessing [ˈʌnˌpriːpəˈzesɪŋ] *adj* poco atractivo(va).

unpretentious [ˌʌnprɪˈtenʃəs] *adj* sin pretensiones, modesto(ta).

unprincipled [ʌnˈprɪnsəpld] *adj* sin principios.

unprintable [ˌʌnˈprɪntəbl] *adj fig* que no se puede repetir (en la prensa).

unproductive [ˌʌnprəˈdʌktɪv] *adj* [land, work] improductivo(va); [discussion, meeting] infructuoso(sa).

unprofessional [ˌʌnprəˈfeʃənl] *adj* poco profesional.

unprofitable [ˌʌnˈprɒfɪtəbl] *adj* [company, product] no rentable.

unprompted [ˌʌnˈprɒmptɪd] *adj* espontáneo(a).

unpronounceable [ˌʌnprəˈnaʊnsəbl] *adj* impronunciable.

unprotected [ˌʌnprəˈtektɪd] *adj* sin protección, desprotegido(da).

unprovoked [ˌʌnprəˈvəʊkt] *adj* no provocado(da).

unpublished [ˌʌnˈpʌblɪʃt] *adj* inédito(ta), no publicado(da).

unpunished [ˌʌnˈpʌnɪʃt] *adj*: **to go ~** escapar sin castigo.

unqualified [ˌʌnˈkwɒlɪfaɪd] *adj* **-1.** [not qualified] sin título, no cualificado(da) **-2.** [total, complete] incondicional, completo(ta).

unquestionable [ʌnˈkwestʃənəbl] *adj* incuestionable, indiscutible.

unquestioning [ʌnˈkwestʃənɪŋ] *adj* incondicional.

unravel [ʌnˈrævl] (*UK pt* & *pp* -led, *cont* -ling, *US pt* & *pp* -ed, *cont* -ing) *vt lit* & *fig* desenmarañar.

unreadable [ˌʌnˈriːdəbl] *adj* **-1.** [difficult, tedious to read] pesado(da) de leer **-2.** [illegible] ilegible.

unreal [ˌʌnˈrɪəl] *adj* irreal.

unrealistic [ˌʌnrɪəˈlɪstɪk] *adj* [person] poco realista; [idea, plan] impracticable, fantástico(ca).

unreasonable [ʌnˈriːznəbl] *adj* **-1.** [person, behaviour, decision] poco razonable **-2.** [demand, price] excesivo(va).

unrecognizable [ˌʌnˈrekəgnaɪzəbl] *adj* irreconocible.

unrecognized [ˌʌnˈrekəgnaɪzd] *adj* no reconocido(da).

unrecorded [ˌʌnrɪˈkɔːdɪd] *adj* no registrado(da).

unrefined [ˌʌnrɪˈfaɪnd] *adj* **-1.** [not processed] no refinado(da) **-2.** [vulgar - person] vulgar; [- manner] poco refinado(da).

unrehearsed [ˌʌnrɪˈhɜːst] *adj* improvisado(da).

unrelated [ˌʌnrɪˈleɪtɪd] *adj*: **to be ~ (to)** no tener conexión (con).

unrelenting [ˌʌnrɪˈlentɪŋ] *adj* implacable, inexorable.

unreliable [ˌʌnrɪˈlaɪəbl] *adj* que no es de fiar.

unrelieved [ˌʌnrɪˈliːvd] *adj* crónico(ca), constante.

unremarkable [ˌʌnrɪˈmɑːkəbl] *adj* ordinario(ria), corriente.

unremitting [ˌʌnrɪ'mɪtɪŋ] *adj* incesante, continuo(nua).

unrepeatable [ˌʌnrɪ'pi:təbl] *adj* irrepetible.

unrepentant [ˌʌnrɪ'pentənt] *adj* impenitente.

unrepresentative [ˌʌnreprɪ'zentətɪv] *adj*: ~ **(of)** poco representativo(va) (de).

unrequited [ˌʌnrɪ'kwaɪtɪd] *adj* no correspondido(da).

unreserved [ˌʌnrɪ'zɜːvd] *adj* **-1.** [wholehearted] incondicional, absoluto(ta) **-2.** [not reserved] libre, no reservado(da).

unresolved [ˌʌnrɪ'zɒlvd] *adj* sin resolver, pendiente.

unresponsive [ˌʌnrɪ'spɒnsɪv] *adj*: **to be** ~ **to** ser insensible a.

unrest [ˌʌn'rest] *n (U)* malestar *m*, inquietud *f*.

unrestrained [ˌʌnrɪ'streɪnd] *adj* incontrolado(da), desenfrenado(da).

unrestricted [ˌʌnrɪ'strɪktɪd] *adj* sin restricción.

unrewarding [ˌʌnrɪ'wɔːdɪŋ] *adj* que no ofrece satisfacción.

unripe [ˌʌn'raɪp] *adj* verde, que no está maduro(ra).

unrivalled *UK*, **unrivaled** *US* [ʌn'raɪvld] *adj* incomparable, sin par.

unroll [ˌʌn'rəʊl] *vt* desenrollar.

unruffled [ˌʌn'rʌfld] *adj* [calm] imperturbable.

unruly [ʌn'ru:lɪ] (*compar* -ier, *superl* -iest) *adj* **-1.** [person, behaviour] revoltoso(sa) **-2.** [hair] rebelde.

unsafe [ˌʌn'seɪf] *adj* [gen] inseguro(ra); [risky] arriesgado(da).

unsaid [ˌʌn'sed] *adj*: **to leave sthg** ~ dejar algo sin decir.

unsaleable, unsalable *US* [ˌʌn'seɪləbl] *adj* invendible.

unsatisfactory ['ʌnˌsætɪs'fæktərɪ] *adj* insatisfactorio(ria).

unsavoury, unsavory *US* [ˌʌn'seɪvərɪ] *adj* desagradable.

unscathed [ˌʌn'skeɪðd] *adj* ileso(sa).

unscheduled [*UK* ˌʌn'ʃedjʊld, *US* ˌʌn'skedʒʊld] *adj* imprevisto(ta).

unscientific ['ʌnˌsaɪən'tɪfɪk] *adj* poco científico(ca).

unscrew [ˌʌn'skru:] *vt* **-1.** [lid, top] abrir **-2.** [sign, hinge] desatornillar.

unscripted [ˌʌn'skrɪptɪd] *adj* sin guión, improvisado(da).

unscrupulous [ʌn'skru:pjʊləs] *adj* desaprensivo(va), poco escrupuloso(sa).

unseat [ˌʌn'si:t] *vt* **-1.** [rider] derribar, desarzonar **-2.** *fig* [depose] deponer.

unseeded [ˌʌn'si:dɪd] *adj* que no es cabeza de serie.

unseemly [ʌn'si:mlɪ] (*compar* -ier, *superl* -iest) *adj* impropio(pia), indecoroso(sa).

unseen [ˌʌn'si:n] *adj* [person, escape] inadvertido(da).

unselfish [ˌʌn'selfɪʃ] *adj* desinteresado(da), altruista.

unselfishly [ˌʌn'selfɪʃlɪ] *adv* desinteresadamente, altruistamente.

unsettle [ˌʌn'setl] *vt* perturbar, inquietar.

unsettled [ˌʌn'setld] *adj* **-1.** [person] nervioso(sa), intranquilo(la) **-2.** [weather] variable, inestable **-3.** [argument, matter, debt] pendiente **-4.** [situation] inestable.

unsettling [ˌʌn'setlɪŋ] *adj* inquietante, perturbador(ra).

unshak(e)able [ʌn'ʃeɪkəbl] *adj* inquebrantable.

unshaven [ˌʌn'ʃeɪvn] *adj* sin afeitar.

unsheathe [ˌʌn'ʃi:ð] *vt* desenvainar.

unsightly [ʌn'saɪtlɪ] *adj* [building] feo (fea); [scar, bruise] desagradable.

unskilled [ˌʌn'skɪld] *adj* [person] no cualificado(da); [work] no especializado(da).

unsociable [ʌn'səʊʃəbl] *adj* insociable, poco sociable.

unsocial [ˌʌn'səʊʃl] *adj*: **to work** ~ **hours** trabajar a horas intempestivas.

unsold [ˌʌn'səʊld] *adj* sin vender.

unsolicited [ˌʌnsə'lɪsɪtɪd] *adj* no solicitado(da).

unsolved [ˌʌn'sɒlvd] *adj* no resuelto(ta), sin resolver.

unsophisticated [ˌʌnsə'fɪstɪkeɪtɪd] *adj* **-1.** [person] ingenuo(nua) **-2.** [method, device] rudimentario(ria).

unsound [ˌʌn'saʊnd] *adj* **-1.** [conclusion, method] erróneo(a) **-2.** [building, structure] defectuoso(sa).

unspeakable [ʌn'spi:kəbl] *adj* [crime] incalificable; [pain] indecible.

unspeakably [ʌn'spi:kəblɪ] *adv* indescriptiblemente.

unspecified [ˌʌn'spesɪfaɪd] *adj* sin especificar.

unspoiled [ˌʌn'spɔɪld], **unspoilt** [ˌʌn'spɔɪlt] *adj* sin estropear.

unspoken [ˌʌn'spəʊkən] *adj* **-1.** [not expressed openly] no expresado(da) **-2.** [tacit] tácito(ta).

unsporting [ˌʌn'spɔ:tɪŋ] *adj* poco deportivo(va).

unstable [ˌʌn'steɪbl] *adj* inestable.

unstated [ˌʌn'steɪtɪd] *adj* no expresado(da).

unsteady [ˌʌn'stedɪ] (*compar* -ier, *superl* -iest) *adj* [gen] inestable; [hands, voice] tembloroso(sa); [footsteps] vacilante.

unstinting [ˌʌn'stɪntɪŋ] *adj* pródigo(ga).

unstoppable [ˌʌn'stɒpəbl] *adj* irrefrenable, incontenible.

unstrap [ˌʌn'stræp] (*pt & pp* -**ped**, *cont* -**ping**) *vt* desabrochar (las correas de).

unstructured [ˌʌn'strʌktʃəd] *adj* poco organizado(da).

unstuck [ˌʌn'stʌk] *adj*: **to come ~** [notice, stamp, label] despegarse, desprenderse; *fig* [plan, system, person] fracasar.

unsubstantiated [ˌʌnsəb'stænʃɪeɪtɪd] *adj* no corroborado(da), sin probar.

unsuccessful [ˌʌnsək'sesfʊl] *adj* [person] fracasado(da); [attempt, meeting] infructuoso(sa); **to be ~** [subj: person] no tener éxito.

unsuccessfully [ˌʌnsək'sesfʊlɪ] *adv* sin éxito, en vano.

unsuitable [ˌʌn'suːtəbl] *adj* inadecuado(da), inapropiado(da); **he is ~ for the job** no es la persona indicada para el trabajo; **I'm afraid 3 o'clock would be ~** lo siento, pero no me va bien a las 3.

unsuited [ˌʌn'suːtɪd] *adj* -**1.** [not appropriate]: **to be ~ to** *or* **for** ser inepto(ta) para -**2.** [not compatible]: **to be ~ (to each other)** ser incompatibles (uno con el otro).

unsung [ˌʌn'sʌŋ] *adj* no celebrado(da).

unsure [ˌʌn'ʃɔːʳ] *adj* -**1.** [not confident]: **to be ~ of o.s.** sentirse inseguro(ra) -**2.** [not certain]: **to be ~ (about** *or* **of)** no estar muy seguro (de).

unsurpassed [ˌʌnsə'pɑːst] *adj* insuperado(da).

unsuspecting [ˌʌnsə'spektɪŋ] *adj* desprevenido(da), confiado(da).

unsweetened [ˌʌn'swiːtnd] *adj* sin azúcar.

unswerving [ʌn'swɜːvɪŋ] *adj* firme, inquebrantable.

unsympathetic [ˈʌnˌsɪmpə'θetɪk] *adj*: **~ to** indiferente a.

untamed [ˌʌn'teɪmd] *adj* -**1.** [animal] indomado(da) -**2.** [place, land] sin cultivar -**3.** [person] indómito(ta).

untangle [ˌʌn'tæŋgl] *vt* desenmarañar.

untapped [ˌʌn'tæpt] *adj* sin explotar.

untaxed [ˌʌn'tækst] *adj* antes de impuestos.

untenable [ˌʌn'tenəbl] *adj* insostenible.

unthinkable [ʌn'θɪŋkəbl] *adj* impensable, inconcebible.

unthinkingly [ʌn'θɪŋkɪŋlɪ] *adv* sin pensar, irreflexivamente.

untidy [ʌn'taɪdɪ] (*compar* -**ier**, *superl* -**iest**) *adj* [room, desk] desordenado(da); [person, appearance] desaliñado(da).

untie [ˌʌn'taɪ] (*cont* **untying**) *vt* desatar.

until [ən'tɪl] ◇ *prep* hasta; **~ now/then** hasta ahora/entonces. ◇ *conj* -**1.** [gen] hasta que; **wait ~ everybody is there** espera a que haya llegado todo el mundo -**2.** *(after negative)*:

don't leave ~ you've finished no te vayas hasta que no hayas terminado.

untimely [ʌn'taɪmlɪ] *adj* -**1.** [premature] prematuro(ra) -**2.** [inappropriate] inoportuno(na).

untiring [ʌn'taɪərɪŋ] *adj* incansable.

untold [ˌʌn'təʊld] *adj* [incalculable, vast] incalculable; [suffering, joy] indecible.

untouched [ˌʌn'tʌtʃt] *adj* -**1.** [scenery, place] no estropeado(da); [building etc] intacto(ta) -**2.** [food] sin probar.

untoward [ˌʌntə'wɔːd] *adj* [event] adverso(sa); [behaviour] fuera de lugar.

untrained [ˌʌn'treɪnd] *adj* -**1.** [person, worker] no cualificado(da) -**2.** [voice, mind] no educado(da); **to the ~ eye/ear** para el ojo/oído poco avezado.

untrammelled *UK*, **untrammeled** *US* [ʌn'træməld] *adj fml* -**1.** [unbounded - joy etc] sin límites -**2.** [unrestricted]: **~ by** libre de.

untranslatable [ˌʌntræns'leɪtəbl] *adj* intraducible.

untreated [ˌʌn'triːtɪd] *adj* -**1.** [illness, person] que no ha sido tratado(da) -**2.** [waste, effluent] sin tratar.

untried [ˌʌn'traɪd] *adj* no probado(da).

untroubled [ˌʌn'trʌbld] *adj*: **to be ~ by** no estar afectado(da) por.

untrue [ˌʌn'truː] *adj* -**1.** [not true] falso(sa) -**2.** [unfaithful]: **to be ~ to** ser infiel *or* desleal a.

untrustworthy [ˌʌn'trʌstˌwɜːðɪ] *adj* indigno(na) de confianza.

untruth [ˌʌn'truːθ] *n* mentira *f*.

untruthful [ˌʌn'truːθfʊl] *adj* falso(sa), mentiroso(sa).

untutored [ˌʌn'tjuːtəd] *adj* no educado(da).

unusable [ˌʌn'juːzəbl] *adj* inútil, inservible.

unused [sense 1 ʌn'juːzd, sense 2 ʌn'juːst] *adj* -**1.** [not previously used] nuevo(va), sin usar -**2.** [unaccustomed]: **to be ~ to sthg/to doing sthg** no estar acostumbrado(da) a algo/a hacer algo.

unusual [ʌn'juːʒl] *adj* [rare] insólito(ta), poco común.

unusually [ʌn'juːʒəlɪ] *adv* -**1.** [exceptionally] extraordinariamente; **the exam was ~ difficult** el examen fue extraordinariamente difícil -**2.** [surprisingly] sorprendentemente.

unvarnished [ʌn'vɑːnɪʃt] *adj fig* [straightforward] sin adornos.

unveil [ˌʌn'veɪl] *vt* -**1.** [statue, plaque] descubrir -**2.** *fig* [plans, policy] revelar.

unwaged [ˌʌn'weɪdʒd] *adj UK* desempleado(da).

unwanted [ˌʌn'wɒntɪd] *adj* [clothes, furniture] superfluo(flua); [child, pregnancy] no deseado(da).

unwarranted [ʌn'wɒrəntɪd] *adj* injustificado(da).

unwavering [ʌn'weɪvərɪŋ] *adj* [determination, feeling] firme, inquebrantable; [concentration] constante; [gaze] fijo(ja).

unwelcome [ʌn'welkəm] *adj* inoportuno (na).

unwell [ˌʌn'wel] *adj*: to be/feel ~ estar/sentirse mal.

unwholesome [ˌʌn'həʊlsəm] *adj* -1. [unhealthy] insalubre -2. [unpleasant, unnatural] malsano(na).

unwieldy [ʌn'wiːldɪ] (*compar* -ier, *superl* -iest) *adj* -1. [object] abultado(da); [tool] poco manejable -2. *fig* [system, organization] poco eficiente.

unwilling [ˌʌn'wɪlɪŋ] *adj* no dispuesto(ta); to be ~ to do sthg no estar dispuesto a hacer algo.

unwind [ˌʌn'waɪnd] (*pt* & *pp* unwound) ⟨⟩ *vt* desenrollar. ⟨⟩ *vi fig* [person] relajarse.

unwise [ˌʌn'waɪz] *adj* imprudente, poco aconsejable.

unwitting [ʌn'wɪtɪŋ] *adj fml* inconsciente.

unwittingly [ʌn'wɪtɪŋlɪ] *adv fml* inconscientemente, sin darse cuenta.

unworkable [ˌʌn'wɜːkəbl] *adj* impracticable.

unworldly [ˌʌn'wɜːldlɪ] *adj* poco mundano(na).

unworthy [ʌn'wɜːðɪ] (*compar* -ier, *superl* -iest) *adj* [undeserving]: to be ~ of no ser digno(na) de.

unwound [ˌʌn'waʊnd] *pt* & *pp* ⊳ unwind.

unwrap [ˌʌn'ræp] (*pt* & *pp* -ped, *cont* -ping) *vt* [present] desenvolver; [parcel] desempaquetar.

unwritten law [ˌʌn'rɪtn-] *n* ley *f* no escrita.

unyielding [ʌn'jiːldɪŋ] *adj* inflexible.

unzip [ˌʌn'zɪp] (*pt* & *pp* -ped, *cont* -ping) *vt* abrir la cremallera de.

up [ʌp] (*pt* & *pp* -ped, *cont* -ping) ⟨⟩ *adv* -1. [towards a higher position] hacia arriba; [in a higher position] arriba; to throw sthg ~ lanzar algo hacia arriba; she's ~ in her room está arriba en su cuarto; we'll be ~ in just a moment subiremos en un minuto; we walked ~ to the top subimos hasta arriba del todo; a house ~ in the mountains una casa arriba en las montañas; put it ~ there ponlo ahí arriba -2. [into an upright position]: help me ~ ayúdame a levantarme; ~ you get! ¡arriba! -3. [northwards]: I'm going ~ to York next week voy a subir a York la semana próxima; ~ north en el norte -4. [along a road or river] adelante; their house is 100 metres further ~ su casa está 100 metros más adelante -5. [close up, towards]: to walk ~ to sb acercarse a alguien. ⟨⟩ *prep* -1. [towards a higher position]: we went ~ the mountain subimos por la montaña; let's go ~ this road vamos por esta carretera; I went ~ the stairs subí las escaleras -2. [in a higher position] en lo alto de; ~ a tree en un árbol; halfway ~ a mountain en mitad de la subida a una montaña -3. [at far end of] al final de; they live ~ the road from us viven más adelante en nuestra misma calle -4. [against current of river]: ~ the Amazon Amazonas arriba. ⟨⟩ *adj* -1. [out of bed] levantado(da); I was ~ at six today hoy me levanté a las seis -2. [at an end] terminado(da); time's ~ se acabó el tiempo -3. [under repair]: 'road ~' 'carretera en obras' -4. *inf* [wrong]: is something ~? ¿pasa algo?, ¿algo va mal?; what's ~? ¿qué pasa? ⟨⟩ *n*: ~s and downs altibajos *mpl*. ⟨⟩ *vt inf* [price, cost] subir.

➤ **up against** *prep*: we came ~ against a lot of opposition nos enfrentamos con mucha oposición; to be ~ against it vérselas y deseárselas.

➤ **up and down** ⟨⟩ *adv*: to jump ~ and down saltar para arriba y para abajo; to walk ~ and down andar para un lado y para otro. ⟨⟩ *prep*: she's ~ and down the stairs all day lleva todo el día subiendo y bajando por las escaleras; she looked ~ and down the ranks of soldiers inspeccionó las filas de soldados de arriba a abajo; we walked ~ and down the avenue estuvimos caminando arriba y abajo de la avenida.

➤ **up to** *prep* -1. [indicating level] hasta; it could take ~ to six weeks podría tardar hasta seis semanas; it's not ~ to standard no tiene el nivel necesario -2. [well or able enough for]: to be ~ to doing sthg sentirse con fuerzas (como) para hacer algo; my French isn't ~ to much mi francés no es gran cosa -3. *inf* [secretly doing something]: what are you ~ to? ¿qué andas tramando? -4. [indicating responsibility]: it's not ~ to me to decide no depende de mí el decidir; it's ~ to you de ti depende.

➤ **up until** *prep* hasta.

up-and-coming *adj* prometedor(ra), con futuro.

up-and-up *n*: on the ~ *UK* [improving] cada vez mejor; *US* [honest] de confianza.

upbeat ['ʌpbiːt] *adj* optimista.

upbraid [ʌp'breɪd] *vt*: to ~ sb (for) reprender a alguien (por).

upbringing ['ʌpˌbrɪŋɪŋ] *n* educación *f*.

update [ˌʌp'deɪt] *vt* actualizar.

upend [ʌp'end] *vt* volcar.

upfront [ˌʌp'frʌnt] ⟨⟩ *adj*: to be ~ (about) ser franco(ca) (sobre). ⟨⟩ *adv* [in advance] por adelantado.

upgrade [ˌʌpˈgreɪd] ◇ vt [job, status] ascender, subir de categoría; [facilities] implementar mejoras a; COMPUT actualizar. ◇ vi implementar mejoras.

upheaval [ʌpˈhiːvl] n trastorno m, agitación f.

upheld [ʌpˈheld] pt & pp ➪ **uphold**.

uphill [ˌʌpˈhɪl] ◇ adj [rising] empinado(da), cuesta arriba; fig [difficult] arduo(dua), difícil. ◇ adv cuesta arriba.

uphold [ʌpˈhəʊld] (pt & pp -held) vt sostener, apoyar.

upholster [ʌpˈhəʊlstəʳ] vt tapizar.

upholstery [ʌpˈhəʊlstərɪ] n tapicería f, tapizado m.

upkeep [ˈʌpkiːp] n mantenimiento m.

upland [ˈʌplənd] adj de la meseta.
➡ **uplands** npl tierras fpl altas.

uplift [ʌpˈlɪft] vt inspirar.

uplifting [ʌpˈlɪftɪŋ] adj inspirador(ra).

up-market adj de clase superior, de categoría.

upon [əˈpɒn] prep fml en, sobre; ~ **entering the room** al entrar en el cuarto; **question** ~ **question** pregunta tras pregunta; **summer is** ~ **us** ya tenemos el verano encima.

upper [ˈʌpəʳ] ◇ adj superior. ◇ n [of shoe] pala f.

upper class n: **the** ~ la clase alta.
➡ **upper-class** adj de clase alta.

uppercut [ˈʌpəkʌt] n gancho m, uppercut m.

upper hand n: **to have/gain the** ~ **(in)** llevar/empezar a llevar la ventaja (en).

uppermost [ˈʌpəməʊst] adj -1. [highest] más alto(ta) -2. [most important]: **to be** ~ **in one's mind** ser lo más importante para uno.

Upper Volta [-ˈvɒltə] n (el) Alto Volta.

uppity [ˈʌpətɪ] adj inf engreído(da), arrogante.

upright [adj senses 1 & 2 & adv ʌpˈraɪt, adj sense 3 & n ˈʌpraɪt] ◇ adj -1. [erect - person, chair] derecho(cha) -2. [standing vertically - object] vertical -3. fig [honest] recto(ta), honrado(da). ◇ adv erguidamente. ◇ n poste m.

upright piano n piano m vertical.

uprising [ˈʌpˌraɪzɪŋ] n sublevación f, alzamiento m.

uproar [ˈʌprɔːʳ] n -1. (U) [commotion] alboroto m -2. [protest] escándalo m.

uproarious [ʌpˈrɔːrɪəs] adj [noisy] estrepitoso(sa).

uproot [ʌpˈruːt] vt -1. [person] desplazar, mudar; **to** ~ **o.s.** mudarse -2. BOT [plant] desarraigar.

upset [ʌpˈset] (pt & pp upset, cont -ting) ◇ adj -1. [distressed] disgustado(da), afectado(da); **to get** ~ disgustarse -2. MED: **to have**

an ~ **stomach** sentirse mal del estómago. ◇ n: **to have a stomach** ~ sentirse mal del estómago. ◇ vt -1. [distress] disgustar, perturbar -2. [mess up] dar al traste con, estropear -3. [overturn, knock over] volcar.

upsetting [ʌpˈsetɪŋ] adj inquietante, perturbador(ra).

upshot [ˈʌpʃɒt] n resultado m.

upside down [ˌʌpsaɪd-] ◇ adj al revés. ◇ adv al revés; **to turn sthg** ~ revolver algo, desordenar algo.

upstage [ˌʌpˈsteɪdʒ] vt eclipsar a.

upstairs [ˌʌpˈsteəz] ◇ adj de arriba. ◇ adv arriba. ◇ n el piso de arriba.

upstanding [ˌʌpˈstændɪŋ] adj ejemplar.

upstart [ˈʌpstɑːt] n advenedizo m, -za f.

upstate [ˈʌpˈsteɪt] US ◇ adj: ~ **New York** la parte norteña del Estado de Nueva York. ◇ adv en/hacia el norte del Estado.

upstream [ˌʌpˈstriːm] ◇ adj: **to be** ~ **(from)** estar río arriba (de). ◇ adv río arriba, corriente arriba.

upsurge [ˈʌpsɜːdʒ] n: ~ **of** OR **in** aumento m considerable de.

upswing [ˈʌpswɪŋ] n: ~ **(in)** mejora f notable OR alza f(en).

uptake [ˈʌpteɪk] n: **to be quick on the** ~ cogerlas al vuelo; **to be slow on the** ~ ser un poco torpe.

uptight [ʌpˈtaɪt] adj inf tenso(sa), nervioso(sa).

up-to-date adj -1. [modern] moderno(na) -2. [most recent] actual, al día -3. [informed]: **to keep** ~ **with** mantenerse al día de.

up-to-the-minute adj de última hora.

uptown [ˌʌpˈtaʊn] US ◇ adj alejado(da) del centro. ◇ adv [live, work] en las afueras; [go] a las afueras.

upturn [ˈʌptɜːn] n: ~ **(in)** mejora f(de).

upturned [ʌpˈtɜːnd] adj -1. [nose] respingón(ona) -2. [upside down] volcado(da).

upward [ˈʌpwəd] ◇ adj hacia arriba. ◇ adv US = **upwards**.

upwardly mobile [ˈʌpwədlɪ-] adj ascendiendo socialmente.

upwards [ˈʌpwədz] adv hacia arriba.
➡ **upwards of** prep más de.

upwind [ˌʌpˈwɪnd] adj: **to be** ~ estar en el lado de donde sopla el viento.

Urals [ˈjʊərəlz] npl: **the** ~ los Urales.

uranium [jʊˈreɪnjəm] n uranio m.

Uranus [ˈjʊərənəs] n Urano m.

urban [ˈɜːbən] adj urbano(na).

urbane [ɜːˈbeɪn] adj cortés, urbano(na).

urbanize, -ise [ˈɜːbənaɪz] vt urbanizar.

urban renewal *n* renovación *f* urbana.

urchin ['ɜ:tʃɪn] *n dated* pilluelo *m*, -la *f*.

Urdu ['ʊədu:] *n* urdu *m*.

urge [ɜ:dʒ] <> *n* impulso *m*, deseo *m*; **to have an ~ to do sthg** desear ardientemente hacer algo. <> *vt* **-1.** [try to persuade]: **to ~ sb to do sthg** instar a alguien a hacer algo **-2.** [advocate] recomendar encarecidamente.

urgency ['ɜ:dʒənsɪ] *n (U)* urgencia *f*.

urgent ['ɜ:dʒənt] *adj* **-1.** [pressing] urgente **-2.** [desperate] apremiante.

urgently ['ɜ:dʒəntlɪ] *adv* **-1.** [as soon as possible] urgentemente **-2.** [desperately] con insistencia.

urinal [juə'raɪnl] *n* [place] urinario *m*; [vessel] orinal *m*.

urinary ['juərɪnərɪ] *adj* urinario(ria).

urinate ['juərɪneɪt] *vi* orinar.

urination [juərɪ'neɪʃn] *n* micción *f*.

urine ['juərɪn] *n* orina *f*.

URL (*abbr of* **uniform resource locator**) *n* COMPUT URL *m*.

urn [ɜ:n] *n* **-1.** [for ashes] urna *f*-**2.** [for tea, coffee] *cilindro o barril con grifo para servir té o café en grandes cantidades*.

Uruguay ['juərəgwaɪl] *n* Uruguay.

Uruguayan [juərə'gwaɪən] <> *adj* uruguayo(ya). <> *n* uruguayo *m*, -ya *f*.

us [ʌs] *pers pron* **-1.** (direct, indirect) nos; **can you see/hear ~?** ¿puedes vernos/oírnos?; **it's ~** somos nosotros; **he sent ~ a letter** nos mandó una carta; **she gave it to ~** nos lo dio **-2.** (stressed, after prep, in comparisons etc) nosotros(tras); **you can't expect US to do it** no esperarás que lo hagamos NOSOTROS; **with/without ~** con/sin nosotros; **they are more wealthy than ~** son más ricos que nosotros; **all of ~** todos (nosotros); **some of ~** algunos de nosotros.

US (*abbr of* **United States**) *n* EEUU *mpl*.

USA *n* **-1.** (*abbr of* **United States of America**) EEUU *mpl* **-2.** (*abbr of* **United States Army**) *fuerzas armadas estadounidenses*.

usable ['ju:zəbl] *adj* utilizable, aprovechable.

USAF (*abbr of* **United States Air Force**) *n fuerzas aéreas estadounidenses*.

usage ['ju:zɪdʒ] *n* uso *m*.

USB (*abbr of* **Universal Serial Bus**) *n* COMPUT USB *m*.

USB port *n* COMPUT puerto *m* USB.

USDI (*abbr of* **United States Department of the Interior**) *n ministerio estadounidense del interior*.

use [*n & aux vb* ju:s, *vt* ju:z] <> *n* uso *m*; **to be in ~** usarse; **to be out of ~** no usarse; 'out of ~' 'no funciona'; **to make ~ of sthg** utilizar OR

aprovechar algo; **he still has the ~ of his legs** todavía le funcionan las piernas; **to let sb have the ~ of sthg** dejar a alguien usar algo; **to be of/no ~** ser útil/inútil; **what's the ~ (of doing sthg)?** ¿de qué sirve (hacer algo)? <> *aux vb* soler, acostumbrar; **I ~d to go swimming** solía OR acostumbraba ir a nadar; **he ~d to be fat** antes estaba gordo. <> *vt* **-1.** [utilize, employ] usar, emplear **-2.** [exploit] usar, manejar.

◆ **use up** *vt sep* agotar.

used [*sense 1* ju:zd, *sense 2* ju:st] *adj* **-1.** [dirty, second-hand] usado(da) **-2.** [accustomed]: **to be ~ to** estar acostumbrado(da) a; **to get ~ to** acostumbrarse a.

useful ['ju:sfʊl] *adj* **-1.** [handy] útil, provechoso(sa); **to come in ~** servir, ser útil **-2.** [helpful - person] valioso(sa).

usefulness ['ju:sfʊlnɪs] *n (U)* utilidad *f*, valor *m*.

useless ['ju:slɪs] *adj* **-1.** [gen] inútil **-2.** *inf* [hopeless] incompetente.

uselessness ['ju:slɪsnɪs] *n (U)* inutilidad *f*.

user ['ju:zə'] *n* usuario *m*, -ria *f*.

user-friendly *adj* fácil de utilizar.

usher ['ʌʃə'] <> *n* [at wedding] ujier *m*; [at theatre, concert] acomodador *m*, -ra *f*. <> *vt*: **to ~ sb in** hacer pasar a alguien; **to ~ sb out** acompañar a alguien hasta la puerta.

usherette [ʌʃə'ret] *n* acomodadora *f*.

USN (*abbr of* **United States Navy**) *n armada estadounidense*.

USS (*abbr of* **United States Ship**) *buque de guerra estadounidense*.

USSR (*abbr of* **Union of Soviet Socialist Republics**) *n*: **the (former) ~** la (antigua) URSS.

usu. *abbr of* **usually**.

usual ['ju:ʒəl] *adj* habitual; **as ~** [as normal] como de costumbre; [as often happens] como siempre.

usually ['ju:ʒəlɪ] *adv* por regla general, normalmente; **we ~ go to church on Sunday** solemos ir a misa el domingo; **more than ~** más que de costumbre.

usurp [ju:'zɜ:p] *vt fml* usurpar.

usury ['ju:ʒʊrɪ] *n fml* usura *f*.

Utah ['ju:tɑ:] *n* Utah.

utensil [ju:'tensl] *n* utensilio *m*.

uterus ['ju:tərəs] (*pl* **-ri** [-raɪ], **-ruses**) *n* útero *m*.

utilitarian [ju:tɪlɪ'teərɪən] *adj* **-1.** [gen] utilitario(ria) **-2.** [functional] funcional.

utility [ju:'tɪlətɪ] (*pl* **-ies**) *n* **-1.** [gen] utilidad *f*-**2.** [public service] servicio *m* público.

◆ **utilities** *n US* [service charges] empresa *f* de servicios públicos.

utility room *n* trascocina *f*.

utilize, -ise ['ju:tɪlaɪz] *vt* utilizar.

utmost ['ʌtməʊst] <> *adj* mayor, supremo (ma). <> *n*: **to do one's** ~ hacer lo imposible; **to the** ~ al máximo, a más no poder.
utopia [ju:'təʊpjəl *n* utopía *f.*
utter ['ʌtər] <> *adj* puro(ra), completo(ta). <> *vt* [word] pronunciar; [sound, cry] emitir.
utterly ['ʌtəlɪ] *adv* completamente, totalmente.
U-turn *n* lit & fig giro *m* de 180°; **to do a** ~ [in car] cambiar de sentido; *fig* dar un giro radical.
UV (*abbr of* ultra-violet) UV.
Uzbekistan [ʊz,bekɪ'stɑ:n] *n* (el) Uzbekistán.

v¹ (*pl* v's *OR* vs), **V** (*pl* V's *OR* Vs) [vi:] *n* [letter] v *f*, V *f*.
v² -**1.** (*abbr of* verse) v -**2.** (*abbr of* volt) v -**3.** (*abbr of* vide) [cross-reference] v. -**4.** *abbr of* versus.
vac [væk] (*abbr of* vacation) *n UK inf* vacas *fpl*, vacaciones *fpl*.
vacancy ['veɪkənsɪ] (*pl* -ies) *n* -**1.** [job, position] vacante *f* -**2.** [room available] habitación *f* libre; **'no vacancies'** 'completo'.
vacant ['veɪkənt] *adj* -**1.** [room, chair, toilet] libre -**2.** [job, post] vacante -**3.** [look, expression] distraído(da).
vacant lot *n* terreno *m* disponible.
vacantly ['veɪkəntlɪ] *adv* distraídamente.
vacate [və'keɪt] *vt* -**1.** [job, post] dejar vacante -**2.** [room, seat, premises] desocupar.
vacation [və'keɪʃn] *US* <> *n* vacaciones *fpl*; **to be on** ~ estar de vacaciones. <> *vi* pasar las vacaciones.
vacationer [və'keɪʃənər] *n US*: **summer** ~ veraneante *m OR f*.
vaccinate ['væksɪneɪt] *vt*: **to** ~ **sb (against sthg)** vacunar a alguien (de *OR* contra algo).
vaccination [,væksɪ'neɪʃn] *n* vacunación *f.*
vaccine [*UK* 'væksi:n, *US* væk'si:n] *n* vacuna *f.*
vacillate ['væsəleɪt] *vi*: **to** ~ **(between)** dudar *OR* vacilar (entre).
vacuum ['vækjʊəm] <> *n* -**1.** *TECH & fig* vacío *m* -**2.** [cleaner] aspiradora *f.* <> *vt* pasar la aspiradora por.
vacuum cleaner *n* aspiradora *f.*

vacuum-packed *adj* envasado(da) al vacío.
vacuum pump *n* bomba *f* neumática.
vagabond ['vægəbɒnd] *n literary* vagabundo *m*, -da *f.*
vagaries ['veɪgərɪz] *npl fml* caprichos *mpl.*
vagina [və'dʒaɪnə] *n* vagina *f.*
vagrancy ['veɪgrənsɪ] *n* vagabundeo *m.*
vagrant ['veɪgrənt] *n* vagabundo *m*, -da *f.*
vague [veɪg] *adj* -**1.** [imprecise] vago(ga), impreciso(sa) -**2.** [person] poco claro(ra) -**3.** [feeling] leve -**4.** [evasive] evasivo(va); **to be** ~ **about** ser impreciso respecto a -**5.** [absent-minded] distraído(da) -**6.** [outline] borroso(sa).
vaguely ['veɪglɪ] *adv* -**1.** [imprecisely] vagamente -**2.** [slightly, not very] levemente -**3.** [indistinctly]: **I could** ~ **make out a ship** apenas distinguía un barco a lo lejos.
vain [veɪn] *adj* -**1.** *pej* [conceited] vanidoso(sa) -**2.** [futile] vano(na).
➤ **in vain** *adv* en vano.
vainly ['veɪnlɪ] *adv* vanamente.
valance ['væləns] *n* -**1.** [on bed] volante *m* -**2.** *US* [over window] galería *f* de cortina.
vale [veɪl] *n literary* valle *m.*
valedictorian [,vælɪdɪk'tɔ:rɪən] *n US persona que pronuncia el discurso de despedida en una ceremonia de graduación.*
valedictory [,vælɪ'dɪktərɪ] *adj fml* de despedida.
valentine card ['væləntaɪn-] *n* tarjeta *f* que se manda el Día de los Enamorados.
Valentine's Day ['væləntaɪnz-] *n*: **(St)** ~ San Valentín *m*, Día *m* de los Enamorados.
valet ['væleɪ, 'vaelɪt] *n* ayuda *m* de cámara.
valet parking *n aparcamiento del coche realizado por un mozo.*
valet service *n* -**1.** [for clothes] servicio *m* de lavandería -**2.** [for cars] lavado *m* y limpieza.
valiant ['væljənt] *adj* valeroso(sa).
valid ['vælɪd] *adj* -**1.** [argument, explanation] válido(da) -**2.** [ticket, driving licence] en vigor; **to be** ~ **for six months** ser válido(da) durante seis meses.
validate ['vælɪdeɪt] *vt* validar, dar validez a.
validity [və'lɪdətɪ] *n* validez *f.*
Valium® ['vælɪəm] *n* valium® *m.*
valley ['vælɪ] (*pl* valleys) *n* valle *m.*
valour *UK*, **valor** *US* ['vælər] *n (U) fml & literary* valor *m.*
valuable ['væljʊəbl] *adj* valioso(sa).
➤ **valuables** *npl* objetos *mpl* de valor.
valuation [,væljʊ'eɪʃn] *n* -**1.** [pricing, estimated price] evaluación *f*, valuación *f* -**2.** [opinion, judging of worth] valoración *f.*
value ['vælju:] <> *n* valor *m*; **to lose/gain (in)**

~ disminuir/aumentar de valor; **to place a high ~ on** conceder mucha importancia a; **to be good ~** estar muy bien de precio; **to be ~ for money** estar muy bien de precio; **to take sthg/sb at face ~** tomarse algo/a alguien en su sentido literal. ◇ *vt* -**1.** [estimate price of] valorar, tasar; **a necklace ~d at £300** un collar valorado en 300 libras -**2.** [cherish] apreciar.

➡ **values** *npl* [morals] valores *mpl* morales, principios *mpl*.

value-added tax [-ædɪd-] *n* impuesto *m* sobre el valor añadido.

valued ['væljuːd] *adj* estimado(da), apreciado(da).

value judg(e)ment *n* juicio *m* de valor.

valuer ['væljʊəʳ] *n* tasador *m*, -ra *f*.

valve [vælv] *n* [in pipe, tube] válvula *f*.

vamoose [vəˈmuːs] *vi US inf*: vamoose! ¡largo or fuera de aquí!

vampire ['væmpaɪəʳ] *n* vampiro *m*.

van [væn] *n* -**1.** *AUT* furgoneta *f*, camioneta *f* -**2.** *UK RAIL* furgón *m*.

V and A (*abbr of* **Victoria and Albert Museum**) *n* gran museo londinense de artes decorativas.

vandal ['vændl] *n* vándalo *m*, gamberro *m*, -rra *f*.

vandalism ['vændəlɪzm] *n* vandalismo *m*, gamberrismo *m*.

vandalize, -ise ['vændəlaɪz] *vt* destruir, destrozar.

vanguard ['vængɑːd] *n* vanguardia *f*; **in the ~ of** a la vanguardia de.

vanilla [vəˈnɪlə] ◇ *n* vainilla *f*. ◇ *comp* de vainilla.

vanish ['vænɪʃ] *vi* desaparecer.

vanishing point ['vænɪʃɪŋ-] *n* punto *m* de fuga.

vanity ['vænətɪ] *n pej* vanidad *f*.

vanquish ['væŋkwɪʃ] *vt literary* vencer.

vantage point ['vɑːntɪdʒˌpɔɪnt] *n* posición *f* ventajosa.

vapour *UK*, **vapor** *US* ['veɪpəʳ] *n* (U) vapor *m*.

vapour trail *n* estela *f* de humo.

variable ['veərɪəbl] ◇ *adj* variable. ◇ *n* variable *f*.

variance ['veərɪəns] *n fml*: **at ~ (with)** en desacuerdo (con).

variant ['veərɪənt] ◇ *adj* variante. ◇ *n* variante *f*.

variation [ˌveərɪˈeɪʃn] *n*: **~ (in/on)** variación *f* (en/sobre).

varicose veins ['værɪkəʊs-] *npl* varices *fpl*.

varied ['veərɪd] *adj* variado(da).

variety [vəˈraɪətɪ] (*pl* **-ies**) *n* -**1.** [gen] variedad *f*;

for a ~ of reasons por razones varias; **a wide ~ of** una gran diversidad de -**2.** (U) *THEATRE* variedades *fpl*.

variety show *n* espectáculo *m* de variedades.

various ['veərɪəs] *adj* -**1.** [several] varios(rias) -**2.** [different] diversos(sas).

varnish ['vɑːnɪʃ] ◇ *n* barniz *m*. ◇ *vt* [with varnish] barnizar; [with nail varnish] pintar.

varnished ['vɑːnɪʃt] *adj* barnizado(da).

varsity ['vɑːsɪtɪ] *n US* uno de los principales equipos deportivos de un colegio o universidad.

vary ['veərɪ] (*pt* & *pt*-**ied**) ◇ *vt* variar. ◇ *vi*: **to ~ (in/with)** variar (de/con).

varying ['veərɪŋ] *adj* variado(da), diverso(sa).

vascular ['væskjʊləʳ] *adj MED* vascular.

vase [*UK* vɑːz, *US* veɪz] *n* florero *m*.

vasectomy [vəˈsektəmɪ] (*pl* **-ies**) *n* vasectomía *f*.

Vaseline® ['væsəliːn] *n* vaselina® *f*.

vast [vɑːst] *adj* enorme, inmenso(sa).

vastly ['vɑːstlɪ] *adv* enormemente.

vastness ['vɑːstnɪs] *n* inmensidad *f*.

vat [væt] *n* cuba *f*, tina *f*.

VAT [væt, viːeɪˈtiː] (*abbr of* **value added tax**) *n* IVA *m*.

Vatican ['vætɪkən] *n*: **the ~** el Vaticano.

Vatican City *n* Ciudad del Vaticano.

vault [vɔːlt] ◇ *n* -**1.** [in bank] cámara *f* acorazada -**2.** [in church] cripta *f* -**3.** [roof] bóveda *f* -**4.** [jump] salto *m*. ◇ *vt* saltar. ◇ *vi*: **to ~ over sthg** saltar por encima de algo.

vaulted ['vɔːltɪd] *adj* abovedado(da).

vaulting horse ['vɔːltɪŋ-] *n* potro *m*.

vaunted ['vɔːntɪd] *adj fml*: **much ~** ensalzado(da).

VC *n* -**1.** (*abbr of* **vice-chairman**) vicepresidente -**2.** (*abbr of* **Victoria Cross**) (*titular de la*) máxima distinción británica al valor.

VCR (*abbr of* **video cassette recorder**) *n US* aparato *m* de vídeo.

VD (*abbr of* **venereal disease**) *n* ETS *f*.

VDU (*abbr of* **visual display unit**) *n* monitor *m*.

veal [viːl] *n* (U) ternera *f*.

veer [vɪəʳ] *vi* virar.

veep [viːp] *n US inf* vicepresidente *m*.

veg [vedʒ] *n inf* -**1.** (*abbr of* **vegetable**): **meat and two ~** carne y dos tipos de verdura -**2.** (*abbr of* **vegetables**) verduras *fpl*.

vegan ['viːgən] *n* vegetariano que no consume ningún producto que provenga de un animal, como huevos, leche etc.

vegetable ['vedʒtəbl] ◇ *n* -**1.** *BOT* vegetal *m*

-2. [food] hortaliza f, legumbre f; ~**s** verduras fpl. <> adj vegetal.

vegetable garden n huerto m.

vegetable knife n cuchillo m de verdura.

vegetable oil n aceite m vegetal.

vegetarian [ˌvedʒɪ'teərɪən] <> adj vegetariano(na). <> n vegetariano m, -na f.

vegetarianism [ˌvedʒɪ'teərɪənɪzm] n vegetarianismo m.

vegetate ['vedʒɪteɪt] vi pej vegetar.

vegetation [ˌvedʒɪ'teɪʃn] n vegetación f.

veggie ['vedʒɪ] (abbr of **vegetarian**) n UK inf vegetariano m, -na f.

veggieburger n hamburguesa f vegetariana.

vehement ['viːəmənt] adj [person, denial] vehemente; [attack, gesture] violento(ta).

vehemently ['viːəməntlɪ] adv [deny, refuse] con vehemencia; [attack] violentamente.

vehicle ['viːəkl] n **-1.** [for transport] vehículo m **-2.** fig [medium]: **a** ~ **for** un vehículo para.

vehicular [vɪ'hɪkjʊləʳ] adj fml [traffic] rodado(da).

veil [veɪl] <> n lit & fig velo m. <> vt cubrir con un velo.

veiled [veɪld] adj velado(da).

vein [veɪn] n **-1.** ANAT & BOT vena f **-2.** [of mineral] filón m, veta f **-3.** [style, mood] estilo m m; **he continued in this** ~ continuó en el mismo tono; **in a lighter** ~ en un tono más ligero.

Velcro® ['velkrəʊ] n velcro® m.

vellum ['veləm] n vitela f.

velocity [vɪ'lɒsətɪ] (pl -ies) n velocidad f.

velour [və'lʊəʳ] n veludillo m.

velvet ['velvɪt] <> n terciopelo m. <> comp de velludillo.

vendetta [ven'detə] n enemistad f mortal.

vending machine ['vendɪŋ-] n máquina f de venta.

vendor ['vendɔː] n vendedor m, -ra f.

veneer [və'nɪəʳ] n [of wood] chapa f; fig [appearance] apariencia f; **a** ~ **of** una apariencia de.

venerable ['venərəbl] adj fml venerable.

venerate ['venəreɪt] vt fml & RELIG venerar.

venereal disease [vɪ'nɪərɪəl-] n enfermedad f venérea.

Venetian [vɪ'niːʃn] adj veneciano(na).

venetian blind n persiana f veneciana.

Venezuela [ˌvenɪz'weɪlə] n Venezuela.

Venezuelan [ˌvenɪz'weɪlən] <> adj venezolano(na). <> n venezolano m, -na f.

vengeance ['vendʒəns] n venganza f; **with a** ~ con creces.

vengeful ['vendʒfʊl] adj literary vengativo(va).

Venice ['venɪs] n Venecia.

venison ['venɪzn] n carne f de venado.

venom ['venəm] n [poison] veneno m; fig [spite] malevolencia f.

venomous ['venəməs] adj [poisonous] venenoso(sa); fig [spiteful] malvado(da).

vent [vent] <> n [opening] abertura f de escape; [grille] rejilla f de ventilación; **to give** ~ **to sthg** dar rienda suelta a algo. <> vt: **to** ~ **sthg (on)** desahogar algo (contra).

ventilate ['ventɪleɪt] vt ventilar.

ventilation [ˌventɪ'leɪʃn] n ventilación f.

ventilator ['ventɪleɪtəʳ] n ventilador m.

ventriloquist [ven'trɪləkwɪst] n ventrílocuo m, -cua f.

venture ['ventʃəʳ] <> n empresa f; **business** ~ empresa comercial. <> vt aventurar; **to** ~ **an opinion** aventurarse a dar una opinión; **to** ~ **to do sthg** aventurarse a hacer algo. <> vi **-1.** [go somewhere dangerous]: **she** ~**d outside** se atrevió a salir **-2.** [take a risk]: **to** ~ **into** lanzarse a.

venture capital n capital m de riesgo.

venue ['venjuː] n lugar m (en que se celebra algo).

Venus ['viːnəs] n [planet] Venus m.

veracity [və'ræsətɪ] n fml veracidad f.

veranda(h) [və'rændəl] n veranda f.

verb [vɜːb] n verbo m.

verbal ['vɜːbl] adj verbal.

verbally ['vɜːbəlɪ] adv verbalmente.

verbatim [vɜː'beɪtɪm] <> adj literal. <> adv literalmente, palabra por palabra.

verbose [vɜː'bəʊs] adj fml [person] verboso(sa); [report] prolijo(ja).

verdict ['vɜːdɪkt] n **-1.** JUR veredicto m, fallo m; **a** ~ **of guilty/not guilty** un veredicto de culpabilidad/inocencia **-2.** [opinion]: ~ **(on)** juicio m OR opinión f (sobre).

verge [vɜːdʒ] n **-1.** [edge, side] borde m **-2.** [brink]: **on the** ~ **of sthg** al borde de algo; **to be on the** ~ **of doing sthg** estar a punto de hacer algo.
◆ **verge (up)on** vt fus rayar en.

verger ['vɜːdʒəʳ] n sacristán m.

verification [ˌverɪfɪ'keɪʃn] n verificación f, comprobación f.

verify ['verɪfaɪ] (pt & pp -ied) vt **-1.** [check] verificar, comprobar **-2.** [confirm] confirmar.

veritable ['verɪtəbl] adj hum or fml verdadero(ra).

vermilion [və'mɪljən] <> adj bermejo(ja). <> n bermellón m.

vermin ['vɜːmɪn] npl [insects] bichos mpl, sabandijas fpl; [animals] alimañas fpl.

vermouth ['vɜːməθ] n vermut m.

vernacular [vəˈnækjʊləʳ] ⬦ adj vernáculo(la). ⬦ n: **the ~** la lengua vernácula.

verruca [vəˈruːkə] (pl **-cas** OR **-cae** [-kaɪl]) n verruga f.

versa ▷ vice versa.

versatile [ˈvɜːsətaɪl] adj **-1.** [person] polifacético(ca) **-2.** [machine, tool] que tiene muchos usos.

versatility [ˌvɜːsəˈtɪlətɪ] n **-1.** [of person] carácter m polifacético **-2.** [of machine, tool] diversidad f de usos.

verse [vɜːs] n **-1.** (U) [poetry] versos mpl, poesía f **-2.** [stanza] estrofa f **-3.** [in Bible] versículo m.

versed [vɜːst] adj: **well ~ in** versado(da) en.

version [ˈvɜːʃn] n versión f.

versus [ˈvɜːsəs] prep **-1.** SPORT contra **-2.** [as opposed to] en oposición a.

vertebra [ˈvɜːtɪbrə] (pl **-brae** [-briːl]) n vértebra f.

vertebrate [ˈvɜːtɪbreɪt] n vertebrado m.

vertical [ˈvɜːtɪkl] adj vertical.

vertically [ˈvɜːtɪklɪ] adv verticalmente.

vertigo [ˈvɜːtɪɡəʊ] n vértigo m.

verve [vɜːv] n brío m, entusiasmo m.

very [ˈverɪ] ⬦ adv **-1.** [as intensifier] muy; **he's not ~ intelligent** no es muy inteligente; **~ much** mucho; **I don't go out ~ often** OR **much** no salgo mucho; **is it good? – not ~** ¿es bueno? – no mucho **-2.** [emphatic] **the ~ same/next day** justo ese mismo día/al día siguiente; **the ~ first/last** el primero/mejor de todos; **the ~ best** el mejor (de todos); **at the ~ least** como muy poco; **a house of my ~ own** mi propia casa. ⬦ adj: **in the ~ middle of the picture** en el mismísimo centro del cuadro; **the ~ thing I was looking for** justo lo que estaba buscando; **the ~ thought makes me ill** sólo con pensarlo me pongo enfermo; **fighting for his ~ life** luchando por su propia vida; **the ~ idea!** ¡vaya idea!

➤ **very well** adv muy bien; **you can't ~ well stop him now** es un poco tarde para impedírselo.

vespers [ˈvespəz] n (U) vísperas fpl.

vessel [ˈvesl] n fml **-1.** [boat] nave f **-2.** [container] vasija f, recipiente m.

vest [vest] n **-1.** UK [undershirt] camiseta f **-2.** US [waistcoat] chaleco m.

vested interest [ˈvestɪd-] n: **~ (in)** intereses mpl creados (en).

vestibule [ˈvestɪbjuːl] n **-1.** fml [entrance hall] vestíbulo m **-2.** US [on train] fuelle m.

vestige [ˈvestɪdʒ] n fml vestigio m.

vestry [ˈvestrɪ] (pl **-ies**) n sacristía f.

Vesuvius [vɪˈsuːvjəs] n Vesubio m.

vet [vet] (pt & pp **-ted**, cont **-ting**) ⬦ n **-1.** UK (abbr of **veterinary surgeon**) veterinario m,

-ria f **-2.** US (abbr of **veteran**) excombatiente m OR f. ⬦ vt someter a una investigación.

veteran [ˈvetrən] ⬦ adj veterano(na). ⬦ n veterano m, -na f.

veteran car n UK coche m de época (de antes de 1905).

Veteran's Day n 11 de noviembre, día en que Norteamérica conmemora el final de las dos guerras mundiales.

veterinarian [ˌvetərɪˈneərɪən] n US veterinario m, -ria f.

veterinary science [ˈvetərɪnrɪ-] n veterinaria f.

veterinary surgeon [ˈvetərɪnrɪ-] n UK fml veterinario m, -ria f.

veto [ˈviːtəʊ] (pl **-es**, pt & pp **-ed**, cont **-ing**) ⬦ n veto m. ⬦ vt vetar.

vetting [ˈvetɪŋ] n (U) investigación f (del historial de una persona).

vex [veks] vt fml molestar.

vexed question [ˌvekst-] n manzana f de la discordia.

vg (abbr of **very good**) MB.

VGA (abbr of **video graphics array**) n COMPUT VGA m.

vgc (abbr of **very good condition**) m.b.e.

VHF (abbr of **very high frequency**) VHF.

VHS (abbr of **video home system**) n VHS m.

VI abbr of **Virgin Islands**.

via [ˈvaɪə] prep **-1.** [travelling through] vía **-2.** [by means of] a través de, por; **~ satellite** por satélite.

viability [ˌvaɪəˈbɪlətɪ] n viabilidad f.

viable [ˈvaɪəbl] adj viable.

viaduct [ˈvaɪədʌkt] n viaducto m.

vibrant [ˈvaɪbrənt] adj **-1.** [colour, light] fuerte, vivo(va) **-2.** [voice] vibrante; [person] dinámico(ca); [city, atmosphere] animado(da).

vibrate [vaɪˈbreɪt] vi vibrar.

vibration [vaɪˈbreɪʃn] n vibración f.

vicar [ˈvɪkəʳ] n [in Church of England] párroco m; [in Roman Catholic Church] vicario m.

vicarage [ˈvɪkərɪdʒ] n casa f del párroco.

vicarious [vɪˈkeərɪəs] adj indirecto(ta).

vice [vaɪs] n **-1.** [immorality, moral fault] vicio m **-2.** [tool] torno m de banco.

vice- [vaɪs] prefix vice-.

vice-admiral n vicealmirante m.

vice-chairman n vicepresidente m.

vice-chancellor n UNIV rector m, -ra f.

vice-president n vicepresidente m, -ta f.

vice squad n brigada f antivicio.

vice versa [ˌvaɪsɪˈvɜːsə] adv viceversa.

vicinity [vɪˈsɪnətɪ] n: **in the ~ (of)** cerca (de).

vicious ['vɪʃəs] *adj* [dog] furioso(sa); [person, ruler] cruel; [criticism, attack] depravado(da), despiadado(da).

vicious circle *n* círculo *m* vicioso.

viciousness ['vɪʃəsnɪs] *n* [of dog] ferocidad *f*; [of person, system] crueldad *f*, perversidad *f*; [of crime] brutalidad *f*.

vicissitudes [vɪ'sɪsɪtjuːdz] *npl fml* vicisitudes *fpl*.

victim ['vɪktɪm] *n* víctima *f*.

victimize, -ise ['vɪktɪmaɪz] *vt* [retaliate against] tomar represalias contra; [pick on] mortificar.

victor ['vɪktəʳ] *n literary* vencedor *m*, -ra *f*.

Victoria Cross [vɪk'tɔːrɪə-] *n condecoración militar británica.*

Victoria Falls [vɪk'tɔːrɪə-] *npl* las cataratas Victoria.

Victorian [vɪk'tɔːrɪən] *adj* victoriano(na).

Victoriana [ˌvɪktɔːrɪ'ɑːnəl] *n (U)* antigüedades *fpl* victorianas.

victorious [vɪk'tɔːrɪəs] *adj* victorioso(sa).

victory ['vɪktərɪ] (*pl* -ies) *n*: ~ (over) victoria *f* (sobre).

video ['vɪdɪəʊ] (*pl* -s, *pt* & *pp* -ed, *cont* -ing) <> *n* - **1.** [recording, medium, machine] vídeo *m* - **2.** [cassette] videocasete *m*. <> *vt* - **1.** [using video recorder] grabar en vídeo - **2.** [using camera] hacer un vídeo de.

video camera *n* videocámara *f*.

video cassette *n* videocasete *m*.

videoconference ['vɪdɪəʊˌkɒnfərəns] *n* videoconferencia *f*.

videoconferencing ['vɪdɪəʊˌkɒnfərənsɪŋ] *n (U)* videoconferencias *fpl*.

videodisc *UK*, **videodisk** *US* ['vɪdɪəʊdɪsk] *n* videodisco *m*.

video game *n* videojuego *m*, juego *m* de vídeo.

video machine *n* vídeo *m*.

videophone ['vɪdɪəʊfəʊn] *n* videófono *m*, videoteléfono *m*.

videorecorder ['vɪdɪəʊrɪˌkɔːdəʳ] *n* vídeo *m*.

video recording *n* grabación *f* en vídeo.

video shop *n* tienda *f* de vídeos.

videotape ['vɪdɪəʊteɪp] *n* videocinta *f*.

vie [vaɪ] (*pt* & *pp* vied, *cont* vying) *vi*: to ~ (with sb for sthg/to do sthg) competir (con alguien por algo/para hacer algo).

Vienna [vɪ'enə] *n* Viena.

Viennese [ˌvɪə'niːz] <> *adj* vienés(esa). <> *n* vienés *m*, -esa *f*.

Vietnam [*UK* ˌvjet'næm, *US* ˌvjet'nɑːm] *n* (el) Vietnam.

Vietnamese [ˌvjetnə'miːz] <> *adj* vietnamita. <> *n* - **1.** [person] vietnamita *m* OR *f* - **2.** [language]

vietnamita *m*.

view [vjuː] <> *n* - **1.** [opinion] parecer *m*, opinión *f*; what is your ~ on ...? ¿cuál es tu opinión sobre ...?; in my ~ en mi opinión; to take the ~ that pensar que - **2.** [attitude]: ~ (of) actitud *f* (frente a) - **3.** [scene] vista *f*, panorama *m* - **4.** [field of vision] vista *f*; to come into ~ aparecer. <> *vt* - **1.** [consider] ver, considerar - **2.** *fml* [examine, look at - stars etc] observar; [- house, flat] visitar, ver.

➡ **in view of** *prep* en vista de.

➡ **with a view to** *conj* con miras OR vistas a.

viewdata ['vjuːˌdeɪtə] *n* videotexto *m*.

viewer ['vjuːəʳ] *n* - **1.** [person] espectador *m*, -ra *f* - **2.** [apparatus] visionador *m*.

viewfinder ['vjuːˌfaɪndəʳ] *n* visor *m*.

viewpoint ['vjuːpɔɪnt] *n* - **1.** [opinion] punto *m* de vista - **2.** [place] mirador *m*.

vigil ['vɪdʒɪl] *n* - **1.** [watch] vigilia *f*; to keep (a) ~ observar vigilia - **2.** RELIG Vigilia *f*.

vigilance ['vɪdʒɪləns] *n* vigilancia *f*.

vigilant ['vɪdʒɪlənt] *adj* vigilante.

vigilante [ˌvɪdʒɪ'læntɪ] *n persona que extraoficialmente patrulla un área para protegerla, tomándose la justicia en sus manos.*

vigor *US* = **vigour**.

vigorous ['vɪgərəs] *adj* enérgico(ca).

vigour *UK*, **vigor** *US* ['vɪgəʳ] *n* vigor *m*, energía *f*.

Viking ['vaɪkɪŋ] <> *adj* vikingo(ga). <> *n* vikingo *m*, -ga *f*.

vile [vaɪl] *adj* [person, act] vil, infame; [food, smell] repugnante; [mood] de perros.

vilify ['vɪlɪfaɪ] (*pt* & *pp* -ied) *vt fml* infamar.

villa ['vɪlə] *n* [in country] villa *f*; [in town] chalet *m*.

village ['vɪlɪdʒ] *n* aldea *f*, pueblecito *m*.

villager ['vɪlɪdʒəʳ] *n* aldeano *m*, -na *f*.

villain ['vɪlən] *n* - **1.** [of film, book] malo *m*, -la *f* - **2.** *dated* [criminal] canalla *m* OR *f*, criminal *m* OR *f*.

vinaigrette [ˌvɪnɪ'gret] *n* vinagreta *f*.

vindicate ['vɪndɪkeɪt] *vt* justificar; his decision was ~d by the result el resultado dio la razón a su decisión.

vindication [ˌvɪndɪ'keɪʃn] *n* justificación *f*.

vindictive [vɪn'dɪktɪv] *adj* vengativo(va).

vine [vaɪn] *n* [on ground] vid *f*; [climbing plant] parra *f*.

vinegar ['vɪnɪgəʳ] *n* vinagre *m*.

vineyard ['vɪnjəd] *n* viña *f*, viñedo *m*.

vintage ['vɪntɪdʒ] <> *adj* - **1.** [wine] añejo(ja) - **2.** [classic] clásico(ca) - **3.** [outstanding]: a ~ year un año excepcional. <> *n* cosecha *f* (de vino).

vintage car *n UK* coche *m* de época (de entre 1919 y 1930).

vintage wine *n* vino *m* añejo.
vinyl ['vaɪnɪl] <> *n* vinilo *m*. <> *comp* de vinilo.
viola [vɪ'əʊlə] *n* viola *f*.
violate ['vaɪəleɪt] *vt* -**1.** [law, treaty, rights] violar, infringir -**2.** [peace, privacy] invadir -**3.** [tomb, grave] profanar.
violation [,vaɪə'leɪʃn] *n* -**1.** [of law, treaty, rights] violación *f* -**2.** [of peace, privacy] invasión *f* -**3.** [of tomb, grave] profanación *f*.
violence ['vaɪələns] *n* violencia *f*.
violent ['vaɪələnt] *adj* -**1.** [gen] violento(ta) -**2.** [emotion, anger] intenso(sa); **to have a ~ dislike for sb** sentir una enorme antipatía hacia alguien -**3.** [weather] borrascoso(sa).
violently ['vaɪələntlɪ] *adv* -**1.** [gen] violentamente -**2.** [dislike] intensamente -**3.** [swear, react] furiosamente.
violet ['vaɪələt] <> *adj* violeta, violado(da). <> *n* -**1.** [flower] violeta *f* -**2.** [colour] violeta *m*.
violin [,vaɪə'lɪn] *n* violín *m*.
violinist [,vaɪə'lɪnɪst] *n* violinista *m OR f*.
VIP (*abbr of* **very important person**) *n* VIP *mf*.
viper ['vaɪpər] *n* víbora *f*.
viral ['vaɪrəl] *adj* vírico(ca).
virgin ['vɜːdʒɪn] <> *adj literary* -**1.** [spotless] virgen -**2.** [olive oil] virgen. <> *n* virgen *m OR f*.
Virginia [və'dʒɪnjə] *n* Virginia.
Virgin Islands *npl*: **the ~** las islas Vírgenes.
virginity [və'dʒɪnətɪ] *n* virginidad *f*.
Virgo ['vɜːgəʊ] (*pl* -**s**) *n* Virgo *m*; **to be (a) ~** ser Virgo.
virile ['vɪraɪl] *adj* viril.
virility [vɪ'rɪlətɪ] *n* virilidad *f*.
virtual ['vɜːtʃʊəl] *adj*: **it's a ~ certainty** es casi seguro.
virtually ['vɜːtʃʊəlɪ] *adv* prácticamente, casi.
virtual memory *n* COMPUT memoria *f* virtual.
virtual reality *n* realidad *f* virtual.
virtue ['vɜːtjuː] *n* -**1.** [morality, good quality] virtud *f* -**2.** [benefit] ventaja *f*; **there's no ~ in** no hay ninguna ventaja en.
 by virtue of *prep fml* en virtud de.
virtuoso [,vɜːtjʊ'əʊzəʊ] (*pl* -**sos** OR -**si** [-siː]) *n* virtuoso *m*, -sa *f*.
virtuous ['vɜːtʃʊəs] *adj* virtuoso(sa).
virulent ['vɪrʊlənt] *adj lit & fig* virulento(ta).
virus ['vaɪrəs] *n* COMPUT & MED virus *m*.
visa ['viːzə] *n* visado *m*, visa *f Amér*.
vis-à-vis [,viːzɑː'viː] *prep fml* con relación a.
viscose ['vɪskəʊs] *n* viscosa *f*.
viscosity [vɪ'skɒsətɪ] *n* CHEM viscosidad *f*.
viscount ['vaɪkaʊnt] *n* vizconde *m*.
viscous ['vɪskəs] *adj* CHEM viscoso(sa).

vise [vaɪs] *n US* torno *m* de banco.
visibility [,vɪzɪ'bɪlətɪ] *n* visibilidad *f*.
visible ['vɪzəbl] *adj* visible.
visibly ['vɪzəblɪ] *adv* visiblemente.
vision ['vɪʒn] *n* -**1.** (*U*) [ability to see] visión *f*, vista *f* -**2.** *fig* [foresight] clarividencia *f* -**3.** [impression, dream] visión *f* -**4.** (*U*) TV imagen *f*.
visionary ['vɪʒənrɪ] (*pl* -**ies**) <> *adj* con visión de futuro. <> *n* visionario *m*, -ria *f*.
visit ['vɪzɪt] <> *n* visita *f*; **to pay sb a ~** hacer una visita a alguien; **on a ~** de visita. <> *vt* visitar.
 visit with *vt fus US* -**1.** [talk with] hablar OR charlar con -**2.** [go and see] visitar, ir a ver.
visiting card ['vɪzɪtɪŋ-] *n* tarjeta *f* de visita.
visiting hours ['vɪzɪtɪŋ-] *npl* horas *fpl* de visita.
visiting nurse *n US* enfermera contratada por un hospital o repartición de servicios sociales que realiza visitas a enfermos.
visitor ['vɪzɪtər] *n* -**1.** [to one's home, hospital] visita *f*; **we've got ~s** [at home] tenemos visitas -**2.** [to museum, town etc] visitante *m OR f*.
visitors' book *n* libro *m* de visitas.
visitor's passport *n UK* pasaporte *m* provisional.
visor ['vaɪzər] *n* visera *f*.
vista ['vɪstə] *n* [view] vista *f*, perspectiva *f*; *fig* [wide range] perspectiva.
visual ['vɪʒʊəl] *adj* [gen] visual; [of the eyes] ocular.
visual aids *npl* medios *mpl* visuales.
visual display unit *n* monitor *m*.
visualize, -ise ['vɪʒʊəlaɪz] *vt* visualizar; **to ~ (sb) doing sthg** imaginar (a alguien) haciendo algo.
visually ['vɪʒʊəlɪ] *adv* visualmente; **~ handicapped person** persona *f* con problemas visuales; **to be ~ impaired** tener una discapacidad visual.
vital ['vaɪtl] *adj* -**1.** [essential] vital, esencial -**2.** [full of life] enérgico(ca), lleno(na) de vida.
vitality [vaɪ'tælətɪ] *n* vitalidad *f*.
vitally ['vaɪtəlɪ] *adv* sumamente.
vital statistics *npl inf* medidas *fpl* (del cuerpo de la mujer).
vitamin [*UK* 'vɪtəmɪn, *US* 'vaɪtəmɪn] *n* vitamina *f*; **~ C** vitamina C.
vitamin pill *n* pastilla *f* vitamínica.
vitriolic [,vɪtrɪ'ɒlɪk] *adj fml* virulento(ta), mordaz.
viva ['vaɪvə] = **viva voce**.
vivacious [vɪ'veɪʃəs] *adj* vivaz, animado(da).
vivacity [vɪ'væsətɪ] *n* vivacidad *f*.
viva voce [,vaɪvə'vəʊsɪ] *n* examen *m* oral.
vivid ['vɪvɪd] *adj* -**1.** [colour] vivo(va) -**2.** [descrip-

tion, memory] vívido(da).

vividly ['vɪvɪdlɪ] *adv* -1. [brightly] con colores muy vivos -2. [clearly] vívidamente.

vivisection [‚vɪvɪ'sekʃn] *n* vivisección *f*.

vixen ['vɪksn] *n* zorra *f*.

viz [vɪz] (*abbr of* vide licet) v. gr.

VLF (*abbr of* very low frequency) VLF.

V-neck *n* -1. [sweater, dress] jersey *m* con cuello de pico -2. [neck] cuello *m* de pico.

VOA (*abbr of* Voice of America) *n emisora gubernamental estadounidense que promociona la cultura estadounidense en el mundo.*

vocabulary [və'kæbjʊlərɪ] (*pl* -ies) *n* vocabulario *m*.

vocal ['vəʊkl] *adj* -1. [outspoken] vociferante -2. [of the voice] vocal.
  vocals *npl*: on ~s cantando.

vocal cords *npl* cuerdas *fpl* vocales.

vocalist ['vəʊkəlɪst] *n* [in orchestra] vocalista *m OR f*; [in pop group] cantante *m OR f*.

vocation [vəʊ'keɪʃn] *n* vocación *f*; to have a ~ for tener vocación de.

vocational [vəʊ'keɪʃənl] *adj* profesional.

vociferous [və'sɪfərəs] *adj fml* ruidoso(sa).

vodka ['vɒdkə] *n* [drink] vodka *m*.

vogue [vəʊg] <> *adj* de moda. <> *n* moda *f*; there's a ~ for ... ... está de moda; in ~ en boga, de moda.

voice [vɔɪs] <> *n* voz *f*; to raise/lower one's ~ elevar/bajar la voz; to keep one's ~ down no levantar la voz; to give ~ to expresar. <> *vt* [opinion, emotion] expresar.

voice box *n* caja *f* laríngea.

voice mail *n* correo *m* de voz; to send/receive ~ mandar/recibir un mensaje de correo de voz.

voice-over *n* voz *f* en off.

void [vɔɪd] <> *adj* -1. [invalid] inválido(da) ▷ null -2. *fml* [empty]: ~ of falto(ta) de. <> *n literary* vacío *m*.

voile [vɔɪl] *n (U)* gasa *f*.

vol. (*abbr of* volume) vol.

volatile [*UK* 'vɒlətaɪl, *US* 'vɒlətl] *adj* [situation] volátil; [person] voluble, inconstante.

vol-au-vent ['vɒləʊvɑ̃] *n* volován *m*.

volcanic [vɒl'kænɪk] *adj* volcánico(ca).

volcano [vɒl'keɪnəʊ] (*pl* -es *OR* -s) *n* volcán *m*.

vole [vəʊl] *n* campañol *m*.

Volga ['vɒlgə] *n*: the (River) ~ el (río) Volga.

volition [və'lɪʃn] *n fml*: of one's own ~ por voluntad propia.

volley ['vɒlɪ] (*pl* volleys) <> *n* -1. [of gunfire] ráfaga *f*, descarga *f* -2. *fig* [rapid succession] torrente *m* -3. *SPORT* volea *f*. <> *vt* volear.

volleyball ['vɒlɪbɔːl] *n* balonvolea *m*, voleibol *m*.

volt [vəʊlt] *n* voltio *m*.

Volta ['vɒltə] *n*: the ~ el Volta.

voltage ['vəʊltɪdʒ] *n* voltaje *m*.

voluble ['vɒljʊbl] *adj fml* locuaz.

volume ['vɒljuːm] *n* volumen *m*; to speak ~s decir mucho.

volume control *n* botón *m* del volumen.

voluminous [və'luːmɪnəs] *adj fml* voluminoso(sa).

voluntarily [*UK* 'vɒləntrɪlɪ, *US* ‚vɒlən'terəlɪ] *adv* voluntariamente.

voluntary ['vɒləntrɪ] *adj* voluntario(ria); ~ organization organización *f* benéfica.

voluntary liquidation *n* liquidación *f* voluntaria.

voluntary redundancy *n UK* despido *m* voluntario.

volunteer [‚vɒlən'tɪəʳ] <> *n* [person who volunteers] voluntario *m*, -ria *f*. <> *vt* -1. [offer of one's free will]: to ~ to do sthg ofrecerse para hacer algo -2. [information, advice] dar, ofrecer. <> *vi* -1. [freely offer one's services]: to ~ (for) ofrecerse (para) -2. *MIL* alistarse.

voluptuous [və'lʌptjʊəs] *adj* voluptuoso(sa).

vomit ['vɒmɪt] <> *n* vómito *m*. <> *vi* vomitar.

voracious [və'reɪʃəs] *adj* [appetite, eater] voraz; [reader] ávido(da).

vortex ['vɔːteks] (*pl* -texes *OR* -tices [-tɪsiːz]) *n* -1. [whirlpool, whirlwind] vórtice *m* -2. *fig* [of events] torbellino *m*.

vote [vəʊt] <> *n* -1. [gen] voto *m*; ~ for/against voto a favor de/en contra de -2. [session, ballot, result] votación *f*; to put sthg to the ~, to take a ~ on sthg someter algo a votación -3. [votes cast]: the ~ los votos. <> *vt* -1. [person, leader] elegir -2. [choose]: to ~ to do sthg votar hacer algo. <> *vi*: to ~ (for/against) votar (a favor de/en contra de).
  vote in *vt sep* elegir.
  vote out *vt sep* rechazar.

vote of confidence (*pl* votes of confidence) *n* voto *m* de confianza.

vote of no confidence (*pl* votes of no confidence) *n* voto *m* de censura.

vote of thanks (*pl* votes of thanks) *n* palabras *fpl* de agradecimiento.

voter ['vəʊtəʳ] *n* votante *m OR f*.

voting ['vəʊtɪŋ] *n* votación *f*.

vouch [vaʊtʃ] **vouch for** *vt fus* -1. [person] responder por -2. [character, accuracy] dar fe de.

voucher ['vaʊtʃəʳ] *n* vale *m*.

vow [vaʊ] <> *n RELIG* voto *m*; [solemn promise]

promesa f solemne. ⬦ vt : **to ~ to do sthg**
jurar hacer algo; **to ~ that** jurar que.

vowel ['vaʊəl] n vocal f.

voyage ['vɔɪɪdʒ] n viaje m.

voyeur [vwɑːˈjɜːʳ] n mirón m, -ona f, voyeur m
or f.

voyeurism [vwɑːˈjɜːrɪzm] n voyeurismo m.

VP abbr of **vice-president**.

vs abbr of **versus**.

VSO (abbr of **Voluntary Service Overseas**) n
organización británica de voluntarios que
ayuda a países en vías de desarrollo.

vulgar ['vʌlgəʳ] adj **-1.** [in bad taste] ordina-
rio(ria), vulgar **- 2.** [offensive] grosero(ra), gua-
rango(ga) Chile & RP.

vulgarity [vʌlˈgærətɪ] n (U) **-1.** [poor taste]
ordinariez f, vulgaridad f **- 2.** [offensiveness]
grosería f.

vulnerability [ˌvʌlnərəˈbɪlətɪ] n vulnerabilidad
f.

vulnerable ['vʌlnərəbl] adj : **~ (to)** vulnerable
(a).

vulture ['vʌltʃəʳ] n lit & fig buitre m.

w (pl **w's** or **ws**), **W** (pl **W's** or **Ws**) ['dʌblju:] n [letter]
w f, W f.
➡ **W -1.** (abbr of **west**) O **- 2.** (abbr of **watt**)
w.

WA abbr of **Washington**.

wacky ['wækɪ] (compar -ier, superl -iest) adj inf
estrafalario(ria).

wad [wɒd] n **-1.** [of paper] taco m **- 2.** [of banknotes,
documents] fajo m **- 3.** [of cotton, cotton wool, tobac-
co] bola f.

wadding ['wɒdɪŋ] n relleno m.

waddle ['wɒdl] vi caminar como un pato.

wade [weɪd] vi caminar por el agua.
➡ **wade through** vt fus fig: **he was wading
through the documents** le costaba mucho
leer los documentos.

wadge [wɒdʒ] n UK inf [of food] tajada f, [of pa-
pers] fajo m; [of cotton wool] bola f.

wading pool ['weɪdɪŋ-] n US piscina f para
niños.

wafer ['weɪfəʳ] n [thin biscuit] barquillo m.

wafer-thin adj finísimo(ma), delgadísi-
mo(ma).

waffle ['wɒfl] ⬦ n **-1.** CULIN gofre m **- 2.** UK inf
[vague talk] paja f. ⬦ vi enrollarse; **to ~ on
about sthg** enrollarse sobre algo.

waft [wɑːft, wɒft] vi flotar.

wag [wæg] (pt & pp -ged, cont -ging) ⬦ vt
menear; **the dog was ~ging its tail** el perro
meneaba la cola. ⬦ vi menearse.

wage [weɪdʒ] ⬦ n [gen] salario m; [daily] jornal
m. ⬦ vt : **to ~ war** hacer la guerra.
➡ **wages** npl [gen] salario m; [daily] jornal m.

wage claim n reivindicación f salarial.

wage differential n diferencia f salarial.

wage earner [-ˌɜːnəʳ] n asalariado m, -da f.

wage freeze n congelación f salarial.

wage packet n UK **- 1.** [envelope] sobre m de
pago **- 2.** fig [pay] paga f.

wager ['weɪdʒəʳ] n apuesta f.

waggle ['wægl] inf ⬦ vt menear. ⬦ vi
menearse.

waggon ['wægən] UK = **wagon**.

wagon ['wægən] n **-1.** [horse-drawn vehicle] carro
m **- 2.** UK RAIL vagón m.

waif [weɪf] n literary niño abandonado m, niña
abandonada f.

wail [weɪl] ⬦ n lamento m, gemido m. ⬦ vi
lamentarse, gemir.

wailing ['weɪlɪŋ] n (U) gemidos mpl, lamentos
mpl.

waist [weɪst] n cintura f.

waistband ['weɪstbænd] n cinturilla f.

waistcoat ['weɪskəʊt] n esp US chaleco m.

waistline ['weɪstlaɪn] n cintura f, talle m.

wait [weɪt] ⬦ n espera f; **to lie in ~ for sb**
estar al acecho de alguien. ⬦ vi: **to ~ (for
sthg/sb)** esperar (algo/a alguien); **I can't ~
for the holidays/to see her** estoy impaciente
por comenzar las vacaciones/verla; **(just) you
~!** ¡me las pagarás!; **to ~ and see** esperar y
ver lo que pasa; **~ a minute** or **second** or **moment** [interrupting sb] ¡espera un minuto or
segundo or momento!; [interrupting o.s.] ¡espera!; **keys cut while you ~** se hacen llaves en el
acto. ⬦ vt US [delay] retrasar.
➡ **wait about, wait around** vi esperar.
➡ **wait for** vt fus esperar.
➡ **wait on** vt fus [serve food to] servir.
➡ **wait up** vi **-1.** quedarse despierto(ta)
esperando **- 2.** US: **~ up!** ¡un momento!

waiter ['weɪtəʳ] n camarero m, mesero m Amér,
mesonero m Ven, mozo m Andes, RP.

waiting game ['weɪtɪŋ-] n: **to play a ~** esperar el momento oportuno.

waiting list ['weɪtɪŋ-] n lista f de espera.

waiting room ['weɪtɪŋ-] n sala f de espera.

waitress ['weɪtrɪs] n camarera f, mesera f Amér, mesonera f Ven, moza f Andes, RP.

waive [weɪv] vt fml [rule] no aplicar.

waiver ['weɪvəʳ] n JUR renuncia f.

wake [weɪk] (pt **woke** OR -d, pp **woken** OR -d) <> n [of ship, boat] estela f; **in its ~** fig tras de sí; **in the ~ of** fig tras. <> vt despertar. <> vi despertarse.
◆ **wake up** <> vt sep despertar. <> vi -1. [wake] despertarse -2. fig [become aware]: **to ~ up to** darse cuenta de, tomar conciencia de.

waken ['weɪkən] fml <> vt despertar. <> vi despertarse.

waking hours ['weɪkɪŋ-] npl horas fpl de vigilia.

Wales [weɪlz] n (el país de) Gales.

walk [wɔːk] <> n -1. [way of walking] andar m, paso m -2. [journey on foot] paseo m; **to go for a ~** dar un paseo; **it's ten minutes' ~ away** está a diez minutos andando -3. [route for walking]: **there are some nice ~s here** se pueden hacer unas buenas caminatas por aquí. <> vt -1. [accompany on foot]: **to ~ sb home** acompañar a alguien a casa -2. [dog] pasear -3. [streets] andar por; [distance] recorrer, andar. <> vi -1. [move on foot] andar, caminar -2. [for pleasure] pasear.
◆ **walk away with** vt fus inf llevarse.
◆ **walk in on** vt fus [meeting] interrumpir; [person] sorprender.
◆ **walk off** vt sep [headache, cramp] aliviar dando un paseo; **to ~ off one's lunch/dinner** dar un paseo para bajar la comida/cena.
◆ **walk off with** vt fus inf llevarse.
◆ **walk out** vi -1. [leave suddenly] salirse -2. [go on strike] declararse en huelga.
◆ **walk out on** vt fus dejar, abandonar.
◆ **walk over** vt fus: **to ~ all over sb** pisotear a alguien.

walkabout ['wɔːkə,baʊt] n UK: **to go ~** [Queen, president etc] pasearse entre la gente.

walker ['wɔːkəʳ] n caminante m OR f, paseante m OR f.

walkie-talkie [,wɔːkɪ'tɔːkɪ] n walki-talki m.

walk-in adj -1. [cupboard] empotrado y suficientemente grande para entrar en él -2. US [easy] fácil.

walking ['wɔːkɪŋ] <> n (U) [for sport] marcha f; [for pleasure] andar m; **he does a lot of ~** camina mucho. <> adj: **he's a ~ disaster** hum es un desastre andante.

walking shoes npl zapatos mpl para caminar.

walking stick n bastón m.

Walkman® ['wɔːkmən] n walkman® m.

walk of life (pl **walks of life**) n: **people from all walks of life** gente de toda condición.

walk-on adj de figurante.

walkout ['wɔːkaʊt] n huelga f.

walkover ['wɔːk,əʊvəʳ] n victoria f fácil.

walkup ['wɔːkʌp] n US [building] edificio m sin ascensor f.

walkway ['wɔːkweɪ] n [on ship, machine] pasarela f; [between buildings] paso m.

wall [wɔːl] n -1. [inside building, of cell, stomach] pared f -2. [outside] muro m; **to come up against a brick ~** llegar a un callejón sin salida; **to drive sb up the ~** volverle loco a alguien; **it's like talking to a brick ~** le entra por un oído y le sale por el otro.

wallaby ['wɒləbɪ] (pl -ies) n ualabí m.

wallchart ['wɔːltʃɑːt] n (gráfico m) mural m.

wall cupboard n armario m de pared.

walled [wɔːld] adj amurallado(da).

wallet ['wɒlɪt] n cartera f, billetera f.

wallflower ['wɔːl,flaʊəʳ] n -1. [plant] alhelí m -2. inf fig [person] persona tímida que queda al margen de una fiesta.

wallop ['wɒləp] inf <> n [to person] torta f; [to thing] golpazo m. <> vt [child] pegar una torta a; [ball] golpear fuerte.

wallow ['wɒləʊ] vi -1. [in liquid] revolcarse -2. [in emotion]: **to ~ in self-pity** revolcarse en la autocompasión.

wall painting n mural m.

wallpaper ['wɔːl,peɪpəʳ] <> n papel m de pared OR de empapelar. <> vt empapelar.

Wall Street n Wall Street f, zona financiera neoyorquina.

wall-to-wall adj: **~ carpet** moqueta f.

wally ['wɒlɪ] (pl -ies) n UK inf majadero m, -ra f, imbécil m OR f.

walnut ['wɔːlnʌt] n -1. [nut] nuez f -2. [wood, tree] nogal m.

walrus ['wɔːlrəs] (pl inv OR -es) n morsa f.

waltz [wɔːls] <> n vals m. <> vi -1. [dance] bailar el vals -2. inf dated [walk confidently]: **to ~ in/out** entrar/salir tan fresco(ca).

wan [wɒn] (*compar* **-ner**, *superl* **-nest**) *adj* pálido(da).

wand [wɒndl] *n*: **(magic)** ~ varita *f* mágica.

wander ['wɒndə^r] *vi* vagar; **my mind kept** ~**ing** se me iba la mente en otras cosas.

wanderer ['wɒndərə^r] *n* errante *m OR f*.

wandering ['wɒndərɪŋ] *adj* [musician, nomad] ambulante.

wanderlust ['wɒndəlʌstl] *n* pasión *f* por viajar.

wane [weɪn] <> *n*: **on the** ~ en el ocaso. <> *vi* [influence, interest] disminuir, decrecer.

wangle ['wæŋgll] *vt inf* agenciarse, conseguir.

wanna ['wɒnə] *esp US* = want a, want to.

want [wɒntl] <> *n fml* **-1.** [need] necesidad *f* **-2.** [lack] falta *f*; **for** ~ **of** por *OR* a falta de **-3.** [deprivation] indigencia *f*, miseria *f.* <> *vt* **-1.** [desire] querer; **to** ~ **to do sthg** querer hacer algo; **to** ~ **sb to do sthg** querer que alguien haga algo **-2.** *inf* [need - subj: person] tener que; [- subj: thing] necesitar, requerir; **you** ~ **to be more careful** tienes que tener más cuidado; **the house** ~**s cleaning** hace falta hacer limpieza en la casa.

want ad *n US inf* anuncio *m* por palabras.

wanted ['wɒntɪd] *adj*: **to be** ~ **(by the police)** ser buscado(da) (por la policía).

wanting ['wɒntɪŋ] *adj fml* deficiente; **to be** ~ **in sthg** carecer de algo; **to be found** ~ no dar la talla.

wanton ['wɒntən] *adj fml* gratuito(ta), sin motivo.

WAP [wæpl] (*abbr of* **wireless application protocol**) *n* WAP *m*.

WAP phone *n* teléfono *m* WAP.

war [wɔ:^r] (*pt & pp* **-red**, *cont* **-ring**) <> *n lit & fig* guerra *f*; **to go to** ~ entrar en guerra; **to be at** ~ estar en guerra; **the** ~ **on drugs** la guerra contra las drogas; **to have been in the** ~**s** *UK* estar maltrecho. <> *vi* estar en guerra.

War., Warks. (*abbr of* **Warwickshire**) *condado inglés.*

warble ['wɔ:bll] *vi literary* [bird] trinar, gorjear.

war crime *n* crimen *m* de guerra.

war criminal *n* criminal *m OR f* de guerra.

war cry *n* [in battle] grito *m* de guerra.

ward [wɔ:dl] *n* **-1.** [in hospital] sala *f* **-2.** *UK POL* distrito *m* electoral **-3.** *JUR* pupilo *m*, -la *f.*
➤ **ward off** *vt fus* protegerse de.

war dance *n* danza *f* guerrera.

warden ['wɔ:dnl] *n* **-1.** [of park] guarda *m OR f* **-2.** *UK* [of youth hostel, hall of residence] encargado *m*, -da *f* **-3.** : **(traffic)** ~ ≃ guardia *m OR f* de tráfico **-4.** *US* [prison governor] director *m*, -ra *f.*

warder ['wɔ:də^r] *n* [in prison] carcelero *m*, -ra *f.*

ward of court *n* menor *m OR f* bajo tutela judicial.

wardrobe ['wɔ:drəʊbl] *n* **-1.** [piece of furniture] armario *m*, guardarropa *m* **-2.** [collection of clothes] guardarropa *m*, vestuario *m.*

warehouse ['weəhaʊs, *pl* -haʊzɪz] *n* almacén *m.*

wares [weəzl] *npl literary* mercancías *fpl.*

warfare ['wɔ:feə^r] *n (U)* guerra *f.*

war game *n* **-1.** [military exercise] maniobras *fpl*, ejercicio *m* de maniobras **-2.** [game of strategy] juego *m* de estrategia militar.

warhead ['wɔ:hedl] *n* ojiva *f*, cabeza *f.*

warily ['weərəlɪ] *adv* con cautela, cautelosamente.

Warks. = War.

warlike ['wɔ:laɪkl] *adj* belicoso(sa).

warm [wɔ:ml] <> *adj* **-1.** [pleasantly hot - gen] caliente; [- weather, day] caluroso(sa); [lukewarm] tibio(bia), templado(da); **it's/I'm** ~ hace/tengo calor; **to get** ~ [subj: person, room] calentarse; **they tried to keep** ~ intentaron mantenerse calientes; **are you** ~ **enough?** no tendrás frío, ¿verdad? **-3.** [clothes etc] que abriga **-3.** [colour, sound] cálido(da) **-4.** [friendly - person, atmosphere, smile] afectuoso(sa); [- congratulations] efusivo(va). <> *vt* calentar.
➤ **warm over** *vt sep US* calentar.
➤ **warm to** *vt fus* [person, place] tomar simpatía a; **we** ~**ed to the idea at once** en seguida nos hizo gracia la idea.
➤ **warm up** <> *vt sep* calentar. <> *vi* **-1.** [gen] entrar en calor; [weather, room, engine] calentarse **-2.** [sportsperson] calentar.

warm-blooded [-'blʌdɪd] *adj* de sangre caliente.

war memorial *n* monumento *m* a los caídos.

warm front *n* frente *m* cálido.

warm-hearted [-'hɑ:tɪd] *adj* afectuoso(sa), cariñoso(sa).

warmly ['wɔ:mlɪ] *adv* **-1.** [in warm clothes]: **to dress** ~ vestirse con ropa de abrigo **-2.** [in a friendly way] efusivamente, calurosamente.

warmness ['wɔ:mnɪs] *n* [friendliness] cordialidad *f*, efusión *f.*

warmonger ['wɔ:ˌmʌŋgə^r] *n* belicista *m OR f.*

warmth [wɔ:mθ] *n* **-1.** [heat] calor *m* **-2.** [of clothes] abrigo *m* **-3.** [friendliness] cordialidad *f*, efusión *f.*

warm-up *n* precalentamiento *m.*

warn [wɔ:nl] <> *vt* prevenir, advertir; **to** ~ **sb of sthg** prevenir a alguien algo; **to** ~ **sb not to do sthg**, ~ **sb against doing sthg** advertir a alguien que no haga algo. <> *vi*: **to** ~ **of sthg** prevenir contra algo.

warning ['wɔːnɪŋ] ◇ *adj* de aviso, de advertencia. ◇ *n* aviso *m*, advertencia *f*; **to give sb
a ~** hacer una advertencia a alguien; **without
~** sin previo aviso.

warning light *n* piloto *m*.

warning triangle *n* *UK* triángulo *m* de
avería.

warp [wɔːp] *vi* alabearse, combarse.

warpath ['wɔːpɑːθ] *n*: **to be** OR **go on the ~** *fig*
estar buscando guerra.

warped [wɔːpt] *adj* **-1.** [wood] combado(da),
alabeado(da) **-2.** [person] retorcido(da).

warrant ['wɒrənt] ◇ *n* orden *f* OR mandamiento *m* judicial. ◇ *vt* *fml* merecer.

warrant officer *n* grado intermedio entre
suboficial y oficial.

warranty ['wɒrəntɪ] (*pl* **-ies**) *n* garantía *f*; **to be
under ~** estar en garantía.

warren ['wɒrən] *n* red *f* de madrigueras.

warring ['wɔːrɪŋ] *adj* contendiente.

warrior ['wɒrɪəʳ] *n* guerrero *m*, -ra *f*.

Warsaw ['wɔːsɔː] *n* Varsovia; **the ~ Pact** el
Pacto de Varsovia.

warship ['wɔːʃɪp] *n* buque *m* de guerra.

wart [wɔːt] *n* verruga *f*.

wartime ['wɔːtaɪm] *n* tiempos *mpl* de guerra.

war widow *n* viuda *f* de guerra.

wary ['weərɪ] (*compar* **-ier**, *superl* **-iest**) *adj*: **~ (of)**
receloso(sa) (de).

was [weak form wəz, strong form wɒz] *pt* ▷ **be**.

wash [wɒʃ] ◇ *n* **-1.** [act of washing] lavado *m*,
lavada *f*; **to have a ~** lavarse; **to give sthg a ~**
lavar algo **-2.** [things to wash] ropa *f* para lavar,
ropa sucia **-3.** [from boat] estela *f*. ◇ *vt* **-1.**
[gen] lavar; [hands, face] lavarse; **she's ~ing her
hair** se está lavando el pelo **-2.** [carry - subj:
waves etc] arrastrar, llevarse; **it was ~ed ashore**
el mar lo arrastró hasta la costa. ◇ *vi* **-1.**
[clean oneself] lavarse **-2.** [waves, oil]: **to ~ over
sthg** bañar algo.
   ◆ **wash away** *vt sep* **-1.** [subj: water, waves]
llevarse, barrer **-2.** [dirt] quitar.
   ◆ **wash down** *vt sep* **-1.** [food] regar, rociar
-2. [clean] lavar.
   ◆ **wash out** *vt sep* **-1.** [stain, dye] quitar
lavando **-2.** [container] enjuagar.
   ◆ **wash up** ◇ *vt sep* **-1.** *UK* [dishes] lavar,
fregar **-2.** [subj: sea, river]: **to ~ sthg up on the
shore** arrojar algo a la playa. ◇ *vi* **-1.** *UK*
[wash the dishes] fregar OR lavar los platos **-2.**
US [wash o.s.] lavarse.

washable ['wɒʃəbl] *adj* lavable.

wash-and-wear *adj* de lava y pon.

washbasin *UK* ['wɒʃ,beɪsn], **washbowl** *US*
['wɒʃbəʊl] *n* lavabo *m*.

washcloth ['wɒʃ,klɒθ] *n* *US* toallita *f* para
lavarse la cara.

washed-out [wɒʃt-] *adj* **-1.** [pale] pálido(da),
descolorido(da) **-2.** [exhausted] rendido(da).

washed-up [wɒʃt-] *adj* *inf* [person] acaba-
do(da); [business, project] fracasado(da).

washer ['wɒʃəʳ] *n* **-1.** *TECH* arandela *f* **-2.** [washing
machine] lavadora *f*.

washer-dryer *n* lavadora-secadora *f*.

washing ['wɒʃɪŋ] *n* (U) **-1.** [operation] colada *f*; **to
do the ~** hacer la colada **-2.** [clothes - dirty]
ropa *f* sucia OR para lavar; [- clean] colada *f*;
to hang up the ~ tender la colada.

washing line *n* tendedero *m*.

washing machine *n* lavadora *f*.

washing powder *n* *UK* detergente *m*, jabón
m en polvo.

Washington ['wɒʃɪŋtən] *n* **-1.** [state]: **~ State**
Estado *m* de Washington **-2.** [town]: **~ D.C.**
ciudad *f* de Washington.

washing-up *n* **-1.** *UK* [crockery, pans etc] platos
mpl para fregar **-2.** [operation] fregado *m*; **to do
the ~** fregar los platos.

washing-up liquid *n* *UK* lavavajillas *m inv*.

washout ['wɒʃaʊt] *n* *inf* desastre *m*, fracaso *m*.

washroom ['wɒʃrʊm] *n* *US* lavabo *m*, aseos
mpl.

wasn't [wɒznt] = **was not**.

wasp [wɒsp] *n* [insect] avispa *f*.

Wasp, WASP [wɒsp] (*abbr of* **White Anglo-
Saxon Protestant**) *n* *inf* persona de raza
blanca, origen anglosajón y protestante.

waspish ['wɒspɪʃ] *adj* mordaz, punzante.

wastage ['weɪstɪdʒ] *n* desperdicio *m*.

waste [weɪst] ◇ *adj* [land] yermo(ma); [material,
fuel] de desecho. ◇ *n* **-1.** [misuse, incomplete
use] desperdicio *m*, derroche *m*; **to go to ~**
perderse; **a ~ of time** una pérdida de tiempo
-2. (U) [refuse] desperdicios *mpl*; [chemical, toxic
etc] residuos *mpl*. ◇ *vt* [time] perder; [money]
malgastar, derrochar; [food, energy, opportunity]
desperdiciar; **it would be ~d on me** no sabría
aprovecharlo.
   ◆ **wastes** *npl* *literary* yermos *mpl*.

wastebasket *US* = **wastepaper basket**.

waste disposal unit *n* triturador *m* de
basuras.

wasteful ['weɪstfʊl] *adj* derrochador(ra).

waste ground *n* (U) descampados *mpl*.

wasteland ['weɪst,lænd] *n* yermo *m*.

waste paper *n* papeles *mpl* viejos OR usados.

wastepaper basket [,weɪst'peɪpəʳ-],
wastepaper bin [,weɪst'peɪpəʳ-], **wastebasket** *US* ['weɪst,bɑːskɪt] *n* papelera *f*.

watch [wɒtʃ] ◇ *n* **-1.** [timepiece] reloj *m* **-2.** [act of watching]: **to keep** ~ estar de guardia; **to keep** ~ **on sthg/sb** vigilar algo/a alguien **-3.** MIL [group of people] guardia f. ⬦ vt **-1.** [look at - gen] mirar; [- sunset] contemplar; [- football match, TV] ver **- 2.** [spy on] vigilar **- 3.** [be careful about] tener cuidado con, vigilar; ~ **what you say** ten cuidado con lo que dices; ~ **it!** *inf* ¡cuidado!, ¡ojo! ⬦ vi mirar, observar.

➤ **watch out** vi tener cuidado, estar atento(ta).

➤ **watch over** vt fus [look after] vigilar.

watchband ['wɒtʃbænd] n US correa f del reloj.

watchdog ['wɒtʃdɒg] n **-1.** [dog] perro m guardián **-2.** *fig* [organization] comisión f de vigilancia.

watchful ['wɒtʃfʊl] adj atento(ta).

watchmaker ['wɒtʃ,meɪkə^r] n relojero m, -ra f.

watchman ['wɒtʃmən] (pl **-men** [-mən]) n vigilante m, guarda m, rondín m *Andes*.

watchword ['wɒtʃwɜːd] n lema m.

water ['wɔːtə^r] ⬦ n **-1.** [gen] agua f; **to pour** OR **throw cold** ~ **on** echar un jarro de agua fría sobre; **that's** ~ **under the bridge** esto es agua pasada **- 2.** [urine]: **to pass** ~ orinar. ⬦ vt regar. ⬦ vi **-1.** [eyes]: **my eyes are** ~**ing** me lloran los ojos **- 2.** [mouth]: **my mouth is** ~**ing** se me hace la boca agua.

➤ **waters** npl aguas fpl.

➤ **water down** vt sep **-1.** [dilute] diluir, aguar **- 2.** usu pej [moderate] suavizar.

water bed n cama f de agua.

water bird n ave f acuática.

water biscuit n tipo de galleta sin azúcar.

waterborne ['wɔːtəbɔːn] adj [disease] transmitido(da) a través del agua.

water bottle n cantimplora f.

water buffalo n búfalo m de agua.

water cannon n cañón m de agua.

water chestnut n castaña f de agua.

watercolour ['wɔːtə,kʌlə^r] n acuarela f.

water-cooled [-,kuːld] adj refrigerado(da) por agua.

watercourse ['wɔːtəkɔːs] n cauce m.

watercress ['wɔːtəkres] n berro m.

watered-down [,wɔːtəd-] adj usu pej suavizado(da).

waterfall ['wɔːtəfɔːl] n cascada f, salto m de agua.

waterfront ['wɔːtəfrʌnt] n muelle m.

water heater n calentador m de agua.

waterhole ['wɔːtəhəʊl] n balsa f (donde acuden a beber los animales).

watering can ['wɔːtərɪŋ-] n regadera f.

water jump n ría f (en carreras de caballos).

water level n nivel m del agua.

water lily n nenúfar m.

waterline ['wɔːtəlaɪn] n NAUT línea f de flotación.

waterlogged ['wɔːtəlɒgd] adj inundado(da).

water main n cañería f principal.

watermark ['wɔːtəmɑːk] n **-1.** [in paper] filigrana f **- 2.** [showing water level] marca f del nivel del agua.

watermelon ['wɔːtə,melən] n sandía f.

water pipe n [in house, building] tubería f OR cañería f de agua.

water pistol n pistola f de agua.

water polo n water-polo m, polo m acuático.

waterproof ['wɔːtəpruːf] ⬦ adj impermeable. ⬦ n impermeable m. ⬦ vt impermeabilizar.

water rates npl UK tarifa f del agua.

water-resistant adj resistente al agua.

watershed ['wɔːtəʃed] n fig momento m decisivo.

waterside ['wɔːtəsaɪd] ⬦ adj ribereño(ña). ⬦ n: **the** ~ la orilla.

water skiing n esquí m acuático.

water-soluble adj soluble en agua.

water supply n reserva f de agua.

water table n nivel m del agua.

water tank n reserva f de agua.

watertight ['wɔːtətaɪt] adj **-1.** [waterproof] hermético(ca) **- 2.** fig [agreement, plan] perfecto(ta); [argument, excuse] irrecusable, irrebatible.

water tower n arca f de agua.

waterway ['wɔːtəweɪ] n vía f navegable.

waterworks ['wɔːtəwɜːks] (pl inv) n [building] central f de agua.

watery ['wɔːtərɪ] adj **-1.** [food] soso(sa); [drink] aguado(da) **- 2.** [pale] desvaído(da), pálido(da).

watt [wɒt] n vatio m.

wattage ['wɒtɪdʒ] n potencia f en vatios.

wave [weɪv] ⬦ n **-1.** [of hand] ademán m OR señal f (con la mano) **-2.** [of water] ola f **- 3.** [of emotion, nausea, panic] arranque m; [of immigrants, crime etc] oleada f **- 4.** [of light, sound, heat] onda f **- 5.** [in hair] ondulación f. ⬦ vt **-1.** [move about as signal] agitar **- 2.** [signal to] hacer señales OR señas a; **she** ~**d them in** les hizo una señal para que entraran. ⬦ vi **-1.** [with hand - in greeting] saludar con la mano; [- to say goodbye] decir adiós con la mano; **to** ~ **at** OR **to sb** saludar a alguien con la mano; **he** ~**d hello to us** nos saludó con la mano **- 2.** [flag] ondear; [trees] agitarse.

➤ **wave aside** vt sep fig [dismiss] desechar.

➤ **wave down** vt sep hacer señas para que se pare.

waveband ['weɪvbænd] n banda f de frecuencias.

wavelength ['weɪvleŋθ] n longitud f de onda; **to be on the same ~** fig estar en la misma onda.

waver ['weɪvər] vi **-1.** [falter - resolution, confidence] flaquear; [- person] vacilar, dudar **-2.** [hesitate] dudar, vacilar **-3.** [fluctuate] oscilar.

wavy ['weɪvɪ] (compar -ier, superl -iest) adj ondulado(da).

wax [wæks] <> n cera f. <> vt encerar. <> vi dated or hum [become] ponerse; **to ~ and wane** subir y bajar.

waxen ['wæksən] adj [pale] pálido(da).

wax paper n esp US papel m de cera.

waxworks ['wækswɜːks] (pl inv) n museo m de cera.

way [weɪ] <> n **-1.** [manner, method] manera f, modo m; **~s and means** medios mpl; **in the same ~** del mismo modo, igualmente; **this/that ~** así; **in a ~** en cierto modo; **in a big/small ~** a gran/pequeña escala; **she has fallen for him in a big ~** está locamente enamorada de él; **to get** OR **have one's ~** salirse uno con la suya; **to have everything one's own ~** salirse siempre uno con la suya; **to have a ~ with people** tener don de gentes; **to have a ~ with words** tener un pico de oro; **he had a ~ of making people laugh** tenía la costumbre de hacer reír a la gente; **to be in a bad ~** estar bastante mal **-2.** [route, path] camino m; **to lose one's ~** perderse; **to find one's ~ around** orientarse; **the ~ back** OR **home** el camino de vuelta a casa; **~ in** entrada f; **~ out** salida f; **it's out of my ~** no me pilla de camino; **it's out of the ~** [place] está algo aislado; **on the** OR **on one's ~** de camino; **I'm on my ~** voy de camino; **across** OR **over the ~** enfrente; **to be under ~** fig [meeting] estar en marcha; **to get under ~** [meeting] ponerse en marcha; **to be in the ~** estar en medio; **to get in the ~** ponerse en medio; **to get out of the ~** quitarse de en medio; **to get sthg out of the ~** [task] quitarse algo de encima; **to go out of one's ~ to do sthg** tomarse muchas molestias para hacer algo; **to keep out of the ~** mantenerse alejado; **to keep out of sb's ~** mantenerse alejado de alguien; **to make one's ~** to dirigirse hacia; **to make ~ for** dar paso a; **to stand in sb's ~** fig interponerse en el camino de alguien; **to work one's ~ to** conseguir llegar a **-3.** [direction] dirección f; **come this ~** ven por aquí; **go that ~** ve por ahí; **which ~ do we go?**

¿hacia dónde vamos?; **which ~ is it to the cathedral?** ¿por dónde se va a la catedral?; **the wrong ~ up** OR **round** al revés; **the right ~ up** OR **round** del derecho **-4.** [distance]: **all the ~** todo el camino OR trayecto; **we're with you all the ~** fig te apoyamos incondicionalmente; **most of the ~** casi todo el camino OR trayecto; **it's a long ~ away** está muy lejos; **we have a long ~ to go** queda mucho camino por recorrer; **to go a long ~ towards doing sthg** fig contribuir enormemente a hacer algo; **we've come a long ~ since then** fig hemos avanzado mucho desde entonces **-5.** phr: **to give ~** [under weight, pressure] ceder; **'give ~'** UK AUT 'ceda el paso'; **no ~!** ¡ni hablar! <> adv inf [far] mucho; **it's ~ too big** es tela de grande.

➤ **ways** npl [customs, habits] costumbres fpl, hábitos mpl; **sb's funny little ~s** las curiosas costumbres de alguien.

➤ **by the way** adv por cierto.

➤ **by way of** prep **-1.** [via] (pasando) por **-2.** [as a sort of] a modo de, como.

➤ **in the way of** prep: **what do you have in the ~ of wine?** ¿qué clases de vino tiene?

waylay [,weɪ'leɪ] (pt & pp -laid) vt abordar.

way of life n modo m de vida.

wayside ['weɪsaɪd] n [roadside] borde m del camino; **to fall by the ~** fig quedarse a mitad de camino.

wayward ['weɪwəd] adj [person, behaviour] incorregible.

WC (abbr of water closet) WC.

we [wiː] pers pron nosotros mpl, -tras fpl; **WE can't do it** NOSOTROS no podemos hacerlo; **here ~ are** aquí estamos; **~ as ~ say in France** como decimos en Francia; **~ British** nosotros los británicos.

weak [wiːk] adj **-1.** [gen] débil; **to grow ~** debilitarse **-2.** [material, structure] frágil **-3.** [argument, tea etc] flojo(ja) **-4.** [lacking knowledge, skill]: **to be ~ on sthg** estar flojo(ja) en algo.

weaken ['wiːkn] <> vt debilitar. <> vi **-1.** [become less determined] ceder, flaquear **-2.** [physically] debilitarse.

weak-kneed [-'niːd] adj inf pej pusilánime.

weakling ['wiːklɪŋ] n pej enclenque m or f.

weakly ['wiːklɪ] adv débilmente.

weak-minded [-'maɪndɪd] adj débil de carácter.

weakness ['wiːknɪs] n **-1.** [gen] debilidad f; **to have a ~ for sthg** tener debilidad por algo **-2.** [imperfect point] defecto m.

weal [wiːl] n verdugón m.

wealth [welθ] n **-1.** [riches] riqueza f **-2.** [abundance] profusión f, abundancia f; **a ~ of sthg**

abundancia de algo.

wealth tax *n UK* impuesto *m* sobre el patrimonió.

wealthy ['welθɪ] (*compar* -ier, *superl* -iest) *adj* rico(ca), platudo(da) *Amér.*

wean [wi:n] *vt* - **1.** [from mother's milk] destetar - **2.** [discourage]: **to ~ sb from** OR **off sthg** apartar gradualmente a alguien de algo.

weapon ['wepən] *n* arma *f.*

weaponry ['wepənrɪ] *n* (U) armamento *m.*

wear [weə˞] (*pt* wore, *pp* worn) ◇ *n* (U) - **1.** [use] uso *m*; **I've had a lot of ~ out of this jacket** le he sacado mucho partido a esta chaqueta; **to be the worse for ~** [thing] estar deteriorado; [person] estar hecho un trapo - **2.** [damage] desgaste *m*; **~ and tear** desgaste - **3.** [type of clothes] ropa *f*; **children's ~** ropa de niños; **evening ~** ropa de noche. ◇ *vt* - **1.** [clothes, hair, perfume] llevar; [shoes] calzar; **to ~ red** vestirse de rojo - **2.** [damage] desgastar; **to ~ a hole in sthg** acabar haciendo un agujero en algo. ◇ *vi* - **1.** [deteriorate] desgastarse - **2.** [last]: **to ~ well/badly** durar mucho/poco - **3.** *phr*: **to ~ thin** [joke] dejar de ser gracioso.
◆ **wear away** ◇ *vt sep* desgastar. ◇ *vi* desgastarse.
◆ **wear down** ◇ *vt sep* - **1.** [reduce size of] desgastar - **2.** [weaken] agotar. ◇ *vi* desgastarse.
◆ **wear off** *vi* desaparecer, disiparse.
◆ **wear on** *vi* transcurrir.
◆ **wear out** ◇ *vt sep* - **1.** [shoes, clothes] gastar - **2.** [person] agotar. ◇ *vi* gastarse.

wearable ['weərəbl] *adj* que se puede llevar.

wearily ['wɪərɪlɪ] *adv* fatigosamente.

weariness ['wɪərɪnɪs] *n* fatiga *f*, cansancio *m.*

wearing ['weərɪŋ] *adj* [exhausting] fatigoso(sa).

weary ['wɪərɪ] (*compar* -ier, *superl* -iest) *adj* fatigado(da), cansado(da); **to be ~ of sthg/ of doing sthg** estar cansado de algo/de hacer algo.

weasel ['wi:zl] *n* comadreja *f.*

weather ['weðə˞] ◇ *n* tiempo *m*; **what's the ~ like?** ¿qué tal tiempo hace?; **to make heavy ~ of sthg** complicar algo innecesariamente; **to be under the ~** no encontrarse muy bien. ◇ *vt* [crisis etc] superar. ◇ *vi*: **to ~ well** ser resistente.

weather-beaten [-ˌbi:tn] *adj* - **1.** [face, skin] curtido(da) - **2.** [building, stone] deteriorado(da) *(por la intemperie).*

weather bureau *n US* servicio *m* meteorológico.

weathercock ['weðəkɒk] *n* veleta *f.*

weathered ['weðəd] *adj* deteriorado(da) *(por*

la intemperie).

weather forecast *n* parte *m* meteorológico, pronóstico *m* del tiempo.

weatherman ['weðəmæn] (*pl* -men [-men]) *n* hombre *m* del tiempo.

weather map *n* mapa *m* del tiempo.

weatherproof ['weðəpru:f] *adj* [clothing] impermeable; [building] resistente a la intemperie.

weather report *n* [on radio, TV] parte *m* meteorológico; [in newspaper] información *f* meteorológica.

weather vane [-veɪn] *n* veleta *f.*

weave [wi:v] (*pt* wove, *pp* woven) ◇ *n* tejido *m.* ◇ *vt* - **1.** [using loom] tejer - **2.** [move along]: **to ~ one's way (through)** colarse (por entre). ◇ *vi* [move]: **to ~ through** colarse por entre; **to ~ in and out of the traffic** avanzar zigzagueando en el tráfico.

weaver ['wi:və˞] *n* tejedor *m*, -ra *f.*

weaving ['wi:vɪŋ] *n* tejeduría *f.*

web [web] *n* - **1.** [cobweb] telaraña *f* - **2.** *fig* [of lies etc] urdimbre *f*, entramado *m* - **3.** *COMPUT*: **the Web** la Web.

webbed [webd] *adj* palmeado(da).

webbing ['webɪŋ] *n* (U) reps *m inv.*

web browser *n COMPUT* navegador *m.*

webcam ['webkæm] *n* cámara *f* web.

webcast ['webkɑ:st] *n* emisión *f* por la Web.

web designer *n* diseñador *m*, -ra *f* de páginas Web.

web-footed [-ˈfʊtɪd] *adj* palmípedo(da).

web page *n* página *f* web.

webphone ['webfəʊn] *n* teléfono *m* por Internet.

Web site *n* sitio *m* Web.

wed [wed] (*pt* & *pp* -ded OR wed) *literary* ◇ *vt* desposar. ◇ *vi* desposarse.

we'd [wi:d] = we had, we would.

Wed. (*abbr of* **Wednesday**) miérc.

wedded ['wedɪd] *adj* [committed]: **~ to sthg** entregado(da) a algo.

wedding ['wedɪŋ] *n* boda *f*, casamiento *m.*

wedding anniversary *n* aniversario *m* de boda.

wedding cake *n* tarta *f* nupcial, pastel *m* de bodas, torta *f* de boda OR matrimonio OR novios *Andes, Col, CSur, Ven*, torta *f* de casamiento *RP* OR de novia *Chile*.

wedding dress *n* traje *m* de novia.

wedding reception *n* fiesta *f* de bodas.

wedding ring *n* anillo *m* de boda, argolla *f* *Amér.*

wedge [wedʒ] ◇ *n* - **1.** [for steadying or splitting] cuña *f*; **to drive a ~ between** dividir a; **the**

thin end of the ~ la punta del iceberg **- 2.** [triangular slice] porción *f*, trozo *m*. ◇ *vt*: **to ~ sthg open/shut** dejar algo abierto/cerrado con una cuña.

wedlock ['wedlɒk] *n (U) literary* desposorio *m*.

Wednesday ['wenzdɪ] *n* miércoles *m inv*; *see also* **Saturday**.

wee [wi:l] ◇ *adj Scot* pequeño(ña); **a ~ bit** un poquito. ◇ *n v inf* pipí *m*; **to do a ~** hacer pipí. ◇ *vi v inf* hacer pipí.

weed [wi:d] ◇ *n* **-1.** [wild plant] mala hierba *f* **-2.** *UK inf* [feeble person] canijo *m*, -ja *f*. ◇ *vt* desherbar, escardar.
◆ **weed out** *vt sep* extirpar.

weeding ['wi:dɪŋ] *n* escarda *f*, limpieza *f* de malas hierbas; **to do the ~** escardar.

weedkiller ['wi:d,kɪləʳ] *n* herbicida *m*.

weedy ['wi:dɪ] (*compar* **-ier**, *superl* **-iest**) *adj* **-1.** [overgrown with weeds] cubierto(ta) de malas hierbas **- 2.** *UK inf* [feeble] enclenque.

week [wi:k] *n* [gen] semana *f*; **a ~ on Saturday**, **Saturday ~** del sábado en ocho días; **this/next ~** esta/la próxima semana; **in 2 ~s' time** en dos semanas; **we haven't seen him for ~s** hace semanas que no lo vemos.

weekday ['wi:kdeɪ] *n* día *m* laborable.

weekend [,wi:k'end] *n* fin *m* de semana.

weekend bag *n* (bolsa *f* de) fin *m* de semana.

weekly ['wi:klɪ] ◇ *adj* semanal. ◇ *adv* semanalmente. ◇ *n* semanario *m*, periódico *m* semanal.

weep [wi:p] (*pt & pp* **wept**) ◇ *n*: **to have a ~** llorar. ◇ *vt* derramar. ◇ *vi* llorar.

weeping willow [,wi:pɪŋ-] *n* sauce *m* llorón.

weepy ['wi:pɪ] (*compar* **-ier**, *superl* **-iest**) ◇ *adj* [tearful] lloroso(sa); **to feel ~** estar lloroso(sa). ◇ *n* [film] película *f* lacrimógena.

wee-wee = wee.

weigh [weɪ] *vt* **-1.** [gen] pesar **- 2.** [consider carefully] sopesar; **she ~ed her words** sopesó sus palabras.
◆ **weigh down** *vt sep* **-1.** [physically] sobrecargar **- 2.** [mentally]: **to be ~ed down by** OR **with** estar abrumado(da) de OR por.
◆ **weigh (up)on** *vt fus* abrumar; **it ~ed on his mind** le pesaba en la conciencia.
◆ **weigh out** *vt sep* pesar.
◆ **weigh up** *vt sep* **-1.** [consider carefully] sopesar **- 2.** [size up] hacerse una idea de.

weighbridge ['weɪbrɪdʒ] *n UK* puente *m* basculante.

weighing machine ['weɪɪŋ-] *n* báscula *f*.

weight [weɪt] *n* **-1.** [gen] peso *m*; **to put on** OR **gain ~** engordar; **to lose ~** adelgazar; **to**

carry ~ tener peso; **it's a ~ off my mind** me ha quitado un peso de encima; **to pull one's ~** poner (uno) de su parte; **to take the ~ off one's feet** descansar; **to throw one's ~ about** comportarse de manera autoritaria **- 2.** [metal object] pesa *f*. ◇ *vt*: **to ~ sthg (down)** sujetar algo con un peso.

weighted ['weɪtɪd] *adj*: **to be ~ in favour of/against** inclinarse a favor/en contra de.

weighting ['weɪtɪŋ] *n prima por vivir en una ciudad con alto coste de vida*.

weightlessness ['weɪtlɪsnɪs] *n* ingravidez *f*.

weightlifter ['weɪt,lɪftəʳ] *n* levantador *m* de pesos.

weightlifting ['weɪt,lɪftɪŋ] *n* levantamiento *m* de pesos, halterofilia *f*.

weight training *n* levantamiento *m* de pesos.

weight watcher *n* persona *f* a dieta.

weighty ['weɪtɪ] (*compar* **-ier**, *superl* **-iest**) *adj* [serious] de peso.

weir [wɪəʳ] *n* presa *f*, dique *m*.

weird [wɪəd] *adj* raro(ra), extraño(ña).

weirdo ['wɪədəu] (*pl* **-s**) *n inf* bicho *m* raro.

welcome ['welkəm] ◇ *adj* **-1.** [guest] bienvenido(da); **to make sb ~** acoger bien a alguien **- 2.** [free]: **you're ~ to come** si quieres, puedes venir **- 3.** [appreciated]: **to be ~** ser de agradecer **- 4.** [in reply to thanks]: **you're ~** de nada. ◇ *n* bienvenida *f*; **to give sb a warm ~** dar una calurosa bienvenida a alguien. ◇ *vt* **-1.** [receive] dar la bienvenida a **- 2.** [approve, support] recibir bien. ◇ *excl* ¡bienvenido(da)!

welcoming ['welkəmɪŋ] *adj* cordial.

weld [weld] ◇ *n* soldadura *f*. ◇ *vt* soldar.

welder ['weldəʳ] *n* soldador *m*, -ra *f*.

welfare ['welfeəʳ] ◇ *adj* de asistencia social. ◇ *n* **-1.** [state of well-being] bienestar *m* **- 2.** *US* [income support] subsidio *m* de la seguridad social; **to be on ~** recibir un subsidio.

welfare state *n*: **the ~** el Estado de bienestar.

well [wel] (*compar* **better**, *superl* **best**) ◇ *adj* bien; **to be ~** [healthy] estar bien (de salud); **I don't feel well ~** no me siento bien; **to get ~** mejorarse; **all is ~** todo va bien; **(that's all) ~ and good** (eso está) muy bien; **(it's) just as ~** menos mal; **it would be as ~ to check first** sería mejor comprobar primero. ◇ *adv* **-1.** [satisfactorily, thoroughly] bien; **to go ~** ir bien; **he's doing very ~** at his new school le va muy bien en el nuevo colegio; **~ done!** ¡muy bien!; **~ and truly** completamente; **to be ~ in with sb** *inf* ser muy amiguete de alguien; **to be ~ out of sthg** *inf* tener la suerte de haberse

salido de algo **- 2.** [definitely, certainly] claramente, definitivamente; **it was ~ worth it** sí
que valió la pena **- 3.** [as emphasis]: **you know
perfectly ~ (that)** sabes de sobra (que) **- 4.**
[very possibly]: **it could ~ rain** es muy posible
que llueva. ⟨⟩ *n* pozo *m.* ⟨⟩ *excl* **-1.** [gen]
bueno; oh ~! ¡en fin! **- 2.** [in surprise] ¡vaya!
➤ **as well** *adv* **-1.** [in addition] también **- 2.**
[with same result]: **you may** OR **might as ~ (do
it)** ¿y por qué no (lo haces)?
➤ **as well as** *conj* además de.
➤ **well up** *vi* brotar.

we'll [wi:l] = we shall, we will.

well-adjusted *adj* muy integrado(da).

well-advised [-əd'vaɪzd] *adj* sensato(ta); **you
would be ~ to do it** sería aconsejable que lo
hicieras.

well-appointed [-ə'pɔɪntɪd] *adj* bien equipa-
do(da).

well-balanced *adj* equilibrado(da).

well-behaved [-bɪ'heɪvd] *adj* formal, bien
educado(da); **to be ~** portarse bien.

wellbeing [ˌwel'biːɪŋ] *n* bienestar *m.*

well-bred [-'bred] *adj* bien educado(da).

well-built *adj* fornido(da).

well-chosen *adj* atinado(da), acerta-
do(da).

well-disposed *adj*: **to be ~ to sb/sthg, to
be ~ towards sb/sthg** tener buena disposición
hacia alguien/para algo.

well-done *adj* [thoroughly cooked] muy he-
cho(cha).

well-dressed [-'drest] *adj* bien vestido(da).

well-earned [-'ɜːnd] *adj* bien mereci-
do(da).

well-established *adj* [custom, tradition]
arraigado(da); [company] de sólida reputación.

well-fed *adj* bien alimentado(da).

well-groomed [-'gruːmd] *adj* bien arregla-
do(da).

well-heeled [-hiːld] *adj inf* ricachón(ona).

wellies ['welɪz] *npl UK inf* botas *fpl* de agua.

well-informed *adj*: **to be ~ (about** OR **on)**
estar bien informado(da) (sobre).

wellington boots ['welɪŋtən-], **wellingtons** ['welɪŋtənz] *npl* botas *fpl* de agua.

well-intentioned [-ɪn'tenʃnd] *adj* bieninten-
cionado(da).

well-kept *adj* **-1.** [neat, tidy] bien cuida-
do(da) **- 2.** [not revealed] bien guardado(da).

well-known *adj* conocido(da).

well-mannered [-'mænəd] *adj* de buenos
modales, educado(da).

well-meaning *adj* bienintencionado(da).

well-nigh [-naɪ] *adv* casi.

well-off *adj* **-1.** [rich] acomodado(da), ri-
co(ca) **- 2.** [well-provided]: **to be ~ for sthg** tener
bastante de algo; **not to know when one is ~**
inf no saber uno la suerte que tiene.

well-paid *adj* bien pagado(da).

well-preserved *adj* bien conservado(da).

well-proportioned [-prə'pɔːʃnd] *adj* bien
proporcionado(da).

well-read [-'red] *adj* instruido(da), cul-
to(ta).

well-rounded [-'raʊndɪd] *adj* [varied] comple-
to(ta).

well-spoken *adj* bienhablado(da).

well-thought-of *adj* de buena reputación;
to be ~ tener prestigio.

well-thought-out *adj* bien pensado(da).

well-timed *adj* oportuno(na).

well-to-do *adj* de dinero, adinerado(da).

wellwisher ['welˌwɪʃəʳ] *n* simpatizante *m* OR *f*
(que da muestras de apoyo).

well-woman clinic *n UK centro sanitario
para mujeres o tiempo dedicado a la
atención sanitaria a mujeres en ambulato-
rios.*

Welsh [welʃ] ⟨⟩ *adj* galés(esa). ⟨⟩ *n* [language]
galés *m.* ⟨⟩ *npl*: **the ~** los galeses.

Welshman ['welʃmən] (*pl* **-men** [-mən]) *n* galés
m.

Welsh rarebit [-'reəbɪt] *n tostada cubierta de
queso fundido.*

Welshwoman ['welʃˌwʊmən] (*pl* **-women**
[-ˌwɪmɪn]) *n* galesa *f.*

welter ['weltəʳ] *n* revoltijo *m*, batiburrillo *m.*

welterweight ['weltəweɪt] *n* peso *m* wélter.

wend [wend] *vt literary*: **to ~ one's way towards** encaminar (uno) sus pasos hacia.

wendy house ['wendɪ-] *n UK casita de
juguete del tamaño de un niño.*

went [went] *pt* ⊳ **go.**

wept [wept] *pt & pp* ⊳ **weep.**

were [wɜːʳ] *pt* ⊳ **be.**

we're [wɪəʳ] = we are.

weren't [wɜːnt] = were not.

werewolf ['wɪəwʊlf] (*pl* **-wolves** [-wʊlvz]) *n*
hombre *m* lobo.

west [west] ⟨⟩ *n* **-1.** [direction] oeste *m* **-2.** [re-
gion]: **the West** el Oeste. ⟨⟩ *adj* del oeste.
⟨⟩ *adv*: **~ (of)** al oeste (de).
➤ **West** *n* POL: **the West** Occidente.

West Bank *n*: **the ~** Cisjordania.

westbound ['westbaʊnd] *adj* con rumbo al
oeste.

West Country *n UK*: **the ~** el sudoeste de
Inglaterra.

West End *n UK*: **the ~** *zona central de*

Londres, famosa por sus teatros, tiendas etc.

westerly ['westəlɪ] *adj* [wind] del oeste; **in a ~ direction** hacia el oeste.

western ['westən] ◇ *adj* occidental. ◇ *n* [film] película *f* del oeste, western *m*.

Westerner ['westənəʳ] *n* POL occidental *m* OR *f*.

westernize, -ise ['westənaɪz] *vt* occidentalizar.

West German ◇ *adj* de la Alemania Occidental. ◇ *n* [person] alemán *m*, -ana *f* occidental.

West Germany *n*: **(the former) ~** (la antigua) Alemania Occidental.

West Indian ◇ *adj* antillano(na). ◇ *n* [person] antillano *m*, -na *f*.

West Indies [-'ɪndiːz] *npl*: **the ~** las Antillas.

Westminster ['westmɪnstəʳ] *n* barrio londinense en que se encuentra el parlamento británico; por extensión éste.

West Virginia *n* Virginia Occidental.

westward ['westwəd] ◇ *adj* hacia el oeste. ◇ *adv* = **westwards**.

westwards ['westwədz] *adv* hacia el oeste.

wet [wet] (*compar* -**ter**, *superl* -**test**, *pt* & *pp* **wet** OR -**ted**, *cont* -**ting**) ◇ *adj* -**1.** [soaked] mojado(da); [damp] húmedo(da); **to get ~** mojarse -**2.** [rainy] lluvioso(sa) -**3.** [paint, cement] fresco(ca); **~ paint** recién pintado(da) -**4.** [eyes] lleno(na) de lágrimas -**5.** *UK inf pej* [weak, feeble] ñoño(ña). ◇ *n inf* POL político conservador moderado. ◇ *vt* -**1.** [soak] mojar; [dampen] humedecer -**2.** [urinate in]: **to ~ the bed** orinarse en la cama; **to ~ o.s.** orinarse encima.

wetback *n* US espalda *m* OR *f* mojada.

wet blanket *n inf pej* aguafiestas *m* OR *f*.

wet-look *adj* brillante.

wetness ['wetnɪs] *n* humedad *f*.

wet nurse *n* nodriza *f*, ama *f* de cría.

wet rot *n* pudrimiento de la madera causado por la humedad.

wet suit *n* traje *m* de submarinista.

WEU (*abbr of* **Western European Union**) *n* UEO *f*.

we've [wiːv] = **we have**.

whack [wæk] *inf* ◇ *n* -**1.** [hit] castañazo *m*, cachetada *f* *Amér* -**2.** [share] parte *f*. ◇ *vt* [person] pegar, zurrar; [object] dar un porrazo a; *US* [murder] liquidar.

whacked [wækt] *adj* *UK inf* [exhausted] molido(da), hecho(cha) polvo.

whale [weɪl] *n* [animal] ballena *f*; **to have a ~ of a time** *inf* pasárselo bomba.

whaling ['weɪlɪŋ] *n* caza *f* de ballenas.

wham [wæm] *excl inf* ¡zas!

wharf [wɔːf] (*pl* -**s** OR **wharves** [wɔːvz]) *n* muelle *m*, embarcadero *m*.

what [wɒt] ◇ *adj* -**1.** (*in direct, indirect questions*) qué; **~ kind of car has she got?** ¿qué coche tiene?; **~ shape is it?** ¿qué forma tiene?; **he asked me ~ shape it was** me preguntó qué forma tenía; **~ colour is it?** ¿de qué color es? -**2.** (*in exclamations*) qué; **~ a surprise!** ¡qué sorpresa!; **~ a stupid idea!** ¡qué idea más tonta! ◇ *pron* -**1.** (*interrogative*) qué; **~ are they doing?** ¿qué hacen?; **she asked me ~ they were doing** me preguntó qué estaban haciendo; **~ are they talking about?** ¿de qué están hablando?; **~ is it called?** ¿cómo se llama?; **~ does it cost?** ¿cuánto cuesta?; **~ is it like?** ¿cómo es?; **~'s the Spanish for 'book'?** ¿cómo se dice 'book' en español?; **~ is this for?** ¿para qué es esto?; **~ about another drink/going out for a meal?** ¿qué tal otra copa/si salimos a comer?; **~ about me?** ¿y yo qué?; **~ if nobody comes?** ¿y si no viene nadie, qué? -**2.** (*relative*) lo que; **I saw ~ happened/he did** yo vi lo que ocurrió/hizo; **I don't know ~ to do** no sé qué hacer; **~ we need is ...** lo que nos hace falta es ... ◇ *excl* [expressing disbelief] ¿qué?; **~, no milk!** ¿cómo? ¿que no hay leche?

whatever [wɒt'evəʳ] ◇ *adj* cualquier; **eat ~ food you find** come lo que encuentres; **no chance ~** ni la más remota posibilidad; **nothing ~** nada en absoluto. ◇ *pron* -**1.** [no matter what]: **~ they may offer** ofrezcan lo que ofrezcan; **~ you like** lo que (tú) quieras; **don't touch this, ~ you do** hagas lo que hagas, no toques esto; **~ happens** pase lo que pase; **~ the weather** haga el tiempo que haga -**2.** [indicating surprise]: **~ do you mean?** ¿qué quieres decir? -**3.** [indicating ignorance]: **he told me to get a D.R.V., ~ that is** OR **may be** me dijo que consiguiera un D.R.V., sea lo que sea eso; **~ o** lo que sea.

whatnot ['wɒtnɒt] *n inf*: **and ~** y cosas por el estilo.

whatsoever [,wɒtsəʊ'evəʳ] *adj*: **nothing ~** nada en absoluto; **none ~** ni uno.

wheat [wiːt] *n* trigo *m*.

wheat germ *n* germen *m* de trigo.

wheatmeal ['wiːtmiːl] *n* harina *f* semi-integral.

wheedle ['wiːdl] *vt* decir con zalamería; **to ~ sb into doing sthg** camelar OR engatusar a alguien para que haga algo; **to ~ sthg out of sb** sonsacarle algo a alguien.

wheel [wi:l] ◇ *n* -**1.** [gen] rueda *f* - **2.** [steering wheel] volante *m*; **to be at the ~** estar al volante. ◇ *vt* empujar *(algo sobre ruedas).* ◇ *vi* -**1.** [move in circle] dar vueltas - **2.** [turn round]: **to ~ round** darse la vuelta.

wheelbarrow ['wi:l,bærəʊl] *n* carretilla *f.*

wheelchair ['wi:l,tʃeə'] *n* silla *f* de ruedas.

wheelclamp ['wi:l,klæmp] *n* cepo *m.*

wheeler-dealer ['wi:lə'-] *n pej* zorro *m.*

wheeling and dealing ['wi:lɪŋ-] *n (U) pej* tejemanejes *mpl.*

wheeze [wi:z] ◇ *n* [sound] resuello *m.* ◇ *vi* resollar.

wheezy ['wi:zɪ] *(compar* -**ier,** *superl* -**iest)** *adj* que resuella.

whelk [welk] *n* buccino *m.*

when [wen] ◇ *adv (in direct, indirect question)* cuándo; **~ does the plane arrive?** ¿cuándo llega el avión?; **he asked me ~ I would be in London** me preguntó cuándo estaría en Londres; **I don't know ~ I'll be back** no sé cuándo volveré; **that was ~ I knew for sure that** ... fue entonces cuando me di cuenta que ...; **say ~!** ¡di basta! ◇ *conj* cuando; **tell me ~ you've read it** avísame cuando lo hayas leído; **on the day ~ it happened** el día (en) que pasó; **use less oil ~ frying food** utiliza menos aceite al freír comida; **you said it was black ~ it was actually white** dijiste que era negro cuando en realidad era blanco; **how can I buy it ~ I can't afford it?** ¿cómo voy a comprarlo si no tengo dinero?

whenever [wen'evə'] ◇ *conj* [no matter when] cuando; [every time] cada vez que; **~ you like** cuando quieras; **~ I call him he runs away** siempre que le llamo se marcha corriendo. ◇ *adv* cuando sea.

where [weə'] ◇ *adv (in direct, indirect questions)* dónde; **~ do you live?** ¿dónde vives?; **do you know ~ he lives?** ¿sabes dónde vive?; **~ are you from?** ¿de dónde eres?; **~ are we going?** ¿adónde vamos?; **I don't know ~ to start** no sé por dónde empezar. ◇ *conj* -**1.** [referring to place, situation] donde; **this is ~ ...** es aquí donde ...; **go ~ you like** vete (a) donde quieras - **2.** [whereas]: **children often understand ~ adults don't** los niños a menudo entienden en casos en los que los adultos no - **3.** [if]: **~ possible** siempre que sea posible.

whereabouts [*adv* ,weərə'baʊts, *n* 'weərəbaʊts] ◇ *adv* (por) dónde. ◇ *npl* paradero *m*; **to know sb's ~** conocer el paradero de alguien.

whereas [weər'æz] *conj* mientras que.

whereby [weə'baɪ] *conj fml* según, el/la cual,

por el/la cual.

whereupon [,weərə'pɒn] *conj fml* tras OR con lo cual.

wherever [weər'evə'] ◇ *conj* [no matter where] dondequiera que; **~ you go** dondequiera que vayas; **sit ~ you like** siéntate donde quieras. ◇ *adv* -**1.** [no matter where] en cualquier parte - **2.** [indicating surprise]: **~ did you hear that?** ¿dónde habrás oído eso?

wherewithal ['weəwɪðɔ:l] *n fml*: **to have the ~ to do sthg** disponer de los medios para hacer algo.

whet [wet] *(pt* & *pp* -**ted,** *cont* -**ting)** *vt*: **to ~ sb's appetite (for sthg)** despertar el interés de alguien (por algo).

whether ['weðə'] *conj* -**1.** [indicating choice, doubt] si; **she doesn't know ~ to go or stay** no sabe si quedarse o marcharse; **I doubt ~ she'll do it** dudo que lo haga - **2.** [no matter if]: **~ I want to or not** tanto si quiero como si no, quiera o no quiera.

whew [hwju:] *excl* ¡buf!

which [wɪtʃ] ◇ *adj* -**1.** (in direct, indirect questions) qué; **~ house is yours?** ¿cuál es tu casa?, ¿qué casa es la tuya?; **~ one?** ¿cuál?; **~ ones?** ¿cuáles? - **2.** [to refer back to]: **in ~ case** en cuyo caso; **we won't arrive until 6, by ~ time it will be dark** no llegaremos hasta la 6, hora a la cual ya será de noche. ◇ *pron* -**1.** (in direct, indirect questions) cuál, cuáles *(pl)*; **~ do you prefer?** ¿cuál prefieres?; **I can't decide ~ to have** no sé cuál coger - **2.** (in relative clause replacing noun) que; **the table, ~ was made of wood,** ... la mesa, que OR la cual era de madera, ...; **the world in ~ we live** el mundo en que OR en el cual vivimos - **3.** *(to refer back to a clause)* lo cual; **she denied it, ~ surprised me** lo negó, lo cual me sorprendió; **before ~** antes de lo cual.

whichever [wɪtʃ'evə'] ◇ *adj* -**1.** [no matter which]: **~ route you take** vayas por donde vayas - **2.** [the one which]: **~ colour you prefer** el color que prefieras. ◇ *pron* el que (la que), los que (las que) *(pl)*; **take ~ you like** coge el que quieras.

whiff [wɪf] *n* [smell] olorcillo *m*; **she caught a ~ of his after-shave** le llegó el olorcillo de su after-shave.

while [waɪl] ◇ *n* rato *m*; **it's a long ~ since I did that** hace mucho que no hago eso; **for a ~** un rato; **after a ~** después de un rato; **in a ~** dentro de poco; **once in a ~** de vez en cuando; **to be worth one's ~** merecerle la pena a uno. ◇ *conj* -**1.** [during the time that] mientras - **2.** [whereas] mientras que - **3.** [although] aunque.

➤ **while away** *vt sep* pasar; **to ~ away the**

time pasar el rato.

whilst [waɪlst] = while.

whim [wɪm] *n* capricho *m*.

whimper ['wɪmpəʳ] ⬦ *n* gimoteo *m*, gemido *m*. ⬦ *vt* & *vi* gimotear.

whimsical ['wɪmzɪkl] *adj* [idea, story] fantasioso(sa); [remark] extravagante, poco usual; [look] juguetón(ona).

whine [waɪn] ⬦ *n* gemido *m*, lloriqueo *m*. ⬦ *vi* **-1.** [child, dog] gemir; [siren] ulular **-2.** [complain]: **to ~ (about)** quejarse (de).

whinge [wɪndʒ] (*cont* whingeing) *vi UK inf*: **to ~ (about)** quejarse (de).

whip [wɪp] (*pt* & *pp* **-ped**, *cont* **-ping**) ⬦ *n* **-1.** [for hitting] látigo *m*; [for horse] guasca *f CAm & Carib*, fusta *f* **-2.** *UK POL* miembro de un partido encargado de asegurar que otros miembros voten en el parlamento. ⬦ *vt* **-1.** [gen] azotar **-2.** [take quickly]: **to ~ sthg out/off** sacar/quitar algo rápidamente **-3.** [whisk] batir.
➤ **whip up** *vt sep* [provoke] levantar.

whiplash injury ['wɪplæʃ-] *n* lesión *f* de cervicales por efecto de la inercia.

whipped cream [wɪpt-] *n* nata *f* montada.

whippet ['wɪpɪt] *n* tipo de galgo pequeño.

whip-round *n UK inf*: **to have a ~** hacer una colecta.

whirl [wɜːl] ⬦ *n* **-1.** [rotating movement] remolino *m*; **to be in a ~** estar aturullado **-2.** *fig* [of activity, events] torbellino *m* **-3.** *phr*: **let's give it a ~** *inf* lancémonos. ⬦ *vt*: **to ~ sb/sthg round** hacer dar vueltas a alguien/algo. ⬦ *vi* **-1.** [move around] arremolinarse; [dancers] girar vertiginosamente **-2.** *fig* [head, mind] dar vueltas.

whirlpool ['wɜːlpuːl] *n* remolino *m*.

whirlwind ['wɜːlwɪnd] ⬦ *adj fig* vertiginoso(sa). ⬦ *n* torbellino *m*.

whirr [wɜːʳ] ⬦ *n* zumbido *m*. ⬦ *vi* zumbar.

whisk [wɪsk] ⬦ *n CULIN* varilla *f*. ⬦ *vt* **-1.** [move quickly]: **to ~ sthg away/out** llevarse/sacar algo rápidamente; **we were ~ed off to visit the museum** nos llevaron rápidamente a visitar el museo **-2.** *CULIN* batir.

whisker ['wɪskəʳ] *n* (pelo *m* del) bigote *m*.
➤ **whiskers** *npl* [of person] patillas *fpl*; [of cat] bigotes *mpl*.

whisky *UK* (*pl* **-ies**), **whiskey** *US* & *Irish* (*pl* **-s**) ['wɪskɪ] *n* whisky *m*.

whisper ['wɪspəʳ] ⬦ *n* [gen] susurro *m*; [of voices] cuchicheo *m*. ⬦ *vt* susurrar. ⬦ *vi* cuchichear.

whispering ['wɪspərɪŋ] *n (U)* cuchicheos *mpl*.

whist [wɪst] *n* whist *m*.

whistle ['wɪsl] ⬦ *n* **-1.** [sound] silbido *m*, pitido *m* **-2.** [device] silbato *m*, pito *m*. ⬦ *vt* silbar. ⬦ *vi* **-1.** [person] silbar, chiflar *Amér*; [referee] pitar; [bird] piar **-2.** [move quickly]: **to ~ past** pasar como un rayo **-3.** [kettle, train] silbar, pitar.

whistle-stop tour *n* recorrido rápido con múltiples paradas.

Whit [wɪt] *n UK* Pentecostés *m*.

white [waɪt] ⬦ *adj* **-1.** [gen] blanco(ca); **to go** *OR* **turn ~** ponerse blanco **-2.** [coffee, tea] con leche. ⬦ *n* **-1.** [colour] blanco *m* **-2.** [person] blanco *m*, -ca *f* **-3.** [of egg] clara *f* **-4.** [of eye] blanco *m*.
➤ **whites** *npl* ropa *f* blanca (*para tenis, críquet*).

white blood cell *n* glóbulo *m* blanco.

whiteboard ['waɪtbɔːd] *n* pizarra *f* blanca, tablero *m* blanco (*para escribir con rotuladores*).

white Christmas *n* Navidad *f* con nieve.

white-collar *adj* de oficina; **~ worker** oficinista *m OR f*.

white elephant *n fig* mamotreto *m* (*caro e inútil*).

white goods *npl* **-1.** [household machines] línea *f* blanca (de electrodomésticos) **-2.** [linen] lencería *f*.

white-haired [-'heəd] *adj* canoso(sa), de pelo blanco.

Whitehall ['waɪthɔːl] *n* calle londinense en que se encuentra la Administración británica; por extensión ésta.

WHITEHALL

En esta calle de Londres se encuentran los principales centros de la Administración británica. Por extensión, este nombre se emplea también para referirse a la citada Administración.

white-hot *adj* candente, incandescente.

White House *n*: **the ~** la Casa Blanca.

WHITE HOUSE

La Casa Blanca es la residencia oficial y lugar de trabajo del presidente de los Estados Unidos. Se encuentra en Washington, que además de ser la capital del país es la sede del Gobierno federal. La Casa Blanca es un símbolo tanto de la presidencia como del ramo ejecutivo del Gobierno estadounidense.

white lie *n* mentira *f* piadosa.

white light *n (U)* luz *f* blanca.

white magic *n* magia *f* blanca.

white meat *n (U)* carnes *fpl* blancas.

whiten ['waɪtn] ⬦ *vt* blanquear. ⬦ *vi*

ponerse blanco(ca).

whitener ['waɪtnə'] *n* blanqueador *m*.

whiteness ['waɪtnɪs] *n* blancura *f*.

white noise *n (U)* ruido *m* blanco.

whiteout ['waɪtaʊt] *n* pérdida total de visibilidad a causa de la nieve.

white paper *n POL* libro *m* blanco.

white sauce *n* (salsa *f*) bechamel *f*.

white spirit *n UK especie de aguarrás*.

whitewash ['waɪtwɒʃ] ⟨⟩ *n* **-1.** *(U)* [paint] blanqueo *m*, lechada *f* (de cal) **-2.** *pej* [cover-up] encubrimiento *m*. ⟨⟩ *vt* **-1.** [paint] blanquear, encalar **-2.** *pej* [cover up] encubrir.

whitewater rafting ['waɪt,wɔːtə'-] *n* descenso *m* (de rápidos) en piragua.

white wedding *n* boda *f* de blanco.

white wine *n* vino *m* blanco.

whiting ['waɪtɪŋ] *(pl inv OR -s) n* pescadilla *f*.

Whit Monday *n* lunes *m* de Pentecostés.

Whitsun ['wɪtsn] *n* [day] Pentecostés *m*.

whittle ['wɪtl] *vt* [reduce]: **to ~ down** OR **away** reducir gradualmente.

whiz *(pt & pp* -zed, *cont* -zing), **whizz** [wɪz] ⟨⟩ *n inf*: **to be a ~ at sthg** ser un genio OR prodigio en algo. ⟨⟩ *vi*: **to ~ past** OR **by** pasar muy rápido OR zumbando.

whiz(z) kid *n inf* genio *m*, prodigio *m*.

who [huː] *pron* **-1.** *(in direct, indirect questions)* quién, quiénes *(pl)*; **~ are you?** ¿quién eres tú?; **~ is it?** [at door etc] ¿quién es?; **~ did you see?** ¿a quién viste?; **I didn't know ~ she was** no sabía quién era **-2.** *(in relative clauses)* que; **he's the doctor ~ treated me** es el médico que me atendió; **those ~ are in favour** los que están a favor.

WHO *(abbr of* **World Health Organization)** *n* OMS *f*.

who'd [huːd] = **who had**, **who would**.

whodu(n)nit [,huː'dʌnɪt] *n inf* historia *f* policíaca de misterio.

whoever [huː'evə'] *pron* **-1.** [unknown person] quienquiera; *(pl)* quienesquiera; **~ finds it** quienquiera que lo encuentre; **tell ~ you like** díselo a quien quieras **-2.** [indicating surprise, astonishment]: **~ can that be?** ¿quién podrá ser? **-3.** [no matter who]: **come in, ~ you are** pasa, seas quien seas.

whole [həʊl] ⟨⟩ *adj* **-1.** [entire, complete] entero(ra); **we've had enough of the ~ thing** ya estamos hartos de todo esto **-2.** [for emphasis]: **a ~ lot of muchísimos(mas); a ~ lot taller** muchísimo más alto; **a ~ new idea** una idea totalmente nueva. ⟨⟩ *n* **-1.** [all]: **the ~ of the school/summer** el colegio/verano entero **-2.** [unit, complete thing] todo *m*.

◆ **as a whole** *adv* en conjunto, en su totalidad.

◆ **on the whole** *adv* en general.

wholefood ['həʊlfuːd] *n UK* comida *f* integral.

whole-hearted [-'hɑːtɪd] *adj* incondicional.

wholemeal ['həʊlmiːl] *adj UK* integral.

wholemeal bread *n UK (U)* pan *m* integral.

whole note *n US* semibreve *f*.

wholesale ['həʊlseɪl] ⟨⟩ *adj* **-1.** *COMM* al por mayor **-2.** *pej* [indiscriminate] indiscriminado(da). ⟨⟩ *adv* **-1.** *COMM* al por mayor **-2.** *pej* [indiscriminately] indiscriminadamente.

wholesaler ['həʊl,seɪlə'] *n* mayorista *m* OR *f*.

wholesome ['həʊlsəm] *adj* sano(na), saludable.

whole wheat *US* = **wholemeal**.

who'll [huːl] = **who will**.

wholly ['həʊlɪ] *adv* completamente, enteramente.

whom [huːm] *pron* **-1.** *(in direct, indirect questions) fml* quién, quiénes *(pl)*; **from ~ did you receive it?** ¿de quién lo recibiste?; **for/of/to ~** por/de/a quién **-2.** *(in relative clauses)* que; **the man ~ I saw** el hombre que vi; **the man to ~ I gave it** el hombre al que se lo di; **several people came, none of ~ I knew** vinieron varias personas, de las que no conocía a ninguna.

whoop [wuːp] ⟨⟩ *n* grito *m* alborozado. ⟨⟩ *vi* gritar alborozadamente.

whoopee [wʊ'piː] *excl* ¡yupi!

whooping cough ['huːpɪŋ-] *n* tos *f* ferina.

whoops [wʊps] *excl* ¡uy!

whoosh [wʊʃ] *inf* ⟨⟩ *n* [of air] ráfaga *f*; [of water] chorro *m*. ⟨⟩ *vi* **-1.** [water]: **to ~ out** salir a chorro **-2.** [car, train]: **to ~ past** pasar a toda pastilla.

whopper ['wɒpə'] *n inf* **-1.** [big thing] bestialidad *f* **-2.** [lie] bola *f*, trola *f*.

whopping ['wɒpɪŋ] *inf* ⟨⟩ *adj* enorme. ⟨⟩ *adv*: **a ~ great lorry/lie, a ~ big lorry/lie** un camión/una mentira enorme.

whore [hɔː'] *n pej* puta *f*, cuero *m Amér*.

who're ['huːə'] = **who are**.

whose [huːz] ⟨⟩ *pron (in direct, indirect questions)* de quién, de quiénes *(pl)*; **~ is this?** ¿de quién es esto?; **I wonder ~ they are** me pregunto de quién serán. ⟨⟩ *adj* **-1.** [in direct, indirect questions] de quién; **~ car is that?** ¿de quién es ese coche? **-2.** *(in relative clauses)* cuyo(ya), cuyos(yas) *(pl)*; **that's the boy ~ father's an MP** ese es el chico cuyo padre es diputado; **the woman ~ daughters are twins** la mujer cuyas hijas son gemelas.

whosoever [,huːsəʊ'evə'] *pron dated* quienquiera que.

who's who [hu:z-] *n* [book] Quién es Quién *m*.

who've [hu:v] = who have.

why [waɪ] ◇ *adv* por qué; ~ **did you lie to me?** ¿por qué me mentiste?; ~ **don't you all come?** ¿por qué no venís todos?; ~ **not?** ¿por qué no? ◇ *conj* por qué; **I don't know** ~ **he said that** no sé por qué dijo eso. ◇ *pron*: **there are several reasons** ~ **he left** hay varias razones por las que se marchó; **that's** ~ **she did it** por eso es por lo que lo hizo; **I don't know the reason** ~ no se por qué razón. ◇ *excl* ¡hombre!, ¡vaya!

➤ **why ever** *adv*: ~ **ever did you do that?** ¿pero por qué has hecho eso?

WI ◇ *abbr of* **Women's Institute**. -**1.** *abbr of* **West Indies** - **2.** *abbr of* **Wisconsin**.

wick [wɪk] *n* mecha *f*; **to get on sb's** ~ *UK inf fig* sacar de quicio a alguien.

wicked ['wɪkɪd] *adj* -**1.** [evil] malvado(da) -**2.** [mischievous, devilish] travieso(sa) - **3.** *inf* [very good] molón(ona), chachi *(inv)*.

wicker ['wɪkər] *adj* de mimbre.

wickerwork ['wɪkəwɜːk] *n (U)* artículos *mpl* de mimbre.

wicket ['wɪkɪt] *n* CRICKET [stumps] palos *mpl*.

wicket keeper *n* guardián *mf* de los palos.

wide [waɪd] ◇ *adj* -**1.** [broad] ancho(cha); **how** ~ **is it?** ¿cuánto mide de ancho?; **it's 50 cm** ~ tiene 50 cm de ancho - **2.** [range, choice etc] amplio(plia) - **3.** [gap, difference, implications] grande, considerable - **4.** [eyes] muy abierto(ta) - **5.** [off-target] desviado(da). ◇ *adv* -**1.** [broadly]: **to open/spread sthg** ~ abrir/desplegar algo completamente - **2.** [off target]: **to go** *OR* **be** ~ salir desviado.

wide-angle lens *n* gran angular *m*.

wide awake *adj* completamente despierto(ta).

wide boy *n* *UK inf pej* pájaro *m* de cuenta.

wide-eyed [-'aɪd] *adj* -**1.** [surprised, frightened] con los ojos muy abiertos *(de miedo o sorpresa)* - **2.** [innocent, gullible] inocente, simple.

widely ['waɪdlɪ] *adv* -**1.** [smile, yawn] ampliamente - **2.** [travel, read] extensamente; **to be** ~ **read/travelled** haber leído/viajado mucho - **3.** [believed, known, loved] generalmente; **there is a** ~ **held view that...** existe la creencia generalizada de que ... - **4.** [differ, vary] mucho.

widen ['waɪdn] ◇ *vt* [gen] ampliar; [road, bridge] ensanchar. ◇ *vi* -**1.** [gen] ampliarse; [river, road] ensancharse - **2.** [eyes] abrirse mucho.

wide open *adj* -**1.** [window, door] abierto(ta) de par en par - **2.** [eyes] completamente

abierto(ta) - **3.** [spaces] extenso(sa).

wide-ranging [-'reɪndʒɪŋ] *adj* [changes, survey, consequences] de gran alcance; [discussion, interests] de gran variedad; [selection] amplio(plia).

widescreen TV ['waɪdskriːn-] *n* televisor *m* panorámico, televisor *m* de pantalla ancha.

widespread ['waɪdspred] *adj* extendido(da), general.

widow ['wɪdəʊ] *n* [woman] viuda *f*.

widowed ['wɪdəʊd] *adj* viudo(da).

widower ['wɪdəʊər] *n* viudo *m*.

width [wɪdθ] *n* -**1.** [breadth] anchura *f*; **it's 50 cm in** ~ tiene 50 cm de ancho - **2.** [in swimming pool] ancho *m*.

widthways ['wɪdθweɪz] *adv* a lo ancho.

wield [wiːld] *vt* -**1.** [weapon] esgrimir; [implement] manejar - **2.** [power] ejercer.

wife [waɪf] (*pl* **wives**) *n* mujer *f*, esposa *f*.

wig [wɪg] *n* peluca *f*.

wiggle ['wɪgl] ◇ *n* -**1.** [movement] meneo *m*; [of hips etc] contoneo *m* - **2.** [wavy line] línea *f* ondulada. ◇ *vt* menear; [hips etc] contonear. ◇ *vi* menearse; [hips etc] contonearse.

wiggly ['wɪglɪ] (*compar* -**ier**, *superl* -**iest**) *adj* *inf* -**1.** [line] ondulado(da) - **2.** [tooth, chair leg etc] suelto(ta).

wigwam ['wɪgwæm] *n* tipi *m*.

wild [waɪld] ◇ *adj* -**1.** [gen] salvaje; [plant, flower] silvestre; [bull] bravo(va), chúcaro(ra) *Amér* - **2.** [landscape, scenery] agreste - **3.** [weather, sea] borrascoso(sa) - **4.** [crowd, laughter, applause] frenético(ca); **to run** ~ descontrolarse - **5.** [hair] alborotado(da) - **6.** [hope, idea, plan] descabellado(da) - **7.** [guess, exaggeration] extravagante - **8.** *inf* [very enthusiastic]: **to be** ~ **about** estar loco por. ◇ *n*: **in the** ~ en libertad, en su habitat natural.

➤ **wilds** *npl*: **the** ~**s** las tierras remotas.

wild card *n* COMPUT comodín *m*.

wildcat ['waɪldkæt] *n* [animal] gato *m* montés.

wildcat strike *n* huelga *f* salvaje.

wildebeest ['wɪldɪbiːst] (*pl inv OR* -**s**) *n* ñu *m*.

wilderness ['wɪldənɪs] *n* -**1.** [barren land] yermo *m*, desierto *m* - **2.** [overgrown land] jungla *f* - **3.** *fig* [unimportant place]: **in the political** ~ en el anonimato político.

wildfire ['waɪld,faɪər] *n*: **to spread like** ~ propagarse como un reguero de pólvora.

wild flower *n* flor *f* silvestre.

wild-goose chase *n* *inf* búsqueda *f* infructuosa.

wildlife ['waɪldlaɪf] *n (U)* fauna *f*.

wildly ['waɪldlɪ] *adv* -**1.** [enthusiastically] frenéticamente - **2.** [without discipline, inaccurately] a lo loco **-3.** [very] extremadamente **-4.** [menacingly] salvajemente.

wild west *n inf:* the ~ el salvaje oeste.

wiles [waɪlz] *npl* artimañas *fpl.*

wilful *UK,* **willful** *US* ['wɪlfʊl] *adj* **-1.** [stubborn] que siempre se tiene que salir con la suya **-2.** [deliberate] deliberado(da), intencionado(da).

will¹ [wɪl] ◇ *n* **-1.** [gen] voluntad *f*; against one's ~ contra la voluntad de uno; **to do sthg of one's own free** ~ hacer algo por propia voluntad; **at** ~ a voluntad **-2.** [document] testamento *m*; **to make a** ~ hacer testamento. ◇ *vt:* **to** ~ **sthg to happen** desear mucho que ocurra algo; **to** ~ **sb to do sthg** desear mucho que alguien haga algo.

will² [wɪl *modal vb* **-1.** [to express future tense]**:** **they say it** ~ **rain tomorrow** dicen que lloverá *OR* va a llover mañana; **I'll be arriving at six** llegaré a las seis; **we** ~ **have arrived by midday** habremos llegado a mediodía; **when** ~ **we get paid?** ¿cuándo nos pagarán?; ~ **they come? – yes, they** ~ /**no, they won't** ¿vendrán? – sí/no; **you** ~ **come, won't you?** *emphatic* vas a venir, ¿no? **-2.** [indicating willingness]**:** ~ **you have some more tea?** ¿te apetece más té?; **I won't do it** no lo haré **-3.** [in commands, requests]**: you** ~ **leave this house at once** vas a salir de esta casa ahora mismo; **close that window,** ~ **you?** cierra la ventana, ¿quieres?; ~ **you be quiet!** ¿queréis hacer el favor de callaros? **-4.** [indicating possibility, what usually happens]**: the hall** ~ **hold up to 1,000 people** la sala tiene cabida para 1.000 personas; **this** ~ **stop any draughts** esto evitará las corrientes **-5.** [expressing an assumption]**: that'll be your father** ese va a ser *OR* será tu padre; **as you'll have gathered, I'm not keen on the idea** como ya os imaginaréis, a mí no me hace gracia la idea **-6.** [indicating irritation]**: well, if you** ~ **leave your toys everywhere ...** normal, si vais dejando los juguetes por todas partes ...; **she** ~ **keep phoning me** ¡y venga a llamarme!

willful *US* = wilful.

willing ['wɪlɪŋ] *adj* **-1.** [prepared]**: to be** ~ **(to do sthg)** estar dispuesto(ta) (a hacer algo) **-2.** [eager] servicial.

willingly ['wɪlɪŋlɪ] *adv* de buena gana.

willingness ['wɪlɪŋnɪs] *n:* ~ **(to do sthg)** disposición *f* (para hacer algo).

willow (tree) ['wɪləʊ-] *n* sauce *m.*

willowy ['wɪləʊɪ] *adj* esbelto(ta).

willpower ['wɪlˌpaʊəʳ] *n* fuerza *f* de voluntad.

willy ['wɪlɪ] (*pl* -ies) *n UK inf* pito *m.*

willy-nilly [ˌwɪlɪ'nɪlɪ] *adv* [carelessly] a la buena de Dios.

wilt [wɪlt] *vi* [plant] marchitarse; [person] desfallecer, extenuarse.

Wilts [wɪlts] (*abbr of* **Wiltshire**) *condado inglés.*

wily ['waɪlɪ] (*compar* -ier, *superl* -iest) *adj* astuto(ta).

wimp [wɪmp] *n pej inf* blandengue *m OR f.*

win [wɪn] (*pt* & *pp* won, *cont* -ning) ◇ *n* victoria *f*, triunfo *m.* ◇ *vt* ganar. ◇ *vi* ganar; **you/I** *etc* can't ~ no hay manera.

◆ **win over, win round** *vt sep* convencer.

wince [wɪns] ◇ *vi* hacer una mueca de dolor; **to** ~ **at/with sthg** estremecerse ante/de algo. ◇ *n* mueca *f* de dolor.

winch [wɪntʃ] ◇ *n* torno *m.* ◇ *vt:* **to** ~ **sthg up/out** levantar/sacar algo con torno.

wind¹ [wɪnd] ◇ *n* **-1.** *METEOR* viento *m* **-2.** [breath] aliento *m*, resuello *m* **-3.** *(U)* [in stomach] gases *mpl;* **to break** ~ *euphemism* ventosear **-4.** [in orchestra]**: the** ~ los instrumentos de viento **-5.** *phr:* **to get** ~ **of sthg** *inf* enterarse de algo. ◇ *vt* **-1.** [knock breath out of] dejar sin aliento **-2.** *UK* [baby] hacer que eructe.

wind² [waɪnd] (*pt* & *pp* wound) ◇ *vt* **-1.** [string, thread] enrollar; **to** ~ **sthg around sthg** enrollar algo alrededor de algo **-2.** [clock, watch] dar cuerda a **-3.** *phr:* **to** ~ **its way** serpentear. ◇ *vi* serpentear.

◆ **wind down** ◇ *vt sep* **-1.** [car window] bajar **-2.** [business] cerrar poco a poco. ◇ *vi* **-1.** [clock, watch] pararse **-2.** [person] relajarse, descansar.

◆ **wind up** ◇ *vt sep* **-1.** [finish - activity] finalizar, concluir; [business] liquidar **-2.** [clock, watch] dar cuerda a **-3.** [car window] subir **-4.** *UK inf* [annoy] vacilar, tomar el pelo a. ◇ *vi inf* [end up] terminar, acabar; **to** ~ **up doing sthg** acabar haciendo algo.

windbreak ['wɪndbreɪk] *n* protección *f* contra el viento.

windcheater *UK* ['wɪndˌtʃiːtəʳ], **windbreaker** *US* ['wɪndˌbreɪkəʳ] *n* cazadora *f.*

windchill ['wɪndtʃɪl] *n:* ~ **factor** efecto por el cual el viento reduce la temperatura efectiva.

winded ['wɪndɪd] *adj* sin aliento.

windfall ['wɪndfɔːl] *n* **-1.** [fruit] fruta *f* caída **-2.** [unexpected gift] dinero *m* llovido del cielo.

wind farm *n* parque *m* eólico.

winding ['waɪndɪŋ] *adj* tortuoso(sa), sinuoso(sa).

wind instrument [wɪnd-] *n* instrumento *m* de viento.

windmill ['wɪndmɪl] *n* molino *m* de viento.

window ['wɪndəʊ] *n* **-1.** [gen & *COMPUT*] ventana *f* **-2.** *AUT* ventanilla *f* **-3.** [of shop] escaparate *m.*

window box n jardinera f (de ventana).
window cleaner n -1. [person] limpiacristales m OR f inv -2. [product] limpiacristales m inv.
window dressing n (U) -1. [in shop] escaparatismo m -2. fig [non-essentials] pura fachada f.
window envelope n sobre m de ventanilla.
window frame n marco m de ventana.
window ledge n alféizar m.
window pane n cristal m (de la ventana).
window shade n US persiana f.
window-shopping n: **to go ~** ir de escaparates.
windowsill ['wɪndəʊsɪl] n alféizar m.
windpipe ['wɪndpaɪp] n tráquea f.
windscreen UK ['wɪndskri:n], **windshield** US ['wɪndʃi:ld] n parabrisas m inv.
windscreen washer n lavaparabrisas m inv.
windscreen wiper n limpiaparabrisas m inv.
windshield US = windscreen.
windsock ['wɪndsɒk] n manga f de aire.
windsurfer ['wɪndˌsɜ:fə'] n -1. [person] windsurfista m OR f -2. [board] tabla f de windsurf.
windsurfing ['wɪndˌsɜ:fɪŋ] n windsurf m.
windswept ['wɪndswept] adj -1. [scenery] azotado(da) por el viento -2. [person, hair] despeinado(da).
wind tunnel [wɪnd-] n túnel m aerodinámico.
wind turbine n aerogenerador m.
windy ['wɪndɪ] (compar -ier, superl -iest) adj [day, weather] ventoso(sa), de mucho viento; [place] expuesto(ta) al viento; **it's ~** hace viento.
wine [waɪn] <> n vino m; **red/white ~** vino tinto/blanco. <> vt: **to ~ and dine sb** agasajar a alguien.
wine bar n UK bar de cierta elegancia especializado en vinos y que a veces suele servir comidas.
wine bottle n botella f de vino.
wine cellar n bodega f.
wineglass ['waɪnɡlɑ:s] n copa f OR vaso m (de vino).
wine list n lista f de vinos.
wine merchant n UK vinatero m, -ra f.
winepress ['waɪnpres] n lagar m.
wine tasting [-ˌteɪstɪŋ] n cata f de vinos.
wine waiter n sommelier m.
wing [wɪŋ] n -1. [gen] ala f -2. AUT guardabarros m inv -3. SPORT [side of pitch] banda f; [winger] extremo m, ala m.
➤ **wings** npl THEATRE: **the ~s** los bastidores.
wing commander n UK ≃ teniente m coronel de aviación.

winger ['wɪŋə'] n SPORT extremo m, ala m.
wing mirror n retrovisor m.
wing nut n palometa f, tuerca f de mariposa.
wingspan ['wɪŋspæn] n envergadura f (de alas).
wink [wɪŋk] <> n guiño m; **to have forty ~s** inf echarse un sueñecito; **not to sleep a ~**, **not to get a ~ of sleep** inf no pegar ojo. <> vi -1. [eye]: **to ~ (at sb)** guiñar (a alguien) -2. literary [lights] titilar, parpadear.
winkle ['wɪŋkl] n bígaro m.
winner ['wɪnə'] n ganador m, -ra f.
winning ['wɪnɪŋ] adj -1. [team, competitor] vencedor(ra), victorioso(sa); [goal, point] de la victoria; [ticket, number] premiado(da) -2. [smile, ways] atractivo(va).
➤ **winnings** npl ganancias fpl.
winning post n meta f.
winsome ['wɪnsəm] adj literary atractivo(va), encantador(ra).
winter ['wɪntə'] <> n (U) invierno m; **in ~** en invierno. <> comp de invierno, invernal.
winter sports npl deportes mpl de invierno.
wintertime ['wɪntətaɪm] n (U) invierno m; **in ~** en invierno.
wint(e)ry ['wɪntrɪ] adj [gen] de invierno, invernal; [showers] con nieve.
wipe [waɪp] <> n: **give the table a ~** pásale un trapo a la mesa. <> vt [rub to clean] limpiar, pasar un trapo a; [rub to dry] secar.
➤ **wipe away** vt sep [tears, sweat] enjugar.
➤ **wipe out** vt sep -1. [erase] borrar -2. [eradicate] aniquilar.
➤ **wipe up** vt sep empapar, limpiar.
wiper ['waɪpə'] n [windscreen wiper] limpiaparabrisas m inv.
wire ['waɪə'] <> n -1. [gen] alambre m; ELEC cable m -2. US [telegram] telegrama m. <> vt -1. [connect]: **to ~ sthg to sthg** conectar algo a algo -2. [ELEC - house] poner la instalación eléctrica de; [- plug] conectar el cable a -3. US [send telegram to] enviar un telegrama a.
wire brush n cepillo m de raíces.
wire cutters npl cortaalambres m inv.
wireless ['waɪəlɪs] n dated radio f.
wire netting n (U) tela f metálica.
wiretap ['waɪə'ˌtæp] <> n escucha f telefónica. <> vt intervenir.
wire-tapping [-ˌtæpɪŋ] n (U) intervención f telefónica.
wire wool n UK estropajo m metálico.
wiring ['waɪərɪŋ] n (U) instalación f eléctrica.
wiry ['waɪərɪ] (compar -ier, superl -iest) adj -1. [hair] estropajoso(sa) -2. [body, man] nervudo(da).
wisdom ['wɪzdəm] n -1. [learning] sabiduría f -2.

[good sense] sensatez *f.*

wisdom tooth *n* muela *f* del juicio.

wise [waɪz] *adj* -**1.** [learned] sabio(bia); **to get ~ to sthg** *inf* caer en la cuenta de algo; **she's no ~r** OR **none the ~r** sigue sin entender - **2.** [sensible] prudente.

➡️ **wise up** *vi US* enterarse, ponerse al tanto.

wisecrack ['waɪzkræk] *n pej* broma *f*, chiste *m.*

wish [wɪʃ] ◇ *n:* **~ (for sthg/to do sthg)** deseo *m* (de algo/de hacer algo); **to make a ~** pedir un deseo; **to do sthg against sb's ~es** hacer algo en contra de los deseos de alguien. ◇ *vt:* **to ~ to do sthg** *fml* desear hacer algo; **to ~ sb sthg** desear a alguien algo; **I ~ (that) you had told me before!** ¡ojalá me lo hubieras dicho antes!; **I ~ (that) I were** OR **was rich** ojalá fuera rico; **I ~ (that) you would shut up** ¿por qué no te calles? ◇ *vi* [by magic]: **to ~ for sthg** pedir (como deseo) algo.

➡️ **wishes** *npl:* **(with) best ~es** [in letter] muchos recuerdos.

➡️ **wish on** *vt sep:* **to ~ sthg on sb** desearle algo a alguien.

wishbone ['wɪʃbəʊn] *n* espoleta *f.*

wishful thinking [ˌwɪʃfʊl-] *n* (U): **it's just ~** no son más que (vanas) ilusiones.

wishy-washy ['wɪʃɪˌwɒʃɪ] *adj inf pej* soso(sa), insípido(da).

wisp [wɪsp] *n* -**1.** [of hair] mechón *m;* [of grass] brizna *f* - **2.** [cloud] nubecilla *f*; [of smoke] voluta *f.*

wispy ['wɪspɪ] (*compar* -**ier**, *superl* -**iest**) *adj* [hair] ralo(la) y a mechones.

wistful ['wɪstfʊl] *adj* triste, melancólico(ca).

wit [wɪt] *n* -**1.** [humour] ingenio *m*, agudeza *f* - **2.** [funny person] chistoso *m*, -sa *f* - **3.** [intelligence]: **to have the ~ to do sthg** tener el buen juicio de hacer algo.

➡️ **wits** *npl:* **to have** OR **keep one's ~s about one** mantenerse alerta; **to be scared out of one's ~s** *inf* estar muerto de miedo; **to be at one's ~s' end** estar a punto de volverse loco.

witch [wɪtʃ] *n* bruja *f.*

witchcraft ['wɪtʃkrɑːft] *n* brujería *f.*

witchdoctor ['wɪtʃˌdɒktər] *n* hechicero *m*, -ra *f.*

witch-hazel *n* [liquid] liquidámbar *m.*

witch-hunt *n pej* caza *f* de brujas.

with [wɪð] *prep* -**1.** [in company of] con; **we stayed ~ them for a week** estuvimos con ellos una semana; **~ me** conmigo; **~ you** contigo; **~ himself/herself** consigo - **2.** [indicating opposition] con; **the war ~ Germany** la guerra con Alemania - **3.** [indicating means, manner, feelings] con; **I washed it ~ detergent** lo lavé con detergente; **he filled it ~ wine** lo llenó de vino; **covered ~ mud** cubierto de barro; **she was trembling ~ fear** temblaba de miedo; **'all right', she said ~ a smile** 'vale', dijo con una sonrisa - **4.** [having - gen] con; **a man ~ a beard** un hombre con barba; **the woman ~ the black hair/big dog** la señora del pelo negro/perro grande; **I'm married ~ 6 children** estoy casado con 6 hijos - **5.** [regarding] con; **he's very mean ~ money** es muy tacaño con el dinero - **6.** [indicating simultaneity]: **I can't do it ~ you watching me** no puedo hacerlo contigo ahí mirándome - **7.** [because of] con; **~ the weather as it is, we have decided to stay at home** con el tiempo como está hemos decidido quedarnos en casa; **~ my luck, I'll probably lose** con la suerte que tengo seguro que pierdo - **8.** [indicating understanding]: **are you ~ me?** ¿me sigues?; **I'm sorry, I'm not ~ you** lo siento, me he perdido - **9.** [indicating support] con; **I'm ~ Dad on this** en eso estoy con papá.

withdraw [wɪð'drɔː] (*pt* -**drew**, *pp* -**drawn**) ◇ *vt* -**1.** [gen]: **to ~ sthg (from)** retirar algo (de) - **2.** [money] sacar. ◇ *vi:* **to ~ (from/to)** retirarse (de/a); **to ~ into o.s.** encerrarse en uno mismo.

withdrawal [wɪð'drɔːəl] *n* -**1.** [gen & MIL] retirada *f* - **2.** [retraction] retractación *f* - **3.** MED (síndrome *m* de) abstinencia *f* - **4.** FIN reintegro *m.*

withdrawal symptoms *npl* síndrome *m* de abstinencia.

withdrawn [wɪð'drɔːn] ◇ *pp* ▷ **withdraw.** ◇ *adj* [shy, quiet] reservado(da).

withdrew [wɪð'druː] *pt* ▷ **withdraw.**

wither ['wɪðər] ◇ *vt* marchitar. ◇ *vi* -**1.** [dry up] marchitarse - **2.** [become weak] debilitarse, decaer.

withered ['wɪðəd] *adj* marchito(ta).

withering ['wɪðərɪŋ] *adj* [remark] mordaz; [look] fulminante.

withhold [wɪð'həʊld] (*pt* & *pp* -**held** [-'held]) *vt* [gen] retener; [consent, permission] negar.

within [wɪ'ðɪn] ◇ *prep* -**1.** [gen] dentro de; **~ reach** al alcance de la mano; **~ sight of** a la vista de - **2.** [less than - distance] a menos de; [- time] en menos de; **it's ~ walking distance** se puede ir andando; **he was ~ five seconds of the leader** estaba a cinco segundos del líder; **~ the next six months** en los próximos seis meses; **it arrived ~ a week** llegó en menos de una semana. ◇ *adv* dentro.

without [wɪ'ðaʊt] ◇ *prep* sin; **~ sthg/doing sthg** sin algo/hacer algo; **~ making any mis-**

takes sin cometer ningún error; **it happened ~ my realizing** pasó sin que me diera cuenta. ⬦ *adv* : **to go** OR **do ~ sthg** pasar sin algo.

withstand [wɪð'stændl (*pt* & *pp* **-stood** [-'stʊdl) *vt* resistir, aguantar.

witness ['wɪtnɪs] ⬦ *n* **-1.** [person] testigo *m* OR *f*; **to be ~ to sthg** ser testigo de algo **-2.** [testimony]: **to bear ~ to sthg** atestiguar algo, dar fe de algo. ⬦ *vt* **-1.** [see] presenciar **-2.** [countersign] firmar (como testigo).

witness box UK, **witness stand** US *n* tribuna *f* (de los testigos).

witter ['wɪtə'] *vi* UK *inf pej*: **to ~ (on)** parlotear.

witticism ['wɪtɪsɪzml *n* agudeza *f*, ocurrencia *f*.

witty ['wɪtɪ] (*compar* **-ier**, *superl* **-iest**) *adj* ingenioso(sa), ocurrente.

wives [waɪvz] *pl* ⬥ **wife**.

wizard ['wɪzəd] *n* **-1.** [magician] mago *m* (*en cuentos*) **-2.** [skilled person] genio *m*.

wizened ['wɪznd] *adj* marchito(ta).

wk (*abbr of* **week**) sem.

WO *n abbr of* **warrant officer**.

wobble ['wɒbl] *vi* [gen] tambalearse; [furniture] bambolearse, cojear; [legs] temblar.

wobbly ['wɒblɪ] (*compar* **-ier**, *superl* **-iest**) *adj inf* [jelly, flesh] bamboleante; [handwriting, legs] tembloroso(sa); [furniture] cojo(ja).

woe [wəʊ] *n literary* aflicción *f*, pesar *m*.
⬥ **woes** *npl literary or hum* males *mpl*, penas *fpl*.

wok [wɒk] *n sartén abombada y profunda con dos asas y sin mango*.

woke [wəʊk] *pt* ⬥ **wake**.

woken ['wəʊkn] *pp* ⬥ **wake**.

wolf [wʊlf] (*pl* **wolves**) *n* ZOOL lobo *m*.
⬥ **wolf down** *vt sep inf* zamparse, devorar.

wolf whistle *n* silbido *m* (*piropo*).

wolves ['wʊlvz] *pl* ⬥ **wolf**.

woman ['wʊmən] (*pl* **women**) ⬦ *n* **-1.** [female] mujer *f* **-2.** [womanhood] la mujer. ⬦ *comp*: **~ doctor** médica *f*; **~ prime minister** primera ministra *f*.

womanhood ['wʊmənhʊd] (*U*) *n* **-1.** [adult life] edad *f* adulta (de mujer) **-2.** [all women] la mujer.

womanize, -ise ['wʊmənaɪz] *vi pej* ser un mujeriego.

womanly ['wʊmənlɪ] *adj* femenino(na).

womb [wuːm] *n* matriz *f*, útero *m*.

wombat ['wɒmbæt] *n tipo de oso marsupial*.

women ['wɪmɪn] *pl* ⬥ **woman**.

women's group *n* grupo *m* feminista.

Women's Institute *n* UK: **the ~** *organización cultural para mujeres*.

women's lib [-'lɪb] *n* liberación *f* de la mujer.

women's liberation *n* liberación *f* de la mujer.

won [wʌn] *pt* & *pp* ⬥ **win**.

wonder ['wʌndə'] ⬦ *n* **-1.** [amazement] asombro *m*, admiración *f* **-2.** [cause for surprise]: **it's a ~ (that)** ... es un milagro que ...; **no** OR **little** OR **small ~** ... no es de extrañar que ... **-3.** [amazing thing, person] maravilla *f*; **to work** OR **do ~s** hacer maravillas OR milagros. ⬦ *vt* **-1.** [speculate]: **to ~ (if** OR **whether)** preguntarse (si) **-2.** [in polite requests]: **I ~ if** OR **whether I could ask you a question?** ¿le importaría que le hiciera una pregunta? **-3.** [be surprised]: **I ~ (that) she hasn't left him** me pregunto cómo es que todavía no lo ha dejado. ⬦ *vi* **-1.** [speculate]: **I was only ~ing** preguntaba sólo por curiosidad; **to ~ about sthg** preguntarse por algo **-2.** *literary* [be amazed]: **to ~ at sthg** quedarse maravillado ante algo.

wonderful ['wʌndəfʊl] *adj* maravilloso(sa), estupendo(da).

wonderfully ['wʌndəfʊlɪ] *adv* **-1.** [very well] estupendamente **-2.** [very] extremadamente.

wonderland ['wʌndəlænd] *n* mundo *m* maravilloso.

wonky ['wɒŋkɪ] (*compar* **-ier**, *superl* **-iest**) *adj* UK *inf* [table, chair etc] cojo(ja); [picture, tie etc] torcido(da).

wont [wəʊnt] ⬦ *adj*: **to be ~ to do sthg** ser dado(da) a hacer algo, soler hacer algo. ⬦ *n dated or literary*: **as is his/her** etc **~** como de costumbre.

won't [wəʊnt] = **will not**.

woo [wuː] *vt* **-1.** *literary* [court] cortejar **-2.** [try to win over] granjearse el apoyo de.

wood [wʊd] ⬦ *n* **-1.** [timber] madera *f*; [for fire] leña *f*; **touch ~!** ¡toquemos madera! **-2.** [group of trees] bosque *m*; **I can't see the ~ for the trees** UK no dejan ver el bosque **-3.** GOLF (palo *m* de) madera *f*. ⬦ *comp* de madera.
⬥ **woods** *npl* bosque *m*.

wooded ['wʊdɪd] *adj* arbolado(da).

wooden ['wʊdn] *adj* **-1.** [of wood] de madera **-2.** *pej* [actor] envarado(da).

woodland ['wʊdlənd] *n* bosque *m*.

woodpecker ['wʊd,pekə'] *n* pájaro *m* carpintero.

wood pigeon *n* paloma *f* torcaz.

woodshed ['wʊdʃed] *n* leñera *f*.

woodwind ['wʊdwɪnd] *n*: **the ~** los instrumentos de viento de madera.

woodwork ['wʊdwɜːk] *n* carpintería *f*.

woodworm ['wʊdwɜːm] *n* carcoma *f*.

woof [wuːf] *n* ladrido *m*; **~!** ¡guau!

wool [wʊl] *n* lana *f*; **to pull the ~ over sb's eyes** *inf fig* dar a alguien gato por liebre.

woollen *UK*, **woolen** *US* ['wʊlən] *adj* de lana.
→ **woollens** *npl* géneros *mpl* de lana.

woolly ['wʊlɪ] (*compar* **-ier**, *superl* **-iest**, *pl* **-ies**) ◇ *adj* **-1.** [woollen] de lana **-2.** *inf* [fuzzy, unclear] confuso(sa). ◇ *n inf* prenda *f* de lana.

woolly-headed [-'hedɪd] *adj inf pej* de ideas confusas *OR* vagas.

woozy ['wuːzɪ] (*compar* **-ier**, *superl* **-iest**) *adj inf* mareado(da).

Worcester sauce ['wʊstəʳ-] *n (U)* salsa *f* Perrins®.

Worcs (*abbr of* **Worcestershire**) *antiguo condado inglés.*

word [wɜːd] ◇ *n* **-1.** *LING* palabra *f*; **we couldn't understand a ~ he said** no entendí ni una sola palabra de lo que dijo; **~ for ~** palabra por palabra; **in other ~s** en otras palabras; **in one's own ~s** (uno) con sus propias palabras; **not in so many ~s** no con esas palabras; **in a ~** en una palabra; **too ... for ~s** de lo más ...; **by ~ of mouth** de palabra; **to put in a (good) ~ for sb** hablar en favor de alguien; **just say the ~** no tienes más que decirlo; **she doesn't mince her ~s** no tiene pelos en la lengua; **to have a ~ with sb** hablar con alguien; **to have ~s with sb** *inf* tener unas palabritas con alguien; **to have the last ~** tener la última palabra; **to put sthg into ~s** expresar algo con palabras; **to weigh one's ~s** medir (uno) sus palabras; **I couldn't get a ~ in edgeways** no pude meter baza **-2.** *(U)* [news] noticia *f*; **there is no ~ from them** no hemos tenido noticias de ellos; **~ has it that ...** se rumorea que ... **-3.** [promise] palabra *f*; **to give sb one's ~** dar (uno) su palabra a alguien; **I give you my ~** te lo prometo; **to keep/break one's ~** mantener/no cumplir la palabra de uno; **to be as good as one's ~**, **to be true to one's ~** cumplir lo prometido. ◇ *vt* redactar, expresar.

word game *n juego a base de palabras.*

wording ['wɜːdɪŋ] *n (U)* términos *mpl*, forma *f* (de expresión).

word-perfect *adj*: **to be ~** saber perfectamente el papel.

wordplay ['wɜːdpleɪ] *n (U)* juegos *mpl* de palabras.

word processing *n (U)* proceso *m* de textos.

word processor [-'prəʊsesəʳ] *n* procesador *m* de textos.

wordwrap ['wɜːdræp] *n COMPUT* salto *m* de línea automático.

wordy ['wɜːdɪ] (*compar* **-ier**, *superl* **-iest**) *adj pej* prolijo(ja).

wore [wɔːʳ] *pt* ▷ **wear.**

work [wɜːk] ◇ *n* **-1.** *(U)* [employment] trabajo *m*, empleo *m*; **to be in ~** tener trabajo; **to be out of ~** estar desempleado; **at ~** en el trabajo **-2.** [activity, tasks] trabajo *m*; **at ~** trabajando; **to have one's ~ cut out doing sthg** *OR* **to do sthg** tenerlo muy difícil para hacer algo **-3.** [of art, literature etc] obra *f*. **-4.** *phr*: **he's a nasty piece of ~** es un elemento de cuidado **-5.** [handiwork] obra *f*; **it was the ~ of a psychopath** fue obra de un psicópata. ◇ *vt* **-1.** [employees, subordinates] hacer trabajar; **she ~s herself too hard** trabaja demasiado **-2.** [machine] manejar, operar **-3.** [wood, metal, land] trabajar **-4.** [cause to become]: **to ~ o.s. into a frenzy** ponerse frenético **-5.** [force]: **to ~ one's way through** [crowd etc] abrirse camino por; **to ~ one's way up** [in career] llegar a un (alto) puesto a fuerza de trabajo. ◇ *vi* **-1.** [person]: **to ~ (on sthg)** trabajar (en algo); **he ~s as a gardener** trabaja de jardinero; **to ~ for sb** trabajar para alguien **-2.** [machine, system, idea] funcionar **-3.** [drug] surtir efecto **-4.** [have effect]: **to ~ against sb/sthg** funcionar contra alguien/algo **-5.** [become by movement]: **to ~ loose** soltarse; **to ~ free** desprenderse.
→ **works** ◇ *n* [factory] fábrica *f*. ◇ *npl* **-1.** [mechanism] mecanismo *m* **-2.** [digging, building] obras *fpl* **-3.** *inf* [everything]: **the ~s** todo completo.
→ **work off** *vt sep* [anger, frustration] desahogar.
→ **work on** *vt fus* **-1.** [pay attention to] trabajar en **-2.** [take as basis] partir de.
→ **work out** ◇ *vt sep* **-1.** [plan, schedule] elaborar **-2.** [total, amount] calcular; [answer] dar con. ◇ *vi* **-1.** [figure etc]: **to ~ out at** salir a **-2.** [turn out] resultar, resolverse **-3.** [be successful] salir bien, resultar bien **-4.** [train, exercise] entrenarse, hacer ejercicio.
→ **work up** *vt sep* **-1.** [excite]: **to ~ o.s. up into a frenzy** ponerse frenético(ca) **-2.** [generate] despertar; **I can't ~ up much enthusiasm** no consigo entusiasmarme; **to ~ up an appetite** abrir el apetito. ◇ *vi*: **to ~ up to sthg** mentalizarse para algo.

workable ['wɜːkəbl] *adj* factible, viable.

workaday ['wɜːkədeɪ] *adj pej* prosaico(ca), corriente.

workaholic [ˌwɜːkə'hɒlɪk] *n* adicto *m*, -ta *f* al trabajo.

workbench ['wɜːkbentʃ] *n* banco *m* de trabajo.

workbook ['wɜːkbʊk] *n* libro *m* de ejercicios.

workday ['wɜːkdeɪ] *n* **-1.** [day's work] jornada *f* de trabajo **-2.** [not weekend] día *m* laborable.

worked up [ˌwɜːkt-] *adj* nervioso(sa); **to get ~** alterarse.

worker ['wɜːkəᵊ] *n* [person who works] trabajador *m*, -ra *f*; [manual worker] obrero *m*, -ra *f*; **they're hard/slow ~s** trabajan duro/despacio; **a hard/fast ~** una persona que trabaja mucho/a prisa; **office ~** oficinista *mf*.

workforce ['wɜːkfɔːsl] *n* mano *f* de obra.

workhouse ['wɜːkhaʊs] *n UK* [poor house] *asilo para pobres en la época victoriana.*

working ['wɜːkɪŋ] *adj* **-1.** [in operation] funcionando **-2.** [having employment] empleado(da); **a ~ mother** una madre trabajadora **-3.** [relating to work - gen] laboral; [- clothes] de trabajo; [- day] laborable.

   ➥ **workings** *npl* mecanismo *m*.

working capital *n* **-1.** [assets minus liabilities] capital *m* líquido **-2.** [available money] capital *m* disponible.

working class *n*: **the ~** la clase obrera.

   ➥ **working-class** *adj* obrero(ra).

working day = workday.

working knowledge *n* conocimientos *mpl* básicos.

working man *n* trabajador *m*.

working model *n* maqueta *f* operativa.

working order *n*: **to be in (good) ~** funcionar (bien).

working party *n* grupo *m* de trabajo, comisión *f* investigadora.

working week *n* semana *f* laboral.

work-in-progress *n* trabajo *m* en curso.

workload ['wɜːkləʊd] *n* cantidad *f* de trabajo.

workman ['wɜːkmən] (*pl* -men [-mən]) *n* obrero *m*.

workmanship ['wɜːkmənʃɪp] *n* artesanía *f*.

workmate ['wɜːkmeɪt] *n* compañero *m*, -ra *f* de trabajo, colega *m* OR *f*.

work of art *n* *lit* & *fig* obra *f* de arte.

workout ['wɜːkaʊt] *n* ejercicios *mpl* físicos.

work permit [-ˌpɜːmɪt] *n* permiso *m* de trabajo.

workplace ['wɜːkpleɪs] *n* lugar *m* de trabajo.

workroom ['wɜːkrʊm] *n* taller *m*.

works council *n* ≃ comité *m* de empresa.

worksheet ['wɜːkʃiːt] *n* hoja *f* de trabajo.

workshop ['wɜːkʃɒp] *n* taller *m*.

workshy ['wɜːkʃaɪ] *adj UK* vago(ga), gandul(la).

workstation ['wɜːkˌsteɪʃn] *n* COMPUT estación *f* de trabajo.

work surface *n* superficie *f* de trabajo.

worktable ['wɜːkˌteɪbl] *n* mesa *f* de trabajo.

worktop ['wɜːktɒp] *n UK* mármol *m*, encimera *f*.

work-to-rule *n UK* huelga *f* de celo.

world [wɜːld] ◇ *n* mundo *m*; **the best in the ~** el mejor del mundo; **the highest mountain in the ~** la montaña más alta del mundo; **what/where/why in the ~ ...?** ¿qué/dónde/por qué demonios ...?; **all over the ~** por todo el mundo; **the ~ over** en todo el mundo; **to be dead to the ~** dormir como un tronco; **to want the best of both ~s** querer estar en misa y repicando; **to think the ~ of sb** querer a alguien con locura; **to do sb the ~ of good** venirle de maravilla a alguien; **a ~ of difference** una diferencia enorme; **to see the ~** ver mundo; **it's a small ~** el mundo es un pañuelo; **the antique ~** el mundo antiguo; **what is the ~ coming to?** ¿a dónde vamos a ir a parar?; **they are ~s apart** hay un abismo entre ellos; **to have all the time in the ~** tener todo el tiempo del mundo. ◇ *comp* mundial.

World Bank *n*: **the ~** el Banco Mundial.

world-class *adj* de primera categoría.

World Cup FTBL *n*: **the ~** el mundial (de fútbol).

world-famous *adj* famoso(sa) en el mundo entero.

worldly ['wɜːldlɪ] *adj literary* mundano(na); **~ goods** bienes *mpl* materiales.

world music *n* música *f* étnica.

world power *n* potencia *f* mundial.

World Series *n*: **the ~** *la final de la liga estadounidense de béisbol.*

WORLD SERIES

La World Series es un conjunto de hasta siete partidos de béisbol en los que se enfrentan, al final de la temporada, los campeones de las dos ligas más importantes de los Estados Unidos (la *National League* y la *American League*). Se proclama campeón el primero en obtener cuatro victorias. Éste es uno de los acontecimientos deportivos anuales de mayor importancia en los Estados Unidos; la tradición establece que sea el presidente de la nación quien lance la primera bola del encuentro.

World War I *n* la Primera Guerra Mundial.

World War II *n* la Segunda Guerra Mundial.

world-weary *adj* hastiado(da), cansado(da) de la vida.

worldwide ['wɜːldwaɪd] ◇ *adj* mundial. ◇ *adv* en todo el mundo, a escala mundial.

World Wide Web *n*: **the ~** la (World Wide) Web.

worm [wɜːm] ◇ *n* [animal] gusano *m*; [earthworm] lombriz *f* (de tierra). ◇ *vt*: **to ~ one's way into sthg** [move] lograr colarse en algo; [wheedle] lograr atraer para sí algo.

worms *npl* [parasites] lombrices *fpl*.

worm out *vt sep*: **to ~ sthg out of sb** sonsacarle algo a alguien.

worn [wɔːn] ⋄ *pp* ⊳ **wear**. ⋄ *adj* **-1.** [threadbare] gastado(da) **-2.** [tired] ajado(da).

worn-out *adj* **-1.** [old, threadbare]: **to be ~** estar ya para tirar **-2.** [tired] agotado(da).

worried ['wʌrɪd] *adj* preocupado(da); **to be ~ (sick) about** estar (muy) preocupado(da) por.

worrier ['wʌrɪəʳ] *n*: **to be a ~** preocuparse por todo.

worry ['wʌrɪ] (*pl* **-ies**, *pt* & *pp* **-ied**) ⋄ *n* preocupación *f*. ⋄ *vt* [trouble] preocupar. ⋄ *vi*: **to ~ (about)** preocuparse (por); **not to ~!** ¡no importa!

worrying ['wʌrɪŋ] *adj* preocupante.

worrywort ['wʌrɪwɔːt] *n US inf* angustias *mf inv Esp*, angustiado *m*, -da *f*.

worse [wɜːs] ⋄ *adj* peor; **to get ~** empeorar; **to get ~ and ~** ir cada vez peor; **to go from bad to ~** ir de mal en peor; **to make things ~** empeorar las cosas; **they are none the ~ for their adventure** se sienten perfectamente a pesar de su aventura. ⋄ *adv* peor; **~ off** [gen] en peor situación; [financially] peor económicamente; **you could do ~ than marry him** no harías tan mal casándote con él. ⋄ *n*: **~ was to come** lo peor estaba aún por venir; **so much the ~** tanto peor; **a change for the ~** un cambio para peor; **to take a turn for the ~** empeorar.

worsen ['wɜːsn] *vt* & *vi* empeorar.

worsening ['wɜːsnɪŋ] *adj* cada vez peor.

worship ['wɜːʃɪp] (*UK pt* & *pp* **-ped**, *cont* **-ping**, *US pt* & *pp* **-ed**, *cont* **-ing**) ⋄ *vt lit* & *fig* adorar. ⋄ *n lit* & *fig*: **~ (of)** culto *m* (a), adoración *f* (por).

◆ **Worship** *n*: **Your/Her/His Worship** su señoría; **his Worship the Mayor** el Excelentísimo Señor alcalde.

worshipper *UK*, **worshiper** *US* ['wɜːʃɪpəʳ] *n RELIG* & *fig* devoto *m*, -ta *f*.

worst [wɜːst] ⋄ *adj* peor; **the ~ thing is ...** lo peor es que ...; **~ of all** lo peor de todo. ⋄ *adv* peor; **the ~ affected area** la región más afectada. ⋄ *n*: **the ~** [thing] lo peor; [person] el peor *m*, la peor *f*; **this is communism at its ~** esto es la peor manifestación del comunismo; **to fear the ~** temer lo peor; **if the ~ comes to the ~** en último extremo; **to bring out the ~ in sb** sacar lo peor de alguien.

◆ **at (the) worst** *adv* en el peor de los casos.

worsted ['wustɪd] *n* estambre *m*.

worth [wɜːθ] ⋄ *prep* **-1.** [having the value of]: **it's**

~ £50 vale 50 libras; **how much is it ~?** ¿cuánto vale?; **it isn't ~ that much** no vale tanto **-2.** [deserving of] digno(na) de, merecedor(ra) de; **the museum is ~ visiting** OR **a visit**, **it's ~ visiting the museum** el museo merece una visita; **it's not ~ it** no vale la pena; **it's ~ a try** vale la pena intentarlo; **for what it's ~, I think that ...** por si mi opinión sirve de algo, creo que ... ⋄ *n* **-1.** [amount]: **£50,000 ~ of antiques** antigüedades por valor de 50.000 libras; **a month's ~ of groceries** provisiones para un mes **-2.** *fml* [value] valor *m*.

worthless ['wɜːθlɪs] *adj* **-1.** [object] sin valor **-2.** [person] despreciable.

worthwhile [ˌwɜːθ'waɪl] *adj* que vale la pena; [cause] noble, digno(na).

worthy ['wɜːðɪ] (*compar* **-ier**, *superl* **-iest**) *adj* **-1.** [gen] digno(na) **-2.** [good but unexciting] encomiable.

would [wʊd] *modal vb* **-1.** *(in reported speech)*: **she said she ~ come** dijo que vendría **-2.** [conditional phrases]: **if she couldn't come she ~ tell us** si no pudiera venir nos lo diría; **what ~ you do?** ¿qué harías?; **if he had known, he ~ have resigned** si lo hubiera sabido, habría dimitido **-3.** [indicating willingness]: **she ~n't go** no quiso/quería ir; **he ~ do anything for her** haría cualquier cosa por ella **-4.** *(in polite questions)*: **~ you like a drink?** ¿quieres beber algo?; **~ you mind closing the window?** ¿le importaría cerrar la ventana?; **help me shut this suitcase, ~ you?** ayúdame a cerrar esta maleta, ¿quieres? **-5.** [indicating inevitability]: **he WOULD say that, ~n't he?** hombre, era de esperar que dijera eso, ¿no? **-6.** [expressing opinions]: **I ~ have thought (that) it ~ be easy** hubiera pensado que sería fácil; **I ~ prefer ...** preferiría ...; **I ~ like ...** quisiera ..., quiero ... **-7.** [giving advice]: **I ~ report it if I were you** yo en tu lugar lo denunciaría **-8.** [indicating habit]: **he ~ smoke a cigar after dinner** solía fumar un puro después de la cena; **she ~ often complain about the neighbours** se quejaba a menudo de los vecinos **-9.** [in conjectures]: **it ~ have been around 2 o'clock** serían las dos.

would-be *adj*: **a ~ author** un aspirante a literato.

wouldn't ['wʊdnt] = **would not**.

would've ['wʊdəv] = **would have**.

wound¹ [wuːnd] ⋄ *n* herida *f*; **to lick one's ~s** compadecerse de uno mismo tras la derrota. ⋄ *vt lit* & *fig* herir.

wound² [waʊnd] *pt* & *pp* ⊳ **wind²**.

wounded ['wuːndɪd] ⋄ *adj* herido(da). ⋄ *npl*: **the ~** los heridos.

wounding ['wuːndɪŋ] *adj* hiriente.

wove [wəʊv] *pt* ▷ **weave.**

woven ['wəʊvn] *pp* ▷ **weave.**

wow [waʊ] *excl inf* ¡anda!, ¡caramba!

WP -1. *abbr of* **word processing -2.** *abbr of* **word processor.**

WPC (*abbr of* **woman police constable**) *n* (*mujer del*) *rango más bajo de la policía británica*, ≃ agente f; ~ **Roberts** agente Roberts.

wpm (*abbr of* **words per minute**) p.p.m.

WRAC [ræk] (*abbr of* **Women's Royal Army Corps**) *n sección femenina del ejército británico.*

WRAF [ræf] (*abbr of* **Women's Royal Air Force**) *n sección femenina de las fuerzas aéreas británicas.*

wrangle ['ræŋgl] ◇ *n* disputa f. ◇ *vi:* to ~ **(with sb over sthg)** discutir OR pelearse (con alguien por algo).

wrangler ['ræŋglər] *n US* vaquero *m.*

wrap [ræp] (*pt & pp* **-ped,** *cont* **-ping**) ◇ *vt* **-1.** [cover] envolver; **to** ~ **sthg in sthg** envolver algo en algo; **to** ~ **sthg around** OR **round sthg** liar algo alrededor de algo **-2.** [encircle]: **he wrapped his hands around it** lo rodeó con sus manos. ◇ *n* **-1.** [garment] echarpe *m;* **to keep sthg under** ~**s** *fig* mantener algo en secreto **-2.** *US* [food] *tipo de bocadillo servido en una torta de maíz y doblado por la mitad.*
   ➡ **wrap up** ◇ *vt sep* **-1.** [cover] envolver **-2.** *inf* [complete] cerrar, finiquitar **-3.** *US* [summarize] resumir. ◇ *vi* [put warm clothes on]: ~ **up well** OR **warmly** abrígate bien.

wrapped up [ræpt-] *adj inf:* **to be** ~ **in sthg** estar absorto(ta) en algo; **to be** ~ **in sb** estar embelesado(da) con alguien.

wrapper ['ræpər] *n* envoltorio *m.*

wrapping ['ræpɪŋ] *n* envoltorio *m.*

wrapping paper *n (U)* papel *m* de envolver.

wrath [rɒθ] *n literary* ira f, cólera f.

wreak [ri:k] *vt* causar; **to** ~ **havoc** hacer estragos; **to** ~ **revenge** OR **vengeance** tomar la revancha.

wreath [ri:θ] *n* corona f (de flores).

wreathe [ri:ð] *vt literary* cubrir, envolver.

wreck [rek] ◇ *n* **-1.** [of car, plane] restos *mpl* del siniestro; [of ship] restos del naufragio **-2.** *inf* [person] guiñapo *m;* **to look a** ~ estar hecho un trapo; **to be a nervous** ~ estar hecho(cha) un manojo de nervios. ◇ *vt* **-1.** [destroy] destrozar **-2.** *NAUT* hacer naufragar; **to be** ~**ed** naufragar **-3.** [spoil] dar al traste con; [health] acabar con.

wreckage ['rekɪdʒ] *n (U)* [of plane, car] restos *mpl;* [of building] escombros *mpl.*

wrecker ['rekər] *n US* [vehicle] camión *m* grúa.

wren [ren] *n* chochín *m.*

wrench [rentʃ] ◇ *n* **-1.** *US* [tool] llave f inglesa **-2.** [injury] torcedura f **-3.** [cause of suffering]: **it was a** ~ **to leave her** fue doloroso dejarla. ◇ *vt* **-1.** [pull violently]: **to** ~ **sthg (off)** arrancar algo; **to** ~ **sthg open** abrir algo de un tirón **-2.** [twist and injure] torcer.

wrest [rest] *vt literary:* **to** ~ **sthg from sb** arrebatarle algo a alguien.

wrestle ['resl] ◇ *vt* luchar con OR contra. ◇ *vi lit & fig:* **to** ~ **(with)** luchar (con).

wrestler ['reslər] *n* luchador *m,* -ra f.

wrestling ['reslɪŋ] *n* lucha f libre.

wretch [retʃ] *n* desgraciado *m,* -da f, infeliz *m* OR f.

wretched ['retʃɪd] *adj* **-1.** [miserable] miserable **-2.** *inf* [damned] maldito(ta).

wriggle ['rɪgl] ◇ *vt* menear. ◇ *vi* **-1.** [move about] menearse **-2.** [twist] escurrirse, deslizarse.
   ➡ **wriggle out of** *vt fus:* **to** ~ **out of sthg/ doing sthg** escaquearse de algo/de hacer algo.

wring [rɪŋ] (*pt & pp* **wrung**) *vt* **-1.** [wet clothes etc] estrujar, escurrir **-2.** *literary* [hands] retorcerse **-3.** [neck] retorcer.
   ➡ **wring out** *vt sep* estrujar, escurrir.

wringing ['rɪŋɪŋ] *adj:* ~ **(wet)** empapado(da).

wrinkle ['rɪŋkl] ◇ *n* arruga f. ◇ *vt* arrugar. ◇ *vi* arrugarse.

wrinkled ['rɪŋkld], **wrinkly** ['rɪŋklɪ] *adj* arrugado(da).

wrist [rɪst] *n* muñeca f.

wristband ['rɪstbænd] *n* [leather] correa f; [metal, plastic] brazalete *m,* pulsera f.

wristwatch ['rɪstwɒtʃ] *n* reloj *m* de pulsera.

writ [rɪt] *n* mandato *m* judicial.

write [raɪt] (*pt* **wrote,** *pp* **written**) ◇ *vt* **-1.** [gen & COMPUT] escribir; **to** ~ **sb a letter** escribirle una carta a alguien; **to** ~ **sb a cheque** extender un cheque a nombre de alguien **-2.** *US* [person] escribir a. ◇ *vi* [gen & COMPUT] escribir; **to** ~ **(to sb)** *UK* escribir (a alguien).
   ➡ **write away** *vi:* **to** ~ **away for sthg** escribir pidiendo algo.
   ➡ **write back** *vt sep & vi* contestar.
   ➡ **write down** *vt sep* apuntar.
   ➡ **write in** *vi* escribir, mandar cartas.
   ➡ **write off** ◇ *vt sep* **-1.** [plan, hopes] abandonar **-2.** [debt] cancelar, anular **-3.** [person - as failure] considerar un fracaso **-4.** *UK inf* [wreck] cargarse, destrozar. ◇ *vi:* **to** ~ **off (to sb)** escribir (a alguien); **to** ~ **off for sthg** escribir pidiendo algo.

➥ **write up** *vt sep* redactar.

write-off *n*: **the car was a** ~ el coche quedó totalmente destrozado.

write-protect COMPUT ◇ *adj* de protección contra la copia. ◇ *vt* proteger contra la copia.

writer ['raɪtəʳ] *n* **-1.** [as profession] escritor *m*, -ra *f* **-2.** [of letter, article, story] autor *m*, -ra *f.* •

write-up *n inf* reseña *f.*

writhe [raɪð] *vi* retorcerse.

writing ['raɪtɪŋ] *n* **-1.** *(U)* [handwriting] letra *f*, caligrafía *f* **-2.** [something written] escrito *m*; **to put sthg in** ~ poner algo por escrito **-3.** [activity] escritura *f.*

➥ **writings** *npl* escritos *mpl.*

writing desk *n* escritorio *m.*

writing paper *n (U)* papel *m* de carta.

written ['rɪtn] ◇ *pp* ▷ **write.** ◇ *adj* **-1.** [not oral] escrito(ta) **-2.** [official] por escrito.

WRNS (*abbr of* **Women's Royal Naval Service**) *n* sección femenina de la armada británica.

wrong [rɒŋ] ◇ *adj* **-1.** [not normal, not satisfactory] malo(la); **the clock's** ~ el reloj anda mal; **what's** ~? ¿qué pasa?, ¿qué va mal?; **there's nothing** ~ no pasa nada; **there's nothing** ~ **with me** no me pasa nada **-2.** [not suitable, not correct] equivocado(da); [moment, time] inoportuno(na); [answer] incorrecto(ta); **I got the** ~ **number** me equivoqué de número; **he has given me the** ~ **change** me ha dado el cambio equivocado; **I think we've gone the** ~ **way** creo que nos hemos equivocado de camino; **I always seem to say the** ~ **thing** parece que siempre digo lo que no debo; **to be** ~ [person] equivocarse; **to be** ~ **about sth/sb** equivocarse con respecto a algo/alguien; **to be** ~ **to do sthg** cometer un error al hacer algo **-3.** [morally bad] malo(la); **it's** ~ **to steal/lie** robar/mentir está mal; **what's** ~ **with being a communist?** ¿qué tiene de malo ser comunista? ◇ *adv* [incorrectly] mal; **to get sthg** ~ entender mal algo; **to go** ~ [make a mistake] cometer un error; [stop functioning] estropearse; [plans] salir mal; **don't get me** ~ *inf* no me malinterpretes. ◇ *n* **-1.** [evil] mal *m*; **to be in the** ~ haber hecho mal; **he can do no** ~ nada de lo que hace está mal **-2.** [injustice] injusticia *f.* ◇ *vt* ser injusto(ta) con, agraviar.

wrongdoer ['rɒŋ,duːəʳ] *n* malhechor *m*, -ra *f.*

wrong-foot *vt UK lit, fig* coger a contrapié a.

wrongful ['rɒŋfʊl] *adj* [dismissal] improcedente; [arrest, imprisonment] ilegal.

wrongly ['rɒŋlɪ] *adv* equivocadamente.

wrote [rəʊt] *pt* ▷ **write.**

wrought iron [rɔːt-] *n* hierro *m* forjado.

wrung [rʌŋ] *pt & pp* ▷ **wring.**

WRVS (*abbr of* **Women's Royal Voluntary Service**) *n* organización británica de mujeres que ayudan voluntariamente a los necesitados y en emergencias.

wry [raɪ] *adj* [amused] irónico(ca).

wt. *abbr of* **weight.**

WWW (*abbr of* **World Wide Web**) *n* WWW *f.*

WYSIWYG ['wɪzɪwɪg] (*abbr of* **what you see is what you get**) *n* COMPUT lo que se ve en la pantalla es lo que aparece en la impresión.

x (*pl* **x's** OR **xs**), **X** (*pl* **X's** OR **Xs**) [eks] *n* **-1.** [letter] x *f inv*, X *f inv* **-2.** [unknown quantity] equis *f inv*; ~ **number of ...** un número equis de ... **-3.** [in algebra, to mark spot] x *f* **-4.** [at end of letter] besos.

➥ **X** *n* [unknown name]: **Mr** ~ el señor X.

xenophobia [,zenə'fəʊbjəl] *n* xenofobia *f.*

Xmas ['eksməs] *n* Navidad *f.*

X-ray ◇ *n* **-1.** [ray] rayo *m* X **-2.** [picture] radiografía *f*; **to have a chest** ~ hacerse una radiografía. ◇ *vt* examinar con rayos X, radiografiar.

xylophone ['zaɪləfəʊn] *n* xilofón *m.*

y (*pl* **y's** OR **ys**), **Y** (*pl* **Y's** OR **Ys**) [waɪ] *n* [letter] y *f*, Y *f.*

yacht [jɒt] *n* yate *m*; [for racing] balandro *m.*

yachting ['jɒtɪŋ] *n* balandrismo *m.*

yachtsman ['jɒtsmən] (*pl* **-men** [-mən]) *n*

balandrista m.

yachtswoman ['jɒts,wʊmən] (pl **-women** [-,wɪmɪn]) n balandrista f.

yak [jæk] n yak m.

Yale lock® [jeɪl-] n cerradura f de molinillo.

yam [jæm] n -1. boniato m -2. US [sweet potato] batata f.

yank [jæŋk] vt dar un tirón a.

Yank [jæŋk] n inf pej [estadounidense] yanqui m OR f.

Yankee ['jæŋkɪ] n US término usado para designar a una persona del noreste de los EEUU.

yap [jæp] (pt & pp **-ped**, cont **-ping**) vi -1. [dog] ladrar -2. pej [person] parlotear, cotorrear.

yard [jɑːd] n -1. [unit of measurement] = 91,44 cm, yarda f -2. [walled area] patio m -3. [shipyard] astillero m; builder's/goods ~ depósito m de materiales/de mercancías -4. US [attached to house] jardín m.

yardstick ['jɑːdstɪk] n criterio m, pauta f.

yarn [jɑːn] n -1. [thread] hilo m, hilaza f -2. inf [story]: to spin sb a ~ contarle una batallita OR un cuento chino a alguien.

yashmak ['jæʃmæk] n velo m (de musulmana).

yawn [jɔːn] ◇ n -1. [when tired] bostezo m -2. UK inf [boring event] rollo m. ◇ vi -1. [when tired] bostezar -2. [gap, chasm] abrirse.

yd abbr of yard.

yeah [jeə] adv inf sí.

year [jɪəʳ] n -1. [gen] año m; ~ in, ~ out año tras año; he's 25 ~s old tiene 25 años; all (the) ~ round todo el año; over the ~s con los años -2. SCH curso m; he's in (his) first ~ está en primero.
◈ **years** npl [ages] años mpl; it's ~s since I last saw you hace siglos que no te veo.

yearbook ['jɪəbʊk] n anuario m.

yearling ['jɪəlɪŋ] n potro m menor de dos años.

yearly ['jɪəlɪ] ◇ adj anual. ◇ adv -1. [once a year] una vez al año -2. [every year] cada año.

yearn [jɜːn] vi: to ~ for sthg/to do sthg ansiar algo/hacer algo.

yearning ['jɜːnɪŋ] n: ~ (for sb/sthg) anhelo m (de alguien/algo).

yeast [jiːst] n levadura f.

yell [jel] ◇ n grito m, alarido m. ◇ vt & vi vociferar.

yellow ['jeləʊ] ◇ adj -1. [in colour] amarillo(lla) -2. [cowardly] cobarde. ◇ n amarillo m. ◇ vi ponerse amarillo(lla), amarillear.

yellow card n FTBL tarjeta f amarilla.

yellow fever n fiebre f amarilla.

yellow lines n líneas fpl amarillas (de tráfico).

Yellow Pages® npl: the ~ las páginas amarillas.

yelp [jelp] ◇ n aullido m. ◇ vi aullar.

Yemen ['jemən] n Yemen.

Yemeni ['jemənɪ] ◇ adj yemení. ◇ n yemení m OR f.

yen [jen] (pl sense 1 inv) n -1. [Japanese currency] yen m -2. [longing]: to have a ~ for sthg/to do sthg tener muchas ganas de algo/de hacer algo.

yes [jes] ◇ adv sí; ~, please sí, por favor; to say ~ decir que sí; to say ~ to sthg consentir algo; does he speak English? – ~, he does ¿habla inglés? – sí; he doesn't speak English – ~ he does! no habla inglés – sí, sí que habla. ◇ n sí m.

yes-man n pej pelotillero m.

yesterday ['jestədɪ] ◇ n ayer m. ◇ adv ayer; ~ afternoon ayer por la tarde; the day before ~ antes de ayer, anteayer.

yet [jet] ◇ adv -1. [gen] todavía, aún; have you had lunch ~? ¿has comido ya?; their worst defeat ~ la mayor derrota que han sufrido hasta la fecha; as ~ de momento, hasta ahora; not ~ todavía OR aún no -2. [even]: ~ another car otro coche más; ~ again otra vez más; ~ more aún más. ◇ conj pero, sin embargo.

yew [juː] n tejo m.

Y-fronts npl UK eslip m.

YHA (abbr of Youth Hostels Association) n asociación internacional de albergues juveniles.

Yiddish ['jɪdɪʃ] ◇ adj yídish (inv). ◇ n yídish m.

yield [jiːld] ◇ n -1. AGR cosecha f -2. FIN rédito m. ◇ vt -1. [gen] producir, dar -2. [give up] ceder. ◇ vi -1. [shelf, lock etc] ceder -2. fml [person, enemy] rendirse; to ~ to sb/sthg claudicar ante alguien/algo -3. US AUT [give way]: '~' 'ceda el paso'.

yippee [UK jɪˈpiː, US ˈjɪpɪ] excl ¡yupi!

YMCA (*abbr of* **Young Men's Christian Association**) *n* asociación internacional de jóvenes cristianos.

yob(bo) ['jɒb(əʊ)] *n UK inf* gamberro *m*.

yodel ['jəʊdl] (*UK pt* & *pp* -led, *cont* -ling, *US pt* & *pp* -ed, *cont* -ing) *vi* cantar a la tirolesa.

yoga ['jəʊgə] *n* yoga *m*.

yoghourt, yoghurt, yogurt [*UK* 'jɒgət, *US* 'jəʊgərt] *n* yogur *m*.

yoke [jəʊk] *n lit* & *fig* yugo *m*.

yokel ['jəʊkl] *n pej* palurdo *m*, -da *f*, paleto *m*, -ta *f*.

yolk [jəʊk] *n* yema *f*.

yonder ['jɒndə^r] *adv literary* acullá.

Yorks. [jɔːks] (*abbr of* **Yorkshire**) *condado inglés*.

Yorkshire pudding ['jɔːkʃə^r-] *n* masa horneada hecha de harina, huevos y leche que se sirve tradicionalmente con el rosbif.

Yorkshire terrier ['jɔːkʃə^r-] *n* Yorkshire terrier *m*.

you [juː] *pers pron* -**1.** (*subject - sg*) tú, vos (+ *pl vb*) *esp CAm* & *RP*; (- *formal use*) usted; (- *pl*) vosotros *mpl*, -tras *fpl Esp*; (- *formal use*) ustedes (*pl*); ~ **'re a good cook** eres/usted es un buen cocinero; **are** ~ **French?** ¿eres/es usted francés?; ~ **idiot!** ¡imbécil!; **there** ~ **are** [you've appeared] ¡ya estás/está usted aquí!; [have this] ahí tienes/tiene; **that jacket isn't really** ~ esa chaqueta no te/le pega -**2.** (*direct object - unstressed - sg*) te; (- *pl*) os *OR* los/las *Amér*; (- *formal use*) le *m OR* lo *Amér*, la *f*; (- *pl*) les *mpl OR* los *Amér*, las *fpl*; **I can see** ~ te/os *OR* los/las *Amér* veo; **yes, Madam, I understand** ~ sí, señora, la comprendo -**3.** (*direct object - stressed*): **I don't expect YOU to do it** no te voy a pedir que TÚ lo hagas -**4.** (*indirect object - sg*) te; (- *pl*) os *OR* los *Amér*; (- *formal use*) le; (- *pl*) les; **she gave it to** ~ te/os *OR* se *Amér* lo dio; **can I get** ~ **a chair, sir?** ¿le traigo una silla, señor? -**5.** (*after prep, in comparisons etc - sg*) ti *OR* vos *esp CAm, RP*; (- *pl*) vosotros *mpl*, -tras *fpl OR* ustedes *Amér*; (- *formal use*) usted; (- *pl*) ustedes; **we shall go with/without** ~ iremos contigo/sin ti *OR* vos *esp CAm, RP*, iremos con/sin vosotros *OR* ustedes *Amér* (- *pl*); **I'm shorter than** ~ soy más bajo que tú *OR* vos *esp CAm, RP*/vosotros *OR* ustedes *Amér* -**6.** [anyone, one] uno; ~ **wouldn't have thought so** uno no lo habría pensado; **exercise is good for** ~ el ejercicio es bueno.

you'd [juːd] = **you had, you would**.

you'll [juːl] = **you will**.

young [jʌŋ] <> *adj* [not old] joven; **his** ~**er sister** su hermana pequeña; **I'm** ~**er than her** soy más joven que ella; **I'm 2 years** ~**er than her** soy dos años menor que ella; **the** ~**er genera-**

tion la generación más joven. <> *npl* -**1.** [young people]: **the** ~ los jóvenes -**2.** [baby animals] crías *fpl*.

youngish ['jʌŋɪʃ] *adj* bastante joven.

young man *n* joven *m*.

youngster ['jʌŋstə^r] *n* joven *m OR f*, chico *m*, -ca *f*.

young woman *n* (mujer *f*) joven *f*.

your [jɔː^r] *poss adj* -**1.** (*everyday use - referring to one person*) tu; (- *referring to more than one person*) vuestro(tra); ~ **dog** tu/vuestro perro; ~ **children** tus/vuestros niños; **what's** ~ **name?** ¿cómo te llamas?; **it wasn't YOUR fault** no fue culpa tuya/vuestra; **you didn't wash** ~ **hair** no te lavaste/os lavasteis el pelo -**2.** (*formal use*) su; **what are** ~ **names?** ¿cuáles son sus nombres? -**3.** (*impersonal - one's*): ~ **attitude changes as you get older** la actitud de uno cambia con la vejez; **it's good for** ~ **teeth/hair** es bueno para los dientes/el pelo; ~ **average Englishman** el inglés medio.

you're [jɔː^r] = **you are**.

yours [jɔːz] *poss pron* -**1.** (*everyday use - referring to one person*) tuyo (tuya); (- *referring to more than one person*) vuestro (vuestra); **that money is** ~ ese dinero es tuyo/vuestro; **those keys are** ~ esas llaves son tuyas/vuestras; **my car hit** ~ mi coche chocó contra el tuyo/el vuestro; **it wasn't her fault, it was YOURS** no fue culpa de ella sino TUYA/VUESTRA; **a friend of** ~ un amigo tuyo/vuestro -**2.** (*formal use*) suyo (suya).

➡ **Yours** *adv* [in letter] un saludo; *see also* **faithfully, sincerely** *etc*.

yourself [jɔː'self] (*pl* -**selves** [-'selvz]) *pron* -**1.** (*as reflexive - sg*) te; (- *pl*) os; (- *formal use*) se; **did you hurt** ~**?** ¿te hiciste/se hizo daño? -**2.** (*after prep - sg*) ti mismo (ti misma); (- *pl*) vosotros mismos (vosotras mismas); (- *formal use*) usted mismo (usted misma); **with** ~ contigo mismo/misma -**3.** (*for emphasis*): **you** ~ tú mismo (tú misma); (*formal use*) usted mismo(ma); **you yourselves** vosotros mismos (vosotras mismas); (*formal use*) ustedes mismos(mas) -**4.** [without help] solo(la); **did you do it (by)** ~**?** ¿lo hiciste solo?

youth [juːθ] *n* -**1.** [gen] juventud *f*; **in his** ~ en su juventud -**2.** [boy, young man] joven *m*.

youth club *n* club *m* juvenil.

youthful ['juːθfʊl] *adj* juvenil.

youthfulness ['juːθfʊlnɪs] *n* juventud *f*.

youth hostel *n* albergue *m* juvenil.

youth hostelling [-'hɒstəlɪŋ] *n UK*: **to go** ~ ir de vacaciones durmiendo en albergues juveniles.

you've [juːv] = **you have**.

yowl [jaʊl] ⬦ *n* aullido *m*. ⬦ *vi* aullar.

yo-yo [ˈjəʊjəʊ] *n* yoyó *m*.

yr *abbr of* **year**.

YTS (*abbr of* **Youth Training Scheme**) *n programa gubernamental de promoción del empleo juvenil en Gran Bretaña*.

Yucatan [ˌjʌkəˈtɑːn] *n* Yucatán.

yuck [jʌk] *excl inf* ¡puaj!

Yugoslav = **Yugoslavian**.

Yugoslavia [ˌjuːgəˈslɑːvɪə] *n* Yugoslavia.

Yugoslavian [ˌjuːgəˈslɑːvɪən], **Yugoslav** [ˌjuːgəˈslɑːv] ⬦ *adj* yugoslavo(va). ⬦ *n* yugoslavo *m*, -va *f*.

yuletide [ˈjuːltaɪd] *n (U) literary* Navidad *f*.

yummy [ˈjʌmɪ] (*compar* -**ier**, *superl* -**iest**) *adj inf* riquísimo(ma), para chuparse los dedos.

yuppie, yuppy [ˈjʌpɪ] (*pl* -**ies**) (*abbr of* **young urban professional**) *n* yuppy *m* or *f*.

YWCA (*abbr of* **Young Women's Christian Association**) *n asociación internacional de jóvenes cristianas*.

Z

z (*pl* **z's** or **zs**), **Z** (*pl* **Z's** or **Zs**) [*UK* zed, *US* ziː] *n* [letter] z *f*, Z *f*.

Zaïre [zɑːˈɪəˀ] *n* (el) Zaire.

Zambia [ˈzæmbɪə] *n* Zambia.

Zambian [ˈzæmbɪən] ⬦ *adj* zambiano(na). ⬦ *n* zambiano *m*, -na *f*.

zany [ˈzeɪnɪ] (*compar* -**ier**, *superl* -**iest**) *adj inf* [humour, trick] disparatado(da); [person] loco(ca).

zap [zæp] (*pt & pp* -**ped**, *cont* -**ping**) *inf vt* [kill] cargarse, matar.

zeal [ziːl] *n fml* celo *m*.

zealot [ˈzelət] *n fml* fanático *m*, -ca *f*.

zealous [ˈzeləs] *adj fml* entusiasta, infatigable.

zebra [*UK* ˈzebrə, *US* ˈziːbrə] (*pl inv* or -**s**) *n* cebra *f*.

zebra crossing *n UK* paso *m* cebra.

zenith [*UK* ˈzenɪθ, *US* ˈziːnəθ] *n ASTRON & fig* cenit *m*.

zeppelin [ˈzepəlɪn] *n* zepelín *m*.

zero [*UK* ˈzɪərəʊ, *US* ˈziːrəʊ] (*pl inv* or -**es**) ⬦ *adj* cero (*inv*), nulo(la). ⬦ *n* cero *m*; **below** ~ bajo cero.

➤ **zero in on** *vt fus* -**1.** [subj: weapon] apuntar a -**2.** [subj: person] centrarse en.

zero-rated [-ˌreɪtɪd] *adj UK* sin IVA.

zest [zest] *n* (*U*) -**1.** [enthusiasm] entusiasmo *m*; her ~ **for life** su entusiasmo por vivir -**2.** [of orange, lemon] cáscara *f*.

zigzag [ˈzɪgzæg] (*pt & pp* -**ged**, *cont* -**ging**) ⬦ *n* zigzag *m*. ⬦ *vi* zigzaguear.

zilch [zɪltʃ] *n US inf* -**1.** [zero] cerapio -**2.** [nothing] na', nada.

Zimbabwe [zɪmˈbɑːbwɪ] *n* Zimbabue.

Zimbabwean [zɪmˈbɑːbwɪən] ⬦ *adj* zimbabuense. ⬦ *n* zimbabuense *m* or *f*.

Zimmer frame® [ˈzɪməˀ-] *n* andador *m* ortopédico.

zinc [zɪŋk] *n* cinc *m*, zinc *m*.

Zionism [ˈzaɪənɪzml] *n* sionismo *m*.

Zionist [ˈzaɪənɪst] ⬦ *adj* sionista. ⬦ *n* sionista *m* or *f*.

zip [zɪp] (*pt & pp* -**ped**, *cont* -**ping**) ⬦ *n* -**1.** *UK* [fastener] cremallera *f*, cierre *m* **Amér**, zíper *m* **CAm, Méx, Ven**, cierre *m* relámpago **CSur, Perú** or eclair **Chile** -**2.** *COMPUT* comprimir. ⬦ *vt* cerrar con cremallera or con cierre **Amér** or con zíper **CAm, Méx, Ven**. ⬦ *vi*: **he zipped round the city in half an hour** dio la vuelta a la ciudad tan sólo en media hora.

➤ **zip up** *vt sep* cerrar la cremallera or el cierre **Amér** or zíper **CAm, Méx, Ven** de.

zip code *n US* código *m* postal.

Zip disk® *n COMPUT* disco *m* Zip®.

Zip drive® *n COMPUT* unidad *f* Zip®.

zip fastener *UK* = **zip**.

zipper [ˈzɪpəˀ] *US* = **zip**.

zit [zɪt] *n esp US inf* grano *m*.

zither [ˈzɪðəˀ] *n* cítara *f*.

zodiac [ˈzəʊdɪæk] *n*: **the** ~ el zodiaco; **sign of the** ~ signo del zodiaco.

zombie [ˈzɒmbɪ] *n lit & fig* zombi *m* or *f*.

zone [zəʊn] *n* zona *f*.

zoo [zuː] *n* zoo *m*.

zoological [ˌzəʊəˈlɒdʒɪkl] *adj* zoológico(ca).

zoologist [zəʊˈɒlədʒɪst] *n* zoólogo *m*, -ga *f*.

zoology [zəʊˈɒlədʒɪ] *n* zoología *f*.

zoom [zuːm] *vi inf* [move quickly]: **to** ~ **past** pasar zumbando.

➤ **zoom in** *vi*: **to** ~ **in (on)** enfocar en primer plano (a).

➤ **zoom off** *vi inf* salir zumbando.

zoom lens *n* zoom *m*.

zucchini [zuːˈkiːnɪl] (*pl inv*) *n US* calabacín *m*, calabacita *f* **Méx**, zapallito *m* (italiano) **CSur**.

Zulu [ˈzuːluː] ⬦ *adj* zulú. ⬦ *n* -**1.** [person] zulú *m* or *f* -**2.** [language] zulú *m*.

Zürich [ˈzjʊərɪk] *n* Zúrich.

CONJUGACIÓN DE LOS VERBOS ESPAÑOLES
VERBOS IRREGULARES INGLESES

SPANISH VERBS
ENGLISH IRREGULAR VERBS

	1 amar	2 temer	3 partir
pres. de indicativo	amo ama amamos	temo teme tememos	parto parte partimos
pret. imperfecto	amaba amábamos	temía temíamos	partía partíamos
pret. indefinido	amé amó amamos amaron	temí temió temimos temieron	partí partió partimos partieron
fut. de ind.	amaré amará amaremos	temeré temerá temeremos	partiré partirá partiremos
condicional	amaría amaríamos	temería temeríamos	partiría partiríamos
pres. de subj.	ame amemos	tema temamos	parta partamos
imperfecto de subj.	amara, amase amáramos, amásemos	temiera, temiese temiéramos, temiésemos	partiera, partiese partiéramos, partiésemos
imperativo	ama (tú), ame (él, ella, usted) amemos (nosotros) amad (vosotros) amen (ellos, ellas, ustedes)	teme (tú) tema (él, ella, usted) temamos (nosotros) temed (vosotros) teman (ellos, ellas, ustedes)	parte (tú) parta (él, ella, usted) partamos (nosotros) partid (vosotros) partan (ellos, ellas, ustedes)
gerundio, participio	amando, amado	temiendo, temido	partiendo, partido

	4 haber	5 ser
presente de indicativo	he ha hemos	soy es somos
preterito imperfecto	había habíamos	era éramos
preterito indefinido	hube hubo hubimos hubieron	fui fue fuimos fueron
futur de indicativo	habré habrá habremos	seré será seremos
condicional	habría habríamos	sería seríamos
presente de subjuntivo	haya hayamos	sea seamos
imperfecto de subjuntivo	hubiera, hubiese hubiéramos, hubiésemos	fuera, fuese fuéramos, fuésemos
imperativo	he (tú) haya (él, ella, usted) hayamos (nosotros) habed (vosotros) hayan (ellos, ellas, ustedes)	sé (tú) sea (él, ella, usted) seamos (nosotros) sed (vosotros) sean (ellos, ellas, ustedes)
gerundio, participio	habiendo, habido	siendo, sido

	6 actuar	7 adecuar
presente de indicativo	actúo actúa actuamos	adecuo adecua adecuamos
preterito imperfecto	actuaba actuábamos	adecuaba adecuábamos
preterito indefinido	actué actuó actuamos actuaron	adecué adecuó adecuamos adecuaron
futuro de indicativo	actuaré actuará actuaremos	adecuaré adecuará adecuaremos
condicional	actuaría actuaríamos	adecuaría adecuaríamos
presente de subjuntivo	actúe actuemos	adecue adecuemos
imperfecto de subjuntivo	actuara, actuase actuáramos, actuásemos	adecuara, adecuase adecuáramos, adecuásemos
imperativo	actúa (tú) actúe (él, ella, usted) actuemos (nosotros) actuad (vosotros) actúen (ellos, ellas, ustedes)	adecua (tú) adecue (él, ella, usted) adecuemos (nosotros) adecuad (vosotros) adecuen (ellos, ellas, ustedes)
gerundio, participio	actuando, actuado	adecuando, adecuado

	8 cambiar	9 guiar
presente de indicativo	cambio cambia cambiamos	guío guía guiamos
preterito imperfecto	cambiaba cambiábamos	guiaba guiábamos
preterito indefinido	cambié cambió cambiamos cambiaron	guié guió guiamos guiaron
futuro de indicativo	cambiaré cambiará cambiaremos	guiaré guiará guiaremos
condicional	cambiaría cambiaríamos	guiaría guiaríamos
presente de subjuntivo	cambie cambiemos	guíe guiemos
imperfecto de subjuntivo	cambiara, cambiase cambiáramos, cambiásemos	guiara, guiase guiáramos, guiásemos
imperativo	cambia (tú) cambie (él, ella, usted) cambiemos (nosotros) cambiad (vosotros) cambien (ellos, ellas, ustedes)	guía (tú) guíe (él, ella, usted) guiemos (nosotros) guiad (vosotros) guíen (ellos, ellas, ustedes)
gerundio, participio	cambiando, cambiado	guiando, guiado

	10 sacar	11 mecer
presente de indicativo	saco	mezo
	saca	mece
	sacamos	mecemos
preterito imperfecto	sacaba	mecía
	sacábamos	mecíamos
preterito indefinido	saqué	mecí
	sacó	meció
	sacamos	mecimos
	sacaron	mecieron
futuro de indicativo	sacaré	meceré
	sacará	mecerá
	sacaremos	meceremos
condicional	sacaría	mecería
	sacaríamos	meceríamos
presente de subjuntivo	saque	meza
	saquemos	mezamos
imperfecto de subjuntivo	sacara, sacase	meciera, meciese
	sacáramos, sacásemos	meciéramos, meciésemos
imperativo	saca (tú)	mece (tú)
	saque (él, ella, usted)	meza (él, ella, usted)
	saquemos (nosotros)	mezamos (nosotros)
	sacad (vosotros)	meced (vosotros)
	saquen (ellos, ellas, ustedes)	mezan (ellos, ellas, ustedes)
gerundio, participio	sacando, sacado	meciendo, mecido

	12 zurcir	13 cazar
presente de indicativo	zurzo	cazo
	zurce	caza
	zurcimos	cazamos
preterito imperfecto	zurcía	cazaba
	zurcíamos	cazábamos
preterito indefinido	zurcí	cacé
	zurció	cazó
	zurcimos	cazamos
	zurcieron	cazaron
futuro de indicativo	zurciré	cazaré
	zurcirá	cazará
	zurciremos	cazaremos
condicional	zurciría	cazaría
	zurciríamos	cazaríamos
presente de subjuntivo	zurza	cace
	zurzamos	cacemos
imperfecto de subjuntivo	zurciera, zurciese	cazara, cazase
	zurciéramos, zurciésemos	cazáramos, cazásemos
imperativo	zurce (tú)	caza (tú)
	zurza (él, ella, usted)	cace (él, ella, usted)
	zurzamos (nosotros)	cacemos (nosotros)
	zurcid (vosotros)	cazad (vosotros)
	zurzan (ellos, ellas, ustedes)	cacen (ellos, ellas, ustedes)
gerundio, participio	zurciendo, zurcido	cazando, cazado

	14 proteger	15 dirigir
presente de indicativo	protejo protege protegemos	dirijo dirige dirigimos
preterito imperfecto	protegía protegíamos	dirigía dirigíamos
preterito indefinido	protegí protegió protegimos protegieron	dirigí dirigió dirigimos dirigieron
futuro de indicativo	protegeré protegerá protegeremos	dirigiré dirigirá dirigiremos
condicional	protegería protegeríamos	dirigiría dirigiríamos
presente de subjuntivo	proteja protejamos	dirija dirijamos
imperfecto de subjuntivo	protegiera, protegiese protegiéramos, protegiésemos	dirigiera, dirigiese dirigiéramos, dirigiésemos
imperativo	protege (tú) proteja (él, ella, usted) protejamos (nosotros) proteged (vosotros) protejan (ellos, ellas, ustedes)	dirige (tú) dirija (él, ella, usted) dirijamos (nosotros) dirigid (vosotros) dirijan (ellos, ellas, ustedes)
gerundio, participio	protegiendo, protegido	dirigiendo, dirigido

	16 llegar	17 distinguir
presente de indicativo	llego llega llegamos	distingo distingue distinguimos
preterito imperfecto	llegaba llegábamos	distinguía distinguíamos
preterito indefinido	llegué llegó llegamos llegaron	distinguí distinguió distinguimos distinguieron
futuro de indicativo	llegaré llegará llegaremos	distinguiré distinguirá distinguiremos
condicional	llegaría llegaríamos	distinguiría distinguiríamos
presente de subjuntivo	llegue lleguemos	distinga distingamos
imperfecto de subjuntivo	llegara, llegase llegáramos, llegásemos	distinguiera, distinguiese distinguiéramos, distinguiésemos
imperativo	llega (tú) llegue (él, ella, usted) lleguemos (nosotros) llegad (vosotros) lleguen (ellos, ellas, ustedes)	distingue (tú) distinga (él, ella, usted) distingamos (nosotros) distinguid (vosotros) distingan (ellos, ellas, ustedes)
gerundio, participio	llegando, llegado	distinguiendo, distinguido

	18 delinquir	19 acertar
presente de indicativo	delinco delinque delinquimos	acierto acierta acertamos
preterito imperfecto	delinquía delinquíamos	acertaba acertábamos
preterito indefinido	delinquí delinquió delinquimos delinquieron	acerté acertó acertamos acertaron
futuro de indicativo	delinquiré delinquirá delinquiremos	acertaré acertará acertaremos
condicional	delinquiría delinquiríamos	acertaría acertaríamos
presente de subjuntivo	delinca delincamos	acierte acertemos
imperfecto de subjuntivo	delinquiera, delinquiese delinquiéramos, delinquiésemos	acertara, acertase acertáramos, acertásemos
imperativo	delinque (tú) delinca (él, ella, usted) delincamos (nosotros) delinquid (vosotros) delincan (ellos, ellas, ustedes)	acierta (tú) acierte (él, ella, usted) acertemos (nosotros) acertad (vosotros) acierten (ellos, ellas, ustedes)
gerundio, participio	delinquiendo, delinquido	acertando, acertado

	20 tender	21 discernir
presente de indicativo	tiendo tiende tendemos	discierno discierne discernimos
preterito imperfecto	tendía tendíamos	discernía discerníamos
preterito indefinido	tendí tendió tendimos tendieron	discerní discernió discernimos discernieron
futuro de indicativo	tenderé tenderá tenderemos	discerniré discernirá discerniremos
condicional	tendería tenderíamos	discerniría discerniríamos
presente de subjuntivo	tienda tendamos	discierna discernamos
imperfecto de subjuntivo	tendiera, tendiese tendiéramos, tendiésemos	discerniera, discerniese discerniéramos, discerniésemos
imperativo	tiende (tú) tienda (él, ella, usted) tendamos (nosotros) tended (vosotros) tiendan (ellos, ellas, ustedes)	discierne (tú) discierna (él, ella, usted) discernamos (nosotros) discernid (vosotros) disciernan (ellos, ellas, ustedes)
gerundio, participio	tendiendo, tendido	discerniendo, discernido

	22 adquirir	23 sonar
presente de indicativo	adquiero adquiere adquirimos	sueno suena sonamos
preterito imperfecto	adquiría adquiríamos	sonaba sonábamos
preterito indefinido	adquirí adquirió adquirimos adquirieron	soné sonó sonamos sonaron
futuro de indicativo	adquiriré adquirirá adquiriremos	sonaré sonará sonaremos
condicional	adquiriría adquiriríamos	sonaría sonaríamos
presente de subjuntivo	adquiera adquiramos	suene sonemos
imperfecto de subjuntivo	adquiriera, adquiriese adquiriéramos, adquiriésemos	sonara, sonase sonáramos, sonásemos
imperativo	adquiere (tú) adquiera (él, ella, usted) adquiramos (nosotros) adquirid (vosotros) adquieran (ellos, ellas, ustedes)	suena (tú) suene (él, ella, usted) sonemos (nosotros) sonad (vosotros) suenen (ellos, ellas, ustedes)
gerundio, participio	adquiriendo, adquirido	sonando, sonado

	24 mover	25 dormir
presente de indicativo	muevo mueve movemos	duermo duerme dormimos
preterito imperfecto	movía movíamos	dormía dormíamos
preterito indefinido	moví movió movimos movieron	dormí durmió dormimos durmieron
futuro de indicativo	moveré moverá moveremos	dormiré dormirá dormiremos
condicional	movería moveríamos	dormiría dormiríamos
presente de subjuntivo	mueva movamos	duerma durmamos
imperfecto de subjuntivo	moviera, moviese moviéramos, moviésemos	durmiera, durmiese durmiéramos, durmiésemos
imperativo	mueve (tú) mueva (él, ella, usted) movamos (nosotros) moved (vosotros) muevan (ellos, ellas, ustedes)	duerme (tú) duerma (él, ella, usted) durmamos (nosotros) dormid (vosotros) duerman (ellos, ellas, ustedes)
gerundio, participio	moviendo, movido	durmiendo, dormido

	26 pedir	27 sentir
presente de indicativo	pido pide pedimos	siento siente sentimos
preterito imperfecto	pedía pedíamos	sentía sentíamos
preterito indefinido	pedí pidió pedimos pidieron	sentí sintió sentimos sintieron
futuro de indicativo	pediré pedirá pediremos	sentiré sentirá sentiremos
condicional	pediría pediríamos	sentiría sentiríamos
presente de subjuntivo	pida pidamos	sienta sintamos
imperfecto de subjuntivo	pidiera, pidiese pidiéramos, pidiésemos	sintiera, sintiese sintiéramos, sintiésemos
imperativo	pide (tú) pida (él, ella, usted) pidamos (nosotros) pedid (vosotros) pidan (ellos, ellas, ustedes)	siente (tú) sienta (él, ella, usted) sintamos (nosotros) sentid (vosotros) sientan (ellos, ellas, ustedes)
gerundio, participio	pidiendo, pedido	sintiendo, sentido

	28 reír	29 nacer
presente de indicativo	río ríe reímos	nazco nace nacemos
preterito imperfecto	reía reíamos	nacía nacíamos
preterito indefinido	reí rió reímos rieron	nací nació nacimos nacieron
futuro de indicativo	reiré reirá reiremos	naceré nacerá naceremos
condicional	reiría reiríamos	nacería naceríamos
presente de subjuntivo	ría riamos	nazca nazcamos
imperfecto de subjuntivo	riera, riese riéramos, riésemos	naciera, naciese naciéramos, naciésemos
imperativo	ríe (tú) ría (él, ella, usted) riamos (nosotros) reíd (vosotros) rían (ellos, ellas, ustedes)	nace (tú) nazca (él, ella, usted) nazcamos (nosotros) naced (vosotros) nazcan (ellos, ellas, ustedes)
gerundio, participio	riendo, reído	naciendo, nacido

conjugaciones

8

	30 parecer	31 conocer
presente de indicativo	parezco parece parecemos	conozco conoce conocemos
preterito imperfecto	parecía parecíamos	conocía conocíamos
preterito indefinido	parecí pareció parecimos parecieron	conocí conoció conocimos conocieron
futuro de indicativo	pareceré parecerá pareceremos	conoceré conocerá conoceremos
condicional	parecería paraceríamos	conocería conoceríamos
presente de subjuntivo	parezca parezcamos	conozca conozcamos
imperfecto de subjuntivo	pareciera, pareciese pareciéramos, pareciésemos	conociera, conociese conociéramos, conociésemos
imperativo	parece (tú) parezca (él, ella, usted) parezcamos (nosotros) pareced (vosotros) parezcan (ellos, ellas, ustedes)	conoce (tú) conozca (él, ella, usted) conozcamos (nosotros) conoced (vosotros) conozcan (ellos, ellas, ustedes)
gerundio, participio	pareciendo, parecido	conociendo, conocido

	32 lucir	33 conducir
presente de indicativo	luzco luce lucimos	conduzco conduce conducimos
preterito imperfecto	lucía lucíamos	conducía conducíamos
preterito indefinido	lucí lució lucimos lucieron	conduje condujo condujimos condujeron
futuro de indicativo	luciré lucirá luciremos	conduciré conducirá conduciremos
condicional	luciría luciríamos	conduciría conduciríamos
presente de subjuntivo	luzca luzcamos	conduzca conduzcamos
imperfecto de subjuntivo	luciera, luciese luciéramos, luciésemos	condujera, condujese condujéramos, condujésemos
imperativo	luce (tú) luzca (él, ella, usted) luzcamos (nosotros) lucid (vosotros) luzcan (ellos, ellas, ustedes)	conduce (tú) conduzca (él, ella, usted) conduzcamos (nosotros) conducid (vosotros) conduzcan (ellos, ellas, ustedes)
gerundio, participio	luciendo, lucido	conduciendo, conducido

	34 comenzar	**35 negar**
presente de indicativo	comienzo comienza comenzamos	niego niega negamos
preterito imperfecto	comenzaba comenzábamos	negaba negábamos
preterito indefinido	comencé comenzó comenzamos comenzaron	negué negó negamos negaron
futuro de indicativo	comenzaré comenzará comenzaremos	negaré negará negaremos
condicional	comenzaría comenzaríamos	negaría negaríamos
presente de subjuntivo	comience comencemos	niegue neguemos
imperfecto de subjuntivo	comenzara, comenzase comenzáramos, comenzásemos	negara, negase negáramos, negásemos
imperativo	comienza (tú) comience (él, ella, usted) comencemos (nosotros) comenzad (vosotros) comiencen (ellos, ellas, ustedes)	niega (tú) niegue (él, ella, usted) neguemos (nosotros) negad (vosotros) nieguen (ellos, ellas, ustedes)
gerundio, participio	comenzando, comenzado	negando, negado

	36 trocar	**37 forzar**
presente de indicativo	trueco trueca trocamos	fuerzo fuerza forzamos
preterito imperfecto	trocaba trocábamos	forzaba forzábamos
preterito indefinido	troqué trocó trocamos trocaron	forcé forzó forzamos forzaron
futuro de indicativo	trocaré trocará trocaremos	forzaré forzará forzaremos
condicional	trocaría trocaríamos	forzaría forzaríamos
presente de subjuntivo	trueque troquemos	fuerce forcemos
imperfecto de subjuntivo	trocara, trocase trocáramos, trocásemos	forzara, forzase forzáramos, forzásemos
imperativo	trueca (tú) trueque (él, ella, usted) troquemos (nosotros) trocad (vosotros) truequen (ellos, ellas, ustedes)	fuerza (tú) fuerce (él, ella, usted) forcemos (nosotros) forzad (vosotros) fuercen (ellos, ellas, ustedes)
gerundio, participio	trocando, trocado	forzando, forzado

	38 avergonzar	39 colgar
presente de indicativo	avergüenzo avergüenza avergonzamos	cuelgo cuelga colgamos
preterito imperfecto	avergonzaba avergonzábamos	colgaba colgábamos
preterito indefinido	avergoncé avergonzó avergonzamos avergonzaron	colgué colgó colgamos colgaron
futuro de indicativo	avergonzaré avergonzará avergonzaremos	colgaré colgará colgaremos
condicional	avergonzaría avergonzaríamos	colgaría colgaríamos
presente de subjuntivo	avergüence avergoncemos	cuelgue colguemos
imperfecto de subjuntivo	avergonzara, avergonzase avergonzáramos, avergonzásemos	colgara, colgase colgáramos, colgásemos
imperativo	avergüenza (tú) avergüence (él, ella, usted) avergoncemos (nosotros) avergonzad (vosotros) avergüencen (ellos, ellas, ustedes)	cuelga (tú) cuelgue (él, ella, usted) colguemos (nosotros) colgad (vosotros) cuelguen (ellos, ellas, ustedes)
gerundio, participio	avergonzando, avergonzado	colgando, colgado

	40 jugar	41 cocer
presente de indicativo	juego juega jugamos	cuezo cuece cocemos
preterito imperfecto	jugaba jugábamos	cocía cocíamos
preterito indefinido	jugué jugó jugamos jugaron	cocí coció cocimos cocieron
futuro de indicativo	jugaré jugará jugaremos	coceré cocerá coceremos
condicional	jugaría jugaríamos	cocería coceríamos
presente de subjuntivo	juegue juguemos	cueza cozamos
imperfecto de subjuntivo	jugara, jugase jugáramos, jugásemos	cociera, cociese cociéramos, cociésemos
imperativo	juega (tú) juegue (él, ella, usted) juguemos (nosotros) jugad (vosotros) jueguen (ellos, ellas, ustedes)	cuece (tú) cueza (él, ella, usted) cozamos (nosotros) coced (vosotros) cuezan (ellos, ellas, ustedes)
gerundio, participio	jugando, jugado	cociendo, cocido

	42 regir	43 seguir
presente de indicativo	rijo	sigo
	rige	sigue
	regimos	seguimos
preterito imperfecto	regía	seguía
	regíamos	seguíamos
preterito indefinido	regí	seguí
	rigió	siguió
	regimos	seguimos
	rigieron	siguieron
futuro de indicativo	regiré	seguiré
	regirá	seguirá
	regiremos	seguiremos
condicional	regiría	seguiría
	regiríamos	seguiríamos
presente de subjuntivo	rija	siga
	rijamos	sigamos
imperfecto de subjuntivo	rigiera, rigiese	siguiera, siguiese
	rigiéramos, rigiésemos	siguiéramos, siguiésemos
imperativo	rige (tú)	sigue (tú)
	rija (él, ella, usted)	siga (él, ella, usted)
	rijamos (nosotros)	sigamos (nosotros)
	regid (vosotros)	seguid (vosotros)
	rijan (ellos, ellas, ustedes)	sigan (ellos, ellas, ustedes)
gerundio, participio	rigiendo, regido	siguiendo, seguido

	44 argüir	45 averiguar
presente de indicativo	arguyo	averiguo
	arguye	averigua
	argüimos	averiguamos
preterito imperfecto	argüía	averiguaba
	argüíamos	averiguábamos
preterito indefinido	argüí	averigüé
	arguyó	averiguó
	argüimos	averiguamos
	arguyeron	averiguaron
futuro de indicativo	argüiré	averiguaré
	argüirá	averiguará
	argüiremos	averiguaremos
condicional	argüiría	averiguaría
	argüiríamos	averiguaríamos
presente de subjuntivo	arguya	averigüe
	arguyamos	averigüemos
imperfecto de subjuntivo	arguyera, arguyese	averiguara, averiguase
	arguyéramos, arguyésemos	averiguáramos, averiguásemos
imperativo	arguye (tú)	averigua (tú)
	arguya (él, ella, usted)	averigüe (él, ella, usted)
	arguyamos (nosotros)	averigüemos (nosotros)
	argüid (vosotros)	averiguad (vosotros)
	arguyan (ellos, usted, ustedes)	averigüen (ellos, ellas, ustedes)
gerundio, participio	arguyendo, argüido	averiguando, averiguado

	46 agorar	47 errar
presente de indicativo	agüero agüera agoramos	yerro yerra erramos
preterito imperfecto	agoraba agorábamos	erraba errábamos
preterito indefinido	agoré agoró agoramos agoraron	erré erró erramos erraron
futuro de indicativo	agoraré agorará agoraremos	erraré errará erraremos
condicional	agoraría agoraríamos	erraría erraríamos
presente de subjuntivo	agüere agoremos	yerre erremos
imperfecto de subjuntivo	agorara, agorase agoráramos, agorásemos	errara, errase erráramos, errásemos
imperativo	agüera (tú) agüere (él, ella, usted) agoremos (nosotros) agorad (vosotros) agüeren (ellos, ellas, ustedes)	yerra (tú) yerre (él, ella, usted) erremos (nosotros) errad (vosotros) yerren (ellos, ellas, ustedes)
gerundio, participio	agorando, agorado	errando, errado

	48 desosar	49 oler
presente de indicativo	deshueso deshuesa desosamos	huelo huele olemos
preterito imperfecto	desosaba desosábamos	olía olíamos
preterito indefinido	desosé desosó desosamos desosaron	olí olió olimos olieron
futuro de indicativo	desosaré desosará desosaremos	oleré olerá oleremos
condicional	desosaría desosaríamos	olería oleríamos
presente de subjuntivo	deshuese desosemos	huela olamos
imperfecto de subjuntivo	desosara, desosase desosáramos, desosásemos	oliera, oliese oliéramos, oliésemos
imperativo	deshuesa (tú) deshuese (él, ella, usted) desosemos (nosotros) desosad (vosotros) deshuesen (ellos, ellas, ustedes)	huele (tú) huela (él, ella, usted) olamos (nosotros) oled (vosotros) huelan (ellos, ellas, ustedes)
gerundio, participio	desosando, desosado	oliendo, olido

	50 leer	51 huir
presente de indicativo	leo lee leemos	huyo huye huimos
preterito imperfecto	leía leíamos	huía huíamos
preterito indefinido	leí leyó leímos leyeron	huí huyó huimos huyeron
futuro de indicativo	leeré leerá leeremos	huiré huirá huiremos
condicional	leería leeríamos	huiría huiríamos
presente de subjuntivo	lea leamos	huya huyamos
imperfecto de subjuntivo	leyera, leyese leyéramos, leyésemos	huyera, huyese huyéramos, huyésemos
imperativo	lee (tú) lea (él, ella, usted) leamos (nosotros) leed (vosotros) lean (ellos, ellas, ustedes)	huye (tú) huya (él, ella, usted) huyamos (nosotros) huid (vosotros) huyan (ellos, ellas, ustedes)
gerundio, participio	leyendo, leído	huyendo, huido

	52 andar	53 asir
presente de indicativo	ando anda andamos	asgo ase asimos
preterito imperfecto	andaba andábamos	asía asíamos
preterito indefinido	anduve anduvo anduvimos anduvieron	así asió asimos asieron
futuro de indicativo	andaré andará andaremos	asiré asirá asiremos
condicional	andaría andaríamos	asiría asiríamos
presente de subjuntivo	ande andemos	asga asgamos
imperfecto de subjuntivo	anduviera, anduviese anduviéramos, anduviésemos	asiera, asiese asiéramos, asiésemos
imperativo	anda (tú) ande (él, ella, usted) andemos (nosotros) andad (vosotros) anden (ellos, ellas, ustedes)	ase (tú) asga (él, ella, usted) asgamos (nosotros) asid (vosotros) asgan (ellos, ellas, ustedes)
gerundio, participio	andando, andado	asiendo, asido

	54 caber	55 caer
presente de indicativo	quepo cabe cabemos	caigo cae caemos
preterito imperfecto	cabía cabíamos	caía caíamos
preterito indefinido	cupe cupo cupimos cupieron	caí cayó caímos cayeron
futuro de indicativo	cabré cabrá cabremos	caeré caerá caeremos
condicional	cabría cabríamos	caería caeríamos
presente de subjuntivo	quepa quepamos	caiga caigamos
imperfecto de subjuntivo	cupiera, cupiese cupiéramos, cupiésemos	cayera, cayese cayéramos, cayésemos
imperativo	cabe (tú) quepa (él, ella, usted) quepamos (nosotros) cabed (vosotros) quepan (ellos, ellas, ustedes)	cae (tú) caiga (él, ella, usted) caigamos (nosotros) caed (vosotros) caigan (ellos, ellas, ustedes)
gerundio, participio	cabiendo, cabido	cayendo, caído

	56 dar	57 decir
presente de indicativo	doy da damos	digo dice decimos
preterito imperfecto	daba dábamos	decía decíamos
preterito indefinido	di dio dimos dieron	dije dijo dijimos dijeron
futuro de indicativo	daré dará daremos	diré dirá diremos
condicional	daría daríamos	diría diríamos
presente de subjuntivo	dé demos	diga digamos
imperfecto de subjuntivo	diera, diese diéramos, diésemos	dijera, dijese dijéramos, dijésemos
imperativo	da (tú) dé (él, ella, usted) demos (nosotros) dad (vosotros) den (ellos, ellas, ustedes)	di (tú) diga (él, ella, usted) digamos (nosotros) decid (vosotros) digan (ellos, ellas, ustedes)
gerundio, participio	dando, dado	diciendo, dicho

	58 erguir	59 estar
presente de indicativo	irgo, yergo irgue, yergue erguimos	estoy está estamos
preterito imperfecto	erguía erguíamos	estaba estábamos
preterito indefinido	erguí irguió erguimos irguieron	estuve estuvo estuvimos estuvieron
futuro de indicativo	erguiré erguirá erguiremos	estaré estará estaremos
condicional	erguiría erguiríamos	estaría estaríamos
presente de subjuntivo	irga, yerga irgamos	esté estemos
imperfecto de subjuntivo	irguiera, irguiese irguiéramos, irguiésemos	estuviera, estuviese estuviéramos, estuviésemos
imperativo	irgue, yergue (tú) irga, yerga (él, ella) irgamos (nosotros) erguid (vosotros) irgan, yergan (ellos, ellas, ustedes)	está (tú) esté (él, ella, usted) estemos (nosotros) estad (vosotros) estén (ellos, ellas, ustedes)
gerundio, participio	irguiendo, erguido	estando, estado

	60 hacer	61 ir
presente de indicativo	hago hace hacemos	voy va vamos
preterito imperfecto	hacía hacíamos	iba íbamos
preterito indefinido	hice hizo hicimos hicieron	fui fue fuimos fueron
futuro de indicativo	haré hará haremos	iré irá iremos
condicional	haría haríamos	iría iríamos
presente de subjuntivo	haga hagamos	vaya vayamos
imperfecto de subjuntivo	hiciera, hiciese hiciéramos, hiciésemos	fuera, fuese fuéramos, fuésemos
imperativo	haz (tú) haga (él, ella, usted) hagamos (nosotros) haced (vosotros) hagan (ellos, ellas, ustedes)	ve (tú) vaya (él, ella, usted) vayamos (nosotros) id (vosotros) vayan (ellos, ellas, ustedes)
gerundio, participio	haciendo, hecho	yendo, ido

	62 oír	**63 placer**
presente de indicativo	oigo oye oímos	plazco place placemos
preterito imperfecto	oía oíamos	placía placíamos
preterito indefinido	oí oyó oímos oyeron	plací plació, plugo placimos placieron, pluguieron
futuro de indicativo	oiré oirá oiremos	placeré placerá placeremos
condicional	oiría oiríamos	placería placeríamos
presente de subjuntivo	oiga oigamos	plazca plazcamos
imperfecto de subjuntivo	oyera, oyese oyéramos, oyésemos	placiera, placiese placiéramos, placiésemos
imperativo	oye (tú) oiga (él, ella, usted) oigamos (nosotros) oíd (vosotros) oigan (ellos, ellas, ustedes)	place (tú) plazca (él, ella, usted) plazcamos (nosotros) placed (vosotros) plazcan (ellos, ellas, ustedes)
gerundio, participio	oyendo, oído	placiendo, placido

	64 poder	**65 poner**
presente de indicativo	puedo puede podemos	pongo pone ponemos
preterito imperfecto	podía podíamos	ponía poníamos
preterito indefinido	pude pudo pudimos pudieron	puse puso pusimos pusieron
futuro de indicativo	podré podrá podremos	pondré pondrá pondremos
condicional	podría podríamos	pondría pondríamos
presente de subjuntivo	pueda podamos	ponga pongamos
imperfecto de subjuntivo	pudiera, pudiese pudiéramos, pudiésemos	pusiera, pusiese pusiéramos, pusiésemos
imperativo	puede (tú) pueda (él, ella, usted) podamos (nosotros) poded (vosotros) puedan (ellos, ellas, ustedes)	pon (tú) ponga (él, ella, usted) pongamos (nosotros) poned (vosotros) pongan (ellos, ellas, ustedes)
gerundio, participio	pudiendo, podido	poniendo, puesto

	66 predecir	**67 querer**
presente de indicativo	predigo predice predecimos	quiero quiere queremos
preterito imperfecto	predecía predecíamos	quería queríamos
preterito indefinido	predije predijo predijimos predijeron	quise quiso quisimos quisieron
futuro de indicativo	prediré predirá prediremos	querré querrá querremos
condicional	prediría prediríamos	querría querríamos
presente de subjuntivo	prediga predigamos	quiera queramos
imperfecto de subjuntivo	predijera, predijese predijéramos, predijésemos	quisiera, quisiese quisiéramos, quisiésemos
imperativo	predice (tú) prediga (él, ella, usted) predigamos (nosotros) predecid (vosotros) predigan (ellos, ellas, ustedes)	quiere (tú) quiera (él, ella, usted) queramos (nosotros) quered (vosotros) quieran (ellos, ellas, ustedes)
gerundio, participio	prediciendo, predicho	queriendo, querido

	68 raer	**69 roer**
presente de indicativo	rao, raigo, rayo rae raemos	roo, roigo, royo roe roemos
preterito imperfecto	raía raíamos	roía roíamos
preterito indefinido	raí rayó raímos rayeron	roí royó roímos royeron
futuro de indicativo	raeré raerá raeremos	roeré roerá roeremos
condicional	raería raeríamos	roería roeríamos
presente de subjuntivo	raiga, raya raigamos, rayamos	roa, roiga, roya roamos, roigamos, royamos
imperfecto de subjuntivo	rayera, rayese rayéramos, rayésemos	royera, royese royéramos, royésemos
imperativo	rae (tú) raiga, raya (él, ella, usted) raigamos, rayamos (nosotros) raed (vosotros) raigan, rayan (ellos, ellas, ustedes)	roe (tú) roa, roiga, roya (él, ella, usted) roamos, roigamos, royamos (nos.) roed (vosotros) roan, roigan, royan (ellos, ellas, us.)
gerundio, participio	rayendo, raído	royendo, roído

	70 saber	**71 salir**
presente de indicativo	sé sabe sabemos	salgo sale salimos
preterito imperfecto	sabía sabíamos	salía salíamos
preterito indefinido	supe supo supimos supieron	salí salió salimos salieron
futuro de indicativo	sabré sabrá sabremos	saldré sadrá saldremos
condicional	sabría sabríamos	saldría saldríamos
presente de subjuntivo	sepa sepamos	salga salgamos
imperfecto de subjuntivo	supiera, supiese supiéramos, supiésemos	saliera, saliese saliéramos, saliésemos
imperativo	sabe (tú) sepa (él, ella, usted) sepamos (nosotros) sabed (vosotros) sepan (ellos, ellas, ustedes)	sal (tú) salga (él, ella, usted) salgamos (nosotros) salid (vosotros) salgan (ellos, ellas, ustedes)
gerundio, participio	sabiendo, sabido	saliendo, salido

	72 tener	**73 traer**
presente de indicativo	tengo tiene tenemos	traigo trae traemos
preterito imperfecto	tenía teníamos	traía traíamos
preterito indefinido	tuve tuvo tuvimos tuvieron	traje trajo trajimos trajeron
futuro de indicativo	tendré tendrá tendremos	traeré traerá traeremos
condicional	tendría tendríamos	traería traeríamos
presente de subjuntivo	tenga tengamos	traiga traigamos
imperfecto de subjuntivo	tuviera, tuviese tuviéramos, tuviésemos	trajera, trajese trajéramos, trajésemos
imperativo	ten (tú) tenga (él, ella, usted) tengamos (nosotros) tened (vosotros) tengan (ellos, ellas, ustedes)	trae (tú) traiga (él, ella, usted) traigamos (nosotros) traed (vosotros) traigan (ellos, ellas, ustedes)
gerundio, participio	teniendo, tenido	trayendo, traído

	74 valer	75 venir
presente de indicativo	valgo	vengo
	vale	viene
	valemos	venimos
preterito imperfecto	valía	venía
	valíamos	veníamos
preterito indefinido	valí	vine
	valió	vino
	valimos	venimos
	valieron	vinieron
futuro de indicativo	valdré	vendré
	valdrá	vendrá
	valdremos	vendremos
condicional	valdría	vendría
	valdríamos	vendríamos
presente de subjuntivo	valga	venga
	valgamos	vengamos
imperfecto de subjuntivo	valiera, valiese	viniera, viniese
	valiéramos, valiésemos	viniéramos, viniésemos
imperativo	vale (tú)	ven (tú)
	valga (él, ella, usted)	venga (él, ella, usted)
	valgamos (nosotros)	vengamos (nosotros)
	valed (vosotros)	venid (vosotros)
	valgan (ellos, ellas, ustedes)	vengan (ellos, ellas, ustedes)
gerundio, participio	valiendo, valido	viniendo, venido

	76 ver	77 yacer
presente de indicativo	veo	yazco, yazgo, yago
	ve	yace
	vemos	yacemos
preterito imperfecto	veía	yacía
	veíamos	yacíamos
preterito indefinido	vi	yací
	vio	yació
	vimos	yacimos
	vieron	yacieron
futuro de indicativo	veré	yaceré
	verá	yacerá
	veremos	yaceremos
condicional	vería	yacería
	veríamos	yaceríamos
presente de subjuntivo	vea	yazca, yazga, yaga
	veamos	yazcamos, yazgamos, yagamos
imperfecto de subjuntivo	viera, viese	yaciera, yaciese
	viéramos, viésemos	yaciéramos, yaciésemos
imperativo	ve (tú)	yace, yaz (tú)
	vea (él, ella, usted)	yazca, yazga, yaga (él, ella, usted)
	veamos (nosotros)	yazcamos, yazgamos, yagamos (nos.)
	ved (vosotros)	yaced (vosotros)
	vean (ellos, ellas, ustedes)	yazcan, yazgan, yagan (ellos...)
gerundio, participio	viendo, visto	yaciendo, yacido

Verbos defectivos

	78 abolir	79 balbucir
		Las formas que no se conjugan se substituyen por las correspondientes del verbo
presente de indicativo	*no se conjuga*	*no se conjuga*
	–	balbuces
	–	balbuce
	abolimos	balbucemos
	abolís	balbucís
	–	balbucen
preterito imperfecto	abolía	balbucía
	abolías	balbucías
	abolía	balbucía
	abolíamos	balbucíamos
	abolíais	balbucíais
	abolían	balbucían
preterito indefinido	abolí	balbucí
	aboliste	balbuciste
	abolió	balbució
	abolimos	balbucimos
	abolisteis	balbucisteis
	abolieron	balbucieron
futuro de indicativo	aboliré	balbuciré
	abolirás	balbucirás
	abolirá	balbucirá
	aboliremos	balbuciremos
	aboliréis	balbuciréis
	abolirán	balbucirán
condicional	aboliría	balbuciría
	abolirías	balbucirías
	aboliría	balbuciría
	aboliríamos	balbuciríamos
	aboliríais	balbuciríais
	abolirían	balbucirían
presente de subjuntivo	*no se conjuga*	*no se conjuga*
imperfecto de subjuntivo	aboliera, aboliese	balbuciera, balbuciese
	abolieras, abolieses	balbucieras, balbucieses
	aboliera, aboliese	balbuciera, balbuciese
	aboliéramos, aboliésemos	balbuciéramos, balbuciésemos
	abolierais, abolieseis	balbucierais, balbucieseis
	abolieran, aboliesen	balbucieran, balbuciesen
imperativo	*no se conjuga*	balbuce (tú)
	–	*no se conjuga*
	abolid (vosotros)	balbucid (vosotros)
	no se conjuga	*no se conjuga*
gerundio, participio	aboliendo, abolido	balbuciendo, balbucido

80 desolar	81 soler
Se usa solamente en infinitivo y como participio : desolado.	
presente de indicativo	suelo sueles suele solemos soléis suelen
preterito imperfecto	solía solías solía solíamos solíais solían
preterito indefinido	solí soliste solió solimos solisteis solieron
futuro de indicativo	*no se conjuga en ninguna de sus personas*
condicional	*no se conjuga en ninguna de sus personas*
presente de subjuntivo	suela suelas suela solamos soláis suelan
imperfecto de subjuntivo	soliera, soliese solieras, solieses soliera, soliese soliéramos, soliésemos solierais, solieseis solieran, soliesen
imperativo	*no se conjuga en ninguna de sus personas*
gerundio, participio	soliendo, solido

Infinitive	Past Tense	Past Participle
arise	arose	arisen
awake	awoke	awoken
be	was, were	been
bear	bore	born(e)
beat	beat	beaten
become	became	become
begin	began	begun
bend	bent	bent
beseech	besought	besought
bet	bet (*also* betted)	bet (*also* betted)
bid	bid (*also* bade)	bid (*also* bidden)
bind	bound	bound
bite	bit	bitten
bleed	bled	bled
blow	blew	blown
break	broke	broken
breed	bred	bred
bring	brought	brought
build	built	built
burn	burnt (*also* burned)	burnt (*also* burned)
burst	burst	burst
buy	bought	bought
can	could	–
cast	cast	cast
catch	caught	caught
choose	chose	chosen
cling	clung	clung
come	came	come
cost	cost	cost
creep	crept	crept
cut	cut	cut
deal	dealt	dealt
dig	dug	dug
do	did	done
draw	drew	drawn
dream	dreamed (*also* dreamt)	dreamed (*also* dreamt)
drink	drank	drunk
drive	drove	driven
dwell	dwelt	dwelt
eat	ate	eaten
fall	fell	fallen
feed	fed	fed
feel	felt	felt
fight	fought	fought
find	found	found
flee	fled	fled
fling	flung	flung
fly	flew	flown
forbid	forbade	forbidden
forget	forgot	forgotten
forsake	forsook	forsaken
freeze	froze	frozen
get	got	got (*Am* gotten)
give	gave	given

Infinitive	Past Tense	Past Participle
go	went	gone
grind	ground	ground
grow	grew	grown
hang	hung (*also* hanged)	hung (*also* hanged)
have	had	had
hear	heard	heard
hide	hid	hidden
hit	hit	hit
hold	held	held
hurt	hurt	hurt
keep	kept	kept
kneel	knelt (*also* kneeled)	knelt (*also* kneeled)
know	knew	known
lay	laid	laid
lead	led	led
lean	leant (*also* leaned)	leant (*also* leaned)
leap	leapt (*also* leaped)	leapt (*also* leaped)
learn	learnt (*also* learned)	learnt (*also* learned)
leave	left	left
lend	lent	lent
let	let	let
lie	lay	lain
light	lit (*also* lighted)	lit (*also* lighted)
lose	lost	lost
make	made	made
may	might	–
mean	meant	meant
meet	met	met
mistake	mistook	mistaken
mow	mowed	mown (*also* mowed)
pay	paid	paid
put	put	put
quit	quit (*also* quitted)	quit (*also* quitted)
read	read	read
rend	rent	rent
rid	rid	rid
ride	rode	ridden
ring	rang	rung
rise	rose	risen
run	ran	run
saw	sawed	sawn
say	said	said
see	saw	seen
seek	sought	sought
sell	sold	sold
send	sent	sent
set	set	set
shake	shook	shaken
shall	should	–
shear	sheared	shorn (*also* sheared)
shed	shed	shed
shine	shone	shone
shoot	shot	shot
show	showed	shown

Infinitive	Past Tense	Past Participle
shrink	shrank	shrunk
shut	shut	shut
sing	sang	sung
sink	sank	sunk
sit	sat	sat
slay	slew	slain
sleep	slept	slept
slide	slid	slid
sling	slung	slung
slit	slit	slit
smell	smelt (*also* smelled)	smelt (*also* smelled)
sow	sowed	sown (*also* sowed)
speak	spoke	spoken
speed	sped (*also* speeded)	sped (*also* speeded)
spell	spelt (*also* spelled)	spelt (*also* spelled)
spend	spent	spent
spill	spilt (*also* spilled)	spilt (*also* spilled)
spin	spun	spun
spit	spat	spat
split	split	split
spoil	spoiled (*also* spoilt)	spoiled (*also* spoilt)
spread	spread	spread
spring	sprang	sprung
stand	stood	stood
steal	stole	stolen
stick	stuck	stuck
sting	stung	stung
stink	stank	stunk
stride	strode	stridden
strike	struck	struck (*also* stricken)
strive	strove	striven
swear	swore	sworn
sweep	swept	swept
swell	swelled	swollen (*also* swelled)
swim	swam	swum
swing	swung	swung
take	took	taken
teach	taught	taught
tear	tore	torn
tell	told	told
think	thought	thought
throw	threw	thrown
thrust	thrust	thrust
tread	trod	trodden
wake	woke (*also* waked)	woken (*also* waked)
wear	wore	worn
weave	wove (*also* weaved)	woven (*also* weaved)
wed	wedded	wedded
weep	wept	wept
win	won	won
wind	wound	wound
wring	wrung	wrung
write	wrote	written

Achevé d'imprimer par l'Imprimerie
Maury-Eurolivres à Manchecourt
N° de projet 10090464 - 40 - OTB 49°
N° de projet 10090465 - 8 - OTB 49°
Dépôt légal : juin 2002 - N° d'imprimeur : 95341

Imprimé en France - (Printed in France)